重塑四川经济地理

（上）

RESHAPING
ECONOMIC GEOGRAPHY
OF
SICHUAN

主　编：**林　凌**

副主编：**刘世庆（常务）　雷开平**

王小刚　丁任重

社会科学文献出版社
SOCIAL SCIENCES ACADEMIC PRESS (CHINA)

《重塑四川经济地理》
编辑委员会

序言

1985年，四川省社会科学院在省委和省政府关怀和省计委支持下，组织全省专家学者编写出版了《四川省经济地理》一书。该书的出版受到省领导、省级各部门、各地（市、州）、各大专院校和科研单位的好评，对四川省生产力的空间布局和经济社会发展发挥了重要指导作用。经过25年的发展，特别是国家实施西部大开发战略给四川带来新的发展机遇，重庆成为直辖市后，新建的成渝经济区已纳入国家战略，四川的经济社会发展发生了巨大变化：经济总量上了几个台阶，2011年已进入全国2万亿元俱乐部，经济发展已从工业化初期进入工业化中期阶段；经济结构有了重大提升，城市化水平大幅提高，交通运输条件有了很大改善；区域经济空间布局逐步确立，地处内陆的封闭格局已经打破，全域开放格局正在形成；建设西部经济发展高地和内陆开放高地的进程正在加快，人民物质文化生活水平有了显著提高。回顾过去，四川省经济地理已发生历史性变迁。

鉴于这种翻天覆地的变化，我们认为，四川不仅要根据新时代的要求和国家赋予的使命重新确立自己在全国的战略定位，还要在新的定位和新的经济地理学理论指导下重塑四川经济地理，为科学反映四川省经济社会巨变的现实，指导四川省的科学发展和又快又好发展作出新的贡献。为此，我们认为有必要根据经济地理学理论的新进展，总结四川省、我国的新经验，重新编写一部四川省经济地理，并把书名定为《重塑四川经济地理》。这一建议，得到时任省委书记刘奇葆的高度重视、四川省发改委大力支持和全省有关专家学者的积极响应。

我们希望《重塑四川经济地理》发挥三个方面的作用：一是能为省委、省政府和有关部门提供决策依据和参考，对优化四川生产力布局和区域经济协调发展、重塑四川经济地理格局发挥指导作用；二是能为各级政府部门、科研机构的干部、研究人员提供新的经济地理学知识和翔实的省情资料，进一步推进四川区域经济的研究，不断促进四川经济地理的变迁和提升；三是能为各类学校特别是大专院校提供一部科学的、鲜活的、具有四川特色的经济地理学教材，成为广大群众深入了解四川、认识四川的窗口。现在这本书已在近百位专家的努力下，在省委、省政府领导的高度重视和省发改委的大力支持下，编写完成，即将与读者见面。我们热切希望这本书的出版，能对四川经济地理再出现一个崭新面貌，作出应有的贡献。

这两本书虽然都叫四川经济地理，但由于四川在全国区域发展中的战略定位发生了巨大变化，研究和写作的理论基础和指导思想也不相同，它们所反映的是四川经济地理变迁的两个大的历史阶段：一个是改革开放前，一个是改革开放到现在。

四川地理区位重要，地形地貌复杂。西部是青藏高原，北部是秦巴山脉，南部是云贵高原和滚滚长江，东部是长江三峡，四川盆地位居其中，在传统战争中，这里是一个易守难攻的地方。四川同时又是一个农业发达、人口众多的省份。所以，直到改革开放前，国家一直把四川作为国家的战略后方来定位。抗日战争时期是抗战的大后方，新中国成立后是备战的战略后方基地。20 世纪 60 年代，国家全力在四川等省进行了“三线建设”，研制和生产常规武器和尖端武器，建起了钢铁、重装、能源、铁路等难度很大的配套工程。为此，四川曾向国家提出过“要人有人，要枪有枪，要粮有粮”的豪迈口号和建设目标。“三线建设”全面推进了四川的现代工业化进程，奠定了四川的现代工业基础。第一本书总结和描绘的就是四川在新中国成立后到改革开放前经济地理所起的变化。

从指导思想来说，第一本书是在计划经济理论和传统的经济地理理论指导下编写的。现在编写的这本书，重点是描绘改革开放后，特别是西部大开发以来四川经济地理发生的巨大变化，尤其是战略定位从建设战略后方基地转变为建设西部发展高地和内陆开放高地的变化，全方位的对外开放重点是向西、向南开放的格局的变化，经济社会加速向新型工业化和城镇化、城乡一体化迈进的变化，交通建设突飞猛进的变化，城乡居民生活水平特别是农民生活水平节节提高的变化，教育、医疗、养老、救困等社会公共服务制度化、均等化、覆盖面不断扩大的变化。这些变化可以说大大超越了历史。本书就是在原有基础上，重点研究、总结和描述四川经济地理的历史性巨大变迁，并对未来的发展做出预测、判断和展望。本书编写的指导思想与第一本有很大的不同。这本书摆脱了计划经济理论的束缚，引入了市场经济理论和新的区域经济学、经济地理学、经济增长极等新的理论成果，特别是研究和借鉴了世界银行《2009 年世界发展报告：重塑世界经济地理》的理论成果，从而使本书的研究、总结和展望有了一个新的高度。

世界银行《2009 年发展报告：重塑世界经济地理》是总结人类在地球上的经济活动特别是近 200 多年来的经济活动的经验基础上，研究、总结和提炼出来的理论和政策成果，是对经济地理学的创新和发展，它既包括发达国家的经验、发展中国家的经验，也吸取了我国改革开放以来的经验，而且把我国的经验推荐为发展中国家借鉴的样本。

世界银行报告对经济地理学理论、政策的创新和发展，包括三个相互联系的组成部分。

一是对人类在地球上进行经济活动的实践和理论概括。由于地形、地貌、气候、生态、资源、人口等条件的不同，地球上有些地方是适宜进行经济开发和经济活动的，有些地方则不适宜，有些地方还不适宜人类生存，有些地方的开发还必须加以限制和禁止，以维持和保护全球的生态平衡。因此，人类进行经济开发和经济活动，必然也必须在区域空间上进行科学的选择。现在全球生产活动发达的地方大多集中在沿海、沿江、沿湖、平原、城市等地带。全世界一半的生产活动仅占全球陆地面积的1.5%。这是人类在经济布局上优化选择的结果。而在历史上，有些地方由于缺乏科学知识，违背了自然规律，人类曾毁灭了茂密的森林地带和热带雨林，使那些地方变成沙漠荒原，受到大自然的惩罚。美索不达米亚平原就是例证。我国在大跃进时期乱砍滥伐森林，围海、围湖、围河造田，所造成的破坏不仅损失巨大，而且至今难以修复。这些都是人类无知选择造成的后果。现在人类进步了，开始进行国土主体功能区规划，划分出哪些是重点开发区，哪些是优化开发区，哪些是限制开发区，哪些是禁止开发区。2010年国务院发布的《全国主体功能区规划》，就是我国国土空间开发的战略性、基础性、约束性规划，是当代经济地理学和生态环境科学理论及实践在中国的新发展。中国地域辽阔、自然地理复杂，山地、高原、丘陵占国土面积的70%，中度以上生态脆弱区域占全国陆地国土空间的55%。四川自然地理比全国更为复杂，限制和禁止开发区达到全省国土面积的79%[①]。这说明，和全世界一样，在我国、四川省也是一些地方适宜布局和发展经济，一些地方不适宜。

科学选择生产力布局的适宜区域十分重要。过去我们不懂这个道理，往往从发展地方经济、解决老百姓贫困问题出发，县县办小糖厂，处处建小农机厂、小氮肥厂。有的省份既有沿海地区也有贫困山区，一直到20世纪80年代，还把工作重点放在山区，而没有重点在沿海布局。改革开放后，我国实行东部沿海开放战略，把重点放在那些适宜于发展经济、创造财富的省份，用优惠政策鼓励各种生产要素在那里集聚，促进了这些地区经济的迅速增长，也带动了全国的经济增长。迄今为止，东部沿海地区，面积为全国的9.5%，而经济总量则占了全国的52%；东部三大城市群：长三角、珠三角、环渤海，面积仅为全国的4.3%，经济总量却占到全国的

① 参见《四川主体功能区规划出台，全省面积79%限制开发》，中新网，http://www.sc.chinanews.com.cn/news/2013/0517/0916193850.html。

40%，进出口贸易占到全国的75%，吸引的外资占到全国的70%。四川省的成都平原城市群，面积为全省的16%，经济总量则占全省的58.5%。

二是着重提出的促进经济发展的三大要素：密度、距离、分割。密度主要指经济密度，指单位面积的经济总量。表现为各种生产要素在某个区域的集中程度、人口的集中程度、产品和贸易的集中程度、生产力和财富的集中程度。往往是经济越集中的地方，国家的财政收入越多，人民越富裕。这种高密度的地方，形成了大中小城市和城镇。距离指城市间、区域间、国家间的交通运输的发达程度，各种生产要素、产品、人口流通的便利程度，贸易服务、资本、信息获取的难易程度，流动成本的高低程度。这些条件越好，城市的聚集度就越快、越高，扩散力就越大、越强，生产和服务就越发达，生产成本和交易成本就越低。分割指企业间、区域间、国家间专业化协作以及要素、人口、商品、服务、贸易、资本等流动限制的难易因素，难易的原因是由体制和政策的分割和封闭造成的。如价格税收的差异，商品出境、出口的限制，人口流动的户口限制，为追求“大而全”、“小而全”而对专业化协作的限制，国际进出口的种种保护制度和政策。打破这些体制和政策上的分割和封闭，充分发挥市场经济作用，实行对内对外的开放和多方面的专业化协作，就可实现马克思所说的专业化协作产生的新的生产力。即制度、政策改革产生的生产力，也就是近来流行的说法——改革红利。这三个特征说明了，提高密度、缩短距离、打破分割是促进经济快速增长、财富高度积累、人民物质精神生活迅速提高的三大要素。它们相互作用，最终形成的是开放的城市和城镇及其辐射的区域，在发达国家和发达地区，更集中为城市群及其更大的辐射范围。如在我国，东部沿海地区最发达，主要原因是城市在沿海、沿江、自然地理优越、交通运输便捷、市场经济发育良好的地方布局，城市数量占了全国的31%，并且形成了长三角、珠三角、环渤海三大城市群。有新闻报道说，在夜空看地球，有几个灯火辉煌的地方，一是纽约，二是伦敦，三是东京，四是上海，五是香港和深圳，这些都是世界级的城市群。

三是在集中发展经济的同时，要依托政府和市场的力量解决生态环境恶化、发展不平衡和收入差距拉大等问题。经济集中在部分条件优越的城市和区域发展，必然会造成生态环境的破坏、经济增长的不平衡和地区、城乡、家庭、个人之间收入差距的拉大。世界银行的报告认为，这种情况的出现是不可避免的，但是可以逆转的。日本等一些发达国家的经验证明，非均衡的经济增长与和谐性发展可以并行不悖，相辅相成。根据日本的经验，政府采取财政转移支付的政策，对全国范围实现公共服务均等化起到了重要作用。日本在实行财政转移支付政策前的 1989 年，最富地区与最穷地区的财政能力为 6.8∶1，实行财政转移支付之后，这一比值降为 1.56∶1，这是日本能在全国实现公共服务均等化的重要原因。要依托政府和市场的力量，在禁止开发区、限制开发区、江河湖泊上游、沙漠荒原以及经济密集区，进行大规模的生态建设，发展生态经济，开展碳汇交易，用政府设立的生态建设基金购买生态产品的方式，形成和扩大生态资本，提高当地居民生态收入。实行生态补偿政策，调动上下游的积极性。以坚持不懈的努力，建设美好的绿色家园和生态屏障。还应依托政府和市场的力量，运用富裕地区税收积累的资金，形成国家支持欠发达地区的财政基金，实行转移支付的政策。特别要对连片贫困山区、少数民族地区，提供交通、水利等基础设施和旅游、文化事业的援助，进行扶贫开发，建设欠发达地区与发达地区间的联系通道。还应依托政府和市场的力量，加快实现欠发达地区教育、医疗、养老、生活救助等基本公共服务均等化，逐步实现全覆盖。依托政府和市场的力量，组织欠发达地区的青年到发达地区接受义务教育阶段后的技术培训，促进这些地区的劳动就业和人口流动。

用以上三个要点来审视中国尤其是四川改革开放以来的发展和经济地理变迁，我深深感到，我们走过的道路，与发达国家何其相似奈尔。我们选择了非均衡发展战略，让沿海地区先行，富裕了沿海，实际上富裕了全国，使我们能够在 20 年后实施西部大开发战略。接着选择东北老工业基地振兴和中部崛起，在非均衡战略中加入了区域协调发展因素。在西部大开发中，四川高瞻远瞩，适时地调整了自己的战略定位，摆脱了传统的后方基地角色，向着西部经济发展高地、西部对外开放特别是向西、向南开放高地的目标前进。重庆直辖是中央的一着重要的战略布局，四川迅速抓住这个机遇，积极主动、不懈地推进成渝经济区的建设，把西部这块面积 20 万平方公里，人口 1 亿，拥有重庆、成都双核的“天府之国”宝地，打造成为中国西部的现代经济中心和向西开放中心，与东部沿海三个经济中心鼎足而立，构建成我国最重要的沿海一横和沿江（长江）一竖的“T”字形经济框架结构。改革开放后四川的这一系列选择，可以称之为科学的经济地理布局的选择，从而成就了四川经济地理的历史性变迁。

提高密度，推进城镇化，是改革开放后中国经济社会高速发展的主要特征。关于密度，我们曾经用过这个概念，但只是用于密度的测算，没有把要素聚集、人口聚集、资本聚集、生产和服务聚集、财富聚集等视为密度的因子与城镇的发展联系起来，更没有使用过“提高密度”推进城镇化进程的概念。然而令人欣慰的是，四川在改革开放中，最早明白了城市是经济中心的概念，最早确立了城市多功能的定位，最早进行了打破分割和封闭的改革，最早在大城市实行计划单列，最早启动了老城区改造和新城区开发，最早进行了小城镇的建设，最早开辟了城乡统筹试验。从而使城镇有了较快的发展，经济密度大幅度提高。据不够确切的计算，四川的经济密度已由1978年的3.84万元GDP/平方公里，提高到2011年的438.06万元GDP/平方公里。

交通自古以来就是四川的一个沉重的话题。李白曾经用“蜀道难，难于上青天”的诗句来形容四川交通的艰难险阻。新中国成立以来特别是改革开放以来，四川开展了大规模的铁路、公路（尤其是高速公路）、航空、内河航运以及县域和乡村的公路建设。今天的情势已由“蜀道难”变为“蜀道通”。我们深深感到，交通的巨大变化大大缩短了城市间、区域间、国内各省间、国家间的时空距离，使四川与外部世界的距离变得如此之近，促进了各类生产要素的跨区域流动和世界范围内的资金整合，四川与外界的人流、物流、贸易流、资本流、信息流的速度大大加快，出现了历史上奔赴东南沿海和西藏、新疆从事现代化建设的最大人流。2011年，全世界每两部平板电脑的CPU就有一部在四川生产，并通过航空运输量居全国第四位的成都双流国际机场运往世界各地，形成巨大的空中物流和贸易流，四川创造了对全世界500强企业的强大吸引力，到2011年已有243家落户四川。重庆和成都正在由“哑铃式”的双核变成一根相距仅1小时车程的增长轴。因为谁都没有想到，新中国成立前要两天才能见面的成渝人，“今天2小时、明年1小时”就握手了。距离的缩短，降低了流通成本，促进了高密度聚集的城市和城市群的形成，原来都不看好可能与沿海相比的四川，居然由于角色的变换和距离的缩短正在追赶沿海。

四川地域辽阔，自然环境复杂，不宜开发和禁止开发的面积占到四川国土面积的一半以上，而这些地区人口仅200多万，仅占四川总人口的2%。然而造物主却那么慈悲，竟在高山的环抱之间，造就出一个美丽富饶的四川盆地。肥沃的土壤、温和的气候、充沛的雨量、自高原流入长江的多条支流遍布盆地，上亿人口密集地依江而居，城镇濒水而建。仅就盆地而言，四川的人口密度并非现在的166人/平方公里，而是399人/平方公里。如果再加上1000多万农民工对省外其他城市城镇化所做的贡献，那比例还要高。四川的密度在盆地，城镇化的发展在盆地，提高密度的潜力在盆地，距离的进一步缩短在盆地，创造财富的宝藏在盆地。

四川不仅有盆地，还有高原、山地和丘陵。区域间的发展很不平衡。四川如何在高密集地发展盆地的同时，缩小高原、山地、丘陵与盆地的发展差距和收入差距，是很重要的事情。

四川不能忽视更不能破坏青藏高原。因为青藏高原是长江、黄河的源头，长江流域的生态屏障，全国以至亚洲大陆、太平洋、印度洋气候调节的依托，高原牧区和藏族同胞生活居住的地方。这里的自然条件，难以进行现代化的经济开发，但应进行现代化的生态经济建设。要引进生态资源、生态资本、政府购买生态产品等概念，大规模地发展生态经济，把政府的职能和居民的职业、干部的收入和居民的收入都转移到发展生态经济和保护生态环境上来。坚决要求国家停止南水北调西线工程建设，努力保护长江源头。

四川要认真实行政府财政转移支付政策、扶贫开发政策、公共服务全覆盖和均等化政策、少数民族地区“9+2”义务教育政策。推进发达地区和欠发达地区对口支援，携手共进，实现共同富裕。

《重塑四川经济地理》是一本要在四川 48.6 万平方公里面积上，借鉴世界银行所提出的新的经济地理理论和政策，结合我国、四川省的实际情况，实现四川从经济大省、经济强省跨越，从总体小康向全面小康跨越，并进一步向现代化目标前进的著作；是适应四川从战略后方向西部发展高地、内陆开放高地转变，传统产业基地向现代产业基地、外向型产业基地转变，从分散发展型向高度密集和和谐发展相结合型转变的著作。

本书分 7 编 49 章，包括了经济地理和经济发展有关的篇章。由于时间较紧，水平所限，恳请广大专家学者、经济地理研究者和读者指教。

林 凌

2013 年 9 月 1 日

目录

CONTENTS

目录

CONTENTS

目录
CONTENTS

目录

CONTENTS

目录
CONTENTS

· 中 ·

第四篇　区域与城市

目录

CONTENTS

目录 CONTENTS

目录

CONTENTS

目录

CONTENTS

目录

CONTENTS

目录

CONTENTS

目录

CONTENTS

目录

C O N T E N T S

第一篇

总论

第1章 重塑四川经济地理*

《2009年世界发展报告：重塑世界经济地理》，用密度、距离、分割三个要素剖析世界经济地理的变迁①，给我们提供了观察和研究经济增长与经济地理变迁的又一个全新视角。该报告总结全球200年来的发展史，指出：全球经济主要集中在大城市、发达省份和富裕国家。经济活动的集中导致了发展的不平衡，但若实行平衡发展战略，又往往会阻挠发展。不平衡的经济增长与共同富裕是否可以并行不悖、相辅相成？报告指出：经济发展成效卓著的国家的经验证明，在努力促进生产集中的同时，通过政府的财政转移支付政策、基础设施建设、公共服务均等化政策、激励政策等，可以促进生活水平趋同，从而达到共同富裕。生产的集聚→经济的集中→地区差距扩大→生活水平分化→政府财政转移支付等政策的实施→经济的进一步繁荣→生活水平趋同→共同富裕，这是该报告给我们描绘的经济地理变迁和发展蓝图。250多年前的英国、200多年前的美国、140多年前的日本，无不遵循这一规律，走过这一进程，世界经济地理也由此不断改变。35年前，中国开始了由计划经济向社会主义市场经济的转变，实行改革开放，加入了全球经济一体化的大家庭，东部沿海地区首先进入了这一循环，形成了长三角、珠三角、环渤海三大经济增长极，成为中国最先富裕起来的地区和国家最重要的经济支柱。但地区间的差距由此更加拉大。2000年开始，国家为缩小拉大的差距，实行西部大开发战略，其后又实行向西开放战略，四川也随之步入了这一循环，经济迅速在成都周边及盆地城市密集区集中，以成都为中心的向内向外的综合交通枢纽建设大规模展开，“一核、五带、四群、五区”②的全省区域生产力空间布局逐步形成，以重庆和成都为双核的成渝经济增长极快速崛起，四川的战略地位从全国后方基地向向西开放基地转变，与东部沿海相比的区位劣势开始向新的区位优势转化，从此，四川经济地理进入了新一轮的重塑时期。

一 导言：世界经济地理学最新发展和重塑中国经济地理的重要意义

（一）经济地理学简介和新经济地理学

经济地理学是地理学的一门基础学科、人文地理学的分支学科，也是地理学和经济学的交叉学科，主要研究人类经济活动地域体系的形成过程、结构特点和发展规律，包括经济活动的区位、空间组合类型和发展过程等内容，其显著特点是研究经济地理的空间布局，是一门理论与实

---

* 本章作者：林凌，四川省社会科学院原学术顾问，研究员；刘世庆，四川省社会科学院西部大开发研究中心秘书长，研究员；付实，四川省社会科学院西部大开发研究中心副秘书长，助理研究员；高丹，赛迪顾问股份有限公司（北京赛迪方略城市经济顾问有限公司），高级经济师。

① 《2009年世界发展报告：重塑世界经济地理》，胡光宇等译，清华大学出版社，2009。

② “一核、五带、四群、五区”中，“一核”指成都发展核；“五带”指成德绵广（元）、成眉乐宜泸、成资内自、成遂南广（安）达、成雅西攀五条经济带；“四群”指成都平原城市群、川南城市群、攀西城市群和川东北城市群四大城市群；“五区”指成都经济区、川南经济区、川东北经济区、攀西经济区和川西北经济区。

践紧密结合的应用学科。经济地理的内容可按宏观、中观、微观划分。宏观尺度的经济地理学，研究经济全球化的特征及其对经济活动空间布局的影响、国际区域性经济一体化的发展及其影响、全球产业链与国际产业转移；中观尺度的经济地理学，研究一个国家或区域经济地理的演化机制、产业活动的空间分布、产业集群与新产业区建设；微观尺度的经济地理学，研究经济区位理论、生产要素配置、现代制造业、现代服务业、跨国公司企业的布局与发展，等等。

经济地理学是一门古老而又年轻的学科。它的发展历史源远流长，随着科学技术和社会的进步不断演化提升，大致经历了三个阶段：古代的经济地理资料积累、近代学科的形成和演化、现代经济地理学的形成。从2000多年前到18世纪前的经济地理包含在地理学之中，主要是对地理的经济现象的观察、记述。从18世纪开始，人们进入了系统的研究经济地理学的阶段。1760年，俄国科学家罗蒙诺索夫首先提出了“经济地理学”这个名称。1882年，德国地理学家格茨发表的《经济地理学的任务》论述了经济地理学的性质及其构成，标志着经济地理学从地理学中分离出来，独立成为一门学科。在此前后，德国经济学家杜能于1826年提出农业区位论，韦伯于1909年提出工业区位论，地理学家克里斯塔勒于1933年提出中心地理学说，经济学家缪什于1940年发表《区位经济学》，艾伦·普里德于1966年提出积累循环因果关系理论，逐渐充实了近代经济地理学，构成了近代经济地理学五大传统理论。

“二战”后，特别是20世纪70年代以来，全世界的经济格局发生了巨大变化，出现了一系列新的特点，经济地理学理论也随之有了很大的发展。以斯蒂格利兹（Stiglitz）和克鲁格曼（Krugman）等为代表的主流派经济学家以全新的视角，把以空间经济现象作为研究对象的经济地理学、区域经济学、城市经济学等经济学科统一起来，构建了“新经济地理学”。其理论特征是：以报酬递增和不完全竞争假定为基础，主要研究经济活动的空间集聚和区域增长集聚的动力，包括企业和产业的聚集，经济增长极的发展，区域增长方式和增长模式的选择；政策上鼓励生产集聚和经济集中，鼓励世界区域贸易和多边贸易的自由发展。同时，研究解决不平衡发展带来的种种问题，求得非平衡下的协调发展。1991年，克鲁格曼采用迪克斯特与斯蒂格利茨的垄断竞争假设，即假设不完全竞争市场结构，规模报酬递增、空间差异，建立了“中心－边缘”区域增长模型。他在该模型中引入了空间或地理因素，外部经济聚集经济，并把技术进步、规模经济作为内生经济变量，探讨增长极或优势区位的选择及区域经济增长模式，其分析结果表明：“中心－边缘”结构和增长极的形成，取决于规模经济、运输成本和国民收入中的制造业份额。

（二）世界经济地理学的最新成果和对重塑中国经济地理的意义

过去几十年，新经济地理学蓬勃发展，在原有理论基础上涌现了许多新成果，对世界包括中国的实践产生了很大影响，在政策上得到了广泛运用，其中最重要的最新成果包括：增长极理论深化后的新区域主义和一体化发展战略；《2009年世界发展报告：重塑世界经济地理》在总结新经济地理最新研究成果和全世界几十个国家（包括中国）实践经验基础上提出的密度、距离、分割的新经济地理分析框架；我国提出的区域发展总战略和主体功能区战略。

1. 区域一体化战略和区域非均衡发展战略

20世纪50年代，经济地理学出现了由法国学者佩鲁和布代维尔提出的增长极理论，被认为是西方区域经济学中区域发展的基石，是不平衡发展论的主要依据，对现实区域发展有重大指导作用。该理论认为：一个国家要实现平衡发展只是一种理想，在现实中是不可能的，经济增长通常是从一个或数个“增长中心”逐渐向其他部门或地区传导。因此，应选择特定的地理空间作为增长极，以带动经济发展。

20世纪80年代以后，增长极理论进一步发展为全球性新区域主义（New Regionalism）、区域经济非均衡发展一体化战略。原生的增长极理论强调，全球经济要素的联系和流动，派生的“地理性增长极”强调特定区域空间尤其是城市与周边地区的经济联系，全球性新区域主义（New Regionalism）是这个理论的体现。它注重经济空间或佩鲁空间（偏重于全球经济诸要素流动，具有无形、非实体和不稳定的特征）与地理空间（偏重于区位优势和比较优势，具有实体性和稳定性）的结合。

瓦尔兹1996年的研究结果表明，区域经济增长起因于产业部门的地理集中所表现的持久的生产率增长，以及技术等要素的溢出效应，并且认为，区域经济一体化会导致递增的生产与产品创新的区域集中。1999年，维纳伯尔斯在新经济地理学理论框架内，把运输成本作为空间地理因素纳入区际贸易模型，其结果表明：贸易方式和贸易活动的区位选择不仅取决于资源禀赋和要素密集度，而且取决于运输成本和运输密集度。在上述这些理论基础上，20世纪90年代形成了区域非均衡发展一体化战略，其特征是：总体均衡和局部非均衡相结合，效率和公平相结合，非均衡推进与协调发展相结合，以及外在牵引力、内在驱动力和区域联动力相结合。

2. 世界银行提出的密度、距离、分割三维度分析框架

《2009年世界发展报告：重塑世界经济地理》，重新构建了关于城市化、区域发展和一体化的理论和政策框架，汇集了几代人的经济地理研究成果，更是对世界经济地理实证分析的创新和集大成之作[①]。

（1）如何认识世界经济地理变迁？该报告吸收了新经济地理和新贸易理论的最新研究成果，提出一个新的多维度经济地理分析框架。报告将密度、距离和分割视为经济地理的三个基本特征。密度指每单位面积的经济总量，反映经济的集中程度，往往是经济越集中的地方越富裕；距离是商品、服务、劳务、信息等到达经济聚集中心的距离，主要指生产要素的集中速度、劳动力的流动程度和物流成本的高低程度，

① 胡鞍钢：《2009年世界发展报告：重塑世界经济地理》中译本序言，胡光宇等译，清华大学出版社，2009。

具体体现就是交通的发展；分割指国家之间、地区之间商品、资本、人员和知识流动的限制因素，通过打破封闭、打破分割的体制和政策的实施，实现城市间、区域间、国家间的分工和专业化协作。

从全球的自然地理条件和环境来看，不是任何地方都适合进行经济活动和创造财富。迄今为止，全世界一半的生产活动在仅占全球土地面积 1.5% 的地方进行，而且大多集中在沿海地区和大江、大河、大湖沿岸，因为这些地方最适宜人类的生存发展。现在全球生产和财富主要集中在大城市、发达省份和富裕国家。北美、欧盟和日本，以世界 1/6 的人口聚集了全球 75% 的财富就是一个最有力的证明。古代中国的经济总量一直占世界经济总量的 50% ~ 60%，经济活动也集中在江河湖海运河沿岸和渭中平原、四川盆地、华北平原等自然条件优越的地区。这既是人类生存的选择、发展的选择，也是追求富裕的物质生活、精神生活的选择。在现代的中国，东部沿海长三角、珠三角、环渤海三大城市群已经成为引领中国经济的三大增长极：土地面积占全国的 4.3%，却创造了全国约 40% 的 GDP、约 75% 的进出口贸易总额，吸引了 70% 的外国直接投资。

但经济活动的集中导致了不平衡的发展。经济的发展没有给每个地方带来繁荣。以巴西、中国和印度为例，其落后省份的贫困发生率是发达省份的 2 倍多。发展中国家超过 2/3 的贫困人口生活在山区和乡村。世界上最贫穷的 10 亿人口，生活在与外界分割的撒哈拉以南非洲以及东南亚，依靠不到 2% 的世界财富维持生存。

在经济集聚发展的同时，整个区域的发展是否仍然可以做到普惠与和谐？世界银行报告指出，地区间发展不平衡呈倒 U 形，即随着经济的发展，地区间的不平衡会逐渐拉大，但随着经济的进一步发展，地区间的不平衡趋势会逐渐缩小，先进地区与落后地区先分化后趋同 ①。日本就是一个经济集中与生活水平趋同并行不悖的典型案例。日本东京圈、名古屋圈、大阪圈三大都市圈集中了全国 73.6% 的 GDP 总值、68.7% 的人口，其人均 GDP 仅为全国的 1.08 倍，除东京外，日本各地区的人均 GDP 最高与最低比值仅为 1.8。需要指出的是，这种趋同并不是市场机制的“自然结果”，而是市场机制和政府调控共同作用的结果。

要实现生产集中与生活水平趋同，必须实施促进经济一体化的政策行动，这是经济发展成效显著的国家的基本经验。仍以日本为例，1989 年日本最富地区与最穷地区财政能力之比为 6.8 : 1，通过市场机制和政府干预共同作用，特别是中央政府在地区间进行的大规模的财政转移支付政策，2006 年这一比值降为 1.56 : 1。从而使日本在全国范围内实现了公共服务的均等化 ②，大大缩小了收入差距。

（2）推动经济地理变迁的动力是什么？该报告强调，聚集效应、迁移、专业化和贸易是重塑世界经济地理的主要驱动力。聚集的规模效应、生产要素自由流动、

① 世界银行：《2009 年世界发展报告：重塑世界经济地理》，胡光宇等译，清华大学出版社，2009，第 10 ~ 11 页。
② 胡鞍钢：《2009 年世界发展报告：重塑世界经济地理》中译本序言，胡光宇等译，清华大学出版社，2009。

人口的迁移，会促使经济活动趋于集中。交通成本的下降既促进了要素和人口的集中，又促进了专业化分工，以及产业内贸易的发展。概括起来，就是世界银行所总结的提高密度、缩短距离、打破分割。

（3）在重塑经济地理中，如何同时实现不平衡的经济增长与普惠和谐的发展？该报告总结了发达国家的经验，提出一个新的关于城市化、区域发展和一体化的公共政策框架，包括政府财政转移支付等公共制度、基础设施建设、特殊干预措施。这是一个促进一体化的组合工具，政府和市场都要发挥作用。

3. 中国的实践：实施区域发展总体战略和主体功能区战略

世行报告中所阐述的这些理论和观念，在中国虽然没有那样概括和总结，但在战略、体制和政策上有许多独到之处。

（1）实施沿海开放和建立经济特区战略。在提高密度推进城市化方面，中国在20世纪80年代，准确判断冷战后和平发展的国际形势，选择了东南沿海地区实行对外开放战略，快速进入国际市场；大胆利用亚洲“四小龙”和其他国家的资本，解决中国资本不足问题；把5个经济特区和14个沿海城市培育为密度很高的经济增长极；并把他们建成政策“洼地”，吸引各种要素和劳动力向洼地流动；开展华东地区铁路大会战，缩短城市和区域间的距离；积极进行对外贸易体制改革，大力推进WTO谈判，打破分割、封闭，实现贸易自由化，全球化；在推进国企改革的同时，在全国进行教育、医疗、养老、失业、社会救助等社会公共服务均等化建设，特别向落后地区倾斜。这些举措，实际上就是世行报告提出的经济地理应遵循的提高密度、缩短距离、打破分割三大特征和应推进的公共政策。

（2）树立“两个大局”观念，推行非均衡协调发展战略。区域发展不平衡是我国的基本国情，也是我国经济社会发展面临的一个重大问题。在我国实行沿海开放战略时，邓小平响亮地提出让这一地区先发展起来；同时提出“两个大局”思想，明白告诉全国，先让沿海地带发展起来是一个“大局”；发展起来之后，接着发展中西部地区，这又是一个“大局”。我们坚定不移地实行了“两个大局”的战略。当东部沿海发展起来，并且拉大了东西部差距之时，我们于2000年开始实行西部大开发战略，紧接着实行了振兴东北老工业基地和中部崛起战略。这样，全国就形成“四大板块”式的发展格局。四大板块都在发展，但是有快有慢，是不平衡的；然而，四大板块的发展基本上又是协调的，这种发展形态我们称之为非均衡协调发展，这也是中国独特的发展战略。如果说这是中国在打破分割、缩小差距方面的创造，并不为过。

（3）实施“主体功能区”战略，建设和保护生态环境。在世行报告中，强调了发展区域和增长极的选择，但对于选择的条件没有分析、研究和展开，特别对生态环境问题没有做出研究和政策指导，这不能不说是一个缺陷。中国在这方面虽然做得不好，但在战略和政策研究上给予了高度的关注。我们认为，建设和保护生态环境是发展区域和增长极选择的必要条件。因此，国家从制定“十一五”规划开始，就提出了推进主体功能区建设的基本思路和方向。根据资源环境承载能力和发展潜力把不同地区划分为优化开发、重点开发、限制开发和禁止开发等四个不同类型的功能区域。“十二五”规划建议中，进一步把实施主体功能区规划上升到国家战略高度，与实施区域发展总体战略相并列，提出要按照全国经济合理布局的要求，规范开发秩序，控制开发强度，形成高效、协调、可持续的国土空间开发格局。2011 年 6 月，国务院发布了《全国主体功能区规划》，明确了不同区域的主体功能。在发展导向上，对人口密集、开发强度偏高、资源环境负荷过重的部分城市化地区要优化开发； 对资源环境承载能力较强、集聚人口和经济条件较好的城市化地区要重点开发； 对具备较好的农业生产条件、以提供农产品为主体功能的农产品主产区要着力保障农产品供给安全； 对影响全局生态安全的重点生态功能区要限制大规模、高强度的工业化和城镇化开发；对依法设立的各级各类自然文化资源保护区和其他需要特殊保护的区域要禁止开发。主体功能区规划，对中国的生态建设和生态保护具有特别重要的意义。中国的大江大河的流向多为由西向东，源头多在青藏高原、三江源、云贵高原等区域，在这些区域进行生态建设和生态保护，对全国起着重要的屏障作用。

（4）充分发挥“无形之手”作用，实施“无形之手”与“有形之手”相结合战略。世行的报告着重强调重塑经济地理的市场作用，即“无形之手”的作用，这无疑是很正确的。中国长期实行计划经济，政府（“有形之手”）的作用是唯一的作用，这是中国经济社会发展缓慢、经济地理长期落后的重要原因。改革开放后，经济社会发展之所以快，经济地理变化之所以大，是我们放弃了计划经济，实行了市场经济，发挥了“无形之手”的作用。同时，市场经济并不是万能的，而且有时会失灵。在中国转型过程中，始终有一个有效的政府，既能强力运用市场这只“无形之手”，又能重视和运用政府这只“有形之手”，补充“无形之手”的不足以至失灵，因而在重塑经济地理中，做得比较有序，减少了失误。这是中国的一条重要经验，值得借鉴推行。

以上四个方面，虽然没有做出多高的理论概括，但从实践角度看，也是中国对新经济地理学的重要贡献。

二　变迁：中国经济地理的巨变与四川地位的变化

（一）中国经济地理的巨变和中国经验

改革开放 30 多年来，中国发生了前所未有、世界瞩目的巨变，不仅表现在国家实力和人民生活水平翻天覆地的变化，而且表现在中国经济地理的巨变。审视中国今天的经济地图（见图 1-1），如果以单位面积经济产出为海拔高度，映入眼帘的将是由沿海长三角、珠三角、环渤海三大国家级增长极构成的高耸入云的尖峰，由成渝经济区、大武汉经济区、广西北部湾经济区、海峡西岸经济区、关中 - 天水经济区等新的增长极构成的山峰，由星罗棋布的其他城市组成的高低不一的小山峰，由广大农村地带构成的绿色平原和丘陵地

图 1-1　中国经济地理

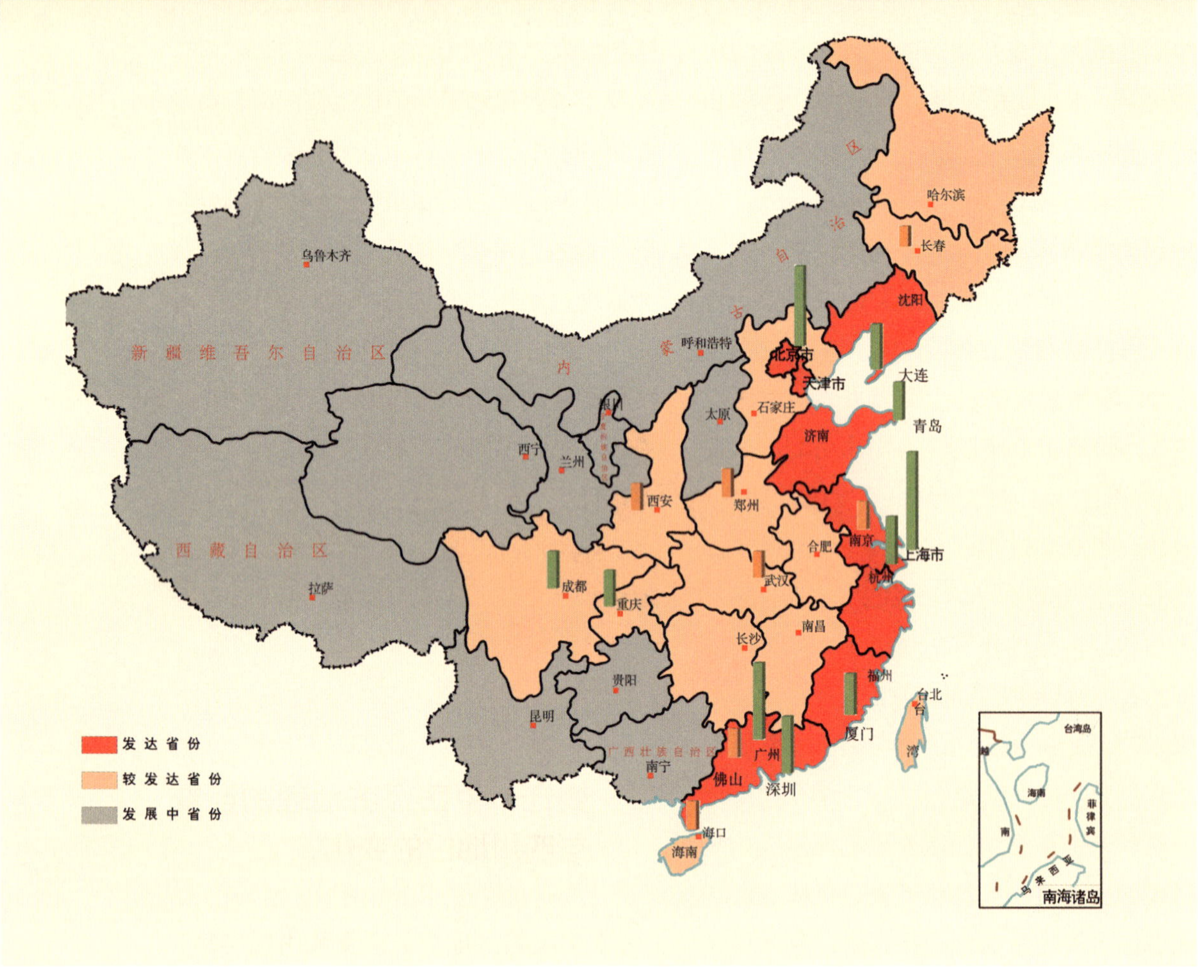

带，以及由落后地区形成的洼地。这种如山峰林立一样的地图可以称之为经济地图，是《2009 年世界发展报告：重塑世界经济地理》的一大亮点。

1. 中国经济地理变迁的三大特征

正如世界经济地理变迁一样，30 多年来中国经济地理的巨变也充分体现了提高密度、缩短距离、打破分割这三大特征和规律。

第一，中国经济密度不断提高。中国经济快速向东部沿海地区、城镇、城市群聚集，呈现山峰山谷高低不平的经济地图。首先是向东部沿海地区集中。东部 GDP 占全国的比重从 1978 年的 51% 提高到 2010 年的 60%。距离海岸线 200 公里范围里的沿海 62 个地级市，用不到全国 30% 的陆域土地，产出了全国将近一半的 GDP，吸引了 80% 以上的外来直接投资，生产了 90% 以上的出口产品。其次是经济向城镇尤其是向城市集中。2011 年，我国城镇人口比重已由 1978 年的 17.92% 上升到 51%，城镇经济和贸易规模约占全国经济总量和贸易总量的 90%，其中地级以上城市经济总量在国民经济中的份额就达到 70% 左右。最后是经济开始向城市群集中。目前，东部沿海长三角、珠三角、环渤海三大城市群已经成为引领中国经济的三大增长极：

土地面积占全国的 4.3%，却创造了全国约 40% 的 GDP、40%的社会零售品总额、约 75% 的进出口贸易总额，吸引了 70% 的外国直接投资。随着东北、中部、西部的各个板块的城镇和城市群相继崛起，中国城市化率将以每年 1% 左右的速度上升，城镇和城市群的经济集中度还将进一步提高。

第二，中国经济距离不断缩短。改革开放以来中国的综合交通发生了翻天覆地的变化，正快步赶上西方发达国家水平。2011 年底，中国高速公路通车里程达到 8.5 万公里，仅次于美国，居世界第二，与美国的差距从 1990 年的 145 倍缩小至 2011 年的 1.2 倍[①]。我国已拥有公路总里程近 400 万公里，已经基本形成干支衔接、四通八达的公路网络，其中，“五纵七横”国道主干线可以覆盖全国全部百万人口以上的特大城市和 93% 的 50 万人口以上的大中城市。中国高铁从无到有，高铁里程已近 1 万公里，运营总里程已稳居世界第一，全国 75% 的省会城市间开通了动车组。改革开放之初，我国的机场仅 80 个，到 2011 年底，全国民用航空运输机场已有 187 个，基本覆盖了全国所有的大中城市和重要旅游景点。长江等内河航运码头长度达 904494 米，沿海规模以上港口货物吞吐量达 616292 万吨，规模以上港口完成国际标准集装箱吞吐量 14909.96 万 TEU。油气输送管道达 110.4 里程 / 万平方公里，遍布全国，从哈萨克斯坦、俄罗斯、缅甸到中国的管道已建成运营。这些交通运输建设，使区域间的经济距离大大缩短，全国人流、物流、贸易流、资本流、信息流大大加快，流动成本大幅降低。世行报告指出，20 世纪 70 年代以来，世界铁路货运成本降低了一半，公路运输成本下降了 40%，船运服务价格跌了 50%，航空货运价格则下跌了 90%。可以预料，到 21 世纪 20 年代，中国的物流成本将会大幅下降。

第三，中国不断打破分割，扩大开放合作。中国改革开放 30 多年来的重大成果之一，是成功融入世界经济。从 20 世纪 80 年代沿海开放战略的成功推进开始，2001 年成功加入 WTO，与世界 189 个国家和地区建立了贸易关系。中美、中欧、中日、中俄、中印等大国间贸易蓬勃发展。与此同时又陆续建立 10+1 中国东盟自由贸易区和中智、中新（西兰）、中爱（尔兰）、中瑞（瑞士）等自由贸易协定，建立了以打击恐怖主义、极端主义和分裂主义“三股势力”为中心的反恐合作及政治、经贸、科技、文化、教育、能源、交通、旅游、环保等多领域合作的上海合作组织，与非洲 48 国建立了中非论坛，与香港、澳门、台湾签署了 CEPA 和 ECFA 协定。在超过日本成为世界第二大经济体之时，又超过德国成为世界第二贸易大国。世行数据还显示，中国对世界 GDP 增量的贡献率在 2003 年是 4.6%，2010 年增长到 14.5%，我国已成为全球第一大经济贡献国。在向东开放取得巨大成就之时，中国又提出向西开放战略，从陆上挺进亚欧大陆、中东和欧洲，重建现代丝绸之路。对外开放在地理上的这些表现，正在使中国形成一个“海陆并进、东西互动”的新

① 《十年：创造新的中国速度》，求是理论网，http://www.qstheory.cn/tbzt/2012tbzt/kxfzcjhh/ywyl/201209/t20120925_183472.htm。

格局。

2. 区域发展格局发生重大变化

1949年以来，我国区域经济发展和布局，随着政治、战争、对外关系的变化，经历了多次调整。新中国成立之初，从经济的基础来说，以上海为中心的东部沿海较为发达，但由于解放战争还在进行，很难在这一地区布局和发展。由苏联指导下制定的第一个五年计划，重点是发展重工业和军事工业，布局大部分在东北和内地。中苏关系破裂后，特别是冷战时期，中国的经济布局转向以“战备”为内容的“三线建设”，大大加强了内地工业尤其是军事工业和重工业布局。从20世纪50年代到70年代末这20年时间，可以说是我国工业布局由沿海向内地推进的阶段。现在内地的工业基础基本上是这一时期形成的。我国赖以独立于世界之林的“两弹一星”就是这一时期制造的。但这一时期又是我国对外最封闭的时期、国内各种运动最频繁的时期，特别是十年“文化大革命”是最混乱的时期，社会最不稳定的时期，意识形态和政治经济体制最保守、最僵化的时期，人民生活最艰苦的时期，经济直至到达崩溃的边缘。毛泽东逝世后，党中央一举粉碎“四人帮”，党的十一届三中全会对党的路线和政策进行了拨乱反正，从以阶级斗争为纲，转向以经济建设为中心，经济布局也从西部“战备”转向沿海开放。

20世纪80年代初开始实施的东南沿海开放战略是新中国历史上区域经济布局最重要的战略转向——从自我封闭转向向全世界开放的战略转向。这一战略转向，打破了历史上以“中国”为天下中心的自大主义，打破了受帝国主义屈辱的悲观主义和排外主义，建立了与世界各国同一市场、同一贸易规则、繁荣全球的“世界工厂”，奠定了中国与世界经济一体化的基础。这一转向，使中国出现了非均衡发展，东西差距扩大甚至引起了造访中国的德国总理、奥地利总理、美国总统及国内外著名经济学者直言不讳的警示和批评，但是从历史和未来的角度审视，这一转向是符合世界潮流、决定中国未来前途和命运的根本方针，而且具有战略眼光的邓小平早就注意到了同时会引发的区域差距问题，让人惊讶不已地提出“两个大局”思想，防止了过度非均衡发展的影响。

从2000年开始的西部大开发，紧接着实施的振兴东北等老工业基地和中部崛起战略，把全国分成四大板块，同时推进，这是中国区域发展战略的又一次转变——从非均衡发展向非均衡协调发展转变。11年过去了，原来期望的东西部差距的缩小并未真正实现，但是西部、中部、东北部的增长速度提高了，有些省份，如重庆、四川、内蒙古、湖北等甚至成为全国增长速度的领头羊。这种现象有些人认为不正常，我们认为是正常的。东部进入工业化后期以至后工业化时期，现在又走在经济结构调整的前列，是引领中国实现现代化所必需的。一个国家特别是一个发展中的大国，没有强大的引领力量，无法实现复兴和现代化强国的梦想。而跟随其后者，也必须在快速增长的同时，在区域内实行非均衡发展战略，让内地一部分地区先发展起来，逐步实现区域内的共同富裕。这种全国范围内的协调发展与落后地区的非均衡发展，构成一条非均衡协调发展战略。我们不知道世界经济学家是否同意这种概括，但我们则认为这是中国经济学家的理论创新（见图 1-2）。

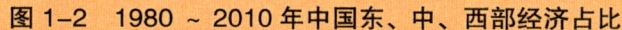

图 1-2 1980 ~ 2010 年中国东、中、西部经济占比

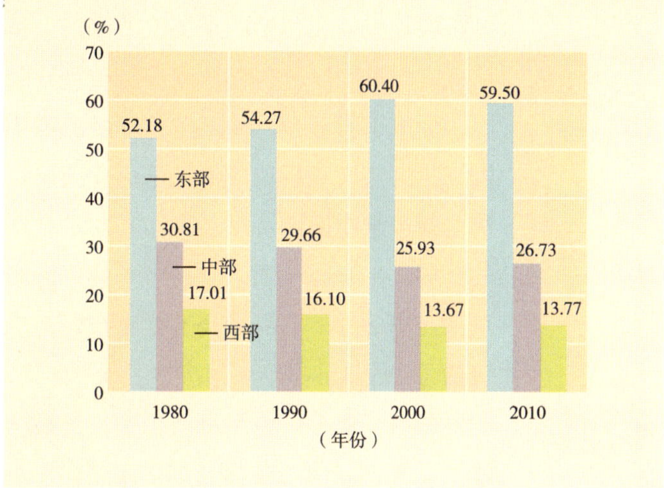

资料来源：《中国统计年鉴（2011）》计算整理而来。

现在的中国仍处在非均衡协调发展时期。但已出现一个新的时期即将来临的征兆。这个征兆就是中国将在深化沿海开放的同时，扩大沿边开放；在继续向东开放的同时，着力向西开放。李克强总理访俄时在莫斯科大学的讲话，高调传达了这个信息。他访问印度、巴基斯坦等国家时，在巴宣布了建设中巴经济通道的谈话。中哈输气管道到达广东，中国、缅甸输油输气管道贯通，尼泊尔试探把青藏铁路延至加德满都，重庆、成都货运列车开向欧洲。这一切都说明，中国冲破亚欧大陆障碍向西开放已不再是一种设想，而将变成现实。它的实现，将使西部像沿海一样变成前沿。如果云南、新疆是桥头堡，那么重庆、四川、陕西这样的西部宝地，将成为中国向西开放的中心和基地。古代南北丝绸之路，将在现代化的基础上重新焕发青春。这时的西部将变得像东部一样，中外互通、美丽富饶。

3. 重塑经济地理的中国经验

正如世行 2009 年报告所指出的，改革开放之初中国是向世界学习，模仿世界发达国家经验和做法。改革开放 30 多年来，中国经济地理发生了举世瞩目的巨变，在重塑经济地理方面取得了巨大的成就，中国已成为其他发展中国家可以借鉴和效仿的学习样本。中国重塑经济地理的经验和教训可概括为以下内容[①]。

第一，从观念看，改革开放后的中国经济地理变革是对我国传统经济地理观念的革命。受苏联计划经济思维影响，新中国成立后前 30 年我国传统经济地理观念的主要特点是经济行政化、区域增长平均化、城乡封闭分割化、生产要素固定化、排斥城市化甚至逆城市化等，这些与世界经济地理规律背道而驰。改革开放后，我国的经济地理观念发生了革命性的变革，中国经济地理变迁开始遵循世界地理变迁的规律和潮流，即遵循提高密度、缩短距离和打破分割三大特征，依靠经济集聚、要素流动、专业化协作、城市化等市场力量来推动，通过打造城市、城市群、区域增长极、经济区来实现。短短 30 多年，中国的经济地理发生了根本性的巨变。值得指出的是，中国的经济地理变迁之路不是西方教科书所指引出来的，也不是世行报告规划出来的，而是改革开放后通过顶层设计和人民群众首创精神的结合独立探索出来的。

① 本部分主要内容来自胡鞍钢为《2009 年世界发展报告：重塑世界经济地理》清华大学出版社，2009 中译本所作序言。

第二，从过程看，重塑中国经济地理的过程实质上是经济的一体化过程。中国经济发展一体化包括四个层次的经济一体化：首先是地区一体化，逐步打破行政疆界，形成了长三角、珠三角、环渤海等中国三大经济增长极和成渝经济区、武汉经济区等未来中国经济增长极。其次是全国的一体化，形成一个统一的市场体系，既包括充满活力的商品市场、要素市场，也包括灵活的就业市场。再次是区域一体化，主要是与东亚等周边经济体生产、贸易一体化。到2011年，中国连续多年成为东盟最大贸易伙伴，东盟成为中国第三大贸易伙伴。中国已签署并实施10个自贸协定，目前正在商谈6个，涉及五大洲28个国家和地区，涵盖我国对外贸易总额的1/3。最后是参与全球一体化，仅用30年时间，中国就从全球化的边缘者，转变为获益者，并成为领导者。到2011年，中国已连续两年成为世界货物贸易第一出口大国和第二进口大国。

第三，从驱动力看，建立市场和政府的伙伴关系，“无形之手”和“有形之手”相互紧握，“两只手都要硬”。市场化、全球化的经济改革使中国巨大的经济活力得到空前释放，使中国出现了人类历史上最大规模、最快速度的人流、物流、资金流、信息流，极大地促进了中国经济地理变迁。它促进了经济要素的自由流动，促进了人口向经济繁荣区迁移，使经济活动进一步集中，经济集聚形成知识溢出效应、劳动力市场的蓄水池效应、产业关联效应，使得经济活动更有效率。同时，专业化分工得到加强，新型贸易（主要指产业内贸易）开始增加。市场经济是人类迄今为止所发现的较有效的资源配置的形式，但也应当认识到，市场经济不是万能的。中国基本经验是市场这一“无形之手”与政府这一“有形之手”相互紧握，既顺其自然，又有所作为，相互补充、相互促进，共同成为重塑经济地理的正向作用力。政府在组织有效市场方面发挥着不可或缺的作用，中国政府在改革开放初期设立经济特区，对基础设施建设进行大规模投资，放松城乡户籍限制，不断消除区域间贸易壁垒，这些顺应经济地理规律的政府行为，有效地促进了资源更有效的配置。政府在纠正市场失灵方面也发挥着不可或缺的作用，通过大规模的财政转移支付，实施基本公共服务均等化，遏制了经济发展差距的持续扩大；进行环境监管，加强生态建设，保障生态安全，纠正环境的市场失灵。

第四，从效果看，经济一体化不是免费的午餐，在促进经济繁荣的同时会带来一些负面影响。经济一体化会导致某些萧条地区进一步边缘化，导致生态和环境的恶化，这就需要政府采取财政转移支付、教育移民、生态移民、公共服务均等化等手段加以干预。应该看到，随着长三角、珠三角、环渤海成为中国三大经济增长极，中国经济地理变迁导致了不同区域，特别是东部和西部较大的发展差距，不同区域人民生活水平相差很大。据国家统计局数据，2001 ~ 2010年，西部地区贫困人口占全国比例从61%增加到66%，其中贵州、云南、甘肃三省从29%增加到41%。另外，中国经济地理变迁面临着历史上最大的生态环境挑战。中国正进行着历史上规模最大的城镇化与工业化过程，正以历史上较脆弱的生态环境承载着最大的环境压力，导致了大规模的草原退化、沙漠化、植被破坏、水土流失、土地污染和生物多样性的丧失。正是在这些认识的基础上，过去几年我国提出了区域发展总体战略和主体功能区战略，这是中国应对这些负面影响的总体战略，也是中国实践对经济地理学的重要贡献。

（二）全国生产力布局基本形成

1. 已形成的三大国家级经济增长极

（1）以广州、深圳为中心的珠三角增长极。

珠三角经济圈是中国对外开放最早也是经济最发达的地区之一，早在1980年，珠江三角洲的深圳、珠海就凭借临近香港的区位优势被国家批准为首批经济特区。珠三角经济圈主要是由位于中国广东省珠江三角洲区域的9个地级市组成的经济圈，这9个地级市指广州市、深圳市、珠海市、佛山市、惠州市、肇庆市、江门市、中山市和东莞市，面积24437平方公里，不到广东省国土面积的14%，人口4283万人，占广东省人口的61%。经过30多年的改革开放，珠三角经济圈已成为中国三大经济圈最发达的区域之一，2012年珠三角经济圈实现GDP 47897.25亿元，占广东省GDP的83.9%，占全国GDP的9.2%；产业结构更加优化，第三产业占GDP比重高达51.6%。2012年国务院批准设立广州南沙新区，使珠三角世界级城市群建设迈上新的轨道。

广州南沙新区。2012年9月6日，国务院正式批复《广州南沙新区发展规划》，南沙新区成为继上海浦东新区、天津滨海新区、重庆两江新区、浙江舟山群岛新区和兰州新区之后的第六个国家级新区。南沙新区发展总的战略定位是：建设成为粤港澳优质生活圈和新型城市化典范、以生产性服务业为主导的现代产业新高地、具有世界先进水平的综合服务枢纽、社会管理服务创新试验区，打造粤港澳全面合作示范区。预计到2050年，广州南沙新区将建成国际智慧海滨城市、粤港澳全面合作的国家级新区、珠三角世界级城市群的新枢纽，在经济、社会、环境、国际化等方面达到香港及其他国际先进城市水平。届时，南沙新区人口稳定在240万人左右，经济总量达到18000亿元，人均地区生产总值达到75万元，第三产业增加值占GDP比重达到85%～90%。[①]

（2）以上海为中心的长三角增长极。

长三角地区自古以来就是中国经济发展较好的区域，由上海市、南京市、苏州市、无锡市、常州市、镇江市、扬州市、泰州市、南通市、杭州市、宁波市、嘉兴市、湖州市、绍兴市、舟山市、台州市等16个城市组成，陆地面积占全国的2.1%、人口占全国的11%。2012年16个城市实现GDP总量89951亿元，占全国GDP的17.3%，平均增长10.1%；实现地方财政一般预算收入10355.04亿元，增长9.9%；城市居民人均可支配收入34033元，增长12.1%；人均消费支出21595元，增长9.4%，是全国经济发展水平最高的区域。

上海浦东新区。1990年4月18日，党中央、国务院宣布浦东开发开放，标志着浦

① 据中国社会科学院发布的《广州南沙定位与发展战略研究》。

东开发开放上升为国家重大发展战略，标志着中国改革开放进入一个新的阶段。作为上海重新崛起的标志，到2011年，浦东新区共辖12个街道、24个镇，面积1210.41平方公里，人口为504.73万，GDP达到5177亿元，已发展成为引领上海经济乃至长三角经济的主要增长极，被誉为“中国改革开放的象征”、世界瞩目的“东方明珠”。

上海自由贸易试验区。试验区范围涵盖上海市外高桥保税区、外高桥保税物流园区、洋山保税港区和上海浦东机场综合保税区等4个海关特殊监管区域，总面积为28.78平方公里。试验区的主要任务是要探索我国对外开放的新路径和新模式，推动加快转变政府职能和行政体制改革，促进转变经济增长方式和优化经济结构，实现以开放促发展、促改革、促创新，形成可复制、可推广的经验，服务全国的发展。建设中国（上海）自由贸易试验区有利于培育我国面向全球的竞争新优势，构建与各国合作发展的新平台，拓展经济增长的新空间，打造中国经济“升级版”。试验区的建设必将推动以上海为中心的长三角区域经济发展进入一个新的高潮。

（3）以北京、天津为中心的环渤海增长极。

环渤海经济区以北京市和天津市为中心，还包括河北省的石家庄、保定、秦皇岛、廊坊、沧州、承德、张家口和唐山8座城市，同时该经济圈有中国六大国家级新区之一的天津滨海新区。环渤海经济区面积183704平方公里，占全国的1.9%，人口7605.13万人，占全国的5.79%。环渤海经济区的起步较晚，发展较快，2011年实现GDP 46710亿元，占全国GDP的9.9%。

天津滨海新区。2005年10月召开的中共十六届五中全会将“推进滨海新区开发开放”写进国家“十一五”规划建议，标志着滨海新区首次被纳入国家整体发展战略。2006年5月，中国国务院批准天津滨海新区为国家综合配套改革试验区滨海新区。到2011年，滨海新区总面积2270平方公里，人口248万人，GDP达到6206亿元，是中国北方对外开放的门户、高水平的现代制造业和研发转化基地、北方国际航运中心和国际物流中心、宜居生态型新城区。

2. 经济增长极的全国布局

在推动三大经济增长极快速成长的基础上，国家改革过去封闭、僵化的体制，有计划地在全国范围进行了经济增长极的布局，并把这些增长极提升到国家战略布局的高度。

（1）东部地区。

山东半岛蓝色经济区。山东海岸线长，海洋资源丰富，地处东北老工业基地与长三角经济区的中间，区位优势明显，2009年胡锦涛总书记在山东考察时提出打造山东半岛蓝色经济区。2011年国务院已正式批复《山东半岛蓝色经济区发展规划》，明确提出山东半岛蓝色经济区的战略定位是：黄河流域出海大通道经济引擎、环渤海经济圈南部隆起带、贯通东北老工业基地与长三角经济区的枢纽、中日韩自由贸易先行区。通过九大核心区的建设，形成海洋特色产业集聚区，进而成为具有国际先进水平的海洋经济改革发展示范区和我国东部沿海地区重要的经济增长极。

海峡西岸经济区。2009年5月国务院《关于支持福建省加快建设海峡西岸经济区的若干意见》提出建设海峡西岸经济区，即打造以福建为主体的，南北与珠三角、长三角两个经济区衔接，东与台湾岛相连，西与江西的广大内陆腹地贯通，担负促进祖国统一大业使命的经济区。海峡西岸经济区以福建为主体，涵盖浙江、广东、江西 3 省的部分地区，预计建成后的经济区年经济规模在 17000 亿元以上，将成为两岸人民交流合作的先行先试区域、东部沿海地区先进制造业的重要基地、中国重要的自然和文化旅游中心。

海南国际旅游岛。海南是我国最大的经济特区和唯一的热带岛屿省份，2009 年《国务院关于推进海南国际旅游岛建设发展的若干意见》的出台，将海南旅游的发展提升到了新的高度，通过建设国际旅游岛先行试验区，打造世界一流的海岛休闲度假旅游目的地。

浙江舟山群岛新区。2011 年 6 月 30 日，国务院正式批准设立浙江舟山群岛新区。舟山成为我国继上海浦东、天津滨海和重庆两江后又一个国家级新区，也是首个以海洋经济为主题的国家级新区。在功能上，舟山群岛新区被定位为：浙江海洋经济发展的先导区、海洋综合开发试验区、长江三角洲地区经济发展的重要增长极。未来，舟山群岛新区将发展成为中国大宗商品储运中转加工交易中心、东部地区重要的海上开放门户、中国海洋海岛科学保护开发示范区、中国重要的现代海洋产业基地、中国陆海统筹发展先行区。

（2）东北地区。

沈阳经济区。作为东北最大的城市，沈阳经济基础良好，是东北的交通枢纽城市，全国最大的综合性重工业基地。2010 年，国务院批准以沈阳为中心“一核、五带、十群”的沈阳经济区的建设，其目标是到 2020 年将沈阳经济区建设成为东北亚地区重要的经济中心。

辽宁沿海经济带。包括大连、丹东、锦州、营口、盘锦、葫芦岛 6 个沿海市所辖的 21 个市区和 12 个沿海县市，是东北地区最重要的沿海区域，其中大连是东北地区最大的港口城市和对外贸易口岸、东北亚地区重要的国际航运中心。2009 年，国务院正式发布了《辽宁沿海经济带发展规划》，提出建设辽宁沿海经济区，其目标是打造国内一流临港产业集聚带、东北亚国际航运中心和国际物流中心，到 2020 年使其成为东北亚沿海区域的重要经济增长带。

（3）中部地区。

武汉城市圈。武汉城市圈指以武汉为圆心，包括黄石、鄂州、黄冈、孝感、咸宁、仙桃、天门、潜江 8 个城市所组成的城市圈，是全国资源节约型和环境友好型社会建设综合配套改革试验区。武汉城市圈面积不到全省的 1/3，集中了湖北省一半的人口，贡献了全省 60% 以上的 GDP。武汉城市圈不仅是湖北经济发展的核心区域，也是长江中游最大的城市圈，是全国四大板块中中部崛起的重要战略支点。

长株潭城市群。长株潭城市群指以长沙、株洲、湘潭为中心，以一个半小时通勤为半径，包括岳阳、常德、益阳、娄底、衡阳 5 个城市在内的“3+5”城市群，面积 9.7 万平方公里，占全省的 45.6%；常住总人口 4008.2 万人，占全省的 61%；创造了全省约 80% 的地区生产总值、60% 以上的地方财政收入、90% 左右的工业增加值，是湖南产业、城市最为密集的区域，是湖南经济发展的龙头，也是实现中部崛起的重要支撑力量。

皖江经济区。国务院2010年1月12日正式批复《皖江城市带承接产业转移示范区规划》。作为首个获批复的国家级承接产业转移示范区，皖江城市带承接产业转移示范区是国家实施区域协调发展战略的又一重大举措。《规划》明确将皖江城市带承接产业转移示范区定位为合作发展的先行区、科学发展的试验区、中部地区崛起的重要增长极、全国重要的先进制造业和服务业基地。到2015年，示范区地区生产总值比2008年翻一番以上，三次产业协调发展，实现与长三角分工合作、优势互补、一体化发展，成为在全国有重要影响力的城市带。

中原经济区。2012年11月，国务院批复《中原经济区规划》，建设中原经济区上升为国家战略。中原经济区范围包括河南的18个地市及山东、安徽、河北、山西的12个地市，面积约28.9万平方公里、人口约1.5亿人，是人口数量最多的国家级经济区。《规划》确定中原经济区的战略定位是：国家重要的粮食生产和现代农业基地，全国工业化、城镇化、信息化和农业现代化协调发展示范区，全国重要的经济增长板块，全国区域协调发展的战略支点和重要的现代综合交通枢纽，华夏历史文明传承创新区。

（4）西部地区。

成渝经济区。成渝经济区地处四川盆地，北接陕甘，南连云贵，西通康藏，东邻湘鄂，面积约20.6万平方公里，是西部地区经济密度最高、发展水平最高、科技实力最强的经济区，是我国重要的人口、城镇、产业集聚区，是引领西部发展的重要增长极。2010年，成渝经济区人口9450.6万，占川渝总人口的86.7%，占全国总人口的7%；GDP 22720.2亿元，占川渝GDP总量的90.5%，全国GDP总量的5.7%；经济密度1102.9万元/平方公里，是川渝地区的2.48倍，全国经济密度的2.7倍。成渝经济区是全国少有的、以重庆和成都为双核心的经济区。2011年5月，国务院颁布《成渝经济区区域规划》，对成渝经济区的功能做了明确定位，要求把成渝经济区建设成为中国西部重要的经济中心、全国重要的现代产业基地、深化内陆对外开放试验区、统筹城乡发展的示范区、长江上游生态安全的保障区。《规划》还把“以重庆、成都为核心，沿江、沿线为发展带的‘双核五带’确立为成渝经济区的总体空间布局”。要求把两个特大城市打造成为带动成渝经济区发展的双引擎，经济繁荣、环境优美、城乡一体、全面现代化、充分国际化的大都会，我国对外开放的门户城市。

重庆两江新区。2009年2月，国务院下发《关于推进重庆市统筹城乡改革和发展的若干意见》，在国家战略层面正式设立“两江新区”，是中国的第三个国家级新区。两江新区面积约1205平方公里、人口约297万人，2011年GDP为3114亿元，其定位为“统筹城乡综合配套改革实验的先行区、内陆重要的先进制造业和现代服务业基地、长江上游地区的金融中心和创新中心、内陆地区对外开放的重要门户、科学发展的示范窗口”。预计到2020年，两江新区的GDP将达到整个西部9省区市GDP总和的10%，亦将达到西部9省份省会城市与自治区首府工业总产值的总和。

成都天府新区。2011年5月，国务院批复《成渝经济区区域规划》，天府新区建设正式跻身国家发展战略。天府新区规划面积为 1578 平方公里，涵盖成都市的高新区南区、双流县、龙泉驿区和新津县，眉山市的彭山县和仁寿县，以及资阳市的简阳市 7 个县级行政区。天府新区的建设目标是要“再建一个成都”，打造以现代制造业为主、高端服务业集聚、宜业宜商宜居的国际化现代新城区，在带动成都现代产业发展的同时，进而带动整个西部经济发展。到 2015 年，天府新区将实现地区生产总值 2500 亿元，到 2020 年实现总产值 6500 亿元以上，以先进制造业和高端服务业为主的国家级现代产业高地基本形成，到 2030 年，建成国家创新型城市、宜业宜商宜居的国际化现代新城区。

绵阳科技城。中国（绵阳）科技城位于四川省第二大城市——绵阳市。这里聚集有中国工程物理研究院、中国空气动力研究与发展中心等国防科研院所 18 家，西南科技大学等高等院校 11 所，长虹集团、九洲集团等大型骨干企业 50 余家，有两院院士 26 名、各类科研和工程技术人员 17 万人、享受政府特殊津贴专家 800 多名，是中国重要的国防军工、科研生产和人才基地，科技资源位列西部地区中等城市之首。根据规划，到 2015 年，绵阳科技城 GDP 突破 1500 亿元，高新技术产业占工业的比重达 60%，军民结合产业产值达 1800 亿元，R&D 占 GDP 的比重达 7% 以上，科技进步对经济增长的贡献率达 63%。科技城创新能力显著增强，科技综合实力全面提高，成为四川省创新驱动发展示范区、国家以军民融合为特色的自主创新示范区，高新技术产业规模将较 2012 年翻番。

攀西战略资源创新开发试验区。2013 年 2 月，国家正式批准设立攀西战略资源创新开发试验区，这是目前国家批准设立的唯一一个资源开发综合利用试验区。攀西战略资源创新开发试验区拟规划面积近 3 万平方公里，范围包括攀枝花市全境，凉山州的西昌市、冕宁县、德昌县、会理县、会东县、宁南县，以及雅安市的石棉县和汉源县，共 3 市（州）11 个县（市、区），试验区内钒钛磁铁矿、稀土、碲、铋等资源储量巨大，综合利用价值极高。经过多年的开发建设，攀西资源综合开发利用已形成了一定的技术优势和产业基础，是我国重要的钒钛、稀土产业基地和铁矿石资源保障基地。未来攀西战略资源创新开发试验区要建设成为世界级钒钛产业基地、我国重要的稀土研发制造中心。关中－天水经济区。

关中－天水经济区地处陕西、甘肃亚欧大陆桥中心，面积 7.98 万平方公里，人口 2842 万，是我国西部地区经济基础好、自然条件优越、人文历史深厚、发展潜力较大的地区。2010 年，该经济区 GDP 占西北地区的 29.6%。2009 年 6 月，国务院正式发布了《关中－天水经济区发展规划》，根据《规划》，关中－天水经济区的战略定位是：全国先进制造业重要基地、统筹科技资源改革示范基地、全国内陆型经济开发开放战略高地、全国现代农业高技术产业基地和彰显华夏文明的历史文化基地。《规划》要求，到 2020 年，关中－天水经济区的经济总量占西北地区比重超过 1/3，人均地区生产总值翻两番。

广西北部湾经济区。北部湾经济区地处中国华南、西南和东盟经济区的结合部，是我国西部地区唯一的沿海区域，是中国西南地区对外开放的重要门户。20 世纪 90 年代，中央把广西定位为“西南出海大通道”。2008 年 2 月,《广西北部湾经济区发展规划》获国务院批准，广西北部湾经济区正式纳入国家发展战略。根据国务院要求，广西北部湾经济区将成为中国－东盟自由贸易区区域性国际物流基地、商贸基地、加工制造基地和信息交流中心，成为沟通中国与东盟国家的国际大通道、交流大桥梁、合作大平台。经过 10 ~ 15 年的努力，北部湾经济区将建设成为我国沿海重要经济增长极，在西部地区率先实现全面建设小康社会目标。

兰州新区。2012 年 8 月 28 日，国务院批复成立第五个国家级新区——兰州新区。兰州新区面积 806 平方公里，地处兰州、西宁、银川三个省会城市共生带的中间位置，是国家规划建设的综合交通枢纽，也是甘肃与国内、国际交流的重要窗口和门户。新区区位优势明显，居中四联，承东启西，连接南北，是西陇海兰新经济带的重要节点；土地和水利资源丰富，地势开阔，适宜大规模集中连片开发建设；交通便利，连霍高速、京藏高速以及中川机场构成了立体综合的交通网络体系。根据《兰州新区总体规划》，新区将重点发展战略性新兴产业、高新技术产业、石油化工、装备制造、新材料、生物医药、现代农林业、现代物流仓储等十大主导产业。到 2030 年，新区城市人口规模将由现在的 10 万人增加到 100 万人，建成区 240 平方公里，人口密度 4166.7 人 / 平方公里，GDP 2700 亿元。通过多年建设，兰州新区将推动兰州市成为西北地区重要的经济增长极。

云南开放桥头堡。云南地处中国西南，内接西藏、四川、贵州、广西，外邻缅甸、老挝、越南等国，边境线长 4000 多公里，占全国陆地边境线近 1/5，是我国通往东南亚、南亚最便捷的陆路通道，具有沟通太平洋、印度洋，连接东亚、东南亚和南亚的独特优势。2012 年 11 月，国家批准《云南省加快建设面向西南开放重要桥头堡总体规划（2012 ~ 2020 年）》，明确云南是我国向西南开放的重要门户的战略定位，并提出了其对内支撑滇中城市经济圈发展和形成昆明－文山－广西北部湾－广东珠三角经济走廊，对外成为中缅边境经济贸易中心，向西南开放的重要国际陆港、国际文化交流窗口、沿边统筹城乡发展先行区和睦邻安邻富邻模范区的重要作用。

江西鄱阳湖生态经济区。国务院已于 2009 年 12 月 12 日正式批复《鄱阳湖生态经济区规划》，标志着建设鄱阳湖生态经济区正式上升为国家战略。这也是新中国成立以来，江西省第一个纳入国家战略的区域性发展规划，是江西发展史上的重大里程碑。鄱阳湖生态经济区是以江西鄱阳湖为核心，以鄱阳湖城市圈为依托，以保护生态、发展经济为重要战略构想的经济特区，面积 16.69 万平方公里、人口 4456 万，占江西省国土面积的 30%、人口的 50%、经济总量的 60%。根据《鄱阳湖生态经济区规划》，鄱阳湖生态经济区的发展定位是：建设全国大湖流域综合开发的示范区、建设长江中下游水生态安全的保障区、加快中部地区崛起的重要带动区、国际生态经济合作的重要平台、连接长三角和珠三角的重要经济增长极。

新疆喀什、霍尔果斯正式成为国家级特殊经济开发区。2010 年，党中央国务院下发《中共中央国务院关于促进新疆跨越式发展和长治久安的若干意见》（中发

[2010]9 号文件，以下简称《意见》)，明确提出，新疆喀什、霍尔果斯正式成为国家级特殊经济开发区。同年 11 月，国家有关部门再次下发《关于支持新疆喀什、霍尔果斯特殊经济开发区建设的若干意见》。《意见》中提出把喀什、霍尔果斯经济开发区建设成为我国向西开放的重要窗口和推动新疆跨越式发展新的经济增长点的战略定位。并提出到 2015 年，基本完成喀什、霍尔果斯经济开发区的基础设施建设，初步构建科学合理、特色鲜明、功能配套、协调发展的空间布局和产业体系，为经济开发区又好又快发展打下坚实基础；到 2020 年，大幅度提升喀什、霍尔果斯经济开发区综合经济实力、产业竞争力，为推动新疆跨越式发展发挥重要的引领和带动作用。

新疆天山北坡经济区。2011 年 6 月发布的《全国主体功能区规划》提出，新疆天山北坡经济区位于全国“两横三纵”城市化战略格局中陆桥通道横轴的西端，包括新疆天山以北、准噶尔盆地南缘的带状区域以及伊犁河谷部分地区。根据规划，新疆天山北坡经济区的定位为：面向中亚、西亚地区对外开放的陆路交通枢纽和重要门户，全国重要的能源基地，我国进口资源的国际大通道，西北地区重要的国际商贸中心、物流中心和对外合作加工基地，石油天然气化工、煤电、煤化工、机电工业及纺织工业基地。

青海省柴达木循环经济试验区。2010 年 3 月 15 日，国务院批复《青海省柴达木循环经济试验区总体规划》，试验区建设由地方战略上升为国家战略。柴达木循环经济试验区面积 25.6 万平方公里，是一个典型的资源富集地区，是国内面积最大、资源较为丰富、唯一一个布局在藏区的循环经济试点园区，是世界上最大的循环经济园区。根据《规划》，到 2020 年，青海省柴达木循环经济试验区将努力建设成为国家循环经济示范区。

宁夏内陆开放型经济试验区。宁夏内陆开放型经济试验区是我国内陆地区首个也是唯一一个覆盖整个省级区域的试验区，《宁夏内陆开放型经济试验区规划》于 2012 年 9 月通过国务院批复，旨在将宁夏打造成向西开放的“桥头堡”。根据《规划》，宁夏内陆开放型经济试验区定位为：国家向西开放的战略高地、国家重要的能源化工基地、清真食品和穆斯林用品产业集聚区、承接产业转移的示范区。

以上这些布局在全国的 20 多个国家级经济增长极，将在不同的方位发挥它的聚集和扩散的极化效应，带动周边地区的发展，逐步形成块状、带状以至连绵的城市群，城市带；我们国家的地图上将生长出数十个高度不同的山峰，山峰之间及其周围是绿色的平原丘陵，清澈的江河湾流其间，那些洼地将会在生态保护和生态经济发展下，成为山峰、平原、丘陵、江河的保护神。（见图 1-3）

3. 全国生产力区域布局的重要特点

（1）由东部、南部沿海经济带构成的南北纵向经济增长轴。我国海岸线长达 18000 多公里，沿海地带是我国改革开放最早的区域，先后成立了深圳、珠海、汕头、厦门和海南 5 个经济特区，确立了上海、天津、大连、秦皇岛、青岛、威海、烟台、连云港、南通、宁波、福州、广州、湛江、北海等 14 个城市为对外开放城市。这五大特区和 14 个开放城市的高速发展，形成了长三角、珠三角、环渤海三大经济

图 1-3 全国国家级经济区分布

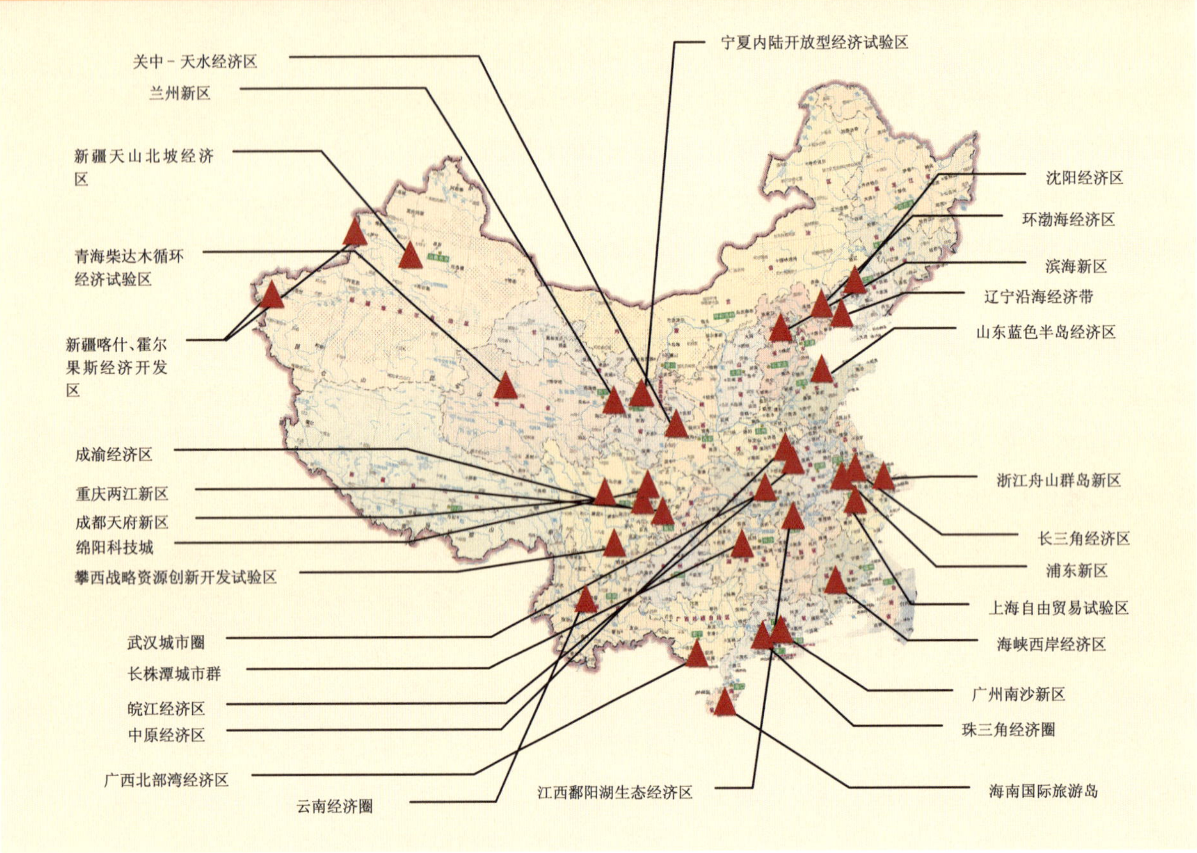

区，之后又设立了山东半岛蓝色经济区、海峡西岸经济区、海南国际旅游岛、环北部湾经济区等经济区和浦东新区、天津滨海新区、浙江舟山群岛新区、广东南沙新区。经过 30 多年的建设，从南到北沿海岸线的铁路和高速公路已经建成，上海连接洋山港、舟山群岛的跨海大桥已经通车，大连、天津、秦皇岛、青岛、宁波、厦门、深圳、广州、北海、钦州等已成为我国沿海的对外重要贸易港口，上海以洋山港为依托，已成为太平洋西岸国际航运中心。根据我国的资源和技术状况，钢铁工业、石油化工、造船工业、汽车制造、飞机制造、大型火箭制造、IT 产业等，实现了沿海布局。从全国的经济范围看，我国的沿海城市及其辐射的经济带是我国人口最密集、经济密度最高的区域，全国 60% 以上的经济总量都由沿海经济带产生，同时沿海经济带也是我国产业结构最优、技术最先进、交通最发达、人才最集中、经济外向型程度最高的区域。现在沿海地区已经进入工业化的后期阶段，有的已进入后工业化时期，是引领我国实现现代化的最重要的经济增长区域。

（2）由上海、武汉、成渝等长江流域增长极构成的东西横向经济增长轴。长江作为世界第三大河，贯穿我国青海、西藏、四川、重庆、云南、贵州、湖北、湖南、江西、安徽、江苏、上海等 12 个省（自治区、直辖市）。长江流域有三大支撑点，即上海、武汉和重庆、成都。新中国成立之前，长江功能主要是航运和通商，没有一座跨江大桥。新中国成立之后特别是改革开放后，沿岸兴起长三角、大武汉、成渝三个大型经济增长极，南京、无锡、常州、安庆、马鞍山、南昌、九江、黄石、沙市、株洲、长沙、宜昌、万州、涪陵、江津、泸州、宜宾、攀枝花等数十个大城市、中等城市和众多临港城镇，架起上百座南北大桥，建成和在建的水电站有长江三峡大坝、葛洲坝、二滩、瀑布沟、向家坝、溪落渡、锦屏等近20座，形成一个人口和城镇高度密集，交通四通八达，重化工业、制造业、现代新兴产业高度集聚，清洁能源输向全国的巨大经济增长轴。据不完全统计，长江经济带及其辐射面积约为全国的1/5，而经济总量约占全国的40%。以成渝经济区为中心的重庆、四川、云南、贵州对长江流域的经济贡献巨大，对全国经济总量贡献达到9.6%，是全国清洁能源供应的主力军。

（3）由沿海一横、沿江一竖构成的“T”字形布局结构覆盖大半个中国。随着东部沿海南北纵向经济增长轴和长江流域东西横向经济增长轴的形成，并在长三角交汇，我国生产力布局呈现沿江沿海的“T”字形结构（见图1-4）。这个“T”

图 1-4　全国沿江沿海 T 字形生产力布局

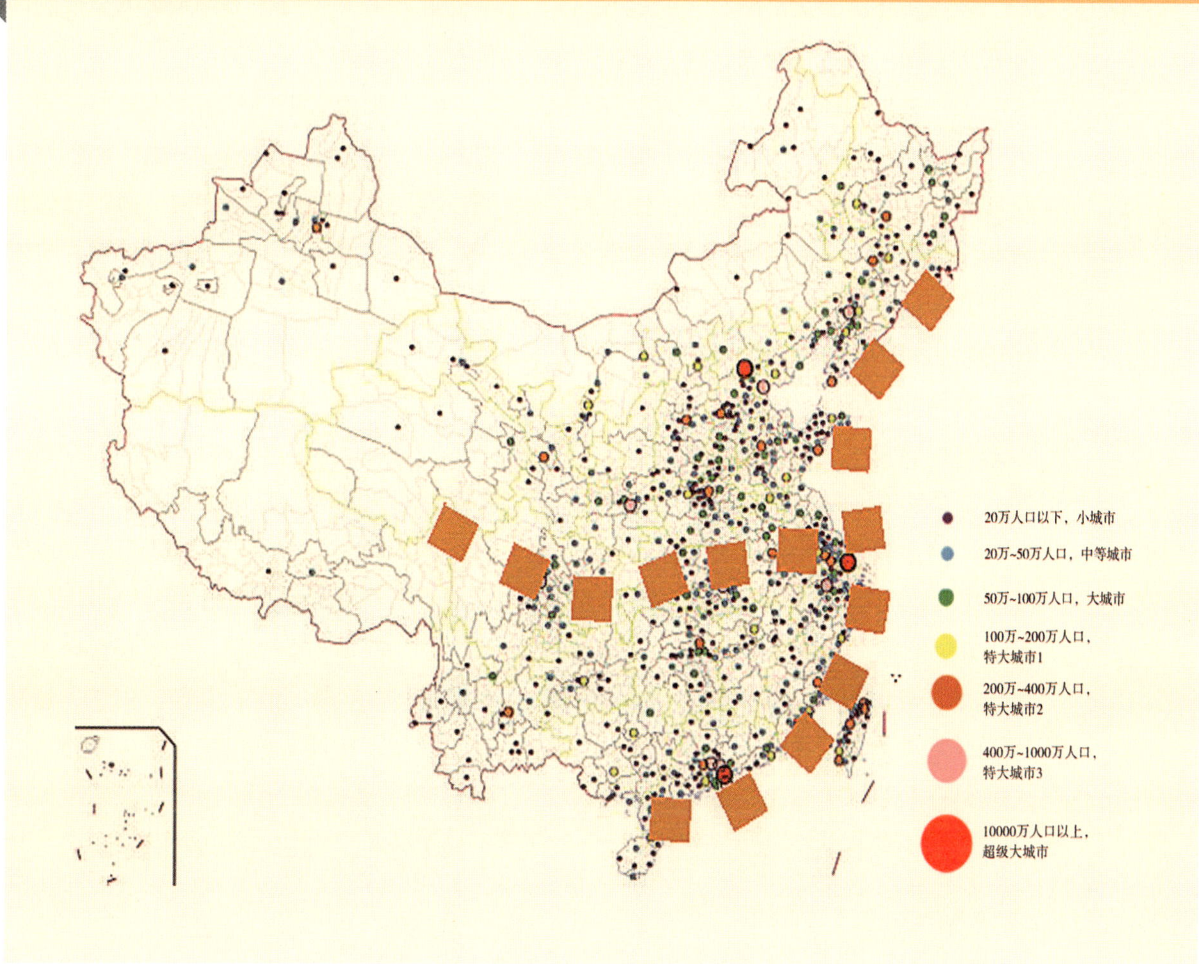

字形结构覆盖了我国 15 个省市、10 余个经济区，面积占全国的 52%，人口占全国的 67%，GDP 则为全国的 85%，成为我国经济地理发育最优、全国经济社会现代化发展最快、对全国贡献最大的地区。沿江沿海“T”字形生产力布局的生成，体现了提高密度、缩短距离、打破分割三大特征的密切结合。符合我国经济地理变迁的客观规律，体现重塑我国经济地理的特色。

（4）以陇海铁路、兰新铁路为主线、多条铁路构成的由西北通向渤海湾、黄海的经济带。我国黄河也是一条世界著名的通海大江，但不能全程通航，所以在经济和城市布局上未能充分显示长江流域那样的状况。从历史看，黄河流域却是中国政治、经济、社会、文化最发达的地方，尤其在秦、汉、唐、宋时代，著名的城市如咸阳、西安、洛阳、开封等都是依水而建，著名的丝绸之路则是以向西开放的陆路交通闻名。现在虽然不如那时，但因为有一条从连云港通向新疆的、被誉为亚欧大陆桥的铁路横贯东西，替补了河流航运和出海的功能，所以，沿路的经济布局也在展开。特别是山西、内蒙古、陕西、宁夏、新疆煤炭储量极大，为煤炭东运，国家新建了多条从产地到出海口秦皇岛、黄骅港、青岛等多条铁路，中国北部的东西向出海交通日益发达。因此，由于距离的缩短，沿路的城镇也有很大发展，人口、要素都在聚集，分割也在打破。大城市如西安、兰州、乌鲁木齐、洛阳、郑州、开封、呼和浩特、包头、太原、大同等，国家级经济区如关中 - 天水经济区、兰州新区、中原经济区等都在快速发展。因此，以陇海铁路、兰新铁路为主的多条铁路构成的由西北通向渤海、黄海的经济带也将在不久的将来形成。

（三）中国西部经济地理巨变与四川地位的变化

1. 新中国成立后西部地区的发展历程

从东西部发展差距角度，可大致将建国 60 多年来西部区域经济发展分为三个阶段。第一个阶段是 1949 ~ 1978 年的改变沿海内陆不平衡发展格局时期。第二个阶段是 1978 年改革开放开始到 20 世纪 90 年代中后期的沿海率先发展的非均衡发展时期。第三个阶段是 2000 年至今的西部大开发时期。

（1）改变沿海内陆不平衡发展格局时期。20 世纪上半叶，旧中国的生产力布局以发展东部沿海地区为主，占国土面积 12% 的东部沿海地带的工业总产值占全国的 77% 以上，而占国土面积 45% 的西北地区，工业总产值仅占全国的 3%，西南更少[①]。我国地区发展严重失衡。新中国成立后，中央政府实行了区域平衡发展战略，重点缩小沿海与内地的差距，平衡全局发展。到 60 年代，我国开始进行以战备为主的“三线建设”，提出在西部建设战略大后方。许多工业项目、企业和科研院校迁到落后的西部地区。其中，军工、能源资源开发、交通基础设施是建设重点。到 1978 年，经过近 10 年建设，极不平衡的全国工业布局得到初步改善，西部的现代

① 李梅：《论区域经济政策的演变》，《科技经济市场》2010 年第 11 期。

工业体系初步形成，开始了西部的工业化进程。

（2）沿海率先发展的非均衡发展时期。我国于 1978 年开始了建立市场经济体制、对外开放的改革开放。根据邓小平“两个大局”思想[①]，在区域政策方面提出了沿海率先发展的非均衡发展战略。政府的经济工作逐步转移到以效益为中心，向优势地区特别是沿海地区倾斜。东部沿海地区率先解放思想，凭借区位优势、经济基础、国家优惠政策和市场机制，民营经济和外资经济迅速崛起。到 90 年代中期，东部地区经济在 4 个经济特区、14 个沿海开放城市以及长江三角洲和珠江三角洲的强劲发展带动下取得了巨大成就；而中西部地区由于受到传统体制的羁绊和自身条件的限制，本地市场主体发育缓慢，外部资金进入规模有限，技术人员、工人、资金向东部集聚，这一时期成为西部发展比较困难的时期，也是东西部发展差距进一步拉大的时期。

（3）西部大开发时期。2000 年，中央政府提出实施西部大开发战略，旨在缩小东西部差距，以建设基础设施、生态环境等基础建设“五大工程”——西气东输、西电东送、南水北调（西部路线）、青藏铁路、生态环境——为起点，在西部大开发第一个五年里，国家投资 8500 亿元，实施了 60 项国家主导的大型项目，与此同时，实施重点地区加快发展和鼓励特色优势产业发展的政策。到 2010 年，西部大开发第一阶段（2000 ~ 2010 年），即奠定基础的阶段成功完成，取得了举世瞩目的成就，开始进入第二阶段（2010 ~ 2030 年），即加速发展阶段，第二阶段主要任务是巩固提高基础，培育特色产业，实施经济产业化、市场化、生态化和专业区域布局的全面升级，实现经济增长的跃进。总体目标是西部地区综合经济实力上一个大台阶，基础设施更加完善，现代产业体系基本形成，建成国家重要的能源基地、资源深加工基地、装备制造业基地和战略性新兴产业基地。经过 10 年的西部大开发建设，加上全球产业转移步伐加快，以及国内东部产业向西部转移的大背景推动，东西部的发展水平差距正在减少，2010 年西部的 GDP 占全国 GDP 的比重比 2000 年提升了 0.1 个百分点，更重要的是这 10 年西部自我发展能力大大增强，西部三大经济增长极尤其是成渝经济区正迅猛发展，成为未来引领西部乃至中国经济增长的发动机和火车头，西部经济地理正在巨变和重塑中。西部大开发的重要性提到前所未有的高度，在 2010 年总结西部大开发 10 周年之际，国务院在《关于深入实施西部大开发战略的若干意见》中指出：西部大开发在我国区域协调发展总体战略中具有优先地位，在构建社会主义和谐社会中具有基础地位，在可持续发展中具有特殊地位。

2. 向西开放与四川战略地位的重大变化

中国改革开放 30 多年的重大成果之

① 所谓“两个大局”，一个“大局”就是东部沿海地区加快对外开放，使之先发展起来，中、西部地区要顾全这个大局。另一个“大局”就是当发展到一定时期，比如 20 世纪末全国达到小康水平时，就要拿出更多力量帮助中、西部地区加快发展，东部沿海地区也要服从这个大局。

一，是曾经封闭分割的中国成功融入世界经济，发展成为世界第二大经济体和第一大经济贡献国。中国对外开放合作正在进入一个“海陆并进、东西互动”的全方位新格局，尤其向西开放正成为中国新一轮对外开放的重点和亮点。在这一开放合作的大背景下，四川战略地位也在发生重大改变，逐步从战略后方基地变为内陆开放前沿，经济由封闭分割逐步走向开放协作，四川正成为西部地区开放合作的最大平台和最重要窗口。

四川省地处我国内陆，不靠海，不沿边，四周又被巨山大川包围，只能通过数量有限的交通通道与全国其他省区联系。同时，成都平原沃野千里，居民富庶，有天府之国的美誉。由此，四川在历史上如唐朝安史之乱、近代抗日战争时期、20 世纪 60 年代冷战战备时期，多次扮演国家战略后方基地的角色，为保障国家安全作出了巨大贡献。

改革开放后，中国东部沿海地区经济快速发展，并成为“世界工厂”，融入世界经济；2000 年后，国家实施西部大开发战略，四川抓住这个机遇，积极谋划改变区位功能，摆脱后方基地的地位，建设内陆地区全方位开放特别是成为国家向西开放的基地，积极推动成渝经济区的建设，进一步增强四川在中国西部的战略地位。经过 20 多年努力，现在四川的经济地理，不仅已改变“蜀道难”的困境，而且经济布局已通过五大经济区和四大城市群布局，在全川展开，强力的产业结构调整，使现代产业占据重要地位，向西开放已成为四川的主攻方向。我们再把四川放到西部、中国、世界地理版图中，会惊奇地发现：四川的战略地位正发生重大变化，曾经的区位劣势正在转变为区位优势，曾经的内陆战略后方正成为国家向西开放的基地，进入西部开放合作的前沿。

三　提高密度：构筑四川经济地理变迁之极

遵循世界经济地理变迁和发展路线图，四川的做法是：集聚构筑变迁之极，流动架设变迁之桥，协作编织变迁之网，从而促进城市化 – 城市群 – 区域经济一体化发展。四川经济地理正在这样的模式下重塑。

（一）提高密度，推进城镇化：四川构建变迁之极的特征

1. 现在的四川经济地理图

经济密度是经济地理变迁的第一大特征，也是一个区域经济发展情况最具代表性的指标之一。经济密度指每单位土地的经济总量，或者说每单位土地经济活动的地理密度，它是每单位土地经济产出水平及收入的记录。一般情况下，一个区域的经济越发达，经济密度越高。

借鉴世行报告的计算方法，用每平方公里的人口数测量人口密度，用每平方公里的国内生产总值和人均国内生产总值这两个指标来测量经济密度。1978 年四川的经济密度和人均国内生产总值分别为 3.3 万元 / 平方公里和 261 元；2011 年分别为 433.5 万元 / 平方公里和 26133 元，是

1978 年的 144 倍和 82 倍[①]。根据 2011 年全省 21 个地级市的经济密度与人口密度绘图（见图 1-5、图 1-6），正如世界和全国的地理变迁一样，四川经济地理地图最显著的特征：“四川是不平的”。也就是说，四川经济地图也呈现：由成都市形成的直冲云霄的尖峰，由德阳市、绵阳市、宜宾市、内江市、泸州市、达州市、攀枝花市等构成的山峰，由众多其他城市如雅安、乐山、资阳组成的高低起伏的小山峰和小山包，由农村地区构成的广阔平原，以及落后地区形成的洼地所构成的图景。

图 1-5　2011 年四川省内城市经济密度

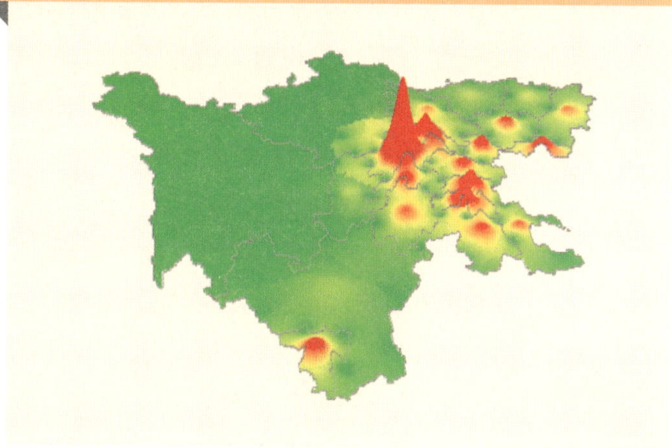

图 1-6　2011 年四川省内城市人均 GDP

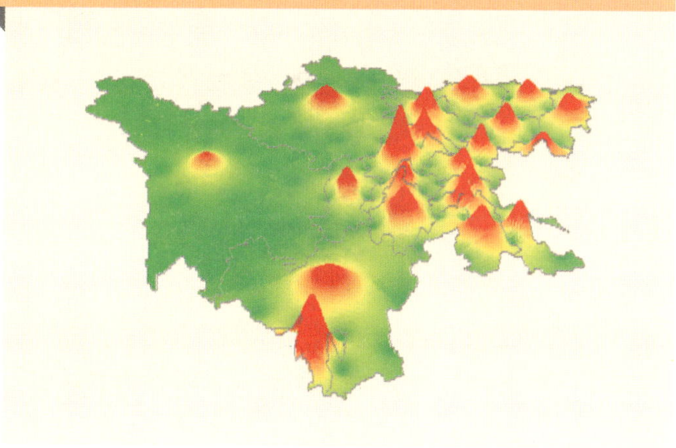

2. 改革开放以来四川经济集聚之路

改革开放以来，四川以省情为基础，在不同时期因地因时实施不同的区域发展战略，逐步形成四川生产集聚和经济增长之路，基本形态是点线推进，并逐步向经济区和城市群发展。

20 世纪 80 年代，国家生产力布局发生重大改变，“三线建设”基本停工下马，“三线”企业调整改造，国家实行沿海开放战略，四川不再是国家生产力布局的重点区域，但中央仍然十分重视攀枝花钢铁钒钛基地的建设和川南资源的开发，并开始酝酿长江三峡工程上马。四川地处内陆，难以介入沿海开放，但开发攀西、川南和参加三峡工程建设，却是四川必须承担的任务。而盆地不但在地理区位上居攀西、川南和三峡工程开发区域之中，而且是当时四川人口、工业、农业、城镇、交通最密集之地。于是“依靠盆地，开发两翼”的战略布局，在 108 位专家讨论和省委省政府的决策下，应运而生。接着，开展了由冶金部和四川联合进行的攀枝花第二基地的选址工作，由四川省社会科学院和西南师范大学中标开展川南国土规划研究和编制工作，由四川、湖北、重庆、长江水利委员会等开展三峡工程研究工作。四川成立了杨超书记牵头的攀西工作办公室，由计委和社科院牵头成立了川南国土开发工作委员会。方毅副总理带队的工作组每年到攀西一次，研究技术难题。参加这些工作的人员有数百人，做了大量基

① 1978 年数据包括重庆市。

础工作，至今仍有重要意义。80 年代后，四川区域发展战略不断有许多新的部署，但一直没有放松川南和攀西的开发建设。到 21 世纪初，四川经济地理形成向南拓展的新格局，攀西经济区和川南经济区骤然兴起，自贡、泸州、宜宾、内江和攀枝花、西昌等城市快速发展成两大城市群，2011 年两大经济区占四川经济总量已达 1/4。

盆地一直是四川发展的支柱。20 世纪 80 年代“两翼”开发积极推进的同时，四川区域发展出现另一个可喜现象：自然条件、交通条件、经济基础、城市发展较好的成德绵乐经济带（成都 – 德阳 – 绵阳 – 乐山），大型国企和乡镇企业并驾齐驱，许多大型国企和三线企业在转型中生产出当时紧俏的商品，长虹、长钢、二重等发展态势喜人。成都和绵阳不断吸引着许多高端三线科研机构和企业入驻；在重庆，更喜人的态势是三线企业成功转型，成长起汽车摩托车支柱产业；特别是与此同时，德阳和成都出现乡镇企业异军突起、县域经济快速发展的局面。20 世纪八九十年代是四川经济发展最困难的时期，面对这样的局面，重点推动条件较好的地区加快发展的政策便应运而生。1992 年四川提出“一线（宝成铁路江油 – 成都段、成昆铁路成都 – 峨眉山段）、两翼”战略，大力推进县域经济发展，提出抓住一条线，把绵阳、德阳、广汉、成都、眉山、夹江等 11 个城市连接起来，先行一步，积极带动全省县域经济的发展，并成立了省领导牵头的办公室。1995 年进一步改为“两点（重庆、成都）、两线（宝成和成昆铁路、成渝铁路，成渝高速和成绵高速）、两翼”战略，由省长牵头设立办公室。这一时期仍然没有放松攀西和川南的开发建设。成德绵乐经济带的发展一直受到四川和中央的重视和青睐。一方面，这一带是四川盆地经济实力特别是装备制造业、电子信息产业、军工高端产业和农业最强的城镇聚集带和平原经济带，自身发展条件好，对支持攀西、川南开发具有重要作用；另一方面，中央鉴于军工科研生产机构和企业高度集中绵阳，这个为科研而建的城市具有非常好的科研发展条件和极其重要的战略地位，受到国家的高度重视，得到国家和各个方面的大力扶持。2001 年 7 月 3 日，绵阳被中央正式命名为国家级科技城“绵阳科技城”，赋予军民结合和军转民的任务，并由中央有关部委和四川省联合组成高层次的管理机构，制定规划，一年开一次由中央相关领导主持的高层次会议。成德绵高速、绵阳机场等基础设施建设，成德绵乐一体化举措，积极推进，成都经济区紧密层迅速形成。

20 世纪 90 年代是四川区域发展变化最大的时期，特别是 1997 年重庆直辖，对四川区域发展战略格局产生重大影响。早在 1983 年，中央在重庆进行中心城市综合改革试点，批准重庆为国家计划单列市。在计划、经济、财政等经济领域，由中央直管，削弱了重庆与四川的经济联系。三峡库区移民等四川管的工作，也转给重庆，同时又把与重庆相邻的永川专区划归重庆，实行市带县管理。从此，重庆实现了打破封闭、打破分割的改革，进入蓬勃发展时代。1997 年，中央决定重庆直辖，从四川划出 8.3 万平方公里的国土面积、0.3 亿人口。重庆作为一个中国内陆的中央直辖市，获得了较四川省更重要的政治、经济地位。自此，重庆开展了大规模的向东（湖北）、向南（湖南、广东、贵州）、向西北（兰州）的铁路、高速公路建设和长江航道、港口建设，建立了两江新区。以特别的努力，发展了 IT 产业，为作为长江上游经济中心和成渝经济区未来的“一核”打下了重要基础。重庆虽然直辖，但因其辐射力强，本行政区腹地小，对四川川东北经济区和城市群的形成发挥了重要作用。

四川在重庆直辖后，被划走了长江港口和刚培育起来的汽车摩托车工业，实力有所削弱。原来计划在 1995 年开始实行的“两点、两线、两翼”战略，也不得不调整。为此四川省委常委召开了扩大会议，邀请四川省社会科学院、西南财经大学、四川大学等研究机构和大专院校的专家参加讨论。四川社会科学院专家研究了沿海地区江苏、浙江、山东、福建等省依靠发达地区带动全省发展的模式，如苏锡常带动江苏、杭嘉湖和温州带动浙江、山东半岛带动山东、珠三角带动广东、厦樟泉三角带动福建，提出了建设成都平原经济区的建议，并写出了规划性报告上报省委。与此同时，西南财经大学也提出了类似的建议。省委很快研究和批准了该建议。并指定邹广严副省长担任组长，建立成都平原经济区建设办公室，召开相关各市和部门的会议，筹建成都平原经济区。与此同时，1997 年，四川区域发展战略也从“两点、两线、两翼”，调整为“一点、一圈、两片、三区”战略，即“依托一点（成都），构建一圈（成都平原经济圈），开发两片（攀西片、川南片），扶持三区（丘陵区、盆周山区、川西北地区）”战略。2003 年，国家提出将各级行政区计划改为跨行政区规划的改革思路，四川对战略和区域规划又进行了新的调整。把已经形成的成都、川南、攀西和正在崛起的川东北，规划为四大经济区，加上川西北的阿坝、甘孜，形成了目前的全省五大经济区，将原来设计的成都平原经济区纳入了五大经济区之中。

五大经济区战略是四川 30 多年来区域发展演进和经济地理变迁的最新体现。一方面是从盆地向外缘拓展的过程，另一方面是向城镇集聚的过程。四川五大经济区的建设和划分，源于 2003 年国家制定“十一五”规划时，国家发改委推出的计划经济体制改革，即将行政区计划改为经济区规划。四川根据这个指导思想，开始在“十一五”规划编制中进行省域内经济区的研究和划分。四川最早提出建立经济区是在 1997 年重庆直辖之时，省委根据四川省社会科学院和西南财经大学专家们的建议，决定建立成都平原经济区，像广东依靠珠三角、山东依靠山东半岛、江苏依靠苏锡常、福建依靠厦漳泉带动全省发展那样，依靠成都平原经济区率先起飞，带动全省快速发展。五大经济区划分时，成都经济区的设立已经水到渠成。川南经济区则主要以 1986 年四川省计委委托省社科院制定的《川南国土开发规划》为基础形成。攀西地区一直是国家和四川关注的建设重点。20 世纪 80 年代在四川省政府建立了以杨超同志为首的攀西办公室，以加强攀枝花钢铁基地的建设和科研，五大经济区中设立攀西经济区也就顺理成章。甘孜州和阿坝州处于青藏高原地区，不宜大规模开发，只能发展生态经济，为此，就组成一个川西北生态经济区。剩下的南充、遂宁、广安、达州、巴中、广元六市怎样划分，当时有人建议将南充、遂宁、广安三市建为川中经济区。其余三市建为川北经济区，后来经过广泛深入的讨论，在“十一五”规划编制结束时，达成了建立川东北经济区的共识。经过多年的实践，五大经济区的建设充分发挥各区域优势，加快建设特色突出、优势互补的省内经济区，推动跨区域的基础设施建设。内江、自贡、泸州、宜宾、乐山、南充、遂宁、绵阳、德阳、攀枝花等正在发展为次区域增长极，一批人口多、区位好、交通便捷的县城和产业园区也在兴起。最近省委提出多点多极支撑，应寄托在这些城市身上。如图 1-7 所示，五大经济区的发展，使全省经济总量不断提升，经济密度不断增加，人口更加聚集。五大经济区经济密度“十一五”末期比“十五”末期平均增加了 2.3 倍。

图1–7　四川五大经济区经济密度比较

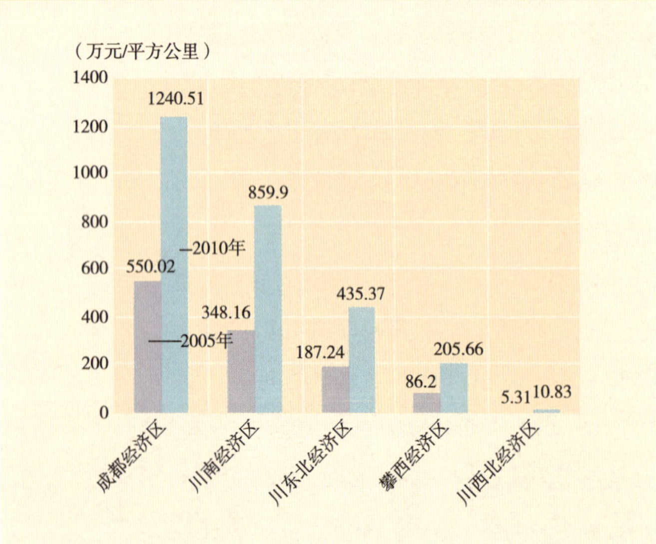

资料来源：依《四川统计年鉴》（2006、2011）计算整理而来。

2009 年国家把成渝经济区建设上升为国家战略。2011 年 5 月，国务院正式批复《成渝经济区区域规划》，规划面积为 20.6 万平方公里，人口约 9300 万，涉及重庆的 31 个区县，四川的 15 个市。其中四川占了 3/4 的面积和 80% 的人口，承担着很繁重的任务。国务院对成渝经济区的区位和优势评价很高，认为这个地区“是我国重要的人口、城镇、产业集聚区，是引领西部地区加快发展、提升内陆开放水平、增强国家综合实力的重要支撑，在我国经济社会发展中具有重要的战略地位”。为此，国家对成渝经济区的功能作了明确的定位，要求把成渝经济区建设成为中国西部重要的经济中心、全国重要的现代产业基地、深化内陆对外开放试验区、统筹城乡发展的示范区、长江上游生态安全的保障区。四川在建设成渝经济区方面，则提出了打造“一极一轴一区块”发展战略，“一极”指成都都市圈增长极，“一轴”指成渝通道发展轴，“一区块”指环渝腹地经济区块。

西部大开发的进一步推进、向西开放战略的实施、成渝经济区的建设，将使四川的战略地位发生根本性的变化。一是，由国家的战略后方基地转变为全方位开放特别是向西开放的前方基地；二是，由经济大省转变为中国西部重要的经济中心和全国重要的现代产业基地；三是，由内陆的中心地带转变为贯通西部南北、以新加坡为起点的泛亚铁路到中国亚欧大陆桥的陇海铁路的中心环节。（见图 1-8 和表 1-1）

图1-8　四川经济格局演变（1985-2011年）

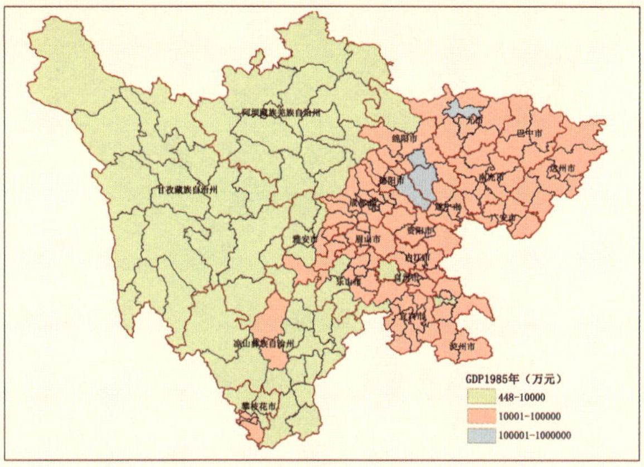

1985 年四川省经济发展水平空间分布

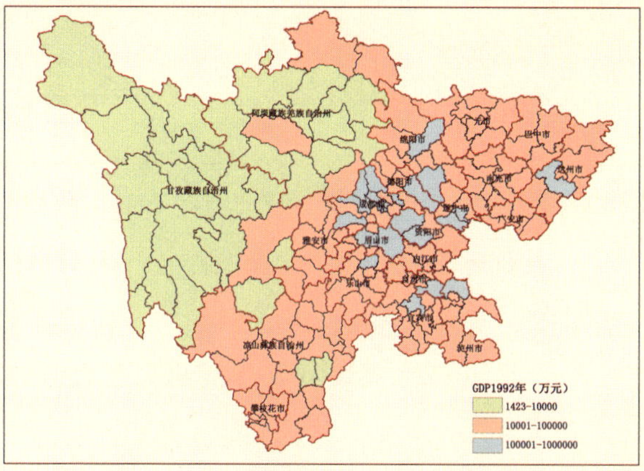

1992 年四川省经济发展水平空间分布

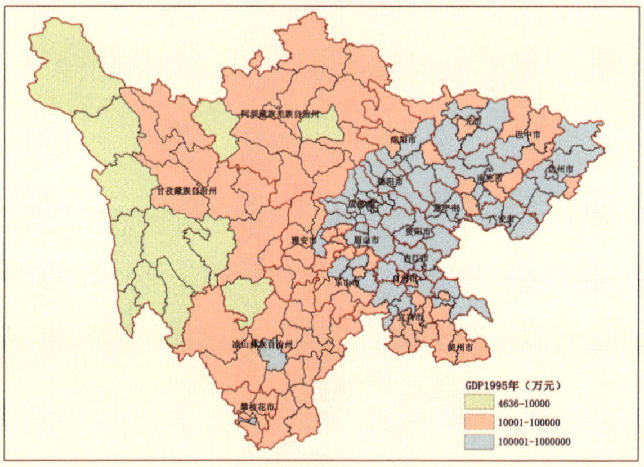

1995 年四川省经济发展水平空间分布

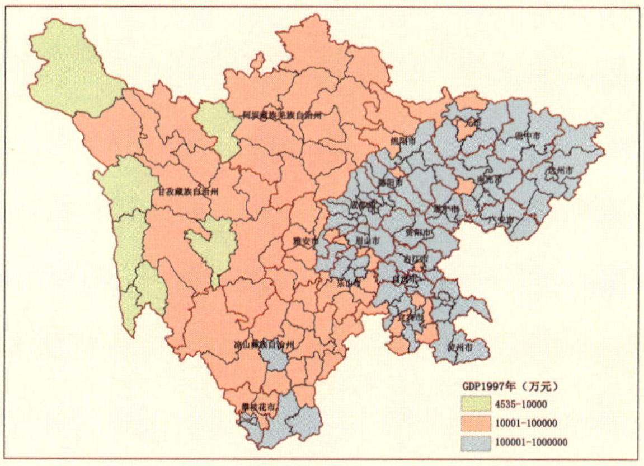

1997 年四川省经济发展水平空间分布

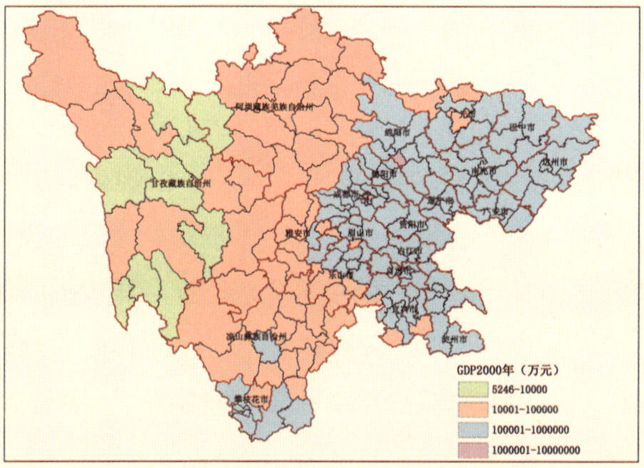

2000 年四川省经济发展水平空间分布

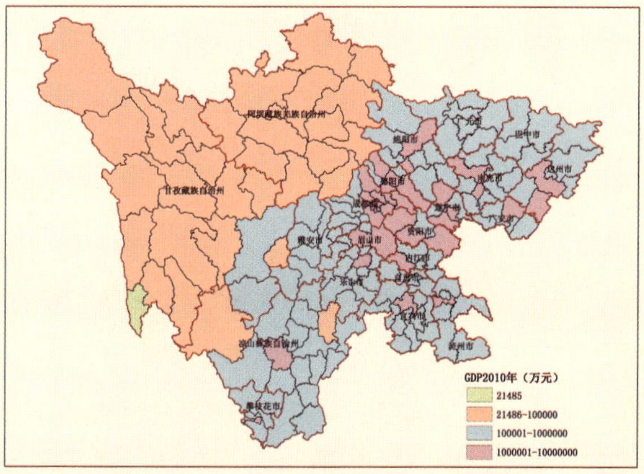

2010 年四川省经济发展水平空间分布

表 1-1 1999 年和 2005 年成都、重庆的 GDP、人口密度和经济密度

项 目	GDP（亿元）		人口密度（人/平方公里）		经济密度（万元/平方公里）	
	1999 年	2005 年	1999 年	2005 年	1999 年	2005 年
成 都	1190	2370	818	864	960	1913
重 庆	1480	3070	373	414	179	372

资料来源：根据《四川统计年鉴》（2000、2006）和《中国统计年鉴》（2000、2006）计算整理。

（二）集聚：四川构建变迁之极的动力

1. 生产集聚动力作用的理论分析

经济学家亚当·斯密撰写的世界最著名的经济学著作《国富论》论述了生产聚集的规模经济、劳动和资本的流通、运输成本的降低是如何协同作用实现经济的快速平稳增长的。它们是经济的发动机，在实现经济繁荣和成功脱贫中发挥着不可替代的基础性作用。

生产聚集是如何实现规模经济，推动变迁之极——城市形成呢？简单地说，经济集聚形成知识溢出效应，劳动力市场的蓄水池效应，产业关联效应，使得经济活动更有效率。具体来说，第一，集聚使主导产业能够得到相关产业更密切的配合，而主导产业的发展，又带动了相关产业的发展；第二，集聚能促进专业化供应商队伍的形成。集聚可以提供一个足够大的市场来维持专业化供应商的生存，同时，专业化供应商的聚集，也分散了专业化设备的开发和供应成本，使集聚地的企业更具有优势；第三，集聚所形成的市场规模，带动了要素供应、产品市场等的相应发展，企业从中可以获得市场规模效益；第四，集聚内企业可以就近寻找交易对象，就近取得原材料、中间品供应，减少了运输费用等交易成本；第五，集聚有利于形成区域内劳动力市场，使单个企业可以在长期雇佣管理人员和技术人员的同时，根据生产的需要及时调整工人数量，降低工资成本和减少劳动保障方面的支出；第六，集聚可以促进当地公路、铁路等基础设施的建设，贸易、金融、信息和服务部门的建立和人才的相互利用等，从而降低社会生产成本，产生外部经济效应；第七，集聚所导致的人才集中有助于技术外溢和普及，技术创新会迅速推广，从而促进区域系统的创新能力，整体提高区域的竞争力。

集聚效应作为提高经济密度，塑造地理变迁之极的作用也不是无限的，在不同的发展阶段显示不同的特征。如图 1-9 所示，在发展早期阶段人口和经济迅速集中，随着低收入国家发展为人均收入 3500 美元的中下等收入国家，城市人口比例从 10％剧增到 50％；然后人口集聚效应曲线渐趋平缓，随着进一步发展为人均收入 10000 美元的中等收入国家，城市的人口比例从 50％增加到 70％；随着人均国内生产总值日益接近 30000 美元，集中趋势渐趋稳定，城市化过程逐渐完成。

2. 四川集聚效应特点和阶段分析

本章从全省 19 个市州和四大城市群

图 1-9　人口聚集效应曲线

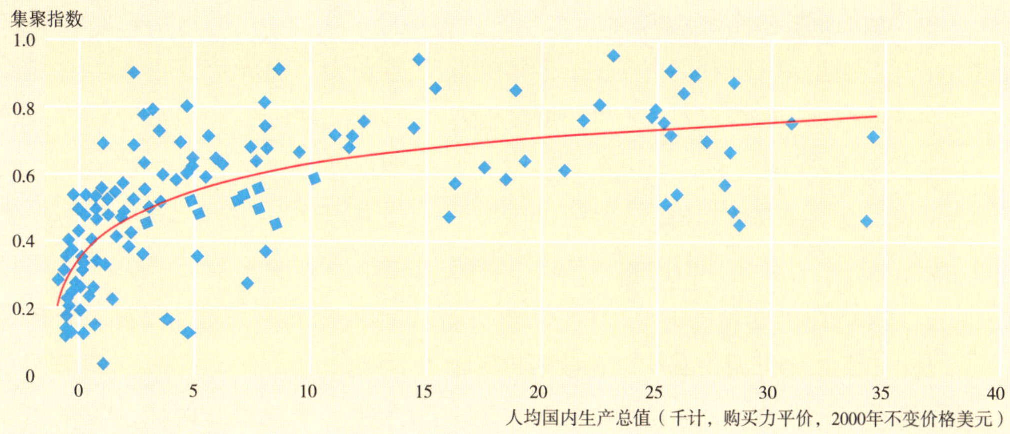

资料来源：《2009 年世界发展报告：重塑世界经济地理》（英文本），第 9 页。

分别考察四川经济集聚目前所处阶段和特点，不包括阿坝藏族羌族自治州和甘孜藏族自治州[①]。

第一，全省处于人口和经济快速集聚进程，发展很不平衡。四川的经济地理变迁呈现的发展态势，与世界上大部分生产活动都集中在大城市、领先省份以及富裕国家一样，人口和生产主要集聚在成都市、德阳市、绵阳市、宜宾市、自贡市、内江市、泸州市、达州市等大中城市，尤其是成都市。主要集聚在成都平原城市群、川南城市群、攀西城市群和川东北城市群等“四大城市群”[②]，尤其是成都平原城市群。2011 年，成都市以占全省 2.5% 的辖区面积，集中了全省 33.1% 的 GDP、17.5% 的人口，成都市人均 GDP 是全省平均水平的 1.89 倍，经济密度是全省平均水平的 12.9 倍，人口密度是全省平均水平的 7.07 倍，城镇化水平高出全省 25 个百分点。成都平原城市群则以占全省 17.7% 的辖区面积，集中了全省 53.1% 的城市和 35.8% 的建制镇，集中了全省人口的 45.8%、GDP 的 60.2%、工业增加值的 50.5%、第三产业增加值的 63.3%，即成都平原城市群以占全省 1/8 的辖区面积承载了全省近一半的人口、1/2 以上的经济总量、1/2 以上的城市，城镇化水平高出全省 9 个百分点。四川人口和经济集聚也表现出发展不平衡特征。从市（州）层面看，2011 年，在成都市 1.2 万平方公里的土地

① 川西北生态经济区不适合人口集聚和经济集聚，因此，本章讨论不包括阿坝藏族羌族自治州和甘孜藏族自治州。

② 此处“四大城市群”范围采用第三种方法，以市级行政辖区为基本单位，把遂宁、乐山、雅安 3 个市整体划入成都平原城镇群。“四大城市群”的范围：成都城镇群包括 8 个市（成都市、德阳市、绵阳市、眉山市、雅安市、乐山市、遂宁市、资阳市）；川南城市群包括 4 个市（内江市、自贡市、泸州市、宜宾市）；川东北城镇群包括 5 个市（南充市、广安市、达州市、广元市、巴中市）；攀西城镇群包括 2 个市（州）（攀枝花市、凉山彝族自治州）。

上，集聚了常住人口 1407.1 万人，人口密度达到了 1173 人 / 平方公里；同属于成都平原城市群内的雅安市，辖区面积为 1.5 万平方公里，比成都高出不多，但年末常住人口只有 151.7 万人，人口密度仅相当于成都市人口密度的 1/10；四川城市人口密度排第二的是内江市，人口密度达到了 742 人 / 平方公里，而同属川南城市群的宜宾市人口密度为 343 人 / 平方公里，只是内江人口密度的 46%；除甘孜州和阿坝州以外，四川省人口密度最小的城市是凉山州，人口密度只有 76 人 / 平方公里，只是成都人口密度的 6%。经济密度差异更大，成都平原城市群中的雅安市经济密度为 233 万元 GDP/ 平方公里，大约只相当于四川省经济密度最大的成都市的 4%；攀西城市群的凉山州的经济密度为 167 万元 GDP/ 平方公里，如果与成都市比较，则大约相差 34 倍。从四大城市群层次看，成都城市群是四川省人口最为密集的地区和经济密度最高的地区。2011 年，成都平原城市群以占全省 18% 的辖区面积，集中了全省 46% 的人口、60% 的 GDP，人口密度 429 人 / 平方公里，经济密度 1472 万元 GDP/ 平方公里；川南城市群、川东北城市群、攀西城市群的经济密度分别为 1067 万元 GDP/ 平方公里、556 万元 GDP/ 平方公里和 246 万元 GDP/ 平方公里，分别仅为成都平原城市群的 73%、38%、17%，年末集聚常住人口分别相当于成都平原城市群的 41%、56%、16%（见表 1-2）。

第二，各市州均进入经济集聚的加速阶段，尚无市州进入加速增长后的平稳增长阶段。世界银行《2009 年世界发展报告：重塑世界经济地理》总结两个世纪以来的国际经验表明，从低收入国家进入中等偏下收入国家，即人均国民收入 3500 美元左右时，经济集聚和人口集聚加速，城市化率从 10% 剧增到 50%，之后进入平稳增长阶段，但先进地区集聚和集中的加速阶段将持续到人均国民收入接近高收入国家水平，即人均国民收入 10000 ~ 11000 美元甚至 15000 美元之间，加速阶段才会结束 ①。世界银行 2008 年关于各国经济发展水平的最新收入分组标准是：人均国民总收入低于 975 美元为低收入国家，在 976 ~ 3855 美元为中等偏下收入国家，3856 ~ 11905 美元为中等偏上收入国家，高于 11906 美元为高收入国家 ②。本章将加速阶段再分为前期和后期两个小阶段，并换算为美元，人均国内生产总值 1000 ~ 4000 美元为加速增长阶段的前期阶段，人均国内生产总值 4000 ~ 13000 美元为加速增长阶段的后期阶段，人均国内生产总值高于 15000 美元则进入加速增长之后的平稳增长阶段。表 1-3 显示，四川还没有出现人均 GDP 超过 15000 美元的市州，因此还没有经济

① 世界银行：《2009 年世界发展报告：重塑世界经济地理》，清华大学出版社，2009，第 8 ~ 11 页。

② 世界银行按人均国民收入将世界各国经济发展水平分为四组，即低收入国家、中等偏下收入国家、中等偏上收入国家和高收入国家，中等偏下收入国家和中等偏上收入国家合称为中等收入国家，划分标准则随经济发展不断进行调整，2008 年最新收入分组标准是：人均国民总收入低于 975 美元为低收入国家，在 976 ~ 3855 美元为中等偏下收入国家，3856 ~ 11905 美元为中等偏上收入国家，高于 11906 美元为高收入国。参见《世界银行关于国家收入的划分》，http: //baike.baidu.com/link?url=BpKsvAonVMp7bPMQVpgjsEwe1iEOXHClCrbroBKGyIyn17JQHn4iVEmNHQ5SBhcsSV1xJZ_wVcKkQilGqmThaa。

表 1-2　2011 年四川省人口经济总量和密度指标

市（州）	GDP（亿元）	人口（万人）	辖区面积（万平方公里）	人均 GDP（元）	人均 GDP（美元）	经济密度（万元 GDP/平方公里）	人口密度（人 / 平方公里）	城镇化率（%）
成都市	6950.58	1407.08	1.2	49397	7810	5792.15	1173	67.00
德阳市	1137.45	359.19	0.6	31667	4986	1895.75	599	42.99
绵阳市	1189.11	462	2	25738	4069	594.56	231	41.84
遂宁市	603.36	326.01	0.5	18507	2927	1206.72	652	39.95
眉山市	673.34	295.83	0.7	22761	3600	961.91	423	35.77
雅安市	350.13	151.71	1.5	23079	3658	233.42	101	36.56
乐山市	918.06	324.33	1.3	28306	4477	706.2	249	41.20
资阳市	836.44	363.01	0.8	23042	3623	1045.55	454	34.45
成都城市群	12658.47	3689.16	8.6	34313	5421	1471.92	429	49.89
自贡市	780.36	268.4	0.4	29075	4597	1950.9	671	42.69
泸州市	900.87	422.5	1.2	21322	3371	750.73	352	39.92
内江市	854.68	370.91	0.5	23043	3643	1709.36	742	40.23
宜宾市	1091.18	446	1.3	24466	3860	839.37	343	39.35
川南城市群	3627.09	1507.81	3.4	24055	3800	1066.79	443	40.32
广元市	403.54	249	1.6	16206	2563	252.21	156	34.66
南充市	1029.48	628.53	1.2	16379	2589	857.9	524	37.55
广安市	659.9	321	0.6	20558	3250	1099.83	535	30.93
达州市	1011.83	548.56	1.6	18445	2918	632.39	343	34.31
巴中市	343.39	329.63	1.2	10417	1649	286.16	275	31.26
川东北城市群	3448.14	2076.72	6.2	16604	2623	556.15	335	34.33
攀枝花市	645.66	121.99	0.7	52927	8381	922.37	174	61.64
凉山州	1000.13	454.1	6	22024	3482	166.69	76	28.16
攀西城市群	1645.79	576.09	6.7	28568	4513	245.64	86	35.25
阿坝州	168.48	90.22	8.3	18674	2956	20.3	11	31.65
甘孜州	152.22	110	15.3	13838	2194	9.95	7	22.39
全　省	21026.68	8050	48.5	26120	4128	447.43	166	41.83

注：①“四大城市群”经济密度根据《四川统计年鉴（2012）》提供的辖区面积和 GDP 总额计算，即全域范围计算的密度数据。②美元和人民币的汇率按 2011（年末值）人民币兑美元汇率 6.33 计算，即 1 美元 =6.33 元人民币计算。

资料来源：根据《四川统计年鉴（2012）》计算而来。

表 1-3　四川各市（州）经济集聚阶段判定

经济集聚阶段	指　　标	四川市（州）
加速增长的前期阶段	人均 GDP 1000 ~ 4000 美元	川内其他 15 个市（州）
加速增长的后期阶段	人均 GDP 4000 ~ 13000 美元	攀枝花市（8381 美元） 成 都 市（7810 美元） 德 阳 市（4986 美元） 自 贡 市（4597 美元）
加速增长后的平稳增长阶段	人均 GDP 13000 美元以上	—

注：①本表根据《2009 年世界发展报告：重塑世界经济地理》有关资料整理而来。②世行报告标准的单位是 2008 年美元（具体请见附注 1），本表根据折算因子 1.045，将其折算成 2011 美元价，折算因子是根据 CPI 指数计算而来。

集聚进入加速增长之后的平稳增长阶段的城市；成都、攀枝花、德阳、自贡等四市 2011 年人均 GDP 处于 4000 ~ 13000 美元，已进入经济集聚加速增长的后期阶段；其他 15 个市州 2011 年人均 GDP 处于 1000 ~ 4000 美元，处于经济集聚加速增长的前期阶段。

第三，各市州均进入人口集聚的加速阶段，尚无市州进入加速增长后的平稳增长阶段。根据世行报告对国际经验的总结，与经济集聚相对应，城市化率在城市化初级阶段不足 25%，在中级阶段 50% 左右，在高级阶段 75% 以上[①]。中期阶段也分为前期和后期两个小阶段。表 1-4 显示，全省各市州分别处于加速阶段的两个小阶段——加速增长的前期阶段和后期阶段。进入人口聚集加速增长后期阶段的有两个市：成都市和攀枝花市，其 2011 年城镇化率分别为 65.5% 和 60%。其他 17 个市州的城镇化率均低于 50%，其中有 5 个市州城市化率低于 35%，尚处于人口聚集加速增长的前期阶段。从分析结果看，全省各市州之间的人口聚集比经济聚集更不平衡，而且还没有市州的人口聚集进程进入

表 1-4　四川各市州人口集聚阶段判定

人口聚集阶段	指　　标	四川市（州）
加速增长的前期阶段	城市化率 25% ~ 50%	川内其他 17 市（州）
加速增长的后期阶段	城市化率 50% ~ 75%	成都市：65.5% 攀枝花市：60.0%
加速增长后的平稳增长阶段	城市化率超过 75%	—

注：本表根据《2009 年世界发展报告：重塑世界经济地理》有关资料整理。

① 世界银行：《2009 年世界发展报告：重塑世界经济地理》，清华大学出版社，2009，第 216 页。

加速增长之后的平稳增长阶段。

第四，经济密集区与人口密集区的分布关系是经济地理密度的一个重要特征，从 2011 年四川省人口密度和经济密度数据可以看出，四川省经济密集区和人口密集区不完全重合，较典型的是攀枝花市和川东北地区，成都是经济密集区和人口密集区吻合的城市。攀枝花市 2011 年人均地区生产总值 52927 元，在全省 21 个市州排名第一；经济密度 922 万元 / 平方公里，在全省 21 个市州中排名第九；人口密度仅 174 人 / 平方公里，在全省 21 个市州中排名第十五。攀枝花市经济和工业较发达，人口聚集程度和城市化水平较高，但由于地形地貌限制，工业和城市进一步发展的空间受限，急需向外拓展和辐射。川东北地区是四川人口密度区域，但经济发展和城市化水平较为落后。经济密集区和人口密集区不完全重合，说明经济密集城市的集聚优势还不明显（见表 1-5）。

综上所述，审视四川省经济地理的密度特征，可以归纳为以下四方面：一是从经济集聚的特点看，四川经济地理正快速集聚于中心城市和城市群。成都市和成都城市群是人口和经济集聚最集中的城市和区域，其他城市和区域与其相比，有比较大的差距；二是从经济集聚规模看，四川还没有市州进入加速增长阶段之后的平稳增长阶段，其中只有成都、攀枝花、德阳、自贡四市进入经济集聚加速增长的后期阶段，其他市州均处于加速增长的前期阶段；三是四川省经济密集区和人口密集区不完全重合，说明经济密集城市的集聚优势还不明显；四是从人口集聚规模看，四川只有成都市、攀枝花市进入人口集聚的加速增长后期阶段，其他市州均处于加速增长前期阶段。总的来说，四川经济和人口集聚还处在加速阶段，即生产迅速集聚和生活水平分化阶段，要达到生产集聚趋缓、生活水平趋同的最后阶段，还有一段很长很长的路要走。

（三）城市发展：构筑四川变迁之极

正如世行报告所说，从另一个角度看，经济集聚和经济密度提高过程实质上是城乡一体化，也就是通过城市发展过程，构筑经济地理变迁的发展极——城市。

1. 变迁之极：现代城市的经济集聚效应

城市是人类文明的集聚中心和辐射源。首先，城市是以工业和服务业为代表的现代产业的集中地，也是社会财富主要的创造地和聚集地。城市所拥有良好的基础设施、合理的服务体系、有效的创新机制、现代化的工作生活方式使其成为现代产业和社会财富最为理想的创造地和聚集地。其次，城市通过它的聚集和扩散效应使其具有强大的经济中心功能，成为区域变迁之极。城市通过集聚效应，聚集各类生产要素，包括资本、技术、知识和人才，进而聚集主导产业和具有创新能力的行业或企业，成为经济活动的中心地，并进一步发展成为区域的生产中心、贸易中心、金融中心、信息中心、服务中心和决策中心；当经济集聚到一定阶段，又通过其辐射效应对周边区域形成强烈的辐射，以资本转移、人口流动、技术创新扩散等形式对生产要素进行重新配置，从而大幅度地提高各种生产要素的生产效率，带动和促进周边区域经济的发展。

表1–5　四川省市州人口密度、经济密度、城市发展水平及排位（2011年）

排位	市（州）	辖区面积（万平方公里）	市（州）	市区面积（平方公里）	市（州）	# 建成区面积（平方公里）	市（州）	总人口（万人）	市（州）	GDP（亿）	市（州）	人均 GDP（元）	人均 GDP（2011 美元）
1	甘孜州	15.3	广元市	4535	成都市	483.35	成都市	1407.08	成都市	6950.58	攀枝花市	53054	8381
2	阿坝州	8.3	巴中市	2566	绵阳市	103.00	南充市	628.53	绵阳市	1189.11	成都市	49438	7810
3	凉山州	6.0	泸州市	2132	泸州市	93.60	达州市	548.56	德阳市	1137.45	德阳市	31562	4986
4	绵阳市	2.0	宜宾市	2531	南充市	90.60	绵阳市	462.00	宜宾市	1091.18	自贡市	29102	4597
5	广元市	1.6	南充市	2527	自贡市	90.13	凉山州	454.10	达州市	1011.83	乐山市	28339	4477
6	达州市	1.6	乐山市	2514	遂宁市	66.87	宜宾市	446.00	南充市	1029.48	绵阳市	25755	4069
7	雅安市	1.5	成都市	2130	宜宾市	66.37	泸州市	422.50	凉山州	1000.13	宜宾市	24433	3860
8	宜宾市	1.3	攀枝花市	2018	达州市	64.20	内江市	370.91	乐山市	918.06	雅安市	23153	3658
9	乐山市	1.3	遂宁市	1875	德阳市	61.33	资阳市	363.01	泸州市	900.87	内江市	23062	3643
10	成都市	1.2	资阳市	1633	攀枝花市	59.56	德阳市	359.19	内江市	854.68	资阳市	22931	3623
11	巴中市	1.2	绵阳市	1570	乐山市	55.82	巴中市	329.63	资阳市	836.44	眉山市	22791	3600
12	南充市	1.2	内江市	1569	眉山市	44.80	遂宁市	326.01	自贡市	780.36	凉山州	22044	3482
13	泸州市	1.2	广安市	1536	内江市	42.00	乐山市	324.33	眉山市	673.34	泸州市	21339	3371
14	资阳市	0.8	自贡市	1438	广元市	41.44	广安市	321.00	广安市	659.90	广安市	20572	3250
15	攀枝花市	0.7	眉山市	1331	资阳市	38.00	眉山市	295.83	攀枝花市	645.66	阿坝州	18710	2956
16	眉山市	0.7	雅安市	1070	广安市	31.00	自贡市	268.40	遂宁市	603.36	遂宁市	18528	2927
17	广安市	0.6	德阳市	648	雅安市	21.00	广元市	249.00	广元市	403.54	达州市	18474	2918
18	德阳市	0.6	达州市	451	巴中市	18.00	雅安市	151.71	雅安市	350.13	南充市	16388	2589
19	遂宁市	0.5	阿坝州	—	阿坝州	—	攀枝花市	121.99	巴中市	343.39	广元市	16225	2563
20	内江市	0.5	甘孜州	—	甘孜州	—	甘孜州	110.00	甘孜州	152.22	甘孜州	13889	2194
21	自贡市	0.4	凉山州	—	凉山州	—	阿坝州	90.22	阿坝州	168.48	巴中市	10438	1649

续表

排位	市（州）	地方公共财政收入（万元）	市（州）	进出口总额（万美元）	市（州）	城镇人口（万人）	市（州）	城镇化率(%)	市（州）	人口密度（人 / 平方公里）	市（州）	经济密度（GDP 亿元 / 万平方公里）
1	成都市	680.7	成都市	3790634	成都市	942.74	成都市	67.00	成都市	1173	成都市	5792
2	凉山州	80.0	自贡市	70685	南充市	236.01	攀枝花市	61.64	内江市	742	自贡市	1951
3	宜宾市	67.2	攀枝花市	26586	绵阳市	193.30	德阳市	42.99	自贡市	671	德阳市	1896
4	德阳市	67.1	泸州市	15192	达州市	188.21	自贡市	42.69	遂宁市	652	内江市	1709
5	绵阳市	65.6	德阳市	290775	宜宾市	175.50	绵阳市	41.84	德阳市	599	遂宁市	1207
6	泸州市	65.4	绵阳市	185135	泸州市	168.66	乐山市	41.20	广安市	535	广安市	1100
7	乐山市	60.2	广元市	29708	德阳市	154.42	内江市	40.23	南充市	524	资阳市	1046
8	攀枝花市	49.5	遂宁市	39699	内江市	149.22	遂宁市	39.95	资阳市	454	眉山市	962
9	南充市	43.3	内江市	25694	乐山市	133.62	泸州市	39.92	眉山市	423	攀枝花市	922
10	达州市	41.2	乐山市	79858	遂宁市	130.24	宜宾市	39.35	泸州市	352	南充市	858
11	眉山市	34.1	南充市	32795	凉山州	127.87	南充市	37.55	达州市	343	宜宾市	839
12	资阳市	32.5	眉山市	13577	资阳市	125.06	雅安市	36.56	宜宾市	343	泸州市	751
13	自贡市	29.1	宜宾市	81229	自贡市	114.58	眉山市	35.77	巴中市	275	乐山市	706
14	广安市	27.8	广安市	44622	眉山市	105.82	广元市	34.66	乐山市	249	达州市	632
15	内江市	25.3	达州市	15237	巴中市	103.04	资阳市	34.45	绵阳市	231	绵阳市	595
16	遂宁市	24.0	雅安市	3261	广安市	99.29	达州市	34.31	攀枝花市	174	巴中市	286
17	广元市	22.8	巴中市	2584	广元市	86.30	阿坝州	31.65	广元市	156	广元市	252
18	雅安市	21.7	资阳市	21093	攀枝花市	75.19	巴中市	31.26	雅安市	101	雅安市	233
19	阿坝州	21.0	阿坝州	3853	雅安市	55.47	广安市	30.93	凉山州	76	凉山州	167
20	甘孜州	20.2	甘孜州	646	阿坝州	28.55	凉山州	28.16	阿坝州	11	阿坝州	20
21	巴中市	12.7	凉山州	5582	甘孜州	24.63	甘孜州	22.39	甘孜州	7	甘孜州	10

注：本表根据《四川统计年鉴（2012）》计算。总人口为年末常住人口。人均 GDP 美元按 2011 年（年末值）人民币对美元汇率 6.33 计算，即 1 美元 =6.33 元人民币计算。

2. 构筑变迁之极：四川城市聚集发展概述和分析

巴蜀大地历史悠久，其城市的发展最早可以追溯到东周时期，当时的巴族和蜀族分别于盆地东、西建立了巴国和蜀国。秦灭巴蜀以后，在巴蜀故地设置了巴郡和蜀郡，当时秦为了统治和防卫的需要，重点建设了成都城和重庆城，以及郫县、阆中城邑，也就是从那时开始奠定了成都和重庆作为四川盆地中心城市的基础。唐代以后，州、县增加较多，形成了道、府（州）、县三级。这些道、府（州）的所在地绝大多数逐渐发展成了四川目前的中心城市，如成都、内江、南充、乐山、宜宾、泸州等市。而县的建制，隋朝时四川境内有 174 个县，宋代有 180 个县，县的数量与如今的设置十分接近。总的来说，古代的四川经济以农业为主，城镇规模较小。

近代以来，随着四川内河航运的发展和近代工业的兴起，重庆、万州、泸州、宜宾、自贡、内江、乐山等一批城市逐渐沿长江、岷江等主要江河发展起来，成为四川近代工业的集聚地。特别是抗日战争时期，重庆成为国民政府的陪都，大量的工商企业和大专院校迁入四川，奠定了四川现代城市发展的基础。重庆以及沿江城镇集中了全省大部分的现代工业，遂宁、乐山集中了全省大部分的丝绸纺织业，自贡是制盐业的集中区，成都作为商贸中心也得到较大发展。总的来说，这一时期，四川现代工业有了一定发展，出现了成都、重庆两个大的现代城市和一批沿江河分布的中小城市，经济集聚作用开始显现，经济联系开始频繁，但是，全省经济活动总体上还比较分散，经济距离较远。

新中国成立后，四川开启了现代工业化、城镇化的进程。伴随铁路、公路、航空交通的大规模建设，成都和重庆成为整个中国西南地区的交通枢纽，城市之间的经济距离大大缩短。特别是“三线建设”带动一大批工矿企业由沿海发达地区迁入内地，国家沿成渝、宝成、内宜、成昆等铁路干线布局了很多工业项目，为四川许多中等城市（如绵阳、德阳、内江、自贡、宜宾、泸州等）奠定或加强了现代工业基础，另外，随着大型工矿企业的建立，一批新的工业城市也形成起来，如攀枝花市是基于大型钢铁企业攀钢的创建，从无到有发展起来的。这一时期，生产力布局集中在成渝两市和主要铁路干线沿线城市，经济集聚从成渝扩展到铁路干线，经济联系大为增强，沿成渝和宝成两线逐步形成经济发展带的雏形。

改革开放以来，特别是重庆直辖之后，成都的集聚作用更加显著，作为全省经济中心的地位不断增强。随着成渝、成绵、成南、成雅等一批高速公路的建成，以及内河航运的整治和港口建设的加快，全省各城市的经济距离进一步缩短，生产力布局更为广阔和细化，人口和产业在沿交通干线中心城市进一步集聚，绵阳、内江、宜宾、南充、攀枝花等逐步向省域次级中心城市和区域增长极发展。这一时期，生产力布局进一步集聚在成都和主要交通干线中心城市，城市的极化和辐射作用更加显著，城市间经济距离大大缩短，打破分割和封闭成效明显，以铁路和高速公路为轴线的绵成乐、成遂（南）、成内（渝）三条经济发展带和沿长江、岷江的经济发展带初步形成。

3. 进一步构筑变迁之极：四川城市未来发展模式和定位

前述分析说明，四川经济聚集之路还处在初级阶段，各中心城市应进一步扩大规模，加快集聚，真正成为经济地理变迁之极。进一步发展城市，构筑四川变迁之极的基本战略，是努力提升成都特大城市的现代化水平，把成都建设成为西部战略高地和国际性大都市；加快培育大城市，着力推动绵阳、南充、达州、攀枝花、泸州、宜宾、内江等区域性中心城市的形成；在积极促进中小城市发展基础上，有重点地发展一批特色鲜明的旅游镇、工业镇和商贸镇。四川城镇未来发展可有四种模式（见表 1–6）。

表 1–6 进一步构筑四川变迁之极的模式和定位

项目	发展模式	城市特点	发展定位	城市举例
第一种	自主发展	自身实力和能力强	西部或区域发展极	成都、绵阳
第二种	同城化发展	区域附近有若干实力相近城市	区域发展极	内江 – 自贡、南充 – 遂宁
第三种	跨省发展	城市居于多省交界处	跨省区域发展极	宜宾、泸州、达州
第四种	培育发展	县城有较大规模，人口较多	次区域发展极	安岳等

四 缩短距离：建设四川经济地理变迁之路

（一）四川自然地理和经济距离的特征

距离是经济地理变迁的第二大特征。Waldo Tobler 在《地理学第一法则》中提出："任何事物都与其他一切事物相关联，但是，它与附近事物的关联性大于它与远方事物的关联性。"这句话形象地阐述了距离对于事物发展的重要性，同样，在经济学中，距离也是影响经济发展的关键因素。经济学中的距离不单指日常生活中所说的空间距离，更重要的是指商品、服务、劳务、资本、信息和观念等穿越空间的难易程度，指这些要素在地区之间流动的快慢程度。经济距离涉及商品交换的时间成本和货币成本，以及包括体制、制度、政策在内的人为壁垒，也包括人口流动中人们离开原来地区的"心理成本"（见图 1–10）。缩短经济距离，就是要加强交通基础设施建设，改革流通体制、机制，减少要素流动时间，降低流动成本，促进各要素向经济密集区迁移。

距离首先与自然地理密切相关。从地形上看，四川位于我国地形第一阶梯向第二阶梯的过渡地带，地跨青藏高原、云贵高原、横断山脉、秦巴山地、四川盆地几

图 1–10 影响经济距离因素

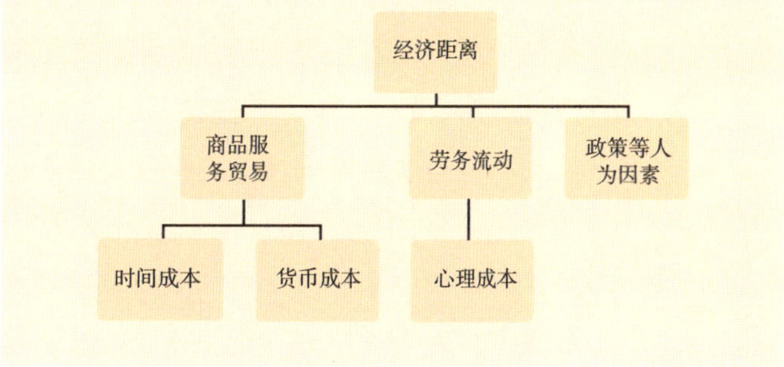

大地貌单元；地势西高东低，由西北向东南倾斜，地形复杂多样，有平原、丘陵、山地和高原，其中山地和高原占全省面积的 82%。长江源流金沙江、雅砻江、大渡河经攀枝花、乐山在宜宾汇流为长江，在重庆与嘉陵江汇合，进入长江三峡，称为长江上游。由于山地和高原比例较大，北向交通十分困难，所以有李白的诗句："蜀道难，难于上青天"，流传至今。实际上，四川农耕时代的交通，并不像诗句所形容的那么艰险。秦汉唐宋以来的历史中，四川长江及其支流都是交通发达、商贸繁荣之地，重庆更是川、黔、云、康、藏以及陕、甘与长江中下游的物资集散中心。成都古称益州，农业、丝绸等手工业、商业贸易相当发达，南丝绸之路从成都发端，货币"交子"也在频繁的交易中诞生。全国比较，"扬一益二"，既显示长江上下游贸易的联系和发达，也显示当时称为益州的成都在全国的地位。至于盛产井盐的自贡，不但历史悠久、技术先进，而且供应至云贵、康藏高原，并越过秦岭，惠及陕、甘。至今陕西盐商设在自贡的陕西会馆，还在供后人追述先辈翻山越岭的辉煌事业。到了近代，在屈辱的重庆开埠之后，外轮进出重庆，英国人把持重庆海关，带来资本主义制度，大批知识青年，从全省汇聚重庆，东出夔门，到国外留学。至抗战陪都时期，重庆工商业进一步得到发展，公路交通建设也有很大进步，内河航运更加发达，形成资本主义市场经济架构。抗战胜利后，重庆也像宋代的成都，有资格称为"沪一渝二"。

在清末民初，四川人认识到陆上通道的重要，由官商民联合掀起修建铁路的高潮。以川汉（汉口）铁路为目标，先修成渝铁路。正当路基建设之时，清朝政府决定要把铁路建设权让给外商，引起全川居民的愤慨，开展了轰轰烈烈的保路运动，对正在发动的辛亥革命起了积极的促进作用。但成渝铁路终未修成。在经济地理上，四川不靠海、不沿边，四周又被巨山围堵，是一个典型的远离海洋的内陆地区，与沿海主要港口的运输距离达到 2000 公里左右。虽有长江航运之利，但毕竟运量有限，由此导致四川整体上经济的外向程度较低，经济发展的内需主导特征十分明显。世界发展经验告诉我们，远离海洋、运输及物流成本高，是内陆型区域如四川发展经济的极大挑战（见表 1-7）。

表 1-7　成都至沿海主要港口的铁路运输距离

出发地	目的地：沿海主要港口	铁路运输距离（公里）
成都	上　海	2351
	天　津	2185
	广　州	2527
	青　岛	2063

30 多年前，四川进出口不但要用轮船、火车把商品运到沿海港口，而且要依靠有对外贸易权、有船队的航运商把货物运出去，成本自然就高了。有时，为了得到外汇，商品就在沿海地区采购，用四川外贸公司的名义卖出，收益自然就很低了。但是，随着交通科学技术的进步，高铁、高速、航空、管道运输发展很快，效率很高。从四川来看，从陆上、空中到中亚、西亚、南亚、东南亚、东欧、西欧，时间

比铁路 + 海运还要短，成本还要低。如果运输战略物资，如石油等，陆上运输反而比海上安全。

新中国成立后，中央为建设国家战略后方基地，高度重视四川的国防铁路建设，对缩短经济距离、加快四川经济社会发展的关键作用，也非常关注。20 年时间，就先后建成成渝、宝成、成昆、内宜、川黔、襄渝 6 条铁路。畅通出川通道有了一个好的开端，对向西开放通道和航空运输作了积极的谋划。

改革开放特别是西部大开发和成渝经济区的建设，改变了四川交通建设的战略思路。新的战略思路包括两个内涵。一是，四川在国家战略中的地位已由战略后方基地转变为全方位开放特别是向西开放的前方基地，四川的交通建设战略的重点必须放在向西开放上。二是，充分利用当今世界交通运输科学技术发达的机遇，建设包括高铁、高速、航空、水运、管道等综合交通网络，打破亚欧大陆的阻隔，贯通中亚、西亚、南亚、东南亚，直至东欧、西欧。现在这个战略已取得很大成效（见表 1-8）。

公路方面，2000 年底，四川公路通车总里程仅为 9.1 万公里，到 2005 年底全省公路里程增加到 17.5 万公里，已基本形成以成都为中心，由国道主干线、国家干线公路、一般国道、省道为骨架，连接城乡，贯通相邻省区的公路网。“十一五”期间，随着建设西部综合交通枢纽战略的全面启动，先后开工建设广陕、广甘、达陕等 30 个高速公路项目，到 2011 年底，全省公路通车总里程增加到 28.3 万公里，高速公路由 1 条进出川通道增加为 7 条。在

表 1-8　2000 年和 2011 年四川交通情况对比

指　标	2011 年	2000 年
运输线路长度（万公里）		
铁路总里程	0.4	0.4
公路	28.3	9.1
内河	1.2	0.6
民航	40.7	23
客运量总计（万人）	255665	143072
铁路	7482	3161
公路	242615	136729
水运	3083	2523
民用航空	2485	659
旅客周转量总计（亿人公里）	1556	600
铁路	252	101
公路	901	407
水运	3	3
民用航空	400.2	88.2
货运量总计（万吨）	153827	54943
铁路	7651	5645
公路	139771	47058
水运	6367	2224
民用航空	37	16
货物周转量总计（亿吨公里）	1909	597
铁路	673	354
公路	1139	229
水运	90	12
民用航空	8	2
民用汽车拥有量（万辆）	424.3	76.5
载客汽车辆数（万辆）	341.5	43.9
载货汽车辆数（万辆）	77.5	30.8
其他机动车（万辆）	5.3	10.6
公路部门营运车辆（万辆）	65.7	31.4
民用运输船舶拥有量（艘）	8692	11592
机动船（艘）	7502	7912
驳船（艘）	1190	3680

资料来源：根据 2001 年和 2012 年《四川统计年鉴》计算整理。

农村，2000 年全省 89 个乡镇、8906 个村不通公路，到 2011 年，全省已实现全省 81% 的乡（镇）通油路（水泥路）、92% 的建制村通公路、44% 的建制村通水泥路。

铁路和水运方面，在“十一五”期间，重点开工了 13 条铁路线路建设项目、8 个铁路枢纽设施建设项目，铁路在建项目 16 个，在建总里程超过 3300 公里，开工建设里程成倍增长，超过现有铁路营运里程，在很大程度上解决了进出四川难的问题。通过十年水运港口建设，四川水运能力大大提升，水运货物周转量由 2000 年的 12 亿吨公里增加到 2011 年的 90.2 亿吨公里。航空方面，双流国际机场已经成为全国第四大机场，其货运和客运能力已越过深圳，排名在北京、上海、广州之后。另外一大批民用机场正在在建和申建过程中。成都双流机场新的航站楼已经建成，第二机场正筹备开工。这些密集快速的建设，极大地拓展了四川与全国、与世界之间的联系，缩短了四川与世界的距离。四川生产的平板电脑所以能占全世界一半，新产品一出，世界各地就可买到，很大的原因是四川航空通达性高。还要提到的是，四川是铁道内燃机车、车厢、钢轨和火力、水力、核能、风能、太阳能成套发电设备制造基地，曾向土库曼斯坦出口过内燃机车和车厢、钢轨，向东南亚许多国家出口过火电成套设备，与巴基斯坦合作建设过小型核电站和枭龙歼击机，而且四川还有良好的施工队伍，多次完成“交钥匙”工程。四川完全可以带着自己生产的设备和技术队伍，到亚欧大陆各国为当地建设服务。目前，四川已经构建现代化立体交通体系，成为西南乃至西部的综合交通枢纽，打造了内通外联的交通之桥，大大缩短了四川省内外的经济距离，减少了流通时间，降低了流动成本。

（二）促进流动：四川建设变迁之路的动力

1. 经济聚集与人口和要素流动

经济集聚与劳动力流动和生产要素流动是相互作用的。一方面，经济集聚吸引人口和资本，驱动资本和劳动力的流动；另一方面，人口流动和资本的流动又反过来推动经济集聚。正是这种互动推进了地区发展和经济繁荣。改革开放前的中国是一个制度上不允许人口流动的国家。这种制度就是人民公社制度、户籍制度、粮食和棉布等由当地凭票供应制度。尽管农村有大量富余劳动力，而且生活水平很低，但由于这些制度的管制，人们很难自由流动和迁徙。这是中国经济社会难以发展、人民生活难以改善的巨大障碍。过去深圳经常发生的偷渡香港事件，就是农民抗拒这些制度的反应。改革开放一举推翻了人民公社制度，人民有了自己家庭的承包地，有了种田的自由，吃饭有了保障，但还没有流动的自由。到了 20 世纪 80 年代，当广东、福建建立经济特区，允许外资首先是港资、港企到深圳等特区办厂而需要劳动力时，四川和许多省的农民大胆冲破不准农民出村、出县、出省的户籍制度，偷偷坐上火车，带上一点粮食，奔赴东南沿海的特区和城市，参加了由港资、外资主导的“三来一补”企业的劳动。随着农民工越去越多，粮食需求大幅增加，广东就实行放开粮价管制的政策，粮价随之飙升。湖南农民看到了发财机会，就背上粮食，坐上火车，到广东卖高价。当时有人建议在湖南与广东交界处设检查站，堵住粮食交易，实行几天就崩溃了。从此，国家再用多少办法也管不住农民工的流动了，再用多大的力量也管不住粮价了。只好把这些让给市场。2010 年，四川年末常住人口比户籍人口少了 1000 万人，这 1000 万人到哪里去了？据调查，大多数人是去了广东，还有一部分人去了上海、浙江、江苏、北京、西藏和新疆等地。全国流动的农民工则有 2.5 亿人 。粮食的凭票供应也一去不复返了。

深圳是我国改革开放的“窗口”，现在已从一个小鱼港发展成为世界电子产品生产基地，出口额超过了印度，成为世界上第四大最繁忙的海港。深圳所以能在短短 30 年实现腾飞和繁荣，有三个因素：一是香港的资本，二是当地农民的土地，三是内地去那里干活的农民工。在深圳 1200 万居民中，有 800 万属于没有正式户籍的外来农民工。正是这些农民工，像“候鸟”一样“春去冬回”地流动，他们将收益微薄的农田和子女留给了亲人，而自己则跨入了“集聚经济”的王国，在那里创造出更多的财富。与此同时，他们将“找到的钱”和技术带回家乡，不但帮助家庭摆脱了贫困，改善了生活条件，而且投资设厂，造福乡梓，当年东南沿海“财富回流”现象正在四川和全国各地重演。

中国和四川人口流动的经验告诉我们，促进人口流动是缩短距离和实现聚集的一个十分重要的条件。如果没有至今还在发挥着重要作用的民工潮，就没有 30 年来中国经济的繁荣。但要促进人口流动，必须打破制度和体制上的障碍，让农民工获得迁徙的自由。中国农民工自由流动的制度和政策障碍是农民自发起来打破的，这是农民工自己的功劳，而非改革领导者的功劳。然而直至今天，中国的农民工虽有 2 亿多已经进城成为中国的产业工人，但因为农村的财产关系和城乡的户籍关系没有解决，他们仍然没有享受到城市市民应有的公民政治待遇和社会公共服务待遇。在政治、经济、社会地位上与城市出身的工人还有明显差别。而农民工承包的土地，多由老人、妇女耕种，有的转租给他人耕种，不少完全荒芜。农民工子女，被称为“留守儿童”，靠老人抚育，长期得不到母爱父爱，教育、管理十分落后，严重影响了下一代的成长。农村土地由于家庭承包，地块细碎，很难实现规模经营，更谈不上农业现代化。这些都是我国至今尚未破除的一个重要体制障碍，对城市化和农业现代化以及人口流动的正常化都是十分不利的。有人认为，政府只要放开户口管理，让已在城镇就业的农民工把户口转到城镇，这些问题就可解决，实际上并未抓到问题的关键。你问问农民工他们愿意把户口转到城镇吗？不愿意！因为他们的财产——承包地、宅基地、住房、农村公共财产等还在农村，他把户口迁到城镇后，这些个人法定财产如何处理？政府并没有明确的政策。为了保住这些财产，他们宁愿承受春运的辛苦和亲人分离的痛苦。所以，户口不是关键，如何处理农民工的法定财产才是关键。因此，政府必须尽早做出农村土地改革的决策，让农民工能够带着自己“货币化”的法定财产进城，才能扩大内

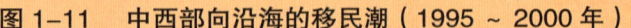

图 1-11　中西部向沿海的移民潮（1995 ~ 2000 年）

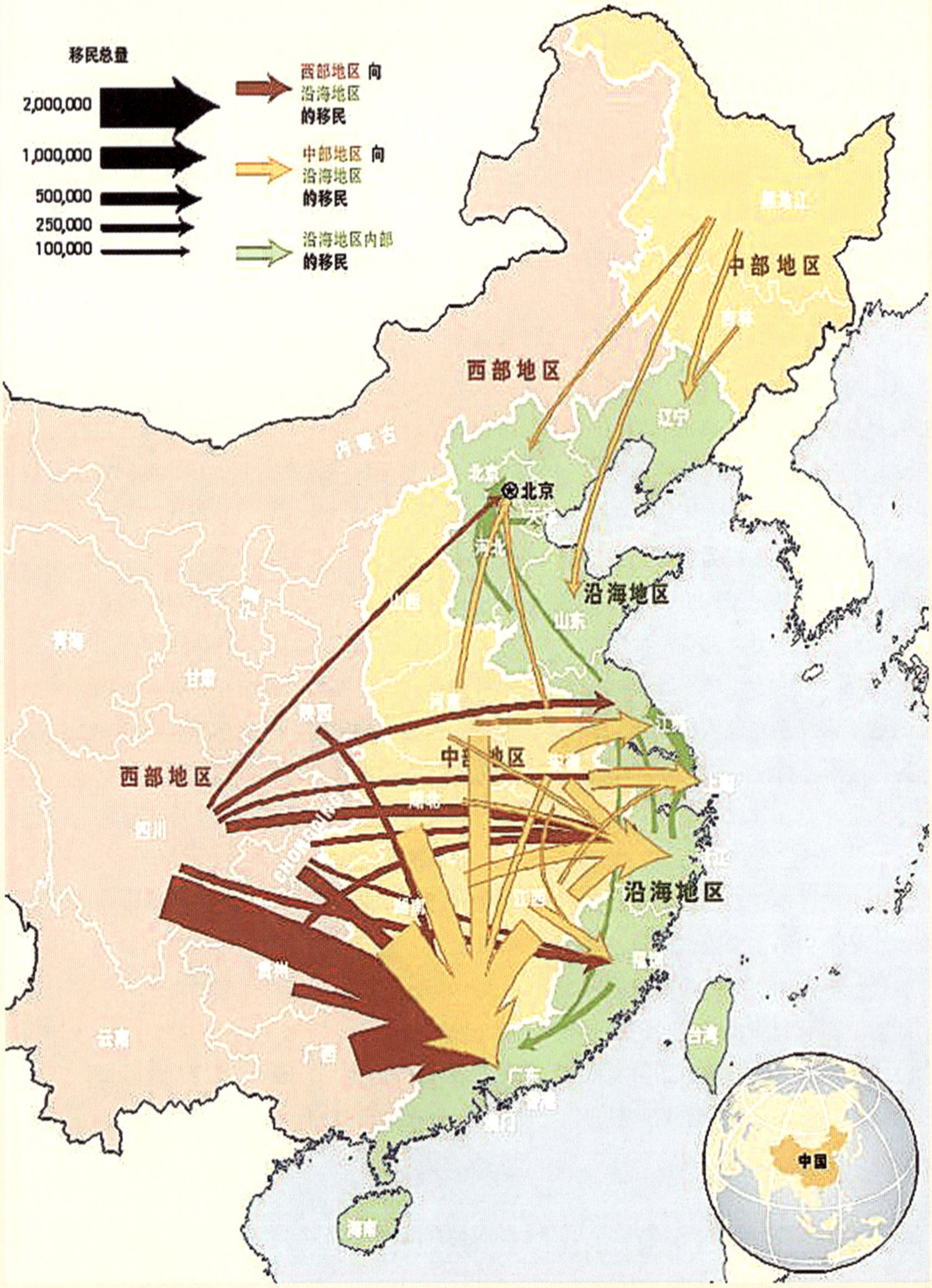

资料来源：《2009 年世界发展报告：重塑世界经济地理》（英文本），第 16 页和 154 页。

需，创造城市化的繁荣，推进农业现代化的进程，实现农民工城市公民化的平等。在这样一个大变革中，户籍制度只能扮演一个农村人转为城市人的凭证的角色。

中国的人口流动还有一个特点，就是向国外移民。19 世纪到 20 世纪上半期，为逃避国内战争、外国侵略战争和恶劣的生存环境，许多中国人特别是广东、福建、浙江、上海等东南沿海的民众，纷纷到国外移民，多数是劳工经商，也有少数是举办企业，开发教育事业。这些人大部分到了东南亚国家，一部分人到美国、加拿大修铁路。有的受尽折磨，老死他乡；也有不少人在工商经营中发展了自己的事业，繁荣了当地经济，成为富裕商人和当地的经济支柱。这些人深爱祖国，长期保持中华传统文化，建立了国际性的同乡会组织和世界华商大会，在发展企业中创造了“华商模式”。他们筹款支持孙中山的民族革命，参加当地和中国的抗日战争，并筹捐大批款项支持中国抗日。由于国家贫弱，他们曾多次受所在国的排华欺凌，但始终不屈不挠，爱国之志不屈。新中国成立后许多华人子女回国效力，到改革开放后，有许多人带着资金和技术回国投资办厂，被人称为“财富回流”。现在多种形式的国外移民还在继续。浙江人在欧洲已开辟出一片天地。据报刊披露，全世界华人有 5700 万之多，这是中国的一个重要特色。据说俄国人曾感叹无法学习中国对外开放和举办经济特区经验，因为他们没有那么多爱国的侨民（见图 1-11）。

2. 四川城市经济距离和人口流动特点分析

第一，城市经济密集程度与经济距离系数基本成反比。根据对四川省经济集聚区的判定，成都是川内唯一一个集聚优势比较明显的城市，其城市化水平也处于中级阶段。因此，在测算与经济聚集区距离时以成都作为标的物。表 1-9 是四川省各城市经济距离系数和经济密度的测算。如表 1-9 所示，川内城市中自贡市、德阳市

表 1-9　川内城市到达成都的经济距离系数和经济密度

市（州）	距成都	公路通车里程（公里）	单位面积公路通车里程（公里 / 平方公里）	距离系数	经济密度（万元 / 平方公里）
成都市	0	20312	1.69	0	5792.15
德阳市	61	7459	1.24	49.07	1950.90
资阳市	122	11893	1.49	82.06	922.37
遂宁市	149	8317	1.66	89.57	750.73
眉山市	92	7084	1.01	90.91	1895.75
内江市	219	9647	1.93	113.5	594.56
自贡市	182	5793	1.45	125.67	252.21
南充市	215	19466	1.62	132.54	1206.72
绵阳市	115	15377	0.77	149.58	1709.36

续表

市（州）	距成都	公路通车里程（公里）	单位面积公路通车里程（公里 / 平方公里）	距离系数	经济密度（万元 / 平方公里）
乐山市	137	8698	0.67	204.76	706.20
泸州市	278	12089	1.01	275.95	857.90
广安市	446	9378	1.56	285.35	961.91
达州市	374	18390	1.15	325.4	839.37
宜宾市	337	13276	1.02	330	1099.83
广元市	319	14950	0.93	341.4	632.39
雅安市	141	5625	0.37	376.02	233.42
巴中市	438	13745	1.15	382.4	286.16
攀枝花市	749	4438	0.63	1181.48	1045.55
凉山州	605	21422	0.36	1694.55	20.30
阿坝州	404	11832	0.14	2833.95	9.95
甘孜州	718	23905	0.16	4595.35	166.69

注：经济距离系数是根据自然距离 / 单位面积公路通车里程计算得到。
资料来源：根据《四川统计年鉴（2012）》整理而成。

和内江市的经济密度都高于 1000 万元 / 平方公里，三个城市距经济密集区的距离系数都在 150 公里以下；阿坝藏族羌族自治州和甘孜藏族自治州的经济密度最低，其距离经济密集区的距离最远，分别为 2833.95 公里和 4595.35 公里。四川城市的经济距离和经济密度与城市化水平的关系，基本符合距经济密集区越远的地区，其经济密集程度与城市化水平越低的经济规律。但是也有特例，比如攀枝花市，距离经济密集区较远，但其经济密度较高，这可能与攀枝花市是一个资源开发型城市有关。

第二，人口逐渐向经济集中、城市化水平高的城市流动，但存在特殊性。首先，四川人口流动的趋势是向成都和省外发达地区集聚。如图 1-12、图 1-13 和表 1-10 所示，2005 ~ 2011 年，在四川 21 个市（州）中，只有成都市、攀枝花市，及阿坝、甘孜、凉山等三个自治州的人口密度是增加的，其中，成都 2011 年人口密度是 2005 年人口密度的 1.36 倍，成都作为全省经济中心，人口也不断积聚。而四川全省人口平均增长倍数是 0.9，也就是大约有 1000 万人流动到省外发达地区。这也说明四川经济地理还处在经济聚集、人口和要素集中的发展初期阶段。其次，经济发展和人口集聚是存在一定关系的，一般情况下经济密度高的地方，人口集聚程度也较高，同时集聚人口较多的区域，也更加容易集聚相关优势资源，推动区域的经济发展，其经济密度会更高。四川城市发展基本符合这个规律。成都是川内经济发展最具代表性的城市，城市经济密度最高，其人口汇聚能力也最强，人口密度最大。但是还是存在一些特殊的情况，如攀枝花市，人口密度较低，经济密度较高，但人口集聚处在不断增加之中。2011 年人口密度是 2005 年人口密度的 1.20 倍，明显高于川内城市人口密度增幅（0.9）的平均水平，说明攀枝花市具有较高的开发潜力，未来人口将不断集聚。

第三，四川交通基础设施在缩短距离方面取得了很大成就，但还远远低于全国和许多省市的水平。2011 年，四川 GDP 总量占全国的 4.5%，但高速公路长度仅占全国的 3.6%，一级公路长度占全国的 3.7%，二级公路里程占全国的 3.7%，铁路

图 1-12　2005 年四川省城市人口密度

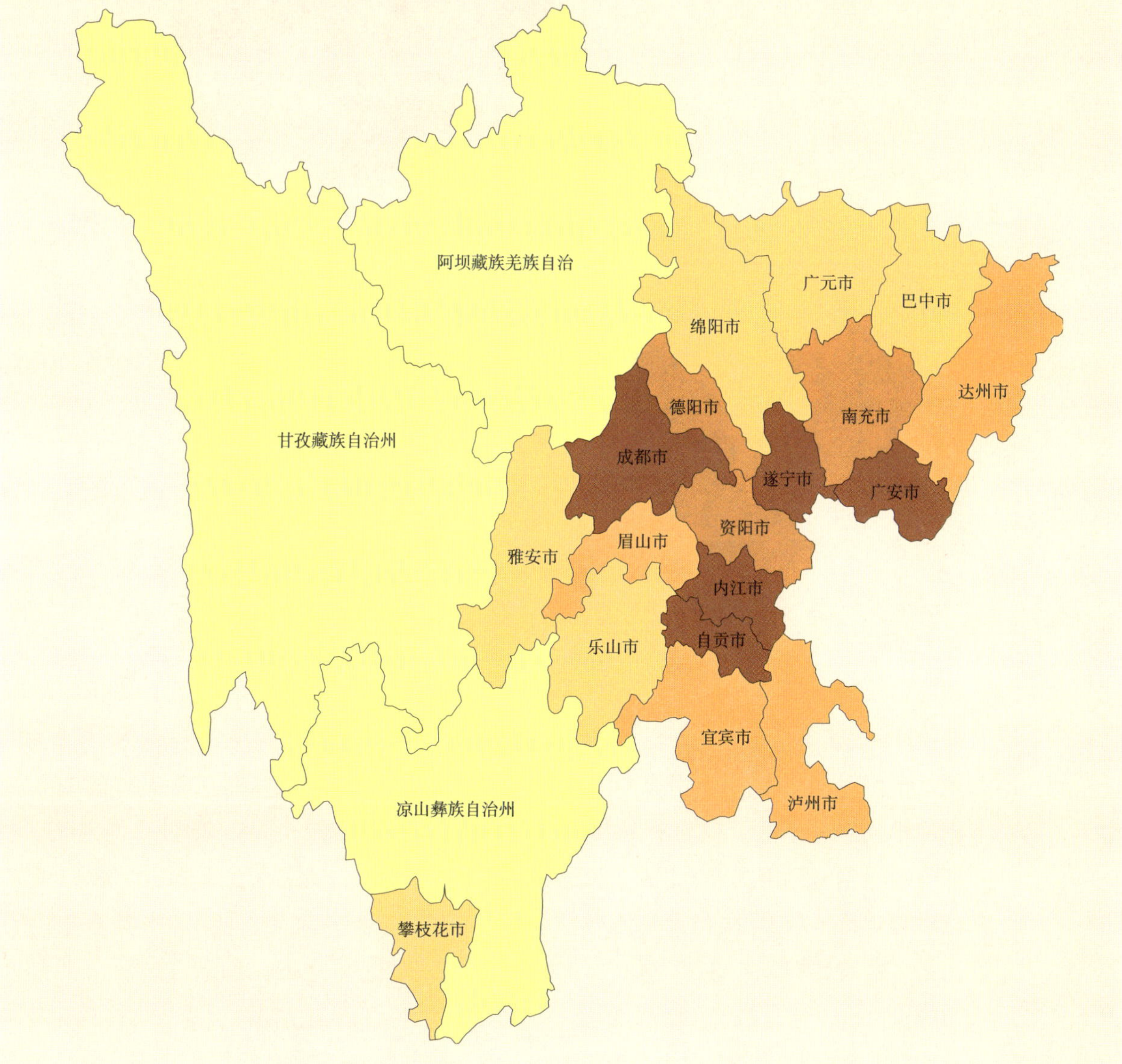

图 1-13　2011 年四川省城市人口密度

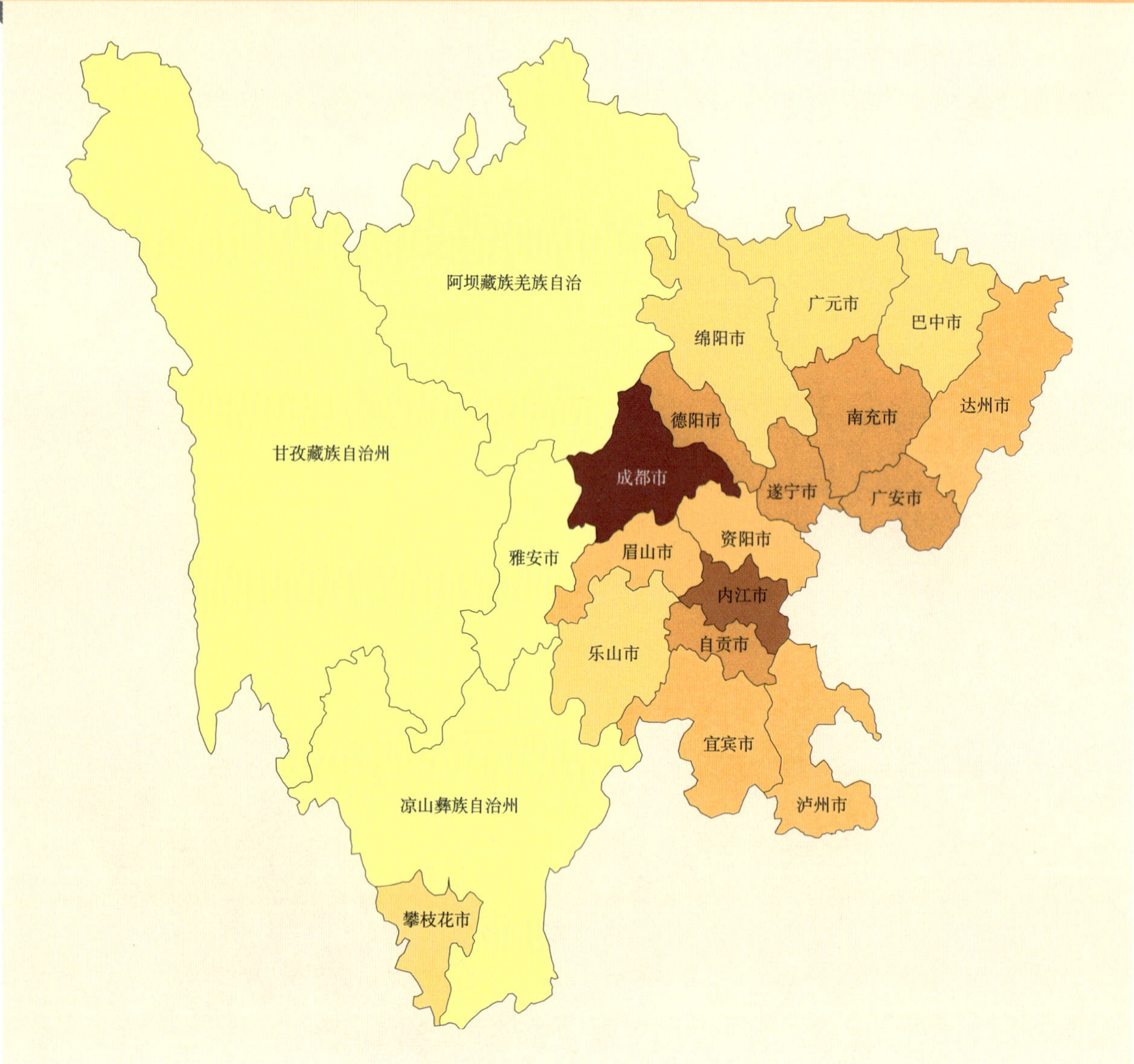

营业总长度占全国的 3.9%。四川的公路网和铁路网密度更是不仅低于全国平均水平，还低于西南地区的平均水平。四川公路网密度排全国第 24 位，仅为上海市的 21%、河南省的 24% 和重庆市的 31%。高速公路网密度也排全国第 24 位，仅相当于上海市的 4%、河南省的 15%，与毗邻的重庆市相比，也仅相当于重庆市的 32%。一级公路网密度排第 16 位，仅为上海市的 6%、湖北省的 55%，仅相当于重庆市的 82%。二级公路网密度排第 23 位，仅为上海的 4.5%、河南的 14.6%、重庆市的 26.1%。铁路网密度排全国第 25 位，仅为北京市 9%、河南省的 25%、重庆市的 38%。在前面建设成就基础上，四川还要集全省之力，大力加强交通基础建设，以进一步缩短四川省内外的经济距离，为人口迁移和要素流动创造更好的条件。

表 1–10　2005 年和 2011 年四川省内城市人口密度变迁

市（州）	2005 年人口密度	2011 年人口密度	增长倍数	2011 年经济密度
成都市	864.3	1173	1.36	5792.15
自贡市	725.5	671	0.92	1950.90
攀枝花市	145.3	174	1.20	922.37
泸州市	391.6	352	0.90	750.73
德阳市	642.3	599	0.93	1895.75
绵阳市	262.1	231	0.88	594.56
广元市	186.5	156	0.84	252.21
遂宁市	703.6	652	0.93	1206.72
内江市	780.4	742	0.95	1709.36
乐山市	271.2	249	0.92	706.20
南充市	584.1	524	0.90	857.90
眉山市	474.2	423	0.89	961.91
宜宾市	390.9	343	0.88	839.37
广安市	716.5	535	0.75	1099.83
达州市	386.2	343	0.89	632.39
雅安市	100.8	101	1.00	233.42
巴中市	295.1	275	0.93	286.16
资阳市	614.1	454	0.74	1045.55
阿坝藏族羌族自治州	10.2	11	1.08	20.30
甘孜藏族自治州	6	7	1.17	9.95
凉山彝族自治州	70.9	76.0	1.07	166.69

资料来源：本表根据《四川统计年鉴（2006）》和《四川统计年鉴（2012）》计算整理。

（三）城市发展的形态变迁

人口和要素的流动与聚集，逐步实现了经济集中，经济集中之极就是各种规模大小不同的城镇。这些城镇中有一些还是要发展和变迁的，变迁的主要形式就是经济带和城市群。

1. 经济带和城市群是现代区域经济发展最为重要的空间组织形式

地理学意义的经济带和城市群是指一定地域内城镇分布较为密集的地区[①]。区域经济学意义上的经济带本质上是带状经济区，指依托一定的交通运输干线、地

① 《城市规划基本术语标准》，建设部，1998 年 8 月 13 日颁布。

理位置、自然环境等并以其为发展轴，以轴上经济发达的一个和几个大城市作为核心，发挥经济集聚和辐射功能，联结带动周围不同等级规模城市的经济发展，由此形成点状密集、面状辐射、线状延伸的生产、流通一体化的带状经济区域或经济走廊。城市群本质上是城市经济区，即在城镇化过程中，在特定的城镇化水平较高的地域空间里，以区域网络化组织为纽带，由若干个密集分布的不同等级的城市及其腹地通过空间相互作用而形成的城市－区域系统。与城市群相比，经济带更强调依托交通运输干线和大江大河等自然地理为纽带形成发展轴，地理空间表现形式通常是带状或轴状；与经济带相比，城市群更强调以一两个大城市为核心，周边大小城镇有机组合所形成的城市集群，地理空间表现形式通常是圈状或群状。

经济带和城市群是现代区域经济发展最为重要的空间组织形式。城市化的基本特征之一是随着数量的增加、空间地域的扩大，城镇的形态和分布由各自独立的状态变成联系密切的城镇系统，城市空间组织形态由单体型城市向组合型的城市群形态演变。经济带和城市群的出现是生产力发展、生产要素逐步优化组合的产物。一般以一两个经济比较发达、具有较强辐射带动功能的中心城市为核心，由若干个空间距离较近、经济联系密切、功能互补、等级有序的周边城镇共同组成。发展经济带和城市群可在更大范围内实现资源的优化配置，增强辐射带动作用，同时促进内部各城市自身的发展。

经济带和城市群的兴起，是当今世界区域经济竞争与发展的大趋势，目前国外发达国家涌现了一大批世界著名的经济带和城市群，已成为这些国家主要经济增长极。经济带方面，最著名的有德国莱茵河沿河城市产业带和日本沿太平洋沿岸产业带，德国莱茵河流域集聚了德国人口的44.5%、土地的33.6%，创造了全德GDP的51%，日本沿太平洋沿岸产业带以全国面积的30%，聚集了全国人口的2/3、工厂的72%、工业产值的75%。城市群方面，出现了世界五大城市群：以纽约为中心的美国东北部大西洋沿岸城市群、以芝加哥为中心的北美五大湖城市群、以东京为中心的日本太平洋沿岸城市群、以伦敦为中心的英国中南部城市群、以巴黎为中心的欧洲西北部城市群。

20世纪90年代以来，我国的城市化水平不断提高。2011年我国的城市化率已达到50%，按世界城市化演进的一般规律，我国已进入城市化的加速发展阶段。与城市化进程的加速推进相适应，近年来我国的人口和经济活动以更大的规模、更快的速度向经济带和城市群集聚。沿海经济带和长江经济带构成了我国“T”字形生产力布局，长三角、珠三角、环渤海等城市群成为我国最具经济实力的城市群；在西部，成渝城市群、关中城市群已初步形成；在四川，成德绵广（元）、成眉乐宜泸、成资内自、成遂南广（安）达、成雅西攀五条经济带和成都平原、川南、川东北、攀西四大城市群已列入发展规划并正在形成。不久的将来，以上海为中心的亚洲太平洋西岸城市群，以香港、广州、深圳为中心的亚洲南中国海城市群，将进入世界城市群的行列。

2. 建设变迁之路：四川“四群”和“五带”的未来发展

以经济带和城市群集结发展，成为中国区域发展战略，也成为四川发展战略的重要选择。2006 年制定的《四川省国民经济与社会发展第十一个五年规划纲要》首次提出了重点发展成都平原、川南、攀西、川东北等 4 个城市群的区域发展战略。2011 年 12 月，《四川省“十二五”城镇化发展规划》提出着力构建“四群、五带”，即打造成都平原城市群、川南城市群、攀西城市群和川东北城市群四大城市群和成德绵广（元）、成眉乐宜泸、成资内自、成遂南广（安）达、成雅西攀五条经济带。表 1-11 从经济聚集、主要产业、发展形态、未来定位等方面，阐述四川四大城市群的发展现状和未来定位。

经济聚集方面。如表 1-12 所示，成都城市群是全省人口和经济最为密集、城镇化水平最高的区域。2011 年，成都平原

表 1-11 变迁之路：四川“四群”发展现状和未来定位

城市群	组成城市	核心城市	地位	主要产业	发展形态	未来定位
成都城市群	成都、德阳、绵阳、眉山、乐山、雅安、遂宁、资阳	成都	全省人口和经济最为密集、城镇化水平最高	重大装备制造业，IT 产业，汽车制造业，国防科技工业，高新技术产业，粮食、油料生产和农副产品加工业	快速成长阶段	西部乃至全国最具竞争力的城市群和重要增长极
川南城市群	自贡、宜宾、泸州、内江	自贡、宜宾、泸州、内江	全省第二大城市群	机械装备制造、能源、化工、粮食生产和农产品加工基地	形成阶段	成渝经济区新的重要经济增长极
川东北城市群	南充、广安、达州、广元、巴中	南充、达州	全省人口第二大密集区	农产品、采矿、能源	发育阶段	西部重要的能源化工基地、农产品深加工基地
攀西城市群	攀枝花、西昌	攀枝花	大型钢铁、钒钛冶炼基地	钢铁、冶金、水能	发育阶段	国家战略资源创新开发试验区

表 1-12 变迁之路：四川四大城市群主要人口经济指标比较（2011 年）

市（州）	人口（万人）	人口占全省比重（%）	GDP（亿）	GDP 占全省比重（%）	人均 GDP（元）	人口密度（人 / 平方公里）	经济密度（GDP 亿元 / 万平方公里）	城镇化率（%）
全　省	8050.0	100.00	21026.68	100.00	26133	166	434	41.83
成都平原城市群	3689.16	45.83	12658.47	60.22	34313	429	1472	49.89
川南城市群	1507.81	18.73	3627.09	17.24	24055	443	1067	40.32
川东北城市群	2076.72	25.80	3448.14	16.40	16604	335	556	34.33
攀西城市群	576.09	7.16	1645.79	7.83	28568	86	246	35.25

注：本表根据《四川统计年鉴（2012）》整理计算；人口为年末常住人口。

城市群以占全省 16% 的辖区面积，集中了全省 46% 的人口、60% 的 GDP。川南城市群是全省第二大城市群，也是目前全省经济较为密集的区域。2011 年，川南城市群以占全省 9% 的辖区面积，集中了全省人口的近 19%、GDP 的 17%。川东北城市群是全省人口第二密集的区域。2011 年，川东北城市群以占全省 12% 的辖区面积，集中了全省人口的 26%、GDP 的 16%。攀西城市群是大型钢铁、钒钛冶炼基地，2011 年，攀西城市群以占全省 14% 的辖区面积，集中了全省人口的近 7%、GDP 的 8%。

从主要产业看。成都经济区要建成西部地区重要的经济中心，全国重要的综合交通枢纽和通信枢纽，先进制造业基地、科技创新产业化基地、农产品加工基地和现代服务业基地；加快建设装备制造、电子信息、生物医药、石油化工、新材料等重大产业基地；着力提高科技创新能力，加快国家创新型城市和区域创新平台建设，推动产业结构向高端、高效、高附加值转变。川南地区加快开发建设，打造全省经济发展新的增长极；依托“黄金水道”，有序推进岸线开发和港口建设，加强高速公路、快速铁路建设，建成全省次区域交通枢纽，形成四川沿江和南向开放的重要门户；大力发展临港经济，加快建设沿江产业带，发展壮大机械制造、能源、化工、农产品加工业，积极培育新材料、节能环保、生物等新兴产业，大力发展旅游、商贸、物流等现代服务业，打造“中国白酒金三角”核心区。川东北经济区要加快天然气等优势资源开发利用，提高资源就地加工和转化水平；重点发展清洁能源和石油、天然气化工、农产品加工业，建设西部重要的能源化工基地和农产品深加工基地；大力发展特色农业，积极发展红色旅游。加强基础设施建设，全面改善发展条件；积极承接产业转移，依托嘉陵江、渠江和重要交通干线，构建连接我国西北、西南地区的新兴经济带。攀西经济区要依托钒钛、稀土、水能、特色农业等优势资源，加快技术创新和新产品开发，提高资源综合开发利用水平，建设中国攀西战略资源创新开发试验区、全国重要的钒钛产业基地、全国重要的水电能源开发基地和四川省重要的亚热带特色农业基地；推进攀西钒钛稀土产业优化升级，开发高技术含量和高附加值的钢铁产品，积极发展阳光旅游、生态旅游。川西北生态经济区以保护生态环境、发展生态经济作为主攻方向，因地制宜发展清洁能源、生态文化旅游产业，点状开发矿产资源，改进传统农牧业生产方式，建设特色鲜明、绿色生态的产业体系；积极推进生态移民、扶贫移民和牧民定居工程，逐步引导人口有序转移；加强以交通和水利为重点的基础设施建设，促进基本公共服务均等化，加快改善生产生活条件。

从发展形态看。成都城市群一核特征明显，发育较早，正处于快速成长阶段。川南城市群具有多中心特征，发育相对较早，但发展过程较为缓慢，仍处于形成阶段。川东北城市群和攀西城市群尚处于发育阶段，尚未成形。

从未来定位看。成都平原城市群是建设西部乃至全国最具竞争力的城市群和重要增长极，川南城市群是打造“中国白酒金三角核心区”，建设国家重要的资源深加工和能源基地，成渝经济区新的重要经济增长极。川东北城市群是建设西部重要的能源化工基地和农产品深加工基地。攀西城市群是打造国家战略资源创新的开发试验区。

从以上分析，成都平原和川南城市群是四川经济、产业、人口主要聚集区，城市群形态发育较好，而川东北城市群和攀西城市群是四川资源丰富的区域，城市群形态还处在形成阶段，是四川未来新的经济增长极。

表 1-13 简要描述分析变迁之路——四川“五带”的发展现状和未来定位。

表1-13　变迁之路：四川“五带”发展现状和未来定位

经济带	交通干线	节点城市	地位	主要产业	发展形态	未来定位
成德绵广	成绵、绵广、广陕、成德南、绵巴高速、成绵乐客专	成都、德阳、绵阳、乐山	全省经济和人口最密集、经济发展水平最高	装备制造、电子信息、生物医药、科技服务、商贸物流和特色农业	发育较为成熟	具有国际竞争力的产业和城镇集聚带
成资内自	成渝铁路、成渝客专和成渝、成自泸、成安渝高速	成都、资阳、内江、自贡	省内最早形成的产业、城镇集聚带	装备制造、电子信息、精细化工、商贸物流	形成阶段	成渝经济区重要经济增长带
成眉乐宜泸	长江、岷江、成绵乐城际铁路和成乐、乐宜、宜泸渝高速	成都、眉山、乐山、宜宾、泸州	全省重要的沿江经济带	冶金化工、装备制造、清洁能源和商贸物流	形成阶段	长江上游重要的产业和城镇集聚带
成遂南广	达成铁路和成南、南广、广邻、达渝、南大梁高速	成都、遂宁、南充、广元	重要农业开发带	油气和精细化工、机械制造、轻纺食品	发育阶段	连接成渝双核的新兴经济带
成雅西攀	成雅、雅西、西攀、攀田高速和成昆铁路	成都、雅安、西昌、攀枝花	重要资源开发带	能源、钒钛资源开发、特色农产品精细加工	发育阶段	国家战略资源综合开发产业带

五　打破分割：编织四川经济地理变迁之网

（一）四川经济地理变迁中打破分割的特征

分割是经济地理变迁的第三大特征。分割指国家之间、地区之间商品、资本、人员和知识流动的限制因素，简而言之，就是阻碍经济一体化有形和无形的障碍，包括天然的阻隔、文化的障碍、经济体制机制的障碍、关税和贸易保护等形成的市场壁垒。重塑经济地理就是要打破分割，促进协作，编织网络。

1. 打破条块分割，实行专业化协作

中国曾是实行高度集中的计划经济体制的国家，从中央到地方，部门之间的封闭和分割、地区之间的封闭和分割、城镇之间的封闭和分割、城乡之间的封闭和分割，造成一个个故步自封、强力追求“大而全”、“小而全”的“王国”，统称“条块分割”。此外还有军工和民用的分割，在四川等“三线建设”地区尤甚。至于在世界范围实行专业化协作、自由贸易就更不可思议了。这种体制上的封闭和分割是以条条块块的利益为基础的，具有强烈的排他性和自我保护性，是社会化大生产所要求的越来越发达的专业化协作的主要障碍。马克思深入研究了资本主义由小作坊发展到大工厂、若干有密切关系的大工厂聚集起来的城市，得出了深刻的结论：这些大工厂和城市所以生产力高，是由内部实行专业化协作产生出来的。专业化协作产生新的生产力，就成为工业革命、城市兴起的重要推力。产业革命200多年来的实践证明，越来越细密的专业化协作是社会生产力不断发展和提升的伴随物。它深入到社会生活领域，就发展为现代社会生活文明。谁曾想到，人们不出门、不先付款，就可以在互联网上买到自己需要的物品，而且送货上门？现在发明的新型的专业化协作服务业就可以做到。

表1-14是改革开放初重庆条块分割情况的统计。重庆是条条块块关系很复杂的一个大城市。1981年全市共有国有企业737个、职工60.27万人、固定资产66.31亿元、工业总产值59.32亿元。

从表1-14可以看到，中央部属和省属企业只有137个，仅占企业总数的18.6%，但固定资产却占固定资产总额的53.2%，而工业产值又只占工业总产值的30%。这些企业隶属关系极其复杂，管理他们的是中央的22个部和总局、省的24个厅（局），几十个渠道径直向企业下达计划，供应物资，拨付资金，调拨产品，市一级政府根本无权也无法进行专业化协作配套和综合平衡。中央部属和省属企业都是大中型企业，固定资产大，产值低，生产能力大量闲置，重庆市却无法组织利用。重庆是国防工业基地。工业厂子大、人才多、设备精良、技术先进、科技力量雄厚，是重庆的一大潜在优势。但国防工厂直属中央，因生产任务不足而闲置的设备、技术重庆却无权利用。在一些小城市，不但设有专区、市、县三级党政机关和工作部门，而且还各有各的直属企业。这样，无论大、中、小城市，完整的国有制企业实际上都被分割为许许多多的部门所有和地区所有，高度社会化的专业协作体系和企业间的经济联系，都被这种分割给解体了。

表1-14　重庆条块分割情况（1981年）

项目	企　业		职　工		固定资产		工业总产值	
	户数（个）	占比（%）	户数（个）	占比（%）	户数（个）	占比（%）	户数（个）	占比（%）
中央部属	61	8.3	15.38	25.5	25.77	38.8	10.28	17.3
省属	76	10.3	9.69	16.1	9.53	14.4	7.55	12.7
市属	600	81.4	35.2	58.4	31.01	46.8	41.49	70.0

注：本表摘自《林凌文选》，社会科学文献出版社，2008，第398页。

中国由于实行高度集中的计划经济体制，被封闭、分割窒息了数十年，社会生产力发展极其缓慢，人民生活在缺食、缺衣、缺教、缺养的贫困之中。改革开放以来，在政府的谋划下，以市场经济的千钧之力，强力进行打破条块分割的改革，除少数国有企业外，大部分企业都进行了产权制度改革，取消了隶属关系，撤销了多个部、厅、局等政府管理部门，建立民间的企业和行业协会或联合会，放开市场，广泛推进跨地区、跨行业的专业化协作，使分割的体制障碍逐步得到消除，从而使生产力得到解放。四川是中国的改革之乡。农村改革、企业改革、城市改革、政府改革在 1978 年就开始了，1983 年在重庆进行了中心城市综合改革试点，打破体制性分割的改革走在了全国的前面，企业间的专业化协作和改组联合，也成为四川改革的亮点。

2. 打破城乡分割，建立城乡可持续变迁的基础

城乡变迁是经济地理变迁的重要基础。人类发展的历史过程说明，城市是在农业社会中孕育和发展起来的。城乡分离是农业社会到工业社会的一个转折点。城乡分离，使城市和乡村形成一个互为基地和互为市场的关系。之后，越来越多的农村发展为城市，农民转变为工人。城市和农村都越来越现代化，城乡差别越来越小，以至消灭。现在发达国家都是高度工业化国家，同时也是农业最发达的国家、城乡差别基本上消灭的国家。像美国、法国、加拿大、澳大利亚、新西兰等国既是现代工业国，也是现代农业国。城乡共同富裕，基本上没有什么差别。与这些国家相比，我国的农业和乡村要落后许多。原因是多方面的，重要原因之一，就是实行城乡分治的人民公社体制，把城乡关系割裂了。改革开放后，四川、安徽首先以家庭联产承包制取代人民公社体制，解决了全国人民的吃饭问题；农民工的流动，解决了城市化的问题；成都实行统筹城乡改革试点，在全国推广了土地确权、颁证制度，初步解决了农民的土地权利问题；农村教育、医疗、养老制度的改革和建立，初步解决了社会公共服务均等化问题。现在的问题是，农民只是名义上或者说法律上拥有土地财产权，实际上除了可以流转出租之外，没有任何处置土地的权利，更不用说可以买卖了。温家宝大声宣布：“让农民工带着自己的财产权利进城”，不把财产货币化怎么能带进城呢？而要货币化，农民工就要有土地所有权。把使用权转化为所有权是无法回避的现实。城乡变迁是一个长期的过程，世行报告提出“以土地所有权作为建立城乡可持续变迁的基础”，我们应当认同。

3. 打破区域分割，发展国内区域协作和对外贸易合作

四川地处内陆，在远离沿海、交通不变、运输成本很高的条件下，出口产品主要是猪鬃、桐油等农副产品，进出口占全国的比重长期处在 1% 以下，与国际市场基本上没有什么交往。在 20 世纪 80 年代国家实行沿海开放战略之时，原来在四川等西部省份进行的“三线建设”全面停止，改为“三线”企业的调整改造，中央政策大幅度向东部沿海倾斜，四川经济陷入困境。在沿海政策洼地的吸引下，本来就不足的资金大量流向东部，被喻为“孔雀”的高级技术人才纷纷向东南飞去。省领导心急如焚。一方面根据中央部署，对“三线”企业实行转型、改革、开放的方

针，把单纯生产军品的企业转变为军品民品兼容的企业；另一方面，根据四川地处内陆的特点，提出若干对外开放思路：如借船出海、借台唱戏、借鸡下蛋等等，把部分资金投向经济特区和沿海城市，举办生产和商贸企业，开展对外贸易。同时引进国外的家用电器技术，组织军工企业生产。这些措施取得了一定成效。特别在军转民方面，重庆长安汽车、重庆嘉陵摩托、四川长虹电器等都成为全国著名的大型集团化企业，在国际市场上曾风行一时。

西部大开发战略的实施、成渝经济区的建设和全国区域发展总体战略的推进，国内和国际资本、企业、技术逐步形成向西转移高潮。四川大力加强外资引进工作，持续筑巢引凤，成效显著。2007～2011年，全省累计引进国内省外直接投资1.9万亿元，是前10年总和的3.8倍，2011年突破7000亿元，为2007年的3.6倍，总量居西部第一；全省累计利用外资255亿美元，是改革开放30年利用外资总额的1.6倍，2011年，四川实际利用外资突破110亿美元，是2007年的5.5倍，总量居中西部首位，外资利用水平比肩部分东部省市。“投资西部，首选四川”已越来越成为世界500强企业的共识。截止到2011年，在川落户的国内500强企业达214家，世界500强企业173家，持续领跑中西部。2003年，英特尔推开了四川电子信息产业的开放之窗，以后微软、IBM、西门子、赛门铁克、德州仪器、联合利华、诺基亚、爱立信、NEC等跨国企业接踵而来，日本丰田、德国大众、韩国现代、意大利沃尔沃等汽车厂家相继而至。另外，外国在四川设立的领事机构已达9家，外资银行12家、外资或合资保险公司12家，这些数字均居中西部地区第一。2013年在成都举办的“全球财富论坛”，标志着成都和四川在全球的地位正在快步攀升。

外贸方面。外贸进出口持续稳步增长，在西部保持领先地位。2011年四川外贸进出口总额已达478亿美元，占全国进出口总额比重上升到1.3%，是1979年的995倍、2001年的15倍，近10年年均增长31.5%，规模居中西部第一。其中，出口总额接近291亿美元，已跻身全国十强，是1979年的1082倍、2001年的18倍。在规模快速扩张的同时，四川外贸进出口同步均衡增长，外贸主体队伍扩大，出口产品结构进一步优化，出口增长的质量更好，呈现量、质并举的良好态势。

合作方面。近年来，四川多次组织党政暨经贸代表团赴外省、区、市推动经济合作，签订并实施了一系列双边和多边合作协议，如《关于推进川渝合作共建成渝经济区的协议》、《关于进一步深化桂川合作框架协议》、《四川省人民政府与云南省人民政府签署战略合作框架协议》等。与长三角、环渤海、泛珠三角区域之间的合作，与西南六省（自治区、直辖市）各方多边经济合作以及省际双边合作逐步深入。新加坡－四川投资贸易合作委员会自成立至今已运作17年，卓有成效，与东南亚、欧盟、北美等区域以及日本、韩国、俄罗斯等国的投资、贸易合作也在不断加强过程之中。

（二）四川省开放合作的国内比较分析

四川的开放合作，在改革开放后取得很大成绩，进入新世纪以来进展迅速。四川省社科院课题组发表的《四川扩大对外开放与深化区域合作研究》报告，定量测算了四川开放和合作情况并进行了国内排名，其结果如表 1-15 所示。①

第一，四川位于全国梯级开放合作的

表 1-15　全国各省（自治区、直辖市）开放度测算及排名（单位：%，位）

地　区	国际开放度	排名	省际开放度	排名	省内开放度	排名	综合开放度	排名
北　京	86.85	2	74.35	1	83.19	1	81.96	1
上　海	95.03	1	68.46	2	66.3	2	78.88	2
天　津	59.91	4	60.06	3	44.67	8	55.77	3
广　东	65.37	3	25.5	5	50.4	3	48.86	4
浙　江	40.17	7	30.9	4	47.26	5	39.23	5
辽　宁	40.39	6	23.57	6	49.3	4	37.61	6
江　苏	46.36	5	22.77	8	40.33	11	37.37	7
福　建	31.12	9	18.31	15	45.34	6	31.04	8
山　东	31.2	8	18.78	14	44.17	9	30.9	9
江　西	23.15	10	15.82	20	29.56	20	22.63	10
四　川	13.93	14	15.18	21	41.48	10	21.88	11
吉　林	11.22	16	14.16	23	44.71	7	21.33	12
重　庆	9.94	19	22.63	9	35.98	13	21.03	13
湖　北	14.56	13	12.13	28	40.08	12	20.81	14
宁　夏	10.47	18	23.14	7	32.48	17	20.45	15
海　南	14.59	12	14.44	22	31.94	18	19.31	16
内蒙古	7.01	23	20.46	11	35.76	14	19.09	17
湖　南	15.35	11	13.2	24	31.21	19	19.03	18

① 该研究报告认为，省市开放和合作是由国际、省际和省内开放共同构成的三重开放合作，故利用反映上述三重开放合作的 20 项加权指标对全国 30 省市的开放合作情况进行测算，并加以排名。这 20 项加权指标体系包括：国际开放程度测量指标体系，选择以下 6 个指标，即外贸依存度、外资依存度、国际旅游依存度、对外工程与劳务合作贡献率、国外技术依存度、国际互联网普及率；省际开放程度测量指标体系由以下 7 个指标构成，即省际贸易活跃度、非农部门区位商、投资依存度、国内旅游依存度、劳动力流动比率、国内技术依存度、国内信息交流活跃度；省内开放程度测量指标体系选择 7 项指标，即非国有经济比率、上市公司市值率、高速公路网密度、商品市场活跃度、技术市场活跃度、企业家信心指数、城镇化率。

续表

地　区	国际开放度	排名	省际开放度	排名	省内开放度	排名	综合开放度	排名
山　西	6.6	24	19.01	12	29.48	21	16.74	19
安　徽	7.81	21	12.21	27	34.98	15	16.64	20
黑龙江	13.04	15	9.57	31	29.05	22	16.35	21
陕　西	7.12	22	18.93	13	25.72	24	15.9	22
云　南	10.49	17	16.67	19	22.12	26	15.6	23
河　北	8.56	20	13.12	25	27.7	23	15.23	24
河　南	4.8	28	12.55	26	33.26	16	15.02	25
青　海	2.58	31	21.46	10	20.76	29	13.44	26
贵　州	3.79	30	16.99	18	21.42	28	12.73	27
广　西	6.33	25	10.17	30	24.22	25	12.44	28
新　疆	5.42	27	17.03	17	17.7	30	12.4	29
甘　肃	3.82	29	12.04	29	21.79	27	11.31	30
西　藏	5.52	26	18.08	16	8.35	31	10.2	31
均　值	22.66	—	22.31	—	35.83	—	26.17	—

资料来源：四川省社科院课题组：《四川扩大对外开放与深化区域合作研究》，《四川区域综合竞争力 2008》，社会科学文献出版社，2009，第 64 ~ 132 页。

中间位置，是中西部开放合作的领先者。从表 1-15 看到，各地区经济开放程度呈较为明显的梯级分布，东部地区综合开放程度平均达到 43% 以上，中部地区只有 18%，西部地区仅为 15.5%，总体上呈明显梯级排列。其中，排名前 10 位的地区中有 9 个地区处东部沿海，而排名后 10 位的地区中则有 8 个在西部地区。四川排名第 11 位，紧随江西之后，是中西部地区开放合作的领先者。

第二，四川省的开放合作目前在总体上仍处在较低的水平上。表 1-15 显示，四川综合开放度为 21.88%，排名第 11，而排名前两位的北京和上海综合开发度约为 80%，排名前 10 位的东部省市均值为 43%，全国综合开放度均值为 26.2%，四川开放合作水平不仅低于全国均值，更是远远低于北京、上海，与东部发达地区有很大的差距。

第三，四川省的省际开放度排名最低，开放合作路径遵循“先内后外”顺序。观察四川省的三重开放情况，可以看到：省内开放度 41.48%，高于全国平均值近 6 个百分点，位居全国第 10 位；国际开放度 13.93%，低于平均值近 10 个百分点，居于第 14 位；省际开放度排名为 15.18%，居于全国各地区的第 21 位，是四川省最为落后的一个指标，在西部省份中的排名也仅仅是高于甘肃省。这种现状间接说明，加快四川省的省际开放与合作，将有助于四川省综合开放合作程度的快速提高。

（三）四川开放合作总体战略："三向拓展、四层推进"

为缩减与东部发达地区差距，全面提高四川的开放合作水平，积极应对经济全球化和区域经济一体化的挑战，21 世纪以来，四川改变了"借船出海，借鸡下蛋"的依附东部间接开放战略，开始实施四川大开放战略。2007 年底，四川省委九届四次全会明确提出，把四川建设成为辐射西部、面向全国、融入世界的西部经济发展高地，同时提出把开放合作作为建设西部经济发展高地的重要途径，即要大力实施"三向拓展、四层推进"的充分开放合作战略，构建全面开放合作新格局，建设西部内陆开放高地。

"三向拓展"，就是突出南向，扩大与东盟和南亚国家的经贸联系；加强东向，强化对日韩等东亚市场的开拓，拓展欧美市场；畅通西向，开发中亚、俄罗斯等新兴市场。

"四层推进"，就是扩大区域合作，加强西南协作和与周边省（自治区、直辖市）的合作；强化次区域合作，共同建设成渝经济区；促进泛区域合作，有效对接泛珠三角、长三角地区合作，加强与台港澳的合作；积极参与国际区域合作，主动融入中国－东盟自由贸易区，加强与东盟的合作，加强与南亚、中亚、俄罗斯和非洲、拉美等地区经贸与投资合作。

"三向拓展、四层推进"战略的目的是要将四川建成西部开放程度最高的地区，即引进国内外投资规模最大，参与区域合作领域最广，对外经济交流层次最高，力争成为继珠三角、长三角、环渤海三大区域之后又一个具有较高开放度的新区域，成为西部开放合作战略高地。

"三向拓展、四层推进"战略的具体内容包括以下几个方面。

第一，深化与云南、贵州、西藏、广西、甘肃、青海、宁夏、新疆等周边省（自治区、直辖市）的合作。云南、贵州、西藏、广西、新疆等周边省区作为四川的经济腹地，是四川深化区域合作的核心内容。四川可采取由近及远，由疏到密，分层次、分阶段推进的策略，与这些省区共同推动出海、出境交通物流大通道建设，推进水电、矿产、旅游等优势资源联合开发，当前可重点推进大西南经济协作、建设通往北部湾的物流大通道。从未来发展看，从川滇黔结合部宜宾开始打通金沙江至攀枝花市，延伸长江 800 公里，即可与成昆铁路相连至云南"桥头堡"出境达海，同时加快金沙江下游和攀西六盘水资源能源开发，建设长江源头航运中心。

第二，共建成渝经济区，是国家区域战略的重要组成部分，是当前四川推进区域合作的首要之策。四川多数市（州）与重庆地理上紧密相连，经济上有很强的互补性，有共同文化和观念，是中西部地区构建经济区的首选区域。2011 年 9 月，四川作出《关于加快推进成渝经济区建设促进全省区域协调发展的决定》，明确了四川推进成渝经济区建设的策略和重点："四川将全面加快成渝经济区四川部分一极一轴一区块建设。强化成都发展核心，规划建设天府新区，做强成都都市圈增长极；依托中心城市和综合交通运输体系，加快沿长江发展带、成绵乐发展带、成内渝发展带、成南（遂）渝发展带和渝广达发展带建设，强化产业支撑，建成全国重要的现代产业基地，壮大成渝通道发展轴；加强川渝毗邻地区经济技术交流合作，促进环渝腹地经济区块的发展。”

第三，推动重庆、成都、西安“西三角”建设。重庆、成都、西安是“三线建设”着力构建起来的高科技产业城市，是国家电子信息产业、航空航天产业、重型装备制造业、国防科技工业、国家重要科研结构、高科技专院校密集聚集的城市，古代南北丝绸之路起点城市，当今向西开放、建设现代丝绸之路的中心城市。将中国西部三大中心城市连接起来，将使成渝经济区和关中天水经济区贯通，为西部大开发和向西开放打造出更大的引擎和龙头。目前“西三角”尚未取得共识，但发展前景非常广阔。当前应重点在基础设施共建、产业链合作特别是高科技产业对接、资源能源共享、旅游线路互联、流域环境同治等方面取得实质进展。

第四，促进泛区域合作，有效对接泛长三角、珠三角、环渤海。四川省“十二五”外向型经济专项规划明确提出：“积极参与泛珠三角区域合作，充分利用泛珠合作平台引进资金、项目和人才。继续扩大与长三角、环渤海地区的交流合作，积极推动并承接东部地区产业向我省转移。加强与国内其他经济区和中部省市的合作，构建优势互补、互动发展的新型产业合作关系。完善与18个对口援建省市的长效合作机制，推动与东部沿海地区和对口援建省市合作共建重点产业、重点园区。加强与沿海、沿边地区口岸的合作，构建大通关的协调机制。”

第五，深化与台港澳合作，巩固和发展四川与作为台商西部投资首选地地位等。加强国际区域合作，主动融入中国－东盟自由贸易区及推进与南亚合作，提升与欧美日韩合作层次水平。加快向西开放步伐，积极推动四川与中亚、西亚及俄罗斯等多边双边合作等。

第六，全方位推进对外开放是四川走向世界融入全球的必然选择，应当与对内开放合作同步实施，有选择有重点地持续推进。突出“南向”的关键是借助便利的地缘关系和良好的经贸关系，借助产业和市场互补性强的有利条件，扩大与东盟和南亚各国的贸易、产业、工程和技术合作，争取在较短时间内取得突破性进展。加强“东向”的关键是利用欧美日韩产业层次高、技术力量强、一般商品需求大等条件，更多地吸引其投资，扩大商品和技术贸易规模，重点推进四川省企业与欧美、日韩知名企业的战略合作，鼓励世界500强等跨国公司在川投资设立采购中心、研发中心、物流中心、营运中心、培训中心等。畅通“西向”的关键是针对中亚、西亚、南亚、俄罗斯、非洲轻工产品需求增长快、资源较为丰富等特点，扩大轻工产品、重要资源贸易和建筑劳务、技术人才交流，发展多种形式的相互投资。

第七，省内区域合作也是四川打破分割促进合作的重要手段。一是通过产业协作，共建产业园。从2009年开始，“成都·资阳工业园区”、“成都·眉山工业园区”、“成都·凉山工业园区”、“成

都 · 阿坝工业园区”、“成都 · 雅安工业园区”、“甘（孜）眉（山）工业园区”已出现在四川的产业版图里，成为市（州）区域合作的最佳抓手。二是积极推动产业集群的发展，如自贡围绕锅炉生产的产业集群，德阳围绕重装生产的产业集群。三是推进相邻较近的城市同城化和一体化。如内江自贡同城化、成德绵一体化、川南一体化等都是可供选择的设想。

西部大开发 10 年来，四川不仅形成了全方位宽领域对外开放格局和多层次高水平国际国内区域合作格局，更明确了“三向突破，四层推进”开放合作总体战略。在这一战略指引下，四川经济地理正在朝着构建中国西部经济发展高地目标推进，四川正在成为中国西部对外开放的样本和最重要的窗口及区域合作内陆高地。

六 实行公共政策：缩小地区差距，共享发展成果

（一）非均衡发展与和谐发展可以并行不悖

提高密度、缩短距离、打破分割，必然会促进经济环境优越地区的生产力得到快速发展，社会财富得到快速增加，人民物质和文化生活水平得到快速提高；但与此同时，又会拉大这些地区与一些低密度地区、偏远落后地区、不适宜开发地区的发展差距和收入差距，在原来就不平衡的基础上出现更加不平衡现象。这是任何国家都会遇到的矛盾，处理不好，还会引起群众的不满，甚至社会动荡。20 世纪 80 年代中，我国学者和政府官员之间就因深圳和贵州差距特别悬殊，引起强烈的争论，甚至影响到互联网和社会上的纷争。在 90 年代，还引起外国政要的关注，一些国家的总理在访问我国时，直言不讳地向我国总理提出警示和建议。在前面的论述中，我们曾提到过邓小平的“两个大局”思想在中国不平衡发展中所起的作用，那么，按照世行所提出的提高密度、缩短距离、打破分割的三大特征发展经济，所形成的不平衡增长和全局的和谐发展是否可以相辅相成、并行不悖呢？世行报告肯定地回答：可以做到，应当做到，必须做到。这是世行在本报告中提出的最重要的理念，是一个令世人宽心、振奋、充满信心的理念。这个理念包含着两个重要的内容：一是，坚定不移地按照世行提出的三大要素，孜孜不倦地快速发展经济，聚集财富，提高居民的生活和收入水平，壮大国家的财政收入。这是因为发展不足是全世界尤其是发展中国家、欠发达国家面临的重大课题。二是，从不平衡发展和差距拉大开始，就根据各国、各地区的情况，制定缩小差距、推进全局和谐发展的方案、政策和措施，脚踏实地地、一步一步地推进，让落后边远地区充满阳光和希望。如果说，实现第一个内容要更多地借助市场的作用，那么，实现第二个内容，就要更多地依靠政府的力量。政府的力量很大程度上就是制定和实行公共政策。

（二）四川面临的区域发展差距的挑战

中国的发展在历史上就是不平衡的。改革开放后虽然多次调整战略和政策，至

今仍在实行中国区域总体发展战略，四大板块都在发展，而且成长很快，但差距的缩小却缓慢许多。四川虽进入了2万亿俱乐部，增长速度也走在西部前列，有时还在全国前列，成为增速的领头羊，但是要赶上全国平均水平，与全国同步实现全面小康，难度极大。在四川内部，发达地区与落后地区差别之大，令人揪心。

1. 省际差距的挑战

1980年以来，四川人均GDP绝对值始终低于全国平均水平，与东部地区的上海、广东、江苏等省市的差距越拉越大，同时30多年的增长速度也远远低于全国平均水平；与之相联系，四川的人均GDP在全国长期处于中下水平，1980年居25位，到1993年最高达到23位，其后位次在逐渐下降，2003年为27位，达到最低，2011年居全国第24位。

从城镇居民人均可支配收入和农民纯收入来看，四川与东部地区收入差距本身就存在。1980年四川城镇居民人均可支配收入为412.26元，农民纯收入为187.9元，在全国分别排第18位和第25位，与东部最高的上海之比分别为1∶1.15和1∶3.06；1990年四川城镇居民人均可支配收入为1490.11元，农民纯收入为557.76元，在全国分别排第19位和第24位，城镇居民人均可支配收入与东部最高的广东省之比为1∶1.46，农民纯收入与上海之比为1∶3.42；2003年四川城镇居民人均可支配收入为7041.87元，农民纯收入为2229.86元，在全国均排在第19位，与东部最高的上海之比分别为1∶2.17和1∶2.98；2011年，四川城镇居民人均可支配收入17899元，农民纯收入6128.6元，在全国排第22位和第21位，与东部最高的上海之比分别为1∶2.02和1∶2.62。城镇居民收入差距呈现继续拉大的态势，农村居民收入差距保持在高水平上，这也意味着与全国其他地方比较，四川城乡居民人均收入相对降低。

2. 省内区域发展不平衡的挑战

四川地域广袤，人口众多，自然经济社会和开发程度差异巨大，区域发展不平衡状况可堪中国的缩影。从经济和人口密度看，2011年，成都人口密度为1173人/平方公里，而同属于成都平原城市群内的雅安市人口密度仅相当于成都市人口密度的1/10；同属川南城市群的宜宾市人口密度是内江人口密度的45%；凉山州只是成都人口密度的6%。经济密度差异更大，雅安市经济密度只相当于成都市的4%，而凉山州的经济密度仅为成都市的2.9%。2011年人均GDP最高的攀枝花市与最低的甘孜州之比达到4.5∶1，人均地方财政一般预算收入最高与最低比达到19∶1。

从人均收入看，各个市州之间的农民纯收入和城镇人均可支配收入都存在较大差距，尤其是农村人均纯收入差距很大。2011年成都市的农村人均纯收入是甘孜州的3倍多。四川省内各地区之间城镇收入差距还有不断扩大的趋势。以城镇职工年工资收入为例，1990年四川城镇职工人均工资最低的达州市是最高的成都市的0.77，二者差距为529元；2000年最低的广元市是最高的成都市的0.56，二者差距达到6636元；2011年最低的巴中市是最高的成都市的0.63，二者差距达到8799元。

3. 四川城乡之间收入差距虽有缩小，但差距仍较大

1978年改革开放，农村率先实行包

产到户，促进农民的人均收入有了较大提高，1980 年四川城乡居民人均收入分别为 391.21 元和 187.29 元，差距为 203.31 元。1983 ~ 1985 年，四川城乡居民之间收入增幅差距短暂缩小，但随着经济体制改革重心转入城市，城市居民的收入逐步提高，城乡居民收入之间差距又逐步拉大，1990 年后，呈现急剧拉大趋势。其后，由于国家注意解决“三农”问题，差距曾一度缩小，但效果始终不明显。1990 年城乡居民收入之比为 1 : 2.67，1995 年为 1 : 3.45，2000 年为 1 : 3.09，2003 年为 1 : 3.15，2007 年为 1 : 3.13，到了 2011 年，四川城乡收入差距缩小为 1 : 2.92，比 2007 年少了 0.21，算是有了一定的进步。成都市城乡收入水平整体处于较低水平，2011 年成都市城乡收入差距为 1 : 2.42，远低于全国 1 : 3.13。

总体来看，发展不足是四川面临的根本性挑战。这说明，世行报告所说的“并行不悖”，既是正确的理念，又是一个过程，而且是一个艰巨的长期过程。现在四川经济与全国平均的差距是 30% 左右，四川内部落后地区与全省平均水平的差距更大，其中，巴中差距为 60%，甘孜差距为 47%，广元差距为 38%，参见表 1-5。要赶上这个差距，不谋发展是绝对不行的，但仅谋发展而不靠政府公共政策的扶持，也是不行的。在某些地方，公共政策的扶持更加重要。

（三）深入实施非均衡协调发展战略，加快发展

21 世纪初，国家为了缩小区域发展间的差距，把全国从地理上划分为四大板块，实行西部大开发、振兴东北等老工业基地、中部崛起、东部率先发展的中国区域发展总体战略。经过 12 年的既是非均衡的又是相对协调的发展，并与世界金融危机进行了反复的较量，取得很大成绩。全国的经济总量超过日本，居世界第二，四川的经济总量进入全国 2 万亿元梯队。实践证明，这个战略是正确的。但如此宏大的战略我们仅进行了 12 年，又遇到复杂多变的国内外形势，要取得更大的胜利，必须在继续实施这个战略中作出创造性的努力。

在四川，主要任务是深入实施西部大开发战略，建设成渝经济区。在西部大开发中，要以建设西部经济高地、全国经济强省为目标，打通与西部各省区的联系，使四川成为西部开发的领头羊。要加强与广西、云南、西藏、新疆等向西开放前沿阵地的合作，建成和改造已经规划的四川通往这些省区的铁路、高速公路，开通四川与中亚、西亚、南亚、东南亚的铁路、公路、航空货运通道，使四川成为内陆地区向西开放的生产、商贸、文化交流基地和国际旅游目的地。要继续加快四川在全国特色资源的开发，特别是金沙江、雅砻江、大渡河大型水电站的开发，攀西地区钒钛、稀土等资源的开发，建成中国攀西战略资源创新开发试验区（全国重要的钒钛产业基地）。要在引进和创新技术的基础上，扩展传统能源和新能源装备基地的建设，实用于发展中国家的机车、车辆、钢轨的生产建设，实施电站、铁路“交钥匙”计划，推动能源、铁道装备和服务出口。提高国防科技工业水平，加强央企和地方的合作，推进军民融合发展。

在成渝经济区建设方面，主要是加快成渝经济区四川部分的建设，积极推进“一极、一轴、一区块”的发展。做强成都都市圈增长极，加快天府新区建设和新川创新科技园建设，形成以现代制造业为主，高端服务业集聚，宜业宜商宜居的国际化现代城市建设。加快成渝通道轴的经济发展，促进成渝两极要素流动，加强与周边城镇的专业化协作，培育次区域增长极和小增长极。加快川南、川东北环渝区块的发展，形成互为前沿和互为腹地的格局。深入推进川渝合作，建设国家重要的现代产业基地、内陆开放试验区，统筹城乡发展示范区，构建全国重要的经济增长极，培育重庆和成都成为中国西部重要的国际大都会，完成和超额完成国家的规划任务。

四川发展离不开与东部、中部省市的合作与交流。要继续促进东部和国际产业和资本的转移。成渝经济区面积 20 万平方公里，人口近一亿，现已成为国内和国际电子信息产业和汽车产业的聚集地。未来发展前景良好，有可能成为我国或世界最大的集研发、生产、流通、服务为一体的电子信息产业和汽车产业基地。四川和成渝经济区应依托这个基础，发挥创新驱动作用，加强与全国特别是东部的合作，做好这项重要工作。

（四）遵循三大特征加速五大经济区的发展

1. 按三大特征进行区域分类

发展不平衡是世界发展的普遍规律。世界银行报告用三大特征总结了韩国从低收入国家转变为先进工业国的经验，重要一条，是对全国按三大特征进行分类，采取差别性政策，促进发展。

韩国按城市化进程的不同阶段及单一特征（即提高密度）、两特征（即提高密度、缩短距离）、三特征（即提高密度、缩短距离、消除分割）划分三类地区[①]。三特征地区如首都首尔地区，两特征地区如大邱大都会地区，单一特征地区如阴郁郡。三类地区实行不同的政策指导。对单一特征地区，也即初级城市化地区，韩国的政策重点是提供基本社会公共服务和改善土地市场。对两特征地区，也即城市化中期阶段地区，韩国的政策重点是扩大行政管辖范围，协调基础设施投资，促进密度，缓解堵塞。对三特征地区，也即城市化高级阶段地区，这类地区面临三重挑战，韩国的政策重点是，以制度和基础设施来提高密度和缩短距离，以针对地区的干预措施应对分割问题。

四川的情况与韩国有类似之处。四川划分的五大经济区、四大城市群，基本符合按三大特征和不同城市化发展阶段分类的做法。如成都经济区基本上是三特征地区，川南经济区基本上是两特征地区，攀西和川东北经济区基本上是略高于一特征地区，川西北经济区可以说是一个特别地区。按城市化发达程度来分，成都经济区是接近城市化高级阶段的经济区，川南经济区和攀西经济区是城市化中期阶段的地区，川东北经济区是刚刚进入城市化中期阶段的地区，川西北经济区是非城市化地区。（见图 1–14）

① 世界银行：《2009 世界发展报告：重塑世界经济地理》，清华大学出版社，2009，第 216 页。

图 1-14　四川“五大经济区”

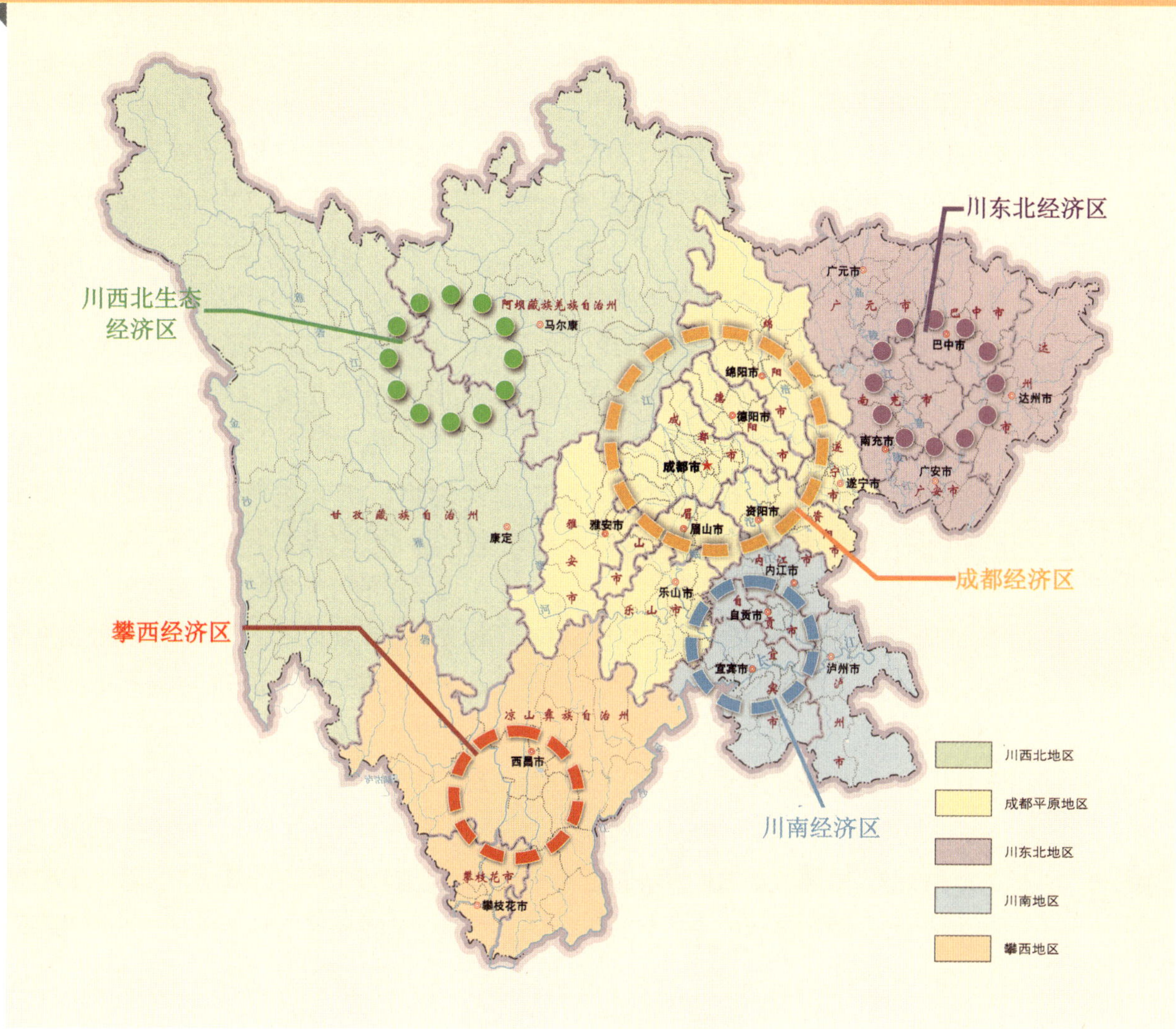

资料来源：本图由四川省发展和改革委员会、四川省测绘地理信息局提供。

2. 研究制定差别性政策，予以分类指导和推动

对成都经济区，主要政策是进一步提高密度、缩短距离、打破分割，三方面结合推进，到 2020 年经济总量提升一倍，进出口贸易提升一倍，城市化率达到 70%，建成中国西部综合交通枢纽，实现成德同城化，壮大成德绵、成眉乐、成资、成遂、成雅五条经济带，实现已进城的农民工市民化，建成中国西部国际大都会，与重庆紧密合作，建成中国最大的电子信息产业基地和汽车产业基地。对城市进一步进行更新改造，改善交通条件，提高管理水平，防止堵塞成本抵消密度提高带来的收益，大力加强生态环境的保护治理，实现生态环境优美和宜业宜商宜居目标。

对川南经济区，主要政策是打破分割、缩短距离、提高密度，三方面结合推进，重点是打破分割。一要打破自贡与内江的分割，实行自贡、内江同城化，大大

提高经济密度和城市化水平，构建川南经济区的中心城市。二要打破泸州与黔西北的分割，充分发挥泸州港对贵州发展的作用，使泸州成为川黔交界、共同合作开发的中心城市。三要打破宜宾与滇东北、攀西地区、凉山州的分割，依托长江、金沙江和滇东北、攀西的丰富能源矿产资源，建成川滇交界的大城市以至特大城市，大大提升城市化水平。围绕打破分割形成的布局，进行交通设施建设，缩短距离，重塑产业结构，高度提升经济密度。还可考虑修建攀枝花到宜宾的铁路，重启 20 世纪 90 年代在宜宾建设攀钢第二基地的构想。

对攀西经济区，主要政策是打破分割，缩短距离，重点也是打破分割。依托金沙江的水电开发，与沿江的四川凉山州、云南昭通市、四川宜宾市合作，进行交通等基础设施建设，发展小城市和小城镇，改变攀西城市群城镇数量少的局面。同时把改善当地少数民族居民的生存条件，提高生活水平，畅通交通，走出蒙昧、落后、贫困境地，享受近代文明的“阳光”放在重要地位。还可重议攀钢与云南昆钢、贵州水钢的合作，组成为西南地区服务、面向东南亚的中国钢铁布局。

对川东北经济区，主要是缩短距离，打破分割。川东北经济区地域辽阔，交通不便，城镇分散，尚处在构建经济区和城市群的初级阶段。可考虑先分四个节点发展。一是以南充为中心包括遂宁、广安，形成围绕重庆发展的次级城市群；二是以达州为中心构建川陕渝交界的次级城市群；三是以广元为中心构建川陕甘交界的次级城市群；四是以巴中为中心构建川北地区的次级城市群。将来重庆经南充、广元到兰州的铁路，重庆经南充、巴中、汉中到西安的铁路，成都经广元、汉中到西安的高速公路，重庆经达州、万源、安康到西安的铁路建成，加上已建成的横贯东西的成达快铁、高速，广元经巴中至达州的铁路，嘉陵江航道等，这个经济区才可能成为一体，城市群才可能形成。

川西北经济区，不属于按三大特征分类范围。主要是实行以保护和建设生态经济为主的公共政策，适度进行交通等基础设施建设，缩短距离。这一地区有一定资源，但不适宜发展工业。可以通过“飞地工业区”的特殊政策，在距离较近的城镇设立加工工业园区，通过入股和分税等制度调整利益分配关系，增强地区财政的造血功能，探索一条新型的“异地工业化”路子。

3. 积极大胆探索土地制度改革

所有经济区都面临土地问题。实行新一轮土地改革是实现城镇化和农业现代化的中心环节。要采取更大胆的政策，突破这个饶不过的环节。

（五）推行特殊政策，加快少数民族地区、革命老区和贫困地区的发展

在四川川西北、攀西和川东北三大经济区内，有四个特殊地区，它们是川西北的青藏高原南缘的藏民族聚居区、攀西的大小凉山彝族聚居区、川东北的川陕革命老区、川东北的秦巴山连片贫困区。这几个地区都是不宜按照三大特征分类的低密度地区，必须按照到 2020 年与全省同步实现全面小康的总体目标要求，以基础设

施建设、民生改善和特色产业发展为重点，大力推进少数民族地区跨越发展和革命老区、贫困地区加快发展。

要努力实施省政府制定的藏区、彝区等民族地区发展规划，加快以交通、水利、供电、城乡公共设施等为重点的基础设施建设，切实解决饮水难、行路难、用电难、就业难、通信难等突出问题。加快民族地区社会事业发展，大力实施少数民族地区教育第二个十年行动计划，继续在藏区实行“9+3”免费教育计划，继续组织当年未升学的初中毕业生和高中毕业生自愿到内地 85 所职业学校免费接受职业教育，帮助“9+3”职业教育毕业生实现就业，在彝区就地组织免费职业教育。实施民族地区卫生发展十年行动计划，有效防治艾滋病、包虫病、大骨节病。积极发展生态文化旅游、特色农牧业和优势资源开发等特色产业。大力推进藏区民生工程，按照中央支持藏区发展的重大决策，集中解决制约藏区发展最突出、最紧迫的问题，继续推进牧民定居行动计划暨帐篷新生活行动，完善配套公共设施，推广使用新型帐篷和篷内生活设施。在民生改善、社会事业发展、生态环境保护、基础设施建设、产业培育等方面取得重大突破。加快推进大小凉山综合扶贫开发，培育发展优势特色产业，促进安宁河谷地区跨越式发展。实施扶贫搬迁和农村危房改造等彝家新寨工程，建成 1475 个彝家新寨，配套完善公共设施，倡导健康文明生活方式。到 2015 年，少数民族地区城乡居民收入接近全省平均水平，基本公共服务水平大幅提高，基础设施建设明显加强，重点产业和特色经济初具规模。

设立革命老区专项扶持资金，加快基础设施建设和社会事业发展，切实改善生产生活条件，促进基本公共服务均等化。积极推进产业培育，壮大特色优势产业，不断增强自我发展能力。深入推进开发式扶贫，努力增加扶贫投入，不断创新扶贫开发和对口帮扶机制，大力实施扶贫攻坚工程。有序推进移民扶贫，整合资源，连片推进秦巴山区等特殊困难地区的扶贫开发，加快新农村和小康户建设。

（六）用政府购买生态产品的办法，发展生态经济，保护生态环境

四川川西北地区位居青藏高原南缘，长江、黄河源流地区，海拔高、气温低、生态环境恶劣，不但不能开发，还要大力保护。其他地区，如秦巴山区，也有类似情况。但这些地区有高原牧场，有水能、矿产资源，而生活居住在那里的藏族同胞却远离现代文明，生存和发展都很困难。如何既能保护发展生态环境，又能不断提高当地居民的经济收入和生活水平，是一个必须解决的重大问题。根据我们的初步研究，可以采取政府购买生态产品的办法，发展生态经济，保护生态环境，提高当地居民收入。第一，根据主题功能区规划，明确界定哪些地区必须保护，不能开发，界定范围可以到县。第二，在界定的范围内，可允许当地或外地居民承包发展生态经济。第三，生态经济主要是指种树、种灌木、种草及其他保护生态的植物。指标包括种植规模（覆盖范围）、成长速度、防止水土流失绩效、氧增长度量。根据这些指标制定一个综合基础指标。第四，生

态经济建设所需初始投入，由政府出资。第五，从鼓励发展和保护生态经济、提高承包者的积极性的要求出发，对生态产品制定一个单位指标价格，由政府出钱购买。第六，政府设立生态经济发展保护基金和收购公司，由政府的公司向承包者收购。第七，承包者所得收入归承包者所有，可不纳所得税。第八，管理承包事项的政府工作人员可根据业绩从政府基金中领取工资。以上办法可由政府林业部门、环保部门、当地政府和居民代表共同研究制定，在一定范围内试点。

（七）继续加强通达落后地区的交通基础设施建设

四川落后地区远离经济中心，交通通信闭塞，要促进这些地区的发展，必须沟通与其相近的中心城市，建立信息、商贸等交流关系，为此要积极争取国家和省进一步制定规划和政策，加大对落后地区交通、通信、电力、水利等基础设施建设的支持力度，以及加大对农村土地整理改造等方面的支持力度，解决发展的“瓶颈”问题。

（八）改进财政转移支付制度，用好转移支付资金

财政转移支付制度是公共政策的核心。日本和许多发达国家都有很好的经验。财政转移支付的根本点是运用政府的政策手段，把高密度地区应纳的税金集中起来，确定一个用于支持落后地区的额度，再通过转移支付的政策，分别拨付给有关地区或有关项目。我国有中央财政转移支付和省财政转移政府两个层次。过去转移支付比例与各地财政挂钩，发达地区可能得到较多的转移支付资金，这是与转移支付的性质相悖的，应借鉴世行报告提供的经验，结合我国的情况加以改进。

（九）积极推进基本公共服务均等化建设，实现全覆盖

基本公共服务包括教育、卫生、医疗、养老、失业、贫困救助等许多方面，是一个国家所有公民都有权利享受的公共服务。它的资金有一大部分来自国家财政，所以它的标准同国家经济发展水平、财政收入水平有密切联系，但与地方财政、企业财政没有关系，因此它在全国是统一的。我国因为各省发展差异很大，在目前情况下还做不到全国统一，所以出现地区和城乡间的不同。这种情况是暂时的。我们的目标是均等化，全覆盖。随着经济社会的发展和国家财政收入的增加，人民群众参保参保率的提高，均等化和全覆盖就能实现。经济社会发展再上一个台阶，公共服务的标准将会进一步提高。

参考文献

世界银行：《2009年世界发展报告：重塑世界经济地理》，胡光宇等译，清华大学出版社，2009。

胡鞍钢：《2009年世界发展报告：重塑世界经济地理》中译本序言，清华大学出版社，2009。

刘清泉、高宇天主编《四川省经济地理》，四川科学技术出版社，1985。

牛凤瑞、白津夫、杨中川等：《中国中小城市发展报告（2010）：中国中小城市绿色发展之路》，社会科学文献出版社，2010。

魏后凯、邬晓霞：《我国区域政策的科学基础与基本导向闭》，《经济学动态》2010 年第 2 期。

倪鹏飞主编《中国城市竞争力报告 NO.9》，社会科学文献出版社，2011。

陈世松、贾大泉主编《四川通史》，四川出版集团、四川人民出版社，2010。

何伟、曾礼、汪晓凤：《“西三角”经济圈与中国经济增长第四极研究》，《探索》2010 年第 2 期。

刘世庆：《中国西部大开发与经济转型》，经济科学出版社，2003。

任军、马咏梅、赵晓辉：《增长极理论视角下的我国中、西部增长极战略布局》，《经济纵横》2008 年第 4 期。

戴宾：《改革开放以来四川区域发展战略的回顾与思考》，《经济体制改革》2009 年第 1 期。

李梅：《论区域经济政策的演变》，《科技经济市场》2010 年第 11 期。

各年《四川统计年鉴》，中国统计出版社。

第2章 地理与资源*

一 地理特征

四川位于中国西南腹地，地处长江上游，介于东经97° 21’ ~ 108° 33’ 和北纬26° 03’ ~ 34° 19’ 之间，东西长1062公里，南北宽916公里。

四川是内陆省，东连重庆市，南邻云南、贵州等省，西接西藏，北界青海、甘肃、陕西三省。四川地域广阔，土地面积48.6万平方公里，占全国国土面积的5.1%，仅次于新疆、西藏、内蒙古和青海，居全国第五位，大于世界上德国、法国、英国、日本等发达国家国土面积。

四川简称川或蜀，辖18个地级市、3个自治州；181个县级行政区，其中：市辖区45个、县级市14个、县120个、自治县4个。全省行政区域分布见图2-1。其中，行政区域面积最大的市（州）是甘孜藏族自治州，最小的是自贡市。

（一）地形地貌

四川位于我国大陆地势三大阶梯中的第一级和第二级，即处于第一级青藏高原和第二级长江中下游平原的过渡带。腹心

图2-1 四川省行政区划

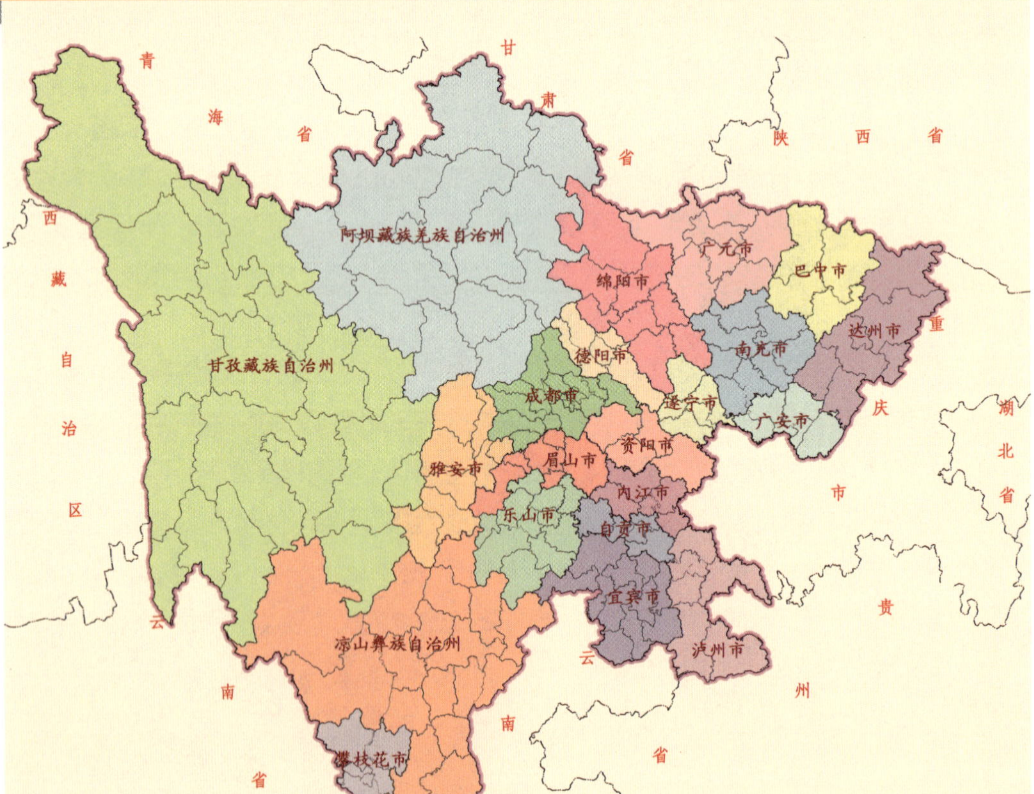

* 本章作者：李何超，四川省土地统征整理事务中心主任，研究员；曹正忠，西南民族大学，助理研究员；孙维，四川省土地统征整理事务中心，硕士。

地区是中国四大盆地之一的四川盆地，地貌分异明显，东西差别大，地形复杂多样。四川地势高低悬殊，西高东低的特点明显，最高点位于康定县贡嘎山乡贡嘎山主峰，海拔 7526 米；最低点位于邻水县文武村，海拔 188 米，最大高差 7300 多米。盆周山地区平均海拔为 1000 米，川西南山地为 2000 米。西部为高原、山地，海拔平均在 4000 米；中部盆地、丘陵，海拔平均在 500 米（见图 2-2 和图 2-3）。

全省按地貌可分为成都平原区、盆地丘陵区、盆周山地区、川西南山地区和川西北高山高原区（见表 2-1 和图 2-4）[①]。

1. 成都平原区

成都平原区海拔 450 ~ 750 米，地形起伏小，总面积约有 22900 平方公里，是我国西南地区最大的平原。它由 8 个冲积扇叠面连缀而成，包括岷江、沱江平原，涪江平原，青衣江、大渡河平原，其中，岷江、沱江平原最大，由于成都市位于该平原中部，因此称为成都平原，又因为它位于四川盆地西部，也有川西平原或川西坝子的称谓。

该区域内河流纵横，有涪江、岷江、沱江、青衣江、大渡河及其支流，组成扇

图 2-2　四川平均海拔分布

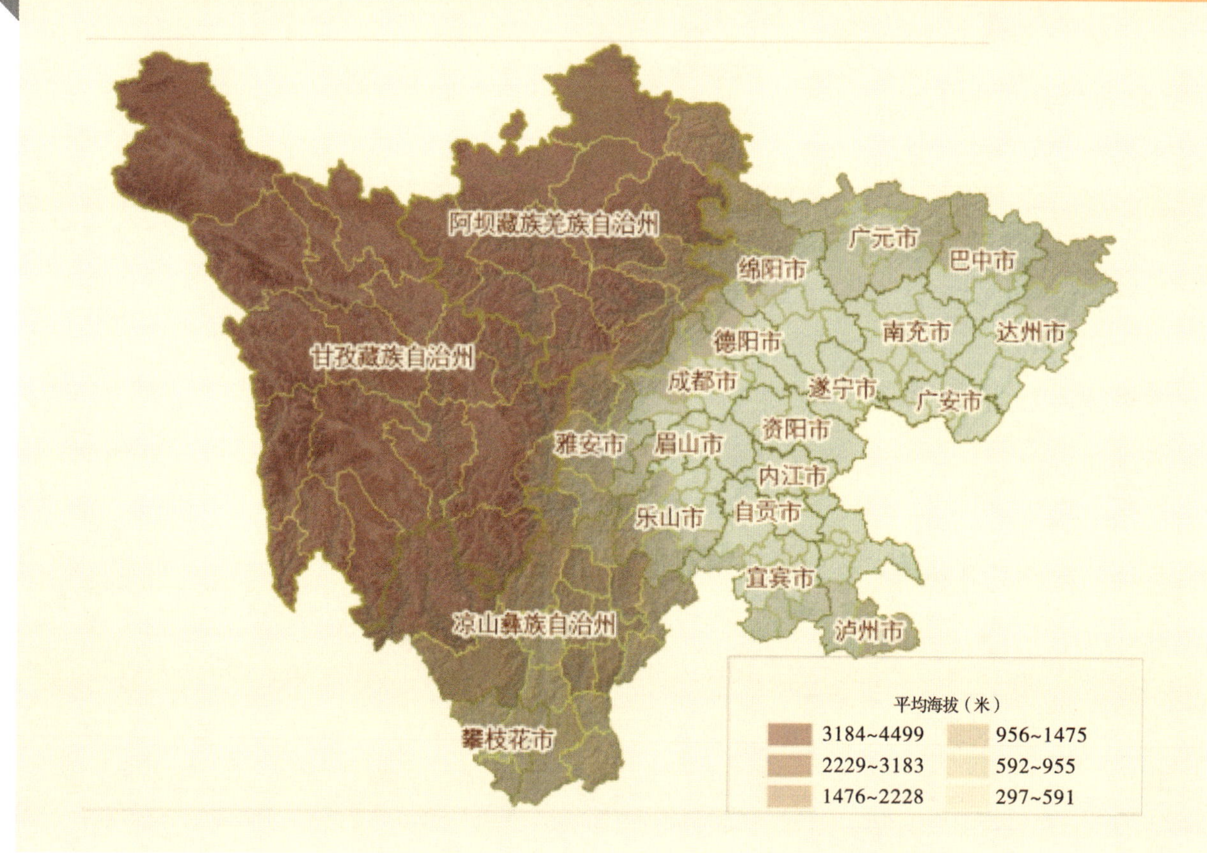

① 四川省国土局、四川省土地资源调查办公室：《四川省土地资源》，四川科学技术出版社，1999。

图 2–3　四川地势剖面（N32°线剖面）

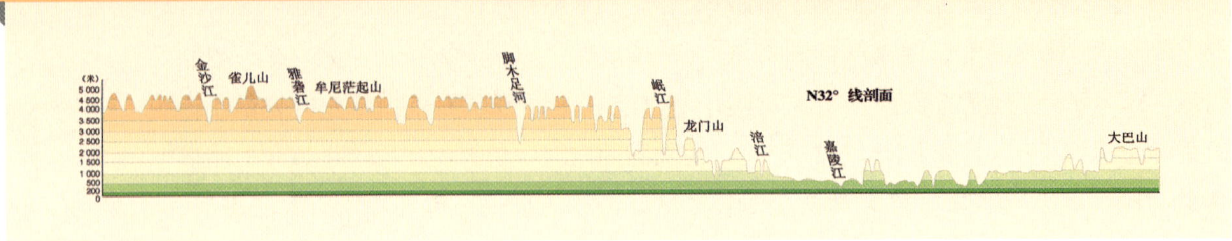

资料来源：本图由四川省发展和改革委员会、四川省测绘地理信息局提供。

表 2–1　四川地貌分区涵盖区域

地貌分区	包含的市州及县（市、区）
成都平原区	成都市：成华区、金牛区、锦江区、青羊区、武侯区、龙泉驿区、青白江区、双流县、温江区、新都区、蒲江县、新津县、郫县、崇州市、大邑县、都江堰市、彭州市、邛崃市
	绵阳市：涪城区、游仙区、安县、江油市
	德阳市：旌阳区、罗江县、广汉市、什邡市、绵竹市
	眉山市：东坡区、彭山县、青神县、丹棱县、洪雅县
	乐山市：乐山市市中区、沙湾区、五通桥区、峨眉山市、夹江县
	雅安市：名山县
盆地丘陵区	广安市：邻水县、华蓥市、广安区、岳池县、武胜县
	达州市：通川区、大竹县、宣汉县、开江县、达县、渠县
	内江市：东兴区、内江市市中区、资中县、隆昌县、威远县
	遂宁市：蓬溪县、射洪县、船山区、安居区、大英县
	资阳市：简阳市、乐至县、安岳县、雁江区
	南充市：顺庆区、高坪区、嘉陵区、西充县、南部县、营山县、蓬安县、阆中市、仪陇县
	绵阳市：三台县、盐亭县、梓潼县
	德阳市：中江县
	成都市：金堂县
	眉山市：仁寿县
	乐山市：井研县、犍为县
	自贡市：自流井区、贡井区、大安区、沿滩区、富顺县、荣县
	泸州市：江阳区、龙马潭区、纳溪区、泸县、合江县
	宜宾市：翠屏区、宜宾县、长宁县、江安县、南溪县
	巴中市：巴州区、平昌县
	广元市：苍溪县、剑阁县
盆周山地区	绵阳市：北川县、平武县
	巴中市：南江县、通江县
	广元市：广元市中区、朝天区、元坝区、青川县、旺苍县
	达州市：万源市

续表

地貌分区	包含的市州及县（市、区）
盆周山地区	宜宾市：高县、珙县、筠连县、屏山县、兴文县
	泸州市：古蔺县、叙永县
	雅安市：石棉县、天全县、荥经县、雨城区、芦山县、宝兴县、汉源县
	乐山市：峨边县、金口河区、马边县、沐川县
	凉山州：甘洛县
川西南山地区	凉山州：德昌县、冕宁县、木里县、西昌市、盐源县、布拖县、会东县、会理县、金阳县、雷波县、美姑县、宁南县、普格县、喜德县、越西县、昭觉县
	攀枝花市：东区、西区、仁和区、盐边县、米易县
川西北高山高原区	甘孜州：巴塘县、白玉县、丹巴县、道孚县、稻城县、得荣县、德格县、甘孜县、九龙县、康定县、理塘县、新龙县、雅江县、乡城县、色达县、炉霍县、泸定县、石渠县
	阿坝州：黑水县、金川县、九寨沟县、理县、马尔康县、茂县、松潘县、汶川县、小金县、阿坝县、红原县、壤塘县、若尔盖县

图 2-4　四川地貌分区

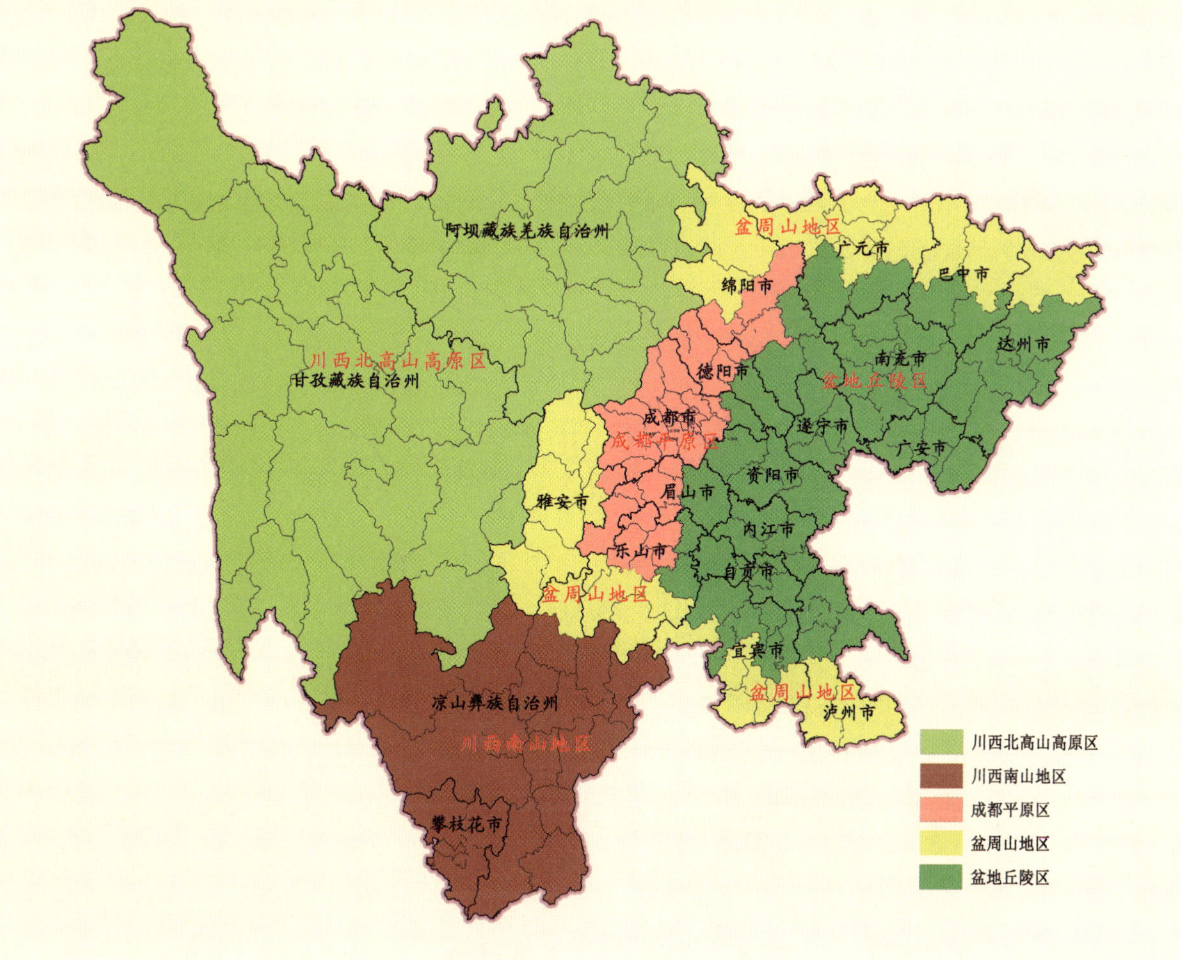

状水系，水资源十分丰富。

成都平原天然植物资源所占面积较少，人工种植的农作物和经济果木面积大。受到人类活动频繁的影响，野生动物资源种类不多，主要是农田动物，大型动物极少。其成土母质为冲积潮土，发育油沙土、黑油沙土、二油沙土，土地肥沃，极利于垦殖耕作，有利于农作物的生长，是四川省乃至全国的粮食基地之一。举世闻名的都江堰灌区就在成都平原，其灌溉耕地1000万亩，水旱从人、不知饥馑，惠泽2000多年。[①] 早在西晋时期，成都平原即有“天府之国”的美誉，当时物产丰富，粮食、丝绸、茶叶、纸张、瓷器等一应俱全。

2011年，成都平原核心区的成都、德阳、绵阳三市的GDP为9181.2亿元，比云南省、贵州省的经济总量还多，同时比中部长株潭城市群总量高近900亿元[②]。成都平原成为西部率先发展、最富经济活力的区域。

2. 盆地丘陵区

盆地丘陵区除河流阶地外，均为丘陵和低山，地形起伏。北部为低山，剑阁一带为单面低山的北缘，巴中一带为桌状低山，顶平坡陡。低山之间为丘陵，软硬岩层相间出露，泥岩被风化剥蚀形成平台，硬砂岩则形成陡坎。丘陵间是宽谷或窄谷，是水田集中分布地区。长江以南的地区从丘陵向低山过渡，多是单斜式丘陵和低山。

渠江、涪江和嘉陵江等河流流经该区域，然而受地貌环境影响，河流落差小，水能资源贫乏，农业水利条件也差，不利于灌溉。

自然植被以次生柏木为主，动物以小型鸟、兽和水产动物为主。受低山和丘陵的地貌环境影响，区域内除山谷和丘谷是水田，其余均为旱地，旱地达到耕地面积的70%。农业经济十分发达，农作物有水稻、小麦、油菜、红苕、花生、豆类等，经济作物有甘蔗、棉花、苧麻、黄麻等，经济林木主要是桑、油桐、竹类、油樟、漆树等，水果以柑橘、柚子为优势。

3. 盆周山地区

四川盆地边缘被一系列高山环绕，周边无缺，是盆周山地区。北缘为米仓山和大巴山，海拔在2000米左右；东缘是巫山和七曜山，山岭海拔在1500米左右；南缘和东南缘是乌蒙山和大娄山，在1500～2000米，地表崎岖；西北缘和西缘是龙门山、邛崃山、峨眉山，山势巍峨挺拔，海拔在3000～4000米；西南缘是大凉山、大相岭，海拔一般在3000米。盆周山地的合围使得四川盆地成为一个独特、完整的自然地理单元。

盆周山地河流多，落差大、水流急，水能资源非常丰富，近年来水能资源得到了极大开发。

该区域地势险峻，大部分不适合人类居住，因此，人类活动干扰较弱，生态环境优越，植被类型多样，常绿阔叶林、落叶阔叶林、针阔叶混交林、亚高山暗针叶林、高山灌丛草甸等都有大面积分布，既有常见的青冈、马尾松、杉木、油松等树

① 中国自然资源丛书编撰委员会：《中国自然资源丛书（四川卷）》，中国环境科学出版社，1995。
② 《成都平原崛起城市群——成德绵“一体化”五年观察》，《四川日报》2012年11月5日。

木，还保存了许多第三纪及其以前的孑遗植物，如我国一类保护植物银杉、水杉、桫椤等均蜚声海外。动物资源也很丰富，除数百种常见鱼类、哺乳类、鸟类、两栖类和爬行动物外，还有四五十种我国古老特有珍稀动物，如珍稀动物大熊猫、金丝猴、牛羚等，及其他稀有动物如猕猴、短尾猴、大灵猫、大鲵等。

4. 川西南山地区

川西南山地区处于四川盆地向云贵高原和青藏高原横断山区的过渡地带。区内山地面积占 92% 左右，东为大凉山、小凉山，大多数山地海拔在 1500 ~ 3500 米；中南部为鲁南山；西部为牦牛山、锦屏山，海拔 3000 米左右。众山脉之间，分布着面积不大的山间盆地和宽谷，负有盛名的安宁河谷是该地区耕地最集中、农业经济最发达的地区。

区域内河流北有大渡河，南有金沙江，流向均是自西向东，雅砻江自北向南汇入金沙江，三大干流自然落差大，区内雅砻江和大渡河自然落差分别为 1293 米和 480 米，金沙江自半边街到白鹤滩落差达 421 米，而三大干流的支流落差 1000 米以上的就有 56 条，水能资源极其丰富。

区域内农业主要集中于山间盆地和宽谷，也有部分低矮山区被开垦耕种，作物种类繁多，主要有水稻、小麦、烤烟、蚕桑、玉米、马铃薯、荞麦、苦荞、芒果、苹果，同时开发有耐寒的热带水果、热带作物和南药等。

自然植被类型多样，形成了垂直带谱，有稀树灌丛草地、云南松林或松栎混交林带、针阔叶混交林带、暗针叶林带和高山灌丛草甸带。其中，云南松分布最广，该地区是云南松分布的中心区域。该区生态环境类型众多，汇集了各地理区的动物，有热带亚热带丛林动物、山地森林动物和高原高山动物，动物资源十分丰富，国家一、二类保护动物就有 30 余种，如大熊猫、金丝猴、云豹、穿山甲等。

区域矿产资源十分丰富，其中钒、钛矿分别占全国总储量的 60%、90%。中国“钒钛之都”攀枝花市位于区域内。水能资源量极大，锦屏一级水电站、锦屏二级水电站、溪洛渡水电站等多座大型水电站都在使用和开发之中。

5. 川西北高山高原区

川西北高山高原区的山脉近似南北走向且平行排列，其间为深切河谷，岭谷高差大。自东向西依次为龙门山、岷江、邛崃山、大渡河、大雪山、雅砻江、沙鲁里山、金沙江。地势由北向南降低，山岭海拔一般 3500 ~ 4000 米，有众多山峰在 5000 米以上，最高点是大雪山主峰贡嘎山，海拔高达 7526 米。贡嘎山不仅是四川第一高峰，也是世界著名高峰。东部和南部河谷海拔在 1000 ~ 1500 米，北部和西部则为 2500 ~ 3500 米。该区域高原部分为高原面广阔的丘状高原，其上有滚圆的丘陵和低山，丘陵和低山之间为宽谷。地势西高东低，西部海拔在 4200 ~ 4500 米，东部则在 3200 ~ 3700 米。

区域中高山区森林资源丰富，木材蓄积量极大，其中尤以亚高山寒温带暗针叶林棕色暗针叶林土带所占比例最高，动物资源丰富，种类繁多，既有山地森林动物类群，也有高山高原动物类群，亦有低山河谷热带丛林动物类群，一、二级保护动物就高达55种；广大的高原区则主要发育高山灌丛草甸和高寒灌丛草甸，东部若尔盖湿地则发育大面积的高寒沼泽植被，野生动物种类较少，主要是高原高山型动物，有野牦牛、西藏野驴、藏羚、盘羊、狼、狐等。

由于自然地理环境的制约，区域内农业主要以畜牧业为主，其高山亚寒带灌丛草甸和河谷暖温带灌丛草甸是川西北草地资源的重要组成部分，此外，丰富的药用、淀粉、纤维、花卉等类植物资源，也为四川提供了大量土特产品，如知名中药材冬虫夏草、川贝母、黄芪等。该区域是长江、黄河、雅砻江、大渡河、岷江、嘉陵江、沱江等江河的水源地，若尔盖和石渠县有大面积湿地，涵养了极丰富的水资源，成为我国重要的水源和生态环境保护区。

地形地貌条件是主要的区位因素，影响了区域经济社会发展，四川经济社会发展与地貌分区表现出一致性。成都平原区的成都、德阳、绵阳三城市就显现了同城性，盆周丘陵区的自贡、泸州、内江、宜宾城市群显现了一体化，川西南的攀枝花、西昌城市群显现了整体发展态势。四川区域经济发展水平从平原向丘陵、山地、高原地貌区降低。

（二）经济密度

经济地理的密度是指每单位土地的经济量，或者说每单位土地经济活动的地理密度。四川省五大地貌区自然地理条件差异较大，与此相应的经济、社会经济水平也有很大的差异，体现了不同区域的分异规律，其分区土地面积、经济、人口重要数据见表2-2和图2-5。

四川经济主要集中于平原区和丘陵区，这两个地区人口密度高，工业化水平高，基础设施完备，社会经济效益好。成都平原区与川西北高山高原区相比，单位面积产值甚至相差250倍。人均生产总值这一密度的差距在人均1～3万元，最大相差3倍左右（见图2-6和图2-7）。

（三）经济距离

经济地理的距离概念，不同于欧几里得几何学上的直线距离，而是指商品、服

表2-2 四川五大地貌区面积、经济、人口数据

五大地貌区	土地面积（平方公里）	生产总值（亿元）	人口（万人）	经济密度（亿元/平方公里）	人均生产总值（万元/人）
成都平原区	29153.5	7939.33	2225.48	0.2723	3.5675
盆地丘陵区	91241.63	6912.98	5264.24	0.0758	1.3132
盆周山地区	67738.25	1178.42	996.92	0.0174	1.1821
川西南山地区	65684.06	1284.43	569.5	0.0196	2.2554
川西北高山高原区	236842	255.53	199.06	0.0011	1.2837

图 2-5　五大地貌区面积、经济、人口

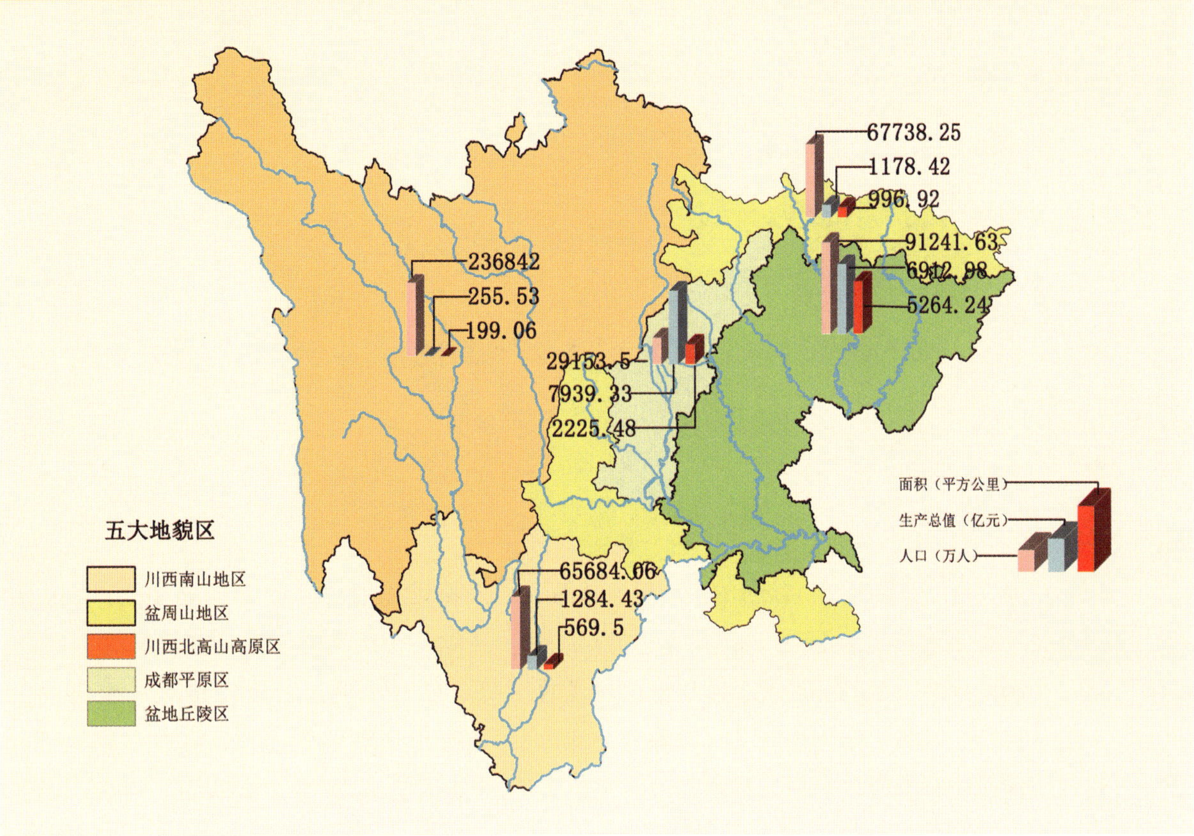

务、劳务、资本、信息和观念穿越空间的难易程度。

四川地理区位属于典型的内陆区位，不临海港且远离海岸线，距长江入海口有 1390 多公里。四川仅在乐山、宜宾、泸州等地建造了运力有限的通海内河港口。由于周边高山的环绕合围，陆路出行也困难。同时，土地肥沃，物产丰富，能够自给自足。因此，四川在古代形成了经济运行相对封闭的体系，这也是宋朝时期四川能够独立地使用铁钱的重要原因之一。虽然，宋朝时四川使用铁钱的最主要原因是统治者通过钱币铸造与通行管制，而对资源进行配置并进而影响与周边地区的交换与贸

图 2-6　五大地貌区经济密度对比

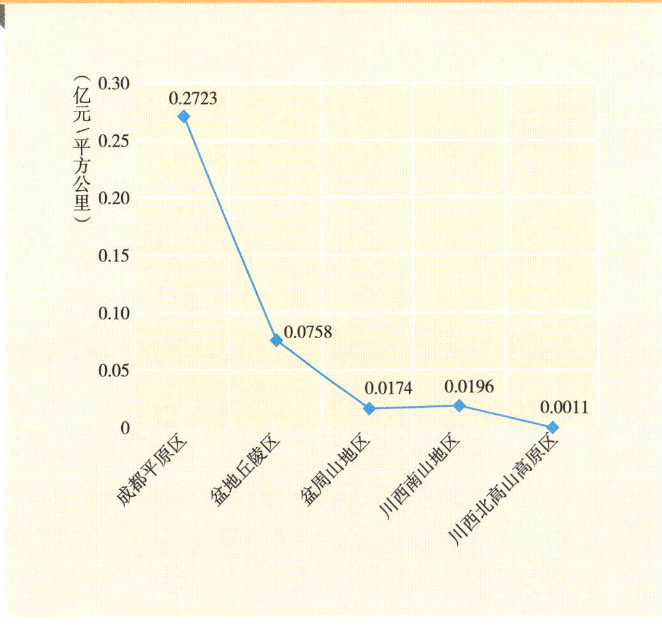

图 2-7　五大地貌区人均经济对比

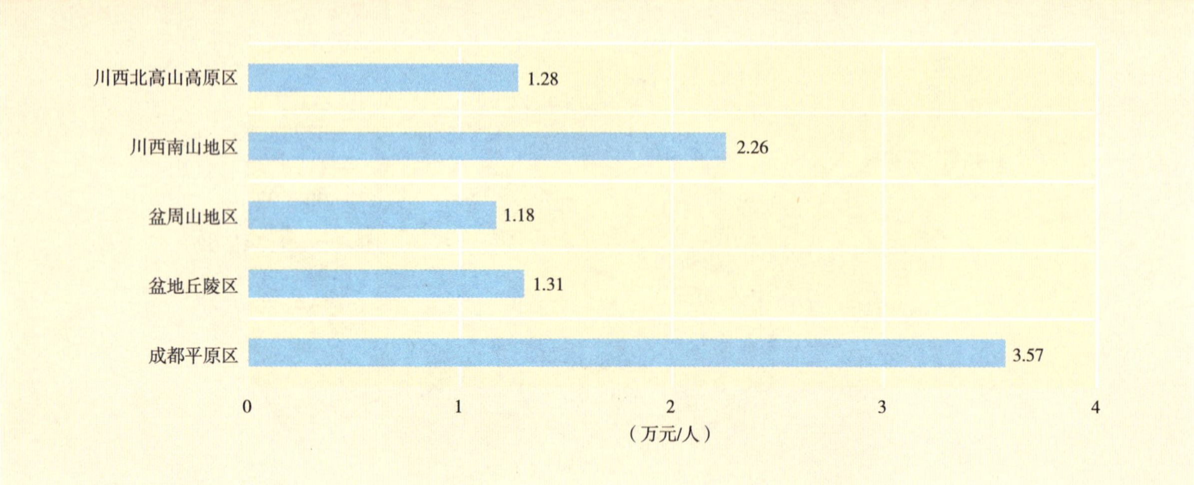

易，从而掌握政治、经济的主动权。然而，不可否认的是因为四川相对封闭，容易控制的地理位置特征造就了顺利使用铁钱的环境。刘邦“明修栈道、暗度陈仓”的典故也充分说明当时出川道路很少，汉中虽位于陕西，却是陕西和四川的交界之地，刘邦派樊哙率领 1 万精兵去修栈道，就迷惑了陈仓的雍王章邯，说明当时从汉中到关中除了险要的栈道外，几乎没有可能从其他路径通行。我国唐朝著名诗人李白在《蜀道难》中感叹“蜀道之难，难于上青天”。由此可见，那时四川的出行是多么的难。

1949 年新中国成立以来，特别是改革开放 30 年来，交通运输条件的改善对社会经济发展起着重大作用已成为共识。经过大规模建设，四川交通运输条件得到根本改善，铁路、公路、内河航运和航空运输已形成完整的物流体系。四川内部以及到外省的距离不断缩短。目前，北、东、南三个方向的出川铁路都已具备运力，只有向西方向上未形成铁路运输能力，随着规划中的成兰、川藏铁路等线路的建设，将填补这一空白。“十二五”后，四川省将进一步形成 11 条进出川铁路大通道，实现成都到重庆 1 小时左右通达，至西安、兰州、贵阳等周边省份 4 小时左右通达，至环渤海、珠三角和长三角地区 8 小时左右通达（见图 2-8）。

公路方面，“十二五”后将形成 18 条进出川高速公路大通道，基本实现高速公路网络化（见图 2-9）。

航空方面，将基本形成以成都国家级国际航空枢纽和西部地区门户枢纽为中心，干支结合的民用机场布局网络体系和较为完善的省际、国内干线和国际客货运航线网络（见图 2-10）。

水路、管道等运输方式也将逐步完善，成为铁路、公路和航空运输的有力补充。因此，“十二五”后四川省内各地之间以及省内到省外的交通运输条件将极大改善，可根据经济性、时效性、方便性等多种需求，选择不同的交通运输方式，均能

图 2-8　四川铁路交通发展圈层

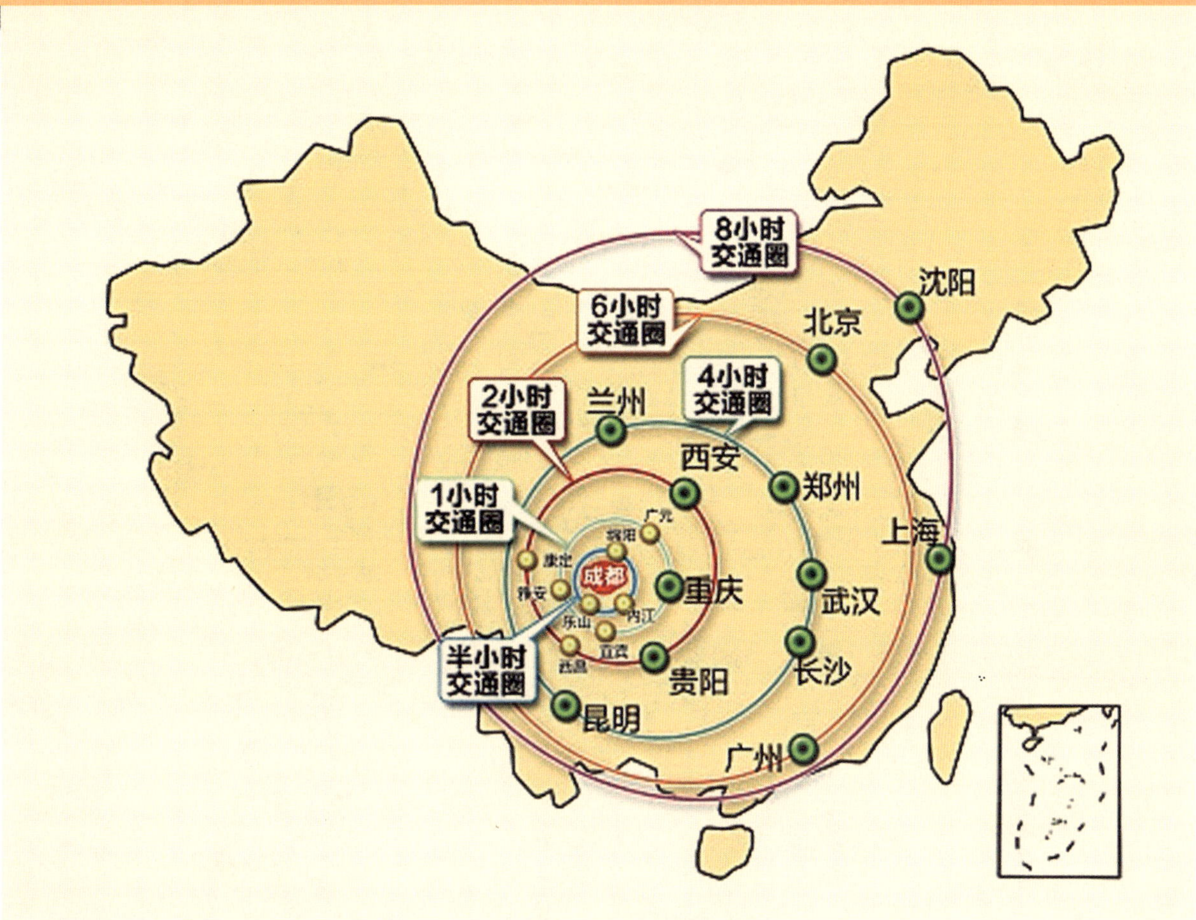

资料来源：四川省人民政府官方网站的《解读四川“八小时交通圈”》一文。

顺利到达省内外各地。省内外距离将会进一步缩短。

20 世纪 90 年代初，从西昌到成都的客运汽车需要 2 天时间，往往会在汉源县九襄镇住宿一晚，2012 年 5 月，成都到西昌的高速公路全线贯通，西昌到成都的客运汽车只需要 6 个小时左右；同样在 20 世纪 90 年代初，成都到武汉的火车需要 36 个小时左右，现在，成都到武汉的火车只需要 16 个小时左右。2011 年底，四川高速公路、铁路通车里程和在建里程双双突破 6000 公里，跃升全国第二位和第四位，成都双流国际机场跃升为全国第四大航空港，“蜀道难”变为了“蜀道通”（见图 2-11）。

出川及川内各地交通距离的缩短既是一种机遇，也是一种挑战。一方面，随着距离的缩短，交易条件不断得以改善，成本不断降低，一些特有产品、服务、资源的优势更加突出，通过交易互补和更细化的地区分工，经济将得到极大发展。另一方面，随着距离的缩短，同质化的产品、服务、资源的竞争将会加剧，有些产业将受到外来冲击，失去竞争优势，从而逐渐走向衰亡。

除了地理位置客观上形成的交通困

图 2-9　四川高速公路发展

资料来源：本图由四川省发展和改革委员会、四川省测绘地理信息局提供。

难，政策经济环境、经济边界壁垒也使交易成本出现高低不同，影响着与外界的商品、服务、劳务、资本交换，使其变得困难。不同地区之间的人力、资本、土地、信息和观念及政策差异也体现出了经济边界壁垒对距离的影响，如地方经济保护主义。即便有了四通八达的交通，如果区域社会经济政策限制生产要素的流动，那么就会造成区域内的分割，使得距离限制发展的问题还会发生。交通的发展必须伴随着经济政策的开放，才能从根本上促进距离缩短。

二　人口资源

（一）人力资源丰富

依据 2010 年第六次全国人口普查结果[①]，四川省常住人口为 8041.82 万人，

① 根据《全国人口普查条例》和国务院的决定，我国以 2010 年 11 月 1 日零时为标准时点进行了第六次全国人口普查。

图 2-10　四川航空发展

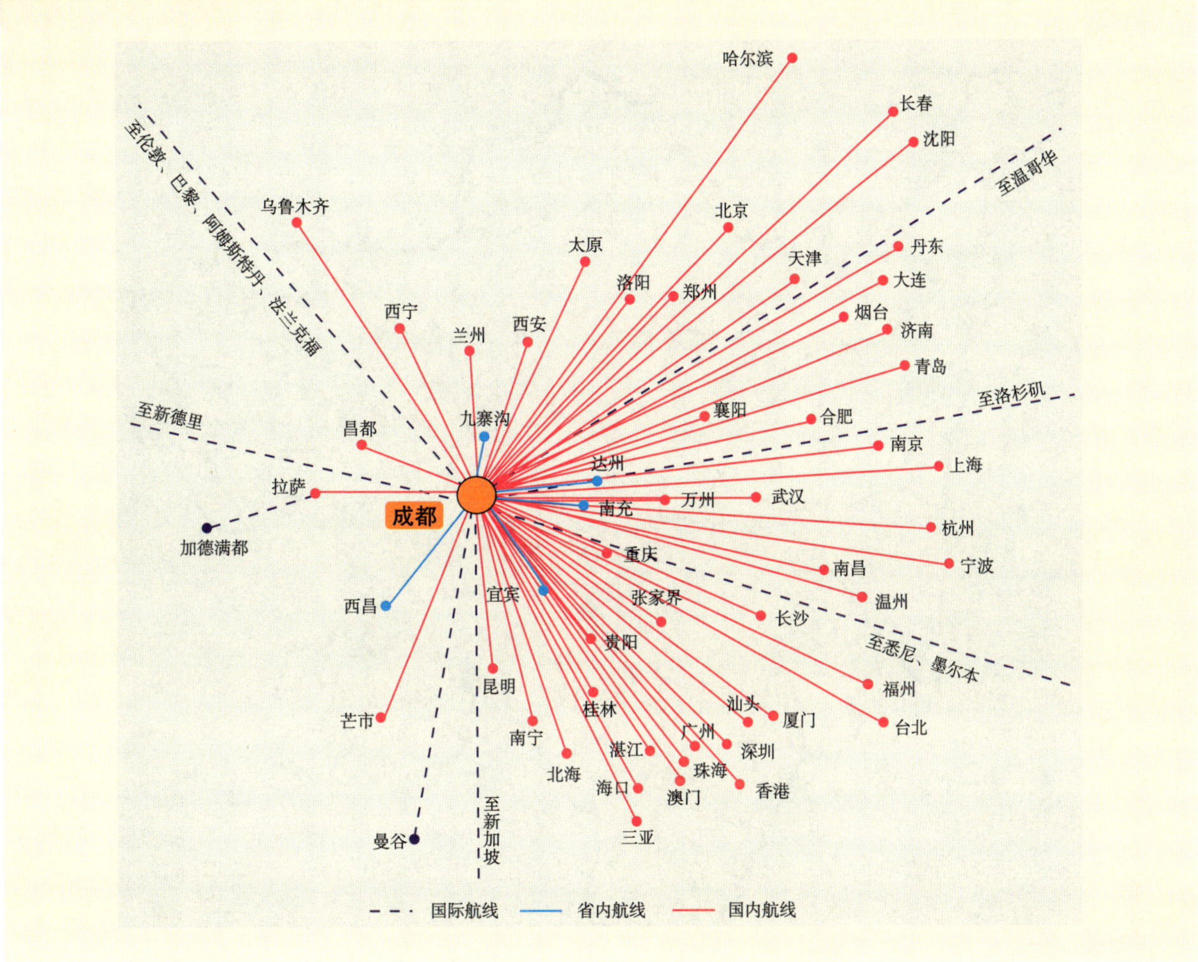

资料来源：本图由四川省发展和改革委员会、四川省测绘地理信息局提供。

登记的户籍人口为 8998.17 万人，常住人口居全国第 4 位。四川常住人口比户籍人口少了近 1000 万人，常住人口和户籍人口的差异反映了在工业化、城镇化进程中，四川人口总体迁徙流动的实际情况。

常住人口中，男性人口为 40830945 人，占 50.77%；女性人口为 39587255 人，占 49.23%。总人口性别比（以女性为 100，男性对女性的比例）由 2000 年第五次全国人口普查的 106.98 下降为 103.14。

四川各地常住人口和密度分布见图 2-12 和表 2-3。

（二）地域分布不均衡

四川各地常住人口并不均衡。21 个地市州中占全省人口比例最高达到 17.47%，最低则仅有 1.12%，相差 15 倍以上；人口密度差距大，每平方公里最多有 1171 人，最少只有 7 人，相差 167 倍。每平方公里人口数超过 500 的地市州只有 7 个，分别是成都市、德阳市、广安市、内江市、遂宁市、南充市和自贡市，除了成都市和德阳市主要位于成都平原区，其他 5 个市均

图 2-11　四川交通

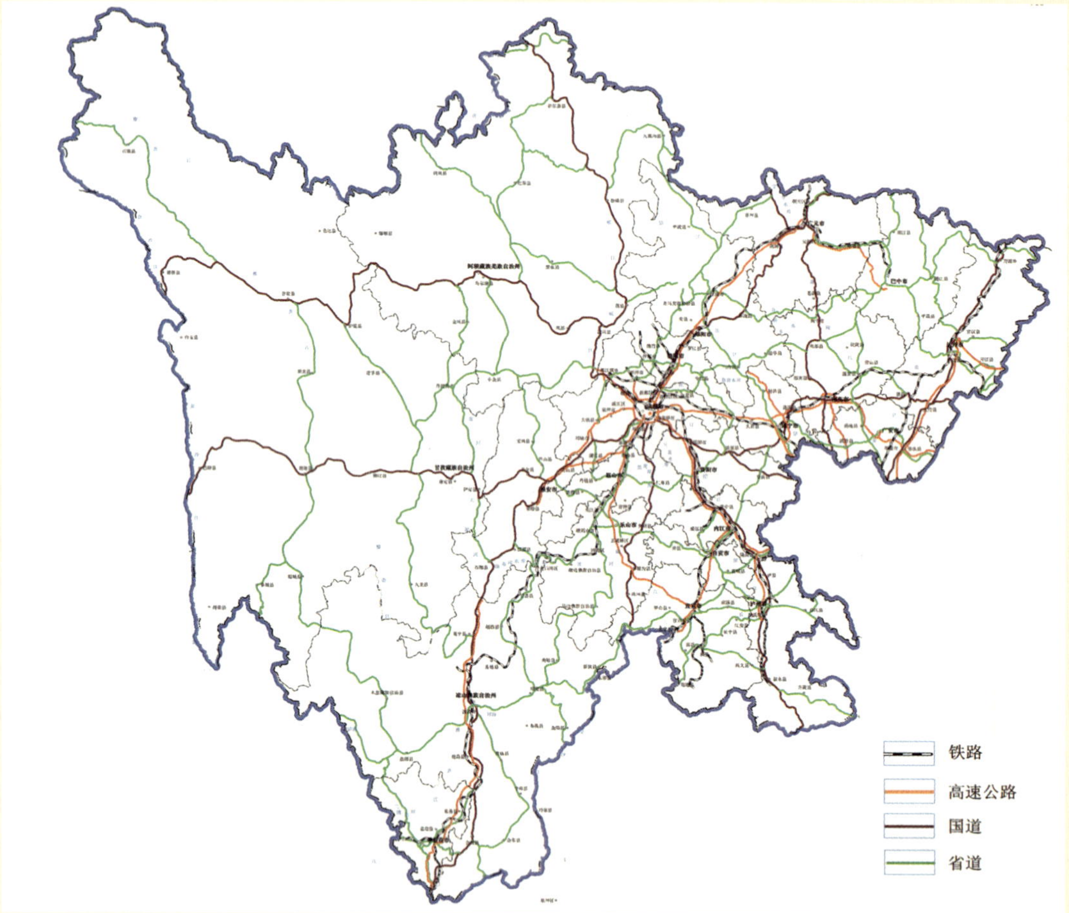

位于盆地丘陵区。成都平原区和盆地丘陵区是四川省内最适合居住的地区，盆周山地区也较适合居住，该区域内除雅安每平方公里人口数仅有 100 人外，其余各市每平方公里人口数均在 150 人以上。川西南山地区和川西北高山高原区除了攀枝花市每平方公里人口数达到盆周山地区的最低限，其他市州均低于每平方公里 80 人，甚至三州地区中就有两个州只有每平方公里 10 人左右。人口密度分布反映了居住环境与就业条件的优劣程度，也反映了地区的社会经济发展程度。

（三）人口由多民族构成

在四川常住人口中，汉族人口为 75510249 人，占 93.90%；各少数民族人口为 4907951 人，占 6.10%。同 2000 年第五次全国人口普查相比，汉族人口减少 3632394 人，降低了 1.12 个百分点；各少数民族人口增加 759659 人，增长了 1.12

图 2-12　四川人口分布

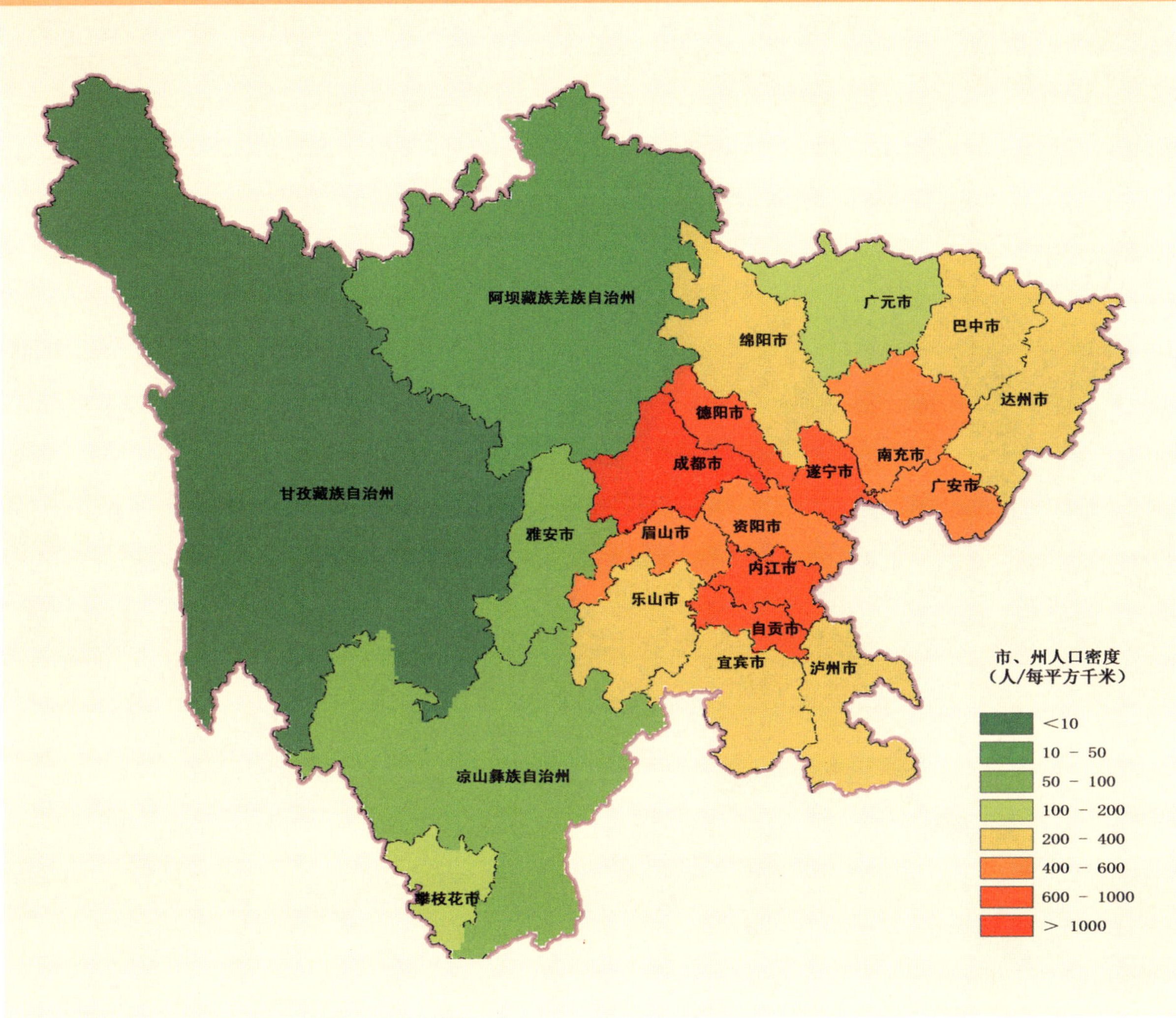

个百分点。四川是多民族聚居的地方，55 个少数民族齐全，其中世居少数民族有彝、藏、羌、苗、回、土家、傈僳、纳西、蒙古、满、布依、白、傣、壮等 14 个。有全国最大的彝族聚居区、第二大藏区和唯一的羌族聚居区。新中国成立以来，四川一直坚持民族团结政策，一直以各民族共同繁荣、共同发展为宗旨，经过几十年来的发展，各少数民族的居住条件、经济发展、医疗卫生等状况有了极大改善，人口不断增加。

（四）人口老龄化呈现

在四川常住人口中，有家庭户 25802326 户，家庭户人口为 76206650 人，平均每个家庭户的人口为 2.95 人，比 2000 年第五次全国人口普查的 3.32 人减少 0.37 人。这说明平均家庭人口数呈下降趋势。同时，常住人口中，0 ~ 14 岁人口为 13644450 人，占 16.97%；15 ~ 64 岁人口为 57966205 人，占

表 2-3　四川各地常住人口与密度分布

地　区	人口数（人）	辖区面积（万平方公里）	占全省总人口比例（%）	人口密度（每平方公里人口数）
四川省	80418200	48.5	100	166
成都市	14047625	1.2	17.47	1171
自贡市	2678898	0.4	3.33	670
攀枝花市	1214121	0.7	1.51	173
泸州市	4218426	1.2	5.25	352
德阳市	3615759	0.6	4.50	603
绵阳市	4613862	2	5.74	231
广元市	2484123	1.6	3.09	155
遂宁市	3252551	0.5	4.04	651
内江市	3702847	0.5	4.60	741
乐山市	3235756	1.3	4.02	249
南充市	6278622	1.2	7.81	523
眉山市	2950548	0.7	3.67	422
宜宾市	4472001	1.3	5.56	344
广安市	3205476	0.6	3.99	534
达州市	5468092	1.6	6.80	342
雅安市	1507264	1.5	1.87	100
巴中市	3283771	1.2	4.08	274
资阳市	3665064	0.8	4.56	458
阿坝州	898713	8.3	1.12	11
甘孜州	1091872	15.3	1.36	7
凉山州	4532809	6	5.64	76

注：表内人口数据来源于第六次全国人口普查结果，辖区面积数据来源于《四川统计年鉴（2011）》。

72.08%；65 岁及以上人口为 8807545 人，占 10.95%。同 2000 年第五次全国人口普查相比，0 ~ 14 岁人口的比重下降 5.68 个百分点，15 ~ 64 岁人口的比重上升 2.18 个百分点，65 岁及以上人口的比重上升 3.5 个百分点。这也说明老龄人口比例在增加，按照联合国和世界银行的通常标准，如果一个国家 60 岁以上人口达到 10%，或者 65 岁以上人口达到 7%，就可视为进入老龄社会。四川的 65 岁及以上人口已经达到 10.95%，已进入了老龄社会。一方面是年青家庭逐步独立为户，另一方面老龄人口比例不断增加，导致了孤独老人急剧增多，其安全、饮食、卫生、保健等工作应引起足够重视，应加强研究，充分运用政府、家庭和社会的合力，努力实现老有所养、老有所依，这是和谐社会的必然要求。

（五）人口文化程度提高

常住人口中，具有大专以上文化程度的人口为 5368247 人，约占总常住人口的 6.68%；具有高中或中专文化程度的人口为 9045020 人，约占总常住人口的 11.25%；具有初中文化程度的人口为 28056852 人，约占总常住人口的 34.89%；具有小学文化程度的人口为 27846524 人，约占总常住人口的 34.63%（以上各种受教育程度的人包括各类学校的毕业生、肄业生和在校生）。与 2000 年第五次全国人口普查相比，每 10 万人中具有大学文化程度的由 2470 人上升为 6675 人；具有高中文化程度的由 7587 人上升为 11247 人；具有初中文化程度的由 29358 人上升为 34889 人；具有小学文化程度的由 42960 人下降为 34627 人。全省常住人口中，文盲人口（15 岁及以上不识字的人）为 4377052 人，同 2000 年第五次全国人口普查相比，文盲人口减少 1984246 人，文盲率由 7.64% 下降为 5.44%，下降 2.20 个百分点。

四川通过加快人才聚集地建设，加强招才引智，大力实施“天府英才计划”、海外人才“百人计划”，目前拥有 720 万各类人才，有 68 人入选国家“千人计划”，拥有院士 64 人，人才资源居我国西部第一，人才队伍的不断壮大为促进社会经济发展汇聚了核心资源。四川通过九年制义务教育、优先发展教育等政策的贯彻实施，人口资源素质有了很大提高。但从绝对数量来看，大学文化程度人口比例仍然很低，仅有不到 7%，文盲人口仍有接近 200 万。因此，在坚持九年制义务教育的基础上，拓展义务教育范围，大力发展职业教育和高等教育仍是今后提高人口资源素质的重点。

（六）人口向东部沿海、大中城市迁徙流动

2011 年四川省流动人口 1609 万，跨省流出 1200 万。长三角、珠三角作为我国重要的经济增长极，对流动人口具有强大的吸引力，东部沿海仍然是四川省人口重要流向地，环渤海经济圈的北京、天津、河北、辽宁等北部沿海地区，川籍流动人口数量也较大。

近年随着国家产业结构和区域经济布局调整，西部大开发深入实施，四川省“工业强省”战略大力推进，承接产业转移步伐加快，农村剩余劳动力省内转移步伐加快，主要分布在交通方便、经济发展水平较高的城市，形成了以成都为中心，成都、德阳、绵阳、眉山、乐山为轴线，向包成线、成渝线、成昆线、成达沿线辐射的流动人口分布格局（见图 2-13）。

三　气候条件

四川地处我国青藏高原向东部平原过渡地带，地貌类型多，海拔垂直高差达 7000 多米，气候复杂多样。总体特点表现为：季风气候明显，雨热同季；区域表现差异显著，东部冬暖、春早、夏热、秋雨、多云雾、少日照，西部则寒冷、冬长、基

图 2-13　四川人口迁徙

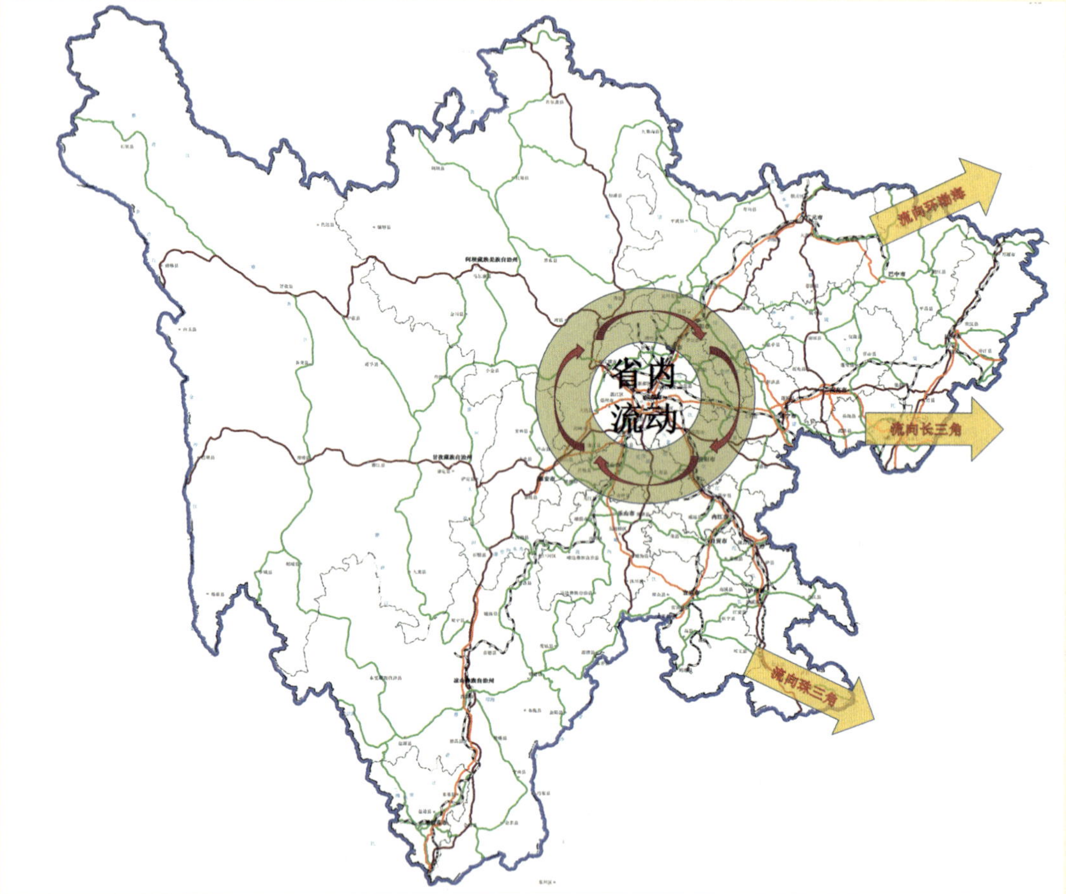

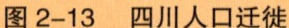

本无夏、日照充足、降水集中、干雨季分明；气候地带性和垂直变化大，气候类型多，有利于农、林、牧综合发展；气象灾害种类多，发生频率高且范围大，主要有干旱、暴雨、洪涝和低温等。

（一）气温

从总体趋势来看，四川各城市 5 ~ 9 月基本上是气温较高的时期，而各城市气温差别很大，马尔康县和康定县年平均气温极低，仅为 9.2℃和 8.1℃，而攀枝花年平均气温达到 21.5℃，相差了 1 倍还多。月平均气温差距也较大，马尔康县和康定县最高月平均气温分别是 17.6℃和 16.8℃，而其他城市月平均气温超过 20℃的基本都有 5 个月，攀枝花市甚至有 7 个月月平均气温超过 20℃（见图 2-14、图 2-15 和表 2-4）。

（二）降水量

从降水量数据来看，雅安市降水量最多，2010 年全年达到了 2092.3 毫米，这

图 2–14　四川年太阳总辐射量

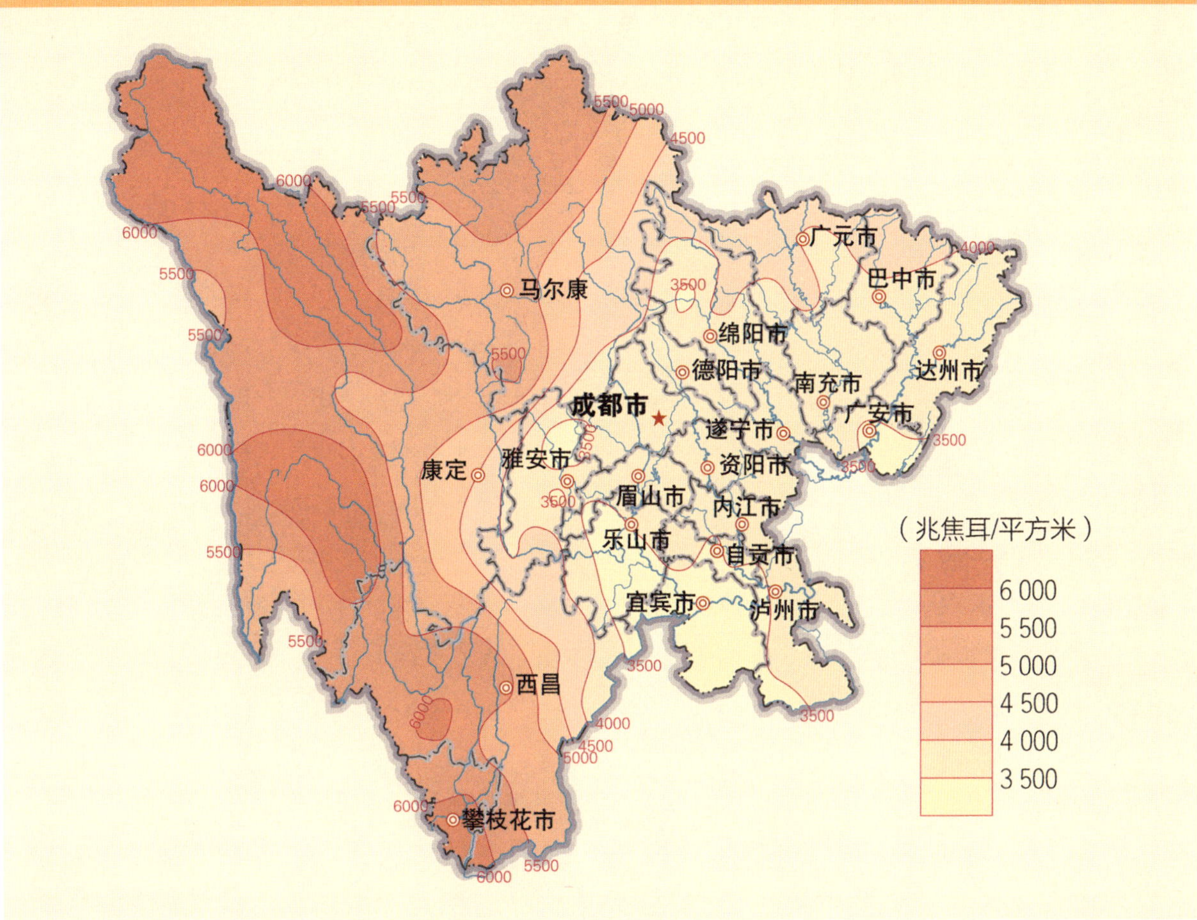

资料来源：本图由四川省发展和改革委员会、四川省测绘地理信息局提供。

图 2–15　四川 1 月、7 月平均气温

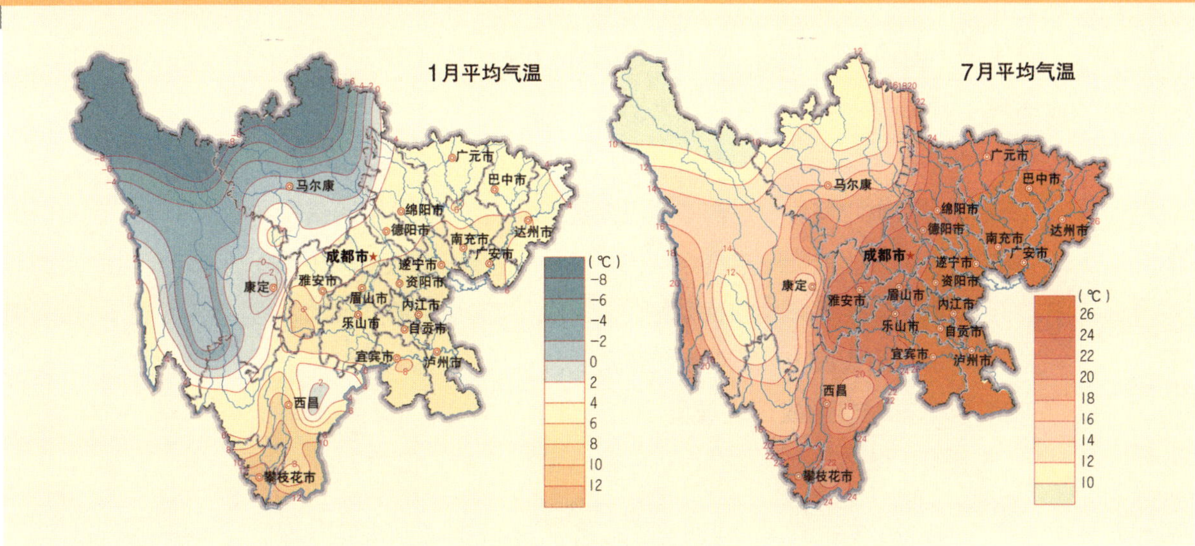

资料来源：本图由四川省发展和改革委员会、四川省测绘地理信息局提供。

表 2-4　2010 年四川主要城市平均气温（单位：℃）

城　市	1月	2月	3月	4月	5月	6月	7月	8月	9月	10月	11月	12月	年平均
成都市	7.2	8.2	11.6	14.4	20.0	22.0	25.9	24.7	22.4	16.7	12.5	6.9	16.0
自贡市	9.1	10.2	14.2	16.2	22.0	23.0	27.6	26.9	23.8	17.8	14.3	8.8	17.8
攀枝花市	13.4	18.6	21.9	24.8	28.5	27.5	26.5	25.9	23.8	19.5	15.4	12.6	21.5
泸州市	9.0	10.2	13.9	16.1	21.3	22.6	27.6	27.0	23.9	18.2	14.4	8.7	17.7
德阳市	7.2	8.3	12.3	14.9	20.3	22.5	26.1	25.3	22.6	16.9	12.5	7.0	16.3
绵阳市	7.4	8.6	12.8	15.3	20.5	22.7	26.4	25.8	23.0	17.2	12.9	7.5	16.7
广元市	7.2	8.5	12.3	15.3	20.4	23.1	26.0	25.9	22.8	16.7	12.2	6.7	16.4
遂宁市	7.8	8.9	12.8	15.4	20.4	22.7	27.0	26.4	23.2	17.2	13.5	7.5	16.9
内江市	8.1	9.5	13.3	15.7	21.1	22.8	27.2	26.5	23.6	17.7	13.7	8.0	17.3
乐山市	9.0	9.8	13.6	15.7	21.2	22.7	26.9	26.0	23.5	18.0	14.7	8.9	17.5
南充市	7.8	9.2	13.1	16.1	21.1	24.0	28.3	27.6	24.4	18.0	13.9	7.7	17.6
眉山市	8.3	9.4	13.1	15.6	21.3	23.1	27.0	26.0	23.7	17.9	14.1	7.9	17.3
宜宾市	9.7	10.6	14.6	16.7	22.1	23.2	28.0	26.9	24.4	18.8	15.2	9.7	18.3
广安市	8.0	9.1	13.2	15.9	20.7	23.7	28.4	27.6	24.3	17.9	13.8	7.3	17.5
达州市	7.8	8.8	12.9	16.1	20.9	24.4	28.6	28.2	24.3	17.4	12.8	6.8	17.4
雅安市	8.1	8.5	12.5	14.7	19.8	21.9	25.7	24.7	22.6	16.8	13.4	8.4	16.4
巴中市	7.2	8.2	12.1	15.7	20.7	23.8	26.9	27.0	23.4	17.0	12.2	6.6	16.7
资阳市	8.2	9.2	13.2	15.5	21.1	22.9	27.0	26.0	23.5	17.4	13.7	7.8	17.1
马尔康县	0.2	4.1	7.7	9.6	13.8	15.0	17.6	16.7	13.5	9.3	4.0	-1.2	9.2
康定县	0.9	2.3	4.8	7.6	11.7	12.4	16.8	16.1	13.2	8.1	3.6	0.0	8.1
西昌市	10.8	15.2	17.8	19.2	23.5	20.5	23.4	23.1	21.0	16.6	12.5	10.0	17.8

资料来源：《四川统计年鉴（2011）》。

是由于雅安市正好位于川西平原区向青藏高原过渡地带，地势逐渐抬高，当东面的潮湿气团到来时，遇到青藏高原高山阻挡，气流被迫缓慢上升，引起气流绝热降温，发生凝结，形成迎风坡降雨，因此，雅安素有雨城之称。其他城市的年降水量则根据不同地貌有所区别，降水集中的时间段也不尽相同。总体来看，成都平原区、盆地丘陵低山区降水量较丰富，盆周山地区降水量也较多，川西南山地区和川西北高山高原区降水量偏少（见图 2-16、图 2-17 和表 2-5）。

（三）日照

四川各地貌区的日照情况有明显区

图 2-16　四川分季降水量

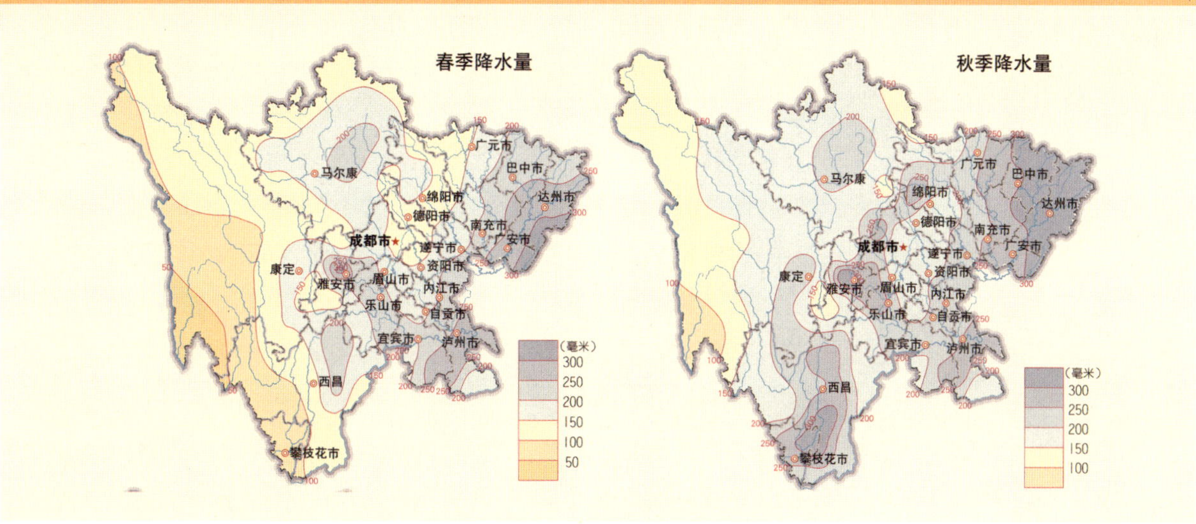

资料来源：本图由四川省发展和改革委员会、四川省测绘地理信息局提供。

图 2-17　四川年均降水量

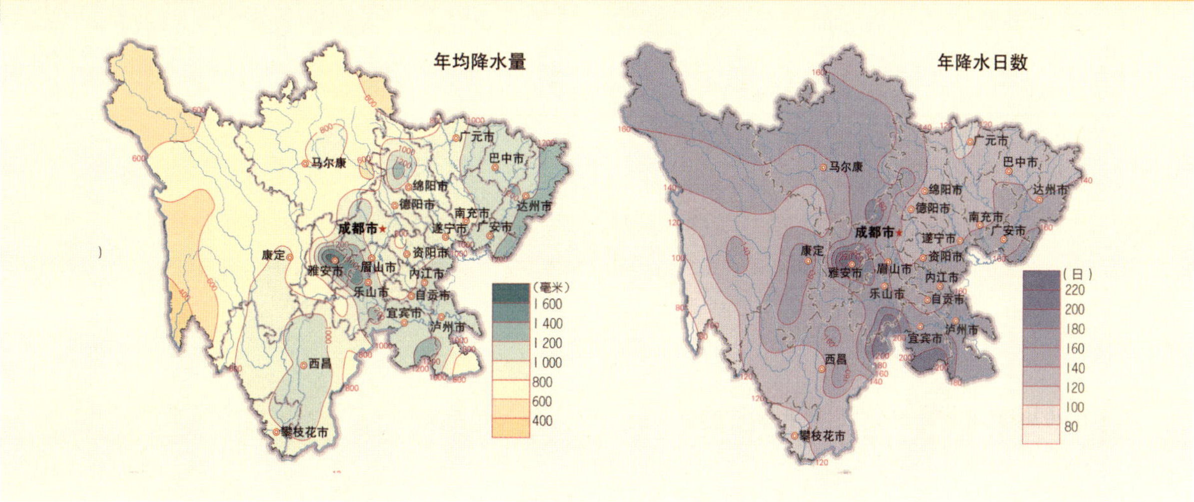

资料来源：本图由四川省发展和改革委员会、四川省测绘地理信息局提供。

别，川西平原区、盆地丘陵区和盆周山地区的年日照时数相对较少，在 1000 小时左右，川西南山地区和川西北高山高原区则日照充足，年日照时数绝大多数达到 2000 小时。日照时数的巨大差异导致这两大区域生物物种和农作物种类及生长周期、成熟期都各不相同（见图 2-18 和表 2-6）。

（四）气候区

四川省按照气候类型可分为两大类气候区：四川东部中亚热带和四川西北高原气候区域。四川东部中亚热带又可分为：四川盆地湿润气候地区和川西南山地半湿润气候地区（见图 2-19）。

表 2-5　2010 年四川主要城市降水量（单位：毫米）

城　市	1月	2月	3月	4月	5月	6月	7月	8月	9月	10月	11月	12月	全年
成都市	0.3	3.1	21.5	29.1	66.1	106.3	238.2	291.9	150	16.6	6.2	7.5	936.8
自贡市	0.2	4	26.9	38.5	39.7	187.6	297	182.1	117	49.7	18.5	16.8	978
攀枝花市	0	0	0	6.4	25.1	75	224.8	102.1	188.3	95.2	7.2	1.6	725.7
泸州市	20.1	22.4	48.3	75.9	108.1	244.8	130.1	152.6	55.1	79	59.8	25.5	1021.7
德阳市	0	4.9	24.4	42.5	102.2	93.6	145.4	266.9	124.1	25.9	4.5	6.8	841.2
绵阳市	0.3	5.3	20.1	37.2	128.4	91.2	237.7	252.4	74.1	27	4.9	5.8	884.4
广元市	0.1	2.5	17.7	35.1	100.5	99.8	627.3	94.4	69.8	35.4	11.3	1.7	1095.6
遂宁市	2.2	14.4	28.6	79.2	107.5	82.3	411.2	181	168.6	43.2	8.9	19.8	1146.9
内江市	1.1	9.5	22.4	47.7	68.2	177.8	376.3	260.2	118.5	47.1	33.2	21.2	1183.2
乐山市	2.7	7	50	52.9	71.7	143.9	487.1	283.4	201	54.3	7.5	19.3	1380.8
南充市	7.8	13.6	34.4	67.4	92.6	100.3	244.3	219.2	206.9	46.1	12.1	23.3	1068
眉山市	0.7	5.1	22.4	56.2	82.9	132.6	197.4	312.8	150.7	42.7	10.6	14.1	1028.2
宜宾市	2.6	18.2	29.2	55.8	54	174	219.6	231	112.8	77.7	30.2	14.5	1019.6
广安市	7	13.2	41.6	71.4	150.5	96	170.6	135.6	168.5	78.5	16.8	22.6	972.3
达州市	11.1	7.1	64.6	87.4	133.7	142.8	210.3	124.2	174.9	54.7	17.1	18.3	1046.2
雅安市	7.2	19.3	60.3	69.2	140.5	174.9	465.1	839.5	160.4	105.8	23.7	26.4	2092.3
巴中市	3.4	8.3	27.2	72.8	119.1	140.1	491.8	222.7	132.7	60.9	10.2	7.8	1297
资阳市	0.6	3.5	20.8	56	53.8	133.8	192.8	253.9	158.7	32.9	9.7	15	931.5
马尔康县	1	3.6	25.2	54.9	133.6	169.2	141	136.6	100.7	39	26.5	0.5	831.8
康定县	0.5	3.8	80.9	102.2	120.8	200.7	101.8	139.9	102.8	71.8	24.5	6.2	955.9
西昌市	0	0.4	1.7	41.8	80.3	246.9	204.6	144.3	253.8	71.4	36.3	2.5	1084

资料来源：《四川统计年鉴（2011）》。

图 2-18　四川年太阳总辐射量与年日照时数

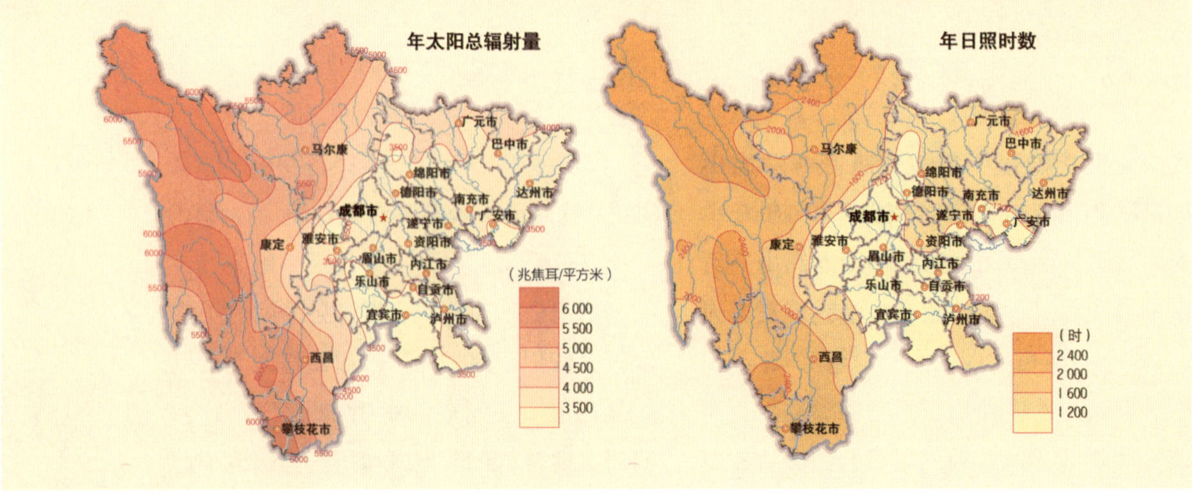

资料来源：本图由四川省发展和改革委员会、四川省测绘地理信息局提供。

表 2-6　2010 年四川主要城市日照时数（单位：小时）

城　市	1月	2月	3月	4月	5月	6月	7月	8月	9月	10月	11月	12月	全年
成都市	56.3	38.3	95.5	57.8	71.2	43.1	80.5	87.7	67.9	38.2	62.5	90	789
自贡市	29.5	22.5	80.7	34.2	78.2	35.7	75.1	117.7	64.6	34.6	45.9	54.7	673.4
攀枝花市	247.4	272.7	288.3	274.7	307.3	223.2	189.7	216	207.7	141.3	149.1	213.3	2730.7
泸州市	51.2	69.6	93.9	50.6	73.8	44.4	139.2	169.7	92.7	71.9	58.3	64.1	979.4
德阳市	54.1	37.8	109.5	62.2	75.4	41.3	95	112.3	76	64.5	62.8	99.8	890.7
绵阳市	37.2	37.6	109.8	57.7	79.2	76.1	99.3	135.2	93.7	73.8	93.8	105.2	998.6
广元市	57.8	53.7	103.2	95	91	67.2	70.4	93.1	72.5	73.3	97.9	109.1	984.2
遂宁市	53.9	44.9	108.2	73.6	98.3	72.7	127	172.1	115.2	65.3	80.2	65.3	1076.7
内江市	78.4	50.5	114.4	63.9	86.1	56.3	156	173.6	117.8	63	64.7	77.2	1101.9
乐山市	66.7	33.4	103.8	55.4	85.5	60.2	123.2	142	87.2	23.7	74.3	80.6	936
南充市	40.5	43.6	110.4	75.4	98.2	89.2	119.6	188.6	113.3	83.4	83	62.6	1107.8
眉山市	44.2	29.3	110	64.2	85.3	62.3	119	128.5	100.5	46.7	71	73.8	934.8
宜宾市	31.6	32.1	91.3	52.2	74.6	38.9	91.3	153.9	81.7	67	50.8	70.4	835.8
广安市	79.3	62.6	124.8	83.9	84.5	101.8	180.4	204.9	127.7	88.8	87.5	62.9	1289.1
达州市	26.9	26.8	114.1	91.8	90.7	112.5	147.3	192.4	92.1	98.9	62.1	49	1104.6
雅安市	72.1	36.7	98.3	64.7	83.2	62.1	103.6	106.4	107.4	52.2	78.2	90.9	955.8
巴中市	63.6	50.1	119.3	103.5	111.8	118.3	121.5	211.4	144	119.1	121.7	89.7	1374
资阳市	83.6	61.5	125.2	64.3	107.9	79.7	133	146.9	120.3	79.6	97	104.9	1203.9
马尔康县	224.6	185.1	202.4	178.1	202.8	126.1	191	171.2	182.7	189.3	154.9	211.8	2220
康定县	181.8	132.7	140.4	145	171.6	102.5	142.1	155.1	126.7	105.9	102.6	176.7	1683.1
西昌市	233.6	240.1	243.6	204.2	226.8	59.4	155.5	176.6	150.6	97.1	108.1	211.6	2107.2

资料来源：《四川统计年鉴（2011）》。

盆地中亚热带湿润气候区。该区包括成都平原区、盆地丘陵区和盆周山地区，全年温暖湿润，年均温 16℃ ~ 18℃，积温 4000℃ ~ 6000℃，气温日较差小，年较差大，冬暖夏热，无霜期 230 ~ 340 天。云量多，晴天少，日照时间较短，年日照仅 1000 ~ 1400 小时，比同纬度的长江流域下游地区少 600 ~ 800 小时。雨量充沛，年降雨量 1000 ~ 1200 毫米，50% 以上集中于夏季，并且多夜雨。四川盆地中亚热带湿润气候区的水热条件充沛，尤其热量条件好，适合农业生产，是四川粮食的主产区，也是中国重要的粮油生产区。该区域气候条件好，成为了四川经济主体发展区。

川西南山地亚热带半湿润气候区。全年气温较高，年均温 12℃ ~ 20℃，日差较大，年较差小，早寒午暖，四季不明显。云量少，晴天多，日照时间长，年日照时间为 2000 ~ 2600 小时。降水量较少，干湿季分明，全年有 7 个月为旱季，年降水量 900 ~ 1200 毫米，90% 集中在 5 ~ 10 月。河谷地区受焚风影响形成典型的干热河谷气候，山地形成显著的立体气候。川

图 2-19　四川气候区划

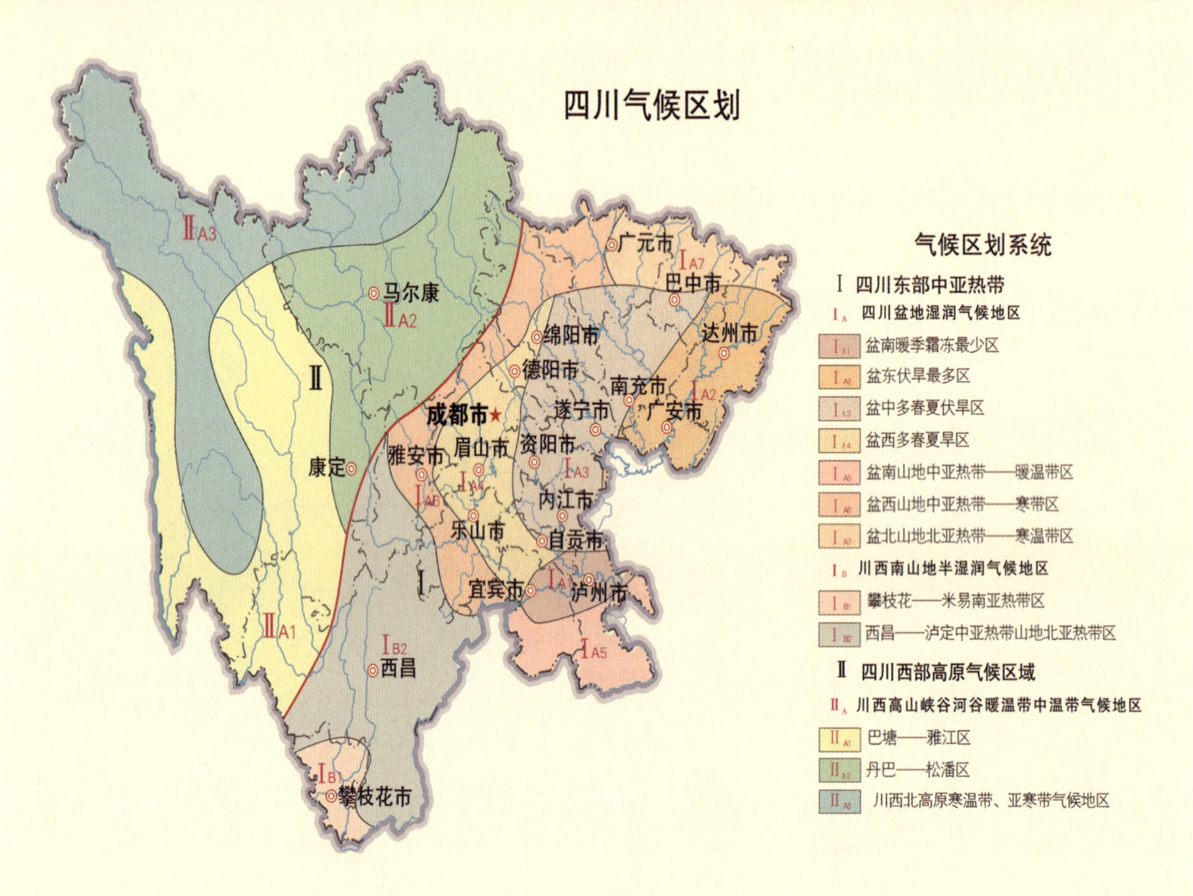

资料来源：本图由四川省发展和改革委员会、四川省测绘地理信息局提供。

西南山地亚热带半湿气候区温暖湿润，是重点林区。在河谷地区光热资源极为丰富，是亚热带经济作物最佳地区。

川西北高山高原高寒气候区。海拔高差大，气候立体变化明显，从河谷到山脊依次出现亚热带、暖温带、高温带、中温带、寒温带、亚寒带、寒带和永冻带。总体上以寒温带气候为主，河谷干暖，山地冷湿，冬寒夏凉，水热不足，年均温 4℃ ~ 12℃，昼夜温差大，年降水量 500 ~ 900 毫米。天气晴朗，日照充足，年日照 1600 ~ 2600 小时。川西北高山高原高寒气候区水热量不足，但光照条件好，是重点林区和牧区。

四川气候复杂多样，一方面有利于多种动植物资源的生长，生物多样性丰富，便于构建完备的生态系统。另一方面，复杂的气候和多样化地貌导致干旱、洪涝、低温与霜冻等气象灾害和地质灾害发生频繁。如在 2011 年 10 月 15 日，宜宾市高县蕉村镇龙潭村街道发生山体滑坡，滑坡地段有 2 万余方土石垮下，6 栋居民房不同程度受损，其中一座发生倒塌；2011 年 8 月 23 日，成雅高速名山段发生山体滑坡，约 30 万立方的山石滑坡将成雅高速公路双向全部阻断；2011 年 9 月 16 日，四川巴中市普降大暴雨，局部地区特大暴雨，全市 68 个气象观测站雨量超过 100 毫米，48 个气象观测站雨量超过 200 毫米，南江县和平昌县降雨量最大达 430.6 毫米，暴雨导致巴河水位陡涨，平昌县城王家嘴水位超警戒水位 6.23 米，流量达 3 万立方米 / 秒，为自有水文记录以来的最大洪水。2010 年 8 月 13 日夜间至 14 日凌晨，汶川突降暴雨，多个乡镇发生特大、大型泥石流，国道 213 汶川段多处中断。

四　自然资源

四川是资源大省，自然资源丰富，无论从资源种类的多样性，还是自然资源赋存总容量、储量的大小，或者自然资源的富集规模，自然资源的组合及区域内或邻近区域的匹配与资源开发与产业结构的适应性、合理性、有序性等方面，都有很好的表现。

从结构来说，四川自然资源主要集中在土地资源、水资源、矿产资源、森林资源、草地资源、水产资源、野生动植物资源和旅游资源等方面。

（一）土地资源

四川幅员广阔，土地总面积约 48.6 万平方公里。然而，全省 70% 的土地面积为山地和高原，工农业和城镇可利用土地资源仍然有限，人口和耕地的绝大多数集中在平原和丘陵地区。在四川土地中，耕地约为 594.74 万公顷，占全省土地面积的 12.29%；园地 71.61 万公顷，占 1.48%；林地 1967.77 万公顷，占 40.65%；草地 1371.10 万公顷，占 28.33%；居民点及工矿用地 136.65 万公顷，占 2.82%；交通运输用地 13.53 万公顷，占 0.28%；水利设施用地 10.17 万公顷，占 0.21%；未利用土地 440.40 万公顷，占 9.1%（见表 2–6）。总体来看，土地利用率达到了 90.9%，其中农用地占全省土地面积的 87.59%，林地面积占了 40.65%，覆盖率较高。

四川多样的地质和地形造就了丰富的土壤类型。平原和丘陵地区主要是水稻土、冲积土和紫色土，为全省农作物主产区；高原和山地依据地质和海拔的不同分布着黄壤、亚高山草甸土、暗棕壤、黄棕壤、棕壤、石灰岩土、粗骨土、褐土等土

表 2–7　四川土地利用现状统计（单位：亩，%）

地　类	面　积	所占比例	地　类	面　积	所占比例
耕地	89210978.3	12.29	居民点及工矿用地	20497077.5	2.82
园地	10742164.7	1.48	交通运输用地	2030023.5	0.28
林地	295165135.1	40.65	水利设施用地	1524889	0.21
牧草地	205665398.6	28.33	未利用地	66059754.9	9.1
其他农用地	35188682.6	4.85	合　计	726084104.2	100

资料来源：《2008 年全国土地利用变更调查报告》。

壤，大都有利于不同作物生长，这是四川生物物种丰富的重要原因。

四川土地资源存在一些问题：人均耕地只是全国人均的70%，并且耕地质量不高，后备耕地资源缺乏；人均建设用地量大，建设用地的利用不够节约集约等。由于四川地貌类型复杂多样，其中高原山地丘陵占了全省辖区面积的70%，耕地多分布在平原丘陵地区。四川人口众多，人均耕地面积为1.10亩，低于全国人均水平，人多地少矛盾突出。不少地方只注重用地而不养地，有机肥用量减少，单纯依赖化肥，使耕地质量下降。与此同时，耕地水土流失比例高，四川水土流失面积为19.98万平方公里，占辖区面积的41%，土壤侵蚀量每年约8亿吨。有的地方只重视耕地占补数量平衡，而忽视耕地质量平衡。非农建设占用的耕地大多为城郊及平坝地区的良田沃土，而开垦整理的耕地大多选择在山区、丘陵或滩涂，新垦的耕地肥力低、结构差，影响了粮食生产能力。

四川可垦耕地后备资源数量有限，提高耕地产能潜力大，但耕地后备资源地处偏远，开发利用难度大。全省耕地后备资源共28.54万公顷，仅占全国耕地后备资源992.94万公顷的2.87%，其中可供开发的仅16.88万公顷。四川耕地地块破碎，中低产田比例大，保灌面积不大，基础设施不完善，通过土地综合整治后，能够有较大幅度的提高。

随着四川人口不断增长，工业化、城镇化进程加快，城镇和工矿用地还在不断增加。四川省农村人均建设用地面积约为152.46平方米，凸显了四川省农村地区的建设用地利用的节约集约程度较低，进而加剧了人地矛盾。

保护四川土地资源，首先要切实加强保护耕地与基本农田，严格土地用途管制，加强成都平原、攀西安宁河谷优质耕地保护与建设，加大盆地丘陵地区中低产田改造力度，有力推进以土地整理为途径的田、水、路、林、村和生态环境的土地综合整治，确保耕地数量与质量，巩固农业基础地位，促进农用地综合生产能力提高。强化建设用地空间管制，调整土地利用结构，优化建设用地布局，统筹城乡土地利用，盘活存量城镇和工业土地，提高低效粗放利用土地效率，引导未利用地合理利用，进一步拓展建设用地空间，节约集约利用土地，缓解建设用地供需矛盾。优化全省国土开发格局，结合区域资源环境承载能力、资源现状、未来人口分布和经济产业布局，按照区域功能定位和发展方向，实施差别化的土地利用方向和政策，促进区域土地利用协调发展。协调土地利用与生态建设，加强基础性生态用地的保护力度，充分发挥各类农用地和未利用地的生态功能，结合主体功能定位，积极构建全省国土生态网络，有力地推动长江上游生态屏障建设（见图2-20）。

（二）水资源

四川水资源丰富，水能资源是四川自然资源的一大优势，全省水能资源理论蕴藏量达15037万千瓦，占全国总量的22%，居全国第二位，水能资源可发电量达9167万千瓦，占全国总量的27%，居全国第一位。水能资源在全省能源资源结构中约占10%。全省降雨量大，多年平均

图 2-20　四川耕地面积

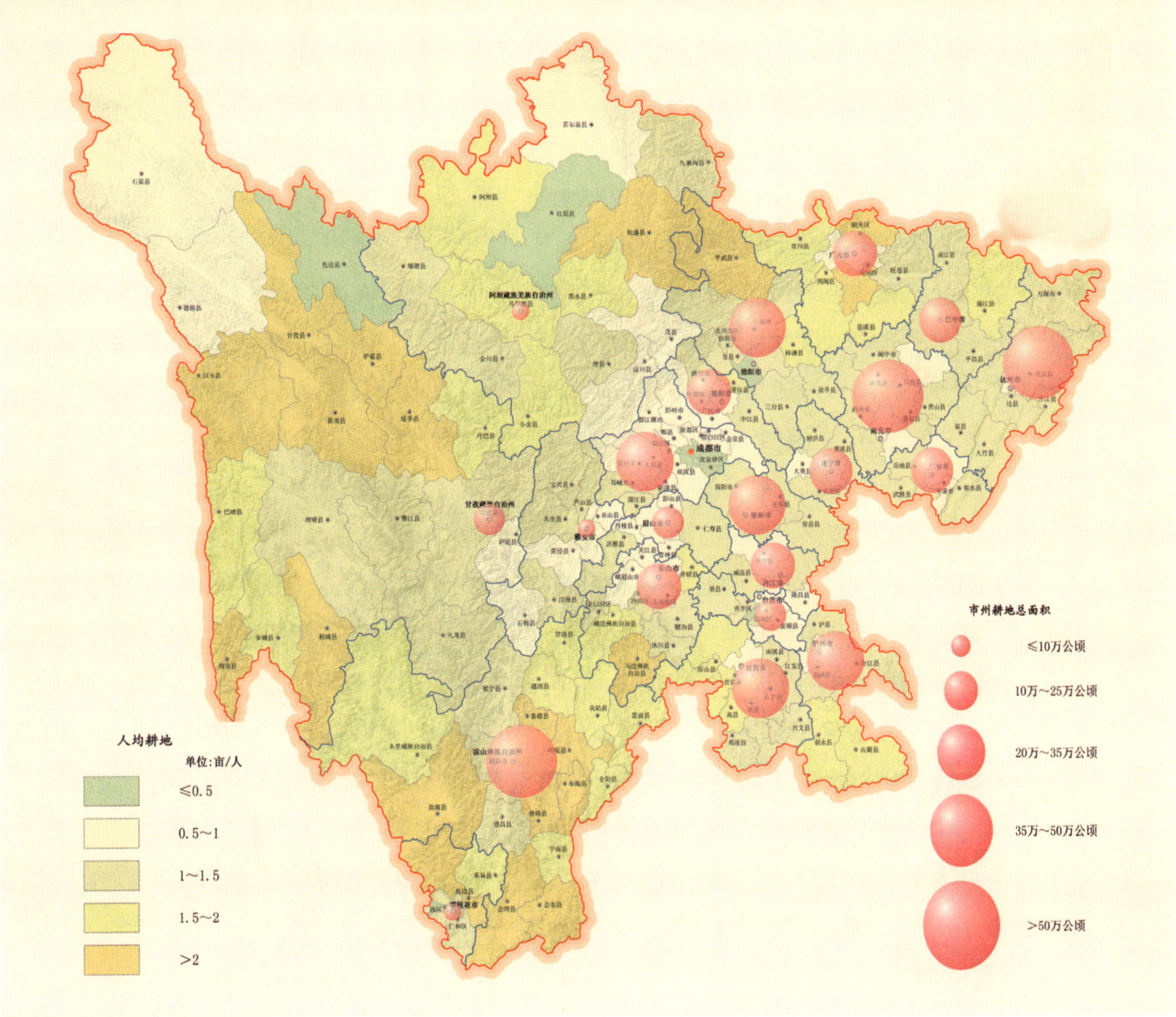

降水量约为 4889.75 亿立方米。水资源湿地以河川径流最为丰富，境内共有大小河流近 1400 条，被誉为“千河之省”，其中绝大部分集中于金沙江、岷江、沱江、嘉陵江、长江干流、汉江和黄河河源等流域。全省水资源总量共计约为 3489.7 亿立方米。另外，还有地下水资源量 546.9 亿立方米，可开采量为 115 亿立方米。湿地遍布湖泊冰川，有湖泊 1000 多个、冰川 200 余条，高原有大面积的沼泽。湖泊总蓄水量约 15 亿立方米，加上沼泽蓄水量，共计约 35 亿立方米。①

四川盆周山区地势高，雨量丰沛。盆地底部较为平坦，地势低，缺乏地势抬升条件，降水量相对较少。盆周山区径流量向盆地汇聚，一定程度上弥补了盆地水资源的缺乏，为盆地水资源开发利用提供了得天独厚的条件。举世闻名的都江堰水利

① 四川年鉴社:《四川年鉴（2009 卷）》，四川年鉴社，2009。

工程从岷江上游高山高原区22664平方公里集水面积产生的每年140多亿方中引入水资源90多亿方，目前已形成包括成都平原在内的盆地腹部1100多万亩的大型灌区。但是，四川是农业大省，农业灌溉用水占全省总用水量的65%。全省耕地的88.5%集中在盆地区域，而盆地水资源年内分配与农业用水制度不一致。每年5月是农业灌溉需水最多、最集中的时间，而四川省大量降水一般集中在6月以后；而且水资源的年内分配年际变化大，旱情时有发生，特别是盆地东部的嘉陵江流域7、8月伏旱缺水频繁，旱灾是对四川影响最大的自然灾害。由于对水利工程投入不够，影响了水资源利用，季节性和工程性缺水是亟须解决的重大问题。

四川西部高山高原区的金沙江流域水资源量占全省水资源量的38.4%，用水量却仅占全省的9.2%，而大渡河平均水资源量占全省水资源量的16.6%，用水量仅占全省的2.3%。同时，由于该区域水低山高，当地水资源可利用率小，兴建引水工程向东部盆地调水的难度大（见表2–8）。

按人均5000立方米的中等水平算，四川的水资源可承载6979.4万人，因此四川仍是缺水地区，特别是岷江、沱江、嘉陵江、长江干流属于用水的低水平，其中嘉陵江流域缺水最为严重，在低水平得最底线。按人口分布，全省也大约有93%的人口生活在缺水区。

四川水资源总量丰富，人均水资源量高于全国，水能资源量大，河网密布，河流纵横，河道迂回曲折，有利于农业灌溉，天然水质良好。但时空分布不均，水资源的空间分布与需水地区分布不一致，用水时间与降水时间不一致，共同导致区域性缺水和季节性缺水，洪涝灾害和干旱灾害时有发生。区域性缺水和季节性缺水是四川水资源问题的两个主要方面，解决这一问题应通过合理开发，优化配置、高效利用、有效保护和综合治理的总体布局，采取工程措施、节水措施、水环境治理与保护、合理开采地下水等手段来解决。从而促进四川人口、资源、环境和经济的协调发展，以水资源可持续利用支持经济社会可持续发展。

表2–8　水资源评价标准（单位：立方米/人）

人均水资源	水平	表示
10000以上	高水平	水资源很丰富
5000～10000	中等水平	不缺水
1000～5000	低水平	缺水
1000以下	最低水平	严重缺水

（三）矿产资源

2011年底，四川具有查明资源储量的矿种82种，按亚矿种算为101种，亚矿种按照能源矿产、金属矿产、非金属矿产、水气矿产四大类划分如图2–21所示。

1. 矿产资源的特点

第一，矿种齐全、总量丰富，但部分矿产人均资源占有量低：能源、黑色、有色、稀有、贵金属、化工、建材矿产均有分布，其中天然气、钛矿、钒矿、硫铁矿、芒硝、盐矿等资源储量巨大；煤、铜、铅、锌、镍、汞6种主要有色金属及贵金属人均占有量低于全国平均水平；石油、铝、铜、钾等查明资源储量明显不足。

第二，大型、特大型矿床分布集中，

有利于形成综合性的矿物原料基地：矿产资源多分布在三大资源集中区，这些区域交通方便，配套程度较高，有利于开发建设。如攀西的铁、钒、钛、轻稀土、铜、铅、锌，川南的盐、无烟煤、磷矿，成都及相邻地区的芒硝、磷矿、石材，川西高原的有色、稀有金属，四川盆地的天然气等，为建立各具特色的区域经济提供了资源条件。

第三，共、伴生矿产多，有综合利用价值，但采、选、冶有一定难度：黑色、有色、稀有、贵金属矿床 60% 以上伴生有多种有益元素或共生矿产，如攀西地区的钒钛磁铁矿，川西高原的银多金属矿，川南的煤、

图 2–21　四川省查明资源储量矿产种类构成

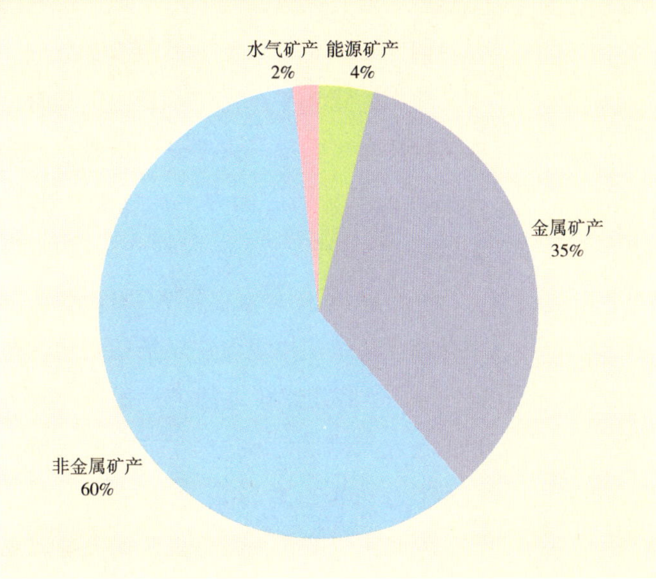

图 2–22　四川矿产资源分布

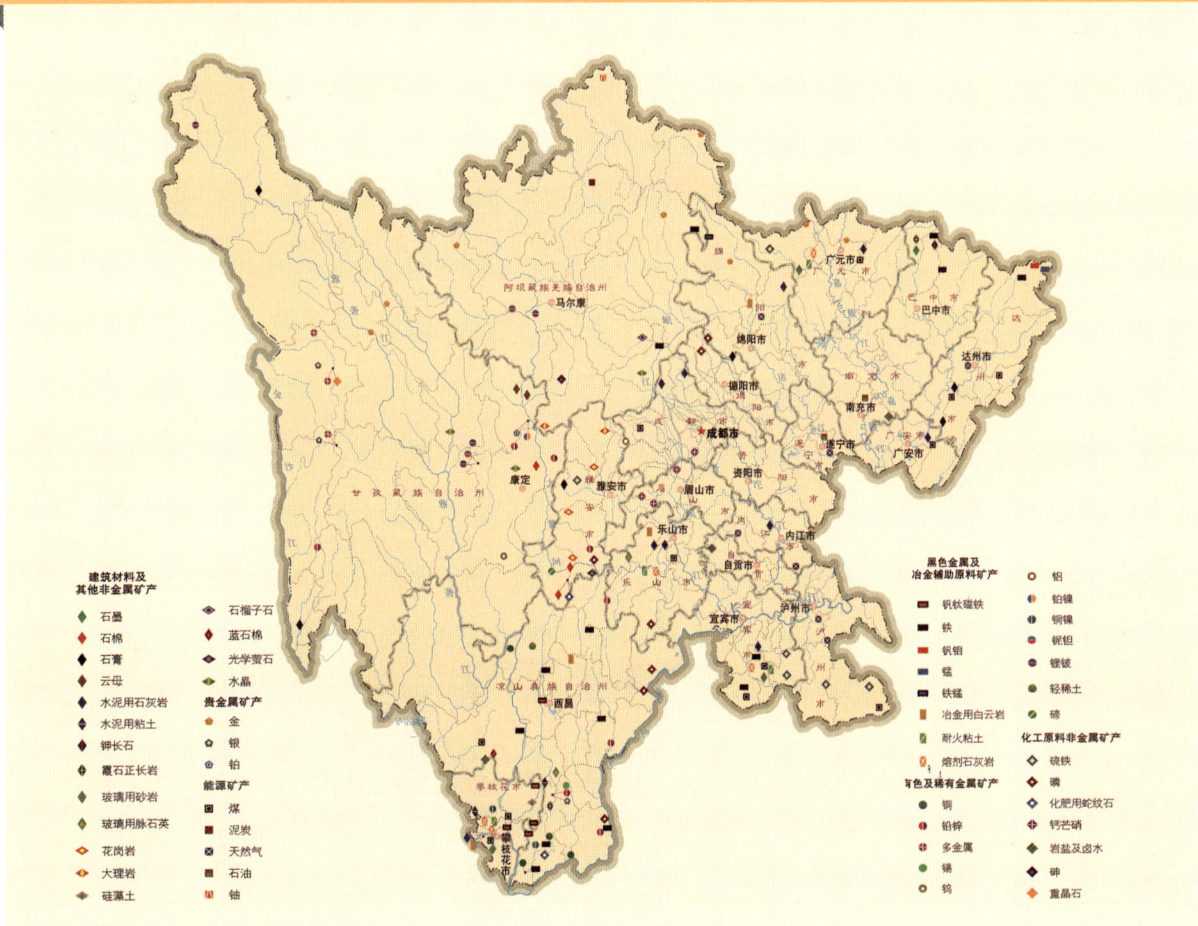

资料来源：本图由四川省发展和改革委员会、四川省测绘地理信息局提供。

硫、高岭土、黏土矿共生等。综合开发利用这些矿产将大大提升矿产产业的经济效益，但也增加了采、选、冶工艺难度。

第四，重要矿产富矿不足，但具有良好的找矿前景：部分重要矿产富矿查明资源储量占总量的比例为：富铁矿 0.79%，富锰矿 15.17%，富硫铁矿（S ≥ 35%）0.08%，富磷矿（P_2O_5>30%）6.35%，其中低硫煤、炼焦用煤仅占煤查明资源储量的 1/4。但四川成矿地质条件优越，有关单位研究预测认为，这些矿产具有良好的资源潜力（见图 2-22）。

2. 矿产资源的分布形成了三大资源集中区

第一，盆地和盆周地区。盆地内以能源、非金属矿产为主，如煤矿、天然气、石油、盐、芒硝、石膏、玻璃用砂岩、水泥用灰岩及配料、膨润土等；盆地周边地区以化工、有色金属矿产为主，如磷矿、硫铁矿、砂金、岩金、锰矿、铝矿、铅锌矿、铜矿及非金属矿产萤石、石棉、钾长石、花岗岩、大理岩等矿产。

第二，攀西地区。以黑色、有色金属矿产为主，如钒钛磁铁矿、铅锌矿、铜矿、锡矿、岩盐、石墨、冶金辅助原料、稀有金属、稀土等矿产。

第三，川西高原地区。以贵金属、稀有金属矿产为主，如金矿、银矿、铂族金属、镍矿、锂矿、铌矿、钽矿、铀矿、铅锌矿、铜矿、锡矿、汞矿，还有褐煤、泥炭及非金属矿产水晶、云母、石棉、石膏等。

3. 四川主要矿产基础储量（见表 2-9）

表 2-9　四川主要矿产基础储量

项　目	2010 年基础储量	项　目	2010 年基础储量
煤炭（亿吨）	54.37	水泥用灰岩（矿石，万吨）	224027.83
铁矿（矿石，亿吨）	28.72	冶金用白云岩（矿石，亿吨）	0.96
锰矿（矿石，万吨）	97.74	冶金用石英岩（矿石，万吨）	656.00
钛矿（钛铁矿 TiO2，万吨）	22534.64	玻璃用砂岩（矿石，万吨）	2833.09
钒矿（V2O5，万吨）	686.77	水泥配料用砂岩（矿石，万吨）	4356.66
铜矿（铜，万吨）	75.60	砖瓦用砂岩（矿石，万立方米）	151.00
铅矿（铅，万吨）	82.95	铸型用砂岩（矿石，万吨）	36.00
锌矿（锌，万吨）	222.40	玻璃用脉石英（矿石，万吨）	877.40
镁矿（炼镁白云岩）(矿石，万吨）	1781.20	硅藻土（矿石，万吨）	387.10
金矿（金，吨）	76.47	高岭土（矿石，万吨）	71.87
银矿（银，吨）	2369.99	耐火黏土（矿石，万吨）	1224.48
锂矿（Li2O，万吨）	42.58	水泥配料用黏土（矿石，万吨）	3772.29
石墨（晶质石墨，万吨）	318.80	水泥配料用泥岩（矿石，万吨）	2360.00
硫铁矿（矿石，万吨）	42807.04	化肥用蛇纹岩（矿石，万吨）	3889.70
石棉（矿石，万吨）	1192.44	饰面用花岗岩（矿石，万立方米）	3974.98
石榴子石（矿石，万吨）	550.50	霞石正长岩（矿石，万吨）	172.18
芒硝（矿石，万吨）	760460.94	饰面用大理岩（矿石，万立方米）	2361.22
石膏（矿石，万吨）	8450.63	盐矿（矿石，万吨）	261180.93
菱镁矿（矿石，万吨）	186.49	磷矿（矿石，万吨）	34541.98
熔剂用灰岩（矿石，亿吨）	2.20		

资料来源：《四川统计年鉴（2011）》。

（四）森林资源

四川是林业资源大省，全省林地面积 2219.18 万公顷，是全国第二大林区，占省内土地面积的 49%，居全国第 3 位，其中森林面积 1688.80 万公顷，居全国第 4 位。现有活立木蓄积 17.34 亿立方米，居全国第 2 位，森林覆盖率达到 34.82%。森林面积中，天然林约占 2/3，主要分布在川西高原及川西南山地；人工林约占 1/3，主要分布在盆周山区及盆地中部。森林资源分布不均，资源富集量按川西北高山高原区、川西南山区、盆周山区、盆地丘陵区和成都平原区依次递减（见表 2-10）。

四川处于亚热带湿润季风区，优越的水分、温度和光照条件为多种生物的繁衍提供了良好的适生环境，又由于地貌复杂多样，气候条件各异，四川森林中树种构成复杂，其中优势树种主要有：针叶类植物如松科的冷杉属、云杉属、松属、油杉属、落叶松属、铁杉属，杉科的杉木属、柳杉属、水杉属，柏科的柏林属、圆柏属等，阔叶类植物主要有樟科的樟属、楠木属、润楠属、山胡椒属、木姜子属，山毛榉科的石栎属、栲属、椆属、栎属，桦木科的桦木属、桤木属、鹅耳栎属，山茶科的木荷属，槭树科的槭属，椴树科的椴树属，杨柳科的杨属，玄参科的泡桐属，桃金娘科的桉树属等科、属的植物种类。除了用材林资源丰富，四川经济林也具有相当优势。表现在资源种类多，重点比较突出，油料林主要有油茶、油桐、核桃、乌桕等，特种经济林主要有生漆、厚朴、黄柏、杜仲等。另外，柑橘、苹果、梨、桃等果树林也形成了规模。特别是近年来，随着水果市场的兴盛，四川多个区域有计划地建成了特色水果基地，如蒲江樱桃沟、龙泉枇杷林、青白江油桃林等，极大地满足了水果消费需求。

从地域来看，四川森林资源分布不均。主要的用材林，特别是大径材集中于四川西部高山高地、河谷深切的地区。东部主要是通过人工造林形成的马尾松、杉木、柏木林，这些多为幼龄林、中龄林，

表 2-10　四川森林资源主要指标

指　标	数　量
森林资源覆盖率（%）	34.82
森林面积（万公顷）	1688.8
活立木总蓄积量（亿立方米）	17.34
森林蓄积量（亿立方米）	16.5
人工造林面积（万公顷）	20.64
年末实有封山育林面积（万公顷）	149.7
本年新封（万公顷）	17.58
育苗面积（万公顷）	0.69
木材产量（万立方米）	162.61
竹材产量（万根）	4447
锯材产量（万立方米）	136.96
人造板产量（万立方米）	583.37
松香类产品产量（吨）	2239
油桐籽产量（吨）	22041
油茶籽产量（吨）	4360
竹笋干产量（吨）	78952
核桃产量（吨）	126109
木本药材产量（吨）	73624
花椒产量（吨）	34148
食用菌产量（吨）	133619
山野菜产量（吨）	5543
板栗产量（吨）	23979

资料来源：《四川统计年鉴（2011）》。

林分蓄积低。而四川人口主要集中于东部，木材需求也大部分集中于东部地区，因此区域供需矛盾比较突出。

四川西部高山高原地区的森林蓄积了大量木材，更重要的是发挥了水源涵养、水土保持和调节气候的生态防护功能。这些森林正好处于长江上游及主要支流如岷江、沱江、涪江、嘉陵江等江河的源头。因此，科学、合理、有计划地开发和保护森林资源，才能保持生态系统的良性循环。在四川历史发展过程中，曾经有段时间，乱砍、滥伐、毁林、垦荒等行为使得森林遭到极大破坏，资源锐减，荒山秃岭随处可见，特别是1958～1960年，“全民”上山乱砍滥伐林木烧炭炼钢造成了森林覆盖率的大幅下降。被破坏的森林直接导致了泥石流、山体滑坡的频繁发生，水土的大量流失，江河水质下降，生态系统严重受损。改革开放以来，人们对森林资源肆意破坏后的危害得到了充分认识，采取了封山育林、退耕还林、森林轮伐、间伐、人工造林（包括飞机播种造林）等一系列措施，增加了林地面积，提高了森林覆盖率，改变了森林分布格局，有效地降低了各种危害发生的频率。四川天然林保护工程实施12年来，森林面积由工程实施前的1.76亿亩增加到现在的2.5亿亩。汶川地震损坏的493万亩森林的植被已恢复了85%以上。随着2011年四川天然林保护二期工程的开始实施，四川森林资源将更加丰富，生态环境将进一步改善。

（五）草地资源

四川草地资源约有1770万公顷，主要分布在三州地区（甘孜藏族自治州、阿坝藏族羌族自治州、凉山彝族自治州）。其中，甘孜州草地可利用面积约占总面积的47.08%，阿坝州约占21.78%，凉山州约占11.22%。其余市共占19.92%（见表2-11）。四川草地资源受自然因素及社会经济条件的影响，形成了独特、多样的自然特点，既有高原延绵平坦的大草原，又有零星分布的草山草坡。

四川草原水平分布大致以邛崃山脉、大相岭、大凉山为界，东面以山地疏林草丛草地为典型代表的亚热草地类型为主，还有以它形成的次生植被山地灌木草丛草地和山地草丛草地；西面南北两个部分由于地貌特征和气候条件的差异而有所不同，西南部主要是山地疏林草丛草地、山地灌林草丛草地、山地草丛草地，还有干旱河谷灌木草丛草地，安宁河下游与金沙江中下游的河谷地带甚至发育着四川特殊的干

表2-11　四川草地资源状况（单位：万亩，万羊单位）

地　区	可利用面积	理论载畜量	地　区	可利用面积	理论载畜量
甘孜州	12501.8	972.4	其余市	5289.5	872.9
阿坝州	5784.4	584.8	四川省	26555.8	2853.9
凉山州	2980.1	423.9			

资料来源：四川草原信息网公布的2011年草原监测数据。

热稀树草丛草地，西北部大部分天然草地以高寒草甸、高寒灌丛与亚高山疏林草甸草地为主，在部分河谷也有干旱河谷灌木草丛草地，如图 2-23 所示。

四川草地高等植物资源丰富，草地饲用植物种类繁多。其中，禾本科植物有 107 属、355 种，豆科植物 64 属、213 种，莎草科种类较少。禾本科主要是早熟禾属、羊茅属、雀麦属、拂子茅属、鹅观草属、剪股颖属等；豆科中较常见又具有一定饲用价值的主要有苜蓿属、岩黄芪属、野豌豆属、黄芪属、木兰属、草木樨属、鸡眼草属、山蚂蝗属等；莎草科虽然种类不多，主要是嵩草属和苔草属植物，但在高原地区是牲畜的重要饲草来源，以莎草科植物为建群种或主要优势种的类型，分别占甘孜、阿坝两个州可利用草地面积的 68% 和 71%，产草量占总产量的 70% 左右。除了上述三科植物外，杂类草也是四川天然草地植物的重要组成部分，其种类繁多、分布广，主要是菊科和百合科，在大多数草地植物群落中占的比例较大。

受气候变化、灾害频发等自然因素和超载放牧、乱采滥伐等人为因素的影响，四川草原生态环境面临危机：草地退化、沙化，鼠害泛滥。截至 2010 年，仅仅川西北地区沙化面积就达 20.09 万公顷，并以每年 0.67 万公顷的速度扩展；川西北高

图 2-23 四川草地资源分类

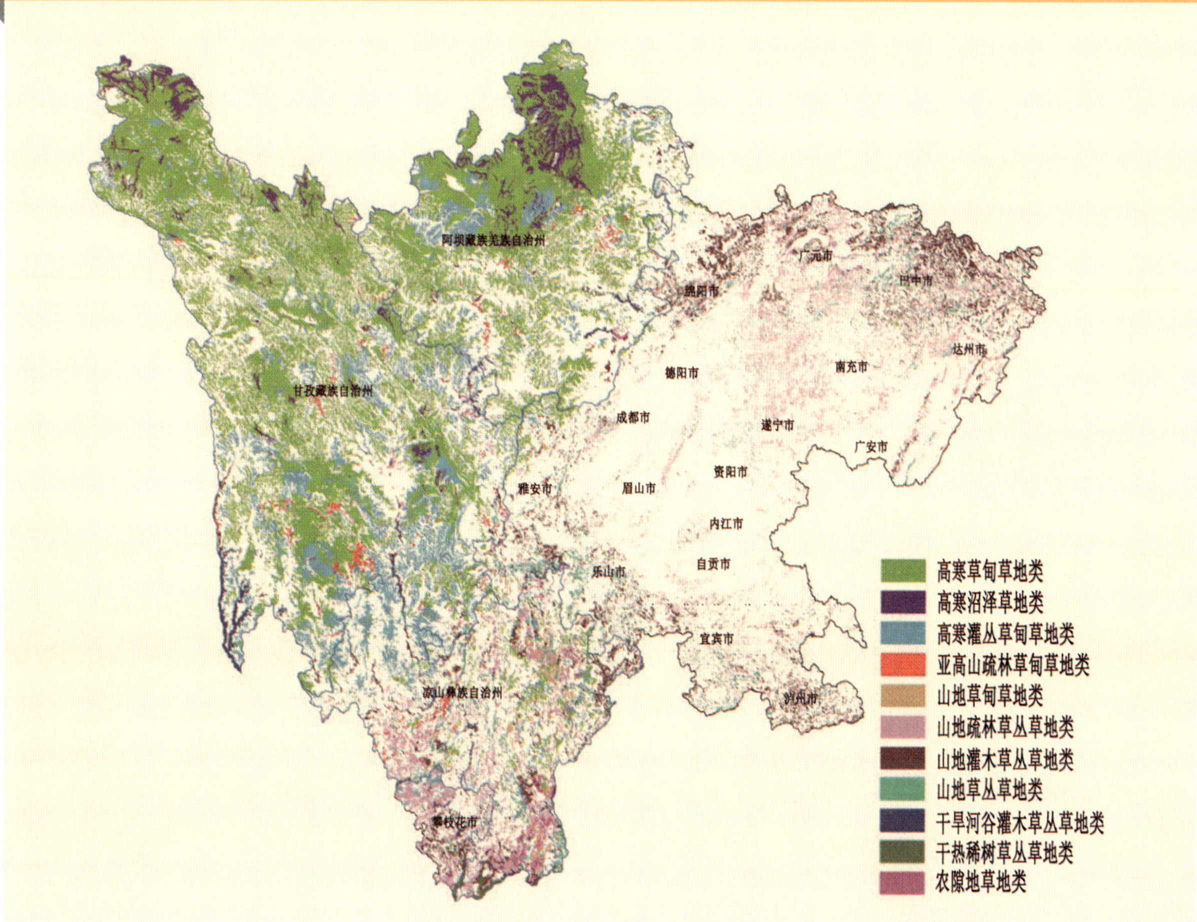

原草地鼠害面积约 293.28 万公顷，并以每年 13.4 万公顷的速度蔓延。川西北境内的若尔盖湿地草原，是我国三大湿地之一，是长江、黄河上游地区重要的水源涵养地，30% 的黄河水从这里流出。近 20 年来，湿地萎缩，地下水位下降，源头产水量逐年减少，境内湖泊已干涸了 200 多个，湿地面积萎缩超过 60%。① 这些除了直接危害着当地畜牧业、自然生态环境外，也间接影响着长江、黄河中下游的水资源、生物资源等。因此，加大生态建设投入，给予优惠的退牧还湿地政策扶持，开展草场沙化治理，鼠虫害灭除是当前迫切任务。

（六）水产资源

四川气候条件复杂多样，鱼类资源十分丰富，有 200 多种鱼类，隶属于 9 目、20 科，主要经济鱼类约 70 种。四川经济鱼类中，有 10 多种属于珍稀名贵鱼类，有的是四川仅有，这些名贵鱼类个体较大，肉质鲜美，驰名中外，经济价值极高。主要有：中华鲟、长江鲟、白鲟、江团、圆口铜鱼、长条铜鱼、东坡墨鱼、中华倒刺鲃、鳗鲡、白甲鱼、岩原鲤、胭脂鱼、鳜鱼、重口裂腹鱼、齐口裂腹鱼、虎加鱼等②。除了鱼类资源外，还有一些爬行类、两栖类、软体动物的水生动物资源，著名的有大鲵、龟、鳖。其他水生动物资源如蟹、虾、蛙、水獭、水貂等在四川也有一定的分布。

四川鱼类饵料生物种类丰富，种群结构复杂多样，囊括了浮游生物、底栖生物、高等水生植物这三大种类。其中，浮游植物最多的是绿藻门，此外硅藻门、蓝藻门、甲藻门、金藻门、裸藻门、黄藻门等都有存在；浮游动物中的优势种群是轮虫、枝角类和桡足类；底栖动物有环节动物、软体动物、甲壳动物及水生昆虫；水生高等植物中挺水植物种类最多，沉水植物和漂浮植物各有数种。水生植物中，可食用的有菱、莲、芡实、蒿笋、水芹菜、慈姑等，而且栽培范围广泛，产量大。

四川水网密布，江河、湖泊、水库、塘堰、水田众多，水域广阔，水质肥沃、营养丰富，饵料生物基础丰厚，多为渔业富营养型或中等富营养型水域。四川省气候多样，大部分气温温和，适合各类鱼类生长，无论是热带鱼类还是冷水鱼类，都有适合的生长水域，许多国际上主要养殖品种均能在四川繁养。多年来，经过不断探索改进，逐步形成了以池塘、水库、稻田为主，小水面精养、大水面增养殖和集约化养鱼的有四川特色的多种养殖模式，并且特色品种、高价值品种多。2010 年，四川渔业总产值达到 129.83 亿元，占农、林、牧、渔总产值的 3.2%。

（七）野生动植物资源

四川地处水热充沛的亚热带季风气候区，幅员辽阔，地形地貌复杂多样，且受冰川大面积破坏性的影响较小，不同地区气候差异较大，既有温润的亚热带气候区，也有高寒气候区，适宜各种生物种类的生

① 中国在线，http：//www.chinadaily.com.cn/dfpd/sichuan/2011-08-18/content_3532661.html。
② 中国自然资源丛书编撰委员会：《中国自然资源丛书（四川卷）》，中国环境科学出版社，1995。

存繁衍。因此，四川生物资源十分丰富，有许多珍稀、古老的动、植物种类，是全国乃至世界珍贵的生物基因库地区。

四川植物种类繁多，全省有高等植物近万种，约占全国总数的 1/3，仅次于云南。其中：苔藓植物 500 余种，维管束植物 230 余科、1620 余属，蕨类植物 708 种，裸子植物 100 余种，被子植物 8500 余种，松、杉、柏类植物 87 种，居全国之首。全国 389 种珍稀濒危保护植物中，四川分布有近 70 种。四川有各类野生经济植物 5500 余种。其中药用植物 4600 多种，包括种类多、分布广、产量大、质量好、采集、栽培历史悠久的中药资源，品种多、数量大、就地取材的草药资源以及丰富的新药原料资源，全省所产中药材占全国药材总产量的 1/3，是全国最大的中药材基地；油脂植物资源中具有较大经济价值的就有 200 余种，这些植物的油脂不仅可供食用，也是重要的工业原料，广泛用于油漆、涂料、肥皂、润滑剂、增塑剂、淬火剂、脱模剂等方面；芳香及芳香类植物 300 余种，是全国最大的芳香油产地；野生果类植物达 100 多种，以猕猴桃资源最为丰富，居全国之首，并在国际上享有一定声誉；菌类资源在全国最为丰富，野生菌类资源达 1291 种，占全国的 95%；观赏植物十分丰富，有价值的野生观赏乔木约 40 属，灌木 40 属，垂直绿化植物 35 属，宿根或一年生花卉 60 属，草坪植物 15 属，共计千种以上，杜鹃花、报春花、龙胆花等著名观赏植物分布较广，兰科植物种类更是占了全国的一半，此外，世界著名的观赏树种珙桐于 1869 年在四川盆地西部的宝兴县被发现，在国外有“中国鸽子树”的美誉，已列为国家一级重点保护植物。此外，极具经济价值的单宁植物、纤维植物也有较大产量。

川西南山地区和川西北高山高原区，人类活动少，原始生态环境保护条件好，野生动物生存、繁衍环境未被破坏。因此，动物资源丰富，有脊椎动物 1246 种，占全国总数的 45% 以上，兽类和鸟类约占全国的 53%，其中：兽类 217 种、鸟类 625 种、爬行类 84 种、两栖类 90 种、鱼类 230 种。属于国家重点保护的野生动物 140 余种。此外，还有省重点保护动物 77 种。最有名的四川野外大熊猫有 1206 只，占全国总数的 76%，其种群数量居全国第一位。全省雉类资源极为丰富，素有雉类的乐园之称，雉科鸟类达 20 种，占全国雉科总数的 40%，其中有许多为珍稀濒危雉类，如国家一类保护动物雉鹑、四川山鹧鸪和绿尾虹雉等。

（八）能源资源

四川能源资源丰富，以水能、煤炭和天然气为主，煤炭资源约占 23.5%，天然气及石油资源约占 1.5%，水能资源约占 75%。

四川主要江河，特别是流经川西的重要江河均以水量充沛、落差巨大闻名，拥有极为丰富的水能资源。全省水能资源理论蕴藏量达 1.43 亿千瓦，占全国的 21.2%，仅次于西藏；水能资源技术可开发量 1.03 亿千瓦，占全国的 27.2%；经济可开发量 7611.2 万千瓦，占全国的 31.9%，均居全国首位。全省水能资源集中分布于川西南山地的金沙江、大渡河、雅砻江三大水系，约占全省蕴藏量的 2/3，也是全国最大的水电“富矿区”，其技术开发量占理论蕴藏量的 79.2%以上，占全省技术开发量的 80%。金沙江上水电站装机容量巨大，溪洛渡水电站达 1386 万千瓦，向家坝水电站达 640 万千瓦，雅砻江二滩水电站总装机容量达 330 万千瓦，大渡河上的瀑布沟水电站总装机容量 426 万千瓦。近来，雅砻江流域的两河口、杨房沟、卡拉三处电站，澜沧江流域的如美、古水、苗伟、黄登三处电站，和大渡河流域的长河坝、大岗山、猴子岩、双江口四处电站均被列入水电“十二五”规划的重点建设项目。水能资源是四川未来发展的重要支柱，必将得到大力开发利用。

四川煤炭资源保有储量 97.33 亿吨，探明储量约占全国总储量的 0.9%。四川油、气资源以天然气为主。石油资源储量很小，四川盆地累计探明新增地质储量 6796 万吨。而四川盆地天然气资源十分丰富，是国内主要的含油气盆地之一，全省已发现天然气资源达 7 万多亿立方米，而这一储量是在广大的川北、川中地区及盆地下，古生界的天然气资源勘探仍处于早期阶段，盆地其余地区的多产层还有深化勘探的余地基础之上的保守储量。近来，川东北和川中新区勘探的新发现，充分说明四川天然气资源十分丰富，进一步勘探大有可为。四川生物能源比较丰富，每年有可开发利用的人畜粪便量 3148.53 万吨、薪柴 1189.03 万吨、秸秆 4212.24 万吨、沼气约 10 亿立方米。四川攀西地区作为石油植物原料的麻疯树资源十分丰富，已经着手建立规模化的石油植物原料基地。2011 年 10 月底，我国进行了首次航空生物燃料验证飞行，此次验证飞行所用燃料就是麻疯树提炼而成的，与石油产品相比，生物燃料的碳排放量大大降低。四川生物燃料的发展前景将十分广阔。四川泥炭资源初步查明储量约 20 亿吨。四川太阳能、风能、地热资源也较为丰富。

（九）旅游资源

四川是我国旅游资源大省，全省山川秀丽，历史文化悠久，自然景观和人文景观丰富多彩。有世界遗产 5 处：九寨沟、黄龙、峨眉山－乐山大佛、青城山－都江堰、四川大熊猫栖息地。经国务院批准的国家重点风景名胜区 15 处，分别是：峨眉山－乐山大佛、青城山－都江堰、黄龙寺、九寨沟、剑门蜀道、蜀南竹海、贡嘎山、四姑娘山、西岭雪山、石海洞乡、邛海－螺髻山、光雾山－诺水河、白龙湖、龙门山、天台山。省级风景名胜区有龙泉花果山、仁寿黑龙滩、龙潭溶洞等 75 处。成都市、峨眉山市、都江堰市等为中国优秀旅游城市。四川省的旅游资源主要分为大九寨国际旅游区、秦巴生态旅游区、亚丁香格里拉旅游区、环贡嘎生态旅游区、川南文化旅游区（见图 2-24）。

四川自然景观旅游资源多姿多彩，历来有“天下山水在于蜀”之说，并有“峨眉天下秀，夔门天下雄，剑门天下险，青城天下幽”之誉。包括了高山险峰、名山秀岭、滩石地貌、石林溶洞、雄关隘道、地质剖面等地景旅游资源，江河纵横、湖光山色、人工水库、池塘井潭、山泉温泉、泻玉飞瀑的水景旅游资源，雨景、云景、雾景、雪景、冰景、日景、月景、光

图 2-24　四川旅游资源分布

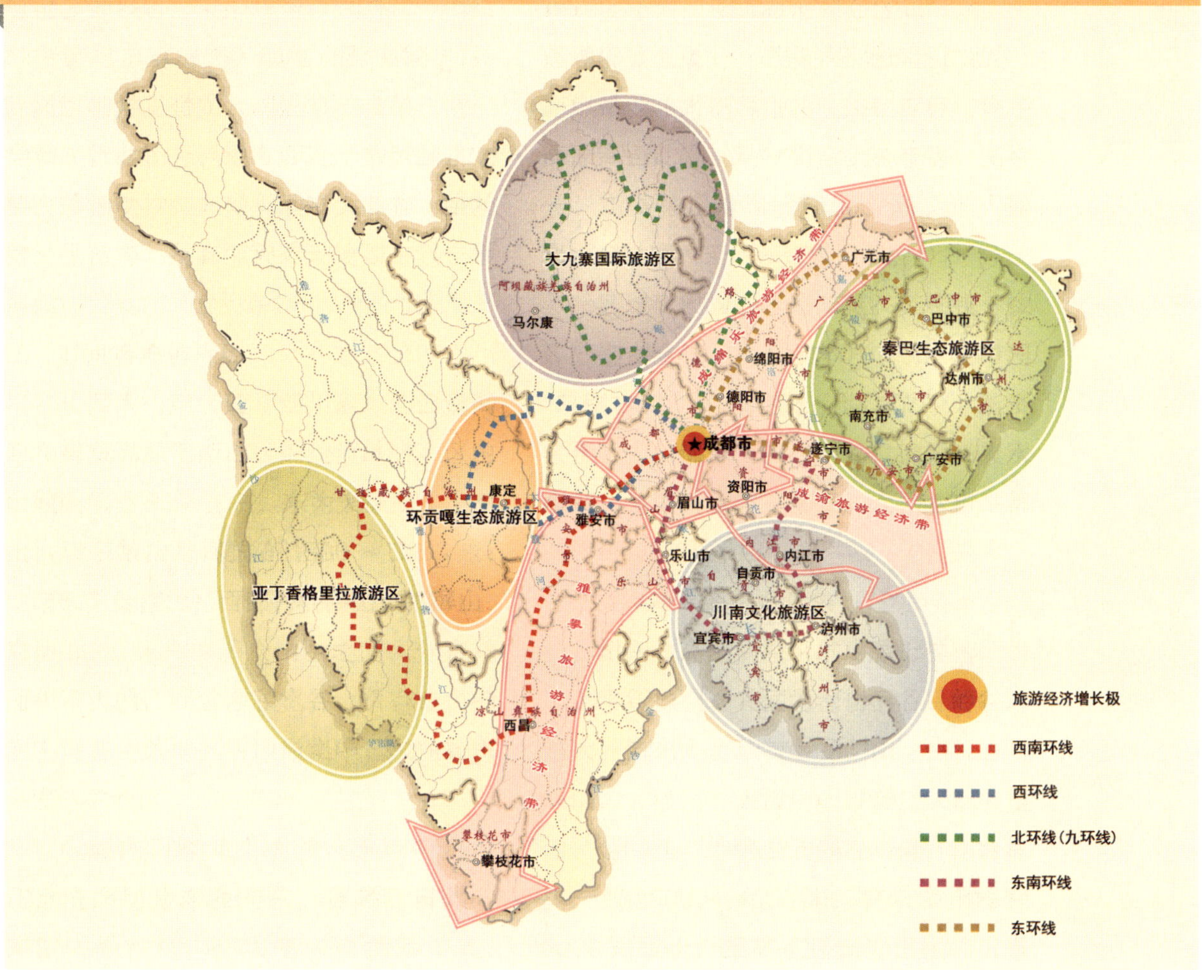

资料来源：本图由四川省发展和改革委员会、四川省测绘地理信息局提供。

景、风景等旅游资源，原始森林、高原草甸、名木古树、珍稀植物、奇花异草、珍稀动物等生景旅游资源。全省共有 22 处国家级自然保护区、30 多处省级自然保护区，30 处国家森林公园、50 多处省级森林公园，分别担负着重点保护大熊猫、金丝猴、扭角羚、银杉、连香树等珍贵动、植物和自然生态环境的任务。

四川人文景观旅游资源十分丰富，包括三星堆古遗址、邓小平故居革命遗址、古代建筑、石窟造像、佛塔陵墓等全国重点文物保护单位 128 处。四川是多民族聚居的地方，55 种少数民族齐全，其中世居少数民族有彝、藏、羌、苗、回、土家、傈僳、纳西、蒙古、满、布依、白、傣、壮等 14 个。有全国最大的彝族聚居区、第二大藏区和唯一的羌族聚居区。各民族的传统生活习俗和民族节日也是重要的旅游资源。如藏族地区的青稞节、看花节、藏历新年，彝族地区的火把节，土家族的牛王节，纳西族的牛马节，羌族的祭山会、羌年节等，都是当地各民族的重要节日与会期，都有各具特色的庆祝活动。各民族的聚落和民居也因地制宜，富有浓郁的民族风情，是各地的旅游热点。

四川复合旅游资源也十分丰富。城乡风光如诗如画：有成都、自贡、宜宾等数个全国历史文化名城；四川大部分城市还具有鲜明的特色，如“蓉城”成都、“雨城”雅安、“阳光城”攀枝花、“酒城”泸州、“月城”西昌等；四川广大乡村的山水地貌形态结构及田园景色也为全国其他地区所少见，如盆地东南平行岭谷、牛羊成群的川西北牧场、林海茫茫的川西森林、云雾缭绕、层层梯田的盆周山地。地方土特产琳琅满目：名酒种类全国第一，我国十大名酒中，四川就独占5种；功夫红茶、蒙顶茶、毛峰、竹叶青等名茶誉满全国；各种中药材、优良水果、调味品更是远近闻名。手工艺美术千姿百态：蜀绣、蜀锦活灵活现，象牙雕刻细致入微，瓷胎竹编构思神妙，桩头盆景和山石盆景独树一帜。美味佳肴包罗万象：川菜历史悠久，麻、辣、甜、酸适宜，冷热菜齐备，格局新颖，深受国内外人士好评；名小吃品种繁多，脍炙人口。

四川旅游资源特色鲜明，具有四方面优势。

一是种类齐全，功能多样，自然景观、人文景观和复合景观同时具备，有观赏游览、开阔视野的景观，也有娱乐猎奇、活跃生活的景观，更有考察、探险、启迪科学的景观。

二是地方特色明显，地位突出，四川旅游资源的地方特色突出表现为高、大、多、古、稀、优的特点，具体表现为，高山、高峰、高原、高瀑布等层出不穷，大佛、大漏斗地形、大天坑等独一无二，有数量最多的恐龙化石、数量最多的大熊猫、数量较多的古树名木，保存的汉阙最多，古栈道、古水利工程等年代久远，安岳石刻、峨眉巨型普贤骑白象铜像等是稀世珍品，还有名酒、名茶等优秀地方土特产。

三是科学性强、艺术性高，举世闻名的都江堰水利工程集中展现了古蜀人科学的治水才能，广元千佛崖颇具美学与力学效果，全国仅有的羌族碉楼、碉房是精湛建筑艺术的集中代表。

四是地域分布广，空间组合良好，四川旅游景点多，分布较分散，大部分县市都有兴办旅游的条件，由于地域辽阔，各地旅游资源差异较大，总体来看，东部地区多人文景观旅游资源，西部地区以自然景观旅游资源为主，各具特色，互为补充。

参考文献

四川省国土局、四川省土地资源调查办公室：《四川省土地资源》，四川科学技术出版社，1999。

国土资源部地籍管理司：《全国土地利用变更调查报告2008》，中国大地出版社，2009。

四川省统计局、国家统计局四川调查总队：《四川统计年鉴（2011）》，中国统计出版社，2011。

四川年鉴社：《四川年鉴（2009）》，四川年鉴社，2009。

胡鞍钢：《2009年世界发展报告：重塑世界经济地理》中文版序言，清华大学出版社，2009。

中国自然资源丛书编撰委员会：《中国自然资源丛书（四川卷）》，中国环境科学出版社，1995。

《成都平原崛起城市群——成德绵“一体化”五年观察》，《四川日报》2012年11月5日。

四川省测绘地理信息局、四川省民政厅、四川省国土资源厅：《2012年四川省地理省情公报》，四川省测绘地理信息局官方网站，2012。

一 新中国成立前经济发展概况

（一）古代经济发展概况

1. 源远悠长的远古开发史

据历史考证，远在三万五千多年前，“资阳人”[①]就已生存繁衍在四川这片古老的盆地中。简阳“龙垭遗址”[②]和汉源“富林遗址”清晰地表明，早在2万～3万年前的旧石器时代，古蜀人已能狩猎捕食。“大溪遗址”和忠县㽏井沟遗址证明，距今七、八千年前的新石器时代，古蜀人已在长江及其支流交汇的三角地带，过着渔猎生活。伴随古蜀人的繁衍进化、磨制石器的广泛使用、狩猎捕鱼范围的扩大、采集方法的进步，古蜀人的人口数量逐渐增多，四川盆地及周边沿江范围内的巴蜀部落逐步演变成型。

2. 夏、商、周至战国时期——奴隶制经济由繁荣走向瓦解

约在公元前21世纪至公元前11世纪（夏、商时期），古蜀地区逐步形成蜀和巴两大部落，主要生活在现今岷江上游、邛崃山一带和盆东北大巴山麓及长江、嘉陵江沿岸的山地、丘陵地带[③]，并在周初演变为两大奴隶制国家。为满足不断增加的食物需要，稳固和扩大群落，“杜宇教民务农……巴亦化其教为农务”[④]，“土植五谷，牲具六畜”[⑤]，到商末周初时，畜牧、农耕、蚕桑已达一定水平。战国初期（公元前475年前后），蜀王开明氏治水，开凿沱江，疏导青衣江，进一步促进了农业生产，并初步出现“以汶山为畜牧，南中为园苑”的地域经济格局。广汉“三星堆遗址”和成都“金沙遗址”表明，当时的四川已有一定规模的水稻种植，冶铜业也达当时中原地区的水平，丝织、制茶、冶铁、制陶、采盐等手工业也有所发展。为密切与当时政治中心往来[⑥]，春秋时期逐步修筑了从陕西沔县起，经广元、剑阁抵成都，全长1200公里的金牛道。成都、郫县、邛崃、广汉一带，已是古蜀地区经济发达的区域，经济开发和中原地区相差不远。

3. 秦、汉时期——封建经济逐渐兴盛

周慎靓王五年，即秦惠文王更元九年（公元前316年），秦灭巴蜀，“蜀既属秦，秦以益强，富厚诸侯”[⑦]，为秦灭楚，统一中国提供了重要条件。同时，也促进了古代巴蜀社会、经济的进步。秦昭王末（公元前256年至公元前251年），蜀守李

---

* 本章作者：王小刚，四川省经济发展研究院院长，研究员；王建平，四川省经济发展研究院副所长，高级经济师；匡恒，四川省经济发展研究院高级经济师；李太后，四川省经济发展研究院，博士；徐万刚，四川省经济发展研究院，博士；曾勇，四川省经济发展研究院，经济师。

① 1951年在资阳黄鳝溪桥墩泥坑中发现旧石器时代的人类头骨化石，以后便在学术上被正式命名为“资阳人”。

② 《资阳人、富林遗址、龙垭遗址：“旧石器”揭秘3万年前的四川》，《四川日报》2011年9月3日。

③ 广元中子铺、绵阳边堆山、叫化岩等遗址，发现了大量新石器的石片、石头和动物化石。

④ 《战国策》。

⑤ 《华阳国志·巴志》。

⑥ 《华阳国志·巴志》说“周武王伐纣，实得巴蜀之师助乎”。《尚书》说“巴师勇锐，歌舞以凌殷人倒戈”，“武王克殷，以其宗姬於巴，爵之以子”。

⑦ 《战国策》。

冰率领蜀民在前人治水的基础上，修筑了世界水利史上的伟大奇迹——都江堰水利工程，修整了南安沫水（今乐山大渡河），疏通了汶井、白木、洛水等河道[①]，从此盆西“水旱从人、沃野千里”。汉景帝末期（公元前141年前），文翁为蜀郡守时，扩大了都江堰在成都平原的灌溉面积，农业生产得到较快发展。蜀国经济的区域性特征日趋明显，其时，成都平原逐渐成为水稻产区，泸州、合川一带成为蚕桑产区，云阳、奉节一带成为柑橘产区，不少地方还呈现“家有橘柚之田、户有盐泉之井”的富庶景象。手工业方面，冶炼、井盐、漆器、蜀锦、金银器皿等手工业态已达相当水平。当时，井盐遍布于牛鞞（简阳）、武阳（长宁）、朐忍（云阳）等十余县；邛都（西昌）、严道（荥经）的铜，临邛、南安（乐山）的铁，朱提（宜宾）的银均十分有名。汉文帝时（公元前179年至公元前157年），严道所铸“邓通钱”遍及天下。蜀郡所产铁锸远销云、贵。成都的蜀锦、蜀布，广汉的金银器皿、漆器、蜀刀称誉国内，远销朝鲜、波斯等地[②]。为适应政治、军事的需要，从汉武帝初期至西晋时期（公元前130年前至公元280年），古巴蜀与外界的交通线路渐次开辟，其中著名的有：北起四川宜宾，经云南昭通，过贵州威宁，抵云南曲靖的石门道；从川西经芦山、雅安、越西，抵西昌的清溪道；自甘肃阴平（文县）经四川平武、江油至成都的阴平道；长江航运也逐渐发展起来，基本上奠定了四川古代交通的基础。当时，从益州可北至中原，东航荆楚，南及夜郎（贵州）、云南，西南达西藏、印度，蜀都（成都）、广都（广汉）、临邛（邛崃）也因此成为当时国内重要的手工业与文化中心。到东汉中期（公元141年前后），益州人口发展到724万，占全国人口的15.1%。其中，成都有人口76000户，成为当时仅次于长安的全国第二大城市和西南的经济中心。在这段时期，部分汉族人开始向雅安地区和雅砻江下游及安宁河流域迁移。

4. 两晋、南北朝时期——封建经济进一步发展

两晋南北朝时期（公元266年至公元589年），中央封建王朝更迭频繁，战争不断，社会动乱不已。因四川地处西南边陲，受战争波及的影响较小，因而也曾先后出现过成汉、刘宋“元嘉之治”，以及梁代肖纪和北周武帝等几个较为安定的时期[③]。为躲避战乱，大量中原人民入蜀避难，带来了中原地区较为先进的农业和手工业生产技术。农业有所发展，不少山地开垦为山原田，粮食、蚕桑均有发展；工矿业生产也有所提高，尤其是制盐业采用了火井煮盐，比如有名的富世盐井和大公盐井，并在北周时（公元557年至580年）建立富世县（今富顺县）和公井镇（今自贡市贡井区），成为当时四川两个较大的盐业生产基地[④]。制铁技术也有较大提高，如当时制作的蜀铠闻名全国。

---

① 今崇州市西河，邛崃市南河、鸭子河等。
② 童正恩：《古代的巴蜀》，四川人民出版社，1979。
③ 刘清泉：《四川经济地理》，新华出版社，1997。
④ 张载：《四川省经济地理》，四川科学技术出版社，1985。

5. 隋、唐、北宋时期——封建经济迈向历史的顶峰

这一时期（公元589年至1126年），四川社会比较安定，经济发展，人民乐业，其矿业、手工业、金融业等在四川经济史乃至中国经济史上都留下了开创性的一页。农业方面，扩建并新修了都江堰、通济堰、范江堰等20余处水利工程，大量采用筒车和翻车，使得梯田增多，水稻成为重要的粮食作物，小麦种植也较为普遍，粮食产量大增，唐天宝七年（748年）剑南道（四川西部及云贵一部分地区）官仓米达203万担。当时，四川作为全国主要茶叶产区，种茶叶遍及盆西彭、灌、雅、乐及盆南泸州、宜宾一线[①]，雅州的蒙顶茶被列为贡品；甘蔗也开始在遂宁广泛种植[②]。手工业生产也达到较高水平，宋朝时出现了雇工百人的较大规模的茶场；唐代有名的蜀锦制品已是“缕金为花鸟，细如发丝，大如黍米”艺冠全国，巧夺天工，四川进贡丝织品达18县，年织造的绫罗锦缎达8160匹[③]；造纸、印刷术也有较大进步，益州的“麻纸”和“薛涛笺”闻名全国，成都的雕版印刷术比欧洲早七、八百年，在宋时已有铜版印刷及套色彩印，“天下印书，以杭本为上蜀本次之”[④]。陶瓷品工艺在唐、宋时期也进一步发展，以邛窑、蜀窑、琉璃窑最为有名，大邑的白瓷也别具一格。工矿业方面，唐代在四川蓬溪县发现了石油；陵州铁山采冶达到当时最大规模；井盐生产扩大到50余县，皇祐年间（公元1049年前后）发明了用于小口径深井钻探的畜力牵引活塞式机械“卓筒井”，这在当时世界深井钻探工程史上也是遥遥领先的。用天然气煮盐的火井也有增多。为适应经济社会发展带来的货币流通需要，四川在宋初（11世纪初）发明了世界上最早流通的纸币“交子”，并制定了“交子务”管理制度，设立了管理机构。唐、北宋时期四川经济空前繁荣，人口众多（唐贞观十二年剑南道有人口286万人），使成都成为全国仅次于扬州的文化、手工业和商业中心，享有“扬一益二”之美誉。因此，四川才有“蜀为西南之都会、国家之宝库，天下珍货聚出其中；又人多粟富，顺江而下，可以兼济中国”之盛赞。

6. 南宋、元、明至清代后期——封建经济渐向衰落

北宋以后近八百年的南宋、元、明、清时期（公元1126年至公元1911年），四川频经战乱，封建经济逐渐走向衰落，虽在明清时期曾有所恢复，但在全国的经济地位已不能和秦汉、唐、北宋时期相比。南宋端平三年（公元1236年）蒙古骑兵入蜀，“全川六十州，有五十四州告陷破”、“西州之人，十丧七八”，人口从宋崇宁元年（公元1102年）的520万户降至南宋景定二年（即蒙古世祖中统二年——公元1236年）的62万户，直到清乾隆三十一年（公元1766年）户口才增至296万户[⑤]。南宋淳祐二年（公元1242年）余玠任四

① 《茶经》。
② 《糖霜谱》。
③ 《唐久典》。
④ 《老学菴笔记》。
⑤ 梁中方：《中国历代户口、田地、田赋统计》，上海人民出版社，1980。

川安抚处置使时，采取了一些恢复性措施，使四川经济暂时有所恢复，成为南宋政权的主要税赋来源。明代时，四川经济略有恢复，明洪武十三年（公元1380年）四川人口达到146万，占当时全国人口的2%。农业方面，大修都江堰，并创立“用水之田，计亩出夫”的岁修制度。灌溉工具也有改进，已采用畜力和水力拉动的翻车，进一步扩大了水稻种植面积。明末自美洲引进红苕、玉米等旱地作物，并逐渐推广到丘陵山地。清初，川西和川中已成为蚕丝重要产区，成都、嘉定（今乐山市）、顺庆（今南充）三地已是当时四川重要的丝业中心。引进草棉，与木棉并行，种植范围扩展到10多个州县，逐渐取代麻的地位。甘蔗种植多集中在涪江、沱江流域，内江、资中一带逐渐形成蔗糖生产中心。茶叶种植有较大发展，不少陕西商人纷纷到雅州（今雅安）经营茶场，中央于碉门（今荥经县西）、打箭炉（今康定县）设置茶马司[①]，专司藏汉两地之贸易。从明代至清初，无论生产的品种、规模和技术，工矿业都有很大提高。川盐生产遍及全省，不少新井开凿出来，至明景泰时已猛增至1380眼，清初更是达到有史以来最高数，仅自流井就有盐井8680眼；生产规模愈加扩大，雇工人数大量增加，有的商号雇工人数达千人以上，逐渐形成富荣、犍嘉、大宁等盐场，产品行销全省，外销云、贵及两湖，成为这一时期四川发展最快的行业。煤炭已大量开采，并能炼焦。明代正德末，嘉定（今乐山）发现石油[②]，到隆庆年间，官办油井已开始出现，油井主要分布于嘉州、眉州（今眉山）、青神、井研、洪雅、犍为诸县。炼铁已普遍采用鼓风机和焦炭，产量已相当可观，全川钢铁产地多达19处，仅次于湖广、福建。明代越西已开采石棉（称火烷布），印刷已能套色精印。陶瓷工艺方面，元重青花，明重彩色，无论制作、上釉、调色、绘画等方面，四川都达到了较高的水平，新产区以隆昌的烧酒坊和巴县的磁器口最为有名。四川西部高山、高原的彝、藏、羌族等民族聚居区，因明清时期的统治者采取歧视和镇压政策，加之自然气候条件恶劣，交通闭塞，经济十分落后。

（二）近代半封建、半殖民地经济概况

四川近代经济是封建性自然经济向半封建、半殖民地经济演变的历史，经济结构、经济形态和经济布局都深深地打上了半封建、半殖民地的烙印。

1. 鸦片战争至抗日战争前——渐沦为半封建、半殖民地经济

鸦片战争（1840年）以后，帝国主义势力开始侵入四川。19世纪末，重庆先后被英、日开为商埠，在万县设立海关，外轮开始进入川江。在帝国主义各国以重庆、万县（今重庆万州区，下同）为据点，进行原料掠夺、商品倾销和“洋务运动”的影响下，四川以自然经济为基础的农业、手工业遭到破坏并逐渐解体，半殖民地、半封建性质的原料加工工业和官

---

① 何介福：《巴蜀史》，西南交通大学出版社，2009。

② 据何宇度著的《益部谈资》记载，在开凿盐井1000多米深时，“偶得油水，称硫磺油，其价减常油之半，居人皆以燃灯，官长夜行，则以竹筒贮而燃之，可行数里”。

办的、外商经营的近代工业开始出现。清光绪三年（公元 1877 年）四川总督丁宝桢在成都设立四川机器局，制造军械。随之清政府开设了汉口 – 泸州 – 成都的长达 2500 公里的有线电报线路，1886 年在重庆开设电报局，成为四川最早萌芽的近代工业和通信业[①]。1897 年英轮在川江渝宜段首航成功，1901 年岷江宜乐段汽轮通航，既密切了沿江地区与长江下游的经济联系，同时也促进了沿江地区殖民地性质商业的兴起和商品性农业生产的出现，如在重庆、万县出现了外商经办的桐油冶炼厂、肠衣厂及英商立德乐在江北县经营的江合煤矿等近代工业[②]，第一次世界大战期间（1914 ~ 1918 年）为中国民族资本主义工业发展提供了难得的发展间隙，四川三台、乐山、重庆相继出现川内最初民族资本兴建的缫丝、肥皂、面粉、纺织等近代工业，但远落后于沿海和中南地区。20 世纪 20 年代至抗日战争前的 10 余年，军阀及官僚资本出于维护统治和大肆敛财的需要，先后修筑了成渝、川陕、川鄂、汉渝、渝绵、川黔、川湘、川康等公路（许多公路当时并未全程通车），进一步密切了近代工业生产与市场消费方面的联系，促进了农业中工业原料作物种植面积的扩大。同时，金融资本开始出现，重庆、万县设立了“浚川源银行”、“四川银行”和“聚兴诚银行”等官商合办的银行[③]，进一步促进了商品性农业生产和近代工商业的发展。在近代工商业发展的促进下，油桐、甘蔗、榨菜、青麻等经济作物的产量迅速增长，生漆、桐油、猪鬃、生丝、药材等农副产品和工业原料的国内外贸易也发展起来。1908 年四川对外贸易总值占全国的 4.2%，1935 年发展到占 6.2%。特别是重庆港，1911 ~ 1931 年中，贸易额增长近两倍。但在 1892 ~ 1936 年这漫长的 45 年对外贸易中，仅 1916 年为出超，其余年份均为入超，1921 年入超额达 2500 万元[④]，且出口品种是单一的工业原料，进口的是日用工业品，如棉布、百货、香烟、肥皂及糖类等，四川半封建、半殖民地经济的特征日益明显。这段时期，盆东的重庆从 1901 年开埠到 1927 年，随着商业的发展，人口由不足 10 万增长到 31 万人，沿江的万县、泸州、徐州以及嘉定等地，也逐步形成商业城市，四川乃至整个西南的经济中心逐渐转移到盆东重庆地区。但是工业在四川的发展却很缓慢，到 1920 年四川仅办有少数桐油炼冶厂、火柴厂、纺织厂、缫丝厂以及用土法开采的煤矿、铁矿及土法冶炼炉，重庆、乐山、遂宁虽兴办了一些食品、火柴、纺织工业，但规模很小。直到全面抗战前夕的 1936 年，全川仅有各种工厂 583 家、资本 646 万元、工人 18710 人，占当时全国工厂总数的 2.9%、资本总值的 0.58%、工人总数的 2.85%。工业企业的规模较小，平均每个工厂仅 32.1 人，厂均资本 11000 元，远低于当时全国厂均资本 95000 元的水平[⑤]。工业结构也趋于畸形，轻工业厂

① 《洋务运动与中国近代工业》，三联书社，1982。
② 《重庆工商史料》，重庆出版社，1983。
③ 凌耀伦等著《中国近代经济史》，重庆出版社，1982。
④ 《四川经济季刊》三卷，一期第 12、14 页。
⑤ 李紫翔：《四川战时工业统计》，《四川经济季刊》三卷一期。

占工厂总数的93.5%，资本占资本总数的62%，工人占工人总数的92.4%，属于重工业的机械、冶金、化工等工厂很少，基本上属于手工业阶段。在轻工业中，使用机器的工厂仅占1%左右，其余均以手工操作为主。重工业的情况也大体相似，民生机器厂（20世纪40年代发展为全国最大的内地造船厂）在当时也仅是一个30多人的机器修配厂而已[①]。

2. 抗日战争至新中国成立前——经济畸形发展和短暂繁荣

抗日战争时期（1937～1945年）是四川经济畸形发展和短暂繁荣的时期，一方面工业因大量工厂内迁而呈现表面上的繁荣发展；另一方面农业生产严重衰退，农村民生凋敝。1937年7月7日，日本帝国主义发动全面侵华战争，当年12月13日南京失陷，国民党政府退据四川，以重庆为陪都[②]。因政治、军事上的需要，代表四大家族利益的资源委员会把诸如汉阳钢铁厂、永利化学工业公司、汉阳兵工厂等沿海及通商口岸的大量官僚资本和民族工业迁入四川。同时，因日本控制长江口，外货运不进来，加上当时日用工业品匮乏，使得一批小型民族工业得以发展。因而使四川工业无论在工厂数、资本总值、工业门类、工人总数及工业结构等方面都发生了很大变化。1942年全省有工厂2382家、资本25.4亿元，分别比1936年增长3倍和392倍。其中，在工厂总数中，轻工业占38.2%，重工业占61.8%；在资本总值中，轻工业占25.8%，重工业占74.2%。工业部门也渐次齐全，有化工、冶金、机械、电力、纺织、食品等工业部门。产品品种也逐渐增多，主要有钢铁、机床、电机、船舶、电线、酸碱、酒精、水泥、机制纸、棉布、白糖、纱、火柴、肥皂、针织品等产品。但在工厂总数中，仍然是小厂多、大厂少，资本在100万元以下的小厂占96.3%，资本在500万～5000万元的中型厂仅占3.5%，5000万元以上的大厂仅有4家[③]。工业布局也相当集中，仅在重庆一地就拥有全川工厂总数的63.7%，其中，在重庆的钢铁厂占钢铁厂总数的71%，机械厂占总数的88.3%，电器制造厂占总数89.5%，纺织、食品等轻工业厂约占总数的50%，其余工业也主要分布在沿江一带或重庆附近，如南充、三台、遂宁、乐山有部分棉毛纺织业，自贡、五通桥有部分化学工业及井盐业，内江、资中为半机制糖业和造纸业，宜宾为电瓷工业，江北、南川、犍为、乐山、威远为采煤业，綦江、威远、彭水为铁矿采掘业。盆西北广大地区工业甚少，成都仅有纺织、造纸、电线、机械修理、面粉等几家中小型企业。为适应工业内迁和抗战期间政治、军事需要，国民党政府对四川公路和内河航道进行了一些修建、治理，以重庆为中心，修筑了川湘、川鄂、汉渝、渝绵等公路的未完成线路和成渝两市附近的短途公路，全川公路里程达5000公里，比战前约增一倍；嘉陵江、乌江的航运条件得到了一定改善，1936～1941年川江的轮船吨位增加了两倍。重庆作为抗战时期的政治、军

① 《四川省经济地理》，四川科学技术出版社，1985。
② 《四川省经济地理》，四川科学技术出版社，1985。
③ 《四川经济季刊》三卷一期，李紫翔的《四川战时工业统计》，货币单位按当时国民政府货币。

事、经济中心，市区人口从 1937 年的 50 万人增加到 140 万人[①]。

抗战时期，四川工业畸形发展的同时，农业经济却日趋凋敝。其主要原因，一是众多青壮年被抓壮丁，1937 ~ 1947 年，四川出征壮丁 300 万人左右，导致青壮年劳动力比战前减少 2/5，造成农村劳动能力极度缺乏；二是国民党政府的横征暴敛，苛捐杂税层出不穷，1942 年每亩稻田平均产谷 400 斤，而负担的各种税收高达 238 斤，占产量的 60%；三是官僚资本垄断农产品市场，操纵物价，如四大家族设立的“花纱布管理局”、“四川丝业公司”、“康藏茶叶公司”等机构长期压价收购农副产品，牟取暴利。加之封建地主的重租盘剥，四川农业生产遭受严重摧残，全省有 32 种农作物在战时 7 年中的平均产量比战前 7 年的平均产量减少 5%[②]。其中，稻谷 1946 年比 1937 年减少 34%，同期小麦减产 50%；棉花 1944 年比 1936 年减产 60%；甘蔗 1943 年比 1941 年减产 30%，茶叶减产 50%，生丝减产 75%，致使人民的基本生活资料供应严重不足，米珠薪桂，广大民众挣扎在饥寒交迫之中。

抗战时期出现的短暂繁荣，是当时国际国内政治、军事特殊情况下的现象及交通阻隔的产物。当滇缅公路通车后，国外工业品重新流入，省内轻工业生产首当其冲，迅即萎缩，重工业也随之萧条下去。特别是抗战胜利后，随着国民党政府迁返南京和官僚资本的转移，很多工厂迁回沿海，加之美国剩余商品的倾销和官僚资本的吞并，民族工业濒临绝境，工厂纷纷倒闭，工人大批失业。1946 年 3 月，重庆工厂迁移停工和歇业者达 70%[③]；1946 年 4 月原迁川工厂有 35% 停业[④]；1946 年重庆倒闭工商业达 7000 多家，占全市工商企业总数的 70%[⑤]；1948 年参加产联的 1200 家工厂中，歇业者达 80% 以上[⑥]。

二　改革开放前经济发展概况

（一）三年恢复及“一五”时期经济发展概况（1949 ~ 1957 年）

这一段时期包括 1949 ~ 1952 年的国民经济恢复时期和 1953 ~ 1957 年的第一个五年计划时期（以下简称“一五”时期）。这个时期，由于党的各项方针、政策的正确指引，全省经济和社会发展顺利，速度也比较快。8 年内工农业总产值增长近 1.5 倍，平均每年递增 12.1%。其中，农业总产值增长 67.5%，平均每年递增 6.7%；工业总产值增长 5.5 倍，平均每年递增 26.4%。这个时期，国家对四川的投资总额也不断加大，有力地支持了四川的基本建设，恢复时期国家对四川基本建设的投资额为 4.25 亿元，“一五”时期为 27.05 亿元。经过 8 年发展，全省经济和

① 赵廷鉴：《重庆》，新知识出版社，1958。
② 《四川经济汇报》，1949 年 1 月出版。
③ 孙敬之主编《西南经济地理》，科学出版社，1960。
④ 《四川经济季刊》三卷三期。
⑤ 于素云：《中国近代经济史》，辽宁出版社，1983。
⑥ 孔经纬：《续中国经济史略》，吉林人民出版社，1959。

社会有了较快发展，人民生活有显著改善。特别是新中国成立后的头三年，邓小平同志主持西南工作，不仅迅速肃清了国民党反动派的残余武装力量和土匪，稳定了当时的形势，而且没收了官僚资本企业，进行了土地改革，使经济得到恢复和发展，500多公里的成渝铁路只花了一年半的时间就胜利建成通车，实现了全省人民40多年来的愿望（见表3-1）。

1. 农业

（1）农业发展速度加快，生产结构不断调整。1949～1957年是四川在新中国成立以来第一个农业发展较快的阶段，1952年农业总产值比1949年增长18.8%，平均每年增长5.9%；“一五”时期，1957年农业总产值比1952年增长41%，每年平均增长7.1%。1949～1957年，四川农业总产值增长67.5%，其中，农业产值增长54.7%，林业产值增长89.6%，牧业产值增长105.5%，副业产值增长98.4%。全省“五业”产值各占农业总产值的比重，1957年与1949年比较，林、牧、副、渔业的比重上升，农业下降5.5%，林业上升0.2%，牧业上升2.9%，副业上升2.3%，渔业上升0.1%（见表3-2）。

表3-1　1949～1957年工农业总产值（单位：亿元）

年份	工农业总产值	农业总产值	工业总产值		
			合计	轻工业	重工业
按1952年不变价格计算					
1949	43.51	36.20	7.31	5.79	1.52
1950	43.65	36.23	7.42	5.99	1.43
1951	50.57	39.44	11.13	8.18	2.95
1952	59.08	43.00	16.08	11.29	4.79
1953	70.19	47.33	22.86	16.18	6.68
1954	81.34	51.82	29.52	20.67	8.85
1955	86.85	52.31	34.54	23.00	11.54
1956	98.42	57.20	41.22	26.47	14.75
1957	108.19	60.65	47.54	30.04	17.50

（2）农业投入逐渐加大，生产条件持续改善。1949～1957年，四川农业基本建设投入有较大增长，使农业生产条件有很大改善。8年间，全省水利基建投资额增长了400%，有效灌溉面积增长84%。1949年，全省仅有排灌动力9台、208马力，50年代中期，由国家投资建立了一批机耕农场和拖拉机站，并从国外引进少量农业机械进行试验、示范，到1957年，全省拥有拖拉机198标台，排灌动力机械119台、2027马力。但是，现有农业基础设施和技术装备水平仍很低，且落后于全国平均水平，还不能适应农村经济发展的需要（见表3-3）。

（3）农民生活明显改善，消费能力不断提高。四川在新中国成立后就开始实践农村人口转移，全省农业人口占总人口比重1957年比1949年下降了4个百分点。随着农业人口下降，农民人均纯收入不断提高，据四川省统计局的典型调查，1957年底每个农民手存现金1.59元，信用社存款总额达0.6亿元。这一时期，农村购买力成倍增长，1957年农村消费品购买额占社会消费品购买力的比重达57.3%，是改革开放前的历史最高点。

（4）各类农作物播种面积提升，产量和效率不断提高。1949～1957年，全省粮食作物播种面积增长17.6%，经济作物播种面积增长67.5%，其他作物播种面积增长37.7%，种植布局结构略有

表 3-2　农业及各业产值及比重（单位：亿元，%）

年份	农业总产值	农业		林业		牧业		副业		渔业	
		产值	比重	产值	比重	产值	比重	产值	比重	产值	比重
按 1952 年不变价格计算											
1949	36.20	26.33	72.7	0.67	1.9	4.70	13.0	4.50	12.4	—	—
1950	36.23	25.91	71.5	0.68	1.9	5.24	14.5	4.40	12.1	—	—
1951	39.44	28.40	72.0	0.73	1.9	5.45	13.8	4.86	12.3	—	—
1952	43.00	30.31	70.5	0.80	1.9	6.30	14.6	5.59	13.0	—	—
1953	47.33	32.79	69.3	0.82	1.7	7.62	16.1	6.10	12.9	—	—
1954	51.82	35.30	68.1	0.96	1.9	9.04	17.5	6.50	12.5	0.02	—
1955	53.31	36.59	70.0	1.06	2.0	7.42	14.2	7.22	13.8	0.02	—
1956	57.20	39.42	68.9	1.21	2.1	8.31	14.5	8.22	14.4	0.04	0.1
1957	60.65	40.74	67.2	1.27	2.1	9.66	15.9	8.93	14.7	0.05	0.1

表 3-3　农业基本建设投资情况

时期	四川			全国农业基建投资占基建投资总额（%）	每个农业劳动力平均农业基建投资（元）		每亩耕地平均农业基建投资（元）		水利基建投资额（亿元）	占农业基建投资（%）	水利事业费合计（万元）	水利有效灌溉面（万亩）	每个农业人口平均有效灌溉面（亩）	水利有效灌溉面占耕地面积比重（%）
	国家基建投资总额（亿元）	其中农业基建投资（亿元）	农业基建投资占基建总投资（%）		四川	全国	四川	全国						
恢复时期	4.25	0.05	1.2	14.8	0.21	3.73	0.05	0.40	0.04	80.0	132	992	0.17	8.9
“一五”时期	27.05	0.44	1.6	7.8	1.66	23.28	0.39	2.60	0.20	45.5	2436	1597	0.26	13.9

表 3-4　农业人口和农业劳动力比重、农民生活水平、购买力

年份	农业人口		农业劳动力		全国农业人口占总人口比重（%）	每人平均家庭纯收入（元）	农村消费品购买额（万元）		社会消费品购买力（万元）	农村消费品购买额占社会消费品购买力（%）
	数量（万人）	占总人口比重（%）	数量（万人）	占农业人口比重（%）			合计	其中：队社集体		
1949	5239	91.4	2204	42.1	82.6	—	—	—	—	—
1952	5694		2477	43.5	85.6	—	98205	1077	177758	55.2
1954	—	—	—	—	—	55.73	—	—	—	—
1957	6189		2747	44.4	83.6	67.50	174039	3074	303694	57.3

变化。8年时间内，全省粮食产量增长42.6%，棉花产量增长356%，油菜籽产量增长78.6%，甘蔗产量增长202.7%，烟叶产量增长23.3%。1957年与1949年比较，粮食亩产量增长21.3%，劳动效率提高了14.4%；棉花亩产量增长115.4%，劳动效率提高了264.3%；油菜籽亩产量增长15.6%，劳动效率提高了42.9%；甘蔗亩产量增长48.7%，劳动效率提高了140.4%（见表3-5和表3-6）。

（5）林业稳步发展，建设投入不断加大。新中国成立初期，全省森林覆盖率为19%，1957年林业产值比1949年提高了89.6%，8年间，林业产值占农业总产值的比重一般保持在2%左右。1957年与1949年比较，经济林木产量也提高较快，

表3-5　1949～1957年各类作物播种面积和比重（单位：万亩，%）

年份	播种面积			占总播种面积比重		
	粮食作物	经济作物	其他作物	粮食作物	经济作物	其他作物
1949	14151	842	870	89.2	5.3	5.5
1952	14403	1141	842	87.9	7.0	5.1
1957	16636	1410	1198	86.5	7.3	6.2

表3-6　1949～1957年主要农作物产量、亩产量和劳动生产率

项目		1949	1952	1957
粮食	总产量（亿斤）	298.9	328.5	426.1
	亩产量（斤）	211	228	256
	劳动效率（斤/每个劳动力）	1356	1326	1551
棉花	总产量（万担）	30.7	83.2	140.0
	亩产量（斤）	13	23	28
	劳动效率（斤/每个劳动力）	1.4	3.4	5.1
油料	油菜籽总产量（万担）	309.9	379.5	553.4
	油菜籽亩产量（斤）	90	84	104
	劳动效率（斤/每个劳动力）	21	23	30
甘蔗	总产量（万担）	1138	2518	3445
	亩产量（斤）	3717	4937	5529
	劳动效率（斤/每个劳动力）	52	102	125
烟叶	总产量（万担）	3.0	6.5	3.7
	亩产量（斤）	100	118	139
	劳动效率（斤/每个劳动力）	4.3	4.0	3.8

林产品产值占林业产值的比重在 50% 以上，其中，油桐籽产量增长 311.6%、油茶籽增长 358.1%、乌桕增长 188%、核桃增长 338.1%、松脂增长 41.5%、生漆增长 350%、五倍子增长 250%。林业基建投资大幅增长，林业投资占农业总投资比重提高了 2550%（见表 3-7、表 3-8 和表 3-9）。

表 3-7　林业产值构成以及占农业总产值的比重

年份	林业产值（万元）	人造林木生产		林产品		生产队竹木采伐		林业产值占农业总产值比重（%）
		小计（万元）	占林业产值（%）	小计（万元）	占林业产值（%）	小计（万元）	占林业产值（%）	
按 1952 年不变价格计算								
1949	6700	871	13.0	3866	57.7	1963	39.3	1.85
1952	7992	1050	13.1	4610	57.7	2331	29.2	1.86
1957	12700	1715	13.5	6721	52.9	4264	33.6	2.09

表 3-8　经济林木产品产量（单位：万担）

年份	油桐籽	油茶籽	乌桕	核桃	松脂	生漆	五倍子
1949	93.6	11.7	15.0	4.2	4.1	0.2	0.8
1952	451.0	19.8	28.8	6.2	5.6	0.6	1.8
1957	385.3	53.6	43.2	18.4	5.8	0.9	2.8

表 3-9　林业基建投资以及占农业基建总投资比重（单位：万元，%）

时期	林业基建投资	农业基建投资	林业占农业比重
恢复时期	1	500	0.2
“一五”时期	233	4400	5.3

（6）畜牧业发展快，在全国占有重要地位。全省畜牧业产值仅次于种植业，是农民副业收入的主要来源，1957 年与 1949 年比较，畜牧业产值增长 105.5%，占农业总产值比重由 12.98% 提高到 15.93%，比同期全国比重高出 3 个百分点。牲畜数量大幅增加，尤其是生猪饲养量成倍增长，成为畜牧业的重点（见表 3-10 和表 3-11）。

2. 工业

新中国成立之初，四川的工业基础十分薄弱。1949 年，全省工业总产值仅 7.31 亿元，钢 0.9 万吨，煤 201 万吨，天然气 0.11 亿立方米，发电量 1.47 亿度，棉纱 6.63 万件，棉布 9972 万米。

经济恢复时期，经过“三反”、“五

表 3–10　畜牧业产值以及占农业总产值的比重（单位：亿元，%）

年份	畜牧业产值	占农业总产值比重	全国畜牧业产值占农业总产值比重
按 1952 年不变价格计算			
1949	4.70	12.98	12.40
1952	6.30	14.65	11.50
1957	9.66	15.93	12.90

表 3–11　牲畜发展数量和畜群结构（单位：万头，%）

年份	牲畜总头数	生猪		大牲畜		羊	
		头数	占总头数比重	头数	占总头数比重	头数	占总头数比重
1949	1834	1019	56	555	30	260	14
1952	2320	1378	59	623	27	319	14
1957	3743	2500	67	687	18	556	15

反”运动和抗美援朝斗争，打击投机倒把，制止通货膨胀，稳定了市场物价，掌握了国民经济领导权，并使一部分资本主义工业通过加工订货走上了国家资本主义道路，工业生产得到了较快的发展。1952 年的工业总产值达到 16.08 亿元（按 1952 年不变价格计算），年平均增长 30%。其中，轻工业年平均增长 24.9%，重工业年平均增长 46.6%。在这三年中，国家对四川工业、交通邮电事业的投资达 3.11 亿元，占全省投资总额的 73.2%。

“一五”时期，四川顺利地完成了对农业、手工业和资本主义工商业的社会主义改造，工业交通生产得到有计划的发展，从而获得了较高的发展速度。1957 年工业总产值（按 1957 年不变价格计算）达 42.83 亿元，比 1952 年增长 195%，年平均递增速度为 24.2%。其中，轻工业年平均递增速度为 21.6%，重工业年平均递增速度为 29.6%。这五年，国家对四川的工业、交通邮电事业的投资达 22.03 亿元，占全省投资总额的 81.4%。全民所有制工业企业固定资产达 9.74 亿元（未含军工企业）。整个工业的经济效益好，每百元固定资产（原值）实现的工业产值为 440 元，地方工业每百元产值实现的利润为 14.41 元，全民所有制独立核算的工业企业全员劳动生产率达 4265 元（见表 3–12）。

（1）煤炭工业。四川煤炭资源分布面较广，主要分布在于川东、川南和川北的部分地区。煤炭工业投资额逐年加大，恢复时期四川煤炭工业基本建设投资总额为 573.7 万元，“一五”时期为 14434 万元。原煤生产能力和产量不断提高，1957 年原煤产量比 1950 年提高了 296.4%。

（2）石油工业。1952 年底以前的四年中，四川石油工业的基本建设投资总计为 171 万元，钻进 974 米，天然气产量

表 3-12　工业概况一览（单位：万人，亿元）

项目	全民所有制工业各部门年末职工人数		各工业部门基本建设投资				主要工业部门的工业总产值（1952 年不变价格）		
	1952 年	1957 年	1952 年	1957 年	恢复时期	“一五”时期	1949 年	1952 年	1957 年
全省总计	23.44	59.54	0.71	4.09	0.98	13.37	7.31	16.08	47.54
轻工业	8.76	24.06	—	—	—	—	—	—	—
重工业	14.68	35.48	—	—	—	—	—	—	—
煤炭及炼焦	3.00	8.4	0.05	0.58	0.06	1.44	0.22	0.38	0.90
石　油	0.03	0.12	0.01	0.50	0.02	1.71	0.01	0.01	0.26
电　力	0.57	0.92	0.10	0.52	0.18	2.48	0.09	0.14	0.50
食　品	2.81	11.31	—	—	—	—	2.23	5.38	19.04
纺织、缝纫、皮革	2.89	6.02	0.04	0.09	0.05	0.54	3.01	4.10	7.57
造纸机文化用品	1.26	2.72	—	—	—	—	0.41	0.71	2.11
冶　金	2.75	7.18	0.15	0.30	0.26	0.96	0.18	1.19	3.90
建　材	1.90	3.50	0.03	0.07	0.04	0.15	0.05	0.32	1.09
森　林	2.33	3.99	0.02	0.16	0.02	0.34	0.28	0.70	1.83
化　学	1.03	3.35	0.04	0.24	0.01	0.50	0.20	0.41	3.29
机　械	4.43	9.67	0.041	0.292	0.05	0.74	0.23	1.26	5.77
其　他	0.44	2.36	—	—	—	—	0.40	1.48	1.28

注：本表基本建设投资的统计口径是按系统分列。

仅 2037 万方。1953 ~ 1957 年，共投资 18751 万元，每年平均钻进 38539.4 米。在川东、川南、川西南发现了三叠系嘉陵江石灰岩区域性气藏。天然气产量达到 96849 万方。这一时期，由于对四川的天然气重视不够，不切实际地贯彻了以油为主的勘探方针，因而发展速度缓慢。

（3）电力工业。新中国成立初期，四川电力工业开始稳步发展。发电量和装机容量大幅提高，恢复时期发电量年均递增 19.2%，装机容量年均递增 11.3%；“一五”时期发电量年均递增 22.0%，装机容量年均递增 23.0%。全省电力网络有了较大发展，35 千伏输电线路由 1949 年的 202.09 公里增加到 1957 年的 773.12 公里，增幅达 282.6%（见表 3-13）。

（4）轻工业。四川省原轻工业局归口管理的工业部门，以全民所有制企业为主体，为了区别于以集体所有制企业为主体的二轻工业，故称一轻工业。1949 年，全省一轻系统的工业总产值仅有 1.24 亿元，新中国成立后四川一轻工业有了很大发展。

表 3-13　燃料动力工业主要产品产量

年份	原煤（万吨）	洗精煤（万吨）	天然气（亿立方米）	原油（万吨）	发电量（亿度）	
					合计	其中：水电
1949	201	6.54	0.11	—	1.47	0.19
1952	337	20.21	0.06	—	2.49	0.28
1957	773	45.76	0.67	—	6.78	1.88

恢复时期和“一五”时期，四川一轻工业的固定资产投资比重较大，1952年占全省工业投资的10.62%，1957年占9.20%，使全省一轻工业得到了迅速的恢复和发展。这两个时期，一轻工业产值的年平均递增速度分别达到30.09%和16.66%，大体接近于同时期全国一轻工业的平均增长幅度。1952年，一轻产值占全国一轻产值的7.73%，居全国第四位；1957年，占全国一轻总产值的7.4%，仍然居全国第四位。可见，当时四川一轻工业的生产水平在全国并不落后。二轻工业原名手工业，新中国成立前，四川手工业生产长期处于分散落后状态，1949年，全省的个体手工业产值仅有29535万元。新中国成立后，四川的手工业得到了迅速恢复和发展，1951～1952年，通过典型示范，在成都、重庆、泸州等重点城市的铁、竹、木行业试办了170个手工业生产合作社。1953年，由工业合作组织开始进入全面发展时期，为了适应这种发展形势，1955年成立了各级手工业联社，同时建立了各级手工业工业管理局（科），同年下半年，出现了手工业合作化高潮。1956年，全省95%以上的城市（镇）手工业者都参加了按行业组织起来的手工业合作组织，1957年，四川的手工业合作组织已达12607个，拥有职工391162人，工业总产值62.130万元，加上个体手工业者创造的产值和系统内全民企业的产值，当年手工业总产值共达67637万元，在1949年基础上增长了1.3倍（见表3-14）。

（5）纺织工业。四川纺织工业旧有的基础比较薄弱，新中国成立初期发展也比较缓慢，1952年，全省纺织工业总产值仅3.47亿元。纺织工业的基本建设投资额也较少，恢复时期0.05亿元，占同期全省基建投资的1.29%，“一五”时期0.54亿元，占1.99%（见表3-15）。

（6）医药工业。四川的化学医药工业

表 3-14　轻工业主要产品产量

年份	机制纸及纸板（万吨）	皮革（折牛皮万张）	皮鞋（万双）	保温瓶及瓶胆（万个）	火柴（万件）	缝纫机（架）	收音机（部）
1949	0.24	—	30.0	—	19.53	—	—
1952	1.61	11.83	53.5	11.21	32.88	—	14
1957	4.44	55.29	219.6	104.70	66.50	5517	21517

表 3–15　纺织工业主要产品产量

年份	棉纱（万件）	棉布（万米）	丝（吨）	丝织品（万米）	呢绒（万米）	毛线（吨）
1949	6.63	9972	34	3.0	44.55	3.00
1952	12.88	15598	501	50.0	28.82	37.72
1957	16.50	17431	1086	301.0	82.60	214.00

是新中国成立后逐步发展起来的，1949 年，全省只有分包装之类的作坊式企业 5 个，全部职工 466 人，年产值 24 万元；恢复时期，化学医药工业有了初步发展，但生产规模仍然很小，1952 年，全民所有制工业企业增加到 8 个，职工 1855 人，主要产品产量 0.98 吨；到“一五”时期，化学医药生产又有了进一步发展。中成药工业是我国特有的工业，新中国成立初期，四川的中成药沿袭前店后坊的生产经营形式，生产、卫生条件很差，除少部分简单工具外，基本上是手工操作；公私合营后，把各个分散的手工作坊集中起来，建立了中成药厂，但发展仍很缓慢。四川的医疗器械工业起步晚，20 世纪 50 年代还是一片空白，60 年代，才在生产合作社和医疗器械修配厂的基础上逐步发展起来，同国内其他一些省市比较，在时间上迟了 10 年。

（7）冶金工业。新中国成立以前，四川的冶金工业基础很差，1949 年，全省仅产钢 0.88 万吨，生铁 1 万吨，钢材 0.61 万吨。新中国成立初期，国家将国民党遗留下来的有关兵工厂改组为西南钢铁公司，同时，各地停、闭的小高炉也陆续恢复生产，还新建了几座高炉。1952 年，全省冶金企业已由 1950 年的 56 个发展到 141 个（其中，钢铁企业 133 个、有色金属企业 8 个），职工由 1950 年的 1.26 万人发展到 2.58 万人（其中，钢铁 2.15 万人、有色金属 0.11 万人、基建队伍 0.32 万人），钢年产量上升到 4.9 万吨，生铁年产量上升到 9.1 万吨。此后，经过“一五”时期的发展和 1956 年的对私改造（并厂），到 1957 年，虽然全省冶金生产企业只有 139 个（其中，钢铁 122 个、有色金属 17 个），但年末职工人数已达到 8.44 万人（其中，钢铁 6.94 万人、有色金属 0.24 万人、基

表 3–16　化学医药工业发展情况

年份	职工人数（人）	固定资产原值（万元）	总产值（万元）	主要产品总产量（吨）	利润总额（万元）	积累总额（万元）
1949	466	—	24	—	—	—
1952	1855	129	221	0.98	1	10
1957	2966	744	1380	28.205	830	944

注：按 1952 年不变价格计算。

建及其他1.26万人）。在“一五”期间，新建和扩建一批大小钢铁企业，到1957年，全省钢产量达到25.3万吨、生铁28万吨，分别比1949年增长27.75倍和27倍（见表3-17）。

（8）建筑材料和森林工业。1949年，全省只有少数建材企业，职工1100人，年产值42万元，产品品种只有水泥、石棉、砖、瓦等几种，年产水泥7800吨、石棉43吨、标砖1659万块、小瓦3625万片。新中国成立后，四川依托丰富的资源，逐步把建筑材料工业发展壮大。四川的森林工业起步较晚，是一个新兴的工业部门，1953年，四川开始进入原始森林建立木材生产企业，组建了川西森工局和川南森工局；1956年以后，又相继建立了马尔康、黑水森工局等重点骨干企业，四川逐渐成为我国一个重要的木材生产基地（见表3-18）。

（9）化学工业。新中国成立以前，四川的化学工业基本上是空白，新中国成立以后，四川的化学工业企业从少到多、从小到大，产品从无到有、从粗到细，得到了很大发展。1957年与1949年比较，企业个数增加了5倍多，职工人数增加近1倍，工业总产值增长4026.9%，全员劳动生产率增长407.9%（见表3-19）。

（10）机械工业。新中国成立后，四川机械工业加快发展，1949年，全省民用机械企业仅有13个，固定资产44万元，职工1900余民，简易设备500余台，基本以修配为主，兼以生产简易机床、低

表3-17　恢复时期和“一五”时期冶金工业发展水平及增长速度

时　期	总产值（万元）	钢（万吨）	生铁（万吨）	成品钢材（万吨）	铁矿石（万吨）	焦炭（万吨）	8种有色金属（吨）
1949年	1423	0.88	1.01	0.61	2.8	3.83	191
恢复时期	9097	4.98	9.17	11.03	25.67	15.68	2015
平均增长（%）	85.4	77.1	106.3	238.7	105.6	60.1	119.2
全国平均增长（%）	—	104.4	97.2	99.1	98.8	75.1	77.2
“一五”时期	29451	35.36	28.41	37.16	78.24	57.46	5563
平均增长（%）	26.5	47.9	25.3	27.1	25	29.4	22.5
全国平均增长（%）	—	31.7	25.2	31.5	35.2	23.5	23.7

表3-18　建材、森工主要产品产量

年份	原木（万立方米）	水泥（万吨）	石棉（吨）
1949	5.42	0.8	43
1952	51.11	4.4	2463
1957	149.07	22.1	16952

表 3-19　化工系统综合概况

年份	企业数（个）	年末职工数（人）	基本建设投资（万元）	工业总产值（万元）	全员劳动生产率（元/人）	利润额（万元）
按 1952 年不变价格计算						
1949	17	1041	—	193	1391	—
1952	14	5558	387	878	5475	216
1957	109	20502	4206	7965	7065	1091

压阀门、蓄电池、汽车配件等 30 余个品种，当年的总产值仅 209 万元。到 1957 年，企业总数增加到 67 个、固定资产达到 7029.8 万元、职工 28043 人，分别增长 415.4%、15876.8% 和 1350.8%，总产值增长 6200.5%。

表 3-20　机械局系统综合概况

年份	企业数（个）	年末职工数（人）	基本建设投资（万元）	工业总产值（万元）	固定资产原值（万元）	主要设备（台）
按 1952 年不变价格计算						
1949	13	1933	—	209	44	528
1952	52	10619	137	1901.33	1193	1582
1957	67	28043	2449	13168	7029.8	3084

（11）交通运输。新中国成立后，从修筑成渝铁路开始，开启了四川铁路大发展的序幕，通车里程、运载能力不断扩大，同时，四川的公路运输业有了很大改善，公路建设的发展速度不断加快，铁路和公路运输逐渐成为全省人员和物资进出的主要运输手段。在内河运输方面，四川是我国水运条件较好的一个省份，全省有 70% 的县、市可以通航，但新中国成立后这种优势未能得到很好的利用和发挥，发展较为滞后。在民用航空方面，中央一直较为重视，因此发展也较快，新中国成立初期，民用航空归中央军委领导，军委成立了中国人民航空公司西南管理处，基地在重庆；1956 年组建民航广汉站，后迁凤凰山机场；1957 年民航西南管理处迁成都，并于 1959 年改为民航成都管理局（见表 3-21）。

3. 商业

新中国成立后，商业部门在贯彻“发展经济，保障供给”总方针下，在支援工农业生产、为城乡居民生活服务、稳定市场和物价等多方面，充分发挥了社会主义商业的职能作用。1949 年后，在没收官僚资本基础上，通过对资本主义工商业的社会主义改造，逐步建立起国营经济占主导

表 3-21　交通运输综合概况

运输工具											
年份	火车		汽车（辆）		民用飞机（架）	轮驳船				民间运输	
	机车（台）	客车（辆）	货车	大型客车		艘数（艘）	拖轮马力（万匹）	载客量（人）	载货量（万吨）	木帆船（艘）	人畜力车（辆）
1949	—	—	3501	347	—	130	0.18	12428	2.92	32622	18440
1952	—	—	3531	241	—	149	0.68	13242	3.37	36637	27610
1957	106	259	5888	632	—	826	4.73	6857	23.53	29043	29163

线路里程（公里）					
年份	省境内铁路营业里程	公路通车里程	内河通航里程		民用航空省内航线里程
			合计	其中：可通轮船里程	
1949	—	8581	8024	—	—
1952	505	9259	11343	1444	
1957	981	14922	12108	1821	

客、货运输量											
年份	货运量（万吨）									客运量（万人）	
	总计	铁路	民航	汽车	其他机动车	轮驳船		木帆船	人畜力及驮力	合计	其他：民航
						合计	其中：长航				
1949	214.5	—	—	4.0	—	—		177.0	33.5	19.2	—
1952	895.1	62.5	—	28.3	—	41.6	40.3	443.7	319.0	602.0	0.4
1957	3999.6	846.4	—	493.2	—	485.3	352.6	1419.9	754.8	2824.6	0.9

地位的社会主义商业。

（1）城市商业。这一时期城市商业包括归四川省商业厅系统管理、主要从事县城以上日用工业品和部分副食品购销活动的那部分国营商业，以及归商业厅管理的城市集体商业和商办企业。“一五”时期，省商业厅系统全部流动资金占用由1953年的2.8亿元增加到1957年的6亿多元，平均每年递增20.88%，商品纯销售额平均每年递增18.45%。资金平均一年周转2.96次，其中有三年周转3次以上，这是四川历史上流动资金周转较快的时期。1950～1952年，四川商品流通费用水平较高，三年平均12.54%，1953年以后，成渝和宝成铁路相继通车，费用水平有所下降，一般在10%左右。从1953～1957年的五年中，平均为8.95%。1953～1957年，总利润率核定在5.63%～8.03%，平均6.79%（见表3-22）。商办（商管）工业是在1956年对私改造的基础上发展起来的，主要是肉类食品、酒类酿造、糖果糕点、酿造调味品、饮料罐头、服装鞋帽、

表 3-22　商业厅系统主要财务指标

年度	商品纯销售额（万元）	全部流动资金平均占用			商品流通费		全部企业利润总额	
		金额（万元）	周转次数（次）	周转天数（次）	金额（万元）	费用率（%）	金额（万元）	利润额（万元）
1950	3445	9060	0.38	947	679	19.71	424	12.31
1952	66524	21182	3.14	115	3661	13.02	2434	3.66
1957	168599	60159	2.80	129	13505	8.01	9488	5.63

注：1950 ~ 1957 年为纯国营商业系统时期，所有数字均不包括原采购厅、服务厅及盐业、油脂、中药材公司、外贸系统、供销社的数字。

成型煤加工、商机制造等八大类。四川城市集体商业是在 1956 年社会主义改造高潮中，由个体小商小贩组织起来的，到 1957 年底，全省城乡合作商店、合作小组已发展到 328784 个，占国营、合作网点总数的 76%；从业人员 441414 人，占国营、合作人员总数的 72%；在国营和集体零售总额中，合作店、组的经营比重达到 26.08%。1950 年，四川有个体工商业者 119 万人。其中，商业 70 万人，占个体工商业者总数的 58.87%；饮食业 21 万人，占 17.77%；服务业 7 万人，占 6.15%；手工业 20 万人，占 17.21%。1952 年增加到 120 万人。“一五”时期，个体工商业者经过清理整顿，到 1956 年初还剩下 56 万人。在此后的社会主义改造高潮中，没有改变原来经营状态的分散经营户和单干户，合计有 31 万人，占总人数 56 万人的 56.96%。

（2）农村商业。四川农村商业主要包括农村供销合作社、农村合作商店等。四川供销社是从 1951 年开始组建，共建立基层供销社 590 个，共有入股社员 1543800 人，股金 2968587 元。到 1957 年发展到 1307 个，社员 13963953 人，股金 3841 万元。1952 ~ 1955 年，供销社经营一定比重的土副产品、水果、中药材，还为国家代购棉花、油料、生猪、禽蛋、畜产品、茶叶。1955 ~ 1957 年，社会主义改造基本完成，国家对农副产品管理和经营体制进行了调整，实行归口管理，棉花、麻类、烟类由农产品采购厅主管，由供销社代购，生猪在县以下的由供销社经营。1952 年全省供销社收购农副产品的总值不到 1 亿元，1957 年上升为 4.7 亿元。全省供销社供应的生产资料和生活资料，1952 年只有 3 亿多元，1957 年上升到 9 亿多元。供销社归口管理的农村合作商店，是在对私营工商业进行社会主义改造中，以小商小贩为主体组织起来的，属集体所有制经济组织。1953 年全省农村（包括 2 万人以下的县城）私营商业有 497009 户、782513 人。随着统购统销政策的实行，70% 的农副产品为供销社所掌握，到 1955 年上半年，私营商户减为 323911 户，减少 34.83%，人数减少为 407157 人，减少 47.97%。1957 年底，通过公私合营、合作小组或合作商店、为供销社代购代销等形式，组织起来的私商有 177492 户、279723 人，其中合作商店（组）28539 个。

4. 财政金融

（1）财政。新中国成立后，随着工农业生产的发展，全省财政情况有了较大改善，实现了财政收支平衡。在财政收入方面，1950 年为 4.4 亿元，到 1952 年增长了 84.8%，1957 年又比 1952 年增长了 35.88%，“一五”时期年平均递增速度为 6.32%。在财政支出方面，1950 年为 1.01 亿元，到 1952 年增长了 247.3%，1957 年又比 1952 年增长了 45.84%，“一五”时期年平均递增速度为 7.84%（见表 3-23）。

（2）金融。四川的社会主义金融体制是在没收官僚资本银行和改造私营银行的基础上发展起来的。“一五”时期，全省农工生产总值年平均增长 12.9%，银行存款总额年平均增长 3.8%，银行存款增长小于生产增长的幅度，情况比较正常。在农村，1955 年以后，农村信用社已经普遍建立，储蓄工作大部分转交信用社办理，到 1957 年底，全省银行农村存款余额由 1953 年的 47 万元直线上升到 17712 万元；信用社吸收个人储蓄余额，也由 1954 年的 382 万元大幅度地增加到 1957 年 5861 万元。

表 3-23　财政收支综合情况（单位：万元）

财政收入										
年份	合计	企业收入各项税收				各项税收				其他收入
		小计	工业收入	商业收入	其他	小计	工商税收	盐税	农业税	
1950	44219	70	6	—	64	43264	13293	3159	26812	885
1952	81724	4151	1193	—	2958	68625	34308	4273	30044	8948
1957	111049	14100	6746	—	7354	89644	60576	—	29068	7305
财政收入构成 恢复时期	100	2.85	0.94	—	1.91	90.75	38.13	5.57	47.05	6.40
财政收入构成 “一五”时期	100	9.55	4.53	—	5.02	84.61	55.72	—	28.89	5.84

财政支出								
年份	合计	基本建设拨款	流动资金	支援农业支出	科教文卫事业费	抚恤和社会福利救济费	行政管理费	其他
1950	10102	340	—	114	1314	241	5819	2274
1952	35087	10694	2171	762	8481	1506	9511	1962
1957	51171	10446	1260	2455	15095	2557	14911	4447
财政支出构成 恢复时期	100	22.49	3.28	1.62	20.31	3.54	36.16	12.60
财政支出构成 “一五”时期	100	23.82	2.55	4.13	28.37	6.02	30.05	5.06

“一五”时期，工业生产企业贷款年平均增长幅度为30%，这对“一化三改造”起了积极作用。商业厅系统的贷款，1952年末全省仅1700多万元，“一五”时期开始增加，全省新增商业贷款5.8亿，对改造私营商业、壮大国营商业起了重要作用。农村贷款方面，1950年全省农贷累计发放393万元，1953年，农村金融工作的重点由扶持个体农户转向以扶持互助组、合作社为主，1955年，全省银行发放农业贷款7000多万元，信用社发放贷款4725万元。

（二）大跃进时期经济发展概况（1958～1960年）

1958年5月，中共八大二次会议，正式通过了“鼓足干劲、力争上游、多快好省地建设社会主义”的总路线。尽管这条总路线的出发点是要尽快地改变我国经济文化落后的状况，但由于忽视了客观经济规律，根本不可能迅速改变我国经济文化落后的状况。会后，“大跃进”运动迅速在全国范围内发动起来，农业强调“以粮为纲”，工业强调“以钢为纲”。由于运动片面追求工农业生产和建设的高速度、高指标，严重违背经济规律，瞎指挥、浮夸风盛行，1958～1960年三年“大跃进”给以后的工农业生产造成了极大破坏，导致国民经济比例严重失调，人民生活发生严重困难。

四川也不例外，1958～1962年四川进入“二五”建设时期，这一时期经济运行态势呈现明显的两极分化。上半段是1958～1960年“大跃进”时期，全省经济依然保持持续增长，1960年工农业总产值达到新中国成立20年来的最高值，比1957年增长43.1%。下半段是1961～1962年，经济状况急转直下，这是全省经济遭到新中国成立以来第一次严重挫折，1962年工农业总产值比1960年下降了42.3%（见表3-24）。

1. 农业

在“大跃进”浪潮中，全国农村一哄而起，大办人民公社，1958年10月四川实现人民公社化，共建立人民公社

表3-24 1949～1957年工农业总产值（单位：亿元）

年份	工农业总产值	农业总产值	工业总产值		
			合计	轻工业	重工业
按1957年不变价格计算					
1957	102.78	59.95	42.83	27.94	14.89
1958	124.21	64.21	60.00	30.00	30.00
1959	135.13	57.13	78.00	33.54	44.46
1960	147.03	50.83	96.20	35.89	60.31
1961	94.76	42.39	52.37	21.51	30.86
1962	84.86	47.09	33.77	17.64	20.13

5096个，由于人民公社分配上实行平均主义，极大地挫伤了农民的生产积极性。三年间，四川粮食产量逐渐下降，牧业生产迅速萎缩。1958年四川粮食实现丰收，而1960年比1958年减产181.2亿斤，减幅达40.4%。由于生猪饲养量大幅下降，1960年与1958年比较，牧业在农业生产中的比重降幅达到51.9%。在农业基本建设投资方面，“大跃进”运动在建设上追求大规模，基本建设投资急剧膨胀，“二五”时期国家在四川农业基本建设上的投资累计达到70.14亿元，比“一五”时期增长了159.3%（见表3-25）。

表3-25　各业产值、比重以及粮食产量

年份	农业总产值（亿元）	农业		林业		牧业		副业		渔业		粮食产量（亿斤）
		产值（亿元）	比重（%）	产值（亿元）	比重（%）	产值（亿元）	比重（%）	产值（亿元）	比重（%）	产值（亿元）	比重（%）	
按1957年不变价格计算												
1957	59.59	44.00	73.4	1.29	2.1	8.13	13.6	6.45	10.8	0.08	0.1	426.1
1958	64.21	46.54	72.5	2.33	3.6	8.54	13.3	6.70	10.4	0.10	0.2	449.1
1959	57.13	41.66	72.9	2.86	5.0	6.08	10.7	6.42	11.2	0.11	0.2	316.4
1960	50.83	38.98	76.7	2.58	5.1	3.24	6.4	5.92	11.6	0.11	0.2	267.9

2. 工业

由于执行了“以钢为纲”的错误方针，“二五”时期，四川工业生产起落很大。1958～1960年（“大跃进”时期），工业总产值（按1957年不变价格计算）分别达到60亿、78亿和96亿元，而1961年则大幅下降到52.37亿元，比上半年下降45.6%；1962年又下降到37.77亿元，比上年下降27.9%。五年间，虽然重工业还维持了年均递增6.2%的速度，但整个工业平均为2.5%的负速度，特别是与农业和人民生活密切相关的轻工业损伤最大，形成8.8%的负速度。

在“大跃进”中，冶金行业受到超常重视，1958年，全省冶金生产企业猛增至689个，年末职工也激增至104.94万人，“二五”时期，四川冶金行业基本建设投资额是各行业中最高的，达到12.77亿元，占工业部门基本建设投资总额的24.4%，比“一五”增长了1230.2%。

“大跃进”时期，四川能源建设实现了第一次飞跃。一是天然气生产开始受到重视，1958～1960年，按照“有油要油，有气要气”的勘探方针，全省三年中共投资43467万元，钻进1198283米，除了在川中找到10个小油田外，在川东、川南和川西南找到了较多的新气田，天然气年产量很快跃升到13亿方以上。二是电力建设加速发展，全省发电量1960年比1957年增长295.9%，达到26.84亿度，装机容量比1957年增长257.2%，达到66.44万千瓦；其中，1958～1960年发电量年平均递增 58.0%，装机容量年平均递增 52.1%；输电线路在“二五”期间实现成倍增长。

整个“大跃进”时期，四川其他工业部门还是保持了一定的增长速度。其中，一轻工业中，大部分主要产品产量都有所增长，1960 年一轻系统利税比 1957 年增长 153.5%；二轻工业总产值 1960 年比 1957 年增长 77.1%，达到 119771 万元；化学医药工业增长 179.9%，达到 3863 万元；建材工业增长 283.5%，达到 41800 万元；化学工业增长 483.3%，达到 46463 万元；机械工业总产值增长 588.9%，达到 90716 万元。

3. 商业

“大跃进”时期，四川商贸流通虽然受到一定冲击，但整体运行较为平稳。商业、供销、医药的商品国内纯购进和纯销售都保持快速增长，市场交易活跃，1960 年与 1957 年比较，纯购进总值增长 130.7%，达到 363711 万元；纯销售总值增长 106%，达到 557972 万元。按商业厅系统统计，1958 ~ 1961 年为商业厅、供销社机构合并时期，其中 1960 年商品纯销售额达到 601679 万元，比 1958 年增长 41.1%。

4. 财政金融

“大跃进”时期四川财政情况较好，财政增收稳定，财政收入大于财政支出，能够支撑当时财政支出的扩大。1960 年财政收入比 1957 年增长 185.1%，达到 316644 万元，财政支出增长 459.5%，达到 286311 万元。这一时期基本建设拨款明显增加，1960 年比 1957 年增长了 1281%，整个支出速度快于收入速度，给以后财政困难埋下了祸根。这一时期的金融业受到了较大冲击，由于银行信贷管理制度遭到破坏，片面强调贷款就是支持生产，提出了“企业需要多少就贷多少，哪里需要贷款就在哪里贷”的错误口号，贷款发放过多，存贷比严重不合理，使“大跃进”时期成为四川历史上工业贷款增长速度最高的时期。

（三）国民经济调整时期经济发展概况（1961 ~ 1964 年）

1958 年的“大跃进”浪潮和人民公社化运动造成国民经济比例关系严重失调。工业建设盲目发展，投资规模急剧膨胀，城乡资源配置失衡，农业生产大幅萎缩，使国民经济发展遭受严重困境，全面调整不可避免。1960 年冬，中央开始纠正经济中的“左倾”错误，1961 年 1 月中共八届九中全会正式提出对国民经济进行“调整、巩固、充实、提高”的八字方针，国民经济进入三年全面调整时期。四川省认真贯彻国民经济调整工作，使国民经济逐步向巩固、充实、提高发展。

1. 恢复农业发展

1960 年 12 月，中共四川省委根据中央指示，对否定按劳分配的“共产风”和急于向公社所有制过渡作了批评，统一了思想认识。随着指导思想的转变，从 1961 年下半年起，四川着手纠正农村政策的失误，集中力量恢复农业生产。

一是给予农村宽松政策。在实际工作中，给予农村较大的自由权利，开始划给农民自留地，允许经营家庭副业，重新开放农村集市，激发农村经济活力。

二是补充农村劳动力。鉴于粮食供应

和农村劳动力的极度紧张，1961年，四川省委作出“关于1958年以后参加工业建设的农村劳动力一律回乡生产”的规定，数以百万计的农业劳动人员退出了工业建设，缓解了城乡矛盾，减轻了农村劳动力缺乏的紧张局面，促进了农业生产的恢复和发展。

三是提高农村投资比重。1962年，农、林、水利和气象部门投资比重从上年的2.1%提高到6%，许多小水利、小水电在这一时期开工建设。1963年1月，中共四川省委提出了“逐步地开展以水、土、肥为中心的农业机械化、电气化”的发展导向，要求强化对农田基本建设和农村小水电建设。1963年和1964年的建设投资中，直接用于农林水利的占17.1%，并逐渐兴建了三台、永安等43座地方骨干小水电站，使全省耕地有效灌溉面积连年增加，到1965年底，比1962年增加16.7%，比1957年增加50%，农业生产条件大为改善。

农村政策的调整与扶持，使农业生产逐渐恢复。1964年同1962年相比，全省农业总产值上升了37.2%，农业产值占工农业总产值的比重上升了8.9%，主要农产品产量都有不同程度的增长。其中，粮食总产量增长了55.8%，棉花总产量增长了3.1倍，油料作物增长了1.3倍，糖料作物增长了42%，蔗类作物产量增长了33%。同时，生猪出栏头数从1962年的383万头上升到1965年的1524万头，增长了近3倍。农村市场逐步趋向繁荣，人民生活明显好转。

2. 压缩工业规模

1961年初，根据中央指示，四川有意识地压缩工业规模，缩短基本建设战线，精简城镇职工，压缩城镇人口，调整企业结构。

（1）缩短建设战线，降低发展速度。在基本建设方面，主要是削减投资额度、减少施工项目，有重点地填平补齐，消除薄弱环节，维持正常项目的生产。1962年全省基本建设总投资额为3.34亿元，比1961年的8.4亿元下降60.2%，比投资过热的1960年下降了85.2%；全年累计施工项目比1961年减少了401个，施工队伍减少23.8万人；截至1964年，四川省国家预算内基本建设投资减少了61.8%，积累率下降了18.1%，预算内基本建设拨款占财政支出的比重下降了18.1%，与第一个五年计划时期的水平接近，基本建设规模得到了有力的控制。同时，极力压缩钢铁产量，降低钢铁工业的发展速度。全省钢铁生产能力从1961年的88万吨分别压缩到1962年、1963年的40万吨和20万吨。1964年同1960年相比，钢产量减少33.2%，生铁产量减少81.8%，钢材产量减少35.8%。钢铁重工业生产的有计划收缩，为解决农业、轻工业、重工业的严重比例失调，创造了必要的条件。

（2）精简城镇职工，压缩城镇人口。工业战线大幅压缩，致使大部分企业纷纷“下马”，精简城镇职工，减少城镇人口成为经济调整的关键。1961年，全省精简和压缩厂矿、基建职工和城镇人口共达150万人，包括全民所有制职工101万人，其中大部分人回到了农村。据统计，到1962年，全民所有制职工从1960年的486万减少到229万，精简257万人。同期，吃商品粮的人数净减358万，1962年全省粮食征购率下降到 29%，至 1963 年 8 月精简工作结束，征购率和征购量均降至 1953 年以来的最低水平，使负担沉重的农业开始逐步恢复。

（3）缩减企业规模，调整工业结构。1961 年初，根据中央指示，四川在有意识缩短基本建设战线、集中力量加强农业发展的同时，大力缩减企业规模，调整工业结构。工业重点压缩专、县工业和社办企事业，钢铁和机械行业成为大中型企业的压缩主体。从 1962 年 7 月到 1963 年 7 月，省政府先后下达了三批工业企业的调整名单，确定撤、停、并、转企业共 1233 个；全省钢铁生产能力于 1962 年、1963 年分别压缩到 40 万吨和 20 万吨；全省 500 千瓦以上的电厂，1962 年保留到 47.6 万千瓦；8 个水泥厂保留 1 个，14 个肥皂厂保留 3 个。通过工业内部有重点的填平补齐和消除薄弱环节等调整措施，原燃材料的使用开始集中，煤、电供应情况显著好转，交通运输条件也大为改善，为保留企业的正常生产提供了有利的条件。

3. 调整基建结构

1961 年下半年，四川对基本建设进行大规模的调整，并恢复了中央和省一级的集中管理。

（1）压缩和调整基建规模。基本建设投资从 1960 年的 22.53 亿元，压缩到 1961 年的 8.40 亿元、1962 年的 3.34 亿元、1964 年的 4.34 亿元。三年之间平均每年压缩资金近 6 亿元。同时，停缓建大中型建设项目 224 个，主要包括冶金工业系统 70 个、煤炭工业系统 54 个、机械工业系统 9 个、电力工业系统 7 个、其他系统 20 个。在停、缓建项目中，属于并非当前急需或限于人力、财力、物力，一时不能完成的项目 166 个，占 74.4%；属于加工工业和非生产性建设的 58 个，占总数的 25.6%；进入主体工程建设的共 95 个，占 42.5%；接近收尾阶段的 77 个，占 34.3%；处于筹建或开工不久的项目 52 个，占 23%。从而大大缓建了因基本建设规模膨胀而呈现的全省人力、财力、物力的紧张局面，避免过热发展造成的不必要的损失。

（2）调整投资结构，产业比重趋向协调。在压缩基本建设规模的同时，注重工业的内部调整，强化农业的基础地位。1961 年初，四川有意识地缩短基本建设战线，调整工业发展速度，在工业内部有重点地进行填平补齐，消除薄弱环节，降低绝大多数重工业产品的生产指标，进一步压缩基本建设规模；集中力量加强农业战线，强化与农业生产有关的建设工程和生产中的填平补齐工作，推进农村农田基本建设和农村小水电建设，切实改善农业生产条件；尽可能加强轻工业建设，把市场和人民生活安排好。经过投资结构的调整，各产业比重在较低水平上逐步趋向协调。工农业总产值之比，从 1960 年的 1∶0.53 变为 1964 年的 1∶1.16；轻重工业总产值之比，也从 1∶1.68 变为 1∶1.17。同时，城乡市场活跃，商品匮乏现象基本得到解决。通过国民经济的综合调整，四川经济逐步向巩固、充实、提高发展。国民生产总值从 1961 年的 69.70 亿元低谷增长到 1964 年的 95.95 亿元，超过历史最高水平；人均国民生产总值达到 141 元，比 1959 年高 5%。按 1957 年不变价格计算，农业总产值 1964 年达到 58.19 亿元，基本恢复到1957年的水平；粮食产量直线上升，由1962年的287亿斤增加到1965年的411.1亿斤，三年增产124.1亿斤，人均粮食占有量由443斤上升到586斤。1963～1964年，四川工业总产值年均递增16.1%，上缴利润递增4.4倍；全民所有制工业劳动生产率结束了1960～1961年两年连续递降的局面，1962～1964年三年内以平均34.6%的高速度增长。轻工业发展得以快速恢复，轻工业总产值从1961年的17.64亿元迅速恢复到1964年的23.24亿元，增幅达31.7%，市场逐步趋向繁荣，人民生活明显好转。

（四）“三线建设”时期经济发展概况（1965～1978年）

1965～1978年的13年，既是国家第三个五年计划（1965～1970年）和第四个五年计划（1971～1975年）的“三线建设”时期，又是涵盖“文化大革命”的10年动乱时期。经过全省人民的共同努力，“三线建设”取得了一定的成绩，完成了大量的基本建设投资；但10年动乱也使四川经济和社会发展遭受最严重的挫折，给工农业生产和人民的生命财产带来了严重的灾难。

1.“三线建设”的经济成就

经过3年调整，我国国民经济取得了重大的成果，全国经济形势全面好转。产业结构逐步协调，财政收支平衡，人民生活有了普遍的改善。调整任务基本完成，全国进入第三个五年计划时期。

1964年8月，越南北部湾事件导致国际形势急剧变化。根据毛泽东同志对国际形势的估计，认为国际形势必须立足于战争，积极备战，把国防建设放在第一位。因此，从1964年底开始，国家将国民经济建设的重点立即转向以备战为目的的“三线建设”，要求集中全国的人力、财力和物力加强内地建设，四川成为国家“三线建设”的重点地区。大规模的“三线建设”加快了四川经济的发展步伐，“两基一线”的规划使一批大型骨干项目及相关配套企业得以兴建，为四川整个经济格局的确立，奠定了基本框架，为四川产业结构调整及基础工业完善提供了难得的发展机遇，带动和促进了四川经济和社会发展。

（1）重庆兵器工业基地建设。以重庆为中心的常规武器成套生产工业基地，从地域上涵盖了长江（包括乌江）和嘉陵江到渠江两岸周围的18个县，使其成为包括国防工业内部配套项目以及兵器工业服务的基础工业和机械配套项目建设的、具有相当规模、基本成套的兵器工业重要生产基地。在涪江、嘉陵江和渠江两岸及华蓥山地区主要生产规模小，产品任务较轻，运输量不大的工厂及相应的科研机构；在乌江和长江两岸，主要安排大型器械和为其配套的有关专业厂、厂库和科研机构等；在荣昌、位元、富顺、南溪、合江等县和纳溪、宜宾等川南地区，主要安排专用化工厂及其配套厂和科研机构；在江津、巴县附近及距重庆市区30公里以内地区，安排协作关系强，专业配套的化工厂、机械厂和冶金厂等及以重庆市区为中心的常规器械成套生产工业基地服务的配套建设。在以重庆为中心的常规器械成套生产工业基地进行建设的同时，重庆地区的冶金、化学、机械等工业部分也进行了相应的配套建设。安排了常规武器生产所需的金属材料生产，主要有重庆钢铁厂和重庆特殊钢厂，三江钢厂的改、扩建和技术改造，新建了长城钢厂和红古城加工厂；在化学配套建设方面，推进化学矿山、酸、碱、有机合成等化工原料基地的建设和各种专业化工产品的配套建设，包括泸州化工厂、宜宾天原化工厂、火炬化工厂、晨光化工研究院等重点项目；在机械工业上安排了动力机械、通用机械、仪器、仪表工业的生产和科研基地的建设，并对现有机床（滚齿机、C616 车床）和矿山机械企业进行填平补齐，技术改造。经过 10 年的不懈建设，就国防军工而言，在川的国防工业在全国已占有举足轻重的地位，一大批以重庆为中心的企事业单位得以迅速发展。

（2）攀枝花钢铁工业基地建设。攀枝花钢铁基地位于四川西南部川滇两省接壤地区的金沙江畔，蕴藏着丰富的钒、钛磁铁矿及相关配套的矿产资源，是我国理想的钢铁基地。通过中央的战略部署，攀钢总指挥部实施统一规划、统一部署、统一组织和统一指挥，打破经济管理中存在的部门界限和条块分割，注重工业配套的综合平衡，根据工程建设，规定矿山、选矿、烧结、炼焦、炼铁、轧钢、煤气供应等规模，规划地质、电力、煤炭、一机、化工、铁道、交通、邮电及卫生等部门设置，在劳动部、物资部及国家建委的鼎力支持下，保障了工程建设的顺利进行。攀枝花钢铁基地从 1965 年开始建设，1970 年出铁，1971 年出钢，1974 年出钢材，胜利完成了第一期工程，在昔日“不毛之地”矗立起一座现代化的新兴钢铁基地，成为我国西部重要的钢铁工业基地，有力地支持了地方工业的发展，改善了国家工业结构的整体布局。

（3）成昆铁路交通建设。成昆铁路是西南战略后方基地的主动脉，攀枝花钢铁基地的主要配套工程，它蜿蜒逶迤在川滇之间，飞跃大渡河，穿越大、小凉山，横跨金沙江，平均 1.7 公里就有 1 座大型或中型桥梁，每 2.5 公里就有一座隧道。全程桥梁和隧道总长 400 多公里，为世界铁路建设史上所罕见。1964 年 8 月，为从总体上保证好加快“三线建设”的进度，党中央、毛泽东同志发出了“成昆线要快修”的战斗号召，揭开了修筑成昆铁路大会战的序幕。经过 6 年的艰苦奋战，到 1970 年 7 月 1 日，全长 1099 公里（其中四川境内 751 公里）的成昆线全线建成通车。工程总投资 30.75 亿元，平均每公里投资 283.8 万元，完成土石方 9688 万立方米，隧道 427 座，桥梁 99 座，是当时特定历史条件下，铁路建设史上的卓著工程。成昆铁路的建成通车及川黔铁路、贵昆铁路、襄渝铁路、湘黔铁路、宝成铁路电气化工程的相继完工建构了我国西南交通运输的框架，打通了西南地区之间，西南与全国各地的联系，对西南地区的开发与国防建设发挥了巨大的作用。

（4）机械工业建设。伴随“两基一线”的有序推进，四川的机械工业也获得了很大的发展。1965 ~ 1978 年，国家对四川机械工业的投资达 70 万元，相当于全国同一时期机械工业总投资的 15.8%，是这一时期全国机械工业投资最多的省份，也是四川省工业投资最多的部门。“三线”时期的四川机械工业建设主要围绕内迁企业的建设而展开。从1965年起，国家从沿海组织121个单位，通过全迁、分迁和对口援助等形式，在四川组建了82个企业、5个重点科研所，内迁职工2.8万人，迁入关键设备5400台，形成以重庆、成都、自贡、德阳为中心的综合机械加工工业基地，生产产品从微型精密机床到超大型、超重型、具有国内外先进水平的机电设备，国防尖端产品4000余种，逐步形成一个规模宏大、基础雄厚、行业齐全、综合性和独立性都比较高的机械工业系统，使四川省的机械制造生产能力得到极大的提高。

（5）其他相关发展。在兴建“三线”重点项目的同时，四川的工业、农业、商业及其他相关事业均获得不同程度的发展，特别是一批为“三线建设”项目服务和协作配套的地方工业企业得到较快的发展。建筑业、交通运输业、邮电通信事业得到快速发展；同时，“三线建设”还有力地带动和促进了四川科学技术及文教卫生事业的发展，集聚了一大批科技人才精华，拥有一批高、精、尖设备和科研试验手段。

经过10年的“三线建设”，为发展四川经济奠定了比较雄厚的物质技术基础，有力地促进了四川工业生产能力的较快发展。铁矿石开采能力从40万吨增加到817.15万吨；炼铁能力从38.89万吨增加到271.69万吨；炼钢能力从59.56万吨增加到289.7万吨；钢材生产能力从92.48万吨增加到251.85万吨；发电装机容量从83.47万千瓦增加到379.32万千瓦；水泥生产能力从117.02万吨增加到556.88万吨。工业主要产品产量在全国的位次显著上升。一大批工业企业的兴建，使四川逐渐成为全国三大电站成套设备生产基地之一、四大电子工业基地之一、五大钢铁基地之一，形成了重型矿山和工程机械制造、机床工业制造、汽车、仪器仪表、农业机械等较为完整的机械工业体系。“三线建设”的推动，使四川能独立生产诸多高、精、尖工业产品，逐步发展成为我国西南部的新兴重要工业基地。截至1975年，全省工农业总产值达到253.68亿元，创新中国成立以来的最高纪录，是1964年的2.34倍。其中，全省工业总产值147.87亿元，为历史最高水平，是1964年的2.54倍；全省轻工业总产值从1964年的27.12亿元增长到67.03亿元，是“三线建设”初期的2.47倍；全省重工业总产值从1964年的27.12亿元增至80.84亿元，是“三线建设”初期的2.98倍，成为增幅最快的行业，有力地推动了四川经济的快速发展。

2.10 年动乱的严重损失

“三线建设”奠定了四川经济的发展基础，但“文化大革命”的冲击使四川经济社会发展遭遇了严重的挫折。在全国“打倒一切，全面内战”的极“左”思潮影响下，四川武斗范围之大、程度之烈、反复之多，全国少有，四川工业交通战线基本上处于无政府主义状态，工业生产急剧下降，给工农业生产和人民生命财产带来了严重的灾难。

在“文化大革命”初期，全省工农业生产连年下降。工农业总产值从1966年的151.39亿元，下降到1968年的102.56亿元和1969年的129.57亿元，分别下降了32.25%和14.41%；粮食总产量也从1966年的442亿斤，下降到1968年的401.8亿斤和1969年的404.1亿斤。粮食、油料、甘蔗、烟叶等主要农产品产量均低于 1957 年的水平，四川经济与全国经济发展的差距进一步拉大。

1974 年的“批林批孔”运动使四川工业生产急剧下降。1974 年上半年，全省重点煤矿原煤生产仅完成年计划的 32%，比上年同期下降 22.7%。煤炭生产下降，严重影响了全省钢铁、水泥、发电、轻纺、化工的生产和交通运输，使工业生产陷于半瘫痪状态。在“批林批孔”高潮时，铁路干线不畅通，特别是成都、重庆运输枢纽严重堵塞，制约了四川经济的畅通与发展。全省工农业总产值从 1973 年的 224.18 亿元下降到 1974 年的 216.88 亿元。主要工业产品产量多数未完成计划，其中钢、钢材、生铁、水泥、硫酸、纯碱、农用化肥、化学农药、金属切削机床、棉纱、机制纸及纸板等，下降百分比达到两位数。主要农产品产量，除油料略有增长外，粮食、棉花、甘蔗、生猪存栏数等，都没有达到计划指标，而且都比 1973 年有所减少。基本建设进度缓慢，51 个重点项目有一半左右未能按计划建成投产，新增固定资产比 1973 年下降 10%。财政收入 16.21 亿元，只完成计划的 70%，比 1973 年下降 19.4%；财政支出 21.26 亿元，收不抵支，财政赤字 5.05 亿元。

1976 年，由于“四人帮”帮派势力横行，加上地震和旱灾，人民不得安宁，有一半以上的工厂不冒烟，粮食大减产。全年工农业总产值只有 236.96 亿元，比 1975 年减少了 16.72 亿元；粮食总产量比上年减少了 7.7 亿斤。为解决人民的生活困难问题，不得不从东北等地调进粮食 10.2 亿斤，是新中国成立以来四川从未有过的困境，严重制约了四川经济的发展。

“文化大革命”的 10 年破坏，使这一时期的经济建设效益很差。1976 年与 1966 年相比，虽然全省工农业总产值增长 48%（工业总产值增长 87%，农业总产值增长 5.9%）。但是，这段时间全省财政收入减少，全民所有者独立核算工业企业的全员劳动生产率还下降 21.8%。如若没有 10 年的内乱，四川的“三线建设”一定会搞得更好，经济和社会发展一定会更快。

3. “五五计划”的良好开端

1976 ~ 1980 年是我国第五个五年计划时期，它是我国改革开放的酝酿期和突破期，是承上启下的重要阶段。1976 年 10 月，粉碎“四人帮”后，“文化大革命”宣告结束，各项“左倾”错误得以逐步纠正，全省经济和社会发展进入一个新的历史时期，为改革开放的发展奠定了良好的开端。

（1）农业生产能力大幅提升。为改变四川省农业生产条件，四川省委加快推进农业机械化进程，建立支农工业体系，大搞水利和改田改土为主攻方向的农田基本建设。1975 ~ 1978 年，全省农业机械总动力从 347 万马力增加到 623 万马力，增长了 79.5%。其中，拖拉机马力增长 1.08 倍；排灌机械马力增长 37.9%；农业汽车马力增长 1 倍，机械作业水平不断提高，绝大多数社队有了一定数量的农业机械，农业机械化已具备一定的基础。生产能力的提升有力地改善了全省农业的生产条件，促进了农业产量的增长和社队企业的迅速发展。1975 ~ 1978 年，全省粮食产量从 516.1 亿斤连续增加到 639.3 亿斤，增幅达 23.9%。主要经济作物大幅增收，1978 年全省棉花、油菜籽、花生、烤烟和甘蔗平均亩产量分别比1975年增长17.7%、23.3%、14.2%、1.1%、9.59%；其中，油菜籽、花生和烤烟创造历史最高亩产量。畜牧业产值从1975年的19.33亿元上升到21.22亿元，增幅达9.78%；生猪出栏数突破2000万头，达2155万头，比1975年净增加348万头，增长19.3%。1978年，全省社队企业14.94万个，是1975年的2.76倍，固定资产达到13.06亿元；职工人数达到179.71万人，比1975年净增加133.84万人；社队企业总产值1978年达到21.30亿元，是1975年的5.38倍，总收入实现13.12亿元，有力地壮大了农村集体经济的发展实力，使农业可分配收入从1975年的75.3亿元增加到1978年的97.3亿元，人均收入增加23.41元，增幅达25.9%，有效地提高了农民的收入水平。

（2）工业生产能力快速增长。1975～1978年，全省工业总产值从147.87亿元增加到222.16万元，增幅达50.2%；其中，重工业总产值从1975年的80.84亿元上升到1978年的129.63亿元，增幅高达60.4%，成为全省工业增长的主力；轻工业总产值从1975年的67.03亿元上升到1978年的92.53亿元，增幅达38%。同时，以集体所有制企业为主体的二轻工业也获得了快速发展，从1975年的20.39亿元增长到1978年的24.27亿元，增幅达19%。

（3）交通运输能力逐步改善。公路通车里程从1975年的61037公里增加到1978年的82391公里，增幅达35%。货运能力显著提升，从1975年的9753.1万吨上升到1978年的13443.0万吨；客运量从1975年的11386.2万人提升到15571.8万人。

（4）商业流通能力逐渐加强。工农业生产的恢复和发展，有力地提高了商业的流通能力。1975～1978年，全省商业系统全部流动资金总额从31.25亿元上涨36.30亿元，涨幅达16%；流动资金的周转次数明显增加，从1.73次增加到2.04次；周转天数明显缩短，从208天缩减为176天，资金利用率明显上升。商业流通费用从5.42亿元上涨至1978年的6.34亿元，增幅达17%。同时，农村集市贸易也得以逐渐恢复，1978年全省农村集市数量达到4961个，成交金额到达15.80亿元，成为城乡商品沟通的重要渠道。

（5）进出口贸易迅速发展。伴随工农业生产能力的提升和建设发展的需要，全省对外贸易迅速扩大。1975～1978年，全省直接出口总值从609万美元扩大到1905万美元，增长2.13倍；进口总额迅速扩大，从1146.5万美元上升到1978年的2161.8亿美元，涨幅达88.6%，主要集中于钢材、机电设备及化工等行业，以满足工业快速发展的需要。

三　改革开放后经济发展概况

（一）西部大开发战略实施前经济发展状况（1978～1999年）

改革开放到实施西部大开发战略前这一段时期，四川人民高举邓小平理论伟大旗帜，认真贯彻执行党的路线、方针、政策，牢牢把握“抓住机遇，深化改革，扩大开放，促进发展，保持稳定”的方针，坚定不移地坚持以经济建设为中心，坚持不懈地以改革开放为动力，积极推进传统计划经济体制向社会主义市场经济体制转变，经济增长方式由粗放型向集约型转变，经济运行整体呈改革起步早、发展快、综合实力明显提高的发展态势。

1. 国民经济快速发展，经济实力明显增强

四川是中国经济开发较早的地区，历史上就以养蚕织锦著称。改革开放以来，经过努力建设，农业和农村经济不断发展，工业经济已跃上一个新的台阶，城乡市场蓬勃发展，对外开放不断扩大，交通通信网络日臻完善，人民生活不断改善，国民经济步入了持续、快速、健康发展的道路，成为全国的经济大省。1999 年，经济总量居全国第 10 位，占西部 10 省（自治区、直辖市）[①] 总和的 1/3。四川地区生产总值 3649.12 亿元，比 1978 年增长 18.8 倍，年均增长 9.3%。人均地区生产总值由 1978年的261元提高到1999年的4540元，增长 16.4 倍。

2. 产业结构逐步优化，国民经济重大比例关系改善

首先，三次产业结构逐步得到优化。改革开放以来，随着工业化进程的加快，第二产业比重迅速提高，产业结构逐步由“一二三”型调整为“二一三”型。与此同时，由于科技创新层出不穷，新兴部门和产业不断涌现，第三产业也获得了快速发展。产业结构由 1978 年的 44.5 : 35.5 : 20 演变为 1999 年的 25.4 : 37.0 : 37.6。其次，以公有制为主体的多种经济成分共同发展，非公有制经济不断发展壮大。改革开放以来，非公有制经济实现从无到有，并逐步得到恢复和快速发展。全省已经具有国有、集体、民营、外商等多种所有制形式，且民营经济成分比重呈不断提高态势。最后，工业结构明显改善。新中国成立初期，四川工业主要是轻工业，重工业很少。经过多年的建设，四川注重科技和资源优势的开发力度，轻工业发展步伐加快。到 1999 年，轻重工业比重关系基本持平。

3. 农林牧全面发展，农业基础更加稳固

改革开放以来，四川率先进行农村经济体制改革的尝试，实行以家庭联产承包责任制为主的生产经营形式，改变“三级所有，队为基础”、“政社合一”的人民公社体制，大力发展专业户、重点户，促进了农村由自然经济、半自然经济向商品经济的转化。20 年来，四川始终把农业放在经济工作的首位，稳定和完善农村政策，深化农村改革，坚持“绝不放松粮食生产，积极发展多种经营，大力发展乡镇企业”和“稳粮调结构，增收奔小康”的发展思路，采取积极引导、支持、保护、调控农业的措施，大规模开展农田水利基本建设，较好地改善了农业生产条件，提高了农业抗灾增产的能力。1999 年，四川农林牧渔业增加值为 926.03 亿元，是 1978 年的 11.26 倍。粮食总产量达 3668.4 万吨，为全国第三大产粮大省。四川林业获得极大发展，成为全国三大林区之一。畜牧业变化巨大，由单一的生产型逐步走上生产、

① 西部大开发战略实施前，西部地区不含内蒙古自治区和广西壮族自治区。

经营、加工、销售综合发展的道路，由传统的自给型向大规模商业生产型转变。着重围绕良种繁育、饲料开发、综合防疫、畜产品流通等环节，大力发展产前、产中、产后服务，通过建立瘦肉型商品猪生产基地，扶持专业养猪大户，初步形成了比较完整的支撑服务体系。畜牧业已逐步发展成四川农村经济的支柱产业，成为农民增收和地方增税增收的重要来源。1999 年全年肉类总产量达 605.4 万吨，猪肉产量和贸易量位居全国之冠。

4. 工业经济快速发展，工业主导地位日益突出

改革开放以来，四川坚持改革、开放、搞活的方针，全面深入进行经济体制改革，加强重点建设和技术改造，建立和完善企业内部多种形式的经营责任制，扩大企业自主权，初步构建了一个规模可观、门类齐全、体系比较完整、实力日益雄厚、布局趋向合理、结构逐步改善的现代工业体系，工业已成为国民经济的主导部门。1999 年全年实现工业增加值 1293.5 亿元，在国内生产总值中的比重达 42%。20 年来，机械、电子、冶金、化工、建材、食品、皮革、纺织、造纸、盐碱等工业行业不断发展，在全国已占有重要的地位。主要工业产品产量成倍增长，钒钛、天然气、化肥、硫酸、酒等产品产量居全国首位，硫酸、烧碱增加到数百万吨和近百万吨，化肥、农药、汽车、拖拉机、发电设备、电视机、电冰箱、合成洗涤剂等众多品种都由不能生产发展到大批生产。涌现了以“长虹”彩电、“五粮液”等为代表的一大批质量好、信誉高的名优产品，产品畅销全国，远销世界。

5. 多元化流通格局生机勃勃，城乡市场日益活跃

改革开放以来，伴随着国民经济的迅速发展，城乡居民货币收入和购买力水平逐年提高，商品购销规模不断扩大，市场供应量显著增加。加之四川积极改革了封闭式独家经营的流通体制，逐步形成了国有、集体、私营、个体、联营、股份制、外商投资、港澳台投资等多种经济类型、多种经营方式的多元化流通体制，四川以其商业机构网点地域分布广、门类齐、覆盖面积大的特征成为全国的商贸大省。进入 20 世纪 90 年代后，短缺经济在多数地域逐步结束，买方市场已基本形成。1999 年，全省社会消费品零售总额达 1382.6 亿元，居西部 10 省（自治区、直辖市）的首位，是西部最大的市场。其中，城乡市场已发展到 7162 个，集市贸易年成交额 985 亿元，极大地方便了人民生活，促进了城乡市场的繁荣活跃。

6. 大开放促大发展，对外贸易快速发展

改革开放以来，随着“对内搞活、对外开放”方针的贯彻落实，本着“开放市场、扩大领域、真诚合作、权益共享”的原则，破除自我封闭的“盆地意识”，实施全方位对外开放，积极发展对外贸易，提出“大开放促进大发展”的发展战略，制定了“以资源换技术、以产权换资金、以市场换项目、以存量换增量”的招商引资原则，中外合资、合作，外商和港台独资企业日益增多，促进了对外经济贸易和文化交流的大发展，加快了四川经济的外向型步伐。1999 年，全省外贸进出口总额 24.7 亿美元，其中出口总额 11.4 亿美元；进口总额 13.3 亿美元。全年合同利用外资

15.7 亿美元，实际利用外资 10.7 亿美元，除香港、澳门、台湾等地区外，西欧、美国、日本等发达国家和地区在川的投资已具备一定的规模，东南亚、拉美等发展中国家在川的投资也逐年增多。投资地域已向全省范围拓展，除机械、电子、化工、医药、轻工、纺织、采矿等第二产业外，开始涉足第一产业及房地产开发、旅游、咨询、信息、商业零售等第三产业，美国摩托罗拉、德国西门子、日本三菱、马来西亚金狮、泰国正大等一批国际知名集团已进入四川开办企业。四川已摆脱了厮守故土、陶然自得的旧习，一部分四川人此时或出国留学，或域外经商，或出境旅游，或交流演出，四川人的足迹遍布世界各地。同时，四川也成为外国人和港澳台同胞、海外侨胞投资的热土及观光旅游的胜地。

（二）西部大开发战略实施后经济发展概况（2000 ~ 2011 年）

世纪之交，党中央、国务院做出了实施西部大开发、加快中西部地区发展的重大战略决策。为四川迎来了大开放、大发展的新机遇，四川紧紧抓住这一重大的历史机遇，奋力推动全省经济社会的跨越式发展。特别是 2008 年以来，全省积极迎战史上最严重的地震灾害，加快建设灾后美好新家园。这一时期，大兴基础设施建设，特色优势产业快速发展，人民生活显著改善，在全面建设小康社会的道路上迈出了坚实步伐。

1. 经济平稳较快发展，综合实力不断增强

西部大开发以来，全省经济平稳较快发展，2011 年，全省实现地区生产总值 21026.68 亿元，2011 年人均地区生产总值为 26133 元，超过 3000 美元，完成全社会固定资产投资总额达 15124.09 亿元，实现社会消费品零售总额 8044.58 亿元。在经济快速发展的同时，经济结构进一步优化，三次产业结构从 2000 年的 24.1 : 36.5 : 39.4 调整到 2011 年的 14.2 : 52.4 : 45.1，民营经济蓬勃发展，2011 年民营经济增加值 12143.56 亿元，占地区生产总值的比重为 57.75%，对地区生产总值增长的贡献率达 66.7%。财政实力逐步增强，地方财政一般预算收入 2044.79 亿元，占地区生产总值的 9.72%，为加大对教育、医疗卫生、社会保障等民生领域投入，增强政府调节收入分配能力提供了有力的资金保障。

2. 加快推进基础设施建设，积极夯实发展基础

西部大开发以来，四川在国家西部大开发政策、灾后重建以及扩大内需政策的支持下，全省以交通、能源、水利、通信和城乡基础设施为重点，切实推进基础设施建设，集中建设了一批缓解发展瓶颈制约的重大项目，一是交通条件极大改善。建成 15 条进出川通道，全省各种运输线路总里程达到 23.1 万公里，民航大型枢纽机场 1 个、支线机场 10 个。成都双流机场二跑道和新航站楼正式建成，成为全国第四个、西部第一个双跑道机场，省委九届四次全会做出建设宜宾港、泸州港大吨位集装箱码头的重大部署以来，四川水运港口建设加快提速，泸州港二期建成投运，宜宾港开港试营运，四川省内河港口年集装箱吞吐能力达到100万标箱。二是水利设施条件提高。“兴蜀”水源工程顺利实施，紫坪铺水利枢纽、大桥水库等一大批水利项目竣工投入使用，有效灌溉面积达到2600千公顷，建成高标准农田1000万亩；三是能源瓶颈制约有效缓解。溪洛渡、向家坝、瀑布沟、锦屏等大型水电站相继开工，“西电东送”成为现实。2011年全省电力总装机容量达4800万千瓦； 全省天然气、煤炭产量分别达到242亿立方米和9377万吨。四是邮电通信基础设施不断完善。2011年末，拥有本地电话网固定交换机容量1955.2万门，固定电话用户1383万户，移动电话用户4800万户，固定互联网用户691万户，移动互联网用户3332万户。

3. 积极调整产业结构，促进特色优势产业快速发展

西部大开发以来，四川着力培育壮大特色优势产业，增强综合竞争力，调整优化产业结构。一方面，四川始终将农业作为经济发展的重中之重，不断巩固其基础地位，农业综合生产力水平显著提高，2011年，农业增加值达2983.51亿元，粮食、油菜籽、蔬菜等大宗农产品产量均在西部排名第一。另一方面，在巩固农业基础地位的同时，四川从自身资源特点和自身优势出发，充分发挥比较优势，大力调整产业结构，积极发展有特色的产业。12年间，能源、矿业、机械制造、旅游等优势产业得到发展，电子信息、装备制造、能源电力、油气化工、钒钛钢铁、饮料食品、现代中药和航空航天、汽车制造、生物工程等产业集群优势逐步凸显，重要战略资源开发、现代加工制造、科技创新和农产品深加工“四大基地”建设在大力推进，微电子、新材料、机电一体化、节能环保等新兴产业快速成长并形成规模，丝织品、原盐、电视机、天然气、钢、硫酸、纯碱、烧碱、农用化学肥料、水泥等工业产品在全国产量中名列前茅。2011年，四川工业增加值9491.05亿元，规模以上工业企业实现利润2197.84亿元。此外，旅游业呈现良好的发展态势，国内旅游市场、入境旅游市场、出境旅游市场均保持较高增速，四川实现旅游总收入2400亿元，旅游总收入在全省生产总值中的比重达12%，旅游成为四川省国民经济的重要支柱产业。

4. 城乡居民收入持续增长，市场消费繁荣兴旺

西部大开发以来，城乡居民收入快速增长。2011年，城镇居民人均可支配收入17899元，农村居民人均纯收入6129元，随着城乡居民收入的大幅度提高，在汽车、摩托车、家电下乡等系列扩大内需、刺激消费政策的引领以及城乡居民收入稳定增长，居民购买力逐步增强的背景下，消费市场繁荣活跃，社会消费品零售总额稳定增长。2011年，社会消费品零售额8044.58亿元。同时，城乡居民消费支出持续增长，生活水平明显改善。2011年，城镇居民人均消费性支出13696元，农村居民人均生活消费支出4675元。城乡居民消费结构向发展性和享受性方向转变，消费结构升级换代加快，文教、娱乐、旅游、医疗保健等娱乐享受性消费支出比重不断加大，城镇居民恩格尔系数和农村居民恩格尔系数分别降低到40.68%和46.24%。

5. 着力破解二元结构，统筹城乡改革发展

西部大开发以来，四川将统筹城乡发展与新型城镇化、新农村建设结合起来，继续深化统筹城乡综合配套改革，提高城镇对农村发展的辐射和带动作用，加快城乡一体化进程。自2003年开始，成都启动统筹城乡一体化改革，破解长期以来形成的城乡二元体制矛盾和“三农”问题顽症，推动发展方式转变，推进城乡全面现代化。2007年6月，成都市被批准为国家统筹城乡综合配套改革试验区。全省梯度推进成都国家试验区和德阳、自贡、广元3个省级及20个市级试点建设，成效明显。2011年农民居民人均纯收入6128元，是2000年的3.22倍，2011年全省城镇化率为41.83%，与2000年相比，城镇化率上升了15.13个百分点。12年间四川城镇化率提升幅度超过全国平均水平，城镇化率与全国的差距缩小到9.44个百分点。

6. 深入推进改革开放，不断提升市场活力

按照“搞好西部大开发中对内对外两个开放”的要求，四川全方位推进对外开放。西部大开发以来，四川省与200多个国家和地区建立经济贸易关系，有8个国家在川设立了领事机构，累计批准外商投资企业8628家，全球500家最大跨国公司中已有145家在四川设立公司或办事处，累计实际利用外资240余亿美元。在对内区域合作上，累计引进省外国内资金超过8100余亿元。由国家13个部委、西部12个省（自治区、直辖市）和新疆生产建设兵团共同主办、四川省人民政府承办的中国西部国际博览会已经成功举办十届，并成为我国西部地区重要的贸易合作平台、投资促进平台和国家外交平台。在深化改革上，四川坚持在完善社会主义市场经济体制、深入推进国企改革、统筹城乡发展等重点领域和关键环节大力推进和深化改革。12年来，85%的国有大中型企业进行了改制，50%的国有重点企业建立了现代企业制度。民营经济占GDP的比重从2000年的28.2%增加到2011年的57.75%。社会事业体制改革渐进开展，社会保障体系日趋健全，统筹城乡综合配套改革逐步发展，行政管理体制改革逐步深入。

7. 汶川地震造成了巨大经济损失，灾后恢复重建顺利

2008年5月12日14时28分，在北纬31度、东经103.4度发生了震惊世界的汶川特大地震灾害，震中位于四川省汶川县映秀镇，震级高达里氏8.0级，最大烈度达11度，震源深度仅有14公里，余震3万多次，并带来滑坡、崩塌、泥石流、堰塞湖等大量次生灾害。“5·12”汶川特大地震是新中国成立以来破坏性最强、波及范围最广、救灾难度最大的一次地震，数万同胞在灾害中不幸遇难，数百万家庭失去世代生活的家园，数十年甚至几代人辛勤劳动积累的财富毁于一旦。四川省“5·12”汶川特大地震遇难68712人，失踪17921人，受伤37.5万人。全省139个受灾县（市、区），受损居民住房直接经济损失2025.8亿元。其中，城镇居民住房1020.84亿元，农村居民住房1004.96亿元。全省139个受灾县（市、区），公共服务直接经济损失236亿元，基础设施直接经济损失达1663.14亿元，农业直接经济损失364.86亿元，工业（含国防工业）

直接经济损失达627亿元。全省139个受灾县（市、区），服务业直接经济损失达402.80亿元。

地震灾害发生后，全省坚持科学编制重建规划，严格依法重建，统筹各方力量，强化群众主体，做好援建保障。到2010年9月，“三年目标任务两年基本完成”的要求如期实现。灾区居民住进了安全可靠、经济适用、功能齐全、设施配套、环境优化的重建住房和经修复加固、符合抗震设防要求的住房，基本实现了“家家有房住”的目标。两年来，帮助160万受灾居民实现就业或再就业，就业状况已恢复到震前水平。重灾地区经济加快恢复发展，经济发展能力显著增强，主要经济指标增幅持续高于四川平均水平，灾后重建的“四川速度”创造了奇迹。2010年，51个重灾县实现地区生产总值4191.7亿元，比上年增长16.3%，增速比四川高1.2个百分点，比上年加快0.1个百分点。

（三）改革开放后四川经济发展成就总结

自改革开放以来，尤其是西部大开发以后，在党中央和国务院的领导下，四川高举毛泽东思想、邓小平理论和三个代表的伟大旗帜，深入贯彻科学发展观，进一步解放思想，与时俱进，开拓创新，经济发展取得了重大成就，成为新中国成立以来四川经济发展最快最好的时期。

1. 国民经济快速发展，经济实力显著增强

全省经济规模迅速扩大，1978年地区生产总值仅为184.6亿，1991年突破千亿元大关，达到1016.3亿元；2007年突破万亿元大关，达到10562.39亿元，成为西部地区首个地区生产总值过万亿元的省份，2011年达到21026.68亿元，是1978年的113.9倍，四川经济在西部乃至全国的重要地位得到不断巩固，2011年地区生产总值总量位居全国各省（自治区、直辖市）第8位，西部第1位。2011年，第一产业增加值达到2983.51亿元，是1978年的36.3倍；第二产业增加值达到11029.13亿元，是1978年的168.26倍；第三产业增加值达到7014.04亿元，是1978年190.29的倍。改革开放以来，四川人均地区生产总值由1978年的261元，到2006年突破万元达到10546元，2011年人均地区生产总值为26133元（见图3-1）。

2. 特色产业发展壮大，产业结构优化升级

改革开放至今，全省高新技术、优势资源、装备制造、农产品加工、旅游等特色优势产业蓬勃发展，产业结构优化升级力度不断加大，三次产业结构由1978年的44.5 : 35.5 : 20调整为2011年的14.2 : 52.4 : 45.1。第一产业比重明显下降，二、三产业比重上升，工业化进程加快（见图3-2）。

（1）现代农业发展成效明显。改革开放以来，四川农业产业结构不断优化，从单一的传统农业向多元化发展，农林牧渔业全面发展，其中种植业比重不断下降，林、牧、渔业比重稳步上升。2011年，种植业所占比重为49.8%，比1978年下降27.4个百分点；畜牧业所占比重由1978年的19.1%上升到2011年的43.1%，提升了22个百分点，占据了农业经济的半壁

图 3–1 改革开放以来主要年份四川地区生产总值

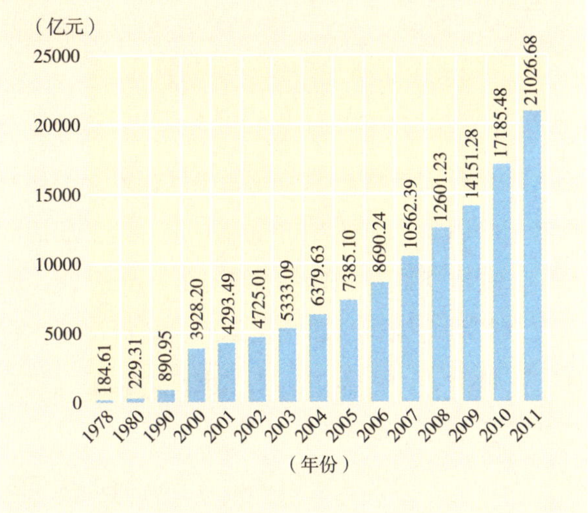

图 3–2 1978 年和 2011 年三次产业结构对比

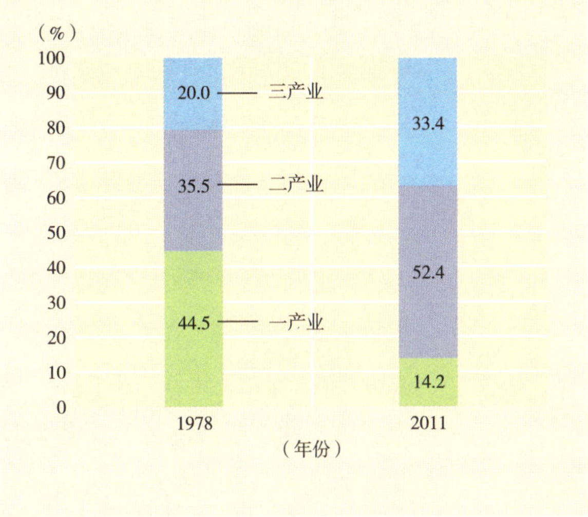

江山；林业发展基本稳定，渔业、服务业从无到有，2011 年产值比重分别为 2.6%、3% 和 1.5%（见表 3–26）。

（2）工业经济快速发展。工业强省战略强力推进，规模以上工业企业发展壮大。全省已形成以机械冶金、电子信息、饮料食品、医药化工、建筑材料为主，门类比较齐全的工业体系，其中机械、电子、冶金、化工、建筑材料、食品、丝绸、医药、皮革等行业在中国及西部地区占有重要地位。2011 年全省实现工业增加值 9491.05 亿元，是 1978 年的 159.78 倍，占 GDP 的比重达到 45.14%。2011 年规模以上工业企业实现净利润 2197.84 亿元，创历史最高水平。企业规模不断扩大，规模以上工业企业突破 1 万户，达到 12085 户，规模以上

表 3–26 改革开放以来四川主要年份农业产业结构（单位：%）

年份	农业总产值	种植业	林业	牧业	渔业	农业服务业
1978	100	77.2	3.3	19.1	0.4	—
1980	100	71.7	3.1	25	0.2	—
1990	100	62.3	3.8	32.4	1.5	—
2000	100	52.9	3.3	41.3	2.5	—
2007	100	39.1	2.6	54.2	2.5	1.6
2008	100	46.4	2.9	46.3	2.8	1.6
2009	100	48.9	3.1	43.3	3.2	1.5
2010	100	50.6	2.8	41.8	3.2	1.6
2011	100	49.8	2.6	43.1	3.0	1.5

工业企业实现主营业务收入29887.91亿元。

（3）优势产业加快发展。改革开放以来，四川坚持轻重工业并举方针，在继续发展重工业的同时加快了轻工业发展的步伐，产业结构不断优化。一方面加强改造传统工业产业，另一方面加快发展微电子、新材料、生物技术、机电一体化、新能源、环境工程等先导产业，形成了高新技术、优势资源、重大技术装备和农产品加工等优势产业。2011年，高新技术、优势资源等优势产业实现增加值占全省规模以上工业增加值的78%。此外，大企业、大集团的市场竞争力明显增强，79户企业纳入全省大企业集团培育范围，攀钢、东气、二重、泸天化、长虹、五粮液等一批龙头企业对产业发展起到重要的带动作用。

（4）产业发展集中度提高。全省43个国际级和省级开发区对区域经济的支撑作用不断增强，德阳重大技术装备产业集群、绵阳数字家电集群、成都软件产业集群、攀西钒钛产业集群和川东北天然气产业集群正在成为支撑全省经济发展的重要力量。

（5）服务业加快发展。生产性、民生性服务业和服务外包产业迅速推进，金融、物流、会展、旅游等服务业发展迅速。2011年，全省实现旅游总收入2449.2亿元，举办大中型展会140多个，服务外包企业发展到近100家，累计建设标准化农家店1.7万多个、配送中心70个。居民消费围绕汽车和住房等新热点不断升级，城市私车拥有量居全国第三，居民用于体育健身、通信器材、文化教育、家用电器等的支出大幅增加。

3. 投资建设高速增长，基础设施明显改善

改革开放以来，投资总量持续扩大，成为拉动四川经济发展的重要动力。1978年，四川全社会固定资产投资仅为22.5亿元，1985年超过百亿元、1998年突破千亿元，2011年达到15124.1亿元，比1978年增长了673倍（见图3–3）。

这期间，全省加快基础设施建设步伐，集中建设了一批缓解经济发展中瓶颈制约的重大项目，基础设施落后局面明显

图3–3　主要年份全社会固定资产投资

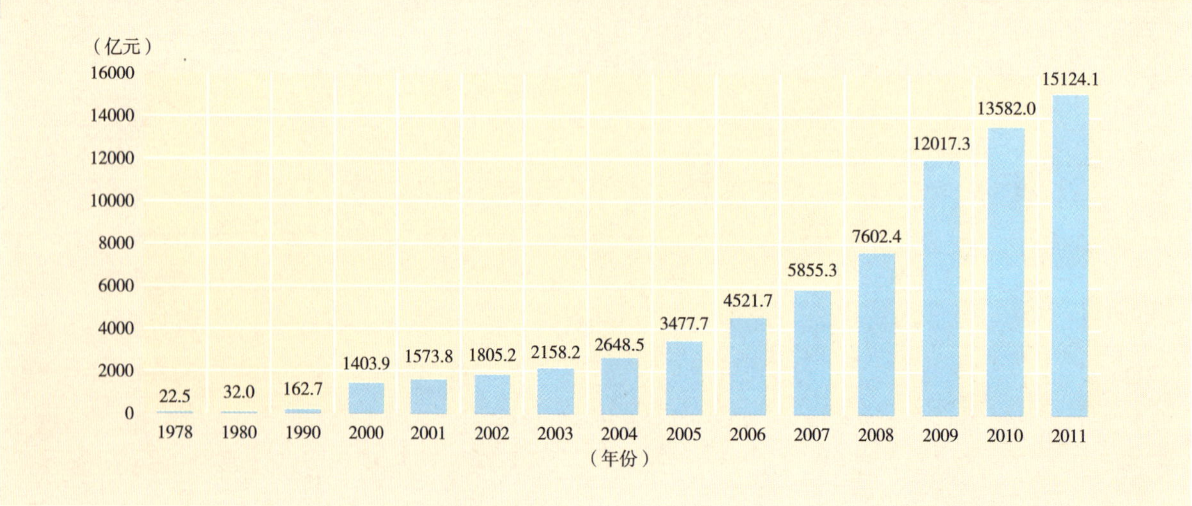

改善，主要表现在：交通基础设施建设加快，初步形成了以成都为中心，以铁路干线、国省道公路为主骨架，航空和水运为辅助的综合交通体系，出川路线达到 15 条，其中铁路 7 条、高速公路 7 条、水运 1 条，“蜀道难”的情形明显改善。成渝、成绵、成雅等高速公路，九黄、康定等机场，达成铁路等相继建成。2011 年，实现铁路营运里程 3532 公里；高速公路通车里程 3009 公里；干线全部实现电气化；内河航道 1.2 万公里，成都双流机场成为全国第四大机场，成都铁路枢纽已成为全国六大路网客运中心之一、西南地区的客货运枢纽中心。2011 年，全省全年公路、铁路、航空和水路等运输方式完成货物周转量 1909.4 亿吨公里；泸州港二期建成投运，宜宾港开港试营运，全省内河港口年集装箱吞吐能力达 100 万标箱；能源基础设施进一步改善和提升，能源瓶颈有所缓解。二滩水电站、金堂电厂、江油电厂、罗家寨气田等重大能源基础设施项目建成，全省电力总装机容量突破 4000 万千瓦，全省天然气、煤炭生产量分别达到 242 亿立方米和 9377.47 万吨；农业基础设施不断加强。改革开放以来，四川不断加强农田水利基础设施建设，广泛应用现代农业生产机械，科技推广服务体系和农村信息化体系不断完善，农业生产能力不断提升，大桥水库、紫坪铺水库枢纽等大中型水利工程建成。2011 年，全省农机总动力为 3426.1 万千瓦，比 1978 年的 350.2 万千瓦增长了 8.78 倍，8 个大型灌区的续建配套和节水改造加快推进，全省有效灌溉面积从 1978 年的 198.9 公顷增加到 2011 年的 260.1 万公顷，增长了 0.31 倍；农村用电量从 1978 年的 7.7 亿度增加到 2011 年的 148.6 亿度，增长了 18.3 倍。邮电通信较快发展。2011 年末，全年邮电业务总量 606.7 亿元，其中邮政业务总量 57.2 亿元，电信业务总量 549.5 亿元，拥有本地电话网固定交换机容量 1955.2 万门，移动电话交换机容量 12192.5 万户。年末电信公网电话用户 6183 万户，其中，固定电话用户 1383 万户，移动电话用户 4800 万户。电话普及率 68.8%，固定互联网用户 691 万户，移动互联网用户 3332 万户，光缆线路长度 69.6 万公里。

4. 消费稳定增长城乡共同繁荣

十一届三中全会以后，计划经济体制下的流通格局被逐步打破，新的适应社会主义市场经济发展需要的流通格局逐渐形成，四川消费市场进入较快发展时期。2001 年我国加入 WTO 后，市场全面开放，消费品市场实现了快速发展，呈现繁荣活跃、稳定增长的良好发展态势。30 多年来，四川消费市场规模不断扩大。1978 年四川社会消费品零售总额仅为 61.6 亿元，1981 年突破百亿元，达到 119.1 亿元；1996 年迈上千亿大关，达到 1137.3 亿元；2011 年实现社会消费品零售总额 8044.6 亿元，比 1978 年增长了 129.6 倍（见图 3-4）。商业经营活跃。改革开放初期，四川流通体制中公有制经济占据了主导地位，商品市场网点稀少，行业不全，国有商业部门独家经营、商品统购包销是主要模式。改革开放以来，随着流通体制的变革和人民收入的增加，多种经济成分并存的城乡消费品市场迅速发展壮大，商品供应日益丰富。商业网点档次不断提高、覆盖面增加，商业服务设施功能不断完善，对沟通

图 3–4　主要年份四川社会消费品零售总额

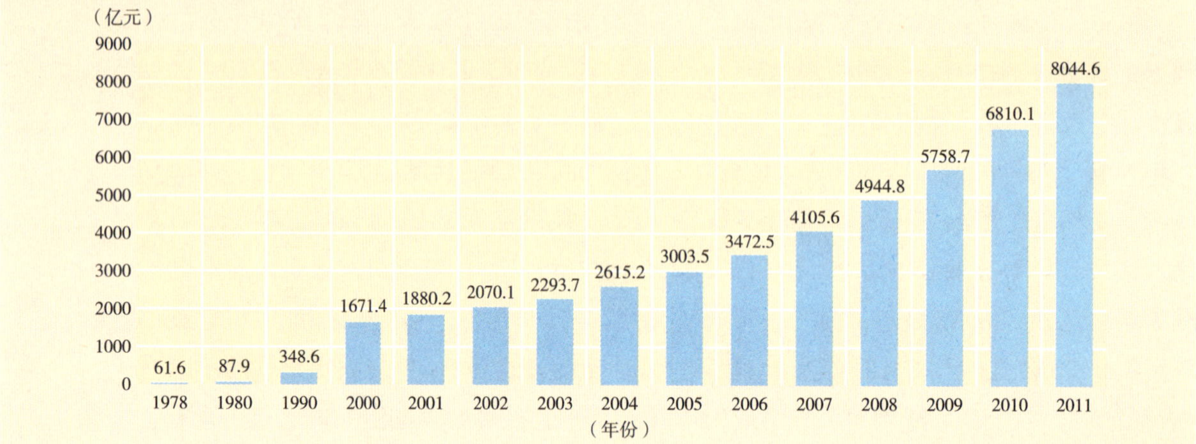

生产、方便生活、促进社会经济发展起到了重要作用。

5. 改革开放步伐加快，发展活力不断增强

改革开放以来，四川始终秉承敢为天下先的精神，坚持市场化的改革取向，体制改革取得巨大突破。国有企业改革取得重大进展，全省国有中小企业改制基本完成，90% 的国有大中型企业进行了改制，2011 年全省国有及国有控股企业实现净利润 165.38 亿元。非公有制经济发展活力增强，2011 年全省民营经济增加值达到 12143.56 亿元，占全省 GDP 的比重达到 57.75%。社会事业体制改革扎实推进，公共服务均等化的体制机制逐步形成。成渝经济区规划上升为国家战略，统筹城乡改革取得积极进展，成都市被列为全国统筹城乡综合配套改革实验区，德阳、自贡、广元 3 个省级试点和 19 个市级试点顺利开展，27 个扩权强县（市）试点工作加快推进。充分利用两种资源、两个市场，全方位开放格局初步形成。对外贸易快速增长，1978 年进出口总额为 0.41 亿美元，1981 年超过 1 亿，1991 年突破 10 亿美元，2006 年突破百亿美元，2011 年，进出口总额达到 477.84 亿美元，比 1978 年增长了 1174.9 倍，总量居西部地区第一位（见图 3–5）。对外招商引资成效显著，改革开放以来，全省实际利用外资 110.27 亿美元，对外经济技术合作迅速发展，广泛深入地参与泛珠江三角区域、西南六省长江沿江省市、沿岸城市、西北地区等不同范围、不同规模、不同层次的区域合作，2011 年，全省签订对外经济合作合同金额达 75.03 亿元。

6. 收入水平稳步提高，生活质量明显提高

改革开放初期，四川经济基础薄弱，人民生活困难，随着改革开放的推进，在生产力得到极大解放的基础上，城乡居民收入显著增加，生活逐步由贫困、初步解决温饱走向小康。2011 年城镇居民人均可支配收入达到 17899 元，年均增长 12.78%；农民年人均纯收入达到 6129 元，

图 3-5　主要年份进出口总额

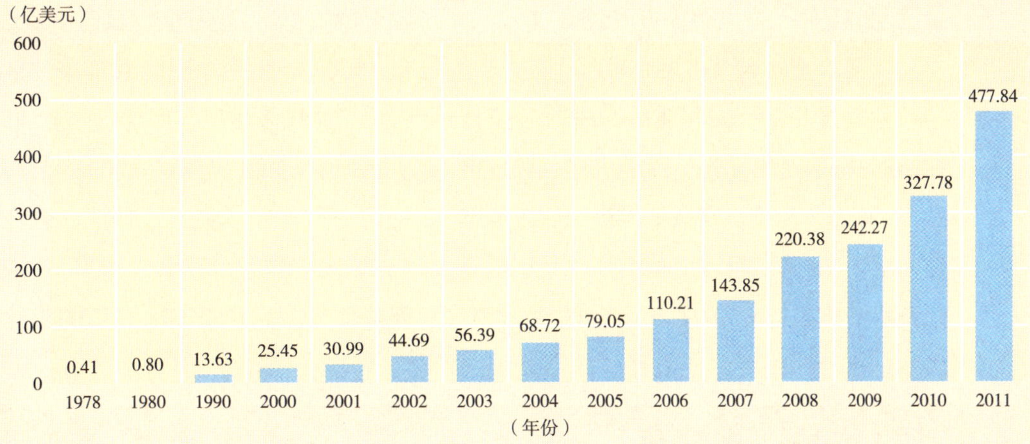

年均增长 12.47%。2011 年底，金融机构人民币储蓄存款余额达到 34971.21 亿元。就业渠道逐年增多，外资私营合资等各种经济类型从无到有，个体劳动者在城镇就业中比重逐年加大。居民收入来源多样化，城镇居民工资性收入占居民全部收入的比重从 1978 年的 100% 下降到 2008 年的 73.1%，下降了 26.9 个百分点；城镇居民人均财产性收入增长迅速，2011 年为 523 元，占全部收入的 2.7%。生活支出持续提高，生活水平不断提高。1978 年，城镇居民人均消费支出仅为 373 元，1988 年突破千元，达到 1141 元，2000 年达到 5315 元，2011 年突破万元大关，达 13696 元，比 1978 年增长 35.7 倍。农民人均生活消费支出 1978 年为 135 元，1994 年突破千元，达到 1027 元，2011 年增至 4675 元，比 1978 年增长 33.6 倍。城镇居民恩格尔系数 1978 年为 59.2%，1997 年首次跌落至 50%，之后继续下降，2011 年为 40.68%，农村居民恩格尔系数由 1978 年的 73.6% 降到 2011 年的 46.24%。同时，消费结构升级换代加快。消费热点从 20 世纪 80 年代以“自行车、手表、缝纫机”为代表的“老三件”，到 80 年代末期以“电视机、冰箱、洗衣机”为代表的新“三大件”；再到新世纪以来以“汽车、住房、通信”为主导的消费升级。食品消费占消费支出的比重逐步降低。2011 年底，城镇居民人均现住房面积 41.97 平方米，农村居民平均每人使用房屋面积 38.71 平方米，城镇家庭平均每百户拥有摩托车 9.58 辆、彩电 135.19 台、移动电话 203.29 部。随着物质条件的改善，城乡居民用于文教、娱乐、旅游、医疗保健等娱乐享受性消费支出比重也不断增大，精神生活日益丰富。社会保障得到加强，参加城镇职工养老保险人数达到 1494.24 万人，职工失业保险 544.6 万人，城镇基本医疗保险参保人数达 2254.8 万人，全省新型农村合作医疗制度覆盖 175 个县（市、区），覆盖农业人口 6614.4 万人，实现涉农县（市、区）全覆盖；参加新型农村合作医疗比率达 95.0%，城市居民最低生活保障人数达 189.31 万人，

农村居民最低生活保障人数 425.1 万人，五保供养人数达 23.45 万人，农村低保资金达 42.74 亿元（见图 3-6 和图 3-7）。

7. 灾后重建取得伟大胜利

地震发生后，四川省委、省政府坚持“规划先行、民生优先、科学重建、尊重自然”，有力、有序、有效地推进灾后恢复重建，于 2010 年 9 月底成功实现“三年重建任务两年基本完成”的目标。全省纳入国家灾后恢复重建总体规划的有 29692 个项目，总投资 8658 亿元；未纳入国家灾后恢复重建总体规划属于省定灾区县需恢复重建的项目 13647 个，完成投资 1052 亿元。350 多万户震损城乡居民住房得以修复加固；150 多万户农房重建全部完成，25 万户城镇居民住房重建基本完成。建成 2883 所学校、1862 个医疗卫生机构、4163 个就业和社会保障项目。完成 4847.8 公里的干线公路的

图 3-6　主要年份城镇居民人均可支配收入

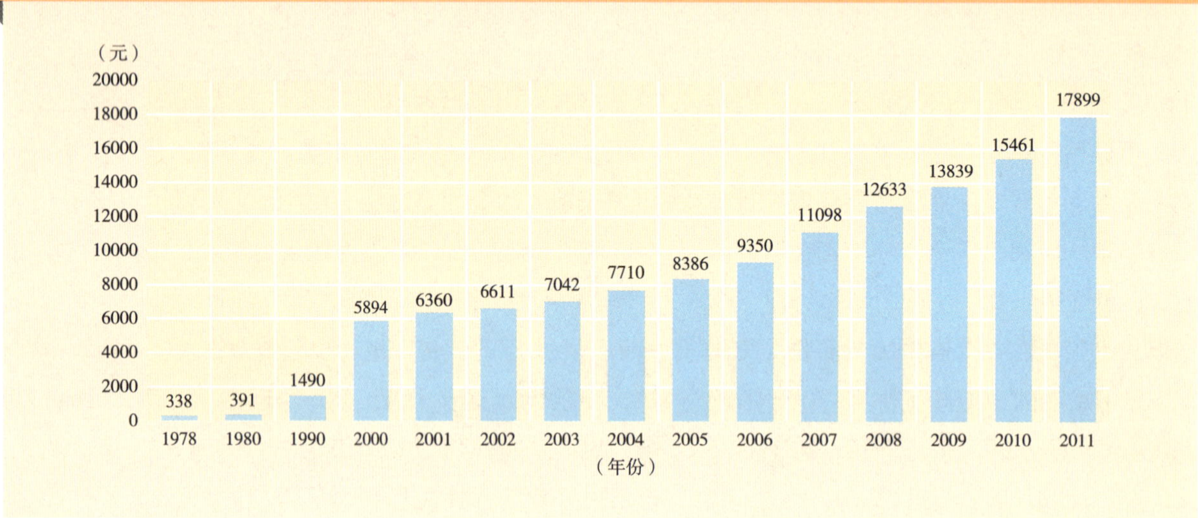

图 3-7　主要年份农民人均纯收入

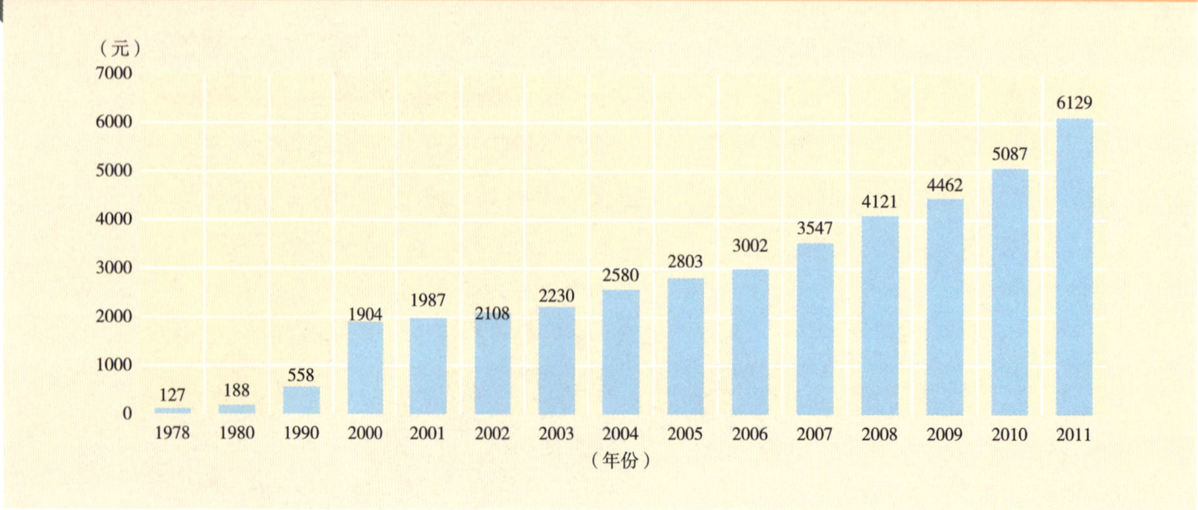

恢复重建，1222 座震损水库基本完成除险加固，2440 个受损的规模以上工业企业也全部恢复生产。成灌城际铁路等项目竣工投运，成兰铁路、成绵乐客专等项目开工建设，东汽德阳新基地等重大产业项目建成投产。全省 39 个重灾县生产总值、地方财政一般预算收入、城镇居民人均可支配收入、农民人均纯收入增幅超过全省平均水平。灾后恢复重建取得了重大阶段性胜利，灾区正在重建中崛起，呈现脱胎换骨的巨大变化，灾区基本生活条件和经济社会发展水平总体达到或超过灾前水平。

四　四川在全国经济地位演变

（一）经济总量在全国的地位

1. 改革开放前

改革开放前，四川经济在全国占有重要地位。1978 年地区生产总值为 184.6 亿元（按当年价格计算，下同），占全国的 5.09%。工农业生产总值为 253.43 亿元（按当年价格计算，下同），占全国比重为 4.5%。这一时期，四川地区生产总值占全国的比重变化不大，基本保持在 5% 左右。工农业总产值占全国的比重总体呈现先上升再下降再上升的趋势（见表 3-27）。

2. 改革开放后

（1）西部大开发战略实施前。这一时期，四川经济在全国的地位有所下降，四川地区生产总值占全国的比重变化不大，但总体呈现下降趋势。1979 年，全省地区生产总值为 205.8 亿元，占全国的比重为 5.1%。到 1999 年上升为 3711.6 亿元，增长了 17 倍，但占全国的比重下降为 4.53%（见表 3-28）。

（2）西部大开发战略实施后。这一时期，四川经济在全国的地位进一步下降，四川地区生产总值占全国的比重变化不大，基本保持在 4% 左右，总体呈现上升趋势。2000 年，全省地区生产总值为 3928.2 亿元，占全国的比重为 3.96%。到 2011 年上升为 21026.68 亿元，增长了 4.35 倍，占全国的比重上升为 4.45%（见表 3-29）。

表 3-27　改革开放前四川省主要年份地区生产总值、工农业总产值占全国比重的情况（单位：亿元，%）

年份	地区生产总值		四川占全国比重	工农业总产值		四川占全国比重
	全国	四川		全国	四川	
1952	679.0	31.7	4.67	810.0	29.6	3.66
1957	1068.0	56.6	5.30	1241.0	64.5	5.20
1962	1149.3	58.4	5.08	1504.0	70.6	4.69
1965	1716.1	86.5	5.04	2235.0	97.3	4.35
1970	2252.7	102.3	4.54	3138.0	134.1	4.27
1975	2997.3	136.9	4.57	4467.0	180.4	4.04
1978	3624.1	184.6	5.09	5634.0	253.4	4.50

资料来源：全国数据来自《新中国五十五年统计资料汇编》，四川数据来自《四川统计年鉴（2001）》。

表 3-28 西部大开发战略实施前四川省主要年份地区生产总值占全国比重的情况（单位：亿元，%）

年 份	地区生产总值		四川占全国比重
	全 国	四 川	
1979	4038.2	205.8	5.10
1981	4862.4	242.3	4.98
1983	5934.5	311.0	5.24
1985	8964.4	421.2	4.70
1987	11962.5	530.9	4.44
1989	16909.2	745.0	4.41
1991	21617.8	1016.3	4.70
1993	34634.4	1486.1	4.29
1995	58478.1	2505.0	4.28
1997	74462.6	3320.1	4.46
1999	81910.9	3711.6	4.53

资料来源：全国数据来自《新中国五十五年统计资料汇编》，四川数据来自《四川统计年鉴（2001）》。

表 3-29 西部大开发战略实施后四川省地区生产总值占全国比重的情况（单位：亿元，%）

年 份	地区生产总值		四川占全国比重
	全 国	四 川	
2000	99214.60	3928.20	3.96
2001	109655.20	4293.49	3.92
2002	120332.70	4725.01	3.93
2003	135822.80	5333.09	3.93
2004	159878.30	6379.63	3.99
2005	184937.40	7385.10	3.99
2006	216314.40	8690.24	4.02
2007	265810.30	10562.39	3.97
2008	314045.40	12601.23	4.01
2009	340902.80	14151.28	4.15
2010	401152.80	17185.48	4.28
2011	472881.60	21026.68	4.45

资料来源：全国数据来自《中国统计年鉴（2012）》，四川数据来自《四川统计年鉴（2012）》。

（二）农业在全国的地位

1. 改革开放前

四川农业，在1952年总产值为21.73亿元，虽然在省内经济中占主要地位，但在全国仅占4.71%。这一时期，全省农业不断发展，到1978年全省农业总产值占全国的比重有所上升。主要产品中的粮、油、肉等处于领先地位，拥有的农业机械等也在全国占有一定地位（见表3-30）。

表3-30　1978年四川省农业占全国比重的情况

项　　目	全　国	四　川	四川占全国的比重（%）
农业总产值（亿元）	1397.0	95.7	6.85
主要农产品	—	—	—
粮食（万吨）	30476.5	2381.8	7.82
棉花（万吨）	216.7	14.4	6.65
油料（万吨）	521.8	52.8	10.12
糖料（万吨）	2381.9	154.1	6.47
水果（万吨）	657	17.8	2.71
肉类（万吨）	865.3	78.0	9.01
奶类（万吨）	88.3	5.8	6.57
水产品（万吨）	465.3	3.1	0.67
农业生产条件	—	—	—
农作物播种面积（千公顷）	150104.1	8859.1	5.90
农机总动力（万千瓦）	11749.9	350.2	2.98
有效灌溉面积（千公顷）	44965.0	1989.0	4.42
化肥使用量（万吨）	884.0	62.5	7.07
农村用电量（亿千瓦小时）	253.1	7.7	3.04

资料来源：《新中国五十五年统计资料汇编》。

2. 改革开放后

（1）西部大开发战略实施前。这一时期，四川农业在全国的地位有所下降，全省农业总产值占全国的比重呈下降趋势（见表3-31）。1979年，全省农业总产值为123.27亿元，占全国的比重为7.26%。到1999年，全省农业总产值为1444.86亿元，增长了将近11倍，但占全国的比重下降为5.89%。主要产品中的粮、油、肉仍处于领先地位，但拥有的农业机械等在全国的地位有所下降（见表3-32）。

表 3-31　西部大开发战略实施前四川省主要年份农业总产值占全国比重的情况（单位：亿元，%）

年　份	农业总产值		四川占全国比重
	全　国	四　川	
1979	1697.60	123.27	7.26
1981	2080.62	147.02	7.07
1983	2750.00	193.77	7.05
1985	3619.49	234.82	6.49
1987	4675.70	294.59	6.30
1989	6534.73	400.40	6.13
1991	8157.03	513.43	6.29
1993	10995.53	660.69	6.01
1995	20340.86	1113.96	5.48
1997	23764.01	1395.43	5.87
1999	24519.1	1444.86	5.89

资料来源：全国数据来自《新中国五十五年统计资料汇编》，四川数据来自《四川统计年鉴（2001）》。

表 3-32　1999 年四川省农业占全国比重的情况

项　　目	全　国	四　川	四川占全国的比重（%）
主要农产品	—	—	—
粮食（万吨）	50839.0	3668.4	7.22
棉花（万吨）	382.9	7.6	1.98
油料（万吨）	2601.2	151.6	5.83
水果（万吨）	6237.6	234.5	3.76
肉类（万吨）	4762.3	502.6	10.55
水产品（万吨）	4122.4	46.6	1.13
农业生产条件	—	—	—
农作物播种面积（千公顷）	156373.0	3379.9	2.16
农机总动力（万千瓦）	48996.1	814.2	1.66
有效灌溉面积（千公顷）	53158.4	3065.4	5.77
化肥使用量（万吨）	4124.3	78.3	1.90
农村用电量（亿千瓦小时）	2173.4	23.4	1.08

资料来源：《新中国五十五年统计资料汇编》。

（2）西部大开发战略实施后。这一时期，四川农业在全国的地位有所上升，全省农业总产值占全国的比重呈上升趋势。2000 年，全省农业总产值为 1483.52 亿元，占全国的比重为 5.95%。到 2011 年，全省农业总产值为 4932.73 亿元，占全国的比重为 6.07%（见表 3–33）。主要产品中的粮、油、肉等在全国占有重要地位，拥有的农业机械等在全国的地位有所上升（见表 3–34）。

（三）工业在全国的地位

1. 改革开放前

新中国成立初期，四川省的工业很薄弱。1952 年工业总产值仅为 7.91 亿元，占全国的比重为 2.27%。其中，轻工业产值为 4.97 亿元，占全国的 2.21%；重工业产值为 2.94 亿元，占全国的 2.37%。这一时期，四川工业特别是重工业在全国的比重有所增长。工业主要产品的大多数在全国占有较大比重。

2. 改革开放后

（1）西部大开发战略实施前。这一时期，四川工业在全国的地位有所上升，但全省工业总产值占全国的比重呈下降趋势。1979 年，全省工业总产值为 175.9 亿元，占全国的比重为 3.76%。到 1999 年，全省工业总产值为 3900.8 亿元，增长了 21 倍多，但占全国的比重下降为 3.09%（见表 3–35）。工业主要产品的大多数在全国占有一定比重，但在全国的地位有所下降（见表3–36）。

表 3–33　西部大开发战略实施后四川省农业总产值占全国比重的情况（单位：亿元，%）

年　份	农业总产值		四川占全国比重
	全　国	四　川	
2000	24915.80	1483.52	5.95
2001	26179.60	1534.89	5.86
2002	27390.80	1651.53	6.03
2003	29691.80	1784.49	6.01
2004	36239.00	2252.28	6.22
2005	39450.90	2457.46	6.23
2006	40810.80	2602.10	6.38
2007	48893.00	3370.17	6.89
2008	58002.20	3686.20	6.36
2009	60361.00	3689.81	6.11
2010	69319.80	4081.81	5.89
2011	81303.90	4932.73	6.07

资料来源：全国数据来自《中国统计年鉴（2012）》，四川数据来自《四川统计年鉴（2012）》。

表 3-34　2011 年四川省农业占全国比重的情况

项　　目	全　　国	四　　川	四川占全国的比重（%）
主要农产品	—	—	—
粮食（万吨）	57120.8	3291.6	5.76
棉花（万吨）	658.9	1.5	0.23
油料（万吨）	3306.8	278.4	8.42
水果（万吨）	22768.2	776.6	3.41
肉类（万吨）	7957.8	651.2	8.18
奶类（万吨）	3810.7	71.7	1.88
水产品（万吨）	5603.2	112.1	2.00
农业生产条件	—	—	—
农机总动力（万千瓦）	97734.7	3426.1	3.51
有效灌溉面积（千公顷）	61682.0	2600.8	4.22
化肥使用量（万吨）	5704.2	251.2	4.40
农村用电量（亿千瓦小时）	7139.6	148.6	2.08

资料来源：《中国统计年鉴（2012）》。

表 3-35　部大开发战略实施前四川省主要年份工业总产值占全国比重的情况（单位：亿元，%）

年　份	工业总产值		四川占全国比重
	全　　国	四　　川	
1979	4681.3	175.9	3.76
1981	5399.8	185.4	3.43
1983	6460.4	232.8	3.60
1985	9716.5	353.7	3.64
1987	13813	488.8	3.54
1989	22017.1	780.9	3.55
1991	26625.0	992.9	3.73
1993	48402.0	1818.8	3.76
1995	91894.0	2743.9	2.99
1997	113733.0	3469.1	3.05
1999	126111.0	3900.8	3.09

资料来源：全国数据来自《新中国五十五年统计资料汇编》，四川数据来自《四川统计年鉴（2001）》。

表 3–36　1999 年四川省工业占全国比重的情况

主要工业产品	全　国	四　川	四川占全国的比重（%）
布（亿米）	250.0	5.8	2.32
机制纸及纸板（万吨）	2159.0	70.4	3.26
汽车（万辆）	183.2	1.9	1.04
电视机（万部）	4262.0	554.8	13.02
原煤（亿吨）	10.5	0.4	3.81
发电量（亿千瓦小时）	12393.0	492.2	3.97
钢（万吨）	12426.0	587.8	4.73
水泥（万吨）	57300.0	2591.2	4.52

资料来源：《新中国五十五年统计资料汇编》。

（2）西部大开发战略实施后。这一时期，四川工业在全国的地位经历了“上升 – 下降 – 上升”的过程，全省工业总产值占全国的比重总体呈下降趋势。2000 年，全省工业总产值为 4154.07 亿元，占全国的比重为 4.85%。到 2011 年，全省工业总产值为 30485.09 亿元，增长了 6.34 倍，但占全国的比重下降为 3.61%（见表 3–37）。工业主要产品的大多数在全国的地位进一步下降（见表 3–38）。

表 3–37　西部大开发战略实施后四川省工业总产值占全国比重的情况（单位：亿元，%）

年　份	工业总产值		四川占全国比重
	全　国	四　川	
2000	85673.66	4154.07	4.85
2001	95448.98	4509.23	4.72
2002	110776.48	5202.98	4.70
2003	142271.22	3387.43	2.38
2004	201722.19	4463.74	2.21
2005	251619.50	6178.03	2.46
2006	316588.96	7934.41	2.51
2007	405177.13	11047.04	2.73
2008	507448.25	18107.65	3.57
2009	548311.42	18107.65	3.30
2010	698591.00	23147.38	3.31
2011	844269.00	30485.09	3.61

资料来源：全国数据来自《中国统计年鉴（2001 ～ 2012）》，四川数据来自《四川统计年鉴（2001 ～ 2012）》。

表 3-38　2011 年四川省工业占全国比重的情况

主要工业产品	全　国	四　川	四川占全国的比重（%）
布（亿米）	814.14	16.68	2.05
机制纸及纸板（万吨）	11010.89	369.24	3.35
汽车（万辆）	1841.64	18.85	1.02
电视机（万部）	12231.34	1116.35	9.13
原煤（亿吨）	35.20	1.23	3.49
发电量（亿千瓦小时）	47130.19	1845.06	3.91
钢（万吨）	88619.57	1728.64	1.95
水泥（万吨）	209925.86	14501.08	6.91

资料来源：全国数据来自《中国统计年鉴（2012）》；四川数据来自《四川统计年鉴（2012）》。

（四）服务业在全国的地位

1. 改革开放前

新中国成立初期，四川服务业发展滞后。1952 年服务业增加值仅为 6 亿元，占全国的比重为 3.09%。四川运输、邮电业很落后，1949 年只有公路 8000 多公里，占全国公路里程的比重不到 10%。铁路无一公里，民航也基本是空白。全部货物运输量仅 200 万吨左右，占全国的 1% 左右，客运量不到 19 万人，占全国的比重不到 0.2%。邮电业务总量不足 700 万元，其中函件 4000 万份左右，占全国的 7% 左右。1952 年，四川社会商品零售总额为 13.6 亿元，占全国的比重为 4.91%。

这一时期，全省服务业增加值占全国的比重有所增长，1978 年服务业增加值为 36.9 亿元，占全国的比重为 4.29%。全省铁路、公路、水运、民航发展较快，运输邮电事业在全国的比重也有所增长。1978 年，全省社会商品零售总额为 61.6 亿元，其中批发贸易零售业为 52.1 亿元，占全国的 3.82%；餐饮业为 4.1 亿元，占全国的 7.48%；制造业为 2.4 亿元，占全国的 3.28%。

2. 改革开放后

（1）西部大开发战略实施前。这一时期，四川服务业在全国的地位有所上升，但服务业增加值占全国的比重呈下降趋势。1979 年，全省服务业增加值为 41.6 亿元，占全国的比重为 4.8%。到 1999 年，全省服务业增加值为 1213.9 亿元，增长了 28 倍多，但占全国的比重下降为 4.49%（见表 3-39）。全省铁路、公路、水运、民航发展迅速，社会消费品零售总额占全国的比重有所上升，到 1999 年，全省社会商品零售总额为 1392.6 亿元，其中批发贸易零售业为 793.6 亿元，占全国的 3.86%；餐饮业为 193.9 亿元，占全国的 6.06%；制造业为 87.1 亿元，占全国的 4.16%；其他行业为 318.0 亿元，占全国的 6.01%（见表 3-40）。

（2）西部大开发战略实施后。这一时期，四川服务业在全国的地位有所下降，全省服务业增加值占全国的比重呈下降趋势。2000 年，全省服务业增加值为 1549.5 亿元，占全国的比重为 4%。到 2011 年，全省服务业增加值为 7014 亿元，增长了 3.53 倍，但占全国的比重下降为 3.42%。全省铁路、公路、水运、民航进一步发展，但邮电业务总量在全国的比重下降（见表 3-41）。到 2011 年，全省社会商品零售总额为 8044.6 亿元，比 2000 年增长了 4.28 倍，但占全国的比重下降为 4.37%（见表 3-42）。

表 3-39　西部大开发战略实施前四川省主要年份服务业增加值占全国比重的情况（单位：亿元，%）

年　份	服务业增加值		四川占全国比重
	全　国	四　川	
1979	865.8	41.6	4.80
1981	1061.3	50.9	4.80
1983	1327.5	67.1	5.05
1985	2556.2	100.1	3.92
1987	3506.6	140.7	4.01
1989	5403.2	215.7	3.99
1991	7227.0	298.8	4.13
1993	11323.8	456.3	4.03
1995	17947.2	758.6	4.23
1997	23028.7	1015.5	4.41
1999	27035.8	1213.9	4.49

资料来源：全国数据来自《新中国五十五年统计资料汇编》，四川数据来自《四川统计年鉴（2001）》。

表 3-40　1999 年四川省运输邮电、消费品零售总额占全国比重的情况

项　　目	全　国	四　川	四川占全国的比重（%）
运输线路长度	—	—	—
铁路营业里程（万公里）	7.2	0.4	5.56
公路里程（万公里）	135.17	8.9	6.58
内河航道里程（万公里）	11.65	0.6	5.15
民航航线里程（万公里）	152.22	21.4	14.06
旅客周转量（亿人公里）	11214.5	559.2	4.99
铁路（亿人公里）	4050.7	99.0	2.44

续表

项　　目	全　国	四　川	四川占全国的比重（%）
公路（亿人公里）	6199.2	374.0	6.03
水运（亿人公里）	107.3	4.0	3.73
民用航空（亿人公里）	857.3	82.2	9.59
货物周转量（亿吨公里）	39645.1	574.0	1.45
铁路（亿吨公里）	12615.5	338.0	2.68
公路（亿吨公里）	5724.3	222.0	3.88
水运（亿吨公里）	21263.0	11.0	0.05
民用航空（亿吨公里）	42.3	3.0	7.09
邮电业务总量（亿元）	3330.82	105.7	3.17
函件（亿份）	60.52	2.5	4.13
消费品零售总额（亿元）	31134.7	1392.6	4.47
批发零售贸易业（亿元）	20551.8	793.6	3.86
餐 饮 业（亿元）	3199.6	193.9	6.06
制 造 业（亿元）	2094.5	87.1	4.16
其他行业（亿元）	5288.8	318.0	6.01

资料来源：《新中国五十五年统计资料汇编》。

表 3-41　西部大开发战略实施前后四川省服务业增加值占全国比重的情况（单位：亿元，%）

年　份	服务业增加值		四川占全国比重
	全　国	四　川	
2000	38714.0	1549.5	4.00
2001	44361.6	1739.8	3.92
2002	49898.9	1943.7	3.90
2003	56004.7	2189.7	3.91
2004	64561.3	2510.3	3.89
2005	74919.3	2836.7	3.79
2006	88554.9	3319.6	3.75
2007	111351.9	3881.6	3.49
2008	131340.0	4561.7	3.47
2009	148038.0	5198.8	3.51
2010	173596.0	6030.4	3.47
2011	204982.5	7014.0	3.42

资料来源：全国数据来自《中国统计年鉴（2012）》，四川数据来自《四川统计年鉴（2012）》。

表 3-42　2011 年四川省运输邮电、消费品零售总额占全国比重的情况

项　　目	全　　国	四　　川	四川占全国的比重（%）
运输线路长度	—	—	—
铁路营业里程（万公里）	9.32	0.4	4.29
公路里程（万公里）	410.64	28.3	6.89
内河航道里程（万公里）	12.46	1.2	9.63
民航航线里程（万公里）	349.06	40.7	11.66
旅客周转量（亿人公里）	30984.0	1556.0	5.02
铁路（亿人公里）	9612.3	252.0	2.62
公路（亿人公里）	16760.2	901.0	5.38
水运（亿人公里）	74.5	3.0	4.03
民用航空（亿人公里）	4537.0	400.2	8.82
货物周转量（亿吨公里）	159324.0	1909.0	1.20
铁路（亿吨公里）	29466.0	673.0	2.28
公路（亿吨公里）	51375.0	1139.0	2.22
水运（亿吨公里）	75424.0	90.0	0.12
民用航空（亿吨公里）	173.9	8.0	4.60
邮电业务总量（亿元）	13333.5	57.2	0.43
消费品零售总额（亿元）	183918.6	8044.6	4.37

资料来源：全国数据来自《中国统计年鉴（2012）》；四川数据来自《四川统计年鉴（2012）》。

第4章 主体功能区*

一 概述

我国区域发展中仍有很多问题还没有得到根本解决，实现区域协调发展还有很长的路要走。区域间发展差距仍呈扩大趋势，不少地区开发强度超过资源环境承载能力，一些资源环境条件较好地区的发展潜力尚未得到有效发挥，全国生产力区域布局和人口分布不尽合理，一些地理区域内经济缺乏内在联系，不同区域间居民生活水平和享有的公共服务差别较大。促进区域协调发展，必须实施更有针对性、更加有效的区域政策。

中央提出推进形成主体功能区，是区域发展总体战略的发展和完善，目的是进一步细化落实区域发展战略的空间单元，进一步强化区域调控的针对性。主体功能区的核心内容是，根据不同区域的资源环境承载能力、现有开发密度和发展潜力，统筹谋划未来人口分布、经济布局、国土利用和城镇化格局，将国土空间划分为优化开发、重点开发、限制开发和禁止开发四类区域，确定主体功能定位，明确开发方向，控制开发强度，规范开发秩序，完善开发政策，逐步形成人口、经济、资源环境相协调的空间开发格局。

根据《全国主体功能区规划》，优化开发区域是指经济比较发达、人口比较密集、开发强度较高、资源环境问题更加突出，从而应该优化进行工业化城镇化开发的城市化地区。重点开发区域是指有一定经济基础、资源环境承载能力较强、发展潜力较大、集聚人口和经济的条件较好，从而应该重点进行工业化、城镇化开发的城市化地区。优化开发区域和重点开发区域都属于城市化地区，开发内容总体上相同，开发强度和开发方式不同。限制开发区域分为两类：一类是农产品主产区，即耕地较多，农业发展条件较好，尽管也适宜工业化城镇化开发，但从保障国家农产品安全以及中华民族永续发展的需要出发，必须把增强农业综合生产能力作为发展的首要任务，从而应该限制进行大规模高强度工业化、城镇化开发的地区；一类是重点生态功能区，即生态系统脆弱或生态功能重要，资源环境承载能力较低，不具备大规模高强度工业化、城镇化开发的条件，必须把增强生态产品生产能力作为首要任务，从而应该限制进行大规模高强度工业化、城镇化开发的地区。禁止开发区域是依法设立的各级各类自然文化资源保护区域，以及其他禁止进行工业化、城镇化开发、需要特殊保护的重点生态功能区。国家层面禁止开发区域，包括国家级自然保护区、世界文化自然遗产、国家级风景名胜区、国家森林公园和国家地质公园。省级层面的禁止开发区域，包括省级及以下各级各类自然文化资源保护区域、重要水源地以及其他省级人民政府根据需要确定的禁止开发区域。

（一）推进形成主体功能区的背景

1. 推进形成主体功能区的理论基础①

推进形成主体功能区是促进区域协调

* 本章作者：邓文英，四川省经济发展研究院，高级经济师。

① 杜黎明：《推进形成主体功能区》，博士学位论文，四川大学，2008。

发展的重大战略举措。我国区域协调发展受到资源环境承载力和区域自身发展能力的双重约束，推进形成主体功能区则是缓解资源环境承载力的重要途径。除了区域协调发展理论外，推进形成主体功能区的理论基础还表现在以下几个方面。

（1）财富理论。如果把源于人类劳动、人类管理、人类知识和文化的积累等一切实物、非实物、流动性的财富统称为社会物质财富，而将人类处于其中的资源系统、自然生态系统、环境系统统称为自然生态财富的话，推进形成主体功能区就是将创造社会物质财富和修复自然生态财富作为经济生产两大同等重要的目的，就是要实现社会物质财富和自然生态财富这两类财富生产的协调与平衡。 物质财富的生产过程需要自然生态财富的投入，一是因为一些物质财富的生产需要自然生态财富作为原料投入，二是因为在物质财富生产过程中可能对自然生态财富造成一定的负面影响。对国土空间进行主体功能区划，就是要对两类财富，特别是自然生态财富的生产和消费加以引导，对政府引导自然生态财富生产和消费的能力进行评估，这有利于制定分类指导的区域政策。在推进形成主体功能区的过程中，自然生态财富主要是在欠发达地区生产，而在全社会消费；社会物质财富主要是在发达地区生产。生态财富的生产、消费存在时空错位，只有政府才能矫正，因此，有必要对政府组织两类财富的生产能力、两类财富的再分配能力进行评估，制定切实可行的政策，实现两类财富供给和需求的均衡。

（2）区域分工理论。推进形成主体功能区，第一次把生态财富的生产纳入了社会大生产的范畴，创造社会物质财富和修复自然生态财富应该成为经济生产的两大同等重要目的。在推进形成主体功能区的过程中，区域之间的分工首先是在两类财富生产上的分工，然后才是在产业选择、发展路径等方面的分工，限制开发区和禁止开发区主要生产自然生态财富，优化开发区和重点开发区主要生产社会物质财富。不同主体功能区在生产两类财富上形成的区域分工，可以从区域分工理论中寻求理论解释。从绝对成本理论看，相对于重点开发区和优化开发区，禁止开发区具有生产自然生态财富的绝对成本优势；相对于限制开发区和禁止开发区，重点开发区和优化开发区具有生产社会物质财富的绝对成本优势。区域分工是区域合作的客观基础，区域分工必然导致区域之间的合作关系。在经济社会运行的过程中，区域分工能否得以实现，最终还是要取决于区域之间的合作关系，特别是合作中利益协调关系。增强自然生态财富的供给能力，是推进形成主体功能区的重要目标之一。

（3）人口、资源与环境经济学理论。人口、资源与环境经济学视野中，人口、资源、环境是经济社会发展的稀缺资源，这三大资源的有效配置，是生态系统保持平衡、经济社会实现可持续发展的保障。只有生态系统处于相对平衡状态时，才能为人类生存和发展提供有利的环境条件，生态系统只有在一定限度（生态阈限）内才具有自我调节平衡的能力。除了自然界本身外，人类行为的干预，包括人口膨胀和过度开发利用自然资源是影响生态平衡的主要因素。当人口、资源、环境实现了有效配置，生态系统平衡得以维持，可持续发展也就得以实现。资源、环境的稀缺性不难理解，人口具有资源拥有数量和质量二重属性，人口资源的稀缺主要是高质量的人口稀缺。“人口资源环境”作为高度稀缺性的经济资源，具有经济分析的价值意义，对这一稀缺性资源的使用，服从于最优配置效率的理性经济行为的逻辑。人口问题、资源问题、环境问题若能得到较好的解决，可持续发展战略的实施也就不会成为什么问题。人口问题、资源问题、环境问题最终需要通过人口、资源、环境的有效配置来解决。

（4）空间结构理论。该理论认为资源分布、地形地貌及政府决策是空间结构的重要成因。我国社会经济发展的基本空间格局在很大程度上受我国三大自然区及地势的三大阶梯的制约，这种格局不是人的力量可以从根本上改变的。青藏高原、干旱和半干旱地区、农牧交错带和喀斯特地区等多种特殊类型的地区，大都是生态脆弱地区，有些是水土资源严重缺乏的区域，不可能实现大规模的工业化和城市化。在今后 15 ~ 20 年我国经济发展仍然保持在较高的水平下，推进形成主体功能区，依据自然地理条件、区域资源环境承载力重塑空间结构，让气候、地形、水土资源条件比较适宜和优越的地区在现代化支撑体系保障下，建成“高密度、高效率、节约型、现代化”的发展空间，让生态脆弱区、生态敏感区、关系国家生态安全的特殊地区尽可能地恢复自然生态，构建合理区域利益协调机制，既要使那些生态脆弱和环境恶化的地区不至于发生崩溃，又要使全体民众共享发展成果。这不仅关系着国家和民族的地域空间安全和长期生存的资源保障，还关系着我国小康社会、和谐社会建设。

（5）可持续发展理论。从观念层次看，构建以主体功能区为基础的区域开发格局，力求通过功能区开发，而不是传统的区域综合开发来实现区域可持续发展。由于自然、历史等多方面的原因，人口分布密度和自然资源丰度之间存在明显的不协调，对人地关系紧张、人口与资源环境关系紧张的区域来说，单凭区域自身的综合开发，很难实现人口、资源、土地、生态环境之间的协调，可持续发展受到严重制约。推进形成主体功能区，立足于区域分工，依托整个国土空间谋求区域可持续发展，是对区域可持续发展观念的创新。从经济 - 社会体制层次看，推进形成主体功能区要求在现有的行政区框架下推行跨行政区的区域管理。一方面，政府干预理论、政府与市场协调理论为这种跨行政区的经济社会管理提供了理论指导；另一方面，这种实践又必然引发经济社会体制的改革和创新，使经济 - 社会体制朝着更有利于区域可持续发展的方向变革。从科学技术层次看，依托四类主体功能区，构建两类财富生产的区域分工体系，提高了财富生产的区域集中度，一方面有利于社会物质财富和自然生态财富生产过程中的技术投入的规模经济和产出效益；另一方面，更加细致的分工有利于发现区域可持续发展实践中的技术障碍，为技术进步和科技创新指明方向，进而夯实区域可持续发展的技术支撑。

2. 借鉴发达国家空间开发实践

在国外，空间规划有近百年的历史。自 20 世纪 20 年代英国制定实施空间规划以来，欧盟、德国、荷兰、法国、日本都进行了空间规划的实践，积累了许多的经验。我国推进形成主体功能区，无论是在历史背景，还是在空间规划的目标、重点上，都与德国、荷兰的空间规划有许多相似之处。

（1）欧盟空间发展战略。欧盟空间发展战略于 1993 年开始倡导编制，其目的是寻求地域范围内空间均衡、可持续发展，包括经济和社会协调发展，自然资源和文化遗产的保护以及实现欧盟地域范围内更加平衡的发展趋势。其提出的空间发展方针包括：一是发展多中心与均衡的城市体系，强化城市乡村的合作关系；二是提倡交通与通信基础设施整体发展，以支持欧盟多中心发展策略；三是以明智的管理手段开发和保护自然文化遗产。其主要支撑政策：一是欧盟多中心与均衡空间发展目标的政策；二是动态的、富有吸引力和竞争力的城市与城市化区域目标的政策；三是本土化、多样化与高效发展的乡村地区目标的政策；四是城乡合作伙伴关系目标的政策；五是交通条件和可达性目标的政策；六是基础设施的高效与可持续利用目标的政策；七是创新与知识传播目标的政策；八是自然遗产保护与开发目标的政策；九是水资源管理目标的政策；十是文化遗产管理目标的政策；十一是文化景观管理目标的政策。其规划实施包括欧盟共同体层面、跨国层面及地方层面三个层次。其主要的政策特点：一是将欧盟空间发展战略作为一项政策框架，与不具有法律约束力，但旨在促进内部部门之间合作的成员国及其区域和城市合作；二是除对生态和环境保护有比较明确的划分外，没有其他的区域划分的比较原则性的发展战略；三是政策主要涉及的是经济问题以及环境问题；四是全面强调了均衡、保护和发展三个方面 [①] 。

（2）德意志联邦共和国的空间规划。德国是世界上最早进行空间规划的国家之一，其空间规划又叫空间利用规划、国土整治规划、国土整治纲要以及区域规划等多种名称。其空间规划的根本目标和动机是保持地区间发展的平衡，保持德国空间可持续发展、均衡区域空间内各地生活条件和加强地区自我发展能力。其规划编制是在工业化、城市化不断扩张，农业用地和生态用地越来越少，生态环境日益恶化的背景下展开的。其规划体系由综合性的空间规划与城市、土地利用、交通等专业规划构成，是按照农村和城市两大单元进行划分的，其中农村单元又被划分为有发展问题的农村、无发展问题的农村及靠近城市的农村三部分，形成了地区—城市—县—县辖小城市的空间规划层次，而且最主要的规划过程是在县及县辖小城市这一较低层次上进行的。规划领域主要是与政府的公共职责相关，而主要靠市场调节的领域，政府一般不编制规划。其空间规划政策要点包括：将空间类型分为密集地区、乡村地区、居住地区和交通走廊、中西地区系统；缩小区域空间差距，进行城市功能维护；增加农村地区生存机会；构建规

---

① 国务院发展研究中心课题组：《主体功能区形成机制和分类管理政策研究》，中国发展出版社，2008，第 65 ~ 70 页。

划管理和地区协调机制[①]。德国空间规划的主要特点[②]：一是有充分的法律依据，关于空间规划的法律可以分为联邦层面和州层面。联邦层面的重要法律文件有《联邦基本法》、《建筑法典》、《联邦空间布局法》以及《联邦改善区域结构共同任务法》等，各州都有权制定本区域的空间规划法律，并制定了"下级规划要遵守上级规划，而上级规划又要考虑下级规划"的各级规划间互相控制的原则。二是规划体系完善，层级清晰，分工明确。其空间规划具有很典型的高度地方自治型特征，分为联邦级、州级、地区级、乡镇级四个层级，形成了相对完善的规划体系。从国家到州、市均设有区域规划部门。各层次的区域规划内容不同，联邦规划主要提出空间整治目标、原则和任务，提出总体要求，地方则组织制定具体规划，州和区域规划确定中心地、发展轴及特别发展地区。三是规划编制及实施中，强调公众参与。四是规划原则性强，尤其是联邦级空间规划，只规定空间发展的基本原则和目标等。五是州级空间规划作用主要，决定州的重点发展州县和地区。六是一票否决，跨区协调。七是一会批准，总理下令。八是产业重组，空间重构。九是空间规划要通过地区级的土地利用计划和乡镇级的建设规划来落实。十是德国的财政体制决定了其分散均衡的空间发展模式。十一是突出问题地区，规划问题产业。十二是实行财政性与收入性双重转移支付制度，保障规划顺利实施。

（3）荷兰的空间规划。荷兰的空间规划包括市镇级的土地利用规划、省级空间规划以及国家级空间规划三大类。其中市镇级的土地利用规划是整个体系的基础，是对空间开发和管理最普遍和最有效的空间规划，决定地区内每块土地的使用性质；省级空间规划类似地方的土地使用计划，但范围更大，且不细致。国家级空间规划也与地方的土地使用计划及省的分区空间规划类似，只不过涵盖全国国土，原则性更强，提出国家级的重大建设，以及地方与省级空间规划必须遵守的一般准则，兼具约束性和发展性功能。其主要的空间规划政策包括从国土整体空间出发，促进国际合作；集约使用土地，限制建成区进一步扩张，促进城市与乡村协调发展；促进城市网络化发展；保护利用水资源；明确地区空间规划目标及政策，规划的实施包含协作原则、国家优先原则以及集中力量原则。规划实施手段包括立法、财政金融、协调交流等。其空间规划的主要特点：一是规划体系完善，包括国家级、省级、市镇级三个层次，而且国家级空间规划在重点项目与基础设施网络方面也有较详细的规定；二是空间规划相对分散，地方空间规划在符合更高级别的规划原则及方向的前提下，在决策和实现地区空间发展中起重要作用；三是国家在基础设施方面的大量投资对地区空间规划有很大的引导作用；四是政府垄断城市建设用地的供应。

（4）法国的区域空间规划。法国的区域空间规划不是按行政区划组织层次体系，而是根据需要组织进行的，主要有大城市区域整治规划、老工业基地改造规划、流域综合开发规划、农村发展规划

① 樊杰：《我国主体功能区划的科学基础》，《地理学报》2007年第4期。
② 方创琳等：《区域规划与空间管治论》，商务印书馆，2007，第47～49页。

等，其突出特点：一是建立多极化的区域规划与管治模式；二是突出区域整治规划，平衡大城市。

（5）日本国土综合开发规划。为确保国土空间整体利益最大化，纠正和防止市场失灵，促进区域协调发展，日本建立起了一套完整的国土规划体系，即日本的综合开发规划，是经济计划的组成部分。日本在国土综合规划中，善于把法律手段、产业政策、财税金融政策相结合，针对不同地区给予不同的政府优惠，追求政府与民间的长期合作，基本上不采取国有企业的形式来谋求地方经济发展。从 1950 年制定国土综合开发规划的基本法《日本国土综合开发法》起，日本政府于 1962 年开始制定第一次“全国综合开发规划”，截至 2005 年，日本共完成了六次“全国综合开发规划”。第一次是以增加国民收入和谋求地方发展为宗旨，将全国划分为过密地区、整治地区和开发地区，实行“据点开发方式”；第二次更倚重“大规模开发项目”和“交通、通信网络”；第三次提出了抑制产业和人口向城市集中，振兴地方的构想；第四次被称为 21 世纪日本国土空间综合开发蓝图，主要内容包括确定在全国建设许多功能极、特定区域的开发方向、基础设施体系等；第五次确定的开发方式是多样主体的参加和地区联合，形成独具个性的地区合作和交流的多级型国土利用格局；第六次则更名为新的《国土形成规划》，是为了更好地体现可持续发展的理念，提出“安全、安心、安定”的国土和国民生活的未来面貌①。其依据规划范围的不同包括全国综合开发规划、都府县综合开发规划、地方综合开发规划以及特定区域综合开发规划四种类型，其中全国综合开发规划一般以 10 年为周期，都府县综合开发规划和地方综合开发规划是根据国家规定的地方防灾与发展产业等任务来确定的，说明 5 ~ 10 年内要做的工作。制定国土综合开发规划的目的在《日本国土综合开发法》中有明确表述：“以国土的自然条件为基础，从综合考虑经济、社会、文化等相关政策的角度出发，谋求对国土的综合利用、开发和保全以及产业布局的合理化，同时，为提高社会福利做出贡献。”规划包含五个方面的主要内容：一是自然资源如水、土地等的利用；二是灾害如风灾、火灾等的防治；三是调整城乡规划布局；四是产业布局合理；五是交通通信等基础设施建设，以及文化自然遗产的保护。其实施手段包括法律法规约束规范、财政税收及金融政策支持以及组织体系保障②。日本国土空间开发的资金支持特点：一是增加交付地方税的比重；二是中央对地方进行公共事业的投资；三是提高国库补助率；四是地方债方面的措施；五是政策性金融优惠措施。

（二）推进形成主体功能区的意义

1. 促进区域协调发展，实现人口与经济合理分布

世界上一些已经实现现代化的国家，

① 方创琳等：《区域规划与空间管治论》，商务印书馆，2007，第 58 页。

② 国务院发展研究中心课题组：《主体功能区形成机制和分类管理政策研究》，中国发展出版社，2008，第 65 ~ 70 页。

并不是所有的国土空间都进行了开发，都实现了工业化和城市化，而是在一些资源环境承载能力较强的区域形成经济和人口密集区，绝大部分国土空间仍保持自然状态或成为人口密度较低的农业区。比如，按工业、居住、交通等建设用地占国土总面积比重这一开发强度来衡量，日本开发强度只有 8.3%，德国只有 12%，荷兰只有 13%。这种有限开发、共同发展的做法，值得我们借鉴。

我国国土辽阔，但真正可供较高强度开发利用、适宜人口较大规模聚集的空间有限。我们推进形成主体功能区，对那些资源环境条件较好、发展潜力大的区域，通过规划和政策引导实行重点开发，进一步聚集产业和人口，发展城市群，可以更加有效地缩小区域发展差距，可以培育支撑今后全国经济发展的重要增长极，可以进一步拓展整个国家的发展空间。那些开发密度已经较高、资源环境承载能力开始减弱的地区，要想进一步发展，必须转变发展模式，优化产业结构，提升技术水平，提高国际竞争力。这也需要国家实行更加有针对性的政策措施，推动实现优化发展。对那些重要生态功能区、生态环境脆弱地区，要加大财政转移支付力度，有序发展特色经济，有利于促进这些地区繁荣和进步。随着我国经济的持续快速发展，国内产业在区域间转移已经形成一种客观趋势，推动区域间经济和产业互动成为一种客观要求。按主体功能区引导区域经济发展，有利于突破行政区域界限，促进生产要素在空间上的优化配置，增强区域经济的内在联系，形成各区域间分工协作、优势互补、良性互动、协调发展的格局。未来一段时间，我国工业化、城镇化仍将处于加速发展的阶段，几亿农村人口将进入非农产业就业，进入城市居住。这种与经济社会结构调整相伴的空间结构急剧变动，要求我们前瞻性地谋划好未来十几亿人口、几十万亿元经济在国土空间上的分布，通过合理规划国土开发，引导人口相对集中居住、产业相对集聚发展，使经济布局、人口分布、资源环境承载能力相互适应，相互协调。

2. 提高资源利用效率，实现可持续发展

资源与环境是经济社会发展的基础条件。长期以来，在推动区域开发、促进经济发展的过程中，对资源与环境重视不够，带来了一系列影响可持续发展的问题。比如，一些地区超强度地进行开发，一些城市“摊大饼”式地扩大规模，严重超过了当地资源环境承载能力。全国 656 个城市中，已有 400 多个城市缺水，110 个城市严重缺水。不少地区因超采地下水，出现了大面积地面沉降。不少地区有水皆污、有土皆污，城市空气污染严重。再比如，一些地区小城镇建设遍地开花，一些地区滥设开发区，不仅造成城市和经济空间布局的不合理，而且侵占了大量良田。全国耕地面积 1998 年有 19.45 亿亩，2006 年已降至 18.27 亿亩，已接近 18 亿亩这一不可逾越的红线。还比如，一些重要生态功能区、生态脆弱地区、风景名胜区盲目开发，使国家生态屏障遭到严重破坏，使一些地区河湖干涸、生态退化、土地沙化。目前，我国水土流失面积已占陆地总面积的 37.1%，沙化土地面积占 18.1%。这种状况继续下去，势必影响国家的可持续发展，影响中华民族的未来。我们搞开发建设，既要遵循经济规律，也要遵循自然规律，做到开发与保护并举。推进形成主体功能区，就是要在全国国土空间上，明确有些区域要承担发展经济、集聚人口的功能，有些区域要承担保护生态环境的功能，以区域的协调发展和优化发展来支撑全国的可持续发展。

我国人均资源短缺，资源地域性特征突出，水、土地、能源矿产资源的空间分布差异明显。比如，煤炭资源主要集中在北部和西部，水电资源主要集中在西南，而目前经济总量和经济高增长区域主要集中在东部沿海，经济分布与资源分布不够协调。为了保障国民经济发展的能源资源供应，国家采取了西电东送、西气东输、南水北调、北煤南运、西煤东运等重大措施。如果能源与经济维持现有的格局，2020 年之前还要建设若干条类似大秦线的铁路以及相应的配套设施。推进形成主体功能区，因势利导，主动优化经济空间布局，使经济布局与资源环境相匹配，有利于从源头上、根本上扭转我国资源大跨度、大规模调动的趋势，提高资源的利用效率。

3. 坚持以人为本，实现公共服务均等化

我国区域发展不协调的问题，主要不是单纯的地区之间经济总量的差距，而是人口、经济、资源环境之间的空间失衡，从而带来区域间人均收入和公共服务差距的扩大。现在，我国经济布局呈现向沿海地区集聚的态势，但这些区域并没有集聚相应规模的人口。比如，长江三角洲、京津冀和珠江三角洲三大都市圈，经济总量约占全国的 36%，而常住人口只占全国的 15% 左右。日本东京、阪神、名古屋三大都市圈，经济总量占全国的 73%，人口占 68%，经济与人口的比例大体相当。我国的经济布局与人口分布不均衡，是导致地区间人均收入差距过大的重要因素；同时，由于城乡二元结构及其他体制原因，流动劳动人口及其扶养人口不能享受工作地提供的公共服务，而靠流出劳动力的欠发达地区提供公共服务，这也导致了区域间公共服务差距的扩大。

推进形成主体功能区，就是从以人为本出发，把区域协调发展的实质定位于不同地区之间逐步实现公共服务均等化，逐步实现共同富裕。在充分考虑各区域资源环境承载能力的基础上，一方面，支持优化发展地区、重点发展地区做强做大，壮大国家经济实力，增加国家财富，吸引更多人口集聚；另一方面，逐步使一些生态环境脆弱、开发条件不大好的区域，通过发展特色经济、转移居住人口、增加财政转移支付等多种途径，逐步缩小不同区域之间人们公共服务和生活水平的差距。

4. 提高区域调控水平，增强区域宏观调控的有效性

我国地域辽阔，各地发展条件和发展基础差异较大，发展的内容和发展中需要解决的突出问题也各不相同，以行政区划为单元推动地区发展，虽然有利于调动地方政府的积极性，但政策和措施往往缺乏针对性；不考虑各地的差异，用同一标准评价各地经济社会发展，也难以做到客观公正。

推进形成主体功能区，不仅要明确各区域的主体功能和发展内涵，还要进行体制机制创新，制定和实施更有针对性、差别化的区域政策和绩效评价。比如，对优化开发区域，突出其转变增长方式、优化经济结构、增强自主创新能力等内在要求；对重点开发区域，既要突出其经济社会发展和工业化、城镇化水平，又要重视其发展质量和效益；对限制开发区域和禁止开发区域，应侧重其生态环境保护。这样更有利于区域之间协调发展、优化发展、科学发展。

（三）推进形成主体功能区的主要任务

1. 客观分析评价国土空间

认识国土空间是规划国土空间的基础和前提。要充分利用各种先进技术手段，对各区域可利用的资源、环境容量、发展优势和潜力、薄弱环节和约束条件逐一进行分析，并对各区域进行综合分析评价，为确定主体功能区提供依据。做好这项工作，首要的是科学制定分析评价的指标体系。从总体上讲，这一指标体系要综合考虑三个方面的因素：其一，资源环境因素，包括可利用土地资源、可利用水资源、生态系统脆弱性、生态重要性、自然灾害危害性、环境容量、地质状况等。其二，现有开发密度因素，主要是经济发展、工业化、城镇化、人口聚集与资源环境的适应程度。其三，发展潜力因素，包括科技教育水平、区位条件、国家或地区的战略取向等。考虑地区之间的差异和特点，各地区在进行主体功能区划分时，可按照国家统一的指标体系，适当补充必要的分项指标。

2. 科学规划主体功能区

根据全国主体功能区规划要求，中央政府将我国国土空间划定国家层面主体功能区，省级政府在国家主体功能区基础上划定省级层面主体功能区。这有利于调动中央和地方的积极性，做到局部服从全局，全局兼顾局部。

总体上讲，国土开发密度已经较高、资源环境承载能力开始减弱的区域，确定为优化开发区域；资源环境承载能力较强、经济和人口集聚条件较好的区域，确定为重点开发区域；资源环境承载能力较弱、大规模集聚经济和人口条件不够好的区域，关系较大范围生态安全的区域，确定为限制开发区域；依法设立的各类自然保护区域，确定为禁止开发区域。规划主体功能区，严格控制开发强度，使绝大部分国土空间成为保障生态安全和农产品供给安全的空间。

3. 建立以主体功能区规划为基础的完善的空间规划体系

主体功能区规划，是未来国土开发活动的基本框架，是战略性、基础性、约束性的空间规划。今后在区域发展中，编制相关规划、制定发展政策、安排投资项目、进行评价考核等，都要以这一规划为基础。要改变过去各种规划相互独立、衔接不够的状况，以国民经济和社会发展规划为统领，以主体功能区规划为基础，以城市规划和土地规划为支撑，逐步建立定位清晰、功能互补的规划体系。编制主体功能区规划，要以其他相关规划为支撑，同时要为编制其他相关规划，特别是城市规划和土地利用规划提供基本依据。比如，主体功能区规划要统筹区域内经济布局、人口分布、城市格局、土地利用和基础设施网络，为未来国土空间开发划出一个基本框架。

城市规划可依据主体功能区规划，做好城市容量及城市内部住宅区、工业区、商务区、绿地系统等的功能分区和详细规划。土地规划可依据主体功能区规划，做好土地保护和用途变更的详细规划及具体供地计划。

4. 研究制定主体功能区的配套政策

实施全国主体功能区规划，实现主体功能区定位，关键靠相关政策的支撑。要以基本公共服务均等化为目标，研究制定适应主体功能区要求的公共财政政策，特别是要完善中央和省级财政转移支付制度，明确对限制、禁止开发区域财政转移支付的标准、规模和方式。要研究制定相关投资政策，使政府投资的重点逐步转向支持限制、禁止开发区域的公共服务设施建设和生态环境保护，支持重点开发区域基础设施建设等，支持优化开发区域自主创新，同时按照主体功能区的要求对社会投资加以引导。要研究制定相关产业政策，引导优化开发区域提升发展水平，重点开发区域加强产业配套能力建设，限制开发区域发展特色经济。要研究制定相关人口政策，鼓励优化开发区域、重点开发区域吸纳外来人口定居落户，引导限制、禁止开发区域的人口逐步自愿平稳有序转移。同时，要根据不同主体功能区的功能定位，研究制定分类管理的土地政策、环境保护政策。科学的绩效考核和评价体系，是有效实施主体功能区规划的关键。要按照不同主体功能区的发展要求，制定各有侧重的绩效评价体系和考核办法。

二　四川省主体功能区划分 ①

（一）划分的基础

1. 四川省发展概况

（1）自然地理概况。四川省位于中国西南内陆腹地，地处长江上游流域，介于东经 92° 21′ ~ 108° 12′、北纬 26° 03′ ~ 34° 19′之间，与滇、黔、渝、藏、青、甘、陕等西部七省（自治区、直辖市）接壤，是承东接西的纽带、连接西南和西北的桥梁，战略地位十分重要。四川省处于我国地形二、三级阶梯的过渡地带，地跨青藏高原、云贵高原、横断山脉、秦巴山地、四川盆地。地形复杂多样，有平原、丘陵、山地和高原，西高东低，高低悬殊，切割强烈。东部为四川盆地及盆缘山地，西部为川西北高原及川西南山地。地质构造和岩性复杂，以龙门山断裂带和金河 - 箐河断裂带为界，以东属地台构造，以西属地槽构造，两大构造体系聚合、复合或相互交切，岩性包括碎屑岩、碳酸盐岩、变质岩、岩浆岩和松散堆积物五类。东西部构造差异和岩性变化，对地震、滑坡、泥石流等地质灾害的形成有明显影响。气候区域性、过渡性和复杂性特征突出。按照水热和光照条件，分为四川盆地中亚热带湿润气候区、川西南山地亚热带半湿润气候区、川西北高山高原高寒气候区。气候类型多样，垂直差异大，季风气候明显，区域特色鲜明，气象灾害种类齐全。植物种类占全国 30% 以上，是全国植

① 部分内容来源于《四川省主体功能区规划》。

物资源最丰富的省份之一，有森林、灌丛、草原、草甸、竹林、沼泽等植被。森林主要集中在盆地常绿阔叶林地带和川西高山峡谷亚高山针叶林地带，川西北高原以高山灌丛、草甸地带为主。四川省为全国自然灾害最严重的省份之一，自然灾害类型多，灾害发生频率高，危害十分严重。除现代火山、海洋活动导致的灾害外，其他自然灾害几乎所有年份都有发生，且作用空间范围较大。灾害的区域性、季节性和阶段性特征突出，并具有显著的共生性和伴生性。

（2）自然资源概况。四川省辖区面积 48.6 万平方公里，占全国陆地面积的 5.1%。土地利用以林地、牧草地为主，约占四川省辖区面积的 69.2%，居全国第 5 位。土壤类型丰富多样，共有 25 个土类、66 个亚类、137 个土属、380 个土种，土类数和亚类数分别占全国总数的 43.5% 和 32.6%。水资源丰富，居全国前列。水资源以河川径流最为丰富，境内河流众多，有流域面积在 100 平方公里以上的河流 1229 条。矿产资源丰富且种类较齐全，已发现矿产 132 种，占全国总数的 70%。钒钛、硫铁矿等 7 种矿产居全国第 1 位，钛储量占世界总储量 82%，钒储量占世界总储量 1/3。生物资源丰富，有许多珍稀、古老的动植物种类，是全国乃至世界珍贵的生物基因库之一。植物种类占全国 30% 以上，是全国植物资源最丰富的省份之一，有森林、灌丛、草原、草甸、竹林、沼泽等植被。动物资源丰富，有脊椎动物 1246 种，占全国总数的 45% 以上，兽类和鸟类约占全国的 53%，有鱼类 230 余种，为全国重要的淡水生物资源库。

（3）人口民族概况。四川省人口众多，空间分布差异明显，是我国多民族聚居的重要区域。全省划分为 1 个副省级市、17 个地级市、3 个少数民族自治州。下辖市辖区 47 个、县级市 14 个、县 118 个、自治县 4 个。其中少数民族县（市）49 个。2010 年全省常住人口 8041 万，占全国 6.0%，居全国各省（自治区、直辖市）第 4 位。常住人口中，城镇人口 3231 万，占 40.2%；农村人口 4810 万，占 59.8%。人口密度 165.8 人 / 平方公里，高于全国平均水平。主要集中于盆地内岷江、沱江、嘉陵江和长江流域，青川—北川—都江堰—天全—马边—屏山为界的东部，面积占全省 1/3，人口占全省 90% 以上，人口密度 470 人 / 平方公里以上。西部人口密度很低。全省有 55 个民族，少数民族人口 490 万，占总人口的 6.1%。彝、藏、羌、苗、回、蒙古、土家、傈僳、满、纳西、布依、白、壮、傣等 14 个少数民族世居省内。四川省有全国第二大藏族聚居区、最大的彝族聚居区和唯一的羌族聚居区。

（4）经济社会概况。改革开放尤其是西部大开发以来，四川省发展成就巨大，经济实力显著增强，基础设施不断完善，产业结构逐步优化，城镇化快速推进，社会发展步伐加快，人民生活水平显著提高。2010 年地区生产总值达到 17185 亿元，居西部第 1 位、全国第 8 位；人均地区生产总值 21182 元，地方财政一般预算收入 1561 亿元。农业基础进一步巩固，工业强省成效明显，服务业持续发展，2010 年三次产业结构之比为 14.4∶50.5∶35.1。初步形成电子信息、装备制造、能源电力、油气化工、钒钛钢铁、饮料食品、现代中药、旅游文化等特色优势产业。2010 年城镇化率 40.2%，低于全国 9.5 个百分点。形成 1 个超大城市、8 个大城市、16 个中等城市、28 个小城市、1793 个小城镇的城镇体系，成都平原、川南、川东北、攀西 4 个城市群初步形成。2010 年城镇居民人均可支配收入 15461 元，为全国平均水平的 81%；农民人均纯收入 5140 元，为全国的 87%；城乡就业人员 4773 万人，城镇登记失业率 4.1%。基本公共服务体系基本形成。

（5）综合评价。综合评价全省国土资源、环境容量、生态环境重要性、自然灾害危险性、人口集聚度及经济社会发展水平，从工业化、城镇化开发角度看，四川省国土空间有以下特点：一是国土空间[①]广阔，但适宜开发的面积少。辖区面积居全国第 5 位，但可利用土地资源分布不均，60% 以上集中于盆地和丘陵区，平原地区可利用土地资源数量在 25% 左右。适宜工业化、城镇化开发的面积约 11.11 万平方公里，扣除必须保护的耕地和已有建设用地，今后可用于工业化城镇化开发的建设用地面积约 3.25 万平方公里，占全省辖区面积的 6.7%。二是水资源总量丰富，但时空分布不均衡。人均水资源占有量 2900 立方米，略高于全国平均水平，但季节性、区域性、工程性缺水现象突出，全年 70% 左右的降水集中在 5 ~ 9 月（大多以洪水形式流失），地区生产总值占全省 85% 的盆地腹心地区水资源量仅占全省的 22%。三是能源矿产资源丰富，但总体上相对短缺。能源以水能、煤炭和天然气为主，石油资源储量很小。矿产资源总量丰富，但人均占有量低于全国水平，资源种类齐全，但多数矿种储量不足。且能源和矿产资源主要分布在生态脆弱地区，与主要消费地呈逆向分布。四是生态多样而重要，但生态环境较脆弱。生态类型多样，森林、湿地、草原、江河等生态系统均有分布，地处长江黄河源区，生态战略地位重要。但生态系统较为脆弱，中度以上生态脆弱区域占全省辖区面积的 83.2%。脆弱的生态环境，使大规模高强度的工业化城镇化开发只能在有限的国土空间集中展开。五是自然灾害频发，灾害影响面较大。自然灾害种类多、发生频率高，巨灾风险大，造成的人口和经济损失大。70% 以上县（市、区）位于自然灾害威胁严重的区域内。受气候变化、地震活跃等因素影响，自然灾害可能呈现分布范围扩展、活动频率增强、危害程度提高的趋势，加大工业化城镇化的成本，并给人民生命财产安全带来隐患（见图 4-1）。

2. 四川省进入新的发展时期

经过改革开放 30 余年快速发展，四川省已总体进入工业化中期，经济社会发展站在了新起点上，已经进入新的发展时期。

——西部大开发的重大战略机遇期。国家深入推进西部大开发，促进区域协调发展，将进一步加强对西部基础设施、资源开发、产业发展、公共服务和民生改善、生态保护等方面的支持。四川省是西部第一大省，成渝经济区是国家重点经济区。把握好历史机遇，科学推进国土空间开发，

① 国土空间是指国家主权与主权权利管辖下的地域空间，是国民生存的场所和环境。包括陆地、水域、内水、领海、领空等。

图 4-1　四川省主体功能区域划分

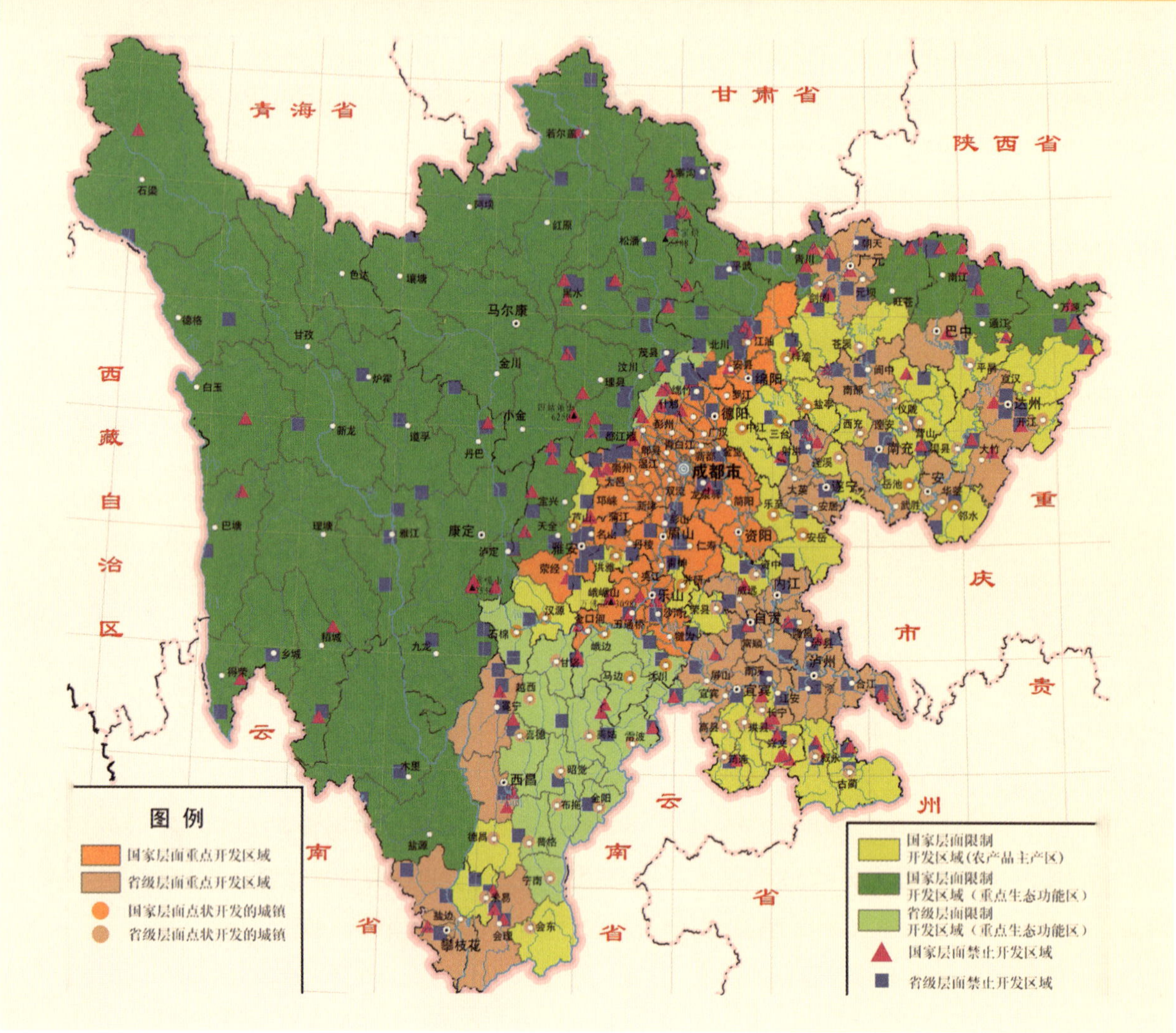

注：本章图均来自《四川省主体功能区规划》。

一定会实现新的跨越。

——工业化城镇化的快速推进期。随着四川省进入工业化中期，今后一段时间，发展内在动力显著增强，经济将继续保持快速增长，城镇人口和产业集聚加快，工业化城镇化水平将显著提升，产业结构和消费结构逐步升级。工业化城镇化的快速推进，对优化国土空间布局提出了更高要求。

——经济发展方式的加快转型期。世界经济格局正深刻变化，各国竞相加快技术创新，发展战略性新兴产业，新技术革命正在孕育。国家和四川省加快经济发展方式转变，对经济、社会和资源环境协调发展要求更高。四川省科技资源较丰富，有望在若干重点领域实现突破，从而为优化国土空间布局提供有力支撑。

——全面建设小康社会的关键期。未来 10 年是全面建设小康社会的攻坚阶段和关键时期，要与全国同步实现全面小康难度较大。必须进一步加快经济社会发展，切实推进民生改善和社会进步，逐步缩小与全国的差距。

3. 四川省国土开发存在的主要问题

四川省国土开发和空间布局成绩显著，为经济社会持续快速健康发展提供了有力支撑，但也存在一些较突出的问题。

——国土开发空间结构矛盾突出，利用效率较低。土地用途分布不合理，土地利用界线不清晰，建设用地挤占优质耕地，建设用地粗放利用。土地占用规模与经济效益、建设用地利用与土地承载能力、工业占地与居民生活用地之间矛盾日益凸显。

——城乡和区域发展不协调，基本公共服务差距大。城镇化水平较低，农村人口多，城乡二元结构矛盾突出，城市对农村的辐射带动力弱，城乡公共服务和生活条件差异大。经济社会发展水平较高的区域主要集中于盆地平原和丘陵区；经济社会较不发达区域主要集中于盆周和西部高山高原区，区域之间存在较大差距。

——部分地区耕地减少过快，保障粮食安全压力较大。随着工业化城镇化的快速推进，部分发达地区耕地减少较快，适合发展农业生产的地区耕地逐年减少。耕地大幅减少对农产品尤其是粮食生产影响较大，加之粮食生产品种结构不合理等，保障粮食安全压力较大。

——部分地区资源开发强度过大，环境破坏较突出。自然因素和人为活动等原因，尤其是部分地区粗放式开发，导致对生态环境的破坏日益突出。全省水土流失面积 15.65 万平方公里（不含冻融侵蚀面积 6.47 万平方公里），金沙江、嘉陵江和岷江多年平均输沙量约占长江上游的 85%。流经成都平原的沱江干支流水污染严重，主要工业城市均有酸雨出现，污染范围较大，程度较严重。

4. 四川省国土开发面临的挑战

今后 10 年，是四川省全面建设小康社会的攻坚阶段和关键期，工业化城镇化将进一步加快，资源环境压力将进一步加大，国土空间开发面临更严峻的挑战。

——经济快速发展，对资源供给形成挑战。四川省正处在经济快速发展时期，经济结构对自然资源的依赖性较强，资源需求量将在较长时期保持较高水平。资源总量虽较丰富，但人均资源量不高，土地资源供给有限，水资源时空分布不均，石油资源欠缺，煤炭资源接近开发极限，资源供给对发展的制约增强。

——工业化快速推进，对环境保护形成挑战。四川省工业结构以传统工业为主，较长时期内传统工业仍是主要支柱产业，对环境保护形成很大压力。工业布局较分散，产业集聚度较低，环境污染防治难度很大。必须坚持走新型工业化道路，调整产业结构，优化产业布局，加快淘汰落后产能，强化环境监管。

——城镇化快速推进，对城市空间需求形成挑战。城镇化水平低、推进快，农村转移人口基数很大，需要较大城市空间吸纳。人口多耕地少，使城镇化受到土地供给的严重制约。土地利用较粗放，建设用地供需矛盾更加突出。必须大力挖掘存量建设用地，促进土地节约和集约利用，提高土地利用效率。

——人民生活水平提高，对生存空间质量形成挑战。随着全面建设小康社会进程加快，人民生活将迈上新台阶，对生存空间质量将提出更高要求。人居环境质量要求提高，将对生态环境保护和建设提出更高要求；居住空间要求提高，将对人均住房面积、公共活动场所、公共绿地等提出更高要求；消费水平提高和对绿色农产品需求增加，将对饮用水质、耕地质量等提出更高要求。

——生态系统脆弱，对维护国家生态安全形成挑战。四川地处长江、黄河上游，是长江、黄河及其主要支流重要水源涵养地，对确保流域生态平衡和三峡库区生态安全十分重要。但四川省生态系统脆弱，环境容量有限，而发展相对滞后，工业化和城镇化正快速推进，对生态环境的压力将持续增加。在加快发展的同时，促进生态环境改善、确保国家生态安全将面临挑战。

（二）国土开发的理念和基本原则

1. 新的开发理念

构建安全、高效、和谐、有序、可持续的国土开发新格局，优化国土空间布局，科学开发国土资源，提高国土开发效益，改善国土空间环境，建设更加美好家园，必须调整和更新开发理念。

——以人为本科学发展的理念。引导农村人口向城镇集聚，引导限制开发区域人口向适宜开发区集聚，发挥大都市圈和城市群集聚产业和人口的功能，促进人口分布与经济布局相协调，使不同区域和城乡的人民享有均等化的基本公共服务和大体相当的生活条件，缩小城乡和区域差异，提高人民生活水平和质量，改善人民生活条件和环境。

——功能分工价值多元的理念。区分国土空间的功能分工，体现国土开发的多元价值。生态地区以提供生态产品为主体功能，体现维护生态平衡和可持续发展的价值。农业地区以提供农产品为主体功能，体现维护农产品供给安全的价值。重点开发地区以提供工业品和服务产品为主体功能，体现产业和人口集聚、加快工业化和城镇化的价值。

——“尊重自然，和谐共存”的理念。把握国土空间自然属性，确定不同开发保护重点，实现人与自然和谐共存。生态地区要大力加强生态保护，避免大规模工业化、城镇化开发；农业地区要切实加强农田保护，发挥农业生态功能；重点开发地区要加强环境污染治理，改善人居环境；能源、矿产资源开发和基础设施建设要最大限度减少对生态环境的破坏。

——“合理承载，适度开发”的理念。以资源承载力和环境容量为基础，推进合理和适度的国土开发。限制开发地区要严格控制开发强度，限制大规模高强度工业化、城镇化开发，逐步转移和减少承载人口；重点开发地区要根据资源承载力和环境容量，合理确定开发强度，避免人口和经济过度集聚，减少对资源环境的压力，构建绿色生存空间。

——“顺应规律，提高效率”的理念。国土资源、环境容量的有限性，决定了国土开发必须顺应规律、提高效率。针对有限的国土空间，要优化国土空间结构，保障合理的农业和生态空间；针对城镇和工业用地短缺，要促进人口和产业集聚，提高建设用地效率；针对资源环境容量有限，要加快产业结构调整，提高产业发展水平，减少对资源环境的依赖。

——“变化发展，面向未来”的理念。国土空间开发为经济社会发展服务，经济社会的发展性决定了国土空间开发的动态性。要深刻认识四川省未来经济社会发展的总体趋势，增强国土空间开发的前瞻性和战略性，强化国土空间开发规划与国民经济社会发展规划的协调，确定不同阶段不同区域的开发重点，适应经济社会的发展变化，为经济社会发展提供有力支撑。

2. 新的开发原则

推进主体功能区建设，明确各区域的主体功能分工，实现科学高效的国土开发，构建和谐美好家园，全面建设小康社会，必须坚持以下原则。

——优化结构。调整优化国土空间结构，加快推进工业化和城镇化，引导工业集中布局，有序扩张城市建设空间，严格保护耕地，增加农村公共设施空间，保持农业生产空间，适度扩大交通设施空间，调整城市空间的区域分布，扩大重点开发区域的城市和产业发展空间，严格控制限制开发区域城市建设空间和工矿建设空间，扩大绿色生态空间。

——协调开发。统筹城乡和区域发展，促进人口分布、经济布局与资源环境相协调。促进人口与经济相协调，人口与土地相协调，人口与资源相协调，积极推进新型城镇化，构建科学的城镇体系，大力发展区域性中心城市，培育四大城市群，带动全省区域协调发展。推进城乡经济社会一体化发展，促进城市基础设施向农村延伸，公共服务向农村覆盖。

——集约高效。加强国土空间开发的科技创新，将国土空间开发从外延扩张为主转向内涵发展为主，优化国土空间开发结构，推进国土集约开发，实现国土高效开发利用。扩大重点开发区域城市和产业发展空间，增加单位面积投入和产出，保障工业化、城镇化快速推进的空间需求；控制限制开发区域城市和工矿发展空间，确保维护生态安全和农产品供给的必要空间。

——保护自然。建设环境友好型社会，加强生态环境保护，严格控制开发强度，对国土空间实行有限开发。以资源环境承载能力综合评价为基础，科学确定重点开发区域开发强度。严格控制水资源短缺、生态脆弱、环境容量小、自然灾害危险性大的区域的国土开发强度。加强对森林、草地、湖泊、沼泽、冰川等生态空间的保护。

（三）推进形成主体功能区的战略目标和重点任务

1. 战略目标

根据《全国主体功能区规划》的要求，到 2020 年，四川省推进形成主体功能区的主要目标包括以下几个方面。

——空间开发格局清晰。“一核、四群、五带”为主体的城镇化战略格局、五大农产品主产区为主体的农业战略格局、四类重点生态功能区为主体的生态安全战略格局基本形成。工业化、城镇化得到快速推进，农业安全得到有效保障，生态环境得到有效保护。

——空间结构得到优化。全省陆地国土空间的开发强度[①]控制在 3.75% 左右。重点开发、限制开发、禁止开发三类主体功能区生态空间分别大于 60%、70% 和

① 开发强度是指一个区域建设空间占该区域总面积的比例。建设空间包括城镇建设、独立工矿、农村居民点、交通、水利设施、其他建设用地等空间。

95%，绿色生态空间大幅提高。城镇工矿用地面积控制在0.47万平方公里以内，农村居民点占地面积控制在1.01万平方公里以内，全省耕地保有量不低于5.89万平方公里，其中基本农田不低于5.14万平方公里。

——空间利用效率提高。城镇空间单位面积创造的生产总值显著提高，城镇空间的人口密度进一步提高。各类工业园区单位建设用地的要素投入和生产能力显著提高，环境污染得到严格控制和集中治理。单位面积耕地粮食与主要经济作物产量和产值提高。粮食产量达到750亿斤以上，单位绿色生态空间蓄积林木数量、产草量和涵养水量明显增加。

——人民生活水平差距缩小。不同主体功能区以及同类主体功能区各区域之间城镇居民人均可支配收入和生活条件、农村居民人均纯收入和生活条件的差距缩小。扣除成本因素后的人均财政支出能力大体相当，基本公共服务均等化取得重大进展。城乡和区域发展差距不断缩小。

——生态屏障建设成效显著。生态系统稳定性增强，生态退化面积减少，环境质量明显改善，生物多样性得到有效保护，森林覆盖率达到37%，森林蓄积量达到17.2亿立方米以上。主要污染物排放得到有效控制，大中城市空气质量基本达到Ⅱ级标准，长江出川断面水质达到Ⅲ级以上，防灾减灾能力进一步提升，应对气候变化能力显著增强。

2. 重点任务

按照国家主体功能区规划提出的“构建城市化、农业、生态安全三大战略格局”的要求，结合四川省建西部经济发展高地和全面建设小康社会的战略需要，推进四川主体功能区建设的重点任务包括以下几个方面。

——构建以“一核、四群、五带”为主体的城镇化战略格局。依托区域性中心城市和长江黄金水道、主要陆路交通干线，形成成都都市圈发展极核，成都、川南、川东北、攀西四大城市群，成德绵广（元）、成眉乐宜泸、成资内（自）、成遂南广（安）达与成雅西攀五条各具特色的城镇发展带。重点推进成都平原、川南、川东北和攀西地区工业化和城镇化基础较好、经济和人口集聚条件较好、环境容量和发展潜力较大的部分县（市、区）加快发展，使之成为全省产业、人口和城镇的主要集聚地。

——构建以五大农产品主产区为主体的农业战略格局。以基本农田为基础，构建以盆地中部平原浅丘区、川南低中山区、盆地东部丘陵低山区、盆地西缘山区和安宁河流农产品主产区为主体，以其他农业地区为重要组成的农业战略格局。推进五大农产品主产区内耕地面积较多、农业条件较好的县（市、区）大力发展现代农业。以保障粮食安全和提高农业综合生产能力、抗风险能力、市场竞争能力为目标，加快农业科技创新，优化农业结构，提高农业产业化经营。大力发展粮油、畜禽、水产、果蔬、林竹、茶叶等特色效益农业，培育一批现代畜牧业重点县、现代农业产业基地强县和林业产业重点县，建成全国重要的优质特色农产品供给基地。

——构建以四类重点生态功能区为主体的生态安全战略格局。构建以若尔盖草原湿地、川滇森林及生物多样性、秦巴生物多样性、大小凉山水土保持及生物多样性生态功能区等为主体，以长江干流、金沙江、嘉陵江、沱江、岷江等主要江河水系为骨架，以山地、森林、草原、湿地等生态系统为重点，以点状分布的世界遗产地、自然保护区、森林公园、湿地公园和风景名胜区等为重要组成的生态安全战略格局。实施生态保护和建设重点工程，加强防灾减灾工程建设，强化开发建设中的生态保护和污染治理，全面推进长江上游生态屏障建设。

（四）划分的基本方法①

省级区划采用全国统一的指标体系，评价指标包括 10 个指标项，其中 9 个是可计量指标项，分别为可利用土地资源、可利用水资源、环境容量、生态系统脆弱性、生态重要性、自然灾害危险性、人口集聚度、经济发展水平、交通优势度，另一个为调控指标项，即战略选择（见表 4-1）。

表 4-1　主体功能区划分指标体系

指标项	功　能	含　义
可利用土地资源	评价一个地区剩余或潜在可利用土地资源对未来人口集聚、工业化和城镇化发展的承载能力	由后备适宜建设用地的数量、质量、集中规模三个要素构成，通过人均可利用土地资源来反映
可利用水资源	评价一个地区剩余或潜在可利用水资源对未来经济社会发展的支撑能力	由本地及入境水资源的数量、可开发利用率、已开发利用量三个要素构成，通过人均可利用水资源来反映
环境容量	评估一个地区在生态环境不受危害的前提下可容纳污染物的能力	由大气环境容量承载指数、水环境容量承载指数和综合环境容量承载指数三个要素构成，通过大气和水环境对典型污染物的容纳能力来反映
生态系统脆弱性	表征区域生态环境脆弱程度的集成性指标	由沙漠化、土壤侵蚀、石漠化三个要素构成，通过沙漠化脆弱性、土壤侵蚀脆弱性、石漠化脆弱性来反映
生态重要性	表征区域生态系统结构、功能重要程度的综合性指标	由水源涵养重要性、土壤保持重要性、防风固沙重要性、生物多样性维护重要性、特殊生态系统重要性五个要素构成，通过这五个要素的重要程度来反映
自然灾害危险性	评估特定区域自然灾害发生的可能性和灾害损失的严重性而设计的指标	由洪水灾害危险性、地质灾害危险性、地震灾害危险性、热带风暴潮灾害危险性四个要素构成，通过这四个要素的灾害危险性程度来反映
人口集聚度	评估一个地区现有人口集聚状态的集成性指标	由人口密度和人口流动强度两个要素构成，通过采用县域人口密度和吸纳流动人口的规模来反映
经济发展水平	反映一个地区经济发展现状和增长活力的综合性指标	由地区生产总值和人均地区生产总值增长率两个要素构成，通过县域地区生产总值增长率和人均地区生产总值规模来反映
交通优势度	评估一个地区现有通达水平的集成性评价指标	由公路网密度、交通干线的拥有性或空间影响范围和与中心城市的交通距离三个指标构成
战略选择	评估一个地区发展政策背景和战略选择的差异	—

① 全国主体功能区规划领导小组：《省级主体功能区域划分技术规范》，2008 年 6 月 15 日。

（五）重点开发区域

四川省重点开发区域包括成都平原、川南、川东北和攀西地区19市（州）中的89个县（市、区），以及与之相连的50个点状开发城镇，该区域面积10.3万平方公里，占全省辖区面积的21.2%。

——国家层面重点开发区域。包括成都平原地区45个县（市、区），以及与之相连的14个点状开发城镇（0.06平方公里），该区域面积4.0万平方公里，占全省辖区面积的8.3%。

——省级层面重点开发区域。包括川南、川东北和攀西地区44个县（市、区），以及与之相连的36个点状开发城镇（0.16平方公里），该区域面积6.3万平方公里，占全省辖区面积的12.9%。

四川省重点开发区域的主体功能定位：支撑全省经济增长的重要支撑区，实施加快推进新型工业化、新型城镇化的主要承载区，是全省经济和人口密集区。重点开发区域应在保护生态环境、降低能源消耗、控制污染物排放总量、提高经济效益的前提下，坚持走新型工业化道路，推进产业结构优化升级，提高自主创新能力，增强产业竞争能力，大力发展战略性新兴产业，壮大发展特色优势产业，加快发展现代服务业和现代农业，推动经济持续快速发展；坚持走新型城镇化发展道路，完善城镇体系，优化空间布局，增强城镇集聚产业、承载人口、辐射带动区域发展的能力，提升城镇化质量和水平，大力发展区域性中心城市，促进大中小城市和小城镇协调发展（见图4-2）。

1. 成都平原地区

该区域是国家层面的重点开发区域，是全国“两横三纵”城市化战略格局中的重要组成部分，是成渝地区的核心区域之一。该区域位于四川盆地西部、龙泉山和龙门山－邛崃山之间。自然条件优越，人口、经济、城镇密集，产业基础雄厚，基础设施完备，科技和人才集聚，辐射带动能力较强，对外开放程度高，发展条件好，是全省经济核心区和带动西部经济社会发展的重要增长极。

该区域主体功能定位：西部地区重要的经济中心，全国重要的综合交通枢纽、商贸物流中心和金融中心，以及先进制造业基地、科技创新产业化基地和农产品加工基地。

——构建以成都为核心、以成德绵乐为主轴、以周边其他节点城市为支撑的空间开发格局。

——强化成都中心城市功能，提升综合服务能力，将成都建设成全国重要的综合交通、通信枢纽和商贸物流、金融、文化教育中心，推进四川成都天府新区建设。

——壮大成德绵乐发展带，增强电子信息、先进装备制造、生物医药、石化、农产品加工、新能源等产业的集聚功能，加强产业互补和城市功能对接，推进一体化进程。

——壮大其他节点城市人口和经济规模，增强先进制造业和现代服务业的集聚功能，加强产业互补和城市功能对接，形成本区域新的增长点。

——提高标准化农畜、水产品精深加

图 4-2　重点开发区域

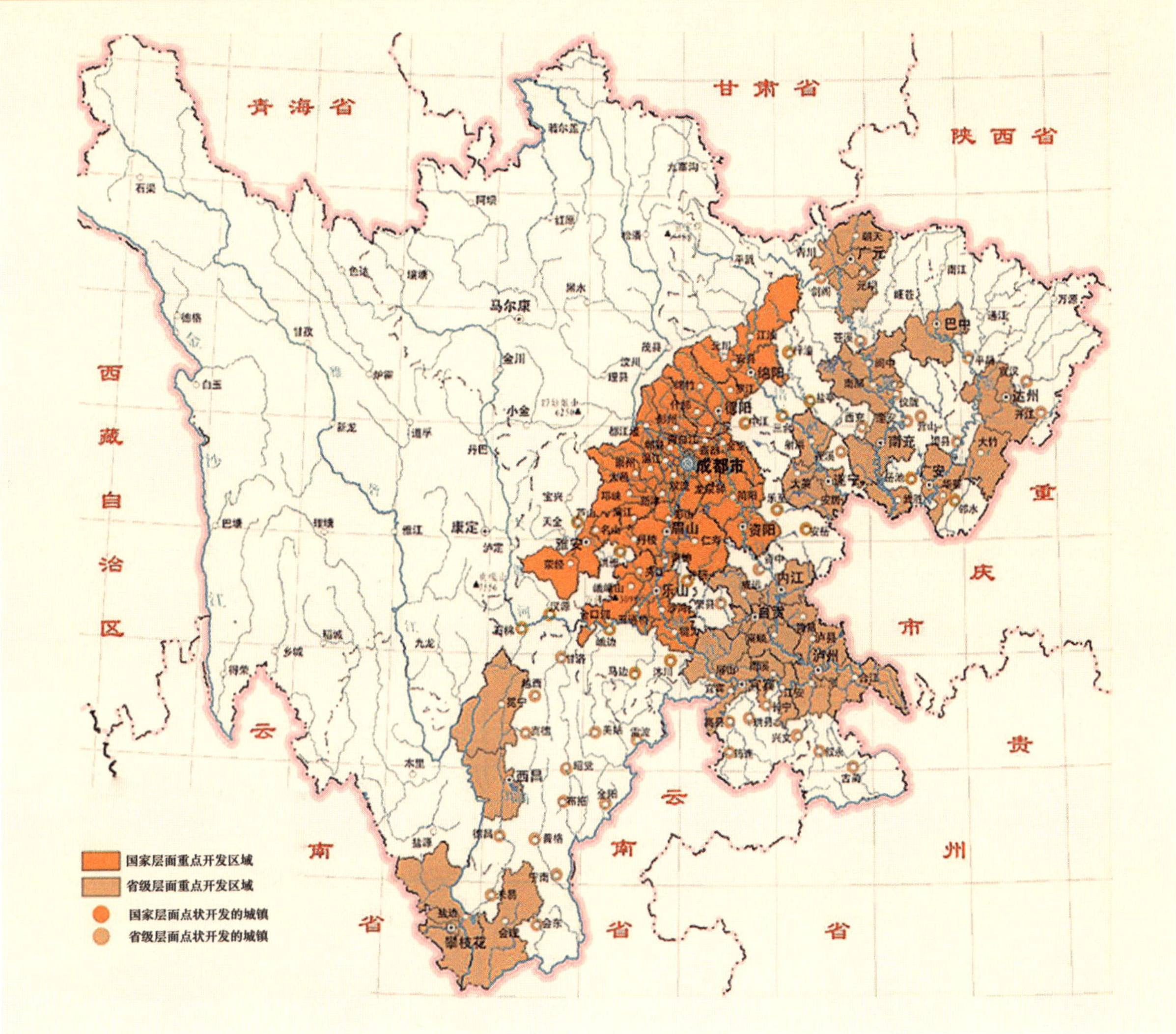

工和现代农业物流水平，发展农业循环经济和农村新能源。

——加强水资源的合理开发、优化配置、高效利用和有效保护，提高水源保障能力；加强岷江、沱江、涪江等水系生态环境保护。强化龙泉山等山脉的生态保护与建设，构建以龙门山－邛崃山脉、龙泉山为屏障，以岷江、沱江、涪江为纽带的生态格局。加强防洪基础设施建设，加强山洪灾害防治，提高水旱灾害应对能力（见表 4-2）。

2. 川南地区

该区域是省级层面的重点开发区域，地处四川盆地南缘、长江上游中部、川渝滇黔结合部。大中城市密集，人口密度大，社会发育程度高，城市群初步形成；煤硫磷、盐卤、水能等自然资源丰富，工业基础雄厚，产业竞争力较强，是西部发展基础好、潜力大的区域，具备发展成为西部特大城市密集区的条件。

该区域主体功能定位：成渝经济区重要的经济带，国家重要的资源深加工和现

表 4-2 成都平原重点开发地区（单位：平方公里，万人）

市 名	所辖县（市、区）	辖区面积	总人口
成 都	锦江区、青羊区、金牛区、武侯区、成华区、龙泉驿区、青白江区、新都区、温江区、都江堰市、彭州市、邛崃市、崇州市、金堂县、双流县、郫县、大邑县、蒲江县、新津县	12119	1149
德 阳	旌阳区、广汉市、什邡市、绵竹市、罗江县	3710	246.1
绵 阳	涪城区、游仙区、江油市、安县	5472	253.9
乐 山	市中区、五通桥区、沙湾区、夹江县、峨眉山市、金口河区、犍为县	5802	250.5
眉 山	东坡区、彭山县、丹棱县、青神县、仁寿县	5243	314.4
雅 安	雨城区、名山县、荥经县	3458	77.4
资 阳	雁江区、简阳市	3846	254.4
合计（个）	45	39650	2545.7

注：人口为 2010 年统计数据；未扣除其中分散的禁止开发区和基本农田面积。根据《汶川地震灾后恢复重建总体规划》，分布于全省龙门山山后的都江堰市龙池镇、虹口乡，彭州市龙门山镇、小鱼洞镇，什邡市红白镇，绵竹市清平乡、金花镇，安县千佛镇、高川乡要严格按照限制开发区域的重点生态功能区的要求进行管理。

代制造业基地，成渝经济区重要的特大城市集群，川滇黔渝结合部综合交通枢纽，四川沿江和南向对外开放门户，长江上游生态屏障建设示范区。

——以宜宾、自贡、泸州、内江等区域性中心城市为核心，主要交通干线为轴线，中小城市和重点镇为支撑的空间开发格局。

——加快培育区域性中心城市，拓展城市空间，优化城市布局，提升综合承载能力，加快城际快速通道建设，强化各城市功能定位和产业分工，构建分工协作紧密的城市群，形成四川南向开放的重要门户。

——依托“黄金水道”，加快沿江产业带发展。加快建设川南现代化工和“中国白酒金三角”等重大产业基地，推动自贡、内江、宜宾老工业基地城市振兴发展，支持泸州资源枯竭型城市可持续发展。有序推进岸线开发和港口建设，加强建设宜宾港、泸州港，大力发展临港经济。积极发展自然生态旅游和以恐龙、彩灯、盐酒等为特色的文化旅游产业。

——坚持开发与保护并重，构建区域“生态走廊”。加强水资源开发利用与节约保护，加快大中型水利工程建设和防洪工程建设。加强长江、沱江等主要流域水土流失防治和水污染治理，保护地表水和地下水源水质，构建功能完备的防护林体系，保障长江、沱江等主要流域水生态安全，增强区域防洪和水资源的调蓄能力，加强向家坝电站库区生态建设及重要采煤区生态修复和环境治理，加强城市、交通干线及江河沿线的生态建设（见表 4-3）。

3. 川东北地区

该区域是省级层面的重点开发区域，位于川渝陕结合部，天然气、煤等储量丰富，人口众多，特色农产品资源丰富，以

表 4–3　川南重点开发地区（单位：平方公里，万人）

市　名	所辖县（市、区）	辖区面积	户籍人口
自　贡	自流井区、贡井区、大安区、沿滩区、富顺县	2776	257
泸　州	江阳区、龙马潭区、纳溪区、泸县、合江县	6077	345.9
宜　宾	翠屏区、宜宾县、南溪县、江安县	5765	280.2
内　江	市中区、东兴区、威远县、隆昌县	3650	294.5
合计（个）	18	18268	1177.6

注：人口为 2010 年统计数据；未扣除其中分散的禁止开发区和基本农田面积。

红色旅游、绿色生态旅游、历史文化旅游为代表的旅游资源独具特色。

该区域主体功能定位：我国西部重要的能源化工基地，农产品深加工基地，红色旅游基地，川渝陕结合部的区域经济中心和交通物流中心，构建连接我国西北、西南地区的新兴经济带。

——形成以南充、达州、遂宁、广安、广元、巴中等中心城市为依托的城镇群空间开发格局。

——加快推进区域性中心城市发展，优化城市空间布局，拓展城市发展空间，增强城市综合服务功能，提高人口集聚能力，强化辐射和带动作用。

——加快嘉陵江产业带和渠江产业带发展。利用嘉陵江流域和渠江流域丰富的自然资源，加快川东北地区特色优势资源深度开发和加工转化，积极承接产业转移，重点发展清洁能源和石油、天然气化工、农产品加工业，大力发展特色农业和红色旅游。

——加强区域合作，大力发展配套产业。加强广安、达州与重庆的协作，建设川渝合作示范区，主动承接重庆的产业转移，加快发展汽车和摩托车配套零部件、轻纺等工业。加强南充、遂宁与成都的产业化协作，承接成都平原地区的产业转移，形成机械加工、轻纺等优势产业。

——坚持兴利除害结合，全力推进渠江、嘉陵江流域防洪控制性工程和供水保障工程建设，增强对江河洪水的调控能力，提高防洪抗旱能力。大力加强生态环境保护和流域综合整治，构建以嘉陵江、渠江为主体，森林、丘陵、水面、湿地相连，带状环绕、块状相间的流域生态屏障（见表 4–4）。

4. 攀西地区

该区域是省级层面的重点开发区域，位于全省西南部、横断山脉东北部，地处长江上游，属青藏高原、云贵高原和四川盆地之间的过渡带，地形地貌复杂，山高谷深，气候多样。水能、矿产、生物、旅游等资源丰富独特，优势产业国内外竞争力强，是国家战略资源综合开发利用重点地区（见表 4–5）。

该区域主体功能定位：中国攀西战略资源创新开发试验区，全国重要的钒钛和稀土产业基地，全国重要的水电能源开发基地，全省重要的亚热带特色农业基地。

——构建以攀枝花、西昌等城市为中

表 4-4 川东北重点开发地区（单位：平方公里，万人）

市 名	所辖县（市、区）	辖区面积	户籍人口
遂 宁	船山区、安居区、射洪县、大英县	4072	307
南 充	顺庆区、高坪区、嘉陵区、阆中市、南部县	6631	412.6
广 安	广安区、华蓥市、武胜县	2952	245.7
达 州	通川区、达县、大竹县	5212	289.3
广 元	利州区、元坝区、朝天区	4580	92.3
巴 中	巴州区	2560	137.5
合计（个）	19	26006	1484.4

注：人口为 2010 年统计数据；未扣除其中分散的禁止开发区和基本农田面积。

表 4-5 攀西重点开发地区（单位：平方公里，万人）

市 名	所辖县（市、区）	辖区面积	户籍人口
攀枝花	东区、西区、仁和区、盐边县	5292	89.9
凉 山	西昌市、冕宁县、会理县	11616	144.5
合计（个）	7	16907	234.4

心，以交通走廊为纽带，以成昆线、雅攀高速公路及 108 国道和安宁河流域等沿线其他城市为节点的空间开发格局。

——积极培育区域性中心城市。加强基础设施建设，推进城市功能转型提升，提高城市发展质量，增强人口集聚能力和区域辐射带动力，推进攀西城镇群有序发展，形成四川面向东南亚开放的重要门户。

——培育壮大沿交通轴线和沿江发展带。以成昆铁路、雅西和西攀高速公路为轴线，以金沙江流域、安宁河谷流域为重点，加强资源综合勘探、合理利用与跨区域整合，有序发展钒钛、稀土等优势资源特色产业，积极发展特色农业、阳光旅游和生态旅游。有序推进金沙江下游水电开发，加快金沙江下游沿江经济带发展。积极开展与滇西北和滇东北等区域的合作，打造四川南向开放的桥头堡，加快建设国家级战略资源创新开发试验区。

——以天然林保护等生态工程建设为重点，加快水资源配置工程建设和安宁河流域防洪治理。加强干热河谷和山地生态恢复与保护，加快推进小流域综合治理，坚持山、水、田、林、路统一规划，综合治理，充分发挥生态自我修复功能。加快封山育林和植树造林步伐，加强水土保持生态建设，加强山洪灾害防治，构建“三江”流域生态涵养带，加强矿山生态修复和环境恢复治理。实施邛海保护工程。

5. 点状开发城镇[①]

主要包括与成都平原地区相连的农产品主产区以及省级重点生态功能区 14 个县的县城镇及重点镇，共 0.06 万平方公里，该区域为国家层面的重点开发区域；与川南、川东北、攀西地区相连的农产品主产区以及省级重点生态功能区 36 个县的县城镇及重点镇，共 0.16 万平方公里，该区域为省级的重点开发区域（见表 4-6）。

表 4-6　点状开发城镇（单位：平方公里）

区域	所辖县（市、区）	辖区面积
国家层面的点状开发的城镇	中江县、三台县、盐亭县、梓潼县、安岳县、乐至县、井研县、汉源县、芦山县、洪雅县、沐川县、石棉县、峨边县、马边县 14 个县的县城镇及重点镇	620
省级层面的点状开发的城镇	荣县、资中县、长宁县、高县、珙县、筠连县、兴文县、叙永县、古蔺县、屏山县、蓬溪县、西充县、营山县、蓬安县、仪陇县、岳池县、开江县、渠县、宣汉县、平昌县、剑阁县、苍溪县、邻水县、会东县、德昌县、米易县、宁南县、普格县、喜德县、越西县、甘洛县、雷波县、布拖县、金阳县、昭觉县、美姑县 36 个县的县城镇及重点镇	1580
合计（个）	50	2200

注：农产品主产区的县城镇及重点镇重点开发按照 50 平方公里 / 个计算面积；重点生态功能区的县城镇及重点镇重点开发按照 30 平方公里 / 个计算面积。

功能定位：区域性中心城市产业辐射和转移的重要承接区，农产品、劳动力等生产要素的主要供给区，农产品深加工基地，周边农业和生态人口转移的集聚区，使其成为集聚、带动、辐射乡村腹地的经济社会发展中心。

发展方向：在保障农产品供给和保护生态环境的前提下，适度推进工业化、城镇化开发，点状开发优势矿产、水能资源，促进资源加工转化，推进清洁能源、生态农业、生态旅游、优势矿产等优势特色产业发展，促进产业和人口适度集中集约布局，加强县城和重点镇公共服务设施建设，完善公共服务和居住功能。

（六）限制开发区域（农产品主产区）

四川省农产品主产区包括盆地中部平原浅丘区、川南低中山区和盆地东部丘陵低山区、盆地西缘山区和安宁河流域五大农产品主产区，共 35 个县（市、区），面积 6.7 万平方公里，扣除其中重点开发的县城镇及重点镇规划面积 1750 平方公里，占全省辖区面积的 13.4%。该区域为国家

① 依据《国家发展改革委办公厅关于省级主体功能区修改意见的通知》的相关要求，将农产品主产区和省级重点生态功能区的县城关镇和少数建制镇作为省级重点开发区域，与国家重点开发区域位置相连的，可作为国家层面的重点开发区域。

层面农产品主产区，是国家“七区二十三带”为主体的农业战略格局的重要组成部分，是长江流域农产品主产区中的优质水稻、小麦、棉花、油菜、畜产品和水产品产业带，是国家重要的粮食、油料、生猪主产区。

四川省限制开发区域（农产品主产区）的主体功能定位：国家优质商品猪战略保障基地，现代农业示范区，现代林业产业基地，优势特色农产品加工业发展的重点区域，农民安居乐业的美好家园。农产品主产区应着力保护耕地，加强农业基础设施建设，稳定粮食生产，增强农业综合生产能力，发展现代农业和乡村旅游，增加农民收入，加快社会主义新农村建设，保障全省主要农产品有效供给（见图4–3）。

1. 盆地中部平原浅丘主产区

发展方向主要有以下几个方面。大力发展优质粮油、生猪、奶牛、家禽、特色蔬菜、优质水果、特色水产等优势特色农产品，建设一批标准化和规模化的优质农产品生产示范基地。促进农产品、林产品、畜禽产品和水产品的精深加工及综合利用，提高附加值；发展生态农业和休闲农业，带动传统农业转型升级。加快发展现代农

图 4–3　限制开发区域——农产品主产区

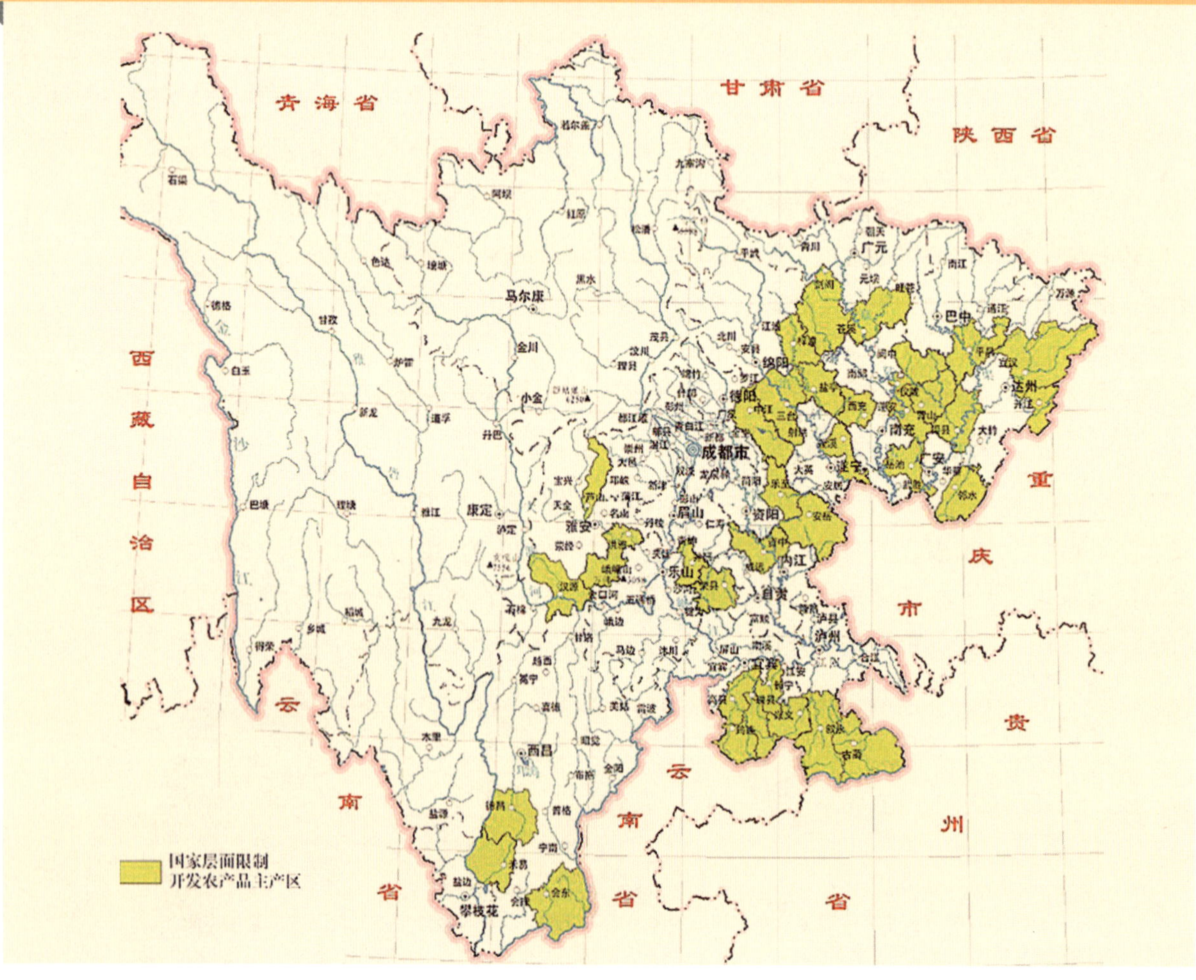

业，增强农业综合生产能力和市场竞争力；推进农业产业化经营，发展多种形式的适度规模经营，提高农业生产的专业化、标准化、规模化水平。建设专业农产品物流中心、农产品专用运输通道、农产品加工中心和研发推广中心，加快农业科技创新，提高农业技术水平（见表 4-7）。

2. 川南低中山主产区

发展方向主要有以下几个方面。大力发展优质生猪、肉羊、肉牛、家禽、水稻、饲用玉米、油菜、马铃薯、水果、蔬菜、茶叶、蚕桑、道地中药材、水产、林竹等优势特色产业。大力发展农产品加工龙头企业，发展劳动力密集型农产品加工企业，依靠技术进步和技术创新提高农产品加工企业的核心竞争力。突出本区域特点，形成粮油生产与加工基地、畜牧业生产与畜产品出口加工基地、饲料加工基地。依托大、中城市的市场需求，形成优质稻、特色油菜产业带；依托大型酿酒企业，逐步形成专用粮产业带；依托大型化工企业，逐步形成工业用高芥酸油菜籽产业带（见表 4-8）。

3. 盆地东部丘陵低山主产区

发展方向主要有以下几个方面。大力发展水稻、饲用玉米、油菜、水果、蔬菜、蚕桑、苎麻、圈养为主的草食牲畜、生猪、名优茶叶、干果、道地中药材、经济林果、木本粮油、食用菌等特色优势产业。发挥资源优势，建设工业原料林生产与加工基地、优质肉牛肉羊生产基地、中药材生产基地、名特优新经果林基地和丝麻纺织原

表 4-7　盆地中部平原浅丘主产区（单位：平方公里，万人）

地　区	辖区面积	户籍人口	地　区	辖区面积	户籍人口
中江县	2200	143.1	乐至县	1424	87.5
三台县	2659	147.6	荣　县	1605	70.0
盐亭县	1645	59.7	井研县	840	41.7
梓潼县	1444	38.3	资中县	1735	131.1
安岳县	2690	159.5	合　计	16242	878.5

注：人口为 2010 年统计数据；未扣除其中分散的禁止开发区域面积。

表 4-8　川南低中山主产区（单位：平方公里，万人）

地　区	辖区面积	户籍人口	地　区	辖区面积	户籍人口
长宁县	980	44.9	兴文县	1380	46.5
高　县	1321	53.0	叙永县	2974	71.8
珙　县	1146	42.2	古蔺县	3185	84.8
筠连县	1256	41.6	合　计	12242	384.8

注：人口为 2010 年统计数据；未扣除其中分散的禁止开发区域面积。

料基地。继续实施新增粮食生产能力、农业综合开发、土地整理、退耕还林农户基本口粮田建设、育土工程、测土配方施肥补贴和保护性耕作等项目，提高耕地质量。推进农业产业化和农产品深加工，发展以稻谷、薯类、小麦、玉米、生猪、牛羊肉为重点的粮食、肉类精深加工。巩固和扩大退耕还林成果，继续实施天然林保护工程和小流域水土流失综合治理，加强野生动植物生物多样性保护区建设（见表 4–9）。

4. 盆地西缘山区

发展方向主要有以下几个方面。大力发展生态农业，重点发展玉米、薯类、茶叶、水果、蔬菜、生猪、奶牛、食用菌、花椒、工业原料林等特色优势产业。开展无公害农产品、绿色食品和有机食品认证，创建农产品标准化生产基地。加强农产品品牌体系建设，实施地理标志品牌工程和原产地保护工程。推进农业产业化和农产品深加工，发展以稻谷、薯类、奶牛、生猪、牛羊肉、小家禽为重点的粮食、乳制品、肉类精深加工和综合利用，提高农产品附加值。巩固退耕还林成果，继续实施天然林资源保护工程和小流域综合治理，加强野生动植物生物多样性保护区建设（见表 4–10）。

5. 安宁河流域

发展方向主要有以下几个方面。发挥光热资源和生物资源优势，重点发展优质稻、马铃薯、特色水果、烟叶、反季节蔬菜、麻疯树、核桃等优势特色产业，形成

表 4–9　盆地东部低山丘陵主产区（单位：平方公里，万人）

地　区	辖区面积	户籍人口	地　区	辖区面积	户籍人口
蓬溪县	1252	74.0	渠　县	2017	148.9
西充县	1107	68.5	宣汉县	4271	129.5
营山县	1635	94.8	平昌县	2225	105.3
蓬安县	1331	69.7	剑阁县	3202	68.8
仪陇县	1773	107.8	苍溪县	2330	79.1
岳池县	1479	118.1	邻水县	1909	102.4
开江县	1031	59.8	合　计	25564	1226.7

注：人口为 2010 年统计数据；未扣除其中分散的禁止开发区域面积。

表 4–10　盆地西缘山区（单位：平方公里，万人）

地　区	辖区面积	户籍人口	地　区	辖区面积	户籍人口
洪雅县	1897	34.7	芦山县	1190	12.0
汉源县	2215	32.2	合　计	5301	78.9

注：人口为 2010 年统计数据；未包含平原西部已列为国家重点开发区域的县（市）的基本农田面积；未扣除其中分散的禁止开发区域面积。

表 4-11　安宁河流域主产区（单位：平方公里，万人）

地　区	辖区面积	户籍人口	地　区	辖区面积	户籍人口
会东县	3225	40.7	米易县	2110	21.5
德昌县	2300	20.3	合　计	7634	82.5

注：人口为 2010 年统计数据；未扣除其中分散的禁止开发区域面积。

全省高品质水稻生产基地、亚热带优质水果基地、优质烟叶生产基地、马铃薯生产基地、蔬菜生产基地和木本生物质能源基地。构建农产品加工产业体系，加强对糖业、蚕业、烟业等传统优势农产品加工业的技术改造和产品创新，重点发展烟草、中药、乳制品、软饮料、酿酒、制糖、粮油制品、肉食品等农产品深加工业优势产业链和产品链。合理开发利用安宁河谷土地资源，治理干热河谷和沙化、石漠化土地，大力发展太阳能，在做好生态保护的前提下有序开发小水电资源，推进生态工程建设。

（七）基本农田保护

《全国主体功能区规划》明确规定，坚持最严格的耕地保护制度，对全部耕地按限制开发的要求进行管理，对全部基本农田按禁止开发的要求进行管理。

全省基本农田总面积 5.2 万平方公里[①]，占全省辖区面积的 10.7%。其中：重点开发区域中基本农田保护面积为 2.7 万平方公里，农产品主产区中基本农田保护面积为 1.8 万平方公里，重点生态功能区中基本农田保护面积为 0.7 万平方公里。

开发管制原则：

——认真落实国家基本农田保护制度，对全部基本农田按禁止开发的要求进行管理，确保耕地红线不动摇。

——严格实施土地利用总体规划，对保有耕地量、基本农田面积进行总量控制。基本农田一经划定，未经依法批准不得擅自调整，严格控制各类非农建设占用基本农田。

——积极开展土地开发整理，实现占补平衡，在数量平衡的基础上更加注重质量平衡，增加有效耕地面积，保障全省耕地面积和质量动态平衡。

（八）限制开发区域（重点生态功能区）

四川省限制开发区域（重点生态功能区）共 57 个县（市），总面积 31.8 万平方公里，扣除其中省级重点生态功能区中重点开发的县城镇及重点镇规划面积，占全省辖区面积的 65.4%。

——国家层面的重点生态功能区。包括若尔盖草原湿地生态功能区、川滇森林生态及生物多样性生态功能区、秦巴生物多样性生态功能区，共 42 个县，面积 28.65 万平方公里，扣除其中重点开发的

① 重点开发区域、农产品主产区和重点生态功能区中基本农田保护面积由各市（州）上报数据而得。由于市（州）在落实省级目标时，会多保护一部分基本农田，因此 181 个县的基本农田数据加总后会大于省上基本农田保护面积 5.14 万平方公里。

县城镇及重点镇规划面积，实际占全省面积的 58.95%。

——省级层面的重点生态功能区。为大小凉山水土保持和生物多样性生态功能区，共 15 个县，面积 3.17 万平方公里，扣除其中重点开发的县城镇及重点镇规划面积，实际占全省面积的 6.42%。

四川省限制开发区域（重点生态功能区）的主体功能定位：国家青藏高原生态屏障和长江上游生态屏障的重要组成部分，国家重要的水源涵养、水土保持与生物多样性保护区域，全省提供生态产品的主体区域与生态财富富集区，保障国家生态安全的重要区域，生态文明建设、人与自然和谐相处的示范区。重点生态功能区以保护和修复生态环境、提供生态产品为首要任务，因地制宜开发利用优势特色资源，发展资源环境可承载的适宜产业，加强基本公共服务能力建设，引导超载人口逐步有序转移（见图 4-4）。

1. 若尔盖草原湿地生态功能区

该区域主体功能定位：水源涵养、水文调节以及维系生物多样性、保持水土和防治土地沙化等功能（见表 4-12）。

图 4-4　限制开发区——重点生态功能区

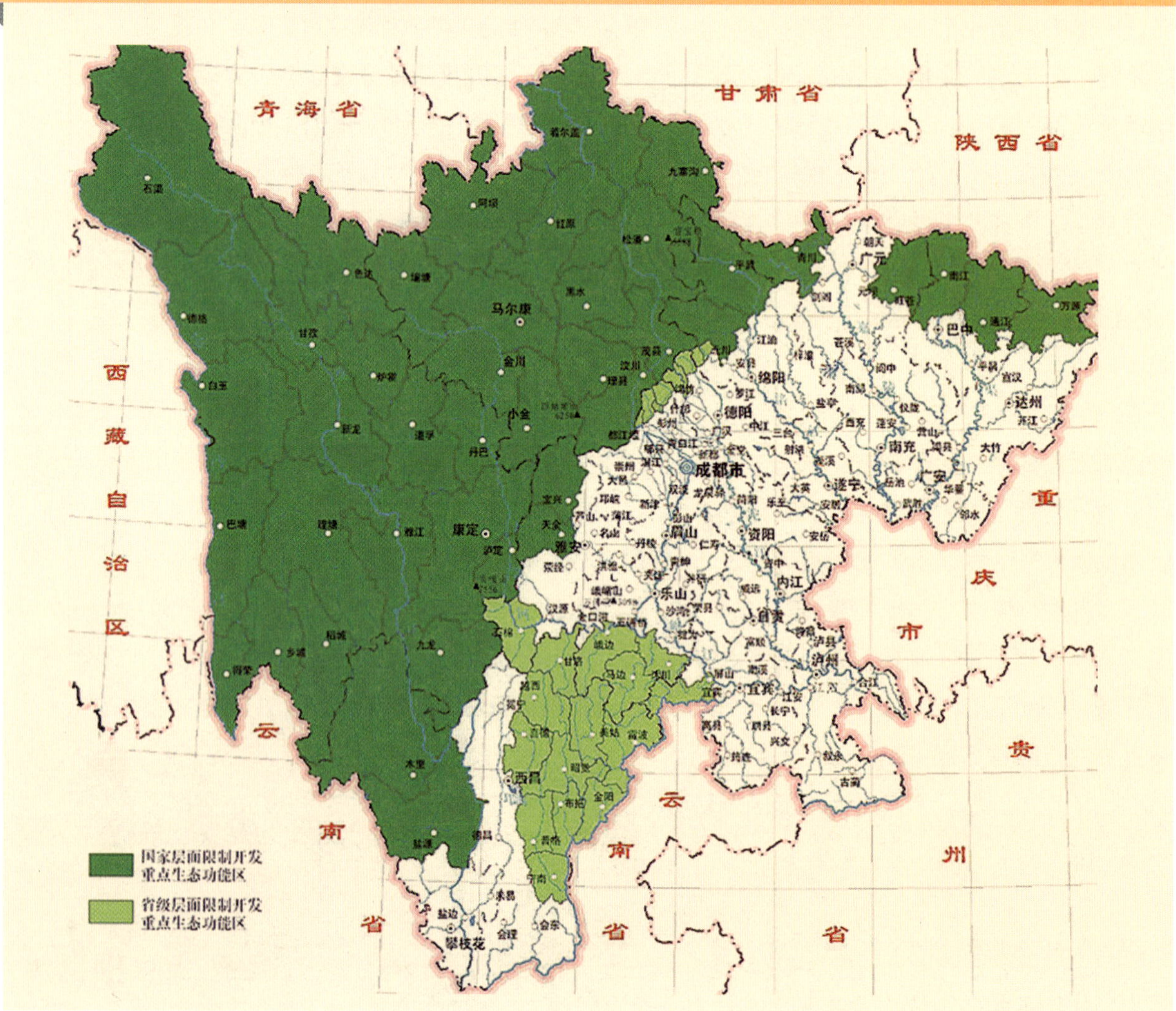

表 4-12　若尔盖高原湿地生态功能区（单位：平方公里，万人）

区　域	辖区面积	户籍人口	区　域	辖区面积	户籍人口
阿坝县	10116	7.3	红原县	8292	4.3
若尔盖县	10316	7.6	合　计	28724	19.2

注：人口为 2010 年统计数据；未扣除其中分散的禁止开发区和基本农田面积。

——推进天然林草保护、围栏封育，治理水土流失，恢复草原植被，保持湿地面积，保护珍稀动物，维护和重建湿地、森林、草原等生态系统。

——严格保护具有水源涵养功能的自然植被，禁止过度放牧、无序采矿、毁林开荒、开垦草原等行为。加强小流域治理和植树造林，减少面源污染。

——加强防洪基础设施建设，加强山洪灾害防治，提高水旱灾害应对能力。

——以高寒泥炭沼泽湿地生态系统和黑颈鹤等珍稀野生动物保护为主，维持丘状高原原始自然景观，保护沼泽湿地及生物多样性，为长江、黄河源头的水源涵养提供基础保障。在不适宜人类居住、生产生活的生态脆弱区和需要保护的区域实施生态移民，生态移民选址要考虑生态承载力。

——继续加强生态恢复与生态建设，加快防沙治沙步伐，治理土壤侵蚀，恢复与重建水源涵养区森林、草原、湿地、荒漠等生态系统，提高生态系统的水源涵养功能。

——提高沼泽水位、恢复沼泽湿地、治理沙化土地，严禁泥炭开采和沼泽湿地疏干改造，严格草地资源和泥炭资源的保护；对已遭受破坏的草甸和沼泽生态系统，结合有关生态工程建设措施，加快组织重建和恢复，加大川西北沙化土地治理力度。

——在保护生态环境的前提下，科学规划，合理开发自然与人文景观资源，发展特色生态旅游。控制载畜量，合理发展畜牧业及相关产业。

2. 川滇森林生态及生物多样性生态功能区（四川部分）

该区域主体功能定位：大熊猫、羚牛、金丝猴等重要珍稀生物的栖息地，国家乃至世界生物多样性保护重要区域，全省重要的生物多样性、涵养水源、保持水土、维系生态平衡的主要区域（见表 4-13）。

——重点保护原生森林、流域生态系统，加强造林绿化、小流域治理、矿山生态恢复、河流水生态恢复等生态工程，提供水源涵养、水土保持与野生动植物保护等生态功能。加强防洪基础设施建设，加强山洪灾害防治，提高水旱灾害应对能力。

——加大天然林资源保护和生态公益林建设与管护力度。禁止陡坡开垦和森林砍伐，做好低效生态公益林的补植改造及迹地更新。巩固天然林资源保护成果，恢复大熊猫栖息地和遗传交流廊道。

——有效保护天然林草植被、湿地和野生动植物资源，切实抓好生态移民工程，治理泥石流灾害、干旱河谷、荒漠化和沙化草（土）地。

——对已遭受破坏的生态系统，结合生态建设工程，加快组织重建与恢复，加

表 4–13　川滇森林生态及生物多样性生态功能区（单位：平方公里，万人）

区　域	辖区面积	户籍人口	区　域	辖区面积	户籍人口
汶川县	4083	10.2	雅江县	7570	4.8
理　县	4317	4.6	道孚县	7022	5.5
茂　县	3895	10.9	炉霍县	4477	4.5
小金县	5565	8.0	甘孜县	6859	6.7
松潘县	8339	7.4	新龙县	9252	5.0
九寨沟县	5283	6.6	德格县	11433	8.2
金川县	5355	7.3	白玉县	10258	5.3
黑水县	4140	6.1	石渠县	22364	8.8
马尔康县	6620	5.5	色达县	8725	4.8
壤塘县	6694	4.1	理塘县	14004	6.4
北川县	3083	24.0	巴塘县	7666	5.2
平武县	5946	18.5	乡城县	4943	3.0
天全县	2391	15.4	稻城县	7086	3.1
宝兴县	3114	5.8	得荣县	2912	2.6
康定县	11591	11.2	木里县	13223	13.4
泸定县	2165	8.5	盐源县	8412	37.7
丹巴县	4506	6.0	合　计	240060	291.5
九龙县	6767	6.4			

注：人口为 2010 年统计数据；未扣除其中分散的禁止开发区和基本农田面积。

强综合整治，防止水土流失。

——控制载畜量，发展以养殖业、特色经济林、食用菌、有机茶、竹业及林下资源和水果种植为主的生态农林牧业和农畜产品深加工业，提高畜牧业发展水平。合理开发旅游文化资源，发展生态旅游。

3. 秦巴生物多样性生态功能区（四川部分）

该区域主体功能定位：四川重要的原始森林、野生珍稀物种栖息地与生物多样性保护的关键地区和生态屏障区域，全国生物多样性、涵养水源与土壤保持重要区，最大的天然生物种质的“基因库”，世界同纬度地区重要的绿色宝库。

——重点保护原生森林、流域生态系统，加强造林绿化、野生动植物保护和自然保护区建设、小流域治理、矿山生态恢复等生态工程，提高水源涵养、水土保持和野生动植物保护等生态功能。加强防洪基础设施建设，加强山洪灾害防治，提高水旱灾害应对能力。

——建设珍稀、濒危中药资源和动植物资源等指向明确的生态功能保护区，对现有植被和自然生态系统严加保护，防止生态环境的破坏和生态功能的退化。

——巩固和扩大天然林资源保护成果，扩大保护范围，加强生物物种资源保护，依法禁止一切形式的捕杀、采集濒危野生动植物的活动，保护物种多样性和确保生物安全，强化引进外来物种生物安全管理，防止国外有害物种进入。

——引导人口转移，降低人口密度，停止导致生态功能继续退化的开发活动和其他人为破坏活动，以及产生严重环境污染的工程项目建设，遏制生态环境恶化趋势。

——发展以养殖业、经济林为主的生态农林牧业和农产品深加工业，合理开发旅游文化资源，发展生态旅游，点状开发天然气、水能、矿产资源。

4. 大小凉山水土保持和生物多样性生态功能区

该区域主体功能定位：长江上游水土保持的重点区域，四川省生物多样性保护的重点区域，长江上游生态屏障的重要组成部分（见表 4-15）。

——以维护区域生态系统完整性、保证生态过程连续性和改善生态系统服务功能为中心，加强生态保护，增强脆弱区生态系统的抗干扰能力，从源头控制生态退化和水土流失。

——以金沙江、雅砻江、大渡河及安宁河干流为重点，严禁樵采、过垦、过牧

表 4-14　秦巴生物多样性生态功能区（单位：平方公里，万人）

区　域	辖区面积	户籍人口	区　域	辖区面积	户籍人口
旺苍县	2986	46.3	通江县	4120	76.8
青川县	3212	24.4	南江县	3388	68.0
万源市	4051	59.3	合　计	17757	274.8

注：人口为 2010 年统计数据；未扣除其中分散的禁止开发区和基本农田面积。

表 4-15　大小凉山水土保持和生物多样性生态功能（单位：平方公里，万人）

区　域	辖区面积	户籍人口	区　域	辖区面积	户籍人口
沐川县	1405	25.7	屏山县	1418	30.7
石棉县	2679	12.2	峨边县	2382	14.8
宁南县	1672	18.7	马边县	2293	20.5
普格县	1905	17.1	布拖县	1685	17.3
喜德县	2203	20.6	金阳县	1587	17.9
越西县	2258	31.9	昭觉县	2702	27.9
甘洛县	2153	21.2	美姑县	2515	24.3
雷波县	2840	25.4	合　计	31697	326.2

注：人口为 2010 年统计数据；未扣除其中分散的禁止开发区和基本农田面积。

和无序开矿等破坏植被的行为；推广封山育林育草技术，有计划、有步骤地建设水土保持林、水源涵养林和人工草地，恢复山体植被。

——以小流域为单元，进行以坡改梯和坡面水系建设为主的坡耕地综合整治，采用补播方式播种优良灌草植物，提高山体林草植被覆盖率，重点治理泥石流和滑坡，控制沟谷蚀；开展石漠化综合治理，拦蓄泥沙，保护土壤资源。

——以“长治”、天然林资源保护、石漠化综合治理、野生动植物保护、自然保护区建设、湿地保护及土地整理等国家重点生态工程为依托，对不同流域进行差别化治理，推进干热河谷和山地生态修复与重建。

——坚持“以防为主，防治结合”，以非工程措施为主，并与工程措施相结合，工程治理和生物治理相结合，结合堤防、护岸、谷坊、拦沙坝、排导沟、水库等工程措施，逐步形成完善的山地灾害防治体系。

——保护原生森林、流域生态系统，加强造林绿化、小流域治理、矿山生态恢复等生态工程，提高水源涵养、水土保持和野生动植物保护等生态功能。

——加强扶贫开发，发展以养殖业、竹产业、经济林为主的生态农林牧业和农产品深加工业，合理开发旅游文化资源，点状开发水能、矿产资源。

（九）禁止开发区域

截至 2011 年 12 月 31 日，全省共有禁止开发区域 317 处，总面积 11.5 万平方公里①，占全省辖区面积的 23.6%。重要饮用水水源地 246 处。今后新设立的世界文化自然遗产、国家和省级自然保护区、湿地公园、风景名胜区、森林公园、地质公园等自动进入禁止开发区域名录。市（州）及市（州）以下依法设立的自然保护区、森林公园、地质公园、风景名胜区和水源保护区按禁止开发区域管理，不再单列。根据《全国主体功能区规划》要求，基本农田也按禁止开发区域管理（见附件 2 国家禁止开发区域名录）②。

四川省禁止开发区域的主体功能定位：保护自然文化资源的重要区域，森林、湿地生态、生物多样性和珍稀动植物基因资源保护地，重要水土保持区域与重要饮用水水源地。在严格保护生态环境的前提下，合理开发优势特色旅游资源，发展生态旅游产业。

禁止开发区域要严格控制人为因素对自然生态的干扰，严禁不符合主体功能区定位的开发活动，引导人口逐步有序转移，实现污染物“零排放”，提高环境质量，提高可持续发展能力。自然保护区、文化自然遗产、风景名胜区、森林公园、湿地公园、地质公园要逐步达到各类区域规定执行标准（见表 4-16 和图 4-5）。

---

① 省级以下各级各类自然文化资源保护区域、重要水源地，以及其他省级人民政府根据需要确定的禁止开发区域个数和面积暂未纳入统计。

② 根据 2010 年 2 月 12 日《四川省人民政府办公厅关于城镇集中式饮用水水源地保护区划定方案的通知》（川办函〔2010〕26 号），由省政府批准了 246 个城镇集中式饮用水水源地保护区。

表 4-16　四川省禁止开发区域基本情况（单位：万平方公里，%）

类　型	个数	面积	占国土面积比重	类　型	个数	面积	占国土面积比重
国家和省级自然保护区	91	5.92	12.18	省级地质公园	8	0.10	0.2
国家级自然保护区	27	2.84	5.84	重要湿地和湿地公园	19	1.11	2.27
省级自然保护区	64	3.08	6.34	国家重要湿地	3	1.08	2.22
世界自然文化遗产	5	1.10	2.26	国家湿地公园	7	0.012	0.02
国家和省级森林公园	88	0.74	1.52	省级湿地公园	9	0.017	0.03
国家级森林公园	33	0.64	1.32	国家和省级风景名胜区	90	3.95	8.13
省级森林公园	55	0.10	0.20	国家风景名胜区	15	1.91	3.93
国家和省级地质公园	24	0.49	1.0	省级风景名胜区	75	2.04	4.20
国家地质公园	16	0.39	0.8	合　计	317	11.5	23.6

注：截至 2011 年 12 月 31 日；总面积已扣除相互重叠面积；重要水源涵养地基本处于上述各类禁止开发区域内，不再单列重要水源涵养地面积。

三　推进形成主体功能区的区域政策

（一）财政政策

完善财政转移支付制度。加大对重点生态功能区和农产品主产区的均衡性转移支付力度，建立完善县级基本财力保障机制，增强限制开发区域基层政府实施公共管理、提供基本公共服务和落实各项民生政策的能力。建立生态环境补偿机制和生态环境保护奖惩机制，加大对重点生态功能区的支持力度。

探索建立地区间横向援助机制。探索建立生态环境受益地区对重点生态功能区的横向援助机制，采取资金补助、定向援助、对口支援等多种形式，提高重点生态功能区基本公共服务水平。

（二）投资政策

加大政府投资支持。将政府预算内投资分为按主体功能区安排和按领域安排两个部分，实行二者相结合的政府投资政策。按主体功能区安排的投资，重点支持重点生态功能区和农产品主产区的生态修复和环境保护、农业综合生产能力建设、公共服务设施建设、生态移民、促进就业、基础设施建设以及支持适宜产业发展等。按领域安排的投资，逐步加大政府投资用于农业、生态建设环境保护方面的比例。农业投资，重点投向农产品主产区农业综合生产能力建设。生态环境保护投资，重点投向重点生态功能区生态产品供给能力建设。基础设施投资，重点投向重点开发区域的交通、能源、水利、环保以及公共服务设施的建设。

图 4-5　禁止开发区域

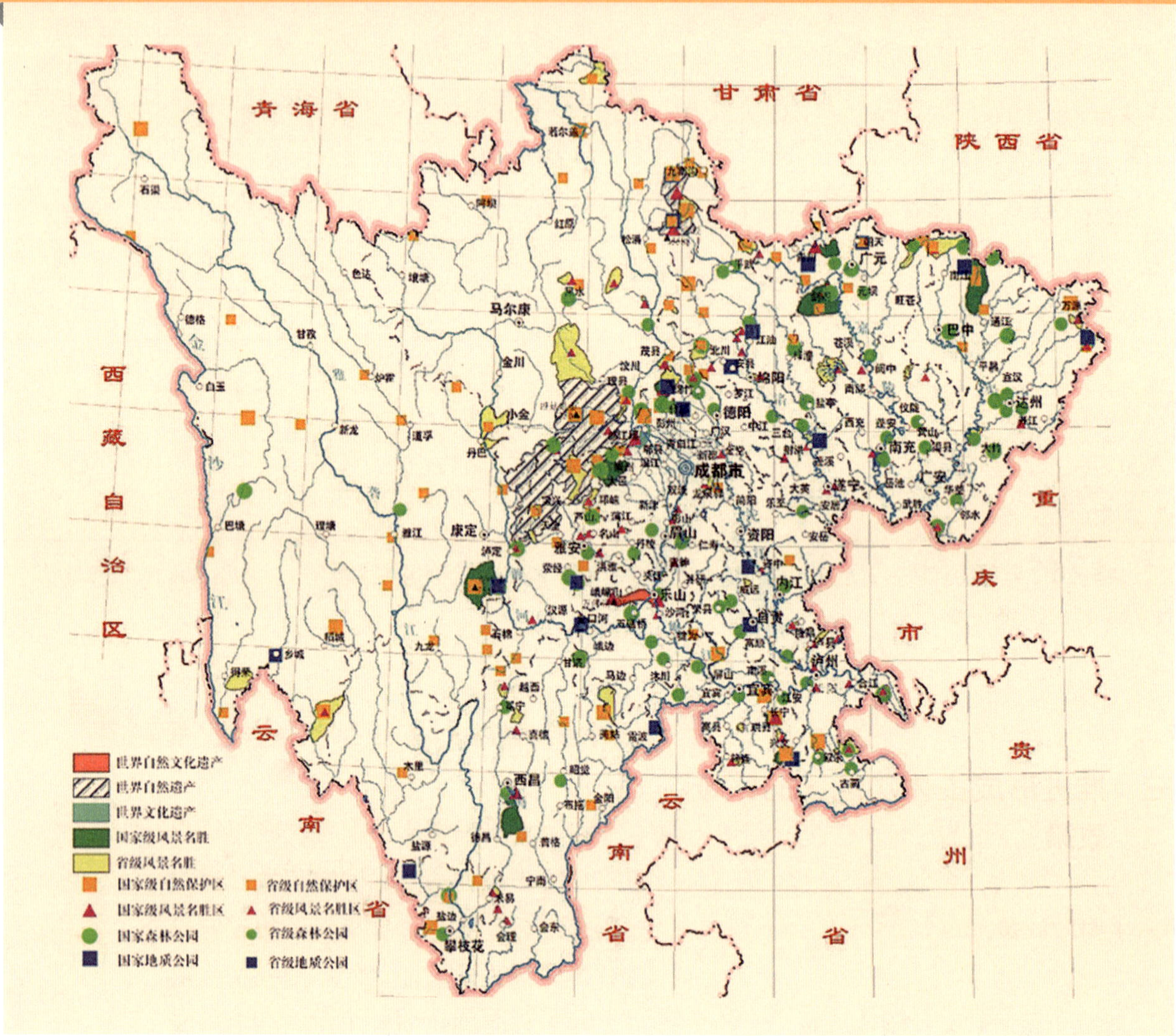

根据主体功能定位积极引导社会资本投资方向。对重点开发区域，鼓励和引导民间资本进入法律法规未明确禁止准入的行业和领域。对限制开发区域，主要鼓励民间资本投向基础设施、市政公用事业和社会事业等。积极利用金融手段引导民间投资，引导商业银行按主体功能定位调整区域信贷投向，鼓励向符合主体功能定位的项目提供贷款，严格限制向不符合主体功能定位的项目提供贷款。

（三）产业政策

强化空间引导。发挥《产业结构调整指导目录》、《外商投资产业指导目录》等的引导作用，明确不同主体功能区域鼓励、限制和禁止的产业。编制专项规划、布局重大项目，必须符合各区域的主体功能定位，进一步明确不同产业在省域空间内的布局。

完善进退机制。严格区域产业准入，对不同主体功能区域实行差别化的用地、能耗和排放标准，严格限制乃至禁止不符合主体功能定位的产业布局。建立区域退出机制，对限制开发区域不符合主体功能定位的现有产业，通过设备折旧、设备贷款担保、迁移补贴、淘汰落后产能、技术改造等手段，促进产业升级和跨区域转移，有序转移或关闭与主体功能定位不符合的产业和企业。

加强分类指导。支持重点开发区域改造提升传统产业，大力发展战略性新兴产业、先进制造业，加快发展现代服务业，发展资源加工产业和劳动密集型产业，壮大优势产业集群，提高产业聚集度。支持限制开发区域在保护生态和农业的前提下点状开发优势资源，培育发展特色产业。完善"产业飞地"模式，引导产业向发展条件较好的区域集聚。严格控制禁止开发区域相关产业发展。

（四）土地政策

实施差别化的土地政策。按照不同主体功能区的功能定位和发展方向，实行差别化的土地利用政策，科学确定各类用地规模。规范土地储备行为，加大土地整理力度，确保耕地、林地数量和质量。重点生态功能区和农产品主产区要严格控制工业用地增加，重点开发地区适度增加城市居住用地，逐步减少农村居住用地，合理控制交通用地增加。

统筹城乡区域建设用地。探索城镇建设用地增加要与本地区农村建设用地减少相挂钩，探索城市建设用地的增加规模要与吸纳农村人口进入城市定居的规模挂钩，探索城市化地区建设用地的增加规模要与吸纳外来人口定居的规模挂钩。

保障重点开发区域用地需求。适当扩大重点开发区域建设用地规模，促进人口城镇化和土地城镇化协同发展。优化土地利用结构，促进城镇化和工业化协调发展。

进一步严格土地用途管理。将基本农田落实到地块并标注到农村土地承包经营权证书上，禁止未经依法批准擅自改变基本农田的用途和位置。严格控制限制开发区域的农业发展用地、生态用地转变为工业发展和城市建设用地。妥善处理自然保护区、风景名胜区农牧地产权关系。

（五）农业政策

加大农业农村投入。调整财政支出、固定资产投资、信贷投放结构，保证各级财政对农业投入增长幅度高于经常性收入增长幅度，大幅度增加对农村基础设施建设和社会事业发展的投入，大幅度提高政府土地出让收益、耕地占用税新增收入用于农业和农村的比例。

完善强农惠农政策。逐步完善支持和保护农业发展的政策，加大强农惠农政策力度，并重点向农产品主产区倾斜。稳步提高粮食最低收购价格，改善其他主要农产品价格保护办法，充实主要农产品储备，保持农产品价格合理水平。

健全农业补贴制度。继续增加农民种粮和养猪补贴，加大对产粮大县的财政奖励和粮食、生猪项目扶持力度。加大良种补贴力度，争取中央财政支持，逐步扩大补贴范围和品种。

支持发展农产品加工。支持农产品主产区依托本地农产品资源优势，积极发展农产品加工产业，根据农产品加工业不同产业的经济技术特点，对适宜发展的产业，优先在农产品主产区的县城布局，并按规定给予财政贴息和信贷扶持。

（六）人口政策

引导人口合理迁徙。重点开发区域实施积极的人口迁入政策，增强人口集聚吸纳能力，放宽户口迁移限制，鼓励外来人口迁入和定居，防止人口向超大城市过度集聚。限制开发区域实施积极的人口迁出政策，加强职业技能培训，增强劳动力跨区域转移就业能力，引导人口向重点开发区域和区域内县城和中心镇集聚。

推进户籍综合配套改革。逐步实行城乡统一的户口登记管理制度，逐步剥离附加于现行户籍制度的基本公共服务。按照“属地化管理、市民化服务”的原则，鼓励城市化地区将流动人口纳入居住地教育、就业、医疗、社会保障、住房保障等体系，保障流动人口与本地人口享有均等的基本公共服务和同等权益。

探索建立人口评估机制。构建重大建设项目与人口发展政策之间的衔接协调机制，重大建设项目的布局和社会事业发展应充分考虑人口集聚和人口布局优化的需要，以及人口结构变动带来的需求变化。

（七）环境政策

严格污染物排放标准和总量控制指标。重点开发区域要结合环境容量，实行严格的污染物排放总量控制，较大幅度减少污染物排放量。限制开发区域要通过治理、限制或关闭污染物排放企业等措施，实现污染物排放总量持续下降和环境质量达标。禁止开发区域要依法关闭所有污染物排放企业，确保污染物的“零排放”。

严格产业准入环境标准。重点开发区域要按照国内先进水平，根据环境容量逐步提高产业准入环境标准。农产品主产区要按照保护和恢复地力的要求设置产业准入环境标准。重点生态功能区要按照生态功能恢复和保育原则设置产业准入环境标准。禁止开发区域要按照强制保护原则设置产业准入环境标准。

完善保护环境的市场机制。重点开发区域要积极推进排污权制度改革，控制排污许可证增发，制定合理的排污权有偿取得价格，鼓励新建项目通过排污权交易获得排污权。限制开发区域要从严控制排污许可证发放。禁止开发区域不发放排污许可证。积极推行循环经济、清洁生产、绿色信贷、绿色保险、绿色证券等。

完善环境评价和生态修复机制。涉及流域、区域开发和行业发展的规划以及建设项目，要严格执行环境影响评价制度，强化环境风险防范，各类开发区和工业集中区要按照循环经济的要求进行规划、建设和改造，严格依法落实生产建设项目水土保持方案报告制度，有效防控生产建设中的地貌植被破坏，确保从源头上控制污染和水土流失。限制开发区域要尽快全面实行矿山环境治理恢复保证金制度，并实行较高的提取标准。禁止开发区域的旅游资源开发须同步建立完善的污水垃圾收集处理设施。

加强水资源和水环境保护。重点开发

区域要合理开发、科学配置、节约集约利用水资源，限制入河排污总量。限制开发区域要加强水资源保护，适度开发、节约利用水资源，满足生态用水需求，加强水土保持和生态修复与环境保护。在禁止开发区域内严格禁止不利于水生态环境保护的开发活动，实行严格的水资源保护政策。

加强土壤环境保护与综合治理。严格控制新增土壤污染，确定土壤环境保护优先区域，强化被污染土壤的环境风险控制，开展土壤污染治理与修复，建立农产品产地土壤环境监测机制，提升土壤环境监管能力。

（八）应对气候变化政策

城市化地区要积极发展循环经济，实施重点节能工程。积极发展和消费可再生能源，强化能源资源节约和高效利用技术开发应用，降低温室气体排放强度。

农产品主产区要加强农业基础设施建设和农业气候资源的合理开发利用，推进农业结构和种植制度调整，加强新品种、新技术开发，增强农业生产适应气候变化不利影响的能力。

重点生态功能区要根据主体功能定位推进天然林资源保护、退耕还林还草、退牧还草、风沙源治理、防护林体系建设、野生动植物保护、湿地保护与恢复等，增加陆地生态系统的固碳能力。积极发展风能、太阳能、生物质能，充分利用清洁、低碳能源。

开展气候变化对水资源、农业和生态环境等的影响评估，建立重大项目自然灾害风险评估制度。增强人工影响天气适应气候变化能力，提高极端天气气候事件监测预警能力，加强自然灾害的应急和防御能力建设。

（九）民族政策

落实支持民族地区发展的政策，促进民族地区经济社会跨越发展。充分尊重少数民族群众的风俗习惯和宗教信仰，切实维护民族团结。优先安排与少数民族聚居区群众生产生活密切相关的交通、能源电力、水利、农业、教育、卫生、文化、饮水、贸易集市、民房改造、扶贫开发等项目，解决制约民族地区发展的突出问题。鼓励并支持发展特色产业，积极推进少数民族地区农村劳动力转移就业，加强劳动力就业培训，结合生态建设、道路养护等工程开发公益岗位，努力为少数民族群众提供更多就业机会，扩大少数民族群众收入来源，提高少数民族群众收入水平。

参考文献

杜黎明：《推进形成主体功能区》，博士学位论文，四川大学，2008。

国务院发展研究中心课题组：《主体功能区形成机制和分类管理政策研究》，中国发展出版社，2008。

樊杰：《我国主体功能区划的科学基础》，《地理学报》2007 年第 4 期。

方创琳等著《区域规划与空间管治论》，商务印书馆，2007。

《四川省主体功能区规划》。

第二篇

产业

第5章 产业结构与布局演变*

一 概述

作为中华文明重要起源地之一的四川省，是我国最早被开发的地区之一。但千百年来，全省经济以农牧业为主，手工业和商业虽然发展较早，但所占比重一直较小，无法成为经济发展的主流。清末以后，全省近代工业开始萌芽，但发展十分缓慢。民国时期有一定发展，但比重始终很小，无法改变全省以农业为主的自然经济结构。1949年中华人民共和国成立时，全省工农业生产总值仅为43.51亿元，其中农业总产值为36.2亿元，占83.2%；工业总产值仅为7.31亿元，占16.8%，全省第一、第二、第三产业的比重为69.64∶10.86∶19.50，产业结构呈“一、三、二”型。

新中国成立后，在党和各级政府的领导下，全省进行了大规模的社会主义经济建设，工业经济发展迅速，逐渐改变了全省以农业经济为主的结构，尤其是改革开放以后，全省三次产业协同发展，增长迅速，产业结构和布局不断优化完善，三次产业结构顺序逐步由“一、三、二”转变为“二、一、三”，最终发展成为现在的“二、三、一”。

在“三年恢复”和“一五”计划期间（1950～1957年），四川改建、新建了成都热电厂、重庆电厂、成都刃具厂等一批骨干企业，修建了成渝铁路、宝成铁路及康藏公路、成阿公路、宜西公路等交通干线，为工业和交通运输业打下了基础。

1958～1965年，“二五”计划和调整改造时期，四川兴建了德阳第二重型机械厂、东方电机厂等一批骨干企业，进一步加强了工业、交通发展的物质基础，并在1964年，根据党中央确定的“三线建设”战略部署，揭开了四川“三线建设”的序幕。

1966～1978年，是“三线建设”的关键时期。尽管受到了“文革”的干扰，但仍完成了成昆、川黔、襄渝等铁路和攀枝花钢铁基地、芙蓉煤矿、西南铝加工厂、峨眉水泥厂等大型企业和国防工业的建设，一大批装备雄厚的骨干企业建成投产，使四川的工业、交通提高到一个新的水平，全省三次产业结构有所优化，布局开始朝着有利的方向发展。

1978年后，根据中国共产党十一届三中全会精神，四川坚持以经济建设为中心，以农村改革为突破口，推行以家庭联产承包为主的责任制，探索以扩大企业生产经营自主权为主的企业改革。到1990年有计划的商品经济已基本确立，全省经济获得较大发展，特别是工业基础落后的状况得到了很大改善，形成了门类比较齐全的工业体系。农业生产条件也有一定改善，交通运输初步形成水、陆、空配合的，以成、渝两市为枢纽的网络，改变了“蜀道难”的状况，有效促进了全省经济产业结构的调整升级。

1991～2000年的十年是我国深化经济体制改革，探索建立社会主义市场经济体制的十年。四川在完善家庭联产承包责任制，加快农业经济结构调整的同时，将改革的重点放在了工业经济发展上，通过

* 本章作者：盛毅，四川省社会科学院副院长，研究员；王磊，四川省社会科学院产业研究所副研究员。

对国有经济布局的战略性调整，引导和带动全省经济结构的调整。1997 年国家对四川和重庆的行政区划进行了调整，使全省的产业结构和布局发生了重大变化。并且，由于社会主义市场经济体制的探索建立，全省产业结构和布局的调整由过去完全由政府主导，逐步过渡到了政府引导与市场调节相结合的轨道上。

进入 21 世纪，世界经济格局发生了深刻变化，经济全球化和新技术革命推动国际产业结构深度调整，产业转移步伐不断加快，为四川省调整和优化产业结构、加快经济发展带来了重大机遇。四川利用我国实施西部大开发战略的有利条件，不断深化经济体制改革，完善市场经济体制，扩大对外开放，通过开拓国内外市场，承接产业转移及鼓励投资创业，有效促进了主导优势产业发展，使全省的产业结构和布局进一步优化。到 2011 年，全省三次产业结构由 2000 年的 24.1 : 36.5 : 39.4 调整为 14.2 : 52.4 : 33.4。农业、工业及第三产业内部结构也获得了很大改善，布局持续优化，渐趋合理。

二　新中国成立前产业结构与布局

（一）古代经济及产业发展概况

作为中华文明发祥地之一，四川很早以前就是中华民族繁衍生息之处，这块广袤富饶的土地逐渐得到开发，成为中国经济发展的一个重要组成部分。

1. 先秦时期的开发历史

早在距今约一万年前，就有“资阳人”[①] 在四川盆地活动。“大溪遗址”和忠县㽏井沟遗址[②] 证明，距今七八千年前的新石器时代，四川人在长江与其支流交汇的三角地带，过着渔猎生活。夏、商时期，四川已形成蜀和巴两个大部落，生活在现今岷江上游、邛崃山带和盆东北大巴山麓及长江、嘉陵江沿岸的山地、丘陵地带，并在初周演变为两个奴隶制国家。此时，畜牧、农耕、蚕桑已相当发达。战国初期，蜀王开明世治水，开凿沱江疏导青衣江[③]，使农业生产进一步发展，并初步出现农耕与畜牧区域。这一时期，四川已有了一定规模的水稻种植[④]，冶铜业也达到中原地区水平，丝织、制茶、冶铁、采盐等手工业也有发展。

2. 秦、汉时期四川经济有较快的发展

秦昭王末，李冰为蜀守时，率领蜀民在前人治水的基础上，修筑了世界水利史上的奇迹——都江堰水利工程，修整了南安沫水（乐山大渡河），疏通了汶井、白木、洛水等河道[⑤]，从此盆西沃野千里。秦汉时期，四川的手工业也相当发达，冶炼、井盐、漆器、蜀锦、金银器皿等行业达到较高水平，其时井盐遍布于牛鞞（简阳）、武阳（长宁）等十余县；邛都（西

---

① 1951 年在资阳黄鳝溪发现的旧石器时代的人类头骨化石，以后在学术上正式命名为“资阳人”。
② 为四川省考古发现的新石器时期人类生活遗址（省博物馆 · 古代文物资料选辑）。
③《水经注 · 江水》说“江水又东别为沱，开明之所凿也”。
④《华阳国志 · 巴志》及汉杨雄《十二州箴》。
⑤ 今崇庆县西河，邛崃县南河、鸭子河等。

昌）的铜，临邛、南安（乐山）的铁，朱提（宜宾）的银均十分有名。汉文帝时，严道所铸“邓通钱”遍及天下[①]。蜀帮所产铁钟远销云、贵。成都的蜀锦、蜀布，广汉的金银器皿、漆器、蜀刀称誉国内外[②]。当时，北至中原，东航荆楚，南及云贵，西南达西藏、印度的交通已渐次开辟，加速了四川的经济发展。到东汉中期，益州人口发展到724万，占全国人口的15.1%[③]。成都有人口7.6万户，是仅次于长安的全国第二大城市和西南经济中心。

3. 唐、北宋是四川古代经济发展到高峰的时期

唐、北宋时期，四川人口增多，耕地扩展，矿业、手工业、金融业等在四川乃至中国经济史上都留下了开创性的纪录。唐贞观十二年（公元638年）剑南道（今四川盆地西部及云贵一部分地区）有人口286万，占全国总人口的20.1%；唐天宝七年（公元748年）剑南道官仓存米203万担；宋熙宁二年（公元1069年）四川有田地3200万亩，占全国耕地的5%[④]。蜀锦制品艺冠全国，每年织造的绫罗锦缎达8160匹[⑤]，丝织业在技术和规模上都达到新的水平。唐代益州“麻纸”和名贵书写纸“薛涛笺”闻名全国；成都的雕版印刷术比欧洲早七八百年，宋代已使用铜版印刷及套色彩印，成为仅次于杭州的印刷中心。唐、北宋时期四川经济空前繁荣，成都为全国仅次于扬州的文化、手工业和商业中心，享有“扬一益二”之美誉。

4. 南宋、元、明、清是四川经济长期衰落、停滞的时期

北宋以后近800年的南宋、元、明、清时期，四川频经战乱，经济衰落、停滞，到清朝中期虽曾有所恢复，但在全国经济中的地位一直不能和汉、唐时期相比。明末由于统治者镇压农民起义和少数民族之间的战争，经济遭到毁灭性的破坏。到康熙二十三年（公元1684年），四川户口1.8万户，人口不足10万。清初，进行了大规模“湖广填四川”的移民垦殖活动，到清乾隆三十一年（公元1766年）户口才增至296万户，耕地约增一倍，有田4600万亩，占全国水田的6.3%。这一时期，雅州、眉州、嘉定、资州等地成为重要的产丝区。自流井有盐井8680眼，逐渐形成盐业中心。沱江流域遍植甘蔗，内江也初步形成糖业中心。夹江、洪雅、合川等地生产的手工纸远销陕、甘、鄂、豫。松潘的当归、大黄、黄连，剑州的降香、乳香等中药材在国内享有盛名。其他如威远的铁、雷波的铜也发展起来。

（二）近代经济及产业发展概况

四川近代经济结构和布局，深深打上了半殖民地、半封建社会的烙印。

---

① 《史记 · 佞幸列传》。
② 童恩正：《古代的巴蜀》，四川人民出版社，1979。
③ 梁中方：《中国历代户口、田地、田赋统计》，上海人民出版社，1980。
④ 同上。
⑤ 《唐六典》。

1. 鸦片战争至抗日战争前是四川沦为半殖民地、半封建的时期

1840 年鸦片战争后，随着帝国主义势力向中国内地侵入和“洋务运动”的兴起，四川省以自然经济为基础的农业、手工业遭到破坏逐渐解体，近代工业开始出现。19 世纪末，重庆先后被英、日开辟为商埠，万县设海关。沿江地区商品性农业生产开始出现，在重庆、万县还出现了外商经办的桐油冶炼厂、肠衣厂及英商立德乐在江北县经营的江合煤矿等近代工业[①]。第一次世界大战期间，四川的三台、乐山、重庆相继出现了最初的民族资本兴建缫丝、肥皂、面粉、纺织等近代工业，但远远落后于沿海与中南地区。随后，军阀及官僚资本出于统治与敛财需要，先后修筑了成渝、川陕、川鄂、川黔、川湘、川康等公路，密切了生产与消费等方面的联系，促进了油桐、甘蔗、榨菜、青麻等经济作物产量的迅速增长，生漆、桐油、猪鬃、生丝、药材等农副产品和工业原料的国内外贸易也发展起来。1927 年，重庆人口增至 31 万，沿江的万县、泸州、叙州以及嘉定等地，也形成商业城市，四川乃至整个西南的经济中心转移到盆东重庆地区。但是工业在四川的发展却很缓慢，直到 1920 年，仅有少数桐油炼冶厂、食品厂、火柴厂、纺织厂、缫丝厂和用土法开采的煤矿、铁矿及土法冶铁炉，且规模很小。到抗战前夕的 1936 年，全川仅有各种工厂 583 家，资本 646 万元，工人 18710 人，占当时全国工厂总数的 2.9%。工业结构畸形发展，轻工业占工厂总数的 93.5%，资本占总数的 62%，工人占 92.4%，属于重工业的机械、冶金、化工等工厂很少。

2. 抗日战争八年是四川经济较大发展和虚假繁荣时期

抗日战争时期是四川经济畸形发展的时期，一方面工业因大量工厂内迁而呈表面上的发展；另一方面农业生产衰退，农村经济凋敝。1937 年日本帝国主义全面发动侵华战争，同年底南京失陷，国民党退据四川，以重庆作为陪都。同时，把汉阳钢铁厂、永利化学工业公司、汉阳兵工厂等沦陷区内的大量企业迁入四川，使得四川工业迅速扩张。1942 年四川有工厂 2382 家，资本 25.4 亿元。其中轻工企业占 38.2%，重工企业占 61.8%。工业部门也逐渐完整，有化工、冶金、机械、电机、船舶、电线、酸碱、酒精、水泥、机制纸、棉布、白糖、纱、火柴、肥皂、针织品等。但在工厂总数中，仍是小厂多，大厂少，资本在 100 万元以下的小厂占 96.3%，资本在 500 万元 ~ 5000 万元的中型厂仅占 3.5%，5000 万元以上的大厂仅有 4 家[②]。工业布局集中，仅在重庆一地就拥有全川工厂的 63.7%，其中在重庆的钢铁厂占钢铁厂总数的 71%，机械厂占总数的 88.3%，电器制造厂占总数的 89.5%，纺织、食品等轻工业厂占总数的 50%左右，其余工业也主要分布在沿江一带或重庆附近，如南充、三台、遂宁、乐山有部分棉毛纺织业；自贡、五通桥有部分化学工业及井盐业；内江、资中为制糖业和造纸

① 《重庆工商史料》，重庆出版社，1983。

② 原四川省政府统计处：《四川统计月刊》，1948 年 7 月。

业；宜宾为电瓷工业；江北、南川、犍为、乐山、威远为采煤业；綦江、威远、彭水为铁矿采掘业。而盆西北广大地区工业甚少，成都仅有纺织、造纸、电线、机械修理、面粉等几家中小型企业。抗战期间国民党政府对四川公路和内河航道进行了一些修建、治理，以重庆为中心，修筑了川湘、川鄂、汉渝、渝绵等公路的未完成线段，全川公路里程达5000公里，比战前约增一倍；嘉陵江、乌江的航运条件得到了一定改善，1936～1941年，川江的轮船吨位增加了两倍。重庆作为抗战时期的政治、军事、经济中心，市区人口从1937年的50万增加到140万①。

抗战时期，四川在工业畸形发展的同时，农业却日趋凋敝，其原因之一是众多青壮年被抓，1937～1947年，四川出征壮丁300万人②，使壮劳力比战前减少2/5，造成农村劳动力极度缺乏；原因之二是国民党政府的横征暴敛、苛捐杂税层出不穷，1942年每亩稻田平均产谷400斤，而负担的各种税收高达238斤，占产量的60%；原因之三是官僚资本垄断农产品市场，操纵物价，牟取暴利。加之封建地主的重租盘剥，四川的农业生产受到严重摧残，全省有32种农作物在战时七年中的平均产量比战前七年的平均产量减少5%。其中稻谷1946年比1937年减少34%，同期小麦减产50%；棉花1944年比1936年减产60%；甘蔗1943年比1941年减产30%，茶叶减产50%，生丝减产75%③，致使人民的基本生活资料供应严重不足，米珠薪桂，广大人民挣扎在饥寒交迫之中。

抗战胜利后，随着国民党政府迁返南京和官僚资本的转移，很多工厂迁回沿海，加之美国剩余商品的倾销和官僚资本的吞并，民族工业濒临绝境，工厂纷纷倒闭，工人大批失业。1946年3月，重庆工厂迁移停工和歇业者达70%④，这一年重庆倒闭的工商业达7000多家，占全市工商企业总数的70%；1948年参加产联的1200家工厂中，歇业者达80%以上。

（三）新中国成立初期全省产业结构及布局

新中国成立之初，全省仍是一个典型的农业经济省份，经济总量较小，且农业在全省经济中的比重较大，工业经济基础十分薄弱，整体规模很小，在全省经济总量中所占比重较低。1949年，全省工农业生产总值仅为43.51亿元，其中农业总产值为36.2亿元，占83.2%；工业总产值仅为7.31亿元，只占16.8%，全省第一、第二、第三产业的比重为69.64∶10.86∶19.50，产业结构呈“一、三、二”型。

1. 农业生产以粮食为主，主要分布于盆地内，经济作物规模小，布局分散

全省农业经济基本处于自然经济状态，主要是自给自足性质的，以粮食生产为主的农业，生产效率低下。经济作物有

① 孙敬之主编《西南经济地理》，科学出版社，1960。
② 《四川经济汇报》，1949年1月。
③ 《四川经济季刊》3卷3期。
④ 于素云主编《中国近代经济史》，辽宁出版社，1983。

一定的发展，但布局分散。农业生产以种植业为主，林、木、副、渔四业所占比重很小；在种植业中，又以粮食作物为主，经济作物所占比重较小。1949 年，四川省农业总产值 36.2 亿元中，种植业产值为 26.33 亿元，占 72.7%；林业产值仅为 0.67 亿元，占 1.9%；畜牧业产值为 4.7 亿元，占 13%；副业产值为 4.5 亿元，占 12.4%；渔业几乎为零。种植业中粮食业产值为 22.21 亿元，占 84.4%；经济作物产值为 1.54 亿元，占 5.8%。全省主要农产品产量结构为：粮食 1494.5 万吨，棉花 1.53 万吨，油菜籽 15.5 万吨，花生 7.4 万吨，甘蔗 56.9 万吨，蚕茧 0.49 万吨，茶叶 0.46 万吨，柑橘 3.6 万吨，年末存栏生猪 1019 万头，大畜生 555 万头，羊 260 万只。

粮食生产以水稻为主。水稻是四川省的大春作物，主要分布在盆地各县，其中，成都平原和岷江、嘉陵江、渠江中下游及长江沿岸为集中产区。小麦是四川省的小春作物，主要分布在成都平原和沱江、涪江、渠江、嘉陵江流域。玉米以川东丘陵区和盆地边缘山区种植面积最大，涪陵、万县、绵阳等地区种植面积都在 200 万亩以上。经济作物种类较多，面积少，布局分散。主要有棉花、油菜籽、花生、甘蔗、烤烟、黄红麻、苎麻、芝麻、晒烟、土烟、自肋烟、大麻、亚麻、甜菜、剑麻等。1949 年，经济作物种植面积 842 万亩，占全省农作物播种面积的 5.3%。其中，油菜籽 344 万亩，棉花 230 万亩，花生 102 万亩。棉花分散种植在全省的 120 多个县，油菜籽以原温江地区和成都市种植最多，花生主要分布在内江、绵阳、宜宾等丘陵区，甘蔗分散在 150 多个县，麻类分布遍及盆地丘陵区。

2. 工业规模小，结构单一，主要分布在沿江地区

1949 年，全省工业生产总值和增加值分别为 7.31 亿元和 2.56 亿元。总体属于轻型结构，重工业比重较小。其中轻工业产值 5.7 亿元，重工业为 1.61 亿元，轻重工业比例为 77.97 : 22.03。电力工业发电设备总容量仅有 4.57 万千瓦，发电量 1.47 亿千瓦时；钢产量仅为 0.9 万吨，铁产量为 12.1 万吨；纺织工业仅有棉纺锭 19.4 万枚，毛纺锭 8500 枚，棉纱产量为 1.2 万吨；原盐产量 27.2 万吨，食糖 2.45 万吨，纸 0.24 万吨。企业规模及组织结构以小型企业及手工作坊为主，几乎没有大中型企业。所有制结构以个体及私营企业为主，公营经济比重仅有 5.5%。

新中国成立初期，四川（含重庆）工业布局与当时交通主要依靠水运的特点相一致，主要分布在长江和嘉陵江、岷江沿岸，重庆、成都、万县、泸州、南充、乐山等城市集中了全省工业的 70% 以上，其余广大地区基本上没有什么工业。

三　新中国成立后至改革前的产业结构与布局

（一）国民经济恢复发展时期的产业结构调整

1950 年，为尽快恢复国民经济，在党和国家的领导下，全省把农业生产的恢复和发展作为当时农村工作的首要任务，组织农民协会，开展减租退押，进行了土地改革；在城市，开始对官僚资本进行社会主义改造，建立全民所有制企业和公私合营企业。宜宾五粮液酒厂、泸州老窖酒厂、文君酒厂等是公私合营而成的企业，长江造纸厂、南光机器厂、泸州化工厂等是接管而成的全民所有制企业。同时，全省保留了个体经济和私营经济的发展。并新建了成都工程机械厂、四川建筑机械厂、四川内燃机厂、成都机车车辆厂、成都卷烟厂、绵阳卷烟厂、乐山磷肥厂等工业企业。经过三年的恢复发展，到1952年，全省工农业总产值达到45.11亿元（按1952年不变价格计算，下同），比1949年增长34.2%，其中，农业总产值为29.48亿元，工业总产值为15.63亿元，基本上恢复到抗战时期的最高水平。三次产业的比重变为65.32∶15.89∶18.79，第二产业比重上升，开启了四川工业化的进程。

（二）“一五”计划时期全省产业结构有所优化

从1953年起，我国开始执行国民经济发展的第一个五年计划，四川积极贯彻党中央过渡时期的总路线，开展对农业、手工业和工商业的社会主义改造，拉开了全省社会主义现代化建设的序幕。“一五”期间，全省共完成基本建设投资26.78亿元。在优先进行交通、能源重点工程建设的同时，广泛开展了农田水利建设，并有计划地组织工业建设，使全省经济总量在扩张的同时，产业结构进一步优化。

全省在农村土地改革的基础上，完成了互助组、初级社、高级社的社会主义改造，并围绕改良土壤、兴修水利、试办机械化提灌及小水电站、营造经济林等进行农田水利基本建设，五年共投资4726万元，使全省农业生产条件获得较大改善。全省农田灌溉面积扩大到1597亩，比1952年扩大61%，粮食年均增长达5.3%，成为全国重要的商品粮基地。在工业方面，全省基本建设总投资达10.19亿元。全国156项重点建设工程，在四川的项目有重庆电厂、成都热电厂、宏明无线电器材厂、红光电子管厂、锦江电机厂、新兴仪器厂等6项；694项限额以上建设项目四川有16项。此外，还新建了一批大中型企业，如成都量具刃具厂、四川化工厂、宜宾造纸厂、成都机车车辆厂、江油水泥厂、马尔康森工局等。同时组织了重庆钢铁厂、綦江铁矿、重庆水泥厂、重庆电机厂、重庆机床厂等原有骨干企业的重点改造和改扩建，使得全省工业经济基础得到进一步加强。

到1957年，全省工农业总产值达到102.78亿元，比1952年增长83.1%。其中农业总产值59.95亿元，工业总产值42.83亿元；三次产业比重变为58.5∶20.6∶20.89。主要工农业产品产量都达到或超过历史最高水平。1957年，全省轻重工业产值比例变为74∶26，轻型化特征更加明显。在这一时期，全省对私营工商业进行了社会主义改造，私营企业数量减少，产值比重明显减少。到1957年，全民所有制工业在全省工业总产值中的比重达到76.8%，比1952年高40.13个百分点；集体所有制工业占16.3%，比1952年高16.05个百分点；而城乡个体工业的比重下降到6.9%，比1952年低56.18个百分点。

（三）“二五”计划及“大跃进”时期产业结构畸形发展

1958 年，四川在全国率先进入“大跃进”时期。9 月起，四川用了 40 多天即将 16 万个合作社合并为 5000 多个人民公社，土地和财产一律收归公社所有，实现了全省农村人民公社化；同时建立了 61 万个农村公共食堂，95% 的农村人口进入公共食堂吃饭。由于生产关系的急剧变化，农民在思想观念、生产生活习惯上很不适应，公社的管理出现严重混乱。随后三年出现的高指标、高征购、高积累、共产风、浮夸风等愈演愈烈，导致粮食产量大幅下降，农村严重缺粮，城市供应紧张。

工业方面，在“以钢为纲”的错误思想指导下，四川掀起了全民大办工业、大炼钢铁的群众运动，动员了 800 万人上山采矿、筑炉炼铁，兴建了大批“小高炉”、“土高炉”，到 1960 年共建炼铁土炉 5975 座、小铁厂 665 家，年产铁 125 万吨、钢 68 万吨，但其中相当比重的钢是“豆腐渣”，铁是高硫铁。其他各行业都在“大跃进”，不顾客观条件盲目大上基建项目，由于不少项目是在财力、物力尚不具备，技术不过关的情况下盲目上马的，最后被迫停建或报废，造成人、财、物的巨大浪费。“大跃进”导致四川经济遭受重大挫折，国民经济主要比例关系严重失调，工农业生产遭受巨大损失，人民生活极度困难。到 1962 年，全省国民收入为 70.46 亿元，比 1957 年下降 31.7%；工农业总产值 103.8 亿元，下降 17.4%。粮食、棉花、油料、生猪及钢、铁、水泥、食糖等绝大部分农产品和许多工业产品产量低于 1957 年的水平。工业生产总值为 41.72 亿元，比 1957 年下降 9.27%。

1960 年 8 月，全省开始对国民经济进行全面调整，首先，在农村调整了人民公社体制，逐步取消人民公社分配中的供给制，停办公共食堂，使生产队变为基本核算单位，农业生产才基本稳定下来。在工业方面，压缩工业战线，精减职工，减少城市人口。到 1963 年 7 月，全省县属及以上工业企业撤、停、并、转 1233 个，精减职工 96.3 万人。钢、铁的生产能力，分别由 1961 年的 88 万吨和 160 万吨压缩到 40 万吨和 20 万吨。经过调整，原材料、燃料的使用开始集中，煤、电供应好转，木材、化工原料等基础工业和轻纺日用品工业生产增加。到 1965 年，四川省各项指标全面超过 1957 年的水平。工业总产值达 68.27 亿元，轻重工业比例关系调整为 48.7 : 51.3，基本接近合理水平。

（四）“文化大革命”及“三线建设”时期

经过三年的恢复和调整，正当四川省的工农业生产开始稳定发展时，1966 年开始的“文化大革命”，却又使全省的工农业生产遭受到巨大破坏。但随后的十年，又是“三线建设”的关键时期。大规模的“三线建设”，奠定了四川省产业结构和布局的基本格局，对全省经济社会的发展产生了深远影响。

1964 年 5 月，党和政府做出调整生产力布局，进行“三线建设”的战略决策，并将四川列为重点省份。从 1964 年开始，国家在四川投入大量资金用于“三线建设”，并从内地和沿海省市迁入大批工业企业。到1976年，国家对四川的累计投资达362.5亿元，占“三线建设”地区投资总额1300亿元的27.9%。通过新建、改扩建和迁建，共建成企业事业单位350个，其中大中型企业248个，形成固定资产原值260亿元，占“三线建设”的18.6%。从投资结构看：国防工业投资83.4亿元，占23%；机械工业投资74.9亿元，占21%；电子工业投资6.5亿元，占2%；冶金工业投资35.5亿元，占10%；化学工业投资19.5亿元，占5%；能源工业投资41.8亿元，占11%；交通运输及其他投资100.9亿元，占28%。从具体项目结构来看，重点发展的行业主要包括以下几个方面。

第一，常规兵器工业。共投资16.6亿元，形成固定资产15.44亿元，建成大中型项目50多个。为适应常规武器配套生产的要求，重庆地区的冶金、化工、机械等工业也进行了配套建设，重点建设了重庆钢铁厂、重庆特殊钢厂、三江钢厂、长城钢厂、泸州化工厂、宜宾天原化工厂、火炬化工厂、晨光化工研究院等。

第二，钢铁工业。投资18.6亿元，建成了包括采矿、选矿、烧结、炼焦、炼铁、耐火材料、炼钢、轧材全过程的门类齐全的大型钢铁联合企业。新建了长城钢铁厂、成都冶金实验厂等企业，并对重庆钢铁公司、重庆特殊钢厂以及成都钢铁厂、威远钢铁厂、达县钢厂等地方钢铁企业进行了改扩建。

第三，机械工业。共投资70亿元，占全省同期基本建设投资总额的19.8%，相当于全国同一时期机械工业总投资的15.8%。从1965年起，国家从沿海组织了121个单位，通过全迁、分迁和技术支援等形式，在四川组建了82个企业、5个科研所，内迁职工2.8万人，迁入主要设备5400余台。建成了宁江机床厂、德阳二重（扩建）、长江起重机厂、长江挖掘机厂、长江液压机厂、东方电器厂（扩建）、东方汽轮机厂、东方锅炉厂、四川矿机厂、大足汽车制造厂、四川仪表总厂、四川空气压缩机厂、四川空气分离机厂、成都柴油机厂、红岩机器厂、资阳内燃机厂、眉山机车车辆厂、眉山通用设备厂、四川拖拉机厂、自贡高压阀门厂、东新电炭厂等。初步形成了以重庆、成都、自贡、德阳为中心的综合机械加工工业中心，形成了一个规模宏大、基础雄厚、行业齐全、综合性和独立性能都比较高的完整的机械工业体系。生产的产品从微型精密机床到超大型、超重型基础设备以及具有国内先进水平的仪器、仪表、国防尖端产品4000余种。

此外，四川的航空、航天、船舶、电子、核工业、电力、电子、煤炭、石油、化工、建筑材料、森林工业、轻工纺织等各个工业部门，在“三线建设”时期也得到了不同程度的发展，施工建设的大中型项目有400多个，初步奠定了四川省以机械、冶金、军工、电子为特征的产业结构基础，并使全省的电力、煤炭、建筑材料、森林工业、轻工纺织等各个工业部门得到了不同程度的发展。

从建设布局来看，四川省的“三线建设”，重点是围绕以重庆为中心的常规兵器工业基地，以攀枝花为中心的钢铁工业基地，以川南地区为中心的盐化工和天然气化工生产基地，以成都、德阳、绵阳、广元为中心的电子、重型机械、发电设备制造工业基地和以成昆、川黔、湘渝三条铁路干线及其沿线为建设重点布局的。由于一大批工业企业的迁建、兴建，使四川最终成为全国著名的三大电站成套设备生产基地之一，四大电子工业基地之一，五大钢铁基地之一；机械工业，形成重型矿山和工程机械制造、机床工具制造、汽车、仪器仪表、农业机械等较完整的体系，能独立生产许多高、精、尖产品，成为中国西南部重要的工业基地。随着这些工业基地的建设，一批新兴工业城市迅速崛起：攀枝花钢铁基地的建成，使昔日的蛮荒之地崛起了一座崭新的工业城市攀枝花；在长虹电子股份有限公司为首的产业体系的带动下，绵阳发展为以电子工业为核心的大城市；地处少数民族地区的西昌以“中国航天城”而闻名中外；德阳、广元、自贡、乐山、江津、内江等城市也由于“三线建设”企业的建立而经济实力大增，同时全省还新形成或扩大了 60 多个中小城镇，成为工业重镇，极大地改变了全省的工业布局。

“三线建设”还极大改善了四川的交通、能源、通信等基础建设。首先，极大改变了交通落后的状况。使全省境内的铁路通车里程增加了 2.1 倍，公路通车里程增加了 10 倍。“三线建设”前，四川省铁路只有成渝、宝成、内宜、川黔四条，“三线建设”不仅对成渝、宝成、川黔三路进行了改造，还兴建了成昆、襄渝两条铁路干线。其中成昆铁路贯穿攀枝花钢城和矿区，全长 1100 公里。襄渝铁路由湖北襄樊至重庆全长 915 公里。这两条铁路的建成，使四川有 5 条大动脉（宝成、川黔、成昆、襄渝铁路和长江）与全国相连。同时，全省的公路建设也达到了高潮，“三线建设”前，全省公路通车里程约 9000 公里，“三线建设”后，总里程达 8 万多公里，约占全国公路总里程的 9%，居全国第一。更有意义的是，因为此时期建公路的目的多为配合“三线建设”企业，而“三线建设”企业分布较散，离大城市较远，故这一时期的公路建设对解决四川偏远地区交通难起了重要作用。其次，国家投入了大量资金用于四川能源及通信设施的建设。“三线建设”期间，国家对四川煤炭工业投资超过 60 亿元，对石油及天然气工业投资总计达 21.3 亿元。为解决“三线建设”的企业、科研院所及城镇间的通信问题，国家还投入了大量资金用于全省邮电通信事业的建设。交通、能源、邮电通信等基础设施的改善，为全省经济发展及产业结构和布局的调整打下了良好的基础。

到“三线建设”结束的 1978 年，全省国内生产总值达到 245 亿元。按可比价格，相当于“三线建设”开始前 1964 年的 2.6 倍。产业结构也发生了明显变化。从增加值结构看：第一产业的比重由 60% 下降为 44.1%；第二产业的比重由 23% 提高到 35.3%；第三产业的比重由 17% 提高到 20.5%。全省工业总产值和增加值分别达到 157.7 亿元和 59.4 亿元，比 1952 年增长 10 倍以上，机械、电子、冶金、建材、化工等行业主要产品的产量名列全国前茅；工业增加值在全国的比重由 1965 年的 2.2% 提高到 1978 年的 3.7%。由于“三线建设”期间，四川省工业新建、扩建项目偏重于重工业，轻工业投资甚少，致使重工业发展速度远高于轻工业。1978 年，四川轻工业产值为 62.77 亿元，重工业产值达 94.95 亿元，轻重工业结构变为 39.8∶60.2，已明显呈现重型化特征。工业内部结构也发生了重大变化。机械工业不但技术装备有了根本改观，而且在工业总产值中的比重也由 21.1% 提高到 28.6%；化学工业在技术水平提高的同时，在工业总产值中的比重由 7.9% 提高到 11.6%；冶金工业由 8.4% 提高到 10.5%。与此同时，纺织、缝纫和食品三个部门在工业总产值中的比重由 38.2% 下降到 28.5%。

“三线建设”奠定了四川工业化的基础，到 1978 年末，四川的工业固定资产值达到 258 亿元，相当于 1964 年的 6 倍以上，形成了初具规模的工业体系和国民经济体系，大大提高了四川在全国经济格局中的地位。1978 年与 1964 年相比，四川工业总产值在全国的比重，由 4.7% 提高到 5.3%。从主要产品产量看：钢产量为 238.2 万吨，占全国的 7.5%，比 1964 年提高 1.3 个百分点；水泥产量为 454.8 万吨，占全国的 7.0%，比 1964 年提高 3.9 个百分点；化肥产量为 110.5 万吨，占全国的 12.7%，比 1964 年提高 5.8 个百分点；发电设备产量为 113.6 万千瓦，占全国的 23.5%，比 1964 年提高 23.3 个百分点；棉纱产量为 10.0 万吨，占全国的 4.2%，比 1964 年提高 0.4 个百分点；机制纸及纸板为 26.4 万吨，占全国的 6.0%，基本上与 1964 年持平；机械工业总产值为 63.6 亿元，占全国的 5.5%，比 1964 年提高 0.8 个百分点。

但由于目的不同，“三线建设”也使全省的工业结构出现了失衡，重工业与当地经济产业关联度不高，轻工业发展明显滞后。“三线建设”以工业为中心，工业的重点又是重工业。在“准备打仗”的特定条件下，这些重工业项目是采取嵌入式办法建设的。最终产品很多是直接为国防服务，中间产品不少是面向全国配套，与本地经济的产业关联度不高。这样，就限制了“三线建设”对当地经济的带动作用。由于片面发展重工业，轻工业的发展明显滞后，不仅影响了人民生活的改善，而且影响了农业发展和资金积累。

出于战备的考虑，“三线建设”在布局时，没有遵循经济效益原则，而是按照小而全、少而精的要求，遵循“靠山、分散、隐蔽”的方针，在山区、偏远地区以及主要的铁路、公路沿线及主要江河两侧一定范围内布点，避免过分集中，从而使不少项目进山太深，布局过于分散，大量项目没有做到基地化，本来可以协作的工厂和科研单位没有布置在一起，而是自成一点，生产无法协作，生活极不方便。这种“围山转”、“瓜蔓式”的布局，增加了企业原材料、动力、能源、用水供应的困难，交通、通信十分不便，这也对全省的工业布局产生了一定的影响。

尽管如此，大规模的“三线建设”仍奠定了四川省产业结构和布局的基本格局，对四川省经济技术的发展具有决定性的意义，四川省已成为我国内地重要的工业基地。

四　改革开放初期产业结构与布局

（一）1978 ~ 1990 年，产业结构初步优化阶段

1978 年 12 月召开的十一届三中全会

决定把党的工作重点转移到以经济建设为中心的社会主义现代化建设上来。这次会议成为我国改革开放的起点和经济社会发展的伟大历史转折点。四川省认真贯彻执行党在新时期的路线、方针、政策，坚持以经济建设为中心，以农村改革为突破口，推行以家庭联产承包为主的责任制，同时进行以扩大企业生产经营自主权为主要内容的企业改革。之后，各项改革措施在城乡各个领域深入展开并向纵深发展，到 1990 年有计划的商品经济已基本确立，全省经济获得较大发展，经济产业结构发生了深刻变化。

1. 经济实力明显增强，结构持续优化，重大比例关系有所改善

“六五”、“七五”时期，全省年均完成基本建设投资 31.51 亿元和 72.8 亿元，使全省工农业，特别是工业基础落后的状况得到了很大的改善。工业形成了门类比较齐全的、具有一定技术水平的、大中小企业相结合的生产能力；农业生产条件也有了一定的改善；交通运输初步形成水、陆、空配合的，以成、渝两市为枢纽的网络，改变了“蜀道难”的状况，有效促进了全省经济产业结构的调整升级。

1990 年全省完成社会总产值 2261.02 亿元，是 1978 年 428.98 亿元的 5.27 倍；工农业总产值 1860.2 亿元，比 1978 年增长 1507.35 亿元，其中农业总产值为 637.07 亿元，工业总产值为 1222.95 亿元，农业与工业的比例由 1978 年的 36.04 : 63.96 变为 1990 年的 34.24 : 65.76。由于经济实力增强，四川工农业总产值及钢铁、煤电、棉花、油料、生猪等工农业产品产量占全国的比重有所上升，粮食产量基本保持占全国 10%左右的水平。

国民经济重大比例关系有所改善。首先是以公有制为主体的多种经济成分的经济结构代替了单一的公有制结构。1990 年与 1978 年相比，全民所有制企业在全部工业总产值中所占比重由 80%降为 63.7%，集体所有制工业由 20%上升为 28.3%，个体、私营以及中外合资企业从无到有，占 8.0%。其次是积累和消费的比例逐步趋向合理。四川省积累率由“三五”、“四五”时期的 30% 以上调整为近几年的 26% 左右。居民人均消费额由 1978 年的 138 元增加到 1990 年的 575 元。最后是农轻重的比例关系由 1978 年的 1 : 0.74 : 1.04 改变为 1990 年的 1 : 0.89 : 1.03。1990 年全省完成国内生产总值 1143.98 亿元，其中第一产业产值 417.71 亿元，第二产业产值 428.56 亿元，第三产业产值 297.71 亿元；三次产业比重由 1978 年的 39 : 41 : 20 变为 36.5 : 37.5 : 26。

2. 农业生产恢复发展，生产结构显著优化

全省积极推行以家庭联产承包责任制为主的生产经营形式，有效促进了农业生产。1990 年全省农业总产值达到 637.07 亿元，比 1978 年增长 99%。主要农产品产量大都登上了新的台阶，粮食产量达到 4266.3 万吨，比 1978 年增长 33.5%。油料产量 155.6 万吨，比 1978 年增长 1.66 倍。畜牧业发展尤为突出，产值占农业的比重已由 1978 年的 17.4%上升到 32.9%。农村产业结构开始由单一农业向农、林、

牧、副、渔全面发展。在种植业内部，经济作物产值比重由1978年的11.2%上升到1990年的38.2%；在农、林、牧、副、渔五业中，农业产值比重由77.7%下降为57.0%。其他四业比重由22.3%上升到43%；在整个农村经济中，以乡镇企业为主体的农村工业，建筑业、交通运输业和商业服务业比重由18.6%上升到39.6%。

从农业生产布局来看，农副产品生产基地发展迅速，生产布局趋于合理。为发挥各地的资源优势，四川省十分注重农产品生产基地建设，从资金、技术、人力等方面予以扶持，先后建成了一批粮食、油料、棉花、甘蔗、烤烟、麻类、蚕茧、茶叶、水果等生产基地和林产品、土特产品、中药材生产基地，使全省农业粗具专业化、区域化的格局。以种植业为例，有10万亩棉田以上的基地县8个，有产量在万吨以上的油菜籽基地县42个，有千吨产量以上的茶叶基地县12个，有苎麻基地县14个，黄红麻基地县28个，烤烟基地县15个，蚕茧基地县42个，生产布局渐趋合理。

3. 工业生产跨上新台阶，结构显著优化

改革开放后，四川在积极扩大企业自主权、增强企业活力的同时，不断调整工业结构，大力发展轻工业，优化重工业，加强能源、原材料等基础工业建设，调整“三线建设”布局和促进军工企业生产民品（军转民）工作，大力发展乡镇企业等城乡集体工业和私人工业，促使全省工业发展成一个规模可观、门类比较齐全、布局趋向合理的国民经济主导部门。1990年全省工业总产值达1222.96亿元（以1980年不变价格计），比1978年增长2.54倍，固定资产原值达652.3亿元，居全国各省（市、区）第二位。全省有工业企业78.1万个（其中全民所有制企业7536个），大中型企业810个。

全省的工业部门结构发生了根本性的变化。到1990年已基本建立起以机械、食品、冶金、化学、纺织为主，门类比较齐全的工业体系。其中的机械、冶金、电力、煤炭、石油（天然气为主）、化学、建材、森工、食品、纺织等，已成为我国主要的生产基地。主要工业部门产值结构的变化详见表5-1。

轻重工业比重，由1978年的41.3∶58.7调整为46.3∶53.7，渐趋协调发展。主要重工业产品产量成倍增长。其中钢产量495.29万吨，生铁产量453.46万吨，原煤产量6785万吨，发电量342.63亿千瓦时，均是1978年的两倍以上；硫酸、纯碱、烧碱、农用化肥、农药大幅增产；汽车、拖拉机、飞机、发电设备产量增加。轻工业发展也较快。1990年全省轻工业总产值达566.17亿元，比1978年增加472.92亿元。纱、布、食糖、食盐等产品成倍增长。同时，工业产品的花色品种增多，质量和数量提高。到1990年，全省主要工业品质量稳定提高率达到93%以上，优质产品率达到15.9%。先后获得国家金质奖39项、银质奖158项、省优奖2600多项，不少产品质量好、信誉高，远销几十个国家和地区。

工业布局逐步趋向合理，已形成重庆、成都、攀西、川南四个一级工业区，以及一批工业小区。

表 5-1　1952 ~ 1990 年四川省主要工业部门产值结构变化（单位：%）

工业部门	1952 年	1957 年	1965 年	1975 年	1980 年	1985 年	1990 年
工业总产值	100	100	100	100	100	100	100
冶金工业	7.4	8.2	8.51	9.89	10.25	11.2	13.8
电力工业	0.87	1.05	2.83	4.47	3.91	6.6	3.7
煤炭工业	2.36	1.89	2.77	3.4	2.53	3.7	2.9
石油工业	0.06	0.5	1.79	1.38	1.46	4.0	1.4
化学工业	2.55	6.92	9.31	8.62	12.08	11.9	13.3
机械工业	7.84	12.14	25.46	28.45	26.36	28.1	26.9
建材工业	1.99	2.29	3.06	2.73	3.15	5.1	4.9
森林工业	0.43	3.85	3.55	2.2	1.81	3.5	1.1
食品工业	33.46	40.05	20.33	19.27	18.42	12.3	14.5
纺织工业	21.58	9.78	9.35	8.57	9.26	6.6	9.7
造纸工业	3.23	2.88	2.6	1.35	1.65	1.6	2.6
其他工业	18.23	10.45	10.44	9.67	9.12	5.4	5.2

注：数据由《四川省统计年鉴（1991）》相关数据整理所得；其他工业包括缝纫、皮革、文化艺术用品等。

（二）1991 ~ 2000 年，产业结构和布局加快调整阶段

1991 ~ 2000 年是我国探索建立社会主义市场经济体制的关键时期。四川省在继续深化农村经济体制改革，完善家庭联产承包责任制，加快农业经济结构调整的同时，将改革的重点放在了工业经济发展上，通过对国有经济布局的战略性调整，引导和带动全省经济结构的调整。1997 年国家对四川省的行政区划进行了调整，决定将重庆市从四川省分离并设立直辖市，这一调整使四川省的国土面积由 56.7 平方公里减小到 48.5 万平方公里，人口减少了 27%，带走了四川省 28% 的工业总产值，使得全省的产业结构和布局发生了重大变化。

1.“八五”计划时期（1991 ~ 1995 年）

“八五”计划期间，四川提出要继续深化经济体制改革，加快农业经济结构调整，同时紧抓国有企业改革这一中心环节，不断深化所有制及产权制度改革，积极调整工业内部结构，促进主要比例关系不断优化。

1992 年春邓小平发表南方谈话，10 月中共中央召开第十四次代表大会，明确提出建立社会主义市场经济体制的改革目标，为全国经济建设注入了强大活力。四川省紧抓历史机遇，全面深化经济体制改革，以搞活国有大中型企业为重点，狠抓企业转换经营机制、技术进步和对外开放，

工业经济得到较快发展。到 1995 年全省完成国内生产总值 3534 亿元，是 1990 年的 2.98 倍。第一产业完成增加值 976.96 亿元，第二产业完成 1486.63 亿元，第三产业完成 1070.41 亿元。三次产业结构由 1990 年的 35.2 : 36.1 : 28.7 转变为 27.6 : 42.1 : 30.3。

从农业内部结构来看，1995 年全省农、林、牧、渔业完成总产值 1520.3 亿元，其中农业 887 亿元，林业 45.2 亿元，牧业 558.5 亿元，渔业 29.6 亿元。农、林、牧、渔业产值比重由 1990 年的 61.7 : 3.8 : 32.9 : 1.6 变为 1995 年的 58.3 : 3.0 : 36.7 : 2.0。种植业的比重持续下降，以养猪业为主的畜牧业产值比重则继续上升，渔业比重也有所增加。

全省工业持续保持增长势头。1995 年，乡及乡以上工业实现工业总产值 4426.4 亿元，比 1990 年增长 156.3%。其中轻工业产值 1905.2 亿元，重工业 2521.2 亿元。轻重工业比例关系由 1990 年的 46.3 : 53.7 变为 43 : 57。国有工业完成产值 1783.37 亿元，占工业总产值的比重由 1990 年的 63.7% 下降为 40.3%；集体所有制工业完成 1390.84 亿元，所占比重由 28.3% 上升为 31.4%；个体工业 656.28 亿元，所占比重由 7.1% 上升为 14.8%；其他类型工业 595.88 亿元，所占比重由 0.9% 上升为 13.5%。

全省第三产业继续发展。交通运输和邮电通信条件有较大改善，信息咨询、证券、广告、房地产、体育等各项社会事业发展较快，有效促进了全省产业结构优化升级。

2.“九五”计划时期（1996 ~ 2000 年）

“九五”期间是四川加快经济体制改革，构建和完善市场体系，促进经济结构优化升级的重要时期。针对全省基础设施和基础工业薄弱的现实，四川提出要在跨世纪经济发展中，优化和调整产业结构，重点夯实交通、能源、科教、农业四大基础，着力解决国民经济发展中的“瓶颈”问题。同时提出要将加快工业经济发展放在同加快农业经济发展同等重要的地位，加快全省工业化进程。而重庆从四川划出则对全省产业结构和布局产生了重大影响。

1997 年 3 月，第八届全国人民代表大会第五次会议批准设立重庆直辖市。重庆的划出，使四川的省情和产业结构发生了重大变化。按 1995 年统计数据划分（下同），全省辖区面积由 56.7 万平方公里减小到 48.5 万平方公里，减少了 14.5%；人口由 1.12 亿减少到 8161.12 万，减少了 26.9%；耕地面积由 618.96 万公顷减少到 456.04 万公顷，减少了 26.3%。全省水能和矿产资源有不同程度的减少。其中水能、钒钛磁铁矿、有色金属、稀土和大部分非金属矿产的优势资源仍主要集中在四川，但天然气已探明可采储量有 70% 左右分布在包括万县、涪陵、黔江在内的重庆市。全省国内生产总值由 3534 亿元减少到 2505 亿元，减少了 29.1%；主要工农业产品产量减少较多，烟叶减少 50.25%，摩托车减少 99.9%，汽车减少 81.3%，天然气减少 50.0%，啤酒减少 39.6%，原煤减少 33.5%。外贸进出口总额由 43.33 亿美元减少到 28.27 亿美元。

行政区划调整后，四川根据变化了的省情及时制定了《四川省国民经济跨世纪发展战略》，对先前的发展规划进行了调整和修订，提出跨世纪的发展战略是以经济效益为中心，优化经济结构，大力推进经济体制和经济增长方式的根本性转变，调整优化所有制结构、产业结构、产品结构、技术结构、企业组织结构、区域布局，提高经济发展的整体素质，实现可持续发展，建设经济强省。

根据新的发展战略，全省不断深化经济体制改革，始终把农业放在经济工作的首位，稳定和完善农村政策，深化农村改革，同时深入推进市场经济体制改革，努力培育市场体系，健全市场机制，探索构建现代企业制度，积极稳妥地推进国有经济战略性调整，同时加快工业结构调整，有效提升了全省经济发展质量。“九五”期间，全省国内生产总值年均增长 8.8%，2000 年达到 4010 亿元，比 1995 年增长 52.3%。第一产业完成增加值 945.58 亿元，第二产业完成 1700.49 亿元，第三产业完成 1364.18 亿元，三次产业比重关系由 1995 年的 29 : 40.7 : 30.3 变为 23.6 : 42.4 : 34。全省完成工业总产值 4154.07 亿元，较 1995 年增长 58.3%，其中轻工业产值 2088.7 亿元，增长 87.4%；重工业产值 2065.4 亿元，增长 35.4%，轻重工业比例关系由 1995 年的 44.2 : 55.8 调整为 50.3 : 49.7（见表 5-2 和表 5-3）。全省主要工农业产品产量大幅度增长，商品短缺状况基本结束。

全省围绕农民增收，面向市场，依靠科技，加大农业结构调整的力度。粮经播种面积比例关系由 1995 年的 75.1 : 24.9 调整为 2000 年的 71.3 : 28.7，畜牧业产值在农、林、牧、渔业中的比重达到 41%。2000 年全省农、林、牧、渔业完成总产值 1483.52 亿元，其中农业 785.37 亿元，林业 49.13 亿元，牧业 611.76 亿元，渔业 37.26 亿元。农、林、牧、渔业产值比重关系由 1995 年的 57.9 : 3.1 : 37.2 : 1.8 变为 2000 年的 53 : 3.3 : 41.2 : 2.5。

表 5-2　“九五”期间（1995 ~ 2000 年）四川省国民经济和社会发展总量指标（单位：亿元，%）

指　标	1995 年	1996 年	1997 年	1998 年	1999 年	2000 年	速度指标	
							2000 年比 1995 年增长	1995 ~ 2000 年平均增速
国内生产总值	2504.9	2985.2	3320.1	3580.3	3711.6	4010.3	52.3	8.8
第一产业	725.5	860	919.3	941.2	941	945.6	23.0	4.2
第二产业	1020.9	1229	1385.4	1527.1	1556.7	1700.5	68.2	11.0
工业	873.2	1050.7	1175.3	1272.4	1293.5	1393.8	—	—
建筑业	147.7	178.3	210.1	254.7	263.2	306.7	—	—
第三产业	758.6	896.1	1015.5	1111.9	1213.9	1364.2	56.6	9.4
工业总产值	2743.9	2967.7	3469.1	3821.9	3900.8	4154.1	58.3	9.6
轻工业产值	1213.7	1410	1728.5	1959.1	1959.4	2088.2	87.4	13.4
重工业产值	1530.2	1557.6	1740.6	1862.8	1941.4	2065.4	35.4	6.2

资料来源：由《中国统计年鉴（2001）》相关数据整理所得，表中为行政区划调整后四川省数据，不包括重庆市。

表 5-3 “九五”期间（1995 ~ 2000 年）四川省三次产业及轻重业比例关系

国内生产总值产业结构	1995 年	1996 年	1997 年	1998 年	1999 年	2000 年
第一产业	29.0	28.8	27.7	26.3	25.4	23.6
第二产业	40.7	41.2	41.7	42.7	41.9	42.4
第三产业	30.3	30.0	30.6	31.0	32.7	34.0
轻重工业结构	1995 年	1996 年	1997 年	1998 年	1999 年	2000 年
轻工业	44.2	47.5	49.8	51.3	50.2	50.3
重工业	55.8	52.5	50.2	48.7	49.8	49.7

资料来源：由《中国统计年鉴（2001）》相关数据整理所得。

全省工业在加快国有经济战略性调整的同时，大力发展非国有经济，基本构建了一个门类齐全、布局趋向合理、结构逐步改善的现代工业体系。2000 年末，工业企业已发展到 36.3 万个，其中大中型企业 870 个。通过结构调整，使冶金、机械、化工、建材、医药、纺织、食品等传统产业得到改造，产品得到升级，产业链得以延长；形成了电子信息、机械冶金、医药化工、饮料食品和水电五大支柱产业。主要工业产品产量成倍增长，钒钛、天然气、化肥、硫酸、酒等产品产量居全国首位。全省拥有长虹、泸州老窖、五粮液、郎酒和剑南春等 20 个全国驰名品牌产品、316 个省级名牌企业和 324 个省级名牌产品。全省工业所有制结构发生了重大变化。1995 ~ 2000 年，四川公有工业总产值由 1901.1 亿元增加到 2760.35 亿元，占全部工业总产值的比重由 77.8% 下降到 70.27%；民营经济比重则由 22.2% 上升到 29.73%；个体私营经济比重由 21.4% 上升到 28.35%；外商及中国港澳台经济比重达到 1.4%。全省非国有工业总产值增长速度高于国有工业，成为工业增长的主力军。

五　21 世纪以来产业结构与布局

进入 21 世纪后，世界经济格局发生了深刻变化，经济全球化和新技术革命推动国际产业结构深度调整，产业转移步伐不断加快，为四川省调整和优化产业结构，加快经济发展带来了重大机遇。四川紧抓这一历史机遇，利用我国实施西部大开发战略的有利条件，不断深化改革，完善市场经济体制，扩大对外开放，通过开拓国内外市场和承接产业转移，有效促进了主导优势产业发展，使全省的产业结构进一步优化。

（一）“十五”期间（2000 ~ 2005 年），产业结构持续优化

“十五”期间，四川提出要以经济结构调整作为主线，促进全省经济跨越式发展。通过巩固农业基础地位，大力调整和优化工业结构，同时加快现代服务业发展，促使全省经济实力明显增强，产业结构持续优化。

1. 经济总量跨上新台阶

“十五”时期，四川经济保持快速增长，5 年跨越了 4 个千亿元台阶。2005 年实现 GDP 7385.1 亿元，居全国第 10 位。比 2000 年的 3928.2 亿元（GDP 调整后数据）增长 69.8%，年均增长 11.2%。其中，第一产业实现增加值 1481.14 亿元，第二产业实现 3067.23 亿元，第三产业实现 2527.08 亿元。三次产业比重关系由 2000 年的 24.1 : 36.5 : 39.4 调整为 20.3 : 41.3 : 38.4。人均 GDP 达到 1122 美元，提前两年实现了“十五”计划的主要目标。

2. 农业生产结构持续优化

2005 年，全省农、林、牧、渔业总产值为 2457.5 亿元，是 2000 年的 1.66 倍，“十五”期间年均增长 5.9%。其中，农业产值 1037.2 亿元，林业产值 69.9 亿元，牧业产值 1230.2 亿元，渔业产值 78.5 亿元，农、林、牧、渔服务业产值 41.6 亿元。农、林、牧、渔业增加值 1495.7 亿元，增长 5.8%。农、林、牧、渔业产值比重关系由 2000 年的 53.0 : 3.3 : 41.2 : 2.5 变为 42.2 : 2.85 : 50.06 : 3.19，农业产值比重持续下降，牧业产值比重突破农、林、牧、渔业总产值的一半。

农业生产内部，种植业结构继续调整。2005 年全省粮食作物播种面积 650.2 万公顷，比 2000 年减少 35.28 万公顷；油料作物 109.4 万公顷，药材 9.3 万公顷，蔬菜 98.9 万公顷，饲料作物 31.4 万公顷。全省粮食总产量 3409.2 万吨，居全国第 3 位；油菜籽产量 168.7 万吨，创历史新高；烤烟产量 13.2 万吨，麻类作物 6.9 万吨，茶叶 10.3 万吨，水果 540.6 万吨，药材 30.7 万吨，蔬菜 2704.4 万吨。养殖业较快发展。全年出栏肉猪 8817.32 万头，居全国首位。牛、羊、家禽和兔的增长幅度均达到 10% 以上。主要畜产品产量继续增加，肉类总产量 955.87 万吨，比 2000 年增加 314.62 万吨。水产养殖面积 20 万公顷，水产品产量 98.2 万吨，增长 91.5%。林业生产持续推进，全年成片造林 26.5 万公顷，全省森林覆盖率达 29%。

3. 工业结构保持持续优化势头

2005 年全省实现工业增加值 2527.08 亿元，占 GDP 的 34%，对经济增长的贡献率达 53%。规模以上工业中，轻工业增加值 648.1 亿元，重工业增加值 1386.3 亿元，轻重工业增加值比重关系由 2000 年的 47.6 : 52.4 调整为 31.9 : 68.1，重工业化明显。按经济成分划分，公有制工业增加值 1047.7 亿元，非公有制工业增加值 986.7 亿元。全年规模以上工业实现出口交货值 274.6 亿元，完成新产品产值 857.5 亿元。

从产业结构来看，高新技术、装备制造、优势资源、农产品加工四大工业优势产业发展势头稳健，2005 年共有规模以上企业 4035 户，实现增加值 1510 亿元，产品销售收入 3956.9 亿元，利润 252.1 亿元，分别占到全省规模以上工业的 53%、74.2%、66.7% 和 78.3%。其中，高新技术产业完成工业增加值 167.7 亿元，优势资源产业完成 742.1 亿元，装备制造业完成 265.3 亿元，农产品加工业完成 334.8 亿元。

从组织结构来看，2005 年全省工业企业有 31.2 万户，规模以上工业企业有 7614 户，销售收入超百亿企业 6 户，50 亿元 ~ 100 亿元企业 7 户，分别比“九五”末增长 3 户和 6 户。从所有制结构来看，四川省民营经济发展迅猛，目前已占全部工业增加值的半壁江山，2005 年对工业增长的贡献达到 2/3。

从产品结构来看，在统计的 92 种重点产品中，有 79 种产品生产增长，增长面达 85.9%。尤其是能源、原材料、支农产品、食品、轻纺品、耐用消费品、建材化工、机电及其他产品生产增势良好。其中，原油加工量、汽油、天然气、合成氨、机制纸及纸板、中成药等产品产量增幅达 15% ~ 25%；氮肥、化学农药、乳制品、服装、人造板、塑料制品、发电设备、铝材等的增幅则达 25% ~ 40%；增长平稳的有水泥增长 12.6%，发电量增长 8.3%，彩色电视机增长 13.5%，汽车增长 6.1%。

“十五”期间，四川抓住制造业产业转移的机遇，接纳国际制造业厂商来川投资，在英特尔、摩托罗拉的带动下，必盛、中芯国际、友尼森、爱立信等一批著名公司来川投资，带动了四川电子信息等优势产业的进一步发展。

（二）“十一五”以来，产业结构加快调整，趋于合理

“十一五”期间，四川坚持以科学发展观为指导，通过增强自主创新能力，加快产业结构优化升级，有效地促进了经济增长方式转变。2007 年 12 月，四川省委九届四中全会提出建设西部经济发展高地，打造“一枢纽、三中心、四基地”的战略构想，即通过建设西部综合交通枢纽，物流中心、商贸中心和金融中心，以及重要的战略资源开发基地、现代加工制造业基地、科技创业产业化基地和农产品深加工基地，把四川建设成辐射西部、面向全国、融入世界的西部经济发展高地。因此，全省制定了“7+3”产业发展规划，全面优化全省产业结构，提升产业整体竞争力。2008 年又制定了八大产业调整振兴规划，并出台了一系列优惠扶持政策，支持优势产业发展。因此，尽管遭遇“5·12”特大地震的损毁，全省经济产业仍保持了较快的发展，产业结构明显优化。

1. 经济规模不断扩大，重大比例关系趋于协调

2007 年 GDP 首破万亿元大关，随后仅用四年时间即实现了翻番，2011 年，全省 GDP 达 21026.7 亿元，是 2005 年的 2.85 倍，按可比价格计算，年均增长 13.8%，比“十五”时期快 2.8 个百分点，是四川发展最快的时期。总量居全国第 8 位、西部第 1 位。在经济快速发展的同时，经济结构进一步优化。2011 年，全省第一产业实现增加值 2983.51 亿元，第二产业实现 11029.13 亿元，第三产业实现 7014.04 亿元，三次产业结构由 2005 年的 20.1 : 41.5 : 38.4 调整为 14.2 : 52.4 : 33.4。民营经济蓬勃发展，2011 年民营经济完成增加值 12143.6 亿元，占 GDP 的比重为 57.8%，比 2005 年提高 14.4 个百分点。

2. 农业生产及产业结构持续优化

“十一五”以来，四川始终坚持把“三农”工作作为全部工作的重中之重，按照“多予、少取、放活”和“工业反哺农业、城市支持农村”的方针，采取一系列有效措施，促使农业综合生产能力跃上新台阶，经济结构显著优化。

（1）农业综合生产力水平显著增强。“十一五”以来，全省农、林、牧、渔业保

持良好发展态势。2011 年，第一产业总产值 4932.7 亿元，占全国的 6%，总量排全国第 4 位，比 2005 年增加 2475.3 亿元，按可比价格计算（下同）年均增长 3.9%。其中，农业 2454.3 亿元，林业 130.1 亿元，牧业 2127.2 亿元，渔业 147.2 亿元，农林牧渔服务业产值 39.7 亿元。农、林、牧、渔业产值比重由 2005 年的 42.2∶2.85∶50.06∶3.19 变为 49.8∶2.6∶43.1∶3.0。第一产业增加值 2983.51 亿元，比 2005 年增加 1502.37 亿元。全省不仅以占全国 4.8% 的耕地满足了占全国 6.7% 的人的食品需求，而且常年调出稻谷、油料、猪肉、蔬菜、水果和白酒等农产品。农业功能不断拓展，从单一的食物供给功能拓展到具有食物保障、原料供给、生态保护、观光休闲、文化传承等功能。

（2）主要农作物播种面积及产量结构持续优化。2011 年四川农作物播种面积为 1002.65 万公顷，比 2005 年增加 60.96 万公顷，增长 6.47%。分类看，粮食及主要经济作物面积均比“十五”末期有所增加，其他农作物面积则呈现较大幅度下降。全省粮食作物、经济作物、其他农作物播种面积占农作物总播种面积的比重分别由 2005 年的 69.0%、25.5%、5.5% 调整为 68.9%、27.4%、3.7%。第一，粮食作物播种面积稳步增加。2011 年全省粮食作物播种面积 10355.1 万亩，比 2005 年增加 602.7 万亩。分品种看，主要粮食作物中，除红苕减少，小麦、稻谷基本持平外，其余品种的播种面积均有不同程度的增加。其中，洋芋增加 449.8 万亩，玉米增加 150.9 万亩，高粱增加 36.7 万亩，小麦增加 12.3 万亩，豆类增加 52.2 万亩；稻谷面积减少 2.4 万亩，红苕面积减少 62.0 万亩。第二，经济作物播种面积实现较快增长。2011 年四川经济作物播种面积 4120.9 万亩，比 2005 年增加 527.9 万亩。其中，油料增加 208.8 万亩，蔬菜增加 269.1 万亩，药材增加 2.7 万亩，烟叶增加 42.8 万亩。棉花、麻类、糖料等其他经济作物播种面积均有不同程度的减少。种植业中优势产业比重上升较快。第三，特色优势作物产量增加，品质结构得以优化。2011 年，粮食总产量 3670 万吨，占全国的 6%，比 2005 年增加 260.8 万吨；油料总产量 287.4 万吨，比 2005 年增加 55.1 万吨。全省油菜籽总产量占全国的 15.7%，居全国第 2 位。茶叶总产量 18.62 万吨，居全国第 2 位。蔬菜产量 3669.3 万吨，居全国第 3 位。水果总产量 636.3 万吨，居全国第 13 位。药材 35.7 万吨。品质结构得以优化。四大优质水稻、三大“双低”油菜、三大优质柑橘、三大名优茶叶优势区域基本形成；优质稻、“双低”油菜普及率分别达到 76% 和 80%，优质水果、名优茶叶、精细蔬菜的比重分别上升到 49%、52% 和 40%；全省累计认定无公害农产品基地 2289.6 万亩，有 730 个产品获得绿色食品标志使用权，195 个产品获得有机食品认证，农产品开始实行地理标志登记保护。全省大力发展特色效益农业，特色经济作物的产值已占种植业产值的 50% 以上。以泡菜、茶叶、中药材等为主的农产品加工业蓬勃发展。宜宾早茶、凉山雷波脐橙等 53 个特色产品获得农产品地理标志登记保护。以“四川泡菜”、“峨眉山茶”、“蒙顶山茶”、“大凉山”、“川藏高原”等为代表的一批区域品牌效应凸显。

（3）畜牧业、林业、渔业内部结构有所改善。畜牧业保持稳定发展。2011 年全省出栏肉猪头数比 2007 年增长 16.5%，出售和自宰的肉用牛、羊、禽同比分别增长 1.1 %、0.6%、12.8%。全省国家级生猪调出大县达 84 个，占全国的 16.8%。肉类总产量比 2007 年增长 15.3%，占全国的 8.3%。肉猪出栏率 136.5%，肉牛出栏率 26.0%，肉羊出栏率 93.4%，分别比 2007 年提高了 20.6 个、0.7 个和 1.1 个百分点。林业生产持续快速发展。2011 年完成荒山荒地造林 283.3 千公顷。其中，完成天然林资源保护工程 78.7 千公顷，完成退耕还林工程 21.3 千公顷；对 18485 千公顷的森林面积实施了有效管护。森林覆盖率达 35.1%。渔业生产稳定发展。2011 年水产养殖面积 18.8 万公顷，水产品产量 112.1 万吨，比 2007 年增加 21.1 万吨。

3. 工业经济快速发展，结构调整成效显著

“十一五”以来，四川深入实施工业强省战略，大力发展“7+3”产业，深入实施“1525 工程”，坚持走新型工业化道路，工业结构调整取得新突破，工业经济实现了快速发展。

图 5-1　2007 ~ 2011 年四川省工业化率

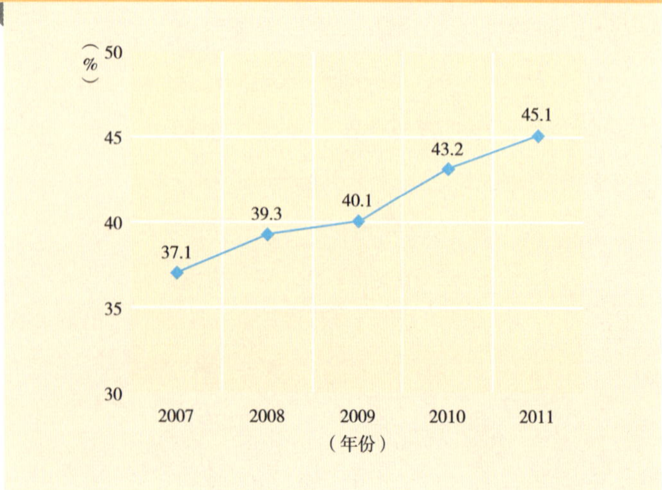

（1）工业经济发展迅速，效益明显改善。2011 年，完成全部工业增加值 9491.05 亿元，是 2005 年的 3.76 倍，按可比价格计算年均增长 20.2%，比“十五”时期增速快 4.5 个百分点。在全国的排位由 2005 年的第 11 位上升到第 8 位。工业增加值占 GDP 的比重（工业化率）由 2005 年的 34.2% 提高到 2011 年的 45.1%，工业已经成为经济增长的主导力量（见图 5-1）。2011 年，规模以上工业实现利税 2734.6 亿元，是 2005 年的 5.5 倍；实现利润 1961.3 亿元，是 2005 年的 6 倍。

（2）所有制结构进一步优化。在国有工业快速增长的同时，非公有制工业也获得了迅速发展。2005 ~ 2010 年全省纳入统计口径的私营工业企业数由 3893 个增加到 8135 个，私营工业总产值由 1475.48 亿元增加到 8966.81 亿元。公有制工业企业和非公有制工业的比例由 2005 年的 51.96 : 48.93 变为 2010 年的 38.29 : 61.71。非国有企业集团占全省企业集团总数的 45%，涌现了如希望集团等一批全国甚至世界都知名的民营工业企业。2010 年，民营经济对四川 GDP 增长的贡献率达到 65.7%。

（3）主导优势产业发展迅速，支撑作用凸显。“十一五”期间，四川将最初确定的高新技术、优势资源、装备制造和农产品加工四大优势产业，按照比较优势重新确定为重点发展电子信息、装备制造、能源电力、油气化工、钒钛钢铁、饮料食品和生物医药七大优势产业，同时加快航空航天、汽车制造、生物工程及新材料等三大潜力产业，并制定了《"7+3" 产业发展规划》，以促进全省产业结构优化升级，提升产业整体竞争力。2011 年，"7+3" 优势产业完成工业增加值 7300 亿元，占全省规模以上工业的比重达到 81.8%；装备制造、饮料食品产业销售产值跨上 5000 亿元台阶，能源电力、油气化工产业销售产值突破 3000 亿元，钒钛钢铁、电子信息产业超过 2000 亿元，汽车制造产业达到 1000 亿元。各产业销售收入详见图 5-2。同时全省抓住国家支持发展战略性新兴产业的机遇，有选择地发展新一代信息技术、新能源、高端装备制造、新材料、节能环保、生物等战略性新兴产业。2011 年，实现工业总产值 3532.1 亿元。"7+3" 产业和战略性新兴产业的发展有效促进了全省产业结构的优化升级。目前，全省基本形成了以机装备制造、电子信息、饮料食品、医药化工、冶金材料为主，门类比较齐全的工业体系，其中机械、电子、冶金、化工、建筑材料、食品、医药等行业在中国及西部地区占有重要地位。微电子、新材料、机电一体化、节能环保等新兴产业快速成长并形成规模。丝织品、原盐、电视机、天然气、钢、硫酸、纯碱、农用化学肥料、水泥等工业产品在全国产量中名列前茅。全年规模以上工业企业实现出口交货值 1484.9 亿元，增长 79.1%。

（4）轻重工业结构趋于均衡。21 世纪以来，四川省重化工业的趋势较为明显，"十一五" 期间，重工业比重有所下降，但仍保持了重型结构的基本格局。2011 年全省规模以上工业完成增加值 9491 亿元，其中，重工业增加值 6264 亿元，比 2005 年增加 4844.8 亿元；轻工业增加值 3227 亿元，比 2005 年增加 2578.8 亿元，轻重工业增加值比重由 2005 年的 31.9 : 68.1 调整为 2011 年的 34 : 66，轻工业占全部工业的比重上升了 2.1 个百分点。

图 5-2　2011 年四川省销售收入超千亿元产业

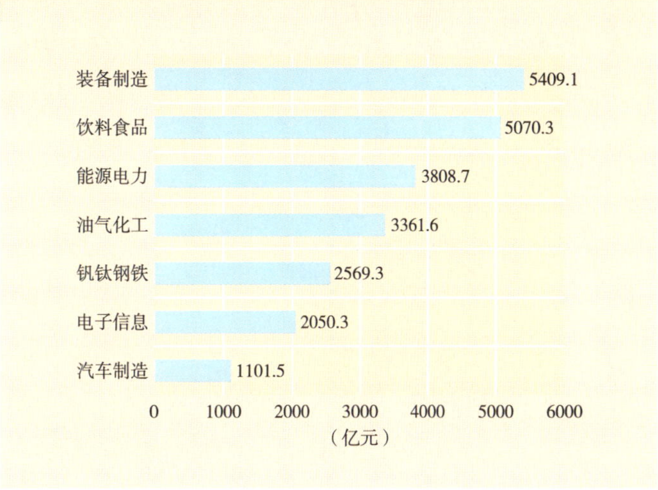

（5）工业发展层次不断提升，技术结构明显优化。"十一五" 以来，四川全面深化科技体制改革，完善工业科技创新能力建设，通过强化产学研合作、军民融合及工业企业科技创新体系建设，积极发展电子信息、生物制药、航空航天、新能源、新材料等为主的高新技术产业，着力培育和发展战略性新兴产业，有效提升了全省工业发展层次和技术结构。2011 年，全省高新技术产业实现工业总产值 6622.2 亿元，是 2005 年 167.7 亿元的 39.5 倍。军民结合产值从 2005 年的 139.4 亿元增加到 1065 亿元。年末拥有在川国家级重点实验室 12 个、省部级重点实验室 131 个，国家级工程技术研究中心 14 个、省级工程技术研究中心 106 个，国家级企业技术中心 39 户，省级以上企业技术中心 389 户。年末全省有高新技术企业 1356 家；国家创新型（试点）企业 21 家，有产业技术创新联盟101个。全省有两院院士62人。2011年全省研发经费支出270.6亿元，是2005年的2.8倍，科技成果转化不断加快，科技对经济增长的贡献率从2005年的39.2%提高到45%。全社会研发投入占GDP比重达到1.56%。重点技术创新企业新产品销售收入达到3141亿元，是2005年的10.4倍。品牌战略卓有成效，新增中国驰名商标64件、中国名牌45个、国家地理标志保护产品86个、国家农产品地理标志产品46个。四川省成为国家技术创新工程试点省。

（6）企业规模和组织结构逐步优化。21世纪以来，四川省高度重视大企业大集团发展战略。“十一五”期间先后实施了“1525”工程和培育100户大企业大集团计划，重点培育一批大企业大集团以增强对全省工业发展的引导带动能力。同时也非常注重中小企业的发展，先后实施了“小巨人”和“瞪羚”企业发展计划，以促进中小企业发展，逐步形成了以大型龙头企业为主导，中小企业协调配合，大中小相互依存、共同发展的格局。截至2011年底，全省规模以上工业企业达到11860户，重点培育的百户大企业大集团营业收入超过万亿元，其中超百亿元的大企业大集团发展到43户。长虹、新希望、攀钢、东方电气、省电力公司、五粮液、通威等不断成长。据不完全统计，这些大企业大集团带动配套协作的中小企业达65483户，户均配套企业1148户。其中省内27356户，省外38127户，对全省经济保持又好又快发展起到了明显的支撑带动作用。全省规模以上中小工业企业总户数达11727户，其中主营业务收入超亿元企业达到5516户。规模以上中小工业企业完成工业增加值6659.4亿元，占全省比重达到74.6%；盈亏相抵后利润总额1570.7亿元，占全省的80.1%。规模以下工业户数为26.65万户，从业人员达到181.4万人，完成主营业务收入2590.9亿元。

（7）工业布局趋于合理，向园区集中趋势明显。经过几年的调整，成都经济区、川南经济区、川东北经济区、攀西经济区、川西北经济区等五大经济区工业发展更趋协调。成、德、绵三市工业总量占全川近半壁江山的局面被打破，各地区竞相加快发展，初步形成具有一定规模的区域集群。川东地区的南充、广安、达州工业增加值占全省比重由2007年的9.2%提高到2011年的10.4%；利润总额由4.5%提高到9.5%。川南地区的宜宾、泸州、自贡工业增加值占全省比重由14.1%提高到15.5%；利润总额由14.6%提高到20.1%。丘陵地区的遂宁、内江、资阳工业增加值占全省比重由10.8%提高到13.2%；利润总额由6.2%提高到16.0%。各市州规模以上工业企业数量布局更趋合理；川南、川西北、攀西地区的工业化进程加快，工业总产值占当地生产总值的比重增加；成都经济区第三产业发展较快，工业产值占生产总值的比重有所下降；甘孜、阿坝、凉山、巴中等地的工业也有所发展。全省各市州工业总产值及规模以上工业企业数量分布详见图5-3。工业向园区集中趋势明显。截至2011年底，全省共有各类产业园区200个，其中：国家级园区10个，省级园区37个，市（州）级园区82个，县级园区71个，在地域上主要分布在成都（27个）、眉山（19个）、凉山（15

图 5-3　2010 年四川省各市州工业总产值和规模以上工业企业分布

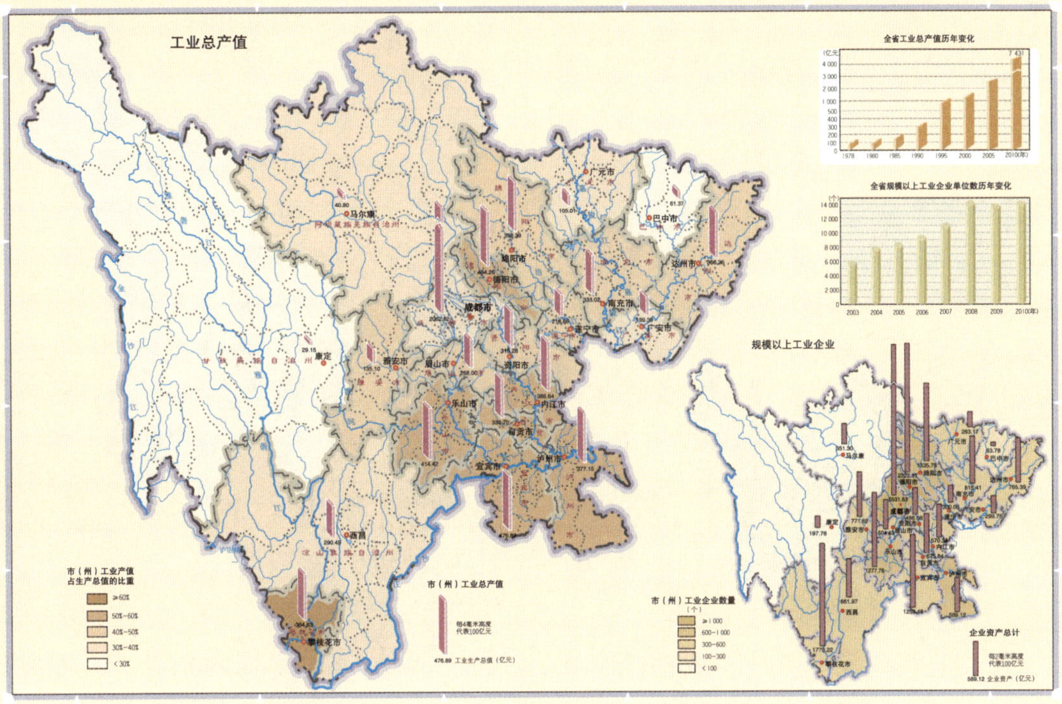

资料来源：本图由四川省发展和改革委员会、四川省测绘地理信息局提供。

个）、宜宾（15 个）、乐山（12 个）、绵阳（11 个）等地，具体分布情况如表 5-4 所示。2011 年，全省工业在园区的集中度达到 64%，比 2007 年提高 20 个百分点。建成销售收入超过 1000 亿元的产业园区 1 个、超过 500 亿元的产业园区 5 个、超过 100 亿元的产业园区 51 个。培育产业集群 140 个，其中百亿元产业集群 22 个。“1525 工程”培育园区实现工业总产值 13651.4 亿元，占全省规模以上工业总产值的比重达 43.8%，资产总额达 11468.9 亿元，从业人员 191 万人。产业规模不断扩大。电子信息、装备制造、新材料、节能环保装备、生物医药、航空航天、汽车制造等一批现代制造业基地建设加快，一批生产性服务业功能示范区崛起，初步构建现代制造业和现代服务业“双轮驱动”、协调发展的产业格局，四川历史上形成的战备型嵌入式和沿线沿江粗放布局模式得到彻底改变。产业园区成为全省走新型工业化道路的主战场。

4. 第三产业稳步发展

“十一五”期间，全省服务业增加值年均增长 10% 以上。2011 年实现增加值 7014.04 亿元。现代服务业发展加快，西部金融中心、物流中心、商贸中心和一批服务业重大项目建设顺利推进，物流配送、金融保险、信息服务、会展经济和社区服务等发展迅速。旅游振兴计划深入实施，旅游业发展水平进一步提升。全年实现旅游总收入 2449.2 亿元，比上年增长

表 5-4　2010 年各市州产业园区数量分布情况（单位：个，%）

地　区	园　区	占全省比重	地　区	园　区	占全省比重
全　省	200	100.0	南充市	6	3.0
成都市	27	13.5	眉山市	19	9.5
自贡市	7	3.5	宜宾市	15	7.5
攀枝花市	6	3.0	广安市	8	4.0
泸州市	9	4.5	达州市	8	4.0
德阳市	8	4.0	雅安市	8	4.0
绵阳市	11	5.5	巴中市	6	3.0
广元市	9	4.5	资阳市	10	5.0
遂宁市	7	3.5	阿坝州	1	0.5
内江市	7	3.5	甘孜州	1	0.5
乐山市	12	6.0	凉山州	15	7.5

资料来源：四川省经济与信息化委员会编《四川省 2011 年产业园区建设发展报告》。

29.9%。接待国内旅游者 3.5 亿人次，实现国内旅游收入 2410.6 亿元；接待入境旅游者 163.97 万人次，实现旅游外汇收入 5.9 亿美元。全省累计出境游客总人数为 56.9 万人。金融服务能力增强。截至 2011 年底，全省银行业法人和省级机构 455 家，证券业法人机构 7 家、证券期货营业部 219 家、基金分公司 9 家，保险法人和省级分公司 64 家、法人保险专业中介机构 88 家，全省金融业总分支机构共达到 28655 家（其中保险兼业代理机构 10593 个）；金融从业人员 34.14 万人，是 2006 年末的 2.06 倍。全省金融机构人民币各项存款余额 3.49 万亿元，增长 15%。其中，单位存款余额 16832.6 亿元，增长 11.3%；本外币各项贷款余额 22514.2 亿元，增长 16.6%。保险市场保持良好发展势头。年末，共有保险公司 64 家，全年原保险保费收入 778.7 亿元，比上年增长 9.2%。文化产业快速发展，新增国家级文化产业示范基地 1 家，总数达 12 家。认真落实家电、农机、汽车摩托车下乡和家电以旧换新等扩大消费政策，积极开展“万村千乡”市场工程，城乡消费持续扩大，实现社会消费品零售总额 6634.7 亿元，增长 18.7%，比计划目标高 5.7 个百分点。

六　产业结构与布局调整展望

经过 60 多年的发展建设，四川省的产业结构和布局不断优化完善，有力支撑了全省经济发展。但与先进地区乃至全国平均水平相比还有一定的差距，还有较大的优化发展空间。

（一）四川省产业结构及布局存在的问题

1. 三次产业结构较先进地区及全国平均水平还有差距

近年来，四川省第一产业比重有了较

大幅度下降，第二产业比重逐年上升，而第三产业比重较为稳定，到 2011 年，全省三次产业结构为 14.2∶52.4∶33.4，三次产业结构逐年优化。但与全国、西部以及其他地区相比，四川省的产业结构对于建设西部经济高地的支撑作用还不够明显。

（1）与全国相比，四川省三次产业结构还有一定差距。根据 2005 ~ 2011 年的统计数据，四川省第一产业增加值在 GDP 中的比重高出全国 4 ~ 8 个百分点；第二产业比重开始略高于全国；第三产业比重与全国平均水平的差距却有扩大的趋势，从 2005 年落后 1.9 个百分点，到 2011 年落后差距扩大到 9.8 个百分点（见表 5-5）。

（2）与西部地区整体水平相比，四川省三次产业结构也不够优化。2005 ~ 2011 年统计数据显示，第一产业比重比西部地区高 2 ~ 3 个百分点，第三产业比重都低于西部地区（见表 5-5）。可见，四川省三次产业结构对于四川省作为我国西部经济大省的支撑力不足。

（3）与先进省市相比还有较大差距。与广东、浙江、江苏、山东、辽宁，甚至是陕西、重庆等省市相比，四川省三次产业结构还存在较大差距（见表 5-6）。从表 5-6 可以看出，四川省第一产业的比重较广东、浙江、江苏、山东、重庆等省市高出 5 ~ 9 个百分点，第二产业所占比重低于多数省份，第三产业的比重低 1 ~ 12 个百分点。

（4）与现代产业体系标准相差较大。构建现代产业体系是四川省产业结构优化升级的重要目标。而现代产业体系是指现代元素比较显著的产业构成。在发达国家，通常是指现代服务业比较发达，占 GDP 的

表 5-6　2011 年四川省与部分省市三次产业结构比较

广东	5.0∶49.8∶45.2
浙江	4.9∶51.3∶43.8
江苏	6.3∶51.5∶42.2
山东	8.8∶52.9∶38.3
重庆	8.4∶55.4∶36.2
辽宁	8.7∶55.2∶36.1
陕西	9.8∶55.2∶35
四川	14.2∶52.4∶33.4

资料来源：由《中国统计年鉴（2012）》相关数据整理所得。

表 5-5　2005 ~ 2011 年四川与全国及西部地区产业结构比较

年　份	全　国	西　部	四　川
2005	12.4∶47.3∶40.3	17.6∶42.7∶39.6	20.3∶41.3∶38.4
2006	11.8∶48.7∶39.5	16.2∶45.2∶38.6	18.6∶43.7∶37.7
2007	11.7∶49.2∶39.1	16.0∶46.3∶37.7	19.3∶44.2∶36.5
2008	11.3∶48.6∶40.1	15.6∶48.1∶36.3	17.6∶46.2∶36.2
2009	10.6∶46.8∶42.6	13.8∶47.6∶38.6	15.8∶47.4∶36.8
2010	10.2∶48.8∶43	13.2∶50∶36.8	14.7∶50.7∶34.6
2011	10.1∶46.7∶43.2	12.7∶50.9∶36.3	14.2∶52.4∶33.4

资料来源：由《中国统计年鉴（2012）》相关数据整理所得。

比重达 70% 左右的产业结构；在发展中国家，则是指工业增加值占 GDP 的 50% 左右，第三产业比重稳定上升的产业结构。目前，四川省第三产业比重仅为 33.4%，工业增加值占 GDP 的比重仅为 45.1%，表明四川省产业结构还有较大的优化空间。

2. 从各产业内部来看，产业结构和布局还存在一定问题

（1）农业生产内部结构还需要进一步优化。第一，全省农业总产值中农、林、牧、渔业产值比例关系多年都没有发生较大变化，种植业和养殖业仍占很大比重。2000 年以来，在农业总产值中农业（种植业）和畜牧业所占比重一直稳定在 90% 以上，其他产业所占比重很小，而且变化不大。2011 年，四川农业产值仍占第一产业总产值的近一半，达到了 48.8%，畜牧业产值占了 43.1%。林业产值则随着退耕还林还草政策的逐步实施，呈下降趋势，2011 年，林业产值占 2.6%。由于四川农业和畜牧业发展较稳定，结构变化不大，林业、渔业和农、林、牧、渔服务业的发展相对滞后，比重较小，因此，四川农业总产值中农业和畜牧业产值所占比重明显高于全国。2011 年，四川农业和畜牧业产值占第一产业总值的比重比全国高了 8.6 个百分点。而渔业和农、林、牧、渔服务业分别比全国低了 6.3 个和 1.1 个百分点（见表 5-7）。四川是内陆地区，渔业所占比重较小是受水资源影响，但农、林、牧、渔服务业的发展就明显滞后于全国水平。第二，全省种植业中粮食作物比重仍较高，经济作物比重还有待提高。2011 年四川粮食作物、经济作物、其他农作物播种面积占农作物总播种面积的比重分别由 2005 年的 69.0%、25.5%、5.5% 调整为 68.9%、27.4%、3.7%，粮食作物比重变化不大，经济作物和其他农作物播种面积较少，不利于农民增产增收。第三，农业产业化程度低，区域特色不突出。近年来，四川农业产业化发展取得了一定成效，目前已拥有 3000 多个龙头企业，并发展了一批生产基地，但真正做到了“公司 + 基地 + 农户”具有较大产业规模，为农民增收起到较大促进作用的企业则很少。四川机电排灌面积占灌溉总面积的比重近 10 年来都在

表 5-7 四川和全国农、林、牧、渔业总产值构成变化情况（单位：%）

项　目	四川省			全　国		
	2000 年	2005 年	2011 年	2000 年	2005 年	2011 年
现价农业总产值	100.0	100.0	100.0	100.0	100.0	100.0
农业	50.1	42.2	48.8	55.7	49.7	51.6
林业	3.3	2.8	2.6	3.8	3.6	3.8
畜牧业	41.2	50.1	43.1	29.7	33.7	31.7
渔业	2.5	3.2	3.0	10.8	10.2	9.3
农林牧渔服务业	2.9	1.7	2.5	未统计	2.8	3.6

资料来源：由《中国统计年鉴（2012）》相关数据整理所得。

60% ~ 70% 徘徊，与全国及东部省市比，四川农业生产仍然属于传统型，产业化和集约化程度低，抗风险能力弱。主要表现在：农业劳动生产率和经济效益相对不高；农业规模化、信息化程度低，大中型农业企业偏少，带动农户的能力较弱；全省上市农业企业只有新希望、通威、生达林业等几家，在全国具有较大影响力的农业产业化企业更少。农户生产规模普遍偏小，农业区域布局存在“小而全”的现象，区域特色不突出；大型农业产业带建设明显不足，各种专业化组织发展以及农村流通、信息组织与网络建设不健全，省内各区域间差异扩大；农村各产业的专业化协会有待建立与健全。第四，农产品加工深度不够，龙头企业太少，带动乏力。四川农产品加工等农村第二产业带动明显不够，农产品加工规模不大，产品档次不高。由于中小企业深加工和精加工的技术及科技人才缺乏，企业数量少，规模小，发展滞后。各类农产品包括很多具有地方特色的农产品简单加工的较普遍，很多农产品经过初加工后就推向市场或廉价卖给东部省市再加工。附加值较高的农产品加工相对较少，产品增值率较低。同时，农村服务业等第三产业发展也比较滞后。第五，农业产品质量不高，加工的初级产品多，精品较少。四川农副食品加工业的发展与东部农业大省相比仍存在较大差距。2011 年，四川规模以上工业企业利润总额中，农副食品加工业仅占 6.5%，虽然比 2000 年提高了 4.6 个百分点，但仍比山东低 1.1 个百分点，差距明显。同时，农副食品加工的龙头企业较少，对农村经济的带动作用乏力。2011 年，四川规模以上工业企业中，农副食品加工业 1025 家，仅占 8.5%，比 2009 年还下降了 0.3 个百分点，而大中型农副食品加工业仅占 6.4%。

（2）工业内部重要比例关系有待协调。第一，工业内部主导优势产业实力不强，所占比重不高。2011 年全省“7+3”产业中工业增加值规模超过千亿元的仅有 3 个，电子信息、生物医药、冶金制造等产业规模还较小，缺少大型龙头企业的支撑和引导，在全国同类产业中所占比重很小，对全省工业经济发展的引导支撑作用不强。第二，产业结构层次较低，高新技术产业比重较低。全省主导优势产业中高新技术产业比重较低，“7+3”产业中食品饮料、能源电力、冶金机械、油气化工等传统产业产值占全省工业增加值的比重超过 80%。电子信息、生物医药、航空航天、新能源、新材料等新兴及高新技术产业规模较小，所占比重较小。2010 年四川省高新技术产业完成总产值 2322.83 亿元，占全国高新技术产业完成总产值 76156.31 亿元的比重仅为 3.05%，占全省工业总产值约 10%。规模远小于广东的 20914.52 亿元、江苏的 16413.65 亿元、上海的 6958.01 亿元、山东的 5562.21 亿元、浙江的 3563.13 亿元和北京的 3007.65 亿元。高新技术产业总产值占全省工业总产值的比重也远小于这些省市，甚至低于全国平均水平（见表 5-8）。第三，工业科技创新体系不健全，自主发展能力不强。2011 年四川省工业企业建立研发机构的比例还不高，现有国家级企业技术中心 39 家、省级企业技术中心 350 家，高新技术企业达 1356 家，全年投入研究与开发（R&D）活动经费 104.5 亿元，获得发明专

表 5-8　2010 年四川省高新技术产业总产值与部分省市比较情况（单位：亿元，%）

地　区	高新技术产业总产值	高新技术产值 / 工业总产值	地　区	高新技术产业总产值	高新技术产值 / 工业总产值
全　国	76156.31	10.9	江　苏	16413.65	33
北　京	3007.65	21.95	浙　江	3563.13	16.9
广　东	20914.52	24.4	山　东	5562.21	35.2
上　海	6958.01	23.2	四　川	2322.83	10

资料来源：由《中国科技统计年鉴（2011）》相关数据整理所得。

利 2483 件，规模以上工业完成新产品产值 2064 亿元。而广东、山东、江苏、浙江等先进省市在企业研发机构数、高新技术企业数、新产品开发能力等方面要远强于四川（见表 5-9）。全省支撑工业科技创新能力提升的公共技术、信息、金融等服务平台还不健全；科技体制条块分割的状况还没有根本改变，产学研互动融合及军民融合的体制还未形成；工业企业研发实力不强，全省建立研发机构的企业仅 3000 家左右，不到企业总数的 10%，企业研发经费投入占销售收入的比重不到 2%，有效的企业及行业创新支撑体系还未建成。这些都严重制约了全省工业通过科技创新，提升内生增长动力，调整和优化产业结构的能力。第四，工业所有制结构和轻重工业比例关系仍有优化空间。21 世纪以来，随着我国社会主义市场经济体制改革的深入推进，四川在国有经济快速增长的同时，非公有制工业也获得了迅速发展。2005 ～ 2010 年全省纳入统计口径的私营工业企业数由 3893 个增加到 7123 个，私营工业总产值由 1475.48 亿元增加到 11950.2 亿元。公有制工业企业和非公有制工业的比例由 2005 年的 51.9 : 48.1 变为 2010 年的 39.4 : 60.6。但与先进省市相比，四川民营经济的比重仍显略小，经济活力有待提高。2010 年浙江、江苏

表 5-9　2011 年四川省工业企业科技创新能力与部分省市比较情况

项　　目	广东	山东	江苏	浙江	四川
国家级企业技术中心（个）	59	101	54	52	39
省级企业技术中心（个）	600	615	987	1333	350
高新技术企业（家）	5475	1723	3852	2919	1356
科技 R&D 活动经费（亿元）	899.4	743.1	899.9	479.9	104.5
发明专利（件）	36053	9428	21694	9335	2483
规模以上工业新产品产值（亿元）	14694.3	10919.8	13755.2	10749.5	2064

资料来源：由四川、广东、山东、江苏、浙江等省 2011 年经济社会发展统计公报及相关资料整理所得。

和山东省非公有制经济与公有制经济的比例关系分别为 33.5 : 66.5、34.8 : 65.2 和 37.9 : 62.1。四川省非公有经济的比重分别比三省高 0.4 ~ 5 个百分点，还有一定的降低空间。同全国一样，四川省工业保持了重工业化的趋势和重型结构的基本格局。尽管做了一些调整，但到 2010 年全省轻重工业增加值比例关系仍为 32.1 : 67.9，与浙江省的 42.7 : 57.3、广东省的 39.9 : 60.1 和山东省的 32.7 : 67.3 相比，轻工业比重低 0.6 ~ 10.6 个百分点，重工业比重则高 0.6 ~ 10.6 个百分点，同样具有优化调节的空间。第五，工业企业规模和组织结构有待优化。“十一五”期间，四川省在积极培育大企业大集团的同时，加大对中小企业的支持力度，基本上形成了大中小企业协调配合、共同发展的局面。但与东部发达省市相比，四川省在大企业大集团的数量和经济实力方面与它们还有较大差距，中小企业的数量、活力和配套能力与它们相比也有较大差距。2011 年中国企业 500 强名单中，四川省入围的企业只有 10 家，没有一家进入前 100 强，最大的企业长虹仅排名第 141 位，其次是新希望集团第 145 位、五粮液第 204 位。500 强名单中前 80 位的营业收入都超过了千亿元，长虹集团仅有 585.9 亿元，规模与百强内的企业相差甚远。从入围企业数量来看，北京市居首，达 100 家；山东其次，有 52 家；江苏第三，为 49 家；浙江 44 家；广东 37 家。无论是从入围企业总数还是从单个企业规模来看它们都远优于四川。正是由于缺乏具有国际影响力的大型龙头企业的引导，四川省的电子信息、生物医药、航空航天、新材料、新能源等产业无法迅速发展壮大。到 2011 年，全省有中小工业企业已达 34.5 万家，完成工业增加值 7180.1 亿元。但与江苏、浙江、广东等民营经济较发达的地区还有较大差距，并且由于四川省的一些大型龙头企业，如东方集团、攀钢、二重、成飞集团等多为央企或军工企业，它们与地方经济的无缝对接还存在一定问题，很难引导和带动配套的中小企业发展，这也在一定程度上影响了全省中小企业的发展和配套能力的提升。

（二）四川省产业结构及布局展望

新中国成立后，四川省 60 多年经济建设的过程，也是产业结构和布局不断调整、完善的过程，经过多年的努力，全省产业结构和布局不断优化，渐趋合理。但随着四川省经济发展阶段的提升和面临环境资源条件的改变，全省产业结构和布局还存在较大调整和完善的空间。而国内外经济发展形势及四川省自身发展的趋势，也非常有利于全省产业结构的优化升级和布局的合理化建设。

1. 产业结构优化升级的有利条件

第一，国际经济形势非常有利。21 世纪以来，经济全球化和新技术革命深入推进，世界范围内的经济结构和布局调整深入推进，产业转移步伐加快，且结构层次不断提升，为发展中国家和地区通过承接产业及技术转移，提升发展层次创造了极为有利的条件。

第二，国内经济发展前景同样非常有利。“十一五”期末，我国经济总量已超过日本，成为世界第二大经济体，已进入加快发展以顺利完成“三步走”战略目标的战略机遇期。四川作为我国西部最大的经济体，已进入工业化中期加快发展阶段。抓住有利时机，全面优化经济结构，为全面建设小康社会夯实基础，同样是四川省应承担的责任。

第三，西部大开发战略和成渝经济建设的深入推进同样非常有利。进入西部大开发的第二个十年，国家已明确提出要将战略实施的重点放在加快西部地区特色优势产业发展，以提升其自我发展能力上。成渝经济区建设的主要目标也是要在该地区构建现代产业体系，将其建设成为我国西部地区重要的现代产业基地。为此，国家制定了一系列优惠扶持政策，促进西部及成渝经济区的特色优势产业发展。这对于四川争取更多的国家支持，以促进产业结构的优化升级极为有利。

第四，西部经济发展高地建设的深入推进和工业强省战略的深入实施，为四川调整和优化经济结构打下了坚实的基础。西部经济发展高地建设的重要内容就是要建立四大优势产业基地，而“一枢纽、三中心”建设，将全面优化四川省产业发展的交通运输、金融、商贸及科技文化发展环境，为全省现代产业体系构建提供强力支撑。工业强省战略的深入实施，将全面促进四川特色优势产业的发展，为全省产业结构的优化升级提供强大动力。

第五，环境资源条件的变化也要求四川省加快产业结构和布局的调整。21 世纪以来，随着全球经济的快速发展，能源、矿产、水、土地等资源日益紧缺，价格飞涨。四川省经济发展面临的环境资源压力同样非常巨大，节能减排任务非常艰巨，加快经济转型，全面优化经济结构，也是四川经济顺应环境变化的必然要求。

2. 产业结构发展展望

综合分析国内外产业结构发展的趋势以及四川省产业发展实际，可以预见，在今后相当长一段时间内，四川省产业结构将持续优化升级，保持不断发展完善和渐趋合理的势头。

第一，从三次产业结构来看，第一产业比重将持续下降，第二产业比重将加快提升，第三产业比重将稳步增加。随着全省经济发展的加快，第一产业的比重将持续下降。但由于四川省农村土地广阔，农业人口众多，是我国典型的农业大省，因此，农业经济仍将在全省经济总量中长期保持一定的比重，不会下降太快、太多。随着工业强省战略的深入实施，全省工业将保持快速发展势头，因此，第二产业的比重将保持快速增长的势头。随着全省经济发展水平的提升，第三产业的比重将保持稳定增长。

第二，随着现代农业产业体系的构建，全省农业生产结构将在巩固粮食生产基础地位的同时，增加经济作物的比重，同时加快牧业、林业及渔业的发展速度，提升它们在农业生产中的比重。

第三，随着全省“7+3”产业规划和八大产业调整振兴规划的深入实施，以及战略性新兴产业的发展，全省主导优势产业、高新技术产业、战略性新兴产业、环保节能产业将加快发展步伐，在工业内部结构中所占比重将持续上升。而一些高耗能、高资源消耗及高污染行业规模将持续缩减，甚至被全部淘汰。

第四，随着全省旅游、金融、商贸、文化教育、房地产、中介、咨询等现代服务业的发展，全省第三产业的内部结构将持续优化。

（三）调整和优化四川省产业结构及布局的重点方向

新时期，为全面优化四川省经济结构和布局，实现可持续发展的战略目标。全省应坚持把经济结构战略性调整作为加快转变经济发展方式的主攻方向。全面调整和优化产业结构及布局，提升产业层次和核心竞争力，促进三次产业协调发展。坚持走新型工业化道路，以提高产业整体竞争力为中心，产业高端化、高新化为方向，坚持做强、做优、做大工业，加快发展现代服务业，推动信息化和工业化深度融合，增强自主创新能力，不断发展壮大“7+3”特色优势产业，加快构建现代产业体系，努力建设国家重要的战略资源开发基地，现代加工制造业基地，农产品深加工基地、科技创新产业化基地和西部物流、商贸、金融中心。

1. 加快构建农业现代产业体系，调整和优化农业发展结构

以保障粮食安全和提高农业综合生产能力、抗风险能力、市场竞争能力为目标，加快农业科技创新，优化农业结构，推进农业产业化经营，加快传统农业向现代农业转变。继续培育现代农业产业基地强县、现代林业产业强县、现代畜牧业重点县和牧区现代畜牧业试点县，加快创建良种化、标准化、专业化、规模化、集约化、品牌化基地，促进优势特色农业持续快速发展。以现代畜牧业提质扩面为重点，推进畜牧业标准化适度规模养殖，加快建设国家优质商品猪战略保障基地。调整优化畜牧业结构，大力发展节粮型草食牲畜、特色小家畜禽等资源节约型畜牧业。加快健康生态渔业基地和渔业资源养护体系建设。支持发展无公害农产品、绿色食品和有机农产品。围绕优势特色产业加快发展农产品加工业，建设一批区域集聚的农产品加工园区和物流园区，建成西部重要的农产品精深加工基地。在农业规模经营推进中，大力发展低碳农业、生态农业，注重推广清洁生产，发展循环经济，减少对环境的污染。

（1）稳定粮食生产。坚持把粮食安全放在首要位置，严格保护耕地和基本农田，稳定粮食生产。加强田间基础设施、良种选育、土壤改良与地力培肥建设，大规模改造中低产田土，加快农村土地整理复垦。落实完善粮食生产扶持政策，大力实施“米袋子”工程，稳步提升粮食生产能力。加强粮食物流、储备和应急保障设施建设。构建粮食安全保障体系，确保省内粮食总量平衡，基本自给。

（2）发展优势特色农业。加快建设农产品标准化生产基地。依托农业资源优势，大力发展马铃薯、优质油料、蔬菜、食用菌、水果、茶叶、蚕桑、中药材、烟叶、林竹和花卉等优势特色效益农业。稳定发展畜牧业，促进生猪、奶牛等畜禽和水产标准化规模养殖，建成国家优质商品猪战略保障基地。大力发展生态农业，积极开发无公害农产品、绿色食品、有机食品和农产品地理标志产品，满足居民日益提高的食品健康需求。

（3）推进农业产业化经营。发展多种形式的适度规模经营，提高农业产业化经营水平。扶持农民专业合作社和农业产业化龙头企业发展，培育一批全国行业领先农业产业化经营主体。建立健全风险共担、利益共享的利益联结机制，提高农业经营组织化程度。积极发展现代农业示范区，实施现代农业示范工程，培育一批现代农业产业基地强县，提高农业生产的专业化、标准化、规模化和集约化水平。

（4）改善农业农村发展条件。加强农田基础设施建设，完善农村小微型水利设施，积极发展节水灌溉、旱作农业，强化田网、路网、水网配套，提高耕地质量。加快农村饮水安全工程建设，在有条件的地方推进农村集中式供水，分类解决农村饮水安全问题，大力推进小型农田水利重点县建设。加强农村道路建设，加快农村断头公路、危桥改造、渡改桥、便民路和客运站点建设，提高农村公路通达通畅水平和道路安全等级，基本实现油路到乡、公路到村、便民路入户、机耕道到田，切实改善农村出行条件。推进农村信息基础设施建设。实施新一轮农村电网改造工程，因地制宜实施农村沼气、太阳能等农村能源工程。加强农村集贸市场和冷链物流设施建设。

（5）农业发展布局。根据全省农业生产的气候环境及资源条件合理布局全省农业生产，重点发展成都平原、盆地丘陵、盆周山、川西南山及川西北高原五大农业生产区。成都平原区。包括成都、德阳、绵阳和眉山等市的 27 个县（市、区）。重点发展中高档优质稻、专用小麦、菜用型马铃薯、“双低”油菜、优质蔬菜、食用菌、水果、花卉、道地药材。大力发展优质肉猪生产，推广具有地方优势的黑山羊、成都麻羊等良种羊及杂交羊和大恒肉鸡、金利肉鸭等品种，积极发展优质小家禽，加快发展大城市郊区奶业。大力培育工业原料林、珍贵用材林和高档苗木花卉。集中发展四川泡菜、肉类、蔬菜、水果、中药材、木竹等农产品加工产业和贮运配送产业。积极发展生态旅游业、设施农业和文化创意农业、生物技术农业，加快发展良种产业和外销出口创汇农业。打造国家现代农业示范区、西部特色优势农业产业集中发展区、西部农产品加工中心、西部农产品物流中心和西部现代农业科技创新转化中心，率先在全省实现农业现代化。盆地丘陵区。包括内江、资阳、遂宁、南充、广安、宜宾、乐山、自贡、泸州和达州等市的 68 个县（市、区）。大力发展优质水稻、饲用玉米、优质专用小麦和菜用型马铃薯等粮食作物生产，积极发展高粱、大豆、绿豆等优质专用小杂粮，建设“双低”油菜、优质柑橘、优质安全蔬菜、袋栽食用菌、名优茶叶、优质蚕桑、道地中药材等经济作物优势产区。加快适度规模生猪生产发展，建设肉羊、家禽、兔、奶牛、肉牛优势区域。大力培育工业原料林，加快人工中幼龄林抚育和低产低效林改造，积极发展乡村生态旅游业和林产品加工业。建设粮油、畜产品、饲料加工基地。盆周山区。包括广元、雅安、巴中等市的 31 个县（市、区）。大力发展特色农业、生态农业和节水农业，推广林粮结合等山区耕作模式。重点发展名优茶叶、加工专用与菜用型马铃薯及优质种薯、优质蚕桑、道地药材、特色及秋淡季蔬菜、名特优食用菌等特色农产品生产基地建设。适度发展生猪规模生产，建设肉羊、肉牛、特色家禽优势产区。大力培育木竹原料林、特色干果、木本药材、林下种植养殖、林产加工业和生态旅游业。川西南山区。包括攀枝花市、雅安市、甘孜州和凉山州的 24 个县（市、区）。重点发展以晚熟芒果、早市枇杷、优质石榴、优质苹果、酿酒葡萄、早熟鲜食脐橙等为主的特色水果业、蚕桑业，以早市蔬菜为主的蔬菜业、花卉业，以优质水稻、加工专用马铃薯、荞麦为主的优质粮食生产和优质烟叶，率先在全省推出进入国际市场的品牌。大力发展建昌黑山羊、凉山半细毛羊、生猪、家禽等特色畜牧生产。培育速丰用材林，积极发展特色干果、木本药材、麻风树、林下种植养殖、林产加工业和生态旅游业。川西北高原区。包括甘孜、阿坝和凉山州的 31 个县（市、区）。重点发展牦牛、藏羊、藏猪、藏鸡等具有高原特色的畜禽生产基地，统一打造川藏高原特色畜产品品牌，积极开发风味独特的绿色畜产品。加快发展当地少数民族特需的青稞、荞麦等作物，提高单产水平。加快发展甜樱桃，优质苹果、梨、酿酒葡萄等特色水果，秋淡季蔬菜，食用菌，道地药材，搞好高原野生药材的人工种植。积极推进碳汇造林，开发林下资源和森林食品，发展原始林区旅游、原生态草原及湿地生态旅游、野生动物观光旅游。

2. 深入实施工业强省战略，大力发展特色优势及战略性新兴产业

（1）发展壮大特色优势产业。充分发挥四川省特色优势产业的支撑带动作用，做强存量和做大增量并重，提高技术水平，壮大产业规模，延伸产业链，推动特色优势产业高端化发展，提升产业综合竞争力。装备制造。加强以水电、火电、燃气为重点的发电设备研发制造，开发大型水电机组、大功率超临界和超超临界循环流化床火电机组、重型燃气轮机组。发展重型装备、机车车辆、工程机械、数控机床、油气钻采、薄煤层综合开采等成套设备和关键零部件产业。开发航空、海洋等领域高端铸锻件产品。油气化工。推进石化深加工及精细化发展，培育壮大石油化工、精细化工和橡塑深加工等产业链，建成四川石化产业基地及下游深加工产业集群。调整天然气化工产业结构，大力发展石化深加工及精细化工产品，促进四川化工行业结构调整，带动轻工、纺织、机械、塑料加工、新材料等产业发展。汽车制造。重点扩大中高级乘用车生产规模，巩固提升载货汽车生产水平，培育壮大整车自主品牌，提高汽车关键零部件配套能力。积极发展电动汽车及混合动力汽车，推进压缩天然气、液化天然气汽车研发制造和推广应用。建设西部重要的汽车整车及零部件生产研发基地。饮料食品。发挥川酒、川猪、川菜、川烟、川茶等品牌优势，推动农产品精深加工和综合利用，重点发展名优白酒、肉制品、粮油、茶叶、特色果蔬等优势特色产业，大力发展地方名优特食品，提升产品附加值，扩大市场占有率，发展壮大农产品深加工龙头企业，建设国家重要的农产品深加工基地。现代中药。发挥四川省中药材资源优势，以川产道地药材为重点，大力发展川产中药材和中成药大品种。加快中药新药、保健品开发认证，突破提取、分离、纯化等高新技术，支持中药企业加快发展，建设全国重要的

中药饮片和中药现代化科技产业基地。推进建材、冶金、轻工、纺织等其他传统产业技术改造和技术进步，大力发展新型建筑材料，振兴丝绸、苎麻等天然纤维织造工业，积极推进竹原纤维等天然纤维产品开发。加快淘汰水泥、铁合金、焦炭、电石、平板玻璃、化肥、造纸等行业的落后产能。提高建筑业技术和装备水平，培育具有工程总承包能力的大型建筑企业，加快传统建筑业向现代建筑业转变。发电装备制造。依托现有重点装备制造企业及近300家配套企业，建设形成大功率超临界和超临界循环流化床火电机组、70万千瓦以上大型水电机组、重型燃气轮机组等批量生产能力。大型煤气化及综合利用。建设200亿立方米煤气化中心，改造现有大化肥装置，实现川南化工原料“气改煤”，并积极发展精细化工产品和化工新材料。钒钛资源综合利用。以攀枝花、凉山、内江为重点，采用目前国内最先进的钒钛钢铁生产工艺和技术，建设国内最大的现代化钒钛工业园及西南规模最大、技术最先进的含钒钢生产基地。实现钒钛深加工产品和低微合金材料等规模化生产，构建较为完整的钒钛产业链，形成具有国际领先水平的钒钛产业集群。钼铜资源深加工及综合利用。整合西南地区钼铜多金属矿产资源，引进国际最先进技术，建设年产4万吨钼、40万吨铜及金银等稀贵金属回收综合利用装置，推动四川省有色行业技术进步和产业升级，使四川成为国内重要的钼铜生产基地。中国白酒金三角。实施五粮液工业园区、泸州酒业集中发展区、剑南春酒城名酒名街、古蔺名酒名镇、沱牌名酒产业生态园、水井坊遗址酒文化街区等工程建设，将“中国白酒金三角”打造成世界著名的白酒生产基地。优化能源结构。推动能源生产和利用方式变革，大力提高非化石能源和低碳清洁能源的比重。优先发展水电，优化发展煤电，积极发展核电，适度发展天然气发电，加快发展生物质能、太阳能、风能、煤层气、页岩气、沼气等新能源。积极发展智能电网、分布式能源。推进循环流化床技术等高效洁净燃煤发电，促进煤炭安全集约生产和清洁高效利用。扩大天然气利用规模，优化用气结构，优先满足城乡居民生活用气和城市公共服务用气。“十二五”期间，四川工业布局要重点实施“5785”发展战略，全省工业发展战略目标及重点工业发展规划布局详见图5-4。

（2）大力发展战略性新兴产业。立足全省科技和产业基础，以重大技术突破和重大发展需求为导向，加快推进科技成果产业化步伐，推动战略性新兴产业规模化、集群化发展，尽快把战略性新兴产业培育成四川重要的先导性、支柱性产业。新一代信息技术。重点发展集成电路、新型显示、高端软件和服务器等核心基础产业。围绕信息获取、传输、处理技术及其运用，加快发展新一代移动通信、下一代互联网核心设备和智能终端的研发及产业化，推进三网融合、物联网及云计算的研发和应用，建设国家重要的信息和软件高技术产业基地。新能源。重点发展新能源装备制造，发展核岛系统集成、核岛和常规岛设备、核燃料元件等关键部件，大功率风电机组，生物质能发电成套设备。加快发展多晶硅、非晶硅、薄膜太阳能电池及组件，大容量储能电池、动力电池。积极发

图 5-4　四川省“十二五”工业重点产业发展规划布局

资料来源：本图由四川省发展和改革委员会、四川省测绘地理信息局提供。

展清洁可再生能源。建设国家重要的新能源高技术产业基地。高端装备。重点发展航空、航天、高速铁路设备等。发展军机、公务机等整机和国产大飞机、支线飞机机头、机身等关键部件，以及大型航空发动机整机及零部件、航空电子系统产品生产，建设国家重要的民用航空高技术产业基地。积极开发空间服务系统、亚轨道科学研究火箭。新材料。重点发展钒钛、稀土材料，开发含钒钢、钒精细化工、钒电池、钒铝合金、钛合金及高档钛材等高端产品。积极发展新型功能材料、先进结构材料、生物医用新材料、高性能纤维及其复合材料、超硬材料等新材料，建设国家重要的新材料高技术产业基地。生物。重点发展创新药物和生物育种，开发以生物技术药物、新型疫苗、诊断试剂等为重点的创新药物研发和生产，推进以先进医疗设备、医用材料等为重点的生物医学工程产品的研发和产业化，支持发展高产、优质、抗病、抗逆生物育种产业，加快生物基材料发展，建设国家重要的生物高技术产业基地。节能环保。重点发展高效节能技术产品，开发发光二极管（LED）、无极灯等绿色照明产品。积极发展先进环保技术装备和产品，加快资源循环利用关键共性技术研发和产业化。“十二五”期间，四川省主要战略性新兴产业发展规划布局详见图 5-5。

3. 加快现代服务业发展

以建设西部物流中心、商贸中心、金融中心为重点，加强生产性服务业与先进制造业融合发展，推进制造业服务化和服务业规模化、品牌化、网络化，积极发展生活性服务业，不断拓展服务业新领域，促进服务业发展提速、比重提高、水平提升。

（1）加快发展物流、商贸、金融业。现代物流业。依托四川省重要的物流节点城市、制造基地和综合交通枢纽，布局建设一批物流园区、物流中心，推进物流公共信息平台、仓储配套设施建设，构建区域一体的现代物流网络体系，建设西部物流中心。推进物流服务的社会化和专业化，重点发展第三方物流。着力壮大电子、酒业、钢铁、农产品冷链、粮食等领域物流以及大件运输、零担等专业物流集群，培育一批服务水平高、竞争力强的大型现代物流企业。加快发展航空物流，促进口岸物流向物流节点城市延伸，逐步建成一批适应国际贸易发展需要的国际物流港，加快“电子口岸”建设。商贸流通业。用先

图 5-5　四川省“十二五”主要战略性新兴产业发展规划布局

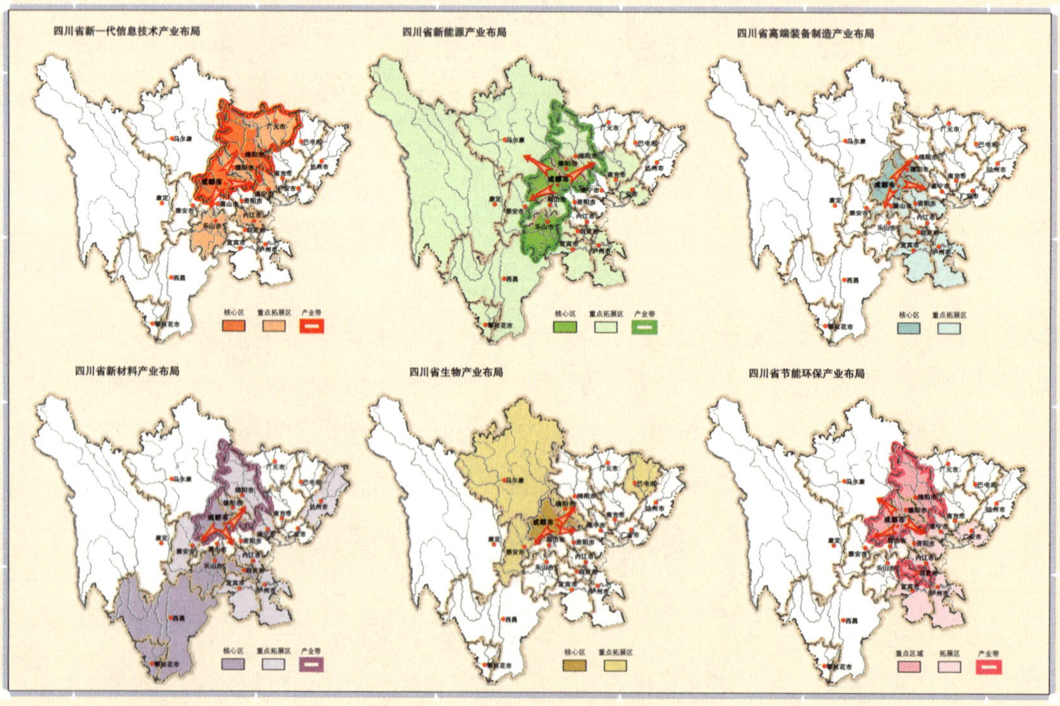

资料来源：本图由四川省发展和改革委员会、四川省测绘地理信息局提供。

进经营理念、运营模式和流通技术，改造提升传统商贸流通业，建设西部商贸中心。加强批发贸易、零售贸易、服务贸易、商务信息、会展经济等平台建设。引进国内外企业在四川设立总部及区域性交易中心、运营中心和研发中心。加强流通基础设施建设，抓好城市中央商务区规划建设，打造一批大型骨干卖场，建成一批特色商业街区，引导大型商业综合体集聚发展，建设西部重要的消费中心。支持大中型流通企业延伸连锁经营网点到农村，满足农村居民消费需求。大力发展会展经济，打造西部重要的商品交易和经贸交流合作平台。现代金融业。大力发展金融服务业，完善金融市场体系，创新金融产品和服务，增强金融服务功能，建设西部金融中心。进一步巩固发展银行、证券、保险业，积极引进世界知名金融机构在四川省设立区域总部、分支机构和功能性服务中心，发展壮大地方法人金融机构，加快西部金融机构中心建设。积极引进和培育股权投资基金、融资性担保公司、小额贷款公司、财务公司、金融租赁公司等非银行金融机构，促进新兴金融业集聚发展。积极稳妥地推进金融产品和交易品种创新，扩大票据业务、保险业务以及期货、产权、大宗商品等交易规模，建设西部金融市场和交易中心。推动金融后台服务业发展，大力发展金融外包服务、金融中介服务，建设国内重要的数据、清算、研发、灾备等金融后台服务中心。西部物流中心。成都国际航空物流园区、成都国际集装箱物流园区、成都高新综合保税区、新都物流中心、绵阳电子信息综合物流园区、宜宾临港物流园区、泸州港集装箱物流园区、乐山大件物流中心、攀枝花密地（矿产品）物流园区、达州天然气能源化工产业区物流中心、遂宁中国西部现代物流港等。

（2）大力发展旅游业。大力发展旅游经济，提升旅游产业层次，促进旅游与相关产业融合发展，推进旅游大省向旅游强省转变。完善旅游服务设施，建设良好的旅游市场秩序，推进旅游标准体系建设，提高旅游服务水平。加强精品旅游区建设，打造特色旅游产品，提升精品旅游线路，积极发展重点旅游城镇。调整旅游产品结构，加强旅游宣传促销，积极培育旅游市场，大力发展入境旅游和休闲度假旅游。抓好成都国家旅游经济改革试验区建设。

（3）积极拓展服务业发展领域。深化专业化分工，创新服务产品和模式，大力发展信息服务、服务外包、商务服务等生产性服务业。发展物联网、下一代互联网、云计算等信息服务业。完善研发设计、支撑产业链协同等公共服务平台，大力发展专业化的科技研发、工业设计、软件设计等服务外包业。规范发展法律咨询、会计审计、工程咨询、融资担保、资产评估、信用评估等商务服务业，加速形成国际化的商务服务能力。积极发展生活性服务业，不断丰富服务产品类型，着力提升服务水平和质量。支持方便群众生活的便利店等社区商业发展，优化城乡商业网点布局。鼓励发展家政服务、养老服务、社区服务等家庭服务业，培育一批具有本地特色的家庭服务劳务品牌。加强房地产市场调控和监管，促进房地产业健康发展，发展物业管理服务、房地产中介服务。大力挖掘川菜、川茶等丰富的历史文化内涵，提升餐饮业发展水平。积极培育营养保健、家庭教育、时尚健身、远程医疗、网上购物等新兴服务业态。

4. 推动产业集中、集约、集群发展

调整优化产品结构、企业组织结构和产业布局，推进企业兼并重组，加快淘汰落后生产能力，推动产业转型发展，促进产业优化升级。

（1）推动产业集聚发展。着力提高产业集聚规模效应，引导产业向园区集中。培育壮大一批国家级和省级开发区，积极推动省级开发区扩区、区位调整和转型升级，扶持一批省级开发区升级为国家级开发区，在符合条件的地方新设一批省级开发区。建设一批特色鲜明、优势突出、功能完善、联动发展的产业园区和现代服务业集聚区，带动关联产业和配套产业集聚发展，积极发展具有较强创新能力和竞争能力的优势产业集群。“十二五”期间，四川省各市州开发区发展规划布局详见图5-6。

（2）提高产业技术水平。鼓励企业加大科技投入，增强新产品的开发能力，加

图 5-6　四川省“十二五”开发区发展规划布局

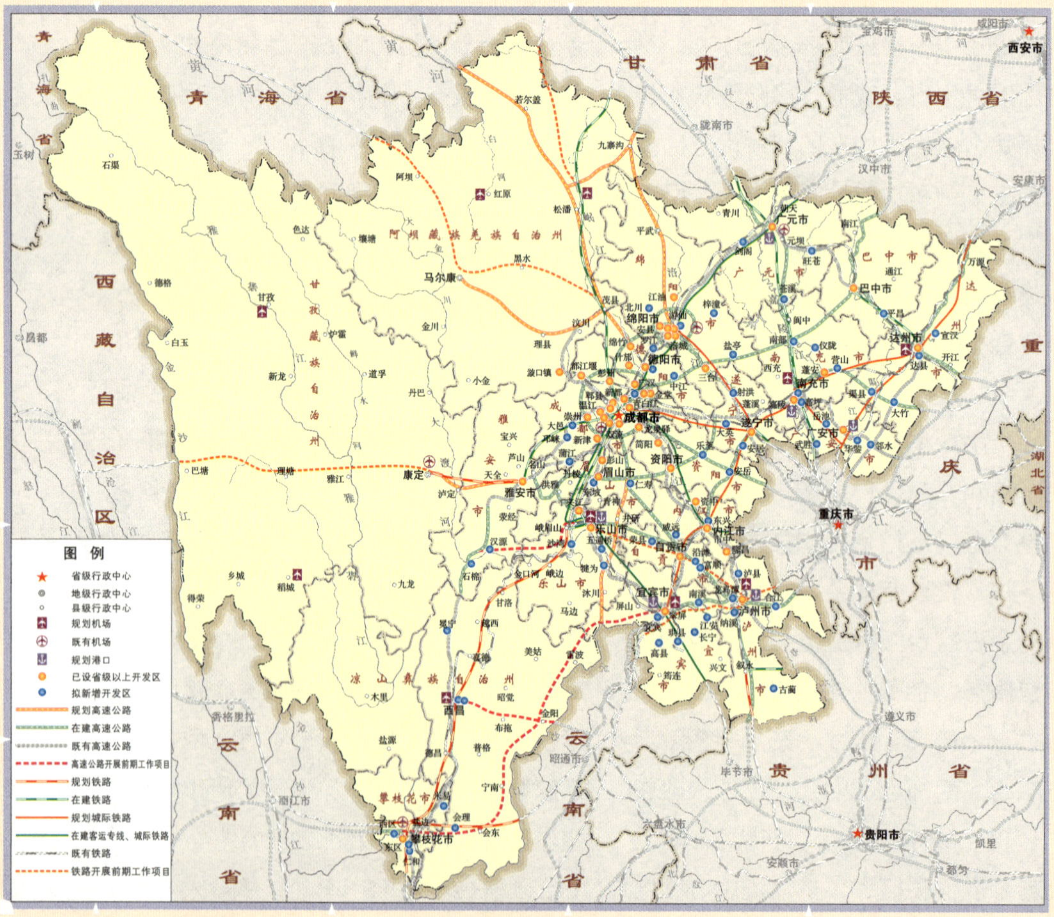

资料来源：本图由四川省发展和改革委员会、四川省测绘地理信息局提供。

快产品升级换代，提高产品的技术含量和附加值。加大技术改造力度，推进传统产业优化升级。加快淘汰落后生产工艺、设备和生产能力，抑制高能耗、高污染和产能过剩行业盲目扩张，防止新的低水平重复建设。全面实施质量兴川战略，增强品牌创建能力。

（3）促进企业兼并重组。继续实施大企业大集团发展战略，以装备、汽车、钢铁、水泥等行业为重点，发挥企业主体作用，积极推动优势企业跨行业、跨地区兼并重组、境外并购和投资合作，实现资源优化配置，促进规模化、集约化经营。培育一批拥有自主知识产权和具有市场竞争力的大型企业集团，发挥骨干企业的核心带动作用。大力扶持中小企业加快发展，努力形成专业化分工协作的发展格局。

（4）加快社会主义新农村建设。坚持“工业反哺农业、城市支持农村”和“多予、少取、放活”的方针，统筹城乡改革发展，加大对“三农”的投入力度，夯实农业农村发展基础，转变农业发展方式，提高农业现代化水平和农民生活水平，建设农民幸福生活的美好家园。

5. 促进五大经济区协调发展

加快推进成渝经济区四川部分“一极、一轴、一区块”建设，建立健全区域协调互动机制，促进五大经济区协调发展。大力发展特色经济，积极培育新的地区增长点，构建比较优势突出、区域特色鲜明、区际良性互动的多极发展格局。

推进“一极、一轴、一区块”建设。做强成都都市圈增长极，规划建设天府新区，加快建设新川创新科技园，形成以现代制造业为主、高端服务业集聚，宜业、宜商、宜居的国际化现代新城区。加快成渝通道轴经济发展，促进成渝两极要素流动。加快发展环渝腹地区块，建设川渝合作示范区。深入推进川渝合作，建设国家重要的现代产业基地、内陆开放试验区、统筹城乡发展示范区，构建全国重要的经济增长极。

成都经济区。推动率先发展、优化发展，将成都经济区建成西部地区重要的经济中心、全国重要的综合交通枢纽和通信枢纽，先进制造业基地、科技创新产业化基地、农产品加工基地和现代服务业基地。加快建设装备制造、电子信息、生物医药、石油化工、新材料等重大产业基地。着力提高科技创新能力，加快国家创新型城市和区域创新平台建设，推动产业结构向高端、高效、高附加值转变。

川南经济区。加快川南地区开发建设，打造全省经济发展新的增长极。依托“黄金水道”，有序推进岸线开发和港口建设，加强高速公路、快速铁路建设，建成全省次区域交通枢纽，形成四川沿江和南向开放的重要门户。大力发展临港经济，加快建设沿江产业带，发展壮大机械制造、能源、化工、农产品加工业，积极培育新材料、节能环保、生物等新兴产业，大力发展旅游、商贸、物流等现代服务业，打造“中国白酒金三角”核心区。

川东北经济区。加快天然气等优势资源开发利用，提高资源就地加工和转化水平。重点发展清洁能源和石油、天然气化工、农产品加工业，建设西部重要的能源化工基地和农产品深加工基地。大力发展特色农业，积极发展红色旅游。加强基础设施建设，全面改善发展条件。积极承接产业转移，依托嘉陵江、渠江和重要交通干线，构建连接我国西北、西南地区的新兴经济带。

攀西经济区。依托钒钛、稀土、水能、特色农业等优势资源，加快技术创新和新产品开发，提高资源综合开发利用水平，建设中国攀西战略资源创新开发试验区、全国重要的钒钛产业基地、全国重要的水电能源开发基地和四川省重要的亚热带特色农业基地。推进攀西钒钛、稀土产业优化升级，开发高技术含量和高附加值的钢铁产品。积极发展阳光旅游、生态旅游。

川西北生态经济区。以保护生态环境、发展生态经济作为主攻方向，因地制宜发展清洁能源、生态文化旅游产业，点状开发矿产资源，改进传统农牧业生产方式，建设特色鲜明、绿色生态的产业体系。积极推进生态移民、扶贫移民和牧民定居工程，逐步引导人口有序转移。加强以交通和水利为重点的基础设施建设，促进基本公共服务均等化，加快改善生产生活条件。

参考文献

刘清泉主编《四川省经济地理》，新华出版社，1997。

林凌、李树桂：《中国“三线”生产布局问题研究》，四川科技出版社，1992。

四川省统计局、省委宣传部：《天府四十年》，四川人民出版社，1989。

高宇天、冯锡荣等：《当代四川基本建设》，四川省社会科学院出版社，1987。

四川省统计局：《四川省统计年鉴（1985 ~ 2012）》，中国统计出版社，1986 ~ 2012。

四川省人民政府办公厅：《四川年鉴（1986 ~ 2011）》，四川年鉴出版社，1986 ~ 2011。

第6章 第一产业的发展与布局*

一 概述

（一）四川农业的基本情况

四川地处西南内陆，辖区面积48.5万平方公里，占全国总面积的5.1%，居全国第5位。境内东部为盆地，西南为山地，西部为高山峡谷高原，平坝占7.84%，丘陵占10.06%，高原占32.08%，山地占49.44%，水面占0.58%。2011年末，四川省总人口8050万，其中城镇人口3367万，乡村人口4683万，辖21个市（州）、181个县（市、区）、4447个乡（镇）。实有耕地398.34万公顷，其中水田206.93万公顷、旱地191.41万公顷，耕地有效灌溉面积260.08万公顷，占耕地的63.7%，农作物总播种面积1002.65万公顷。

四川属大陆西南腹地、长江上游，土壤肥沃，水量充沛，热量充足，适合多种农作物生长。四川东部盆地属亚热带湿润气候，气温较高，无霜期长，雨量多，日照少。年均气温16℃以上，无霜期240～300天，年降雨量1000～1400毫米，年日照1000～1600小时。全省70%的耕地、80%的粮食产量和70%～80%的主要经济作物产品产量集中在这一区域。川西南山地冬暖夏凉，干湿季明显，光热充足，攀西地区被称为长江上游的“金三角”、“聚宝盆”，是全国芒果、石榴、葡萄的最适宜产区。西部高山峡谷高原冬寒夏凉，水热不足，日照充足，气候垂直变化显著，适宜种植反季节蔬菜等特色产品。

（二）四川农业生产的主要特点

四川农业有悠久的历史，是西部的农业大省。四川用占全国4.7%的耕地，养活了占全国6.6%的人，而且每年还调出大量的生猪、白酒和一定的商品粮，支援其他省（市、区）经济建设。四川农业的发展，为保障全国粮食安全、经济发展和社会稳定做出了重要贡献。总的来看，四川农业生产具有以下特点。①

1. 农产品总量丰富

四川历来是我国重要的农产品生产基地，粮食作物种类繁多，包括水稻、小麦、玉米、红苕、马铃薯、豌豆、胡豆、大麦、燕麦等，其中以水稻、小麦、玉米、薯类四大粮食作物为主，目前四川是全国13个粮食主产区之一，我国西南、西北地区唯一的主产区。经济作物同样种植历史悠久，生产品种众多，主要包括油菜、花生、棉花、蔬菜、茶叶、水果、蚕桑、烟草、苎麻、中药材等，其总产量在全国均名列前茅。多元化的粮食作物结构不仅为全省城乡居民提供了充足的口粮，而且有效地支持了四川畜牧业的快速发展。全省年出栏肉猪已突破8000万头，位居全国第一。牛、羊、禽蛋、乳品、水产品等在全国也占有十分重要的地位。但应当强调的是，

---

* 本章作者：郭晓鸣，四川省社会科学院副院长，研究员；徐薇，四川省社会科学院产业经济研究所研究员；丁延武，四川省社会科学院区域经济研究所助理研究员；虞洪，四川省社会科学院农村发展研究所助理研究员。

① 郭晓鸣：《四川农业发展的战略选择》，《天府新论》2011年第1期。

四川虽然自然条件优越，农产品总量大，品种丰富，但由于人均资源严重不足，农产品的人均占有水平相对较低，主要农产品大都为自求平衡，余缺调剂，在国内农产品市场所占份额不高。

2. 区位优势相对突出

四川位于长江中上游，是连接中国西南、西北和华中三大地区的天然纽带，又是中国西部各省出海和通往南亚诸国的重要通道，还是中国南部各省连接西部各省、通往我国西北各邻国和欧洲的极有发展潜力的要道，区位优势较为明显。既可北出秦岭，用四川特有的天然农产品占领我国东北、华北、西北和西北邻国的市场，补其因冬季严寒和夏季炎热造成的农产品花色品种之不足；又可沿长江东向，推出四川富有特色的农产品。四川农产品出口南亚诸国，也有很大的发展余地。而中国广袤的西部地区，是大自然恩赐给四川的潜力巨大的农产品市场，同样大有用武之地。

3. 生产规模普遍较小

四川虽然土地资源绝对数量大，但人均占有量小，尤其是以耕地为主的农业资源较为稀缺。四川耕地面积仅占土地面积的 13%，耕地资源稀缺的矛盾本身就比较突出，加之新中国成立以后人口快速膨胀，以及经济建设中大量占用耕地，致使四川人地矛盾发展到极其尖锐的地步，并因此成为全国人均耕地最少的地区之一。在此条件下，四川农户生产规模普遍十分狭小，户均耕地不足 4 亩，比全国平均水平低 1/3 左右。

4. 劳务经济较为发达

四川是一个内陆人口大省，全省 9000 万人口中农村人口约 6646 万，其中有 3900 万农村劳动力。近年来，四川充分发挥劳动力资源丰富的优势，大力开展阳光工程，促进劳动力转移，积极发展劳务经济，劳务已成为四川农民增收的第一支柱。2011 年转移输出农村劳动力 2300.5 万人，其中省内转移 1091.7 万人，省外输出 1205.2 万人，外派劳务 3.6 万人。实现劳务收入 2035.76 亿元，农民人均劳务收入 3450 元。劳务经济已经成为增加农民收入的重要渠道。

（三）四川农业发展与改革历程

四川农业有悠久的历史，距今四五千年前就有了相当规模的蚕桑生产，古称“蚕丛之国”。秦统一中国后，以成都为中心设置蜀郡，对推动四川的农业生产起到了重要作用。新中国成立后，全省先后采取了清匪反霸、减租退押和土地改革、互助合作等一系列重大政策措施，农业生产逐步发展，为巩固政权、保障人民生活奠定了基础。此后，四川农业经历了 60 多年发展和几次大变革，逐步实现了农村经济制度由传统的小农经济向社会主义市场经济的根本性转变。

1. 改革开放前，实行政社合一、所有权和经营权不分、统一集中的经营管理体制

1951 年，四川全省各地实行了土地改革，4500 万名农民第一次成为土地的主人，农民产生出前所未有的生产积极性，农业生产迅速恢复和发展，1951 年粮食产量达 153.6 亿斤，比 1950 年增长 6%。土地改革以后，农村互助合作运动蓬勃兴起，1955 年全省农村参加初级农业生产合作社

的农户达 51.6%，到 1957 年春季，加入高级社的农户达到 95%以上，实现了农业合作化。在 1956 ~ 1957 年一年多时间里，初级社尚未站稳脚跟全省就完成了高级合作化，紧接着又向人民公社升级。人民公社实行政社合一，财产上搞平调，管理上高度集中，生产上统一指挥，加上高指标、高估产，使得共产风、平调风、浮夸风、命令风、瞎指挥风愈刮愈猛，严重挫伤了农民的生产积极性，给农业生产造成了很大的损失。在三年调整时期，四川在进一步巩固完善人民公社体制的同时，逐步建立集体生产责任制，允许农户保留一定数量的自留地，实行生猪公有私养，党和政府采取若干政策减轻农民负担，休养生息，扶持生产，农业得到较快的恢复。1965 年，全省粮食产量达到 1490 万吨，棉花 10.6 万吨，油料 35.4 万吨，生猪 1103 万头，均有较大幅度增长。“文化大革命”期间，采取了一些“左”的做法，各地把自留地、家庭副业当作“资本主义尾巴”来割，实为“吃大锅饭”，以粮为纲，排斥多种经营，不顾自然条件推行双季稻，使生产受到很大损失。这期间，人均粮食产量由 305 公斤下降到 275 公斤，一些地区农民的生活水平也有所下降。

2. 改革开放之后，四川大胆突破传统体制，进行农村经济体制改革

四川率先把“包”字引入生产责任制和变革人民公社体制，使四川成为全国农村改革的摇篮之一。此后又经历了从家庭联产承包责任制到乡镇企业、从产业结构调整到城乡统筹发展等一系列改革，逐步形成了社会主义农村市场经济体制，促进四川农村实现了前所未有的快速发展，农村社会经济发展水平大大提高。这一时期的改革可以分成三个大的阶段。

（1）1978 ~ 1987 年，探索建立并推进家庭联产承包责任制。四川农村改革首先从农村基本经营制度入手。1978 年 1 月，四川广汉县金鱼公社实行“分组作业、以产定工、联产计酬”，出现了人人要责任，齐心协力增产增收的局面。中共四川省委和省政府在总结广汉经验的基础上，以“包”字当头，几乎与安徽省一样在全国较早实行“分组作业、以产定工、联产计酬”的具体办法，并迅速在全省推行了家庭联产承包责任制。随着家庭联产承包责任制的推行，人民公社管理体制越来越不适合农村经济发展的需要。1980 年 11 月，广汉县向阳公社变革人民公社“政社合一”的管理体制，在全国第一个摘掉了人民公社的牌子，中共四川省委和省政府对此予以了肯定并及时总结和推广向阳的改革经验，到 1984 年底全省基本上实现了对人民公社管理体制的彻底改革。农村实行家庭联产承包责任制后，农民有了广泛的经济选择自由，并以独立的商品生产者身份参与到社会生产、交换、分配和消费的各个领域。为了适应新情况下的市场经济体制，四川各地开始进行一系列的改革，重点是鼓励农民面向市场，发展商品经济，确立农户独立的市场主体地位；逐步取消农产品统购派购制度，推进农产品流通体制改革；调整农村产业结构，发展乡镇企业等。

（2）1988 ~ 1997 年，深化农产品流通体制改革，大力发展乡镇企业。随着农村改革向纵深发展，它与国民经济其他部门的相关程度大大提高，使得农村改革继续“单军独进”的可能性大大减弱，迫切需要城市改革的协同运作。因此，四川对流通体制进行了改革探索，具体措施是改革农产品统购派购制度，代之以合同定购和市场收购；改基层供销社的“官”办为“民”办，使其成为自主经营、独立核算、自负盈亏的合作商业组织；建立各种农产品的批发市场、专业市场，发展农村集贸市场；改单一经营渠道为多渠道流通，允许农民进入流通领域；缩小计划商品管理范围，扩大市场调节等。通过改革，流通领域国、合商业一统天下的格局被打破，商流、物流不畅的局面基本改变，一个日趋合理的农村市场构架和商品交易网络基本形成。这一时期，四川乡镇企业“异军突起”，到20世纪80年代中期已经撑起四川农村经济的半壁江山，成为农村经济最具活力的重要生力军。它不仅带来了生产要素的合理重组，微观经济组织的再造，造就了一批农民企业家队伍，还形成了农村经济新的增长点，并成为重要经济支柱。

（3）1998年至今，统筹城乡经济社会发展，切实推进社会主义新农村建设。针对农业和农村发展的深层次矛盾，这一阶段的改革主要是考虑在工业化的中期与农村外部环境变化的大背景下，如何“以工促农、以城带乡”，通过新阶段的农村综合改革和社会主义新农村建设，建立农村和农村经济的长效发展机制，从总体上解决“三农”问题。具体措施包括以下几个方面：一是在全面清理农民负担项目的基础上，对农村进行“税费改革”，取消各种农业税费，使农业发展进入无税时代，四川2005年全面停征农业税及附加，比全国提前一年结束长达2600年的皇粮国税历史；二是推进以乡镇机构、农村义务教育、县乡财政管理体制为主要内容的农村综合改革；三是深化农村金融体制改革，拓宽信贷资金支农渠道，改善融资环境，建立健全以商业性担保机构为主体，以农村经营大户、乡镇企业为扶持对象的信用担保体系；四是在推进城镇化发展的过程中，着力解决进城农民工的就业、社会保障、住房问题。2007年成都市率先启动统筹城乡综合配套改革试点，成为全国首批统筹城乡综合配套改革试验区之一。

（四）农业产业化发展

改革开放以来，随着我国市场经济的发展，连接分散农户与大市场的农业产业化经营模式逐步发展壮大起来。四川作为农业大省，在积极推进农业产业化经营、不断发展农业产业化经营的组织形式等方面做了有益的探索。

1. 四川农业产业化的主要做法

四川农业产业化在全国起步较早，最早见于20世纪80年代初邛崃的农工商综合经营体对贸工农一体化经营体制的尝试。之后，一些地方相继进行了“农工商一体化，产供销一条龙”的试点，那时候开始出现一些专业市场和专业协会，专业生产基地也得到初步发展。90年代初，全省实行畜产品生产、加工、销售一条龙，在畜牧业产业化经营上进行尝试。此后又陆续出现了一批公司带农户、专业合作社和专业协会代农户等经营形式。政府部门也有针对性地在各地进行农业产业化改革示范区，通过试点、示范，以点带面，有步骤、有重点地推动农业产业化发展，并于1995

年开始在全省推行产业化经营试点。2003年四川提出“推进产业化，全面建小康”的农村工作总体思路后，各级政府把实施产业化作为解决“三农”问题和推进农村“三个转变”的切入点，列入重要工作议事日程，采取多种措施，加大工作力度，有效地推动了全省农业产业化经营的快速健康发展，主要体现在以下几个方面。

一是大力扶持龙头企业发展。四川把培育壮大龙头企业作为农业产业化工作的重中之重来抓，通过加大扶持育龙头、招商引资聚龙头、改制重组活龙头、资本运作壮龙头、科技创新强龙头以及规范发展、做实做强专合组织等措施，提高了全省农业产业化经营主体的综合实力。

二是积极发展专业合作组织。四川各地把发展农村专业合作经济组织摆在“三农”工作的重要位置，确定了以家庭承包经营为基础，以市场需求为导向，以利益联结为纽带，以发展经济和增加农民收入为目标，遵循“民办、民管、民受益”的原则，坚持从实际出发、积极引导和循序渐进的工作方法，成熟一个发展一个的总体思路，不断创造条件、营造氛围，全省各地专合组织呈现蓬勃发展的好势头。

三是加快基地建设步伐。近年来四川各地因地制宜地调整粮经、种养和品种结构，大力发展名、特、优、新产品，形成了一批优质农产品生产基地。通过不断加大区域化布局、规模化经营、标准化生产力度，有力地推进了农业农村经济结构战略性调整，增强了优势产业集聚功能，优势产业带已现雏形。川猪、川菜、川茶、川药、川果等一批“川”字号的优势特色产业区域化布局步伐加快。

四是完善利益结合机制。四川各地在工作实践中，按照“利益共享、风险共担”的原则，以创新利益联结机制为核心，通过积极引导，在全省初步构建了多层次、多元化的运行机制，产业化经营组织的民主管理制度得到加强，生产经营风险下降，巩固了龙头企业的原料基地，农户也能从中得到更多实惠。

五是加强农产品市场体系建设。四川各地在推进农业产业化的过程中，始终高度重视农村市场体系建设，积极搭建市场交易平台，开通并延伸鲜活农产品“绿色通道”，培育农产品营销队伍，不断探索新型交易方式，有效地促进了农产品营销，推动了农业产业化经营稳步健康发展。

2. 四川农业产业化发展成效及存在的问题

经过多年的努力，四川农业产业化取得了明显的成效。2011年末全省龙头企业已达到8238家，各类专合组织27843个，工商登记注册的专业合作社达17746个。全省农业产业化经营组织带动农户的面达59%。但总的来看，四川农业生产方式仍然是以传统产业为主，规模相对狭小，主要存在以下问题。

第一，农业产业化程度低，区域特色不突出。四川现代农业、特色农业较少，规模化、专业化程度低，最突出的表现是在沪深上市的农业企业较少，只有新希望、通威、升达林业等寥寥几家，在全国具有较大影响力的农业产业化企业更少。四川机电排灌面积占灌溉总面积的比重近10年来都在60%～70%徘徊，与全国及东部省市比，四川农业生产仍然属于传统型，产业化和集约化程度低，抗风险能力弱。主要表现在：农业劳动生产率和经济效益相对不高；农业规模化、信息化程度低，大中型农业企业偏少，带动农户的能力较弱；农户生产规模普遍偏小，农业区域布局存在“小而全”的现象，区域特色不突出；大型农业产业带建设明显不足，各种专业化组织发展以及农村流通、信息组织与网络建设不健全，省内各区域间差异扩大；农村各产业的专业化协会有待建立与健全。

第二，农产品加工深度不够，龙头企业太少，带动乏力。四川农产品加工等农村第二产业带动明显不够，农产品加工规模不大，产品档次不高，附加值较高的农产品加工相对较少，产品增值率较低。由于中小企业深加工和精加工的技术及科技人才缺乏，企业数量少、规模小，发展滞后。2011 年，四川规模以上工业企业中，农副食品加工业 1025 个，仅占 8.48%，工业总产值 2429.49 亿元，仅占 8%，而大中型农副食品加工业仅 179 个，占 6.1%。同时，农副食品加工的龙头企业较少，对农村经济的带动作用乏力。

第三，产业化市场运作机制不够规范。企业、基地、农户三者之间的利益联结机制尚不完善，推进产业化经营的多元化投入机制有待进一步健全。目前松散的市场联结方式仍占主导地位，这是目前四川省农业产业化发展过程中应用较普遍的利益联结方式。而这种方式最大的缺陷是企业和农户双方都要承担不确定的风险，双方关系不稳定，农民往往处于被动地位，其利益会因市场因素受到损害。

（五）统筹城乡与现代农业发展

自 2010 年初中共四川省委、四川省人民政府联合下发《关于进一步加大统筹城乡发展力度加快推动农业农村发展上新台阶的意见》以来，全省按照稳粮保供给、增收惠民生、改革促统筹、强基增后劲的基本思路，把农民持续稳定增收作为核心目标，把统筹城乡发展作为根本要求，把加快转变农业发展方式作为重大任务，着力抓好农业综合生产能力建设、现代农业产业体系建设、新农村建设连片推进、现代农业服务体系建设和推进城乡一体化发展，加快推动农业农村发展上新台阶。截至 2011 年底，省、市、县三级示范片投入资金 495.6 亿元，建成新民居 143 万户、新村（聚居点）6344 个，其中，“50+10”示范片新建新民居 23.93 万户、新村（聚居点）925 个。同时，积极探索新农村综合体建设，“50+10”示范片开展试点 67 个。四川省已建成现代农业产业基地 2950 万亩，建成 308 个现代农业万亩示范区，通过现代农业产业基地建设和优势特色产业发展带动四川省农民人均增收 131 元，现代农业产业基地建设取得重大阶段性成效（见图 6-1）。

二　土地资源与耕地保护

（一）四川土地资源状况及利用特点

四川省位于中国西南，地处长江上游，介于东经 92° 21′ ~ 108° 12′和北纬 26° 03′ ~ 34° 19′之间，东西长 1075 余公

图 6–1　四川省农业现代化水平

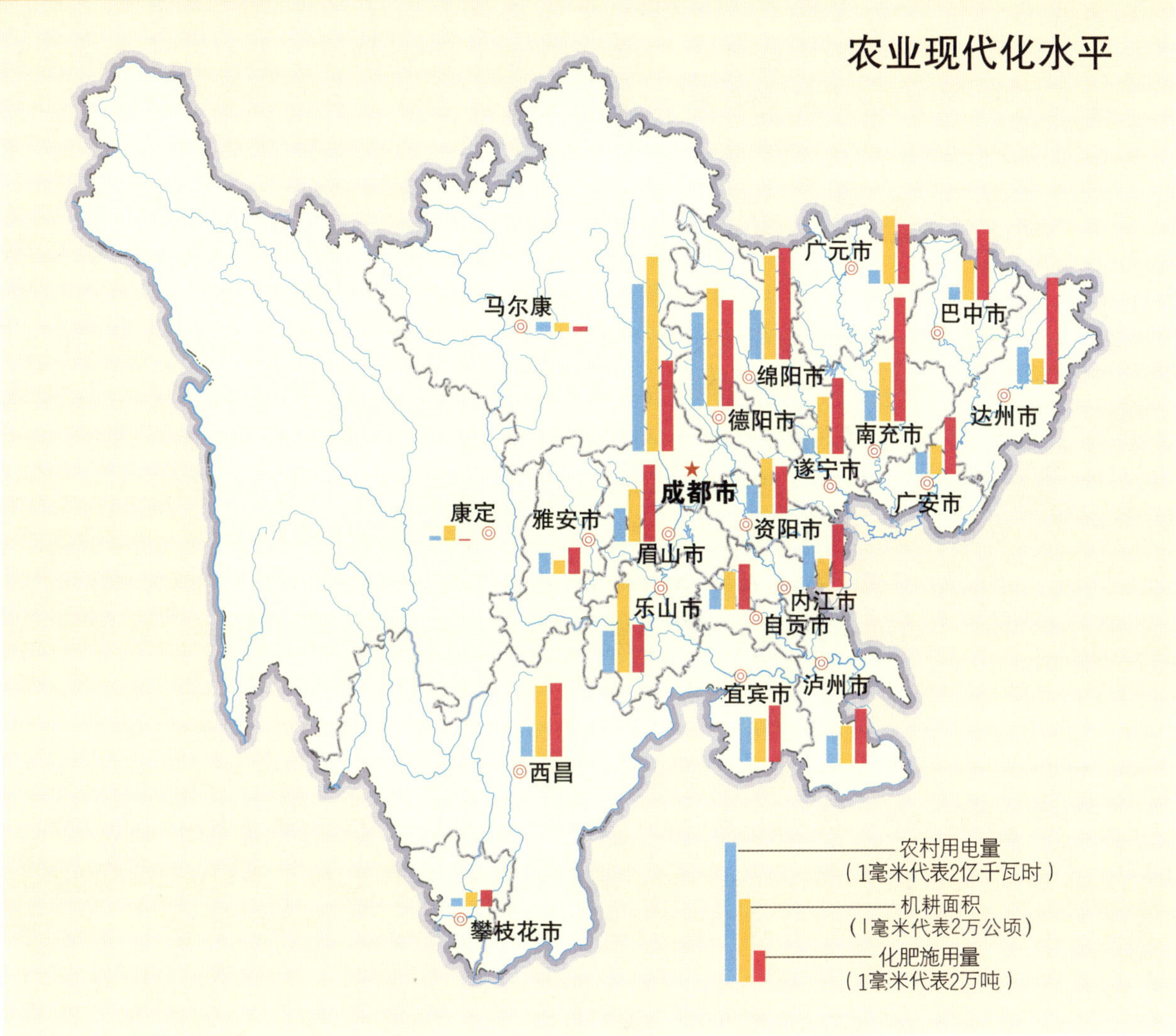

资料来源：本图由四川省发展和改革委员会、四川省测绘地理信息局提供。

里，南北宽 900 多公里。2009 年底，土地总面积 48.5 万平方公里，占全国国土总面积的 5.1%，仅次于新疆、西藏、内蒙古和青海，居全国第 5 位。四川省的土地资源具有以下特点。

1. 全省地貌东西差异大，地形复杂多样

四川位于我国大陆地势三大阶梯中的第一级和第二级，即处于第一级青藏高原和第二级长江中下游平原的过渡带，高低悬殊，西高东低的特点十分明显。西部为高原、山地，海拔多在 4000 米以上；东部为盆地、丘陵，海拔多在 1000 ~ 3000 米。全省可分为四川盆地、川西北高原和川西南山地三大部分。东部四川盆地是我国四大盆地之一，面积 16.5 万平方公里。盆地四周北部为秦岭，东部为米仓山、大巴山，南部为大娄山，西北部为龙门山、邛崃山等山地环绕。该区气候温暖湿润，冬暖夏热，大部分地区年降水量 900 ~ 1200 毫米，属亚热带湿润季风气候，植被为亚热带常绿阔叶林。农业利用方式为一年两熟。盆地西部为川西平原，土地肥沃，为都江堰自流灌溉区，土地生产能力高；盆地中部为紫色丘陵区，海拔 400 ~ 800 米，地势微向南倾斜，岷江、沱江、嘉陵江从北部山地向南流入长江；盆地东部为川东平行岭谷区，分别为华蓥山、铜锣山、明月山。西北部为川西北高原，属于青藏高原东南一隅，平均海拔 3000 ~ 5000 米，高寒气候，高山草甸植被。西南部为横断山脉北段，山高谷深，山河相间，山河呈南北走向，自东向西依次为岷山、岷江、邛崃山、大渡河、大雪山、雅砻江、沙鲁里山和金沙江。气候植物呈垂直分布，以高山针叶林和高山灌丛草甸为主。

2. 土地类型多样，质量高，宜种性广

四川土壤类型丰富，共有 25 个土类、66 个亚类、137 个土属、380 个土种，土类和亚类数分别占全国总数的 43.48% 和 32.60%。土地资源分为 8 个一级利用类型（见表 6-1）、45 个二级利用类型和 62 个三级利用类型。

在分布上，林牧地集中分布于盆周山地和西部高山高原，占总土地面积的 68.9%；耕地则集中分布于东部盆地和低山丘陵区，占全省耕地的 85% 以上；园地集中分布于盆地丘陵和西南山地，占全省园地的 70% 以上；交通用地和建设用地集中分布于经济较发达的平原区和丘陵区。

按其生产特性以及改良利用来划分，主要有七类。

第一，水稻土。土层深厚，土质较肥，有机质及磷、钾含量较多，是成都平原重要的土地资源。水稻土 97% 集中分布在盆地底部的丘陵和平原，3% 分布在川西南地区。

第二，紫色土。保水保肥力较强，是粮、棉、油、果、蔗的生产地。紫色土主要集中分布在东经 102° ~ 110°、北纬 26° ~ 32° 的地区，以四川盆地为主，紫色母质占盆地总面积的 85%，集中在沱江、嘉陵江流域，盆周主要分布于低中山，川西南主要分布于河谷两翼，呈树枝状。除阿坝州外，各地市州都有紫色土分布。

第三，黄壤土。自然肥力较高，但黏性重、酸性强，冷湿缺磷，透气性差，有效养分较低。主要分布在北纬 27° 50′ ~ 32° 40′ 的地区，主要包括盆周 1500 米以下的山地，盆地内各大、中、小河流两侧 2 ~ 5 级阶地，黄色石英砂岩丘陵地区。

第四，红壤土。具有黏、酸、瘦及干硬湿绵的特性，严重缺磷，保水保肥力很差，肥力较低。主要分布在北纬 29.5° 以南的川西南地区，东至大相岭（汉源），南至金沙江河谷，西至九龙、稻城南部河谷，涪江、嘉陵江四、五级阶地零星分布（秀山）。

表 6-1　四川省土地资源利用现状结构（2010 年）（单位：万公顷，%）

土地资源利用类型	辖区	耕地	园地	林地	牧草地	居民点及工矿工地	交通用地	水域	未利用土地
面积	4840.6	637.09	64.07	1925.07	1375.57	129.47	29.77	110.75	568.8
比例	100	13.16	1.32	39.77	28.42	2.67	0.61	2.29	11.75

第五，冲积土。土壤疏松，土质肥沃。主要分布在川、渝各大河流沿岸冲积平原或一级阶地。

第六，山地草甸土。山地草甸土往往处于海拔高的地区，所处环境由于气候冷凉，土体湿润，草甸植被生长茂密，每年能提供大量植物残体，但分解缓慢，从而积聚于土体中，使土壤有机质和腐殖质明显富集，形成草根层或草毡层和较厚的腐殖质层。山地草甸土主要分布在川西北高原和川西高山峡谷。

第七，沼泽土。土壤透气性差，但有机质含量高，有一定潜在肥力，主要分布在 3 个民族自治州。

3. 人均土地少

四川省国土面积为 48.5 万平方公里，占全国国土总面积的 5.1%，居全国第 5 位。但由于人口众多，人均国土面积低于全国平均水平，人多地少的矛盾十分突出，人均占有土地仅 0.6 公顷，为全国平均水平的 76%。

（二）四川农村土地资源利用现状

1. 耕地数量不断减少，耕地质量下降

近年来，随着四川经济快速发展，工业化、城市化进程加速，工矿建设用地、居民点用地以及其他非农建设用地不断增加，致使耕地数量不断减少，同时因人口的增长，四川耕地资源的人均拥有量也逐渐减少，人地矛盾日趋尖锐。由于污染、自然灾害等原因，四川耕地质量总体不高且呈日渐下降之势。

2. 土地资源开发利用程度低，土地生产力水平不高

土地利用集约化程度低主要表现在土地的技术和经济投入水平低，土地开发利用不足。农用地开发利用投入不足导致耕地水利化程度低，灌溉条件较差，土地闲置问题较为突出（见图 6-2）。在农村，土地粗放经营现象普遍存在，弃耕经商、耕地撂荒问题比较突出；一些适宜园地、林地的沟、坡、滩地闲置；不少可以开发的荒山荒坡未得到有效开发利用；在老宅腾退、农民承包土地的处置上，老宅不退又在城镇占新地的现象普遍存在，造成土地资源大量闲置浪费。同时，全省各地农村不同程度存在居民点建设占地过多且布局散乱的问题，造成土地资源浪费，土地集约利用程度低。四川各地的中小城市也存在土地闲置、浪费问题。其主要表现是各地都存在被开发商圈占却又未按规定进行开发建设的土地。此外，城市建设规划不合理导致土地利用结构不合理从而造成土地资源闲置浪费的情况也时有发生。

3. 后备耕地资源贫乏且分布不均

目前，在四川 4840.6 万公顷的土地总面积中，未利用土地为 568.8 万公顷，主要分布在甘孜、阿坝、凉山三州，其中可开发利用土地占比小，难开发利用的土地比重大。在 568.8 万公顷未利用土地中，可以开发成耕地的只有 24 万公顷，加上可以开发成耕地的滩涂、各类废弃地以及丘陵、平原地区通过整理新增加的耕地以及通过农宅整理、农地整理可增加的耕地，可开发利用的后备耕地资源加在一起也只有 202.12 万公顷，人均后备耕地资源仅 0.023 公顷。

4. 水土流失严重，环境保护压力大

四川地形高低悬殊，地势起伏较大，地形复杂破碎，土地以坡耕地为主，而且

图 6-2　四川省耕地面积与有效灌溉面积

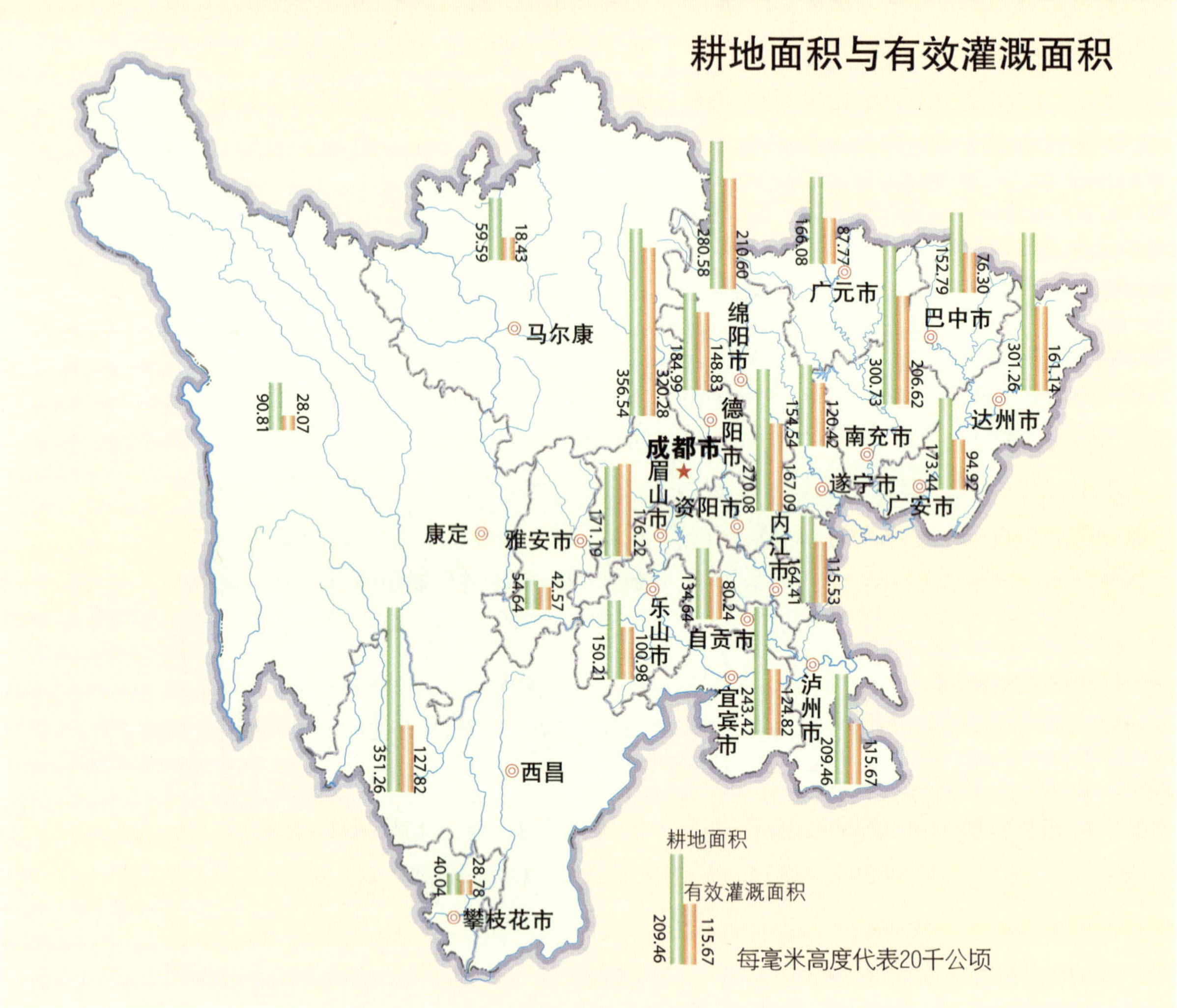

资料来源：本图由四川省发展和改革委员会、四川省测绘地理信息局提供。

疏松易碎的紫色岩层广泛分布，水土流失非常严重；加之对植被、森林的严重人为破坏、草地超载过牧、不合理的陡坡垦殖以及修路、采矿淘金等人为因素的作用，水土流失更加严重。

5. 林地、草地退化严重，产出率降低

长期以来，由于乱砍滥伐对林地造成破坏，四川森林树木的生长速度赶不上破坏速度，结果造成林地大片荒芜，实际林地占有率不高，林地的持续利用面临严峻挑战。从牧草地看，由于沙化、退化、虫害化以及超载过牧等原因，退化严重。全省荒漠化和沙化土地已经达到 144 万公顷，占全省辖区面积的 2.95%。目前，甘、阿、凉三州遭受沙化、退化和鼠虫害侵害的草地面积达到 15175 万亩，占三州可利用草原面积的 71.6%。除“三化”造成草地退化外，超载过牧、毁草开荒等不合理的草地资源的开发利用，也是造成草地退化的重要原因。目前四川退化草地面积已占到可利用草地的 50% 左右，个别地区退化草原比例甚至高达 100%。

（三）四川耕地保护政策及成效分析

1. 耕地保护的主要政策措施

1999年1月1日起实施的新修订的《土地管理法》标志着我国最严格的耕地保护制度真正得以确立，该法确立了我国耕地保护的两大政策框架——用途管制制度和耕地占补平衡制度。这两大政策明确了土地管理工作重点从保障建设用地供应转到切实保护耕地；转变了土地管理的工作方式，即从分级限额审批制度转到用途管制制度。此后，都是以这两项政策为主线，辅之以财税等经济手段，不断完善土地管理工作。2005 年起实施省长负责制，2008 年进一步提出了共同机制的方针。四川在耕地保护的过程中，始终坚持国土资源管理“在保护中开发，在开发中保护”的总原则和“开发和节约并举，把节约放在首位”的总方针，严格执行土地利用总体规划和土地利用年度计划，切实落实土地用途管制制度，严格保护耕地，在加强土地宏观调控和管理、控制和引导土地利用、保护土地资源等方面取得了显著成效。到 2010 年底，全省耕地保有量实际达 671.4 万公顷，基本农田实际保护面积为 521.8 万公顷。四川实施耕地保护的主要政策措施有以下几点。

第一，完善规章制度，健全责任体系。先后出台了《四川省人民政府贯彻落实〈国务院关于深化改革严格土地管理的决定〉的实施意见》、《四川省人民政府办公厅关于加强耕地和基本农田保护工作的通知》等一系列耕地保护规章制度，为耕地保护提供了较为完备的制度保障。并以《四川省市（州）政府耕地保护责任目标考核办法》为依据，全面实行以耕地保护为重点、以基本农田保护为核心的土地管理目标责任制，层层签订年度目标责任书，把基本农田保护面积等指标层层分解，严格考评，实行“一票否决”。

第二，认真落实基本农田保护制度，切实保障粮食生产能力。全省相继建立了基本农田用途管制、占补平衡、质量保护和监督检查等基本农田保护制度，对违反法律规定、不符合规划占用基本农田进行非农建设的，一律不予报批，确保基本农田面积不减少，质量有提高。

第三，严格依法审批，严格限制农用地转为建设用地。建立健全了“窗口式办文”、“集体会审”和“两公告一登记”等审批工作制度，进一步规范了审批行为。通过严格限制农用地转为建设用地，有效保护了耕地资源。

第四，严格执行“占一补一”，确保占补平衡有余。切实把好占用耕地审批关，实行耕地占补平衡一票否决制度。近几年，四川足额完成了补充耕地任务，连续多年实现了开发整理新增耕地与各项非农业建设占用耕地持平有余。

第五，狠抓土地开发整理，确保耕地总量稳定。高度重视灾毁耕地复垦整理，助推灾后恢复重建。“5·12”汶川特大地震对四川省耕地造成极大破坏。三年重建期间，四川需整理复垦土地 217.8 万亩，其中需整理复垦耕地 166.35 万亩。四川积极推进灾毁耕地整理复垦工作，经过艰苦努力，目前灾毁耕地整理复垦任务已全面完成。

第六，实施“金土地”工程，对耕地实施建设性保护。“十一五”期间，全省实施“金土地”工程项目 600 多个，整理土地 600 多万亩，投入专项资金超过 95

亿元，实现新增耕地超过70万亩，600多万名群众直接受益。

第七，积极探索耕地保护基金制度，充分调动农民保护耕地积极性。2008年起成都市在全国范围内率先建立并实施耕地保护基金制度，对承担耕地保护责任的农民按照基本农田400元/亩、一般耕地300元/亩进行补贴，主要用于个人养老保险。耕地保护补偿机制的建立和实施，极大地调动了广大农民保护耕地的积极性和主动性。

近年来，全省坚决落实最严格的耕地保护制度和节约用地制度，狠抓耕地开源节流，加强土地整治，强化用途管制，严格控制非农建设占用耕地和基本农田，完善征地补偿和安置制度，坚决查处违法行为，农村土地管理工作取得显著成效。与此同时，也存在一些问题和薄弱环节。主要表现在：一是违法用地在各地还不同程度地存在，越权批地、边报边用、未批先用等情况还时有发生；二是土地利用效率不高，粗放用地、闲置浪费土地的情况还比较严重；三是法定征地安置补偿标准偏低，社会保障体系还不完善；四是经济发展对土地的需求越来越大，耕地保护形势日趋严峻，任务十分艰巨；五是土地违法案件查处难、执行难；六是农村承包土地流转原则未得到充分坚持，流转的利益联结机制不健全，流转纠纷呈加速增长态势，流转管理和服务滞后；七是人增地减矛盾加剧，耕地后备资源匮乏，耕地质量有待提高。

2. 耕地保护制度深化改革的方向

四川土地制度改革的基本方向是：严格控制耕地流失，加强基本农田保护和建设，加大补充耕地力度，强化耕地质量建设，统筹利用农用地，提高农业综合生产能力。

（1）坚持最严格的耕地保护制度。严格控制非农建设占用耕地。按照不占或少占耕地的原则，强化对城乡各类建设占用耕地的控制和引导。加强对农用地结构调整的引导，各类防护林、绿化带等生态建设应尽量避免占用耕地，确需占用的，必须依据数量、质量平衡的原则履行补充耕地的义务。制定补充建设占用耕地的具体实施方案，建立耕地数量动态巡查和质量监测体系，确保补充耕地的数量和质量。

（2）强化耕地质量建设。合理引导农业结构调整，确保农业结构调整不破坏土地耕作层。稳步提高耕地质量，通过“金土地”工程、标准农田工程、红层找水工程、农田节水等重大工程实施，采取土地整理复垦工程措施和耕地培肥改良技术，提升土壤有机质，改善土壤理化性质，增厚土壤耕作层，提高耕地基础肥力。

（3）加强基本农田的保护和建设。按照“面积不减少，质量有提高，布局总体稳定”的原则，合理划定基本农田，并落实到地块和农户。参照农用地分等定级成果，将大面积、集中连片、高质量等级的耕地划入基本农田保护范围，土地开发整理复垦新增加优质耕地优先划入基本农田。新调整划定的基本农田平均质量等级应高于原有的平均质量等级。加大基本农田建设力度，建立基本农田建设集中投入制度，加大财政对省内粮食主产区域和基本农田保护区建设的扶持力度，紧密结合“金土地”专项土地整理工程和标准农田工程，严格落实基本农田保护制度单独选址的能源、交通、水利等基础设施项目。禁止违法占用基本农田进行绿色通道、绿化隔离带和防护林建设，禁止改变基本农田土壤现状发展林果业和挖塘养鱼，禁止对基本农田耕作层造成永久性破坏的临时工程用地和其他各种活动。

三　农业分区

（一）概况

1. 四川农业分区现状

四川农业分区根据自然条件和社会、经济条件、农业生产特点等将全省分为五大区域，即平原地区、丘陵地区、盆周山区、攀西地区和川西北高原地区。五大区域所辖面积及耕地资源分布不均，农林牧渔业的发展呈现不同的特点（见表 6-2 和图 6-3）。五大区域中土地面积最大的是川西北高原区，占全省面积的 48.2%，耕地总资源只占全省的 3.8%；耕地总资源最多的是丘陵地区，占全省的 57.9%，比其他四个区域的耕地总和还多（见图 6-4 和图 6-5）。

图 6-3　四川省农林牧渔总产值

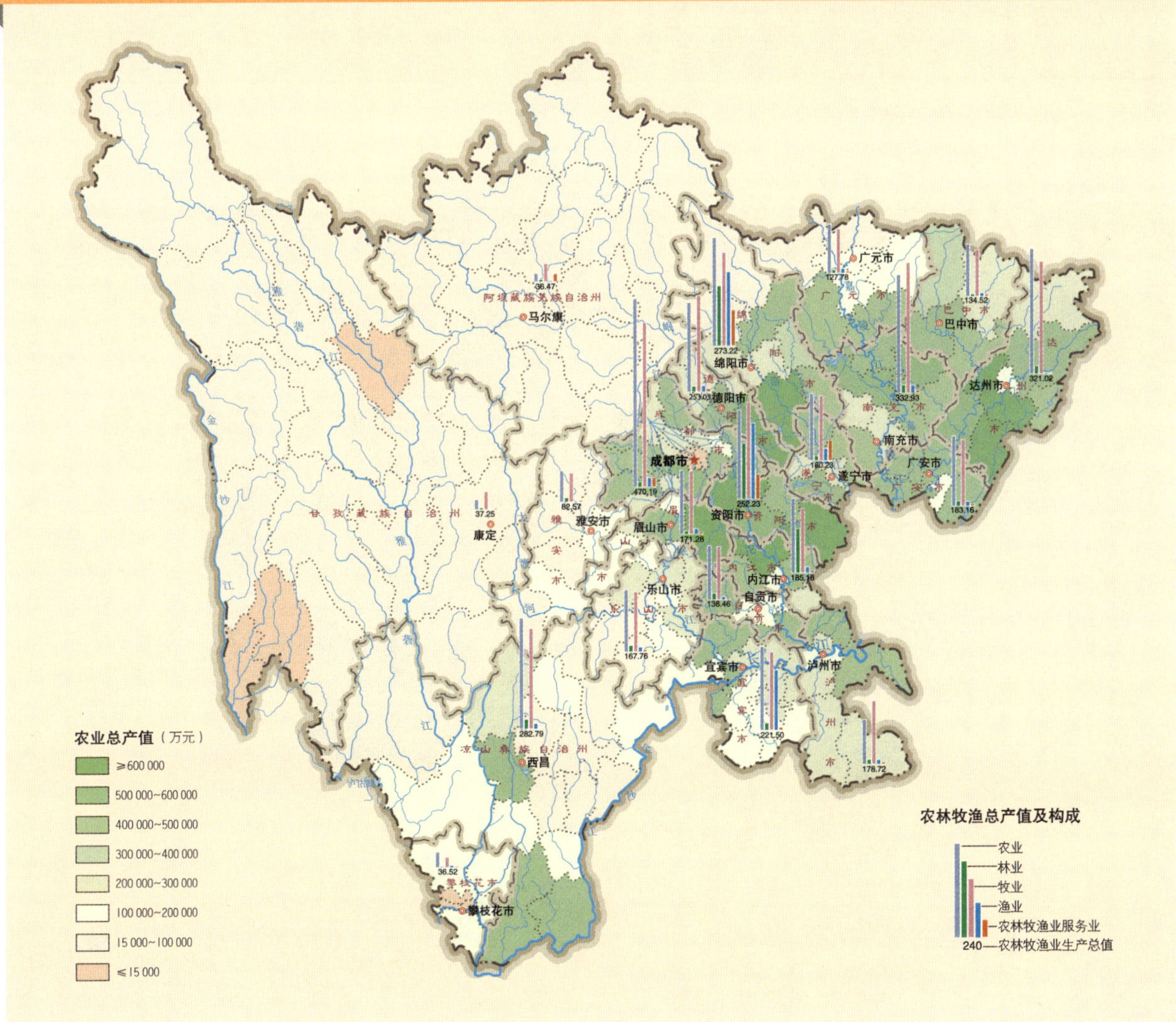

资料来源：本图由四川省发展和改革委员会、四川省测绘地理信息局提供。

表 6-2　2009 年四川农业五大区域基本情况

项　目	平原地区		丘陵地区		盆周山区		攀西地区		川西北高原地区	
	合计	占全省比重（%）	合计	占全省比重（%）	合计	占全省比重（%）	合计	占全省比重（%）	合计	占全省比重（%）
国土面积（平方公里）	20974	4.3	89246	18.2	76000	15.5	67863	13.8	236871	48.2
年末耕地资源（公顷）	532702	13.4	2303511	57.9	602269	15.1	386846	9.7	150766	3.8
农业（万元）	2278331	18.2	7595664	60.6	1551407	12.4	973537	7.8	143653	1.1
林业（万元）	76001	8.9	429550	50.1	188345	22.0	129591	15.1	33901	4.0
牧业（万元）	1306670	16.2	4824252	59.8	1026695	12.7	612459	7.6	291910	3.6
渔业（万元）	124017	17.1	495158	68.4	67925	9.4	36418	5.0	386	0.1
农林牧渔服务业（万元）	66723	18.0	219735	59.3	46493	12.6	25715	6.9	11723	3.2

资料来源：《四川农村统计年鉴（2010）》。

图 6-4　2009 年四川农业五大区域耕地资源分布

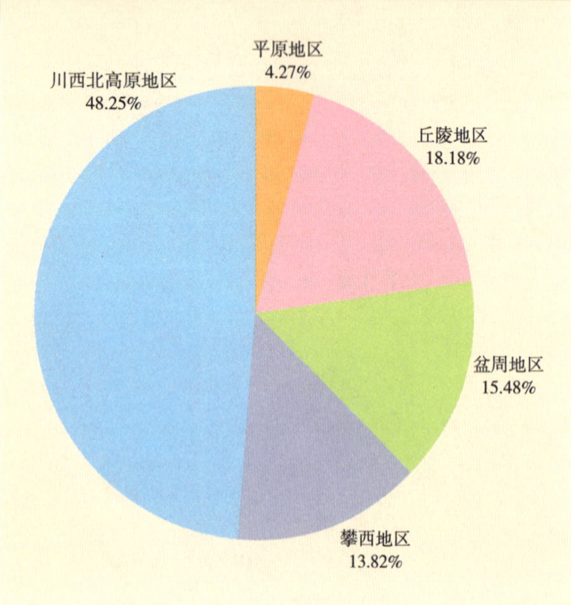

图 6-5　2009 年四川农业五大区域辖区面积

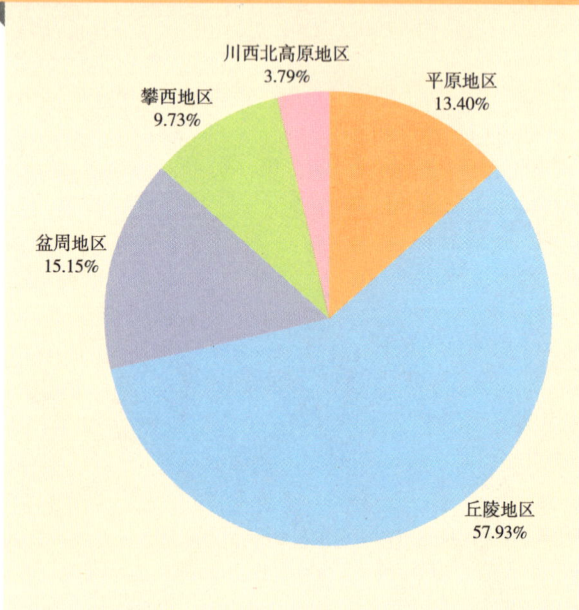

2. 四川农业分区基本特点

（1）在国内具有优势的农产品生产带和生产区逐渐形成，但区域化特征不突出，分散布局的情况依然存在。在市场、政策等的作用下，四川较为充分地发挥了油菜、茶叶、柑橘、蚕桑等自然适宜优势，形成了四川盆地“双低”油菜带，盆周山区茶叶带和长江上游集中柑橘带等在全国有影响的优势农产品主产区域。水稻、玉米、薯类等主要粮食作物也形成了一些主产县（区），其中全国产粮大县有 50 个。龙泉山脉水果带、达州麻类集中区、凉山烤烟集中区、攀西南亚热带特色水果集中区等也形成了一定规模和生产能力。全省油菜主产优势区共 30 个县，其种植面积和产量占全省 50% 以上，占冬季作物的比重超过 30%。但是，四川优势农产品在区域分布上的集中度很低，生产经营单位规模小，许多分布在非适宜区。如全省柑橘广泛分布在 100 多个县（区），目前划为优势产区的 37 个县（区）仅占全省柑橘产量的 60% 左右。全省 70% 的县（区）主要依托传统家庭养殖方式发展蚕桑，农户粗放经营，产地分散，严重影响了缫丝加工业的规模化发展。生猪生产的家庭饲养分散化特征也十分突出。

（2）全省优势农产品区的面积比、产量比显著提高，但在农业结构调整中缺乏全面系统的指导，在优势评价和生产项目安排上有相当程度的盲目性。通过多年的农业生产布局调整和向优势产区集中的措施，到 2006 年全省优质粮食作物面积已达到 4376.9 万亩，占全省粮食播种面积的 43%，其中优质水稻达 2048 万亩，占水稻面积的 65% 左右，产量占 70% 左右。优势油菜面积达 860.6 万亩，产量 122.3 万吨，分别占全省油菜播种面积的 71% 和总产量的 73%。但是各地在农业结构调整中缺乏站在全省及全国高度进行比较优势分析，且较多地依托行政手段推广有关品种，致使县（区）间农业生产雷同化，优势不突出；项目重复建设，造成严重损失。

（二）农业分区的生产与布局

1. 成都平原区农业生产与布局

成都平原区位于四川盆地西部，包括成都市的锦江区、青羊区、金牛区、武侯区、成华区、青白江区、新都区、温江区、双流县、郫县、大邑县、新津县、都江堰市、彭州市、邛崃市、崇州市，德阳市的旌阳区、广汉市、什邡市、绵竹市，绵阳市的涪城区、江油市、安县，乐山市的市中区、夹江县，眉山市的东坡区、彭山县，共 27 个县（市、区），总面积 209740 平方公里，辖区面积占全省的 4.3%。区内地势平坦，海拔 407 ~ 707 米。该区域土地平坦，土壤肥沃，灌溉方便，种植业发达，是全省传统的粮油和经济作物主产区之一，也是全国著名的商品粮食、油料、蔬菜、水果、生猪生产基地（见表 6-3）。成都平原土地利用率高，耕地面积占辖区面积的 25% 以上，耕地以水田为主，灌溉水田比重大，有效灌溉面积为 498868 公顷，占耕地总资源的 93.6%，复种指数高达 236%。该区拥有特大城市成都市、大城市绵阳和德阳、乐山两个中等城市，大城市近郊农业特色突出。加之交通便宜、市场消费能力强，水果、水产、花卉、蛋品、奶类等生产发达。同时，城市城镇等建设用地对优质农田保护构成巨大的压力，工业发展的环境污染对农产品品质的负面影响也形势严峻。该区域“双低”油菜生产基地主要分布在邛崃、崇州、双流、新都、大邑、广汉、绵竹、安县、江油、东坡等 10 个县（市、区），其油菜籽总产量达全省总产量的 40% 左右，商品率高达 70% 以上；水稻商品基地主要分布在新都、

表 6-3 四川平原地区农业生产情况（2009 年）

项　目	农作物	粮食作物	稻谷	小麦	玉米	大豆	油料	棉花	蔬菜
播种面积（公顷）	1276904	761946	404884	172459	62613	12994	196147	5	217206
占全省比例（%）	12.9	11.1	20.3	12.6	4.9	4.7	16.3	0.1	19.2

项　目	油料	棉花	水果	奶类	禽蛋	蔬菜	水产品
产量（吨）	436103	8	688324	151542	311421	6466483	223025
占全省比例（%）	16.7	0.2	12.1	21.8	19.7	20.0	16.8

资料来源：《四川农村统计年鉴（2010）》。

崇州、新津、绵竹、什邡、游仙、东坡、安县、犍为等县（市、区）；生猪商品生产基地主要分布在城市远郊的彭州、崇州、大邑、邛崃、新津、夹江、东坡等县（市、区）。

2. 盆地丘陵区农业生产与布局

盆地丘陵区位于四川盆地底部，包括内江市、资阳市、遂宁市、南充市、自贡市、广安市全部，成都市的龙泉驿区、金堂县、蒲江县，德阳市的罗江县、中江县，绵阳市的游仙区、三台县、梓潼县、盐亭县，眉山市的丹棱县、仁寿县、青神县，乐山市的井研县、五通桥区、犍为县，巴中市的巴州区、平昌县，达州市的渠县、通川区、达县、宣汉县、开江县、大竹县，泸州市的江阳区、龙马潭区、泸县、纳溪区，雅安市的名山县，宜宾市的翠屏区、宜宾县、南溪区、江安县、长宁县、高县等，共 68 个县（市、区），总面积 89246 平方公里，占全省辖区面积的 18.2%。区内以低丘、中丘地貌为主，海拔 166 ~ 691 米。本区耕作土壤的 10% 为紫色土，矿物质丰富，疏松易耕，宜种性广，是四川水稻、玉米、薯类、水果、蚕桑、生猪的主产区，糖料作物全部分布在盆地丘陵区（见表 6-4）。区内交通方便，劳动力资源丰富，但农业基础设施较差，中低产田土比例高，农业后备资源缺乏，人地矛盾突出，水土流失较为严重，区域经济发展相对迟缓。

由于该区水热条件丰富，无霜期长，暖冬突出，适宜喜温作物生长，有利于农业的多种经营，该区的优势农产品生产以水稻、玉米、油菜、生猪、蚕桑、柑橘、中药材为主，兼以发展棉花、茶叶、肉羊等产品。利用长江河谷特殊气候发展龙眼、荔枝等特色水果及早春蔬菜。

该区的水稻重点产区主要分布在遂宁、达州、内江、泸州、宜宾、乐山等市的 21 个县（市、区）；其中盆中、盆西为高中档优势稻区，盆东为再生稻、地方特种稻区，盆东北为特种稻区。该区域属长江柑橘带的主体区域，果园面积大，柑橘产量约占全省柑橘总产量的 3/4，柑橘生产基地主要分布在南充、遂宁、资中、内江、泸州、宜宾、眉山等市，集中发展甜橙、脐橙、柠檬和宽皮柑橘。该区优质饲用玉米生产基地分布在资阳、遂宁、内江、南充、广安等市的 33 个县（市、区），基本连带成片，面积达到 780 万亩以上，总

表 6–4　四川丘陵地区农业生产情况（2009 年）

项　目	农作物	粮食作物	稻谷	小麦	玉米	大豆	油料	棉花	糖料	蔬菜
播种面积（公顷）	6126535	4319218	1233451	942343	780040	205245	796560	3465	1304	667061
占全省比例（%）	61.8	63.0	61.9	98.6	61.6	74.3	66.1	90.4	100.0	59.1

项　目	油料	水产品	水果	奶类	禽蛋	蔬菜	棉花	糖料
产量（吨）	1777328	925109	3444798	163499	1077367	18905651	4387	2744
占全省比例（%）	67.9	69.8	60.6	23.5	68.0	58.6	91.5	100.0

资料来源：《四川农村统计年鉴（2010）》。

产量达到 280 万吨左右，区域内生猪存栏 2000 万头以上，年出栏 2100 万头左右，肉类总产量达 270 万吨，约占全省的 1/3。

3. 盆周山区农业生产与布局

盆周山区位于四川盆地边缘山地区，包括广元市全部，绵阳市的北川县、平武县，达州市的万源市，巴中市的南江县、通江县，泸州市的合江县、古蔺县、叙永县，宜宾市的兴文县、筠连县、珙县、屏山县，雅安市的雨城区、芦山县、天全县、荥经县、宝兴县，眉山市的洪雅县，乐山市的金口河区、沙湾区、沐川县、峨眉山市、峨边县、马边县，共 31 个县（市、区），总面积 76000 平方公里，占全省辖区面积的 15.5%。区内地貌以海拔 500 ~ 1000 米的低中山为主，气候复杂多样，水热条件差异明显，土壤以山地黄壤为主，动植物资源丰富，用材林和经济林品种繁多，草场水热条件好。但因山区地表坡度大，坡耕地比重大，水土流失严重，属于西部大开发中天然林保护和退耕还林还草的重点区域，种植业规模有缩减趋势。

由于该区域地理跨度大，气候复杂多样，动植物资源丰富，在马铃薯、玉米、茶叶、中药材、肉羊等优势农产品发展上有很大的潜力（见表 6–5）。其中，马铃薯作为原种基地的条件得天独厚，茶叶、中药材及肉羊均有很好的品牌和声誉。此外，该区域还因地制宜发展特色薯类、生漆、五倍子等林土特产品及核桃、板栗等坚果产品。

该区的马铃薯育种及生产基地主要分布在乐山、宜宾、雅安等市的 7 个县（市、区），肉羊繁育、养殖品种主要以南江黄羊为主，主要分布在广安、巴中、宜宾、达州等市的 10 个县（市、区）。优质茶叶生产基地主要分布在乐山、雅安、绵阳、广元、宜宾、泸州、达州、巴中等市的 15 个县（市、区）。

4. 川西高山地区农业生产与布局

川西高山地区位于四川盆地、川西北高山高原与云贵高原之间的过渡地带，包括攀枝花市的东区、西区、仁和区、米易县、盐边县，雅安市的汉源县、石棉县，甘孜州的泸定县，凉山州的西昌市、盐源县、德昌县、会理县、会东县、宁南县、普格县、布拖县、金阳县、昭觉县、喜德县、冕宁县、越西县、甘洛县、美姑县、雷波县，共 24 个县（市、区），总

表 6-5　四川盆周山区农业生产情况（2009 年）

项　目	农作物	粮食作物	稻谷	小麦	玉米	大豆	油料	棉花	蔬菜
播种面积（公顷）	1586945	1123458	267004	175472	285549	49311	180341	344	171079
占全省比例（%）	16.0	16.4	13.4	12.8	22.6	17.8	15.0	9.0	15.1

项　目	油料	棉花	水果	奶类	禽蛋	蔬菜	水产品
产量（吨）	349166	379	642178	118007	159432	4202942	126686
占全省比例（%）	13.3	7.9	11.3	17.0	10.1	13.0	9.6

资料来源：《四川农村统计年鉴（2010）》。

面积 67863 平方公里，占全省辖区面积的 13.8%。区内地貌以山地为主，海拔 1000 ~ 3000 米，气候的主体垂直分布特征明显。土壤以红壤为主，低山河谷以赤红壤及燥红土为主。该区植物资源丰富，经济林面积大，金沙江、大渡河及其支流谷地底部的干热、干旱河谷地段光热条件优于全省、全国同纬度的任何地区，是喜热性作物的最佳适宜区域。

由于该区河谷农业区域光热条件优越，适宜多种作物生长，增长潜力很大，在水稻、玉米、蚕桑等重点农产品的发展上地位突出（见表 6-6）。但存在芒果、甘蔗、蔬菜等其他优势作物之间的用地矛盾，从而使生产规模受到很大限制。该区凉山山原区域属马铃薯、玉米等粮食作物和肉羊发展适宜区。该区在小麦、名特豆类、林土特产品、中药材发展方面也具有较好的条件。

该区的优质水稻生产基地主要分布在安宁河谷的米易、德昌、西昌等 7 个县。优质蚕桑主要分布在盐边、宁南、德昌、会理、会东等 8 个县。柑橘生产基地主要分布在雷波、盐边和宁南。

5. 川西北高原区农业生产与布局

川西北高原区位于青藏高原东部，包括甘孜州的康定县、丹巴县、九龙县、雅江县、道孚县、炉霍县、甘孜县、新龙县、德格县、白玉县、石渠县、色达县、理塘县、巴塘县、乡城县、稻城县、得荣县，

表 6-6　攀西地区农业生产情况（2009 年）

项　目	农作物	粮食作物	稻谷	小麦	玉米	大豆	油料	棉花	蔬菜
播种面积（公顷）	775680	529547	87984	69195	109212	6979	25072	17	62411
占全省比例（%）	7.8	7.7	4.4	5.0	8.6	2.5	2.1	0.4	5.5

项　目	油料	棉花	水果	奶类	禽蛋	蔬菜	水产品
产量（吨）	44061	22	833412	41072	34021	2331794	51203
占全省比例（%）	1.7	0.5	14.7	5.9	2.1	7.2	3.9

资料来源：《四川农村统计年鉴（2010）》。

阿坝州的汶川县、理县、茂县、松潘县、九寨沟县、金川县、小金县、黑水县、马尔康县、壤塘县、阿坝县、若尔盖县、红原县，凉山州的木里县，共 31 个县，总面积 236871 平方公里，占全省辖区面积的 48.2%。该区地貌以山地和高原为主，海拔一般在 1200 ~ 4000 米，农业发展以林牧业为主（见表 6-7）。该区森林资源丰富，为长江上游防护林生态区的关键部位，牧草地面积大，占辖区面积的一半以上，多为天然草地，耕地垦殖率低，为单纯的草地农区，以种植民族特色的青稞、燕麦为主。境内大部分地区积温偏低，无霜期短，降水少，种植业生产基本条件差。

由于该区独特的农业资源条件，其优势重点农产品仅限于肉牛和名贵中药材。林区发展落叶水果和干果；牧区牦牛、黄牛可形成一定规模，但在全省中所占份额十分有限。该区的肉牛生产基地主要以九龙、麦洼、红原等牦牛为主。中药材以川贝母、天麻、冬虫夏草、红景天、黄芪等野生品种为主。

四　种植业

（一）概况

1. 在全国的重要地位

四川生物资源丰富，为农作物的生长发育提供了广泛的自然基础。四川主要农产品在全国占有重要地位，四川耕地只占全国的 4.7%，却养活了占全国 6.6% 的人，而且每年还调出大量的生猪、白酒和一定的商品粮。2011 年，四川农作物总播种面积 1002.65 万公顷，位居西部第一、全国第四。

2. 种植业的发展与改革历程

四川种植业历史悠久，在奴隶制的春秋时代就有谷物栽培。[①] 四川人经过数千年辛勤耕耘，不仅开垦出大面积的良田沃土，种植着品种纷繁的农作物，而且积累了许多科学实用的种植经验，使四川享有“天府之国”的美誉。

从 1840 年鸦片战争到 1949 年新中国

表 6-7　川西北高原地区农业生产情况（2009 年）

项　目	农作物	粮食作物	稻谷	小麦	玉米	大豆	油料	蔬菜	蔬菜
播种面积（公顷）	150086	124822	472	14293	28024	1824	7213	11804	62411
占全省比例（%）	1.5	1.8	0.0	1.0	2.2	0.7	0.6	1.0	5.5

项　目	油料	水果	奶类	禽蛋	蔬菜	水产品
产量（吨）	10988	74568	221383	1015	366614	287
占全省比例（%）	0.4	1.3	31.8	0.1	1.1	0.0

资料来源：《四川农村统计年鉴（2010）》。

① 据《华阳国志》记载。

成立前夕，帝国主义的侵扰及旧政权的腐败，严重地束缚了生产力的发展，农业生产处于每况愈下的境地。新中国成立初期，四川农业经济结构以种植业为主，1952 年，农作物总播种面积为 827.66 万公顷，种植业产值在农业总产值中的比重为 85.3%。到 1957 年，农作物总播种面积提高到 968.20 万公顷。随后的“大跃进”时期，工作重心从农业转到工业，种植业出现严重的下滑。到 1962 年，全省农作物播种面积减少到 805.65 万公顷，比 1957 年减少了 16.79%。到 1965 年，农作物播种面积进一步减少到 789.59 万公顷。在“文化大革命”期间，种植业缓慢发展，到 1978 年，农作物播种面积提高到 885.91 万公顷，与 1965 年相比增长 12.2%。随着耕地面积的减少，在改革开放初期，农作物播种面积一度出现下滑，1980 年减少到 861.90 万公顷，1985 年减少到 855.80 万公顷。1990 年全省农作物播种面积重新站上 900 万公顷的台阶。此后，四川粮食播种面积一直保持在 900 万公顷以上，即使随着工业化和城镇化的推进，2003 年，耕地面积减少到只有历史最低点的 390.37 万公顷时农作物播种面积也保持在 908.50 万公顷。自 2003 年以来，全省年末实有耕地面积不断增加，到 2010 年，耕地面积已增加到 401.07 万公顷，在相隔 8 年之后重新站上 400 万公顷的台阶。同时，农作物播种面积也随之提高，2010 年达到 997.93 万公顷，为历史最高水平。

3. 种植业的基本特点

（1）主要农作物播种面积扩大。自新中国成立以来，主要农作物播种面积虽然年际之间存在波动，但总体上呈不断扩大的态势。1952 年，四川农作物播种面积为 827.66 万公顷，到 1985 年，增加到 855.80 万公顷，34 年间增长了 3.4%。2011 年，四川农作物总播种面积 1002.65 万公顷，比“十五”末期的 2005 年增加 60.96 万公顷，增长 6.47%（见表 6-8）。

（2）粮食作物比重下降。四川种植业以粮食作物为主，随着人民生活水平的日益提高，对经济作物和其他作物的需求日益增加和多样化，因此，粮食作物种植面积大幅下降（见表 6-9）。

（3）种植业与养殖业由相辅相成逐渐向走向分离发展。在传统种养模式下，四川种植业与养殖业的关系十分密切，但随着农村劳动力的减少和规模化种植业及养殖业的发展，传统的种养模式发生了改变，种植业越来越多地采用化肥，对农家肥的依赖程度不断下降，而养殖业则越来越多地采用企业生产的配合饲料，减少粗青饲

表 6-8　四川农作物播种面积波动情况（单位：万公顷）

年　份	1952	1962	1970	1975	1980	1985
农作物播种面积	827.66	805.65	819.65	903.94	861.90	855.80
年　份	1990	1995	2000	2005	2010	2011
农作物播种面积	905.00	930.24	960.91	941.69	997.93	1002.65

资料来源：《四川统计年鉴（2012）》。

表 6-9 四川农作物面积构成变化情况（单位：%）

年 份	1952	1957	1980	1985	2008	2010	2011
粮食作物	89.3	86.5	87.8	79.7	69.42	69.15	68.85
经济作物	5.3	7.3	8.2	12.9	4.84	27.17	12.30
其他作物	5.4	6.2	4.0	7.4	15.74	3.68	18.85

资料来源：《四川省经济地理》、《四川农村年鉴（2009）》和《四川统计年鉴（2012）》。

料的使用。这种变化的结果是种植业与养殖业由相辅相成的协调发展逐渐转向各自分离发展，两者之间的相互依存程度降低。

4. 种植业面临的主要问题

第一，耕地和水资源的约束加剧。随着工业化和城镇化进程的加快，人增地减的矛盾更加突出。在城乡居民对农产品多样性需求日趋增大的背景下，仅靠扩大单产实现增产越来越困难。四川水资源时空分布不均，洪旱灾害时有发生。2011 年，四川洪灾和旱灾受灾面积高达 171.1 万公顷，成灾面积高达 94.1 万公顷，导致耕地和水资源约束加剧。

第二，基础设施薄弱的问题更加突出。农业基础设施薄弱的局面没有根本改变，中低产田土面积大，耕地肥力水平低，耕地水土流失比例高，加上田间排灌设施陈旧老化、沟渠道路不配套，抗御自然灾害能力不强。

第三，农产品比较效益仍然偏低。受石油、煤炭、天然气等原材料涨价的影响，化肥、农药、农膜等农业生产资料价格呈上涨态势，加之工业化和城市化的推进，外出务工机会增加，收入水平提高，导致农业人工费用不断增加，推动了农业生产成本逐年提高，而农产品价格受诸多因素制约提高缓慢。在种植业比较效益低下的影响下，农村地区出现了不同程度的粗放经营和土地抛荒现象。

第四，农业劳动力出现断层问题。在工业化和城镇化背景下，农村剩余劳动力特别是中青年大量转移，四川虽然是劳动力资源大省，但近年来却出现了季节性短缺。大量青壮年劳动力的转移，导致农村劳动力年龄偏大，农业劳动力出现“断层”，结构矛盾不断凸显。

（二）粮食作物

1. 粮食作物的地位和作用

对人口众多的中国来说，解决粮食问题，始终是国家的重要问题。四川境内的成都平原是全国九大商品粮基地之一，四川是全国十三大粮食主产省区之一。① 2011 年，四川粮食作物播种面积和产量位居西部第一、全国第五。

2. 粮食作物的生产和特点

第一，粮食作物以大春为主、小春为

① 全国粮食主产区包括黑龙江、辽宁、吉林、内蒙古、河北、江苏、安徽、江西、山东、河南、湖北、湖南、四川等 13 个省（区）；平衡区包括山西、广西、重庆、贵州、云南、西藏、陕西、甘肃、青海、宁夏、新疆等 11 个省（区、市）；主销区包括北京、天津、上海、浙江、福建、广东、海南等 7 个省（市）。

辅。四川的粮食作物主要集中在四川盆地，而四川盆地具有春早、夏长、秋雨、冬暖和日照较少的特点，盆地内大春一季光、热、水资源相对小春而言均更为丰富，因此，大春的优势非常明显。2011 年四川省粮食总产达 734 亿斤，比上年增加 7.84 亿斤，总产实现“五连增”。这一产量也超过 1999 年历史最高 0.3 亿斤，创川粮历史最高产量。油菜籽总产量达到 214.4 万斤，小春、大春粮食产量分别为 155.5 亿斤、578.5 亿斤，分别增长 2% 和 0.86%。

第二，粮食生产以稻谷、小麦和玉米为主。四川粮食种类繁多，禾谷类有水稻、小麦、玉米、大麦、青稞、高粱等；豆类有大豆、绿豆、胡豆、豌豆和红小豆等；薯类有红薯、马铃薯等。2010 年，种植面积从大到小排列为稻谷、玉米、小麦和薯类，面积分别为 200.5 万公顷、126.6 万公顷、118.6 万公顷和 135.5 万公顷；但由于小麦的单产较薯类低，产量排序为稻谷、玉米、薯类和小麦，产量分别为 1512.1 万吨、669.0 万吨、467.7 万吨和 427.7 万吨。薯类种植面积和产量均居全国第 1 位，分别占全国的 13.55% 和 15.02%。

第三，粮食作物单产水平低。以粮食作物中占比最大的谷物为例，2010 年，谷物的播种面积和产量两个指标位于西部第一，分别位居全国第 7 位和第 8 位，之所以产量排位落后于播种面积排位，其原因就在于四川谷物的单产水平在全国排第 17 位，在西部也只排在第 10 位。

第四，粮食生产地区差异大。四川地形复杂，由于地势、气候、水源条件及基础设施建设的影响，区域间粮食生产存在巨大的差异。粮食作物比重面积在平原地区占 11.1%，丘陵地区占 63.0%，盆周山区占 16.4%，攀西地区占 7.7%，川西北高原占 1.8%。各地区稻谷、小麦、玉米和大豆四大作物的分布呈现不同的特点，四大作物中平原地区的水稻所占比重最高，丘陵地区大豆所占比重最高，盆周山区、攀西地区和川西北高原地区玉米所占比重最高（见表 6–10）。

3. 主要粮食作物的生产布局

（1）水稻。四川稻谷产量在全国的排位下降。1985 年，四川稻谷产量仅次于湖南居全国第 2 位，但从粮食构成来看，则是我国南方稻谷比重最低的省区之一。2010 年，四川稻谷产量下降到全国第 6 位。造成稻谷增长缓慢的原因主要是四川

表 6–10 四川 2009 年粮食作物区域分布情况（单位：%）

项　　目	平原地区	丘陵地区	盆周山区	攀西地区	川西北高原
粮食作物种植面积	11.1	63.0	16.4	7.7	1.8
其中：稻谷	20.3	61.9	13.6	4.4	0.0
小麦	12.6	68.6	12.8	5.0	1.0
玉米	4.9	61.6	22.6	8.6	2.2
大豆	4.7	74.3	17.8	2.5	0.7

资料来源：《四川农村统计年鉴（2010）》。

农业区域多丘陵低山，中低产田土比重大，农田基本建设的难度较平坝地区大，而长期以来，对农业基本建设的投资比重一直较低，农田水利建设滞后导致“靠天吃饭”的问题尚未得到根本解决。四川水稻分布广泛，全省除川西北高山高原外均有水稻种植，但主要分布在成都平原，岷江、沱江、嘉陵江、涪江、渠江中下游浅丘地区，长江沿岸和安宁河谷地一带。水稻分布高度，在盆周山地可达 1200 ~ 1300 米，在川西南则高达 2200 ~ 2400 米，如海拔约 2300 米的盐源盆地，水稻生长良好，是我国水稻分布海拔最高的地区之一。全省主要有四大水稻生产区：一是盆西平原及川中高中档优质稻产区，包括成都、德阳、眉山、乐山和雅安的 15 个县（市、区），属于自然条件好、热量充足的都江堰自流灌区；二是攀西安宁河流域高档水稻生产区，包括凉山州和攀枝花市的 5 个重点县（市），该区域具有得天独厚的自然生态环境，是省内唯一的优质粳稻产区；三是川东水稻生产区，包括泸州、自贡、广安、宜宾、内江的 10 个重点县（市、区），是全省第二大水稻生产区，具有发展再生稻、优质晚稻和地方特种稻的自然生态条件；四是川东北特种水稻生产区，包括宣汉、大竹、渠县、南江、巴州、阆中 6 个县（市、区），具备独特的区域小气候和自然生态环境，地方特种稻品质优，市场竞争力强。四川水稻以中稻为主，占全省水稻播种面积的 95% 以上。由于大力推广杂交水稻，稻谷单产水平提高很快。从 1977 年全省平均亩产 283.5 公斤，到 1990 年达到 480.5 公斤，在 13 年内，单位面积产量水平提高了 69.5%，到 2010 年，亩产提高到 515.8 公斤，优良品种的推广对稻谷的发展有着重要的意义。

（2）小麦。四川是南方小麦主要产区之一，新中国成立以来发展很快，1990 年小麦播种面积达到 3332 万亩，产量达到 701.7 万吨，分别比 1949 年增加 1.2 倍和 6.02 倍。1990 年，小麦产量占全省粮食总产量的 16.4%。2010 年，小麦播种面积减至 1898.55 万亩，产量 427.7 万吨，分别比 1990 年减少 43% 和 39%。小麦主要分布在四川盆地，尤以成都平原和盆北各县种植比例最高，一般占粮食播种面积的 25% ~ 30%，其次为盆地中部，占 20% ~ 25%，而盆地东部、盆周山地及川西南一带种植较少，只占 15% ~ 20%。四川属于南方冬麦区，除高寒地区种植春麦外，主要是冬麦。春小麦的面积和产量均不足小麦的 1%，主要分布在甘孜、阿坝两州海拔 2500 ~ 3500 米的高山、高原地区。成都平原小麦单位面积产量最高，是全国著名的小麦高产稳产地区之一，盆周山地和川西南山地小麦单产较低，差距十分明显。

（3）玉米。玉米抗逆性强，适应性广，既可春播，又可夏播，同时又是高秆作物，生长期较短，便于与其他作物间作套种，有利于提高土地利用率。玉米虽属粗粮，营养价值却在稻、麦之上，较红苕质优、耐贮，又是良好的饲料和工业原料。所以无论在四川平坝、丘陵、山地都有分布，尤其在山区，比稻、麦、薯等更易种植。四川是全国西南玉米区的重要组成部分，新中国成立以来，四川玉米发展很快，1990 年玉米播种面积达到 2567 万亩，产量 678.6 万吨，与 1949 年相比，播种面积虽只扩大了25.7%，产量却提高了4.3倍。近年来，由于大力推广带状种植，发挥边际效应，玉米多与红苕、豆类、花生等作物间作套种，净作玉米在逐步缩小中。同时由于春播玉米早播早熟，可避开高温伏旱、暴雨、连阴雨的危害，春播玉米受灾机遇较夏播玉米少，丘陵地区春玉米将有代替夏玉米的趋势。特别是杂交玉米和地膜玉米的推广，更显出玉米增产的巨大潜力。2010年，四川玉米播种面积和产量分别为2033.1万亩和669.0万吨，虽然播种面积只有1990年的79.2%，但产量却几乎与1990年相当。四川玉米主要分布于盆地丘陵、盆周山地和川西南山地，播种面积占全省的92.3%，产量占90%以上。尤以盆地丘陵地区为主，播种面积占全省的一半多，产量占全省的2/3。但是由于玉米耗水量较大又较省工，故在劳动力较少而降水量较多的盆周山地和川西南山地，种植比例最高，一般占当地粮食播种面积的30%左右，尤其在平武、北川、茂汶、宝兴、马边、雷波一带，玉米占粮食播种面积的50%～60%。

（4）马铃薯。全球马铃薯总产量仅居于小麦、水稻和玉米之后，是第四大重要粮食作物。脱毒马铃薯具有高产稳产和营养丰富的特点，如维生素A、B、C含量丰富，单位面积上蛋白质总量超过禾谷类，是广受城乡欢迎的粮菜饲兼用作物，又是食品和工业的重要原料。四川属于全国西南鲜食用、加工用和种用马铃薯优势区，该区域包括云南、贵州、四川、重庆4省（市），湖北、湖南2省的西部山区和陕西的安康地区。从气候条件看，四川省一年四季均可种植马铃薯，鲜薯上市时间长，尤其是川西南山区和部分丘陵区，因其生态条件被誉为全国最佳马铃薯种植区域之一。四川是我国脱毒马铃薯的生产大省，常年种植面积33万公顷左右。在四川一季马铃薯的产值远远超过一季小春作物甚至大春作物。如果经过加工，增值潜力更大。若加工成薯条、薯泥、油炸薯片和薯类膨化食品，可升值10～20倍。然而，目前我国马铃薯的加工总量约占总产量的10%，四川省马铃薯加工率仅为7%左右。加工的产品也多限于粗制淀粉、粉丝、粉条等中低端产品。我国马铃薯全粉每年需求量约为3万吨，国内生产量却不足5000吨；马铃薯淀粉及其衍生产品需求量约为80万吨，国内生产量约为30万吨，60%以上依赖国外进口。脱毒马铃薯主要分布在盆周山区，丘陵和平坝也有部分种植，潜力巨大。目前四川省的主要品种为老品种米拉等，占55%的面积；新品种主要是川芋系列和凉薯系列，占45%的面积。主要种植方式为：间套作占70%，净作占30%；一年四季、不同海拔均有种植。2010年，全省马铃薯面积、产量再创新高，面积比2009年扩大48.2万亩；鲜薯总产量继续保持全国第一，达1371万吨，比2009年增产84万吨，马铃薯增产占全年粮食增产总额的近27%，对全省粮食安全做出了贡献。全省全年马铃薯生产产值达到178.0亿元，比2009年增加50亿元，为全省农民人均增加收入65.08元，是增收最为显著的一年。

4. 商品粮基地的布局与建设

四川确定了88个粮食产能重点县，2009年，这些产粮大县的粮食总产和增产，分别占全省粮食总产和增产的 78.2% 和 79.1%。全省列入《全国新增 1000 亿斤粮食生产能力规划》中确定的 50 个产粮大县全部纳入国家农业综合开发县范围，2009 年，50 个全国产粮大县粮食作物播种面积为 3797453 公顷，占全省粮食作物面积 55.4% 的比重。2010 年，全省 88 个粮食生产重点县增产 4.65 亿千克，占增量的 96.9%。

5. 粮食生产面临的主要问题

（1）农户种粮投入动力不足。最近几年，化肥、种子、农药、农膜等生产资料价格上涨幅度超过粮食价格上涨幅度，粮食比较收益仍然很低，加上进城务工的农民由以前的以青壮年为主扩大到中年以上层次，造成农民兼业化、农村空心化、农业弱质化的倾向继续发展，导致农户投入粮食种植的动力不足。

（2）粮食生产适度规模经营进展缓慢。近几年来，四川一些地方通过开展土地股份合作社、土地股份公司、家庭适度规模经营等土地流转模式，集中资金、项目促进土地集约集中适度规模经营，在发展粮食专合组织、粮食专业大户、粮食家庭适度规模经营上取得了很大进展，但总体而言，全省推进粮食生产的适度规模经营还十分缓慢，以一家一户分散小规模生产为主的基本格局没有根本改变。

（3）耕地的非粮化倾向日益严重。目前，在全省各地农村土地制度改革过程中通过土地流转出来的耕地，更多地转向了花木、瓜果、蔬菜、药材等相对效益较高的非粮食产业，耕地流转的非粮化倾向有继续发展的趋势，造成这种现象的根本原因仍是种粮比较效益低，加之工商资本在一些地方大量涌入农村，在一定程度上损害了小农利益，影响农民种粮积极性，导致农民被动退出粮食生产。

（三）经济作物

经济作物在四川农业中占有十分重要的地位，是四川种植业的重要组成部分。

1. 经济作物的生产和特点

（1）经济作物播种面积实现较快增长。为了进一步提高农民收入，并不断丰富城乡居民的菜篮子，2008 年开始，四川先后出台了发展“特色效益农业”和“现代农业”的一系列政策和措施，推动了四川经济作物播种面积的较快增长。2010 年面积达到了 4071.4 万亩，比 2005 年增加 478.4 万亩，增长 13.3%，年均增长 2.5%。其中，油料作物增加 187.9 万亩，增长 11.5%，年均增长 2.2%；蔬菜作物增加 269.1 万亩，增长 18.1%，年均增长 3.4%；药材增加 2.7 万亩，增长 2.0%，年均增长 0.4%；烟叶增加 42.8 万亩，增长 35.9%，年均增长 6.3%。棉花、麻类、糖料等其他经济作物播种面积由于受市场因素的影响均比 2005 年有不同程度的减少（见表 6-11）。2011 年四川油料总产量 278.4 万吨，比 2007 年增加 50 万吨，增长 21.9%；水果总产量 636.3 万吨，比 2007 年增长 35.0%；茶叶总产量 18.5 万吨，比 2007 年增长 42.0%；蔬菜产量 3669.3 万吨，比 2007 年增长 19.1%。

（2）经济作物种植进一步向大宗产品集中。随着城乡居民收入水平的提高，人们对生活质量的要求也随之上升，因而推

表 6-11 “十一五”期间四川经济作物播种面积对比（单位：万亩，%）

项　目	2010 年	2005 年	2010 年比 2005 年变化		“十一五”年均递增
			绝对数	比重	
经济作物面积合计	4071.4	3593.0	478.4	13.3	2.5
棉花	24.2	41.8	-17.5	-42.0	-10.3
麻类	53.4	55.5	-2.2	-3.9	-0.8
糖料	29.5	40.4	-10.9	-26.9	-6.1
烟叶	162.1	119.3	42.8	35.9	6.3
药材类	142.7	140.0	2.7	1.9	0.4
蔬菜、瓜果类	1831.2	1555.7	275.5	17.7	3.4

资料来源：《四川统计年鉴（2011）》。

动四川省菜、油等大宗经济作物种植规模不断扩大，经济作物种植也进一步向蔬菜、油菜籽集中。2010 年，四川蔬菜播种面积占经济作物播种面积的比重达到了 43.1%，比 2005 年上升 1.7 个百分点；油菜籽播种面积占经济作物面积的比重也由 2005 年的 34.1% 上升至 34.9%，上升 0.8 个百分点；烟叶种植面积由于从 2008 年开始国家加大了扶持力度，因而其所占比重由 2005 年的 3.3% 上升至 4.0%，上升 0.7 个百分点。而花生、棉花、麻类、糖料、药材等经济作物种植比重则均比 2005 年有所下降。

（3）特色经济作物不断发展壮大。四川安岳的柠檬，成都的水蜜桃和枇杷，川西的川芎、川贝等都在全国享有盛誉；四川已成为全国重要的南菜北运基地，西昌的苹果在全国最先上市，攀西的芒果在全国最晚上市，江安的夏橙在全国柑橘淡季上市。特色农业已成为四川农业在全国拿得出、叫得响的代表。

2. 主要经济作物的生产布局

（1）棉花。棉花是四川重要的经济作物，在 1980 年以前，其种植面积仅次于油菜籽。但之后棉花的播种面积不断下降，1980 ~ 1985 年，棉花播种面积由 25.6 万公顷下降到 12.6 万公顷，几乎减少了一半多。1985 ~ 1996 年，棉花种植面积波动不大。1996 年之后，棉花种植面积连年下滑，到 2011 年已缩减到只有 1.6 万公顷，产量也只有 1.46 万吨，分别为 1985 年的 12.7% 和 12.9%。四川棉花单产水平低。1980 年，棉花亩产只有 50 斤，到 1982 年亩产提高到 80 斤，但仍未超过全国亩产 82 斤的平均水平，1983 年亩产水平提高到 107 斤，虽然首次突破全国平均水平，但仍不如北方棉区和长江中下游棉区。2010 年，棉花单产水平为 876 公斤 / 公顷，为全国平均水平的 71.3%，只有新疆棉花单产水平的 51.6%，居西部第 7 位、全国第 22 位。在四川 21 个市（州）中，棉花分布于德阳、绵阳、遂宁、南充、眉山和资阳（见表 6-12），并不断向优势区域集中，形成了以遂宁为中心，向南充、资阳、眉山、绵阳扩展的发展趋势，攀枝花、乐山、达州、巴中和甘孜有少量的棉花种植，这些地区的种植面积和产量分别只占全省的 0.29% 和 0.31%，全省棉花主产区包括射洪、大英、仁寿、简阳和南部等县（市）。

（2）油料。四川油料作物品种繁多，主要有油菜籽、花生、芝麻、胡麻、向日葵等。油料作物发展较快，而且单产水平提高幅度大。2011 年油料播种面积为 123.3 万公顷，是 1952 年的 3.59 倍；产量为 278.4 万吨，是 1952 年的 11.05 倍，是全省种植面积最多的经济作物（见表 6-13），仅次于河南和湖北而位居全国第三，产量位居全国第四。

（3）糖料。四川糖料作物有甘蔗和甜菜，以甘蔗为主。1983 年，糖料作物种植面积共 72.8 万亩，其中甜菜只有 1.2 万亩，甘蔗占 98.35%。2011 年，四川甘蔗种植面积 1.67 万公顷。历史上四川曾是全国重要的蔗糖生产基地，1919 年四川糖产量 9 万吨，占当时糖产量的 69.2%，主产区的内江因此成为全国闻名的“甜城”；1949 年植蔗面积 31.5 万亩，1978 年达 69.75 万亩，为历史最高纪录。新中国成立以来，随着广东、广西、福建及云南省等（自治区）蔗区的异军突起，四川甘蔗糖业的地位逐步下降，虽然到 1983 年种植面积已经翻了一番多，总产量也增加了两倍半，占全国总产量的 6.2%，但次于广东、广西、云南、福建而居全国第 5 位。进入 20 世纪 90 年代后，受糖价和产业结构调整的冲击，四川甘蔗种植面积逐年下滑，糖业全面萎缩，糖厂纷纷倒闭。到 2010 年，种植面积和产量只有 1952 年的 65% 和 81%，只有 1985 年的 42.2% 和 39.9%，只占全国甘蔗种植面积的 1.16% 和 0.84%，但由于甘蔗主要集中在广西和云南，四川仍居西部第三，次于广东和海南位居全国第五。四川甘蔗分为攀西蔗区和内地蔗区。攀西蔗区地处金沙江及其支流安宁河和黑水河流域，该区域冬春干旱少雨，降雨量不足全年的 10%，而夏秋温暖湿润，降雨最多达 90% 以上，因此抗旱植蔗特别是解决苗期抗旱是蔗区甘蔗生产的主要问题。内地蔗区主要分布于沱江、岷江、长江、嘉陵江、涪江和渠江流域，为四川传统的老蔗区。该区域土壤以紫色土为主，地势相对平坦，交通运输便利，土壤有机质含量相对较高，灌溉条件较好，适宜种植甘蔗。

（4）麻类。麻类是一种古老的纤维作物，四川麻类作物有苎麻、黄麻、红麻及亚麻等。四川苎麻种植历史悠久，西周康王初年便有苎麻种植，至今已有 3000

表 6-12　2011 年四川棉花区域分布情况（单位：万公顷，万吨）

地　区	全省	遂宁	南充	资阳	绵阳	眉山	德阳
棉花播种面积	1.60	1.04	0.26	0.11	0.10	0.07	0.02
棉花产量	1.46	0.99	0.18	0.11	0.09	0.07	0.02

资料来源：《四川统计年鉴（2012）》。

表 6-13　四川主要油料作物生产发展情况（单位：万公顷，万吨）

年份	油料		其中：花生		油菜籽	
	播种面积	产量	播种面积	产量	播种面积	产量
1952	34.3	25.2	7.6	8.4	25.8	16.5
1957	40.3	35.1	9.8	11.4	29.5	23.4
1962	27.5	14.8	7.3	6.2	19.0	8.3
1965	38.8	35.4	10.2	10.7	27.1	24.3
1970	32.0	34.5	6.9	9.1	23.9	24.5
1975	36.2	39.9	7.3	10.8	28.2	28.7
1980	47.0	68.4	8.4	11.8	39.5	56.4
1985	84.2	133.1	13.5	23.6	70.1	109.0
1990	79.7	133.5	12.6	23.7	66.9	109.5
1995	84.6	145.1	15.3	25.9	68.8	118.7
2000	102.6	193.0	24.0	54.3	77.7	137.5
2005	109.4	232.3	26.4	62.0	81.7	168.7
2010	121.9	268.5	25.9	61.5	94.7	205.2
2011	123.3	278.4	25.9	62.7	96.4	214.4

资料来源：《四川统计年鉴（2012）》。

多年的历史，四川苎麻分布广泛，除川西高原外，全省各地均有种植。四川麻类虽然分布比较广泛，但主要集中在达州市，种植面积和产量分别占全省的94.6%和94.9%。2011年，四川麻类植物播种面积为3.38万公顷，占全国种植面积的28.64%，麻类产量为6.1万吨，占全国总产量的20.61%，均居全国第1位。

（5）烟叶。四川是我国第四大烟叶产区，是全国优质烟叶的重要产区。四川烟叶中产量较多的有烤烟、晒烟、土烟和白肋烟。2011年，烟叶种植面积达11.71万公顷，烟叶总产量达24.93万吨，其中烤烟种植面积和产量分别为9.84万公顷和20.04万吨，占全省烟叶种植面积的84.03%、产量的80.39%。四川烟叶生产主要分布在凉山、攀枝花、泸州、宜宾、广元、达州、德阳7个市（州）的26个县（市）贫困人口相对集中的二半山区，烟叶产业逐渐成为四川贫困山区的支柱产业。全省分为四大烟区。川西南烟区：区域内立体气候特征明显，垂直地带性气候变化大，气候复杂多样。攀枝花、宁南河谷地带为南亚热带气候，长夏无冬，光热资源特别丰富，是全国同纬度位置以东地区别具一格的以南亚热带为基带气候独特区域，具备优质香料烟生产条件。川南烟区：区域内气候温和，雨量充沛，无霜期长，光照适宜，四季分明，雨热同季，同时具春早气温回升快的特点。川南烟区烟叶生产上充分利用早春气温回升快、比其他地区提前达到移栽节令的气候特点，提前移栽时间，适时移栽，把烟叶生长期调整到最佳气候时期内，以利于高质量烟叶生产。川北广元：此区属北亚热带季风气候类型，气候温和，雨量充沛，光照较充足，四季分明。烤烟大田期间日照时数 500 ~ 800 小时，日照百分率达到 70% 以上，气候条件与最适宜区接近，部分指标有偏离但不大。烟叶布局在丘陵区旱耕地，气候条件良好，是优质烟叶生长适宜区。白肋烟产区：生态条件与全国白肋烟生产基地区的湖北恩施、重庆万州相似，与世界著名的白肋烟主产地——美国肯塔基州的气候接近。是全国三大晾晒烟基地之一。

（6）药材。四川是中药材产业大省，四川盆地特有的自然条件优势使四川自古以来盛产多种珍贵药材，药材资源十分丰富，在全国重点普查的 430 种重要中药资源中，四川出产的有 383 种，占 89%，素有“中药之库”的美称。川芎、川附子、麦冬、黄连、川贝母、冬虫夏草等在国内生产和销售方面占有举足轻重的地位，其中川芎占全国市场份额达 90%，川附子达 85%。四川不仅是中药材出产大省，还是中药产业强省。四川中药材加工业基础好，中药工业产值占全省医药产业的一半以上，大量川产中药材能够实现就地加工转化，生产加工销售链条基本完整。四川中药材生产分为四大产区。一是盆地中央丘陵平原区，主要包括四川盆地底部的平原及川中丘陵区的都江堰、彭州、新都、大邑、中江、什邡、绵竹、江油、三台、盐亭、简阳、彭山、五通桥、西充、南部、阆中、安居区、船山区、蓬溪、达县、武胜、广安等县（市、区），主产川芎、麦冬、川附子、川丹参、白芍、郁金、泽泻、川红花、黄姜、川白芷、半夏、连翘等。二是攀西川南地区，主要包括凉山州、攀枝花、泸州、宜宾、自贡等市（州）的仁和、布拖、昭觉、西昌、纳溪、泸县、南溪、合江、荣县、富顺县等县（市、区），主产芦荟、川续断、补骨脂、三七、茯苓、薯蓣、野牡丹、昆明山海棠等。三是盆周山区，主要包括巴州、南江、通江、宣汉、万源、剑阁、青川、苍溪、平武、北川、安县、宝兴、天全、荥经、峨眉山、洪雅、犍为、沐川等县（市、区），主产黄连、天麻、川银花、银耳、川明参、干姜、姜黄、柴胡等。四是川西北地区高原区，主要包括茂县、九寨沟、道孚、康定等县，主产川贝母、冬虫夏草、红景天、红豆杉、黄芪、党参、穿龙薯蓣、羌活、当归等。

（四）园艺作物

1. 园艺作物的地位和作用

四川园艺作物主要有蚕桑、茶叶、水果和花卉。20 世纪 90 年代，四川蚕茧和柑橘多年来均稳居全国第一。虽然随着其他省份园艺作物的快速发展，四川园艺作物在全国的排名有所变动，但仍然处于重要地位。2011 年，全省蚕茧产量为 11.22 万吨，占全国的 12.23%，次于广西位居全国第二；茶叶产量为 18.62 万吨，占全国总产量的 11.46%，次于福建、云南位居全国第三。由于园艺作物一般不与粮食作物和经济作物争地，进一步发展的空间较大，对于四川农民增收、扩大外贸的地位愈来愈重要（见表 6-14）。

2. 主要园艺作物的生产布局

（1）桑蚕。四川素称“蚕丛古国”，栽桑养蚕历史悠久。四川蚕桑生产区气候温和，大部分地区年平均气温16℃～18℃，降雨量丰富，适合栽桑养蚕，加上栽桑技术路线独特，四边桑、大行间作桑、小桑园并存，集中连片，土壤富含磷、钙、钾等营养元素，蚕茧品质好。四川蚕业形成了“桑－草－牧”、“桑－菜”“桑－药”、“桑－粮”等桑园立体间作模式，“桑－禽”等桑园套养模式；在蚕桑资源利用方面，桑叶、桑枝、桑果等综合利用也初见成效。蚕桑资源的综合开发，不仅增加了农产品供给，还显著地增加了蚕农收益，形成了蚕业新的经济增长点。四川优势蚕茧区主要包括三大区域。一是川中北部优势蚕茧区，主要包括绵阳、南充、资阳、德阳、巴中、广元、遂宁等市的游仙、盐亭、三台、中江、江油、射洪、梓潼、剑阁、南部、蓬安、阆中、仪陇、苍溪、乐至、巴州、平昌等 16 个县（市、区），该区域内栽桑养蚕历史悠久，技术成熟，丝绸企业密集。二是攀西优势蚕茧区，主要包括凉山州、攀枝花市、雅安市和甘孜州的宁南、西昌、会东、冕宁、普格、德昌、盐边、米易、汉源、石棉、泸定等 11 个县（市、区），该区域内桑树生产旺盛，叶质好，产量高，蚕丝质量全国上乘，具有极强的市场竞争力。三是川南优势蚕茧区，主要包括宜宾市的高县、珙县，该区域气候条件好，土地资源和劳动力资源丰富，蚕茧质量好，近年来蚕茧规模不断提高。

（2）茶叶。四川是茶的故乡，是全国主要产茶省份之一，也是人类饮茶、种茶、制茶的发源地。四川茶叶历来以数量大、品名多、分布广、品质好、声誉高而著称，自古就有“蜀土茶称圣”的美誉。发展到唐宋时期，川茶产量就位居全国之首。新中国成立初期，四川茶叶发展缓慢，1952～1965 年，茶叶产量从 0.79 万吨增加到 0.90 万吨，只增长了 13.92%。自1970 年茶叶产量突破 1 万吨以后，产量节节攀升，1980～1985 年，茶叶产量增长了 87.37%。2011 年，全省茶园面积 22.92 万公顷，占全国茶园面积的 11.32%，产量为 18.62 万吨，是 1952 年的 23.55 倍，占全国茶叶总产量的 11.46%，均次于福建、云南位居全国第三。四川具有茶叶最佳适宜区的自然生态条件。四川茶区主要分布在盆周山区和丘陵地区，年平均温度12℃～16℃，年均降雨量 1000～1800 毫米，年日照 1000～1200 小时，全年雾日

表 6-14　主要年份园艺作物生产情况（单位：万吨）

年　份	1952	1962	1970	1975	1980	1985	1990	1995	2000	2005	2010	2011
蚕茧	0.98	0.77	1.84	2.55	6.60	7.39	10.00	15.16	8.73	9.80	11.08	11.22
茶叶	0.79	0.70	1.01	1.31	1.98	3.71	4.00	4.35	5.45	9.79	16.93	18.62
园林水果	10.30	8.60	1.31	15.20	27.50	57	92.00	155.76	252.57	415.76	599.57	642.95

资料来源：《四川统计年鉴（2012）》。

100 天以上，年均湿度 80%，属于中亚热带气候；土层深厚，土壤 pH 值 4.5 ~ 6.5，能满足茶树喜温好湿的生物学特性，是发展茶叶的最适宜区。四川茶叶生产主要分布在四大茶叶产业带。一是川西名优绿茶生产带，主要包括乐山的峨眉山、夹江、沐川、马边，眉山的洪雅，雅安的名山、雨城区，成都的邛崃、都江堰、浦江等 10 个县（市、区）。二是川南优质早茶和出口红茶区，该区域是四川最适宜的茶叶产区，所产功夫红茶曾获第 24 届世界食品金奖，主要包括宜宾和泸州两市的高县、筠连、屏山、纳溪、宜宾、珙县、叙永、古蔺等 8 个县（市、区）。三是川东北优质富硒茶区，主要包括达州、广元、绵阳、巴中四市的万源、南江、北川、青川、平武、宣汉、通江、旺苍等 8 个县（市、区）。四是川中茉莉花茶区，所产茉莉花茶品质好、竞争力较强，主要包括荣县、犍为县。

（3）水果。四川由于地形复杂、气候多样，为众多水果的生产提供了良好的条件，全省水果品种繁多，国内南方、北方的各种水果均有出产，还有从国外引进的日本松山桃、美人指葡萄、贵妃枣等，其中，四川柑橘最具特色。四川园林水果生产在新中国成立初期在 10 万吨徘徊，1975 年以后，几乎是每 5 年上一个台阶。水果产量 1975 年突破 15 万吨，1980 年突破 25 万吨，1985 年突破 50 万吨，1991 年突破 100 万吨，1995 年突破 150 万吨，2000 年突破 250 万吨，2005 年突破 400 万吨，2010 年突破 700 万吨。随着产业结构的调整，全省水果综合生产能力有了很大提高，果树基本形成区域优势和特色，果树栽培品种得到更新换代，造就了优质枇杷、红心猕猴桃、早熟梨、水蜜桃、优质石榴、晚熟芒果、晚熟荔枝、龙眼等特色水果。水果产业在新农村建设、农村经济和农民增收中做出了显著贡献。2011 年，全省果园面积为 58.09 万公顷，水果产量为 642.95 万吨。四川是柑橘生产大省，也是全国长江河谷柑橘优势产区。全省主要有五大柑橘生产区。一是长江河谷优质甜橙生产加工区，包括屏山、宜宾、翠屏区、长宁、南溪、江安、富顺、荣县、泸县、江阳、纳溪、合江、叙永、古蔺、临水、武胜等 16 个重点县（市、区）。二是优质脐橙生产区，包括嘉陵江、沱江、渠江和岷江河谷周边地区，涵盖高坪区、蓬安、西充、渠县、岳池、广安区、安居区、船山区、蓬溪、金堂、蒲江、简阳、达县、通川区、仁寿县、东坡区等 16 个县（市、区）。三是川中柠檬生产加工区，包括沱江流域的安岳、资中、威远、东兴等 4 个县（区）。四是金沙江早熟脐橙生产区，包括金沙江流域干旱河谷地段的雷波、宁南、盐边、金阳、会东等 5 个县。五是宽皮柑橘生产区，主要包括荣县、五通桥、青神、雁江区、井研等 5 个县（区）。

（4）花卉。四川是花卉生产大省，又是消费大省。四川花卉业从 1988 年以后就逐步进入了稳步、快速的发展时期。到 1998 年底，花卉产业发展已具相当规模，成为全国花卉生产大省之一，全省花卉种植面积达到 14.1 万亩，产值 9.1 亿元，从业人员 14 万人。[①] 随着各地园林绿化工

① 罗光和：《四川花卉业的发展现状及今后的展望》，http: //www.zzbld.com/Article/ShowArticle.asp?Article ID=110，2005 年 12 月 27 日。

程对花卉苗木需求量的增加和西部地区建设提速，花木生产大省四川正逐步成为西南地区的绿色之源。截至2009年，全省花卉种植面积64万亩，居全国第五，销售收入43.8亿元，居全国第六。2010年上半年，全省花卉种植面积65万亩，销售产值25.2亿元，比2009年同期增加3.3亿元，增长15%。花卉产业已成为调整和优化农业结构，增加农民收入的重要产业。全省初步形成了成都绿化苗木、川派盆景和盆花生产区，西昌鲜切花、种球生产区，攀枝花观叶植物生产区和川南盆花、绿化苗木生产区。4个区域花卉面积、销售额占全省的80%以上。目前全省共有各种花卉企业近2523个，其中大中型企业287个，花木专业合作社23家，年销售额达3.3亿元，带动花农2万多人。[①]

五　畜牧业

（一）概况

1. 在全国的重要地位

四川与西藏、青海、新疆、内蒙古并称中国五大牧区。先秦时期四川的畜牧业主要集中在川西北和川西南，驯养各种动物，尤出名马、牛、羊。宋、元、明、清时代，大量的四川马匹是茶马互市的重要物资。

四川草场资源24500多万亩，相当于四川耕地面积的3.5倍，其中，600公顷（9千亩）以上的草场有4500多个，主要分布在甘孜、阿坝、凉山。川西北大草原有1300多万公顷，约合1.95亿亩。川西南的筰马名噪古今，会理黑山羊是历代贡品，甘孜、木里的藏马、牦牛也闻名国内。

2011年，四川畜牧业总产值为2127.2亿元，占西部畜牧业总产值的56.02%，占全国畜牧业总产值的8.25%，位居西部第一、全国第三（见表6-15）。

2. 畜牧业生产发展与改革历程

四川畜牧业经过60多年的发展，从副业地位成长为农村经济增长的支柱，期间的发展和改革历程大体分为三个阶段[②]。

（1）传统畜牧业发展阶段（1949～1984年）。在这个阶段，主要进行了土地改革、合作互助化改革、人民公社化改革和家庭联产承包责任制改革等所有制形式的探索，取得了不少经验和教训。土地改革时期，实行“牧场公有放牧自由”、

表6-15　四川牧业在西部和全国的位置（2011年）

指标	四川	西部	全国	四川占西部		四川占全国	
				比例（%）	位次	比例（%）	位次
牧业总产值（亿元）	2127.2	3796.6	25770.7	56.02	1	8.25	3

资料来源：《中国统计年鉴（2012）》。

① 庞玉宇：《2012年我省花卉销售预计达70亿元》，《四川经济日报》2011年3月21日。
② 四川省发展和改革委员会、四川省统计局：《四川经济社会发展60年》。

“不分不斗不划阶级和牧工牧主两利政策”、扶助贫困牧民发展生产等一系列方针、政策，解放了被封建制度束缚的生产力，使畜牧业生产得到了迅速的恢复和发展。1952 年，猪、牛、羊肉产量分别达到 25.24 万吨、1.03 万吨、0.72 万吨，比 1949 年分别增长 52.88%、19.77%、3.14%，年均增长 15.19%、6.20%、1.04%。互助合作化时期，遵循自愿互利、典型示范和国家帮助的原则，采取和平赎买、作价入社、分期偿还等措施，兴办各种公私合营牧场、合作社和国营牧场；同时对社员饲养的猪、禽等实行“私有、私养、公助”，鼓励社员发展猪禽业，进一步促进了畜牧业的快速发展。1957 年，猪、牛、羊肉产量分别达到 41.43 万吨、1.62 万吨、1.22 万吨。人民公社化时期，急躁冒进式地推行人民公社化，采取“一平二调”的方式，强力实施“政社合一”的三级所有制，严重伤害了农牧民的生产积极性，致使畜牧业生产效率低下。经过 20 年的发展，到 1977 年，猪、牛、羊肉产量分别为 72.28 万吨、2.60 万吨、1.40 万吨，年均仅增长 2.82%、2.37%、0.69%。家庭联产承包责任制时期，1980 年成立四川省畜牧局，1981 年前后组建并完善了全省畜禽品种改良、草原建设、兽医防疫、饲料等新技术推广机构。1979 年兴建了配合饲料加工业，大力推广配合饲料饲喂技术，1981 年组织有关单位在简阳、大足、广汉、峨眉等 4 县示范推广“双推五改”养猪成套技术获得成功后，又大力推广畜禽品种改良技术，由此形成了政策、科技双推动格局，使四川畜牧业再次进入快速发展的轨道。1985 年，猪、牛、羊肉产量分别达到 203.02 万吨、3.64 万吨、2.40 万吨，分别比 1977 年增长 181.1%、40.0%、71.4%，年均增长 13.8%、4.30%、6.97%。畜产品不仅满足了省内肉食品消费的需求，还有效地支援了京、津、沪等大城市的猪肉供应，奠定了四川养猪业在全国的地位。1985 年取消生猪派购统销和猪肉定量供应制度，放开猪肉管制，标志着一个崭新的畜牧业商品经济时代的到来。

（2）专业化畜牧业发展阶段（1985 ~ 2002 年）。由于传统畜牧业的快速发展，涌现了一大批专门从事养猪、养牛、养禽、养兔专业户、重点户，开展商品化生产。这一时期，以品种改良和新技术推广为特征，全省大面积推广了一批猪、牛、羊、禽、兔品种改良及新技术，由此带来了畜禽品种的改良和饲养技术的变革，畜牧业生产效率显著提高，进一步推动了畜牧业稳定发展。2002 年，生猪、牛、羊和家禽出栏分别达到 7090.9 万头、276 万头、1704.6 万只和 90685.96 万只，比 1985 年分别增长 1.19 倍、5.94 倍、7.84 倍和 8.44 倍。畜牧业产值达到 743.9 亿元，较 1985 年增长 11.66 倍，年均增长 16.1%，占农业总产值的比重由 22% 提高到 45%。

（3）现代畜牧业发展阶段（2002 年至今）。由于畜牧业连年增长，畜禽专户养殖规模日渐扩大，畜产品市场供求关系逐渐由卖方市场向买方市场转变，市场竞争日趋激烈，生产者迅速向产业化经营方向发展，出现了一批龙头企业和行业组织，规模化程度不断提高。到 2010 年，全省现代畜牧业发展呈现以下特点：一是总量增长结构优化。生猪、水禽、兔、蜂群总量继续保持全国第一大省的地位。出栏生猪、牛、羊和家禽同比分别增长3.0%、3.8%、4.2%和6.5%；肉、蛋、奶产量同比分别增长3.9%、6.1%和1.7%；畜牧业产值1705.10亿元，同比增长3.5%；农民人均纯收入增加21元。畜牧业内部结构逐步优化，非猪畜禽肉占肉类总产量的比重由29.18%提高到29.56%，禽蛋、奶类产量占肉蛋奶产量的比重由18.93%提高到19.02%。二是生产方式转变加速，标准化规模化养殖快速发展。各类畜禽标准化规模养殖小区发展到17718个，其中2010年新建（改扩建）4230个，占29.34%；生猪、肉鸡、奶牛、蛋鸡的规模养殖面分别达到50.17%、55.69%、75.23%和44.65%，同比分别提高6.66个、7.18个、4.59个和2.25个百分点。畜禽良种化水平不断提高。生猪三元杂交面达到69.2%，牛、羊、禽、兔良种面分别达到39.90%、86.6%、84.1%和87.1%，比2009年分别提高2.12个、1.07个、0.60个、0.50个和0.39个百分点。三是生态建设步伐加快，灾后恢复重建圆满完成。2010年完成退牧还草工程建设960.66万亩，完成优良牧草种植示范17.5万亩，开展飞播种草4.5万亩，完成草原鼠虫害防治1231.5万亩。灾后重建累计完成投资86.7亿元，占规划总投资的96.8%，开工项目121个，开工率100%，完成项目112个，完工率93%，畜牧业灾后恢复重建三年目标任务两年基本完成，生产总量和发展质量均超过了灾前水平。四是大项目建设强力推进，抗风险能力显著增强。2010年争取到位中央和省级畜牧业专项财政资金24.5亿元，其中中央资金19.6亿元。四川省畜牧业大项目建设完成投资65亿元。重大动物疫病免疫密度常年保持在95%以上，有效抗体合格率高于农业部规定标准11～23个百分点。在全国4次例行交叉抽样监测中，四川省畜禽产品质量合格率均为100%。

3. 畜牧业生产发展现状

当前，四川畜牧业正处于从传统畜牧业向现代畜牧业转变的关键时期，其内涵、功能和定位发生了深刻的变化。内涵上，由传统的养殖生产环节变为包括产前、产中、产后一体化过程，按国内外大市场要求配置生产要素的商品经济畜牧业；功能上，由满足温饱变为适应生活质量的提高，符合营养、生态和安全的要求；定位上，由家庭副业变为支撑农业经济、保障农民增收、推动新农村建设的重要产业。

（1）总量增长结构优化。2011年，全省禽蛋产量为174.60万吨，奶类产量为71.19万吨，蜂蜜产量43344吨，绵羊毛产量7152吨，分别比2005年增长11.09%、20.6%、24.9%和23.3%，全省畜牧业总产值达2127.20亿元，比2005年增长72.92%。国家优质商品猪战略保障基地建设稳步推进，全省新增出栏优质商品猪220万头，新增国家级生猪调出大县31个，达到84个，占全国500个生猪调出大县的16.8%，奖励资金4.58亿元，占全国奖励资金总量的近1/5。全年外销出口猪肉70万吨，其中精深加工产品25万吨，外销生猪310万头，为保障全国猪肉市场供给做出了重要贡献。

（2）生产方式持续转变。新建（改扩建）畜禽标准化适度规模养殖小区2350个，国家级畜禽养殖标准化示范小区（场）发展到87个，创建10个畜禽品种的省级示范小区（场）76个，有7个示范小区（场）纳入全国百例典型示范场。全省生猪规模养殖面达到 55%，提高 5 个百分点。新增无公害畜产品和产品基地 135 个。各类优质种畜禽场达到 1030 个，生猪三元杂交面达 71.8%，提高了 2.6 个百分点，牛、羊、禽、兔良种面分别达到 42.1%、87.6%、85.2%、88.2%，提高 1 ~ 2.2 个百分点。标准化适度规模养殖逐步成为全省畜牧生产主导形式。

（3）产业化经营步伐加快。2011 年，全省新增年销售收入过亿元的畜牧龙头企业 3 家，达到 130 家；畜牧业省级重点龙头企业新增 40 家，达到 141 家，其中国家级重点龙头企业 18 家，新推荐上报国家级龙头企业 7 家，国内大型畜牧龙头企业普遍在川建立了养殖加工基地。饲料、兽药产值超过 300 亿元，工业饲料总产量突破 800 万吨。养殖专业合作社发展到 6333 个，其中工商注册的规范化合作社 5459 个，资产总额达 171 亿元，带动农户 107 万户。组织企业参加西博会、农交会等重大展会，签订销售合同总额 52.9 亿元。全省形成了主要畜禽养殖都有大型龙头企业带动、都有专业合作社组织、都有生产性服务体系配套的现代产业格局。

（4）现代畜牧业发展提质扩面。一是试点市成效显著。资阳、遂宁、眉山三市进入现代畜牧业发展深化阶段。预计三市全年肉、蛋、奶产量分别占全省的 18%、20% 和 28%；资阳、遂宁年出栏 50 头以上生猪规模养殖比重分别达到 60% 和 72%，眉山年末存栏 20 头以上奶牛规模养殖比重达到 56.0%，均高于全省平均水平。二是重点县发展加快。全省新增现代畜牧业重点县 20 个，发展到 32 个。50 个现代畜牧业重点培育县生猪标准化适度规模养殖面达到 58%，三元杂交面达到 84%，高于全省平均水平。

（5）灾后恢复重建全面完成。畜牧业灾后重建累计完成投资 91.1 亿元，占规划总投资的 102%，完工项目 121 个，完工率 100%。39 个重灾县恢复重建圈舍 2029.6 万平方米，完成规划的 104%；恢复重建种畜禽场 88 个、畜牧兽医站 986 个，完成规划的 100%；恢复发展畜禽生产能力 1238.9 万头（只），完成规划的 100.3%；修复草地 63.7 万亩，完成规划的 100.3%。坚持产业恢复重建与新村建设相结合，创造性提出了异地重建的农民集中居住区，配套集中建设标准化养殖小区；就地恢复重建的民居，引导农户建设标准化养殖圈舍。灾区畜牧业在恢复重建中实现了跨越和提升，生产总量和发展质量均超过了灾前水平，既为灾区群众安居乐业提供了强有力的产业支撑，更打造了一批具有典型示范作用与新农村建设相配套、与转变发展方式相结合的亮点，为全省现代畜牧业提质转型提供了宝贵经验。

（6）抗风险能力显著增强。强化免疫、消毒、监测、检疫、应急处置等综合防控措施，重大动物疫病强制免疫密度常年保持在 90% 以上，应免畜禽免疫密度达到 100%，有效抗体合格率均高于农业部规定标准，全省保持了清净无疫。饲料和兽药产品平均合格率比上年同期提高 1 ~ 2 个百分点，畜产品中瘦肉精、抗生素、生长素、色素、蛋白精等违禁物质均未检出，磺胺等药物残留均未超标，全省未发生动物源性畜产品质量安全事故。探索形成了集市场监测预警、冻猪肉储备、合作社建立风险调节金、生猪远期交易等于一体的生猪市场风险防范机制，生猪产业抗市场风险能力得到增强。

（7）草原保护建设成效显著。2011年实施草原生态保护补助奖励政策，开展草原禁牧补助7000万亩、草畜平衡奖励14200万亩。深化退牧还草工程建设，禁牧休牧草原围栏1200万亩，草原补播484万亩。加强草原防灾减灾工作，完成草原鼠害防治509万亩、虫害602万亩，建设人工饲草地60余万亩。全年没有发生重特大草原火灾。牧区草地植被覆盖率有较大提高，生态环境明显改善。

（8）政策扶持体系逐步健全。新形势下畜牧业发展的产业政策体系框架逐步形成。一是财政资金投入再创新高。2011年四川省中央和省级畜牧业投资首次突破30亿元，达到34.6亿元，比上年同期增加41%（其中中央投资29.98亿元，比上年同期增加53%）。其中畜禽生产科技资金14.51亿元，动物疫病防控资金6.70亿元，草地生态建设资金12.70亿元，畜产品质量安全资金0.55亿元，畜牧产业化资金0.14亿元。二是重大项目建设稳步增长。全省畜牧业大项目建设完成投资72亿元，完成省委农村工作领导小组下达50亿元投资目标任务的144%。三是政策性保险稳步推进。2011年四川省能繁母猪全部纳入承保范围，育肥猪和奶牛参保面和参保数量继续增加。政策有力扶持，夯实了产业基础，促进了畜牧业持续健康发展。

4. 畜牧业发展存在的问题

（1）四川畜牧业的发展不均衡。首先，结构不合理。生猪养殖比例仍较高，属典型的耗粮型畜牧业，每年调入玉米500万吨以上，人畜争粮矛盾十分突出，急需发展草业及草食畜牧业。其次，地区分布不均。占全省草地面积85%以上的川西北地区，其肉类产量只占全省肉类总产量的1.7%，其产肉量平均每亩0.33公斤。最后，全省农区受长期的种植习惯与畜牧养殖习惯影响，很少专门种植饲料作物进行畜牧生产，这不仅造成了饲料生产效率低、畜牧业发展受限、畜牧业生产成本增加、农户收入低，还造成了肥料等资源浪费、环境污染、水土流失等生态问题。

（2）畜牧业保险和配套基础设施建设有待完善。四川畜牧业保险一般仅针对猪产业，并且主要对母猪实行较高的保险补贴，对育肥猪的补贴则很少，对山羊、鸡鸭、小家禽等保险几乎没有补贴。畜牧业配套基础设施建设方面。以沼气池为例，四川对农户建设沼气池的补贴根据国家政策按户进行，户与户间的联合却不能申请共同补贴，这就导致大型联营养殖场或合作社只能按国家政策享受一户的沼气池补贴，而且该补贴标准也在不断变化中，从最初的300元/户到500元/户，再到1000元/户，甚至1500元/户，这样一来，补贴较低的农户就会不满意。这不利于畜牧业污染的防治。

（3）养殖户的担保贷款存在较大困难。全省范围内，通过合作企业担保、地方农业担保公司等方式担保的数量还非常少，绝大部分地区的畜禽养殖户只能通过订单合作的种植企业、饲料企业、屠宰企业、加工企业获得担保，而想通过自身获得担保贷款非常困难。尽管有的地方推行以“三表”（水、电表、原料进价表）和“三品”（人品、产品、品牌）而非企业资产负债作为信用担保标准，但在实际操作中效果不好，仍然很难获得贷款。

（4）畜产品的卫生防疫存在问题。村镇一级的畜牧、兽医人员学历层次偏低，知识和年龄结构老化，更新难度大，技术水平比较低，对新出现的疫病和疫情了解较少，牛、羊等产品的防疫技术人才比猪业的更为缺乏。受知识、资金约束，全省较多的农村防疫站一般只进低价甚至早被淘汰的药品，因此药品质量和疫情防护安全都难以保证。与此同时，全省特别是一些现代畜牧业养殖大市（县）的疫苗基本由省外运进，省外疫苗的血清来自省外的畜产品，而省外的畜产品品种与四川的并不完全一致，导致疫苗的防疫效果不明显。

（5）科技投入不足，牧草技术研究和推广滞后。四川牧草种植起步晚、基础差、科技投入少、优质牧草品种匮乏、适用于农区的优质牧草高产栽培技术体系缺失，目前还没有自己育成的针对农区的优良牧草品种，栽培技术研究也刚起步，远远不能适应生产的需要，牧草研究的滞后已成为全省农区畜牧业和农村经济发展的重要制约因素。

（二）畜牧业的生产与布局

1. 四川盆地优质生猪主产区

依托国家、省级重点龙头企业，加快生猪品种改良步伐，大力发展无公害、绿色和有机猪肉食品生产，打造四川盆地生猪产业集群，建成全球最大的优质生猪集约化养殖基地、国家优质商品猪战略保障基地、全国最大的优质种猪繁育基地、全国一流的猪肉及肉食品加工基地和西部地区最大的饲料生产基地。

2. 四川盆周山区优质肉牛羊主产区

以优质肉牛羊品种改良为主线、以秸秆养畜为抓手，实施“以秸秆换肉奶”工程。在达州、泸州、广元、宜宾、乐山及周边市建设优质肉牛优势产区，大力发展西门塔尔等优质杂交改良肉牛，建成四川盆周山区优质肉牛生产区；依托肉羊加工企业，在巴中、资阳、广安、自贡及周边市建设肉羊优势产区，大力发展南江黄羊、川中黑山羊、川南黑山羊等良种羊，建成以四川盆周山区为主的优质肉羊生产区。

3. 川西优质奶牛主产区

依托蒙牛、伊利、新希望等奶类加工企业，以眉山、乐山、雅安、成都、绵阳、德阳及周边市为重点，加快建设标准化养殖小区，加大高产奶牛品种繁育，扩大奶牛数量，优化奶牛结构，形成以成（都）–德（阳）–绵（阳）为主线、眉（山）–乐（山）–雅（安）为支撑的川西优质奶牛主产区。

4. 川中丘陵优质禽兔主产区

以遂宁、内江、德阳、绵阳、眉山、乐山、宜宾等川中丘陵市为主建设优质家禽优势产区，重点发展集约化养殖，推广具有地方优势的大恒肉鸡、天府肉鸭、天府肉鹅、四川白鹅等优良品种。利用全省丰富的森林和草山草坡资源优势，大力发展林下特色养殖。以宜宾、自贡、乐山、雅安、广元、南充及周边市为主建设优质兔生产区域，重点发展规模化肉兔、长毛兔及獭兔养殖。

5. 川西北高原和攀西地区特色优势畜产品主产区

在川西北高寒牧区的甘孜州、阿坝

州，重点发展麦洼牦牛、九龙牦牛和藏绵羊等具有高原特色的牛羊生产，积极开发和建设风味独特的绿色牛羊肉、奶生产基地。在攀西地区的凉山州、攀枝花市，大力发展建昌黑山羊和凉山半细毛羊生产，抓好品种选育，努力提高生产性能和养殖效益。

6. 四川特色优势蜂业主产区

在成都、德阳、绵阳、眉山、乐山、广元、凉山及周边市州，重点发展西方蜜蜂规模化、标准化蜂业生产基地；在阿坝、甘孜及周边市（州）重点发展阿坝蜜蜂产业，形成优质蜂产品生产供应体系。

（三）饲料加工业

1. 四川饲料加工业在全国的重要地位

四川饲料工业起步较早，发展很快，不但整体实力强，还涌现了一批在全国处于“排头兵”地位的大公司、大集团，新希望、通威、龙蟒、铁骑力士等大型企业集团成为享誉全国的饲料企业。饲料工业已经成为全省国民经济的重要组成部分和现代畜牧业发展的基础产业，在推动四川经济实现新跨越、建设社会主义新农村、促进农民增收致富、保障食品尤其是畜禽产品质量安全等方面发挥着重要作用，做出了显著的贡献。2010 年，全省工业饲料总产量 742.5 万吨，产值 279.2 亿元，居全国第 5 位；饲料添加剂产品产量居全国第 2 位，其中饲料级磷酸盐产量占全国产量的 36.7%，居全国第一。

2. 四川饲料加工业发展的历程

1979 年，四川广汉诞生了第一家机械加工的饲料生产小型企业———高坪饲料厂，四川饲料工业由此起步。其后的近 10 年间，四川饲料企业如雨后春笋般蓬勃发展，并成为全国具有现代意义的饲料工业发祥地。1987 年，顺应饲料工业的发展大潮，四川饲料工业协会成立。从此，四川饲料业携手工业和农业两大产业，伴随着畜牧业的持续、健康发展，登上了一个又一个新台阶。

经过 30 多年的发展，如今的四川饲料工业已从简陋的作坊式加工，发展到机械化的全自动生产；从农副产品初级加工业，发展成具有先进技术装备的现代工业；从正大公司等外资企业入驻，到本地的新希望、通威等企业集团做大做强；从单纯的饲料加工生产，到饲料原料及添加剂生产、机械设备、质量检测、教育科研推广等领域的协调推进，呈现以下三方面的特征。

第一，企业多，规模大，集中度高。目前全省共有饲料企业 791 家，年产量 742.5 万吨，居全国前列。其中：年产万吨以上企业 128 家，年产 5 万吨以上企业 41 家，年产 10 万吨以上企业 17 家。饲料企业数量全国排位第三。全省上市农业企业中饲料企业占有 2 席，比重最大。2010 年，“全国饲料企业 50 强”中，四川企业 5 家，占 1/10。2011 年四川省工业饲料产量突破 800 万吨，达到 885.1 万吨，在 2010 年达到 742.5 万吨后，再次增加 142.6 万吨，增幅 19.2%。四川省配合饲料产量 752.4 万吨，同比增长 23.6%，配合饲料产量占全省总产量的 85.0%，比 2010 年上升 3 个百分点；浓缩饲料产量 103.3 万吨，同比下降 1.0%；预混料产量 29.4 万吨，与上年持平。

第二，产品全，覆盖宽，行业领先。全省饲料企业中，有全国知名的猪饲料、鱼饲料生产企业；饲料添加剂产品在全国独占鳌头，预混料、配合料产量大、产品全，在全国占有重要份额。四川企业生产的饲料，销售遍布全国；重要畜牧养殖区域，都有四川饲料企业设置的加工厂。四川饲料和饲料添加剂产品享誉全国，深受用户欢迎。

第三，质量好，名牌多，信誉度高。四川高度重视饲料质量安全，持续开展“全覆盖饲料质量安全监督抽查行动”，效果显著。2010 年，全省共抽检饲料产品 2897 批，其中生产环节抽检 1981 批，合格率达到 98.18%，在全国养殖户和养殖企业中树立了较高的信誉。目前，全省饲料企业中已有中国名牌产品 4 个、驰名商标 6 件，是全国饲料企业知名品牌集中的省份之一。

3. 四川饲料加工业的产业化发展成就

近年来，四川饲料企业积极向其产业的下游——畜牧产业发展，开展农业产业化经营，既推动了饲料产业稳定健康发展，也通过探索建立了多种产业化经营模式，促进了畜牧产业发展，成效明显。一是实施产业化经营的饲料企业数量较多。2010 年底，全省有畜牧产业化省级重点龙头企业 66 家，其中饲料企业 29 家，占 44 %。二是利益联结机制较为紧密。饲料企业在推行农业产业化经营中，利用自身实力比较强的优势，把农户养殖作为饲料产品的终端客户和养殖加工环节的“第一车间”，与农户建立了比较紧密的利益关系，是全省农业产业化经营中利益机制比较完善的产业之一。三是实施产业化经营的效果较好。通过产业化经营，企业和农户形成了多种“共赢”模式，取得了良好的效益。

六　林业

（一）概况

1. 四川林业在全国的重要地位

四川位于祖国西南、长江上游，地处水热充沛的亚热带季风气候区，是全国林业资源大省，属全国第二大林区。全省林地面积 2311.66 万公顷，次于内蒙古和云南居全国第 3 位。森林面积 1659.52 万公顷，居全国第 4 位，其中人工林 415.65 万公顷，居全国第 4 位。现有活立木蓄积 168753.49 万立方米，居全国第 3 位；森林蓄积量 159572.37 万立方米，居全国第 2 位。全省森林覆盖率达到 34.31%，居西部第 5 位、全国第 14 位，但高于西部和全国平均水平（见表 6-16）。

2. 森林（林业）资源现状与特点

（1）全省森林资源分布不均。森林资源富集量按川西高山高原区、川西南山区、盆周山区、盆中丘陵区和川西平原区依次递减。全省森林面积中，天然林约占 2/3，主要分布在川西高原及川西南山地；人工林约占 1/3，主要分布在盆周山区及盆地中部。

（2）林业资源物种丰富。全省有高等植物 1 万种，约占全国总数的 1/3，居全国第 2 位，其中裸子植物近 100 种，居全国第一，被子植物 8500 余种。在 419 种国家重点保护野生植物中，四川分布有 63 种，其中国家一级 13 种、二级 50 种。全

表 6-16　林业在西部和全国的地位

指　标	四川	西部	全国	四川占西部比例（%）	四川在西部的位次	四川占全国比例（%）	四川在全国的位次
林地面积（万公顷）	2311.66	17708.03	30590.41	13.05	3	7.56	3
森林面积（万公顷）	1659.52	11681.29	19545.22	14.21	3	8.49	4
人工林面积（万公顷）	415.65	2181.88	6168.84	19.05	2	6.74	4
森林覆盖率（%）	34.31	24.92	20.36	—	5	—	14
活立木总蓄积量（万立方米）	168753.49	892893.74	1491268.19	18.90	3	11.32	3
森林蓄积量（万立方米）	159572.37	827131.56	1372080.36	19.29	2	11.63	2

资料来源：《中国统计年鉴（2012）》；本表为第七次全国森林资源清查（2004 ~ 2008 年）资料，全国总计数包括台湾省和香港、澳门特别行政区数据。

省有脊椎动物 1200 余种，种类占全国总数的 45% 以上，其中属于国家重点保护的野生动物 145 种，是全国乃至世界极其珍贵的生物基因库之一。四川是大熊猫的故乡，种群数量、栖息地面积和人工圈养数均居全国第一。

（3）林业产业加速发展。四川围绕工业原料林、特色经济林、生物质能源林培育和优势林产加工业、生态旅游业等五个方面，重点加强了竹类，桉树、杨树、桤木等周期工业原料林，香樟、香椿、水青冈、光皮桦等珍贵用材林，核桃、花椒、银杏、板栗、油橄榄等名优特新经济林，以及麻疯树、粉葛等生物质能源林等基地建设。2010 年，建设现代林业产业基地 1000 万亩，全省规模以上林业企业达到 600 家，其中亿元林业企业 55 家，10 亿元以上企业 5 家。全省竹浆产能达 170 万吨，位居全国第一。2010 年，全省实现林业生产总产值 1157 亿元，同比增长 21.4%，农民林业人均纯收入 576 元，同比增长 10.6%，林业为繁荣山区经济、推动新农村建设发挥了作用。近年来，为进一步盘活集体林木资源，促进农民增收致富，努力打造林业经济强省，全省全面推开了以“明晰所有权、放活经营权、落实处置权、保障收益权”为主要内容的集体林权制度改革，目前基本完成了明晰产权、承包到户的主体改革任务。

3. 林业生产发展与改革历程

新中国成立以来，四川林业经历了以经济发展为主到以生态建设为主的历史演变，大体上经历了四个发展阶段[①]。

（1）实施木材商品采伐阶段（1949 ~ 1978 年）。新中国成立后，为满足国家经济建设对木材的需求，全省先后建立了 101 个森林采伐企业、29 个重点森工企业，各地建立了一批木材综合加工企业。林业开发从盆地和盆周散生林区逐步转入川西北高山原始林区，累计为国家生产商品材 1.2 亿立方米，上缴利税 20 多亿元，为恢复国民经济、支援“大三线”建设、繁荣

① 四川省发展和改革委员会、四川省统计局主编《四川经济社会发展 60 年》。

民族地区经济做出了贡献，但同时也使森林资源急剧减少。1955 年，西康省合入四川省后，全省的森林面积为 977.6 万公顷，森林覆盖率为 17.38%；“四五”期间，森林覆盖率下降为 13.25%，森林蓄积量为 13.466 亿立方米；“五五”期间，全省森林面积下降为 681.08 万公顷，森林覆盖率下降为 12.03%，森林蓄积量下降为 11.33 亿立方米。

（2）恢复发展森林资源阶段（1979 ~ 1997 年）。受国家“按需定产”政策和林区基础设施建设滞后的影响，西部林区集中过伐现象突出，森工企业“两危”（资源危机、经济危机）逐步加深，全省木材生产开始调减，恢复森林资源力度不断加大。1980 年开始，四川在全国率先开展速生丰产林基地建设，完成造林 1695 万亩，质量合格率达 94.8%，东部盆地利用世行贷款等相继建立了 700 万亩人工用材林基地；1982 年，为落实全国人大关于开展全民义务植树运动的决议，省上成立了绿化委员会，由省长任主任；1989 年，中共四川省委、省政府做出了“绿化全川”的决定，启动实施了长江防护林工程建设，到 1998 年累计完成营造林 2355 万亩；1991 年，开始实施飞机播种造林，每年以 105 万亩以上的速度推进，全省目前保存有飞播面积 1020 万亩。同时，调整西部林区经营方针，全省 22 户重点采伐企业的木材产量由 1978 年的 309 万立方米逐步减少到 1997 年的 105 万立方米，转产安置森工富余工人 3.7 万人，西部老林区得到休养生息，全省森林资源逐步恢复。

（3）以生态建设为主发展阶段（1998 ~ 2006 年）。经过积极争取，1998 年 9 月，四川在全国率先启动天然林资源保护工程，全面停止天然林商品性采伐，变砍树人为种树人、护林人。工程实施范围包括 21 个市（州）175 个县（市、区）、28 户重点国有森工企业，共计 205 个实施单位，覆盖四川省所有森林分布区域。工程建设总投资 148 亿元，其中中央投资 118.4 亿元；2003 年，四川被国家评为全国天保工程实施先进单位。1999 年，四川在全国率先开展退耕还林试点，工程覆盖 21 个市（州）176 个县（市、区），涉及 622 万户 2250 万名农民；到 2006 年底，全省累计完成国家下达的退耕还林任务 2632.4 万亩，任务总量居全国第三，被群众誉为“德政工程”。“两大工程”的实施，标志着四川林业进入了以生态建设为主的发展阶段。2000 年中共四川省委、省政府提出了“建设长江中上游生态屏障”的目标；2001 年，四川正式启动野生动植物保护及自然保护区建设工程，加强了对大熊猫、川金丝猴和攀枝花苏铁、野生兰科植物等珍稀濒危野生动植物以及典型森林生态系统的保护，新建了一批森林、生态湿地系统和野生动植物类型自然保护区。到 2006 年底，全省有国家级自然保护区 15 个、省级自然保护区 48 个、大熊猫自然保护区 40 个。

（4）建设林业生态文明阶段（2007 年以后）。四川生态的逐渐好转，为发展新型林业生产、促进林区经济社会发展奠定了基础。2007 年，省政府召开了林业产业大会，出台了《关于林业产业发展的意见》，提出了“建设林业经济强省”的目标，启动了集体林权制度改革。省林业厅恢复成立了产业处，筹建了林业产业协会。2007年10月，党的十七大提出“建设生态文明”，赋予林业新的重大使命，开启了四川发展现代林业、建设生态文明的新阶段。

4. 林业生产面临的主要问题

林地生产力低，资源质量不高。在全省林业产业基地中，近40%为低产低效林、全省短周期木质原料林，每亩年生长量不足1吨，仅为广西的2/3。1300多万亩竹林，年平均产量不足0.5吨/亩。同时，林区基础设施落后，森林经营和采集困难，资源结构性和阶段性短缺的矛盾越来越突出。

资源综合利用水平低，产品缺乏市场竞争力。有一半以上的加工利用产品为初级产品或半成品，综合效益不高。四川森林面积是浙江省的2.6倍，2009年林业总产值不足浙江的60%，最大的原因就是精深加工不足，产业集聚度不高。全省近万家林产加工企业，规模以上的不足500家，仅占总数的3%，亿元以上林业企业仅50家，企业和产品缺乏规模和品牌效益，产品种类少，同质化竞争严重，生产的产品多数采用贴牌销售的方式。另外，加工布局与资源分布不协调，直接导致了加工成本上升和资源短缺。

仓储运输、金融保险、信息咨询、评估交易等现代服务业还很不发达，不能适应林业产业快速发展的需求。高品位的生态旅游产品不多，与生态旅游相配套的基础设施不足，还有相当一部分高质量的森林旅游景观资源没有得到开发利用。

（二）林业生产总体布局

本着地形地貌相近、气候相似、林业产业发展的主攻方向基本相同、相对集中连片的原则，全省林业产业布局大体划分为5个产业区。

1. 川西平原区

川西平原区包括成都市、德阳市、绵阳市、眉山市、乐山市的21个县（市、区）。该区是全省自然条件最优越，人才资源最丰富，城市化水平最高，经济最发达的地区。林业产业发展的重点是木竹精深加工、林产品贸易和园林花卉等。

2. 盆中丘陵区

盆中丘陵区包括成都市、德阳市、绵阳市、遂宁市、南充市、广安市、达州市、巴中市、资阳市、内江市、自贡市、宜宾市、泸州市、眉山市、乐山市、雅安市的67个县（市、区）。该区溪河密布，气候温和，人口稠密，交通方便，是全省粮食和经济作物生产基地。林业产业发展的重点是竹产业、名特优新经济林等。

3. 盆周山区

盆周山区包括绵阳市、德阳市、成都市、雅安市、宜宾市、泸州市、眉山市、乐山市、广元市、达州市、巴中市的38个县（市、区）。该区雨量充沛，四季分明，林地资源丰富，商品林资源集中，是全省林产加工业比较发达的地区，也是我国大熊猫的主要分布区。林业产业发展的重点是工业原料林、茶叶、药材、木竹加工和生态旅游等。

4. 川西南山区

川西南山区包括凉山州、甘孜州、攀枝花市、雅安市的24个县（市、区）。该区日照充足，干湿季节明显，林地资源丰富。林业产业发展的重点是亚热带水果、调香料等名优经济林、木质工业原料林和以松香为主的林化产品加工等。

5. 川西高山高原区

川西高山高原区包括阿坝州、甘孜州、凉山州的31个县。该区地处青藏高原东南缘，地形地貌复杂，气候多样，是全省天然林资源最丰富、生态区位最重要、森林景观最独特、民族文化最浓郁的地区。林业产业发展的重点是生态旅游、林下资源开发、培育经济林果和调香料等。

（三）防护林的布局与建设

1. 防护林建设的历程

四川地处长江上游，境内山峦叠嶂，江河纵横，高原、山地、丘陵面积占全省辖区面积的94.70%。大部分地方山高坡陡，谷狭沟深，地形地势复杂，岩石松碎、土壤瘠薄，泥石流、滑坡多有发生，水土流失严重。按照国家计委《关于长江中上游防护林体系建设第一期工程总体规划的批复》，四川长江防护林体系建设第一期工程于1989年正式启动实施。1996年，经林业部、农发办、省林业厅先后组织验收，有37个县第一批达到了林业部规定的长防林工程建设标准。

四川长防林建设可以划分为启动实施、整体推进和巩固提高三个阶段。一是启动实施阶段（1989～1990年），主要是探索路子，积累经验。二是整体推进阶段（1991～1996年），工程建设全面展开，扩大规模，加快步伐，提高造林成效，逐步建立健全了长防林建设的各种规章管理制度和政策法规。三是巩固提高阶段。（1997年至今），加快盆周及西部荒山造林步伐，加大干旱干热河谷地带的造林力度，调整结构，发挥综合效益。

从2001年起，国家林业局每年都给四川一定的低效林改造任务，开展二期工程试点，国家林业局于2004年以林计发〔2004〕171号文，要求各省组织开展二期工程建设。由于国家发改委没有同意长江上游的省份开展长防林二期工程建设，到目前，四川也没有正式启动长防林二期工程。

2. 防护林建设的布局

四川在长防林工程建设中，坚持以改善农业基本条件、改善人们的生存环境为出发点，坚持工程建设与振兴农村经济紧密结合，建设以防护林为主体，防护林、用材林、经济林、薪炭林和特用林科学布局，多林种、多树种合理配置，乔灌草、林果药、长中短有机结合，片、带、网、点相宜设置，生态效益、经济效益、社会效益协调发挥的新型防护林体系。把以恢复和增加森林植被为中心，以遏制水土流失为重点；因地制宜，因害设防，统一规划，合理布局；先易后难，先急后缓；实行多种方式造林，造管并重；多林种、多树种、多层次的复层结构；以生物措施为主，生物措施与工程措施相结合，山、水、田、林、路综合治理；质量第一；生态效益、经济效益和社会效益相统一作为长江防护林工程建设的原则。

全省防护林工程以治理大江大河为主体，以金沙江、雅砻江、大渡河、沱江、岷江、涪江、嘉陵江、渠江、长江干流为骨架，以沱江、涪江、嘉陵江、盆中丘陵区腹心地带为重点，实行科学规划、合理布局、规模治理。

3. 防护林建设的成就与问题

长防林工程是四川历史上投资最多、

实施时间最长、规模最大的林业生态工程建设。一期工程累计投入资金 40209.5 万元，其中，中央投资 13126.3 万元，地方配套投资 14113.7 万元，部门及群众投资 13047.9 万元，群众累计投工 3.6 亿个。全省一期工程累计完成长防林工程营造林 2805.4 万亩，为原林业部下达四川省长防林工程总计划任务 2432 万亩的 115.4%。其中重点工程完成 1612 万亩，为国家下达计划任务 1500 万亩的 107.5%；一般造林完成 1193.4 万亩，为国家下达计划任务 932 万亩的 128%。在完成的工程任务中，按营造林方式分：人工造林 1428.8 万亩，低效林改造 257.9 万亩，封山育林 675.4 万亩，幼林抚育 109.8 万亩，飞播造林 333.5 万亩。工程造林面积核实率和造林成活合格率分别由 1989 年的 62.7% 和 86.7% 提升到 1997 年的 100% 和 99.9%，盆地中部 300 多万亩难利用的红石骨子“馒头山”，全部披上绿装。从一期工程的建设情况来看，主要存在以下问题：针叶树多，阔叶树少；纯林多，混交林少；单层林多，复层林少，导致林种树种结构不合理，林分生态防护功能较弱。工程区相当部分森林由于管理不够等多种原因，形成了低价值的残次林分，林木生长稀疏，生态效益不高。低效防护林比重较大，涵养水源、保持水土功能差。这些低质、低效、稀疏林分亟待采取措施，提高林地的利用价值。

（四）林业发展方向及路径

1. 培育森林资源，打牢现代林业产业发展基础

森林资源是林业产业发展的基础。一方面，要根据各地自然条件和资源基础，着力优化全省林业资源区域布局。在川西高山高原区，要重点培育与旅游经济配套的特色经济林产品，合理开发林下资源；在川西南山区，要重点发展青花椒、核桃等特色经济林、生物质能源林，适度发展木质工业原料林；在盆周山区，要重点培育木竹工业原料林和特色经济林，构建秦巴山区以核桃为主的干果产业带和以木耳为主的森林蔬菜产业带；在盆地丘陵区和平原地区，要重点培育短周期工业原料林，构建以人造板生产、木竹家具制造、现代物流和休闲观光旅游为主的现代林业产业体系。另一方面，要以林业产业基地为重点，加大森林资源培育力度。根据省政府《关于加快现代农业产业基地建设的意见》，省林业厅已将 1300 万亩现代林业产业基地建设任务按规划布局进行了分解落实。各地要按照现代林业产业基地建设良种化、标准化、规模化、集约化的要求，与退耕还林、天然林保护、城乡绿化等林业生态工程相结合，加大低产、低效林改造力度，加快发展短周期工业原料林和竹林，建设一批丰产、优质、高效的特色经济林基地，以林业基地建设推动现代林业产业发展。特别是省上确定的 25 个现代林业产业强县培育县，要充分发挥责任主体、建设主体和实施主体的作用，高度重视，整合资源，集中支持，务求取得实效。

2. 发展精深加工，提升现代林业产业综合效益

精深加工是提高林业产业化经营水平和效益的关键环节。一要加强林产品开发。要围绕全省优势林产品加工业，突出抓好

竹浆造纸、林板家具和特色经济林产品的精深加工。要有针对性地引进和建设一批林业加工项目，开展特色经济林产品精深加工，提高林产业的综合效益。二要培育龙头加工企业。要对有较大规模、助农增收贡献大的林业龙头企业，在资源保障、技术改造、贷款贴息、包装上市等方面给予大力扶持，努力做大做强一批重点龙头企业，并通过龙头企业带动中小企业的发展。要鼓励一批带动能力强、优势明显的重点龙头企业，通过联合、兼并、收购等多种方式实现跨地区、跨行业的联合与经营，打造全省林业产业旗舰。三要实施品牌战略。林业加工企业要积极推行标准化生产，大力提升产品质量，提高市场竞争能力和市场占有率。要鼓励和支持林业加工企业争创四川省名牌、中国名牌、中国驰名商标等名优品牌，着力打造一批具有原产地特色和区域优势的优秀品牌，为带动行业发展、农民增收和社会进步做出更大贡献。

3. 开发多种功能，拓展现代林业产业经营领域

林业具有多种功能，随着现代林业发展，林业开发领域也不断拓宽。一要积极发展林下经济。要利用广阔的林地空间和优越的林下环境发展林下种植、养殖业，特别要鼓励、引导和帮助农民发展林粮、林菌、林药、林茶、林禽、林畜等多种林下经济，提高林地综合效益，让农民从林副产品中获得更多收益。二要积极发展生态旅游。要推进城乡绿化建设，加强风景林营造和更新改造，提升景观质量，丰富生态文化内涵，促进生态旅游产业发展。同时要积极发展以赏花、赏果、休闲娱乐为主的“农家乐”、“林家乐”等乡村旅游，让农民在生态旅游经济发展中增加收入。三要积极发展林业生物质能源产业。要大力培育开发以麻疯树为重点的优良乡土能源树种，加快建设能源林基地。特别要依托攀西地区的自然条件，积极争取资金和项目，建设攀西地区麻疯树生物柴油原料林基地。四要积极发展碳汇经济。要抓住全球控制温室气体排放和我国强化节能减排的新机遇，发挥全省宜林区域广阔的优势，积极开发森林碳汇项目，开展国际碳汇合作，争取达成更多的碳汇贸易协定，引进外资投入全省造林绿化。

4. 着力强化配套服务，构建现代林业产业支撑体系

一要强化林业科技支撑。要着力加强优良品种选育、丰产栽培与管理、森林防火、森林经营、有害生物防治、精深加工与综合利用等林业关键技术研发，努力取得一批重要新成果。要加快林业科技成果的推广应用，大力推广新品种、新技术、新模式，加强林业实用技术培训，使林业科技落实到山头地块。二要加强现代林业产业专业化、社会化服务体系建设。要建立健全森林认证、资产评估、林权登记等公共服务机构，支持林业专业合作社、专业服务公司、专业协会、林农经纪人等提供多种形式的生产经营服务，建设覆盖全程、综合配套、便捷高效的社会化服务体系。要加快产业园区和林产品交易市场建设，逐步形成综合市场与专业市场、区域市场与经营网点有机结合、合理配置的林产品市场体系。三要加强森林资源保护管理。要加大林业执法力度，加强森林资源和林区管理，依法查处破坏森林资源的行

为。要强化林业有害生物防治检疫，加强林业病虫防治，强化野生动物疫源疫病监测防控。要加快灾后生态恢复重建，采取植苗造林、封山育林、人工撒播等方式，尽快恢复林草植被，改善灾区生态环境，培育形成新的森林资源。

5. 着力完善利益联结，增强现代林业产业惠农实效

“兴林富民”是发展林业产业最重要的目标，也是现代林业产业最基本的定位。在推进现代林业产业发展中要注意完善利益联结机制，在政策引导和工作指导上确保农民获得长期、稳定的收益，带动和促进农民持续增收致富。一要创新龙头企业带动机制。要坚持把带动农民增收作为引进和支持林业龙头加工企业的前提，引导龙头企业参与林业基地建设，与专业组织和基地农户结成紧密的产销联系和利益联结，切实做到“建一个工厂，造一片林地，富一方百姓”，真正“带动”农民而不是“代替”农民发展现代林业。二要创新专合组织联结机制。要大力发展以农民为主体的林业专业合作经济组织，组织农民进行规模化、标准化、集约化生产，同时把龙头企业、农户、配套服务组织等各种市场主体联结起来，形成产业化一体经营机制，把农民组织进现代林业产业体系中，使农民随着现代林业发展而持续稳定增收。三要创新林地权益流转机制。要结合深化集体林权制度改革，在明晰产权的基础上，积极创新林权实现形式，探索农民以林权入股、与龙头企业联合经营等多种形式，充分保障和实现农民的林权收益。规范有序进行林地承包经营权流转，发展多种形式的林业适度规模经营，确保农民成为林地物权的长期受益者和国家增加对林业投入后的收益分享者，让农民在林权流转中得到更长远的、不断增长的回报。

七　水产业

（一）概况

1. 在全国的重要地位

四川地处大西南，与很多省份比较优势并不明显，但自改革开放以来，水产经济以勃勃的生机与活力，持续快速发展，成为四川大农业中发展速度最快的产业之一。四川是全国五大内陆水产品产量大省之一，是西部渔业大省。2011 年，四川淡水总产品达 112.1 万吨，居西部第 2 位、全国第 9 位。

2. 水产业发展与改革历程

鱼类自古是四川居民主要食物之一，先秦时蜀地已出现“鱼池”，秦汉时随着盆西水田区的形成及中、东部水田的发展，人们普遍利用陂塘、稻田养殖鱼、鳖、鹅、鸭、菱、藕等水产，作为较为稳定的食物来源之一。唐宋时成都平原陂塘消失，水产转衰。元明时邛海出现专业渔户。清代随着山湾塘堰及冬水田的推广，盆地内水产养殖有所恢复。①

1949 年以前，四川的水产品总量只有 8000 吨，其中养殖产量仅为 3000 吨。新中国成立以来，四川的渔业生产规模不断

① 郭声波：《四川历史农业地理概论》，《中国历史地理论丛》1989 年第 3 期。

扩大，总产量连年跃上新台阶。2008 年全省水产养殖总面积达 16.9 万公顷，与新中国成立初期的 1952 年相比，增加了 14.9 万公顷；水产品总产量连年创新高，总产量达到 95.2 万吨，增加 94.4 万吨，增长 118 倍，年平均增长 8.9%；全省人均水产品占有量达到 10.7 公斤，增加了 10.5 公斤。渔业生产发展的强劲势头，始终保持了在农林牧渔“四业”发展速度之首的地位。在水产业发展中，各地狠抓养殖开发，水库、江河等水域资源得到了充分利用，水产品养殖生产能力快速提高，对水产品总产量贡献突出。江河网箱养殖、船形网箱养殖、围栏养殖、稻田养鱼等得到了迅速发展，人工繁殖、养殖高产技术得到大力研发和推广，水产养殖产量跃升到 89.4 万吨，占水产品总产量比重达 93.9%，比 1952 年提高 53 个百分点。水产品生产在养殖面积扩大，技术水平提高，总产量成倍增长的基础上，进一步加快地方特色鱼类品种的养殖开发，名特优鱼类品种产量发展到 47.9 万吨，占水产品总产量的比重达 36.8%。如今水产品市场供给已实现数量充足，品种齐全，质量偏好，价格平稳，水产品已成为丰富城乡居民“菜篮子”不可缺少的产品之一。

3. 水产业发展的主要模式

近年来，四川多种水产养殖模式蓬勃兴起，形成了以池塘、水库、稻田养鱼为主的具有四川特色的多种养殖模式。全省水库养鱼大力推进健康生态养殖，调整规范网箱养殖，充分利用大中型水利水电建设项目形成的水面发展水产养殖，实现了快速发展；池塘养鱼在改造更新老旧池塘、强化渔业生产基础设施上下功夫，大力推广“80 : 20”等池塘高产、高效、高新技术，推动产量迈上了一个新台阶；稻田养鱼在巩固提高传统的“沟凼式”、“平板式”养殖模式的同时，创新并推广了“规范化”、“稻鱼轮作”、“休稻养鱼”新模式，使传统的稻田养鱼焕发出新的活力，2010 年，四川稻田养殖为 31.4414 万公顷，占全国稻田养殖面积的 23.71%，是全国稻田养殖面积最大的省份。

4. 水产业发展成就

“十一五”以来，四川坚持以保障市场水产品安全有效供给和农渔民持续增收为目标，以转变发展方式为抓手，创新思路，增添措施，狠抓落实，渔业经济保持了平稳较快发展的良好势头。

（1）产量产值稳步增长，助农增收成效明显。全省年水产品总产量由 2005 年的 74 万吨增长到 2010 年的 105.06 万吨，比 2005 年增长 42%，比 2009 年增长 4.93%；年渔业经济总产值由 2005 年的 117 亿元增长到 2010 年的 215.52 亿元，比 2005 年增长 84.21%，比 2009 年增长 7.12%；全省农民年人均渔业收入由 2005 年的 174 元增加到 2010 年的 321.48 元，比 2005 年增长 84.76%，比 2009 年增长 7.12%；全省渔民年人均纯收入由 2005 年的 4410 元增加到 2010 年的 7322 元，比 2005 年增长 66%，比 2009 年增长 5.6%。

（2）渔业生产能力显著增强，名优产品比重提高。“十一五”以来，水库健康生态养殖、池塘高产高效养殖、“稻鱼轮作”保持了蓬勃发展的态势。到 2010 年，全省水产养殖面积由 2005 年的 15.1 万公顷增加到 2010 年的 18.3 万公顷，增长 21.1%；稻田养鱼面积达到 31.4 万公顷；

鱼苗生产能力达到160亿尾以上；名优特色水产品年产量达到42万吨，占总产量的比重由“十五”末的30%提升到40%。

（3）产业链条不断延伸，专合组织发展迅速。到2010年，全省休闲渔业年产值达到13.1亿元；水产品加工年产值达到7000万元，流通服务业年产值达到62.5亿元；渔用饲料年产量达到55万吨，产值达到26亿元；渔药年产值达到2.1亿元。全省水产龙头企业达到267个，其中国家级2个、省级4个、市级45个、县级216个；渔业专业合作经济组织达到413个，其中省级示范组织11个。

（4）水产品质量安全切实加强，科技兴渔取得突破。“十一五”期间，发布并实施了59项水产地方标准，创建了5个国家级水产标准化示范县。加强水产品质量抽检，抽检合格率保持在95%以上。大力推进无公害水产品生产基地建设和无公害水产品认证，全省无公害水产品生产基地达到200个，面积91.1万亩，无公害水产品达到622个。科技兴渔取得突破，全省共获得省级科技进步和技术推广二等奖1项、三等奖2项，厅级科技进步奖5项。

（5）水产投入大幅增加，灾后重建基本完成。“十一五”争取中央投入2.36亿元；省级投入1.47亿元；各市（州）县（区）级政府投入4.2亿元；民间资金每年投入大约10亿元。目前，全省完成渔业灾后重建投资6.05亿元（其中中央资金1.1亿元），实现了“三年任务两年基本完成”。

（6）全力参与新农村建设，示范带动效果明显。先后在隆昌、自贡召开现场会，大力推广水产业参与新农村建设的典型经验，目前，全省新农村水产示范村达到521个，示范片养殖面积16万亩，涉及农户10万户，辐射带动养殖面积75万亩，带动农户44万户。示范基地建设综合投入14亿元，其中用于水产基础设施建设1.9亿元。全省示范村渔业年产值达到12亿元，人均渔业产值达到4000元，年人均增收1000元以上，其中水产养殖户人均收入达到9500元，水产业成为了示范区重要的支撑产业，水产产值占到示范村农业产值的50%以上，农民从渔业获得的收入占到了总收入的40%。①

（7）春季禁渔扎实开展，资源养护收到实效。扎实开展全省天然水域春季禁渔，积极组织开展鱼类增殖放流活动。“十一五”累计落实放流经费7400余万元，投放鱼苗鱼种3.6亿尾。切实加强水下工程作业涉渔影响补救工作，累计落实补救资金7000万元。大力加强鱼类自然保护区和水产种质资源保护区建设，已建立2个国家级、3个省级、2个市（州）级、2个县级鱼类自然保护区和14个国家级、7个省级水产种质资源保护区。以上措施，有效遏制了渔业资源衰退的局面。② 比2011年，四川水产养殖面积达到18.6万公顷，比上年增长1.5%；水产品总产量达到112.15万吨，比2010年增长6.81%；渔业经济总产值达到235亿元，同比增长8.91%；全省农民人均水产收入353.59元，

① 《四川推进新农村水产示范村建设》，《中国渔业报》2010年12月13日。
② 白松：《四川渔业“十一五”发展成就显著》，中国水产信息网，http://www.jinnong.cn/sc/news/2011/3/10/20113101622717566.shtml。

同比增收 29.71 元；全省渔民人均纯收入 8463 元，同比增收 1142 元。

（二）水产资源

1. 水域资源及其利用现状

四川水产资源十分丰富，具有发展水产经济的良好条件。境内有长江干流及其支流嘉陵江、岷江、金沙江、沱江、大渡河、青衣江等大小江河 1200 多条，水库 6000 多座，湖泊 1000 多个，石河堰 1000 余条，山平塘 40 余万口。水资源蕴藏量大，人均水资源占有量 2900 立方米以上，高于全国平均水平 15%。水资源不仅蕴藏量丰富，而且暖水性、冷水性、热水性资源皆备，能够满足不同特色水产品养殖的多种需要（见表 6–17）。四川水产养殖以池塘和水库养殖为主，2009 年，四川淡水养殖面积为 179028 公顷，其中池塘养殖面积为 96598 公顷，湖泊养殖面积为 4078 公顷，水库养殖面积为 63162 公顷，河沟养殖面积为 15125 公顷，池塘和水库养殖分别占淡水养殖总面积的 53.95% 和 35.28%（见图 6–6）。

2. 水生动植物资源分布及特点

四川水产物种资源也非常丰富，境内自然分布的鱼类品种有 231 种，隶属于 8 目 19 科 102 属。其中：分布有珍稀和长江上游特有鱼类 100 多种，属国家一级保护水生野生动物有 3 种，属国家二级保护的水生野生动物有 7 种，属省重点保护的水生野生动物有 45 种。水产种质资源是水生生物资源的重要组成部分和渔业发展的基础，划定建立水产种质资源保护区是保护和合理利用水产种质资源的重要措施，是实现四川渔业经济可持续发展的重要保障，截至 2010 年，四川共建水产种质资源保护区 21 处，其中国家级 14 个，省级 7 个，保护区面积达到 239.458 平方公里，有力地促进了四川省水产种质资源的保护和发展，为促进四川渔业和谐发展、科学发展、又好又快发展奠定了坚实的基础。

表6–17　四川淡水养殖面积情况（2009年）（单位：公顷，%）

项　目	淡水养殖	池塘	湖泊
全国养殖面积	5423825	2331900	998232
四川养殖面积	179028	96598	4078
四川占比全国比重	3.30	4.14	0.41
项　目	水库	河沟	其他
全国养殖面积	1726407	249674	117612
四川养殖面积	63162	15125	65
四川占比全国比重	3.66	6.06	0.06

资料来源：《中国渔业统计年鉴（2010）》。

图 6–6　四川淡水养殖面积分布情况

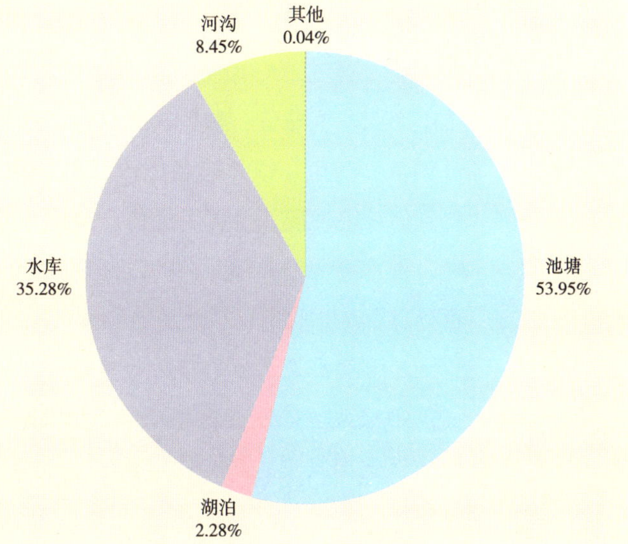

（三）水产业发展基础

1. 水产生产的发展及结构变化

近年来，四川全省把发展名特优水产品养殖作为产品结构调整和转变渔业经济增长方式的主攻方向，特别是把适宜四川养殖、市场销售好、价格高的品种作为养殖品种，在资金投入、苗种引进、技术培训上下功夫，取得了明显成效。眉山市始终抓住斑点叉尾鮰、鲈鱼、江团等几个主要养殖品种，以区域化、基地化、标准化、产业化进行规划，并精心组织实施，取得了突破性发展，已初具产业规模，斑点叉尾鮰的苗种繁育达 1.2 亿尾。成都市倾力打造盆周山区冷水鱼产业带，鲟鱼、鲑鳟鱼养殖发展势头强劲。雅安市充分利用丰富的冷水资源，打造雅鱼品牌，在芦山县投资 600 多万元，建成省内最大的雅鱼科研、苗种繁育、成鱼养殖基地。攀枝花二滩水库和广元市白龙湖水库网箱养鱼发展迅速。凉山邛海的大闸蟹、马湖的莼菜成了四川省的知名品牌。苍溪县农民因地制宜利用微水池以健康养殖方式大力发展甲鱼养殖，年产量达 40000 公斤，养殖户平均年收入超过 10000 元，成为山区农民的希望产业。罗非鱼、鲈鱼、武昌鱼、鳜鱼、黄颡鱼、乌鱼、银鱼等名优产品的养殖也得到了较快发展，全省名优鱼产量达 34 万吨，占水产品总产量的 36%，提高了 6 个百分点。

2. 重要水产基地的布局和建设

平原地区以发展池塘精养、水库养殖为主，突出发展鲑鳟鱼类、鲟鱼、斑点叉尾鮰、长吻鮠、鲈鱼、观赏鱼等名优水产品，建成规模化、标准化的生产基地。

丘陵地区以发展稻田养鱼、水库养殖、溪河养殖为主，突出发展以业主经营为主的稻鱼轮作，建成重要的商品鱼供应基地，并积极开发利用长江上游重要经济鱼类。

盆周山区以发展水库养殖、溪河养殖为主，积极探索小水体特色养殖。

攀西地区和少数民族地区以发展湖泊、水库养殖为主，建成特色渔业、旅游渔业基地，并发挥攀西地区的光热资源优势建设全省水产苗种早繁基地。

（四）水产业发展展望

1. 水产业发展方向

按照“优质、高产、高效、生态、安全”和可持续发展的要求，在巩固常规品种养殖的前提下，大力发展名特优新水产品养殖，重点推广适宜四川养殖条件、质优价高、深受消费者欢迎的品种，进一步提高养殖经济效益。在水产养殖类型上，按照突出发展特色渔业的思路，在坚持“五大”健康养殖的基础上，发挥四川的资源优势，发展特色渔业。利用大江大河的船体网箱发展名优水产养殖；利用囤水田、下湿田水面资源发展稻鱼轮作养殖；利用荒水、河滩地和灌溉渠两侧有条件的土地发展水产养殖；利用城郊区位经济优势，发展观赏性鱼类养殖，形成各具特色的水产养殖业，使其成为水产经济的新增长点和亮点。围绕现有水产养殖基地积极兴办水产加工、休闲、餐饮、流通企业，为水产品养得多、销路畅、价格高、效益好提供保障，带动水产经济的全面发展。巩固和提高渔药渔饲料工业企业发展水平，重点支持一批水产渔药渔饲料工业企业发展壮大，为四川水产业的持续发展起到坚实的保障作用。

2. 水产业发展策略

转变养殖发展方式。以提高水产业发展质量、加快水产养殖业发展方式转变为重点，以强化科技服务和管理体系建设为支撑，以提高资源利用率、改善生态环境、实现渔水和谐为目标，以水产原良种场建设为载体，以水产专业合作经济组织、渔业协会、龙头企业为纽带，大力推广健康养殖技术，推进水产养殖向数量、质量、效益和生态并重的发展方式转变。

拓展水产增值空间。按照标准化、专业化生产的要求，通过科学规划，优化布局，突出名品，示范基地，大力发展特色渔业、休闲渔业、创汇渔业。拓展水产养殖发展空间，努力增加水产经济总量，在稳定已养殖水面的同时，推广新的养殖模式和技术，着力建设盆周山区的冷水性鱼类养殖基地，攀西地区的热水性鱼类养殖基地，川西平原的池塘精养高产基地，大中型水库、湖泊的无公害水产品标准化生产养殖基地，丘陵地区的稻鱼轮作养殖基地，川南地区的大江大河船体网箱养殖基地，小溪小河水面分段承包的水产养殖基地，开发利用新的养殖水域。拓展水产二、三产业，扩大加工能力和市场范围，促进餐饮、游钓、观赏等休闲渔业的发展。拓展养殖品种，以实施“一县一品”、“一乡一品”、“一村一品”为途径，充分发挥全省渔业资源优势，加快水产养殖品的特色化、规模化进程。

提升水产竞争力。提高水产业产业素质和竞争力，以养殖品种创新、养殖模式创新、渔饲料渔药研发创新、技术推广机制创新为重点，努力提升自主创新能力；以农村市场作为基础，城市市场作为重点，国际市场作为导向，大力采用和推广订单渔业和合同销售方法，大力培育水产营销队伍，积极筹建水产专业市场，提高水产业销售流通能力；以不断强化原良种体系、技术推广体系、疫病防治体系、质量监测体系、渔政执法体系建设，提高水产业发展的支撑保障能力。

八　粮食安全问题的发展态势及应对举措

（一）影响区域粮食生产能力的因素分析

作为重要的人口大省和农业大省，四川粮食生产的形势在一定程度上正趋于严峻，需要引起高度重视，主要有以下影响因素。

1. 粮食播种面积年度波动幅度较大，影响粮食生产

在生产力水平一定的情况下，粮食播种面积和粮食产量高度正相关。自 1998 年开始，四川粮食播种面积开始下降，2003 年粮食播种面积降至历史最低点，6 年共减少粮食播种面积 25 万公顷，下降了 3.4%。自 2004 年开始恢复性增加，直到 2010 年才恢复到 690.75 万公顷，达到下降前的常年水平。与之对应的粮食总产量也随播种面积增减，直到 2010 年才恢复到历史最高水平。如果不考虑偶发的因素，在相同的播种面积上产量相差悬

殊，可能的解释是粮食生产粗放经营趋于严重。

2. 耕地面积大量减少和耕地质量下降，制约粮食生产

从数量上看，四川耕地面积总量不断减少，由2002年的405.59万公顷下降到2006年的391.66万公顷，年均减少耕地3.48万公顷，减少3.4个百分点，直到2010年耕地面积小幅增加才重新恢复到400万公顷，但是2011年又减少到398.34万公顷。同时，人地矛盾十分尖锐，四川21个市（州）的人均耕地面积低于0.7亩，179个农业县中有22个县人均耕地低于0.5亩。从总体看，四川后备耕地资源严重不足，通过扩张耕地面积增加粮食供给的潜力不大。从耕地质量来看，耕地过度利用、水土流失、施肥不当以及耕地“占优补劣”等，造成耕地供作物生长必需的矿物质和有机质缺乏，耕地质量总体趋于下降，制约着土地生产率的提高。

3. 化肥农药等农资价格过快上涨，种粮成本不断增加

近年来，化肥、农药、种子、地膜的上涨幅度较大，增加了农户的种粮成本，抵消了粮食价格上涨带来的收入增加，粮食种植比较收益低下。四川省农业厅的调查数据显示，2010年水稻、玉米、红苕、小麦四大粮食作物亩纯收益仅分别为369.0元、165.2元、203.8元和72.2元。

4. 农业基础设施薄弱，生产条件仍然较差

四川地势多为丘陵山地，加之投入不足，导致农业生产环境改造难度大、进程慢，农村道路、通信、饮水、能源等供给水平仍然十分低下。近年来，四川农业基础设施建设取得了长足进展，农业生产条件得到较大改善。但是，总体来看，其农业基础设施薄弱，生产条件差，许多地方“靠天吃饭”的局面仍没有得到根本改变，农业基础设施落后已经成为制约农业发展的主要障碍。

5. 农户种粮投入动力不足，粗放经营现象较为严重

第一，粮食比较收益低，导致农户投入动力不足。如前所述，虽然近期价格高，但是生产资料价格上涨幅度超过粮食价格上涨幅度，农民的种粮积极性依然不高。第二，由于劳动力价格上升，抬高了农民务农的机会成本，强化了农民外出务工的动力。第三，种粮补贴方式不合理，按土地面积补贴有福利化倾向，农户种粮不种粮都一样，政策激励作用不明显。这些都严重地影响了农户投资投劳的积极性，造成农村耕地粗放经营现象严重。

6. 农业技术推广速度慢，单产提高空间有限

一是农村大量青壮年劳动力转移，务农劳动力女性化和老龄化严重，种粮农民文化素质偏低，思想观念落后，缺乏学习和采纳新技术的内在动力和潜在能力。二是基层农技推广体系普遍面临经费不足、服务手段落后、运行机制不活、村级服务断层、农技人员知识老化等突出问题，一些地方甚至仍然存在农业技术推广“网破、线断、人散”的局面。这些问题的存在，制约了农业科技进步，限制了农业单产的提高空间。

（二）粮食的供求形势

1. 四川粮食生产能力稳步提高，但未来增产的潜力转化不容乐观

四川是全国13个粮食主产省之一，粮食播种面积、总产量居全国第4位。由于推进农业结构的调整和发展现代农业，全省粮食的播种面积基本上处于稳定状态，在680万公顷左右，粮食的增产主要依靠的是提高单产水平。近3年四川水稻、玉米、洋芋等主要粮食作物单产水平分别提高了3%、5.5%、4.5%，单产水平的提高对全省粮食增产贡献率达到80%以上。由于全省化肥和农药的施用水平已经较高，特别是化肥在一些高产地区，其增产作用已经较小，受到边际效益递减规律的影响，化肥等投入在促进粮食增产方面的能力逐渐下降，加之新技术、新品种的推广速度仍面临不少障碍，使全省粮食生产增长的潜力短期转化为现实能力比较有限。同时，全省耕地一直处于下降态势，尤其是优质耕地在不断减少。更应看到，当前全省正处于工业化与城镇化互动的加快发展时期，对耕地的非农化需求会进一步扩张，加之自然灾害频发带来的影响不断加大，后备耕地资源严重不足，将严重制约粮食生产规模的扩大。

2. 四川作为人口大省和粮食消费大省，粮食需求呈不可逆转的刚性增长态势

四川粮食消费结构中，以大米为主的口粮消费呈稳中略降的态势，但是加工转化用粮逐年增加；粮食总消费在780亿斤左右，其中口粮405亿斤，占52%；饲料粮消费280亿斤，占36%；加工转化粮食87亿斤，占11%；种子粮11亿斤，占1%。如果加上国家和农民正常库存100亿斤，总需求量约为880亿斤。

从中长期的角度看，虽然全省城乡居民的口粮消费总量将呈稳中略降的趋势，但随着人口的增加和城乡居民收入与消费水平的提高，粮食需求总量将会持续增长。就人口增长而言，2010年末全省常住人口总量已达8042万，随着城市化的不断推进，全省每年还约有70余万人从粮食生产者转变为消费者，因而满足人口增长的粮食消费需求呈惯性增长是一个必然的趋势。同时，今后粮食需求的增长将更多的来自工业用粮的增长、饲料粮的增长，特别是工业用粮中非食品加工用粮的比重将不断增大，这是驱动未来粮食需求刚性增长的重要因素。

（三）四川粮食安全保障的思路

1. 高度重视粮食安全

必须牢固树立农业是基础、粮食是命脉的指导思想，严守基本农田红线，努力抓好粮食生产，确保辖区粮食安全，实现地方自求平衡。要对各级干部进行危机教育，要充分利用好现有土地资源，消除撂荒现象，要把粮食播种面积、单产、总产纳入各级政府目标管理考核内容，对粮食生产逗硬奖惩，为国家粮食安全尽责。要建立耕地保护责任制，量化到市（州），落实到村组，确保粮食种植面积。从实际出发，全省耕地面积应保持在5800万亩以上，粮食作物播种面积应保持在1亿亩以上。

2. 加强基础设施建设，提高粮食综合生产能力

要加强对中低产田的改造，增加农田

灌溉面积，加快坡耕地的治理，增强农业抵御自然灾害的能力。同时要加强粮食科技创新，提高农业科技对粮食增产的贡献率。

3. 优化粮食补贴机制

改革现行粮食直补普惠制政策，充分发挥粮食直补政策的激励作用，有效提高种粮农民的积极性，促进粮食产业健康发展。将粮食直补资金与农民交售的商品粮数量挂钩，执行主体为国有粮食购销企业。既让真正种粮的农民得到实惠，也让国家掌握粮源。农民可以就近直接交给国有粮食购销企业，也可以委托交售给国有粮食购销企业，国有粮食购销企业凭税务部门监制的“粮食收购统一发票”经审计部门审计后与财政部门结算。

4. 理顺粮食价格机制

粮食价格长期低位运行，种粮比较效益低下，“把发展经济的重点放在工业和第三产业上，把农业的重点放在发展经济作物上”成为基层政府的现实选择。促进粮食价格向价值回归，适当拉开销区与产区、城市与农村、大城市与小城市、经济发达地区与经济欠发达地区粮食市场价格水平，根据不同地区的不同工资收入水平制定有差别的粮食价格调控目标，适当放宽经济发达、居民收入较高地区和销区的粮食价格，以价格杠杆促进粮食从产区向销区流动，实现工业反哺农业、城市支持农村、城乡统筹发展。具体办法是，确定粮食最低收购价格时以种植成本加必要的利润为标准，确定粮食市场销售价格调控目标，以粮食收购价加必要的加工和流通成本和适当利润为标准，并与各地经济发展水平挂钩，分产区、销区、产销平衡区和经济发达地区、欠发达地区确定市场粮食调控的销售目标价格。

5. 提高粮食应急保障能力

建立粮食应急预警机制是粮食市场化条件下政府实施宏观调控弥补市场失灵的必然要求。建议在四川规划实施粮油应急体系工程，用3～5年时间，建成由500个监测网点组成的粮油预警监测体系、由100个骨干企业组成的粮油市场调控体系、由1000个应急存储加工和供应网点组成的粮油应急保障网络体系，以及健全的粮油应急指挥体系，做好粮食应急预案的培训演练，保证应急时按预案设定的程序准确快速启动，达到“应急指挥迅捷化、应急通信现代化、应急网点标准化、应急储备常态化、应急管理规范化”，实现及时、高效、从容应对各种自然灾害和市场抢购的目标，为四川经济发展和救灾救济提供粮油保障。

九　四川农业发展展望

（一）四川农业发展趋势与思路

1. 四川农业发展的趋势

在当前的新形势下，四川作为一个地处我国内陆、地位极为重要的农业大省，必须立足于我国全面推进新农村建设的新的历史条件，准确把握国内外现代农业发展的最新趋势，在深入研究全省农业发展面临的新挑战和现实矛盾的基础上，明确新时期四川农业发展的战略思路，全面加快从传统农业向现代农业转化的进程，完成从农业大省发展为农业强省的历史性任务。从总体上看，四川农业的未来发展将表现出以下四个方面的基本走势。

第一，农业生产规模适度扩大。四川超小规模的农业生产经营方式从根本上是不能适应现代农业发展需要的，随着农业劳动力进一步减少，农业科技水平进一步提高，农业区域化和专业化布局不断形成，全省不同类型的农业适度规模经营形式将得到越来越快的发展，并逐步成为农业生产经营方式的主体。在此基础上实现农业机械化、标准化的商品生产，四川农业的市场竞争能力将进一步增强，经济效益将不断得到提高。

第二，农业产业化加快发展。四川龙头企业将以资本运营和优势品牌为纽带，整合资源，进一步开展跨区域、跨行业、跨所有制的联合与合作，推进优势产品向优势企业集中、优势企业向优势产业和优势区域集聚，大力发展精深加工，提高农产品附加值。四川的国家和省级龙头企业将率先采用国际、国内先进标准，实施品牌战略，创立一批在市场上叫得响、占有率高的名牌农（畜）产品。而各类农民专业合作组织、村集体经济组织、农业技术推广部门、专业大户、农民经纪人等市场主体将更多地参与到农业产业化发展过程中。

第三，现代农业和可持续农业成为发展方向。四川有限的农业资源和日益增长的人口重负，客观上要求必须扼制对农业资源的掠夺式开发，从根本上转换以过度消耗资源和破坏生态环境为代价的传统生产方式，科学合理地协调好农业发展与资源、环境之间的关系。从发展的角度看，四川农业将实现更有质量的增长过程，即在节约能源，降低消耗，减少废物，提高效益，改变传统的农业生产和消费模式的同时，高度重视控制环境污染，科学合理利用水资源，改善生态环境，保护生物多样性，保证以持续方式使用可再生资源，走现代农业和可持续农业的发展道路。

第四，农业生产领域进一步拓展。四川农业基本生产资料将由耕地向草地、森林、水面延伸；初级农产品生产向食品、医药、绿色化工、生物质等多种产品生产方向拓展；农副产品综合和多层次开发将成为蕴含极大潜力的农业新的生长点。传统的农业内涵逐步改变，工农业界限渐趋模糊。

2. 四川农业发展的思路

与上述发展趋势相适应，四川农业发展最重要的是立足实际，扬长避短，突出资源特色，发挥比较优势，提高效益水平。

（1）以土地流转和农业经营方式创新为载体实现农业适度规模经营。在现有土地承包关系保持稳定并长久不变的基础上，搞好农村土地确权、登记、颁证工作，进一步明晰和稳定农村土地产权关系。按照依法、自愿、有偿的原则，在不改变土地集体所有性质、不改变土地用途、不损害农民土地承包权益的条件下，加强土地承包经营权流转管理和服务，建立健全土地承包经营权流转市场，重点创新和完善土地业主租赁、股份合作等经营方式。在政府合理的引导下推进农村土地使用权有序流转，扶持专业大户、家庭农场、农民专业合作社等市场主体发展多种形式的适度规模经营。

（2）以发展旱作节水农业为手段突破

战略性资源短缺瓶颈。通过基本农田建设、节水抗旱农艺技术、计算机信息技术和科学管理，推广节水灌溉，最大限度地利用水利资源，达到土、肥、水的最佳平衡。搞好旱作农业示范工程，形成适应四川不同地域和气候类型的各具特色的旱作节水农业发展模式，有效缓解四川战略性农业资源短缺的矛盾。

（3）以现代畜牧业为主线打造特色优势农产品生产基地。重点培育以生猪、优质肉牛肉羊、奶业和高原畜产品为核心的传统及新兴优势特色畜产品生产。依托畜产品、优质粮油、果蔬、中药材、林竹和茶叶等优势特色农业资源，在省内着力打造一批区域布局合理、专业化分工明确、品牌竞争力较强的特色优势农产品生产基地。大力支持在生产基地发展绿色食品和有机食品，加大农产品注册商标和地理标志保护力度。

（4）以特色农产品加工业集聚发展为龙头实施农业产业化。围绕优势特色产业布局，加强特色农产品加工基地和园区建设，推动土地、资本、技术等各项生产要素向农产品加工业基地和园区集聚，延长农产品加工链，促进企业沿产业链纵向集聚，显著提高农产品及其加工品的附加值，形成带动力强的特色农产品加工业体系。发展多种形式的中介组织，鼓励龙头企业与农民建立紧密型利益联结机制。加强农产品质量安全工作，切实落实农产品收购、储运、加工、销售各环节的质量安全监管责任，杜绝不合格产品进入市场。

（5）以财政体制和金融制度改革为平台完善农业投融资体系。在建立财政支农资金稳定增长机制的基础上，转变传统投资方式，有效整合财政支农资金，大幅提高财政投入效率，逐步取消县及县以下资金对财政支农项目的配套；加快建立商业性金融、合作性金融、政策性金融相结合以及资本充足、功能健全、服务完善、运行安全的农村金融体系，加大对现代农业生产基础设施、优势农产品规模化基地、农产品加工业和农业服务体系的有效投入。

（二）四川农业发展的战略选择

基于上述未来发展的思路，四川应突出重点，合理选择符合自身实际的农业发展战略。

1. 实施农业基础设施建设优先发展战略

四川农业基础设施建设总体水平落后，已经构成农业发展的瓶颈性矛盾，必须下决心调整投资重点，改革投资方式，实施根本性突破。应当加大财政转移支付力度，专项投资，企业运作，政府监管，以市场化运作方式显著提高财政资金的投资效率。同时进一步完善农村社区内部“一事一议”制度，以利益机制为基本导向更充分地调动农户参与社区内小型生产和生活设施投资的积极性。此外，必须多元化开辟市场渠道筹集资金，可以发行专项基础设施建设债券、有偿筹集建设资金；可以拍卖农村基础设施系统使用权、经营权或冠名权，筹集建设资金；可以减税让利方式激励企业进行农业基础设施建设投资，拓宽社会资金进入渠道，以此弥补财政资金的不足，从而为四川农业发展创造必要的基础条件。

2. 坚定不移地坚持农业产业结构的战略性调整

四川的资源禀赋客观地决定了主要农产品只能自求平衡，很难与其他资源相对丰富的省份在主要农产品商品量增长方面一争高下。因此，四川的农业发展必须继续加大结构调整力度，首先在建立有一定规模的特色农业上实现突破，进而加快发展特色农产品加工业，以规模求发展，以特色争效益，真正把特色资源优势转化为现实经济优势。

3. 以合作社为平台加强公司和大户的辐射带动能力

从国外发达国家的经验看，规模化、集约化和标准化经营是现代农业发展的主要特征，因而公司和大户经营将成为现代农业发展的必然趋势之一。但是需要强调的是，政府在扶持公司和大户发展时，必须以辐射带动农户发展为基本前提。种植业发展上，应重点支持“公司 + 合作社 + 农户 + 基地”模式，公司和大户作为产业链的龙头主要负责农产品的加工、包装和销售，合作社负责公司与农户的沟通协调，与公司一起为农户提供“统一生产资料、统一技术规范、统一包装销售、统一产品检测”等服务，农户则直接负责生产和交售农产品。畜牧业发展上，则重点推广“公司 + 养殖户 + 合作化养殖小区”模式，由养殖户自主投资建设标准化养殖小区，公司在养殖小区配套专业化养殖设施，养殖户可以帮公司代养，也可以自养并销售给公司。

4. 因地制宜重点选择四种不同的现代农业发展模式

（1）资源节约型现代农业模式。从总体上看，四川农业资源严重短缺，人地矛盾突出，可利用资源与农业粗放经营之间的矛盾日趋尖锐，农业资源有效利用率低等问题日益严重。因而建立资源节约型现代农业模式将成为四川现代农业发展的必然选择。应积极发展“精准农业”、“无土栽培农业”、“旱作农业”和“节水农业”，走一条高度注重资源节约的现代农业发展道路。

（2）劳动密集型现代农业模式。四川农村劳动力资源极为丰富，发展劳动密集型现代农业具有很大的比较优势。应在加强农业实用人才培训，显著提高农民技术素质的基础上，大力发展蔬菜、水果、花卉、畜牧、水产等劳动密集型农业，在较大程度上缓解四川人多地少矛盾的同时不断提高农业的效益水平。

（3）区域特色型现代农业模式。四川自然条件的区域性、垂直性、过渡性分布特征，为全省发展区域特色型现代农业提供了多样化条件。应当根据各地的资源、技术和地理地貌等特点，面向市场需求进行优势资源的比较和筛选，发展各具特色的设施农业、生态农业、观光农业、都市农业等，重点发展名、优、特、新农畜产品，注重提高农业的整体功能与综合效益，形成特色农产品种植区和产业带，通过突出产业特色的方式发挥区域优势。

（4）可持续型现代农业模式。推进四川农业发展必须尽快实现农业增长方式由粗放型向集约型转变。应当实现农业生产各个环节的规范化、标准化、精确化，实行精耕细作和产业化经营，提高土地利用率和农业综合效益，增强农业抵御自然灾害的能力。要积极发展生态农业和循环农业，打造类型多样的现代农业循环经济模式。在平原地区，与土地整理等项目结合，以集中居住的农村社区为核心，重点支持节地节劳和高附加值的种养循环农业项目；在丘陵地区，以错落有致的农村社区为核心，重点支持节水节能型种养循环农业项目；在盆周山区，以分散居住的农村社区为核心，重点支持节地节能和低排放的种养循环农业项目。与此同时，广泛应用立体种植技术、作物固氮技术以及利用生物链防治病虫害技术，促进农业经济效益与生态效益的有机统一，显著提高四川农业可持续发展能力。

5. 显著提高农业科技创新能力

重点实施种子工程行动、农产品加工科技行动、生态农业科技行动、农业科技成果产业化行动、科技扶贫行动等农业科技行动。选育推广粮食作物、果蔬、家禽等一大批优质高效新品种；示范应用电脑农业专家系统、绿色食品标准及关键技术、兽医防治和免疫高新技术、畜牧业生物技术等一大批农业新技术。逐步建设新型的农业科技推广体系，建成以农业科技成果转化为主的农业推广体系和以科技、信息服务为重点的农业社会化服务体系。现有农业推广体系要通过改革管理方式、规范服务内容、引入竞争机制，走社会化产业化服务道路。要充分发挥市场经济的杠杆作用，促进农业科技推广队伍多元化、技术服务社会化、推广形式多样化、运行机制市场化，逐步建立一支以政府为主导，农业科技工作者、农民、企业等社会各界广泛参与的农业科技推广队伍。

6. 培养和造就一批专业化素质较强的职业农民

农民职业化意味着农民由“身份”向“职业”的转变，是农民群体的综合素质和社会地位得以提高的重要表现。当前要高度重视通过土地规模化流转培养和造就一批职业农民，鼓励和支持返乡农民工自主创业，以创业带动就业。加大力度培育一批有文化、懂技术、会经营的新型职业农民，进一步开展新型农民科技培训和农村实用人才培训，并尝试将职业技术课程纳入农村基础教育教学计划。建立职业农民补贴保障制度，完善职业农民培训补贴制度，增加资金投入，提高补助标准。对具备资格的职业农民从事农业生产经营给予补贴，对返乡从事农业经营的能人给予资金、用地等方面的支持。

7. 合理调整生态建设经济补偿政策

生态建设虽然具有重要的社会效益和生态效益，但确保其可持续发展的基本前提，是区域内地方政府的积极性必须得到充分保护，社区和农户的经济利益必须得到合理补偿。因此，不论是天然林资源保护工程还是退耕还林（还草）工程，都应当把县级政府纳入经济补偿范围，通过专项财政转移支付，弥补其财政收入因政策性减少所形成的收支缺口。更重要的在于，农户是生态建设的主体，必须通过完善补偿机制建立有效的内部激励，显著提高广大农户对生态建设工程的参与能力。此外，在市场化不断推进的背景下，生态建设不应沿袭完全由政府承担公益性投资的传统方式，应当制定具体有效的支持政策，在组织制度创新的基础上充分调动民间资本积极进入，开辟新的生态补偿渠道。

（三）四川农业发展的布局优化

1. 成都平原区农业生产与布局优化

该区域重点发展中高档优质稻、专用小麦、菜用型马铃薯、“双低”油菜、优质蔬菜、食用菌、水果、花卉、道地中药材。大力发展优质肉猪生产，推广具有地方优势的黑山羊、成都麻羊等良种羊及杂交羊和大恒肉鸡、金利肉鸭等品种，积极发展优质小家禽，加快发展大城市郊区奶业。大力培育工业原料林、珍贵用材林和高档苗木花卉。集中发展四川泡菜、肉类、蔬菜、水果、中药材、木竹等农产品加工产业和贮运配送产业。积极发展生态旅游业、设施农业和文化创意农业、生物技术农业，加快发展良种产业和外销出口创汇农业。打造国家现代农业示范区、西部特色优势农业产业集中发展区、西部农产品加工中心、西部农产品物流中心和西部现代农业科技创新转化中心，率先在全省实现农业现代化。

2. 盆地丘陵区农业生产与布局

该区域大力发展优质水稻、饲用玉米、优质专用小麦和菜用型马铃薯等粮食作物生产，积极发展高粱、大豆、绿豆等优质专用小杂粮，建设“双低”油菜、优质柑橘、优质安全蔬菜、袋栽食用菌、名优茶叶、优质蚕桑、道地中药材等经济作物优势产区。加快适度规模生猪生产发展，建设肉羊、家禽、兔、奶牛、肉牛优势区域。大力培育工业原料林，加快人工中幼龄林抚育和低产低效林改造，积极发展乡村生态旅游业和林产品加工业。建设粮油、畜产品、饲料加工基地。

3. 盆周山区农业生产与布局

该区域大力发展特色农业、生态农业和节水农业，推广林粮结合等山区耕作模式。重点发展名优茶叶、加工与菜用马铃薯及优质种薯、优质蚕桑、道地中药材、特色及秋淡季蔬菜、名特优食用菌等特色农产品生产基地建设。适度发展生猪规模生产，建设肉羊、肉牛、特色家禽优势产区。大力培育木竹原料林、特色干果、木本药材、林下种植养殖、林产加工业和生态旅游业。

4. 川西高山地区农业生产与布局

该区域重点发展以晚熟芒果、早熟枇杷、优质石榴、优质苹果、酿酒葡萄、早熟鲜食脐橙等为主的特色水果业、蚕桑业，以早市蔬菜为主的蔬菜业、花卉业，以优质水稻、加工专用马铃薯、荞麦为主的优质粮食生产和优质烟叶，率先在全省推出进入国际市场的品牌。大力发展建昌黑山羊、凉山半细毛羊、生猪、家禽等特色畜牧生产。培育速丰用材林，积极发展特色干果、木本药材、麻风树、林下种植养殖、林产加工业和生态旅游业。

5. 川西北高原区农业生产与布局

该区域重点发展牦牛、藏羊、藏猪、藏鸡等具有高原特色的畜禽生产基地，统一打造川藏高原特色畜产品品牌，积极开发风味独特的绿色畜产品。加快发展当地少数民族特需的青稞、荞麦等作物，提高单产水平。加快发展甜樱桃、优质苹果、梨、酿酒葡萄等特色水果，秋淡蔬菜、食用菌、道地药材，搞好高原野生药材的人工种植。积极推进碳汇造林，开发林下资源和森林食品，发展原始林区旅游、原生态草原及湿地生态旅游、野生动物观光旅游。

参考文献

刘清泉、高宇天：《四川经济地理》，四川科学技术出版社，1985。

郭晓鸣：《四川农业发展的战略选择》，《天府新论》2011 年第 1 期。

邓林、冯彬：《四川天保工程公益林建设现状及对策建议》，《四川林勘设计》2010 年第 1 期。

张洪明：《四川退耕还林发展历程与前瞻》，《四川林业科技》2010 年第 1 期。

张让琴、王友富、宋福猛、刘大章：《新世纪四川甘蔗糖业发展状况与思考》，《甘蔗糖业》2007 年第 3 期。

陈俊安：《四川省种植业区域优化布局研究》，硕士学位论文，四川农业大学，2009。

郭声波：《四川历史农业地理概论》，《中国历史地理论丛》1989 年第 3 期。

庞玉宇：《2012 年我省花卉销售预计达 70 亿元》，《四川经济日报》2011 年 3 月 21 日。

四川省发展和改革委员会、四川省统计局：《四川经济社会发展 60 年》。

《四川推进新农村水产示范村建设》，《中国渔业报》2010 年 12 月 13 日。

白松：《四川渔业“十一五”发展成就显著》，中国水产信息，http：//www.jinnong.cn/ sc/news/2011/3/10/2011310162271 7566.shtml。

四川省林业厅：《四川林业生态旅游资源概况》，http：//www.scly.gov.cn/scly/jingqujingdian/20120306/15490.html。

《全国优势农产品区域布局规划 2008-2015》，中国网，china.com.cn，2008 年 9 月 12 日。

四川省畜牧食品局：《四川省畜牧业发展“十二五”规划》。

四川省人民政府网，http：//www.sc.gov.cn。

《四川农村统计年鉴（2010）》，中国统计出版社，2011。

《四川农村年鉴（2011）》，中国统计出版社，2011。

《四川农村年鉴（2010）》，中国统计出版社，2010。

《四川年鉴（2011）》，四川年鉴社，2011。

《四川年鉴（2010）》，四川年鉴社，2010。

《四川统计年鉴（2012）》，中国统计出版社，2012。

《中国统计年鉴（2012）》，中国统计出版社，2012。

第7章 第二产业的发展和布局*

经过30多年的改革开放，四川在经济社会发展方面取得巨大成就，工业规模及产值增长显著；同时，随着经济社会的发展，建筑业得以快速发展，在四川经济中的比重逐步增加，并已经成为四川经济与社会发展的重要支撑力量。自“十五”以来，四川在工业领域始终围绕特色优势产业做文章，并取得了显著成效，使得工业总产值已经连续几年位居全国前十（2011年居第12位），在西部地区长期保持第一位。本章将先对四川建筑业和工业的发展情况、布局与展望做一个总体概述，然后在特色优势产业、战略产业以及传统产业分类基础上对具体产业的发展、布局与展望予以介绍。

一 建筑业和工业概述

1978年，四川第二产业生产总值为65.55亿元，工业生产总值为59.40亿元，建筑业生产总值为6.15亿元，工业和建筑业占第二产业的比重分别为90.62%和9.4%；30年后，2008年，四川第二产业生产总值为5823.39亿元，其中工业生产总值为4956.13亿元，建筑业生产总值为867.26亿元，工业和建筑业占第二产业的比重分别为85.11%和14.89%，在不考虑价格因素的情况下，第二产业增长了8783.89%，工业增长了8243.65%，建筑业增长了14001.79%。2011年，四川第二产业生产总值为11029.13亿元，其中工业生产总值为9491.05亿元，建筑业生产总值为1538.08亿元，工业和建筑业占第二产业的比重分别为86.05%和13.95%，分别比2010年增长20.6%、21.6%、14.8%[①]。

（一）建筑业概述

1. 建筑业的发展

伴随着30多年的经济建设和固定资产投资的持续增长，四川建筑业不断发展，并不断进行结构调整与市场开拓，行业企业规模不断扩大，整体素质和综合竞争力不断提升。四川建筑业产出贡献在四川省经济总量中的占比逐渐提高，也逐步发展为经济类型多样、专业齐全、实力较强的四川国民经济重要支柱产业之一。2011年，全社会建筑业总产值达到5305.89亿元，比2010年净增约1105亿元，继续保持了快速增长的势头[②]，继续居全国前四位。全社会建筑业从业人员（含建筑业个体经营户）规模扩大，自2007年以来连续5年都保持在200万人以上，有效缓解了就业压力。2010年，全省建筑业从业人员甚至达到了最高峰的335.53万人[③]。

（1）建筑市场规范有序，建筑业健康发展。近年来，四川为建立统一、开放、竞争、有序的建筑市场，从多方面加强建筑市场机制与制度建设。通过以规范市场主体的市场行为为重点的综合治理，初步建立了企业信用管理制度和建筑市场监管

* 本章作者：袁境，四川省社会科学院产业经济研究所副研究员；盛毅，四川省社会科学院副院长，研究员。

① 数据来源于《四川统计年鉴（2012）》。

② 数据来源于《四川统计年鉴（2012）》。

③ 数据来源于《四川统计年鉴（2012）》。

体系；强化法律意识，完善监督程序，提高监管水平和效率；完善落实工程竣工验收备案制度，逐步扭转了多年来困扰建设工程质量责任错位的现象，对建筑市场出现的工程转包、违法分包、规避招标和串标以及资质挂靠、不执行工程建设强制性标准、偷工减料等突出问题进行了整治；进一步规范招投标秩序和完善招投标制度，加强对资格预审、开标和评标的现场监督，采取有效措施遏制围标串标和低于成本价抢标行为，进一步扩大了招投标面，使得建筑市场秩序明显好转。2010年，四川省施工总承包和专业承包建筑企业的全部房屋建筑施工面积中，实行投标承包面积20732万平方米，占全部房屋建筑施工面积的71.3%，同比增长3.6%。其中，国有及国有控股建筑业企业投标承包房屋工程面积7290万平方米，同比增长15.0%，招投标面达83.0%[①]。在实行招投标制度后，四川建筑企业的经营管理得到加强，成本进一步降低，经济效益逐渐趋好。据初步统计，2010年，四川省施工总承包和专业承包建筑业企业实现工程结算收入3609.3亿元，比2009年增长19.2%；利润总额为106.8亿元，增长12.4%；税金总额为149.6亿元，增长40.9%。同时，全省亏损企业个数下降，应收工程款占工程结算收入比重下降；四川省建筑业亏损企业529个，比上年减少129个，下降19.6%；应收工程款占工程结算的比重为14.6%，比上年同期占比下降0.2个百分点[②]。

（2）扶大育强、优化结构与拓展市场，促进建筑产业竞争力提升。在推进建筑业发展中，四川省把扶大育强、培育特级资质企业作为一项重要内容，使得大型企业明显增加。2010年，四川省总承包和专业承包建筑企业共计3905家，其中：特级企业12家，占全部建筑业企业的0.3%，比2009年增加3家，占全部建筑业企业的比重提高了0.2个百分点；一级企业276家，占全部建筑业企业的7.1%，比2009年增加21家，占全部建筑业企业的比重提高了0.8个百分点；二级企业1547家，占全部建筑业企业的39.6%，比2009年只增加15家，企业数仅增长1.0%，占全部建筑业企业的比重增加了0.7个百分点；三级及不分等级企业2070家，占全部建筑业企业的53.0%，比2009年减少79家，占全部建筑业企业的比重下降1.5个百分点。据数据显示，四川省建筑业企业资质分布的基本结构没有大的改变，但是特级与一级企业数雁的增长较快，这样的结构促进了资金、技术、人才的集中，对建筑业做大做强起了带动作用，提高了四川建筑业的区域竞争力[③]。优化结构。“十五”以来，四川建筑行业着力调整产业结构，龙头和骨干建筑企业发展较快，形成了房建、公路、铁路、水利、电力和冶金等几十个专业配套、门类齐全的企业结构。大型企业集团和民营建筑企业发展迅速，民营资本进一步扩张，一大批优势企业得到培育和扶持，成为建筑企业的主力军。民营和新改制为民营的建筑企业增长迅速，有的已进入全省建筑企业

① 《2010年四川建筑业发展成果显著》，《统计分析》2011年第5期。
② 《2010年四川建筑业发展成果显著》，《统计分析》2011年第5期。
③ 《2010年四川建筑业发展成果显著》，《统计分析》2011年第5期。

的先进行列，推动了全省建筑业的健康发展。根据统计数据，2011 年，四川建筑业法人单位数下降为 4318 个，国有和集体建筑业企业共计 574 家，占全部企业个数的 13.29%，完成建筑业总产值 1448.9258 亿元，占全部产值的 27.31%；私营建筑业企业和其他有限责任公司建筑业企业个数已占全部建筑业企业的 86.71%，完成建筑业总产值 3856.9690 亿元，占全部产值的 72.69%[①]。拓展省外市场。近年来，四川充分发挥市场配置资源的作用，促进建筑企业积极主动参与市场竞争，加大省外市场拓展力度，不断提高省外建筑市场占有率，竞争力明显增强。2010 年，四川省建筑企业出省施工产值达到 954.4 亿元，占四川建筑业总产值的 23.0%，比 2009 年净增 201.1 亿元，增长 26.7%，占四川建筑业总产值的比重提高了 0.4 个百分点。特别是在江苏、上海、天津等发达城市的产值快速增长，分别比 2009 年增长 77.0%、50.1%、49.0%。同时，全省建筑业企业在省外承包工程的方式、范围发生较明显变化，承包范围涵盖了房建、市政、铁路、公路、桥梁、冶金、矿山、机电、消防、电子、石油化工、水利水电、装饰装修等。此外，全省建筑业拓展国际市场能力增强。根据统计数据，对外承包工程业务主要集中在东南沿海省份的建筑业企业，四川、湖北等省对外开拓能力在逐步加强[②]。

（3）发展中的问题。第一，大而不强，核心竞争力偏弱。四川建筑业存在结构单一、覆盖面小的特征，无力与中央企业和外省企业竞争。四川建筑业主要是以房屋建筑为主的土木工程建筑，这对建筑企业准入要求和起点较低，市场竞争激烈；同时，建筑业中的大型骨干企业少，“航母型”的大型建筑业企业还没有真正组建起来。面对中央及省外大企业以其强大的资金和专业施工能力，在市政基础工程和路桥建设等技术难度大、回报率高的工程方面的强力竞争，四川建筑企业处于弱势。第二，人才短缺，科技创新能力不强。目前，四川省建筑业还处于劳动密集和粗放经营的阶段，大多数建筑企业拥有的还仅仅是常规技术，科技含量低，自主创新能力不强，管理和服务水平低，整体实力与先进省市和发达国家建筑企业相比，还有很大的差距。特别是从业人员的素质从整体上看还不高，尤其缺乏高素质的工程项目管理人才，如全省拥有一级建造师 9668 人，占全部从业人员的 0.3%。第三，区域发展不平衡。四川建筑业企业主要集中在中心城市，一定程度上影响了一些地区企业发展的水平和规模。从 21 个市（州）统计情况看，2010 年成都市、德阳市、绵阳市完成建筑业总产值 2518.8 亿元，占全省建筑业总产值的 60.7%，同比增长 28.0%，高于全省增幅 3.7 个百分点；阿坝州、甘孜州、凉山州完成建筑业总产值 32.9 亿元，仅占全省建筑业总产值的 0.8%，遂宁、达州、自贡 3 个市的建筑业总产值增幅不到 10%，与全省发展水平有较大差距。

2. 建筑业布局

全省建筑业正在形成以成都、绵阳、

① 基础数据来源于《四川统计年鉴（2012）》。

② 赵惠珍、程飞、王秀兰、金玲：《2010 年建筑业发展统计分析》，《中国建设报》2011 年 5 月 28 日。

德阳、泸州、南充、广安、自贡、内江等地区为重点的建筑产业聚集区；形成成都、德阳、自贡、泸州四大建筑钢结构的生产加工基地；形成隧道工程、园林古建筑、防腐保温、市政工程等领域的企业集群。

3. 发展展望

（1）机遇与挑战。从市场环境看，四川建筑业将迎来难得的发展机遇。总的看来，快速推进的城市化使得住房成为城乡居民的重要消费品，并需要大量城乡基础设施建设；产业升级换代促进工业建筑需求；西部大开发、汶川地震灾后重建等依然会带动投资需求。特别在“十二五”时期，国家将重点加大对农村建设、中西部发展、社会事业、科技发展、生态环境保护和基础设施建设等六大领域的投资，其中城乡基础设施建设将是今后建筑业拓展的主要市场；交通、能源、环保等基础设施建设将成为继房地产、市政设施建设之后的又一个投资热点；新农村建设将成为重要的潜在市场。因此，四川建筑业在全社会投资持续增长的推动下，将会延续健康、平稳较快发展的趋势。未来，四川省建筑业将面临国内外市场激烈竞争的挑战。受行业内过度竞争和收益水平偏低的影响，在投融资管理体制改革和现代建筑市场体系逐步完善的大环境下，建筑业淘汰将进一步加速。同时，随着我国加入 WTO 过渡期结束，我国建筑市场的竞争规则、技术标准、经营方式、服务模式将进一步与国际接轨，建筑业企业将在更大范围、更广领域和更高层次上参与国际竞争。即具备技术、管理、人才、资金优势和竞争实力的境外承包商将进入我国建筑市场，与国内企业争夺大型工业、能源项目、土木工程的总承包市场和大型标志性建筑的设计市场。

（2）发展方向。四川建筑业将从下面几方面加以发展：重点以建筑劳务基地县和骨干企业为支撑，发展具有品牌带动力、聚集力和竞争力的工程总承包企业；推进建筑装修业向专业化、工厂化、品牌特许经营和联盟的方向发展；打造以成都、绵阳、德阳、泸州、南充、广安、自贡、内江等地区为重点的建筑产业聚集区；扶持发展集研发、设计、制作和施工安装于一体的工厂型建筑钢结构企业，构筑成都、德阳、自贡、泸州四大建筑钢结构生产加工基地；重点培育发展具有四川省专业优势的施工企业，扶持隧道工程、园林古建筑、防腐保温、市政工程等专业企业，形成一定规模的企业集群；以科技创新、引进和消化国内外先进技术及开拓国内市场为主要目的，提高建筑企业的综合实力和市场知名度；打造国际品牌，大力拓展国际市场，使建筑业成为四川经济发展支撑力最强的产业之一。

（二）工业概述

经历“一五”、“二五”的工业布局及“三线建设”，四川省建立起了较好的工业基础体系。自改革开放以来，四川省坚持以市场为导向，以企业为主体，以改革开放为动力，以科技和人才为支撑，逐步形成了较完整的现代工业体系，发展成我国重要的现代制造业基地和工业大省。目前，四川在电子信息、装备制造、能源电力、油气化工、钒钛钢铁、饮料食品、现代中药等优势产业和航空航天、汽车制造、生物工程、新材料以及国防工业等战略产业领域已取得令人瞩目的成就，培育了以攀钢、东方电气、长虹、五粮液、四川化工等为代表的一批大企业大集团，打造了数字家电、大型发电成套设备、水电、合成氨、优质钢铁、优势白酒、第三代军机等一批市场份额居全国前三位的优势产品，已设立了 261 个独立科研机构、6 个国家级重点试验室、213 个省级以上企业技术中心（国家级 22 个）及 35 个工程技术研究中心，拥有 160 多名万各类专业技术人员。

1. 工业发展

（1）工业经济保持快速增长。四川省委八届六次全会提出“工业强省”战略，确定将“7+3”产业[①]发展作为实施战略的重要支撑。“十一五”期间，四川工业经济发展取得显著成绩。2011 年，四川工业总产值 9491.05 亿元，较“十五”末（2006 年）的工业总产值 3144.67 亿元翻了近 3 倍，拥有规模以上工业企业 12085 个（轻工业企业 4283 个、重工业企业 7802 个），规模以上工业企业完成工业总产值 30485.09 亿元（轻工业总产值 10106.94 亿元、重工业总产值 20378.15 亿元），轻重工业比重为 33.15∶66.8，实现主营业务收入 29887.91 亿元，实现净利润 2197.84 亿元[②]。

（2）工业结构调整加速。“7+3”产业成为四川的工业支柱。2009 年，全省“7+3”产业实现工业销售产值 13518 亿元，完成增加值 4537.1 亿元，占全省规模以上工业的比重分别达 76.1%、73.4%。其中：食品饮料业、装备制造业的销售产值突破 3000 亿元，分别达到 3029 亿元、3383 亿元，工业增加值突破 1000 亿元，分别达到 1156 亿元、1043 亿元，成为全省双千亿元产业。电子信息制造业完成工业增加值 215 亿元；能源电力业规模以上企业完成工业增加值 916.2 亿元；油气化工规模以上企业完成工业增加值 660.9 亿元；钒钛钢铁规模以上企业完成工业增加值 468.3 亿元；现代中药业规模以上企业完成工业增加值 92.8 亿元；航空航天业规模以上企业完成工业增加值 45 亿元；汽车制造业规模以上企业完成工业增加值 192.1 亿元；生物工程业规模以上企业完成工业增加值 1.55 亿元。调整产业布局。全省通过抓“一县一园区、一园一主业”的工业布局调整，打造主导产业合理、配套协作突出、特色鲜明、品牌知名的产业集聚区和产业基地，推进园区产业与区域经济协调发展。调整所有制结构。四川省通过多年的所有制结构调整，取得明显成效。2009 年，全省股份制工业企业比重大、增长快，其工业增加值达 4397.9 亿元，比 2008 年增长 22.5%，增速比规模以上工业企业快 1.3%，其所占全省规模以上工业企业的工业增加值的比重为 71.1%。全省民营工业企业完成工业增加值 3674.8 亿元，占全省整个工业增加值的 64.7%；民营工业对全省 GDP 的贡献率为 53.0%，拉动全

① “7+3”产业在这里主要是指 7 个优势产业与 3 个战略性产业，包括：电子信息产业、装备制造业、油气化工产业、饮料食品加工制造业、现代中药产业、钒钛钢铁产业、电力能源产业、汽车产业、航空航天产业、生物工程等。

② 基础数据来源于《四川统计年鉴（2012）》。

省经济增长5.8%。调整工业产品结构。从2005～2010年统计数据看（见表7-1），规模以上工业企业主要产品结构逐步得到调整：新闻纸和化学原料产量都呈现下降趋势，啤酒、原油2010年的产量都比之前三年低，原盐2010年比2009年略有降低，其他规模以上工业企业主要产业都呈现不同程度的增长，特别是纱、布、服装、机制纸及纸板、原电池、白酒、塑料制品、空调、彩色电视机、软饮料等2010年的增长幅度均超过了30%，白酒增长47.31%，塑料制品的增长达到80.05%。

表7-1　规模以上工业企业主要产品产量增长率（2005～2010年）（单位：%）

产品名称	2010年相对于2009年增长率	2010年相对于2008年增长率	2010年相对于2007年增长率	2010年相对于2005年增长率
化学纤维	18.65	38.25	37.28	92.85
纱	46.57	93.47	113.35	177.90
布	36.45	67.42	78.44	110.75
丝	24.77	30.71	55.59	140.76
丝织品	2.69	22.98	58.64	103.37
服装	54.41	36.20	76.37	259.37
机制纸及纸板	38.69	62.35	93.21	210.03
新闻纸	-13.36	-23.84	-15.30	-46.19
合成洗涤剂	23.98	35.64	23.51	46.01
原电池	53.85	22.67	66.71	560.06
原盐	-4.29	36.28	14.52	85.19
卷烟	4.60	10.02	24.98	33.46
乳制品	23.25	65.35	138.68	285.53
白酒（商品量）	47.31	105.18	166.59	297.37
啤酒	-0.50	-32.95	-18.00	25.42
软饮料	38.62	100.86	136.63	311.85
食用植物油	15.24	92.15	101.80	188.34
配、混合饲料	13.71	-0.97	10.83	55.83
中成药	5.48	52.73	85.87	203.41
化学原料	-68.29	-76.31	-59.67	-50.52
塑料制品	80.05	138.42	204.51	439.07
家用电冰箱	56.49	130.09	135.42	253.13
空调	65.54	57.67	55.05	-17.72
彩色电视机	62.66	51.23	70.05	54.67
原煤	20.44	25.97	39.66	107.63
原油	-30.26	-22.06	-16.65	8.62

资料来源：《四川统计年鉴（2011）》。

（3）重点工业城市支撑全省的工业经济。长期以来，四川工业经济呈现不均衡发展的格局，重点工业城市的工业发展成为全川工业经济的支撑点。2009 年，成都、自贡、攀枝花、德阳、绵阳、乐山、资阳、泸州、遂宁、内江、南充、眉山、宜宾、广安、达州、凉山等 16 个城市规模以上工业增加值均超过 100 亿元，累计完成工业增加值 5519.9 亿元，占全省规模以上工业增加值的 89.3%。

（4）民营经济发展快速。个体私营经济稳步增长，规模不断扩大。第一，个体工商户稳步发展。截至 2009 年底，全川累计登记个体工商户 203.5 万户，同比增长 9.06%；注册资金 394 亿元，同比增长 18.7%。第二，私营企业保持增长态势。截至 2009 年底，全川私营企业达到 32.5 万户，同比增加 3.9 万户，增长 13.71%；注册资本 3664.4 亿元，同比增加 504.3 亿元，增长 15.96%。第三，农业合作社发展迅猛。截至 2009 年底，全省登记注册农民专业合作社 8998 户，同比增长 79.6%；出资总额 85.7 亿元，同比增加 41 亿元，增长 91.49%①。民营经济对经济增长的贡献日益突出。第一，税收贡献增加。民营经济为国家创造大量财富，缴纳利税。根据税务统计，2009 年全川民营经济缴纳税收收入（含国税和地税）772.75 亿元，比上年增长 21.8%，占全省税收收入的 45.5%，上升 1.5 个百分点。其中个体私营企业实现税收 622.05 亿元，比上年增长 22.9%；外商投资企业实现税收 122.20 亿元，比上年增长 14.8%；港澳台投资企业实现税收 28.49 亿元，比上年增长 30.0%；民营经济国税收入达到 605.02 亿元，同比增长 18.21%，占全省国税收入的比重为 69.09%；地税收入达到 422.7 亿元，同比增长 29.55%，占全省地方税收的 51.35%。第二，经济效益有所上升。根据统计资料，2009 年四川民营经济增加值 7663.16 亿元，增速达到 17.8%，高于 GDP 增速 3.3 个百分点，同比增长 2.1%。其中，增长最快第二产业增加值 4158.31 亿元，同比增长 22.7%。第三，民营工业对全省经济发展拉动作用大。2009 年，四川民营工业增加值增速为 22.7%，对全省 GDP 的贡献率达到 40.1%。在工业增加值 5678.24 亿元中，民营增加值完成了 3674.75 亿元，占全部工业增加值的 64.7%，其中，个体私营经济增加值 3251.45 亿元，外商投资经济增加值 317.83 亿元，港澳台投资经济增加值 105.47 亿元，分别占民营工业增加值的 88.5%、8.6% 和 2.9%。第四，民营经济创造大量就业机会，促进城镇农村剩余劳动力向第二、第三产业转移，个体私营经济成为吸纳社会新增劳动力就业的重要渠道。2009 年，全省个体工商户、私营企业从业人员达 728.29 亿人，比上年增长 9.1%，新增就业人数 60.9 万人②。

2. 新型工业化

四川在“十五”与“十一五”时期快速推进工业化，坚持走新型化工业道路，着力推进技术创新与技术改造、资源节约与综合利用。

① 数据来源于《四川工业年鉴（2010）》。

② 数据来源于《四川工业年鉴（2010）》。

（1）技术创新与技术改造。企业技术创新增强。第一，全省已逐步形成国家、省级、市级三级联动企业技术创新体系。2009年，南车资阳机车有限公司、四川科伦药业股份有限公司、利尔化学股份有限公司、成都发动机（集团）有限公司、宜宾五粮液股份有限公司5家企业技术中心被认定为国家级企业技术中心，新增国家级企业技术中心的数量位居全国第二（与上海、天津、湖南并列），全省国家认定的企业技术中心总数达到27家，列全国第九、西部第一；新认定省级企业技术中心53家，全省省级企业技术中心总数达到237家；已有14个市（州）建立了市级中心认定机制，且国家认定企业技术中心考核评价排名持续保持西部第一。第二，全省在一批产业关键、核心技术研发方面取得突破。如在通信塑料光纤化工生产技术、特种电缆产业技术等77项重大产业技术研发上取得突破性进展，对铟锡氧化物纳米悬浮液、大尺寸非晶态软磁合金磁芯等新产品的产业化进程推进。第三，全省技术创新投资与效益增长迅猛。2009年，全省完成技术创新投资140亿元，同比增长15%，全年新产品产值达到3506亿元，新产品产值率达到16%以上。其中，全省技术创新重点企业产品销售收入达到5030.8亿元，同比增长20.93%；新产品销售收入达到1971.56亿元，同比增长31.07%，占产品销售收入的39%；企业利润达到440.44亿元，同比增长25.07%；技术开发经费支出额达到214.53亿元，同比增长21.03%；完成技术开发项目7246项，同比增长17.75%；投产的新产品数达到9068项，同比增长21.15%；专利申请数达到3764项，同比增长31.15%[①]。技术改造，拉动了四川的国民经济增长。第一，全省持续加大技术改造投资。据初步统计，四川技改投资列全国第7位，多年稳居西部第一。2009年，全省技术改造投资总量突破2500亿元，达到2594亿元，比2008年增长54.1%，增速比2008年提高19个百分点，比全省工业投资高8.5%，占全省工业投资的比重从2008年的54.6%提高到57.9%。四川技术改造投资总量的快速扩大和技改项目的不断竣工投产，对其新增GDP和新增工业增加值的贡献突出。2009年，占全省社会固定资产投资21.6%的技术改造投资，对全省GDP增长的贡献率达到25.5%，对全省工业增加值增长的贡献率达到47.9%；拉动GDP增长3.7%，拉动工业增加值增长9.1%，分别比2008年提高了0.7%、2.4%。2002～2009年，四川技改投资对国民经济和工业经济增长的贡献情况如表7-2所示。第二，各市（州）工业技改投资齐头并进，重灾市（州）技改投资高速增长。2009年，全省20个市（州）技改增速超过50%；投资额超过百亿元的市（州）达到8个，7个市（州）投资额首次突破百亿元；重点工业城市在基数较高的情况下，保持较高的增长；成都、德阳、绵阳、乐山、自贡、宜宾、攀枝花等8个重点工业市技改投资同比增长51%，占全省投资总额的68.9%；其他市

① 数据来源于《四川工业年鉴（2010）》。

表 7-2　四川技改投资对国民经济和工业经济增长的贡献情况（单位：亿元，%）

年份	技改投资	技改投资对 GDP 增长		技改投资对工业增加值增长	
		贡献率	拉动百分比	贡献率	拉动百分比
2002	257.5	11.7	1.2	28.6	3
2003	369.1	18.3	2.2	39.9	6.4
2004	528.5	22.4	2.8	45.8	8.3
2005	713.3	23.1	2.9	47.6	9.5
2006	893.7	22.5	3	40.9	8.8
2007	1246.5	25.4	3.6	45.6	9.7
2008	1675.6	27.1	2.6	44.1	6.7
2009	2593.5	25.5	3.7	47.9	9.1

资料来源：《四川工业年鉴（2010）》。

（州）技改投资增速比全省平均高 9.2%，比重提高 1.8%；泸州、达州技改投资突破百亿元，超过部分重点工业城市，跻身全省前八位；在灾后重建的拉动下，重灾市（州）如德阳、绵阳、广元、雅安、阿坝等地区的投资增速比全省平均高 31.8%，对全省技改投资增长的贡献率达到 21.9%，比 2008 年提高了 14%[①]。第三，技改增强产业基础，有效推动特色优势产业与战略产业发展。四川通过积极引导社会资金投向特色优势产业与战略产业等领域，实施大规模技术改造。2009 年，规模以上企业技改投资促进了产业升级及产业结构提升，强化特色优势产业与战略产业在四川工业发展中的主体地位与支撑作用。如实施了成都京东方光电科技有限公司投资 33 亿元的 4.5 代 TFT-LCD 生产线、攀钢集团钛业有限责任公司投资 21 亿元的 1.5 万吨 / 年海绵钛项目等一大批技术改造项目。第四，提升企业技术装备水平，增强核心竞争力。一批产业龙头企业集团围绕结构优化、增加产品品种、改善产品质量、节能降耗等方面，广泛引进运用具有国际、国内先进水平的技术设备，并对装备进行改造，提升核心竞争力。例如，东锅通过实施 600 兆瓦超临界“W”火焰锅炉技改、1000 兆瓦机组关键配套辅机制造技改等项目，在国内电站锅炉市场占有率达 30%，国内排名第三；自贡硬质合金通过技术改造，技术水平和生产能力大幅提高，成为世界第四、中国第二的大型硬质合金和钨钼制品生产供应商；成都巨石公司从 2004 年起对中碱玻璃纤维池窑拉丝生产连续实施六期技改，产品销往 70 多个国家和地区，在生产规模、出口创汇、经济效益等方面居亚洲第一，并将步入世界玻璃纤维行业前三强。攀钢、五粮液、长虹、东锅、川威、达钢、东汽 7 家

① 数据来源于《四川工业年鉴（2010）》。

企业2009年共完成技术改造投资125亿元，实现销售收入比2005年增加718亿元，增长近一倍[①]。

（2）资源节约与综合利用。四川坚持以资源集约、循环和清洁利用为核心，着力优化调整产业结构；按照“优化总量、管住增量、调整存量、做好减量”的思路，制定配套政策，健全工业节能减排推进机制；加大宣传力度，抓工业节能减排重点领域，强化工业节能减排综合保障措施，加强监督管理，在工业节能工作取得显著成效。2009年，全省单位GDP能耗为2.174吨标准煤/万元，同比下降9.18%；“十一五”前4年累计下降26.13%；按单位增加值能耗计算，工业实现节能量3468.5万吨标准煤，工业节能对全社会节能的贡献率为110%[②]。推动结构调整节能。首先，编制产业规划，推进产业结构优化。组织调研和编制四川省节能环保产业发展规划、实施“7+3”产业发展规划等，推进自主创新，优先发展高新技术产业和重大装备制造业，逐步提高其比重，优化产业结构。2009年，全省高新技术产业增加值突破千亿元大关，占规模以上工业增加值比重19.4%，比2008年提高2.5%；六大耗能行业增加值占地区工业增加值的比重为30.94%，比2008年降低1.14%。其次，控制耗能产业增加。推动实施并联审批，认真执行固定资产投资项目开工建设“六项必要条件”；把好工业改、扩建固定资产投资项目的节能评估和审查关，将能评作为项目审批、核准或开工建设的前置条件，杜绝未做能评估审查或节能评估审查未通过的项目擅自开工建设。再次，提升传统产业。鼓励运用高新技术和先进适用技术改造和提升传统生产工艺。2009年，四川省技术改造资金加大了对工业节能的支持力度，对51个重点技改能项目给予3380万元资金支持。最后，着力淘汰落后产能。重点对电力、钢铁电力、钢铁、水泥、焦炭等行业221户落后产业企业及工业技术装备进行关闭和淘汰，淘汰小火电机组45.13万千瓦、水泥95.8万吨、炼铁32.1万吨、炼钢51万吨、焦炭170万吨、铁合金8.49万吨、造纸28.25万吨、酒精2万吨、味精1万吨、小煤矿20处，水泥、平板玻璃、钢铁、火电等行业，提前完成“十一五”期间国家下达的四川落后产能淘汰任务[③]。推进重点领域节能。首先，平稳推进节能发电调度试点工作，不断提高清洁能源在电力供应中的占比，开展电力需求管理，严控“双高”行业、产能过剩行业和非生产生活用电。其次，建立报告制度和加强监督管理。依法建立重点企业能源利用状况报告制度，对企业能源利用状况进行严格监控；组织和指导重点用能企业开展能源审计和编制节能规划；指导和督促重点用能企业加强管理队伍建设；推动全省重点耗能企业能源计量器具和能源计量数据管理制度以及能源计量工作评价考核体系的建设工作，要求重点耗能设备达到三级计量要求以上；以239户国家千家和省百家企业为重点，对全省重点用能企业实施节能分级

---

① 数据来源于《四川工业年鉴（2010）》。
② 数据来源于《四川工业年鉴（2010）》。
③ 数据来源于《四川工业年鉴（2010）》。

管理和目标考核，到2009年底，239户重点用能企业已实现1061.21万吨标准煤，提前完成“十一五”总体节能目标。

（3）循环经济与工业污染防治。自“十一五”以来，四川积极关注循环经济与工业污染的防治。2009年，深化国家级和省级循环经济试点企业、园区的试点工作，并编制印发了《四川省秸秆综合利用规划（2010～2015年）》；拓展资源利用的渠道和范围，印发了《2009年清洁生产工作指导意见》；启动了清洁生产第三批试点工作，督促和支持试点企业和列入《三峡库区及其上游水污染防治规划》的企业开展清洁生产审核，实施正确的清洁生产方案，引导企业争创清洁生产先进示范企业。至2009年底，考评认定105户“节水型企业”，建设了17个省级工业生态小区；对200个重点工业污染源实施挂牌整治，特别对31家限期治理的制浆造纸企业，通过“一对一”督察督办、行业经验交流、治污技术指导和污染资金融资帮扶方式，促进企业开展限期整治工作；加强对工业治污工程的跟踪监控，确保项目实施做到投资、质量和工期“三落实”，确保形成稳定的减排能力。

（4）资环技术进步。四川在工业技术改造中优先推进工业锅炉（窑炉）改造、电机系统节能、节约和替代石油、余热余压利用、能量系统优化、节能监测和技术服务体系等十大重点节能工程。2009年，全省共争取国家节能技术改造财政资金项目15个，获得中央预算内奖励资金1.04亿元，带动企业投资10.05亿元，实现节能量41.41万吨；四川省投入工业节能专项资金5000万元，共支持105个重点节能示范项目，带动企业总投资23.97亿元，实现节能量76万吨。

3. 产业布局

围绕建设西部经济发展高地和打造“一枢纽、三中心、四基地”的目标，四川重视产业园区在实施工业强省战略、推进“三化联动”、实施对外开放合作与优化产业结构和布局的重要载体作用下，通过立足各区域的资源优势、产业、区位、市场等基础条件，推动各地产业园区发展成为产业布局与区域主导产业、优势产业相衔接的主体。

（1）产业园区发展。第一，产业园区发展概况。四川依托产业园区（产业集中发展区）（包含各类开发区、工业集中发展区、工业园、物流园区等）优化产业布局，做强优势产业，发展产业集群，打造承接产业转移载体。截至2009年底，四川省共有各类产业园区191个，其中国家级园区5个，省级园区38个，市（州）级园区57个，县级园区91个，园区工业增加值占全省工业增加值的比重超过50%。在已有的43个通过国家审核设立的开发区中，科技部批准的国家级高新技术产业开发区2个，商务部批准的经济技术开发区1个，海关总署批准的出口加工区2个，国家发展和改革委员会等部门批准的省级开发区38个。同时，全省还有作为产业集中布局和城市功能分区的其他各类产业园区147个。全省依据各地的资源、产业、市场、区位等条件，推进优势产业、优势企业向产业园区聚集，已经形成了德阳重大技术装备、绵阳数字家电、攀枝花钒钛、达州天然气化工、成都汽车、资阳车城、成都武侯皮鞋、夹江瓷都、遂宁食品、眉山铝硅、泸州白酒、南充丝纺服装等特色产业集中区。四川加强园区基础设施和公共服务平台建设，打造产业园区环境，将产业园区打造为四川进行开放合作、承接产业转移的重要载体。如中国铝业铝箔、广西玉柴发动机、京东方 TFT-LCD 液晶面板、贵州瓮福磷硫化工和英国瑞能多晶硅、香港哈斯通 PPS 等一大批符合四川特色优势产业发展规划的重大产业项目相继进入产业园区。在推进城乡统筹发展实践中，将产业园区作为城乡统筹发展和实现“新型工业化、新型城镇化和农业现代化联动发展”的重要阵地，加快推进工业向园区集中、资源要素配置向园区集中、土地适度规模经营集中。随着园区规模的扩大和经济实力的增强，城乡就业压力得到缓解，城乡统筹发展有序推进。第二，在产业园区规划和产业布局方面还有很多问题和不足。首先，各园区发展不平衡，整体水平较低。四川省的产业园区主要集中在成都平原及周边，成、德、绵、眉、资、遂 6 个市的产业园区数量占全省的 42%，盆周和民族地区产业园区建设尚处于起步阶段；全省大多数产业园区的建设发展水平、综合竞争实力较低，集约化发展水平不够，带动产业集群发展成效不明显。其次，产业园区大多规划上存在水平低、产业繁杂、企业杂乱扎堆的现象。主要在于产业园区定位不够准确，与区域产业定位不衔接；产业功能分区不合理；尚未形成主导产业，产业链体系薄弱，企业间关联度不高，尚未形成优势产业成链发展、关联发展、集聚发展、集约发展和合作发展的格局，全省真正谈得上特色鲜明、具有产业集中度的园区仅占 15% 左右；大部分产业园区规划上与城镇建设规划、土地利用规划不衔接，园区内的水、电、路、气、通信、环保、物流等基础设施与城镇规划建设体系配套不紧密，公共资源综合配套水平较低。再次，产业同构化趋势明显，无序竞争现象突出。部分产业园区产业规划没有充分体现当地的要素禀赋和产业基础，主导产业雷同现象突出，严重影响了不同园区经济乃至区域经济的协调健康发展。最后，园区外向经济度不高。多数园区是承接国内的产业转移，引进外资在园区招商比重较小；出口加工园区数量较少，内陆港、保税仓库、保税物流中心建设严重滞后，外向型经济发展不快。

（2）八大产业带。成绵乐广遂（成都、绵阳、乐山、广元、遂宁）电子信息产业带：重点围绕数字视听、集成电路、军事电子、网络通信、软件、电子产品及配套材料等方面构建优势产业链。成德资自宜泸（成都、德阳、资阳、自贡、宜宾、泸州）装备制造业产业带：围绕大型发电、冶金化工、工程施工、石油天然气、环保成套设备以及机车车辆、数控技术及设备、航空及空中管制系统成套设备等 8 大产品链，以龙头企业带动，中小企业协作配套，形成合作开放的产业体系，打造高端装备制造业基地。成德绵南资内（成都、德阳、绵阳、南充、资阳、内江）汽车产业带：围绕轿车、货车、客车、专用车整车和发动机等总车和关键零部件构建汽车及零部件的产业链，建设“一带、六园区”（成德绵南资内汽车产业带，成都经济技术开发区汽车产业园、资阳南骏汽车产业园、绵阳汽车产业园、德阳汽车产业园、内江城西汽车零部件产业园、南充汽车产业园），壮大和提升四川汽车制造产业。攀西钒钛稀土产业带：依托攀西地区丰富的钒钛、稀土资源，推进资源开发和综合利用，着力加强对钒钛、稀土矿等的采选、分离、加工应用技术的突破，开发钒精细化工产品、高档钛白粉、海绵钛和高档钛材、稀土永磁材料、稀土蓄光发光材料、稀土电机、稀土农用材料及稀土汽摩排气催化剂等产品，促进资源精深加工企业集聚发展，打造攀西战略资源开发基地。成乐绵硅产业带：推进资源综合循环利用，建成完善的硅材料产业链，形成硅材料龙头企业带动下的成链、集聚、合作发展的产业格局，打造国际、国内知名硅材料产业基地。川南沿江重化工产业带：按照“基地化、大型化、规模化、集约化、精细化”和“区域循环、企业循环、产业循环”的要求布局四川的重化工产业，延伸天然气、氯碱、煤化工、硫磷钛产业链，发展精细化工产业，建设川南制造业城市群和沿江产业带。川东北天然气化工产业带：发挥川东北丰富的天然气资源优势，推进资源就地转化利用，规划发展天然气化工及精细化工产业链，提高资源利用效率，建设有特色的天然气化工产业基地。成遂南达服装鞋业产业带：利用成遂南达的综合成本优势、市场优势和服装鞋业产业基础，承接国外及东部沿海地区服装鞋业产业转移，引入品牌知名服装鞋业生产企业，加快配套体系建设，建设西部服装鞋业研发生产和综合物流基地。

4. 发展展望

（1）发展潜力。四川产业基础好，拥有丰富的自然资源，特别是钒钛矿、天然气、水、中药等得天独厚，拥有众多高校、科研院所，劳动力较为丰富，产业配套能力较强，具有发展工业的良好优势。丰富的能源及矿产资源为四川工业发展提供了良好的要素支撑；较为完善的现代产业体系使得产业间的配套增强，降低了产业间的交易成本；大专院校及大型企业培训了大量的科技管理人才和产业技术工人；良好的生产生活条件形成了宜业宜居的大环境，可以吸引外来产业投资。未来 5 ~ 10 年将是四川建成工业强省和重要现代制造业基地的关键时期。

（2）发展措施和目标。在新形势下，大力推进新型工业化和新型城镇化联动发展；做强优势产业和发展潜力产业；围绕特色优势产业，加快建设八大工业产业带，带动区域工业发展；以园区为载体，加快产业承接和产业聚集，实现产业集中、集约发展；加快提升自主创新能力，增强企业技术创新能力，拓展产学研结合的空间与模式，促进产业升级与产业结构优化；加快发展循环经济，节约资源，保护环境，构建绿色经济发展模式。目标是围绕建设“八大产业带”，基本把四川省建设成国内重要战略资源开发基地、现代加工制造业基地、科技创新产业化基地、农产品深加工基地；建成一批知名产业品牌，基本把四川省建设成国际知名的重大技术装备制造基地、水电能源基地、钒钛稀土新材料基地和全国重要的化工产业基地、电子信息产业基地、中医药和生物医药产业基地。

二　特色优势产业

（一）电子信息产业

作为“一五”时期国家规划的三个电子工业基地（北京、南京和成都）之一，四川具备良好的产业发展条件与基础。从2003年开始，英特尔、德州仪器、富士康等重大IT制造业项目逐渐落户四川，带动了其核心配套产业纷纷入驻四川，使得四川本土配套企业迅猛发展，促进四川电子信息产业升级换代和迅猛发展。四川电子信息产业具有较强的产业优势和发展潜力，并在电子元器件、电子装备、家电研发和制造方面具有全国领先的突出地位。2002～2008年，四川省电子信息产业增加值年均增速达到26.35%，2008年四川省电子信息产业销售收入达到1224亿元，完成增加值469.7亿元，增加值占全省规模以上工业增加值的比重达到9.5%，增速超过全省规模以上工业增加值增速10.1个百分点，主要经济指标在全国各省市排第9位、中西部地区首位。2010年，四川电子信息制造业规模以上企业主营业务收入首次超过千亿元大关，2011年达2065.5亿元，同比增长68.4%，增速在四川十大特色优势产业中排名第一。

1. *产业发展*

（1）软件产业发展迅速。“十五”以来，四川软件与信息服务业获得超常规发展，已形成信息安全、数字娱乐、行业应用软件、软件出口等有特色的产业集群。成都分别被授予“国家信息安全基地”、“国家集成电路设计基地”、“国家软件产业基地”、“国家网络游戏动漫产业发展基地”、“国家数字娱乐产业示范基地”称号，是我国首批五个国家服务外包基地之一和工信部五个“软件名城”试点城市之一。随着埃森哲、西门子等世界500强中的软件服务企业、阿里巴巴集团西部基地、印度第三大软件公司维布落（Wipro）等一批国际知名软件企业与完美时空、诺亚舟等70余家数字媒体企业相继落户成都，四川软件与信息服务业整体竞争力增强。2009年6月，四川6家服务外包企业[①]被评为中国服务外包成长型企业；四川迈普通信技术有限公司、四川卫士通信息产业股份有限公司、四川久远银海软件股份有限公司和川大智胜软件股份有限公司4家企业入选国家规划布局内重点软件企业。截至2009年底，全省工商登记的从事软件研发、生产、销售及服务的企业近1万家，从业人员超过12万人，通过认证的软件企业796家，已登记软件产品2747个，系统集成资质企业137家，其中97%的企业集中在成都市。

（2）电子产品出口贸易增长。2009年，全省电子产品出口40.8亿美元，同2008年相比增长34.1%，占全省机电产品出口的比重由2008年的46.5%提升至53.7%。其中，主力产品集成电路、电视机、二极管及类似半导体元器件全年累计出口分别为25.5亿美元、2.09亿美元、2.83亿美元；英特尔产品（成都）有限公司累计出口24.3亿美元，同比增长54.8%；出口液晶电视29.3万台，价值5334万美元，分别比2008年增长1.8倍和1倍。

2. *产业布局*

四川电子信息产业主要布局在“一带和六园区”。即“成绵乐”电子信息产业

---

① 成都巅峰软件有限公司、成都聚思力信息技术有限公司、四川川大智胜软件股份有限公司、四川汉科计算机信息技术有限公司、四川久远银海软件股份有限公司、音泰思计算机技术（成都）有限公司等。

带，成都高新技术开发区集成电路产业园、软件及服务外包产业园、绵阳经济开发区数字家电产业园、双流工业集中发展区光伏光电产业园、遂宁经济开发区微电子产业园、广元电子产业园等六大园区（见图 7-1）。

3. 发展展望

未来 5 ~ 10 年，四川将做强做优电子信息产业。第一，着力培育一批跨 100 亿元的企业，提高自主品牌市场影响力。第二，集中发展电子信息特色产业，培育跨 500 亿元的特色产业园区，形成一批具有影响力、特色鲜明的产业集群。即巩固发展国家（成都）软件产业基地、国家（绵阳科技城）数字视听产业园区、国家（成都）电子元器件产业园区，打造集成电路产业园（成都）、国家级信息安全产业园（成都）、新型平板显示产业园（绵阳）、信息化与重大装备制造业融合示范园（德阳）、太阳能光伏产业园（乐山）、军事电子产业园（广元）等特色园区。第三，着力打造软件与信息服务、集成电路、数字视听、网络与通信、军工电子、新型平板显示器关键元器件、太阳能光伏、电子装备等八大产业集群，提高软件和信息服务在电子信息产业中的比重，在平板显示、半导体照明、太阳能光伏等领域形成新的经济增长点，使四川电子信息产业链条更

图 7-1　四川省电子信息产业布局

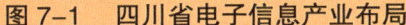

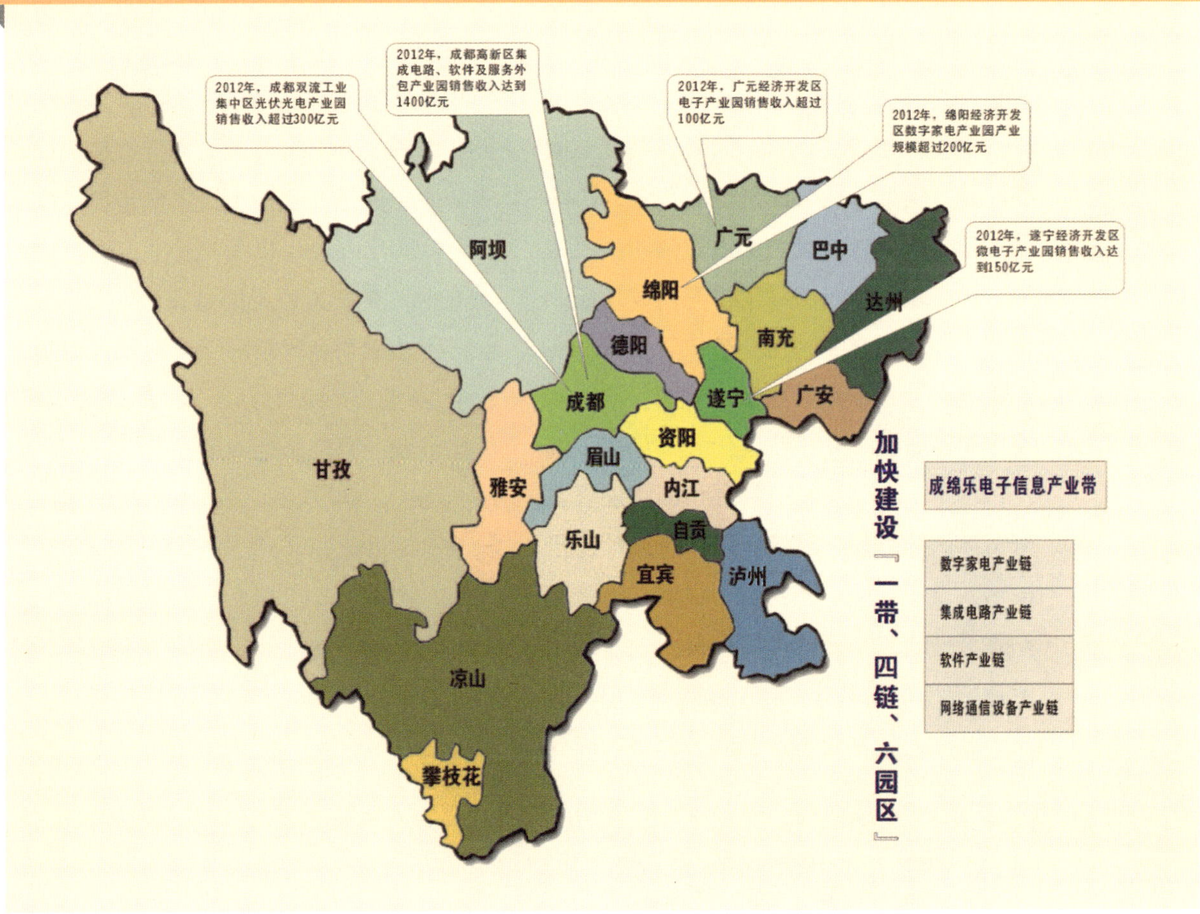

加完整、集群效应更加突出。最终，四川将建成国家电子信息产业基地和“西部电子信息产业高地”[①]。

（二）装备制造产业

1. 产业发展

四川是国内少数几个装备产业门类较为齐全的省份之一，是国内三大重大技术装备制造基地之一（另外两个是上海、东北），在全国重型装备制造行业具有举足轻重的地位和影响。目前，四川已形成产业规模较大、技术装备较先进、研制水平较领先、配套体系较完善的装备制造工业体系，拥有8个大类、44个中类产业，可生产国内装备制造业178个小类产品中的127个小类产品。全省装备制造业规模以上企业有2243户，占全省规模以上企业户数20%以上。四川在大型发电成套设备、重型机械成套设备、大型工程施工成套设备、大型石油天然气成套设备、机车车辆设备、现代化空中交通管制成套设备等方面实现了重点突破，已先后成功研制出了大型（火电、水电、核电、冶金、化工）设备与机车车辆、工程机械、现代化空中交通管制成套设备等一大批具有较高技术水平、对国民经济发展和国防建设具有重大影响的现代化装备。四川累计生产的水轮发电机组、汽轮发电机组、大型电站铸锻件和大型连铸连轧设备分别占到了全国总产量的2/5、1/3、2/5和1/3。四川省在重大技术装备研制能力突出，主要集中在机械、电子、冶金、化工、军工等行业。例如，东方电气集团发电设备年总产量连续5年居世界第一，具备国内唯一的核电设备成套供应能力；二重集团2250毫米热连轧机成功出口欧洲市场；川油宏华具有自主知识产权的DBS变频石油钻机产品研制成功并成套出口美国、俄罗斯等高端市场。

装备制造业是四川“十一五”时期重点发展的优势产业之一，是推动四川省工业经济快速增长与对外贸易增长的重要力量。2009年，根据“7+3”产业口径统计，四川省装备制造业主要经济指标如表7-3所示。一是40户重点企业保持较好的发展势头。实现利税49.92亿元，同比增长24.73%；实现利润23.50亿元，同比增长20.91%。二是全省装备制造业完成新产品产值1130.61亿元，同比增长18.43%。三是全省装备制造业（含汽车、航空航天）完成技改投资568.20亿元，同比增长59.29%。四是交通运输设备制造业、仪器仪表及文化办公用机械制造业、专用设备制造业保持20%以上的增长，电气机械及器材制造业、金属制品业、通用设备制造业增速均在28%以上。五是部分市（州）优化产业、调整结构成效显著。绵阳、内江、遂宁、攀枝花市、凉山州利润同比增长94%以上。

2. 产业布局

四川装备制造业主要集中于成都、德阳、自贡、绵阳、资阳、泸州、宜宾、乐山、眉山等地区，初步形成“1+8”重大技

---

① 李欣忆：《四川培育500亿元电子产业园》，《华西都市报》2009年10月12日，http://finance.sina.com.cn/roll/20091012/06 356825111.shtml。

表 7–3　四川装备制造行业主要经济指标（2009 年）

指　标	全省装备制造业		重大技术装备“1+8”工程 40 户重点企业	
	实际数量	比 2008 年增长（%）	实际数量	比 2008 年增长（%）
工业总产值（现价，亿元）	2619.98	27.9	906.51	0.94
产品销售收入（亿元）	2395.01	27.3	896.70	2.37
利税总额（亿元）	216.82	32.3	80.20	18.84
盈亏相抵后的利润总额（亿元）	131.10	34.1	58.56	25.99
资产总额（亿元）	2496.89	23.42	1598.46	21.54
负债总额（亿元）	1735.57	23.31	1251.51	22.41
流动资金周转天数（天）	242	25.52	459	22.91
规模以上企业户数（户）	2101	—	39	—

资料来源：《四川工业年鉴（2010）》。

术装备工程的装备制造业发展格局，体现为“一基地、两带、六园区”，即德阳重大技术装备制造基地，成德资自宜泸装备制造产业带（包含沿江重型机械产业带）、成绵航空航天和空管产业带，德阳经济开发区装备产业园、广汉石油钻采设备产业园区、泸州长江机械工业园区、资阳机车产业园、自贡板仓工业园、宜宾志诚机械装备产业园区（见图 7–2）。

3. *发展展望*

目前，国内城镇化进程的不断加快、产业升级的需要、不断增长的能源需求、国内快速发展的基础设施建设等将为国内装备制造业的发展提供强劲的内需拉动。四川作为重要装备制造业基地将凸显其在技术领先、创新能力以及制造能力方面的潜力和优势，有望发展为国内领先、国际知名的装备制造业基地。

（1）发展路径。①全面提升产业技术创新能力。推进企业与国内外同行的技术合作与交流，在坚持自主创新的前提下，加快对重型燃气轮机、兆瓦级系列风电机组、核电成套装备、大型全断面掘进机等先进设计、制造技术的引进消化和吸收；支持装备制造业国家级和省级工程中心以及大型骨干企业技术开发中心的建设，通过搭建技术合作平台，集中研制一批重大关键技术项目，为产业化和技术改造提供技术支撑，提升四川省装备企业综合创新能力。②构建发展产业战略联盟。加大四川省装备制造业资源整合力度，组建由设计和制造单位结合的四川核电联盟，形成集项目管理和大型成套设备研发、设计和采购为一体的核电工业组织模式，打造“中国核电装备四川造”品牌；支持泸州长起、邦立重机、长液等与国内外先进工程装备企业重组；支持东锅与自贡高阀全面合作，发展大口径长输管线球阀等产品；

图 7-2　四川省装备制造产业布局

支持普什集团整合长征机床等省内数控机床产业资源，建设西部重要的系列高档数控机床研制与生产基地。③建设装备制造配套体系。以装备制造业龙头企业的主导产品为依托，鼓励中小企业向“专、精、特、新、配”方向发展，形成大中小企业合理分工的产业格局，提高装备制造业的整体竞争能力。围绕重点装备产品，完善叶片、主轴、轮毂、机架等附件在内的产业链配套体系，推进关联企业或配套企业集聚发展，提升装备制造产业集群的发展水平。

（2）发展重点。①大型发电成套设备及输变电设备产品链。提高火电、水电设备成套研制能力，重点发展核电设备研制，积极发展风电装备，努力开发太阳能光伏、生物质能、瓦斯发电和余热余压发电设备，适时开发研制固体燃料电池、潮汐发电设备、洋流发电、永磁电机，以秸秆发电为重点的生物质能发电和余热余压发电技术及设备；发展输变电设备。②以大型冶金化工成套设备为代表的重型机械及容器产品链。重点开发研制大型板坯、异形坯连铸坯机、大型热连轧机、成套性强的各种类型冶金轧机成套设备；重点研制 8 万吨模锻压机；研制 400 ~ 1000 吨级加氢反应器等重型容器，煤液化装置，石油精炼用重型容器，大型乙烯、甲醇和烧碱等化工大型成套装置；研制特大型空气分离设备、大型 LNG 贮槽研发和大型天然气液化设备。③大型工程施工成套设备产品链。重点开发研制大型全断面隧道掘进机（TBM）系列产品，8 ~ 130 吨汽车起重机、

LTM1160 汽车吊、叉车、大吨位轮式装载机、小型多功能装载机、新型筑路机械等设备；通过技术引进研制开发具有国际先进水平的 50 ~ 300 吨全路面起重机系列和 20 ~ 100 吨越野轮胎吊系列。④机车车辆产品链。重点研制 6 轴交流传动大功率电力机车技术和中速大功率船用发动机制造技术；重点开发干线重载，高速机车车辆，城市轨道车辆中的地铁、轻轨车辆；开发 25 吨轴重通用敞车和 80 吨级轻型全钢货运车辆、时速 200 公里高速货车转向架等产品；争取大功率货运内燃机及高速机车车辆研制生产任务，加快商业运营的磁悬浮列车、地铁列车研发与制造。⑤大型石油天然气钻采成套设备及煤炭综采设备产品链。重点发展 DBS 系列变频新型电动钻机，研发海洋钻井模块、井架、钻井泵组、深海石油钻机及海上石油平台、顶部驱动器及 9000 米钻机、油气井用超高温射孔器材、天然气（煤气）压缩机组、大口径长输管线球阀；研制 60 度极倾斜煤层综采液压支架、40 ~ 60 度煤层采煤机、极薄煤层综采机械化设备及井下采煤用皮带运输机等煤炭综采设备。⑥航空航天与空中交通管制系统成套设备产品链。开发研制各种级别的空管系统、雷达系统、多通道记录仪、航管仿真模拟系统等成套设备及关键零部件、软件系统；加快测试空管系统集成；研制开发大飞机机头及部分前机身部件；自主研发高档公务机；开发直升机、民用支线客机、通用飞机和发动机及机载设备等。⑦数控机床、特色基础元器件产品链。开发铣车复合及大型曲轴复合加工中心产品系列，大型数控落地镗铣床、新结构（横梁移动）龙门加工中心系列、新结构（墙体式）立式加工中心与数控刀具、量具及其他数控机床功能部件等；重点发展汽轮机控制系统、电站控制和检测系统、水电机组调速系统和微机励磁系统、燃气轮机控制系统、风电机组控制系统、太阳能发电控制系统及其他集散型和总线型控制系统。⑧大型环保成套设备产品链。发展 30 万千瓦及以上循环流化床锅炉和垃圾与废气、煤层气、瓦斯、余热余压以及秸秆等生物燃料发电技术和装备成套能力；开发研制烟气脱硫脱硝、垃圾处理和城市污水处理及中水回用成套设备和技术；提供污水处理成套装备、污泥利用和处理的成套装备、控制和监测系统。

（三）能源电力产业

1. 产业发展

（1）以水电为主导的能源发展。四川是我国西部地区的能源基地，特别是水能资源丰富，全省水能技术可开发量达 1.2 亿千瓦，居全国第一。在四川省常规能源资源结构中，煤炭占 19%，石油占 0.1%，天然气占 1.2%，而水能资源则占 79.7%。其中，川南地区以煤、天然气为主的非金属矿产种类多，蕴藏量较大，并有黄桷庄和白马电厂为代表的火力发电；川西北地区能源矿产（铀、泥炭）特色明显；川西特定地区也具备风能和太阳能的条件。同时，四川是多晶硅产能、产量大省，为全国最大的多晶硅生产基地。在国家新能源政策和省政府的大力支持下，已经相继建设乐山多晶硅基地和双流光伏产业园区。四川主要有金沙江、长江、雅砻江、岷江、沱江、嘉陵江、大渡河、涪江等河流，水力资源理论蕴藏量 14276.3 万千瓦。其中，以金沙江、雅砻江、大渡河三水系最为丰富，其技术可开发量分别占全省的 30.0%、26.7%、23.2 %，资源量巨大且相当集中，干流梯级电站规模多在 100 万千瓦以上，个别巨型电站规模可达 1000 万千瓦级，是我国著名的三大水电基地。目前，沿着金沙江、雅砻江、大渡河“三江”流域正在加速推进梯级开发，瀑布沟，溪洛渡，向家坝，锦屏一、二级等特大型水电站的相继开工建设，加上已经建成的龚嘴、铜街子、宝珠寺、二滩、紫坪铺等大型和特大型水电站，四川省已成为全国最大的水电产业基地。到 2010 年 7 月，四川省发电装机容量已突破 4000 万千瓦，其中，水电装机容量突破 3000 万千瓦，居全国首位。四川省风能密度在 40 ~ 170 瓦 / 平方米，年可利用时数 500 ~ 5000 小时，年风速 ≥ 6 米 / 秒的时数 20 ~ 1500 小时，年平均风速 1 ~ 3.5 米 / 秒，年大风日数 1 ~ 160 天。全省风能资源地区差异显著（见表 7-4），可开发利用的风能资源主要集中在西部高原地区、安宁河谷与岷江流域河谷地带。已经初步规划开发 7 个风场，主要分布在甘、阿、攀、凉地区的三口河谷，风电总装机容量约达 210 万千瓦。

（2）电网建设。四川电网通过南、北部两个通道及 3 回 500 千伏线路与重庆电网相连。川渝电网之间形成了联系较为紧密的 500 千伏环网，并与华中、华东四省电网联网，建立了“川电外送”通道。四川 - 上海正负 800 千伏特高压直流输电线路正在建设之中。2009 年底，四川省主网拥有 500 千伏变电站 20 座，变电容量 2600 万千伏安，输电线路长度 6400 公里；220 千伏变电站 131 座，变电容量 3156 万千伏安，输电线路长度 12495 公里；110 千伏变电站 511 座，变电容量 3119 万千伏安，输电线路回路总长度 15774 公里。

2. 产业布局

四川在金沙江、雅砻江、大渡河干流建设“三江”水电基地；在资源相对集中的大中型流域建设七大水电集群；在通航

表 7-4　四川省风能资源丰富地区风能资源特征值

县（州） \ 数值		年平均风速（米 / 秒）	平均有效风能密度（瓦 / 平方米）	年有效风力累计时数（小时）	
				≥ 3 米 / 秒	≥ 6 米 / 秒
甘孜	石渠	3.4	133	4195	1250
	丹巴	3.9	144	4990	1669
	乡城	3.3	84	3965	763
阿坝	茂县	4.0	> 100	≈ 4000	
	若尔盖	2.9	80	3193	541
凉山	德昌	3.7	123	4910	1546

河流嘉陵江、岷江中下游建设两个电航通道，布局如图 7-3 所示。

3. *发展展望*

四川省将大力发展水电，优化发展火电。到 2015 年，力争全省电力装机达到 8230 万千瓦，其中，水电装机 6430 万千瓦；全省电力能源产业完成工业增加值 3000 亿元。到 2020 年，力争全省装机达到 11200 万千瓦，其中，水电装机 9000 万千瓦，核电装机 200 万千瓦；全省电力能源产业完成工业增加值 6900 亿元，把四川建设成国际知名的水电产业基地和我国重要的“西电东送”基地、水电强省。

（1）电源建设。①重点开发水电。推进流域梯级协调综合开发，优先开发调节性能好的大中型水库电站，因地制宜地开发中小型水电；全面加快建设“三江”水电能源基地，加快大中型河流水电开发；依托煤炭和天然气主产区建设大型燃煤火电站，结合天然气资源开发进度和输气管道建设，在电力负荷中心和天然气主产区建设大型燃机调峰电站；扶持农村地区、民族地区和边远山区电力建设；按照“适度超前”原则加大电网建设力度。②优化发展火电。发展火电中需要“优化结构，节约资源，重视环保”。一是提高火电技术水平和经济性，新建燃煤机组单机容量一般要在 60 万千瓦以上，鼓励建设超临界、超超临界大型机组，循环流化床锅炉电站。二是建立煤电产业链，开发煤电基

图7-3　四川省水电产业布局

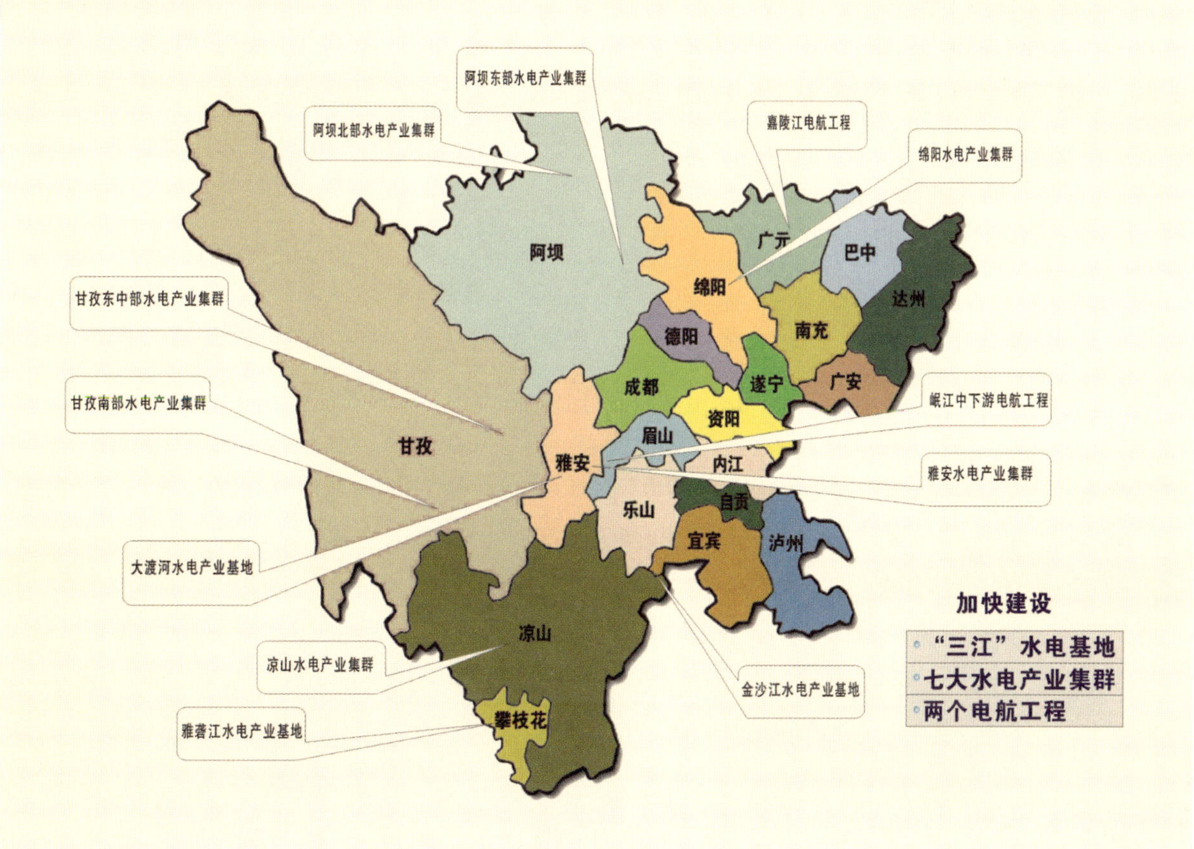

地，依托煤炭基地建设坑口大容量机组。③发展新能源、可再生能源与分布式能源。适当发展天然气发电，积极推动核电建设，力争2020年风电建成100万千瓦。同时，探索分布式能源建设、运行机制，为在不适宜建设集中电站的地区和输电网末端的用户及输配电系统提供能源，有效降低电能远距离输送的能量损失，为用户提供高品质、高可靠性和清洁的能源服务。

（2）加强电网建设。"十二五"期间四川将新建一批交直流特高压工程，构筑一个以7回特高压直流输电线路和4回特高压交流输电线路组成的庞大高速"空中枢纽"，把约3000万千瓦的富裕电力送往全国各地。四川电网将建设成"东接三华（华中、华东、华北）、西纳新藏（新疆、西藏）、北联西北、南通云贵"的全国电力交换大枢纽，构筑成跨省区、跨流域的"水火互济、购送灵活、交换方便、新能源上网便捷"的全国电力资源优化配置大平台。

（四）油气化工产业

1. 产业发展

（1）资源、科研人才优势与产业基础。四川省拥有油气化工产业发展所依赖的重要矿产资源（如天然气、硫、磷、钛、岩盐等），并且储量丰富。四川天然气总资源量约71851亿立方米，是我国天然气资源富集区之一。截至2007年底，累计探明天然气储量16106亿立方米，生产天然气171.1亿立方米，占全国总产量的1/4；全省天然气消费量为100.2亿立方米，其中化学工业用气39.15亿立方米，占39.1%。四川天然气产地可划分为川西气区（德阳、成都、绵阳）、川中气区（遂宁、南充、广安）、川东北气区（达州、巴中）。同时，四川省拥有丰富的硫铁矿、磷矿、钛精矿资源，储量均居全国前列。四川金红石型钛白粉年生产能力达8万吨，居全国之首，饲料磷酸氢钙生产能力占全国1/3。四川省钙芒硝保有储量约153亿吨，占全国总储量的45%，居全国首位。四川省盐卤和石灰石资源富集，岩盐矿储量180亿吨，居全国第一，为发展四川省电石、烧碱、聚氯乙烯产业链提供了原料保障。四川在天然气化工方面，具有处于全国领先水平的研发设计能力、人才优势和雄厚的产业基础。四川天然气制甲醇及二甲醚的生产能力已初具规模，甲醇、二甲醚产能达80万吨、10万吨，天然气制甲醇、制二甲醚技术国内领先并已达到国际先进水平；甲醇制甲烷氯化物产能国内第一，甲烷氯化物制有机氟技术国内领先，氟橡胶产品质量达到国际同类产品先进水平；天然气制氢氰酸及其衍生物，以氢氰酸为原料生产亚氨基二乙腈，进一步生产草甘膦技术国内领先。四川省油气化工产业主要包括以天然气、硫、磷、钛、盐卤等优势矿产资源的化工产业和国家布局在四川的重大石油化工产业。经过几十年的建设发展，四川省已成为全国重要的化工产业基地，其油气化工产业门类比较多，结构相对合理，布局相对集中，专业基本配套；并已培育了泸天化（以合成氨、甲醇、二甲醚为主）、川化（以三聚氰胺为主）、川天华（以丁二醇为主）、四川美丰（以氮肥类为主），以及中昊华西南公司和齐鲁石化等一批天然气化工重点企业，以及乐山和邦、深兰电盐、自贡鸿化等一批国内知名纯碱生产企业。目前，四川的合成氨、尿素、三聚氰胺产能分别达到 450 万吨、420 万吨、14 万吨，居全国前茅。石油炼化企业目前在四川省仅有两家：原油加工能力 150 万吨 / 年的中石油南充炼油化工总厂和原油加工能力 140 万吨 / 年的大英县盛马公司。国家布局在四川的大型石油化工项目 1000 万吨炼油和 80 万吨乙烯项目目前尚未正式开工。随着新项目的建成投产，四川省的化学工业体系将更趋完善，产业门类和产品种类将更为齐全，配套协作发展的产业格局将会逐渐完善。

（2）产业发展面临的困难和问题。一是结构性矛盾依然存在。四川天然气化工产业以传统产业为主，高技术含量、高附加值产品不多，大型石油化工产业目前基本上是空白。二是资源保障体系不完善，天然气地方利用量不足，已经成为影响四川省天然气化工产业的主要制约因素。三是产业加工深度较低，精细化工比重低，产业关联度小，规模化、集约化程度低，石油化工产业刚刚起步。四是综合利用程度较低，原燃材料消耗偏高，污染治理任务较重，亟须产业提升和发展循环经济。

2. 产业布局

四川油气化工产业主要包括三个区域。一是成都经济区。成都重点建设四川石化产业基地；德阳重点打造硫磷钛及精细化工产业基地。二是川南沿江化工产业带。根据区域资源禀赋、产业基础，泸州市巩固天然气化工产业，积极发展煤化工产业，重点建设硫磷钛化工生产基地，建设为西部化工城；自贡市建设以盐化工为基础的硅氟新材料产业基地；宜宾市建设氯碱化工生产基地；乐山市建设盐磷化工生产基地。三是川东北天然气化工产业集群，包括正在建设的达州天然气能源化工园区，广安新桥能源化工园区，南充文峰天然气化工园区以及尚待建设的广元、巴中天然气化工园区（见图 7-4）。

3. 发展展望

随着川东北和川北天然气加快开发，预计四川盆地天然气年产量 2015 年可达到 732 亿立方米。四川丰富的天然气储量和持续增强的开发能力，为天然气化工产业的进一步发展提供了充足的资源保障。同时要争取国家政策支持，确保四川省天然气等资源地方留存利用量与四川省经济发展保持衔接协调，有序开发四川省天然气资源和重要化工矿产资源。

（1）发展途径。①加强产业结构调整，促进产业向精细化、高附加值方向发展。以“基地化、大型化、规模化、集约化、精细化”为方向，整合化工产业要素资源，调整优化产业技术结构和产品结构，加强自主创新和技术引进与合作，改造工艺流程，推进产业向精细化方向发展，提高加工深度和产业附加值，延伸天然气化工、石油化工、盐化工、磷硫化工、芒硝等优势产业链，实现化工产品与技术的升级。②推进企业战略重组，提升产业竞争力。推进企业重组，支持骨干企业通过市场方式实现资源整合和规模化，培育一批销售收入上百亿元的企业集团；通过引进杜邦、巴斯夫等国际知名化工企业，转换新技术，以增强对资源的转化效率，促进化工产业成链发展、集聚集约发展。③发展循环经济。促进企业优化产业布局和实施工业流程优化再造，构建闭环发展的循环经济模式，推进资源综合利用和节能降耗减排，

图 7–4 四川省油气化工产业布局

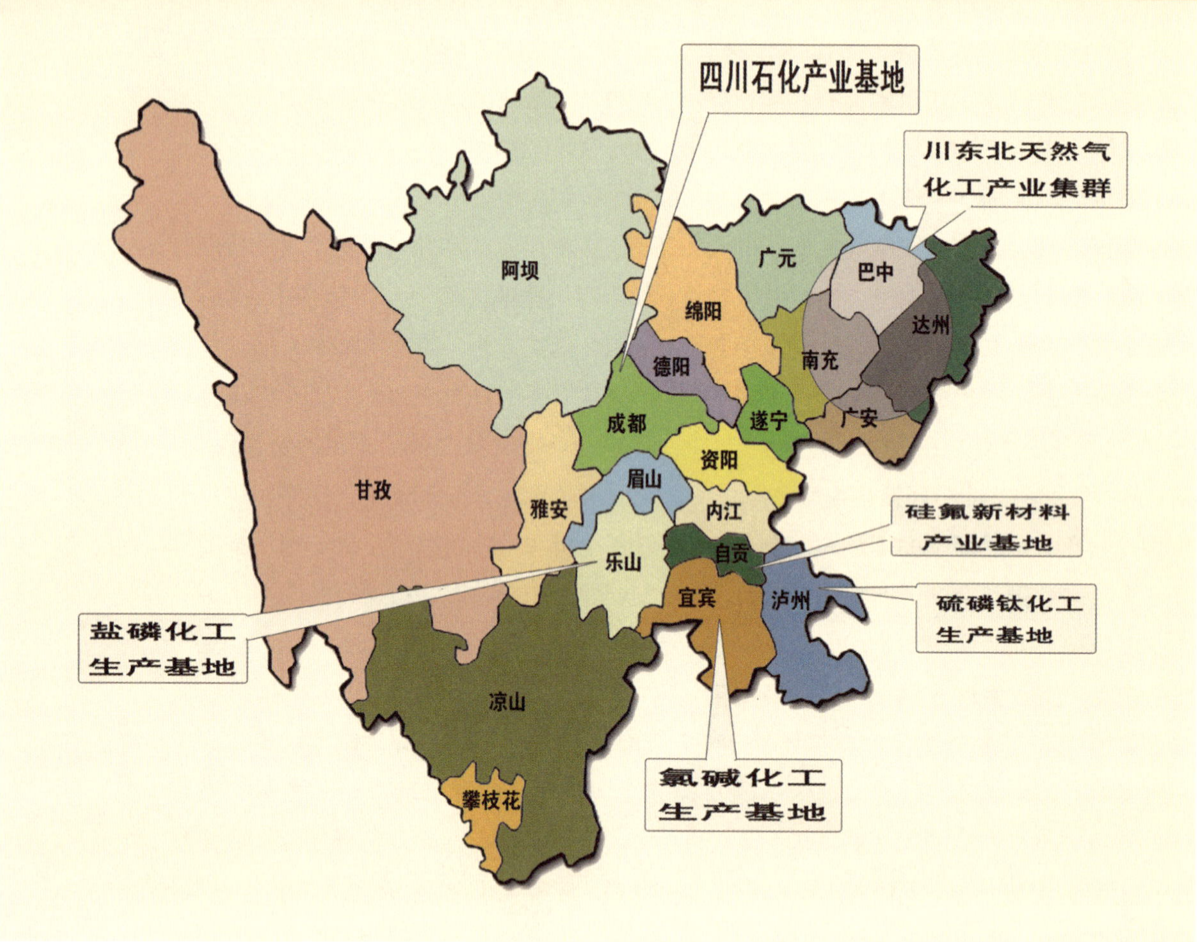

建设资源节约型、环境友好型企业。

（2）发展重点。①发展天然气化工产业链。推广合成气制备新技术，甲醇、二甲醚应用技术，有机硅、氟材料应用技术，天然气等离子法生产乙炔工艺技术，研发化肥催化技术、精细化工催化技术、变压吸附技术等；重点发展天然气制乙炔、天然气制氢氰酸和天然气制合成氨、高效复合肥三条产品链，进一步做大尿素、三聚氰胺、甲醇、氟硅材料、1，4- 丁二醇、聚四氢呋喃、γ - 丁内酯、氢氰酸及其衍生物、子午线轮胎等优势产品。②发展石油化工产业链。建设彭州园区 1000 万吨炼油、100 万吨芳烃、80 万吨乙烯大型炼化一体化项目；以精对苯二甲酸（PTA）项目为龙头，延伸产品链，建设合成纤维、精细化工产品为一体的产业项目；发展苯 – 环己烷下游尼龙 66、尼龙 6 等工程塑料产品；发展以天然气化工、氨加工、三酸为主体，与石油化工相衔接的丙烯下游、丙烯酸及酯产品链项目，发展高吸水性树脂、涂料、黏结剂和皮革化学品；发展以航空润滑油等在国内市场有独特优势的石化产品。③发展盐化工产业链。烧碱生产环节侧向带动盐化工产业（盐卤生产、电解）发展；聚氯乙烯环节向前延伸带动聚酯切片、纤维、塑料和建材等产业发展；加快发展聚氯乙烯产业链；做大电石、聚氯乙烯、纯碱、甲烷氯化物等优势产品；支持盐卤、石灰石等资源丰富、环境容量许可的地区发展氯碱工业；推广采用本体法清洁生产工艺技术生产聚氯乙烯，推广电石尾气净化技术，通过联办和自办电石渣制水泥装置，实现电石渣的综合利用；支持原盐、烧碱、聚氯乙烯和电石生产企业联合并发展热电联产。④发展磷化工产业链。通过电冶结合形式，大力发展高水平磷冶炼及磷化工及精细化工产品；重点发展三聚磷酸钠、磷酸三钠、磷酸五钠、五硫化二磷、磷酸二钙、磷酸三钙、磷酸氢钙等产品；发展磷酸一铵、磷酸二铵等高浓度磷肥产品和磷酸二氢钙等饲料添加剂；发展牙膏级磷酸氢钙、磷酸氢钾等医药添加剂和电子级磷酸产品；发展磷化工产业集群并加大产业链整合力度，提高产业集中度和产业技术研发制造水平。⑤发展芒硝产业链。推广硐室水溶开采和五效真空蒸发逆流技术；以元明粉为原料，采用先进技术生产硫化钠系列产品和超细硫酸钡、硫酸钾等化工产品；以硫化钠为原料，生产高附加值、高性能的特种工程塑料。

（五）钒钛钢铁产业

1. 产业发展

（1）资源优势。四川省拥有丰富的钒钛资源，且主要集中在攀西地区。攀西地区拥有攀枝花、红格、白马、太和等四个特大型矿床，连同其他大中小型矿山在内，钒钛磁铁矿已查明储量和远景资源总量为 90.58 亿吨，约占全国铁矿储量的 1/5。钒钛磁铁矿中钒的资源储量为 1786 万吨，占全国总量的 52%；全省钛保有资源储量 61611.62 万吨，占全国总量的 89.47%，占全球的 25%，储量居世界第一，主要以钒钛磁铁矿形式存在，分布在 27 个矿区，四大矿区钛保有资源储量 56310.07 万吨，占全省总量的 91.3%（见表 7–5）。攀西地区的钒钛磁铁矿中伴生有铬、钴、镍、铂、钪、镓等十几种金属元素。该地区拥有与钒钛磁铁矿开发匹配的煤、熔剂灰岩和白云岩、盐、磷等多种非金属矿藏及工业用水资源，属典型的多资源共生矿，每一种元素的储量都很大，相当于一个大型的矿床，综合开发利用潜力巨大。

（2）产业发展特征。①四川拥有较为雄厚的钒钛钢铁产业基础。目前，四川已拥有年产钒渣 30 万吨、钒制品 3 万吨、钛白粉 16 万吨、海绵钛 7500 吨、钛材 3000 吨，生铁 1600 万吨、粗钢 1700 万吨、钢材 1800 万吨的生产能力，形成了以攀钢集团（含攀成钢、攀长钢、西昌新钢业）、川威集团、达钢集团、德胜钢铁集团、西南不锈钢公司、龙蟒集团、恒鼎集团等为代表的一批大型龙头企业和众多中小企业协同发展的格局，已形成了以钒钛磁铁矿采选、高炉炼铁、提钒炼钢、炉外精炼、连铸连轧、钒加工、钛精矿选矿、钛白粉生产以及海绵钛和钛材等比较完整的钒钛钢铁产业链，钢铁产业包括以高速铁路用钢轨为代表的铁道和大型材系列，以家电板、汽车大梁板、石油管线钢为代表的板材系列，以优质无缝管为代表的管材系列，以及棒线材和特殊钢系列等五大标志性产品，其中，高技术含量、高附加值的钢材产品占全省钢材产量的

表 7-5　四大矿区钛的保有储量（单位：万吨）

全省总量	四大矿区的总量	红格矿区	攀枝花矿区	太和矿区	白马矿区
61611.62	56310.07	34214.63	11217.14	6375.35	4502.93

资料来源：四川省国土资源厅。

46%。②钒钛资源综合利用水平不断提高。四川企业已经突破钒钛磁铁矿采选、冶炼、加工、提钒、提钛及钛白粉生产等一整套技术。攀钢集团自主研发了常压下碳化及氮化反应同步进行连续生产钒氮合金的产业化技术，基本掌握了氯化法钛白生产技术，并在废弃高炉渣提钛技术开发上取得突破；龙蟒集团开发了硫－磷－钛循环经济模式，首创了新型硫酸法金红石钛白粉生产工艺，整合了资源，解决了钛白粉生产的污染问题；攀钢、龙蟒、恒鼎、攀阳等企业在钒钛磁铁矿直接还原工艺技术和装备方面取得了突破性进展，形成了具有国际先进水平和自主知识产权的产业成套工艺和装备，初步形成钒钛资源综合利用和循环经济发展模式。③形成产业集聚发展趋势。攀西地区已经发展成我国最大的钒产业基地和钛原料基地，攀枝花市享有“中国钒钛之都”的美誉。攀枝花钒钛产业园区聚集了涉及钒钛资源开采、提取和深加工的企业近 100 户，是四川钒钛产业集群发展核心区；西昌钒钛产业园区汇聚了攀钢集团西昌新钢业公司、重钢太和铁矿等 16 户企业；盐边安宁河工业园区，聚集了龙蟒矿业、广川等一批钒钛资源综合利用企业。

（3）产业发展面临一些突出困难和问题。一是产业发展战略定位不准，钒钛资源特色不够突出，资源优势未能充分转化成产品优势和产业优势。二是资源开发分散，浪费严重，企业规模偏小，产业集中度低。三是研发能力较弱，技术创新不够，一些技术瓶颈有待进一步突破。四是产品结构不合理，产品档次整体不高，钛产品和部分钢铁产品在国际国内市场上竞争力不强。五是工艺装备提升缓慢，节能减排任务艰巨。六是产品市场还有待进一步培育和发展。

2. 产业布局

产业布局围绕攀西钒钛资源的综合开发利用，重点建设“一基地、六个产业聚集发展区”（见图 7-5）。

3. 发展展望

（1）市场需求分析。世界上 85% 以上的钒用于钢铁生产的添加剂。随着我国大力发展高强度钢，我国的五氧化二钒消费很快也将达到欧美发达国家水平（每千吨钢消费五氧化二钒 80 公斤）。按此测算，到 2020 年，我国仅钢铁工业每年就将消费五氧化二钒超过 6 万吨，而我国目前五氧化二钒的年产量不到 3 万吨，市场前景广阔。90% 的钛原料用于生产钛白粉，有一部分钛原料用于生产海绵钛和钛材。钛白粉则广泛应用于涂料、塑料、造纸、化纤、油墨、橡胶等工业；钛材特别是高档次钛材在国防军工、航空航天、电力冶金、石油化工、真空制盐、海洋工程、汽车制造、生物工程、地热工程以及体育休闲旅

图 7-5　四川省钒钛钢铁产业布局

游等领域广泛应用。到 2020 年，每年消费钛白粉将超过 200 万吨以上，消费海绵钛 15 万吨、钛材 9 万吨。因此，拥有丰富钒钛磁铁矿资源的四川将拥有巨大的产业发展空间。

（2）发展途径。①推进企业战略重组，做强优势企业。发挥攀钢集团在产业整合方面的龙头作用，通过市场化方式，优化四川钢铁产业组织结构，构建符合国家产业政策要求、具有明显规模经济效益和显著竞争优势的大型钢铁联合企业，提升四川省钒钛钢铁产业的整体竞争力和可持续发展能力。②坚持技术创新和产学研相结合，研发高端产品。瞄准国际先进企业，加强技术攻关和技术引进，全力突破技术瓶颈制约，努力扩大和提高钒钛磁铁矿综合利用的规模和水平，优化产品结构，开发高档次、高技术含量、具有自主知识产权的钒钛和含钒钛钢铁产品，在填补国内技术、产品空白的同时，形成跻身国际市场的独特优势。③整合、完善与发展优势产业链。围绕资源综合开发利用，积极推动产业链上下游延伸，实施一体化经营发展战略，强化对资源、市场的控制能力；围绕特色产业经济带的建设，着力加强钒钛钢铁生产企业向工业园区集中发展，构建关联发展、成链发展的产业模式，推进区域内工艺路线的衔接、协调，加强环境综合治理和环境保护，构建钒钛钢铁产业可持续发展的管理体制和运行机制。

（3）发展重点。①优质钢铁产业链。推广精料入炉、富氧喷煤、铁水预处理、炉外精炼、热装热送、连铸连轧、控轧控冷等先进工艺技术，干熄焦、余热余压发电、焦炉高炉转炉煤气回收利用、烟气粉尘废渣回收再利用等技术以及钒钛的煤基直接还原工艺技术；提升攀西地区铁矿资源的采选及冶炼技术，发展钒钛低微合金化钢、纯净钢、超细晶粒钢、高强度钢、耐腐蚀钢、特殊钢和高速重轨、无缝管、冷热轧薄板、高强度抗震钢筋以及多元优质铁合金等产品；构建西部地区铁路和桥梁用钢、石油化工和发电设备用钢、汽车及家电用高档冷热轧板材、精品建材以及优质特钢和多元复合优质铁合金的重要生产基地；重点优化发展五大钢材品牌系列。②钒钛产业链。培育大规模、集约化、深度开发的钒钛优势产业集群，进一步扩大钒渣和钒制品生产能力；发展低品位矿、表外矿、尾矿的综合开发利用，钒钛磁铁矿直接和熔融还原，氧化钒的清洁生产，钒制品和钒钛低微合金钢深度开发，钒钛精细化工产品开发，优质钛原料，含钛高炉渣资源综合利用，氯化法钛白粉生产，海绵钛以及二氧化钛直接电解生产金属钛、钛及钛合金和高档钛材，钒钛矿共生钴、铬、镓、钪等提取和综合利用等关键技术；加快攀钢西昌钒钛综合利用新基地以及川威集团、达钢集团、龙蟒集团、德胜集团等企业的钒钛项目建设。

（六）饮料食品产业

1. 产业发展

（1）发展概述。①产业发展势头强劲，逐渐成为推动四川工业经济增长的新亮点。四川长期坚持把发展食品饮料产业作为农产品加工业的重点，着力提升农产品深加工水平，饮料食品产业发展迅速。2009 年，规模以上食品产业企业达到 1932 户，新增 446 户，净增 152 户。新增企业共实现主营业务收入 310.95 亿元，实现利税 23.99 亿元，实现利润 4 亿元；主营业务收入超亿元的饮料食品工业企业达 573 户（2009 年新增 131 户），完成主营业务收入 2530.12 亿元，占全省饮料食品工业主营业务收入总额的 82.77%，其中 10 亿～50 亿元饮料食品产业工业企业 32 户（其中新增 10 户），完成主营业务收入 579.20 亿元，占全省饮料食品产业主营业务收入总额的 18.95%；龙头饮料食品工业企业实现主营业务收入，五粮液企业集团达到 350 亿元，泸州老窖集团达到 94 亿元，郎酒集团达到 33 亿元，增幅分别是 16.53%、39.74%、63.45%。②产业规模持续增长，产业支柱地位增强。到 2009 年底，四川省共有企业 1932 家规模以上饮料食品工业企业，从业人员 35 万余人，完成年销售额 3028.47 亿元，实现工业增加值首次突破 1000 亿大关，达到 1080.40 亿元，同比增长 30.09%，增幅比全省工业高出 8.9%；食品工业总产值和主营业务收入双双跃上 3000 亿元台阶，分别达到 3095.93 亿元、3056.65 亿元，同比增长 30.91%、32.14%，其中食品工业总产值增幅比例全国第二，主营业务收入增幅比例比全省工业高出 7.04%；实现利税 414.64 亿元，同比增长 30.69%，实现利润 198.36 亿元，同比增长 38.41%，增幅分别高出全省工业的 5.5% 和 4.7%。饮料食品产业的工业规模排位超过江苏省，跃居全国第 4 位。从饮料食品产业在全省工业中的比重看，2009 年，主营业务收入占 17.79%，工业增加值占 17.47%，利税占 23.80%，利润占 21.83%，从业人员占 11.99%；食品工业增加值对全省工业经济增长贡献率达到 23.11%，拉动全省工业经济增长 4.9 个百分点。饮料食品产业的主营业务收入仅比排第一位的装备制造业少 125.89 亿元，但其利税已经超过装备制造业（115.67 亿元），已然成为四川省“7+3”产业中的“第一利税大户”。③主要产品产量大幅增加。2009 年，纳入统计范围的 28 种主要食品中，除方便面、发酵酒精和碳酸饮料外，其余 25 种均实现了不同程度的增长。其中，糖果产量增幅最快，达到 127.89%；果蔬汁饮料、食用植物油等 7 种产品增幅在 50% 以上；白酒产量同比增长 40.70%，创近 6 年的新高；大米、小麦粉、鲜冷藏肉、乳制品、精制茶等重点产品均实现了较快增长，同比增长幅度分别为 32.62%、21.80%、40.81%、49.90%、32.08%。④龙头企业发挥引领作用，品牌优势突出。以大企业大集团跨地区、跨行业、跨所有制进行资源整合，多元扩张步伐加快，在五粮液集团、泸州老窖、剑南春、全兴、郎酒、沱牌、川渝中烟四川烟草公司、新希望、高金食品、华润、统一、竹叶青等重点企业的带动下，在白酒、肉制品、粮油、卷烟、饲料、软饮料、茶叶等领域形成了同业聚集型和龙头带动型的产业链，主导产品在国内已具有较大市场份额，保持较强的增长能力，并发展出众多驰名商标与品牌。截至 2009 年底，四川省食品工业企业已经拥有中国驰名商标 30 个、四川省著名商标 190 个，荣获省名牌 284 个。宜宾市荣获中国唯一的“中国酒都”称号。⑤重点优势产业贡献突出。第一，从工业总产值看，采盐、农副食品加工、食品制造和饮料制造四大行业增幅分别为 36.78%、30.26%、40.88% 和 31.39%。特别是饮料制造业，继续保持稳中有升的发展态势，实现工业总产值 1028.71 亿元，增幅同比增长 6.7%，成为四川省饮料食品产业中第 2 个千亿元产业。第二，各大类行业间的基本结构保持稳定，农副食品加工业仍是第一大类行业，实现工业总产值 1516.54 亿元，占行业总额的 48.98%。饮料制造业实现利润 113.58 亿元，占全行业利润总额的 57.26%，是四川省省饮料食品产业利润的主要来源。食品制造业保持快速发展势头，但是总量在全行业中比重不大。第三，从小类行业看，白酒制造业在四川省饮料食品产业中一枝独秀。四川饮料食品产业中的优势产业突出，体现在白酒制造业。2009 年全省 232 户规模以上白酒企业，全年实现产量 155.96 万吨，同比增长 40.70%；实现主营业务收入 795.89 亿元，同比增长 34.70%；实现利税 167.25 亿元，同比增长 34.23%，其中实现利润 94.46 亿元，同比增长 44.56%。三项经济指标增幅分别同比提高 6.7 个、18.5 个、30.3 个百分点；三项指标占全省饮料食品产业的比重分别达 26.04%、40.34% 和 47.62%。四川白酒主要经济指标占全国白酒的比重，产量占 22.06%，工业总产值占 34.02%，新产品产值占 70.22%，销售产值占 34.30%，出口交货值占 83.8%，在全国的龙头地位进一步得到巩固。第四，饲料、谷物磨制、肉制品等产业在四川省食品饮料工业中也占有重要地位。⑥地（市、州）产业发展快，县域工业蓬勃发展。从2009年产业工业总产值看，21个市（州）同比均有不同程度的增长，其中有14个市（州）增幅超过全省平均增幅，10个市（州）增幅超过40%。增幅最大的前五位，分别为甘孜州（206%）、攀枝花市（166.47%）、阿坝州（64.47%）、巴中市（51.96%）和雅安市（50.77%）。从绝对量看，前五位分别为成都市（657.05亿元）、宜宾市（382.19亿元）、泸州市（295.67亿元）、南充市（206.56亿元）和资阳市（204.36亿元），这5个地区的饮料食品制造业工业总产值之和占全省饮料食品产业总额的56.39%。成都市继续保持均衡平稳发展的态势，饮料食品产业主营业务收入、利润、利税增幅分别达到22.36%、20.19%和18.51%，其中农副食品加工业、食品制造、饮料制造、烟草制品四大行业产值全部超过百亿元，有力拉动了全省食品工业增长。宜宾、泸州两市坚持突出白酒主业，推动白酒业快速发展。两市全年白酒业完成主营业务收入634.56亿元，实现利税137.48亿元，实现利润82.49亿元，分别占全省白酒业总额的79.73%、82.20%和87.33%，向建设全国白酒基地迈出坚实步伐。资阳市以四海集团为龙头，大力发展以肉类、粮油加工为主导的农副食品加工业，成效显著，全年农副食品加工业实现产值157.15亿元，成为四川省仅次于成都市的农副食品加工基地。广元市则利用灾后重建的机遇，以食品工业园区为载体推动食品产业发展，发展速度位居全省前位。食品工业在壮大县域经济中发挥作用日益突出，县域食品工业成为四川省食品工业的重要支撑。2009年，全省共143个县（市、区）分布有规模以上食品企业，覆盖率达79%。49个县（市、区）食品工业主营业务收入在20亿元以上，其中宜宾市翠屏区、成都市龙泉驿区、泸州市江阳区超百亿元。经中国食品工业协会认定的四川省23个食品工业强县食品工业完成主营业务收入1046.56亿元，利税124.91亿元，利润74.78亿元，分别占全省食品工业总额的34.24%、30.12%和37.70%。

（2）科技创新。四川在食品产业发展中，加强科技创新，并取得丰硕成果。四川食品工业协会成立了“四川白酒科技创新联盟”，为推动白酒科技进步搭建了平台，在浓香型白酒标准化生产和白酒食品安全体系建设等方面有进展。2009年，全省规模以上食品产业实现新产品产值419.41亿元，连续三年居全国第一，新产品值率达到13.55%，比全国食品产业平均水平高出9.7个百分点。白酒制造业是四川省食品产业中最具创新活力的产业，实现新产品产值117.96亿元，占全省食品产业比重达到28.13%，新产品产值率达到16.55%。新产品产值上10亿元的7户企业中，有5户属于白酒制造业。2009年，四川省获“中国食品工业协会科学技术将”一等奖五项、二等奖一项，获“中国食品工业协会科技进步优秀项目”七项；五粮液等6家企业获全国食品工业科技进步优秀企业称号，其中五粮液成为唯一获此殊荣的七连冠；王国春、乔天明、刘友金等42人获“中国食品工业协会科学技术奖——自主创新企业家”、“全国食品工业科学技术进步先进科技带头人”、“全国食品工业科技进步先进管理工作者”荣誉称号，四川省获奖企业及项目居全国之首。泸州老窖、郎酒等企业承担的“中国杯酒功能微生物研究选育及产业化应用”获省科技进步一等奖；高进、太丰、美宁等公司承担的“优质安全冷却保鲜肉加工及储运技术研究与应用示范”项目，叙府茶业公司承担的“茶叶保绿增香加工技术研究及应用”项目荣获省科技进步二等奖；泸州老窖公司承担的“酒库智能化信息化自动控制系统的开发与应用”项目和“创建强势区域品牌研究——以四川白酒产业为例”项目荣获省科技进步三等奖。

2. *发展布局*

四川省食品饮料工业重镇在成都、自贡、攀枝花、泸州、德阳、绵阳，集中于“十大加工基地、十二个工业园”，其中泸州酒业集中发展区和宜宾五粮液饮料食品工业园（中国白酒“金三角”）简称国酒“金三角”。即：建设长江上游白酒制造基地、成德眉粮油加工基地、川中肉食品加工基地、成德绵优质卷烟生产基地、攀西优质烟叶种植加工基地、成都平原方便特色食品加工基地、攀西果蔬加工产业基地、秦巴山区绿色饮料食品加工基地、川西优质茶叶加工基地、川西北乳制品加工基地；建设宜宾五粮液饮料食品工业园、绵竹剑南春工业集中发展区、泸州酒业工业集中发展区、沱牌生态工业园、温江海峡两岸科技产业园、安岳工业园、简阳石桥粮油加工贸易区、岳池回乡创业园、广元农副产品加工园、乐至农副产品加工园、西充农副产品加工集中发展区、昭觉县食品工业集中区等 12 个食品工业园区（见图 7-6）。

3. *发展展望*

随着家庭收入的提高、生活节奏的加快，我国城乡居民的消费需求和消费结构正发生着巨大变化。目前发达国家食品工业产值与农业产值的比值约为 2.0 ~ 3.7 : 1，全国为 0.55 : 1，而四川省仅为 0.53 : 1。从工业食品占食品消费量的比重来看，发达国家为 90%，发展中国家低于 38%，而中国仅为 20%。随着全面建设小康社会的推动，政府扩大内需的一系列措施开始起作用，农民的消费比例会逐渐增加；农村人口城市化进程加快，也必将对食品工业的发展产生巨大的推动作用。未来 5 ~ 10 年内，四川省高品质白酒和粮油制品将继续维持较快增长，软饮料、方便特色食品以及肉制品等市场热点前景看好，乳制品、果蔬和茶叶将是最具潜力、发展速度最快的行业。

（1）发展途径。①抓好优质原料基地建设。主要措施是推进优质原料标准化、机械化和基地化生产。即推行现代农业标准化生产，在标准种子、标准生产、标准管理等环节取得突破，提高种养殖环节比较收益，推进农业机械化，规范农产品生产流程；围绕龙头企业高水平规划建设农产品种养殖基地，突出主导产业特点规模化建基地，实行区域化布局，形成一批专用、优质、稳定的饮料食品加工原料基地；调整优化种养结构，在稳定粮食生产的同时，优化非粮产业结构，科学规划非粮产业区域布局，推进特色种养殖业结构战略性调整，倡导发展绿色无公害农产品，重点发展生猪、茶叶、烟草等具有一定优势的特色产业。②建立饮料食品产业现代营销体系。引导相关企业树立品牌意识，坚

图 7-6　四川省饮料食品产业布局

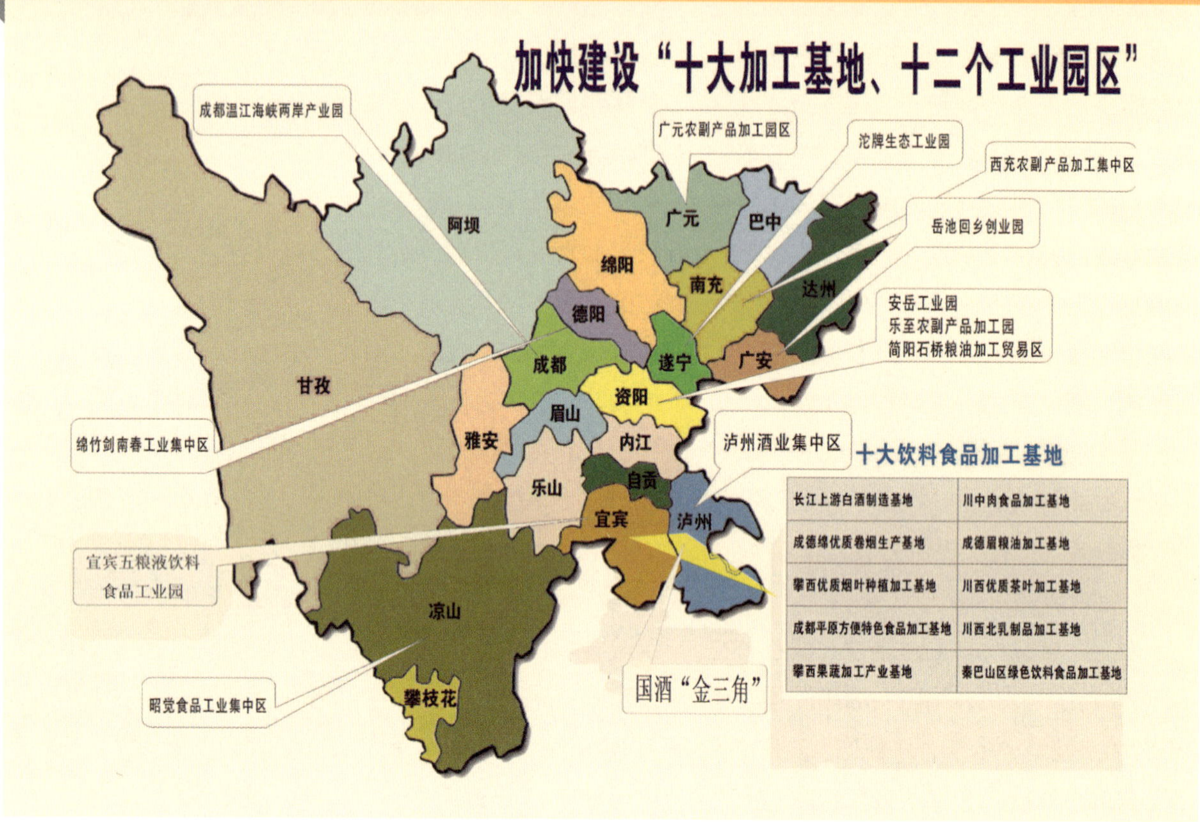

持发掘传统品牌资源和培育新品牌相结合、引进知名品牌和自主创新相结合、提升产品档次和加强品牌宣传相结合，全力打造一批国际国内知名绿色环保品牌，形成规模效益和品牌效应；在推动全行业培育产品品牌、企业品牌的同时，积极打造区域品牌、地域品牌；加快现代物流业发展，大力发展连锁经营业态，将生产专业化经营与分散化连锁销售相结合、集中仓储与分散配送相结合，逐步发展富有区域特色的饮料食品连锁化经营体系。③建立健全饮料食品安全监管体系、标准体系、检测体系、信用体系。综合协调各职能部门在饮料食品安全监管方面的职责，建立统一、权威、高效的饮料食品安全监管机制，加强对农产品种养殖、生产加工、流通和消费等重点环节的监管，严格饮料食品企业和市场准入制度，严格标准化生产和产品出厂检验，强化食品安全责任制。整合现有检测资源，实现检测信息共享，建立企业自检、部门监督抽检、食品集散市场三级检测体系。督促企业承担社会责任、建立自律机制，建立饮料食品安全预警应急机制、召回制度等信用体系。建立互联互通和资源共享的信息监测和通报网络体系，形成统一、科学的饮料食品安全信息评估和预警机制。

（2）发展重点。①优质白酒产业链。依托长江和赤水河独特的生态地理环境，积极培育国酒“金三角”，将五粮液、泸州老窖、郎酒所在的象鼻镇（或思波镇）、罗汉镇、二郎镇打造为中国最具特色、具化名酒文化，营造国酒“金三角”区域品牌；继续做强做大“六朵金花”[①]，支持丰谷、江口醇、小角楼等地方名酒及原酒生产企业快速发展，扩大市场竞争优势，形成稳定的经济增长点。②肉食品产业链。实现腌腊制品、灌肠制品、酱卤制品、熏烤制品等传统川味中式肉制品的现代化技术改造及产业化、规模化加工，大力发展特色西式肉制品；重点开发生产精致优质牛肉干、牛肉粒、清蒸牛肉罐头、兔肉制品等传统产品和现代牛肉（特别是牦牛肉）加工制品；推广分割肉、冷鲜肉产品，开发各类高温、低温和西式产品。③粮油制品产业链。发展稻谷、小麦、玉米、薯类、油菜深加工及副产物综合利用，积极发展各类专用粮油产品；引导加工业向安全、优质、营养、保健、方便食品方向发展；加强饲料原料基地建设，扩大饲料原料品种。④烟草产业链。整合省内烟草企业，做强做大娇子、国宝系列等优质卷烟，支持开发“长城”牌雪茄烟，扩大川烟在国内市场的知名度和占有率；通过烟草加工业的发展，带动烟叶标准化种植，建设一批现代化烟叶种植基地，构建新型烟草产供销产业价值链；支持四川三益烟草公司、四川三鑫烟草公司、叙永三友烟叶复烤厂、四川宜宾烟叶复烤厂、广元烟叶复烤厂等烟叶复烤企业发展。⑤软饮料产品链。发展适合市场特点的矿泉水、纯净水、粮食饮料、果蔬汁饮料等产品；开发植物蛋白饮料、碳酸饮料、果汁饮料以及各种富含微量元素的保健性饮料。⑥果蔬产业链［由种植（选育改良）－清洗分选－加工（切分、脱水、榨汁、浓缩、盐渍发酵等）－包装－运销等环节构成］。在发展果蔬浓缩汁、饮料和传统泡菜、榨菜、芽菜、食用菌等基础上，重点发展特色水果、蔬菜的保鲜与加工，大力开发技术含量高的冻干蔬菜、速冻菜、净配菜、蔬菜粉、果蔬脆片、调味及调理蔬菜、果酱果冻及果蔬罐头等丰富多样的果蔬产品。⑦茶叶产业链。以竹叶青茶业、龙都茶业、叙府茶业、文君茶叶、仙芝茶业、蒙顶皇茶、茗山茶业、巴山雀舌、罗村茶业、米仓山等为重点企业，以绿茶、花茶、边茶等品种为基础，重点发展竹叶青、龙都香茗、叙府龙芽、仙芝竹尖、蒙顶等品牌茶叶。⑧乳制品产业链。重点发展巴氏灭菌奶，适合不同消费群体的巴氏奶、纯牛奶、酸奶以及含钙、铁、锌等营养元素和各种风味的高附加值液态奶；重点开发高品质奶粉、干酪、黄油、冰淇淋、乳糖、乳清粉等多种奶制品。

（七）现代中药产业

1. 产业发展现状

（1）原材料丰富。首先，四川省素有“中药之库”的美誉，中药材品种多、分布广、产量大、质量优。现有中药资源种类 5000 余种，其中植物药材 4600 余种，动物药材 320 余种，约占全国中草药品种的 75%，蕴藏量 100 万吨以上，居全国首位。在全国重点普查的 430 种重要的中药资源

① “六朵金花”是指五粮液集团、泸州老窖集团、剑南春集团、全兴集团、郎酒集团、沱牌集团。

中，四川产的有 383 种，其中产（藏）量在 1000 吨以上的 110 种。特别是四川境内有丰富的藏药资源，仅阿坝州共有各种野生药用植物 2235 种（其中常用藏药植物 500 余种）、药用动物（原动物）143 种，尤以虫草、贝母、大黄、黄芪、雪莲花、红景天、沙棘、羌活、秦艽等最为著名。目前全省人工栽培的药材品种达 200 余种，著名川产道地药材 49 种，其中川芎、川贝母、附子是四川特有，具有不可替代性；麦冬、附子、白芷、丹参、半夏、郁金、党参、天麻、金银花、黄连等质量一流。作为农业部特色农产品区域布局规划（2006 ~ 2015 年）的重点区域，四川主产的道地药材为 7 种，药材优势区范围包括甘孜州、阿坝州、广元、乐山、凉山州、成都、德阳、巴中、达州、绵阳等 10 个市（州）。其次，依托国家农业产业结构调整和退耕还林的产业政策，立足川产道地药材的地产资源优势，四川省在全国率先提出和开展 GAP 和 SOP 的地区，先后建立了川贝母、川芎、黄连、麦冬、厚朴、大黄、半夏、羌活、赶黄草、杜仲等一系列优质无公害中药材种植基地，从源头上严格控制中药材的质量。作为全国首个和唯一的部省共建的中药现代化科技产业基地，四川省将药材生产种植体系建设作为产业基地四大体系之一重点推进。截至 2008 年，全省中药材 GAP 种植基地建设总面积达 14755 万亩，制定了 15 种川产道地药材的规范化生产技术规程，建立了 1 个国家级无公害生产示范基地、7 个省级中药材规范化生产示范基地和 1 个国家生物产业基地。

（2）发展概述。四川中药产业在中药饮片、中药提取物、中药成药、中药保健品、制药机械等方面取得显著成绩。建立了成都高新技术中药园区和彭州、都江堰中药材与药品生产基地，乐山、雅安、攀枝花特色中药基地，甘孜、阿坝、凉山藏药彝药基地；建立了我国第一个国家级“中药现代化科技产业基地”；拥有完善的教育、研发、生产及销售网络体系。四川省中药材种植规模和产量全国第一，中药饮片产值全国第一，中药饮片市场已出口到韩国、日本、德国、阿根廷、美国、奥地利、香港等 20 多个国家和地区。经过多年发展，四川省中药企业逐步壮大，培育有一定规模、品牌影响力的现代中药工业企业和一批知名产品。如地奥制药公司、中汇制药公司、康弘制药公司、华西医大制药厂等 50 余家，在中药饮片、提取物、中成药、保健品、制药器械等方面拥有较大市场份额。如成都华高药业有限公司年产值超过 5000 万元，并且已成为国际知名的原料药生产厂家，相关原料药均在各个国家注册或认证 COS、EDMF、MF、KOSHER，80% 销往欧美日等发达国家；成都牧甫生物科技有限公司拥有自主知识产权的三大核心技术，解决了植物提取领域的关键技术共性难题。已经培育出一批市场知名度高、疗效好的中成药产品，如地奥心血康、洁尔阴洗液、一清胶囊、糖脉康颗粒、抗病毒颗粒等一批优势名药。以赶黄草为原料的单味成药“古蔺肝苏”已通过国家原产地域保护，成为我国第一个获得原产地域产品保护的中成药品种。一批天然植物提取物通过了欧洲 KOSHER 认证，一批中成药取得了在香港、马来西亚、越南等地和国家的注册，原料药“曲克芦丁”取得了欧盟的 DMF 药品注册。四川中药流通供应历史悠久，历来是西部药材集散地。近年来，全省已经形成了以成都五块石－大丰物流基地为中心、辐射全川、地方配送网络健全的医药物流格局，其中西部医药、科伦医贸、本草堂药业、金利医贸、天奇药业等 16 家一级物流批发企业销售集中度最高，总销售额近 200 亿元。成都荷花池中药材市场是全国三大专业中药材交易市场之一，已经成为西部中药材销售中心和全国中药制药企业的原料采购中心，年药材交易额 20 亿元以上。成都－德阳－绵阳中药商业通道成为四川省中药流通的主干。目前，四川省已建立起一批重点科研基地，形成了一支研发和工程技术人才队伍，取得了一批创新成果。依托我国最早建立的天然药物学国家级重点学科——成都中医药大学天然药物学学科及天然药物材标准化教育部重点实验室，以及四川大学、中国科学院成都分院等科研机构，四川省制药企业中药工程技术开发和成果转化应用能力不断提升，开发了系列高新技术、高附加值的产品，如地奥心血康胶囊、黄芪注射液、松龄血脉康胶囊等均为《国家基本医疗保险药品目录》品种与《国家中药保护品种》。一批新的药物组成及制作方法取得国家发明专利，如中药活性物质分离方法、中药提取物及其制备方法、新制剂及其制备方法、炮制品及其制备方法、中药制药设备图等。中药知识产品方面，四川产川芎、附子、麦冬、金银花、杜仲等 7 个产品获国家地理标志产品保护，居全国第 2 位。

2. 产业布局

四川中药产业实施“一中心、三集群”产业布局。即以成都为中心，建设成德绵资内现代中药产业集群、凉乐雅现代中药产业集群、甘阿民族特色中藏药产业集群；培育发展中药种植园区、现代中药科技研发园区、现代中药生产园区、中医药康复养生园、中医药文化博览园、藏药科技产业园等特色产业园区（见图 7-7）。

3. 发展展望

随着回归自然潮流的涌起和中药现代化的发展，中药需求年均增长 19% 左右。国际市场对天然药物的需求量日益增大。据统计，世界植物制品销售额近 300 亿美元，其中天然药物销售额超过 160 亿美元，并以每年 10% 以上的速度递增。这给四川省现代中药产业提供了巨大的市场空间。

（1）发展途径。①以政策和市场推动现代中药产业快速发展。对符合条件的药品优先进入四川省医保目录，对新产品、新技术、新设备等推广应用出台相应价格、税收等优惠扶持政策；以已经建成的大型中药交易市场带动四川中药企业平稳、快速发展。②支持创新与研发。加大中药研发、产业化中存在的关键共性技术问题研究，鼓励新剂型、新技术、新给药系统等开发，支持一批优势大品种或独家品种的二次开发；搭建公共研发与服务平台，建立信息、检测、中试、动物实验等共享平台，完善大型精密仪器设备资源共享机制，大力支持产学研合作开发，构建中药产业（链）创新、研发外包服务等联盟；支持制定完善现代中药标准和规范研究。③建设中药原料基地。加强川产道地药材、大宗药材的规范种植示范基地建设，到 2020 年全省中药材人工种植和野生抚育面积达到 200 万亩；加强濒危珍稀中药等资源的

图 7-7　四川省现代中药产业布局

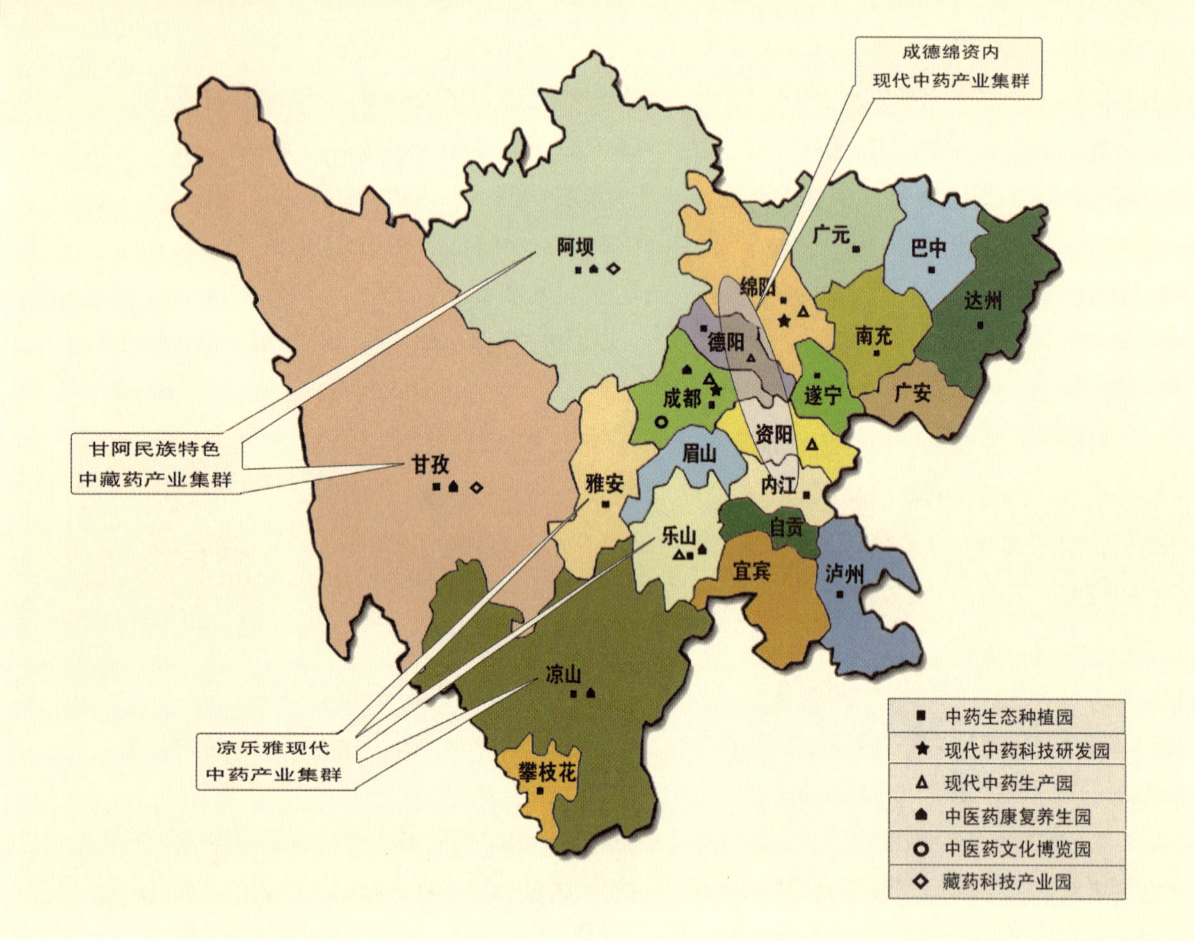

保护，通过建立种子库、基因库等，支持利用现代技术开展濒危珍稀中药种植、药用动物的繁育和种质资源的研究，加强川产道地药材优良新品种选育、审定及配套技术研究，加强野生药材变家种、家养研究。④传播“川产中药”优品牌文化，培育拥有自主知识产权的知名品牌，大力支持中药规范化、标准化建设，做强做大中药老字号、驰名商标企业，支持开设连锁店、企业重组以及上市等。

（2）发展重点

围绕现代中药产业链中的前端、中端及末端推进中药产业发展。一是中药材种植（养殖）。大力发展川芎、川白芷、川贝母、川郁金、附子、半夏、丹参、黄连、石斛、白术、姜黄、大黄、青蒿、秦艽、黄芪、杜仲、厚朴、黄柏、虎杖、连翘、虫草、鱼腥草、羌活、重楼、栀子、红豆杉、麝香等中药材种植（养殖）。二是中药饮片和中药标准提取物生产与研发。鼓励中药企业改进工艺、扩大生产规模、产品升级和标准建设；支持运用现代技术解决行业关键共性问题；鼓励应用先进的提取、分离、纯化等技术及设备，推进中药提取物发展；建立和完善符合中药自身特点的中药质量标准与质量控制体系。三是中成药、中药保健品和中药相关产品生产、研发与市场开拓。支持地奥心血康胶囊、洁尔阴洗液、当飞利肝宁等名优产品做特、做强、做大；加强中药品种二次开发及其产业化推广；支持中药新药、新产品研发；鼓励围绕中药标准体系、中药物质基础、中药安全性评价等关键技术进行研究与开发；加快四川中药国际化步伐，使中药逐步进入国际医药主流市场。

三　战略产业

（一）航空航天产业

1. 产业发展

（1）发展概述。四川省是全国重要的航空航天产业基地之一，自 1956 年建立第一家航空航天制造企业以来，已拥有众多高技术企业、科研院所和研究试验基地，技术水平突出，整体实力强，配套产业链完善，产业优势突出。四川航空航天产业包括 132 厂、611 所、607 所、624 院、电子 10 所、420 厂、783 厂、四川航天技术研究院等众多高技术企业，企业数量与陕西同列第一位（2008 年）；固定资产总量达 73.9 亿元，仅次于陕西，列全国第 2 位。四川已具备飞机制造高技术研发基地和航天高技术配套生产基地的条件。四川省航空产业拥有完整的飞机总体研究设计和飞机总装制造企业，还有航空发动机、航空仪表、电子设备、航空玻璃、复合材料、软件开发、电子及机载设备维修等诸多专业企业，是全国航空工业配套最齐全的省份，是国产 ARJ-21 新支线飞机机头国内唯一生产基地；四川航天产业也已逐步形成了以航天武器生产和宇航产品研制生产、航天产品配套协作生产为主的科研生产体系。2009 年，全省航空航天制造业主营业收入达到 159.46 亿元，占西部的 32.9%，占全国的 13.7%，比上年增长 16.8%。在航天技术方面，四川已具备了军事装备和宇航产品的自主研制生产能力，已形成“卫士”、“天火”、“天斧”等宇航产品生产系统，在民用火箭领域具有较强优势，在航天卫星应用方面已形成产业化雏形，主要单位由四川航天技术研究院、成都航天通信设备有限责任公司承担了我国多种战略武器、战术武器、运载火箭等航天产品的研制生产任务。四川航天技术研究院历经 40 多年发展，多次完成我国各种战略、战术武器、运载火箭等航天产品的研制生产工作，参与实施载人航天工程的基础深厚。从“神舟一号”到“神舟七号”，四川航天技术研究院承担了飞船、火箭从离开大地到返回地球过程中重要的箭体、伺服机构、故障检测处理系统和火工装置的研制生产任务；四川航天工业总公司等研制生产的静压高度控制仪器、蓄压器膜盒组件、“天地通话”系统、太阳能硅电池表面玻璃、火箭箭体结构、火工装置系统、航天服料、监控通信系统雷达、外测安全系统逃逸装置和火工品电阻器等十二大产品，为神舟系列飞船顺利升空做了重要保证。在航空方面，四川已取得大飞机机头和前机身制造生产的国家定点资格；在机载设备和航空控制系统的研制及生产配套方面具有优势；在歼击机、机载设备的设计、研制、试验和生产方面居国内领先水平；形成了以成都飞机工业（集团）公司和成都飞机设计研究所为龙头，成都发动机集团公司、成都航空仪表公司、成都锦江机械厂、中国电子科技集团公司第十研究所、第二十九研究所、海特集团、华太公司、Snecma、国航西南公司维修基地等单位配合协作的完整的飞机设计、制造工业体系。还有一大批航空维修专业企业，如四川海特集团、国航成都维修基地、四川斯奈克玛航空发动机维修公司、四川航空公司、美国高龙航空工业成都公司、成都华太科技集团公司、成都航利科技集团公司等，能完成多种民用飞机的航空发动机、机载电子设备、机载电气仪表设备、机载机械设备等相关维修工作，取得了包括 CAAC、FAA、JAA、JMM 等国际、国内适航认证，通过了 ISO9001 国际质量认证，相关企业正在进行空客、波音系列飞机维修生产线的扩充和改造。

（2）人才优势显著，技术创新能力突出。四川航空航天产业的人才优势显著，培养了一支从研发设计到制造的一流专业队伍，仅成都市就有航空工业及运输、维修大中型企业和研究院所 30 多个，职工 6 万人，其中各类高中级专业技术人员 3 万多人。2007 年，四川省航空航天制造业从业人员达 33526 人，仅次于陕西，居全国第二；科技活动人员有 4228 人，在全国排第 5 位，仅次于陕西、辽宁、贵州、江西，约占西部地区航空航天制造业科技活动人员总数的 14.8%，占全国的 7.5%；科技活动人员中科学家和工程师占 53.3%，达 2252 人，约占西部地区的 17.7%，占全国的 7.5%。同时，四川大学、电子科大、西南交大、中国民航飞行学院等院校，分别设有电子、力学、机械、维修等航空航天主干专业，同时还拥有航天职业技术学院、成都航空职业技术学院等职业院校，为航空航天人才的培养和储备奠定了基础。四川省航空航天产业技术创新能力突出，众多高技术企业在研究水平、科研成果、人才资源、实验设备、技术手段等方面均处于全国先进水平，特别在航空电子总体和航空电子设备的研制方面，实力很强，在电子系统研发、空气动力试验等领域也具有优势。如 10 所、29 所、30 所、161 厂、719 厂、607 所、9 所、783 厂与 780 厂等都是国内大型航空航天电子总体、电子设备及系统集成的研制生产单位，主要从事雷达、通信、导航、识别、电子对抗、大气数据、保密通信等航空航天电子必备的产品研制和生产以及航空电子系统总体研制。四川航空航天业掌握了大量的新理论、新技术、新工艺和新材料；在航空技术方面，掌握了支线客机、先进直升机的研发技术和飞机总体研发设计能力，以歼十研制成功为标志，形成了一整套具有自主知识产权的第三代战斗机设计技术，突破了以先进气动布局、数字式电传飞控系统、高度综合化航空电子系统、先进航空材料和计算机辅助设计为代表的一系列航空关键技术；在中型飞机的整机研制方面居于国内领先地位，具有中型直升机的整机生产优势，如成都飞机设计所和成都飞机工业公司是全国著名的飞机设计和制造企业，主要研制和生产歼击机并出口，多年来通过与美国、法国的合作项目，水平进一步提高。中国自行设计完成的支线飞机 ARJ-21，其中难度系数最大的机头由成都飞机工业公司承担。成都飞机设计研究所是从事飞机设计研究的综合性研究所，拥有雄厚的技术、人才实力和精良的设备，专业覆盖了飞机设计的主要领域，已完成多种军机型号的设计研制，是中国一流的航空整机研发基地。

（3）产业发展中的不足。四川省民用航空航天业企业长期以来对国外的技术和产品依赖性较强，体制机制不活，不同程度地存在缺乏核心技术、自主研发能力较差等问题；航天产业规模较小，部分产品对产业的支撑作用尚不明显；航空航天企业半社会职能剥离的进程缓慢，企业负担仍较沉重。

2. 产业布局

四川航空航天产业布局概括为“三基地”，即军民结合的航空航天高技术产业基地、航空动力研发生产基地、空管系统研发生产基地。以 132 厂、611 所、航天 7 院、10 所、29 所、30 所、航空 161 厂、蓝天直升机公司等单位为依托的航空航天高技术产业基地（成都民用飞机产业园、成都航空机载设备产业园）；以 420 厂、624 院、总装 29 基地、海特集团等单位为依托的航空动力研发、生产、维修基地；以九洲集团、784 厂、川大智胜等单位为依托的空管系统研发生产基地。四川航空航天产业布局主要集中在成都，大型龙头企业如成都飞机工业集团有限责任公司、成都发动机

图 7–8　成都市民用航空航天产业空间布局

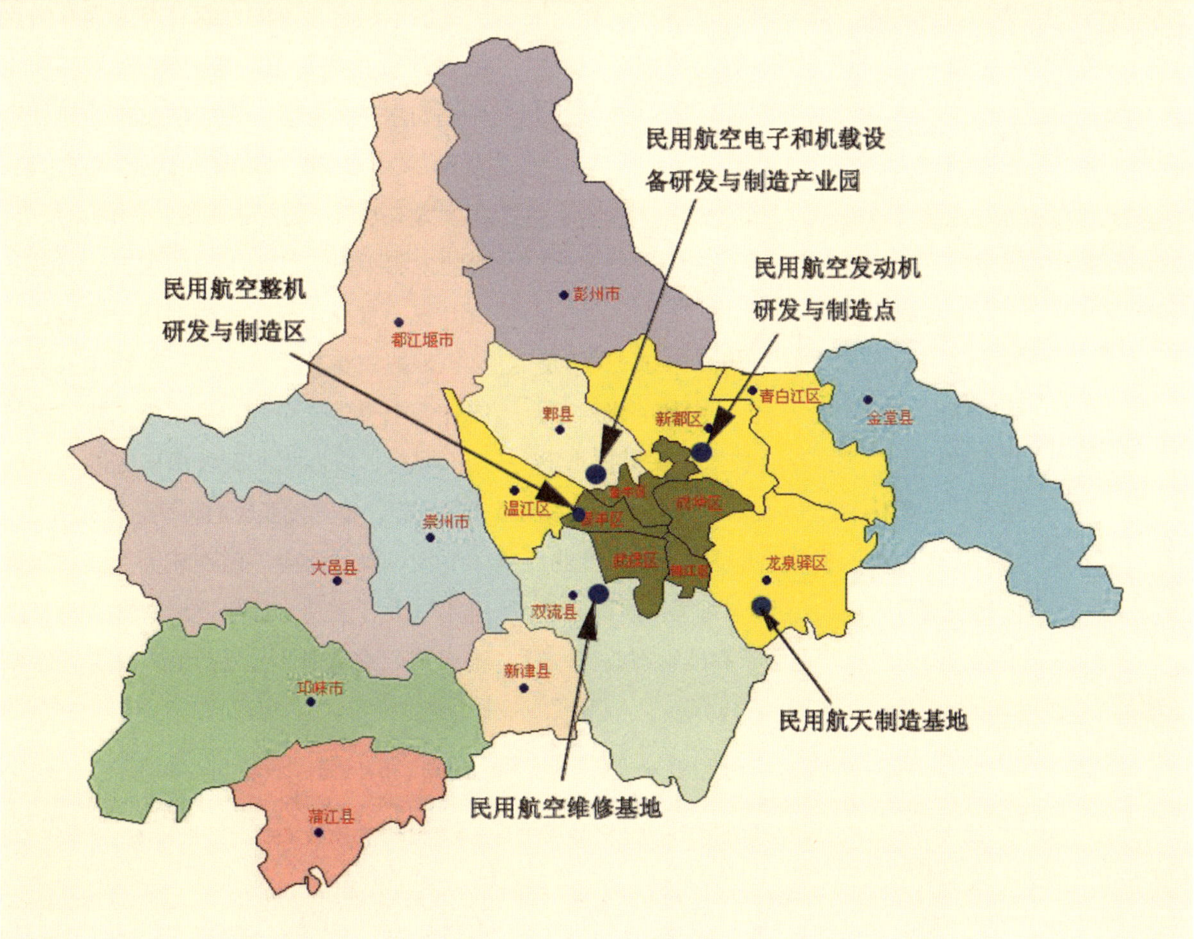

资料来源：《成都市航空航天产业集群发展规划（2008 ~ 2017 年）》。

集团有限责任公司、成都航空仪表有限责任公司、四川海特高新技术股份有限公司等均位于成都地区。成都市民用航空航天产业布局如图 7-8 所示。2009 年，成都市航空航天产业实现增加值 42.51 亿元，占到全省该产业增加值的 94.6%（见图 7-9）。

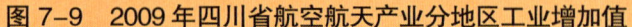

图 7-9　2009 年四川省航空航天产业分地区工业增加值

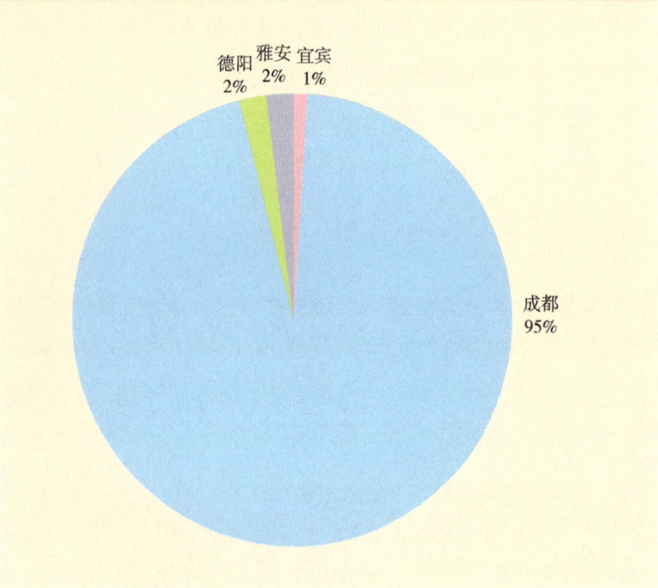

3. 发展展望

（1）政策与市场分析。未来 15 年是我国航空航天事业发展的重大战略机遇期，我国将以大力突破核心技术和关键技术为目标，以强化科技基础、增强自主创新能力为重点，初步建成创新型航空航天产业。一是政策方面：2008 年 3 月国务院把成都定点为民用航空产业国家高技术产业基地；国家发展支线飞机的政策，有利于扩大四川省航空工业的市场需求；四川省把壮大优势产业和培育战略性新兴产业作为推进产业结构优化升级的重要途径，要加大对民用航空航天产业中主力产业板块及关键产品领域的引导性投入；《四川省航空航天产业发展实施方案》明确提出：四川将参与国家大飞机[①]总体设计，发展具有自主知识产权的 150 ~ 200 座级大型客机；参与机头、前机身试制生产及相关配套系统的装配，并承担大型客机的机载、电子设备的生产。二是市场方面：中小型飞机市场前景广阔。中国民用直升机拥有量很低，全国目前只有 70 余架，其中 95% 以上是进口的，5% 的中国制造也是从国外引进技术联合生产的。每百万人拥有的民用直升机我国更低，仅 0.07 架，不到世界平均水平的 2%。而加拿大和美国分别为 54 架和 40 架，发展中的巴西为 3.4 架、印度为 0.1 架。随着中国经济的快速发展，有能力购买和使用直升机的用户越来越多，直升机、支线飞机、小型商用公务机，这类机型投资少，需求量大；支线飞机的国内外需求也十分可观，也将进入快速增长期。同时，以四川航天技术研究院牵头的研制小组，将开发亚轨道科学研究火箭[②]。

（2）发展重点。航空航天产业重点推进军机设计制造、民用飞机总体设计、系统集成、总装制造、民用航空零部件制

① 大飞机一般是指起飞总重超过 100 吨的运输类飞机，包括军用大型运输机和民用大型运输机，也包括一次航程达到 3000 公里的军用或乘坐达到 100 座以上的民用客机。从地域上讲，中国把 150 座以上的客机称为大客机，而国际航运体系习惯上把 300 座位以上的客机称作“大型客机”，这主要由各国的航空工业技术水平决定的。

② 从现在飞机飞行高度的上限（约为 35 公里）到卫星运行的最低轨道（约为 100 公里）之间，被称作亚轨道空间，300 公里以上的飞行就被认为是轨道飞行，国际空间站的运行轨道在 400 公里左右。在亚轨道飞行仍然会受到地球引力的牵引，但在一定时间内可以体验到失重的感觉，亚轨道空间迄今人类还未很好利用。

造、宇航产品研制生产和航天特种技术应用。一是生产整机。积极支持高档公务机、直升机、主流型通用小型飞机的开发及产业化、大型发动机整机及航空零部件生产等。二是关键零部件的研发与生产。研制和生产国产大飞机机头和 ARJ-21 新支线飞机机头、机身和发动机等关键部件，积极参与机头、前机身试制生产及相关系统的装配，建设民用航空零部件集成供应商和豪华公务机研发、生产和出口基地。三是研发导航系统。研究 TCAS 机载防撞系统、S 模式空管系统、精确定位航空协同监视技术，开发国内领先的机载通信系统、空中交通管制系统、导航系统等航电系统。四是拓展航空维修领域，提升航空维修整体实力。完成多种民用飞机的航空发动机、机载电子设备、机载电气仪表设备、机载机械设备等相关维修工作，建成通用飞机整机维修基地，建成国家最大规模中小型发动机维修基地。五是开发航空电子综合系统。开发机场综合电子信息系统；完善机场旅客行李自动处理系统、行李处理仿真系统、行李再确认系统、远程监控与诊断系统、机场货运系统等航空物流系统。六是发展航天产品。抓住国家实施载人航天、探月工程等重大空间探测工程的机遇，大力发展大型航天火箭、空间飞行器、航天火工品等主机或配套产品，拓展卫星技术应用等相关产业，延长航天产业链。

（二）汽车制造产业

1. 产业发展

（1）发展概况。在我国早期汽车产业布局中，四川本是重点发展的产业基地之一。但在改革开放后激烈的市场竞争中，四川汽车产业发展滞后，整体规模和实力在全国位置相对靠后。近年来，四川省依托自身机械工业基础，着力推动汽车制造企业资源整合，通过汽车整车和零部件制造配套协作，吸引汽车企业入川，使全省汽车制造业保持了良好的发展态势。到 2009 年为止，四川省共有汽车整车、零部件企业 320 家，其中整车企业 7 家，改装车企业 30 家，汽车零部件企业 283 家，从业人员 13.5 万人。全省 2009 年生产各类汽车 22.96 万辆，同比增长 31.2%。其中，货车 17.7 万辆，增长 22.2%；各类客车 1.33 万辆，增长 8.1%；乘用车 3.44 万辆，下降 38.7%；专用车 0.5 万辆，下降 5.4%；完成工业总产值 583 亿元，增长 30.4%；完成工业增加值 171 亿元，增长 28.1%；实现销售收入 580 亿元，增长 30.3%；实现利润 27.8 亿元，增长 10.8%。目前，四川已初步形成具备整装车辆及零部件生产的汽车制造基地和以中型载货汽车、中轻型客车、越野车、微型车、天然气汽车、改装车、专用车等整车为龙头，以汽油发动机、车桥、方向机、轴瓦等关键零部件为配套的汽车产业体系。成都已成为一汽集团在全国的三大生产基地之一，已经竣工投产的年产 30 万辆轿车工程生产线将填补四川省轿车产品的空白，也将进一步提升汽车零部件生产技术及配套体系。载货类汽车产量占全省汽车产量的 71%，零部件在全国具有一定优势，并在进一步发展，尤其是低速汽车、中吨位车辆的市场占有率较为突出并持续攀升。同时，四川省汽车模具、发动机、后桥、轴瓦等产品在国内也具有一定市场份额，一批汽车零件制造商正在向专业化的“小巨人”企业发展。例如，成都飞机公司的汽车车身模具生产开发能力居全国前茅，成都威特公司研制的具有自主知识产权的柴油机电喷系统等产品已经形成较好市场占有率和生产规模集约经营的优势。全省汽车制造产业链不断延伸，促使研发、投资、采购、生产、销售、售后服务及贸易等环节呈现多元化形式并联动发展。

（2）发展中的不足。一是全省汽车制造企业规模普遍较小，集约化程度低，缺乏具有核心竞争力的龙头企业。如货车制造企业规模大都在10万辆以下。全省汽车制造业产业集中度不高，对汽车零部件和相关行业的带动力有限。汽车零部件配套多数集中于重庆微型车和汽车维修市场，缺乏与本地载货车和省外轿车的配套能力。二是自研发能力不足，产品技术含量低。除成都王牌、资阳南骏、东风南充汽车、绵阳新晨动力、资阳海大轮胎等少数企业建立了省级企业技术中心外，四川大部分汽车企业不具备自主研发能力；部分企业技术装备相对落后，工程技术人员比较缺乏，新产品、高附加值产品少；个别配套企业仅限于技术含量不高的来料加工。三是产品差异化程度低，尚未形成品牌优势。四川省汽车制造还没有轿车生产品种，以载货车、客车（公交车）为主的自主品牌的影响覆盖面小，品牌优势不突出。

2. 发展布局

四川已经初步形成以成都为中心、资阳和绵阳为两翼的汽车产业带。主要布局在“一带、一基地、六园区”。即：加快建设成德绵南资汽车产业带，成都经济技术开发区汽车产业制造基地，成都王牌汽车产业园，资阳南骏汽车产业园、绵阳汽车产业园、德阳汽车产业园、南充汽车产业园、内江城西汽车零部件产业园等（见图7-10）。

3. 发展展望

四川需要抓住我国居民消费升级、国际国内产业结构调整的重要机遇，发挥四川省汽车产业配套相对较好、市场潜力巨大和带动西南、辐射西部的重要区位优势，极力引进国际知名汽车整车项目落户，重点引进具有自主知识产权的国内汽车生产企业来川布局；支持四川省优势企业发展汽车关键零部件及总成产品生产；在新型燃料汽车、发动机、汽车电子等领域全面加强与国际国内企业的合作；大力发展高中档轿车、重型载货汽车、高档客车和关键零部件及总成产品。积极建设面向全球的汽车零部件采购供应平台，推动四川造汽车零部件产品走向世界。加强与重庆汽车产业的就近配套和产业协作，推动成渝经济区汽车产业实现互补、错位发展。重点发展轿车及SUV产品链，中轻型、重型载货车制造产品链，公交车及客车产品链，专用车产品链，汽车发动机及关键零部件产品链，支持发展有自主品牌的天然气和电动等新能源汽车产品链。构建完善的汽车及零部件产业链，着力推动龙头企业和配套企业集聚发展，积极培育壮大汽车及零部件产业集群，推动企业向产业带、产业基地、产业园区集聚集约发展。

（三）生物工程产业

1. 产业发展现状

（1）发展概况。近年来，依托丰富的

图 7-10　四川省汽车制造产业布局

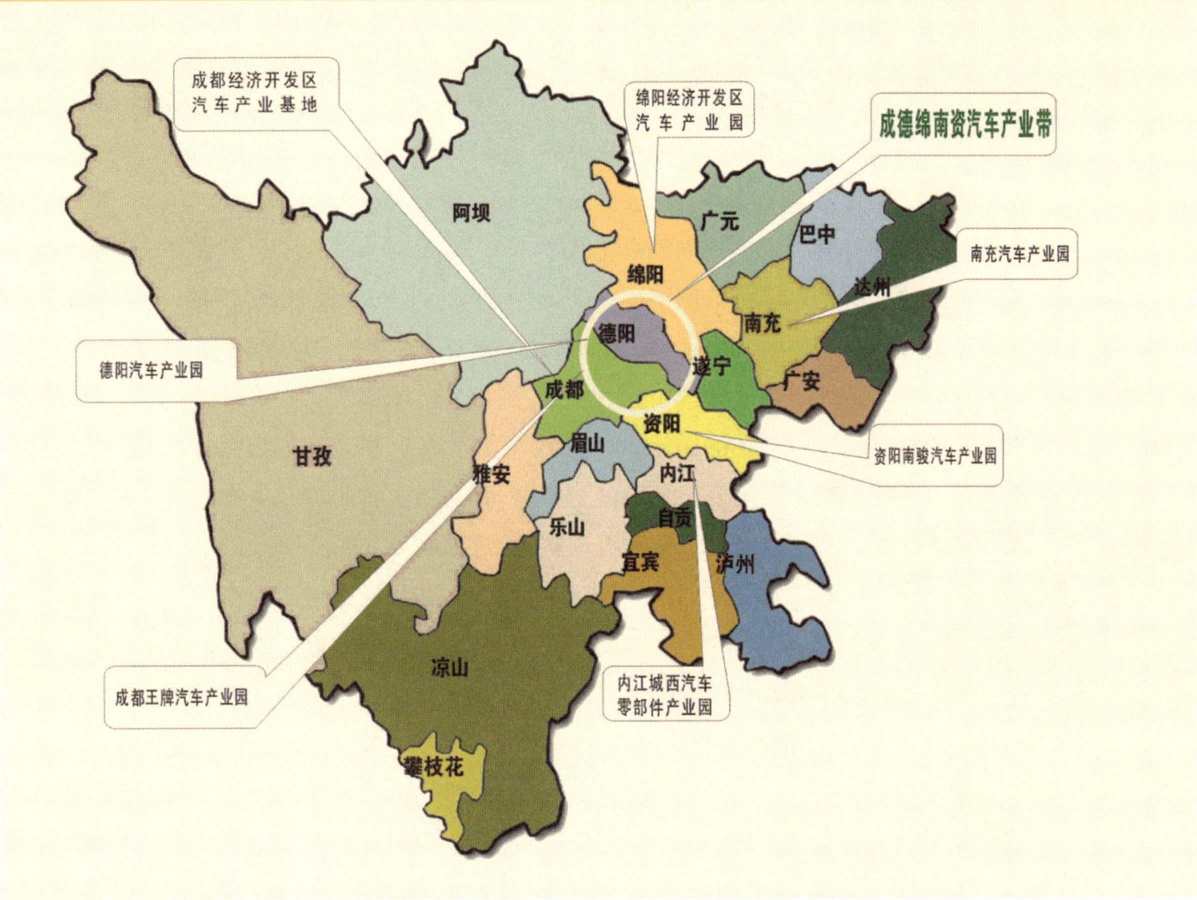

生物资源和雄厚的研发实力，四川生物工程产业保持了良好的发展态势，成为全国生物技术产业化示范省。一是四川已经成为国内领先、国际知名的生物医学材料研究开发基地，形成了较完备的基础研究、产品开发、中试孵化和产业化体系，在骨诱导和生物活性人工骨、生物活性涂层及涂层人工关节等植入器械、生物活性纳米复合植入材料、医用聚氨酯及聚醚砜材料等方面的研究处于国内领先地位，有的达到了国际先进或领先水平，有的在国内已率先进行产业化。二是四川是全国第一个国家级中药现代化科技产业基地。三是四川省能源植物资源丰富，拥有 60 万亩麻疯树和 1300 万亩甘薯生产基地足以支撑 60 万吨燃料乙醇和 10 万吨生物柴油产业发展；甘薯生产燃料乙醇生产关键技术取得突破，乙醇发酵效率达到理论值 92%。目前四川省有环保企业近 700 家，其中 30% 左右为环境生物工程有关的企业。四川中科成环保股份有限公司、四川海诺尔环保产业投资有限公司、四川恒泰环境技术有限责任公司等 6 家企业被评为全国骨干环保企业。四川拥有一批优势企业和优势生物产品。如四川通威集团股份有限公司、成都华神集团股份有限公司、四川迪康科技药业股份有限公司、四川中汇医药集团股份有限公司、成都蓉生药业公司和成都生物制品研究所等一批优势企业，在血液制品、预防用菌疫苗、生物可降解有机材料、生物疫苗、基因工程产品、组织工程和干细胞、生物治疗、基因芯片等方面处于国内领先水平，微生物治理电镀废水新技术、清洁化制革技术、环境微生物菌剂强化处理难降解废水技术等实用技术处于国际先进水平。以新希望集团、高金食品、通威集团、国豪种业、大恒家禽、川农高科、龙蟒福生等为代表的 40 多家农业高新技术企业，在动植物超级种、生物农药、生物饲料、兽用疫苗及兽药、果桑茶功能产品、现代奶制品、富营养肉制品、畜禽副产物蛋白肽等方面已具有一定的产业规模。

（2）技术创新优势。四川在生物工程领域具有较强的技术研发优势，生物技术科研机构近百家，拥有生物治疗国家重点实验室、国家生物医学材料工程技术研究中心、国家成都中药安全性评价中心、国家天然药物工程技术研究中心等一批国家级的研发平台。四川生物医药的整体技术水平在全国处于先进水平，血液制品、生物疫苗、现代中药、组织工程和干细胞、生物治疗、农作物与畜禽育种等方面处于国内领先水平，生物医学材料、组织工程等领域达世界先进水平。拥有一大批生物产业的科研团队、创新机构和工业实体，如西南交通大学、四川大学、中国科学院成都分院、四川省发酵工业研究院、四川省抗菌素研究所、成都地奥药业集团有限公司、四川三九长征股份有限公司。

2. 产业布局

生物工程产业布局："一城"（成都生物医药科技产业城）、"三基地"（创新中药科技产业基地、生物能源产业基地、传统产业生物技术改造提升产业基地）、"三中心"（研发创新中心、产业孵化中心、配套服务中心）（见图 7-11）。

3. 发展展望

全球生物工程产业的规模还比较小，正处于快速增长期，增长率高达 25% ~ 30%，是世界经济增长率的 10 倍左右。未来四川省将根据生物工程产业发展实际，重点在生物医药工程、生物基材料、微生物制造、生物环保、生物能源等方面着力发展。

在生物医学工程产业领域，生物技术药物具有成本低、成功率高、安全可靠等优点，生物制药产业的年销售额连续 10 年保持 20% ~ 33% 的增长速度，成为发展最快的高新技术产业之一。我国生物医学工程产业起点较低，与药品市场之比仅为 1 : 6，远低于发达国家的 1 : 1.9，占世界市场份额不足 4%，人均年耗产品仅及美国的 1/60，全国 17.5 万家医疗机构中 60% 的设备保持在 80 年代水平，生物医学工程产业发展前景广阔。

在生物能源产业领域，我国生物质液体燃料主要以燃料乙醇和生物柴油为主，全国每年汽油消耗量约为 5000 万吨，若按添加 10% 燃料乙醇的标准，我国燃料乙醇需求量则达到 500 万吨，燃料乙醇产业具有很大发展空间和市场应用前景。加快以凉山、攀枝花和南充为重点的生物柴油原料种植基地和燃料乙醇原料种植基地建设；建立 1 ~ 2 套生物质液体燃料的生产技术体系；建设 4 ~ 5 条燃料乙醇生产线，形成 30 万吨燃料乙醇生产能力；建设年

图 7-11　四川省生物工程产业布局

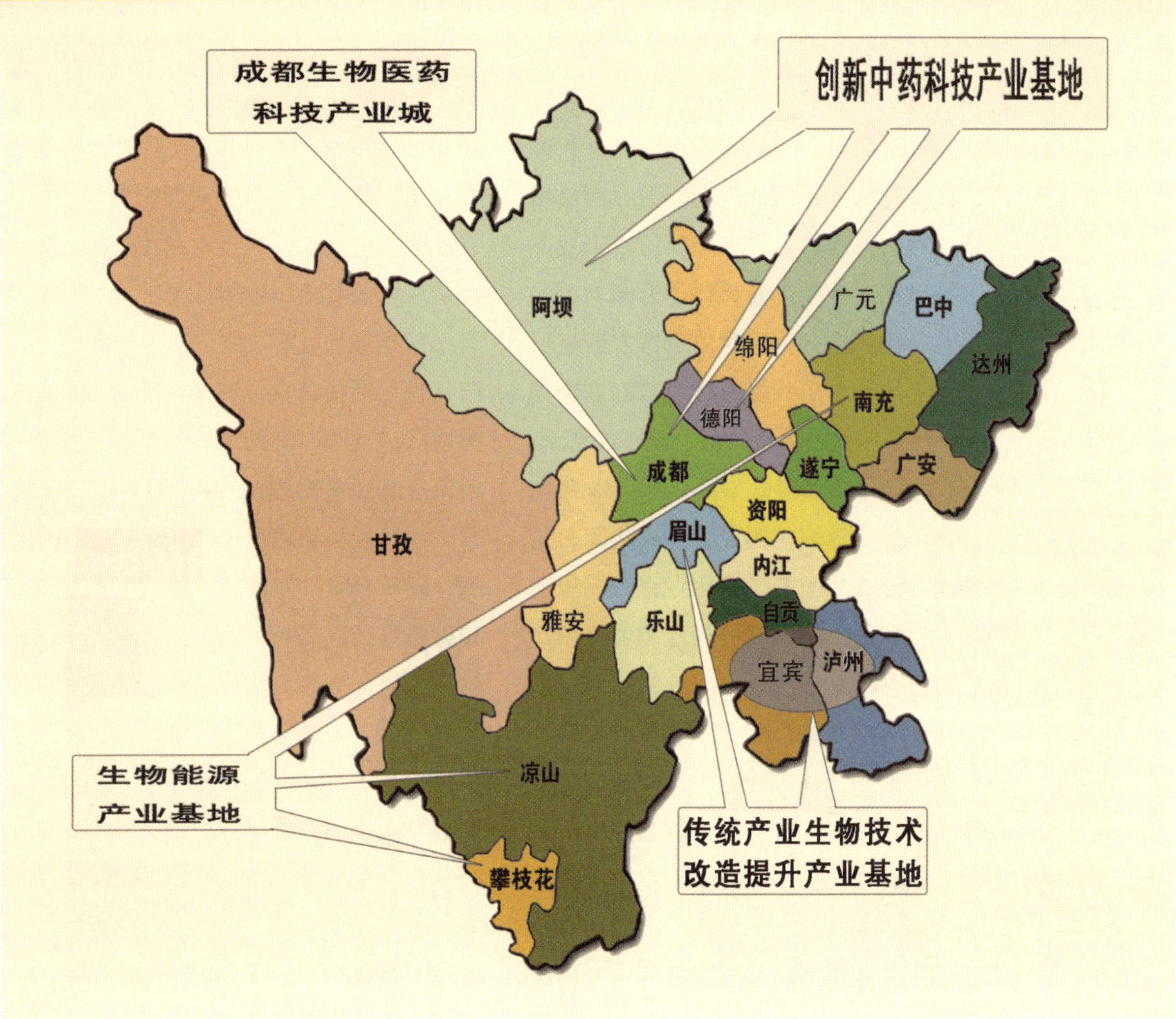

产万吨级生物柴油生产线 2 ~ 3 条，研发一批成套设备。生物质气体燃料方面，重点开展低温秸秆发酵快速启动技术和秸秆生物制氢技术研究，开发 3 ~ 10 种适应不同区域的高效沼气发酵制剂、2 ~ 3 套适合不同区域的高效沼气生产关键技术，在省内 10 万口沼气池中推广应用；建立一条秸秆生物制氢试生产线；建设 3 个秸秆气化和秸秆成型加工示范工程，辐射带动西南地区工程 10 个。

在生物工程领域其他方面，重点开展生物发酵技术研究，加大对传统食品生物技术的改造，大力发展生物基产品，加快用生物技术改造传统产业的生产工艺。

（四）新材料产业

1. 产业发展

近年来，四川省政府将新材料产业列入高新技术产业六大领域重点推进，将钒钛新材料及制品、多晶硅等新材料产品列入《四川省高新技术产业及园区发展实施方案》中的9个重大战略产品重点发展，新材料产业蓬勃发展，初步形成了钒钛新材料、硅材料、化学新材料、稀土材料、超硬材料、生物医学新材料等六大领域，形成一批各具特色并初具规模的新材料产业园区，即攀枝花钒钛产业园区、西昌钒钛产业园区、西昌冕宁稀土新材料工业园区、新津工业集中区新材料产业园和泸州军民共建化工园区，同时自贡国家新材料产业化基地与乐山硅材料开发与副产物利用产业化基地在国内已具有一定知名度。

在钒钛材料领域，四川拥有攀钢集团、龙蟒集团、恒鼎实业、川威集团、达钢集团、德胜集团等龙头企业，攀钢集团已成为中国最大的钛原料基地和世界第二大钒制品生产企业。

在硅材料领域，四川已经形成以硅为原料的晶圆生产、半导体设计封装测试产业链和完整的光伏产业链，以及成乐绵雅硅产业带，拥有新光硅业、东汽峨半硅材料、永祥硅业、乐电天威、天威四川等龙头企业，工业硅产能居全国前列，硅材料发展占据全国重要地位。

在化学材料领域，四川在有机氟、有机硅、聚苯硫醚纤维、芳纶等产品领域具有雄厚的研发实力、技术储备和产业基础，一批产业化项目已开工建设，生产能力、产品档次大幅提升，拥有中石油四川石化基地、昊华西南、中昊晨光化工研究院、中蓝晨光研究院等龙头企业，有机氟、特种工程塑料聚苯硫醚等化学新材料产品产能居全国第一，化学新材料已逐步发展为四川省新材料产业的新增长点。

在稀土材料领域，四川省具有更加广阔的发展前景，拥有四川汉鑫矿业、乐山盛和稀土、锐丰冶金、乐山有研稀土、四川银河稀土萃取厂、乐山普瑞美稀土、乐山索普新材料、成都四能稀土、四川良友稀土等龙头企业。凉山州为全国第二大轻稀土资源集聚地，其轻稀土选冶性能优良；冕宁稀土新材料工业园区发展态势良好；乐山市五通桥区现有稀土萃取生产线12条，年萃取生产能力2.6万吨，年处理稀土精矿能力3.5万吨，约占全省的2/3，产品主要销往日本、韩国及部分欧洲国家和地区；成都、绵阳等地稀土加工应用领域研发项目成果丰硕，生产应用初具规模。

在超硬材料领域，四川的钨钼材料制品、硬质合金、双面顶金刚石、数控量具和刃具等产品具有较高的科技含量和市场竞争优势，拥有自贡硬质合金、成都量具刃具公司、成都工具所、森泰英格工具、四川天虎工具、德阳科拓超硬材料有限公司等龙头企业，其中仅自贡硬质合金厂的硬质合金生产能力就居全国第二、世界第五，成都量具刃具、森泰英格数控工具、成都工研所等单位开发生产的数控量具、数控刃具在全国占据重要地位。

在生物医药材料领域，四川省在生物医药材料及医用植入器件方面具有比较优势，特别是牙种植体、人工心脏瓣膜及血管内支架等技术处于国内领先地位，拥有全国唯一的国家级生物医学材料工程技术研究中心（四川大学生物材料工程研究中心）、西南交通大学、中国科学院有机所等研究机构，拥有以生物材料和人工器官为特色的生物医学工程国家重点学科；拥有一批年销售额逾亿元的南格尔、普什等生物材料及制品企业，拥有四川国佳生物、成都迪康中科等一批具有自主知识产权和核心技术的生物医学工程高技术企业。

四川新材料产业在全国新材料产业按价值链积聚区域分布中没能占据研发端和下游端等优势环节（见图 7-12），资源与能源利用率低，某些领域存在高耗能、高污染的严峻挑战，原材料消耗量大等问题。

2. 产业布局

目前，全省新材料产业主要布局在 5 个产业区域：一是攀西钒钛和凉山稀土产业带，包括国家级攀西钒钛资源综合开发利用基地与攀枝花钒钛产业园区（含安宁盐边工业集中区、白马工业园区、南山循环经济发展区等），西昌钒钛产业园区，冕宁稀土新材料工业集中发展区。二是成乐眉雅硅产业带，主要包括乐山国家级硅材料开发与副产物利用产业化基地、眉山铝硅产业园区、新津工业集中区新材料产业园、双流光伏产业园区和广元硅材料综合生产基地。三是自贡国家新材料产业基地，主要包括富顺晨光科技园区、板仓工业集中发展区超硬材料产业园。四是一批化学新材料产业园区，包括德阳经济开发区新材料产业园、新津工业集中发展区新材料产业园、泸州军民共建化工园区等化学新材料产业园区。五是一批生物新材料产业园，主要是正在成都高新技术开发区、绵阳经济开发区建设的生物新材料产业园。

3. 发展展望

新材料产业是我国重要的战略型新兴产业。随着科技的不断进步，新材料的应用领域逐渐扩大，在国民经济和居民生活的各个方面将发挥日益重要的作用。四川省钒钛新材料、硅材料、化学新材料、稀土新材料、超硬材料、生物医学材料具有

图 7-12　我国新材料产业按价值链积聚区域分布

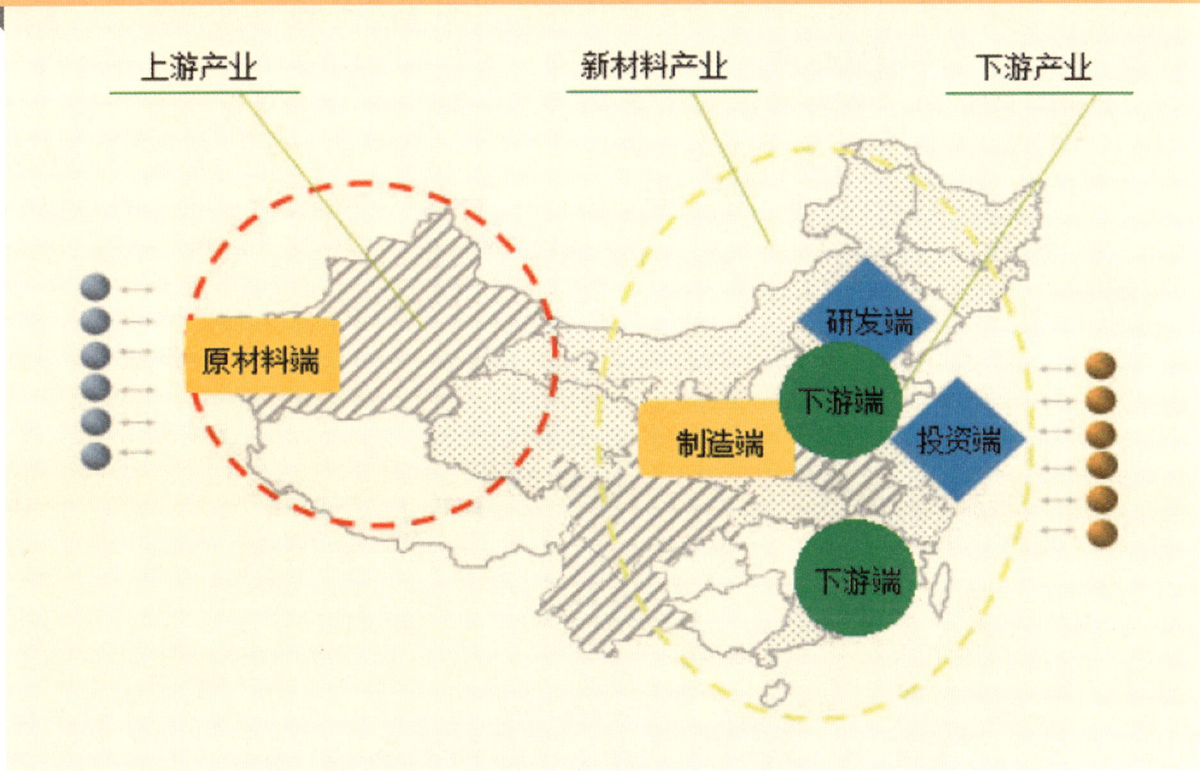

广阔的市场前景，发展潜力巨大。一是在钒钛磁铁矿煤基直接还原综合回收铁钒钛的新流程、高钛型高炉渣提钛技术、氯化法钛白产业化技术研究等一大批新的攻关项目上取得突破性进展，钒钛新材料呈现良好的产业化前景。二是围绕硅产业链，调整优化结构，做优硅产品，建设中国最大的硅材料产业基地。三是保护性开发稀土资源，大力推进环保型、技术先进的分离技术，氧化稀土（REO）年处理能力控制在2.5万吨以内，加大推广应用力度，大力发展农用稀土、稀土金属、稀土陶瓷、稀土硝酸铈铵材料、稀土催化燃烧器具、汽摩排气催化剂、稀土永磁材料等十大系列稀土应用产品。四是加大科技投入，着力提升氟硅化学品企业的自主创新能力和技术装备水平，巩固提升四川省在全国氟硅化学品技术研发和制造方面的独特优势。加强硅橡胶在汽车工业、电子行业、电力行业、建筑行业上的应用，开发改性硅酮密封胶、氟硅橡胶等新品种。重点加强有机硅研发和产业化，支持企业实施合成线性高分子量聚苯硫醚技术攻关，延伸发展聚苯硫醚新材料产业链，积极建设国家重要的聚苯硫醚新材料产业基地。五是围绕超硬材料产业链，实施相关技术项目，打造优势产品。六是围绕生物医学新材料产业链，打造优质生物材料产品。

（五）国防科技工业

1. 发展概述

新中国成立以来，国家在四川投资建设了60余家大中型军工企业和近20家国防科研院所，使四川成为我国核工业、航空、航天、兵器和军工电子的主要科研生产基地和国防科技工业的重要战略基地，军工总量居全国第二，领域遍及核、航空、航天、电子等十大军工集团，在全国具有明显产业优势。四川国防科技工业具有“领域全、科技含量高、战略地位突出、科研能力和军民结合能力强”等特点，储备了一支具有优良传统和科研能力的科研生产骨干队伍。四川国防科技工业配套产品涉足航空、航天、核、兵器、船舶、军工电子等领域，有省核工业地质局所属5个企业以及中国工程物理研究院，已建成国家级实验室7个、国家级技术中心3个、省级技术中心10个。中国科学院成都分院、四川大学、电子科技大学、西南交通大学、西南科技大学等一批学校和研究所，均设立有从事国防高新技术研究的专业机构。同时，四川国防科技工业有新型战斗机、新型潜艇动力、新一代核电站、激光制导武器、区域电子对抗等高新技术的研究和开发能力。四川军工还成功研制了我国第一台核聚变设施即中国环流器一号（托卡马克装置）和环流器二号。成都飞机工业（集团）有限责任公司还是国家三大CIMS（系统集成加工）研发中心之一。“十五”期间，四川整合利用军工优势力量，加快在川军民融合，军工工业以总产值年均超过15%的速度增长，已整体走出困境，步入良性发展轨道，呈现良好的发展势头[①]。

四川军工产业优势表现在下面几个方

① 史志伦：《抓住机遇乘势而上努力实现四川国防科技工业更好更快发展》，2006。

面：第一，四川是我国核工业研究、设计、运行生产的重要基地。在四川核工业企事业单位占全国核工业的 1/3。第二，四川是我国三大飞机制造基地之一，是新型歼击机设计研制、国内外民用飞机和航空发动机部件的重要生产地。第三，四川是我国导弹和长征系列运载火箭的研制生产基地之一，有火箭总装、壳体、姿态控制、伺服系统、远程测量观察系统的主研单位。第四，四川是 TNT、单双基发射药的主要生产地之一，是激光制导武器研究中心，有一批火炮和轻武器及弹药生产企业，是世界外最大的光学材料和硝化棉产品的研发和生产地区。第五，四川是军用区域电子系统的研发地之一，在电子对抗、情报侦察、保密通信等方面均有较强的研制生产能力，是地面、机载、舰载雷达的研制地之一，也是通信器材和基础元器件的生产基地。①

2. 重点地区—— 绵阳科技城

绵阳是国家重要的国防军工和科研生产基地，拥有中国工程物理研究院、中国空气动力研究与发展中心等国防科研院所 18 家，西南科技大学等大专院校 7 所，长虹集团和九洲集团国家级技术中心 2 个。2003 年，绵阳市建设了我国第一个军转民科技园，在发挥军工优势、以机制突破体制障碍、推动军地经济协调发展等方面进行了有益的探索。按市场化运作方式，由绵阳科教创新投资公司与深圳清华科力国际技术转移中心合作经营管理，吸引军工科技项目入驻孵化，促进科技城军转民产业发展。于 2003 年 4 月，绵阳市科技局、高新区管委会在原绵阳科技城生产力促进中心的基础上，整合中国工程物理研究院、西南自动化研究所和西南科技大学等单位的技术力量，成立了绵阳市生产力促进中心，有效地整合科技资源，加强了科技中介服务机构的能力体系建设，完善了科技城建设服务体系，服务于全市科技成果转化、高新技术及其产业发展、中小企业培育和科技资源的整合与利用。

3. 发展展望

四川省军工优势明显，在未来，加快军民融合，四川国防工业大有发展空间。

一是民用航空产业。四川具有军机研发制造优势，以中国航空工业第一集团、中国航空工业第二集团、中国电子科技集团在川部分重点企业为依托，打造军民结合的航空高技术产业基地、航空发动机研发基地。

二是民用航天产业。以中国航天科技集团、中国电子科技集团在川重点单位和地方重点军工电子企业为依托，利用四川航天工业的研发制造和配套优势，积极参与“神舟”系列载人航天工程和“嫦娥”登月工程的配套工作，扩大民用卫星发射用运载火箭研制生产份额，开发生产高技术宇航产品。

三是核能和核技术应用产业。以中国核工业集团在川重点单位和四川大型重装设备制造企业为依托，加快军民两用核动力研发基地建设，打造核能及核技术应用产业链。

四是光电信息产业。以中国科学院、

① 谭敏：《转化和借助军工技术促进地方经济加快发展》，2006。

中国电子科技集团、中国兵器装备集团部分在川单位和重点地方军工电子企业为依托，加快军民结合高技术产品研发和应用，形成军民结合的核心电子元器件、高端通用芯片、基础软件产品、安全保密产品等产业群；打造军民两用光学材料、激光产品研发生产基地；打造西南大型电子系统装备科研生产军民结合产业基地。

五是汽摩配套产业。以中国航空工业第一集团、中国兵器工业集团、中国兵器装备集团和中国航天科技集团在川部分重点单位为依托，围绕通用零部件生产，在成都市、雅安市、宜宾市等地形成汽车、摩托车零部件配套产业群。

六是特色化工产业。以中国兵器工业集团、中国核工业集团在川部分重点单位为依托，围绕特种化工品、精细化工品和医药化工品在成都市、泸州市等地形成化工产业群，打造我国重要的化工产品生产基地。①

四　其他传统产业

（一）建材产业

1. 产业发展

建材产业是四川的传统产业，主要包括水泥行业、玻璃与新型建材等行业，一般随着经济发展呈现周期性的波动。随着建筑业的发展，特别是在“5·12”地震之后，四川建材产业呈现一段时间的快速发展，但随着金融危机的持续发酵以及对经济的传导效应，以及政府对房地产的调控，四川建材产业发展呈现波动，产能出现过剩，特别表现在水泥行业。

四川建材加大科技创新，科技成果突出，2009年全川在建材产业领域主要有四个方面的成果，分别为：四川玻纤集团有限公司电子级玻璃纤维布后处理工艺项目获2009年四川省科技进步二等奖；四川省南江矿产品开发有限公司南江霞石矿强磁选工艺技术应用项目获2009年四川省科技进步三等奖；成都利君实业股份责任公司辊压机水泥生料终粉磨系统项目获2009年四川省科技进步三等奖；四川华蓥山广能（集团）有限责任公司改善水泥生料易烧性与熟料易磨性技术研究项目获2009年四川省科技进步三等奖。

2. 产业布局

四川建材产业布局以行业分类，水泥主要分布于川东、川南、川西等地；玻璃主要分布于成都、自贡；陶瓷主要分布于乐山、资阳、内江。

3. 发展展望

随着四川工业化与城镇化的快速推进，全省对建筑材料的需求将是巨大的，四川的建材产业将在汶川地震灾后重建之后迎来发展的重要时期。但是伴随着节能减排要求的愈益严格，对建材产业的结构调整将加快，需要建材企业更加节能和环保，因此建材产业发展中需要加快结构调整与产业升级，即要以现有重点企业为依托，瞄准产业高端，承接国内外行业龙头企业，支持企业自主创新和技术改造，重

---

① 刘渝阳：《“军民结合”在工业强省战略中的模式研究》，《四川省情》2007年第12期。

点发展高纤复材、玻璃深加工、新型建材等产业高端产品，不断提升四川建材产业的整体竞争力。

（二）纺织工业

1. 产业发展

（1）发展概况。纺织工业是四川省传统产业和民生产业，在繁荣市场、扩大内需和出口、吸纳社会就业、增加农民收入、促进城乡一体化等方面发挥着重要作用。随着沿海和中心城市劳动力成本上升影响，产业结构需要调整和升级，劳动密集型的纺织产业加快向西部转移，四川省纺织工业也相应经历了一个不断调整发展的过程。按照《四川省纺织产业调整和振兴行动计划》确定的发展目标，2007 ~ 2011 年，四川省纱产量增速三年超过 30%，平均增速 28.35%，远高于全国平均增速 11.18%；棉布产量平均增速 19.78%，远高于全国平均增速 10.03%，总体规模居全国第十、西部第一，初步形成了从上游纤维原料加工到服装、家纺、产业用终端产品制造相配套的较为完善的产业体系，并拥有了 1 个国家级和 15 个省级企业技术中心。2012 年 1 ~ 5 月，四川纺织工业呈现工业生产和外贸出口逐月递增、经济效益稳步回升的发展态势。首先，工业产值增长。全省 536 户规模以上纺织企业实现工业总产值 554.8 亿元，同比增长 20.4%，增速比全国纺织平均水平高 8.6 个百分点。其中，369 户规模以上棉纺织及印染企业实现工业总产值 358.1 亿元，同比增长 17.2%；113 户规模以上服装、服饰生产企业实现工业总产值 81.3 亿元，同比增长 38.7%；24 户规模以上化纤生产企业实现工业总产值 75.3 亿元，同比增长 14.1%。其次，全省服装出口 3.9 亿美元，同比增长 14.0%；纺织品出口 3.5 亿美元，同比下降 11.3%；绸类产品出口 8501 万美元，同比增长 1.8%。服装、纺织品、绸类出口增速比 1 ~ 4 月分别增长 35.7 个、6.5 个、2.2 个百分点。最后，效益增长。全省规模以上纺织企业累计实现主营业务收入 511.1 亿元，同比增长 17.8 %；实现利润总额 23.7 亿元，同比增长 25.2%；销售利润率为 4.6%，较上年同期提高 0.2 个百分点。规模以上企业亏损面为 10.4%，低全国纺织工业平均水平 8.7 个百分点。其中，369 户规模以上棉纺织及印染企业实现利润 14.8 亿元，同比增长 29.5%；113 户规模以上服装、服饰生产企业实现利润 5.6 亿元，同比增长 36.6%。24 户规模以上化纤生产企业实现利润 1.9 亿元，同比回落 17.6%。全省 500 万元以上纺织项目实际完成固定资产投资 76.4 亿元，同比增长 56.7%，分别高出全省工业和全国纺织行业平均增速 38.3 个、38.2 个百分点[①]。

（2）科技创新与品牌建设。近几年，四川纺织服装加大了科技创新与品牌建设。2009 年，全省纺织服装行业新产品产值达到 111.34 亿元，同 2008 年相比增长达 43.62%，高于工业总产值增速 16.68 个百

① 消费品工业司:《四川省纺织工业运行情况》，2012 年 1 ~ 5 月，http: //xfps.miit.gov.cn/n11293472/n11295176/ n11298913/14697731.html。

分点。南充鑫润纺织、四川金昌纺织和双流百隆绣品公司的新产品产值增幅名列全省前三位。有4个项目获得2009年度“纺织之光”中国纺织工业协会科学技术奖，其中，四川得阳科技股份有限公司主研的《国产聚苯硫醚树脂、纤维产业化成套技术开发与应用》项目获得一等奖，另有1个二等奖、2个三等奖；3个项目获得四川省科学技术进步奖，其中，1个二等奖，2个三等奖。全省新增加四川波尔服装有限公司、际华三五三六职业装有限公司2家省级企业技术中心，四川省纺织行业省级企业技术中心达到11家。2009年全省纺织服装企业新增雷迪波尔、皎皎兔、度身3个四川省著名商标，同时新增7个四川省品牌产品。

2. 产业布局

四川纺织工业主要分布在成都、绵阳、内江、宜宾、自贡、南充、遂宁、达州等地区。其中，棉纺织业主要分布在成都、南充、内江；丝绸业主要分布在南充、内江；化纤主要分布在宜宾、成都、自贡等；服装业主要分布在成都；印染业主要分布在遂宁、绵阳、南充；苎麻业主要分布在大竹县。

3. 发展展望

四川具有丰富低廉的劳动力、雄厚的纺织工业基础，以及具有纺织业发展污染源处理必需的水资源等诸多优势。伴随着国家西部大开发战略以及支持地震灾区发展振兴、成渝经济区和天府新区建设等一系列战略部署和政策措施的实施，依据《四川省纺织工业“十二五”发展规划》，加快承接产业转移，推动纺织结构调整和纺织产业技术升级，四川纺织服装行业正迎来前所未有的发展机遇。

（三）煤炭工业

1. 产业发展

（1）发展概况。四川煤炭开发利用历史悠久，是中国历史上最早开发煤炭的省份之一。煤炭在全省能源结构中占到50%以上。近年来，四川省煤炭地质勘查步伐加快，煤炭生产持续稳定。煤炭行业生产结构逐步优化，采煤机械化率明显提升。四川煤炭工业取得了显著的成绩，但四川地区煤炭开发以中小煤矿为主，重点煤矿产量比例小，电煤供应缺少支撑力量。四川从2005年以来就开始整合煤炭资源，实施整顿关闭，旨在通过减少矿井数量，优势资源向优势企业集中。在矿井数量减少40%的同时，由川煤集团、川化控股集团、川投集团以及泸州兴泸集团共同投资15亿元组建的四川省古叙煤田开发有限公司成立，四川省加快了煤炭资源整合的步伐。2012年1～6月，四川全省生产原煤3496.12万吨，同比下降12.69%；全省销售商品煤3212.92万吨，与2011年同期相比下降16.03%。

（2）科技进步。四川以资源整合为契机，大力提高煤炭行业科技水平。一是在整合或扩能项目审查时，严格设计标准，要求凡资源储量及开采条件具备机械化开采的，一律采用机械化开采或机械化掘进，从源头上提高科技含量。二是有计划对现有生产矿井进行改造，提高装备水平。目前，矿井“三条线”及高效矿井建设已取得明显成效，已基本实现正规工作面采煤、支护，机械化程度逐步提高。

（3）结构调整。“十五”以来，全省共打造百万吨以上的国有和民营大企业、大集团 9 个，产能近 3000 万吨 / 年，产业集中度由 2005 年的 13% 提高至 2009 年的 35%；共完成整合矿井储量核实报告审查与备案 787 处，占整合矿井总数的 88.9%；划定矿区范围 550 处，占 62.1%；取得新采矿权矿井 200 处，占 22.6%；完成初步设计审批 528 个，占 60%；完成安全专篇审批 340 个，占 38.4%；共 325 处整合矿井进入施工建设阶段，占 36.2%。加快淘汰落后产能，截至 2009 年底，全省已关闭小煤矿 901 处，全省煤矿数量从 2005 年底的 2259 处减少到 2009 年底的 1367 处（含 9 处新建），关闭矿井数量占矿井总数的 40%。

2. 产业布局

四川主要煤田分布：川南煤田、华蓥山煤田、南桐煤田、松藻煤田、渡口煤田、广旺煤田、永荣煤田、资威含煤区、乐犍含煤区、龙门山含煤区、西昌含煤区等。

3. 发展展望

《四川省“十二五”能源发展规划》指出，随着工业化、城镇化进程持续加快，四川的能源需求旺盛、消费总量持续扩大，能源供需的结构性、时段性、区域性矛盾仍然存在。煤炭供需由“自给自足”转为“调煤入川”。“十二五”期间，四川省将以控制高排放的煤炭消费为重点，积极推进洁净煤技术和产业化发展，提高煤炭洗选加工程度；积极开展煤矸石、煤泥、煤层气、矿井水以及与煤共伴生矿产资源的综合开发与利用；加强矿区生态环境、水资源保护和废弃物治理。预计 2015 年煤炭消费量达 10742 万吨标准煤。

参考文献

四川统计局：《四川统计年鉴》，2012。

四川统计局：《四川统计年鉴》，2011。

四川经济信息委员会：《2010 年四川工业年鉴》。

四川省社科院课题组：《四川省优势产业竞争力调查与评价研究报告》。

四川省经济委员会：《四川省工业“7 + 3”产业发展规划（2008—2020 年）》。

谭敏：《转化和借助军工技术促进地方经济加快发展》，2006。

刘渝阳：《“军民结合”在工业强省战略中的模式研究》，《四川省情》2007 年第 12 期。

史志伦：《抓住机遇乘势而上努力实现四川国防科技工业更好更快发展》，2006。

《四川建筑业整体素质全面提升 经济实力明显增强》，http：//www.stats.gov.cn/was40/gjtjj_detail.jsp?channelid=5705&record=5647。

《2010 年四川建筑业发展成果显著》，《统计分析》2011 第 5 期。

赵惠珍、程飞、王秀兰、金玲：《2010 年建筑业发展统计分析》，《中国建设报》2011 年 5 月 28 日。

李欣忆：《四川培育 500 亿元电子产业园》，《华西都市报》2009 年 10 月 12 日，http：//finance.sina.com.cn/roll/20091012/06356825111.shtml。

消费品工业司：《四川省纺织工业运行情况》，2012 年 1 ~ 5 月，http：//xfps.miit.gov.cn/n11293472/n11295176/n11298913/14697731.html。

第8章 第三产业的发展与布局*

一 概述

四川地处亚洲中心，位于中国腹地，是西部人口最多、经济总量最大、资源富集的大省，是西部最大的工业基地、消费市场和物资集散地，成都是西部地区重要的现代制造业基地、交通通信枢纽和商贸金融科教中心，具备构建辐射西部的综合交通和现代物流大枢纽的基础条件。目前四川省综合交通运输体系已初具规模，交通基础设施日趋完善，交通基础设施的改善为第三产业发展提供了重要基础，也为四川第三产业搭建国际平台提供了非常有利的条件。

第三产业是国民经济的重要组成部分，是经济增长的主要动力之一，是经济社会现代化水平的重要标志。2005 年，四川省第三产业就业人员 1354.20 万人，2010 年 1500.51 万人，2011 年 1531.33 万人，总增幅 4.735%。第三产业地区生产总值 2005 年 2836.73 亿元，2010 年 6030.41 亿元，2011 年达到 7014.04 亿元，总增幅 111.292%，如表 8-1 所示。

根据《中国统计年鉴（2012）》和《四川统计年鉴（2012）》，2011 年末中国第三产业就业人员 27282 万人，其中四川省第三产业就业人员 1531.33 万人，占全国第三产业就业人员总数的 5.61%。

取：第三产业就业人员数 / 辖区面积 = 第三产业劳动力密度，得到 2011 年全国和四川省第三产业劳动力密度，如表 8-2 所示。

由表 8-2 得到全国第三产业劳动力平均密度为 28.41 人 / 平方公里，四川省第三产业劳动力密度为 31.57 人 / 平方公里，

表 8-1　2005 ~ 2011 年四川省第三产业主要经济指标

指　标	2006 年	2007 年	2008 年	2009 年	2010 年	2011 年	增幅（%）
就业人员总数（万人）	4715.00	4731.10	4740.00	4756.62	4772.53	4785.47	1.495
第三产业就业人员（万人）	1462.10	1399.15	1445.50	1470.90	1500.51	1531.33	4.735
地区生产总值（亿元）	8690.24	10562.39	12601.23	14151.28	17185.48	21026.68	141.957
第三产业生产总值（亿元）	3319.62	3881.60	4561.69	5198.80	6030.41	7014.04	111.292

表 8-2　2011 年全国和四川省第三产业劳动力密度对比

指　标	第三产业就业人员（万人）	土地面积（万平方公里）	劳动力密度（人 / 平方公里）
全　国	27282	960	28.41
四川省	1531.33	48.5	31.57

注：数据截至 2011 年底。

* 本章作者：杨柳，四川省社会科学院金融与财贸经济研究所副所长，研究员；林楠，四川省社会科学院金融与财贸经济研究所副研究员。

略高于全国平均水平。纵观全国各省（自治区、直辖市）第三产业劳动力密度，上海、北京、天津、江苏、浙江、广东、山东、河南、重庆和安徽等省（自治区、直辖市）排名靠前，西藏、青海、新疆、内蒙古和甘肃等省（自治区、直辖市）排名靠后，四川排名第 19 位，在全国排名中属于中等偏后水平。

根据《四川统计年鉴（2012）》，得到四川省各市（州）第三产业劳动力密度如表 8-3 所示。

由表 8-3 可知，四川省各市（州）之间第三产业劳动力密度差距非常大。密度大的市（州）有成都市、自贡市、内江市、德阳市、遂宁市和广安市等，密度小的市（州）有雅安市、凉山彝族自治州、阿坝藏族羌族自治州和甘孜藏族自治州等，其中密度最大的成都市为 292.3 人 / 平方公里，是密度最小的甘孜藏族自治州的 271 倍。

近年来，四川省第三产业中心（园区）数量逐年增加，劳动力和企业向产业密集区聚集，有效增加了第三产业劳动力密度和企业密度，缩短了产业距离。其中以西部物流中心、西部商贸中心和西部金融中心的建设和发展为产业重点。

西部物流中心：四川省依托重要交通干线、中心城市和产业聚集地，围绕西部物流中心，已发展出成都、川南、川东北三大物流区域。现有成都双流国际航空港、青白江铁路集装箱物流园区、新津物流园区、新都物流中心、龙泉物流中心、成都保税物流中心、遂宁中国西部现代物流港、

表 8-3　2011 年四川省各市（州）第三产业劳动力密度

市（州）	辖区面积（万平方公里）	第三产业就业人员（万人）	第三产业劳动力密度（人 / 平方公里）	市（州）	辖区面积（万平方公里）	第三产业就业人员（万人）	第三产业劳动力密度（人 / 平方公里）
全　省	48.5	1531.33	31.57	南充市	1.2	80.52	67.1
成都市	1.2	350.76	292.3	眉山市	0.7	49.48	70.69
自贡市	0.4	58.08	145.2	宜宾市	1.3	79.87	61.44
攀枝花市	0.7	26.02	37.17	广安市	0.6	51.75	86.25
泸州市	1.2	59.07	49.23	达州市	1.6	82.05	51.28
德阳市	0.6	64.56	107.6	雅安市	1.5	31.33	20.89
绵阳市	2.0	87.73	43.87	巴中市	1.2	40.15	33.46
广元市	1.6	45.33	28.33	资阳市	0.8	51.78	64.73
遂宁市	0.5	44.28	88.56	阿坝藏族羌族自治州	8.3	18.22	2.20
内江市	0.5	61.44	122.88	甘孜藏族自治州	15.3	16.54	1.08
乐山市	1.3	50.41	38.78	凉山彝族自治州	6.0	60.93	10.16

注：数据截至 2011 年底。

攀枝花物流园区、泸州－宜宾物流中心、达州天然气能源化工产业区域物流中心、绵阳电子信息综合物流园区、南充－巴中物流中心、乐山大件物流中心、雅安物流中心等各具特色的区域物流中心。

西部商贸中心：四川以省会成都为依托，以大型批发贸易、会展经济、商务信息和服务贸易为重点，发挥特大中心城市的集聚和辐射功能，带动重大装备、优势农产品、优势资源产品、高技术产品等优势特色产品走向全国、走向世界，吸引省外、国外工商企业来川发展。发挥省际结合部中心城市的经济功能，扩展省际的商贸流通，建成辐射川、陕、渝交界区域的达州省际商贸中心，辐射川、渝、黔、滇交界区域的泸州和宜宾省际商贸中心，辐射川、滇交界区域的攀枝花省际商贸中心，辐射川、甘、陕交界区域的广元省际商贸中心，辐射川、藏、青交界区域的康定和马尔康省际商贸中心。以绵阳、德阳、南充、遂宁、资阳、内江、自贡、乐山、眉山、广安、雅安、巴中和西昌等区域中心城市为依托，以区域优势产业为特色，建设省内区域商贸中心。以县城为中心，建制镇为主要节点，行政村为终端，建立覆盖全省的农村商贸网点。

西部金融中心：以四川省会成都为西部金融中心的核心区域，正在构建西部金融机构集聚中心、西部金融创新和市场交易中心和全国一流的金融后台服务中心。1993年国务院发布《西南和华南部分省区区域规划纲要》，四川省会成都被明确定义为中国的“西南金融中心”。历经近20年发展，这一战略在成都不断加速发展，因全球金融巨头的入驻而逐渐明晰。2009年，成都市政府正式印发《关于进一步加快金融业发展的若干意见》，以多项罕见的优惠措施吸引全球金融机构来成都安家落户，并正式明确将高新区和锦江区东大街作为成都金融一条街发展，“西部金融中心”的建设再次提速。

二 商贸流通业

（一）四川商贸流通业现状

改革开放至今，随着本土商贸企业的兴起和国内外商贸企业的进入，四川商贸流通业得到了快速发展。在繁荣市场，促进社会再生产顺利循环的同时，商贸流通业自身也成为四川国民经济的支柱产业之一。四川商贸流通业门类齐全、辐射范围大，是西部重要的商贸产业基地。

一是社会商业蓬勃发展，主要数量指标持续增长。四川省商贸流通业近年来发展迅速，主要商贸流通指标呈现持续增长趋势。2011年，四川省社会消费品零售总额为80445836万元，比上年增长18.1%。其中：城镇社会消费品零售额64955533万元，占比80.74%；乡村社会消费品零售额15490303万元，占比19.26%；按行业分，零售业所占比例最大，为60520345万元，占比75.23%，而批发业为6067721万元，住宿业为808091万元，餐饮业为10977680万元，其他为2072000万元。

二是多元化市场主体格局形成，经营领域不断拓展。商贸流通业涉及传统零售、食品、饮料、烟草、纺织、服装、餐饮、医药、矿产品等数十个行业，良好的开放政策和市场接纳力，形成了个体工商户、独资企业、合伙企业、国有企业、集体企业、股份合作企业、有限责任公司多种经济成分、多种企业类型共同发展的格局。连锁经营、物流配送、特许经营、电子商务等现代流通方式得到广泛应用，传统的运营方式逐步改变，商品的采购、配送、营销能力得到提高，极大地促进了区域流通业态创新和先进经营理念、经营方式的引进，进一步提升和壮大了四川省商贸流通业的档次和实力。

三是城乡市场成为商贸流通业的支撑，市场流通体系初步形成。推进城市社区商业建设和农村市场建设：在县级城区建设以商业街区、商业综合体为核心的县城商业中心，已基本形成满足城乡居民日用消费品、耐用消费品和服务消费需求的新型商圈；在乡镇建设商业集中区，建设商贸综合服务中心、中型连锁超市和标准化农贸市场。农村消费品、农产品和生产资料流通体系正在逐步形成，在满足城乡人民日益增长的物质文化需求的同时，也推动了工业、农业、贸易一体化发展。

四是重点企业市场主导作用增强。沃尔玛、家乐福、国美、苏宁、新世纪、王府井等国内外知名商家纷纷入驻，并主导消费品市场。2011 年，限额以上批发零售业销售总额达到 28488647 万元，占全省的 35.41%；限额以上住宿餐饮业营业收入达到 2601062 万元，占全省的 3.2%。限额以上批发零售业法人企业为 4435 个，其中批发业 1732 个，零售业 2703 个；限额以上住宿餐饮业法人企业为 2053 个。

五是民营商业发展迅猛。近年，四川省个体和私营商业企业异军突起，发展迅猛。大型民营商业企业迅速成长起来，并创立了一批本土知名商业品牌。2011 年，限额以上批发业私营企业 763 个，占限额以上批发业法人企业比例为 44.05%；限额以上零售业私营企业 1502 个，占限额以上零售业法人企业比例为 55.6%；限额以上住宿餐饮业私营企业 1055 个，占限额以上住宿餐饮业法人企业比例为 51.4%。

（二）四川商贸流通业特点与优势

1. 战略区位显著

四川地处亚洲中心，位于中国腹地，北连甘肃、陕西，东邻重庆，南接云南、贵州，西衔西藏、青海，是连接西南、西北的天然纽带，连接欧亚大陆桥和泛亚大铁路的西部主通道，南向经昆明至印度洋、东向连接长三角至太平洋、西北向经欧亚大陆桥至大西洋的三条新出海大通道枢纽之所在，在连接东南亚、南亚大市场中具有十分突出的地位。

2. 经济规模较大

四川生产总值（GDP）和地方财政收入均位于全国前十位，是西部地区生产总值超万亿的经济大省。2011 年四川生产总值（GDP）21026.68 亿元，2006 ~ 2011 年平均增长速度 13.9%。其中：第一产业 2983.51 亿元，2006 ~ 2010 年平均增长速度 3.5%；第二产业 11029.13 亿元，2006 ~ 2010 年平均增长速度 19%；第三产业 7014.04 亿元，2006 ~ 2010 年平均增长速度 12.1%。

3. 特色产品丰富

四川拥有粮油、蚕茧、生猪、水果、蔬菜等多种优势特色农产品，同时拥有一批具备市场竞争优势的工业产品，如锅炉、发电设备、石油钻采设备、白酒、天然气、水电、服装、鞋类、箱包、家具、汽车、摩托车、化肥、建材等。

4. 市场潜力巨大

四川是全国第三人口大省，2011 年末常住人口 8050 万人，劳动力资源总数 6343 万人。居民人均消费 9903 元。随着城乡居民收入的不断提高，四川省内市场潜力很大。与此同时，随着农产品和工业产品竞争能力的提高，四川商品在省外和国外也有广阔的市场。

（三）四川商贸流通业存在的问题

1. 流通成本较高

四川地处西南内陆和长江上游，不沿海，不沿边，地形、地貌复杂，导致运输距离长、交通建设造价高，增高了物流成本，影响货畅其流。现代物流、连锁经营业的发展是以通畅的交通、资讯网络为基础的。交通、资讯网络不发达，商贸流通业难以实现新型流通业态的规模效益。目前的流通服务企业普遍是分散经营、各自为战、单打独斗的运作模式，市场集中度和占有率不高，资金、信息、技术不能共享，流通成本较高，抵御风险能力较低，企业规模效益不理想。缺乏专业的、具有现代意义的第三方物流企业，企业在物流方面费用过大，物流资源浪费严重。商业服务业的现代化水平不高，科技化程度低，制约了企业的发展。

2. 市场发育滞后

市场体系不健全，新业态、新型流通方式发展滞后，大型本土商贸企业较少，实力相对较弱。适应市场经济发展的市场体系不成熟，商业企业缺乏核心竞争力。在市场体系建设上，缺乏建立集约、便利的现代零售服务体系，高效畅通的批发市场体系和网络化、现代化的物流配送体系的思想和意识。商业网点建设统一规划和布局尚未得到很好的落实，城市商业中心和服务中心的功能尚未得到发挥。实现各类生产要素合理配置的专业市场发展缓慢，市场配置不合理。商贸流通企业小、散、差的状况没有根本改变，流通服务业没有形成核心竞争力。

3. 生产与流通发展不协调

在四川省经济发展中，长期存在着重视生产轻视流通的现象，生产发展快，流通发展慢，生产和流通不协调，大生产与小市场的矛盾突出。农产品与工业品双向流动受限，农村生产的农副产品销售困难，影响农民收入增长；工业产品难以卖到农村，无法有效提升农民的生活水平，不能实现工业发展的价值。城乡社会整体的收入水平提高缓慢，购买力不足，制约了服务业的发展，形成严重的经济结构问题。

4. 城乡二元商贸流通体系

城乡市场分割，城乡间要素与商品流动受阻，造成城乡之间购买力不平衡，形成了城乡二元商贸流通体系：城市具有交易规模和业态形式都比农村发达得多的批发市场和零售市场，农村只有小型零售店，零售店的商品主要是从城市中批发而来的，商贸流通的城乡差异大。金融市场也处于城乡分割之中，城市金融市场发达，产品数量多，金融机构完善，而农村不仅市场不完善，金融机构的数量少，并且金融机构不仅没有为农村发展提供必要的资金，反而把在农村吸收的存款通过各种渠道转移到城市，加大了城乡金融差距。

（四）发展展望

第一，改善商贸结构。用先进经营理念、运营模式和流通技术，改造提升传统商贸流通业，建设西部商贸中心。继续扩大与美国、日本和欧洲等发达国家和地区的双边贸易，稳定外需和积极引进先进技术。努力扩大与东盟各国的贸易，使四川省对外贸易再迈上一个大台阶。以成渝经济区建设为契机，全面扩大川渝间的商贸交流。以灾后恢复重建对口支援为契机，提升与珠三角和长三角商贸交流的水平。利用地理优势加强与周边省份的商贸交流。

第二，优化空间布局。按照“辐射西部、面向全国、融入世界”的发展要求，加强西部商贸中心、省际商贸中心、区域商贸中心及农村商贸网点间的相互联系，构建各中心相互配合、层次清晰、布局合理、特色突出、功能完备、点线结合的现代商贸网络体系，扩大商贸流通覆盖范围，增强西部商贸中心的整体功能。加强流通基础设施建设，抓好城市中央商务区规划建设，打造一批大型骨干卖场，建成一批特色商业街区，引导大型商业综合体集聚发展，建设西部重要的消费中心。

第三，将四川的内江、南充、泸州、宜宾、达州、绵阳等城市作为通江达海的交通节点，同时除成都为四川省的区域中心外，将绵阳、达州、南充、乐山、泸州、宜宾发展为次区域中心，并以上述城市为中心，打造四川商贸中心。以特大中心城市成都为依托，以大型批发贸易、会展经济、商务信息和服务贸易为重点，充分发挥特大中心城市的集聚和辐射功能，带动重大装备、优势农产品、优势资源产品、高技术产品等优势特色产品走向全国、走向世界，吸引省外、国外工商企业来川发展，把成都建设成辐射西部、面向全国、融入世界的西部商贸中心。发挥省际结合部中心城市的经济功能，大力扩展省际的商贸流通，建成达州、泸州、宜宾、攀枝花、广元、康定和马尔康省际商贸中心，辐射川、陕、渝、黔、滇、甘、藏交界区域。以绵阳、德阳、南充、遂宁、资阳、内江、自贡、乐山、眉山、广安、雅安、巴中和西昌等区域中心城市为依托，以区域优势产业为特色，建设省内区域商贸中心。以县城为中心、建制镇为主要节点、行政村为终端，建立覆盖全省的农村商贸网点。

三　旅游业

（一）四川旅游业发展现状

四川拥有得天独厚的旅游资源，自然风光雄奇险秀，巴蜀文化积淀深厚，民族风情多姿多彩，革命遗迹可歌可泣，川菜享誉四方，川酒香飘四海，川剧独具魅力，是全国的旅游资源大省之一。

1949 年新中国成立以来，一直到 1978 年实施改革开放的 29 年间，包括四川在内的中国旅游业实际上属于外事活动性的旅游，旅游活动通常由政府接待与安排，并没有真正意义上的市场经济性质的旅游业。从 1978 年至今，四川才开启了真正意义上的旅游业。尤其是近年来，四川抓住西部大开发机遇，大力实施政府主导战略，全省旅游业发展连续多年保持了突飞猛进态势。在地震灾后恢复重建、应对国际金融危机中，旅游业表现了较强的产业适应能力和综合带动能力，在拉动消费、促进就业、帮助农民增收、弘扬文化、保护生态环境等方面，发挥了积极而突出的作用。经过“十一五”时期的发展，四川国内游、出境游、入境游三大市场逐步协调发展，旅游基础设施和配套服务要素日臻完善，旅游产品结构日益优化，拥有了生态旅游、红色旅游、乡村旅游、会展旅游、康体旅游、养生旅游和自驾车旅游等多样性的旅游产品，已由单一的观光产品向观光与休闲度假并重的综合型旅游产品转变。旅游产业规模持续扩大，旅游收入持续攀升，成为全省发展速度最快的产业之一，成为四川省扩大内需、调整产业结构、促进区域协调发展、增加就业、惠民富民的战略性产业。四川省实现了由旅游资源大省转向旅游经济大省的转变，正进入加快实现旅游经济强省建设目标的新阶段。

目前，四川有各类旅游景区（点）800余处，其中世界自然和文化遗产5处，是国内拥有世界遗产最多的省份之一，也是国内唯一拥有世界自然遗产、文化遗产、自然与文化遗产的省份；列入联合国《人与生物圈保护网络》的自然保护区4处，国家AAAAA级旅游景区4处，AAAA级旅游景区78处，AAA级旅游景区53家，AA级旅游景区66家，A级旅游景区2家。国家级地质公园12处，国家重点文物保护单位128处，国家级非物质文化遗产27处，中国历史文化名城7座，中国最佳旅游城市1座，中国优秀旅游城市21座，全国农业旅游示范点28处，全国工业旅游示范点8处。

根据四川自然条件的分异特征和旅游资源的分布规律，四川旅游产业发展在空间上可以划分为6个旅游片区。一是川西高山高原旅游片区。位于四川西部，是四川盆地与青藏高原的结合部位，属于青藏高原东南缘和横断山脉的一部分，范围包括甘孜、阿坝两州。该区地域辽阔，地形复杂，山川秀丽，拥有一大批高品位的自然旅游资源：九寨沟、黄龙是全世界仅有的同时拥有“世界自然遗产”和“世界生物圈保护区”两项国际桂冠的自然风景区，世界第一个“大熊猫研究中心”汶川卧龙自然保护区，四姑娘山、雪宝顶等多座对外开放的登山区，以及冰川森林公园海螺沟、理塘－稻城海子山谷冰川大冰帽、丹巴美人谷等，是中国自然景观资源最丰富和最集中的区域之一；同时，该区是多民族聚居区。二是川南丘陵低中山旅游片区。位于四川南部，包括宜宾、泸州、乐山、内江、自贡五市。该区山清水秀，气候宜人，具有相当齐备的自然旅游资源以及人文旅游资源：世界自然和文化双重文化遗产峨眉山－乐山大佛，中国唯一以大面积竹景为特色的国家级风景名胜蜀南竹海以及纳入世界地质公园的兴文地质公园等。三是川东丘陵旅游片区。该区包括遂宁、广安和南充等市。区内气候温暖湿润宜人，水热充沛，拥有一批以自然保护区和森林公园为主的自然旅游资源。该区还是邓小平、朱德等伟人的故乡，有着灿烂的红色革命文化。四是川西南中山峡谷旅游片区。位于青藏高原东部横断山系中段，范围包括凉山州和攀枝花市。该区拥有四川第一大湖泊邛海、二滩国家森林公园、攀枝花苏铁和大风顶国家级自然保护区以及摩梭文化、彝族文化等。五是川东北低中山旅游片区。该区是指大巴山 - 米仓山南麓低中山地区，范围包括绵阳、广元、巴中、达州四市。该区拥有数量众多、风景优美的旅游景区。六是成都平原旅游片区。范围包括成都、眉山、德阳、资阳四市，拥有世界文化遗产青城山 - 都江堰、众多国家级的风景名胜区和森林公园以及三国文化、金沙古文化遗址等旅游资源。

2011 年四川旅游产业交出亮丽答卷：全省接待入境旅游者 163.97 万人次，同比增长 55.9%；国内旅游人数约 3.5 亿人次，同比增长 28.9%；全年旅游总收入突破 2000 亿元大关，达 2440 多亿元，同比增长三成。2009 年，四川省旅游业提前一年实现"十一五"目标。"十一五"期间四川累计实现旅游总收入 6646.97 亿元，是"十五"时期的 2.8 倍，年均增长 21.4%，旅游总收入占 GDP 的比重由 2005 年的 9.8% 提高到 2010 年的 11.2% 以上，表现了国内旅游市场增长强劲、入境游市场持续增长、出境游市场稳步增长的良好态势。同时四川旅游企业发展探索出了融观光、休闲、度假等功能于一体的旅游综合体发展新模式，推出"价格洼地"，提振灾后游客信心、扩大旅游消费，"会展旅游"经济社会效益明显，"乡村游"成为震后四川旅游的新特色（见表 8-4 和图 8-1）。

表 8-4　2011 年 12 月旅游情况统计

指　标	全　年	同比增减（%）
接待入境人数（万人次）	163.97	55.9
外国人（万人次）	113.73	51.5
台湾同胞（万人次）	27.78	85.6
香港同胞（万人次）	19.28	46.5
澳门同胞（万人次）	3.17	59.1
接待入境人天数（万人天）	312.04	57.2
外国人（万人天）	223.13	54.8
台湾同胞（万人天）	45.72	76.4
香港同胞（万人天）	37.15	46.0
澳门同胞（万人天）	6.04	101.8
外汇收入（万美元）	59382.55	67.8
国内旅游人数（市州汇总数）（万人次）	34977.82	28.9
国内旅游人数（全省平均数）（万人次）	26906.02	19.0
国内旅游人天数（万人天）	51229.56	24.4
国内旅游收入（亿元）	2410.57	29.5
旅游总收入（亿元）	2449.15	29.9

资料来源：四川旅游政务网。

图 8–1　四川主要风景旅游分布

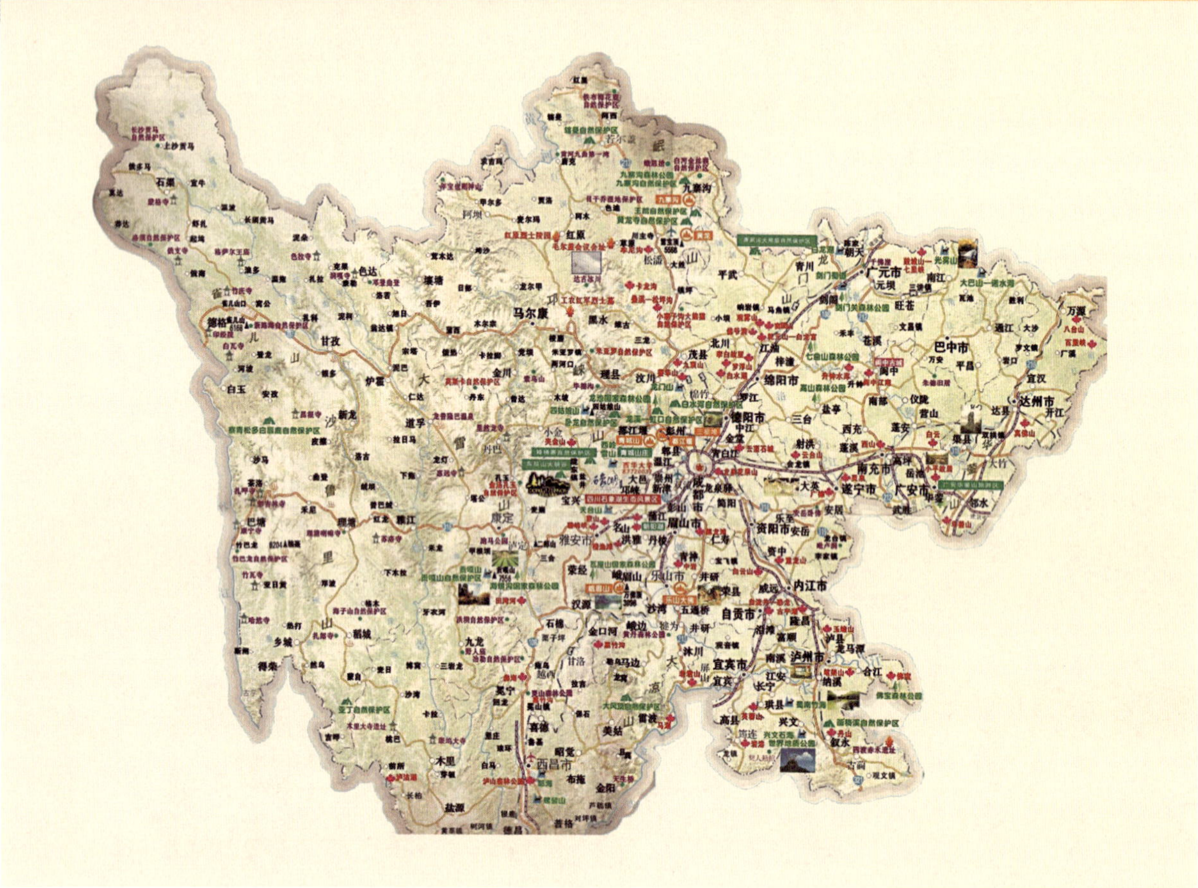

（二）四川旅游业发展的特点与优势

1. 自然条件优越

四川具有发展旅游业的明显优势。四川省地处中国西南腹地，四周为高峻的山脉所环绕，北有秦岭，东有大巴山，西有岷山，南有云贵高原，境内江河贯穿，沃野千里，有岷江、沱江、涪江、金沙江、雅砻江、大渡河等。四川处于亚热带湿润季风气候区，终年温暖湿润，四季分明，夏无酷暑，冬无严寒，雨量充沛，据古籍记载，在冰川时代，四川盆地就成为动物的避难所，动物（包括人类的祖先）就争相迁往这片生命的乐园，大熊猫即是有力的佐证。优美的自然环境和浓郁的文化氛围使四川拥有独特的魅力，自古就有“天下山水之冠在蜀”的说法。

2. 旅游资源得天独厚

四川是名副其实的旅游资源大省，拥有全国风景名胜区的 6.7%、国家自然保护区的 7.3%、国家森林公园的 4.2%、国家历史文化名城的 6.0%、全国重点保护单位的 5.4%，是中国世界遗产最多的省份之一。此外，四川还有 550 多处各类省级旅游资源。同时，神秘离奇的广汉三星堆遗址和成都金沙遗址，李冰治水、文翁中学、诸葛亮治蜀等为四川沉淀了丰厚的历史文化旅游价值。四川也是旅游品种最齐全的省份之一，悠久的历史文化古迹和绚丽多彩的自然风光兼而有之。既有自然的，又有人文的；既有数量的优势，又有品位的优势。更兼四川少数民族众多，各有独特的风俗习惯、歌舞、美饰，再加上名扬四海的川菜美食等，构成了全方位、多层次的旅游资源优势，足以吸引全世界的游客。近年来，四川旅游在实践中不断推陈出新，开发出新的旅游形式；同时通过深度发掘，苦练内功，让各类旅游资源焕发新的活力。

3. 旅游产业发展迅猛

近年来，四川省旅游总收入、接待游客数量都逐年增加，旅游业发展成绩喜人。旅游业已经成为四川省的重要支柱产业，四川旅游已经成为中国西部的排头兵。从 2001 年开始，四川旅游总收入持续居西部之首，并继续呈现高度发展态势，2007 年四川旅游总收入率先在西部地区突破千亿元大关，成为中国西部旅游业发展最快的地区。2010 年，四川省旅游总收入是 1991 年的 99 倍，相当于全省 GDP 的 11%以上。旅行社、旅游饭店的规模、档次均大幅度提升，能有效满足国内外旅游市场的需要。1978 年改革开放初期，四川省只有几家旅行社，经过 30 年的快速发展，四川省共有旅行社超过 700 家，其中一级旅行社 40 家。旅游饭店住宿业已形成从一星级至五星级宾馆和饭店为主体、其他多种类型的旅社、招待所等为补充的旅游住宿局面，构成多类型、特色化、专业规范的住宿服务体系。

4. 旅游交通逐步完善

改革开放以来，四川省的旅游交通逐步完善，交通运输畅通发达，公路、铁路、航空、水路的交通网已经形成，为四川旅游产业的高速发展奠定了坚实的基础。拥有方便、快捷、安全的旅游交通通道，特别是航空旅游的发展，为更多的海外旅游者选择四川作为旅游目的地创造了条件。目前，四川现有一个主枢纽机场——成都双流机场，还有 10 个支线机场，成都双流机场旅客吞吐量已经接近 3000 万人次，成为全国第五大机场。已开通 48 条国际（地区）航线和 138 条国内航线，可通达亚洲、西欧、北美、大洋洲的 24 个重要城市，四川高速公路通车里程和铁路营运里程分别突破 3000 公里、3500 公里，车船齐备，交通便利发达，旅游的可进入性大大提高，为四川旅游发展提供了基础支持。

（三）四川旅游业发展存在的问题

四川拥有独特的资源组合优势，各类旅游资源因其种类的相异性和区域分布的相对完整性，形成了区、带结合，相对集中的空间组合布局。要将良好的资源优势转化为产业优势，四川旅游必须克服现有的一些问题和痼疾。

第一，在全国旅游市场的占有率与旅游资源拥有量较不相称。四川在入境游市场的占有率一直偏低，2010 年四川共接待入境旅游者 104.93 万人次，仅占全国入境旅游者（13376.22 万人次）的 0.78%，是同为西南旅游大省的云南省（329.15 万人次）的 31.88%，陕西省（212.17 万人次）的 49.46%，相较四川省 2006 年（140.2 万人次）和 2007 年（170.9 万人次）的入境游客总数也还有较大差距；四川 2010 年旅游外汇总收入 3.54 亿美元，仅为全国（458亿美元）的0.77%，名列全国第21位；国内市场方面，2010年四川累计接待国内旅游者2.71亿人次，是全国（21亿人次）的12.9%，但挖掘和开发的力度还有欠缺，省内游客比重偏大，2010年共接待省内游客14683.44万人次，占全省接待国内旅游人数的54.1%；总收入方面，2010年四川省旅游总收入名列全国第9位，但是总值不到江苏省（4685亿元）的一半。

第二，旅游市场主体发育不成熟。各类旅游企业市场竞争力偏弱，缺乏大型龙头企业。四川旅游行业员工流失率较大，从业人员文化素质整体仍然偏低，在40万旅游从业者中，中专及以下学历人员占70%以上，无职称和初级职称的近90%，从业人员持证上岗率不足50%，高层次的经营管理人才、工程技术人才及外语类专业人才明显短缺，小语种导游更是十分缺乏，农村和少数民族地区旅游服务人才专业化程度更低，四川旅游业人力资源的素质和结构与四川旅游业快速发展的需求存在极大的差距，影响和制约了四川旅游业的进一步发展和旅游企业竞争力的提升。同时，尽管近年来四川的交通运输状况不断改善，但交通建设仍然不能适应旅游业快速发展的需要，四川部分景区的旅游配套设施也处于较低水平状态，设施简陋、卫生条件差、配套服务设施缺乏，不少著名景区旅游配套设施的卫生条件和舒适程度达不到市场平均水平，降低了旅游产品的档次，导致了相当多的游客流失。

第三，旅游资源总体开发程度不高，旅游产品单一，市场适应能力偏弱。目前四川的旅游产品缺乏创意，层次较低，供给结构与需求结构不相适应，旅游线路同质化且更新缓慢，旅游产品供给刚性方面，观光游占四川旅游60%以上的市场份额，公务游、休闲度假游等产品极少，导致旅游产品内容枯燥，品种单一，缺乏活力，无法满足游客的个性化旅游需求。使得四川许多旅游产品与周边省（市、区）的趋同性强，竞争优势不突出，对国内外游客的吸引力小。

第四，旅游宣传促销力度不够，旅游市场秩序有待进一步规范。一是四川旅游形象定位模糊，缺乏旅游目的地形象的塑造与宣传，没有凸显四川旅游的独特性、唯一性；二是网络营销滞后，专业旅游网站数量少，信息更新不及时、信息量较少、查询能力有限，只有少数网站能够支持多语言，不利于境外市场的开发，旅游网站的现状不能满足市场需求；三是旅游市场营销缺乏整体性，部门资源和地区资源整合不足，降低了四川旅游业的综合经济效益。

第五，旅游资源开发资金不足，旅游管理体制不健全。旅游资源开发具有建设周期长、资金需求大的特点，四川景区开发资金总额有限，开发速度还不能满足数量迅速增长的游客需求。由于资金不足，相配套的基础设施严重欠缺，极大地制约了旅游业的发展，许多颇有价值的景观多年来一直鲜为人知。目前四川的旅游管理机关由省、市（地、州）、县三级构成，没有从根本上解决好旅游的“大产业、小管理”的突出问题，对旅游相关的行政力量和资源整合没有形成规范长效机制，各级管理机关对市场的调节、规范和监督、管理不够，对企业的经营引导和支持不够。除成都、乐山等少数城市外，大多数地方旅游机构人员编制少，且不是旅游专业人才，整体素质不高，不能适应旅游业大发展的要求。

（四）发展展望

第一，继续稳步发展国内市场，积极拓展入境市场。四川旅游产业发展必须面对广阔的省内外市场，在巩固省内市场的同时，加大对省外市场特别是国际市场的开发力度，逐步开通省外经济发达地区至四川著名景区和城市旅游目的地的旅游快速专线，加快旅游城市支线机场建设，加大宣传力度，丰富促销方法和手段，深入了解各个市场的不同需求，针对不同的国外旅游客源地市场，展开有针对性的营销策略，抓紧对细分市场的调查研究，完善配套设施，并利用会议、商务活动等机会吸引更多海内外游客。

第二，打造富有四川特色的、在国内外影响较大的旅游产品体系。未来四川旅游必须进行准确的定位，注重突出地方特色，加快重点旅游区开发，充分挖掘旅游资源的文化内涵，以市场需求为导向，大力开发不同类型、层次、功能的旅游产品，尽可能满足社会各阶层的需求；同时应强化旅游精品意识，全面提高旅游产品质量，增加高端产品的开发，加大智力、技术和文化的投入，充分考虑游客自身的需求，满足个性化的旅游需求，开发个性化的旅游产品，推出在全国乃至国际上有竞争力的旅游产品。在入境游市场方面，为了争取更多的入境游客，四川应根据不同游客群体的消费特点，有针对性地开发特色旅游产品，如探险游、民族地区特色文化游、野外探险等旅游产品；在国内游市场方面，四川省可以开发养老休假游、公益旅游、少数民族文化旅游等，将自然风光游与民族文化游相结合。

第三，加快基础设施建设，形成一批具有国际水准的旅游重点景区、大型旅游项目和旅游综合服务设施，推动旅游业转型升级。继续加强道路交通设施建设，加快完成通达省内主要旅游城市、景区的旅游快速交通网络建设。围绕交通抓旅游，与通道建设同步推进旅游产业发展，为四川旅游提供转变发展方式的基础条件，全面提升四川省旅游管理和服务水平；充分利用高科技手段，全面推进旅游信息化建设，提高旅游城镇和旅游景区信息化水平，建设与国际接轨的旅游信息综合服务平台，推出旅游电子商务、公众查询系统等旅游基础性服务平台，建立全省旅游信息员队伍，实现旅游电子政务分级管理和数据共享，提高四川旅游产品的知名度，为游客提供优质高效的服务。

第四，继续加强旅游人才队伍建设，改善四川旅游业的管理水平和服务质量，做大做强四川旅游企业。四川旅游企业应尽快完成以产权制度为重点的所有制改革，通过资源整合和重组，逐渐培育一批服务档次高、网络健全、规模大、实力强的大型名牌旅游企业或旅游批发商。应注意引进和吸收先进的管理方法、管理经验和旅游服务设施，按专业化的要求转变经营方式，加强对现有从业人员的培训力度，严格执行旅游从业人员持证上岗制度，着力提高旅游从业人员的综合素质，改善旅游环境，全面提升旅游业的管理水平和服务质量。

第五，明确政府旅游管理机构的宏观调控、微观管理协调职能和财政资金支持职能，积极拓宽投融资渠道。四川旅游管理机构应逐步从旅游产业的利益链条中摆脱出来，一是制定相应的法律、法规，完善四川省的旅游法并制定相应的标准，规范竞争秩序，营造良好的竞争氛围；二是改变现有的交通障碍，加强基础设施建设；三是发挥政府在整体促销上的作用，打造四川旅游的整体形象；四是根据旅游市场的需求，强化重点领域和区域旅游人才的人力资源的规划、培训等基础性和指导性的工作；五是加强旅游资源的保护，确保旅游产业开发对旅游资源不产生负面影响。同时在政府财政资金之外，应积极推进投融资体制改革，鼓励和吸引多种经济成分如私募资本、债券、信托投资、产业投资基金参与旅游业发展，鼓励、支持和引导民间资金向旅游业的投入，走上市的道路，也可以吸引上市公司作为配股、增发项目进行投资。

第六，针对不同的国外旅游客源市场，展开有针对性的营销策略，多种途径宣传四川旅游。应明确四川省旅游区整体形象定位，构建旅游宣传网络，创新营销观念，加强旅游市场营销力度，进行必要的公关活动，形成政府主导、企业主体、各方联合、市场化运作的宣传促销格局，提高旅游景区的品牌形象。在营销手段方面，可以通过互联网营销，还可以邀请各国政要、国际组织、相关机构、旅行商、媒体等进来；利用研讨会、上门拜访的形式，多做产品推介活动，出台奖励政策，鼓励境外旅行商和地接社的组团积极性，以扩大影响，降低成本，增加竞争力，使游客受惠，旅游经营者得利。

四　物流与物流中心建设

（一）四川物流与物流中心建设现状

四川省位居长江上游，地处西南内陆，位于西部前沿，自古就是中国西南地区的交通枢纽。远在4000年前，四川盆地就存在着几条从南方通向沿海，通向今缅甸、印度地区的通道。在《史记》、《汉书》、《后汉书》以及《三国志》裴松之注引鱼豢《魏略·西戎传》等文献中，已提及古代巴蜀有经西南边陲以通异邦的道路。20世纪80年代，根据其地理位置和线路走向，学术界将这条以巴蜀为起点，经云南出缅、印、巴基斯坦至中亚、西亚的中西交通古道命名为“西南丝绸之路”或“南方丝绸之路”，后渐习称“南方丝绸之路”。

如图8-2所示，南方丝绸之路主要有两条线路：一条为西道，即“旄牛道”。从成都出发，经临邛（邛州）、青衣（名山）、严道（荥经）、旄牛（汉源）、阑县（越西）、邛都（西昌）、叶榆（大理）到永昌（保山），再到密支那或八莫，进入缅甸和东南亚。这条路最远可达“滇越”乘象国，可能到了印度和孟加拉地区。另一条是东道，称为“五尺道”。从成都出发，到僰道（宜宾）、南广（高县）、朱提（昭通）、味县（曲靖）、谷昌（昆明），以后一途入越南，一途经大理与旄牛道重合。南方丝绸之路不仅代表着四川自古以来在亚洲交通、商贸、物流中的重要地位，也充分证明了四川在全球经济格局中的区位优势。

图 8-2　南方丝绸之路

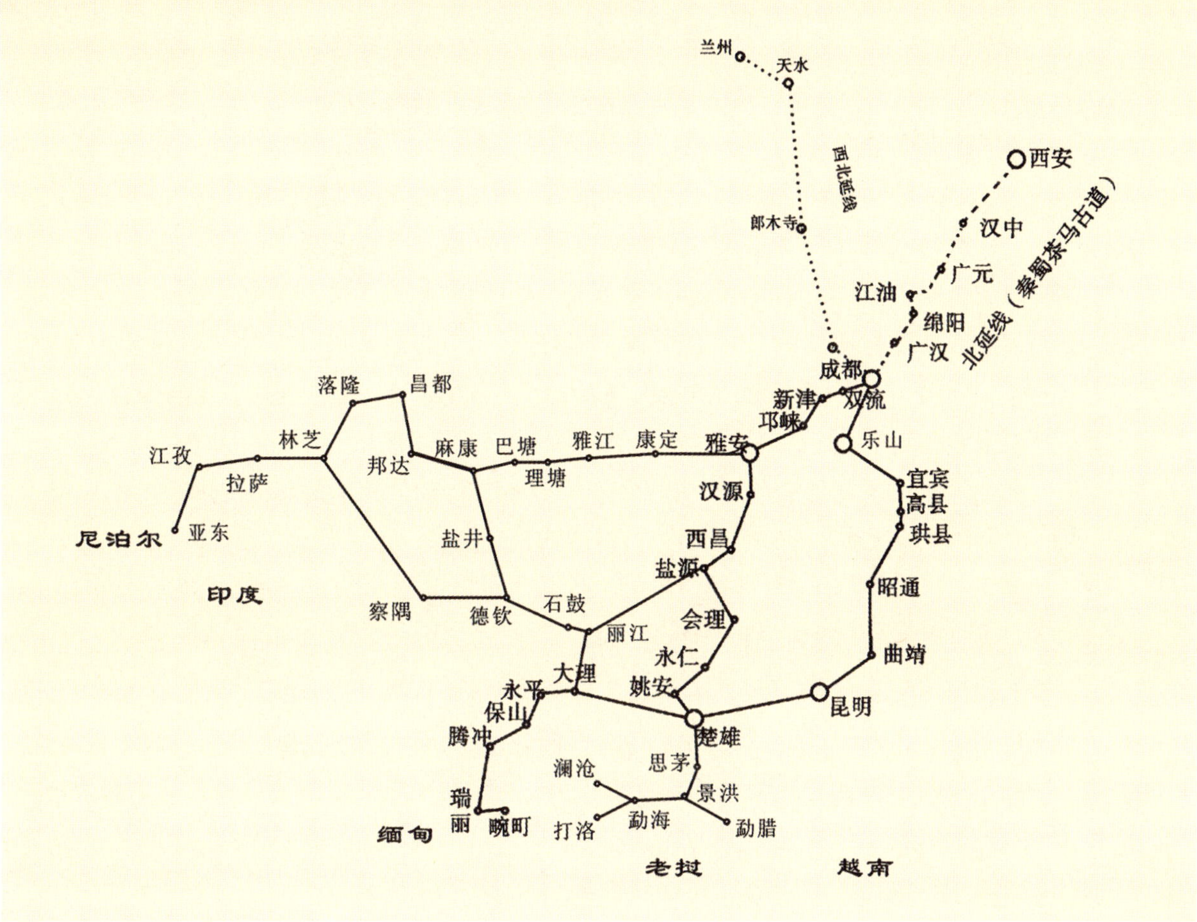

现代的四川省是西部最大的工业基地、消费市场和物资集散地，处于中国西南物流中心显要位置。四川物流的现状主要包括综合交通、物流中心和物流企业三个方面。

1. 综合交通

改革开放特别是西部大开发以来，四川省综合交通运输体系已初具规模，为发展现代物流提供了重要基础。2011 年，四川各种运输线路总长度达到 70.6 万公里，其中铁路总里程为 0.4 万公里，公路为 28.3 万公里，内河为 1.2 万公里，民航从 2009 年的 28.0 万公里跳跃提升为 40.7 万公里；客运量总计 255665 万人，旅客周转量 1556 亿人次，其中铁路和公路为主要货运方式，铁路为 7651 万吨，公路为 139771 万吨，水运为 6367 万吨，民用航空为 37 万吨。

2. 物流中心

四川省依托重要交通干线、中心城市和产业聚集地，围绕西部物流中心，已发展出成都、川南、川东北三大物流区域。现有成都双流国际航空港、青白江铁路集装箱物流园区、新津物流园区、新都物流中心、龙泉物流中心、成都保税物流中心、遂宁中国西部现代物流港、攀枝花物流园区、泸州－宜宾物流中心、达州天然气能源化工产业区域物流中心、绵阳电子信息综合物流园区、南充－巴中物流中心、乐山大件物流中心、雅安物流中心等各具特色的区域物流中心。

3. 物流企业

截至2011年4月，四川省国家A级物流企业达39家，其中AAAA级企业8家、AAA级企业19家、AA级企业12家，2011年下半年有两家企业申报AAAAA级企业。四川省现代物流协会2011年公布的《四川省物流企业50强名单》中，排名前十的物流企业有成都中铁西南国际物流有限公司、中铁二局集团物资有限公司、四川安吉物流集团有限公司、四川省邮政速递物流有限公司、四川通宇物流有限公司、四川长虹民生物流有限责任公司、四川远成物流发展有限公司、中国第二重型机械集团德阳万路运业有限公司、攀枝花钢城集团汉风物流有限公司和四川眉山顺达汽车运输有限责任公司，列入排名的物流企业最高营业收入超过22亿元。

（二）四川物流与物流中心建设特点与优势

四川省既深处内陆，但又位于西部前沿，既有被高山环绕，地理环境闭锁的劣势，又有承东启西、承北启南的区位优势。只要精心谋划，加快铁路、公路、水路等交通通道和基础设施建设，进一步打通四川省周边闭锁的山岳屏障，就能迎来交通运输业和物流业发展的高潮，推动全省经济社会发展上一个新台阶。

1. 交通优势

四川省综合交通运输体系已初具规模，交通基础设施日趋完善，交通基础设施的改善为现代物流业发展提供了重要基础。“十二五”期间，全省综合交通基础设施建设规划投资预计将达到8453亿元。如图8-3和图8-4所示，届时将有进出川铁路大通道11条，高速公路18条。

如图8-5所示，届时将实现成都至重庆1小时左右通达，至西安、兰州、贵阳等周边省会城市4小时左右通达，至环渤海、珠三角和长三角地区8小时左右通达。

另外，以区域性中心城市为依托，建设水陆联运次级枢纽、物流配送次级枢纽、省界次级枢纽、重要交通节点，扩大交通网络的覆盖范围，实现多种运输方式在次级枢纽和节点城市间的有效衔接，将为四川发展现代物流提供非常有利的条件。

2. 区位优势

四川位居长江上游，地处西南内陆，北通陕甘、南接云贵、东临重庆、西靠西藏，处于中国西南物流中心的显要位置，具备三大区位优势。一是临近东南亚。四川是连接中国腹地与东盟、南亚和中亚的重要交汇点，是连接欧亚大陆桥和泛亚大铁路的重要经济走廊，可以就近融入中国－东盟自由贸易区，参与欧亚经济合作。二是重要结合部。四川是西南、西北和中部地区的重要结合部，是长江流域经济带、泛珠三角经济区和环渤海湾经济区拓展西部市场的重要桥梁，可以有效承接国际、国内产业转移和外资西进、内资西移。三是西部大枢纽。四川是西部人口最

图 8-3　铁路重点项目

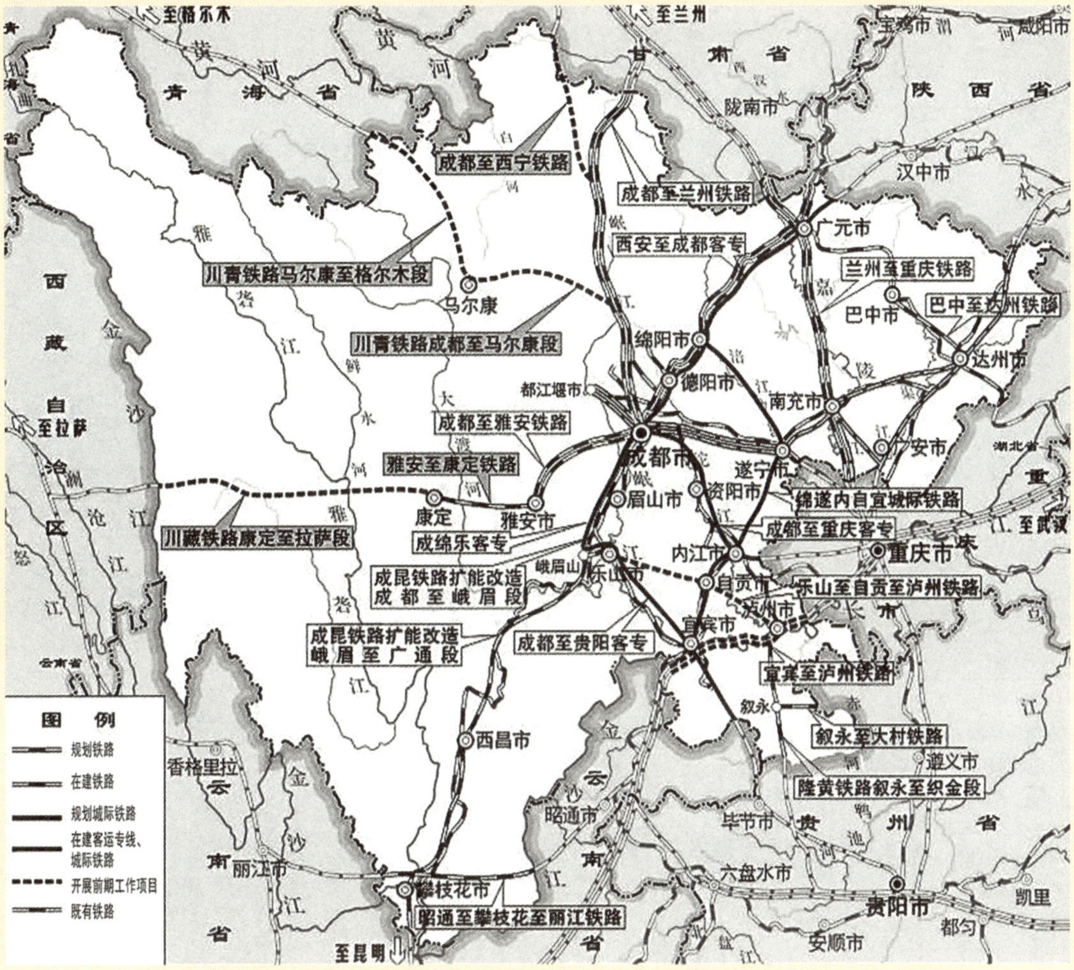

资料来源：《四川省国民经济和社会发展第十二个五年规划纲要》。

多、经济总量最大、资源富集的大省，是西部最大的工业基地、消费市场和物资集散地，成都是西部地区重要的现代制造业基地、交通通信枢纽和商贸金融科教中心，具备构建辐射西部的综合交通和现代物流大枢纽的基础条件。

3. 产业优势

物流业是服务业的重要组成部分，其发展决定于实体经济的发展水平。四川是中国工业大省、农业大省和西部进出口大省，这些产业优势为四川物流的发展奠定了坚实基础。四川高校众多，可成为培养物流高级人才的基地。众多的人口为物流基础设施建设提供了充足的劳动力。人民收入水平提高，个性化、特色化、订单生产、订单采购以及电子商务得到高速发展，内、外资及本地区连锁经营、大卖场、大型批发市场、仓储超市得以不断成长，这些都将对低成本、快捷、方便、准确、安全、周到的高质量现代物流产生巨大需求。

图 8-4　高速公路、港口、机场重点项目

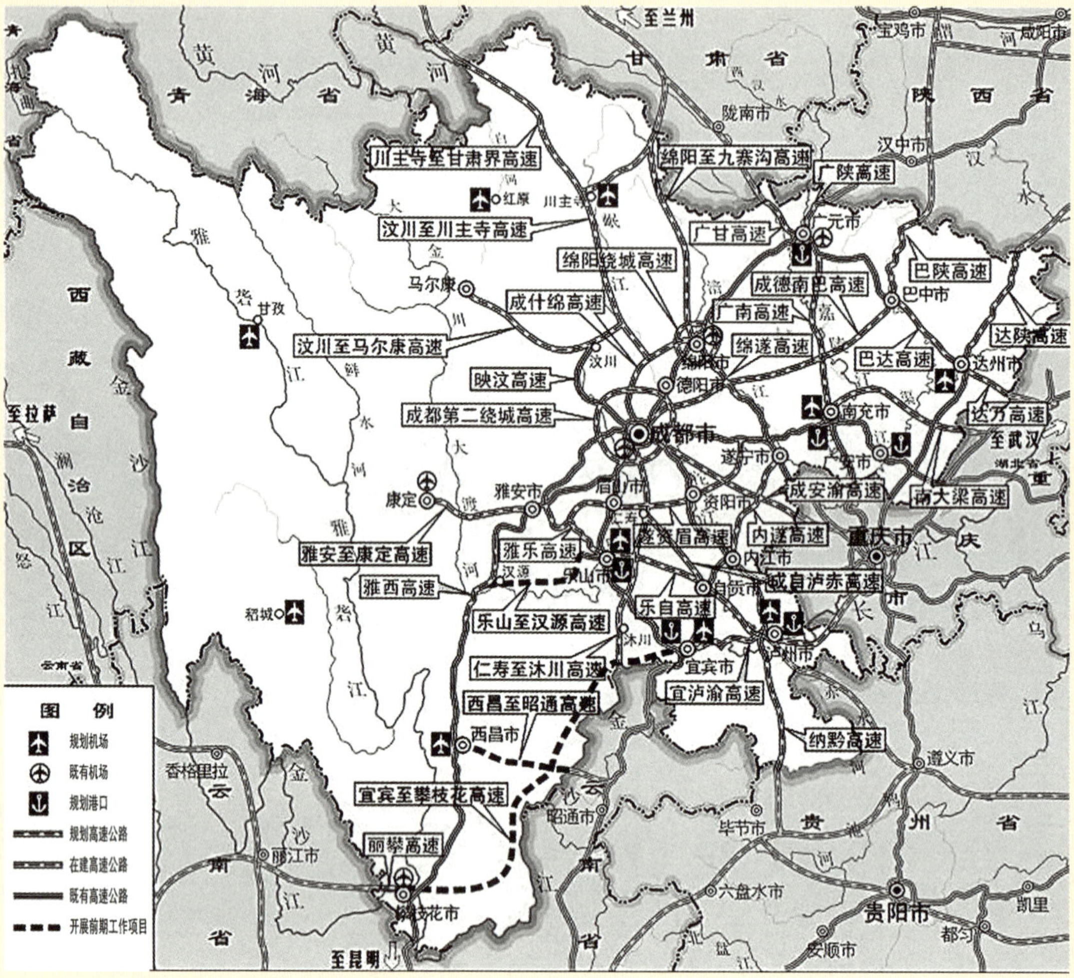

资料来源：《四川省国民经济和社会发展第十二个五年规划纲要》。

（三）四川物流与物流中心建设存在的问题

1. 综合运输通道建设滞后

交通基础设施总量仍然不足，技术标准偏低。对外通道不畅，内部网络不够完善，网络覆盖广度和深度不足。综合交通系统结构性矛盾突出，地区间交通发展不平衡，民族地区、革命老区和贫困地区交通发展较为滞后，各种运输方式之间、城市内部交通与对外交通之间衔接不尽协调，主要干线运输通道和城市交通拥堵日益凸显。进出川通道少，只有 7 条进出川铁路且均为单线，进出川高速公路只有 4 条。铁路与甘肃、贵州未直接贯通，与云南连接的主要通道成昆铁路运力严重饱和。高速公路与云南、贵州、甘肃、青海、西藏均未连通。与环渤海、长三角、珠三角三大经济区的运输通道不畅。

图 8-5　四川省 8 小时交通圈

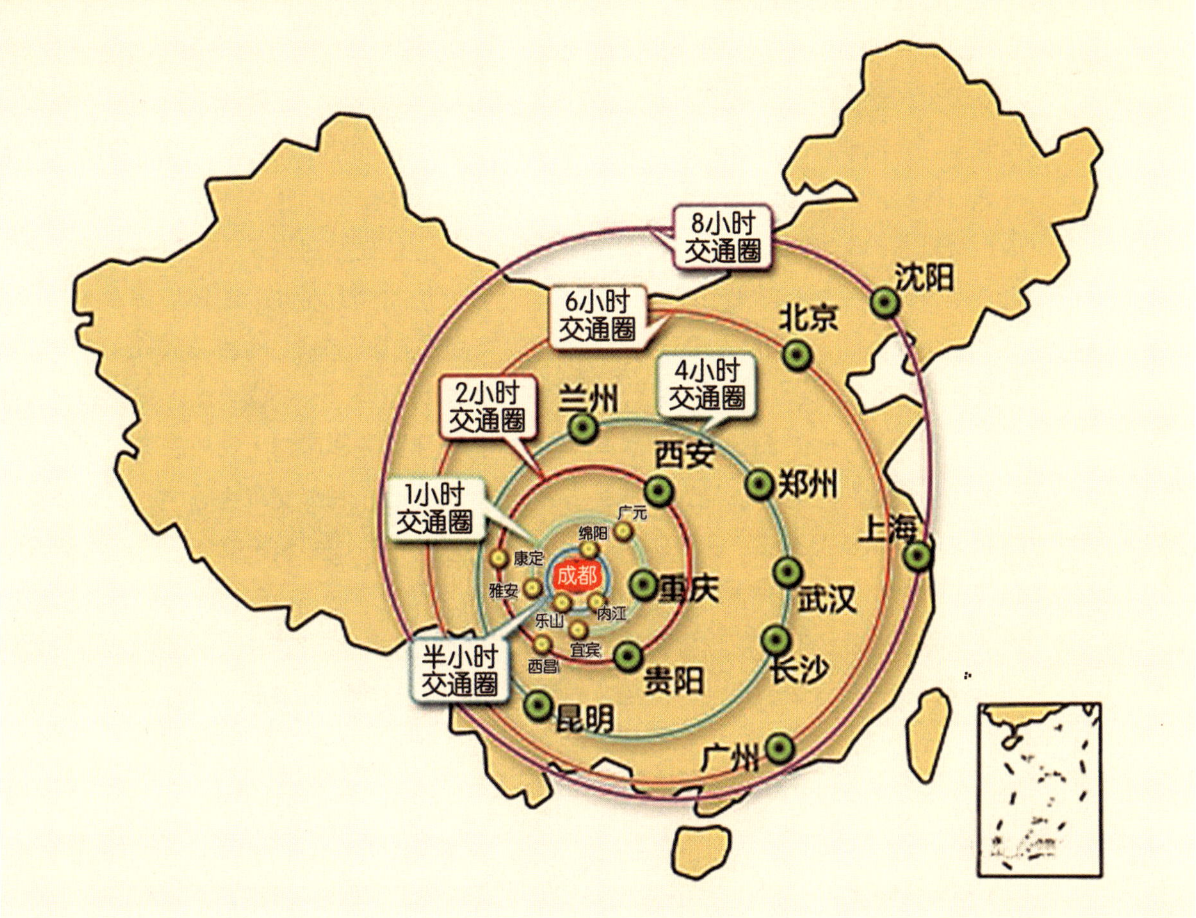

资料来源：四川省人民政府官方网站的《解读四川“八小时交通圈”》一文。

2. 运输方式和管理协作差

运输市场体系亟待健全，各种运输方式之间的协调配合、运输设施的统筹规划、运输装备的发展尚未形成有机整体，具有综合功能的运输枢纽还不够完善，综合交通运输的整体优势还未充分发挥。由于西部中小物流企业几乎都是从原来的货运部、储运部发展而来，规模比较小，分别受铁道、交通、民航等部门的管理，导致物流业管理体制混乱、发展整体缺乏规划、社会化程度低，存在重复建设和盲目建设的现象，使物流资源不能合理利用。

3. 物流发展水平低

物流成本与 GDP 的比重明显低于全国平均水平，物流成本居高不下。专业化程度低，物流业的发展服务质量远远跟不上东部，偏远地区受制于交通、信息等硬条件的约束，根本没法享受第三产业物流带来的好处。企业物流观念淡薄，物流方式的选择仍热衷自营物流方式，主观上排斥社会化物流服务和对第三方物流服务方式的选择。规模小，物流营业收入超 5 亿元的企业不足 20 家。信息化水平低，80% 以上的物流企业缺乏现代信息技术装备。

4. 投融资渠道单一

交通建设主要靠间接融资，建设资金筹集压力大；金融机构相对较少，金融市场不健全，金融工具种类不全，服务功能不健全。物流业发展资金短缺，公益性设施建设资金严重不足，物流企业大多以私人投资为主，抵押担保不足，既难获取银行贷款，又缺乏其他融资手段，90% 以上的物流企业面临资金困难，严重地制约了四川物流业的发展。

5. 管理体制建设缓慢

现有的铁路、高速公路管理体制、公路养护体制以及农村公路管理体制等不仅制约了综合交通本身发展，也影响了综合物流服务水平的提高。四川省的物流业管理工作一直处于分散状态，物流企业的管理、运行机制与现代物流业发展的要求不相适应，条块分割严重。

（四）发展展望

第一，加快综合交通设施等载体建设。进一步完善连接中国西南、西北的综合交通设施，提升连接欧亚大陆桥和泛亚大铁路的主通道地位，充分利用南向经昆明至印度洋、东向连接长三角至太平洋、西北向经欧亚大陆桥至大西洋的三条新出海大通道。“十二五”期间，建成进出川铁路大通道 11 条、高速公路 18 条，实现成都至重庆 1 小时左右通达，至西安、兰州、贵阳等周边省会城市 4 小时左右通达，至环渤海、珠三角和长三角地区 8 小时左右通达。以区域性中心城市为依托，建设水陆联运次级枢纽、省界次级枢纽、重要交通节点，扩大交通网络的覆盖范围，实现多种运输方式在次级枢纽和节点城市间的有效衔接。

第二，依托交通枢纽形成物流网络。加强物流配套设施建设，形成以一级物流节点城市成都市为中心，二三级物流节点城市为支撑，四级节点城镇为终端的物流网络。依托交通枢纽和特大城市的经济功能，把成都建成西部最大的区域物流中心，重点建设成都航空物流园区、成都国际集装箱物流园区、成都青白江物流园区、成都新津物流园区四大物流园区和成都新都物流中心、成都龙泉物流中心、成都双流物流中心、成都保税物流中心四大物流中心。根据南、北、东、西四个方向的进出川通道和各地产业布局、商品流向、资源环境、区域规划等因素，建设攀枝花物流中心、自贡 – 泸州 – 宜宾物流中心、达州物流中心、绵阳 – 广元物流中心、南充 – 广安物流中心、遂宁 – 内江物流中心、乐山物流中心、雅安物流中心七大次区域物流中心。

第三，构建重点领域物流体系。依托四川特色产业和物流需求，构建农产品冷链物流体系、粮食现代物流体系、制造业物流体系、商贸物流体系、第三方物流体系等重点领域物流体系。着力壮大电子、酒业、钢铁、农产品冷链、粮食等领域物流以及大件运输、零担等专业物流集群，培育一批服务水平高、竞争力强的大型现代物流企业。推进物流服务的社会化和专业化，重点发展第三方物流。加快发展航空物流，促进口岸物流向物流节点城市延伸，逐步建成一批适应国际贸易发展需要的国际物流港，加快“电子口岸”建设。

第四，建设物流信息支撑平台。充分利用现有的信息基础设施，整合铁路、公路、航空、水运等现有信息资源，建立适应四川省的现代物流信息综合处理平台。以统一采用规范的电子货单为重点，建立公路物流信息平台。以加强信息发布为重点，完善铁路、水运和航空物流信息平台。在整合专业物流信息平台的基础上，加快建设四川省物流综合信息平台。完善硬件设施及基本数据库等软件，完成主要数据采集点的布局，建立试运行的数据网点，建立平台安全管理，初步实现四川省物流信息共享。利用国家政策支持、鼓励的契机，发展物联网建设，领先全国其他地区。

五　金融与金融中心建设

（一）四川金融与金融中心建设现状

四川经济改革和发展的历程是一个经济增长与金融结构优化同步进行的互动过程。经济增长是金融结构优化发展的基础，金融结构优化又是经济增长的推动力。改革开放以来，伴随着西部大开发战略的实施，西部经济的持续快速发展，四川省的金融业务总量不断发展壮大，金融业发展环境不断改善，金融改革取得积极进展，金融风险得到妥善处置，金融业对外开放进一步扩大，金融体系的稳定性进一步增强。

2011 年，四川经济持续健康发展，宏观调控取得成效，金融业运行环境改善，各项改革稳步推进，为金融业发展和金融稳定奠定了基础。银行业持续健康发展，银行业资产规模逐步扩大，货币信贷保持着较快增长，增速逐步减缓并向常态回归，2010 年存贷款余额均位列中西部地区第一，全国第七，2011 年四川存款余额 34971.21 亿元，金融机构各项存款余额增长 15%，同比回落 6.4 个百分点，人民币存款同比少增 801 亿元。居民储蓄意愿强烈，全年新增个人存款 2533 亿元，同比多增 456 亿元；银行理财产品、财政存款等资金到期划转引起存款波动，各项存款“季末冲高、季初回落”特征明显。2011 年四川省金融机构人民币贷款余额同比增长 16.3%，同比下降 6.1 个百分点。人民币各项贷款新增 3070 亿元，同比少增 417 亿元，但仍比近五年平均投放规模高 588 亿元。四川证券市场也继续保持了稳定发展势头，融资规模逐渐扩大。2011 年底，四川辖区共有 A 股上市公司 88 家，川内注册的证券公司 4 家，总市值 5912 亿元，全年交易额 2.94 亿元，较上年减少 27.6%。四川保险市场发展较快，市场秩序进一步规范，2011 年末四川共有保险公司 54 家，实现保费收入 779 亿元，比 2010 年增长 9.2%；全年支付各种赔款和给付 140.3 亿元，增长 28.1%。金融改革继续深化，金融市场平稳发展，融资结构和金融生态环境持续改善。

1993 年，国务院发布《西南和华南部分省区区域规划纲要》，四川省省会成都被明确定义为中国的“西南金融中心”。历经近 20 年发展，这一战略在成都不断加速发展中，因全球金融巨头的入驻而逐渐明晰。2007 年，四川省委书记刘奇葆明确指出：“将四川打造成为西部经济发展高地，关键在构建三个中心——西部物流中心、西部商贸中心、西部金融中心。”成都成为西部金融中心建设的主要载体。2008

年3月6日，省长蒋巨峰在“两会”期间接受国内外媒体采访时，明确提出四川力争用10年时间，建成以成都为核心的西部金融中心。2008年10月，省政府金融办正式成立。2009年初，四川省历史上首次金融工作会议召开，按照省委、省政府的部署，有关部门联合制定了《四川省西部金融中心建设规划》、《四川省金融中心建设工作方案》。省政府办公厅先后出台了《关于加快成都金融后台服务中心建设的意见》、《关于推进四川金融创新的意见》等。2009年7月16日，成都市政府再次发文《关于进一步加快金融业发展的若干意见》，明确成都将构建西部金融机构集聚中心、西部金融创新和市场交易中心以及全国一流的金融后台服务中心。并在2015年，实现金融业增加值占地区生产总值的比重达到9%，使金融业成为成都市重要的支柱产业。

2009年，四川省委、省政府多次强调要全面推动“一枢纽、三中心、四基地”发展规划，加快“金融中心”建设；随后，成都市政府正式印发《关于进一步加快金融业发展的若干意见》，以多项罕见的优惠措施，吸引全球金融机构来成都安家落户，并正式明确将锦江区东大街作为成都金融一条街发展，“西部金融中心”的建设再次提速。良好的政策推动，给西部金融中心建设增添了强大动力。2010年，四川省人民政府印发《西部金融中心建设规划（2010～2012年）》，规划西部金融中心建设的基本思路、总体目标和发展布局，建设西部金融中心的工作重点以及政策措施，规划期限为2010～2012年。

（二）四川金融与金融中心建设特点与优势

近年来，四川在应对国际金融危机冲击的同时，有序推进灾后重建，投资高速增长，消费稳定增加，金融业效益提升，服务经济能力增强，金融基础设施建设不断加强，金融生态环境建设继续全面推进，经济金融互动加强。到2009年末，全省金融业总资产突破3万亿元。目前四川金融体系继续保持健康增长，银行存贷款数量稳定增加，不良贷款继续下降，银行间市场交易量继续攀升；股票市场规模扩大，融资功能增强，证券机构、期货机构经营稳健，持续发展能力增强；保险业主动调整结构取得成效；票据贴现稳步增长，期货、黄金市场交易活跃，外汇市场平稳运行，金融基础设施建设继续推进，金融监管和监管协调明显加强，金融稳定取得新的进展。

1. 四川银行信贷近年来一直处于西部领军地位

四川银行信贷近年来一直处于西部领军地位，银行业金融机构资产规模持续稳定增长，资产质量继续改善，赢利能力不断增强。2010年全省银行业金融机构资产总额3.6万亿元，同比增长22.8%，利润增幅超过40%，金融机构现金收入40763.3亿元，现金支出40828.1亿元，累计净投放现金64.9亿元；2010年末，金融机构本外币存款余额30504.1亿元，比年初增加5378.2亿元，增长21.4%，是2005年末的2.92倍，其中企事业单位存款9489.9亿元，比年初增加1768.6亿元，增长16.3%；2010年在川金融机构本外币贷款余额 19485.7 亿元，同比增长 22.4%，是 2005 年末的 2.81 倍；2010 年实现利润 449.77 亿元，相当于 2005 年的 6.2 倍；在加快贷款投放的同时，金融机构议价能力提高，在新发放的贷款中，有 43.1%的利率执行了上浮，逾一成贷款利率上浮超 50%，全年提升幅度高于年内两次调息的累加上调幅度。

2. 四川证券市场发育良好，居西部首位

四川省是中国股份制改革试点最早的省份之一，20 世纪 80 年代初发行了蜀都大厦股份有限公司股票，1988 年起，全川开始了大规模的股份制改革试点，并于 1991 年 12 月 26 日，建立了全国第一家证券交易中心（当时定名“四川金融市场证券交易中心”），在成都红庙子街 60 号正式挂牌开业，到 1993 年初，四川（包括重庆）已发行定向募集股票 350 余家。随着中国资本市场改革的不断深化，四川证券市场各项基础性建设取得突破性进展和实质性成效，稳定运行的内在基础不断加强，深层次矛盾和结构性问题逐步得到解决，资本市场平台建设显著，筹资规模扩大，保持了良好发展势头。2010 年底，四川辖区共有境内外上市公司 90 家，全年累计实现融资 216.8 亿元。其中 11 家公司实现首发融资，融资 148.6 亿元；7 家上市公司实现再融资，融资金额 68.2 亿元。川内注册的证券公司 4 家，投资者证券账户开户数为 700.2 万户，证券交易额 3.7 万亿元，居全国第八位，投资者期货账户开户数 3.2 万户，代理交易额 5.0 万亿元。

3. 四川保险市场增长迅猛

四川保险机构保险业务增长较快，保险市场秩序进一步规范，已建立起了覆盖全省城乡、遍及盆周和少数民族地区、方便广大人民群众的服务网点和营销队伍。2010 年末，四川共有保险公司 54 家，按业务性质分，有产险公司 25 家、寿险公司 26 家、养老险公司 2 家、健康险公司 1 家。其中中资公司 43 家、外资公司 11 家。进入 21 世纪，四川保险市场取得了突破性发展，2002 年，四川保费收入突破 100 亿元；2006 年，四川保费收入 240.17 亿元，突破 200 亿元，实现 5 年翻一番，增长 26.79 %；2010 年，四川保费收入 765.8 亿元，比 2009 年增长 32.3%；全年支付各种赔款和给付 150.9 亿元，增长 15.6%。

4. 四川建设西部金融中心有着独特的优势条件

四川金融中心建设的目标是 2015 年初步建成西部金融中心、全国性的金融后台服务中心，四川建设西部金融中心有着独特的优势条件。20 年来，四川金融业发展一直处于西部地区的前列，在全国也是靠前的位置，四川省的金融机构总量、金融资产总量、金融从业人员总量均排在西部地区首位，在全国也排在直辖市以及中西部地区前位，位列全国第七。四川省金融创新非常活跃，金融不断升华，金融效率不断提高；而成都作为四川的政治、经济和文化中心，是连接华中、西北、西南的天然纽带，1993 年被国务院确定为西南地区的科技中心、金融中心、商贸中心和交通通信枢纽。经过 10 多年快速发展，成都已成为西部省会城市中金融机构种类最齐全、数量最多的城市，各项金融业务量在中西部城市中名列前茅，金融辐射力大为增强；另外，四川各金融机构在项目融资、个人金融服务、中小企业贷款、农村金融服务方面积极创新，较好地满足了统筹城乡发展的多层次资金需求，金融基础设施逐步完善，全国性的金融后台服务中心雏形初现。凭借运营成本和人力资源方面优势，成都已成为各金融机构建立后台服务中心和后援中心的首选城市之一。

在西部金融中心紧锣密鼓的建设步伐下，目前四川信贷业、证券业发展居于西部首位，保险业也居于西部领先地位，金融中心的硬件载体已经在成都高新区建立，并成功引资。同时，成都已经成为国内主要金融机构建立后台服务中心的首选城市之一，金融后台服务中心建设已经走在了全国前列。最早在成都设立后台服务中心的建设银行95533成都客服中心，成立之初仅定位为服务四川省内客户，但现在扩展到服务全国24个省（自治区、直辖市）。在此之后，发展态势让人惊叹。已有工商银行、农业银行、招商银行、光大银行、平安保险、泰康人寿、易方达等12家金融机构后台服务中心正式落户成都高新区，大多数已落户的金融后台服务项目都立足于服务全球，如平安保险成都呼叫中心为客户提供24小时5种语言的服务，全球客户打电话来，都是在成都做服务。2008年10月31日，在省政府的大力支持下，成都投控集团正式挂牌成立。该集团注册资本30亿元，主要职责为投资地方性金融机构，消化管理、处置地方政府性不良资产，管理政府性经营资产。这样一个完整的、专业化的地方金融控股公司的构架和设计在全国也无先例。2008年10月，成都首次设立创业投资引导基金，基金总规模为15亿元。该基金发挥财政资源杠杆作用，通过风险分担形式，促进社会创投资本加大对创业企业投入。这在全国也是少有的银政合作设立创业引导基金的案例。随后，在国务院领导明确指示下，国务院、银监会和省政府批复同意成都市农村信用社以市为单位统一法人的改革原则和工作思路，成都市农信社统一法人工作在2010年12月已接近尾声。2008年10月13日上午，成都市农村产权综合性市场平台——成都农村产权交易所正式揭牌。它为金融业顺利进入农村奠定了基础。2009年，全国首个也是规模最大的旨在为中小企业提供集中融资服务的“一站式”服务平台——四川省中小企业融资服务超市在锦江区东大街落户，“非上市股份公司代办股份转让系统”试点工作也在积极争取之中。

金融租赁业有了长足的发展。金融租赁是指出租方和租赁方以书面形式达成的协议，在一个特定的期限内，由出租方购买承租方选定的设备和设施，同时拥有所有权，承租方拥有使用权。四川省工行积极向大唐系、华电系电力客户办理“金融租赁”业务，盘活了企业资产，宜宾国银金融租赁有限公司与四川华福集团初步达成了年内两亿元的融资租赁计划意向等。

股权融资发展初具雏形。股权融资主要表现为吸收风险资本、私募融资、创业投资基金等方式。股权融资吸纳的是权益资本，公司股本返还甚至股息支出压力小，增强了公司抗风险的能力。四川省创业投资公司已有30余家，普遍业绩较好，回收资本和再投资的效率很高。如绵阳市久盛科技企业投资有限公司已完成对13家企业的投资，涉及7个行业。2011年5月30日四川产业振兴发展投资基金获批，规模 300 亿元，首期规模 100 亿元人民币。该基金将重点对四川电子信息、节能减排、环境保护、生物制药、新材料、现代农业和文化产业等领域的企业进行股权投资。

项目融资成效显著。项目融资指项目发起人为了某一特定项目成立项目公司，并依赖项目的现金流量和资产的资信安排融资。常见的项目融资方式有：BOT（建设 – 运营 – 转让）、TOT（转让 – 经营 – 转让）、ABS（资产证券化）、PPP（公共民营合作制）和杠杆租赁等。近年来，为吸引社会资本参与重点项目建设和投资，四川省逐步放宽项目融资市场，扩大参与招标企业的数量和类型，让有实力的民营企业积极投身于重点建设项目中，特别是四川省在高速公路建设中大量采用 BOT 模式。截至 2011 年 10 月，四川高速公路 BOT 项目达 20 个，总里程超过 2000 公里，融资金额近 1500 亿元。

（三）四川金融与金融中心建设存在的问题

当前，四川金融业发展和金融中心建设存在着很多问题和不足，这些问题和不足制约了四川金融业的发展和金融中心建设步伐。

第一，全国各地争建金融中心现象严重。目前中国内地至少有 30 多个城市提出规划建设金融中心，形成“金融中心”遍地开花的奇特现象，不少地方都是“金融中心”定位虚幻，导向不明。西部地区南宁拟建“区域性国际金融中心”，昆明拟建“泛亚金融中心”，重庆拟建“长江上游金融中心”，成都拟建“西部金融中心”，乌鲁木齐拟建“中亚区域金融中心”，西安拟建“西部重要金融中心”，兰州拟建“西北区域性金融中心”。中国地域广大，金融市场分割，信息传递不对称，区域性金融中心可以对经济圈中的实体经济提供更好的信息、资金供给和服务，但是金融中心的发展要培育产业链、完善产业链、丰富产业链，只有金融和贸易制造业行业的总部和产业丰富起来后，金融环境才能得到真正的改善，没有繁荣的实体经济和成熟的第三产业聚集，再便宜的地皮，再宽松的赋税，也不可能有金融业的聚集，不可能建设“金融中心”，而且金融的发展如果超前于经济，就会对经济造成一定阻碍。以目前中国城市的现状来看，已初具“金融中心”影响或有可能形成“金融中心”的城市不会超过 3 个。从发展远景的角度来看，在未来较长一段时间内，中国如果能够有 4 ～ 5 个城市成为“区域金融中心”，就已经完全饱和了（见表 8–5）。

第二，金融业尚未成为四川的支柱产业。四川金融业 GDP 低于重庆，金融业在四川经济发展中的地位不突出，对其他省市的金融影响力也不大。“十二五”规划中，四川未把金融业列为支柱产业；2010 年，成都市实现金融业增加值 437 亿元，占 GDP 比重为 7.9%，低于重庆的 481.22 亿元。从定义来说，如果要成为一个区域的金融中心，这个城市的金融 GDP 至少是其总体 GDP 的 10% 以上，成都显然还达不到这个要求。近日，深圳独立研究咨询机构——综合开发研究院发布第三期 CDI 中国金融中心指数报告，报告对全国 29 座城市进行了中国金融中

表 8-5 内地部分城市规划“金融中心”概览

区域	城市	目标定位
东北	长春	区域性金融中心
	哈尔滨	面向东北亚的区域金融中心
	沈阳	东北区域金融中心
	大连	到 2015 年初步建成区域性金融中心
华北	北京	具有一定国际影响力的金融中心
	天津	区域性金融中心
	石家庄	区域性金融中心
	太原	承东启西的区域性金融中心
华东	上海	2020 年基本建成国际金融中心
	宁波	区域性金融中心
	福州	海峡西岸区域金融中心
	济南	在全国占据重要地位的区域金融中心
	杭州	区域性金融中心
	南京	华东地区重要区域金融中心
	南昌	提出打造“三个中心”，其中之一便是金融中心
	合肥	区域性金融中心
华中	武汉	中部金融中心
	郑州	全国有重要影响的区域性金融中心
	长沙	区域性金融中心
华南	深圳	区域性金融中心
	广州	到 2015 年建成区域性金融中心
	南宁	区域性国际金融中心
西南	昆明	用 20 年时间建成泛亚金融中心
	重庆	2020 年将建设成为长江上游金融中心
	成都	区域金融中心、全国性的金融后台服务中心
西北	乌鲁木齐	中亚区域金融中心
	呼和浩特	西北部金融中心、西北地区区域金融资源集散中心
	西安	西部重要金融中心
	兰州	西北区域性金融中心

心综合竞争力评价排名，成都成为升幅最大的城市，从 2010 年第二期第 19 位上升到第 9 位，并位居西部之首，其中金融机构实力位于西部地区第 2 位，商业环境位于西部第一，金融 GDP 低于重庆，金融产业绩效弱于昆明。目前成都的金融影响力和辐射力也主要涉及成都以南的四川地区以及西藏，对中国西北部地区以及云南、重庆的影响力都不大，尤其没有具有影响力的金融总部企业。

第三，成都目前距离西部金融中心还有相当大的差距。其中，金融业增加值占 GDP 的比重偏低，金融产业发展程度有待提高；金融分支机构众多，银行、保险、证券等金融法人机构少，无法完成对外辐射，总部经济特征较不明显；银行业在金融业中占绝对比重，非银行金融机构严重不足，证券业规模偏小，保险覆盖面相对较窄，创业投资机构数量少实力弱，金融中介服务相对滞后，金融体系发展不平衡，结构单一；金融辐射能力局限于省内，在西部地区的影响力小；政府背景融资平台对银行的负债潜藏着一定的财政与金融风险；金融机构流动性风险依然存在，公司内部控制亟待加强，业务结构不合理，总体经营效益不高，违法违规行为时有发生，市场秩序尚需进一步规范；金融监管力量薄弱，监管手段单一，社会信用环境、司法环境建设仍需强化，金融生态环境须继续优化；金融创新能力不足，市场建设明显落后；成都以金融中心配套的现代服务业发展非常滞后；金融中心建设面临重庆、西安、昆明等多个重要城市的激烈竞争；缺乏国际一流的金融人才等。

（四）发展展望

第一，四川具备发展金融业的基础条件。成都也基本符合建立西部金融中心的基础条件。重庆经济圈、成都经济圈和以西安为中心的关中城市群构成了“西部金三角”，西部建设区域金融中心的整体布局已初具雏形。在西部三个重要省会城市之中，成都位于西安与重庆的中轴线上，是西部交通最为发达的城市，铁路、公路密度、航空都最具优势，区位优势明显，也具有文化的相对优势；从人均 GDP 等指标反映的经济聚集度看，成都市的经济聚集度好于重庆市区和西安市；从金融聚集度看，成都在人均存贷款额、金融运行效率和保险额（保险密度）方面具有领先优势；从资本市场发展情况看，四川证券化程度高，债券和股票融资结构较好，上市公司数量、基金公司数量、期货公司数量、证券交易量等指标高于重庆和西安。因此四川具备发展金融业的基础条件，成都也基本符合建立西部金融中心的基础条件：经济基础雄厚，中心城市发达，金融业相对发达，有着较为发达的金融市场和金融体系，是金融机构的区域聚集地。

第二，四川各级政府应为四川金融业发展和成都建立西部金融中心铺路搭桥。各级政府部门应加强经济、社会和金融知识学习，深刻把握当前经济金融形势，加强国内外经济金融监测分析，加大金融对经济增长的支持力度。坚持科学发展观，贯彻落实各项宏观调控措施，加强金融业监督管理，切实发挥金融在支持经济发展方式转变和经济结构调整中的促进作用，促进经济平稳较快发展，维护金融体系健康运行。政策上，应加强组织领导，积极争取各项优惠政策，并以西部金融中心建设为重点，制定和完善全省和成都市金融发展策略，完善相关配套政策，将西部金融中心重点建设项目纳入全省重大项目建设规划，在资金支持、用地规划等方面优先予以保障；金融监管上，应制定区域金融监管规划和区域金融业发展纲要，建立宏观审慎的监管机制，完善和加强对各类金融机构的风险监管，强化对金融创新的监管，完善分类监管的配套措施，强化对区域金融监管规划和区域金融业发展纲要的执行力，完善监管体系，推动行业自律，督促强化公司内部控制，丰富监管手段，推进金融信息化和金融业人才建设，优化监管环境并加强监管部门自身建设；组织上，应继续完善银行、证券、保险监管部门同宏观调控部门之间的协调机制，扩展金融信息共享的广度和深度，增强金融监管合力，应对跨市场的金融风险。

第三，推进四川省内金融业改革创新。应提升金融业抗风险能力和竞争力，改善融资结构，强化金融市场的投融资功能，促进已改制银行分支机构的深化改革，继续推动农业银行、政策性银行、农村信用社及新型农村金融机构改革。改善各类金融机构的法人治理，提高内控水平，强化资本约束，防止资产质量下降和经营效益下滑。转变发展模式，加快推进金融组织、机制、产品和服务方式创新，有效发挥金融服务经济社会的作用；同时，应充分利用现有的证券市场，提高直接融资的比重，以达到融资结构的优化，大力发展债券市场，尤其应大力发展企业债券市场，政策支持企业债券融资的发展，推动省内企业扩大短期融资券、中期票据和企业债券的发行规模，促进中小企业发行中小企业集合债券，提高股票市场直接融资功能，深化企业上市培育机制，推动更多的大中型企业登陆主板、中小板及创业板市场，规范各类市场主体投资行为，加大投资者利益保护的力度。

第四，四川发展金融业和成都建立西部金融中心的目标、路径和措施。按照四川省政府《西部金融中心建设规划（2010～2012年）》，成都金融中心的发展布局是在成都市科学规划金融总部商务区、金融产业集聚区、金融后台服务业集聚区，为各功能区提供优惠的政策支持，完善和提高配套功能，营造一流的发展环境，把成都金融功能区打造成为具有全国影响力的金融区；金融企业的发展上要通过创造良好的发展环境，积极引进国内外的银行、证券、保险、信托、期货、基金、融资租赁、货币经纪、财务公司等各类金融机构以及与金融业密切相关的中介机构来蓉设立区域性总部、法人机构或分支机构，并整合地方金融资源，大力发展和壮大地方法人金融机构，增强地方法人金融机构竞争力，打造地方法人金融机构品牌；金融市场上进一步利用全国性金融市场，引进和开发更多基于金融市场的创新产品，增强金融服务功能，支持各类经济主体通过各类市场融资，大力推动金融创新，结合区域经济和产业发展特色，设立新的市场，引进新的产品和交易品种，不断扩大交易规模，初步建成西部票据市场中心、西部直接融资中心、西部保险市场中心、西部产权交易市场中心、西部大宗商品交易市场中心、西部金融创新中心、西部银团贷款中心；在西部金融服务中心建设方面，要建成全国一流，具有国际影响力的金融后台服务中心和西部金融服务外包中心。

第五，成都建设西部金融中心在措施上应遵循省内金融中心－跨省金融联动中心－西部金融中心的发展路径。首先，大力发展经济，解决经济发展中的突出矛盾，创新产业金融支持体系，解决中小企业融资难问题，完善省内的交通、通信设施、物流等基础设施建设，加强中心城市的基础设施建设，大力发展金融服务业，提高金融部门产值的贡献率，加强并巩固成都的省内金融中心地位；其次，加强跨省交通、网络通信、物流等基础设施的建设，加强与周边省份的经贸合作，建立跨省金融交流机制，提高金融市场运行效率，要大力发展外向经济，加大对外贸易，发展金融业聚集和外向经济，尽快发展成为跨省金融联动中心；最后，做大做强金融机构，优化金融机构的治理结构，促进本土及驻地金融机构的发展壮大，并积极组建金融控股集团，建设高水准、现代化、国际化的金融商务区，出台相应的优惠政策，吸引国内外金融机构、大型企业和跨国公司设立地区总部，形成金融集聚区和总部经济，大力引进和发展投资银行、基金公司和证券公司等金融机构，为公司上市融资提供多方位“本土”支持，积极培育和积聚中高级金融人才，最终成为覆盖西部地区的区域金融中心。

六 文化传承与发展

（一）四川文化传承与发展现状

1. 文化资源

文化资源是人类从事与文化活动相关的生产和生活内容的总称，由文化遗产、文化人才、文化机构和文化设施等方面构成。四川历史悠久，文化积淀深厚，是一个文化资源大省。四川文化资源主要包括历史文化资源、红色文化资源、民族民俗文化资源、宗教文化资源和智能文化资源，这些资源为四川文化事业和文化产业的发展奠定了有利的基础。

一是历史文化资源。四川有国家级文物保护单位 127 处，世界级文化遗产有峨眉山 - 乐山大佛世界文化与自然双遗产、都江堰 - 青城山世界文化遗产；历史遗址有金沙遗址、水井坊遗址、广汉三星堆遗址、自贡市恐龙化石群遗址等；名人故居有三国武侯祠、杜甫草堂、江油李白故居、邛崃文君井、阆中张飞庙等；博物馆有四川省博物院、绵竹年画博物馆、茂县羌族博物馆、宜宾中国竹文化博物馆等。

二是红色文化资源。四川是川陕革命根据地和红军长征的主要地区，是邓小平、朱德、陈毅等老一辈无产阶级革命家的故乡。重点文物保护单位有川陕革命根据地博物馆、红军长征纪念碑园、万源保卫战战史陈列馆、邓小平故居、朱德故居、陈毅故居等；革命遗址有成都十二桥烈士遗址、红四方面军总指挥部旧址、宜宾市赵一曼纪念馆、古蔺赤水遗址、石棉大渡河遗址、泸定桥纪念馆、松潘毛儿盖会议遗址等。

三是民族民俗文化资源。四川是中国唯一的羌族聚居地、最大的彝族聚居地和第二大藏区。传统习俗有各个民族的居住、饮食、服饰、婚嫁、节庆等风俗；民间艺术有竹编、竹丝画帘、刺绣、织锦、蜡染、灯彩、糖画、石雕等；戏剧有川剧、杂技、木偶、皮影、傩戏，“变脸”、“吐火”、“水袖”等川剧绝技声誉在外；建筑民居有大邑刘氏庄园、马尔康土司官寨、北川永平堡古城、广汉雒城遗址、江安夕佳山民居等。

四是宗教文化资源。四川宗教文化包含的宗教仪式、宗教景观、宗教经典、宗教雕塑、宗教绘画等资源十分丰富。青城山是公认的道教发源地，峨眉山是佛教圣地，还有乐山大佛、成都文殊院、新都宝光寺、梓潼七曲山大庙、平武报恩寺、达县真佛山庙群、康定塔公寺、安岳卧佛院摩崖造像、千佛寨摩崖造像、松潘黄龙寺、广元皇泽寺摩崖造像、千佛崖摩崖造像、通江千佛摩崖造像、夹江千佛岩摩崖造像等。

五是智能文化资源。四川具有丰富的创意文化资源和科技文化资源。智能文化基地有成都东区音乐公园、成都红星路 35 号文化创意产业园、四川华创天府数字技术有限公司、凉山文化广播电影电视传媒有限公司、内江大千文化旅游产业园、攀枝花市仁和区苴却砚文化产业园区等；相关高校有四川大学、四川音乐学院、四川师范大学、成都理工大学等。

2. 公共文化

公共文化是指由政府主导、社会参与

形成的普及文化知识、传播先进文化、提供精神食粮，满足人民群众文化需求，保障人民群众基本文化权益的各种公益性文化机构和服务的总和。四川公共文化主要包括新闻出版事业、广播电视事业、文博事业、文艺作品和群众文化。

一是新闻出版事业。2011 年，四川出版图书 8081 种，其中新出版 3951 种，总印数 24787 万册，出书范围涵盖政治、经济、科技、文学、艺术等各个方面。杂志 343 种，总印数 9293 万册；公开发行的报纸 136 种，总印数 174021 万份，报刊涉及自然科学和社会科学的各个方面。出版录像制品 96 种，合计 73.13 万盒（张）；出版录音制品 32 种，合计 25.77 万盒（张）。

二是广播电视事业。2011 年，四川拥有广播电台 8 个、电视台 8 个、广播电视台（站）158 个，广播覆盖率高达 96.60%，电视覆盖率高达 97.69%。广播播出节目套数合计 117 套，公共广播节目播出时间 540466 小时；电视播出节目套数合计 204 套，公共广播电视节目播出时间 1038580 小时。全省有线广播电视用户 13403416 户，其中农村有线广播电视用户 6137143 户，占比 45.8%。

三是文博事业。四川有全国重点文物保护单位 127 处，国家级历史文化名城 7 个，省级文物保护单位 268 处，省级历史文化名城（镇）46 个。2011 年，四川有博物馆合计 144 个，从业人员合计 4463 人。成都武侯祠博物馆、成都永陵（王建墓）博物馆、大邑刘氏庄园博物馆、自贡盐业历史博物馆等分别被国家文物局评为全国优秀博物馆和全国优秀社会教育基地。

四是文艺作品。四川的影视作品《焦裕禄》、《鸦片战争》、《尘埃落定》、《淘金记》、《康定情歌》等，获“金鸡”、“百花”、“飞天”、“金鹰”大奖；川剧《变脸》、《死水微澜》等获文化部文华大奖；文学创作《许茂和他的女儿们》、《尘埃落定》、《战争与人》、《英雄时代》、《暗算》等，获“茅盾文学奖”。2011 年，四川艺术表演团体 75 个，创作表演《大唐华章》、《金沙》等，在国内外享有较高声誉。

五是群众文化。2011 年，四川拥有公共图书馆 169 个，藏书量 34356 千册；文化馆 205 个，从业人员 2561 人；文化站 4593 个，其中乡镇文化站 4361 个，举办展览 6766 个，组织文艺活动次数 30558 次，藏书量 9981 千册。

3. 文化产业

文化产业就是按照工业标准，生产、再生产、储存以及分配文化产品和服务的一系列活动。四川初步形成以新闻出版、广播影视和文化演艺为主，涵盖不同领域的多元化产业结构；以大型国有文化产业集团为龙头，多种文化经济实体并存的微观主体框架；以中心城市为核心，辐射带动县、乡、集镇的产业区域布局。传统文化产业在总体结构中的比重占大多数，但已难满足现代生活多元化、多层次的文化需求，一些新兴文化产业特别是与其他产业相结合的产业如艺术教育、文博旅游、艺术表演、文化信息等则显示出较强的市场赢利能力和巨大的市场扩张潜力；文化产业规模迅速扩大，已达到了一定水平，已经成为四川省国民经济的一个不可忽视的组成部分和新的增长点。

2010 年，四川省有文化产业示范基地 35 个，其中国家级文化产业示范基地 12 个，省级文化产业示范基地 23 个。截至 2010 年底，全省文化系统文化产业保持持续高速发展的势头，全省文化系统文化产业收入 432.8 亿元，比 2006 年 200.8 亿元翻了一番；实现增加值 122.9 亿元，比 2006 年 60.5 亿元翻了一番；从业人员 49.2 万人，比 2006 年 25.3 万人增加一倍。全省对外文化交流项目达 800 余项，与 50 多个国家和地区开展了友好交流，对外文化贸易总额达 12.2 亿元。

（二）四川文化传承与发展特点与优势

区域文化发展的潜力和竞争力在很大程度上取决于文化资源的禀赋及独特性。四川省历史底蕴深厚，巴蜀文化、三国文化、红色文化、民族民俗文化、宗教文化等博大精深，是中华民族文化的重要组成部分。汶川特大地震抢险救灾、恢复重建中创造的伟大抗震救灾精神，使四川文化呈现了历史厚重与时代特色交相辉映的特征。

1. 文化资源

四川文化资源异常丰富，文化品类齐全且品位极高，在国内乃至世界上独树一帜，开发潜力巨大，前景十分广阔。

一是国家级历史文化名城在全国排名第一。全国现有国家级历史文化名城 99 个，其中四川 7 个，占全国的 7%，与江苏、河南并列第一；在西部位居第一，占西部总数的 20%。

二是世界文化遗产在全国名列第二。中国的世界文化遗产（含双遗产）已达 24 个，其中四川两个，与山东、安徽和河北并列全国第二，在西部位居第一。

三是全国重点文物保护单位名列西部前茅。截至 2009 年公布的全国重点文物保护单位名单，四川共有国家级重点文物保护单位 127 处，在全国排名第六。

四是古蜀文化和民俗文化绚丽多姿。有文化部命名的“自贡彩灯之乡”、“安岳石刻之乡”，有在国际极具影响的凉山彝族自治州歌舞团、甘孜与阿坝等地的藏戏团，有独具四川特色的川剧艺术表演。

五是智能资源优势初现。四川信息产业、高科技产业迅速发展并与文化产业关联互动，信息产业、网络产业、动漫产业等快速发展，丰富的高校文化资源为四川培育大量的创意人才提供了智能资源基础。

2. 公共文化

一是新闻出版范围及门类齐全。从单一的图书出版业发展到书报刊和音像电子出版多元经营，初步形成了包括出版、印刷、发行、物资供应、出版贸易等在内的新闻出版产业格局。图书出版范围涵盖了政治、经济、文学、艺术、科技、棋艺、旅游、地图、古籍整理等各个方面；报刊涉及自然科学、社会科学以及为社会和人民综合服务的各个方面，成为全国报刊门类最齐全的少数几个省之一；印刷已构成一个完整、高效的网络，形成了一批舆论导向正确、人民群众喜闻乐见的品牌报刊，出版了一大批具有较高思想价值、文化积累价值和实用价值的优秀出版物。

二是文博事业跻身全国前列。四川现已初步建立起文物保护管理工作体系，逐步走上了科学化、法制化的管理轨道。全国重点文物保护单位、国家级历史文化名城、省级文物保护单位、省级历史文化名城（镇）的数量在全国排名前列。持续进行的抢救维护项目，配合基本建设，抢救发掘地下文物，使一大批地面不可移动的文物得到了妥善有效的保护。成都水井街老烧坊遗址、三峡库区中坝遗址等的发掘整理取得了重大成果；三星堆遗址出土的上千件文物震惊了世界。

三是文艺作品在国内外影响甚大。文学艺术作品创作思想深刻、艺术精湛、风格多样，文学创作呈日趋活跃的态势。特别是文学、影视、舞台艺术日益繁荣，逐步形成了以四川民族特色为主导的创作群体和演出市场。文学创作、影视作品、舞台艺术、川剧等在国内外有较大影响，形成了独特的文化景观，并涌现了一批优秀艺术人才。

3. 文化产业

一是产业发展迅速。四川文化产业利用悠久丰厚的历史文化资源和独有的文化创新发展优势，异军突起，初步形成了以新闻出版业、广播电视业、文化娱乐业、演出业、电影制作发行放映业、文博旅游业等面向市场的文化产业服务体系，涌现了一批具有较强实力的文化产业单位，优势项目初露端倪，经济效益开始显现。

二是文化企业迅速成长。国有文化单位通过体制创新，资源整合，激发了内在活力，增强了综合实力。各类民营文化企业快速发展，文化产业发展有了比较坚实的依托。目前已组建了四川新华发行集团、四川日报报业集团、四川出版集团、四川广播电视集团、峨眉电影集团、四川党建期刊集团等 6 个大型文化产业集团，各文化产业集团综合实力明显增强。与此同时，民营文化企业快速发展，各种广告公司、印务公司、文化中介公司、文化工作室、文化发展中心、影视制作中心、演艺团体、艺术培训、娱乐休闲、古玩字画等经营性机构积极拓展市场空间，呈现强劲的成长势头。

三是文化产品和服务市场活跃。文化产品市场和生产要素市场建设步伐加快，社会化的现代流通方式和多元化的文化投融资机制初步形成，市场在文化资源配置中的基础性作用明显发挥。文艺创作生产机制逐渐转变，产品种类增加、质量改进，市场占有率、上座率、收视率提高。市场主体十分活跃，国有和民营的各类文化机构积极拓展市场。文化服务市场不断拓展，新兴数字娱乐消费异军突起，出现了报刊、影视、音像、演艺、培训、文物古玩、网络服务等多种形式。影视消费持续升温，新兴的数字娱乐消费市场十分活跃。

（三）四川文化传承与发展存在的问题

四川文化发展的主要问题为：公共文化的发展滞后于经济的发展，文化产业仍处于弱势产业的地位，文化资源和文化市场的优势尚未转化为文化产品和文化产业竞争力的优势。

一是文化资源优势未转化为经济优势。四川文化资源数量众多、种类齐全，但资源优势尚未转化为经济发展的动力，文化元素在文化产业中的实际利用率偏低，独具特色的文化资源还有待进一步开发利用。

二是体制制约文化发展。政企不分、政事不分、管办不分的状况没有完全解决，束缚经营性文化单位市场化程度的提升和文化存量资本潜力的发挥，投融资体制的改革相对滞后，文化产品生产经营机制不活。

三是公共文化发展投入不足。公共文化投入总量偏少、比例偏低的局面未得到根本改观，基层公共文化设施建设严重滞后于经济建设的发展和人民文化生活的需要。城乡之间、地区之间差距进一步扩大，农村文化站、图书馆（室）的设施建设、网点分布、服务能力比较落后，农村特别是贫困地区的农民文化生活仍较为贫乏。

四是文化产业结构不合理。文化产业结构存在着小、散、层次偏低和缺乏再扩张能力等问题。传统文化企业数量和从业人员数在四川文化产业企业中占绝对优势，而新兴行业如艺术教育、文博旅游、文化信息等所占份额很小。

五是文化市场不完善。文化产业发展的外部环境不宽松，文化经济政策难以落实，税费繁多，企业负担沉重。文化生产、消费、中介、人才等市场网络不健全，市场开放度不高，流通渠道不畅，投资主体单一，行业限制过多，市场对人才、资金、技术、信息、项目等文化资源配置的基础性作用难以发挥，文化资源闲置、浪费严重。

（四）发展展望

第一，构建四川文化产品的常规性推出机制。组建文化产品国际交流中心，加大对四川文化资源的挖掘、梳理和创造，结合市场经济的元素，对文化资源进行具有商业价值的深入挖掘拓展，以资本运作为手段进行包装、宣传和推销的高品质规划和设计，打造文化精品，发展一批跨国生产、经营的文化企业，打造一批四川特色的文化品牌。做好四川文化产品输出的策划和管理工作，设立专门的四川文化产品国际交流机构，有重点地组织好对外文化交流活动，形成品牌和系列。建立健全文化交流中介机构管理制度，通过制定相关政策统筹和拓宽对外文化交流渠道。与高校合作，加快实施文化及文化产业管理人才战略，尽快改善和提高文化从业人员的素质和水平，努力培养造就在创作、文化经营、文化行政管理等方面的优秀人才。

第二，打造四川文化产品国际交流快捷通道。充分利用互联网构建互联网交流和销售的商业化运营模式，将传统的网站资本运作、融资等政府经济管理行为，变成由政府引导、民营和私营等多个渠道共同融资和管理的模式。抓住西部大开发中央提供的在发展西部网络经济上的各项优惠政策，打造四川文化新形态，拓展四川文化新内涵。发展网络信息内容产业链，与其他产业（如硬件、软件、网络以及一些传统产业）相融合。在融合的基础上进一步整合，达到价值创造活动的协调和最优化，均衡利润分配，形成良好的产业生态圈环境，互相促进，真正实现四川文化建设的可持续发展。

第三，探索文化发展新模式。采用逆向思维的办法，通过资源整合，打造文化精品，锻炼文化产业队伍，拉动地区文化发展，促进文化体制改革；把握全局、突出重点，切实做好对外文化交流工作，探索文化发展的新模式，构建全方位、多层次、宽领域的对外文化交流新格局，形成对外文化工作新机制。

第四，加强文化安全与监管。强化属地管理职责，构建全面监管体系；引入风险等级管理模式，突出重点场所，实施分类监管；建设技术监控体系和行业自律体系，对互联网、艺术园区等新兴业态加强监督管理；推进社会监督体系建设，加大宣传，营造良好的舆论氛围，不断提高社会影响和公众认知度；各省份开展区域联动合作，保障区域文化安全。从而保护四川地区所独有的语言文字、风俗习惯、价值观念和生活方式的安全，维护四川文化的多样性、民族性、地域性，保持四川文化的先进性。

第五，研究与开发四川的文化独特性。研究四川文化中的历史精髓和现代特色，通过开发四川独有的文化资源，将其转化为文化产业的原动力。同时，从四川文化所特有的开放、智慧、细腻等文化元素中，提炼城市语言、城市符号和城市特征，在保持发扬本地文化的基础上，打造城市品牌和地区文化品牌，提升区域竞争力。

七 邮电业

（一）四川邮电业发展的现状

改革开放以来，特别是“十一五”以来，在国务院邮政体制改革领导小组的组织协调下，邮政体制改革积极稳妥，加快推进，效果显著。面对复杂多变的经济环境和严重自然灾害的挑战，四川邮政行业众志成城、化危为机、克难而进，邮政业服务生产、服务民生、服务社会的基础性作用更趋显现，在企业改制、专业化经营、股份制改革等方面迈出了较为坚实的步伐，取得了可喜的成绩。

2012 年 2 月，四川省邮政管理局公布了 2011 年四川邮政行业发展情况报告，报告称 2011 年，四川邮政业发展较快。省内邮政企业和快递企业全年完成业务收入 54.7 亿元，同比增长 25.1%；完成业务总量 57.2 亿元，同比增长 26.8%（见图 8-6 和表 8-6）。

2011 年，函件、订销杂志、汇兑等业务出现下滑，包裹、订销报纸略有增长。函件业务完成 18800.9 万件，同比下降 16.6%；包裹业务完成 262.5 万件，同比增长 9.8%；订销报纸完成 84769.2 万份，同比增长 6.6%；订销杂志完成 3766.2 万份，同比下降 12.9%；汇兑业务完成 1045.9 万笔，同比下降 3.9%。

2011 年，四川快递业务发展迅速。省内快递企业全年完成业务量 10637.5 万件，同比增长 59.9%；完成业务收入 18.3 亿元，同比增长 40.1%（见图 8-7）。

（二）四川邮电业发展的特点与优势

《邮政法》修订颁布为四川邮政行业科学发展提供了法制保障。近年来，围绕“提升服务、提高效能、促进邮政行业科学发展”，各级邮政管理部门全面履行管理职能，妥善应对突发事件，圆满完成了各项重大任务；邮政管理体系不断完善，邮政改革取得了历史性突破，邮政发展活力显著增强。以政企分开为核心的邮政管理体制改革取得重大阶段性成果，邮政储蓄和邮政主业等经营体制改革取得实质性突破，邮政改革的配套机制不断完善；邮政法规政策体系建设也取得重大成效，为行业科学发展提供了重要制度保障；邮政普遍服务保障体系建设稳步推进；邮政设施建设扎实推进；快递业务发展政策不断完善，市场准入制度顺利实施，市场秩序不断改善。

1. 行业总体保持较快发展

2011 年，四川邮政业业务收入完成 54.7 亿元，同比增长 25.1%，比上年提高 1.2 个百分点。连续三年保持了 20% 以上的增长速度（见图 8-8）。

图 8-6　四川邮政收入曲线

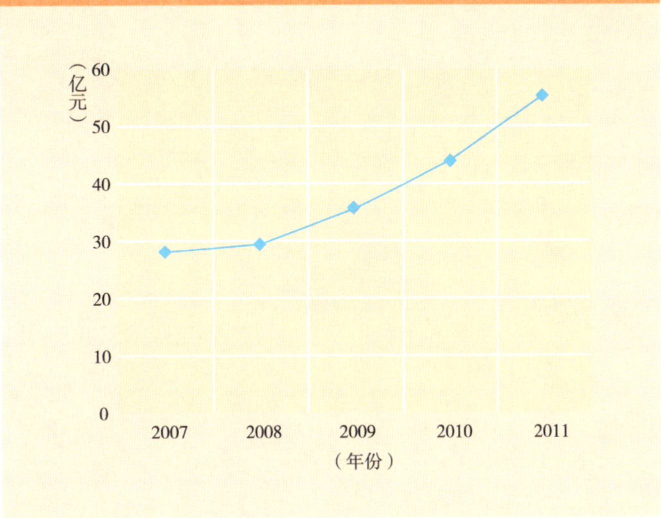

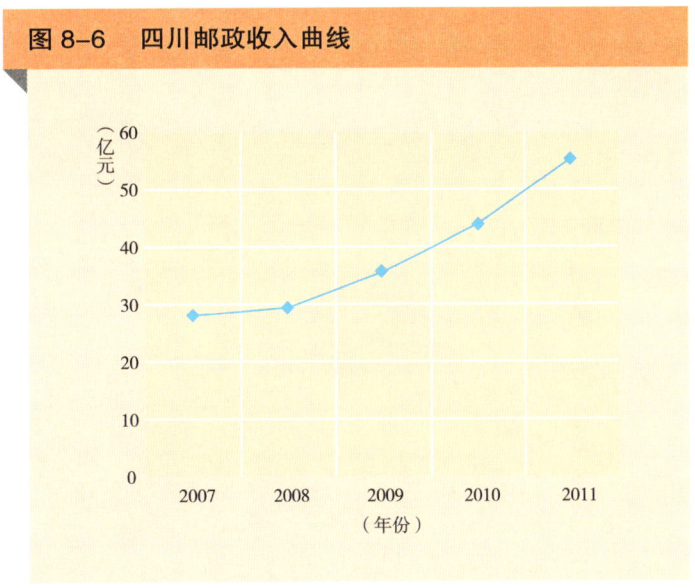

表 8-6　四川省邮政行业发展情况

指标名称	2011 年		指标名称	2011 年	
	累计完成	同比增长（%）		累计完成	同比增长（%）
邮政业业务收入（万元）	546987.6	25.1	快递（万件）	10637.5	59.9
快递业务收入（万元）	183432.6	40.1	订销报纸累计数（万份）	84769.2	6.6
邮政业业务总量（万元）	572055.4	26.8	订销杂志累计数（万份）	3766.2	-12.9
函件（万件）	18800.9	-16.6	汇兑（万笔）	1045.9	-3.9
包裹（万件）	262.5	9.8			

图 8-7　四川快递服务发展情况

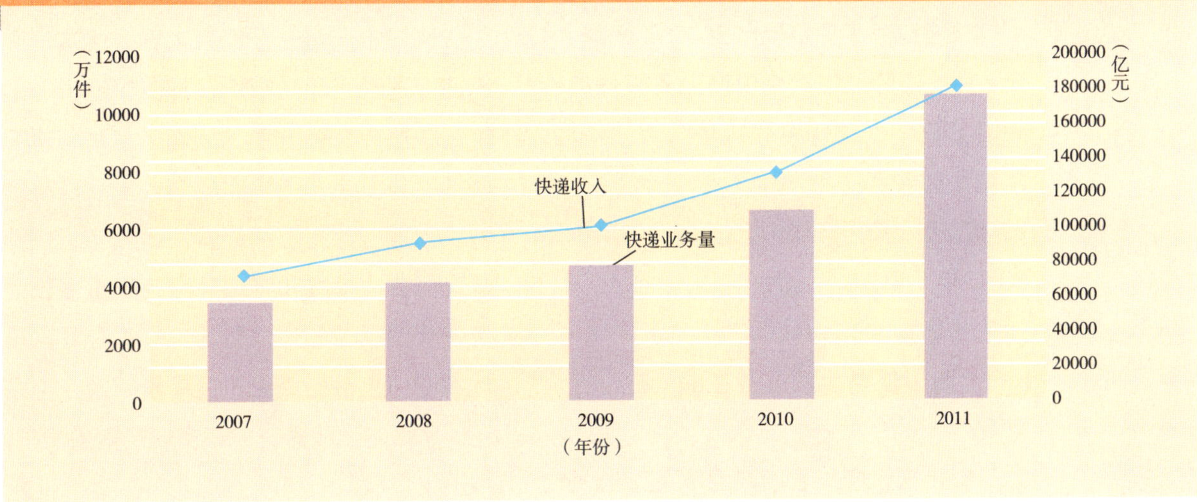

图 8-8　四川省邮政业业务收入增幅情况

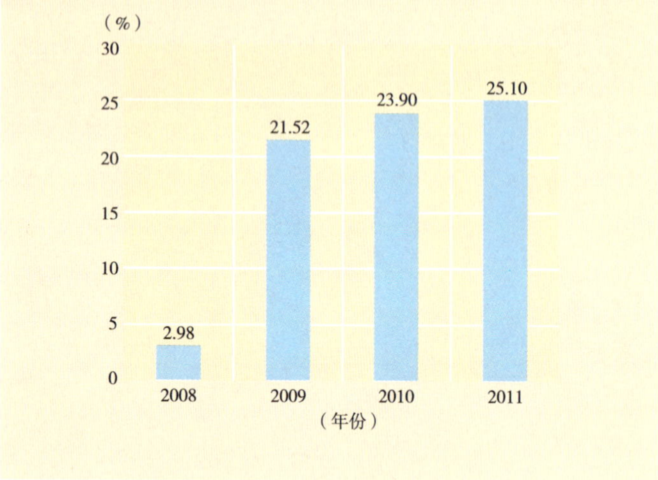

2. 快递业务收入占行业收入比重进一步提高

2011 年，四川快递业务量突破 1 亿件，达到 1.06 亿件，同比增幅达到 59.95%。快递业务收入占全省邮政行业总收入的 34%，比 2010 年提高 4 个百分点。

3. 国际快递加速增长

2011 年，同城、国内异地和国际港澳台快递业务量均实现了大幅增长，各类业务呈现均衡发展态势。国际及港澳台快递业务量增长迅速，同比增幅达 200.1%（见图 8-9）。

4. 平均单价继续下降

快递业务平均单价比 2010 年下降 2.4 元 / 件。国际及港澳台快递业务平均单价大幅下降，比 2010 年下降了 73.7 元 / 件；同城快递业务平均单价比 2010 年提高了 0.4 元 / 件；国内异地快递业务平均单价比 2010 年下降 2.3 元 / 件。

（三）四川邮电业发展存在的问题

近年来，四川省邮政业取得了长足的发展，但是与邮政业发达省份相比，四川的邮政业在多方面还有一定的差距。

1. 邮政基础设施建设需要加强

邮政规模需要进一步增大，覆盖城乡的邮政普遍服务体系还没有充分建立。目前四川省内尚有一定数量的乡镇邮政局所空白，乡镇邮政局所空白的存在给这些乡镇的居民生活带来了诸多不便和不利影响，同时不少地区的邮政局所涵盖面太大，邮政局所离居民居住点过远。

2. 邮政业效率需要进一步提高

邮件传递速度需要进一步提高，邮政普遍服务营业时间、邮件投递频次和投递深度、查询答复时限、用户投诉处理时限等离《邮政普遍服务标准》要求还有差距，需要苦练内功，加强邮政时效。

3. 快递服务的市场集中度小

目前四川不少民营快递公司面临亏损。省邮政速递物流公司市场集中度需要加强，民营快递企业也需要加强核心竞争力，快递服务模式、服务品质、公众满意度需要提高，快递企业普遍存在规模偏小、模式粗放、整体竞争力不强的问题。

4. 快递市场秩序需要进一步加强

快递市场是一个新兴市场，也是一个迅速而蓬勃兴起的市场，目前快递市场的市场秩序存在多方面的问题，违法、违规事件时有发生，投诉率较高，未经许可经营快递业务，超范围经营快递业务，快件延误、丢失损毁和野蛮装卸等严重侵犯消费者合法权益的违法行为也一直存在。虽然各专项执法检查纠正了大量问题，但是还须从根本上改善，以切实规范市场秩序，维护用户权益。

图 8–9　四川各类快递业务同比增速

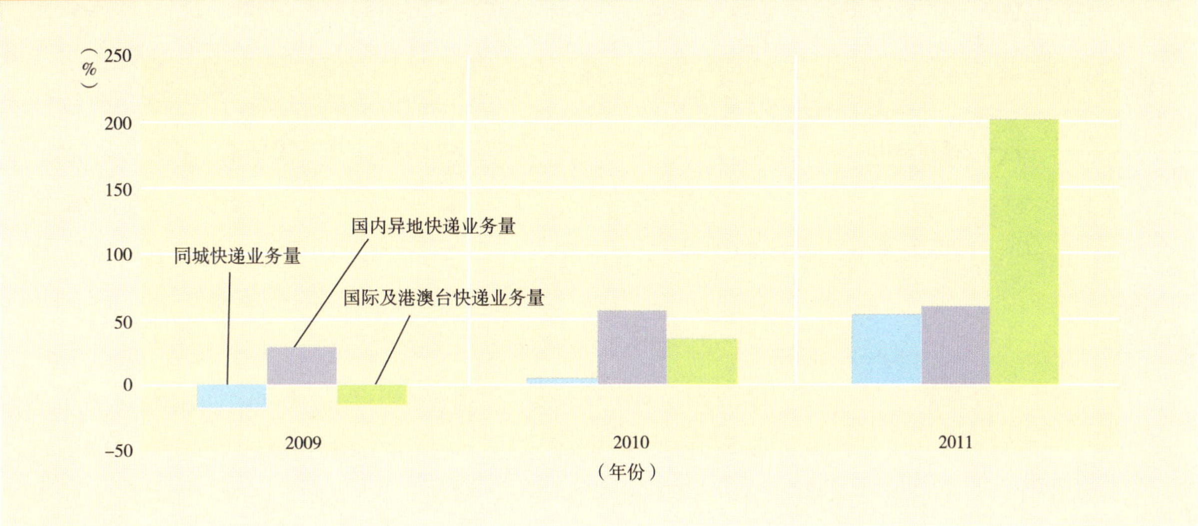

(四) 发展展望

第一，转变四川邮政业发展方式，推动改革创新和转型升级，建设现代四川邮政业。目前邮政行业的第一要务仍然是加快发展，要着力优化市场主体结构、网络结构、业务结构和区域发展结构，深化邮政业改革，充分发挥邮政作为社会化公共服务平台的作用，做大做强邮政企业，推动企业实施结构优化、机制转换、资源整合、科技引领和人才强业战略，全力提高行业的信息化水平，并大力加强基层基础建设，由注重规模增长向规模、结构、效益、安全并重转变。

第二，着力提升邮政普遍服务质量和水平，促进公共邮政服务均等化。要以推进邮政普遍服务均等化为战略方向，着力加强邮政普遍服务体系建设，切实维护公民基本通信权益，逐步实现公共邮政服务均等化。要以扩大邮政基础网络覆盖面、均衡城乡服务差异、促进服务水平和服务内容提升为工作重点，着力加强农村及边远地区邮政普遍服务能力建设，提高邮政普遍服务质量和效率，使邮政普遍服务能力和水平随经济社会发展而逐步提高。

第三，加强能力建设，坚持技术创新和服务升级，促进快递业大发展、上水平，扶持重点企业做大做强。应下大力气优化快递发展环境，积极鼓励快递企业创新运行机制，推动企业功能整合和服务延伸，融入产业链、服务链和供应链，促进快递服务与电子商务、制造业协同发展，加快向综合型快递物流运营商转变。

第四，各级邮政管理部门全面履行管理职能，提高依法行政的能力和水平。应不断深化认识，做好配套法规制度建设，完善四川邮政市场监管体制和邮政普遍服务保障监督机制，提升依法行政能力和水平。全面加强四川邮政管理队伍思想、作风、能力建设，把《邮政法》各项要求规定落到实处，切实承担起四川邮政普遍服务和邮政市场的监管重任，促进四川邮政业又快又好地发展。

八 通信业

（一）四川通信业发展的现状

通信业是国民经济的基础产业，是信息服务业的核心，也是国民经济的基础行业和领先行业。改革开放以来，四川通信行业抓住机遇，不断强化通信基础设施建设，大力解决供需矛盾，通信网络规模不断扩大，技术水平和网络安全性不断提高，业务种类不断丰富，四川作为西部通信枢纽的作用进一步凸显。2010 年，四川通信业全面完成了通信灾后恢复重建任务，全省通信业“十一五”规划的目标和任务全面完成，2011 年末拥有长途交换机容量 34 万户端，移动电话用户 4800 万户。2010 年末，四川共有移动电话交换机容量 9624 万户，互联网注册用户达到 526 万户，光缆线路长度 56.2 万公里；电信公网电话用户达到 5575 万户，增加了 2296 万户，普及率达 63.4%，提升了 15 个百分点，成为了全国第七个、西部第一个电话用户超过 5000 万户的省份。2011 年 8 月底，四川省电话用户突破 6000 万户，达到 6001 万户，成为继广东、江苏、山东、浙江、河南、河北后第 7 个电话用户超过 6000 万户的省份。“十一五”期间四川通信业累计完成投资 596 亿元，电信业务总量、通信业务收入年均分别增长 26% 和 12.3%，分别达到 1398 亿元和 400 亿元。全省通信能力大幅提升，行业整体素质明显改善，经济社会信息化水平显著提升，为未来发展再上新台阶奠定了良好的基础，为促进全省经济发展和社会和谐稳定做出了突出贡献。通信市场成为近 10 年来四川省发展最快的市场之一，无论是移动通信还是因特网和宽带接入，四川省都处在全国的前列（见表 8-7）。

“十一五”期间，四川通信业实现了全省所有行政村通电话和所有乡镇通宽带的目标，初步建立了农村综合信息服务体系，累计完成 13259 个行政村通电话任务、908 个乡镇通宽带任务，完成 9578 个自然村通电话任务，实现四川所有行政村通电话和所有乡镇通宽带，自然村通电话比例达 90%；初步建成了以“信息田园”、“农信通”、“天府农业信息网”为代表的农村信息化平台；积极推进农村信息服务的产品和业务创新，开发了“电子政务 + 乡镇 OA”、“党员远教”、“动物溯源”、“大棚监控”等各具特色的农村信息化服务产品；建设了高效扁平的农村营销服务网络，累计建成 1579 个乡镇信息站、7127 个村信息点、2967 个乡信息库、2423 个村信息栏；同时，通过“百千万信息村”、“宽带信息镇（村）”、“万村千乡”等工程的实施，进一步健全了农村信息服务网络。

（二）四川通信业发展的特点与优势

“十一五”时期是全面建设小康社会的关键时期，中国通信业紧紧围绕“保增长、扩内需、调结构、惠民生”的目标，

表 8-7　2011 年 12 月四川通信业数据

通信业务指标	全　省	通信业务指标	全　省
本地固定电话用户（万户）	1383	局用交换机容量（含接入网）（万门）	1955
移动电话用户（万户）	4800	移动电话交换机容量（万户）	8680
互联网拨号上网用户（万户）	9	综合指标	—
互联网宽带上网用户（万户）	682	电信业务总量（当月值）（亿元）	52.1
移动互联网用户（万户）	3332	通信业务收入（自年初累计）（亿元）	437.1
移动短信业务量（亿条）	38	自年初累计完成投资（亿元）	139.0
通信能力指标	—	通信水平	—
长途光缆线路长度（公里）	53529	电话普及率（%）	68.8
本地网光缆线路长度（公里）	642365	移动电话普及率（%）	53.4
长途电话交换机容量（万路端）	34	固定电话普及率（%）	15.4

全行业保持平稳健康发展，成为加速国家工业化进程、提升国家信息化水平和建设全面小康社会的重要力量。四川通信业也取得了辉煌成就，通信业保持平稳较快发展，网络基础设施竞争力提高，对经济社会支撑作用显著增强，市场竞争格局持续优化，行业转型取得积极进展，技术业务创新全面展开，通信和网络信息安全保障能力显著提升，在重大活动和突发事件处置中发挥了日益重要的作用。

2000 年以来四川通信业发展加速，2011 年增幅高于全省经济增长速度，投资也因技术进步以及各电信集团总部加大对四川的支持力度而创历史新高。在自身快速发展的同时，通信行业通过加大与其他产业合作，在提升全社会信息化程度方面取得了重大进展，创造了辉煌业绩。2010 年四川通信业全面完成了通信灾后恢复重建任务，圆满实施了成都、眉山、资阳本地电话网并网工程，争取到绵阳成为全国首批三网融合试点城市，成都成为海峡两岸无线城市试点城市，全省通信能力大幅提升，行业整体素质明显改善，经济社会信息化水平显著提升，为未来发展再上新台阶奠定了良好的基础。

四川发展通信业具有巨大的潜力和优势。这种潜力和优势主要表现在几方面。第一，四川通信市场潜力巨大。中国西部的经济发展和通信发展相对落后，通信产业与产品比东部有更大的发展空间，而四川省的经济和政治地位决定了四川在中国西部的地位举足轻重，市场辐射面大，四川企业占领西部市场较为容易。第二，四川通信业人才优势明显。通信业是高技术、高投入的产业。四川是中国电子人才集中地之一，占全国电子信息技术教育首席地位的电子科技大学在成都，电子科技大学近十年来培养了一大批从事通信与电子信息技术的人才，这些人才目前具有较大的区域竞争优势。成都还有一批从事通信类研究和生产实践的国家级研究所，这些国家级大院大所的技术和人才为四川吸引人才加快通信业发展创造了有利条件。第三,四川产业基础较好。通信产业的基础是电子信息业，与西部其他省市相比，四川基础较好，同时四川电子信息产业类别较多，整合资源后可以在芯片设计、软件、元器件、电池、射频与放大器等通信产业链上有所作为。

近年来，国内外的一批从事通信产业的公司看到四川发展通信业的优势，纷纷到川建研发中心和企业，如以开发移动通信软件为目标的摩托罗拉成都软件研发中心、爱立信成都研发中心、深圳中兴通讯公司成都分公司等。

目前，四川通信业发展的特点主要有以下几点。第一，全省通信行业近几年来保持了平稳较快发展。通信网络建设不断加快，全省通信网络覆盖水平不断提高，2010 年底，全省实现了行政村村村通电话、乡镇乡乡通宽带，2011 年通信行业又全面启动了“自然村通电话、行政村通宽带”工程，进一步提高网络覆盖率。第二，电信服务水平不断提高。近年来，四川电信服务质量持续改善，资费水平逐步降低，网间通信质量进一步改善，通信行业加大力度治理不良信息与垃圾短信，进一步净化了手机网络和通信环境，百万用户申诉率稳定在较低水平，电信资费整体水平也不断下降。第三，3G 发展迅速。目前四川通信行业向信息服务业的转型步伐正逐步加快，以云计算、物联网为代表的战略性新兴产业从概念走向应用，转型取得了初步成效。目前全省 3G 网络已进一步完善，已覆盖全省县（市、区）并逐步向重点乡镇、行政村延伸，3G 电话用户发展迅速；下一代网络基础设施建设加快，三网融合试点得到稳妥推进，重大项目促进了全省信息服务业深入发展，增值电信业务发展加快，对信息服务业发展的规划指导得到加强。第四，2008 年汶川特大地震后救灾抢通速度快，恢复重建速度高。2008 年 5 月 12 日，汶川特大地震造成四川通信设施损毁严重。受灾通信局所 3092 个、通信基站 21739 个，受损光（电）缆线路 23301 皮长公里，倒断通信电杆 85756 根，直接经济损失 60.2 亿元。震后，四川通信行业紧紧围绕“加快建设灾后美好新家园，加快建设西部经济发展高地”，坚持把通信灾后恢复重建作为全行业中心工作，科学制定重建规划，积极争取政策支持，大力实施电信设施共建共享，全面增强网络安全和应急保障能力，促进重大项目实施，提升重建质量水平，精心组织、开拓创新，积极建设西部通信枢纽和西部信息高地，大力推进 3G、宽带通信、移动互联网发展，促进三网融合，加快农村信息化建设，积极打造“无线城市”，努力实现跨越式发展。在基础设施行业中率先完成了恢复重建任务，灾区通信能力和网络安全性大大增强，迅速从恢复重建走向了跨越发展。

（三）四川通信业发展存在的问题

近年来，四川通信业取得了迅猛的发展，但是也面临诸多问题。

一是通信发展增速虽然个别年份较高，但是从长期看低于四川 GDP 增长，不能完全满足四川工业化、城镇化、信息化等方面的发展对通信业提出的新需求和高要求。

二是四川省通信发展的平均水平低于全国，更低于通信业发达地区，电话普及率还远低于全国电话平均普及率，农村通信基础设施欠账多，城市信息化基础设施不发达，网络接入带宽窄，实现电信公共服务均等化任重道远。

三是四川省不同地区、不同领域、不同群体的信息应用水平和网络普及程度较不均衡，电子商务等通信电子新领域的应用尚欠发达，信息资源的互联互通和共享水平不高。

四是通信建设过程中还存在着基站选址难、赔补或补偿费用高、通信设施共建共享程度不高以及盗窃破坏通信设施的行为时有发生等问题。

五是农村通信覆盖水平仍然较低，村通工程总体水平不高、区域差异大，投入大、产出低，信息资源共享难度大，信息安全亟待加强，农村信息化项目自我“造血”能力需要加强，农村通信信息服务体系也有待进一步完善。

六是通信产品的制造业相当落后，除个别产业（如光缆）有优势外，其他产业与全国相比有相当的差距，除迈普、国腾等少数企业在通信产品上占有一席之地外，大部分通信企业处于规模小、产品一般，在国内无影响，主要是配套的状态。

（四）发展展望

第一，转变发展方式，推进通信业创新转型，全面提高信息服务水平。推进云计算、物联网和移动互联网等融合型技术和业务创新发展，加快推进战略性新兴产业发展，加快向综合信息服务转型；加快建设宽带、泛在、融合、安全的下一代通信网络基础设施；加快光纤宽带接入建设和应用创新；加快 TD 网络建设和 3G 业务发展，加快建设无线城市，推动成都市海峡两岸无线城市的试点工作；推动 TD-LTE 在川试点；力争使“无线城市群”、“智慧城市”、“高速物联网产业城市”建设初见成效，提升信息服务能力，积极向综合信息服务转型，充分发挥信息技术在经济社会发展中的倍增和催化作用，加强信息技术对传统产业的改造提升，推进信息化、工业化的深度融合，全面提高四川国民经济和社会信息化水平，提升综合信息服务能力。

第二，深入推进电信基础设施建设和应急通信保障体系建设，大力推进三网融合，促进行业科学发展。应加强政务信息平台建设、农村基础设施建设、藏区民生工程、农村信息化、三网融合等重点难点建设工作的共建共享，构建统一的网络传输体系、数据资源与灾备体系、信息安全体系和信息化应用支撑体系，大力发展宽带通信，加快“无线城市”建设，进一步完善成都至国际出口数据专用通道建设，满足产业园区国际通信需求；加快推进“三网融合”绵阳试点，大力推动 IPTV、手机电视等融合型业务的开展，积极扩大全省三网融合试点范围，积极探索具有四川特色的三网融合模式；继续推进农村通信基础设施建设，扩大农村宽带覆盖，加快推进民族地区通信发展，着力改善甘孜、阿坝、凉山木里等民族地区落后的通信状况，大力提升农村信息化水平，加强农村信息化资源的共建共享，全面推进“信息下乡”；深入提高应急通信保障能力，完善各类应急预案，完善应急通信保障体系，把应对汶川地震灾区地质灾害的应急通信保障工作形成常态，继续做好特殊通信和重要通信保障工作，做好重要时期、重大事件的网络与信息安全保障和突发事件的应急处置。

第三，切实维护网络与信息安全，加强互联网行业管理，增强信息安全保障能力，创造和谐安全的网络环境。认真履行互联网管理职责，加大对互联网行业基础管理力度，加快从传统管理方式向开放型、社会化管理方式转变，适应互联网、移动互联网发展趋势，坚持发展与管理并重，制定好四川互联网发展规划，深入落实网络安全政策法规，健全网络信息安全责任制和管理措施，加强对互联网基础资源、关键环节的监管，初步形成管理与技术相结合的网络信息安全保障体系；加强 IPv6、三网融合、云计算、物联网的信息安全问题研究，加强技术保障能力，加强网站安全治理，继续做好互联网和手机淫秽色情专项治理，完善违法违规网站查处机制；加强网络运行监督管理，开展通信网络安全防护检查、培训，做好重要时期、重大事件的网络与信息安全保障，继续开展好互联网和短信舆情搜集上报，为政府决策提供支撑，要确保基础信息网络和重要信息系统的安全，加强网络安全防护，努力为广大人民群众营造健康、和谐、文明的网络环境。

第四，加强通信业监管，大力发展通信新业务及增值业务。应坚持发展为民、监管为民，大力维护市场秩序，加大市场监管力度，规范市场经营行为，努力提高电信服务水平，坚持针对扰乱通信市场秩序、破坏通信设施、阻碍互联互通等违法违规事件的督办问责制度，努力构建和谐服务关系，进一步创新服务方式、丰富服务手段、完善服务能力；加强监管手段和能力建设，尤其是对互联网行业的监管手段，逐步完善互联网基础数据库，完善互联网站分析系统，实现更加准确和精细的网络信息安全管控；进一步降低电信资费整体水平，提高用户满意度，让人民群众共享通信发展成果；建立增值通信企业管理平台；进一步加强通信管理队伍建设，加强机关作风建设和党风廉政建设，大力推进政务公开及政府信息公开工作，强化行政效能建设，做到依法行政、公正执法。同时要积极推进四川省通信业向现代信息服务业转型，加快培育新型市场。大力推进信息服务在重点企业、行业领域的应用普及，重点加快建设工业园区公共信息平台；以现代物流、商贸流通和金融为重点，加快服务业信息化进程；加快发展电子商务，建立面向中小企业及不同行业、区域和消费者的电子商务交易和服务平台；大力推进电子政务，加强四川电子政务内外网络建设；构建社区综合便民服务信息平台，提供社区公共信息服务，共同维护通信行业的良好形象。

九　四川第三产业发展的趋势与路径

四川第三产业经济地理的变迁既影响四川的经济发展趋势，也会影响周围地区的经济地理变化趋势。各行业通过制度合作、基础设施共享和特别激励措施的有效政策组合，提升第三产业劳动力和企业密度，缩短产业的地理距离，减低时间和空间带来的挑战，推动四川第三产业的区域一体化。

2011 年，四川第三产业 GDP 总额为 7014.04 亿元，占全省 GDP 总额 21026.68 亿元的 33.36%；从事第三产业的人员总数为 1531.33 万人，占全省劳动力资源总数 6343 万人的 24.1%。2011 年我国第三产业 GDP 占全国 GDP 总量的 43.4%，北京的这一比例为 76.1%，上海为 58.1%，天津为 46.2%，江苏为 42.4%；2011 年我国第三产业从业人员总数占劳动力资源总数的 35.7%。作为人口大省和外出打工人员大省，四川第三产业从业人员显然还有大幅增加的潜力，同时四川第三产业 GDP 显然也还有充足的潜力可挖。

四川虽然地域广阔，但山地、高原居多，不适宜人类居住生活和从事农业生产的地方占 80% 以上的面积。耕地面积少，人均耕地面积不断下降并低于全国的平均水平。若按一个农村劳动力承担 4.5 亩耕地的平均劳作计算，目前四川农村剩余劳动力超过 2310 万，农村劳动力不断转移到城镇，或者成为闲散人员，若不能充分就业，将极大地浪费四川的人口资源，并对社会造成不稳定因素。要扭转这种局面，大力发展第三产业是一条最佳途径。同时，目前随着国际金融危机的深度发展和国内经济的增速减缓，大量隐性失业问题日益显现，国企冗员沉重，行政机关、事业单位人员也过于臃肿，大量人员面临下岗和再就业，可是目前每年四川城镇新创造的就业机会只有约 20 万个，吸纳的劳动力有限，加上社会保障制度不够健全，再就业形势非常严峻。而第三产业进入门槛低，容易增加就业机会，大力发展第三产业，对缓解就业压力将起到极为重要的作用。另外，刺激消费和扩大内需是我国近几年来经济发展的重要手段。内需不足的原因之一是城市化水平低，国民经济运行缺乏重要载体。目前国家刺激消费和吸纳劳动力的重要行业如教育、信息、旅游、服务等均属第三产业的范畴，大力发展第三产业也是新型城市化的要求和选择。

第一，必须提高认识、转变观念，把发展第三产业作为实现四川经济发展战略目标的重要抓手，应充分认识到第三产业在整个国民经济中的比重持续增大，并已成为现代经济发展的重要标志，应高度重视第三产业发展的环境和空间，从根本上提高第三产业的层次和质量，把依靠第三产业的发展带动全省经济可持续发展作为当前和今后经济发展的重要任务。应逐步提高第三产业在四川 GDP 的比重，力争在 5 ~ 10 年的时间内，将第三产业占 GDP 的比重提高到 70% ~ 80%。

第二，应准确定位，发挥各地区优势，走各具特色的发展路子。要注意各地区的社会分工、产业结构、人口数量、经济发展水平等方面都存在着较大的差异，已有的第三产业的类型、程度也不同，因此发展的方式和路径也应有所差别。如四川的甘孜藏族自治州、阿坝藏族羌族自治州及凉山彝族自治州等地区人口分别为 90.22 万人、110 万人和 454.1 万人，地少人多的矛盾相对并不突出，可是矿产、水能、旅游资源均相当丰富，资源优势未有效转换为经济优势，上述地区应在充分考虑环境资源和环保的情况下，发展上述产业，使其成为当地经济发展的重要增长极。而对于平原丘陵等经济发达、地势占优势的地区，应充分发展金融、餐饮、商贸、交通、旅游等服务业，优化城市的规模结构。实践中，应注意第三产业在不同城市和地区的梯度发展，省会城市成都属于特大城市，经济活动频繁，有利于各种第三产业发展与培育，应在巩固现存优势产业如批发零售贸易业和餐饮业的基础上，进一步发展旅游业、教育产业、金融保险业、科研设计服务业等。德阳、绵阳、资阳、内江等中等城市，应积极发展直接为生产及居民生活服务的第三产业，并要有条件地发展金融和教育等产业，使之成为与大城市或中等城市之间的联系纽带。四川众多的小城镇，第三产业发展目前均相对落后，应从最低层次的第三产业发展，并力求量的扩张。

第三，应进一步优化投资软环境，营造良好发展氛围，激活民间投资。应进一步解放思想，更新观念，提高政府服务效率，并制定完善的规范服务业市场主体和市场行为的行政措施，积极认真地改善政府服务，治理投资环境，改进工作作风，规范各种收费和市场秩序，力求公平竞争以加快四川第三产业发展，扩大就业，并培育新的经济增长点，为第三产业发展增强后劲。在第三产业发展过程中，必须积极利用社会资金，利用税收的杠杆功能，给予特定行业较低税率，激发民间投资的积极性，多渠道地吸引社会资本，多主体地扩大投资渠道，大力发展中小企业，促进创业就业，增强全社会投资信心。

第四，加强农村基础设施建设，积极发展工业化和城镇化，并以此为契机推动第三产业的发展。四川农村公共设施和基础建设空间潜力巨大，持续增加对农村基础设施的投入，将带动四川农村发展，并衍生出农村特色的第三产业，如农家乐、小超市、农产品批发零售等，为第三产业的快速发展奠定基础。同时加快城乡统筹大力推进城镇化进程，也将为第三产业发展提供更加广阔的空间和有机载体，促进农村劳动富余劳动力和人口向城市合理有序的迁移，也是加快发展第三产业的有效途径。

第五，下大力气努力提升现代服务业和生产性服务业的发展。现代服务业指以现代科学技术特别是信息网络技术为主要支撑，建立在新的商业模式、服务方式和管理方法基础上的服务产业。它既包括随着技术发展而产生的新兴服务业态，也包括运用现代技术对传统服务业的改造和提升。现代服务业是相对于传统服务业而言，适应现代人和现代城市发展的需求而产生和发展起来的具有高技术含量和高文化含量的服务业。主要包括以下四大类：基础服务（包括通信服务和信息服务）、生产和市场服务（包括金融、物流、批发、电子商务、农业支撑服务以及中介和咨询等专业服务）、个人消费服务（包括教育、医疗保健、住宿、餐饮、文化娱乐、旅游、房地产、商品零售等）、公共服务（包括政府的公共管理服务、基础教育、公共卫生、医疗以及公益性信息服务等）。目前服务业尤其是生产性服务业已经成为西方发达国家增长最快的行业。在欧佩克国家中，近年来生产性服务业的增加值占国内生产总值的比重已经超过了1/3，并有继续增加的趋势。在美、日、德等发达国家，制造业中间投入部分的生产性服务所占比重更是不断上升，制造业和服务业相互融合发展的趋势日趋明朗。各级政府部门应积极引导制造业向城市周边集中布局，以期依托制造业的集聚扩大生产性服务业的有效需求。

第三篇

基础设施

第9章 能源经济地理*

能源是当今举世瞩目的一个重大问题。许多国家都把能源发展作为经济、社会、科技发展的主要平衡因素。能源推动着社会的发展，推动着科技的创新，推动着人类的进步。能源是世界重要的战略物资，是国际争夺的焦点，甚至由此引发连绵不断的国际争斗和战争。石油储量特别巨大的中东地区，也就成为西方各国掠夺以致烽火连天的战场。

能源是制约四川经济、社会发展的关键性问题。四川能否扬长避短，组织新的经济结构，保障国民经济协调发展和可持续发展，满足人民群众生活需要，在很大程度上依托于能源资源的开发利用和能源工业的发展。从全国一盘棋的大局出发，综合分析四川能源的优势和劣势，探索能源工业的发展方向和合理布局，选择合理的能源生产结构和消费结构，制定正确的能源方针和政策，具有十分重要的战略意义。

2010 年全省共生产各种商品能源总量为 11691 万吨标煤，能源消费总量为 15014 万吨标煤。这两个数字说明，四川既是能源的生产大省，更是能源的消费大省（见图 9-1）。

四川是能源资源大省，水、煤、气齐备，尤其是富甲天下的水能资源，更是四川的特大优势。居全国首位的水能，是四川的一大亮点，是取之不尽、用之不竭的液体金矿。可以傲视全球的水能资源，是四川的最大财富。

能源资源是能源工业发展和生产布局的自然基础。资源状况如何，直接影响着能源工业生产的规模、结构和布局，也制约着产业结构和生产力布局。能源工业的发展规模主要依据能源资源的构成、能源资源的丰度和分布特征，进行统筹规划。合理开发利用四川蕴藏的丰富的能源资源，就一定会有光辉灿烂的能源发展前景。

图 9-1 四川省能源生产量和消费量

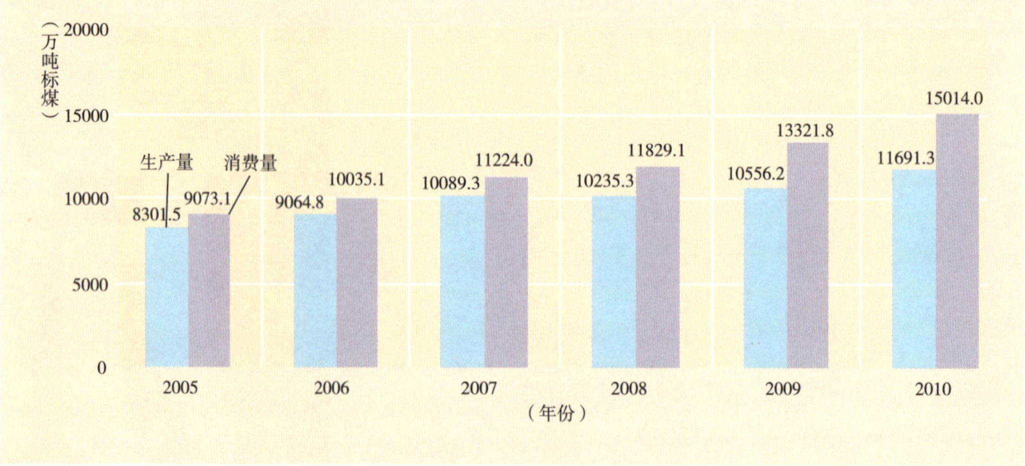

---

* 本章作者：高宇天，四川省社会科学院区域研究所原所长，研究员。

一 能源资源结构及地域分布

四川能源不仅有得天独厚、富甲天下的水能资源，还有居全国首位的天然气资源，煤炭资源也有一定的地位（居全国第 14 位），还有丰富的和相当数量生物质能源、太阳能资源、核能资源等。

（一）能源资源构成

四川水能、煤炭、天然气三项常规能源在全国所占比重见表 9-1。

四川水能资源特别丰富，根据 2004 年全国水力资源普查结果，四川地区水能资源理论蕴藏量达 14351 万千瓦。可开发装机容量 10327 万千瓦，可发电量 5233 亿千瓦时 / 年，居全国首位，其中 77% 集中在三江（雅砻江、金沙江、大渡河），其丰度和密度居世界第一（目前开发程度只有 2.1%）。特有的水能资源，是可再生的液体金矿，可以为四川以至我国东南部发达地区提供清洁而廉价的能源。如果四川与“央企”合力开发，就能为四川创造源源不断的巨大财富。

居全国首位的天然气资源也是四川能源资源结构的特色。为人民群众提供清洁、方便的优质燃料，从而大大改善人民群众的生活条件，也为发展第一、第二产业中的高精端产品提供优质化工原料。

煤炭资源虽然无法与内蒙古、山西、贵州等省匹比，但在全国也有一定地位（居第 14 位），与中、东部地区有比较优势。煤炭资源在目前四川能源结构中仍占主导地位（2010 年煤炭生产量占全省能源生产总量的 61.2%）。2010 年四川能源生产总量如表 9-2 所示。

表 9-1 四川省常规能源资源在全国的地位

项　　目	四川	全国	四川占全国比重（%）	名次
煤　炭（亿吨）	136	—	1	14
水能理论蕴藏量（万千瓦）	14351	—	—	2
水能经济可开发量（万千瓦）	10327	37853	27.28	1
可开发水电年发电量（亿千瓦小时）	5233	19233	27.21	1
天然气累计探明储量（亿立方米）	20987	—	—	1

表 9-2 2010 年四川能源生产总量

生产总量（标煤）（万吨）	煤　炭（万吨）		石　油（万吨）		天然气（万吨）（亿立方米）		水　电（万吨）（亿千瓦时）	
	折标煤	实物量	折标煤	实物量	折标煤	实物量	折标煤	实物量
11689	7154	9457	21	15	3114	234	1400	1139
比重（%）	61.2		0.18		26.64		11.98	

遍布全省农村的非商品能源资源如秸秆、薪柴、人畜粪便等生物质能甚为丰富。

四川太阳能资源较为丰富，但分布不平衡，大致以龙门山、邛崃山脉和大凉山脉为界，东部较少，西部较多，尤其在川西高原是四川省乃至全国太阳能资源的主要分布区。

四川属于全国风速相对较小的省份之一，但部分地区风速较大，具有开发价值，主要分布在川西高原及盆周山区，海拔 1000 ~ 3000 米，50 米高度多年平均风速均在 5 米 / 秒以上，具体地区包括三州地区、攀枝花以及盆周山区的广元、巴中、达州、绵阳、广安、雅安等地。

四川地热能资源分布广泛，水温大于25℃的温、热泉达 305 处，居全国第 2 位；温、热泉放热总量居全国第 4 位（见表 9–3）。

表 9–3　生物质能、太阳能、风能等资源

资源种类	年产量	折合标煤（万吨）	备　注
秸秆	4140 万吨	2070	按每公斤干物质发酵后制沼气 0.3 立方米计 根据四川气象站台测定总辐射求得可能直接利用量。可利用发电 4290 万千瓦。 根据主要观测站按 3 米 / 秒作为风能的启动风速理论计算求得，可利用发电量 400 ~ 500 万千瓦。
人畜粪便		300	
太阳能		2100	
沼气（大、中型）	5.3 亿立方米	57.6	
风能		680	
城市垃圾	1000 万吨	166	
地热能可利用		2.5	
合　计		5376.1	

注：以上资料根据四川省新能源“十二五”规划。

（二）能源资源的地域分布及特点

地域分布

四川能源资源既分布广泛，又相对集中。水能主要集中在西部。煤炭主要分布于川南、攀枝花、西昌、乐犍等地区，盆地边缘也有少数储量。天然气主要分布于川东和盆地，除普光、元坝等年产量超过 10 亿立方米的大型气站外，大多为中小气田。四川能源资源大体上可分为四个不同地区类型：

1. 川西南为能源富裕地区；
2. 川南为能源中等富裕地区；
3. 川东北为能源不富裕地区；
4. 川中为能源贫乏地区。

能源资源特点

四川能源资源具有以下特点。

1. 能源品种较为齐全，水能独具优势

（1）水能。水能资源的独特优势是分布集中、淹没面积少、移民搬迁难度相对小、开发成本相对较低、动态经济特性好，这是世界上其他地方所没有的。不仅大型、特大型水电站经济特性好，而且中小水电站开发也有特殊的优越条件。开发投资小，收益快，极有利于农村电气化建设的发展。

（2）煤炭。煤炭资源已探明储量 136 亿吨（截至 2010 年），居全国第 14 位，储量并不丰富，但在四川目前能源工业生产结构中占主导地位。

（3）天然气。天然气资源是四川（除新疆外）独特优势，截至 2010 年已探明储量达 10755 亿立方米。

（4）太阳能。根据四川年辐射总量、日照时数和分布，四川省每年太阳能理论蕴藏量约为 2.33×10^2 焦耳，平均每平方米太阳能资源理论蕴藏量约 1335 千瓦小时，相当于 466 千克标准煤，太阳能发电理论可利用量约 4200 千瓦小时，太阳能资源较为丰富，开发利用前景较为广阔。

（5）风能。四川虽然是全国风速相当较小的省份之一，平均风速和平均风功率分布呈西北部高原、西南部山区部分地区以及东部小部分地区较大的特点，据目前风资源数据估算四川省风能资源潜在开发量约为 400 万 ~ 500 万千瓦，风能开发潜力较大。

（6）生物质能。四川多类型垂直变化的气候、丰富多样且组合配套优越的光、热、土、水等自然条件，为四川提供了丰富的生物质能资源，主要包括农作物秸秆、林业剩余物、禽畜类粪便、城市垃圾、芭蕉芋、粉葛、小桐子等。

2. 地域分布不均

能源资源的地域分布有西水、东气、南煤的特征，富贫悬殊。川西人口较少，但能源资源丰富，盆地人口稠密，却能源资源匮乏。由于这种地域分布特征，决定了“西电东输”、“南煤北运”等能源发展布局的特点。

（三）能源资源评价

1. 能源品种比较齐全，水能尤为丰富

四川因其优越的自然条件，蕴藏着水能、煤炭、天然气、核能、生物质能、太阳能、风能等丰富多样的能源资源。基本特点是水能资源特别丰富，矿物能源相对较少。能源资源构成比例为水能 76.7%，煤炭 22.7%，天然气 0.6%，石油探明资源量极少。

水能资源特别丰富，可开发量居全国各省之冠，占全国可开发总量的 24.2%，是我国水能资源最富集的地区。平均每平方公里拥有资源量 90.88 万千瓦小时，是全国平均每平方公里拥有资源量 20.03 万千瓦小时的 4.54 倍。虽然四川人口众多，但平均每人拥有水能资源量仍达 5102 千瓦小时，为全国人均拥有水能资源量 1748 千瓦小时的 2.92 倍。从长远发展战略考虑，四川水能大量开发，可以建设成为全国水电能源基地，实现西电东送，做到全国能源水煤相济，互为补充，使水电与煤炭共同承担全国能源平衡的战略任务。而且大多数水电站的位置具有极为优越的开发条件：水头集中、落差大、水量丰沛、梯级电站多、淹没损失小、电站单位装机造价低、水电站发电单位成本低、水电资源动能经济特性好等。尤其是雅砻江、大渡河、金沙江、岷江等梯级电站的开发条件，大大优于全国其他区域的河流。按河流流域开发，具有与流域内丰富的矿产资源、生物资源配套开发的优越条件，较之黄河等流域开发具有很大的比较优势。不仅大型、特大型水电站电源点开发条件好，而且全省中小水电站也有很明显的优越条件。特别是盆地边缘和成都平原的都江堰灌区，中小水电站电源点星罗棋布，为就地开发利用，发展农村电气化提供了良好的资源条件。

天然气探明储量虽然在四川能源资源结构中所占比重不大，但在全省乃至全国仍占据重要地位，不失为四川的一大优势。由于它既为人民提供优质清洁的生活用能，又是宝贵的化工原料，若开发之后四川享有优先使用权，则是支撑全省化工、冶金等主要产业发展的重要依托，成为四川经济发展的催化剂和主要支柱之一。

煤炭资源储量虽然不算多，但目前煤炭在全省能源生产和消费构成中均占主导地位，即使今后大规模开发利用水能资源，煤炭仍将处于重要地位。

以水能为主体，煤炭、天然气、沼气、风能、太阳能等多种能源资源相配合，从而形成多品种、多层次、多能互补的能源生产和消费结构，这是四川能源得天独厚的一大特点。

2. 能源资源的地域分布不均，既分散又相对集中的分布格局

由于自然条件所决定，四川能源资源的地域分布不均，既广泛分布，又相对集中。总体看，川东北气多、煤少，川中能源资源较为贫乏。

3. 水能、煤炭、天然气都存在各自的长处和短处，扬长避短，互为补充

水能：具有水头集中，水能“富矿”多，可以梯级开发，动能经济好，淹没损失少，单位造价低等优点。但也存在大型水电站电源点偏西，离经济发达区较远等不利因素。

煤炭：具有分布广泛，又相对集中，主要煤田均靠近工业发达地区，有利于重点矿区的大规模开采，就近供应。川西南煤田位于攀枝花工业区内；川南煤田位于长江上游的宜宾市、泸州市境内，有利于建设大型火电基地。分布于各地的小煤田，方便地产地销，促进地方经济的发展和广大农村生活之需。但是煤炭资源存在着煤层薄、倾角大、断层多、地质构造复杂、高瓦斯和自然发火趋势的煤层多、自然灾害严重、开发条件较差等问题；单位造价和吨煤成本高；地质勘探程度低；一般煤质较差，高硫高灰的无烟煤比重大，平均发热量在 20.91 兆焦耳（5000 大卡）至 25.09 兆焦耳（6000 大卡）/ 公斤左右，比山西煤（发热量 26.34 兆焦耳（6300 大卡）至 29.27 兆焦耳（7000 大卡）/ 公斤约低 15% ~ 21%。

天然气：气源丰富，2010 年底已探明储量达 10755 万亿立方米，前景乐观，但勘探程度不高，探明程度很低；天然气有机质成熟度高，含热量高，但气质差异大；天然气成分以甲烷为主，但组分差异大，如川东北石炭系，气藏的天然气 H2S 的含量一般在 0.1 克 / 立方米以下，而威远气田 H2S 的含量却高达 18 ~ 20 克 / 立方米。卧龙河气田 H2S 高达 80 克 / 立方米以上。天然气气质多样化为天然气深度加工、综合利用提供了条件，同时也给天然气开采、集输、净化带来相应困难；天然气埋藏深（深的气井埋深达 8000 米以上），地质硬度大；储量丰度低，多为中小气田，以小气田为主，多数气田有较活跃的边水、底水，对气田的采气速度和最终采收率有很大影响。这些是四川天然气开发利用中勘探投资大，风险大（钻探成功率不到50%），单位成本高的客观因素。

4. 农村能源资源丰富，有利于形成因地制宜、多能互补的农村能源结构

四川省小水电、小煤矿、秸秆等资源较为丰富，有利于建立多能互补的农村能源生产结构。生物质能（包括秸秆、人畜粪便、薪柴等）十分丰富，且分布于全省各地，便于合理利用和就地消费。由于四川气候条件适宜，利用秸秆、粪便制取沼气，开辟能源利用的新途径，是四川农村能源资源合理利用的优势条件。加之小水电、小煤矿等资源广为分布，这就为农村发展“因地制宜，多能互补”的能源生产结构奠定了坚实的物质基础。

5. 新能源资源较为丰富

四川新能源（太阳能、风能、地热）资源较为丰富。尤其是甘孜、阿坝、凉山、攀枝花等地，开发价值大。但地热能由于受地理条件的限制，作为能源，近期还难以大量开发利用。

6. 四川能源结构有了较大调整

一是能源消费结构的调整。2010年水电发电量占能源消费总量的28%，远高于全国8%的水平；煤炭消费总量比例由2005的52.39%降到2010年的51.65%；城市用气占全省用气量的比例由2005年的28.9%提高到2010年的约50%；石油、天然气实物消费量增长较快，比重也略有上升。

二是水电装机容量比重大幅提高。水电发展较快，水火电建设比重，水电的比重由2005年的66.62%提高到2010年的74.63%。

三是大容量高参数发电机组比重提高。关停了大批小火电，仅“十一五”期间累计关停小火电机组92台共212万千瓦。火电单机容量30万千瓦以上的机组由2005年的216万千瓦增加到2010年的816万千瓦。最大单机达60万千瓦。水电单机由2005年的30万千瓦（二滩水电站），提高到80万千瓦（向家坝水电站）。

四是煤炭行业结构逐步优化。关闭了大批小煤矿，煤矿企业平均生产规模由2005年的4.7万吨/年提高到2010年的9.1万吨/年。

五是新能源有所启动。太阳能利用方面，在三州地区25个县建成46座独立光伏电站，总装机规模1.246千瓦，上报国家金太阳示范工程两项，总规模10.311千瓦，太阳能热水器得到广泛应用，计划“十二五”末太阳能发电规模达到30万千瓦。风能利用方面：德昌风电场示范工程1.6万千瓦已于2011年3月投产，目前已核准项目规模约14万千瓦，正在开展前期工作项目约50万千瓦，计划“十二五”末风能发电规模达到100万千瓦。沼气项目建设有序有效地发展，建成农村沼气池520万户，2010年产沼气180744万立方米，计划“十二五”末农村用沼气达到675万户，年产沼气超过22亿立方米，全省大中型禽畜养殖场沼气工程达到8000处。生物质能发电方面，目前全省共有蓬溪、会理、盐亭、南部、沐川等9个项目正在开展项目前期工作，其中蓬溪、会理、盐亭已通过核准。四川地热能用于沐浴、医疗，兼有旅游资源的温、热泉区，多辟为游览或疗养地。除此以外，

四川现有利用地热的国家级可再生能源示范项目，为地热能的合理开发起到了很好的示范作用。

上述能源资源结构特征，决定了四川能源开发的战略定位和战略方针（见第八部分）。

二　水能开发与国家能源基地建设

四川水系发达，落差巨大，是全国水资源和水能资源最丰富的地区。长江自青藏高原流经四川盆地，滔滔东去，不单成为本省与东部诸省沟通的天然通道，同时其水系极富有水能、水利资源，尤其各级地势阶梯之交叠地带，更为世界少有的水能资源富集地区，可开发的水电装机容量和年发电量均居全国首位，开发利用价值极高。加上四川降水量丰沛（长江从泸州港流出川的水量每年平均在2000亿立方米以上），地下水资源也很丰富，从而使四川的水能资源在全国占据十分突出的重要地位。

（一）水能资源分布

四川居长江上游，境内河流众多，水量丰沛。除西北边境红原、若尔盖草地的黑河、白河注入黄河外，其余河流全属长江流域水系。省内黄河流域面积约2万平方公里，占全省总面积的3.5%，长江流域面积占全省总面积的96.5%。自宜宾以上称金沙江，由西到东横贯四川。雅砻江，岷江（包括支流大渡河、青衣江）、沱江，嘉陵江（包括涪江、渠江）、乌江等大致成北－南向或南－北向注入长江，再加各干流众多的小支流，构成了一个覆盖着四川的由千水万溪织成的水网，其充沛的水资源为孕育四川的古代文明和灿烂文化做出了巨大的贡献。

四川气候湿润，降雨量大，水量丰富，西部高山区还有许多雪山，调节补充江河的水流，故四川江河不但水量丰沛而且稳定。省内多年平均实测地表径流深534毫米，径流总量约3030亿立方米，占长江入海总水量的1/3或全国河川径流总量26380亿立方米的11.5%。又有青、藏、甘、陕、云、贵等邻省的部分水量汇入，若计入各河流上游外省的入川水量，径流总量约4485亿立方米，占全国河川径流总量的17%，约相等于5条黄河的水量。四川水资源的丰度可想而知。

有巨大的水资源并不说明有同样巨大的水能资源。构成水能资源既要流量，又要落差。四川境内的河流具有水量多、落差大的独特自然条件。四川省的地势为西北高、东南低，各河流落差均较大。西部属“世界屋脊”青藏高原和横断山区，东部为四川盆地，四川河流大多从海拔4000米以上高原山区奔腾而下，汹涌澎湃流入300～500米的盆地，形成巨大落差（天然落差3479米）。金沙江、雅砻江、大渡河、岷江等主要河流落差都在二三公里以上。其他干流的落差也较大。丰沛的水量和巨大的落差，构成了极为丰富的水能资源。全省水力资源理论蕴藏量10兆瓦及以上河流共781条，水力资源理论蕴藏量14351万千瓦。技术可开发量12004万千瓦，经济可开发量10327万千瓦，年发电量5233万千瓦小时（见表9-4）。

表 9-4 四川省水能资源普查统计

河流名称	流域面积（万平方公里）	多年平均流量（立方米 / 秒	理论蕴藏量（万千瓦）	可开发水能资源		
				电站（个）	装机（万千瓦）	年发电量（亿度）
金沙江	47.32	4760	3343.9	271 + 11/2	2629.39	1331.57
雅砻江	13.61	1890	3814.32	272	3056.63	1613.14
大渡河	7.74	1490	3361.81	358	2893.55	1412.12
岷江干流及小支流	13.6	2830	1476.55	309	583.4	320.36
青衣江	12.9	543	582.4	159	331.76	168.64
川江及小支流	65	8530	575.82	99+7/2	55.71	24.78
沱江	2.78	454	129.6	66	46.31	25.36
嘉陵江干流	7.98	871	457.91	84+1/2	341.16	151.64
渠江	3.84	682	152.58	122	90.14	43.46
涪江及其他河流	—	—	456.58	96	299.02	141.82
全省合计	—	—	14351.47	1836 + 19/2	10327.07	5232.89

注：金沙江、雅砻江等江上的跨省电站，其装机容量和年发电量均按一半计入本省。
资料来源：2004 年全国第三次水力资源普查。

（二）主要河流水能资源开发条件评价

四川水能资源富甲天下，是四川得天独厚的最大优势。四川水能资源集中度高，主要集中在“三江”（雅砻江、金沙江、大渡河），岷江的上游和白龙江、嘉陵江也有相当储量，现将“三江”水文特性和河流特性以及开发条件简述为下：

1. 雅砻江河流特性和水能资源

雅砻江是金沙江最大支流，发源于青海巴颜喀拉山南麓，在青海省内称青水河，入川后称雅砻江。干流全长 1528 公里。河流面积约 13 万平方公里，占金沙江总流域面积的 40%。地处亚热带，因地表高低悬殊，上游长冬无夏，下游长夏无冬。上游受冰冻影响，冬季径流最为枯竭，暖季则因多雨、上游冰融化和地下水丰盛等原因，水量比较集中，6 ~ 10 月份的丰水季，占全年径流的 75% 以上。季节分布大致为：春季占 15%，夏季占 50%，秋季占 30%，冬季占 5% 上下。梯级开发和规划调节水库是开发雅砻江水能资源的重要方向。

雅砻江流域的北部属石渠、色达丘状高原及阿坝、若尔盖丘状高原，南部则已进入山原与横断山地的高山峡谷带。干流进入山原和高山峡谷区后，河床由“U”形宽谷过渡为“V”形峡谷。从甘孜州到雅江，江面海拔高度由 3370 米降至 2700 米。峡谷高低差超过 1300 米，谷坡变陡，多达 30 度以上，在高山河面 50 米或300米以上后，才进入较缓的谷坡。雅砻江以下河床切割愈烈，在雅砻江与洼里280公里的流程中，江面高度即下降了1000米，平均坡降3.5%，岭谷高差达2300～2700米，多陡崖峭壁，谷坡断续出现倒石堆，泥石流也常有发生。雅砻江白洼里附近梅纳里塘河后，深切于锦屏山和牦牛山之间，峡谷更为险峻，谷坡50～70度，少数在80度甚至直立。河面宽100米左右。直至盐源县金河区以上，整个河段多急流、跌水。金河与河口段，长154公里，仍为峡谷形态，但谷形稍开阔，谷宽500～800米，河面时束时放，一般在80～150米。

雅砻江因水量丰沛，落差集中，水能资源十分丰富，是水能"富矿"区，其干流水力资源技术可开发装机容量达29098千瓦，具有建设大型水电基地的资源条件。其支流水能资源条件也甚丰富，理论蕴藏量10千瓦及以上的支流共有182条，蕴藏量共计16368.2千瓦。

雅砻江干流理塘河口至河口段水能资源的主要特点及有利条件。

（1）地形、地质条件优越。本段出裸岩层为大理岩、玄武岩、花岗岩、正长岩、闪长岩、炭质板岩和细砂岩等，地质构造比较简单，岩石较完整，地震烈度不高，建坝条件良好。据已勘探的几个坝段资料揭示河床覆盖层一般为20～30米，最大厚度47米左右，较岷江、大渡河为薄。据五个梯级电站方案初步计算，平均每单位千瓦混凝土约1.64立方米，土石方8立方米，单位千瓦造价低，技术经济指标优越。

（2）水量丰沛且稳定。河流源远流长，流域内植被较好，径流为雨水、地下水和融雪水，致使年际变幅不大，汛枯期径流比值较小，最丰年与最枯年平均流量之比仅1.87倍。

（3）水库淹没损失很小，对生态影响小。雅砻江地处深山峡谷之中，沿江人烟稀少，村寨分布较散。除二滩电站淹没沿边县城一座、耕地两万余亩，迁移两万余人外，其余仅在一些开阔河段内有为数不多的居民点和田地，五个梯级电站总计淹没耕地2.7万亩，迁移仅2.4万人，水库淹没搬迁之少，在全国罕见。

（4）开发目标单一，以发电为主，外部矛盾少。

（5）电站规模能适应近期和远景负荷发展需要。电站装机容量在40万千瓦到330万千瓦，可根据不同时期择优开发。

雅砻江水电基地规划23个大型和特大型梯级电站，共2903.8万千瓦（见图9-2）。

2. 金沙江河流特性及开发条件

金沙江承接雅砻江在宜宾与岷江汇流后注入长江。金沙江是我国西南第一大河，也是我国特大型水电站集中之地，是水电"富矿"。开发金沙江，不仅可以建成我国一个大型水电能源基地，实现"西电东送"，满足四川及长江中、下游地区用电需要，而且可以获得航运、工业用水、农业灌溉、环境保护及水土保持等综合效益，还可部分分担长江干流的防洪任务。金沙江的开发，在西南及我国的能源建设中，都具有十分重要的地位。正源沱沱河发源于唐古拉山北麓的格拉丹冬雪山（海拔6621米）和尕恰迪如岗雪山（海拔6513米）之间，河流在青海玉树县巴塘河口以上称通天河；巴塘河口至宜宾称金沙江；

在宜宾纳岷江后始称长江。四川境内金沙江河道全长 1569 公里，天然落差 2261 米。流域面积 47.3 万平方公里，占长江宜昌以上流域面积的一半左右，占长江流域面积的 27%。主要支流有无量河、雅砻江、支宁河、西溪河、牛栏河和横江等。支流多自左岸，流向近于南北。金沙江流域跨越川西高原、山原、横断山地北段、川西南山地、滇北高原等地貌区。干流及其支流具有“高山峡谷”的特征。峡谷陡坡多超出 40 度，特别是近河面 100 米左右的坡段，多系基岩组成，陡至 60 ~ 70 度，甚至悬岩壁立。滑坡、崩坍、泥石流等是流域内普遍的地质现象，尤多见于雨季。金沙江水量丰沛，河口（宜宾）多年平均流量为 4760 立方米 / 秒，年径流量 1501 亿立方米，利用落差 2375 米，水能资源十分丰沛。金沙江干流共规划 20 个梯级电站，共 2995.5 万千瓦（见图 9–3）。金沙江流域地势地貌复杂，气候差异悬殊。北部石渠带全年无夏，南部河谷地带全年无冬。流域内降水量集中在 6 ~ 9 月，年降水量以东南部西昌、宜宾一带最多，在 1000 毫米以上，向西逐渐减少，得荣只有 300 多毫米，北部高原大多不少于 500 毫米，南部谷地 800 毫米左右。

金沙江石鼓以上的径流占屏山站总径流量的 30% 左右，石鼓以上受水面积比支流雅砻江泸宁以上的面积多一倍，而水量却相等，这是由于石鼓以上大部分是海拔 4000 米以上的高原，降水量较少所致。流域范围内，每年 10 月中旬进入枯水期，至次年 2、3 月出现最低水位，这时径流主要靠地下水及融雪水补给。5 月降水略增，6 月以后进入汛期，径流增加，水位起伏呈较小的连续峰型。7、8 月因四川和滇东

图 9–2　雅砻江河流特性及开发条件

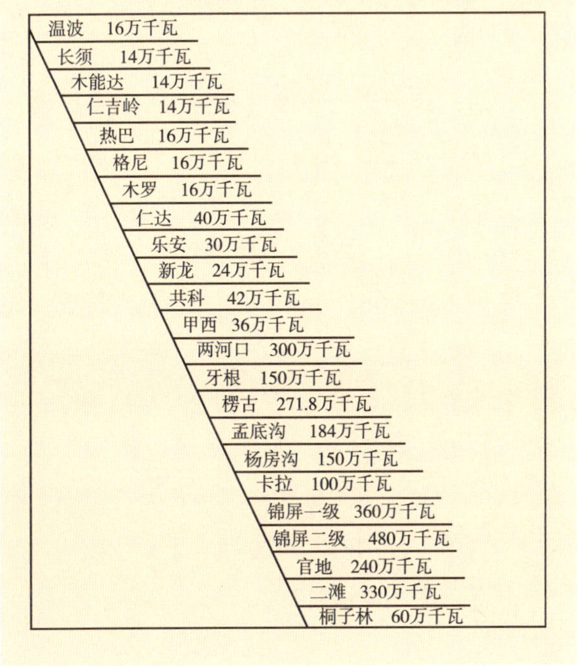

图 9–3　金沙江干流梯级电站规划

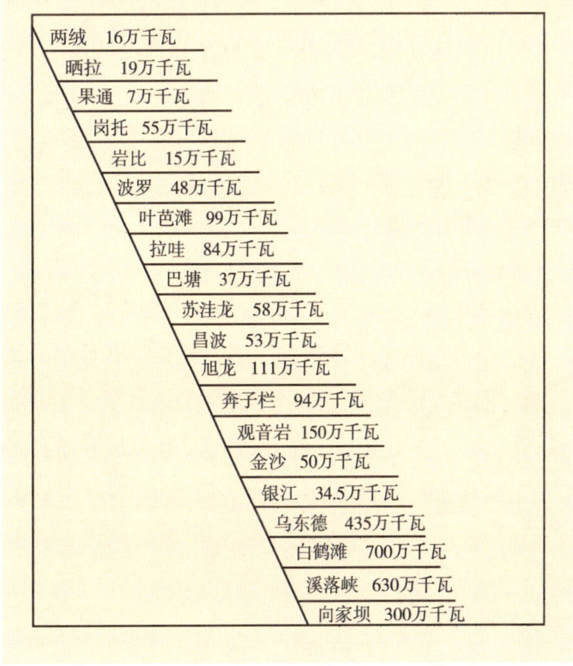

北常有暴雨，水量大增。7、8、9三个月的径流量占全年总径流量的50%～60%，此后水位回落，进入枯水期。径流年际变化，较长江其他支流稳定，其变幅由上游增大。金沙江的泥沙是长江干流宜昌站泥沙的重要来源。屏山站多年平均年输沙量2.43亿吨，占宜昌站的46%。由于金沙江河床陡峻，流水侵蚀能力强，若干地段的原生植被遭到严重破坏，暴雨季节造成巨大的水土流失，急流奔骤的江水携带到长江中下游的推移质数量是相当可观的。

金沙江干流水电开发的有利条件。

（1）落差巨大、水量丰沛。金沙江地处亚热带范围。径流和洪水均以降水补给为主，并有部分冰雪水补给。河流源远流长，流域内植被覆盖较好，对径流和洪水有一定的调蓄作用，致使年际变化较小，最丰年与最枯年比只有1.38，为国内的大江大河所少见。

（2）有修建巨型水电站的坝址、水文、地质、地形条件。

（3）水库淹没少，对生态环境影响小。干流水电站水库均属峡谷型，人烟稀少，单位千瓦淹没少、迁移数量极少。

（4）具有以水电为主的多目标功能。

（5）施工场地在宜宾等地，施展空间较大。

3. 大渡河河流特性及开发条件

大渡河是岷江水系的最大支流，源于四川、青海交界的雪山草原，经大金川、丹巴、接纳小金川后称大渡河，流入乐山草鞋渡接纳青衣江到乐山注入岷江，全长852公里，总落差达2788米。流域面积7.7万平方公里。

大渡河流域为西部高原地带，经川西阿坝——壤唐高原、横断山地东北缘、四川盆地西缘山地，然后进入盆地西南边缘的平原丘陵地带。干流河谷地形以高山狭谷为主要特征，泸定以上称上游，泸定至铜街子称中游，铜街子以下称下游。丹巴以北的马奈至泸定以北的长河坝，河道长121公里，落差562米，平均坡降4.6‰。两岸山地高出江面1000～2000米，谷坡多在45～80度之间，谷宽300～800米。泸定以南河流右倚大雪山，小相岭，左傍夹金山、二郎山、大相岭，山高水深，水急浪汹，尤其泸定至石棉段，贡嘎山拔地而起，地势格外险峻，“大渡桥横铁索寒”。长河坝至泸定以南大沙坝，河道长90公里，落差达407米，平均坡降4.5‰，两岸山地高出江面1000米以上，谷坡40～70度，谷宽300～800米，水面宽60～150米，水深5～10米，沿河支沟较多，沟口形成洪积堆和冲积扇，以沙湾、泸定、冷碛、兴隆等地面积大。石棉与汉源间山势低缓，河谷渐形开敞，谷宽1000～2000米，水面宽200米左右，沿河阶地发育，丘陵平坝较多。河流出汉源后，穿行于大小相岭与大凉山北缘，河床狭窄，河宽60～100米，谷坡陡峻。五溪渡和铜街子等有高出江面6～20米的面积较宽的冲积阶地。轸溪与铜街子之间，形成一个长63公里的大曲流，其直线距离仅7公里。铜街子以下河流切过大凉山、峨眉山后，进入四川盆地西南部平原丘陵地带，河谷开阔，水流滞缓。

大渡河流域的径流具有两个类型的综合特征反映它的过渡性。上游主要属青藏高原类，草甸生草层深厚，谷底沼泽较多，地下水补给丰富，降水强度小而雪量大，降雪期长，地表冻结的时间长达半年之久，暖季有汛水，径流集中，汛期仅 3 个月左右，枯水期长；中游的大部分属东南季风类，降水补给占相对优势，径流年内分配均匀，年际变化稳定，汛期长，径流集中，6 ~ 10 月占年径流总量的 70%，以 7 ~ 9 月最大，汛期峰不高而量大，中游的下段与下游段属东南季风类，又是暴雨比较强烈的地带，以降水补给为主，汛期 6 ~ 9 月径流占全年的 65 ~ 70%，最大流量在 7、8 月，最小流量出现在 1 月或 5 月。河川径流具有枯水不严重而洪水最剧烈的特征。径流冬季少而稳定，3 月开始增水，4、5 月渐涨水，6 月显著涨水，7 ~ 9 月流量最大，9 月开始低落，但 10 月仍保持一定的流量，11 月逐渐进入枯水期。

上游流域属西部高原山地气候，年平均气温 0 ~ 6 度，全年无夏，10 ~ 3 月为降雪期，高寒山区更是霜雪全年可见，年降水量 600 ~ 800 毫米。中游流域属西部山地气候，但垂直差异很大，冷湿山区与干暖河谷南北纵列，年降水量在汉源以上 600 ~ 800 毫米，汉源以下 1000 ~ 1400 毫米。

大渡河水量丰沛，流量稳定，落差很大，水能资源十分丰富，也是水能“富矿”区。干支流水能资源蕴藏量为 33618.1 千瓦，占四川全省的 23.4%，其中干流水力资源理论蕴藏量 19770 千瓦，是大渡河水能资源最集中的河段。其中四川境内为 3102 万千瓦，占四川全省的 1/5。双江口至铜街子河道长 589 公里，天然落差 1827 米，水能资源蕴藏量 1748 万千瓦，平均每公里河长的出力约 3 万千瓦，每米落差出力近万千瓦，是大渡河水能资源最集中的河段，此河段可开发水电装机容量近 2000 万千瓦，规划梯级电站的多数坝址地质条件较好，是理想的水能开发资源点，上游有规划修建水库的库区和坝址条件，可以实现一库多级调节。

大渡河水能资源开发的有利条件。

（1）径流稳定丰沛，落差巨大集中。大渡河干流双江口 – 铜街子河段，长 593 公里，天然落差 1837 米，平均比降 3.1‰。双江、铜街子处多年平均流量分别为 531 立方米 / 秒和 1490 立方米 / 秒，径流主要来源于降雨和融雪，加之植被较好，流域自然调蓄能力大，枯季径流丰沛，年内丰枯季径流变化相对较小，径流年际变化也较小，最丰年和最枯年与多年平均流量比值分别为 1.3 和 7.16，最丰年和最枯流量比值也仅为 1.76，年径流变差系数在 0.13 ~ 0.16。

（2）交通条件相对较好。大渡河紧连四川腹地，规划河段拟建 16 座水电站。距成都直线距离均在 200 公里左右，中下游紧邻西昌、乐山、宜宾等地，输电距离较短，供电主网比较方便。规划河段双江口至铜街子沿河已通公路，推荐的近期开发河段瀑布沟以下有铁路经过，对外交通方便。

（3）淹没少、移民搬迁难度不大。流域多为高山峡谷，经济比较落后，工业较少，商品经济不发达，是一个以农牧业为主的较封闭的自然经济。占地淹没较少，农牧地分布高程较高，干流比降陡，基本无通航可能。因而开发大渡河水能资源除须解决木材外运问题外，较之综合利用要求多的河流，涉及问题少，易于统一认识，便于决策。

（4）开发容量大，经济指标较好。大渡河双江口至铜街子河段，水力资源蕴藏量 1748 万千瓦，平均每米落差 1 万千瓦，每公里河长出力约 3 万千瓦。现规划的 16 级开发方案，总装机容量 1760 万千瓦，保证出力 737.5 万千瓦，年发电量 1008.1 亿千瓦小时，其上游独松梯级为龙头水库，中游瀑布沟水库控制性也较好，两库总库容 100 亿立方米，调节性能较好，除可满足电力系统调节，改善运行条件，增大枯水期出力外，还兼有防洪、拦沙、改善下游航运等多种效益。中游大岗山以下五个梯级水电站（大岗山、龙头石、瀑布沟、龚咀和铜街子），总装机容量就达 800 万千瓦，不失为一个规模较大，且宜近期开发的水电基地。平均单位千瓦装机投资低，据可行性报告，每万千瓦装机淹没耕地 68 亩，迁移人口 121 人，与其他水电基地比较，经济指标也是比较好的。

图 9-4　大渡河干流双江口以下河段梯级电站规划

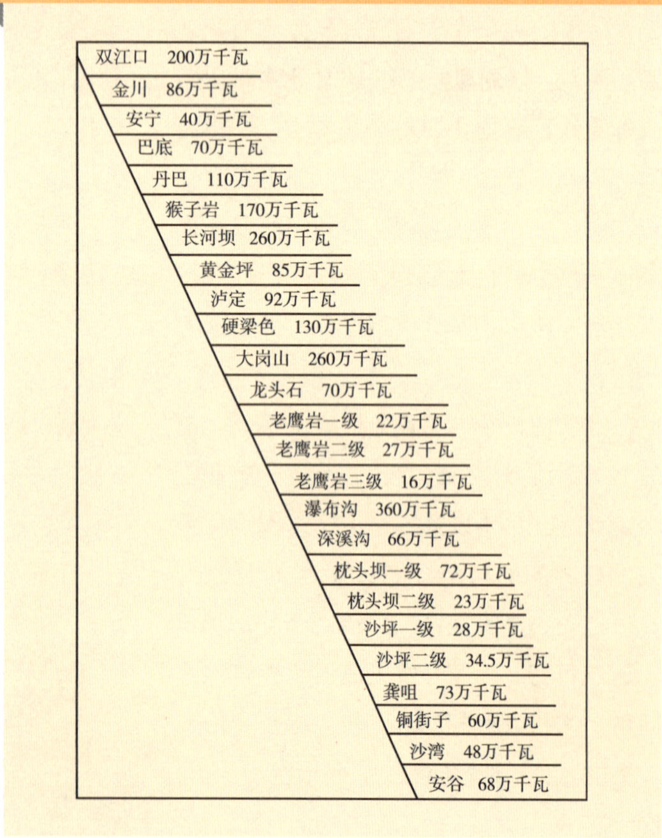

（5）梯级开发经济指标好。大渡河规划的 16 个梯级电站，其中一半以上的坝段均做了较多的地勘工作，迄今干流上已累计完成钻探 10 万多米，洞探 1.6 万多米，其中重点梯级所占比重较大，工作更为深入。瀑布沟水电站已开始建设。龚咀加高和龙头石两梯级的可行性研究正抓紧进行，上述工作为加快大渡河水电开发奠定了良好的基础。目前，大渡河干流双江口以下河段共规划 25 个梯级，共 2470.5 万千瓦（见图 9-4）。

4. 岷江上游河流特性及水能资源

岷江是长江上游最大的一条支流，两源分别出于岷山南麓的弓杠岭和郎架岭，会流于松潘县红桥关后，向南经都江堰、乐山等，到宜宾注入长江。干流全长 735 公里，流域面积 13.3 万平方公里，落差 3560 米，平均坡降 4.83‰。主要支流有黑水河、杂谷脑河、大渡河、青衣江、马边河等，均来自右岸。

岷江上游流经川西高原与四川盆地西部边缘山地，河谷地貌以高山峡谷为主，河流深，水流湍急；中游流经川西平原，上游流经盆南丘陵低山地带，河谷开阔，水流平缓。一般将灌县以上称为上游，都江堰至乐山段为中游，乐山至宜宾段为下游。上游河道在高山峡谷地带，河流深切，两岸高出江面 1000 ~ 2000 米，河谷宽仅 50 ~ 100

米，河岸陡峭，谷坡在 45 度以上，山高水急。1933 年大地震引起山崩，堵塞河道，在茂汶县境内一带，造成大小“海子”，水深最大可达 81 米。江面最宽处为 692 米。中、下游进入川西平原和川南丘陵地区后，地势起伏和缓，平均坡降从上游的 8.2‰降至 1‰左右。岷江上游松潘一带属高原气候，全年无夏，雨量少，多冰雪。

松潘至都江堰市段为岷江上游段。此段也是地震多发地区。

河流经川西平原至乐山纳入大渡河、青衣江后为岷江中游河段；乐山市至宜宾，与金沙江会合后进入长江，为岷江下游河段。此中、下游两段虽有水能可资发电，但修建水电站利小弊大，应当把改善航运作为先决条件，修建水电站必须优先服从改善航道。

岷江上游段落差大，蕴藏着很大的水能资源，理论蕴藏量 428 万千瓦。

岷江上游干流（汶川－都江堰）规划为五级水电站。

目前，岷江上游干流共规划 14 个梯级，共 312.65 万千瓦（见图 9-5）。

除上述主要江河外，还有 7 个水电集群（见图 9-6）。

（1）阿坝东部。包括岷江上游支流和嘉陵江支流，可规划约 46 个梯级，装机容量可达 641 万千瓦以上。

（2）阿坝北部。包括大渡河水系支流的脚木足河、绰斯甲河、俄日河、小金川，可规划约 19 个梯级，装机容量约 369 万千瓦。

（3）绵阳。包括涪江干流、火溪河、通口河、白草河、泗耳河、虎牙河等。可

图 9-5　岷江上游干流梯级电站规划

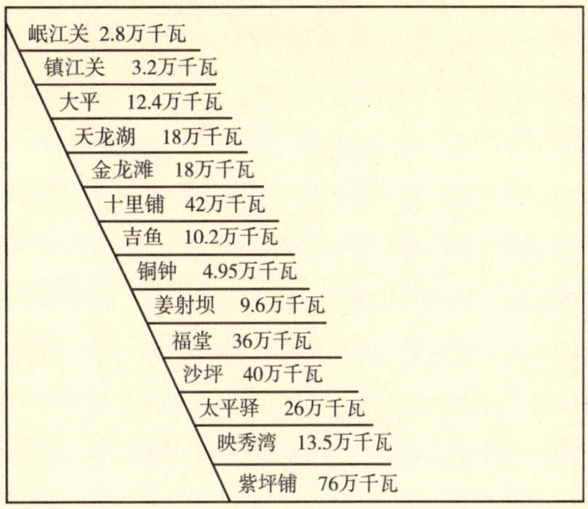

规划约 26 个梯级，装机容量约 206 万千瓦。

（4）甘孜中东部。包括九龙河、子耳河、孟底沟、三岩龙河、草什什河、东谷河、金汤河、巴朗河、瓦斯河、鲜水河、庆大河、霍曲河、力丘河、理塘河等，可规划约 59 个梯级，装机容量约 595 万千瓦。

（5）甘孜南部。主要包括巴楚河、莫曲河、定曲河、玛依河、硕曲河、东义河、稻城河等。可规划约 36 个梯级，装机容量约 274 万千瓦。

（6）凉山。主要包括水洛河、东义河、鸭嘴河、木里河、卧隆河、鲹鱼河、西溪河、美姑河、黑水河、古里沟、西苏角河、尼日河等，可规划约 50 个梯级，装机容量约 535 万千瓦。

（7）雅安。主要包括青衣江、宝兴河、西河、玉溪河、天金河、荥经河、周公河、南桠河、田湾河、松林河等，可规划约 54 个梯级，装机容量约 512 万千瓦。

图 9-6　四川水能资源分布

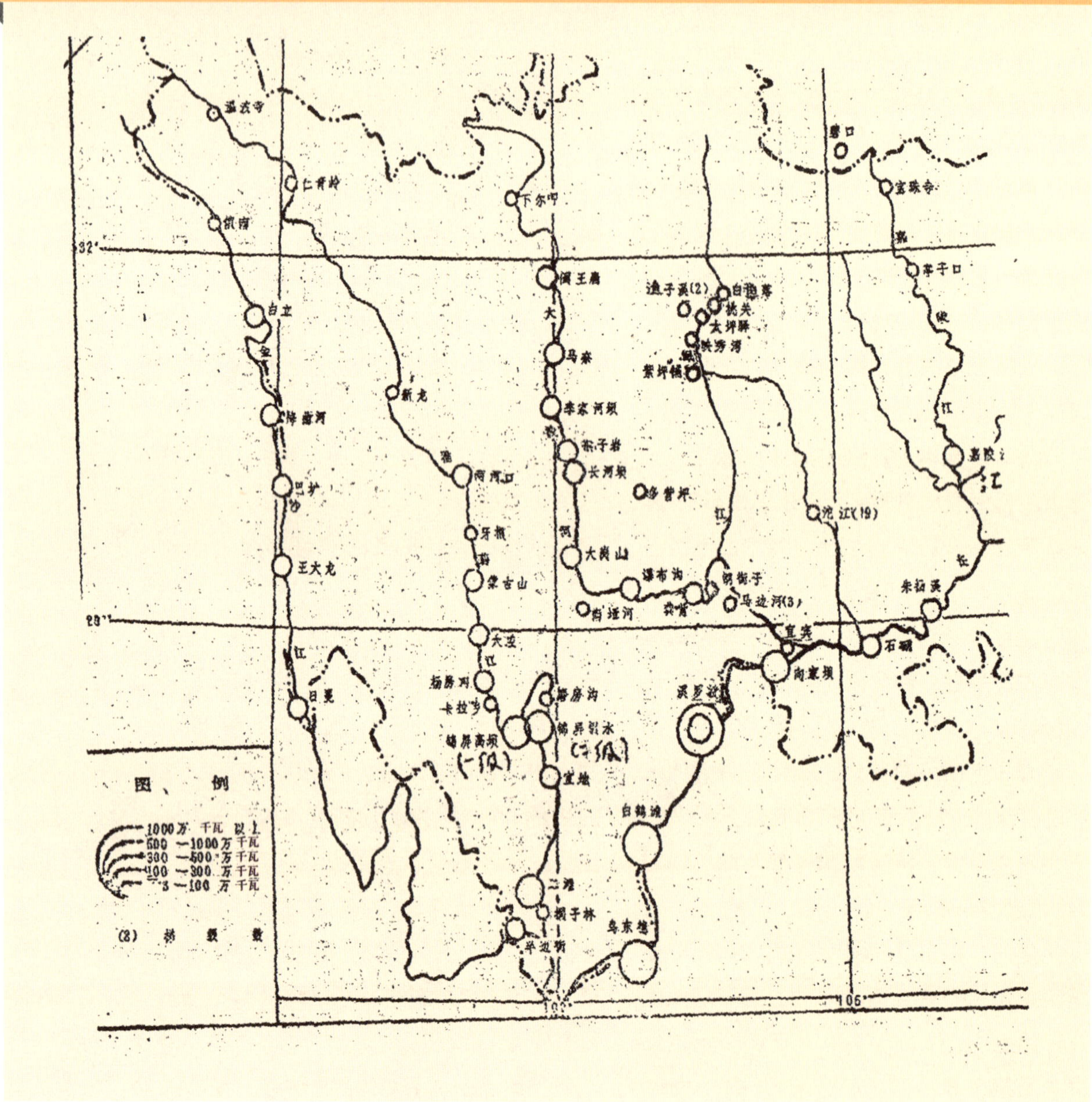

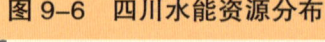

（三）水能开发及水电基地建设

1. 把“三江”梯级开发作为重中之重

水能资源是四川的特大优势，其藏量之巨大，集中度之高，为全国以至全世界无与匹比的。紧紧把握住这一特大优势。进行大规模开发，建成中国超大型水电基地，实现“西电东送”，将是南中国的重大能源战略决策。

四川水电建设，已经建成的大型电站有铜街子（60 万千瓦）、龚咀（73 万千瓦）、宝珠寺（70 万千瓦）、紫坪铺（76 万千瓦）、二滩（330 千瓦）、瀑布沟（330 万千瓦），深溪沟（66 万千瓦），龙头石（70 万千瓦）等，其经济效益甚为显著。大型水电是再生能源，一旦建成后，犹如开发一个大型液体金矿，财源滚滚不息。具有战略目光的、有强大实力的国内外大企业，瞄准四川“三江”这块宝地，纷纷跑马圈地，进驻“三江”。目前，正形成万亿资金争夺“三江”水能资源的战略，势不可当。仅中国三峡电力公司一家，就计划在 2024 年前在金沙江建成溪洛渡、向家坝、乌东德、白鹤滩四个电站装机容量达 4130 万千瓦（四川省为 2065 万千瓦），相当于 3 个三峡水电站。先期开发溪洛渡水电站和向家坝水电站，截至 2010 年两电站工程进度已完成 70% 和 60% 左右的工程量，将分别在 2013 ~ 2015 年投产发电。

正在兴建的还有锦屏一级（360 万千瓦）、锦屏二级（480 万千瓦）、官地（240 万千瓦）、桐子林（60 万千瓦）、溪洛渡（1260 万千瓦）、向家坝（600 万千瓦）、猴子岩（170 万千瓦）、长河坝（260 万千瓦）、黄金坪（85 万千瓦）、泸定（92 万千瓦）、大岗山（260 万千瓦）等大型水电站。

根据有关设计院的规划，四川大型、特大型水电站，如全面开发，其总装机容量可达到 8800 万千瓦，从而形成四川独有的特大型水电基地。近期可开发建设的大型水电站如表 9-5 所示。

表 9-5　近期可以开发建设的大型水电站一览
（单位：万千瓦）

河　系	规划电站名	装机容量
金沙江	溪洛渡水电站	1260
	向家坝水电站	600
	乌东德水电站	870
	白鹤滩水电站	1400
	观音岩水电站	300
雅砻江	锦屏一级水电站	360
	锦屏二级水电站	480
	牙根水电站	150
	桐子林水电站	60
	官地水电站	240
	两河口水电站	300
大渡河	长河坝水电站	260
	泸定水电站	92
	大岗水电站	260
	猴子岩水电站	170
	黄金坪水电站	85
	枕头坝一级水电站	72
	沙坪二级水电站	34.5
	沙墒水电站	48
	金川水电站	86
	双江口水电站	200

2. 四川水电站基地建设要注意以下几点特征

（1）水能资源点相对集中。水能资源大部分集中在“三江”（大渡河、雅砻江、金沙江），这些河流落差巨大，水量丰沛，水能“富矿”点多。“三江”可开发量 8375 万千瓦，占全省 3/5 以上，在这样狭小区域集中各种强大的水能资源“富矿群”，是全世界任何地区都没有的。

（2）含沙量大。由于坡陡、水急、暴雨多的地形、气象等特点，造成泥石流、滑坡、崩塌等现象十分严重，沟谷侵蚀在水土流失中占重要地位。水土流失、土壤侵蚀和泥石流、滑坡体等，为江河提供了大量的泥沙。据嘉陵江北碚水文站测量，每年平均含沙量为 2.3 公斤 / 立方米，每年输沙量达到1.62亿吨，占长江宜昌站年输沙量5.33亿吨的30%。暴雨季节是泥沙流失集中期，5～9月占年输沙量的97%左右，以7、8月输沙量最大，与径流分布规律一致。

（3）流量时空分布不均，洪、枯季节水量变幅大。四川河流一般在6月进入汛期，7、8月流量最大，60%集中在6～9月。开发水能年发电量与消费量有很大反差，即供电负荷高峰都是发电低谷。

（4）土地淹没少、移民搬迁相对难度较小。由于水能“富矿群”集中在高山峻岭，落差大、人烟稀少、耕地不多、土地淹没损失较少。如溪洛渡和向家坝两座大型水电站，其淹没耕地每万千瓦64亩，仅为三峡水电站淹没耕地的1/3；每万千瓦移民为41人，仅为三峡水电站单位千瓦的16%。

（5）工程设计的复杂性和难度大。在高山狭谷建设巨无霸水电基地，其开发利用中航运水利、生态环境等综合因素多。

3.“三江”国家水电基地建设的“五大理由”，“十大优势”，“两大不利条件”

（1）五大理由。理由一：“三江”水电基地建设就是开发世界上最大的“液体金矿”，如开发其中可开发量8000万千瓦的80%，即可达6400万千瓦，将为国家提供源源不断的可再生的巨大财富。理由二：“三江”水电基地建成后，强大的电力通过超高压电网输向华东、华南、华中广大经济发达地区，实现“西电东输”，为这些地区提供优质、清洁能源，支撑这些地区经济持续增长。“西电东输”是21世纪南中国能源的战略决策。理由三：“三江”水电梯级开发后，将拦截长江上游大量泥沙，可延长三峡水电站水库寿命，缓解三峡枢纽库尾泥沙翘尾巴从而影响重庆港航运的问题。理由四：“三江”水电建设是西部开发的重头戏、龙头工程。水电基地建成后，必将大大加强西部特别是四川的经济实力。理由五：“三江”水电基地建设对生态环境影响有利有弊，利大于弊，可改善“三江”流域的自然环境和人类生存环境；促进少数民族地区社会经济、文化的发展；兴建大型水电工程，将极大地改善当地交通、通信、供电等基础条件，推动第三产业和其他行业的发展。

（2）十大优势。优势一：水量丰沛，落差集中，水能资源蕴藏量丰富。优势二：地形地质条件有利，开发目标单一。优势三：征地移民少，土地淹没损失小。优势四：经济指标十分优越，电价有竞争力。优势五：有“三峡”、“二滩”等巨无霸水电站建设实践经验的施工队伍。完全有建设特大型水电站的实力。优势六：有雄厚的财力支撑，完全不同于当年三峡水电站建设时财力短缺，按如今我国财政富裕度，“三江”水电建设应无财力之忧。优势七：对南中国电网平衡和电网安全经济运行的作用巨大。优势八：开发主体和受益主体明确，易于协调和决策。优势九：与潜在的工业原材料基地临近，有利于电能就地转化。优势十：调节性能优越，在“西电东输”中具有独特作用。

（3）两大不利条件。①规划电站都在高山峡谷之间，场地很小，因此，营地建设、施工道路、施工泄洪等难度相对较大。

②电站大多处于中、高山地区，寒冬时间较长，冬季严寒气候条件给工程建设带来较大困难。

4. 水电基地建设的重大政策措施改革

四川富甲天下的水能资源完全有可能较快建成世界最密集、最强大的水电基地，变资源优势为经济优势。西方投资大鳄长期觊觎和垂涎这块大蛋糕，一直企图掠夺这块世界上最富集的“液体金矿”。而本省财力不足，没有相应的政策措施，以致被财力雄厚的“央企”所垄断开发。四川付出了“土地占用、移民、搬迁、水能被占”等重大代价，却得不到相应的经济回报，这种局面应当改变。建议实行股份制开发：中央企业出资金、技术，四川出水库占地、搬迁移民、水能供应。大体上实行 5 : 5 分成的政策，既能加快水电基地建设，又能使四川得到应有的经济回报，这是中央企业和地方共赢的政策，也是国际上资本与资源相结合，双方共赢的通用政策。

如果不实行这项政策，四川作为水能资源大省和天然气资源大省，在“西电东送”、“川气东输”的利润被“央企”全部取走，再加上“南水北调——西线方案”川水北调，四川做出了巨大资源贡献却得不到相应回报，是对资源大省的资源掠夺，会给四川经济造成巨大损失。

三　煤炭资源及煤炭工业

煤炭工业是实现国民经济现代化和改善人民生活条件的物质基础。四川煤炭资源的开发利用，经历了漫长的历史过程。四川水能和天然气资源在全国居首位，煤炭资源在全国居第 14 位。但在能源生产结构和消费结构中，煤炭仍处主导地位。2010 年全省共消费原煤折合成标煤为 9266.47 万吨，占全省一次能源消费构成的 61.72%（见表 9–6）。在今后相当长的时期内，煤炭仍将是四川的主导能源。煤炭工业的发展与布局，很大程度上取决于煤炭资源的丰度、质量、赋存条件、分布状况、勘探程度和开发利用条件。合理开发和有效利用有限的、非再生的煤炭资源，对加速四川经济、社会的发展具有重要的意义。

（一）煤炭储量、含煤区地质特征

截止 2009 年底，四川探明煤炭资源总量为 136 亿吨，居全国第 14 位。

四川地质构造错综复杂，是一个多构造体系的复合地区。地质构造类型繁多，大体以川滇南北构造带（东经 1020°　）为

表 9–6　2010 年能源消费量（单位：万吨标准煤，%）

原　煤	9266.47	61.72	水　能	1400.84	9.33
石　油	2179.84	14.52	全省合计	15178.11	100
天然气	2330.96	15.53			

中轴，东侧为华夏第三隆起带、西侧为西藏“歹”字形构造所占据。红原阿坝弧、木里弧等由北而南叠其间。主要构造经历了复杂的发展演化过程，并不断产生新的构造运动。四川地质是一个多构造体系的复合地区，聚煤带的形成和分布，与地质关系极为密切。聚煤区的形成主要受制于古构造，成煤时代始于震旦纪，迄至第四纪，其间侏罗纪、二叠纪、晚三叠纪均有含煤层，主要可分为早二叠纪煤层、晚二叠纪煤层和第三纪褐煤层等。

全省煤炭资源赋存主要有以下特点：

一是炼焦煤资源紧缺。炼焦煤资源占18%，无烟煤资源占73%。两大资源的数量和开发生产比例严重失衡，导致炼焦煤浅部资源枯竭。

二是地质构造复杂。主要含煤地层为上二叠统和上三叠统，断层、褶曲发育，煤层倾角变化大，多为极薄和急倾斜煤层，且赋存极不稳定；1.3米以上厚度的煤层仅占地质储量的30%，适合规模办矿和机械化开采的资源不多，开采难度和开采成本高，效益差；顶、底板多为泥岩和砂岩，顶板管理难度大，巷道维护困难。

三是矿井灾害严重。各含煤地层水文地质条件复杂，溶洞、裂隙水分布广，煤层瓦斯含量高；高瓦斯矿井占30%，煤层有自然发火倾向的矿井占35%，多数煤层具有爆炸危险性，部分矿井还存在冲击地压、地热等灾害；四川是全国煤炭行业少数几个水、火、瓦斯、煤尘、顶板五大灾害的重灾区之一。

四是资源品质低。灰分在30%、含硫2%以上的富灰、高硫的煤炭储量占47%，中低硫煤（含硫<1.5%）占38.5%，中高硫煤（含硫1.5%～3%）占31.5%，特高硫煤（含硫>3%）约占30%。煤炭平均硫分2.29%，占全省探明储量约3/4的上二叠统煤层含硫量0.25%～11.22%，平均2.71%，以中高硫煤为主。华蓥山矿区平均硫分3.34%，以高硫煤为主，且较难洗选降硫。大巴山区平均硫分7.00%，龙门山区2.22%。占全省上二叠统煤炭探明储量92%的川南煤田平均硫分2.61%。

（二）含煤区的地质特征

主要含煤层地质特征如下：

第一，上二叠统龙潭组。岩相复杂、煤种多为本省主要含煤地层。川南筠连、珙县一带为宣威组，以陆相沉积为主。下站为陆相黏土岩、砂岩、泥岩夹煤线及煤层，上站为海陆交替相含煤沉积，可采煤1～6层，可采总厚度0.7～6米。属高硫高炭无烟煤。

第二，三叠系须家河组。一般属陆相滨湖三角洲含煤沉积，由泥岩、粉砂岩、灰质岩褐煤组成。含可采煤层1～9层，可采总厚0.3～5.5米，一般厚1～2米。煤种齐全，长焰煤、无烟煤均有，以气、肥、焦煤为主。川西南攀枝花—盐边一带为大荞地组。含煤层达27～39层，可采总厚度达27～38米，最厚44米，属焦煤、无烟煤。盐源一带称冬瓜岭组、属海陆过渡带之陆相含煤沉积。含可采煤层5～9层，其总厚1.7～4米，属瘦煤。川西高原甘孜称喇嘛垭组，有局部薄煤层。阿坝区称格底村组，含鸡窝劣质煤。三叠纪煤系在盆地、盆边内达县会理等地分布有薄煤层，煤层虽薄，但煤质好。

第三，下侏罗纪白田坝组。主要分布于盆地，为本省次要含煤层，分布在广旺等地，为陆相砂岩、泥岩沿积，含煤两层，可采厚度 0.3 ~ 0.86 米，属气煤、肥煤。

第四，新第三系。属山间断陷盆地型陆相砂、泥岩类褐煤沉积。白玉昌台、理塘甲洼、木拉为陷断盆地，含可采煤层 2 ~ 15 层，单层可采厚度 0.3 ~ 5 米，最厚 20 米。

第五，第四系。为埋藏型泥煤和裸露型泥炭，主要分布于红原、若尔盖沼泽地带。泥煤一般厚 1 ~ 4 米。

（三）主要煤矿和煤区

四川煤炭主要分布在川南煤田的筠连矿区、古叙矿区、川西南煤田、广旺煤田、华蓥山煤田等五大煤田和资（中）威（远）含煤区、乐（山）犍（为）含煤田区、雅（安）荥（经）含煤区、龙门山含煤区、西昌含煤区等 5 个煤区（见表 9-7）。

1. 川南煤田（含筠连矿区、古叙矿区、芙蓉矿区）

川南煤田主要分布在高县、珙县、筠连、兴文、长宁、叙永、古蔺等 8 个县境内，现属泸州市和宜宾市管辖。煤田长 220 公里，宽 50 ~ 100 公里；总面积达 1.44 万平方公里。本区北邻长江，南靠云贵高原，东屏重庆，西接贵州习水煤田，地处以成、渝两地为轴心的工业地带，既是长江上游航运起点，又是川、黔、滇三省物资交流的集散地。

川南煤田是本省资源集中的大型煤田，以无烟煤为主体，是动力煤。它的开发远景同全省煤炭发展和水电建设远景紧密联系在一起，积极开发川南煤田，将形成川南强大的水、火电基地，从而改善全省能源工业布局和结构，为振兴四川经济创造有利条件。

川南煤田开采历史已达百年以上，但由于地处边远山区，交通不便，加之四川省 20 世纪 60 年代煤炭开发政策上的某些失误，致使该区富有的煤炭资源未能尽快开发。川南煤炭主要供豆坝电厂、白马电厂发电用煤。川南煤田建设的合理规划和积极开发，对四川国民经济的发展，加强川南火电基地建设有重要意义。

（1）含煤构造与煤层特征。川南煤田在筠连、珙县、高县的蕴藏量最为丰富。形成筠连 – 珙县富煤带，略呈南北向

表 9-7　“十一五”四川煤田地勘成果

煤田（区）名称	煤炭品种	探明储量（亿吨）	煤田（区）名称	煤炭品种	探明储量（亿吨）
筠连矿区	富灰富硫煤为主	4.7	仁寿双峰煤区		1.2
芙蓉矿区	富灰富硫煤为主	0.94	资威煤区		2.72
古叙矿区	富灰富硫煤为主	15.79	乐犍煤区	中富灰、低硫气煤为主	0.42
宝鼎矿区	低灰低硫焦煤为主	3.25	其他零散煤区		2.78
华蓥山矿区	富灰富硫煤为主	0.82	全省合计		32.62

展布。另一富煤带在古蔺，富煤中心大致也是南北向展布。由于储量丰富可靠，能保证矿井建设的规模，服务期限一般都很长。因此，川南地区将是我省今后一定时期发展煤炭工业的重要基地。该区属晚二叠纪含煤构造（东部包括长兴组），厚103.89 ~ 160.38米，一般130米左右。厚度比较稳定，但有一些局部变化。可采含煤系数6 ~ 6.4，属过度相沉积，且具有多种相沉积的组合特征。按岩性及古生物的特征，可划分为下、中、上或A、B、C三个含煤段。西部筠连、珙县及兴文、洛表地段称宣威组，与东部叙永及古蔺地段对比，前者中、下含煤段相当于后者龙潭组，前者上含煤段相当于后者长兴纪。具体由西向东可分为四个地段。筠连、珙县地段主要为中、上含煤段，富煤中心大致以高县、珙县圈定的略呈南北向展布的范围内，共含可采煤层3 ~ 5层；筠连、沐爱一带称为9、8、7、3及2号煤，由下往上；高县、珙县一带称为B_2、B_3、B_4、C_1及C_5煤层，可采总厚度3.32 ~ 6.77米，一般4 ~ 5米，层位稳定，易于对比。由富煤中心向外，可采煤层的层数与总厚度，随着距离加大而减少减薄。兴文、洛表地段中含煤段在珙县、长宁北斜南翼周家至兴晏一带，可采煤层为2 ~ 3层（B_3、B_4煤层为主），总厚度1.5 ~ 2.88米；珙长背斜北翼天堂坝至回龙湾一带，可采煤层减为1 ~ 2层，总厚度1.20 ~ 3.44米，但在洛表矿区可采煤层增至4层，总厚度4.5米。叙永地段中含煤段自古宋往东至叙永渡船坡一带，一般不具有可采煤层；仅在海坝及放马坝有局部可采煤层1 ~ 2层，总厚度0.7 ~ 1.88米；下含煤段自古蔺往西进入叙永矿区东段胜利至后山带，可采煤层较古蔺地段差，一般为1 ~ 3层，总厚度0.87 ~ 3.01米。古蔺地段主要是下含煤段，富煤中心也大致呈南北向展布，可采煤层一般2 ~ 3层，总厚度1.50 ~ 4.56米；在石屏矿段可采煤层多达七层（其中以Y_1和Y_3两煤层为主），总厚度达9.30米。

（2）川南煤田煤质及其可选性。川南煤田西部筠连、珙县及兴文、洛表地段，煤的灰分较高，原煤平均灰分21 ~ 39%，一般为28 ~ 33%，为富灰煤区。东部古蔺及叙永地区，煤的灰分相对较低，一般在15% ~ 39%。属中灰－富灰煤区。在石屏一带，并有部分低灰、低硫无烟煤（Y_3煤层）。煤的硫分亦是西部含量较高，东部相对较低。前者为中－富硫矿区，原煤硫分一般平均为2% ~ 5%。后者为中－低硫煤区，原煤含硫分一般平均为0.5%至3%。

川南地区晚二叠纪主要可采无烟煤有以下一些特点：

7煤层（B_4）为富灰高硫煤；

8煤层（B_3）为富灰富硫煤；

9煤层（B_2）为富灰中硫煤；

3煤层（K_2、Y_3）为中灰低硫煤（其中石屏有部分低灰低硫煤）；

1煤层（K_1、Y_1）为中－富灰富硫煤。

煤的工艺牌号。除高县腾龙、桂花及河坝乐朗等井田为贫煤，桂花井田C_5煤层及红桥玉屏煤层B_2煤层有局部孤立瘦煤以外，全区广大地区均为无烟煤，煤的可选性差。除石屏矿田F_3煤层易选到中等可选的低灰低磷优质煤以外，其余均为难选煤。按照煤炭部颁布的《中国煤炭可选性评定标准》采用分选比重液选煤法，则各煤层都为易选煤。重介质选炼工艺适应本区煤质特征（见表 9–8）。

川南地区无烟煤的可选性，据芙蓉矿务局进行筛分浮沉试验的结果，按“中煤含量法”，本区各主要煤层的中煤含量均超过 40%，皆属于难选煤。从白皎、芙蓉、杉木树、巡场四对生产矿井中以比重 1.5 的重液洗选结果如表 9–9 所示。

（3）煤田开采条件。煤田的开采条件，很大程度上取决于煤炭的赋存状况。根据现有地质调查及详勘报告和生产矿井的资料，选择本地区西部的沐爱矿区、芙蓉矿务局、周家矿段以及石屏的情况，概述煤的开采技术条件。

顶板特征：在沐爱矿区均为不稳定型顶板，而先锋矿区周家矿段可采范围内均较稳定。但小断层往往破坏煤层及顶、底板的稳定性。各煤层的底板黏土岩均属吸水率较高，可塑性强，遇水膨胀，易于变形而造成“底膨”，生产时底板不易管理，下含煤段主要可采煤层为 Y_3、Y_1（K_7、K_1）两煤层。据石屏东段资料，前者受断层影响的范围内，顶、底板稳定性差，其余较稳定；后者未受断层影响，顶、底板均较稳定，但吸水率高，可塑性强，易“底膨”，以致底板不易管理。

瓦斯：川南地区无烟煤均属高沼气矿，已建成的芙蓉矿务局所属各矿井，曾多次发生煤与沼气突出和瓦斯爆炸事故，

表 9–8　筠连矿区煤层和煤质特征

项目	平均厚度（米）		平均层间距（米）	计算储量面积（平方公里）	灰分（%）	硫分（%）	发热量（大卡 / 公斤）
	南区	北区					
2 号煤	0.91	0.38	3.55	168	33.53	0.85	5448
3 号煤	0.66	1.05	18	128	34.29	3.45	5423
7 号煤	1.3	1.29	3.3	144	34.39	5.44	5351
7 号煤	1.24	1.5	2.51	123	32.76	5.56	5498
8 号煤	1.73	1.98	2.48	260	29.18	2.09	5834
9 号煤	1.18	—	—	37	35.36	0.95	5339

表 9–9　芙蓉矿区主要煤层浮沉试验结果（比重 1.5）

煤　层	精炼灰分（%）	回收率（%）	中煤含量（%）
B_2	12.86 ~ 17.05	34.32 ~ 41.16	39.11 ~ 49.82
B_3	14.82	16.08	60.18
B_3、Y_4 和 B_4	12.99 ~ 15.10	19.20 ~ 49.16	36.79 ~ 57.83
C_5	16.34 ~ 19.05	14.93 – 30.22	53.53 ~ 55.44

如B3煤层其突出煤量达到40吨以上，最大的一次为700吨左右。

瓦斯绝对涌出量大部分在3.7～27.64立方米/分，相对涌出量即达到4.41～44.3立方米/吨。今后的大规模开采，必须采取措施，以避免瓦斯爆炸事故的发生，保证安全生产。

煤尘和自然发火趋势：川南煤田西部，曾在沐爱矿区及周家矿段采各煤层的煤样进行煤尘爆炸性试验，试验结果表明，均无爆炸性。芙蓉矿务局自开采以来，亦未发生过煤尘爆炸事故。东部石屏矿区东段，在钻孔与巷道中取出的八件Y_1和Y_3两主要可采煤层煤样，进行煤尘爆炸性试验，除Y_1煤层两件巷道样有爆炸性以外，其他六件均无爆炸性。川南煤田无烟煤经采样试验煤尘自然发火的趋势表明，基本上属于自然发火和有倾向性发火。芙蓉矿务局曾多次发生井下火灾，应当引起今后新矿井生产过程中的足够重视。川南地区无烟煤均属高沼气矿。已建成的芙蓉矿务下矿井，曾发生多次煤与沼气突出和瓦斯爆炸事故，瓦斯绝对涌出量大部分在3.7～27.6立方米/分。

2. 川西南煤田（含盐源矿区、红泥矿区、宝鼎矿区）

（1）储量与分布。川西南煤田位于川西南盐源红泥一带、分为盐源、红泥、宝鼎三个矿区。西至王家堡，北以大滥坝和金沙江为界，南至金龟塘－磨盘山一带，东西长约23公里，南北宽2.5～14公里，面积约206平方公里。矿区专用铁路在三堆子车站与成昆铁路接轨，三堆子车站与格里坪车站相距35公里。本区探明储量4.6亿吨，分布在宝鼎区与格里坪－龙洞区。本矿区保有储量6亿吨，煤质以低灰、低硫焦煤和瘦煤为主，有部分气、肥、贫煤分布，是本省炼焦煤较集中的煤田。

（2）地层与水文地质。川西南煤田位于杨子堆地台康滇地轴西缘，为一向南倾的单斜构造，次一级褶皱、断裂发育，轴面和断层面多向东倾。本区主要含煤地层为上三叠系大荞地组。为陆相碎屑岩含煤沉积，主要由砾岩、砂岩、粉砂岩、泥岩和煤组成，自下而上含三个煤段，含煤6～132层，可采2～73层，多分布在中下煤段，可采总厚1.87～58.5米。地层厚度变化大，以格里坪为界，东部比西部地层发育全，含煤层数多，东部的东风井田下煤段发育，灰家所——宝顶井田中煤段及下煤段上部发育。本区东部矿井充水主要来源于煤系本身砂岩裂隙的弱含水层。各含水层间无水力联系。单位涌水量0.005～1.37公升/秒·米，断层不导水。矿区西部大部分储量在最低侵蚀基准面以下，除煤系含水层外，煤系基底下二叠系灰岩高承压水。由于断层切割，导致矿井涌水，使水文地质条件复杂，下二叠系灰岩岩溶裂隙，含水层单位涌水量0.41公升/秒·米。

（3）开采条件。煤层顶底板多为质地坚硬的黏砂岩，不易冒落，无膨胀现象。瓦斯含量为0.03～9.47毫升/克，属低沼气矿井，煤层有爆炸性，能自然发火。本煤田位于攀枝花市市郊，距攀枝花市钢铁基地仅5～10公里，地产地销十分方便，且煤质好，地质构造简单，可采煤层厚，倾角较缓，资源配套，开发利用的经济效益优于其他煤田。

3. 广旺矿区

（1）储量与分布。广旺煤田位于四川

盆地北缘，米仓山南麓，属中、低山地形，长 210 公里，宽 10 ~ 60 公里，面积约 8700 平方公里。分布于广元、旺苍、南江、通江一带。宝成铁路横贯本区西部，其支线由广元可达旺苍，嘉陵江及其支流可行 15 吨级木船，交通方便。本区属低灰、低硫瘦煤，亦有少量焦煤和贫煤分布。

（2）地层与水文地质。本区构造以复式褶皱为主，可分为北东向龙门山系和东西向秦岭系，构造简单，断层罕见。主要含煤层为上三叠系须家河组，以河湖沉积为主，由西向东逐步超覆。煤层 1 ~ 2 层，总厚 0.3 ~ 1.4 米。吴家坪组以浅海相沉积为主，含煤 1 层，厚 0.5 ~ 1.4 米，有肥煤、贫煤和无烟煤等。须家河组煤层充水来源于煤系粗碎屑岩裂隙水及老窖积水，上二叠系煤层充水来源为灰岩裂隙溶含水层，单位涌水量 0.0003 ~ 0.22 公升 / 秒 · 米。地下河发育，局部冲刷煤层。下、中侏罗系煤层充水来源于煤系砂岩裂隙含水层，以底部碎屑岩富水性强。

（3）开采条件。煤层顶底板：上二叠系煤层顶底板为石灰岩，底板为黏土岩；上三叠系——下侏罗系煤层顶板为坚硬砂质泥岩、砂岩和砾岩，底部为黏土泥岩。瓦斯一般属 2 ~ 3 级。煤尘爆炸性强，个别煤层有自然发火倾向。广旺煤田离川北重要工业区广元、江油、绵阳等市仅 15 ~ 200 公里，可以地产地销为主，利用方便。但煤田西部资源已近枯竭，可供开发利用的只有东部的部分资源和各井田边界的零星储量，开发潜力有限。

4. 华蓥山矿区

华蓥山矿区位于渠江边华蓥山脉中段背斜两翼，南北长约 75 公里，东西宽约 11 ~ 19 公里，面积约 1000 平方公里，西有襄渝铁路，距重庆市仅 20 余公里。华蓥山煤田储量仅次于川南煤田，是全省第二大煤田区。

煤层产状以急倾斜为主，倾斜煤层次之。含煤地层主要是二叠系统龙潭组，次为二叠系须家河组。可采煤层 1 ~ 6 层，可采煤层总厚度 0.5 ~ 5 米，由北向南逐渐变厚。南端可采厚度达 6.5 米。煤层地质构造比较复杂，断层多，瓦斯重，倾角大。有 7 条断层对煤层起破坏作用。

煤种以焦煤为主，贫煤次之；煤质以富灰富硫为主。煤层顶板多为泥岩，易塌冒；底板为黏土岩，遇水膨胀，巷道常见底拱现象。由于上述水文地质条件，开采难度较大。

除上述四个煤田外，还有：第一，位于威远的资（中）威（远）含煤区。主要含煤层为三叠系须家河组，属滨湖沼泽沉积，可采煤层 1 ~ 6 层，煤种以中灰低硫气煤为主。第二，位于乐山的犍（为）乐（山）含煤区。主要含煤层为三叠系须家河组，可采 1 ~ 7 层，厚度 0.3 ~ 4.4 米，为多层复合型极薄煤层。第三，位于雅安的雅荣含煤区。主要含煤地层为三叠系小塘子组和须家河组，前者采煤两层，总厚 2 ~ 3 米，后者采煤层 2 ~ 3 层，总厚 1.5 ~ 2.5 米。第四，位于西昌的西昌含煤区。本含煤区按资源富集情况又可分为红泥、盐源和益门三个小区。红泥在盐边县境内，距攀枝花 20 公里，主要含煤系三叠系大荞地组，可采煤层 1 ~ 33 层，总厚度达 1 ~ 13 米。以中、富灰、特低硫无烟煤、瘦煤为主，焦煤次之。盐源褐煤区位于盐源县，主要含煤区为三叠系东瓜岭组，可采煤层2～15层，可采总厚度0.5～3米。全系褐煤，是省内最大褐煤富集区。益门煤区位于会理境内，可采煤层1～15层，总厚度1～40米，单层可采厚度一般为两米。以低中富、低中硫瘦煤、焦煤为主，无烟煤次之。第五，位于川东北的大巴山含煤区。此煤区北邻陕西、东界湖北，属大巴山的四川盆地过渡地带，含煤地层为上二叠系。吴家坪组和上三叠系须家河组，可采煤层1～2层，煤层厚1～4米，自肥煤至无烟煤皆有分布。此外，还有分散在各地的大邑煤区、蒲江煤区、汶川煤区、天宫堂煤区、布托含煤区、白玉县的昌合含煤区、若尔盖含煤区、甘孜甲洼含煤区等零星煤区。这些小煤区的开采规模不大，主要为附近地区工业生产和生活用煤。

（四）煤炭资源评价

位居全国第14位的四川煤炭资源，其丰度既不能与山西、内蒙古等煤炭大省相匹比，也无法与本省潜力极大的水能资源相匹比，但也大大超过中东南部地区，不失为相对优势资源，对于四川经济社会发展是一大支撑。四川煤炭资源评价如下。

1. 分布广泛，而又相对集中

煤炭资源广泛分布于全省10多个区域，而又相对集中于川南、渡口、广旺3个煤田区。

这种广泛分布就地生产和就地消费，对当地经济发展较为有利。相对集中有利于较大规模的开发利用，形成煤炭工业基地。有利于实施机械化开采和现代技术开采。有利于提高效率、降低成本。

2. 主要煤田处交通沿线，外运方便

川南、川西南、广旺等煤田都在铁、公、水路沿线，外运十分方便。

3. 主要煤田邻近工业区，便于近距离消费

川南煤田在川南的宜宾、泸州、自贡、内江工业较集中地区，就地为四川省最大火电厂豆坝电厂、黄桷庄电厂发电和工业集约地就地供应燃煤；渡口煤田在攀枝花，为发电和攀枝花钢铁生产带来极大便利；广旺煤田为江油电厂和新兴工业城市绵、江油就近提供热量。这样优势互补的煤、电、工业地域分布，极有利于充分发挥煤炭资源的开发利用。

4. 煤质较差

四川煤层多属晚二叠系和三叠系煤层，其中以晚二叠系为多，大多为中、富灰和高硫低磷煤，发热量5000～6000大卡/千克，比山西煤6000～8000大卡/千克约低15%。晚三叠系煤质较好，一般为中灰、低硫、低磷、发热量6000～7000大卡/千克，但所占比重小。

5. 煤种分布不平衡

本省煤炭资源以可用于炼焦用的烟煤约占1/4，其余为无烟煤。炼焦煤点多、面广，大量用于工业和民用燃料，造成优质煤炭资源的浪费。由于煤种地域分布不匀，给煤炭合理开发带来困难。

6. 煤炭赋存条件差

煤层薄、断层多、倾角大，与山西等省煤田大相径庭。世界主产煤田中厚煤层占70%以上，而四川1.3米以下的薄煤层占60%。不仅煤层薄，而且许多煤区煤层倾角大，25°以上的倾斜、急倾斜煤层储量

达 60%，无一露天煤矿。这两个 60% 的赋存条件，给煤炭的开采、集运、挖掘机械化带来很大困难。全省煤炭机械化程度不足 1/3，属全国最低水平，是四川煤炭开采成本高、劳动生产率低等客观因素。

7. 有高瓦斯和自燃火趋势的煤层所占比重大

严重的自然灾害，给煤炭开采造成威胁，特别是中小矿井，长期达不到设计生产能力。

8. 煤炭资源保障程度低，地质勘探工作滞后

正确认识上述的有利条件和不利因素，发挥其有利条件，解决和防范其不利因素，是四川发展煤炭工业应该注意并解决的问题。

（五）煤炭工业展望

四川除了发挥水能资源的巨大优势外，同时必须大力加强煤炭工业的发展。随着大型、特大型水电站逐步建成，水电基地正逐步确立。枯水季节的火电调峰十分庞大，需要建设大型、特大型火电并网调峰填谷，解决冬季用电高峰时的电力瓶颈问题。所以，煤炭工业的发展尤为重要和迫切。

四川有关部门经过近几年的酝酿、策划，已形成“两千万吨煤炭、千万吨水泥、百万吨焦煤、百万千瓦装机发电”的框架。

四川煤炭资源开发利用中存在着以下诸多问题。

一是地质勘探力量不足，勘探滞后，煤炭资源后备资源不足、生产发展难以满足市场对煤炭的需求。煤炭供需矛盾大、供求缺口大，有些大型火电厂如白马、豆坝电厂，长期只能储存 3 ~ 5 天用煤量。

二是技术落后的矿井多，设备“带病”运行，事故频繁，生产效率低；矿井亟须改造，设备亟须更新，但资金不足，技术改造落后。

三是优煤劣用。本省优质煤资源很少，但由于电厂“等米下锅”等原因，大量炼焦用煤用于发电，造成优质资源浪费。

四是煤炭加工程度低，品种单一，洗煤能力较差，加工能力严重不足。高灰、高硫原煤直接供应用户，不仅浪费大量运力（每运 3 吨原煤就要运出 1 吨灰分和矸石），还造成用煤地区的严重污染，降低社会效益。

五是煤炭售价长期偏低，一定程度上影响煤炭工业的发展。

针对四川煤炭资源和煤炭工业的现状，展望今后煤炭工业的发展，应着重研究以下几个方面的问题。

一是实施煤电联运，建立煤田基地，是煤炭工业的战略方向。大煤田区应当建立煤电基地，变为市场提供低端商品的原煤为提供高端商品的电力，既大大减少了笨重商品的运输费用，提高社会效益，又降低了电力生产成本，提高了煤矿企业的直接经济效益。川南煤田的珙县电厂（120 万千瓦）、福溪电厂（120 万千瓦）和广旺煤田的大唐电厂（200 万千瓦）的煤电基地建设，走出了一条十分有效的路子，应当坚持发展。

二是大力加强煤炭勘探力量，增加煤炭资源的后备储量。本省煤炭勘探技术力量远不能满足煤炭工业发展要求。现有煤炭地勘仅能勉强保证省属以上精查、详查

工作，后续储量不足，地质资料不全，特别是川南煤田等大型煤田勘探程度较低，可供设计的矿井储量仅占总储量的10%左右。据国内统计资料表明，大型矿区从详查、总体规划、精查、设计、施工、投产到达产，大约需要10年左右。所以勘探乃是大型煤田必须重视的前期工作，是煤炭资源开发的重要条件。交通运输规划（包括黔煤入川通道）应与大型煤田勘探规划同期进行，也是煤田建设的必要配套。

三是加大煤炭工业的投入，加强技术改造。现有大中煤田区多数有久远的开发历史，但是大多是土法上马的工程，还有较多的“超期服役”的衰老矿井，这两部分合起来约占总井数的1/4。这些矿井技术、装备等较为落后，工作面狭窄，生产效率极为低下，亟待这些落后井加大投入，改善技术装备。更为重要的是加强川南煤田等大中煤田（煤区）的技术改造力度，更新装备，在确保煤矿在安全生产同时，扩大生产能力，满足煤炭商品的市场需求。

四是重视页岩气的勘探、开发、利用。四川不少地区已发现蕴藏量较大的页岩气资源，极有开发价值，应重点进行勘探和开发利用，未来将成为四川新的能源品种，具有很大的发展前景。

五是利用煤炭资源的优势，发展综合利用。发展建材生产，生产矸石砖、煤矸石水泥等建筑材料，化害为利，变废为宝；就地生产，就近消费，减少煤炭的迂回对流运输。要重点开发川南煤田，川南煤田储量大、后备资源丰足，是四川唯一可大规模开发的大型煤田。煤田西部储量较集中，且靠近豆坝、黄桷庄两大火电厂，相当于坑口电站。逐步向东部古蔺、叙永发展，潜力很大。扩大川南煤田生产能力对于改善四川省能源生产，消费结构，提高无烟煤比重，改善煤炭工业布局，均具有重要意义。川南煤田含硫量大，伴生有丰富的硫资源，硫铁矿总储量近60亿吨，占全国的1/5。实行“煤硫并采、综合利用”的方针，最为合理。结合煤炭开发，对煤炭、煤矸石、硫铁矿进行综合加工，综合利用，以提高川南煤田的经济效益，实现持续发展。

六是提高煤炭商品质量。改善煤炭产品结构，增加成品煤生产比重，发展精煤、型煤产品，发展煤的气化和液化，尤其大力发展洗煤加工、分等分级供应商品煤。

七是高度重视煤矿安全生产。安全生产是煤炭工作的生命。本省煤井存在斜井多、高瓦斯等 安全隐患，矿井生产条件较差，技术装备落后情况普遍存在，安全生产显得尤为重要，要加以特别重视。要保证管理、技术、装备等方面各种保障措施到位，以确保煤矿的安全生产。

八是理顺有利于煤炭工业发展的政策。例如，煤电联运后，煤炭的低端廉价商品转换成高端的电力商品，产生了升值利润。煤炭工业是“地企”，大火电是“央企”，转化升值利润应当由“地企”、“央企”合理分成。

四　天然气资源评价

我国石油的对外依存度已逾50%（2011年上半年的原油进口依赖度高达55.2%，超过美国，成为世界上第一大能源需求国）。目前世界正进入石油资源日渐衰竭的“后石油”时代，而石油的市场需求与日俱增。石油需求迅速增长和石油资源缺乏，已成为影响我国经济发展和社会稳定的一大难题。在此背景下，天然气作为石油最大、最稳定的替代资源，正迎来开发利用的春天。加快天然气资源开发既是世界能源发展大势所趋，也是解决我国、四川省能源问题的重要选择和四川的优势所在。

天然气是一种高效、优质、清洁能源，又是一种重要化工原料，围绕天然气生产和利用，可以形成一个天然气产业链，并发展成一个规模庞大的商品链。天然气产业链与相关产业链见图 9-7。

四川天然气资源开发利用有悠久的历史。四川盆地是一个大型沉积盆地，在前震旦系变质岩和火成岩的基础上，沉积了厚达 600—12000 米的海相、陆相沉积地层，为天然气的生成、储集提供了条件。在震旦系、奥陶系、石炭系、二叠系和三叠系中均发现天然气层。在侏罗系中发现含油层。已发现的石油、天然气都是裂缝性气藏。储集空间多为裂缝 - 溶穴 - 裂缝 - 空隙型。

四川天然气资源具有气质好（甲烷大多高于 90%）、埋藏深（大多在地下 6000 ~ 8000 米）、分布广泛而又相对集中等特点。至 2010 年底，全省探明储量达 10755 亿立方米，主要集中于普光、元坝等大气田，仅元坝气田达 8000 亿立方米。

四川天然气发现最早是在邛崃县，距今已有两千多年历史，即公元前 30 年，建成第一口天然气井，井深仅 10 米，引以煮盐。西晋时期自流井开始有一定规模的打井采气，吸卤制盐的手工业生产。此时井深已达一两百米。1835 年的燊海井深达到 1001 米。到 1949 年，自贡市产气量累计达 300 亿立方米。主要用作煮盐。此外，五通桥、蓬溪、盐亭等地也开采出一些气井。

1953 ~ 1957 年，是新中国成立后初步勘探时期，发现了局部构造 92 个，复查了新中国成立前的 122 个构造，钻井 64 口，获气井 13 口。

1958 ~ 1966 年，四川石油、天然气大会战时期，继续到 1962 ~ 1964 年的调整阶段，这 6 年共获得三大成绩：一是发现了较大的威远气田，震旦系地层产气；二是发现了盆东的卧龙河气田；三是发现了盆南二叠系地层产气。这就使气田的地域分布有了突破，从古式的震旦系到三叠系都展示出广阔的天然气前景。

随着勘探技术进步和经验积累，勘探装备和技术力量有了较大发展，特别是地震勘探技术的推广，钻探的广度和深度不断扩展，矛盾也大量暴露并不断处理，认识不断深化，地质理论逐步成熟，钻探的成功率得到提高。

但在 20 世纪 60 年代后期，由于指导方针上的失误，放缓天然气勘探工作，转入大规模开采。以勘探为主转入以生产为主，削弱了勘探工作，导致储采比大幅度下降的趋势。直到 20 世纪 80 年代中期，才进入储采比调整阶段，开始加强勘探工作。

随着四川天然气勘探工作的广度和深度拓展，四川天然气探明储量有了新的突破，现在正处于高速发展阶段。

图 9-7 天然气产业链与相关产业链

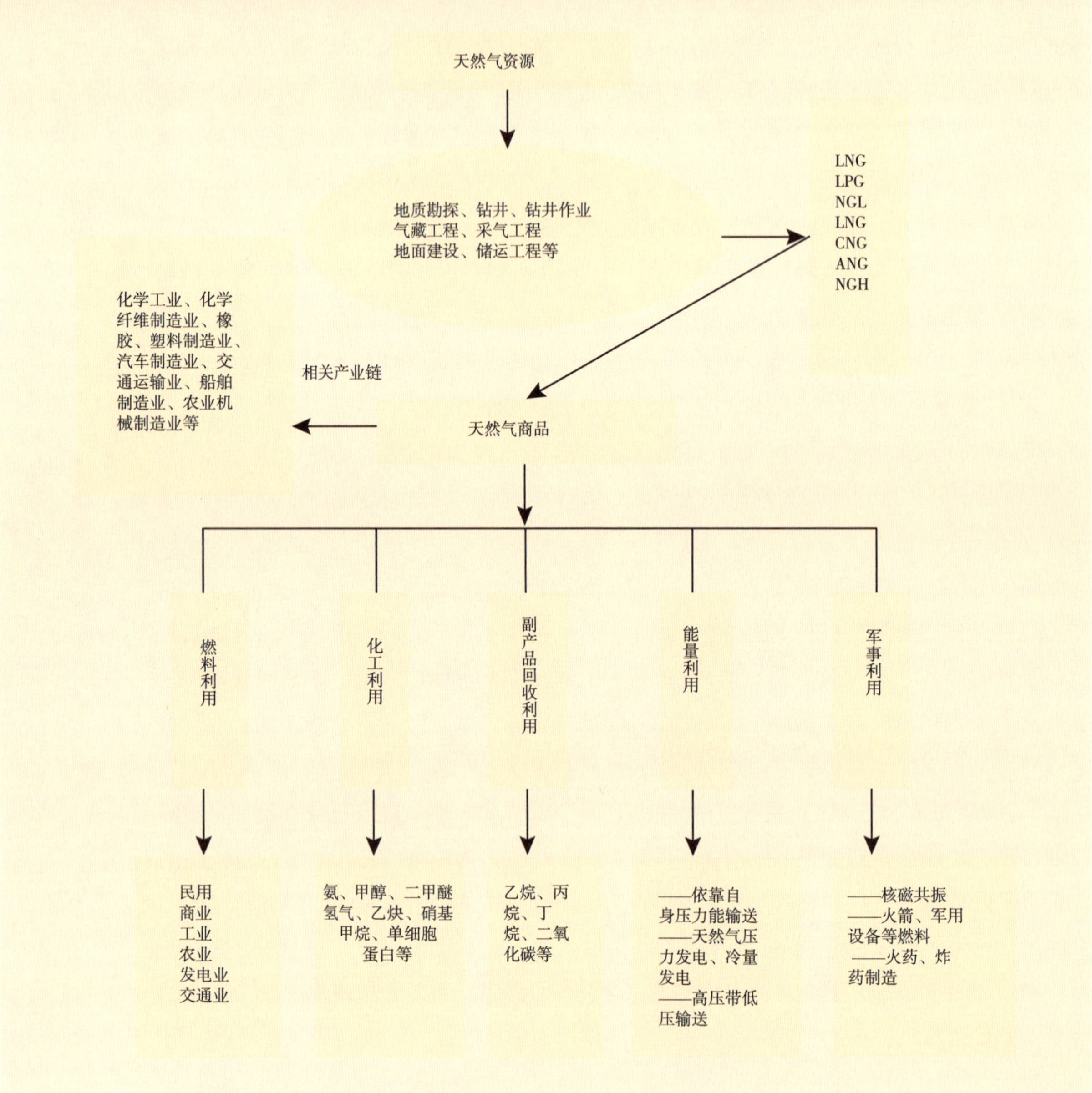

（一）四川盆地的天然气地质的基本特征

四川盆地是大型构造的沉积盆地，盆地腹部面积为 18 万平方公里以上。盆地的基底为晚元古代褶皱基底，比较稳定。在基底上沉积了从震旦系上统到第四系，层系齐全，厚逾万米的沉积盖层。其中，从震旦系上统至三叠系中统，厚约 3000 ~ 6000 米海相沉积，主要为浅海相碳酸盐岩沉积。三叠系上统至第三系，厚度也约 3000 ~ 6000 米，主要是陆相湖沼河流碎屑岩沉积。

盆地经过了扬子期、加里东期、海西期、印支期、燕山期、喜山期等共 6 个阶段的多期构造运动，漫长的发展及演变过程，直接控制着不同时期油气生成、运移、聚集和保存条件。早期构造活动是以大范围升降运动为主，造成了不同时期的大型隆起、凹陷，给油气生成的早期运移创造了条件。后期构造活动是褶皱运动，主要在燕山—喜山期，形成构造成群成带，是油气富集形成气藏的主要圈闭，而早期隆起区的局部构造更有利于富集油气。

1. 气源丰富，有机质成熟度较高

盆地内，生气层系多，有 J、T_3、Tr、Tc、P_2、P_1、S、O、Zb，其中，J 和 T_3 为陆相碎屑岩层系，厚度可达 1400 米。其他 Tr、Tc、P_2、P_1、S、O、Zb 七套生油层为三叠系中统以下的海相泥质岩和碳酸盐岩层系，总厚度约 2900 米。以上说明生油层多，厚度大，且气源多样。上述各生油层系单元，海相层除川西北的山梁局部地区，陆相层除川中的中部地区以外，有机质成熟度普遍较高。特别是二叠系以及更老的地层，多数地区进入过成熟期（R_3 值一般大于 2%）。这是四川盆地最显著的地化特征，确定了盆地内各层系以产出天然气为主。

2. 埋藏深，地层硬度大

盆地内各气田的主产层埋藏都较深，2000 米以内几乎没有主产层，埋深多在 3000 ~ 6000 米之间，甚至深达 7000 多米。随着勘探程度的提高，探井和开发井的平均井深将不断加深（见表 9-10）。

盆地内三叠系－震旦系地层硬度较大，大多在 5 级以上，这些层系是盆地内多数地区的勘探开发目的层。因此，四川的油气井在钻井工程方面困难是很大的。

3. 储层孔隙度低，基质渗透性差，储量丰度低

川东地区 C_2、Tc_1^5，川西北地区 Tr^3，川南地区 Tc_1^1、Tc_2^2 等藻角砾云岩和鳞状白云岩以及川中（磨溪）Tr_1 的砂屑白云岩，具有中等以上储集性能，基质孔隙度在 3% 以上。除此之外的其他大部分储层属较致密的低孔低渗透储层，一般孔隙度低于 2%，渗透率小于 1 毫达西。因此盆地内碳酸盐岩油气层属裂缝性，多数是以孔隙储集，裂缝渗滤的裂缝－孔隙性气层，若把孔隙度大于 1% 的储层视为有效储层，其总厚度达到 1940 米，但其中孔隙度大于 3% 的储集性能较好的储层，平均总厚度仅 118 米，且以不连续层状、透镜状、斑块状出现，单层厚 1 ~ 2 米，仅少数可达到 10 米。海相碳酸盐沉积层，在较长时间内仍将是勘探开发的主要对象，立足于低孔隙，力争在低中找高，同时，只有找到大的裂缝系统，才能获得较大的储量。

4. 多数气田有较活跃的边水、底水

在已获气田中，有边水、底水而且活跃的气田约占 1/3，出水的气井多，威胁着这些气井的采气量和采气寿命，严重影响这些气田的采气速度和最终收率。如威远气田震旦系气藏原始探明储量为 400 亿立方米，每年均有一批气井被活跃的气田

表 9-10　历年平均钻探井深（单位：米）

时　间	1950 ~ 1965 年	1970 年	1980 年	1985 年	1990 年	2010 年
平均井深	1534	1731	2860	3386	3950	4825

水淹而停产。因此，为了维持一定的产气量，每年必须增加开发井，投入抽水、排水等大量的开发工作量。

5. 气质差异大

现有气田中，约半数气田的天然气有凝析油析出，主要集中在川西北中坝气田雷三气藏、川东卧龙河嘉陵江组 Tc15、Tc34 气藏以及川中的八角场、金华镇气田等，其次是川南的庙高寺、丹凤场、白节滩气田也有一定的凝析油，川西南地区凝析油量较少。

盆地内各气田天然气的气相以甲烷为主，但组分差异较大。川南、川西南大多数气田的二叠系气藏的天然气 H_2S 含量在 0.1 克 / 立方米以下，川东石炭系气藏的天然气 H_2S 含量一般也在 0.1 克 / 立方米以下。但威远气田 Zb 的天然气 H_2S 含量为 18 ~ 20 克 / 立方米，卧龙河气田 Tc_1^5、Tc_3^4 的天然气 H_2S 含量高达 80 克 / 立方米以上，中坝气田雷三的天然气 H_2S 含量则高达 100 克 / 立方米以上。H_2S 含量较高的气田气藏天然气产量一般较高。

（二）四川天然气资源分布

据全国第二次油气资源评估结果，四川盆地天然气储量为 71851 亿立方米。到 2010 年底，四川已累计探明天然气储量为 20987 亿立方米。其中中石油 13708 亿立方米，中石化 7279 亿立方米。

随着地勘工作更大的广度和深度发展，特别是近 10 年，四川天然气资源探明储量有新的突破，发现了新的大气田。其中尤以达州市的普光气田、广元市的元坝气田、仪陇的龙岗气田的发现和建设，展现出四川天然气的巨大潜力。

自贡区块　包括自流井、贡井、邓井关、圣灯山、杨家山等。这个区块开发利用天然气资源有悠久历史，20 世纪 80 年代以前天然气主要用作燃料生产食盐，绝大多数是不到 1000 米深浅层气，主要是中小气井。以后逐步用于化工等产业，曾经辉煌一个多世纪的自流井、邓井关、圣灯山诸气田的生产已近尾声。目前，主要气田是威远和黄家场气田。

川南区块　位于宜宾 – 赤水 – 纳溪一线，都是中小气井，天然气中硫化氢含量较少，一般不经过净化直接供应用户。主要供应泸天化、云天化、赤天化三大化工厂用气。由于较长期的超负荷运行，气井衰竭较快，将来将从川东区块输入。

川西南区块　位于内江、简阳、仁寿、乐山、马边一带，都为中小气井，且气井都有底水，气田排出的地层水中含有食用多种矿物质，但大部分回注地层中，未予利用。此区块生产能力下降较快。

成都区块　成都市的邛崃，是世界上第一口天然气井所在的地方。但本区天然气开发利用发展缓慢，主要原因是成都平原范围的地质构造上下变异非常大，地质构造复杂。矿区西部的龙门山、邛崃山是叠瓦式的逆掩式断层带，勘探较为困难。位于德阳市的新场气田，是成都区块开发利用最大的气田，就近供应成都居民用气。

达州区块　位于达州的普光气田，是近年来探明的四川特大气田之一，据 2011 年 6 月报道，探明储量已达 6600 亿立方米，是我国仅次于新疆塔里木、内蒙古鄂尔多斯气田最具开发潜力的气田，具有高产、高压、高硫的特性。有的气井硫化氢含量高达 17% 左右。据规划 2015 年达州天然气附产硫黄达 450 万吨，占全国硫黄产量的一半，将成为亚洲最大的硫黄生产基地。

广元区块　位于广元、苍溪的元坝气田是近年来新探明的特大气田之一，第 1 期探明 1592 亿立方米，气田的主气藏埋深达 7000 米左右，相比国内多个大气田埋深更深 1000 ~ 2000 米，地底温度达 140 多度。最深的 122 井侧、井埋深达 7480 米。开采难度大。

据 2011 年 9 月报道，已探明天然气三级地质储量 8000 多亿立方米。元坝气田为酸性气田，按中石化的规划，第 1 期将在 2013 年达到年产 17 亿立方米净化气生产能力，到 2015 年再新建 17 亿立方米生产能力，即达到 34 亿立方米的生产能力，成为四川最大的生产气田。第 1 期将新建气站场 11 座，铺设管道 130 多公里。部署开发 14 口，平均单井的天然气日产量能力达到 40 万立方米左右。还将在苍溪县建一座元坝天然气净化厂，日处理能力达到 600 万立方米。

龙岗区块　龙岗气田位于仪陇县，据 2011 年 11 月报道，探明储量达 3000 亿立方米，预计将是全省继普光、元坝气田后的第三个大气田。

（三）四川天然气资源特征

四川天然气有以下特征。

1. 天然气气相以甲烷为主，但组分差异大

天然气气相以甲烷为主，但组分差异较大，川南、川西南大多数气田的二叠系气藏，天然气含硫化氢较高，超过 5 克 / 立方米的有威远、大塔场、孔滩等气田的产层，其余气田硫化氢含量多在 1 克 / 立方米以下。含硫化氢的气田一般为四川主力气田或主力产气层。威远气田天然气中含氦量为 2%（体积），从天然气中提取氦气为工业和国防尖端科学服务，具有工业价值和较好的社会效益。

现有气田约半数气田的天然气有凝析油析出，主要集中在川西北中坝气田雷三气藏、川东卧龙河嘉陵组气藏和川中的八角场、金华镇气田等，其次是川南的庙高寺、丹凤场、白节滩气田也有一定含量的凝析油。

天然气气质多样化，一方面给天然气的直接利用带来了相应的困难，加大了脱硫净化工序费用，特别是大部分天然气含强腐蚀的硫化氢气体（每立方米天然气含硫化氢大于 20 毫克的占 80%）必须经过净化处理才能输入管道进入消费领域；另一方面也为天然气的综合利用，深度加工，提高我国稀缺的天然气资源的使用价值提供了物质条件。

2. 天然气以中小气田为主，既分散广布于四川盆地而又相对集中

四川已探明的天然气气田中，储量大于 100 亿立方米的只有元坝、普光、威远、卧龙河、龙岗、中坝和古老的自流井气田 6 个，其余大部分为小型气田，这说明四川的天然气藏在数量上以中小气田为主。不仅气田小，各气田的裂缝系统储气量也较少。

气田分布按所占比重依次为盆东北、盆西南、盆西北、盆中，广为分布，但又相对集中于上述地区的主要气田，如川南主要集中在4个区块：自贡区块、宜宾纳溪区块；盆东北主要集中在达州市的普光和苍溪、阆中的元坝气田；浅层气的分布则更为广泛，成都平原多数县均发现有浅层天然气资源，但大多均属小型气藏。主要气田多在交通方便的地区，一些气井虽在丘陵、山地，但大多能通过管道集输到交通方便的主要集输站，与主输气管道相连。

3. 埋藏深、地质复杂、开采难度大

盆地内各气田的主产层埋藏较深，埋深不到2000米的几乎没有主产气层，多在埋深3000米至4000米以上，个别气田达8000米。全省完成的钻井平均井深达3700米，川西北地区平均井深已达4100米，随着勘探程度的提高，探井和开发井平均井深将不断加深。

盆地内三叠系——震旦系地层硬度大，大多在5级以上。

地质情况复杂，开采难度较大。四川盆地是扬子江滩地台上一个大型构造兼沉积盆地，盆地的基底为比较稳定的晚元古代褶皱基底，基底上沉积了从震旦系上统到第四系，层系齐全，厚逾万米的沉积盖层。盆地经过扬子期、加里东期、海西期、印支期、燕山期、喜山期6个阶段的多期构造运动漫长的发展演变过程，控制着不同时期油气生成、运移、聚集和储存条件。早期构造运动是以大范围升降运动为主，造成了不同时期的大型隆起、凹陷，给油气生成条件的早期运移创造了条件。后期构造活动主要是褶皱运动，形成构造成群成带，是油气富集形成气藏的主要圈闭。由于地壳运动的变化和生成条件，四川盆地油气地层有下述特征：

大多数气田有边水或底水，往往造成降压快，出水早，甚至水淹气层，影响采收率。

地层硬度大，含气构造从古老的震旦系到侏罗纪多达12个层位。现已开发气层一般2～4个产气层，地层硬度大，5级以上硬度的地层占可钻地层的80%以上。加之岩性发育不均，各层位产气量相差悬殊，很不稳定。加之浓硫、高压、高温、多裂缝、溶洞等复杂的地层条件，给勘探钻井和开采带来很大的困难。

4. 资源丰富、开发潜力巨大

从2011年开建位于苍溪、阆中、巴中等地的元坝气田8000多亿立方米特大型酸性气田储量的情况来看，四川天然气的潜力巨大。随着勘探技术的提高，勘探工作量广度和深度的扩展，气田的数量和储量将不断增加。

（四）天然气工业的发展途径

四川天然气已进入一个攻坚性、突破性的发展阶段，这是从普光气田、元坝气田两个特大气田成功探明和开采所得到的启示。随着天然气勘探技术的突破，不断向广度和深度拓展，可以认定四川天然气的开发前景十分广阔，现在已进入了一个大发展的时期。

根据四川省天然气分布广，埋藏深，资源丰的特征，四川天然气工业应当做好以下几方面的工作。

1. 大力加强天然气地质勘探工作

勘探先行，是发展天然气工业的基本原则。勘探先行的最关键性问题是技术进步。先进科技日新月异，世界发达国家在钻井、勘探等方面的新技术有了很大发展。

特别是地震物理勘探技术和深井开发技术。利用世界上最先进的地质物理勘探技术，向地质深度挑战，必将在四川盆地发现比普光、元坝气田更大的新气田。

加强勘探工作，需要增加勘探投入，使生产和勘探之间两者的投资保持合理比例。大力提高储采比，是使天然气后劲十足的先决条件。

勘探的重点要转向大中型气田，大中型气田的开发成本较小气田低 1/3 ～ 1/2。

2. 合理布局天然气勘探、生产、产业链布局

勘探力量要向重点矿藏区的广度和深度发展，特别是川东的达州市和广元市、龙岗地区范围天然气富集地区，以及开江 – 梁平海槽两侧项目、须家河气组项目、页岩气项目等。

生产布局要集中力量在新矿区。天然气下游的产业链，应做出合理的规划。有号称“气都”的达州市，应按照“产地化、特色化、规模化”规划布局天然气化工基地，建立与天然气相关产业链的天然气工业区，建立我国最大的硫黄生产基地和其他天然气化工生产基地。就地利用天然气，有利于天然气地区工业的发展，使资源转化为相应的经济收益，又节省天然气输送成本。

3. 完善输气管网体系

在基本形成“三横三纵三环”骨干输气管网体系，全面实现“高低压分设、输配气分离”功能基础上，随着缅甸等境外入川输气管道的建设，进一步强化有效调节的输气管网体系（见图 9–8）。

4. 调整政策，建立能保护天然气资源地的经济利益的政策措施

按现行政策，四川天然气资源大省得不到相应的经济回报。生产和销售环节由“央企”掌握；天然气消费配额由国家有关部门掌握。如天然气主产地达州市，得不到就地供气满足生产发展的用气额度，必须“跑部”请求供气计划。这种富了“央

图 9–8　四川省油气管道布局及规划

四川省天然气基地布局及输气管道规划

重点气田开发规划

序号	项目名称	投产时间	新建产能（亿立方米）	2015年产量（亿立方米）
1	龙岗地区产能建设	2009	32	40
2	川东北高含硫气田产能建设	2011	55	50
3	须家河新气藏产能建设	2006	22	10
4	页岩气产能建设	2013	15	10
5	川西深层产能建设	2010	17	16
6	川西浅层产能建设	2010	6	16
7	河坝气田产能建设	2011	2	5
8	元坝气田产能建设	2011	24	30

四川省输油管道规划

输油管道主要项目

1. 兰州–成都原油管道，313千米、1000万吨/年；
2. 成都–乐山成品油管道，227千米、300万吨/年；
3. 内江–宜宾成品油管道，124千米、150万吨/年；
4. 泸州–成都成品油管道，395千米、350万吨/年；
5. 成都–遂宁–南充–广安–达州成品油管道，440千米、350万吨/年；
6. 昆明–攀枝花–西昌成品油管道，440千米、300万吨/年。

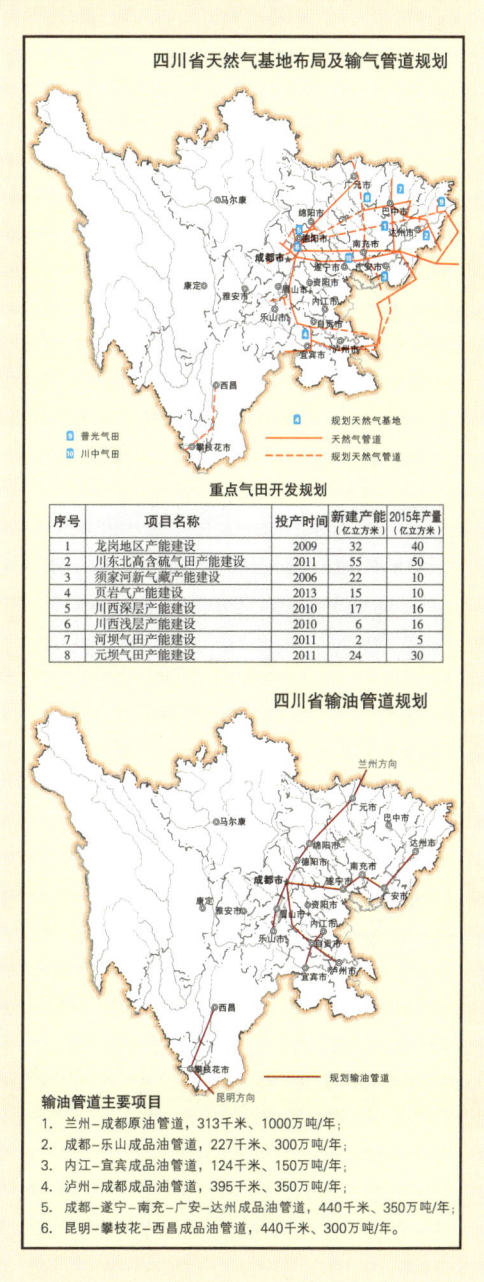

资料来源：本图由四川省发展和改革委员会、四川省测绘地理信息局提供。

企”，穷了四川的天然气政策应当得到纠正，建立有利天然气资源地经济利益的相关政策措施。

5. 调整天然气消费结构

天然气当作工业燃料使用，是暴殄天物。20世纪六七十年代曾提出天然气“先生产、后生活”的错误方针，工业炉窑搞“煤改气”，改烧煤为烧气，一直延续了近20年时间，天然气大量用作工业燃料，大大降低了天然气的利用价值，浪费了天物。天然气消费结构应当优先用于人民生活用气、高精尖化工产品用气、特殊工艺用气，从发挥天然气最大效能着手，理顺天然气消费结构。

6. 加强天然气工业的科研工作

天然气探明和天然气开发利用，极其重要的是科研。这是由于天然气矿藏的地质结构特别复杂，产气层面繁多，情况十分复杂的原因。许多问题需要深入研究，例如天然气层位剖面的地球物理，裂缝型气藏的储气规律，油气层分布和地质构造特性，油气层形成和富集规律，有水气藏采收工艺，天然气综合利用最大效益化等等。通过深入研究，争取有突破性成果，使天然气资源开发利用上一个新的台阶。

五　农村能源

截至2010年底，四川共有8042万人。农村人口2056万户、6646万人，占总人口的73.8%。随着城市化和城乡一体化的进展，农业人口每年有近百万人“农转非”。农村能源资源和研究解决6646万农村人口的能源消费需求，是十分重大的问题。2010年农村生活用能3632万吨标煤，生产用能2026万吨标煤，总计5659万吨标煤（见表9-11和表9-12）。

农村能源的需求如此广大，研究分析四川农村能源资源及生产、消费结构和转化利用，是维系生态平衡，促进农业经济良性循环，加速实现农业现代化的重大问题。

农村能源品种繁多，品类齐全，分散于广大农村地域分布各具特点。主要供农村生产、生活用的农村能源，有水能、煤炭、太阳能、风能等自然资源和薪柴、秸

表9-11　2010年农村生活用能消费结构

能源品种	实物量	折合标煤（万吨）	能源品种	实物量	折合标煤（万吨）
煤类（万吨）	1293.71	924.1	秸秆（万吨）	3631.22	1706.607
电力（万千瓦时）	398070	48.92	薪柴（万吨）	1298.59	662.28
成品油（万吨）	41.96	59.95	沼气（万立方米）	191489.31	115.85
天然气（万立方米）	11952.37	14.51	太阳能（万立方米）	70	8.3
煤气（万立方米）	1822.1	1.12	非商品能源合计	2493.1	
液化石油气（万吨）	53.08	91	全省生活用能合计	3632.7	
商品能源合计	—	1139.6			

表 9-12　2010 年四川农村生产用能消费结构

能源品种	数量	折合标煤（万吨）	能源品种	数量	折合标煤（万吨）
煤类（万吨）	2097.61	1498.32	秸秆（万吨）	280.5	131.84
焦炭（万吨）	88.57	86.04	薪柴（万吨）	167.69	85.52
成品油（万吨）	95.46	136.37	全省生产用能合计	2026.67	
电力（万千瓦时）	720742.69	88.58	全省农村生活和生产用能总计	5659.27	

秆、人畜粪便（做沼气发酵原料）等生物能源。又可分为可再生能源和非再生能源，可再生能源中还有周期性再生能源（有水能、风能、太阳能等）和非周期性再生能源（如生物质等）。

由于农村能源中薪柴林、秸秆等生物质能源分散，生长变化等因素。准确统计四川农村能源资源较为困难，但可以用一年中所提供的能源大致数量，近似反映资源构成情况。

小水电、煤、薪柴林、秸秆等是农村能源资源的主要支柱，其数量和资源分布分述如下。

（一）小水电

装机容量 2.5 万千瓦以下称小水电。小水电资源与大水电分布大体一致，即主要集中于西部地区，占 70% 以上。由于中小河流密布全川，全省各县基本上都有小水电资源，分布面广，开发条件较好（见表 9-13）。

表 9-13　四川省小水电资源的流域分布（2.5 万千瓦以下）

河　系	河流名称	可开发的小水电资源量	
		装机容量（万千瓦）	其中装机在 1 万 ~ 2.5 万千瓦的电站数（个）
金沙江	干流上游及各支流	73.36	24
雅砻江	干流上游及各支流	200.12	33
岷　江	岷江小计	53.32	32
	其中：大渡河及其支流	25.74	17
	其中：青衣江	16.61	10
川　江	干流及其支流	55.5	14
嘉陵江	包括涪江、渠江等	80.26	34
沱　江	—	26.25	19
合　计	—	531.16	183

注：目前全省地方电力装机已达 988 万千瓦，包含 2.5 万千瓦以上的电站。

（1）西部山区。本区包括岷江以西的广大山地高原。境内地广人稀，峰峦重叠，是少数民族居住比较集中的地区，主要河流有金沙江、雅砻江、大渡河等，支流众多。可开发的2.5万千瓦以下的小水电资源达300余万千瓦，约占全省小水电资源的60%，其中不少中、小河流或河段，落差集中，流量大，适于建设高水头引水式小水电站。

（2）盆地地区。盆地地区是四川经济发达地区，境内主要有长江、岷江中下游、沱江、嘉陵江及其各河支流，多数河流水流平缓，河道较开阔，河床落差小，流量大，一般宜结合航运、灌溉、防洪、城市供水等综合利用建设低水头径流式发电站。

（3）盆地边缘地区。本区域主要有岷江、嘉陵江、渠江、涪江等河上游；金沙江、大渡河、青衣江、白龙江等河下游。这些河的河段位于四川盆地边缘，系山区到丘陵区的过渡阶段。水头集中，水量充沛，水源位置高，河流开发大多能与盆地地区的农田灌溉结合，既引水发电，又引水灌溉，还可控制和调节中下游洪枯水量，是理想的小水电资源开发区。农村小水电开发条件较为优越，施工速度快，造价低，单位千瓦投资仅为大水电一半左右；供电距离近，电价低等优势，是农村生产、生活最清洁、方便的能源，极有利于促进村电气化建设。

（二）煤炭

煤炭在“煤炭资源”一节中总述，此处不再赘述。

（三）秸秆

秸秆资源品种较多，主要有粮、棉、油等农作物秸秆。2011年农村秸秆消费总量3631万吨（折标煤1706万吨）。其分布状况与四川省农作物分布一致，品种和产量的地区分布差异较大，大体可分三个区域类型。

一是盆中丘陵粮食、油料作物秸秆区。该区包括内江市、绵阳地区南部各县、德阳市中江县、南充地区中部等共30个县（市），土地面积5.3万平方公里，占全省的9.4%，人口2800万，占全省的29%。该区旱地多于水田，作物种类多，数量大，总产量达1800万吨左右，约占全省的45%。该区农作物秸秆大多用作燃料，约占70%左右，缺柴情况要比盆中平原为好。

二是盆西平原粮食、油料作物秸秆区。包括成都市各县、乐山市一部、绵阳市一部、德阳市大部及雅安地区名山县等29县（市）。粮食约占全省的18%，油菜籽约占全省的40%。农作物秸秆达1000万吨，占全省的25%。其中，稻草约500万吨，小麦秆约300万吨，油菜秆约120万吨。由于稻草等用作造纸原料、耕牛食用和农舍盖房，可用作生活燃料所占比重不大。因此，该区虽是全省秸秆主产区，却又是全国重点缺柴地区之一。

三是盆东平行岭谷粮、油、麻作物秸秆区。该区包括宜宾地区、泸州市及达县地区南部等区域的县（市）。该地域虽然比较辽阔，作物种类也比较多，但由于产量不高，水田比重大，故农作物秸秆数量并不大，年总量仅1000万吨左右，约占全省的25%，可用作燃料的仅800万吨左右。但由于该区域为岭谷区，可作燃料灌木、草颗等比上述两地区相对多一些，缺柴情况不很严重。

上述三个区域是本省农作物秸秆的主要分布地区，其数量占全省的 95%。其余地区（包括盆周山地和高山区）农作物秸秆数量仅占全省的 5%左右。

秸秆的利用有几千年历史，传统用作炉灶燃烧，随着科技进步，秸秆的开发利用有所改变，不再全部用作农民生活燃料，还可以用作建筑材料、造纸原料、沼气原料和改良土壤等。但是，在广大的农村不发达地区，秸秆仍是主打能源，主要用作生活燃料。

（四）沼气

沼气的利用，在四川已有半个世纪的历史，从试点到农村大面积发展，截至 2011 年全省已建成 552 万座沼气池，总产气量达到 24 亿立方米，为解决农村能源问题发挥了很大作用。现在，沼气不但用于农村燃料，还建设了用于发电等较大规模沼气工程，为沼气利用开辟了新的途径（见表 9-14）。

（五）薪柴资源

2011 年全省薪柴林共消费 1298 万吨（折标煤 741 万吨），其每年资源量略高于此。

1. 分布状况

薪柴林地域性差异大，资源分布不均。薪柴资源中，薪炭林提供的薪柴占整个薪柴资源的比例最大，故薪柴资源的分布中主要体现在薪柴林的分布特点上。四川薪柴林分布广泛，从平原、丘陵到高山峡谷，从海拔 200 多米的河谷到 3000 多米的高原地区都有薪柴林分布，但分布不均。按户平占有薪柴林面积的多少，全省大体可分为四个区。

（1）盆地中部丘陵区。户平薪柴林面积不足 0.016 公顷，为全省平均值的 1/2，资源严重不足。该区“四旁”树提供的薪柴占总量的 48%，形成了资源组成结构的独有特点。

（2）盆地边缘山区。户平薪柴林面积 0.044 公顷，所提供薪柴可解决 5 个月左右的生活燃料用能。

（3）川西高山峡谷区。户平薪柴林面积 0.21 公顷，薪柴资源较为丰富，农村薪柴自给有余。

（4）川西北高原地区。户平薪柴林 0.66 公顷，薪柴资源丰富，尽管在使用上浪费很大，其资源量也能满足需要。

2. 开发利用条件

四川气候、土壤适合各种林木生长的条件，尤其是松类、槐类、桉树、花木等树种，繁殖生长能力强，一般种后 3 ~ 4 年就可成林，成林后的薪柴林每公顷可产薪柴 8000 ~ 20000 千克。由于薪柴林可以见缝插针，荒坡、河滩、“四旁”等地均可发展薪柴林资源，在开发利用方面还有就地采伐、间伐再生、涵蓄水分、改善生态环境等特点。

（六）解决农村能源的途径

虽然随着城市化、城乡一体、农村居民住宅改造等原因，农村人口将不断减少，成为市民或高层建筑的居民，农村能源消

表 9-14　2011 年四川省沼气工程情况

地区	合计								
	年初数（处）	本年新增（处）	本年报废（处）	年末累计					
				数量（处）	总池容（万立方米）	年产气量（万立方米）	供气户数（万户）	装机容量（千瓦）	年发电量（万千瓦时）
四川省	3804	648	103	4349	97.3578	24159	5.5808	4965	3835.5300
成都市	1333	182	28	1487	36.0810	9477	0.8265	520	455.5200
自贡市	36	1	0	37	0.3970	93	0.0880	0	0.0000
攀枝花市	37	13	0	50	0.8950	192	0.0955	150	95.8400
泸州市	74	16	0	90	0.3325	62	0.0301	30	26.2000
德阳市	87	19	27	79	1.3670	348	0.0668	140	122.6400
绵阳市	110	39	8	141	2.5380	730	0.4670	385	337.2600
广元市	98	24	1	121	2.8800	621	0.1487	470	42.6000
遂宁市	462	40	0	502	9.0485	2124	0.5889	1445	1265.8200
内江市	15	3	0	18	2.3970	876.7000	0.4890	120	100.1200
乐山市	61	89	1	149	1.3800	353	0.2060	280	246.1000
南充市	156	10	3	163	3.6850	1032	0.1904	205	179.5800
宜宾市	23	3	0	26	1.1000	419	0.5140	60	52.5600
广安市	179	32	0	211	4.9258	999	0.2055	100	80.6000
达州市	92	24	0	116	1.6450	372	0.1430	180	86.4000
巴中市	145	29	6	168	3.4570	726	0.5443	30	26.2800
雅安市	71	96	0	167	1.0300	117	0.1045	60	50.5000
眉山市	164	18	0	182	5.7790	1692	0.7318	150	106.8700
资阳市	552	6	0	558	17.6380	3780	0.0385	640	560.6400
阿坝藏族羌族自治州	0	2	0	2	0.0100	1	0.0008	0	0.0000
甘孜藏族自治州	0	0	0	0	0.0000	0	0.0000	0	0.0000
凉山彝族自治州	109	2	29	82	0.7720	143	0.1015	0	0.0000

费量将不断下降，能源消费结构也会向使用天然气等优质能源方向发展，薪柴秸秆比重将不断下降，农村能源消费将不断发生变化。但是，四川农村人口仍占多数，在 15 年之内，仍然会有大量农村人口，所以研究和解决农村能源问题仍然是一个重要的问题。

四川省农村能源资源丰富，分布范围广，开发利用条件好。解决农村能源问题，要发挥自然资源优势，从各地区的实际情况出发，多种能源结合和互补，优先开发小水电，合理开发煤矿，发展沼气，营造薪柴林，有条件的地区合理利用太阳能。

一是大力发展小水电。可供开发的小水电资源极为丰富。新中国成立以来，小水电建设尽管有了较快发展，但仍不适应农村生产和生活用电的需要。发展农村小水电关键在于采取灵活多样的技术经济政策，充分调动各方面的积极性。同时，相应的技术手段和物资设备要跟上，资金可以以多种形式筹集。据省地方电力部门统计，2009 年底止，全省已有 160 多个县开发了农村水电建设，以农村水电供电为主的县有 111 个，占总数的 61%。以农村水电供电为主的乡（镇）有 3669 个，占总数的 73%。年发电量为 361 亿千瓦时。拥有高低压线路 80.36 万公里，变电站 1079 处，容量 1521.86 万千伏，配电变压器 13.5 万千伏。“5·12”汶川特大地震造成全省地方电力在 20 个市（州）、140 个县受损，震损农村电站 846 座，装机 470 万千瓦，受损高压线路 2.21 万公里。经灾后重建，基本上得到恢复。全省已有 65 个县通过农村电气化县的验收合格。农村电气化建设为解决农村能源创出了一条新路。地方电力已成为四川电力的重要组成部分，服务“三农”的重要力量，支持地方经济发展的基础产业。发展小水电要按照“小水电、大环境、大生态”的理念科学规划梯级布局，慎重选择开发方案，保障河流基本生态功能，保证航运。

二是因地制宜，推广沼气。四川省发展沼气具有十分优越的条件，进一步发展沼气是完全可能的。加之，沼气池本身的不断改进和完善，其能源、环境、生态、社会、经济效益不断提高，越来越为广大农民所接受，发展沼气具有广泛的群众基础。但是还必须认真解决好领导机构、规划部署、经济政策、人才培养、材料供应等一系列问题。据农村能源办公室资料，截至 2010 年底，全省共建成户用沼气池 520 万户，年产总沼气量 180744 万立方米；沼气池工程 3804 处，总池容 6065 万立方米，全年产气总量 811 万立方米。虽然沼气总量在农村能源消费结构中所占比重不大，但沼气是清洁而方便的农户用能，且有利生态环境的改善。

三是大力发展薪柴林。四川原是青山绿水，森林茂密，尤其西部山地，多为原始森林，森林覆盖率达 80% 以上。而在 1958 ~ 1960 年的“大跃进”时代“大办钢铁”，千万人上山砍伐森林用作炼钢燃料，对森林进行毁灭性破坏。许多原本茂密的绿色山岭，顷刻变成光头秃顶。紧接着发生饥荒，又进一步毁林种粮，使林业雪上加霜。痛定思痛，才有此后半个多世纪两代人的努力，对林业保护发展，休养生息，退耕还林，植树造林，使全省森林恢复了无气，并得到了新的发展。森林资源虽然丰富，但 90% 以上集中在西部山区，而盆地及东部地区大多为零星分散树木。四川气候温和，雨量充沛，土壤肥沃，适宜发展薪柴林，只要经营有方，一般经 4 ~ 8 年就可形成成片的有经济价值的经济林和薪柴林。成片薪柴林 5 ~ 10 年后即可间伐，每亩每年可产柴 800 ~ 1000 斤。如果每年绿化 300 万亩，可获薪柴 120 万吨左右，既能解决农村能源的一部分，更能改善生态环境。

四是节能。农村能源消费利用率普遍

较低，习惯上不太重视节能。要大力宣传和推广节约能源，提高能源效益的工作，要积极推广节柴灶。

五是综合利用和多能互补。首先是能源资源的综合利用，如通过沼气发酵，或以天然气代柴，以电代柴等方式，让生物质中的有机质充分发挥其作用。其次，要扩大沼气等二次能源的利用范围。据调查，沼气用于农副业生产加工所带来的收益比直接用于炊事燃料或照明的效益更多。

六 新能源

新能源既有亘古亿万年的太阳能、风能等原始能源通过新技术转化为电能、热能；也有新开发引用的能源，包括核能、地热能、沼气等。新能源是指既包括传统古老的能源采取新技术加以转换利用，也包括现代开始应用或正在研究开发引用的能源。

四川太阳能、风能、地热能等新能源较为丰富，但由于地理位置、开发条件等因素，目前在四川能源资源中所占比重很小。核能资源铀、钍有一定的储量，而且四川是核工业研发的重要基地，建设核电厂有相当的技术、制造、资源等有利条件。

四川可利用的新能源资源分述如下：

（一）太阳能

四川省太阳能资源分布很不平衡，大致以龙门山脉、邛崃山脉和大凉山为界，东部少，西部多，尤其是川西高原，是四川省乃至全国太阳能资源的主要分布区（见图 9-9）。

受天气条件特别是云量的影响，太阳辐射的年变化具有不同的区域特征。全省总辐射年变化具有两种类型：一是四川盆地和盆周山区受太阳高度变化影响突出，各月云量最多、日照最少，辐射年变化一般呈单峰型；二是川西高原受干雨季影响，云量差异较大，辐射年变化一般呈双峰型。

四川省太阳能资源最丰富的地区年总辐射量达 6000 兆焦 / 平方米以上，年日照时数在 2400 ~ 2600 小时，主要的地区包括石渠、德格、甘孜、理塘、稻城、攀枝花、西昌、阿坝、红原；太阳能较丰富的地区年总辐射量基本在 5000 兆焦 / 平方米以上，大部分地区年日照时数在 1800 小时以上，全区覆盖面较大，主要地区包括炉霍、色达、康定、雅江、若尔盖、盐源等；太阳能较贫乏的地区主要是川西高原向盆地过渡地区，年总辐射量 4000 ~ 5000 兆焦 / 平方米，大部分地区年日照时数在 1700 小时以下；盆地区是四川省及我国太阳能最弱区，其总辐射量基本在 4000 兆焦 / 平方米以下，日照时数也少，太阳能利用价值有限。从面积分布来看，年总辐射量在 5000 兆焦 / 平方米以上的面积占全省面积 48.5 万平方公里的近一半。

四川省年太阳能理论蕴藏量约为 2.33×1021 焦耳，其中太阳能资源最丰富的三州一市（甘孜州、阿坝州、凉山州、攀枝花市）地区约 1.67×1021 焦耳，占全省的 72%。全省平均每平方米太阳能资源理论蕴藏量约 1335 千瓦时，相当于

图 9–9　四川省太阳能资源分布

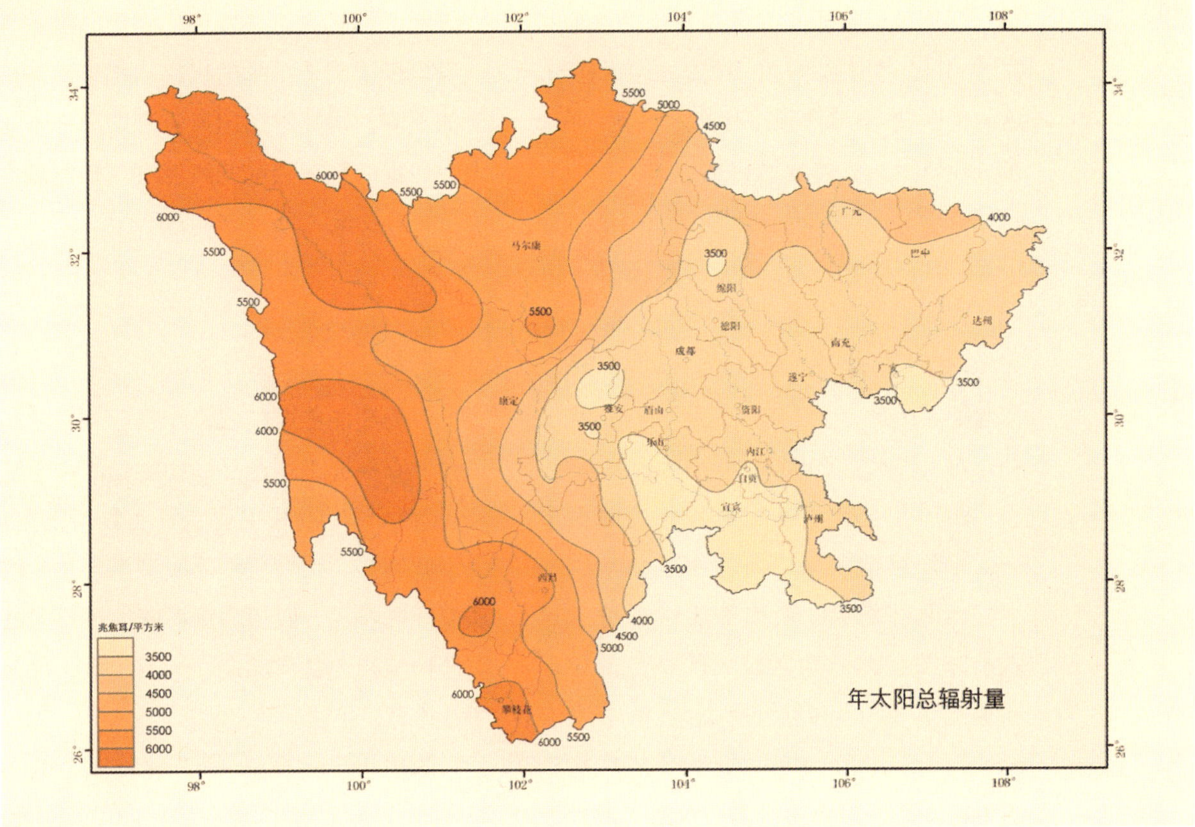

资料来源：本图由四川省发展和改革委员会、四川省测绘地理信息局提供。

466 千克标准煤，太阳能资源开发利用前景较为广阔。

截至 2011 年底，全省农村已有太阳能热水器 56.04 万台、98.4 万平方米，太阳灶 13.15 万台。

根据目前太阳能发电利用的辐射资源特点和主要土地类型，太阳能理论可利用量主要以太阳辐射量在 5000 兆焦 / 平方米以上，日照时数在 2000 小时以上地区的未利用土地中的荒地、沙地以及沙化、板结草地为估算依据。初步估算不包括与建筑相结合的分布式并网光伏系统等，全省太阳能发电理论可利用量约 1.0 亿千瓦，年理论发电小时按 1500 小时计，全省太阳能理论开发总量折合标准煤近 6000 万吨。

根据目前国内太阳能发电建设工程的资源条件及开发规模，太阳能实际可利用量主要以太阳辐射量在 5500 兆焦 / 平方米以上，日照时数在 2000 小时以上地区中土地规模在 0.5 平方公里以上的荒地、沙地以及沙化、板结草地，无灾害性天气为估算依据。经初步估算全省实际可用于太阳能发电建设的面积约占三州一市荒地、沙地以及沙化、板结草地面积的 4%，总面积约 1430 平方公里，按每平方公里装机 3 万千瓦计，全省太阳能发电实际可利用量约 4290 万千瓦。

（二）风能

四川风能资源主要分布在川西高原和盆周山区，海拔高度1000～3000米，这两个区域50米高度多年平均风速均在5米/秒以上。具体地区包括三州地区、攀枝花，以及盆周山区的广元、巴中、达州、广安、雅安等。

四川风能资源主要集中在冬春季节，即每年11月到次年5月，基本是河流的枯水期。因此，大力开发风能资源恰能够补充四川省水力发电在枯水期的出力不足。

四川是全国风速相对较小的省份之一，平均风速和平均风功率呈盆地内较小，西北部高原、西南部山区部分地区以及东部小部分地区较大的特点。川西高原山区10米高度年平均功率密度在3.8～105.0瓦/平方米，为全省风能资源丰富区，该区域的丹巴、茂县、德昌三县在64.5～105.0瓦/平方米，最大风功率密度出现在丹巴县为105瓦/平方米。在全省土地总面积48.5万平方公里上风能储量为8835万千瓦。绝大多数地区的风能集中在北和偏北风向方位，大部分地区在这几个方位的风能占当地总风能的50%以上，部分地区甚至大于80%。据目前最新的数值模拟结果，在离地50米高度风功率密度达到2级以上的风能资源覆盖区域内，考虑气象、地形地质、土地类型和地面构筑物等制约因素后，估算全省风能资源的潜在开发量，四川省风能资源潜在开发量约为1500万千瓦，年理论发电小时按2000小时计，折标煤约为1020万吨。

据目前的实地踏勘和调查结果，包括凉山州、甘孜州、阿坝州、攀枝花，以及盆周山区的广元、巴中、达州、广安、雅安等地区都具有可开发风能资源。随着当前风电机组制造技术的提高、机组设备价格的下降，以及对山地风资源的进一步认识，初步估算在当前的风能潜在开发量中实际可开发量约为1000万千瓦。

（三）生物质能

生物质能主要指农作物秸秆、林业剩余物、农林加工副产品、动物粪便和生活垃圾等，利用方式主要包括生物质发电、生物质燃气、生物质固体成型燃料和生物质液体燃料等。四川生物质能源主要包括农作物秸秆、畜禽粪便、城市垃圾、芭蕉芋、粉葛、小桐子等。

四川年产秸秆量40万吨及以上的县有31个，年产秸秆量在20～40万吨的县有37个。秸秆资源主要分布在四川盆地及四周山区。畜禽养殖户和大中型养殖场主要位于成都平原及周边的盆地丘陵地区和盆周山区，养殖户和大中型养殖场均占全省总数的90%以上。四川城市垃圾主要集中在成都平原及周边，约占全省城市垃圾总量的80%。

根据芭蕉芋的生长习性、适宜种植地区以及全省各地的种植习惯，四川芭蕉芋种植地分布在宜宾、乐山及周边地区，其中宜宾约占一半。

四川野生粉葛资源相当丰富，据不完全统计，四川盆地及其盆周中低山区有野生粉葛资源约100万亩。根据粉葛的生长习性和要求，四川还有宜林地、未成林地、疏林地和部分灌木林地等上千万亩可用于种植粉葛。

小桐子主要分布在四川雅砻江、金沙江、安宁河流域海拔 700 ~ 1600 米干热河谷地带，其中攀西干热河谷地带为中心分布区域。

四川是全国第三大农业省，全省每年的农业秸秆总量巨大，农作物秸秆资源可利用量为 4140 万吨，相当于 2070 万吨标准煤。全省大约 50%的秸秆未被高效综合利用，理论可利用量约为 2150 万吨，折标煤为 1050 万吨。

四川是畜牧业大省，肉类产量居全国第 3 位，生猪出栏居全国第 1 位。畜禽粪便资源丰富，开发潜力巨大，市场前景广阔，工程技术成熟，具备大规模集约化发展沼气利用的条件。目前，全省农村养殖农户约 1000 万户，数量位居全国第一，若全部建设户用沼气池，年产沼气理论量近 35 亿立方米，折合标准煤 250 万吨。全省共有规模化畜禽养殖场 10488 户，其中大型养殖场 1781 户，中型养殖场 8707 户，年理论可产沼气约 5.3 亿立方米，折合标准煤约 40 万吨。

目前四川省城镇化率已达 40% 以上，全省每年垃圾量超过 1000 万吨，回收率按 70 % 计，全省可新建 800 吨 / 日规模的垃圾焚烧发电厂（单个规模 24 兆瓦）24 个，年发电利用小时按 6000 小时计，折标煤约 114 万吨。

芭蕉芋是生产燃料乙醇的理想原料，每 10 吨芭蕉芋大约可生产 1 吨燃料乙醇。目前全省适宜芭蕉芋种植的边际性土地面积约 100 万亩，芭蕉芋总量约 300 万吨，可用于生产燃料乙醇的芭蕉芋总量约 225 万吨，燃料乙醇年生产总量可达 23 万吨。

四川粉葛种植资源占全国一半，是种植资源最富集的区域，亩产粉葛量可生产约 0.24 吨燃料乙醇。全省实际可建设规模达 1600 万亩的粉葛原料基地，燃料乙醇年产量可达 380 万吨。

小桐子进入盛果期后年均亩产可达 200 ~ 300 千克，平均亩产油约 80 千克。根据《四川省小桐子能源林发展规划》，四川已规划发展小桐子林地资源约 900 万亩，年产量可达 72 万吨。

由此可见，四川的生物质能资源是相当丰富的。

（四）地热能

地热是蕴藏在地下的一种地质资源，它通过水热活动以热水或水汽形式出露于地表或埋藏于地下，被开发利用于发电、加工工业、采暖供热、温室种植和医用治疗等领域，是继煤、石油之后具有广阔前景的地质资源。

四川已开发的地热点，大多含有多种矿物质，有较好的疗养价值。地热水大多出露和分布在构造断裂带，特别是晚近期活动断裂带上，如甘孜、巴塘、义敦、理塘、康定等，同时河谷地带也往往是地热水聚集的区域。

新生代以来，我国西南部由于印度板块与欧亚板块的碰撞，发生了重大的构造事件，这条碰撞边界及其邻区是当今世界上构造活动最强烈的地区之一，并呈现高热流异常，具有产生强烈水热活动和孕育高温水热系统必要的地质构造条件和热背景。四川处于上述地质构造和热背景邻近地域，地热资源丰富，分布广泛。据统计，水温大于25℃的温、热泉（25℃～40℃为温泉，大于40℃为热泉）为305处，居全国第2位，温、热泉放热总量为553×1013焦/年，居全国第4位。

四川省境内河流众多，共有大小河流近1400条，号称“千河之省”。发达的水系为地表水、地热能直接利用江、湖、河水进行热交换创造了良好条件，在部分核心城市的临近江河地段，可利用地表水作为交换热源，有利于降低系统总体成本。

七　电力工业

（一）电力工业的历史和现状

电力工业是先行工业，可是在新中国成立之初一直到之后的半个世纪，四川电力工业一直处于落后被动局面，电力工业发展一直滞后于社会经济发展对电力的需求。

新中国成立以前，四川电力工业微不足道，虽然早在1903年就出现电灯照明，但发展十分缓慢。四川电力工业有一定规模的发展，则是抗日战争时期。可是直到新中国成立时，四川只有泸州、自贡、成都启明、乐山岷江、南充等地有一些几千千瓦规模，许多县只有一些几百千瓦规模的小型火电厂。电力工业长期处于落后被动局面，供求矛盾十分突出。

从第一个五年计划开始，四川的电力工业受到了应有的重视，四川省工业厅成立了四川电力局，加快了电力工业建设的步伐。到第三个五年计划时，先后建成了白马、自贡、成都热电等火电厂和龙池、石棉、映秀湾等水电站。

20世纪60年代后期到2010年，有一批大型水、火电站投产。随着二滩、龚咀、铜街子、紫坪铺等一批大水电和豆坝、黄桷庄、广安、万源、金堂、攀电等一批大火电相继建成投产，电力工业落后的局面得到了缓解。

经过半个多世纪的发展，四川电力工业已形成很大的规模，总装机容量已达6488万千瓦（见图9-10和表9-15）。

由于38个大中型水电站和23个大型火电厂的投产，四川电力工业发生了很大的变化。

1. 电力工业布局渐趋完备

20世纪80年代以前，四川电力工业布局以需求量最大的工业城市布点，以负荷为指导，例如成都热电厂、乐山热电厂、德阳电厂等，这种布局有利于就地供电，供电损耗较少，但是都带来煤炭远距离运输，人口密集城市环境污染严重等诸多不利因素。21世纪开始逐步在煤炭基地建设大型火电厂。随着煤电基地和二滩水电站、紫坪铺水电站等投入运行，使得电力工业布局发生了量和质的变化，渐趋完备。

2. 电力消费结构发生了重大变化

随着全国和全省经济结构的调整改善，随着体制改革的深化，电力消费结构发生了深刻变化。过去几乎没有农业用电，工业用电占90%以上。到2009年，第一、第三产业用电量比重大幅度提高，第二产业用电量比重有所下降，居民用电和交通运输业、商业用电都占有一定比重（见表9-16）。

3. 大中小不同等级相协调的电网基本形成

随着大型、特大型水、火电布局合理

展开，使强大的电力输配网络也得到有效而合理的展开。省内电网已基本形成 220 千伏高压输电网系统，将各大中小火电联结成较为完备的输供体系。向省外发展的有：向贵州联网，向陕西联网，向重庆联网，近期更建设 500 千伏超高压电网向武汉、南京、上海联网。

4. 电力工业结构优化

20 世纪 90 年代前，四川火电以中小型为主体，大型骨干电厂很少。经过 20 多年的努力，淘汰了一大批高耗煤、高污染的中小火电。全省大型煤电基地火电不断投产，电力工业生产技术水平跃上新的台阶。单位电耗煤量和二氧化碳排放量大大降低，生产成本降低，电力工业结构得到优化。

5. 电力工业经济效益有了提高

随着大型超高压超高温火电厂的崛起和一批落后的中小型火电厂的淘汰，电力工业生产技术经济指标得到提高，全省火电厂发电标准煤耗降至 367 克 / 千瓦时，上缴税金大幅度提高（见表 9-17）。

（二）电力工业布局

四川电力工业布局是根据水电和火电不同类型、不同条件展开的，水电受自然条件的严格制约，必须就水能点建站，按不同的流量、落差、地形、地质等条件规划设计建设。不能离开这些特定的条件。火电则以煤炭基地为依托，选择水资源较富裕的交通较便利的场地建厂。

1. 水电布局

由于“三江”流域的水能资源特别丰富，极利于开发利用，就此，“三江”流域自然成为水电布点的重点。已经建成和正在建设的大型水电站 16 处，装机容量达 5259 万千瓦。

川西岷江上游已建成的大型水电站紫坪铺水电站 65 万千瓦和阿坝水电群，装机容量达 181 万千瓦。

川南宜宾的金沙江梯级开发正在大力展开，已完成工程量一半多的溪洛渡和向家坝两个梯级即达 1860 万千瓦，以及锦屏一级、锦屏二级等特大型水电站的建设

图 9-10　四川省发电量

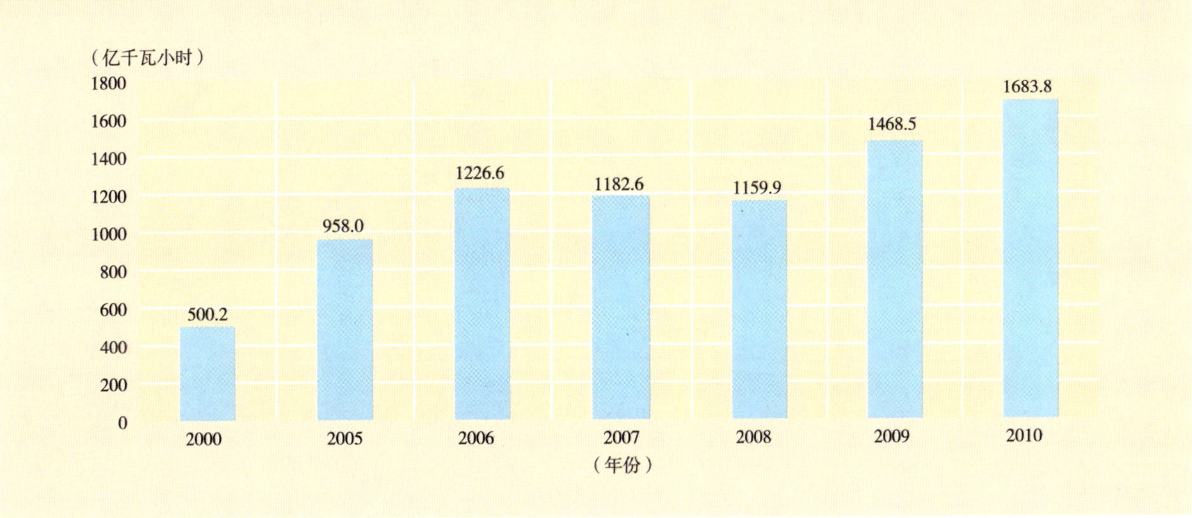

表 9-15 四川已建成和在建中的大中型电站一览（单位：万千瓦）

电站名称	地 点	装机容量	建设状况	备 注
大中型水电： 二滩水电站	攀枝花市	330	已投产	—
铜街子水电站	乐山市	60	已投产	—
龚咀水电站	乐山市	73	已投产	—
沙埝水电站	乐山市	48	已投产	—
紫坪铺水电站	都江堰	65	已投产	—
南垭河水电站	雅安市	37	已投产	—
青衣江梯级水电站	洪雅	25+7.5	已投产	—
冷竹关水电站	甘孜	16.5	已投产	—
宝兴河二期水电站	雅安	42	已投产	—
红岩子水电站	南部	8.7	已投产	—
宝珠寺水电站	广元市	70	已投产	—
阿坝水电群	阿坝州	116	已投产	—
凉山水电群	凉山州	130.9	已投产	备注
瀑布沟水电站	大渡河	360	在建	—
深溪沟水电站	大渡河	66	在建	—
龙头石水电站	大渡河	70	在建	—
乐雅水电站	雅砻江	120	—	—
两河口水电站	雅砻江	300	—	—
锦屏一级水电站	雅砻江	360	在建	已截流
绵屏二级水电站	雅砻江	480	在建	已截流
官地水电站	雅砻江	240	在建	首台 60 万千瓦机组已投产
桐子林水电站	雅砻江	60	在建	已截流
长河坝水电站	大渡河	260	在建	—
泸定水电站	泸定	92	在建	—
大岗山水电站	大渡河	260	在建	—
双江口水电站	大渡河	200	—	—
金川水电站	大渡河	86	—	—
枕头坝水电站	大渡河	72	—	—
罗宁水电站	大渡河	42	—	—

续表

电站名称	地　点	装机容量	建设状况	备　注
黄金坪水电站	大渡河	85	—	—
罗谷水电站	大渡河	77	—	—
梁包水电站	大渡河	120	—	—
巴底水电站	大渡河	70	—	—
巴丹水电站	大渡河	110	—	—
老鹰岩水电站	大渡河	64	—	—
溪洛渡水电站	宜宾市	1260	在建	“12.5” 规划期内
向家坝水电站	宜宾市	600	在建	计划 2012 年第 1 台机组投产
大型火电厂： 黄桷庆电厂	宜宾市	40	—	—
白马电厂	内江市	49	已投产	—
江油电厂	江油市	126	已投产	—
岷江电厂	乐山市	12.5	已投产	—
泸州电厂	泸州市	120	已投产	—
内江电厂	内江市	60	已投产	—
宜宾电厂	宜宾市	24	已投产	—
广安电厂	广安市	240	已投产	—
华蓥山电厂	华蓥山市	60	已投产	—
广元电厂	广元市	200	“十二五” 规划	—
南充电厂	南充市	200	“十二五” 规划	—
江油电厂	江油市	200	“十二五” 规划	—
万源电厂	万源市	60	已投产	备注
金堂电厂（一期）	成都金堂	120	已投产	—
金堂电厂（二期）	金堂	200	—	—
达州燃气电厂	达州市	70	规划	—
嘉陵电厂	成都	35.9	—	—
川煤集团煤矸石电厂	攀枝花市	27	已投产	—
攀钢自备电厂	攀枝花市	30	已投产	—
珙县电厂	宜宾市	120	在建	—
筠连煤矸石电厂	宜宾市	60	—	—
福溪电厂	宜宾市	120	一期 40 万千瓦 已投产	—
古蔺煤矸石电厂	泸州市	60	—	—

表 9–16　四川省 2009 年全社会电力分类情况（单位：亿千瓦时）

产业类别	2009 年	产业类别	2009 年
全社会用电总计	1324.61	工业	935.32
全行业用电合计	1106.5	轻工业	105.1
第一产业	14.2	重工业	830.2
第二产业	959.5	建筑业	25.19
第三产业	132.8	交通运输、仓储、邮政业	23.07
城乡居民生活用电合计	218.1	信息传输计算机服务和软件业	8.7
城镇居民	125.5	商业、住宿和餐饮业	41.71
乡村居民	92.6	金融房地产商务及居民服务业	22.6
农、林、牧、渔业	14.2	公共事业及管理组织	36.4

表 9–17　四川省 10 户重点电力企业 2009 年经济效益指标（单位：亿元）

企 业 名 称	销售收入	实现利润	税金	企 业 名 称	销售收入	实现利润	税金
四川省电力公司	576.38	-4.79	35.15	国电大渡河流域水电开发有限公司	11.09	5.42	2.12
四川省水电投资经营集团有限公司	9.85	1.59	0.75	四川巴蜀开发电力公司	13.93	-1.14	1.88
中国华电集团公司四川公司	56.3	-2.63	4.94	四川泸州川南发电有限责任公司	14.56	-0.56	1.43
中国国电集团公司川渝分公司	45.61	-0.9	0.35	四川省紫坪铺开发有限责任公司	6.66	-1.49	1.26
二滩水电开发有限责任公司	28.71	4.46	6.71	合　计	782.39	2.87	58.71
华能四川水电有限公司	19.3	2.91	4.12				

投产后，将“三江”水电基地建设推进到新的阶段。

水电布局的有效、合理推进，使四川向特大型水电基地迈进了一大步，水电格局将日趋集中化、大规模化。

2. 火电布局

20 世纪 90 年代以前，火电布局以电力消费市场即负荷区为中心，哪里负荷重，电力需求量大，就在哪里建火电厂，例如成都东郊的热电厂、乐山市中心的热电厂等。这种布局使得煤炭运距远，增加了运输压力，污染了大中城市空气。这种不合理布局在近两个五年计划中得到了纠正，拆除了城市火电厂和低效小火电，在煤炭基地兴建大型火电厂，实施煤电联营，这就大大减少煤炭运输压力，减少了城市环境污染。

现在，煤电基地建设进入了攻坚阶段，一批煤电基地的大型火电厂以前所未有的速度建成发电，川南黄桷庄、白马、泸州、高县等 40 ~ 120 万千瓦的大型火电厂投入运行，广旺煤田的 240 万千瓦的广安火电厂、华蓥山的 60 万千瓦火电厂、万源 60 万千瓦的火电厂先后投产，使火电布局日趋合理。

（三）电网布局

四川电网总体上分大电网和地方电网两个电网系统，大电网是四川联系华中、华东、西北的 500 千伏特高压交流系统为构架，35 ~ 110 千伏为主网的四川电网系统。

向家坝 - 上海特高压直流示范工程顺利带电，锦屏 - 苏南特高压直流工程已开工建设，雅安 - 南京特高压交流前期工作顺利展开。

锦屏 500 千伏送出等省内骨干电网建设工程加快建设中。

上述特大电网构架的形成，为“西电东送”提供了空中通道。西北（宝鸡）- 德阳 500 千伏的“德宝”直流输电工程已全线投入运行。四川电网已进入了交直流联网的新阶段，直流输电工程投入运行，对解决四川省丰余枯缺的结构性矛盾起到关键性作用。

截至 2009 年底，四川电网全口径装机容量 3912.63 万千瓦，其中，水电 2676.09 万千瓦，占总容量的 68.4%；火电 1236.54 万千瓦，占总容量的 31.6%。四川公司统调总装机量 3054.86 万千瓦，发电厂站共 174 个，机组 451 台（并网地方电网按核定容量合并为一台等值机统计），综合平均单机容量为 6.75 万千瓦，其中，水电装机 1962.44 万千瓦，占总容量的 64.12%，机组 390 台，平均单机容量 5.01 万千瓦；火电装机 1092.42 万千瓦，占 35.88%，机组 61 台，平均单机容量 17.91 万千瓦。直接接入 220 千伏及以上电压等级的发电机组 236 台，总容量为 2650.3 万千瓦，其中火电装机 996.9 万千瓦、水电装机 1653.4 万千瓦。

2009 年，四川省全社会累计用电量 1324.61 亿千瓦时，比 2008 年增长 9.46%，其中：全行业用电量 1106.47 亿千瓦时，增长 7.98%；城乡居民用电量 218.14 亿千瓦时，增长 17.61%。

2009 年，四川外送电量 132.4 亿千瓦时（其中二滩送重庆 37 亿千瓦时，外购电量 20.4 亿千瓦时。

2009 年，四川电网发供电总体平衡，电网周波合格率为 100%。四川公司完全按节能发电调度原则进行发电安排，实施了大规模直购电和外送电，取得了全网水电发电量增长 22%、水能利用率提高 6.47% 的良好业绩。在 6 ~ 10 月丰水期，收购水电 400 亿千瓦时，增加了 34.2%，较传统调度模式下减少火电 36.5 亿千瓦时，直接减少支出购电费用 6.1 亿元。利用特高压交流联网工程，实施富裕水电外送，全年外送电量 95.35 亿千瓦时（不含二滩送重庆电网 37 亿千瓦时），增长 266%。全网累计受电 18.5 亿千瓦时，减少 55.2%。全网在装机增加远大于用电增长的情况下，发电利用小时数达到 4060 小时，提高 512 小时。

四川主力电网从盆西南绕向盆东，将攀西、成都、自贡、宜宾、乐山、绵阳、达州、南充等主要城市和二滩、溪洛渡、向家坝、龚咀、铜街子、紫坪铺、豆坝、江油、广安、福溪等电厂连接起来，北至甘肃碧口、陕西宝鸡，南达贵州，东达重庆市，直至上海、南京。

220 千伏以上骨干网架主要有：

龚咀→九里→成都→映秀→碧口，总长 173 公里、220 千伏输电工程已建成运行。

二滩→向家坝→自贡→重庆→上海，500 千伏特高压直流示范工程已带电运行。

雅安→成都→南京，500 千伏特高压直流输电工程已开工建设。

锦屏→苏南，500 千伏特高压交流输电工程前期工作顺利展开。

溪洛渡左岸→浙西，500 千伏特高压交流输电工程已列入规划。

上述输电工程的建设，形成“东接三华，西纳新藏，北联西北，南通云贵”的全国电力交换大枢纽（见图 9-11）。

四川电网目前存在的问题：一是特高压电网和直流投运给电网安全稳定运行带来新挑战；二是四川水电保持高速度增长，全网发电利用小时数总体呈下降趋势，厂网矛盾在电力高速发展模式下很突出；三是外部环境对电网建设的制约进一步加大；四是外力破坏和灾害性天气呈多发趋势，对电网安全构成严重威胁。

（三）电力工业展望

由于“三江”丰富的水能资源优势和川南的煤炭资源优势，四川水、火电还未到开发建设的高峰时期，再经过两个五年计划，到 2025 年，四川将有相当于 6 个

图 9-11　四川电网分布

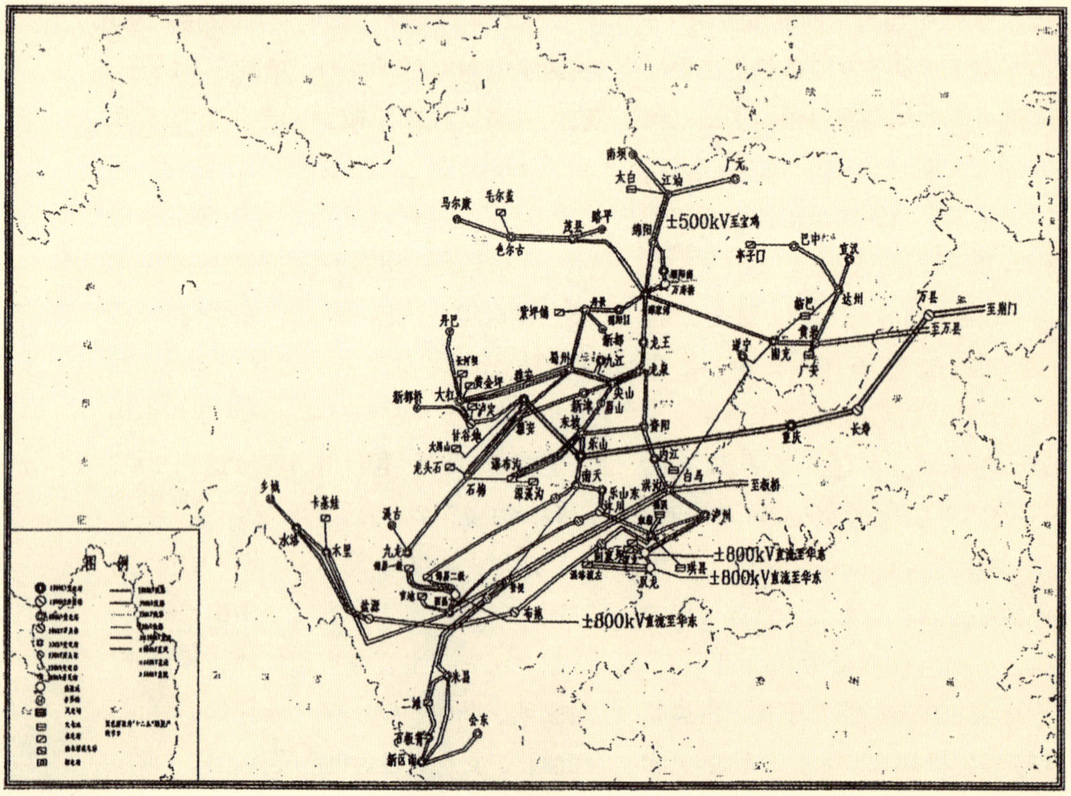

三峡规模的水电和 3 个三峡规模的火电投入运行，从而成为全国最大的电力强省。世界上最大规模电力基地形成，也是指日可待的。

四川电力工业应当抓住当今国际和国内经济最佳时局，抓住全国市场最迫切需求电力的时期，加强建设电力工业力度，“水、火并举，侧重水电”。

第一，“三江”流域梯级开发大水电，是重中之重。

第二，在川南等煤炭资源区建设煤电基地，并从煤炭资源大省贵州引“黔煤入川”的铁路通道，形成煤 – 路 – 电优化产业链。根据上大压小的原则，建立起与特大型水电基地互济的特大型煤电基地。

第三，规划并建设强大的中国南部地域的超高压电力网，实现“西电东输”的南中国能源战略，为“长三角”等地提供清洁方便能源，极大地缓解中国东南部的缺电局面，并使这些广阔地带大气环境质量得到改善。

第四，提高电力设备技术性能，新建火电应以超临界、超超临界装机 60 万千瓦以上大火为主，该淘汰的“高耗、低效、重污染”的中、小火电，要坚决拆除。煤电基地大火电应采用国际最先进的技术装备，实现最低的煤耗和最低的污染物排放。

第五，电力工业布局应是川南煤电群、川西南水电群和分布在合理区域的水、火电点，既合理分散布点又相对集中的格局。

第六，理顺煤电联营、水电开发有关利益共享的政策（见第八部分），“十二五”四川电力发展规划见图 9–12。

八　四川能源发展的战略定位和战略要点

根据四川能源经济地理的丰度、区域分布和特点，对发展四川能源经济提出以下战略要点。

（一）能源发展和布局的六项原则

能源发展和战略布局可根据六项原则展开：

①资源导向的原则；

②经济效益的原则；

③能源工业布局和社会经济综合平衡合理布局的原则；

④综合开发利用的原则；

⑤区际交流的原则；

⑥环境保护的原则。

（二）能源发展的战略定位

再经过 20 年时间，建成举世瞩目的水火并举、以水电为主体的，相当于 9 个三峡规模的国家电力工业基地，实施“西电东输”的南中国能源战略。

再经过两个五年计划，建成全国最大的天然气化工基地；居民用气率：城市达到 92% 以上，农村达到 15% 以上。

（三）战略要点

1. 特别重视“三江”（雅砻江、金沙江、大渡河）的水电基地建设，四川和

图 9-12　四川省“十二五”电力发展规划

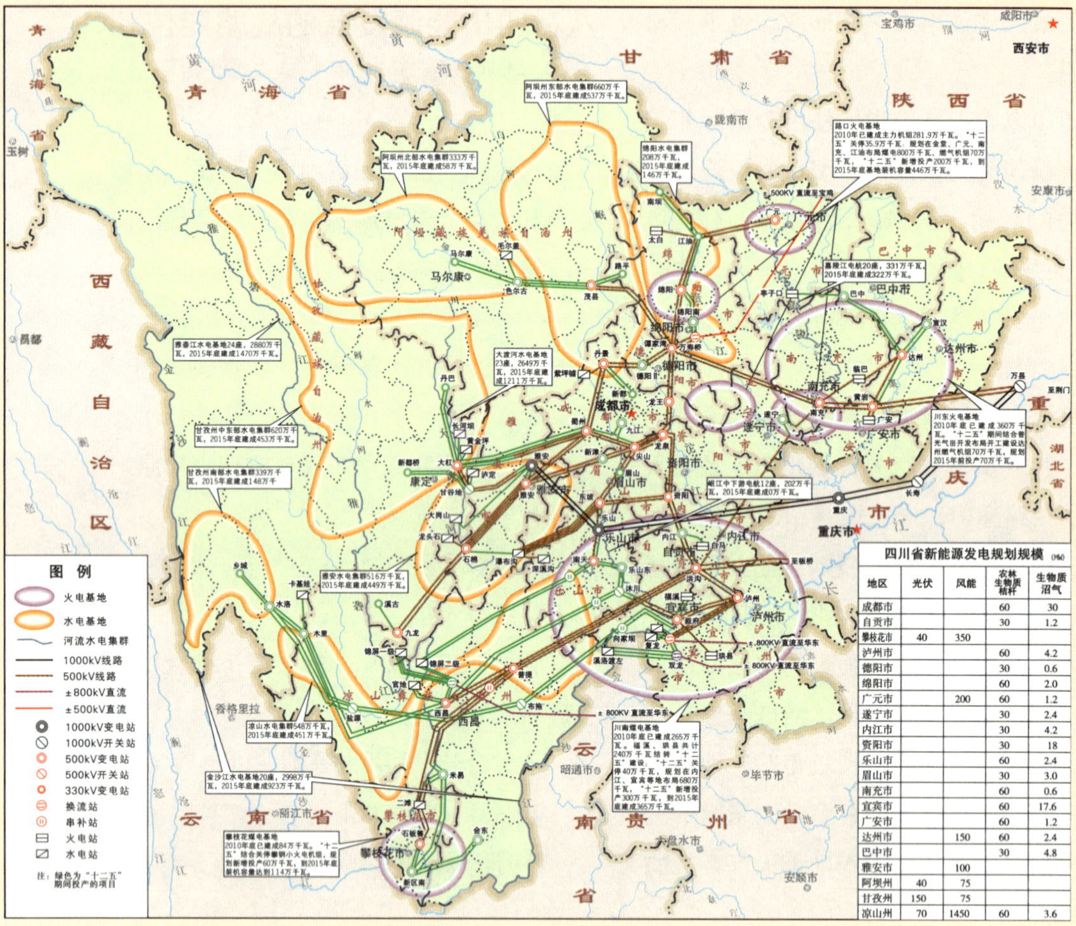

四川省新能源发电规划规模（MW）

地区	光伏	风能	农林生物质秸秆	生物质沼气
成都市			60	30
自贡市			30	1.2
攀枝花市	40	350		
泸州市			60	4.2
德阳市			30	0.6
绵阳市			60	2.0
广元市		200	60	1.2
遂宁市			30	2.4
内江市			30	4.2
资阳市			30	18
乐山市			60	2.4
眉山市			30	3.0
南充市			60	0.6
宜宾市			60	17.6
广安市			60	1.2
达州市		150	60	2.4
巴中市			30	4.8
雅安市		100		
阿坝州	40	75		
甘孜州	150	75		
凉山州	70	1450	60	3.6

资料来源：本图由四川省发展和改革委员会、四川省测绘地理信息局提供。

“央企”合力打造中国新的经济增长极

“得先机者得天下”，下定决心，齐力开展“三江”水电基地建设，争取到2025年，建成6000万千瓦的水电基地，完成3000万千瓦火电的电力工业建设目标，实现“西电东输”的南中国能源战略，把四川建成以水电为主体，水火并举的全国能源生产基地，使四川水电在全国能源平衡中处于举足轻重的地位。其时，东、中、南地区的能源供应将从数量、质量得到大大改善。为实现这个目标，四川要与“央企”合力打造，四川也由水能资源的特大优势转化为经济优势，大大增加四川的财力。

应当摒弃“南水北调——西线方案”的规划建设，这个方案在海拔4000米的雅砻江上游号称通天河取水北调，要在冻土区打通引水隧道，其难度之大，可想而知。项目风险很大，不仅投资无底洞，效益未知数，且调走的雅砻江水量将对雅砻江、金沙江10多处梯级电站、长江三峡电站、葛洲坝电站造成持久的电能损失，且危及生态环境。“南水北调——西线方案”是得不偿失的冒险工程，应当摒弃。

2. 提高煤炭产业集中度，促进以煤为基础，煤电、煤化、煤冶等多元化发展

通过加快大中型煤矿建设，整合改造小煤矿和企业兼并重组，形成 3 ~ 4 个 1000 万吨以上，10 多个 100 万吨以上规模的大企业集团。

3. 水电基地建设的同时，应当建立与水电调峰负荷相应的火电基地

大火电基地应主要选址在川南煤田附近的宜宾、泸州地区。同时建设黔煤入川的专用铁路，将距川南邻近的贵州煤入川发电。再经过三个五年计划，四川与“央企”合力在川南建成煤 - 路 - 电优化配套的，相当于 3 个“三峡”规模的特大型火电建设基地。大型火电基地与特大型水电基地配套，将大大提高电网系统的供电效能和经济效益。

4. 四川应当对核电建设作极其慎重的决定

四川建设核电有科研、装备制造、核原料等技术、经济方面优势，很早就有有关部门策划建设核电的动议，作为水电基地的调峰，实属必要。但是四川地处长江上游，每一条中小河流均流入长江。一旦发生核泄漏，进入河流，对长江下游几亿人民将造成无法想象的恐慌性影响，甚至引起大规模群体事件。所以在四川和重庆两省市都应对核电站建设的动议，做出极其慎重的决定。

5. 加强大电网建设

加强大电网建设，建成以特高压电网为骨架的，以“西电东送”为主体的 500 千伏电网构架和 500 千伏变电站，研究和发展超导电缆，使强大电力向上海等地的远程输送，电损达到最低程度，提高供电效能。

6. 把生态环境保护工作提高到与建设电力基地同等重要的地位

能源开发对生态环境影响密切，一提到能源，就会涉及环境问题。长期以来我们对能源环境问题严重忽视，加上经济实力的限制，四川环境问题日益严重，带来种种不良后果。为开发水电，必须全面评价并处理好环保、防洪、水利、航运等一系列相关问题。

“三江”流域的保护，不仅是自然保护也是文化保护。要改革创新，形成符合“三江”流域功能定位的保护发展模式，建立生态文明区域。在开发“三江”水电时要给该流域的生态环境、经济、文化发展带来正面益处，保护这个具有世界意义的自然生态环境。

四川煤质差，加上落后燃烧方式和燃煤装置，使大气受到严重污染，水土流失加剧，水污染也日趋严重。必须从能源源头到使用过程采取一系列技术措施，如扩大精煤商品，天然气优先民用，能源的气化、液化，新能源开发等。在川南建设特大型火电基地，势必给川南带来严重的大气环境问题，必须采取有效措施，尽可能降低大气环境污染，把能源对环境影响降低到最低程度，建立规范的、长效的生态保护机制。

7. 大力加强能源科技研究

其重点一是围绕大中型能源基地建设，进行资源的综合考察与评价，做好综合开发的技术经济分析，并开展合理运输流程的研究；二是加强天然气生成理论和勘探开采新技术、新工艺研究；三是做好

水电资源评估，流域规划，工程地质研究，高坝技术、新施工工艺、远距离输电新材料（如超导等）、提高热能利用等新技术研究；四是节能技术研究，四川能源环境问题的研究，包括区域环境自净能力，污染总量控制，保护宏观环境生态平衡等；五是水能转化进入载体产品，如多晶硅、锂电池、电动汽车等的研究；六是农村能源的开发利用和节能技术的研究；七是能源软科学的研究，包括规划和发展战略的研究，能源政策的研究，能源信息的收集、整理、储存、传递的研究等。

8. 要制定解决资源大省经济利益的大政策

国家开发利用水能资源和天然气资源，四川做出了巨大的资源贡献，理应得到相应经济回报。但是现行政策，只有“开发商”和下游经济发达地区受益，四川付出最大资源，得益极少。“南水北调”（西线方案），光彩了京津，穷了四川；“西电东送”、“川气出川”，富了“开发商”，光彩了“三华”，穷了四川。这种极度不合理状态应当有一个政策性大转变。开发四川水能、天然气资源，应当首先为四川创造源源不断的财富和改善人民的生活。国家应出台有利于四川资源优势转化为经济优势的大政策。

现行水能开发政策，是“光辉了‘三华’（华中、华东、华南），富了开发商，穷了四川”。光辉了“三华”，川电占领了“三华”的消费市场，这是川电和“三华”共赢。而富了开发商，穷了四川，则是开发商无偿获得四川的液体金矿，这是不平等的政策，理应予以抗争和改革。应当采取“资源有偿使用，生态环境补偿，利益成果共享，依法合理入股，财税倾斜地方”为核心内容的资源有偿使用和补偿机制。

一是实行“水能资源税”的税收政策。水是自然资源，属自然属性，但它又有社会属性。当通过 C + V（人力物力）的投入，成为水利用水时，就具有商品属性（这是商品经济的定律），应当收取水资源费。水能资源是液体金矿，通过工程建设转化为电力商品时，就是真金白银，理应与石油、天然气、煤炭等矿产资源一样，征收水能资源税。

二是提供水能资源地应和开发水能资源的“央企”实行利润分成。这是国际惯例，如中东地区石油国不可能会给国外开发商无偿提取原油，是同样的道理。

三是煤电联营，共负盈亏的政策。煤矿提供低端商品——原煤，电厂提供高端商品——电。煤与电的联营，应当合理分配利润。

四是天然气供气应当在同样工艺、技术、环保等条件下，就近供应，避免远距离输气。号称“气都”的达州市缺气、限气局面，应该得到改善。

五是建立规范的长效生态补偿制度。在开发利用水能资源、天然气资源并获得巨大经济利益时，可研究财政转移机制。从得利部门拿出一定的利润比率，转移到环境保护方面进行补偿。

图 9-13　四川省“十二五”能源重点建设

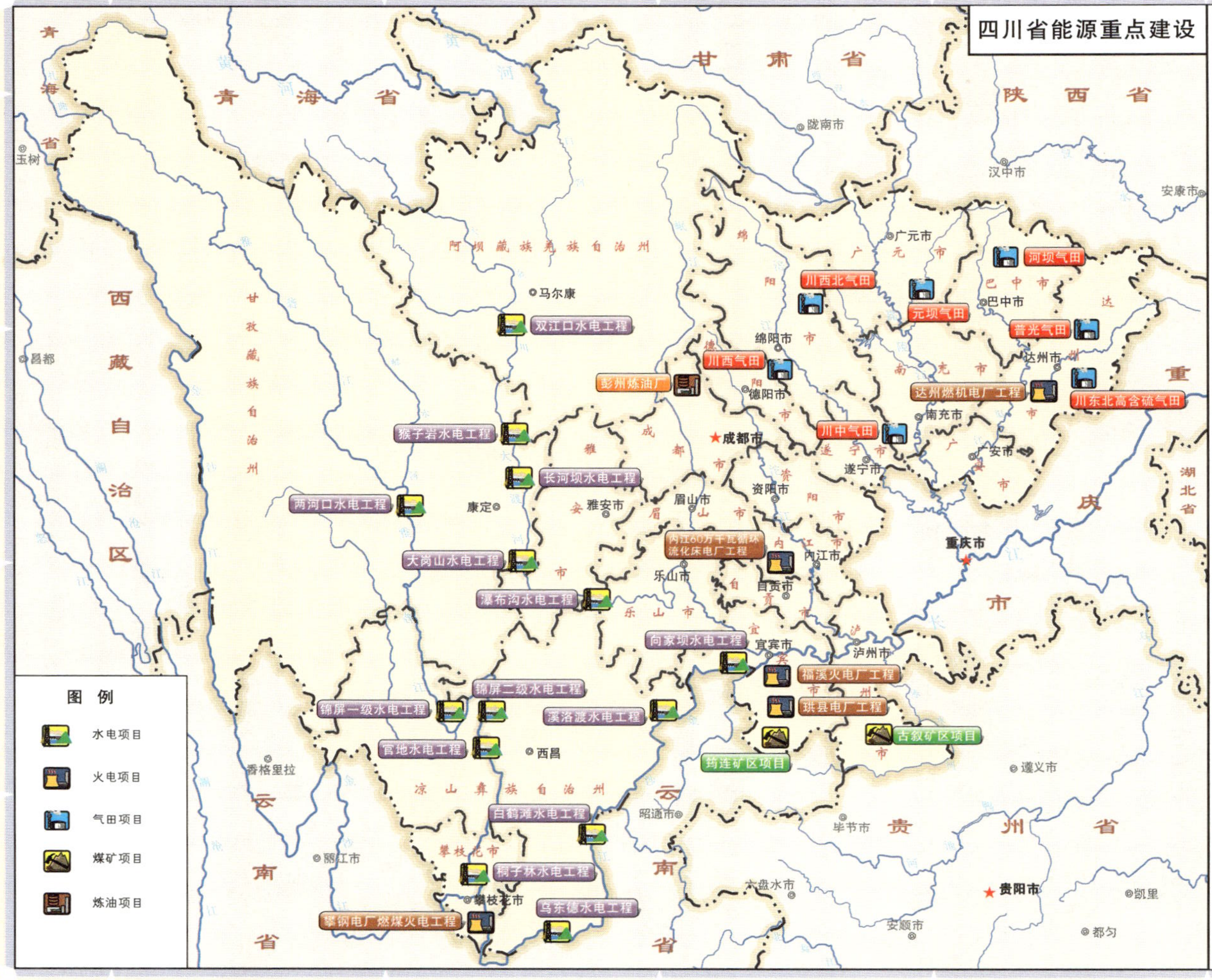

四川省2015年能源消费总量及主要品种消费预测表

序号	品种及分类	单位	2010年(实际消费) 实物量	2010年 折标煤	2010年 百分比	2015年 实物量	2015年 折标煤	2015年 百分比	5年年均增长率
				万吨	%		万吨	%	%
	能源消费总量			17892	100.00		26401	100.00	8.09
一	化石能源			13777	77.00		17711	67.09	5.15
1	煤炭	万吨	12974	9266	51.79	15039	10742	40.69	3.00
2	天然气	亿立方米	175	2331	13.03	260	3458	13.10	8.25
3	石油	万吨	1526	2180	12.18	2458	3511	13.30	10.00
二	非化石能源			4731	26.44		8690	32.92	14.05
4	水电	亿千瓦时	1140	4731	26.44	2200	8690	32.92	14.05
	电力	亿千瓦时	1549		0.00	2800			
三	电力平衡	万吨		-617	-3.46				

四川省“十二五”能源发展主要指标表

类别	指标	单位	2010	2015	年均增长	属性
能源消费总量及结构	一次能源消费总量	万吨标准煤	17892	26401	8.09%	按国家规定确定属性
	煤炭消费量（原煤）	万吨	12974	15039	3.00%	预期性
	煤炭消费比重	%	51.79	40.69	〔－11.10%〕	预期性
	油品消费量（成品油）	万吨	1526	2458	10.00%	预期性
	油品消费比重（成品油）	%	12.18	13.30	〔+1.12%〕	预期性
	天然气消费量	亿立方米	175	260	8.25%	预期性
	天然气消费比重	%	13.03	13.30	〔+0.27%〕	预期性
	非化石能源消费量	万吨标准煤	4731	8580	14.05%	预期性
	非化石能源消费比重	%	26.44	32.92	〔+6.48%〕	约束性
	全社会用电量	亿千瓦时	1549	2800	12.57%	按国家规定确定属性
电力发展	电力装机容量	万千瓦	4327	8800	15.26%	预期性
	其中：水电	万千瓦	3070	7000	17.92%	预期性
	火电	万千瓦	1257	1800	7.45%	预期性
	发电量	亿千瓦时	1704	3600	16.14%	预期性
	其中：水电	亿千瓦时	1140	2880	20.37%	预期性
	火电	亿千瓦时	564	720	5.01%	预期性
	新能源发电装机容量			220		预期性
	其中：风电	万千瓦		100		预期性
	太阳能发电	万千瓦		30		预期性
	生物质能发电	万千瓦		71		预期性
节能环保	单位GDP能源消耗	吨标准煤/万元	1.04	0.82	>〔－16%〕	约束性
	单位GDP二氧化碳排放	吨/万元	1.86	1.29	>〔－17.5%〕	约束性
	能源消费碳系数		1.86	1.58	>〔－10%〕	约束性
	主力火电厂发电煤耗	克标准煤/千瓦时	330	325	〔－5〕	预期性
	主力火电厂供电煤耗	克标准煤/千瓦时	356	345	〔－11〕	预期性
	电网综合网损率	%	7.68	6.68	〔－1%〕	预期性
	煤电二氧化硫排放系数	克/千瓦时	5.92	完成国家下达目标		约束性
	煤电氮氧化物排放系数	克/千瓦时	3.00	完成国家下达目标		约束性
民生改善	居民人均生活用电量	千瓦时	271	548	15.13%	预期性
	绿色能源示范县	个	6	16	21.68%	预期性
	通管道天然气的县城	个	120	140	〔+20〕	预期性
	农网改造面	%	70	>95	>〔+25%〕	预期性

注：（1）〔　〕内为5年累计数；（2）GDP以2010年不变价计算，其他涉及价值计算同；（3）新能源发电装机和发电量不参与平衡。（4）本表格式和内容按国家能源局国能规划〔2011〕115号要求编制。

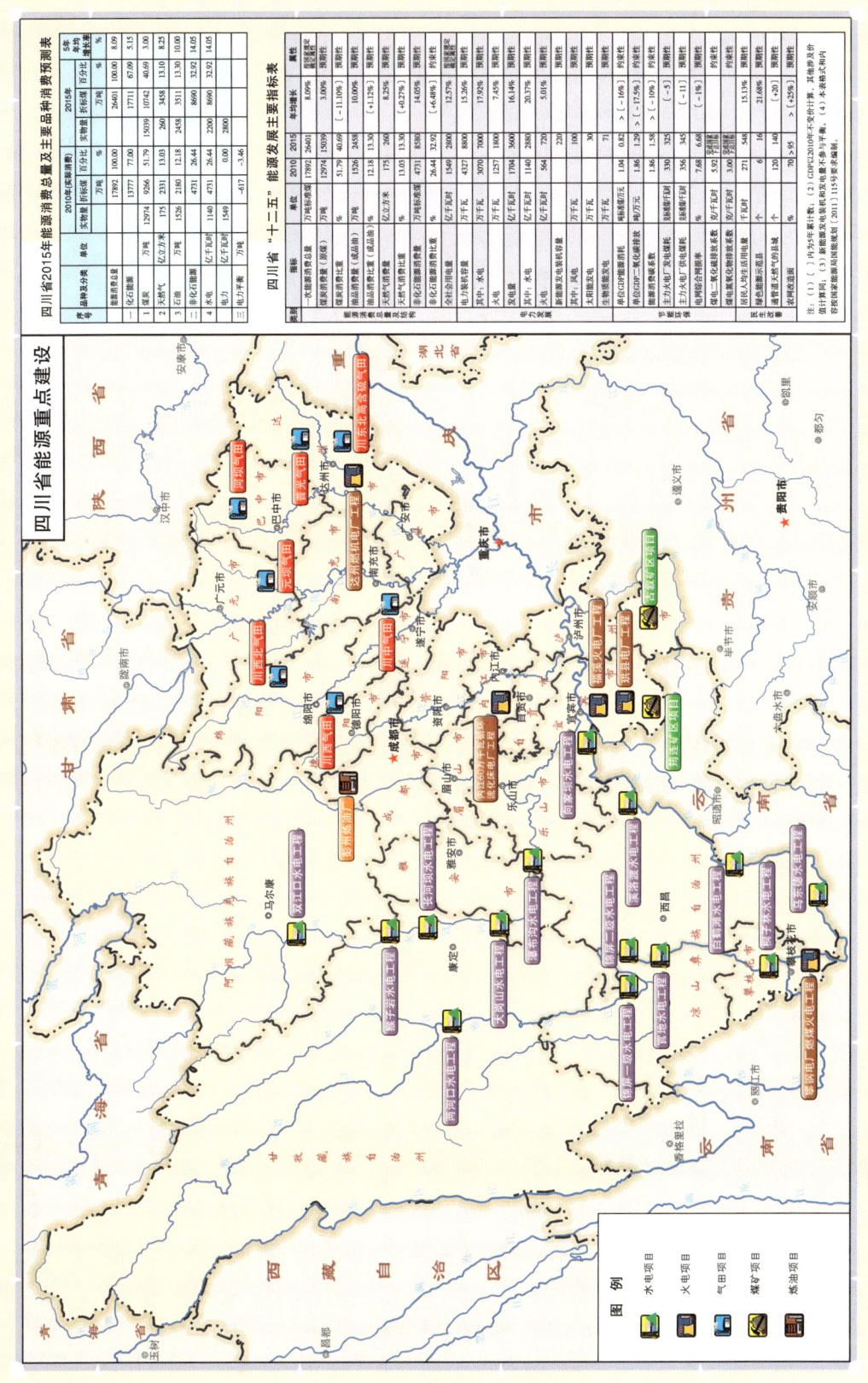

资料来源：本图由四川省发展和改革委员会、四川省测绘地理信息局提供。

第10章 交通经济地理*

一 四川交通运输的历史演变

四川辖区广阔，地形地貌多样，地质条件复杂，交通基础设施建设工程量大、施工难度大，维护和保养成本高，素有“蜀道难，难于上青天”之说。与此同时，四川地处我国西部内陆，深入大陆达1500公里，属中深远内陆型省区，既不靠海，也不沿边，四周又被群山所围堵。地理上的封闭性使四川对外交通十分困难，只能通过有限的交通孔道与区外联系，对外经济活动的物流成本和时间成本高。因此，交通运输与四川经济社会发展有着天然的联系，在很大程度上影响和决定着四川经济社会发展的历史进程和经济地理格局。

（一）新中国成立前的四川交通运输

在古代，四川交通运输主要依靠陆路和水路。陆路运输借助人力和畜力，道路为土栈道和石栈道，古栈道成为进出川的主要交通通道。另一方面，四川河流众多，内河航运历史悠久。至唐代，四川航运已相当发达，客货船可从成都起航，经岷江、长江直达扬州，还可沿川江南岸诸小河至贵州，内河成为四川东向出川的主要通道。

19世纪末至20世纪初，四川开始出现公路、铁路等现代运输方式以及轮船、汽车等现代载运工具。由于公路和铁路尚属起步阶段，线路短、不成网，且现代运输工具数量不足，以轮船、木船为载运工具的内河航运成为四川最主要的长距离、大运量运输方式。

抗战时期，作为大后方的四川，交通运输曾出现过短暂的繁荣。在内河航运因战争受阻的情况下，公路运输得到较快发展，公路总里程达8038公里，111个县通公路，专业营运汽车5000余辆，军用航空也有较快发展。但至新中国成立之前，自然地理条件以及历史造成的四川交通闭塞和困难的状况依然改变不大。

总体上看，在新中国成立前的漫长岁月里，四川交通运输发展具有以下特征。

1. 对外交通瓶颈制约十分突出

四川地处西部深远内陆，远离海洋，四周为大山围堵。由于缺乏现代化的进出川陆路通道，对外交通的瓶颈制约十分突出。打通进出川通道，变“蜀道难”为“蜀道通”是四川人民的历史期盼和千年梦想，从开凿古栈道到修筑川陕公路，四川人民为之进行了长期不懈的努力。

2. 内河运输在全省交通运输中占据极其重要的地位

受自然地理条件和当时筑路技术的影响，四川陆路交通发展困难，且缺少现代运输工具，省内客货运输和进出川大宗物资运输主要依靠内河航运。据统计，1950年四川内河货运量和货物周转量分别占全省的75%和81.6%；客运量和旅客周转量虽次于公路，但也分别占全省的43.8%和12.2%[①]（见图10-1）。川江成为全省出川物资运输的主通道，长江、岷江、嘉陵江沿线形成了乐山、宜宾、泸州、南充等

---

* 本章作者：戴宾，西南交通大学区域经济与城市管理研究中心主任，教授。

① 刘清泉、高宇天：《四川经济地理》，四川科学出版社，1985。1997年重庆市从四川分立，1997年以前的交通基础设施和生产运输数据如无特殊说明，均含重庆市。

一批重要内河港口。

3. 铁路、公路、航空等现代交通运输方式发展缓慢

全省仅有不到百公里的运煤轻便铁路①。公路数量少，绝大部分线路质量低劣，车辆既少又破旧。民用航空航线少、航班稀、票价昂贵。

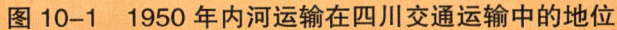

图 10–1 1950 年内河运输在四川交通运输中的地位

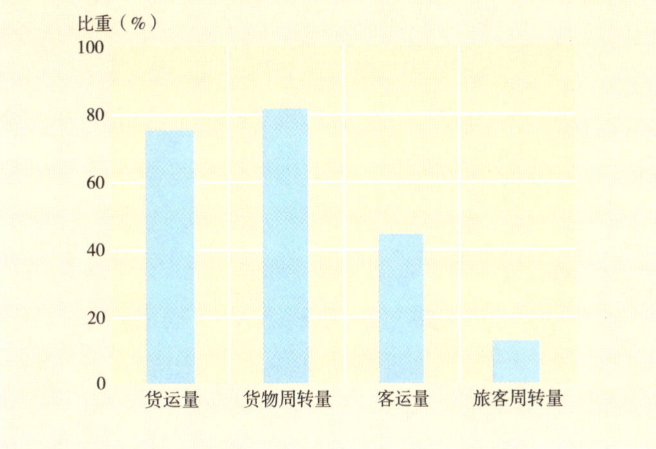

（二）新中国成立后的四川交通运输

新中国成立后，四川交通运输及其空间布局发生了巨大的变化，大体分为四个阶段。

1. 新中国成立至“三五”时期（1950 ~ 1970 年）

这一时期交通基础设施建设的重点是铁路干线。先后开工建设了成渝铁路、宝成铁路、内宜铁路、川黔铁路和成昆铁路（见表 10–1）。为密切与少数民族地区的联系和开发边疆地区，先后修建了康藏公路以及成阿、宜西、渝南等骨干公路。除此之外的公路建设则主要集中在县、乡公路方面，对全省交通运输发展格局影响不大。航运方面重点整治了川江②渝宜段。航空方面双流机场纳入民航机场序列，并于 1959 年、1967 年进行了两次扩建，开辟了成都到北京、拉萨的航线。

“一五”至“三五”时期，四川交通运输，尤其是铁路有了长足发展，并呈现以下特征。

第一，铁路成为四川主导性的现代运输方式。大规模的铁路建设使铁路在全省交通运输中的地位迅速提升，所承担的客货运量快速增长（见图 10–2）。

第二，铁路路网骨架初具雏形。以成都为中心，成渝铁路、宝成铁路、成昆铁路为干线，形成人字形的铁路路网骨架。

表 10–1 新中国成立至“三五”时期四川的铁路建设

新建干线铁路	开工时间	建成时间	新建干线铁路	开工时间	建成时间
成渝铁路	1950.6	1952.7	川黔铁路	1956.4	1965.10
宝成铁路	1952.7	1958.1	成昆铁路	1958.7	1970.7
内宜铁路	1956.1	1958.10			

① 分布在重庆市境内。
② 川江指从四川省宜宾市至湖北省宜昌市之间的长江上游河段，因大部分流经四川盆地，故名。

图 10-2 1953 ~ 1969 年四川铁路客货量变化（成都铁路局管内）

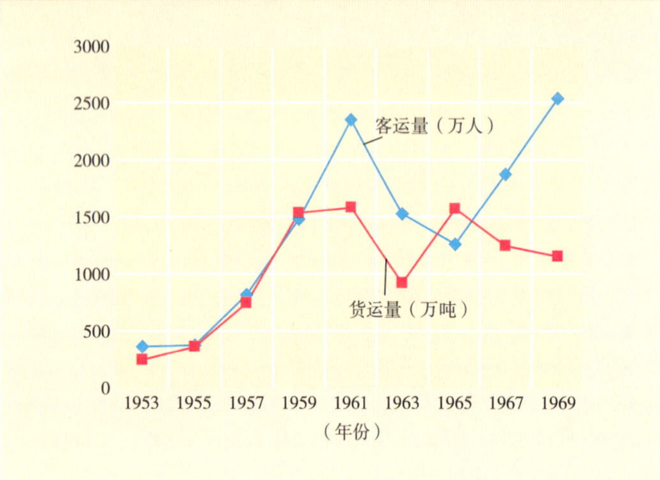

资料来源：刘清泉、高宇天：《四川经济地理》，四川科学出版社，1985。

第三，成都铁路枢纽初步形成。成渝、宝成、成昆三条铁路干线在成都交汇，成都成为全国重要的铁路枢纽。

第四，铁路代替内河水运成为四川进出川客货运输的主通道。初步形成了北、南及东南三个方向的对外铁路出川通道，封闭式交通开始向开放式交通转变。宝成铁路成为四川连接西北，通往北方地区的长距离、大运量通道。

第五，内河水运的地位有所下降。由于在速度、空间机动性等方面不及铁路，加之船舶技术落后、航道整治不力，内河水运的地位不断下降。内河货运量占全省的比重由 1950 年的 75% 下降到 1957 年的 49%。

2. "四五"至"七五"时期（1970 ~ 1990 年）

这一时期除襄渝铁路和支线铁路等少数新线建设外，铁路建设的重点主要集中在对既有线路的技术改造和设备更新上。1975 年宝成铁路全线完成电气化改造，成为我国第一条电气化铁路。1985 年成渝铁路完成电气化改造。国家干线公路建设步伐加快，省内大部分干线公路改造为柏油路面。1984 年，全省最后一个不通公路的甘孜州德荣县通车，四川实现县县通公路。江河干支流整治全面展开，航运工具及设备的机械化、现代化进程加快。双流机场进行两次扩建。至 1983 年，全省铁路已建成 6 条干线和 9 条支线，营运里程达 2638 公里，占全国铁路营运总里程的 5.1%；公路通车里程达到 84624 公里，占全国公路总里程的 9.2%，在全国各省、市、自治区中居第 1 位；通航河流 99 条，通航里程达到 8774 公里，占全国内河航道总里程的 8%。

"四五"至"七五"时期，四川各种运输方式发展较为均衡，交通运输发展呈现以下特征。

第一，铁路出川通道进一步拓展。襄渝铁路成为继宝成线、川黔线、成昆线之后进出四川的第四条铁路，成为进出川东向铁路通道。

第二，以成都为中心、呈放射状的国家干线公路网初具雏形。以成都为起点或经过成都有川陕、川黔、川藏、成渝、成阿、唐巴 6 条国家干线公路，初步形成以成都为中心、放射状的国家干线公路格局，成都的综合交通枢纽地位开始凸显。

第三，公路路网加密，但路网不完善，分布不均衡。1983 年，全省公路路网密度已达到 15 公里 / 百平方公里，高于全国 9.4 公里 / 百平方公里的平均水平。但路网构成不完善，断头线多，联络线少，干线与支线比例不当，且分布不均衡（见表 10-2）。

第四，初步形成多种运输方式相结合的交通运输格局。以水运或铁路单一运输方式为主的局面得以改观，铁路、公路、水运、航空发挥各自的经济技术优势，在客货运输方式均占一定的比例（见表 10-3）。

表 10-2　1982 年四川分区域公路路网密度
（单位：公里 / 百平方公里）

区　域	涉及市（州）	路网密度
盆底地区	成都、自贡、内江、南充等	33.5
盆周地区	绵阳、雅安、乐山、宜宾等	20.8
西部山地、高原	阿坝、甘孜、凉山	6.2

资料来源：刘清泉、高宇天：《四川经济地理》，四川科学出版社，1985。

表 10-3　1983 年全省铁路、公路、水运比例关系
（单位：%）

指　标	铁　路	公　路	水　运
客运量	10.7	78.5	11
旅客周转量	39.9	52.1	8
货运量	34.5	49.65	15.85
货运周转量	70.3	10.96	18.74

资料来源：刘清泉、高宇天：《四川经济地理》，四川科学出版社，1985。

3."八五"至"十五"（1990 ~ 2005 年）

20 世纪 90 年代，以成渝高速公路建设为标志，四川掀起了高速公路的建设热潮，先后开工建设了 14 条高速公路，建成 7 条高速公路（见表 10-4）。高速公路从无到有，至 2005 年已达到 1759 公里，居全国第 5 位（见图 10-3）。全省公路里程也由 1997 年的 7500 公里增加到 2005 年的 11500 公里，净增 4 万公里。基本形成以成都为中心，由国道主干线、国家干线公路、一般国道、省道为骨架，连接城乡，贯通相邻省区的公路网。

铁路方面，开工建设了隆黄、达成、金筠、达万、遂渝、乐巴和襄渝二线 7 条铁路。但除达成铁路为干线铁路之外，其余均为支线、复线或分段铁路。总体而言，铁路密度不高、线路等级偏低，运行速度慢、通过能力不强，已不能与快速发展的高速公路相比。

1994 ~ 2001 年，成都双流国际机场先后对飞行区和航站区进行了大规模扩建，跑道延长至 3600 米，飞行区等级指标达到 4E 级。在此之后，双流国际机场旅客吞吐量、货邮吞吐量、起降架次一直稳居全国第 6 位，居中西部领先位置。

"八五"至"十五"时期，四川高速公路发展迅猛，交通运输发展呈现以下特征。

表 10-4　"八五"至"十五"时期四川开工建设的高速公路

高速公路	开工时间	建成时间
成渝高速	1990.9	1995.9
绵广高速	1999.3	2002.12
成绵高速	1994.10	1998.12
达渝高速	1995	2007.11
成雅高速	1996.12	2000.1
成南高速	1999.11	2002.12
南充 – 广安高速	2001.11	2004.6
宜水高速（宜宾 – 水富）	2002.11	2006.11
西攀高速	2002.12	2008.12
遂渝高速（遂宁 – 川渝界）	2003.12	2007.11
邻垫高速	2005.7	2008.12
攀田高速	2005.9	2008.12
南渝高速（川渝界）	2005.11	2008.11
广巴高速（广元 – 巴中）	2005.12	2010.5

图 10-3　1997 ~ 2005 年四川高速公路通车里程变化

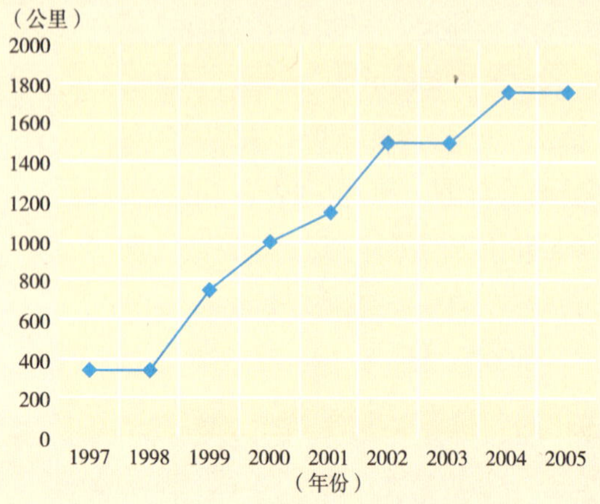

第一，高速公路从无到有，代替铁路成为全省新的骨干交通网。高速公路迅猛发展，以成都为中心形成放射状的高速公路布局，连接全省主要城市的高速公路网初步形成，并代替铁路成为全省新的现代化骨干交通网。

第二，公路成为全省重要的中、短途运输方式。大规模的高速公路建设使公路运输在全省的地位得到极大提升，成为全省重要的现代化中、短途运输方式。2005 年公路运输在客运量、客运周转量和货运量方面均占绝大比重。铁路则在全省综合运输体系中主要承担长途客货运输，仅货运周转量还保持第一，而客运周转量甚至不及航空（见图 10-4）。

第三，内河航运不断衰落。内河水运的地位不断下降，已无法与公路、铁路相提并论。20 世纪 90 年代后期，内河航运衰退到最低点，客运量仅占全省的 1.59%（1998 年），货运量仅占 2.21%（1996 年），货物周转量仅占 1.92%（1999 年）。

第四，形成 K 字形的铁路路网。达成铁路的建成营运使四川铁路骨架由人字形演变为 K 字形，并一直沿袭至今。

第五，初步形成放射形的高速公路主骨架。以成都为中心，连接全省主要城市的放射形公路主骨架初步形成。

第六，高速公路出川通道大幅度增加。大规模的高速公路建设使全省出川高速公路通道达到 7 条，初步形成开放式的交通格局。

第七，成都西部综合交通主要枢纽地位进一步巩固。成都成为西部地区最大的

图 10-4　2005 年不同运输方式占全省的比重

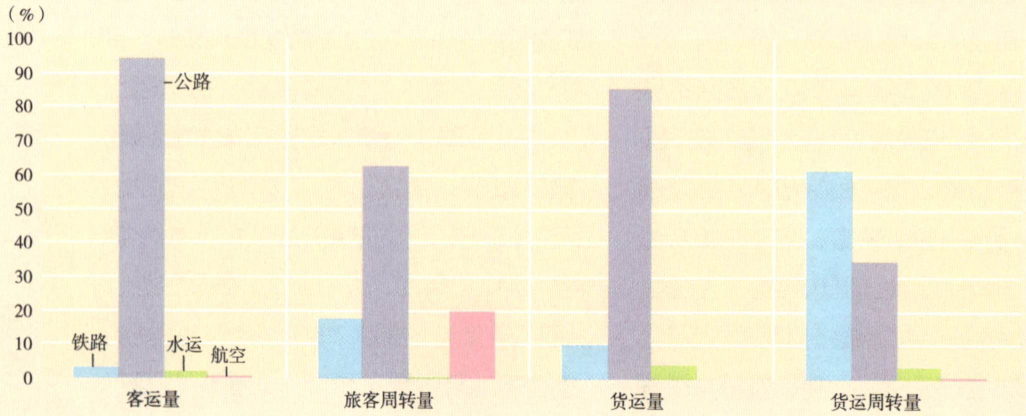

铁路枢纽、公路枢纽和航空枢纽，在全国的综合交通枢纽地位得到进一步巩固和提升。

4.“十一五”时期（2005 ~ 2010 年）

“十一五”时期，尤其是四川实施建设西部综合交通枢纽战略以来，全省交通基础设施建设掀起了前所未有的高潮，全省交通运输布局发生了根本性的变化，初步形成铁路、公路、内河水运、航空和管道运输相结合的综合运输体系（见表 10–5）。

（1）开工建设了一大批铁路项目。先后开工建设了绵成乐、成渝、兰渝等 23 个铁路项目，总里程超过 2500 公里。新建铁路大多为时速 200 公里 / 小时以上的高速铁路，同时开工建设了 4 条铁路客运专线、两条复线或二线铁路。西部地区第一条地铁成都地铁 1 号线建成通车（见表 10–6）。

（2）开工建设了一大批公路项目。先后开工建设广陕、广甘、达陕等 30 个高速公路项目，总里程达 3137 公里。全省建成和在建高速公路总里程达 5893 公里，在全国各省（自治区、直辖市）排第 2 位。全省规划建设的 23 条高速公路出川通道已建成 7 条、在建 11 条，成都主枢纽 11 条放射线和两条环线建成或在建。高速公路网络加快形成，国省干线公路、农村公路技术标准和通行状况明显改善（见表 10–7）。

表 10–5　2008 ~ 2010 年四川开工建设的铁路新线和改造项目

线　　路	开工时间	线　　路	开工时间
兰渝线	2008.9	成灌铁路彭州支线	2009.9
成都 – 都江堰城际铁路	2008.11	达万铁路电气化改造	2009.9
绵成乐客运专线	2008.12	成昆铁路复线	2010.1
遂渝二线	2009.1	成渝客运专线	2010.11
成兰高速	2009.2	成西客运专线	2010.11
成都 – 蒲江（成雅铁路）	2009.9	成贵高速	2010.12
巴达线（巴中 – 达州）	2009.9		

表 10–6　2008 ~ 2010 年四川新开工建设的铁路枢纽设施项目

项　　目	开工时间	项　　目	开工时间
成都铁路集装箱中心站（一期）	2008.7	成都铁路调度所	2010.11
成都新客站	2008.12	成都和谐型大功率机车检修段	2010.11
成都枢纽成昆货车外绕线	2008.12	成都客运专线综合维修段	2010.11
火车北站扩能改造	2009.9	成都动车检修段	2010.11

表 10-7　2008 ~ 2010 年四川新开工建设的公路项目

公　　路	开工时间	公　　路	开工时间
绵遂高速	2008.8	成都－德阳－南部高速	2009.12
宜泸高速	2008.11	乐自高速	2009.12
内遂高速	2008.12	巴中－达州高速	2009.12
成什绵高速	2008.12	巴陕高速（巴中－桃园，川陕界）	2009.12
广甘路	2008.12	乐雅高速	2009.12
广元－南充高速	2008.12	乐山－洪雅高速	2010.4.
泸渝高速	2008.12	攀枝花－丽江高速	2010.6
成自泸高速	2009.5	成都第二绕城高速	2010.7
绵茂公路	2009.9	遂资眉高速	2010.7
达万高速	2009.9	南充－大竹－梁平高速公路	2010.7
巴中－南充高速	2009.9	绵阳绕城	2010.7
成安渝高速	2009.9		

（3）内河航道和港口加快建设。长江上游干流彩溪口至宜宾合江门段航道整治建设工程完工，航道等级由Ⅳ提高到Ⅲ级，能够满足 1000 吨级船舶全年昼夜通航。岷江四级航电枢纽及航道梯级渠化、嘉陵江航道梯级渠化、泸州港二期续建、宜宾港志诚作业区一期等工程建设加快推进。港口集装箱吞吐能力提升到 100 万 TEU/年。

（4）民用机场建设加速推进。规划并开工建设了一批民用机场及配套设施项目。双流机场第二跑道建成投用，成为全国第六个旅客吞吐量超 2000 万人次和第四个启用第二跑道的区域性枢纽机场。干支机场体系和航线网络初具规模（见表 10-8）。

“十一五”时期，四川交通基础设施建设步伐加快，交通运输发展呈现以下特征（见表 10-9）。

第一，线路里程成倍增长。2007 年以

表 10-8　2008 ~ 2010 年年四川民用机场及配套设施建设进展

民用机场及配套设施	建设进展	民用机场及配套设施	建设进展
康定机场	建成营运	成都新机场	报建
乐山机场	在建	成都双流国际机场第二跑道	建成营运
马尔康机场	报建	成都双流国际机场新航站楼	建成营运
稻城亚丁机场	在建		

表 10-9　“十一五”时期四川交通基础设施建设

指　　标	2005 年	2010 年	五年增长	
			绝对值	增长率（%）
综合交通网总里程（万公里）	13.2	29.2	16	121.2
其中 铁路营业里程（公里）	2960	3549	589	19.9
快速铁路（公里）	0	740	740	—
复线率（%）	13.4	33	19.6	146.3
电气化率（%）	68.3	80	11.7	17.1
公路通车里程（万公里）	11.5	26.6	15.1	131.3
高速公路（公里）	1759	2681	922	52.4
乡镇通沥青（水泥）路率（%）	59	90.2	31.2	52.9
建制村通公路率（%）	90.5	98.4	7.9	8.7
内河三级及以上高等级航道里程（公里）	—	228	—	—
油气管道里程（公里）	—	14034	—	—
城市轨道交通运营里程（公里）	0	18.5	18.5	—
民航机场数（个）	10	11	1	10

资料来源：《四川省“十二五”综合交通建设规划》，四川省发展改革委员会，2011 年 10 月。

后，先后开工建设了成绵乐、成渝、兰渝等 23 个铁路项目，总里程超过 2500 公里。先后开工建设广陕、广甘、达陕等 30 个高速公路项目，总里程达 3137 公里。综合交通网总里程、公路通车里程成倍增长。

第二，线路等级大幅提升。快速铁路、城市轨道交通从无到有。新建铁路大多为时速 250 公里 / 小时以上的高速铁路，同时开工建设了 4 条铁路客运专线、两条复线或二线铁路。新开工建设的高速公路项目超过 30 个。2011 年，四川高速公路里程达 3009 公里，进入全国高速公路超 3000 公里的省份。新增内河三级航道 228 公里，长江宜宾以下航道实现千吨级船舶昼夜通航。

第三，出川通道大幅增加。铁路出川通道由现有 7 条规划增至 18 条。规划建设的 23 条出川高速公路已建成 9 条、在建 11 条。

第四，多种交通运输方式建设齐头并进。开工了一大批铁路、公路新线建设和旧线改造项目，内河航道整治和渠化工程加快推进，新开辟了多条国际国内航线，铁路、公路、内河水运和航空多种运输方式建设齐头并进。

第五，线路建设与枢纽设施建设同步推进。在加快铁路及公路新线建设和旧线改造、航道整治的同时，点线结合，铁路集装箱中心站、内河港口、机场等重大枢纽设施建设同步推进。铁路集装箱中心站吞吐能力达到 100 万 TEU/ 年，内河港口集装箱吞吐能力提升到 100 万 TEU/ 年。双流机场第二跑道建成投用。

二 铁路运输

（一）发展演变

四川铁路运输自新中国成立之后经历了从无到有、从少到多、从弱到强的逐步发展过程。20 世纪 50 年代是四川铁路建设的第一次高潮，开工建设了成渝、宝成、内宜、川黔、成昆 5 条干线铁路，初步奠定了四川铁路的发展格局。成渝铁路是新中国成立后我国修建的第一条铁路，宝成铁路是我国第一条电气化铁路。至今，成渝、宝成、成昆仍是四川主要的出省铁路大通道。70 ~ 80 年代，四川铁路新线建设基本处于停滞状态，除襄渝铁路和支线铁路等少数新线建设外，铁路建设的重点主要放在对既有线路的技术改造和设备更新上，完成了宝成铁路、成渝铁路的全线电气化改造。90 年代，铁路建设开始逐步复苏，开工建设了隆黄、达成、金筠、达万 4 条铁路，但除达成、达万铁路为干线铁路之外，其余均为支线或地方铁路。进入 21 世纪后，四川再次掀起了铁路建设的新高潮，10 年中先后开工建设了 17 条铁路。尤其是四川实施建设西部综合交通枢纽战略之后，铁路建设步伐进一步加快，2007 年以后先后开工建设了成绵乐、成渝、兰渝等 23 个铁路项目，总里程超过 2500 公里。

目前，四川已形成了以成都铁路枢纽为节点，以宝成、成昆、成渝、襄渝、内昆、达成 6 条铁路干线为骨干，以广旺、德天、广岳、成汶、内宜、宜珙、金筠、隆泸、攀枝花、达万 10 条铁路支线为辅助，覆盖全省 12 个市州主要城市，连接全国各地，贯通相邻渝、陕、云等省区的铁路运输网络。其中，宝成、成昆、内昆、成渝、遂渝、达万、襄渝 7 条线分别连接重庆、陕西、云南三省、市，构成四川重要的铁路出川通道。至 2010 年，全省铁路运营里程达到 3549 公里，其中高速铁路 740 公里，复线率达到 33%，电气化率达到 80%，城市轨道交通营运里程 18.5 公里（见表 10-10）。

（二）线路与枢纽

1. 主要铁路线路

成渝铁路　西起成都，东至重庆，全长 504 公里，1952 年 7 月建成通车，是新中国成立后修建的第一条铁路，1985 年完成电气化改造。成渝线途经四川及重庆的简阳、资阳、资中、内江、隆昌、荣昌、永川、江津等中小城市，是连接成都和重庆两大城市，通往湖南和贵州，联系华南的主要铁路通道，也是成内渝经济带的主要交通轴线之一。

宝成铁路　起于陕西宝鸡，经汉中 - 阳平关 - 广元 - 绵阳至成都，全长 669 公里，1952 年 7 月建成通车，1975 年完成电气化改造。宝成铁路是我国最早实现电气化的铁路干线，也是四川与全国铁路网连接的第一条铁路干线。北接陇海铁路，南连成渝铁路、成昆铁路，中部与阳（阳平关）安（安康）铁路衔接，是四川北向

表 10-10　1998 ~ 2011 年四川铁路生产运输指标及占全社会运输量比重

年份	客运量（万人）	比重（%）	旅客周转量（亿人公里）	比重（%）	货运量（万吨）	比重（%）	货物周转量（亿吨公里）	比重（%）
1998	2720	2.11	93	17.61	5453	10.78	341	60.04
1999	2948	2.17	99	17.68	5452	10.87	338	58.89
2000	3161	2.21	101	16.83	5645	10.27	345	57.79
2001	3138	2.31	104	16.46	5720	10.57	399	61.57
2002	3841	2.67	113	16.52	6547	11.43	443	62.93
2003	3476	2.46	106	17.32	6937	12.13	463	66.24
2004	4112	2.59	124	15.76	7634	11.64	506	62.94
2005	5122	3.01	153	17.41	7335	10.42	553	61.58
2006	5113	2.61	149	16.74	7289	9.82	532	59.71
2007	5365	2.58	153	15.74	7597	9.50	575	58.73
2008	5774	2.80	191	16.09	7681	6.71	610	40.32
2009	5738	2.59	195	15.33	7454	6.31	611	40.04
2010	6829	2.81	221	17.89	7093	5.32	642	37.54
2011	7482	2.93	252.5	16.23	7651	4.97	672.6	35.23

资料来源：根据《四川统计年鉴》(1999 ~ 2012 年) 整理。

的主要出口通道。四川省境内为宝成铁路南段，沿线分布有江油、绵阳、德阳、广汉、成都等大中城市，是成德绵城市带的主要交通轴线之一。

成昆铁路　起于成都，经西昌、攀枝花至昆明，全长 1091 公里，1970 年 7 月建成通车，2000 年 7 月完成电气化改造，是四川南向连接云南的主要铁路出口通道之一。成昆铁路北起成都，途经四川的彭山、眉山、夹江、峨眉等中小城市，是连接成都与昆明两大城市的重要铁路干线，也是成德绵（乐）城市带的主要交通轴线之一。

内昆铁路　起自成渝线上的内江，经自贡、宜宾两市，跨金沙江进入云南，向南延伸经盐津、大关、彝良县、昭通市，于贵州省威宁县与贵昆铁路上的梅花山站接轨，全长 872 公里，1958 年开工建设。内昆铁路北接成渝线，南连贵昆线，是四川南向连接滇、黔两省的又一铁路出川通道。

襄渝铁路　东起湖北襄阳，经安康 - 达州 - 至重庆，全长 915.6 公里，1979 年 12 月建成通车，1998 年 12 月完成全线电气化改造。2009 年 9 月，建成襄渝铁路二线。襄渝铁路是四川通往华中地区的主要铁路干线，也是川东北地区连接重庆的重要铁路通道。

遂渝铁路　西起达成铁路遂宁站，途经潼南、合川等地，东至襄渝铁路北碚站引入重庆铁路枢纽，全长164.82公里，设计标准为国家一级电气化铁路，2006年4月建成通车，是西部地区第一条快速铁路。遂渝铁路形成了成都至重庆的便捷铁路通道，对于改善成渝间运输服务质量，发挥成渝两个特大城市的辐射作用，具有极为重要的意义。

达成铁路　由达县经南充、遂宁至成都，全长395公里，1997年11月建成通车，2009年7月完成扩能改造。达成铁路由西向东横穿四川中东部，途经蓬安、营山、南充、遂宁、金堂等中小城市，是四川省内东西方向连接的又一通道，也是四川连接华中、华北、华东地区的东西干线。

达万铁路　西起达州，东至万州，途经达州、开江、梁平、万州等地，全长157公里，2002年10月建成通车，2010年12月完成电气化改造。达万铁路与万利（万州至湖北利川）铁路相接，全线贯通后将大大缩短四川物资运往中南及华东地区的距离。

隆黄铁路　北起四川隆昌，南到贵州黄桶，在四川境内分隆昌至泸州、泸州至纳溪、纳溪至叙永、叙永至贵州界分段建设，全长497.4公里，是四川连接贵州、打通西南出海通道的重要铁路线。至2010年底，隆黄铁路隆昌至泸州、泸州至纳溪、纳溪至叙永段已建成通车。

成都－都江堰城际铁路　起于成都，止于都江堰，全长65.5公里，2010年5月建成通车，是四川第一条高速城际铁路。

绵成乐铁路客运专线　起于江油，经绵阳、德阳、成都、眉山至乐山和峨眉山市，全长323.19公里，双线客运专线，设计时速250公里/小时，于2008年12月开工建设。绵成乐铁路客运专线贯穿涪江冲积平原、岷江和沱江冲积平原、青衣江和大渡河冲积平原，串连成都、绵阳、德阳、眉山、乐山等四川主要城市，是绵成乐发展带的重要支撑。

成兰铁路　位于四川省和甘肃省境内，起于成都，经广汉、什邡、绵竹、安县、茂县、松潘至九寨沟县，在甘肃省内接正在建设的兰渝铁路哈达铺站，全长727公里。国家Ⅰ级铁路，客货共线，客运设计时速200公里/小时，于2009年2月开工建设。为四川北向出川的又一铁路通道。

成渝城际铁路　起于成都，经简阳、资阳、资中、内江、隆昌、荣昌、大足、永川、璧山、沙坪坝至重庆，全长306.02公里，为城际客运铁路，设计时速350公里/小时，于2010年11月开工建设。成渝城际铁路建成后，将是连接成都和重庆两大城市最为便捷的铁路通道。

成都地铁　位于成都市区，由10条地铁线路构成。其中1、2、3、4号线为城市骨干线，5、6、7、8号线为城市辅助线，10号线一期为连接双流机场的市域快线，9号线一期是位于中心城区南部3、4环间的市域半环线。1号线于2005年12月开工建设，2010年9月正式运营，为西部地区第一条地铁。1号线南延线于2011年12月开工建设；2号线一期于2007年12月开工建设，2012年9月正式营运；3号线、4号线分别于2012年4月和2011年12月开工建设。

2. 铁路枢纽

成都铁路枢纽是我国西南地区最大的铁路枢纽，也是西部地区配套最齐全、功能最完整的综合性铁路交通枢纽，是西南地区主要的客、货集散地和中转中心。成都铁路枢纽战略地位重要，是全国八个重点建设的铁路枢纽之一和全国六大枢纽性客运中心之一。

至 2010 年底，成都铁路枢纽引入成渝线、宝成线、成昆线、达成线四条电气化铁路干线和成灌高速铁路以及汶线、广岳线两条铁路支线。其线路布置由宝成线、成昆线与成都枢纽西环线组成的南环和宝成线、达成线与成都枢纽北环线组成的北环，以及成昆货车外绕线三个闭合环并列组成。成都铁路枢纽包括 1 个特等站、两个一等站、两个三等站和 25 个四等站。

（1）成都站与成都北编组站（特等站）。成都站为成都铁路枢纽主客站之一，主要办理成都枢纽各方向旅客列车到发任务，是西南地区最大的铁路客运站。成都北编组站为成都铁路枢纽主编组站，双向纵列式三级六场布置，股道超过 100 条，2007 年 4 月建成营运，是全国 18 个路网性编组站之一，也是目前我国铁路第一个投资最大、科技含量最高、技术最先进、一次性建成的路网性重要编组站。北编组站主要办理成都枢纽各方向货物列车的车流中转和成都地区货流集散任务，设计近期枢纽货运总量 8300 万吨、远期 9600 万吨，设计近期日均作业量 9732 辆，远期日均作业量 10996 辆。

（2）成都东站（一等站）。成都东站是成都铁路枢纽主客站之一，2011 年 5 月建成营运，是目前我国铁路第一个投资最大、科技含量最高、技术最先进、一次性建成的路网性重要编组站和西南地区的综合交通枢纽。主要办理成绵乐、达成、成遂渝等方向的始发终到宝成、达成、成渝、枢纽环线等方向的通过客运作业，远期增加成渝城际列车始发终到和通过客运作业。

（3）青白江铁路集装箱中心站。成都铁路枢纽主货站，为全国 18 个铁路集装箱中心站之一，主要办理集装箱货物业务。2010 年 5 月一期建成营运，吞吐能力为 100 万 TEU/ 年，二期将形成 250 万 TEU/ 年的吞吐能力，是亚洲在建规模最大的铁路集装箱中心站。

（三）发展特点

总体上看，四川铁路发展与路网布局呈现以下特点。

（1）铁路在全省综合运输体系中主要承担长途客货运输。客运量和旅客周转量占全社会运输量的比重一直较为稳定。2011 年铁路货物周转量占全省货物周转量的 35.23%，仍是进出四川长途客货运输的主力。

（2）为长距离、大运量的进出川主通道。基本形成了北、东、南三个方向的 7 条对外铁路，成为四川长距离、大运量的进出川主要通道。但铁路进出川通道数量仍然偏少，对外铁路交通仍与四川内陆省区的特点不相适应。

（3）近年来，铁路建设速度加快，但路网密度仍然不高、线路等级偏低。2010 年全省铁路运营里程达到 3549 公里，但铁路平均密度只有全国的 77%，每万人拥有铁路只有全国的 66.5%，铁路复线率仅为 33%，高速铁路、客运专线、城市轨道交通建设尚处起步阶段。自 2008 年以来铁路建设速度加快，规模大、等级高，四川铁路在全国落后的状况有望得到较大改观。

（4）形成了成都铁路枢纽，但路网骨架仍须完善。成都铁路枢纽在全国具有重要地位，并以此为中心形成 K 字形的铁路骨架，但缺乏向西铁路出口，路网骨架仍须进一步完善。

（5）大中城市间缺乏快速轨道交通连接，空间可达性差。

三　内河运输

（一）发展演变

四川是我国水运资源大省，有河流 1400 多条，以长江为主干，天然成网。长江干流及主要支流水量大、河床深、水量较稳定，发展航运具有得天独厚的条件。在唐代，四川航运已相当发达。19 世纪末至 20 世纪 50 年代，内河航运一直都是四川最主要的长距离、大运量运输方式。1950 年内河货运量和货物周转量分别占全省的 75% 和 81.6%，客运量和旅客周转量分别占全省的 43.8% 和 12.2%。新中国成立以来，川江、岷江、大渡河等航道经过多次整治，川江实现了航标灯电气化。“十五”期间，实施了嘉陵江航道梯级开发、渠江渠化、南充港和宜宾菜园沱码头建设。但随着铁路和公路的兴建，内河水运在全省综合运输体系中的地位不断削弱，发展停滞不前，其丰富的水运资源优势没有得到充分的发挥。1996 年，四川内河水运客货运量占全省的比重仅为 1.7% 和 2.2%①。

四川实施建设西部综合交通枢纽以来，内河水运的作用重新受到重视，航道整治和港口建设步伐加快。由长江、岷江、嘉陵江、渠江和泸州港、宜宾港、乐山港、广安港、南充港、广元港组成的“四江六港”建设布局全面展开并加快实施。2009 年 5 月完成长江上游干线四川泸州纳溪至重庆娄溪沟航道建设工程，2010 年 1 月完成长江上游干线宜宾合江门至泸州纳溪河段航道建设二期工程，长江上游干流四川段航道等级提高到Ⅲ级，通航船舶提高到 1000 吨级，并首次开通了夜航。嘉陵江四川段规划的 13 级航电枢纽已建成 11 级，在建 2 级。开工建设了岷江大件航道维护性整治工程，渠江广安段航运工程开工建设。泸州港二期工程于 2009 年形成生产能力，宜宾港志城作业区一期工程于 2010 年底开港试运营，广安港于 2010 年开工建设。2011 年，全省水路运输完成货运量 6367.2 万吨，货物周转量 90.16 亿吨公里，港口集装箱吞吐能力由 2007 年的 5 万 TEU/ 年提升到 100 万 TEU/ 年，集装箱运输量由 5.2 万 TEU/ 年增加到 9.8 万 TEU/ 年（见表 10-11）。

---

① 不含重庆市。

表 10-11　1998 ~ 2011 年四川内河水运生产运输指标及占全社会运输量比重

年份	客运量（万人）	比重（%）	旅客周转量（亿人公里）	比重（%）	货运量（万吨）	比重（%）	货物周转量（亿吨公里）	比重（%）
1998	2048	1.59	3	0.57	1596	3.16	12	2.11
1999	2224	1.64	4	0.71	1874	3.74	11	1.92
2000	2523	1.76	3	0.50	2224	4.05	12	2.01
2001	2876	2.12	4	0.63	2406	4.44	12	1.85
2002	2992	2.08	3	0.44	2579	4.50	16	2.27
2003	3134	2.22	2	0.33	2782	4.86	15	2.15
2004	3487	2.20	3	0.38	2928	4.46	23	2.86
2005	3843	2.26	3	0.34	2986	4.24	32	3.56
2006	4084	2.09	3	0.34	3167	4.27	44	4.94
2007	4106	1.97	3	0.31	3644	4.56	56	5.72
2008	2739	1.33	3	0.25	3736	3.26	70	4.63
2009	2897	1.31	3	0.24	4136	3.50	57	3.74
2010	2733	1.13	2	0.19	5218	3.91	75	4.39
2011	3083	1.21	3	0.17	6367	4.14	90	4.72

资料来源：根据《四川统计年鉴》（1999 ~ 2012 年）整理。

（二）航道与港口

1. 航道

四川现有通航河流 176 条，通航水库、湖泊 147 个，航道总长 11725 公里，占全国航道里程的 1/10，主要分布在长江上游干流、岷江、嘉陵江及渠江。等级航道 4026 公里，其中Ⅲ级航道 228 公里，Ⅳ级航道 568.3 公里，Ⅴ级航道 651.6 公里，Ⅵ级航道 949.5 公里，Ⅶ级航道 1628.5 公里。目前已初步形成了以长江干线、嘉陵江和岷江为骨架的“一横两纵”的基本格局。

长江上游干流　长江上游干线航道由西向东流经四川，航道走向同四川与东部发达地区以及国际经济流向一致，是四川连接东部发达地区、通往欧美的天然孔道，也是四川航运“一横两纵”水运进出川最为重要的主通道。四川境内长江干流航道长 258 公里（水富 – 泸州彩溪口）。其中，宜宾合江门 – 泸州彩溪口 228 公里为Ⅲ级航道，可常年昼夜通行 1000 吨级船舶，中洪水期可通行 3000 ~ 8000 吨级船舶，2000 吨级船舶通航保证率可达 70%；水富 – 宜宾合江门 30 公里现为Ⅴ级航道。随着金沙江、岷江、大渡河、雅砻江等众多大型水电站的兴建，将使境内长江上游干流的径流调节能力大幅度提高，结合航道整治等工程措施，长江上游干流宜宾至重庆段航道近期可提升为常年通行2000吨级船舶的Ⅱ级航道，远期提升至常年通行3000吨级以上船舶的Ⅰ级航道。

岷江　岷江由北向南，自成都经乐山至宜宾注入长江，为四川航运“一横两纵”水运进出川的主通道之一，向内连接成都平原、川南等主要经济发达地区，向外经长江沟通海洋，也是联系周边省市和长江中下游地区的重要通道。2009年，岷江被列入国家18条高等级航道开发建设规划，纳入了国家黄金水道建设方案。岷江通航里程348公里，乐山－宜宾162公里为Ⅳ航道，与成乐大件公路衔接，共同组成四川大件运输通道。岷江完成四级梯级渠化和整治工程后，航道等级标准将提升到Ⅲ级，可通行1000吨级船舶。

嘉陵江　嘉陵江经广元、南充、合川至重庆汇入长江，是沟通川东北南北水运的干线，被国家列为战备航道和水运主通道。嘉陵江目前正在按Ⅳ级航道标准实施渠化，渠化后航道总长682.8公里，其中川境段534公里。

渠江　渠江达州至三汇段60公里，三汇至渠河嘴305公里，为Ⅳ航道。渠河嘴至广安Ⅲ级航道整治工程开工建设，达州南门口至广安丹溪口286公里航道规划从Ⅳ航道提升为Ⅲ级航道。

沱江　沱江金堂－泸州530公里，已断航多年。通过梯级渠化，结合航道整治，沱江有望复航，航道等级将提升到Ⅳ级。

金沙江　新市镇至宜宾108公里属Ⅴ级航道，新市镇以上航道季节性通航。随着向家坝、溪洛渡、白鹤滩等大型水电站的建成，到2020年，白鹤滩水电站坝址到云南水富段将达到Ⅲ级航道通航标准；到2030年，可实现攀枝花到云南水富Ⅲ级贯通。长江黄金水道将延伸到雷波，金沙江内河航运也将延伸到攀枝花。

2. 港口

四川省现有港口17个、港点61个，共有1000吨级泊位47个，300吨级及以上泊位384个，100吨级以下泊位1931个，其中生产性码头泊位3055个。2011年，全省规模以上港口完成旅客运输量264万人，货运量4390万吨，集装箱9.8万TEU。四川内河港口岸线资源优越，沿长江、岷江、嘉陵江可供建设集装箱码头的优良岸线资源达13处、25.5公里，可支撑建设1000万TEU/年以上的集装箱港口群。

泸州港　地处长江与沱江汇合处，川、滇、黔、渝四省市的结合部，是长江干线28个主要港口之一，泸州－宜宾－乐山港口群的重要组成部分，也是四川及云贵北部地区水上最重要的出海通道和实现江海联运的枢纽港，为国家二类水运开放口岸。长江泸州段136公里，可常年通航1000吨级船舶。全港有生产性泊位174个，1000吨级泊位34个，建有多用途码头一期工程金鸡渡、泸天化、中海油、密溪沟等专业化码头。2011年，泸州港区完成货运量1930万吨、集装箱9万TEU。泸州港未来规划宜港岸线39485米，包括纳溪、龙江、泸县、合江和古蔺5个港区、20个作业区、132个泊位，其中集装箱泊位25个，吞吐总能力5475万

吨 / 年和 400 万 TEU/ 年。

宜宾港　地处金沙江、岷江和长江的汇合处，川、滇、黔三省的结合部，长江上游以内、外贸集装箱运输为主的现代化内河枢纽港，四川长江港口群的重要组成部分。辖长江 121 公里、岷江 79 公里、金沙江 95 公里，现有翠柏港区、南溪港区、江安港区、屏山港区和新市镇港区，涵盖志城、罗龙、白沙、新发等 11 个作业区，有 1000 吨级泊位 13 个。2010 年 12 月，宜宾港志诚作业区一期工程建成投入营运，为目前四川最大的港口作业区，建有 4 个集装箱泊位和 1 个重载滚装泊位，年设计通过能力达到 50 万 TEU/ 年、滚装 10 万辆 / 年。2011 年，宜宾港区完成货运量 1062.8 万吨、集装箱 7228TEU。长江宜宾段深水岸线 43600 米，具有发展 100 万 TEU/ 年以上吞吐能力的岸线 3 段，总长 7000 米，可以支撑建设 500 万 TEU/ 年的港口规模。宜宾港未来规划宜港岸线 75700 米，包括翠柏、南溪、江安和新市 4 个港区、11 个作业区。2020 年形成 200 万 TEU/ 年的通过能力，2030 年形成 400 万 TEU/ 年的通过能力。

乐山港　地处岷江与大渡河的汇合处，四川省重要港口之一和大件运输港，泸州 - 宜宾 - 乐山港口群重要组成部分。2011 年，乐山港区完成货运量 288.4 万吨。乐山港未来规划宜港岸线 12902 米，包括沙湾、嘉州、五通桥和犍为 4 个港区，新规划 5 个作业区，新增泊位 50 个，新增通过能力 2465 万吨 / 年，其中集装箱泊位（含多用途）14 个、吞吐能力 140 万 TEU/ 年。

南充港　地处嘉陵江中游，四川省重要港口之一。2011 年，南充港区完成货运量 382.83 万吨。南充港未来规划宜港岸线 72710 米，包括嘉顺、仪陇、阆中、南部和蓬安 5 个，11 个作业区，75 个泊位。其中集装箱泊位 8 个，通过总能力 2128 万吨 / 年，其中集装箱通过能力 56 万 TEU/ 年。

广安港　分布在渠江、嘉陵江广安段，四川重要港口。2011 年，广安港区完成货运量 353.34 万吨。广安港未来规划利用宜港岸线 24305 米，包括广安、华蓥、岳池和武胜 4 个港区以及新东门、明月、罗渡、中心镇 4 个重点作业区。2020 年全港通过能力达到 1300 万吨 / 年，集装箱通过能力达到 40 万 TEU/ 年，2030 年全港通过能力达到 2180 万吨 / 年，集装箱通过能力达到 100 万 TEU/ 年。

广元港　地处嘉陵江中上游，四川重要港口，西北内陆地区通过嘉陵江联系长江黄金水道的重要水运口岸。广元港未来规划利用宜港岸线 14990 米、锚地岸线 3000 米，包括昭化、苍溪、利州 3 个港区以及红岩、张家坝两个重点作业区。2012 年前重点规划建设张家坝作业区和红岩作业区，达到 303 万吨 / 年的通过能力，其中集装箱通过能力为 10 万 TEU/ 年；2013 ~ 2020 年继续建设张家坝作业区和红岩作业区，到 2020 年达到 877 万吨 / 年的通过能力，其中集装箱通过能力为 30 万 TEU/ 年；到 2030 年广元港达到 1471 万吨 / 年的通过能力，其中集装箱通过能力为 65 万 TEU/ 年。

达州港　地处渠江上游，四川重要港口。2011 年，达州港区完成货运量 370.36 万吨。

图 10-5　2005 ~ 2011 年四川港口集装箱运量变化

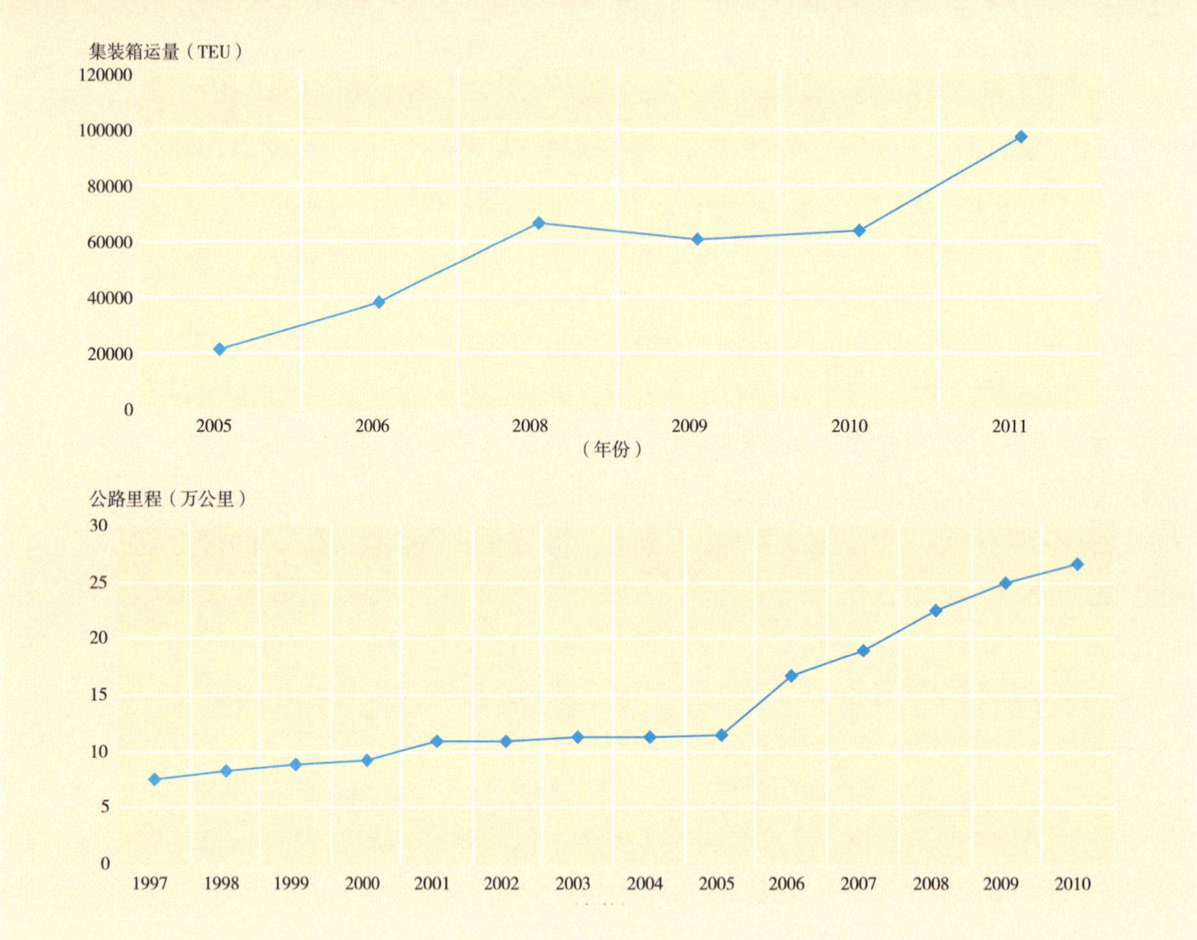

（三）发展特征

总体上看，四川内河运输及水运网络布局呈现以下特点。

（1）河流密布，水运资源丰富，是全省建设通江达海、直达欧美的对外运输通道的重要途径，承担了重要的长距离货物运输，尤其是集装箱及大件运输，在综合运输体系中的地位不断上升。2011 年全省水运货物周转量占社会货物周转量比重已从 1999 年 1.92% 上升到 4.7%。

（2）航行条件受到限制，航道等级总体偏低。无一二级航道，三级航道仅有 228 公里，等级航道占内河通航里程的比重不到 35%。金沙江、大渡河等水利工程建成后，径流调节能力将有大幅度提高，随着岷江、嘉陵江的梯级渠化和整治，航道条件有望得到较大改善。

（3）港口陆域条件好，腹地有开发潜力。四川港口腹地向西南可延伸至滇黔北部和西藏，向西北可辐射陕甘青等资源富集区。岸线资源丰富，后方陆域地势平坦、陆域开阔，建设成本较低。泸州、宜宾、乐山岸线资源条件好，开发潜力大，具备大规模建设港口的条件。泸宜乐港口群初具雏形，港口集装箱吞吐能力和运量不断提升。未来将形成长江上游集装箱枢纽港、重特大件装卸港和大宗散货中转港。

四　公路运输

（一）发展演变

四川公路建设始于 1912 年修筑的成都至康定军路成都至新津段。抗战时期，在内河航运因战争受阻的情况下，公路运输得到较快发展，公路总里程达 8038 公里，111 个县通公路，专业营运汽车 5000 余辆。新中国成立后，先后修建了康藏、成阿、宜西、渝南等骨干公路和一批高等公路、县乡公路。1983 年全省公路通车里程达到 8.46 万公里。1984 年，全省最后一个不通公路的甘孜州德荣县通车，四川实现县县通公路。20 世纪 90 年代，四川掀起高速公路建设的热潮，修建了成渝、绵广、成绵、成雅、成南等高速公路。至 2000 年底，行政区划调整后的新四川，公路总里程达 10.85 万公里，居全国第 2 位，建成高速公路 1000 公里，居全国第 6 位，西部第 1 位。进入 21 世纪以后，尤其是实施建设西部综合交通枢纽战略以来，四川公路建设步伐进一步加快。2010 年，全省公路通车里程达到 26.6 万公里，位居全国第一。国省干线公路二级及以上公路比重由 47.5% 增加到 65.6%，全省路网密度达到 54.9 公里 /100 平方公里。公路客运量、旅客周转量、货运量和货物周转量持续上升，在综合运输体系中占据重要地位（见图 10-6 和表 10-12）。

目前，全省公路路网结构渐趋合理，以高速公路为主骨架构成的一级公路网已初具规模，以国省干线及重要经济干线公路为主体的二级路网改造深入开展，以县乡村农村公路为主体的三级路网建设不断完善。2010 年全省乡镇通沥青（水泥）路率 90.2%，建制村通公路率 98.4%。基本形成了以成都为中心，由高速公路、国省干线及重要经济干线公路、县乡村农村公路为骨架，连接城乡，贯通相邻省区的公路网。

图 10-6　1997 ~ 2011 年四川公路通车里程

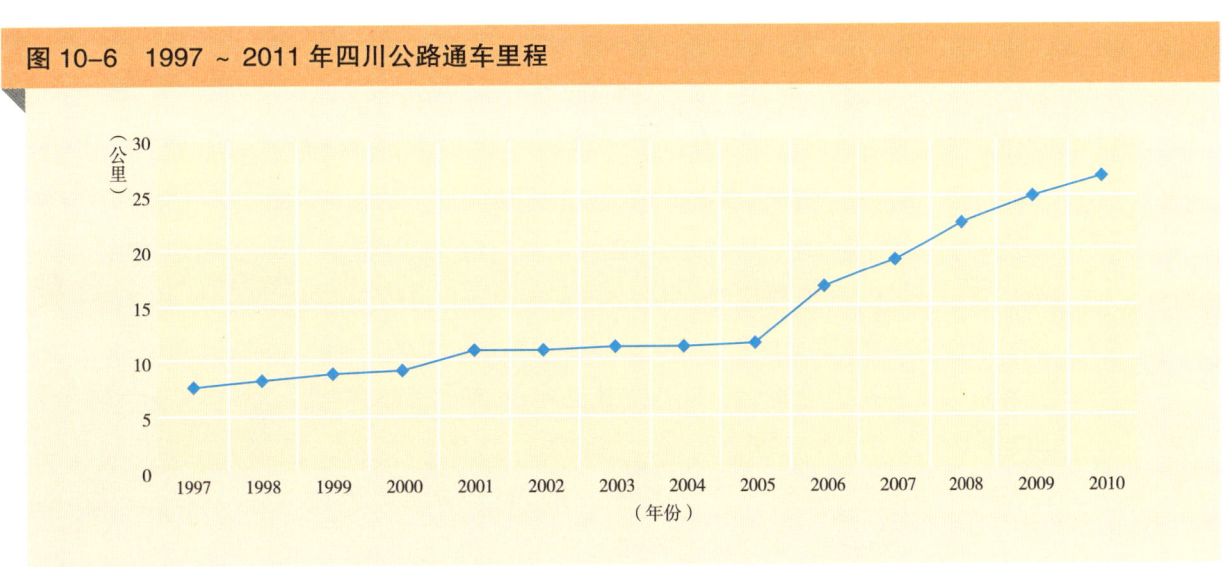

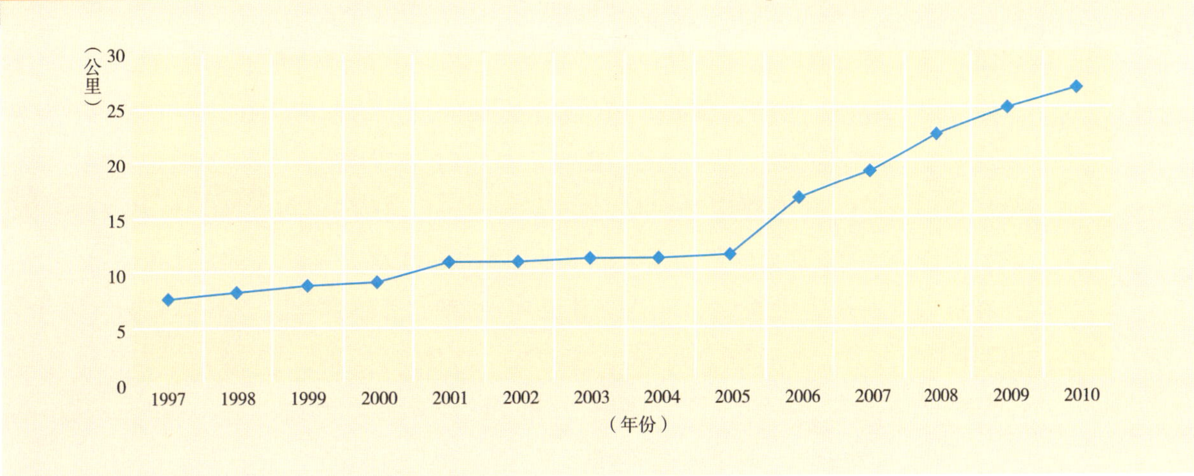

表 10-12　1998 ~ 2011 年四川公路生产运输指标及占全社会运输量比重

年份	客运量（万人）	比重（%）	旅客周转量（亿人公里）	比重（%）	货运量（万吨）	比重（%）	货物周转量（亿吨公里）	比重（%）
1998	123486	95.84	353	66.86	43697	86.39	212	37.32
1999	130182	95.73	374	66.79	42801	85.36	222	38.68
2000	136729	95.57	400	66.67	47058	85.65	229	38.36
2001	129000	95.05	454	71.84	46000	84.96	235	36.27
2002	136153	94.67	428	62.57	48154	84.04	242	34.38
2003	133782	94.78	407	66.50	47466	82.98	219	31.33
2004	150000	94.54	517	65.69	55000	83.87	272	33.83
2005	160130	93.98	550	62.57	60022	85.30	310	34.52
2006	184852	94.54	531	59.66	63719	85.87	311	34.90
2007	197033	94.63	568	58.44	68667	85.90	343	35.04
2008	196055	95.12	757	63.77	103068	90.01	828	54.73
2009	211288	95.23	771	60.61	106472	90.16	851	55.77
2010	230988	95.16	802	64.94	121017	90.74	985	57.60
2011	242615	94.9	901	57.89	139771	90.86	1139	59.67

资料来源：根据《四川统计年鉴》(1999 ~ 2012 年)整理。

（二）高速公路

四川高速公路建设始于 20 世纪 90 年代，1995 年建成通车的成渝高速公路是四川第一条高速公路，此后又建成了成绵、成乐（雅）、内宜、隆纳（隆昌 - 泸州段）以及成都机场高速公路。到“九五”期末，全省高速公路通车里程达到 1000 公里，成都至市、州的高速公路通车主骨架雏形基本形成。进入 21 世纪后，四川高速公路建设步伐加快，先后建成了成灌、隆纳（泸州 - 纳溪段）、泸黄、广邻、成南、南广、遂渝等高速公路。2008 年实施建设西部综合交通枢纽战略以来，四川高速公路建设步伐进一步加快，建成了西攀、南渝、攀田、邻垫、广巴、乐宜、雅西、广陕、绵遂等高速公路。2008 ~ 2011 年，四川共开工 42 个高速公路项目，总里程 3887 公里，总投资规模 3107 亿元，皆居全国第一。全省建成和在建高速公路总里程达到 6537 公里，跃升至全国第二。规划建设的 23 条出川高速公路已建成 9 条，在建 11 条，初步实现了与相邻省（市）的高速公路连接，对外交通的瓶颈制约得到明显改善，“蜀道难”变“蜀道通”逐步成为现实（见表 10-13、表 10-14 和表 10-15）。

表 10-13　2006 ~ 2011 年四川高速公路通车（单位：公里）

年　份	高速公路里程	全国排名	年　份	高速公路里程	全国排名
2006	1788	9	2009	2190	13
2007	1862	14	2010	2630	13
2008	2174	13	2011	3009	13

表 10-14　至 2011 年四川已建成高速公路一览（单位：公里）

公路名称	公路起点	公路终点	通车时间	里程
成渝高速公路	成都市	重庆市	1995 年 9 月	四川段：214
内宜高速公路：内江－自贡段	内江市	自贡市	1997 年 10 月	39
成都机场高速公路	成都市	成都市双流县双流国际机场	1999 年 7 月	12
成绵高速公路	成都市	绵阳市	1997 年 12 月	92
隆纳高速公路：隆昌－泸州段	内江市隆昌县	泸州市	1999 年 10 月	55
内宜高速公路：自贡－宜宾段	自贡市	宜宾市	1999 年 12 月	67
成乐高速公路	成都市	乐山市	1999 年 12 月	86
成雅高速公路	成都市	雅安市雨城区	1999 年 12 月	141
成灌高速公路	成都市	都江堰市	2000 年 7 月	40
隆纳高速公路：泸州－纳溪段	泸州市	泸州市纳溪区	2000 年 11 月	33
泸黄高速公路	凉山州冕宁县泸沽镇	凉山州西昌市黄联关镇	2000 年 11 月	70
广邻高速公路	广安市	广安市邻水县	2000 年 12 月	44
成都绕城高速公路	成都市	成都市	2001 年 12 月	85
遂回高速公路	遂宁市	遂宁市回马镇	2001 年 12 月	22
成南高速公路	成都市	南充市	2002 年 12 月	215
绵广高速公路	绵阳市	广元市	2002 年 12 月	157
达渝高速公路	达州市	重庆市	2004 年 6 月	四川段：165
南广高速公路	南充市	广安市	2004 年 6 月	69
成温邛高速公路	成都市	邛崃市	2004 年 10 月	65
成彭高速公路	成都市	彭州市	2004 年 10 月	20
宜水高速公路	宜宾市	云南省水富县	2006 年 11 月	29
南充绕城高速公路	南充市	南充市	2007 年 12 月	42
遂渝高速公路	遂宁市	重庆市	2007 年 12 月	四川段：36

续表

公路名称	公路起点	公路终点	通车时间	里程
西攀高速公路	凉山州西昌市黄联关镇	攀枝花市	2008 年 9 月	160
南渝高速公路	南充市	重庆市	2008 年 11 月	四川段：65
攀田高速公路	攀枝花市	攀枝花市田房川滇界	2009 年 1 月	59
邻垫高速公路	广安市邻水县	重庆市垫江县	2009 年 1 月	四川段：33
都映高速公路	都江堰市	阿坝州汶川县映秀镇	2009 年 5 月	26
广巴高速公路	广元市元坝区	巴中市	2010 年 5 月	148
邛名高速公路	邛崃市	雅安市名山县	2010 年 11 月	52
乐宜高速公路	乐山市	宜宾市	2010 年 12 月	137
雅西高速公路：冕宁段	雅安市雨城区	凉山州冕宁县泸沽镇	2010 年 12 月	冕宁段：65
雅西高速公路：荥经段	雅安市雨城区	凉山州冕宁县泸沽镇	2010 年 12 月	荥经段：25
广陕高速公路	广元市	陕西省汉中市	2011 年 5 月	四川段：58.9
绵遂高速公路	绵阳市	遂宁市	2011 年 12 月	176
广南高速公路：阆中 - 南充段	阆中市	南充市	2011 年 12 月	87
达陕高速公路：达普段	达州市宣汉县普光镇	达州市徐家坝	2011 年 12 月	33
纳黔高速公路：纳溪 - 叙永段	泸州市纳溪区	泸州市叙永县	2011 年 12 月	73

表 10-15　2008 ~ 2011 年四川新开工建设高速公路项目一览（单位：公里）

公路名称	公路起点	公路终点	开工时间	里程
纳黔高速公路	叙永县城	黔川界	2008 年 10 月	60
宜泸渝高速公路	宜宾市	重庆市江津区	2008 年 11 月	四川段：125
内遂高速公路	遂宁市	内江市	2008 年 12 月	118.8
成绵高速公路复线	成都市	绵阳市	2008 年 12 月	88.3
广南高速公路	广元市元坝区	南充市	2008 年 12 月	201
广甘高速公路	广元市	甘肃省陇南市	2008 年 12 月	四川段：56
映汶高速公路	阿坝州汶川县映秀镇	阿坝州汶川县	2009 年 5 月	52
成自泸赤高速公路	成都市	贵州省赤水市	2009 年 8 月	四川段：293
达万高速公路	达州市	重庆市万州区	2009 年 9 月	四川段：63.9
巴南高速公路	巴中市	南充市西充县李桥乡	2009 年 9 月	116
成安渝高速公路	成都市	重庆市	2009 年 9 月	四川段：173

续表

公路名称	公路起点	公路终点	开工时间	里程
巴达高速公路	巴中市	达州市	2009 年 12 月	110
巴陕高速公路	巴中市	陕西省汉中市	2009 年 12 月	四川段：113
成德南高速公路	成都市	南充市西充县李桥乡	2009 年 12 月	193.8
乐雅高速公路	乐山市	雅安市	2009 年 12 月	101.3
丽攀高速公路	攀枝花市	云南省丽江市	2009 年 12 月	四川段：50.3
遂资眉高速公路：遂宁－资阳段	遂宁市	眉山市	2009 年 12 月	122.9
遂资眉高速公路：眉山段	眉山市	眉山市	2010 年 7 月	119.9
乐自高速公路	乐山市	自贡市	2010 年 7 月	113.2
成都第二绕城高速公路：东段	成都市	成都市	2010 年 7 月	108
成都第二绕城高速公路：西段	成都市	成都市	2010 年 7 月	114.2
南大梁高速公路	南充市	重庆市梁平县	2010 年 7 月	四川段：142.2
绵阳绕城高速公路：南环线	绵阳市	绵阳市	2010 年 7 月	33.3
遂广高速公路	遂宁市	广安市	2011 年 12 月	—
遂西高速公路	遂宁市	南充市西充县	2011 年 12 月	—
巴广高速公路	巴中市	广安市	2011 年 12 月	—
叙古高速公路	泸州市叙永县	泸州市古蔺县	2011 年 12 月	—
自隆高速公路	自贡市	内江市隆昌县	2011 年 12 月	—
内荣高速公路	内江市	自贡市荣县	2011 年 12 月	—
雅康高速公路：二郎山隧道	雅安市	甘孜州康定县	2011 年 12 月	—
汶马高速公路：鹧鸪山隧道	阿坝州汶川县	阿坝州马尔康县	2011 年 12 月	—

（三）基本特征

总体上看，四川公路运输及网络布局呈现以下特点。

（1）公路运输成为全省重要的现代化中、短途运输方式。2011 年公路客运量、旅客周转量分别占全省的 94.9% 和 57.89%，货运量和货物周转量分别占全省的 90.86% 和 59.67%，在全省综合运输体系中占据极为重要的地位。

（2）全省已形成了一定数量的高速公路出口通道，对外交通的瓶颈制约得到明显改善。但对外通道不畅尚未得到彻底改观，以公路为主的区内外联系还须加强。

（3）以成都中心形成放射状的高速公路布局，连接全省主要城市的高速公路网初步形成。但内部网络不够完善，网络覆盖广度和深度不足。

五　航空运输

（一）发展演变

四川航空运输发展始于抗战时期。在内河航运因战争受阻的情况下，军用航空得到较快发展。新中国成立后，四川民用航空有了长足的发展，成都双流国际机场先后进行过多次大规模扩建，1975 年建成西昌青山机场，20 世纪 90 年代初建成泸州蓝田机场和宜宾菜坝机场。进入 21 世纪后，四川民用航空机场的建设步伐进一步加快，先后建成了绵阳南郊机场、九寨黄龙机场、攀枝花保安营机场、南充高坪机场和甘孜康定机场（见表 10-16）。

（二）机场与航线

2011 年底，全省共有成都双流国际机场、西昌青山机场、南充高坪机场、达州河市机场、泸州蓝田机场、宜宾菜坝机场、广元盘龙机场、绵阳南郊机场、攀枝花保安营机场、九寨黄龙机场、甘孜康定机场 11 个民航航班通航机场，其中干线机场 1 个，支线机场 10 个。成都双流国际机场飞行区等级达到 4E 级，绵阳南郊机场、西昌青山机场飞行区等级达到 4D 级，其余 7 个机场为 4C 级。另有在建和报建支线机场各两个。全省开通国际、国内航线 150 多条，初步形成以成都双流机场为枢纽，连接全国大中城市的航空网络。

成都双流国际机场　原名双桂寺机场，1938 年作为军用机场修建，1944 年

表 10-16　2011 年四川民用航空机场一览

机　　场	飞行区等级	旅客吞吐量（人次）	全国排名	货邮吞吐量（吨）	全国排名
成都国际双流机场	4E	29073719	5	477695.2	5
九寨黄龙机场	4C	1717603	48	0	—
绵阳南郊机场	4D	622816	66	4491.5	58
西昌青山机场	4D	522093	69	3366.6	65
宜宾菜坝机场	4C	325560	86	2737.6	69
泸州蓝田机场	4C	284886	91	2425.6	70
达州河市机场	4C	215948	105	1993.3	78
南充高坪机场	4C	170908	113	695.4	104
广元盘龙机场	4C	85277	135	176.3	125
攀枝花保安营机场	4C	58974	147	545.5	110
甘孜康定机场	4C	27616	157	0	

资料来源：《2011 年全国民航机场运输业务量》，中国民用航空局，2012 年 3 月。

进行扩建。1956 年 12 月，划归民航使用，更名为成都双流机场。新中国成立后，双流机场先后进行过多次大规模扩建，为 4E 级机场，可起降各类大型飞机，并安装了精密进近灯光系统及二类盲降系统。2011 年 5 月双流国际机场第二跑道正式投入运营，成为全国第四个启用第二跑道的区域性枢纽机场。至 2011 年底，双流国际机场已开通国内班级航线 95 条，国际班级航线 37 条，地区班级航线 3 条，全年旅客吞吐量 2907.4 万人次，货邮吞吐量 47.77 万吨，均居全国第 5 位。

（三）基本特征

总体上看，全省民航运输及布局呈现以下特征。

（1）民航成为连接省内外和国家最为重要的快速运输方式，所承担的客货运输量在综合运输体系中的比重逐步增加。四川地处我国深远内陆，与东部地区空间距离较远，既不靠海，也不沿边，缺乏与国外直接相连的国际交通枢纽，民用航空运输成为沟通省内外，连接世界各国的重要运输方式，成为四川综合运输体系的重要组成部分。

（2）成都双流国际机场客运量、货运量均居全国第 5 位，是中西部地区规模最大的机场，在提升全省在西部地区的航空龙头地位具有重要作用。

（3）基本形成以成都双流国际机场为枢纽，支线机场为节点的航空网体系。但除成都双流国际机场、九黄机场外，其余支线机场布局不尽合理，客货运量不足，运行较为艰难。

六　管道运输

1. 天然气管道运输

四川是我国使用管道运送天然气最早的省区，也是天然气管道运输较为发达的地区。四川有采用竹管输送天然气和卤水的悠久历史。到 10 世纪末期，四川自流井输送天然气的竹管道已达 10 多条，总长达两三百公里。新中国成立后，1963 年修建的巴渝输气管道从四川石油沟到重庆，全长 55.6 公里，是我国第一条天然气管道。以后随着气田的陆续开发，天然气管道也不断发展，先后修建了威成线、泸威线、卧渝线、合两线，至 1983 年形成以川东垫江县卧龙河 – 重庆 – 泸州 – 威远 – 成都 – 德阳 – 中坝为干线的输气管道，并相应建设了一些支线管道，天然气管道总长 2200 公里。1989 年建设从渠县经南充、蓬溪、射洪、遂宁等地至成都的半环输气干线，全长 330 公里。四川天然气环形管网得以形成，是我国第一个区域性环形管网系统。

四川现有南北两条天然气干线输气管道以及若干支线。南干线起于重庆两路，经江津、泸州、威远至成都青白江，北干线由渠县至成都青白江。2007 年 8 月开工建设的川气东送输气管道起于达州宣汉普光气田，经重庆输往华中、华东地区，管道全长 2170 公里，自西向东跨越四川、重庆、湖北、江西、安徽、江苏、浙江、上海 8 个省市。

2. 石油管道运输

兰 – 成 – 渝成品油管道　兰 – 成 – 渝成品油管道始于甘肃省兰州市，途经陕西、四川，到达重庆，干线全长1250公里，2002年9月建成营运，是目前我国口径最大、压力最高的成品油运输管道。年输油能力达到600万吨，可进行90号、91号汽油和0号柴油等多种油品的运输。

兰州－成都原油管道　兰成原油管道是我国西北能源战略通道的重要组成部分，也是关系到国家能源产业布局的国家重点工程项目。起于兰州，经陕西入川，途经广元、绵阳、德阳，终于成都市，线路全长882公里，设计年输量1000万吨，于2011年4月开工建设。

七　交通运输对四川区域空间格局的影响

近代以来，交通运输的发展演变对四川区域空间结构、产业布局、城镇的形成与分布格局都产生了极为重要的影响。

（一）交通运输历史演变对四川区域空间结构的影响

自古代以来，内河水运就是四川最为重要的交通运输方式。内河水运带动了商贸发展，吸引了人口与城镇的沿江集聚，长江、岷江、嘉陵江、沱江等沿江地带形成了一批以商贸和手工业为主的城镇节点，但规模不大，点面分离。经济活动以小地域范围内的孤立、分散、封闭状态为特征，成都平原以发达的农业文明优于其他地区，省域空间结构处于离散、低质的相对均衡形态。

到了近代，轮船的出现促进了内河航运的发展，长江成为四川大宗货物进出川的主要通道，并由此而引至了近代工业和商贸流通在沿江城镇、尤其是沿长江和岷江的川南地区的集聚，形成了泸州、宜宾、自贡、内江、乐山等一批具有相当规模的城市，川南沿江地区成为四川近代工业的集聚地。省域内部的区域发展差异逐步显现，全省形成成都平原和川南沿江一线两个经济相对发达的产业和城镇密集区，省域空间结构开始出现地域集聚形态。

“一五”至“三五”时期，随着大规模的铁路建设，四川现代工业以成都为中心，沿宝成铁路、成渝铁路、成昆铁路生成，全省经济重心向成都平原倾斜。1970年，成都市的工业总产值已占全省的32.47%。全省经济重心以成都平原为主、川南为次，省域空间结构呈现“中心－边缘”的特征。

“四五”到“七五”时期，各种运输方式发展较为均衡，以成都为中心、呈放射状的国家干线公路网初具雏形，川中盆地公路已达到相当密度，出现了绵阳、德阳等新兴工业城市。成都平原在全省的经济地位进一步提升。1983年，成都、德阳、绵阳三市工业总产值已占全省47.5%，川南五市工业总产值占全省29.5%。但总体而言，省域空间结构以成都平原为主、川南为次的“中心－边缘”的特征仍然没有改变，只是成都平原的核心作用开始显现。

20世纪90年代以来，高速公路的飞速发展改善了各地交通和区位条件，引导产业布局沿高速公路进一步向省域内更为广阔的区域延伸，经济社会活动在更大的空间范围内展开，由此带来省域空间结构出现三个新特点。

（1）成都全省经济中心地位进一步强化。高速公路快速发展，路网骨架的形成以及交通枢纽功能的提升强化了区域性中心城市的吸聚作用，成都作为西部地区最大的铁路、公路和航空枢纽，其集聚作用得到强化和提升，四川省域内的人口、产业、资本、技术、信息与人才向成都高度集中。这种城市集聚效应使成都近年来始终处于不断迅速扩张的过程中，综合经济实力不断提升，在四川省域的中心城市地位进一步得以强化，经济实力和城市规模与其他市州的差距不断拉大。在 1998 年国家统计局公布的我国前 20 位中心城市排名中，成都列第 12 名，位居西部地区第 1 位。在此之后，成都经济总量一直占据全省的 1/3，成为全省人口的吸聚中心。2010 年成都市 GDP 进入 5000 亿市的行列，在全国 655 个城市位居第 12 位（见表 10-17）。

（2）成都平原、川南两大传统经济密集区在全省的地位有所下降。尽管成都在全省的经济中心地位仍然稳步提升，但随着经济活动在全省更大范围内的展开以及受成都吸聚作用的影响，德阳、绵阳两市在全省的经济地位逐渐降低。德阳、绵阳两市 GDP 占全省的比重由 1998 年的 15.6% 下降到 2011 年的 10.06%，减少了 5.5 个百分点。成德绵 GDP 占全省的比重由 1998 年的 47.3% 下降到 2011 年的 43.7%，减少了近 4 个百分点。川南地区随着内河航运的日渐衰落，经济发展受到一定影响，除宜宾、乐山、内江相对稳定外，泸州、自贡在全省的经济地位都有所下降。其 GDP 在全省 21 个市州的位序，泸州由 1999 年的第 6 位下降到 2011 年的第 9 位，自贡由 1999 的年第 8 位下降到 2011 年的第 12 位。

（3）“单中心 - 边缘”结构特征更为明显。随着成都经济地位的上升，德阳、绵阳以及川南地区经济地位的下降，省域空间呈现典型的以成都为中心的单极核型结构（见图 10-7），即由单个强大的中心城市与相对落后的中小城市和外围地区组成，区域空间结构的演进尚处于空间极化阶段。

总体而言，交通运输演变对四川区域空间结构的影响有以下特点（见表 10-18）。

（1）影响决定了省域空间结构的演进历程。受运输方式、路网骨架和运输枢纽变化的影响，省域空间结构由最初的仅有

表 10-17　2011 年成都市主要经济社会指标及占全省的比重

指　标	指标值	占全省的比重（%）	指　标	指标值	占全省的比重（%）
GDP（亿元）	6854.6	32.6	地方财政一般预算收入（亿元）	680.69	33.3
一产增加值（亿元）	327.3	11	固定资产投资额（亿元）	5006	33.1
二产增加值（亿元）	3143.9	28.5	常住人口（万人）	1407.1	17.5
工业增加值（亿元）	2610.8	27.5	城镇人口（万人）	942.76	28
三产增加值（亿元）	3383.4	48.2			

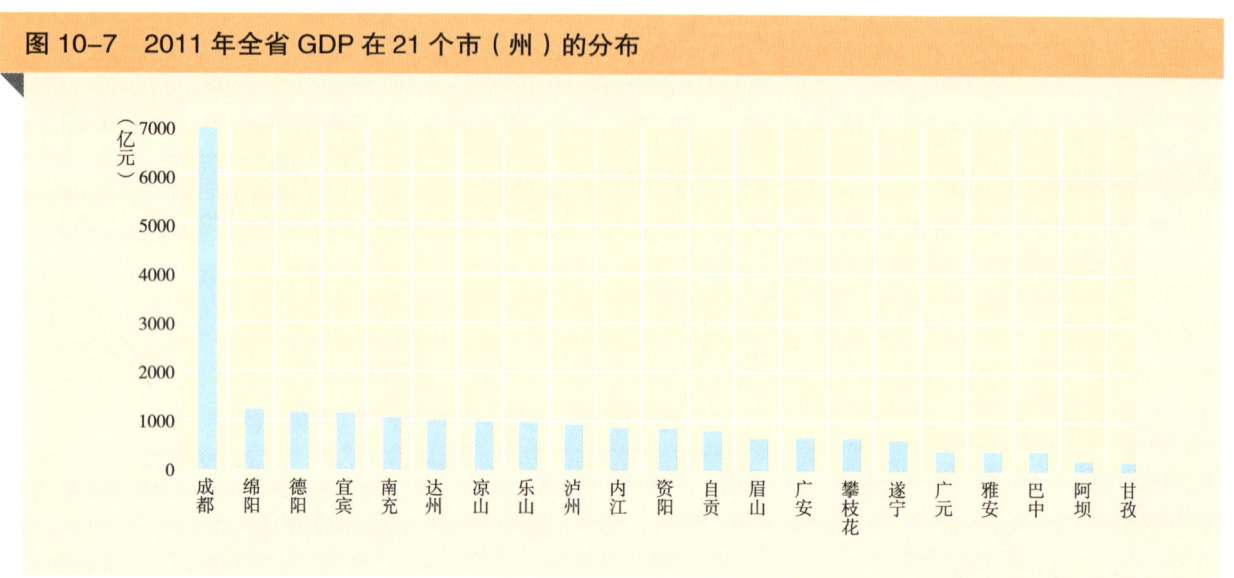

图 10-7 2011 年全省 GDP 在 21 个市（州）的分布

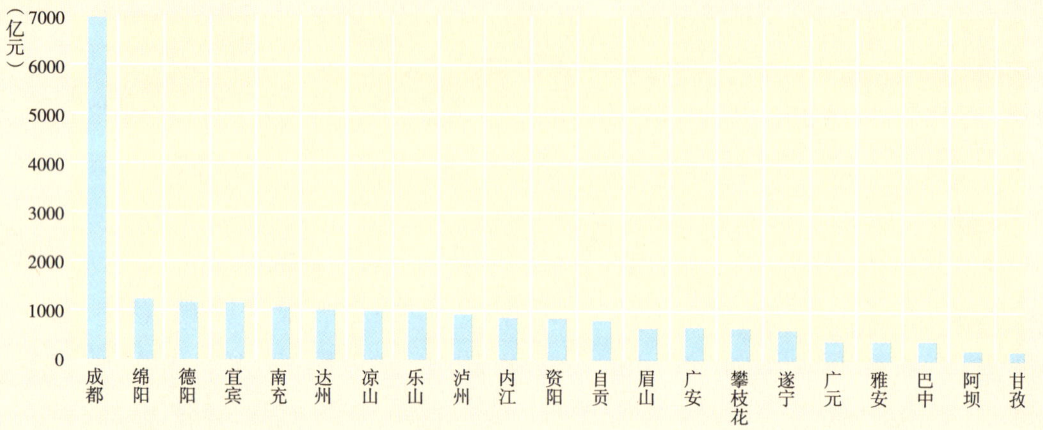

表 10-18 交通运输发展与四川省域空间结构的演变

交通运输	省域空间结构
传统水运为主	离散、低质的相对均衡型
以轮船为代表的近代航运为主，沿江内河港口兴起	“一块一线”的地域集聚型
现代铁路为主，铁路枢纽出现	以成都平原为主、川南为次的“中心－边缘”型
铁路、公路、水运相对均衡，综合运输枢纽形成	以成都平原为主、川南为次的“中心－边缘”结构型进一步强化
高速公路大发展，铁路、公路 路网骨架形成，综合运输枢纽地位突出	以成都为中心的单极核型

少数城镇节点的离散式低质均衡型，过渡到“一块一线”的地域集聚型和“一块一线”的中心－边缘型，再到以成都为单核的极核型。

（2）主导交通方式变化影响经济重心的空间位移。近代内河航运发展引致了近代工业和商贸流通在沿江城镇，尤其是沿长江和岷江的川南地区的集聚，川南沿江地区成为四川近代工业和商贸城镇的集聚地。随着内河航运的衰落，川南地区在全省的经济地位明显下降。大规模的铁路建设使四川现代工业以成都为中心，沿宝成铁路、成渝铁路、成昆铁路生成，全省经济重心向成都平原倾斜。高速公路发展进一步强化了区域性中心城市的吸聚作用，全省经济重心进一步向成都极化。

（3）路网结构强化了单核式的极核型结构。经过 60 多年的发展，四川基本形成以成都为中心、K 字形的铁路网，以成都为中心、放射状的高速公路网，以成都为中心的民用航线网络。铁路、公路、航空三个交通网络均以成都为中心，呈放射状分布，主要城市之间缺少互通式的交通连接，这种单中心、放射型的交通网络结构强化了全省单核式的极核型空间结构。此外，成都越来越强大的综合交通枢纽功能与省域内次级交通枢纽的缺失，也进一步固化了单核式的极核型空间结构。

（4）铁路引致现代工业沿铁路干线布局，但没有形成点轴型的空间结构。铁路的发展引致四川现代工业沿铁路干线集聚，城镇体系的演化也具有沿铁路线两侧分布的特征，但没有形成点轴型的空间结构。其原因一是交通轴线只是单一的铁路，且等级低、运行速度慢；二是除了成都以外，铁路轴线上的城镇节点规模偏小。由此导致空间和时间成本不能有效缩短，城镇之间空间相互作用力较弱，经济活动难以以沿线的延伸而形成地理空间上的集聚，也难以形成具有一定规模和强度的人员、物资、信息的线状流动。

（5）进出川通道建设取得一定成效，但未能从根本上改变四川封闭式的空间发展格局。经过 60 多年的发展，四川建成了涵盖北、东、南三个方向的 4 条对外铁路出川通道，7 条高速公路出川通道以及长江水运出川通道，但仍未能从根本上改变四川封闭式的空间发展格局。交通运输发展仍然与四川内陆省区的特点不相适应。

（二）交通运输历史演变对四川产业布局的影响

现代产业，尤其是现代机器大工业必然伴随大规模的物流运输，因而交通运输对现代产业的空间布局具有重要的影响。

1. 内河水运对四川近代产业布局的影响

水运的规模运输量优势能够满足大宗工业原材料和制成品的运输需要。长江航道的地理走向同四川与东部沿海地区的经济流向相一致，重庆、万县开埠使长江成为大宗物资进出川的主要通道，因而在铁路、公路大规模出现之前，四川近代工业布局几乎唯一地指向沿江一带。近代工业主要沿水运通道集聚，形成了沿长江干流和岷江、嘉陵江、沱江布局的发展格局。大多数工厂都集中在省内几条主要河流一带的城镇附近，如万县、涪陵、重庆、泸州、宜宾、乐山、遂宁、南充、内江等。

抗战时期是四川现代工业发展的重要阶段。沿海大批工厂内迁和大量官僚资本、民族资本的涌入，使四川的现代工业得以迅速发展。此时尽管水路被阻断，公路、航空有了较快的发展，但并未改变工业沿江布局的总体格局。仅重庆一地就占全川工厂的 63.7%，南充、遂宁、乐山集中了全省大部分丝绸、纺织业，宜宾为电瓷业，内江、资中为半机制糖业和造纸业。而盆西北广大地区现代工业甚少，成都仅有几家中小型企业。

2. 铁路对四川现代工业布局的影响

新中国成立至“三五”时期，尤其是通过“三线建设”，四川现代工业迅速发展，形成了相对完整的工业体系。全省工业布局出现了三次阶段性变化，铁路在其中发挥了至关重要的作用。

（1）“一五”时期（1953 ~ 1957 年）。“一五”期间，全省交通基础设施尚处于恢复建设时期，四川工业布局的原则是依托城市，重点是成都、重庆两市。成都、重庆也成为四川最为重要的工业城市。在抓紧对老工业城市重庆改造的同时，国家对四川工业布局的重点放在成都。全国 156 项重点工程中电子工业共 9 个项目，有 4

个布局在成都。此外，还在成都新建了全国三大工具厂之一的成都量具刃具厂以及四川化工厂、成都机车车辆厂、成都木材综合厂、四川制药厂等骨干企业和国防军工企业。"一五"期间，国家在成都新建的大型骨干企业达10多个，到1957年成都市已有工业企业1331家，初步奠定了工业基础。

（2）"二五"时期（1958～1962年）。此时，成渝、宝成、内宜三条铁路干线已建成营运，四川工业布局的原则和重点是紧紧依托成渝两市，沿铁路干线"渐进式"、"阶梯式"布局。成渝两市：作为成渝、宝成铁路交汇地的成都自然成为工业布局的重点，新建了无缝钢管厂、四川第一棉纺织厂、成都肉类联合加工厂、四川石油机修厂、成都电缆厂等一大批企业，重庆新建了仪表总厂、红岩机器厂等一批骨干企业。到1960年，成都市已有工业企业3371家。宝成线：沿宝成铁路一线布局形成了以德阳第二重型机器厂、东方电机厂、东方汽轮机厂为主的德阳工业区，以电子工业为主的绵阳电子工业区，以长城钢厂、江油水泥厂、江油矿山机械为主的江油工业区。成渝、内宜线：以成渝、内宜铁路交会地内江为中心，建设了以内江机床厂、内江锻压设备厂、内江棉纺厂等骨干企业为主的内江工业区；以内宜线为依托，在川南建设了自贡鸿鹤化工厂、邓关盐厂、五通桥盐厂、泸州天然气化工厂，形成川南工业区。

（3）"三五"时期（1963～1970年）。"三五"时期"三线建设"在四川全面展开，四川工业布局在继续沿铁路布局的同时，在盆地内全面铺开，并向边远地区延伸。尤其是"三线建设"中"两基一线"战略布局更使成昆线成为四川新的工业集聚带。宝成线：新建了包括青川、旺苍在内的以电子工业为主的广元工业区。成渝线：工业布局继续沿成渝铁路渐进延伸，新建了以四川空分设备厂、四川手扶拖拉厂、资阳内燃机车厂为代表的简阳－资阳机械工业区，以电子、国防为主的隆昌工业区，以重型汽车为主的双河工业区，以造船为主要的江津工业区。内宜线：以内宜铁路为依托，新建了东方锅炉厂、自贡硬质合金厂、长江起重机厂、长江挖掘机厂等重点骨干企业。成昆线：沿成昆铁路一线，新建了眉山车辆厂、峨眉水泥厂、峨眉铁合金厂、峨眉半导体材料厂、东风电机厂、长征制药厂、冶金部410厂、攀枝花钢铁公司等。至此，四川以宝成、成渝、成昆、内宜4条铁路为轴线，并与人字形的铁路主骨架相一致完成了现代工业布局，大部分工业企业均集中在沿铁路线一带（见表10-19）。

4. 高速公路对全省产业布局的影响

20世纪90年代以来，高速公路的飞速发展缩小了盆周地区与中心城市的时空距离，改善了各地交通和区位条件，工业布局沿高速公路进一步向省域内更为广阔的区域延伸，形成星罗棋布的产业园区。尤其在2003年以后，全省工业布局明显呈分散化趋势。前3位市州工业增加值占全省比重由1999年的50.2%下降到2011年40.7%，前五位市州工业增加值占全省比重由1999年的60.2%下降到2009年52%，前10位市州工业增加值占全省比重由1999年的80.32%下降到2011年77.1%（见图10-8）。1999年工业增加值占全省比重

表 10-19　新中国成立以后四川沿铁路干线形成的工业区

铁路干线	工　业　区
宝成铁路	广元电子工业区、江油机械工业区、绵阳电子工业区、德阳重型装备工业区、成都电子机械工业区。
成渝铁路	简阳－资阳机械工业区、内江工业区、隆昌工业区、双河工业区、江津工业区、重庆工业区。
内宜铁路	自贡工业区、宜宾工业区。
内昆铁路	眉山工业区、峨眉工业区、西昌工业区、攀枝花工业区

超过 4% 的只有 8 个市州，到 2011 年则扩大到 14 个市州。2001 年成都市工业增加值占全省的比重达到 36.1%，2011 年则下降到 27.5%，减少了 8.5 个百分点。工业空间集中度下降的根本原因在于省内各地依托传统产业和优势资源加快了本地工业发展步伐，而交通条件的改善，尤其是高速公路向纵深地域的延伸对促进和推动各地工业的发展无疑发挥了重要作用。

图 10-8　1999 ~ 2011 年全省工业集中度的空间变化

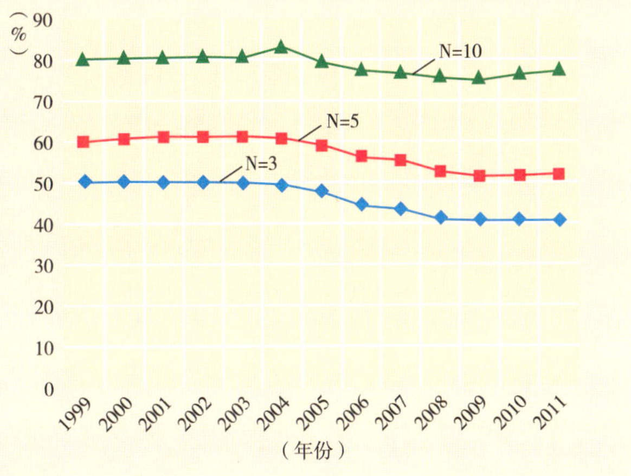

总体而言，交通运输对四川近现代工业布局有着密切的关系，每一次交通运输方式的重大变化都对四川产业布局产生了重大的影响，并具有以下特点。

（1）主导交通方式变化影响产业布局的空间位移。近代内河水运发展促进了近代工业在沿江城镇的兴起。新中国成立后，铁路逐步取代内河航运成为省内主要的大运量、长距离现代交通工具。现代工业沿宝成、成渝、成昆 3 条铁路展开，形成了四川与人形铁路骨架相对应的工业布局特征。20 世纪 90 年代以来大规模的高速公路建设使四川工业布局进一步向省域内更为广阔的区域延伸，工业布局出现分散化趋势。

（2）内河航运的兴衰直接影响到沿江产业的盛衰。内河航运的发展导致近现代工业在沿江地区的大规模集聚，并一直延续到 20 世纪 80 年代。20 世纪 90 年代中后期，内河航运走向极度衰落，川南沿江的泸州、自贡、乐山、内江经济发展也同时进入一个低谷，二者之间不能说没有关系。

（3）交通运输对产业布局的影响主要集中在空时关系的变化。交通运输对产业布局的影响主要表现在空间可达性的提高和时间成本的节约方面，与不同交通运输方式的技术经济特性尚无明显的相关性。

（三）交通运输历史演变对四川城镇布局的影响

从区域空间的点、线、面、网络四大要素来看，城镇是点的典型形态，交通道路是线的典型形态，点与线的形成相互促进，因而交通运输的发展变化必然对城镇的发展与布局产生重要影响。

四川有大小河流1400多条，其中通航河流176条。众多的河流不仅为农业提供了灌溉用水，水路交通更为客货运输、物资集散提供了方便，也为城镇发展提供了水源。从古至今，内河水运通道的地理分布对四川城镇的空间布局产生了决定性的影响，四川95%的城镇在古代就形成沿江分布的格局。

近代重庆、万县开埠以及以轮船为代表的现代水运交通工具的出现大大促进了内河航运的发展，也促进了以重庆为中心，覆盖整个长江上游地区的商品流通网络的形成。随着贸易和市场的扩展，沿江一些州县城镇渐趋繁荣，拥有港口码头的城镇成为地区性城乡商品流通中心和人口集聚中心，形成具有相当规模的商业性城市，而近代工业的沿江布局进一步加快这些城市的发展进程。近代四川的城市主要沿水运通道集聚，形成了沿长江干流和岷江、嘉陵江、沱江分布的发展格局。1951年四川共有10个设市城市，包括成都、自贡、万县、南充、泸州、北碚、内江、宜宾、五通桥和雅安，几乎都是沿江分布。四川近代城镇体系中的一二级城市也基本都是沿江分布（见表10-20、表10-21和表10-22）。

“一五”至“三五”时期，四川铁路有了长足发展，并引导工业沿铁路线集聚。1964～1974年的“三线建设”，新建和内迁了一大批军工企业、重点工业企业。但在当时特殊的历史条件下，工业企业沿铁路线集聚并没有与城镇的发展建设很好

表10-20　近代四川部分城市人口规模（单位：人）

城市名	年份	城市人口	城市名	年份	城市人口	城市名	年份	城市人口
重　庆	1929	253899	合　川	1922	55623	涪　陵	1932	39662
成　都	1926	302895	宜　宾	1934	78231	万　县	1937	112626
乐　山	1922	32989	泸　州	1930	73515	丰　都	1927	21180
犍　为	1934	9802						

表10-21　四川现有城市及设市时间

城　市	设市年份	城　市	设市年份	城　市	设市年份	城　市	设市年份
成　都	1928	都江堰	1988	绵　阳	1976	万　源	1993
自　贡	1939	峨眉山	1988	达　川	1976	崇　州	1994
泸　州	1950	江　油	1988	西　昌	1979	邛　崃	1994
南　充	1950	广　汉	1988	德　阳	1983	简　阳	1994
宜　宾	1951	阆　中	1991	广　元	1985	什　邡	1995
内　江	1951	资　阳	1993	遂　宁	1985	绵　竹	1996
雅　安	1951	彭　州	1993	华　蓥	1985	广　安	1998
攀枝花	1965	巴　中	1993	乐　山	1985	眉　山	2000

表 10-22　近代四川城镇等级体系

中心城市（Ⅰ级）	区域城市（Ⅱ级）	主要的地方城市（Ⅲ级）
重庆（成都）	重　庆	涪陵、彭水、广安、合州、荣昌、内江
	成　都	简阳、邛州、灌县、广汉、绵州
	乐　山	雅安、青神、洪雅、眉山、井研、仁寿
	宜　宾	屏山、庆符、筠连、南溪、长宁、江安、（犍为）
	广　元	昭化（另有陕南部分地区）
	泸　州	江安、隆昌、荣昌、永川、江津、合江、叙永
	南　充	阆中、西充、岳池、遂宁、渠县、南部、三台
	万　县	巫山、奉节、云阳、开县、梁平、忠县、石柱、丰都、垫江、（涪陵）

刘晓鹰、戴宾：《四川小城镇发展与土地资源配置研究》，中国三峡出版社，2003。

契合，因而在相当长的时间内四川城市的发展十分缓慢，只是在 1965 年为了加强“三线建设”而以攀枝花矿区为中心设立了渡口市（1987 年更名为攀枝花市）。直到 1976 年才新设了绵阳市和达县市（1993 年更名为达川市）。1955 ~ 1976 年，四川的设市城市几经变化，但总数仍为 11 个，而建制镇则不但没有增加，反而减少到 310 个。

进入 20 世纪 80 年代，随着改革开放的不断深入和社会主义市场经济体制的逐步确立，过去一些工业落后的地区通过大办地方工业、集体工业、乡镇企业和街道工业，县域经济迅速崛起。随着干线公路建设，公路路网加密以及公路道路条件的改善，一大批各种类型的城镇迅速崛起，在本区域范围内发挥着中心、纽带作用，成为物资集散、农村工业化以及吸纳农村剩余劳动力的重要场所。在此背景下，四川设市有了较快的发展。1979 年，原凉山州和西昌地区合并，设置了县级西昌市。1983 年，德阳设市。同时在雅安地区行署所在地设置了县级雅安市。1985 年，为适应城市经济体制改革的需要，并使工业经济相对发达的城市能辐射带动周边县的经济发展，四川又新设了乐山、广元、遂宁和华蓥四市，并将绵阳、广元、遂宁、乐山和内江升格为省辖市。1988 年在国家级重点风景名胜区及经济发展较快的江油、都江堰、峨眉山、广汉设置了 4 个县级市。

进入 90 年代后，高速公路的发展促进了城镇的发展。四川又陆续将南充、泸州、宜宾、广安升格为省辖市，并新设置了彭州、邛崃、崇州、什邡、绵竹、资阳、简阳、阆中、万源、巴中等 10 个县级市。1998 年、2000 年新设广安、眉山两市。

总体而言，交通运输发展对四川城镇的形成和布局有着明显的影响，并具有以下特点。

（1）内河航运对沿江城镇的形成和发展有着至关重要的作用。新中国成立后，四川在 20 世纪 50 年代初期设立的泸州、南充、宜宾、内江、雅安五市中，除雅安之外均得益于内河航运的发展脱颖而出。自此以后，川南地区成为四川仅次成都平原的另一个城镇密集区。

（2）铁路的兴起和发展促进了沿线一批新兴中等城市的崛起。20 世纪 60 年代以后沿铁路涌现了攀枝花、绵阳、达川、西昌、德阳、广元、遂宁、资阳、眉山等地级市或中等城市。

（3）交通枢纽对城市的形成和发展作用显著。拥有内河港口的泸州、宜宾、南充、乐山在城市的形成和扩张方面早于其他许多城市，内河航运与港口的衰落也同样影响了上述城市的发展。成都先后成为铁路枢纽、国家干线公路和高速公路枢纽、航空枢纽，致使城市的规模扩张和经济实力远在其他城市之上。

八　规划与展望

（一）发展规划

2008 年四川开始大规模实施建设西部综合交通枢纽战略，在铁路、公路、内河水运与港口等方面编制完成了一系列规划，对未来四川交通建设与发展进行了战略部署。至 2020 年，四川将基本建成贯通南北、连接东西、通江达海，承接华南华中、连接西南西北、沟通中亚东南亚的西部综合交通枢纽（见表 10-23）。

1. 交通枢纽发展规划

到2020年，基本建成西部综合交通枢纽。成都主枢纽直接汇成 12 条铁路，16 条高速公路；铁路枢纽能力编解能力 18000 辆 / 日，旅客发送能力 60 万人次 / 日，集装箱到发能力 2500 万吨 / 年；公路枢纽客运站 13 个，货运站 9 个，客运站旅客发送能力 24 万人次 / 日，货运站发送能力 3660 万吨 / 年；建成成都发送能力 24 万人次 / 日，客运站 13 个，货运站 9 个，客运站旅客发送能力 24 万人次 / 日，货运站发送能力 3660 万吨 / 年；建成成都第二机场，成都两个枢纽机场年旅客吞吐能力达到 8000 万人次以上。

表 10-23　2008-2011 年四川编制完成的西部综合交通枢纽建设相关规划

规　　划	时间	规　　划	时间
宜宾港总体规划	2008.10	四川省民用机场布局及建设规划	2009.6
四川省高速公路网规划（2008 ~ 2030 年）	2009.3	乐山港总体规划	2009.9
四川省国省干线公路改造实施方案（2009 ~ 2012 年）	2009.4	四川省西部物流中心建设规划	2009.10
四川省农村断头公路建设实施方案（2009 ~ 2011 年）	2009.4	四川省第三方物流体系建设规划	2009.10
西部综合交通枢纽建设规划	2009.5	南充港总体规划	2010.4
四川省内河水运发展规划	2009.6	泸州港总体规划	2010.5
四川省铁路网调整规划	2009.6	广安港总体规划	2010.6
泸州 - 宜宾 - 乐山港口群布局规划	2009.6	四川省高速公路网规划（2011 年调整方案）	2011.2
成渝经济区城际铁路网规划	2009.6	四川省“十二五”综合交通建设规划	2011.10

2. 铁路发展规划

至 2015 年，新增铁路线 2500 公里，其中快速铁路 2200 公里，进出川铁路 4 条，通车总里程达到 6000 公里，形成 11 条进出川铁路大通道。实现成都至重庆 1 小时左右通达，至西安、兰州、贵阳等周边省会城市 4 小时左右通达，至环渤海、珠三角和长三角地区 8 小时左右通达，形成“贯通南北、连接东西、通江达海、承接华南华中、连接西南西北、沟通中亚东南亚”的四通八达的铁路交通格局。新增城市地铁 90 公里，建成成都市区地铁线网主骨架，形成立体化城市公共交通体系，城市居民出行质量将大为改善。至 2020 年，形成 18 条进出川铁路大通道（见图 10-9 和表 10-24）。

3. 公路发展规划

高速公路方面，到 2015 年，新增高速公路通车里程 3700 公里，进出川高速公路 11 条，通车总里程达到 6350 公里，形成 18 条进出川高速公路大通道，基本实现高速公路网络化。到 2020 年，全省高速公路通车里程力争达到 8200 公里，建成 21 条出川高速公路通道，四川高速公路

图 10-9　四川“十二五”铁路和航空发展规划

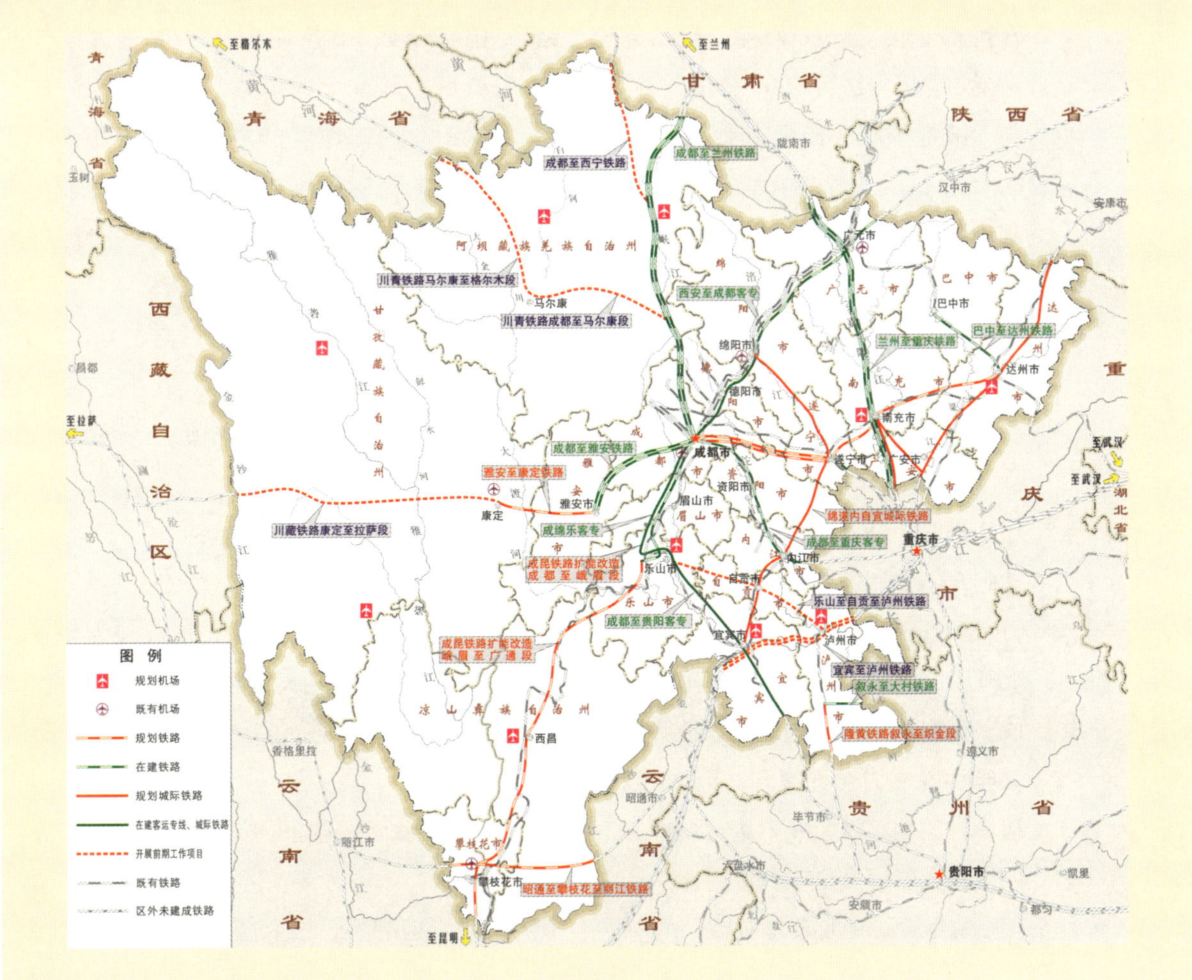

资料来源：本图由四川省发展和改革委员会、四川省测绘地理信息局提供。

表 10-24　2020 年四川 18 条进出川铁路通道

方向	数量（条）	线　路	
北向	4	宝成、成西客专、成兰、兰渝	经成兰、兰渝打通西北通道，与中亚铁路相接；经宝成、成西打通东北通道，形成快速进京通道。4 条北向出川铁路运输能力达客车每日 220 对，货运每年 1.6 亿吨
南向	6	成昆、内昆、昭攀、攀丽、隆黄、成贵	经成昆、内（江）六（盘水）、昭（通）攀（枝花）丽（江）铁路贯通四川南部，并通过南昆线与东南亚铁路接轨；经成贵、隆黄打通东南通道，加强与北部湾、珠三角的联系。6 条南向出川铁路运输能力达客车每日 160 对，货运每年 1.1 亿吨
西向	3	川青、川藏、成都至西宁	填补川西北地区尚无寸轨的空白，运输能力达客车每日 35 对，货运每年 2800 万吨
东向	5	成渝、襄渝、成渝客专、达万、遂渝	经沪汉蓉快速通道（成渝客专、渝利、宜万、汉宜、合武、合宁、沪宁）和沪汉蓉大能力通道（达成、襄渝、汉丹、武九、铜九、宁铜、沪宁），加强与中东部地区的联系，运输能力达客车每日 210 对，货运每年 1.2 亿吨

网基本形成。到 2030 年，全省高速公路网规划总里程达到 8600 公里。

国省干线公路及其他公路方面，到 2015 年，累计建设干线公路 14162 公里，其中建成二级及以上公路 8300 公里，干线公路等级水平显著提高，新改建农村公路 9.3 万公里，农村公路网络进一步完善，科学化管养体系基本建立（见图 10-10）。

4. 内河水运发展规划

到 2015 年，新增三级及以上高等级航道里程 316 公里，三级及以上高等级航道达到 544 公里，新增集装箱吞吐能力 150 万 TEU，集装箱总吞吐能力超过 250 万 TEU。“四江六港”水运基础设施基本建成，进出川水运主通道通过能力和港口集装箱吞吐能力全面提升。到 2020 年，水运港口集装箱吞吐能力达到 300 万 TEU，四级以上航道 2381 公里（见图 10-10）。

5. 航空运输发展规划

到 2015 年，新增支线机场 3 个，国际航线 22 条以上，开工建设成都新机场，基本形成以成都国家级国际航空枢纽和西部地区门户枢纽为中心，干支结合的民用机场布局网络体系和较为完善的省际、国内干线和国际客货运航线网络。

至 2020 年，全省通航机场 17 个，直接通航城市 121 个，其中直接通达国际（含地区）城市 36 个，航线 185 条（见图 10-9）。

6. 管道运输发展规划

至 2015 年，新增石油管道 1939 公里，天然气管道 2660 公里，形成较为完善的石油天然气管道网络，全省油气供应保障能力将大幅增强。

（二）发展展望

四川是一个地处我国西部的内陆型省区。从世界范围来看，远离海洋、运输及

图 10-10　四川“十二五”公路和水运发展规划

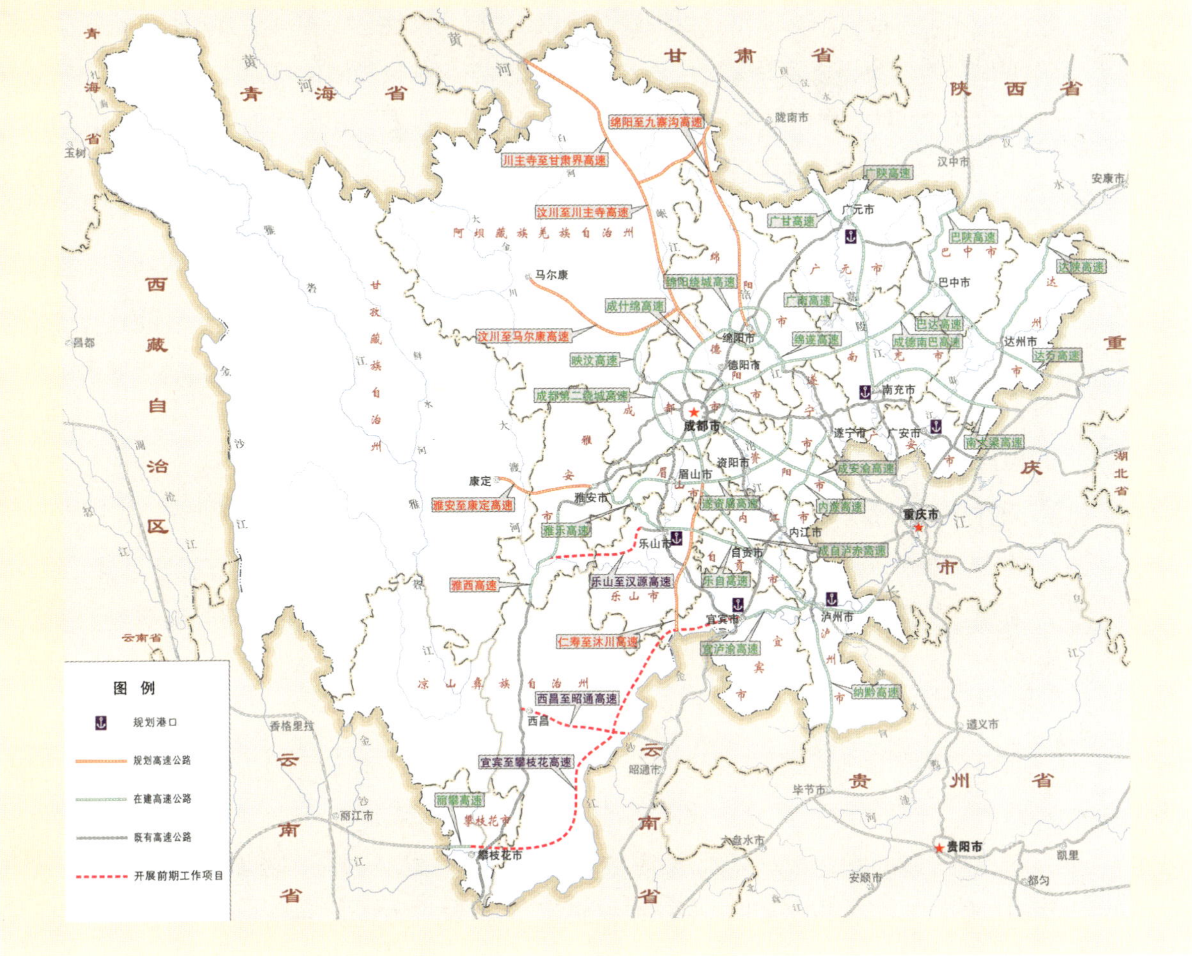

资料来源：本图由四川省发展和改革委员会、四川省测绘地理信息局提供。

物流成本高，是困扰内陆地区发展的全球性难题。世界经济史表明，内陆型区域在过去上百年的工业化进程中，少有成功的先例[①]。沿海地区有着内陆地区无可比拟的区位优势，而内陆地区则深陷远离海洋之困。在当今经济全球化、区域一体化背景下，四川必须面向国内外两个市场，积极参与国内外竞争，才能在全国和全球产业分工体系中扮演重要的角色。如果四川不能加快交通基础设施建设，打通国内、国际通道，变“蜀道难”为“蜀道通”，深度参与国内外产业分工，积极参与市场竞争，就将难以真正走出内陆省区的发展困境，将始终处于全国和全球经济的边缘，也就很难实现发展上的跨越，也难以从根本上缩小与东部地区的发展差距。建设西部综合交通枢纽是四川重新审视省情，着眼于创造和发挥区位优势的一项重大战略，是四川建设西部经济发展高地的基础性战略，是四川跨越发展的先导

① 巨文忠：《关于建立西部长期持续发展基础的若干思考》，《中国经济时报》2006 年 7 月 27 日。

性战略，更是事关四川百年发展的根本性战略。

未来一段时期，四川建设西部综合交通枢纽的战略思路应当突出通道、构建体系、完善路网、强化支撑、转化优势。

（1）突出通道。实施全面开发开放是四川一项重要而长期的发展策略。四川交通建设与发展的重要任务就是要建立起通江达海抵边，沟通中亚南亚、直达欧洲北美的对外运输孔道，架起四川融入全球的陆海空桥梁。四川地处西部内陆，既不沿海，又不沿边，必须实施全方位的对外开放，尤其是加强南向和西向对外开放，既要构建起向东出海大通道，更要打通向南、向西的国际陆上通道。今后应当进一步加强进出川通道建设，突出国际陆上通道，尤其是突出向南国际陆上通道建设，强化与东南亚铁路、南亚铁路、新亚欧大陆桥的有效连接，打通通向南亚孟加拉湾的南向（出海）大通道。以四川为中介和枢纽将东南亚铁路与新亚欧大陆桥串联起来，使四川成为东南亚通与中亚、西亚和欧洲大陆的陆上连接点和中介，进一步突出和提升四川在亚洲国际铁路枢纽的战略地位。与此同时，加快成贵铁路、隆黄铁路、纳溪 - 毕节高速公路建设，形成成都 - 贵阳 - 南宁 - 北部湾及珠三角的西南出海大通道。

（2）构建体系。建设西部综合交通枢纽战略实施以来，四川铁路、公路、内河航道建设取得重大进展，铁路、公路里程成倍增长，高等级航道大幅度增加，交通基础设施在量的水平上已有了巨大的飞跃。今后四川综合交通枢纽建设应当从基本数量扩张转向综合运输效率的提升，构建现代综合运输体系，促进各种运输方式协调发展。各种运输方式必须摆脱体制分割、各自为战的投建管运模式，在发展上统一规划，在空间上衔接成网，在物理上和逻辑上实现运输过程各个环节的无缝连接。根据四川及周边地区的经济地理特征和各种运输方式的技术经济特点，经济合理地发展各种运输方式，并使之有机结合形成一个完整、高效的交通运输系统，实现各种运输方式的分工协作、有机结合、有效衔接、连续贯通，大幅度提高综合运输效率。

（3）完善路网。目前，四川在以成都为中心、K 字形的铁路骨架基础上，进一步开工建设和规划了成兰、成西、成雅、川青、成贵、成渝（城际）等一批铁路项目，但总体而言铁路线路不成网，密度不高，等级偏低。虽已初步形成以成都为中心、放射状的高速公路布局和连接全省主要城市的高速公路，但高速公路主骨架和区域性高速公路网尚未形成，省内主要城市间高速公路连通度差。今后需要进一步完善交通路网。根据全省产业、人口、城镇的空间布局特征及其变化趋势，完善铁路、公路路网结构，提高网络化水平。加快形成以成都为中心的米字形铁路路网骨架和覆盖全省的铁路路网体系。加快形成与全省城镇、产业和人口空间布局相适应，连接全省主要城市和重点区域的发达的公路网络体系。

（4）强化支撑。未来区域竞争的主体是以城市群为载体的区域增长极。只有大城市群才具备与全国乃至全球进行分工交流所需要的完善的基础设施，才有足够的产业集聚和经济规模参与全国和全球性的城市及区域间的竞争，才能担当起国家和区域新一轮财富集聚的经济增长点，并决定这个国家和地区经济发展的未来走势。城市群是以通勤流为特征的城市空间组织形态，发达的城际快速交通是城市群形成的必要条件，而日常人口流动比例的提高是城市群形成的关键。国内外已发育成熟的城市群都是以快速交通体系为基础，形成人流、物流、信息流、资金流在城市之间的流动。经过多年的发展，四川已初步形成了成都平原、川南、川东北、攀西四大城市群，成为我省重点经济区的主体形态。尤其是成都平原城市群和川南城市群，城镇、人口和产业最为密集，空间形态特征完整，城市空间聚合度好，经过几年的培育有望成为支撑全省国民经济的主体和引领经济社会发展的核心增长极。而全省重点经济区的培育和发展还需要有强大的快速交通体系的支撑。今后需要强化交通对重点经济区的支撑，适应重点经济区内部大流量、快速化、高强度、高质量的城际快速旅客运输需求，以中心城市和主要城市为节点，构建网络化、互通式、快速便捷的城际快速交通体系，尤其是城际快速轨道交通体系，形成发达的通勤流，为重点经济区的发展提供强有力的交通基础设施的物质支撑。

（5）转化优势。西部综合交通枢纽建设以及交通运输技术飞速进步所带来的时间和空间变化，将对我省产业空间布局、人口空间集聚、资源要素流动、城镇发展、物流流向与速率、省际和区际联系等产生一系列的重大影响，形成巨大的通道效应、枢纽效应和物流效应，为四川经济又好又快发展提供了新的路径。今后需要将综合交通枢纽优势转化为经济发展优势，立足西部综合交通枢纽建设取得的新成效、新进展，以新的交通格局为基础重构区域发展的空间格局，以不同交通运输方式的技术经济特征为导向，调整优化产业空间布局，以出川通道建设为契机构筑新的对内对外开放格局，大力发展通道经济、枢纽经济和物流经济，加快建成西部经济发展高地。

参考文献

陆文熙：《四川古代道路及其历史作用》，《西昌学院学报（社会科学版）》2007 年第 3 期。

刘清泉、高宇天：《四川经济地理》，四川科学出版社，1985。

戴宾：《西部综合交通枢纽建设对四川空间发展格局的影响》，西南交通大学区域经济与城市管理研究中心，2010。

戴宾：《内河水运在四川建设西部综合交通枢纽中的战略地位》，《四川省情》2009 年第 4 期。

戴宾：《加快建设西部综合交通枢纽需要研究的十大问题》，《四川省情》2009 年第 9 期。

《四川省“十二五”综合交通建设规划》，四川省发展和改革委员会，2011 年 10 月。

第11章 水利建设与经济地理*

一 概述

水是生命之源，生产之要，生态之基。社会因水而繁荣，也因水患而饱受灾难，因此治水是人类社会永恒的主题。“治蜀者，先治水”，历代都把“兴水利，除水害”作为治蜀安邦的大事。公元前256年，秦蜀郡守李冰率领人民群众建造了举世闻名的都江堰水利工程。2200多年来，始终运行不辍，她将成都平原孕育成“水旱从人、不知饥馑”的“天府之国”。新中国成立以来我省开展了大规模的水利建设，兴建了近62万余处各类水利工程，发挥了对抗御洪旱灾害、发展灌溉面积、保障城乡工业和生活供水等方面的功效，对保障经济发展和社会稳定，提高人民生活质量，改善生产条件起到了重要作用。

随着全球气候变化的影响日益明显，工业化、城镇化加速推进，经济社会发展与水资源、水环境存在的矛盾日趋突出。虽然我省水资源总量较丰，但存在水资源分布不均，水资源地域分布与人口、耕地、生产力布局不相适应的矛盾，加之洪旱灾害的频发，水污染加剧，水环境恶化，水资源利用及水资源管理条块分割，经济发展与资源环境保护彼此分离，涉水事务无法解决跨部门、跨地区之间的利益冲突。由于水利基础设施薄弱，缺乏骨干调蓄工程，致使供水矛盾日益加剧。因此必须注意水资源的开发、利用、保护问题。

为适应经济社会的可持续发展，生态环境保护和对水资源的持续利用，从根本上扭转水利建设滞后的局面，搞好水资源配置是十分重要的工作。同时，必须改变传统的治水模式，建立适应时代要求，符合省情的治水模式及管理体制。在以人为本和科学发展观的指导下，遵循公平公正、高效利用、统筹协调、节约保护的原则，通过工程与非工程措施，调节水资源的时空分布，使其在符合需水要求的各用水部门之间实现科学合理的分配，保障经济社会、资源环境的协调发展，核心是提高用水效率，建设节水型社会，促进水利事业的健康发展，保障水资源的可持续利用。

二 水资源及承载能力

（一）水资源

水资源是人类赖以生存的且不可替代的基础性自然资源和战略性经济资源。水资源是指循环中能够为人类社会和生态环境所利用的淡水资源，其主要补给来源为大气降水，赋存形式主要为地表水、地下水和土壤水。可通过水循环，年复一年更新。水资源研究的重点是地表水和地下水。

水资源的基本特性：一是有一定的周期性、循环性、有限性、不均匀性和随机性；二是水又具有利害两重性、不可替代性和环境特性。

1. 降水量、蒸发量

（1）降水量。根据全省气象站、水文站1956～2000年[①]共23401站统计资

* 本章作者：王道延，四川省水利厅原总工程师；刘立彬，四川省水利水电勘测设计研究院规划设计分院原副院长，正高级工程师。

① 全国水资源综合规划统一采用（1956～2000年）同步水文系列分析。

料分析，全省多年平均降雨量 978.8 毫米（折合降雨量 4739.86 亿立方米），总体上讲四川属于降水丰沛的省区。多年平均降水量超过 1000 毫米的市、州有 12 个，全省降雨量最多的市为雅安市，多年平均降雨量 1546.6 毫米，最少的为甘孜州，多年平均降雨量 786.6 毫米。降雨量的地区分布与气候、地形、地貌紧密相关。山地与盆地、山岭与谷地、迎风坡与背风坡所产生的增减雨量效应十分明显。如盆周山区，由于山体对暖湿气流的抬升冷凝作用多地形雨而形成高值区，多年平均降雨量达 1200 ~ 2500 毫米，该区有我省三大暴雨区即：峨眉山暴雨区（1400 ~ 2500 毫米）、龙门山暴雨区（1400 ~ 2500 毫米）、大巴山暴雨区（1400 ~ 2000 毫米）。盆地腹地区由于气流下沉，降水量减少，多年平均仅 800 ~ 1200 毫米，背风河谷地区的焚风效应，降水量特别少，多年平均仅 500 ~ 800 毫米。川西南山地区由于峰峦重叠、河流深切、岭谷相间，降水量空间变幅甚大，多年平均降水量 800 ~ 1200 毫米。川西北高山高原区因高山阻隔，气温水气含量锐减，故降水稀少，多年平均降水量 700 ~ 1000 毫米。四川省降水量分配极不均匀，大部分地区降水量的 70% ~ 90% 集中在 5 ~ 10 月，其余月份降雨很少，特别是冬季 12 月至次年 2 月。另外我省降水年际变化较大，大部分地区最大年与最小年降雨量之比为 2.0 以上，局部地区高达 7.0。全省一般在 1.5 ~ 5.1 之间。

（2）蒸发量。从 1980 ~ 2000 年资料分析，多年平均蒸发量变化在 500 ~ 1400 毫米之间，由川东向川西递增。东部变化在 500 ~ 700 毫米之间，盆地腹地区低于盆周山区。总体趋势由西北部向东南部递减，最低值在夹江、大竹一带，多年平均蒸发量在 500 毫米以内。最高值在小金、德昌、攀枝花一带，多年平均蒸发量为 1200 ~ 1400 毫米。年水面蒸发的年内变化，主要受气温、湿度及风速的影响。冬季气温低，蒸发量小，最小月平均蒸发值一般在 1 月或 12 月，夏季气温高，湿度大，蒸发量大，最大月平均蒸发值略有差异，西部雅砻江、大渡河流域、安宁河谷最大蒸发量常出现在五月，其他流域则常出现在八月。全省干旱指数（年蒸发量与降水量之比）变化范围在 0.3 ~ 3.1 之间，干旱指数小于 1.0 的为湿润地区，如都江堰市、峨眉山市、雅安、天全县一线。西部高山高原区干旱指数在 1 ~ 3 之间，部分河谷地区如丹巴、乡城一线干旱指数均大于 3。

2. 河流

四川省号称“千河之省”，流域面积大于 100 平方公里的河流有 1236 条，200 ~ 3000 平方公里的中小河流有 585 条，3000 平方公里以上河流有 54 条。除川西北的白河、黑河流入黄河外，其余河流均属长江水系。长江水系中除川东北边境的汉江支流任河直接出境外，其余河流从我省四周汇入长江。四川省主要大江大河由西向东分别是：金沙江、雅砻江、安宁河、大渡河、青衣江、岷江、沱江、涪江、嘉陵江、渠江及长江上游干流四川段（省内称长上干）和支流赤水河（见表 11–1）。

3. 水资源量

（1）地表水资源。地表水资源是指河流、湖泊、冰川等地表水体中，由当地降

表 11-1　四川省主要江河概况

水系	河流	流域面积（平方公里）	长度（公里）	多年平均流量（立方米 / 秒）	多年平均径流量（亿立方米）
长江	金沙江	498453	2293	4655	1468.04
	雅砻江	128444	1535	1636	515.79
	安宁河	11150	303	231	72.85
	大渡河	90700	1155	1570	495.12
	青衣江	13793	289	543	171.24
	岷　江	135840	735	2741	864.28
	沱　江	27840	702	454	143.17
	涪　江	36400	679	550	173.45
	嘉陵江	160000	1120	2166	682.94
	渠　江	39220	666	694	218.86
	长上干流	1800000	6397	29227	9217.00
	赤水河	20440	460	309	97.45
黄河	白河、黑河	16960	165	150	47.48

水形成，可逐年更新的动态水量，用河川径流量表示。据 1956 ~ 2000 年资料统计多年平均地表水资源量为 2614.54 亿立方米，相应径流深 539.9 毫米。即每平方公里产水量约 54 万立方米。由于四川省地域辽阔，地势高低悬殊，地形地貌多样，土壤植被不一，气候条件差异大，受降雨控制，时空分布不均，产汇流条件影响，地表水资源量地区差异大，年际变化亦大。如青衣江和岷江干流多年平均径流深为 1373 毫米，每平方公里产水量 137.3 万立方米；而地处盆地腹地区的涪江流域的遂宁市多年平均径流深仅 210 毫米，每平方公里产水量仅 21 万立方米，相差 6.5 倍。

（2）地下水资源量。地下水资源量是指地下水总补给量（或总排泄量）。以降水补给为主，冰川融水补给次之。多年平均地下水资源量为 616.35 亿立方米，其中地下水资源量与地表水资源量间的重复计算量为 615.19 亿立方米。由于降水分布全省差异较大，地下水资源分布差异亦大。地下水资源总体分布是：成都平原区、盆周山区和川西南山地区。地下水资源相对较丰，特别是成都平原多年平均地下水资源量为 42.63 亿立方米，盆地腹地区的丘陵区、川西北高山高原区地下水相对较贫乏。全省大部分地区地下水资源量每平方公里在 7 亿 ~ 13 亿立方米之间。地下水资源模数分布特点是：扇顶最大，向扇中、扇前逐渐减少。平原区降水入渗补给模数最大（扇顶、砂土）35 万立方米 / 平方公里 · 年，最小（扇前、黏土）14 万立方

米 / 平方公里 · 年，模数从扇顶至扇前逐渐减少。

（3）水资源总量。水资源总量是指当地降水形成的地表水和地下产水总量（不包括境外来水）即地表产流量与降水入渗补给地下水量之和。地下水补给量中有一部分来源地表水体的入渗，应扣除相互转化的重复计算量，据 1956 ~ 2000 年水资源总量系列资料全省多年平均水资源量为 2615.69 亿立方米。其中地表水为 2614.54 亿立方米、地下水为 1.15 亿立方米。全省多年平均入境水有 1317.89 亿立方米，多年平均出境水有 3859.10 亿立方米，其中出境水流入黄河 47.48 亿立方米，汉江 22.77 亿立方米，长江 3788.85 亿立方米。按流域水系划分：长江流域水资源量 2568.2 亿立方米，占全省水资源总量的 98.2%，每平方公里产水量 55 万立方米。黄河流域水资源量 47.48 亿立方米，占全省水资源总量的 1.8%，每平方公里产水量为 28 万立方米。按地貌特征划分：盆地腹地区水资源量 514.71 亿立方米，人均水资源量 740 立方米。其中成都平原水资源量 142.52 亿立方米，人均水资源量 886 立方米；丘陵地区水资源量 372.19 亿立方米，人均水资源量仅 696 立方米；盆周山区水资源量为 561.94 亿立方米，人均水资源量为 4635 立方米；川西南山地区水资源量为 427.70 亿立方米，人均水资源量为 6793 立方米；川西北高山高原区水资源量为 1111.34 亿立方米，人均水资源量为 55291 立方米（见表 11-2）。

4. 水质

（1）河流水质。省内主要江河有金沙江、雅砻江、安宁河、大渡河、青衣江、岷江、沱江、涪江、嘉陵江、渠江、长江上游干流四川段及其主要支流，总长 6267.4 公里。按《地表水环境质量标准》GB38-2002 进行评价，2010 年地表水水质现状河流评价长度 3605 公里，其中属Ⅰ类水域河长 29.0 公里，为评价河长的 0.8%；Ⅱ类水域河长 2439 公里，为评价河长的 67.7%；Ⅲ类水域河长 603 公里，为评价河长的 16.7%；Ⅳ水域河长 227.0 公里，为评价河长的 6.3%；Ⅴ类水域河长 122.0 公里，为评价河长的 3.4%；劣Ⅴ类水域河长 185.0 公里，为评价河长的 5.1%。在各评价河流中岷、沱江部分干、支流，渠江部分支流，长江上游干流及部分支流，水质劣于地表水环境质量Ⅲ类标准。如岷江的彭山河段、眉山河段、犍为

表 11-2　四川省按地貌分区水资源分布

地 貌 分 区	合计	盆地腹地区	盆地腹地区		盆周山区	川西南山地区	川西北高山高原区
			平原区	丘陵区			
辖区面积（万平方公里）	48.43	11.02	2.10	8.92	7.09	6.18	24.13
水资源量（亿立方米）	2615.69	514.71	142.52	372.19	561.94	427.70	1111.34
户籍总人口（万人）	9001.30	6958.30	1608.80	5349.60	1212.40	629.60	201.00
人均水资源量（立方米 / 人）	2906.00	740.00	886.00	696.00	4635.00	6793.00	55291

河段的水质为Ⅳ～Ⅴ类，岷江支流府河的合江亭、望江楼、金华河段为劣Ⅴ类，沱江干流内江二水厂河段、支流绵远河均为Ⅳ类，沱江干流三皇庙河段、支流釜溪河、自贡河段均为Ⅴ类，渠江支流州河肖公庙河段为Ⅳ类，共计长度1136.6公里，占评价河段长度的31.5%。其中534.0公里河段污染极为严重，主要污染物为氨氮、总磷、高锰酸盐指数、挥发酚和五日化学需氧量等。其他河流评价河段水质总体较好。全省水功能区（根据水体的自然特性，人类对水体的影响和对水资源的需求，给河流不同水体赋予适当功能，作为管理的依据。水功能管理区分为一级区和二级区）评价河长4684.6公里，达标河长3500.0公里，达标率为74.7%。其中一级区评价河长4228.0公里，达标河长3317.0公里，达标率为78.4%；二级区评价河长456.8公里，达标河长163.6公里，达标率为40.2%。

（2）湖泊、水库、水源地水质。据2010年统计，参加评价湖泊3个，水库62座，城市水源地35处。湖泊有邛海（西昌市）、马湖（雷波县）、泸沽湖（盐源县）总评价面积60.9平方公里。其中Ⅱ类水域面积27平方公里，占评价面积的44.3%；Ⅲ类水域面积33.9平方公里，占评价面积的55.7%。评价水库62座。其中Ⅱ类标准水库12座，占评价座数的19.0%；Ⅲ类标准水库22座，占评价座数的36.5%；Ⅳ类标准水库14座，占评价水库的22.0%；Ⅴ～劣Ⅴ类标准水库11座，占评价总数的17.5%。劣Ⅴ类水库共六座，即大佛水库（井研县）、两河口水库（眉山市东波区）、黄河镇水库（内江市中区）、鲁班水库（三台县）、红旗水库（金堂县）、毛坝水库（井研县）。

评价城市饮用水源地35处，其中金沙江区5处，岷沱江区14处，嘉陵江区14处，长江上游（四川段）2处。饮用水源地全年水质合格率100%的有22处，占评价数的62.9%；合格率为80%以上的有26处，占评价处数的74.3%。

（3）地下水水质。地下水水质现状评价资料匮乏。据现已掌握的监测资料，成都平原三个片区综合水质类别均为Ⅲ类。按监测井数统计三个片区综合水质超标率分别是：岷江的成都片区为27.0%，沱江的成都片区为41.9%，德阳片区为78.3%。三个片区地下水质标准均为Ⅳ类，劣质区面积分别是：岷江的成都片区792.38平方公里，沱江的成都片区502.82平方公里，德阳片区1298.55平方公里。监测项目和超标倍数三个片区分别为：岷江的成都片区为高锰酸盐指数（1.4），总硬度（0）；沱江的成都片区为氨氮（1.5），总硬度（0.2）；沱江的德阳片区为氨氮（1.4），总硬度（0.1）。

（二）水资源分布特点

1. 水资源总量较丰，但地区差异大

四川省多年平均水资源量为2615.69亿立方米，仅次于西藏居全国各省（市、区）地表水资源量的第二位，属我国南方丰水区，相应径流深为539.9毫米，居全国各省（市、区）的第十五位，低于华东、华南和湖北、重庆、云南和贵州等区域和省市。

按2010年户籍人口计算，四川省人

均水资源量为 2906 立方米，为全国人均的 1.4 倍，但仅相当于世界人均的 40%。按联合国教科文组织制定的水资源丰歉标准（人均水资源量大于 3000 立方米为丰水、2000 ~ 3000 立方米为轻度缺水，1000 ~ 2000 立方米为中度缺水，500 ~ 1000 立方米为重度缺水，小于 500 立方米为极度缺水）和水利部提出的水资源紧张标准（人均水资源量 1700 ~ 3000 立方米为轻度缺水，1000 ~ 1700 立方米为中度缺水，500 ~ 1000 立方米为重度缺水，小于 500 立方米为极度缺水），四川省总体上应属于水资源轻度缺水的省区。预测 2020 年四川省人口超过 9000 万人，人均水资源量下降到不足 2900 立方米。

省内各市（州）人均水资源量差别很大，雅安、甘孜等 6 市（州）人均水资源量超过 3000 立方米，属丰水地区；成都、德阳等 8 市人均水资源量低于 1000 立方米属重度缺水地区，详见表 11-3。

全省 181 个县（市、区）中不同程度缺水的有 108 个，占县（市、区）的 59.7%；有 47 个县（市、区）属极度缺水区（小于 500 立方米），占全省县（市、区）的 26%，这些极度缺水的县（市、区）除攀枝花东区、西区外均位于盆地腹地区；有 23 个县（市、区）属重度缺水区（500 ~ 1700 立方米），占全省县（市、区）的 12.7%，均位于盆地腹地区；有 22 个县（市、区）属于中度缺水（1000 ~ 1700 立方米），占全省县（市、区）的 12.2%，这些县大部在盆地腹地区和盆周山区；有 16 个县（市、区）属轻度缺水区（1700 ~ 3000 立方米），占全省县（市、区）的 8.8%，这些县（市、区）均属盆周山区；有 73 个县属丰水地区（大于 3000 立方米），占全省县（市、区）的 40.3%，这些县市区均位于盆周山区、川西南山地区和川西北高山高原区。地处缺水地区的盆地腹地区的县（市、区）人口众多、经济发达，而地处丰水地区的县（市、区）大多地广人稀、经济欠发达。

2. 水资源分布与人口、土地、生产力布局极不匹配

全省每平方公里产水量在地区分布上极不均匀，但年产水的分布与年降水分布基本一致。东部盆地区产水量变化趋势是，盆地腹地区小于盆周山区，盆地西缘山地区大于盆地东部山地区，西部高山高原区产水量总体趋势是从南到北递减，由河谷地带向两岸高山递增。年径流变差系数（指年径流量系列年际变化的剧烈程度）CV 值在 0.11 ~ 0.53 之间变化，最大年水量是最小年水量的 4.8 倍。

径流深（指年径流量与对应面积之比）在 210 ~ 1370 毫米之间变化，分区径流深最大与最小之差为 6.5 倍。东部盆

表 11-3　四川省人均水资源标准划分

标　　准	市州地级行政区名称
丰水（大于 3000 立方米）	甘孜州、阿坝州、凉山州、雅安市、攀枝花市、乐山市
轻度缺水（1700 ~ 3000 立方米）	广元市、绵阳市、巴中市、眉山市
中度缺水（1000 ~ 1700 立方米）	达州市、泸州市、宜宾市
重度缺水（500 ~ 1000 立方米）	德阳市、成都市、广安市、南充市
极度缺水（小于 500 立方米）	自贡市、资阳市、内江市、遂宁市

地腹地区一般为200～500毫米，涪江、沱江中游地区径流深不到300毫米，为省内径流低值区；盆地西部鹿头山、青衣江暴雨区为1000～1600毫米，最高可达1966毫米；盆周山区北缘、南缘和东缘为600～1600毫米；西部高山高原区北纬30度以北地区为200～600毫米，以南由于气候与下垫面条件错综复杂，无论是山谷、迎风坡、背风坡年径流的局部差异显著。如安宁河中游地区为500～700毫米，而上游、下游地区却在800～1400毫米之间，全省径流深分布极不均匀。

径流深空间分布在地区上亦极不均匀。川西北部的甘孜、阿坝州虽然径流深较小，但由于境内地域面积大、人口稀少、耕地较少，水资源量却十分丰富，人均水资源量高达55291立方米。川西南山地区人均水资源量亦达到6793立方米；盆周山区人口、耕地虽然较多，但由于径流深较大，水资源仍相对富裕，人均可达4635立方米；而人口、耕地、工农业最为集中的盆地腹地区水资源却是最低的地区，人均水资源量仅740立方米，属于重（极）度缺水地区。

全省人均水资源量小于1000立方米的有成都、自贡、德阳、内江、南充、遂宁、广安、资阳等8市，而川中丘陵区的自贡、遂宁、内江、南充4市人口众多、工农业发达，但水资源极度缺乏，人均水资源298～548立方米，耕地亩均490～914立方米，尤以遂宁市最低，人均仅298立方米，耕地亩均仅485立方米，盆地腹地区水资源供需矛盾十分突出。又因水资源在地域分布与工农业生产布局上极不匹配，从而加剧了供需矛盾，成为四川省经济社会可持续发展的重要制约因素，详见图11-1。

3. 水资源时空分布不均，年内年际变大

全省各地最大月径流与最小月径流的比值变化在3-52倍之间。径流时程变化最大区域是盆地腹地区，变化最小区域为盆周山区和西部高山高原区。盆地东部渠江上游东南季风最先从这里进入，汛期4～10月径流占全年的60%～80%（最大月径流达25%以上），枯期径流占全

图11-1　四川省水资源与人口、耕地、GDP关系

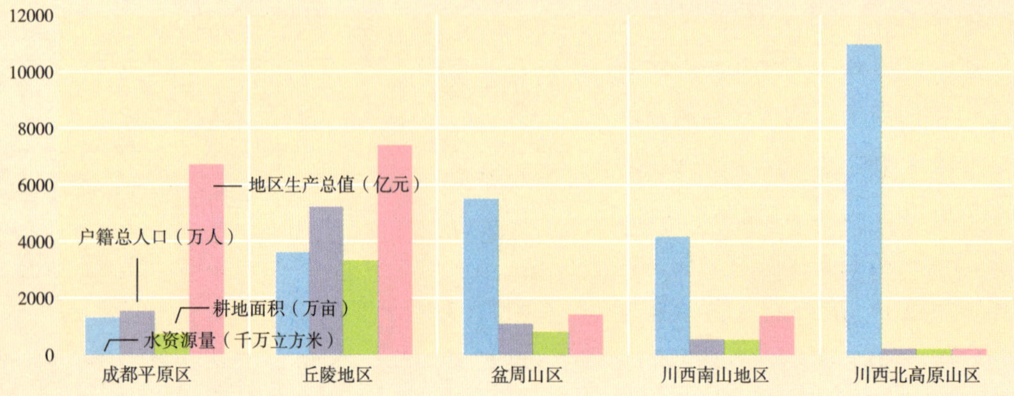

年 25% ~ 35%，而东南季风最后从这里退出，因此，该区既有春汛又有秋汛，以致在 11 月份还有较大洪水发生。盆地中、西部汛期（5 ~ 10 月）径流占全年的 60% ~ 70%，最大月径流高达 30% 以上，枯期径流占全年的 15% ~ 25%。区内的沱江、涪江中下游地区汛期（6 ~ 9 月）径流高达 75% ~ 80%，最大月径流在 30% 以上，枯期径流不到 10%。西部高山高原区汛期（6 ~ 10 月）径流占全年的 70% ~ 80%，最大月径流为 30% ~ 50%，枯期径流小于 10%。年径流变幅最小区域是岷江上游、大渡河上中游和青衣江，比值在 1.4 ~ 2.0 之间；变幅次小的是金沙江、长江南岸和盆地西缘山区，比值在 2.0 ~ 3.0；变幅最大的是渠江、涪江、沱江中下游、嘉陵江，比值高达 6.0 ~ 10.0，并常出现连续三年丰水与偏丰水或枯水与偏枯水年。年际间与年内径流分布亦不均匀，使可利用水资源量相对较少。又由于水资源时空分布不均，季节性缺水严重，致使干旱频繁发生。汛期多集中降雨，常出现洪涝灾害。

4. 水质总体良好，但局部地区水质恶化

根据《四川省水资源公报（2010 年）》公布全省水质概况看水质基本良好。金沙江、雅砻江、大渡河、青衣江、岷江、沱江、涪江、嘉陵江、渠江、长上干等河流，评价河长 3605 公里，水质类别组成分别是全年Ⅰ~Ⅲ类河长 3071 公里，占评价河长的 85.2%；Ⅳ ~ Ⅴ类河长 349 公里，占评价河长的 9.7%；劣Ⅴ类河长 185 公里，占评价河长的 5.1%。岷江中游河段和部分支流，沱江干流及部分支流，渠江部分支流，长上干的部分支流水质劣于地表水环境质量Ⅲ类水体。

据 2010 年统计资料，全省废水排放总量 35.69 亿吨（不包括火电厂冷却水）。其中：工业废水排放量占 67.6%，生活污水排放量占 33.4%。主要污染物：化学需氧量（COD）排放量 74.8 万吨，氨氮排放量 6 万吨。全省 90% 的城市与江河相邻，但 73% 的城市污水和 30% 的工业废水未经处理直接排入江河，导致河流水体污染，使沿江城镇取水困难，部分城市不得不另辟水源。因为水质变差，使有限的水资源量不断减少，加剧了供需矛盾。特别是盆地腹部区城市附近水体污染更为严重，缺水情况更加突出。

5. 水生态水环境问题不断突显

水生态范围涉及河流、湖泊、水库和湿地。由于水资源开发利用失调，存在不同程度的水生态恶化状况。引水式电站的无序开发，河堰的拦蓄径流，造成局部河段脱水（断流）。如岷江上游及支流上引水式电站引水过渡，导致电站下游脱水或断流；都江堰水利工程为满足工程范围内工农业用水和城市生活用水，枯水期（12 ~ 4 月）引水过渡，造成金马河（岷江干流）局部河段时有断流发生；平原区部分城镇由于工业化、城镇化推进，使地下水过度开采，造成地下水位下降，有的地方出现降落漏斗。

农村小集镇生活污水、生活垃圾、畜禽粪便、化肥农药、秸秆焚烧造成的农村环境问题日益突现。农村面源污染物入河量已占污染物总入河量的 30% ~ 40%。

湖泊面积萎缩。如西昌市的邛海，20 世纪 50 年代初湖面积为 31 平方公里，蓄水量 3.2 亿立方米，到 2000 年湖面积缩小到26.76平方公里，蓄水量减少到2.78亿立方米，西部地区的小湖泊大多已干涸。

草场、湿地由于滥垦滥牧，水土流失严重，鼠虫害得不到有效遏制，造成草场沙化严重，湿地萎缩。如草场沙化面积以每年11.6%的速度扩大，若尔盖湿地面积亦不断减少。

（三）水资源可利用量

1. 地表水可利用量

地表水可利用量是以流域为单元，指可预见期内（2030年）在统筹考虑河道内生态环境用水和其他用水的基础上，通过技术上可行，经济上合理的措施，在流域（或水系）地表水资源量中，可供河道外生活、生产和生态用水的一次性最大水量（不包括回归水的重复利用）。水资源的可利用量是指水资源开发利用要对经济社会的发展起保障和促进作用，且又不会对生态环境造成破坏。水资源可利用量是在扣除不可以利用和不可能利用的水量。所谓不可以利用水量是指必须满足河道内生态环境的用水量。据1956 ~ 2000年各水资源三级区的逐月水资源系列计算，河道内生态环境用水量为681.30亿立方米。不可能被利用的水量是指汛期超过工程最大调蓄能力和超过最大用水需求的水量，在预见期内不可能利用的水量多年平均为1069.24亿平方米。经初步估算，全省水资源可利用量为865.15亿平方米，占全省水资源总量的33.1%，四川省各主要江河可利用量和按地貌分区水资源可利用量（见表11-4和表11-5）。

表11-4　四川省主要江河水资源可利用量（单位：亿立方米）

水　系	河流名称	水资源总量	汛期不能利用量	生态基流	可利用量
长江水系	金沙江	331.49	148.52	85.47	97.5
	雅砻江	576.44	296.19	151.44	128.81
	大渡河	449.22	258.05	117.05	74.12
	青衣江、岷江	474.4	165.64	121.95	186.81
	沱江	104.22	7.2	27.91	69.11
	涪江	152.56	23.98	40.1	88.48
	嘉陵江	150.7	53.28	39.78	57.64
	渠江	193.23	46.06	51.78	95.39
	赤水河	24.14	8.62	5.87	9.65
	长上干四川段	107.86	31.61	26.66	49.59
	任河	3.95	2.23	1.07	0.65
黄河水系	黑河、白河	47.48	27.78	12.28	7.42
	合　计	2615.69	1069.18	681.36	865.15

表 11-5　四川省按地貌分区水资源可利用量（单位：亿立方米，%）

分区名称	水资源分区量	水资源可利用量	占各分区比例	规划调入、调出量		调配后各分区水资源可利用量
				调入	调出	
四川省	2615.69	865.15	33.1	126.1	126.1	865.15
盆地腹地区	514.71	300.96	58.5	126.1	5	422.06
盆周山区	561.94	214.42	38.2	—	41.4	173.02
川西南山地区	427.7	121.42	28.4	—	—	121.42
川西北高山高原区	1111.3	228.35	20.5	—	79.7	148.65

2. 地下水可开采量

地下水可开采量是指在可预见期内，通过经济合理，技术可行的措施，在不影响生态环境的条件下，允许从含水层中获得的最大水量。四川省地下水绝大部分与地表水重复，不重复的量很小，平原区降雨直接入渗量仅 1.15 亿立方米 / 平方公里。因此，地下水可开采量不计入水资源可利用量。

四川省开采地下水资源具有悠久的历史，多年平均地下水可开采量约为 148.44 亿立方米。由于省境内地表水资源十分富裕，除生活用水、厂矿自备水源外，其他使用地下水的不多，所以地下水开采量不多。

盆地中，东部地区的自贡、南充、资阳、广安、遂宁等市，地处红层地区，地下水资源贫乏，可开采量很小，但由于人口众多，为人畜饮用水开采地下水总量相对较大，开采程度相对较高，已达地下资源量的 39.14% ~ 66.12%。而四川西部的阿坝州、甘孜州、凉山和攀枝花市、雅安市，由于地广人稀，地下水亦相对丰富，但开发利用量却很少，不足 10%。

成都平原是全省地下水最丰富的地区，开采条件好，而且有较强的调蓄能力，据统计，2012 年成都平原地面水开采量为 9.92 亿立方米，占可开采地下水资源量（20.66 亿立方米）49.6%。

3. 过境水利用量

过境水的利用必须建立在有水利工程设施的基础上，没有可供调蓄的水利工程，过境水就无法利用。经计算，全省到 2030 年过境水及跨流域、区域调水量可达到 126.10 亿立方米，过境水的利用可使严重缺水的盆地腹地区可利用水资源量得到较大提高，同时可缓解盆地腹地区的供需矛盾。

（四）水资源开发利用及存在问题

1. 水资源开发利用现状

（1）供水设施。①蓄水工程。截至 2010 年，全省共建各类蓄水工程 46.93 万座（未计入电力部门的发电水库），年总供水能力 141.81 亿立方米。其中大型水库 7 座，供水能力 45.6 亿立方米，占蓄水工程供水能力的 32.2%；中型水库 109

座，供水能力 28.81 亿立方米，占蓄水工程供水能力的 20.3%；小型水库 6638 座，供水能力 38.2 亿立方米，占蓄水工程供水能力的 26.9%；塘堰 46.26 万座，供水能力 29.2 亿立方米，占蓄水工程供水能力的 20.6%。②引水工程。全省共建各类引水工程约 4.47 万处，年总供水能力 113.23 亿立方米。其中大型引水工程 8 处，年供水能力 64.56 亿立方米，占引水工程总供水能力的 57.0%；中型引水工程（引水流量在 10 ~ 30 立方米 / 秒）18 处，年供水能力 21.09 亿立方米，占引水工程总供水能力的 18.6%；小型引水工程 4.46 万余处，供水能力 27.58 亿立方米，占引水工程总供水能力的 24.4%。③提水工程。全省共建固定提灌站约 3.01 万处（未计入工矿企业提水设备），均为小型工程，年总供水能力 14.47 亿立方米。水轮泵站 63 处，年供水能力 0.61 亿立方米。另有属工矿企业、火电厂自备水源工程和乡镇生活供水工程，年供水能力约 49.28 亿立方米。地下水供水工程，据 2010 年统计，共建机电井 2.4 万余眼，年总供水能力 1.76 亿立方米，浅层地下水生产井 365.88 万眼，大部属农村人畜饮用水的手压井和小生产井，现状年供水能力合计 18.07 亿立方米，深层地下水主要为优质矿泉水开发利用，目前有 141 眼生产井，年生产水量约 0.1 亿立方米。④其他小型水利工程。其他水利工程约 6.95 万处，（包括集雨工程的水池、水窖等设施），工程供水能力 1.42 亿立方米。集雨工程当年实际供水量 4.31 亿立方米。据 2010 年统计，全省共建各类供水设施 63.77 万余处，年总供水能力 272.85 亿立方米（不含自备水源工程），其中蓄水工程 141.81 亿立方米，占 52.0%；引水工程 113.23 亿立方米，占 41.5%；提水工程 16.39 亿立方米，占 6.0%；其他工程 1.42 亿立方米，占 0.5%。四川省 2010 年各类水利设施统计表和四川省按地貌分区 2010 年水利设施统计表，详见表 11-6 和 11-7。

（2）供水量。据 2010 年统计，全省各类供水工程供水量为 249.81 亿立方米，地表水源供水量 224.72 亿立方米（其中蓄水工程供水量 62.95 亿立方米，引水工程供水量 102.96 亿立方米，提水工程供水量 58.81 亿立方米），占总水量的 89.96%；地下水源供水量 19.57 亿立方米（浅层地下水源供水量 19.47 亿立方米，深层承压水供水量 0.10 亿立方米），占总供水量的 7.8%；其他水源供水量 5.52 亿立方米（集雨工程供水 4.31 亿立方米，其他工程供水 1.20 亿立方米），占总供水量的 2.2%。1980 ~ 2010 年各类供水工程供水状况（包括自备水源供水）见表 11-8。

（3）用水量。全省总用水量 1980 年为 170.14 亿立方米，2010 年增加到 249.81 亿立方米，年递增率为 1.29%；城镇生活用水量 1980 年为 4.88 亿立方米，2010 年增加到 25.59 亿立方米，年递增率为 6.19%；农村生活用水量 1980 年为 15.10 亿立方米，2010 年增加到 23.10 亿立方米，年递增率为 1.43%；工业用水量 1986 年为 13.90 亿立方米，2010 年增加到 68.20 亿立方米，年递增率为 5.4%；农业用水（灌溉）1980 年为 136.12 亿立方米，2010 年下降到 132.21 亿立方米，年递减率为 0.01%。1980 ~ 2010 年用水变动情况见表 11-9。

表 11-6　四川省 2010 年各类水利设施统计

工程类别	工程规模	数量（处）	供水能力（亿立方米）	2010 年实际供水（亿立方米）
蓄水工程	合　计	469342	141.81	62.95
	大　型	7	45.6	10.21
	中　型	109	28.81	13.14
	小　型	6638	38.2	21.33
	塘　堰	462588	29.2	18.27
引水工程	合　计	44665	113.23	102.96
	大　型	8	39.62	46.16
	中　型	18	21.09	16.13
	小　型	44639	52.52	40.67
提水工程	合　计	30082	14.47	8.63
水 泵 站	小　型	63	0.16	0.11
机 电 井	小　型	24041	1.76	0.8
其他工程	小　型	69484	1.42	1.21
总　　计	—	637677	272.85	176.65

注：本表中未列入工矿企业自备水源工程和集雨工程、水窖的水量

表 11-7　四川省按地貌分区 2010 年水利设施统计

地 貌 分 区	合计	盆地腹地区			盆周山区	川西南山地区	川西北高山高原区
		小计	成都平原	丘陵地区			
辖区面积（万平方公里）	48.42	11.02	2.10	8.92	7.09	6.18	24.13
水资源量（亿立方米）	2615.69	514.71	142.52	372.19	561.94	427.70	1111.34
工程处数（万处）	63.77	50.44	7.76	42.68	9.99	1.94	1.40
总供水能力（亿立方米）	272.85	213.49	90.16	123.33	22.33	29.46	7.57
其中蓄水工程	141.81	117.49	29.71	87.78	12.52	11.61	0.19
引水工程	113.23	81	56.85	24.15	8.15	16.87	7.21
提水工程	17.81	15.01	3.61	11.40	1.66	0.97	0.17
2010 年实际供水（亿立方米）	249.81	189.99	72.59	117.40	23.62	29.61	6.59
其中地表水	224.72	170.45	65.86	104.59	20.67	28.06	5.54
有效灌溉面积（万亩）	3829.66	3072.75	774.45	2298.30	433.55	248.51	74.85

表 11-8　四川省各类供水工程供水量统计（单位：亿立方米）

年　份	蓄水工程	引水工程	提水工程	地下水	其它水源	总供水量
1980	54.96	78.65	24.68	10.43	1.41	170.14
1985	49.67	84.53	26.68	13.6	1.91	176.39
1990	53.73	86.68	32.87	13.65	1.59	188.53
1995	59.14	95.7	42.9	16.16	2.31	216.21
2000	60.63	102.26	50.97	17.28	4.43	235.56
2005	71.38	106.8	57.77	17.79	5.16	258.9
2010	62.95	102.96	58.81	19.57	5.52	249.81

注：供水量除计入水利部门统计用水量同时还包括工矿企业自备水源供水量。

表 11-9　四川省生活、生产用水量统计（单位：亿立方米）

年　份	城镇生活	农村生活	工业用水	农业用水	总用水量
1980	4.88	15.1	13.9	136.12	170.14
1985	6.17	16.2	17.8	136.23	176.4
1990	7.6	17.9	23.7	138.94	188.14
1995	11.6	18.4	44.6	141.3	215.9
2000	14.9	20.6	57.2	143	235.7
2005	24.3	21.8	64.1	148.6	258.9
2010	30.2	19.2	68.2	132.21	249.81

用水量与各市州的人口耕地、生活习俗、产业结构、经济条件、环境状况等因素有关，全省生活、生产用水主要集中在盆地腹地区，年总用水量超过 10 亿立方米的市有成都、德阳、乐山、绵阳、眉山、宜宾等 8 个市，其中成都市年用水总量高达 50 多亿立方米。

（4）水资源开发利用程度。据 2010 年水资源量及供用水分析，四川省水资源开发利用率（指年实际用水量与多年平均水资源量的比例，国际公认的流域水资源开发利用率为 30% ~ 40%）仅 9.5%，低于全国平均 21.7% 和长江流域 19.9% 的水平，说明四川省水资源利用程度不高。但从各市州及按地貌分区看差异还是较大，盆地腹地区高达 25.5%，其中盆地丘陵区高达 28.5%，开发利用程度较高。而盆周山区和西部地区水资源开发利用率分别为 4.2% 和 5.9%。从市州开发利用程度分析，遂宁、自贡市超过 40% 的警戒线，内江、资阳、德阳和成都市均超过 25%，而甘孜州仅为 0.6%。从径流的调节能力（指一个区域或流域的蓄水工程蓄水量与年均径流量的比值）分析，四川省各类蓄水工程的总容积 141.18 亿立方米，调节水量仅占地表水资源的 5.4%，全国平均调节水量占水资源量的 25.5%，说明四川省对径流调节能力很弱。从地貌分区看盆地腹地区总蓄水能力为 104.8 亿立方米，占全省蓄水能力的 74.2%，调蓄能力为 20.37%。沱江流域蓄水工程容积为 25.56 亿立方米，占地表水资源的 24.5%，为全省水资源分区（三级区）的最高区域。省内其他分区（三级区）径流调节能力甚微，径流调节率均不足 4%。

（5）用水现状水平。2010 年，四川省人均用水量 311 立方米，低于全国和长江流域人均用水量（分别为 450 立方米和 449 立方米）。万元 GDP 用水量为 145 立方米，与全国和长江流域万元 GDP 用水量相当（分别为 150 立方米和 144 立方米）。工业万元增加值用水量 85 立方米，略低于全国和长江流域工业增加值用水量（分别为 90 立方米和 127 立方米）。人均用水量在全省地级市中攀枝花市最高 784 立方米，万元 GDP 用水量各地级市（州）中，成都市、泸州市为最小（分别为 94 立方米和 92 立方米）。2010 年农田灌溉亩均用水量 345 立方米，低于全国和长江流域农田灌溉亩均用水量（分别为 421 立方米和 437 立方米）。地级市中以资阳市灌溉用水最低（亩均仅 254 立方米），攀枝花市灌溉用水量最高（亩均为 954 立方米）。城镇居民生活用水量 170 升 / 人·日（计入公共设施用水），低于全国和长江流域（分别为 193 升 / 人·日和 221 升 / 人·日）。省内地级行政区中，攀枝花市和盆地腹地区各市的生活用水指标均高于其他市（州）。

2. 水资源开发利用中存在的主要问题。

（1）防洪减灾能力不足，难以满足防洪要求。四川省有 70% 以上的固定资产，40% 的人口，30% 以上耕地，60 余座重要城市，以及大量的国民经济基础设施和工矿企业，分布在河流两岸，常受洪水威胁。随着城市化进程加速，城市规模日益扩大，社会财富的增加，洪灾损失将会越来越大。自 20 世纪 80 年代以来，每年因洪灾造成的直接经济损失就达 10 ~ 30 亿元，虽然经过多年防洪工程建设，河道整治，各主要江河亦兴建了一些堤防、护岸工程，但亦难以满足防洪要求。截至 2010 年，全省共建各类堤防工程 4274.41 公里，但大多标准偏低。因受财力限制我省防洪工程建设进展缓慢，与确保江河安澜和改善民生的要求相比，仍存在一些突出问题和薄弱环节。一是大江大河综合防灾减灾体系不完善，中小河流防洪工程标准偏低，山洪灾害监测与防御能力薄弱。城镇防洪问题日益突出，特别是重要江河汇口处的 60 余座城镇，除个别城镇外，绝大部分城市均未形成封闭的防洪体系。二是主要江河及重要支流中，上游缺乏大、中型调蓄拦洪水利枢纽工程，控制洪水能力较弱，洪水难以得到有效控制。如渠江从 2004 ~ 2010 年连续几年的大洪水，平均每年洪灾直接经济损失高达数十亿元，是四川省防洪减灾压力较大的河流。三是城镇规模的拓展，侵占河道，缩窄行洪通道，降低了河道的行洪能力。一些河道由于采砂无序，影响到堤防的安全；河道清障工作进展缓慢，致使排洪不畅。四是防汛信息和指挥调度系统不健全，防洪通讯、预警系统落后，难以满足防洪抢险的要求。洪涝灾害仍是四川省经济社会发展的心腹之患。

（2）骨干调蓄工程缺乏，无力满足经济社会发展对供水增长的需求。2010 年全省水资源开发利用率为 9.5%，低于全国 21.7%，年供水能力为 249.8 亿立方米（包括自备水源），年实际供水 224.72 亿立方米。供水水源以地表水为主，在供水方式上以引水渠（堰）供水为主，年供水量 102.96 亿立方米，占当年供水总量的 45.8%；蓄水工程供水 62.95 亿立方米，占当年供水总量的 28%；在供水规模上大、中型工程供水 86.14 亿立方米，占当年供水总量的 34.3%，而小型工程供水为 138.58 亿立方米，占年供水总量的 65.7%（扣除塘、堰蓄水工程供量 25.97 亿立方米，小型水库工程供水 112.61 亿立方米）。据 2010 年统计，全省蓄水工程总水量能力 141.81 亿立方米，蓄水工程调控能力（指蓄水工程总容积与多年平均水资源量的比值）仅 5.4%，分别低于全国和长江流域（分别为 25.8% 和 24.7%）；人均调控能力为 176 立方米 / 人，低于全国平均 527 立方米 / 人，更低于发展国家 3000 立方米 / 人。充分说明我省对水资源的调控能力弱，在时间和空间上不能对水资源进行有效的调配，难以实现以丰补枯和增加水资源的可利用量，显然这样的水资源调控能力是极难支撑国民经济发展对水的需求。四川省是干旱频发省区之一，几乎每年都有不同程度的干旱发生，给农业生产和人民生活造成了严重的困难。在四川省经济社会占有重要地位的 67 个丘陵县中，近 2/3 的耕地无灌溉设施，丰歉受制于天。如 2006 年四川省盆地腹地区发生的夏伏连旱，不少溪河断流，塘堰干涸，中小水库无水可蓄，提水站无水可提，地处南部县的升钟水库（总库容 13.4 亿立方米）已逼近死水位而无力供水。由于四川省骨干调蓄工程严重不足，工程调蓄能力较差，用水保证率又低，抗御自然灾害的能力十分脆弱。

（3）现有工程老化、年久失修、效益衰减。1949 年全省各类水利工程蓄、引水能力 33.59 亿立方米，有效灌面 801.61 万亩；到 1980 年全省水利工程蓄、引、提水能力达到 176.25 亿立方米，有效灌面达到 3170 万亩；2010 年水利工程蓄、引、提水能力达到 272.85 亿立方米，有效灌面达到 3829.67 万亩。说明 60 ~ 70 年代是我省水利建设的高峰时期，蓄、引、提水能力为现状的 65%，有效灌面为现状的 82.8%；而 80 年代之后水利建设滞后，以水库为例，现有水库 6754 座，大多始建于 50 年代末至 80 年代以前；现有大型水库 7 座，有 4 座建于 60 ~ 70 年代；中型水库有 109 座，有 80 座兴建于 80 年代以前；小型水库基本兴建于 50 ~ 70 年代。由于水库工程建设年代已久，建设时标准偏低，绝大多数工程已运行 30 多年，其中许多工程已超过设计运行期，工程老化、年久失修，许多工程建筑物毁损严重，水量损失大，工程病险多，水利工程效益普遍衰减。到 2010 年全省尚有中、小 1893 座（中型水库 6 座）病险和震损水库亟待治理。全省有效灌面 3829.67 亩，灌溉率为 42.9%，人均灌溉面积仅 0.43 亩，仅为全国人均的 67.5%。

据 1995 ~ 2010 年统计，全省有效灌面增加 415.67 万亩，因基本建设和城镇拓展等占用有效灌面 349.43 万亩，致使人均有效灌面长期徘徊在人均 0.43 亩左右。水利设施的现状与一个农业大省，人口大省的地位极不适应，严重制约了我省经济社会的可持续发展。

（4）水利投入严重不足，水利基础设施建设严重滞后。新中国成立初期至 70 年代，四川省水利建设成绩斐然。据水利统计年鉴资料，70 年代以前，水利投入总量虽然不多，但占社会固定资产投入的比例较高，1971 ~ 1975 年、1976 ~ 1980 年分别达到 26.3% 和 51.88%；但在 1980 年后，水利建设投入的比例呈下降趋势，1986 ~ 1990 年，2006 ~ 2010 年，分别为 6.61% 和 0.75%，水利投入均低于同期公路、铁路等基础设施的投入。1995 ~ 2010 年，四川省水利建设除中央投入资金外，省级水利基本投资一直保持在 1.5 亿元左右，占地方财政预算收入比例 1995 年为 1.24%，2010 年为 0.31%，大大低于经济实力比我省差的省区，仅为云南省的 1/6，甘肃省的 1/3，陕西、广西壮族自治区的 1/2，说明 1995 年后，四川省水利投入严重不足。致使全省已成和正建工程配套差，有些已成工程至今未达到设计能力。仅以已成的 109 座中型水库为例。设计灌面为 780 万亩，现已受益的灌溉面积仅 474.81 万亩，占设计灌面的 60.87%，尚有 305.19 万亩亟须配套建设；在建的 13 座中型水库，虽然大多主体工程已完成建成并蓄水，但由于资金投入不足，渠系配套建设十分缓慢，目前仅完成渠系配套任务的 11.5%，致使工程效益难于发挥。据四川省水利水电勘测设计研究院 2007 年编制的《四川省已成灌区渠道配套规划报告》介绍，说明灌区配套任务还很重，必须加大投入力度（见表 11-10）。综上所述，由于水利建设投入不足，尤其是工程建设资金中，地方配套部分欠账太多，致使工程配套差，难以正常发挥效益。

（5）水环境不断恶化。据 1995 年第二次全国土壤侵蚀遥感调查，四川省水土流失面积 22.13 万平方公里，占国土面积的 45.73%。年土壤侵蚀总量 9.66 亿吨，占流入长江泥沙总量的 60% 左右，泥沙主要来源于四川盆地丘陵地区。50 ~ 80 年代水土流失呈增长趋势，经过逐年来的治理，截至 2010 年累计治理面积 9.49 万平方公里，占水土流失面积的 42.9%，但人为的新增水土流失未能得到根本遏制，开发建设对生态

表 11-10　四川省水利工程灌区配套情况统计（单位：万亩，%）

灌区类型	处数	设计灌面	有效灌面	未配套灌面	占设计灌面比重
大型灌区	10	1752.6	1507.8	217.8	12.43
中型灌区	393	1127.5	727.8	399.7	35.45
小型灌区	15776	1630.9	1236.5	394.4	24.18
合　计	16179	4511	3472.1	1011.9	22.57

环境压力很大，治理水土流失的形势依然严峻。

湿地、内陆滩涂面积萎缩，如安宁河上的邛海，50年代湖面积为31平方公里，蓄水量3.2亿立方米，到2000年湖水面积为26.76平方公里，蓄水量减少到2.78亿立方米；稻城县的兴伊错湖，50年代初湖面积为7.5平方公里，蓄水量0.53亿立方米，到2000年湖面萎缩到6.1平方公里，蓄水量减少到0.42亿立方米。若尔盖湿地草原（是世界上最大的泥炭沼泽湿地），目前已有70万亩草地沙化，并在逐步扩大。草地鼠虫害日益猖獗。据统计，全省草地退化面积已达848.2公顷，占可利用草地面积的57%。

岷江金马河段，由于都江堰水利工程将岷江水拦入灌区，致使鱼嘴—新津河段（即金马河）枯水期（12～4月）时有断流发生，影响河段长32.7公里，年断流时间是约90天；沱江上游支流绵远河，因官宋硼堰引水工程引水致使袁家大桥下游11公里河道断流，年断流时间最长达16天左右；沱江支流阳化河上的各级石河堰，枯水期将拦蓄水引入供水区，致使乐至县境内10～21公里河道多次发生断流，年断灌时间60～150天。2010年，四川省主要江河干流及部分支流重点河段水质评价[①]，评价河长3605公里，全年期Ⅳ类河长227公里、占评价的6.3%；V类河长122公里，占3.4%；劣V类河长185公里，占5.1%。在评价河流中，岷江董林段、彭山段、眉山段、犍为段水质均为Ⅳ～Ⅴ类；岷江府河、南河合江亭、望江楼、金华河段水质为V类；沱江三皇庙河段、支流鉴汉河自贡河段水质为V类；渠江支流州河肖公庙段水质为Ⅳ类。在评价河长3605公里河道中，有1136公里河段受到不同程度的污染，其中有534公里河段，占评价河长的14.8%，污染较为严重，已丧失水体应有的功能。2009年，全省排放工业废水10.71亿吨，生活污水15.68亿吨，分别为废污水排放量的40.60%和59.4%；全省工业固体废弃物产生量约为8597万吨，其中，有害固体废弃物占1%。目前工业固体废弃物年利用率为57.6%。城市垃圾产生量呈上升趋势，仅32个建制市年生活垃圾就达656万吨。这些废弃污染物严重地影响了生态环境。四川是农业大省，农村集镇生活污水、生活垃圾、畜禽粪便、农药化肥面源污染、桔梗焚烧造成农村环境问题日益突出，农村面源污染物入河量占污染物入河总量30%～40%，部分地区甚至达到70%左右；同时水质监测网站严重不足，水质监测手段较为落后，监测设施陈旧、老化，不能满足经济社会不断发展，物质文化生活不断提高，对水资源有效保护和科学管理的要求。由于水生态遭到不同程度的破坏，水环境受到不同程度的污染，一方面加剧了水资源的供需矛盾，另一方面又恶化了生态环境，从而影响到人水和谐。

（6）水资源利用效率和效益低，水资源浪费严重。农田灌溉是用水大户，年用水量占供水量的67%，由于用水技术落后，管理粗放，输用水损失严重，灌溉

① 评价标准：《地表水环境质量标准》（GB3838-2002）。

用水效率仅为 43%，较先进国家低 40%，水分生产率小于 1.0 千克 / 立方米，不到先进国家的 1/2，说明水量利用率与水分生产率均较低。以都江堰水利工程引水为例，据 2010 年调查，全灌区水利用系数为 0.432，平原灌区略高，但丘陵灌区仅 0.38，水量损失严重，占都江堰水利工程供水总量的 27% 左右。工业万元增加值用水量为 85 立方米，GDP 万元用水量为 134 立方米，是发达国家的 10 ~ 20 倍，重复利用率为 45%，而发达国家为 80% ~ 90%。全省主要城市自来水普及率为 97.2%，但管网输水损失率达 15% 以上。污水处理回用水及雨水利用程度很低，与国内先进地区比差距明显，严重影响了工程供水效益的发挥，说明节水潜力很大。

（7）水资源管理体制不完善，开发利用不规范。四川省水资源管理由于条块分割“多龙”管水的局面未得到根本转变，水利体制仍不能适应新时期的要求，存在问题较多。如水资源管理的法律法规不健全，监督机制亦不完善；水资源管理体制尚待进一步理顺；水利事业发展机制不灵活；水资源配置在市场经济中的基础地位没有得到充分发挥；水管理单位良性运行机制尚待完善；水资源保护与水污染治理分属不同的主管部门，统筹协调难度大。水资源开发利用亦存在问题。如水土保持项目由多部门分散实施，缺乏统筹协调，防洪工程监测设施简陋，管理手段较为落后；工程项目组建不规范，责权利不明晰；水文站网尚需规范优化；水质监测能力尚待加强；水利前期工作经费严重不足，缺乏工程项目储备；水利的社会服务职能尚待提高和完善。

（五）水资源承载能力分析

1. 水资源承载能力

水资源承载能力是指当地的水资源在一定的经济社会发展阶段，在不破坏社会和生态系统时，最大能支撑国民经济（包括工农业和社会生活等）的能力，是随社会、经济、科学、技术发展而变化的综合指标。水资源的可持续利用是指在水资源承载能力范围内，通过水资源的合理配置和高效利用，使区域（流域）水资源可以支撑当代人对社会、经济和生态环境的用水要求，而且对后代人的用水需求不构成危害的水资源利用方式，水资源利用程度不得超过水资源的承载能力。水资源的可利用量是指在水资源可持续利用的前提下，考虑技术上可行，经济上合理及生态环境可承受的能力，通过工程措施获得的一次性水量。

水资源承载能力，用水量承载指数表示，即可供水量或可利用水量与需水量的比值，只有当水量承载指数大于 1 时，才能保障供水的需求。

四川省水资源总量为 2615.69 亿立方米，扣除河道生态基流和不可能利用的水量，计入预见期（2030 年）区内调蓄水量，调入水量和过境水利用量，估算全省水资源可利用量为 865.14 亿立方米，占水资源总量的 33.1%。

从可利用水资源量分析到 2030 年全省需水总量为 476 亿立方米，水资源开发利用率为 18.2%，水量承载指数为 1.82，能够满足用水需求，但存在着水资源可利用量与需水量之间区域不相适应的情况。盆地腹地区的可利用水资源，在未考虑调入水量和过境水利用量，只考虑当地径流可利用量，是难于满足该区需水要求。现状条件下该区水量承载指数为 0.83，区内经济社会发达的成都、德阳、自贡、内江、资阳、遂宁等市，按照 2030 年预测需水要求，其水量承载指数为 0.61 ~ 0.72，当地径流不能满足经济社会发展对水量的需求。四川省按地貌分区水资源承载能力见表 11–11。

从表 11–11 可知，如果要满足经济社会发展预测的需水要求，必须采取工程措施调蓄水量，从水资源富裕地区的盆周山区和西部调水至盆地腹地区，提高盆地腹地区水量承载指数，满足该区的用水需求。

初步分析，到 2030 年，从盆周山区和西部调水和利用过境水共计 126.10 亿立方米，调入盆地腹地区，使该区水量承载指数提高到 1.15，可基本满足 2030 年各需水部门的用水要求（见表 11–12）。

表 11–11　四川省地貌分区水资源承载能力（单位：亿立方米）

地貌分区	水资源总量	水资源可利用量	2030 年需水量	水量承载指数
四川省	2615.69	865.14	476.09	1.82
盆地腹地区	514.77	300.96	363.63	0.83
其中　成都平原区	142.52	83.83	125.54	0.67
丘陵地区	372.19	217.13	238.09	0.91
盆周山区	561.94	214.42	50.82	4.22
川西南山地区	427.70	121.42	52.87	2.30
川西北高山高原区	1111.34	228.34	8.78	26.01

表 11–12　四川省地貌分区 2030 年供需平衡分析（单位：亿立方米）

分区名称	水资源总量	水资源可利用量				2030 年毛供水量	水量承载指数
		可利用量	调入量	调出量	修正后可利用量		
四川省	2615.69	865.14	126.10	126.10	865.14	476.09	1.82
盆地腹地区	514.71	300.96	126.10	7.80	419.26	363.63	1.15
成都平原	142.52	83.83	49.60	—	133.43	125.54	1.06
丘陵地区	512.19	217.13	76.50	7.80	285.83	238.09	1.20
盆周山区	561.94	214.42	—	38.60	175.82	50.82	3.46
川西南山地区	427.70	121.42	—	—	121.42	52.87	2.30
川西北高山高原区	1111.34	228.34	—	79.70	148.64	8.78	13.08

从上表可以看出，四川省水资源可利用水量能够支撑 2030 年经济社会发展对用水的需求。但由于区域上水资源在时空分布与国民经济、社会发展不相适应，与生产力布局不相匹配，盆地腹地区缺水严重。因此必须实施跨区域调水补充盆地腹地区水量不足，提高盆地腹地区水量承载指数，增加该区水资源可利用量。从水资源供水能力分析，一是继续实施跨区域调水并在调水工程实施范围内兴建必要的蓄水工程，拦蓄当地径流，改变水资源在地区和时空分布不均的状况；二是必须提高用水效率，降低用水指标，减少用水量，放缓需水的过快增长，实现全面节水，缓解供需矛盾；三是经济社会的发展必须统筹考虑水资源承载能力，适度控制地区经济社会发展速度或调整产业结构和布局，经济社会的发展必须量水而行。

2. 水资源压力初步评估

（1）水资源压力分析。水压力[①] 的大小受自然条件、人口规模、生活质量、经济总量、技术水平、水污染程度、管理水平、保证力度的制约。由于我省人口众多，经济高速增长，城镇化快速推进，长期沿用的粗放型经济增长模式，致使水环境污染，水生态失衡，水灾害损失严重，造成水资源供需矛盾日益尖锐，已影响到经济社会的可持续发展。因此分析和揭示形成不利影响的原因，寻求有效的治理对策，对缓解和降低人类活动对水资源和水环境的压力，促进水资源可持续利用，水生态环境的改善具有十分重要的意义。水资源压力是指为了满足人类生存发展需求及维持经济社会活动的正常运行条件下对水资源产生数量上的压力。一是水资源禀赋压力。水资源的丰缺程度用人均水资源量和水资源密度两个方面衡量。人均水资源量以人均 1700 立方米 / 年，作为水资源短缺的衡量标准；水资源密度以每平方公里所拥有的可重复使用的淡水资源在 15 万立方米 / 平方公里（相当于年径流深 150 毫米）作为水资源空间压力的临界标志。二是水资源的组合压力（是指人口、耕地、经济占全省的比重与它们相对应的水资源占全省的份额之差来表示）。由于水资源时空分布不均衡及经济社会发展需求错位，不仅加剧了水资源的短缺，同时亦加剧了水资源的供需矛盾。三是水资源利用压力。分为水资源开发强度压力，水资源利用结构压力和水资源生产率压力。水资源开发强度是指某区域内供水量与水资源总量的比值。当比例低于 10% 为低度压力，10% ~ 20% 轻度压力，20% ~ 40% 为中度压力，超过 40% 为高度压力，计算值低于 10% 说明该区水资源开发强度压力为零。水资源利用结构压力，是指各部门和行业用水量占总用水量的比重，以农业用水为例作为水资源结构合理与否及衡量水资源压力大小的标志，以农业用水比重为 43% 作为衡量标准（世界先进国家标准）。水资源生产率压力，是指单位用水产值或增加值，以每立方米水量创造的生产产值为 88 美元，作为计算标准。计算指数是一个相对数，指数越高说明该区水

---

① 水压力是指在一定的自然地理背景和时空条件下，一个地区的人类社会经济活动对其赖以生存和发展的水资源和水生态环境并产生的影响和冲击。

压力越大，指数越低说明该区水压力越小（见表 11–13）。从表 11–13 可知，盆地腹地区水资源压力指数最大为 19.150，其中丘陵地区水资源压力指数为 13.504。盆周山区和西部地区水资源压力指数均较小，在 0.149 ~ 0.194 之间，全省水资源压力指数为 0.158。

（2）水压力综合评估。水压力综合评估，包括水资源压力、水环境压力和水生态压力。水环境压力指社会经济活动过程产生的污染物排放在水体中，对水体的各种服务功能产生的影响。水环境压力主要来自化肥、农药的使用产生的面源污染和城市工业废水、生活污水排放的点源污染。水生态压力，指人类过度开发水资源，挤占了生态用水而导致生态系统失衡和服务功能下降的压力。水压力评估在水资源压力指数，水环境压力指数和水生态压力指数的基础上，三者平均得到四川省水压力综合指数（见表 11–14）。从表 11–14 可以看出盆地腹地区，特别是丘陵地区是严重缺水地区，是四川省水资源承载能力最小、水综合压力最大的地区。该区经济社会的发展，一定要依据区域水资源的承载能力“以供定需”、“以供定发展”、“以水调结构”，才能促进该区的经济社会的可持续发展。

3. 社会经济发展应与水资源承载能力相协调

虽然四川省水资源总量较丰，但由于时空、地域分布不均衡，特别是占全省经济社会发展的核心地位的盆地腹地区水资源承载能力压力较大，水资源供需矛盾十分突出，水问题正经历着全面深刻的影响，

表 11–13　四川省地貌分区水资源压力指数

地貌分区		四川省	盆地腹地区	盆地腹地区		盆周山区	川西南山地区	川西北高山高原区
				平原区	丘陵区			
水资源禀赋压力指数	人均水资源压力	0.800	0.648	1.220	1.220	0.000	0.000	0.000
	水资源密度压力	0.600	0.000	0.000	0.000	0.000	0.000	0.000
	平均值	0.000	0.324	0.610	0.610	0.000	0.000	0.000
水资源组合压力指数	水与耕地压力指数	0.000	52.410	6.935	43.475	0.000	0.000	0.000
	水与经济压力指数	0.000	62.360	32.406	29.952	0.000	0.000	0.000
	人与人口压力指数	0.000	55.230	12.424	42.807	0.000	0.000	0.000
	平均值	0.000	56.660	17.255	39.411	0.000	0.000	0.000
水资源利用压力指数	水资源开发强度压力	0.000	0.000	0.000	0.000	0.000	0.000	0.000
	水资源利用结构压力	0.498	0.471	0.380	0.550	0.381	0.762	0.560
	水资源生产率压力	0.927	0.914	0.880	0.930	0.962	0.982	0.924
	平均值	0.475	0.461	0.420	0.493	0.448	0.581	0.495
水资源压力指数		0.158	19.150	6.095	13.504	0.149	0.194	0.165

表 11-14　四川省按地貌分区水压力指数

地貌分区	水资源压力指数	水环境压力指数	水生态压力指数	水压力综合指数
四川省	0.158	0.417	0.000	0.192
盆地腹地区	19.150	4.450	0.000	7.867
其中　成都平原	6.095	2.891	0.000	2.955
丘陵地区	13.504	5.048	0.000	6.184
盆周山区	0.149	0.048	0.000	0.066
川西南山地区	0.194	0.000	0.000	0.065
川西北高山高原区	0.165	0.000	0.000	0.055

承受着水资源、水环境、水生态和水灾害的严峻挑战。

水资源承载能力是决定经济社会发展的重要因素，水资源的可持续利用量是保障区域经济社会可持续发展的前提，就是说在一定的经济社会发展阶段，水资源、水环境最大能支撑国民经济发展的能力，是随社会经济、科学技术发展而变化的综合指标。

水资源可持续利用，通过对水资源的合理配置和高效利用，使得区域水资源可以支撑当代人对社会经济发展和生态环境的用水要求，而且对后代人的用水需求不构成危害的水资源利用方式。水资源利用程度不得超过水资源的承载能力，因此水资源的可利用量，必须在水资源可持续利用的前提下，考虑技术上可行、经济上合理及生态环境的承受能力，通过工程措施获得，并能够利用的水量。

随着社会经济的发展，工业化、城镇化的推进，对水资源配置提出了更高的要求，在研究区域经济发展时，一是要分析评价本区水资源条件和水环境状况，分析水资源承载能力的大小，量水而行；二是要认识到水资源是经济社会的基础条件，在实施时必须优先落实水资源配置，做到供水安全；三要承认水资源是有限的，工农业和城市建设的持续发展必须与水资源的可持续利用相协调，“有多少水办多少事”；四是为了支撑和保障区域经济的可持续发展，水资源的利用必须要留有余地，准确把握水利发展的形势变化，主动应对可能出现的各种挑战。

三　水资源合理配置

（一）水资源需求增长与需求预测

1. 经济社会发展预测

经济社会的持续发展，离不开水资源的可持续供给。为做好供水预测必须研究未来预见期内（2010 ~ 2030 年）经济社会的发展态势，按照《四川省水资源综合规划》预测，结合 2010 年前我省实际供水状况进行预测。基准年为 2010 年，规划水平年为 2020 年、2030 年。

（1）人口与城镇化率。2010 年人口平均增长率为 4‰左右，总人口 9001 万人，城镇人口 3231 人，城镇化率为 35.9%（按常住人口 8041.8 万人计，城镇化率为 40.2%），规划期内（2010 ~ 2030 年）人口年均递增率控制在 3‰，2030 年预计总人口达到 9407.2 万人，城镇人口达到 5268 万人，城镇化率为 56%。

（2）经济发展预测。预测国内生产总值。2020 ~ 2030 年分别达到了 38855 亿元和 69588 亿元，年均增长率分别为 8.5% 和 6.0%。人均 GDP 分别达到 4.21 万元和 7.40 万元，到 2020 年实现全面建设小康社会的目标和完成工业化的基本任务。产业结构。2020 ~ 2030 年三次产业结构由 2010 年的 14.4 : 50.5 : 35.1，分别调整为 9.5 : 53.8 : 36.7 和 7.5 : 52.2 : 40.3。盆地腹地区。国内生产总值 2020 年~ 2030 年分别达到了 31874 亿元和 57221 亿元，占全省经济总量的 82.0% 和 82.2%，其中成都市将达到 12390 亿元和 22880 亿元，占全省经济总量的 31.9% 和 32.9%。

（3）灌溉面积发展预测。灌溉面积包括耕地、园地和草地灌溉三个部分组成。2010 年四川省粮食产量达到 3222.9 万吨，人均粮食占有量为 358 千克，未达到粮食安全标准 395 千克的要求。从我省自然地理条件，水资源分布状况，在现有耕地条件下达到粮食安全标准 420 千克 / 人，必须发展灌溉和扩大灌溉面积。根据四川省实际情况预测到 2030 年有效灌面达到 5634 万亩，灌溉率为 66.89%，为保障我省粮食安全，要求在 2010 年基础上新增有效灌溉面积 1805 万亩，同时要弥补近 20 年来因建设和城镇拓展等损失的 416 万亩灌溉面积。实际需要新增有效灌溉面积 2221 万亩。其中已成工程续建配套和节水改造可新增有效灌面 915 万亩，在建工程配套和已成工程扩建可新增有效灌面 322 万亩，新建水利工程预计到 2030 年将新增有效灌面 984 万亩。园地灌溉在 2010 年 60 万亩基础上发展 442 万亩，到 2030 年全省园林地灌溉面积达到 502 万亩。发展草原牧草基地建设。2010 年全省牧草基地灌溉面积 248 万亩基础上新增牧草基地面积 376 万亩，到 2030 年灌溉面积达到 624 万亩。

（4）畜牧业发展预测。四川省是畜牧大省，生猪及畜禽产品产量长期居全国首位，肉类生产居全国第三位，畜牧业产值占农业总产值的 50% 以上，畜牧业已逐步成为农村经济的支柱产业和农民增收的重要来源。

2010 年，牲畜达到 10844.84 万头，其中大牲畜 1357.31 万头，到 2030 年牲畜头数将达到 13529.86 万头，其中大牲畜 1721.98 万头。

2. 未来 20 年（2010 ~ 2030 年）各用水部门需求预测

（1）需水定额。需水预测首先在“节水”的前提下，制定各类需水定额，参照水利部水规总院、南京水科院提供的国民经济预测用水指标研究成果，制定的《四川省国民经济主要需水行业需水定额》（见表 11-15）。

（2）需水预测。需水预测按生活、生产、生态需水量进行计算，生活用水包括城镇和农村生活用水，生产包括第一产业（种植业、林牧渔业）、第二产业（包括工业和建筑业）、第三产业（畜牧业、服

表 11-15　四川省国民经济主要行业的净需水定额

水平年	生活		生产									河道外生态		
			第一产业						第二产业		第三产业			
			P=50%											
	城镇生活	农村生活	农田灌溉	林果地	草场	鱼塘	大牲畜	小牲畜	综合工业	建筑业		绿化	河湖需水	环境卫生
	L/人·日		立方米/亩（50%）				L/头·日		立方米/万元			立方米/hm		
2010	128	75	224	77	85	639	35	18	80	13.6	15.3	2170	13716	1712
2020	140	80	218	69	76	543	40	20	70	9.9	11.4	2168	14141	1772
2030	158	90	207	60	70	520	40	20	48	7.6	9.40	2150	14250	1905

务业）；生态是指河道外生态环境（包括绿化、河湖补水、环境卫生用水等）。①生活需水量。2010 年生活净需 31.9 亿立方米，其中城镇生活 17.47 亿立方米。预测 2020 年，2030 年生活净需水分别为 38.33 亿立方米和 43.18 亿立方米，其中城镇生活，分别为 24.70 亿立方米和 29.92 亿立方米。考虑水量损失后实际毛供水量 2010 年为 36.11 亿立方米。其中城镇生活供水 20.08 亿立方米。2020 年、2030 年生活需水分别为 43.22 亿立方米和 47.9 亿立方米，其中城镇生活毛需水为 28.07 亿立方米和 33.24 亿立方米，生活需水量 2010 年到 2030 年年递增率为 1.43%。②生产需水量。第一产业：2010 年净需水量为 115.65 亿立方米，其中农田灌溉水量 93.44 亿立方米，2020 年、2030 年净需水分别为 131.72 亿立方米和 141.36 亿立方米，其中农田灌溉率需水分别为 107.09 亿立方米和 115.25 亿立方米。考虑水量损失后第一产业毛需水量 2010 年为 208.45 亿立方米，其中灌溉毛需水量为 183.21 亿立方米。2020 年、2030 年毛需水量分别为 221.91 亿立方米和 227.82 亿立方米，其中农田灌溉毛需水量分别 194.70 亿立方米和 198.70 亿立方米。第一产业需水量 2010 ~ 2030 年年递增率为 0.44%。第二产业：2010 年第二产业净需水量为 64.07 亿立方米，其中工业净需水量为 62.38 亿立方米。2020 年、2030 年净需水量为 125.46 亿立方米和 156.61 亿立方米，其中工业净需水分别为 122.56 亿立方米和 146.6 亿立方米。考虑水量损失后，第二产业毛需水 2010 年为 71.19 亿立方米，其中工业毛需水 69.31 亿立方米。2020 ~ 2030 年毛需水分别为 139.40 亿立方米和 167.34 亿立方米，其中工业毛需水量为 136.1 亿立方米和 162.90 亿立方米。第二产业需水量 2010 ~ 2030 年年递增率为 4.37%。第三产业：2010 年净需水量为 9.19 亿立方米，2020 年、2030 年净需水分别为 17.74 亿立方米和 26.45 亿立方米。考虑水量损失后，第三产业 2010 年毛需水量为 10.21 亿立方米，2020 年、2030 年毛需水分别为 19.71 亿立方米和 29.39 亿立方米。第三产业需水量 2010 ~ 2030

年年递增率为5.43%。生产净需水量2010年为188.91亿立方米，2020年、2030年生产净需水量分别为274.95亿立方米和318.42亿立方米。考虑损失后，生产需水总量2010年为289.85亿立方米,2020年、2030年生产毛需水总量分别为381.02亿立方米和424.55亿立方米。③河道外生态需水量。2010年河道外生态需水量为2.48亿立方米，2020年、2030年河道外需水量分别为3.23亿立方米和3.67亿立方米。④总需水量。生活、生产、生态净需水总量2010年为223.29亿立方米，到2020年、2030年分别达到316.49亿立方米和365.27亿立方米。考虑损失后，毛需水总量2010年为328.44亿立方米，到2020年、2030年毛需水分别达到427.46亿立方米和476.20亿立方米。到2030年我省总需水量为476.20亿立方米，较2010年增加147.76亿立方米，水资源利用率为18.2%，为水资源可利用量865.15亿立方米的55.04%。从2010年到2030年20年间预测，各行业需水比例将有所变化，第一产业（主要是农田灌溉用水）需水比例将由2010年占总需水量的63.4%下降到2030年占总量的47.7%；而第二产业需水量占总量的比例从2010年的21.70%上升到2030年的35.10%。说明国民经济各产业需水量更加趋向合理，亦符合全国、世界上需水的发展趋势。

（二）水资源合理配置

1. 水资源合理配置的目标、任务

四川省多年平均水资源总量为2615.69亿立方米属我国南方丰水地区。按2010年人口计算，人均水资源量为2906立方米，为全国平均的1.45倍，但仅为世界人均的40%，仍属人多水少的省区。全省181个县（市，区）中不同程度缺水的有108个县（市、区），占59.67%；属于人均小于500立方米的极度缺水区有47个县（市、区），占108个县（市、区）的43.52%；人均在500～1000立方米的重度缺水县（市、区）有23个，占21.30%。这108个县（市、区）绝大多数县在盆地腹地区。

四川省水资源虽然较为丰富，但水资源地域分布与人口、土地、生产力布局极不匹配。由于经济社会的发展，加剧了水资源的供需矛盾。工程性缺水、水源性缺水和水质性缺水严重地困扰着四川省盆地腹地区。而人口稀少、经济欠发达的西部地区，人均水资源较丰，这就为水资源合理调配创造了条件。

水资源配置应贯彻以人为本，人水和谐的理念。遵循资源共享的准则，本着高效利用，提高用水效率，统筹协调各用水部门的需求。坚持水资源可持续利用的治水思路，按照构建和谐社会的要求，以科学发展观为指导，全面贯彻新时期的治水方针，搞好水资源的优化配置。

（1）水资源配置的目标。一是正确分析和评价四川省水资源开发利用与生态环境状况的演变规律；二是系统分析各水平年水资源承载能力和水环境的承载能力，科学地提出各水平年水资源的可利用量；三是研究四川省区域（或流域）水资源配置格局及开发利用，节约保护的控制指标；四是研究水资源合理配置的工程布局；五是提出水资源配置的管理措施。总体配置

目标是保障水资源能够在区域间、代际间获得公平的分配，以促进水资源的可持续利用。

（2）水资源配置任务。依据社会主义市场经济的法律、行政、经济、技术等手段，以区域（流域）为单元，对水资源通过工程与非工程措施，在各用水户之间进行合理分配，协调处理好水资源分布与人口、土地、生产力布局间的相互关系，调整水资源的天然分布，以满足经济社会发展对水的需求。同时调整经济社会发展布局，使之与水资源分布和承载能力相适应，抑制需水过快增长，保障用水供给。协调好生活、生产和生态用水，并进行区域（或流域）水量的再分配。主要任务：一是增强水资源的调控能力，兴建调蓄工程，加速调水工程建设，改变水资源在时间，地域分布不均的状况。二是合理开发地下水，发展集雨工程，利用云中水、回归水以增加水资源的可利用量。三是强化节约用水，彻底改变粗放的用水方式，不断提高用水效率；加强农田灌溉的节水改造，提高渠系水利用率；调整产业布局和结构，采用先进的节水技术，提高工业用水重复利用率。四是加强城镇生活节水，加大污水处理力度，逐步提高中水利用率。五是加强对水源地的生态环境保护，协调好区域（流域）生活、生产和生态用水。六是实行严格的水资源管理制度，建立用水总量控制制度，划定水资源开发利用红线，建立用水效率控制制度，确定用水效率控制红线，建立水功能区限制纳污制度，确定水功能区限制纳污红线。通过水资源合理配置，构建四川省防洪减灾体系，保障行洪安全；建成水资源合理配置和高效利用体系，保障供水安全和粮食安全；构建良好的水环境保护体系，确保生态安全。深化改革，强化管理，理顺机制，建设现代化的良性运行的水管理体系和可靠稳定的水资源保障体系。

2. 分区水资源合理配置的战略构想

从总体上看，四川省水资源相对较丰，从水资源分布状况和条件看，不同区域存在不同程度的缺水，实施水资源区域性的调配和调节，是提高缺水区域水资源、增加供水能力的具体体现。一是解决了四川省水资源时空分布不均；二是缓解了四川省工业化，城镇化快速推进带来的巨大供水压力；三是应对洪水、干旱频发的挑战；四是改善重点地区水环境和地下水的恶化。

根据四川省区域经济社会发展布局和要求，水资源分布特点，开发条件和利用现状，水资源配置的总体布局是：立足盆地腹地区，考虑盆周山区和西部山地区水资源条件，经济社会发展状况及水资源开发利用程度，统筹考虑各区域水资源的合理调配，以保障经济社会的可持续发展。

依据全省水资源分布状况，开发利用条件，地形地貌特征，人口耕地，经济社会发展水平，将全省分为：盆地腹部地区（又分为成都平原区、丘陵地区两个亚区）、盆周山区、西部高山高原区（又分为川西南山地区，川西北高山高原区两个亚区），详见表 11-16。

（1）盆地腹地区。盆地腹地区包括青衣江、岷江以东，渠江以西，长江以北，安县、江油、旺苍、巴中一线以南的平原和丘陵地区。国土面积 11.02 万平方公里，

表 11-16 四川省 2010 年分区水资源水利建设情况

地貌分区	四川省	盆地腹地区	其中		盆周山区	川西南山地区	川西北高山高原区
			成都平原区	丘陵地区			
辖区面积（万平方公里）	48.43	11.02	2.10	8.92	7.09	6.18	24.13
水资源总量（多年平均）（亿立方米）	2615.69	514.71	142.52	372.19	561.94	427.70	1111.34
水资源可水利用量（亿立方米）	865.15	300.96	83.83	217.13	214.42	121.42	228.35
工程处数（万处）	63.77	50.44	7.76	42.68	9.99	1.94	1.40
总供水能力（亿立方米）	272.85	213.49	90.16	123.33	22.33	29.46	7.57
其中：蓄水工程（亿立方米）	141.81	117.49	29.71	87.78	12.52	11.61	0.19
2010 年实际供水（亿立方米）	249.81	189.99	72.59	117.40	23.62	29.61	6.59
其中：地表水（万立方米）	224.72	170.45	65.86	104.59	20.67	28.06	5.54
有效灌溉面积（万亩）	3829.66	3072.75	774.45	2298.30	433.55	248.51	74.85
总供水能力占全省比例（%）	100.00	78.25	33.05	45.20	8.18	10.80	2.77
2010 年实际供水占全省（%）	100.00	76.05	29.05	47.00	9.46	11.85	2.64
有效灌面占全省比例（%）	100.00	80.24	20.22	60.02	11.32	6.49	1.95
水资源调节控制能力（%）	5.40	20.37	1.90	27.44	2.54	2.71	1.00
水量承载指数	1.82	1.15	1.06	1.20	3.46	2.30	13.07
水压力综合指数	0.192	7.867	2.995	6.184	0.066	0.065	0.055
户籍总人口（2010 年）（万人）	9001.3	6958.3	1608.8	5349.5	1212.4	629.6	201.0
人均水资源量（立方米）	2906	740	886	696	4636	6793	55291

占全省面积的 22.8%，涉及成都、绵阳、广元、巴中、内江、宜宾、乐山、雅安等 16 个市的 95 个县（市、区），其中平原地区 27 个县（市、区），丘陵地区 68 个县（市、区）。2010 年全区总人口 6958.3 万人，耕地面积 6333.9 万亩，GDP 14056 亿元，粮食产量 2454.8 万吨，分别占全省的 77.3%、71.0%、81.8% 和 76.3%，是四川省人口相对集中，城镇化率较高，工农业生产最为集中的地区。它支撑起四川经济的 77.3% 和粮食产量的 76.3%，但却是四川省水资源极度贫乏的地区，水资源总量 514.7 亿立方米，人均仅 740 立方米，为全省人均的 25.5%，水资源可利用量 301 亿立方米，2010 年缺水 51.34 亿立方米，缺水率为 19.9%，预测到 2030 年缺水将达到 157.61 亿立方米，缺水率为 43.3%，水压力综合指数为 7.867（全省平均为 0.192），水量承载指数为 0.83（全省平均为 1.82）水资源开发利用率为 36.9%。若只考虑利用当地径流量不能满足该区经济社会发展对用水增长的需求。

本区是属于资源性重度缺水地区，亦存在工程性和水质性缺水。为了满足在预见期内经济社会发展的用水需求，从水资源富裕地区的盆周山区和川西北高山高原区调水，以弥补本区水资源的不足。水资源配置是以水资源高效利用为核心，以抓节约、抓管理和抓保护为重点，提高该区防灾减灾和增强水资源的调控能力，形成以调水工程为骨干，合理利用当地径流，组成以“蓄、引、提”工程和利用当地径流的大、中、小型工程相结合的供水体系，确保该区的防洪、供水、粮食和生态安全。经测算，预计到 2030 年本区毛需水 363.63 亿立方米，2010 年供水能力为 206.02 亿立方米（2010 年实际供水 189.99 亿立方米），调水和利用当地径流可新增供水量供水量 141 亿立方米，达到 347.02 亿立方米，使缺水率由 2010 年的 19.95% 下降至 4.6%，可基本实现水平年各用水部门的供水需求。由于该区范围较大，根据河流水系分布和骨干调（补）水水源工程的布局状况，将该区分为四个分区，即：岷涪长地区，嘉涪地区，嘉渠地区、岷青和渠东地区。①岷涪长地区。该区西起岷江中、下游，东界涪江，南抵长江，北至都江堰市，安县一线以南地区，包括成都、德阳等 8 市的 55 个县（市、区），国土面积 5.36 万立方公里，人口 3913.82 人，耕地面积 3592.02 万亩，GDP 3.01 万亿元，粮食产量 1306.7 万吨，分别占全省的 34.7%，43.4%，58.9% 和 40.5%。人均 GDP 为 25849 元，居全省首位，经济总量占全省 40% 以上，又是四川省商品粮基地，工农业生产相对集中的区域。但本区水资源总量仅 246.4 亿立方米，人均仅 630 立方米，为全省人均的 21.7%，属重度缺水地区。虽然该区水利建设历史悠久，依赖闻名于世的都江堰水利工程，引岷江水供成都平原使用，使之成为“水旱从人，不知饥馑”的“天府之国”。新中国成立后，都江堰水利工程灌区向丘陵区拓展。但由于工程灌区人口众多，城镇集中，城镇化的加速推进，需水量逐年扩大，供需矛盾日益突出，目前是四川省供需水矛盾最大的区域之一。水资源配置：应充分考虑水源地来水状况，高程分布，供水距离远近，取水后对取水口下游河道综合用水的影响。据此，该区水资源配置应选择多水源，多工程，引蓄结合，解决该区供水问题。该区涉及的主要江河有岷江、沱江、青衣江、金沙江和长江。岷江位于该区西部，水量丰沛，地理条件优越，岷江鱼嘴处多年平均（1959 ~ 2010 年）径流量为 144.25 亿立方米，是该区上半部地区的主要水源。沱江，是一条不闭合的河流，沱江干流金堂赵镇处多年平均水量的 1/3 来自岷江，而该江水位低，河水又受到不同程度的污染，利用难度较大，只能作为该区上部的辅助水源。青衣江位于该区西部，水量丰沛，位置较高，洪雅县槽渔滩处多年平均径流量 154 亿立方米，现状水资源利用率较低，仅为 5%，是本区可利用的重要水源。金沙江位于该区南部，水量十分丰富，向家坝坝址处多年平均径流量 1440 亿立方米，虽然位置处高程较低，但向家坝水库电站建成蓄水后，取水高程达到 370 米，可解决岷涪长地区下半部近 200 万亩耕地用水和城镇供水。长江由于水位高程低，难以利用。利用岷江水源：主要有都江堰水利工程，通济堰引水工程。都江堰水利工程，经紫坪铺水库调节后，工程引水量可达 118.2 亿立方米，占岷江鱼嘴处多年平均来量的 82%。设计灌面 1467 万亩，2010 年都江堰水利工程已实现灌面 1035 万亩（包括通济堰灌区）。多年平均年引水量 101 亿立方米，占岷江多年平均来水的 70%。其中岷江鱼嘴处年生态环境用水 45 立方米 / 秒（府河 20 ～ 25 立方米 / 秒，金马河 15 ～ 20 立方米 / 秒）。都江堰水利工程除毗河供水工程（设计灌面 333.23 万亩）尚待建设外，其他工程已基本建成，目前正进行灌区工程续建配套和技术改造，预计到 2015 年，实现灌面 1133.77 万亩。通济堰引水工程，设计灌面 57.09 万亩，引用流量 48 立方米 / 秒，多年平均毛供水量 3.0 亿立方米（其中城镇供水 0.7 亿立方米），2010 年达到有效灌面 51.99 万亩，预计到 2015 年达到有效灌面 57.09 万亩，新增有效灌面 5.10 万亩。利用青衣江水源：主要是长征渠引水工程。取水口位于洪雅县槽渔滩，多年平均引水量 28.7 亿立方米（其中城镇生产生活供水 7.16 亿立方米），设计灌面约 643 万亩，灌溉岷涪长地区中、下部地区，预计该工程 2020 年后动工建设。利用金沙江水源，主要是向家坝电站水库引水工程。该工程在电站水库内取水，取水高程 370.60 米，引水流量 128 立方米 / 秒，多年平均引水量 17.82 亿立方米（其中城镇生产、生活供水 7.16 亿立方米），该工程以长江为界设北、南引水干渠，北干渠主要灌溉长江北岸，岷涪长地区下部耕地，设计灌面 228.12 万亩（其中耕地 193.28 万亩，园地 34.24 万亩），毛供水量 13.54 亿立方米（其中城镇工业、生活供水 5.36 亿立方米），该工程北干渠已投入建设。岷涪长地区以调入岷江、青衣江和金沙江水源补给该地区用水，同时配合工程区内众多利用当地径流兴建的蓄、引、提水工程，组成供水网络。在规划期内（2030 年）除长征渠引水工程继续建设外，其他调水工程和利用当地径流兴建的工程基本建成，基本解决该地区各需水部门用水要求。②嘉涪地区。该区西起涪江，东界嘉陵江，北至江油、梓潼、阆中一线以南的三角地带。区内以丘陵地形为主，国土面积 1.58 万平方公里。包括绵阳、南充等 5 市的 12 个县（市、区），2010 年人口 8463 人，耕地面积 844 万亩，GDP 1117 亿元，粮食产量 331 万吨，分别占全省的 9.4%,9.5%, 6.5% 和 9.9%。该区水资源总量为 46.5 亿立方米，人均水资源 550 立方米，为全省人均的 18.9%，属于严重缺水地区。该区又是四川省粮经作物主产区之一，区内虽然兴建了不少水利工程，但多系小型水利工程，供水保证程度低，抗旱能力弱，农业常受干旱影响。为了满足本区工农业、生活和环境需水，必须从水资源富裕地区调水补给。水资源配置：根据本区自然地理条件及水源分布状况，确定在涪江和嘉陵江一级支流西河上兴建骨干调蓄工程（武都水库和升钟水库），分别控制涪江左岸和嘉陵江右岸地区，配合大量利用当地径流的中、小水利工程，组成“长藤结瓜”的供水网络，解决该区需水部门的用水要求。涉及该区的主要江河有涪江、嘉陵江及支流西河。涪江水量较为丰沛，涪江武都镇处多年平均来水量 49.2 亿立方米，是该区西部的主要水源。嘉陵江支流西河升钟镇处多年平均径流量 5.6 亿立方米，是该区东部的主要水源。由于西河来水不足，需嘉陵江为本区补水，多年平均补水量 0.8 亿 ~ 1.0 亿立方米。利用涪江水源修建武都水利工程，该工程由武都引水工程和武都水库组成，多年平均引水量 4.7 亿立方米（其中城镇供水 2.09 亿立方米），设计灌面 286.30 万亩。分两期实施，一期工程，灌面 126.98 万亩，已基本建成；第二期工程包括武都水库和引水工程，灌面 159.32 万亩。武都水库总库容 5.54 亿立方米，有效库容 3.54 亿立方米，现已基本建成蓄水，二期灌溉工程预计在 2015 年后实施。利用西河水源兴建升钟水库工程，多年平均来水 5.18 亿立方米，总库容 13.39 亿立方米，有效库容 6.72 亿立方米，设计灌面 211.74 万亩。该工程分两期实施：一期工程设计灌面 138.93 万亩及灌区工业和生活用水，已基本建成受益；二期工程设计灌面 72.81 万亩，该工程已投入建设。嘉涪地区拟兴建涪江上的武都水利工程解决本区西侧工农业和生活供水，西河上兴建升钟水库工程解决该区东侧供用，同时利用当地径流兴建的中、小水利工程，组成供水网络，解决本区各需水部门的用水需求。③嘉渠地区。该区西起嘉陵江，东至渠江，上界阆中、平昌一线的三角地带，辖区面积 1.88 万平方公里，主要包括南充、广安等 4 市的 12 个县（市、区），2010 年人口 1151.7 万人，耕地面积 973.2 万亩，GDP 1151 亿元，粮食产量 401 万吨，分别占全省的 12.8%，10.9%，6.7% 和 12.4%，是四川省粮经作物主产区之一。水资源总量仅 79.59 亿立方米，人均为 691 立方米，属严重缺水地区。该区虽然修建了不少水利工程，但多系小型工程，保证程度低，抗御自然灾害能力弱，缺水相当严重。解决本区缺水必须从水资源富集区域（北部盆周山区）调水，满足该区的用水需求。水资源配置：根据本区自然地理条件，水系和耕地分布状况，以流江河为界。该区上部（流江河左岸地区）由嘉陵江支流东河上兴建罐子坝水库工程供水，下部（流江右岸地区）由嘉陵江干流亭子口水利枢纽工程供水，结合区内利用当地径流兴建的中、小型水利工程组成供水网络，解决本区各需水部门的供水要求。涉及该区的主要江河有嘉陵江、渠河和东河，这几条河水量丰沛。从本区受水区自然地理条件和水源布局分析，东河上兴建罐子坝水库（多年平均来水量 20.9 亿立方米，总库容 5.65 亿立方米），在嘉陵江上修建亭子口水库（多年平均来水量 192 亿立方米，总库容 40.67 亿立方米）配合利用当地径流兴建的中、小工程，可基本满足本区各部门用水需求。渠江水源主要解决渠江左岸地区工农业和生活用水。利用嘉陵江水源兴建的亭子口水利枢纽工程（正建工程）总库容 40.67 亿立方米，有效库容 17.32 亿立方米，电站装机 100 万千瓦，多年平均发电量 31.35 亿千瓦时，供水范围涉及南充等 4 市的 12 个县（市、区），工程控制区内耕地 350.50 万亩，设计灌面 292.14 万亩，灌溉率为 83.4%，总人口 616.04 万人（其中：城镇人口 157.68 万人）。预计到 2030 年工程毛供水 12.61 亿立方米，并向升钟水库补水 0.8 亿 ~ 1.0 亿立方米水量。利用东河水源兴建的罐子坝水库，总库容 5.65 亿立方米，有效库容 3.85 亿立方米，供水范围涉及广元、达州等市的 10 个县（市、区），工程控制范围内耕地265.52万亩，设计灌溉面积212.40万亩，灌溉率为80.0%，水库年毛供水量10.5亿立方米。嘉渠地区以兴建东河上的罐子坝水库，解决流江河左岸该区上部地区供水，嘉陵江亭子口水利枢纽，解决流江河右岸该区下部供水，结合利用当地径流兴建的中、小水利工程组成供水网络，解本区各需水部门的用水需求。④岷青、渠东地区。该区涉及成都、乐山、雅安、宜宾、达州、广安等市的16个县（市、区）的部分土地，辖区面积约1.90万平方公里。2010年统计：人口887.9万人，耕地面积803.77万亩，GDP1671.5亿元，粮食产量416.6万吨，分别占全省的9.86%，9.01%，9.7%和12.90%，也是四川省粮经作物的主产区之一。本区水资源总量为120.58亿立方米，人均1358立方米，是盆地腹地区水资源比较富裕的区域，该区虽然修建了不少水利工程，但多系中、小工程，供水保证程度低，虽然水资源相对较多，但开发难度较大，部分地区仍需调水补济。水资源配置：根据区域内自然地理条件及水系分布状况，岷（江）青（衣江）间主要由玉溪河引水工程和长征渠水利工程岷西干渠解决岷青地区的供水需求。渠江以东地区利用渠江支流兴建中、小水利工程组成集中与分散相结合的供水体系，以满足本区各需水部门的用水要求。利用青衣江水源：主要有玉溪河引水工程，长征渠水利工程。玉溪河引水工程，取水口位于青衣江支流玉溪河芦山县境内，多年平均水量13.0亿立方米，设计灌面86.64万亩，解决岷青地区上半部供水，2010年实际灌面62.3万亩。预计2015年达到有效灌面86.64万亩，新增灌面24.34万亩。岷青下半部由长征渠水利工程岷西干渠解决、灌溉面积约121万亩，新增灌面63.90万亩。利用渠江水源：该区为平行岭谷地形，耕地分布在谷地，主要利用渠江的支流兴建中、小水利工程分散解决该区的供水。利用岷江下游左岸水源：主要利用岷江左岸支流兴建中、小水利工程分散解决岷江下游左岸地区的工农业和生活用水。

（2）盆周山区。盆周山区国土面积7.09万平方公里，占全省国土面积的14.6%，位于盆地腹部地区四周，涉及绵阳、达县、宜宾、雅安等9市31个县（市、区）。2010年人口1214万人，耕地面积1602.83亩，GDP1487亿元，粮食产量508.6万吨，分别占全省的13.5%，18.0%，8.6%和15.8%。本区水资源总量561.94亿立方米，占全省的21.5%，人均水资源量4635立方米，但水资源开发利用率低，仅4.2%。该区北部和西部位于四川省主要江河上游，是著名的暴雨区和多雨地带，水资源较为丰富，有富裕的水资源可以调入缺水地区。该区地形变化较大，耕地相对分散，经济欠发达，水利工程不足，蓄水工程很少，是四川省工程性缺水严重的地区。水资源配置：根据本区自然地理条件，耕地和城镇布局，工农业发展需求，生态环境状况，结合当地的水资源条件，在有条件的地方兴建调蓄工程外，其他地方因地制宜地修建以中、小水利工程为主的蓄引提相结合，多种方式形成集中与分散相结合的供水体系。工程布局是：在盆周山区北部和西部地区，是四川省的暴雨区，应结合城镇布局和耕地相对集中的地方，在江河上中游兴建具有调蓄能力的大、中型水库，削减洪峰流量，减轻下游洪水压力，另外发展灌溉和城镇供水，同时利用盆周山区向盆地过渡地带，在主要江河上、中游兴建骨干水源工程（如紫坪铺水库、武都水库、升钟水库、亭子口水库等）向盆地腹地区调水。盆周山区南部地区，上部由向家坝引水工程供水，下部根据工农业和城镇分布状况，结合水源和地形条件兴建一批骨干蓄水工程，提高调蓄能力，采取集中与分散相结合的方式，满足该区的供水需求。盆周山区东部，根据地形条件，结合城镇与工农业布局状况，采用分散方式兴建蓄、引、提水工程满足各需水部门的用水要求。对分散的旱山村，兴建必要的小（微）型工程，补充农村人畜饮水和保苗水。在开发盆周山区水资源的同时，要注意防治山地灾害和水土流失发生，并保护好水源地，促进山区经济社会可持续发展。经预计，2030 年该区综合毛需水量 50.8 亿立方米，2010 年实际毛供水量 32.87 亿立方米，预计到 2030 年水利工程新增毛供水量 15.87 亿立方米，达到毛供水量 48.74 亿立方米，结合旱山村小（微）型工程供水，可基本满足本区用水部门的需求。

（3）川西南山地区。该区国土面积 6.18 万平方公里，占全省面积的 12.8%。位于四川省西南部的横断山区，涉及雅安市、攀枝花市、凉山州和甘孜州的 24 个县（市、区），2010 年全区人口 629.6 万人，耕地面积 731 万亩，GDP 1380 亿元，粮食产量221.6万吨，分别占全省的7.0%，8.2%，8.0% 和 6.9%。水资源量 561.9 亿立方米，占全省的 21.5%，人均水资源量 6793 立方米。该区是四川省水资源富集地区，金沙江是四川省水电开发基地，安宁河谷是四川省第二大平原，是全国优质、高产、高效，低耗农业示范区，优质粮食、水果、甘蔗、烤烟的高产区，是早市蔬菜和花卉的生产基地。区内自然和矿产资源十分丰富，是四川省钒、钛钢铁，有色金属的冶炼基地，亦是四川省经济发展潜力巨大的地区。但水利建设滞后，工程性缺水严重，尤其缺乏水源工程，工程调蓄能力仅 1.1%，无法抗衡频发的干旱灾害和季节性缺水，严重制约了该区工农业优势的发挥。水资源配置：根据本区自然地理条件，河流水系分布，结合工农业布局和城镇分布状况，兴建大、中型骨干调蓄工程及引水工程，解决干旱缺水和季节性缺水，在合理开发水资源同时，注意防治山地灾害和水土流失的发生。形成以大、中型调蓄工程和中、小型蓄、引工程相结合的集中与分散的供水体系。在建设水利工程的同时，应注意与能源交通、城镇建设的协调发展。工程布局是：利用安宁河水源在干流上兴建大桥水库，支流孙水河上兴建米市水库，调节径流，以安宁河干流输水，配合两岸众多的引水工程组成供水网络，为农田灌溉，城乡工业和生活提供水源。利用雅砻江下游水源工程，结合发电，兴建具有调蓄能力的水库工程和支流上的蓄（引、提）水工程形成集中与分散相结合的供水体系。利用金沙江干流，兴建以发电为主的蓄水工程，中、小支流上兴建中型骨干蓄（引）水工程，配合众多的小型蓄（引、提）水工程形成相对集中的供水体系，为农田灌溉，城镇生活，工业生产提供水源。大小凉山地区，由于自然地理条件，耕地相对分散和工程建设条件相对较差。本区宜以发展林牧业，旱山村、贫困山区宜发展小（微）型工程为人畜饮水和保苗提供水源。经预测，本区2030年需毛供水52.9亿立方米，2010年水利工程实际毛供水33.0亿立方米，预计到2030年新增毛供水量17亿立方米，达到毛供水量50.0亿立方米，结合旱山村和贫困山区小（微）型水利工程供水，可基本满足该区各用水部门的需水要求。

（4）川西北高山高原区。该区国土面积24.18万平方公里，占全省面积的49.8%，位于四川省西北部高山高原地区，涉及阿坝、甘孜、凉山州的31个县（区）。2010年全区人口201万人，耕地面积240万亩，GDP 261.8亿元，粮食产量37.9万吨，分别占全省的2.2%，2.7%，1.5%和1.2%。水资源量为1111.31亿立方米，占全省的42.5%，人均水资源为55291立方米，是全省水资源最富集的地区。2010年本区水资源开发利用量6.6亿立方米，开发利用率仅0.59%，开发潜力巨大。该区是四川省少数民族聚居区，土地面积和水资源占全省近50%，但由于地处高海拔地区，地广人稀，耕地分散，气候寒冷，发展灌溉较为困难。本区是我国五大牧区之一，畜牧业较发达，又是水源重点保护区和水资源调出地区。水资源配置：主要解决广大农牧区人畜饮水，同时发展牧区饲草料基地建设和在有条件的地方发展农牧业基地的灌溉，促进高原山区农副业和饲草料生产的发展。其次是开发水电，实现以电代柴，改善农牧民生活，同时注意生态环境的治理、修复和保护，并保护好湿地，特别是保护好四川省重要江河（金沙江、雅砻江、大渡河、岷江和黄河）上游的水源地和水环境，加速水土流失的治理，预防和减轻山地灾害的发生及损失。工程布局是：在河谷地带和海拔高程相对较低的地方，耕地和草地相对较集中的地方发展农田和饲草料基地的灌溉，同时加强对天然林保护，大于25度以上坡耕地必须退耕还林（草），加速“三化”草地的治理，实施坡耕地改为梯地，提高蓄水保水能力。治理水土流失，注意防治山地灾害和对湿地沼泽的保护，同时加强对长江、黄河源头水源地的保护。该区由于水资源丰沛，又是雅砻江、大渡河、岷江的源头地区。由于地形条件有利于调水工程布置，因此该区是四川省水源的调出区，如“引大济岷”工程，国家规划的南水北调西线工程等。经预测，本区2030年需毛供水8.78亿立方米，2010年水利工程实际供水4.5亿立方米，预计到2030年新增毛供水量4.7亿立方米，达到毛供水量为9.2亿立方米。可满足本区工农业，生活和生态用水需求。

四　加强骨干工程建设、确保供水安全

（一）提高水资源调控能力的重要性

四川省位于东亚季风区、处于多种季风环流的过渡地带。冬季既有来自西伯利亚的寒冷而干燥的偏北季风，又有来自南亚次大陆的干热气团影响。夏季既有印度洋季风影响，又受东亚季风的支配。季风来临的早迟、强弱的差异，造成年际间气候异常变化，从而造成四川省降水和径流

年内、年际分配不均匀。汛期 5 ~ 10 月径流占全年的 70% ~ 80%，其中最大月径流占 20% ~ 30% 以上；枯期 11 ~ 4 月径流占全年的 15 ~ 30%。雨热虽同季，但不同时，致使干旱频繁发生，季节性缺水严重。同时汛期洪涝灾害亦频繁发生，形成四川省“水多为灾、水少为患、水脏贻害”的局面。

四川省各类气象灾害中以干旱危害居首位。一年四季均有不同程度的干旱发生，其特征：一是分布范围广泛；二是持续时间长；三是灾情重损失大。其次是洪灾。四川省河流众多，汛期降雨集中，致使暴雨洪灾频繁发生。洪水以江河型为主，频繁发生于大江大河沿岸及江河汇合处。小溪型洪水呈点状分布，多发生于山区与丘陵和山区与平原过渡地带的河流上。分布范围广，坡陡流急，如暴雨强度大，汇流时间短，洪峰形成快，破坏力极强，具有一定的突发性，有时会伴有滑坡、泥石流等次生灾害。洪灾造成巨大的经济损失和人员伤亡。

全省有 21 个市、州，181 个县（市、区），2010 年总人口 9001.3 万人，其中城镇人口 3231.2 万人，城镇化率为 40.2%（按常住人口 8041.8 万人计）。全省 32 个建制市中枯水年（P=50%）缺水量 1.2 亿立方米，缺水率 15%；年排放废污水量 13.65 亿立方米，城市污水处理率为 74.8%，大量未经处理的废污水直接排入江河或渗入地下；加之农业生产过量施用化肥农药，使江河、湖泊和地下水受到不同程度污染。目前农村尚有 1678.31 万人饮水不安全，占农村人口的 25.3%。

干旱给城乡供水造成巨大的困难，洪水造成人员伤亡和财产损失，水质污染使城乡居民饮水困难。为此，要抗御干旱，防御洪水，解决缺水，就必须修建足够的蓄（调）水工程，满足经济社会发展对水的需求。据 2010 年统计，全省总蓄水容积 142 亿立方米。其中大中型水库仅 74.4 亿立方米，占蓄水容积的 52.4%。蓄水工程调控能力（指蓄水容积与水资源总量的比值）仅 5.4%，全国为 25.3%。充分说明四川省严重缺乏水资源调蓄工程，无力调节水资源时空和地域分配不均，从而无力满足经济社会发展对水的需求。

（二）抓好水资源调蓄工程建设是水资源配置的重点

鉴于四川省水资源开发利用率低，水资源调控能力较弱，骨干调蓄工程严重不足，必须兴建足够的大中型骨干调蓄工程和骨干水源工程。四川省盆地腹地区，由于人口众多、经济发达，水资源总量和人均水资源量少，水资源承载能力不足，水资源压力指数较高，而且区域内水资源开发程度较高，达到 23.7%(扣除外引水量)，水资源调控能力为 20.2%。当地水资源难以满足经济社会发展对用水的需求。今后除选择建设条件好，能配合外调水源工程的利用当地径流的水利工程建设外，必须从水资源富裕地区调水补给。抓好区域水资源配置工程“五横五纵”工程建设，以保障区域（流域）用水需求。盆周山区、川西北高山高原区，人口较少、经济社会发展相对滞后，而水资源丰富、人均水资源较高、水资源承载能力强、水资源压力指数小。但水资源调控能力差不足 3.0%，是继续提高水资源调控能力和外调水量的重点地区。抓好盆周山区和川西北高山高原区骨干水资源工程建设，提高调控能力，除满足区域经济社会发展对水资源的需求，同时还可调出部分水量补充盆地腹地区的用水。

按照水资源合理配置和各分区水源工程建设，预计2030年全省可新增蓄水调水总容积121.05亿立方米，新增供水能力148.72亿立方米。全省水资源开发利用率将由现在的9.5%提高到15.7%，水资源调控能力将由现在的5.38%提高到9.3%，实现水资源合理配置的工程建设，基本解决盆地腹地区的工程性缺水，并能满足2030年该区经济社会发展对水的需求。

（三）大型骨干工程（五横五纵工程）建设

根据水资源合理配置的安排，四川省2030年以前除完成已建成和在建工程续建配套任务外，还需建设一批大型骨干调蓄工程和大中型骨干水源工程，才能实现将丰水期水量拦蓄，在枯水期使用，将多水地区水量调入缺水地区使用，实现水资源合理配置工程建设，确保水量供需平衡，满足经济社会发展对水的需求。

四川省大型调水工程（五横五纵工程）概况简介如下。

1. 都江堰水利工程

都江堰水利工程是战国后期秦蜀郡守李冰于公元前256年，在古蜀国治水工程基础上组织人民建造的，已有2260年历史。都江堰水利工程依靠岷江有利的自然地理条件，乘势利导、因地制宜、无坝引水、灌排自如、综合利用、经久不衰而闻名于世，是世界水利史上的奇迹，人类优秀文化遗产的一座雄伟丰碑。由于都江堰水利工程的灌溉使成都平原孕育成“水旱从人、不知饥馑”的“天府之国”。新中国成立前灌区发展到成都平原14个县，灌溉面积282万亩，到2010年灌溉面积发展到1035.4万亩。根据《都江堰总体规划报告》，工程供水区范围包括成都等7市37个县（市、区），辖区面积2.72万平方公里，占全省面积的5.6%，人口占全省25.8%，城市化率为45.6%，国内生产总值占全省41.8%，地方财政收入占全省35.2%，粮食产量占全省27.1%。

都江堰水利工程鱼嘴处控制岷江流域面积23037平方公里，多年平均径流量144.3亿立方米，鱼嘴将岷江分为内外江两大水系。岷江右岸通过沙黑河经漏沙堰下分沙沟河和黑石河两大干渠。三合堰灌区经沙沟河输水至西河，灌区设计灌溉面积117.73万亩。内江灌区通过宝瓶口取水入总干渠，下分蒲阳河、柏条河、走马河、江安河四大干渠，人民渠在蒲阳河24.5公里处左岸取水，东风渠在府河11.3公里左岸取水，毗河供水工程在毗河苟家滩右岸取水。都江堰水利工程规划设计灌溉面积1467万亩。

都江堰水利工程渠首工程由鱼嘴、飞沙堰、宝瓶口三大工程组成。主要输水干渠及灌溉工程：

蒲阳河为输水排洪河道（人民渠进水枢纽以下称青白江），至金堂县汇入沱江。长105.8公里，渠首流量240立方米/秒，直灌面积64.71万亩，同时承担青白江区工业、生活供水和农村人畜供水的输水。

柏条河（都江堰蒲柏闸至石提堰）为输水排洪河道，长 44.8 公里、渠首流量 120 立方米 / 秒，直灌面积 11.78 万亩。石堤堰下分府河、毗河，分别汇入岷江、沱江，配合徐堰河向东风渠灌区供水，同时承担成都市工业、生活输水和排泄区间洪水。

走马河（两河口以下称清水河）为输水排洪河道，长 64.16 公里。渠首流量为 280 立方米 / 秒，直灌面积 63.21 万亩，通过徐堰河向府河、毗河输水，并承担府河、毗河直灌区 21.86 万亩及成都市工业和生活输水。

江安河（都江堰走江闸至府河）为输水排洪河道，长 95.8 公里，渠首流量为 100 立方米 / 秒，灌溉成都市、眉山市 69.63 万亩耕地和排泄区间洪水。

人民渠引水工程：渠首位于彭州市庆兴乡蒲阳河 24.51 公里处，在左岸取水。总干渠长 89.6 公里，渠首设计流量 135 立方米 / 秒。灌溉成都等 4 市 14 县（市、区）耕地 400.52 万亩（其中平原灌区面积 184.72 万亩），2010 年已实现有效灌溉面积 300.7 万亩。同时向灌区城镇工业和生活供水，农村人畜饮水。目前该工程正进行灌区续建配套和节水改造。

东风渠引水工程：渠首位于郫县安庆乡府河 11.3 公里处，在左岸取水。渠首设计流量 80 立方米 / 秒，灌溉成都等 4 市 14 县（市、区）耕地 337.06 万亩，2010 年已实现有效灌溉面积 273.15 万亩。同时向灌区城镇工业和生活供水，农村人畜饮水。目前该工程正进行灌区续建配套和节水改造。

毗河供水工程：渠首位于成都市新都区苟家滩处，在毗河右岸取水。渠首设计流量 60 立方米 / 秒，灌溉成都等 3 市 9 县（市、区）耕地 333.23 万亩，同时向灌区城镇工业和生活供水，农村人畜饮水。该工程分两期实施。一期工程灌溉成都、资阳两市的 7 县（市、区），设计灌溉面积 125.49 万亩（新增灌面 57.21 万亩），解决 154.3 万人城镇居民和 71.3 万农村居民生活供水和城镇工业供水。

紫坪铺水库枢纽工程：位于岷江上游都江堰市城西北 9 公里处，控制流域面积 22662 平方公里，多年平均径流总量 148 亿立方米，是都江堰水利工程的调节水库工程，该水库以：灌溉、供水为主，兼顾防洪、发电、环境保护、旅游等综合利用的水利枢纽工程。水库大坝为钢筋混凝土面板堆石坝，最大坝高 156 米，正常蓄水位 877 米，水库总库容 11.12 亿立方米，调节库容 7.74 亿立方米，防洪库容 5.38 亿立方米，电站装机 76 万千瓦。紫坪铺水库枢纽的建成为都江堰灌区的生产用水和生活供水及环境用水提供了水源保障，同时可提高金马河的防洪标准（使金马河的防洪标准提高到 100 年一遇），保证都江堰水利工程效益的正常发挥，并为毗河供水工程建设提供了可靠的水源保障。

紫坪铺水库电站调峰运行时，下泄水量十分不稳定，致使都江堰取水困难，造成供水不稳定。为了使都江堰取水、供水稳定，减少突变水流对下游河道的影响，防止水量的浪费，实现水量的灵活调度，提高水资源承载能力，实现“电调服从水调”，应尽早修建紫坪铺水库的反调节水库，实现水量的二次分配。对保障都江堰水利工程正常发益是十分必要和紧迫的。

2. 玉溪河引水工程

玉溪河引水工程取水枢纽位于芦山县宝胜乡，控制流域面积1054平方公里，多年平均径流量13亿立方米。该工程以灌溉为主、结合供水、发电等综合利用。灌溉成都市、雅安市4县耕地86.64万亩，供水人口16万人。该工程于1969年动工，1978年基本建成受益。2010年达到有效灌面62万亩，电站装机3万千瓦，供水人口15.6万人。

首部枢纽由溢流重力坝、泄水闸、冲沙闸、进水闸组成。最大坝高20米，总库容64万立方米，进水闸设于左岸坝端，引水高程830米。渠系工程由干、支渠及中、小型配套蓄水工程组成，主干渠长51.5公里，支渠14条总长385公里，中型囤水库3座，小型水库（包括囤水库）45座，总库容8000万立方米。2010年工程年引水总量9亿立方米。全灌区粮食产量6.99亿斤，年发电量1.45亿千瓦时。目前灌区进行续建配套和节水改造，预计2015年工程将达到设计能力，实现灌溉面积86.64万亩，灌区全面受益。

3. 长征渠水利工程

长征渠水利工程取水枢纽位于青衣江洪雅县槽渔滩处，控制流域面积1.08万平方公里，多年平均径流量154亿立方米。该工程以灌溉为主，兼顾防洪、结合发电、城乡供水等综合利用。解决盆地腹地区岷涪长地区中下部的工农业和城乡生活用水。

首部枢纽位于青衣江槽渔滩左岸，取水高程516.4米，设总干渠、东南干渠各一条。总干渠取水至青神县平羌峡跨过岷江在仁寿县龙江坳后分为东、南干渠。南干渠南下串联小井沟水库、大田坝水库控制岷沱江中下部地区。东干渠沿九宫山北麓东行在资中县登云岩处跨沱江，控制沱涪长中部地区。

灌区设置七级渠系。支渠以上渠道65条长2278公里。其中总干渠长129.16公里，主干渠（东、南干渠）长382.49公里，干渠4条长264.55公里，分干渠14条长498.98公里。设计年（p=80%）灌区工农业净需水量39.4亿立方米，扣除当地径流供水量后需工程净供水20.99亿立方米，毛供水36.82亿立方米，工程多年平均可引水量为47.76亿立方米。

长征渠水利工程与1976年提出的《长征渠总体规划》有较大变化。一是重庆成为直辖市后，原规划的东干渠下段384.35万亩耕地划出。二是原规划南干渠下部219.58万亩划归向家坝引水工程灌溉。三是资阳灌区的114.42万亩划归毗河供水工程灌区。四是自贡、内江两市67.98万亩耕地，已由长葫水库、石盘滩提水工程灌溉。五是井研县14.87万亩已划归东风渠扩灌区灌溉。因此长征渠供水区范围为乐山、资阳、内江、自贡、宜宾等市。耕地643万亩，城镇供水人口250万人。另外原规划的水源工程已发生较大变化。主要水源调节水库枢纽工程飞仙关水库已被电站开发利用，水库调节库容仅0.03亿立方米，无能力调节灌区用水。支流周公河上游兴建的瓦屋山水库枢纽工程，总库容5.84亿立方米，调节库容4.52亿立方米。宝兴河上游建成的跷碛水库，总库容2.14亿立方米，调节库容1.87亿立方米。天全河上的锅浪跷水库，总库容2.86亿立方米，调节库容1.78亿立方米。支流水库总调节容积为 8.17 亿立方米，能满足工程灌区对调节水量的要求。

由于该工程灌区范围、供水量及调节水量均发生较大变化。为此，该工程规划必须尽早进行修订，并抓紧开展前期工作，以利该工程在 2020 年后动工建设。

4. 向家坝电站水库引水工程

向家坝电站水库位于四川省宜宾县和云南省水府县金沙江下游向家坝峡谷出口处，控制流域面积 45.88 万平方公里，多年平均径流量为 1440 亿立方米。电站水库正常水位 380 米，总库容 51.6 亿立方米，调节库容 9.0 亿立方米，电站装机 600 万千瓦。该灌溉工程以长江为界分南、北灌区，引水工程取水口两处，分别位于左右岸坡坝段。南干渠（位于长江南岸）取水高程 365 米，设计流量 38 立方米 / 秒；北干渠（位于长江北岸）取水高程 361.10 米，设计流量 98 立方米 / 秒。

向家坝电站水库引水工程灌区范围，北至自贡市大安区，南抵兴文县，西至向家坝电站大坝处，东以赖溪河为界。灌区涉及四川省宜宾等 4 市和云南省昭通市的 22 个县（市、区），总人口 1237.55 万人（农业人口 965.34 万人），耕地面积 787.67 万亩，设计灌溉面积 348.85 万亩（其中：耕地 295.05 万亩，果园地 53.8 万亩）。北干渠渠首设计流量 98 立方米 / 秒，干渠长 122.68 公里，设计灌面 228.02 万亩（其中：耕地 193.98 万亩，果园地 34.24 万亩），并通过丘场分干渠向自贡市城区和内江市城区补水，通过嘉明支渠向隆昌县区补水。南干渠渠首设计流量 38 立方米 / 秒、干渠长 107.34 公里，设计灌溉面积 120.83 万亩（其中耕地 101.27 万亩，果园地 19.56 万亩）。该工程除解决城镇供水外，还向乡镇 241 万人、农村 50.94 万人供水。

灌区除充分利用当地已成水库工程囤蓄外，还将新建 5 座中型水库和扩建 4 座小（Ⅰ）型水库为中型水库，新增水库调节容量 1.41 亿立方米。全灌区提灌面积 137.25 万亩（其中耕地 111.08 万亩，果园地 26.17 万亩）。

该工程为灌区城乡生产生活供水量 17.82 亿立方米。其中灌溉供水 10.66 亿立方米，城镇生产生活供水 6.61 亿立方米，农村人畜供水 0.55 亿立方米。需向家坝电站水库向引水工程提供水量 13.51 亿立方米。

5. 武都水利工程

武都水利工程由武都水库和武都引水工程组成。武都水库位于涪江武都镇上游 4 公里模银洞处，控制流域面积 5870 平方公里，多年平均径流量 46.7 亿立方米，水库正常水位 658 米，总库容 5.54 亿立方米，调节库容 3.54 亿立方米，为不完全年调节水库。水库大坝为碾压式混凝土重力坝，最大坝高 119.10 米，水库电站装机 13.6 万千瓦，年发电量 6.16 亿千瓦时。该工程以灌溉为主，结合防洪、供水、发电、航运等综合利用功能。

水库建成后通过蓄洪补枯，不仅解决涪江左岸耕地用水，还可提高涪江中下游各梯级电站保证出力 2.62 万千瓦，年增加发电量 1.22 亿千瓦时。还可增加中下游城市工业、生活和环境用水量。武都引水工程取水枢纽正位于江油市武都镇上游 3 公里灯笼桥涪江左岸，取水高程 570.5 米。总干渠长 38 公里，引水流量 60 立方米 / 秒

（石龙嘴电站前为110立方米/秒、电站后为60立方米/秒）。分支渠以上（五级）渠道共96条总长1772公里，年引水总量10.37亿立方米，占涪江武都镇处多年平均径流量的20.2%，引水后对涪江中下游综合用水无影响。工程建成后可控灌绵阳等4市9县（市、区）耕地232.3万亩，并向篷船灌区54.14万亩耕地补水。该工程设计灌溉面积为286.44万亩，同时为灌区内城镇工业和生活供水，还可解决155万农村人口的供水需求。

该工程分三期实施：一期工程包括武都引水工程取水枢纽、总干渠、石龙嘴电站、涪梓干渠及4座中型囤水库，设计灌溉面积185.45万亩。一期工程已基本建成。二期工程包括武都水库枢纽工程（已基本建成）、西梓干渠、大中型囤水库工程各一座，设计灌溉面积46.85万亩。三期工程（即篷船灌区）主要利用涪江汛期水量，通过武都引水工程输水到白鹤林水库（坝高62米，总库容9830万立方米）囤蓄。经水库调节后输水到灌区，解决54.14万亩耕地的灌溉及灌区内的城镇工业和生活用水及农村人畜饮水。

6. 升钟水库工程

升钟水库坝址位于南部县升钟镇碑哑庙西河上，控制流域面积1756平方公里，多年平均径流量5.18亿立方米。该工程以灌溉为主，兼顾防洪、供水、发电、水产等综合利用。水库大坝枢纽由黏土心墙石碴坝、溢洪道、取水口组成。正常高水位427.4米，总库容13.39亿立方米，有效库容6.72亿立方米。该水库来水不足，为多年调节水库，规划由嘉陵江亭子口水库调水补给（年补水量0.8亿~1.0亿立方米）。工程控灌南充等3市8县（市、区）耕地211.74万亩，并为灌区内城镇生产、生活供水和乡镇84万人口供水。

该工程分两期实施：一期工程包括水库枢纽工程、右总干渠、西充干渠及3条分干渠，设计灌溉面积138.93万亩，为灌区城镇生产、生活供水，2010年已实现有效灌面97.34万亩。目前正进行灌区配套和节水改造，预计2015年基本完成一期工程建设任务。二期工程包括南充干渠及3条支渠，渠系总长167.52公里。灌区中型囤水库一座（坝高62.7米，总库容2232万立方米，有效库容1390万立方米），设计灌溉面积72.81万亩，并为灌区城镇生产、生活供水和灌区农村人畜供水。

7. 亭子口水利枢纽工程

亭子口水利枢纽工程位于苍溪县亭子口乡和析水乡境内嘉陵江上、下距苍溪县城15公里处，是嘉陵江中下游主要调节水库工程。该水库以防洪、灌溉、城镇供水为主，兼顾发电、航运等综合利用的大型水利工程。

亭子口水利枢纽工程由亭子口水库和引水工程组成。亭子口水库位于苍溪县上游15公里处的李家嘴，控制流域面积6.11万平方公里，多年平均径流量190亿立方米，最大坝高113米，正常水位458米，总库容40.67亿立方米，有效库容17.32亿立方米，电站装机100万千瓦，多年平均发电量为47.9亿千瓦时。亭子口水利枢纽工程灌区范围涉及广元、南充、广安、达州4市12县（市、区），设计灌溉面积292.14万亩，并向城镇生产、生活供水和农村人畜饮水。全灌区生产生活净供水

16.82 亿立方米（其中：灌溉供水 7.76 亿立方米，工业、生活供水 8.21 亿立方米，向升钟水库补水 0.8 亿～1.0 亿立方米）利用当地径流水量 4.06 亿立方米，需亭子口水库净供水 8.22 亿立方米（其中灌溉净供水 4.60 亿立方米，工业净供水 2.35 亿立方米，生活净供水 1.27 亿立方米），毛供水量 12.48 亿立方米。全灌区设总干渠 1 条，干渠 3 条，分干渠 9 条，支渠 52 条，干支渠共 65 条，总长 1359.52 公里。总干渠渠首水位 436.23 米，设计流量 82.65 立方米 / 秒，东干渠渠首设计流量 23.2 立方米 / 秒、西干渠渠首设计流量 24.0 立方米 / 秒、嘉右干渠渠首设计流量 9.2 立方米 / 秒。全灌区扩（新）建囤水库 8 座（其中新建两座），结合灌区现有 7 座中型水库共增加兴利库容 2.09 亿立方米，兴建集中式提灌站（提灌扬程 30 ～ 76 米）7 处，提灌装机 2.02 万千瓦。

亭子口水利枢纽工程分三期实施：一期工程包括取水口枢纽，总干渠及其分干渠、支渠、嘉右干渠及其分干渠、支渠及田间工程，渠道共计 43 条总长 917.38 公里。设计灌溉面积 159.10 万亩，并向城镇生产、生活供水。二期工程包括西干渠及其分干渠、支渠和田间工程渠道共计 7 条总长 199.87 公里，扩建幸福等五座囤水库。设计灌溉面积 56.68 万亩，并向城镇生产、生活供水和农村人畜供水。三期工程包括东干渠、西干渠及其支渠和 6 座提灌站，新建（两座）改建（一座）囤水库及相应的渠系工程和田间工程，渠道共计 15 条总长 242.31 公里，设计灌溉面积 26.27 万亩，并向灌区城镇生产、生产供水和农村人畜供水。

8. 罐子坝水库工程

罐子坝水库位于嘉陵江支流东河上游立溪岩处，下距旺苍县城 7 公里，控制流域面积 2633 平方公里，多年平均径流量 20.9 亿立方米。贯子坝水库大坝为混凝土重力坝，正常蓄水位 573 米，最大坝高 116 米，总库容 5.65 亿立方米，有效库容 3.85 亿立方米，电站装机 2.5 万千瓦，多年平均发电量 1.16 亿千瓦时。取水口位于大坝右端，取水高程 531 米，设计流量 80 立方米 / 秒。贯子坝水库工程以灌溉为主，结合防洪、发电等综合利用功能。工程控制流江河左岸和巴河右岸广元、巴中、南充、广安 4 市 10 个县（市、区）的部分耕地，设计灌溉面积 212.4 万亩，为城镇工业、生活和农村人畜提供饮用水。

灌区净需水 7.85 亿立方米，需水库净供水 4.52 亿立方米，毛供水 7.29 亿立方米，其他综合毛用水量 3.2 亿立方米，共需水库总供毛水量 10.5 亿立方米。灌区设主干渠一条长 268.4 公里，支渠 6 条总长 372.8 公里。

9. 大桥水库工程

大桥水库位于冕宁县安宁河上游大桥镇处，控制流域面积 796 平方公里，多年平均径流量 11 亿立方米。大桥水库以灌溉、城镇供水为主，结合防洪、发电等综合利用功能。工程控制大桥水库下游安宁河谷地带的凉山州、攀枝花市的 4 县（市、区）。大桥水库大坝为钢筋混凝土面板堆石坝，最大坝高 93 米，总库容 6.58 亿立方米，兴利库容 5.93 亿立方米。大桥电站引用流量 82 立方米 / 秒，电站装机 9 万千瓦，多年平均发电量 3.5 亿千瓦时。

大桥水库工程设计灌溉面积 87.42 万亩，以安宁河干流为输水主干渠，由漫水湾枢纽配水，以大桥水库左、右干渠和漫水湾枢纽左、右干渠和泸月渠组成供水网络，为灌区及城镇工业、生活供水，同时向农村人畜供水。

漫水湾枢纽是调节上游大桥水库下泄水量并进行水量再分配的枢纽工程。漫水湾枢纽位于冕宁县城下游 38 公里处，控制流域面积 3817 平方公里，多年平均径流量 34.7 亿立方米。漫水湾枢纽由首部闸坝，左、右总干渠和黄土坡电站组成。闸坝全长 272 米，总库容 565 万立方米，电站引用流量 68 立方米 / 秒，装机 2.0 万千瓦。左总干渠长 7.49 公里，设计流量 90 立方米 / 秒。

大桥水库灌区工程分三期实施：一期工程包括漫水湾闸坝、左总干渠及黄土坡电站；二期工程包括大桥水库右干渠和漫水湾右总干渠；三期工程包括大桥水库左干渠和泸月灌区工程。

10.“引大济岷”工程

岷江承担着跨流域供水任务，目前岷江上游河段水资源开发利用程度是全省最高的河段，同时岷江上游还担负着向沱江补充水量的任务。随着经济的高速发展，城市化率的快速推进，河道外用水量日趋增加。按照全省水资源配置的要求，2030 年都江堰水利工程多年平均缺水 4.3 亿立方米（保证率 p=90% 时缺水 11.3 亿立方米）多年平均补水量为 5.4 亿立方米。预测到 2050 年多年平均缺水 21.3 亿立方米（保证率 p=90% 时缺水 33.5 亿立方米），多年平均补水量为 21.6 亿立方米。岷江上游水资源负担过重，开发利用率已达 50% 左右。都江堰水利工程水资源承载能力已超过允许值上限，为确保岷江供水安全，必须调水补济岷江。

大渡河是岷江最大支流，在乐山市汇入岷江。正源木足河控制流域面积 1.99 万平方公里，多年平均径流量 75.1 亿立方米，于双江口处纳入另一支流绰斯甲河，双江口多年平均径流量为 162.3 亿立方米。大渡河上游水量丰富、位置较高，但人口稀少、耕地分散、水资源开发利用率较低，开发潜力较大。通过对大渡河上、中游干支流分析，金川至双江口河段调水最为有利。金川、双江口及其上游支流规划有几座大型水库并都具有调节能力，可提高用水保证率，并保证对下游河道生态环境不受影响，同时还能满足受水区的供水需求。初拟从双江口水库（正建）取水（即双江口 – 杂谷脑河方案）。双江口水库枢纽工程位于双江口下游 5 公里处，水库正常水位 2500 米，坝壅水高 240 米，拟从双江口水库内木足河和梭磨河汇口处的热足附近取水，经左岸隧洞引水至杂谷脑河右岸支流来苏沟狮子坪附近。取水高程 2420 米，出水口高程 2320 米，引水隧洞长 97.0 公里，调水流量 157 立方米 / 秒，年引水量 22 亿立方米。

“引大济岷”是补充岷江上游水资源不足的最佳方案。建议应尽快开展“引大济岷”工程的前期工作。重点分析和研究该工程实施调水后：一是研究引水量、引水时段、引入岷江水量后怎样调蓄使用；二是引水量和引水时段与“南水北调”西线工程引水量和引水时段的关系；三是研究调水后对大渡河干流梯级电站出力和对水环境的影响程度。

五　构建防御自然灾害减灾体系

（一）构建防洪体系、提高防洪能力

1. 洪水与洪涝灾害

四川省河流水系众多，并多属山区性河流，由于汛期降雨集中，致使暴雨洪灾发生频繁。暴雨洪水灾害程度与暴雨强度、笼罩面积、降雨前期江河水位、地表汇流条件等因素有关。江河型洪水发生于较大江河沿岸及河流交汇处。山溪型洪水呈点状分布，发生在山区与丘陵或山区与平坝交汇处的河流交汇处。如暴雨强度大、汇流时间短、洪峰形成快并具有一定的突发性，而且山洪灾害常伴有次生灾害（滑坡、崩塌、泥石流）发生。山溪型洪水往往是江河型洪水灾害的前奏，洪水汇入江河后，使江河沿岸发生洪灾。省境东部洪水大多发生在 5 ~ 9 月，尤以 7、8 月最多。西部洪水主要集中在 6 ~ 7 月，8、9 月时有洪水发生。四川省洪水既存在不同步性，又存在年际连续性，具有鲜明的季节性和区域性。由于省内东西部气候特征存在明显差异，故一次暴雨很难笼罩全省。如盆地西部出现大洪水，而东部不一定出现，反之盆地东部出现大洪水，西部也不一定出现。东部盆地区的大江河亦很难同时出现洪水，各江河中也有连续几年发生大洪水的现象。如 1954 ~ 1956 年发生在岷江、青衣江、嘉陵江，1959 ~ 1961 年发生在岷江、青衣江、沱江，2006 ~ 2010 年洪水仅发生在渠江。

2. 洪水灾害损失及存在问题

据 2016 年统计全省已建各类堤防工程 4274.4 公里（达到标准的堤防工程 2158.9 公里占已建堤防工程的 50.5%）。保护人口 1522.5 万人，保护耕地 860.4 万亩，大部分重要城市河段防洪能力达到 10 ~ 50 年一遇洪水标准，同时在众多的河心洲坝上修建救生高台，沿江河的 156 个县（市、区）城区河段划定了“三线”水位（即警戒水位、保证水位、管护范围水位）。但主要江河及其重要支流常受洪灾影响，致使防洪任务十分艰巨。据 1950 ~ 2008 年统计农田受灾面积上 1000 万亩有 8 年，受灾人口在 500 万人以上有 24 年，1998 年洪灾损失较为严重（受灾人口 2681.6 万人，死亡人口 488 人，受灾农田 2223 万亩，倒塌房屋 23.46 万间，直接经济损失 92.62 亿元）。

防洪工程建设存在的主要问题：一是主要江河及重要支流上中游缺乏调洪控制性水库工程，致使洪水得不到有效控制，增加了江河中下游的防洪压力和洪灾损失。二是中小河流治理工作进展缓慢，制约了防汛抗洪整体综合能力的提升。三是重要城市没有形成完整的防洪体系，众多的城镇河段防洪标准偏低，未达到国家规定的设防标准。四是一些城镇未按“三线”水位线落实河道管理，致使河道“三乱”（乱建、乱倒、乱占）现象严重；另外是河道内无序采砂，已威胁到堤防安全。五是随着经济社会的不断发展，城市规模的扩大，不合理的城市布局，不同程度的侵占河道，缩窄了河道行洪断面，降低了河道行洪能力。六是防汛信息与防汛指挥系统不完善，水文站点的水情监测设施不足，洪水通讯预报系统落后，难以满足防洪抢险要求。

3. 对策措施

认真贯彻《防洪法》，坚持全面规划，统筹兼顾，标本兼治，综合治理的原则，以泄为主，蓄泄兼顾，治标与治本结合，工程措施与非工程措施（指通过法令、政策、经济手段，以及直接运用防洪工程以外的其他技术手段，减轻洪灾损失的措施）相结合。防治江河洪涝，山溪洪水与防治次生灾害（滑坡、崩塌、泥石流）并重。建设以堤防工程为基础，结合上游干支流调蓄水库，形成与洪水共存的防洪减灾体系。

主要措施是“防、控、治”。

防：指将工程措施与非工程措施有机结合，辅以风险分担与风险补偿政策。搞好河道清障疏浚，拆除碍洪建筑物，提高河道泄洪能力。将防洪工程建设纳入国民经济和社会发展规划及年度计划中。

控：指建立调控体系。加强对暴雨洪水的风险管理，有效控制洪水影响范围和危害程度，最大限度降低洪灾损失。

治：指建立洪灾救治应急体系。在洪水发生后能迅速有效地控制洪水灾情影响范围，并尽量减轻洪灾损失，确保社会稳定。

（二）构建抗旱减灾体系、提高抗旱能力

1. 干旱及其特征

四川省的干旱灾害受季风气候变化及降雨时空分布影响，东南季风推进的迟早与单一干燥气团的长期控制是干旱产生的主要原因。春夏季的降雨自东向西移动，若雨季风弱而迟，则盆地西部和中部少雨，形成春、夏旱天气。7、8月份由于太平洋副热带高压控制，盆地东部连晴高温，雨水不足常有伏旱发生，有时伏旱可持续到9月份。盆地冬季受北方干寒气流控制常有冬干发生，川西南山地冬春季节受西南暖流影响，加上深切割地形的焚风效应，冬干春旱较盆地区更为显著，一般情况下春、夏旱主要发生在盆地西部和西北部地区及凉山州南部和攀枝花市。伏旱主要发生在盆地东部和南部地区，盆地腹地区则是春、夏伏旱交错发生地区，而川西北高山高原区就很少有干旱发生。

四川省干旱特征：一是具有一定的周期性。二是具有明显的区域性。三是干旱灾害分布广泛。四是干旱往往在年内集中降雨时段的前后出现。

2. 干旱危害

（1）对农业的危害。一是干旱影响作物的正常生长，导致产量下降。二是增加农业劳动力投入和资金负担。三是造成干旱区域内人畜饮水困难。

（2）对林牧业的影响。一是诱发森林火灾和病虫害发生。二是影响林木生长和幼林的正常发育。三是影响牧草生长和牲畜饲草料供给。

（3）对城镇供水的影响。一是影响城市工业正常生产和居民生活用水紧张。二是干旱缺水造成江河流量减少，水电站不能正常运行，致使电力供给不足。三是由于干旱导致河流水位降低，使水运受阻，影响物资交流。

（4）对社会造成的影响。一是因干旱灾害粮食减产，影响灾区农民正常收益。二是干旱缺水，使旱区民众饮水困难。三是由于干旱造成灾区疾病流行，严重影响灾区人民的身体健康。

3. 对策措施

（1）大力发展水利基础产业和农田基本建设。新中国成立以来四川省干旱灾害几乎年年发生，只是灾害程度的轻重，持续时间长短，地区分布状况，范围大小的不同。为了减轻旱灾对经济社会发展的影响，就是要大力发展水利事业，以水制旱。水利工程在农作物因旱缺水时能即时供给水，对农作物单产的提高效益十分明显。根据水资源合理配置要求，除对已成工程挖潜配套，技术改造，加强农田蓄水保水外，还必须兴建一批具有调蓄能力的水利工程。调节径流改变水资源时空与地域分布不均，促进水资源的有效利用，为经济社会可持续发展提供可靠水源。

（2）治理水土，涵养水源。全省水土流失面积 19.67 万平方公里，占国土面积 48.43 万平方公里的 40.62%。截至 2010 年累计治理面积 6.33 万平方公里，占应治理面积的 32.18%，每年减少土壤侵蚀量 2.53 亿吨。今后应加速水土流失治理。以小流域为单元，实行山水田林路综合治理，加大生态环境治理力度和坡耕地改造，巩固退耕还林（草）成果，加大天然林保护力度，稳步推进生态环境建设。

（3）合理利用土地资源。大于 25 度的坡耕地坚决退耕还林（草），25 度以下的坡耕地改为小于 5 度的缓坡地或水平梯地，并加厚土层，使在一次降雨过程中可拦蓄 50 ~ 100 毫米降雨不产生径流。预计每增加 1 厘米土层可涵养水量 1.5 ~ 2.0 立方米，可有效地抗御干旱。依据四川省干旱分布特点，合理采用农耕措施，避开干旱缺水对农作物的影响，亦可采用调整作物结构，“水路不通走旱路”也是抗旱增产的成功经验。

（4）加强农田基本建设增强抗旱能力。根据水资源合理配置和各需水部门的用水要求，除对现有水利工程提高用水保证程度外，还必须兴建必要的调水工程和调蓄工程。兴修水利是防大旱抗大灾的根本措施，必须长期不懈地坚持下去。

（5）改田改土是提高耕地土壤含水和吸收降雨入渗能力的根本措施。同时推广节水技术，提高抗旱能力，并建设好抗旱服务体系。

3. 山地灾害及防治措施

（1）山地灾害及其特点。山地灾害主要是由洪水、地震诱发的次生灾害（崩塌、滑坡、泥石流）。另外人类活动影响亦可能引发次生灾害。据统计四川省有 70 余座城市、1000 余座集镇，多沿大江大河、不同自然区的过渡地带及山间盆地分布，常受滑坡、崩塌、泥石流等灾害的影响。四川省泥石流分布广泛，遍布 135 个县（市、区），辖区面积 11 万平方公里。据调查全省有泥石流沟 3000 余条，其中雅安、攀枝花、甘孜、阿坝、凉山两市三州泥石流灾害占全省的 90%。如 1981 年 7 ~ 8 月在暴雨激发下 1000 多条沟谷暴发泥石流，其规模之大，范围之广，数量之多，灾情之重是历史上所罕见。地震分布与活动性断裂带密切相关，活动断裂带分布在四川省西部。如鲜水河断裂带，龙门山断裂带，安宁河断裂带等。地震活动可直接诱发崩塌、滑坡、泥石流等次生灾害。

山地灾害的主要特征：一是山地灾害主要由洪水、地震诱发，暴雨作用下在笼罩区范围内发生泥石流，滑坡、崩塌多发生在断裂带或岩石松散和裂隙发育地带，多为地震诱发。二是江河上、中游地区由于特殊的地质环境和气候条件，局地暴雨或小流域遭遇长时间降雨，极易诱发山地灾害。虽然范围不大，但突发性强，成灾迅速，危害严重。三是山地灾害具有明显的季节性，主要集中在汛期（5～10月），以7～8月为甚。四是泥石流灾害多发生在夜间，由于山丘区夜雨多，增加了避灾救灾难度。五是江河上中游山地多，河谷与沟谷较窄，江河冲洪积扇往往是人口、城镇密集地区，亦是工农业、交通较为发达地区，一旦发生山地灾害损失危害巨大。

（2）山地灾害发展趋势与防治对策。四川历史上山地灾害曾出现过几度活跃期和休眠期，它与地壳内外营力的变化有关，决定四川省未来山地灾害发展趋势的关键是诱发因素，即暴雨、洪水、地震。20世纪70年代是地震活跃时期，发生过三次七级以上地震和数十次五级左右地震，导致四川西部地区大范围发生崩塌、滑坡和泥石流。80年代又是暴雨洪水多发期，是四川省历史上山地灾害最为活跃时期，人员伤亡和财产损失最为惨重的时期。90年代山地灾害进入休眠时期。进入21世纪发生过三次大范围的强降雨，暴雨洪水导致较大范围崩塌、滑坡和泥石流发生。2008年汶川8级强震和数千次余震的发生，在龙门山及相邻地区约10万平方公里范围内不仅出现大面积的山地灾害，同时使山体松动、山坡失稳，将对灾区范围内未来20～30年地质灾害形成和发展趋势产生巨大影响，防灾任务十分艰巨。

山地灾害防治对策：一是做好全省灾害危险程度评估，制定各级防灾减灾预案。二是深入开展山地灾害详查，查清崩塌、滑坡、泥石流灾害分布状况，进行危害程度分区，制定防灾规划。三是加速重点灾区进行应急治理工程建设，同时加强对生态环境治理和保护。四是对部分治理工程建设特别困难，影响又特别严重的灾害区实施避让搬迁。五是加强群策群防，开展灾害知识普及宣传，提高群众防灾救灾意识。六是加强对山地灾害区的管理，提高综合防御能力。

（3）山地灾害防御措施。①加强对山地灾害的监测和预报，通过技术手段对山地灾害进行监测，预知灾害发生、发展、时间、空间和强度，为灾害防治提供依据，并可指导防治工程建设。根据监测能对山地灾害提出预警预报，不仅可以减少或避免人员伤亡和经济损失，亦可为灾区相邻区域防灾减灾提供保障。②建立健全管理法规，加强政府监管力度。一是完善大江大河管理条例，制定中小河流管理办法，严禁在河道上乱建乱占事件发生。二是加强政府监督力度，实行行政首长负责制。三是加强政府分管职能部门的人员培训，提高行政执法能力，并增强执法人员管理责任心。四是加强对涉水建设项目管理，未经政府或主管部门批准的涉水项目，不得立项建设。③建立完善的管理和监测体系。江河管理中，大江大河（长江、黄河）以水利部管理为主，省、县地方政府协助；中、小河流管理以省、县为主，水利部指导。90年代初国土资源部成立，省、县成立国土资源厅、局，将中小流域山地灾害剥离由国土资源部门管理，目前出现问题主要在县级，如县域山地灾害的调查评估、防治方案制定、经费来源等。另外上报项目的资金安排出现重叠或治理项目漏报漏治现象发生。为有效防止山地灾害发生和减轻灾害损失，建议县级政府设立减灾防灾协调机构，负责编制县域内防灾减灾规划，确定重点防治区的工程建设方案，上报和实施建设项目，统一分配防灾减灾经费，同时组织对灾害隐患点的监测和预报预警体系建设。④加强山地灾害的科普宣传，提升全民防灾意识。一是省、县级应有专门的机构负责（如省县级的科学技术协会），所需经费列入地方财政年度计划。二是充分发挥乡村文化室的作用。三是恢复地质灾害防治培训活动。四是山地灾害知识科普教育应从小抓起，防治内容应纳入小学、初中的地理教科书中。⑤加强对江河的保护力度。一是理顺流域管理与属地管理的关系。二是加强执法力度和严格流域水资源开发建设项目的管理。三是推行先治理后建设的保护性措施。四是加强小流域和山地灾害区域的综合治理。五是继续推行坡耕地改梯耕地，治理水土，涵养水源，防止水土流失。

六　城镇供（排）水

（一）城镇供（排）水现状及存在问题

1. 城市和县城供（排）水现状

据《2010 年四川省统计年鉴》城市（不包括所辖县城及建制镇）供水综合生产能力 804.5 万立方米 / 天，年供水总量 17.39 亿立方米。供水管道总长 2.07 万公里（比 2000 年增长 86.29%）。用水人口 1438 万人，人均综合用水量 331.3 升 / 人 · 日。居民家庭用水总量 7.61 亿立方米，人均家庭用水量 145 升 / 人 · 日。县城供水事业发展较快。2010 年全省县城综合供水能力为 297.7 万立方米 / 天，供水总量达到 6.22 亿立方米。供水管道总长 0.98 万公里（比 2000 年增长 149.49%），用水人口 780 万人，人均综合用水量 218.6 升 / 人 · 日。居民家庭用水量 3.25 亿立方米，人均家庭用水量 114.1 升 / 人 · 日。

城镇居民家庭生活用水设施现状调查。城镇中有独用自来水的居民达到 96.88%，其中低收入户有独用自来水的居民达到 94.1%。有厕所、浴室居民达到 87.2%，其中低收入户有厕所、浴室的达到 77.1%。说明四川省城镇居民用水水平有较大提高 。

2. 城镇排水与污水处理现状

城市（不包括县城及建制镇）污水处理厂 57 座，污水处理能力 333.4 万立方米 / 天，污水年排放量 13.65 亿立方米，年污水处理量 10.22 亿立方米，污水处理率为 76%。污泥处理量 26.17 万吨。县城污水处理厂 39 座，污水处理能力 62.8 万立方米 / 天。污水排放量 4.74 亿立方米，污水处理量 1.64 亿立方米，污水处理率为 35%。污泥处理量 3.54 万吨。

3. 城镇供排水发展中存在问题

一是饮水水源水质总体呈下降趋势，水源地环境压力增大，常规处理工艺难以满足饮用水水质要求。按照国家新的“生活饮用水卫生标准”要求，相当数量的水厂制水工艺需要改造。二是少数城镇供水压力不足，低压面积率平均 12.04%，个别城市高达 75% ~ 80%。三是城市管网漏水率平均为 14.2%，漏损率较高的城市有5座，漏损率高达40.68%。个别城市和少数县城供水设施不足，供水普及率为50%～70%。四是排水和污水处理设施配套建设滞后，部分设施不能满足环境保护要求。多数城镇污泥未实现无害化处理，污水处理后再利用程度低。五是水污合流较为普遍，雨水管道承担了部分污水管道功能，雨水混入污水处理设施，导致进水浓度偏低影响处理效果。六是城镇污水处理设施发展很不平衡，污水处理设施的覆盖率为65.2%。

(二)工业化、城镇化发展趋势及城镇用水需求

1. 工业发展现状及发展趋势

2010年全省工业增加值达到7326.4亿元，工业增加值占GDP总量的43.2%。全省优势产业有电子仪表、装备制造、能源电力、油气化工、钒钛钢铁、饮料食品、现代中药、航空航天、汽车制造、生物工程及新材料(简称7+3)。工业增加值占全省工业的85.2%。规模以上工业增加值6840.5亿元，实现利润1469.5亿元。规模以上工业单位增加值能耗1.99吨标准煤/万元，累计下降32.03%。

2. 城镇化现状及发展趋势

2010年四川省城镇化率为40.18%，城市的基础设施不断完善。城市生活垃圾处理率为86.86%，污水处理率74.83%。城镇环境综合治理实施后，城镇人居环境有了初步改善，目前城镇人均公共绿地面积达到8.44平方米。但城镇化发展水平总体较低，比全国平均水平低9.5个百分点，城镇综合承载力不强，城镇体系和结构不合理，基础设施相对滞后，公共服务功能不完善，人居环境有待改善，城乡统筹水平为全国的第21位，处于中下水平。

城镇发展应重视水、土资源和生态环境容量等对城镇发展的影响，合理确定人口规模，用地规模和产业结构，促进资源环境的协调发展。加强对饮用水源地保护，建立备用水源，增强供水保障力度。提高基础设施运行能力，生活污水和垃圾集中处理能力。推广雨水截留和中水回用技术。减少工业废水和固体物排放。保护城镇规划区内森林、湖泊、湿地和其他自然资源。恢复和改善城区河流水系的生态功能。提高城市绿化率，改善人居环境，推动生态宜居城镇建设(见表11-17)。

表11-17　四川省人口、常住人口、城镇人口及城镇化率预测(单位：万人，%)

年　份	总人口	常住人口	城镇人口	城市化水平
2008	8908	8138	3044	37
2010	9001	8250	3383	41
2015	9250	8450	4056～4225	48～50
2020	9450	8600	4730～5160	55～60
2030	9600	8770	5700	65

注：①四川省城乡规划设计院提供《2009～2020年四川省城镇体系规划修编说明书(稿)》。②城镇化率是指城镇人口与常住人口之比。

表 11-18 四川省 1980 ~ 2010 年用水量变化情况（单位：亿立方米）

年 份	1980	1985	1990	1995	2000	2005	2010
工业用水量	13.9	17.8	23.7	44.6	57.2	56.8	62.9
生活用水量	20.0	22.5	25.6	30.1	35.5	31.7	38.0
农业用水量	136.2	136.2	139.2	141.4	142.8	121.8	127.3
生态用水量	—	—	—	—	—	2.0	2.1
总用水量	170.1	176.6	188.5	216.1	235.6	212.3	230.3

3. 城镇用水需求及其影响

从四川省 1980 ~ 2010 年用水变化情况分析：一是工业用水量快速增长阶段已结束（2000 ~ 2010 年工业用水增长率为 0.92%）。二是预计到 2030 年前四川省工业用水量不会进入零增长阶段。三是生活用水量会持续增长，生态用水量也有所增加。预测 2020 年生活用水达到 43.2 亿立方米，工业用水 139.4 亿立方米；2030 年生活用水 45.5 亿立方米，工业用水 167.3 亿立方米（见表 11-18）。

（三）建设优质公共供水服务体系

1. 以水质为核心，建设公共服务体系

当前城镇饮用水水质问题十分严峻。调查发现除部分城镇供水达到或基本达到 GB5749-2006《生活饮用水卫生标准》外，目前还有少数城市和相当数量的县、镇供水水质不能完全达标。据四川省环保厅数据：全省纳入省控城市集中式饮用水源地水质监测的 65 个断面中，全年达标的有 47 个断面（占 72.3%），部分达标的有 12 个断面（占 18.5%），全年不达标有 6 个断面（占 9.2%）。为了保障居民身体健康，必须加大饮用水源地的保护力度，加大供水设施工艺改造，并加大投资力度，确保城镇居民饮用水水质达标。同时建立和完善公共服务体系，确保供水安全。

2. 加速并完善地下供水管网建设和改造

据调查部分城镇的地下管网及各类地下设施建设和改造，严重滞后于地上建筑物设施的建设。地下供水管网主要是在 90 年代之前建成的，当时受经济社会发展条件限制，存在着管材质量差、布局不合理、管网与制水能力不配套等问题，致使城镇供水管网漏损率高，爆管事故频发，供水压力不足，管网水质不达标。有的城市的旧城区雨污合流普遍存在，使污水处理设施很难充分发挥作用。新城区虽然实现雨污分流，但雨水管网建设由于历史的原因，标准偏低，断面偏小，管材质量差，管理落后，致使雨水管网不能正常发挥作用，影响居民生活和经济社会的发展。

建议建设主管部门，对城镇地下管网设施现状进行普查，建立地下管网设施档案为旧城区地下管网设施改造和新城区地下管网设施建设提供科学依据，并为地下管网智能化管理打下基础。

（四）加快排水和污水处理设施建设和提高中水利用率

1. 实现污水处理及达标排放

据统计，截至2010年城镇建成并投入运行的污水处理厂128座，正建43座，共计171座。全省城镇污水处理厂覆盖率为65.2%。城镇污水排放量18.39亿立方米，污水处理量11.86亿立方米，污水处理率为64.5%。其中城市污水排放量13.65亿立方米，污水处理量10.22亿立方米，污水处理率为74.9%（全国城市平均处理率为82.3%，四川低了7个百分点）。县城污水排放量4.74亿立方米，污水处理量1.64亿立方米，污水处理率为34.6%。目前城镇污水处理还存在许多问题：一是污水收集管网系统建设滞后，污水处理投资效益难以充分发挥。二是大多数城镇污水处理厂投入运行时间不长，技术力量薄弱，设备维护和化验检测不能正常开展。三是污水收费标准偏低（据统计：四川省城镇平均污水处理成本0.77元/立方米，居民交纳污水处理费为0.45元/立方米。有近50%市、县居民交纳污水处理费为0.40元/立方米，最低的仅为0.18元/立方米）。四是城镇污水处理厂普遍存在管网不配套，管理不健全，技术力量薄弱，运行不正常。当前应完善已成和正建的污水处理厂的污水收集管网系统的配套建设，实现污水的全收集，充分发挥污水处理厂的处理能力。城镇污水处理费征收标准应按保本微利的原则核定污水处理收费，并逐步建立城镇污水处理项目的投融资及运行管理体制。行业主管部门应加强对污水处理企业的管理，强化服务意识，加强指导和技术咨询，确保污水处理厂达标运行，严禁未经处理的污水排入河道。

2. 抓好污泥无害化处理

近年来城镇污泥产量急剧增加。除成都市在建一座污泥干化焚烧厂（焚烧能力400吨/日），其他城镇污水处理厂的污泥均运往垃圾处理场填埋，存在着严重的二次污染隐患。污泥无害化处置的任务是因地制宜、因泥施策，科学地选定污泥处理处置技术。污泥处理处置的总体要求是“无害化、减量化、稳定化、资源化”。坚持“因地制宜、技术多元、协同处置、循环利用”的原则，并制定污泥处理的投融资办法和相关的收费标准及激励机制。同时建立严格的污泥处理处置制度，坚决杜绝污泥产生的二次污染，严肃查处乱排乱倒污泥的违法行为。加强监督检查，确保污泥处理处置工作正常进行。

3. 以限制纳污红线为依据、加强污水处理设施建设。

中共中央、国务院《关于加快水利改革发展的决定》指出，确保水功能区限制纳污红线，从严核定水域纳污容量，严格控制入河湖排污总量。

根据四川省水功能区水环境容量的要求，地表水水质应全部达到Ⅲ类以上功能区水域要求；城镇污水管网需要的污水收集率，必须大于需要的污水处理率（一般在处理率基础上增加10%），即污水管网覆盖率：城市为95%，县城为90%，建制镇为85%。三峡水库区水环境保护范围分为水库区、影响区、上游区。四川省地处三峡水库的影响区和上游区。影响区涉及四川省的泸州、宜宾、自贡、内江、资阳五市。上游区涉及全省 21 个市（州）。根据三峡库区水体水质要求，城镇污水处理率应高于全国平均水平，都必须以水功能区限制纳污红线为依据。到 2015 年全省 85% 以上的城镇污水得到有效控制，全省累计污水日处理能力达到 781 万立方米。每年可削减 COD 45.10 万吨，BOD 51.31 万吨，氨氮 6.27 万吨，总氮 7.13 万吨，总磷 1.57 万吨。使三峡库区的水质、水环境得到明显改善。

4. 重视再生水利用和推进再生水产业的发展

2010 年四川省再生水利用量为 33 万立方米 / 天、再生水利用率仅为 6.9%。再生水利用量最多的是成都市，设计处理能力 134 万立方米 / 天，实际处理量 110 万立方米 / 天，污水再生水利用量 30 万立方米 / 天，污水利用率为 27.3%。再生水利用率最高的是遂宁市，污水日处理量 5.5 万立方米 / 天，再生水利用量 2.0 万立方米 / 天，再生水利用率为 36.3%。四川省除成都、遂宁、绵阳 3 市外，其他城镇的污水再生利用基本未起步。再生水利用距产业化、市场化发展还有相当一段距离，还需通过宣传教育，消除消费者对再生水利用的心理障碍，建立鼓励使用再生水的成本补偿和价格激励机制。通过污水无害化处理实现再生水资源化，才能推动城市再生水利用产业化发展。

5. 保障城市生态环境用水，促进生态环境修复

城市水系已成为城市重要组成部分，与城市居民物质文化生活的联系十分密切。城市水系受人类经济社会活动的影响，导致城市水系生态环境恶化，有些城市水系几乎丧失水体功能。因此，城市水系生态环境修复和改善，对市民生活质量的提高和城市文明建设具有十分重要的意义。城市生态环境修复和改善的要求：一是城市水系常年有水流动，而且水量能维持水环境的基本服务功能。二是城市水系水体、水质达到水功能区水质标准，适宜水生动植物的正常生长。三是城市水系有一定的水深和水面宽度，水体和岸边的生态环境多样性能为水生生物和两栖动物提供栖息条件。四是城市水系景观优美，城市水文化得到保护和展现，是城市居民和游人休闲游憩的场所。据此，应利用自然界自我修复能力进行生态环境修复，城市的任务就是帮助自然界的自我修复。同时加强城市水系的污染治理，实现河流水系水环境质量的整体改善。并注意对雨水、洪水的合理利用和疏导，使城市水生态、水环境向良性循环方向发展。

（五）以用水效率为核心强化工业和城镇生活的节水管理

1. 工业节水管理及效率分析

目前工业节水管理措施：一是推行用水总量控制和加强定额管理力度，实行取水许可和有偿使用制度，实施建设项目水资源论证和入河排污口管理，并逐步提高水资源费征收标准，初步建立工业节水管理体系。二是调整优化产业结构，加大对高耗水行业和企业的监管力度，对用水工艺和设备进行技术改造，

鼓励企业开展废水处理后再利用，提高工业用水的重复利用率。三是发展循环经济，提倡清洁生产和节水新模式。四是推进节水型企业建设，促进企业效益提高，用水指标下降。五是广泛开展节水宣传和培训工作，使企业节水意识普遍得到提高。

2010年全省工业用水量62.92亿立方米，占全省用水总量的27.32%。万元工业增加值用水量85立方米/万元，比2005年226立方米/万元降低了62.39%。但与先进省区相比仍有较大差距（如天津12立方米/万元、山东17立方米/万元、北京18立方米/万元、上海9.3立方米/万元）。说明我省仍有很大的下调空间。规模以上工业企业用水重复利用率为55.95%，与先进省区和发达国家相比差距较大（我国先进省区在70%以上，发达国家普遍在75%～85%），说明四川省工业节水潜力还较大。

2. 城镇节水与用水效率分析

随着城镇居民节水意识的增强，城镇节水管理体系和管理制度不断完善。居民生活质量的提高，用水需求不断扩大，人均用水量虽然持续增长，由于城镇节水管理工作不断完善，节水用水器的普及和居民节水意识的增强，虽然用水人口增加，但家庭人均用水量有所减少。2010年城镇人口增加了44.4%，但城镇供水总量仅增长了19.8%。城镇人均综合用水量从2001年的375.7升/人·日下降到2010年的291.6升/人·日，10年间降低了16.85%。

从四川省城市用水效率分析，虽然节水工作取得了很大成绩，但从总体上讲仍有较大的节水潜力。2010年城市居民平均生活用水量为196.65升/(人·日)，高于城市居民人均用水量100～140升/人·日（《城市生活用水量标准》GB / T5031－2002）。据调查高于该标准的城市有22座，最高的有两座城市人均用水量为225升/人·日。城市供水管网漏损率平均为14.2%，比“节水型城市”规定的基本漏水率12%的标准高2.2个百分点。据调查高于12%标准的城市有25座。其中高于20%有14座，高于30%有5座，最高一座城市超出40%。与此同时城市再生水利用和雨（洪）水收集利用才刚刚起步，利用率很低。总体上讲城市供用水效率不高，节水潜力较大。

3. 提高用水效率加强工业和生活节水管理

一是健全完善节约用水的政策和法律法规体系，强化工业和生活节水管理工作。二是抓紧制定符合四川省实际的“用水效率控制红线”和用水效率控制制度。建立四川省综合用水效率评价指标体系，制定用水效率分级标准。三是以创建“节水型企业（单位）”为抓手，组织开展“行业节水专项行动”，把节水落实到行动上。四是加速城镇水价改革，充分发挥水价的调节作用，促进节约用水和产业结构调整。

完善水价形成机制和供水差别定价制度。工业和服务业用水逐步实行超额累进加价制度，拉开高耗水行业与其他行业用水的差价。合理调整城镇居民生活用水价格，稳步推进阶梯式水价制度。

七　农业生产用水及农村居民生活用水

（一）农田灌溉现状及存在问题

1. 农田灌溉现状

四川是一个农业大省，亦是灌溉大省。农业生产因受自然条件制约，特别是气象因素的影响，降雨与作物生长期需水不同步，作物缺水随干旱发生频率变化而变化，所以农业生产离不开灌溉，特别是东部盆地区。作物生长对水存在着很大的依赖性，因为作物生长期与降雨虽然同季但不同时，因此有效即时灌溉，保证作物生长需水是农业生产中的重要环节。一般灌溉农田的粮食产量是非灌溉农田产量的 1 ~ 3 倍，越是干旱的地区灌溉增产幅度越大，所以发展灌溉面积是提高粮食产量，保证四川省粮食安全的重要保证。据统计，2010 年全省有效灌溉面积 3829.66 万亩，占全省耕地面积的 42.9%，全省有一半多的耕地还是“靠天吃饭”。全省人均灌溉面积 0.43 亩，仅为全国人均的 2/3，粮食产量 3222.9 万吨，人均粮食为 358 千克，距达到粮食安全（人均 400 千克）要求尚差 42 千克。

2. 农田灌溉存在的主要问题

一是耕地和优质耕地的数量在逐年减少，因工程建设和城镇扩展占用耕地较多，目前全省人均耕地（标准亩）不足一亩；又因过量施用化肥、农药使耕地质量变差。二是工业化、城镇化的快速推进，农村青壮年劳动力大量向城市转移，致使农村劳动力素质下降。三是农业生产成本增加种粮效益偏低，影响了农民种粮的积极性。四是农田水利设施不足，有效灌溉面积增长缓慢，加之工程老化，渠系配套差，致使灌溉水利用率低和供水不足，影响农业产量的提高。五是水土资源和生态环境的制约，影响了农业生产的发展。六是极端气候的不确定性的影响，对农业生产极为不利。七是人口增长（预计年净增长人口大约 30 万人）对粮食的需求，畜牧业的饲料粮及工业用粮的增加等。必须发展农田灌溉面积，加大粮食生产产量，确保我省粮食安全。

（二）确保粮食安全需要发展的灌溉面积分析

根据《国家粮食安全中长期规划纲要（2008 ~ 2020 年）》提出的我国 2020 年粮食生产能力达到 5.5 亿吨以上。按此目标计算要求四川省 2020 年粮食生产能力达到 3750 万吨左右，较现状增加 500 多万吨。因此必须强化政策扶持，依靠科技支撑，合理施用化肥，改善耕地质量，立足粮食省内自给，保护和调动农民种粮的积极性，加大投入力度，改善农田水利设施，建设粮食产业带和以棉花油料为主的经济作物产业带。为此必须大力发展灌溉面积提高灌溉保证率。预计到 2030 年使四川省有效灌溉面积的比重从 2010 年占耕地面积的 0.43 提高到 2030 年的 0.67 左右（有效灌溉面积在 2010 年的基础上实际新增有效灌溉面积 2200 万亩以上，达到 5600 万亩左右）。所以必须加强水利建设，提高水资源的调控能力和供水保证率，以提高粮食的单产水平，确保四川省粮食自给。

长期以来由于水利建设资金不足和多数水利工程建设标准偏低，经过多年运行，一方面由于工程老化，年久失修，水量损失，效益衰减；另一方面由于灌区渠系工程不配套，特别是田间工程配套更差，因此多数工程至今未达到设计能力。据2010年统计全省已建各类以灌溉为主的水利工程中设计灌溉面积为4619万亩，目前全省有效灌溉面积为3829万亩，尚有790万亩灌面和3万多公里渠系工程需配套建设。

从确保粮食安全和社会稳定出发，必须坚持本省粮食自给。首先满足人民生活和生产用粮增长需求，提高粮食综合生产能力，促进农民增产增收，同时必须加大投入力度，积极发展灌溉面积，确保人均粮食不低于400千克/人（2030年为420千克/人）。预计到2030年新增加有效灌溉面积2221万亩（包括近20年因建设和城镇拓展损失的416万亩灌溉面积），计划在10年间（2010～2020）发展灌溉面积1000～1170万亩，规划在10年间（2020～2030）发展灌溉面积850～1050万亩。

（三）新增有效灌溉面积的实施意见

根据全省水资源的配置安排，到2020年实现新增有效灌溉面积1000万亩的目标。

实施的主要措施是：一是完成已成工程灌区的续建配套，使之达到设计能力，涉及已成灌区工程8557处。其中大型工程灌区12处，需渠系配套722公里，整治渠道7549公里，田间工程渠系改造4413公里，完成后可新增有效灌溉面积242万亩，节水灌溉面积182万亩。中型工程灌区334处，整治和改造渠道9054公里，续建配套渠系5907公里，田间工程渠道整治改造10183公里，整治渠系建筑物29129处，完成后可新增有效灌溉面积317万亩，节水灌溉面积126万亩。小型工程灌区8221处，整治改造渠道7189公里，续建配套渠道4138公里，整治渠系建筑物21943处，田间工程渠系改造23763公里，完成后可新增有效灌溉面积264万亩，节水灌溉面积102万亩。到2020年已成工程灌区可新增有效灌溉面积822万亩，节水灌溉面积409万亩。二是在建工程的主体工程和灌区渠系工程配套建设，涉及在建工程20处。其中大型工程3处，完成主体工程建设并具供水能力，同时进行灌区渠系工程配套建设，到2020年可新增有效灌溉面积22万亩，节水灌溉面积21万亩。中型工程17处，完成主体工程建设并具供水能力，同时进行灌区渠系配套建设，到2020年可新增有效灌溉面积77万亩，节水灌溉面积17万亩。到2020年在建的大中型水利工程新增有效灌溉面积99万亩，节水灌溉面积38万亩。三是新建大中型水利工程33处，其中大型水利工程9处，主要进行主体枢纽工程建设，对工程具备蓄、引水能力的工程抓紧进行灌区渠系工程配套建设，力争早日发挥灌溉效益。9处大型水利工程设计灌溉能力667万亩，预计到2020年实现新增有效灌溉面积83万亩，节水灌溉面积37万亩。中型水利工程24处，主要进行主体枢纽工程建设，对具备供水能力的水利工程抓紧进行灌区渠系工程配套建设，尽早发挥灌溉效益。24 处中型水利工程设计灌溉能力 199 万亩，预计到 2020 年实现新增有效灌溉面积 91 万亩，节水灌溉面积 16 万亩。预计到 2020 年新建大中型水利工程新增有效灌溉面积 149 万亩，节水灌溉面积 53 万亩。

以上水利工程按水资源配置要求，完成工程建设任务后可新增有效灌溉面积 1070 万亩（其中恢复灌溉面积 96.44 万亩），使全省有效灌溉面积达到 4899 万亩，占全省耕地面积 8752 万亩的 55.9%，新增节水灌溉面积 500 万亩，全省节水灌溉面积达到 3216 万亩，占全省有效灌溉面积 4899 万亩的 65.6%。年节约灌溉水量约 14.5 亿立方米。

到 2030 年，在 2020 年基础上再新增有效灌溉面积 1153.76 万亩（其中恢复灌溉面积 319.56 万亩），使四川省有效灌溉面积达到 5652 万亩，占耕地面积 8575 万亩的 65.8%。主要措施：一是继续将 2020 年未完成的在建工程、新建工程的主体枢纽工程续建和渠系工程的续建配套。其中在建工程的大型工程可发展有效灌溉面积 292.14 万亩，中型工程可发展有效灌溉面积 44.69 万亩，在建大中型工程共计可发展有效灌溉面积 336.83 万亩。新建工程中，大型工程可发展有效灌溉面积 583.33 万亩，中型工程可发展有效灌溉面积 132.92 万亩，共计可发展灌溉面积 715.25 万亩，到 2030 年共发展有效灌溉面积 1052.08 万亩（其中恢复灌溉面积 319.56 万亩）。二是新建亭子口水利枢纽工程二期、向家坝水库引水工程二期、毗河供水工程二期等 9 处大型水利工程，完成已成、正建的“五横四纵”工程的续建配套建设和重点在盆地丘陵区、盆周山区及川西南山地区水利工程供水不便或当地缺乏蓄水工程的地方适当兴建必要的中型水利工程，预计在 2030 年前可新增有效灌溉面积 97.44 万亩。

根据全省水资源合理配置的需要抓紧做好长征渠水工程、罐子坝水库工程的前期工作，按照水资源配置要求和经济社会可持续发展对水资源的需求，力争在 2030 年前安排开工建设；同时为了调剂岷江和盆地丘陵区的用水，必须抓紧做好“引大济岷”调水工程的论证和前期工作，实现四川水资源合理配置的战略任务。

（四）农村居民饮水现状及改善措施

1. 农村居民饮水现状

四川省农村饮用水的水源保证程度较低。生活饮用水除大、中型水利工程供水区外，其他地方供水很难得到保证，特别是山地区、丘陵区的村民由于居住地与取水水源地距离较远取水不便，还有部分村民虽居住在江河、湖泊附近，但由于取水困难，稍遇干旱就出现饮水困难。但由于缺水和取水不便，不仅严重影响农村居民的生活，也制约着这些地区的经济社会发展。据 2010 年统计，全省农村饮水不安全人口有 1678.36 万人，占农村人口的 25.3%。其中饮水水质不达标占 59.7%，水源保证程度不达标的占 11.9%，饮水水量不达标的占 14.1%，用水不方便程度不达标的占 14.3%。在饮水水质不达标的

1002万人中饮用氟超标的水占2.1%，饮用铀辐射超标的水占0.12%，饮用砷超标的水占0.12%，饮用苦咸水的占9.9%，饮用未经处理的Ⅳ类地表水的占8.1%，饮用细菌指标严重超标未经处理的地表水的占14.7%，饮用污染严重的地下水的占9.0%，饮用其他水质超标（铁、锰）的占15.8%，造成一些地区地方病和传染病流行，使这些地区的农村居民身体健康受到严重的损害。农村居民饮水安全已成为最迫切需要解决的问题之一。不仅要保证农村居民有水饮，而且要饮用水质达标的水。因此必须积极推进集中式供水工程的建设，提高农村自来水普及率，同时在有条件的城镇延伸集中式供水管网，发展城乡一体化供水，保证农村居民饮水安全。预计到2020年基本解决农村饮水安全问题，农村自来水普及率提高到85%（2010年农村自来水普及率为53.3%）。

2. 农村饮水供水设施及供水能力

目前全省农村饮水供水方式大体分为集中式供水和分散式供水。

（1）集中式供水。集中式供水工程具有一定的规模和净化设施，以一个或几个农村居民点为供水单元，用管网串联镇（乡）村统一输水到各家各户或输水到集中供水点，一般供水人口在200人以上或日供水量在20吨以上的供水工程。这种供水方式具有单位人均投资少，水质有保证，供水保证率高，便于管理和社会效益好等优点。集中式供水水源主要是地表水和地下水。从地域分布上分：地处江河沿岸的农村的村民和西部三州及攀枝花市的农牧民，主要取溪河水饮用；成都平原区的村民以取地下水饮用；盆地丘陵区及盆周山区村民以塘堰、溪河和地下水（泉水、承压水）或从水利工程取水饮用。据调查，集中式供水工程由于建设年代和建设标准的差异，供水工程供水水质参差不齐。大多农村集中式工程水质检测设施简陋，难以保证国家规定的水质标准。在经营管理方式上，国家和集体投资的镇（乡）供水工程和跨村的供水工程，由县水务局经营管理。单村供水工程在县水务局和镇（乡）政府指导下由受益区内合作组织经营管理。民营经济兴修的供水工程，按照“谁投资，谁所有，谁经营，谁管理”的原则，由投资人负责供水企业的经营管理。在水费的收取上，集中式供水工程大多按照一户一表，按用水量多少进行收费；另一类是按人均用水量收费；还有一类是按供水过程中所耗电量的多少收费。

（2）分散式供水。据2010年统计，四川省农村分散式供水人口4286.13万人，占农村人口6646.10的64.5%。其中有供水设施供水的农村人口有3257.92万人，占分散式供水人口的76%；无供水设施供水的人口1028.81万人，占分散式供水人口的24%。分散式供水以户为单元，采用手压井、管井、大口井、收集雨水、引泉水等取水设施取水或直接从溪河、湖泊、塘堰、石河堰取水。上述取水办法适合在人口分散和交通不便的边远山区使用，是解决农村分散人口饮水的主要方式。从地域分布上看主要分布在四川省西部地区、盆周山区和部分丘陵地区的县（市、区）。分散式供水设施供给的水大多未经消毒净化处理，使用地下水虽然水质较好，但水的硬度较大，而且普遍存在铁、锰超标。总之分散式供水的水质很难得到保证，饮水不安全问题相当突出。

（3）改善农村居民饮水安全的对策措施。对于集中式供水，依照《村镇供水工程技术规范》的规定，在综合考虑镇（乡）所在地水源条件，现状用水条件，发展趋势和工程运行期供水能力变化状况，依据工程最高日供水能力，合理确定集中式供水工程的规模。集中式供水：一是选择水质良好，便于卫生防护，符合饮用水卫生标准，水源经净化处理后水质符合饮用水标准，水量能满足需水人群供水要求的镇（乡），供水保证率应不低于 90%。二是淡水资源缺乏或开发利用困难，但多年平均降雨量大于 250 毫米的边远乡村，可建集雨蓄水工程供水。三是对季节性缺水地区、可建造蓄水设施，利用附近水利工程的输水设施引水囤积，以备缺水时利用。四是距离城镇较近的农村，可通过延伸城镇供水管网解决；对那些离城镇较远延伸管网困难，但村民又相对稠密的村（组），同时水源能够满足需水量的要求，结合当地镇（乡）发展规划，兴建规模适度的跨村连片的集中式供水设施供水。对于分散式供水，因受水源、居住、经济等条件的制约，不适宜兴建集中式供水工程。因此可依据当地实际情况，采用雨水集蓄设施、引水蓄积设施、供水井、地下水、引泉水蓄积等分散式供水。分散式供水：一是对于四川西部山地区和盆周山区，根据水源状况、居住条件，采取引用溪河水、山泉水等分散式供水。二是丘陵地区和低山地区因常年缺水或取水不方便，宜采用人工井、水窖储水、引泉水等简易措施供水。三是对水中含有氟、砷的地方，宜开凿深井采用水质良好的深层承压水或从水源条件相对较好的地方（包括水利工程）引水，解决村民和牲畜的饮用水。由于四川省地域辽阔，地形地貌各异，根据各地区农村人口分布、水源条件、经济社会状况，均存在着不同的差异，为了解决好农村饮水问题，将全省分成四个区，即：盆地平原区、盆地丘陵区、盆周山区、西部高山高原区。主要对策措施：①盆地平原区。主要解决细菌学指标超标，水污染严重未经处理的地表水，水体中的矿物质（铁、锰）超标，苦咸水和供水保证率低等饮水不安全问题。②盆地丘陵区。主要解决饮水中氟、砷超标，苦咸水，未经处理的Ⅳ类以上的地表水，细菌学指标超标，饮用水矿物质（铁、锰）超标，取用水不方便和供水保证率低等饮水不安全问题。③盆周山区。主要解决饮水中氟、砷超标，苦咸水，污染严重未经处理的地表水，细菌学指标超标，饮水中矿物质（铁、锰）超标，取水不方便和供水保证率低等饮水不安全问题。④西部高山高原区。主要解决饮水中氟、砷超标，苦咸水，饮水中矿物质（铁、锰）超标，污染严重未经处理的地表水，取用水不方便和用水保证率低等饮水不安全问题。

八　水生态与水环境用水

随着四川省人口的增长和经济社会的高速发展，生态环境尤其是水生态系统承受着巨大的压力，出现了水源枯竭，水体污染，富营养化，河水断流，湿地萎缩，草地沙化，地下水超采等问题，造成水环境的恶化。究其原因就是工业和城镇废污水无序排放和农村的面源污染所致。

（一）水生态、水环境现状及存在问题

1. 地表水环境质量现状

（1）河流水质现状。2010 年全省废污水排放总量为 35.69 亿吨。其中工业废水占 67.6%，生活污水占 23.4%，建筑业和第三产业占 9.0%。入河废污水 28.58 亿吨。全省 3605 公里主要江河水质监测评价结果，其中Ⅰ类水域河长 29 公里，占评价河长的 0.8%；Ⅱ类水域河长 2439 公里，占评价河长的 67.7%；Ⅲ类水域河长 603 公里，占评价河长的 16.7%；Ⅳ类水域河长 227 公里，占评价河长的 6.3%；Ⅴ类水域河长 122 公里，占评价河长的 3.4%；劣Ⅴ类水域河长 185 公里，占评价河长的 5.1%。主要超标项目：岷江干支流为五日生化需氧量、总磷、氨氮。沱江干支流为总磷、氨氮、高锰酸盐指数、五日生化需氧量。嘉陵江干支流为粪大肠菌群、石油类。长江干支流为氨氮、石油类。

（2）湖泊。2010 年对邛海、马湖和泸沽湖进行水质监测评价和 4 ～ 9 月营养化评价。其中泸沽湖为Ⅱ类标准水域，邛海、马湖为Ⅲ类标准水域，属中度富营养化。

（3）水库。2010 年对 8 座大型水库、109 座中型水库、24 座重点小型水库进行水质监测和 4 ～ 9 月营养化评价。8 座大型水库中Ⅱ类水库 5 座，Ⅲ类水库 2 座，劣Ⅴ类水库 1 座（三台县的鲁班水库）。主要超标项目为总磷、高锰酸盐指数、五日生化需氧量。中度富营养化水库 7 座，轻度 1 座。169 座中型水库中属Ⅳ类水库 69 座，劣Ⅴ类水库 7 座。主要超标项目为：总磷、高锰酸盐指数、五日生化需氧量 。中度富营养化水库 50 座，轻度水库 59 座。

（4）城市饮用水水源地。2010 年对城市饮用水 35 处水源地抽样监测。水质合格率为 100% 的水源地 22 处，合格率为 90% 以上水源地 25 处，合格率在 50% 以下的有 7 处。主要超标项目为；氨氮、五日生化需氧量、总磷、溶解氧等。

2. 水环境存在的主要问题

（1）河流。2010 年对四川省主要江河 3605 公里河长进行水质评价。其中Ⅳ ~ 劣Ⅴ类河长 539 公里，占评价河长的 14.8%（劣Ⅴ类河长 185 公里，已丧失水体的基本功能）。污染严重的河段有：岷江干流成都至眉山河段，支流府河、南河、茫溪河；沱江干流资阳城区段，内江城区段，支流釜溪河、降溪河；渠江支流州河、巴河；长上干支流御临河。枯水期出现断流的河流（段）：岷江金马河段断流河长 32.7 公里，断流时间最长达 90 天；沱江支流绵远河（沱江主源）山川堰至袁家大桥河段断流时间一般在 16 天左右；阳化河乐至县城上游 10 ～ 21 公里河段断流时间 60 ～ 150 天。另外是岷江上游干支流、大渡河支流上建的引水式电站从取水口至尾水出口河段枯水期常出现减脱水河段，造成该河段内水生动植物生存环境和水生态遭受破坏。还有将未经处理的废污水排入河道，造成水体污染，影响河道内水生动植物的生存。

（2）湖泊、湿地。由于人口增长和经济社会的发展，加大了取水力度，基础设施建设中诱发水土流失的泥沙沉积，致使湖泊面积不断萎缩，蓄水量不断减少，有些小湖泊已出现干涸。如位于西昌市的邛海 50 年代湖水面积 31 平方公里蓄水量为 3.2 亿立方米，到 21 世纪初湖泊面积减少到 26.76 平方公里蓄水量减少到 2.78 亿立方米。若尔盖县 1985 年前全县有 17 个湖泊总面积 21.6 平方公里，到 21 世纪初已有 6 座湖泊干涸，11 座湖泊不同程度萎缩。四川省湿地面积 3423 平方公里，主要集中在红原、若尔盖等县，目前湿地由沼泽植被向草甸、荒漠植被演变。由于草地过牧，虫灾鼠害的影响，草地沙化日趋严重。

（3）水库。据 2010 年对全省 141 座水库（其中水库大型 8 座、中型 109 座、重点小型 24 座）进行水质监测评价。有 33 座为Ⅴ类水库，有 11 座为劣Ⅴ类水库。有 70 座水库为中度富营养化。Ⅴ类水域水库的水源作为灌溉水源尚可，但不能作为生活饮用和水产养殖用水、景观及工业用水。劣Ⅴ类水域水库的水源已丧失水体基本功能。

（4）水环境容量。根据《四川省水环境容量核定》成果，选取生化需氧量、氨氮为基本水环境监测指标表示四川省江河水环境容量基本情况（见表 11-19）。生化需氧量理想水环境容量为 189.84 万吨 / 年。其中金沙江流域（含长江上游干流）65.5 万吨 / 年，占全省的 34.5%；岷江流域 71.1 万吨 / 年，占全省的 37.5%；沱江流域 15.1 万吨 / 年，占全省的 7.9%；嘉陵江流域（含涪江、渠江）38.11 万吨 / 年，占全省的 20.1%。氨氮理想水环境容量为 7.84 万吨 / 年。其中金沙江流域（含长上干）2.61 万吨 / 年，占全省的 33.3%；岷江流域 2.47 万吨 / 年，占全省的 31.5%，沱江流域 0.48 万吨 / 年，占全省的 6.1%；嘉陵江流域（含涪江、渠江）2.29 万吨 / 年，占全省的 29.1%。

表 11-19　四川省各流域水环境容量（单位：吨 / 年）

长江流域	理想水环境容量		水环境容量		最大允许排放量	
	COD	NH_4	COD	NH_4	COD	NH_4
全省合计	1898382	78434	1728043	50733	1845472	52698
金沙江	446182	19368	407833	12866	408433	10631
岷　江	711038	24654	656687	15962	658708	15995
沱　江	151224	4806	142548	3299	142548	3299
涪　江	225136	12022	197033	7506	262676	10515
嘉陵江	96781	6880	87387	5256	112894	4519
渠　江	59194	3999	53949	3444	68891	2759
长江干流上游	208827	6705	182606	2400	191322	4980

（二）工业、城镇水污染现状及治理对策

1. 水污染现状及发展趋势

（1）水污染现状。由于城市化、工业化快速推进，生态环境承受能力和环境容量负荷急剧增大。据2010统计四川省城镇居民生活污水排放量为8.36亿吨，工业（含建筑业）废水排放量为25.08亿吨，第三产业废污水排放量为2.25亿吨，废污水排放总量达到35.69亿吨。未经处理的废污水入河排放量为28.58亿吨，占废污水总量的80%，致使江河水体遭受污染。2010年全省江河中属劣V类河段达185公里，比2005年增加135公里。

（2）水环境容量分析。以各流域生化需氧量和氨氮排放量为基数与相应的水环境容量比较，可基本反映各流域水环境状况（见表11-20）。从表11-20可以得知，生化需氧量除沱江流域超过承载能力，其他流域均有富余。氨氮除金沙江（包括长上干）流域尚有富余，其他流域均超出承载能力。

（3）工业城镇水污染发展趋势。随着城市化、工业化的快速推进，目前我省许多城镇正承受着东、中部省区的产业转移，特别是粗放的采掘行业和一些初级产品加工业，致使“三废”产生量和排放量进一步增加，对生态环境造成更加不利的影响。虽然人们对生态环境保护知识和环境保护意识有所增强，治理手段亦有所提高，但要使生态与环境得到恢复，达到自我修复能力，就必须加强对“三废”的治理和控制污染物排放。否则生态与环境的恶化程度和影响范围将有所加剧和扩大，必将影响四川省经济社会的可持续发展。

2. 水污染存在的主要问题

城市是科技进步，经济繁荣的策源地，亦是生态与环境变化的策源地。工业越是发达，排放的废弃物就越多，处理难度亦越大。城市大量的人为活动，废弃物和污水的排放，对生态与环境的影响，随着量的增长而增加。许多城镇由于处理能力差，致使排放的废弃物和污水已超出自然环境的吸纳净化能力。城市建设使硬地面增多，从而改变了降雨的汇流条件，城市水系径流亦发生了变化，雨水资源大量流失，地下水亦得不到有效补充，同时增加了城市防洪抗涝的压力。由于降雨径流携带的污染物快速汇入城区河道，致使水

表11-20 四川省长江流域COD、NH_4的环境容量（单位：万吨）

长江流域	水环境容量		2008年排放量		剩余环境容量	
	COD	NH_4	COD	NH_4	COD	NH_4
全　省	172.80	5.06	74.91	6.18	97.89	-1.12
金沙江	59.04	1.51	14.42	0.85	44.62	0.66
岷　江	65.67	1.60	22.41	1.92	43.26	-0.32
沱　江	14.25	0.33	15.89	1.54	-1.64	-1.21
嘉陵江	33.84	1.62	22.19	1.87	11.65	-0.25

体水质变差。另外四川省大多数城市未实施“雨污分流”，废污水处理能力不足，部分未经处理的废污水排入河道，造成水体污染，致使水环境恶化。

3. 城市生态与环境的保护和治理

一是合理利用水生态承载能力和水环境容量。在充分考虑水生态承载能力和水环境容量在地域分布状况基础上，优化生产力布局和企业合理结构，并控制城市人口的快速增长。

二是淘汰不符合国家产业政策的高污染企业和落后的产品。积极推进企业实行清洁生产和提高工业用水的重复利用率，发展节水型工业。新建项目必须符合国家产业政策，执行环境影响评价和“三同时”制度，做到“增产不增污”。

三是加强城镇废污水处理的基础建设和完善废污水处理企业的配套工程建设，提高城市废污水处理能力和污水的再生水利用率。同时应加大污水处理费的征收力度。

四是污水处理设施建设要政府引导与市场运作相结合，同时加强对污水处理设施达标运行的监督。有条件的城市（镇）可兴建生态系统的保护与修复工程，充分发挥大自然的自我修复能力。

（三）农村面源污染与治理

1. 农村面源污染现状及发展趋势

（1）农村面源污染现状。农村面源污染主要指农村生活污染源（包括分散畜禽饲养产生的废弃物），农田径流污染源和城市径流污染源，受降雨大小，地形条件，生活方式，耕作制度的影响。面源污染采用系数法估算，现将各水系生化需氧量和氨氮调查估算结果分述如下：岷江流域生化需氧量为 39.84 万吨 / 年，氨氮为 10.21 万吨 / 年；沱江流域生化需氧量为 72.99 万吨 / 年，氨氮为 12.78 万吨 / 年；嘉陵江流域生化需氧量为 115.10 万吨 / 年，氨氮为 18.96 万吨 / 年；金沙江流域（含长上干）生化需氧量为 84.98 万吨 / 年，氨氮为 15.29 万吨 / 年。全省生化需氧量排放总量为 332.90 万吨 / 年，氨氮排放总量为 57.25 万吨 / 年。

（2）农村面源污染发展状况和趋势。一是城市（镇）部分未经处理的废污水排入河道流向农村，致使城镇废污水向农村延伸。城镇垃圾运自远郊农村推置或简单就地填埋，特别是集镇边沿地带垃圾随意处置，致使不少土地和溪河受废污水污染，成为农村新的面污染源。二是农业生产过程中因化肥、农药、地膜使用过量和处置不当，造成严重的环境问题。据调查，四川省近年来化肥施用量高达 248 万吨，亩均约 42 千克，而且大多撒于地表的化肥随地表径流汇入溪河、水库及扩堰的水体中。盆地丘陵区的溪河和蓄水工程中，有近 70% 水体为中度富营养化。随着农村畜禽养殖业的快速发展，畜禽粪便、污水四溢，废弃地膜的随意处置，已成为农村面源污染源。乡镇企业造成农村水环境恶化亦未得到遏制。三是四川省西部草原和湿地是生态极为脆弱的地区，由于过度放牧，湿地排水改为农耕地等，加之虫灾鼠害，致使草原沙化，湿地萎缩，湖泊干涸。

2. 农村面源污染存在问题

四川是人口大省，亦是农业大省，农业在国民经济中所占比重较大。随着农业和农村经济发展加速，对农村生态环境的压力也更加严峻。一是农村面源污染比较突出。据四川省第一次污染源普查，农村污染负荷为全省污染负荷的30% ~ 40%，部分地区达到70%。二是畜禽养殖的污染加重。目前我省畜牧业产值占农业总产值的52%，畜禽养殖业排放的生化需氧量是工业排放量的1.8倍。三是面源污染源有加大趋势。全省化肥施用量达248万吨，农药使用量5.63万吨，而利用率仅30%左右；农用地膜使用量9万多吨，回收率很低。四是城镇污染向农村延伸，部分污染企业向农村转移，加重了农村环境压力。五是全省4427个乡镇中建有污水处理设施乡镇不足10%，4.7万个行政村无污染处理设施。六是农村环境管理薄弱。据调查设立环保机构的乡镇628个，仅占乡镇总数的14%，平均2.5个乡镇仅有一名环保人员。

3. 农村面源污染治理对策和措施

（1）防治对策。一是农村环境保护以污染防治为核心，加强农村环境保护基础设施建设，实现“组保洁，村收集，镇运转，县处理”的城乡垃圾一体化处理。同时大力治理农业面源污染，通过农业产业结构调整，合理施用化肥、农药和废弃地膜。控制农业面源污染。二是农村环境保护以生态保护为中心，开展小流域综合治理和湖、库、圹、堰的水环境治理和修复。三是加强农村环境保护管理体系建设和农村环境保护技术指导。建立农村环境保护技术支撑体系，研究制定促进农业废弃物综合利用、畜禽清洁养殖、无公害农产品基地建设的环境保护政策和农村环境保护的目标责任制。健全农村环境监测考核体系。加强乡镇级环保机构建设和人员配备，提高农民环境保护意识和参与环境保护的自觉性。

（2）主要措施。一是大力实施农村清洁工程，推进农村废弃物资源化利用，扩大使用沼气等清洁能源。二是积极采用植物缓冲带、人工湿地等措施，提高水体的自净能力。三是加大小流域综合治理力度。根据小流域水环境容量，优化生产力布局，消除或削减污染物排放量。开展农村生活污染、畜禽养殖污染的综合治理。控制农药化肥施用量减轻对土壤和水体污染。加强水土流失治理，控制水土流失。四是开展农村面源污染研究。包括：农田径流，城市径流等面源污染物对水体的影响及水环境承载能力研究，污染物允许最低入河量研究等。

（四）实行严格的水资源管理制度

1. 水资源管理制度的基本内容及措施

根据中共中央、国务院《关于加强水利改革发展的决定》第19 ~ 22条，关于实施最严格的水资源管理制度的核心是建立三条控制红线，即建立用水总量控制制度，确立水资源开发利用控制红线。建立用水效率控制制度，确立用水效率控制红线。建立水功能区限制纳污制度，确立水功能区限制纳污红线。

主要措施：一是加强水资源开发利用控制红线的管理，严格实行用水总量控制。二是加强用水效率控制红线的管理，全面推行节水型社会建设。三是加强水功能区限制纳污红线管理，严格控制排放废污水入河（湖、库）总量。

2. 正确处理好“三条红线”的关系

三条红线是从不同角度对水资源开发利用和保护进行管理，三者之间既有区别，也有密切联系。如：水功能区管理目标达标了就可以增加可供水量，并可解决水质性缺水；用水效率提高了，就可以增加用水总量和减少入河排污量，反之，用水总量控制好了，又可以促进用水效率提高和减少污水产生量；污染源控制住了，水功能区管理才能取得成效。然后是水资源的开发、利用、保护、管理不仅涉及水利部门，亦涉及农业、环保、工业、城建、能源、交通等相关部门。如果没有相关部门的密切配合和参与，水利部门亦很难开发利用和保护管理好水资源，亦很难实现对水资源的严格管理制度（即“三条红线”）的实施。

九　水利管理体制与机制改革

（一）推进水利管理体制改革和制度建设

1. 水利管理体制现状及存在问题

根据四川省颁布的“三定”方案，主要涉水部门有水利厅、发展与改革委员会、住房和城乡建设厅、环境保护厅、国土资源厅等。这种“多龙管水”体制使各涉水部门的管理职能既有交叉，又有分割。即搞工程管理的只搞工程建设，搞用水管理的只管供水，搞排水的又不管污水处理，搞废污水治理的又不管再生水利用等，致使在水资源管理上存在着许多难以克服的弊端。改革开放以来，虽然水利部门在职能上发生了较大的变化，从过去“重建轻管”转变为向“管理要效益”。但由于涉水事务关系到多个部门，要转变为“一龙管水、多龙治水”还有相当长的过程，亟待管理体制改革。当前水利管理体制上存在的主要问题：一是目前实行的统一管理与分级、分部门管理相结合的体制，必然形成条块分割，“多龙管水”的分散型水资源管理体制，难以实现真正意义上的水资源统一管理。二是水资源的流域整体被区域管理所分割，不利于流域水资源合理配置和持续有效利用。三是水量管理与水质管理相分离，不利于水资源、水环境的管理与保护。四是除水利基本建设项目投资由国家安排外，其他水利建设项目的投融资机制尚需进一步理顺。

2. 完善城乡水务的统一管理

四川省在推进城乡水务统一管理方面进行了积极的探索，并取得了良好的成效。以水资源配置为目标，打破城乡“二元结构”，大力推进城乡水务一体化管理，实现水资源合理配置，开发和利用，节约与保护的有效结合，统筹推进取水、用水、排水、水污染防治等涉水事务一体化管理，由“多龙管水”向“一龙管水”转变。水务管理体制改革按照“总体推进，分步实施，逐步统一”的总体思路，采用先易后难，逐步推进，最终实现涉水事务的统一管理。

推进城乡水务一体化的措施：一是政府财政投资主要用于公益性和准公益性的水利基础设施建设，同时健全水利投融资体制，并制定向水利建设投融资的优惠政策和税收政策。二是遵循市场经济的运行规律，建立科学合理的供水、排水及污水处理等的价格体系，探索水务产业化的有效途径，加快水务产业化进程。三是加速省、市（州）、县（市、区）水资源管理信息系统建设，全面提升水资源管理能力。四是强化水权意识，加速水市场的建立进程。建立水权为核心，水价为手段，水资源有偿使用的水市场机制，运用经济杠杆，调节水资源的开发和利用。五是开展对水资源的综合评价，分析各地区水资源承载能力及提高水资源承载能力的途径。

3. 建立流域与区域相结合的管理体系

《水法》确立了国家对水资源实行流域管理与区域管理相结合的管理体制，县级以上地方人民政府水行政主管部门，负责本行政区域内水资源的统一管理。为此必须形成具有可操作的管理细则。一是制定与《水法》相配套的政策法规，为流域管理与区域管理相结合提供法律保障。二是划分流域管理与区域管理的责任和权益。三是构建流域管理与区域管理的协调机制。

建立流域管理与区域管理相结合的管理体制的主要措施：一是完善流域机构与行政区域间的协商、协调机制。二是完善流域机构与行政区域间对水资源保护与水污染防治的协作机制。三是运用先进的信息管理技术，提高流域管理与区域管理相结合的水资源管理效率。

在流域管理与区域管理相结合的原则下，当前应全面推进城乡水务一体化管理体制建设，彻底改变“多龙管水”的弊端，加速建设权威、高效、协调的水资源统一管理体制。健全法规，完善制度，理顺职能，保障水务一体化全面推进。加强水务部门机制、制度和队伍建设。

4. 加强国有水利管理部门的体制改革

四川省水利工程的管理主要按照工程规模大小，实行分级管理。大型水利工程由省管理或由省委托工程受益的市（州）管理。如升钟水库工程委托南充市代管，大桥水库工程委托凉山州代管。中型水利工程由市、州管理或委托工程主要受益县管理。小型水利工程由工程所在县（市、区）管理。从管理性质及承担职责又分为纯公益型性、准公益性和经营性三类水管单位。

四川省于1998年出台了《四川省水利工程管理条例》对水利工程管理作了明确规定。2003年根据国办发（2002）45号文，结合四川实际制定了《四川省水利工程管理体制改革实施意见的通知》，明确了改革目标、改革原则、主要内容、方法步骤和部门分工，建立与社会主义市场经济相适应的水利工程管理体制和运行机制，深化国有水利工程管理体制改革，落实公益性、准公益性水管单位的基本支出和维护经费。水利工程体制改革进入新的发展阶段。

当前国有水利工程管理体制改革的重点：一是重点建立保障经费落实的长效机制，足额落实国有水利工程管理单位的“两费”，“两费”到位率纳入地方政府考核体系。二是建立省财政专项资金对贫困地区水利工程“两费”补助机制。三是妥善处理好分流人员的社会保险，正确处理好改革、发展和稳定的关系，维护群众的切身利益，确保社会稳定。四是维护工程良性运行，强化工程管理的考核机制。五是建立职责明确、有奖有惩的绩效考核机制，重实绩、重贡献的内部分配机制，自主灵活、能上能下的用人机制，来源明确、监督有力的经费保障机制。六是推行大中型水利工程带管小型水利工程和以流域或片区为单位的“分片包干”集约化管理维护模式。七是鼓励国有水利工程管理单位发展水利经济，增强国有水管单位的自我发展能力，保障国有大中型水利工程的良性运行。

同时推行国有水利工程管理单位的企业化管理，采用企业中广泛运用的科学管理方法，用管企业的模式管理水利工程管理单位。推行企业化管理的关键是处理好几个重大问题：一是政府对国有水利工程管理单位承担公益服务费用如何进行补偿。二是如何享受事业单位享受的税收优惠政策。三是如何把水资源作为一种特殊商品来经营，并对水费进行科学合理定价。四是事业费使用和分配机制如何改革。五是如何对“企业”管理人员进行激励。

5. 深化小型水利工程制度改革

四川省小型水利工程（小型水库、引水工程、石河堰、山平塘、机电提灌站、机电井和“五小工程”）637561 处，占全省水利工程总 637677 处的 99.98%，供水能力 195.1 亿立方米，占水利工程总供水能力 249.81 亿立方米的 78.10%，有效灌溉面积 2006.74 万亩，占有效灌溉面积 3829.67 万亩的 52.40%。众多的小型水利工程遍布我省的山区和丘陵地区，这些工程大多始建于 50、60 年代，至今已运行了五六十年，而且多数工程施工质量差，工程标准低，目前大多数工程老化，效益衰减。当前农村正推进农业产业结构调整，对水利基础设施提出了更高的要求，必须加速和深化农村小型水利工程的改革步伐。改革开放以来四川省对小型水利工程管理体制改革亦进行了积极探索。1988 年相继颁布了《四川省水利工程管理条例》和《四川省山平塘经营管理体制改革办法（试行）》；特别是 2011 年中共中央、国务院“一号文件”指出：深化农村小型水利工程产权制度改革，明确了所有权和使用权，落实管护主体和责任，对公益性小型水利工程管护费给予补助，探索社会化和专业化的多种水利工程管理模式。

小型水利工程改革的关键，一是解决集体所有的实现形式。二是解决工程经营管理的活力，促进工程可持续运行，正常发挥效益。深化小型水利工程产权制度改革：一是明确现有小型水利工程的产权。根据“谁投资、谁所有”的原则，合理界定小型水利工程的产权归属。一类是国家投入为主，群众投劳兴建的小型水利工程产权归国家和集体所有，按投资和投劳折算的比例划分产权。二类是国家和集体共同投资，群众投劳兴建的小型水利工程按投资和折资比例划分产权。三类是以乡、村集体投资为主兴建的小型水利工程，产权属乡或村集体所有。明确产权应注意三点：一是搞好清产核资。二是国家所有制产权，由县级水行政主管部门行使出资人权利。三是集体投资、集体土地折资和群众投劳折资形成的产权，由集体行使出资人权利。在乡（镇）或居民集中的地方小型水利工程管理推行股份合作制的企业管理体制。农民（户）自用的微型工程，实行“自建、自有、自管、自用”体制。村组所有的小型水利工程，推行多种形式的农民用水合作组织管理体制。对于新建小型水利工程管理和产权改革，建立与社会主义市场经济体制相适应的产权明晰、权责明确、政企分开、管理科学的现代化企业制度。实现所有权与经营权分离，使小型水利工程真正成为自主经营、自负盈亏的市场主体。

对于主要为（三农）服务的小型水利工程采取承包、租赁、特许经营、拍卖经营权、股份合作、农民用水合作组织、行业协会等多种以地养库形式，把水利设施管理权交由直接受益的农户团体，提高水利设施的运营效率，有效地解决了农村小型水利设施管理权责模糊、主体缺位、老化失修、效益衰减的问题，走上平时有人管、坏了有人修、更新有能力、用水有保障的良性运行机制。

6. 实行最严格的水资源管理制度

2009 年全国水资源工作会议上水利部长陈雷讲：建立健全流域与区域相结合、城市与农村相统筹、开发利用与节育保护相协调的水资源管理体制，划定水资源管理的“三条红线”并严格依法行政，强化监督管理，实现对水资源的合理开发、综合治理、优化配置、全面节约、有效保护，以应对严峻的水资源形势，解决日益突出的人口、资源、环境的矛盾，保障经济社会全面协调可持续发展。

“三条红线”的水资源管理制度，即：建立用水总量控制制度，建立用水效率控制制度，建立水功能区限制纳污制度。严格水资源管理制度的重点是：以取用水总量控制为核心的水资源配置，推进以提高用水效率和效益为中心的节水型社会的建设，强化以水功能区管理为载体的水资源保护。

实行严格的水资源管理制度关键是加快六个转变：一是在管理观念上，加快从供水管理向需水管理转变。二是在规划思路上，把水资源开发利用优先转变为节约保护优先。三是在保护举措上，加快从事后治理向事前预防转变。四是在开发方式上，从过度开发、无序开发向合理开发、有序开发转变。五是在用水模式上，从粗放利用向高效利用转变。六是在管理手段上，从注意行政管理向综合管理转变。

实行最严格的水资源管理制度，需要综合运用法律、行政和经济手段，必须严格制度。推进“三条红线”制度的实施：一是严格水资源论证制度，二是严格取水许可审批制度，三是严格入河排污口设置的审批制度，四是严格水资源的有偿使用制度，五是严格水资源管理工作的考核制度。

7. 建立水灾害突发事件的应急机制

在众多的自然灾害中，水灾害发生最为频繁，且影响最为广泛，为应急管理提出了诸多的挑战。水灾害主要包括：洪水灾害、干旱灾害、次生灾害、水污染事件、水事纠纷、水利工程安全事故（如溃坝）等。四川省水灾害主要类型：一是因降雨集中、雨量强度大而引发的洪水灾害；二是作物生长期降雨偏少而出现的干旱灾害；三是生活、生产用水和环境用水遭到污染。

建立水灾害应急防控机制的主要措施：

（1）完善工程措施与非工程措施相结合的防治机制。工程措施是指建设在江河上的防洪工程使之形成完整的防御体系。非工程措施是指在水灾害多发地区建立并完善的监测、通信、预报、预警的指挥体系和群测群防体系，把人民群众的生命安全作为防御水灾害的最高准则。

（2）完善突发水污染事故的应急机制。由于突发性的水污染事故，具有不确定性、区域性、艰巨性和影响的长期性，一旦发生必须尽快处置，尽量降低事故造成的损失和影响。

（3）完善灾后应急动员机制。以社区为基础，在政府组织指导下，社区、单位、学校等各自承担其责，各尽其能，充分利用通信技术、预警系统，迅速传播灾害信息，以防治水灾害造成的损失和影响。

8. 建立水资源储备制度

随着经济社会的持续增长和人口增加，工业化、城镇化的快速推进，水资源供需矛盾、水资源和环境保护的矛盾将进一步加剧。建立水资源储备制度，既可防治水灾害突发事件的影响，又可调节区域间水资源的合理配置，促进水资源的合理利用和经济社会的可持续发展。

四川省水资源相对较丰富，人均水资源为 2906 立方米 / 人，为全国人均的 1.36 倍。但由于水资源时空分布不均，并存在工程性、资源性和水质性缺水，建立水资源储备制度已成为四川水资源可持续发展的主要任务。从目前四川水资源储备状况看，水资源储备形式比较单一，以地表水储备为主，战备性应急水源不足，雨水资源未能很好利用，亟待构建科学合理的水资源储备体系，具体措施有以下几点。

（1）建立健全水资源战略储备体系。即建设城市备用水源，制定特殊情况下区域水资源的调配和供水调度方案，坚持常规水源和储备水源相结合，提高水资源供水能力和储备水源应急供水能力。明确水源地保护范围，水质风险等级，事故应对处理能力等。完善应急处理指挥系统和有效的预警应急调度和应急救援机制。

（2）提高雨（洪）水利用率。四川省降雨充沛把雨水拦截并储存于地下，作为地下水的重要补给源，留到用水高峰或缺水季节时利用。因地制宜地选择雨（洪）水的回灌技术，缓解城市水资源供需矛盾和削减洪水峰量。

（3）建立水资源储备协调机制。水资源储备不仅是修水利工程，还包括水资源的使用和分配，需要建立完善综合的协调管理制度体系，保障水资源的科学储备和合理利用。

（二）完善水法律、法规体系建设，推进依法治水

1. 四川水法律法规体系建设现状

四川省在贯彻执行《中华人民共和国水法》、《中华人民共和国防洪法》、《中华人民共和国水土保持法》、《中华人民共和国水污染防治法》等法律法规的同时，积极开展地方水利立法工作，大力加强水利的法律法规体系建设，并积极完善相关的配套法规、条例，初步建立了地方性法律法规体系和行政执法体系。依法治水的观念和意识不断增强，为四川水利事业的发展提供了法律保障。

2005 年四川省《中华人民共和国水法实施办法》的颁布，标志着四川省依法治水、依法管水、依法用水进入了一个新的阶段。先后出台了《四川省中华人民共和国防洪法实施办法》、《四川省中华人民共和国水文条例》等法律法规，并制定涉水的《行政审批管理（试行）办法》，实施水资源论证和取水许可审批制度。加强饮用水水质监测，加大入河排污口的监管力度，开展水功能区管理。并抓紧制定《四

川省河道采砂管理条例》、《四川省节约用水办法》、《四川省小型农田水利建设管理条例》、《四川省饮用水水源保护管理条例》、《四川省取水许可和水资源费征收管理条例（实施办法）》。

目前四川省不断完善以水利法律法规为依据，积极开展依法治水工作，严格执行水资源论证、取水许可审批、水工程建设规划同意书、洪水影响评价、水土保持治理方案审批等。全面推行行政执法责任制，推进水利综合执法，建立健全行政执法考核机制和责任追究制度。加强河流湖泊管理，严禁建设项目非法侵占河湖水域。对在河道上设障、非法采砂、非法取水、非法设置入河排污口等开展专项执法，维护良好的水事秩序和良好的生态环境。同时健全以预防为主，预防与调处相结合的水事纠纷调处机制。做好水库（包括水利工程）移民安置工作和落实好后期扶持政策。大力推进水利政务公开，加强执法能力建设。

2. 健全水法律法规体系建设

当前水法规体系不健全表现在几个方面：一是在立法理念上《水法》及相关法规没完全适应市场经济体制要求，有一些规定带有明显的计划经济模式的痕迹。体现市场经济和价值规律的内容不多，市场化管理制度基本没有建立起来。二是由于从现有的行政职能部门的权益角度去设计法律制度，就有可能存在部门主义的立法倾向。三是缺乏对水权交易方面的规定，市场经济是高度发达的商品经济，离不开权利主体的商品交易。《水法》有关明晰水权，建立取水许可制度的内容都只是以水资源占有权、使用权、收益权等进行交换为前提，而不是水权交易方面的规定。需要继续强化市场经济的理念，切实贯彻可持续发展战略，增加对水权交易，公众知情、参与监督等方面的规定和配套的水利行政立法。

根据四川省水情水资源状况和经济社会发展的要求，健全水法律法规体系，抓紧制定《四川省〈取水许可和水资源费征收管理条例〉实施办法》、《四川省节约用水管理办法》、《四川省地下水管理办法》、《四川省入河排污口监督管理办法》、《四川省最严格水资源管理制度考核办法》、《四川省蓄水工程蓄水计划及调度方案管理办法》、《四川省水利水电建设项目环境影响评价报告书（表）预审管理办法》、《四川省省级水资源费使用管理办法》。为落实最严格的水资源管理制度，争取出台《四川省河道工程修建维护管理费收费标准和征收使用标准》、《河道采砂管理办法》，修订《四川省河道管理办法》等。同时抓紧出台《四川省村镇供水管理办法》、《四川省〈中华人民共和国抗旱条例〉实施办法》、《四川省占用水利工程水域、灌溉水源、排灌工程设施补偿办法》，修订《四川省水利工程管理条例》和《四川省〈中华人民共和国水土保持法〉实施办法》。同时做好水利规章、规范性文件的清理并及时向社会公布（包括废止和失效的规章、规范性文件）。

3. 深化水利行政审批制度改革，提高行政审批效率

深化行政审批制度改革，建立规范高效的审批运行机制，提高行政服务效能，推进一个行政机关的审批事项向一个处室集中，行政审批处室向行政审批服务中心

集中，保障进驻行政审批服务中心的审批事项到位、审批权限到位的工作机制。提升行政审批现场办结率，按时办结率，群众满意率。开展行政审批合规性审查工作，加强行政审批后续监督管理，严格行政审批程序，规范行政审批许可行为，建立行政审批许可事项和非行政许可事项清理规范的长效机制。

4. 宣传水利法律法规，开展执法检查

充分利用电视、电台、报刊、杂志和网络等媒体，加大对水利法律法规的宣传力度。同时举办《中华人民共和国水法》等法律法规讲座，增强全社会的法律意识、水患意识和节约用水理念。具体做法：一是水情教育作为各级干部和公务员教育培训的主要内容。二是把水利纳入公益性宣传范畴，深入企业、社区进行宣传或召开座谈会，增强公众的节水意识、环保意识和依法管水意识。三是广泛动员全社会力量参与水利建设和水资源保护。四是开展“水利咨询服务下基层”活动，使遵守水法规成为群众的共识，爱护水成为老百姓的自觉行动。五是开展“水法宣传进学校”活动，使保护水资源、节约用水和水的法制观念从小培养。六是集中宣传与平时宣传相结合，利用好每年的“世界水日”和“中国水周”活动，并坚持长年不断发放“水法律法规”的知识问答、水权水价改革、生活节水常识等为主要内容的保护水资源和节育水资源的科普资料。

法律的生命力在于执行，依法行政，立法是基础，执法是关键。大力推进水政监察队伍建设，提高执法队伍的执法能力，是依法治水的关键。首先是加强执法队伍的自身建设，认真学习水法律法规，增强执法理念，树立水利建设法制化的管理理念。同时开展经常性的联合执法和专项执法活动，坚决查处破坏水资源、水利工程、水土保持、防洪抗旱、水文监测设施等违法行为。加强水政执法队伍的基础设施建设，配置执法工具，调查取证设备，信息处理设备，并将执法经费列入财政预算。健全水事纠纷预防调处机制，规范行政处罚裁量和巡察制度。加强水政监察人员的考核、培训制度，不断提高水政执法人员的业务水平和队伍的素质。同时加强责任意识教育，提高部门间和执法人员间的沟通能力，保障涉水事务的正常进行。

（三）健全水利投入，稳定增长机制

1. 确立水利投资政府的主体地位，建立稳定增长机制

水利投入在各项基础设施建设中投入最低，而且长期拖欠水利基本建设资金，水利建设的滞后已成为制约经济社会可持续发展的主要瓶颈。基于水利的公益性、投资的期限性、收益的局限性的基本特性，因此应深化水利投融资改革，加大水利投资力度，特别是政府的投资力度和投入的稳定增长。

（1）四川省水利投入基本情况。水利投入与国内生产总值（GDP）的比例关系，是反映国民经济发展条件下对水利的投入水平。世界发达国家水利投入占国内生产总值的比重维持在 2% 以上，然而四川省在水利投入上波动较大（见图 11-1）。从图 11-1 可以看出四川省水利投入极不稳定。“四五”、“五五”时期高达 6.02% 和 7.04%。虽然比例较高，但国

图 11-1　四川省水利投资与国内生产总值关系

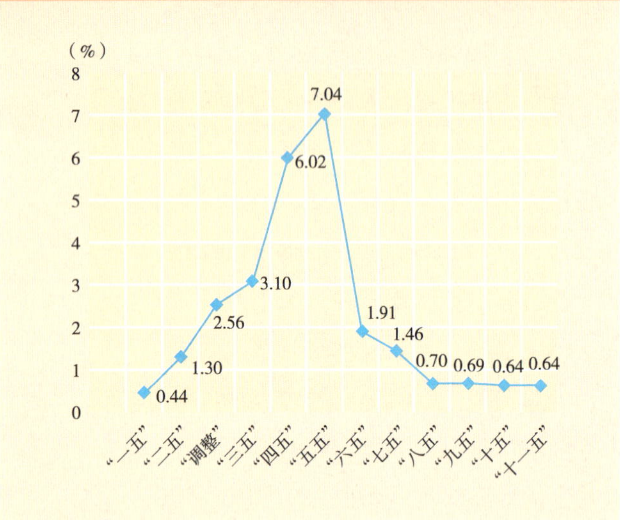

图 11-2　四川省水利基本建设投资与同期固定资产投资关系

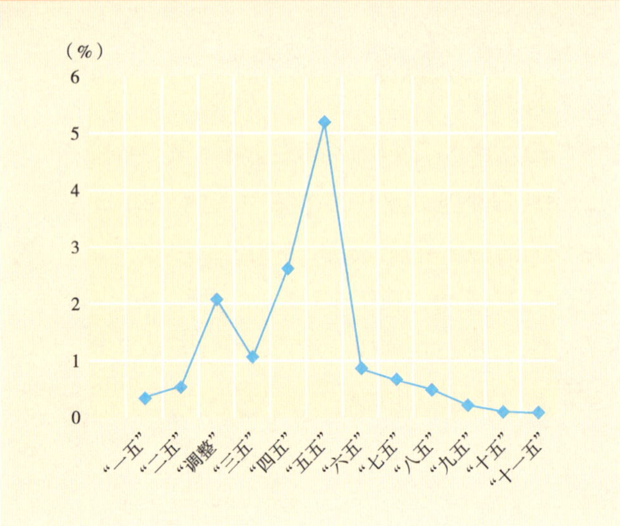

内生产总值较低，因此水利建设投入的总量仍然较低。近年来国民经济发展较快，尽管水利投入也在增加，但增长比例远远低于国民经济增长速度。从"八五"期以后，水利投入占国内生产总值的比例维持在1%以下，说明水利投入严重不足。从四川省水利基本建设投资占同期固定资产投资比例看，除"调整"、"四五"、"五五"时期以外，基本上都维持在1.0%～1.5%（见图11-2）。由于水利基础设施效益较低，对国民经济的拉动作用小，在以追求经济效益快速增长为目标的条件下，水利投入自然很难有所增长。当前经济社会的发展目标更多的是注重发展的质量和人民生活水平的提高，因此加大水利基础设施建设的投入力度，保障人民生命和财产安全、饮水安全、粮食安全成为未来经济社会发展的必然要求。

（2）确立政府对水利投资的主体地位。增加水利投资，确保水利建设投资增长速度不低于固定资产投资增长速度，并明确政府对水利资金投入的主体地位，以促进水利事业的健康稳步发展。目前世界上大多数国家在水利投入比例中，政府的投资占70%左右。四川省水利建设投入中，政府的投资比例明显偏低。2000～2010年水利投资中，中央财政投入占全省水利投入的50%左右，而省级财政投入的水利建设资金却很少。对于防洪排涝、环境保护、水土保持等纯公益性的水利工程建设资金应当由政府投入，对供水、发电、航运、水产等准公益性的水利工程建设政府也应为投资主体，同时鼓励社会融资参与水利工程建设。在水利工程建设投资中，可采取政府发行水利债券、组建水利建设基金、水利专项资金或引入市场机制，盘活水利投融资渠道，增加水利建设资金。

（3）确保土地出让收益用于农田水利建设。2011年中央发布"一号文件"关于将土地出让收益费的10%用于农田水利建设，这是党中央和国务院为加快水利事业发展改革的一项重大决策，是对弥补农田水利建设资金缺口的重大举措。从土地出让收益中提取 10% 用于农田水利建设，对四川省这个水利建设任务特别繁重的省区，资金的提取应结合地方实际采取灵活的办法处理，保证此项资金足额到位，支持农田水利建设。同时要加强对此项资金的严格管理，防止挤占或挪用行为发生，确保该项资金落到实处，保障水利建设健康有序的进行。

2. 完善水资源有偿使用，合理调整水资源费征收标准

（1）充分认识水资源的商品属性，推进水资源有偿使用。长期以来水资源作为公共福利免费或低价提供，没有意识到水资源内在的经济性。因此我国水资源进入水市场起步较晚，水利建设与工程维护等所有费用都由政府承担，水市场没有起到利用水价支撑水利事业发展的作用。我国水价经历了无偿使用、低价征收、部分成本定价、全成本定价四个阶段。水资源的有偿使用越来越被人们所接受。当前应从实际出发，逐步提高水价，最终达到按成本计价，实现水资源水价机制改革。推行水资源有偿使用，是水利建设和工程维护的需要，是水市场发展的必然结果。

（2）合理调整水价标准，完善水费征收制度。水资源作为人类生活、生产的必需品，其价格标准和征收方式的制定都应持慎重态度。当前水价计算主要采用全成本定价方式，同时充分考虑到不同用户的承受能力。水费征收制度主要体现不同用户采用不同的水价计收方式，即：单一式水价计收、阶梯式水价计收、两步制水价计收方式。单一式水价不能反映水资源成本，也不利于促进节约用水。对于城镇供水应针对不同的用户采用不同的水价计收标准，对于居民生活用水推行阶梯式水价，对非居民类用水实行计划用水与定额用水相结合方式，超定额、超计划部分实行累计加价。农田灌溉用水采用低水价，以政府补贴为主。资源水价要考虑到水资源的有用性和稀缺性。工程水价要考虑到水利工程的运行成本和工程维护费用。供水水价要考虑到供水管网的建设成本和运行成本。环境用水水价既要考虑污水处理成本，又要考虑排污所造成的对环境容量的压力。资源水价、工程水价、环境水价的综合核算，才可能形成完整的成本定价体系。水费征收，针对不同用水户采用不同的水价和计收方式，以促进节水型社会的建立，同时也有利于增加水利工程建设和维护费用，减轻政府的压力。

3. 完善水利建设投融资渠道，广泛吸收社会资金投入水利建设

（1）加强对水利建设的资金支持。水利事业具有很强的公益性。由于公益性的基本特征，所以政府在水利投资中必然占据主导地位；但是水利又不完全是公益性的，发电、供水就具有明显的收益性，所以在发展水利事业时，不仅要靠政府投入，还要靠社会融资支持。因此，综合运用财政和货币政策，引导金融机构对准公益性和非公益性水利事业增加信贷资金，在完善风险评估的基础上，对水利建设项目（如供水、发电、水产等大中型项目）给予大力支持。对于农村小型农田水利建设，小（微）型工程、农村人畜饮水工程等，农村信用合作社、邮政储蓄等金融机构给予贷款支持。为降低金融机构的投资风险，应建立担保和风险补偿机制及监督协作机

制，以适应水利建设的信贷资金需求，增强对水利信贷的扶持力度。

（2）加强政策性金融机构的融资力度。政策性金融机构建立的宗旨，就是依照国家政策扶持那些关系国家基础性和发展性项目的发展。它有助于弥补公益性、准公益性的水利工程建设项目资金不足和资金来源的问题。政策性信贷方面，在风险可控的前提下，应鼓励支持国家商业金融机构加大政策性中长期水利建设信贷投资。还可以在原有的政策性金融机构的基础上，组建政策性农业保险公司，实行“防、保、救、赔”相结合的经营模式，为水利建设提供资金保障。

（3）鼓励水利企业采用多种方式融资。鼓励和支持符合条件的水利企业上市，由政府发行水利建设债券，以水利项目的效益收费、财政性补助资金还本付息，利用证券市场进行直接融资等，以利水利企业单位和水利建设事业的良性运行，促进水利工程建设和水利事业健康发展，以减轻政府的财政负担。

（4）广泛吸收社会资金参与水利建设。随着市场经济体制的建立，水利投入逐步打破计划体制下的二元投资格局，开始向多元化、多层次、多渠道的融资格局转变。一是水利建设可以依托资源进行市场融资。通过对水资源的开发，工程管护范围内土地资源的经营吸收资金。二是对一些经济效益好的水利经济项目吸引社会资金，如城市供水、污水处理、水力发电等。三是对具有一定收益能力，但收益低于社会平均水平的准公益性的水利工程项目，可签订授权特许经营项目协议，通过协议授权对项目进行管理、经营和维护，政府对项目收益少于合理收益部分给予补贴。对于非公益性的水利项目可由社会投资人组织项目的融资和建设。项目建成后可由投资人经营，亦可交付政府。政府以分期付款方式，在规定的年限内逐年向投资人支付回购款，以补偿投资人的投入和合理利润。四是对准公益性水利项目可采用产权置换、投资入股方式，盘活水利固定资产。五是充分利用省水务投资公司，采取多种水利投融资办法，作为水利投融资主体，充分发挥政府融资平台的作用筹集水利建设资金支持公益性、准公益性的重点水利工程建设。

（四）积极推进水价改革

1. 水价制度现状及存在问题

（1）水价制度现状。①城市供水水价。城市供水是指供水企业以公共供水管网及附属设施向单位、企业、居民的生产、生活供水的行为。综合水价由原水价、运营成本、污水处理费用、水资源费和各种附加费组成。原水价是指通过水源地（江河、水库、湖泊等）引水至供水生产企业（自来水厂）的费用。运营成本由水质净化、管网建设与维护、管理成本和收益成本组成。污水处理费是指污水处理设施的建设、运行和维护的费用。水资源费是体现水权的使用价值。各种附加费是根据政府有关规定，征收用于地方某项特定用途的费用。城市供水水价分为五种类型：一是居民生活用水水价，一般水价较低。二是行政事业单位（机关、部队、学校、事业单位、园林绿化等）用水，是不以盈利为目的保障社会生活正常运行和环境卫生的用水，水价大致与居民生活水价相当。三是工业生产用水是以盈利为目的的用水，其价以自来水成本价和污水处理不完全成本价计收。四是商业服务业（饮食、宾馆等）用水水价，基本采用按自来水和污水处理成本价计收。五是特种行业用水水价，是以盈利为目的，而且耗水量大的行业（如：澡堂浴足业、洗染行业、洗车行业等）和生产水产品的特殊行业采用的水价，一般为居民生活水价的 3 ~ 5 倍。②农村供水价格。农田灌溉用水水价。农田灌溉用水直接关系到四川省粮食生产。目前为了支持农业发展，灌溉用水采用“补偿成本”原则，按工程分类以亩用水量计收。大型水利工程灌区平均水价为 32 元 / 亩，中型水利工程灌区水价为 12 元 / 亩，小型水利工程灌区水价为 4 元 / 亩。水费支出约占农业生产成本的 1% ~ 5%。目前农田灌溉供水均由水利工程提供。农田灌溉水价较低，灌溉水量浪费比较严重，特别是中、小水利工程灌区多采用漫灌方式，因此灌溉水量的浪费严重。目前四川省农村居民生活用水分为两类，一类为自来水供水，这类居民大多在城镇供水管网覆盖区内，其水价与城镇居民同价；另一类居住在江河、湖畔，他们或在水利工程内取水，或开采地下水自采自用，不交纳水费。

（2）水价制度存在的问题。①城镇供水原水价格过低，普遍不是成本价的 50%；而各城镇自来水水价差距较大，并且价差的差额高出成本部分，对原水水价又无补偿。②水价体系又未体现供水水质的差异，不利于中水利用。③水价构成中笼统地将终端水价概括为自来水价和污水处理费用之和，没有反映水资源的稀缺程度的资源水价。④四川省水资源由于季节分布极不均匀，4 ~ 6 月农作物需水期水资源严重不足，但供水价格未能体现季节差异，不符合资源水价丰缺定价原则。⑤目前四川省涉水的管理机构多，权限分散，原水价格与自来水价格差距过大，而且又无补偿机制，水价机制比较混乱，无法形成统一的水务市场和高效的水资源配置市场。⑥国家取消农业税，有不少人认为水费亦自然取消，混淆了农业税与水费性质。另外部分地区以减轻农民负担为由，把灌溉用水水费采用财政转移支付，认为农业用水不付费了，没有价格约束，无节水意识，从而造成农业用水大量浪费。⑦调水工程无补偿水价机制，对水资源调出区无补偿，不利于对水源区水资源和调水工程的保护，亦不利于调水工程的正常运行和维护。

2. 积极推进供水价格制度改革

（1）积极推进城市供水水价改革。工业用水按水质定价和超定额加价计收方式，推动工业企业的节水，即使用优质水提高用水价格，使用中水降低用水价格；工业用水超定额用水不仅加价，并计入污水处理费用，以促进企业节约用水和提高工业用水的重复利用率。同时推进中水利用力度，促进中水回用事业的发展，从长远考虑，加大中水回用力度是推进节水型社会建设的必然结果。居民生活用水按用户承受能力确定水价，并逐步推行居民生活用水实行阶梯水价。目前四川省居民水费支出占居民平均收入的 0.7%，国外平均水平占 2% ~ 3%。

建立补偿水价和丰枯期季节水价机制。调水工程的水价包括资源水价、工程水价和补偿水价。补偿水价是体现对水资源调出区的补偿，包括：竞争性用水补偿（水源调出区水资源总量减少，影响工农业用水、水产养殖、航运、发电等），水资源区的经济补偿和生态补偿。补偿水价应由受水区向调出区进行补偿。季节水价，由于四川省水资源量季节变化大的特点，制定季节差异水价和相关政策，有利于水资源的供给和季节调剂，缓解水资源季节性短缺而影响经济社会发展和人民生活。

（2）积极推进农业水价改革。四川省是农业大省，特殊的自然条件和水资源的分布特点，决定了农业发展离不开农田灌溉。合理的农田灌溉水价不仅可以提高灌溉水的利用率，同时还可节约水量，并确保农业生产和粮食安全。目前四川省大中型水利工程的运行成本和费用依然由政府财政补贴。一类是价格补贴，即政府支付一定的资金给水利工程管理单位以降低农民的水费支出。二类是直接补贴，是政府将补贴直接支付给农民，农民直接将水费交付水利工程管理单位。直接补贴可以保证农民支付能力，亦可促进农民节水，价格补贴不利于农民增强节水意识。另外，水利工程管理单位在主管部门支持下，应加速完善灌溉用水计量设施的建设，实现农田灌溉用水按计量交纳水费，以利维护农民的切身利益。

3. 建立完善的水权制度促进水市场健康有序发展

（1）完善水权制度。水权是指水资源产权，即财产权，主要包括：所有权、使用权、收益权和转让权。水权界定是水权转让和交易的基础，也是水价形成的基础。水资源的合理配置离不开水权交易市场，市场机制促使水资源的有效合理配置。《中华人民共和国水法》第一章第三节中规定：水资源属国家所有，农村集体、经济组织所有的水塘、水库中的水属集体所有，国家依法保护开发利用水资源的单位和个人的合法权益。说明国家和集体拥有水资源的所有权，任何单位或个人开发利用水资源，是水资源使用权的转让，需要付一定的费用。水权管理制度是指对水权进行管理而形成的制度。主要包括：水权的分配、许可、转让、交易、收益、调整等活动进行规范和管理。对水权形成活动中相应的权利义务监督。不同国家的水权管理制度各不相同。新中国成立以来，从水权制度演变看，水权的行政分配体系是一个逐步建立和完善的过程，伴随着水资源稀缺程度加大和范围的扩大，已经在水权分配的各个层面上建立了水资源分配机制和完整的行政分配体系。2002 年颁布实施的新的《中华人民共和国水法》把取水许可制度赋予的权利进一步明确为取水权（即行政许可）。政府部门积极地探索推进取水权的转让，视为将水权从“行政许可权”向“用益物权”转变。2007 年颁布的《物权法》，将水权纳入用益物权的保护范畴，是水权制度的进一步提升。

（2）完善水权制度，促进水市场健康发展。明晰初始水权是完善水权制度和发展水市场的基础。初始水权是国家根据法定程序，通过水权初始界定而明确的水资源使用权。在水权初始分配明晰的条件下，就可以通过水市场实现对水的使用权进行交易和转让，也就是说初始水权是水市场形成的前提。目前我国已有些流域实行了初始水权的分配。如黄河流域依据“总量控制和定额管理相结合”的思路，参考并核定需水部门的用水定额，对黄河水量进行省际分配。又如塔里木河流域采取自下而上的分配形式，依据水源状况，按生态供水优先的原则确定干流各河段需水方案。在初始水权明晰后，应当制定水权转让的市场规则，对水权转让的相关事宜作出明确的规定。水权转让是有偿转让，将水资源作为商品进行交易，水权转让具有一般交易性质，水权的交易价格反映为水价。水资源作为生产生活的必需品，具有准公共物品特性，水权转让市场更显得比一般交易市场复杂，政府对水市场的监管和约束更加必要。因此应该制定出相应的市场规则，以利在管理中有据可依。四川省也在探索水权分配事宜。从四川省的实际情况出发，在初始水权分配上应综合考虑水资源条件、人口分布和经济社会发展状况，并留有余地，积极推进我省水权分配事宜。

十 建设节水型社会缓解水资源供需矛盾

（一）节水现状与节水潜力分析

1. 用水水平

2010 年全省用水总量为 249.81 亿立方米。其中：工业用水量 68.2 亿立方米，城镇生活用水 30.2 亿立方米，农村生活用水 19.2 亿立方米，农业灌溉用水 122.1 亿立方米。与 1980 年各部门用水量相比，除农业灌溉用水略有减少外，其他部门用水均有不同程度增加，用水增加较多的是工业用水。全省人均用水量为 311 立方米，低于全国人均 450 立方米；万元 GDP 用水量 145 立方米，低于全国 GDP 用水量 150 立方米；城镇居民生活用水量 128 升 /（人 · 天），低于全国城镇居民生活用水 193 升 /（人 · 天）；农田灌溉用水亩均 384 ~ 459 立方米，全国农田灌溉用水亩均 421 立方米。

2. 用水效率

1980 ~ 2010 年的 30 年间。万元 GDP 用水量从 2394 立方米减少到 145 立方米，减少用水量 94%。单方水 GDP 产出由 4.18 元提高到 68.8 元，提升了 15.5 倍。万元工业增加值用水量从 990 立方米降低到 236 立方米，减少了 76.2%，单方水工业增加值产出由 10.10 元提高到 127.2 元，提升了 11.6 倍。单方水粮食产量由 0.78 千克提高到 0.84 千克。城市供水管网漏水率在 12% ~ 59%，普遍为 14%。30 年来水资源利用水平有所提高，但水资源利用仍属粗放型，用水效率较低。

3. 节水潜力分析

（1）农业。2010 年全省有效灌溉面积 3829.67 万亩（本年实际灌溉面积 3144.6 万亩），节水灌溉面积 1876.30 万亩，占有效灌溉面积的 48.99%。农田灌溉用水量 132.10 亿立方米，灌溉水利用率为 39%（发达国家为 80% ~ 90%）。水分生产率为 0.35 ~ 1.3 千克 / 立方米（发达国家为 2.0 ~ 2.3 千克 / 立方米）。灌溉用水的 60% 水量在输水、配水、田间灌水过程中损失掉，说明四川省农田灌溉节水潜力很大。如完善已成工程渠道衬砌可提高渠系水利用率，减少渠道输水损失 50% ~ 80%；灌溉水利用率由 0.39 提高到 0.55，每年可节约灌溉用水量 27.5 亿立方米为现状用水量的 28%。坡薄土地改造，若将现有的

5%～25%的1400多万亩坡薄土地改为水平梯地或降至5%以下，并增厚土层20厘米，每年每亩土壤有效蓄水量可增加30立方米，相当于建设4.2亿立方米的土壤水库，可减少水土流失1400多万吨，每年可节约灌溉水量11.2亿立方米。推广秸秆和地膜覆盖（据调查秸秆覆盖每亩可节水40立方米，地膜覆盖每亩可节水60立方米）1200万亩和1500万亩，每年可节水13.8亿立方米。目前四川省灌溉水分生产率不足1千克/立方米（发达国家为2.0～2.3千克/立方米），如果将现状灌溉水分生产率提高到1千克/立方米，则亩均实灌水量由现状的415立方米/亩降至376立方米/亩，一年可减少灌溉用水量12.10亿立方米。另外就是要研究适合我省农业特点的综合节水措施和技术，达到既节约灌溉用水，又能提高农业产量的目的。

（2）工业（含建筑业）和第三产业。2010年工业万元增加值用水量为236立方米，高于全国平均116立方米。工业用水重复利用率为73%，低于发达国家和先进地区的85%～90%。而且工业用水重复利用率差异较大，高的达到80%左右，低的则不足15%。再生水（又称中水）还没有在工业生产中得到有效利用，全省工业节水潜力还很大。如将工业万元增加值用水量下调到200立方米以下，一年可节约工业用水量9亿立方米左右，再加大中水回用力度工业用水量还将大幅度下降。第三产业用水随着城镇化率的提高，经济社会的发展和从业人员的增加，其用水量亦将有较大幅度的增长。随着节水措施和节水器具推广，第三产业增加的用水量将不会很大。如将现状第三产业万元增加值用水量由14.9立方米降至9.4立方米，综合漏损率降至12.4%，则每年可节约用水1.28亿立方米。

（3）城镇。2010年全省城镇居民人均生活用水量206升/人·天，全国平均为212升/人·天。四川省生活供水效率较低，供水损失率较高，平均为14%。生活节水器具普及率低，水价较低，居民节水意识不强，浪费水的现象普遍存在，节约用水的潜力较大。如推广使用先进的节水器具，减少输水管网漏损率降至12%以下，一年可节约生活用水量0.59亿立方米，占城镇生活用水量的4.5%。另外是合理适度提高水费，同时加强宣传提高居民节水意识。预计到2020年全省城镇居民每人每天生活用水控制在140立方米以内，可节约生活用水1.65亿立方米。经初步分析全省农业用水、工业用水、第三产业用水、城镇居民生活用水开展节水，一年最低可节约用水34.8亿立方米，其中农业、工业节水潜力较大，分别占47.3%、44.5%。

（二）建设节水型社会的基本目标和要求

到2020年将四川省产业结构和生产力布局分别调整到与水资源承载能力相适应的程度，建成比较完善的水资源配置的工程体系和生态补偿机制，节约用水成为社会风尚。建成水资源（包括地表水、地下水、水量、水质）现代化网络监测系统，为合理管水，科学用水提供保障，实现“人水和谐”。工业万元增加值用水量降至100立方米以下，农田灌溉用水有效利用率达到 0.55，工业用水重复利用率平均达到 75% 以上，城镇管网漏损率控制在 12% 以下，城镇、农村自来水普及率分别达到 95% 和 40%，主要城市的城镇生活污水达标排放。主要江河及重要支流水功能区达到国家规定的标准，湖、库、圹、堰水体富营养化得到明显改善，生态环境有较大修复。基本形成四川省水资源合理配置的总体格局。

到 2030 年万元工业增加值用水量降至 53 立方米，农田灌溉用水有效利用率提高到 0.58 以上，主要江河及重要支流水功能区达标率为 100%，污染物入河量控制在水功能区纳污能力范围以内，基本控制湖、库、圹、堰水体富营养化和优良的生态环境，建成全省水资源合理配置和高效利用的工程保障体系。

（三）节水对策

1. 农业节水

一是因地制宜建立与水资源条件相适应的节水高效的种植结构。二是搞好渠系配套建设和防渗处理，减少渠道和田间输水损失。三是发展和应用先进的灌溉技术和方式。四是发展耐旱与节水的优良作物，培育和改良作物品种。五是加强灌溉工程管理和灌溉配水管理；加速水费改革，实行合理的水费收费标准，促进供水工程灌区的良性运转。六是尽快完善灌溉工程灌区水量监测系统配置，逐步推进农田用水的总量控制和定额管理。

2. 工业（含第三产业）节水

一是按照“以水定需”的原则，引导工业布局和产业结构调整。以水定产，以水调结构，以水定发展。同时加强用水定额管理和节水新技术的推广和应用。缺水地区严格限制高耗水、高污染企业的发展。二是推行清洁生产，实现从治污向防污转变。大力发展循环经济和低碳产业，节能节水，提高工业用水重复利用率，加强生态环境保护。三是加大工业节水技术的改造，提高工业用水重复利用率，增强对生态环境的保护力度。

3. 城镇生活节水

一是加速城市供水管网的技术改造，降低输配水损失率，逐步建立分质供水网络（生活用好水、生产用符合标准的“差水”），经过处理的生活污水用于冲厕和园林绿化，提高生活用水的重复利用率，扩大水资源的可利用量。二是全面推广节水器具使用，并选用基本无滴漏现象的卫生洁具。三是加速城市污水处理设施的建设，努力实现城市的雨、污水分流和分质供水。四是建立和完善城市污水再生水的处理技术和输配水技术，逐步优化城市供水系统与配水管网，建立与城市水系统相协调的再生水管网系统，逐步扩大再生水的利用率。五是实行用水的计划管理，理顺城市（镇）供水的价格体系，实行城镇居民用水定额管理和居民生活用水阶梯水价及累进加价制度，利用价格杠杆调控用水，促进合理用水，节约用水。六是进一步完善城市（镇）节水法律法规和管理体系

4. 农村居民生活用水

虽然农村生活供水具有量小而分散的特点，但亦应加强农村供水设施建设，改善农村居民饮水条件和饮用水质量。当前农村应积极发展以镇（乡）集中式供水为主，村（组）分散式供水为辅的供水方式，

逐步提高镇（乡）自来水供给率。在丘陵区和山地区居民的饮水宜以分散式、小（微）型供水设施供水，在人畜饮水困难的地方发展雨水集蓄工程，水窖、人工井等蓄（抽）水设施，解决居民和牲畜的饮水问题。同时对农村居民加强水资源保护和节水知识宣传，增强农村居民的节水意识。

（四）节水管理措施

一是实行用水总量控制，加速划定和建立“三条红线”和“三种制度”，作为各地区加强需用水管理的重要依据。二是加快制定水量分配方案，在国家确定的用水指标范围内做好区域内水量分配，在明晰区域用水总量控制目标基础上，逐级制定用水总量控制指标，并逐级向下分配，同时明确各用水单位的权利和义务。三是实行严格的取用水管理制度，全面推行计划用水，严格建设项目取水许可审批和水资源论证，规范实施取水许可的主体、秩序、内容，加强取用水的监督和行政执法。四是完善用水定额的标准体系，合理制定用水定额和加强定额管理；强化节水考核管理，加速建立水资源管理责任制与考核制度，并纳入地方政绩考核体系。五是加强水功能区管理，根据流域（或区域）水资源、水环境承载能力，控制取水量和排污量；加强入河排污口的监督和水功能区的水质监测，及时掌握水功能区水质状况。六是完善水资源的价格体系，合理提高水资源费，制定各流域（区域）供水指导价格，并体现水资源费、工程供水成本、污水处理成本，按照“补偿成本、合理收费”的目标，分步骤、分阶段实施水价调整。水价调整应考虑用水户的承受能力，实行区别对待的办法，保障低收入人群的利益。

节水型社会建设是通过法律、经济、行政、科技、宣传等措施，在全社会建立起节水管理体制和运行机制，使人们在水资源开发和利用的各个环节，实现对水资源的节约和保护，杜绝用水的结构型、生产型、消费型浪费，保障用水安全，充分发挥水资源的经济、社会、生态功能，塑造“人水和谐”的社会形态。

第12章 生态环境建设与经济地理*

一 概述

生态环境建设是四川经济社会发展的基本保证与支撑，健康良好的生态服务是经济社会发展的必备条件。发展为要，环境为先，加快发展和保护环境是有机的统一体。发展是第一要务，是解决一切问题的关键，也是解决经济社会问题的重要基础。环境是发展的重要前提，在发展过程中必须坚持环境优先，充分考虑环境的承载能力。对此，《四川生态省建设规划纲要》（2006年9月30日通过）把提出“把住源头、不欠新账，强化整治、多还旧账，全程监管、控制总量，动静结合、平衡容量”作为四川生态省建设原则。

生态环境建设是经济地理学的基本内容。经济地理学（economic geography）主要研究人类经济活动地域体系的形成过程、结构特点和发展规律，包括经济活动的区位、空间组合类型和发展过程等内容。以生产为主体的人类经济活动，包括生产、交换、分配和消费的整个过程，是通过物质流、商品流、人口流和信息流把乡村和城镇居民点、交通运输站、商业服务设施以及金融等经济中心连接在一起而组成的一个经济活动系统。这一系列活动都是在具体的地域内进行的。经济地理学研究的基本问题是为什么经济活动在地球表层的分布是不均匀的。造成经济空间分布有疏有密的根本动力是自然环境本底的非均匀分布以及经济自身的聚集和扩散力量。一方面，影响经济聚集和扩散的因素是多元的，包括各种自然要素以及经济、社会、文化、制度等人文要素；另一方面，人类在地表的经济活动已经并且正在强烈地改变着自然格局，造成全球性、区域性和地方性等不同空间尺度的环境变化和环境问题，成为改变自然环境最为主要的动力。这就使得经济地理学成为研究人与自然环境关系的纽带和各种空间尺度的可持续发展研究的基础。离开对人类经济活动的空间规律的认识，也就无法正确透视各种空间的可持续发展问题。

在经济建设与生态环境保护关系上，为最大限度地发展经济而过度消耗自然资源，造成巨大的生态环境损失。

一是森林资源开发失当引发的生态环境代价。

森林是以乔木为主体，具有一定面积和密度的植物群落，是陆地生态系统的主干。森林群落与其环境在功能流的作用下形成一定结构、功能和调控的自然综合体就是森林生态系统。它是陆地生态系统中面积最大、最重要的自然生态系统，也是地球上生产力最高、存量最大的生态系统，是生物圈的能量基地。据统计，每公顷森林年生产干物质是12.9吨，农田是6.5吨，草原是6.3吨。森林具有极重要的生产生物资源功能，为人类提供大量木质产品、非木质产品以及娱乐旅游等。据统计，每1000立方米木材对中国国民生产总值的平均贡献价值为111万元，胶合板、纤维板等是木材加工业的重要延伸，竹产品、藤条、化学制剂、传统中草药、野生森林蔬菜菌类等是最为重要的森林非木质产品，

---

* 本章作者：沈茂英，四川省社会科学院经济研究所副所长，研究员。

森林旅游则是依托森林资源所形成的重要旅游类型。不仅如此，森林还具有重要的生态服务功能，在水源涵养、保护土壤、调节气候、防风固沙、保护与维持生物多样性、净化空气、固碳等方面发挥关键作用，是支撑人类生存与发展的基础。大量事实证明，森林生态服务功能的退化会引发洪水、山崩、气候变化等现象，对人民生命财产造成重大损失。据统计，1981 年 7 月，成都平原和四川腹地的岷江、沱江、嘉陵江上下游均爆发特大洪水灾害，洪水淹没 119 个县（市），致使 1584 万人受灾，伤亡 13010 人，淹死牲畜近 14 万头，淹没 87.4 万公顷农田，冲毁小型水库 15 座，冲倒房屋 139 万间，洪灾经济损失约 20 亿元。近年来，平均每年因灾死亡人数在 850 人左右，伤 2 万人左右，死亡大牲畜近 50 万头（只），直接经济损失达 100 亿元左右。1998 年长江上游洪灾中，全省有 168 个县（市）受洪灾袭击，受灾县达 294 个（次），受灾乡镇 5510 个（次），受灾人口 2717.79 万，因灾死亡人口 452 人，失踪 47 人，死亡牲畜 32.63 万头，损坏房屋 60.7 万间，农作物受灾面积 171.1 万公顷，损坏公路 3355 公里、桥梁 1190 座，直接经济损失 78.6 亿元。洪灾发生的最主要原因是森林砍伐、生态退化所致以及大量陡坡耕种造成的水土流失。

二是水资源开发失当的生态环境代价。

水是人类生活生产不可缺少和替代的自然资源，包括气态水、液态水和固态水。水资源是一个包括自然、经济和社会在内的综合性概念，它是指在目前的技术和经济条件下，比较容易被人类利用的那部分淡水量，即陆地上由大气降水补给的各种地表、地下淡水水体的动态水量。水资源具有四大基本特征，即动态循环性（水资源是在自然环境循环中形成的一种动态资源，具有循环性）、时空分布的不均匀性（水资源在自然界中具有一定的时间和空间分布）、多功能性和多价值性（不仅提供人类必需的生活生产用水，还具有重要的生态功能，形成水资源的多价值性）、经济上的二重性（具有水利与水害的双重特征）。四川是千河之省，在水资源的合理利用上创造了举世闻名的都江堰水利工程。开发利用水资源一直是四川经济地理的主要内容之一，建成了具有多重功能的紫坪铺、二滩等大型水利水电工程，在调蓄洪水、发电、灌溉等方面发挥了重要作用。但在水资源开发过程上，也存在许多问题，导致水环境变化，河流生态环境退化，给民众生产生活带来巨大的负面影响。特别是近年来，随着水电资源开发热潮的全面推进，千河之省的四川水资源环境发生巨大改变。水资源开发失当所导致的生态环境问题主要表现在水环境变化、河流径流量变化、流域生态环境退化，较为典型的是岷江上游水电站密集，上游干流干旱河谷范围沿纵横两个方向扩展，水土流失面积扩大，山地要素灾害增加。据统计，岷江上游年径流量 20 世纪 50 年代为 161 亿立方米，1988 ~ 1997 年多年平均径流量降为 443 立方米 / 秒，减少 35 立方米 / 秒，多年平均径流量降为 140 亿立方米，比 50 年代减少了 21 亿立方米。洪枯水期流量变化幅度平均为 21 倍，最高达 96 倍，水文状况明显恶化。小水电建设缺乏管理，一哄而上，岷江上游沿江旅游公路旁的山体已经伤痕累累，河水断流，流域生态系统进一步破碎化。

三是产业与城市布局使沿江沿河加剧水环境污染。

在产业与城市布局上，忽视生态环境制约，忽视产业与城市对生态环境的影响。最为典型的是重化工业沿江沿河布局导致严重的河流污染事件并加重污染的社会影响。不合理的工业规划与布局又加剧事故的危害性。不合理的工业与城市布局常常会使化工厂的一般事故威胁到一个城市与一条河流的安全。川化沱江污染事件①、攀枝花黄磷污染事故②、松潘锰矿污染事件③等均造成流域环境污染及生命财产损失。旧有的化工沉疴尚未清除，新一轮的化工投资热又在愈演愈烈。四川最大的PX项目落子彭州，PX项目可能产生的环境污染问题也广受质疑。绵远河在德阳市的城区段每年有上千吨的生活垃圾、近万吨的建筑垃圾无序堆放，沿河160多个排污口每天向绵远河排放近万吨污水，流域范围环境污染、水质恶化、河道淤积、道路不畅等问题日趋严重，沿河居民苦不堪言。而自贡鸿鹤化工、张家坝化工、炭黑厂、东方锅炉厂等在“三线建设”期间搬来釜溪河畔，在自贡工业经济中担当着支柱产业的角色，却也导致了釜溪河水常年劣Ⅴ类。沱江，孕育了巴蜀文明的河流，正在成为盆地城市群的下水道。青白江区的川化股份（毗河畔）、富顺的晨光化工、仁寿的东方红纸厂、泸州老窖等密布于沱江沿岸，使沱江流域成为西部最庞大的工业群落之一，流域内有成都、资阳、内江、自贡、泸州等5座大城市，千余座大中型工厂。沱江承载了太多太多……20世纪末21世纪初，沱江污染达到巅峰。2004年，川化污染事件成为沱江污染治理的转折点，沿岸企业的污染排放进行了治理，城市生活污水逐渐被处理，沱江流域水质状况逐步改善。

四是矿产资源开发引发生态环境问题日渐凸显。

四川地跨我国三大重点成矿区（带），成矿地质条件优越，蕴藏了丰富的矿产资源。截至2005年底，已发现矿产132种，查明资源储量的共90个矿种、1801处矿区（不含石油、天然气和放射性矿产），有34种固体矿产查明资源储量位居全国前五位。随着矿业的迅速发展，矿山环境问题越来越引起人们的注意。四川矿产资源的特点如下：一是分布相对集中，区域特色明显。四川矿产集中分布在川西南（攀西）、川南、川西北三个区。川西南以黑色、有色金属和稀土资源为优势，其他矿产也很丰富，组合配套好，是我国的冶金

① 2004年2月～3月，川化公司违规技改并试生产，将氨氮含量超标数十倍的废水直接排入沱江，导致沱江流域严重污染。内江、资阳等沿江城市近百万群众饮水中断26天，直接经济损失约3亿元。沱江生态环境遭受严重破坏，需5年时间才能恢复到事故前水平。川化集团总裁引咎辞职，5名企业负责人及环保部门干部被移交司法机关处理，集团被四川省政府罚款1100万元，用于赔偿渔业损失。

② 川投电冶有限公司黄磷厂位于雅砻江河畔，下游3公里处是米易县自来水厂的取水口。江水污染造成米易县城1万多居民饮用水困难，群众反映十分强烈，工厂也发生过由于污染外排导致雅砻江下游大量死鱼事故。2002年7月2日凌晨，黄磷厂泥磷池垮塌，造成密封水流失，同时泥磷在空气中自然产生大量烟尘排入大气，造成攀枝花城区、米易城区严重污染并引发群众大逃亡事件。事故造成抢险民工一人死亡、五人轻度烧伤。2007年黄磷厂被央视曝光之后被迫关停。

③ 2011年8月，松潘小河乡的锰矿污染事件引发涪江流域的绵阳等城市居民饮用水困难达一周。

基地之一；川南地区以煤、硫、磷、岩盐、天然气为主的非金属矿产种类多，蕴藏量大，是我国的化工基地之一；川西北地区贵金属（锂、铍、金、银）和能源矿产（铀、泥炭）特色鲜明，是潜在的尖端技术产品的原料供应地。二是以中、低品位的贫矿为主，富矿少，多数矿床易采，选矿性好。三是共生伴生组分多，综合利用效益高。矿产资源开发引发的环境问题主要有：①资源破坏，包括土地占压、植被破坏、景观破坏、地下水资源破坏、土地沙化和水土流失；②地质灾害，包括滑坡、泥石流、地裂缝、塌陷和崩塌；③环境污染，包括水体污染、土壤污染、大气污染和固体废弃物污染等。矿产资源性城市也是大气污染最明显的城市，攀枝花曾被列为全国污染严重的十大城市之一。

资源开发失当有深刻的社会经济发展背景与开发策略，主要源于 20 世纪 50 年代末期的大炼钢铁、“大跃进”，60 ~ 70 年代的以粮为纲、森工开发，80 年代的大力发展乡镇企业，90 年代的各类开发区热，21 世纪初的水电与矿产资源无序开发等政策引导，加上四川复杂的自然环境条件（干旱河谷、喀斯特地貌、川西高原生态脆弱、盆周山地）约束，造成森林破坏、水土流失、农村污染、河流生态退化、水污染与资源浪费，生物多样性丧失，自然灾害频发，严重威胁到四川经济社会可持续发展。同时，事实无情地告诉我们：第一，世界上所有发达国家和近年来完成工业化的国家无不遵循“先污染，后治理”模式，即没有一个国家能够摆脱这个规律；第二，当代世界上发展中国家和欠发达国家正在遭受环境污染和自然生态严重破坏的双重压迫，几乎没有一个国家能在工业化过程中做到治污与发展同步或先发展不污染，严酷的事实使贫穷与生态环境恶化形成恶性循环；第三，中国自身的历史和现实说明，我国不但没有摆脱“先污染后治理”模式，而且污染更严重，历史更长，走得更远，问题更突出；第四，循环经济、生态产业是发达国家在工业化后期，即信息化初期提出的，它需要全新的发展观念，需要高技术的支撑，需要以全社会生态环境意识普及作基础，这在许多发展中国家是做不到的。

二　生态功能及在全国的战略地位

四川地处我国地形第一阶梯向第二阶梯的过渡地带，属于长江、黄河上游地区，跨青藏高原、横断山脉、云贵高原、秦巴山地和四川盆地几大地貌单元，地貌类型多样，生态环境复杂，生物多样性丰富。这种特殊的地质地理环境和生态功能，对维护三峡工程和长江流域生态安全，促进四川乃至长江流域经济社会可持续发展具有举足轻重的作用。

（一）生态环境是四川九千万人口的生存与发展基础

四川是一个幅员广阔的大省，面积 48.6 万平方公里，人口 9058.4 万，其中四川盆地平均每平方公里人口密度达 500 人以上，与黄淮平原、长江下游平原同为全国人口稠密区。全省拥有耕地面积 398.38 万公顷（占全国的 4.89%），人均耕地面积 0.044 公顷，远低于全国平均水平。但是，依靠良好的气候条件，四川生产的粮食基本满足了全省 9000 万人的口粮需求。全省有林地 1923 万公顷，占全国林地面积的 7.23%，是我国三大林区之一，又是长江上游生态屏障的重要构成部分，为 9000 万人口的生存和发展提供保障。四川拥有亚热带为主体的优越气候条件，降水丰富、热量充足、雨热同季，适宜生物资源生长、繁殖，拥有丰富的生物资源、旅游资源、水能资源、矿产资源，其中钒钛及稀土矿在全国占有突出地位。这些资源都为四川的发展提供了良好的条件。

（二）长江上游生态屏障的主体与黄河上游水源涵养区

四川地处长江上游，全省 96.5% 的土地面积属于长江水系，是全国生态环境建设的重点地区，保护和建设好生态环境，不仅是四川经济社会发展的客观需要，而且对于三峡库区、长江中下游地区的经济、社会发展都具有非常重要的意义。其中，川西广阔的森林和草地是长江水源涵养、水质保护的生态屏障。随着长江中、下游地区社会经济开发对长江水量、水质和其他功能的要求越来越高，四川的生态环境建设显得越发重要和迫切。

长江沿江经济带是我国经济发达地区之一，在全国占有极为重要的地位；三峡工程是长江巨型控制性水利工程。他们的安全与发展均与长江上游的生态质量息息相关。四川处于长江上游中心地带，长江由西向东横贯全省，川江河段长 1030 公里，支流有雅砻江、岷江、沱江、嘉陵江等。金沙江、嘉陵江是长江泥沙的主要来源，搞好生态环境建设，减少水土流失，降低江河泥沙含量，对三峡工程及中下游地区生态安全发挥着关键作用。

（三）中国生物多样性最丰富的地区之一

四川地处我国地形第一阶梯向第二阶梯的过渡地带，拥有青藏高原、横断山脉、秦巴山地和四川盆地等几大地貌单元，是我国东部季风与西南季风交汇区，垂直地带变化明显，气候类型多样，为生态系统多样性和生物种类多样性创造了良好条件，特别是横断山脉和盆周山地山高谷深，有效抵御了第四纪冰川的入侵和影响，成为动植物的避难所和南北生物的交换走廊。既保存有种类繁多的生物，又保存了不少古老孑遗种和特有种，是全国生物多样性最丰富的地区之一，也是全球生物多样性热点地区之一。其中，有脊椎动物 1229 种，占全国总数的 40%，哺乳类 225 种，鸟类 615 种，鱼类 232 种，两栖类 89 种，爬行类 77 种。野生高等植物 10000 多种，占全国植物种类的 1/3，其中被子植物 8450 余种，蕨类植物 730 余种，裸子植物 88 种，高等真菌 800 余种，还有种类繁多的苔藓地衣类植物。四川的动植物种，属于国家重点保护的野生动物有 144 种，占全国总数的 39.6%，居全国之冠；属于四川省有益或有重要经济、科学研究价值的陆生野生动物 818 种；列入国家珍稀濒危物种保护的植物有 84 种，占全国的 21.6%。与此相适应，四川在天然生物资源开发与保护、天然生物资源人工培育等方面，在全国也具有重要的战略地位。植被类型多样，是我国乃至世界珍贵的生物基因库，为我国三大林区、五大牧区之一。

（四）全国著名风景名胜区与自然保护区荟萃之地

四川特殊的地貌类型和优越的自然条件，使之成为著名风景名胜区、自然保护区荟萃之地。全国现有自然保护区中，四川有23处，是全国最多的省份；全国重点风景名胜区中，四川有峨眉山－乐山大佛、九寨沟、黄龙、四姑娘山、西岭雪山、都江堰－青城山、蜀南竹海、贡嘎山、海螺沟、剑门蜀道等等。

四川省从1963年建立第一个自然保护区以来，到2011年底已建成各类自然保护区166处，其中，国家级自然保护区23处，省级自然保护区67处，使全省60%～80%的珍稀野生动植物及其栖息地得到有效保护；同时，还建有各级各类风景名胜区66个，森林公园6处，有列入世界“人与生物圈保护区网”的卧龙自然保护区和九寨沟自然保护区，列入世界自然文化遗产名录的九寨沟、黄龙、峨眉山、峨眉山－乐山大佛、都江堰－青城山、大熊猫栖息地等。

（五）全国水资源和水环境中具有不可替代的战略地位

四川河流众多，水量充沛，多年平均径流量2547.5亿立方米，约占长江径流量的1/4，相当于黄河径流量的4倍多，加上过境外来水942.2亿立方米，还有可开发地下水资源115亿立方米，是全国水资源最为丰富的地区之一。流域面积在1000平方公里以上的河流就有146条，有利于农业灌溉。主要河流上游地区天然水质良好，是我国重要的优质水资源供应基地。四川河流特别是川西和盆周地区的河流比较大，水情变化快，又是暴雨区。水文变化直接影响着四川自身和长江中下游的安全，而四川盆地是全省经济中心，水质变化对产业和社会发展的影响极大，水质的变化会直接影响重庆市和中下游地区的发展和生态安全。

三　生态环境建设成效与面临挑战

（一）生态环境建设成效

1. 生态建设成效

四川经过大力推进天然林保护、退耕还林、退牧还草、湿地保护与恢复、生态环境综合治理、水土流失防治、生态农业、野生动物保护及自然保护区建设、沙漠化综合治理、川西北防沙治沙和城乡绿化等重点工程建设，全省生态建设成效十分显著。仅“十一五”期间，四川依法对3.23亿亩森林实施常年有效管护，累计完成营造林4186万亩，退耕还林成果巩固1336.4万亩，岩溶区治理105.6万亩，天然湿地恢复15万亩，森林抚育补贴试点110万亩，低产低效商品林改造421万亩，义务植树8.27亿株；完成退牧还草5820万亩，灭鼠治虫539万亩次，人草畜三配套升级1.2万户，新增治理水土流失面积11207平方公里；治理沙化土地12万余亩；累计完成地震灾区植被恢复 441 万亩，大熊猫栖息地恢复 149 万亩，林木种苗基地恢复 3.1 万亩，地质灾害隐患排查 3.4 万处，农村用户沼气池修复 42 万口，大中型沼气工程 107 处，完成损毁农田修复 137.92 万亩。

全面推进生态省建设。围绕长江上游生态屏障建设，四川实施了生态省建设工程，全省建成国家和省级森林城市 6 个，国家和省级绿化模范县 42 个，国家和省级环保模范城市 19 个，省级生态县 9 个，国家和省级环境优美乡镇 460 个，国家和省级生态村 2009 个，省级生态家园 3.3 万户，建成生态功能保护区 7 个，各类自然保护区 166 个，国际重要湿地 1 处，国家和省级湿地公园 11 个，全省保护区网络体系进一步完善，保护面积占全省国土面积的比例达到 18.3%，95% 以上的珍稀野生动植物物种在自然保护区内得到有效保护。

通过生态建设和保护，生态效益显著提高，水土流失严重的趋势得到遏制。全省森林生态系统减少土壤侵蚀量 11167.49 万吨，减少土壤有机质和土壤氮磷钾损失量 1082.81 万吨，涵养水源 744.92 亿吨，固定碳量 7609.74 万吨，释放氧气 16210.73 万吨，积累营养物质 124.34 万吨，净化空气污染物 46055.89 万吨，节约能源 1068.75 亿千瓦时，减少二氧化碳排放量 874.40 万吨，减少二氧化硫排放量 84.12 万吨。

2. 环境治理成效

各类排放是环境污染的重要原因。通过推进工程减排、结构减排和管理减排，强化减排三大体系建设。2010 年，全省化学需氧量排放量比 2005 年下降 5.43%，五年累计削减 31.7 万吨，二氧化硫排放量比 2005 年下降 12.93%，累计削减 61.16 万吨。关停小煤矿、小钢铁、小造纸、小水泥、小酒厂和小屠宰场 1267 个，小火电机组 69 个，限期治理工业企业 2653 家，全省燃煤电厂脱硫装机比例达 93%。建成投运城镇生活污水处理厂 166 座，生活垃圾处理场 116 座，全省城市污水和垃圾处理率分别达到 70% 和 68%。挂牌整治规模化畜禽养殖污染企业 300 家，实施了 84 个乡镇农村环境连片治理项目。18 个地级市开展了机动车环保监测，在南充启动了机动车尾气治理试点。

3. 生态建设与环境治理效应明显

一是地表水环境质量明显改善。2010 年全省地表水环境质量达标断面 82.5%，比 2005 年提高 14.1%；5 个出川断面全部达标，32 条重点小流域达标率 62.5%；岷江、沱江水质达标率逐渐提升，到 2010 年干流达标率 100%，实现了省委、省政府提出的“还两江清水”战略目标。依法划定了城镇集中式饮用水水源保护区 246 个，乡镇集中式饮用水水源保护区 3472 个，城市集中式饮用水水源地水质总体较好，达标率逐年提高。二是城市环境空气质量有所提升，到 2010 年达到二级以上标准城市的比例为 87.5%，比 2005 年提高 4.5 个百分点，主要城市环境空气质量优良天数明显增加。三是城市功能区声环境质量总体趋好，城市区域环境噪声均值为 52.5 分贝，比 2005 年降低 2 分贝，交通噪声污染有所下降。全省环境质量总体良好，91.2% 的县级区域环境质量达到“优良”，核与辐射环境质量保持稳定。四是环境监管水平不断提升。生态保护和环境监管能力不断提升，为生态环境现状评价和宏观决策提供了基础数据和客观依据。截至2010年，建成生态定位、地表水水质、空气、水文、地质等观测站502个；基本建成了重点污染源在线监测和信息传输网络，392家国控污染企业安装了自动在线监控系统；全省所有火电机组脱硫设施、烧结脱硫设施安装了火电厂分散控制系统；2万吨以上污水处理厂安装了中控系统；各市（州）初步开展了机动车尾气检测。五是核与辐射安全监管明显加强，确保了核与辐射安全。成立了四川省核安全管理局，20个市（州）组建了核与辐射安全监管机构，将核与辐射安全监管纳入全省环保中心工作。加强放射性同位素与射线装置生产、销售、使用场所及放射性物品运输、伴生放射性矿、电磁辐射环境监管，对废旧放射源和退役放射源进行安全收贮，实现辐射安全许可的全覆盖。全面推广应用国家核技术利用辐射安全监管系统，实现了放射源数据与全国联网，保障了核与辐射环境安全。

（二）问题与挑战依然存在

随着四川省人口的增长，工业化、城镇化和农业现代化进程的加快，资源环境的瓶颈制约进一步加剧，发展与保护的矛盾日益突出，环境历史问题和新型环境问题交织，对全省经济发展的制约和影响加剧，同时对三峡库区乃至整个长江流域的生态环境和经济社会发展造成严重的威胁和影响。

1. 生态建设压力重重

一是应对全球生态环境问题的压力。气候变化和生物多样性等全球性生态环境问题已经成为各国利益博弈的焦点。工业化、城市化进程加快，群众的生活质量不断提高，对各类资源的需求持续快速增长，资源供给压力越来越大。二是水土流失仍然十分严重。全省水土流失面积15.65万平方公里（不含冻融侵蚀面积6.7万平方公里），占全省面积的32%；年均土壤侵蚀量为7.58亿吨，引发的次生生态环境问题不容忽视。三是土地荒漠化问题依然突出。全省沙化、石漠化土地面积超过166.7万公顷，西部高寒山区和干旱干热河谷荒漠化治理难度很大，局部生态恶化趋势尚未得到根本遏制。四是湿地生态状况堪忧。近年来，受全球气候变暖以及过度开发利用等诸多因素影响，湿地面积萎缩、生态服务功能退化和生物多样性降低的状况日趋严重。五是水生生态环境破坏严重。近年来，各地大上快上水电开发项目，使鱼类洄游通道受阻，许多水生生物的栖息繁衍受到严重影响，导致河流生态环境和水生生物资源遭到严重破坏，出现生态环境破碎化，部分珍稀水生物种濒临灭绝。六是森林资源质量不高。部分森林存在经营不善、树种单一、林相残缺等问题。还有373.3万公顷中幼林长期缺乏抚育管理，近266.7万公顷低产低效林亟待改善，导致林地生产力低下，抵御自然灾害能力较差，影响森林生态服务功能发挥。七是草地退化仍然严重。全省退化草地面积占可利用草地面积的67.3%，其中甘孜州、凉山州的比例达到82.5%。草畜矛盾加剧，超载过牧现象严重，牧区平均超载率达到45.81%。草地质量和生产能力不断下降，平均产草量比20世纪80年代下降50%。草原生态总体上呈“点上好转、面上退化、局部改善、总体恶化”的趋势。八是建设项目生态恢复滞后。矿产资源开采在一定程度上造成矿区土地、植被等资源破坏，水源、空气污染及水土流失，诱发地裂缝、地面塌陷、边坡失稳及弃渣崩塌、滑坡、泥石流等地质隐患，矿山生态环境治理恢复问题较为突出。一些公路、水电项目较多，发展较快，生态保护措施未得到有效落实，监管不到位，加剧了对建设区生态环境的破坏。

2. 环境保护新老问题叠加

一是环境质量改善的压力加大。历史遗留问题突出，水环境形势仍然不容乐观，岷江、沱江干流尚未实现全面稳定达标，小流域污染依然严重；城市空气质量不容乐观，部分城市空气质量仍较严重；酸雨问题未得到有效遏制，降水酸度、频率及出现酸雨城市比例增加，氮氧化物对酸雨的影响逐渐增加，环境质量持续改善难度加大。另外，随着生活水平的提升，民众对享受良好环境的期望持续增加，国家从全国环境安全战略出发对四川提出了更高的要求。二是污染物减排问题。今后一段时期，工业化、城镇化仍将快速发展，资源需求量持续快速增长。由于发展方式粗放、产业结构调整缓慢，使资源短缺和环境承载力不足的问题更加严重，污染物排放总量居高不下。在承接东部产业转移过程中，以造纸、食品、化工、冶金等优势资源产业为主的特点仍将延续，由生产环节造成的环境压力很难得到缓解。三是新型环境问题日渐突出。大气复合型污染在成都都市圈逐渐显现，重金属、持久性有机污染物、危险废物和化学品污染、土壤污染、机动车尾气污染等新的环境问题日渐突出。四是环境风险不断增加。四川处于工业化中期阶段，结构性污染难以根本改变，重化工特征明显，化工基地、化工园区的沿江布局，水污染控制和环境风险成为非常敏感的环境问题，流域性环境风险形势不容乐观，重金属风险加大，突出环境事件呈高发态势，自然灾害引发的次生环境问题不容忽视，影响环境安全的不确定性因素增多。五是核与辐射环境安全监管。随着放射性与磁辐射污染源的急剧增加，核与辐射环境安全问题逐渐显现，核与辐射安全监管形势严峻。六是农村环境保护任务艰巨。作为传统农业大省，农村面源污染已经成为四川省环境质量的重要制约因素。畜禽和水产养殖、农药、化肥、农膜和秸秆等造成的环境问题呈现出立体污染特征，土壤持久性有机污染物污染有加重趋势。

四　重点生态功能区建设

（一）重点生态功能区的生态服务价值

生态系统结构的空间差异性是普遍存在的，生态系统结构的空间差异性会导致功能或生态学特性上的空间差异，进而使生态系统服务出现空间差异性。一些区域承载着重点生态服务功能，一些区域承载着生产功能，一些区域则承担着经济发展与城镇化功能，区域主体功能的差异源于生态系统结构的区域差异。重要生态功能区是指在保持流域、区域生态平衡，防治和减轻自然灾害，确保国家和地区生态安全方面具有重要作用的区域。重要生态功能区与普通生态系统服务不同，其所产生的生态服务及其价值可以通过水、空气等流通介质流动到区外的其他地方，并在具备适当外部条件时对这些地方的经济社会发展产生效用。表 12-1 总结了重要生态功能区典型生态服务的空间转移内涵。

重点生态功能区具有尺度特征属性，有全球层面的生物多样性热点地区，有国家层面的重要生态功能区，也有省级层面乃至市、县级层面的水源涵养与生物多样性保护区。世界非政府组织 - 保护国际根据生物多样性富集程度以及受威胁状况，在全球划出了 34 个生物多样性热点地区，中国西南山地榜上有名。

表 12-1　重要生态功能区典型生态服务的空间转移

空间转移类型	转移内涵
水源涵养服务	主要指我国重要河流上游和重要水源补给区中植被与土壤所涵养的水分，通过河流水系等输水通道转移到中下游地区并在那里产生生态服务
土壤保持服务	植被发育良好的重要生态功能区，由于植被和枯枝落叶的保护，减少雨水对土壤的侵蚀，其生态系统的土壤保持服务可以体现在下游地区，即避免下游区域因上游土壤流失传输而导致湖泊、河流、水库等泥沙淤积
防风固沙服务	在风沙源区，由于重要生态功能区植被的作用减少大风对本区土壤表层颗粒吹扬。这一生态服务可以体现为减缓或避免下风向区域沙尘灾害的发生
生物多样性服务	生物多样性是人类赖以生存的物质基础，不合理的人类活动是造成生物多样性减少的根本原因，在生物多样性丰富的重要生态功能区，由于保护生物多样性所产生的生态服务，可以通过流动介质转移到区域外其他地方并在那里表现出来
洪水调蓄服务	重要生态功能区中森林、湿地等生态系统所产生的调节洪峰、储蓄洪水等生态服务，可以体现在减少或避免区域外其他地方的洪灾损失

这些区域的生物多样性因人类活动而受到影响，需要给予高度关注。在国家层面，中国主体功能区规划中划定的重要生态功能区（包括禁止开发区）也是基于全国尺度上认定的，这些区域对全国生态屏障与生态产品供给具有重要作用，需要给予特殊保护。

（二）重点生态功能区的区域分布

重点生态功能区是指对生态系统十分重要，关系全国或较大范围区域的生态安全。目前，生态系统有所退化，需要在国土空间开发中限制进行大规模高强度工业化城镇化开发，以保持并提高生态产品供给能力的区域。全国有 25 个区域为生态功能限制开发区，四川涉及的限制开发的重点生态功能区有 3 处，分别是以水源涵养为主的若尔盖湿地生态功能区、川滇森林及生物多样性生态功能区和秦巴山生物多样性生态功能区（见表 12-2）。此外，从生物多样性和水土流失治理角度，四川省新增了大小凉山水土保持和生物多样性生态功能区（见图 12-1）。

1. 若尔盖草原湿地生态功能区

若尔盖草原湿地生态功能区涉及阿坝县、红原县和若尔盖县等 3 县。2011 年，三县的土地总面积达 29270 平方公里，人口 19.3 万人，其中农业人口 16.5 万，占区域内总人口的 85.5%，人口密度为 6.59 人 / 平方公里，人均国内生产总值为 10452 元，为四川省人均 GDP 的 49.3%。若尔盖草原湿地包括一个国家级自然保护区——四川若尔盖草原湿地国家级自然保护区，面积达 166571 公顷，以保护高寒

图 12-1　四川省生态安全战略格局

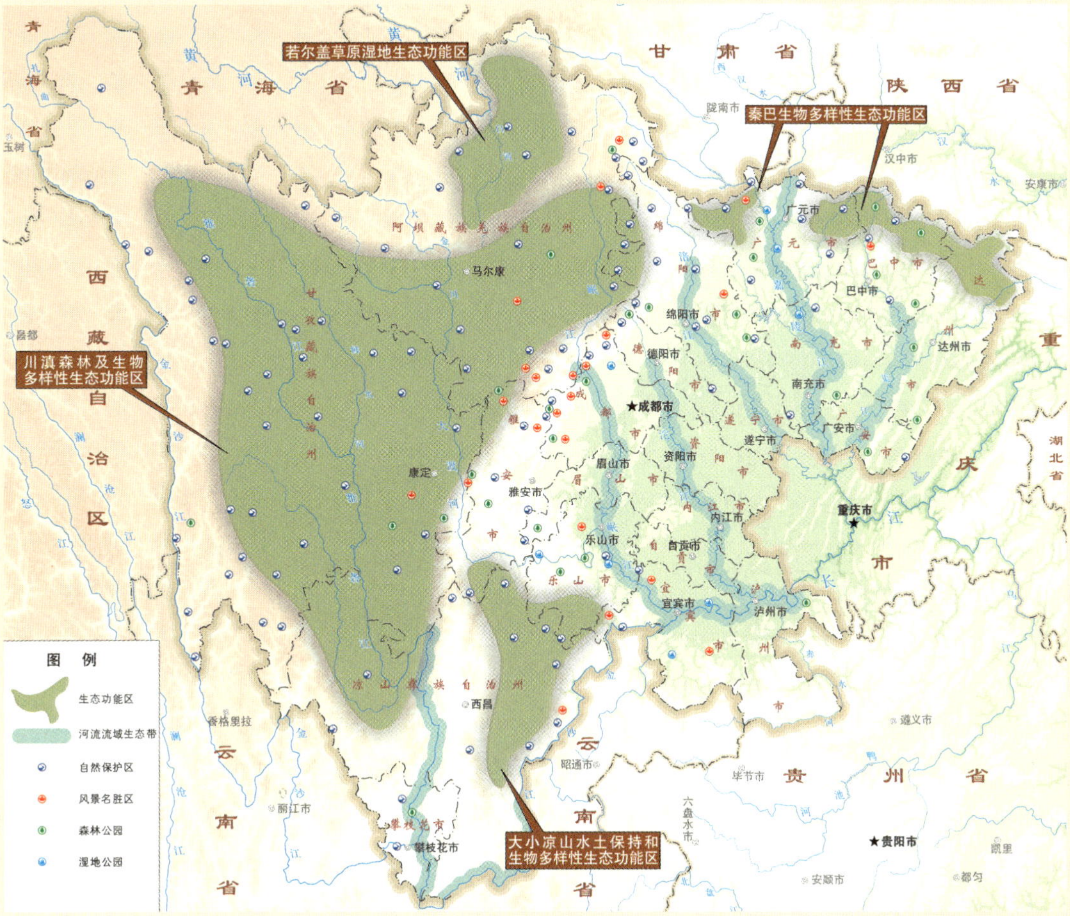

资料来源：本图由四川省发展和改革委员会、四川省测绘地理信息局提供。

表 12-2　全国重点生态功能区（四川部分）（单位：平方公里，万人）

区　域	范　围	面积	人口
若尔盖草原湿地生态功能区	阿坝县、若尔盖县、红原县	28514	18.2
川滇森林及生物多样性生态功能区	天全县、宝兴县、小金县、康定县、泸定县、丹巴县、雅江县、道孚县、稻城县、得荣县、盐源县、木里藏族自治县、汶川县、北川县、茂县、理县、平武县、九龙县、炉霍县、甘孜县、新龙县、德格县、白玉县、石渠县、色达县、理塘县、巴塘县、乡城县、马尔康县、壤塘县、金川县、黑水县、松潘县、九寨沟县	243905	291.5
秦巴生物多样性生态功能区	旺苍县、青川县、通江县、南江县、万源市	17775	275
总　计	42 个县级行政区	290194	584.7

沼泽湿地及黑颈鹤等野生动物为主。若尔盖草原湿地是黄河上游极为重要的水源涵养区，承担着黄河上游1/3的水源涵养功能。国家生态功能区规划对这一区域的生态功能综合评价是位于黄河与长江水系的分水地带，湿地泥炭层深厚，对黄河流域的水源涵养、水文调节和生物多样性维护有重要作用。目前，湿地面临着疏干垦殖和过度放牧导致草原退化、沼泽萎缩、水位下降、生物多样性降低。湿地保护的重点内容是停止开垦，禁止过度放牧，恢复草原植被，保持湿地面积，保护珍稀动物。

若尔盖湿地属于高原湿地，湿地退缩的重要原因之一是人口过快增长所带来的生存发展压力。1990年若尔盖县有5.7万人，到2011年增加到7.6万，21年净增1.9万人。人们为生存发展而大量开发湿地资源，沼泽周边山坡森林资源被大面积破坏，沼泽被大量疏干转化为牧场，仅20世纪70年代，累积不同程度疏干、改造沼泽20万公顷，约占本区沼泽总面积的43.5%。同时，牧场超载现象十分严重，2003年底超载率即达62.52%。由于若尔盖地区土壤母质是沙，牲畜过度践踏破坏地表植被层和土壤层，使本来就埋藏较浅的沙层出露地表，造成原地沙化。此外，湿地保护面临的重要问题是区域性人口贫困与经济发展滞后。2011年，若尔盖湿地所涵盖的3个县，农民人均纯收入分别为5000元（阿坝县）、4851元（若尔盖县）、5498元（红原县），仍然滞后于四川省当年农民人均纯收入的平均水平（6128元）。

2. 川滇森林及生物多样性生态功能区

目前，川滇森林及生物多样性生态功能区四川部分包括了天全县、宝兴县、小金县、康定县、泸定县、丹巴县、雅江县、道孚县、稻城县、得荣县、盐源县、木里藏族自治县、汶川县、北川县、茂县、理县、平武县、九龙县、炉霍县、甘孜县、新龙县、德格县、白玉县、石渠县、色达县、理塘县、巴塘县、乡城县、马尔康县、壤塘县、金川县、黑水县、松潘县、九寨沟县等34个县，涵盖了甘孜藏族自治州和阿坝藏羌自治州以及凉山州的木里县，雅安市的天全县、宝兴县以及绵阳市的平武县、北川羌族自治县。2011年，区域面积24.39万平方公里，占四川省土地总面积的50.3%，人口291.5万人，占四川总人口的3.6%，其中农业人口240.2万，占区域总人口的82.4%，人口密度为11.95人/平方公里；当年人均国内生产总值为12984元，为四川省人均地区生产总值的61.3%。

国家主体功能区规划对这一重要生态功能区的综合评价是原始森林和野生珍稀动植物资源丰富，是大熊猫、羚牛、金丝猴等重要物种的栖息地，在生物多样性维护方面具有十分重要的意义。目前山地生态环境问题突出，草原超载过牧，生物多样性受到威胁。其发展方向是保护森林、草原植被，在已明确的保护区域保护生物多样性和多种珍稀动植物基因库。川滇森林及生物多样性生态功能区地处青藏高原向成都平原的过渡地带，是四川省藏羌民族世居区，是全国第二大藏族聚居区与唯一的羌族聚居区。除雅安市的天全县外，所有县（市）均为少数民族自治县或少数民族待遇县。区内有九寨沟–黄龙世界自然遗产地、大熊猫栖息地世界自然遗产地，还有一大批规格较高的国家级自然保护区与国家级森林公园，是四川省动植物基因库的核心区域。

川滇森林及生物多样性生态功能区面临着极大的经济社会发展与农村扶贫压力。除天全县与宝兴县外的 32 个县全部为全国集中连片贫困区所划定的贫困县，分属于四川藏区贫困县（甘孜州各县、阿坝州各县以及木里县）和秦巴山区贫困县（北川县和平武县），区域扶贫与农村扶贫的压力极大。贫困人口的重要特征之一是对自然资源的高度依赖以及所造成的生态系统退化。另外，连片贫困区的扶贫开发以及重大基础设施建设（川藏铁路、成兰铁路、水电资源开发）对区域生态环境造成巨大扰动，对区域生态产品供给以及生态环境保护等，形成巨大压力。因此，这一区域的生态功能区建设不得不面临区域性贫困、农村贫困、重大基础设施建设以及城镇化等社会经济因素的挑战。

3. 秦巴山生物多样性生态功能区

秦巴山生物多样性生态功能区位于四川北部，包括旺苍县、青川县、通江县、南江县和万源市等 5 县（市），是典型的盆周山区，生物多样性丰富，生态环境保护的压力巨大。5 县（市）中有 4 县（市）为国家扶贫工作重点县（旺苍、通江、南江、万源），非国家扶贫工作重点县——青川县在遭受“5·12”汶川特大地震后农村贫困情况较国家扶贫工作重点县更严重，境内因宝珠寺水电站淹没的后靠移民至今还处于贫困状态。秦巴山生物多样性生态功能区四川部分区域 2011 年面积 17773 平方公里，总人口 275 万人，其中农业人口 227.3 万，占区域总人口的 82.7%，人口密度为 154.7 人 / 平方公里，人均国内生产总值 10212 元，远低于四川省的平均水平。

国家主体功能区规划对这一区域的综合评价是包括秦岭、大巴山、神农架等亚热带北部和亚热带—暖温带过渡的地带，生物多样性丰富，是许多珍稀动植物的分布区。目前水土流失和地质灾害问题突出，生物多样性受到威胁。其发展方向是减少林木采伐，恢复山地植被，保护野生物种。这一区域与前述区域的显著不同是人口密度较大且以汉族人口为主，对山地农业资源的依赖程度高，人均资源拥有量十分有限，生存与发展对生物多样性与山地生态系统保护的压力较大。而且，这一区域也是较为典型的生态脆弱区，属于两类生态系统的过渡面，生态系统具有不稳定、抗干扰能力弱等特点。

4. 大小凉山水土保持和生物多样性生态功能区

大小凉山水土保持和生物多样性生态功能区是四川省划定的生态功能区，在全国有重要的生态服务功能。该区位于我国东北部湿润亚热带气候和西部干湿交替亚热带气候的分界线，以黄茅埂为界，西部为大凉山，东部为小凉山，生物多样性丰富，铁、铜、铅锌镍磷等矿产资源富集。该区存在的主要问题是水土流失、地质灾害多发和生物多样性受到威胁。对该区的保护主要是加强小流域综合治理和生物多样性保护，加强山地灾害防治，加大矿山环境整治和修复力度。

该区域的水土保持和生物多样性保护面临着经济社会发展的巨大压力。区内有 13 个县是乌蒙山区贫困县（叙永县、古蔺县、沐川县、马边彝族自治县、屏山县、普格、布拖、金阳、昭觉、喜德、越西、美姑、雷波等）以及国家级贫困县（盐源）。区域性贫困与农村人口贫困对水土保护和生物多样性保护的巨大威胁之一是过度利用自然资源导致的生态系统功能退化、水土流失加剧。同时，该区还是矿产资源富集区域，矿山开采所带来的环境污染与生态退化在该区表现较为明显。如何在发展经济与保护生态环境、脱贫致富与生态建设之间寻找平衡点，是该区生态功能建设面临的重大挑战。

（三）重点生态功能区的开发管制原则

根据国家主体功能区规划要求，对重点生态功能区实施以下开发管制原则。

第一，对各类开发活动进行严格管制，尽可能减少对自然生态系统的干扰，不得损害生态系统的稳定和完整性。

第二，开发矿产资源、发展适宜产业和建设基础设施，都要控制在尽可能小的空间范围之内，并做到天然草地、林地、水库水面、河流水面、湖泊水面等绿色生态空间面积不减少。控制新增公路、铁路建设规模，必须新建的，应事先规划好动物迁徙通道。在有条件的地区之间，要通过水系、绿带等构建生态廊道，避免形成“生态孤岛”。

第三，严格控制开发强度，逐步减少农村居民点占用的空间，腾出更多的空间用于维系生态系统的良性循环。城镇建设与工业开发要依托现有资源环境承载能力相对较强的城镇集中布局，据点式开发，禁止成片蔓延式扩张。原则上不再新建各类开发区和扩大现有工业开发区的面积，已有的工业开发区要逐步改造成为低消耗、可循环、少排放、“零污染”的生态型工业区。

第四，实行更加严格的产业准入环境标准，严把项目准入关。在不损害生态系统功能的前提下，因地制宜地适度发展旅游、农林牧产品生产和加工、观光休闲农业等产业，积极发展服务业，根据不同地区的情况，保持一定的经济增长速度和财政自给能力。

第五，在现有城镇布局基础上进一步集约开发、集中建设，重点规划和建设资源环境承载能力相对较强的县城和中心镇，提高综合承载能力。引导一部分人口向城市化地区转移，一部分人口向区域内的县城和中心镇转移。生态移民点应尽量集中布局到县城和中心镇，避免新建孤立的村落式移民社区。

第六，加强县城和中心镇的道路、供排水、垃圾污水处理等基础设施建设。在条件适宜的地区，积极推广沼气、风能、太阳能、地热能等清洁能源，努力解决农村特别是山区、高原、草原和海岛地区农村的能源需求。在有条件的地区建设一批节能环保的生态型社区。健全公共服务体系，改善教育、医疗、文化等设施条件，提高公共服务供给能力和水平。

（四）禁止开发区及构成名录

禁止开发区是指有代表性的自然生态系统、珍稀濒危野生动植物物种的天然集中分布地，有特殊价值的自然遗迹所在地和文化遗址等，需要在国土空间开发中禁止进行工业化城镇化开发的重点生态功能区。国家层面的禁止开发区是我国保护自然文化资源的重要区域，珍稀动植物基因资源保护地。四川境内的国家禁止开发区散布于全省，与重点生态功能区一道构成长江上游最为重要的生态安全屏障，对成渝经济区发展与长江农产品生产区具有安全保障作用。在国家主体功能区规划中，四川境内纳入禁止开发区的自然保护区有 23 处，世界自然与文化遗产保护地 5 处，国家级风景名胜区 14 处，国家级森林公园 29 处，国家地质公园 12 处。这些禁止开发区的 91.6% 分布在上述三大类重点生态功能区内。其中，川滇生物多样性区内分布的国家级自然保护区面积达 22736.42 平方公里，占四川境内国家级自然保护区面积的 81.6%，若尔盖湿地自然保护区面积 1665.71 平方公里，占四川境内国家级自然保护区面积的 6.0%，秦巴山重要生态功能区内分布的国家级自然保护区面积 1116.03 平方公里，占国家级自然保护区总面积的 4.0%，其余 8 个自然保护区分布在川西南山地、盆周山区，面积为 2361.7 平方公里，占国家级自然保护区总面积的 8.4%。也就是说，禁止开发区中的国家级自然保护区与限制开发区中的重要生态功能区在地理空间上高度耦合（见表 12-3）。

国家禁止开发区中的 30 个国家级森林公园，分布在 30 余个县（市、区），面积

表 12-3　全国禁止开发区四川部分名录（自然保护区部分）（单位：平方公里）

名　称	面积	位　置	主要保护对象
四川龙溪－虹口国家级自然保护区	310	都江堰市	亚热带山地森林生态系统及大熊猫、珙桐等珍稀动植物
四川白水河国家级自然保护区	301.5	彭州市	森林生态系统及野生动植物
四川攀枝花苏铁国家级自然保护区	13.58	攀枝花市市辖区	珍稀野生植物及其生境
四川长江上游珍稀、特有鱼类国家级自然保护区	331.74	昭通市、遵义市、泸州市、宜宾市、重庆市江津区、巴南区等	白鲟、达氏鲟、胭脂鱼等长江上游珍稀特有鱼类产卵场、越冬场、洄游通道及河流生态系统
四川画稿溪国家级自然保护区	238.27	叙永县	桫椤等珍稀植物及地质遗迹
四川王朗国家级自然保护区	322.97	平武县	大熊猫、川金丝猴等珍稀野生动物及森林生态系统
四川雪宝顶国家级自然保护区	636.15	平武县	大熊猫、川金丝猴、扭角羚等珍稀野生动物及其生境
四川米仓山国家级自然保护区	234	旺苍县	山地森林生态系统及珍稀野生动植物
四川唐家河国家级自然保护区	400	青川县	大熊猫等珍稀野生动物及森林生态系统
四川马边大风顶国家级自然保护区	301.64	马边彝族自治县	大熊猫等珍稀野生动物及森林生态系统
四川长宁竹海国家级自然保护区	358	长宁县	竹林生态系统及野生动植物
四川花萼山国家级自然保护区	482.03	万源市	北亚热带常绿阔叶林生态系统及珍稀野生动植物
四川蜂桶寨国家级自然保护区	390.39	宝兴县	大熊猫等珍稀野生动物及森林生态系统
四川卧龙国家级自然保护区	2000	汶川县	大熊猫等珍稀野生动物及森林生态系统
四川九寨沟国家级自然保护区	720	九寨沟县	大熊猫等珍稀野生动物及森林生态系统
四川小金四姑娘山国家级自然保护区	560	小金县	野生动物及高山生态系统

续表

名　　称	面积	位　置	主要保护对象
四川若尔盖湿地国家级自然保护区	1665.67	若尔盖县	高寒沼泽湿地生态系统及黑颈鹤等野生动物
四川贡嘎山国家级自然保护区	4091.43	康定县、泸定县、九龙县、石棉县	高山森林生态系统及大熊猫、金丝猴等珍稀野生动物
四川察青松多白唇鹿国家级自然保护区	1436.83	白玉县	白唇鹿、金钱豹等野生动物及其生境
四川海子山国家级自然保护区	4591.61	理塘县、稻城县	高寒湿地生态系统及白唇鹿、马麝、金雕、藏马鸡等珍稀动物
四川亚丁国家级自然保护区	1457.5	稻城县	高山生态系统及森林、草甸、野生动物等
四川美姑大风顶国家级自然保护区	506.55	美姑县	大熊猫等珍稀野生动物及森林生态系统
四川长沙贡玛国家级自然保护区	6698	石渠县	高寒湿地生态系统和藏野驴、雪豹等珍稀野生动物

资料来源：国家主体功能区规划。

达到6358.94平方公里，在地理空间上也呈现出与三大重要生态功能区耦合的特点。这30个国家森林公园中，有4个国家级森林公园与自然保护区在地理空间上是重叠的（白水河森林公园、九寨沟森林公园、都江堰森林公园、米苍山森林公园），有7个国家级森林公园分布在川滇生物多样性重点生态功能区内，面积2997.53平方公里，占国家级森林公园面积的47.1%；有2个分布在秦巴山生物多样性重点生态功能区内，面积516.66平方公里，占森林公园面积的8.1%；有21个分布在非重点生态功能区内，面积2844.75平方公里，占国家级森林公园面积的44.8%。

表12-4　世界自然与文化遗产地（四川部分）（单位：平方公里）

名　　称	面积	遗产种类
四川九寨沟风景名胜区	720	自然遗产
四川黄龙风景名胜区	700	自然遗产
四川峨眉山－乐山风景名胜区	171.88	文化与自然双重遗产
四川青城山和都江堰	178.91	文化遗产
四川大熊猫栖息地	9245	自然遗产

资料来源：国家主体功能区规划。

国家禁止开发区中的5处世界自然与文化遗产地，分别是四川九寨沟世界自然遗产地、四川黄龙世界自然遗产地、四川峨眉山－乐山文化与自然遗产地、四川青城山－都江堰文化遗产地、四川大熊猫栖息地（自然遗产地），遗产地总面积11015.79平方公里。除峨眉山－乐山文化与自然遗产地、青城山－都江堰文化遗产地2处外，其余3处均分布在川滇生物多样性重点生态功能区内，3处遗产地面积占四川世界遗产地总面积的96.8%。这5处世界文化与自然遗产地本身也是国家级自然保护区的组成部分（见表12-4）。

国家禁止开发区中有12处为国家地质公园，面积达1537平方公里，除华蓥山地质公园、自贡恐龙古生物地质公园、安县生物礁地质公园、射洪硅化木地质公园、兴文石海国家地质公园、江油国家地质公园等 6 处外，其余 6 处均分布在川滇生物多样性重点生态功能区内，是川滇生物多样性重点生态功能区的重要组成部分（见表 12-5）。

表 12-5　四川国家级地质公园名录（单位：平方公里）

名　称	面　积	名　称	面　积
四川龙门山构造地质国家地质公园	1900	四川黄龙国家地质公园	700
四川自贡恐龙古生物国家地质公园	8.7	四川九寨沟国家地质公园	110
四川安县生物礁国家地质公园	508	四川兴文石海国家地质公园	121
四川大渡河峡谷国家地质公园	404	四川华蓥山国家地质公园	116
四川海螺沟国家地质公园	350	四川江油国家地质公园	116
四川射洪硅化木国家地质公园	12	四川四姑娘山国家地质公园	490

资料来源：国家主体功能区规划。

国家禁止开发区中有 14 处国家级风景名胜区（除雅砻江风景名胜区外）均与国家级森林公园、国家级自然保护区与国家级地质公园等重叠，或者说这 13 处风景名胜区就是森林公园、地质公园等，区域分布特征与自然保护区、森林公园等相似，主要在三类重要生态功能区内。

除国家级自然保护区、风景名胜区与地质公园等外，四川境内还有 66 处省级自然保护区，77 处市（县）级自然保护区。这些类型的自然保护区在保护生物多样性方面同样发挥着极为重要的作用，是四川省生态建设的重要组成部分。它们与国家层面的禁止开发区一道构筑起保障长江流域的生态安全屏障。

（五）禁止开发区的管理政策

1. 国家级自然保护区

依据《中华人民共和国自然保护区条例》与《国家主体功能区规划》确定的原则和自然保护区规划进行多重管理。按核心区、缓冲区和实验区分类管理。核心区，严禁任何生产建设活动；缓冲区，除必要的科学实验活动外，严禁其他任何生产建设活动；实验区，除必要的科学实验以及符合自然保护区规划的旅游、种植业和畜牧业等活动外，严禁其他生产建设活动。按核心区、缓冲区、实验区的顺序，逐步转移自然保护区的人口。绝大多数自然保护区核心区应逐步实现无人居住，缓冲区和实验区也应较大幅度地减少人口。根据自然保护区的实际情况，实行异地转移和就地转移两种转移方式，一部分人口转移到自然保护区以外，一部分人口就地转为自然保护区管护人员。在不影响自然保护区主体功能的前提下，对范围较大、目前核心区人口较多的，可以保持适量的人口规模和适度的农牧业活动，同时通过生活补助等途径，确保人民生活水平稳步提高。交通、通信、电网等基础设施要慎重建设，能避则避，必须穿越的，要符合自然保护区规划，并进行保护区影响专题评价。新建公路、铁路和其他基础设施不得穿越自然保护区核心区，尽量避免穿越缓冲区。

2. 世界文化自然遗产

依据《保护世界文化和自然遗产公约》、《实施世界遗产公约操作指南》、《国家主体功能区规划》所确定的原则和文化自然遗产规划进行管理。加强对遗产原真性的保护，保持遗产在艺术、历史、社会和科学方面的特殊价值。加强对遗产完整性的保护，保持遗产未被人扰动过的原始状态。

3. 国家级风景名胜区

依据《风景名胜区条例》与《国家主体功能区规划》确定的原则和风景名胜区规划进行管理。严格保护风景名胜区内一切景物和自然环境，不得破坏或随意改变。严格控制人工景观建设。禁止在风景名胜区从事与风景名胜资源无关的生产建设活动。建设旅游设施及其他基础设施等必须符合风景名胜区规划，逐步拆除违反规划建设的设施。根据资源状况和环境容量对旅游规模进行有效控制，不得对景物、水体、植被及其他野生动植物资源等造成损害。

4. 国家森林公园

依据《中华人民共和国森林法》、《中华人民共和国森林法实施条例》、《中华人民共和国野生植物保护条例》、《森林公园管理办法》、《国家主体功能区规划》确定的原则和森林公园规划进行管理。除必要的保护设施和附属设施外，禁止从事与资源保护无关的任何生产建设活动。在森林公园内以及可能对森林公园造成影响的周边地区，禁止进行采石、取土、开矿、放牧以及非抚育和更新性采伐等活动。建设旅游设施及其他基础设施等必须符合森林公园规划，逐步拆除违反规划建设的设施。根据资源状况和环境容量对旅游规模进行有效控制，不得对森林及其他野生动植物资源等造成损害。不得随意占用、征用和转让林地。

5. 国家地质公园

依据《世界地质公园网络工作指南》、《国家主体功能区规划》确定的原则和地质公园规划进行管理。除必要的保护设施和附属设施外，禁止其他生产建设活动。在地质公园及可能对地质公园造成影响的周边地区，禁止进行采石、取土、开矿、放牧、砍伐以及其他对保护对象有损害的活动。未经管理机构批准，不得在地质公园范围内采集标本和化石。

五 重点流域生态环境保护

四川全省河流众多，共有大小河流1400余条，被誉为“千河之省”。水资源以河川径流最为丰富，总量约有3131亿立方米。受制于经济发展方式与生态环境认识局限，河流生态环境遭到严重破坏，嘉陵江、金沙江等主要河流成为长江泥沙的主要贡献者，沱江面临严重污染，最终酿成了让世界关注的2003年沱江污染事件。对此，四川积极采取应对策略，在20世纪80年代末期相继启动了长江流域水土保持综合治理工程和长江流域防护林体系建设工程。沱江污染事件之后，全省启动了还“三江”（岷江、沱江、嘉陵江）清水于民的行动以及生态省建设工程。经过20年的建设，重点流域生态环境明显改善，水污染得到一定程度的控制，出川断面水质明显提升。“十二五”

期间，四川省将投资上亿元治理污染，确保全省 5 个国控出川水质断面的水质稳定达到国家考核指标。

（一）长江干流水系

1. 区域范围

长江横贯全省，宜宾以上称为金沙江，宜宾市至湖北宜昌市南津关俗称川江。长江的主要支流在西部高原有雅砻江，较大的二级支流有水落河、鲜水河、理塘河、安宁河、绰斯甲河等。宜宾以下主要支流有岷江、青衣江、沱江、涪江、嘉陵江等，较大的二级支流有黑水河、马边河、釜溪河、凯江、梓潼江、西河、东河及州河等。长江干流，也就是川江，在四川境内主要指流经宜宾、泸州两市境内的干流区域。宜宾、泸州两个中型城市坐落于长江沿岸，还有江安、南溪、合江、纳溪等县级城镇。同时，宜宾、泸州两市的长宁、筠连、高县、珙县、兴文、叙永、古蔺等也属于干流水系。长江干流流经区域是四川省极为重要的食品饮料、重化工等产业发展基地，经济社会发展水平较高，农产品丰富，是长江柑橘带的主产区。境内分布有四川长江上游珍稀特有鱼类国家级自然保护区，宜宾、泸州两市是该自然保护区的核心区域，担负着白鲟、胭脂鱼等长江上游珍稀特有鱼类产卵场、越冬场、洄游通道以及河流生态系统的保护任务。

2. 生态环境状况

长江干流水系区属于川南山地，近年来生态环境状况有所改善，但毁林开荒、陡坡垦殖、石漠化、水土流失等问题依然存在。据 1983 年调查，长江干流区间（含重庆部分）水土流失面积占总面积的 60.1%，是境内水土流失最为严重的流域之一。经过 20 余年的水土流失治理与林业生态建设，干流区间水土流失面积占流域面积已降至 45.74%。目前，长江干流水系面临的主要生态环境问题是重化产业沿江布局对河流水质的污染、城镇人口增长的水资源需求压力与城镇人口增长所产生的水质污染、农业面源污染、水土流失等问题。同时，长江干流水系还有叙永、古蔺 2 个国家扶贫工作重点县，农村人口贫困问题突出，生态环境保护与发展的矛盾依然存在。

3. 生态环境保护

川江经济带是四川省重要经济社会发展区，川南城镇群是四川城镇化发展的重要组成部分。在成渝经济区规划中，提出建立“长江生态带”定位，区域范围主要包括长江上游带状区域。以长江上游珍稀濒危水生野生动植物、河流生态系统和水资源保护为重点，加强三峡库区及其上游影响区水污染防治、水土保持综合治理和生态环境监测，加大石漠化和陡坡耕地治理力度，加快长江两岸植被恢复和沿江主要城市污染治理，建设长江上游重要生态屏障。加大重金属污染治理及土壤修复工程，推进重金属排放企业清洁生产等，对长江柑橘带主产区的土壤实施修复试点。推进沿岸小城镇、村落的垃圾治理与生活污水处理工程，杜绝规模化养殖企业沿江布局，有步骤地实施环境优美城市（县城、乡镇、村庄）建设。

（二）岷江水系

1. 区域范围

岷江，又称汶江、都江，以岷山导江

而得名。岷江是长江重要支流，在四川中部，发源于岷山南麓的弓杠岭，流经松潘、汶川等县到都江堰出峡，在乐山接纳大渡河，到宜宾汇入长江。全长790公里，流域面积13.6万平方公里。岷江分东西两条干流，西边是大渡河，东边是岷江。两条干流所流经的上游区域（九寨沟、汶川、泸定、石棉等）均为四川少雨中心（年降雨量小于800毫米），两条干流的中上游则穿越川西雨屏区，大渡河下游的铜街子及马边、沐川一带为四川省的次多雨区（年降雨量为1200～1600毫米）。黑水河、杂谷脑河是岷江上游的一级支流，河源至都江堰市的上游段河道长340公里，落差达3009米，河谷深切，河道平均比降8‰；都江堰市至乐山中游段河道长232公里，著名的都江堰灌区水流密如蛛网，落差305米，平均比降2.6‰；乐山至宜宾下游段，河道长163公里，落差97米，河道比降0.59‰。岷江水系有大小支流90余条，但东侧少，西侧多。西侧的大渡河是岷江最大支流，干流长1062公里，流域面积7.68万平方公里。青衣江为岷江二级水系、大渡河一级水系，干流长276公里，流域面积1.33万平方公里。大渡河为高山峡谷型河流，地势险峻，水流汹涌，自古有“大渡天险”之说，以金口河大峡谷最负盛名。流域内沟谷纵横，支流众多，干支流之间组合呈羽状水系。大渡河径流补给上游以融雪水、地下水为主，中下游以降水为主。大渡河流域是石棉、云母矿最大的产区，也是最主要的林区。

2. 生态环境状况

岷江流域自然生态环境复杂，岷江上游与大渡河上游同属横断山区，是全球生物多样性极为丰富的热点地区，分布着大量高品位的自然保护区与世界自然文化遗产，如青城山－都江堰、大熊猫栖息地、四姑娘山自然保护区、弓杠岭自然保护区等等。同时，上游均面临着较为严峻的生态环境退化问题，是荒漠化最为严重的区域之一，岷江上游干流荒漠化呈现上下左右扩展的态势。上游分布有3条地震带，即松潘地震带（包括校场、松潘、章腊、南坪，1933年8月25日的叠溪地震位于较场弧形构造的顶部，1976年松潘地震）、龙门山地震带（南起天全县，往北经都江堰、汶川、北川、青川到陕西宁强县，2008年“5·12”汶川特大地震震源位于汶川映秀镇）以及鲜水河地震带南部区域的康定、泸定、石棉。目前，岷江上游与大渡河上游均面临生态退化、大型高坝水电站对河流生态系统的负面影响（大渡河上游有瀑布沟水电站、岷江上游有紫坪铺水电站）、水电资源梯级开发对河流生态系统影响、植被退化、不断增长的人口与有限耕地资源的矛盾、山地要素灾害频繁。中下游地区则面临着大规模的工业化、城镇化带来的生态环境压力。1983年，岷江流域水土流失为47.6%，大渡河流域为27.8%，目前下降到27.5%（含大渡河流域），水土流失状况有明显好转。大渡河上游地质灾害严重，近年来多次发生滑坡泥石流等山地要素灾害。岷江上游及其支流所穿越区域为少数民族地区，有黑水、小金、马边、喜德、越西、甘洛等国家扶贫工作重点县。岷江中下游地区为相对富庶的成都平原经济区（成都、眉山、乐山等），承受着城镇化与工业化所产生的环境污染压力。

3. 生态环境保护

岷江水系生态环境保护关系四川经济社会发展，关系到成都平原经济区的安危。岷江与大渡河上游以生态退化治理、山地灾害防治、小流域综合治理等为主，依托流域内丰富的各类自然保护区、地质公园、森林公园、风景名胜区等点状与面状禁止开发区与限制开发区，以天然林资源保护、退耕还林、草场建设等为载体，促进自然生态系统的自我修复；对流域内密集开发的水电站进行河流规划与调整，推进河流生态流量建设工程，确保河流最低生态流量；加大环境整治力度，小流域水土流失综合治理等，将上游建成重要的生态屏障。中下游流域则以水环境治理、水质提升等为主，控制城镇生产生活污水向河流的无序排放；农村生活污染与农业生产面源污染的治理，尤其是降低耕地化肥施用强度，严格按照生态农业标准控制农业投入物的用量。

（三）沱江水系

1. 区域范围

沱江，又名外江、中江，是长江上游的一级支流，流域全在四川境内。它有三源：左源绵远河，发源于茂县九顶山南麓，为主源，河长 180 公里；中源石亭江，河长 141 公里；右源湔江，河长 139 公里，三源于金堂县赵镇汇合始称沱江，再经资阳、内江，到泸州市注入长江。干流全长 634 公里，流域面积 2.78 万平方公里，干流总落差 2354 米，平均比降 3.74‰。石亭江发源于什邡市的红白镇，在什邡境内有 87 公里，流经金堂县赵镇汇入沱江。正源绵远河流经绵竹市山区平坝，穿越德阳市城区，被誉为德阳的“母亲河”，在德阳境内承载 10 万余人的生活用水和 40 余家大中型企业的生产生活用水，灌溉 10 万亩良田以及德阳城区 50 余平方公里的防洪功能。湔江是成都平原西北山区的一条重要河流，发源于彭州市龙门山脉中的太子城峰西南，在彭州市境内穿越丹景山镇进入成都平原，在广汉市境内被称为“鸭子河”，在金堂县交界处汇合绵远河、石亭江后称“北河”，后在赵镇与都江堰引岷江水的柏条河、青白江汇合称沱江。流经简阳市、资阳市、资中、内江，在富顺纳釜溪河，后在泸州注入长江。釜溪河发源于威远县，流域面积 3472 平方公里，河长 190 公里，流经威远县、自贡市、富顺县，在富顺的釜溪口注入沱江。沱江水网结构的特征是水系进入盆地后河道分歧与岷江水系联系起来，交织成网，形成扇状散流并以金堂为汇流点。成都平原就是由岷江与沱江造成的冲积扇。沱江在金堂切开龙泉山，形成峡谷段，而后流入丘陵区，水流缓急交替，蜿蜒曲折，滩沱相间，干流深切，曲流发育，水网结构为树枝状。沱江流域，土地肥沃，雨量较多，气候温和，农业生产发达。同时，沱江水系所在区域是四川工业化与城镇化水平较高的区域，沿岸的主要城镇青白江、彭州、什邡、广汉、绵竹、德阳、金堂、资中、资阳、简阳、内江、自贡市、富顺、威远等均是四川工业化水平较高的区域。德阳市为中国重装基地，青白江、什邡、富顺、自贡为化工基地之一。沿岸人口密度较高，城镇密集，生产生活用水量大，污水排放压力大。

2. 生态环境状况

沱江干流河道比降较为平缓，上中游

比降大于下游；弯曲度大，河曲甚多；河道边滩发育，滩涂相间；由于全流域均在省内暴雨区，尤以上游鹿头山暴雨中心为著，故洪枯流量及水位变幅大，其倍比系数在100以上；而中下游盆地区径流特低，且径流受岷江来水影响甚大；中下游沿岸农垦发达，耕地及城镇分布较密。沱江流域生态环境状况总体较差，2003年沱江污染事件后有所好转，但仍然是省内生态环境压力最大的河流。一是沱江流域水土流失严重。据调查，1983年，沱江流域水土流失面积为58.5%，目前为48.46%。水土流失成因复杂，但人为因素不可忽视。二是水环境污染较重。沱江沿岸化工企业较多，生产用水需求量大，污水排放较多，而沱江流量受限且枯水期较长，导致河流水质污染严重。其中，釜溪河水质问题尤为突出，常年为劣五类水质。三是沱江流域生态退化较严重。沱江流域以低山丘陵为主，土地垦殖指数较高，流域内森林植被覆盖率较低，以人工林为主，生态系统多样性较差。四是沿岸生活人口较多，工业化与城镇化对人口的聚集程度逐渐增高，对沱江流域生态环境造成较大压力。沱江流域是唯一一块没有国家扶贫工作重点县的区域。

3. 生态环境保护

沱江流域生态环境保护重点在环境污染治理与生态建设两个方面。四川“十二五”规划针对沱江干流和主要支流沿岸地区的生态环境现状，提出大力开展工业污染源、生活污水和农业面源污染综合整治，加强生态防护林体系建设，治理水土流失和地质灾害的举措，将沱江流域建成重要的生态廊道。沱江上游的彭州市率先启动了湔江流域治理工程，2011年全部关闭境内湔江流域57家砂石厂，对原有砂石厂进行水环境治理和水景观改造，使湔江两岸重现绿色，让湔江河谷成为成都市重要的生态旅游休闲之地。

（四）嘉陵江水系

1. 区域范围

嘉陵江，古称阆水、渝水。发源于陕西凤县秦岭南麓，河流从陕西省阳平关流入四川境内，穿大巴山至四川广元昭化纳白龙江，南流经南充，在合川先后与涪江、渠江汇合，到重庆市注入长江。嘉陵江流域面积10.4万平方公里，干流流经的行政区域有广元市的朝天区、广元市中区、元坝区、苍溪，南充市的阆中、南部、仪陇、蓬安、高坪区、嘉陵区、顺庆区、武胜等。涪江是嘉陵江上游最大的支流，发源于松潘与九寨沟之间的岷山主峰雪宝顶，全长700公里、流域面积3.64万平方公里，流经平武县、江油市南部、绵阳市、三台县、射洪县、遂宁市等区域，在重庆合川市市区汇入嘉陵江。涪江是四川东部盆地重要河流之一，斜穿盆地腹部，上游处于盆北深丘－低山－高山过渡带，地质灾害及生态退化问题主要发生在这一带，水土流失较严重。渠江，发源于米仓山，全长720公里，流域面积3.29万平方公里，在流经南江、巴中、平昌、达县、渠县、广安、岳池、合川等后于重庆合川注入嘉陵江。渠江在渠县三汇镇以上分巴河和州河两大水系，在三汇镇汇合后称为渠江。渠江流域上游植被较好，中下游植被较差，三汇镇以上河水泥沙量占全流域的66.3%。嘉陵江是长江支流中流域面积最大的一级支流，最大特色是曲流发育，有“九曲回肠”之说。此外，次级支流分叉明晰，属典型的树枝状水系。嘉陵江两岸农业生产发达，是四川省主要粮棉产区和丝绸之乡。

2. 生态环境现状

嘉陵江是长江上游重要水系，也是川江流域最大支流之一。流域区内人杰地灵，有黄龙自然保护区、唐家河自然保护区等。上游为山地，中下游为四川盆地丘陵，耕地以旱坡地为主，该流域尤其是中下游流域水土流失严重，被称为四川境内夹带泥沙最多的河流。据调查，1983 年，流域水土流失占流域总面积的 63%。经过多年的生态环境保护、退耕还林（草）等生态建设工程后，水土流失状况有所改善，水土流失面积占比下降到 48.4%（与沱江并驾齐驱）。嘉陵江水系分布的贫困县最多，包括南充市的南部、仪陇、阆中、嘉陵区，广元市的旺苍、朝天区、苍溪，巴中市的平昌、通江、南江，广安市的广安区，达州市的宣汉、万源市等 13 个国家扶贫工作重点县，是全省贫困人口最多的区域之一。贫困是嘉陵江流域生态建设面临最主要的社会经济问题。此外，近年来，渠江流域水旱灾害比较严重。巴河、州河上源的支流易发生滑坡泥石流等自然灾害。嘉陵江干流洪灾旱灾等自然灾害较多。

3. 生态环境保护

加强该地区的经济社会发展，消除农村发展型贫困。贫困是生态环境建设最大的敌人，贫困问题不解决，水土流失问题就很难根治。对此，四川省“十二五”规划针对嘉陵江干流和涪江、渠江支流沿岸地区的生态环境现状，提出加强水土流失和小流域综合治理，加快滩涂湿地整治恢复，严格控制污染物排放量，把嘉陵江流域建成四川盆地最重要的生态廊道。

（五）金沙江水系

1. 区域范围

金沙江是长江在宜宾以上部分的称谓。长江江源水系汇成通天河后在青海省玉树县进入横断山区，开始称作金沙江。金沙江流经云贵高原西北部、川西南山地，到四川盆地西南部的宜宾吸纳岷江为止，全长 2316 公里，流域面积 34 万平方公里。在四川境内，金沙江所流经的行政区域有甘孜州的石渠、德格、白玉、巴塘、得荣，攀枝花市，凉山州的会理、会东、宁南、布拖、金阳、雷波，宜宾市的屏山、宜宾、翠屏区等，在翠屏区吸纳岷江后称为长江。

金沙江在甘孜州的主要水系有雅砻江及其一级支流鲜水河。雅砻江是金沙江最大的一级支流，发源于青海省巴颜喀拉山南麓，东南流入四川省西北部，沿大雪山西侧经石渠、德格、甘孜、新龙、雅江、九龙、木里、冕宁、盐源、德昌、盐边、米易等县至攀枝花市注入金沙江。金沙江在凉山境内的主要河流有尘河、黑水河、西溪河、溜筒河、水洛河等。雅砻江在凉山境内的一级支流有盐井河、孙水河（流经喜德）、安宁河（流经会理、会东、德昌、西昌、冕宁、宁南）等，孕育了仅次于成都平原的安宁河平原。孙水河、安宁河均为泥沙含量较高的河流，对雅砻江乃至金沙江的泥沙贡献较大。

金沙江水系主要穿越横断山区，以

高山峡谷地形为主，上段为峡宽相间河谷段，中段位深切峡谷段，下端为峡谷间窄谷段。金沙江上段有13条支流的流域面积超过1200平方公里，9条支流的河长超过100公里。中段有19条支流的流域面积超过1200平方公里，14条支流的河长超过100公里。

2. 生态环境状况

受自然地理控制，金沙江是泥沙含量较高的河流，也是水能资源最为丰富的河流。境内金沙江流域的主要生态环境问题是农村贫困所引发的生态系统退化，过度放牧、毁林开荒、矿产资源无序开发等引发的生态环境问题。金沙江水系区域贫困问题极为严重，四川省少数民族贫困县基本集中在该水系。发展与生态治理面临较大的挑战。金沙江水系农村贫困较为严重，干流所流经的石渠、布拖、雷波、金阳、屏山、木里、盐源以及雅砻江流域的喜德、越西、昭觉、美姑等均为国家扶贫工作重点县。同时，金沙江水系所在区域分布有鲜水河地震带（西起东谷北，向东南延经炉霍、道孚、乾宁、康定、泸定到石棉呈西北向展布，大致与鲜水河断裂一致）、安宁河地震带（北起冕宁，经会理、鱼鲊到云南元谋）、理塘地震带（西起邓科，经理塘到木里附近，呈一明显的反“S”展布）、马边地震带（北起峨眉山沙湾，经马边至雷波以南）等4条地震带。泥石流发育也比较完善，其中，流经喜德县境内的孙水河是泥沙含量最大的一条支流，对雅砻江的泥沙贡献高达70%。水土流失、泥石流、干旱河谷、荒漠化等是流域生态环境所面临的主要问题。金沙江是长江泥沙的主要来源之一。横断山区多数地区切割强烈，山高坡陡，加之断裂发育，地震频繁，岩层破碎，易导致崩塌、滑坡和泥石流。气候上，许多河流为干旱河谷气候，植被生长受限，岩石物理风化强烈，易于松散破碎，加上降雨集中，易激发滑坡泥石流等山地灾害。同时，经济水平低，社会发展滞后，人们对资源的依赖程度高，陡坡垦殖等问题始终难以解决，成为金沙江泥沙来源的重要触发因素。

3. 生态环境建设

金沙江水系流经的川西高原由于海拔高，气候严寒，土地自然生产力低，面临着超载放牧、森林减少、物种受威胁、山地灾害频发以及社会经济发展水平滞后等自然环境问题与社会经济问题，生态环境建设任务艰巨。但金沙江水系作为长江上游干流区域，生态环境问题对长江流域与成渝经济区的发展具有控制性影响。对此，这一区域的生态环境建设重点是：控制水土流失，治理地质灾害，保护好生态功能重要的自然保护区、地质公园等；发展农村经济，解决农村贫困对生态退化的影响；治理境内的高耗能产业，提高工业园区的环保标准；加大对金沙江沿岸高耗能工业园区的治理，重点监控攀枝花的钒钛工业园区，安宁河流域的高耗能工业园区；推进天然林保护工程，继续实施退耕还林（草）工程，加大对干旱河谷荒漠化治理力度；对孙水河、安宁河以及重点支流实施多层面的水土流失治理与地质灾害防治。

（六）黄河水系

1. 区域范围及构成

黑河和白河均发源于岷山山脉，由南

向北流经黄河，是四川境内唯一属于黄河水系的河流。两河主要流经若尔盖湿地，唯一保存较好的高原面，地势起伏不大，河谷宽阔，水流滞缓，两岸多阶地，河道摆荡，多曲流和牛轭湖。若尔盖湿地已被列为国家生态限制开发区中的重点生态功能区，承载着黄河上游水源涵养任务的近1/3，涉及的行政区域为若尔盖县、阿坝县和红原县等 3 县。

2. 生态环境状况

黄河流域是高原湿地，以水源涵养功能为主。目前，黄河水系面临的主要问题是湿地生态退化，湿地面积萎缩与湿地植被退化等。该区域是以牧业为主的少数民族地区（藏族聚居区），面临着人口自然增长与机械人口增长“双增长”的局面，加上长期过度放牧，草地鼠害、虫害、沙化等严重，部分地段风蚀严重，生态环境保护形势十分严峻。同时，红原机场等重大基础设施建设以及旅游人口的不断增多，若尔盖湿地承受着较大的生态环境压力。加上 20 世纪 70 年代造地运动，大片湿地还耕。

3. 生态环境建设

黄河水系虽然对四川盆地尤其是成渝经济区的发展不具有完全的控制性作用或影响，但是湿地沙化所产生的负面生态环境影响同样对成都经济区形成致命打击。沙化的结果是肆虐的风沙天气，以及高原湿地所不能承担的屏障作用。同时，退化湿地直接影响到若尔盖草原旅游业与第一产业的发展。对此，应根据国家生态主体功能区规划以及相应的配套支持政策，继续加强对湿地资源的有效保护，进一步实施退牧还草、围栏养畜、沙化治理等生态保护措施，推动生态畜牧业、生态农业与生态旅游产业发展；针对区内新建的各类重大基础设施建设项目，做好生态环境影响评估与减轻负面生态环境的生态保护措施。

六　生态建设与保护

（一）生态系统现状

1. 森林生态系统

森林是陆地最为重要的自然生态系统，林草植被变化是衡量生态环境质量的重要指标，也是四川构建长江上游生态屏障的载体。自四川有效实施退耕还林与天然林资源保护工程以来，四川省森林覆盖率在逐年提高，森林面积、活立木蓄积量、森林蓄积量等均有明显增加（见表 12-6）。2000 ~ 2003 年，全省有林地覆盖率为 24.23%。2004 年以后，有林地覆盖率逐年提高，2004 年为 25.51%（森林覆盖率为 27.94%），2005 年为 28.98%，2006 年为 30.27%，2007 年为 31.27%，2008 年为 30.79%，2009 年为 34.34%，2010 年为 34.82%，2011 年为 35.1%。期间，2008 年受四川汶川特大地震影响，地震受灾地区森林资源遭到严重破坏，森林覆盖率较 2007 年下降 1.52 个百分点。

同时，活立木蓄积量与森林蓄积量经过多年的休养生息与维护保育之后，均得到较大增长。活立木蓄积量 2011 年为 17.5 亿立方米，较 2000 年增加 285 亿立方米，森林蓄积量增加 2.8 亿立方米。

表 12-6　四川省森林资源变化态势（2000 ~ 2011 年）

年份	森林面积（万公顷）	活立木蓄积（亿立方米）	其中：森林蓄积量（亿立方米）	森林覆盖率（%）	备注
2000	1172.35	14.65	13.86	24.23	有林地面积比
2001	1172.35	14.65	13.86	24.23	同上
2002	1172.35	14.65	13.86	24.23	同上
2003	1172.35	14.65	13.86	24.23	同上
2004	1234.24	15.82	14.95	25.51	同上
2005	1316	16.35	15.42	28.98	森林覆盖率
2006	1345.87	16.44	15.5	30.27	同上
2007	1516.59	16.73	15.93	31.27	同上
2008	1493.3	17.01	16.26	30.79	同上
2009	1669	17.2	16.4	34.34	同上
2010	1688.8	17.34	16.5	34.82	同上
2011	1702.40	17.50	16.66	35.1	同上

注：森林面积是指由乔木树种构成，郁闭度在 0.2 以上（含 0.2）的林地或冠幅宽度 10 米以上的林带的面积，即有林地面积。森林面积包括天然起源和人工起源的针叶林面积、阔叶林面积、针阔混交林面积，不包括灌木林地面积和疏林地面积。森林覆盖率是指森林面积占总土地面积之比，是反映森林资源的丰富度和生态平衡状况的重要指标。在计算森林覆盖率时，森林面积包括郁闭度 0.2 以上的乔木林地面积和竹林地面积，国家特别规定的灌木林地面积、农田林网以及四旁（村旁、路旁、水旁、宅旁）林木的覆盖面积。计算公式为：森林覆盖率（%）=（森林面积 / 土地面积）× 100%。活立木蓄积量是指一定范围内土地上全部树木蓄积的总量，包括森林蓄积、树林蓄积、散生木蓄积和四旁树蓄积。森林蓄积量是指一定森林面积上存在着的树木树干部分的总材积，是反映一个地区森林资源总规模和水平的基本指标之一，也是反映森林资源的丰富程度，衡量森林生态环境优劣的重要依据。

2. 点（块）状典型自然生态系统现状

自然保护区是指用国家法律的形式确定的长期保护和恢复的自然综合体，是保存物种资源和繁衍后代的场所。建立自然保护区是保护物种资源的一项基本措施，也是生物多样性就地保护的主要措施。四川地形地貌复杂，物种资源丰富，是全国物种资源最丰富的省份之一。为保护四川的自然生态环境和野生动植物资源，从 1960 年 1 月 1 日在南江县建成首个以地质遗迹为主的光雾山自然保护区开始，到 2010 年，四川各类自然保护区数量达 166 处，面积达 892 万余公顷（表 12-7 和表 12-8），占全省土地总面积的 18.4%，成为全国自然保护区数量较多、区域面积较大、物种保护种类最多的省区之一。此外，四川境内还有 5 处世界遗产地，14 处国家级风景名胜区，75 处省级风景名胜区。从保护对象上看，四川 20 世纪 90 年代中叶前所建立的自然保护区，绝大部分是以大熊猫及其栖息地为主要保护对象；其后到现在，新建了一批以川金丝猴、四川山鹧鸪、麝、白唇鹿、藏羚、矮岩羊、猕猴等珍稀濒危野生动物，以紫果云杉、红豆杉、

表 12-7　四川省自然保护区分布与类型

行政区	保护区类型					面积（公顷）	区域面积（平方公里）	自然保护区比重（%）
	总计	国家级	省级	市级	县级			
成都市	6	2	2	0	2	113581	12390	9.17
自贡市	1	0	1	0	0	53	4373	0.01
攀枝花市	3	1	2	0	0	27970.3	7434	3.76
泸州市	7	1	1	5	0	106591	12247	8.70
德阳市	2	0	1	0	1	74300	5954	12.48
绵阳市	8	2	6	0	0	295433.7	20249	14.59
广元市	12	2	4	5	1	244664	16314	15.00
遂宁市	0	0	0	0	0	0	5324	0
内江市	2	0	0	0	2	6200	5386	1.15
乐山市	2	1	1	0	0	59814	12826	4.66
南充市	3	0	0	1	2	68550	12479	5.49
眉山市	1	0	1	0	0	36490.1	7186	5.08
宜宾市	5	2	1	0	2	141674.2	13283	10.67
广安市	1	0	0	0	1	300	6344	0.05
达川市	3	1	1	0	1	75862.89	16580	4.58
雅安市	8	1	4	2	1	124136.4	15314	8.11
巴中市	6	0	5	0	1	161411	12301	13.12
资阳市	4	0	2	0	2	8163	7962	1.03
阿坝州	26	4	12	5	5	2784439	83426	33.38
甘孜州	51	5	16	5	25	4101813	153000	26.81
凉山州	16	1	7	5	3	487948	60423	8.08
合计	166	23	67	28	49	8919395	490795	18.17

水青冈、桫椤等珍稀植物，以湿地生态系统为主要保护对象的自然保护区。所保护的珍稀物种和生态系统更加丰富，基本涵盖了四川省分布的国家重点保护野生动植物及其自然生态系统类型。

各类自然保护区主要集中在三个少数民族自治州，其中甘孜州各类自然保护区达 51 个，阿坝州 25 个，凉山州 16 个，占全省自然保护区总数的 55.4%；其次是盆周山区与川西南山地的广元、雅安、绵阳北部、泸州、宜宾、攀枝花、巴中等 49 个，占 29.5%。从自然保护区在各县的分

表 12-8　四川省自然保护区数量与面积增长变动（单位：平方公里）

年份	国家级		省级		市（县）级		总计	
	数量	面积	数量	面积	数量	面积	数量	面积
1986	8	457852	8	212013	0	0	16	669865
1990	8	457852	9	234318	3	40160	20	732330
1995	14	1377882	30	1316066	5	44060	49	2738008
2000	23	2787986	48	1940386	39	1036550	110	5764922
2005	23	2787986	65	2814060	75	3116860	163	8718906
2010	23	2787986	66	2961904	77	3177022	166	8926912

资料来源：根据四川省环保厅网站整理而成（http：//www.schj.gov.cn/index.php?option=com_content&task= view&id=16107&Itemid=3015）。

布来看，少数民族县与享受民族待遇县是各类自然保护区分布数量最多的区域，集中了全省 80% 以上的自然保护区。同时，民族县也是自然生态环境较为脆弱，生态功能显赫区域，承载着生态建设的主体任务。从国家主体功能区规划限制开发区（生态功能）分布来看，秦巴山生物多样性生态功能区、川滇生物多样性生态功能区、若尔盖湿地水源涵养生态功能区内分布的各类（县级及以上）自然保护区面积占全省自然保护区面积的 79%。

（二）生态保护与建设重点

重点生态工程是生态系统恢复的关键和基础支撑。根据四川省生态安全格局和脆弱生态区的分布，重点加强天然林资源保护、退耕还林、退牧还草、石漠化综合治理和长江流域防护林等重点生态工程建设，全面推进“长治”工程和坡耕地水土流失综合治理工程，启动实施青藏高原东南缘川西北地区生态环境保护与建设工程，加快实施川西北防沙治沙工程，强化若尔盖高原湿地为重点的国家湿地自然保护区、国家湿地公园建设。加强易灾地区生态环境建设和保护，实施生态环境脆弱地区和禁止开发区生态移民。加大矿山、交通干线沿线生态恢复治理力度。加强城市生态敏感区等防护林建设，完善城乡生态功能。在天然林保护工程方面，对全省 3.23 亿亩森林实施常年有效管护，开展中幼龄林抚育和公益林建设。在退耕还林上，重点是巩固 1336.4 万亩退耕还林工程建设成果，在水土流失和土地沙化严重的地区、汶川特大地震灾区、青藏高原东南缘等生态脆弱地区实施退耕还林工程。在川西北地区实施退牧还草与草原生态保护奖励机制，鼓励农牧户保护草原生态环境。川西北防沙治沙工程区，重点是逐步恢复林草植被，控制沙化土地扩展，治理沙化面积。青藏高原东南缘生态环境保护建设工程，开展系列生态环境保护、民生建设等项目，实现生态环境保护与民生建设同步发展。

1. 森林保护与建设

围绕建设长江上游生态屏障战略目标，坚持生态优先，依托重点工程带动，加强生态建设，增加森林资源总量，提高森林资源质量。以川滇森林及生物多样性、秦巴生物多样性和大小凉山水土保持及生物多样性等生态功能重点区为重点，继续停止天然林和公益林商品性采伐，依法加强天然林资源和公益林保护管理，扩大国家公益林面积；巩固退耕还林成果，开展重点地区陡坡耕地和地震灾区、山洪泥石流灾区毁损耕地退耕还林；加快宜林荒山荒地人工造林、封山育林和地震灾区、山洪泥石流灾区植被回顾，扩大森林面积；加大人工中幼龄林抚育和低产低效林改造力度，培育复层、混交、异龄林，提高森林质量，有效增加森林碳汇，构建健康稳定的森林生态系统；加强林地保护利用和管理，严格林地用途管制及征占用林地审核审批，有效遏制林地逆转；加强林政执法、森林防火和森林病虫害防治，确保森林资源安全。

2. 草地保护与治理

草地是重要的陆地生态系统，是生物多样性最丰富的生态系统之一。草地保护与治理要以保护草地生态安全为前提，加快转变草原经济发展方式。坚持生产生态有机结合、生态优先的基本方针，进一步加大草原生态保护和退化草原修复、治理力度，以若尔盖草原湿地、川滇森林及生物多样性和大小凉山水土保持及生物多样性等生态功能区为重点，加大天然草原保护与治理力度，全面实施草原生态保护补助奖励机制政策，继续推进退牧还草、围栏禁牧休牧和草原补播；采取除杂、补播、灭鼠治虫以及禁牧、休牧等措施加强严重退化草地综合治理；采取围栏封育、改良、人工种草和牲畜舍饲棚圈建设等措施对石漠化草地进行有效治理；加大草原防火与毒杂草、病虫鼠害防治力度，使退化草地得到有效治理，草原植被明显恢复，草原生产能力明显提高，草原可持续发展能力有效增强。

3. 湿地保护与恢复

湿地是地球之肺，重点提高湿地的水源涵养能力。以川西北高原湿地、湿地自然保护区、湿地公园、湿地风景区和长江、金沙江等八大水域湿地为重点，合理划分以生态服务功能为主要目的的湿地和以畜牧业生产为主要目的的草地范围，采取退牧还湿、填沟保湿、生态移民、湿地补水、有害物清理整治和高原泥潭资源禁采等措施，加强湿地生态系统保护与恢复，遏制天然湿地生态系统退化趋势。加强湿地自然保护区及湿地公园建设，提高现有湿地自然保护区和湿地公园的保护功能和管理能力。大力开展湿地监测与可持续示范利用。开展珍稀鱼类增殖回放和生态畜牧养殖及牛羊圈养。建立完善湿地保护与恢复财政补贴制度，探索建立湿地生态效益补偿制度。提高对湿地保护的管理、科研和监测水平，保护湿地功能和湿地生物多样性，开展湿地资源合理利用，确保重要湿地和河湖面积不减少、湿地生态功能不退化。

4. 水生态系统保护与恢复

从保护水生态系统的动态平衡和良性循环出发，加强水资源的科学规划、合理配置、高效利用、全面节约、有效保护，遏制局部地区水生态系统失衡趋势。维持江河合理流量和湖泊水库以及地下水的合理水位，建立河流健康指标体系，定期组织开展河湖的健康评价，维护河湖生态健康。

建设重要的鱼类生态廊道，改善水电建设梯级阻碍等造成的鱼类生态环境片断化，打通被阻断部分鱼类洄游通道，恢复受影响鱼类产卵场基质及产卵场生境。逐步建立以水功能区管理为核心的水资源保护制度，加强地下水保护，推进地下水超采区综合治理，提高江河湖泊生态自净能力，恢复长江、金沙江、岷江、沱江、嘉陵江等流域的生物多样性，明显改善水生态环境。

5. 水土流失综合治理

综合防治水土流失，因地制宜，因害设防，优化配置工程、生物和耕作措施，形成有效的水土流失综合防护体系。继续抓好嘉陵江流域中下游、金沙江下游、岷江中下游、沱江中下游等重点地区的小流域水土流失综合治理，全力推进国家农业开发水土保持项目、中央预算内水土保持项目、省级财政水土保持项目、黄河源区水土保持项目、坡耕地水土流失综合治理试点工程，启动革命老区、藏区、岩溶地区、易灾地区生态环境综合治理水土流失保持工程。加大攀西矿区、川南矿区等重点矿区矿山地质环境恢复治理力度。

6. 荒漠化治理与修复

按照“科学防沙治沙、综合防沙治沙、依法防沙治沙”的方针，在扩大试点示范的基础上，以川西高山高原区的甘孜州、阿坝州以及凉山州为重点，实施防沙治沙工程。采取封沙育林（草）、营林造林植灌、人工种草、小流域综合治理和设置沙障等方式逐步恢复林草植被，加强林草植被管护，开展草畜动态平衡建设，实施湿地恢复和保护，实施必要的流沙固土、人工巡护，禁止一切破坏植被的活动，搞好监测评估和封禁保护，控制沙化土地扩展，建立和巩固以林草植被为主体的沙区生态安全体系，有效控制川西北地区沙化土地扩展。

按照“保护优先，综合治理，科学利用，治用结合”的方针，以川西南山区、川西高山高原区、盆周南部山区和长江、金沙江、嘉陵江流域石漠化地区为重点，在扩大试点示范的基础上，全面实施石漠化综合治理，采取封山育林育草、低效林改造、人工造林、农田基本建设、小型水利水保、农村能源和牲畜舍饲棚圈建设等措施，逐步恢复林草植被，减少水土流失，有效缓解石漠化趋势，在不破坏生态环境的前提下，积极发展经济林、中药材等生态经济型特色产业和岩溶地区生态旅游，增加农民收入，使岩溶地区基本实现生态良好、经济社会协调、人与自然和谐。

7. 生物多样性保护

重点是加大生态系统、物种和基因多样性、景观保护力度。以川滇森林及生物多样性、秦巴生物多样性和大小凉山水土保持及生物多样性等生态功能区，以及乐山大佛－峨眉山、九寨沟－黄龙、大熊猫栖息地等世界遗产地和现有自然保护区、森林公园、湿地公园和风景名胜区等为重点，加强对大熊猫、川滇金丝猴、白唇鹿、黑颈鹤等一批极度濒危野生动物及康定云杉、西昌黄杉等一批极小种群野生植物的拯救性保护，强化就地（原位）、就近、迁地（异位）、种质资源保护和放归自然，加强珍稀野生动物栖息地保护建设，加强自然保护区基础设施建设，建设省级生物多样性数据库，提高自然保护区管理水平，加强野生动植物野外巡护和执法监管，开展汶川地震重灾区生态恢复状况长期跟踪观测，开展重要生态功能区、典型闭矿区生态修复和中小河流岸带生态修复示范项目建设。强化对水域环境及水生生物资源的修复和保护，确保在各个流域保留一段完整的水域生态系统。

8. 地震灾区生态修复

坚持自然修复和工程治理相结合，加快地震灾区生态修复和治理。深入推进天然林保护、震损和陡坡耕地退耕还林等重点生态工程建设，继续实施生态修复示范工程，加强灾区主要江河流域生态敏感和脆弱地区生态修复。延长植被恢复、封山育林、补植补造、人工造林的期限，恢复受损植被，提高森林覆盖率和其他草地植被覆盖度，构建以森林植被为主、林草结合的国土安全生态系统。加大中小河流治理和中小水库除险加固，按流域进行泥石流的治理，综合防治水土流失和泥沙入河入库。提高自然保护区和湿地等重要生态功能区保护管理能力，切实保持灾区生物多样性。

七　城镇生态环境治理

城镇化进程正不断加快，未来几年世界大部分城市地区的增长将集中在小城市，包括城镇人口数量与面积的双增长。城镇发展所产生的生态环境问题主要有三类：严重的环境污染，包括水、空气、噪声和固体废弃物污染等；自然资源的耗竭与短缺，特别是淡水、化石燃料、耕地的过度利用；城市人口增长导致的大量社会问题，如住房紧张、交通拥挤、绿地减少、教育与卫生条件发展滞后。城市居民是头号污染者，也是环境恶化的最大受害者。一个城市要想扩大，要想维持自身的运行，就要消耗来自更多更广泛区域的能源，而它所造成的污染却不会局限在辖区内。据估计，全球 75% 的温室气体是由城市排放的，而且城市也消耗了全球 75% 的能源。四川正在进入城市化加速发展期，随着产业城镇聚集度的不断提高，带动人口等生产要素的城镇聚集，对四川生态环境与资源造成破坏，表现为自然资源的不断消耗、环境污染加剧、固体废弃物增加等。因此，城镇生态环境建设在新形势下就显得格外重要。城镇生态环境建设的内容很多，重点关注城镇能源消耗、城镇垃圾处理、城镇水污染治理与城镇空气质量。

（一）节能降耗

能源是人类赖以生存的重要条件之一，是人类社会物质文明和精神文明发展的重要保证。随着工业化和城市化进程的加快，能源消耗总体水平不断增长，而化石能源是不可再生的，势必有枯竭之日。20 世纪 70 年代世界范围内的两次石油危机不仅使西方国家的经济遭受重创，而且也使人们日益认识到能源问题的重要性。中国正在进入工业化与城市化不断加速的快速发展时期，对能源需求量不断增大，而中国特有的化石能源储备结构（缺油、少气、富煤）决定了我国一次性能源对煤炭的高度依赖。当前，我国煤炭探明可采储量 1145 亿吨，按目前的生产和消费水平，可供开采使用 100 年以上；石油可采储量仅 38 亿吨，可采年限 20 年；天然气总储量 38 万亿立方米，探明剩余可采储量可开采 37 年。这就决定了我国经济发展与能源供给之间的巨大矛盾。解决能源问题可从开源与节流两个方面着手，但开源的基础是节流。节流（也就是节约能源）是经济社会实现持续发展的基本要求，节流潜力巨大。目前，我国单位国内生产总值（GDP）能耗是世界平均水平的2.2倍，美国的4.3倍，德国和法国的7.7倍，日本的11.5倍。因此，降低能源消耗（节能降耗）不仅具有较大的潜力，也是保护国内环境资源的重要举措。

世界能源委员会将“节能”定义为“采用技术上可行、经济上合理、环境和社会可接受的一切措施，来提高能源的利用效率”。由此可见，节能是一个非常宽泛的概念，一是节能范围宽泛，从能源生产到终端消费各个环节上减少能源浪费和损失，提高能源利用效率，二是节能手段十分丰富，包括任何有利于减少能源浪费和损失的经济、技术、法律、行政、宣传教育等措施。一般用节能量或节能率来衡量。影响能源效率的因素有产业结构调整、技术进步、制度与市场改革。第一，结构调整。产业结构变动对能源效率的影响最初反映在“结构红利假说”中，Denison（1967）等认为，由于各行业（部门）生产率水平和增长速度存在系统差别，因此当能源要素从低生产率或者生产率增长较低的部门向高生产率或者生产率增长较高的部门转移时，就会促进各部门组成的经济体的总的能源效率提高，而总生产率增长率超过各部门生产率增长率加权和的余额，就是结构变化对生产率增长的贡献。Samuels(1984）在研究中发现，产业（部门）结构的优化，尤其是从重工业转向轻工业以及工业内部结构的调整，将降低整个经济的能源消耗强度。第二，技术进步。大多数研究表明，技术进步对能源效率有着正向作用。技术研发活动是能源效率提高的重要原因。第三，制度与市场改革。研究表明，制度与市场改革对能源效率也会产生重要影响。

因而，通过优化产业结构推进节能减排是主要途径之一。一是严格控制高耗能、高污染行业，包括在增量上严格控制新建高能耗、高污染项目，从存量上尽可能淘汰能耗高、污染高的落后生产能力。二是突出发展服务业。与工业相比，服务业能源消耗低，环境污染少，服务业还能促进消费，有利于实现生产与消费的协调发展，能扩大就业。三是大力发展高新技术产业，包括电子与信息技术、航空航天技术、生物工程和新医药技术、新材料等，基本特征就是资源消耗少、污染排放低等。四川节能降耗应从转变经济增长方式、技术进步、制度与市场建设等入手。对此，四川省在“十二五”规划中提出，落实国家控制高耗能行业过快增长的政策措施，继续抓好工业、建筑、交通、商业、市政、公共机构等重点领域节能，淘汰落后生产能力，加强重点用能单位节能管理，推广节能技术，开展能效达标。工业领域突出抓好钢铁、火电、水泥、化工等行业重点企业的节能减排。建筑领域严格执行住宅和公共建筑节能标准，开展建筑节能改造，合理控制城市景观照明。交通领域坚持优先发展公共交通，努力形成节能型综合交通运输体系。商贸领域鼓励在大型商场、宾馆等采用节能设备和产品。加大实施重点节能工程，加快推行合同能源管理。严格实行固定资产项目节能评估审查，强化节能目标责任考核，完善奖惩制度。继续开展企业节能行动，加强节能技术改造。深入开展全社会节能宣传，提高全民节能意识。同时，统筹安排生活、生产、生态用水，优先满足生活用水，保障生产和生态用水。高度重视水安全，强化水资源管理和有偿使用。推广高效节水灌溉技术，建设农业节水工程，加强工业节水，推进高耗水行业节水技术改造，提高工业用水重复利用率，努力降低万元工业增加值用水量。加强城市节水用水，推广使用节水设备和技术，实施地下水监测工程，加强地下水开采管理。建立节能减排投入长效机制，探索建立能源消耗总量控制机制，完善污染物排放总量约束机制，加大差别电价政策实施力度。

节能降耗的重点工程是：①燃煤工业锅炉（窑炉）改造工程、余热余压利用工程、节约和替代石油工程、机电系统节能工程、绿色照明工程、政府结构节能工程、节能监测和技术服务体系建设工程等项目。②节能产品惠民工程，落实高效节能家电、汽车、电机、照明产品等补贴政策。③重大节能技术示范工程。支持高效机电等重大、关键节能技术产品示范项目，推动重大节能技术产品产业化生产和应用，提高高效节能技术产品的国有化率。④合同能源管理推广工程。在工业、交通、建筑、商业、公共机构等领域的合同能源管理。⑤节能能力建设。能源计量、统计和节能监测、监察、预测预警体系建设。

（二）城镇固体废弃物处理

固体废弃物是指被丢弃的固体和泥状物质，包括从废水、废气中分离出来的固体颗粒，简称废物。“废物”是一个相对的概念，是有一定的时间和空间条件的。一种生产过程中产生的废物往往是另一种过程的原料，所以废物也有“放错了地点的资源”之称。固体废物来源于人类的生产和消费活动。人们在开发和制造产品的过程中，必然要产生废物；任何产品经过使用和消费后，也会变成废物。城市固体废物可按不同的方式进行分类。按化学成分分为有机废物和无机废物；按形态可分为固体废物和泥状废物，按来源分为工业废物、矿山废物、农业废物、城市垃圾和放射性废物等，按危害状态可分为有害废物和一般废物。

根据来源，城市固体废物一般由工业废物、城市垃圾、矿业废物等部分组成，其中以城市垃圾和工业废物为主。城市生活垃圾来源于居民生活、商业、机关、市政维护与管理部门、医疗服务机构等所产生的各类废物组成。随着城市的不断发展，城市垃圾也不断增长，成为城市环境管理与维护中的棘手问题，一些快速发展的城市面临“垃圾围城”之痛，严重影响了城市经济发展与社会稳定，甚至成为群体性事件的诱发因素之一。

四川城镇正处于城镇化快速发展的阶段，城市垃圾数量近年来呈大幅增加的趋势，垃圾处理能力也在不断提升。2001 年，全省垃圾处理总量为 285 万吨，2004 年为 579.9 万吨，2009 年为 590 万吨，2010 年 656 万吨。城市生活垃圾处置率从 2006 年的 71.44% 提高到 2010 年的 94.48%，也就是说，城市生活垃圾基本实现了集中处置（或无害化处置）。城市生活垃圾处理主要有无害化、填埋、焚烧等形式，2008 年洛带垃圾发电厂的建成投产标志着垃圾处理进入新的利用方式[①]。

除城市传统的生活垃圾外，我国正进入家电更新换代高峰期，电子垃圾高速增长，成为城市固体废物的重要组成部分。电子垃圾指不再使用的电器或电子设备，包括冰箱、空调、洗衣机、电视机等家用电器和计算机等通讯电子产品的淘汰品。由于部分电子产品所含材料复杂，如电脑、电视机显像管内的铅、电脑元件中含油的砷、汞以及其他有害物质等对环境危害大，简单处置会造成较大的环境累积污染，危害民众的身体健康。目前，家用电器等处置已进入专业化、规范化的处置阶段。

工业固体废弃物是另一大类城市固体废物。总体上看，四川省工业废弃物的处置水平还比较低，2000 年工业固体废弃物的综合利用水平为35.8%，处置率为2.5%，向环境中排放的固体废弃物为 407.14 万吨；到 2010 年，工业废弃物的综合利用率为 54.8%，废弃物处置率为 33.4%，较 2000 年有明显提高，但仍然面临较大压力，期间部分年份出现反弹。

在应对城镇固体废物的环境污染上，应重点加快城镇垃圾处理设施建设，在城市、县城建立垃圾处理系统，在人口集中的重点城镇加快建设垃圾收运系统，建设区域性危险废弃物处置中心，妥善处置危险废物和医疗废物，加强铅、汞、镉、铬、砷等重金属污染治理，加大铬渣、废油、废电池无害化处置力度。加快地震灾区建筑垃圾的处置和综合利用。到 2015 年，城镇生活垃圾无害化处理率达到 80%。

同时，完善再生资源回收制度，完善城镇资源回收体系，推进再生资源规模化利用。促进再生制造旧件逆向回收，培育一批汽车零部件、工程机械、机床、矿山机械等再制造示范企业，推进再制造企业发展。建设区域性再生资源回收市场，推动城市矿产示范基地建设，促进废旧金属、废旧电器、废纸、废塑料等再生资源循环利用。开展城市生活垃圾分类体系试点，探索建立分类回收、密闭运输、集中处理体系，推进餐厨废弃物等垃圾资源利用和无害化处理。

（三）城镇污水治理

污水由城镇工业废水与城市生活污水两部分组成，工业废水与生活污水的排放是造成河流水质污染与土壤污染的罪魁祸首。工业废水中含有大量的汞、镉、六价铬、铅、砷等重金属以及挥发酚、氰化物、化学需氧量（COD）、石油类、氨氮等，对环境与水体均造成较大影响。因此，工业废水处置的重点内容是重金属超标，除去挥发酚、氰化物、化学需氧量（COD）、石油类和氨氮等有害物质，实现达标排放，以减轻工业生产对环境的影响。随着经济的快速发展，尤其是工业强省战略的实施，四川工业快速发展，工业废水排放总量年年增长，处理能力也相应地不断提升。工业废水

---

① 成都市第一座生活垃圾发电厂位于洛带镇铁村四组，投资 5.4 亿元，装机容量 2×1.2 万千瓦，规划占地面积 105.83 亩（含绿化代征面积 25.83 亩），设计日处理城市生活垃圾 1200 吨，年处理 40 万吨，采取炉排炉焚烧加烟气处理余热发电，项目总投资 5 亿元人民币。

达标排放量从 2001 年的 72.38% 提高到 2008 年的 88.26%，到 2010 年达到 96.5%，在重点城市的重点产业基本实现达标排放。

城镇生活污水是废水排放量的大头，从 2007 年开始设置的生活污水指标来看，生活污水占污水总排放量的比重在逐年增加，从当年的 54.8% 提高到 2009 年的 59.4%。随着城镇化水平的提高，越来越多的人生活在城镇，生活污水所占比重还将逐步增加。但生活污水的处置水平相对较低（远低于工业废水的达标排放水平）。据统计年鉴的数据分析，2004 年，城市生活污水处置率为 19.43%，2006 年提高到 49.38%，2009 年为 67.47%，2010 年为 74.83%，距离完全处理还有相当的距离。而且，城市生活污水处置能力分布不均，成都等中心城市及其近郊的生活污水处理能力明显提升，但巴中、内江等还有较大的距离。

对此，四川省“十二五”规划提出：加大流域水污染防治力度，在主要河流和重点小流域沿岸城镇合理布局建设一批污水处理厂，严格入河排污口设置管理。加快城镇污水处理与再生利用工程建设，完善管网配套设施，提高污水收集能力和污水处理设施运行效率。加强污泥处理设施建设，完善排水系统，实施雨、污分流。加大工业污染防治力度，加强化工、食品、酿造、皮革、造纸、电镀、印染等行业的污染综合防治，严格控制工业水污染物排放量。加强船舶流动源污染防控，清理水域漂浮物。加大村镇环境综合整治和农村面源污染治理力度，实施测土配方施肥，加强规模化养殖场的粪污处理及综合利用。到 2015 年，城镇污水处理率达到 80% 以上，缺水城市再生水回用率达到 20% 以上，长江干流和主要支流地表水出境断面水达到Ⅱ类水质标准，其他流域达到Ⅲ类。

加强城镇生活污水、垃圾处理设施建设工程。建设城镇生活污水、污泥、垃圾处理处置设施，同步配套建设污水收集管网、垃圾收运设施，开展重点小城镇生活污水、垃圾设施建设。

（四）城镇大气污染治理

大气污染是指大气中污染物质的浓度达到了有害程度，以致破坏生态系统和人类正常生存和发展的条件，对人和物造成危害的现象。大气污染的形成，既有自然原因也有人为原因。前者如火山爆发、岩石风化、森林火灾等；后者如各类燃烧释放的废气和工业排放的废气等。目前，各地的大气污染主要是人为因素造成的。工业废气、汽车尾气污染、生活用能的废气，以及各地建筑工地的扬尘等，是城市大气污染的重要污染源。由于大气污染的作用，可以使某个或多个环境要素发生变化，使生态环境受到冲击或失去平衡，环境系统的结构和功能发生变化，带来民众身体健康与财产损失。大气污染物主要有颗粒物质、硫化物、碳氧化物、氮氧化物、卤素化合物等。全国约 1/5 的城市大气污染严重，113 个重点城市中 1/3 以上空气质量达不到国家二级标准，机动车排放成为部分大中城市大气污染的主要来源。

就四川城市而言，工业废气、汽车尾气、工地扬尘等是大气污染的主要来源。

而成都平原经济区还面临着季节性的秸秆燃烧所形成的大气污染。就具体城市而言，由于产业结构的差异，各个城市的大气污染源还有很大的区别。如全国大气污染水平较高的攀枝花市是钢铁与煤炭产业所形成的污染，成都大气污染则以机动车尾气排放为主，成都市全国私家车拥有量排名全国第三，汽车尾气对大气污染的影响不可小视。经过产业结构调整、技术改造等举措，全省工业烟尘的达标排放已从2004年的82.8%提高到2010年的87.1%，工业粉尘的达标排放率则从82.1%提高到95.7%。2010年，全省24个省控城市的空气质量监测显示，马尔康、康定等2个城市空气质量为一级，19个城市空气质量为二级，成都、自贡、攀枝花等3个城市空气质量为三级。

在大气污染防治上，重点以酸雨防治为主，加快现有燃煤电厂脱硫设施建设，新建燃煤电厂全部安装脱硫装置，在酸雨污染重和二氧化硫环境浓度不达标的地区严禁布局燃煤电厂。加强火电、煤炭、冶金、有色金属、石油化工、建材等行业的综合防治，严格控制烟（粉）尘和二氧化硫、氮氧化物排放量。加大城市可吸入颗粒物、机动车尾气污染治理力度，鼓励使用清洁燃料汽车，改善城市环境质量。到2015年，城市空气质量达到二类及以上标准的天数超过300天。

八　农村生态环境治理

世界银行关于中国污染成分的报告中提出，“主要污染源正在改变，从常与工业废水排放相关的重金属和有毒有机化学物质变成了来自不明污染源的污染物。从农业生产溢流的污水，包括杀虫剂和肥料，都是不明污染源的罪魁祸首”。在中国，农村生态环境问题日甚一日，并表现在了农产品食品安全与民众生命安全上。四川是农业大省，农村人口所占比例较高，农村生态环境状况受到农业生产、农村生活方式转变，城市污染源转嫁等影响，面临较大的整治压力。据统计，四川省农村污染负荷比已达30%～40%，部分地区达到70%，超过工业和城市污染。四川省畜禽养殖数量居全国之首，年度排放化学需氧量是工业排放量的1.8倍。而且，农村环境在水、气、土壤、生物4个层面上相互作用，形成交叉污染，治理难度大，同时农村减排潜力也比较大。

（一）农村污染现状

四川农村生态环境污染主要体现在化肥与农药过量施用污染、农用塑料薄膜残留土壤、土壤重金属含量超标、畜禽养殖污染、农村居民生活污水、秸秆露天燃烧等问题，形成一种农村特有的面源污染。农村面源污染（Rural non-point source pollution）是指农村生活和农业生产活动中，溶解的或固体的污染物，如农田中的土粒、氮素、磷素、农药重金属、农村禽畜粪便与生活垃圾等有机或无机物质，从非特定的地域，在降水和径流冲刷作用下，通过农田地表径流、农田排水和地下渗漏，使大量污染物进入受纳水体（河流、湖泊、水库、海湾）所引起的污染。

从统计数据来看，四川省农业投入品使用一直保持在一个较高的水平上（见表 12-9），2000 年，全省单位耕地面积上的氮肥施用量为 489.2 千克 / 公顷，到 2010 年增加到 618.3 千克 / 公顷，远超国家规定的生态县化肥施用量 225 千克 / 公顷。从化肥施用量的地区分布来看，2010 年德阳市是化肥使用水平最高的，单位耕地面积化肥施用量超过 1000 千克 / 公顷，甘孜最低，只有 31.9 千克 / 公顷，接近于自然生产状态。其中，单位耕地面积化肥施用量大于 700 千克 / 公顷的市州有眉山、遂宁、雅安、巴中、绵阳、内江、南充、攀枝花市等 8 个市，600 ~ 700 千克 / 公顷的有广元、自贡、乐山、广安和达州。低于 500 千克 / 公顷的有成都、宜宾、泸州、自贡、阿坝、凉山等 6 个市（州）。真正低于国家标准的只有阿坝和甘孜两个州，接近原生态的农业生产方式。在化肥使用上又偏重于氮肥，氮肥所占比重从 2000 年的 57.9% 略有下降到 2010 年的 52.3%，11 年下降了 5.7 个百分点。如此高强度的化肥投入所导致的结果是土壤留存较多的氮素并形成板结，过多的氮随水流入河流造成河流污染。

此外，农药施用量也保持在较高水平，且在地区之间保持不平衡。2010 年，四川省平均每公顷耕地农药施用量为 16.17 千克，是发达国家农药平均施用强度 7 千克 / 公顷的 2.3 倍。越是农村经济发展水平较高、农业结构调整较充分的区域，单位耕地面积农药使用强度越高。眉

表 12-9　农村生态环境信息

年份	改水受益率（%）	自来水受益率（%）	卫生厕普及率（%）	耕地面积（万公顷）	化肥施用量（万吨）	单位耕地用量（千克 / 公顷）	氮肥占比（%）
2000	91.4	39.2	26.8	434.61	212.6	489.2	57.9
2001	92.5	40.3	29.4	428.44	212	494.8	57.5
2002	93.4	42	32.3	405.99	209.6	516.3	56.5
2003	92.6	42.8	33.5	390.37	208.4	533.9	56.4
2004	93.3	44.4	35.9	390.44	214.7	549.9	56.0
2005	94.1	45.9	38.3	390.6	220.9	565.5	55.1
2006	85.8	41.2	36	391.66	228.2	582.6	54.6
2007	89.2	42.3	40.9	394.59	238.2	603.7	53.7
2008	90.3	44.7	43.9	395.95	242.8	613.2	53.0
2009	91	49.1	54.4	397.61	248	623.7	52.7
2010	92.6	53.3	62.2	401.07	248	618.3	52.3
2011	93.1	56.2	64.1	398.38	251.23	630.6	51.3

资料来源：根据《2012 年四川省统计年鉴（电子版）》整理而成。

山市农药施用强度高达30千克/公顷，其次是攀枝花市与德阳市，分别为28.8千克/公顷和28.0千克/公顷。全省每公顷耕地农药施用强度最低的区域是甘孜、凉山、资阳与阿坝，分别为2.1千克、4.6千克、7.1千克和8.5千克，阿坝与凉山州的农药施用强度十分不平衡，前者集中在商品农业发展较快的岷江上游地区的汶川、理县、茂县等3县，后者集中在安宁河流域的西昌、德昌、冕宁、会理、会东、宁南等6县。不仅如此，农村还承受着城市垃圾农村转移扩大化问题，乡村旅游、生态旅游等为城市居民提供休闲娱乐、接触大自然的同时，也留下了旅游者的足迹与垃圾，岷江上游弓杠岭自然保护区（岷江上游的水源保护区）正在被旅游者的垃圾所围困。另外，农村居民消费升级换代加快，生活垃圾、生活污水等产量增加所形成的处置困难，卫生厕所、健康安全的饮用水缺乏等问题突出。另外是农村畜禽养殖业所产生的污染。四川是全国畜牧业生产大省，畜牧业是农民收入来源的重要组成部分，但畜禽养殖污染物数量同样惊人，每年向河流排放的化学需氧量是工业的1.8倍。

（二）农村面源污染治理

农村面源污染治理不同于工业点源污染，由农村生产生活所引发的水体土壤污染，污染主体分散于农村地区，治理难度极大。尽管如此，四川省在治理农村面源污染方面，克服多种困难，从化肥农药的施用量、沼气、农村乡镇企业的园区化等角度，多管齐下治理面源污染。

农业投入品管理。在农业投入品控制与管理上，以建立无公害农产品基地、绿色食品基地、有机食品基地等为主，减少农药、化肥等使用，提高复合肥的使用比例。到2010年，四川省建立了无公害农产品生产基地206万公顷（占耕地面积的34.6%），绿色食品生产基地98.5万公顷，有机食品生产基地27.5万公顷。通过上述基地建设，极大地减少了商品农业生产中的投入品用量，进而降低化肥农药对水体土壤等的污染。

农村生活垃圾污水的集中处置与无害化处置。针对农村生活垃圾日渐增多所造成的农村环境污染问题，农村地区采取了生活垃圾集中堆放、生活污水与牲畜粪便沼气处置等措施。目前，成都近郊农村地区（如都江堰部分农村地区、龙泉驿区）农户基本实现了生活污水与牲畜粪便的集中处置，直接向河流水体排放问题大幅度下降。一些省级新农村示范村，完全按照城镇建设标准，居民生产生活垃圾处置与城镇同步。

农村畜禽养殖污染治理。四川省对农村养殖污染进行了力度较大的整治，对规模化重点养殖企业实施治理监控。今后应继续将畜禽养殖污染治理纳入减排体系，合理布局规模化的畜禽养殖企业，对已有规模化养殖企业实施限期治理，推动养殖污染减排工作。

（三）村落环境整治

村落生态环境质量是四川生态环境保护的重要支撑。村落散布在农村，村落居民的生活方式与村落废弃物处置、产业发展等，对农村生态环境影响至关重要。对此，四川省以生态省建设为契机，以新农村建设为载体，全力推行环境美好村落与乡镇工程。2006 年，四川省环境保护局对全省 19 个村进行了省级生态文明村表彰。这 19 个村是广元市苍溪县的红旗桥村、玉女村、江南村、狮岭村、鲜家沟村、将军村、白桥村、盐井村、斑竹村、文庙村、保宁村、大树村等 12 个村，广元市元坝区的天雄村等 6 个村，成都市锦江区的红砂村。表彰这些村落以农村生态环境保护为基础，以文明生态村建设为抓手，坚持农村环境整治与生态保护并举的方针，大力发展农村循环经济，建设生态家园，规范农村废弃物处置，治理村容村貌，农村环境质量和农民生活质量得到明显改善，农民群众的环保意识大大增强。

在生态村建设的基础上，农村生态建设的尺度不断扩大，进行了生态县城、生态县、生态市评选等工作，并对表现优秀的生态乡镇进行表彰。从 2006 年到 2011 年全省还开展了 5 批次的省级生态环境优美乡镇评选表彰活动，5 批次共有 197 个乡镇获此殊荣（见表 12-10）。通过多层次立体的农村生态聚落建设，农村生态环境明显改善，农民生态意识不断提高。

在大力推动村落、乡镇环境整治同时，对农村饮用水与卫生厕所改造也在逐步推进。全省农村卫生厕所普及率达到 62.2%，自来水受益率 53.3%。尽管如此，四川农村饮用水受益水平与世界发达国家仍然存在明显差距。目前世界中等发达国家农村安全饮水普及率为 70% 以上，发达国家在 90 % 以上。从这个角度看，安全卫生的饮用水、卫生厕所等普及还有很长

表 12-10　四川省级环境优美乡镇名录（2006 ~ 2011 年）

	市（州）	乡　镇　名　录
第一批	阿坝州	九寨沟县漳扎镇（1）
	广元市	元坝区昭化镇（2）
	南充市	仪陇县马鞍镇、阆中市江南镇（2）
	绵阳市	仙海经济开发区沉抗镇（1）
	遂宁市	船山区新桥镇（1）
	凉山州	会东县会东镇（1）
第二批	德阳市	中江县南华镇、广汉市连山镇、罗江县略坪镇、旌阳区孝泉镇（4）
	广元市	苍溪的元坝镇、龙山镇、云峰镇（3）
	内江市	威远县两河镇（1）
	乐山市	峨眉山市峨山镇（1）
	宜宾市	翠屏区李庄镇（1）
	雅安市	天全县紫石乡、汉源县九襄镇、名山县茅河乡（3）
	眉山市	青神县瑞峰镇、丹棱县丹棱镇、洪雅县洪川镇与瓦屋山镇（4）

续表

	市（州）	乡　镇　名　录
第二批	资阳市	安岳县石羊镇、乐至县回澜镇、简阳市贾家镇（3）
	阿坝州	松潘县川主寺镇、马尔康县卓克基镇（2）
	凉山州	西昌市海南乡、会理县果园乡、普格县螺髻山镇（3）
第三批	成都市	双流县的三星镇、大林镇、万安镇、兴隆镇、新兴镇；郫县的犀浦镇、红光镇、安德镇、三道堰镇、郫筒镇、德源镇、安靖镇；蒲江县的朝阳湖镇、大唐镇、复兴乡；大邑县的花水湾镇，青白江的大同镇、大湾区街道办事处、祥福镇、红阳街道办事处、姚渡镇；温江区的柳城街道办事处、涌泉街道办事处、天府街道办事处、公平街道办事处；彭州市的濛阳镇；崇州市的羊马镇（27）
	自贡市	沿滩区沿滩镇、贡井区建设镇（2）
	泸州市	合江九支镇、泸县云龙镇、江阳区石寨乡（3）
	广元市	朝天区曾家镇、旺苍县古城乡、苍溪县东青镇、苍溪县元山镇、苍溪县歧坪镇（5）
	乐山市	峨眉山市的双福镇、胜利镇、绥山镇、普兴乡、川主乡（5）
	南充市	嘉陵区文峰镇、高坪区青松乡、南部县伏虎镇（3）
	广安市	华蓥市双河街道办事处、红岩乡；武胜县飞龙镇（3）
第四批	成都市	双流县的正兴镇、黄甲镇、胜利镇、东升街道办事处、华阳街道办事处、合江镇、永兴镇、彭镇、公兴镇、永安镇、籍田镇、煎茶镇、金桥镇、白沙镇；金堂县赵镇、淮口镇；新津县花园镇、兴义镇、邓双镇；温江区寿安镇、永胜镇（21）
	攀枝花市	米易县攀莲镇、草场乡、丙谷镇；盐边县益民乡（4）
	乐山市	沐川县的沐溪镇、永福镇、富和乡、茨竹乡、舟坝乡、利电镇、冯村乡、杨村乡、黄丹镇、新凡乡；峨眉山市龙门乡、沙溪乡、新平乡（13）
	宜宾市	长宁竹海镇、双河镇；宜宾县双谊乡、龙形乡；翠屏区牟坪镇（5）
	巴中市	巴州区恩阳镇、三江镇；南江县元潭乡，通江县涪阳镇、民胜镇、广纳镇，平昌县白衣镇，南江县关坝乡、杨坝镇、光雾山镇（10）
	眉山市	洪雅县柳江镇、高庙镇、东岳镇、槽渔滩镇、中堡镇、余坪镇，丹棱县顺龙乡、张场镇、仁美镇、双桥镇，东坡区万胜镇、崇礼镇、多悦镇（13）
第五批次	成都市	崇州市的元通镇、崇阳镇、三郎镇、鸡冠山乡、文井江镇，新都区的石板滩镇、大丰镇、马家镇、泰兴镇、斑竹园镇，青白江区的弥牟镇，龙泉驿区的西河镇、茶店镇、黄土镇、万兴乡，新津县的新平镇（16）
	德阳市	罗江县的调元镇、白马关镇（2）
	雅安市	雨城区的碧峰峡镇（1）
	攀枝花	米易县的普威镇、白马镇、撒莲镇，盐边县的渔门镇（4）
	遂宁市	射洪县的太兴乡、金家镇、香山镇、瞿河乡、凤来镇，船山区的永兴镇、桂花镇（7）
	南充市	南部县的升水镇（1）
	宜宾市	翠屏区的宋家乡、邱场乡，长宁县的开佛乡、老翁镇、铜锣乡（5）
	达川市	大竹县的东柳乡，万源市的太平镇、永宁乡、石塘乡（4）
	阿坝州	九寨沟县的保华乡、永丰乡、双河乡（3）
	凉山州	西昌市的琅环乡、樟木乡、西郊乡、安哈镇、西溪乡，会理县的城关镇，德昌县的德州镇（7）

的路要走。这两项是解决农村环境整治最基本的问题，这两项问题的解决对农民身心健康大有好处。另外，秸秆、废弃木材等农林废弃物的综合利用水平逐渐提高，威胁农村生态环境尤其是大气污染的问题得到有效缓解。

九　后续展望

生态环境是区域经济地理的重要组成部分，是区域经济社会活动的重要物质基础。随着人们物质生活水平的不断提高以及可持续发展理念的深入，人们对生态环境保护的认识逐步加深，生态环境保护力度不断强化。但是，伴随着经济增长与物质财富的增加，区域产业的梯度转移，能源矿产资源开发力度的不断加深，城镇化水平逐渐提高，四川省的生态环境形势仍将十分严峻，生态破坏与环境污染问题依然突出。值得一提的是对四川生态保护威胁最大的农村贫困与区域贫困问题，随着国家 11 个扶贫重点片区扶贫攻坚工程启动和四川藏区整体纳入全国特殊贫困区，贫困地区所形成的“生态退化—贫困—掠夺式开发—环境退化—进一步贫困”恶性循环的“贫困陷阱”必将打破，贫困地区的生态保护与建设成效将持续显现。同时，区域主体功能区建设、经济增长方式转变、城乡与民族地区公共服务的均等化建设，威胁四川生态环境建设的诸多问题也将得到逐步解决。

随着人民生活水平的提高，饮用水源保护、空气质量、环境噪音控制、危险废物处置、重金属污染治理、化学品环境风险以及核与辐射安全等生态环境问题更加引人关注。生态环境保护在既有重大建设项目的基础上，将围绕这些新型环境问题展开。一是加强饮用水水源地的保护。重点是优化和合理调整集中式水源地保护区，逐步解决开放性水源地给排水交错问题，对单一水源的城镇实施应急水源建设，实施严格的饮用水源保护区保护制度，积极开展水源地环境监管，建立全省饮用水源地环境信息管理系统。二是加强大气质量监测。采取优化区域产业布局，加快城市建成区重污染企业产业结构调整、搬迁改造等措施，以改善区域空气整体质量。三是高度重视环境噪音管理。重点是加强社会生活、建筑施工和道路交通噪音的监管，建设“宁静城市”、“宁静社区”，改善城市声环境质量。四是加强危险废弃物污染防治。要妥善处置含重金属、含砷废渣和有毒有害废物，建立危险废物防治信心公开平台，落实危险废物处置的过程监督机制。五是推进污染产业密集、历史遗留问题突出、风险隐患较大的重金属污染区域综合治理。六是强化化学品生产准入和行业准入，逐步淘汰有毒、有害化学品，实施危险化学品企业环境风险分级管理制度，建立重点区域化学品环境风险防控管理机构。七是加强核与辐射环境监督。进一步深化废旧放射源及放射性废物的安全监管，建立辐射环境监测数据传输及信息网络，完善电磁辐射污染管理工作，等等。

生态环境建设依靠完善的制度。制度建设的重点是：一是尽快建立体现生态文明理念的目标体系、考核体系和奖惩机制。各级政府部门要把资源消耗、环境损耗、生态效益等纳入经济社会发展的评价体系中，破除传统GDP至上的单一经济发展考核指标体系。二是建立土地空间开发保护制度。应该严格按照主体功能区规划要求，在建立主体功能考核的基础上，对耕地资源特别是基本农田、水资源、环境资源等进行制度化管理。三是深化资源性产品价格和税收制度改革，建立反映市场供求和资源稀缺程度，体现生态价值和代际补偿的资源有偿使用制度和生态补偿制度。四是推行碳排放权、排污权、水权的交易试点工作并积累相关经验。针对行政区划、经济区划和生态区的不一致特点，根据区域主体功能，合理确定行政区域的碳排放量、污染排放量、用水量等指标，逐步建立碳排放量、排污量以及用水量的跨区域市场交易试点，通过相关产权的交易来筹集污染治理、生态环境保护等成本。五是完善生态环境监督机制。应进一步健全生态环境保护责任追究制度和环境损害赔偿制度。六是要加强生态文明宣传教育，增强全民节约意识、环保意识、生态意识，形成合理消费的社会风尚，营造爱护生态环境的良好风气。

参考文献

杨继平主编《世纪之交关注森林：林业的地位和作用》，中国林业出版社，2000。

熊明彪等：《浅谈四川水土保持生态环境建设》，《水土保持学报》2003年第7期。

韩永伟、高馨婷等：《重要生态功能区典型生态服务及其评估指标体系的构建》，《生态环境学报》2010年第12期。

甘书龙等编著《四川农业资源与区域》，四川省社会科学院出版社，1986。

四川省测绘局：《四川省地图集》，四川省测绘局出版社，1981。

四川省水利电力厅：《沱江志》。

四川省水利电力厅：《涪江志》。

四川省水利电力厅：《渠江志》。

葛竞天著《论生态城市建设》，东北财经大学出版社，2009。

规划类资料有《四川生态省建设规划》、《国家主体功能区规划》、《四川省生态建设和环境保护规划》、《成渝经济区规划》、《四川省林业发展规划》等。

统计资料来自于：《四川省统计年鉴(2012)》《2012四川省农业统计年鉴》等。

第13章 自然灾害与经济地理*

一 概述

四川处在青藏高原和四川盆地过渡带，受地形、地貌、地质构造条件和暴雨、地震等诱发因素频发影响，属于地质灾害的多发区和易发区，是全国自然灾害最重的省份之一。本章将对全省的灾害种类及其分布、灾害危险性区划空间的经济情况、城镇布局以及灾害防治体系等进行分别论述。

二 自然灾害的分布特点及成因

四川全省范围内的自然灾害种类繁多，除火山、海洋等少数灾种外，都有不同程度的发生[①]。类型上包括气象类灾害、地质类灾害和生物类灾害。灾种主要有12种，分别是暴雨洪涝、干旱、绵雨、低温霜冻、大风冰雹、雪灾、地质灾害、地震、有害生物、森林（草原）火灾以及大雾和霾[②]等，地理分布上由于境内自然地理环境及气候千差万别而各有特点。

（一）灾害的种类划分

灾害，是对能够给人类和人类赖以生存的环境造成破坏性影响的事物总称[③]。灾害的种类通常按照灾害的起源、持续时间、影响范围以及破坏程度等进行划分。如按照持续时间划分可将灾害分成渐发灾害和突发灾害；按照影响范围划分可区别为个体灾害、局部灾害、区域灾害和全域灾害四类；按照破坏程度则可分成损失性灾害、破坏性灾害和毁灭性灾害三种。最常见的分类方法则是按照灾害的成因进行分类，在这种划分方法下，可将灾害分为自然灾害和人为灾害两类，其中人为灾害还可以继续细分为由人的故意行为引发的灾害（如恐怖袭击、重大信息干扰和重大骚乱事件等等）和其他行为引发的灾害，后者可称之为技术灾害[④]。

自然灾害是指由于自然异常变化造成的人员伤亡、财产损失、社会失稳、资源破坏等现象或一系列事件[⑤]。维基百科采纳的定义为：自然灾害，也称为天灾，指自然界中所发生的异常现象，这种异常现象给周围的生物造成悲剧性的后果，相对于人类社会而言即构成灾难[⑥]。有研

* 本章作者：曹瑛，四川省社会科学院区域经济研究所副所长，副研究员。

① 国家科委全国重大自然灾害综合研究组：《中国重大自然灾害及减灾对策（总论）》，科学技术出版社，1994，第44页。

② 2005年1月四川省气象局首次启用突发气象灾害预警信号方案，其中包含大雾预警。2007年底，四川省政府应急办开始考虑将大雾和霾划入全省主要自然灾害类型之中。2011年3月28日四川省人民政府办公室印发的《四川省气象灾害应急预案》通知中，正式将大雾和霾列入气象类灾害。

③ 参见维基百科，网址：http：//zh.wikipedia.org/wiki/%E7%81%BE%E5%AE%B3，访问时间：2013年1月12日。

④ 唐彦东：《灾害经济学》，清华大学出版社，2011，第23页。

⑤ 参见百度百科，网址：http：//baike.baidu.com/view/99839.htm，访问时间：2013年1月12日。

⑥ 参见维基百科，网址：http：//zh.wikipedia.org/wiki/%E8%87%AA%E7%84%B6%E7%81%BE%E5%AE%B3，访问时间：2013年1月12日。

究者给出的定义为：自然事件或力量为主因造成的生命伤亡和人类社会财产损失的事件[①]。

自然灾害按灾害发生的空间范围划分，包括岩石圈灾害、水圈灾害、土圈灾害及生物圈灾害等四类自然灾害。综合而言，这种分类条件下可集合成如下种类的自然灾害：水文气象类灾害、地质类灾害和生物类灾害。水文气象类灾害是指发生在大气圈的自然灾害，种类包括台风、干旱、寒潮、暴雨洪涝、强对流天气、干热风等等。水文气象类灾害一般可简称为气象类灾害。地质类灾害是指发生在岩石圈，包括地震、火山喷发、岩崩、滑坡、泥石流、塌陷、地裂缝等。生物类灾害包括生物入侵、蝗灾、鼠害、病虫害蔓延等。

（二）省内自然灾害的地理分布及其特点

四川省域范围内的自然灾害包括暴雨洪涝、干旱、绵雨、低温霜冻、大风冰雹、雪灾以及大雾和霾等气象类灾害；地震、滑坡、泥石流等地质类灾害；以及有害生物和森林（草原）火灾等生物类灾害。以下按照气象类灾害、地质类灾害和生物类灾害分别进行说明，同时将其中部分灾害类型作拆解或合并描述。

1. 气象类灾害

（1）洪涝。洪涝即“暴雨洪涝”，通常称为“水灾”，是指长时间降水过多或区域性持续的降水以及局地性短时降水引起江河洪水泛滥，冲毁堤坝、房屋、道路、桥梁、淹没农田、城镇等，引发地质灾害，造成地区财产损失和人员伤亡的一种灾害。四川历来是一个洪涝灾害频繁且严重的省区。水系发达、汛期集中以及地势起伏度较高是主要原因。省内流域面积在 100 平方公里以上的河流有 1226 条。除阿坝州境内的白河、黑河属黄河水系外，其余均属长江水系。全省范围多年平均降雨总量为 4869 亿立方米，平均降水量为 1003 毫米。受亚热带湿润季风气候的影响，降雨集中在汛期的 5 ~ 10 月，占全年降雨总量的 80% 以上。同时，由于四川又是多山省份，山地、高原和丘陵约占全省土地面积的 97.46%，除盆地底部的平原和丘陵外，大部分地区岭谷高差均在 500 米以上，极易形成山洪暴发，灾情具有“雨来成灾，灾成水去”的特点。新中国成立以来，省内主要洪涝严重的年份有 1959 年、1961 年、1981 年、1998 年、2004 年、2011 年等。四川省境内的暴雨洪涝多发生于盆地周边及丘陵地区。处于盆地和周边的三台、射洪、中江、金堂、简阳、仁寿等地区，频发的洪涝灾害在省内最为严重。资阳、资中以及内江等地的危险性也相对较高。近年来省内洪涝灾害有逐渐向丘陵地区转移趋势，处于四川北部和东北部的通江、万源、达县、渠县、广安、邻水等地，由于水系发达以及地势起伏度较高等原因，县区及周边地区受洪涝灾害威胁较为严重。

（2）干旱。干旱是四川省的一个常见的气象类灾害，可分成春旱、夏旱和伏旱三类。春旱多发生在省内嘉陵江河谷以西的盆地地区；夏旱覆盖范围更广，涉及地

---

① 黄崇福：《自然灾害基本定义的探讨》，《自然灾害学报》2009 年第 6 期。

区双倍于春旱；伏旱影响范围类似于春旱。根据气象资料显示，20 世纪 50 年代，四川省共发生旱灾 3 次；70 年代有 8 年是大旱之年；90 年代以后则是年年大旱。严重干旱，尤其是伏旱，出现的频率越来越高，且持续时间长，受灾面积不断扩大，对社会经济发展的不利影响愈加明显。就地理分布而言，全省干旱灾害主要分布在长江中下游的平原地带和川中盆地部分地区，阆中、南部、西充、南充、遂宁、大英、安岳、内江、资中等地危险性较高；仪陇、营山、梓潼、罗江、广汉、龙泉驿、古蔺等地稍次；川西南山地的安宁河谷下游的春旱相对严重。

（3）低温。又称低温冷冻灾害，即连续多日的气温下降，使作物因环境温度过低而受到损伤以致减产的农业气象灾害，是影响四川省农业生产的一个主要的气象类灾害，多发生于四川盆地地区。按季节划分，有春季低温、初夏低温和秋季低温三种。

（4）霜冻。霜冻灾害是指因霜冻造成的灾害。通常按其对农作物和饲养动物的损害强度进行划分。全省范围内，按地理区域划分，四川盆地地区和川西南河谷区为轻冻害区，基本无严重霜冻或轻霜冻全年在 15 天以下；四川盆地北部、东南及川西南山区，霜冻期在每年 2 ~ 3 月，为中冻害区；川西高原，尤其是高原北部地区，全年严重霜冻日 5 ~ 25 天，霜冻期约 4 个月至半年，为严重冻害区。

（5）绵雨。四川省的绵雨灾害主要是秋绵雨导致的危害和威胁。秋绵雨是指秋季连阴雨，通常发生在盆地地区。李商隐名句“巴山夜雨涨秋池”就是这一地方气候特点的经典写照。秋绵雨通常发生在每年的 9 月中旬至 10 月下旬，20 世纪中期以来各年中，以 1964 年、1971 年和 1982 年最为严重，曾造成农作物严重减产。

（6）冰雹。四川省的冰雹多发期为每年的 4 月、5 月（称“春雹”）和 7 月下旬至 8 月（称“夏雹”）。其中，尤以西部高原地区多发，频率远高于东部盆地及平原和丘陵地区。

（7）大风。大风是指快速流动的空气，我国气象观测业务中规定瞬时风速达到或超过 8 级时（17 米 / 秒）称为大风。全省范围的大风及其引发的灾害，以川西高原山地最多，四川盆地相对较少。

（8）雪灾。雪灾是指因降雪过多、积雪过厚和雪层维持时间过长造成的灾害。全省范围内的雪灾发生频率，以川西高原山地相对较多，盆地相对较少。

（9）雾霾。雾是由大量悬浮在近地面空气中的微小水滴或冰晶组成的，能见度降低到 1 公里以内的自然现象。霾又称“灰霾”，在中国气象局的《地面气象观测规范》中，灰霾天气被这样定义：大量极细微的干尘粒等均匀地浮游在空中，使水平能见度小于 10 公里的空气普遍有混浊现象，使远处光亮物微带黄、红色，使黑暗物微带蓝色[①]。雾霾使空气能见度降低，造成水、陆、空交通灾难，也会对输电设施设备以及人们的日常生活等造成影响。四川盆地是全国雾霾威胁较严重的地

① 参见中国气象局《雾和霾的区别》。网址：http: //www.cma.gov.cn/2011xzt/20120816/2012081601_2/201208160101/201209/t20120918_185501.html，发布时间：2012 年 9 月 18 日。

区之一。单就大雾而言，全省范围内的大雾天气在空间分布上，盆地多于高原，但在盆地内北部多于南部，高原上南部多于北部。以成都地区为例，根据2007年12月24日四川省气候中心发布的《四川的雾及影响》报告，近年来成都地区大雾天数并不是逐年增多，而是呈波浪起伏。《四川的雾及影响》中标注了从2000到2006年成都地区的大雾发生情况。根据2000年以来1、2、10、11和12月大雾日数统计，成都的大雾天数在15～18天，大雾最多出现在2000年，一共有28天，2005年最少，只有15天。成都地区大雾最多月份出现在1月份，其频率为21%，其次为12月份，其频率为20%①。

2. 地质类灾害

四川省是新构造运动十分活跃、地震活动极其强烈的地区，岷江上游地区、青藏高原边缘地区以及西昌周边地区是境内三大地震频繁发生区域。“5·12”汶川大地震是新中国建立以来国内最大级别的地震。同时，四川省也是国内地质灾害易发、多发、高危省份之一。省域范围地层岩性齐全，地质构造复杂，地质环境多样，加之“5·12”汶川地震对灾区地质环境的不利影响，全省的地质灾害也呈现点多面广、规模大、成灾快、暴发频率高、延续时间长等特点。

（1）地震灾害。印度洋板块和太平洋板块运动产生的压力，致使四川省域境内陆块隆起并在青藏高原边缘形成诸多断层，省域西部因此成为一个新构造运动十分活跃、地震活动极其强烈的地区。全省范围内地震发生的高危地区主要位于龙门山断裂带、鲜水河断裂带和安宁河断裂带所属地区及其周边缓冲地带。行政区划上主要包括位于龙门山地区的九寨沟、北川、汶川、都江堰、理县和大渡河上游的小金、康定、天全，以及安宁河流域的石棉、泸定、冕宁、西昌、德昌等县（市、区）。另外，位于甘孜州的理塘和雅江也属于地震频发区。20世纪70年代以来四川境内发生多次影响较大的地震，如1973年2月6日炉霍7.6级地震，该次大地震触发滑坡137处，其中川藏公路两侧就有67个崩滑体，毁坏了公路、桥梁、房屋等。1976年8月16日松潘－平武7.2级地震，触发的大型山崩、滑坡100多处。最近一次即2008年5月12日14时28分发生的里氏8.0级②汶川特大强震，这是新中国成立以来破坏性最强、波及范围最大的一次地震，损害范围包括震中50公里范围内的县城和200公里范围内的大中城市。汶川大地震造成了极大的人员伤亡和经济损失。其中，四川、甘肃、陕西三省的极重灾区和重灾区数量分别是39个、8个和4个，共51个灾区县，总面积达到13万多平方公里。2008年9月4日，中国国务院新闻办公室公布，汶川大地震造成的直接经济损失达8451亿元人民币③，四

① 参见新华网《四川防雾升级 拟将大雾列入主要自然灾害》，网址：http://www.xinhuanet.com/chinanews/2007-12/25/content_12037970.htm，访问时间：2012年9月7日。

② 参见中国地震信息网《汶川地震震级修订为Ms8.0级》，网址：http://www.csi.ac.cn/sichuan/dizhenzhishi5190.htm，发表时间：2008年5月18日。

③ 参见中华人民共和国国家统计局《中华人民共和国2008年国民经济和社会发展统计公报》，网址：http://www.stats.gov.cn/tjgb/ndtjgb/qgndtjgb/t20090226_402540710.htm，2009年2月26日。

川省占总损失的 91.3%[①]。在这些损失中，民房和城市居民住房的损失占总损失的 27.4%。包括学校、医院和其他非住宅用房的损失占总损失的 20.4%。另外还有基础设施，道路、桥梁和其他城市基础设施的损失，占到总损失的 21.9%[②]。根据中国民政部报告，截至 2008 年 9 月 18 日，中国汶川大地震已造成 69227 人遇难，374643 人受伤，17824 人失踪[③]。四川省人民政府在 2009 年 5 月 7 日报告，汶川地震在四川共造成 68712 人遇难，17921 人失踪[④]。

（2）地质灾害。四川省地质灾害主要类型为滑坡和泥石流等，是全国地质灾害易发、多发、高危省份之一。由于省域范围地层岩性齐全，地质构造复杂，地质环境多样，加之“5·12”汶川特大地震对地震灾区地质环境的不利影响，全省地质灾害呈现点多面广、规模大、成灾快、暴发频率高、延续时间长等特点，汶川地震灾区尤为突出。据最新统计，目前全省已查明的地质灾害隐患 3.4 万余处，占全国 15% 左右，威胁 30 余万户 190 余万人的生命和 640 亿元资产的安全[⑤]。其中，泥石流发生的高危地区主要分布在黑水河流域的黑水县、杂谷脑河流域的理县、大渡河流域的丹巴、泸定、康定以及安宁河流域的冕宁、德昌、米易、越西、喜德等，岷江流域的松潘、茂县、汶川、都江堰，金沙江流域的巴塘、得荣、宁南、雷波等地；大金川流域、雅砻江流域、川东丘陵地区和川西高原中部北部地区呈分散分布、发生频率较低。滑坡危险性最高地区除了黑水河和大渡河以外，安宁河下游河谷内的松散固体物质丰富，山区地表结构破坏严重，岩层破碎，聚集了较多的滑坡发生条件；川东丘陵区的通江和万源地区常年受暴雨等灾害影响，地形起伏较大，滑坡灾害易发生；金沙江流域的巴塘和得荣县的滑坡泥石流发生频率密度较高，存在大中型滑坡或泥石流灾害点。

3. 生物类灾害

生物灾害是指由于人类生产生活不当，破坏生物链或在自然条件下某种生物过多过快繁殖（生长）而引起的灾害事件。

（1）农作物病虫害。据调查[⑥]，四川省农业害虫 10 目，158 科，1143 种，分布于全省的农业种植区域，可造成水稻、小麦、玉米、棉花、蔬菜等作物经济损失的有 110 种，其中鳞翅目、同翅目、鞘翅目数量较多，为害亦重。

（2）草原病虫害。四川省的鼠害较为

---

① 参见《汶川地震造成直接经济损失 8451 亿元》，网址：http://news.xinhuanet.com/newscenter/2008-09/04/content_9769753.htm，访问时间：2012 年 10 月 10 日。

② 参见人民网《汶川地震造成直接经济损失 8451 亿元人民币》，网址：http://www.512.gov.cn/GB/126525/7789005.html，访问时间：2013 年 1 月 7 日。

③ 参见中国政府网《四川汶川地震已确认 69227 人遇难》，网址：http://www.gov.cn/jrzg/2008-09/22/content_1102192.htm，访问时间：2013 年 1 月 7 日。

④ 参见四川省人民政府网《“5.12”汶川地震四川学生死亡及失踪人数 5300 余名》，网址：http://www.sc.gov.cn/zwgk/zwdt/bmdt/200905/t20090507_722124.shtml，访问时间 2013 年 1 月 7 日。

⑤ 参见四川省人民政府网《四川省人民政府关于加强地质灾害防治工作的实施意见》，川府发〔2011〕43 号，http://www.sc.gov.cn/10462/11555/11562/2012/2/10/10198379.shtml，访问时间：2011 年 12 月 20 日。

⑥ 参见四川省农业科学院植物保护研究所、西南农学院、四川省农牧厅植保植检站等编写的《四川省农业害虫及天敌资源调查（1980 ~ 1982）》，网址：http://www.cqagri.gov.cn/detail.asp?pubID=212097，访问时间：2012 年 11 月 11 日。

严重，遍及农业种植区和草原地区，整体发生范围和程度仅次于新疆、内蒙古，列全国第三位。四川省的牧草病害主要是纹枯病、锈病、枯萎病、黑斑病，主要发生于甘孜和阿坝两州的草原牧区。

（3）畜牧业疫病灾害。近些年来四川畜牧业受到的疫病威胁较大，如高致病性禽流感、口蹄疫、高致病性猪蓝耳病、猪瘟等疫病的威胁。目前及未来时期由于病毒变异加快，高致病性禽流感、高致病性猪蓝耳病和口蹄疫等病毒均出现不同程度变异，防控难度加大。另外，活畜禽及其产品调运交易频繁，疫情远距离、跨区域传播风险概率上升。

（4）森林（草原）火灾。森林火灾，是指失去人为控制，火灾在林地内自由蔓延和扩展，对森林、森林生态系统和人类带来一定危害和损失的林火行为。森林火灾是一种突发性强、破坏性大、处置救助较为困难的自然灾害。森林火灾是世界性的林业灾害之一，每年都有一定数量的发生，造成森林资源的重大损失和全球性的环境污染。森林火灾具有突发性、灾害发生的随机性、短时间内能造成巨大损失的特点。四川省全省现有林地面积 3.6 亿亩，占全省国土面积的 49%，居全国第三位；全省公益林面积 2.58 亿亩，占林地总量的 72%，商品林面积 1.02 亿亩，占林地总量的 28%；活立木蓄积量 17.3 亿立方米，森林蓄积 16.5 亿立方米，居全国第二位，森林覆盖率 34.82%。全省天然林约占 2/3，主要分布在川西高原及川西南山地、长江上游干流及主要支流源头；人工林约占 1/3，主要分布在盆周山区及盆地中部 ①。近年来，全省的森林火灾损失率连年控制在 1‰以内 ②。草原火灾是指因自然或人为原因，在草原或草山、草地起火燃烧所造成的灾害，草原火灾除造成人民生命财产损失外，主要是烧毁草地，破坏草原生态环境，降低畜牧承载能力，并促使草原退化。省内草原火灾主要发生于甘孜和阿坝境内的草原和草地。

（三）灾害成因的自然因素和经济社会根源

灾害成因通常可分为自然因素和人为因素两类。四川省域范围内地形地貌多样、地质条件复杂、新构造活动强烈，造成各种灾害频繁发生，典型且危害程度大。省域的西部，地震、泥石流、滑坡等地质灾害尤为严重；省域的东部地区，人口密集、经济和社会活动强度大，人为灾害则相对突出。

1. 自然因素

灾害成因的自然因素中，天文因素、地理因素和气候因素是四川省自然灾害频发的最主要原因。其中，气候因素从本质上可归类于天文因素。

（1）天文因素。天文因素变化在全球自然灾害的成因中有着极为重要的地位。而天文因素往往是属于初始的、带有根本

① 参见四川省人民政府网《我省森林资源管理工作成效显著 现有林地面积 3.6 亿亩》，网址：http：//www.sc.gov. cn/10462/10883/11066/2011/11/22/10190369.shtml，访问时间：2013 年 1 月 10 日。

② 参见四川省林业厅网站《王平厅长在 2011 年全省林业工作会议上的讲话》，网址：http：//www.scly.gov.cn/article 351312.html，访问时间：2012 年 10 月 5 日。

性的因子。包括太阳活动的周期、地球自转速度变化的影响、火山爆发的反馈、厄尔尼诺现象的海气作用等都直接或间接地影响四川省域范围内的自然灾害发生。雷旭刚在其分析文章中[①]认为，天文因素及其影响对盆地西部洪水确有着明显的关联，其关系可归纳为：天文因素－大气环流－降水－洪水。近百年来四川省气候振动规律为：20 世纪 20 年代至 40 年代末为气温上升暖期，40 年代末至 80 年代中期气温呈下降趋势。回顾 20 年代初至 40 年代的暖期，四川盆地西部暴雨洪水异常频繁，1917、1923、1930、1931、1934、1936、1937、1945、1947 ~ 1949 年主要江河均发生大洪水和特大洪水，洪涝显著，是历史上少有的多雨期。1988 年开始四川省气温回升，估计各种因素的影响，90 年代将继续增温，盆地西部出现大范围暴雨洪水几率增强。就 2000 年后四川省洪水发生的频率和危害程度来看，雷旭刚的长期预测符合实际情况。

（2）地质因素。四川省地处我国三大地质构造域，是全国地质灾害最为严重的省份之一。地质灾害点多面广，全省 174 个地质灾害易发县（市、区）已查明各类地质灾害隐患近 3 万处，占全国 15% 左右[②]。“5·12”汶川特大地震前，全省共有发育规模和危害程度不等的崩塌、滑坡隐患点 10 万余处，泥石流沟 3000 余条。汶川特大地震后，地震灾区山河破碎，灾区新增了大量地灾隐患点。目前全省查明的地灾隐患点共计 28395 处，其中地震灾区 11384 个，威胁着 15 个县城、126 个集镇和近 80 万人的生命财产安全。影响滑坡、泥石流的因素很多，但降水始终是最重要的触发因子，不仅是全部的泥石流，也是 90% 的滑坡和 81% 的崩塌灾害的诱发因素。长时间降雨或短时局地强降雨除能直接产生洪涝造成灾害外，还可以引发一些地质灾害。降水能造成山洪暴发、山体滑坡和泥石流等地质灾害的发生[③]。

2. 经济社会根源

人类对自然资源不合理的、无节制的开发和利用，破坏生态平衡，恶化了环境，以致造成灾害。就四川省而言，多年以来，岷江上游、大渡河中上游、安宁河上游、雅砻江及金沙江中下游、嘉陵江中上游地段，因森林砍伐、开山采石、采矿等经济开发活动，对原始植被及自然边坡造成严重破坏，从而导致一系列灾害发生。统计和研究资料显示[④]，省内地质灾害分布密集区也是人类工程活动频繁区，与人类工程经济相关的地质灾害占统计总数的 70% 左右，主要为滑坡、崩塌。与人类活动相关的地质灾害约为统计总数的 30%，以泥石流为主。

三　自然灾害与地区经济发展

地震、泥石流、滑坡、洪涝和旱灾是四

① 雷旭刚：《从天文因素与灾害群发的机制过程分析：四川盆地西部洪水趋势》，《大自然探索》1991 年第 4 期。

② 参见四川省人民政府网：《四川省“十二五”防灾减灾规划》，网址：http://www.sc.gov.cn/sczb/2009byk/lmfl/szfbgt/201201/t20120116_1169705.shtml，访问时间：2011 年 10 月 18 日。

③ 魏宏：《防治重于泰山　机制创造奇迹　四川省加强地质灾害防治工作的主要做法》，《资源与人居环境》2010 年第 22 期。

④ 鄢毅、岳昌桐：《四川地质灾害特征及防治对策探讨》，《中国地质灾害与防治学报（增刊）》2004 年第 15 期。

川省域范围内的主要自然灾害种类。依据上述主要灾害种类，可将全省自然灾害危险性空间划分为高危险区、次高危险区、中度危险区、轻度危险区和基本无危险区。各空间的人口密度和经济密度可在此基础上加以分析。

（一）省内自然灾害地理分布总体格局

于欢等[①]通过对四川省境内地震、泥石流、滑坡、洪涝和干旱等5种主要自然灾害进行数据分析，运用综合评价模型，将全省自然灾害危险性空间划分为高危险区、次高危险区、中度危险区、轻度危险区和基本无危险区（见图13-1，主要自然灾害种类分布请参考本章图13-4）。

四川省高危险区主要分布于龙门山活动断裂带、安宁河流域和大渡河上游区。龙门山断裂带主要包括都江堰、彭州、什邡、绵竹、安县的西北部，北川、平武的东南部地区；安宁河断裂带主要包括冕宁、西昌、普格、德昌全县；大渡河流域鲜水河断裂带主要包括泸定、石棉全县和康定东北地区。龙门山活动断裂带受汶川地震影响极大，区内已出现多处大型、特大型滑坡、崩塌、泥石流及堰塞湖等次生自然灾害，灾害分布总体甚密集，具有孤岛状聚集性分布特点。安宁河流域断裂带和大渡河上游鲜水河断裂带由于常年形成的断裂地带次生山地灾害发生频率极高，土壤侵蚀强烈，耕地十分稀少而贫瘠，土地、资源和环境的承载能力很低。

省内次高危险区作为高度危险区的缓冲区，也是中高危险区之间的隔离带，分布位置与高度危险区相似，主要分布在三个断裂带的缓冲地带，包括汶川、茂县、北川、平武、青川、冕宁、喜德、昭觉、德昌、会理、宁南、康定、天全、荥经、汉源等大部分地区。该区泥石流、滑坡、崩塌以大中型为主，在峡谷地段高陡坡边坡带，也常有大型地震次生山地灾害发生，灾害分布点相对密集，灾害易发生在高陡坡软弱岩组，尤其是千枚岩、片岩分布区等。

省内中度危险区主要分布在横断山区及周边，处于山区与平原、平原与丘陵交界地区，区内呈连续状分布，或分散分布，是各种级别中面积比例最高的区域。川中丘陵区由于受洪涝和干旱影响较大。西部丘陵地区部分为中度危险地区，受三大断裂带影响，其周边地区中度自然灾害显著。

四川省低度危险区主要分布在川东丘陵地区和川西高原东部。川东丘陵地区受断裂带地形影响较少，地势较平坦，泥石流、滑坡等次生山地灾害频率较少。低度危险区内耕地较多且肥沃，土地资源和环境承载能力较强，但受到较多的干旱和洪涝灾害干扰；川西高原地势较高，农作物开垦较少，受人为工程干扰小，有分散小型的泥石流、滑坡、崩塌等灾害发生，该区处于低度危险区，区内有连续较安全乃至安全的区域存在。

省内的基本无危险区主要分布在川西高原北部和中部，该区耕地资源较少，人类工程建设活动少，地势平坦，森林资源茂盛，土壤侵蚀较轻，次生山地灾害危险性极低或不存在山地灾害活动，基本不受安宁河断裂带和鲜水河断裂带区域的影响；川东丘陵东南部还有少量基本无危险区。由于该区基本不具备山地灾害形成条件，

---

① 于欢、孔博、陶和平、李璇琼：《四川省自然灾害危险度综合评价与区划》，《地球与环境》2012年第3期。

图 13-1　四川省自然灾害危险评价

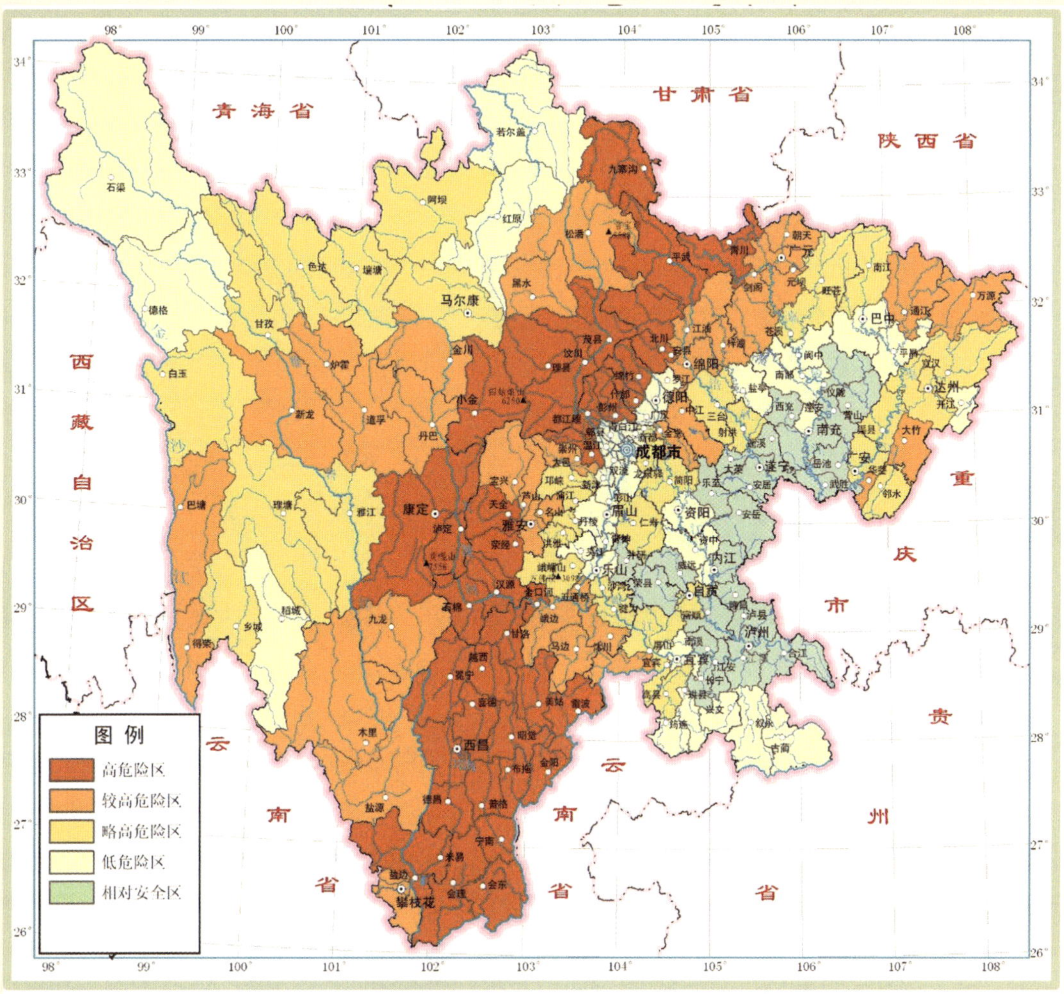

注：本图图例中所列的高危险区、较高危险区、略高危险区、低危险区、相对安全区，分别对应本部分所指的高危险区、次高危险区、中度危险区、轻度危险区和基本无危险区。

资料来源：《四川省人民政府关于印发四川省主体功能区规划的通知》，http://www.sc.gov.cn/10462/10883/11066/2013/4/23/10258501.shtml，2013 年 4 月 16 日。

灾害活动频率十分稀少，但是也有人类工程建设、经济活动或水利侵蚀作用的影响，偶有局部溜滑、塌岸等发生。

（二）省内自然灾害综合分区的人口密度和经济密度

在全省自然灾害综合分区的基础上，如将自然灾害危险性综合评价区划图层叠加各县县界，应用 ArcGIS 中空间分析模块的 Zonal Statistics 功能，计算每个县（市、区）的自然灾害危险度平均值，全省 181 个县（市、区）则可划分成 5 个等级区域，即高危险区、次高危险区、中度危险区、轻度危险区和基本无危险区，分别包含县（市、区）38、39、36、39 和 29 个，各占全省地理面积的22.5%、26.0%、24.8%、19.9%和6.9%（见表13-1和图13-2）。

本部分其他数据请分别参见表13-2和表13-3，表13-3为附件形式，详见本章末。

1. 高危险区

高危险区空间上包含龙门山断裂带、安宁河断裂带和鲜水河断裂带等三大断裂带，呈Y型分布，是高发和频发地震、泥石流、崩塌、滑坡等自然灾害严重的地区，尤其是汶川大地震以后龙门山断裂带上大型和密集型次生灾害爆发频率很高。位于高危险区的县（市、区）主要包括龙门山地区的九寨沟、北川、汶川、都江堰、理县和大渡河上游的小金、康定、天全以及安宁河流域的石棉、泸定、冕宁、西昌、德昌等。高危险区在地理上是省内川西高原和川东丘陵中间的隔离带。

从经济规模上看，高危险区地方生产总值占全省的比重，2010年较2006年有所下降（从13%降至11%，下降2个百分点）。从经济密度上看，2010年则较2006年增加0.69倍。但2010年该区经济密度仅仅是全省平均数值的49%，而2006年则是全省平均水平的57%。

从人口规模上看，高危险区2010年较2006年增加9万人，人口密度则每平方公里增加1人，增幅高于全省平均水平。多数汶川“5·12”地震后的极重灾区其人口密度出现下降（见表13-3），如什邡、青川、绵竹、安县、九寨沟、理县和汶川等。

2. 次高危险区

次高度危险区主要分布在三大断裂带的缓冲区。由于大渡河上游鲜水河断裂带是一条北西走向的弧形左旋走滑断裂带，北西段由炉霍断裂、道孚断裂和乾宁断裂三大段连接而成，虽然炉霍县和道孚县境内自公元1747年以来共发生破坏性地震

表13-1　四川省自然灾害综合分区基本数据

分区＼项目	地方生产总值（万元）	地方生产总值（万元）	行政区域（平方公里）	人口（万人）	人口（万人）
	2006年	2010年	2010年	2006年	2010年
基本无危险区	12540210	26630397	33900	1810	1758
占全省比重	0.145	0.155	0.069	0.225	0.218
轻度危险区	33150234	66558351	97458	2203	2305
占全省比重	0.384	0.387	0.199	0.273	0.285
中度危险区	16194216	33774959	121753	1862	1820
占全省比重	0.187	0.197	0.248	0.231	0.225
次高危险区	13259656	24866566	127430	1210	1214
占全省比重	0.154	0.145	0.260	0.150	0.150
高危险区	11187228	18948710	110371	971	980
占全省比重	0.130	0.110	0.225	0.121	0.121

资料来源：《四川省统计年鉴（2007）》和《四川省统计年鉴（2011）》。

图 13–2　四川省自然灾害综合分区基本情况（2010 年）

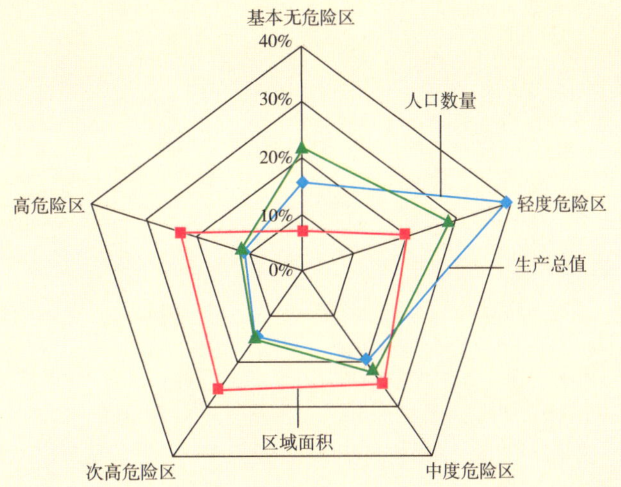

表 13–2　四川省自然灾害综合分区人口密度和经济密度

项　目 分　区	人口密度 2006 年	人口密度 2010 年	人口密度增加比 2010 年 |2006 年	经济密度 2006 年	经济密度 2010 年	经济密度增加比 2010 年 |2006 年
基本无危险区	534	519	0.97131	370	786	2.12
轻度危险区	226	237	1.04644	340	683	2.01
中度危险区	153	149	0.97749	133	277	2.09
次高危险区	95	95	1.00257	104	195	1.88
高危险区	88	89	1.00940	101	172	1.69
全省平均值	164	165	1.00248	176	350	1.99

注：表内数据单位，人口密度单位为人 / 平方公里，经济密度单位为万元 / 平方公里。
资料来源：《四川省统计年鉴（2007）》和《四川省统计年鉴（2011）》。

10 余次，最近一次在 1973 年发生 7 级地震，对该区的次生山地灾害影响比较严重，将其归为次高度危险区；除此之外，龙门山断裂带和安宁河断裂带的缓冲地区也受地震影响严重，如松潘、黑水、广元、宝兴、芦山、雅安、九龙、木里、盐源、仁和区等；大竹和华蓥县的泥石流和滑坡点分布较密集。通江县和万源县地势起伏较大，通江县呈“三山夹两谷”之势，水系呈网状发育，渠江、通江近几年多次爆发洪涝灾害，2010 年 7 月份通江神口河站水位高涨到 487.5 毫米；巴塘和得荣县处于金沙江流域，地势上相对海拔高差约 2000 米，泥石流、滑坡的灾害发生频率比较高。

从经济规模上看，次高危险区地方生产总值占全省的比重，2010 年较 2006

图 13-3　四川省自然灾害综合分区人口密度（上）和经济密度（下）

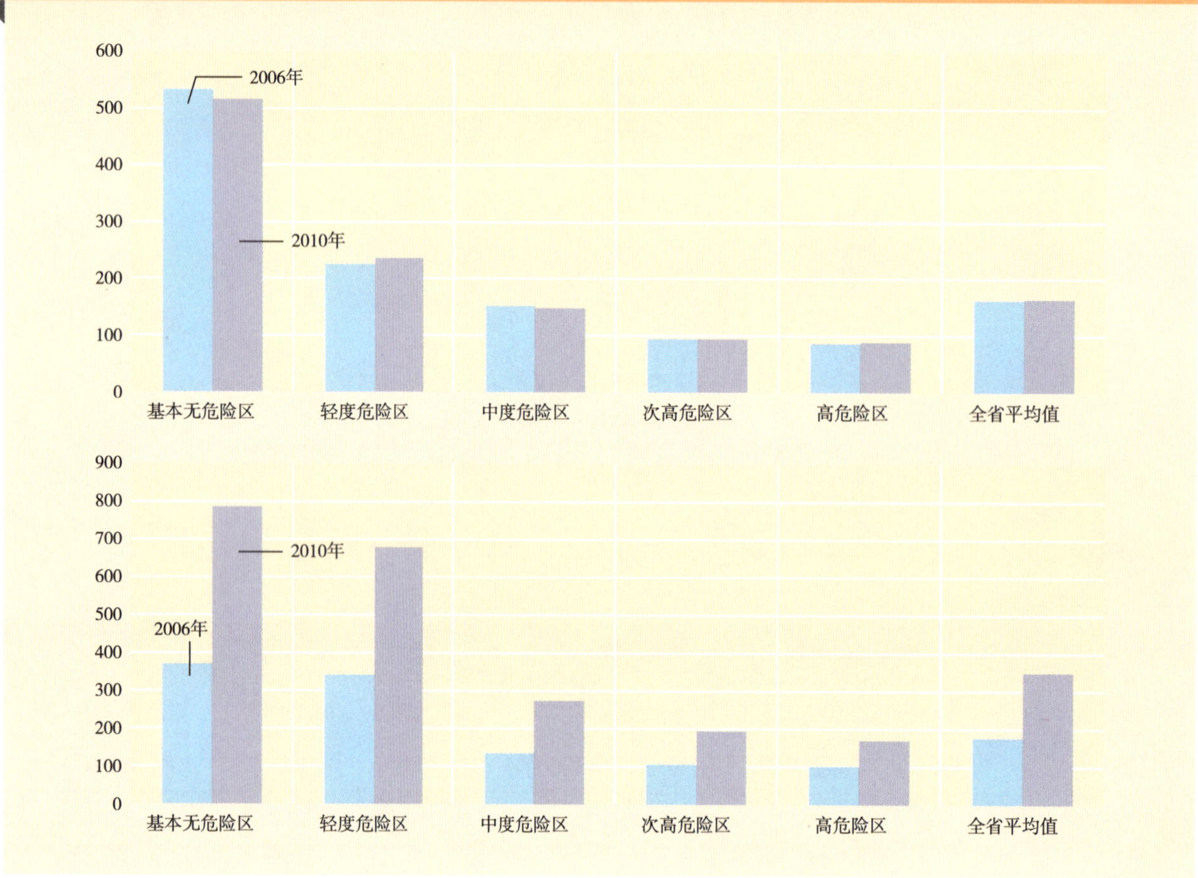

注：人口密度和经济密度单位与表 13-2 相同。

年下降近 1 个百分点（即从 15.4% 降至 14.5%，下降 0.9 个百分点）。从经济密度上看，2010 年是 2006 年的 1.88 倍。但 2010 年该区经济密度较 2006 年有所提升，即从 56% 增加到 59%。

从人口规模上看，次高危险区 2010 年较 2006 年增加 4 万人，人口密度则每平方公里略有提高，总体幅度接近全省平均水平。次高危险区中部分位于山区生产和生活条件相对艰苦的县（市、区）人口密度下降（见表 13-3），如梓潼、剑阁、元坝和万源等。

3. 中度危险区

中度危险区呈分散分布格局，主要分布在川西高原北部和中部地区。阿坝、马尔康、色达、壤塘等阿坝藏族羌族自治州地区；甘孜县受雪灾等气候因素影响非常严重，对此地区的牧业和草地资源损坏严重，破坏人类的基本生活条件。中度危险区中还包括宣汉、达州通川区、达县、渠县、邻水等川东丘陵东北部地区，这一地区受洪水和干旱影响较大，近几年洪涝灾害尤为严重；另外，中度危险区还覆盖邛崃、蒲江、洪雅、峨眉山、犍为等地，区域受中型泥石流、滑坡、洪涝灾害的影响相对较为严重。

从经济规模上看，中度危险区地方生产总值占全省的比重，2010 年较 2006

年提升 1 个百分点（即从 18.7% 增至 19.7%）。从经济密度上看，该区 2010 年是 2006 年的 2.09 倍。但该区 2010 年 277 万元每平方公里的经济密度仍低于全省平均值约 20%。

从人口规模上看，中度危险区 2010 年较 2006 年减少 42 万人，人口密度则每平方公里减少 4 人。中度危险区中 37 个县（市、区）人口密度出现下降的有 18 个，约占总数的一半（见表 13-3），如三台、沿滩、邻水和广安等。

4. 轻度危险区

轻度危险性地区主要分布在盆地中部部分地区，盆地丘陵东南部和东北部部分地区，高原西部和西北部部分地区。轻度危险区涵盖的县（市、区）中，如古蔺、叙永、兴文、筠连、翠屏区等，中小型泥石流、滑坡等地质灾害的分布较分散；如红原、若尔盖、石渠、德格等地，自然资源维持较好，环境受人为侵害相对较小，整体上自然灾害的威胁性较小；如平昌、巴中、阆中等地，地势平坦，耕地肥沃，自然灾害发生频率和危害程度也相对较低。

从经济规模上看，轻度危险区地方生产总值占全省的比例，2010 年较 2006 年略有提升（即从 38.4% 增至 38.7%）。从经济密度上看，该区 2010 年是 2006 年的 2.01 倍，略高于全省总体增速。2010 年该区 683 万元 / 平方公里的经济密度是全省平均数的 1.95 倍。

从人口规模上看，轻度危险区 2010 年较 2006 年增加 102 万人，人口密度则每平方公里增加到 237 人，比 2006 年增加 11 人，增幅超过全省平均水平。由于轻度危险区中包含成都市大部分的县（市、区），该区人口密度的提升应更多归功于类似郫县、温江、双流、金牛、青羊、武侯等成都市的建成区和近郊县，如郫县的人口密度，2006 年为 1138 人 / 平方公里，2010 年快速提升至 1675 人 / 平方公里，短短 5 年间增加了 537 人 / 平方公里。

5. 基本无危险区

基本无危险性地区位于川东丘陵东部地区，耕地资源较多且肥沃，地势起伏性较小，主要包括遂宁、乐至、武胜、安岳、井研、内江东兴区、威远、荣县、隆昌、富顺等地。

从经济规模上看，基本无危险区地方生产总值占全省的比重，2010 年较 2006 年提升 1 个百分点（即从 14.5% 增至 15.5%）。从经济密度上看，该区 2010 年经济密度为 5 个评价区中最高，达到 786 万元 / 平方公里，是 2006 年的 2.12 倍，是全省平均值的 2.4 倍。

从人口规模上看，基本无危险区 2010 年较 2006 年减少 52 万人，人口密度则每平方公里减少 15 人，尽管如此，该区人口密度仍是全部评价区中最高的地区，2010 年达到 519 人 / 平方公里，接近部分东部发达地区省区如山东省和河南省近年来的人口密度数值。

四 自然灾害与城镇空间布局

（一）概述

城镇是人类生产生活所依托的复合空间系统，其产生和发展必然要首先适应周边的自然生态环境。另外，城镇在其产生和发展过程中，又必然影响和改变其周围的自然生态环境。城镇体系同其所依托的地域空间之间存在着相互制约的关系。

人类发展历史显示，城镇化是社会发展的必然趋势。城镇化进程同时又是与工业化进程同步进行的。近代以来，随着工业化趋势加快，城镇作为人类社会改变和影响地球表面地域景观的一种重要方式，既是人类社会发展的成果，又是人类社会影响地球环境的重要因素。

四川省的城镇化在20世纪末之前的时间段内发展相对较为缓慢，表现在城镇人口的增长上，如1952年全省城镇化率为11.2%，1964年为13.9%，1983年为15.8%。21世纪来临之时，随着国家西部大开发战略实施，四川省的城镇人口开始进入快速增长阶段，城镇化率2001年仅为18.2%，但到2004年便达到31.1%，2009年38.7%，2011年接近41%。尽管如此，四川省的城镇化水平仍然低于全国平均水平近10个百分点。

洪水灾害是影响全省城镇空间布局的一个重要的灾害因素，尤其是四川盆地及东部地区，由于该地区属亚热带潮湿气候，常年雨量充沛，多年平均降雨量为1200～1600毫米，降雨量季节分配不均，每年的7～8月降雨量占全年的50%～60%，且暴雨次数多，最大暴雨量100～500毫米/次。全省90%县（区、市）行政区划沿主要江河分布，坐落在地势低洼的城镇每年雨季都受到洪水灾害威胁。如1981年6月9日，6次大暴雨造成直接经济损失25亿元以上。据1987年《四川省情》资料，此次暴雨灾害的受灾县（市、区）共135个（当年行政区划县级215个），被淹县城57座、场镇776个，受灾群众2000多万人，其中113万多人无家可归。共毁坏几万处工程建筑，其中水库垮坝45座，冲毁提灌站4500处、塘堰27325处、小水电站446座，成渝、宝成、成昆铁路有40多处铁路路基被毁，毁桥324座，冲毁码头45处，损坏船舶121艘（只）。另外，还在81个县发生了山崩、地陷、塌方、泥石流等地质灾害。

（二）四川城镇的地貌分类及其特点

四川省的城镇，如根据地貌分类，可划分为平原型城镇、丘陵型城镇、山谷型城镇、高原型城镇。在城镇地貌与灾害之间的关系上，平原城镇的主要灾害是洪涝与沉陷；沿江城镇海拔高度低，易受洪水灾害；峡谷口的城镇洪灾严重；山区城镇多滑坡、泥石流。城镇建设时如不科学选址和合理规划，往往会通过改变地貌引发灾害。①

1. 平原型城镇

分布在冲积平原或宽阔河流阶地上的城镇，如成都市中心城区以及二、三圈层的温江区、新都区、青白江区、龙泉驿区、双流县、郫县、彭州市等，其政府驻地所在城区或城镇位于成都冲积扇形平原上；而眉山、彭山等，其政府驻地所在城区或城镇则位于岷江宽阔的阶地上（阶面宽5公里以上）。这些位于平原或宽阔阶地的城镇，由于地面平坦而宽阔，城区或者城

① 柴宗新：《四川城镇的地貌分类与灾害》，《西南师范大学学报》1990年第4期。

镇的布局通常不受地势起伏影响，城区和城镇的平面轮廓、形状比较规整，多为长宽相近的正方形或块状图形，街区的排列也比较整齐，多为南北向或东西向，形成集中式、方格式结构。这些平原型城镇的空间生长或拓展一般由原城区城镇的中心向其外围呈辐射状发展。

2. 丘陵型城镇

四川盆地边缘是广大的丘陵地区，这些丘陵地区分布的城镇，如南充、广元、安岳、达州等的城区和县城，由于丘陵相对高度一般在 200 米以下，空间分布呈现从河谷地带一直向上延伸到丘陵顶部地区。

由于地势起伏相对较大，在城镇的内部空间构造上，丘陵城镇多采用“多核组团式”，即将城镇划分为几个片区，每个片区相对独立，各具中心，彼此联系，公共设施较为完整，职能不同。一般情况下，丘陵型城镇，其城市基础设施部分以片区形式建筑于台状丘陵区，部分则依托江河水运之便利，沿阶地和低丘展布。

丘陵地区的高低起伏和城区间的破碎性，给交通、工程建筑、管道系统等的建设带来很大困难，并增加了工程量。道路往往建于比较平坦的丘陵顶部或槽谷之中。分布于坡上的建筑，由于必须对地基进行特别处理以应对和预防滑坡、崩塌等灾害，造价相比平原地区要高。

丘陵型城镇的地貌特征表现为高差明显，宜于建筑的立体布局。这类城市城镇，按其地貌特征，通过建筑造型，形成了楼房高低错落，层次分明，富有立体感的结构形态。交通问题是丘陵城市发展的大问题，由于地面崎岖，机场场地，铁路、公路线路选择都比较困难。丘陵型城镇又可分为 4 种亚型：

（1）沿江河阶地分布的城镇。丘陵区江河的阶地有宽有窄，分布于较宽阶地上的城镇，阶地宽度达一二公里，城区的轮廓比较规整。如分布于嘉陵江河谷阶地上的南充市，分布于涪江阶地上的遂宁市区等。分布于狭窄阶地的城镇，街区只能沿着狭长的阶地分布，如位于岷江、大渡河边、金沙江边的部分县城，最初的城区只有一条长街，一边靠江，一边靠丘陵，城镇空间拓展和生长受到很大限制。如欲往丘陵上部发展，成本增大，且城区规模受限；向下发展，则由于河漫滩原因和防洪要求，不宜搞永久性建筑。

（2）位于丘间槽谷中的城镇。丘陵区多数城镇分布于丘间槽谷之中，城区街道沿槽谷延伸，呈不规则的枝状。如自贡市、安岳县、盐亭县等城区和县城。这些城区和城镇一般规模不大，没有向丘陵上部发展。而如果向丘陵上部发展，在孤丘分布区，则又将会遇到供水、道路等一系列问题困扰城市发展。

（3）位于分水岭地带的城镇。在四川盆地丘陵区两条大河之间的分水岭地带，如沱江与涪江、涪江与嘉陵江、嘉陵江与渠江之间的分水岭地带，地势稍高，多为浅丘分布。这些城镇大多沿槽谷分布，如乐至、蓬溪、营山县的县城地区。分水岭地带丘陵城镇的发展主要受到水资源影响较大，由于没有大河过境，且红层地下水不丰富，生活生产用水主要依靠降水，一遇较长时间的干旱，生产生活用水将出现困难。

3. 山谷型城镇

在四川盆地周围山区和四川西部高

山高原区，城镇大多分布于山谷中。在山谷中，由于两侧山地相对高度大，多大于500米，因此山谷型城镇只能沿河流两侧阶地分布。如康定、马尔康、汶川等，都分布于一级阶地上；攀枝花、泸定等城区则分布于二级阶地；雅砻江、丹巴等分布于三级阶地。这些阶地的相对高度大都在70米到80米以内。更高的阶地虽然也有平坦地面，但因为距河水水面太高，取水困难，很少有城镇分布。

河谷阶地的宽度多在二三百米，且阶地分布不连续。建造于这些阶地上的城镇，当规模不大时，可位于一个连片的阶地上。如梭磨河上的马尔康县城，岷江上的汶川、北川、松潘县城，雅砻江上的雅江县城等。这些城镇与外界的联系，主要依靠沿河谷而筑的公路。山谷型城镇的发展主要受到阶地宽窄和延伸长度的限制，规模有限。

当城市的规模比较大时，常迫使一个城市沿河谷分成几片。如攀枝花市就沿金沙江分成八片，延伸长达50公里以上，每片都是功能齐全而分工不同的小城镇，构成分散多点状的城市结构。

山区河谷阶地也不十分平整，而且有一定的坡度。大的厂矿也需横向梯级布置厂房，如攀枝花钢铁厂，由于厂址平坦地面窄狭，坡度大，不得不首先把厂区开成几级阶梯状平地，再沿各阶梯布置厂房。

4. 高原型城镇

四川省西部系青藏高原的一部分，主要包括甘孜州、阿坝州两个藏族自治州地区，其下辖的部分县城建筑在海拔3500米以上，如红原县城（海拔3500米）、色达县城（海拔3900米）、石渠县城（4200米）、理塘县城（3900米）等。这些县城位于高原面上，地面开阔，城区多呈现中心式结构。由于自然条件恶劣，人口较少，城镇规模通常较小，且由于土地较多和风大的原因，城镇建筑多以平房为主。

（三）城镇地貌、空间布局与灾害防治

一些城镇灾害的发生发展与地貌的关系极为密切。城镇灾害与地貌的关系可以从两个层次来讨论：一是整个城镇所处的大地貌部位；二是城镇中具体建筑物所处的小地貌部位和人类活动对地貌的改造。

1. 平原城镇灾害威胁主要是洪涝和沉陷

由于平原城镇地势低平，与常年河水位高差小，排水不畅，雨季易受洪涝灾害。如成都市从1914年到1949年的35年中，共发生洪灾10次，平均3.5年发生1次；20世纪70年代以来，则几乎年年都遭受洪涝灾害。1981年7月的洪灾中，成都市区水淹范围47.74平方公里，水淹深度一般为0.5～1米，个别地方达2～3米，西安路、莲花池等低洼处最为严重，淹没时间长达16小时。①

平原城镇的基础主要为河流冲积作用形成的沙砾石层。城镇建设，特别是地下洞室的建设，地基的处理要慎重，避免因淤积层或沙土层处理不当而产生的沉陷。对地下水的抽取应适量，过量抽取可能引起地面沉陷，从而导致建筑物开裂。20世

① 四川省自然资源研究所：《1981年四川暴雨洪灾》，四川科学技术出版社，1984，第151～152页。

纪 80 年代，成都市城区和东郊，每平方公里有机井 6 ~ 7 眼，每眼日采水量达 2500 吨以上，采水强度已大于地下水的回渗强度一倍以上[①]。

2. 沿江分布城镇易受洪水灾害威胁

四川省有县以上城镇 196 个，分布于江河沿岸的有 175 个。其中，位于干流沿岸的有 83 个，占城镇总数的 42.3%；分布于支流上的有 92 个，占 46.9%[②]。由于海拔高度低，沿江城镇最易受洪水灾害。据气象部门统计，近 500 年来，四川遭受过洪灾的城镇有 165 个，占全省城镇总数的 79.3%，占江河沿岸城镇总数的 86%。

四川省长江沿岸洪水的涨幅可达 30 米，支流可达 20 米。在沿江城镇建设和改造中，重要的仓库、工厂等部门都应安排到海拔 20 米以上的二、三级阶地上，以避免和减轻洪灾损失。

20 世纪 50 年代以前，南充市沿江低地的工厂、居民住房十分密集，沿江建筑多低于洪水位，工业企业也大多分布于沿江一带。在分析水文、地理资料的基础上，1958 ~ 1960 年南充市发展规划将城市的发展方向转到二、三级阶地，除新建的炼油厂、仓库放在高地外，把原在低处的粮食、百货等仓库也陆续迁往高处，如此大大减轻了之后洪灾造成的损失。

3. 峡谷口城镇所受洪灾威胁更为严重

峡谷是指河道骤然缩窄的河段，多出现在河流从平原或丘陵区进入山区时。如金堂峡是沱江切穿龙泉山形成。位于上峡口的县城，因峡谷对洪水的阻滞作用造成洪水涨幅突然增大，受洪灾影响后果最为严重。

金堂峡谷上游是著名的鹿头山暴雨区，金堂县城正好位于金堂峡谷的上峡口，是湔江、石亭江和绵远河等 15 条大河流的汇口处。该峡口承载着沱江上游 6590 平方公里的集雨区。每年 6 至 9 月汛期，汹涌的沱江水在此受阻，惊涛拍岸，洪水宣泄不畅。因此，不论是龙门山洪水还是成都平原洪水，都会造成金堂县城被淹。

金堂县历史上的洪灾记录让人触目惊心。据史料记载，从公元 839 年到 1949 年间，沱江发生大洪灾 39 次，几乎每次都是“漂没民舍数千，决田数千上万，溺毙居民数百上千名”。据三皇庙水文站实测，新中国成立以来，金堂发生 8000 立方米 / 秒以上洪水一次（1981 年），7000 立方米 / 秒以上洪水两次（1995 年、2001 年），6000 立方米 / 秒以上洪水两次（1949 年、1959 年），5000 立方米 / 秒以上洪水 9 次；县城洪水成灾的重现期为 2 至 3 年一遇，重灾的重现期 4 至 5 年一遇，特大洪灾重现期 8 年一遇。1981 年 7 月的特大洪灾，造成经济损失 1873 万元，粮食损失 56650 吨。这次洪灾，由于金堂县全部街道的泄水量仅 3220 立方米 / 秒，金堂县全城被淹，主要街道水深 5 至 6 米，沿江低洼地带水深达 10 余米，淹没时间持续 40 多个小时[③]。

为了变水患为水利，金堂县在 1994

① 熊达成：《成都市水资源的合理利用》，《资源开发与保护》1985 年第 1 期。
② 郭涛：《四川城市水灾史》，巴蜀书社，1989。
③ 四川省自然资源研究所：《1981 年四川暴雨洪灾》，四川科学技术出版社，1984，第 151 ~ 152 页。

年对县城总规进行了修编，之后期间，金堂县投入大量资金对县城河域进行了综合整治，分期实施了中、毗河改造工程以及营造水体景观和泄洪橡胶坝等重点工程。

其中，毗河沿岸综合改造，全长13公里，总投资1.5亿元，于1998年1月动工，2002年8月建成。该工程共修建防洪堤13568.4米，平均高度2.5米，二阶保坎长1178.6米，修建道路27.55公里，排水管线40.88公里。1#、2#、3#橡胶坝全长287.5米，库容160000立方米，形成湖面3平方公里。汛期泄洪，枯水期蓄水，形成壮观的水面游览区。2001年5月，由国家投资1.5亿元人民币的“金堂峡拓宽改造工程”正式动工，将金堂峡最窄处从40米拓宽到90米，工程于2004年4月完工。

4. 山区河谷城镇易受泥石流等地质灾害威胁

山区河谷岭谷高差大，常在500米以上，谷坡陡峭，重力地貌灾害突出，泥石流、崩塌、滑坡等灾害比较普遍，一些城镇或建筑物选址不当，深受灾害影响。据统计，四川省有30多个城镇受泥石流威胁和危害，其中甘孜、阿坝、凉山三州就有25个，如金川、黑水、汉源、喜德等县城。究其原因：①城镇的选址不当，城镇分布于江河支流汇口的堆积扇上，虽然地势较平缓，但常受支沟泥石流威胁和危害；②城镇建设忽视潜在地质灾害威胁和影响，体现在城镇总体规划上缺乏相关关注，把建筑物修建在泥石流危害区段，甚至直接就在泥石流沟道上；③由于城镇人口增长的需要，毁林种粮、陡坡开垦等，破坏了附近山地的地质地貌和自然生态环境，加剧了水土流失，加速了泥石流的发生。崩塌、滑坡也有类似情况。房屋在山麓选址，如选址不当，开挖坡脚，将会引起上部岩体失稳造成崩塌、滑坡灾害发生。

5. 城镇建设中不合理改变地貌引发灾害威胁

城镇建设是人类改造自然环境的伟大运动，取得了很大的成绩，但人们有的活动违背了自然规律，不合理地改变了地貌环境，导致了灾害。如，为了扩大建筑面积，任意开挖坡脚，任意缩窄河道，一些小溪沟被废弃或缩小断面并加盖板；废土、废石、垃圾等不合理堆放，甚至排入河道；城镇附近毁林开荒等加剧了洪水、泥石流、滑坡等灾害的发生。

20世纪80年代，南充市遇嘉陵江洪水时，河宽最大达740米，但当时大桥桥墩即占去80米；桥东河滩内先后建造船、沙砖、水泥、混凝土预制构件等8个厂（场），占用河宽120米，既影响行洪，又加大了自身的洪灾损失；桥西的废土、垃圾堆伸入河床30米，三项共占河床宽的1/3。1981年嘉陵江洪水，造成桥上雍水，增高水位0.7米，超过大桥雍水设计高度近一倍，增大了市区淹没面积。洪水退后，市区淤泥达60万立方米，仅清淤花费就达40万元之巨。

五　灾害防治体系建设

灾害防治体系建设是国家和地方经济社会发展的重要内容，是构建公共安全体系的重要保障。经过多年的理论与实践探索，以“兴利除害结合、防灾减灾并重、治标治本兼顾、政府社会协同”①为原则构建的四川省灾害防治体系已初步形成并完善。至“十一五”期末，全省防灾减灾管理体制机制基本理顺，由各级人民政府、专业部门、企事业单位、社会组织、军队、武警部队以及社会公众构成的应急救援工作体系框架趋于完备，在国家和地区相关政策法规基础上并涵盖调查评价体系、监测预警体系、防治体系和应急预案体系的专门规划开始了周期性的编制和组织实施。

（一）管理机构设置

四川省防灾减灾主要管理协调机构包括顶层设置的四川省人民政府应急管理办公室和四川省人民政府防汛抗旱指挥部，以及上述两部门分别管辖的 21 个地市州和 181 个县（市、区）的防灾减灾机构。

2007 年 10 月，四川省人民政府应急管理办公室在原省政府救灾办公室和原省政府应急管理办公室②的基础上重新调整编制设立③。其主要职责是履行全省范围内各类灾害和安全事件的应急值守、信息汇总和综合协调，是全省防灾减灾指挥、管理和协调的枢纽。

四川省防汛抗旱指挥体系呈类似的条状结构。四川省人民政府防汛抗旱指挥部（简称“省防指”）负责领导组织全省的防汛抗旱工作（其办事机构“四川省人民政府防汛抗旱指挥部办公室”设在四川省水利厅）。县级以上地方人民政府、有关流域分别设立防汛抗旱指挥机构，负责本行政区域和流域内的防汛抗旱突发事件应对工作。省防指主要责任是领导、指挥、管理和组织、协调全省的防汛抗旱工作。

（二）政策法规体系

四川省防灾减灾及相关政策法规，建立在国家相关法律法规基础上，包括国家级以及省级专门的法律法规以及管理条例等，涵盖防灾减灾、公共安全、资源与环境保护、生态建设等诸多领域。其中，国家级的法规和管理条例包含《中华人民共和国消防法》、《中华人民共和国动物防疫法》、《中华人民共和国防震减灾法》、《中华人民共和国防沙治沙法》、《中华人民共和国水法》、《中华人民共和国森林法》、《放射性物品运输安全管理条例》、《破坏性地震应急条例》等。四川省的法规和管理条例包括《四川省放射性污染防治管理办法》、《四川省饮用水水源保护管理条例》、《四川省水上交通安全管理条例》、《四川省生产安全事故报告和调查处理规定》、《四川省水上交通事故处理条例》、《四川省气象灾害防御条例》、《四川省雷

① 参见中国政府网：《中国共产党第十七届中央委员会第五次全体会议公报》，网址：http：//www.gov.cn/ldhd/2010-10/18/content_1723271.htm，访问时间：2010 年 10 月 18 日。

② 原四川省人民政府救灾办成立于 1989 年 3 月，负责全省防灾、抗灾、救灾指挥、管理和协调工作。原四川省人民政府应急办成立于 2005 年 7 月，主要负责指挥处置省内重大突发公共事件，以及跟踪监控、督促协调处理其他较大级别的突发公共事件。

③ 参见四川省人民政府网：《四川省人民政府应急管理办公室机构设置和职能职责》，网址：http：//www.sc.gov.cn/ zwgk/yjgl/jgszyjgl/200712/t20071203_230945.shtml，访问时间：2012 年 9 月 12 日。

电灾害防御管理规定》、《四川省地质环境管理条例》、《四川省安全生产条例》、《四川省生产安全事故报告和调查处理规定》等。

（三）应急预案体系

迄今为止，依据“兴利除害结合、防灾减灾并重、治标治本兼顾、政府社会协同”原则编制的地方性应急预案体系已逐步完善，组织实施的应急预案包括“四川省突发公共事件总体应急预案”以及针对各类自然灾害和技术灾害的专门性的应急预案，全省市（州）及县（市、区）总体应急预案和专门预案业已形成体系。其中，针对各类自然灾害方面的应急预案包括应对和处置防汛抗旱、森林火灾、地震、自然灾害救助、气象灾害、动物疫情、低温雨雪冰冻灾害以及农业重大有害生物灾害等多个方面。针对各类技术灾害方面的应急预案包括应对和处置突发环境事件、安全生产事故灾难、突发中毒事件、重大食品安全事故、民用爆炸物品事故灾难等应急预案以及相关的实施方案。

（四）规划工程体系

四川省灾害防治体系建设涉及全省经济社会发展各个领域。除按一定周期编制的专门的防灾减灾规划之外，其他一些领域，如公共安全、生态建设和环境保护方面的相关规划也与灾害防治体系建设高度相关。各类专门规划下安排的重点工程也显示出全省灾害防治体系建设的总体方向和整体力度。

1. 规划编制体系

省内第一部关于防灾减灾工作的规划《四川省减灾规划纲要（2001 ~ 2010 年）》，是在新世纪之初依据《中华人民共和国减灾规划（1998 ~ 2010 年）》提出的要求，并围绕四川省经济社会中期发展目标制定。与此同时，全省各地、各部门也按照《四川省减灾规划纲要（2001 ~ 2010 年）》提出的指导思想、战略方针、主要目标和对策措施，制定了本地区、本行业的减灾规划。从“十一五”开始，涉及灾害防治的防灾减灾规划、安全生产规划、突发事件应急体系规划等开始与全省经济社会发展规划进行同周期编制。迄今为止，依据四川省“十二五”规划提出的全省防灾减灾要求，四川省防灾减灾“十二五”规划、安全生产“十二五”发展规划、突发事件应急体系建设“十二五”规划等都已编制完成并进入具体实施阶段。

在建设防灾减灾体系上，四川省“十二五”总体规划提出的主要任务对全省各地区和各部门加强防灾减灾工作具有指导意义。四川省“十二五”总体规划提出：加强防灾减灾基层基础工作，加强应急救灾队伍建设，建设完善综合防灾减灾体系，科学、有序、高效应对各类灾害，全面提高综合减灾能力和灾害风险管理水平，最大限度减少生命财产损失。健全自然灾害监测预警机制，整合自然灾害风险隐患与减灾能力信息资源，加强自然灾害风险评估，完善自然灾害灾情快速评估、上报和发布制度。健全应急指挥和救援救助体系，加快预防避让和应急避难场所建设。加强地震、地质、气象、旱洪等灾害防治，推进综合减灾示范工程建设，提高省市县地质灾害防治能力。建立地质灾害易发区调查评价体系，加强地质灾害隐患排查和工程治理，科学安排危险区域生产生活设施的合理避让。健全洪涝灾害防治体系，增强城乡防洪能力[①]。

按照上述工作方向，《四川省“十二五”防灾减灾规划》提出“五个加强”主要任务：加强信息管理及应急指挥平台建设，加强防御工程建设，加强综合能力建设，加强人才和专业队伍建设以及加强防灾减灾文化建设。《四川省“十二五”突发事件应急体系建设规划》[②]则针对四类突发事件（自然灾害类、事故灾难类、公共卫生类和社会安全类）的预防处置能力体系建设编制规划。《四川省“十二五”安全生产发展规划》[③]提出的主要任务是“三个能力”和“三个体系”建设，即加强各行业各领域安全生产综合治理、职业危害防治、安全科技创新三个方面的能力体系建设，完善政府安全监管监察和社会监督、生产安全事故应急救援、企业安全生产约束体系和安全生产文化三个体系建设。

2. 重点工程安排

全省防灾减灾重点工程源于总体规划及各个专门规划。生态建设和环境保护是灾害防治的基础和保障，生态环境领域的重点工程应视为灾害防治体系的重要支撑部分。

围绕未来时期防灾减灾主要任务，四川省“十二五”总体规划提出的主要工程包括综合防灾减灾、山洪灾害防治、地质灾害防治和应急救援救助四大类工程。《四川省“十二五”防灾减灾规划》则在“五个加强”主要任务基础上提出 5 项重点工程：加强信息管理及应急指挥平台建设，加强防御工程建设，加强综合能力建设，加强人才和专业队伍建设以及加强防灾减灾文化建设。“十二五”防灾减灾规划的重点工程针对全省主要的灾害类型进行防治体系建设，包含：

地质灾害防治重点工程：全面推进以地质灾害调查评价、群测群防与监测预警、治理（搬迁）工程以及应急体系建设工程为主要内容的地质灾害综合防治体系建设，大力提升各级政府地质灾害防治能力。包括地质灾害调查评价、地质灾害监测预警工程、重大地质灾害治理（搬迁）工程和地质灾害应急体系建设工程。

防洪抗旱重点工程：统筹流域防灾减灾，坚持防洪抗旱并重，兴利除害结合，加强防洪抗旱薄弱环节建设，着力完善防洪抗旱减灾体系，切实增强抵御旱洪灾害能力，保障人民群众生命财产安全，促进经济社会发展。包括水资源配置工程、流域防洪控制性工程、病险水库（水闸）除险加固、江河治理以及山洪灾害防治工程。

气象灾害防御重点工程：建立完善气

① 参见四川日报网：《四川省国民经济和社会发展第十二个五年规划总体纲要》，网址：http://www.sc.gov.cn/j rsc/201101/t20110128_1125337.shtml，访问时间：2012 年 10 月 28 日。

② 参见四川省人民政府网：《四川省人民政府办公厅关于印发四川省“十二五”突发事件应急体系建设规划的通知》（川办发〔2011〕93 号），网址：http://www.sc.gov.cn/10462/11555/11563/2012/2/21/10199667.shtml，访问时间：2011 年 12 月 31 日。

③ 参见四川省人民政府网：《四川省人民政府办公厅关于印发四川省“十二五”安全生产规划的通知》，网址：http://www.sc.gov.cn/10462/11555/11563/2012/2/16/10199142.shtml，访问时间 2012 年 12 月 12 日。

象灾害监测预警网络，完善重点地区气象灾害防御工程措施，加强人工影响天气作业工程和防雷减灾工程建设，提高气象灾害预测预报预警水平与应对能力。包括气象灾害监测预警工程、人工影响天气系统工程、应对气候变化气象支撑工程。

地震安全重点工程：健全完善地震监测台网布设，加强防震减灾工程建设，提升信息收集与处理能力，提高地震监测预警水平与应急救援能力，进一步加强地震重点监视防御区县级城市的震害预测和地震小区划工作。包括防震减灾中心建设工程、地震烈度速报与预警工程、地震预报实验场建设工程、市县防震减灾工程建设、地震紧急救援处置平台建设、地震活动构造探查。

综合减灾重点工程：加强救灾物资储备及应急避难场所网络建设，加强防灾减灾信息化建设及宣传教育培训，提高各级政府防灾减灾信息集成、智能处理能力和公共服务水平，提升公众识灾避险与自救互救能力。包括自然灾害风险隐患与减灾能力数据库建设工程、综合减灾与风险管理信息化建设工程、基层灾害信息员队伍和装备建设工程、救灾物资储备库及应急避难场所网络建设工程、综合减灾示范社区建设工程和防灾减灾宣传教育工程。

作为处于长江上游并对全国生态安全具有重大意义的省区，未来中长期时间，全省的生态建设和环境保护领域的重大工程较之前各个时期有着更大力度。根据全省总体规划、生态建设和环境保护规划，四川省将根据全省生态特征、生态脆弱区分布特点和生态安全格局需要，构建“四区八带多点（块）”[①]生态安全战略格局。在此基础上，通过加强森林、湿地、草原生态系统的保护与建设，加大水土流失和荒漠化综合治理力度，强化生物多样性保护，提升全省生态环境保护能力，推进生态文明建设。

根据“十二五”总体规划，全省生态建设和环境保护领域的重大工程有 12 大类，包括天然林资源保护工程，退耕还林和退牧还草工程，川西北防沙治沙工程，青藏高原东南缘生态环境保护建设工程，石漠化综合治理工程，野生动植物保护、自然保护区建设及湿地生态建设工程，长江流域防护林体系建设工程，森林经营工程，森林资源保护管理体系建设工程以及水土保持工程。

参考文献

国家科委全国重大自然灾害综合研究组：《中国重大自然灾害及减灾对策（总论）》，科学技术出版社，1994。

唐彦东：《灾害经济学》，清华大学出版社，

① “四区八带多点（块）”：“四区”包括若尔盖草原湿地、川滇森林及生物多样性、秦巴生物多样性、大小凉山水土保持和生物多样性等四大生态功能区，“八带”是指长江、金沙江、嘉陵江、岷江－大渡河、沱江及其主要支流雅砻江、涪江、渠江等八大流域水土保持带及水生生物重要分布区系地带，“多点（块）”是指全省世界遗产地、自然保护区、水产种质资源保护区、森林公园、湿地公园和风景名胜区等点（块）状分布的典型生态系统地区。源于《四川省“十二五”生态建设和环境保护规划》，参见网址：http：//www.sc.gov.cn/10462/10883/11066/ 2012/1/6/10195288.shtml，访问时间：2012 年 12 月 12 日。

2011。

黄崇福：《自然灾害基本定义的探讨》，《自然灾害学报》2009 年第 6 期。

雷旭刚：《从天文因素与灾害群发的机制过程分析：四川盆地西部洪水趋势》，《大自然探索》1991 年第 4 期。

魏宏：《防治重于泰山 机制创造奇迹　四川省加强地质灾害防治工作的主要做法》，《资源与人居环境》2010 年第 22 期。

鄢毅、岳昌桐：《四川地质灾害特征及防治对策探讨》，《中国地质灾害与防治学报（增刊）》2004 年第 15 期。

于欢、孔博、陶和平、李璇琼：《四川省自然灾害危险度综合评价与区划》，《地球与环境》2012 年第 3 期。

柴宗新：《四川城镇的地貌分类与灾害》，《西南师范大学学报》1990 年第 4 期。

四川省自然资源研究所：《1981 年四川暴雨洪灾》，四川科学技术出版社，1984。

熊达成：《成都市水资源的合理利用》，《资源开发与保护》1985 年第 1 期。

郭涛：《四川城市水灾史》，巴蜀书社，1989。

四川省自然资源研究所：《1981 年四川暴雨洪灾》，四川科学技术出版社，1984。

表 13-3　四川省自然灾害综合分区县、市、区数据

县（市、区）	综合分区	地理面积（平方公里）	人口（万人）	人口（万人）	经济密度（万元/平方公里）	经济密度（万元/平方公里）	经济密度增加比	人口密度（人/平方公里）	人口密度（人/平方公里）	人口密度增加比
			2006年	2010年	2006年	2010年		2006年	2010年	
荣县	基本无危险区	1599	58	59	299	644	1.15	362	369	0.019
富顺县	基本无危险区	1336	82	82	472	913	0.93	613	615	0.004
江阳区	基本无危险区	649	59	59	1493	3079	1.06	906	912	0.006
纳溪区	基本无危险区	1150	43	45	324	640	0.97	373	395	0.061
龙马潭区	基本无危险区	333	32	34	1140	2887	1.53	961	1014	0.056
泸县	基本无危险区	1525	86	86	410	883	1.15	562	564	0.004
合江县	基本无危险区	2414	72	72	192	358	0.86	298	299	0.002
船山区	基本无危险区	618	69	68	1044	2123	1.03	1108	1100	−0.007
安居区	基本无危险区	1258	75	69	262	486	0.85	597	550	−0.079
蓬溪县	基本无危险区	1251	71	63	272	516	0.90	571	503	−0.119
大英县	基本无危险区	703	51	50	431	1038	1.41	722	705	−0.024
东兴区	基本无危险区	1181	84	80	438	1078	1.46	710	675	−0.050
威远县	基本无危险区	1289	70	66	595	1342	1.26	543	513	−0.056
隆昌县	基本无危险区	794	69	66	653	1583	1.42	869	835	−0.040
井研县	基本无危险区	841	35	32	266	558	1.10	419	379	−0.096
高坪区	基本无危险区	812	57	57	401	855	1.13	706	697	−0.013
嘉陵区	基本无危险区	1170	59	60	278	590	1.12	506	514	0.016
营山县	基本无危险区	1633	71	73	226	472	1.09	436	448	0.028
蓬安县	基本无危险区	1334	55	56	260	561	1.16	412	419	0.019
仪陇县	基本无危险区	1771	92	92	209	455	1.18	518	517	−0.002
西充县	基本无危险区	1108	49	51	231	472	1.04	442	461	0.043
南溪县	基本无危险区	704	34	34	350	793	1.27	485	477	−0.018
江安县	基本无危险区	894	40	40	283	689	1.44	442	442	0.001
长宁县	基本无危险区	996	34	34	282	621	1.20	342	341	−0.004
岳池县	基本无危险区	1457	88	80	360	695	0.93	603	550	−0.088
武胜县	基本无危险区	966	70	64	540	1047	0.94	724	662	−0.085
安岳县	基本无危险区	2690	130	125	268	550	1.05	485	466	−0.040
乐至县	基本无危险区	1424	76	62	306	644	1.11	532	434	−0.184
锦江区	轻度危险区	61	68	69	42673	70719	0.66	11138	11264	0.011
青羊区	轻度危险区	66	73	81	38287	74284	0.94	11012	12280	0.115
金牛区	轻度危险区	108	100	114	28883	46528	0.61	9253	10592	0.145

续表

县（市、区）	综合分区	地理面积（平方公里）	人口（万人）	人口（万人）	经济密度（万元 / 平方公里）	经济密度（万元 / 平方公里）	经济密度增加比	人口密度（人 / 平方公里）	人口密度（人 / 平方公里）	人口密度增加比
			2006 年	2010 年	2006 年	2010 年		2006 年	2010 年	
武侯区	轻度危险区	75	92	104	33365	62842	0.88	12220	13900	0.137
成华区	轻度危险区	109	82	91	19335	35781	0.85	7521	8384	0.115
新都区	轻度危险区	497	67	72	3026	6466	1.14	1340	1455	0.086
温江区	轻度危险区	277	38	43	3491	7807	1.24	1357	1545	0.139
双流县	轻度危险区	1032	94	107	2229	4565	1.05	910	1039	0.141
郫县	轻度危险区	438	50	73	2287	8889	2.89	1138	1675	0.472
新津县	轻度危险区	330	29	30	1761	3611	1.05	879	924	0.051
叙永县	轻度危险区	2973	60	60	86	182	1.12	202	202	−0.002
古蔺县	轻度危险区	3184	72	71	82	219	1.68	226	224	−0.007
旌阳区	轻度危险区	648	65	71	2015	4396	1.18	1009	1094	0.084
罗江县	轻度危险区	448	24	23	537	1078	1.01	525	502	−0.043
广汉市	轻度危险区	549	58	60	1664	3279	0.97	1059	1084	0.024
盐亭县	轻度危险区	1648	55	49	188	345	0.84	331	295	−0.108
内江市中区	轻度危险区	388	55	51	1614	3269	1.03	1405	1319	−0.061
资中县	轻度危险区	1734	120	120	347	793	1.29	690	691	0.002
乐山市中区	轻度危险区	825	60	64	917	1913	1.09	729	771	0.058
夹江县	轻度危险区	749	36	35	517	963	0.86	483	465	−0.037
顺庆区	轻度危险区	545	73	73	1481	2969	1.00	1336	1348	0.009
南部县	轻度危险区	2229	93	93	311	652	1.10	419	418	−0.002
阆中市	轻度危险区	1877	71	72	252	518	1.06	380	381	0.002
东坡区	轻度危险区	1331	77	80	662	1399	1.11	577	600	0.041
彭山县	轻度危险区	465	30	29	874	1403	0.60	640	616	−0.037
青神县	轻度危险区	387	18	17	451	899	0.99	473	440	−0.071
翠屏区	轻度危险区	1131	81	83	1679	2883	0.72	720	733	0.018
珙县	轻度危险区	1145	39	38	198	572	1.90	342	333	−0.028
筠连县	轻度危险区	1256	32	32	191	530	1.78	253	258	0.023
兴文县	轻度危险区	1380	38	38	145	312	1.15	275	273	−0.010
开江县	轻度危险区	1033	47	45	308	598	0.94	451	435	−0.036
巴州区	轻度危险区	2553	110	112	225	413	0.84	431	440	0.020
平昌县	轻度危险区	2227	76	82	146	295	1.02	343	369	0.075
雁江区	轻度危险区	1633	94	92	569	1315	1.31	576	563	−0.022

续表

县（市、区）	综合分区	地理面积（平方公里）	人口（万人）	人口（万人）	经济密度（万元/平方公里）	经济密度（万元/平方公里）	经济密度增加比	人口密度（人/平方公里）	人口密度（人/平方公里）	人口密度增加比
			2006年	2010年	2006年	2010年		2006年	2010年	
若尔盖县	轻度危险区	10437	7	8	5	8	0.81	7	7	0.058
红原县	轻度危险区	8398	4	4	3	7	0.90	5	5	0.105
德格县	轻度危险区	11025	7	8	2	3	0.72	6	7	0.151
石渠县	轻度危险区	24944	7	8	1	2	0.90	3	3	0.132
稻城县	轻度危险区	7323	3	3	2	4	0.92	4	4	0.075
龙泉驿区	中度危险区	556	60	69	2053	6669	2.25	1082	1247	0.153
青白江区	中度危险区	379	39	40	2485	5268	1.12	1034	1045	0.010
蒲江县	中度危险区	580	24	24	503	982	0.95	415	422	0.018
邛崃市	中度危险区	1384	61	61	464	757	0.63	443	442	−0.003
自流井区	中度危险区	153	40	38	6432	12352	0.92	2604	2505	−0.038
贡井区	中度危险区	418	26	26	689	1541	1.24	632	629	−0.004
大安区	中度危险区	399	37	38	1376	2793	1.03	923	956	0.037
沿滩区	中度危险区	468	34	30	595	1250	1.10	716	650	−0.093
三台县	中度危险区	2661	121	109	266	494	0.86	455	409	−0.101
旺苍县	中度危险区	2987	41	40	80	157	0.98	138	132	−0.038
苍溪县	中度危险区	2334	65	59	133	257	0.94	278	254	−0.085
射洪县	中度危险区	1496	91	92	592	1113	0.88	607	614	0.011
五通桥区	中度危险区	474	32	31	802	1831	1.28	670	660	−0.015
犍为县	中度危险区	1375	50	46	275	540	0.97	362	336	−0.070
峨眉山市	中度危险区	1168	44	44	525	1024	0.95	376	373	−0.008
仁寿县	中度危险区	2606	135	127	359	690	0.92	517	488	−0.056
洪雅县	中度危险区	1948	30	30	158	282	0.79	156	154	−0.009
丹棱县	中度危险区	449	15	14	272	576	1.12	329	321	−0.026
宜宾县	中度危险区	2940	80	81	191	370	0.94	272	277	0.016
高县	中度危险区	1320	41	41	220	472	1.15	311	313	0.008
广安区	中度危险区	1536	104	95	527	1023	0.94	675	618	−0.085
邻水县	中度危险区	1919	84	76	281	550	0.96	436	398	−0.087
通川区	中度危险区	445	44	47	1290	2742	1.13	994	1047	0.053
达县	中度危险区	2694	112	112	283	582	1.06	417	417	0.000
宣汉县	中度危险区	4271	104	103	143	292	1.04	244	240	−0.014
渠县	中度危险区	2013	121	119	305	648	1.13	603	592	−0.018

续表

县（市、区）	综合分区	地理面积（平方公里）	人口（万人）	人口（万人）	经济密度（万元 / 平方公里）	经济密度（万元 / 平方公里）	经济密度增加比	人口密度（人 / 平方公里）	人口密度（人 / 平方公里）	人口密度增加比
			2006 年	2010 年	2006 年	2010 年		2006 年	2010 年	
南江县	中度危险区	3383	59	61	82	165	1.00	175	179	0.023
简阳市	中度危险区	2215	125	116	420	919	1.19	567	524	−0.074
马尔康县	中度危险区	6639	6	6	10	17	0.79	9	9	0.019
壤塘县	中度危险区	6836	4	4	3	6	1.08	5	6	0.050
阿坝县	中度危险区	10435	6	7	3	5	0.66	6	7	0.105
雅江县	中度危险区	7558	4	5	2	6	1.66	6	7	0.157
甘孜县	中度危险区	7303	6	7	3	6	0.87	8	9	0.154
白玉县	中度危险区	10386	4	5	2	6	2.36	4	5	0.191
色达县	中度危险区	9332	4	5	2	3	0.83	4	5	0.328
理塘县	中度危险区	13677	5	6	2	4	1.11	4	5	0.222
乡城县	中度危险区	5016	3	3	3	8	1.70	6	6	0.145
金堂县	次高危险区	1156	76	74	557	1133	1.03	656	638	−0.026
大邑县	次高危险区	1327	50	50	411	699	0.70	380	379	−0.003
攀枝花市东区	次高危险区	167	33	35	9342	14192	0.52	1987	2121	0.067
攀枝花市西区	次高危险区	124	18	16	2268	5241	1.31	1441	1309	−0.092
仁和区	次高危险区	1727	24	25	216	579	1.69	140	144	0.026
中江县	次高危险区	2200	119	119	393	736	0.87	540	540	0.000
涪城区	次高危险区	597	68	80	3451	6001	0.74	1140	1345	0.179
游仙区	次高危险区	973	48	49	509	1012	0.99	498	502	0.009
梓潼县	次高危险区	1442	35	33	158	329	1.08	242	226	−0.064
江油市	次高危险区	2719	84	81	426	655	0.54	307	297	−0.035
利州区	次高危险区	1534	49	50	369	716	0.94	317	326	0.027
元坝区	次高危险区	1434	20	19	75	158	1.09	137	133	−0.027
朝天区	次高危险区	1613	18	19	50	113	1.27	113	119	0.054
剑阁县	次高危险区	3203	57	52	81	155	0.93	178	163	−0.085
沙湾区	次高危险区	617	20	19	724	1533	1.12	330	316	−0.043
沐川县	次高危险区	1401	23	22	115	235	1.04	166	160	−0.035
峨边县	次高危险区	2395	14	14	55	87	0.58	57	59	0.026
马边县	次高危险区	2383	17	18	37	77	1.07	72	76	0.062

续表

县（市、区）	综合分区	地理面积（平方公里）	人口（万人）	人口（万人）	经济密度（万元/平方公里）	经济密度（万元/平方公里）	经济密度增加比	人口密度（人/平方公里）	人口密度（人/平方公里）	人口密度增加比
			2006年	2010年	2006年	2010年		2006年	2010年	
屏山县	次高危险区	1504	28	26	62	138	1.24	186	171	−0.079
华蓥市	次高危险区	466	31	29	825	1551	0.88	665	629	−0.055
大竹县	次高危险区	2075	93	91	383	766	1.00	448	438	−0.021
万源市	次高危险区	4065	46	44	82	159	0.94	114	108	−0.056
雨城区	次高危险区	1070	35	35	391	768	0.96	324	330	0.019
名山县	次高危险区	614	26	26	271	565	1.09	423	428	0.010
芦山县	次高危险区	1166	11	11	83	154	0.86	91	93	0.022
宝兴县	次高危险区	3114	6	6	25	47	0.90	18	18	−0.005
通江县	次高危险区	4125	65	67	69	130	0.90	157	163	0.039
松潘县	次高危险区	8486	7	7	8	10	0.20	8	9	0.030
金川县	次高危险区	5524	7	7	5	9	0.80	12	12	0.004
黑水县	次高危险区	4154	6	6	9	21	1.29	14	15	0.031
丹巴县	次高危险区	4656	6	6	7	15	1.23	12	13	0.050
九龙县	次高危险区	6766	6	6	11	24	1.23	8	9	0.095
道孚县	次高危险区	7053	5	5	3	5	0.90	7	8	0.091
炉霍县	次高危险区	4601	4	5	4	6	0.67	9	10	0.147
新龙县	次高危险区	8570	4	5	2	4	1.02	5	6	0.166
巴塘县	次高危险区	7852	5	5	3	7	1.03	6	6	0.035
得荣县	次高危险区	2916	3	3	4	10	1.33	9	9	0.051
木里县	次高危险区	13253	13	13	4	11	1.95	10	10	0.027
盐源县	次高危险区	8388	33	34	20	59	1.91	39	41	0.037
都江堰市	高危险区	1208	64	65	799	1188	0.49	527	539	0.023
彭州市	高危险区	1421	76	77	630	1050	0.67	538	543	0.008
崇州市	高危险区	1090	65	65	607	1032	0.70	593	595	0.003
米易县	高危险区	2153	21	22	121	277	1.29	95	102	0.075
盐边县	高危险区	3269	20	21	140	211	0.51	61	63	0.041
什邡市	高危险区	820	43	43	1302	1656	0.27	522	519	−0.006
绵竹市	高危险区	1246	50	48	941	948	0.01	398	386	−0.028
安县	高危险区	1189	49	39	340	470	0.38	415	329	−0.209
北川县	高危险区	3084	15	21	35	76	1.17	50	67	0.353
平武县	高危险区	5974	17	17	23	32	0.41	29	28	−0.037

续表

县（市、区）	综合分区	地理面积（平方公里）	人口（万人）	人口（万人）	经济密度（万元 / 平方公里）	经济密度（万元 / 平方公里）	经济密度增加比	人口密度（人 / 平方公里）	人口密度（人 / 平方公里）	人口密度增加比
			2006 年	2010 年	2006 年	2010 年		2006 年	2010 年	
青川县	高危险区	3215	23	22	34	50	0.47	73	69	−0.058
金口河区	高危险区	598	5	5	154	324	1.11	90	86	−0.045
荥经县	高危险区	1781	15	15	105	199	0.89	82	83	0.019
汉源县	高危险区	2388	33	32	77	132	0.70	139	136	−0.022
石棉县	高危险区	2678	12	12	71	149	1.10	45	46	0.031
天全县	高危险区	2491	14	14	62	118	0.89	58	56	−0.034
汶川县	高危险区	4083	11	11	61	83	0.35	27	26	−0.040
理县	高危险区	4318	5	5	13	21	0.68	11	11	−0.033
茂县	高危险区	4075	11	11	19	35	0.83	26	26	0.004
九寨沟县	高危险区	5286	8	8	23	23	−0.01	16	15	−0.064
小金县	高危险区	5571	8	8	7	12	0.71	14	14	0.019
康定县	高危险区	11486	11	12	16	29	0.81	10	11	0.094
泸定县	高危险区	2165	8	9	20	42	1.12	37	39	0.057
西昌市	高危险区	2654	66	69	387	860	1.22	248	260	0.046
德昌县	高危险区	2284	20	21	86	160	0.87	86	91	0.053
会理县	高危险区	4528	44	44	115	288	1.50	97	97	−0.007
会东县	高危险区	3227	36	36	121	259	1.13	111	112	0.014
宁南县	高危险区	1667	17	17	78	158	1.02	102	103	0.011
普格县	高危险区	1905	14	15	42	77	0.85	75	79	0.052
布拖县	高危险区	1686	15	16	36	87	1.41	90	93	0.042
金阳县	高危险区	1587	14	16	35	110	2.11	90	98	0.089
昭觉县	高危险区	2698	22	24	27	53	0.96	83	90	0.084
喜德县	高危险区	2206	16	16	33	62	0.91	70	74	0.048
冕宁县	高危险区	4423	34	35	70	115	0.65	77	79	0.020
越西县	高危险区	2256	25	26	58	102	0.75	112	117	0.049
甘洛县	高危险区	2156	20	20	69	110	0.59	91	92	0.015
美姑县	高危险区	2573	20	21	25	51	1.05	78	83	0.065
雷波县	高危险区	2932	23	23	39	98	1.48	78	78	0.000

图 13-4　四川省主要自然灾害分类分布

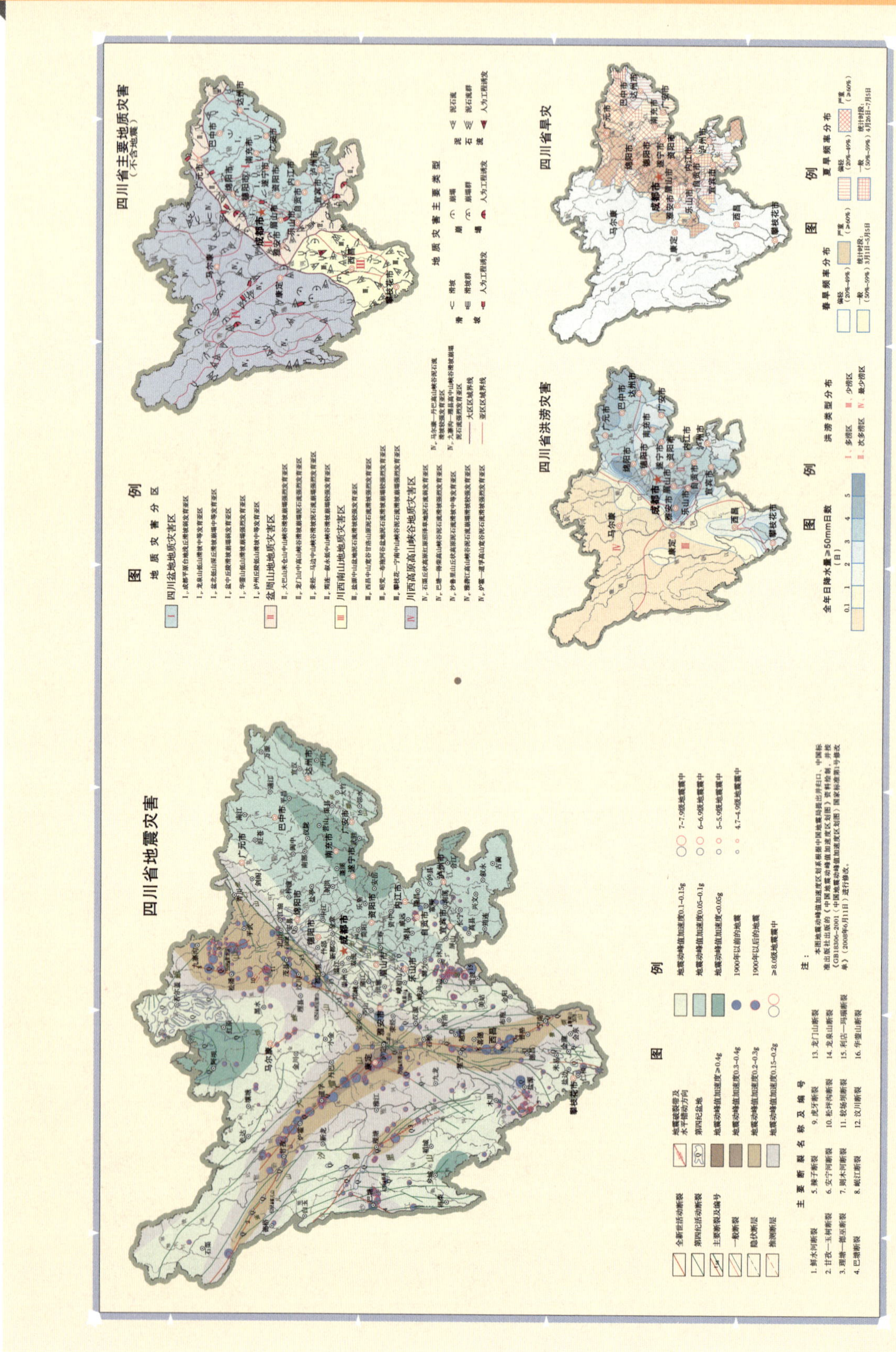

资料来源：本图由四川省发展和改革委员会、四川省测绘地理信息局提供。

重塑四川经济地理

（中）

RESHAPING
ECONOMIC GEOGRAPHY
OF
SICHUAN

主　编：林　凌
副主编：刘世庆（常务）　雷开平
王小刚　丁任重

社会科学文献出版社
SOCIAL SCIENCES ACADEMIC PRESS (CHINA)

第四篇

区域与城市

第14章 四川区域空间格局演进与发展战略演变*

一　区域空间格局的演进与未来趋势

（一）区域空间格局与空间结构的演进历程

1. 新中国成立之前的四川区域空间格局

四川有着悠久的农业文明，在漫长的历史岁月里，农业一直是四川国民经济的主体，且广泛分布在四川盆地内的平原、丘陵与盆周山区，尤以成都平原农业最为发达。农业的发展带来了手工业和商贸的繁荣，促进了盆地内一批手工业和商贸城镇的兴起。四川河流众多，在陆路交通不便的情况下，内河运输发挥了重要作用；内河水运带动了商贸发展，引致了城镇和人口的沿江集聚，长江、岷江、嘉陵江、沱江等沿江地带形成了一批以商贸和手工业为主的城镇。因此，以农业、手工业和传统商贸业为基础的农业文明主导着古代四川的区域空间格局。成都先后七次成为封建割据王朝的都城，城市规模较大，商贸和手工业较为发达，成为全省的政治中心和商贸中心。川西平原沃野千里，农产丰饶，都江堰给成都平原带来灌溉、行舟等多重经济效益，使其成为古蜀时期农业文明的中心。除成都平原之外，古代的四川城镇规模普遍不大，城镇之间没有形成明显的从属关系和等级之分，点面分离、缺乏联系，经济发展水平相对较低。城镇点状空间形态的出现，并没有打破四川区域空间结构的总体均衡状态，经济活动以小地域范围内的孤立、分散、封闭状态为特征，呈面状形态展开，省域空间结构处于离散、低质的相对均衡状态。

到了近代，轮船的出现促进了四川内河航运的发展和近代工业的兴起，近代工业和内河航运开始主导四川的区域空间格局。重庆等沿江城市被迫开埠通商，长江成为大宗货物进出四川的主要通道，由此引致近代工业和商贸流通在沿江城镇尤其是沿长江和岷江一线的集聚，形成了重庆、万州、涪陵、泸州、宜宾、自贡、内江、乐山等一批具有一定规模的城市，沿长江上游一线成为四川近代工业的集聚地。重庆成为四川重要的近代工业和商贸中心，省域经济发展开始出现明显的地域集聚，区域发展差异开始显现，逐渐形成由成都、重庆两个增长点和沿长江上游一线近代工业城镇构成的“两点一线”的空间格局。

抗战时期是四川现代工业兴起和发展的重要阶段，现代工业的兴起主导了抗战时期的四川区域空间格局。沿海等地一大批工厂内迁和大量官僚资本、民族资本的涌入，使四川现代工业出现了短暂的繁荣，工厂和资本急剧增加。但工业主要分布在重庆以及沿江城镇，布局非常集中。在重庆的工厂数占了四川工厂总数的63.7%。在此阶段，南充、乐山集中了全省大部分的丝绸、纺织业，自贡是制盐业的集中区。成都仅有几家中小型纺织、造纸、面粉、电线和机械修理工厂，川西北广大地区工业甚少。而在其他地区，经济活动的分布呈自然分散状态，农村以粮食生产为主，城市仅有一些为当地服务的手工业和商业，

---

* 本章作者：戴宾，西南交通大学区域经济与城市管理研究中心主任，教授。

基本上没有什么现代工业。现代工业在重庆、南充、遂宁、自贡、泸州、宜宾、乐山等城市的集聚，强化了城市的生产功能和经济影响力，促进了城市等级规模系列的形成，空间集聚作用显现，点面（城乡）交流开始频繁。重庆的政治地位和经济地位进一步提升，沿长江上游一线及主要支流的城镇得到较快发展，省域内“两点一线”的空间格局进一步强化。

总体而言，新中国成立之前的四川形成了重庆、成都两个规模较大的城市，沿长江上游一线及主要支流出现一批工业生产功能较强的城市，形成“两点一线”的区域空间格局。但重庆、成都的经济集聚作用尚不十分突出，其他城镇规模较小、功能单一、等级均衡，沿江一线点轴系统尚属雏形，城镇之间缺乏现代交通工具连接，以上下等级之间的行政、商贸联系为主，省域空间结构整体处于孤立、分散的离散状态。（见表 14-1 和表 14-2）

2. 新中国成立以来的四川区域空间格局

新中国成立后，四川开启了现代工业化、城镇化的进程。受国家宏观经济布局、铁路和高速公路发展以及行政区划调整的影响，四川区域空间格局与空间结构发生了一系列重大变化。

（1）“一五”至“二五”时期。“一五”期间，在大部分城镇规模小、基础设施十分落后以及现代交通工具缺乏的条件下，国家将四川工业建设和生产力布局的重点放在成都、重庆两市，实施了以成渝两市为重点的集中式工业布局。在抓紧对老工业城市重庆进行改造的同时，将四川工业布局的另一重点放在了成都。全国 156 项重点工程中电子工业共 9 个项目，其中 4 个布局在成都。此外，在成都还新建了全国三大工具厂之一的成都量具刃具厂、以生产化肥为主的重点化工企业四川化工厂，以及成都机车车辆厂、成都木材综合加工厂、四川制药厂等骨干企业和其

表 14-1　近代四川城镇等级体系 *

中心城市（Ⅰ级）	区域城市（Ⅱ级）	主要的地方城市（Ⅲ级）
重庆、成都	重庆	涪陵、彭水、广安、合州、荣昌、内江
	成都	简阳、邛州、灌县、广汉、绵州
	自贡	富顺、荣县
	乐山	雅安、青神、洪雅、眉山、井研、仁寿
	宜宾	屏山、庆符、筠连、南溪、长宁、江安（犍为）
	广元	昭化（另有陕南部分地区）
	泸州	江安、隆昌、荣昌、永川、江津、合江、叙永
	南充	阆中、西充、岳池、遂宁、渠县、南部、三台
	万县	巫山、奉节、云阳、开县、梁平、忠县、石柱、丰都、垫江、（涪陵）

* 刘晓鹰、戴宾：《四川小城镇发展与土地资源配置研究》，中国三峡出版社，2003。

表 14-2 四川区域空间格局的演进

时 期		区域空间格局	特 征
新中国成立前	古 代	离散、低质的相对均衡状态	成都平原农业发达。省域经济活动以小地域范围内的孤立、分散、封闭状态为特征
	近 代	两点一线	省域经济发展开始出现明显的地域集聚，逐渐显现由成都、重庆两个增长点和沿长江一线近代工业城镇构成的“两点一线”的空间格局
	抗战时期	两点一线	重庆的政治地位和经济地位进一步提升，沿长江及主要支流的城镇得到较快发展，省域内“两点一线”的空间格局进一步强化
新中国成立后	“一五”至“二五”时期	两极两线一片	省域空间发展格局发生较大改变，形成了成都和重庆两大增长极、成渝和宝成两条发展轴线以及川南地区组成的“两极、两线、一片”的空间格局
	“三线建设”至“八五”时期	两极两线两片	生产力布局沿铁路干线进一步强化和延伸，在川西南的边远地区形成了攀枝花为中心的钢铁工业基地。形成“两极、两线、两片”的空间格局，即成都和重庆两大增长极、成渝和宝成（包括成昆线的一部分）两条发展轴线以及川南地区和攀西地区
	“九五”至“十五”时期	一核两线三片	成都对周边地区的吸聚作用不断增强，在全省的核心地位凸显，成都平原经济圈开始形成。形成成都发展核、成渝和宝成－成昆（部分）两条发展轴线以及成都平原经济区、川南地区、攀西地区构成的“一核、两线、三片”的空间格局
	“十一五”时期	一核四带五区四群	中心城市的集聚效应和城市群聚效应进一步凸显，产业向高等级点和轴线集中，形成点轴形态。形成由成都发展核，绵成乐、成南（遂）、成内（渝）以及沿江四条发展带，成都、川南、川东北、攀西、川西北五大经济区和成都平原、川南、川东北和攀西四大城市群构成的“一核、四带、五区、四群”的空间格局

他一些国防军工企业，初步奠定了成都的工业基础。“一五”时期正值抗美援朝战争时期，重庆对抗战时期建设的钢铁厂、兵工厂进行了改建扩建，充分发挥其武器生产能力，为抗美援朝战争的胜利发挥了重要作用。由于一批重大新建和改建工业项目向成都、重庆两市的集中布局，极大地提升了成渝两市的经济地位，使其成为省域内的两大增长极。“二五”时期，省内的成渝、宝成、内宜三条铁路干线已建成通车，四川交通运输布局出现了新的重大变化，铁路逐步取代内河航运成为主要的交通工具。铁路通道的形成，对四川区域空间格局产生了重要的影响。这一时期，四川生产力布局的原则和重点是依托成渝两市，沿铁路干线实行“渐进式”和“阶梯

式”的布局。成都新上了无缝钢管厂、四川第一棉纺织印染厂；重庆新上了仪表总厂、红岩机器厂等一批骨干项目。除此之外，在宝成铁路沿线集中布局了三个工业区：以德阳第二重型机器厂、东方电机厂、东方汽轮机厂为主的德阳重型装备工业区；以电子为主的四川第二个电子工业区——绵阳工业区；以长城钢厂、江油水泥厂、江油矿山机械厂等为主的江油工业区。在成渝、内宜铁路的枢纽——内江市，建设了由内江机床厂、内江锻压设备厂、内江棉纺厂、内江糖厂等骨干企业组成的内江工业区。在泸州建设了泸州天然气化工厂，在自贡建设了自贡鸿鹤化工厂、邓关盐厂等化工、制盐企业。“一五”至“二五”期间，四川生产力布局以重庆、成都为重点集中布局并逐步向沿铁路干线上的重要节点渐进拓展，内河航运及其轴线功能则不断衰落，省域空间格局发生了较大的改变，形成了由成都和重庆两大增长极、成渝和宝成两条发展轴线以及川南地区组成的“两极、两线、一片”的空间格局。省域空间结构由两个强大的经济中心与相对落后的边缘地区所组成，形成中心 - 边缘结构。

（2）“三线建设”至“八五”时期。从 1964 年下半年起，四川作为全国“三线建设”的重点地区之一，开始了新一轮的重工业和军事工业布局。随着“三线建设”的全面展开和一大批企业的内迁，四川生产力布局沿铁路干线进一步强化和延伸。在宝成线上新建了包括青川、旺苍在内的以电子工业为主的广元工业区；在成渝线上新建了由四川空分设备厂、四川手扶拖拉机厂、资阳内燃机车厂等企业组成的简阳 - 资阳机械工业区，以电子、国防工业为主的隆昌工业区；在川南的自贡、泸州以及乐山地区新建了东方锅炉厂、自贡硬质合金厂、晨光化工研究院、长征机床厂、长江起重机厂、长江挖掘机厂、峨眉水泥厂、峨眉铁合金厂、眉山车辆厂等一批重点骨干企业。重庆新建了铝加工厂、重型汽车厂，扩建了重庆钢铁公司和重庆特殊钢厂，新建和改建了多个枪厂、炮厂、弹厂、坦克厂、光学厂、发动机厂、船厂等，建设国家战略后方基地。此外，随着成昆铁路的建成通车以及攀枝花钢铁公司、矿山公司及与之相配套的一批工业企业的建设，在川西南的边远地区形成了以攀枝花为中心的钢铁工业基地。省域空间格局在“两极两线一片”的基础上进一步演变为“两极两线两片”，即成都和重庆两大增长极、成渝和宝成（包括成昆线的一部分）两条发展轴线以及川南、攀西两个片区。

（3）“九五”至“十五”时期。1997 年 3 月重庆直辖，四川行政区划发生重大调整，全省位置西移，人口、资源和土地面积也有所减少，成都成为四川唯一的超大中心城市。随着成渝、成绵、成乐、成雅、成南、成灌、成温邛等高速公路的建成运营，成都对周边地区的吸聚作用不断增强，成为全省经济社会发展的核心。西部大开发战略实施以来，四川决定建立成都、德阳、绵阳高新技术产业带，并成立成都、德阳、绵阳高新技术产业带工作协调小组，发布了《构建成都、德阳、绵阳高新技术产业带实施方案》，旨在充分发挥成都、德阳、绵阳三市经济、科技和生产力布局优势。以上布局方案的实施，加快了成德绵地区的发展进程，成都平原经济圈开始形成。2002年，成都市GDP、二产业增加值、工业增加值以及三产业增加值占全省的比重在1/3以上，成都平原经济圈的成德绵地区则占到全省的一半。与此同时，攀西、川南的资源开发和老工业城市改造进一步加快，形成了一定的区域特色，增强了全省发展的后劲。丘陵地区、盆周山区和民族地区开始作为特殊类型的经济区域加以扶持（见表14-3）。在行政区划调整的背景下，四川区域空间格局又一次发生较大改变，形成由成都发展核、成渝和宝成－成昆（部分）两条发展轴线以及成都平原、川南、攀西构成的“一核两线三片”的空间格局。

（4）“十一五”时期。“十一五”时期，四川更加重视经济活动的空间组织与协调。根据国家发改委关于计划体制改革——将行政区计划改为经济区规划的要求，在全省开展了划分经济区的研究。经过近一年的讨论，在“十一五”规划工作结束时，最终达成了建立成都、川南、川东北、攀西、川西北五大经济区的共识。

经济区是由城市组成的。成都依靠其省会城市的地位和强聚能力，对四川乃至周边省区的产业、资本、技术、信息与人才形成了强大的吸聚力，城市扩张迅速，综合经济实力和城市竞争力不断增强，对周边地区的辐射和扩散作用开始显现，全省发展极核的地位和作用进一步巩固和提升。受成都辐射带动以及交通条件改善的影响，省域内次级中心城市发展提速，城市规模扩张迅速、城市功能不断完善、经济实力大幅度提升，现代产业加快向高等级的城镇节点和轴线集聚，交通轴线功能开始显现，初步形成以铁路和高速公路为轴线的绵成乐、成遂（南）、成内（渝）三条发展带。与此同时，随着内河航运受到重新重视以及航道条件改善和港口建设的加快，沿长江、岷江的发展带也得以恢复和重构。大中城市的崛起和迅速发展以及现代交通的贯通，促进了城市之间的交流和组织协调，城市的群聚效应凸显，省域空间的区域性特征显现，成都、川南、攀西、川东北、川西北五大经济区基本建立，初步形成了成都平原、川南、川东北和攀西四大城市群。总体而言，新中国成立以来，大规模的工业建设使成都、重庆两个中心城市迅速崛起，促进了省域内人口、产业、资本、技术向成渝两市集中，成为四川国民经济的支柱和增长极核，奠定了“双核”型省域空间结构的基本构架。成渝、宝成、成昆线的建成营运，使四川

表14-3 2002年成都市及成德绵地区主要经济指标及占全省的比重（单位：亿元，%）

指标	全省	成都市	成德绵	成都市占全省比重	成德绵占全省比重
GDP	4875.1	1667.1	2351.9	35.3	48.2
二产增加值	1982.4	758.8	1046.39	38.3	52.8
工业增加值	1551.5	598	837.1	38.5	54
三产增加值	1865.1	768.2	1019.8	41.2	54.7

资料来源：根据《四川统计年鉴（2003）》整理形成。

生产力布局开始沿铁路干线集聚和延伸，出现了川南和攀西两个新兴工业集中区域，形成“两极两线两片”的省域空间发展格局。成都、重庆作为全省的地理重心和门户城市形成强大的集聚能力，吸引着周围地区的人、财、物等生产要素向其集中，其他区域则处于受支配地位，与成都、重庆的发展差距不断拉大。由于铁路线路距离较长、等级较低，沿线城镇节点规模普遍偏小，使得工业向铁路沿线的集聚未能形成点轴空间效应。省域城镇体系具有二元首位分布特征，省域空间结构呈现典型的极核型特征。重庆从四川分立后，成都在全省的中心地位进一步提升，其集聚作用更加显著，省域城镇体系的首位分布特征更为明显。高速公路的兴起引致全省生产力布局向更为广阔的地域延伸，在一定程度上促进了其他城市的发展，省域内次级中心城市发展提速，交通轴线功能和省域空间的区域性特征开始显现，逐步形成“一核四带五区四群”的省域空间发展格局，但极核型的省域空间结构未发生根本性的转变。

（二）影响区域空间格局的主要因素

四川区域空间格局的形成和发展受地理区位、自然地理、资源分布、交通格局、城市布局、区际联系等众多因素的影响。时至今天乃至今后，影响四川区域空间格局的一些传统因素仍将持续，同时一些新的因素也正在发挥作用。

1. 地理区位

四川地处我国西部地区，深入大陆内部纵深超过 1000 公里，属中深远内陆地区。四川陆地不与周边国家相邻，既不靠海、也不沿边，四周又被高山大川所围堵，只能通过数量有限的交通通道与沿海地区、其他省区以及世界各国相联系，其内陆省区的特征非常明显突出：远离海洋，运输及物流成本高；深入内地，开发陆地邻国市场缺乏优势；交通基础设施相对薄弱，对外经济社会联系不畅。典型内陆区位特征使四川对外开放程度不高，比较优势不突出，难以全面和深度参与全国及全球产业分工。内陆型省区的特征对四川区域空间格局的影响，主要表现在三个方面：一是，经济社会发展相对较慢，在相当长的时期内区域空间结构较为稳定；二是，与沿海省区开放型相比，四川的区域空间结构则更多地具有相对封闭性和向心性；三是，大部分地区缺乏直接利用国内外两个市场、两种资源和参与国内外竞争的条件。除成都之外，绝大部分地区和城市发展相对缓慢、发展水平不高，与中心城市的发展差距较大，极核型的空间结构十分明显突出。

2. 自然地理

在地形地貌方面，四川分为东部盆地与盆缘山地、西部高原山地两大自然地理板块，涵盖了青藏高原、横断山脉、云贵高原、秦巴山地、四川盆地五大地貌单元。地形地貌上的巨大差异对四川人口集聚、城市形成与发育、产业布局等产生了重要影响，人口、产业和城市的空间集聚性更为明显。盆西平原和盆中丘陵海拔相对较低，地势较为平缓，自然条件相对较好，更有利于大规模集聚人口和产业。尤其是成都平原，地势平坦，自流灌溉，土壤肥沃，基础设施相对完善，人口和城市更为集中，产业发展水平更高。盆缘山地和西部高原山地海拔相对较高，地形起伏很大，自然条件相对较差，不太适合大规模的人口和产业集聚，有些地区甚至不太适合人类经济活动的较大规模展开，由此导致上述区域人口、产业和城市集聚水平低。

四川自然资源丰富且分布特征明显。西部高原山地水能资源极为丰厚，居全国之首，同时也是国家最为重要的钒钛、铝土等战略资源富集区。盆中丘陵及东部盆缘山地天然气资源极为丰富。川南地区水运资源最为集中，航道等级较高、岸线条件较好。自然资源的分布特征对四川区域空间格局的影响主要表现在：①直接影响到四川资源加工型产业、化工产业的空间布局；②催生出一批矿山工业区，使全省工业地域类型更加丰富；③催生一批沿江城市和资源型城市，直接影响了四川的城镇空间分布格局。

3. 交通条件

近代交通基础设施建设以及主导交通运输方式的变革，对四川区域空间格局的形成和演变具有重要的影响。交通运输的发展直接影响到四川近现代产业的形成和空间分布。近代内河水运发展促进了近代工业在沿江城镇的兴起。新中国成立后，铁路逐步取代内河航运成为省内主要的大运量、长距离现代交通工具，现代工业沿宝成、成渝、成昆三条铁路展开，形成了四川与“人”字形铁路骨架相对应的工业布局特征。20 世纪 90 年代以来，大规模的高速公路使四川工业布局进一步向省域内更为广阔的区域延伸。交通运输的发展对四川城镇的形成和布局有着明显的影响。内河航运对沿江城镇的形成和发展有着至关重要的作用。铁路的兴起和发展促进了沿线一批新兴中等城市的崛起。交通枢纽对四川城市的形成和发展作用十分显著。

正在实施的西部综合交通枢纽建设，将对四川未来的区域空间总体格局产生重要的影响，推动省域空间结构由极核型向扩散型转变，极大地加快四大城市群的发展进程，改变四川与区域外部的经济社会联系，从而形成全新的省际关系和全新的内陆开放格局。

4. 城镇分布

城镇分布格局既是区域空间格局的组成部分，同时也对人口和产业布局产生重要影响。作为省会和首位城市的成都，是四川省经济、社会、文化中心，同时也是四川的地理中心。首位城市的地理中心分布，使四川区域空间格局呈现出典型的中心结构特征；四川的城镇主要集中在盆西平原 、川南和川中丘陵三个地区，形成了盆西平原和川南两大城镇密集区。其中，尤以盆西平原最为密集，集中了全省一半的城市。以城市为依托，盆西平原和川南也成为四川人口和产业最为集中、经济发展水平最高的地区；四川城市空间聚合形态较好，盆西平原以成都为核心形成圈层分布的都市圈空间集聚形态。川南四市规模相近、等级相当、地域相邻，呈现典型的多中心块状空间集聚形态；攀西地区以攀枝花、西昌为两个端点，初具城市带的雏形。良好的城市空间集聚形态，不仅为四川城市群的发育发展奠定了基础，也直接影响到全省次区域的空间结构以及人口和产业布局。

5. 省际区际关系与国际经济地缘关系

省际和区际经济社会联系决定了省域

对外经济活动的流向，从而也影响到省域空间格局的形成和变化。四川地处我国西部，东向是其传统的经济社会联系方向，进出口贸易和集装箱货物大部经东部沿海转运，由此决定了全省交通通道的走向以及人和物的流向整体向东。同时，由于交通基础设施建设成本高、建设难度大，出省交通通道不畅，与周边省区经济联系不强，区域经济活动的向心运动远大于离心发展。近年来，大规模的交通基础设施建设逐步改变了四川与周边省区、东部发达地区以及周边国家的时空关系，将形成 4 小时省际经济圈和 8 个小时区际联系圈，从而对四川区域空间发展格局产生重要影响：首先，改变四川区域空间的结构特征，使四川对外经济联系由单向向多向转化、区域空间结构由相对封闭向开放转型；其次，促进与周边省区毗邻市州的发展和跨省区域合作，形成多个增长极点和跨省次级经济区。

6. 区域政策

在区域空间格局的形成和发展过程中，国家和地方政府实施的政策具有重要甚至是决定性的作用。改革开放以来，尤其是重庆直辖以来，四川立足于省情，在不同时期提出的重点发展成都和重庆的“两点式”发展战略，“一线、两翼”战略，“依托两市，发展两线，开发两翼，带动全省”的发展战略，“一点、一圈、两片、三区”的发展战略，都对全省区域空间格局的形成和发展产生了直接的影响。多点多极支撑战略的实施，将极大地推动市州经济社会发展，培育和形成多个增长极点，促进四川区域空间结构由极核型向扩散型转变。

（三）区域空间格局现状与发展方向

新中国成立 60 年多来，四川区域空间格局经过一系列发展和演变，形成了目前“一核五带五区四群”的空间发展格局。革命老区、连片贫困山区和少数民族地区成为省内三大政策扶持区。

1. 一核

即成都发展核。经过多年尤其是近十年的集聚发展，成都已成为全省乃至西部地区最具实力的中心城市。城市规模迅速扩大，城市空间大幅度拓展；城市功能不断提升，综合实力和竞争力显著增强；现代产业体系基本形成，城乡统筹改革试验影响深远；基础设施尤其是交通基础设施不断完善。

成都发展核的未来目标是继续推进国家统筹城乡综合配套改革试验，推进创新型城市建设，优化人居环境，建设城乡一体化、全面现代化、充分国际化的大都市，成为开放型区域中心和国际化城市。

成都发展核未来发展方向是：推进城市空间形态向大都市区转型，进一步提升城市综合功能、提高城市品质，建设高端产业集中、高端服务业集聚的现代产业体系，规划建设天府新区，建成为中国大陆面向欧洲的门户城市、连接新亚欧大陆桥和东南亚铁路的枢纽和桥梁，深化统筹城乡改革试验，形成全方位的对内对外开放格局。

2. 五带

随着高速铁路、高速公路以及内河航道建设的加快，全省主要城市间贯通连接，交通轴线等级大幅度提升，沿线城镇之间的时空关系发生改变，交通通道效应、枢纽效应开始显现，经济活动更大规模地向沿线地域集聚，成德绵广、成雅西攀、成资内自、成遂南广达、成眉乐宜泸五点轴发展带开始培育形成。

（1）成德绵广城镇发展带。成德绵广城镇发展带以成绵高速、绵广高速、广陕高速、成德南高速、绵巴高速、成绵乐客专及大件运输通道为纽带，以成都、德阳、绵阳、广元为主要节点，成为全省城市数量最多和规模最大、交通轴线等级最高、经济发展水平最高、点轴空间形态最完善、发育较为成熟的经济发展带。随着绵成乐铁路客运专线和成西铁路客运专线的建成营运，沿线城市间的时空距离进一步缩短，日常人口流动比例提高，该发展带将成为以装备制造、电子信息、科技服务、生物医药、商贸流通和特色农业为主，具有国际竞争力的产业和城市集聚带。

（2）成雅西攀城镇发展带。成雅西攀城镇发展带以成雅高速、雅西高速、西攀高速、攀田高速和成昆铁路为依托，以成都、雅安、西昌、攀枝花为主要节点，将发展成为以能源产业、钒钛资源和稀有金属矿产资源综合利用开发、特色农产品精细加工等产业为主，以特色产业为支撑的城镇发展带。

（3）成资内自城镇发展带。成资内自城镇发展带以成渝铁路、成渝客专和成渝高速、成自泸高速、成安渝高速为纽带，以成都、资阳、内江、自贡为主要节点，将发展成为以装备制造、电子信息、精细化工、商贸物流等支柱产业为主，形成西部建材基地、硅氟硬质合金生产基地、汽车及零部件配套基地和精细化工基地，紧密连接成渝两大都市圈的城镇发展带。

（4）成遂南广达城镇发展带。成遂南广达城镇发展带以达成铁路和成南高速、南广高速、广邻高速、达渝高速、南大梁高速、营山至达州高速公路为依托，以成都、遂宁、南充、广安、达州为主要节点，将逐步培育成为以区域性现代工业物流、商贸物流中心，打造油气和精细化工、机械制造、轻纺食品等支柱产业为主，特色优势产业突出的城镇发展带。

（5）成眉乐宜泸城镇发展带。成眉乐宜泸城镇发展带以长江、岷江水运、成绵乐城际铁路和成乐高速、乐宜高速、宜泸渝高速为纽带，以成都、眉山、乐山、宜宾、泸州为节点。随着航道条件的进一步改善、岸线开发和港口建设加快，该发展带将发展成为以冶金化工、装备制造、新材料、清洁能源、轻纺食品、商贸物流为主，形成中国白酒金三角和区域物流中心、商贸中心、旅游集散中心，长江上游重要的产业和城镇集聚带。

五条城镇发展带未来发展方向是：①提高交通轴线等级。加快高速铁路、高速公路建设，形成铁路、公路、内河水运通道等多种运输方式复合的高等级交通轴线，缩短沿线城市间的时空距离，提升快速客运能力，提高日常人口流动比例，形成大流量、高密度的通勤流。②提升沿线城镇节点规模。积极引导产业、人口向轴线上的重点城市集聚，扩大城市规模，完善城市功能，缩小沿线城市间的势差，促进沿线城镇节点间分工协作。③以点轴空间系统促进产业带发展。立足各个发展带的资源条件、区位条件和产业基础，发挥比较优势，优化产业布局，形成城市带与产业带互动发展的格局。

3. 四群

四群即成都平原城市群、川南城市群、川东北城市群和攀西城市群。四大城市群成为五大经济区的重要支撑。

（1）成都平原城市群。成都平原城市群是全省人口和产业最为密集、城镇化水平最高的城镇密集区。该城市群以超大城市成都为核心，具有都市圈的典型形态，空间聚合性好；城市群发育相对较早，正处于快速成长阶段；达到大型城市群的集聚规模，具备跻身全国城市群体系的基础。成都平原城市群的未来发展目标是培育形成 1 个超大城市、2 ~ 3 个大城市、15 ~ 20 个中小城市，城市总量达到 20 ~ 25 个，核心城市中心功能突出，大中城市联系紧密，区域城镇体系完备、等级分明、组合有序，形成城乡协调、一体发展的格局，实现市场一体化、产业一体化、基础设施一体化、生态建设与环境保护一体化，成为西部乃至全国最具竞争力的城市群和重要增长极。成都平原城市群未来发展方向是：确立都市圈的空间开发模式，形成更加完善的城市等级体系和职能分工体系，推动产业结构向高端、高效、高附加值转变，构建支撑都市圈发展的快速交通体系，推动城市群一体化发展。

（2）川南城市群。川南城市群由自贡、宜宾、泸州、内江 4 个大中城市组成[①]，是全省仅次于成都平原的又一城镇密集区，也是目前全省人口、产业较为密集的区域。该城市群具有多中心块状城市群的典型空间形态特征，城市群的空间聚合度好；城市群发育相对较早，具有中小型城市群的规模特征，但发展过程较为缓慢，仍处于发育阶段。川南城市群的未来发展目标是培育形成 4 个大城市、3 ~ 5 个中小城市，城市总量达到 10 ~ 15 个，自贡、宜宾、泸州、内江在川南城市群中的中心地位和辐射带动作用进一步凸显，形成既分散又联系、分工明确、职能互补的多中心城市体系，成为全省及成渝经济区的重要增长极、西部具有增长潜力和竞争力的城市群。川南城市群未来发展方向是：创新多中心城市群空间开发模式，完善城市等级体系，壮大优势产业群，构建支撑城市群发展的三大交通体系。

（3）川东北城市群。川东北城市群由南充、广安、达州、广元、巴中五市的 8 个城市组成，区域面积和人口总量较大，但经济总量偏小，工业化、城镇化水平不高。该城市群城市规模整体偏小，核心城市中心性不强，交通轴线等级不高，尚未形成网络，由此导致城市群的空间形态特征发育不太明显，尚处于发育阶段。从未来发展趋势看，川东北城市群可能发育成为以南充为核心城市，达州、广元、广安、巴中为重要城市节点，以达成、兰渝高速铁路为主轴线，依托南充至广安、达州、广元、巴中的多条交通轴线，形成“一核两轴三通道”的单中心放射型城市

① 川南城市群空间范围以《成渝经济区区域规划》为基础加以划定，包括自贡、宜宾、泸州、内江 4 市以及乐山市的金口河区、井研县、犍为县、沐川县、峨边县、马边县。

群空间形态。川东北城市群的未来发展目标是培育形成1个特大城市、3～4个大城市、8～10个中小城市，区域城镇体系完备、等级分明、组合有序，核心城市人口规模超过100万人，核心城市与大中城市经济社会联系较为密切，分工合理，形成一体化发展的趋势，成为西部有影响力的中型城市群。川东北城市群未来发展方向是：确立城市群空间开发模式，创新城市功能，完善城市体系，强化产业支撑，构建支撑城市群发展的交通网络体系。

（4）攀西城市群。攀西城市群主要由攀枝花、西昌等城市组成，以安宁河谷地区为自然地理依托。攀西地区沿安宁河谷和成昆铁路一线初显点轴结构的空间态势，但人口规模和经济规模不大，沿线大多数城镇节点规模太小，轴线空间距离较长、等级不高，经济活动难以沿轴线向城镇节点集聚，经济活动呈相对分散状态，点面分离，经济活动联系不强，区域空间结构仍处于相对分散无序的状态。攀西城市群的未来发展目标是培育形成1个特大城市、1个大城市、3～5个中小城市，城镇体系初步完备，点轴发展的空间格局基本形成，成为西部极具发展潜力的城市群。攀西城市群未来发展方向是：确立带状城市群的空间开发模式，完善以攀枝花、西昌两大核心端点为中心的城市体系，构建具有世界影响力的钒钛钢铁产业基地和特色现代农业产业基地，构建支撑带状城市群发展的高等级复合交通轴线。同时，根据四川省政府关于建设金沙江下游经济区的规划，攀枝花市至宜宾的金沙江沿岸城镇将被纳入攀西城市群。

（四）区域空间格局的演变趋势与展望

1. 四川区域空间格局与空间结构存在的问题

（1）区域中心城市集聚作用远大于扩散辐射，省域空间结构仍具有典型的极核型特征。成都作为四川的地理重心、政治中心和经济中心，对四川乃至周边省区的产业、资本、技术、信息与人才形成强大的吸聚力，经济实力不断增强，极化效应十分显著。这种城市集聚效应使成都近年来始终处于不断迅速扩张的过程，综合经济实力不断提升，其区域中心城市的地位不断得以强化。与此同时，从中心城市的辐射带动功能看，成都因集聚而形成的强大经济能量却未能适时、有序地向周边更为广阔的地区辐射和扩散，与其直接腹地的经济联系没有明显的强化趋势，与其竞争性腹地之间传统经济联系反而日渐弱化，集聚作用远大于扩散辐射。省域空间结构由单个强大的经济中心与相对落后的边缘地区所组成，其极核型特征仍然显著，区域发展差异明显（见图14-1至图14-4）。

（2）城镇等级规模体系断层现象突出，城镇职能体系不完善。省域城镇等级规模体系不完善，城市首位度超过7，尤其缺乏100万～200万人的特大城市，断层现象十分明显，由此导致次级中心城市缺失，在省域范围内难以形成新的增长极点。相邻大中城市之间呈竞争性独立发展，城镇职能分工和互补性不明显，难以形成城市的群聚效应。

（3）次区域发展进程缓慢，自组织能

图 14–1　2011 年 21 个市州 GDP

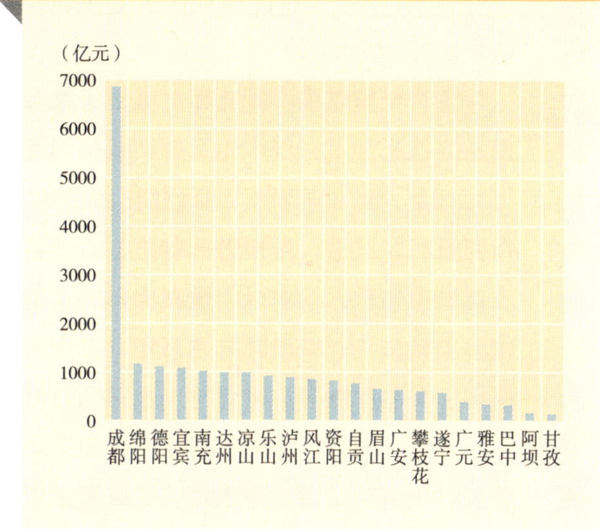

图 14–2　2010 年 21 个市州常住人口

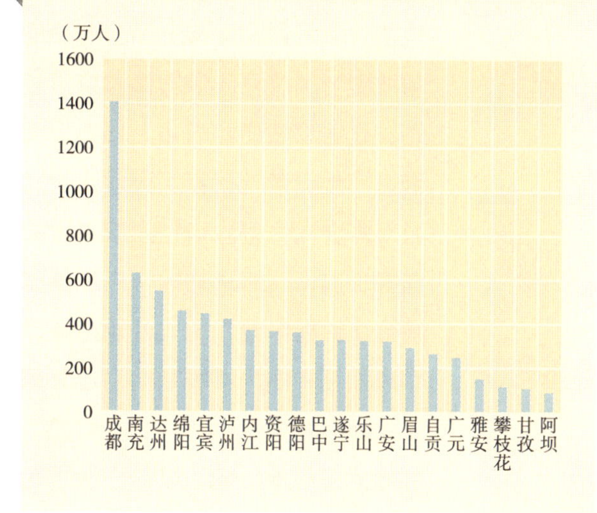

图 14–3　2011 年 21 个市州固定资产投资总额

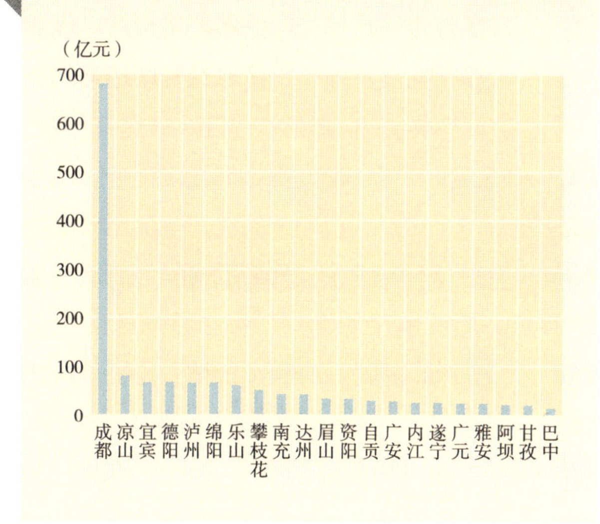

图 14–4　2011 年 21 个市州地方公共财政收入

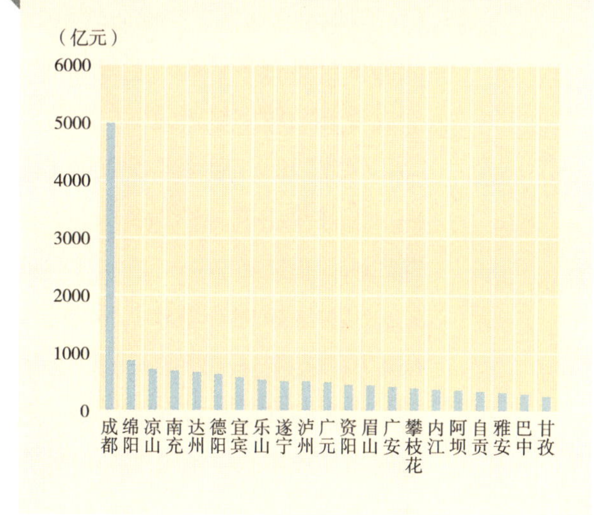

力和协调性不强。全省虽然形成了“五带五区四群”等不同类型的次级发展区域，但大部分次区域核心城市规模不大、中心性不强；支撑次区域发展的快速交通网络体系尚未形成，时间成本高，空间相互作用力弱。交通轴线等级不高，点轴系统功能不强；次区域内重大基础设施缺乏有效的配套与衔接，区域协作和协调机制不健全，各个城市之间缺乏明确定位和分工，促进要素流动的制度环境及其统一市场有待进一步完善，影响了次级区域综合实力和整体竞争力的提升。

2. 四川区域空间格局的演变趋势与展望

未来十年，四川经济社会发展将会出现以下新特点：①工业化、城镇化加速推进。全省实施“两化互动”战略，加快推进新型工业化、新型城镇化互动发展，四川工业化进程将由中期向后期过渡，产城一体、城乡融合，城镇化率将超过50%。②涌现一批百万人口的特大城市。通过优先发展区域性中心城市，绵阳、南充、自贡、泸州、攀枝花、宜宾、达州、内江等城市将进入百万人口特大城市行列。③形成多层次、网络化的综合交通体系。西部综合交通枢纽建设成效开始凸显，将基本形成连接省内主要城市的高速公路网，高速铁路串联重要城市，"四江六港"的内河水运体系基本形成。以核心城市为中心形成若干1小时、2小时经济圈，以及4小时的省际经济圈和与东部发达地区8小时经济联系圈。④出现多种类型的次级经济区。以城镇密集区、交通通道和交通枢纽、战略性资源开发、跨省区域合作为依托，形成若干类型的次级经济区。

受此影响，全省区域空间结构整体上将从空间集中向集中后的分散阶段转化，并出现以下演变趋势：

（1）区域中心城市扩散辐射力增强。成都城市空间结构从单一的向心集聚转至向心集聚与离心扩散同时并存，周边毗邻地区自觉或不自觉地被纳入到与大城市一体发展的轨道上来，并与其发生着越来越密切的经济社会联系，逐渐形成由核心城市和外围地区共同组成的新的城市空间形态——大都市区。作为区域中心城市的成都对省域经济的集聚作用开始减弱，扩散作用日渐增强。

（2）一批次级中心兴起。省域内出现若干次级中心，形成新的增长极点，并以次级中心为基础形成若干次级中心——边缘结构，点与面联系增强。城市的规模效应开始逐步显现，城市功能进一步完善，自我扩张能力不断增强，城乡逐步融合发展。

（3）城镇体系不断完善。城镇等级规模系列趋于合理，城市体系中的断层问题得到缓解，城镇职能分工和互补性增强。特别是随着交通、通信设施的建设与发展，省域城市体系开始由纵向垂直关系向水平网络关系转化，城市间联系密切，出现网络化、多中心的特征。

（4）省域经济形成多区域支撑的空间格局。川南、攀西、川东北城市群逐步走向成熟，成为支撑全省经济社会发展的重要增长极。以高速铁路、高速公路和重要的内河干支流为轴线，绵成乐发展带、沿江经济带等点轴空间系统基本形成。区域发展差距逐步缩小，区域空间结构向均衡方向转化。

二　经济区划及其沿革

（一）新中国成立至"十五"时期的四川经济区划

新中国成立之后，四川行政区划几经调整，直至1955年10月撤销西康省，将金沙江以东各县并入四川省、以西的昌都地区划归西藏自治区，四川省的行政区域才得以稳定。"一五"、"二五"以及"三线建设"时期，按照全国经济的宏观布局，四川着手进行现代生产力的布局和地域配置，社会劳动的地域分工格局尚在建构过程中，开展经济区划的条件尚不成熟。另外，在传统计划经济体制束缚下，全省经济建设基本上是以行政区划和条条领导为主，各地区、各行业各搞一套，自成体系，成为封闭型经济。因此，改革开放之前四川基本上没有开展经济区划尤其是综合经济区划工作。

20 世纪 80 至 90 年代，随着改革开放的不断深入，加快经济体制改革、调整产业结构、改善生产力布局和地域配置成为四川经济发展的战略重点。计划经济体制向社会主义市场经济的过度，极大地促进了全省商品经济、市场经济的发展，围绕中心城市形成了一定的分工与专业化协作关系，区域内部经济社会联系日益密切，社会劳动的地域分工日益明显，开展全省经济区划的条件日渐成熟。20 世纪 80 年代初期，一些研究机构着手进行了四川农业、资源等部门经济区划的研究工作。80 年代中后期，林凌、刘清泉、黄炳康等提出了将四川划分为五大经济区的若干区划方案[①]。1998 年重庆从四川分立后，吴传钧提出将四川盆地划分为四大经济区的设想[②]。这些区划方案和构想为后来的全省经济区划工作奠定了理论基础。

“九五”后期，四川调整全省区域发展的总体部署，依托一点（成都），构建一圈（成都平原经济圈），开发两片（攀西、川南），扶持三区（丘陵地区、盆周山区和民族地区）。“十五”期间，四川进一步加快成都平原地区发展，推进攀西地区资源综合开发，加强川南地区的建设和发展，继续扶持丘陵地区、盆周山区和民族地区。经济圈、资源开发区以及不同类型区的提出、培育和发展，强化了全省区域性的专业化分工协作，促进了现代生产力的布局和地域配置，区域发展特色开始凸显，为全省经济区划工作奠定了现实基础。

（二）“十一五”至“十二五”的四川经济区划

“十一五”以来，我国高度重视经济社会活动的空间规划和引导，四川根据资源条件、地理区位和发展潜力，开展了全省综合经济区划和主体功能区划工作。

1. 五大经济区划

“十一五”时期，四川首次开展了全省综合区划工作，将全省划分为成都、川南、攀西、川东北、川西北生态五大经济区，并进一步明确了各区的发展导向。

第一，成都经济区。包括成都、德阳、绵阳、眉山、资阳 5 市[③]。按照“城乡一体、率先跨越”的思路，充分发挥基础设施相对完善、城镇发展水平较高和经济技术实力较强的比较优势，以高新技术产业为主导，重点发展技术含量高的先进制造业和现代服务业，促进产业结构优化升级，保持较快的经济发展速度，发挥在

① 刘清泉、高宇天：《四川经济地理》，四川科学出版社，1985；黄炳康、傅绥宁：《四川省经济区划》，四川科学出版社，1989；刘清泉：《四川省经济地理》，新华出版社，1993。

② 吴传钧：《中国经济地理》，科学出版社，1998。

③ 四川“十一五”规划确定的成都经济区包括成都、德阳、绵阳、眉山、资阳 5 市以及乐山市市中区、夹江县和峨眉山市，雅安市雨城区和名山县。

④ 四川“十一五”规划将乐山市市中区、夹江县、峨眉山市划入成都经济区，金口河区、峨边县、马边县划入攀西经济区，五通桥区、沙湾区、井研县、沐川县、犍为县划入川南经济区。

全省经济中的骨干和带动作用。

第二，川南经济区。包括自贡、宜宾、泸州、内江、乐山5市[④]。按照“产业整合、快速崛起”的思路，充分发挥自然资源比较丰富和基础设施较完善的比较优势，以建设能源和重化工基地为主要方向，发展能源、化工、机械、建材、食品工业和特色农业、旅游业，使之成为四川省经济发展新的增长极。

第三，攀西经济区。包括攀枝花市、凉山州、雅安市3个市（州）[①]。按照“资源整合、高速增长”的思路，充分发挥独特的水能、矿产、生物等资源优势，大力发展特色优势资源产业，带动经济快速发展。

第四，川东北经济区。包括南充、遂宁、达州、广安、巴中、广元6市。按照“开发资源、培育产业”的思路，充分发挥丰富的天然气资源和生物资源的比较优势，积极培育和延伸天然气产业链，建成我国西部重要的天然气能源、化工基地。

第五，川西北生态经济区。包括甘孜、阿坝2个州。按照“保护生态、点状发展”的思路，根据自然资源比较丰富但环境承载力相对较弱的特点，加大水能、旅游和矿产等优势资源合理开发的力度，改进传统农牧业生产方式，逐步建成特色鲜明、环境优美、人民富裕的生态经济区。

“十二五”时期，根据国内外发展的新形势，四川以科学发展为主题，以加快转变经济发展方式为主线，进一步明确五大经济区的发展导向。

第一，成都经济区。推动率先发展、优化发展，将成都经济区建成西部地区重要的经济中心、全国重要的综合交通枢纽和通信枢纽、先进制造业基地、科技创新产业化基地、农产品加工基地和现代服务业基地。加快建设装备制造、电子信息、生物医药、石油化工、新材料等重大产业基地。着力提高科技创新能力，加快国家创新型城市和区域创新平台建设，推动产业结构向高端、高效、高附加值转变。

第二，川南经济区。加快川南地区开发建设，打造全省经济发展新的增长极。依托“黄金水道”，有序推进岸线开发和港口建设，加强高速公路、快速铁路建设，建成全省次区域交通枢纽，形成四川沿江和南向开放的重要门户。大力发展临港经济，加快建设沿江产业带，发展壮大机械制造、能源、化工、农产品加工业，积极培育新材料、节能环保、生物等新兴产业，大力发展旅游、商贸、物流等现代服务业，打造“中国白酒金三角”核心区。

第三，川东北经济区。加快天然气等优势资源开发利用，提高资源就地加工和转化水平。重点发展清洁能源和石油、天然气化工、农产品加工业，建设西部重要的能源化工基地和农产品深加工基地。大力发展特色农业，积极发展红色旅游。加强基础设施建设，全面改善发展条件。积极承接产业转移，依托嘉陵江、渠江和重要交通干线，构建连接我国西北、西南地区的新兴经济带。

第四，攀西经济区。依托钒钛、稀土、水能、特色农业等优势资源，加快技术创新和新产品开发，提高资源综合开发

① 四川“十一五”规划将雅安市雨城区、名山县划入成都经济区，其余部分划入攀西经济区。

利用水平，建设中国攀西战略资源创新开发试验区、全国重要的钒钛产业基地、全国重要的水电能源开发基地和四川省重要的亚热带特色农业基地。推进攀西钒钛稀土产业优化升级，开发高技术含量和高附加值的钢铁产品。积极发展阳光旅游、生态旅游。

第五，川西北生态经济区。以保护生态环境、发展生态经济作为主攻方向，因地制宜发展清洁能源、生态文化旅游产业，点状开发矿产资源，改进传统农牧业生产方式，建设特色鲜明、绿色生态的产业体系。积极推进生态移民、扶贫移民和牧民定居工程，逐步引导人口有序转移。加强以交通和水利为重点的基础设施建设，促进基本公共服务均等化，加快改善生产生活条件。

划分五大经济区是四川历史上第一次综合经济区划。五大经济区划在尊重历史传统、吸取既有研究成果的基础上，充分考虑了全省不同区域内部自然、经济、社会条件的相似性和区际差异性以及生态建设与保护的一致性，统筹兼顾新中国成立以来所形成的地域专业分工格局、中心城市的辐射影响范围与城市的群聚性、经济区与行政区边界的一致性，勾勒出了四川经济发展的总体区划格局，基本体现了全省区域发展的概貌、区域内部的经济联系以及区域之间的差异性，揭示了各经济区的发展特征，明确了发展方向，也为制定经济区发展规划及保证规划实施的各项政策法规提供了重要依据。

2. 主体功能区划

“十一五”时期，按照国家主体功能区划工作的总体战略部署，四川根据资源环境承载能力和现有开发密度，确定了优化开发、重点开发、限制开发和禁止开发4类主体功能区，明确其发展方向，并通过实施差别化区域政策，促进全省经济社会的可持续发展。

第一，优化开发区发展方向。根据国土开发密度已经较高和资源环境承载能力开始减弱的特点，加快转变粗放型经济增长模式，限制低水平、占地多、污染大、能耗高的产业，把提高经济增长质量和效益放在首位，重点培育产业核心竞争力，提升参与全国乃至全球分工与竞争的层次，继续成为带动全省经济社会发展的主体区域。

第二，重点开发区发展方向。根据资源环境承载能力较强、经济和人口聚集条件较好的特点，加强基础设施建设，改善投资环境，壮大经济规模，加强产业配套能力建设，承接优化开发区的产业转移。扩大城市规模，承接限制开发区和禁止开发区的人口转移，逐步成为支撑全省经济社会发展和人口集聚的重要载体。

第三，限制开发区发展方向。根据资源环境承载能力相对较弱、不具备大规模集聚经济和人口条件的特点，坚持保护优先、适度开发和点状发展，因地制宜培育和发展资源环境可承载的特色产业，限制不符合主体功能定位的产业扩张。加强生态环境的保护和修复，引导超载人口有序转移，逐步成为全省乃至全国的重要生态区域。与此同时，还对若尔盖湿地生态功能区、攀西干热河谷生态功能区、川南森林及生物多样性功能区、秦巴生物多样性功能区等部分限制开发区的功能定位及发展方向提出了更加明确的要求。

第四，禁止开发区发展方向。根据法律法规规定和相关规划，对18个国家级、67个省级自然保护区实行强制性保护，控制人为因素对自然生态的干扰，严禁不符合主体功能定位的开发活动。

“十二五”时期，四川继续推进主体功能区划工作，依据资源环境承载能力，按照优化开发、重点开发、限制开发、禁止开发的方式，分类推进城镇化地区、农产品主产区、重点生态功能区发展，对城镇化地区重点开发，对农产品主产区、重点生态功能区限制大规模、高强度开发，引导全省逐步形成人口、经济和环境资源相协调的空间开发格局。

第一，城镇化地区。主要包括成都平原、川南、川东北和攀西地区工业化城镇化基础较好、经济和人口集聚条件较好、环境容量和发展潜力较大的部分县（市、区）。其发展方向是加大交通、能源等基础设施建设力度，联动推进新型工业化和城镇化，促进经济集聚与人口集聚同步。积极承接先进产业转移，增强产业集聚能力，形成分工协作的现代产业体系。

第二，农产品主产区。主要包括盆地中部平原浅丘区、川南低中山区和盆地东部丘陵低山区、盆地西缘山区和安宁河流域耕地面积较多、农业条件较好的县（市、区）。其发展方向是加强耕地保护，加强农业综合生产能力建设，推动农业的规模化、产业化和现代化，确保全省粮食安全。以县城为重点推进城镇建设和产业发展，引导农产品加工、流通、储运企业聚集。

第三，重点生态功能区。主要包括川西高原、秦巴山区、大小凉山等生态系统重要、资源环境承载能力较低的部分县。对依法设立的各级各类自然文化资源保护区和其他需要特殊保护的区域要禁止开发，实施强制性保护。其发展方向是加强生态建设和环境保护，增强水源涵养、水土保持、防风固沙和生物多样性等功能，实施重点生态功能区保护修复工程。按照面上保护、点状开发的原则，鼓励发展资源环境可承载的适宜产业。

总体功能区划根据资源环境承载能力、现有开发密度和发展潜力，统筹考虑未来全省人口分布、经济布局、国土利用和城镇化格局，体现了以人为本、尊重自然规律的发展理念，同时突破了行政区的束缚，有利于促进省域经济社会的协调、可持续发展。

（三）四川经济区划的未来趋势与展望

总结四川经济区划演变的历史经验，体现科学发展的理念，立足工业化、城镇化的发展进程，结合区域发展条件，尤其是交通条件的变化，未来四川经济区划可能出现以下新趋势。

1. 以行政区划为重要参照，不囿于行政区划

更加强调区划内自然、经济、社会条件的相似性和区际差异性，突出地域主体功能和区域发展目标的一致性，在保持县级行政区完整性的同时，更大程度上突破市（州）级行政区划的限制，按照自然规律和经济规律划分经济区。

2. 综合经济区划、主体功能区划与部门区划相结合

在继续完善和优化全省综合经济区

划、主体功能区划的同时，根据不同的发展目标和实际需要，开展更多类型的部门经济区划，包括各类产业区划、资源区划、生态区划等。

3. 突出中心城引力范围，注重城市的群聚效应

随着全省一大批大城市、特大城市的崛起以及交通运输条件的改善和提升，经济区划将更多地考虑主要经济中心的吸引范围、区划内部的空间可达性与时间成本，强调城市之间经济联系的紧密性、城市的群聚效应以及一体化发展趋势。

4. 经济区划的非全覆盖、可重叠

一方面，可能突破经济区划全覆盖的传统理念，围绕重要的城市群和发展轴线开展经济区划，将经济联系最为密切的区域纳入区划范围，差异较大和发展方向不明的区域暂且搁置在经济区之外。另一方面，正视区域经济联系多向性的现实和发展趋势，不同类型的经济区划可能部分相互重叠，同一地区可能分属不同类型的经济区。

三　区域发展战略演变

新中国成立至改革开放前，四川经济社会发展主要服从国家总体战略的需要，尤其是“三线建设”的需要，基本上没有提出独立的全省区域发展战略。改革开放以后，四川立足于省情，在不同时期提出了不同的区域发展战略。

（一）改革开放以来的四川区域发展战略

20 世纪 70 年代末开始的改革开放，推动了我国传统计划经济体制向市场经济体制的转型，中央政府对地方经济发展的直接干预不断弱化，省域经济发展的相对独立性增强。在此背景下，四川立足于省情，因地制宜谋求发展，在不同时期提出了不同的区域发展战略。

1. 重点发展成都、重庆的“两点式”发展战略

1997 年四川行政区划调整以前，成都、重庆是四川两大省域经济中心。改革开放之初，四川十分重视成都、重庆在全省经济社会发展中的中心地位，以期通过加快两个城市的经济体制改革，促进两市率先发展，增强四川的整体经济实力。1983 ~ 1984 年，重庆、成都先后获批全国经济体制综合改革试点城市；1983 和 1989 年，重庆、成都分别被批准为全国计划单列市，获得相当于省一级的经济管理权限；1991 年 3 月，国务院同时批准成都、重庆设立国家级高新技术开发区。“两点式”战略的实施，使成渝两市的经济实力进一步增强，城市空间扩张迅速，城市功能日趋完善，在全省经济发展中的中心地位更加巩固和突出。改革开放之初的 1978 年，成都市的 GDP 仅为 36 亿元，占全省 GDP 的 19.47%[①]。至 1997 年重庆直辖当年，成都市的 GDP 已达到 1007 亿元，占全省 GDP 的 31%[②]。在 1998 年国

① 全省的 GDP 数据中不包括重庆市部分。以下相同。
② 1978 ~ 1997 年，成都市 GDP 总量的迅速扩大也有行政区划面积大幅度拓展的因素。

家统计局公布的我国前20位中心城市排名中，成都、重庆分列第12、13名，位居西部地区第一、二位。

重点发展成都、重庆的“两点式”发展战略，进一步强化了两个中心城市的集聚功能，促进了省域内人口、产业、资本、技术向成渝两市的集中，成渝两市自身的经济实力迅速提升，成为四川国民经济的支柱和增长极核，主导了全省经济社会的发展，也为以后四川以及成渝地区的发展奠定了“双核”型空间结构的基本构架。“两点式”发展战略的实施，进一步强化了四川省域经济的极核型空间发展格局，然而在促进成渝两市自身发展的同时，对全省经济的带动作用并不明显。事实上，20世纪80年代，四川区域空间结构的演进尚处于空间极化阶段，省域空间结构由单个强大的中心城市与相对落后的中小城市和外围地区组成。重点发展成都、重庆两个中心城市的战略思路，与全省区域空间结构的演进历程基本吻合。

与此同时，20世纪80年代中期，四川省委、省政府也曾提出过“依靠盆地，开发两翼”的战略思路。这里的“两翼”分别是指宝成铁路、成昆铁路（东经104°）以西和襄渝铁路、川黔铁路（东经107°）以东的两个区域，两翼之间的四川盆地是全省经济相对发达的地区。“依靠盆地，开发两翼”的战略强调要以壮大盆地经济实力为重点，支援两翼的开发。这一战略思路第一次尝试从全省范围勾画四川的总体空间发展格局，从中依稀可以看到四川突出重点区域、实施非均衡发展思路的影子，但整个战略构想尚显粗略。

2.“一线、两翼”战略

随着改革开放的逐步深入，市场机制对资源配置的基础作用开始显现。一方面，四川过去工业比较集中的几个地区，工业、商业、建筑业、交通运输业等发展很快，产业呈现多元化发展。另一方面，过去一些工业落后的地区通过大办地方工业、集体工业、乡镇企业和街道工业，县域经济迅速崛起。尤其是随着一批干线公路的建成通车，沿交通线出现了为数众多的中小型企业。20世纪80年代中后期，全省经济发展呈现均衡化、分散化的趋势。在这一背景下，四川提出了“一线、两翼”的发展战略。

（1）“一线”：江油－成都－峨眉山。1992年，在邓小平南方讲话和党的十四大精神指导下，四川从省情出发，以促进县域经济发展为中心，制定了“发展县级（域）经济，先抓一条线”的战略方针，即从江油经成都到峨眉山一条线，在经济发展和改革方面加快步伐，先行一步，以带动全省县域经济的发展。“一条线”战略的实施，有力地促进了沿线县域经济的发展。战略实施的当年，“一条线”上的11个县（市、区），工业增长率达33%，乡镇企业产值增长1倍以上，财政收入增长38%。“一条线”战略的提出，一方面是新中国成立以来四川工业“沿铁路干线重要节点实施点轴布局”这一产业布局特征的进一步延续；另一方面，区域发展战略的制定开始关注点、线空间要素与区域发展的关系，城镇节点和交通轴线对生产力布局和省域经济发展的影响开始受到应有的重视。然而，由于江油经成都至峨眉山铁路沿线的城镇多数规模较小、等级相近、经济实力较弱，且“一条线”的空间距离延伸较长，轴线等级不高，导致空间和时间成本不能有效缩短，城镇之间空间相互作用力较弱，经济活动难以沿线的延伸而形成地理空间上的集聚，也难以形成具有一定规模和强度的人员、物资、信息的线状流动。因此，“一条线”战略虽然使沿线城镇经济取得一定发展，但并未沿交通轴线形成较大规模的产业集聚。2000 年 4 月，四川省委、省政府废止了五项有关“一条线”战略的文件，标志着这一战略的终止。①

（2）两翼：攀西、川南地区。在发展“一条线”的同时，四川还提出了加快对攀西、川南两个地区的开发和建设②，以利用当地的资源优势，发展新兴工业城市，使攀西、川南成为四川的主要工业基地之一。“两翼”战略的提出，反映了四川立足资源优势培育工业基地、促进区域发展的战略思路的形成。“两翼”战略充分认识到了四川区域发展需要立足其特有的资源，才能在全国地域分工中形成自己的优势和特色。开发攀西、川南也成为以后四川区域发展战略的一项重要内容。但“两翼”战略在如何开发和利用川南、攀西资源方面缺乏具体、清晰的战略思路和明确的空间指向。一般而言，资源的开发是在一个地理域面上展开，但资源的加工利用又要以城镇节点和交通轴线为依托。“两翼”战略在空间要素的相互关系上缺乏深入的思考，从而影响其开发战略的具体实施，资源开发在空间上处于宽泛和相对无序状况。

3.“依托两市，发展两线，开发两翼，带动全省”的发展战略

1995 年，四川从实现全省经济协调发展的全局高度，提出了“依托两市，发展两线，开发两翼，带动全省”的发展战略。即依托成都、重庆两个中心城市，发展“江油－峨眉山”、“成都－重庆”沿线经济，开发攀西、川南两区，带动全省经济协调发展。

“依托两市，发展两线，开发两翼，带动全省”战略实质上是对改革开发以来四川区域发展战略的一次系统总结和全面梳理。战略的提出使具有全局性、总体性的全省区域发展战略得以形成，标志着四川区域发展的战略思路由单个考虑若干重点区域向整体谋划全局转变，开始注重全省经济的协调发展。与此同时，以中心城市带动区域发展的思路更加明晰，宝成、成渝两条生产力布局最为集中的发展轴线的作用得到进一步的重视，发展成渝经济带的思路也略见雏形。但如前所述，由于在此时期成渝两市尚处于空间集聚阶段，集聚远大于辐射，对周边腹地的带动作用不大；“江油－峨眉山”、“成都－重庆”两线空间距离过长、节点规模不大、轴线

---

① 2000 年 4 月，四川省委、省政府废止了《中共四川省委办公厅四川省人民政府办公厅关于印发〈“发展县经济，先抓一条线”座谈会纪要〉的通知》（川委办〔1992〕17 号）、《中共四川省委办公厅四川省人民政府办公厅转发〈关于搞好“一条线”金融工作的若干政策措施〉的通知》（川委办〔1992〕32 号）、《中共四川省委办公厅四川省人民政府办公厅关于新增“一条线”范围的通知》（川委办〔1993〕12 号）、《中共四川省委办公厅四川省人民政府办公厅关于转发省人民银行等部门继续扶持“一条线”发展的有关政策的通知》（川委办〔1995〕60 号）、《中共四川省委办公厅四川省人民政府办公厅关于适当扩大“一条线”重点县范围的通知》（川委办〔1996〕23 号）。

② 1992 年 10 月，中共四川省委、四川省人民政府决定建立攀西资源综合开发区。

等级不高，难以促进产业沿线形成大规模的集聚；川南、攀西资源开发空间指向宽泛。因此，“依托两市，发展两线，开发两翼，带动全省”战略实施成效并不明显，也使区域发展战略在注重区域整体协调的同时，在一定程度上弱化了重点区域，强化了均衡发展。

4.“一点、一圈、两片、三区”的发展战略

1997年3月重庆直辖，四川行政区划发生重大调整。全省位置西移，人口、资源和土地面积也有所减少，成都成为四川唯一的超大中心城市。针对全省行政区划范围调整以及由此带来的省域经济活动空间的变化。1997年9月，四川制定了《四川省国民经济跨世纪发展战略》，对原有的区域发展战略进行了调整，提出“依托一点，构建一圈，开发两片，扶持三区”的区域发展战略思路。即以成都为中心，推动德阳、绵阳、乐山等城市的快速发展，逐步建成一个高速发展的成都平原经济圈，使之成为全省经济增长的骨干力量；加快攀西、川南资源开发，使其成为四川重要的农产品生产基地和工业基地，增强全省发展后劲；扶持、加快丘陵地区、盆周山区和民族地区经济发展，促进区域经济协调发展。

“一点、一圈、两片、三区”战略是在重庆直辖的背景下，对“依托两市，发展两线，开发两翼，带动全省”战略的一次修正。成都引导和带动全省经济社会发展的核心地位得到进一步确立。成都平原经济圈的提出，一方面反映了自然地理条件对区域发展的积极作用开始引起关注，成都平原这一四川省经济社会发展最有利的空间地域受到重视；另一方面，区域发展战略的制定，开始考虑中心城市对区域经济活动的组织功能以及城镇的集聚规模与发展水平，以城市群为空间载体培育区域增长极的思路初露端倪。

在实施西部大开发战略的背景下，四川对区域发展战略进行了局部调整，在强调省域内各地区应因地制宜、发挥优势、突出重点、发展特色经济的同时，提出通过加快成都平原和攀西两个重点地区的发展，带动丘陵地区、盆周山区和民族地区经济，实现全省区域经济协调发展。

5.规划五大经济区、培育四大城市群

2006年制定的《四川省国民经济与社会发展第十一个五年规划纲要》，在开展充分前期研究、总结改革开放以来四川区域发展战略演变的历史经验基础上，提出了发展成都、川南、攀西、川东北、川西北五大经济区，重点发展成都平原、川南、攀西、川东北四个城市群的区域发展战略。根据资源条件、地理区位和发展潜力，明确了五大经济区各自的功能定位、产业和城市的引导方向。

五大经济区的划分通过分类指导，进一步明确了各自区域的发展定位，体现了经济布局、人口分布、资源环境三位一体的空间均衡原则和区域协调发展的思想。四大城市群的提出，重视了城镇集聚与区域发展的关系，突出了中大城市区域发展的核心作用，非均衡的空间集中发展战略思路更加明晰和理性。

6.加快“一极一轴一区块”建设，推进成渝经济区发展

2009年，在成渝经济区上升到国家发展战略的背景下，为加快建设西部经济发

展高地，主动推进成渝经济区发展，四川省对成渝经济区四川部分建设提出了“一极一轴一区块”的总体区域发展格局：“一极”，即成都都市圈增长极；“一轴”，即成渝通道发展轴；“一区块”，即环渝腹地区块。

（1）成都都市圈增长极。包括成都、德阳、绵阳、眉山、雅安全市，以及资阳市雁江区、乐至县、简阳市，遂宁市船山区、大英县、射洪县，乐山市市中区、沙湾区、五通桥区、峨眉山市、夹江县。其目标任务是：以建设大枢纽、构建大都市圈、推进大开放、促进大发展、实现大带动为主要任务，加快建设“两区、两枢纽、三中心、五基地”，即统筹城乡发展先行区、内陆开放示范区，西部综合交通主枢纽、西部通信枢纽，西部物流商贸中心、金融中心、科教中心，全国重要的高新技术产业基地、先进制造业基地、军民融合国防科研产业基地、现代服务业基地和现代农业基地，建成西部经济中心，成为引领西部发展的核心增长极。

（2）成渝通道发展轴。主要包括自贡、宜宾、南充全市，以及泸州市江阳区、纳溪区、龙马潭区、叙永县、古蔺县，内江市东兴区、资中县、威远县，乐山市犍为县、井研县、金口河区、马边县、峨边县、沐川县，遂宁市蓬溪县，广安市岳池县。涵盖长江上游沿江发展带、成内渝发展带、成遂南广渝发展带。以畅通交通物流网络、壮大特色优势产业、完善城镇体系建设为主要任务，充分发挥资源富集、工业基础雄厚、多中心城市群的优势，主动融入成渝两个增长极，变交通走廊为通道经济，变资源优势为经济优势，逐步改变成渝经济区“中部塌陷”窘境，重点建设成渝经济区长江上游沿江以及成内渝、成遂南广渝三大发展带，建成西部重要的商品集散地和经济走廊，成为四川省经济发展次高地。

（3）环渝腹地经济区块。主要包括达州全市，以及广安市广安区、武胜县、邻水县、华蓥市，泸州市合江县、泸县，资阳市安岳县，内江市隆昌县，遂宁市安居区。其目标任务是：以服务都市、承接转移、形成基地、借力发展为主要任务，全方位加强毗邻地区的通道连接，积极对接产业，发挥配套作用，建设川渝合作示范区，形成承接重庆都市圈辐射的配套产业集群，打造川渝经济合作的桥头堡。

“一极一轴一区块”建设将环渝腹地经济区块作为推进成渝经济区发展的三大重点区域，明确提出了服务都市、承接转移、形成基地、借力发展的主要任务，有利于与重庆实现基础设施对接、产业对接和社会发展对接，形成合力，发挥区域比较优势，促进成渝经济区又好又快发展。同时也有利于促进攀西经济区、民族地区和巴中、广元等革命老区加快发展，推动四川区域协调发展。

（二）四川区域发展战略演变的经验与启示

改革开放以来，四川逐步摆脱传统计划经济体制对省域经济发展的束缚，从最初考虑单个城市、区域的发展，到最终形成具有全局性、总体性的区域发展战略。这些不同时期提出的区域发展战略在当时都有特定的社会经济背景和条件，在一定程度上适应了四川区域发展不同阶段的特征。改革开放以来四川经济发展所取得的长足进步，与这一系列发展战略的实施是密不可分的。这一过程中积累的宝贵经验也值得认真总结。

1. 坚持非均衡协调发展

改革开放以来，四川区域发展战略始终是以非均衡发展为基本思路，在不同的发展时期确立不同的重点区域，从最初的成渝两市到“一线、两翼”，从“依托两市，发展两线，开发两翼”到“一点、一圈、两片、三区”，再到五大经济区、四大城市群，通过重点区域的发展，带动和促进全省经济的发展。这一战略思路既符合中国的国情，也充分体现了四川的省情。

空间集聚发展是工业化、城市化的一般规律。一国或省域经济的发展过程，并不是在其全部国土面积上呈平面状地均衡推进，多数产业仍是主要集聚在自然地理条件好、承载力大、城镇发展水平高的强势区域，成为支撑一国或区域经济发展和参加区域竞争、全球竞争的主体。四川省域内平原、丘陵、山区及高原地区的自然地理条件差异十分明显，工业化与城市化整体水平不高，各地经济发展水平极不平衡。因此，在未来的发展过程中，以主体功能区划为基础，实施空间集中化的非均衡协调发展，仍将是四川区域发展战略的基本立足点。

2. 突出全省最为有利的区域发展空间

在1997年提出的“依托一点，构建一圈，开发两片，扶持三区”的战略思路中，自然地理条件对区域发展的积极作用开始引起关注，成都平原这一四川省经济社会发展最为有利的空间地域受到重视。在此后的发展过程中，成都平原经济圈始终作为四川省经济发展的重点区域而受到高度关注。

事实上，对于任何一个国家和区域而言，平原都是最为宝贵的。因为大面积的平原最适合人类居住，最有利于大规模的产业集聚，也有利于形成深度分工的城市网络。四川辖区面积虽有48.5万平方公里，但平原面积（含缓丘平坝）仅3.7万平方公里，占全省面积的7.7%。平原面积中盆西平原达2万余平方公里，其中成都平原达到6350平方公里。因此，在未来的发展中，盆西平原应当作为四川最为重要的区域发展空间而被关注和重视。

3. 培育四大城市群

未来国际竞争的主体，既不是国家也不是企业，而是具有多种功能的大城市群或大城市圈。因为只有大城市群或大城市圈才有足够的产业集聚和经济规模参与全球性的竞争。党的十七大报告指出，要“以增强综合承载能力为重点，以特大城市为依托，形成辐射作用大的城市群，培育新的经济增长极”。

目前，四川仅有32个城市，以人口计算的城市密度低于东部和中部地区，城市数量明显偏少。但四川城市空间集中程度相对较高、空间聚合形态较好，形成了盆西平原、川南地区两大城镇密集区。四川“十一五”规划纲要明确提出，重点发展成都平原、川南、攀西、川东北四个城市群的区域发展战略。未来四川区域发展战略的总体思路应是以成都平原城市群为第一发展层级，川南城市群、攀西城市群、川东北城市群为第二发展层级，形成四大区域集聚发展的格局，成为四川以新型工业为代表的现代产业、人口和城镇的主要集聚地，不断提升其跨省域竞争和参与国际竞争的能力，并通过其强大的辐射和扩散影响力，带动和促进省域内其他区域发展，实现四川经济的跨越式发展。

4. 重视交通轴线与枢纽对省域经济发展的影响

近代以来，交通对四川工业布局产生着重要甚至是决定性的影响。便宜的内河航运条件使四川省近代工业沿长江干流和岷江、嘉陵江、沱江中下游的城镇布局。新中国成立后，铁路的新建使四川工业布局主要集中在宝成、成渝、成昆线上。20 世纪 90 年代以来高速公路的大规模建设，使四川工业布局向更加广阔的空间范围延伸。

改革开放以来，四川区域发展战略的制定逐步注意到沿交通轴线形成的物质、人口的空间流动及其对区域发展的影响。"一线"战略的提出，反映了区域发展战略的制定开始关注点、线空间要素与区域发展的关系，交通轴线对生产力布局和省域经济发展的影响开始受到重视。"依托两市，发展两线，开发两翼，带动全省"的发展战略，则进一步突出依托宝成－成昆、成渝铁路的"江油－峨眉山"、"成都－重庆"沿线经济的发展。从今后的趋势看，随着四川综合交通运输体系的基本形成，重大交通枢纽以及由此形成的物流系统可能是引导区域发展的又一决定性因素，大型航空港、铁路集装箱中心站、内河集装箱码头将对四川生产力布局产生重大影响，并在全省区域发展中占据特殊的战略地位。

（三）对四川区域发展战略的总结与反思

改革开放以来，四川坚持非均衡发展的战略思路，在不同的发展时期确立了相应的重点区域，以重点区域的发展，带动和促进整个四川经济的发展。这一战略思路既符合中国的国情，也充分体现了四川的省情。其在不同时期提出的区域发展战略在当时都有特定的社会经济背景和条件，在一定程度上适应了四川区域经济发展不同阶段的发展特征。改革开放以来，四川经济发展所取得的长足进步与这一系列发展战略的实施是密不可分的。与此同时，在四川区域经济发展战略的演变中也有一些问题值得反思和总结。

1. 区域发展重点不够突出，重点区域范围过于宽泛

在四川不同时期制定的区域发展战略中，成渝两市、成都平原地区、"江油－峨眉山"以及"成都－重庆"沿线、川南地区和攀西地区都曾作为重点区域加以培育开发，重点区域的范围涵盖了四川 1/3 以上的国土。重点区域太多，弱化了省域经济的空间集聚性，投资分散，降低了资源配置效率，难以实现重点区域的超常规发展。省域经济也因缺乏增长极的引领和带动，难以保持长期快速增长。另外，重点区域范围的界定实际上采用了按行政区划实施全覆盖的方法，使重点区域的空间范围过于宽泛，缺乏明确的空间指向性。例如，攀西地区从矿产资源的分布与开发利用来看，主要集中在沿安宁河谷及成昆铁路一线，自冕宁至攀枝花（还可延伸至云南的一部分），纵向约 300 公里、横向

50公里的范围。而攀西资源综合开发区的范围包括了攀枝花和凉山州的全部行政区域，面积达到6.75万平方公里，资源开发缺乏明确的空间指向和规划引导。

空间集聚发展是工业化、城镇化的一般规律。一国或省域经济的发展过程，并不是在其全部国土面积上呈平面状地均衡推进，多数产业仍是主要集聚在自然地理条件好、承载力大、城镇发展水平高的强势区域，成为支撑一国或区域经济发展和参加区域竞争、全球竞争的主体。现代产业的发展对资本、技术、信息、人才、交通物流以及市场的依赖性越来越强，使得那些区位条件优越、空间可达性强、基础设施好、城镇空间聚合程度高、城市功能较为完善、社会经济发展水平较高的区域，成为最能吸引产业集聚与人口集中的空间场所。因此，在未来的发展过程中，四川需要坚持空间集中化的非均衡发展战略思路，遵循经济活动的空间运行规律，充分考虑自然地理条件和资源承载能力，以城市地域为空间载体，进一步突出以成都平原为代表的重点发展区域，加快培养区域增长极核，带动和促进全省经济的全面协调发展。

2. 对交通轴线的等级质量以及点与线的关系认识不深

改革开放以来，四川区域发展战略的制定已经注意到沿交通轴线形成的物质、人口的空间流动及其对区域发展的影响。“一线”战略的提出，反映了区域发展战略的制定开始关注点、线空间要素与区域发展的关系，交通轴线对生产力布局和省域经济发展的影响开始受到重视。“依托两市，发展两线，开发两翼，带动全省”的发展战略，则进一步突出了依托宝成－成昆、成渝铁路的“江油－峨眉山”、“成都－重庆”沿线经济的发展。

然而四川区域发展战略的确定忽视了交通轴线的质量与等级，忽视了交通轴线上城市节点的规模与发展水平以及由城市规模决定的人流、物流、信息流的数量、密度与质量。“江油－峨眉山”、“成都－重庆”两线延伸的地域范围广、空间距离长，以常速轨道交通为载体，其运费成本和时间成本都很高，很难沿交通轴线形成大流量、高密度的人流、物流。尤其是“两线”上的大部分城镇节点规模过小、等级相近、分布较散、经济实力有限，其节点和中介作用难以发挥。因而由“两线”形成的发展轴线等级低，难以因产业沿线的延伸而集聚，从而导致“两线”战略收益甚微。事实上，除了成德绵一线之外，以四川“两线”上现有城市节点的集聚规模和发展水平，很难在近期内形成点轴式的发展带。

3. 忽视了城市在区域发展中的核心作用以及对区域经济的组织协调功能

现代区域发展史表明，具有发展活力与增长潜能的区域，大多是城市发展水平高、城市密度大、城市空间形态发育良好的城市地域。经过多年的重点培育，成都已经发展成为西部地区最具实力的中心城市，形成了相当的集聚规模和较强的城市综合功能，具备向更为广阔的经济腹地扩散辐射的潜能。虽然在“九五”规划中四川提出了“依托一点，构建一圈”战略思路，即以成都为中心，加快成都平原经济圈的建设，推动全省经济的快速增长，然而对成都平原经济圈的认识，仍然局限于一个经济区的地域概念上，而不是一个以成都为中心的城市群的空间组织形态，在如何依托成都带动和促进成都平原地区经济发展方面，缺乏更为具体可行的战略举措。因此，作为西部地区也是四川省域内最大中心城市的成都，尽管近年来处于不断迅速扩张的过程中，却始终没有与周边城镇和区域形成更为紧密的分工协作关系，经济一体化程度低。成都平原经济圈也因此缺乏内聚力和良好的增长机制。

川南地区的区域优势，不仅体现在其拥有丰富的煤、硫、磷资源和业已形成的食品、化工、机械、建材等产业基础，更为重要的是拥有一个空间形态发育较好的中等城市群落。因此，川南地区不仅仅是一个一般的经济区域概念，而且是一个高集聚性的多中心城市群概念。在四川区域发展战略中，对川南地区的发展尽管提出了利用资源优势、发展新兴工业城市的战略思路，但由于对川南地区高集聚性城市群这一区域空间特征缺乏足够的认识，因而忽视了川南城市群体优势以及区域自组织机制的培育，在提高城市的集聚规模、强化城市群体之间的空间可达性、促进城市群体的分工协作与互补性等方面缺乏具体的战略构想，从而使得川南地区的城市整体优势未能得到充分发挥，城市扩张缓慢，空间集聚与规模效率低，相邻城市缺乏分工协作，各个城市呈分散化发展，产业结构趋同，区域经济活动的内聚力不强，区域整体竞争能力弱。

产生这一问题的根本原因在于：

（1）没有充分认识到现代城市的集聚经济效应与增长潜能。城市是以工业为代表的现代产业的集中地，也是社会物质财富主要的创造地和聚集地。城市所拥有的完善的基础设施和便利的交通条件、高集聚与高效率，使其成为机器大工业和第三产业最为理想的聚集地。因此，区域中的城市地域最具经济活力和增长潜能，资源配置效率高。作为非均衡发展的重点区域首先应该选择具有一定集聚规模的城市，选择城市密度大、产业与人口较为集中的区域。

（2）忽视了以城市为核心的区域自组织机制的培育。现代区域都是以一定的城市为中心组成的功能区。城市的中心作用体现在它对区域内各种社会经济活动具有一定的组织和管理功能。城市通过其强大的集聚功能，将区域内的人口、产业、资本、技术等要素吸聚到城市，同时又通过其扩散功能对周边乡村区域形成强烈的辐射，带动和促进周边区域经济的发展。无论是独具时代特色的中小城市，还是有着传统优势产业的小城镇，或是具有资源优势的区域，都需要依托中心城市或城市群落发展，交通、市场、人力资源、资金等多方面的发展要素，都离不开大城市和城市群落的向心力作用。因此，城市具有组织其所在区域经济活动的功能。区域也正是通过中心城市与周边城镇之间的集聚与扩散两种空间活动，完成经济运行的自组织。离开了城市，区域将缺乏一定的空间形态和内聚性，区域经济活动形似一盘散沙，自我发展能力弱。所以，重点区域的培育和发展，关键是以城市为中心的区域自组织机制的培育。

（四）四川区域发展战略展望

推进新型工业化、新型城镇化是我国现代化进程中一项艰巨的历史任务，也是当前四川省域经济发展面临的一个重大课题。城市地域是产业空间集聚与人口集中的理想空间地域。经济全球化和区域一体化使国家之间、区域之间的分工、交流、合作、竞争诸关系日益强化，未来国际竞争的主体既不是国家也不是企业，而是具有多种功能的大城市群或大城市圈。因为只有大城市群或大城市圈才有足够的产业集聚和经济规模参与全球性的竞争。党的十七大报告明确提出，要“遵循市场经济规律，突破行政区划界限，形成若干带动力强、联系紧密的经济圈和经济带”。“以增强综合承载能力为重点，以特大城市为依托，形成辐射作用大的城市群，培育新的经济增长极。”

四川地处西部内陆地区，区域内平原、丘陵、山区及高原地区的自然条件差异十分明显，各地经济发展水平极不平衡。四川产业空间集聚与城镇区域集聚在成都以及成都平原的成德绵地区、川南地区表现得尤为突出，从而使上述地域成为四川最为重要的产业与城市密集区。因此，未来四川区域发展战略的总体思路是：以新型工业化、新型城镇化为导向，实施空间集中化发展战略。集中发展省域内区位条件优越、空间可达性强、产业集聚程度高、城市规模较大、城市空间组织形态发育较好的区域；充分发挥中心城市和城市群体在省域经济发展中的核心作用，增强城市要素的集聚和辐射功能，加快培育城市群，促进重点区域向城市圈、城市带、城市群的空间模式发展，培育和强化区域经济的自组织机制，推进重点区域的空间一体化和城乡一体化发展。

未来十年内，四川区域发展战略的总体思路应是集中发展“四群、一带”，即集中发展成都平原城市群、川南城市群、川东北城市群、攀西城市群以及沿江经济带。以成都平原城市群为第一发展层级，川南城市群、川东北城市群、攀西城市群、沿江经济带为第二发展层级，形成“四群、一带”集聚发展的格局，成为四川以新型工业为代表的现代产业、人口和城镇的主要集聚地。在四大城市群和沿江经济带内，形成 8 ~ 10 个大和特大城市，培育和延伸产业链和产业群，使占全省辖区面积约 20% 的四大城市群和沿江经济带经济总量达到全省的 85% 以上，成为全国最具经济活力和发展实力的大都市群体，具备跨省域竞争和参与国际竞争的能力，并通过其强大的辐射和扩散影响力，带动和促进省域内其他区域发展，实现四川经济的跨越式发展。

参考文献

戴宾：《四川区域经济发展战略的新思路》，《经济学家》2004 年第 1 期。

戴宾：《改革开放以来四川区域发展战略的回顾与思考》，《经济体制改革》2009 年第 1 期。

刘清泉、高宇天：《四川经济地理》，四川

科学出版社，1985。

戴宾：《四川省“十二五”城市群及城镇发展战略研究》，西南交通大学区域经济与城市管理研究中心，2010。

黄炳康、傅绶宁：《四川省经济区划》，四川科学出版社，1989。

刘清泉：《四川省经济地理》，新华出版社，1993。

吴传钧：《中国经济地理》，科学出版社，1998。

黄炳康：《行政区划调整后的四川省经济区划》，《国土经济》1999 年第 1 期。

崔新桓：《2001 年四川经济展望》，四川人民出版社，2000。

漆先望：《合理调整经济区划制定区域发展战略》，《四川发展》2009 年第 5 期。

《四川省国民经济和社会发展“九五”计划和 2010 年远景目标纲要》，四川省计划委员会，1999。

《四川省国民经济和社会发展第十个五年计划纲要》，四川省发展和改革委员会，2000。

《四川省国民经济和社会发展第十一个五年规划纲要》，四川省发展和改革委员会，2005。

《四川省国民经济和社会发展第十二个五年规划纲要》，四川省发展和改革委员会，2010。

《关于加快“一极一轴一区块”建设推进成渝经济区发展的指导意见》川府发 [2009]37 号，四川省人民政府办公厅，2009。

《成渝经济区发展规划》，国家发展和改革委员会，2010。

第15章 四川城市与城镇化发展*

城市是地理变迁的重要成果，在世界银行《2009年世界发展报告：重塑世界经济地理》的分析框架中，城市居于中心地位，该分析框架的三个要素，密度、距离、分割，均与城市密切相关。集中和密度不断提高的过程，就是城市化不断发展的进程；距离和分割不断缩短不断消减的过程，就是城市群和一体化不断发展的进程；城市发展的非均衡性是不可违背的自然规律和经济规律，因为并非所有地方都适合经济集中和城市发展，要受自然地理资源环境制约，但流动、协作、一体化以及政府特殊干预政策的种种努力，可以促使先进地区加快发展与落后地区缩小差距共享发展“并行不悖”。世行报告揭示的这一规律，正是四川城市地理变迁的逻辑进程。

四川是我国城市发展最早，城镇密度较高的大省，长江干流和支流覆盖四川全省，特别是四川盆地，地势平坦，气候温和，为沿江建设城市、聚集人口和生产要素提供了优越条件。改革开放以来，四川城镇化发展迅速，城市化率和城市发展质量不断提升，大城市、城市新区和城市群的发展尤其突出，初步形成重点地区率先发展与落后地区追赶发展的三个梯队和“一核四群五带”的格局。四川城镇化率低于全国和东部，但人口流动性突出，为东部的城镇化发展作出了贡献，并促进了四川与东部距离的缩短。发展不足和发展不平衡是四川城镇发展面临的两大挑战，2012年四川城镇化率41.83%，比全国低10个百分点，但增长速度加快，近11年增速高于全国1个百分点，聚集指数和城镇化率均处于快速发展的中期阶段。进一步促进聚集和城市化发展，努力实现协调发展、共享发展和“并行不悖”的发展，是四川未来相当长时期的任务。本章分析四川城镇化发展进程、发展水平、城镇布局和四大城市群，并总结四川城镇化实践经验，探讨未来发展方向。

一　城镇化进程与城镇化水平

（一）四川城镇化发展阶段

四川城镇的发展历史悠久，特别是成都和重庆，考古发现，富饶的成都平原是我国最早建设城市的地区，雄踞长江港口的重庆是整个西南赖以进出的通道。得益于优越的自然条件和都江堰工程，四川盆地农业、手工业、商业、对外贸易十分发达，是我国第一张纸币“交子”的诞生地，南丝绸之路的起点，享有“天府之国”、“扬一益二”之美誉，丝绸、茶叶、食盐、漆器等等造就了成都、重庆、南充、自贡等许多城市的繁荣。近代以来，重庆被迫开埠，抗战期间大量工厂内迁，以及重庆作为陪都等机遇，使得现代工业迅速发展，重庆、成都、泸州、宜宾等许多城市快速发展。新中国成立后，经过“一五”、“二五”、“三线建设”及成渝铁路、宝成铁路、川黔铁路、成昆铁路、襄渝铁路等

* 本章作者：刘世庆，四川省社会科学院西部大开发研究中心秘书长，研究员；林彬，四川省社会科学院综合研究室主任，副研究员；郭时君，四川省社会科学院区域经济学硕士；林睿，中国社会科学院博士研究生。

交通发展，又崛起一批新兴工业城市如绵阳、德阳、攀枝花和江油、华蓥、万源、金口河等县级市。改革开放以后，特别是西部大开发以来，四川城市发展在转型中探索，历经“市带县”、“中心城市计划单列”、老工业基地改造、西部高地建设、“两化”互动和城乡统筹等改革探索，以及现代交通和便捷通道建设，又有一批县级市，如崇州、彭州、邛崃、广汉、什邡、绵竹、都江堰、峨眉山市成长起来；一批城市发展为地级市，如遂宁、广安、资阳、眉山、巴中、广元等，基本形成了现代城市体系，进入城市化中期阶段。

新中国成立以来，四川城市化进程可划分为五个阶段。

1. 1950 ～ 1964 年，“一五”、“二五”、“三年调整”时期

这一时期，国家在全国开始实行计划经济体制，进行农业、资本主义工商业和手工业的社会主义“三大改造”，实施第一个五年计划，1958 年又提出总路线，作出“大跃进”和建立人民公社的决定。后因“大跃进”和人民公社失误，全国发生饥馑，又进行了以“调整、改造、充实、提高”八字方针为内容的三年调整。

这一时期，四川城镇发展出现两个新的变化，一个是积极的变化，一个是消极的变化。

积极的变化是，对原有城镇大力进行现代工业、“五小”工业和交通、水利、电力等基础设施建设。根据国家“一五”规划，前苏联援建中国的 156 项重点工程中，分布在四川的有：重庆发电厂、国营锦江电机厂（今成都中电锦江信息产业有限公司）、国营新兴仪器厂（今成都航天通信设备有限责任公司）、西南无线电器材厂（今成都宏明电子股份有限公司）、成都发电厂（今国电成都热电厂）、重庆肉类联合加工厂（今重庆大正肉类食品有限公司）、国营红光电子管厂、国营国光电子管厂（今成都国光电气股份有限公司）、国营成都电机厂（今成都微精电机股份公司）、国营长虹机器厂（今四川长虹电子集团公司）、国营涪江机器厂（今四川九洲电器集团有限责任公司）、狮子滩电站、成都峨眉机械厂（今中航工业成都飞机工业（集团）有限责任公司）。与此同时，在全省重要城市进行了企业的技术改造，在重要县城建设了小纺织厂、小丝厂、小农机厂、小糖厂、小煤矿等“五小”企业，为四川城镇发展奠定了工业基础。1952 年，新中国成立后第一条铁路成渝铁路建成通车，随后宝成铁路相继开通，公路建设积极展开，城镇间的距离缩短，经济密度和经济总量有了大的提高。

消极的变化是，由于实行计划经济体制，过分强调“变消费性城市为生产城市”，重视城市的工业基地功能，而忽视了城市的商贸、流通、交通、服务等功能，原来还比较繁荣的第三产业相对衰减，加之实行城乡分割的体制和限制私有经济的发展，城乡间的贸易陷于中断，城市变成封闭的行政单位，发展受到相当大的影响。解放初期重庆万船云集，城乡贸易旺盛，三大改造后，农村船只禁止进城，贸易一落千丈，重庆不得不自建农副产品供应基地。

从城镇化率来看，1949 年四川只有成都、自贡两个设市的城市和 280 个建

制镇①，市镇人口为246.0万人②，城镇化水平为8.3%；到1957年底，全省有设市城市11个，建制镇380个，全省户籍总人口为5088.8万人，非农业人口达到568万人，城镇化率达11.16%。③

在“二五”的“大跃进”时期，由于全民大炼钢铁，大量农村人口爆发式涌入城市，到1960年，四川城镇化率跃升至12.7%，城镇化水平大幅度提升（见图15-1）。

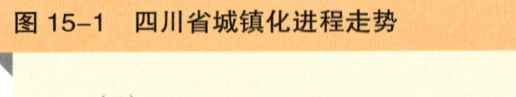

图 15-1 四川省城镇化进程走势

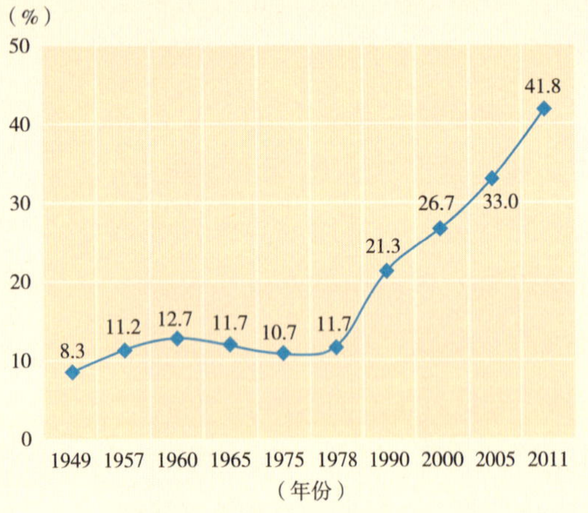

然而，由于“大跃进”的失误，国民经济面临严重的困难。1960年冬，党中央决定对国民经济实行“调整、巩固、充实、提高”的方针。从1961年起，实行工业企业的关停并转，精简职工和城镇人口，把1958年以后来自农村的新职工退回农村④，到1965年，四川城镇化水平回落到11.7%。

2. 1964～1978年，“三线建设”和“文化大革命”时期

“三线建设”是四川城市发展最重要的时期之一。“三线建设”是国家在西部的重大布局，大规模工业建设和基础设施建设，使四川城市得到壮大发展，但城镇化率反而有所下降。四川的“三线建设”以攀枝花钢铁工业和重庆、成都等地的军工企业、机械装备工业以及成昆、川黔、襄渝三条铁路干线为建设重点，涉及冶金、煤炭、电力、石油、机械、农机、化工、轻工、建工、建材、邮电、铁道、交通、地质、高教、卫生、广播、科研、银行等各个部门，从基础工业到加工工业，从尖端到一般，从重工到轻工，从文卫到商

① 1949年四川省辖成都、自贡2市，成都、华阳等141县，及北碚管理局，当时重庆市为中央直辖市。1950年，未设四川省，设立的是川东、川西、川南、川北4个人民行政公署，均由西南军政委员会领导。1952年，成立四川省人民政府，撤销4个行政公署及西康省，重庆改为省辖市。1997年重庆直辖，本文的四川城镇化率不包括今重庆地区。

② 新中国成立以来，我国城镇人口的统计口径一共变动了5次：1955年，第一个城乡划分标准，城镇人口包括设有建制的市和镇辖区的总人口（非农业人口和农业人口）以及城镇型居民区的人口；1963年，城市人口的统计口径为市区和郊区的非农业人口，不再包括农业人口；1982年，重新采用了1955年规定的标准，以市、镇辖区的总人口为城镇人口；1990年，规定城镇人口由市人口和镇人口两部分组成，并调整过去的数据；1999年，国家统计局制定《关于统计上划分城乡的规定（试行）》，以人口密度和市、区、镇行政区域内人口为划分标准，对城镇人口统计口径才有了严格的规定，一直沿用至今。

③ 关于城镇化率的计算方法，常见的有两种：一是城市市区非农业人口总数占地区人口总数（户籍人口）的比重；二是城镇人口总数包括农业人口和非农业人口占人口总数（常住人口）的比重。由于城镇人口统计口径多次变动，为方便比较，本文对2000年以前的城镇化率采用第一种算法粗略计算，对2000年以后的城镇化率采用第二种计算方法规范计算。

④《“调整、巩固、充实、提高”八字方针和三年调整》，新华社，www.people.com.cn，2001年6月26日电。

储，部门齐全。① 据统计，从 1964 年到 1980 年的 17 年间，“三线建设”累计投资约 2000 亿元，建成大中型骨干企业和科研单位近 2000 个。②

四川省（包括重庆）是“三线建设”的重点。据统计，到 1985 年四川通过新建、改建、扩建和迁建，共建成企业事业单位 350 个，其中大中型企业 248 个，占四川省 587 个大中型企业的 42.2%。在四川省工业固定资产原值中，“三线建设”时期形成的部分占 40% 以上。“三线建设”展开了四川的生产力布局，使现代工业和交通建设以及现代工业文明从四川盆地拓展到荒山野岭等不毛之地。“三线建设”使四川发展成为中国重要的战略后方基地，航空航天工业、核工业、电子信息工业、重型装备制造业等高新技术产业快速起步，带动了全省工业和整个国民经济的发展，经济实力大大增强。1979 年与 1965 年相比，工业固定资产增加约 4 倍，工业产值增加 3 倍，钢产量增加 4.86 倍，煤产量增加 2.38 倍，发电量增加 5 倍，境内铁路通车里程增加 2.1 倍，公路通车里程增加 1 倍，机械工业切削机床达 16 万台，居全国第四位。③ “三线建设”使四川的老工业城市重庆、成都、自贡等迅速壮大，新工业城市绵阳、德阳、攀枝花等迅速崛起，一批小城市，如江油、华蓥、万源、金口河等也围绕工业布局发展起来。但由于“三线建设”是在“文化大革命”中进行的，城市知识分子上山下乡，城镇人口不增反减，到 1975 年，四川城镇化率仅为 10.7%，比 1965 年还低 1%。至改革开放的 1978 年，四川建制城市只有 12 个，建制镇 310 个，全省城镇人口 557.6 万人，城镇化率 11.7%。

3. 1978 ～ 1990 年，城乡体制改革和建制调整时期

1978 年后的改革开放，使四川城市发生了翻天覆地的变化，突出表现在三个方面：

第一，在全国首先进行大城市综合改革试点，创造计划单列模式。四川是我国城市改革最早的地区。1978 年，四川就开始了农村改革和城市企业扩大企业自主权改革。1979 年，中央财经委派工作组到各地调查，到四川调查的刘明夫同志与四川社科院的专家林凌、赵国良等根据当时城市存在的封闭和分割的体制障碍，提出城市经济中心论等观点，得到省委领导的赞同。1983 年，国务院总理批准蒋一苇和林凌的建议，在重庆进行中心城市综合改革试点，创造了计划单列模式，并在武汉、沈阳及全国大城市推广。与此同时，又把紧邻重庆的永川专区划归重庆领导，扩大城市范围，开始实行“市管县”体制。为了发挥城市经济中心的作用，国务院又在全国若干地区进行了“地改市”和“县改市”的建制调整。这一时期，四川城市改革发展特别活跃，在全国享有盛名。到 1992 年底，四川建制城市增加到 25 个，既有因“三线建设”要素聚集

① 樊丙庚：《四川“三线建设”》，《城市规划》1988 年第 6 期。
② 孙晓筠等：《甘肃重庆贵州“三线人”生存现状大调查》，腾讯网深度报道，2007 年 9 月 25 日。
③《四川：老“三线”跃升新“三线”》，《第一财经日报》2009 年 11 月 23 日。

而形成的，也有因发展商品经济扩张起来的，还有因闻名中外的旅游胜地而升格的。这些中小城市的兴起，带动了周边区域经济蓬勃发展，城镇化水平也有了较快提高。

第二，农村改革和小城镇建设热火朝天。四川是农村改革的发源地之一，1978年，党的十一届三中全会召开，四川在农村体制改革中率先探索，知青返城，城乡集贸市场开禁，乡镇企业异军突起，城镇化发展结束徘徊不前的局面，各种卫星城和小城镇快速发展起来。四川城镇化水平1990年达到21.3%，比1978年的11.7%增长9.6%，12年翻了近一番。城市数量和城镇化水平显著提升，除了改革开放带来的经济发展成为重要推力之外，与建制调整也有紧密关系。

第三，“三线”企业调整搬迁对四川城镇发展的影响甚大。从1984年到2005年，四川共完成国家规划安排的关停、迁建、转产等企业调整项目201项，对四川的经济布局和城镇发展带来两个方面的影响。迁入地城市发展加快，迁出地逐渐萧条。成都是迁入区，“三线”调整中，中国核动力研究设计院、中航工业成都飞机设计研究所等大批科研机构迁入成都，成都的经济实力特别是科研实力又获得一次大提升；大批工厂迁入成都龙泉驿区，带动了这一地区的快速发展。达州是迁出区，整整两个航天基地、几十个军工企业和科研机构迁到了成都，对达州的城市发展带来重大的负面影响。

4. 1990 ~ 2000年，“民工潮”和重庆直辖时期

进入20世纪90年代以后，中国社会主义市场经济体制的基本框架已经确立，城镇作为区域经济社会发展的中心地位和作用得到前所未有的认识和重视。除大中小建制城市外，小城镇建设在全国各地兴起。1992年四川实行小城镇建设试点之后，小城镇数量激增。这一时期，市镇人口平均每年递增4.69%，城镇化水平从1990年的21.3%上升到26.7%，以年均0.54个百分点的速度缓慢增长。与此同时“民工潮”开始涌现，四川大量人口流向东部。20世纪90年代四川输出的农民工，每年超过700万人，是全国农民工输出的主要省份之一。人口流动支持了东部的工业化和城镇化建设，为东部发展做出了贡献。这一时期东部城镇化率迅速提高，四川与全国城镇化水平差距明显拉大。

这一时期四川还发生了重大的行政区划变动：1997年重庆成为直辖市，改变了四川省域经济和城市群的“双核”结构，四川的区域发展战略也因此从“两点、两线、两翼”，调整为“一点、一圈、两片、三区”。但要指出的是，虽然重庆在行政区划分上不再属于四川，但重庆作为引领四川城市发展的“一极”，其核心地位没有改变。四川在制定成渝经济区四川部分——“一极一轴一区块”规划时特别强调，毗邻重庆的环渝地区，即“一区块”，要围绕重庆发展，接受重庆辐射。

5. 2000年至今，西部大开发和统筹城乡发展时期

西部大开发以来，国家战略重点向西推进，大规模基础设施和重大项目开工建设，资金投入、税收政策和财政转移支付等向西部倾斜，四川经济社会得到快速发展，城镇化进程也取得长足进步。西部大

开发以来是四川城市发展和城镇化率提高最快的时期，突出表现在四个方面：

第一，西部大开发作为国家战略，推动四川城镇快速发展，特别是中心城市成都的快速发展。天府新区的建设进一步加快了成都现代化和国际化大都会建设的进程。2011 年，成都常住人口已达 1400 万，城镇化率为 67%，GDP 达到 6950.58 亿元，为全省的 33.06%，财政收入达到 680.69 亿元，为全省的 45.64%，进出口贸易达 379.06 亿美元，为全省的 79.33%，产业结构调整加速，电子信息、汽车工业、生物医药、新能源、新材料、航空航天以及节能环保等高新技术产业和金融、物流外包等现代服务业在成都高度聚集。成都已成为全国投资环境最好的城市之一，全球 500 强企业已有 233 家落户成都，中国西部综合交通枢纽地位正在形成，2012 年，双流国际机场旅客吞吐量 3159 万人次，货邮吞吐量 50 万吨，均居全国第五，是仅次于北京、上海、广州的全国航空“第四城”，60 余条国际航线已经开通，全国全球性会展在成都频繁举行，特别是 2013 年全球财富论坛选在成都，大大提高了成都的国际地位和知名度。成都市政建设正在向城市轨道交通提升，不久将实现市内外交通的无缝对接。西部大开发带来的大项目、新项目建设，也促进了许多区域中心城市的发展，自贡、乐山已成为四川第三、第四个国家级高新技术开发区；西昌市因钒钛和水电开发，城市规模扩大，城市建设日新月异；广安市作为小平故里和成渝经济区川渝合作接壤试验区，已日趋繁荣。

第二，中国经济发展新阶段和东部产业转移，推动四川城镇快速发展。进入新世纪特别是 2003 年以来，中国经济发展呈现的一个显著的特点是重化工业增长加速，重型结构的四川工业获得难得的大发展机遇。东方电气集团、第二重型机械、东方锅炉等重型装备制造业出现迅猛增长，并带动众多中小配套企业发展，围绕骨干企业形成企业集群，这是四川难得见到的现象。另一个显著现象是东部产业向中西部转移。这一时期因东部成本上升和中西部条件的改善，许多东部企业和跨国公司纷纷西进，四川在承接产业转移中城市得到快速发展。

第三，国防科技工业改革转型，推动四川城镇快速发展。国防科技工业是四川城镇发展的重要力量和宝贵财富。四川城镇发展在“三线”企业调整搬迁转型中继续受益。重庆因“三线”企业改革转型，培育起以军工企业为主体的支柱产业（汽车、摩托车产业）；2009 年，“三线”企业转型而来的长安汽车公司销售收入占到重庆市 GDP 总值的 13.16%，对重庆经济和城市发展发挥了重要作用。绵阳长虹电视集团公司对绵阳市的发展同样发挥了十分重要的作用，相当长一段时期里，贡献了全市税收收入的 40%，绵阳市平均每年 2/5 以上的财政收入来自长虹[①]。成都市龙泉驿区因集中承接“三线”军工企业迁入，以及近几年东部产业转移，迅速成长为工业重镇。许多“三线”企业走出困境，

① 张静：《企业与城市的齿与唇 长虹与绵阳的唇亡齿寒》，《新民周刊》2005 年 1 月 19 日。

成为龙泉驿的经济支柱，汽车产业更是从无到有发展壮大，产值已突破千亿，一汽大众、一汽丰田、大运汽车、吉利高原等国内外优秀企业云集龙泉驿，推动龙泉驿城市发展进入高增长时期。

第四，两化互动城乡统筹的改革探索，推动四川城镇快速发展。成都早在2003年开始探索统筹城乡发展之路，在全市实施了以推进城乡一体化为核心、以规范化服务型政府建设和基层民主政治建设为保障的城乡统筹、“四位一体”科学发展总体战略，实施了一系列重大改革；2007年国务院正式批准成都为“全国统筹城乡综合配套改革试验区”，成为国家战略层面上设立的以城乡统筹为重点的综合配套改革试验区。四川省则以国家批准成都市设立全国统筹城乡综合配套改革试验区为契机，全力推进成都统筹城乡综合配套改革；同时分别在经济条件较好、中等和较差的平原、丘陵、山区选择了德阳、自贡、广元3市为省级试点，其余市（州）选择了20个县（市、区）开展市级试点，探索不同地区、不同层次的统筹城乡发展途径。全省特别是成都市的统筹城乡综合配套改革试验扎实推进，成效十分显著。2011年，全省城市建成区面积达1788平方公里，是1949年的28.64倍；城镇化率已达到41.83%，比2000年提高15.13个百分点，城镇人口从2201万人增长到3367万人，城镇化率以年均1.38个百分点的速度提升，城镇人口增势强劲，城镇化进入快速增长时期。成都市统筹城乡试点取得重大突破，土地确权颁证经验在全国推广，实现了城乡全方位一体化（见表15-1）。

表15-1反映了西部大开发以来四川城镇化发展态势。该表显示：四川城镇化进入高速发展阶段，增速超过全国平均水平，2000～2011年四川城镇化率年均增速为4.2%，高于同期全国年均城镇化率1个百分点。与此同时，城乡差距和区域差距也在不断缩小，2011年全国城乡居民收入比为3.13∶1，而成都市为2.42∶1，在全国名列前茅。

表15-1　四川常住人口和城镇化水平（2000～2011年）（单位：万人，%）

年　份	常住人口	城镇人口	乡村人口	城镇化率
2000	8235	2201	6034	26.7
2005	8212	2710	5502	33.0
2006	8169	2802	5367	34.3
2007	8127	2893	5234	35.6
2008	8138	3044	5094	37.4
2009	8185	3168	5017	38.7
2010	8045	3232	1813	40.2
2011	8050	3367	4683	41.8

资料来源：根据2001～2012年中国统计年鉴相关数据整理。

（二）四川城镇化发展特点

四川城镇化的发展特点受其形成基础的影响，突出表现为沿江沿路布局、盆地城镇密集、向大城市和城市群集中、成都和重庆为两极、人口流动性强、三个梯队、地域差异大、城乡统筹好以及一核四群五带分布等特点，本节重点考察其中 7 个方面，其他方面在稍后各节有详细分析。

1. 沿江沿路布局

四川城镇发展的突出特点是沿江布局。水是人类生存繁衍的必需条件，是人们生活和工农业生产不可替代的重要资源，是生态环境中最活跃、影响最广泛的因素，因此，沿江临海历来是人类活动和生产集聚的地方。水还为人类发展提供了便捷交通，特别是在没有铁路的长期历史发展中，水路是区域间最重要的交通通道，由此形成十分繁华的港口城市。四川的城镇就是在长江及其支流嘉陵江、岷江、沱江、涪江、渠江、乌江、赤水河等江河两岸发展起来的。其中，沿长江干流的有重庆、万州、涪陵、江津、泸州、宜宾；嘉陵江流域有广元、阆中、南充；岷江流域有成都、都江堰、眉山、乐山；沱江流域有资阳、内江、自贡、泸州；涪江流域有绵阳、江油、遂宁；渠江流域有达州、广安。

新中国成立后，国家建成了第一条铁路——成渝铁路，实现了四川人民期盼 40 年的愿望，成渝铁路成为联系四川两大核心城市成都与重庆及其所辐射的川西和川东地区的重要交通干线。宝成铁路、成昆铁路、襄渝铁路、成达铁路、遂渝铁路、广元经巴中到达州的铁路的建成，成渝高速、遂渝高速、成广高速、成乐高速、成雅高速、成自高速、成南高速、绵遂高速、雅西高速等高速公路的兴起，缩短了城市间的距离，大大改善了单纯水运局限，打破了川西南、川东北的地理障碍，一批老城市迅速壮大，一批新城市得到快速发展。盆地内交通密集，中心与边远地区，如攀枝花、西昌、广元、巴中、康定、马尔康以及川西北的旅游胜地，如九寨沟、若尔盖等都有铁路、高速公路和飞机通达，使得这些城市和地区发展很快（见图 15-2）。

2. 盆地城镇密集

四川四周为高山大川，中间为盆地。川西北地区位于青藏高原南缘，海拔 4000 ~ 5000 米，人口仅占四川总人口的 8%，年平均气温为 9℃左右 ①，是一个不宜开发和不能开发的地区，但由于生态环境保护和建设，对全省和全国都十分重要。盆地海拔为 400 ~ 500 米，降雨量年平均 1000 毫米左右，年平均气温为 17℃左右 ②。多数河流是南北流向，纵贯盆地流入长江，水资源十分丰富，盆地面积如扣除盆周山区，不足全省的 40%，而人口却占全省的 90%，正因为如此，四川的人口和城镇必然要向盆地聚集，财富创造必然以盆地为首。2011 年，盆地聚集的城镇占全省的 93.3%，城市密度为 10 个 / 千平方公里，创造的财富占全省的 93.7%。四川以山高路险闻名，但盆地是一块难得的发

① 马尔康县和康定县年平均气温仅为 9.2℃和 8.1℃，参见本书第 2 章。
② 参见本书第 2 章。

展条件优越的宝地，至今仍被称为“天府之国”，并不夸张（见图 15-2）。

3. 向大城市和城市群集中

四川城镇发展的另一个特点是向大城市集中，特别是向成都及成都平原城市群集中。新中国成立之初，成都人口为 500 万人，城市面积为 18 平方公里，到 2011 年，中心城区建成区已超过 400 平方公里，常住人口达到 1407.1 万人，城市人口以每年 0.95% 的速度递增，城市土地面积扩大 22 倍，人口密度高达 1173 人 / 平方公里。成都以占全省 2.47% 的面积、17% 的人口，创造了全省 1/3 的 GDP。天府新区建成，成都将再增加 500 万人左右，成为拥有 2000 万人的特大中心城市，人口密度将上升到每平方公里近 1500 人。成都平原城市群包括绵阳、德阳、眉山、资阳、乐山、遂宁、雅安 8 个市，面积为全省的 17.73%、人口为全省的 45.83%，所创造的 GDP 却达到全省的 60%。成都是省会

图 15-2a　四川城市分布特征：城市向盆地沿江沿路集中并与经济密集程度一致（人口密度）

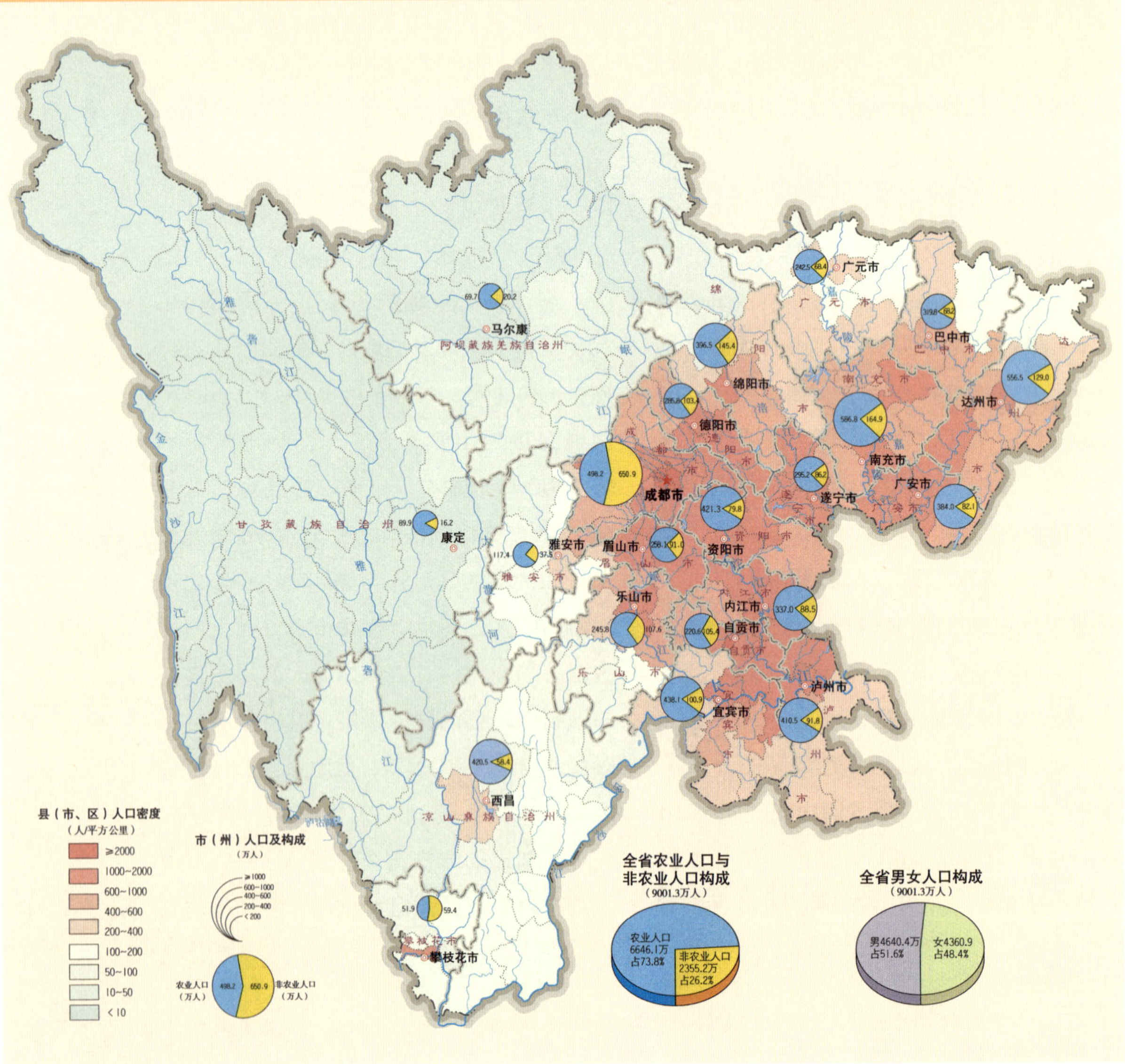

图 15-2b　四川城市分布特征：城市向盆地沿江沿路集中并与经济密集程度一致（经济密度）

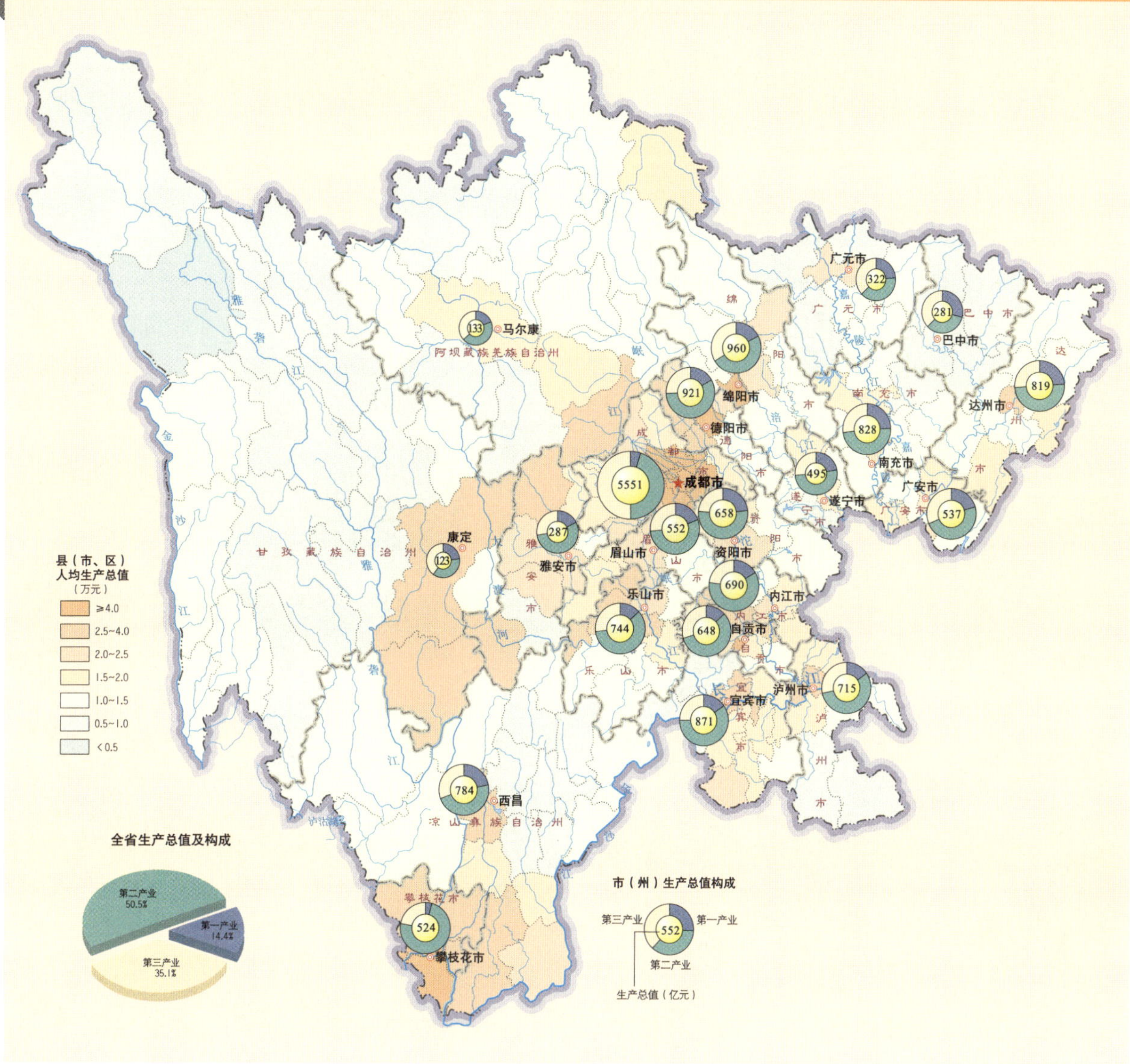

资料来源：本图由四川省发展和改革委员会、四川省测绘地理信息局提供。

城市，成德绵是国家命名的高新技术产业带，成（都）眉（山）资（阳）是天府新区的组成部分，乐山是旅游胜地，有从绵阳到乐山的客运专线与成都沟通，成雅是通向藏区的门户，成（都）遂（宁）为通向重庆和川东北的枢纽。这一区域地势平坦、交通便捷、产业发达、商贸繁荣，聚集力、辐射力、综合服务能力强，是人口、要素、资本向成都和成都经济区聚集的主要原因。此外，绵阳、自贡、内江、南充、宜宾等也呈聚集、扩张的态势。

表 15-2 反映了四川省城镇布局向大城市和城市群集中的特点。另据全国第六次人口普查显示，全国人口呈现向东部发达地区和大城市集中的特点，东部人口增加西部人口减少，但西部的省会城市人口

表 15-2　四川城镇化水平、人口密度、经济密度分区概况（2011 年）

地　区	年末常住人口（万人）	地区生产总值（亿元）	辖区面积（万平方公里）	城镇化率（%）	人口密度（人/平方公里）	经济密度（万元GDP/平方公里）
全　省	8050	21700.19	48.5	41.83	166	447.43
成都市	1407.08	6950.58	1.2	67	1173	5792.15
德阳市	359.19	1137.45	0.6	42.99	599	1895.75
绵阳市	462	1189.11	2.0	41.84	231	594.56
遂宁市	326.01	603.36	0.5	39.95	652	1206.72
眉山市	295.83	673.34	0.7	35.77	423	961.91
雅安市	151.71	350.13	1.5	36.56	101	233.42
乐山市	324.33	918.06	1.3	41.2	249	706.20
资阳市	363.01	836.44	0.8	34.45	454	1045.55
成都平原城市群	3689.16	12658.47	8.6	45.75	429	1471.92
自贡市	268.4	780.36	0.4	42.69	671	1950.90
泸州市	422.5	900.87	1.2	39.92	352	750.73
内江市	370.91	854.68	0.5	40.23	742	1709.36
宜宾市	446	1091.18	1.3	39.35	343	839.37
川南城市群	1507.81	3627.09	3.4	39.3	443	1066.79
广元市	249	403.54	1.6	34.66	156	252.21
南充市	628.53	1029.48	1.2	37.55	524	857.90
广安市	321	659.9	0.6	30.93	535	1099.83
达州市	548.56	1011.83	1.6	34.31	343	632.39
巴中市	329.63	343.39	1.2	31.26	275	286.16
川东北城市群	2076.72	3448.14	6.2	32	335	556.15
攀枝花市	121.99	645.66	0.7	61.64	174	922.37
凉山彝族自治州	454.1	1000.13	6.0	28.16	76	166.69
攀西城市群	576.09	1645.79	6.7	39.81	86	245.64
阿坝藏族羌族自治州	90.22	168.48	8.3	31.65	11	20.30
甘孜藏族自治州	110	152.22	15.3	22.39	7	9.95

资料来源：根据《四川统计年鉴（2012）》计算。

增加。据全国第六次人口普查数据显示，四川常住人口 8041.8 万人，十年减少人口 287.2 万人，多数市（州）都略有下降，尤其是劳务输出较多的地区，人口减少的幅度更大些。只有成都市常住人口从 2000 年的 1110 万人增加到 1404 万人，净增加 300 万人，增加了 26.5%，占全省人口的比重也从 2000 年的 13.47% 提高到 17.47%，增加了 4 个百分点，人口向大城市集中态势明显（见表 15-2）。①

4. 城镇发展形成“三个梯队”

四川的城市发展总体水平不断提高，不同区域的城镇化水平呈现出明显的差异特征。省内城镇化率最高的地区成都比城

① 资料来源：四川省 2010 年第六次全国人口普查主要数据公报。

镇化最落后的甘孜州高出 44.61 个百分点，形成了三个鲜明的梯队（见图 15-3）。

第一梯队：城镇化水平在 60% 以上的城市，分别是成都市和攀枝花市，2011 年城镇化水平分别高达 67.00% 和 61.64%，不仅比全省水平高 20 多个百分点，而且远高于全国 51.3% 的平均水平。

第二梯队：城镇化水平在 30% ~ 50% 之间，全省绝大多数市州处于这个阶段，按照美国城市地理学家诺瑟姆（Ray. M.Northam）对城镇化水平提出的“S”形曲线规律，这些城市处于工业化中期或扩张期，这一时期城镇数量增多、规模扩大，城镇化率高于 30%，并将以较快的速度向 70% 攀升。

第三梯队：城镇化水平在 30% 以下，包括甘孜藏族自治州和凉山彝族自治州，都属于地广人稀的少数民族自治区域和生态环境脆弱区域，城镇化率分别为 22.39% 和 28.16%，处于城镇化的初级阶段，城镇化进程较缓慢。

图 15-3　四川城镇发展的三个梯队：城市化水平（2011 年）

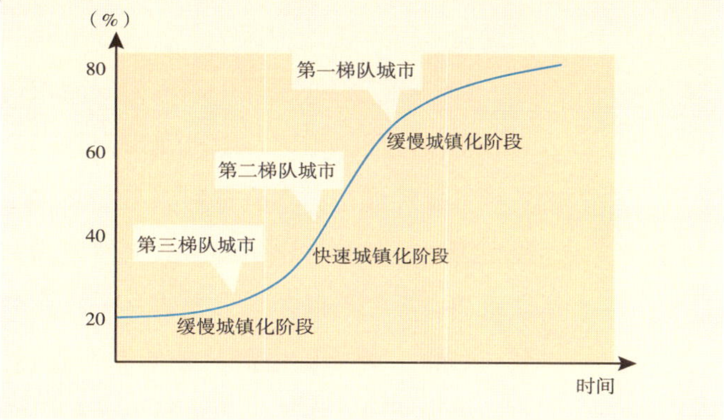

从城镇化发展阶段来看，四川省整体仍处于城镇化加速阶段（41.83%），城镇化势头强劲，第一梯队城市即将进入城镇化快速发展时期的拐点（70%），第二梯队城市与四川省整体所处发展阶段一致（30% ~ 70%），第三梯队城市尚处于缓慢增长的城镇化初期阶段（30% 以下）。[①]

本章三个梯队的划分与世界银行报告的分类相类似。世行报告的分类是：初级

表 15-3　四川城镇发展的三个梯队：城镇密度（2011 年）

梯　　队	城镇密度（个 / 千平方公里）	城　　市
第一梯队	20 ~ 25 个	成都、自贡
第二梯队	5 ~ 20 个	内江、德阳、遂宁、南充、广安、资阳、眉山、宜宾、泸州、绵阳、乐山、达州、广元、巴中、攀枝花
第三梯队	≤ 5 个	雅安、凉山彝族自治州、阿坝藏族羌族自治州、甘孜藏族自治州

注：为了全省不同规模城市的可比性，本文城镇密度的计算根据《四川统计年鉴（2012）》建制镇、街道办事处与辖区面积之比计算所得。

① 根据诺瑟姆在 1979 年提出城镇化发展的一般规律：一个国家或地区城镇化的轨迹为一条稍被拉平的“S”形曲线（即诺瑟姆曲线）。城镇化过程大致分为三个阶段：在工业化初期，主导产业是轻纺工业，城镇发展缓慢，城镇化率低于 30%，这是城镇化的起步阶段或初级阶段；在工业化中期或扩张期，主导产业是钢铁、化工、机械等重化工业，这时城镇数量增多、规模扩大，城镇化率高于 30%，并以较快的速度向 70% 攀升，随着人口和产业向城市集中，产生了劳动力过剩、交通拥挤、住房紧张、环境恶化等“城市病”。小汽车普及后，许多企业和人口开始迁往郊区，出现了郊区城镇化现象，这是城镇化的加速阶段。在工业化后期或成熟期，第二产业上升到 40% 后将缓慢下降，而第三产业则蓬勃兴起，成为城镇化进一步发展的主要动力。此时城镇化总水平比较高，城镇化率大于 70%，但增长速度趋缓甚至停滞。城市地域不断向农村推进，大城市的人口和工商业迁往离城市更远的农村和小城镇，大城市人口减少，出现“逆城镇化”现象，这是城镇化的后期或稳定发展阶段。

城市化地区（单特征地区），城市化中期阶段地区（二特征地区），城市化高级阶段地区（三重挑战地区）。但需要说明的是，第一梯队中的成都可以称为向城市化高级阶段发展的地区，攀枝花市则是一个资源开发性城市，不具备向城市化高级阶段发展的条件。资源枯竭后如何发展尚需认真研究。攀西城市群只有攀枝花、西昌两个城市，成为城市群的条件非常勉强，也应根据金沙江中下游水电开发对沿岸经济的带动和城镇的发展做出新的调整。川西北地区是一个国家层次上的生态保护区，是一个不宜进行经济开发和不能进行经济开发的地区，建设一些城镇是必要的，但是不是也要走工业化、城镇化的道路，值得慎重考虑，应当另辟蹊径。

从城镇密度看，四川城镇发展也呈现三个梯队的特点，见表15-3。

第一梯队：2011年每千平方公里20～25个城镇，主要是成都和自贡，其中成都市城镇密度最高，平均每千平方公里有24个城镇；川南地区的自贡城镇密度也较高，平均每千平方公里有22个城镇聚集。

第二梯队：2011年每千平方公里5～20个城镇，四川的主要城市都集中在这一梯队，包括内江、德阳、遂宁、南充、广安、资阳、眉山、宜宾、泸州、绵阳、乐山、达州、广元、巴中和攀枝花。其中，内江、德阳、遂宁、南充四个城市的城镇密度较高，每千平方公里均有超过16个城镇；资阳、眉山城镇密度相差不大，分别为11个、10个城镇/千平方公里；宜宾、泸州、绵阳、乐山城镇密度基本相同，平均每千平方公里有大约8个城镇分布；达州、广元、巴中、攀枝花四个城市的城镇密度为6个城镇/千平方公里左右。

第三梯队：2011年每千平方公里不足5个城镇，主要是雅安、凉山彝族自治州、阿坝藏族羌族自治州、甘孜藏族自治州。甘孜州每万平方公里仅有两个城镇（见图15-4）。

5. 城镇化发展不平衡

四川城镇化发展很不平衡，一是落后于全国，二是省内发展不平衡。四川经济发展水平及工业化率均比全国低，必然导致四川城镇化水平落后于全国。1990～2000年10年间是四川城镇化与全国城镇化不断拉开距离的时期，2000年之后，四川城镇化水平一直落后于全国大约10个百分点，近年来四川城镇化增速略超全国，差距扩大的趋势得到遏制，但差距仍然较大（见表15-4）。

从省内发展来看，四川城镇化发展也不平衡。四川地域广袤，自然条件差异巨大，可以说是整个中国的缩影，既有发达的成都平原、成德绵经济带，也有发展势头强劲的川南经济区，还有发展滞后的川西北高原地区。川西北高原的甘孜、阿坝、凉山三州占全省面积的60%之多，城镇化率不到30%，远远落后于四川平均水平，更远远落后于全国平均水平。2011年，川西北地区人口密度仅为22人/平方公里，经济密度仅45万元GDP/平方公里，而成都平原城市群的人口密度达到了429人/平方公里，经济密度1472万元GDP/平方公里，两者相差20～30倍！四川经济地理重塑中应当努力缩小川西北地区与四川盆地的发展

图 15–4　四川城镇发展的三个梯队：城镇密度（2011 年）

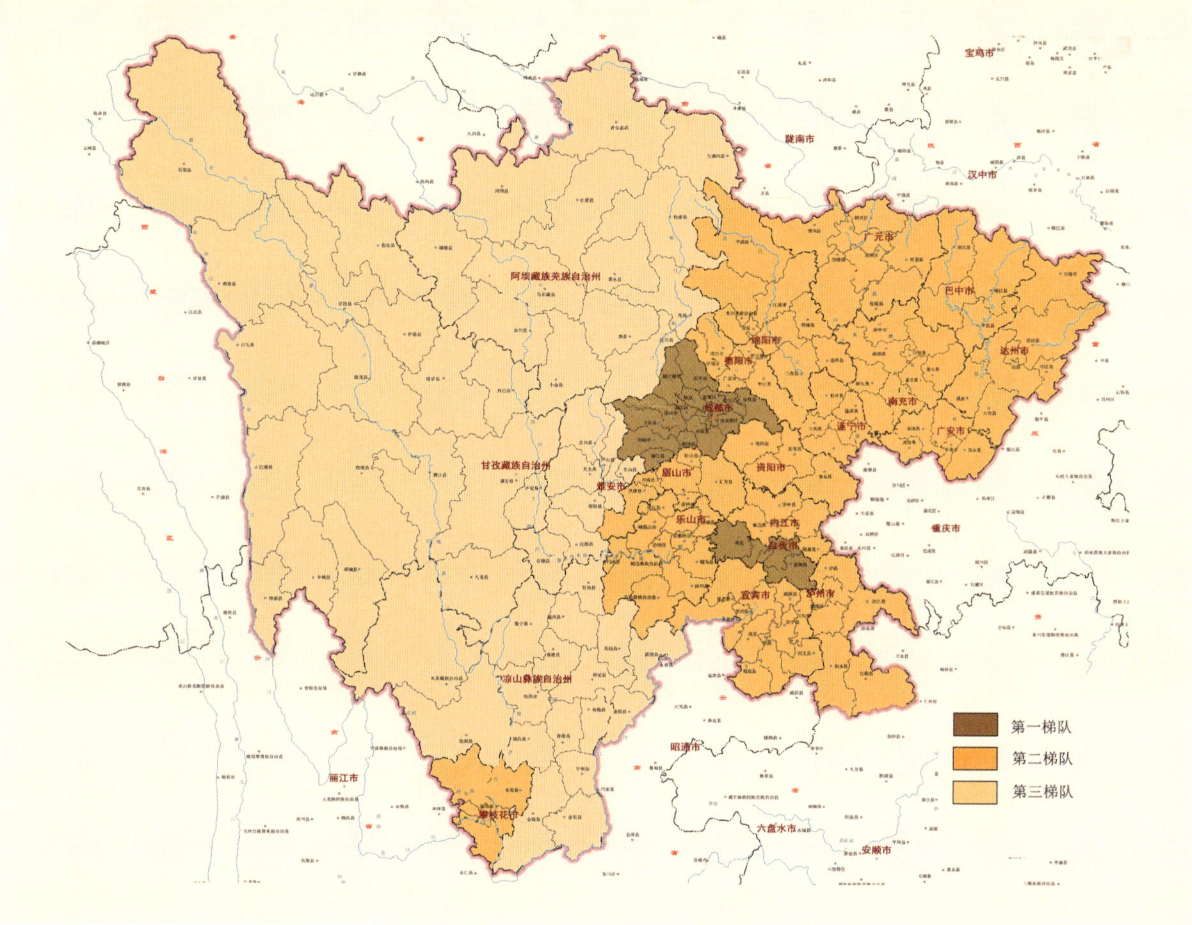

差距，提高人民生活水平。

6. 典型的双核城市群

四川是全国少有的双核城市群地区，成都和重庆为两极。四川毗邻重庆的川东北和川南部分市县，是重庆的腹地，接受重庆辐射，民间长期有“小车跑成都、大车跑重庆”之说。重庆直辖后，其在四川盆地的极核作用并未改变，

表 15–4　四川与全国历年城镇化水平比较（1978 ~ 2011 年）（单位：%）

年　份	1978	1990	2000	2001	2002	2003	2004
四川城镇化率	11.7	21.3	26.7	27.2	28.2	30.1	31.1
中国城镇化率	17.9	26.4	36.22	37.66	39.09	40.53	41.76
年　份	2005	2006	2007	2008	2009	2010	2011
四川城镇化率	33	34.3	35.6	37.4	38.7	40.18	41.83
中国城镇化率	42.99	44.34	45.89	46.99	48.34	49.93	51.27

资料来源：根据《中国统计年鉴（2012）》、《四川统计年鉴（2012）》整理。

仍然是川东北和川南毗邻重庆区域的经济中心，四川制定成渝经济区四川部分发展战略“一极一轴一区块”明确强调：四川环渝经济区块（“一区块”）①，要围绕重庆发展，接受重庆辐射，以服务都市、承接转移、形成基地、借力发展为主要任务，全方位加强毗邻地区的通道连接，积极对接产业，发挥配套作用，建设川渝合作示范区，形成承接重庆都市圈辐射的配套产业集群，打造成为川渝经济合作的桥头堡。双核的定位：成都发展核要打造包括成都五城区等14个县的城乡一体化、全面现代化、充分国际化的大都市，重庆发展核要打造包括重庆主城九区的经济繁荣、社会和谐、环境优美的国际大都市，这既是成渝经济区“两极”的定位，也是四川双核城市群“两核”的定位，“双核”承载着辐射整个四川盆地和成渝城市群的重任（见图15–5）。

7. 人口流动特点突出

改革开放以来，四川不仅大量农民工流向东部，而且大量专业人才和大学毕业生流向东部，为东部的经济建设和城市化发展作出重大贡献。据统计，1990～2011年，四川农民工每年平均向省外输出达750万人，如表15–5所示。2010年，全国第六次人口普查，四川户籍人口9000万、常住人口8000万，有1000万人口流向省外、主要方向是：珠三角、长三角、环渤海、新疆、西藏。人口流动量占总人口的1/9。近年来，随着西部大开发战略的实施，国际金融危机之后的产业西移，四川大规模的经济建设和灾后重建，重大招商引资项目落户，新兴产业基地建设，作为人力资源大省的四川，正在转变为用工大省，就业机会增多，农民工外流开始呈下降和回流趋势。

（三）旧城改造与城市新区建设

随着工业化和城市功能向经济中心和多元化方向发展，城市聚集能力、辐射能力、服务能力大大增强，改造和拓展城市成为迫切的需要。

首先是旧城改造。四川的城市和全国一样基本上是在改造旧城的基础上发展起来的。先是在旧城郊区建设新工厂，发展新工业；其后，采取北京“退二进三”（把二环路内的企业搬到三环）的模式，把城区内的中小企业迁到郊区；由于老城区基本没有功能区的划分，就逐步按工业区、商业区、政府公务区、学校区、住宅区等进行调整；城市道路狭窄，就拆迁两边房屋，拓宽道路，从地面到高架，从公共汽车、电车到出租车，开辟公共交通；没有自来水和排水管道，就挖开道路铺在下面，后来又要装电话、电视、电脑，再挖开道路铺上电缆。居民住宅有原来的平房、四合院，后又盖起楼房，满足不了需求，就建“棚户区”和“干打垒”。许多旧城都有城墙和各种历史文物，如成都就有类似天安门的皇城。对这些文物是否保护，如何保护？因领导意见不一，北京就把城墙拆了，成都就把皇城推了，西安、平遥则

① 环渝腹地经济区块即“一区块”，范围包括毗邻重庆的达州全市，广安市广安区、武胜县、邻水县、华蓥市，泸州市合江县、泸县，资阳市安岳县，内江市隆昌县，遂宁市安居区。

图 15-5　四川双核城市群布局

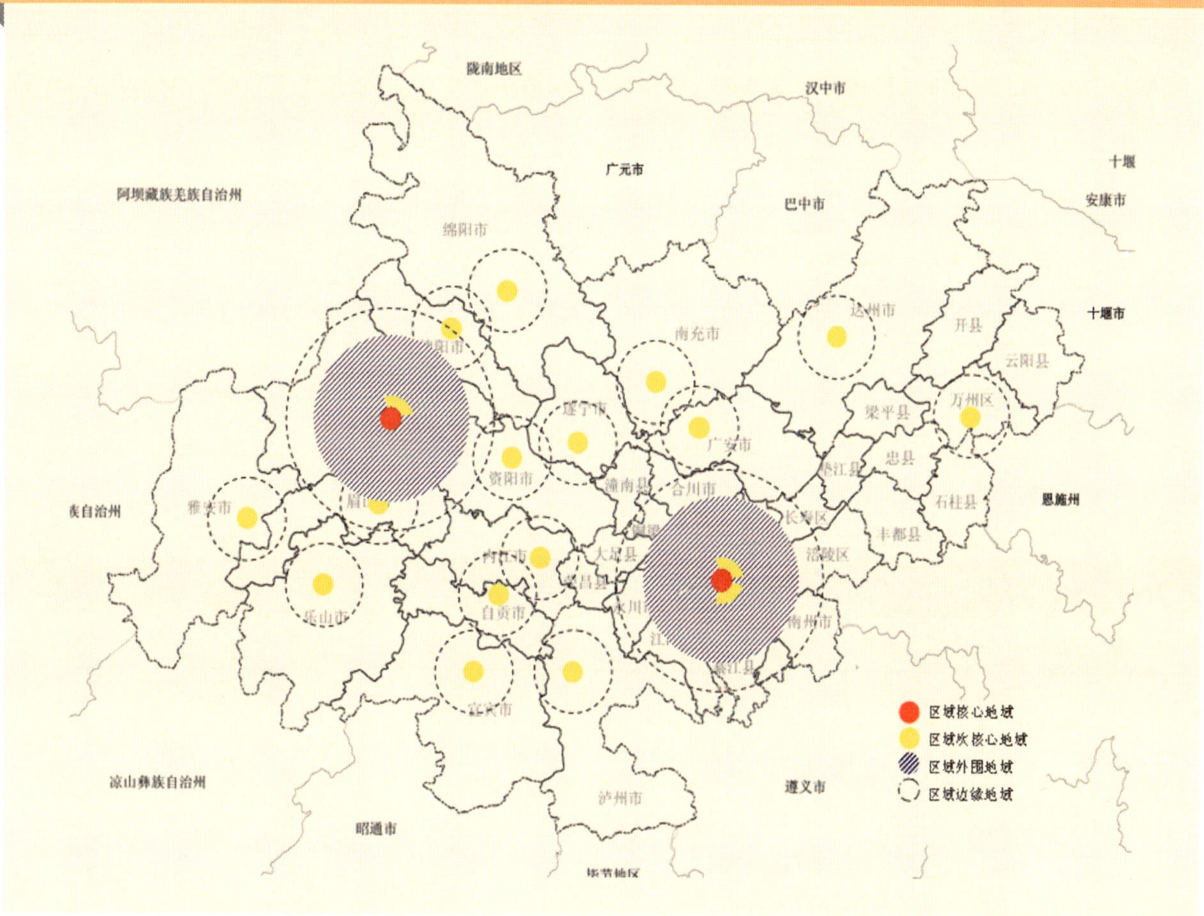

比较完整地把城墙和其他文物保留了下来。这时的城市虽然得到很大程度的发展，但因面积小，承载能力不足，臃肿现象突出，经济中心作用受到限制。

改革开放后，新区建设兴起。主要是建设高新技术开发区、经济开发区、出口加工区、保税区等。随着房地产市场开放，豪华办公楼、电梯公寓、住宅楼群、高档别墅、星级酒店、高尔夫球场、扩建的高等院校、政府楼堂馆所、会展中心、文化设施、大型超市、汽车普遍进入城市，大城市普遍进入地铁时代。如表 15-6 所示。城市新区建设比旧城改造，不但具有布局合理、设施齐全、环境优美、宜居宜商等特点，而且对于推动“两化”互动和城乡统筹发展，实现产村相融和产城一体，具有十分重要的作用。天府新区建设是四川正在推进的一项重大部署，建设目标是“再建一个产业成都”，并成为继上海浦东新区、天津滨海新区、重庆两江新区之后的又一个国家级新区，带动整个西部经济发展，成为现代产业、现代生活、现代都市三位一体协调发展的示范区，中国西部的国际大都会。

近年来，在建设居民保障房、经济适用房的同时，棚户区改造大大加强，成为新的经济增长点。成都历经危改工程、锦江改造工程、畅通工程、沙河整治、东郊

表 15-5　四川历年农民工输出人数（1990 ~ 2011 年）（单位：人）

年　份	1990	1991	1992	1993	1994	1995	1996	1997	1998	1999	2000
总人数	200.00	292.30	580.00	870.00	873.00	880.00	890.00	730.00	780.00	1020.00	1120.00
省　内	118.30	170.00	230.00	370.00	323.00	362.00	334.00	365.00	380.00	590.00	740.00
省　外	81.70	122.30	350.00	500.00	550.00	518.00	556.00	365.00	400.00	430.00	460.00
年　份	2001	2002	2003	2004	2005	2006	2007	2008	2009	2010	2011
总人数	1260.00	1300.00	1370.00	1490.00	1637.00	1874.14	2002.00	2023.40	2173.89	2245.90	2300.50
省　内	700.00	700.00	427.60	740.00	820.00	839.70	888.78	830.60	960.99	1013.92	1091.70
省　外	560.00	600.00	942.60	750.00	817.00	1031.02	1109.04	1188.10	1209.34	1226.61	1205.20

资料来源：根据四川省的农民工监测调查报告整理所得数。

表 15-6　四川城市新区建设情况

项　目	内　　容	
城市新区	区域中心城市新区	天府新区
	规划为特大城市的城市新区	自贡、攀枝花、泸州、德阳、绵阳、内江、南充、宜宾、达州等 9 个城市新区
	规划为大城市的城市新区	乐山、遂宁、广安、广元、雅安、眉山、资阳、巴中等 8 个城市新区
	三州政府驻地城市新区	马尔康、康定、西昌

资料来源：本表根据四川省政府《2013 年四川省加快推进新型城镇化重点工作实施方案》整理，《四川日报》2013 年 5 月 16 日。

工业区结构调整、水环境综合整治、北改等浩大系统的旧城改造工程，城市面貌焕然一新。绵阳、泸州、宜宾、雅安等也在纷纷进行城市棚户区改造和危旧房更新改造。2009 年，四川省政府出台《四川省棚户区改造工程实施方案》，为城市棚户区、工矿棚户区和林区棚户区改造提供 700 亿元资金支持。“十二五”期间，全省规划建设保障性住房和改造棚户区约 125 万套，其中建设保障性住房约 79 万套，改造棚户区约 46 万户。政府保障性住房建设、配套基础设施和市政工程设施的建设，为提升低收入人群的生活水平提供了积极支持。

经过旧城改造和新区建设，从 2000 ~ 2011 年 10 余年间，四川城区面积已由 53026.14 平方公里扩大到 57001.45 平方公里，增长 3.6%；建成区面积已由 991.71 平方公里增长到 1788.1 平方公里，增长近 1 倍；城镇居民人均住房建筑面积由 10.42 平方米增加到 32.18 平方米，增长 3 倍。

二　四川的城镇体系

城镇体系指在一个相对完整的区域，以

中心城市为核心，由一系列不同等级规模、不同职能分工、相互密切联系的城镇组成的系统。本节从三个方面研究四川的城镇体系：城镇体系的等级和规模结构；城镇体系的空间布局；城镇体系的功能结构和城镇分工。

（一）城镇等级体系与规模结构

四川已形成成都平原城市群、川南城市群、攀西城市群、川东北城市群四大城市群的雏形，初步建立了以成都超大城市为核心，8 个大城市和 16 个中等城市为骨干，128 个小城市和 1816 个小城镇为基础的省域城镇体系（见表 15-7）。

四川城镇等级体系构成有三个显著特点：一是，全省除超大城市成都市以外，缺少 100 万人口以上的特大城市，50 万人口以上的大城市仅有 8 个，且规模多数在

表 15-7　四川城镇等级规模（2011 年）

城镇等级	规　模	数　量	城　　镇
超大城市	≥ 200 万人	1 个	成都
特大城市	100 万 ~ 200 万人	0	—
大城市	50 万 ~ 100 万人	8 个	自贡、攀枝花、泸州、德阳、绵阳、内江、乐山、南充
中等城市	20 万 ~ 50 万人	16 个	雅安、遂宁、宜宾、广安、广元、眉山、达州、巴中、资阳、都江堰、彭州、广汉、阆中、西昌、江油、简阳
小城市	10 万 ~ 20 万人	45 个	仁寿、富顺、射洪、邛崃、达县、南部、金堂、渠县、三台、大邑、宣汉、大竹、崇州、隆昌、安岳、荣县、资中、中江、峨眉山、平昌、威远、仪陇、岳池、邻水、营山、乐至、犍为、绵竹、西充、彭山、苍溪、武胜、合江、通江、宜宾（县）、蓬安、旺苍、叙永、新津、蓬溪、华蓥、盐亭、南江、泸县、大英
	≤ 10 万人	83 个	开江、万源、什邡、洪雅、井研、珙县、古蔺、剑阁、江安、会理、夹江、北川、蒲江、安县、高县、梓潼、长宁、兴文、筠连、罗江、沐川、青川、荥经、石棉、康定、屏山、名山、冕宁、青神、汶川、丹棱、马边、米易、汉源、芦山、盐边、平武、会东、天全、茂县、越西、盐源、峨边、德昌、马尔康、昭觉、九寨沟、雷波、泸定、宁南、喜德、松潘、甘洛、木里、普格、美姑、布拖、金阳、宝兴、金川、小金、理县、若尔盖、红原、丹巴、黑水、九龙、新龙、阿坝、道孚、雅江、甘孜、理塘、巴塘、壤塘、炉霍、德格、白玉、石渠、色达、乡城、稻城、得荣
县域建制镇	—	1816 个	略
建制乡	—	2579 个	略

注：（1）本表根据《中国城市统计年鉴》城市分类标准计算，即：城市市区非农人口在 200 万以上为超大城市，100 万 ~ 200 万为特大城市，50 万 ~ 100 万为大城市，20 万 ~ 50 万为中等城市，20 万以下为小城市。（2）超大城市、大城市、中等城市数据来源于《四川省“十二五”城镇化发展规划》，其他以《四川统计年鉴 2012》城市户籍非农人口为划分依据，市级城市以市辖区以及主城区连片地区的户籍非农人口为依据，县级城市以辖区内非农人口为依据，对城市等级结构进行分类。

60 万人左右，其辐射带动作用很难达到区域中心性城市的要求。二是，县级城镇人口规模大多在 3 万 ~ 10 万人，辐射带动作用不强，全省 10 万人口以下的城镇有 83 个，但其中 3 万人口以下的就有 45 个。三是，小城镇数量多规模小，全省建制镇和建制乡总计超过 4000 个，但建制镇的人口和面积不及全国平均水平的一半，70% 以上的小城镇人口规模小于 3000 人，规模偏小。

（二）城镇空间布局与结构优化

经过 30 多年的改革发展，四川城镇已逐步形成“一核、四群、五带”的空间布局（见图 15-6）。进一步优化方向是：打造成都都市圈核心增长极，壮大成都平原城市群、川南城市群、攀西城市群、川东北城市群等四大城市群[①]，培育成德绵广、成雅西攀、成资内自、成遂南广达、成眉乐宜泸等五条城镇经济发展带，形成以成都为核心，20 个区域中心城市为依托，300 个左右中小城市和重点镇为骨干，1500 个左右小城镇为基础，布局合理、功能完善的城镇体系。

◆ “一核”：打造中西部最具竞争力和国际影响力的核心增长极

➢ 成都都市圈核心增长极。成都地区是国家层面的重点开发区域，是成渝经济区双核心之一，是全省经济核心区域，带动西部经济社会发展的重要增长极。其功能定位是：中国西部地区重要的经济中心、综合交通枢纽、商贸物流中心和金融中心，先进制造业基地、科技创新产业化基地和农产品加工基地，全国统筹城乡综合配套改革试验区。充分利用国家西部大开发、向西开放和建设成渝经济区的战略和政策优势，以建设天府新区为契机，进一步完善城市功能、提升现代化国际化水平，使成都成为我国中西部地区最具竞争力的国家区域中心城市，成为带动全省、辐射西部，具有较强国际影响力的城市。

◆ “四群”：构建以城市群为主体形态的城镇化发展格局

➢ 成都平原城市群。成都平原城市群范围包括成都市、德阳市、绵阳市、眉山市、资阳市、以及乐山市主城区、夹江县、峨眉山市和雅安市主城区、名山县等，辖区面积约 5.82 万平方公里。发展目标是：加快调整优化城市群结构，强化成渝经济区核心城市成都市；发展人口 100 万以上特大城市 2 个：德阳市、绵阳市；人口 50 万 ~ 100 万的大城市 6 个：乐山市、眉山市、资阳市、雅安市，都江堰市、简阳市；人口 20 万 ~ 50 万的中等城市 13 个：彭州市、邛崃市、崇州市、金堂县、郫县，广汉市、绵竹市、中江县，江油市、三台县，峨眉山市，仁寿县，安岳县；人口 20 万人以下的小城市 17 个：大邑县、蒲江县、新津县、什邡市、罗江县、盐亭县、平武县、安县、梓潼县、北川县、夹江县、彭山县、洪雅县、丹棱县、青神县、名山县、乐至县[②]（见表 15-8）。

➢ 川南城市群。川南城市群范围包括自贡市、泸州市、内江市、宜宾市，以及乐山市除主城区、夹江县、峨眉山市外的其余

---

① 本节四大城市群划分以《四川省“十二五”城镇化发展规划》为依据。
② 按空间统计，双流县计入成都市。

图 15–6　四川省“一核、四群、五带”城镇空间布局结构

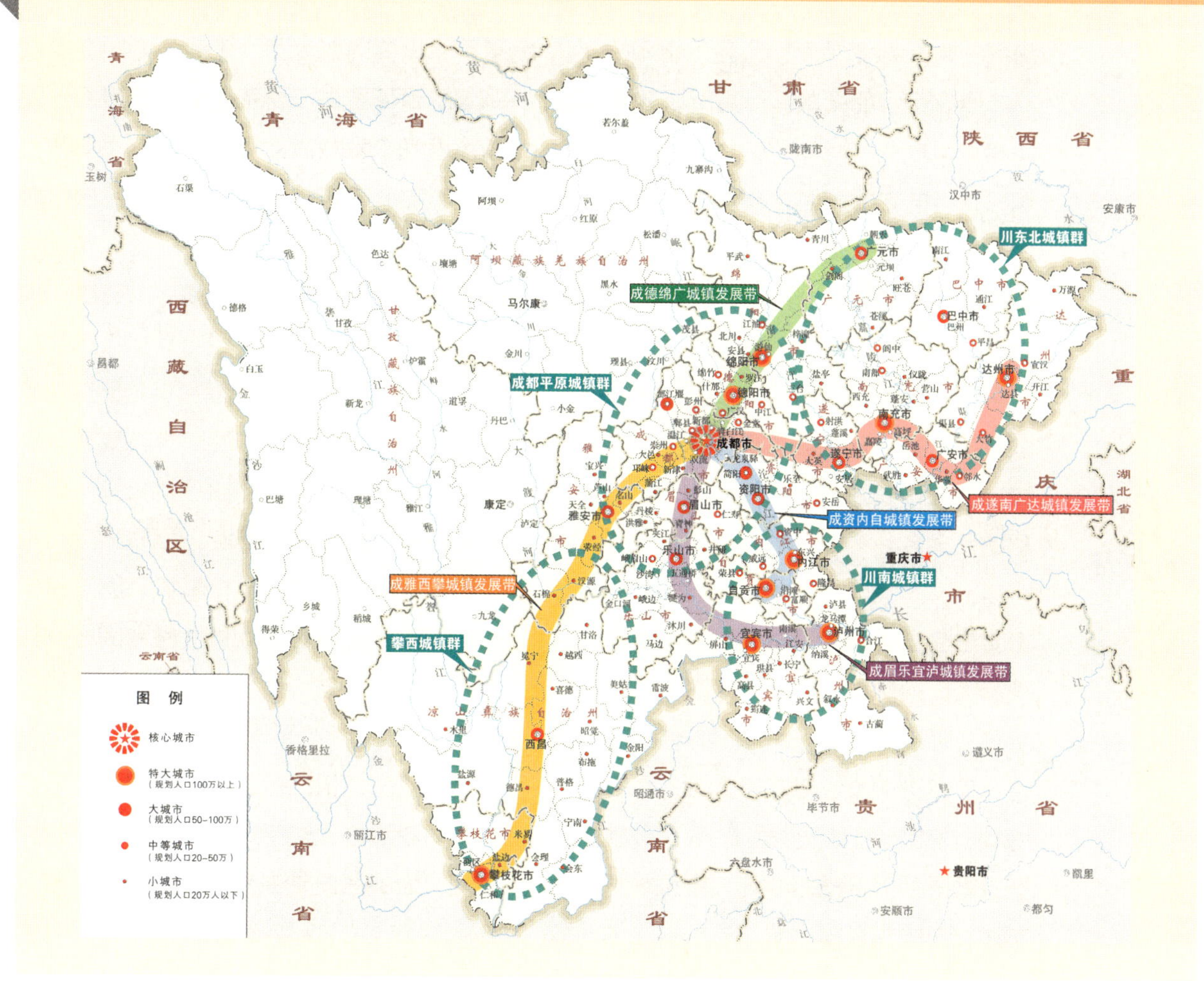

资料来源：本图由四川省发展和改革委员会、四川省测绘地理信息局提供。

城镇，辖区面积约 4.42 万平方公里。发展目标是：加快调整优化城市群结构，建设人口 100 万以上的特大城市 4 个：自贡市、泸州市、内江市、宜宾市；人口 20 万～50 万人的中等城市 6 个：荣县、富顺县、合江县，资中县、威远县、隆昌县；人口 20 万人以下的小城市 15 个：泸县、叙永县、古蔺县、江安县、长宁县、高县、筠连县、珙县、兴文县、屏山县、犍为县、井研县、沐川县、峨边县、马边县[①]（见表 15–8）。

➢ 攀西城市群。攀西城市群范围包括攀枝花市、凉山州，以及雅安市除主城区、名山县外的其余城镇，辖区面积约 6.7 万平方公里。建设的目标是：加快调整优化城市群结构，建设人口 100 万人以上的特大城市：攀枝花市；人口 50 万～100 万人的大城市：西昌市；建成人口 20 万人以下的小城市 24 个：米易县、盐边县、荥经县、汉源县、石棉县、天全县、芦山县、宝兴县、木里县、盐源县、德昌县、会理县、

① 按空间统计，宜宾县计入宜宾市。

表 15-8　四川省四城市群结构优化现状

城市群	范围与面积	城市群结构优化现状
成都平原城市群	包括成都市、德阳市、绵阳市、眉山市、资阳市以及乐山市主城区、夹江县、峨眉山市和雅安市主城区、名山县等，辖区面积约5.82万平方公里（按空间统计，双流县计入成都市）	• 核心城市：成都市 • 建设人口100万人以上的特大城市：德阳市、绵阳市 • 建设人口50万～100万人的大城市：乐山市、眉山市、资阳市、雅安市、都江堰市、简阳市 • 建设人口20万～50万人的中等城市：彭州市、邛崃市、崇州市、金堂县、郫县、广汉市、绵竹市、中江县、江油市、三台县、峨眉山市、仁寿县、安岳县 • 建设人口20万人以下的小城市：大邑县、蒲江县、新津县、什邡市、罗江县、盐亭县、平武县、安县、梓潼县、北川县、夹江县、彭山县、洪雅县、丹棱县、青神县、名山县、乐至县
川南城市群	包括自贡市、泸州市、内江市、宜宾市，以及乐山市除主城区、夹江县、峨眉山市外的其余城镇，辖区面积约4.42万平方公里（按空间统计，宜宾县计入宜宾市）	• 建设人口100万人以上的特大城市：自贡市、泸州市、内江市、宜宾市 • 建设人口20万～50万人的中等城市：荣县、富顺县、合江县、资中县、威远县、隆昌县 • 建设人口20万人以下的小城市：泸县、叙永县、古蔺县、江安县、长宁县、高县、筠连县、珙县、兴文县、屏山县、犍为县、井研县、沐川县、峨边县、马边县
攀西城市群	包括攀枝花市、凉山州以及雅安市除主城区、名山县外的其余城镇，辖区面积约6.7万平方公里	• 建设人口100万人以上的特大城市：攀枝花市 • 建设人口50万～100万人的大城市：西昌市 • 建设人口20万人以下的小城市：米易县、盐边县、荥经县、汉源县、石棉县、天全县、芦山县、宝兴县、木里县、盐源县、德昌县、会理县、会东县、宁南县、普格县、布拖县、金阳县、昭觉县、喜德县、冕宁县、越西县、甘洛县、美姑县、雷波县
川东北城市群	包括广元市、遂宁市、南充市、广安市、达州市、巴中市，辖区面积约8.2万平方公里（按空间统计，达县计入达州市）	• 建设人口100万人以上的特大城市：南充市、达州市 • 建设人口50万～100万人的大城市：广元市、遂宁市、广安市、巴中市 • 建设人口20万～50万人的中等城市：射洪县、阆中市、南部县、邻水县、宣汉县、大竹县、渠县、平昌县 • 建设人口20万人以下的小城市：剑阁县、旺苍县、青川县、苍溪县、蓬溪县、大英县、西充县、营山县、仪陇县、蓬安县、华蓥市、岳池县、武胜县、万源市、开江县、通江县、南江县

会东县、宁南县、普格县、布拖县、金阳县、昭觉县、喜德县、冕宁县、越西县、甘洛县、美姑县、雷波县（见表15-8）。

➢ 川东北城市群。川东北城市群范围包括广元市、南充市、遂宁市、广安市、达州市、巴中市，辖区面积约8.2万平方公里[①]。建设目标是：加快调整优化城市群结构，建设人口100万人以上的特大城市2个：南充市、达州市；人口50万～100万的大城市4个：广元市、遂宁

① 按空间统计，达县计入达州市。

市、广安市、巴中市；人口 20 万～ 50 万的中等城市 8 个：射洪县、阆中市、南部县、邻水县、宣汉县、大竹县、渠县、平昌县；人口 20 万以下的小城市 17 个：剑阁县、旺苍县、青川县、苍溪县、蓬溪县、大英县、西充县、营山县、仪陇县、蓬安县、华蓥市、岳池县、武胜县、万源市、开江县，通江县、南江县（见表 15-8）。

◆ “五带”：形成引导全省产业和城镇合理布局的城镇发展带

➢ 成德绵广（元）城镇发展带。以宝成铁路、成绵高速、绵广高速、广陕高速、成德南高速、绵巴高速、成绵乐客专及大件运输通道为纽带，重点发展装备制造、电子信息、科技服务、生物医药、商贸流通和特色农业，建成具有国际竞争力的产业和城镇集聚带（见专栏 15-1）。

➢ 成雅西攀城镇发展带。以成雅高速、雅西高速、西攀高速、攀田高速和成昆铁路为依托，重点发展能源产业、钒钛资源和稀有金属矿产资源综合利用开发、特色农产品精细加工等产业，形成以特色产业为支撑的城镇发展带（见专栏 15-1）。

➢ 成资内自城镇发展带。以成渝铁路、遂渝高铁、成渝客专和成渝高速、成自泸高速、成安渝高速为纽带，重点发展装备制造、电子信息、精细化工、商贸物流等支柱产业，打造西部建材基地、硅氟硬质合金生产基地、汽车及零部件配套基地和精细化工基地，形成紧密连接成渝两大都市圈的城镇发展带（见专栏 15-1）。

➢ 成遂南广（安）达城镇发展带。以达成铁路和成南高速、南广高速、广邻高速、达渝高速、南大梁高速、营山至达州高速公路为依托，努力建设区域性现代工业物流、商贸物流中心，打造油气和精细化工、机械制造、轻纺食品等支柱产业，形成特色优势产业突出的城镇发展带（见专栏 15-1）。

专栏 15-1　四川省五条城镇发展带发展定位

成德绵广（元）城镇发展带。以宝成铁路、成绵高速、绵广高速、广陕高速、成德南高速、绵巴高速、成绵乐客专及大件运输通道为纽带，重点发展装备制造、电子信息、科技服务、生物医药、商贸流通和特色农业，建成具有国际竞争力的产业和城镇集聚带。

成雅西攀城镇发展带。以成雅高速、雅西高速、西攀高速、攀田高速和成昆铁路为依托，重点发展能源产业、钒钛资源和稀有金属矿产资源综合利用开发、特色农产品精细加工等产业，形成以特色产业为支撑的城镇发展带。

成资内自城镇发展带。以成渝铁路、遂渝高铁、成渝客专和成渝高速、成自泸高速、成安渝高速为纽带，重点发展装备制造、电子信息、精细化工、商贸物流等支柱产业，打造西部建材基地、硅氟硬质合金生产基地、汽车及零部件配套基地和精细化工基地，形成紧密连接成渝两大都市圈的城镇发展带。

成遂南广（安）达城镇发展带。以达成铁路和成南高速、南广高速、广邻高速、达渝高速、南大梁高速、营山至达州高速公路为依托，努力建设区域性现代工业物流、商贸物流中心，打造油气和精细化工、机械制造、轻纺食品等支柱产业，形成特色优势产业突出的城镇发展带。

成眉乐宜泸城镇发展带。以长江、岷江水运、成绵乐城际铁路和成乐高速、乐宜高速、宜泸渝高速为纽带，有序推进岸线开发和港口建设，促进冶金化工、装备制造、清洁能源和商贸物流等产业集聚，努力打造“中国白酒金三角”，建设区域物流中心、商贸中心、旅游集散中心，构建长江上游重要的产业和城镇集聚带。

➢ 成眉乐宜泸城镇发展带。以长江、岷江水运、成绵乐城际铁路和成乐高速、乐宜高速、宜泸渝高速为纽带，有序推进岸线开发和港口建设，促进冶金化工、装备制造、清洁能源和商贸物流等产业集聚，努力打造“中国白酒金三角”，建设区域物流中心、商贸中心、旅游集散中心，构建长江上游重要的产业和城镇集聚带（见专栏 15-1）。

这里特别想补充说明两点，我们认为：第一，成雅西攀形成城市发展带的条件尚不成熟，未来如何发展还需要观察；第二，成资内自城镇发展带可进一步延伸至泸州。

（三）城镇功能体系与城镇发展

四川城镇功能体系由三个层次组成：一是综合性大城市成都；二是区域性中心城市绵阳、自贡等；三是城镇，包括重点城镇和小城镇。

——综合性大城市成都。发展方向和定位是：立足现代服务业和高技术产业的优势，建设成为高端产业集中、高端服务业集聚、宜业宜商宜居的国家创新型城市和国际旅游城市，打造“具有全球比较优势、全国速度优势、西部高端优势的西部经济核心增长极”。天府新区重点发展总部经济和循环经济，加快发展新能源、新材料、节能环保、生物、下一代信息技术、高端装备制造等战略性新兴产业。成都在未来的发展中，应完善周边区县配套服务功能，以开发区为依托，积极培育战略性新兴产业，集中集聚发展先进制造业、高技术产业和现代农业，加快成都第二绕城高速公路沿线城市建设，进一步推进综合性国际大都市的建设步伐。

——区域性中心城市。四川省区域性中心城市主要有：德阳、绵阳、眉山、资阳、遂宁、乐山、雅安、自贡、泸州、内江、南充、宜宾、达州、广安等。发展方向和定位是：引导区域性中心城市的工业向园区集中发展，加大城市基础设施和配套公共服务设施建设力度，优化城市环境，适当扩大城市规模，提高城市承载能力。支持绵阳、德阳、乐山、自贡、泸州、内江、南充、宜宾、达州发展成为 100 万人口以上的城市（区），带动周边地区加快发展（见专栏 15-2）。

——城镇发展包括重点城镇与小城镇。小城镇数量多、规模小是四川省城镇体系的特点，2011 年四川省小城镇平均人口规模为 3.06 万人，镇区常住人口规模在 1 万人以下的小城镇占了全省小城镇的 84%，对周边区域的辐射带动作用有限。全省小城镇密度为 38.23 个 / 万平方公里，高于全国 22.36 个 / 万平方公里的水平，小城镇数量偏多。占全省国土面积 33% 的成都平原和丘陵地区积聚了全省绝大多数小城镇，其中人口规模大、经济实力强的镇主要集中在成都平原地区，其他地区的小城镇总体上呈“小、散、弱”的状况。近年来，随着城镇化进程的加快和城乡统筹发展的深入推进，全省小城镇实现了加快发展，小城镇成为吸纳农村富余劳动力、促进基础设施向农村延伸、公共服务向农村覆盖的主要载体。随着汶川地震灾后恢复重建的全面完成，水磨镇、汉旺镇等一批灾区重点小城镇面貌发生了脱胎换骨的变化。全省重点小城镇的基础设施和公共服务设施建设加快，据统计，“十一五”期间小城镇供水普及率提高了 5.7 个百分点，燃气普及率提高了 18 个百分点，广电覆盖率提高了 12.3 个百分点，污水处理率提高了 10.9 个百分点，

专栏 15-2　区域性中心城市发展定位

德阳：全国重要的重型装备制造业基地，重要的新材料、精细化工、食品加工基地，现代工业城市。

绵阳：电子信息、科研生产基地，经济区西北部的中心城市和国家科技城。

眉山：机车制造、冶金建材、精细化工、特色农产品加工基地和国家粮食储备基地，重要的交通节点城市。

资阳：全国重要的机车制造及出口基地，汽车与零部件制造、节能产品生产、食品生产配送、会展基地和旅游休闲度假目的地，新兴工业城市。

遂宁：精细化工、电子信息、食品饮料、商贸物流基地，重要的交通节点城市。

乐山：清洁能源、新材料、冶金建材产业基地，生态和文化旅游胜地，重要的交通节点和港口城市。

雅安：农产品加工、清洁能源产业基地，交通节点和生态旅游城市。

泸州：饮料食品、天然气和煤化工、能源、装备制造基地和商贸物流中心，重要的交通节点和港口城市。

自贡：盐卤化工、机械制造、新材料、物流配送基地，现代工业城市。

宜宾：饮料食品、能源轻纺、机械制造和商贸物流基地，重要的交通节点和港口城市。

内江：农产品加工、冶金建材、汽车零部件生产、再生资源、合利用基地，重要的商贸物流节点城市。

南充：石油天然气精细化工、汽车及零部件、轻纺服装、有机农产品加工、能源基地和商贸物流中心，经济区北部的中心城市、重要交通节点和港口城市。

广安：精细化工、新能源、新材料、有色金属加工、汽车及汽摩零部件制造、特色农产品加工和供应、红色旅游基地，重要的交通物流节点和港口城市。

达州：天然气和磷硫化工、冶金建材、农产品加工基地，重要的商贸物流节点城市。

广元市：天然气、冶金建材、生态旅游、农产品加工基地，重要的商贸物流节点城市。

攀枝花市：钒钛、稀土、冶金、建材、物流配送基地，现代工业城市。

遂宁市：石油、生态旅游、农产品加工基地，现代物流中心城市。

巴中市：农产品加工基地，长征及生态旅游城市。

西昌市：钒钛、稀土、冶金、建材基地，生态旅游及民族特色文化旅游城市。

康定县：水电、矿产基地，生态旅游及民族特色文化旅游城市。

马尔康县：水电、矿产基地，生态旅游及民族特色文化旅游城市。

注：康定县为甘孜藏族自治州治所在地，马尔康县为阿坝藏族羌族自治州治所在地，虽然是县，规模较小，但却具有区域性中心城市的作用。

垃圾无害化处理率提高了 10 个百分点，居民生活质量和生活环境明显改善。四川省重点乡镇的布局与发展定位详见专栏 15-3。

三　四大城市群

四大城市群指成都平原城市群、川南城市群、攀西城市群和川东北城市群。四大城市群各有特色，城市化发展阶段各不相同。成都平原城市群发育程度最高，已进入城市群高级发展阶段；川南城市群是四川第二大城市群，处在城市群中期发育成长阶段，但中心城市区位尚不突出，需要加快调整；攀西城市群

专栏 15-3　四川省重点乡镇发展定位

成都市：（22 个）

旅游型重点镇：龙泉驿区洛带镇、大邑县安仁镇、彭州市白鹿镇、大邑县花水湾镇、双流县黄龙溪镇、崇州市街子镇、邛崃市平乐镇、都江堰市青城山镇（8 个）。

工业型重点镇：新都区新繁镇、彭州市隆丰镇、都江堰市蒲阳镇、邛崃市羊安镇、崇州市羊马镇、龙泉驿区西河镇、金堂县淮口镇、郫县安德镇、大邑县王泗镇、新津县普兴镇（10 个）。

商贸性重点镇：蒲江县寿安镇、新津县花源镇、彭州市濛阳镇、新都区木兰镇（4 个）。

自贡市：（5 个）

商贸性重点镇：贡井区成佳镇、荣县长山镇、富顺县赵化镇、富顺县代寺镇、大安区牛佛镇（5 个）。

攀枝花市：（3 个）

旅游型重点镇：盐边县红格镇（1 个）。

工业型重点镇：仁和区金江镇、米易县白马镇（2 个）。

泸州市：（8 个）

旅游型重点镇：合江县福宝镇（1 个）。

工业型重点镇：古蔺县二郎镇、泸县玄滩镇（2 个）。

商贸性重点镇：合江县九支镇、泸县嘉明镇、泸县立石镇、龙马潭区石洞镇、纳溪区护国镇（5 个）。

德阳市：（7 个）

旅游型重点镇：绵竹市汉旺镇（1 个）。

工业型重点镇：罗江县金山镇、广汉市向阳镇（2 个）。

商贸性重点镇：中江县仓山镇、旌阳区黄许镇、什邡市师古镇、罗江县万安镇（4 个）。

绵阳市：（6 个）

旅游型重点镇：安县桑枣镇（1 个）。

工业型重点镇：江油市武都镇（1 个）。

商贸性重点镇：江油市青莲镇、三台县芦溪镇、安县秀水镇、梓潼县许州镇（4 个）。

广元市：（4 个）

旅游型重点镇：剑阁县剑门关镇（1 个）。

工业型重点镇：旺苍县嘉川镇、青川县竹园镇（2 个）。

商贸性重点镇：剑阁县普安镇（1 个）。

遂宁市：（4 个）

工业型重点镇：射洪县沱牌镇（1 个）。

商贸性重点镇：蓬溪县蓬南镇、射洪县金华镇、大英县隆盛镇（3 个）。

内江市：（6 个）

工业型重点镇：威远县连界镇、资中县银山镇（2 个）。

商贸性重点镇：资中县球溪镇、威远县镇西镇、隆昌县黄家镇、东兴区郭北镇（4 个）。

乐山市：（5 个）

旅游型重点镇：犍为县罗城镇（1 个）。

工业型重点镇：犍为县石溪镇（1 个）。

商贸性重点镇：峨眉山市桂花桥镇、峨眉山市九里镇、五通桥区金粟镇（3 个）。

南充市：（7 个）

旅游型重点镇：阆中市老观镇（1 个）。

工业型重点镇：南部县定水镇（1 个）。

商贸性重点镇：营山县回龙镇、仪陇县马鞍镇、仪陇县金城镇、南部县建兴镇、南部县伏虎镇（5 个）。

宜宾市：（8 个）

旅游型重点镇：长宁县珠海镇、翠屏区李庄镇（2 个）。

工业型重点镇：高县月江镇（1 个）。

商贸性重点镇：宜宾县白花镇、宜宾县观音镇、南溪区罗龙镇、江安县水清镇、江安县红桥镇（5 个）。

续专栏

广安市：（7 个）

旅游型重点镇：广安区协兴镇（1 个）。

商贸性重点镇：邻水县丰禾镇、岳池县罗渡镇、岳池县石垭镇、华蓥市溪口镇、武胜县烈面镇、广安区花桥镇（6 个）。

达州市：（11 个）

工业型重点镇：宣汉县普光真、大竹县石河镇（2 个）。

商贸性重点镇：开江县任市镇、渠县三汇镇、渠县临巴镇、大竹县庙坝镇、大竹县石桥铺镇、宣汉县南坝镇、宣汉县胡家镇、达县麻柳镇、达县石桥镇（9 个）。

巴中市：（4 个）

旅游型重点镇：通江县诺水河镇、南江县光雾山镇（2 个）。

商贸性重点镇：巴州区玉山镇、巴州区清江镇（2 个）。

雅安市：（3 个）

旅游型重点镇：雨城区上里镇（1 个）。

商贸性重点镇：汉源县九襄镇、天全镇始阳镇（2 个）。

眉山市：（8 个）

旅游型重点镇：仁寿县黑龙潭镇、洪雅县柳江镇（2 个）。

工业型重点镇：彭山县青龙镇（1 个）。

商贸性重点镇：东坡区思濛镇、彭山县谢家镇、仁寿县汪洋镇、仁寿县富加镇、仁寿县兴盛镇（5 个）。

资阳市：（5 个）

旅游型重点镇：简阳市三岔镇（1 个）。

工业型重点镇：简阳市养马镇（1 个）。

商贸性重点镇：简阳市贾家镇、安岳县龙台镇、安岳县石羊镇（3 个）。

阿坝州：（8 个）

旅游型重点镇：九寨沟县漳扎镇、汶川县水磨镇、汶川县映秀镇、汶川县卧龙镇、理县古尔沟镇、茂县叠溪镇、松潘县川主寺镇、小金县日隆镇（8 个）。

甘孜州：（3 个）

旅游型重点镇：稻城县香格里拉镇、泸定县磨西镇、康定县新都桥镇（3 个）。

凉山州：（6 个）

旅游型重点镇：西昌市安哈镇、盐源县泸沽湖镇、冕宁县泸沽镇（3 个）。

商贸性重点镇：西昌市安宁镇、西昌市马道镇、西昌市礼州镇（3 个）。

资料来源：四川省发展改革委《四川省“十二五”重点小城镇发现规划》（川发改规划〔2013〕238 号）。

是国家“三线建设”重点地区和西部大开发以来水电开发密集区域，我国西南地区大型钢铁、钒钛冶炼、水电基地和农副产品生产加工基地，城市群构成可进一步依托金沙江沿岸城市发展支撑；川东北城市群位于四川省东北部川渝陕甘四省（市）结合部，嘉陵江流域中下游，其中一部分是秦巴山区连片贫困地区、川陕革命老区、生态脆弱地区叠加的特殊区域，在国家主体功能区划分中有些区县属于限制开发区和禁止开发区，工业化城市化发展差异较大，有的已开始进入中期，有的尚处在初期阶段，城市群未来发展还可能出现分化（见图 15-7）。

图 15-7　四大城市群

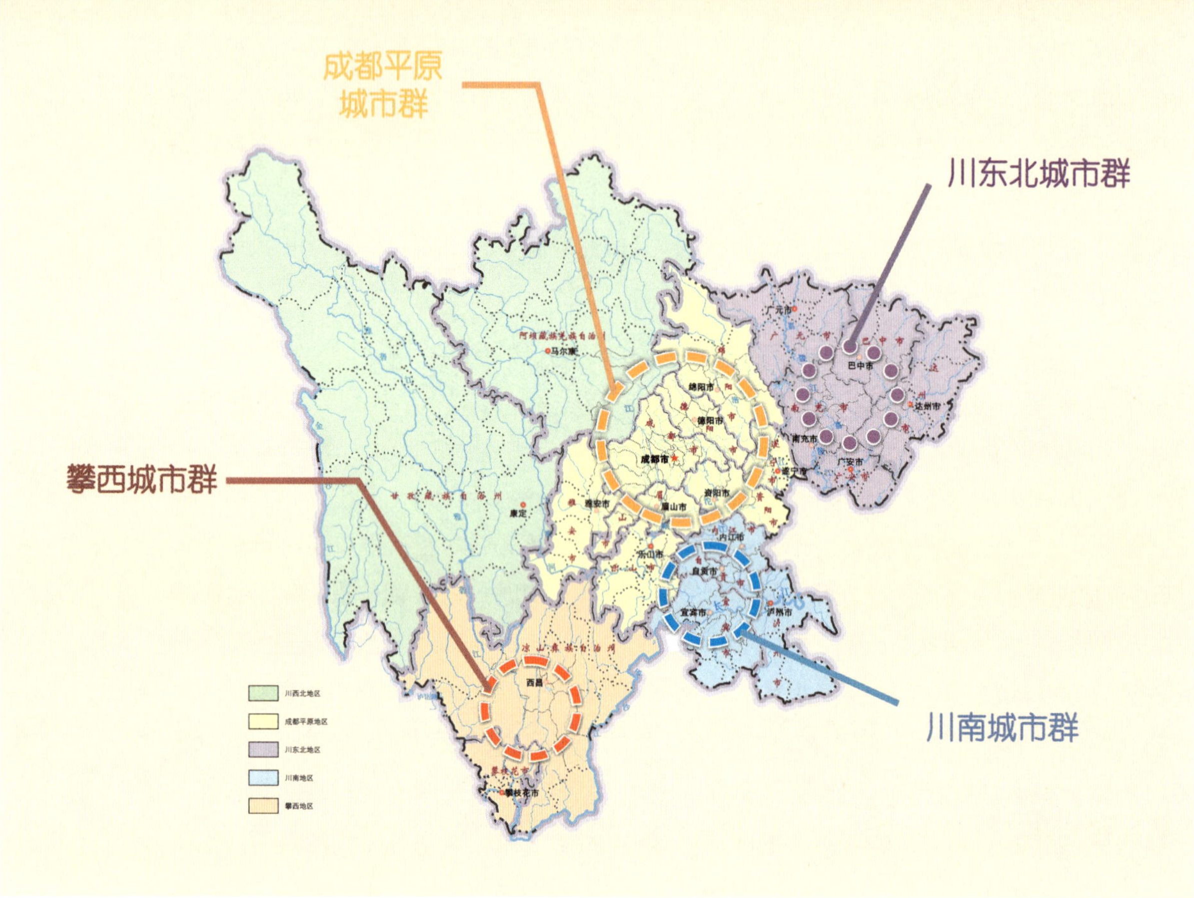

资料来源：本图由四川省发展和改革委员会、四川省测绘地理信息局提供。

（一）成都平原城市群

成都平原城市群包括成都、德阳、绵阳、眉山、雅安、乐山、遂宁和资阳等 8 市[①]，处于成都平原及周边浅丘地带，2011 年末常住人口 3689.16 万人，人口密度为 429 人 / 平方公里，经济密度为 1471.92 万元 GDP/ 平方公里，是全省人口密度、经济密度最高的地区。成都平原城市群在仅占全省 5.2% 的土地上，集中了全省 20% 的人口、41% 的 GDP、45% 的财政收入，经济增长速度接近或达到沿海发达省市的水平，是对全省经济社会发展贡献最大的经济区。成都平原城市群是成渝经济区的重要组成部分，2011 年，成都平原城市群的 GDP 占到成渝经济区 GDP 的 42.7%。成都平原城市群的核心城市首位度极高。核心城市成都市人口 1400 万人，占成都平原城市群的 38%，经济总量

① 关于四大城市群的范围，《成都平原城市群发展规划》提出的范围包括：成都市、德阳市、绵阳市、眉山市和资阳市，以及雅安的市中区和名山县，乐山的市区（4 个区）、峨眉山市和夹江县，共 51 个区（市）县，面积约 6 万平方公里，本节以市级行政辖区为基本单位划分四大城市群，与第二节四大城市群划分依据不同。

占成都平原城市群经济总量的 56.5%，是第二位城市绵阳的 5 倍多；第二产业增加值占成都平原城市群的 60% 以上；第三产业增加值占成都平原城市群的 70% 以上，首位度更为突出。成都已成为成都平原城市群的经济核心，城市群内经济社会活动的空间运行以成都为中心，具有很强的向心性和内聚性。天府新区建成后，成都将再增加人口 500 万左右，经济目标是“再造一个产业成都”，到 2020 年，在仅仅 1578 平方公里的区域内，经济总量将有可能达到 6500 亿元，相当于整个成都 2011 年的经济总量！届时，预计成都常住人口将达到 1700 万左右，城镇化率达到 80%，经济总量达到 2 万亿以上，比 2011 年增长近 2 倍！

成都平原城市群的突出特点、竞争优势和发展重点是：

第一，区位优势突出。成都平原城市群位于四川西部平原及浅丘地带，都江堰灌区覆盖全域。气候温和、雨量充沛，铁路、高速、客运专线、航空四通八达。它是四川东通重庆及沿海、南接云贵粤桂、北连陕甘、西达康藏的综合交通枢纽，是中国全方位开放特别是向西开放的内陆基地。

第二，具有强大的经济和科技优势。成都平原城市群是中国西部现代产业的重要基地。电子信息产业、重型装备制造业、核工业、航空航天业、汽车工业、油气化工业、新能源工业、新材料工业、生物医药工业等最为发达，将有可能与重庆构成中国最大的电子信息和汽车工业基地。成都平原城市群是中国西部地区科研创新基地。有国家级成都高新技术开发区、绵阳高新技术开发区、乐山高新技术开发区，绵阳科技城，数十个国家科研机构，包括电子信息、航空航天、核工业、新材料等在此布局。大专院校广布区内，科技人才多在此聚集。农业发达，是四川粮食和农副产品重要基地之一。

第三，空间结构特殊。成都平原城市群呈“一主多副”格局。成都是成都平原城市群主中心，在成都周边 120 公里范围内，分布着绵阳、乐山、遂宁和雅安四个区域性中心城市，将发展成为成都平原城市群的北南东西 4 个 100 万人口的副中心，形成组团式发展格局。其中，绵阳是成都平原城市群北部联系陕甘两省、辐射川东北和川西北地区的副中心；乐山是成都平原城市群南部联系云贵、辐射川南和攀西的副中心；遂宁是成都平原城市群东部联系重庆、辐射川中和川东地区的副中心；雅安以其独特的区位条件，可望成为成都平原城市群联系康藏和攀西城市群的副中心。为了推进成都平原城市群一体化快速发展，成都平原城市群 8 个城市已于 2010 年签订了《成都经济区区域合作框架协议》、《劳动保障、医疗、计划生育等公共服务一体化合作协议》、《成都经济区区域合作环境保护合作协议》、《成都经济区科技合作协议》、《科技金融业务联盟发起人协议》，基础设施建设、产业布局、旅游发展、社会事业、市场监管、农业合作、环保等多个方面已开始推进。成都、眉山、资阳共建天府新区已全面开工。与此同时，成都与资阳、眉山、雅安还分别共建了成资工业集中发展区、成眉工业集中发展区和成雅工业园区。核心城市成都正在推进高端服务业的发展。

第四，全方位开放特别是向西开放的内陆高地。成都平原城市群开放型经济正在形成。2011年，8市进出口总额达到442亿美元，占四川进出口总额的92.58%。其中成都尤其突出，2010年出口规模在18个中西部城市中居第一位，出口增幅高于全国增幅1个百分点，形成了以机电、高新技术产品为主导的出口商品格局。实际利用外资64.1亿美元，增长43.2%，西部第一；新川创新科技园、中国知名民营企业总部园区、锦江区香港服务业园区、台湾创世纪文化创意园、台商现代服务业园区、欧盟产业园等一批开放型经济园区快速推进；到2012年底，引进世界500强企业233家，居西部城市首位。成都平原全方位、多层次、宽领域的对外开放格局基本形成。

（二）川南城市群

川南城市群包括内江、自贡、泸州和宜宾等4市，辖10个市辖区、10个县城、531个乡镇集市（其中：建制乡政府所在地159个、建制民族乡政府所在地21个、建制镇政府所在地351个），辖区面积约3.4万平方公里。2011年末常住人口1507.81万人，人口密度443人/平方公里，经济密度1066.79万元GDP/平方公里。川南城市群经济总量占四川省1/5左右，是仅次于成都平原城市群的四川第二大城市群，4市均为主城区人口超过百万的大城市，建设增长极的基础较好，潜力较大，有望成为四川新的经济增长极和川滇渝交界区域新的经济增长极。

川南城市群的突出特点、竞争优势和发展重点是：

第一，区位优势明显。川南城市群南沿长江上游干流，依托宜宾、泸州两港与川黔相连，西接云南昭通，并沿金沙江正在开发的四大水电站与四川凉山州和攀枝花市相通，北跨成渝铁路、成渝客专、成渝高速西达成都，东向重庆。东沿长江干流、渝宜高速再接重庆。长江支流沱江由北向南，横跨全区，流入长江。内昆铁路、成贵铁路、成自泸高速、成宜高速、成乐自高速、成自泸赤（成都－自贡－泸州－赤水）高速、宜泸渝高速贯穿全境。这种城市密集、交通密集的区域全省少有。川南城市群不但是一个与成都、重庆相互辐射得以高速发展的城市群，而且是一个极具向云南东北、贵州西北方向和金沙江中下游扩张的经济区和城市群，还有就是四川南联南贵昆、珠三角、北部湾经济区的重要门户。川南城市群是一个具有多向经济发展的区位优势的城市群。交通条件的改善对于川南城市群“抱团”开放，起到了有力的推动作用，也提升了该区域的区位条件。

第二，化工资源富集。川南城市群拥有较丰富的煤矿资源，具有发展煤化工、盐化工、硫磷化工、有机化工和新材料的重要条件。古叙煤矿是四川省唯一尚未规模开发的低硫、特低磷、中高发热量的大型优质无烟煤矿区。探明和预测的无烟煤储量69亿吨；硫铁矿储量32亿吨，煤层气资源量1001亿立方米，是中国十三大煤矿之一。水能资源丰富，正在建设的有向家坝、溪洛渡等水电站，装机容量约1.5亿千瓦。川南盐卤资源储量200亿吨以上，还可开采上千年。拥有向家坝大型水库，有利于川南地区农业灌溉和工业、城市用水的供应。

第三，产业基础较强。川南城市群开发历史悠久，拥有良好的工业基础。抗战内迁和“三线建设”均在川南地区重点布局，现在川南已形成以机械装备制造、化工、能源等重化工业基地，以优质名酒为代表的农副产品加工基地等，规模以上工业增加值占全省的 25.0%。川南装备制造产业基础坚实，有锅炉、机床、起重机械、泵阀等骨干企业，自贡、泸州都是机械重化工业老基地；化工产业包括天然气化工、盐碱化工、化纤、高分子化工等产业，覆盖无机化工、有机化工、高分子化工等全部领域，泸州天然气化工、自贡盐碱化工、宜宾化工轻纺在全省都具有一定的竞争优势；白酒产业是川南地区的特色产业，是“中国白酒金三角”的核心区域，以五粮液、泸州老窖、郎酒等白酒为代表的特色农产品及加工在全国占有极其重要的地位。川南城市群正在推动特色优势产业向专业园区集中，内江有川渝经济合作隆昌产业园、西南再生资源产业基地，泸州有机械工业集中发展区、酒业集中发展区，宜宾的临港产业连片成带，自贡有国家级高新技术开发区，产值占全市的 23.7%。近几年来，川南的产业已基本形成产业集群，正拓展产业链，产业优势在全国同行业中有领先地位或独占优势。

第四，空间布局呈多中心格局。川南城市群是四川省人口密度较高、经济实力较强、工业化进程较快、城镇化水平较高的区域。川南城市群四大城市发展势均力敌，交通便捷，城际距离仅 1 小时车程，距成都、重庆最短半小时车程，相互依存度较小，是典型的多中心城市群。川南城市群腹地广阔，不仅可以辐射川渝广大盆地，而且可以辐射贵州的毕节地区、云南的昭通地区和金沙江下游地区，与凉山州、攀枝花市相接，有广泛的跨区域发展前景和通向东南亚、南亚的条件。

（三）攀西城市群

攀西城市群是攀枝花和西昌两地地名的合称，位于四川省西南部，南起攀枝花市和西昌市，北到冕宁，纵贯 340 公里。攀西城市群包括攀枝花市和凉山彝族自治州，辖 3 个市辖区、19 个县城（其中：县级市 1 个、县 17 个，自治县 1 个）、682 个乡镇集市（其中：建制乡政府所在地 560 个、建制民族乡政府所在地 26 个、建制镇政府所在地 96 个），辖区面积约 6.7 万平方公里。2011 年年末常住人口 576.09 万人，人口密度 86 人 / 平方公里，经济密度 245.64 万元 GDP/ 平方公里。攀枝花市位于金沙江、雅砻江交汇处，城市和钢铁基地由高山峡谷弄平而成，命名弄弄坪。西昌市为我国川西南重要城市，现为四川凉山自治州首府，我国第一个卫星发射基地就建在这里。攀西地区是我国西南地区大型钢铁、钒钛、稀土冶炼加工基地和水电基地、优势特色农副产品生产及加工基地，有铁路、高速、飞机与全国相通。

攀西城市群的突出特点、竞争优势和发展重点是：

第一，特色资源优势突出。拥有丰富的钒、钛、稀土等重要战略资源，以及丰富的水能、光热资源和旅游资源。攀西地区的钒、钛资源分别占全国储量的 93% 和 69%，均居世界第一，钒钛磁铁矿的远景储量达200亿吨，稀土资源储量居全国第二位，富铁矿、铜铅锌储量居四川省第一，磷、硫等非金属矿产资源也极为丰富。攀西地区有丰富的水能资源（包括金沙江、雅砻江、大渡河），理论蕴藏量为9389万千瓦，可开发量6873万千瓦，是国家“西电东送”的重要基地和骨干电源点。已建成的电站有装机容量330万千瓦的二滩水电站和总装机容量360万千瓦的瀑布沟水电站。区域内还有在建和拟建的装机容量100万千瓦以上的电站11座（包括在建的溪落渡电站），梯度开发的水电站正积极跟进。同时，阳光是攀西地区的优势资源，攀枝花和凉山州平均年日照在2300～2700个小时，是仅次于拉萨的太阳光热最丰富的地区，被称为“阳光之城”。开发利用太阳能资源，培育和壮大太阳能产业已成为该地区的产业重点。

第二，钢铁产业基础雄厚。攀枝花市是世界第二大钒钛产品基地、中国最大的钛原料和钒钛低（微）合金钢基地。拥有攀钢、龙蟒2个国家级企业技术中心和国家级冶金产品检验实验室，有196位从事钢铁钒钛开发研究的国家级、省级、市级专家集中在这里，科技人才聚集度国内第一。攀钢集团钢铁研究院是国内最大、综合实力最强的钒钛科技专业研究机构。国家质检总局批准筹建的国家钒钛制品检验检测中心已经开工建设，是中国钒钛制品的标准制定者和质量检测基地。2008年7月，攀枝花被中国矿业联合会命名为“中国钒钛之都”；11月，攀枝花钒钛产业集群入选“中国产业集群50强”；2010年2月，被国家工信部列入首批国家级新型工业化产业示范基地；2012年，国家将攀西设立为国家级“攀西战略资源创新开发试验区”。这标志着攀枝花围绕钒钛磁铁矿开发利用，以自主创新、综合利用和国家战略金属开发为主线的钢铁钒钛产业的发展正式被纳入国家新型工业化发展战略。经过40多年的开发建设，攀西地区已初步形成以攀钢为龙头，以资源开采、冶炼、提钒、综合利用为主业，近百家企业参与的钒钛产业集群，成为国内外重要的钒钛原料基地和钒钛钢生产基地。

第三，具有发展新型能源、特色农产品和特色旅游产业的特殊优势。攀西地区的水电和太阳能产业，能为全国发展提供低碳、环保、清洁、可持续利用的新型能源，促进经济建设走可持续发展道路。凉山是国家重要的优质烟草基地，攀枝花是国家指定的南菜北调生产基地。攀西地区以早熟蔬菜、亚热带水果、花卉和中药材为代表的特色农产品，以及阳光旅游、民族风情、山水风光、生态旅游为代表的旅游业，能够提供更多的无公害、高品质的农副产品，以及丰富多彩的旅游产品和服务。攀西地处长江上游，分别属于金沙江、雅砻江、安宁河、大渡河流域，其生态环境以及开发状况会影响到下游地区的生态环境和生态平衡。攀西城市群还是成渝经济区和长江上游的生态屏障。

第四，建设面向东南亚、南亚的中国西南钢铁基地。我国钢铁企业布局多在沿海，钢铁企业重组格局也不合理。中国西南面向亚欧大陆众多发展中国家，在工业化初期、中期，他们对钢材的需求十分迫切。要积极推进攀钢、昆钢、水钢的联合重组，建成中国西南大型钢铁联合企业，依托云南“桥头堡”、广西北部湾，面向东南亚、南亚诸国，就近进入这些国家的钢材市场。还可与印度合作，进一步开展中印铁矿石贸易，壮大两国的钢铁产业。与我国东部“引进来”为主不同，我国向西南开放是以“走出去”为主，是与发展中国家相互合作为主，需要做多方面的政策创新和探索。攀西城市群要主动发起西南钢铁一体化的生产建设和市场联盟，开辟向西、向南的外贸市场。

第五，积极推进金沙江下游沿江经济带开发建设，提升中小城镇发展实力，壮大攀西城市群。金沙江下游流经四川省攀枝花市、凉山州和宜宾市的 13 个区县。沿江地区是四川省发展较为落后的区域，但水能资源极为丰富，大规模水电建设正在展开，陆上交通也在规划建设，将成为连接四川省攀西和川南两个城市群的重要腹地。2012 年 9 月，四川省制定了《四川省金沙江下游沿江经济带发展规划（2012 ~ 2017 年）》①，规划范围包括攀枝花市仁和区、西区、东区、盐边县，凉山州会理县、会东县、宁南县、布拖县、金阳县、雷波县，宜宾市屏山县、宜宾县、翠屏区。规划明确规定，未来 5 ~ 8 年，四川省将在金沙江中下游区域构建和完善“一主四纵二横”的综合交通干线网络，推动资源优势转化为经济优势和发展强势，加快发展特色优势产业，积极推进城镇化和新村建设，加强生态建设和环境保护，到 2017 年，金沙江下游沿江经济带建设要力争取得明显成效，到 2020 年要实现跨越式发展，建成国家重要的清洁能源基地、战略资源创新开发示范区，四川省重要的特色农产品深加工基地、阳光休闲度假旅游目的地、南向开放合作窗口、长江上游重要生态屏障区。在此形势下，沿江县城会理、会东、宁南、布拖、金阳、雷波等将逐步壮大，成为攀西城市群的组成部分，攀西城市群仅有攀枝花和西昌两市的格局将得到改变。

（四）川东北城市群

川东北城市群位于四川省东北部川渝陕甘四省（市）结合部，包括南充、广安、达州、广元、巴中等 5 市，辖 9 个市辖区、23 个县城（其中：县级市 3 个、县 20 个）、1309 个乡镇集市（其中：建制乡政府所在地 784 个、建制民族乡政府所在地 7 个、建制镇政府所在地 518 个），辖区面积约 6.2 万平方公里。2011 年末常住人口 2076.72 万人，人口密度为 335 人 / 平方公里，经济密度为 556.15 万元 GDP/ 平方公里。嘉陵江、渠江流域横贯全区南缘，经重庆流入长江。已建铁路有南沿的成达快铁、北沿的广元经巴中到达州的铁路，东沿有襄渝铁路过境达州，西沿有成绵广高速通广元，成都经南部到巴中。但总体来看，全区工业化水平低，城镇发育程度低，交通不发达，川东北城市群目前尚处于聚集形成之中。川东北城市群要努力加快工业化进程，加快天然气等优势资源的开发利用，提高资源就地加工和转化水平，加强交通等基础设施建设，全面改善发展条件。要重点推进革命老区连片贫困山区的扶贫攻坚工作，改善居民的生活条件。

---

① 四川省人民政府办公厅：《四川省金沙江下游沿江经济带发展规划（2012 ~ 2017 年）》，2012 年 9 月。

川东北城市群的突出特点、竞争优势和发展重点是：

第一，革命老区与连片贫困山区叠加，是全省贫困度最高区域。北部地区是中国革命史上具有突出地位和突出贡献的川陕革命根据地，与延安、井冈山、临沂、遵义、百色、龙岩等几个老区具有同等地位；同时又是秦巴山脉连片贫困地区；人口多，人口密度335人/平方公里，为全省人口密度166人/平方公里的2倍；灾害频发，秦巴山地灾害区、川东暴雨区、川中夏旱伏旱交替区几者叠加，贫困人口聚集。2011年，有国家级贫困区（县）13个、省级贫困区（县）17个，辖区面积6.04万平方公里，占总面积的97.4%；城乡最低生活保障人数达230.6万人，占全省城乡最低生活保障总人数的37.5%；广元、南充、广安、达州、巴中5市分别实现农村居民人均纯收入4895元、5837.1元、6512.7元、6148.3元和4666.5元，除广安和达州外，均低于全省平均水平（6128.6元）；城镇居民可支配收入也较低，巴中市城镇居民人均可支配收入仅有14609元，为四川省21个市（州）最低，为全省平均水平的81.6%。

第二，天然气资源富集区。拥有中国规模最大、丰度最高的特大型整装海相气田——普光气田，已探明3000亿~4000亿立方米的远景储量，是四川盆地天然气生产的重要战略接替区，是我国西气东输重要组成部分。达州已建天然气化工基地。天然气含硫化氢高，剧毒。曾发生过泄漏事故，企业和政府、居民都配备了防范设施和具体措施。其他各地也有天然气显示，在探测之中。

第三，具有沟通西南和西北的重要条件。本地区南南充、广安与重庆接壤，且有嘉陵江航运、成达快铁、成达高速、渝南高速、渝广高速等交通干线，使南充、广安接受重庆和成都两大核心城市的辐射，经济发展水平和人民生活水平均较本区北部为高。根据规划，正在建设的渝兰铁路，将通过南充、广元到兰州；渝西铁路将通过南充、巴中到西安或经过达州到西安；成兰铁路将通过广元到兰州；成西铁路将通过广元至西安。这几条重要交通干线建成后，将使川东北经济区和城市群成为连接成渝经济区和关中－天水经济区的中间地带，川东北城市群地处重庆、成都、西安“西三角”的中心地带，川东北的区位有条件由劣势转为优势，经济社会将得到长足发展。《四川“十二五”规划纲要》首次提出把川东北建成“连接我国西北与西南的新兴经济带”，这个目标是完全可以达到的。

第四，正在聚集的多中心城市群。川东北城市群发展的战略重点应当是依托两极（成都、重庆）、面向三市（成都、重庆、西安）、连接两区（成渝经济区、关中－天水经济区）、开发两江（嘉陵江、渠江）、建设一带（川东北新兴经济带），推动五大产业发展（天然气化工、机械电子、现代农业及产品深加工、特色旅游和现代物流产业），率先发展沿江经济、大力发展通道经济、扶贫开发秦巴山区、跨越式发展革命老区、加快发展成渝通道轴和环渝区块。同时，抓住国家大规模勘探、开发天然气的机遇，提高资源综合利用水平，加快建设国家级天然气综合开发利用重点区。在广元、南充、广安、达州和巴中 5 个“中心节点”城市带动下，加快城镇化进程，推进“两化”互动，有效促进城乡统筹发展。

第五，川东北城市群未来可能的变迁。川东北城市群是成渝经济区北部的重要城市群，是成渝经济区北扩的重要地带。南充、广安、达州是成渝经济区北部重要城市，是重庆发展的腹地，这几个城市与重庆有着十分紧密的经济社会联系，历来有“小车跑成都、大车跑重庆”之说，是这几个城市发展的紧密辐射源。正是从这个实际出发，四川推进成渝经济区建设部署的“一极一轴一区块”政策要求“环渝区块”要“主动融入重庆经济圈”。广元和巴中未来可能随着发展北扩而进入成渝经济区。广元、巴中、达州都有可能与陕西甘肃毗临地区建成跨省经济区。广元也有可能进入成都经济区，构成成都与西安间的接点。

四 城镇发展质量

城市发展质量不断提升是城镇化进程的重要内容。胡锦涛总书记在中共十八大报告中提出，要“推动信息化和工业化深度融合、工业化和城镇化良性互动、城镇化和农业现代化相互协调，促进工业化、信息化、城镇化、农业现代化同步发展”[①]。李克强总理进一步详细阐释了新型城镇化的内涵，强调“推进城镇化，核心是人的城镇化，关键是提高城镇化质量，目的是造福百姓和富裕农民；要走集约、节能、生态的新路子，着力提高内在承载力，不能人为‘造城’；要实现产业发展和城镇建设融合，让农民工逐步融入城镇；要为农业现代化创造条件、提供市场，实现新型城镇化和农业现代化相辅相成”[②]。四川城市发展质量经过改革开放特别是西部大开发以来的发展，明显提高。全省的市、县级城市已实现从 20 世纪 90 年代的青瓦屋面小街道，向现在的“高楼大厦”转变，大、中城市的老工业区、老城区、棚户区、城市贫困区得到不同程度的改造，城市交通、城市绿地、城市教育、城市社区、城市社会保障、城市公共服务等硬件软件建设取得很大成绩，四川城市建设发生了翻天覆地的变化，在全国名列前茅。但离城市现代化还有很大差距，需要继续努力。

（一）公共事业建设

全省城市公共事业发展迅速，公共服务均等化正在加快推进。学校、医院基本实现在城市每个区域均衡布局，城市高中普及率达到 95% 以上，应届毕业生基本普及大学（包括职业学校）教育，大学生就业率达到 95% 以上；城市居民医疗卫生质量明显提升，城市养老、最低生活得到有效保障；城市居民登记失业率控制在了 5% 以内；城市基础设施条件得到很大改善。居民生活质量有很大提高。如表 15-9 所示，2011 年地级市中，城市自来水普及率

① 胡锦涛在中国共产党第十八次全国代表大会上的报告《坚定不移沿着中国特色社会主义道路前进为全面建成小康社会而奋斗》，2012 年 11 月 8 日。
② 李克强在国家粮食局科学研究院考察调研时的讲话，2013 年 1 月 15 日。

达到 91.83%，最高的德阳市达到 100%，最低的内江市城市用水普及率为 80.10%；燃气普及率达到了 87.09%，最高的绵阳市达到 99.18%，最低的雅安市达到 73.91%；人均城市道路面积 12.14 平方米，最高的绵阳市为 16.83 平方米，最低的巴中市为 2.14 平方米。四川城市发展特别注重生态环境建设。从绿化总面积看，城市园林绿化覆盖面积为 85991 公顷，其中，建成区为 68330 公顷；园林绿地面积 77406 公顷，其中，建成区为 61137 公顷；公园绿地面积为 17902 公顷，共有公园 377 个，公园面积为 9423 公顷。从人均占有面积看，人均公园绿地面积达到 10.73 平方米，最高的广安市人均为 14.80 平方米，最低的乐山市为 7.06 平方米；建成区绿化覆盖率达到了 38.21%，最高的广安市为 44.26%，最低的巴中市为 28.89%；污水处理率达到了 78.32%，最高的是广安市为 93.94%，最低的攀枝花市为 24.17%；生活垃圾处理率达到了 92.66%，最高的有成都、泸州、德阳、绵阳、眉山和广安六市，都达到了 100%，最低的巴中市为 59.62%（见表 15-9）。

表 15-9　四川城市公共设施建设水平（地级市，2011 年）（单位：平方米，%）

地　区	用水普及率	燃气普及率	人均城市道路面积	人均公园绿地面积	建成区绿化覆盖率	污水处理率	生活垃圾处理率
全　省	91.83	87.09	12.14	10.73	38.21	78.32	92.66
成　都	98.17	95.58	14.98	13.45	39.15	90.02	100.00
自　贡	84.65	82.00	9.49	8.62	38.50	89.80	89.49
攀枝花	91.28	85.42	9.05	8.61	38.16	24.17	95.29
泸　州	89.78	81.48	9.90	9.10	40.26	80.08	100.00
德　阳	100.00	87.68	13.63	9.65	39.80	87.12	100.00
绵　阳	99.02	99.18	16.83	10.38	38.30	89.16	100.00
广　元	92.59	83.16	11.93	11.73	37.81	77.60	76.17
遂　宁	80.91	79.33	11.40	7.11	41.62	83.15	76.13
内　江	80.10	77.62	6.19	8.01	38.05	81.00	71.73
乐　山	91.69	90.99	13.65	7.06	36.69	63.77	96.69
南　充	96.99	95.65	11.96	8.86	38.63	67.67	83.33
眉　山	97.69	96.51	15.33	10.86	35.56	74.49	100.00
宜　宾	95.34	96.51	8.71	14.77	39.10	64.21	98.03
广　安	78.22	79.19	9.42	14.80	44.26	93.94	100.00
达　州	85.15	84.61	4.50	14.55	29.91	55.07	84.63
雅　安	99.23	73.91	10.03	8.92	41.00	77.43	87.55
巴　中	88.39	85.42	2.41	7.68	28.89	76.01	59.62
资　阳	90.81	82.60	13.30	9.67	38.32	87.05	95.29

资料来源：本表根据《四川统计年鉴（2012）》数据整理。

（二）交通通信设施建设

全省交通通信已经和正在发生巨变，深刻影响着城乡居民的生活方式和工作方式。

西部大开发实施 10 年来，四川省开始实现“蜀道难”变“蜀道通”的目标。特别是省委九届四次全会提出建设西部综合交通枢纽以来，四川迎来了交通建设史上投资规模最大、开工项目最多、发展最快的时期，西部综合交通枢纽主体骨架正在加速形成。2008 ~ 2011 年，全省公路、水运建设投资 4 年翻了两番，累计完成 2668 亿元，是新中国成立以来至 2007 年 58 年累计完成投资的 1.34 倍。4 年累计开工建设高速公路项目 42 个，总里程达到 3887 公里，总投资规模达 3107 亿元，通车总里程突破 3000 公里，建成和在建总里程达到 6537 公里。全省高速公路网加速形成，已建成进出川大通道 9 条，在建 11 条；成都主枢纽正在形成 11 条放射线和 2 条环线；21 个市州和 131 个县政府所在地已建成或在建，覆盖全省 91% 的人口和 94% 的地区经济总量。4 年累计改造国省干线公路 1.1 万公里，全省国省干线及以上公路总里程达 1.3 万公里，占比达 66%。4 年累计改建农村公路近 12 万公里，完成投资 657 亿元。全省公路总里程达到 27.4 万公里，三级路网和道路运输站场建设协调发展，路网整体服务水平显著提升。“十二五”期间，四川还将投入 8453 亿元，形成 11 条进出川铁路大通道、18 条进出川高速公路大通道，基本建成西部综合交通枢纽，成都至重庆客运专线 1 小时通达，四川至全国各地将形成“8 小时交通圈”。

成都作为西部综合交通枢纽的地位更加突出。双流机场、城际动车、地铁的快速发展，有力地提高了成都城市发展质量。2011 年，双流机场客运量达到 2907.4 万人次，增长 12.7%，超越深圳机场，排名全国机场第五。在城市排名中，由于上海有浦东和虹桥两个机场，成都排名仅次于北京、上海、广州，成为名副其实的“航空第四城”，实现了航空领域的历史性崛起和跨越。城际交通方面，西南地区开通的成渝和谐号动车组是成渝经济区的重要纽带；成达（成南）动车组是川内重要城市的交通要线；成灌动车组是国内第一条市域快铁。其中，成都至重庆的动车上座率名列全国前茅，成都、重庆、达州由此构建起“西部动车金三角”。目前，成都东客站日客运量已过万，这里既成为旅客快速往来的主渠道，也成为开启四川高铁时代的“金钥匙”。[①] 成都地铁建设也在加快步伐，2005 年 12 月，成都地铁 1 号线开工，成为西部第一座开工建设地铁的城市。2010 年地铁 1 号线一期工程建成通车，2012 年地铁 2 号线 1 期工程建成通车，2013 年 2 号线西延线开通运营，成都将全面步入地铁时代。

各城市内、城市间、城乡间的公共汽车交通，在 4 个城市群都很普及，假期和休息日旅游、春运往返，长途汽车都十分方便。据有关部门报告，四川成都城市公交车数量超过 10 万辆，居西部第一，特

① 李梦媛：《2011 年交通枢纽建设收获多个第一》，《四川日报》2012 年 1 月 28 日。

别受到人民欢迎。出租车也较普及，购买小汽车在城市已形成潮流。据不完全统计，成都人拥有私家车量已达180.10万辆，居西部城市首位。[①] 堵车现象不但在成都，在其他一些城市也已发生。手机在城市极为普遍，农民工、保姆、商贩等都用手机，在青年人中款式更新非常频繁。宽带在大中城市的机关、学校、高中档宾馆、居民小区也逐渐普及起来。据不完全统计，2011年，成都市互联网网民规模达到740万，互联网普及率52.7%，高出全国平均14.4个百分点；全省网民2229万，全省互联网普及率27.7%。有些乡镇农民利用互联网做生意很有成效，已出现宽带下乡趋势。电信、移动、联通等公司竞争激烈，不断推出吸引用户的新招。

（三）生态环境等承载能力建设

随着工业化、城镇化进程加快推进，城市承载力面临严峻挑战。特别是工业、能源项目的选择和建设，汽车尾气排放，城市垃圾处理等，引发水污染、大气污染日益严重，在相当大的程度上削弱了城市的承载能力。以核心城市成都为例，石油化工、天然气化工、钢铁工业等企业在近郊布局，在100公里左右的四周都由脱硫条件差的火电厂包围，钢铁厂运进矿石、煤炭，运出矿渣，汽车PM2.5排放严重超标。据成都环保部门报告，2012年，成都市地表水水质总体为轻度污染，Ⅰ~Ⅲ类水质断面所占比例为71.1%，劣Ⅴ类水质断面所占比例为13.3%；城区空气质量未达到二级，城区可吸入颗粒物10年均浓度值为0.119毫克/立方米，情况相当严重。

近年来，四川省为了提高城镇综合承载能力，对供水、供热、供气、供电、排水、路灯、通信、网络、消防、有线电视、交通信号、园林绿化等各类地下管线设施建设进行了大规模投资，2011年，全省各地抢抓灾后重建和扩大内需机遇，大力推进环境基础设施建设。在国家和省专项补助资金的引导下，共筹集资金5.4亿元用于城镇生活垃圾处理场、污水处理厂建设和增添环卫设备，取得良好效果：城市生活垃圾无害化处理率达到89%，居全国先进水平；生活污水处理率达80%，居西部领先地位。2011年，成都全面实施农村生活垃圾处理提升工程，全市郊区（市）县共有215个乡镇、1131个村（社区）开展了农村生活垃圾前端分类试点工作，已建成农村生活垃圾堆肥点346个、可利用垃圾回收站（点）665个。生活垃圾无害化处理率和医疗废物无害化处理率均达100%，洛带环保发电厂稳定运行，双流九江环保发电项目建设基本完成，投入试运行，日处理能力1800吨。绵阳以打造“新农村综合体”为契机，配套镇村环卫设施，完善给水、排水系统，美化村庄庭院，推进城市基础设施向农村延伸，实现乡村环境面貌、设施功能全面改善提升，城市环境承载能力

① 成都市统计局：《2012年成都市“交通先行”战略统计监测报告》，成都统计信息网，www.chdstats.gov.cn，2013年2月20日。

都得到提高。但在水环境和大气环境的保护和治理上尚未采取重大举措。自贡市环保产业有较好的发展，其经验还未推广。总体来看，四川经济发展落后，需要加快发展，但对生态环境的保护和治理却重视不够，举措不足，改错不力，实际上是削弱城市的承载能力，对发展是很不利的。应尽快推进这方面的改革，防止在环境问题上的失误。

（四）统筹城乡规划建设

统筹城乡是城市化进程的重要内容。四川根据中央关于批准成都为“全国统筹城乡综合配套改革试验区”的决策，在全省积极推广成都经验，推进了城镇化建设。近 5 年来，城镇人口增加 474 万人，城镇化率提高了 6.23 个百分点，年均增长 1.56 个百分点，远超过 1990 ~ 2000 年年均增长仅 0.54 的速度。2011 年末四川省城镇人口 3367 万人，城镇化率达到 41.83%。1978 年四川城乡居民收入仅相差 204 元，到 1990 年相差 932 元，2000 年扩大到 3991 元，2011 年扩大到 11770 元，绝对差距扩大了 57 倍。从城乡收入比来观察，1978 年四川城乡居民收入的比值为 2.73：1（以农村居民为 1，下同），1982 年缩小到 1.86 : 1，成为改革以来的最低值。从 1983 年开始，城乡居民收入不断拉大，其比值由 1983 年的 1.93 : 1 扩大到 2003 年的 3.16 : 1，统筹城乡发展以后，城乡差距逐渐回落，2011 年全省城乡收入比缩小为 2.9 : 1。成都对四川省统筹城乡发展发挥了示范和带动作用，2011 年成都城镇化率达到 67%，城镇人口占四川省城镇人口总数的 28%，城乡居民收入比由 2003 年的 2.64 : 1 缩小为 2011 年的 2.42 : 1。成都统筹城乡有六大经验：第一，统筹城乡规划，在全国率先将规划延伸至乡、村一级，变城乡分别规划为城乡统一规划，以“全域成都”理念为指导，在 1.2 万平方公里市域范围内统筹规划，较好地避免了传统城镇化的弊端，使成都逐步展现出“现代城市与现代农村和谐相融、历史文化与现代文明交相辉映”的新型城乡形态；第二，让农民享有与城市居民同等的财产权利，开展农村土地和房屋确权登记颁证，实现“还权赋能”的核心目标；第三，为 600 多万亩耕地设立保护基金，保护好耕地资源和粮食生产能力；第四，创新城乡基本公共服务均等化，由财政拨款促进城乡公共资源均衡配置；第五，建立社会管理（就业、社会保障等）一体化制度，成都实现全市城乡居民基本医疗保险政策统一、待遇一致，城乡社会保障制度全面并轨，建立起城乡一体的就业服务体系和覆盖城乡困难群体的就业援助体系；第六，加强新型村级民主治理机制建设。[①] 成都市城市规模快速增长，其辐射力极大地促进了周边地区乃至整个四川的经济社会发展，尤其是德阳、绵阳、眉山、雅安、资阳、遂宁、乐山等与成都接壤的城市，受到成都统筹城乡综合配套改革试验区的政策效应，城乡统筹与城市发展有很大提升，从而推动了全省统筹城乡的发展和四川城市的全面发

① 赖芳杰：《统筹城乡成都向全国提供六大经验》，《华西都市报》2011 年 7 月 31 日，第 2 版。

展，构建起了城乡经济社会一体化发展的新格局。

（五）城市病防治

城市化快速发展带来的城市病问题是世界各国普遍面临的挑战，东京、伦敦、纽约等国际大都市都曾面临城市病的威胁，并在治理城市病方面为发展中国家提供了许多宝贵经验。国际经验表明，城市病是城市发展过程中最容易出现的现象，快速城市化阶段往往是各种城市病的凸显期和频发期。2011年末，我国城镇化率达到51.3%，标志着我国进入以城市社会为主的新的发展阶段。未来一段时期，我国仍将保持高速城市化态势。与高速城市化如影随形的，不仅有美好生活，也有已经显现并日趋严重的城市病。四川也处于高速城市化阶段，防治城市病已经而且是未来相当长时期内面临的重大挑战。近年来，四川在城市建设高速发展的同时，在生态环境、交通扩容、棚户区改造、城市绿化等方面都做出了许多努力，特别是通过开展城乡环境综合治理和城市综合整治工程，城市环境和城市面貌有很大改善。但也面临许多问题，如空气污染、水污染、交通堵塞、城市内涝、生活用水保护、垃圾处理等，情况仍然严峻，预防城市病是提高城市质量面临的重大课题，是全省现阶段城镇发展面临的重大任务，可从以下方面努力。第一，做好城市规划布局，新区旧城和中心城区形成合理的空间结构。“花园城市”新加坡的城市规划具有很大的借鉴意义，通过建立一系列放射状和环形的轨道交通系统，同时在这些沿线周围的主要或次要中心网点发展高密度居住区，同时有效整合公交与轨道交通，这样的城市布局值得借鉴，可在主城区的不同方位、不同区域建立起相对完善的生活配套设施，避免商业设施和人口都集中在市中心造成拥堵等问题。第二，建立卫星城，减缓人口和住房压力。例如全省人口和住房压力最大的中心城市成都，可通过基础设施建设、产业布局引导等措施，将双流、温江、郫县、新都、龙泉驿等县级城镇，以及华阳等乡级城镇，加快发展成为50万甚至100万以上人口的城市，形成功能齐全、配套完善的卫星城市，与中心城区共同构成一个新型的千万级城市人口的大成都。第三，在中心城市和部分二级城市，建立绿色公共交通体系。积极发展地铁网络建设和轻轨等快速公共交通，在交通拥堵的城市，还要更多地增加公交车专用车道，增加公交车线路，增加公交车运营数量，并保持公交车低票价，保证公共交通的方便、快捷、低费用，鼓励市民公交出行。增加自行车专用道和发展公共自行车交通体系，鼓励自行车交通。必要的时候要限制中心城区小车通行①。第四，改善城市综合环境。四川省通过城乡环境综合治理已取得明显成效，未来更要继续推进城市供水、城市排涝、城市绿化等工程设施建设，提高污水收集处理率，开发中水利用，全面改善城市环境质量，让城市更加美好。

① 王新前：《预防和治理“城市病”的几点建议》，四川在线，2011年1月15日。

五　小结与启示

四川城市化演进过程非常鲜明地反映出地理变迁的规律特征。

（一）重点地区选择

自然地理差异决定了并非所有地方都适合人口聚集、生产集中和城市发展，人口和经济的聚集，首先在条件较好的“点”上发生，然后逐步向线和面延伸。

在四川，人口聚集和城市发展的重心在沿江和盆地，四川盆地面积 18.9 平方公里，却聚集了 7395 万人口和 1951 个城镇，人口密度 391 人 / 平方公里，城市密度 103 个 / 万平方公里，是全国城市密度较高地区而不是较低地区[①]；而不适合人类生存的高寒高海拔的川西北地区，辖区面积 29.6 万平方公里，却只有 650 万人口和 140 个城镇，人口密度仅 22 人 / 平方公里，城市密度仅 5 个 / 万平方公里，是我国非常突出的低密度地区。这既是自然选择的结果，也得益于“一五”、“二五”、“三线建设”国家在四川的工业布局，得益于改革开放后特别是西部大开发以来，四川遵循这一规律，采取一系列政策推动条件较好地区加快发展的结果。20 世纪 80 年代，四川提出“依靠盆地、开发两翼”战略[②]，资源富集且有一定发展基础的川南和攀西为一翼，国家正酝酿开发建设的三峡工程区域为另一翼，盆地和“两翼”受到高度重视，四川步入加快发展阶段；进入 90 年代，四川进一步提出“两点两线两翼”、“一点一圈两片三区”的发展战略，条件较好的盆地、沿江、资源富集区域得到优先发展的政策眷顾，不仅有效推进了条件较好地区加快发展，而且有效推进了四川整体发展水平较快提高和城市化进程稳步提升。进入新世纪以来，在国家西部大开发政策背景下，四川推进西部经济高地建设、交通建设、成渝经济区建设，条件较好的成都经济区和成德绵经济带领先发展优势脱颖而出，并带动四川整体实力提高。可以看到，在这一进程中，市场之手和政府之手虽然在不同时期发挥着不同作用，但最终都选择和青睐于盆地、沿江、沿路、资源富集等条件较好地区，即便在计划经济和备战经济时代，政府之手仍然青睐盆地和沿江地区，改革开放后，市场之手和政府之手同时青睐盆地和沿江区域，合力推进盆地和沿江区域的快速发展和城市化进程。1949 年四川城市化率仅 8.3%，2012 年已达到 43.53%，进入城镇化高速增长的中期阶段。

（二）演进框架与机制

提高密度、缩短距离、打破分割，是促进一个国家和地区经济发展和城市化进

---

① 经济地理学相关书籍一般笼统地用四川全省面积和城市分布数据计算的城市密度来代表四川省城镇密度水平，从而判断四川是我国城市密度较低地区，这种方法忽略了四川的特殊情况：四川西部占全省面积 61% 的广阔区域，是青藏高原南缘的高寒高海拔地区，不适合人口聚集和生产集中，其人口只占全省 8.1%，不代表四川省的主体和整体的真实情况。

② “依靠盆地、开发两翼”中的“两翼”，一是指攀西和川南的“西翼”，一是指万县、涪陵、三峡电站开发区的“东翼”。

程的有效途径，也是60多年来特别是改革开放30多年来四川城市化进程与地理变迁的演进之路。

60多年来，从政府之手推进工业化和新兴工业城市崛起的“一五”、“二五”、“三线建设”，到改革开放后市场与政府合力推进条件较好地区优先发展，四川人口和产业不断向盆地和沿江等条件较好区域集中，先进地区人口密度和城镇密度及城市化水平不断提高。四川推进先进地区率先发展的做法也如沿海经验一样，规模经济和聚集红利不仅福泽先进地区，而且福泽整个四川，条件优越的成都经济区成为四川乃至西部地区的核心增长极，条件较好的川南城市群和攀西城市群不断壮大。

60多年前的成渝铁路和宝成铁路，40多年前的成昆铁路和襄渝铁路，30多年前的成渝高速，10年来的交通大建设，以及改革开放以来一系列放开要素流动的鼓励政策，蔚为壮观的人口流动，产业和资本的离川与再次西进，拉近了四川与东部增长中心和世界市场的距离，缩短了省内城市之间的距离，促进了人口、产业、资本等各种要素向发达地区和城市地区不断聚集。特别是近10年来的快速交通、城际高铁、城市地铁建设，大大缩短了城市间的流通时间，成（都）南（充）高速和成（都）达（州）快铁建成对于川东北城市间距离的缩短和城市发展带的逐步形成，成德绵乐客运专线建设对于城际通勤的实现和成德绵乐一体化进程的加快，金沙江沿江高速和铁路建设对于拉近攀西与川南的距离和新兴经济带的崛起，川南进入高铁时代，全川若干城市圈15分钟、半小时、1小时交通圈的形成和经济圈的崛起，一个个增长点因距离缩短而拓展，由点连线成片，四川城市发展从单个城市增长到城市带和城市群发展壮大，推进地区经济发展和城市化水平及城市密度大幅提升。

60多年来特别是改革开放30多年来，中国打破分割促进协作的种种努力和政策创新，丰富了经济地理变迁的理论和实践。中国特殊的分割现象是转型国家普遍面临的计划经济时代形成的条块分割、块块分割、城乡分割以及对城市功能的否定等问题，而不是欧洲那样的国家边界分割，中国广袤的区域之间、城市之间、城乡之间，并无语言障碍、货币障碍、税制障碍、文化障碍。因此，改革伊始，中国打破分割的改革：第一，从打破城市的封闭与封锁，恢复和发展中心城市功能开始，四川率先启动城市改革，并在随后的30多年里，通过市带县、市管县、中心城市计划单列、城市建制调整等一系列改革，推动城市与区域、城市与农村、城市与城市之间的合作。第二，通过市场化改革打破企业大而全小而全的体制，推动企业从各自为营的狭小空间走向社会化大协作，四川也是先行者。第三，在农村实行家庭联产承包责任制，把农民从土地和农村中解放出来，形成中国最为壮观的民工潮，四川又是中国农村改革的故乡，成都尤其突出。2006年，成都被国务院批准为全国统筹城乡综合配套改革试验区，通过城乡一体化的要素流动和公共资源配置、土地和户籍制度改革、基层民主政治建设，特别是三个集中的探索（工业向集中发展区域集中、农民梯度向城镇集中、土地向规模经营集中），对于打破城乡分割的二元体制创造了很多经验，当然，改革任务还十分艰巨。第四，国内贸易和区域合作，四川的探索方兴未艾。四川作为内陆地区，专业化协作不仅体现在国际贸易增长，更体现在区际贸易增长，改革开放以来，四川与周边和全国的区域合作不断拓展，区际贸易不断扩大，各种区域联盟如雨后春笋般涌现。20 世纪 80 年代初，四川就根据胡耀邦总书记的倡议参加了西南四省区五方的区域合作协调会，后发展为五省区六方，是全国区域合作办得最好、持续时间最长的组织。2008 年汶川大地震后，在全国各省积极援助的基础上，又加强了省际的协作。第五，打破内陆对外开放障碍，国际资本进入西部，四川也是佼佼者。2011 年四川实际利用外资达 110 亿美元，至 2012 年底有 233 家世界 500 强企业进入四川，实现对外贸易进出口总额 591.3 亿美元，比 1978 年的 4067 万美元增加了 1452 倍！世界银行 2009 年报告概括的经济地理变迁机制的三个要素，提高密度、缩短距离、打破分割，也是四川 60 年来经济地理变迁特别是城市地理变迁的历程（见图 15-8）。

图 15-8 概括显示，改革开放前，四川城镇化进程十分缓慢，一直在 10% 的水平停滞不前 30 年之久，城镇人口密度直至 1978 年尚不足 20 人 / 平方公里。改革开放后，四川城市化进程从 1978 年的 11.7% 起步持续稳步增长，随着人口和产业向城市快速聚集，几乎每十年上一个台阶，1978 ～ 1990 年 12 年间迈上 20 % 的台阶，1990 ～ 2000 年 10 年间再迈上 30% 的台阶，2000 年以来，经历 10 多年迈上 40% 的台阶，城镇人口密度也相应从每平方公里 10 人，相继提升到每平方公里 20 人、30 人、40 人。

（三）演进的阶段性特征

国际经验揭示了一个重要规律：集中和城市化进程存在“S”曲线规律，且与该国发展阶段密切相关，分别考察四川省整体水平和各个城市，均已进入城市化加速发展的中期阶段。

图 15-8　四川城市化演进及其阶段性特征

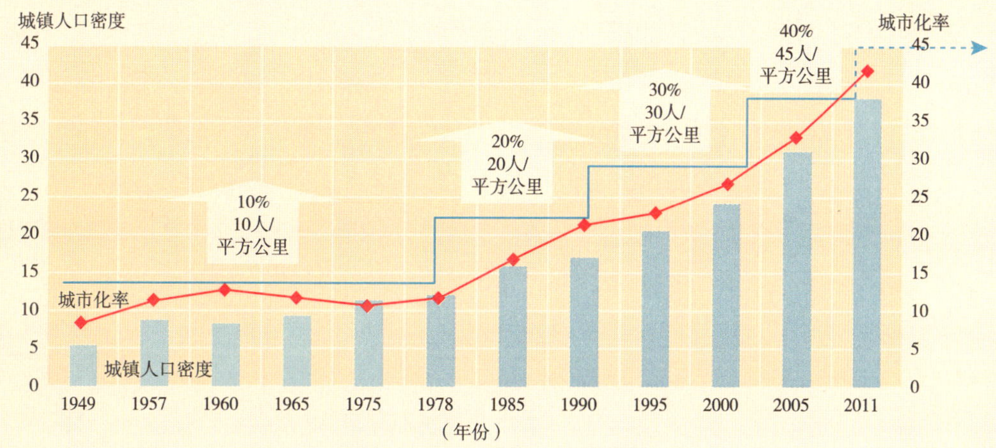

世界银行《2009年报告：重塑世界经济地理》总结两个世纪以来的国际经验表明，从低收入国家进入中下等收入国家即人均收入3500美元左右这一阶段，聚集最为迅速，城镇化率迅速从10%剧增到50%，这之后，从地方层面看，城市化急剧增长阶段将告一段落，从国家层面看，特别是从该国的先进地区看，随着发展不断深化，人口和生产将持续向先进地区集中，先进地区经济密度和财富会加速增长较长时间，直至进入高收入国家，即人均收入达到10000～15000美元，这种加速态势才会放缓或停止。这一地理变迁与该国经济结构先由农业经济向工业经济再向服务经济的结构转变紧密相关。世界银行对若干国家的比较研究发现，集中程度随收入的增高而增高，偏远地区的收入增长远远滞后，财富越来越集中于一些先进地区。近几十年来，还出现最大城市规模不断扩大的现象①。

四川城镇化进程和集聚程度的阶段特征与世行报告总结的经验基本一致，但也有一些特殊性。改革开放前，四川城镇化水平一直在10%停滞不前30年之久，改革开放后，四川城镇化进程从1978年的11.7%起步开始持续稳步增长，2011年达到41.8%。人均GDP这期间从155美元增长到4129美元，基本符合世行报告总结的规律，但对应人均国民收入4000美元这个水平，城镇化率尚未达到50%，且经历时间较长，这段增长曲线的斜率大大低于东部。其主要原因是2000年前增长缓慢。虽然改革开放一开始，四川在城市改革、农村改革等许多方面都走在全国前面，但与东部靠近国际市场的优势区位、国家实施沿海发展战略、轻工业和劳动密集型产业快速发展相比，四川经济因重型结构、国企比重高、工业基础薄弱、国家战略东移对国防科技工业冲击等，差距很大。1978～2000年，东部沿海经济和产业发展迅猛，而四川城市工业发展乏力，资本等要素吸纳能力薄弱，大量农村人口主要是向东部转移而不是向四川城镇转移，东部城镇化增长十分迅猛而四川城市化增长缓慢，22年间仅增长了15个百分点（从11.7%增长到26.7%），年均增速3.82%。2000年国家实施西部大开发战略以来，特别是2003年以来，四川城镇化进程因产业发展较快而呈现加速态势，从2000年的26.7%迅速增长到2011年的41.8%，11年间也增长了15个百分点，年均增速4.16%，比1978～2000年均增速快8.9%（见图15-9）。

分别考察各个城市，虽然城镇化水平高低不同，但均已进入加速发展阶段。最为突出的是最大城市成都②，不仅城镇化增速仍呈持续加速态势，而且规模扩大态势至今有增无减，生产和人口继续加速向成都集中，成渝高铁通车，成德绵乐客专通勤，地铁投入运营，成都与川南、川东、攀西交通越来越快捷，再加上天府新区建设和产业倍增计划的实施，成都的加速集中态势将进入更加强劲的阶段。与此同时，人口和产业持续加速向中心城市集中不仅

① 世界银行：《2009年世界发展报告：重塑世界经济地理》，清华大学出版社，2009，第8～11页。

② “最大城市”指一个区域里规模最大的城市，中国一般称“首位城市”。

发生在最大城市成都，而且发生在不同级别的其他中心城市，逐步形成一级中心城市、二级中心城市、众多中小城市和重点城镇构成的城镇等级体系，以及“一核五带四群”的城镇空间分布格局。（见图15-10和表15-10）。

图 15-9 人口随经济发展向城镇集中

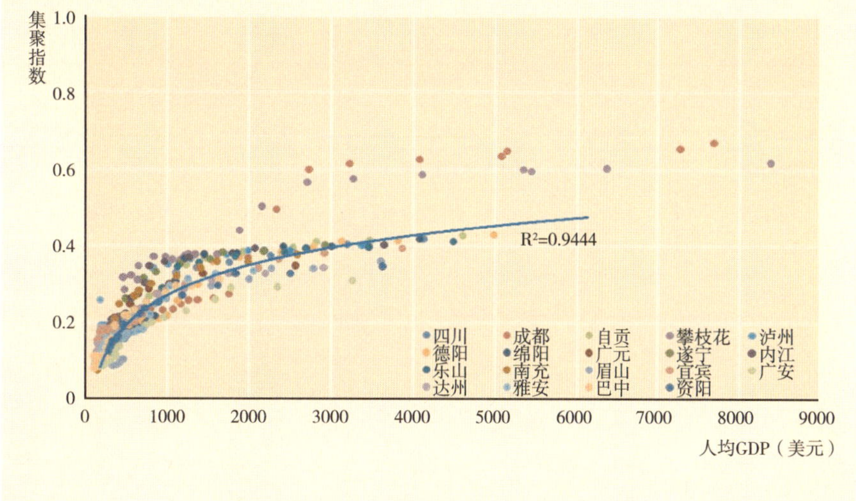

图15-10十分清晰地传达出一个信息：成都和成都平原是四川人口和财富的聚集高地，成都与省内其他城市比较，集聚指数加速增长阶段的斜率更陡、持续时间更长、集聚水平更高，这种态势未来可望持续相当长的一段时间。根据世行报告对多国经验数据的总结，领先地区加速集聚和集中态势将持续到人均GDP10000～15000美元区间，之后进入缓慢增长阶段[①]。成都2011年人均GDP7800美元，距离10000～15000美元区间还有近一倍空间，但成都目前城镇化率已到67%的较高位置，未来集聚曲线的斜率将逐步趋缓，年均增速将逐步低于前一阶段，进入中速甚至低速增长阶段，向周边和其他区域扩散的扩散效应则逐步增强。

图 15-10 生产向先进地区集中

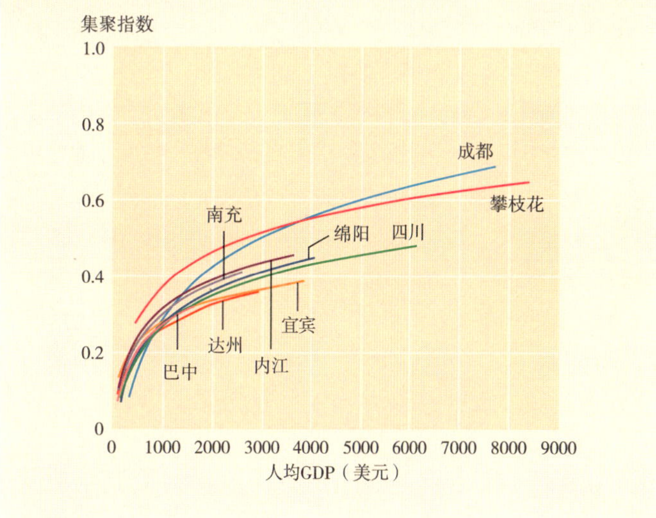

本文数据来源及处理特别说明如下。我国对城市化率的统计方法在2005年发生重大改变，2005年前，采用户籍人口及其非农人口比重表达，2005年及之后，采用常住人口和城市化率表达，且二者差距较大，这就为历史系列数据分析带来很大困难，需要采用某种方法，把2005年以前的户籍人口及其非农人口比重表达方式，转化为与2005年以后相一致的城市化率。为此，我们对历年的户籍人口、常住人口、非农人口比重、城市化率这四个数据进行相关分析，以期用数学方法对此进行拟合，进而推断。

（1）对几类数据进行相关分析。通过

① 世界银行：《2009年世界发展报告：重塑世界经济地理》，清华大学出版社，2009，第9页。

表 15-10 全省各市州均进入城市化加速发展阶段（2011 年）

地　区	GDP 总额（亿元）	人均 GDP（元）	人均 GDP（美元）	三次产业结构（GDP）	三次产业结构（就业）	城镇化率（%）
全　省	21026.68	26133	4128	14：53：33	43：25：32	41.83
成都市	6950.58	49438	7810	5：45：50	18：37：45	67
德阳市	1137.45	31562	4986	16：60：24	41：28：31	42.99
绵阳市	1189.11	25755	4069	17：52：31	40：29：31	41.84
遂宁市	603.36	18528	2927	24：51：25	42：30：28	39.95
眉山市	673.34	22791	3600	18：56：26	52：22：26	35.77
雅安市	350.13	23153	3658	16：57：27	45：23：32	36.56
乐山市	918.06	28339	4477	12：62：26	49：24：27	41.2
资阳市	836.44	22931	3623	22：55：23	52：23：25	34.45
成都平原城市群	12658.47	34313	5421	10：50：39	36：30：34	45.75
自贡市	780.36	29102	4597	12：59：29	38：31：31	42.69
泸州市	900.87	21339	3371	14：60：26	47：28：25	39.92
内江市	854.68	23062	3643	16：63：21	35：30：35	40.23
宜宾市	1091.18	24433	3860	15：62：23	49：26：25	39.35
川南城市群	3627.09	24055	3800	15：61：24	44：28：28	39.3
广元市	403.54	16225	2563	21：45：34	52：21：27	34.66
南充市	1029.48	16388	2589	23：51：26	44：26：30	37.55
广安市	659.9	20572	3250	19：51：30	56：20：24	30.93
达州市	1011.83	18474	2918	23：53：24	53：20：27	34.31
巴中市	343.39	10438	1649	25：41：34	58：19：23	31.26
川东北城市群	3448.14	16604	2623	22：50：28	52：21：27	32
攀枝花市	645.66	53054	8381	4：75：21	31：32：37	61.64
凉山州	1000.13	22044	3482	20：52：28	67：12：21	28.16
攀西城市群	1645.79	28568	4513	13：62：25	60：16：24	39.81
阿坝州	168.48	18710	2956	17：47：36	58：9：33	31.65
甘孜州	152.22	13889	2194	25：38：37	71：4：25	22.39
川西北地区	320.7			20：43：37	65：6：29	

注：本表根据《四川统计年鉴（2012）》表 2-8 各市（州）地区生产总值计算。人均 GDP 美元按 2011 年（年末值）人民币兑美元汇率 6.33 计算，即 1 美元 =6.33 元人民币。

对全省和各市州已有数据的研究我们发现，四川省及各市州的城镇化率与非农人口比例，有较强的线性相关，为简单计，这里以 $y=ax$ 表示，其中 y 表示城镇化率，x 为非农人口比例，a 为相关系数。进一步研究发现，各市州与四川省的相关性存在差别，例如，攀枝花市系数约为资阳市系数的 180%，而且，这种相关性在不同的年份又略有差异，也就是说，这种相关性受到城市不同、年份不同的影响，这种相关的线性关系用公式表示如下：

$$y_{ij}=a_{ij}x_{ij}$$

式中：

y 表示城镇化率

a 表示相关系数

x 表示非农人口比例

i 表示四川省及各市州（i 的取值为 0—21，0 表示四川省，1 表示成都市，余类推）

j 表示年份（87 表示 1987 年，05 表示 2005 年，余类推）

例如 y_{087}，0 表示四川省，87 表示 1987 年，y_{087} 表示四川省 1987 年的城镇化率；a_{105} 表示成都市 2005 年与四川省的相关系数，余类推；x_{2187} 表示甘孜州 1987 年的非农人口比例，余类推。

（2）我们的研究思路与方法。由于四川省从 1987 年到 2011 年的城镇化率和非农人口比例数据基本具备（仅缺极个别年份数据），也由于各市（州）的相关数据与四川省相同年份变动有很高的相关性，为了得到比较准确的各市（州）从 1987 年到 2005 年的城镇化率的相关数据，我们采用以下方法进行推算：

第一步：用 y_{0j} 和 x_{0j} 通过矩阵运算，得到 a_{0j}（j 的取值从 87 到 11）；

第二步：利用四川省 1987 ~ 2011 年 a_{0j} 系数、各市（州）2005 ~ 2011 年 a_{ij}（j 的取值从 05 到 11）系数，进行拟合分析，通过线性回归，拟合各市（州）a_{ij}（j 的取值从 87 到 11）系数方程，获得各市（州）1987 ~ 2004 年 a_{ij}（j 的取值从 87 到 11）系数的最佳拟合值。

第三步：利用已有的各市(州) 1987 ~ 2004 年的非农人口比例和前面求得的最佳拟合值 a_{ij}（j 的取值从 87 到 11），推断出各地市 1987 ~ 2004 年城镇化率的估计值。

第四步：对各市（州）1987 ~ 2004 年城镇化率的估计值以及 2005 ~ 2011 年的统计数据进行回归分析，推断出各市（州）1987 ~ 2004 年城镇化率。

需要说明的是，本方法仍然属于统计推断，它应该与真实数据接近，但没有完全规避统计口径变动带来的影响。

（四）演进的趋势性特征：生产向先进地区集中的态势更加强劲

四川城市地理变迁的又一突出特征是，伴随现代工业和城镇化进程，呈现生产向先进地区集中的显著趋势，四川今天的区域经济结构基本形成于“一五”、“二五”、“三线建设”奠定的现代工业基础和城镇发展格局。

图 15-11 和表 15-11 清晰显示：第一，首位城市成都经济总量 GDP 占全省比重 60 年来一直持续显著向上攀升，目前已占全省 1/3 比重，集中态势仍然十分明显，而其他市州全部在相对低位徘徊，占比增减互现。第二，得益于现代工业和城市发展而崛起的典型代表有攀枝花市、绵阳市、江油市等。攀枝花是国家“三线建设”重点地区，一座新兴钢城 10 年在崇山峻岭中崛起，占全省经济份额从 1952 年仅 0.69% 剧增至 1970 年的 3.54%，19 年间增长了 4.13 倍；绵阳也得益于“三线建设”特别是高端国防科研机构集中布局，科技、经济、城市迅猛发展，1975 年因此而设市，2001 年成为国家批准的全国唯一以城市命名的科技城，占全省份额跃居全省第二。第三，受累于现代工业和城市发展滞后的川东北与攀枝花和绵阳形成鲜明反差，达州和南充尤其典型。在 20 世纪 50

图 15-11　1952 ~ 2012 年市州经济占比变化：生产向先进地区集中

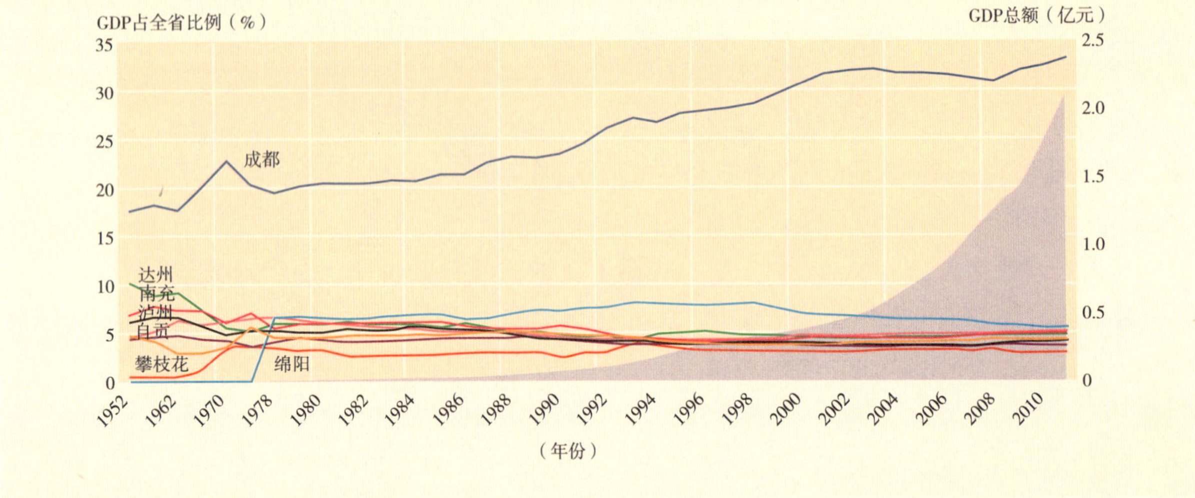

表 15-11　1952 ~ 2012 年市州经济占比变化：生产向先进地区集中（亿元，%）

1952 排位	1952	1957	1962	1965	1970	1975	1978	1990	2000	2009	2010	2011	2011 排位
全省 GDP	29.02	49.76	43.87	68.7	90.59	122.21	184.97	832.62	3803.9	14151.3	17185.5	21026.7	全省 GDP
成都市	17.61	18.17	17.67	19.85	22.64	20.31	19.43	23.31	30.41	31.82	32.3	33.06	成都市
达州市	10.17	9.02	9.14	7.51	5.61	5.21	5.98	4.83	4.58	4.82	4.77	5.66	绵阳市
南充市	7.00	7.82	7.43	7.37	6.17	7.14	5.56	5.82	4.51	4.85	4.82	5.41	德阳市
德阳市	8.24	6.85	6.43	5.72	5.59	5.95	5.49	6.38	6.24	5.51	5.36	5.19	宜宾市
泸州市	6.17	6.79	6.68	5.72	4.95	5.35	5.36	4.45	4.02	4.15	4.16	4.90	南充市
资阳市	5.79	5.53	6.63	6.07	5.76	6.03	4.97	4.43	3.45	3.78	3.83	4.81	达州市
眉山市	5.44	4.52	3.44	4.24	4.11	3.59	2.62	2.83	3.28	3.29	3.21	4.76	凉山州
乐山市	4.76	4.30	3.05	3.00	3.65	5.74	4.57	4.96	3.85	4.37	4.33	4.37	乐山市
宜宾市	4.72	5.25	6.41	5.92	6.28	6.54	6.69	4.71	4.81	5.09	5.07	4.28	泸州市
自贡市	4.55	4.76	4.81	4.45	4.26	3.66	4.22	4.44	3.76	3.82	3.77	4.06	内江市
绵阳市	—	—	—	—	—	—	6.63	7.30	7.07	5.80	5.59	3.98	资阳市
巴中市	3.93	3.18	4.10	3.13	3.18	2.94	2.37	2.27	1.86	1.68	1.63	3.71	自贡市
遂宁市	3.76	4.32	4.97	4.50	4.22	3.96	2.89	3.02	2.91	2.91	2.88	3.20	眉山市
内江市	3.62	4.54	4.81	4.21	4.31	4.21	4.40	3.98	3.45	3.96	4.02	3.14	广安市
广安市	3.34	3.48	4.08	3.86	3.46	3.43	3.22	3.24	3.19	3.18	3.13	3.07	攀枝花市
雅安市	3.31	3.50	1.89	2.52	2.05	1.88	1.81	1.80	1.80	1.69	1.67	2.87	遂宁市
广元市	2.76	2.77	3.51	2.84	2.75	2.84	3.10	3.19	2.27	1.91	1.87	1.92	广元市
甘孜州	1.83	1.31	1.34	1.25	1.61	1.51	1.64	1.14	0.65	0.73	0.71	1.67	雅安市
凉山州	1.52	1.69	0.00	4.32	4.17	4.20	3.50	3.95	3.81	4.43	4.56	1.63	巴中市
阿坝州	0.83	1.61	2.96	2.15	1.70	1.79	1.94	1.35	0.94	0.77	0.77	0.80	阿坝州
攀枝花市	0.69	0.60	0.64	1.37	3.54	3.72	3.62	2.60	3.15	3.00	3.05	0.72	甘孜州

资料来源：本表根据《四川统计年鉴》相关年份数据计算。

年代初以农业为主导的四川经济里，达州和南充占全省经济份额高达 10% 和 7%，排位高居第二和第三，仅次于成都。遗憾的是，在“一五”、“二五”、“三线建设”中两市几乎没有什么国家大项目布局，加上麻纺业、丝绸业衰落，占全省份额不断下降。达州从1952年的10%猛降至1970年的5.61%，19 年间下降了 43.9%；南充从 1957 年的 7.8% 降至 1978 年的 5.65%，22 年间下降了 27.6%。第四，“一五”、“二五”、“三线建设”对四川今天的格局具有关键性影响，各市州在全省份额的占比构成，今天基本与 1978 年一致，虽然 30 年来各市州与自身比都有成倍增长，但全省占比结构没有突破性变化，这更进一步说明现代工业和城市发展对四川地理变迁的关键作用。

（五）领先发展与共享发展可以而且应该“并行不悖”

先进地区率先发展与落后地区缩小差距共享发展，可以“并行不悖”，而且应该“并行不悖”，但需要经历较长过程，差距先拉大再缩小，呈倒 U 形曲线，这是世行总结国际经济得出的另一个重要结论。摆脱贫穷的困扰，需要政府和市场共同努力。中国改革开放后也走了这样一条非均衡协调发展的道路。促进优势地方率先发展，是一个国家和区域走向繁荣的必然选择，因为并非任何地方都适合发展，平均发展的企图只会阻碍发展，但与此同时，政府和市场两只手必须要实行促进区域差距缩小和生活水平趋同的政策，实现公平，才能保持全社会的和谐。

四川地域广袤，差异突出，聚集和集中带来优势区域的效率和繁荣，同时也带来区域差距的拉大。成都平原的发展繁荣可与东部媲美，同时与其他地区特别是四类特殊地区（四川藏区和民族地区、集中连片贫困地区、革命老区、生态脆弱地区）的差距拉大。2011 年成都地区生产总值实现 6854.58 亿元，在 15 个副省级城市中排名第 4，而且强势进入全国城市前十强。甘孜藏族自治州仅相当于成都的 28%，阿坝藏族羌族自治州仅相当于成都的 38%，川陕革命老区核心区巴中市仅相当于成都的 21%，广元市仅相当于成都的 33%。如何走出一条既追求效率又实现公平的发展道路？四川的探索也是走一条非均衡协调发展道路。在支持先进地区率先发展的同时，努力推进落后地区协调发展，特别是在四类特殊地区的发展政策方面，在城乡一体化进程和成都推进全国统筹城乡综合配套改革试验区探索方面，在推进基本公共服务均等化发展方面，在促进全面小康建设方面，采取一系列措施，包括：国家出台的西部大开发政策，川滇甘青四省藏区跨越式发展政策，秦巴山连片扶贫政策，四川实施的藏区“9+3”教育计划、牧民新村计划、牧民定居行动计划暨帐篷新生活行动、民族地区教育发展十年行动计划、民族地区卫生发展十年行动计划、彝家新寨工程、民族地区交通建设、民族地区水利工程、民族地区电网建设工程、革命老区开发建设工程、贫困地区扶贫开发工程、城乡一体化等，取得一些成效，但差距的缩小还需要相当长的时间，任务还十分艰巨。数据和现实感受均表明，收入均衡过程还没有迈过库兹涅茨倒 U 曲线拐点，向右突破，走出倒 U 曲线，实现收入均衡还需要相当长一段时间，我们应进一步采取针对性政策积极干预，力争缩短这个时间。四川省“十二五”规划对民族地区、革命老区、贫困地区确定的重点工程，符合这个方向（见专栏15-4）。

六　未来展望

未来5～10年，四川正处于工业化城镇化“双加速”时期。通过深入实施“两化”互动、城乡统筹发展战略，信息化和工业化将深度融合、工业化和城镇化将良性互动、城镇化和农业现代化将相互协调，“四化”同步发展新态势将基本形成，城乡二元结构难题将有所破解。全省“一核、四群、五带”的城镇化格局将更加成熟，以大城市和区域性中心城市为依托，大中小城市、小城镇相结合的现代城镇体系将更加完善；多点、多极支撑发展格局将基本形成；区域、人口、经济、社会、环境将全面协调可持续发展。

（一）首位城市快速发展，构建现代化国际化大都会

未来5～10年，成都首位城市的特点将更加突出，天府新区规划建设加快推进，发展空间进一步拓展，城市功能更加完善，城市空间布局更加优化，以现代制造业为主、高端服务业集聚、宜业宜商宜居的现代化新城区初步形成，“一门户、两基地、两中心”① 的新区功能基础进一步夯实。充分发挥引领全省城镇化进一步发展的作用，基本形成我国中西部最具竞争力的特大城市，构建现代化国际化大都会取得重大进展。

到2020年，首位城市成都将成为全国重要的经济增长极，经济总量迈上2万亿元台阶，其核心竞争力将进一步提升。成都将以打造西部经济核心增长极为定位，以提高经济增长质量和效益为中心，加快转变经济发展方式，形成具有全球比较优势、全国质量优势、西部高端优势的城市核心竞争力。首位城市成都的辐射带动力

专栏15-4　民族地区、革命老区、贫困地区重点工程

民族地区教育发展第二个十年行动计划。重点实施学前教育、义务教育、高中阶段教育校舍建设和教师周转宿舍的建设，以及寄宿制学生生活补助、学校装备、教师培训、民族文字教材等。

民族地区“9+3”免费教育计划。继续组织藏区当年末升学的初中毕业生和高中毕业生自愿到内地85所学校免费接受职业教育，帮助“9+3”职业教育毕业生实现就业，在彝区就地组织免费职业教育。

民族地区卫生发展十年行动计划。建立健全公共卫生服务体系、医疗服务体系、医疗保障体系和药品供应保障体系，加强包虫病、艾滋病等重点疾病综合防控。争取到2015年，基本完成州、县、乡、村四级卫生服务机构基础设施建设、基本的卫生人员配置和技术培训，并同步进行设备配备。

牧民定居行动计划暨帐篷新生活行动。到2012年，基本完成藏区10万户牧民定居房及生产设施建设，完善配套公共设施，推广使用新型帐篷和篷内生活设施。

彝家新寨工程。实施扶贫搬迁和农村危房改造，

---

① 一门户：内陆开放门户。两基地：高技术产业基地、高端制造业基地。两中心：西部高端服务中心、国家自主创新中心。

续专栏

建成 1475 个彝家新寨，配套完善公共设施，倡导健康文明生活方式。

民族地区交通建设。加快甘孜州“两路一隧”（国道 318、317 线改造和雀儿山隧道建设），阿坝州国道 317 线，省道 302、303 线和凉山国道 108，省道 216、307 线等藏区，彝区干线公路建设，提高民族地区对外通道和骨干路网的通行能力和服务水平。

民族地区水利工程。加快建设玛依河、白松茨巫引水工程及渠系配套，加快推进洛须、打火沟等引水工程及新华、大海子等水库工程建设，有效缓解干旱缺水问题。

民族地区电网建设工程。城乡中低压配网建设，变电站、输电线路及城镇电网工程，以及 220 千伏、500 千伏输变电线路等建设，基本实现藏区无电人口全覆盖。

革命老区开发建设工程。培育一批特色农业示范园区，建设一批优势资源开发利用项目，打造雪山草地、川陕苏区、将帅故里等红色旅游区。

贫困地区扶贫开发工程。继续实施阿坝州扶贫开发和综合防治大骨节病试点工程，易地搬迁 2.5 万人，加强大小凉山综合扶贫开发，新建和改造新村 1451 个，改善 12.11 万户 60.55 万人的居住条件，加快推进甘孜州“两江一河”千桥工程，加强秦巴山区（四川部分）连片扶贫。

——摘自《四川省国民经济和社会发展第十二个五年规划纲要》

将明显提升。成都将进一步加强综合交通信息枢纽和金融、物流、科教、商贸中心建设，进一步完善和提高对全省的综合服务功能，深化与其他区域的分工与协作，在增强对国内外要素集聚和产业吸纳能力的同时，进一步增强对全省各区域的要素扩散和产业协作能力，更好、更强地发挥对全省乃至西部经济发展的辐射带动作用。首位城市成都的国际化水平将进一步提高。成都将大力实施全域开放战略，加快构建国际化的产业体系、国际化的合作环境和国际化营销体系，形成国际产业集聚、国际资本和人才汇聚的开放高地，提升国际化水平。

（二）次级城市有重大突破，形成若干次区域经济中心

未来 5 ~ 10 年，全省的次级城市将有重大突破，一批以市（州）为主的区域性中心城市将发展壮大。德阳、绵阳、乐山、内江、宜宾、泸州、自贡、南充、达州等市级城市将建成 100 万人口的区域性中心城市，全省城市规模等级体系将逐步建立和完善。全省次区域中心城市，也要根据提高密度、缩短距离、打破分割三特征，结合本地区的情况，对城市进行改革、改造，大大增强城市的要素聚集、产业承载、就业吸纳和辐射带动能力，根据自己在省内的区位和产业优势，选择好应扮演的角色，形成各具特色的宜业宜商宜居的城市环境。全省次级城市发展将形成多种模式：第一种是以绵阳为代表的城市，将利用国家科技城的优势与中央部门、省的厅局，特别是国防科工委的支持，大力推进军民融合，科技创新，通过自我发展，独立发展，真正建成有重大科技创新能力和重要科技成果的科技城。第二种是以内江和自贡为代表的城市。两市距离很近。产业互补性很强，位居重庆、成都两个特大中心城市之间，半小时即可与两市通达。

内江和自贡可通过同城化调整产业结构，拓展空间布局，提高聚集能力，联合建成四川第二个特大城市。第三种是以宜宾、泸州、达州为代表的城市。这些城市与陕西、云南、贵州相邻，且有长江航运和港口条件以及铁路次枢纽条件，还有丰富的资源，可通过外向拓展，形成跨省的区域性中心。第四种是以安岳等为代表的县级城市。可依托高速铁路、工业园区、柠檬种植加工，扩大城市规模，培育成区域性中心城市。总之，用不同方式把不同的点发展起来，使之成为次区域发展中心，形成多点、多极支撑全省经济发展。

到 2020 年，全省经济总量超过 3000 亿元的市（州）将达到 10 个左右，基本实现首位城市成都引领市（州）次区域城市梯队，连接周边小城市和小城镇，强力促进全省经济社会发展的格局。

（三）大力发展小城镇，夯实城乡结合的纽带和基础

未来 5 ~ 10 年，全省县域经济发展将分类推进。"两化"互动、"四化"同步、城乡统筹，必将出现城镇化向县和乡镇推进的态势。预测今后 5 ~ 10 年，城镇化将以 1.5% 的速度推进，2020 年力争达到全国平均水平，也就是说，四川的城镇化率将由 2011 年的 41% 提高到 2020 年的 60% 左右，城镇人口总量将由 3300 万增加到 5000 万以上，增加 1700 万以上，这 1700 万将进入特大中心城市成都、20 个次区域中心、120 个县城和 1500 个小城镇。县城和小城镇建设将成为城镇化的重要力量。要加快城镇化必须加快工业化。根据四川省"十二五规划"，除在首位城市成都和区域中心城市发展先进制造业、战略新兴产业、高端服务业等之外，平原地区县将统筹推进新型工业化、新型城镇化和农业现代化，一批县城将建设成为中小城市。丘陵县将加强交通、水利基础设施建设，现代农业和农产品深加工将大力发展，一批国家重要农产品生产供应基地将形成规模。产业园区将加快发展，一批百亿元产业园区将逐步形成。盆周山区县、少数民族县等中小城市，以及重点镇建设将明显加快，生态农业、生态旅游、优势资源开发等特色产业将逐步形成。在这种形势下，小城镇发展优势将开始凸显。全省以成都特大中心城市为核心，20 个区域中心城市为依托，300 个左右中小城市和重点镇为骨干，1500 个左右小城镇为基础，布局合理、层级清晰、功能完善的城镇体系将更加完善，大中城市和小城镇将协调发展。城镇发展质量将显著提升，基础设施将明显改善，公共服务均等化覆盖面将进一步扩大，城镇服务能力和保障能力不断增强。城镇体系布局与生产力布局将基本协调、城市新区与产业园区将融为一体，工业向园区集中、园区向城镇集中的格局将基本形成。产业对城镇化的支撑作用将显著增强，城镇对产业的引导和承载能力将明显提高。各类产业园区将纳入城镇建设用地，统一规划、统一布局，产业园区将建设成为"两化"互动、"四化"同步、统筹城乡发展的示范区。城镇化发展体制机制将更加健全。城乡要素合理流动的体制机制基本形成，城镇户籍制度将适应城乡发展需要，就业和社会保障体系将进一步建立健全，城乡综合管理机制进一步创新。

到 2020 年，全省底部基础将进一步增

强，县域人均地区生产总值和城乡居民收入将达到或超过全国平均水平，形成现代城镇和现代农村和谐相融合、协调发展新格局，与全省同步建成全面小康社会。小城镇生活垃圾处理率、生活污水处理率大幅提升，防灾减灾能力进一步提高。城镇住房供应体系进一步完善，全省城市人均住房建筑面积达到 35 平方米，人均公共绿地面积达到 10 平方米，污染防治与生态环境保护取得有效进展。人居环境得到改善，城镇特色进一步突显。

（四）实行差别政策组合，促进四大城市群加快发展

四川整体看尚处于经济聚集和城镇化的中期阶段，聚集红利仍十分显著，应继续鼓励人口、产业、城市、交通基础建设的聚集发展，同时努力推进基本公共服务均等化，让落后地区和农村地区共享发展成果，这是四川需要把握的总体方向，这就需要四川：第一，鼓励聚集。积极推进人口、产业和各种要素向城市聚集，努力推进新区建设和旧城改造，鼓励城市做大做优，从点、线进一步向面和城市群发展推进，为各种要素流动创造最好的条件。第二，强化产业。正如世行报告的总结：没有工业化和城市化，任何国家都不可能跨入中等收入国家之列；没有朝气蓬勃的城市，任何国家都不能跨入高收入国家之列①。四川城镇化发展和现代化建设，要坚持“两化”互动、城乡统筹、“四化”同步，大力推进现代工业和现代第三产业发展。第三，优化交通。既要推进先进地区进一步提升现代基础建设，更要努力拉近边缘区域与中心城市和先进地区的距离，让边缘区域获得更好的发展机遇。第四，完善公共政策。通过基本公共服务均等化、财政转移支付、资源开发和生态建设补偿、扶贫开发等政策，让边缘地区共享发展。第五，突破盆周丘陵大县和盆周山区发展瓶颈。四川城市发展与自然地理关系极为密切。成都平原自然条件和发展基础好，川南和攀西也有发展基础，且一直是四川区域政策的关注重点，发展方向明确，发展态势较好。川西北经济区发展方向也十分明确，主要是按照国家主体功能区要求，围绕生态经济做文章。最难的是盆周丘陵大县和盆周山区缺水，常旱，人口稠密，没有地下资源，一直是四川经济发展的瓶颈和困扰。因此，要继续采取措施突破这个瓶颈，针对城市化不同阶段的政策重点，实行差别化政策组合。

1. 城市化较高阶段的成都平原城市群

成都平原城市群是全省最发达的区域，城市化率已达到 50%，是四川人口和财富集聚高地，2011 年人口占全省的 46%，GDP 占全省的 60%，目前仍处于加速聚集阶段，但区域内差距大，首位城市成都的城市化率已 67%，人均 GDP 7800 美元，毗邻的眉山、雅安、资阳不及成都一半的水平。对应的政策重点是：交通延伸，城乡统筹，区域合作，城市病防治，转型升级，发展高端产业、第三产业和科技，建设国际大都市和天府新区，加快成德绵乐一体化进程，做强区域副中心绵阳、乐山、雅安等，积极发挥核心城市成都的作用。成都要努力打造中国西部核心增长极，要通过交通延伸和公共政策，让更广

① 世界银行：《2009 年世界发展报告：重塑世界经济地理》，清华大学出版社，2009，第 24 ~ 25 页。

大区域和城乡居民共享成都的聚集发展和繁荣成果。成都即将进入扩散阶段，外溢现象和毗邻效应开始凸显，首先要让毗邻城市眉山、雅安、资阳等分享成都聚集红利。

2. 城市化中期阶段的川南城市群

川南城市群一直是四川省重点推进的区域，产业基础和城市基础较好，城市化率已达到 40%，发展势头强劲，有长江依托，区域快捷交通网正在形成，具有毗邻贵州、云南、重庆的区位条件。对应的政策重点是：加快聚集、强化合作。进一步强化聚集和提升城市化水平是川南城市群最重要的任务。四个城市的路径稍有不同，重要途径是推进区域合作和一体化进程。自贡和内江同城化发展，打造川南特大中心城市；宜宾实现跨行政区合作，成为依托宜宾港、川云接壤地区的中心城市；泸州实现跨行政区合作，成为依托泸州港和共同开发川黔两省接壤地区的煤炭资源的区域中心城市。抓住金沙江水电开发和金沙江中下游沿江经济带建设机遇，推进与攀西城市群合作，提升川南城市群实力。

3. 城市化中期阶段的攀西城市群

攀西城市群一直是国家和四川重点发展区域，又是典型的资源型城市群，城市化率 34%，进入加速发展的中期阶段，但城市群聚合形态尚差，城市数量少，区域差距大。攀枝花市人均 GDP 2011 年已高达 8380 美元，全省第一，城市化率 61%，仅次于成都，扩散需求强烈；凉山彝族自治州人均 GDP 仅 3480 美元，城市化率仅 28%，均不及攀枝花市的一半，带动需求突出。对应的政策重点是：发挥攀枝花和西昌的中心作用和辐射要求，提升安宁、河谷、米易等中小城市，抓住金沙江中下游经济带建设机遇并与宜宾和云南合作，提升一批中小城市，从而真正形成攀西的城市集群。

4. 刚刚跨入城市化中期阶段的川东北城市群

川东北城市群未来发展充满机遇，也充满不确定性。它是四川四大城市群中发展较为落后且人口密度较高的区域。2011 年，人均 GDP 为 16604 元，城市化率 32%，是全省发展水平仅次于川西北的落后区域，且人口密度是全省平均水平的 2 倍。川东北远离发达区域和中心城市成都、重庆、西安，且交通建设长期落后，可达性、快捷性差，是“远距离和错误密集”的典型代表[①]。集聚性和吸引力都很不足。川东北五个城市差异较大，情况复杂。南充实力最强，目前已进入工业化中期阶段，建设区域中心城市的条件最好。广安毗邻重庆，具有与重庆同城化发展的区位条件和发展基础，广安已列为成渝经济区建设中“川渝合作示范区”试点市，上升到国家层面，已由国家发改委做了相关规划，与重庆的合作前景广阔。达州是川陕渝鄂结合部，且有丰富的天然气资源，有较好的发展条件。最困难的目前主要是巴中和广元，二市是川陕革命老区、秦巴山连片贫困地区、生态脆弱区的核心区域。四川省“十二五”规划对川东北的发展定位是：依托嘉陵江、渠江和重要交通干线，构建连接我国西北与西南的新兴经济带。总体战略是：产业发展、交通突破、移民迁徙、基本公共服务均等化四管齐下，而以交通突破、距离缩短为重点。川东北城市群未来发展中

① 世界银行：《2009 年世界发展报告：重塑世界经济地理》，清华大学出版社，2009，第 27 ~ 29 页。

有可能出现分化，如广元、巴中有可能纳入成渝经济区，广元有可能进入成都经济区。

（五）进一步化解二元结构矛盾，促进城乡一体化更加融合

未来 5 ~ 10 年，四川区域发展不平衡的状态将有所改善，四川藏区、彝区等少数民族地区、革命老区、生态脆弱地区、集中连片贫困地区等区域，将在国家特殊政策扶持下共享“四化”发展成果；政府特殊干预政策和财政转移支付的力度将明显加大，区域自身发展的能力将明显提升，公共服务均等化将进一步实现全覆盖；交通等基础设施建设将进一步拓展；生态环境治理投入补偿制度将逐步建立；先进地区与落后地区、城市与乡村差距将进一步缩小，区域、人口、经济、社会、资源、环境将全面协调发展；中小城市和小城镇将加快发展；城乡二元结构将得到极大调整，城乡一体化和共享发展成果的格局将基本形成。中小城市和小城镇将快速发展，资源环境承载能力将明显增大，农民进城进镇务工人员显著增加。一批经济基础较好、人口规模较大、环境承载力较强的县城，将发展成为产业支撑强、地域文化特色鲜明、人居环境良好的大中城市；一批区位条件、交通条件、自然条件、发展状况较好的中心镇，将发展成为特色鲜明的小城市（或旅游镇、工业镇和商贸镇），全省 100 个重点镇将发展成为集聚、带动、辐射乡村腹地的经济社会发展中心。各种规模的城镇将形成各具特色、合理分工、和谐共生的发展格局，进城、进镇农民工将和谐地融入城镇，成为产业工人和城市公民，共享城镇化的利益和成果。农业现代化将与城镇化的步伐相伴随而取得更大成就。

到 2020 年，随着交通基础设施条件的进一步改善，城乡二元结构的矛盾将明显缓解，城乡差别将进一步缩小，城乡一体化将基本形成。

参考文献

世界银行：《2009 年世界发展报告：重塑世界经济地理》，清华大学出版社，2009。

胡鞍钢：《2009 年世界发展报告：重塑世界经济地理》中文翻译版序言，清华大学出版社，2009。

刘清泉、高宇天主编《四川省经济地理》，四川科学技术出版社，1985。

四川省统计局、国家统计局四川调查总队：《四川统计年鉴（2012）》，中国统计出版社，2012。

中华人民共和国国家统计局：《中国统计年鉴（2012）》，中国统计出版社，2012。

国家统计局城市社会经济调查司：《中国城市统计年鉴（2011）》，中国统计出版社，2012。

四川省人民政府办公厅：《四川省“十二五”城镇化发展规划》（川办发〔2011〕94 号），2011 年 12 月。

四川省人民政府办公厅：《四川省金沙江下游沿江经济带发展规划（2012 ~ 2017 年）》，2012 年 9 月。

四川省发展改革委：《四川省“十二五”重点小城镇发展规划》（川发改规划〔2013〕238 号），2013 年 2 月。

四川省政府：《四川省国民经济和社会发展第十二个五年规划纲要（2011 ~ 2015 年）》，2011 年 1 月。

重庆市、四川省人民政府：《成渝经济区区域规划》，2011 年 5 月。

许学强、胡华颖、张军：《我国城镇分布及其演变的几个特征》，《经济地理》1983 年第 3 期。

第 16 章 成都经济区*

成都经济区是四川省人口密度最高、经济实力最强、工业化程度最高、城镇化水平最高的区域，也是四川省发展基础最好、潜力最大的重点开发区域。作为引领四川经济发展的核心经济区域，成都经济区正在形成中国西部新的经济增长极（见图 16-1）。

一　区域特征与发展定位

（一）区域概况

1. 地理区位

成都经济区的地理区域（以下简称“经济区”、“区域”、“全区”、“区”），位于长江上游四川盆地盆底，四川盆地西部，地处盆西平原。成都经济区以成绵乐高铁和成绵乐高速公路等交通线为纽带，包括成都、德阳、绵阳、乐山、资阳、眉山、雅安、遂宁①八个市（简称“1+7”市）。其中成都为该区域的核心城市，绵阳为其北部小区域中心城市，乐山为其南部小区域中心城市，雅安为川西门户城市，眉山、德阳和资阳等为其连接过渡的主要节点城市。

2. 行政区域范围界定

成都经济区是以成都为核心、150 公里为半径的 1 小时经济圈，经济联系与分工合作关系也越来越紧密，成都经济区已逐渐超出平原范围，具体包括以下行政市区（见表 16-1）。

3. 地理特征

成都经济区辖区面积 8.7 万平方公里，约占全省的 17.8%，2011 年末户籍人口数 3839.9 万人，占全省的 42.44%。它是全省城市最集中、人口分布最稠密的地区。

该地区的民族特征是以汉族为主。

区域内水文特征：成都经济区降水丰沛，径流量大，江河纵横，水系发达。长江上游流经成都经济区；沱江水系的大部分，包括上游的毗河、青白江；岷江水系的大部分，包括金马河、江安河、府河、沙河、东风渠；涪江水系的一部分都流经成都经济区，灌溉和滋养着广袤的成都平原地区，孕育并繁荣着这块土地的经济发展。

成都经济区地处中国东部季风区的四川盆地亚热带湿润季风气候区。冬半年受偏北气流控制，气候干冷少雨；夏半年受偏南气流控制，气候炎热、多雨、潮湿。该区全年温暖湿润，年均温 16℃ ~ 18℃，日温 ≥ 10℃的持续期 240 ~ 280 天，积温达到 4000℃ ~ 6000℃，气温日差较小，年差较大，冬暖夏热，无霜期 230 ~ 340 天。区内云量多，晴天少，全年日照时间较短，仅为 1000 ~ 1400 小时。雨量充沛，年降水量达 1000 ~ 1200 毫米，降水集中、干雨季分明。由于区内地势北高南低，高低悬殊，地貌中心地区多为平原，周边地区由山地、丘陵组成，形成气候温和、四季分明、无霜期长、雨量充沛、日

---

* 本章作者：丁任重，西南财经大学副校长，教授；徐承红，西南财经大学经济学院教授。

① 关于五大经济区的划分，在《四川省国民经济和社会发展第十一个五年规划纲要》中，遂宁市被划入川东北经济区；在《四川省主体功能区规划》中，遂宁市被划入重点开发区域中的川东北地区；在《成渝经济区区域规划》中，遂宁市被划入成都平原城市群。

图 16-1　成都经济区及区位

表 16-1　成都经济区的空间范围

城市名称	范　　围
成都经济区	成都市：锦江区、青羊区、金牛区、武侯区、成华区、龙泉驿区、青白江区、新都区、温江区、都江堰市、彭州市、邛崃市、崇州市、金堂县、双流县、郫县、大邑县、浦江县、新津县
	德阳市：旌阳区、广汉市、什邡市、绵竹市、中江县、罗江县
	绵阳市：涪城区、游仙区、江油市、安县、梓潼县、平武县、北川羌族自治县、三台县、盐亭县
	遂宁市：遂宁市区、蓬溪县、大英县、射洪县
	资阳市：雁江区、简阳市、安岳县、乐至县
	眉山市：东坡区、仁寿县、彭山县、洪雅县、丹棱县、青神县
	乐山市：市中区、峨眉山市、夹江县、沙湾区、五通桥区
	雅安市：雨城区、名山区、荥经县、芦山县、宝兴县、汉源县、石棉县、天全县

照较少的气候特点，有利于农、林、牧综合发展。气象灾害种类多，发生频率高，范围大，主要是干旱、暴雨，洪涝和低温等也经常发生（见表16–2）。

4. 经济社会发展基本情况

成都经济区是四川省的重要经济区，是四川省经济发展集中、经济密度大、产业特征明显的地区，它不仅是成渝经济区的重要经济增长极，而且是西部地区的重要经济增长极。全区2011年地区生产总值12562.5亿元，占全省的58.2%；地方公共财政收入985.81亿元，占全省的66.1%；三次产业结构为14∶47∶39；经济密度为739.9万元GDP/平方公里。其经济社会发展基本情况如表16–3所示。

（二）区域特征

1. 区位特征

成都经济区区位特点表现为如下

表16–2 成都经济区基本情况（单位：平方公里，万人）

地市	土地面积	户籍人口	流经水系	地市	土地面积	户籍人口	流经水系
全省	491483	9048.3	—	遂宁	5325	382.7	涪江
成都	12390	1163.3	沱江、岷江	眉山	7186	350.8	岷江
绵阳	20285	538.5	嘉陵江及支流涪江、白龙江与西河	雅安	15503	155.8	大渡河、青衣江
德阳	5954	390.5	沱江和涪江水系	乐山	12826	354.4	岷江、青衣江、大渡河
资阳	7962	503.9	沱江	总计	87431	3839.9	—

资料来源：《四川省统计年鉴（2011）》。

表16–3 成都经济区经济社会发展基本情况（2011年）

指标	成都经济区	占全省比例	成都	绵阳	德阳	资阳	遂宁	眉山	雅安	乐山
地区生产总值（亿元）	12562.5	58.2	6854.6	1189.1	1137.5	836.4	603.4	673.3	350.1	918.1
人均地区生产总值（元）	27726.8	43.5	48755	25755	31562	22931	18528	22791	23153	28339
全部工业增加值（亿元）	5509	55.3	2610.8	531.2	632.5	420.2	265.6	339.6	175.0	534.3
地方公共财政收入（亿元）	985.81	66.1	680.69	65.65	67.09	32.47	24.01	34.05	21.65	60.20
全社会固定资产投资（亿元）	8869.6	58.6	5006.0	880.9	650.4	462.8	538.0	451.2	341.0	539.3
社会消费品零售总额（亿元）	4809.8	61.4	2861.3	494.2	351.6	252.0	230.4	213.0	114.0	293.3
城镇化率（%）	42.48	109.5	67	41.8	43	34.4	40.0	35.8	36.6	41.2
城镇居民人均可支配收入（元）	18296.4	105.6	23048	17998	19371	17853	16093	17038	17326	17644
农民人均纯收入（元）	7297.3	113.8	9895	7183	7831	6718	6528	7184	6269	6770

“三性”。

——密集性。该区位于四川盆地盆底及其周边，自然地理条件优越，是全省人口、经济、城市最密集的地区：辖区面积仅占全省的 17.8%，人口占 42.4%，2011 年地区生产总值占全省的 58.2%；有大中小城市 17 个，占全省城市总数的 53.2%，建制镇 683 个，占全省的 36.6%，其城镇数量和分布密度远高于省内其他四个经济区；全省 22 个国家级、省级高新技术开发区和经济技术开发区中，有 12 个位于该区；全省主要的大学、科研机构多数集中于该区。

——核心性。该区是以区内唯一的超大城市成都为核心，通过经济辐射和吸引、带动周围城市和乡村联动发展的单核经济区。区内 17 个城市中，成都的综合经济实力最强、城市功能最完善，其城市规模、经济社会发展水平及发展潜力遥遥领先于经济区内的其他城市，各项经济指标几乎均占成都经济区一半以上，是整个经济区的核心城市和连接全国、联系全球的门户。2007 年 6 月，国家批准成都市设立全国统筹城乡综合配套改革试验区，从而使其在体制改革方面的核心作用也进一步凸显。

——枢纽性。从全国角度看，该区是连接西南和西北两大经济区的中心地带，是内地省区通往西藏的重要陆地通道和空中通道，是长江上游成渝经济区的重要一极，因而该区是我国西部地区最重要的经济增长中心、经济交流中心和与全国陆上、水上、空中联系的重要纽带。

2. 区域空间特征

成都经济区的空间布局是以区域统筹为指导，以中心城市成都为核心，交通轴线为依托、经济联系为内涵，轴向拓展与城市带培育并举所形成的“一核、一线、四带”的空间开发总体布局（见图 16–2），也由此形成了“优化一核、强化一线、培育四带”的空间发展特征，形成了集聚与扩散平衡、城镇体系完善、城乡协调发展的空间体系。

（1）一核。“一核”指的是成都，这是四川省的省会城市，也是成都经济区的核心，具有优化空间布局及都市区功能重组的核心空间作用。推动成都经济发展，其辐射范围不仅涵盖其周边的紧密层，也涵盖整个经济区；不仅在四川省范围内而且在成渝经济区范围内实现产业、人口、城镇和经济发展的集聚及扩散。成都作为核心区，对成都经济区的产业发展具有高

图 16–2　成都经济区的空间开发总体布局

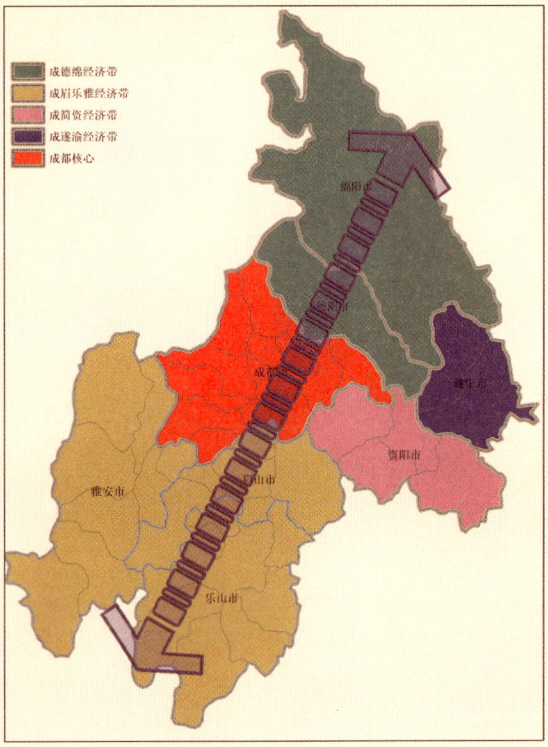

地的引导作用。成都是以发展现代服务业和高技术产业为支撑，城市综合功能完善，城乡一体化发展的发达的大都市区，以它为核心的城市空间结构，可以构建一主多辅的组团式空间形态。成都具有强化大都市区集散、服务、创新和管理功能，具有中心城区功能、优化生产功能，对周边地区具有辐射带动能力。通过高起点打造天府新区，大力发展现代服务业、生产性服务业，推动产业集聚发展，形成以现代制造业为主、高端服务集聚、宜业宜商宜居的花园式国际化新城区；通过重点发展技术密集、知识密集、附加值高和能耗少、水耗少、排污少、运量少、占地少的产业，限制发展低水平、占地多、污染大、能耗高的产业，再造一个“产业成都”。另外，成都还是现代都市农业、超大城市交通体系建设、城乡统筹、一体化发展的重要集聚地区。因此，这个地区在整个成都经济区的发展中都具有重要的地位。

（2）一线。“一线”是指成德绵乐这条主轴线，它是由成－德－绵和成－眉－乐两条主要交通干线构成的。这是条核心城市与轴线地区城镇之间快速、便捷联系的交通快速通道，这条主轴线上的城际快速轨道的建设，将适应大流量、高密度的客运需求。这条主轴线还包括2条交通支线、多条辅助交通线、9条高速公路的建设，将形成完善的以铁路、高速公路相复合的K字形路网骨架，及“一线、两次、多辅”的轴线体系（见表16–4）。这条主轴线在经济发展流向上具有聚集性。这条主轴线上的城市——绵阳、德阳、成都、眉山、乐山具有突出地位，这些沿线城市具有较好的综合服务功能。产业、人口都向主轴沿线集聚，形成了经济区内主要的经济流向，也是经济区内新兴的城镇发展轴和产业、人口集聚发展带，并形成向经济区外拓展延伸的空间态势。这条主轴线依托高速公路、铁路，引导非农产业、城镇沿轴线集聚发展，提高了沿线城市节点规模，促进了对轴线纵深的辐射带动力。充分利用优势资源条件、交通条件和已经形成的产业优势，可以极大地促进该地区的发展。

（3）四带。“四带”指的是成德绵经济带、成眉乐雅经济带、成简资经济带、成遂渝经济带。这四个经济区涵盖了整个成都经济区的重要集聚发展地区。成德绵经济带是成都经济区内最为发达、产业集聚程度高、城镇规模大、创新功能强、富有竞争力和集聚活力的城市带，主要包括成都、德阳、绵阳三个城市，三个城市的GDP均位居西部大中城市的前十位，且最远相距仅90多公里，成为这条轴线上的三

表16–4 成都经济区主要交通轴线

主要轴线	铁路	公路
成都－德阳－绵阳	宝成铁路（电气化复线）；城际客运专线（规划建设中）	成绵高速公路
成都－眉山－乐山	成昆铁路（电气化）；城际客运专线（规划建设中）	成乐高速公路
成都－资阳－内江－重庆	成渝铁路（电气化）	成乐高速公路
成都－遂宁－重庆	达成铁路（复线电气化、客运专线改造规划建设中）	成南高速公路

大节点。以宝成铁路和成绵高速公路为轴线，成都、德阳、绵阳、江油、什邡、绵竹、广汉等 7 个城市沿线分列。计划建设的成绵高速公路二线，将功能区范围扩展为以成都、德阳、绵阳、什邡、绵竹为节点，以绵成乐城际快速客运专线和成绵高速公路一、二线为主、次轴线，纵向 100 公里、横向 60 ~ 80 公里，以三大城市为节点、产业与人口密集、城镇体系合理、城乡一体化程度高、区域自组织能力强的城市带，这是一个逐步向城市连绵带迈进的带状区域。成眉乐雅经济带是成德绵城市带的延伸带，是成都经济区内新兴点轴发展带和旅游经济带，包括以成都、眉山、乐山、峨眉山、雅安为节点，以绵成乐城际快速客运专线、成乐高速公路为轴线的带状区域。经济带内大中小城市集聚，非农产业、城镇沿轴线集聚发展，是大力承接东部地区和成都的产业转移的地区。成简资经济带是成都经济区向川南经济区、重庆延伸并连接成都经济区、川南经济区两个省内综合实力最强经济区的经济发展带，是连接成渝两核传统通道的交通要道，包括以成都、简阳、资阳等为主要节点，以成渝高速公路、成渝铁路为轴线的带状区域。经济区内工业布局较为集中，是承接东部地区和成渝两地的产业转移，调整产业结构，提高产业自主发展、积极发展现代都市农业，强化基本农田保护，节约和集约利用土地，保障大中城市扩张和重点建设项目用地的地区。成遂渝经济带是成渝两地相互经济往来的重要产业发展带。以核心城市与区外遂宁、重庆等主要节点城市的联系为空间拓展方向，以达成铁路、成南高速公路以及跨区的遂渝铁路、遂渝高速公路为轴线，形成城镇联系通道，连接川东北经济区和重庆的沿线地域。继续成都 – 遂宁 – 重庆铁路客运专线建设，形成连接成渝两核的主要快速通道及成都经济区向外拓展延伸的空间态势。

3. 区域经济社会发展特征

成都经济区位于四川盆地盆底，地处盆西平原，是四川省人口、经济、城市最密集的地区，经济总量占了全省一半以上，经济发展呈现如下特征。

第一，成都经济区地处成都平原，自然条件优越，经济、人口、城镇密集，产业基础雄厚，基础设施完备，科技和人才集中，集聚辐射能力较强，对外开放程度高，具有率先发展的良好条件，是四川省的经济核心区和西部的重要增长极。

第二，单核经济区，核心城市首位度极高。以全省唯一的超大城市成都为核心，其主要经济指标占成都经济区一半以上，区域城市首位度超过 4。省会城市成都位于岷江、沱江冲积平原，不仅是盆西平原及整个经济区的地理中心，也是西部地区三个具有跨省域意义的中心城市之一，综合经济实力最强、城市功能最完善，其城市规模、经济社会发展水平以及发展潜力遥遥领先于经济区内的其他城市，成为经济区的政治、经济、社会、科技、文化教育中心，其直接经济腹地范围覆盖整个经济区。经济区内经济社会活动的空间运行以成都为中心，具有向心性和内聚性。

第三，经济区总体经济水平较发达，工业化程度全省最高，农业及农产品加工发展水平全省之最，第三产业如金融、信息、商贸、旅游等也是全省最发达。

第四，城镇密集、城市化水平高。经

济区有17个城市，其中超大城市1个、大城市1个、中等城市5个，小城市10个，是全省城市最为密集的区域。

第五，交通、通信发达。在本区内交通、通信纵横交错，形成网络：有宝成、成昆、成渝、成达铁路，成渝、成绵、成乐、成雅等高速公路；贯穿西北和西南的光缆通信，通达全国和东南亚的空中航线均在区内交汇。成都经济区同时也是内地通往西藏的公路和航空的主要通道，从而使本区成为四川和西南的交通、通信枢纽，是四川对外开放中投资环境最好的地区。

第六，科技、教育优势明显。成都经济区聚集了全省70%以上的高等院校、80%左右的科研机构，成都市科技人员万人比在全国大中城市中一直名列前茅。成都经济区是全国电子信息产业、航空航天工业、核技术应用产业、有机化工的重要科研设计制造基地之一，在西部甚至全国具有突出优势。

第七，经济腹地广阔，市场潜力巨大。从地缘条件看，成都经济区是连接西南和西北两大经济区的中心地带，是内地通往西藏的重要陆地通道、空中通道和经济交流中心，是长江上游成渝经济区的重要一极。这三个地缘条件，使成都经济区成为我国西部地区最重要的经济增长中心和与全国陆上、水上、空中联系的重要纽带。

第八，副中心的成长和未来一核三圈格局的形成。成都与德阳事实上已进入同城化发展阶段。但绵阳和乐山的情况则不同，它们距离核心城市成都市有一定距离，且有相当腹地，是次于成都市的区域性中心城市。将来，随着交通和经济的发展，绵阳和乐山可能成长为成都经济区的副中心，从更远时期看，遂宁可能成长为另一个副中心，从而形成一核三圈四带的格局。

第九，经济发展呈现出快速发展的势头，具体情况见表16-5～表16-8。

①国民经济快速发展，经济实力显著增强。2010年全区生产总值突破1.2万亿元，年均增速均高于全国水平，其中乐山、资阳年均增速16%，其他各市均在15%以上；地方财政一般预算收入达到985.8亿元，增长速度加快，除成都之外，其他各市年均增速均在30%以上，绵阳、德阳的增速超过45%。

②结构调整步伐加快，工业化、城镇化水平不断提高。具体表现为：三次产业结构继续优化，产业实力进一步提升，非农产业比重不断提高；工业发展步伐加快，装备制造、电子信息、农产品加工等优势产业发展加快，德阳重大技术装备、绵阳数字家电、成都软件等产业集群发展壮大，成为支撑全区甚至全省经济发展的重要力量；农业综合生产能力增强，农业现代化水平得到提高；服务业稳步发展，旅游、商贸等生活性服务业快速发展，物流、金融、信息等生产性服务业迅速崛起；科学技术不断进步，自主创新能力不断增强；城镇化进程加快，城镇空间结构得到进一步优化。

③城乡一体化深入推进，城乡基础设施明显改善，统筹城乡综合配套改革成效明显。“三个集中”模式正在形成，“六个一体化”的科学体制初步构建，农村工作“四大基础工程”建设取得成效，投资体制、医药卫生体制、行政管理体制等重点领域改革稳步推进，特别是成都市作为国务院确定的全国统筹城乡综合配套改革

表 16-5　2011 年成都经济区各市生产总值、财政收入及其年均增速（单位：亿元，%）

城　市	生产总值	年均增速	地方财政一般预算收入	年均增速
全　省	21026.7	15	2044.4	30.9
成　都	6854.6	15.2	680.69	29.2
绵　阳	1189.1	15.2	65.65	45.2
德　阳	1137.5	15.6	67.09	46.5
乐　山	918.1	16.0	60.20	31.5
资　阳	836.4	16.1	32.47	32.7
眉　山	673.3	15.3	34.05	37.9
遂　宁	603.4	15.2	24.01	35.2
雅　安	350.1	15.3	21.65	38.3
合　计	12562.5	15.8	985.8	37.1

资料来源：《四川统计年鉴（2011）》。

表 16-6　2011 年成都经济区各市三次产业结构（单位：%）

城市	第一产业比重	第二产业比重	第三产业比重	城市	第一产业比重	第二产业比重	第三产业比重
成都	4.8	45.9	49.3	眉山	18.0	56.4	25.6
绵阳	16.8	51.9	31.3	遂宁	23.4	51.3	25.3
德阳	15.6	60.0	24.4	雅安	16.3	57.2	26.5
乐山	12.5	61.8	25.7	总计	16.2	54.9	28.9
资阳	22.1	55.0	22.9				

资料来源：《四川统计年鉴（2011）》。

试验区，为实现全区城乡统筹、推进城乡一体化发挥了良好的示范带动作用。城镇化率有了很大提高，成都经济区的城镇化率平均达到 42.48%，其中成都市已达到 67%，绵阳、德阳、遂宁、乐山四市已超过 40% 的水平。

④社会事业全面发展，人民生活显著改善。加强以改善民生为重点的社会建设。城镇居民人均可支配收入平均超过 18000 元，其中成都市已达到 23048 元，年平均增速超过 15%；农村人均纯收入超过 7000 元，其中成都市已达到 9895 元，年平均增速超过 20%。教育事业发展加快，国民平均受教育年限不断提高。公共卫生和基本医疗服务体系逐步健全，医疗卫生保障能力稳步提高。科学技术不断进步，文化、体育、广播电视等各项社会事业全面发展。就业形势保持稳定，城乡就业体系进一步

完善。社会保障扩面提质，农村社会保障覆盖面不断扩大，城市社会保障体系不断完善，人口计生服务管理体系进一步完善。城乡居民生活和消费水平显著提高，城乡居民收入大幅上升。城乡环境综合整治成效明显，社会管理得到加强，社会大局保持稳定。民主法制建设加快，精神文明建设成效显著。

⑤改革开放扎实推进，发展动力活力不断增强。服务型政府建设取得成效，公共财政体制和投融资体制不断完善。国企改革不断深化，民营经济活力不断增强。对外开放不断扩大，开放型经济迈上新台阶。进出口保持快速增长，进出口商品结构进一步优化。利用外资继续保持较快增长，外资结构不断优化。“招大引强”成效明显，落户全区的世界500强企业累计179家。对外交流合作不断拓展，实施“走出去”战略步伐加快。成渝、泛珠三角等区域合作不断深化，西博会等对外交流平台作用显著增强，全方位、多层次、宽领域的对外开放格局基本形成。

表 16-7　2011 年成都经济区各市城镇居民人均可支配收入、农民人均纯收入及其年均增速（单位：元，%）

城　市	城镇居民人均可支配收入	年均增速	农民人均纯收入	年均增速
全　省	17322.1	14.1	6977	17.9
全　区	18296.4	16.2	7295	20.9
成　都	23048	15.7	9895	20.6
绵　阳	17998	16.0	7183	20.9
德　阳	19371	15.8	7813	20.7
乐　山	17644	15.8	6770	20.6
资　阳	17853	16.7	6718	21.0
眉　山	17038	16.3	7184	20.9
遂　宁	16093	16.8	6528	21.1
雅　安	17326	16.2	6269	21.0

表 16-8　2011 年成都经济区各市进出口总额（单位：亿美元，%）

城　市	进出口总额	2008～2011 年年均增速	城　市	进出口总额	2008～2011 年年均增速
全　省	477.8	14.79	眉　山	1.36	2.6
成　都	355.62	39.0	遂　宁	3.97	37.2
绵　阳	18.51	25.1	雅　安	0.33	30.1
德　阳	29.07	25.8	合　计	418.96	22.5
乐　山	7.99	8.7	占（%）	87.7	
资　阳	2.11	11.6			

⑥生态建设进展顺利，环境保护成效显著。深入实施天然林保护、退耕还林、水土保持、国土整治、地质灾害治理等重点生态建设工程，森林覆盖率显著提高，节能减排取得进展，主要污染物排放量明显下降，城市大气环境质量有所提高，主要江河水质进一步改善，为建设长江上游生态屏障作出重要贡献。

⑦抗震救灾取得伟大胜利，灾后恢复重建任务基本完成。在抗震救灾阶段，集中力量抓好抢险救人、抢修保通、卫生防疫、次生灾害防治、过渡安置等工作，实现了大灾过后无饥荒、无大疫，灾区保持和谐稳定；在灾后恢复重建阶段，坚持以人为本、科学重建、扎实推进各项工作，用两年时间基本完成三年的灾后重建目标任务。灾区发生了脱胎换骨的巨大变化，经济快速发展，社会和谐进步，人民安居乐业，重新焕发出勃勃生机和旺盛活力。

（三）区域发展定位

1. 成都经济区的发展基础及比较优势

成都经济区城镇密度大，是西部地区重要的经济增长极，具有全国城镇群区域分布格局不可替代性和自身空间区位关系的特殊性。区域社会经济发展水平在四川和西部的地位均特别突出。

（1）重要的区位条件和快捷的交通网络。成都经济区位于四川盆地盆底，岷江流域和沱江流域，是四川人口和城市最密集的平原地区，都江堰造就的天府之国所在地；是四川自然条件最好、历史上一直最富裕和农业手工业最发达的地区。交通运输方便快捷，为轴线拓展奠定了基础，区内有宝成、成昆、成渝、成达铁路，成渝及成绵、成乐、成雅高速公路，还有贯通西北和西南的光缆通信、通达全国和东南亚的空中航线均在这里交汇；这里同时也是内地通往西藏的公路和航空的主要通道。铁路、公路、航空、通信的立体网络，把这一区域更加紧密地联成一体。

（2）雄厚的产业基础，特别是重化工业基础，工业优势突出。成都经济区拥有“三线建设”时期奠基的工业经济和人才优势。已建成一大批大中型骨干企业，形成了冶金、化工、能源、轻纺、机械以及大型电站成套设备制造、工程机械等一批优势行业和产业。电子信息、冶金化工、输变电设备、工程机械、航空航天、铁路交通设备、数控机床、仪器仪表、彩色电视和通信设备、食品饮料和国防军工等产业具有相当优势，尤其是重大装备制造、国防科技工业、高新技术产业在全国具有突出地位，德阳是全国三大重大装备制造基地之一，航空航天工业在全国三分天下，核技术应用产业占全国半壁河山，以电子信息、新材料、生物医药为主的高新技术产业在西部地区地位突出，成都高新技术开发区在全国名列第六位。

（3）科教优势突出，人力资源丰富，高层次人才资源和科教力量集中。现代竞争是人才的竞争，人才资源已成为国家、地区和企业的战略重心。成都经济区聚集了全省 70% 以上的高等院校，80% 左右的科研机构，积累了大批科技教育机构，集中了大量高素质的人才，具有一支为数众多、工种相对齐全、配套能力强的技术工人队伍，成都市科技人员万人比在全国大中城市中一直名列前茅，这是成都经济区发展的重要依托力量。成都经济区有3839.9万人口，劳动力资源丰富，消费市场广阔，居民消费层次丰富。区内还有成都、绵阳两个国家级高新技术开发区和乐山等省级高新技术开发区。

（4）城市密集且中心城市综合功能较强，商贸服务业发达。区域是城市发展的腹地和依托，城市是区域发展的向导和动力。成都经济区城市密集程度高，以成都为中心150公里半径内，聚集有1座副省级城市，7座地级市，10座县级市，若干小城镇。成都在长江上游乃至西部都具有十分突出的经济中心地位，现代服务业较为发达，传统批发零售贸易及餐饮业发展基础好，国内外知名商业企业相继进驻成都，大型商贸集团逐步向规模化、品牌化发展，市场繁荣，业态层次丰富。科技市场发展迅猛，文化产业、信托、租赁等都呈现勃勃生机。

2. *发展定位*

《成渝经济区区域规划》将成渝经济区定位为西部地区重要的经济中心，成都经济区地处成渝经济区西部中心地域，以成都为中心城市的成都经济区是成渝经济区双核城市的重要一核，是全省重要的经济政治文化中心。根据成都经济区发展基础和比较优势，立足成都经济区在全省、成渝经济区乃至西部地区的战略地位和功能分工，按照全省经济社会发展的总体战略要求，成都经济区加快发展和一体化发展的总体定位是：西部地区核心经济增长极。其具体内涵为：

（1）西部地区重要的经济增长极。推动率先发展、优化发展，充分发挥成都经济区在全省建设西部经济发展高地的领先与推动作用，坚持“两化”互动、统筹城乡发展战略，强化基础设施对全省经济发展的支撑和引领作用，提升科技创新对经济增长的贡献，增强要素聚集功能和辐射带动作用，提高对外开放水平，将成都经济区建成西部地区重要的经济中心和具有强大辐射力的经济增长极。

（2）全国重要的现代产业发展基地。成都经济区具有雄厚的产业基础，特别是重化工业基础，工业优势突出。已建成一大批大中型骨干企业，形成了冶金、化工、能源、轻纺、机械以及大型电站成套设备制造、工程机械等一批优势行业和产业。成都经济区将抓住新一轮产业转移机遇，积极承接国内外产业转移，加快产业结构优化升级，增强产业市场竞争力，加快发展电子信息、冶金化工、工程机械、航空航天、数控机床、仪器仪表、彩色电视和通讯设备、食品饮料和国防军工等优势产业，尤其是突出重大装备制造、国防科技工业、高新技术产业、电子信息、生物医药、石油化工、新能源、新材料在全国的重要地位。大力发展现代农业基地，形成若干规模和水平居全国前列的先进制造和高技术产业集群，建设功能完善、体系健全、辐射西部的现代产业发展高地，即先进制造业高地、科技创新产业化高地、军转民示范基地、农产品加工基地和现代服务业高地。形成国家重要的经济安全保障基地。

（3）全国重要的综合交通枢纽和通信枢纽。成都经济区的交通主枢纽地位不仅在四川、在西部，甚至在全国都具有重要的作用。2007年12月，中共四川省委九届四次全会提出四川建设“一枢纽、三中心、四基地”的战略构想，自从把建设西部综合交通枢纽作为四川经济社会发展的头号工程以来，成都经济区抢抓灾后重建和国家扩大内需机遇，狠抓交通设施建设，在建设大枢纽、大通道、大路网、大港口、大物流等方面实现了历史性的突破。目前，成都经济区已经成为我国主要的交通枢纽之一，其客运总量居全国第三位，货运量也在全国城市群中位居前列。成都经济区将建设铁路、公路、航空、地铁等多种运输方式融为一体的综合交通系统，大力发展城市公共交通和轨道交通，加强市区地铁与市郊铁路、城际铁路的衔接，形成城市与区域一体化的快速轨道交通网络，大力发展航空港建设。加快西部通信网络枢纽系统建设，进一步提高区域干线传输能力；加快新一代互联网、数字电视、卫星通信等网络设施建设。把成都经济区建成西部最大的国家级综合交通枢纽。

（4）西部地区重要的城市群。成都经济区是成渝经济区双核城市群中的重要一核，是西部最具经济活力和发展实力的城市群，西部地区科技创新能力突出发展、国家创新型城市和区域创新平台建设的重要地区。成都经济区将加快形成辐射作用大的城市群。依托成都“双核”之一城市和区域性中心城市，加强与周边城市之间的联系，形成若干辐射带动能力强、经济联系紧密、体系结构合理的城市群。加快推进成都平原城市群一体化发展，加强德阳、绵阳、眉山、资阳、遂宁、乐山、雅安与成都市的规划衔接，积极承接产业转移，构建城市群内无缝衔接的综合交通网络，建成分工合理、联系密切、良性互动的城市群。

（5）全国统筹城乡发展的示范区。深入推进成都全国统筹城乡综合配套改革试验区建设，推动成都经济区全区基本公共服务均等化，建立以城带乡、以工促农的长效机制，形成统筹城乡发展的制度体系和城乡经济社会发展一体化的新格局，为全国城乡统筹发展提供示范。

（6）内陆开放试验区。成都经济区具有良好的产业基础和优势产业发展，拥有西部地区良好的交通枢纽系统，具有丰富的人文地域特色，享有“天府之国”的美誉。因此，成都经济区将在内陆开放试验中扮演重要的角色，将改善内陆开放环境，构建内陆开放平台，畅通对外开放大通道，加强与周边国家和地区的经济技术交流和合作，探索内陆地区对外开放合作的新路子。

（7）长江上游生态安全的保障区。成都经济区处于长江上游地区，肩负着保障长江上游生态安全的重要职责。成都经济区将统筹生态建设、环境保护、资源利用与集聚社会发展，加大生态网络建设力度，加强重点流域和地区环境综合整治，大力发展循环经济，提高资源节约利用水平，推动绿色发展，构建生态屏障，保障长江上游生态安全。

二　自然条件与优势资源

（一）自然条件

无论是斯密的绝对比较利益学说、李嘉图的相对比较利益学说，还是赫克歇尔与俄林的生产要素禀赋理论，都说明了资源要素是一个地区参与社会化大生产的客观基础，资源禀赋的地域分异是地区产业布局、区域劳动地域分工的内在前提。成都经济区内丰富的资源要素客观上促进了经济区的产业发展。

1. 自然地理

成都经济区地貌类型多样，具有以平原为主的土地资源特征。成都经济区自然环境条件优越，热、水、生物等自然资源丰富，具有鲜明的区域特色，经济区覆盖整个盆西平原。

盆西平原亦称川西平原、成都平原①，位于四川盆地西部，介于龙泉山、龙门山和邛崃山脉之间，北起绵阳江油，南到乐山五通桥，东至龙泉山，西至成都都江堰、邛崃一线。盆西平原系由三个冲积平原组成，即北部绵阳、江油、安县间的涪江冲积平原，中部岷江、沱江冲积平原，南部青衣江、大渡河冲积平原。三个平原由东北至西南邻接分布，间有丘陵、台地。岷江、沱江冲积平原即狭义上的成都平原，西北起自都江堰附近的神仙桥，东至金堂附近的龙泉山，南至新津县城的熊坡山，北至绵竹、罗江一线，总面积6350平方公里，是三个冲积平原中面积最大的平原，构成盆西平原的主体。

成都经济区是以成都为核心城市的“1+7”市所组成。龙门－邛崃山之南段雄踞于西北部，地势高亢，山脊线海拔多在3000米以上；西北部高、中山与东南部平原之间的过渡地带为低山丘陵，海拔为800～1000米；东南部几乎全是平原，即成都平原的主体部分，地势平旷，海拔为450～750米。平原的东部边缘由龙泉山自东北向西南斜贯，山顶海拔650～1000米，其东侧为川中丘陵之西缘。全市地形较复杂，山、丘、坝兼而有之，但以平原为主（占总面积的40.1%），山地次之（占32.3%），丘陵最少（占27.6%）。

成都经济区8个市的资源地理状况分别是：成都市位于成都平原腹心，西跨盆地边缘山地，东连川中丘陵，地势由西北向东南倾斜，地貌类型可分为平原、丘陵和山地；平原面积比重大，达4971.4平方公里，占全市土地总面积的40.1%，土地肥沃，土层深厚，气候温和，灌溉方便，可利用面积的比重可达94.2%。德阳处于成都边缘的平原地区，自然条件优越。绵阳位于涪江、安昌江、芙蓉溪三江交汇处，三江水利枢纽工程的建成，使城区形成面积达5平方公里的水面。遂宁属四川盆地中部丘陵低山地区，丘陵为主，约占全市总面积的70%，地质构造简单，褶皱平缓，沟谷河流纵横，涪江沿岸的河谷、平坝开阔，土地肥沃，工农商业发达，集镇众多，是遂宁政治、经济、文化的核心地带。眉山市所辖区域属于长江流域岷江、沱江水系，岷江干流位于辖区中部，从北向南纵横彭山县、东坡区、青神县，丹棱县的思蒙河、芦溪河、筒车河、芒溪河、越溪河流域均属岷江水系，市境内流域面积在100平方公里以上的河流有20条，500平方公里以上的有9条，1000平方公里以

① 广义的成都平原即盆西平原，包括涪江冲积平原、岷江与沱江冲积平原、青衣江与大渡河冲积平原。狭义的成都平原仅指岷江、沱江冲积平原。

上的有 3 条，境内土壤肥沃，酸碱度适中，保水保肥性好，有利于农作物生长，水稻土占总耕地的 38.5%。雅安全区人均占有土地 16.2 亩，高于全省人均占有量的一倍，平坝、山原主要分布于青衣江、大渡河流域两侧，占土地总面积的 6.44%，丘陵、台地占土地总面积的 3.64%，中山区占土地总面积的 67.44%，高山区占土地总面积的 6.12%。极高山分布极少，面积仅 1.73 万亩，开发更为困难。资阳是国家级生态建设示范区，境内山湖交错，山地、丘陵、平原、湖泊等地貌错落有致。乐山以山地为主，山地约占国土面积的 5%，其次是丘陵地，约占 37%，平坝地和台地最少。各类土地在分布上存在着显著的地域差异，山地主要分布在西南部，丘陵地、台地和平坝地则主要分布在东北部。在土地利用现状中，耕地比重小，林牧用地比重大。

总之，成都经济区这种以平原为主的地形，有利于农田垦殖，发展机械化和水利灌溉，也有利于工矿企业的选点布局和交通道路的规划建设。同时，多种多样的地形，形成了不同的气候带和生物群落，构成了良好的农业生态系统，为农、林、牧业的全面发展提供了良好的条件，极有利于农业立体布局。对发展旅游业，也具有独特优势。

2. 气候条件

一是成都经济区地处亚热带湿润季风气候区，除西北部一部分地区地势高寒外，热量资源相当丰富（年平均温度 15.2℃ ~ 16.7℃）。加之，西北有高山屏障，东南有低山环绕，形成了冬无严寒，夏无酷暑，无霜期长的良好气候条件（每年无霜期达 300 余天），植物四季常青，种植业一年两熟有余，畜禽全年均能生长。随着地形的差异，在丘陵和低中高山，分别形成了山地温暖带、温带、寒温带及寒带等多种气候带谱和局部小气候，为多种生物生息繁衍提供了良好环境条件。二是冬暖、春早、无霜期长，四季分明，热量丰富。年平均气温在 17.5℃左右，≥ 10℃的年平均活动积温为 4700℃ ~ 5300℃，全年无霜期大于 337 天，冬季最冷月（1 月）平均气温为 5℃左右，0℃以下天气很少，比同纬度的长江中下游地区高 2℃ ~ 3℃，提前一个月入春。三是冬春雨少，夏秋多雨，雨量充沛，年平均降水量为 1124.6 毫米，而且降水的年际变化不大，最大年降水量与最小年降水量的比值为 2∶1 左右。四是光、热、水基本同季，气候资源的组合合理，很有利于生物繁衍。五是风速小，广大平原、丘陵地区风速为 1 ~ 1.5 米 / 秒；晴天少，日照率在 24% ~ 32% 之间，年平均日照时数为 1042 ~ 1412 小时，年平均太阳辐射总量为 83.0 ~ 94.9 公里 / 平方厘米。

（二）优势资源

成都经济区资源富集，是四川省金属和非金属矿产和水能资源富集的地区，铁、钛、钒、铜、铅、锌、铝、金、银、锶、稀土等金属矿产在全国和全省占有重要地位。丰富的动植物、生物资源分布在各市。水资源总量较大，灌溉便利，土壤肥沃。

1. 水能资源

成都经济区地处川西河网区腹部，长

江主要支流岷江、沱江以及嘉陵江的主要支流涪江等流经本区。多年平均降雨量在1100毫米以上。2011年经济区水资源总量为603.09亿立方米，占全省水资源总量的23.1%（见表16-9），水资源总量相对丰富；但作为全省第一大人口密集区，人均水资源量却低于全省平均水平，其中成都、德阳等市人均水资源量远低于国际公认的1750立方米/人·年的用水紧张线。此外，成都经济区的水资源量分布不平衡，时空分布不均，70%～90%的降水集中在7～9月，60%集中在山区，暴雨频繁，旱涝交错发生；人均水资源占有量不高，2011年人均水资源量518立方米，仅相当于全省人均量2890.1立方米的17.9%。水资源分布与人口和经济布局不相匹配，区内供水增长已经不能满足区域经济社会发展的要求，部分区域的缺水现象严重。水资源的不足是不可逆转的客观事实，成都市已被列为全国400个缺水城市之一。水资源供需矛盾突出，已经成为制约成都经济区经济社会发展的重要因素。年径流分布规律为自西向东、自南向北递减。水资源除空间分布不均外，在时间上亦分布不均。因以降水补给为主，在一年中，水资源以夏秋两季最丰，冬春两季最少。冬春季节尤其是春季，农田耕作常需大量水源灌溉，水资源供给紧张，供需矛盾突出。此外，近年来，由于工农业生产和人民生活带来的点源和面源污染增加，部分流域水质下降，尤以沱江水系最为严重，必须予以高度重视和关注，采取有效措施加以治理。同时，在成都经济区内，特别是平原地区地形落差小，水能资源明显不足，已开发水能资源占技术经济可开发资源的70%以上，后续开发潜力不大。

表16-9　成都经济区多年平均水资源总量

地区	面积（平方公里）	降雨量（毫米）	地表水资源量（亿立方米）	地下水资源量（亿立方米）	地下水域地表水冲服计算量（亿立方米）	水资源总量（亿立方米）
全　省	484252	22981.6	2614.54	616.35	615.19	2615.7
成都市	12072	1223.6	72.5	26.25	25.43	73.32
绵阳市	20244	1082.4	124.69	26.72	26.7	124.71
德阳市	5981	1045.0	27.32	11.17	10.86	27.63
资阳市	7945	854.5	20.77	2.6	2.6	20.77
遂宁市	5330	863.0	11.26	1.75	1.75	11.26
眉山市	7231	1364.6	58.26	12.19	12.19	58.26
乐山市	12893	1457.7	119.07	26.38	26.38	119.07
雅安市	15059	1546.6	168.07	41.99	41.99	168.07
全　区	86755	9437.4	601.94	149.05	147.9	603.09
占比（%）	17.9	41.4	23.0	24.2	24.0	23.1

成都经济区水资源分布情况有如下特点。

第一，成都经济区多年平均地表水资源量 601.94 亿立方米，多年平均地下水资源量 149.05 亿立方米，本地水资源总量为 603.09 亿立方米，全区人均本地水资源 518 立方米，均高于全国多年平均值，但仅占全省总量的 23%、24.2%、23.1%。

第二，河网密度大。成都市有岷江、沱江等 12 条干流及涪江、琼江、梓江、青岗河、蓬溪河等几十条支流，河流纵横，沟渠交错，河网密度高达 1.22 公里 / 平方公里；加上驰名中外的都江堰水利工程，库、塘、堰、渠星罗棋布。有效灌溉面积超过 34.5 万公顷，境内流域面积很广；由于丘陵低山的地貌形成的较大落差，众多的河流为成都经济区提供了较为充足的水能资源。

第三，水质优良。成都经济区地处长江流域上游，河水主要由大气降水、地下潜流和融雪组成，在流入成都平原之前，河道主要在高山峡谷之间，受人为污染极小，因而水质格外优良，绝大部分指标都符合国家地面水二级标准的要求。

第四，水能可利用率高。境内河段是水能集中的主要河段，较大的流域落差，使各条干流成为建设中、小型水电站的有利之处。其中，雅安成为国家规划的十大水电基地之一。全区水力资源集中分布于青衣江、大渡河两大水系，大小河流 130 多条，水量相当于山东、山西、河北、河南、北京、天津四省两市的总和，可建电站 300 多处，发展大小水电站的条件得天独厚。大渡河上装机 330 万千瓦的瀑布沟电站，前期工作已全部完成。乐山水能资源也很丰富，境内水能理论蕴藏量达 520 余万千瓦，占全省的 4.7%，其中可开发的水能资源达 400 万千瓦，占全省可开发量的 5.6% 左右。乐山水能主要分布于西部、南部地区，如峨眉、沙湾、马边、峨边、金口河、沐川等区、市、县。按地理条件可分为两大区域：大渡河干支流水电基地、马边河水电基地。前者是乐山水电开发的主体。但总体说来，本区是全省电力负荷最大的区域，电力需求在丰水期需要大量接受川西水电，枯水期需要大量接受川南、川东火电乃至省外来电。电网是最主要的能源基础设施。通过加强骨干电网建设和开展大规模城乡电网建设与改造，基本形成了以 500 千伏为主要支撑、220 千伏为基本网架、110 千伏分布较为合理的输变电网架，是四川水火电重要的交换平台。

2. 动植物、生物资源

成都经济区地处亚热带湿润地区，地形地貌复杂，不同地区的光、热、水等生态因子构成了区域复杂多样的生态系统，为生物资源的遗传多样性和物种多样性提供了空间。经济区自然生态环境多样，具有丰富的动植物、生物资源分布，生物类别齐全，森林蕴藏量大。据初步统计，仅动、植物资源就有 11 纲、200 科、764 属、3500 余种。其中，种子植物 2682 种，乔木 200 余种，其中被子植物约占世界总棵树的 60%，是世界主要被子植物的摇篮和分化中心。特有和珍稀植物有银杏、珙桐、黄心树、香果树、水杉，名贵的苏铁、红豆树、马桂木和独具特色的古柏、榕树等；境内属国家濒危、渐危、珍稀重点保护的有红豆杉、珙桐等 84 钟，占全国重点植物保护种类的 20%。经济林主要有油桐、油橄榄、乌桕、核桃、蓖麻、棕榈等树种；中药材860多种，川芎、川郁金、乌梅、黄连等蜚声中外。仅在雅安就有木本植物1000多种，列为国家一级保护植物的有桫椤、珙桐两种；二级重点保护植物有连香树、水青树、杜仲等6种；三级重点保护植物有八角莲、天麻、厚朴等10种，境内野生药用植物资源丰富，现已查明较常见药用植物有1200种以上，属于“三级标准”收载及地方习用中药有425种。雅安历史上曾为四川七大药材集散市场之一，是川药重要产区。近些年，生物资源及保护也面临着严峻的挑战，在局部地区因环境破坏而导致生态系统功能衰退，不断加速着生物栖息地的丧失；对生物资源的非理性索取导致生物资源丧失加剧；生物资源管理和补偿机制不健全，生物多样性保护不力；以及外来物种入侵影响本地生物资源生存等。

境内有动物1000多种，其中脊椎动物约480种，两栖动物56种，鸟类282种，有经济价值的近400种，国家重点保护的珍稀动物有大熊猫、小熊猫、金丝猴、牛羚等；鱼类资源达89种，珍稀动物如鱼类的中华鲟、胭脂鱼、岩原鲤、长吻鱼等；两栖动物中的大鲵，哺乳动物中的水獭，均属国家和省级保护动物。为开展科研及旅游提供了良好条件。雅安是世界上第一只大熊猫标本的采集地，新中国成立以来，仅宝兴县就为国家提供大熊猫110多只，是我国发现大熊猫最早、现存大熊猫最多的地区，占全国现存总数的50%以上，被称为“熊猫的故乡”。

3. 矿产资源

成都经济区各市矿产资源分布丰富。一是种类繁多，目前已探明的有铁、钛、钒、铜、铅、锌、铝、金、银、锶、稀土等金属矿产以及钙芒硝、蛇纹石、石膏、方解石、石灰石、大理石、煤、天然气等非金属矿产资源60多种。芒硝探明储量2049.82亿吨，占全省总储量的70%以上；磷矿地质储量2.83亿吨，保有储量为1.3亿吨，是全国五大磷矿之一；天然气探明储量在400亿立方米以上。但区内煤炭资源较少、分布较散，煤炭能源地质储量在7000万吨以上，约占全省的0.56%，是四川省煤炭资源贫乏地区之一。经济区煤炭资源因规模小、品位低、质量差，抑或含硫高，阻碍了其开发利用。火力发电厂所需要煤炭主要靠区外调入。二是全区有大小矿产地几百余处，矿产资源分布相对集中，具有能源矿产与耗能矿产并存，金属与非金属矿产、有色金属与黑色金属、稀有金属与贵金属矿产兼备的组合配置优势（见表16-10）。

4. 旅游资源

成都经济区名胜古迹蜚声中外，加上自然风光绮丽多姿，因而旅游资源得天独厚，并具有鲜明的成都特色。

一是人文景观多。全区现有人文景观近200处，具有类型多、规模大、分布广、价值高的特点，并都有自己特有的人文景观。其中，成都以二王庙、文君井、武侯祠、杜甫草堂、文殊院、宝光寺、王建墓、蜀僖王陵以及古蜀文化——金沙遗址等最具特色；观音寺的壁画、塑像和花置寺的摩岩造像等也有很高的艺术观赏价值；举世闻名的都江堰水利工程，更是具有极高的科学研究价值；三星堆古蜀文化遗址是国家首批AAAA级景区，是四川地区迄今

表 16–10 成都经济区主要矿产资源种类分布

地 区	矿产资源种类
成都市	煤炭储量 1.46 亿吨；天然气探明储量 16.77 亿立方米，远景储量为 42.21 亿立方米；钙芒硝储量 98.62 亿吨，居全国第一
绵阳市	主要矿产：煤、锰、铅锌、金、钨、膨润土、化工用白云岩、玻璃用砂岩、砖用页岩和饰面石材等
德阳市	优质浅层天然气控制储量超过 3000 亿立方米；磷矿石储量在 3 亿吨以上，为全国七大磷矿基地之一；石灰石矿品质优良，储量 50 亿吨以上
资阳市	砂岩、砖瓦用页岩
遂宁市	除石油、天然气、建筑用砂砾外，还蕴藏丰富的砂金、白垩、膨润土、岩盐、天然卤水、砖瓦用黏土、砖瓦用页岩、建筑用砂岩、矿泉水等
眉山市	主要有煤、钙芒硝、硫铁矿、铜矿、铅锌矿、矿泉水、膨润土、花岗石、砖瓦用页岩、黏土、水泥用石灰岩、石膏、建筑用砂等
乐山市	以非金属矿为主，主要有磷、盐、石膏、石灰石等。其中岩盐储量达 170 亿吨，在四川仅次于自贡。磷矿 25.4 亿吨，占全省的 50%。石灰石储量也巨大
雅安市	独特的矿产有大理石、花岗石、石棉等 3 种，花岗石和大理石的储量分别达 30 亿立方米和 10 亿立方米以上，被地质学家称为“石材王国”。还有钙、芒硝、锰矿、铅锌矿、硫铁矿等多种富矿，占全省的 50% 以上。硫铁矿、铅锌矿、石英硅矿均已全省驰名，特别是独产于雅安的铋碲矿是世界目前唯一发现的原生矿种，已被称为“第二国宝”

为止发现的范围最大、延缓时间最长、文化内涵最为丰富的古国、古城、古蜀文化遗址，正在申报世界文化遗产。绵阳境内以富乐山、梓潼七曲大庙山为代表的三国历史文化游，是绵阳深厚历史文化底蕴的集中体现，走进白马藏族、羌族锅庄为代表的藏羌风情游，体验原汁原味的民俗文化，令人回味无穷。德阳东汉摩崖石刻、唐时宫廷贡品“剑南烧春”、三国庞统祠、诸葛双忠祠、中国四大年画之一的绵竹年画、清朝才子李调元故里、民间瑰宝仓山大乐、道教发源地紫岩山以及龙门山国家地质公园等都为德阳传统文化抹上了瑰丽的色彩，李调元故里、紫岩山、龙门山国家地质公园都吸引了大量国内外游客。

二是自然景观全。成都经济区地形地貌复杂多样，山景、洞景、水景、生景、气景俱全。其中山景具有高、险、奇、秀、幽的特色，如有“天下幽”美誉的青城山、雄奇多姿的九峰山、奇峰挺拔的雾中山、景色秀美的玉垒山等。水景中有汹涌湍急的溪流、清澈明亮的水潭、飞珠溅玉的瀑布、秀美如画的湖泊、千姿百态的泉眼等。生景中，有少见的桂花林、箭竹林、杜鹃林等植物群落和大熊猫、小熊猫、蝴蝶群等珍稀动物。绵阳境内有以王朗自然保护区、西羌九黄山、窦圌山、千佛山、小寨子沟为代表的自然生态游。乐山境内的旅游资源，山景、水景、气景、生景四大类皆有分布。山景中主要有峨眉山、凌云山、乌尤山、黑竹沟、大风顶等；水景中主要有五通水乡、峨边大、小杜鹃池、峨眉山温泉等；气景中主要有峨眉山云海、日出等；生景中主要有大风顶大熊猫、峨眉山珍稀动植物等。其中以山岳景观最为突出，旅游价值最大。乐山旅游资源品位高，特色突出。乐山现有国家级风景区 1 处（分为乐山大佛、峨眉山两景区）、省级风景区 6 处、市级风景区近 10 处。其中乐山大佛－峨眉山为中国第三个、四川第一个世界文化与自然双遗产地，具有世界意义。峨边黑竹沟号称中国陆上“百慕大”，具有许多神秘之处、未解之谜，中央电视台都曾做过报道，亦具有很高的旅游价值。

三是旅游资源分布相对集中。现已形成以成都市区为核心的、组合不同、风格各异的都江堰、青城山、宝光寺等 8 个国家、省、市级风景片区和西岭雪山国家级风景名胜区、龙池国家级森林公园、龙门山国家级地质公园和白水河国家自然保护区等。

四是旅游地理位置十分优越。成都经济区正处在由剑门蜀道、九寨沟、成都、峨眉山、长江三峡等旅游胜地组成的四川旅游环和由北京、西安、成都、昆明、桂林、广州等旅游中心组成的全国旅游环的联结点上，还是内地前往西藏的主要通道。

三　产业结构与优势产业

（一）产业发展概况

成都经济区是全省经济发展的核心地区，是全省经济发展的主体，成都经济区国土面积占全省的 17.9%，人口占 42.4%，GDP 占到全省的 58.2%。规模以上工业总产值、规模以上工业企业利润等都在全省占有较大比重。基于优越的资源禀赋条件、区位优势和政策优势，成都经济区目前已形成较完整并具有较高水平的产业体系，产业集聚加速、产业规模不断壮大、产业结构升级加快。2011 年，全区实现地区生产总值 12562.5 亿元，年均增速 15.8%；地方财政一般预算收入 985.8 亿元，年均增速 37.1%；高于川渝两省平均水平。三次产业结构为 16.2 : 54.9 : 28.9，农业比重持续下降，工业化水平显著提升，非农产业就业比重高于全省平均水平。其中成都市三次产业结构为 4.8 : 45.9 : 49.3，高于成渝地区甚至全国的平均水平。成都经济区今年产业发展的总体情况呈现如下特征。

第一，形成了一批有较大影响力的支柱性产业。成都经济区的产业体系中，食品制造业、电气机械及重型装备制造业、家用电器制造业、旅游业、商贸业产业规模不断壮大，支柱产业特征日益明显。成都经济区的支柱性产业，包括服务业、重型装备制造业、电子产业、旅游业、商贸业、食品制造业等。近几年，服务业作为以成都为核心的成都经济区的主导产业，在金融、服务、餐饮、旅游等行业都有了快速的发展。

第二，基础性产业的作用越来越显著。成都经济区的基础性产业中，农业、交通运输业在产业发展中起着重要作用。

第三，新兴产业发展迅速。近年来高新技术产业、房地产业以及医疗制造业发展迅速，成为重要的新兴产业。

（二）优势产业

1. 重型装备制造业

（1）装备制造业基本情况。重型装备制造业作为国民经济的重要主导型产业，在成都经济区具有重要的竞争优势。第一，产业基础雄厚，总体规模大。2010 年，“7+3”产业增加值占规模以上工业的 85.2%，增长 26.2%。2010 年装备制造业增长 24.7%。其中，通用设备制造业增长 34.6%，专用设备制造业增长 21%，交通运输设备制造业增长 30%，电气机械及器材制造业增长 19%，通信设备、计算机及其他电子设备制造业增长 42.4%。第二，行业资产存量大、基础坚实、行业门类较为齐全。以电站成套设备、工程机械、交通机械、石化装备、轻微型汽车、农用车及零部件等为代表的机械制造能力在西南都占有相当大的比重，尤其是以二重为主体的重型装备生产能力在中国西部是无可替代的。第三，产业集聚效应明显。装备制造业以“两带”为主要集聚区。较为集中在成都经济区内的德阳、成都、眉山一线，主要企业有中国第二重型机械集团公司、东方电机股份有限公司、东方汽轮机厂、东方锅炉厂德阳分厂、东风电机厂等，具有生产火电、水电、核电发电设备的能力，具有较为明显的规模优势。另外，成都经济技术开发区在工程机械和汽车工业，资阳在机车车辆和石化通用机械，自贡在石化通用机械和机床，绵阳在汽车工业的制造方面都有较强的发展和配套能力。第四，科技创新能力强，主要科研机构实力突出。29 家省级以上机械产业技术中心在装备制造方面的研究处于国内领先水平。第五，高端装备蓄势待发。高速轨道交通装备领域，已形成资阳机车产业园区、成都轨道交通施工机械园区等几个特色产业园区。智能制造装备领域，已形成成都、自贡、德阳三大生产基地。

（2）优势特色装备。成都经济区特色优势装备主要有：发电设备（东电）、大型清洁火力发电锅炉（东锅，国际一流）、冶金设备（二重，国际先进）、电站铸锻件（二重，国内先进）、六轴电力机车内燃机车（资阳机车，国际一流）、中速船舶曲轴（资阳机车、晨风工业，成风西铁，国际领先、国内一流）、个性铁路货车（眉山车辆，国内领先）、清洁燃烧、环保、节能减排特种锅炉设备（华西能源，国内领先）、特种电缆（明星电缆）、数控变频电动转机（宏华石油，国际先进、国内领先）。

（3）发展制约因素。第一，科技成果转化不够。缺乏自主核心技术、自主研发能力不强等，科研院校研发成果的质量和转化率还需提高。第二，产业链部分环节缺失。高速轨道交通装备产业方面，四川企业未取得动车组生产资质；高速铁路施工机械设备中仅隧道掘进机和隧道模台车等少数产品；轨道检测设备和维修设备几近空白；智能制造装备中，大量关键零部件和中高档数控系统以及高端工业机器人整机，均主要依赖进口。第三，部分行业市场开拓困难。高速轨道交通装备领域，中小企业政策制约明显，资金投入太多，取证周期长，获证难，新产品上路试验和市场推广困难。智能制造装备领域已形成了依赖进口的惯性，规模难以做大。

（4）推动装备制造业高端化发展思路和发展重点。产业发展思路。抓住国家加快发展先进制造业的机遇，依托产业在全国所具有的显著优势、较强竞争力和较大市场份额，努力增强创新能力，深化企业改革，培育一批拥有自主知识产权和知名品牌、主业突出、核心竞争力和辐射能力强的大企业、大集团。加强国际合作，通过引进吸收、合作开发，以及对外并购扩张，快速缩短与发达国家技术差距，提高国际竞争力，使本区成为四川省建设中国西部最大的重大装备制造中心、研发创新和技术服务中心的主要承载区域。产业发展内容及重点。重点发展大型发电设备、重型加工设备、大型工程机械、航空航天设备、核技术装备和其他重大设备等，壮大重大装备制造业基地。做大做强石油化工设备、新型油气钻采设备、机电一体数字化集成系统。培育航空模锻件、新型环保节能设备及轨道交通装备制造业等新兴装备制造产业，积极谋划现代化农业装备、平安应急救灾设备等民生装备产业，加强机车、发动机等关键技术的联合攻关，提高电力机车、内燃机车、混合动力机车生产能力。重点培育“一基地”：德阳重大技术装备制造业基地；“两带”：包括成都、德阳、绵阳、资阳、乐山等地的成都经济带和绵阳经济带；“四园区”：德阳经济开发区装备产业园、广汉经济开发区石油钻采设备产业园、自贡板仓工业园、资阳机车产业园；“八链条”：大型发电设备产品链、以大型冶金成套设备为代表的重型机械产品链、大型工程施工成套设备产品链、机车车辆产品链、石油天然气成套设备产品链、数控技术与设备产品链、大型环保成套设备链及航空航天与空中交通管制系统成套设备产品链。

（5）产业发展布局。第一，重大装备产业主要依托二重、东汽、东电、成飞、宏华等重点企业，在成都高新技术园区、德阳重型机械产业园区、绵阳高新技术园区、自贡重装产业园区、广汉石油钻采产业园区、资阳和眉山工业园区进行集中布局，建设德阳重大技术装备制造业基地、成绵航空航天和空管产业带、资阳和眉山机车车辆产业集群、自贡数控机床产业集群。充分发挥德阳装备制造的优势，发展风能、太阳能、核能、潮汐能、生物能、燃料电池等新能源装备制造业，德阳市要以二重、东电、东汽为主体，优先加快重大装备制造业的发展，积极进入核电、风电设备等增长潜力大的新领域。第二，加快汽车制造业发展。整合成都、德阳、绵阳、资阳、雅安的汽车工业生产能力，形成成都经济区汽车工业的特色和优势。依托成都一汽汽车有限责任公司，发展以整车和汽车零部件为支撑的汽车产业链；同时，加快发展工程机械等产业链。眉山市主要依托眉山车辆厂等企业，突出机电一体化，重点抓好铁路制动机、专用汽车、环保型压缩机、筑路机械的发展。资阳市依托资阳机车有限公司等，侧重发展以运输设备为主的机械制造业，发展机车、载货汽车制造及车产业配套产品。加快引进发展轿车等乘用车，重点发展中、重型载货汽车，稳定发展客车、专用车，着力建设汽车零部件配套体系和现代汽车产业服务体系，推进汽车产业关联发展、集聚和集约发展、合作发展，开发重载、高速机车车辆，研制城市轨道车辆中的地铁、轻轨车辆，加大磁悬浮列车和大功率货运内燃机车、地铁车辆产品研发，在城市地铁、轻轨工程等方面，争取实现突破，逐步形成西部现代汽车制造基地（见表 16-11）。

2. 电子信息产业

（1）发展概况。四川是全国重要的电子信息产业基地之一。近年来，成都经济区在集成电路、软件、基础元器件及材料等各领域都有较好基础，产业发展方面获得重大突破，成为我国发展集成电路的热点地区之一，在集成电路、软件、信息安全方面的产业规模居全国电子信息产业第 9 位，中西部第 1 位。软件业规模在全国排名第 8 位。近 10 年来，四川省电子信息产业保持了年均 20% 以上的较快增长。30 多家世界 500 强电子企业和 10 多家国内电子百强企业来川落户。2010 年，四川省电子信息产业实现营业收入 2136.23 亿元。成都是我国电子工业的四大基地之一，也是电子部“九五”规划中重点扶持的生产基地，以集成电路、软件及信息服务、新一代通信技术等为优势；绵阳是我国唯一的国家级科技城，以数字视听产品见长，更有“西部电子城”之称；乐山在半导体及多晶硅产业等领域形成了特色，乐山的菲尼克斯是全国最大的电子元器件生产基地；德阳依托重大装备制造业，积极探索信息化与工业化的融合发展道路。一批新兴信息企业如托普、鼎天、迈普、成都西门子、国腾等成长迅速，分布集中。

（2）产业发展思路。成都经济区电子信息产业的发展，要加强关键与共性技术研发，加快推进产学研融合，实现军工与民品互动，努力构建产业特色突出、产品结构合理、信息化水平高、自主创新能力强、对外开放程度高的国家电子信息产业基地。

（3）产业发展内容。重点培育数字家电、集成电路、网络通信设备、软件、军事电子产业链。数字家电产业链主要发展核心关键部件、整机生产等环节，同时带动机顶盒、显示器件、嵌入式软件及芯片设计等的发展，积极发展数字电视信号的编辑、处理、传输设备，提高数字视听网络类产品的集成能力和整体配套能力。集成电路产业链主要发展 IC 设计、晶园制造、封装测试等环节，同时带动单晶硅、多晶硅以及专用设备、仪器等的制造。网

表 16-11 汽车产业布局指向

地 区	重 点 项 目
成 都	以汽车产业综合功能区和成资工业开发区为载体，研发新能源汽车、高端化传统汽车
绵 阳	重点发展汽车整车及汽车发动机、方向机、转向器、汽车电子电气设备等产品零部件
德 阳	加快北汽福田什邡基地等重点工程建设，带动汽车配套产业发展，逐步培育壮大汽车制造产业
资 阳	重点发展重、中轻型汽车、商务用车、汽车发动机、专用汽车、成套装备制造业和零部件配套业
眉 山	发展机车车辆
雅 安	发展汽车配件产业
遂 宁	发展轻卡

络通信产业链主要发展光纤、光缆、高速光电器件，光传输设备、网络交换设备，接入网系统设备等。软件产业链要加快研发、生产、服务（包括系统集成、咨询、服务）等体系的发展。军事电子设备产业链要加快电子材料、电子器件、电子整机等的发展。

（4）重点发展地区。以成都、绵阳、乐山为中心，重点发展数字家电、集成电路和元器件、软件开发、网络通信（光通信）设备、光电产品、军事电子产品等六大产业。依托长虹、九洲、英特尔、中芯国际、摩托罗拉软件中心、华为、虹微和国腾等重点企业，在成都高新技术开发区、绵阳经济开发区、乐山高新技术产业开发区、双流工业集中发展区、遂宁经济开发区等工业园区进行布局，形成成德绵乐电子信息产业带和数字家电、集成电路、软件产业和网络通信及设备产业集群，整合发展数字家电产业链、集成电路产业链、软件产业链、网络通信及设备产业链。在德阳、乐山、眉山、资阳发展射频识别（RFID）产品、半导体照明、光伏产业。在德阳推进数控机床、机器人、工业自动控制数字化系统集成。在乐山、遂宁发展电子元器件产业（见表 16-12 和图 16-3）。

3. 生物医药产业

（1）发展基本情况。在西部各省市区中，四川省的医药产业规模排位第一，销售收入占西部销售总额的 1/3。其中，成都经济区生物医药产业发展呈现如下的特点：第一，拥有一批优势企业和产品。科伦药业、成都地奥集团 2 家企业位于全国医药工业企业百强，康弘、奥邦、维奥、荣生等 40 余家企业年销售收入过亿元；拥有心血康、人血白蛋白、乐力钙等近 20 个单品种过亿元的优势产品；大输液、血液制品等产品占国内市场份额的 1/3。第二，产业结构特色突出，中药工业优势明显。在医药工业中，化学药工业和中药工业所占比例分别为 43% 和 42%，两者之和高达 85%，构成医药工业的主体部分。第三，具有较强的医药创新资源。专业研究

表 16-12　电子信息产业布局指向

地　区	重　点　项　目
成　都	软件及信息服务、集成电路、光电产品、网络和通信设备（含计算机及外设）、航空电子、汽车电子、电子元器件、物联网等产业集群
绵　阳	重点发展集成电路、软件、数字家电、网络通信、数字多媒体终端、空调、移动通信终端等技术和产品、射频识别（RFID）产品、电子元器件、军工电子
德　阳	射频识别（RFID）产品、半导体照明
乐　山	混合集成电路、电子元器件
资　阳	汽车电子、半导体照明
眉　山	光伏产业
遂　宁	电子元器件产业

图 16-3　电子信息产业布局

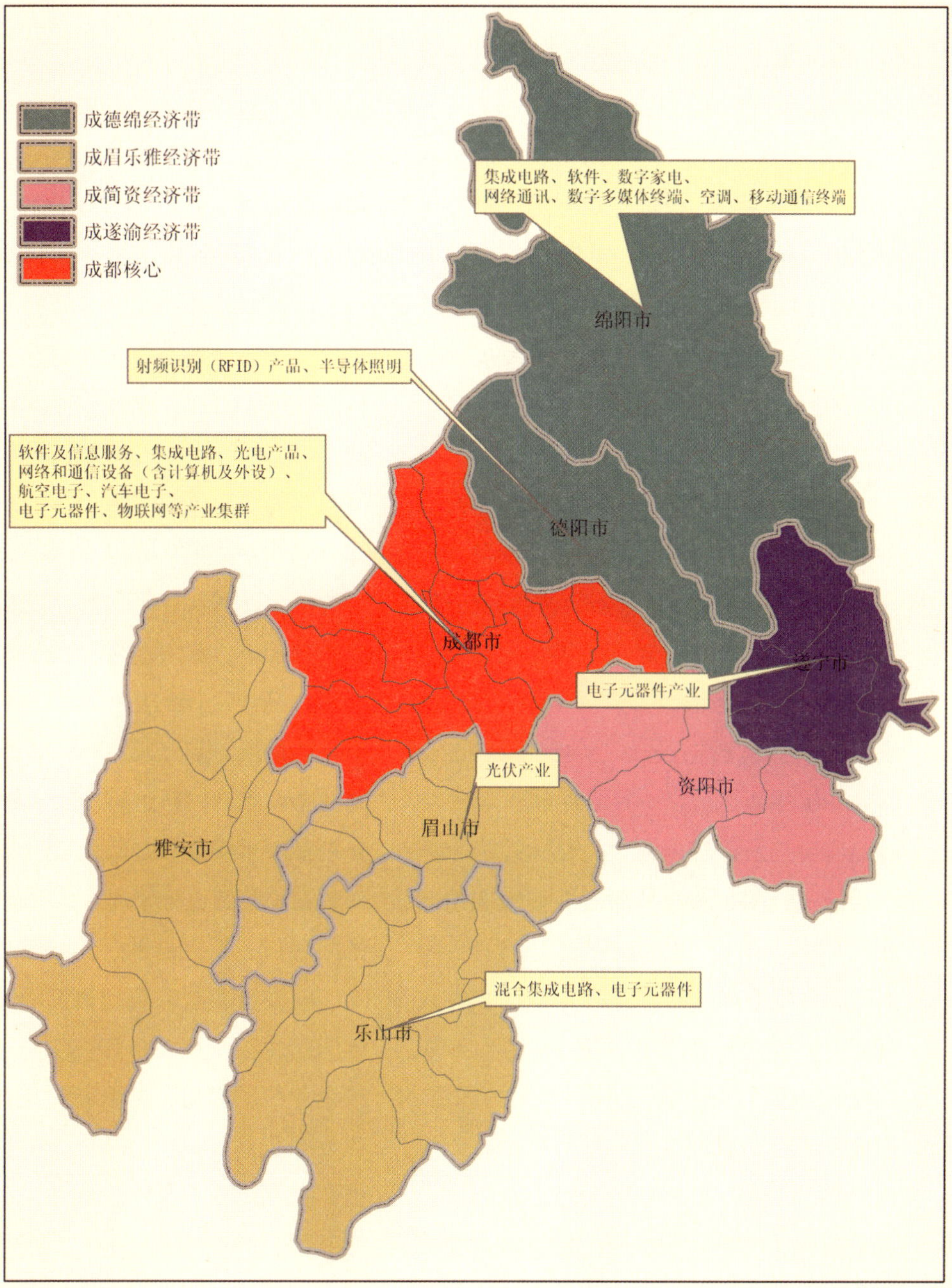

机构有成都中医药大学、四川大学华西药学院、中科院成都生物研究所、四川省中医药研究院、四川省中药研究所等 64 个，已形成药物发现、临床前研究、临床试验、工业化生产全过程的研发体系。近年来，科研成果大幅度增加，疫苗、生物治疗技术水平国内领先，生物医学材料、组织工程部分领域达到国际先进水平。

（2）产业发展思路。以当代生物技术产业发展趋势为导向，充分发挥生物技术和资源优势，努力构建优势特色突出、生产技术水平高、自主创新能力强的国家重要的生物技术产业基地。充分发挥中药科技资源集聚的优势，加强中药创新药物研发和中药生产技术现代化。

（3）产业发展内容。培育和形成生物制药、生物农业、生物医学工程、食品生物工程、环境生物工程、现代中药产业链。其中，生物制药主要发展基因药物或多肽、蛋白质药物等；中药产业链主要发展中药饮片加工、中药标准物提取和中成药及相关健康产品生产。

（4）经济区内部布局。以成都为布局重点，发展生物医药、医用影像设备、生物医用材料及家用医疗仪器、化学高仿药、现代中药、功能性保健食品和化妆品及生物医药外包服务等产业。重点依托地奥、康弘、容生、华神、成都生物制品研究所、四川省抗生素工业研究所、中国医学科学院输血研究所、四川大学生物治疗国家重点实验室、四川大学华西医院、省中医研究院等重点单位，以成都高新区为核心，引导和鼓励有核心技术的生物医药企业入驻园区，打造成都生物医药科技产业城。以成都川芎、眉山黄连种植基地等为重点，积极推广中药材规范化种植、养殖；以绿色药业、国嘉药业、禾邦药业、雅达药业、绿禾药业、迪康药业、四川银发、吉安康药业、三勒浆药业、永安制药、省中药材公司等企事业单位为龙头，发展川产道地中药饮片产品；以地奥集团、雅安三九、升和制药、康弘制药、中汇制药、华西药业、志远广和、天台山制药、美大康药业等为重点，培育发展心血管疾病药品；以三勒浆药业、泰华堂制药、康福来制药、艾丽碧丝制药等企业为重点，培育发展健康产品；以成都生物制品所、蜀阳集团等企业为重点，发展人血白蛋白、免疫球蛋白、破伤风免疫球蛋白、乙型肝炎免疫球蛋白、乙型脑炎灭活疫苗等血液制品及生物制剂产品；重点发展静注丙球、奥利达、乌体林斯等血液制品及生物制剂，加快生物信息导向药物抗菌多肽的研发。

4. 新材料产业

（1）基本概况。成都经济区内的新材料产业蓬勃发展，也具有相当的技术优势。截至2008年底，成渝经济区四川部分新材料产业实现增加值约210亿元，其中大部分集中在成都经济区。初步形成了钒钛新材料、硅材料、化学新材料、稀土材料、超硬材料、生物医学新材料等六大领域。目前，经济区内的新型生物活性材料、硅半导体材料、高分子材料、新型装饰材料、高纯金属基础材料、稀土磁性材料等领域，分别在科研或生产方面处于国内领先水平，有的在国际上也处于先进水平。攀钢集团、德阳科技、新光硅业、永祥硅业、东汽峨半、阿波罗科技、自贡硬质合金、四川大学国家生物医用材料研究中心等一批新材料企业脱颖而出，全省新材料产业技术从业人员已达10万人以上。但目前的发展仍然存在产业规模小、集中度低、配套能力不强、产业链不完善、产品层次低、加工深度不够、研发能力不足和科技成果转化率、核心竞争力不强等突出问题。

（2）发展重点。积极发展钒钛新材料、硅材料、化学新材料、稀土材料、超硬材料、生物医学新材料等六大领域。钒钛。以攀钢、龙蟒等企业为骨干，培育大规模、集约化、深度开发的钒钛优势产业集群，进一步扩大钒渣和钒制品生产能力。努力发展低品位矿、表外矿、尾矿的综合开发利用，钒钛磁铁矿直接和熔融还原，氧化钒的清洁生产，钒制品和钒钛低微合金钢深度开发，钒钛精细化工产品开发，优质钛原料，含钛高炉渣资源综合利用，氯化法钛白粉生产，海绵钛以及二氧化钛直接电解生产金属钛、钛及钛合金和高档钛材，钒钛矿共生钴、铬、镓、钪等提取和综合利用等关键技术。硅材料。重点抓好多晶硅以及单晶硅切片、太阳能电池及组建项目，努力把四川建成中国最大的硅材料产业基地。稀土。大力发展农用稀土、稀土金属、稀土陶瓷、稀土硝酸铈铵材料等稀土应用产品。推进环保型、技术先进的分离技术，提高单一稀土化合物质量。加快发展单一稀土金属、混合稀土金属、稀土合金、稀土中间合金等产品。有机氟（硅）。重点发展以氯碱为基础的后加工产品——甲烷氯化物、有机氟、有机硅系列产品，特种高分子合成材料和环氧树脂系列深加工产品，以及特种溶剂、助剂系列产品。推动氟化工产品向高端氟化工产品转型，重点发展氟精细化学品和高端氟聚合物。积极开发硅油新品种，开发功能性有机硅助剂、有机硅表面活性剂、含氟有机硅整理剂等精细化工产品，形成牌号众多门类比较齐全的硅油及其二次加工产品。重点鼓励技术含量高、产业基础好的高温硫化橡胶（生胶、混炼胶）的发展；大力发展室温硫化硅橡胶和加成型液体硅橡胶。加强硅橡胶在汽车工业、电子行业、电力行业、建筑行业上的应用，开发改性硅酮密封胶、氟硅橡胶等新品种。超硬材料。抓好硬面材料工程中心、800 吨钨钼深加工制品、钼酸铵及精细化工、硬质合金采掘工具、整体硬质合金刀具、超细碳化钨材料、大异型硬质合金制品、异耐磨零件技术改造、药芯焊丝技术改造、特种焊条技术改造、烧结焊剂技术开发等项目。生物医学新材料。抓好可吸收聚乳酸生物医学材料及系列制品高技术产业化示范工程、生物活性人体硬组织（骨、关节、牙）修复材料产业化示范工程项目、牙种植体项目（牙种植体系列、人工骨、骨关节、聚氨酯等人体组织器官及生物植入体等产品）等产业化项目。继续抓好纳米短肽自组装仿生材料、生物医用高分子材料及介入导管系列制品、人工心脏瓣膜及血管内支架、医用聚乳酸材料及其复合材料、新型高强度计算机辅助设计 / 制造（CAD/CAM）牙科可切削陶瓷等在研项目。

（2）空间布局。以成都、德阳、绵阳、资阳（一都三阳）为中心，大力发展高性能纤维及复合材料、新型金属材料、精细化工材料、生态建筑材料、磁性材料、新型技术材料、高分子材料、节能材料、特殊钢材产业。眉山和雅安发展多晶硅光伏产业，构建完整的产业链。钒钛新材料主要布局在成都、内江。硅材料主要布局在成乐眉雅硅产业带。加快建设乐山国家级硅材料开发与副产物利用产业化基地；眉山铝硅产业园区、新津工业集中区新材料产业园、双流光伏产业园区。稀土材料主要布局在眉山。化学新材料主要布局在成都、德阳和泸州。重点建设德阳经济开发区新材料产业园、新津工业集中发展区新材料产业园、泸州军民共建化工园区等化学新材料产业园区。生物新材料主要布局在成都、绵阳。积极建设一批生物新材料产业园。推动在成都高新技术开发区、绵阳经济开发区建设生物新材料产业园。

5. 油气化工产业

（1）发展概况。成都经济区以天然气、硫、磷、盐等为主要原料的化学工业，经过几十年的建设发展，已成为全国重要的化工产业基地。随着彭州 1000 万吨炼油和 80 万吨乙烯项目的规划建设，全省化学工业体系趋于完善，产业门类更为齐全，配套协作发展的产业格局将逐渐形成，并将逐步形成全国重要的新兴油气化工产业基地。

（2）发展重点。重点发展天然气化工产业链、盐化工产业链、石油化工产业链、磷化工产业链、芒硝产业链。天然气化工产业链。重点发展天然气制乙炔产品链、天然气制氢氰酸产品链、天然气制合成氨、高效复合肥产品链。积极推广合成气制备新技术，甲醇、二甲醚、有机硅、氟材料应用技术，天然气等离子法生产乙炔工艺技术。积极研发化肥催化技术、精细化工催化技术、变压吸附技术等。石油化工产业链。发展炼油产业链，乙烯、芳烃、苯－对二甲苯（邻二甲苯）、苯乙烯、丙烯酸及酯、苯酚－丙酮、塑料（橡胶）加工等产品链。盐化工产业链。做大电石、聚氯乙烯、纯碱、甲烷氯化物等优势产品。支持盐卤、石灰石等资源丰富、环境容量许可的地区发展氯碱工业。积极推广采用本体法清洁生产工艺技术生产聚氯乙烯，积极推广电石尾气净化技术，通过联办和自办电石渣制水泥装置，实现电石渣的综合利用；鼓励和支持原盐、烧碱、聚氯乙烯和电石生产企业联合并发展热电联产。磷化工产业链。发展高水平磷冶炼和磷化工及精细化工产品。重点发展三聚磷酸钠、磷酸三钠、磷酸五钠、五硫化二磷、磷酸二钙、磷酸三钙、磷酸氢钙等产品。发展磷酸一铵、磷酸二铵等高浓度磷肥产品和磷酸二氢钙等饲料添加剂。开发牙膏级磷酸氢钙、磷酸氢钾等医药添加剂和电子级磷酸产品。芒硝产业链。主要由钙芒硝开采精制—深加工—合成特种工程塑料等环节构成。全面推广硐室水溶开采和五效真空蒸发逆流技术，以川眉芒硝、禾昌化工等优势企业为重点，以元明粉为原料，采用先进技术生产硫化钠系列产品和超细硫酸钡、硫酸钾等化工产品。以硫化钠为原料，依托华通集团硫化钠法生产聚苯硫醚技术生产高附加值、高性能的特种工程塑料。

（3）空间布局。推动清洁化工产业及其产业链的发展。在区域内构建四大化工产业聚集区：一是石油化工产业聚集区。依托彭州石化基地建设，构建西南最大石油化工产业聚集区，建立健全石化产业链。二是磷化工产业聚集区。加大德阳磷矿资源整合力度，提高选矿能力，以磷石膏综合利用为突破点，资源循环利用，打造西部清洁化工基地。三是芒硝华工产业聚集区。依托新津、眉山、彭山丰富的钙芒硝资源，建设中国重要的芒硝化工产业聚集区。四是天然气化工产业聚集区。成都、德阳、资阳、眉山、乐山、遂宁等地区依托龙头企业，利用自身原料优势发展天然气深加工产品，打造天然气化工产业聚集区。

6. 新能源产业

（1）发展概况。成都经济区的核电、风电以及光伏产业都具有较为完整的装备产业链。在核电方面，东方电气的核电产业领跑全国，目前已经开始全面进入第三代核电设备领域，成为全球唯一一家同时具备生产 AP1000、EPR 核岛重型设备和常规岛汽轮发电机组能力的企业。在发电方面，以东汽为龙头，风电装备制造业企业已初步形成了从整机总包装到关键零部件以及附件在内的完整的产业链体系，且在每一个产品环节都有相对应的企业给予配套支持。在光伏方面，四川省是中国多晶硅生产的发祥地，也是国家布点建设的第一个千吨级多晶硅生产企业所在地。天威、阿波罗等企业已投资亿元兴建光伏光电产业及新能源项目，初步形成了从单晶硅、组配件到光伏电池、发电系统较为完整的产业链，呈现出光伏产业集聚的良好态势。

（2）发展思路。依托区域科技优势和资源优势，积极发展太阳能、核能、风能、生物质能等新能源。重点在成都构建公共技术平台；德阳大力发展风电等清洁能源和新能源装备，形成二代半、三代核电装备成套基地，陆基、海基兆瓦级风力发电成套设备制造业集群，百万千瓦级超临界火力发电制造基地，潮汐发电装备制造基地；乐山加快太阳能级高纯硅材料产业发展；资阳加快节能产品和节能装备制造业发展，在区域内推进智能电网的应用。引进和发展新能源汽车、半导体照明业。在清洁能源产业方面，国家需要四川依托本地的优势资源，重点发展天然气开发、水电和新能源。在天然气方面，要加强天然气勘探，加大重点气田开发力度。在水电方面，要加快推进流域梯级协调综合开发，开发调节性能好的大中型水库电站。在新能源方面，重点发展核电和生物质能发电。

7. 现代物流业

（1）发展概况。成都经济区是全省物流业发展基础最好、发展水平最高的区域。经济区区位优势显著，双流国际机场为全国六大地区性枢纽机场之一，成都为全国性铁路枢纽、物流基础设施良好，是四川和西南地区重要的货物集散地。

（2）发展思路。要建立水陆空三栖、配给顺畅的综合物流系统。以“一网三平台”（物流网络、信息平台、交通运输平台、物流存储配送平台）为载体，形成物流园区、物流中心、物流站三级结构的物流体系，发展区域性总部、后台服务中心、结算中心、管理运营中心等功能性总部，加速物联网研究与应用，提升物流业的服务水平。形成现代物流业与现代制造业、高新技术产业和商贸业相互增益发展的良好局面。把物流作为本区生产性服务业发展的重要突破方向，提高物流社会化、专业化、现代化水平，完善物流交通布局，改善产业发展的环境条件。以成都为中心建设现代物流服务网络体系，加快发展第三方物流业，重点发展粮食、机械、重装、汽车、电子、电器、建材、医药、农产品等物流，建设中国西部综合物流交通枢纽。

（3）产业空间布局。优化物流体系空间布局，形成成都、德阳、绵阳为核心，以乐山为通江达海的门户，以雅安、遂宁为连接攀西经济区和重庆市的节点，资阳、眉山为次区域物流中心的结构。在遂宁、资阳、乐山、雅安等城市形成物流配送中心（见表 16-13 和图 16-4）。

表 16-13　物流园区与物流中心

类别、名称	重 点 项 目
三大物流园区	成都航空物流园区、成都国际集装箱物流园区、成都青北江物流园区
区域性、综合型物流中心	绵阳新皂综合物流园区、乐山港、眉山青龙物流园区、德阳南站物流中心、成都第二机场物流园区

图 16-4　物流产业布局

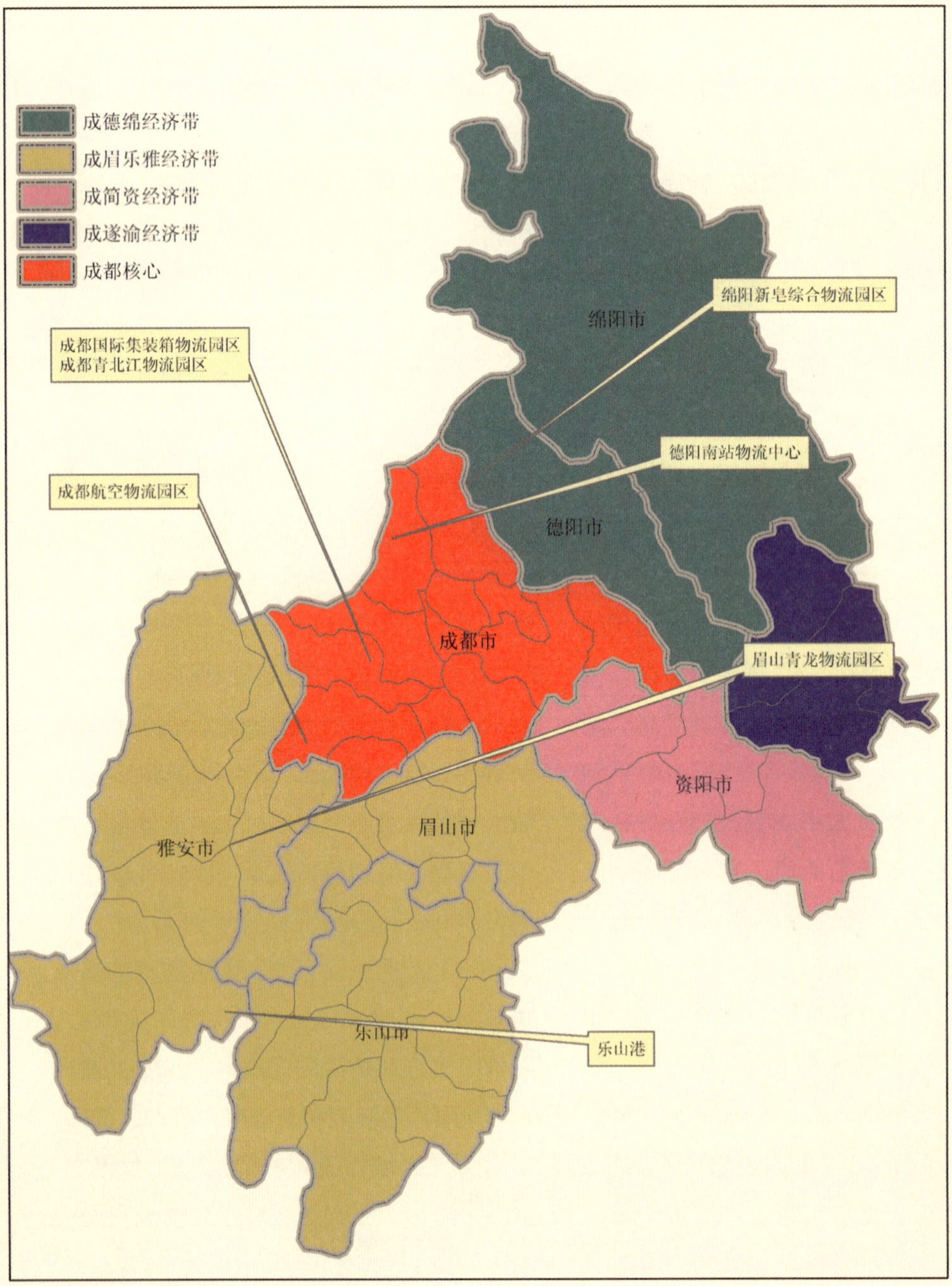

8. 旅游业

（1）发展概况。成都经济区内的旅游业具有丰富的、知名度高的人文、自然景观，主要包括峨眉山、乐山大佛、青城山、三星堆、都江堰、杜甫草堂、武侯祠、青羊宫、三苏祠、龙池国家森林公园、西岭雪山、大熊猫繁殖基地以及农家乐等，具有较完备的旅游基础设施，是全省旅游网络的核心部分，又是西南地区旅游网络的重要组成部分。成都经济区的极核城市成都是西部为数不多的特大中心城市，是传统的商贸聚集地，在西部地区商业功能的集聚作用日益加强，在社会消费品流通方面作为西部的一极已经形成。在长期的商业发展中，目前已形成了比较完整的零售及批发商业体系。在零售业方面，成都经济区汇聚了众多国际零售巨头，成都的春熙路被誉为“西部第一商业街”，是最具魅力、最有个性的商业街，而盐市口商圈也同样享有盛誉，具有悠久的商业传统和深厚的商业文化积淀。在批发业方面，成都荷花池专业市场带、五块石地区专业市场群等是西部重要的物质集散中心。

（2）发展思路。成都经济区要大力发展旅游文化产业，建成国际著名旅游区。一方面，以世界自然、文化遗产为龙头，构建集自然风光、人文景观、休闲度假于一体，内涵丰富、层次多样的旅游产品体系。另一方面，坚持文物、文化与文艺相结合的原则，促进旅游与文化的紧密结合，推进文化与旅游产业融合互动发展。

（3）发展重点。一是要依托经济区丰富多样的，统筹整合，打造精品旅游线路，形成标准化的旅游产品，建成国内重要、世界知名的自然生态和人文历史旅游胜地。二是完善旅游服务设施，依托区域合作提升服务品质。全面提升旅行社、宾馆饭店、景区景点、旅游商店的服务质量，建设具有国际水准的旅游服务体系。建立差异化、多层面的营销体系，巩固并拓展国内外旅游市场。以成都为中心，建设西部的旅游集散枢纽，形成合理的客流疏导机制，共同打造精品旅游线路，形成统一开放的旅游市场，建成无障碍旅游区。三是突出优势资源和特色文化，打造优势旅游文化产品，延伸旅游产品链条，建设旅游和文化强区。以蜀文化、观光休闲旅游、大熊猫生态旅游为特色，发挥世界自然和文化遗产的独特优势，深度挖掘自然生态特色和文化历史内涵，实现旅游形态由单一观光旅游向观光、休闲、度假、会议、会展等特色旅游转变，旅游市场由国内游为主向国内游与入境游并重转变。加强区域合作，推动旅游一体化，从而成为西部国际旅游集散地和国内重要的自然生态和历史文化旅游目的地。

（4）发展空间布局。优化旅游产业的空间布局、区域分工合作。以成都为核心，形成“一核、一带、两极、两区”（一核：成都；一带：龙门山生态旅游带；两极：都江堰－青城山、峨眉山－乐山大佛；两区：绵阳、德阳都市旅游区和雅眉资遂休闲旅游区）的总体格局。打造都江堰－青城山、峨眉山－乐山大佛、龙门山三大国际旅游区和三星堆－金沙古遗址、“两湖一山”两个精品旅游区。强化成都市的旅游文化龙头地位，大力塑造和提升旅游品牌，促进各类文化产业跨越式发展，建成国内外知名的旅游目的地城市，成为经济区及全省文化产业发展中心和西部地区文化时尚之都。整合区内旅游资源，打造四条精品旅游带：以古蜀文化、三国文化为特色的成德绵文化旅游带；以诗词文化、宗教文化的深度发掘与整合为特色，融文化和自然风光为一体的江油－成都－眉山－乐山自然与历史文化旅游带；以成雅高速公路为轴线，整合石象湖、蒙顶山、碧峰峡、周公山温泉等旅游资源的旅游生态休闲度假旅游带；挖掘城市工业旅游潜力，打造现代工业科技旅游带（见表 16-14 和图 16-5）。

9. 文化产业

（1）发展概况。四川省拥有丰富的文化资源，承载着深厚的文化底蕴，是一个名副其实的文化资源大省。这种资源上的绝对优势和不可替代性，不论目前或将来四川文化产业的规模会发展到何种程度，至少，四川文化产业在全国文化产业发展的过程中，是不可忽视的一个部分，甚至可能成为全国文化产业发展的主要推进器之一。

（2）发展思路。2012 年 3 月 31 日，四川省政府下发了《四川省人民政府关于加快推进文化产业发展的意见》，提出了四川省文化产业发展的目标：打造一批具有鲜明四川特色的重点文化产品，建成一批具有强大集聚效应的重点文化产业项目，培育一批具有明显比较优势的骨干文化企业；到 2015 年，文化产业增加值达到 1200 亿元以上，占全省地区生产总值的比重达到 4% 以上。要积极培育文化创意业、工业设计、数字娱乐业等新兴文化产业，巩固和发展新闻出版、广播影视、文体表演等传统文化产业，促进文化产业跨越式发展。创新历史文化遗产保护理念，统筹文化传承、产业发展和城市建设。加强对各级文物保护单位及历史文化名城、文化

表 16-14　旅游业布局指向

地　区	重　点　项　目
成　都	都江堰－青城山，平原文化旅游功能区，龙门山国际山地度假旅游功能区，龙泉山田园休闲旅游功能区
绵　阳	发展三国文化旅游，现代工业科技旅游，“两弹一星”，北川－安县地震遗址和禹羌族文化旅游，观光休闲旅游
德　阳	三星堆、三国蜀汉文化旅游、中国年画村、九顶前山休闲旅游、国家级汉旺地震遗址公园、穿心店地震遗址、重装工业旅游
资　阳	“两湖一山”，安岳石刻，陈毅故居
乐　山	峨眉山－乐山大佛景区
眉　山	三苏文化旅游区，彭祖山长寿文化旅游区，瓦屋山森林公园旅游区
雅　安	依托各具特色的自然景观和人文景观，发展观光休闲旅游
遂　宁	观音故里慈渡禅林旅游度假区，大英死海旅游、中华侏罗纪探秘旅游度假区

图 16-5　旅游业布局

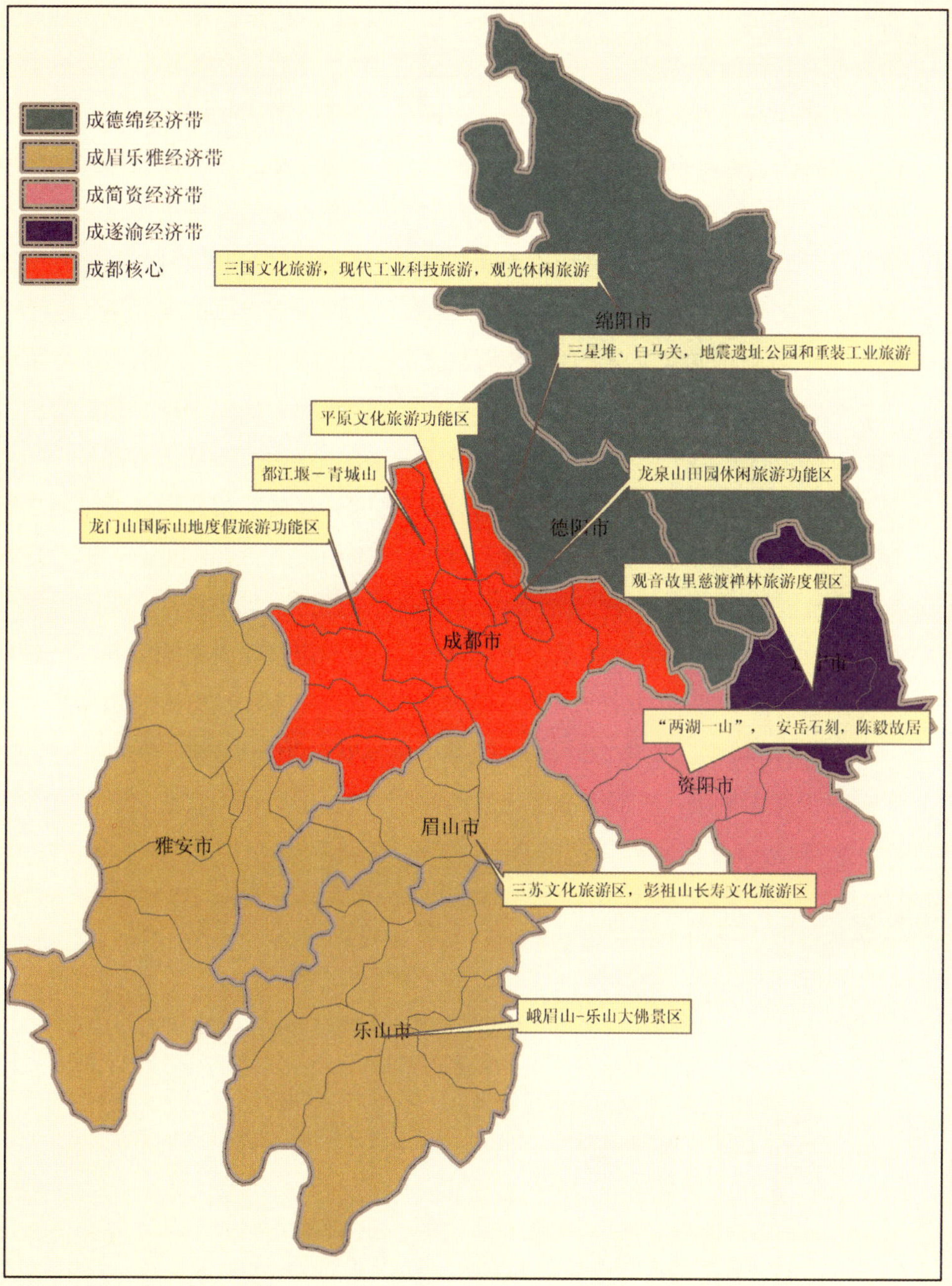

古镇和非物质文化遗产实物、传承人和资料等的保护，保护传承振兴川剧、曲艺、蜀锦、蜀绣等传统民间民俗文化艺术，保护和合理利用历史文化遗产。

（3）发展重点。2011 年，四川规划了 25 个重点文化产业园区，365 个文化产业项目，3608 亿元规划资金。在四川省文化发展“十二五”规划中，“一核四带”的文化产业区域布局，“5+2”的重点文化产业发展格局，形成了四川省文化产业跨越式发展的一股强劲动力。其中，成都经济区将进一步开展古蜀文化、金沙文化、三国文化、熊猫文化、羌族、白马藏族民俗文化等地域文化的研究探讨，挖掘历史文化多元价值。抓好文艺精品创作生产，建设西部领先的艺术城市。精心打造“大熊猫文化”、“金沙文化”、“青城山 - 都江堰世界文化遗产”、“峨眉山 - 乐山大佛”四大国际文化品牌，树立“三国文化”、“诗歌文化”、“石刻佛教文化”、红色旅游文化、观音旅游文化等特色文化品牌，培育国际非物质文化遗产、全国民办博物馆示范城市、成都原创动漫等新兴文化品牌，发展相关衍生产业和子品牌。形成一批品牌产品、品牌企业、品牌园区和品牌活动，构建成都市文化产业品牌发展体系，塑造具有国际知名度和影响力的成都城市文化品牌。

10. 现代农业

（1）发展概况。成都经济区自然条件优越，气候适宜、土地肥沃，自古以来农业十分发达，在四川占据着十分重要的地位，也是全国重要的农业基地。一是近年来，成都经济区农业产业化取得重大进展，并形成了一批具有全国优势的农业产业区、产业带等，在农业部等国家部委认定的农业产业化国家重点龙头企业中，成都经济区在全省、全国占有重要地位。全国第三批农业产业化国家重点龙头企业共计 596 家，四川共计 25 家，23 家属于成都经济区企业。在成都经济区内有近百万亩的棉花产区、“双低”油菜产区、优质水稻产区、优质蔬菜外销及蔬菜加工区、中药材产业生产加工区以及花卉苗木优势区域等。这些产区集中连片、生产规模大、产品质量稳定、优质率比重高，产业开发历史悠久。二是在都市区周边形成了以“休闲农业”、“现代农业”为特色的都市农业产业带，这些休闲农业包括观赏游乐型、品尝

表 16-15 文化事业重大工程

类别、名称	重点项目
标志性文化设施建设工程	推进成都图书馆新馆、成都美术馆、成都大剧院、成都音乐厅、成都档案馆新馆和川剧艺术中心三期等工程。推进三星堆文化产业园建设。打造“大熊猫文化”、“金沙文化”、“青城山 - 都江堰世界文化遗产”、“峨眉山 - 乐山大佛等文化品牌”。建设雅安、遂宁革命老区文化。打造遂宁吉祥圣地、观音文化、巴蜀文化、宋瓷文化等特色文化品牌
基层文化阵地建设工程	通过新建、购买、产权清理等方式，明确基层文化阵地权属，支持有条件的地方新建或改扩建更大规模的文化设施，增加相关的文化设备。推进综合文化活动室达标建设和新建一批群众文化广场
图书馆数字化建设工程	实现“全域成都”内“通借通还”，在城市街区推行自助图书馆系统建设，进一步提升图书馆智能化服务水平
历史文化建筑和街区打造工程	实施水井坊片区、大慈寺片区、浣花山庄片区、祠堂街节点的改造工作和基督教恩光堂等 16 个近现代建筑的保护维修及周边环境改造
广播影视设施建设工程	实施电视“户户通”、广播“村村响”、电影“人人看”、地面无线数字电视覆盖工程；推进安播、监测、应急广播系统建设与升级

消费型、耕作体验型、疗养修身型、主题教育型等，都推动了现代农业的发展。三是一批特色产业基地逐渐形成。比如成都的川芎产区、绵阳三台的麦冬产区、江油的附子产区、金堂的季橙产区、龙泉的水蜜桃产区、双流的冬草莓产区、金堂的黑山羊产区、双流的麻羊产区等。这些特色产业在产品产量、质量以及市场份额方面都有一定的影响力。拿川芎来说，成都经济区内的川芎占全国市场 80% 左右的份额。

（2）发展思路。成都经济区以规模化、集约化、现代化、品牌化为发展思路，以农业产业基地建设为重点，建设和完善社会化运作的农业服务体系，培育大型龙头企业，发展高产、优质、高效、生态、安全农业，实现传统农业向现代农业跨越。

（3）发展重点。第一，建设规模化、集约化、品牌化的现代农业优势特色产业。大力发展无公害粮油、肉类、果蔬等农副产品加工业，着力打造川酒、川粮、川猪、川油、川茶、川果等优势品牌，积极发展市场需求大的低度酒、软饮料、乳制品、茶叶深加工产品、方便和营养食品、分割肉和肉制品、优质环保型饲料等。白酒。做强做大五粮液集团、泸州老窖集团、剑南春集团、全兴集团、郎酒集团、沱牌集团等骨干企业，支持丰谷、江口醇、小角楼等地方名酒及原酒生产企业快速发展。加强与贵州合作，打造国酒“金三角”。肉食品。推进腌腊制品、灌肠制品、酱卤制品、熏烤制品等传统川味中式肉制品的现代化技术改造及产业化、规模化加工，大力发展特色西式肉制品，开发生产精致优质牛肉干、牛肉粒、清蒸牛肉罐头、兔肉制品等传统产品和现代牛肉加工制品，特别注重牦牛肉的开发。推广分割肉、冷鲜肉产品，开发各类高温、低温和西式产品。粮油制品。重点发展稻谷、小麦、玉米、薯类、油菜的深加工及副产物综合利用，积极发展各类专用粮油产品。引导加工业向安全、优质、营养、保健、方便食品方向发展。烟草。做强做大娇子、国宝系列等优质卷烟，支持开发“长城”牌雪茄烟。实施烟草行业信息化发展战略，带动烟叶标准化种植，建设一批现代化烟叶种植基地。软饮料。大力发展矿泉水、纯净水、粮食饮料、果蔬汁饮料等产品。开发植物蛋白饮料、碳酸饮料、果汁饮料以及各种富含微量元素的保健性饮料。果蔬。在发展果蔬浓缩汁、饮料和传统泡菜、榨菜、芽菜、食用菌等基础上，重点发展特色水果、蔬菜的保鲜与加工，大力开发技术含量高的冻干蔬菜、速冻菜、净配菜、蔬菜粉、果蔬脆片、调味及调理蔬菜、果酱果冻及果蔬罐头等丰富多样的果蔬产品。乳制品。重点发展巴氏灭菌奶、纯牛奶、酸奶以及含钙、铁、锌等营养元素和各种风味的高附加值液态奶。开发高品质奶粉、干酪、黄油、冰淇淋、乳糖、乳清粉等制品。茶叶。以竹叶青茶业、龙都茶业、叙府茶业、文君茶业、仙芝茶业、蒙顶皇茶、茗山茶业、巴山雀舌、罗村茶业、米仓山等为重点企业。以绿茶、花茶、边茶等品种为基础，重点发展竹叶青、龙都香茗、叙府龙芽、仙芝竹尖、蒙顶等品牌茶叶。饮料食品产业。在饮料食品产业方面，国家需要四川建设营养大米、营养米粉生产基地；完善油菜籽加工，开发和推广制油新技术、新设备，减少环境污染；开展马铃薯与甘薯类加工；发展柑橘罐头等特色果蔬加工；发展以生产冷却猪肉、高温火腿肠、发酵肉制品和低温肉制品等产品为主的肉制品加工；发展以腊肠、腊肉、宣威火腿等产品为主的中式传统肉制品；发展以巴氏消毒奶、酸奶和冰淇淋等产品为主的乳制品；建立无公害、绿色放养禽蛋生产加工企业；进一步壮大优质白酒的生产，积极发展茶饮料和果蔬汁饮料。依托五粮液、泸州老窖、剑南春、美宁、棒棒娃、遛洋狗、川粮米业、光友薯业、李记食品等重点企业，加快发展泸州酒业集中发展区、宜宾五粮液饮料食品工业园、绵竹剑南春工业集中发展区、沱牌生态工业园、温江海峡两岸科技产业园、安岳工业园、简阳石桥粮油加工贸易区、乐池回乡创业园、乐至农副产品加工园、西充农副产品加工园，形成白酒产业集群、肉食品加工产业集群、粮油制品产业集群、软饮料产业集群和果蔬产业集群。第二，培育大型龙头企业。围绕高端产业和产业高端，扶持发展前景好、市场竞争力和带动农户能力强的龙头企业做大做强。支持和鼓励龙头企业以资本或品牌为纽带，进行跨区域、跨行业合作，扩能增效，拓展市场。第三，健全现代农业服务体系。推进以技术服务、劳务服务、信息服务为重点的社会化服务体系建设，各市结合自身情况推进农业物流、电子商务、农产品拍卖等现代的农产品流通体系。第四，积极构建现代农产品加工体系。成都：重点发展肉类深加工，加大肉类冷链产品发展，推动川菜调味品和特色休闲食品的标准化、规模化生产，做强白酒、茶叶品牌，发展低焦油低烟碱含量的烟草产品。德阳：依托剑南春、蓝剑、益海粮油等龙头企业，大力打造优质白酒、软饮料、烟草、肉食品、粮油制品和果蔬六大重点产业链条。加快雪茄烟基地建设和什邡烟厂异地改造。绵阳：发展蔬菜加工业、粮油加工业和茶叶加工业，创立国家级、省级粮油加工名牌产品。眉山：重点发展乳品、肉类、饲料、蔬菜、茶叶、木竹等农产品加工业。资阳：打造肉食品、啤酒、白酒、粮油等精深加工制造业，着力发展肉食品加工业、饮料及酿造业、饲料加工业。乐山：做强茶叶加工业，发展现代中药产业链。雅安：重点发展茶叶加工业。遂宁：加快发展果蔬饮料加工、肉类食品加工、饲料兽药加工、林产品加工、中药材加工、粮油加工等农产品加工业（见表 16-16）。

总之，成都经济区正在充分利用现有基础，发挥经济区各城市自身优势，统筹考虑城市间的分工协作和产业布局，在经济区内形成相互合作、竞争有序的产业集群，打造具有在国内和国际上均有影响力的产业基地，实现经济区传统产业高端化、新兴产业规模化的目标，为经济区发挥增长极作用提供产业支撑。

四　交通、水利、能源

（一）交通

1. 成都经济区交通基础设施发展现状

成都经济区是四川经济社会最发达的区域，其基础设施的整体水平也居于全省领先水平和中西部先进水平。

表 16-16　农副产品加工业布局导向

地　区	重　点　项　目
成　都	发展以名优烟、酒、饮料为支撑的食品产业链，大力发展优质卷烟、白酒、饮料、绿色食品深加工、川菜及其调味品等食品产业，建设食品加工生产基地
绵　阳	重点发展以畜牧产品、粮油食品精深加工、白酒、饮料、啤酒为主的产业链
德　阳	重点发展白酒、饮料、啤酒、卷烟产业
眉　山	大力发展无公害食品、绿色食品、有机食品和特色产品以及精米、食用油、方便面、饲料加工业，建设绿色食品、无公害食品基地
资　阳	突出发展肉食品加工业，积极发展粮油、果蔬、啤酒和白酒加工业，建设柠檬、中药材、果蔬生产基地
乐　山	以林竹、畜牧、茶叶、蔬菜、中药材农产品深加工为重点，形成各具特色的农产品加工产业集群
雅　安	大力发展茶产业，形成品牌优势。重点发展农、林、畜产品深加工产业
遂　宁	重点发展以畜牧产品、粮油食品、地道中药材、白酒为主的产业链

国家实施西部大开发战略以来，成都经济区的交通基础设施建设取得了巨大进展。特别是 2007 年 12 月，中共四川省委九届四次全会提出四川建设“一枢纽、三中心、四基地”的战略构想，把建设西部综合交通枢纽作为四川经济社会发展的头号工程以来，成都经济区抢抓灾后重建和国家扩大内需机遇，狠抓交通设施建设，在建设大枢纽、大通道、大路网、大港口、大物流等方面实现了历史性的突破。目前，成都经济区已经成为我国主要的交通枢纽之一，其客运总量居全国第三位，货运量也在全国城市群中位居前列。

（1）航空。成都经济区有成都双流国际机场、绵阳南郊机场以及广汉民航飞行学院机场、成都黄田坝军用机场、成都凤凰山军用机场等机场。其中，成都双流国际机场是国内的干线机场和一类口岸机场、中国中西部规模最大最繁忙的民用枢纽机场和门户机场、中国西南地区重要的客货集散地，是前往拉萨贡嘎机场的最大中转机场，也是前往昌都邦达机场、林芝米林机场的唯一中转机场。该机场开通的国内国际定期航线以及包机航线近 300 条，其中国际（地区）航线 26 条，每日进出港航班达 400 多架次，2009 年的旅客吞吐量历史性地突破 2000 万人次大关。它是全国第六大航空枢纽，已跻身于世界机场 100 强。

（2）铁路。《中长期铁路网规划（2008）》中，进一步明确了成都铁路枢纽的地位，并提出将城际客运系统由环渤海、长江三角洲、珠江三角洲地区扩展到长株潭、成渝等经济发达和人口稠密地区，覆盖沿线各中心城市和主要城镇，实现小编组、高密度公交化运输。快速客运网建成后，北京、上海、郑州、武汉、广州、西安、成都等中心城市与邻近省会城市将形成一至两小时交通圈，与周边城市形成半小时至一小时交通圈（见图 16-6）。

（3）公路。在《国家高速公路网规

图 16-6　铁路重点项目

划》中，成都是国家“7918”网（7条首都放射线、9条南北纵线和18条东西横线组成）中的重要节点，是国家公路主枢纽和主要交汇地之一。国家规划的“五纵七横”国道主干线在成都境内已全部建成通车，分别为：成绵高速和成雅高速、成渝高速、成南高速以及绕城高速。其中成都至北海出海通道已经全线通车，上海至成都高速公路已在2010年前全线通车。

总体来看，成都的交通主枢纽体系基本形成，各重点城市的次级交通枢纽已开始建设。但是，成都交通主枢纽的结构尚待优化、功能尚待提升，重点城市的各种运输方式未能有效衔接，不能形成大规模多式联运，次级综合交通枢纽的功能尚未形成，难以发挥综合运输效益，对周边地区人流、物流集聚和辐射力不强。

2. 交通基础设施发展目标

以统筹规划为基础，以八市融合为核心，以共建共享为机制，以加快跨区基础设施建设为重点，扩大规模、完善网络、优化结构、提升功能，全面加快成都经济区基础设施的建设，强力推进交通、通信和水电气等基础设施的网络化、数字化、智能化，为本区经济社会的跨越式发展提供有力保障。

3. 交通基础设施发展战略

（1）倾力建设通畅快捷的综合交通体系。要全面建设综合交通体系，全面提升成都主枢纽功能，努力加快区域性次枢纽和节点城市建设，着力加快大容量轨道高速建设，完善八市市际快速客运体系，逐步推进八市市际交通通勤化、公交化，继续加强出区、出川、出国大通道建设，强化多式联运和高效接驳、换乘，在打通通道、完善网络、提升功能方面取得新的历史性突破，形成通畅快捷、四通八达的综合交通体系，为将本区建设为“西部经济社会发展高地”的“主高地”提供有力支撑。

（2）强力提升成都主枢纽功能。分类建设枢纽，强化高效联运，加快以成都为中心的城际高铁、高速公路和机场航空建设，分类构建城际高铁、高速公路和航空枢纽，强化智能管理，实现高效联运，强力提升成都主枢纽功能（见表 16–17）。

（3）大力加快区域性次枢纽和节点城市建设。加快出遂城际快速铁路建设和“一环八线”高速公路大通道、城际快速环线、“一环三纵五横”一般干线网络以及通乡通村公路建设与改造，并建设以“一主三支”为骨架的叶脉型航道体系，将遂宁逐步打造为川东交通枢纽。加快乐山以岷江航运为依托，以公、铁、水联运为支撑，以“两航、四铁、八高速、一枢纽（乐山

表 16–17　成都交通主枢纽建设

目　标	重　点　任　务
建设成都综合交通枢纽	成都要建设西南最大的铁路集装箱和客运站、全国第四大枢纽机场、公路客货运中心、全国一流的物流设施和物 流信息平台，强化成都铁路调度中心和成都区域空管中心，完善铁路、公路和航空枢纽功能，逐步建成西部最大的国家级综合交通枢纽
建设成都铁路枢纽	成都要建设新客站、集装箱中心站、货车外绕线，完善枢纽功能；直接引入 10 条铁路通道，形成“8”字形枢纽布局，新建 6 条市域客运专线，使成都铁路枢纽成为基础设施完备、功能分工明确、运输能力强大的西部最大铁路枢纽
建设成都公路枢纽	新建公路客货运输中心，运用互联网、电子数据交换、地理信息系统等现代化手段，着力构建公路客货运输信息平台
建设成都航空枢纽	建设双流国际机场第二跑道和新航站楼、航空物流园区、机场交通中心、成都区域空中管制中心、成都第二机场，完善中转功能，把成都机场建设为全国第四大航空枢纽

港）”项目为重点的川南交通枢纽建设。加快以雅安为中心的快速铁路及延伸线建设，推进多向出雅高速公路建设，“借船”发展航空、水运，构建融入成都、衔接攀西、辐射康藏的川西交通枢纽。绵阳作为四川省川北中心城市和工业、技术基础雄厚的第二大城市，应逐步建设为川北交通枢纽。德阳、资阳、眉山要以完善路网结构、提升路网等级、拓展通达程度、优化多式联运为重点，全面提升交通节点城市的综合运输功能（见表 16-18 和图 16-7）。

（4）努力完善市际快速客运体系。加快成都“第二绕城”和环成都经济区的“第三绕”高速公路建设，着力推进城际轨道交通和市际高速公路建设，强化市际快速通道连接，构筑以成都为中心、八市一体的 1 小时通勤圈，全面提高八市全域交通“管理智能化、指挥救援一体化，出行服务信息化”水平，逐步实现城际高铁、区域列车、城区地铁、市际巴士、城市公交车之间的“无缝”连接（见表 16-19）。

（5）继续建设通江达海的对外交通体系。建设进出通道，着力内外互动，以建设出区、出川、出国快速铁路大通道和高速公路大通道为重点，以航空和港口建设为补充，着力内外互动，进一步完善通江达海的对外交通体系（见表 16-20）。

（6）加快构建现代信息网络体系。以成都通信信息枢纽建设为核心，以重大信息应用系统建设为突破口，完善和提升信息基础网络，建立八市信息资源共建共享平台，形成现代、统一、规范、高效的综合信息网络体系。第一，全面完善和提升信息基础网络。建设以光缆为主、数字微波和卫星通信相协调、覆盖八市全域的干线传输网。全面完善光纤接入网、无线接入网、先进移动通信网、农村通信网和农村广播电视网建设，加快广播电视网网络设备和用户设备数字化改造升级，逐步实现通信网、宽带互联网和数字电视网“三

表 16-18　成都经济区交通次枢纽和重点城市节点建设

目　标	重点任务
加快交通次枢纽建设	遂宁要以南京－武汉－重庆－成都铁路客运专线建设为契机、以遂－渝二线、遂－内、遂－绵以及成－遂、达－成等铁路建设或改造为支撑，加快出遂城际快速铁路建设，同时，加快“一环八线”高速公路大通道、城际快速环线、“一环三纵五横”一般干线网络以及通乡通村公路建设与改造，并建设以“一主三支”为骨架的叶脉型航道体系，将遂宁逐步打造为川东交通枢纽 乐山要以“两航、四铁、八高速、一枢纽（乐山港）”项目为重点，着力构建以岷江航运为依托，以公、铁、水联运为支撑，连接成都、攀西、康藏经济区，成为川南交通枢纽 雅安要抓紧规划建设成都－康定、雅安－乐山（城际）、雅眉资遂、雅－甘（甘洛）、康定－马尔康等铁路，规划建设新蒲快速通道延伸线、雅－乐、汉（汉源）－乐、雅－西（西昌）雅－康（康定）、雅安－马尔康等高速公路，并借助成都双流机场、发展航空运输，借助乐山港、发展水运，构建融入成都、衔接攀西、辐射康藏的综合交通网络，成为川西交通枢纽
全面提升交通节点城市的综合运输功能	绵阳、德阳、资阳、眉山作为四川建设西部综合交通枢纽和成都主枢纽的重要节点城市以及成都经济区的紧密层城市，要以完善路网结构、提升路网等级、拓展通达深度广度、优化多式联运为重点，全面提升综合运输功能。其中，绵阳作为四川省川北的中心城市和工业技术基础雄厚、产业前景广阔的第二大城市，应当有综合快捷的交通网络做支撑，将其提升为川北交通枢纽

表 16–19　成都经济区市际快速客运体系建设

目　标	重　点　任　务
加快城际快速铁路客运系统建设	加快成绵乐、成遂渝（遂渝二线）、成西、成贵、成昆二线、绵遂内宜城际客运专线铁路建设，结合《成渝经济区城际轨道交通线网规划》，规划建设成（资内）渝（武汉 – 南京）铁路客运专线，规划建设连接区内所有 50 万以上人口的城市、大多数 20 万 ~ 50 万人口城市之间的城际客运专线，形成一小时城际高铁网
建设区内高速，连接横向通道	加快建设连接成都周边 12 个城市的“第二绕城”高速，加紧规划建设绵（竹）德（阳）中（江）大（英）、德（阳）都（江堰）大（邑）浦（江）丹（棱）、浦（江）简（阳）中（江）、遂资眉、资德阿、内资潼广、成安（岳）渝等高速公路，形成环成都经济区的“第三绕”。同时，建设名邛高速、成渝高速公路中线、成绵高速二线、成什绵、成德南、成仁（黑龙滩）、天星（南接成都北新干线、北接绵阳外环路）、旌江（先建德阳市区至青白江段，经罗江到绵阳）、中（江）金（堂）、雅乐、乐汉（源）等市际直达快速通道，构筑以成都为中心、覆盖中小城镇、环射有机衔接的快速公路客运网络

表 16–20　成都经济区对外交通体系建设

目　标	重　点　任　务
加快规划实施出区、出川、出国快速铁路大通道建设	成都 – 兰州 – 乌鲁木齐 – 阿拉山口（霍尔果斯、喀什）– 中亚、成都 – 宝鸡 – 郑州 – 连云港、成都 – 遂宁 – 襄樊 – 武汉 – 南京 – 上海、成都 – 重庆 – 贵阳 – 柳州 – 广州 – 深圳、成都 – 乐山 – 宜宾 – 贵阳 – 桂林 – 广州、成都 – 重庆 – 贵阳 – 柳州 – 防城港、成都 – 昆明 – 东南亚以及成都 – 西宁、成都 – 拉萨、成都 – 格尔木等（9 条）对外铁路，形成大能力、长距离、贯通国内、连接海外的快速直达铁路运输大通道
加快规划建设和出区、出川、出国高速公路大通道建设	建设川陕高速，北走中亚，打通亚欧大陆桥；建设成 – 攀 – 丽 – 昆高速，出北海，进东南亚。建设成都 – 康定 – 巴塘、乐山（金口河）– 会理 – 云南、资阳 – 安岳 – 潼南 – 武胜 – 广安、雅安 – 康定、汶川 – 马尔康等高速公路，构建出区出川出国高速公路网
提升航空对外运输功能	加快成都双流国际机场第二跑道和新航站楼建设，抓紧规划建设成都第二机场，强化成都双流机场作为国家级枢纽机场和欧亚大陆中转枢纽机场的功能；提升绵阳机场的对外运输功能；加快建设乐山旅游机场，提升其对外航空功能
建设航运对外通道	建成成都水港，打通成都对外水上运输通道。按照“以航为主，渠化上中游，整治下游”的思路，加快岷江（乐山 – 宜宾段）航道渠化改造，将航道等级由四级提高为三级；扩建乐山大件运输码头，形成顺畅的大件运输通道；抓紧规划建设经嘉陵江下水的大件运输第二通道，支持德阳国家重大装备制造基地建设

网融合”，形成规模大、结构优、安全可靠的现代信息基础网络。第二，着力丰富和优化综合信息网与应用系统。加强信息资源收集与处理，建立面向政府和公众的公共型数据库体系与面向微观经济主体的商用型数据库体系，建立八市联动的信息资源共建共享平台，形成规范的信息发布与使用机制。大力推进各专业领域信息化，重点建设电子政务、电子商务、金融、财税、农业、物流、科技、教育、交通、城市建设与管理、社会保障十大信息应用系统，建成覆盖八市全域并与国内外信息网

图 16–7　公路、机场、港口重点项目

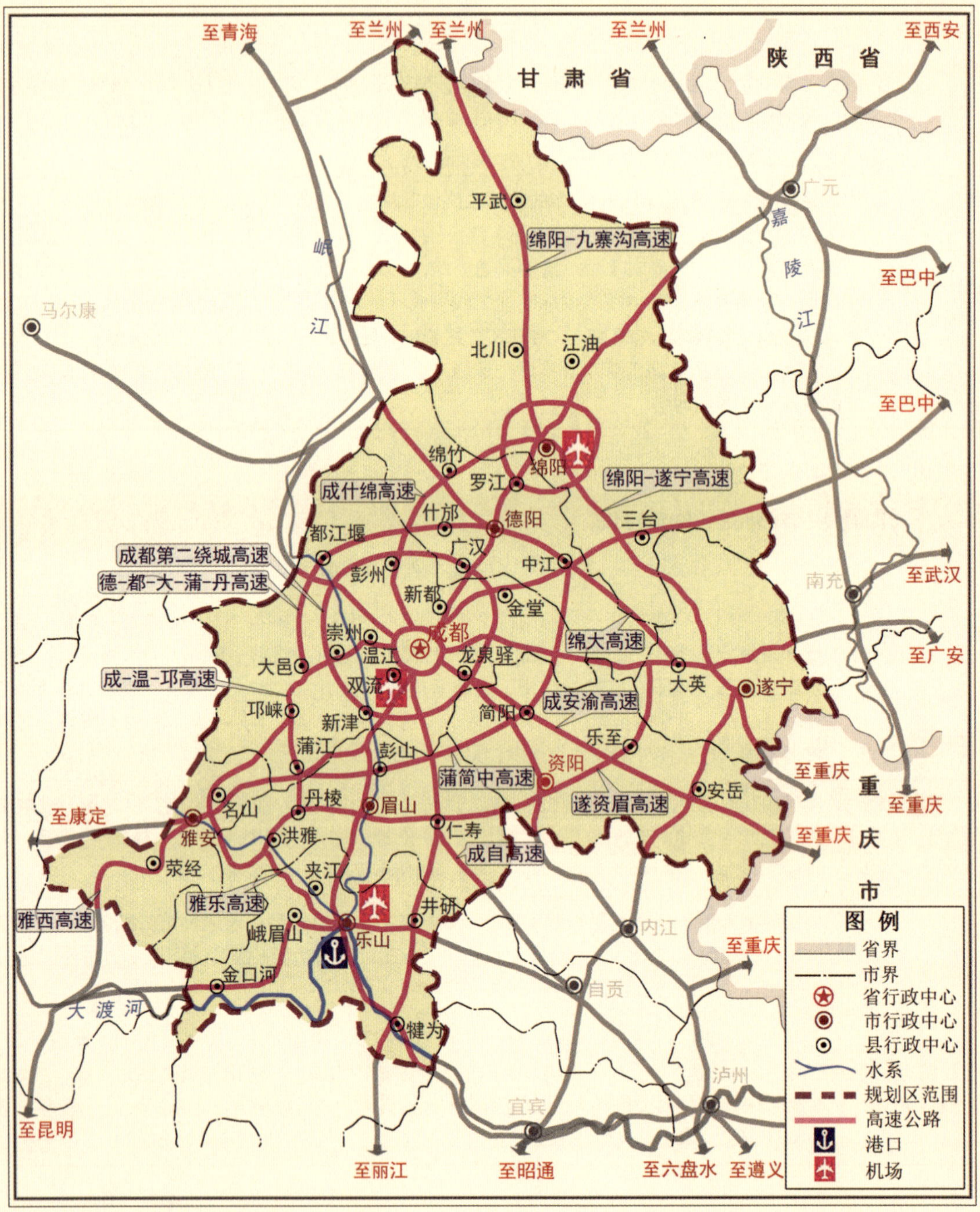

相联的高速度、大容量、社会化应用信息系统。第三，全力巩固和增强成都信息通信枢纽地位。建设容量大、技术高、服务优的信息通信网络和大型动态数据网络平台，巩固和增强成都在西部地区的信息通信枢纽地位。第四，加快建设和优化管理数字化城市。加快建立八市联网的数字化城市基础平台，积极推进 3S 集成技术（将

RS 即遥感系统、GPS 即全球定位系统、GIS 即地理信息系统融为一体的空间信息技术）在城市管理和服务中的应用，提高城市经济运行和管理服务水平，特别是要建立八市联动、对外开放的电子政务信息系统和电子商务信息系统。

（二）水利

1. 成都经济区水利发展现状

（1）供水现状。成都经济区水资源总量较为丰富，高于全省平均水平，但由于人口大量聚集，所以人均水平较低。加之，该区域内水资源的时间分配不均，大量降水一般集中在 6 月以后，即使在年水资源总量大的年份，部分地区仍有旱情发生。从水资源数量压力指数看，成都、德阳和资阳三个城市低于临界指标，尤其是资阳远远小于临界指标。按照世界水资源研究所提出的《水资源水平四级评估标准》①，雅安水资源丰富，绵阳、眉山和乐山属于缺水区域，成都、德阳和资阳处于严重缺水的状态，其中资阳缺水情况尤其严重（见表 16–21）。区内水系众多，但由于城市废水排放，如眉山境内的岷江，德阳境内的凯江、绵远河、石亭江，资阳境内的沱江等主要干流，均已变成Ⅲ类以下水体，不适宜作为饮用水水源。相应区域内只能依靠都江堰灌溉工程各条引水渠如东风渠、通济渠、人民渠等解决城市供水，城市供水安全问题和供水保障问题日渐严重（见表 16–22）。成都市城市规模发展最大，供水保障和供水管网建设较为完善，中心城区基本实现统一集中供水，但各个区县包括中心城周边区县仍由规模较小的独立水厂供水。由于供水普及率较高，自来水需求量较大，供给饱和度②相对较大。其余城市供水设施建设相对较为滞后，供水普及率较低，较多用户采取打井或自建小型供水设施分散供水，城市集中建设的自来水厂生产能力远大于实际需求量，故供给饱和度较低。资阳属于水资源较为匮乏的区域，虽然供水普及率最低，但仍存在部分自来水厂供水能力不足的情况，故供给饱和度仍然较高。

（2）排水现状。成都经济区供水

表 16–21　成都经济区水源统计

类别	水源类型	水　源	类别	水源类型	水　源
成都	地表水	岷江、沱江	乐山	地表水	岷江、青衣江、大渡河
德阳	地表水、地下水	地下水、人民渠	遂宁	地表水	涪江
绵阳	地表水	涪江	雅安	地表水	青衣江
眉山	地表水	岷江、水库	资阳	地表水	东风渠、沱江

资料来源：各城市总规、城镇体系规划。

① 世界水资源研究所：人均水资源 10000 立方米以上，为水资源很丰富的地区；人均 5000 ~ 10000 立方米为不缺水地区，人均 1000 ~ 5000 立方米为缺水地区，1000 立方米以下为严重缺水地区。

② 供给饱和度 = 实际供水量 / 总生产能力。

表 16-22　各市城镇已建较大型水厂供水能力情况

项　　目	成都	德阳	绵阳	眉山	乐山	雅安	资阳
主要水厂数量	19	8	6	1	3	3	7
水厂规模（万吨 / 日）	0.7 ~ 60	0.5 ~ 10	0.5 ~ 10	5	4 ~ 15	1.2 ~ 5	0.3 ~ 5
总生产能力（万立方米 / 日）	212	50.3	24.3	5	28	7.5	19.9
平均供水量（万立方米 / 日）	179	33.18	17.9	2.8	17	2.25	15.1
供给饱和度（%）	84	66	74	56	61	30	76
供水普及率（%）	73	52	47	27	41	45	19

资料来源：《成都平原城市群发展规划说明书》。

总体上存在较大矛盾，缺水情况较为严重。其类型主要有三类：一是水质性缺水。流经城市的水系如岷江、沱江水系由于接纳了大量的城市生活生产所排放的污水，水质恶化，均已变成Ⅲ类以下水体，部分河段为Ⅴ类水体，均已不能作为城市饮用水水源。二是资源性缺水。由于成都经济区的人口密度是全省平均水平的 2 倍以上，导致人均水资源占有量较低。而且资阳、绵阳东部等地处于丘陵地区，天然径流较少，水土保持较差，地均水资源也处于严重缺水的临界值。三是工程性缺水。部分市由于基础设施建设滞后，同时水利设施建设没有跟上城市发展，导致水资源开发程度落后，出现供水不足。各市排水设施建设普遍比较滞后，除成都、绵阳以外，其余城市排水管道大部分仍为雨污合流管道，不利于污水集中收集处理。同时，大部分城市没有修建集中的污水处理设施，即使建有部分污水收集管道，但污水最终缺乏集中处理，最后仍然直接排放到自然水体，是造成成都平原各城市水质性缺水的主要原因（见表 16-23）。

表 16-23　各城市排水设施建设统计

项　目	成　都	德　阳	绵　阳	眉　山	乐　山	雅　安	资　阳
排放体制	市区为分流制，区县为合流制	合流制	绵阳、江油为分流制，其余合流制	合流制	合流制	城区、姚桥合流制，新区分流制	合流制
污水处理厂数量	8	0	4	0	0	0	0
污水处理厂规模（万立方米 / 日）	2 ~ 40	0	0.7 ~ 15	0	0	0	0
总处理量（万立方米 / 日）	106	0	21.2	0	0	0	0

资料来源：各城市总规、城镇体系规划。

2. 成都经济区水利发展目标

统筹八市水资源保护，加强水利基础设施建设，提高综合利用能力，协调区内外水资源的分配与利用，确保本区水资源供求平衡。

3. 成都经济区水利发展战略

（1）加强保护，缓解水质性缺水问题。完善流域管理与行政区域管理相结合的水资源管理体制，加快水资源统一保护与管理进程，增强全区水资源统一监管的能力，突出抓好岷江、沱江流域和小流域综合治理，制定区内下游市域对上游市域水源保护的补偿政策，建立补偿机制，加快（饮用）水源保护区建设，努力缓解水质性缺水问题。

（2）供水挖潜，保障基本用水供求平衡。以加强水资源配置工程建设为核心，加快建设毗河供水工程以及李家岩水库、东风水库、东林寺水库等大中小型水库项目，保障成资遂的基本用水；加快建设武都二期引水工程，提高枯期灌区供水保证率和绵阳地区的防洪能力，枯期向涪江干流提供综合用水；加快规划建设龙门山、龙泉山水源工程，近期重点抓好河渠库塘堰池等（“百湖”）水利工程的建设、完善和挖潜；对区内丘陵地区加快新建一批蓄水工程，提升易旱区中小型蓄引提工程的维护改造和微水治旱、集雨节灌工程的监管。

（3）防洪抗旱，增强水资源蓄调能力。加快新建或加固区内岷江、涪江、沱江沿线防洪堤工程、沱江上游控制性水源工程、山洪灾害防治工程，着力提升防汛能力；加快推进山丘区抗旱能力提升工程和抗旱水源建设，完善防灾减灾应急响应体系。

（4）节水改造，提高水资源利用能力。千方百计优化产业结构，严格控制高耗水项目上马，大力推广节水技术，加大节水改造力度；加快建设渠道（人民渠）节水改造配套工程，确保输水畅通无阻；加快城市供排水、污水处理及中水回用工程建设；提高灌溉水利用系数，节约农灌水，增加工商业和生活供水。

（5）调水补水，解决本区缺水难题。综合考虑国家南水北调西线工程与四川省西水东调设想，根据四川水资源“周边丰富、中心匮乏”的区域性配置失衡格局，用 15 年左右的时间系统规划和建设完善 5 个大型西水东调工程、4 个大型北水南补工程，形成“五横四纵”调水补水网络，并着手论证大渡河向岷江调水工程，解决本区因人口密集、产业集中而普遍存在的缺水难题（见图 16–8）。

（三）能源

1. 成都经济区能源发展现状（见图 16–10）

（1）电力设施。成都经济区电力平衡从总体来说是一个典型的受端网络，在丰大、丰小、枯大和枯小方式下，都需要从区外寻求电源。绵阳和乐山蕴藏的水能资源较多，其水能资源开发较为充足，所以绵阳和乐山可以提供富裕的电力。但成都平原电源主要依靠水电资源，可以看出丰水期和枯水期电力平衡相差较大（见表 16–24）。根据统调电网统计，成都市电力需求位居首位，这也正符合成都市作为成都经济区核心城市，其经济发展对能源的需求（见图 16–9）。四川省煤炭资源比

图 16-8 水利重点项目

较贫乏。全省探明储量居全国第 14 位，约占全国储量的 1%，人均占有煤炭资源量为全国平均水平的 1/7。全省煤炭资源总量较少，且其中主要集中于川南，因此，区内火电电源发展较慢。四川盆地是全国天然气资源重点矿区，截至 2002 年底，累计探明天然气储量达到 7590.56 亿立方米，资源总量预计为 7.18 万亿立方米，资源探明率为 10.57%，距一般估计最终资源探明率 30% 差距较大，勘探潜力很大。丰富的天然气资源主要用于西气东送和化工工业，成都平原各个城市气电建设仍然较少。根

表 16-24　电网平衡（单位：万千瓦）

项　　目		丰　大	丰　小	枯　大	枯　小
成　都	供电负荷	308.4	188.1	305.3	164.9
	电源出力	224	142.2	176	116.6
	电力平衡	-84.4	-45.9	-129.3	-48.3
德　阳	供电负荷	106.8	65.1	105.7	57.1
	电源出力	32	20.8	9	9
	电力平衡	-74.8	-44.3	-96.7	-48.1
绵　阳	供电负荷	89.2	54.4	88.3	47.7
	电源出力	103.2	66.7	131.4	80.6
	电力平衡	14	12.3	43.1	32.9
眉　山	供电负荷	53.7	42.6	53.1	40.3
	电源出力	14.5	9.4	4	4
	电力平衡	-39.2	-33.2	-49.1	-36.3
乐　山	供电负荷	137.4	105.6	136	99.7
	电源出力	268.5	150.9	193.2	64.9
	电力平衡	131.2	45.2	57.2	-34.8
资　阳	供电负荷	30	18.3	29.7	16
	电源出力	0	0	0	0
	电力平衡	-30	-18.3	-29.7	-16
合　计	供电负荷	725.5	474.1	718.1	425.7
	电源出力	642.2	390	513.6	275.1
	电力平衡	-83.2	-84.2	-204.5	-150.6

注：雅安在规划区内仅含雨城区和名山，主要电源和供电区域均不在规划区范围内，本表未做统计。
资料来源：《四川省“十一五”电力规划及 2020 年远景目标研究》。

据 2002 年完成的第三次四川省水力资源复查结果，四川水力资源理论蕴藏量居全国第二位，仅次于西藏，技术可开发量居全国首位。而水力资源主要集中于西部山区，东部盆地地区相对水能资源较少，中小型电站居多，大型电站较少，可开发资源仅占全省 18.8%，而水力资源丰富的大渡河等水系梯级电站的开发还没有形成系统。根据统计，成都平原区域燃煤、水力资源都不算丰富，相对利用燃煤和水力的电源设施建设也较少，缺乏成规模的电站（厂），小水电、小火电分布较多。配电设施建设滞后（表 16-25）。区内电力输配主要依靠 220 千伏电网系统，且该系统已经与国家电网相连，区域内各县市的电力均已通过各种形式接入 220 千伏主网系统。四川电网已形成初具规模的 220 千伏主网系统。按供电区域，成都经济区基本

图 16-9 各供区电力需求统计

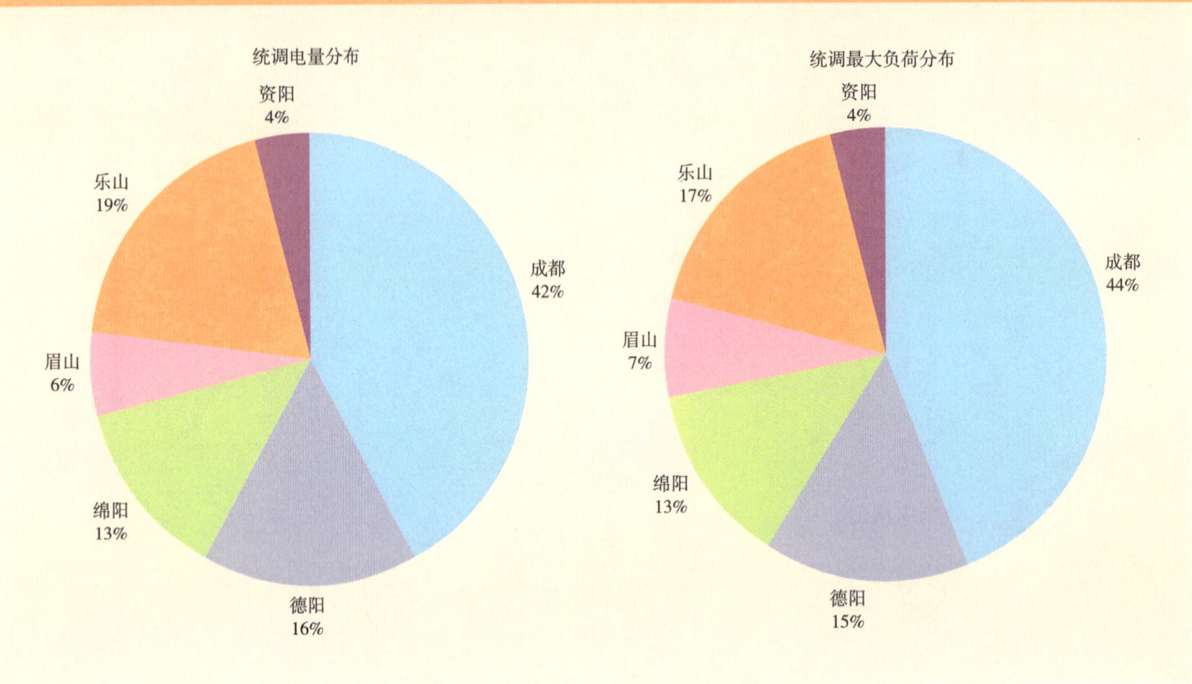

表 16-25 220 千伏及以上等级变电站数量统计（单位：个，万千瓦）

地 区	500 千伏变电站（开关站）		220 千伏变电站	
	数 量	装机容量	数 量	装机容量
成 都	3	300	21	297
绵 阳	—	—	6	96
德 阳	1	150	2	48
眉 山	1	75	3	48
乐 山	—	—	3	48
雅 安	—	—	—	—
资 阳	—	—	1	12
遂 宁	1	50	3	90
合 计	6	575	39	639

资料来源：各城市总规、城镇体系规划。

属于川西供电区。区内 220 千伏网络除成都市已形成环形网络以外，其余城市 220 千伏变电站基本通过两条主要电力通道进行串接，并没有形成环网。由于电力设施建设滞后，水力资源丰富的川西如雅安等地，富裕的电力无法充分地外输，造成电力资源的浪费，而成都等主要供区则出现了电力供应不足，严重影响了经济发展和城市居民生活。全省的 220 千伏主供电网络由于输电等级较低，造成能耗较大，四川省电力公司于 2005 年在全省启动“500 千伏大环网”建设工程，将尽快建成一批 500 千伏变电站、输电网及配电网，形成一个环绕全川，连通重庆、华中等电网的电力输送“大动脉”。区内已建有成都华阳、龙王、德阳、思濛 4 座 500 千伏变电站和崇州 500 千伏开关站，电源除依靠紫坪铺水电站接入外，其余接入川东南 500 千伏洪沟变电站和 500 千伏南充站。500 千伏输电网络在全省仍处于建设阶段，现在仍为串联结构，部分为单回线路输电，没有形成完善的全省 500 千伏环网。由于各级电网均没有形成完善的环网结构，整个电网的供电安全性较低，电力调配能力较弱。总体来看，成都经济区的电源开发不足。区内电力主要依靠水电，而水力资源较为丰富的各大水系梯级电站开发较慢。电源结构有待完善，需要较大的火电进行调峰，而区内燃煤资源缺乏，气电资源也没有进行大规模的利用。同时，输电设施建设不足，500 千伏超高压输电网络仍处于建设阶段，区域供销调配不完善，外部输送电源无法合理分配，而部分 220 千伏输电网络距离较短，且能耗较大。配电设施建设也滞后，设施数量不足，电网结构不完善，部分地区出现即使电源充足却由于配电网络落后，无法充分利用，仍然不得不拉闸限电的情况。

（2）燃气设施。四川盆地天然气资源非常丰富，成都经济区内气田分布较多，主要以中石化西南分公司所属气田为主，已形成孝泉、新场、合兴场三个主力气田和洛带、马井、新都等外围气田。但是，区内各气田基本属于中小型气田。而根据现已探明储量，各探区探明程度还较低，亟须加大勘探力度，增加可控资源量。天然气供给网络主要分为中石油和中石化两套系统。川西主要依靠平乐气田产气，其余天然气供给主要依靠各条主要输气管道提供。区内天然气供给网络已初步成形，各条输气干管主要分布于绵阳、德阳、成都、眉山、乐山一线，以成都干管分布最为密集。而雅安、资阳现状天然气需求仅依靠输送能力较小的支管进行供气。中石化主要依靠新彭、新青、黄金－金青、青彭四条输气干管在德阳、广汉、青白江、彭州、金堂等区域形成环形网络，其余输气管线均以此环为依托，向绵竹、什邡、安县、中江、罗江、绵阳、成都等地呈放射状分布。中石油输气网络通过北干线、威成线、威青线等干管将川东及川中各大气田天然气输送至川西地区然后通过青彭线、华温线等支线干管为区内各大城市提供气源。但是，建有天然气储配设施的城市仅有成都、乐山两市，其中成都建有储配站 3 座，规模 45 万立方米，乐山 1 座，规模 2 万立方米。其余各个城市均没有建设相应的储气设施，供气系统安全性和保障能力无法充分保障。由于四川盆地天然气资源非常丰富，相应的，天然气化工发展优势较强，该行业对天然气的需求量也最大，占到总需求量的 60% 以上。天然气需求密集区主要集中在平原南北中轴上，即成都、德阳、绵阳、眉山、乐山，而雅安地形坡度变化较大，资阳水资源严重缺乏，均不适于发展土地资源、水资源需求较高的化工产业，针对共天然气需求较少，仅需要满足车用 CNG 和民用燃气需求即可的特点。从区内输气干管设计的输送能力和区内各气田产气能力看，天然气供给完全可以满足需求，但实际上出现了较大的供气缺口。主要原因在于各条输气干管输送能力远没有达到设计能力。如威青、威成线设计压力为 4 兆帕，而到成都赖加坡门站其实际压力仅约 1 兆帕，输气压力的无法保障导致各城市实际天然气出现了较为普遍的供不应求。总之，区内天然气资源勘探不足，导致天然气开发程度较低，区域内气源提供不足，需要依靠区外建设长距离输气管道。由于输送压力没有保证，远低于设计输送压力，所以输气能力远没有达到设计规模，导致输气干管输送能力

图 16-10 能源重点项目

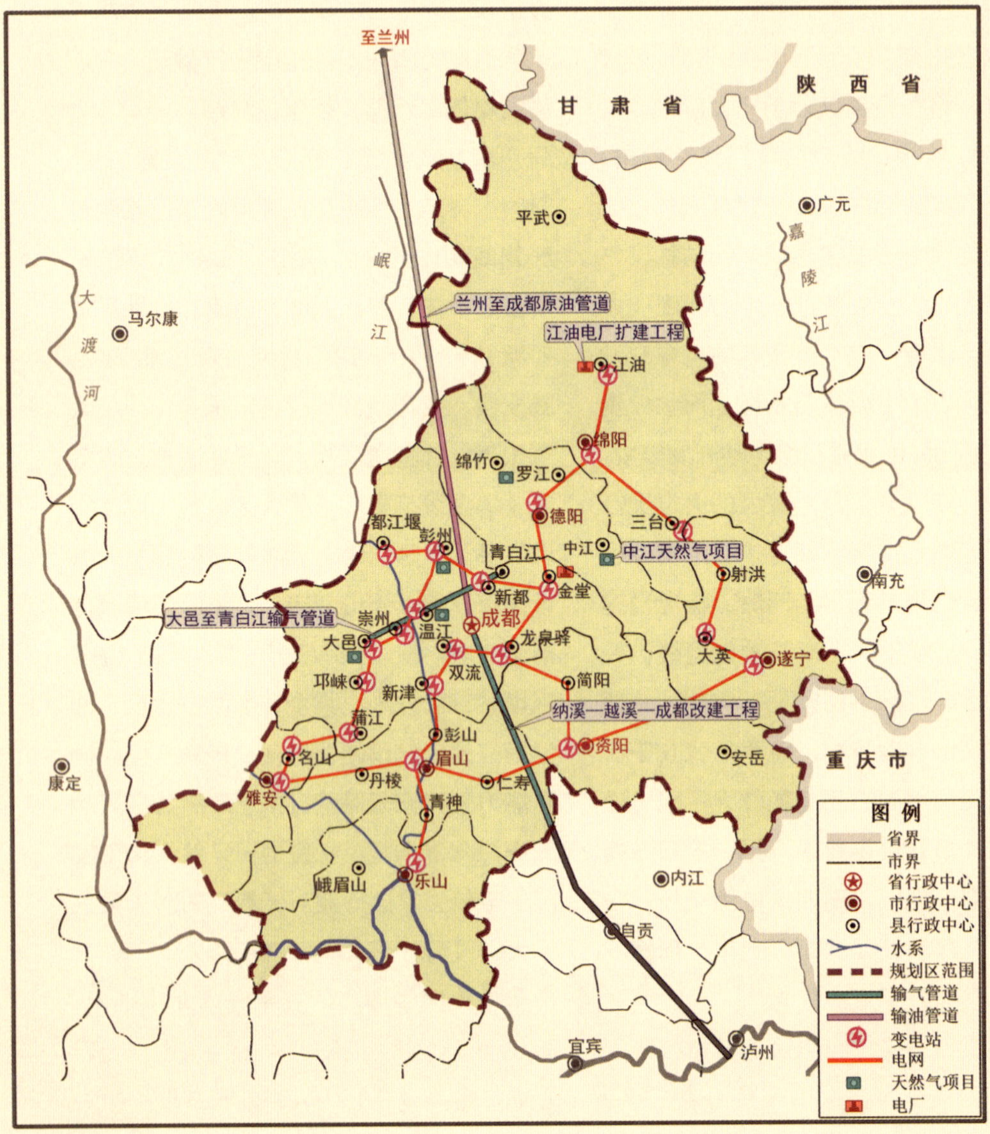

没有充分利用。区内已建有比较成系统的输气干管网络，设计输气能力完全能够满足现状。城市供气安全保障设施建设落后：各城市除成都、乐山外，均没有修建天然气储气站，作为城市供气安全保障系统的必要设施缺乏。

（3）通信设施。成都经济区 8 个二级城市的光缆、数字、卫星通信相协调的干线传输网和光纤接入网、无线接入网、第三代移动通信网等通信网络比较完善，综合信息基础平台建设取得巨大进展。但是，农村尤其是成都以外的各市县农村信息传输网络建设还很不完善。

2. 成都经济区能源发展目标

加强电网、输气管道、输油管道等能源输入通道建设，全面实施八市能源联网，提高能源输入调配和统筹管理能力，加快能源资源开发，建立多样化的能源供给体系和应急保障机制，确保本区能源供应。

3. 成都经济区能源发展战略

（1）以建设电网为主、电源点为辅，提升电力保障能力。强化 500 千伏骨干电网、巩固 220 千伏主干电网、完善优化 110 千伏网络，加快建设石（棉）雅（安）崇（州）、华阳、东坡（思蒙）500 千伏输变电工程以及全域成都 500 千伏环网工程，扩大八市电网联网，确保本区输电通道畅通。同时，因地制宜发展中小型水电站，推进涪江水电梯级开发建设、瓦屋山水电站建设；适度发展火电，建设金堂电厂（二期）、江油电厂扩建工程和江油燃机（70 万千瓦）等火电厂项目。

（2）增强天然气保障能力。以加大资源勘探为基础、加大开发力度为重点，加快输气管道建设，加大天然气保障能力。加大川西天然气勘探力度，加快孝泉 – 新场 – 合兴场项目（230 亿立方米）、温江 – 中江项目（220 亿立方米）、彭州 – 大邑勘探项目（140 亿立方米）等的开采和利用，保持产能稳步增长，搞好产能配套建设。同时，加快中石油北内环线输气管道建设，启动中石油北外环输气管道建设工程，加快中石油南干线南段（纳溪 – 越溪 – 成都）复线及局部改线和中石化川东北 – 川西输气管道、中石化大邑 – 青白江输气管道、中石油兰州 – 成都原油管道（四川境内 313 公里）建设。此外，配合四川石化基地建设，开工建设彭州 1000 万吨 / 年炼油厂配套输油管道。

（3）丰富能源品种。以探索开发多种新能源为前提、以建立新能源电源点为支撑，积极支持沼气、变性酒精、甲醇汽油、生物柴油、生物质能、清洁能源等新能源项目发展，有序建立新能源电源点，开发新能源品种。

五　城镇体系与城镇化水平

（一）城镇体系

1. 成都经济区城镇体系发展现状

成都经济区内地势平坦、河网密布，有利于城镇聚落的形成和发展，因而成为省域内城镇密度最高的地域。经济区内集中了成都、都江堰、彭州、崇州、邛崃、德阳、什邡、绵竹、广汉、绵阳、江油、资阳、简阳、眉山、雅安、乐山和峨眉山 18 个大中小城市（见表 16–26），683 个

表 16-26 成都经济区城镇体系基本情况

城 市	行政级别	城市规模	非农人口（万人）	非农人口占总人口的比例（%）	市区面积（平方公里）	建成区面积（平方公里）
成都市	副省级	超大城市	629.4	55.2	2129	439.21
绵阳市	地级市	大城市	140.7	25.8	1570	82.93
德阳市	地级市	大城市	98.8	25.4	648	51.34
眉山市	地级市	中等城市	89.5	25.7	1331	42.20
资阳市	地级市	中等城市	76.1	15.2	1633	31.50
乐山市	地级市	大城市	100.5	28.5	2514	52.33
雅安市	地级市	中等城市	36.1	23.3	1070	20.40
遂宁市	县级市	大城市	81.6	21.1	1875	49.34
江油市	县级市	中等城市	25.1	28.3	2720	24.08
都江堰市	县级市	小城市	16.7	27.4	1208	26.34
彭州市	县级市	中等城市	25.6	31.9	1420	18.71
邛崃市	县级市	小城市	18.8	28.5	1384	19.00
崇州市	县级市	小城市	17.5	26	1090	20.07
广汉市	县级市	小城市	18.7	31.2	551	35.08
什邡市	县级市	小城市	9.7	22.3	863	11.00
绵竹市	县级市	小城市	12.3	23.9	1245	11.86
峨眉山市	县级市	小城市	16.6	38.2	1168	14.00
简阳市	县级市	中等城市	23.2	15.9	2215	19.50
特大城市大城市占比 27.8			中等城市占比 33.3		小城市占比 38.9	

资料来源：《四川统计年鉴（2010）》，对城市规模判断来自 18 市相关规划等资料。

建制镇，这些城镇的基本特征一方面是：成都是全省唯一的特大城市、经济区强大的单核中心，加之区域内以平原为主的地形地貌等因素，成都经济区在空间聚合形态上具有中心性和趋圆性，构成了以成都为核心的、极为典型的都市圈空间特征，经济活动的空间运行以成都为中心呈圈层状运动，要素集聚与扩散表现出都市圈特有的空间运行方式和规律。区域内城镇体系的另一个基本特征是：以宝成铁路、成绵高速公路为轴线，成都、德阳、绵阳、江油、什邡、绵竹、广汉等 7 个城市沿线分列，形成较为典型的城市带。经济活动的空间运行以宝成铁路、成绵高速公路为轴线呈带状运动，要素集聚与扩散沿轴向展开。两个城市群在区域边界上有着一定程度的重叠，经济活动的空间运行既在成都平原经济区的范围内展开，又显示出两个城市群各自的空间特征。

2. 成都经济区城镇体系特征

（1）城镇数量多，分布密度高。经济区内有各类城市 17 个，占全省城市总数的 53.16%，建制镇 683 个，占全省建制镇总数的 36.62%。城市密度达到 2.92 个 / 万平方公里，建制镇的密度达到 118 个 / 万平方公里，远高于全省 0.66 个 / 万平方公里和 38.45 个 / 万平方公里的平均水平。其城镇数量和分布密度也远高于省内其他四个经济区。

（2）城镇体系呈典型的首位分布特征。按中心城人口计算[①]，成都中心城人口 292.2 万人，全部为非农人口，人口密度达到 6963 人 / 平方公里。根据马克 · 杰斐逊（M.Jefferson）的城市首位律，由表 16-27 可看出，成都经济区内 2 城市指数、4 城市指数分别为 5.2、2.6[②]。按照城市位序 – 规模法则，正常的 4 城市指数为 1，而 2 城市指数为 2。成都经济区内城镇体系的首位指数远大于这个标准，属典型的首位分布结构。经济区内处于第二位的绵阳市包括涪城、游仙两个市辖区，市辖区非农人口达到 59.4 万人。其中，涪城区非农人口 42.2 万人，非农人口比重 67.30%，人口密度 1050 人 / 平方公里；游仙区非农人口 17.2 万人，但非农人口比重仅为 33.2%，人口密度仅为 532 人 / 平方公里，远低于国家统计局人口密度 1500 人 / 平方公里的城市地域标准[③]（见图 16-12）。因此，游仙区的城市人口只应包括其 2 个街道办事处辖区内的非农人口。按此估算，绵阳市中心城人口应在 50 万人左右。按此计算的 2 城市指数则高达 5.84。由此可见经济区内城镇体系具有典型的首位分布特征。经济内的 7 个地级城市中，有 5 个城市市辖区仍为独立设置[④]。除成都、绵

表 16-27　2003 年我国主要城市群 2 城市指数和 4 城市指数 *

名　称	2 城市指数	4 城市指数	名　称	2 城市指数	4 城市指数
武汉城市群	7.6	3.1	中原城市群	1.7	0.7
成都平原城市群	5.2	2.6	京津冀城市群	1.5	0.91
关中城市群	4.8	1.95	山东半岛城市群	1.2	0.52
长三角城市群	2.7	1.3	珠三角城市群	1.04	0.5
辽东半岛城市群	1.78	0.83			

* 城市人口采用市辖区非农人口。为与其他城市群保持统计口径上的一致，成都市按 9 个市辖区人口计算。
资料来源：《中国城市统计年鉴（2004）》。

① 鉴于目前我国城市地域概念使用上的不统一，北京大学周一星教授认为，应当建立一种反映城镇实体界线的城镇地域概念。本研究报告使用中心城作为反映城市实体空间地域的概念。它仅指城市集中连片发展、市政公用设施和公共服务设施齐备的城市地域，与城市建成区大体一致，但不包括市辖区内各个建制镇的建成区。如成都中心城的空间范围只包括锦江、青羊、金牛、武侯、成华五个城区。

② 城市人口采用市辖区非农人口。成都市只计算其五个中心城区的人口。

③ 按国家统计局对城镇人口与乡村人口的划分标准，市辖区人口密度在 1500 人 / 平方公里及以上的，市区为区辖全部行政区域；人口密度不足 1500 人 / 平方公里的，市区为人民政府驻地和区辖其他街道办事处地域。

④ 即整个城市仅设置一个市辖区。城市分设市辖区的主要原因是城区规模较大、人口较多，需由区来协助市分担市政管理职能。市辖区的独立设置本身就反映出城市规模有限、功能单一、市政管理职能简单。

图 16-11 成都经济区 17 个城市市辖区（县级市市域）非农人口

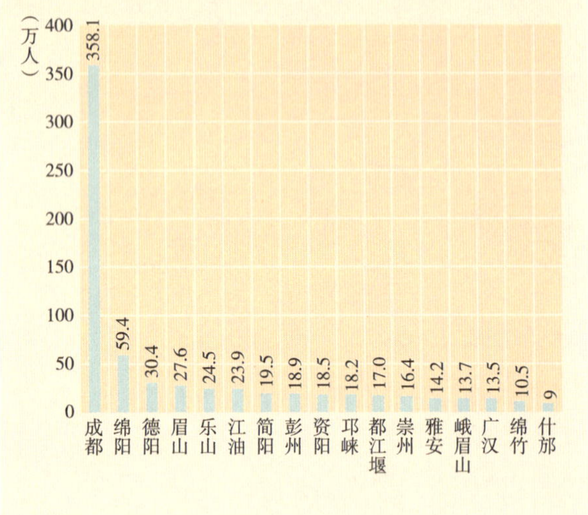

图 16-12 成都经济区 16 个市辖区人口密度

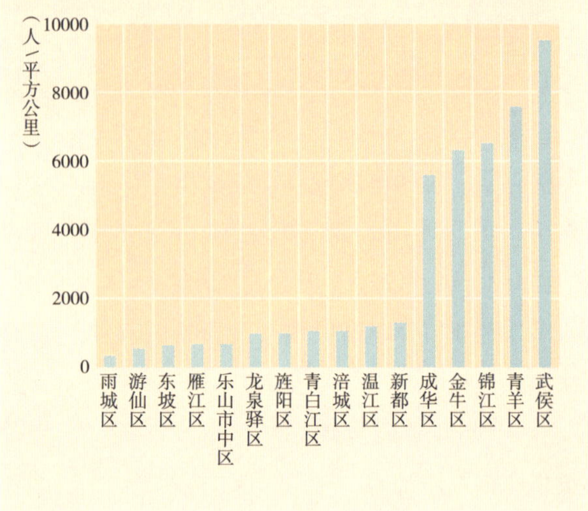

阳两市之外，经济区内有 3 个城市市辖区非农人口超过 40 万人，9 个城市市辖区或市域非农人口超过 20 万人，但除广汉之外其他城市人口密度均不超过 1000 人/平方公里，其中心城实际人口数均应在现有市辖区非农人口数的基础上做较大程度的扣减，尤其是非农人口按市域统计的县级市。因此，经济区内的 17 个城市中除成都、绵阳之外，其余城市中心城人口规模都不大。总体上看，经济区内的成都属于市区人口大于 200 万人的超大城市，在整合经济区空间关系中起核心作用。经济区内除绵阳、德阳等少数城市外，其他城市节点规模偏小。

（3）主要城镇沿交通线分布形成城镇发展轴线。以宝成铁路、成绵高速公路为轴线，成都、德阳、绵阳、江油、什邡、绵竹、广汉等 7 个城市呈线状分布，人流、物流、信息流呈线状流动，形成城镇发展轴线。

（二）城镇化水平

1. 成都经济区城镇化水平较高

成都经济区城市化水平在全省五大经济区中居首，尤其是成都、绵阳、德阳三市城市化水平处于全省前列（见表 16-28）。2011 年，经济区城市化率达到 42.48%，全省平均水平 38.78%，超过全省平均水平 3.7 个百分点，集聚了全省约 45% 的城镇人口。

2. 成都经济区城镇化发展特征（见表 16-29）

第一，成都是全省城市化水平最高的地区。2011 年按户籍总人口计算的城市化率达到 67.0%。

第二，经济区内城市化进程具有较大的地域差异。成都、绵阳、德阳三市城市化率居全省 21 个地市州的前四位，分别达到 67.0%、41.8% 和 43.0%，均高于全省平均水平，处于城市化的快速发展阶段。而眉山、资阳两市分别只有 35.8% 和

表 16-28　成都经济区人口及城镇化率情况（2011 年）（单位：万人，%）

城　市	年末户籍总人口	年末常住人口	城镇化率	非农人口	非农人口占总人口的比重
成都市	1163.3	1286.6	67.0	629.4	55.2
绵阳市	538.5	496.3	41.8	140.7	25.8
德阳市	390.5	41.2	43.0	98.8	25.4
眉山市	350.8	34.1	35.8	89.5	25.7
资阳市	503.9	32.7	34.4	76.1	15.2
乐山市	354.4	338.0	41.2	100.5	28.5
雅安市	155.8	34.6	36.6	36.1	23.3
遂宁市	382.7	357.9	40.0	81.6	21.1
年末户籍总人口		3839.9	年末常住人口		3720.4
以城镇人口占常住人口比重计算的城镇化率			42.48		
以非农人口占总人口比重计算的城镇化率			32.8		

表 16-29　城市群不同发展阶段的特征

指标阶段	雏形发育阶段	快速发育阶段	趋于成熟阶段	成熟发展阶段
城市化率	30% 左右增长 速度较慢	30% ~ 50% 增长 速度最快	50% ~ 70% 增长 速度较稳定	70% 以上区域 内部动态平衡
城镇体系	不完善，城镇密度低	较为完善，城镇密度较高	完善，城镇密度继续提高	完善，城镇密度趋于稳定
空间结构	松散，基础设施不完善	较紧密，基础设施较完善	紧密，基础设施完善	最紧密，基础设施相当完善
空间作用	集聚作用占绝对优势	集聚作用为主 扩散作用为辅	集聚与扩散作用相平衡	扩散作用略占优势
城市分工	分工体系还未形成	分工体系开始形成	分工体系较为合理	分工体系完善
增长路径	外延式增长	外延式为主，内涵式为辅	内涵式为主，外延式为辅	内涵式增长

资料来源：陈群元、喻定权：《我国城市群发展的阶段划分、特征与开发模式》，《现代城市研究》2009 年第 2 期。

34.4%，分别居全省 21 个地市州的第 13 和 15 位，低于全省平均水平，处于城市化快速推进的准备阶段。成都、绵阳、德阳、眉山、资阳五市城市化率最高与最低相差 32 个百分点。

第三，空间聚合形态良好。经济区内 17 个城市总体上以成都为中心，在其周边约 100 公里的范围内，环绕成都呈圈层分布。大部分城市与核心城市之间无山体、大川大河的阻隔，城市节点大多位于重要交通轴线上呈线状分布，空间成本低。因而经济区内城市空间聚合形态良好。

第四，城市密集度高。经济区地处盆西平原。岷江、沱江冲积平原是都江堰的主灌区，良田沃野，农业发达。农业在广阔的平原上呈面状连续分布。岷江、沱江冲积平原上的成都、德阳两市总面积 1.8 万平方公里，其中平原面积达到 6918.5 平方公里，聚集了 9 个城市，城市密度高达 4.74 个 / 万平方公里，建制镇 327 个，占经济区建制镇总数的 47.88%。两市建制镇的密度分别达到 165 个 / 万平方公里、215 个 / 万平方公里，远高于经济区内建制镇密度 118 个 / 万平方公里的平均水平，属于城镇高密集区。

从经济活动和非农人口分布密度来看，经济区内经济密度在 500 万元 GDP/ 平方公里以上的 23 个县级行政区中，有 19 个位于岷江、沱江平原（见表 16-30）；非农人口密度在 200 人 / 平方公里的 18 个县级行政区中，有 14 个位于岷江、沱江平原（见表 16-31）。因此，经济区内经济活动在岷江、沱江冲积平原上相对集中，呈较密集的面状连续分布特征。

3. 工业沿铁路线城市集聚，城市群特征明显

“一五”、“二五”以及“三线建设”期间，国家在经济区内的工业布局主要集中在成渝、宝成两条铁路沿线的江油、绵阳、德阳、成都、简阳、资阳以及成昆铁路线上的眉山、峨眉山等城市结点，工业布局沿铁路线集聚特征明显。

4. 成都平原城市群发展是成都经济区空间特征的集中体现

城市群的经济活动是中心城市与中小城镇、经济腹地、辐射区域之间不断进行物质与能量交换的活动，是经济要素在广阔的空间不断进行集聚与扩散，从而实现结构调整、资源优化配置和空间形态聚合的过程。因此，城市群自然成为区域经济活动的空间组织形式。城市的空间聚合形态，决定着经济活动的空间集聚与空间扩散方式，决定着城市发展的空间方向、产业的空间分布和人口的集聚，从而也影响着城市群的形成与发展。从城市空间聚合形态、经济活动的空间运行特征以及现实的空间过程来看，成都经济区系由成都都市圈和成绵德城市带两个典型形态的城市群构成。

第一，成都都市圈。强大的单核中心和平原地形地貌，使成都经济区在空间聚合形态上具有中心性和趋圆性。平原地形地貌使成都城市向外任一方向扩展的区位成本等距离化，从而使得成都对周边腹地的辐射影响呈现出典型的圈层扩散特征，城镇空间聚合形态具有非常典型的都市圈空间特征，经济活动呈现出都市圈特有的空间运行方式和规律：向心集聚和离心扩散。一方面，这种圈层结构特征表现为成都城市实体空间是一个典型的同心圆结构，近年来在城市空间的近域推进和广域扩展过程中，形成了三个圈层的市域空间结构。另一方面，从更大的空间尺度看，成都城市辐射影响力沿着宝成、成昆、成渝、达成铁路以及呈放射状的高速公路向四周扩散，影响到德阳、都江堰、雅安、乐山、眉山、资阳等城市，整体上仍表现出中心性和趋圆性。

第二，成德绵城市带。成德绵地区地处盆西平原腹地，是四川乃至西部地区经济最为发达、最富活力的带状区域。其区域特征表现为：一是具有城市带的典型地

表 16-30　成都经济区以县为单位的经济密度分布（单位：万元 GDP/ 平方公里）

经济密度	10000 以上	1000 ~ 10000	500 ~ 1000	300 ~ 500	300 以下
成都	锦江区　青羊区　武侯区　金牛区　成华区	温江区　双流县　新都区　新津县　青白江区　郫县　龙泉驿区	都江堰市　彭州市　崇州市	金堂县　蒲江县　邛崃市　大邑县	—
德阳	—	旌阳区　广汉市　什邡市	绵竹市	罗江县　中江县	—
绵阳	—	涪城区	—	游仙区　江油市	梓潼县　三台县　盐亭县　北川县　安县　平武县
眉山	—	—	东坡区　彭山县	青神县　仁寿县	洪雅县　丹棱县
资阳	—	—	—	雁江区　简阳市	安岳县　乐至县
乐山	—	—	乐山市中区	峨眉山市　夹江县	—
雅安	—	—	—	雨城区	名山县

表 16-31　成都经济区以县为单位的非农人口密度分布（单位：人 / 平方公里）

非农人口密度	1000 以上	500 ~ 1000	200 ~ 500	100 ~ 200	100 以下
成都	锦江区　金牛区　青羊区　武侯区　成华区	温江区	郫县　龙泉驿区　新都区　双流县　青白江区　新津县	蒲江县　大邑县　金堂县　崇州市　彭州市　邛崃市　都江堰市	—
德阳	—	—	旌阳区　广汉市	什邡市	绵竹市　罗江县　中江县
绵阳	—	涪城区	—	游仙区	江油市　梓潼县　三台县　北川县　安县　平武县　盐亭县
眉山	—	—	彭山县　东坡区	—	丹棱县　洪雅县　青神县
资阳	—	—	—	雁江区　仁寿县	简阳市　安岳县　乐至县
乐山	—	—	乐山市中区	峨眉山市	夹江县
雅安	—	—	—	雨城区	名山县

理特征。成德绵地区以宝成铁路、成绵高速公路为轴线，成都、德阳、绵阳、江油、什邡、绵竹、广汉等7个城市沿线分列。其中成都为超大城市，绵阳、德阳为大中城市，3个城市的GDP均位居西部大中城市的前十位，且最远相距仅90多公里，成为这条轴线上的三大节点。在西部地区的大中城市中，三个GDP位居前十名的城市以如此高的密度集聚，按轴线分布在一个地域，这在西部地区绝无仅有。二是成德绵城市带是四川乃至西部地区制造业及高新技术发展的重要产业带。四川工业布局形成和演变的一个重要特征是沿铁路线布局。宝成铁路南端的成德绵一线是四川工业布局的重点区域。2004年，成德绵地区共有法人工业企业21302个，占全省的45.3%，从业人员133.49万人，占全省的43.6%。[①] 随着城市空间在地域上的不断靠拢，交通基础设施条件，尤其是绵成乐城际铁路客运专线的建成通车，成德绵地区有可能以成都、德阳、绵阳为节点，以宝成铁路、成绵高速公路（包括未来的绵成乐城际铁路客运专线）为轴线，在纵向100公里、横向30公里的带状区域形成以三大城市为节点、产业与人口密集、城镇体系合理、城乡一体化程度高、区域自组织能力强的城市带，并逐步向城市连绵带迈进。

成都都市圈与成德绵城市带两个城市群的区域边界具有一定程度的重叠，经济活动的空间运行既在成都经济区的范围内展开，形成广泛而密切的社会经济联系，同时又呈现出两个城市群各自的空间特征。成都都市圈经济活动的空间运行以成都为中心呈圈层状运动，要素的空间集聚与空间扩散表现出强烈的向心性与离心性。成德绵城市带经济活动的空间运行以宝成铁路、成绵高速公路为轴线呈带状运动，要素的空间集聚与空间扩散沿轴向展开。

之所以要根据成都经济区城市空间聚合形态、经济活动的空间运行特征以及现实的空间过程，将其分为成都都市圈和成德绵城市带两个既相互联系又有区别的城市群，是因为城市的空间聚合形态决定着经济活动的空间集聚与空间扩散方式，决定着城市发展的空间方向，从而也影响着城市群的形成与发展。受城市的空间分布特性、经济社会发展水平以及由交通条件决定的空间可达性的影响，在城市群的形成过程中其空间要素的发育程度、空间聚合特征、经济活动的空间集聚与空间扩散方式存在着差异，从而形成了不同类型的城市群。另外，区域经济活动总是在一定空间范围内展开的，有空间就有空间成本。空间上的运输成本与时间成本影响着区域内部经济活动的空间过程与空间相互作用，从而直接影响着经济区内现实的经济活动过程。成都经济区空间开发总体布局的确定，应当考虑经济活动现实的空间过程是如何发生的。

（三）成都经济区城镇体系建设发展战略

成都经济区要抢抓“十二五”期间城镇化持续提速的有利契机，充分发挥成都经济区城镇分布集中、城市发展水平较高、

① 四川省第一次全国经济普查主要数据公报（第二号）。

空间聚合形态较高的优势，完善城镇体系，强化城镇功能分工，合理引导人口集聚，积极推进城乡一体化进程，促进成都经济区在全省五大经济区中率先发展，率先形成城乡一体化发展格局，成为带动成渝经济区乃至西部地区发展最强大的经济密集区和人口密集区。

1. 完善城镇体系

优化成都城市空间结构，进一步发挥其辐射带动、综合服务以及创新功能，推动绵阳跨进特大城市行列，提升德阳、乐山、遂宁大城市规模和城市要素集聚和辐射功能，加快雅安、资阳和眉山向大城市迈进，完善以成都为核心，以绵阳、德阳、乐山、遂宁、眉山、资阳和雅安大城市和地区性中心城市为骨干，其他中小城市为依托，一批重点中心镇为基础，结构有序、功能互补、整体优化和特色鲜明的城镇体系，推进成都平原城市群快速发育，逐步将其建设成为我国中西部地区综合实力最强的城市群。

2. 强化城镇功能分工

明确发展定位，强化功能分工，突出发展重点，形成具有区域带动和辐射力的中心城市。

（1）区域性中心城市——成都。强化辐射、综合服务和创新功能，着力推进中心城区转型发展，加大城市更新和新城建设力度，完善国际化公共服务，提升城市品质。优先发展现代服务业，重点发展电子信息、生物医药、新能源、新材料、航空和节能环保等高新技术产业；提升汽车、食品、制鞋及箱包皮具、家具、石化以及冶金建材等现代制造业，加快发展都市型现代农业，努力建设城乡繁荣、产业发达、居民幸福、环境优美、文化多样、特色鲜明和独具魅力的世界现代田园城市，实现综合竞争力领先中西部。

（2）区域性副中心城市。一是绵阳。按照特大城市发展目标，加快构筑“一心两层四带”的网络化布局框架，以国家科技城建设为突破口，扩大城市规模，强化科教、物流、商贸和金融中心功能，提升城市要素的集聚和辐射功能，成为经济区北部的副中心。重点发展电子信息、汽车及零部件、冶金机械、食品加工产业，以现代生产性服务业发展为突破口，加快现代服务业发展，成为西部和全国重要的电子信息产业、国防科研基地和经济区向北辐射的门户。二是乐山。加快推进主城区、五通桥区和沙湾区区间快速通道建设，推进中心城区建设的“三区联动”，进一步构建和完善大城市框架，优化城市功能，成为经济区南部的副中心。重点发展电子信息、新能源、机电装备、冶金建材和盐磷化工产业，突出文旅经济特色，强化中国文化旅游胜地、历史文化名城的地位，培育和提升公路水路运输枢纽功能，成为经济区内连接川南经济区和攀西经济区的重要中心城市。

（3）区域性次级中心城市。一是德阳。坚持“一中心多片区”组团城市群发展思路，做强做大中心城市，合理划分功能，实施成德同城化战略，实现成都和德阳两市交通一体，设施共享，产业融合，科技互动，生态协同，服务同城，率先开创成都经济区同城化的新局面。提升壮大装备制造产业，大力打造新材料产业，优化发展工业产业，促进生产性服务业集聚发展，成为经济区内具有国际竞争力的重大技术装备制造业基地和西部工业重镇。二是资阳。进一步拓展城市空间、完善城市功能，着力打造“2+3”城市增长极，积极培育“资三角”、“安三角”、“乐三角”区域增长极，发挥地区性中心城市作用。重点发展造车产业，大力发展节能产业，加快发展食品、医药、纺织和建材产业，成为经济区内新兴工业城市和连接川南经济区的门户。三是眉山。坚持“中部崛起，两翼突破，全域共进”的城镇建设思路，提高城市集聚规模，提升城市形象，在强化地区性中心城市作用的同时，实现成眉一体化发展。重点发展化工、铝产品加工、机械、建材和农产品加工产业，全面提升旅游产业档次，成为经济区新兴工业城市和著名的宜居城市。四是雅安。构建“一中心三组团”的城市框架，实施中心城区东扩战略，突出生态特色，提升城市功能。重点发展水电、机械产业和以绿色食品和中成药为代表的农产品加工业，积极发展生态旅游业，成为西南农业科教中心和辐射川西的门户。五是遂宁。推动安居、大英与市城区整体连片发展，扩大城市规模，增强城市集聚、辐射和综合服务功能，完善大城市框架。改造提升油气盐化工、高档家纺及服装、机械配套和绿色食品等传统优势产业，大力发展电子信息、新能源、生物制药、节能环保和新能源汽车产业等战略性新兴产业，壮大特色旅游产业，成为经济区内次级综合交通枢纽、物流中心、现代产业配套基地和西部绿色食品供应基地。

（4）其他中小城市和重点中心镇。一是其他中小城市。包括经济区内现有县（市、区）主城区。紧密特大城市、大城市与中小城市的经济联系，合理引导人口向中小城市集聚，体现其产业专业化特色，提升其公共服务供给水平，使中小城市成为经济区内集聚经济、人口和提供公共服务的中心。二是重点中心镇。集约发展一批规模较大、辐射带动作用强的重点中心镇。发挥重点中心镇连接城乡的中转站和枢纽作用，积极引导农村人口向其集聚，强化其产业支撑和公共服务提供能力，保护生态环境，使重点中心镇成为县域范围内促进城乡融合的新次级经济中心。

（5）稳妥推进人口加快向城镇集聚。吸引本地人口回流，适度集聚区外人口，引导区内人口合理流动，适度控制总量。至2015年，经济区常住人口控制在4000万以内，约占全省常住总人口的44%以内，城镇化率达到55%。避免核心区人口过度集聚，促进圈层区人口合理集聚，吸引本地回流人口向中小城市和重点中心镇集中，引导经济区内区外人口向城市带集聚。

（6）提高城市化管理水平。提高城市管理的科学性，全面构建“政府统揽全局、部门各司其职、群众广泛参与”的城市管理格局。加大城市管理信息化建设投入，完善“数字城管”平台建设，逐步实现数字化对城市的全覆盖。加强城市社区管理，完善社区自治结构，健全社区运转机制。坚持“平等互利、政府推动、市场主导、充分合作”的原则，按照“循序渐进、突出重点、先易后难”的总体要求，倡导经济区城市间在城市管理领域采取双边或多边合作模式，以城市管理资源共享、业务合作、技术合作、信息互通等形式，不断深化合作程度、拓宽合作领域，逐步实现市容环境、景观容貌、市政设施、行政执法和市容秩序管理协调发展，城乡环境更加清洁、整齐、优美，提升经济区城市管理整体水平。

3. 深化经济区统筹城乡改革与发展

继续推动全国统筹城乡综合配套改革试验区建设，积极总结推广试点经验，以构建城乡生产要素自由流动、公共资源均衡配置的机制体制为重点，完善城乡一体的机制体制，加快新型城镇化进程，大力支持社会主义新农村建设，促进经济区在全省率先实现城乡一体化，努力把经济区建设成为全国统筹城乡发展的先行样板，实现城乡同发展共繁荣，不断开创城乡经济社会一体化新格局。

（1）深化成都统筹城乡试验改革。围绕建设世界现代田园城市的新目标，成都试验区要继续深化“三个集中”、“六个一体化”、农村“四大基础工程”等前期探索，不断为经济区统筹城乡发展提供具有普适性的试点经验。强化城乡一体的规划编制、实施和监督机制，建立健全听证、公示等公众参与规划编制、评估和监督的制度体系。积极探索建立土地利用总体规划和城乡总体规划实施动态评价机制，根据规划实施评价情况，依法对土地利用总体规划和城乡总体规划适时进行调整，以适应统筹城乡发展的实际需要。切实维护农民利益，严格保护耕地，进一步深化农村产权制度改革，支持农民采取转包、出租、互换、转让以及股份合作等方式流转土地承包经营权，探索土地承包经营权长期不变的机制和办法。在符合规划的前提下，探索农村集体建设用地通过出让、转让、出租、作价入股、联营和抵押等形式进行流转，并与国有建设用地享有平等权益，逐步建立城乡统一的建设用地市场。加快金融服务对农村地区的覆盖，完善农业和农村产权流转担保体系，积极探索扩大农村担保物范围，促进农村生产要素流转，提高农民自我发展能力。深化规范化服务型政府建设和基层民主建设，创新行政管理、户籍管理、公共财政、公共服务和社会保障等体制机制，实施村镇综合改革，全面推进城乡基本公共服务均等化。

（2）借鉴成都经验加快其余七市统筹城乡发展。逐步建立以工促农、以城带乡的长效机制，着力破除机制体制障碍，大力支持创新探索的环境营造，积极吸收成都及其他地区有益经验，努力化解城乡二元结构矛盾，加快形成城乡一体化新格局。统筹城乡规划。按照全域规划理念，编制城乡总体发展规划以及各种专项规划，完善重点中心镇镇规划，加强乡规划及村庄规划，实现城乡规划体系的有机衔接和融合。强化各类城乡规划的相互协调，探索建立经济社会发展规划、土地利用总体规划、城乡建设规划“三规合一”协调机制。推进城规划管理向乡镇及村庄（含农民集中居住区）延伸，推广成都市在乡村配备规划师的做法，建立城乡规划监督管理网络和城乡规划监督评价机制，逐步形成城乡一体的规划管理与监督体制。统筹城乡产业发展。充分尊重农民意愿，积极推进土地集中规模经营和农民向二、三产业转移，发展农村新型集体经济和专业合作经济组织，提高农业集约经营和农民组织化程度。坚持“一区一主业”和工业进园区原则，推进工业集中集聚发展，促进服务业在城乡之间均衡配置，促进三次产业互动发展。统筹城乡市场发展。推进农村产权制度改革，搭建农村产权流转平台，促进农村生产要素流动。完善经济区内城乡统一的劳动力市场建设，建立稳定的农村剩余劳动力转移输出长效机制。深化农村金融体制改革，加快设立新型农村金融机构，创新贷款抵押和担保机制，逐步实现金融服务对农村地区的全覆盖。推进小城镇专业市场和广大农村初级农贸市场建设，促进城乡市场一体化。统筹城乡基础设施建设。以县城和区域中心镇为重点，将道路交通、电力、电信、供气、供水、垃圾处理、排水和污水处理、医疗卫生、计划生育和文化教育体育等设施向农村地区延伸，形成城乡一体、共享共建的基础设施体系。完善农村自来水、污水、垃圾收运处理等生活服务设施；加强农田水利基本建设和农村生态环境保护的长效机制；推进新农村市政公用设施建设，促进城乡公共服务硬件设施均衡配置，改善农村生产生活环境。统筹城乡基本公共服务和社会管理。深化城乡一体的平等就业制度；加快形成城乡义务教育均衡发展机制；完善农民工失业、基本养老和基本医疗保障制度，探索建立社会保险转移接续机制，健全覆盖城乡的社会保障制度；建立完善覆盖城乡的基本医疗卫生服务制度，积极推进城乡基本公共服务均等化。深化户籍制度改革，建立随居住地变动而变动的城乡统一的户籍登记制度，降低农民进城的户口迁移门槛，重点引导农民向中小城市和小城镇有序转移。深化乡镇机构改革，进一步明确县级人民政府和乡（镇）人民政府的事权和各自应承担的责任，依法探索将部分县级行政管理职能和社会管理权限向乡镇延伸，强化社会管理和公共服务的职能。

（3）加快新型城镇化进程。切实转变认识，高度重视城乡居民享受基本公共服务水平，将加快新型城镇化（见表16-32）作为统筹城乡发展的重要动力机制和主要路径。针对经济区大城市数量不足的现状，着力发展大城市，积极发展中小城市，重点发展县城和一批重点中心镇，形成新的城镇空间形态。坚持组团发展思路，明确一体化发展方向，完善快速交通体系，优化城市功能，推进城市功能与产业功能的相匹配。优化成都集聚、辐射、综合服务和创新功能的同时，推进绵阳、乐山、遂宁和德阳等特大城市、大城市发展，促进部分大城市的中心城区转型发展，改造提升旧城，提高规划再造新城的产业发展和公共服务能力，增强大城市的资源环境和人口承载能力。积极发展中小城市，强化产业支撑，保障其对用地等的要素需求，提升其对部分农村人口和回乡创业农民工的吸引力。以县城和重点中心镇为主攻方向，推进城乡基础设施和公共服务设施建设，增强城镇产业集聚功能，保护生态环境，促进城乡人口融合和产业结构调整，将县城和重点中心镇建设成为统筹城乡发展的前沿阵地和基础环节。

（4）支持社会主义新农村建设。按照生产发展、生活宽裕、乡风文明、村容整洁、管理民主的要求，加快社会主义新农村建设。依托重点中心镇和中心村，以产业基地和重点项目区为载体，实施主导产业连片发展战略，大力发展优势特色产业。拓展新农村综合功能，积极发展乡村旅游业和农产品加工业，延伸产业链条，拓宽农民增收渠道。按照“大村并小村、强村并弱村、就近适度合并”的原则，推动自

表 16-32　新型城镇化与传统城镇化特征对比

特征	传统城镇化	新型城镇化
发展背景	随着工业化进程的发展而逐步形成的城镇化道路	伴随着现代交通技术、信息技术的突破性发展而引起人类社会逐步地从工业社会向信息社会过渡而走上的城镇化道路
发展理念	追求物质层面上的城镇化速度、城镇化水平、城镇规模、城镇数量的粗放式发展	追求价值与意义层面的城镇化速度、城镇质量、效益、功能相统一的集约式发展
发展目标	单一的人口非农化为发展目标	经济健康发展、社会和谐发展、政治文明发展、区域统筹发展、自然资源环境有效保护的可持续发展目标体系
推进动力	缺乏产业支撑，靠行政手段配置资源来发展城镇	以产业为支撑，培育城市造血功能，靠市场与行政手段相结合配置资源来发展城镇
推进模式	以城市为中心，就城市论城市，即仅注重单个城市的发展	以区域一体化发展为中心，保证区域内城市之间、城乡之间联系，打破行政壁垒，即注重区域统筹的发展，逐步消灭区域之间、城乡之间的差距
推进形式	片面主张发展大城市为主，或主张发展中等城市，或主张发展小城市，或主张大中小城市协调发展	主张大中小城市和小城镇协调发展，依托现有区域中心城市建设现代化大都市，依托现有重要小城市建设中等城市，依托现有的县城建设小城市，依托重要的集镇发展中心镇，依托新的产业建设新兴城镇
推进要求	单纯考虑人的物质需求	逐步满足人的全面需求，以人为本、以民为本，不断改善人民群众生活质量、居住质量，提高就业与发展的机会，最终实现人的全面发展
推进主体	中央、省级、地方政府为推进主体	培养企业、民众、各级政府的多元推进主体
推进手段	以牺牲城市环境与子孙后代利益为代价，靠单一卖地来获得城市建设资金	以经营城市为手段，把城市作为国有资产，利用城市的有形资产，依附无形资产、通过市场化运作，最大限度地盘活存量，引进增量，实现城市的自我滚动、自我积累，自我增值的新的建设与管理模式
推进思路	盲目攀比，不注重城市禀赋条件与实力提出不合理的城市定位与发展目标，呈现千城一面的城市风貌格局	主张因地制宜、结合实际制定特色鲜明的城镇发展思路
推进策略	只针对快速提高城镇化的发展策略，把城镇化理解为单纯的城市建设和城市发展问题，是发展大城市还是发展小城镇的问题。	意识到城镇化过程首先是经济结构转变的过程和经济增长方式转变的过程，解决城镇化问题同时也是解决三农问题、城乡二元体制、缩小城乡差别和建设社会主义新农村的问题。城镇化和社会主义新农村建设、新型工业化信息化相结合

资料来源：根据相关学术文章及 8 市相关研究总结而来。

然村内部的人口集中居住，鼓励有条件的相邻村人口向中心村集中，形成规模适度的新型村庄。因地制宜做好新村规划，统筹基础设施、公共服务、农房建设、人居环境和社会管理建设，打造农民幸福生活的美好家园。依托重点中心镇和中心村，努力提高农村基层组织提供公共服务的能力，完善农村公路、自来水、电网、教育、卫生、文化、体育、广播电视和邮政通信等基础设施，全面提升公共服务水平。发挥新农村示范片的带动作用，把新农村综合体建设贯穿于示范片建设中，在有条件、有基础的地区推进新农村综合体建设，建立体现综合功能和城乡一体化格局的农村新型社区。

4. 加速成都经济区同城化发展

以基础设施共建、公共服务共享、产业协作和生态环境共同保护治理为先导，不断深化合作内容，拓展合作领域，完善双边和多边合作机制，推动成德绵（眉）乐同城化发展。

着力消除市场壁垒，健全实现要素优化配置的体制机制，加快形成统一、开放的要素市场，促进各种要素自由流动。进一步推进成德绵（眉）乐城市间交通基础设施网、公用基础设施网、通信信息网、环境保护基础设施网、能源基础设施网及科教文体设施网的统一规划、同步建设及衔接协调，实现统筹规划、共建共享。推进成德绵（眉）乐城市间教育、医疗、保险等社会保障服务对接，逐步建立起公共服务的互惠制度，提高基本公共服务水平，实现公共服务均等化。加强成德绵（眉）乐城市间产业的优势互补和协同发展，发挥成都的示范和引领作用，推动产业结构和空间布局的跨区域调整，进而实现区域分工合理化。协调成德绵（眉）乐城市带的生态环境保护、治理和灾害防治工作，建立长效机制，推进跨区域环境保护和治理的重大项目建设，大力推动低碳经济和循环经济发展。

5. 高起点加快建设天府新区

以“宜业宜商宜居”为目标，以国际水平为标准，规划建设天府新区，形成以现代制造业为主、高端服务业集聚的国际化现代新城区，发挥其在成都经济区中率先发展的示范作用和在西部大开发中的引领作用。

2011 年 5 月，国务院正式批复《成渝经济区区域规划》。《规划》明确要求规划建设天府新区，其总体发展定位是以现代制造业为主、高端服务业集聚、宜业宜商宜居的国际现代新城区。规划范围主要包括成都市高新区南区、龙泉驿区、双流县、新津县，资阳市的简阳市，眉山市的彭山县、仁寿县，共涉及 3 市 7 县（市、区）37 个乡镇和街道办事处，总面积 1578 平方公里。其中，在成都范围内的面积有 1293 平方公里，约占整个天府新区规划面积的 81%。

（1）天府新区重要意义。建设成渝经济区，成都和重庆“双核”肩负着重大使命，支持成都加快发展，是大局的需要。规划建设天府新区，是从四川实际出发、推动科学发展的需要，主要目的是更大程度发挥成都作为西部特大中心城市的竞争力和带动力，拓展成都和周边地区的产业发展空间，进一步凸显四川在西部地区的优势地位。天府新区的总体发展定位是以现代制造业为主、高端服务业集聚、宜业宜商宜居的国际现代新城区。将建成现代产业、现代生活、现代都市“三位一体”的国际化新城区，再造一个“产业成都”，建设西部经济发展高地，为打造西部地区重要经济中心提供有力支撑。到 2015 年，天府新区将实现地区生产总值 2500 亿元，有力支撑西部经济高地建设；在 2020 年全面铺开，形成框架，以先进制造业和高端服务业为主的国家级现代产业高地基本形成，实现总产值 6500 亿元以上，再造一个产业成都；2030 年，建成国家创新型城市、宜业宜商宜居的国际化现代新城区。

（2）天府新区规划范围。天府新区以成都高新技术开发区南区、成都经济技术开发区、双流经济开发区、彭山经济开发区、仁寿视高经济开发区以及龙泉湖、三岔湖和龙泉山（简称“两湖一山”）为主体，主要包括成都市高新区南区、龙泉驿区、双流县、新津县，资阳市的简阳市，眉山市的彭山县、仁寿县，共涉及 3 市 7 县（市、区）37 个乡镇和街道办事处，总面积 1578 平方公里。其中，在成都范围内的面积有 1293 平方公里，约占整个天府新区规划面积的 81%。在整个天府新区的规划中，城镇建设用地规模大约是 650 平方公里，包括现有的存量和未来的增量，约占总面积的 40%，剩余的 60% 将是各类生态用地。城镇建设用地中，产业用地和各类生产生活配套设施用地将各占一半左右。

（3）天府新区规划理念。天府新区的生态本底非常优良，规划理念特别强调山水环绕、组合布局，产城融合、三位一体，城乡统筹、生态田园，集约发展、智能低碳。天府新区规划中有一套完整的绿地系统，可以简称为“一区两楔八带”。其中，“一区”是指龙泉山生态服务区，围绕龙泉山建设天府新区最重要的生态服务区，严格实施积极的生态保育措施；“两楔”是指三圣乡龙泉山绿楔和彭祖山锦江绿楔；而“八带”则是沿成都“198”区域、铁路货运外绕线、第二绕城高速、跳蹬河以及沿成昆铁路、元华路、锦江、东风渠构建四横四纵的生态廊道。

（4）天府新区建设思路。要高起点规划、高品质设计、高水平建设，把天府新区建设成为以现代制造业为主、高端服务业集聚，宜业、宜商、宜居的国际化现代新城区，形成现代产业、现代生活、现代都市三位一体协调发展的示范区，再造一个“产业成都”。要尽快启动“起步区”建设，隆重拉开天府新区建设的大幕。要以天府新区规划建设为载体和着力点，拓展成都发展空间，优化城市功能分区，把成都建成城乡一体化、全面现代化、充分国际化的世界生态田园城市。要大力推进成都、德阳、绵阳、乐山“同城化”发展，依托城际铁路、高速公路等快速通道，加快成都经济圈发展，打造中西部地区最具竞争力的城市群和经济增长极。同时，要加快规划和建设川南城市群，积极培育川东北城市群，推动攀西城市群发展，充分发挥城市群对区域经济社会发展的整体带动作用。

（5）天府新区空间布局。天府新区的规划结构可以简称为八个字——一带两翼、一城六区。“一带”为高端服务功能聚集带，从人民南路至天府大道，沿天府中轴向南延续，并逐步折向龙泉山和三岔湖方向。“两翼”为东西两翼的产业功能带，包括成眉高技术和战略新兴产业聚集带、龙泉经开区的高端制造产业功能带。“一城”是天府新城，将集聚发展中央商务、总部办公、文化行政等高端服务功能，建设成区域的生产组织和服务的主中心。“六区”是依据主导产业和生态隔离划定的六个产城综合功能区，发挥产业集聚效应，配套完善的生产生活服务设施，分别是空港高技术产业功能区、成眉战略新兴产业功能区、南部现代农业科技功能区、创新研发产业功能区、“两湖一山”国际旅游文化功能区、龙泉高端制造产业功能区。

（6）八大产业开发区。八大产业开发区：成眉战略新兴产业区、双流信息产业区、空港经济开发区、新川创新科技园、成都经济技术开发区、东山科技产业区、南部现代农业产业区、视高经济开发区。空港经济开发区：以新能源产业为主导，重点发展光伏、风电与核电装备。双流信息产业区：以电子信息与科技研发为主导，重点发展集成电路、软件服务与物联网。成眉战略新兴产业区：以新材料、生物医药、节能环保产业及科技研发为主。成都经济技术开发区：以汽车研发与制造，航空航天装备、工程机械制造为主导。新川创新科技园：以科技研发为主体，大力发展信息服务、服务外包、总部办公室。东山科技产业区：以科技研发为主导，创新发展信息服务、中试聊化、总部办公室。南部现代农业产业区：以农副产品深加工、现代农业科技研发、生物技术为主导。视高经济开发区：以农副产品深加工、机械、电子制造为主导。

（7）六大建设目标。到2030年，国际机构与总部数量达300个，航空旅客吞吐量每年1亿人次，实现“门户能力”；研发占GDP比重达6%，科技对经济增长贡献率达75%，实现“创新能力”；现代服务业比重达50%，工业增加值达到5500亿元，实现“高端产业”；建成区绿化覆盖率达45%，人均公共绿地面积15平方米，实现“宜居环境”；单位GDP碳排放为0.35吨/万元，单位GDP能耗为0.4吨/万元，单位GDP用水为15吨/万元，公共交通出行比重达45%，实现“低碳节能”；在“社会民生”方面，城市人均住房面积为35平方米，每千人拥有医疗床位数达到7床，城乡居民收入比为2。

（8）建设进度“三步走”。2011～2015年是快速启动、重点突破时期，“这一阶段，将主抓产业项目，推进新区的发展”。具体而言，是以国家级成都高新技术开发区和经济技术开发区为依托，基础设施先行，快速推进高技术产业、现代制造业及高端服务业。2016～2020年是全面推进、形成框架时期，产业项目、城市建设同步推进。将围绕枢纽强化新区高端产业和高端服务职能，国家级现代产业高地基本形成，实现再造“产业成都”目标。2021～2030年是优化提升、持续发展时期，强调消费、科技创新、文化交往。将强化高端消费、科技创新和文化交往功能，完善城市综合服务职能，基本建成宜业宜商宜居的国际化现代新城区。

（9）天府新区与成都中心城区的关系。天府新区和成都的中心城区将共同形成“一核两区双中心”格局。其中，“一核”指的是成渝经济区的成都极核，成都极核不仅是中心城区，也不仅是天府新区，而是整个全域成都，也包括资阳和眉山的部分区域，共同形成成渝经济区的成都极核；“两区”则是把中心城区作为优化开发区，天府新区作为重点开发区；“双中心”是指中心城区和天府新区分别形成两个中心区，天府新区的新中心将主要是注重科技、商务、文化等高端的服务功能和生产性的现代服务业，老城区这一块则主要是比较传统的居住、商贸、文化以及生活性的服务业。

（10）天府新区的六个“新”。新的使命。天府新区纳入了国家发展层面的成渝经济区的规划，成为成渝经济区双核，它被赋予了新的使命。新的目标。天府新区以“产业成都”作为新的目标来进行定位和建设，建成后将是一个以现代制造业为主，高端服务业聚集，宜业宜商宜居的国际化现代新城。新的理念。天府新区在规划过程中被赋予了现代产业、现代生活、现代都市“三位一体”，城乡统筹、科学发展，以及产权融合的新理念。新的产业。天府新区目标直指西部高端中心、高新技术产业基地中心之一，在这个过程中将重点发展总部经济和循环经济，以及新能源新材料信息技术高端的新型战略产业。新的形态。天府新区规划中城镇建设用地规模大概 650 平方公里，包括存量和未来增量，只占天府新区总面积的 40%，剩余 60% 都是生态用地，可以想象，天府新区将有一套完整的绿地系统。新的技术。比如，绿色、生态、智能、节能等技术都融入到了天府新区规划中。

六　发展展望

第一，综合经济实力显著增强。经济增长保持适度领先，到 2015 年，经济总量（地区生产总值）突破 1.8 万亿元，年均增长 13% 以上，人均地区生产总值达到 8000 美元以上；到 2020 年，经济总量突破 3 万亿元，年均增长 12.5%，人均地区生产总值达到 10000 美元。与此同时，财政收入稳步增长，经济增长质量不断提高。投资持续增长，消费稳步提高，外贸不断上升，形成投资、消费、外贸协调拉动经济增长的格局。综合经济实力、综合竞争力不断增强，领先中西部地区，对全省、全国经济发展的贡献明显提高。

第二，力争到 2020 年全面实现经济发展方式的转变，经济结构得到较好调整，经济增长质量和效益显著提高，人均 GDP 达到 4500 美元；力争到 2020 年整体进入工业化中后期阶段，城镇化率达到 65% 左右，初步实现现代化；力争到 2020 年基本实现市场一体化、基础设施一体化、产业一体化、生态建设与环境保护一体化、城镇发展一体化，成都平原城市群进入快速成长期，成为西部乃至全国最具竞争力的城市群； 力争到 2020 年成为西部发达地区和长江上游经济带的重要增长极；力争到 2020 年建成比较完善的社会主义市场经济体制，社会保障、就业问题得到较好解决，城乡居民收入达到全国平均水平，科技、教育实力进入全国前列。

第三，结构调整取得明显成效。新型工业化、新型城镇化、农业现代化水平显著提高，城乡区域发展更加协调，综合城镇化水平进一步提高，城镇发展质量明显提高。现代服务业、高新技术产业和战略性新兴产业实现跨越式发展，现代产业体系基本形成。到 2015 年，三次产业结构优化为 6∶50∶44；到 2020 年，三次产业结构优化为 5∶48∶47。投资消费结构进一步优化，自主创新能力不断增强，初步建成国家创新型城市。

第四，城乡社会事业全面进步。形成城乡一体的现代教育体系，高水平发展义务教育，高标准普及学前和高中阶段教育，实现免费中等职业教育。到 2015 年，高中阶段毛入学率达到92%，高等教育毛入学率达到40%，新增劳动力平均受教育年限达到13年；到2020年，高中阶段毛入学率达到95%，高等教育毛入学率达到45%，新增劳动力平均受教育年限达到15年。医疗卫生体制改革全面推进，建立和完善覆盖城乡的基本医疗卫生制度，人民群众健康水平不断提高。建成覆盖全区的公共文化服务体系，文化、体育事业加快发展，人民群众的精神文化生活更加丰富。城乡基本养老保险、医疗保险参保覆盖面进一步扩大，保障水平进一步提高。稳定适度低生育水平，年均人口自然增长率控制在4‰以内，人口的文化素质和健康水平显著提高。民主法制更加健全，人民权益得到切实保障。社会管理制度更加完善，社会更加和谐稳定。

第五，人民生活水平大幅提高。城乡居民收入加快增长，基本实现居民收入增长和经济发展同步、劳动报酬增长和劳动生产率提高同步。2011～2015年，农村居民人均纯收入年均增长12.6%，城镇居民人均可支配收入年均增长12.5%；2016～2020年，农村居民人均纯收入年均增长13%，城镇居民人均可支配收入年均增长12.8%；遏止城乡居民收入差距拉大趋势，基本消除绝对贫困现象。城乡就业持续增长，动态消除"零就业家庭"。促进城乡基本公共服务均等化，民居环境显著改善，居民家庭财产普遍增加，生活质量不断提升。

第六，生态环境明显改善。新型城乡形态初步形成，资源节约型、环境友好型社会建设取得明显成效，森林覆盖率稳步提升，生物多样性得到有效保护。大中城市空气质量达到II级标准，主要江河水质巩固提高，重要集中饮用水源地水质全面达标，资源综合利用率、废弃物处理率、工业固体废弃物综合利用率稳步提高。单位GDP综合能耗、单位工业增加值用水量和二氧化碳排放量明显下降，化学需氧量、二氧化硫、氨氮、氮氧化物等主要污染物排放得到有效控制。城乡环境综合整治深入推进，可持续发展能力进一步提高。

第七，改革开放取得重大突破。统筹城乡发展的行政管理体制、市场经济体制、社会管理体制等重点领域和关键环节改革取得新突破，科学发展的体制机制不断完善。对外开放的广度和深度不断拓展。到2011～2015年，进出口总额年均增长15%，实际使用外资年均增长20%以上，落户成都经济区的世界500强企业和知名跨国公司达200家以上；2016～2020年，进出口总额年均增长15%，实际使用外资年均增长18%以上，落户成都经济区的世界500强企业和知名跨国公司达250家；多层次的对外开放格局和区域一体化发展格局初步形成，初步建成内陆开放型经济战略高地。

参考文献

四川省经济发展研究院课题组：《四川省五大经济区区位条件与产业布局研究》，2008年4月。

四川省发展和改革委员会：《四川省资源环境承载力评价报告》，2010年10月。

四川省住房城乡建设厅：《四川省成都天府新区总体规划（2010～2030）》，http：//www.cddrc.gov.cn/ztbd_detail.jsp?id=643953。

西南财经大学课题组：《成都经济区区域发展规划》，2011年3月。

第17章 川南经济区*

川南经济区位于长江上游四川盆地南部，毗邻云贵高原，是川、滇、黔、渝三省一市的接壤地带，包括自贡、泸州、内江、宜宾四市，是四川省人口密度较高、经济实力较强、工业化进程较快、城镇化水平较高的区域，也是四川省发展基础好、潜力大的重点开发区域（见图17-1）。

图 17-1 川南经济区及区位

一 区域特征与发展定位

（一）区域概况

川南经济区位于长江上游四川盆地南部，毗邻云贵高原，是川、滇、黔、渝三省、一市的接壤地带，东连重庆市，西接凉山彝族自治州，北邻眉山、资阳、乐山三市，南接长江干流渝宜段，历来是沟通四省市的重要物资贸易中心。川南经济区共包括4个地级市、11个市辖区、17个县、158个乡（含21个民族乡）、352个镇、46个街道办事处。辖区面积3.4万平方公

* 本章作者：王小刚，四川省经济发展研究院院长，研究员；王建平，四川省经济发展研究院副所长，高级经济师；崔绍宇，四川省经济发展研究所副所长，高级经济师。

里，约占全省的7%。2011年末常住人口1508万人，户籍人口1793万人，其中非农人口399万人。2011年，川南经济区实现地区生产总值3627.2亿元，人均地区生产总值为24056元，地方公共财政收入为187亿元，全社会固定资产投资达到1867亿元，社会消费品零售总额达到1088亿元，城镇化率为40.3%，城镇居民人均可支配收入和农村居民人均纯收入分别为17337元和6697元（见表17-1）。

表17-1　川南经济区经济社会发展基本情况（2011年）

指　标	川南经济区	占全省比重或比全省增减	自贡	泸州	内江	宜宾
辖区面积（平方公里）	34289	7.3	4373	12247	5386	13283
户籍人口（万人）	1793	20.1	327.1	503	426.1	542.9
常住人口（万人）	1507.8	18.7	268.4	422.5	370.9	446
地区生产总值（亿元）	3627.2	17.3	780.4	900.9	854.7	1091.2
人均地区生产总值（元）	24056	92	21339	23062	24433	29102
非农产业比重（%）	85.3	-0.5	87.3	85.5	83.6	85.0
地方公共财政收入（亿元）	187	9.1	29.1	65.4	25.3	67.2
全社会固定资产投资（亿元）	1867	12.3	353	524	383	607
社会消费品零售总额（亿元）	1088	13.5	298	266	207	317
城镇化率（%）	40.3	-1.53	42.7	39.9	40.2	39.4
城镇居民人均可支配收入（元）	17337	+562	16852	17884	16602	17753
农民人均纯收入（元）	6697	+79	6951	6509	6638	6779

（二）区域特征

1. 区位优势独特，发展空间广阔

川南经济区地处长江上游，是全国最重要的高密度经济走廊——长江经济带的重要组成部分；位于成渝经济区腹地，受成都平原城市群和重庆都市圈双向辐射，是成渝两地的水陆交通和经济联系的重要走廊；毗邻渝滇黔，是四川南向出川，联系南贵昆、泛珠三角，走向东南亚的重要门户。同时，川南经济区还是国家“两横三纵”城市化战略中西南战略节点，国家南北交通干线和长江黄金水道在此交汇，区位优势独特，战略地位重要。相邻的成都平原城市群和重庆都市圈是西部最大的城市人口密集区，市场容量巨大；周边的攀西、滇东北和黔西北是我国水能和矿产资源富集区，资源整合潜力大；与东南亚各国资源禀赋和产业结构互补性强，面向东南亚、南亚开放和产业协作前景广阔。

2. 经济实力雄厚，但发展水平不高

2011年，川南经济区地区生产总值占全省的17.3%，地方财政一般预算收入占全省的9.1%；全社会固定资产投资占全省的12.3%，社会消费品零售总额占全省的

13.5%，经济综合实力仅次于成都经济区。但与全国、全省发展平均水平比较，其发展明显滞后。2011 年人均 GDP 仅为全国平均水平的 69%、全省平均水平的 92%；城镇化率低于全省平均水平 1.53 个百分点，仍属欠发达地区，必须加快发展步伐。

3. 特色资源丰富，产业基础较好

川南经济区的煤炭资源储量占全省 60% 以上，是支撑全省火电发展的主要煤炭基地。森林资源丰富，森林覆盖率达到 40.2%，高出全省 5.38 个百分点。金沙江、长江干流水资源丰富，港口建设岸线资源丰富，发展临港经济条件优越。蜀南竹海、兴文石海、自贡恐龙和灯会、酒文化、大千文化等特色旅游资源享誉国内外。依托特色资源，川南地区形成了较为雄厚的产业基础。川南地区是全省重要粮食生产基地和长江上游特色农产品基地，粮食、肉类、蔬菜、糖料、麻类、蚕茧和水产品、禽蛋等农产品在全省占有重要位置。川南经济区工业基础较雄厚，抗战内迁和“三线建设”在此重点布局，规模以上工业增加值占全省的 23.2%，机械制造、化工、能源等重化工业优势特色突出，以优质名酒为代表的农产品加工业在全国占有重要地位。川南经济区毗邻渝滇黔，是四川东向和南向出川的重要门户，旅游、商贸、物流等服务业发展势头良好，市场潜力巨大。

4. 城镇分布密集，初具城市群雏形

川南经济区开发历史悠久，是四川省人口、城镇和经济密集区域，2011 年城镇化率为 40.3%。在 3.4 万平方公里范围内聚集了 4 个 50 万人口以上大城市、28 个区县、351 个建制镇，城镇密度居西部乃至全国前列，人口密度和经济密度分别为全省的 4.03 倍和 2.4 倍，已初步形成多中心城市群发展格局。但特大城市缺位，小城市缺乏，大中小城市及小城镇协调发展、良性互动的发展格局尚未形成。尤其是 4 个区域性中心城市之间缺乏明确的功能定位和分工，呈分散独立发展态势，制约了城市群整体优势发挥。

（三）发展定位

《成渝经济区区域规划》将成渝经济区定位为西部地区重要的经济中心，川南经济区地处成渝经济区南部腹地，受成都和重庆两大特大中心城市双向辐射，是全省重化工业布局重点区域。根据川南经济区发展基础和比较优势，立足川南经济区在全省、成渝经济区乃至西部地区的战略地位和功能分工，按照全省经济社会发展的总体战略要求，川南经济区加快发展和一体化发展的总体定位是：西部地区新的经济增长极。其具体内涵为：

1. 国家重要的资源深加工和现代制造业基地

川南地区优势资源突出，制造业基础雄厚，随着成渝经济区产业升级转型的加快，成都和重庆产业发展的重点是现代服务业，为川南地区加快优势资源开发、大力促进现代制造业发展，建设国家重要的资源深加工业和现代制造业基地创造了机遇。要立足川南地区的资源优势，加强资源综合开发利用，大力发展优势特色产业，积极承接产业转移，加快老工业基地城市调整改造和资源枯竭型城市转型，推进产业结构优化升级，增强自主创新能力，提升产业核心竞争力，打造具有全国竞争力的饮料食品、机械装备制造、综合化工、能源电力、新材料、节能环保产业集群，建设以资源深加工和现代制造业为特色的现代产业基地。

2. 成渝经济区重要的特大城市集群

加快形成辐射作用大的城市群是《成渝经济区区域规划》提出的重大战略，加快以川南为主体的成渝经济区南部城市群建设是《规划》确定的重要内容。因此，应根据《规划》确定的任务，加快川南城市群建设，将其培育成为成渝经济区重要的特大城市集群。要积极将自贡、泸州、内江、宜宾培育成特大城市，以区域中心城市为核心，主要交通干线为依托，产业集聚发展为支撑，形成“四中心、四主线、二辅线”的一体化城市群空间布局。坚持新型城镇化战略，强化城市群内部功能分工，在加强区域中心城市建设的同时，培育一批中小城市和重点集镇，构建空间布局合理、分工协作紧密、一体化发展的区域城镇体系，增强城市群活力和竞争力。

3. 川滇黔渝结合部综合交通枢纽

川南经济区位于川滇黔渝结合部，周边区域市场腹地广阔，资源较为丰富，具有较为广阔的发展空间，而引导周边要素向川南聚集是加快发展的关键，这必须要有辐射周边的区域性综合交通枢纽作为支撑。要以对外大通道和城际快速通道建设为重点，依托“黄金水道”，整合港口、机场、高速公路资源，完善连接东西、贯通南北的综合交通运输体系，建成多种运输方式有效衔接的区域性综合交通枢纽。

4. 四川沿江和南向对外开放门户

川南地区地处四川省沿江和南向开放的前沿地区，在经济全球化和区域经济一体化的背景下，大力发展外向型经济是区域经济发展的必然选择。要以中国－东南亚区域合作和西南国际大通道建设为契机，探索内陆地区对外开放合作的新路子，加强对外经济技术交流与合作，共同推进沿江经济带建设，打造西南地区承接产业转移示范区，提高四川省沿江和南向开放水平。

5. 长江上游生态屏障建设示范区

川南经济区地处长江上游，随着工业化城镇化的加快，川南经济区的资源环境约束不断强化，对长江流域生态安全形成的压力不断加大。应统筹生态建设、环境保护、资源利用与经济社会发展，协调推进重点生态工程建设，强化重点流域和地区环境污染的联防联治，大力发展循环经济和低碳经济，促进长江上游生态屏障建设，提高生态文明水平。

二 自然条件与优势资源

（一）自然条件

（1）地形地貌。川南经济区地处四川盆地南部及四川盆地向云贵高原的过渡地带，地势起伏悬殊，南部的盆周山区平均海拔 2000 多米，东部为盆地，平均海拔 300 多米。区域内地形地貌复杂，山峦重叠，河流纵横，具有山地、丘陵、平坝、沟谷等多种地貌类型，具有多层次、多用途利用自然资源的良好条件。

（2）气候条件。川南经济区属于中亚热带季风气候区，日照充足，热量丰富，雨量充沛，无霜期长，四季分明，温、光、水同季。区域内热量分布不均衡，立体气候差异明显，区域气候差异较大，这种差异性使生物资源种类繁多，农业生产丰富多彩。海拔 1000 米以下的低山河谷地带为亚热带气候，年均气温 18℃以上，无霜期 350 天以上，是荔枝、桂圆、柑橘等亚热带植物的适宜生长区。低山地区和深丘地区年均气温 17.5℃左右，无霜期长达 345 天，降水多、湿度大，适于林木生长。川南经济区优良的气候条件为水稻、高粱等粮食作物，花生、油菜、茶叶等经济作物，以及柑橘、竹木、猪、牛、羊、鱼等农产品的生产提供了良好的环境。

（3）土地资源。2010 年，川南经济区有耕地面积 129.06 万公顷，约占全省耕地面积的 21%；人均耕地面积 0.072 公顷，与全省人均耕地面积大体相当；基本农田保护面积 110.06 万公顷，约占全省划定耕地保护面积的 21%。林地面积约 141.86 万公顷，占国土面积的 40.2%。此外，川南经济区还有大量的草原、水面和待开发利用的非耕地资源。

（4）生物资源。川南经济区生物种类繁多，主要农作物近 500 种，主要饲养动物 200 余种，高等植物 3000 多种，为农业生产和发展提供了雄厚的物质基础。区域内古老植物、稀有树种、珍奇动物保存甚多，有珙桐、桫椤、银杏、红豆木、水青树等珍稀树种，长江鲟、中华鲟、白鲟、江团等珍稀鱼类，龟甲竹、人面竹、罗汉竹、塔竹等珍贵竹类资源。

（二）优势资源

川南经济区资源富集，是四川省非金属矿产和水能资源富集的地区，煤炭、硫铁矿、盐矿在全国和全省占有重要地位，石灰石、白云石、大理石、陶瓷黏土和高岭土等建材资源藏量十分可观，旅游文化资源多姿多彩。

1. 煤炭资源

川南经济区拥有集中四川省煤炭大部分资源的川南煤田，该煤田已探明储量 659 亿吨，其中保有储量 289 亿吨，远景储量 370 亿吨，占全省煤炭已探明储量的 60% 和保有储量的 35%，是四川可供开发利用的主要煤田和最有开发前景的大型煤炭基地。川南煤田主要分布在宜宾和泸州的高县、珙县、筠连、兴文、长宁、叙永、古蔺、江安 8 个县境内的低、中山地带，煤田长 220 公里，宽 55 ~ 100 公里，面积约 1.44 万平方公里。该煤田以无烟煤为主，煤质多为高灰高硫煤，平均发热量 5500 ~ 6000 大卡 / 千克，煤质较好，可大量用作动力用煤。煤层倾角北陡南缓，大部分资源集中分布在珙县、筠连和古蔺境段，约占本煤田总储量的 72%。这两个地段的可采煤层一般有 3 ~ 4 层，可采总厚度为 4 ~ 5 米。由于储量比较集中，所以适宜较大规模开采。此外，位于内江市的资威含煤区原煤炭储共探明储量 1 亿吨。

2. 水和水能资源

川南地区水资源总量较为丰富，但是作为全省第二大的人口密集区，人均水资源量却低于全省平均水平，其中内江和自贡人均水资源量远低于国际公认的1750立方米/人/年的用水紧张线，只占全省平均水平的13.9%和16.7%。总的来看，川南经济区的水资源量分布不平衡，水资源分布与人口和经济布局不相匹配，区内供水增长已经不能满足区域经济社会发展的要求，部分区域的缺水现象严重。水资源供需矛盾突出，已经成为制约川南经济区经济社会发展的重要因素。此外，近年来，由于工农业生产和人民生活带来的点源和面源污染增加，部分流域水质下降，尤以沱江水系最为严重，必须予以高度重视和关注，采取有效措施加以治理（见表17-2）。

川南境内长江川江段干支流水能理论蕴藏量为5758.2万千瓦，经济可开发量557.1万千瓦。金沙江区域属于我国水能资源最富集的地区，向家坝水电站①（640万千瓦）作为中国第三大水电站，为川南经济区经济社会发展提供了重要的能源保障。岷江下游干流河段长163公里，落差97米，水量丰富但落差不大，干支流经济可开发量不到100万千瓦，该区域主要采取“以航为主，航电结合”方式推进航电综合开发。沱江流域水力资源相对贫乏，干支流水能理论蕴藏量为1296万千瓦，经济可开发量448万千瓦，绝大部分为小型电站。总的来看，川南经济区水能资源主要依托金沙江区域的水能开发，并可就近获取金沙江上游众多大型水电站电力能源支撑（见表17-3）。

表17-2 川南经济区多年平均水资源量

地区	降水量（亿立方米）	地表径流量（亿立方米）	地下水资源（亿立方米）	人均水资源（立方米/人/年）
自贡市	50.17	16.09	2.47	530
泸州市	139.12	72.78	18.96	1633
内江市	125.41	39.44	8.06	443
宜宾市	162.29	92.03	17.82	1915
全　省	4867.97	2547.56	546.88	3171

表17-3 川南经济区主要水系分布

水系	名称	流经区域	水系	名称	流经区域
金沙江水系	金沙江下游	宜宾市	沱江水系	沱江下游水系	宜宾市、自贡市、内江市、泸州市
岷江水系	岷江下游水系	宜宾市、自贡市、内江市	长江干流	长江上游水系	宜宾市、泸州市

① 向家坝水电站位于云南省水富县（右岸）和四川省宜宾县（左岸）境内金沙江下游，电站装机容量640万千瓦，多年平均发电量307.47亿度。

3. 盐卤资源

川南是四川省盐卤资源主要成矿区，是我国制盐及盐化工业的重要基地。岩盐矿产主要集中在威西盐矿区域（威西盐矿位于威西构造以西，铁山背斜以北地区，该矿为全国特大型盐矿之一，从行政区划上看主要分布在犍为、荣县、井研三县境内），该矿具有质纯（氯化钠平均含量高达 96%，居全国岩盐之首）、品位高、盐层层位稳定、结构单一、厚度大、规模大、储量集中的特点。保有储量 174.55 亿吨，占全省总储量的 99% 以上，占全国总储量的 16.14%，在全国仅次于青海。

卤水主要分布在自贡地区的自流井构造，邓井关、兴龙场构造，其次是资中、威远、长宁、纳西、合江、叙永等地。仅自贡邓井关一处经过了系统的地质普查和储量试算，保有储量 1902 万立方米，矿化度 200 克 / 升以上，其化学成分复杂，伴生组分多，可综合利用伴生的钾、碘、硼等，它们的含量大多达到或接近工业指标。由于卤水的成矿机理、富集规律较复杂，加之地质工作程度差，目前只能确定潜在资源丰富，但已明确的探明储量不多。

4. 硫铁矿资源

川南的硫铁矿是我国四大硫铁矿山之一，主要分布在兴文、叙永、古蔺一带，硫铁矿保有储量 6.6 亿吨，占全省的 88%、全国的 16%；预测资源总量达 45.2 亿吨，为全国其他三大硫铁矿（内蒙古狼山、广东云浮、安徽向山）资源量之和的数倍。矿石品位平均为 16.58%，略低于全国 17.4% 的平均水平，但可选性能良好，工艺流程简单，选矿效果优于全国其他三大硫铁矿，精矿回收率在 90% 以上，选硫尾矿含高岭石 90% ~ 95%，综合利用的范围广、效益好。

5 旅游文化资源

川南经济区旅游资源数量众多，种类丰富，拳头型旅游资源突出，目前共有国家 AAAA 级旅游景区 7 个，AAA 级旅游景区 8 个，AA 级旅游景区 16 个。其中：宜宾拥有世界级旅游资源 3 处，国家级旅游资源 14 处，省级旅游资源 36 处，各类重点文物保护单位 140 余处，现已形成了以蜀南竹海（联合国世界人与生物圈保护区）为代表的“竹文化旅游”、以名城名酒为代表的“酒文化名城旅游”、以僰人悬棺为代表的“僰文化旅游”三大旅游主题；内江素有“大千故里、文化内江”之称，全市有旅游景区 28 处，旅游景点 180 多个，各类文物点 1176 处；自贡以盐业遗址、恐龙化石、璀璨灯会“三绝”著称，自贡恐龙博物馆是世界三大恐龙博物馆之一，是国家首批地质公园，AAAA 级景区，誉满海内外的“天下第一灯”——自贡灯会是中华彩灯文化的代表；泸州已经形成以名酒文化、生态文化、红色文化、历史文化为代表的四大文化旅游资源体系（见表 17-4）。

三　产业发展

川南经济区是四川省重要的农产品主产区和重化工产业基地，第一产业实现增加值 532.9 亿元，占 GDP 比重 14.7%，

表 17-4　川南经济区国家级旅游景区

AAAA 级旅游景区 自贡恐龙博物馆、宜宾蜀南竹海风景名胜区、兴文石海洞乡旅游区、宜宾市江安县夕佳山、宜宾市李庄古镇、泸州老窖旅游区、自贡市荣县大佛文化旅游区
AAA 级旅游景区 泸州市合江县佛宝森林公园、自贡盐业历史博物馆、自贡中国彩灯博物馆、泸州市泸县玉蟾山风景区、泸州市方山旅游区、泸州市合江尧坝古镇景区、内江市安泰山庄景区、泸州天仙硐
AA 级旅游景区 自贡市飞龙峡风景区、自贡市荣县双溪风景区、内江张大千纪念馆、内江资中重龙山、泸州张坝桂圆林、泸州九狮景区、自贡市吴玉章故居、宜宾市长宁佛来山、宜宾市长宁西部石林、内江市隆昌古湖景区、泸州市凤凰湖旅游区、泸州市合江笔架山旅游区、泸州市博物馆、泸州叙永县春秋祠、泸州市纳溪区普照山景区、泸州市况场朱德旧居陈列馆

高于全省 0.5 个百分点；第二产业实现增加值 2206.5 亿元，占 GDP 比重 60.8%，高于全省 8.4 个百分点，其中工业比重 56.6%，高于全省 11.5 个百分点；第三产业实现增加值 887.8 亿元，占 GDP 比重 24.5%，低于全省 8.9 个百分点。

（一）农业

1. 农业发展基本情况

（1）主要农产品。川南经济区是四川省农业开发较早的地区，由于优越的自然地理条件，农业生产较为发达，是长江上游和四川省重要的农产品主产区。粮食作物有水稻、小麦、玉米、红苕、洋芋，主要经济作物有茶叶、烟草、花生、油菜、甘蔗，笋、芽菜、生姜、泡椒、蘑菇等各种蔬菜，以及柑橘、梨、桃、李、枇杷等水果，主要中药材有黄连、金银花、白姜、朱砂莲、牛膝、石斛、泽泻等，花卉苗木有铁树、米兰、茶花等；畜牧业以猪、奶牛、黑山羊及鸡、鸭、兔为主。主要农产品在全省均占有重要地位，油料产量占 10%，花生产量占 15%，油菜籽产量占 8%，糖料产量占 23%，烟叶产量占 19%，中药材产量占 10%，甘蔗产量占 23%，肉类总产量占 30%左右，禽蛋产量占 12%，水产品产量占 23.3%。

（2）农业产业化经营。川南经济区的农业产业化经营已初具规模，区内四市均建立了相当规模的农业产业化龙头企业，初步形成了国家、省、市、县梯级发展的龙头企业群体。如吉象木业、永丰纸业、天成实业、健康菌业、巨星集团、华商食品有限公司等龙头企业，福润公司、四川佳美、禾嘉集团、四海、正大、瑞丰、汇竹、瑞麦、四川汇源、川南绿神、华尔孚、天友、大农食品、华泰果蔬批发市场、巨森纸业等一批科技含量较高，产品有市场，呈现出旺盛的生命力的农业产业化龙头企业，对农业产业化的未来发展起着较大的推进作用。

2. 农业发展存在的问题

（1）结构不合理。川南地区在农业结构调整中，还没有真正树立区域化、专业化、规模化的特色农业发展模式，结构调整的步子还不大；有的区内农业产业化重点项目和农业产业带较多，重点不突出，特色和优势不突出，有盲目性、趋同现象，导致农业产业难以做大、做强。种植业内部结构调整中，主要农产品的优良品种比例不高，农产品加工业不发达，适应市场竞争的能力较弱；基地建设布局分散，尚未形成上规模的优势农产品基地和产业带；农业标准化建设滞后，优质安全农产品比重低，加之缺少名牌农产品，影响了农产品的市场竞争力和经济效益的提高。农产品科技含量和加工水平低。农产品加工转化和增值率低，加工产品中初级产品多，精深加工产品少，在竞争中处于弱势。

（2）基础较为薄弱。川南地区干旱、洪涝等自然灾害频繁，水土流失严重。尽管近年来加大了农田基本建设力度，但目前农业基础仍然十分脆弱，抵御自然灾害的能力薄弱。农田有效灌溉面积、旱涝保收面积低于全省平均水平，至今尚未建成一处大型骨干水利工程，缺少大中型水利工程的调节，现有水利基础设施配套差。此外，农业投资结构也不尽合理。整合资金渠道，集中财力做大、做强特色农业项目的力度还不够，农业经济效益普遍偏低。

（3）农民生活水平较低。川南地区因地域面积不大，优质农产品总量不多，每户农民种植面积不大，农民依靠传统种养业增收的潜力越来越小，农产品加工企业实力不强，非农产业对农民增收的带动力还不强，农民增收的长效机制还没有建立起来，农民生活水平较低。2011 年川南经济区农民人均纯收入为 6697 元，仍低于全国平均水平 300 元。农村居民恩格尔系数高于全省平均水平近 1 个百分点。

3. 农业发展重点和方向

（1）优化农业经济结构。优化农业农村经济结构是川南农业发展的一个重要目标与任务。一是要加快产业结构调整。继续巩固农业基础，提高农业综合生产能力，逐步实现农业大区向农业强区的转变，以市场为导向，依靠科技进步，优化农林牧渔产值结构，加快传统农业向特色化、效益型、生态型现代农业转变，大力发展设施农业、休闲观光农业，推进农业向二、三产业延伸，保证农业和农村经济结构基本合理。二是要加快城乡结构调整。实施新型城镇化战略，立足川南经济发展水平、市场发育程度和资源环境的承载能力，加快实施小城镇综合开发，鼓励和引导农村居民离开土地、离开农业，向非农产业转移，自愿、有序地向城镇聚集，促进农业规模化经营。

（2）推进农业产业化。农业产业化是实现农业结构战略性调整的重要环节，是全面提高农业综合生产能力和转变农业增长方式的重要手段，是增加农民收入的主要途径，是提高农业竞争力的有力措施，是发展现代化农业的先前阶段。经过过去多年的发展，区内涌现出了一大批农业产业化龙头企业，经营实力有了很大提高，初步形成了农业产业化龙头企业 + 协会 + 基地 + 农户的经营链条和格局，积累了一定的技术、资金、经验和人才储备。因此，要在原有的区内农业产业化经营的基础上，利用已有优势，大力推进农业产业化。继续扶持农业产业化龙头企业，培育壮大农副产品加工业，围绕企业—基地—新村—

家园“一条龙”的思路，发展“订单农业”，做大、做强农副产品精深加工产业链，加快农副产品交易市场建设。

（3）发展特色农业。川南经济区人均耕地面积少，发展特色效益农业是必然选择。目前，川南四市都具备了自己的优势特色产业，应该加大对这些产业的调整巩固优化，将其发展成为区内农业的支柱产业，带动整个川南农业产业的优化升级。宜宾应着力抓好优质专用粮、茶叶、蔬菜等农业标准化生产示范基地和科技示范园区建设，推进专业化生产，加快优势农产品集中成片发展，扩大优质农产品种养规模。自贡应重点发展优质粮、畜牧水产、水果、蔬菜花卉、笋竹、茶桑药六大农业主导优势产业，加快特色产业带的区域化布局。内江应以现有加工企业和现有优势特色农产品资源为重点，建设规模化、标准化、无公害的农产品生产基地，壮大生猪及饲料、优质果业、木竹、禽兔、优质大米、蚕桑加工、蔬菜、中药材、水产、夏布等十大产业基地建设和绿色生态农业园区。泸州重点发展优质生猪产业、甜橙产业、长江名优渔业、竹业等。泸州大力培育和发展龙头企业，以“竹—浆—纸”一体化生产线的建设带动林竹基地的发展，以大农、高金等肉食品加工龙头企业的壮大带动畜牧业的发展，以甜橙后续加工生产线的建设带动甜橙基地的发展，以四川天宇油脂化学公司为龙头推动高芥酸油菜种植业发展，以红薯制燃料用乙醇项目带动薯类种植业发展。

（4）发展农产品精深加工业。川南经济区农产品资源丰富、特色较为突出，但产业化程度尤其是精深加工率低，产品附加价值不高，制约了农业的发展和农民增收。要把发展农副产品精深加工业作为现代农业发展的突破口，依托丰富的农产品资源和良好的农产品加工业基础，推进农工贸一体化发展，实施名牌推进战略，加快饮料、食品等优势农产品加工业发展。以无公害绿茶、有机绿茶为发展重点，着力提高制茶工艺和技术水平，发展优质特色果蔬饮料；以畜禽水产等肉类深加工为重点，提高畜禽产品附加价值；以优质地道中药材加工转化为重点，发展壮大现代中药产业。以竹浆纸加工业为重点，打造全国最大竹浆生产基地。主攻精深加工的绿色、方便、休闲食品和高档调味品、脱水蔬菜、泡菜制品等，鼓励企业向特色化、规模化、国际化方向发展，巩固饮料、食品工业在全国的领先地位。

（5）完善农产品市场体系。市场是推进农业产业化经营的重要依托。为适应农业产业化经营发展的需要，必须完善市场流通服务体系。在大宗农产品主要产区和重要集散地，抓好区内各市、县所在地农产品贸易、综合批发市场；在畜牧、茶叶、蔬菜、水果、粮油、水产、中药材、花卉等主产区培育和建设一批辐射区内各市之间、辐射区内外的区域性农产品批发交易市场；大力开辟农产品“绿色通道”，在区内尽快形成多种经济成分和多种经营方式并存，布局合理、设施完备的农产品商品市场网络。同时，建立健全市场法规，规范市场交易行为和管理行为，确保市场竞争的公开、公平、有序。重点抓好市场基础设施、市场信息体系、市场主体培育和市场秩序规范。

（二）工业

1. 工业发展沿革

川南经济区历来是四川省工业布局重点区域，工业发展已有2000多年的历史，工业发展历程大致分为五个阶段。

（1）第一阶段：传统手工业发展阶段。川南经济区手工业发展历史悠久，早在秦汉时期泸州酿酒业就高度发达，是中国浓香型白酒的发祥地；在1900多年前的东汉章帝时期（公元76～88年），自贡就开始了井盐的生产，并走过了因盐设镇、设县和设市的道路，自贡因此被称为“千年盐都”。

（2）第二阶段：抗日战争爆发到新中国成立前，近代工业发展阶段。抗日战争爆发后，川南成为重要的后方基地，内迁和新建了不少企业，开始了川南近代工业的发展，内迁川南的不少军工企业为抗日战争提供了大量的军事装备。抗日战争后，一度繁荣的工业并未得到继续发展，直到1949年，川南地区工业技术仍很落后，工业产值比重极小，基本是以农业为主体的经济结构。

（3）第三阶段：1949～1966年，现代工业体系奠定基础时期。1949～1958年是川南工业的恢复和初步发展时期。1957年以后，国家逐步开始了对川南资源的开发和利用，1964年又开始了大规模“三线建设”，兴建和内迁了一批机械和化工等重点骨干企业，在川南投入了大量的人力、物力、财力，是投资最集中、规模最大的时期。这些投资重点集中在化工、机械、制盐行业，相关产业和地方工业也被带动起来。这一时期尤其是1958年前后和“三线建设”时期成为川南工业大发展的重要时期，为川南工业的现有体系奠定了坚实基础。

（4）第四阶段：1966年至20世纪90年代中期，特色优势产业较快发展时期。这段时间，以化工、机械、饮料食品行业为优势，各行业均有较快发展，形成了优势突出、相对完整的工业体系。随着工业企业的继续兴建和进一步改造，以及“三线建设”时期的内迁和新建企业陆续投产，川南拥有了一大批骨干重点企业和一批在全省、全国有重要影响力的优势产品，建立起了门类齐全的工业部门，其中化工、机械、盐业、饮料食品工业发展尤其突出。

（5）第五阶段：20世纪90年代中期至今，工业调整振兴时期。进入90年代中后期，川南工业受到国际国内市场的冲击和体制机制影响，一段时间发展处于低速增长或负增长，度过了一段艰苦的奋斗历程。经过“九五”、“十五”的调整和改革，特别是触及企业产权制度的改革，明晰了产权，剥离了“三产”，减轻了债务，极大地调动了企业经营者的积极性，使企业逐渐焕发生机。

2. 优势产业发展

经过多年的发展，川南已初步形成以重化工产业为特色的产业体系，化工、机械装备、饮料食品、新材料等产业在全国、全省占有重要地位。

（1）化学工业。川南是四川省重要的化工基地之一，集盐化工、煤化工、天然气化工、硫磷化工于一体，各市形成了较为明显的专业化分工，已形成集化工生产、教育、科研、设计、化工机械和化工建安、化工专业储运七位一体的化工体系。其中：自贡盐化工依托当地丰富的井盐资源，已初步形成“盐—基础化工—精细化工—高分子化工”产业链。宜宾以硫磷化工为主，并依托四川最大的煤矿古叙煤田，大力发展煤化工。泸州是全国18个大化工基地、15个精细化工基地之一，集中了四川四分之一的化工产业群，在稳步发展天然气化工的同时，正依托煤炭资源发展甲醇及下游煤化工项目。

（2）机械装备制造业。川南地区是四川省重要的机械装备工业基地，在节能环保装备、新能源装备、工程机械、汽车零配件等方面具有突出优势。节能环保装备目前已经形成了固体废弃物治理、工业和生活污水治理、大气污染治理三大门类产品，东锅公司循环流化床锅炉等一大批具有自主知识产权的清洁发电装备填补了国内重大技术装备的空白，研制的国内首套300M W循环流化床锅炉已在内江白马电厂投入运营。清洁能源装备企业主要有自贡东方锅炉、华西能源等近20家规模以上企业，有主要核电设备、生物质能源锅炉、压缩天然气（CNG）装备、窑炉余热发电锅炉、循环流化床锅炉（属煤的清洁高效利用）等产品。工程机械以泸州为重点，机械和液压基础件成为全国的排头兵，汽车零部件也有一定的规模，汽车起重机、液压挖掘机、液压件、汽车活塞环等十余种产品出口韩国、澳大利亚等10多个国家和地区。汽车零部件主要集中在内江，现有43家汽车零部件专业生产企业，重点生产主机配套、车架、车镜、弹簧钢板、汽车铸件等产品。

（3）饮料食品工业。川南饮料食品工业主要分布在酿酒、粮油、肉类加工、制茶等行业。其中尤以酿酒优势最为突出，已成为我国盛产白酒尤其是优质高端白酒的“金三角”地带，有五粮液、泸州老窖、郎酒等中国最著名的白酒品牌。目前，共有规模以上企业99家，占全省的45.41%。其中五粮液、泸州老窖、郎酒位居全国销售收入前7位，五粮液品牌价值连续14年居国内食品饮料行业第一。

（4）新材料产业。自贡是国家新材料产业化示范基地，经过几十年的发展与积累，自贡新材料各主要企业和研究院所的技术研究开发在各自领域都处于国内领先水平，并在长期的自主创新中形成了较强的比较优势，为自贡发展新材料产业提供了强大支撑和保障，在硬质合金、特种焊材、硅氟等材料方面具有突出优势。其中，硬质合金生产规模和综合实力世界排名第四、全国排名第二，硬质合金出口量居全国第一；氟橡胶、有机硅树脂行业排序第一，国内市场占有率分别达到35%和15%，氟树脂行业排序第二，国内市场占有率达到25%。

3. 工业发展布局

（1）黄金水道和交通要道是川南工业密集带。长江干流在川南地区自西向东流经7个市县，全长210公里，成渝高速和内昆铁路是区域内两条重要的对外通道，这三条交通主动脉构成了川南经济区工业布局的重点地带，尤其为重化工业发展提供了必不可少的工业用水、大型设备运输及产品、原料进出的方便条件，成为川南工业发展的最优辐射方向。高耗能、高耗水、大运量的机械装备、化工、能源等大型重化工企业基本是沿江布局和铁路布局，饮料食品、建筑建材等轻工业基本沿高速公路布局。

（2）中心城市是川南工业的密集地区。宜宾、泸州、自贡、内江是川南地区的中心城市。宜宾是水陆交通枢纽，具有区域最优的资源组合。泸州是长江上游的重要港口城市，水陆交通便利。自贡临内宜高速和内昆铁路，又有丰富的盐卤资源和悠久的制盐历史。内江地处川渝中心地带，受成都和重庆两个西部重要城市的双向辐射。这种得天独厚的区位交通和自然地理条件，使四市成为川滇黔渝结合部重要的商品集散地和经济中心。经过长期的历史发展，尤其是新中国成立后的发展，四市已成为川南地区工业高度发达，大量工业企业聚集的城市。中心城区面积占经济区面积的 12%，却集中了经济区 53.2% 的工业产值。

（3）工业园区是川南工业的主要载体。川南各市在产业发展方面均有自己的特色，并依托产业园区形了聚集度较高的产业集群。目前，川南地区围绕机械装备制造、化工、饮料食品、新材料等特色优势产业形成了一批特色专业化园区，其中省级以上园区有 13 个，各级工业园区已经成为川南工业聚集的主要载体（见表 17-5）。

4. 产业发展制约

（1）产业分工不足。受现行财税体制和考核体制的制约，各市均建立了相对完整的工业体系，导致四市间竞争多于合作，跨行政区间的经济技术联系不够紧密，产业同构、同质竞争现象较明显。

表 17-5 川南经济区省级以上工业园区

位置	工业园区名称	产业发展重点
宜宾	五粮液工业园区	饮料食品、模具制造
	罗龙工业园区	生物制药、精细化工
	阳春工业园区	化工
	长宁工业园区	精细化工、机电
泸州	合江临港工业园区	化工、机械、轻工
	泸州经济开发区	生物医药、化工、机械
自贡	自贡高新技术产业园区	机械、盐化工、新材料
	富顺晨光工业园区	新材料、农产品加工
	荣县郝家坝工业园区	农产品加工、医药、机械制造
内江	内江经济开发区城西工业园	汽车零部件、电子
	隆昌经济开发区工业园	机械、纺织、食品
	资中经济开发区工业园	食品加工、机械
	威远经济开发区工业园	建材、煤化工

据测算，四市工业行业的同构系数高达81%。在各市发展战略中，无一例外地都将化工、机械装备、能源、饮料食品等列为重点产业。

（2）产业层次不高。川南地区的化工、机械装备、食品饮料等传统优势产业多处于产业链前端，初级产品较多，具有自主知识产权和关键核心技术的产品较少，产品精深加工度较低。同时，利用高新技术改造提升传统优势产业的力度还很不够，产业的资源综合利用效率和水平不高，能源消耗偏高。企业规模结构不合理，资金和技术投入分散，相当部分企业的设备陈旧，技术落后，开发高端产品的能力较弱。

（3）产业结构不合理。川南四市均为老工业城市，当前依然没有摆脱以资源开采、原材料加工为主的重化工业结构，其发展正面临一定约束和制约，而新兴产业尤其是战略性新兴产业发展的尝试和力度都不足，规模普遍偏小。一些重点食品加工企业需要的原材料并没有以本地资源为主，对农业的带动作用较弱。最近几年引进的高新技术企业，与本地企业没有形成较为密切的协调关系。

（4）企业改制不到位的后遗症突出。虽然川南地区大部分老工业城市的企业已经完成了破产改制，但由于地方财力有限，仍然还有部分企业改制不到位。一是企业改制还需要大量资金。以内江市为例，除资产变现、挂账缓缴和拟改制未实施的企业外，要彻底完成全市28户国有企业改制资金缺口巨大，且改制成本仍在不断增加。二是企业债务负担较重。以泸州市为例，四川国营火炬化工厂于2007年实施了分离破产，组建了新火炬公司，在连续生产13个月后，由于管理体制、国家收储价格与生产成本倒挂、停产期间的维持维护费等问题一直得不到解决，新火炬公司再次陷入了严重困境。

（5）资源环境约束不容忽视。由于长期开采开发，部分老工业城市的资源已逐渐枯竭，产业发展与资源环境的矛盾加剧。如资源短缺的问题已经成为自贡市经济发展的严重瓶颈。自贡市是全国50个严重缺水的城市之一；市区盐卤资源基本枯竭，已经不能提供开采；天然气仅剩极少的浅层天然气可供开采，自给率不足5%，几乎全靠外供；用电自给率仅为17%左右，绝大部分需要主网供给；原煤自给率仅50%左右，每年需要外购原煤200万吨；其他矿产资源几乎完全枯竭。

5. 产业发展重点和方向

未来5～10年，全省仍将处于工业化中期阶段，重化工业比重还将进一步提高。从区域上看，成都经济区正逐步从工业化中期向工业化后期转变，产业结构轻型化是未来发展趋势。川南经济区作为全省资源富集区、成渝经济区腹地以及具有良好的水陆交通条件，且重化工产业基础较好，是全省重化工产业集中布局的最佳区域。因此，应抓住我国处于工业化中期、重化工业快速发展的机遇，用好国家产业振兴发展政策，打造机械装备制造基地、综合化工基地、清洁能源基地和新材料基地，建成国家重要的重化工产业基地。同时，要立足区域资源优势，抓住产业转移和升级的机遇，加快发展高新技术产业和饮料食品等产业，并围绕主导产业，规划发展其他重要产业，做到突出重点和综合发展相结合，形成行业间联系紧密的有地区特色的工业结构。未来川南地区拟重点发展以下产业。

（1）机械装备制造业。川南经济区的机械装备制造业重点集中在加工机械设备、工程机械设备、清洁能源设备、汽车零部件和化工设备领域。其中，加工机械设备，重点发展以大型横梁移动龙门加工中心、五面体卧式加工中心、重型车铣复合加工中心、重型核电转子轮槽数控专用铣床等中高档数控机床为代表的加工设备和配件。工程机械设备，重点发展全断面掘进机、大型液压挖掘机、大吨位轮式装载机、系列汽车起重机、静液压式中小吨位和多功能装载机、液压油缸、石油钻采机械及井口安全装备等大型工程施工设备，促进圆管式和曲线式运输机械、带式输送机、斗式提升机、螺旋输送机、驱动装置和逆止装置等工程运输设备加快发展。清洁能源设备，重点发展超临界循环流化床锅炉及环保装备、垃圾发电锅炉、生物质燃料锅炉、余热节能锅炉、超临界和超超临界发电锅炉等设备。提高设备批量生产和关键配套设备的成套能力，力争在高端、大型成套装置的设计和生产方面取得重大突破。汽车零部件，重点发展减振器、后视镜、精密焊管、柴油发动机、汽车曲轴等汽车配件。化工设备，重点发展化工容器及成套设备、大排量高性能 CNG 压缩机、CNG 加气站成套设备，加快沼气纯燃或混烧集约化供气装备和煤层气采集、提纯装置等化工设备的研发及产业化。

（2）化工产业。川南经济区的化工产业重点发展氯碱化工、天然气化工、煤化工。其中，氯碱化工要在巩固制盐和联碱产业发展的同时，适度发展盐－电石－PVC 产业，建设 100 万吨/年 PVC 基地，研发具有自主知识产权的有机硅、有机氟系列产品。天然气化工要依托西部化工城，重点发展现有甲醇、合成氨等产品的下游产业，延伸产业链，加快精细化工产业发展。煤化工要加快建设 100 亿立方大型煤气化中心，确保泸州西部化工城原料供应，重点发展煤－气－合成氨－高效复合肥－三聚氰胺产业链、煤－气－甲醇－二甲醚产业链、煤－气－乙炔－1，4 丁二醇－精细化工－化工新材料产业链。宜宾重点发展煤制甲醇、二甲醚及其下游产业；内江重点发展煤焦化下游化工产业。

（3）煤炭电力产业。川南地区水能资源和煤炭资源丰富，且开发条件好、需求量大，加快川南能源开发不仅是区域本身发展的需要，也是全省能源开发的需要。要有序开发金沙江、岷江、大渡河、青衣江、马边河等流域水电资源，重点建设向家坝电站，加快岷江航电梯级开发。加快筠连、古叙矿区煤电路化综合开发，推进新维、船景、石屏、岔角滩等重点矿井建设，建成筠连 1800 万吨/年、古叙 1500 万吨/年大型煤炭生产基地。推进煤炭资源就地转化，大力发展煤电联营项目，规划建设一批火电项目，鼓励发展以中煤、煤泥、煤矸石为燃料的综合利用电厂，规划建设筠连矿区、古蔺矿区煤矸石综合利用电厂。

（4）优质名酒产业。川南地区的白酒具有得天独厚的条件，有极大的发展潜力。川南地区的白酒产业发展方向要突出区域品牌建设、产业规模经济和酒文化开发。区域品牌重点是要打造中国优质名酒“金三角”这一品牌，依托宜宾五粮液、泸州老窖、古蔺郎酒等三大国家优质名酒，加强与贵州茅台的合作，形成宜宾－泸州－仁怀中国优质名酒“金三角”，打造世界最大的优质名酒生产基地。在规模经济方面，要突出白酒产业集群建设，做大、做强五粮液、泸州老窖、郎酒等龙头企业，支持中小企业发展，发展酒类设计、包装、物流、服务等关联产业，形成以白酒生产为主、配套产业协调发展的产业集群。在酒文化开发方面，要正确处理开发与保护的关系，强化酒类原产地保护工作，发展酒文化创意产业，建设中国白酒历史文化中心。

（5）新材料产业。依托自贡国家新材料产业化基地，重点发展硬质合金新材料、硅氟高分子合成材料、功能碳黑石墨材料、高性能纤维材料和精细化工新材料。依托乐山国家硅材料开发与副产物利用产业化基地，优化发展硅材料产业，重点发展电子硅、太阳能光伏材料等下游产业链，建设全国一流的硅及太阳能光伏材料和副产物循环利用产业基地。大力发展钒渣、钒制品、钛材、钛合金、含钒建筑钢材、钨钼、稀土等新材料。加快铝塑型材、新型墙体材料、建筑陶瓷、平板玻璃、特种水泥等新型建材发展。

（三）服务业

1. 服务业发展现状

由于长期以来经济结构的扭曲和生产力发展水平的制约，川南地区第三产业增加值占生产总值的比重近年来明显下降，服务业增速明显低于同期二次产业，与全省平均水平相比还有相当差距。此外，川南服务业以传统服务业为主，批发零售餐饮等传统三产比重依然较大，层次水平不高，新兴服务业和现代服务业所占比重低，发展水平滞后，这也是造成川南经济区服务业增长速度低于工业，处于徘徊状况的主要原因。

旅游业是川南服务业发展的龙头，拥有蜀南竹海、自贡恐龙博物馆等众多景区景点；川南地区旅游总人数近年来不断增加，2010 年占全省的 1/5；旅游总收入占全省旅游业总收入的比重不断扩大，且年均增长率高于全省水平。现代物流业是服务业发展的重点，凭借地处川滇黔渝结合部的区位优势和拥有长江优质港口资源以及发达的对外对内交通网络，近年来物流产业呈现快速发展趋势。

2. 服务业发展重点和方向

（1）现代商贸业。按照错位发展、功能分工要求，调整优化各市商贸发展方向。自贡市重点加快面向川南的汇东新核心商圈建设，大力发展以零售贸易为主的商业贸易；泸州市突出西南商贸城的支撑带动作用，加快白塔、城北等商贸中心建设，打造西南地区重要的商品批发基地；宜宾市重点规划建设面向川滇黔结合部的西南轻工博览城、川南五金机电汽配钢材城、川南建材城等大型专业市场建设，形成以集散贸易为主的商贸业态；内江市重点发展面向本区域的批发贸易。加快推进商贸升级，大力发展连锁经营、电子商务等现代流通业态。推动流通业品牌建设，打造一批特色商业街区，推进中华老字号、四川老字号创新发展。

（2）现代物流业。发挥经济区位独特、长江黄金水道和水陆空交通优势，统筹建设区域性现代物流中心。自贡重点面向川南及周边区域，加快舒坪、板仓两大物流园区和富顺晨光、荣县郝家坝、大安大山铺三大物流中心建设，建成辐射周边的城市物流配送中心；泸州、宜宾以港口物流和水陆联运为重点，加快志诚作业区物流设施、高坝集装箱物流中心等建设，形成川滇黔渝结合部物流中心；内江发挥连接成渝的区位优势，加快平桥农副产品物流中心、大千建材物流中心、西南再生资源物流中心建设，形成成渝经济区中部物流配送中心。大力发展第三方物流，加快建设重点物流园区，推进物流综合信息服务平台建设。

（3）特色旅游产业。发挥恐龙、灯会、盐业史、酒文化、大千文化、竹海、石牌坊、石海等品牌优势，建设国内外知名的生态文化旅游目的地。完善旅游产品体系，大力发展观光、休闲、度假、会议、康疗、运动、养生、美食等旅游产品。推进旅游景区、城镇、通道等标准化建设，加强旅游基础设施和公共服务体系、安全与质量保障体系建设，提升旅游业服务水平。加大旅游资源保护力度，促进旅游业可持续发展。

四 重大基础设施

（一）交通基础设施

1. 交通基础设施情况

（1）公路。公路运输在川南交通运输体系中占有特殊的地位，分别承担了区内 90% 以上的客运量和 80% 左右的货运量。目前，基本形成了自贡、泸州、内江、宜宾四大公路交通枢纽，以内宜、乐宜、成渝高速为一级轴线，隆纳高速和国道 G213、G321 为二级轴线，众多省道为三级轴线以及县乡村三级公路交通运输网络。截至 2010 年底，川南经济区公路里程达到 40805 公里，占全省公路里程的 15.34%，其中等级公路 28360 公里，占全省等级公路里程的 13.77%。公路客运和货运周转量 1488935 万人公里和 1589305 万吨公里，分别为全省客货运周转量的 18.56% 和 16.13%。虽然川南公路建设取得了长足进步，但仍然存在许多问题，难以适应经济社会发展的需要。一是公路技术标准低、通行能力弱，等级公路仅占总里程的 69%，低于全省的平均水平 8 个百分点。二是公路网整体服务水平还不高，路网结构还不完善，对外交通仍然发展缓慢，在省级交界处仍有不少断头路，区内连接线尚未形成，而因超载超限等因素造成的原已改造的部分公路路面损坏严重，公路畅通程度较低。区域内公路发展不平衡，区内边远山区公路建设推进速度相对较慢，同时区内一些中心城区及部分区县现有县级车站也存在着设施不完善等问题，不能满足城市发展规划的要求（见表 17-6）。

（2）铁路。目前，经过川南经济区的过境铁路有内昆线、成渝线，内联铁路有宜珙、隆纳等支线铁路，形成了以自贡、泸州、内江、宜宾为主要节点的铁路主骨架。截至 2010 年底，川南经济区铁路运营里程达 772 公里，约占全省总量的 1/4。目前，铁路运输还存在线路少、分布不均

表 17-6 川南经济区公路运输基本情况（至 2010 年底）

地　区	公路总里程（公里）	等级公路里程（公里）	公路旅客周转量（万人公里）	公路货物周转量（万吨公里）
自贡市	5793	4131	225338	388498
泸州市	12089	7130	604972	488907
内江市	9647	5779	249617	428426
宜宾市	13276	11320	409008	283474
川南总计	40805	28360	1488935	1589305
全　省	266082	205983	8022255	9850652
川南占全省比重（%）	15.34	13.77	18.56	16.13

等问题。线路状况不容乐观，给铁路提速带来阻碍，制约了铁路更好的良性运营。尽管一些铁路正按计划施工建设，但是由于受资金等方面的制约，进展缓慢，铁路规模运输优势难以形成，路网也没有形成，难以发挥铁路的整体运输优势。具体到某些运输方向，铁路网络仍然出现空白，横向的通达性明显落后。

（3）水运。川南经济区的主要航道分布在长江干流及岷江、金沙江等支流。岷江－长江等级航道全长 389 公里，其中四级航道 162 公里，占航道总里程的 41.6%，三级航道 227 公里。金沙江等级航道 451.81 公里，为五级航道，常年通航能力为 300 吨级。岷江航道自乐山市九龙滩左顺坝至宜宾市翠屏区合江门，全长 162 公里，为四级航道，常年通行 500 吨级，洪水期可通行 1000 吨级船队。长江航道自宜宾市合江门起至泸州市合江县彩溪口出川，全长 227 公里，常年可通行 1000 吨级船舶。由于长期以来，航道建设投资和维护经费严重不足，河道长期缺乏治理，干支航道通达性差，通航保证率低、通航时间随季节变动较大，难以组织高效、经济的干支直达运输；长江主航道部分行段没有设置航行标志，不能实现昼夜通航，降低了港口码头的辐射能力。此外，港口布局比较分散，大型专业化深水码头和集装箱码头短缺，码头布局分散，港区和相关配套设施建设不足，主要港口码头的建设还处于较低水平，多数是利用自然岸坡稍加改造形成，设施较简陋，机械设备陈旧且数量少，专业化程度不高，装卸能力低。同时，三峡工程蓄水后，大坝至重庆主城区形成库区，淹没了主要滩险，取消了绞滩站和控制河段，形成长距离、较宽阔的深水航道，通过能力提高到 5000 吨级，激发了大吨位、大马力船舶发展，对泸州港、宜宾港威胁较大。

（4）航空。川南经济区有泸州蓝田机场和宜宾莱坝机场两个 4C 级机场。泸州蓝田机场为军民两用机场，设计吞吐量为 20 万人次，机场飞行区标准为 4C 级，现已开通泸州至北京、上海、广州、深圳、海口、昆明、贵阳、成都、重庆、北海的民航客运直达航班，为全省第三大航空港。

宜宾菜坝机场是省内除成都双流机场外运输量最大的机场，现已开通飞往昆明、北京、西安、广州、深圳和上海等地的航班。目前，川南经济区的两大机场建设滞后，设施配套不完善，航空安全的硬件设施水平落后，机场飞行区未进行封闭，跑道经过多年超载运行破损严重，安全隐患较大。由于重庆及成都的分流作用，川南经济区的航空业务量增长乏力，航线恢复和新航线开辟缺乏市场基础，航空运输有效需求量不足，客货源未形成集中优势，航空客货运业务量增长缺乏有效支撑，业务发展跟不上全国民航及区域经济的快速增长。

2. 区域发展对交通的需求

（1）区位条件对交通运输的需求。川南经济区地处四川、云南、贵州和重庆四省市结合部，地理位置突出。随着经济社会发展需要，区域分工和区域合作的推进，客观上需要在人流、物流、资金流、信息流上强化区域间的联系；川南经济区在区域合作上欲主动出击，客观上也需要交通运输超前发展形成对经济区强有力的支撑。川南经济区是成渝经济区的重要组成部分，由于成渝经济区两个增长级的成都与重庆产业存在一定的互补性，作为次增长极的川南经济区不仅是两大增长极的交通通道，更是经济活动的二级中心。在成渝经济区有效整合和提升上，川南经济区扮演着重要的角色，是成渝经济区由简单的地理位置意义上的经济区走向经济意义上的经济区域的关键因素，也是支撑成渝经济区的重要载体。

（2）区域生产力布局对交通运输的需求。川南四市历史上就是老工业城市，重化工业基础较为雄厚，需要与之配套的综合交通运输体系来满足货物运输不断增加的需求。尤其值得一提的是，川南的酒业如宜宾的五粮液、泸州老窖在全国都有较大的比较优势，以这种物质流动带动其他产业的发展，进而对交通提出新的更大的需求。此外，川南经济区旅游资源极其丰富，但由于周边省市旅游资源的种类更加丰富，对经济区客源的分流作用明显，所以打通与周边省市的旅游线路，加强与周边省市的旅游合作，加快形成无障碍旅游区是川南旅游业发展的必然选择。川南经济区的经济发展水平基本处于工业化初期向中期过渡阶段，经济发展对资源能源的依赖度较高，燃料、原材料和产品的运输量需求大，运输距离长。川南经济区能源、矿产资源较为突出，如宜宾的化纤、化工、自贡的盐化工、泸州的天然气化工为重庆经济区发展所需。对于重要的一次能源石油、煤炭，重庆也可以作为中转地输送给川南经济区。川南经济区水资源丰富，向家坝等水电站的开发和利用对生产资料的需求以及由其带来的其他人流、物流等方面的引致需求，也对长江黄金水道综合开发提出更高的要求。川南经济区中的宜宾、泸州两市与云南、贵州相邻，滇黔两地的矿产资源优势突出，矿种较为齐全、储量较为丰富，但与川南经济区的磷矿、岩盐等化工能源矿产有较大的区别，在能源的开发利用上形成了优势互补的发展格局。提高川南经济区与南贵昆经济区合作需要通畅的交通通道，而目前内昆铁路这一通道显得重要又单薄，客观上需要更为畅通的交通通道。

（3）区域合作对交通运输的需求。川南经济区发展最基本的动力是内部产业优化整合，区域经济一体化发展则是其发展方向，一体化的基础是要推进区域基础设施的互联互通，最大限度地减少时间成本的约束，所以要加快四市之间的快速通道建设，形成较为发达的交通网络体系。但是由于行政区划的限制，川南经济区各市之间的交通建设缺乏协调，造成区域之间通达性不高，对区域经济协作形成了一定阻碍。因此，加强川南经济区内部之间的合作，必须将连接四市的快速交通通道和优化内部交通网络作为重点。川南经济区与成都经济区的交通最为通畅，合作较多，但川南经济区真正形成合力，强势发展必须进一步强化与成都经济区的合作。这不仅是由于成都经济区经济总量大、产业齐全且优势突出，而且还有强大政治资源和社会资源。川南经济区更快发展需要与成都经济区开展区域合作外，与川东北经济区、攀西经济区、川西北经济区合作机会也较多，而与此相适应的交通网络体系并未形成。在此之中，宜宾、内江等城市节点的枢纽作用更为突出。其中，宜宾是连接攀西经济区重要的节点，内江是连接成都经济区和川东北经济区的重要节点。川南经济区与重庆经济区合作，是托起成渝经济凹陷区的重要支点。两地区接壤面积较大，产业具有较多的合作空间，特别是长江水道的连接作用，使得两个区域合作的潜力更大。因此水陆交通作用需要进一步提升。就地面交通对连接两地的快速通道需求强烈，水路方面，对航道运输、港口的枢纽作用提出更高要求。此外，川南经济区与南贵昆经济区合作，不仅是四川扩大与外界经济社会联系的基础，也是成渝经济区提升经济实力，扩大经济和社会影响的重要条件。

3. 区域交通建设与布局

交通运输是经济社会的血液循环系统，是实现川南经济区加快发展的先决条件之一。为适应川南经济区一体化发展、加强区域对外开放与合作、提升区域整合周边资源的能力，必须合理超前规划和建设交通运输系统。

（1）铁路建设与布局。川南经济区是四川省南向开放的重要门户，具有独特的地理区位优势。加强对外通道建设是增强川南经济区跨区域整合资源能力，实现迅速崛起的关键。一是要加强对外铁路建设。目前区域内有成渝、内昆两条对外铁路干线。随着与周边省区以及省内其他地市的合作进一步加强，以及大型资源开发的步伐加快，现有铁路难以适应发展需求。必须提升现有铁路干线的运能，加快规划建设新的对外铁路干线。一是要加强出省通道建设，重点建设成都至贵阳铁路，新开工成昆铁路扩能峨眉至广通段、隆黄铁路（内江至叙永段）、扩能改造叙永至毕节段等南向出川铁路干线。二是要加强城际快速铁路建设，重点推进绵遂内自宜、乐自泸等城际铁路建设，形成环成都经济区、川东北经济区和川南经济区的高速铁路环线。二是要加强地方支线铁路建设。地方支线铁路建设重点是满足资源大规模开发和区域内部人流物流快速增长的需要。一是要加强资源开发专线建设，重点建设宜宾－筠连铁路、叙永－古蔺大村铁路以及石宝矿段、观文矿段、椒园矿段等大型煤矿专用支线铁路。二是要加强港口专用线建设，重点建设泸州合江李子坝、泸县神仙桥、方山、石龙岩、永利等大型港区进港铁路专用线（含泰黄物流中心专用线）和宜宾港志城作业区 / 五粮液工业园专用铁路线。三是加强区域内部的城际快速铁路规划和建设，提高城际交通通勤效率。

（2）公路建设与布局。公路交通运输在未来一段时期内仍是川南经济区最为重要的交通运输方式。根据目前公路交通建设的现状，其发展重点和目标是：强化主轴、完善网络、内通四市、外联周边，加强干线公路建设，接通断头公路，改善基本运力结构，以适应川南地区经济社会发展和资源开发的需要。适应区域经济一体化发展需要和资源开发要求，进一步强化区域经济合作的基础。重点建设宜泸渝、成自泸赤、乐自、纳黔、内遂等高速公路通道，推进宜攀、宜昭、宜毕等高速公路建设。加强区域内公路通道建设，强化城市快速通道、交通主干道与高速公路、干线路网建设，打通高速公路断头路段和瓶颈路以及长江过江通道。继续加强通乡、通村公路建设改造，实现全部镇（乡）通水泥或沥青路，全面提高通达深度。

（3）航道建设与布局。川南地区是我国长江上游内河水运资源最丰富的地区之一，但由于航道等级低、基础设施落后、港口规模化程度低、政策扶持力度不强等问题突出，水运发展还十分落后。根据省政府批准的《泸州 – 宜宾 – 乐山港口群规划》和《四川内河水运发展规划》，川南经济区航道建设和水运发展的重点是突出枢纽建设、畅通航道、完善网络、拓展功能。目前，泸州、宜宾两大港口的同质化竞争明显，影响了长江上游港口功能的有效发挥。同时，由于三峡船闸下行货物过闸能力将趋于饱和，而川渝港口规划大大超过三峡过坝能力，使四川省航道建设滞后和受长江航运能力增长制约的问题正日益突出。如泸州市规划 2020 年形成 6500 万吨（其中集装箱 400 万 TEU）港口货物吞吐能力，占同期全省规划总能力的 70%（其中集装箱占 100%）；宜宾市规划 2020 年集装箱吞吐能力达到 500 万 TEU，为同期全省港口群集装箱规划总能力的 125%。仅二港规划能力之和就为全省规划能力的 2.25 倍。因此，有必要进一步明确近期和中期各港口的建设规模，以加强对各市港口建设的指导，避免港口建设的盲目性。此外应按照“一港（川南港）两区（泸州港区和宜宾港区）”模式创新整合泸州港和宜宾港，协调推进川南港（含泸州港区和宜宾港区）建设、管理和经营一体化。强化两港区功能分工，突出各自发展重点，统筹协调货源市场，避免和禁止恶性竞争，促进整体效益最大化。加快专业化码头建设，发展铁、公、水、空联运和集装箱运输，提升港口专业化运输能力和综合经济效益。长江、岷江是四川省内河航运主要航道和出川水路主要通道，但均处在大规模建设阶段，长江四川段航道整治仍在进行之中，宜宾以下仅可通航 1000 ~ 2000 吨级船舶，通江达海优势还难以发挥，尽快提高主要航道的通过能力显得十分迫切。要加快实施岷江航道整治和部分渠化工程，使乐山至宜宾大件航道由四级提升为三级，采取“追峰助航”的方式保障枯水期大件设备安全运输。推进长江川境段航道整治，使宜宾至云南水富段、宜宾至泸州段航道达到三级航道标准，力争使四川省境内长江主要航段常年通过能力达到 3000 吨级。

（4）航空运输。目前，宜宾、泸州两个机场均处于两个城市的城市规划建成区内，随着城市建设的快速发展，两个机场与城市发展的矛盾十分突出。城市建设受机场净空限制影响较大，机场净空条件日益恶化。此外，由于重庆与成都机场的客源分流作用，两个机场业务发展受到一定限制。因此，应根据机场陆路服务半径，综合考虑城市发展、客流方向等因素，做好宜宾机场、泸州机场迁建选择，强化分工合作，优化航线网络，增强航空客货集散能力。同时，要注重通过大型航空港来整合川南地区的陆路交通和水运交通，形成四市连通的综合交通枢纽，引导区域城市和资源的合理配置。

（二）水利基础设施

1. 水利基础设施基本情况

水利基础设施建设落后是制约川南经济区农业和城市发展及生态建设的重要因素。一是缺乏跨区域引水工程，城市给排水管网建设滞后。目前川南的大型引水工程主要集中在自贡、内江地区，这两个城市处于一个气候区，未采用跨流域引水，干旱年供水保障率低。尤其是自贡市人均水资源量仅为全省 16%，是全国五十个最严重缺水城市之一。城市水厂存在布局分散、规模偏小、工艺落后、供水安全可靠性差等问题，工程性缺水严重。二是防洪工程建设滞后，目前经济区内很大部分河段未达到国家规定防洪标准，部分堤防存在不同程度安全隐患，部分地区存在侵占行洪通道和调蓄空间的现象。如自贡市城区防洪标准目前就达不到 10 年一遇，重要城镇防洪标准低于 5 年一遇。三是水环境不断恶化，金沙江 - 长江宜宾、泸州市区江段水质指标达到地面水Ⅲ类及以上标准；沱江内江、泸州市区江段大部分河段洪水期为Ⅲ类，平水期为Ⅲ～Ⅳ类，枯水期为Ⅳ类、超Ⅴ类，污染较为严重；釜溪河为超Ⅴ类，基本失去了天然水体自净功能。四是农田水利建设滞后。大中型骨干枢纽水利工程缺乏，水库年蓄水量较少，对天然径流的再分配能力较低，不足以应付季节性旱灾，抗灾兴利能力弱，经济区在很大程度上还是靠天吃饭。如 2011 年的旱情造成泸州市叙永县 24 万多人和 21 万余头牲畜饮水困难，农作物受灾面积 35.7 万亩，其中 10 万余亩绝收。此外，广大农村地区居民饮水安全问题还非常突出。

2. 水利基础设施建设重点

按照“大中小微结合、蓄引提防并举、新建与挖潜并重”的水利建设方针，以保障城镇供水、农村人口饮水安全、防洪安全、提高农田有效灌溉面积、改善水生态环境为目标，重点抓好向家坝灌区建设、自贡和内江等地区的城市水源建设等工程，提高水资源利用效率。

一是要加强向家坝灌区建设。向家坝灌区工程在四川境内涉及宜宾市、泸州市、自贡市 3 市 4 区 12 县，是一个以灌溉为主，兼顾城乡生活、工业供水等综合利用的大型水利工程，也是金沙江向家坝水电站开发任务之一。向家坝灌区工程的实施将彻底解决川南宜宾、泸州、自贡、内江 4 市缺水地区生产生活用水问题，相当于在川南再造一个“都江堰”，对解决川南水资源缺乏具有重大意义。工程设计灌面 365 万亩。灌区工程分南北两条总干渠，北总干渠全长 122.68 公里，其中，隧洞 32 座、渡槽 31 座；南总干渠全长 107.34 公里，其中，隧洞 45 座、渡槽 22 座。灌区范围内将新建水库 8 座、改扩建水库 4 座、新建集中提灌站 6 座。工程已于 2011 年开工建设。

二是加强城市水源建设。要根据川南城市供水保障能力低的情况，将城市水源建设放在突出位置。加强城镇水源保护和建设，建设城市直饮水系统，提高城市供水保证率和水质。加强城市备用水源建设，重点建设岷江引水工程、向家坝引水工程、小井沟水利工程、两河口水库引水工程等，提高水资源跨时空利用能力，协调区域内水资源利用，确保内江、自贡城市生产生活和生态用水需求。

三是加强农村水利建设。推进农村安全饮水工程，基本解决农村人口饮水安全问题。新改建王家沟水库、黄角坝水库、洞口水库、惠泽水库、锁口水库、金王寺水库等。完善大中型灌区配套和节水改造工程，加强小微型农田水利设施建设。

四是强化城镇防洪设施建设。重点推进岷江、长江、沱江等主要江河和中小流域重点河段堤防建设和治理，提高流域防洪能力。尽快完成各类病险水库加固，基本消除重点病险水库安全隐患。加快城市排洪排涝工程建设，加强河道综合整治，强化城市防内涝能力。加强山洪灾害防治，完善防汛指挥系统和预警预报设施。

（三）能源基础设施

1. 能源基础设施现状

川南经济区能源资源富集，是四川重要的能源基地和全国重要的能源后备基地。目前，川南电源以火电为主，主要有内江白马电厂、高坝电厂、泸州电厂、泸县电厂、宜宾电厂、黄桷庄电厂、豆坝电厂、福溪电厂等，总装机 400 万千瓦左右。水电装机不大，均为地方小水电，在建向家坝电站（640 万千瓦）建成后，区域能源结构将得到一定程度优化。目前，川南各市依托于自身优势能源，均建立了自身能源体系，形成了相对完善的能源基础设施体系。宜宾市依托自身水能、煤炭优势，加快建设西部能源综合基地，在“十一五”期间建成了向家坝 – 上海特高压输变电工程以及叙府 – 泸州、叙府 – 复龙等 6 条 500 千伏输电线路，筠连矿区建设加快推进。泸州凭借煤炭优势，大力实施煤炭资源开发为主的煤电路化综合开发，古叙矿区建设进一步加快；自贡市能源相对匮乏，首要任务是保障能源有效供给，正在加强与周边能源富集地区的能源通道建设。

尽管川南地区能源建设取得了一定成效，但能源基础设施建设滞后仍然制约着川南能源保障水平的进一步提高。突出表现在以下方面：一是基础设施投入不足。煤炭勘探程度低、生产规模小、重点煤矿项目建设迟缓，新增产能不足；电源开发和电力设施跟不上需求，电网装备水平较低，网内电源不足和网架薄弱问题突出，部分 220 千伏系统设备老旧，变电站建设不足。资源地交通基础设施仍然较为薄弱，公路道路建设标准低、通畅能力较弱，铁路支线建设滞后，对能源运输制约明显。部分矿井安全设施建设滞后，造成地方煤矿安全生产保障能力较差。城镇油气管网建设相对滞后，难以适应经济社会快速发展的需要。

2. 能源基础设施建设重点

能源不仅是川南地区的基础性产业，也是其支柱产业，加快能源基础设施建设对于增强川南经济区总体经济实力具有重要战略意义。要适应川南经济区一体化发展的要求，统筹推进各市能源资源开发与能源通道建设，推动能源基础设施一体化，增强能源对区域经济社会发展的带动作用，为保障全省和国家能源安全做出更大贡献。

一是加强输变电网建设。川南地区电网建设，要适应水电对外输送和保障地方用电需求的需要，加快构建以特高压电网为骨干，500 千伏、220 千伏电网为支撑，构建坚强主网架，协调发展配电网，夯实智能化电网基础。要加快溪洛渡（左岸）－浙西－华东 ±800 千伏直流特高压输电工程、双龙特高压换流站以及锦屏－苏南 ±800 千伏特高压直流输电工程，形成“西电东送”主干线路。新建自贡至泸州、宜宾和向家坝－宜宾－泸州的 500 千伏超高压输电线路，尽快形成 220 千伏输电双环网的骨干电网。加大 110 千伏及以下配电网建设与改造力度，逐步实现分片配供电，城市配电网供电主要性能指标逐步接近国内先进水平。逐步完善县级农网结构，提高县级农网供电能力和供电可靠性。

二是加强油气管网建设。提高天然气地面工程工艺水平和集输效率，加快改造老旧集输系统，保证天然气顺利输送和集输系统安全高效运行。规划建设川东北至川南输气管道，建成连接纳安线主管网的天然气高压走廊，建设完善市域天然气管网，改造完成城区旧管网，完善城市高压管道、高中压调压站及 CNG 汽车加气站，逐步实现天然气供应向县城、产业园区、重点镇、中心村延伸，保障重点企业发展和居民用气。加强页岩气开发利用配套设施建设，积极建设气田集输管道，统筹天然气管道和页岩气管网建设，合理布局小型 LNG 或 CNG 利用装置，适时建设页岩气外输管道。适应页岩气开发需要，抓紧输配基础设施和 CNG 站建设。积极研究从区外引进天然气的规划及有关前期工作。加快中石油南干线改造工程。加快建设内江到宜宾成品油输送管道。

五　城镇体系与城镇化

（一）城镇历史与建制沿革

川南经济区城镇发展经历了漫长的过程，现有城镇多数具有上千年的发展历史。据文字记载，在商周到春秋战国时期，川南西部属于“西南夷”僰侯国，东部分属于巴、蜀两国。秦灭巴国、蜀国后改为巴郡、蜀郡。西汉后改为州、郡、县三级，川南多属于益州。三国蜀汉时，川南分属江阳郡和犍为郡。梁统治时期，川南东部设泸州，西部设戎州。隋时，改泸州为泸州郡，辖泸川（今泸州市）、富世（今富顺县城关镇）、江安（今江安县城关镇）、合江（今合江县城关镇）、绵水（今纳溪县大渡乡）；改戎州设犍为郡，辖僰道（今高县北南广）、南溪（今南溪县李庄）、开边（今宜宾县安边）、郁邪（今宜宾县泥溪）、咨官（今荣县来牟乡）、公井（今自贡市贡井区）。唐代川南分属剑南道东、西川，犍为郡复置为戎州，泸州郡复置为泸州。宋代，川南大部分属于戎州南溪郡、泸州泸川郡，小部分属于荣州义和郡。元代设置行中书省，省以下辖路、府、州、县，川南分属重庆路和叙州路。明朝改路为府，川南分属叙州府和马湖府，泸州部分直隶布政司。清雍正时期，除北部荣县隶属建昌上的川南道嘉定府以外，其余均属川南永宁道。新中国成立初期，设川南行署区，驻泸州市，辖泸县、内江、乐山、宜宾四个专区。1952 年，恢复四川省建制，之后又陆续对川南的一些市、县作了调整，逐步形成了现有的行政区划。

（二）城镇发展现状

1. 城镇体系

川南经济区包含自贡、泸州、内江、宜宾 4 市，其下辖 28 个区县，共计乡 159 个、镇 321 个、街道办事处 46 个。截至 2010 年，川南经济区共有 50 万人口以上的大城市 4 个，20 万人口以上中等城市 1 个，10 万人口以上的小城市 16 个（其中富顺县、宜宾县、隆昌县有希望在"十二五"期间进入中等城市行列），基本形成了以大城市为核心和支撑，大中小城市和小城镇协调发展的格局（见表 17–7）。

2. 城镇化水平

2010 年，川南经济区城镇化率为 39.09 %，略低于全省 40.18 % 的平均水平，其中自贡市最高为 41.02 %、内江为 39.36 %、泸州为 38.80 %、宜宾最低为 38.00 %。以非农化率[①]指标比较，川南经济区 28 个县区可分为三类：城镇化水平较高的地区，这类地区非农化率高于 30 %，包括自流井区、翠屏区、内江市中区、江阳区、龙马潭区、大安区、贡井区 7 个区；城镇化水平偏低的地区，这类地区非农化率为 15% ~ 30%，包括荣县、隆昌县、富顺县、威远县、沿滩区、珙县、纳溪区、南溪县[②]、叙永县、东兴区 10 个区县；城镇化水平滞后的地区，这类地区非农化率低于 15%，包括江安县、合江县、资中县、筠连县、屏山县、高县、长宁县、宜宾县、兴文县、古蔺县、泸县 11 个县（见表 17–8）。

3. 人口分布

从人口密度来看，川南经济区远高于全省平均水平，为全省平均水平的 4.03

表 17–7 川南经济区城市等级（2010 年）

集聚人口（万人）	城市等级	数量（个）	城 镇
50 ~ 100	大城市	4	自贡市、泸州市、内江市、宜宾市
20 ~ 50	中等城市	1	资中县
10 ~ 20	小城市	16	富顺县、宜宾县、隆昌县、合江县、泸州县、叙永县、古蔺县、高县、筠连县、兴文县、珙县、南溪县、江安县、长宁县、威远市、荣县

① 非农化是指不以农业为主要收入来源的人口，农村一般有少量非农化人口，因此非农化率一般大于城镇化率。
② 2011 年 2 月，国务院批准南溪撤县设区。

倍，其中内江最高为741人/平方公里、自贡市为670人/平方公里、泸州市为352人/平方公里、宜宾市为344人/平方公里，分别为全省平均水平的4.46倍、4.03倍、2.12、2.07倍。区内人口分布主要集中在平坝、丘陵和交通枢纽。按照人口密度指标差异可以将28个区县分为3类：人口高度密集区：该区域以平坝和丘陵地形为主，交通便利，产业基础条件好，人口密度高于川南经济区平均水平两倍以上（888人/平方公里以上），包括自流井区、内江市中区、大安区、龙马潭区、隆昌县、江阳区6个区；人口密集区：该区域人口密度超过或接近川南经济区平均水平以上（400人/平方公里以上），包括沿滩区、富顺县、资中县、东兴区、翠屏区、泸县、贡井区、江安县、南溪县、威远县、长宁县、荣县、纳溪区、高县；人口相对稀少区：该区域人口密度低于400人/平方公里，包括合江县、珙县、宜宾县、兴文县、筠连县、古蔺县、叙永县、屏山县。（见表17-9）

4. 城镇空间布局

川南经济区铁路、公路、水路、航空等交通方式完备，四市地理位置相邻，城镇空间聚合形态较好，已经形成了以区域中心城市为核心，主要交通干线为依托，产业集聚发展为支撑的“四中心、四主线、二辅线”的网络化城市群空间布局。其中：“四中心”指自贡、泸州、内江、宜宾四市中心城区；“四主线”包括内昆线、内宜高速公路形成的西部发展轴，隆黄铁路、川

表17-8　2010年川南经济区各县（区）非农人口比重

县（区）	年末户籍总人口	非农业人口		县（区）	年末户籍总人口	非农业人口	
		人口数	比重（%）			人口数	比重（%）
泸　县	108.6	10.1	9.3	纳溪区	48.2	9.3	19.3
古蔺县	84.8	8.0	9.4	珙　县	42.2	9.2	21.8
兴文县	46.4	5.3	11.4	沿滩区	38.8	8.6	22.2
宜宾县	101.7	11.9	11.7	威远县	74.7	16.7	22.4
长宁县	44.9	5.5	12.2	富顺县	107.0	24.0	22.4
高　县	53.0	6.5	12.3	隆昌县	78.3	18.3	23.4
屏山县	30.7	3.8	12.4	荣　县	69.6	17.2	24.7
筠连县	41.6	5.2	12.5	贡井区	29.5	10.1	34.2
资中县	131.1	17.5	13.3	大安区	45.9	17.4	37.9
合江县	90.5	12.4	13.7	龙马潭区	34.5	13.9	40.3
江安县	55.3	7.7	13.9	江阳区	63.9	27.0	42.3
东兴区	88.3	13.5	15.3	内江市中区	53.1	22.5	42.4
叙永县	71.8	11.1	15.5	翠屏区	80.9	37.7	46.6
南溪县	42.3	8.1	19.1	自流井区	35.2	28.1	79.8

表 17-9　2010 年川南经济区各区县人口密度（单位：人 / 平方公里）

县（区）	人口密度	县（区）	人口密度	县（区）	人口密度	县（区）	人口密度
屏山县	204	合江县	375	江安县	619	沿 滩 区	829
叙永县	242	高　县	402	贡井区	706	江 阳 区	985
古蔺县	266	纳溪区	419	泸　县	712	隆 昌 县	986
筠连县	331	荣　县	435	翠屏区	715	龙马潭区	1036
兴文县	336	长宁县	451	东兴区	748	大 安 区	1150
宜宾县	346	威远县	580	资中县	756	内江市中区	1369
珙　县	369	南溪县	601	富顺县	801	自流井区	2301

黔高速形成的东部纵轴，长江黄金水道、沿江铁路和高速公路组成的南部发展轴以及成自泸高速公路形成的北部发展轴；“二辅线”指依托成渝客运专线、成渝高速公路形成的北部横线和成贵铁路及煤炭资源开发专线形成的南部横线。

（三）城镇发展存在的问题

1. 城市群整体合力尚未形成，集聚和辐射能力不足

川南经济区是自贡、泸州、内江、宜宾四大中心城市组成的多中心组团聚合模式，同时又接受成都、重庆两个特大城市的辐射和影响。各中心城市间经济社会发展水平相当，经济规模、城市基础设施建设水平相近，还未形成百万人口以上特大城市，集聚和辐射能力都不够强。四个区域性中心城市之间缺乏明确的功能定位和分工，中等城市偏少、小城镇规模偏小。城镇之间分工不够明确，互补性和协调性不高，未能形成带动地方发展和促使产业、人口集聚的增长极。城市极核对区域经济的带动力不强，城市群的规模和能级发展缓慢，制约了城市群整体优势发挥。

2. 整体发展水平不高，产业对城镇化支撑力度不够

川南经济区虽然整体水平处于全省第二，但发展不足、发展水平不高仍是川南经济区最大的问题，尤其是产业发展难以支撑城市群发展需要。川南经济区的三次产业结构还不够合理，农业和农业从业人员比例过高，服务业发展滞后于工业发展速度，就业吸纳能力较弱，工业化水平偏低，工业产业层次偏低，导致产业经济对区域城镇化的支撑力度不充分，影响了城市规模效益和服务功能的发挥，影响了城镇化的发展。

3. 城镇化进程与资源环境承载能力的矛盾加剧

随着川南经济区工业化和城镇化的快速推进，经济社会发展与资源环境承载能力的矛盾加剧。特别是川南经济区产业结构偏重的特点，进一步加剧了上述矛盾。当前川南经济区已经有部分城镇出现水资源短缺、建设用地紧张的局面，一些地区也出现了大气和水资源严重污染、水土流失严重的情况。因此，在推进城镇化的同时，必须坚持实施可持续发展战略，促进经济增长方式转变，抓好防治水土流失、大气和水资源污染治理、三废处理等重点问题，实现经济建设与环境保护的“双赢”。

（四）中心城市发展定位及发展方向

川南经济区四个中心城市已经具备了一定的综合职能，产业体系相对完整，但由于行政体制和空间通达性的原因，城市之间的竞争大于合作，经济联系紧密程度较弱，城市功能定位雷同和产业结构相似的问题较为突出，影响了区域一体化发展的进程，导致区域整体优势难以发挥。因此，必须根据各市的资源环境和产业特点，科学定位中心城市功能和明确其发展方向，促进川南城镇职能从综合型向分工明确、协作互补、相互协调的方向转变。根据《成渝经济区区域规划》和川南各市特点，川南四市中心城市的功能定位及发展方向为：

自贡市。国家历史文化名城，中国西部重要的盐化工基地、机械成套设备研发制造基地、特色新材料研发出口基地，独具特色的旅游城市，现代功能的消费城市，山水园林的生态城市。以盐化、机械、新材料为产业支撑，并逐步形成产业集群，积极开拓新兴产业，建设西部化纤基地，建立中国西部重要的盐化工基地、机械成套设备研发制造基地、特色新材料研发基地和四川新材料出口基地。规划 2015 年城市建成区面积达到 120 平方公里左右，常住人口达到 120 万人。

泸州市。川滇黔渝毗邻地域的交通枢纽和商贸中心，国家历史文化名城。以化工、机械、食品和能源为产业支撑，建设西部化工城，打造全国著名的循环型化工基地及清洁能源基地；以名优酒为主体的全国重要的食品工业基地；四川重要的装备制造业基地；川滇黔渝结合部的商贸、物流、区域旅游组织中心；长江上游港口城市。规划 2015 年城市建成区面积达到 120 平方公里左右，常住人口达到 120 万人。

内江市。川东南交通枢纽和工贸型区域中心城市。以建材、食品、医药、机械为产业支撑，依托交通枢纽的优势区位，积极发展商贸物流业，发挥区域性中心城市作用，构建西部新型建材基地、绿色农产品加工基地、机械制造配套加工基地；建成文化、生态、休闲旅游目的地和川东南现代物流中心。规划 2015 年城市建成区面积达到 100 平方公里，常住人口达到 100 万人。

宜宾市。国家历史文化名城，国家优秀旅游城市，长江上游成渝地区次区域中心，成渝地区连接南贵昆走向珠三角和东南亚的重要战略枢纽。西部综合能源基地和以饮料、化工、机械设备为主导的制造业基地；川滇黔结合部物流枢纽；国家级生态文化旅游目的地；金沙江水电开发依托城市；长江上游生态屏障的重要支撑。在城市建设上，有序疏散旧城密度，把宜宾县纳入城区统一规划，拓展城市空间。规划 2015 年城市建成区面积达到 120 平方公里左右，常住人口达到 100 万~ 120 万人。

（五）城镇发展重点和方向

1. 优化城镇等级结构

按照循序渐进、节约土地、集约发展

的原则，以大城市为城市群的核心和支撑，大力推进大城市建设进程，积极培育中等城市，优化整合小城镇，走大中小城市和小城镇协调发展的城镇化道路。

一是要加快发展特大城市。统筹区域城市规划，加快区域性中心城市建设，强化不同城市的功能定位与分工，促进中心城市要素优化配置，加强基础设施建设，完善公共服务体系，提高城市承载力，力争到 2015 年，自贡、泸州、内江、宜宾初步建成特色优势突出、产业布局合理的百万人口以上特大城市，带动周边地区加快发展。

二是要加快发展县域中心城市。以交通干线、重要工矿区、商品集散地为依托，重点培育基础较好、潜力较大的县域中心城市。加强基础设施建设，强化公共服务，改善人居环境，提高人口集聚能力。大力发展特色产业，积极承接产业转移，加快县域经济发展。到 2015 年形成 10 个左右聚集 20 万人口以上的中等城市和 5 个左右聚集 10 万人口以上的小城市。

三是要大力提升中心镇和重点镇。强化基础设施、非农产业和公共服务，增强小城镇吸纳和承载能力，引导农村富余劳动力向非农产业转移、农村人口向中心镇和重点镇集中。实施重点镇建设示范工程，建设二郎、大山铺、巡场、银山等一批特色鲜明的重点旅游镇、工业镇和商贸镇。到 2015 年，培育形成 100 个左右功能特色鲜明、综合实力较强的中心镇和重点镇。（见表 17-10）

2. 优化城镇空间结构

按照“强化四中心，扩展四主线，带动二辅线”的总体思路推进城镇空间布局优化。一是要充分发挥自贡、泸州、内江、宜宾四个区域性中心城市的带动作用，引导人口、经济能量等向中心集聚，形成增长极点。加快沿线中小城市发展，积极培育和壮大沿线经济带，根据城镇资源环境承载能力，引导人口向资源环境承载能力强的地区集中，向具有一定开发基础的地区集中，向发展潜力大的地区集中，构建空间布局合理、分工协作紧密、一体化发展的区域城镇体系。二是要依托长江黄金水道、主要高速公路和铁路等轴线，构建“两横两纵”的城镇发展主线，强化中心城市经济社会联系。促进要素沿轴线集聚和扩散，推进沿轴线产业、城镇集聚，加快沿轴线工业集中区发展，形成川南的城镇

表 17-10　2015 年川南经济区城镇体系结构

规模分类	集聚人口	城市（镇）数	城市（镇）名称
特大城市	100 万人以上	4 个	自贡、泸州、内江、宜宾
中等城市	20 万～ 50 万人	10 个左右	荣县、富顺、资中、威远、隆昌、泸县、合江、叙永、珙县、江安
小城市	10 万～ 20 万人	5 个左右	古蔺、长宁、兴文、高县、筠连
	5 万～ 10 万人	1 个	屏山
中心城镇	5 万人以下	100 个左右	二郎镇、大山铺镇、巡场镇、棹木镇、银山镇等

密集区和产业集聚区，使轴线逐步拓宽发展成为经济带，辐射带动更大区域发展。

3. 推进区域中心城市同城化

川南四市目前具备了同城化发展的基础条件，要以加快中心城市同城化推动区域一体化和城市群的发展。一是统筹协调城市建设和管理，突破行政区划界限和体制机制束缚，编制城市群总体发展规划，优化调整中心城市功能分工，推动新城区沿交通干线相向发展，促进城市管理体制和管理模式逐步统一，推动区域中心城市同城化。二是构建无缝对接的城际交通，加快城际快速通道和快速轨道交通建设，完善城际公交线路和站点，促进城市群交通服务一体化，构建无缝对接的快速交通网络和城市通勤圈，方便城际经济社会联系。三是推进一体化服务体系建设，根据合理的服务市场半径，重点推进高端医疗和教育资源共享。加强养老保险、医疗保险、社会最低生活保障等关系无障碍转移机制和统一网络建设，形成共建共享、区域联网、方便快捷的基本公共服务和社会保障体系。四是建设一体化要素配置平台，加快建立统一开放、公平交易、规范运行的各类要素配置平台，促进统一的市场体系建设，充分发挥市场机制的作用，促进区域中心城市之间资源要素整合与融合发展。

4. 推进城乡统筹协调发展

一是深化统筹城乡综合配套改革。推进城乡规划一体化、资源要素配置市场化、基本公共服务均等化和行政社会管理一体化。加快构建统筹城乡发展的体制机制。加强城乡一体化规划建设，优化城乡基础设施、产业与城镇布局，构建新型城乡形态。推进城乡基本公共服务均等化，加大公共财政对农村的投入，建立城乡统筹的基本公共服务体系和长效供给机制。深化农村金融、产权、户籍等改革，进一步完善就业和社会保障，促进城乡要素合理流动，健全城乡社会管理一体化体制，完善农村基层治理机制。

二是推进城乡产业互动发展。发挥县城和重点城镇推动城乡产业互动的纽带作用，加快形成以特色农产品加工业为主导、生产性服务业为支撑、连接农业规模生产的城乡产业统筹发展格局。以农业产业化经营为途径，以现代农业示范区建设为重点，大力发展现代农业，保障特色农产品加工业原料需求；以各类经济园区为载体，大力发展特色农产品加工业；围绕生产加工各环节，大力发展生产性服务业。

三是加快社会主义新农村建设。按照“生产发展、生活宽裕、乡风文明、村容整洁、管理民主”要求，因地制宜、集中连片推进新农村规划建设，加强道路、饮水、能源、通信等基础设施建设，改善农村生产生活条件。加强以工促农、以城带乡，推进农业规模化生产、集约化经营，提高特色农业效益。统筹配套农村居住与农业生产、公共服务和社会管理，引导农村人口适度集中，形成人口集聚适度、产业支撑有力、功能设施齐备、环境优美和谐、管理科学民主的农村新型社区。

四是努力提高农民收入。认真落实各项农业补贴和主要农产品价格保护等政策，加快发展政策性农业保险，加快实施农民创业促进工程，提高农业经济效益和农业收入。稳步提高新型农村社会养老保险、新型农村合作医疗、农村最低生活保障水平，增加转移性收入。加强农民技能培训，积极发展“订单”劳务，引导农村富余劳动力有序转移，增加工资性收入。按照依法自愿有偿原则，引导农户开展土地流转和承包权入股，增加财产性收入。

五是引导农村人口向城镇转移。推进户籍管理制度改革，落实放宽中小城市和小城镇落户条件的政策，发挥重点小城镇的公共服务和居住功能，引导有条件的农村人口进入城镇居住和创业，就近转为城镇居民。改善面向农民工的公共服务，保障农民工随迁子女平等接受义务教育的权益，逐步把农民工纳入城镇职工基本养老、基本医疗保险和城镇住房保障体系。积极推动撤乡并镇和并村联组，促进人口集聚。

5. 完善城镇体系的基础设施配套

加大统筹规划力度，集中财力，加大对基础设施的投入，提高川南区域的通达性建设，促进中心城市和重点城镇之间基础设施的配套和一体化建设。建设高效协调综合交通运输网络。着力提高各种交通方式的技术标准，提高通行能力。路网结构应能适应城镇空间布局；强化城市道路的建设与改造，缓解交通拥堵。加快城际快速通道和快速轨道交通建设，完善城际公交线路和站点，促进城市群交通服务一体化，构建无缝对接的快速交通网络和城市通勤圈，方便城际经济社会联系。改善市政设施。加强城镇电网改造和自来水改扩建工程，提高供电和供水保障率，完善给水、供电、消防等市政工程设施。积极发展电力、通信事业，提高电力网络、邮政网、移动网、固定网以及互联网等互通互连网络的覆盖面。加强环保基础设施。抓好城市污水和垃圾处理厂等环保设施建设，大力提高中水回用率和垃圾分类处理率。扩大园林绿化面积，改善城市生态环境。要强化区域生态建设，加强水环境治理，建立区域性水土流失保护区，提高区域的森林覆盖率。

6. 推进老工业城市和资源型城市改造

近年来，自贡市和内江市获批成为国家老工业基地城市改造试点城市，泸州市成为国家资源型城市转型试点城市，享受国家相关政策和资金扶持。当前应抓住国家推进老工业基地城市和资源型城市振兴改造、转型发展重大机遇，实施老工业企业搬迁，推进传统工业调整升级，焕发老工业基地城市和资源型城市新活力。实施老城区工业企业“退二进三”搬迁改造工程，加快大型老工业企业搬迁改造，推动老城区产业转型，着力构建现代产业体系，全面提升老城区集聚、辐射功能和服务功能。按照统一规划、创新机制、节约用地的原则，采取整体搬迁、异地重建、维修加固等方式，加快推进老城区棚户区改造工程。推进老城区市政基础设施改造。按照打造宜居宜业现代化特大城市要求，加快老城区市政基础设施改造，完善供水供电供气、公共交通、污水与垃圾处理、停车场等设施，完善老城区公共服务设施配套改造。加强老城区学校、医院和卫生院以及文化体育设施建设，完善科技教育、医疗卫生和文体设施布局以及就业社会保障。

六　一体化发展进程

川南经济区地理相近、文化相同、空

间聚集形态良好，但长期以来存在的产业结构趋同、地方保护主义等，阻碍了区域整体优势的发挥和经济竞争力的提升。面向新的发展阶段，构建更加紧密的合作平台和更为有效的合作机制，形成区域整体发展新优势和区域一体化发展新格局，是加快川南经济区发展的现实需要和客观要求。根据川南经济区一体化发展现状及趋势，应实施重点突破与全面推进相结合战略，坚持阶段性推进区域经济发展，力争在“十二五”期间重点突破制约区域经济一体化发展的体制机制，2020 年全面实现区域经济一体化发展目标。根据推进川南经济区一体化发展的阶段性目标任务，“十二五”期间的重点目标任务是构建一体化发展的体制机制。

（一）形成一体化的产业发展机制

合理的产业布局是实现产业分工协作的基础，是川南经济区产业发展的必然途径。根据川南经济区产业结构高度同质化的实际，应按照发挥各市比较优势的原则，完善政策机制，突出各市的产业发展重点。其中：自贡市应重点发展机械装备制造、盐化工和高分子化工、新材料产业、节能环保产业，泸州市应重点发展油气化工和煤化工、饮料食品、煤炭电力产业，宜宾市应重点发展饮料食品、能源电力、轻化工、机械装备制造产业，内江市应重点发展农副产品精深加工业、冶金建材、汽车和电子配套、再生资源综合利用产业。

此外，长江黄金水道是川南经济区最大的优势之一，也是未来川南重化工业布局重点区域，统筹区域内岸线资源开发和临港产业布局对于优化区域产业分工具有重要作用。应根据一体化发展的要求，统筹推进岸线资源开发和产业布局。针对当前泸州和宜宾港口产业布局中存在的问题，应采用“一区（川南临港经济区）、两园（泸州临港产业园和宜宾临港产业园）”模式，设立川南临港经济区管委会，统一管理川南临港经济区两个园区，争取建立川南临港经济区综合保税区，大力发展机械装备制造、能源、化工等重化工产业和轻化工、现代物流等临港产业，共同打造长江上游临港产业带。

（二）构建统一的现代市场体系

市场一体化是区域经济一体化的重要标准和重要内容。要以推动四市要素和商品的无障碍流动为目标，通过加强设施和制度两大建设，推进劳动力、资本和商品市场一体化，构建区域统一的现代市场体系。

一是要推进区域劳动力市场一体化。促进劳动力资源在区域自由流动是区域一体化发展的重要内容。应整合各种劳务市场和人才市场，建立川南统一的人力资源市场，联合举办面向经济区的大型人才招聘会。建立统一的劳动力培训市场，推进职业技术培训资源共享，建设区域远程职业培训公共平台，建立人力资源培训信息预测制度，实现各市互认培训和鉴定结果。健全统一规范的劳动用工制度和就业管理服务网络，建立有利于劳动力流动的户籍、住房、教育、人事管理和社会保险关系转移制度，促进劳动力资源跨区域流动。

二是要推动区域资本市场一体化。加强区域性资本市场建设是加快川南经济区发展的重要举措。要进一步整合四市城市商业银行和农村信用合作社，成立经济区统一的城市商业银行和农村商业银行。推动金融机构跨地区经营，鼓励各类金融机构以中心城市为依托开展异地贷款业务，加强四市金融机构在区域性管理运营机构建设和支付清算、中间业务拓展等领域的合作。推进金融机构异地、跨行票据直接同城结算。加强区域信用体系建设，构建经济区统一的企业和个人信用体系。加强产权交易市场合作，推动建设经济区统一的产权交易市场。

三是推进区域商品市场一体化。按照合理分工的原则，对功能重复的市场进行调整合并，优化商贸业态结构和网点布局，建立专业分工突出的、多层次的商贸市场，共同建设一批面向经济区、辐射川滇黔渝的区域性专业市场和物资集散地。全面推进企业登记信息互联，统一规范企业登记注册条件和程序，联合推动开展企业标准与资格审查、抽查质检和评估行动，推进产品审查、质检、认证和评估结果互认。加强工商部门联合执法和专项合作，建立消费者申诉举报一体化体系，加大侵权违法和失信行为联合打击力度。

（三）构建一体化的区域合作机制

加强区域合作是实现区域一体化发展的前提，而建立和完善区域合作的机制是其重要的条件。由于受地方本位主义的影响，当前川南经济区四市在区域合作中地方保护主义仍然盛行，不同程度的竞争和相互拆台现象普遍存在，在招商引资和项目引进过程中尤其明显。因此，要以政策和项目合作为重点，构建一体化的区域合作机制为突破口，引导川南四市政府主动加强合作。在政策方面，各市应清理规范各市现有开放合作政策，取消不合理保护与不公平竞争的地方性政策法规，加强在税收、土地利用、人才流动、社会保障、争议解决等方面的沟通协调，构建区域合作政策协调机制。共同争取国家财税、投资、金融等方面的政策支持。在项目合作机制方面，要建立区域内部重大项目合作协调机制，联合开展区域重大项目前期研究，建立重大项目联合申报制度，加强对区域内重大合作项目的跟踪协调与落实，重点联合争取国家对区域内特色产业发展、长江上游生态屏障建设、资源节约和环境保护、城乡统筹等项目建设给予支持。

（四）建立一体化发展的体制机制

一是建立省级指导和协调机制。在省委、省政府统一领导下，设立川南经济区一体化领导小组，协调各行政区之间重大问题，研究制定相关重大方针政策。

二是成立一体化发展的协调机构。建立川南经济区一体化市长联席会议制度，轮流召开市长联席会议，对接一体化发展战略和思路，确定区域合作的重点领域和工作任务，协调推进重大项目建设布局，统筹区域发展政策，共同向上争取政策，禁止相互封锁和恶性竞争。建立由相关职能部门组成的专责小组，加强政府职能部门之间对接与合作。

三是构建一体化发展的利益共享机

制。根据四市产业分工，建立合理的利益分享和产业互动机制，促进产业转移合理布局。探索建立四市之间成本分摊、财税分享、共建共享的制度，研究制定区域间财政税收、经济核算、就业安排、招商引资、资源有偿使用、环保容量调剂补偿、土地利用统一协调等政策，促进区域利益公平化。

四是构建一体化发展的多层次合作机制。加强政府引导，鼓励发展各种非政府的横向协调机构，支持组建区域性行业协会、商会等社会团体。鼓励区域内企业加强经济合作，支持区域内企业联合重组。召开各种类型的川南经济区一体化发展论坛，共同探讨跨行政区资源配置、要素流动、产业互动、经贸合作等经济区深层次合作问题。

七　发展展望

到 2015 年，初步形成川南经济区一体化发展新格局，经济实力和人民生活水平显著提高，区域经济社会得到快速发展；基本为建设全省西部地区新的经济增长极奠定坚实基础，为全省跨越式发展做出重要贡献；经济实力和人民生活水平显著提高，为全面建设小康社会奠定决定性基础。

一是经济社会持续快速发展。地区生产总值年均增长 13%，力争 2015 年实现地区生产总值 6200 亿元，占全省 GDP 的比重提高到 20%，人均 GDP 达到 35000 元左右，进入中等收入地区，达到全省平均水平，与全国差距显著缩小。社会保障水平进一步提高，城乡公共服务水平显著上升，就业局势保持稳定，全民受教育程度稳步提升。

二是城市群竞争力显著增强，城镇化进程加快推进。自贡、泸州、内江、宜宾 4 个中心城市初步建成可容纳百万人口以上的特大城市，形成 10 个以上中小城市，城镇化率年均提高 1.5 个百分点以上，2015 年达到 48%。城市群总体功能和竞争力显著增强，产业和人口集聚水平显著提高，辐射带动能力显著增强，城乡统筹取得新进展。

三是基础设施实现互联互通。机场、港口、铁路等资源有效整合发展，对外通道更加便捷；建成城市间互通式快速通道网络，力争 2015 年前实现形成 4 个中心城市 1 小时互通交通圈，公路、铁路、航空、水运等形成各种交通运输方式有效衔接、快速便捷的综合交通运输体系进一步完善。加快水利基础设施建设，区域供水保障能力显著增强，能源保障体系更加健全，信息服务平台实现共建共享。着力构建供水保障体系和防洪防灾体系，形成能够充分保障城镇供水、农村人口饮水、防洪安全、农田灌溉的水利服务体系。

四是产业实现优势互补，竞争力明显提升。整体产业特色更加突出，产业支撑带动作用进一步增强，在全省、成渝经济区和全国的产业分工地位更加重要。产业结构明显优化，战略性新兴产业加快发展，服务业发展质量和水平不断提高，区域产业协作配套能力增强，产业层次不断提升，空间布局基本协调，基本形成优势互补的现代产业体系，产业竞争力明显提升。到 2015 年，产业结构明显优化，三次产业结构调整为 10∶60∶30，区域优势产业和现代服务业占 GDP 比重达到 80%以上。

五是人民生活显著提高。城乡居民收入普遍较快增长，实现居民收入增长和经济发展同步，到 2015 年城镇居民人均可支配收入达到 27000 元，农民人均纯收入达到 10500 元。城乡基本公共服务能力显著增强，社会保障水平进一步提高，全民受教育程度和社会就业率稳步提升，人口素质不断提高，人居环境明显改善，人民生活水平达到全省较高水平。

六是生态环境不断有效改善。天然林资源得到进一步保护，退耕还林成果得到巩固提高，城乡环境综合整治、水土流失治理等进一步加强，2015 年森林覆盖率达到 42%，主要江河川江出川境断面水质力争达到Ⅱ类，单位 GDP 综合能耗、资源消耗和污染排放显著降低，主要污染物在控制指标以内，城市污水达标处理率 70%以上，城市空气Ⅱ级以上天数 90%以上。

展望 2020 年，全面形成区域经济一体化发展格局，区域整体优势得到充分发挥，区域功能分工和空间布局更加优化，基础设施体系高效互联，产业融合联动发展，社会建设协调推进，基本公共服务均等化，社会保障更加完善，城乡环境优美，人民生活富裕，成为西部地区最具活力的特大城市群和新的重要经济增长极之一，实现全面建设小康社会的宏伟目标。

第 18 章 川东北经济区*

川东北经济区位于四川省东北部川渝陕甘四省（市）结合部，包括广元、南充、广安、达州和巴中5个市，是集革命老区、贫困地区、秦巴山区、嘉陵江流域和秦巴生态区于一体的特殊区域，是四川省发展相对落后但发展潜力较大的区域。按国际上通行的标准来衡量，从总体上看，川东北经济区的经济发展水平仍然处于工业化中期阶段。因此，根据川东北经济区资源环境承载能力和发展潜力，按照“加快发展，突出特色，工业引导，分步推进”的思路，川东北经济区正积极承接产业转移，依托嘉陵江、渠江和重要交通干线，构建连接我国西北、西南地区的川东北新兴经济带，并通过打造中国“西三角”经济发展中心、成渝经济区西北次区域发展中心、中国天然气能源化工基地、特色农产品深加工基地、革命老区发展示范基地、特色旅游文化发展基地来实现（见图18-1）。

图 18-1　川东北经济区及区位

* 本章作者：林彬，四川省社会科学院综合研究室主任；四川省经济社会发展重大问题研究中心副主任，秘书长，副研究员。

一　区域特征与发展定位

（一）区域概况

1. 地理区位

川东北经济区位于四川省东北部，东、南面紧邻重庆市，西面与四川省绵阳市和遂宁市接壤，北与陕西和甘肃毗连。川东北经济区地形表现为丘陵、盆地和盆缘山地，其浅丘区域是四川省重要的人口聚集区，深山区和深丘区是四川省自然资源富集区。在川东北经济区的广元、南充、广安、达州和巴中 5 个市中，基本情况各有其特点。

2. 行政区划

川东北经济区包括广元、南充、广安、达州和巴中 5 个市，共计 32 个县级行政区。辖区面积 6.4 万平方公里，占四川省辖区面积的 13%。川东北经济区的区域特征是集革命老区、贫困地区、秦巴山区、嘉陵江流域和秦巴生态区于一体的特殊区域，不但在川东北经济区内人口密集、资源丰富、灾害频发，而且经济社会发展仍然比较滞后，区域内发展也极不平衡。

3. 人口民族

川东北经济区以汉民族为主。2010 年，川东北经济区年末常住人口为 2072 万人，占四川省年末常住人口的 26%；年末户籍人口 2596 万人，占四川省同期年末户籍人口的 29%。川东北经济区总人口占全省当年总人口的 33%，也就是说，在全省 13.2% 的土地上生活着全省 33% 的人口；人口密度 405 人 / 平方公里，是全省人口密度 169 人 / 平方公里的 2.4 倍；劳动力资源丰富，川东北经济区农村潜在富余劳动力供给量可达 600 万以上。

（二）区域性特征

1. 经济持续快速发展

2010 年，川东北经济区实现本地生产总值（GDP）2787 亿元，占四川省同期 GDP 的 16%；[①] 实现人均生产总值（GDP）13450 元，相当于四川省同期人均 GDP 的 66%；经济密度为 2400 万元 GDP/平方公里，经济密度最高的地区广安市为 3497 万元 GDP/ 平方公里，经济密度最低的地区巴中市为 1095 万元 GDP/ 平方公里；工业化率为 35.1%，相当于四川省同期工业化率的 85%；完成全社会固定投资额占四川省同期全社会固定投资额的 16%；完成社会消费品零售总额占四川省同期社会消费品零售总额的 16%；实现地方财政一般预算收入占四川省同期地方财政一般预算收入的 7%；年末居民储蓄存款余额占四川省同期年末居民储蓄存款余额的 18%。

“十一五”时期是川东北经济区经济社会发展极不寻常、极不平凡的五年。川东北经济区积极应对汶川特大地震自然灾害和国际金融危机的影响，深入贯彻落实科学发展观，紧紧围绕省委提出的“一主三化三加强”的发展思路 [②] ，坚定不移

① 本章经济总量按当年价格测算，发展速度按可比价格测算。

② 一主三化三加强：中共四川省委九届四次全会提出的全省经济社会发展思路，即把“加快发展、科学发展、又好又快发展”作为全省工作的总体取向，明确建设西部经济发展高地的发展定位，提出了坚持以工业强省为主导，大力推进新型工业化、新型城镇化、农业现代化，加强开放合作、加强科技教育、加强基础设施建设，简称为“一主、三化、三加强”发展思路。

地实施项目推动战略，推进优势产业跨越式发展，民生问题有效解决，体制机制不断创新，危中寻机，难中求进，开拓创新，真抓实干，经济社会发展取得了突出成效，为未来经济社会的加快发展奠定了良好的基础，主要表现在经济实力明显增强，基础设施建设成效显著，产业培育扎实推进，公共服务均等化逐步体现，改革开放不断深入等几个方面。

2. 革命老区发展滞后

川东北经济区的区域特征比较特殊，集革命老区、贫困地区、秦巴山区、嘉陵江流域和秦巴生态区于一体，不但经济社会发展仍然比较滞后，而且区域内发展也极不平衡。2010 年，川东北经济区人均 GDP 最高的是广安市 15588 元，而人均 GDP 最低的巴中市只有 8717 元，彼此相差 44%。一是革命老区。川东北经济区是中国革命史上具有突出地位和突出贡献的革命老区，与延安、井冈山、临沂、遵义、百色、龙岩等几个老区具有同等地位。二是秦巴山区。川东北经济区区域间的差异很大，秦巴山区的广元等地，不但区位偏远，而且交通不畅，远离成都、重庆、西安三个特大中心城市，受到经济中心的辐射程度小。丘陵地区的南充等地，人口密集，资源较为贫乏，发展潜力不足。三是多省结合部。川东北经济区位于川陕甘渝多省结合部[①]，是四川省北通道和北大门的重要门户城市和交通节点，是兰渝、成西[②]、渝西等多条铁路干线和高速公路的必经之地。四是生态屏障区。川东北经济区均属于嘉陵江和渠江上游生态屏障及秦巴生态区，森林覆盖率均在 40% 以上。

川东北经济区的秦巴山区是连片贫困地区，属于老区中的“特困户”。按照国家贫困标准，川东北经济区不但贫困人口多，而且贫困程度深，其中，大多数贫困人口仍属于未解决温饱的绝对贫困人口。特别是川陕革命老区经济社会发展指标远低于延安、临沂、龙岩、百色等革命老区，受到的政策扶持力度也不能与上述老区相比。2010 年，川东北经济区农民人均纯收入 4632 元，相当于全国当年平均水平的 78%，相当于四川当年农民人均纯收入的 90%；除广安市以外，其他四个市均低于四川省平均水平；最低的巴中市农民人均纯收入只有 3847 元，仅相当于四川省当年同期平均水平的 75%。川东北经济区实现城镇居民人均可支配收入 11450 元，相当于四川省同期城镇居民人均可支配收入的 82%。

3. 灾害频发

川东北经济区地处“秦巴山地灾害分布区”、“四川盆地东部大暴雨、山洪、滑坡区”、“川东伏旱气候区”和“川中夏、伏旱交替区”的交汇地带，自然灾害种类多且频繁发生，常年遭受干旱、暴雨、洪涝、滑坡、大风、冰雹等气象灾害的袭击，形成了以旱、涝为主的自然灾害链。而且，川东北附近地区蕴藏丰富的天然气资源大多属于高产、高压、高含硫（H_2S）气藏（三高气藏）。“三高”特性给安全开发带来了十分严峻的挑战，是社会公众安全、

① 川陕甘渝：即四川省、陕西省、甘肃省和重庆市。
② 兰渝、成西：即兰州、重庆，成都、西安。

环境安全、生态安全的一个不容忽视的风险源，必须引起高度重视。

(三)发展定位

川东北地区大都属于秦巴山区，生态环境相对脆弱，属于国家生态功能保护区的范畴；在加快经济发展的同时，要高度重视生态保护。因此，根据川东北经济区资源环境承载能力和发展潜力，按照“加快发展，突出特色，工业引导，分步推进”的思路，川东北经济区整体功能定位为：积极承接产业转移，依托嘉陵江、渠江和重要交通干线，构建连接我国西北、西南地区的川东北新兴经济带，并通过打造成渝经济区西北次区域发展中心、中国天然气能源化工基地、特色农产品深加工基地、革命老区发展示范基地、特色旅游文化发展基地等来实现。

1. 成渝经济区西北次区域发展中心

以成渝经济区建设为契机，打造成渝经济区西北次区域发展中心。随着经济社会的快速发展，川东北经济区将成为有效承接成都、重庆和西安三个特大城市的辐射，向西北扩展成渝经济区的发展外延，力争与关中——天水经济区实现有效对接。

2. 中国天然气能源化工基地

加快天然气资源的勘探开发步伐，把川东北经济区建设成为四川省天然气产量增长的主要依托区域，特别是要大力研发天然气的后续产品，发展高附加值的天然气精细化工产品；加大研发煤化工产品的力度，延长产业链，加快构建我国最大的天然气及煤化工生产加工基地。

3. 特色农产品深加工基地

加快区域内的特色农业研发步伐，结合农业产业化，加快推进特色农产品深加工基地建设。从“十一五”时期开始，加快把农产品加工业发展成为川东北经济区经济发展新的增长点，促进工业上规模、增效益，农业调结构、出特色，加快新型工业化步伐，有力地支持城乡居民收入提高和各项社会事业快速发展。

4. 特色旅游文化产业基地

“十一五”期间，川东北旅游文化产业发展明显加快，逐步成为群众致富产业和区域发展环境改善的导向产业。以将帅故里为代表的红色旅游优势进一步发挥，三国文化旅游优势更加突出，自然生态旅游优势更加明显，把川东北经济区建设成为我国重要的红色旅游文化和三国旅游文化目的地和产业发展基地。

5. 革命老区发展示范基地

川东北经济区既是三总(邓小平总设计师、朱德总司令、罗瑞卿总参谋长)等老一辈无产阶级革命家的故里，又是革命老区所在地，在新中国发展的历史上，曾经做出过重大贡献。毛泽东主席曾经说过，“川陕苏区在争取苏维埃新中国的伟大战斗中具有非常巨大的作用和意义”。加快贯彻落实党中央、国务院，省委、省政府制定的加快革命老区发展的战略举措，把川东北经济区建设成为全国革命老区的示范基地。

川东北经济区的发展是一个漫长而复杂的过程，“十一五”期间才刚刚起步，随着《川东北革命老区发展规划》等一系列综合及专项规划组织实施，必将促进新一轮经济社会的发展。

二 自然条件与优势资源

（一）自然条件

1. 自然地理

川东北经济区的地理位置居于四川“东北大门”，为我国亚热带与暖温带相互作用形成的过渡区。复杂多变的山区环境条件，丰富多彩的植物资源，种类繁多而且形态各异的林特产品，构成了山区经济的特色，在四川东北部地区独具一格。川东北经济区大部分地区都属于秦巴山区的范畴，秦岭为世界著名的山脉，其地质构造十分复杂。

2. 气候条件

川东北经济区地处亚热带季风区，光热资源丰富，雨量充沛，四季分明，无霜期较长，立体气候明显，山地气候类型复杂多样，适应多种动植物生长。川东北经济区年平均气温17℃左右，春、夏、秋、冬四季分明；其中，夏天炎热，7、8月平均气温27℃以上，平均最高温度32℃以上，一般最高37℃～39℃；冬天平均气温在0℃以上；春天和秋天平均气温在15℃左右。

3. 资源概况

川东北经济区拥有丰富的农业资源、旅游资源、红色旅游资源、天然气资源，秦巴山区的地下宝藏也十分丰富，除金、银、铜、铁、硫等矿藏外，汞锑、铅锌等矿的藏量在全国也位居前列，是我国重要的有色金属、贵重金属矿藏区。特别是近年已经投入开发的天然气资源，其储量较大，是未来发展天然气化工产业的重点区域。

（二）优势资源

1. 天然气资源储量巨大

川东北经济区天然气资源十分丰富，是四川新的能源储备基地。随着迄今为止中国规模最大、丰度最高的特大型整装海相气田——普光气田的发现，川东北经济区已是四川盆地天然气生产的重要战略接替区，为在川东北经济区建设新兴能源和化工基地奠定物质基础。据有关资料显示，仅达州天然气远景储量就达3.8万亿立方米，已探明天然气储量6600亿立方米，是全国继新疆塔里木、内蒙古鄂尔多斯气田之后最具开发潜力的大气田。中石化在宣汉普光发现迄今为止国内探明规模最大、丰度最高的特大型海相整装气田，探明天然气储量高达3561亿立方米；中石油万源罗文铁山坡气田单井日产无阻流量高达1550万立方米，创全国陆地单井日产量之最。中石油、中石化已把达州作为“十二五”期间天然气勘探、开采的主战场。

2. 矿产资源较为丰富

川东北经济区蕴藏着丰富的煤、石油、石灰石、霞石、花岗石、大理石、磁铁矿，其他还有石墨、石膏、绿豆岩、钾长石、透辉透闪石、萤石、滑石、蛭石、硫铁矿、磷矿、膨润土及金、银、铜、铅、锌、钴、镍、钨、铀等。现已探明可开发利用的矿产资源有200多种，其中，煤炭开发利用已经初具规模，并正在逐步成为川东北经济区的主导产业之一；钾盐、石灰石和硫铁矿等储量较大，品质较丰富。

据有关资料显示，仅达州全市已发现

矿物 38 种，产地 250 余处。其中，探明储量的 28 种，产地 146 处；可开发利用的 28 种，已开发利用的 21 种。现已探明石煤储量 7.63 亿吨，其中保有储量 5.80 亿吨，表外储量 1.22 亿吨，炼焦用煤 6.39 亿吨。主要分布在达县（含通川区）、大竹县、宣汉县、渠县及开江县、万源市境内。铁矿保有储量 3743 万吨，预测储量 1400 万吨，主要分布在万源市红旗、长石、城区、关坝、水田、沙滩等地，以及达县新兴，宣汉县新华、樊哙、漆碑、天生、上峡等地。锰矿主要分布在万源市大竹河田坝一仙鹅一带，菱锰矿表外 D 级储量 113.5 万吨。矿石中锰最高含量 36.27%，最低含量 11.1%。

3. 江河资源特色突出

川东北经济区共有大小江河 100 多条。其中：嘉陵江和渠江两江南北纵贯全区，渠江本是嘉陵江的一条支流，但因在川东北经济区内未汇合，故称“两江”（以下简称“两江流域”）。在“两江流域”中，一是嘉陵江流域。嘉陵江是中国长江上游的支流，发源于秦岭，来自陕西省凤县的东源与甘肃天水的西汉水汇合后，西南流经略阳，穿大巴山，至四川省广元市昭化纳白龙江，南流经南充到合川先后与涪江、渠江汇合，到重庆市注入长江。嘉陵江长 1119 公里，流域面积近 16 万平方公里，是长江支流中流域面积最大，长度仅次于汉水，流量仅次于岷江的大河。二是渠江流域。渠江也叫南江河，是嘉陵江的一条支流，发源于川、陕两省界米仓山南麓，流经南江、巴中、平昌、达县、渠县、广安、岳池、合川等 8 个县区，于重庆合川市钓鱼山下云门镇姚家沟村附近注入嘉陵江，较大支流有恩阳河、通江、州河等。渠江上游源头称南江河，巴中市恩阳河口以下称巴河，渠县境内州河口以下称为渠江；全长 720 千米，流域面积 3.92 万平方千米。

4. 旅游文化资源众多

川东北经济区旅游资源独具特色，是构建四川旅游圈的重要组成部分。历史悠久，人杰地灵，是三总（邓小平总设计师、朱德总司令、罗瑞卿总参谋长）故乡，女皇故里和巴人文化、三国文化的发祥地；又是第二次国内革命时期，毛泽东同志誉为的“中华苏维埃共和国第二大区域”，还是中国平民教育家晏阳初的故乡。川东北经济区内的著名景点星罗棋布，光雾山红叶、诺水河溶洞、真佛山儒佛道“三教合一”、阆中古城、大英死海等景点分属多个国家级、省级风景名胜区。自然景观独特秀美，历史文化源远流长，红军精神深入人心，文物古迹遍及城乡。川东北经济区共有旅游景区（点）300 余处，其中，著名的有以剑门蜀道等为代表的三国历史文化景观，以南充万卷楼、宣汉罗家坝为代表的巴人文化遗址，将帅故里以邓小平、朱德、川陕革命根据地中心和首府——巴中等为代表的川陕苏区“红色文化”遗迹，以宣汉百里峡、万源八台山、花萼山、大竹五峰山为代表的自然风景区。

5. 生物多样性资源丰富

川东北以农业为主，优势产业主要体现在丝麻棉、猪牛羊、林果竹等特色农产品精深加工业，其发展绿色产业具有得天独厚的条件，是四川省重要的粮食主产区，年产粮食占四川省的 1/3 左右。川东北经济区生物资源丰富，是“四川盆地北缘山地重要的生物基因库”，植被保护较好，森林植物种类繁多，不仅有国家重点保护的濒危珍稀植物杜仲、银杏、鹅掌楸、岩柏、篦子三尖杉、厚朴、红豆树、青檀、大王杜鹃、红椿、黄檗、八角莲、天麻等数十种，还有被英国剑桥大学皇家物种协会鉴定为世界稀有树种的巴山水青冈。盛产银耳、木耳、茶叶、香菇、核桃、板栗、雪梨、银杏、生漆、杜仲、黄柏、厚朴、天麻、油橄榄、苎麻、蕨菜、竹荪、猴头菇等名优土特产品。丰富的森林资源是野生动物理想的栖息地。据考察，境内有野生动物300多种，其中有属国家重点保护的一、二类濒危珍稀野生动物梅花鹿、金钱豹、黑熊、麝、猕猴、锦鸡、长尾雉、大鲵等30多种，省级重点保护的珍稀动物赤狐、青麝、豹猫、野猪、小麂等100多种。

三　产业发展

（一）产业结构

1. 三次产业情况

2010年，川东北经济区的三次产业结构为24∶46∶30；从三次产业结构中可以看出，第一产业所占比重较大，第三产业发展明显不足。在本地生产总值中，第一、二、三产业分别占四川省同期三次产业的34%、46%、30%。

2010年，全区实现民营经济增加值1509.18亿元，占川东北经济区GDP的53%，相当于全省同期民营经济增加值的16%；其中，民营经济在第一、二、三产业的增加值分别为231.15亿元、835.6亿元、445.43亿元，分别相当于全省同期民营经济第一、二、三产业增加值的26%、16%、14%；按常住人口测算，人均民营经济增加值为6942.6元，相当于全省同期人均民营经济增加值的69%。

2. 川东北经济区在全省的地位

在四川省五大经济区①中，川东北经济区的经济总量占全省的比重为20%左右。其中：第一产业比重比四川省同期高9个百分点，占全省比重27%左右；第二、三产业比重分别比四川省同期低5个百分点，分别占全省同期比重15%左右；第一产业所占比重较大，第二、三产业发展相对滞后，川东北经济区总体上仍处于工业化中期阶段。

（二）重点产业

川东北经济区正在或已经形成的基本产业共有五个：一是天然气化工产业，二是机械电子产业，三是现代农业，四是旅游文化产业，五是现代物流产业。

川东北经济区的工业包括天然气化工产业和机械电子产业，其中，机械电子工业发展的时间较早，天然气化工产业在“十一五”期间加快勘探及开发，并进入一个快速发展期。2010年，川东北经济区规模以上工业企业共有1728个，占全省同期规模以上工业企业的13%；实现工业总产值3090亿元，占全省同期规模以上工业企业工业总产值的14%；拥有固定资产

① 五大经济区：指成都经济区、川南经济区、川东北经济区、川西北经济区和攀西经济区。

（原价）2224 亿元，占全省同期规模以上工业企业固定资产（原价）的 18%；拥有流动资产 621 亿元，占全省同期规模以上工业企业流动资产的 7%。

1. 天然气化工产业

川东北经济区坚持“勘探、开发、利用”并举的方针，在加大勘探力度，不断提高勘探成功率和采收率的同时，优化天然气利用项目，优先保障省内用气需求，在广元、达州、南充和巴中等靠近大型天然气田，以及靠近煤炭资源开发利用的区域，进行天然气、煤化工产业布局，着眼于延长产业链，大力发展精细化工品和高效复合肥为代表的天然气化工。

近年来，川东北经济区着力建设独具特色的天然气石油化工园区，发挥南充炼化总厂的特色产品优势，提高原油加工能力和加工深度；做大、做强南充龙岗天然气净化厂，重点形成了石油化工、天然气化工、生物化工和精细化工四大产业链。着力推进 PTA 项目、天然气制聚丙烯、天然气乙炔产品链、建设甲醛、聚甲醛等项目；打造生物化工产业链，发展燃料乙醇、化工用乙醇、生物柴油、聚乙烯、甘油和甲醇等产品，提高产品附加值和总体经济效益。

川东北经济区加大天然气勘探开发利用力度，发挥资源优势，加大就地转化力度，加快发展天然气能源化工产业，重点培育和发展了 8 条产品链。一是天然气－氯碱化工产品链。以 15.2 万吨 / 年乙炔装置和 32 万吨 / 年烧碱装置为核心，重点发展乙炔 –VCM/PVC，乙炔－三氯乙烯 –F34a；烧碱－氯化氢－有机硅单体等 6 条产品线。二是磷硫化工产品链。以湿法磷酸精制装置为核心，加快推进 130 万吨磷矿选矿、80 万吨硫酸、50 万吨磷酸、22 万吨磷铵、15 万吨 PPA（食品级磷酸）等装置建设，努力延伸产业链，发展聚磷酸铵、多功能磷酸盐、六偏磷酸钠等含磷无机盐产品和硫酸锰等硫酸盐产品，同时发展多聚磷酸、食品级磷酸等磷酸加工产品。三是氟硅化工产品链。以氢氟酸产品作为产业链基础，有机硅单体作为产品链龙头，发展硅橡胶、硅油、硅丙乳液和硅烷偶联剂 4 个下游产品。四是丙烯（MTP）产品链。以甲醇制丙烯（MTP）装置为龙头，发展丙烯－苯酚 / 丙酮－双酚 A 装置－聚碳和环氧树脂、丙烯和合成氨－丙烯腈－碳纤维等 5 条产品线。五是合成氨产品链。以合成氨为基础，发展合成氨－尿素－三聚氰胺，合成氨－磷铵、丙烯腈，合成氨－尿素－复合肥等产品线。六是煤焦油加工产品链。在煤焦油加工基础上，以沥青为原料发展针状焦和沥青基纤维产品，并建设超高功率石墨电极项目。以针状焦副产品炭黑油为原料，发展新工艺炭黑产品。七是石化深加工产品链。以周边乙烯工程中能够提供的原料进行深加工，发展芳烃产品链。八是盐卤化工产品链。依托丰富的富钾卤水资源，大力发展盐卤化工。做好宣汉富钾卤水综合开发等项目建设。

2. 机械电子产业

川东北经济区利用地处成渝经济区和成都、重庆和西安三大城市之间的有利位置，加强与重庆、成都和西安的专业化协作，承接重庆、西安和成都的产业转移，在靠近重庆机械加工业初具规模的地区，加快发展汽车和摩托车零部件配套产业和普通机械产业；在靠近西安和成都平原，其电子业发展有一定基础的地区，加快发展电子元器件等产品的生产。

（1）汽摩零部件配套产业。川东北经济区依托重庆汽车和摩托车产业基础，强化招商引资，全力发展汽摩零部件加工，重点发展发动机、底盘、中冷器、滤清器、变速箱、汽车覆盖件等优势产品，发展壮大重型汽车弹簧钢板、钢绞线、结构钢架、输变电设备、消防器材、安全设备，整合汽车和机械加工制造业资源，培育汽摩零部件配套产业集群。促进汽摩零部件配套生产企业技术创新，加大新产品开发，延伸汽配、摩配产业链条。借势重庆“两江新区”发展，建设汽车及摩托车零部件基地、装备制造业配套基地。加强与重庆、成都、广东等地汽车企业的合作，积极引进整车及关键零部件，发展汽车摩托车及零部件产业集群，加快技术引进和消化吸收，加大乘用车、商用车、专用车和摩托车配套生产能力，大力促进专业化和规模化生产，打造与重庆一体化的、具有国际竞争力的国家自主品牌汽车及关键零部件生产基地。以产品结构调整为主线，以壮大整车生产规模、提升配套能力、提升关键零部件水平为重点，提高整车生产的配套能力。

（2）普通机械产业。川东北经济区重点发展物料输送设备、风机、水泵、电喷输油管、电线电缆、变压器、建筑机械等产品，加快技术改造，实现产品升级换代；提高产品质量档次，扩大市场占有规模。引进先进技术改造工艺和设备，提升产品档次，扩大产品规模，推动重点企业开发具有自主知识产权的高新技术产品。对接成渝两地环保设备、轨道交通、发电设备等发展方向，围绕通机、农机产业链、矿山机械装备产业链、内燃气产业链等，大力发展精密齿轮、重型锻铸件、特种机械配件等产业。大力发展特种漆包线、中压交联电力电缆、通讯电缆、光纤电缆、车用薄绝缘低压电缆等产品。大力发展新型高中压开关成套装置，真空断路器，干式、箱式等变压器。

（3）电子产业。川东北经济区依托绵阳、成都和西安的电子产业和川东北经济区内的骨干企业，大力发展电子大型装备和军工电子元器件等优势产品，积极进行军工电子产品及生产线改造、民品机械电子研发及生产线改造，立足以生产大型军事装备及关联产业为核心，积极引资发展相关产业，扩大民品开发和生产。抢抓成都、重庆和西安 IT 产业大发展机遇，扩大与两江新区的合作，对接“惠普（重庆）笔记本电脑出口制造基地”、“富士康（重庆）产业基地”、“富士康（成都）产业基地”等电脑生产基地，强化生产配套，加快发展集成电路、电子材料、新型元器件等零部件配套产业，构建电子信息产业承接高地。抢抓信息化建设和物联网推广利用等机遇，依托照明器件、家电制造企业，大力发展冰箱、洗衣机、空调等消费电子产业，带动发展 LED 照明、通信、智能家电及软件服务等，着力打造电子产业园，培育电子信息产业集群。

（三）现代农业及农产品深加工产业

川东北经济区现代农业的发展及农产品深加工，以传统农业为基础，形成了具有特色和比较优势的农产品深加工产业链，以带动农业产业化经营为方向，沿江、沿高速公路和铁路进行产业布局，发展肉类、丝麻、饮料、果蔬、中药材等特色农产品加工，提高农业综合经济效益。2010年，川东北经济区实现农林牧渔业总产值1099.41亿元，占全省同期农林牧渔业总产值的26.93%。其中，实现农业、林业、牧业、渔业和农林牧渔服务业总产值，分别为515.65亿元、32.73亿元、499.13亿元、36.48亿元和10.77亿元，分别占全省同期农业、林业、牧业、渔业和农林牧渔服务业总产值的24.92%、28.99%、29.27%、2.81%和16.67%。

1. 大力发展现代农业

围绕农民持续增收、农业持续增效，着力提高农业综合生产能力，大力推进农业标准化、特色化、产业化、市场化，构建高产、优质、高效、生态的现代农业体系。大力推进粮食工程、标准良田工程、土地整理工程建设，突出特点和优势，以新农村示范片和现代农业产业基地为重点，立足比较优势，集聚土地、资金、技术等生产要素，进一步加大基地建设，带动川东北经济区农业集约化、标准化、市场化、产业化、品牌化发展，推进现代农业特色产业基地和工业原料基地建设，有效增加农产品资源供给量。充分发挥生猪、牛、羊、禽类资源丰富优势，依托龙头企业，大力发展规模化、标准化畜禽屠宰和肉类精深加工，着力突出宣汉黄牛、万源黑鸡、开江白鹅等资源的深度开发。大力实施品牌战略，提高特色肉制品的规模和档次，加强畜禽副产物的综合利用。

立足农产品资源特色和优势，依托龙头企业、专业合作组织，采取“龙头企业+协会+基地+农户”等产业化经营模式，延伸产业链，提高附加值，促进农民持续增收。以发展绿色产业为依托，建立完善利益联结机制，形成利益共享、风险共担的利益共同体，实现企业、协会、农户各得其所，主要通过股份合作、合同订单方式建立企业、农民合作组织、基地、农户间合作关系。加快发展以特色农业为重点的园区农业，按照“一园一特色”和专业化、区域化、集约化的要求，找准园区定位，突出园区特色，闯出一条山区特色农业发展的路子。

2. 大力发展农产品深加工产业

（1）食品饮料加工业。川东北经济区以优质生猪、牛、羊、兔和禽类为重点，推进肉类精深加工，抓好生猪良种工程，提高猪肉加工的规模和档次。大力发展冷却肉、分割肉和直接食用的各类熟肉精制品。大力发展白酒加工业，推动白酒新品种的开发、研究，重点开发低乙醇白酒，做大、做强江口醇、通川白酒、小角楼等白酒名牌产品。提高茶叶制品、乳制品和果蔬饮料等产品的加工能力，发展富硒茶、银耳、金银花等特色饮料。

推进优质粮油深加工，延伸粮油加工产业链，重点开发附加值高的产品，提升产品档次。积极发展玉米、薯类食品加工业，建立起玉米食品、薯类淀粉、专用淀粉、变性淀粉及其深加工产品。提高食用油品质，扩大精炼油产量。大力发展调味食品，做大、做强保宁醋等知名品牌。以绿色品牌为特点的精制大米、油料及粮油产品的粮油精深加工产业链，以保宁醋、大竹东柳醪糟、燕京啤酒、烟山味业等企业为骨干的酒饮、调味品产业链，促进农产品初加工向深加工转变、企业分散布局向产业集群转变。

加强商品蔬菜、反季节蔬菜和无公害蔬菜的种植，以主攻外销市场和精深加工为重点，建立大型蔬菜产业集散中心，提高蔬菜商品率。重点发展油橄榄、黄花、核桃、板栗、优质梨、猕猴桃等特色水果的深加工，提高产品品质，打造知名品牌。

（2）丝麻纺织产业。发挥蚕丝、苎麻等天然纤维资源丰富的优势，以生丝和苎麻加工为基础，带动了川东北经济区纺织工业的快速发展。通过实施品牌战略，培育产业集群和“中国绸都”品牌，加强技术创新，突破印染关键技术，整合资源，振兴川东北丝绸业。抓好苎麻种植基地建设，加强苎麻加工技术的创新改造，提高产品品质，培育专业市场，打造知名品牌，基本建成了我国重要的苎麻加工基地。

以扩大内需、自主创新、技术改造、淘汰落后、优化布局为重点，以结构调整和产业升级为导向，以完善产业链条为主线，重点发展茧丝绸、棉麻、化纤混纺交织三个产业链，提升丝绸产品自主开发能力，构建茧丝绸产业链；依托嘉福纺织、金泰纺织、美华尼龙、嘉美印染等龙头企业，培育发展高档棉布、麻布印染后整理技术，提高产品附加值，构建棉麻纺织产业链；以六合集团、依格尔公司、鑫原羽绒等企业为龙头，大力发展各种高品位的床上用品、室内用纺织品和户外用纺织品，基本形成了服装、家用纺织品产业链。

（3）中药材加工产业。重点发展川白芷，五倍子、银杏、金银花、川明参、柴胡、天麻、杜仲、乌梅、虎杖、百合、佛手、桔梗、青蒿等中药材的加工，积极培育龙头企业，突破提取、分离、纯化等关键技术。提高中药提取物的标准化、规模化水平。基本形成了由中药材种植、中药饮片加工、中药提取物、中成药、生物制药等环节组成的医药产业链。

（四）旅游文化产业

充分发挥川东北经济区丰富的旅游资源，通过破除市场障碍、交通障碍和规划障碍，整合旅游资源、提升旅游品牌、改善旅游环境，调整旅游产业结构，延伸旅游产业链条，完善、提升重点旅游区产品体系和产业要素，全面提高川东北经济区旅游的核心竞争力，建成四川省重要的自然生态和历史文化旅游目的地。

1. 红色文化旅游

（1）加快打造川陕苏区。加快挖掘和开发川陕甘革命老区红色旅游产业，整体规划，重点突破；分步实施，全面推进。大力发展红色旅游文化产业，以川陕苏区首府为重点打造川陕苏区，繁荣和发展地方特色的传统文化、地方特色的文艺精品，打造红色文化品牌。大力发展红色文化创意、演艺娱乐、文化会展等重点红色文化产业，积极发展新兴红色文化业态。

（2）重点打造将帅故里。以邓小平、朱德、张澜、罗瑞卿故里为引领，重点打造将帅故里，发展红色旅游产业，加快构建红色经典之旅；特别是要加快邓小平故里旅游区建设，整合打造邓小平故里，把邓小平故里建设成为国内外著名的5A级旅游景区。集中精力打造以中国红军城景区、巴山红军遗址、万源保卫战战史陈列馆、神剑园（张爱萍故里）、石桥镇列宁街等为主的红色文化旅游景区（点），为游客提供红色体验旅游产品。

2. 三国文化旅游

整合线性剑门蜀道三国文化资源，以中国蜀道申报世界文化线性遗产为契机，以剑门 5A 级旅游景区建设为抓手，加快剑门关蜀道三国文化精品旅游线路建设，全面提升广元三国文化旅游品牌，把广元建设成为川陕甘三省结合部的旅游文化集散中心和国内外知名的旅游目的地。加强三国文物景区（点）和文化遗址、遗迹保护复原工作，积极创建中国历史文化名城。剑门蜀道三国文化正在申报世界历史文化遗产和自然文化遗产。

3. 生态文化旅游

全力打造阆中、昭化古城文化旅游精品，大力发展以南充凌云山、太蓬山、禹迹山为代表的宗教文化旅游景区；积极发展广元旺苍苍王峡、古城山－七里峡景区、朝天曾家山、秦巴草甸旅游景区、唐家河国家级示范自然保护区、西部生态养生休闲度假区，南充西山、凤垭山、升钟湖钓鱼城等乡村低碳旅游。加快发展广安神龙山巴人石头城旅游区、华蓥山旅游区（包含华蓥山石林、洞中天河、宝鼎、御临河、天池等景点）、广安大洪湖旅游度假区、广安岳池农家文化旅游区，大力推进嘉陵江流域生态文化旅游带、渠江流域旅游带和国防“三线”遗址旅游带等景区（点）开发建设，打造生态观光休闲度假之旅、佛教文化之旅、军事文化之旅、曲艺文化之旅、乡村休闲之旅等精品旅游品牌。加快广安佛手山、牌坊新村、协兴老街、金狮新村、笔架山、春堡寨等旅游资源，统筹华蓥山的开发治理，将华蓥山建设成为国内知名的 5A 级景区和国家森林旅游试验示范区。

依托巴山风光、巴人文化三大资源品牌，积极发展生态旅游、文化旅游、商贸旅游和乡村旅游，大力培育旅游市场，延长旅游产业链，打造“秦巴胜景、巴人故里、红色达州”的旅游总体形象，把达州建设成为秦巴地区文化旅游中心。加快旅游公路建设，构建安全舒适快捷的旅游环线，提高景区道路通达能力。加强重点旅游景区建设，完善景区配套设施，提升旅游接待能力。着力打造渠县龙潭－汉阙、大竹五峰山－百岛湖、神剑园－凤凰山、宣汉百里峡、万源八台山－龙潭河等旅游精品线路。积极创建国家 4A 级旅游区。加快城郊休闲度假旅游和乡村旅游提档升级，提高旅游服务质量。着力发展以达州八台山、花萼山、百里峡等为主的生态观光旅游，以龙潭、五峰山－百岛湖、龙潭河、飞云温泉、犀牛山等为主的休闲度假旅游。积极发展以王家山、桂花村、幸福新村等为主的乡村旅游；以宣汉普光园区等为主的工业旅游。引导和支持开发一批适销对路的旅游商品。加快建设“巴中－南江－光雾山－诺水河－通江－平昌－巴中”旅游大环线、旅游景区（点）间连接通道和旅游专线。

积极创建新的旅游品牌，引导和推动生态观光休闲度假游，开发旅游线路产品，依托巴中光雾山、诺水河、川陕苏区历史文化等特色旅游资源，加大精品路线和精品景点开发力度，重点突破四季旅游产品的开发，着力构建常年旅游格局。以巴中的南江河流域、诺水河流域、通江河流域、巴河流域及多处山脊风光、乡土特色村落为重点，打造多个乡村旅游带。

大力推进旅游产业和文化产业渗透融合，扩展壮大文化产业，提升旅游产业竞争实力，促进旅游业与文化产业互动发展。加强历史文化的搜集整理和再现、生态文化的收集和提炼。组织办好中国·四川光雾山红叶节、中国·广元女儿节暨凤舟赛等节庆活动，着力打造新的节庆活动，推出具有娱乐性、参与性、观赏性的特色旅游文化项目。全面改造景区内旅游公路，实现旅游交通网络化，提高旅游景区（点）的可进入度和便捷性。全面完善景区（点）电力、通信、停车场、汽修点、环保、环卫、消防、安全、接待、医疗救助、购物、娱乐、住宿等配套服务设施。加强旅游商品开发和营销，提升完善“吃、住、行、游、购、娱”等旅游市场，提高旅游管理水平和服务质量，努力建设成渝景区合作典范产业和国际知名、国内一流旅游目的地。

（五）现代物流产业

“十一五”期间，川东北经济区的现代物流产业才刚刚起步，随着铁路、公路、水运等交通枢纽的形成和完善，现代物流业将会成为川东北经济区的新的经济增长点。2010年，川东北经济区物价基本稳定，市场繁荣，全区共有限额以上批发零售贸易、住宿餐饮业法人企业671个，占全省同期限额以上批发零售贸易、住宿餐饮业法人企业的15%；从业人员达到57049人，分别占全省同期限额以上批发零售贸易、住宿餐饮业从业人员的12%。其中，批发业、零售业、住宿业和餐饮业法人企业，分别为128个、387个、97个和59个，分别占全省同期批发业、零售业、住宿业和餐饮业的11%、21%、15%和7%；批发业、零售业、住宿业和餐饮业从业人员，分别为15318人、26474人、10634人和4623人，分别占全省同期批发业、零售业、住宿业和餐饮业从业人员的15%、13%、13%和5%。川东北经济区的市场主要依靠区内供需平衡，进出口规模比较滞后。2010年，全区实现进出口总额92804万美元，占全省同期进出口总额的3%。其中，出口额和进口额分别为84777美元及8027美元，分别占全省同期出口额和进口额的4.5%及0.6%。

1. 广元物流中心

广元充分发挥地处川陕甘交界的区位优势，利用绵阳－广元、广元－川陕界、广元－川甘界、广元－巴中和南充－广元高速公路以及兰渝铁路等交通优势，发展区域配送物流，加快商业零售物流和农产品物流的发展，川陕甘交界处重要的物流枢纽正在形成过程之中。以物流园区和物流节点建设为重点，大力发展第三方物流，加快服务业结构调整和优化升级，努力提升服务业管理水平，积极构建综合物流服务体系，广元正在朝着区域性商贸物流中心和四川重要的次级物流枢纽方向发展；川陕甘结合部生态环境优、山水特色明、文化品位高、聚合能力强的区域性中心城市、宜人居住的生态园林城市和历史文化名城——广元正在形成。

2. 南充物流中心

南充市是面向成渝、辐射川陕甘的川东北商贸物流中心，加快建设“一网、两平台、一园区、四中心、七配送中心”，构建物流运输网络和信息服务平台。南充市以工业园区、专业市场为依托，引进和培育一批具有规模效应、积极参与市场竞争的现代物流企业，发挥规模经济优势和成本优势，创造高效物流环境，提高物流服务水平，初步形成布局合理、功能齐全、运转高效和社会化、专业化、信息化、网络化程度高的现代物流体系，为地方商贸提供强有力的物流支撑，为构建现代农村物流服务体系和“万村千乡市场”工程提供支撑平台，推动农村物流配送体系的建设，降低生产资料的采购成本，增强本地企业的整体竞争能力。

3. 广安物流中心

广安市充分发挥区位、资源、交通优势，立足产业发展需求，加快建设成渝经济区现代物流重要节点城市。重点建设枣山、前锋等现代物流园区，引进大型物流企业、物流整合商、物流地产商，以商业零售、农产品、建材、汽车物流为特色，建立综合物流中心、专业物流中心、物流配送中心和汽车 4S 店集群区。依托工业发展物流园区，在各工业集中区规划建设物流配送中心。整顿规范物流市场，整合资源，扩大开放，大力发展第三方物流，积极引进国内外知名现代物流企业，有重点地扶持一批具有先进经营理念和技术的现代物流企业。加快传统物流向现代物流转变，不断提高物流服务现代化水平。以构建川东北商贸物流中心为目标，坚持城市建设、市场建设、园区建设和交通建设相结合，推进商贸物流业加快发展。

4. 达州物流中心

达州市加大物流业基础设施建设，基本建立起发展现代物流的硬件设施，并在配套性、系统性、标准化、专业化方面形成规范，加快构建信息通达、物畅其流、快捷准时、经济合理的社会化、专业化的现代物流服务体系。加快秦巴物流园区建设，推进达州中心城区现代物流集聚发展；加快通川区蒲家、宣汉胡家、大竹双马、渠县永盛、万源鞠家坝、开江普安等物流节点建设。综合应用先进运输、仓储、装卸、包装等机器设备，在汽车、摩托车、建材、化工产品、农副产品等方面，培育一批现代物流优势企业。鼓励整合资源，打破部门、企业分割，促进互联互通，搭建物流公共信息平台。促进采购、仓储、配送等第三方现代物流企业加快发展，鼓励生产企业实行供应链管理，引导工商企业外包物流业务，大力培育第三方物流市场。完善物流市场管理规范，健全物流业相关标准，积极引进国内外知名物流企业进入，促进物流融入四川省全国市场。

5. 巴中物流中心

巴中市加快物流基础设施建设，科学布局物流园区，加快物流园区、专业市场及配套基础设施建设。大力发展商贸物流产业，引进知名商贸企业入驻，精心打造城市中心商圈。努力建设“一园区、三通道、三中心、多节点”物流体系。即：建设集仓储、装卸、运输、批发、配送、金融结算、电子商务及货运代理、报关报检等中介服务功能于一体的巴中兴文现代综合物流园区；构建成都－巴中－陕西高速公路、广元－巴中－达州高速公路及铁路、巴中－通江－万源物流通道；打造平昌、通江及南江三个次区域物流中心，发展多个农村物流节点，形成成都、重庆和西安三大城市之间的腹地商贸、物流中心。

四　重大基础设施

（一）交通基础设施

“十一五”期间，川东北经济区按照“合理布局、完善交通网络、优化运输结构、提高服务质量”的原则，加快建设出川通道、区域内交通运输网络、区域内城际快速通道，不但极大地改善了交通运输条件，而且缩短了川东北地区与成都、重庆、西安等大城市之间的距离，为加快融入高铁经济时代创造了条件。

1. 基本概况

四川省西部综合交通枢纽建设全面推进，川东北经济区交通主骨架将基本形成，有襄渝、达成、达万、宝成等铁路，广渝、渝达、遂渝、成南等高速公路。在建的沪蓉高速横贯南充和达州市。南充的高坪机场、达州的河市机场以及广元机场与国内多个大城市相通。机场、高速铁路和高速公路建设有序推进，将极大地改变川东北经济区的区位条件，缩短与周边地区的距离，促进川东北经济区更好地接受成都、重庆和西安三大城市的辐射。2010 年，川东北经济区拥有公路 75928 公里，占全省公路总数的 29%。其中，等级公路 60168 公里，占全省等级公路总数的 29%；公路旅客周转量为 1393644 万人公里，占全省公路旅客周转量的 17%；公路货物周转量为 2073957 万吨公里，占全省公路货物周转量的 21%。

2. 建设与布局

根据《西部交通枢纽建设规划》精神，以进出川通道为基础和纽带，以区域性中心城市和节点城市为依托，形成广元等 12 个省内区域性次级交通枢纽，其中，川东北经济区内的区域性次级交通枢纽有广元、达州、南充和广安等 4 个，巴中市为重要交通节点城市。因此，按照“合理布局、完善交通网络、优化运输结构、提高服务质量”的原则，加快建设出川通道、区域内城际快速通道，促进川东北经济区的高铁建设，有利于川东北地区缩短与大城市的时间距离，为川东北经济区加快融入高铁经济时代创造条件；强化广元、南充、达州和广安等市的交通枢纽地位，突出县乡公路、农村公路的建设，加强铁路、水运和航空建设。区域内各市之间，以及与成都、重庆、西安等三大城市之间的高速公路网正在加快建设；广元、南充、达州和广安等市正在逐步形成西部交通枢纽；铁路网络能延伸到各市，水运能够连通区外，建成分工合理的综合交通运输体系；形成等级公路覆盖所有乡镇，乡村公路通达所有乡村的公路网络体系，铁路网络辐射到区域内的各个地区，水运和航空运输能力大幅提高，高效安全的综合交通运输体系。

（1）铁路。全面提升川东北经济区的铁路通道运输能力，加快与周边重点区域和城市的大能力货运通道、快速客运通道和城际铁路建设，开始形成快速铁、城际铁和普铁相结合的铁路网运输体系。现正在加快建设达（州）巴（中）铁路并投入使用；达州至重庆、达州至西安、达州至万州、达州至巴中高铁已陆续纳入国家高铁路网规划。加快改（扩）建广元－巴中铁路，开工建设南（充）巴（中）汉（中）、广（元）巴（中）达（州）高速铁路。争取成（都）遂（宁）南（充）达（州）、渝（重庆）广（安）南（充）2 条城际铁路列入规划，开展渝川陕高速铁路等项目前期工作，部分项目逐步开工建设。

（2）公路。川东北经济区以市级城市为中心，以高速公路为骨架，以一、二级公路为主干，以三、四级公路为支脉，辐射各县及连接周边市县，层次分明、功能完备、适应区域中心城市要求的公路网络，努力形成区域内外的快速通道。加快四川北出口大通道建设，建成广（元）甘（肃）、广（元）陕（西）、广（元）南（州）和广（元）巴（中）高速公路连接线等 4 条在建高速公路，实现县县（区）通高速，形成城市环线高速公路；加快广元至九寨沟高速公路经青川至平武段，京昆高速公路绵阳经苍溪、旺苍至汉中段复线、京昆高速公路宝轮至上西改线段和绵阳经苍溪、巴中至万源段 4 条高速公路前期工作进程。

对国道未达到一级（含一级路面）标准、省道未达到二级标准的路段进行全面改造，全面消除国道中三、四级公路和省道低等级公路。加快农村公路建设，乡镇和有条件的行政村基本通沥青（水泥）路，社社通油路；加强机耕道路建设；完善农村公路管护及安保设施。加快客货运站建设。全面建成公路运输枢纽，积极推进公路运输枢纽客运场站建设。

加快建设渝广（安）巴（中）高速公路、广（安）潼（南）资（阳）高速公路川东北经济区段、广（安）遂（宁）高速公路川东北经济区段，完善区域内公路交通网络，打通与重庆等周边地区的断头路。完成对国道 108 线、国道 210 线、省道 304 线、省道 203 线、省道 105 线、省道 202 线、省道 302 线等国省道川东北经济区段的改造。加快建设达（州）陕（西）、达（州）万（州）、达（州）巴（中）、南（充）大（竹）梁（平）高速公路。巴（中）陕（西）高速公路，开工建设巴中－广安－重庆、巴中－通江－万源高速公路。

（3）航空。加快推进广元机场扩能改建，积极拓展新航线。完成高坪机场扩建工程，加快阆中通用机场建设，不断增加空运航线和运输能力，全面提升川东北经济区机场进出港吞吐能力。开工建设巴中机场，积极做好达州机场迁建的前期工作。

（4）水运。加快嘉陵江、渠江航道整治，打通嘉陵江、渠江两条出川水运通道，加快市级多中心城市与沿嘉陵江县城的港区建设；推进农村渡口、码头及渡口人行桥建设。加快嘉陵江渠化工程进度，积极推进广元港建设，提高嘉陵江航道等级，实现 1000 吨级船队直达上海，形成通江达海的内河航运通道。

（二）水利基础设施

1. 基本概况

川东北经济区始终坚持把水资源开发利用和节约保护放在首要位置，完善水资源开发保护规划，加快水利基础设施建设，构建配置合理、综合利用、安全保障、人水和谐的水利工程体系，提高抗御干旱和特大洪涝灾害的能力。基本解决了工程性缺水问题，提高了水资源开发利用率，确保了供水安全、防洪安全和生态安全。建成了一批骨干水利工程，嘉陵江干流堤防建设继续推进，渠江流域综合规划和防洪规划基本完成，加强了城市和重点场镇堤防建设。重点中小河流治理进度加快，河道疏浚取得了新成绩，山洪灾害防治具有新进展。积极实施水土流失治理和水污染防治。加强农田基本建设和土地综合治理，大力改造中低产田土，改善耕地质量，提高土地综合生产能力。努力提高农业机械水平，着力优化农机装机结构。但仍然存在农田缺水和农民“靠天吃饭”的不良现象。

2. 建设与布局

加强农村水利基础设施建设，构建防洪抗旱减灾、供水保障、水生态环境保护体系。加快推进大中型水利工程建设、灌区续建、水利枢纽渠系配套和大中小型病险、水库除险加固、农村小微水利设施和提灌站建设。建成一批骨干水源工程，加大已建成灌溉工程渠系配套力度，积极开发空中云水资源，大力发展节水灌溉，增强城镇供水应急处理能力，基本解决农村饮水不安全人口的饮水问题。

升钟水库二期、亭子口灌区、万源寨子河、万源黄桷湾水库、南充九龙潭水库、南充解元水库扩容已经立项并开工建设。加快开工建设宣汉白岩滩、渠县刘家拱桥水库、巴中牛角坑水库、广元雷家河水库、双峡湖水库、大寨水库、乐园水库、曲河水库、二郎庙水库、天星桥水库、双桥水库、红鱼洞水库和湾潭河水库，已陆续竣工并投入使用。宣汉土溪口、万源鲜家湾和李家梁、大竹县土地滩、通川区双河口等中型水库工程的前期工作进展顺利。充分发挥水运优势，以建设成渝经济区为契机，促进重庆境内最后一个梯级电站早日开工建设，实现嘉陵江全江渠化通航，使水运的潜在优势转化为现实的经济优势。

（三）能源基础设施

1. 基本情况

“十一五”期间，川东北经济区大容量电网改造速度加快，能源保障能力大幅提升。能源基础设施建设步伐加快，装机容量和发电量逐年上升，电网建设速度加快，变电站、输电线路得到有效改善，燃料乙醇、生物质柴油、核电、煤电、天然气发电等项目前期工作正加紧开展。随着迄今为止中国规模最大、丰度最高的特大型整装海相气田——普光气田的发现，川东北经济区已探明 3000 亿～ 4000 亿立方米的远景储量，是四川盆地天然气生产的重要战略接替区，为在川东北经济区建设新兴能源和化工基地奠定物质基础。

2. 建设与布局

充分利用川东北经济区丰富的水力资源、天然气资源和煤炭资源，在坚持节约优先和高效利用的原则下，以建设嘉陵江干支流和渠江干流大中型水电站为重点，基本建成亭子口电站、东河苍溪段梯级电站、上石盘电航工程，开工建设大唐路口电厂、中核集团旺苍低劣质煤坑口电厂、嘉陵江上游梯级电站和清江河梯级电站；加快建设达州燃机电厂，以达州天然气电站为重点，发展天然气发电。做好南充核电站前期研究工作，积极发展核能建设。到“十二五”期末，初步建立安全稳定的能源供应体系，实现能源生产和消费结构的基本优化。

（1）电力设施。加快电源点建设，基本建成广元亭子口电站，开工建设广元大唐路口电厂和中核集团旺苍劣质煤坑口电厂；加快开工建设达州九节滩和石佛滩等水电站，以及广安东西关水电站二期工程。建设以 500 千伏电网为骨架、220 千伏电网为支撑的区域内电网和水电送出通道，形成布局优化、结构合理、联系紧密、城乡协调、安全可靠、覆盖全区的输配电体系。

加快城乡电网改造，形成高、中、低压配套的输、变、供电网络，全面加强电网供电承载能力，形成分片、分区供电模式。加快智能电网的建设，加快骨干网架和配电网建设，增强电力供给能力，开展配电网坚强网架建设，提高电网供电能力和供电可靠性。“十二五”期末，初步建成配电网网架，基本形成智能配电网技术构架体系，加快形成川东北经济区域互联互供的智能输变供电网络。

（2）新能源设施。抓紧做好在川东北经济区建设四川核电站（南充）的前期准备工作。积极做好南充华能火电厂、广元天然气发电、垃圾发电、分布式能源站、生物质柴油和燃料乙醇项目的前期工作，争取立项审批、开工建设并投入使用。积极推动广元风力发电，加大对风能、太阳能资源调查和开发利用力度，努力探索生物质能、农村沼气、地热等清洁能源和可再生能源的利用途径，鼓励余热余压发电。

（3）天然气煤炭设施。继续加大天然气勘探开发力度，加快天然气输配管网站点建设，推进仪陇县龙岗、广元九龙山和元坝气田天然气脱硫、净化工程建设进程，加快建设“气化广元”清洁能源项目，建设一批城乡压缩天然气汽车加气站（CNG 站、LNG 站）。加快天然气管网等公共检测平台建设，新建中石油宣汉净化厂至达州市天然气能源化工产业区、铁山坡至万源城区、九龙山气田至苍溪、元坝气田至广元天然气管道，加快城市燃气设施建设和改造，扩大用气规模。

加快煤炭企业重组步伐，推进煤炭生产利用清洁化。积极发展循环流化床（节能）火电，利用疆煤南运和天然气资源，力争规划建设广元 400 万千瓦路口火电，广安发电厂四期 200 万千瓦循环流化床燃煤机组（或燃气机组），加速推进广元中核旺苍 120 万千瓦低热值煤坑口电厂项目。

五 城镇体系与城镇化

（一）城镇体系

川东北经济区以市级城市为中心，加快构建科学合理的城镇发展网络体系，大力推进独具特色的川东北城镇群建设；以联结城市和农村的基本单元——县级城市为节点城市，这是川东北经济区区域城市建设的重点。川东北经济区科学构建城镇发展体系、优化城镇空间布局，强化城镇功能分工，加快人口向城镇集聚，努力提高城市现代化管理水平。川东北经济区坚持城乡统筹发展的理念，完善城镇与乡村建设规划，优化城镇结构与乡村建设布局，积极扩大城镇规模，整治城乡建筑风貌，提升城乡建筑形象。

川东北经济区是一个区域经济整体，根据川东北经济区的特色，以高速公路及一般公路、铁路、“两江流域”及其支流为“纽带”，把以广元、南充、广安、达州和巴中等多中心城市、各县级中等城市、各重点乡镇和一般乡镇集市所在地、各农村村庄为“节点”的城、镇、村联结在一起，共同构建城乡一体的新型城镇网络体系，有效促进城乡统筹发展。

2010 年，川东北城市群 5 个市级城市中，有 9 个市辖区，23 个县城，其中，县级市 3 个、县 20 个、1309 个乡镇集市、建制乡政府所在地 784 个、建制民族乡政府所在地 7 个、建制镇政府所在地 518 个；按照城市规模分类，共有 2 个大城市，即南充市和达州市，3 个中等城市，即广元市、广安市和巴中市。在这“2 个大城市、3 个中等城市”快速发展的带动下，加快打造多中心城市群、加快县级中等城市和小城镇建设，有效促进城乡统筹发展，加快城镇化进程，大力推进城乡一体的新型城镇化网络体系建设。

（二）城镇化水平

在川东北经济区中，以组团方式推进城镇化建设，重点加大县级城市的建设力度，为本县域的经济社会发展起到辐射带动作用。加快城市基础设施建设和公用设施建设，突出城市的服务功能，提高城市的承载能力。县级城镇在水、电、气、路等基础设施及服务功能建设上适度超前，完善基本功能。根据城镇化发展要求，逐步将城镇的功能实施分区建设，尤其在新区建设中，将工业发展区、生活居住区、商贸服务区按照功能特征分区建设，将医疗、教育、现代服务业等按需布局，做到方便生活、有利生产、美化城市。

坚持城镇化与工业化相互促进，加快城镇化进程。按照城镇发展格局，加快产业资源和人口资源的集聚。在加快大中城市产业资源和人口集聚的同时，加快小城市人口的集聚。积极推进县域城市化进程，加大总体规划和详细规划的编制力度，加快向中等城市发展。加强县级市、县城在区域的中心职能，合理引导人口、产业向县级市、县城集聚，培育中心城市扩散辐射的承接点。加快建设城市路网、污水垃圾处理、生态绿化等基础配套设施，不断优化城市功能；坚持科学规划设计，不断凸显城市特色；大力加强城市管理，不断提升城市品位；着力培育城市优势产业，不断壮大县域经济。通过加快中小城市的发展，强化与中心城市的联系，实现各类资源要素的集聚，推动县域经济特色发展、错位发展。

2010 年，川东北经济区的城镇化水平只有 32.5%，相当于四川省同期城镇化率的 84%，比全省同期城镇化水平低 6 个百分点左右。其中：城镇化水平最低的地区是广安市和巴中市，只有 31%；城镇化水平最高的地区是南充市 38%，广元市和达州市的城镇化水平均为 35%。

（三）城镇空间布局

川东北经济区依托中心城市，加快实施小城镇发展战略，发挥重点集镇的示范带动作用。科学编制城镇规划，加大城镇建筑风貌整治力度。大力发展乡镇级小城市，即以重点集镇为基础，加强城镇基础设施建设，扩展镇域城市功能，引导农民进镇经商办企业，把重点集镇打造成小城市，着力培育各具特色、功能完善、设施配套的具有较强集聚辐射能力的小城市。以发展产业集群为重点，把小城市的工业集中开发区建设成为产业集聚、城镇发展的新组团。提高小城市的综合承载能力。积极支持小区改造、水电气和污水垃圾处理等基础设施建设，增强综合承载能力。全力建设一批农产品加工型、商贸流通型、旅游服务型的乡镇集镇。积极探索城乡户籍管理、城镇就业、城镇住房、社会保障等制度改革，充分释放城镇发展潜力，促使产业和人口向城镇聚集，努力把重点集镇打造成为小城镇，把乡镇级城镇打造成为区域性发展的增长点，真正成为统筹城乡发展的桥梁和纽带。强化路、水、电、气、通信等基础设施建设，稳步提高小城镇污水、垃圾处理率，加强教育、卫生、文化等公共服务设施体系建设，完善小城镇公共服务功能。建立多层次住房保障体系和社区服务体系。加强城镇生态建设和环境保护，深入开展城乡环境综合整治，提高城镇风貌、道路交通、社会治安、防灾减灾等方面的管理水平，创造优美舒适的人居环境。

（四）中心城市发展

川东北经济区把解决符合条件的农业转移人口逐步在城镇就业和落户作为推进城镇化的重要任务，打破原有行政区域限制，向城市集群化方向发展。按照自然地理分布、人口及增长、产业发展及分布特征，川东北城市发展的空间布局应遵循以城带乡、以工哺农的原则和城市空间聚合形态。每个市级城市按大城市规划和布局，重点打造南充和达州 2 个大城市，把广元打造成川东北经济区及四川省连接陕甘的门户，把达州打造成川东北经济区及四川省连接陕鄂的门户，把广安打造成川东北经济区连接重庆的门户；形成以广元、南充、广安、达州和巴中等 5 个市级城市为节点城市的多中心城市群。构建以市级多中心城市为依托，以县级中等城市为骨干，以小城镇为基础，城市功能互补、产业合理分工、人口合理分布的城镇体系，形成优势互补、良性互动的城镇协调发展机制。市级多中心城市的共同特点是城不分大小，人不在多少，每一个城市都是一个组团城镇的中心节点城市，对本组团城镇起着巨大的辐射带动作用。

广元市级城市。按照建设大城市目标，以“一心两翼”发展思路，沿城市发展轴线，将中心组团、宝昭组团、元坝组团串联成整体，拓展城市发展空间。重点发展能源、有色金属、饮料食品、纺织、医药、电子、建材、天然气综合利用等产业。形成区域综合交通枢纽、商贸中心和以矿产品和农产品加工为代表的工业生产基地。

南充市级城市。按照建设特大城市的目标，以组团发展优化城市空间布局，拓展城市发展空间，增强城市综合服务功能，大幅度提高综合经济实力，增强辐射和带动作用，成为川东北城市群的主要依托城市和中心城市。重点发展石油化工、汽车配件、水电能源、丝纺服装、化学建材、医药等产业。把南充建设成为川东北的教育、科技、卫生、丝绸和汽车配件生产基地和商贸中心、通信枢纽。

广安市级城市。按照建设中等城市目标，走特色城市发展道路，加快城市建设，拓展城市面积，完善城市功能，美化城市环境，提升城市品位。重点发展电力、红色旅游、纺织、食品等产业。把广安建设成为川渝结合部工业和商贸中心。

达州市级城市。按照建设大城市的目标，适时推进行政区划调整，拓展城市空间，构筑现代化的组团式大城市框架；优化城市布局，完善城市功能分区，实行组团式开发；强化基础设施建设，完善城市服务功能。重点发展天然气化工、能源、特色农产品加工、冶金、商贸流通、旅游等产业。把达州建设成为中国西部天然气能源化工基地、秦巴交通枢纽和物流中心、川渝鄂陕结合部中心城市。

巴中市级城市。按照建设中等城市目标，加强城区总体规划，完善城市功能布局体系，加快基础设施和环境建设。重点发展农产品加工和红色旅游等产业，成为联结川陕渝的区域交通枢纽以及以生态农业、生态红色旅游、清洁能源化工产业基地为特色的绿色经济示范区，建成川陕结合部重要的商贸、物流中心以及川东北重要的中心城市。

六　发展展望

未来5年，川东北经济区将加快一体化发展进程。主要表现在经济实力将会显著增强，基础设施体系将更加完善，严重制约大巴山区发展的基础设施“瓶颈”将基本消除，以自然生态、红色文化为主导，天然气开发利用为骨干，冶金、建材、电子、能源电力、生物制药、农产品加工和生态农业为支撑的现代产业体系将初步建立，经济发展方式转变将取得重大进展，基本公共服务能力将显著增强，人民生活水平将大幅提高；巴中、广元、达州将成为川陕甘渝腹心地带重要的区域交通枢纽，重要的商贸、物流中心；秦巴地区将建设成为重要的生态特色农业基地、自然生态和红色文化旅游基地、天然气能源化工产业基地和绿色经济示范区。到“十二五”期末，川东北经济区的经济总量占全省的比重在2010年的基础上将有所提高，秦巴山区高速公路干线通道基本形成，基础设施滞后将初步改善，产业发展基础将进一步夯实，“天然气能源化工、冶金、机械电子、新型建材、生物制药、特色旅游文化、特色生态效益农业和农产品加工业”等八大产业将加快发展；“造血功能”将逐步增强，经济结构调整将取得初步成效，特色农业效益将明显提高，人口、资源和环境协调发展，“科技教育事业、医疗卫生事业、劳动就业、扶贫解困、百姓安居和社会保障体系建设”等公共服务质量将有所提升。

未来10年，川东北经济区将加快建设成为中国“西三角”（成都、重庆和西安）中心并形成中国西部经济增长极。主要是通过开发两江（嘉陵江和渠江）流域，以交通为代表的基础设施体系基本构成，基本消除严重制约秦巴山区发展的基础设施“瓶颈”问题；经济综合实力显著增强，基本形成天然气化工产业、机械电子产业、现代农业、旅游文化产业和现代物流产业等五大特色产业链；多中心城镇网络基本形成；加快促进成渝经济区西北次区域发展中心、中国天然气能源化工基地、特色农产品深加工基地、革命老区发展示范基地、特色旅游文化基地等五大基地建设，川东北新兴经济带建设初具规模。到 2020 年，明显改变川东北贫穷落后面貌，力争实现全面建设小康社会的奋斗目标。

参考文献

世界银行：《2009 年世界发展报告：重塑世界经济地理》，清华大学出版社，2009。

C.Kluckholm：The Moral Order in the Expanding Society，City Invincible：An Oriental In statute Symposium，1960。

刘清泉、高宇天主编《四川省经济地理》，四川科学技术出版社，1985。

刘世庆等课题组：《川东北经济区发展战略规划研究》，四川省发展与改革委员会、四川省工程咨询公司，2011。

牛凤瑞、白津夫、杨中川等人：《中国中小城市发展报告（2010）：中国中小城市绿色发展之路》，社会科学文献出版社，2010。

林彬：《建设新农村——四川省及部分县（市、区）和乡镇建设社会主义新农村战略研究》，四川党建音像出版社，2007。

倪鹏飞主编《中国城市竞争力报告 NO.9》，社会科学文献出版社，2011。

陈世松、贾大泉主编《四川通史》，四川出版集团、四川人民出版社，2010。

林彬：《崛起——四主一辅：五方合作重建的汶川模式》，四川出版集团、四川科学技术出版社，2011。

《四川统计年鉴》（2000 ~ 2012 年），中国统计出版社。

林彬：《评说都江堰》，中国文联出版社，2013。

第
19
章

攀西经济区*

一　区域特征与发展定位

（一）区域概况

1. 地理区位与行政区划

攀西地区，是“攀枝花——西昌”地区的合称，位于四川省西南部，攀西大裂谷的安宁河平原，行政上包括四川省的攀枝花市和凉山彝族自治州2个市（州）的22个县（区、市）。南起攀枝花市、西昌市，北到冕宁，纵贯340公里，面积6.36万平方公里，2010年“六普”常住人口574万余人。主要城市：攀枝花市、西昌市、会理县、米易县、德昌县等。攀西地区是中国西南地区大型钢铁、钒钛冶炼基地和水电基地，四川蔗糖基地（见图19-1、表19-1和表19-2）。

图 19-1　攀西经济区及区位

* 本章作者：邓玲，四川大学经济学院，教授；王涵、郭丽娟、张银银、余川江、刘波，四川大学博士研究生。

表 19-1　攀西地区区情

行政区类别	地级市	民族	汉族、彝族、傈僳族、苗族、纳西族、藏族、回族、白族、傣族、满族等
所属地区	中国西南	方言	西南官话（北方方言西南次方言）、彝语
地理位置	四川省西南部	气候条件	亚热带季风气候
主要城市：攀枝花市	邮政编码：617000 电话区号：0812 车牌编号：川 D	主要城市：西昌市	邮政编码：615000 城市区号：0834 车牌号：川 W
攀枝花市地区名片	“中国优秀旅游城市”称号，“国家卫生城市”、“中国钒钛之都”	西昌市地区名片	中国最值得去的 10 座小城市之一、中国优秀旅游城市、四川省十大宜居城市、四川省环境保护模范城市、四川省森林城市，“中国旅游最令人向往的地方”，“中国最美的十大古城”

表 19-2　攀西地区行政区划

地　　区	县、市、区
攀枝花市	东区、西区、仁和区、米易县、盐边县
凉山彝族自治州	西昌市、木里县、盐源县、德昌县、会理县、会东县、宁南县、普格县、布拖县、金阳县、昭觉县、喜德县、冕宁县、越西县、甘洛县、美姑县、雷波县

2. 人口民族

根据 2010 年 11 月第六次全国人口普查攀西地区人口情况如下。

（1）常住人口及户籍人口。攀西地区常住人口为 5746930 人，同第五次全国人口普查 2000 年 11 月 1 日零时的 5173354 人相比，10 年共增加 573576 人，增长 11.08%。年平均增长 1.05%。攀西地区户籍人口为 5915966 人。

（2）家庭户人口。攀西地区常住人口中共有家庭户 1561686 户，家庭户人口为 5533166 人，平均每个家庭户的人口为 3.36 人，比 2000 年第五次全国人口普查的 3.54 人减少 0.18 人。

（3）性别构成。攀西地区常住人口中，男性人口为 2972944 人，占 51.7 %；女性人口为 2773985 人，占 48.3%。

（4）年龄构成。攀西地区常住人口中，0 ~ 14 岁人口为 1442434 人，占 27.33%；15 ~ 64 岁人口为 3871831 人，占 65.57%；65 岁及以上人口为 432665 人，占 7.10%。

（5）民族构成。攀西地区常住人口中，汉族人口为 3194182 人，占 66.55%；少数民族人口为 2552748 人，占 33.45%。

（6）城乡人口。攀西地区常住人口中，居住在城镇的人口为 1977281 人，占 43.81%；居住在乡村的人口为 3769649 人，占 56.19%。

3. 国内生产总值

统计数据显示，“十一五”期间攀西地区生产总值达到 4793.56 亿元，仅在 2010 年度，国内生产总值就达 1308 亿元，（其中攀枝花 524 亿元、凉山州 784 亿元，分别列四川省第 15 位、第 7 位）；人均 GDP 达 30752 元，（其中攀枝花人均 GDP 达 43959 元，凉山州人均 GDP 达 17546 元），平均增长率达到 19.18%。地区生产总值占四川省的比例稳定在 7% ~ 8%，GDP 增速除 2009 年外均明显高于四川省平均水平。

（二）区域特征

攀西地区是一个多山的区域，在四川盆地与青藏高原、云贵高原的过渡地带，地势西北高，东南低，北高南低，地貌复杂，类型众多，山地占总面积的 92% 以上。区内高度差异显著，最低点为雷波县的大岩洞金沙江谷底，海拔仅 305 米，最高点为木里的恰朗多吉峰，海拔达 5958 米。复杂的地形，巨大的高差，造成了区内多样的气候类型。从河谷到山顶，有南亚热带、中亚热带、山地暖温带、山地寒温带和山地亚寒带，形成山地气候垂直带谱。海拔 1300 米以下有著名的金沙江等干热河谷，热量十分丰富，年均温达 22℃。

1. 资源特征

攀西地区是一个资源非常丰富的地区，区内有三大资源体系。第一是矿产资源。已发现的矿种有 70 种，探明储量的有 50 多种，其中钒和钛的储藏量分别占全国的 80% 和 90% 以上，占世界储藏量的一半，钒钛磁铁矿保有储量已探明的有 100 亿吨左右，铅锌矿藏量在 100 万吨以上的矿区有 3 个，占全国的 30%，铜矿储藏量占四川省的 55.0%，锡的储藏量占四川省的 88%，探明煤炭储藏量达 10 亿吨。此外还有许多共生矿藏及其他非金属矿藏。第二是举世瞩目的水能资源，其富集程度为世界罕见。境内水能理论蕴藏量达 4442.2x10^4 千瓦，占四川省的 31.0%，占全国的 6.59%，可开发量 3523.26x10^4 千瓦，占四川省的 34.2%，占全国的 9.3%。区内河流水能蕴藏量在 10^4 千瓦以上的有 100 条，其中蕴藏量 100x10^4 千瓦以上的有 7 条，在金沙江、雅砻江、大渡河上规划开发的大型水电站有 20 座。第三是丰富的生物资源。由于复杂的地貌，独特的光热水土资源及良好的生态环境，为各种动植物的生长、繁衍提供了极为有利的条件，使生态系统具有多样性。区内有高等植物 190 多科近 900 属 2500 多种，其中国家级保护植物 45 种，占四川省的 59.2%；野生脊椎动物有 600 余种，其中国家级保护动物 35 种；此外，还有人工栽培的农作物、果树及中药材等 1000 余种，饲养驯养动物近百种。第四是农业基础好。攀西地区是我国内陆海拔最高的唯一的南亚热带作物适宜区，也是农业立体带状分布特征最为明显的资源优势区。攀西地区土地资源广阔，安宁河谷的西昌坝子是仅次于成都平原的四川第二大平原，被誉为“四川西南粮仓”。攀西地区的农业开发从 20 世纪 80 年代初开始，通过米易立体农业试点，逐步推进和深入，“九五”后期被列为全国农业综合开发的重点区域给予扶持，使攀西地区从一个农业落后、农产品不能自给的地位一跃成为四川省及西部地区的农业开发“明星”。近年来，该地区大力发展特色农业，且已经取得了很好的成效。如仁和、米易是全国品质最优的晚熟芒果基地；会理、仁和是优质石榴基地；盐边、米易是早熟枇杷基地；西昌、德昌是省级优质稻基地；米易、西昌是反季节蔬菜基地；宁南、盐边是优质蚕桑基地；而西昌还是四川独特的优质鲜切花和高档盆花的基地。

2. 科研实力

人才问题是制约攀西经济发展的首位制约因素。攀西地区开发初期，从全国各地吸收到一大批科技力量，包括西南钢铁研究院、攀枝花钢铁研究院等科研院所整建制迁人，确保了第一次资源大开发顺利实施。20 世纪 90 年代，在“科教兴国”战略指引下，科技为经济发展做出显著贡献。据攀枝花市统计，实施科教兴市战略 10 年，科技净增经济效益 36 亿元，科技进步贡献率达 48 %。攀西地区拥有独立科研院所 15 个，各类专业技术人员 14.4 万人，其中企事业单位 11.7 万人，行政机关 2.7 万人。在企事业单位专业技术人员中，有高级职称 0.4 万人、中级职称 2.8 万人，高学历、高素质人员少，缺乏拔尖人才和学术技术带头人。队伍整体素质不高，且存在下降趋势。专业技术人员分布不均，地方工业专业技术人员奇缺，是攀西地区地方工业发展慢、科技含量低的主要原因。其中，具有研发创新能力、在国内科研院所中具有一定竞争力的，只有攀枝花钢铁研究院，它是攀枝花市冶金工业赖以生存发展和在国内外市场具有一定竞争能力的依托。区内有 8 个农业科研院所，这些机构虽然独立承担科研创新课题能力尚显不足，但为农业生产技术水平的提高发挥了重要作用。区内有企业技术开发机构 61 个，受经费、人才来源等多种因素的限制，这些机构真正开展技术开发工作的是少数。除了攀枝花钢铁研究院外，整个地区没有一所为地方工业服务的独立工业科研院所。区域内科技研究总体水平不够高，成果获奖状况不太理想。获奖成果中，取得国家级高等级奖励的，集中在攀钢公司、西昌卫星发射基地等少数单位。整个攀西地区取得的专利授权数，抵不上沿海地区一个企业集团（海尔集团）的专利数。以钒钛磁铁共生矿为主的攀西矿产资源的开发是世界级技术难题，攀西地区现有科技力量难于独立承担此重任。随着我国市场竞争不断加剧和世界科技进步进程加快，攀西地区科技支撑能力不适应经济发展需求的矛盾日益突出。

（三）发展定位

攀西地区的发展定位可以分为国家层面、省级层面和地区层面展开。

国家层面的发展定位：

——全国最大的水电产业基地。

——全国最大并具有世界影响力的现代化钒钛钢铁产业基地。

——阳光休闲旅游胜地和旅游目的地。

四川省层面的发展定位：

——四川省重要的区域增长极。

——重要的特色农产品基地。

——资源综合开发利用的示范区。

地区层面的发展定位：

——攀枝花市与西昌市成为双核增长点。

——安宁河平原的经济发动机。

——连接云贵川的经济结合部。

根据对攀西地区“十二五”时期发展阶段、发展机遇和挑战的判断，以及对四川省发改委各处室、攀枝花市和凉山州政府部门的资料汇总，“十二五”时期，攀西地区的空间结构不断优化，城镇化进程不断加快，城镇体系不断完善。推进形成主体功能区，使区域、城乡享有基本均衡的生活水平和基本公共服务，使生活空间、生产空间和生态空间基本均衡。可持续发展能力不断增强。人口、资源、环境协调发展。重点发展水电、钒钛钢铁、特色农业、旅游四大优势产业，把攀西地区建设成为全国最大的水电能源产业基地、全国最大并具有世界影响力的现代化钒钛钢铁产业基地、全国重要的稀土及有色金属材料生产基地以及阳光休闲旅游胜地和旅游目的地，率先建成我国民族地区现代农业示范区。

1. 中国西南地区大型钢铁基地

攀西地区地质构造上属华力西－印支期古裂谷带（即攀西裂谷）和凉山褶皱带。埋藏有多种矿床，已探明有大型钒钛磁铁矿、铜、铅、锌、锡、煤等54种矿产，其中铁矿储量达60多亿吨，为中国第二大铁矿基地。铁矿中绝大部分为钒钛磁铁矿，属多金属共生矿。除铁外，还有二氧化钛、五氧化二钒及铬、钪、钴、镍、镓、铂等12种有色金属和稀有金属。会理、会东、甘洛、宁南等地的铜、铅、锌、锡储量也很大。贵金属黄金也有较好远景。此外，非金属矿产中，石灰岩、白云岩、硅石、大理岩、石墨、水晶等矿产资源也很丰富。探明的煤矿储量达10亿吨，煤炭品种较全，含磷、硫和灰分均较低。

2. 中国钒钛冶炼基地

在攀西地区的钒钛磁铁矿资源中，钒的储量有2000万吨，占全国的87%，占世界的47%，居全国首位，世界第3位；钛的储量近8亿吨，占全国储量的93%，占世界储量的45%，雄踞我国和世界的首位。目前，攀枝花有涉钒、涉钛规模以上企业35家，其中，东区9户，仁和区13户，米易县6户、盐边县7户。初步形成了以钒、钛初级原料，钒氧化物，钒铁，钒氮合金，钛白粉，纳米钛白，海绵钛，钛锭等产业链为主的产业集群。2010年3季度的统计数据显示，攀枝花规模以上工业中钒钛产业完成总产值48.82亿元，增长67.14%，约占规模以上工业总产值的7.08%。生产的钒钛产品主要包括钒渣、五氧化二钒、三氧化二钒、钒氮合金、高钒铁、钛精矿、微细粒级钛精矿、高钛渣、钛白粉、海绵钛等。

攀西地区生产的钒制品国内市场占有率达到80%，国际市场占有率达到20%；拥有自主知识产权的核心技术、钒氮合金系列产品及其产业化技术成果整体技术处于国际领先水平；产业集中度较高，初步形成以攀钢为主体、国有和民营多种经济成分共同开发的钒产业集群，联合承德钒钛的攀钢－承德钒制品销售公司占据了1/4的市场份额；钒产业链较完整，能生产从钒渣－钒氧化物－钒铁－钒氮合金等系列产品。攀西地区已成为生产规模国内第一、世界第二的钒制品生产基地。

3. 中国最大的水电开发基地

攀西地区水力资源丰富，以金沙江、雅砻江、大渡河为主干的大小河流有300

多条，水力蕴藏量达 4003 万千瓦，约占中国的 6%，具有建立钢铁与冶金基地的能源条件。

金沙江干流可开发利用的河流落差为 2180 米，雅砻江干流可开发利用的河流落差为 2827 米，大渡河干流可开发利用的河流落差为 2636 米。年径流总量（当地径流量加上过境径流量）共 1564 亿立方米，相当于 3 条黄河的径流量。这三条江的水电资源的蕴藏量达 9456 万千瓦，可以开发的装机容量可达 7135 万千瓦，水能资源的富集程度居世界之冠。按每平方公里土地面积上可开发的发电量计算，全球平均为 7.7 万千瓦时，中国平均为 20 万千瓦时，四川平均为 70 万千瓦时，攀西地区为 286 万千瓦时。世界上水能资源密度最大的国家是瑞士，平均为 78 万千瓦时，而攀西地区的水能资源密度是瑞士的 3.7 倍。

雅砻江更是水能资源的“富矿”，它是金沙江最大的支流，发源于青海省巴颜喀拉山南麓，在攀枝花市的倮果汇入金沙江，全长 1517 公里，流域面积 13.6 万平方公里。河口多年的平均流量为 1873 立方米 / 秒，年径流量 591 亿立方米。雅砻江河谷深切，高低悬殊，天然落差为 4400 米，形成了巨大的水能资源，蕴藏量达 2265 万千瓦，年发电量可达 1357.6 亿千瓦时。我国在 20 世纪建成投产最大的电站二滩水电站就建设在雅砻江上。

攀西地区不仅有丰富水能资源，还具有优越的开发条件。这些优越的条件主要有：一是可开发量大。这里可开发量仅属四川管辖的部分就达 4045 万千瓦，相当于两个半长江三峡水电站。二是开发的规模效益好。攀西大裂谷的地形地貌复杂，河流的坡降大，可供建设巨型、大型水电站的坝址多，目前所规划的千万千瓦级的水电站有 2 座，大型水电站的建设能大大提高开发的规模效益。三是开发成本低。攀西地区人烟稀少，水电站建设的土地淹没损失小，移民数量少，可以大大减少移民补偿费用，节约水电的开发成本。上述优越条件决定了攀西地区必然成为我国最大的水电开发基地。

4. 中国三大航天基地之一

西昌卫星发射中心（XSLC），又称“西昌卫星城”，是我国目前唯一发射地球同步卫星的航天基地，也是中国三大航天基地之一。它位于四川省凉山彝族自治州境内，中心总部设在四川省西昌市，卫星发射场位于西昌市西北 65 公里处的大凉山峡谷腹地。

由于该地区纬度低（北纬 28.2 度），海拔高（1500 米），发射倾角好，地空距离短，纬度越低，离赤道越近，这既可充分利用地球自转的离心力，又可缩短地面到卫星轨道的距离，从而增加火箭的有效负荷。二是峡谷地形好，地质结构坚实，海拔 1857 米，有利于发射场的总体布局，对地面发射设施、技术设备及跟踪测量，通信的布网有利，能满足多个发射场的建设。三是晴好天气，“发射窗口”好。年平均气温 18℃，是全国气候变化最小的地区之一，日照多达 320 天，几乎没有雾天，试验周期和允许发射的时间较多。

5. 中国攀西战略资源创新开发试验区

攀西地区矿产资源丰富，经过多年开发建设，已形成了一定的技术优势和产业基础，是我国重要的钒钛、稀土产业基地和铁矿石资源保障基地。目前，具备年产钒钛铁精矿2500万吨、标准钒渣30万吨、钒制品3.5万吨、钛精矿200万吨、钛白粉60万吨、海绵钛3.15万吨、稀土精矿3万吨、稀土冶炼分离产品1万吨的生产能力，但开发利用水平较低，产业层次不高，市场竞争力不强，关键技术还没有取得实质性突破。国家为推动攀西地区在西部经济发展高地建设中发挥出应有的作用，将攀西钒钛资源创新开发上升成为国家开发战略，并作为国家重大产业基地之一，纳入国家"十二五"发展规划，列入国家循环经济试点园区。

2010年四川省启动《攀西战略资源创新开发试验区建设规划》编制，2012年8月，国家发展改革委发布《钒钛资源综合利用和产业发展"十二五"规划》，明确将重点开发攀西地区钒钛磁铁矿资源，2013年2月国家发展改革委审议并正式批准设立"中国攀西战略资源创新开发试验区"，这是目前国家批准设立的唯一一个资源开发综合利用试验区。范围包括攀枝花市东区、西区、仁和区、米易县、盐边县，凉山州西昌市、冕宁县、德昌县、会理县、会东县、宁南县，雅安市汉源县、石棉县，总面积3.1万平方公里。总体目标是建成世界级钒钛产业基地、我国重要的稀土研发制造中心和有色金属深加工基地，打造国内资源富集地科学开发利用资源的示范区。到2015年，铁资源综合利用率提高到75%，钒资源综合利用率提高到50%，钛资源综合利用率提高到20%以上，钒钛磁铁矿尾矿回收利用率达到70%以上。到2020年，试验区稀土、碲、铋深加工及应用达到国际先进水平，区内建成2～3个千亿级产业园区。

"中国攀西战略资源创新开发试验区"的建立，将着力推进攀西战略资源开发中的体制、机制、技术和管理创新，加快把资源优势转化为产业优势、经济优势，进一步确立攀西地区作为世界级钒钛产业基地和国家稀土研发制造中心之一的地位，为推进国内资源富集地区科学开发和探索积累实际经验。

6. 四川重要的蔗糖基地

攀西蔗区地处四川西南边陲的金沙江和安宁河谷流域，温光丰足充沛，年均气温高，年较差小，日较差大，光合效率高，植蔗生产具得天独厚的气候优势，为四川省的白糖产区。蔗区位于东经101°～103°和北纬26° 01′～28°之间，地形地貌复杂，气候类型多样，从南到北可划分为南亚热带、北亚热带、暖温带、温带等气候类型。而植蔗生产主要集中于宁南、会东、米易、德昌、会理以及金阳等县的亚热带区域；蔗区除会理、金阳两县生产红糖外，其余产蔗县均生产白糖，分布着七家糖厂。根据纬度、海拔和气温的不同，蔗区可划分为三种气候生态区。第一，米易－宁南糖厂气候生态区。该气候生态区位于金沙江支流安宁河和黑水河流域，年均气温19.5℃，降水量1093.6毫米，无霜期340～365天，日照时数2312～2342小时，海拔900～1200米，≥10℃活动积温6352℃～6815℃，≥10℃日数335～357天，年较差14.1℃～14.5℃，相对湿度64%～65%，该区分布着3家糖厂，植蔗面积4000ha。第二，宁南华弹－会东大崇气候生态区。该区域分布于金沙江河谷流域，海拔600～1000米，年均气温22℃以上，降水量960.5

毫米，≥10℃活动积温大于8000℃，全年日均气温均在10℃以上，年较差15.2℃，全年日照时数2179小时，全年无霜，相对湿度57%，为攀西蔗区热量条件最好的区域，分布着两家糖厂和几家小型的红糖厂，有植蔗面积4000公顷。第三，德昌－宁南松新气候生态区。该区域位于安宁河和黑水河流域，海拔1200～1500米，年均气温17.6℃，降水量1047.8毫米，≥10℃活动积温5786℃，相对湿度63%，年降水量1048毫米，全年日照时数2164小时，日照百分率49%，该区域热量条件相对较差，分布着两家糖厂，有植蔗面积3000公顷。

二 自然条件和资源概况

（一）自然条件

1. 自然地理

方位：攀枝花位于四川西南部、川滇交界处，地处攀西裂谷中南段，属浸蚀、剥蚀中山丘陵、山原峡谷地貌，具有山高谷深、盆地交错分布的特点，地势由西北向东南倾斜，山脉走向近于南北，是大雪山的南延部分，地貌类型复杂多样，可分为平坝、台地、高丘陵、低中山、中山、山原6类，以低中山和中山为主。海拔最高点位于凉山州木里恰朗多吉峰（5958米），最低点位于雷波县大岩洞金沙江谷底（305米）。相对高差5653米，一般相对高差1500～2000米。

山脉：攀西地区西跨横断山脉，东为大凉山山脉，北接大雪山山脉，南抵金沙江。习惯上以四川省美姑县境内的黄茅埂为界，因山高气寒，故称凉山。以西称大凉山，以东为小凉山。大凉山位于安宁河和黄茅埂之间，南北纵贯数百公里，海拔大多在3000米以上。其中高达4000米左右的主要山脉有小相岭、马鞍山、碧鸡山、大风顶、狮子山和螺髻山等，尤以小相岭最高，海拔达4791米。大凉山为褶皱背斜山地，地表由砂泥岩、石灰岩、变质岩等组成，经长期侵蚀剥蚀，山脊舒缓宽阔，地表相对高差大多在数百米以内，地理上将其称之为凉山山原，为当地良好牧场。山原上各河流均由中部向四周辐射，分别注入大渡河、安宁河和金沙江。山间多断陷盆地，如昭觉、布拖、越西、竹核等，有“凉山十坝”之称。其中，布拖坝号称凉山第一大坝。小凉山指黄茅埂以东的雷波、马边、峨边和屏山一带山地，由锦屏山、分水岭、茶条山和五指山等组成，东西长百余公里。小凉山属短轴背斜山地，背斜轴部由石灰岩、玄武岩等组成，两翼及向斜为中生代红色砂泥岩，山脊海拔2000米左右。由于金沙江、马边河等的切割，山峰陡峻，谷坡达40°以上，岭谷高差达500～1000米，故有“大凉山不高，小凉山不矮”之说。金沙江、雅砻江、安宁河、大渡河、三源河及其支流深嵌在山地之间，形成雄伟的川西南峡谷区。

水文：境内的安宁河是雅砻江下游最长支流，为长江上游水系，是长江上游金沙江的二级支流，全长351公里，支流59条，流域面积11150平方公里。凉山州境内的安宁河谷平原，面积7000多平方公里，是仅次于成都平原的四川第二大平原，川西南唯一最大河谷平原，是我国同一纬度地区唯一具有南亚热带气候型的地区，年平均气温为17.6℃。一月平均气温10.2℃。七月平均气温仅23.1℃。年平均日照2431小时，年平均降雨量1031.1毫米，主要集中在5～10月，占全年降雨量的92%，年平均蒸发量1945毫米，最大湿度9月为78%，最小湿度3月仅41%。气候温暖，灌溉便利，土壤肥沃，自古是富庶之地，新石器时代便有人居住。现今河谷平原地带是川西南主要产粮区和省内及西南地区重要的农业综合生产基地，粮食、烤烟、水果、蔬菜、花卉、牲畜及大批经济作物已是声名远扬，现代农业已经初具规模。

2. 气候条件

攀西地区是中国东部湿润亚热带气候和西部干湿交替亚热带气候的分界线，属亚热带季风气候，被称为“南亚热带为基带的立体气候”。具有夏季长，四季不分明，旱、雨季分明，昼夜温差大，气候干燥，降雨量集中，日照长（全年2300～2700小时），太阳辐射强（578～628千焦/平方厘米），蒸发量大，小气候复杂多样等特点。年平均气温19.7℃～20.5℃，是四川省年平均气温总热量最高的地区。一般最热月出现在5月，最冷月出现在12月或1月。6月上旬至10月为雨季，11月至翌年5月为旱季，无霜期达300天以上。区域气候复杂多样、垂直气候差异显著，具有独特的立体气候资源优势，特色农业资源极为丰富，区域性特色农业发展具有得天独厚的优势。

（二）资源

1. 资源的分布及特点

攀西地区以其得天独厚的矿产资源、富甲天下的水能资源、丰富多彩的旅游和民族文化资源而闻名。在这块仅占我国国土面积0.7%的区域内，蕴藏占全国13%的铁、69%的钒和93%的钛，有“钒钛王国”之称。并有煤、伴生钒、伴生钛、溶剂石灰岩、冶金用白云岩等多种矿产资源。攀西地区的矿产资源富集程度高、组合条件好、综合利用价值高。攀西水能资源丰富，以金沙江、雅砻江、大渡河为主干的300多条江河纵横交汇，据2010年统计，境内水能资源可开发量达到7000万千瓦，占全国可开发量的第1位，是国家“西电东送”的重要基地和骨干电源点。攀西地区气候宜人，历史文化悠久灿烂，民族风情异彩纷呈，旅游资源开发潜力巨大。

（1）得天独厚的矿产资源。①矿产资源分布。攀西地区矿产资源丰富，具有品种全、储量大，分布集中，资源匹配条件好，组合优势突出，开发利用便利，综合利用价值高等特点，称为世界上少见的“聚宝盆”和“天然地质博物馆”。[①]截至2010年，攀枝花市共发现矿产76种，探明储量的矿产39种，得到开发利用的矿种45种。全市发现矿产地490余处，其中特大型、大型矿床46个，中型矿床30个，小型矿床52处，矿业及矿化点289处。煤保有储量36947.26万吧，钒钛磁铁矿保有储量669374.1万吨，伴

① 解洪：《攀西新跨越》，四川大学出版社，2008，第52页。

生钛保有储量 42457.93 万吨，共生钒保有储量 1037.59 万吨，熔剂石灰石保有储量 29493.1 万吨，冶金用白云岩保有储量 36374 万吨，晶质石墨保有储量 1529.8 万吨，硅藻土 1355.6 万吨，饰面用花岗石资源储量 8375 万立方米，苴却砚石资源储量 2098 万吨。① 凉山已探明矿种 84 种，有相当储量的 60 种，其中特大型、大型矿床 30 处，中型矿床 63 处。钒钛磁铁矿 12 亿吨，轻稀土氧化物保有储量 240 万吨，铜、铅、锌、锡（金属量）518 万吨。另外，境内贵金属、盐、磷、白云石、硅石等金属、非金属矿种也有相当储量。② 攀西地区最为突出的优势矿产资源是钒钛、稀土、铅、锌、铜等，具有国际地位的矿产资源有钒、钛 2 种；名列全国前茅的矿产资源有铁、铅、锌 3 种。从地理分布看，攀西地区矿产资源集中分布在攀枝花市与西昌市之间 250 公里的成昆铁路沿线。90％的钒钛磁铁矿储量集中在攀枝花市，普通富铁矿分布在会东县、会理县、盐源县，94％的铜矿和 69.76％的锡矿储量分布在会理县，49.43％的铅锌矿储量分布在会东县，稀土矿分布在冕宁县。四川省的铁、钒、钛、铅、锌、铜、锡的大、中型矿区大多集中分布在攀西地区。铜矿主要分布在凉山州的会理、会东、盐源、昭觉、甘洛等县，以会理县最为集中。攀西地区的稀土资源主要分布在冕宁县和德昌县境内（见图 19-2）。③ ② 矿产资源的基本特点。④ 矿产资源种类多。截至 2008 年底，全区已发现矿种 76 种，已查明具有一定资源储量的有 39 种，其中上四川省矿产资源储量简表的有 18 种（煤、铁、钒、钛、铜、铅、镍、钴、金、熔剂灰岩、冶金用白云岩、耐火黏土、石墨、水泥灰岩、水泥砂岩、硅藻土、水泥黏土、花岗石）。矿产资源储量丰富，优势矿产保有资源储量大。攀西地区蕴藏着全国 16％的铁、62.6％的钒、90.54％的钛及非常丰富的非金属矿产。钒钛磁铁矿、煤矿、石墨矿、冶金辅料石灰岩、白云岩为攀西的优势矿产，其中钒钛磁铁矿储量巨大，无论在储量上还是经济价值上都有其突出的优势。煤、石墨、石灰岩、白云岩、耐火黏土、饰面花岗岩等，潜在经济价值巨大。矿床的共生、伴生矿产多，综合利用价值大。除钒钛磁铁矿等主要矿产外，还共生钛、伴生钒、钪、镓、铬、钴、镍、钼、硫等有用元素，均具有较高的经济价值，综合利用的开发研究已取得初步成果，其中钒、钛的回收利用已取得较好效益，开发前景十分广阔。矿产资源组合配套性强。主要优势矿产钒钛磁铁矿及与之配套的能源矿产煤、熔剂灰岩、白云岩、耐火黏土等冶金辅助矿产，可为攀枝花钢铁、钒钛新材料基地提供充足、配套的资源保障。矿产资源开采条件优越。攀西地区具有优势矿产的矿区多数埋藏浅，剥采比低，可大型露天开采，水文地质条件简单至中等，矿石多数易采易选，有利于降低成本，提高经济效益。

① 攀枝花市公众信息网，http：//www.panzhihua.gov.cn/zjpzh/zrgk/zrzy/index.shtml。
② 凉山彝族自治州人民政府网，http：//www.lsz.gov.cn/Detail/index/4ea0ba31-766a-4218-9bff-c79b7cc4ff23。
③ 解洪：《攀西新跨越》，四川大学出版社，2008，第 52 页。
④《攀西地区资源开发与综合利用科技规划》，2001。

图 19-2 攀西地区矿产资源分布

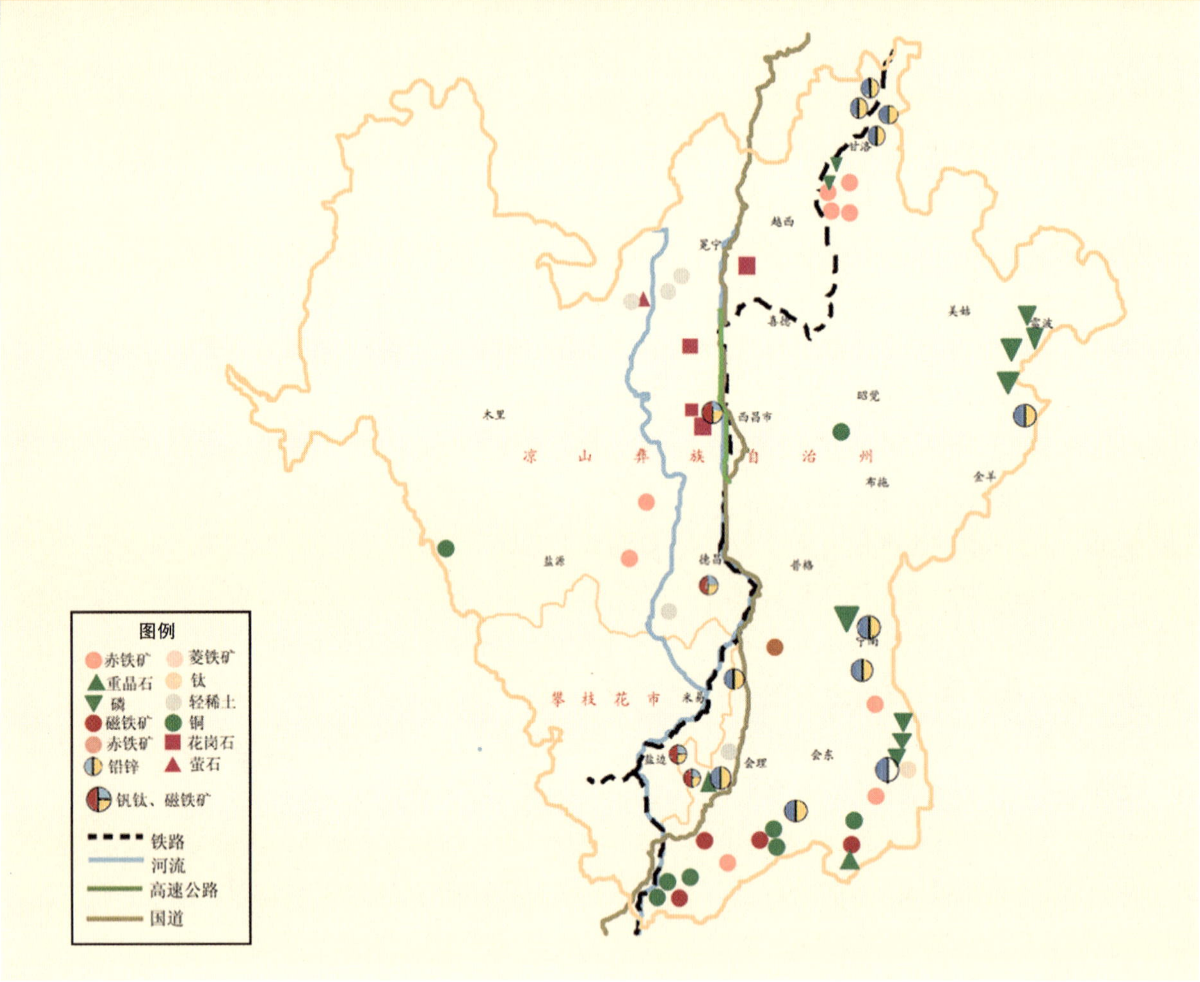

（2）富甲天下的水能资源。[②] ① 水资源及其结构。攀西地区主要河流有大渡河、金沙江、雅砻江、安宁河，支流密布，水流丰沛，落差大，具有广阔的水电开发前景，是国家“西电东送”的重要基地和骨干电源点。邛海、泸沽湖、马湖是四川省三大天然淡水湖泊。水资源丰富，河川径流多年平均流深为 622 毫米，径流年际变化变差系数 Cv 值为 0.13 ~ 0.38，水资源总量 15634 立方米，占全省的 35%，人均为全省的 8.3 倍。在水资源总量中，本地产水量为 44820 立方米（包括地下水有 680 立方米），占全省的 13%。② 水资源分布（见图 19-3）。水能是攀西地区最具优势的资源之一，不仅资源丰富，开发条件优越，而且是清洁的、可再生的、廉价的一次能源。攀西地区水能资源主要集中于金沙江、雅砻江两大江河的中下游河段，根据水力资源普查成果和近期规划资料统计，本区可开发水能资源为 5924

① 解洪：《攀西新跨越》，四川大学出版社，2008，第 54 页。

万千瓦和 2883 亿千瓦时，其中金沙江干流为 3740 万千瓦和 1647 亿千瓦时，支流为 312 万千瓦和 175 亿千瓦时；雅砻江干流为 1434 万千瓦和 823 亿千瓦时，支流为 219 万千瓦和 125 亿千瓦时；大渡河干流为 165 万千瓦和 73 亿千瓦时（瀑布沟电站跨雅安、凉山州，只计其装机容量的 1/2），支流为 63 万千瓦和 38 亿千瓦时。由于区内金沙江干流为川、滇两省界河，水能资源系两省共有，若按两省均分统计，则本区具有可开发水能资源为 4054 万千瓦和 2059 亿千瓦时，分别占四川省水资源的 42.7% 和 38.6%。③水资源特点。攀西地区水能资源高度富集。攀西地区河流多穿流于高山峡谷之中，河道坡度大且落差集中，金沙江、雅砻江两大江河流入本区已属中、下游河段，其控制集水面积大，且流域内又多雪山冰川，径流补给丰富而稳定，形成了本区水能资源高度富集的特点。流域类型多样，为梯级水电站开发提供了条件。本区除有金沙江、雅砻江两大江河干流外，还有众多的中、小河流，可开发水电站的规模齐全，巨、大、中、小规模都有，可以根据攀西地区、四川省乃至外省区对电力不同的需求，提供规模适宜的水电站进行开发。发电是河流开发的

图 19-3 攀西地区主要河流分布

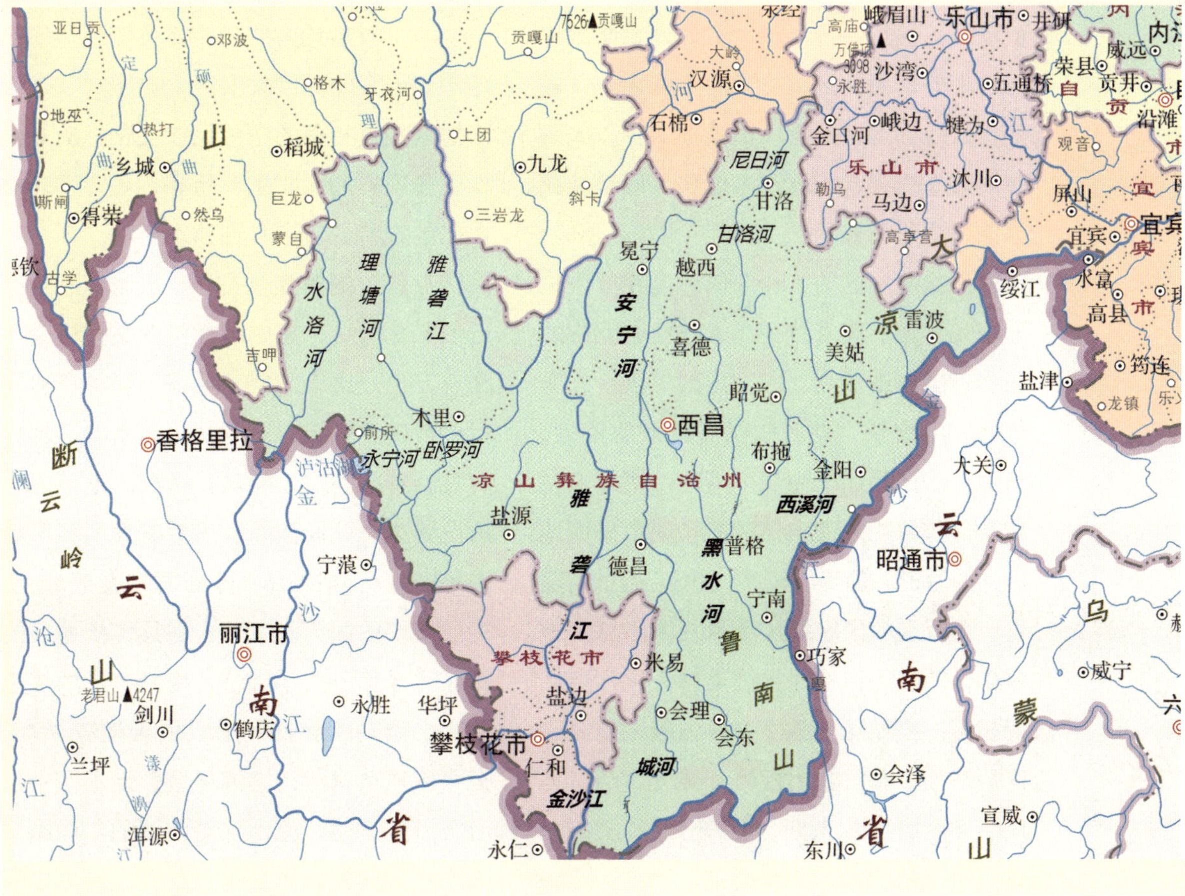

主要目标。由于攀西地区大中小不同规模的河流众多，且区内外对电力的不同需求，规模不等的水电站齐全。国家在“三江”（金沙江、雅砻江、大渡河）干流上规划的14座大型电站中，在攀西区内有溪洛渡（1260万千瓦），白鹤滩（1305万千瓦），乌东德（780万千瓦），锦屏一、二级（800万千瓦），官地（200万千瓦），瀑布沟（330万千瓦）等十几座，其中溪洛渡、锦屏Ⅰ、Ⅱ级，瀑布沟等大型电站正在加紧建设，白鹤滩、乌东德、官地等大型电站正在筹建。铜子林（60万千瓦）、金沙（50万千瓦）、银江（34.5万千瓦）、安宁河梯级水电站等中小型水电站也在不断加快建设。

（3）丰富多彩的旅游资源。①旅游资源特征和等级特征（见表19-3）。攀西地区是灿烂的日光城。地处云贵高原边缘地带的攀西地区，由于海拔高，空气较四川盆地稀薄，且山体植被覆盖少，太阳照射紫外线强，所以升温也快。以攀枝花为例，全年日照时数2300～2700小时，是四川盆地地区的2～3倍，是我国少见的阳光地带。有人概括：攀枝花有北方的阳光，南方的温度，印度洋的气候。旅游气候资源突出，是我国优秀的避寒胜地，日照丰富，为四季阳光度假区。优越的自然条件和原生态的自然风光，使得攀西地区的旅游资源的等级较高。截至2011年8月，全区现有国家级风景名胜区邛海－螺髻山，国家级自然保护区美姑大风顶自然保护区、攀枝花苏铁2个；省级风景名胜区泸沽湖、彝海、小相岭－灵光古道、马湖、龙肘山－仙人湖、龙潭6个，省级自然保护区螺髻山、木里鸭嘴、冶勒、申果庄、马鞍山、麻咪泽、百草坡、白坡山、二滩鸟类9个；具有代表性的景区、景点共计160多个。②旅游资源空间分布（见图19-4）。攀西地区旅游资源在地域分布上呈现“多而散，小集中”的特点，融合自然景点与人文景点于一体。在攀西地区已开发开放的旅游景点主要有39个，攀枝花有17处，以苏铁保护区最为著名，其他景点在攀枝花区内分布相对集中；凉山共有22处，景点等级相对较高，且分布较散，除凉山南部以外，凉山州区域内都有值得游客游览的景区，西昌市周边地区以及东北方向的旅游资源丰度和品质在攀西地区比较突出。攀西境内自然风光秀丽，原生态气息浓厚，还有水利工程、卫星发射、西昌古城、宗教等多种人文景观。

（4）极具魅力的民族文化资源。攀西是中国最大的彝族集聚区，彝族文化是攀西地区最具特色的主体民族文化。历史的积淀和现实的人文生存状态，决定了彝族文化的独特性、丰富性和本原性。攀西彝族保存着中国彝族最古朴、最浓烈、最神奇的文化传统，是中国彝民族文化精髓所在。无论是语言文字、风俗习惯、衣食住行、节庆、祭祀、民间文化艺术等，都具有独特鲜明的文化特质。彝族火把节以其历史悠久、民风浓厚、热烈盛大而蜚声海内外。在历届凉山举行的国际火把节上，绚丽多姿的服饰、歌舞、独具传统遗风的彝族“选美”、“背亲”，精彩纷呈的传统斗牛、赛马、爬杆和盛大的火把狂欢夜，把彝族风情宣泄得淋漓尽致，无不使中外游客流连忘返。凉山神奇渊博的“毕摩文化”更是彝族思想文化之集大成者。攀西

表 19–3 攀西地区旅游资源的等级

国家级	螺髻山 – 邛海	四川美姑大风顶国家级自然保护区 四川攀枝花苏铁国家级自然保护区	二滩国家森林公园
省 级	泸沽湖 马湖 彝海 龙潭 龙肘山 – 仙女湖 小相岭 – 灵光古道	西昌市螺髻山自然保护区 木里鸭嘴自然保护区 四川省冶勒自然保护区 申果庄自然保护区 甘洛马鞍山自然保护区 雷波麻咪泽自然保护区 百草坡自然保护区 白坡山自然保护区 二滩鸟类自然保护区	四川省大黑山森林公园 四川省灵山森林公园 四川省松涛森林公园 四川省卢山森林公园

图 19–4 攀西地区旅游资源空间分布

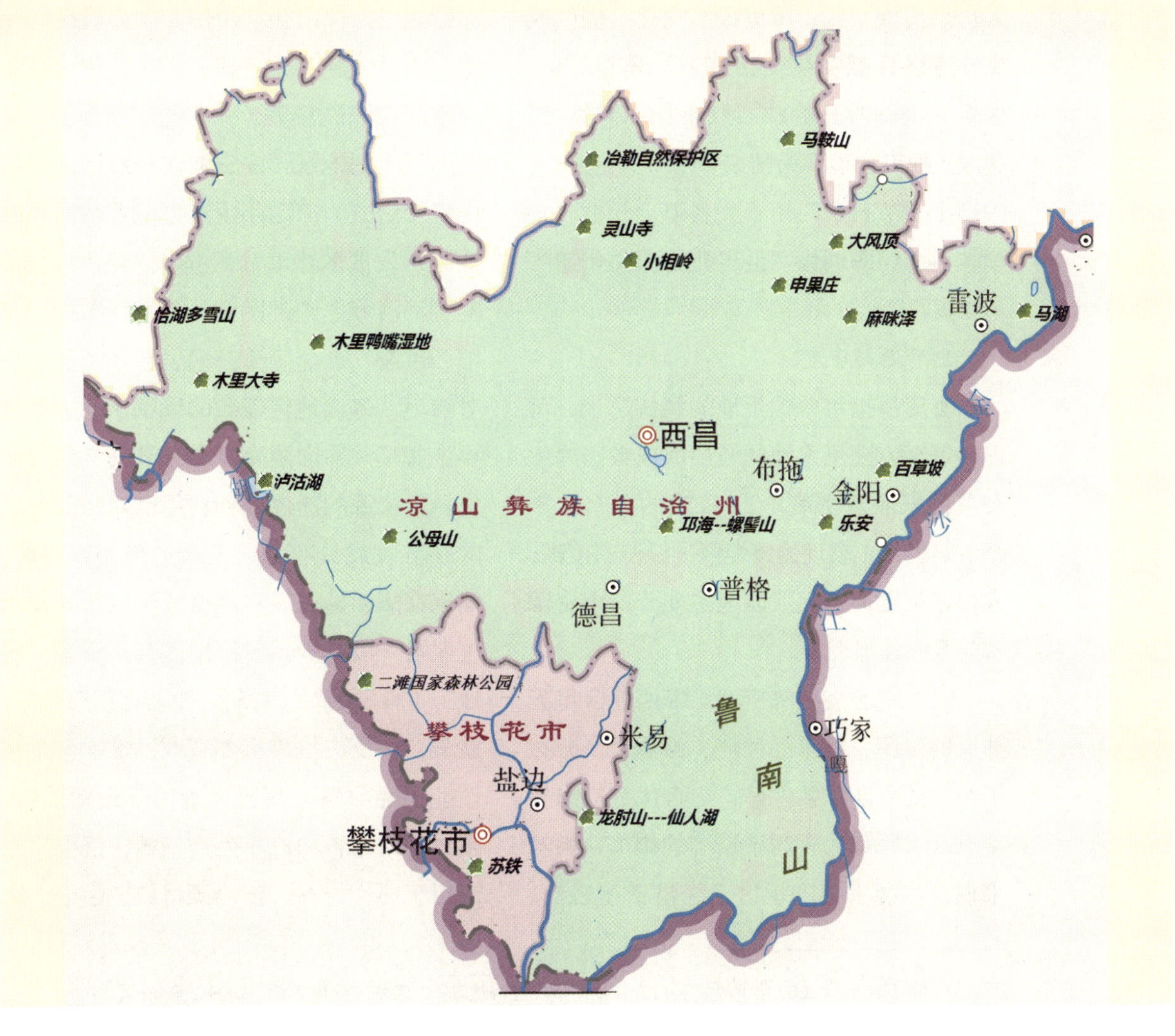

专栏 19-1　彝族毕摩

毕摩是彝语音译，“毕”为“念经”之意，“摩”意为“有知识的长者”。“毕摩”就是指专门替人礼赞、祈祷、祭祀的人，学界大多称他们为祭司。彝族民众从古至今都认为毕摩是“智者”，是知识很丰富的人，他们识古彝文，掌握和通晓彝文典籍，通过念诵经文等形式和神、鬼沟通，充当人们与鬼神之间、祖先之间的矛盾调和者，并通过象征性极强的祭祀、巫术等行为方式处理人与鬼怪神灵的关系，以求得人丁安康、五谷丰登、六畜兴旺。所以说，毕摩既是彝族民间宗教活动的主持者和组织者，又是彝族宗教和信仰的代表人物。

地区也是多民族融合地，民族文化丰富多彩，极具魅力。攀枝花仁和区大田镇板凳龙、东区阿署达红彝打跳舞、平地迤沙拉谈经古乐、王应新折纸艺术、中国苴却砚雕刻技艺、米易县新山傈僳族约德节都极具特色。凉山州彝族文化以及泸沽湖摩梭人母系氏族文化、木里藏乡文化、傈僳族文化等各民族文化交相辉映、异彩纷呈。区内有全国唯一的彝族奴隶社会博物馆，彝族火把节已被列为国家非物质文化遗产、中国十大节日、四川十大名节，并被联合国教科文组织列为“世界非物质文化遗产审批项目”。

2. 资源与密度

密度是指每单位土地的经济总量，可以用每平方公里土地的增加值或者国内生产总值来测量密度。① 资源的分布带来经济的集聚，表现为该地区的经济密度高，人口密集度高，工业园区主要分布于资源密集区或其附近。

（1）资源与经济密度。攀西地区得天独厚的资源，具有品种全、储量大，分布集中，资源匹配条件好，组合优势突出等特点，这些条件有利于经济的集聚，相对来说，资源密集的地区，经济密度较高。例如：攀枝花被称为“钒钛之都”，仅仅7000多平方公里的土地上却蕴含着中国90%左右的钛，60%左右的钒以及丰富的与发展钢铁钒钛工业配套的辅助金属资源，如表19-4所示，攀枝花东区与西区经济密度最高，其次是仁和区、米易县和盐边县。凉山州境内沿安宁河流域的冕宁、西昌、德昌、会理、会东、宁南是攀西地区资源最富集、开发条件最好、发展潜力最大的地区。安宁河流域地区的资源优势使它成为凉山州生产力配置最密集的地区、发展的中心和经济振兴的增长点，安宁河流域以外的昭觉、美姑、布拖、金阳、雷波、盐源等彝族聚居县经济发展相对滞后。攀西地区蕴藏的钒钛、稀土等重要金属是关系国防安全和经济安全的战略资源，资源的高效综合利用也对西部地区的经济发展具有强大的带动作用，因此，国家在攀西地区设立战略资源创新开发示范区及开发基地。攀西地区富集资源“钒钛”是稀缺的军工材料，主要运用于航空、航天、核反应堆等重要领域，钒钛又是高性能民品材料，钛已大量用于运动器材、生物医用材料和汽车生产领域，钒也广泛应用于磁性材料、新能源材料、超导、医

① 世界银行：《2009年世界发展报告：重塑世界经济地理》，清华大学出版社，2009，第49页。

表 19-4　2011 年攀西地区县（区、市）的经济密度分布

经济密度	1000 万元以上	200 ~ 1000 万元	100 ~ 200 万元	50 ~ 100 万元	50 万元以下
攀枝花市	东区（16426 万元） 西区（6623 万元）	仁和区（727 万元） 米易县（355 万元） 盐边县（273 万元）			
凉山州	西昌市（1118 万元）	会理县（370 万元） 会东县（301 万元） 宁南县（204 万元）	德昌县（199 万元） 冕宁县（150 万元） 金阳县（137 万元） 甘洛县（145 万元） 雷波县（128 万元） 越西县（127 万元） 布拖县（115 万元）	盐源县（79 万元） 普格县（93 万元） 昭觉县（64 万元） 喜德县（78 万元） 美姑县（60 万元）	木里县（15 万元）
合计（个）	3	6	7	5	1

资料来源：根据《四川统计年鉴（2012）》相关数据整理。

药、玻璃、陶瓷等方面。随着战略资源的综合开发和利用，不仅为区内彝族等少数民族提供了更多就业机会，改善了其生产生活条件，也将成为四川经济新的增长极，为西部经济发展提供更强劲的发展动力，因此，攀西地区资源深入综合开发利用的意义重大。

（2）资源与人口密度。攀西地区人口在地域分布上的不均衡性非常显著，各县市人口密度相差悬殊。攀西南部地区矿产资源相对丰裕，同时，人口密集度也相对较高。如表 19-5 所示，攀枝花境内的东区、西区、仁和、米易人口相对密集，其中攀枝花市的东区和西区为攀西地区人口最密集的地区，人口密度在 1000 人 / 平方公里以上，凉山州境内的会东、会理、宁南人口密集度也相对较高。攀西北部地区且以安宁河流域为轴线，安宁河以西的木里、盐源、冕宁资源相对稀少，也属于人口稀少区，安宁河以东的区域由于历史、经济发展水平等各种因素，人口松散区与稀少区相间，人口分布不均衡。比较 2005 年与 2011 年末，攀西地区人口密度区域分异情况，攀西地区人口密集度在不断增长。与 2005 年末相比，2010 年末人口松散区新增 6 个，分别是米易、会理、布拖、金阳、昭觉和甘洛，其中，米易和会理资源相对丰富，资源开发力度加大，人口增长较快，其他三地不是资源富集区，人口密度增加可能由于其他原因引起（见表 19-6）。

（3）资源与生产力布局。攀西地区的主导产业的选择及布局，主要围绕着资源的分布来选址。攀西的钒钛等矿产资源主要集中于攀枝花地区，主要有攀枝花矿区、红格矿区、白马矿区。攀枝花共有 6 个重点工业园区分布于矿区或矿区附近，分别为四川攀枝花钒钛产业园区、攀枝花高新技术产业园区、南山循环经济发展区、西区格里坪民营经济创业园区、米易白马工业园区、盐边工业园区，这些工业园区主要以钒钛新材料、矿业、钢铁为主导产业。

表 19-5　攀西地区 2005 年人口密度区域分异

人口高度密集区	人口适度密集区	人口松散区	人口稀少区
1000 人 / 平方公里以上的地区	500 ~ 1000 人 / 平方公里的地区	100 ~ 500 人 / 平方公里的地区	100 人 / 平方公里以下的地区
东区、西区	无	西昌市、仁和区、会东县、宁南县、越西县	米易县、盐边县、木里县、盐源县、德昌县、会理县、普格县、布拖县、金阳县、昭觉县、喜德县、冕宁县、甘洛县、美姑县、雷波县

资料来源：根据《攀枝花市统计年鉴（2006）》、《凉山彝族自治州统计年鉴（2006）》、《四川省统计年鉴（2006）》整理所得。

表 19-6　攀西地区 2011 年末人口密度区域分异

人口高度密集区	人口适度密集区	人口松散区	人口稀少区
1000 人 / 平方公里以上的地区	500 ~ 1000 人 / 平方公里的地区	100 ~ 500 人 / 平方公里的地区	100 人 / 平方公里以下的地区
东区、西区	无	仁和区、米易县、西昌市、会东县、会理县、宁南县、越西县、布拖县、金阳县、昭觉县、甘洛县	盐边县、木里县、盐源县、德昌县、普格县、喜德县、冕宁县、美姑县、雷波县

资料来源：根据《攀枝花市统计年鉴（2011）》、《凉山彝族自治州统计年鉴（2011）》、《四川省统计年鉴（2011）》整理所得。

在产业园区的建设中，高新科技产业园区是攀西地区唯一的高新科技产业园区，南山循环经济发展区被四川省政府确立为省级循环经济发展区。会东、会理的普通富铁矿、锡矿、铅锌资源丰富，会东县工业集中发展区和凉山会理有色产业园以有色金属采选冶炼为主导产业，冕宁县的稀土资源丰富，分布有稀土工业集中发展区和泸沽－漫水湾县级工业集中发展区，主要进行稀土采选、冶炼和产品深加工。由此可见，资源的分布直接影响着该地区的主导产业的选择，以及生产力的布局。

3. 资源开发利用与生态环境保护

（1）资源开发利用造成的生态环境问题。攀西地区拥有特殊的地形地貌及气候特征、多样的土壤类型以及丰富的矿产、水能资源和生物资源。一方面，攀西地区是少有的资源富集区，区内有我国最大的钒钛制品生产基地和西部最大的钢铁生产基地，是长江上游经济带的一个重要的增长极。但另一方面，攀西地区生态环境脆弱，生态环境地位重要，生态环境变化与人类活动相互交融，形成了复杂多样的生态环境问题，生态环境建设任重道远。攀西地区生态环境问题主要表现为：水土流失、森林植被破坏、工矿区生态环境问题突出，生物多样性损失严重等。资源的采掘和利用，极易引发山体滑坡、泥石流及洪涝灾害，水土保持任务艰巨。在开矿、选矿等环节中，导致地表植被破坏，地面坍塌，地下水减少。工矿区大量固体废弃物、废气的未处理排放、堆积，占据土地，造成土壤、水体和大气的二次污染。生态环境的改变就会破坏动植物的生存环境，造成生物多样性损失等。

（2）目前已采取的生态环境保护措施。加大节能减排力度。攀西地区关停污染大、能耗高的企业或生产装置，抑制高能耗产业过快增长，积极实施“关、停、并、转”。积极应用节能减排新技术，提高二次能源利用效率。已在一些重点企业采用先进的污染控制技术，消减污染物排放量。大力推进 COD 减排工程，以及相关市区污水处理、攀煤（集团）公司花山矿、大宝鼎矿矿井废水治理等工业废水治理项目，促进化学需氧量减排，控制烟粉尘排放。加大对攀西地区冶金、电力、水泥等重点减排项目的现场核查，不断加强对污染源的监督管理，并启动排污许可证发放工作，通过多种措施已较有效地控制了污染源的排放。大力发展循环经济。攀西地区已建立攀枝花南山循环经济发展区和攀枝花钒钛产业园区（循环经济试点园区），区内各个园区正按照循环经济要求规划、建设和改造，实现土地集约利用、废水废物循环利用、能量梯级利用和污染物集中处理。积极推动产业循环式组合，构筑链接循环的产业体系。地方政府通过政策激励、标准约束、园区示范带动、科技创新不断促进循环经济发展。建立并加强自然保护区等区域建设。攀西境内不断加强风景名胜区保护，并建立国家级和省级自然保护区共 11 个、森林公园 5 个。按照“严格保护、统一管理、合理开发、永续利用”的原则，编制风景名胜区规划，并严格实施，风景名胜区规划中划定核心保护区，在保护区内禁止进行与资源保护无关的项目及活动。在自然保护区和森林公园建设中，加强森林、水域、湿地、珍稀野生动物及其他生物物种等生态系统的保护，维护生物多样性、珍稀濒危物种的栖息地以及原生态系统。加强生态功能保护区的建设和管理，坚持“封育为主，宜治则治，宜荒则荒”的原则，尽快恢复与重建生态功能，生态功能区周边地区鼓励发展有机农业、低碳工业等环境友好型产业，促进生态的生产生活方式形成，最大限度地减轻人类活动对生态系统的影响。

三　产业发展

（一）产业发展概况

攀西地区产业结构“二三一”特征突出，工业是攀西地区经济的主导力量，钒钛钢铁、水电能源、现代特色农业、阳光生态旅游已经成为攀西地区的四大支柱产业。2010 年，攀西地区三次产业结构为 14.80 : 57.92 : 27.29，四川省三次产业结构为 14.45 : 50.46 : 35.09。

在攀西地区内部，攀西工业主要集中在攀枝花市发展，凉山州则是攀西农业的发展主体。2010 年，攀枝花市三次产业结构为 4.10 : 73.79 : 22.11 ，凉山州三次产业结构为 21.94 : 47.32 : 30.74。

（二）农业

1. 农业发展基本情况

攀西地区是四川省特色农业的重要生产地之一。2010 年，攀西地区农业增加值为193.55亿元（其中，攀枝花21.49亿元，凉山172.06亿元），占四川全省7.80%；攀西地区农林牧渔业总产值达319.31亿元（其中，攀枝花36.52亿元，凉山282.79亿元），占四川全省7.82%。主要农产品产量稳步增加，甘蔗、水果、烤烟、猪牛羊肉等农产品在全省的比较优势地位进一步显现（见表19-7）。

2. 农业内部结构

2010年，攀西地区农林牧渔业结构为49.38 : 4.00 : 43.05 : 2.05 : 0.31；攀枝花市农林牧渔业结构为53.09 : 1.78 : 35.57 : 8.03 : 1.52；凉山州农林牧渔业结构为48.90 : 4.28 : 44.01 : 1.28 : 0.15。农产品结构进一步优化，优质高效农业快速发展，初步建成了一批具有区域特色的农产品生产基地，无公害产品、绿色食品和有机食品逐步发展。

3. 农业布局

在特色农业布局上，以河谷平坝地区是重点，二半山和高山地区为协调发展的两翼。河谷平坝地区以热带、亚热带特色农产品为主，重点发展优质稻、烤烟、蚕桑、脐橙、石榴、青花椒、早市蔬菜。二半山地区以种植业为主，重点发展粮食、烤烟、蚕桑、中药材、反季节蔬菜等种植业，以肉牛、黑山羊为主的特色畜牧业，以特色经济林和速生丰产工业原料林为主的林业产业。高山地区以天然林保护、退耕还草、退牧还草、天然草场恢复与建设等生态工程建设为主，建设草食牲畜、高寒特色产品经济带。

4. 农业发展重点和方向

攀西地区高标准推进省级现代农业基地强县建设，形成了蔬菜、水果、烤烟、林业生物等特色农业产业化发展格局。蔬菜产业重点发展了早春蔬菜，建成设施栽培、无公害及绿色食品标准化基地。水果产业重点抓好南亚热带水果商品基地建设，规模化种植了芒果、枇杷、石榴、脐橙、葡萄等水果，并优化改造了晚熟芒果、早春枇杷、软籽石榴等水果品种，提升品质。烤烟产业突出科技创新，全面提升了烟叶生产整体水平，形成了规模优质烤烟生产能力。林业生物产业建成优质核桃基地、生物质能源基地、木质工业原料林基地和珍贵用采林基地，重点种植优质核桃，发展了食用菌、林下蔬菜、柴胡、

表19-7　2010年四川及攀西农林牧渔产值及比重比较（单位：亿元）

项　目	攀西地区	攀枝花	凉山州	四川省
农林牧渔	319.31	36.52	282.79	4081.81
农业	157.68	19.39	138.29	2069.33
林业	12.77	0.65	12.12	112.90
牧业	137.47	12.99	124.48	1705.16
渔业	6.56	2.93	3.63	129.83
农林牧渔服务业	0.98	0.56	0.43	64.60

资料来源：《四川统计年鉴（2011）》。

白芨等特色林下资源产品。畜牧水产业形成标准化养殖模式，建成规模化生猪基地、规模化养牛基地、规模化养羊基地、无公害优质肉鸡基地、二滩库区大水面养殖基地。

攀西地区农业推行产业化发展采用了如下措施：农村专合组织及协会组织覆盖全市所有生产基地；推行“公司＋合作经济组织＋农户”、“定单农业”、“合同农业”等多种有效经营管理形式促进农业产业化发展；构建农产品贸易、综合批发市场，扩大冷库、仓储设施建设；建设好攀枝花农业信息网，为生产经营活动提供有效服务；实施农业名牌带动战略，实行农产品标准化生产，建立和完善农产品质量认证和质量评价体系，整合品牌资源，强化市场开拓，搭建销售平台，提高特色农产品竞争力。

（三）工业

1. 工业发展基本情况

攀西开发史就是一部工业发展史。经过数十年建设，攀西工业发展取得瞩目成就，工业已具有相当基础，整体已处于工业化中前期水平，并呈现产业结构多元演进的态势，工业已是并仍将长期是攀西地区经济的重要支撑。

1958年3月，中共中央在成都召开工作会议。会上，冶金工业部部长王鹤寿向党中央、毛泽东主席提交了《钢铁工业的发展速度能否设想得更快一些》和《争取有色金属飞跃，占领有色金属全部领域》两个报告。在《钢铁工业的发展速度能否设想得更快一些》的报告中，明确提出在“二五”期间建设攀枝花钢铁厂。毛泽东主席作了批示，肯定了开发攀西资源的意见。中共中央于4月5日对报告正式作了批示，攀西开发被纳入了国家建设计划。这是中共中央关于开发攀西的第一次重大决策。

1964年5～6月，中央工作会议上，把西南地区作为战略后方的地位突出出来，“三线建设”确定以西南为重点，攀西地区则是西南“三线建设”的重点。这是中共中央关于攀西开发的第二次重大决策。“三线建设”期间，攀西地区开发相继完成了攀枝花工业基地建设一期工程、成昆铁路建设、西昌卫星发射中心建设、西昌青山机场建设、四一〇厂建设等重点项目，为攀西地区工业发展打下了坚实的基础。

改革开放以来，中共中央非常重视攀西地区的资源开发和工业发展，“把攀西开发区看作是今后开发大西南能发挥启动作用的经济心脏”，攀钢二期工程、二滩水电站、成昆铁路电气化改造、中国西昌航天城、西昌卫星发射中心、西昌新钢业有限责任公司等一大批重点项目全面竣工，攀西地区工业发展翻开了崭新的一页。

经济发展理论和世界经济发展历史都表明，工业化是一个国家或地区经济发展的普遍规律，也是发展中国家和地区走向现代化的必然选择；近现代经济发展主要是以工业化为标志，经济发展过程实际上是工业化过程。

2010年，按钱纳里标准，攀西地区整体处于工业化后期阶段（人均GDP约为5127美元左右），略领先于四川省平均水平（人均GDP3530美元左右）。攀西地区内部工业化进程发展极不均衡，其中，攀枝花市处于经济发达初期（人均 GDP 约为 7327 美元），凉山州处于工业化后期阶段（人均 GDP 2927 美元）（见表 19-8）。

从未来看，攀西地区重化工业化趋势明显。攀枝花东区、凉山州西昌市第三产业发展较快，产业结构呈现高服务化的倾向；攀枝花西区、各大工业聚集区在重化工业化发展的同时，加快延伸产业链，从单一的原材料工业向后续加工制造业发展，呈现高加工度化趋势。

2. 优势产业发展

攀西地区工业发展态势有两个特点：第一是黑色金属冶炼及压延加工业是攀西地区第一产业，但是攀枝花、凉山两地发展规模不同；第二是能源业发展潜力有待充分发挥，水电等能源工业对地方经济的贡献率有待提升。

钒钛产业取得突破性发展，集群效应初具规模。攀西地区已建成国际知名、国内领先、产业体系最完善的全流程钒钛产业基地。钢铁产业继续壮大，运用先进技术、装备等改进升级传统钢铁流程，采用新工业综合开发钒钛磁铁矿，铬、镍、钴、镓、钪等稀贵金属回收利用努力实现产业化，攀西地区向西部钢铁工业基地建设方向发展。

表 19-8　四川各市州经济集聚阶段判定（单位：美元）

人均 GDP	所处阶段
364 ~ 728	初级产品生产阶段
728 ~ 1456	工业化初期
1456 ~ 2912	工业化中期
2912 ~ 5460	工业化后期
5460 ~ 8736	经济发达初期
8736 ~ 13104	经济发达后期

能源产业。加大能源结构调整力度，提高能源使用效率，建成稳定安全环保的能源生产流通消费体系，为全市发展提供强大能源支撑。加快金沙江、雅砻江流域攀枝花段及安宁河梯级水电资源开发；优化火电原料结构，积极发展煤矸石发电、冶金、炼焦等余热、余能发电；加快电网建设，提高电网承载能力，确保电网安全。

化工产业。攀西地区形成煤化工、磷化工、硫酸化工、硅化工等化工格局。煤化工的发展以煤焦油、粗苯的深加工、焦炉煤气的利用为方向；磷化工的发展以高纯特种、电子级、食品级多品种黄磷、磷酸及磷酸盐制品为方向，并注重黄磷尾气综合利用；硅化工的发展以化学级、电子级有机硅、高品质硅合金为重点；硫酸化工向采用先进的生产技术发展。

3. 工业发展布局

新中国成立以来，攀西地区逐步建立起以钢铁、钒钛、有色金属、绿色产品等为主的资源性、基础性工业部门，形成 20 多个工业门类，已成为长江上游、西部地区乃至全国重要的基础工业基地和资源型工业基地。“十一五”期间，攀西地区工业紧紧抓住新一轮经济健康快速增长和西部大开发的重大机遇，有效利用资源能源需求持续旺盛的“溢价红利”，大力促进总量扩张、结构调整和功能转型，加快发展循环经济和局部试点工作，走出了一条“经济效益好、科技含量高、人力资源得到极大发挥”的新型工业化道路。

工业长期是攀西地区经济的重要支撑，工业高速发展，有力地拉动了地区经济的发展。2010 年，攀西地区工业增加值实现 655.08 亿元，远高于第一产业增加值

（193.55 亿元）和第三产业增加值（356.95 亿元）；攀西地区工业增加值占 GDP 的比重为 50.8%（攀枝花为 69.6 %，凉山为 37.0 %），高于四川省平均水平（43.2 %）。

攀西地区工业企业蓬勃发展。攀枝花钢铁（集团）公司、钢城企业总公司等大型企业进入了全国工业企业 500 强，一个从采选到冶炼、加工的完整钢铁工业体系已建立起来。2010 年，攀西地区规模以上工业企业达 812 个，资产存量达 2435.19 亿元。

四川攀枝花钒钛产业园区是目前攀西地区唯一国家级产业园区，以钒钛新材料为主要发展方向。高新技术产业园区发展为高新技术孵化、钒钛新材料深加工、太阳能产业为主的产业聚集区。格里坪工业园区发展成为以煤及煤化工、二次资源综合利用为主的产业集聚区。白马工业园区发展成为以钒钛磁铁矿综合利用、特色石材为主的产业集聚区。南山循环经济发展区发展成为以含钒钛锻铸件、机械加工制造为主的产业集聚区。西昌钒钛产业园区致力于发展为世界级钒钛工业基地和国家级重点产业园区。会理有色产业园区发展成为西南地区重要的有色产业基地和省级重点产业园区。冕宁稀土高科技产业园区发展为全国重要的高新稀土材料及应用产品生产、出口基地和省级重点产业园区。雷波磷化工产业园区发展为西南地区重要的磷化工基地和省级重点产业园区。

（四）第三产业

1. 第三产业发展现状

攀西地区服务业发展起步较晚，发展总体水平不高，发展不足。但是近年来攀西服务业发展势头较好，发展较为迅速，成为地方经济的重要组成部分。攀西地区旅游、物流商贸是服务业的引擎，尤其是阳光旅游近年来发展较快。2010 年，攀西地区服务业增加值为 356.95 亿元（其中，攀枝花 115.87 亿元，凉山州 241.08 亿元），占 GDP 比重 27.29%，仍低于四川省（四川省第三产业增加值占 GDP 比重 35.09%）。攀西地区服务业在吸纳就业人口上，发挥着重要作用，2010 年，攀西地区服务业就业人数为 78.13 万人，占总从业人数 27.69%。近年攀西地区服务业发展与“配第 – 克拉克定律”相一致，即在产业演进过程中产业和劳动力向服务业转移。

2. 第三产业发展重点和方向

（1）旅游业。近年来，攀西地区旅游业快速发展，攀西地区把旅游业确立为重要的经济增长点，坚定不移地实施政府主导、旅游精品和可持续发展战略，充分发挥旅游业的推动作用，旅游产业总量规模得到壮大，为旅游产业的发展奠定了坚实的基础。到 2011 年，攀西地区旅游总收入 131.02 亿元，其中，攀枝花 50.52 亿元，凉山州 80.5 亿元，总计旅游接待总人次达 2883.48 万人次。攀西地区旅游资源得天独厚、匹配天成，突出表现为“四性”：其一，不可替代性，攀西地区独有很多精品、绝品资源。其二，丰富多样性，山、水、林、泉、洞景观多样，各具特色。其三，神秘性，资源大都保留了未经雕饰的原始风貌，给人以强烈的视觉冲击。其四，互补性，这些独特的气候和自然、人文景观与我国北部形成强烈反差，旅游市场开发具有互补性。攀西地区优美的自然风光，悠久的历史文化、众多的民族风情，使得攀西地区无论是自然景观还是人文景观都独具特色。攀西地区是旅游资源富集地区，现有省级以上的风景名胜区域7个，其中国家级风景名胜区包括泸沽湖、螺髻山－邛海、螺髻山；省级风景名胜区包括彝海、小相岭、马湖、龙肘山－仙人湖景区。省级以上自然保护区10个，其中包括国家级自然保护区大风顶、攀枝花苏铁自然保护区、二滩国家森林公园，省级自然保护区包括马鞍山、冶勒、申果庄、麻咪泽、鸭嘴、乐安、百草波保护区。除了这些省级以上名胜区和保护区之外，还有特色景区，如攀西地区特色景区有灵山寺、木里大寺、恰湖多吉雪山、州奴隶社会博物馆、土林、公母山景区；重要的景区还包括奇趣横生、有惊无险的“万里长江第一漂”、被誉为东方的“休斯敦”的卫星发射基地等风格独特的旅游资源（见表19-9）。攀枝花市地区旅游资源丰富，但分布不均。从空间分布上看，攀西地区重要的旅游资源主要集中在攀西地区东北部，西北和南部重要的旅游资源相对较少；

表19-9　攀西地区精品旅游景区分布

级　别	旅游景点
国家级风景名胜区	泸沽湖 螺髻山－邛海 螺髻山
省级风景名胜区	彝海 小相岭 马湖 龙肘山－仙人湖
国家级自然保护区	大风顶 攀枝花苏铁自然保护区 二滩国家森林公园
省级自然保护区	马鞍山 冶勒 申果庄 麻咪泽 鸭嘴 乐安 百草波
特色景区	灵山寺 木里大寺 恰湖多吉雪山 州奴隶社会博物馆 土林 公母山

资料来源：《四川统计年鉴（2006）》。

从行政区划上看，凉山州的旅游资源相对较多，而攀枝花市旅游资源相对较少（见图19-5）。

（2）商贸物流。攀西地区地处川西南、滇西北结合部，攀枝花市和西昌市两个中心城市地处成昆铁路的中点，是川滇两省南北往来的重要门户和枢纽，商品和物资可以向南北各150公里，呈两个扇面型辐射，成为周边70多个县的商品、物资集散中心，发展商贸物流的基础较好。攀西地区主要物流运输货物多以矿产资源、钢材、钒钛和优质农副产品为主，地区内河流落差较大，水运不发达，目前攀西地区物流运输主要以公路和铁路为主，铁路只有唯一的成昆铁路从境内穿过。总体说来，攀西地区物流商贸在现代服务业中占有较大的份额，高于全省同期水平，对现代服务业贡献较大（见图19-6）。

四　重大基础设施

“交通先行”、“要致富先修路”、“路通财通”等简单朴实的话语，道出了人们对交通基础设施重要性的认识和理解，也充分说明交通基础设施在经济社会发展中的重要地位和先行作用。

交通是联系地理空间中社会经济活动的纽带，交通干线是“点－轴”空间结构形成的主要载体，交通费用则是决定区位选择的主要约束力量之一，交通运输基础设施的位置和质量、运输的可得性极大地影响任何两个地区的经济距离。交通基础设施建立了地区之间联系的快速通道，降低物流和人流的位移成本，带来规模经济

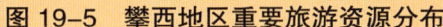

图 19-5　攀西地区重要旅游资源分布

图 19-6　攀西地区物流中心分布

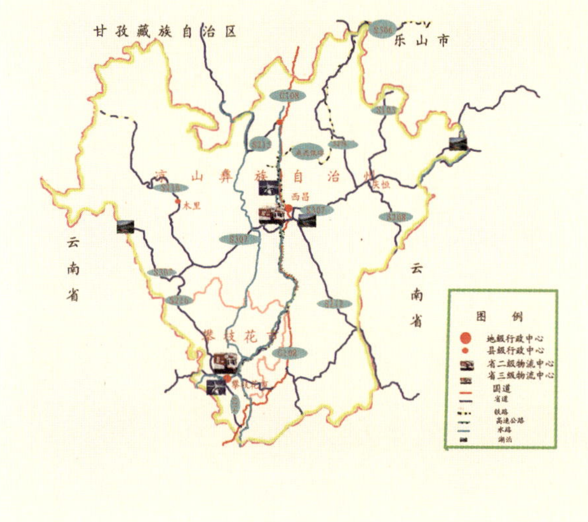

和范围经济，有效改善地区的投资和发展环境，促进城乡、区域之间的一体化。交通基础设施主要包括公路、铁路、航空、港口、管道等。

（一）初步形成的水陆空立体交通网

作为四川区域发展的“南大门”，攀西地区偏于西南一隅，区内山岳连绵，四周高山阻隔，受大江大河、高山深谷限制，自古交通闭塞。新中国成立以来，区内交通状况有较大改善，现已初步形成以攀枝花和西昌两市为中心，公路为骨干，铁路、水运、航空为补充的综合交通体系。区内三条交通大动脉成昆铁路、京昆高速和国道 G108 顺安宁河谷由南向北纵贯全境，9 条省道中除 S216 沿攀西西部呈南北走向、S307 和 S310 为横向走向外，其他省道分别以攀枝花和西昌为中心呈放射状。攀西地区有航空港西昌青山机场和支线机场攀枝花保安营机场。区内水运仅雅砻江、金沙江部分河段通航（见图 19-7）。

1. 公路

公路运输机动灵活、运达速度快，主要承担中、短途运输任务。攀西地区属内陆地区，公路运输成为区内重要的运输方式。目前，攀西地区公路已基本形成了以攀枝花、西昌为主枢纽，以雅攀高速、国道 108 为南北主轴，省道 S216 为南北副轴，省道 S307、S310 为东西轴线，通过多条省道连接，即“三纵两横多补充”的公路运输布局。但攀西地区公路未形成环状和网状，公路技术等级低、通达性较差，国省干线发展滞后，已经成为制约攀西地区交通发展的最大瓶颈。

截止到 2011 年，区内公路运输总里程已达 26842 公里，比“十一五”末新增 982 公里，其中等级公路达到 18766 公里，高速公路通车里程达到 357.72 公里。公路旅客周转量达 426475 万人公里，公路货物周转量达 1049320 万吨公里（见表 19-10）。

（1）雅攀高速公路。雅攀高速公路是国家高速公路网首都放射线 G5 京昆高速公路的一段，是国家规划的“五纵七横”12 条干线高速公路之一，是四川省第二条出海大通道，目前，该通道上的成雅、泸黄、西攀、攀田高速均已经建成通车，荥经到冕宁段 2011 年年底即将通车。雅攀高速公路从雅安多营坪接成雅高速公路，经雅安雨城区、荥经、汉源、石棉、冕宁、西昌、德昌、米易、盐边到攀枝花的田房，全长 569 公里。其中，凉山境内 218.6 公里。雅攀高速公路雅西段（雅安－泸沽镇）。雅西高速起于成雅高速公路的雅安市对岩镇，经鹿子岗、荥经、石滓场，穿越大相岭泥巴山特长隧道后跨越流沙河至汉源新县城，沿大渡河（瀑布沟

图 19-7　攀西地区综合交通体系

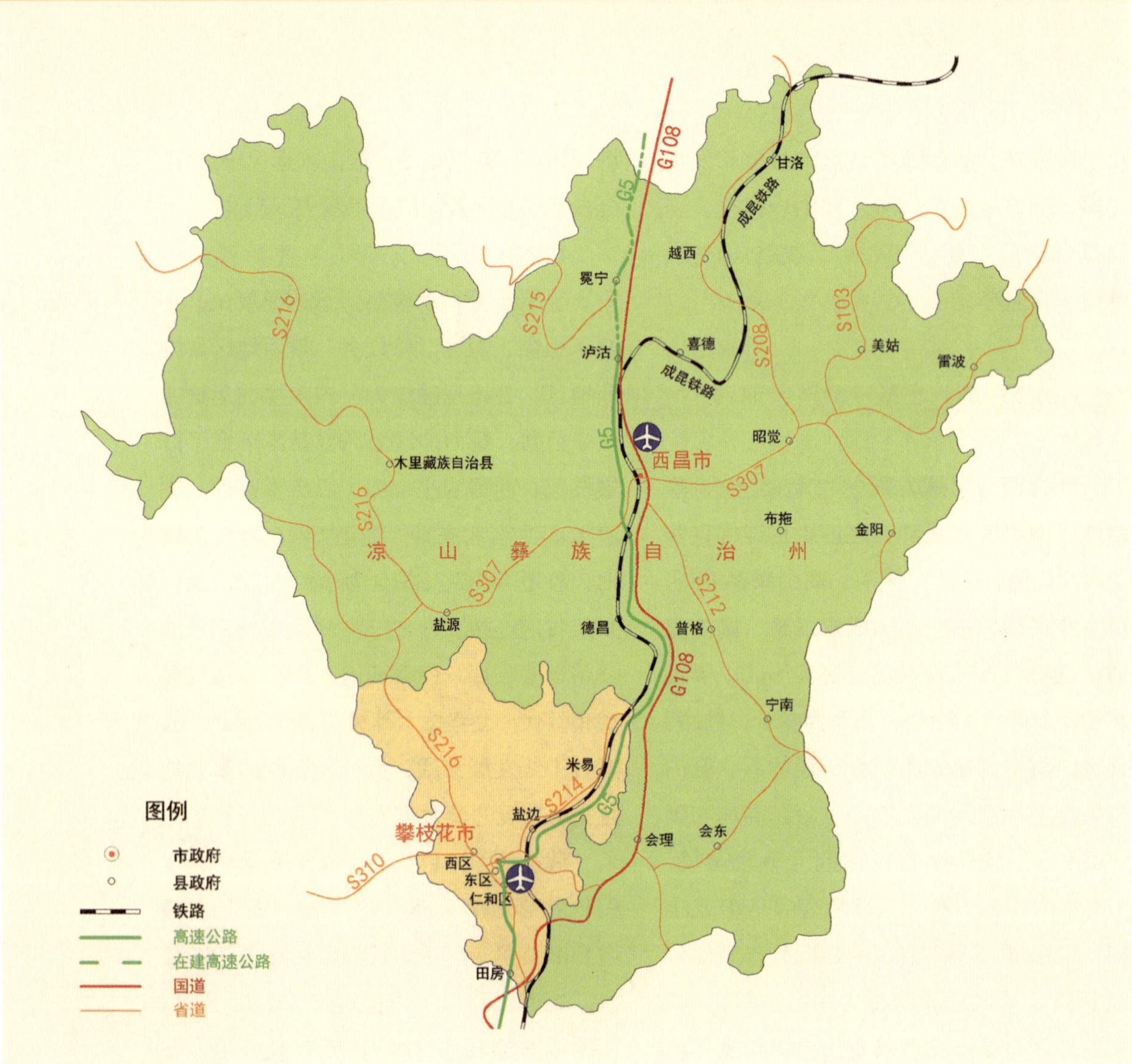

表 19-10　2011 年攀西地区公路运输情况

地　区	公路总里程（公里）	等级公路里程（公里）	公路旅客周转量（万人公里）	公路货运周转量（万吨公里）
凉山州	22244	15898	319013	553988
攀西地区	26842	18766	426475	1049320
全　省	283268	220947	9006841	11390664

资料来源：《四川省统计年鉴（2012）》。

电站淹没区）上行至石棉县城，再沿南桠河升坡展线翻越菩萨岗、拖乌、彝海、曹古、冕宁，止于凉山州冕宁县泸沽镇，接已建成的泸黄高速公路（泸沽至西昌黄联关），雅西高速全长 240 公里，概算总投资 163.77 亿元。雅西高速公路建成通车将贯通成都至攀枝花，并连通正在启动的东盟经济圈，从而完善四川西部地区公路网。雅攀高速公路泸黄段。泸（沽）黄（联关）高速公路全长 74.4 公里，于 1996 年 8 月破土动工，2000 年投入使用，历时 4 年时间，总投资 12.6 亿元，这是攀西地区高速公路零的突破，也是四川少数民族地区的第一条高速公路。雅攀高速公路西攀段。于 2004 年开工建设，2008 年底建成通车。西攀高速公路是交通部规划的 8 条西部大通道之一的甘肃兰州至云南磨憨口岸公路的重要组成部分，也是贯穿四川西南地区南北交通的重要干线。西攀高速南连攀田高速、攀昆高速，是一条意义重大的省际公路，届时从成都出发经成（都）攀（枝花）高速、攀田高速，再通过云南磨憨通道出境，接入昆曼（昆明－曼谷）国际高速，可轻松飙车到泰国曼谷。西攀高速公路全线总长 161.8 公里，路线起于已建成的泸（沽）至黄（联关）高速公路止点，经德昌、米易、盐边，止于攀枝花市仁和区金江镇。西攀路地形、地质条件复杂，滑坡、泥石流等地质病害集中，地处高地震烈度带，桥梁、隧道结构物众多（桥隧长度占路线总长的 37%），共有大中型桥梁 248 座，长约 46.8 公里；隧道 14 座，单洞长 26.5 公里；互通式立交 9 座。项目总投资 88.95 亿元人民币，其中利用亚洲开发银行贷款 3 亿美元，国家开发银行贷款 22 亿元，交通部补助 11.58 亿元，其余资金由四川省内自筹。是目前国内利用亚行贷款最多，施工难度最大，技术含量最高，地质构造最复杂的一条高速公路，也是新中国成立以来，四川省投资最大的公路项目。雅攀高速公路攀田段。于 2003 年底开工，2009 年 1 月建成通车。攀（枝花）至田（房）高速公路全长 59 公里，总投资 26.8 亿元人民币。路线起于西（昌）至攀（枝花）高速公路止点，经鱼塘、总发、大田、平地，止于川滇交界处的田房，接云南永仁至昆明高等级公路。雅攀高速公路建成通车将给攀西地区经济注入无穷的活力，成为贯通区内的一条大动脉，对提高攀西地区区位优势，加快攀西地区资源开发和攀西城市群建设，带动沿线地区经济发展，加强四川与云南乃至东南亚各国的交流合作具有重要意义。攀西地区蕴藏着巨大的矾铁和天然气资源，是四川重要的重工业基地。因此，雅攀高速公路的建设对于攀西地区的发展具有举足轻重的作用，对促进四川省和整个西部地区乃至全国的生产力布局和产业结构调整都具有重要意义（见图19–8）。

（2）108国道主干线和省道。108国道北起首都北京，南抵昆明，是国内贯通南北的公路干线之一，既是攀西境内新中国成立前最早修建的公路，也是攀西境内唯一的国道主干线。108线通过四川省境长1287.62公里，该线北起凉山州冕宁县菩萨岗，途经西昌、德昌、会理，南至会理县南金沙江边的鱼鲊，自北向南，穿越该区最重要的经济与资源开发带和西昌、攀枝花两大经济中心城市，为成昆铁路大宗客货运输进行集疏运输，是该区重要的运输通道。攀西地区公路主要以省道为主，省道分别为：省道103、省道208、省道212、省道213、省道214、省道215、省道216、省道307、省道310，9条省道中有7条成南北走向，仅S307和S310呈东西向。西北部公路密度最低，木里县仅有S216与外界相通。省级公路技术等级低、路网不完善，已成为制约攀西发展的最大瓶颈。2010年，凉山州境内省道一级路9.75公里、二级路156.532公里、三级路737.795公里、四级路719.623公里、等外级路166.02公里。其中水泥混凝土路面128.619公里、沥青混凝土路面1245.84公里、简易铺装路面188.684公里、未铺装226.577公里（见表19–11）[①]。

（3）农村公路。农村公路是指县城（市区）通往乡（镇）、乡（镇）通往建制村，以及部分县与县之间、乡与乡之间、建制村与建制村之间的公路。农村公路作为公路网的重要组成部分，连接了广大的县、乡、村，直接服务于“三农”，对提高公路网通达深度，发挥干线路网和次级路网的网络辐射功能，发展县域经济和农村经济，建设社会主义新农村有着重要作用，是农村社会和经济发展的重要基础性公益设施[②]。截止到2010年底，攀西地区农村公路通车里程已达22160.17公里，已通公路乡镇372个。其中，攀枝花通公路乡镇占100%，通公路建制村为225个，占建制村总数的64%。凉山州已通油路乡镇为328个，已通油路建制村673个，已通公路建制村2003个。全州农村公路通车里程18140公里，其中按道路等级分为一级公路4.6公里，二级公路8.4公里，三级公里117公里，四级公路12213公里，等外级公路5797公里；按路面类型分为有铺装路面1051公里，简易铺装路面1647公里，未铺装路面15442公里[③]。

2. 铁路

铁路是国民经济的“大动脉”，铁路运输具有运量大、速度快、安全可靠、运输成本低的特点，适合于大宗物资和旅客中长距离运输。攀西地区是我国重要的资源开发工业基地，货物多以矿产资源、钢材、钒钛和优质农副产品为主，该区还处在川滇交界处，有大量过境旅客，因

---

① 《凉山州“十二五”交通发展规划》
② 《凉山州“十二五”交通发展规划》。
③ 《凉山州“十二五”交通发展规划》。

图 19-8　雅攀高速公路（攀西地区境内）路线

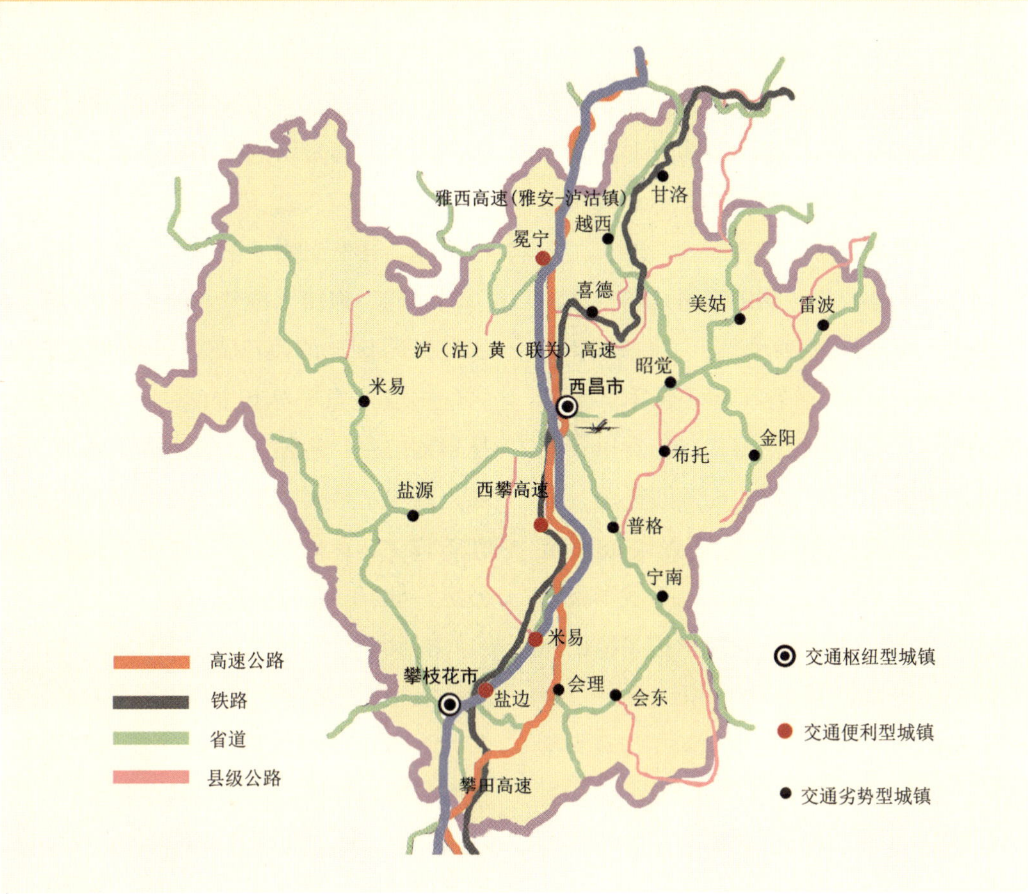

表 19-11　攀西地区主要省级公路（单位：公里）

编号	路　线	里程	途径乡镇
S103	成美路	503.6	成都、新津、彭山、眉山、夹江、峨眉山、鞠槽、沙湾、马边、雪裹脚（美姑）、美姑、美姑大桥
S212	西巧路	160	西昌、普格、宁南、华弹、巧家
S213	甸皎路	140	甸沙关、会理、弹冠驿、皎平渡
S214	甸挖路	178	甸沙关、米易、攀枝花、平地、挖断路
S215	乾冕路	446	乾宁、九龙、罗卜丝、江口、冕宁
S216	稻攀路	545	桑堆、稻城、木里、梅雨（盐源）、渔门（盐边）、河石坝（攀枝花）
S307	泸盐路	890	永川界（重庆）、泸州、南溪、宜宾、屏山、新市镇、雷波、美姑大桥、昭觉、西昌、盐源、梅雨、岔河、泸沽湖
S310	宁华路	284	葫芦口（宁南）、会东、南阁（会理）、石家湾、攀枝花、华坪界（云南）

资料来源：解洪：《攀西新跨越——攀西地区区域规划研究》，四川大学出版社，第 50 页。

此，铁路运输对攀西地区有特别重要的意义。成昆铁路是攀西地区仅有的一条铁路。2011年，攀枝花境内铁路营运里程181.6公里，完成铁路客运量210.19万人次，铁路货运量2840.83万吨；2010年，凉山州完成铁路客运量508.38万人次，铁路货运量600万吨。

（1）成昆铁路。成昆铁路是攀西地区“三线建设”的重点项目，于1960年4月开工修建，1970年7月1日通车，全长1100公里，建筑里程1083.32公里。成昆铁路北接宝成、成渝电气化铁路，南联贵昆、南昆电气化铁路以及与越南接轨的昆（明）河（口）铁路，是我国南北向的铁路大动脉。成昆铁路承担了凉山州境内5县1市及攀枝花市境内2县1市80%～90%的旅客、货物运输工作及大量的军、专、特运任务，其中在凉山州境内375.39[①]公里，有44个车站，攀枝花境内里程137.73公里，停靠14个站。成昆铁路贯穿攀西地区南北，铁路沿线资源丰富，工矿企业较多。有攀枝花、红格、白马、太和四大铁矿和平川、泸沽、满银沟等富铁矿，富集的有色金属矿（铅、锌、铜、镍等）；有大渡河、金沙江、雅砻江流域的丰富水力崎源和大面积的森林资源。成昆铁路对于开发攀西地区的资源，加快少数民族地区的经济发展具有十分重要的战略意义[②]。成昆铁路于2000年9月30日全线完成电气化改造，复线工程于2009年底开工。随着成昆铁路复线工程的建设，以及四川省宝成复线、达成复线、成渝城际、成绵乐客专工程的相继完成，将大大缓解四川省铁路运输的紧张情况，有利于攀西地区的进一步开发，有利于西南地区和长江上游的经济发展，有利于我国内地同沿海经济关系的继续改善（见表19-12）。

（2）其他支线

除成昆铁路干线外，攀西境内尚有与成昆铁路接轨的渡口支线贯通市区东西，区间内有格里坪等6个站，计37.6公里，是攀钢的生产运输线，也是外销水泥、原煤、精煤、精矿的通道，货运量占攀市的90%以上。此外，还有工矿专用线187.84公里，承担内部的物资运输。

3. 航空

航空运输是速度最快的运输方式，担负着大城市间和国际间的快速旅客运输，精密仪表器件、急件物资等的运输，对于群山环抱、地处西南腹地的攀西地区来说，具有极其重要的意义，它缩短了攀西地区同区外以及省外的空间距离。但目前攀西地区仅有西昌青山机场和攀枝花支线机场，民航飞行航线单一、航班少，航空客货运量在整个运输总量中所占份额过低，货运发展相对滞后。

（1）西昌青山机场。青山机场位于西昌市区西北部的安宁镇北青山嘴西侧，是凉山州唯一的航空口岸。青山机场距西昌城区14公里，占地2500余亩，飞行区等级4D，跑道为I类精密近跑道，为国家一级机场。青山机场于1967年正式批准修建，1975年5月1日交付使用。青山机场

① 《凉山州“十二五”交通发展规划》。
② 《攀西开发志 · 凉山卷》，第25页。

表 19-12　2010 年攀西地区铁路运输情况

地　区	铁路客运		铁路货运	
	客运量（万人次）	客运周转量（万人次公里）	货运量（万吨）	货运周转量（万吨公里）
攀枝花	213.72	260	2540.30	2577
凉山州	508.38	35418	600	29906
攀西地区	722.10	35678	3140.30	32483

资料来源:《攀枝花市 2010 年国民经济和社会发展统计公报》、《凉山州“十二五”交通发展规划》。

至成都航程 500 公里，目前航班已由过去的每周 3 班增加至每周 20 多班，并已开通至重庆和北京航班。西昌机场的建成，为敞开凉山空中大门，为我国的航天事业走向世界，也为凉山开展飞播造林、飞播牧草、防火护林、空中摄影等专业航空业务以及空军训练等，创造了必要而良好的条件。2008 年，青山机场旅客吞吐量达 26.6 万人次，货邮、行李吞吐量达 2600 吨，跃居全省支线机场第二。2009 年上半年，航班起降架次 1860 架次，同比增长 48.4%，旅客吞吐量 16.5 万人次，同比增长 36.3%，货邮、行李吞吐量达 1400 吨，同比增长 39.2%。青山机场虽取得了不少辉煌成就，但机场基础设施陈旧、航线单一，已无法满足当前运行和服务需求。为适应凉山经济快速发展，青山机场于 2009 年实施改扩建工程，改扩建后，将开通广州、上海等地航线，同时还会开通九寨沟、康定、丽江等旅游景区的航线[①]。

（2）攀枝花机场。攀枝花保安营机场位于攀枝花市区东南部——保安营，空中距离成都 537 公里，距离昆明 193 公里，距离大理 173 公里，丽江 155 公里，距离西昌 165 公里。飞行区等级为 4C，设有 3 ~ 4 个站坪机位，可起降波音 737、A-320 等机型。机场主体工程于 2000 年 6 月 28 日正式开工建设，自 2003 年 12 月 6 日首航开通攀枝花直飞成都的航线后，相继开通了攀枝花直飞重庆、丽江及经由成都到北京的航班，机场的航班呈现多向化。2008 年攀枝花保安营机场共安全保障航班 2506 架次，实现安全事故为零的目标，应急救援保障率 100%，机组满意率 100%，航班正常放行率 100%，旅客投诉率小于 1‰，完成旅客吞吐量 212187 人次，货邮吞吐量 2151 吨。全年实现营业收入 1412 万元[②]。攀枝花机场建成通航后，彻底改变了目前从成都坐火车 14 个小时到达攀枝花的交通不便状况，进一步改善攀枝花的投资环境，为国内外投资商到攀枝花考察、投资提供快捷的空中走廊。

4. 水运

水运具有投资省、运量大、成本低、集散面广等优点，适合于时间要求不太强的大宗廉价货物中、长距离运输，同时，内河航运占地少、污染小，更加注重资源节约和环境保护。攀西地区水资源丰富，

① 四川新闻网，http：//scnews.newssc.org/system/2009/10/29/012397210.shtml。
② 《攀枝花年鉴（2008）》。

应在开发水资源发电、灌溉的同时，尽量发挥河流的航运作用，以分流铁路客货运输。

攀西地区水资源丰富，区内集聚了金沙江、雅砻江、大渡河、安宁河四大干流及众多支流，通航里程为762.4公里。攀枝花辖两江一河一库（金沙江、雅砻江、安宁河和二滩库区）。2010年攀枝花全市航道里程366.4公里，完成水路客运量31万人，旅客周转量775万人公里，分别比上年增长3.3%和3.3%；完成水路货运量16万吨，货物周转量960万吨公里，分别比上年增长6.7%和6.7%[①]。

凉山州位于长江主要支流金沙江流域，境内还有雅砻江、大渡河、安宁河及10多条支流，有富甲天下的水能资源。其中金沙江在境内流长598公里，流经州内6县；雅砻江在境内流长448公里，流经州内4县、市；安宁河在境内流长243公里，流经州内3县（市）。另外凉山州境内拥有多个天然湖泊，如邛海、泸沽湖、马湖和人工湖泊，如大桥水库，还有二滩电站形成的二滩库区，库区航道135公里。目前凉山水路交通运输总里程1298.7公里，直接通航里程397.71公里。其中，Ⅴ级航道156.05公里，Ⅵ级航道164.83公里，Ⅶ级航道76.83公里，等外航道463.2公里。截至2009年底，全州有船只的县（市）9个，有船乡镇81个，共有各类船舶2320艘，纳入登记管理营运的有290艘，登记注册的船员256人，渡口码头83个，均为小码头。“十二五”期间，凉山水路运输欲实现从宜宾至溪洛渡、溪洛渡至白鹤滩水电站库区蓄水形成Ⅲ级航道通行千吨级船舶，溪洛渡以下金沙江段船舶实现出海，港区客运量达30万人次，货物吞吐量达520万吨。“十二五”期内建成Ⅲ级航道280公里，港口作业区8个，客货码头30个，完成投资4.5亿元[②]。

5. 管道

管道运输是国家积极推广的节能环保物流运输方式，具有运量大、能耗小、安全可靠、无污染、成本低、损耗少、可靠性高的特点，是运输石油、天然气及固体料浆（如煤炭、精矿等）的最佳运输方式。白马铁精矿管道是目前攀西地区最长的精矿输送管道，输送管道长约97.25公里，它将铁精矿从白马选矿厂输送到攀钢西昌钒钛资源综合利用项目的原料场，每年输送量为300万吨。

（二）交通对经济社会发展的制约

1. 攀西交通与战略资源开发

攀西地区是世界钒钛磁铁矿最富集的地区，是国内第一、世界第二的钒制品生产基地，国内最大的钛产业基地和第二大稀土产业基地，国内在建的最大的水电开发基地，目前国家已批复建设攀西战略资源创新开发试验区。攀西战略资源的开发，交通是关键。攀西地区虽有公路和航空，但其运力小、成本高，对外大宗货物的运输，只能依赖铁路。但成昆铁路作为攀西地区唯一的单线铁路干线，运力已饱和。

① 《攀枝花国民经济和社会发展统计公报（2010）》。
② 《凉山州“十二五”交通发展规划》。

成昆铁路改造后货运能力 2200 万吨，而 2008 年攀枝花铁路货运需求已突破 3000 万吨，凉山州 2010 年铁路货运量已达到 600 万吨。高昂的运输成本降低了产品竞争力，运力难题多年为痛，因此，加快基础设施建设，增强试验区建设的要素保障迫在眉睫。

2. 攀西交通与旅游业发展

“到攀西去，那里的太阳让人艳羡。”寒潮侵袭，前往攀西过冬的成都人日益增多，他们发现，出入攀西依然不那么轻松：“火车要坐 10 多个小时，票还不好买，机票更是一票难求。”这是攀西旅游的真实写照。目前，攀西地区高速公路尚未全线贯通，火车卧铺票紧张，机票一票难求，境内通往景区的公路多为技术等级较低的省道，交通不便，旅游景区可进入性差是制约攀西地区旅游业发展的主要因素。“十二五”期间，凉山州游客总数和旅游收入将年均增长 20% 以上，到 2015 年，攀枝花旅游总收入也力争突破百亿元大关。攀西地区旅游业的快速发展，迫切需要优先搞好交通建设，有了便利的交通，攀西的阳光才能更加灿烂。

3. 攀西交通与区域经济发展

随着经济全球化进程的加快，区域间经济联系和协作也将日益紧密。位于长江上游川滇黔结合部的攀西地区作为四川南向开放的“桥头堡”，应利用其优越的区位优势，积极拓展对外开放合作大通道，加快实施跨区域合作。然则，对外快捷畅通，对内四通八达的交通网络，显得尤为重要。目前攀西地区对外联系大动脉仅有成昆铁路和京昆高速，东西向交通明显滞后，因此，应加快丽攀、宜攀、西昭高速公路和昭攀遵铁路等交通干线的建设，这对于攀西地区融入川南经济区、成渝经济区、滇中经济区，融入泛珠三角、长三角经济区和中国 - 东盟自由贸易区，以及联通南亚、东南亚有重大的意义。

（三）正在编织的交通网络

“十二五”期间，攀西交通将实现跨越式发展。此时，四通八达的交通网络正在凉山和攀枝花同步编织。凉山陆上交通被概括为“三高、三铁”（雅攀高速、宜攀高速、西昭高速，成昆铁路客运专线、丽攀昭铁路、川藏铁路雅安至甘洛段），攀枝花境内概括为“两高两铁”（丽攀高速公路、攀宜高速公路、成昆铁路新线、丽攀遵铁路）。

目前，两地交通建设按照可以预见的时间表加速推进：

——泸雅高速公路 2011 年底前竣工通车，成昆高铁新线凉山段今年开工建设，2012 年开工建设西昭高速、宜攀高速、丽攀昭铁路，规划建设乐西高速公路、西（昌）泸（沽湖）高速，加快推进西昌青山机场扩能改造工程……凉山力争“十二五”末形成“五纵两横两环加航空水运”的立体交通运输体系；

——成昆铁路新线米易 - 广通段拟于 2014 年开工，丽攀高速有望 2013 年年底通车，丽攀遵铁路、攀宜高速公路正抓紧做前期工作。未来攀枝花高速将形成“一纵一横”的十字形路网（攀丽高速公路、攀宜高速公路），铁路布局将以“二纵一横”〔南北向铁路以成昆铁路新线（双线）

为主，成昆铁路老线为辅；东西向铁路新建丽攀昭铁路〕主干铁路为主通道，区域性综合交通枢纽的发展态势开始显现。

随着交通瓶颈的打破，攀西地区有信心迎来新一轮高速发展期，成为四川经济发展的重要增长极。

五　城镇体系与城镇化

（一）城镇建制沿革与城镇体系

攀西地区包括攀枝花市和凉山彝族自治州。新中国成立后，该区域建制才逐步形成和完善，因此，城镇发展历史较短。

攀枝花市辖境是先后从川、滇两省5县划入，各地建置沿革不同。1965年1月7日，中共中央西南局向中共中央、国务院提出《关于成立攀枝花工业区人民政府的请示》，“建议在攀枝花工业区党委统一领导下，成立一个工业区人民政府”。同年1月18日，周恩来总理批示：“攀枝花成立特区政府，仿大庆例，政企合一。”2月5日，中共中央、国务院作出《关于成立攀枝花特区人民委员会的批复》。3月20日，攀枝花特区人民委员会正式成立。4月22日，国务院批复四川省人民委员会的请示报告，同意攀枝花特区对外改称渡口市。1987年1月，经四川省报请国务院批准，渡口市更名为攀枝花市。

新中国成立前的凉山地处西康、四川、云南三省中间地带，交通不便，除越西、雷波、昭觉三县外，其余大部分地方无县的建制。凉山的解放是同时以四川乐山、云南昭通、西康西昌等地分别组织工作团队进入各地开展工作，建立政权。1952年10月成立凉山彝族自治区，首府驻昭觉。1955年4月，凉山彝族自治区更名为凉山彝族自治州，与西昌专员公署同属西康省。1955年西康省撤销，改属四川省。

1955年，凉山先后设置了金阳、喜德、美姑、布拖四县；1956年设置雷波、马边、峨边三县；同年（1956年），自治州曾建立瓦岗县、洪溪县和普雄县。1960年，自治州撤销瓦岗、洪溪、普雄、布拖四县；布拖县并入普格县，洪溪县并入美姑县，瓦岗县分解并入雷波、昭觉、美姑三县，西昌专员公署撤销了金矿县、德昌县两县；德昌并入西昌县；金矿县并入冕宁、盐源两县。1962年，西昌、凉山两地州又分别恢复了德昌、布拖两县。西部的盐源县自清雍正六年（1728）置县，木里为盐源辖区。新中国成立后（1950年），盐源隶属西昌专区；经中央政务院批准，1953年2月成立木里藏族自治县。

1978年，经国务院批准，撤销西昌地区建制，将米易、盐边两县划属攀枝花市，其余所属各县并入凉山彝族自治州，自治州首府由昭觉迁驻西昌，又于1981年以西昌县城关镇、小庙、西郊、马道及喜德县四合公社为行政区划，建立了西昌市。

攀西地区辖区面积6.7万平方公里，辖有22个县（市、区），共25个街道办、97个镇、558个乡。其中攀枝花市有东区、西区、仁和区、米易、盐边等5个县（区），凉山彝族自治州有西昌、木里、盐源、德昌、会理、会东、宁南、普格、布拖、金阳、昭觉、喜德、冕宁、越西、甘洛、美姑、雷波等17个县（市）。

专栏 19-2 “十二五”期间规划在建进出攀西大通道

昭攀丽铁路

昭攀丽铁路是四川东西走向的一条重要交通大动脉，于 2008 年 11 月被纳入国家中长期铁路调整规划，铁道部已同意将这条铁路延伸到贵阳、毕节、遵义。昭攀丽铁路由云南昭通西行，经鲁甸、巧家跨金沙江入四川，经会东、会理、盐边跨雅砻江进入攀枝花后，二跨金沙江经云南华坪、永胜三跨金沙江接入丽江，全长约 520 公里，在攀西境内约 210 公里，计划标准为时速 200 公里，单线Ⅱ级铁路，项目静态总投资 176 亿元，争取 2012 年开工建设，计划工期 6 年。攀枝花位于大香格里拉生态环境旅游经济圈东部，是进入大香格里拉旅游区的中转中心，铁路建成后，将极大改善四川进入香格里拉的交通状况，推动大香格里拉生态环境旅游经济圈的发展。同时，昭攀丽铁路建成后，由攀枝花向东约 280 公里，可连接贵（阳）昆（明）铁路，进入华东、华南铁路网；向西约 240 公里，连接云南丽（江）大（理）铁路，进入西出印度洋、南向东南亚的泛亚铁路网。

攀丽高速公路

丽江至攀枝花高速公路全长约 220 公里，是大香格里拉生态旅游经济圈环线的重要组成部分。其中，攀西境内的攀枝花段全长 50.363 公里，起于攀枝花市福田镇，经西区、东区，止于仁和区金江镇，连接已建成的 G5 高速公路攀田段，项目总投资 54.681 亿元。攀丽高速公路于 2009 年底开工，2012 年全线通车，届时，从成都沿成雅高速、雅西高速，上丽攀高速，只需 7 个多小时就可到达丽江，将会全面带动川滇两省旅游经济的快速发展。

攀枝花 – 宜宾沿江高速公路

宜宾至攀枝花高速公路初拟路线全长约 560 公里，拟于 2012 年开工，初步线路方案沿金沙江而行，涉及宜宾、凉山和攀枝花，凉山境内路线约 430 公里，沿线经过会理、会东、宁南、金阳、雷波 5 县。路面为双向四车道，设计速度每小时 80 公里。连接国家高速公路网中的西（西昌）攀高速公路和宜宾到云南昭通的高速公路，以及丽（丽江）攀高速公路、宜泸渝高速公路。宜攀高速公路将与雅攀高速公路、正在积极筹建的西（西昌）昭（昭通）高速公路，在攀西地区形成高速公路环线。据估算，宜攀高速公路通车后，沿线会理至攀枝花段只有 60 公里、约 40 分钟车程；会东至攀枝花段 101 公里、约 1 个多小时车程；金阳至宜宾段约 270 公里、3 个多小时车程；雷波至宜宾段约 160 公里、2 小时车程 ①。

其他线路

“十二五”期间，攀西地区将积极开展南向攀枝花 – 大理、西北向攀（枝花）丽（江）和西（昌）香（格里拉）高速公路、雅安至甘洛铁路研究工作，以及规划建设乐西高速公路、西昌至泸沽湖高速公路。

按照我国一般标准，将市区非农业人口在 200 万人以上的城市称为超大城市，100 万 ~ 200 万人的称为特大城市，50 万 ~ 100 万人的称为大城市，20 万 ~ 50 万人的称为中等城市，20 万人以下的为小城市 ②。根据攀西地区非农人口数量，攀西地区形成了“大城市 – 中等城市 – 小城市 – 县域中心城镇 – 重点镇 – 一般建制镇”六级城镇体系，城镇体系结构相对完整。

目前，攀西地区没有超大城市、特大城市，只有大城市、中等城市和小城市各 1 个，分别是攀枝花市、西昌市和会理县，

① 徐伟：《宜攀高速初步路线搞定》，《四川工人日报》2009 年 10 月 20 日，第 1 版。
② 邓玲：《国土开发与城镇建设》，四川大学出版社，2007，第 204 页。

县域性中心城镇较多，有冕宁县、米易县、盐边县、会东县、盐源县、越西县和德昌县等7个。首位城市攀枝花市区（含东区、西区和仁和区）非农人口为53.6万人，首位度[①]为2.7，城市集聚特征明显，攀枝花市中心地位突出。

（二）安宁河流域的城镇密集区

攀西地区城镇发展路径主要是依托资源优势、交通优势和既有人口集聚基础等，实现“就地型”城镇化，但受区域实际情况的差异影响，城镇化水平各不相同，主要集中在沿安宁河流域和交通干道沿线地带。

1. 低水平且不均衡的城镇化

2010年，攀西地区城镇人口达166万人，城镇化率34.4%，比全省城镇化率低5.8%，其中凉山彝族自治州城镇化水平尤其低，仅为27.5%，却低于全省12.7%。2005～2010年，全省城镇化率提高了7.2%，而攀西地区仅提高了3.4%，其中攀枝花市提高3.5%，凉山彝族自治州提高了3.0%，发展速度均低于全省（见图19-9）。

从县域来看，攀西地区22个县（市、区）城镇化[②]发展严重不均衡。城镇化水平较高的地区为攀枝花市区（包括东区、西区和仁和区）与西昌市，其中攀枝花市东区和西区城镇化率高达97.2%和93.5%，基本实现全域城镇化，仁和区和西昌市的城镇化率高于30.0%。会理、米易、盐边、德昌、木里和冕宁等6个县城镇化进程缓慢，城镇化率在10%～20%。其余54.5%的县（12个）城镇化发展严重滞后，城镇化率均不足10%，美姑县城镇化水平最低，非农人口比重仅为5.3%（见图19-10）。

2. 安宁河流域的城镇化高地

从空间形态来看，攀西地区城镇化呈

专栏19-3　攀西地区六级城镇体系

➢ 大城市：攀枝花市

➢ 中等城市：西昌市

➢ 小城市：会理县

➢ 县域中心城镇：冕宁县、米易县、盐边县、会东县、盐源县、越西县、德昌县县城

➢ 重点镇：东区银江镇，西区格里坪镇，仁和区仁和镇、平地镇、金江镇、前进镇，米易县攀莲镇、白马镇，盐边县桐子林镇、渔门镇、红格镇，西昌市马道镇、礼州镇、安宁镇，木里县乔瓦镇，盐源县盐井镇，德昌县德州镇，会理县城关镇，会东县会东镇，宁南县披砂镇，普格县普基镇，布拖县特木里镇，金阳县天地坝镇，昭觉县新城镇，喜德县光明镇，冕宁县城厢镇、泸沽镇，越西县越城镇，甘洛县新市坝镇，美姑县巴普镇，雷波县锦城镇

➢ 一般建制镇：其他建制镇

① 依照捷夫法则，正常的首位度应是2，高于2则说明人口集中在首位城镇的特征相当明显，指标过低则说明人口集中程度不明显。

② 城镇化水平一般用城镇化率来表示，由于数据的可获取性限制，本章视为各县（市、区）非农人口近似等于城镇人口，因此文中各县（市、区）城镇化率指各县（市、区）非农人口占总人口的百分比。

现“一极两核、一带两翼”空间结构特征。

“一极”即攀枝花市东区和西区，是攀枝花市政治、经济和文化中心，为攀西地区城镇化水平最高地区。“两核”即攀枝花市市区（包括东区、西区和仁和区）和西昌市，是攀西地区的政治、经济和文化中心。但攀枝花市无论是城镇人口规模、城镇化水平和经济发展等方面都具有比西昌市更明显的优势，即这种“双核”结构是不对称的。“一带”即安宁河谷地带，京昆高速、成昆铁路和 G108 沿线区域，包括冕宁、西昌市、德昌、米易、盐边等，是攀西地区城镇化水平相对较高区域。“两翼”指“一带”两侧区域，包括以盐源县为代表的“西翼”和大凉山、鲁南山区域 11 县组成的“东翼”，城镇化水平很低（见图 19-11）。

3. “一带两群”的城镇空间布局

从城镇分布密度来看，攀西地区县（市、区）密度与镇密度均低于全省平均水平，攀西地区万平方公里内比全省少 0.4 个县（市、区），少 23.2 个镇。其中，攀枝花市城镇布局相对更加集中，而凉山彝族自治州城镇布局更加稀疏（见图 19-12）。

攀西地区城镇布局主要是资源开发导向和区位交通导向，城镇集中在两种因素叠加影响区域内。沿安宁流域的河谷地区地理条件好，地势平坦，且京昆高速（雅攀段）、成昆铁路和 G108 三条交通干线

图 19-9　攀西地区城镇化率比较

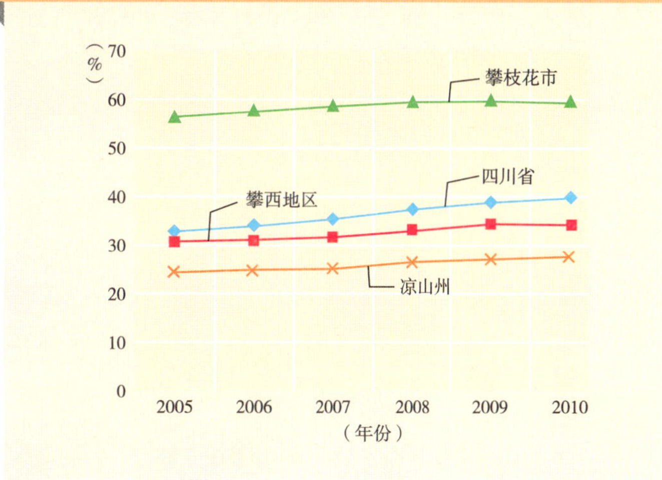

资料来源：《四川统计年鉴（2006 ~ 2011）》。

图 19-10　攀西地区以非农人口计算的城镇化率

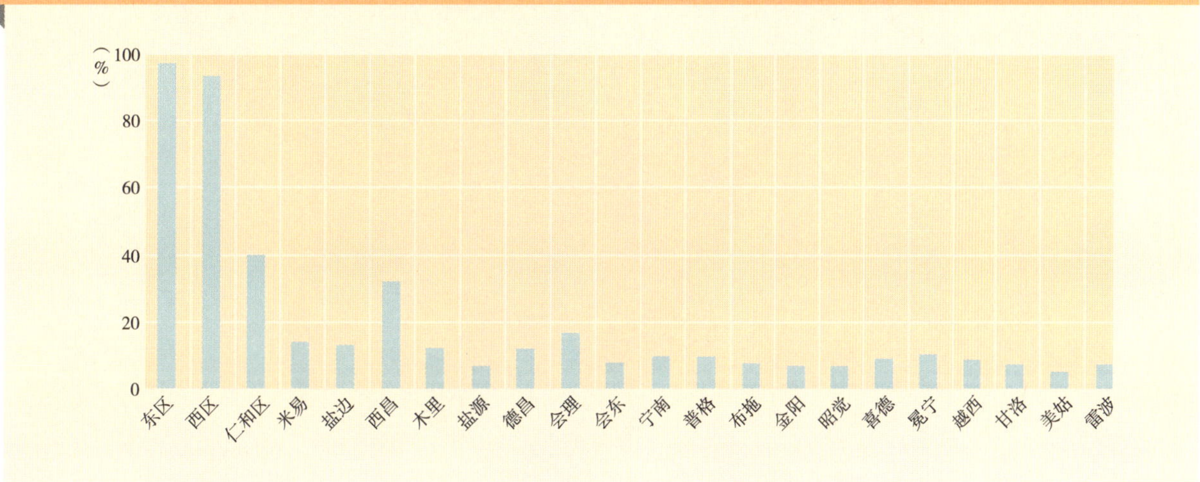

资料来源：《四川统计年鉴（2011）》，本章以下图表除特别说明外，资料来源均同。

纵贯南北，该地带城镇化水平最高，城镇最集中。而在木里县以及攀西地区东北面的大凉山地区、南部鲁南山区，海拔较高、沟壑丛生，自然地理条件较差，且交通不便，城镇化水平较低。

因此，攀西地区城镇布局呈现明显的带状分布特征，空间形态形成“一带两群”格局。

“一带”，即是安宁河谷地带，以攀枝花市、西昌市为重点，串联甘洛、越西、喜德、德昌、米易、会理、盐边等，集中了攀西地区最主要的城镇，形成了纵贯南北的城镇带，对未来攀西城镇发展起着决定作用。“两群”，即大凉山与鲁南山之间、金沙江畔地带的城镇群和盐源中部丘陵盆地的城镇群，其中金沙江畔地带的城镇群包括金阳、布托、宁南共3县13个镇，对攀西地区边缘区域经济社会发展具有重要作用（见图19-13）。

（1）攀枝花市区。攀枝花市区指包括东区、西区和仁和区，位于攀西的区西南部，市区面积2018平方公里，辖9个镇、6个乡、16个街道办事处，2010年总人口68.9万人，其中非农人口53.6万人，占77.8%，城镇化水平远高于全国和全省城镇化水平。2010年，攀枝花市区实现地

图 19-11　攀西地区城镇化水平分布

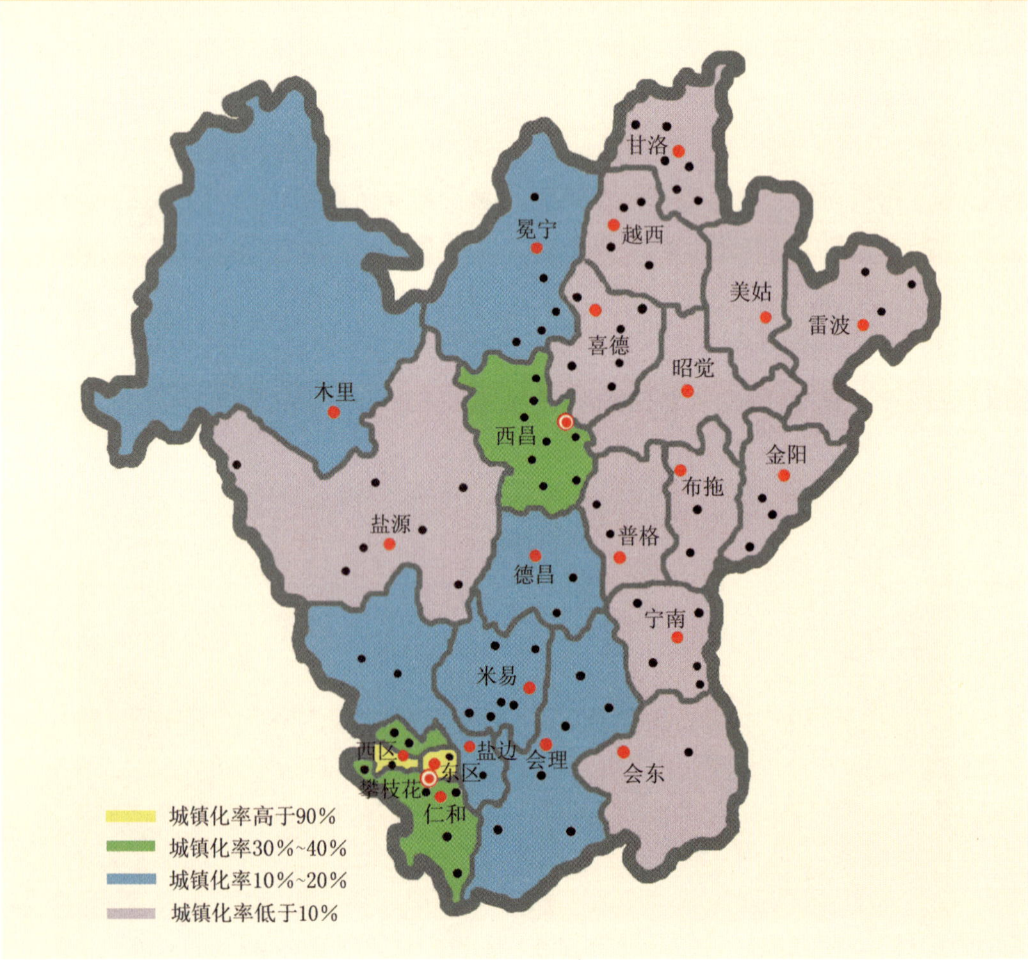

区生产总值 524.0 亿元，三次产业结构为 4.1∶73.8∶22.1，工业仍是经济发展的主要推动力量，工业增加值占地区生产总值比重高达 69.6%，而第三产业增加值比重仅为 22.1%。攀枝花市区产业结构单一，服务业发展远远滞后于城市发展水平。这是由于攀枝花市是矿产资源和水能资源的富集区，为资源型产业发展提供了保障，被称为“中国钒钛之都”。同时，攀枝花市区是四川通往华南、东南亚沿边、沿海口岸的最近点，为“南方丝绸之路”上重要的交通枢纽和商贸物资集散地。按照四川省及攀枝花市发展规划，攀枝花将打造高水平战略资源开发基地，建成省界次级交通枢纽，并培育为 100 万人口以上的特大城市，将进一步增强攀枝花市辐射带动攀西地区及云南省部分区域发展的能力。

（2）西昌市。西昌市位于安宁河平原（四川第二大平原）腹地，是凉山州的政治、经济、文化及交通中心，也是打造攀西城市群中的核心力量。全市面积 2655 平方公里，辖 8 个镇、29 个乡、6 个街道办事处。2010 年总人口 61.4 万人，非农人口比重 32.0%，城镇化水平较低，城镇化进程缓慢。2010 年，西昌市实现地区生产总值 228.3 亿元，三次产业结构为 12.0∶45.5∶42.5，第二产业仍旧占据主导地位，工业仍是第二产业发展的重点，但第三产业发展势头迅猛，特别是依托“月城”的山水阳光和独特风情、航空基地等资源，旅游业及其他服务业发展步入加速发展快车道，成为攀西地区内第三产业比重率先突破 40% 的县域。按照规划，西昌市将全面推进统筹城乡改革发展，加快中心城区和重点城镇发展，增强城市发展动力和活力，把西昌建设成为攀西地区开放程度高、包容性强、具有较强竞争力和影响力的现代化城市，建成川滇结合部重要交通节点和经济走廊的重点，成为攀西地区经济发展的战略高地。

图 19–12　攀西地区城镇分布密度比较

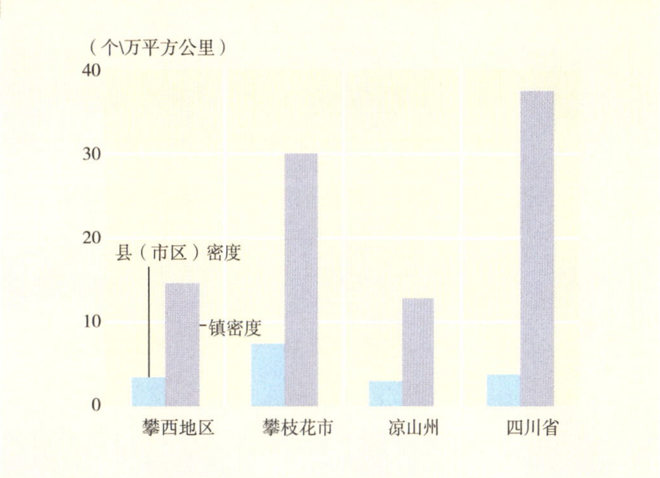

资料来源：《中国统计年鉴 2011》计算整理而来

图 19–13　攀西地区城镇空间布局

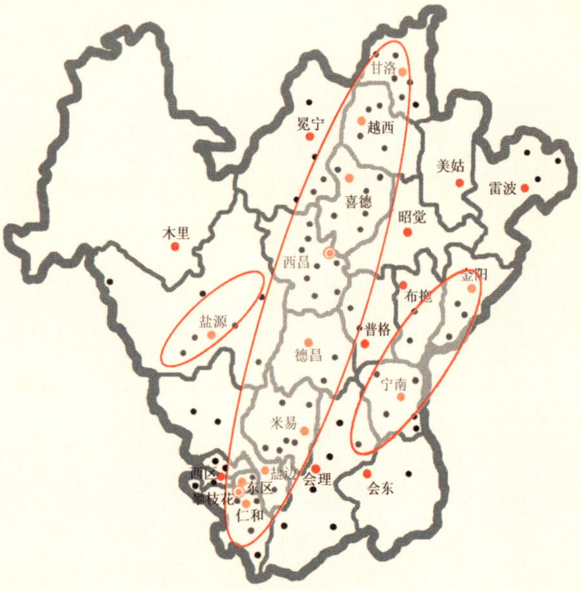

（三）依托资源禀赋和区域交通的城镇职能

城镇职能是由城镇经济发展阶段、产业结构、区位条件等多种因素共同决定的，攀西地区因其资源禀赋优势明显，产业发展对城镇职能产生了决定意义的影响。

1. 依据产业结构定位的城镇职能

2010 年，攀西地区三次产业结构为 14.8∶57.9∶27.3，第二产业占主导地位，工业是攀西地区经济发展的主要支撑，工业增加值占 GDP 比重为 50.1%。根据攀西地区 22 个县（市、区）三次产业结构可把各县（市、区）的产业功能分为五类（见图 19-14）。

单一工业型：包括攀枝花市西区、东区、仁和区和盐边，是攀西地区经济发展水平最高县（区），第二产业占据主导地位，增加值占 GDP 比重高于 72.0%，西区达到 84.3%，以矿产资源开采与加工为代表的工业发展水平高，工业增加值占 GDP 比重高于 68.0%，西区为 81.6%，而第一产业比重在攀西地区最低，均低于 10%，东区最低为 0.2%，形成了“二、三、一”的产业格局。

服务业发展型：即西昌，是攀西地区第三产业增加值比重超过 40% 唯一县（市），旅游业等服务业发展势头迅猛，第三产业比重快速提升，2009 年高达 47.1%，超过了工业 7.9%。

工业主导型：包括米易、甘洛、盐源、会理、雷波、会东、金阳、冕宁和布拖。第二产业比重介于 45% ~ 60%，第三产业发展水平相当，增加值比重保持在 20% ~ 30%，而第一产业随工业增加值比重降低而逐渐升高，在 10% ~ 30% 浮动。其中，米易第一产业比重最低，第二产业比重最高；布拖第一产业比重最高，第二产业比重最低；冕宁第三产业比重最高。

均衡发展型：包括木里、德昌、喜德、越西和宁南，三次产业比重差异不大，均在 33.0% 左右浮动，农业、工业和服务业发展相对均衡。

农业主导型：包括普格、美姑和昭觉，是攀西地区经济发展水平较低的区域，第一产业比重高于 35.0%，第二产业比重低于 30.0%，工业发展不足，对县域经济贡献低，而第三产业发展水平相对较高，形成了“一、三、二”产业结构。

2. 按照区位交通划分的城镇职能

以区位交通条件为标准，攀西地区 22 个县（市、区）的职能还可以划分以下几种（见图 19-15）。

交通枢纽型：攀枝花市东区、西区、仁和区、西昌市。京昆高速（雅攀段）、成昆铁路、G108、S216、S310、S370 等地面交通干线和攀枝花机场、西昌青山机场成为攀西地区重要的内部交通枢纽和对外连接点。

交通便利型：盐边、米易、德昌、冕宁，位于安宁河谷地带，分布在京昆高速（雅攀段）、成昆铁路和 G108 三条交通干线沿线，对外交通相对便利。

交通劣势型：其余 14 个县，主要位于攀西地区安宁河谷外的边缘区域，远离高速、铁路和国道等干线交通，借助省道或县级公路与外界沟通，通达性较差。

（四）新区开发与旧城改造并重的城镇建设

1. 滞后于经济发展的城镇基础设施（见表 19-13）

由于攀西地区城镇以攀枝花市区和西昌市为核心，其他地区城镇化水平相对较低，加之数据可得性限制，以下以攀枝花市区和西昌市为对象，选取部分指标，来描述攀西地区城镇基础设施建设现状。

和城镇化推进速度、经济发展势头相比，城市基础设施建设总体水平相对“滞后”局面比较明显。其中，城市发展水平最高、城镇基础设施建设最完善的攀枝花市区和西昌市，与全省城镇基础设施平均水平相比，都存在一定差距。

攀枝花市区和西昌市城市建成区面积占市区面积比重均低于全省，全省城镇建成区比重为 2.9%，而西昌市仅有 1.1%。水能资源丰富的西昌市用水普及率比全省低 9.1%，燃气普及率西昌市比全省低 13.9%。攀枝花市区和西昌市人均城市道路面积分别比全省低 3.0 平方米、2.6 平方米，人均公园绿地面积却低于全省平均水平。城市排污治污方面，攀枝花市污水处理率仅 24.3%，比全省平均低 50.5%（见表 19-14）。

2. 坚持“两化互动”的新区建设

按照“两化互动”的原则，攀西地区统筹谋划和协调推进新型工业化新型城镇化互动发展，把开发区建设作为优化调整区域产业结构、加速企业集聚与人口集聚的平台和载体，作为提升攀西城镇开放度、推动城市基础设施建设的前沿阵地，有力地推动城镇化持续健康发展。近年来，攀西地区各级政府努力推进各类开发区的建设与发展，建立了四川攀枝花钒钛产业园

图 19-14　攀西地区 22 县（市、区）产业职能构成

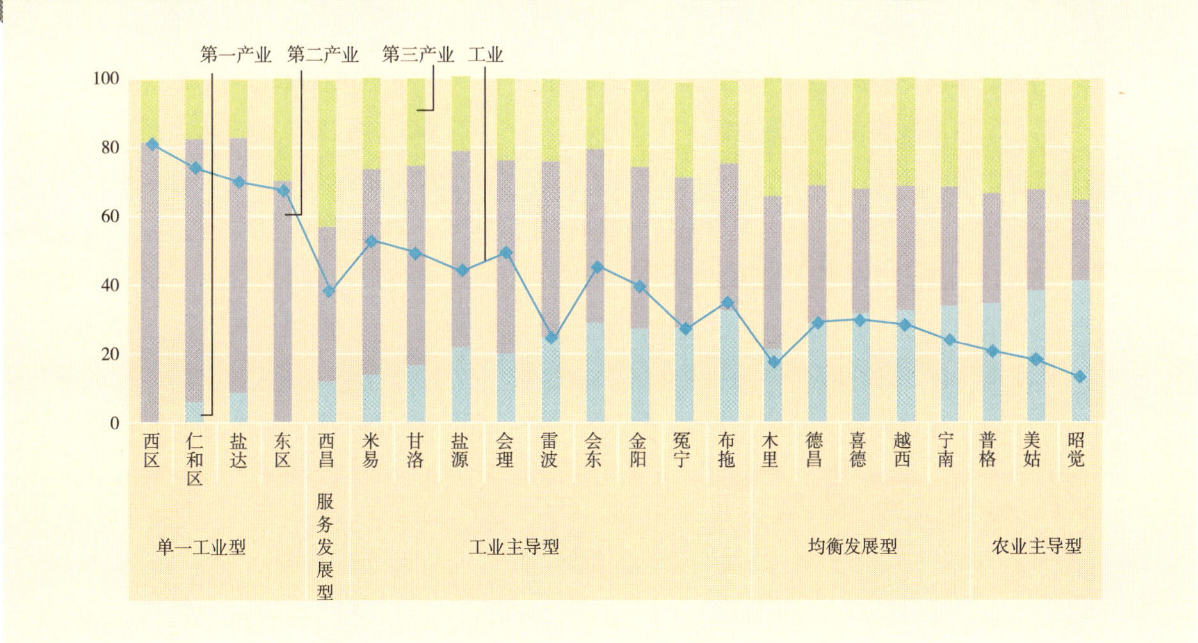

图 19-15　攀西地区依托交通发展的城镇体系

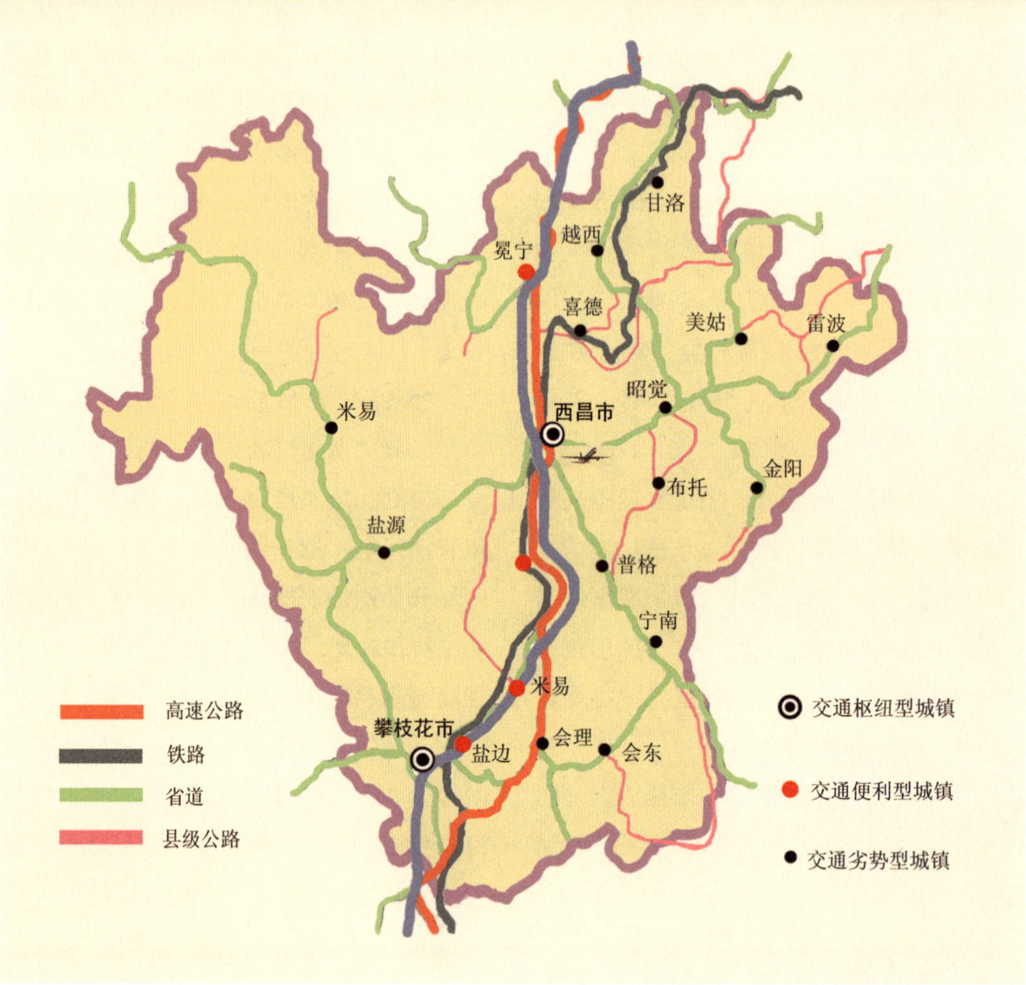

区、攀枝花市高新技术产业园区、攀枝花市红格温泉旅游度假开发区、格里坪民营经济创业园区、新九工矿区、白马工矿区、高粱平工业园区、安宁工业园区、攀钢工业区、南山工业区、西昌经久工业园区、西昌以北工业集中区、泸沽漫水湾稀土工业集中区、甘洛县铅锌工业集中区和高载能集中区、越西县乃托工业集中区、宁南县松新工业集中区、会东县城北轻工业集中区等众多园区，对于集聚人口及其他发展要素，促进城镇化水平提高方面发挥了重要作用。

3. 重塑城镇面貌的旧城改造

攀西地区城市建设起步相对较晚，旧城区特别是中心城区基础设施不配套、布局不合理的现象尤为突出。近年来，攀西地区在各级政府领导下，不断加大旧城改造力度，旧城面貌得到了较大的改善。

攀枝花市老城区配套落后，布局不合理，旧城改造问题势在必行，且受到了攀枝花市各界的广泛关注。在最近召开的人大会议和政协会议上，就《关于加快旧城改造的建议》、《关于攀枝花打造区域中心城市加快旧城改造和新区建设步伐的建议》

表 19–13　攀枝花市区和西昌市基础市政基础设施情况

项　目	供水综合生产能力（万立方米/日）	供水管道长度（公里）	天然气供气总量（万立方米）	液化石油气供气总量（吨）	道路长度（公里）	桥梁数（座）	路灯盏数（千盏）	绿化覆盖面积（公顷）	公园个数（个）	排水管道长度（公里）	道路清扫保洁面积（万平方米）	生活垃圾清运量（万吨）	公厕数（座）	市容环卫专用车辆设备总数（辆）
攀枝花市区	56.26	1046	1	5832	517	94	30	2214	13	545	501	21.8	163	167
西昌市	21.20	381	758	7119	165	31	24	1152	17	286	502	17.0	111	80

表 19–14　攀枝花市区、西昌市与全省城镇基础设施现状比较

项　目	建成区占市区面积比重（%）	用水普及率（%）	人均日生活用水量（升）	燃气普及率（%）	人均城市道路面积（平方米）	万人拥有路灯数（盏）	万人公园拥有数（个）	人均公园绿地面积（平方米）	建成区绿化覆盖率（%）	污水处理率（%）	万人拥有市容环卫专用车辆设备数（辆）	生活垃圾处理率（%）
全省	2.9	90.8	196.7	84.4	11.8	76.3	0.04	10.2	37.9	74.8	0.4	94.5
攀枝花市区	2.7	96.1	207.5	87.2	8.8	435.4	0.2	8.2	40.6	24.3	2.4	95.0
西昌市	1.1	81.7	218.7	70.5	9.2	39.9	0.3	6.3	38.1	94.1	1.3	94.1

等提案，攀枝花市 2010 年《政府工作报告》明确提出，“十二五”期间，要把建设文明美好家园作为工作重点，加快推进新区建设和旧城改造。

近年来，攀枝花市以“冬旅会”、“双创”等活动为载体，以配套完善市政公用设施、美化市容市貌、净化环境为目标，重点建设城市道路网络和绿化景观，完成了多项重点改造工程。2010 年 3 月，东区旧城改造工作正式展开，德阳巷、学院路、龙密路、瓜子坪、红星街等 9 个旧城改造重点项目陆续推进。这些项目实施完成，在提升城市形象、改善居民住房条件等方面起到积极作用。

凉山彝族自治州由于在城镇功能方面自成体系，“大而全”的城镇居主体地位，大城市缺少，城镇功能薄弱，且城镇布局比较分散，没有形成实力强大的城镇连绵区，绝大部分城镇建设还主要停留在城市形象和城市基础设施建设方面，整体上，城镇旧城改造问题不突出。但是，由于各城镇发展水平不同，城镇旧城区改造面临的问题也存在差异，部分城镇的旧城改造也已经成为城市建设的重点工作。

专栏 19-4　攀枝花市红格温泉旅游度假开发区

该开发区地处攀枝花市盐边县红格镇，距市区约30公里。2000年7月，由攀枝花市政府批准成立，同时，设立红格温泉旅游度假开发区管理委员会负责开发区的开发建设工作，管委会下设办公室，办公室设在攀枝花市建委，负责具体工作。2003年6月，市政府决定单独设立红格温泉旅游度假开发区管理委员会，作为市政府派出机构全面负责红格温泉旅游度假开发区的行政事务和对社会事务实行统一规划、建设、管理，主管红格温泉旅游度假开发区的招商引资和开发建设工作。目前，开发区内已建成1.2公里景区道路、三星级标准红格温泉宾馆，攀西地区唯一一家五星级酒店红格温泉假日酒店、典型的南亚热带园林、花园式高级度假酒店欧方营地和疗养楼、接待中心、露天阳光浴场等配套基础设施。

西昌市是历史文化名城，其旧城改造与古城保护、城市扩容建设是同步推进的。早在1991～2005年，就完成了宁远桥街拓宽改造、城标雕塑、仿古一条街、月城广场等多项旧城改造工程；同期，因城镇住房制度改革兴起与完善，几乎所有机关、学校和企事业单位都不同程度地改建新建办公楼、厂房和职工住宅，大大改善了城市面貌。2011年3月，西昌市又启动了对河东大道及两侧旧城的改造工程，将为西昌城市形象改善注入新的内容。

（五）城乡统筹协调与城乡环境综合治理

攀西地区由于自然地理特征复杂、民族文化多样，加之移民安置等多种问题相互交织，城乡差距、区域差距尤为突出，因此，统筹城乡协调发展，对攀西地区而言具有重要意义。但是由于不同区域经济发展水平、城镇发展阶段、城乡协调问题等存在差异，统筹城乡工作推进力度和成效也各不相同。

1. 积极推进的城乡统筹发展

自国家将成都和重庆确定为全国统筹城乡综合配套改革试验区后，攀枝花市委制定了《关于加强城乡统筹进一步推进农村改革发展的意见》（攀委发［2008］27号）和攀委办［2009］27号文有关统筹城乡责任分工文件。按照省委、省政府关于开展统筹城乡综合配套改革试点工作的统一部署，攀枝花市确定米易县为全省统筹城乡综合配套改革试点县，下发了《攀枝花市人民政府关于在米易县开展统筹城乡综合配套改革试点的通知》，要求米易县用好先行先试政策，积极稳妥地推进统筹城乡的各项改革。米易县积极推进城乡统筹工作，成立了米易县统筹城乡综合配套改革领导小组，组织学习研究有关城乡统筹的精神和问题，考察学习先进经验，制定了《米易县统筹城乡综合配套改革试点总体方案》与《米易县建立城乡一体的社会保障体系的意见》、《米易县统筹城乡就业工作意见》等专项改革意见或办法，并选择有条件的6个乡镇作为统筹城乡改革和发展的试点乡镇。

凉山州制定了《中共凉山州委关于统筹区域城乡协调发展开创农村改革发展新

局面的决定》和《凉山州人民政府关于推进统筹城乡发展科技行动的实施意见》等政策，出台了凉山州统筹城乡发展科技行动十大示范项目计划，推动城乡统筹协调发展。按照前述决定，统筹城乡协调发展，着力在城乡建设规划、土地利用、产业发展、基础设施、公共服务、劳动就业"六个统筹"上取得突破，推动城乡经济社会发展融合；充分发挥市场配置资源的基础性作用，因地制宜地推进工业向园区集中，农民向城镇集中，土地向规模经营集中；加快建立城乡统一的人力资源市场和就业服务体系，推进户籍制度改革，使在城镇长期就业和居住的农民有序转变为城镇居民；要着力打造"一核、一极、五区、多点"，加强区域间协调合作，以构建安宁河流域与民族聚居区的合作发展机制为重点，推进各区域之间相融互动，促进生产要素自由流动和优化组合，形成区域一体化发展格局。

2. 有效推进的城乡环境综合治理

2009 年 3 月，攀西地区全面开展城乡环境综合治理工作。

攀枝花市成立了城乡环境综合治理工作指挥部和 11 个攀枝花市城乡环境综合治理专项指挥部，深入推进 11 项专项治理、3 项专项行动、4 个攻坚月、风貌打造、示范村（点）建设、基础设施建设、督查督办等重点工作，建立了由市人事局、财政局和发展改革委等部门牵头的"长效机制建设专项指挥部"，逐步建立起领导包抓和部门帮扶机制、检查考评机制、督查督办问责机制等 10 项机制，有效推动全区城乡环境综合治理工作深入开展。2009 年，攀枝花市打造城乡环境综合治理风貌示范点 56 个，全市所有城区（县城）、47% 的乡镇和 39% 的村庄达到"四化"标准，攀枝花市和米易县分别荣获全省城乡环境综合治理先进市（州）二等奖、先进县（区）三等奖。

凉山州深入推进城乡环境综合治理的一系列重大决策部署，着力突出背街小巷、街道社区、城乡结合部、城中村、农贸市场及边远乡镇等薄弱环节。17 个县市针对薄弱环节和突出问题，及时制定整改方案，落实整改措施，明确责任部门和整改时限，强力整治薄弱环节和突出问题，全州共排查薄弱环节和突出问题 86 个，经全面整改，以街为市、占道经营、摊位乱摆现象得到有效治理，车辆停放、交通秩序得到有效规范，城乡"脏乱差"面貌得到彻底改观，市场环境卫生条件得到极大改善，环卫设施建设得到进一步加强，建筑工地得到进一步规范，新闻宣传和治理氛围进一步浓厚，整改率达到 100%，城乡环境综合治理突出问题和薄弱环节得到全面整改，并取得明显成效。

六　发展展望

"十二五"时期，攀西地区将站在全新的起点上，其面临的一系列历史性机遇让人欣喜：国家实施新一轮西部大开发战略，加快西部地区资源优势转变为经济优势，将西部建成国家重要的能源基地、资源深加工基地、装备制造业基地和战略性新兴产业基地。建设攀西战略资源创新开发试验区纳入国家"十二五"钒钛产业发展整体规划。国家、省支持藏区跨越式发展和长治久安等一系列政策。攀枝花被确定为全省次级综合交通枢纽、省级二级物流节点城市、全省着力培育的百万人口以上特大城市之一、全省攀西钒钛产业经济核心区、攀西地区和川滇结合部工业及商贸中心、四川进出东南亚的重要门户、西部钢铁工业基地、世界钒钛工业中心。西昌被确立为全省重要节点城市。省委省政府出台《关于加快推进彝区跨越式发展的意见》（川委发〔2010〕15号）、《安宁河谷地区跨越式发展规划》、《大小凉山综合扶贫开发规划》，只要把握好这些机遇，攀西地区就可以迎来新一轮高速发展时期。

"十二五"时期，凉山州将实现地区生产总值、规模以上工业增加值、固定资产投资总额和地方财政一般预算收入"四个翻番"，攀枝花经济发展也力争实现四个翻番：即地区生产总值、投资规模、地方财政收入和居民收入实现翻番。"十二五"时期，攀西地区将倾力打造高水平战略资源开发基地、现代特色农业发展基地、西部最佳阳光休闲度假旅游目的地、四川南向大通道交通枢纽……

"十二五"时期，攀西地区发展重点：抓住国家建设攀西战略资源创新开发试验区的大好机遇，努力将攀西经济区建成世界级的钒钛产业基地，继续有序推进水电资源开发，不断增强钢铁及有色金属、化石能源、化工及建材、机械制造、矿业等传统产业的竞争力，积极培育太阳能、风能、生物等新兴产业，全力打造阳光生态旅游业，大力发展现代特色农业，全面完善物流、金融、信息服务业、商贸流通、房地产等现代服务业，全面提升攀西经济区的产业实力和综合竞争力。

加快攀西经济区铁路、公路、航空、水运等基础设施建设，构建高效快捷的区域性次级交通枢纽，构建北通成都及京津冀等地区，南通长三角、珠三角、北部湾及东盟经济区南向出海大通道。以金沙江、雅砻江、大渡河和安宁河沿线上的大中型水利工程为主，加快重点供水工程和灌区工程建设，加强主要防洪控制型水库和堤防工程的维修和建设。加快太阳能、沼气等新兴能源的设施建设，完善能源输出输入体系，构建攀西经济区安全、稳定、经济、清洁的现代能源体系。以提升社会信息化水平为目标，加快信息基础设施建设，完善信息网络，引领信息化纵深发展。

着力推进攀西城市群建设，大力发展区域性中心城市，增强区域性中心城市对攀西经济区社会经济发展的带动辐射作用。坚持走新型城镇化发展道路，完善城镇体系。高起点规划、高质量建设、高水平管理，增强城市的综合承载能力。全力推进新型城镇化进程，建立以工促农、以城带乡的长效机制，形成城乡经济社会一体化新格局。

正如著名经济学家林凌所预言：攀西地区在未来一段时间内，将成为四川经济地图中一颗耀眼的明珠。

参考文献

四川统计局：《四川省统计年鉴（2011）》，中国统计年鉴出版社，2011。

攀枝花市人民政府：《攀枝花年鉴（2006～2009）》，攀枝花市人民政府网。

凉山州史志办公室：《凉山年鉴（2006～

2009）》，凉山彝族自治州人民政府网。

刘晓华：《2011 年攀枝花市政府工作报告》，2011 年 2 月 21 日。

张支铁：《2011 年凉山彝族自治州政府工作报告》，2011 年 1 月 31 日。

《攀枝花市国民经济和社会发展第十二个五年规划纲要（2011 ~ 2015 年）》。

《凉山彝族自治州国民经济和社会发展第十二个五年（2011 ~ 2015 年）规划纲要》。

安虎森：《区域经济学通论》，经济科学出版社，2004。

谢文蕙：《城市经济学》，清华大学出版社，1996。

解洪：《攀西新跨越——攀西地区区域规划研究》，四川大学出版社，2008。

邓玲：《国土开发与城镇建设》，四川大学出版社，2007。

马彦琳、刘建平：《现代城市管理学》，科学出版社，2003。

郑长德、钟海燕：《现代西方城市经济理论》，经济日报出版社，2007。

袁文平、刘恒：《体制作怪：二滩水电站的成功与困惑》，《经济理论与经济管理》2001 年第 2 期。

宋福猛、王友富、陈艳琼：《四川攀西蔗区甘蔗育种目标浅议》，《甘蔗》2001 年第 3 期。

苏春江：《简述攀西地区的资源与开发》，《山地学报》2004 年 SI 期。

四川省科技促进发展研究中心课题组：《攀西地区资源综合开发状况分析及政策研究》，《软科学》2004 年第 18 期。

第 20 章 川西北生态经济区*

一　区域特征与发展定位

川西北经济区位于四川省西北部，青藏高原东南缘，包括阿坝羌族藏族自治州和甘孜藏族自治州，共计 31 个县级行政区，辖区面积 236 万平方公里，2011 年末总人口 320.7 万人，是我国羌族主要聚居区和除西藏自治区以外的第二大藏区。川西北经济区人口密度低，经济发展水平低，在占全省 48.66% 的土地上，只集聚了 1.5% 的经济和 2.5% 的人口。相比之下，仅占全省地域面积的 0.04% 的成都市，却拥有了全省 32.3% 的 GDP，与此同时也集中了全省 17.5% 的人口。该区是四川省少数民族的主要聚居地，藏族人口占 70% 以上，是连接西藏与内地的重要纽带，自古有“稳藏必先安康”之说，对维护国家战略安全具有重要意义。川西北经济区生态地位极其重要，是长江黄河重要源头及水源涵养地，属国家级重点生态功能区（见图 20-1 和表 20-1）。

图 20-1　川西北生态经济区及区位

---

* 本章作者：周江，四川省社会科学院区域经济所所长，研究员；张新春，四川大学经济学院博士研究生；王波，四川省社会科学院区域经济学专业硕士研究生。

表 20-1　川西北经济区区域概况

地　区	面积（平方公里）	县（个）	乡镇（个）	2011 年末常住人口（万人）	地区生产总值（亿元）
甘孜州	153000	18	325	110.00	152.22
阿坝藏族羌族自治州	83000	13	223	90.22	168.48
川西北经济区	236000	31	557	200.22	320.7
川西北各项经济指标占四川省的比重（%）	48.66	26.05	12.67	2.49	1.53

资料来源：《四川省统计年鉴（2012）》整理得来。

（一）自然特征

1. 辖区面积广阔，地势高亢险峻

川西北经济区地处青藏高原东南缘和四川盆地西隅，西北部地势高，东南隅为山地丘陵，整个地势由西北向东南倾斜，是青藏高原向四川盆地的过渡地带。以丘状高原－高平原、高山原－深谷、高山－峡谷地貌为主，地势高亢险峻，山高谷深坡陡，平均海拔 3500 米以上，海拔最高的石渠县，平均海拔 4526.9 米。境内最高海拔达 7556 米，最大相对高差达 6556 米。

2. 世界级水源涵养地，生态地位重要

川西北地区是长江、黄河上游生态屏障的重要区域。其独特的自然地理环境构成了具有世界意义的湿地，分布了一连串的湖泊、沼泽、河流、湿地群，这一独特的湿地生态系统使其成为长江和黄河水系重要的水源供给区和涵养源，它的水源蕴含量将直接决定着黄河和长江中下游地区的水源供给水平。除北部阿坝藏族羌族自治州境内小部属黄河流域外，川西北地区均属长江流域。该区域不仅是长江、黄河源区的重要组成部分和长江、黄河上游重要的水源涵养地，也是“中华水塔”最重要的组成部分。

区域内的森林与草原植被的保持，对长江流域下游洪水控制、水源供给具有重要意义。仅甘孜州的国土面积、森林资源和森林蓄积均占四川省的 1/3。长江主要支流金沙江、雅砻江、大渡河纵贯甘孜州全境，在州境流域面积达 14.61 万平方公里，河流众多，水流湍急，落差极大，年平均流量达 642 亿立方米，居四川省首位。“两江一河”流域分布着大量原始森林，是四川重要的天然林区，也是中国水能资源最丰富的地区之一。

3. 边疆枢纽之地，战略地位重要

川西北经济区的主体是康巴藏区。康巴藏区是中国三大藏族聚居区之一，在中国西南边疆具有重要的战略地位，历史上有“治藏必先安康”的古训，当代又有“稳藏必先安康”的战略审视。整个康区，处在因喜马拉雅山造山运动而隆起的青藏高原和横断山脉向第二级地形阶梯过渡的折转带上。由于特殊的自然地理位置，康区成为连接我国西北、西南地区的枢纽，又由于康区位于西藏的东南边缘，它成为汉藏文化接触交融的地带。这里既是汉藏民族经济贸易频繁往来的通途，又是历来兵家必争之要地。正因为康区在自然地理位置、民族往来之间的这些特点，前人才总结出了“治藏必先安康”的历史经验。新中国建立后，康区对于西藏仍然具有很重要的地位，是维护祖国统一、增进民族团结、反对民族分裂的桥头堡与前沿阵地，对西藏乃至全国的发展和稳定，有十分重要的影响。

4. 自然环境复杂，生存条件恶劣

川西北经济区地势高，空气稀薄，气温较低，属高原寒冷气候。年均气温除“两江一河”下游河谷地区在10℃ ~ 15℃之间外，其余多在6℃左右，高原高山年均气温均在4℃以下，并有大范围0℃以下的低温区，因此，植物生长缓慢，土地产出率和草原载畜力低，兼之降雨季节分布极其不均，土地和草原荒漠化严重，各种自然灾害频繁，大多不具备发展生产的基本条件。目前，甘孜州粮食亩产仅150公斤左右，草原载畜仅10.3亩一个羊单位。

由于海拔高，大气平均含氧量仅为内地的60%，海拔最高的石渠县氧气含量仅为内地的46%，部分地区被科学界视为“生命禁区”。不少农牧民缺乏基本的生产条件，而且缺乏基本的生存条件，人口身体素质普遍较差，各种常见病和包虫病、大骨节病等特殊地方病高发。

（二）经济社会特征

1. 历史悠久，各民族“多元一体”

自古以来，藏、羌、汉等族的先民，由于自然的或人为的原因，先后来到川西北这片美丽神奇的土地上，形成民族“大杂居、小聚居”的人口分布局面。据史料记载，羌族先民的一部分，早在公元前4世纪末，即自甘陕一带流动至岷江上游两岸。他们在这里开垦土地，学习农耕，从游牧向定居转化。隋唐时期，羌人处于藏族人建立的吐蕃王朝和汉族地区之间。经过民族同化，一部分羌人保存下来，成为今天羌族的先人。

公元7世纪，青藏高原兴起吐蕃王朝。由于唐王朝先进的经济文化的吸引等，吐蕃势力向东发展，一部分达于岷江上游一带。他们在这里开拓牧场，建立村寨，适应着新的生活环境。20世纪30年代中期，在杂谷脑（今理县）西，朴头梁子高地，保存有一块唐代的石碑，镌刻着如下文字：“朝散大夫检口维州刺使上柱国焦淑，为吐蕃贼侯x[①] 并，董敦义投蕃，聚结逆徒数千骑。淑领羌汉兵及健儿等三千余人，讨除其贼，应时败散。开元十五年九月十九日记。x典施恩书。”。碑文内容带有民族偏见，却是吐蕃东进至岷江上游佐证，并可从一个侧面说明当时吐蕃、羌、汉等族在当地碰撞交汇的情景。至清末民初，世人方称吐蕃为藏族。这时，他们已在那里生活繁衍1000多年了。

① X代之缺字、漏字。

公元前 316 年，秦惠王遣使入蜀，置蜀郡，治成都，在岷江上游地区设置湔氐道，此后，各中央王朝均在该地设立军政机构，治理管辖当地各族人民。随着以中原大地为依托的中央王朝势力的到达，岷江上游汉族军民逐渐多了起来。自公元前 1 世纪汉武帝平西南夷，至公元 1774 ~ 1776 年清朝乾隆对金川用兵，均有汉兵遗族留住当地，聚居为村落。悠悠岁月，日久天长，岷江上游，邛崃山地藏族、羌族、汉族等民族在这里接触、联结，交流、融合。他们之间曾有矛盾冲突，但是相互渗透、吸收、学习、互补，却是这方民族关系的主流，是不可更改的历史趋势。其中有民族的同化，更有生产技术和文化思想的交流、吸收。这一历史现象的演进，从古代到近现代，从自发到自觉，一直在自然地进行。

新中国建立，中华民族各民族关系步人新的历史时期。岷江上游各民族之间建立起平等、团结、互助为特征的社会主义民族关系。各民族有了更多发展本族经济文化特点的机会。同时，党的民族政策和信息交流的加强将在民族交流融合中发挥更大的作用。各民族政治、经济、文化生活中共同的成分必然会越来越多，“多元一体”格局会更富生命力。

2. 经济密度低，缺乏经济中心

川西北区经济区经济基础十分薄弱。虽然本区森林、草场、水能、有色金属等自然资源丰富，具有建立林、牧业和水电、有色金属基地的良好条件，但因地域辽阔，位置偏僻，交通困难，文化落后，对外联系十分不便，不能提供良好的投资环境，致使该区经济发展缓慢，生产水平低下，人均生产总值、城镇居民人均可支配收入、农牧民人均纯收入均远远低于全国平均水平，川西北经济区有 8 个国家扶贫工作重点县，占四川省的 22%[①]。

2011 年川西北经济区地区生产总值 320.7 亿元，仅占四川省的 1.53%，经济密度为（每平方公里土地国内生产总值）13.59 万元 / 平方公里，仅为四川省经济密度（433.54 万元 / 平方公里）的 3.13%。人均地区生产总值 16017 元，为四川省人均水平的 61.29%，三次产业结构为 20.4 : 42.9 : 36.7（见表 20-2）。

川西北地广人稀，难以形成具有带动性的经济中心。在全区的 35 个县中，最大的城镇甘孜州首府康定仅 11.2 万人，阿坝州首府马尔康仅 5.6 万人，农业人口占总人口的约 57.1%。全区城镇密度低，平均城镇密度 2.5 个 /1000 平方公里。由于人口、城镇分散，难以形成集聚，所以川西北至今还没有一个具有经济吸引力的城市作为经济中心和依托。

3. 地理区位闭塞，经济区位边远

川西北地区处于川、藏、滇、青四省交界处，地域辽阔，但地处边远内陆，远离经济发达地带，与我国沿海地带相距几千公里；与四川较发达的成都平原虽然山水相连，但山岭重障，路途遥远，是典型的老、少、边、穷地区。成都与康定，成都与马尔康两州府距离均在约 340 公里，公路单程汽车行驶 7 小时，甘孜州 18 个县距成都平均距离约 700 公里。全区至 2010

① 四川省有 36 个国家扶贫工作重点县。

表 20-2　四川省和川西北经济区 2010 年经济社会发展概况比较

地　区	面积（平方公里）	常住人口（万人）	地区生产总值（亿元）	第一产业产值（亿元）	第二产业（亿元）	第三产业（亿元）	人均地区生产总值（元）
甘孜州	153000	110.00	152.22	37.70	57.72	56.80	13889
阿坝州	83000	90.22	168.48	27.86	79.67	60.95	18710
川西北经济区	236000	200.22	320.7	65.56	137.39	117.75	16017

资料来源：根据《四川省统计年鉴（2012）》整理。

表 20-3　川西北经济区国家扶贫工作重点县分布

地　区	国家扶贫工作重点县
阿坝藏族羌族自治州	壤塘县、黑水县、小金县
甘孜藏族自治州	石渠县、理塘县、雅江县、新龙县、色达县

资料来源：刘颖琦著《西部生态脆弱贫困区优势产业培育》，科学出版社，2010。

年有公路 45327 公里，平均约 9 公里 /100 平方公里，全区除公路外，没有铁路，航空处于初步发展阶段，没有水运，因此，与外地的经济联系甚不密切（见表 20-3）。

如果说整个青藏高原地处边疆信息闭塞的话，则川西北尤为突出。因为与其毗邻的藏、滇具有向南亚、东南亚各国对外开放的条件。青海虽地处内陆，但毕竟有铁路、航空之便，可与国内东、中部联系，不管是走丝绸之路还是青藏公路，对外开放也较川西北有利。可见，川西北的封闭状况在国内是少见的。

4. 城镇化水平低，社会事业发展滞后

川西北地区的部分区域游牧方式仍然居于主导地位，固定的居民点很少，人口分布和居住呈现更为分散化的特征。与四川省平均水平相比，川西北地区城镇化水平不高，2011 年，甘孜州城镇化率为 22.39%，阿坝州城镇化率为 31.65%，远低于四川省 41.83% 的水平。

由于特殊自然地理及历史原因，川西北地区社会事业发展较为滞后，公共服务严重不足，居民生活水平普遍较低。2011 年，甘孜州和阿坝州城镇居民可支配收入分别为 17038 元和 18403 元，农村居民人均纯收入分别为 3569.9 元和 4662.7 元。从整体看，川西北地区教育总体水平不高，实力不强。由于幅员辽阔，人口居住分散，学校规模偏小，经济发展相对滞后，农牧民群众对教育的认识和观念还较落后。成人教育、职业教育、幼儿教育均比较薄弱，教育结构、布局尚需调整；医疗卫生相对内地其他地区比较落后，在疾病预防控制等方面的工作还有待加强；社会保障事业建设较为滞后，发展水平较低。由于对社会保障的投入严重不足，农村地区最低生活保障覆盖面较小，仍没有实行农村养老保险和医疗保险制度；科技文化投入不足，底子薄、基础差、人才缺、资金少、设施差的状况未从根本上改变。

5. 处多省结合部，开放合作前景较好

经济上的东向性。川西北目前的经济

联系，主要向四川盆地东倾。经济引力主要来自密度较高的东部地区。主要产品、商品、物资、信息、人才、市场、技术等往四川盆地集聚，经济发展主要依托四川盆地和我国东、中部发达区。因此，川西北经济区是成都经济区的拓展区和后方基地。

文化传统的西向性。川西北地区是以藏族为主体的多民族聚居区。居民的生活习俗、历史传统、文化背景、社会心理、区域社会经济特点等与成都平原和四川盆地的差别很大，与青、藏、甘、滇毗邻地区却融为一体。历史上就与西部有不可分割的联系。迄今，是我国以藏文化为主体多民族组成的青藏高原社会经济大体系的一部分。其关系较四川盆地和东部地区要密切得多。

川西北地区作为一个与多省区交接的大面积区域，是发展多省（区）际商品经济区的良好试验区。在青藏高原中，它最接近我国发达区，有利于开发，因而有两点值得探讨。

首先是川西北地区是我国大西北和大西南的结合部，起着承北连南的作用。在我国的宏观经济区划中，大西北和大西南连成一片，都是经济落后的地域，均承担着脱贫致富的紧迫任务，发展战略的起点基本相同；在全国总体战略中的分工基本相同，都是资源开发导向型为主的经济模式；皆具有少数民族经济的区域特征，同是内陆草原、畜牧业为主的农业类型；等等。川西北地区正好位于西部大开发战略的地理中心，起着承北连南，接东传西的区位作用。如果将川西北地区建设好，大西北与大西南的开发就有了依托和桥梁。我国整个西部地带的开发，就有了承接力，其总体战略，整个效应，就能得到发挥。

其次是其与青、藏、甘、滇发展的相互关系。川西北将上述四省（区）连接在一起，从某种意义上说，是青、藏、甘、滇交界地区和青藏高原对外联系的门户。从目前和可预见未来的经济形态分析，青藏高原经济区的开发，固然可以走西与印度、中亚、尼泊尔等邻国的开放道路，但就发展国内经济循环而言，川西北地区是通往我国东、中部的主要通道，可利用四川盆地的经济优势，通过长江，成昆、成渝、宝成等铁路与外界发展经济联系。同时，青藏铁路、川藏公路、青川公路纵贯本区，是青藏高原的大动脉。上述各省区的开发，都将与川西北地区发生紧密的联系。而川西北地区的开发，也将对青藏高原的社会发展起着巨大的推动与门户开放作用。

6. 羌、藏文化交汇富集，教育文化基础薄弱

川西北民族文化以羌、藏族文化为核心。区内羌族人口占全国羌族人口的 90% 以上，主要聚居于阿坝藏族羌族自治州的茂县、汶川、理县，其余散居于阿坝州松潘、黑水、九寨沟等县。而藏族以康巴藏族为主，是川西北地区人口最多、分布最广的少数民族。川西北地区作为我国羌族的最主要聚居区域，经受了 2008 年汶川地震的冲击。之后，在国家大力支持保护下，川西北羌族地区形成了以旅游文化产业拉动区域特色文化需求的现代化区域发展方式，有效地促进了区内羌族文化的传承和保护。川西北地区是多种文化元素交流汇集地，独特的地理位置决定了川西北地区藏文化的独特性，其一是多种文化汇流而入，在川西北融合，交流共荣；康藏文化、川藏文化辐射四周，传导文明进步。其二是复杂的地理条件提供了相对安全的环境，一些其他地区已经消亡的文化宗教现象，在这里依然得到保护和发展。其三是卫藏地区与川西北同属高原环境中的游牧经济，随之形成的游牧文化具有同质性，在经济文化同质传播中得到了相互认同。四川汉藏两大主体民族聚居区域完成了充分的深层次、多要素的融合，形成了独特的川藏文化圈。

新中国成立前，川西北地区大多处于农奴社会，文盲率高达95%，入学率只有2%，其教育体系主要由寺院教育、私塾以及官办学堂构成。新中国成立后，经过60多年的努力，现在已形成幼儿教育、基础教育、高等教育、职业教育、特殊教育和成人教育相互呼应、门类齐全的教育结构。但是，由于西部地区尤其川西北少数民族地区的贫困、地广人稀、地势复杂以及当地民族文化的原因，其教育水平落后于全国水平。据不完全统计，川西北文盲、半文盲人口比例在15%以上，占劳动人口30%以上，个别地方甚至高达50%。师资严重不足，学前教育普遍缺失，基础教育落后，寄宿制后勤保障不足。该地区初中及初中以下文化程度的劳动力比重高达80%左右，教育水平不高，大部分劳动力缺乏继续教育、再就业培训等劳动技能培训的基本能力，导致区域劳动力整体水平低，可转移性差，严重制约了该地区产业发展及升级，进而限制了地区的经济发展。

（三）发展定位及思路

从主体功能区角度来看，川西北地区在四川经济社会发展中的主体功能定位为：优先确保该区域涵养水源、调节气候以及维护生物多样性等重要生态功能的发挥，在实现生态系统和生物多样性的保护、区域生态环境改善的基础上，重点解决农牧民的民生问题，推进社会经济的全面协调可持续发展。四川省“十二五”规划对川西北经济区的定位为：以保护生态环境、发展生态经济作为主攻方向，因地制宜地发展清洁能源、生态文化旅游产业，点状开发矿产资源，改进传统农牧业生产方式，建设特色鲜明、绿色生态的产业体系。积极推进生态移民、扶贫移民和牧民定居工程，逐步引导人口有序转移。加强以交通和水利为重点的基础设施建设，促进基本公共服务均等化，加快改善生产生活条件。

根据西北经济区自身的发展条件，结合国家对民族地区发展要求，按照四川省对川西北地区的总体发展要求，川西北经济区按照科学发展观的要求，以经济建设为中心、民族团结为保障、改善民生为出发点和落脚点，抓好“发展、稳定、民生”三件大事，加快转变发展方式，大力实施可持续发展战略，对区域内部进行合理规划，认真划分限制开发区和禁止开发区，掌握好水能、旅游和矿产等优势资源的合理开发力度，突出抓好天然林资源、天然湿地资源、野生动植物资源的保护和草原生态环境建设。积极发展以蔬菜、水果、中药材、草食牲畜为代表的现代生态农业和畜牧业，以观光、度假为主体的生态旅游业，以及生态型生物技术产业、新材料新能源等战略型新兴产业。突破交通、电网等“瓶颈”制约，增强基本公共服务能力。选择一批适宜发展的县城和重点城镇，积极实施生态移民工程，加强小城镇、移民新村和牧民新村建设，有计划地逐步引导农牧民向县城和重点镇转移，不断提高人民生活水平，加强生态环境保护，切实维护社会稳定，逐步建成特色鲜明、环境优美、和谐稳定、人民富裕的生态经济区。

二　自然条件与优势资源

（一）丰富的自然资源

1. 森林资源

川西北经济区有林地面积 260 万平方公里，占全省总量的 34%，人均占有量为全省的 33 倍，其中活立林蓄积总量 7.78 亿立方米，占全省 58%，人均占有量 510 立方米，是全国的三大林区之一，是四川重要的林业生产基地。除北部草甸草场外，其余各地均有分布，尤以各大河流及其支流的谷坡地带更为集中。森林主体为针叶林，次为阔叶林，冷、云杉占绝对优势，油松、落叶松、云南松、桦木、栎类、柏木等均有分布，在雅安地区盆地一侧，有樟、楠、杉木等分布。一般海拔 2800 米以上为针叶林，以下为针阔叶混交林；东部 2300 米以下为常绿阔叶和落叶阔叶混交林；1800 米以下为常绿阔叶林。在一些海拔较低、条件较好的河谷两侧有核桃、花椒、茶叶、竹笋、苹果、梨等经济林木。全区林业用地达 1.3 亿亩，有林地为 5500 万亩，主要是用材林和防护林，对涵养水源、防止水土流失和保障长江流域农田生态环境起着重要作用。

2. 草地资源

有天然草地面积 2.54 亿亩，是全省耕地面积的 3.3 倍，林地的 1.2 倍，为四川最大牧业基地、全国五大牧区之一，在我国草地牧业中占有重要地位。

3. 矿产资源

在保有储量 34 个矿种中，金、银、锡、锂、铅、锌、铜、泥炭、褐煤、云母、水晶、铀等 12 个矿种在全省乃至全国都有一定优势，水晶居全国第一位，锂、云母居全国第二位，铜、铅、锌分别占四川储量的 29%、67%和 40%，是四川省又一重要的矿产开发基地。

4. 能源

川西北经济区水能资源极为丰富，水能开发潜力达 4000 多万千瓦，占全省的 1/3，仅次于攀西经济区，居第二位。该区域水能开发具有淹没损失小、投资省、动能经济指标比较优越的特点。太阳辐射强烈，光能资源丰富。区内地势高亢，空气稀薄，太阳年辐射量和年日照时数均为四川省最高值，属全国太阳能较丰富区域之一。另外，区内还有可利用的风能资源和大量的泥炭资源。

5. 野生生物资源

川西北复杂的地形结构、气候类型和充足的降水，形成了特异的生态环境，这为多种珍稀生物的生长繁衍提供了良好的环境条件，是一座宝贵的基因库。据统计野生植物资源约3000种，占全国的30%，其中药用植物便达1800种，还有油脂、香料、单宁、淀粉，果类、观赏等植物；野生动物资源约620种，其中药用动物约120种，毛皮羽用动物约150种，珍贵稀有动物约80种，主要有大熊猫、白唇鹿、牛羚，金丝猴、梅花鹿、獐、藏羚、黑颈鹤等。本区是高寒药材著名产区，在国内外占有重要地位。

6. 旅游资源

该区旅游资源丰富，自然景观、人文景观和风俗民情为四川一绝。区内不仅旅游资源类型多，而且景点也多，并分布广，既有享誉“童话世界”的九寨沟、“瑶池仙境”的黄龙、“冰川公园”的海螺沟等3个世界级和国家级风景名胜区，又有原始莽林、无边草原、高山温泉、历史遗迹等正在开发与有待开发的旅游资源。更为重要的是川西北地区是藏族、羌族等多种少数民族聚居之地，与西藏自治区唇齿相依，自然景观丰富多彩，南坪的九寨沟、泸定的海螺沟、黑水的卡隆沟、松潘的黄龙寺、雅安的蒙山等均以优美的自然风景而闻名遐迩。为区内发展旅游事业提供了良好的条件。目前，旅游事业蒸蒸日上，前景广阔。

（二）资源开发过程中的问题

1. 土地和耕地资源足，但质量差

川西北人均耕地面积比全省高出17倍，但就土壤资源来看，根据土壤的理化状态和农业利用特点，川西北的土壤受地形、气候影响，适宜种植的土壤资源非常有限。寒性薄涂层土、终年冻土层厚积，受寒冬低温的强烈限制，成土过程原始、土层薄、粗骨性强，有机质含量低微，可供农业利用的面积少，形成川西北的国土面积虽大，但宜农可耕范围较小的特征。

2. 畜牧业基础牢固，但亟待解决的问题尚多

川西北高原地区植被简单，以亚高山、高山草甸以及高山灌丛草甸为主。但目前优良牧草地逐年减少，草地植被退化十分严重。一是牧草质量下降，产草量下降，杂草特别是有毒有害植物增加，优良牧草种类、数量下降。二是由于传统畜牧业发展速度过快，草场与畜牧关系严重失调。优质牧草因被牲畜过度啃食，无法完成正常的生命周期，失去结实能力，失去有性繁殖。时代更替，草场难以自然更新，草场退化，草地生产能力严重下降。目前，该地区已无一、二等草地，三等草地也仅占20%左右，主要为四等、五等草地。

草场沙化、退化严重。中度到极重度沙化土地，基本丧失生产力或生产力低下，面积已达21.31万公顷，相当于损失四川省内地两个中等县的土地资源。目前，牧区天然草原平均产草量只有240.6公斤，较15年前下降了15%，牦牛、羊、马等牲畜面临严重的生计问题。

草地鼠害严重。鼠害面积约250万公顷，占宜牧草地面积的20%左右。根据调查，石渠县每公顷草最多有地面鼠洞4000多个；若尔盖县每公顷地面鼠最多达739只，地下鼠50只。鼠害严重的县，也是沙化严重的县。

草场过牧、载畜量高的情况普遍存

在。2009 年，川西北草地理论载畜量为 2849.62 个羊单位，目前实际载畜量为 4254.93 个羊单位，超载率为 49%，部分地区超载率超过 60%。高寒草地的退化顺序是“草地→草地退化→土壤退化→土地沙化→沙漠化”。人为干扰与草地退化的关系是“适牧（草地）→重牧（草地退化）→过牧（土壤退化、沙化）。比草地退化更严重的是土壤退化，这个时候土壤失去生产牧草的能力，进一步恶化就形成露沙地，露沙地进一步发展就是土地沙化。除了超载过牧，疏干沼泽、乱挖泥炭等不合理的生产生活行为，也是造成草场退化、土地沙化的重要原因。

3. 矿产资源丰富，但开采难度大

资源分布分散，不少位于荒无人烟区，交通不便，产品运输距离远，后勤补给与配套条件差，难以依托现有城镇，故也就难以形成现代化的生产规模。加之，川西北是地震、泥石流、滑坡、山崩、雪崩等山区灾害多发区，更增加了开发的难度。

4. 能源储量大，但开发条件差

由于基础设施建设的总体水平落后，地域偏远，生态条件脆弱，能源开发有局限性，水能、太阳能、风能的开发又面临技术上的困难。泥炭开发也面临运输条件等困难。

5. 旅游资源容量大，但位置偏

由于川西北经济区地理位置偏僻，从旅游景点与城镇的距离、交通条件、气候条件、景点配套设施假设、人工服务以及游客安全等方面分析，川西北经济区的旅游业的发展确实存在长时间内难以解决的问题，资源虽然容量大，但短时间内优势难以充分发挥。

综合分析，川西北资源的水平空间分布规律是：水资源、森林资源、热量资源南丰北贫，草场资源、光能资源、风能资源北多南少。从垂直空间分布上看，低海拔河谷、耕地集中区水能和水资源丰富，热量资源较好，高原区草原资源、风能资源占优势，高山区森林资源、冰雪资源、高山旅游资源优越。从资源的组合配套上看，水能与铝土矿、锰矿，耕地资源与畜牧业、果木与种植业的配套较好，有利于联合开发。在草原地区缺乏水能资源，但风能资源丰富，可发展风能代替水电。河谷区森林资源多已耗尽，煤炭也缺乏，可用水能代替。但全区资源的组合仍有不少缺点，光热资源错位：草原地带光能资源丰富，但热量严重不足，土地资源优势不能发挥。干热河谷区热量资源丰富，水资源又不足。水热既不同季，空间分布也不协调，因此，资源的优势与劣势并存，利弊交叉[①]。

三　生态保护与生态建设

（一）生态现状

川西北地区是长江、黄河上游生态屏障的重要区域。其独特的自然地理环境构成了具有世界意义的湿地，分布了一连串的湖泊、沼泽、河流、湿地群，这一独特

① 陈国阶：《川西北地区的资源开发与发展战略》，《自然资源学报》1990 年第 5 卷第 3 期。

的湿地生态系统使其成为长江和黄河水系重要的水源供给区和涵养源，它的水源蕴含量将直接决定着黄河和长江中下游地区的水源供给水平。除北部阿坝藏族羌族自治州境内小部属黄河流域外，川西北地区均属长江流域。该区域不仅是长江、黄河源区的重要组成部分和长江、黄河上游重要的水源涵养地，也是“中华水塔”最重要的组成部分。特别是位于阿坝州境内的我国三大湿地之一——若尔盖湿地，30%的黄河水从这里流出，是世界上最大的高原泥炭沼泽湿地。但是，由于地质结构松散，海拔落差大，川西北生态状况十分脆弱，全省80%以上的沙化土地都集中在该区域内。农牧业基础设施相当差，生产方式粗放，广种薄收特点突出，人为加重生态环境压力；加之能源建设滞后，“以电代柴”的能源建设总体进展缓慢，生态资源被农村牧区作为基本燃料，破坏了生态平衡；特别是近年来自然资源开发利用不合理，森林过度采伐、草场过牧和不规范地开发矿产资源，加剧了生态资源损失。

1. 湿地萎缩

由于全球气候变暖、降雨量减少等自然原因和过度放牧、开沟排水等人为因素的影响，高原沼泽湿地呈现明显的萎缩退化趋势，至2008年阿坝州湿地面积减少近2/5。若尔盖湿地自然保护区17个湖泊已有6个全部干涸，湿地面积减幅达38.6%，湿地正由沼泽植被向草甸、荒漠植被进行逆向演替。20世纪六七十年代，川西北各草地县为增加草场面积，在沼泽中开沟排水，时称“向湿地要草场”。若尔盖县因此致使8万多公顷湿地丧失沼泽功能，演变为草地和没有价值的黑土滩。后来又号召“向草场要粮食”，大面积翻耕草地种青稞和牧草。同时，若尔盖湿地蕴藏着丰富的泥炭，泥炭是一种重要的有机矿产资源，当地人把泥炭当燃料，还用它生产复合肥，乱挖泥炭也造成沼泽湿地退化。近20多年来，若尔盖境内湖泊湿地已干涸了200多个，湿地面积萎缩超过60%，除热尔大坝的哈丘、错拉坚、花湖等湖泊以及黑河中游的沼泽化河漫滩外，其余几处大沼泽几乎无明显积水，大部区域仅呈过湿状态，甚至干如旱地，人、畜均可通行。湿地萎缩造成湿地生态功能的丧失和生物多样性的减少，水源涵养功能急剧减弱，地表水、地下水位显著下降，导致长江、黄河水源补给受到影响，位于长江源区的若尔盖、石渠等县近年来就出现了局部地区饮水困难的现象。若不及时治理，将对整个长江、黄河流域的经济社会可持续发展和国家的生态安全直接造成威胁。

2. 土地沙化

川西北沙化地区主要由草地生态系统、沙地生态系统、湿地生态系统、乡镇生态系统等构成。20世纪60年代以前，各生态系统大体处于平衡状态，后来，随着区域人口的不断增长，人类活动加剧，各生态系统受到干扰，再加上气候变化，导致草地退化、湿地萎缩，土地沙化面积日益扩大。据不完全统计，截至2009年，川西北沙化土地总面积为82.19万公顷。特别是近15年来，沙化面积扩大很快，年均增加1.19万公顷，大面积的沙趋地正以每年11.6%的惊人速度向沙漠化过渡。目前这一地区已成为我国土地沙化速度最快的地区之一。川西北沙化土地主要集中在阿坝藏族羌族自治州和甘孜藏族自治州，这两个州几乎每个县都有沙化土地，既有点状的零星分布，也有面积较大的成片分布。阿坝州的若尔盖县，沙化严重程度远远超过其他县。1966 ~ 2009 年，全县年均增加 816 公顷沙化土地，近 10 年来沙化土地年均增长率高达 10.6%。目前全县有 7.3 万公顷沙化土地。①

沙化面积不断扩大，首先压缩当地百姓的生存和发展空间。沙化使地下水位下降，若尔盖县辖曼乡 1/3 的牧民吃水困难。沙化严重地区每年春季沙尘天气频发，若尔盖县唐克乡政府在沙尘暴 24 小时后屋内遗留的沙层达 2 毫米。沙化的蔓延直接威胁着成都平原、四川盆地乃至三峡库区的生态安全。如果湿地萎缩和草原沙化的问题还得不到及时、有效的保护和治理，20 年后，整个川西北高原将成为世界海拔最高的高原沙漠之一，引发的沙尘暴将“光顾”直线距离仅 300 公里的成都平原乃至更广泛的地区。

有的专家甚至认为，川西北沙化土地是我国北方沙尘天气的启动源之一，直接或间接影响我国北方的生态安全。川西北高寒草地有许多河流、湖泊、湿地，是长江、黄河上游重要的水源补给区。如今，流经若尔盖的黑河，有的河段两岸成了固定沙地，流经若尔盖的黄河河段也在不断受到沙化土地的蚕食。专家认为，土地沙化面积不断扩张，必将造成整个生态系统的水源涵养功能下降，稍遇暴雨即成洪灾，给长江、黄河中下游经济发达地区带来严重的生态安全隐患。

3. 生物多样性遭破坏

川西北高原地区是青藏高原“世界第三极”东区域生物多样性的聚宝盆：一级保护鸟类——黑颈鹤的重要繁殖地，世界上唯一种群——四川梅花鹿的家园，还是世界上唯一生长、繁殖在高原的珍禽——黑颈鹤的故乡，是全球 25 个生物多样性保护重点地区之一。因湿地萎缩，草原退化、沙化、环境污染等原因，川西北地区动植物的多样性受到严重威胁。近几十年来，川西北地区约 5% 的生物种类已经灭绝，10% ~ 20% 的种类也面临濒危境地，尤以沼泽动物最为明显。龙日坝地区原有一定数量的定居型沼泽动物，现已变为渗入型，水禽已近绝迹，珍禽鸟类明显减少。

4. 各种自然灾害频发

历史上各种自然灾害频发。由于生态环境破坏严重，雪灾、干旱、洪灾、地震、泥石流、山体滑坡、大风、冰雹、霜冻、病虫害、森林火灾等自然灾害几乎年年交叉发生，大灾不断，多灾并发特点突出，川西北高原已经处在一个极为脆弱、极为严峻的生态环境期。这些自然灾害，长期威胁着川西北经济社会的发展。据不完全统计，1950 ~ 2008 年，全区因灾造成的直接经济损失约 127.23 亿元。近 10 年来，发灾频率越来越高，涉及面越来越广，损失也呈扩大趋势。②

① 四川省林业厅：《川西北地区土地沙化科学考察报告（2010）》。
② 四川省救灾办、甘孜州、阿坝州统计局。

（二）生态恶化的主要原因

气候变暖等自然因素是造成川西北高原生态环境恶化的根本原因；过度放牧，挖沟排水等人为因素加速了生态恶化的进程；当前西部大开发进行的大规模基础设施建设、城镇化进程的加快、旅游开发等活动对川西北高原生态系统造成了新的影响。

1. 自然因素

气候变暖。近几十年来，全球气候变暖导致雪线上升，冰川融化，在川西北高原的直接反映是降水减少，蒸发加大，加剧了该地区生态环境的恶化。

地质特殊。川西北高原地区地质构成多为三迭系砂岩、板岩、石灰岩和冰川运动的松散堆积物。区内黄河上游、黑河中下游和白河下游流域等地的土壤中以粒级的沙质为主，充填粉沙和黏土，含沙量高，抗蚀力低，故易沙化。第四纪冰川运动导致河流中心不等量下沉，河流不同程度改道，干涸的河床和沉积的河沙成为主要沙源。

生态系统群落结构简单，生态环境极为脆弱。川西北高原地区植被类型较为单一，区内乔木分布较少，以亚高山和高山草甸为主。同时，由于这一地区生态系统空间异质性不明显，不利于抗御内外干扰，因而也不利于抵抗水流及风沙侵蚀。

超载过牧。新中国成立以来，川西北高原地区人口增长速度过快，特别是从事牧业的人口比例增大，而当地的生产经营仍是传统放牧方式。人口增长必然伴随着牲畜数量的增长，对草场资源需求也随之增长，从而造成沼泽草场的严重过牧，导致草场不断退化。以若尔盖、红原两县为例，若尔盖县草场理论载畜量120万个羊单位，实际载畜量306万个羊单位，超载率达155%。红原县草地超载率也达到62.4%。超载放牧导致牲畜过度践踏，破坏地表沼泽植被层，使埋藏较深的沙层不断裸露，造成原地沙化。牲畜过多也使野生水禽、涉禽动物或沼泽动物活动空间范围减少，牲畜粪便造成地表水水质下降。

挖沟排水。为了满足牧业发展对草场资源的需求，扩大牧场，当地把沼泽地作为备用草场资源进行开发，并进行了不同程度的挖沟排水疏干沼泽工作。这是人为干预自然沼泽的重大行动，是在短期内导致沼泽迅速退化最严重的干扰活动。仅阿坝州疏干改造沼泽面积达到20万公顷，排出了至少10亿立方米的沼泽积水，原始沼泽遭受严重破坏，使沼泽向变干方向变化。

水电、矿产资源无序开发。水电、矿山、大型基础设施工程建设缺乏同步、匹配、富远见的生态尊重意识，工程建设的唯工程化、缺乏生态评估和配套修复、重短视经济利益轻长远生态利益，导致普遍的生态潜在伤害。

2. 其他因素

公路直接占用湿地，阻断了湿地正常的水文过程，阻碍了野生动物迁徙。在一些湿地旅游区，经常发生游客、马匹踩踏破坏草场和湿地的情况。由于景区规划不当，游径对野生动物造成了干扰。同时，川西北高原地区的城镇化建设发展迅速，造成土地被直接占用，部分湿地、草原永久性丧失，城镇周边动植物群落结构改变，城镇环卫配套设施不足造成的环境污染等不良后果。

（三）生态建设面临诸多挑战

一是资金投入严重不足。一直以来，川西北高原生态保护与修复没有系统的项目带动，也未建立起一个长期、稳定、多元化的投入渠道。目前实施的保护和治理项目规模小、投入少、标准低，治理速度远远赶不上湿地萎缩、草场退化、草地沙化的速度。以若尔盖湿地保护为例，从2004 ~ 2008 年，整个若尔盖湿地保护区一期、二期治理工程，国家、省及地方投入总计仅为 2899 万元，且以基础设施建设为主。若尔盖县的沙化治理，从 1993 年到 2007 年国家投入林业专项资金仅 387 万元，年均 28 万元，治理面积不足沙化面积的 3%。由于资金不足，行之有效的治理措施在当地无法大面积推广和施行，只能停留在试点和示范阶段。

二是生态保护、经济发展、民生改善矛盾突出。川西北地区农牧民人均收入不到全国农民人均收入的 60%。人均生产总值、城镇居民人均支配收入、农牧民人均纯收入均远远低于全国平均水平，教育、卫生等公共服务落后，贫困发生率较高，地方政府和群众发展经济、改善民生的愿望十分强烈。虽然川西北高原地区拥有金、铀、锂等丰富的矿产资源以及虫草、贝母、红景天、鹿茸、雪莲花等药物资源，还有4000 多万千瓦的水能开发潜力，具备很大的发展潜力。但通过消耗资源发展经济必将对生态造成破坏，导致了发展经济和生态保护的矛盾凸显。

三是机制不全，保护与管理缺乏保障。川西北高原生态保护长期以来存在着资金多头投入、多部门管理的现象，不同的部门往往根据本部门的计划和需要实施管理，因此在管理中存在重叠和各自为政的矛盾，对生态保护极为不利。同时生态保护主管部门的法律地位、作用、职能、职责还不明晰。比如：若尔盖湿地保护区由国家核发了《林权证》，而当地群众手中同样有国家核发的《草场承包使用证》，由于资源权属不清，导致保护区在管理上难以正常行使管理权。

四是缺乏人才和科技支撑。川西北高原地处高寒地带，生态系统极为脆弱，对生态保护、建设工作的人才和技术水平要求更高。但长期以来，由于生态保护人才严重缺乏，能熟练、全面地掌握湿地保护和草原沙化治理技能的人员很少，科研设施落后，导致川西北高原科研、监测工作滞后。

（四）加强川西北高原生态建设的策略

积极争取国家支持，将川西北高原生态保护工作纳入国家生态建设规划。川西北高原地区与青海“三江源保护区”毗邻，其核心区域包括甘孜州的石渠、色达、甘孜、德格、炉霍，阿坝州的若尔盖、红原、阿坝、壤塘、马尔康等 10 个县，是长江、黄河源区的重要组成部分。积极争取国家支持，将川西北生态建设纳入国家生态建设规划，享受与“三江源保护区”同等的政策，并作为国家在新一轮西部大开发的重要工作，作为“十二五”期间支持藏区经济社会可持续发展的特大工程、特大项目加以推动和实施。整合与生态建设相关的各类资源，加强各种生态建设项目、生态区域之间的相互连接，加强相关行政区域之间的合作，把生态建设与经济、社会建设有机结合，以彻底改变这一区域的生态保护困境。

加强川西北高原生态保护的政策支持。一是加大退牧还草（湿）支持力度，将对“三农”的优惠政策扩展到牧区；明确退牧还草（湿）项目的实施标准，建立规范的退牧还草（湿）技术标准体系，明确禁牧、休牧和轮牧的标准；增加退牧还草（湿）的实施范围。二是增加专项资金，开辟生态保护公益岗位，允许当地牧民参与生态保护，增加就业机会。三是加强生态保护与防灾减灾规划的衔接，先期做好重点区域地质灾害治理，为实施生态建设措施奠定基础。四是逐步完善“9+3免费职业教育计划”，努力提高藏区学生职业素质和就业技能水平，通过教育移民的方式，稳步推进生态移民。五是在川西北高原地区投放大型工程、项目特别是水电、交通、矿产项目时，应尽量慎重，需进行生态影响预评估，并在必须上的项目建设中配套可能导致的生态影响、破坏的修复工程。此外，还应坚决杜绝与环境保护和生态建设相悖的破坏性建设项目进入这一区域。

建立健全生态补偿机制。尽快完善生态补偿政策，建立长期、稳定的生态补偿机制，通过财政转移支付或建立起下游地区对上游地区、生态收益地区对生态保护地区通过资金补助、定向援助、对口支援等多种方式，补偿川西北高原地区为保护生态屏障所做的退牧还湿（草）、放弃传统产业等带来的利益损失。对无草场的牧民，将其纳入最低生活保障范围，使他们放弃饲养牲畜，减少对草原的破坏。对地方为保护草原生态环境放弃矿藏资源开发等行为，由中央通过一般性转移支付对地方给予补贴。对重大生态建设项目的投资由财政性建设资金、其他专项建设资金、银行贷款和利用外资来解决，取消地方配套，不留资金缺口。

推进人口有序转移和合理布局。尽管川西北地区的居民数量相对较少，但由于其分布以及流动性问题存在，该区域生态系统承受了较大压力。因而，必须结合限制开发区和禁止开发区的划分情况，积极推进该区人口有序转移和合理布局。第一，要逐步推进禁止开发区的核心区域农牧民的有序转移。目前，即使在国家级自然保护区仍然居住有农牧民，还有一部分保护区的核心区正好是农牧民生产以及宗教活动的区域，这使该部分湿地面临着被人为破坏的压力。因此，应通过各种激励政策逐渐引导农牧民由核心地区向外转移。第二，要积极推进生态移民和牧民定居工程。将在不适宜人居区域的农牧民转移到自然条件相对较好、生态环境承受能力相对较强的区域，通过扶贫新村和新农村建设促进农牧民相对集中居住，通过房屋、围栏、圈舍“三配套”建设有效推进牧民定居。第三，要大力推进人口的梯度转移。减轻人口对生态环境的压力是川西北地区生态功能保护与恢复的根本途径。因此，应当分层次地推进人口的梯度转移。第一个梯次是逐步推进生态核心区域人口向非核心区域转移，第二个梯次是强化科技对生态建设的支撑作用，第三个梯次是要大力推进人口的梯度转移。减轻人口对生态环境的压力是川西北地区生态功能保护与恢复的根本途径。一是建立完善科研监测机构，建设相应的科研监测设施，建立国家、省、州、县、区多级联系的生态环境监测网络和生态环境信息系统，合理布设生态观测站点，建立基础资料数据库。二是加强对生态建设项目科学决策和实施的研究力度，加强对生态系统退化区域生态退化机制、恢复策略和生态恢复管理技术的应用性研究。三是引进和培养科研、技术和管理人才，加强监测科研队伍建设；对参加生态恢复整治工作的人员进行相关知识、技术和操作的培训；对畜牧业生产企业和广大牧民进行相关科学知识、技术、操作培训；对实施产业结构调整、发展替代产业的示范企业或个人进行产业知识和相关技能的培训等。四是加大科技投入。建议将“川西北高原生态保护与建设研究”纳入“十二五”科技发展计划；采取优惠政策鼓励科研人员到川西北地区参与生态保护和建设工作。

调整产业结构，以“生态发展”为主线，大力发展特色生态产业，切实解决替代生计问题。一是大力发展现代畜牧业。逐步引导生产方式由粗放型向集约型转变，由数量型向质量型转变，由分散的、大面积放养向集中的、规模化饲养转变。将畜牧业资源向生态较好的地区集中，依靠科技进步，发展科学养畜和集约化经营，提高产出量和产出率。大力发展农牧产品加工业，增加牧业科技含量，延长农牧产品产业链，着力打造具有川西北特色的“生态农牧产品”，提高产品商品率和附加值。二是大力发展草业和饲料加工业。加强人工、半人工牧草和饲料作物的种植基地建设，为牲畜提供充足的高产优质牧草；发展饲草饲料专营企业，利用外地饲草饲料资源，鼓励将农区秸秆加工成饲料，增大秸秆饲料的比例，保证舍饲圈养对优质饲草饲料的四季需求，在提高畜产品质量和数量的同时，减轻畜牧业对草地的压力，从根本上改变靠天养畜的被动局面。三是在保护生态环境的前提下，适度发展替代产业。在适当区域发展生态旅游业，有序开展以大草原、高原湖泊、高原沼泽、野生动物为主的自然观光旅游和以藏族风情、文化为主的人文旅游。依靠发展小城镇和建立牧民定居点，引导和带动农牧民发展环保产业，解决集约化养殖业产生的废物，以及其他产业排放的废物和由于城镇发展伴随产生的生活垃圾和废水。鼓励民族手工业及其他相关产业发展。

四　产业结构与特色产业

“密度促进集聚经济的发展，距离抑制集聚经济的发展，规模经济随着密度的增加而增加，随着距离的增加而减少。”川西北经济区“密度低、距离远”，其产业发展难以形成集聚之势，规模效益在此难以显现。因此，国家和四川更注重其生态功能，强调其“生态经济”特色，提出要“因地制宜发展清洁能源、生态文化旅游产业，点状开发矿产资源，改进传统农牧业生产方式，建设特色鲜明、绿色生态的产业体系。”

综合上述分析，根据川西北地区的资源条件，结合市场需求、环境容量和产业基础，川西北经济区应将以下产业作为优势特色产业。一是生态农牧业。依托高原的地理和气候条件，大力发展以草食牲畜和中药材为特色的无公害农业。适度发展乳制品、肉制品和中成药加工。二是生态旅游产业。以九寨沟、卧龙、稻城、黄龙以及海螺沟等著名景区为依托，突出冰川、原始森林、温泉、高山湖泊、雪山草原、珍稀动植物等自然景观，发展自然生态旅游。以底蕴深厚、源远流长的藏羌文化为依托，发展民族风情旅游。三是生态能源产业。依托区域内丰沛的水能资源，在充分考虑环境承载能力的前提下，适度开发水电。同时，利用资源优势，积极发展太阳能和风能等新能源。

（一）生态农牧业

农牧业是川西北的主体产业，是许多县财政收入的来源，是农牧民生产生活的主要支撑，农牧民的现金收入80%来自该产业。

首先，川西北独特的自然环境，自然形成了独特复杂的特色农业区。与内地平原和浅丘地带明显不同的是，川西北农牧带绝大部分是与水平线呈很大的角度相交，布局于面积广大的山坡和陡崖上。这种布局，增大了土地面积，使一片土地纵穿多个气温带、气压带、气候带和干湿带，呈现斑马纹状的多样态生物布局，致使在很小的平面范围内，出现了“一山有四季，十里不同天”的奇观。这种独特的立体土地布局，为川西北高原特色农牧业赖以生产和发展多样态的物种提供了基础。

其次，川西北高原聚居着以藏民族为主体的本地居民，以独特的生产生活方式为区域经济发展提供了鲜明的主体要素。长居高原，出于克服高寒缺氧的需要，人们选择了生产高蛋白、高脂肪和高热量的动植物作为主要农产品；分布稀疏的人口，习惯于广种薄收、广牧薄宰的生产偏好；独特的宗教文化和民族文化，对生产生活方式的形成、发展产生了极大的影响。不自觉中，耐寒抗缺氧产品成为市场一体化进程中的畅销产品，忌杀生的宗教习惯为多种物种的保存和生态农业的发展提供了条件，独特的生活文化和宗教文化，为旅游观光农业带来了发展机会。药材经济、林木经济、牦牛经济、熊猫经济等本土特色经济如同经济领域的奇葩，或次第绽放，或并蒂而开。

最后，地方经济行为如同一条经线，把两种极富特色的主客体因素有机结合起来，为特色农业的发展提供了方向。川西北高原特色农牧业延续了数千年，没有体现特色效益的根源，不是市场没有需求，而是主观没有市场的思考，加之开发的条件限制。目前，已经开始了极富开创意义的起步，表现在政府行为上，就是决策思路的改变。牦牛是阿坝州的优势资源，全州牦牛存栏达142万头，占全国牦牛总量的10.4%。牦牛和企鹅、北极熊一起，被并列为世界上最宝贵的三种动物，它的肉、奶、骨、皮、血都可以加工，而且价值很高。因此，阿坝州提出用4年时间，将阿坝州建成全国最大的牦牛产品加工区。甘孜州的牦牛储蓄量比阿坝更多，也有条件在牦牛经济上与阿坝并驾齐驱。同时，它在“十五”期间，建立特色农牧业基地、公司、协会，以公司和协会带农户建立优质青稞基地、优质薯类基地、优质豆类基地、无公害蔬菜基地、优质小水果基地，还有贝母、虫草、天麻等 20 多个中藏药材品种的试验性人工栽培等，力图通过综合的经济开发来补充特色经济的不足。

四川省在贯彻国务院加强相关藏区发展的意见中，对川西北农业产业发展提出了具体要求，并将加大扶持力度。在促进高原特色农业和生态畜牧业发展方面，重点推进青稞、高原油菜、马铃薯等优质生产基地建设，积极推进蔬菜、食用菌、特色水果、高原特色药材、有机茶等种植基地建设。加强良种繁育、技术推广、质量安全、综合执法、农业信息和技术培训等服务体系建设。强化牲畜良种工程，健全动物防疫、畜产品安全、草原监理和畜牧推广培训体系，努力推进商品牦牛、藏系羊、藏猪等特色养殖基地建设。在加工业方面，推进以增加农牧业产品附加值为中心的特色加工业，提升农业产业化水平。到 2015 年，重点推进 11 项工程，估算总投资 26 亿元。其中，加快优质牛羊肉、乳制品、天然食品、手工艺品、原生态茶、绿色蔬菜、核桃、花椒、药材等特色加工业项目建设是发展的重点所在。

（二）生态旅游业

特殊的地理区位和多民族聚居状态使得川西北的自然景观、人文景观、风俗民情皆为四川甚至举国一绝，按照当前四川省委省府的部署，川西北地区以打造“北有九寨黄龙，南有稻城亚丁”的黄金品牌为突破口，重点加快四川旅游西环线贡嘎山 2 小时旅游经济圈、金沙江流域大香格里拉国际精品旅游区——稻城亚丁、九寨沟、黄龙松潘、康巴文化旅游区等的规划和建设。其中，突出康定情歌城旅游景区、环贡嘎山生态旅游景区、九寨沟景区，黄龙景区、嘉绒风情旅游景区、亚丁香格里拉核心旅游景区、格萨尔故里康巴文化旅游景区、红色旅游带景区等核心旅游景区的开发与建设，有序开展以大草原、高原湖泊、高原沼泽、野生动物为主的自然观光旅游和以藏羌族风情、文化为主的人文旅游。依靠发展小城镇和建立牧民定居点，引导和带动农牧民发展环保产业，科学地解决集约化养殖产生的废物、其他产业排放的废物以及由于城镇发展伴随产生的生活垃圾和废水。鼓励扶持民族手工业及其他相关产业发展。

生态旅游产业将给川西北地区带来巨大的经济效益、社会效益和环境效益。它不仅关系到川西北地区的可持续发展，还关系到四川及长江中下游地区的可持续发展。因此，在川西北的旅游开发建设中，首先应严禁旅游开发中急功近利的短期行为，防止旅游开发的失控导致生态环境受到破坏；其次要加大管理力度，营造旅游软环境等有力措施，走可持续发展道路，使川西北旅游区不久的将来成为全国乃至世界名列前茅的著名旅游区，使旅游业成为川西北地区的一项支柱产业。

（三）生态能源产业

川西北具有丰富的水能等优势资源，

应在保护生态环境前提下，加快优势资源开发，发展区域特色产业。但由于体制机制、资金技术等制约，其资源开发程度较低，特色产业发展不足。目前，水电装机容量只占技术可开发量的 3% 左右，且以中小型电站为主，电力主要是直接输出；矿产资源勘探滞后，开发也以小规模、粗放型为主，基本没有深加工环节，产品附加值大量流失；相当部分旅游景区处于原始待开发状态，已经开发的也档次较低、规模偏小，配套基础设施不完善。资源优势还没有真正转化为区域经济优势，还没有真正造福于当地农牧民群众。根据川西北水电资源丰富、基础设施较为薄弱、电网通道建设滞后的实际，其水电开发应在保护生态的前提下实施组团式开发战略，在一定区域范围内，集中力量实施集约化开发和治理，提高开发的效率和效益，大、中、小电站相互促进，协调推进电源点和电网建设，力争用较短时间形成较大规模，形成产业集群和产业优势。

（四）中藏医药产业

川西北地区生物多样性十分丰富，是我国乃至世界最著名的生物基因库之一，其中中藏药材资源富集。应充分利用川西北地区得天独厚的中药材资源优势，以高新技术为手段，将丰富的中医药资源优势转化为产品优势，并配套建设名特中药种苗基地，促进国家级新药产业化；利用当地特有物种红景天、藏红花为原料研制、发展红景天酒、藏红花酒、藏红花茶等。

（五）优势矿产业

充分利用川西北地区丰富的金、铀、锂等稀缺矿产资源，转变矿产资源开发方式，促进矿产资源科学、合理开发。科学制定与生态环境相互适应的稀有矿产资源开发规划，加强政策扶持，不断完善矿产资源开发与生态保护相关政策法规，对资源进行统筹调控，建立健全资源地和开发方的利益协调机制，促进资源有序、合理开发转化；不断加大科技攻关和创新力度，努力研发出具有广泛、特殊用途的生态新材料，形成高附加值产品，实现区域工业生态化。

五　交通概况与交通建设

交通是距离要素的最重要组成部分。川西北地势高亢，空气稀薄，气温较低，无论从地理上的距离、现实的交通建设条件分析，还是从时间成本、货币成本、心理成本上分析，在全国各地经济地理的“距离”特征中极为突出。

20 世纪 80 年代以前，受历史条件、地理位置和经济发展的影响制约，区内交通发展缓慢，严重制约着川西北地区社会经济的发展。改革开放以后特别是 20 世纪末以来，川西北地区交通基础设施建设得到了突飞猛进的发展。近年来，全区交通始终保持了持续、快速、健康发展的良好势头，截止到 2010 年末，区域内交通运输状况得到了跨越式发展，公路、铁路、水路、空运均得到了显著的发展。

公路。截至 2011 年底，川西北经济区内公路总里程达到 37966 公里，其中阿坝藏族羌族自治州和甘孜藏族自治州各自公路总里程分别达到了 12317 公里和 25649 公里。在公路总里程显著增长的情况下等级公路里程数增长同样显著，经济区内等级公路总里程达到了 32230 公里，占公路总里程的比例 84.89%。阿坝藏族羌族自治州和甘孜藏族自治州的等级公路里程也分别达到了 11135 公里和 21095 公里，占到了各自公路总里程的 90.4% 和 82.24%。同时，川西北经济区内公路旅客周转量和公路货物周转量也分别达到了 492758 万人公里和 566481 万吨公里。区内各州府到各县和主要景区公路为骨架的区域干线公路网初步形成，公路实现了数量型向质量型的转变。极大地促进了区内的经济发展（见表 20–4）。

航空。作为川西北经济区交通网络的重要组成部分，航空运输在人流和货物的运输上将发挥出越来越重要的作用。截至 2011 年底，川西北地区已建成通航机场 2 个，为九寨黄龙机场和康定机场；在建机场 1 个，为稻城亚丁机场；计划筹建机场 2 个，为红原机场和甘孜机场。其中，九寨黄龙机场位于四川阿坝州松潘县境内的川主寺镇北约 12 公里处，所以又叫川主寺机场，是阿坝州的首个机场。机场海拔标高 3448 米，属高原机场。九寨黄龙机场初期规格为 4C，以旅游运力为主要功能，其交运能力主要辐射九寨黄龙旅游环线，于 2003 年 10 月 20 日正式投入使用，规划年旅客吞吐量达 80 万人次。随着区域空运需求的快速增加，于 2006 ~ 2007 年二期扩建，规格定为 4D，规划年旅客吞吐量达 180 万人次。之后，于 2010 开始三期扩建，规划年旅客吞吐量达 250 万人次，计划 2012 年完成。九寨黄龙机场增强了本区的可进入性，极大地促进了区域旅游经济的发展，进而带动了区内其他产业的发展，并且带动了区内基础设施建设，进而提升了区位优势，密切了区内外的经济关系。从二、三次扩建后的机场的运力上升趋势来看，九寨黄龙机场对区域经济发展的促进作用非常明显。借鉴九寨黄龙机场对区域经济发展的成功先例，在“十一五”规划中，规划在川西北地区建立康定机场、稻城亚丁机场和红原机场。其中，康定机场地处康定县折多山斯木措，海拔 4290 米。机场距康定城约 38 公里。于 2006 年开工建设，2007 年试航成功，2008 年建成正式通航，标志着甘孜州结束

表 20–4　2011 年川西北经济区公路状况

地　区	公路总里程（公里）	等级公路里程（公里）	公路旅客周转量（万人公里）	公路货物周转量（万吨公里）
阿坝藏族羌族自治州	12317	11135	246518	502057
甘孜藏族自治州	25649	21095	246240	64424
川西北经济区	37966	32230	492758	566481

注：上述数据为 2010 年底数据。

了没有民用航空的历史。稻城亚丁机场地处四川省甘孜藏族自治州南部稻城县境内，海拔 4410 米，计划 2012 年试航，2013 年通航，是目前世界海拔最高的民用机场。红原机场位于阿坝州红原县境内，距离阿坝州府马尔康约 128 公里，距离红原县城约 48 公里，海拔高度约 3535 米，计划 2013 年试航。四川、青海、西藏交汇区域交通运力薄弱，却是西藏和中原地区联系的重要关卡，经过 2010 年玉树地震后，国家更加重视该地区交通设施建设，确定建立甘孜机场，纳入“十二五”规划。甘孜机场的计划筹建给川西北地区的定位以全新的诠释，旨在发挥四川区位优势，以甘孜县为次级中心，辐射四川、青海、西藏交汇区域，带动该区域的经济发展。总之，机场建设对于川西北地区经济发展的促进作用明显，是该区域经济发展极的重要坐标。多机场的建设和投入使用将开启川西北经济区与省内主要城市和国内主要城市旅游的深度合作，对推动区内旅游资源的开发，自然资源资源开发利用和区域合作起到重要作用（见表 20-5）。

铁路。在公路获得极大发展的同时，铁路建设也开始启动。2011 年 2 月，成都至兰州铁路正式土建修建工程，先期动工的路段包括三星堆至绵竹南段、川主寺至黄胜关段等 50 多公里线路。成兰铁路建设工期 6 年，建成后将结束川西北地区没有铁路的历史，坐火车从成都到九寨沟只要 2 个小时，到兰州 4 个小时。成兰铁路年输送旅客将达 25 万 ~ 28 万人，旅游客流将占总客流的 60% 以上。对于区内旅游资源和自然资源的开发利用将带来极大推动，将促进川西北经济区与区外的经济文化交流，密切区域间和区域与外部地区的联系，为区内的经济发展带来新的机遇。除了在建的成兰铁路外，正在积极筹建的川藏铁路（康定至拉萨段）将进一步加强川西北经济区内的铁路运输能力，完善区内的交通网络建设。

六　城镇体系与城镇化

在新一轮西部大开发中，四川省临两大紧迫性问题：一是大力发展城市群，二是解决四川民族地区城镇化滞后的问题。在发展民族地区城镇的实践中，如果沿袭

表 20-5　截至 2011 年底川西北经济区机场状况

名称	规格	旅客吞吐量（万人次）	货邮吞吐量（吨）	备注
九寨黄龙机场	4D	250	2250	2001 年开工建设，2003 年建成通航； 2006 年二期扩建，2007 年二期扩建完成； 2010 年三期扩建，预计 2012 年完成。
康定机场	4C	33	1980	2006 年开工建设，2008 年建成通航
稻城亚丁机场	4C	28	1400	在建，预计 2013 年通航
红原机场	4C	35	1050	筹建，预计 2013 年通航
甘孜机场	4C	—	—	筹建

原有的行政体制和区域划分，不仅不能使民族地区城镇发展长期滞后的局面得以改善，同时还会进一步拉大城镇之间的发展差距。因而，关注四川民族地区城镇化进程，进行城镇新布局，才能实施城市群发展战略，实现四川民族地区与核心城市群协调发展。四川省城镇发展战略将积极培育成都平原城市群、川南城市群、川东北城镇群、攀西城镇群等不同聚合形态、不同发育程度的城市群。川西北经济区处于向工业化初期过渡阶段，在五大经济区中城镇经济发展相对滞后，不宜大力发展城市群。但由于四川藏区的民族特殊性，发展城市群的同时，也要考虑到牧民定居点和牧民的集中居住区的发展问题。

（一）城镇发展概况

川西北经济区的经济腹地包括阿坝藏族羌族自治州和甘孜藏族自治州，其中阿坝州所辖县 13 个，乡镇（包括乡、民族乡、镇）332 个，甘孜州所辖县 18 个，乡镇 225 个。由于人口密度小以及经济发展水平相对落后，川西北经济区城镇发展具有典型的民族特色、分布密度小、缺少区域经济中心等特点。

国家为了改变川西北经济区缺乏中心城市和经济中心的现象，甘孜州首府康定县启动了撤县建市的计划，正式申报是在 2008 年，“5・12” 地震之后，撤县建市，将有助于提升康定县的形象，增强其城市聚集功能，有力地推进甘孜州城镇化建设，有利于优化藏区城镇布局。中共四川省阿坝州第十次代表会于 2011 年 12 月 23 日在四川省阿坝藏族羌族自治州州府马尔康召开，会议讨论了汶川撤县建市问题，并审议通过了《汶川县撤县建市（县级）领导小组人员名单》。这个在 2008 年发生了震惊全国的特大型地震的县通过灾后重建，城乡面貌焕然一新，也正是由于大规模的重建，让这个曾经的阿坝州经济第一县决心要重振旗鼓，将在阿坝州州府马尔康县之前撤县建市，成为全州第一个建制市。同时，阿坝州首府马尔康县也已经申报了撤县建市的计划。

2011 年，甘孜州和阿坝州常住人口分别为 110 万人和 90.22 万人，城镇化率分别为 22.39% 和 31.65%，远低于四川省 41.83% 的平均水平，城镇化进程总体滞后于全省发展水平。

（二）城镇发展的空间特征

受地形地貌特点和交通通达性的限制，川西北经济区城镇主要沿陆路交通干线分布，与广大的经济腹地及城市群区域的经济联系不强。总体来看，该区域小城镇布局散乱，缺乏统一规划，大部分按照历史聚居、行政乡镇所在地形成，或由大中城市辐射形成。阿坝州、甘孜州境内城镇主要沿交通干线点状分布，尚未形成点轴结构。这一点轴区域是四川民族地区人口、资源和其他生产要素较为集中分布的地区，但城镇布局尚未形成网络体系结构。

（三）城镇布局的思路与模式

1. 融入核心城市群

川西北经济区城镇发展应当融入四川城市群发展战略部署，跳出行政区划、民族区划的限制，与周边地区联合发展川西北经济区城镇群，充分享受城市群区域发展带来的 GDP 溢出效应。在四川城市群发展战略背景之下，同样需要把川西北经济区放在西部大开发和城市群发展战略的大背景中进行战略定位，通过整合资源，利用城市群区域的经济优势，推进川西北经济区城镇化进程。在大力构建核心城市群的同时，加强民族地区与汉族地区的经济联系，加强城市群对民族地区的辐射带动作用，靠核心城市群带动民族地区形成合理的城镇空间格局，实现区域协调发展，稳步推进川西北经济区经济社会全面发展。

在四川省城市群发展战略中，川西北经济区属于核心城市群的外围区，城市经济发达的核心城市群以及城市经济发展相对滞后的外围民族地区具有明显的空间分异，形成典型的中心外围结构。四川城市群区域面临历史性的发展机遇，要加强经济联系，以经济中心带动经济腹地，实现空间演变。应注重发挥城市群带动作用，实现川西北经济区与成都都市圈、成德绵都市带、川南城市群、川东北城镇密集区的协调发展，以及发挥四川城市群内成都、绵阳、德阳等核心城市的辐射效应。例如，“5·12”汶川大地震造成川西北经济区的阿坝州、甘孜州，以及城市群区域的成德绵都市带局部重创，但并没有动摇成德绵都市带的经济基础。该都市带对位于其腹地的民族地区具有较强的辐射带动作用，也有较大的适宜开发的空间，将为川西北经济区城镇发展提供支撑。四川城市群核心城市成都市建设“世界现代田园城市”和“全国统筹城乡综合配套改革试验区”相关政策措施也可以扩大到接壤的川西北经济区。在攀西城镇群发展中，雅安、攀枝花等节点城市可以与民族地区的西昌等城市联合发展。通过核心城市群的带动，促进川西北经济区加强城镇基础设施建设，提高城镇化水平，强化城镇经济职能，壮大城镇主导产业。

2. 拓展重点集镇集聚能力

加强旅游集镇的保护性开发建设，力争形成一批主题鲜明、交通便利、服务配套、环境优美、吸引力强的新型旅游小镇，强化磨西、川主寺等旅游集镇的服务功能。加强重点交通集镇建设，重点加强集镇交通物流配套设施建设，培育和发展以商贸、物流为主导的服务业，提升服务功能，点线面集聚延伸，提高主要交通干线各主要集镇吸纳人口的能力。依托水能资源和矿产等优势资源，将资源开发移民安置和为资源开发配套服务相结合，建设资源开发型集镇。

3. 城镇布局模式从极核式向点轴式转变

川西北经济区大部分地区处于极核式开发阶段，部分地区在开展点轴开发，应按照不同的阶段性特征采取不同的城镇布局模式。极核发展模式是城镇化处于初级阶段时常用的城镇布局模式，点轴模式适用于城镇化加速发展阶段。川西北经济区城镇布局将逐步从极核式向点轴式转变，所以要积极培育区域性中心城镇和发展重点轴线。

第一，培育区域经济中心城市、区域性中心镇。首先要发展马尔康、康定等区域性中心城市，发挥中心城市对周边地区经济和社会发展的辐射带动作用，促进人口和产业的集聚。通过培育区域性中心城市，完善城镇等级规模。其次要积极发展区域性中心镇，积极培育具有开发潜力的、交通干线经过的、非农产业较发达的建制镇发展为中心镇，进行重点建设，促进人口、产业、资金等要素聚集，完善城镇功能，成为带动区域发展的增长极，而其他建制镇的结构和功能应定位在为中心镇服务方面。大量的农村剩余劳动力，除了向城市群区域的大中城市和川西北经济区的中小城市转移，更多的要靠数量众多、分布广泛的建制镇来吸纳。通过发展区域性中心镇，一方面承接城市的辐射带动作用；另一方面向农村和农业进行辐射，可以构架起融通城乡的桥梁，促进人口集聚和剩余劳动力转移，使之成为产业集聚和产业发展的载体。

第二，城镇重点布局在核心城市群向川西北经济区辐射的陆路交通轴线上，实施点轴布局。顺应城市群演变趋势和发展时序，城镇布局重点放在城市群核心区向外围区扩散的交通轴线上，发挥核心城市群对川西北经济区的辐射带动作用。目前，川西北经济区城镇主要沿陆路交通干线点状布局，所以城镇布局应体现中心集聚，以改造现有中心城镇和培育发展新的经济中心为重点，轴线扩展，沿交通运输干线（高速公路、铁路干线、国道沿线）为发展轴带，确定若干条件好的轴线进行重点开发，扩轴成带，并通过区域中心城镇和重点轴带的成长壮大，带动周边地区发展，循序渐进地推进川西北经济区的城镇化。阿坝州和甘孜州以点状布局为主，逐步沿 317 国道、318 国道和川藏铁路轴线适度发展。

4. 推进定居点建设

整合推进生态移民、扶贫移民、工程移民和灾害（地方病）移民等各类移民工程，引导和有序推动农牧区人口适度集中。推进移民建镇、移民扩镇，合理选择定居点，提高定居点建设标准，增强配套服务功能，逐步发展成新的小集镇和牧民聚居区域中心。

5. 地震灾区通过移民就业和移业就民进行空间集中

震惊海内外的“5·12”地震震中位于川西北经济区汶川县映秀镇，其震害巨大，次生灾害破坏和影响深重。川西北经济区的汶川县及相邻地区的城镇均受到不同程度的影响，受灾最为严重的有北川、汶川、茂县，重灾区有黑水、理县、小金、松潘、九寨沟等。受灾民族地区不宜发展人口、产业密集的城市群，应本着空间集中化的基本思路，在科学选址的基础上，减少城镇数量，促进城镇人口适度聚集，搞好城镇建设，转变城镇功能，传承城镇民族文化特色。震后城镇布局坚持规划优先，以产业发展支撑城镇布局调整，以城镇布局优化和功能完善促进产业结构调整，通过灾后移民就业和移业就民等空间集中措施，逐步实现受灾民族群众生产生活转型。

第一，打破行政区限制，移民就业，产业集中与布局调整，确保灾区人民安居乐业。受地质灾害极重破坏和严重威胁，无法原地恢复重建，不适合居住的区域村镇合并和易地重建村镇，实施生态移民。受灾人口在本行政区无法安置的可以跨行政区安置。按照国务院颁布的《汶川地震灾后恢复重建对口支援方案》，灾区人口可向位于民族地区高原和浅山区实行迁移，同时部分群众也可向成德绵都市带内成都、绵阳、德阳、广元等城市及其郊区转移。四川受灾民族地区城镇产业合理集聚发展应向园区集中。引导部分灾区工业撤并和转移到成德绵都市带平原区域的工业园区布局。如转移汶川工业集中区，撤并和迁建阿坝水磨工业园区、北川工业园等。

第二，加快承接产业转移。把握灾后产业重建、东部产业转移、四川城市群发展战略的新机遇，承接产业转移，优化川西北经济区城镇产业结构，淘汰落后生产力，提高产业的创新能力。依托川西北经济区邻近的成德绵高新技术产业带的技术优势，以及其他援建省份和城市的技术支持，利用川西北经济区现有园区，承接核心城市群向民族地区的产业转移，深化产业内分工，提高产业链中每一道环节加工深度和技术含量，鼓励东部企业和核心城市群企业向川西北经济区投资，以此带动民族地区城镇产业的发展。

（四）城镇公共服务建设

公共服务需求增长是经济社会发展进入新阶段的重要标志。人类社会发展是一个需求不断拓展和逐步得到满足的过程。伴随着技术进步和物质产品供给能力的提升，公共服务需求不断增长、服务业快速发展成为当今经济社会发展的重要特征。党的十七大提出的改善民生、加快社会建设的任务，如教育、医疗、社会保障、就业和收入分配等，都离不开完善公共服务体系。加快公共服务体系建设，是经济社会发展到一定阶段的必然要求，是促进科学发展、社会和谐的重要内容。加快公共服务体系建设，可以在一定程度上校正社会财富初次分配的不平衡，并对初次分配产生积极影响，有利于缓解和抑制利益分化进程及其引发的社会矛盾。完善公共服务体系的一个重要方面是使公共服务逐步扩展到整个社会，实现基本公共服务均等化，消除公共服务领域存在的不公平现象。同时，完善的公共服务体系为促进社会公平和权利平等提供强大的基础平台，有利于振奋社会成员的精神，提高社会总体效率。

川西北地区公共服务领域中存在的主要问题是公共服务发展滞后，总量供应不足，公共投入短缺，分配不平衡。因此，要发挥政府的主导作用，建设服务型政府。提供公共服务是政府的重要职责。发挥政府在公共服务体系中的主体作用，加快公共财政建设步伐，加大财政支出中用于社会公共服务项目的比重。社会公共服务是完善城镇化体系不可或缺的部分，提供基本的社会公共服务，增强城镇居民满意度。致力于完善各项公共服务，例如社保、医保、医疗卫生条件、城市通勤设施和基础设施、城市公共安全等。从不同的方面提高民生水平，在经济发展的同时全方位地发展民生工程，增加社会满意度，从而实现稳定快速的发展。川西北地区城镇公共服务体系的建设，不仅有利于提高当地居民的生活水平和质量，而且可以吸引人口向城镇地区的集中，人口的集聚伴随着需求的增加和城镇规模的扩大，将促进该区域城镇化的快速发展。

七　发展展望

（一）国家和四川建设新藏区的宏伟目标

针对川西北等地面临的问题，2009 年，国务院出台《关于支持青海等省藏区经济社会发展若干意见》等文件，中共四川省委据此制定了实施意见，从构筑高原生态安全屏障、转变农牧业发展方式、加大社会事业支持力度和基础设施建设、促进特色产业发展、加强基层政权建设等方面进行了全面筹划。该实施意见明确提出发展生态牧业，发展高原特色农业，改善农牧区生产生活条件；加大扶贫开发，优先发展教育和职业教育、支持学前教育和高等教育以加快社会事业建设；提高医疗卫生服务能力和社会保障水平；培育特色优势产业，扶持高原特色加工业，引导企业规模化经营、扶持藏区特色企业发展、健全商贸流通服务体系和金融政策支持与服务等具体措施。对藏区工作的新举措，与四川提出的“一枢纽、三中心、四基地”发展战略，以及地震灾后重建有机结合和协调推进，将推动川西北快速发展。

（二）“十二五”规划蓝图

制约因素明显的现状。一是加大投入，突破发展瓶颈限制，用最快的时间，到 2012 年，尽快扭转发展被动局面，使川西北经济增长速度高于全省平均水平，城乡居民收入接近或达到西部地区平均水平；二是大幅提高财政保障能力和基本公共服务水平，明显缩小与全省的差距，使30 万贫困人口越温脱贫；三是进一步改善基础设施，加快建设国道和乡、村公路；四是加快发展高原特色生态农牧业、旅游业、水电业、矿产业、中藏医药业等特色优势产业；五是有效遏制生态环境恶化，治理“三化”草原，逐步提高水源涵养能力，有效控制沙化土地扩展趋势，扩大水土流失防治面积。到 2020 年，川西北人均地区生产总值、城乡居民收入接近全国平均水平；基本公共服务能力达到全国平均水平，全面消除川西北贫困现象；基础设施比较完善；旅游业等特色优势产业具有较强竞争力，农牧业、水电、矿产、中藏药业等产业规模壮大；生态环境总体改善，生态系统步入良性循环；人与自然和谐相处，经济与社会协调发展，全面实现小康社会。

《四川省第十二个五年规划纲要》提出贯彻落实支持民族地区发展政策，实施藏区、彝区等民族地区发展规划，实现民族地区跨越式发展和长治久安。加快以交通、水利、供电、城乡公共设施等为重点的基础设施建设，切实解决饮水难、行路难、用电难、就业难、通信难等突出问题。加快民族地区社会事业发展，大力实施民族地区教育第二个十年行动计划、民族地区卫生发展十年行动计划，有效防治艾滋病、包虫病、大骨节病。积极发展生态文化旅游、特色农牧业和优势资源开发等特色产业。大力推进藏区民生工程。抓住中央支持藏区的重大历史机遇，集中解决制约藏区发展最突出、最紧迫的问题，在民生改善、社会事业发展、生态环境保护、基础设施建设、产业培育等方面取得重大突破。到 2015 年，民族地区城乡居民收入接近全省平均水平，基本公共服务水平大幅提高，基础设施建设明显加强，重点产业和特色经济初具规模。

另外，川西北经济区大部属康区，多民族聚居，战略地位极其重要。“治藏必先安康”，为促进民族团结、构建和谐社会，长期以来，中央对川西北地区的经济社会发展，一直给予高度重视，扶持政策不断出台。我们相信，经过各级政府和川西北人民的不懈努力，川西北经济区必将实现跨越发展，长治久安。

参考文献

陈国阶：《川西北地区的资源开发与发展战略》，《自然资源学报》1990年第5卷第3期。

林凌、刘世庆：《重点推进与协调发展，四川省情——四川省“十一五”五大经济区发展战略》，《四川省情》2007年第6期。

世界银行：《2009年世界发展报告：重塑世界经济地理》，清华大学出版社，2009。

刘颖琦：《西部生态脆弱贫困区优势产业培育》，科学出版社，2010。

邓小平：《关于西南少数民族问题》，《邓小平文选》第1卷，人民出版社，1994。

四川省林业厅：《川西北地区土地沙化科学考察报告（2010）》。

《四川省国民经济和社会发展第十二个五年规划纲要》。

《甘孜州国民经济和社会发展第十二个五年规划纲要》。

《阿坝州国民经济和社会发展第十二个五年规划纲要》。

第21章

民族地区、革命老区和贫困地区*

民族地区、革命老区和贫困地区是四川区域经济发展的特殊类型区，这些地区地理位置重要，大多地处四川省的边境地区、大江大河的上游地区，同时也是少数民族集中居住的地区，自然条件和人文环境复杂多样，生物多样性和文化多样性突出，是我国经济、政治、生态、社会、文化建设的重要基础，在维护民族团结、国家稳定、生态安全和促进全国经济社会和谐发展中具有十分重要的地缘战略地位，在四川省经济社会发展乃至全国经济社会发展中具有十分重要的地位。改革开放以来，特别是国家实施西部大开发战略以来，四川省民族地区、革命老区和贫困地区经济社会发展取得显著成就，但仍存在诸多制约因素和突出问题。2010 ~ 2020 年是民族地区、革命老区和贫困地区加快发展的关键时期，迫切需要抢抓发展机遇，积极应对各种困难和挑战，促进经济加快发展和社会全面进步。

一　空间范围与行政区划

（一）民族地区

四川省的民族地区既有明确的行政区划，又是具有同质区特性的特殊经济区域。就行政建制而言，四川民族地区就是四川的民族自治地方，包括 3 个自治州（甘孜藏族自治州、阿坝藏族羌族自治州和凉山彝族自治州）和 4 个自治县（峨边彝族自治县、马边彝族自治县，北川羌族自治县和木里藏族自治县），另有攀枝花市仁和区、盐边县、米易县、石棉县、汉源县、宝兴县、兴文县、平武县、乐山金河口区等 9 个县（区）享受少数民族地区待遇，这样全省共有民族县（区）60 个，总面积 328437 平方公里，占四川省总国土面积的 67.72%。2011 年末户籍总人口 933.4 万人，占四川省的 10.30%（见表 21-1 和图 21-1）。

表 21-1　四川民族地区行政区划

市（州）	县（市、区）数	县（市、区）	面积（平方公里）	年末户籍人口（2011，万人）
阿坝藏族羌族自治州	13	汶川县、理县、茂县、松潘县、九寨沟县、金川县、小金县、黑水县、马尔康县、壤塘县、阿坝县、若尔盖县、红原县	84242	90.7
甘孜藏族自治州	18	康定县、泸定县、丹巴县、九龙县、雅江县、道孚县、炉霍县、甘孜县、新龙县、德格县、白玉县、石渠县、色达县、理塘县、巴塘县、乡城县、稻城县、得荣县	152629	108.8

* 本章作者：郑长德，西南民族大学经济学院院长、博士、教授；钟海燕，西南民族大学经济学院博士、副教授。

续表

市（州）	县（市、区）数	县（市、区）	面积（平方公里）	年末户籍人口（2011，万人）
凉山彝族自治州	17	西昌市、木里藏族自治县、盐源县、德昌县、会理县、会东县、宁南县、普格县、布拖县、金阳县、昭觉县、喜德县、冕宁县、越西县、甘洛县、美姑县、雷波县	60423	487.3
乐山市	2	峨边彝族自治县、马边彝族自治县	4778	35.8
绵阳市	1	北川羌族自治县	3084	24.1
全省享受民族自治待遇县（区）	9	攀枝花市的仁和区、盐边县、米易县，雅安市的石棉县、汉源县、宝兴县，宜宾市的兴文县，绵阳市的平武县、乐山市的口金河区	23281	186.7
合计	60		328437	933.4

资料来源：①四川省民族事务委员会：《四川省少数民族县、自治县和享受少数民族待遇县》，民族网，http：//www.scmw.gov.cn/Scmz_Info.aspx?id=67，2011 年 6 月 3 日；②面积数引自《中国区域经济统计年鉴（2011）》（表 4-1），年末户籍人口数引自《四川统计年鉴（2012）》（表 12-1）。

图 21-1　四川民族地区分布

（二）革命老区

四川革命老区指的是土地革命战争时期中国共产党在四川境内创建的革命根据地和游击区，为中国革命胜利和新中国成立作出过巨大牺牲和重大贡献。四川省革命老区是全国革命老区的重要组成部分，具有创建时间早、分布区域广、贡献牺牲大、历史影响深等特点。早在 20 世纪 20 年代末，由中共四川地方组织领导，王维舟、旷继勋、李家俊等就创建了川东、虎（城）南（岳）大（树）和蓬溪等革命根据地；1932 年红四方面军战略转移入川，建立了以通（江）南（江）巴（中）为核心、以四川为主体的川陕革命根据地；党中央和红军长征在四川省历时 1 年零 8 个月，足迹遍布 70 个县，建立起川康边、康巴、广（元）绵（阳）等革命根据地。在土地革命战争时期，四川境内先后创建过十大革命根据地和游击区。

根据四川省人民政府发出《关于认定邛崃等县（市、区）为革命老区县（市、区）的通知》（川府函〔2010〕177 号），在全省 181 个县（市、区）中确定了 81 个革命老区县（市、区），总面积 254320 平方公里，占全省面积的 52.54%，2011 年末户籍总人口 4192.3 万人，占全省人口的 46.28%。这 81 个革命老区县，分布在全省 17 个市（州），有 6 个市（州）全部是革命老区（见表 21-2 和图 21-2）。

表 21-2　四川的革命老区

地、市、州	县（市、区）数	县（市、区）	面积（平方公里）	年末户籍人口（2011，万人）
成都市	2	邛崃市、大邑县	2711	117.9
泸州市	3	叙永县、古蔺县、合江县	8571	247.1
绵阳市	5	江油市、梓潼县、平武县、北川羌族自治县、盐亭县	14867	229.0
广元市	7	利州区、元坝区、朝天区、剑阁县、旺苍县、青川县、苍溪县	16320	311.2
遂宁市	2	蓬溪县、大英县	1954	129.5
内江市	1	东兴区	1181	88.6
南充市	5	阆中市、南部县、营山县、蓬安县、仪陇县	8844	496.0
眉山市	1	青神县	387	19.7
宜宾市	9	兴文县、南溪县、长宁县、珙 县、江安县、高 县、筠连县、翠屏区、宜宾县	11766	512.1
广安市	5	广安区、华蓥市、岳池县、武胜县、邻水县	6344	468.5
达州市	7	通川区、达 县、宣汉县、万源市、渠 县、开江县、大竹县	16596	690.7

续表

地、市、州	县（市、区）数	县（市、区）	面积（平方公里）	年末户籍人口（2011，万人）
雅安市	8	雨城区、荥经县、天全县、芦山县、宝兴县、名山县、石棉县、汉源县	15302	155.8
巴中市	4	巴州区、平昌县、通江县、南江县	12288	389.4
资阳市	1	安岳县	2690	160.7
阿坝藏族羌族自治州	13	马尔康县、金川县 、小金县、松潘县、黑水县、壤塘县、汶川县、理 县、茂 县、阿坝县、红原县、若尔盖县、九寨沟县	84242	90.7
甘孜藏族自治州	7	康定县、道孚县、炉霍县、甘孜县、泸定县、丹巴县、新龙县	45834	47.6
凉山彝族自治州	1	冕宁县	4423	37.8
合　计	81	—	254320	4192.3

资料来源：①《四川省人民政府关于认定邛崃等县（市、区）为革命老区县（市、区）的通知》，中央政府门户网，http：//www.sc.gov.cn/zwgk/zcwj/zfwj/cfh/201009/t20100907_1021659.shtml；②面积数引自《中国区域经济统计年鉴（2011）》（表 4-1），年末户籍人口数引自《四川统计年鉴（2012）》（表 12-1）。

图 21-2　四川革命老区分布

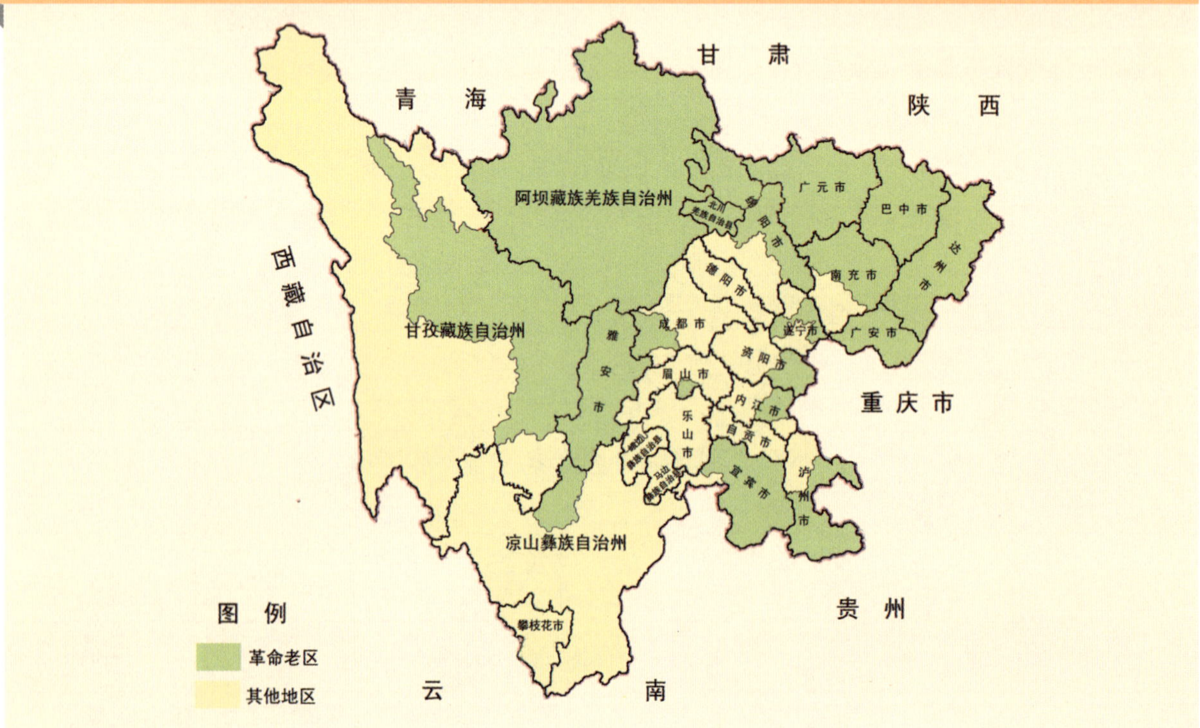

注：参考四川省发展和改革委员会：《四川省“十二五”革命老区发展规划》。

（三）贫困地区

根据国务院扶贫开发领导小组办公室发布的《国家扶贫开发工作重点县名单》，全国共有 592 个贫困县，其中四川省有 36 个，占全国的 6.08%，占西部地区 375 个贫困县的 9.6%。从分布来看，主要分布在秦巴山区、乌蒙山区、大小凉山和四川藏区这四片集中连片的特困地区。这 36 个贫困县总面积 168114 平方公里，占四川省总面积的 34.66%，2011 年末户籍总人口 1638.1 万人，占四川省的 18.08%（见表 21-3）。除了国家扶贫开发工作重点县外，四川省还有省定的贫困县。

这三类地区在空间上具有相当程度的耦合。60 个民族县（区）中，有革命老区（县）27 个，有国家扶贫重点县 20 个；81 个革命老区县中，有民族县 27 个，有 18 个县是国家扶贫重点县；36 个国家扶贫重点县中，有民族县 20 个、革命老区县 18 个。

表 21-3　四川省的国家扶贫开发工作重点县

市、州	县（市、区）数（个）	县（市、区）	面积（平方公里）	年末户籍人口（2011，万人）
泸州市	2	叙永县、古蔺县	6157	156.7
广元市	3	朝天区、旺苍县、苍溪县	6934	145.9
乐山市	1	马边县	2383	20.9
南充市	4	嘉陵区、南部县、仪陇县、阆中市	7047	400.2
宜宾市	1	屏山县	1504	30.8
广安市	1	广安区	1536	125.6
达州市	2	宣汉县、万源市	8336	190.9
巴中市	3	通江县、南江县、平昌县	9735	251.1
阿坝藏族羌族自治州	3	小金县、黑水县、壤塘县	16561	18.3
甘孜藏族自治州	5	甘孜县、德格县、石渠县、色达县、理塘县	66281	37.1
凉山彝族自治州	11	木里县、盐源县、普格县、布拖县、金阳县、昭觉县、喜德县、越西县、甘洛县、美姑县、雷波县	41640	260.6
合　计	36	—	168114	1638.1

资料来源：①国务院扶贫开发领导小组办公室：《国家扶贫开发工作重点县名单》，2012 年 3 月 19 日，http://www.cpad.gov.cn/publicfiles/business/htmlfiles/FPB/fpyw/201203/175445.html；②面积数引自《中国区域经济统计年鉴（2011）》（表 4-1），年末户籍人口数引自《四川统计年鉴（2012）》（表 12-1）。

二 禀赋结构与区域发展

从经济发展的角度讲，一个地区的禀赋结构定义为这个地区的自然资源、劳动力、人力资本和物质资本的相对丰裕度。由地质和自然地理因素所决定的一个地区的自然资源和自然区位是这个地区禀赋结构的第一天性（first nature）；一个地区发展的历史基础，包括已经形成的物质资本（特别是软硬基础设施）、人力资本等构成了该地区禀赋结构中的第二天性（second nature）。本节从地理区位、自然资源与自然条件、人口与民族等方面分析四川省民族地区、革命老区和贫困地区的禀赋特征与发展条件。

（一）地理区位

四川民族地区、革命老区和贫困地区在地理区位上的典型特点是边远性和过渡性。从自然地理角度看，绝大多数地区地处川西、川西北、川西南山地及高原地区、川东、川南的盆周山地，盆周山地与四川盆地的过渡地带和地势第一级阶梯与第二级阶梯、第二级阶梯与第三级阶梯的过渡地带，气候、地形、水文等都具有过渡性特点。

在政治地理上，首先，从国际地缘政治关系看，四川省的民族地区、革命老区和贫困地区独特的空间区位和地形地势，为中国中、东部地区提供了重要的战略屏障和战略依托。特别需要指出的是，四川藏区是我国反对民族分裂斗争的重要前沿。其次，这些地区处于四川省的边缘地带，北邻青海省、甘肃省和陕西省，西向西藏自治区，南临云南省和贵州省，东接湖北，东南与重庆相接，距四川省的经济核心区和政治中心较远。四川的革命老区大都处于几省的结合部。例如，川滇黔边区革命根据地地处云贵川三省 8 县结合部，系云贵高原向四川盆地过渡边沿。革命老区为中华民族独立和解放事业做出了巨大贡献。但由于多方面原因，革命老区经济发展滞后。老区建设对全国经济建设、社会事业、国防建设都具有重要的意义。再次，四川省的民族地区、革命老区和贫困地区是维护稳定和构建和谐社会的关键区域和难点区域。由于各民族历史上极为复杂的族际关系，再加上各民族之间经济社会发展的现实差距，各民族间也存在或极易引发诸多的民族矛盾和问题。国家和谐系于区域和谐，区域和谐系于民族和谐，多民族分布格局使得各民族之间极易产生现实的和潜在的矛盾和冲突，而民族间矛盾和冲突的存在与发生在影响民族关系的同时也影响到整个国家的稳定。因此，多民族“大杂居，小聚居”的民族分布格局既是中国和谐社会建设的关键区域，也是中国和谐社会建设的难点区域。

在人文地理上，川西北和攀西民族地区、革命老区和贫困地区地处青藏高原藏文化和四川盆地汉文化的过渡区域，同时又是“藏彝走廊”的南端，处于多种文化交汇的地区，在地缘文化上是中国文化多样性的传承与创新区，是原生态民族文化发源地和传承地，其民族文化的保护和发展对于中国民族文化的多样性有着极为重要的战略意义。在千百年的历史发展中，各个民族都形成了属于自己的特有文化形态和文化个性，如藏族地区的藏文化、彝族的虎文化以及羌文化等民族地域文化，是中国多元文化瑰宝的重要组成部分，这种特有的文化形态和文化个性已经成为民族亲和力和凝聚力的重要源泉，它既是一个民族的历史遗产，又是其前进发展的动力。

（二）自然资源

四川民族地区、革命老区与贫困地区位于四川省内川北、川东平行岭谷，川西高原山地和川南山地，自然资源和动植物资源富集，世界文化自然遗产和自然保护区比较集中，旅游资源丰富，水能、有色金属和非金属矿等资源蕴藏丰富，是中国重要的战略资源储备与保障区。据统计，四川省已探明的地下矿藏 132 种，集中分布在川西南（攀西）、川南、川西北 3 个区，这 3 个区正好是民族地区、革命老区和贫困地区。川南地区以煤、硫、磷、岩盐、天然气为主的非金属矿产种类多，蕴藏量大，是我国化工工业基地之一；川西北地区稀贵金属（锤、铰、金、银）和能源矿产特色明显，是潜在的尖端技术产品的原料供应地；川西南的黑色、有色金属和稀土资源优势突出，仅攀西地区就蕴藏有全国 13.3% 的铁、93% 的钛、69% 的钒和 83% 的钴，其他矿产也很丰富，并组合配套好，是我国的冶金基地之一。

四川的水能资源蕴藏量占全国的 1/4，可开发量 1.1 亿千瓦，是中国最大的水电开发和西电东送基地，而在省内的分布集中于民族地区、革命老区与贫困地区。除了常规资源外，四川民族地区、革命老区和贫困地区还蕴藏着极为丰富的太阳能、风能、小水电等新（低碳）能源资源。

（三）自然环境与生态条件

从生态区位角度分析，四川民族地区、革命老区和贫困地区具有重要的生态功能，是中国最重要的生态平衡与保障区之一。一方面，它们地处一、二级阶梯和二、三级阶梯的交汇地带，位于盆周山区与四川盆地的生态过渡地带，长江、黄河等河流以及湄公河、伊洛瓦底江等东南亚等国际性河流均发源于此。从这个角度来说，这些地区不仅是中国重要的生态平衡和生态保障区，也事关亚洲部分地区的生态平衡与生态保障。另一方面，四川民族地区、革命老区和贫困地区大多地处“生态环境脆弱带”，如四川藏族、彝族和羌族等少数民族集中分布的川西高原，是地势台阶的交汇区，是两种或两种以上的物质体系、能量体系、结构体系、功能体系之间所形成的“界面”，以及围绕该界面向外延伸的“过渡带”，具有生态上的脆弱性，稳定性差，抗干扰的能力弱，可以恢复原状的机会小。

从主体功能区角度看，根据《全国主体功能区规划》和《四川省主体功能区规划》，四川的限制开发区域和禁止开发区大都分布于民族地区、革命老区和贫困地

表 21-4　四川的限制开发区（重点生态功能区）

区　域	级别	范　围	面积（平方公里）	人口（万人）
若尔盖草原湿地生态功能区	国家	阿坝县、若尔盖县、红原县	29270	19.6
川滇森林及生物多样性生态功能区	国家	天全县、宝兴县、小金县、康定县、泸定县、丹巴县、雅江县、道孚县、稻城县、得荣县、盐源县、木里藏族自治县、汶川县、北川县、茂县、理县、平武县、九龙县、炉霍县、甘孜县、新龙县、德格县、白玉县、石渠县、色达县、理塘县、巴塘县、乡城县、马尔康县、壤塘县、金川县、黑水县、松潘县、九寨沟县	243690	295.6
秦巴生物多样性生态功能区	国家	旺苍县、青川县、通江县、南江县、万源市	17765	275.7
大小凉山水土保持和生物多样性生态功能区	国家	屏山县、峨边县、马边县、布拖县、金阳县、昭觉县、美姑县	14846	156.7
大小凉山水土保持和生物多样性生态功能	省级	沐川县、石棉县、宁南县、普格县、喜德县、越西县、甘洛县、雷波县	17201	175.5

资料来源：作者根据《全国主体功能区规划》和《四川省主体功能区规划及实施政策研究》整理。

表 21-5　四川省的禁止开发区（单位：个，平方公里）

项目		全省		四川民族地区、革命老区与贫困地区	
		个数	平方公里	个数	平方公里
自然保护区	国家级	23	28047.86	20	27422.78
	省级	67	30003.52	59	28455.63
世界文化自然遗产		5	11015.79	3	10665
国家级风景名胜区		14	20902.88	11	18681
森林公园	国家森林公园	30	6347.78	24	5265.12
—	国家地质公园	12	4835.7	9	4307

资料来源：作者根据《全国主体功能区规划》和《四川省主体功能区规划及实施政策研究》整理。

区（见表 21-4 和表 21-5）。例如，四川省国家层面的重点生态功能区有 4 个，若尔盖高原湿地生态功能区、川滇森林及生物多样性生态功能区、秦巴生物多样性生态功能区和大小凉山水土保持和生物多样性生态功能区，均在民族地区、革命老区和贫困地区。四川省有国家级自然保护区 23 个，其中有 20 个分布于民族地区、革命老区和贫困地区。这类地区生态脆弱、经济发展的资源环境承载能力不强，同时又有大量贫困人口集中分布。因此，根据这些地区的生态功能定位，要坚持保护优先、适度开发、点状发展，因地制宜地发展资源环境可承载的特色产业，加强生态修复和环境保护，引导超载人口逐步有序转移，使之逐步成为全国或区域性的重要生态功能区。

此外，这些地区还和西藏的藏东南高原边缘森林生态功能区、青海三江源草原草甸湿地生态功能区、甘南黄河重要水源补给生态功能区等在地域和功能上存在密切关系。

可见，包括限制开发区域和禁止开发区域在内，四川民族地区、革命老区和贫困地区保护脆弱生态环境，使之成为全国或区域重要生态功能区的任务十分艰巨。

（四）人口与民族

表 21-6 给出了四川省各市州人口禀赋结构。普查表明，四川省民族地区、革命老区和贫困地区集中分布的广元市、宜宾市、广安市、达州市、雅安市、巴中市等 6 市和阿坝、甘孜、凉山三州总人口 26943386 人，占四川省普查人口的 33.50%。从结构上看，这 9 个市（州）性别比（男性人口 / 女性人口）为 104.4，0 ~ 14 岁少年儿童人口占 21.38%；15 ~ 64 岁成年人口占 68.55%，65 岁及以上老年人口占 10.07%；从文化素质看，15 岁及以上人口文盲率 9.43%，远高于四川省的平均水平（6.55%），而 6 岁及以上人口平均受教育年限 7.47 年，低于四川省平均水平（8.12 年）。从城乡分布看，乡村人口比重高，城镇化水平低，最低的甘孜州，城镇化率为 22.39%。

2010 年第六次人口普查表明，四川省总人口为 80417528 人，其中少数民族人口 4907804 人，占全省总人口的 6.10%。四川省民族地区、革命老区和贫困地区集中分布的广元市、宜宾市、广安市、达州市、雅安市、巴中市、阿坝藏族羌族自治州、甘孜藏族自治州和凉山彝族自治州，总人口 26943386 人，占全省总人口的 33.50%，其中少数民族 4174576 人，占这 9 个市州总人口的 15.49%，占全省少数民族人口的 85.06%（见表 21-7）。

从民族构成和分布看，四川是全国第二大藏区、最大的彝族聚居区和唯一的羌族聚居区，藏族、彝族、羌族这三个少数民族人口占全省少数民族总人口的 90.42%。其中，藏族主要分布于甘孜藏族自治州、阿坝藏族羌族自治州和凉山彝族自治州的木里藏族自治县，部分藏族散居于凉山彝族自治州的盐源、冕宁、甘洛、越西和雅安市的宝兴、石棉、汉源以及绵阳市的平武、北川等县；彝族主要分布于凉山彝族自治州和乐山市的峨边彝族自治县及马边

表 21-6 四川省各市州人口禀赋结构（2010）

市州	总人口（%）	性别比	0 ~ 14 岁人口（%）	15 ~ 64 岁人口（%）	65 岁及以上人口（%）	少数民族人口占比（%）	城镇化率（%）	15 岁及以上人口文盲率（%）	平均受教育年限（年）
四川省	80417528	103.13	16.97	72.08	10.95	6.10	41.83	6.55	8.12
民族地区、革命老区和贫困地区集中分布市（州）									
广元市	2484122	101.53	16.62	72.23	11.15	0.41	34.66	8.68	7.82
宜宾市	4471896	105.87	20.74	68.71	10.56	2.01	39.35	5.59	7.71
广安市	3205476	100.04	21.63	65.80	12.56	0.11	30.93	7.37	7.58
达州市	5468097	104.60	20.36	68.73	10.91	0.78	34.31	5.27	7.89
雅安市	1507258	103.50	16.18	72.94	10.88	5.33	36.56	5.05	8.25
巴中市	3283148	103.52	21.26	68.26	10.47	0.01	31.26	6.30	7.94
阿坝藏族羌族自治州	898708	108.28	19.86	72.86	7.28	75.44	31.65	12.39	7.37
甘孜藏族自治州	1091872	106.70	23.20	70.29	6.50	81.76	22.39	30.17	5.66
凉山彝族自治州	4532809	107.09	27.33	65.57	7.10	52.45	28.16	19.31	6.25
其他市（州）									
成都市	14047625	103.33	10.94	79.35	9.71	0.90	67.00	2.78	9.65
自贡市	2678899	100.02	16.69	70.64	12.67	0.18	42.69	6.37	7.99
攀枝花市	1214121	107.46	16.78	74.09	9.13	14.44	61.64	8.08	8.41
泸州市	4218427	102.77	21.15	67.73	11.12	1.72	39.92	5.48	7.66
德阳市	3615758	102.15	13.01	75.34	11.66	0.25	42.99	4.97	8.26
绵阳市	4613871	102.62	13.80	74.55	11.65	3.25	41.84	6.41	8.20
遂宁市	3252619	101.96	15.08	73.53	11.39	0.09	39.95	6.07	8.00
内江市	3702847	102.94	16.63	71.53	11.85	0.18	40.23	5.08	8.04
乐山市	3235759	101.66	13.97	73.78	12.24	4.95	41.20	5.28	8.22
南充市	6278614	103.11	16.82	71.18	12.00	0.13	37.55	7.50	7.91
眉山市	2950545	99.50	14.08	72.60	13.32	0.42	35.77	5.81	8.01
资阳市	3665057	101.58	18.30	68.15	13.56	0.10	34.45	6.81	7.66

资料来源：城镇化率数据取自《四川统计年鉴（2012）》（表 3-2），其余数据根据《四川省 2010 年人口普查资料》（上册）相关数据计算得到。

表 21-7　四川省民族地区、革命老区和贫困地区的民族构成

市（州）	总人口		少数民族人口		
	人数	占全省比例	人数	比例（%）	占全省比例（%）
广元市	2484122	3.09	10070	0.41	0.21
宜宾市	4471896	5.56	89827	2.01	1.83
广安市	3205476	3.99	3585	0.11	0.07
达州市	5468097	6.80	42413	0.78	0.86
雅安市	1507258	1.87	80295	5.33	1.64
巴中市	3283148	4.08	245	0.01	0.00
阿坝州	898708	1.12	678029	75.44	13.82
甘孜州	1091872	1.36	892674	81.76	18.19
凉山州	4532809	5.64	2377438	52.45	48.44

资料来源：四川省人口普查办公室、四川省统计局编，《四川省 2010 年人口普查资料》（上册）（表 1-6），中国统计出版社，2012。

图 21-3　四川省各市州少数民族的构成

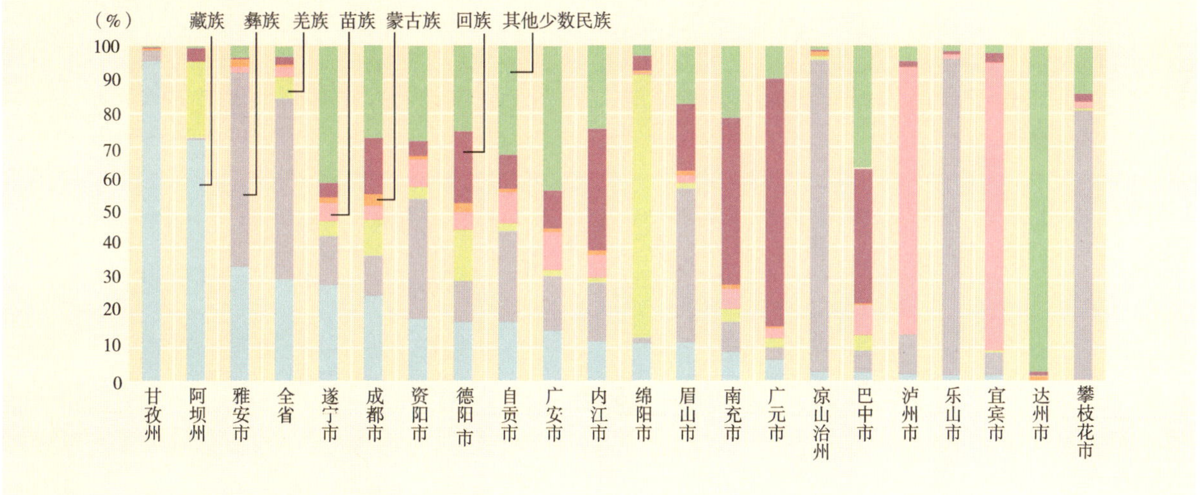

资料来源：四川省人口普查办公室、四川省统计局编，《四川省 2010 年人口普查资料》（表 1-6），中国统计出版社，2012。

彝族自治县，甘州藏族自治州的九龙等地区也有分布；羌族是居住于青藏高原东南缘山岳地带的以农业为主的民族，主要分布于阿坝藏族羌族自治州沿岷江上游的茂县、汶川、理县、松潘、黑水和绵阳市的北川、平武等县（图 21-3 和表 21-8）。

表 21-8 四川省各市州少数民族分布（占全省人口比例）

	藏族	彝族	羌族	苗族	蒙古族	回族	其他少数民族
全 省	100	100	100	100	100	100	100
成都市	2.16	0.56	4.58	3.51	11.29	19.99	21.44
自贡市	0.06	0.05	0.04	0.26	0.15	0.47	0.94
攀枝花市	0.03	5.36	0.04	2.40	1.50	3.33	15.26
泸州市	0.04	0.35	0.06	35.25	0.37	1.08	1.92
德阳市	0.11	0.04	0.48	0.31	0.68	1.87	1.42
绵阳市	1.16	0.07	39.72	0.39	0.89	7.01	2.58
广元市	0.04	0.02	0.10	0.16	0.16	7.14	0.59
遂宁市	0.06	0.02	0.04	0.10	0.13	0.12	0.73
内江市	0.06	0.04	0.03	0.28	0.18	2.35	1.00
乐山市	0.08	5.79	0.08	1.13	0.55	1.46	1.28
南充市	0.05	0.03	0.09	0.30	0.26	4.03	1.12
眉山市	0.09	0.22	0.05	0.19	0.32	2.47	1.29
宜宾市	0.04	0.27	0.03	47.22	0.29	2.18	1.19
广安市	0.04	0.02	0.02	0.25	0.13	0.38	0.94
达州市	0.02	0.01	0.03	0.15	0.13	0.35	25.05
雅安市	1.87	1.75	0.25	0.27	4.08	0.66	1.57
巴中市	0.00	0.00	0.00	0.01	0.01	0.09	0.05
资阳市	0.05	0.05	0.04	0.19	0.07	0.17	0.66
阿坝州	32.73	0.03	53.20	0.17	0.47	25.70	1.38
甘孜州	57.12	1.10	1.02	0.14	1.25	2.13	1.72
凉山州	4.21	84.22	0.09	7.29	77.10	17.01	17.87

资料来源：四川省人口普查办公室、四川省统计局编，《四川省 2010 年人口普查资料》（表 1-6），中国统计出版社，2012。

三 经济地理：密度－距离－分割

（一）密度－距离－分割

考察一个地区的经济地理特征有多个视角，本节利用世界银行《2009 年世界发展报告》提出的“密度－距离－分割”框架，分析四川民族地区、革命老区和贫困地区的经济地理特征。《2009 年世界发展报告：重塑世界经济地理》的主题是“重塑世界经济地理”，根据发展在空间上的非均衡性，提出经济发展在空间上可以以密度（Density）、距离（Distance）和分割（Division）这三个特征来界定[①]。密

① 世界银行：《2009 年世界发展报告：重塑世界经济地理》，清华大学出版社，2009，第 6 ~ 7 页。

度指的是单位陆地面积经济活动的强度，反映了经济的集中程度；距离是指商品、服务、劳务、资本、信息和观念穿越空间的难易程度，它虽与物理距离有关，但主要指的是与发达地区、经济核心区和市场的距离，包括时间距离、交易成本等；分割指地区之间商品、资本、人员和知识流动的限制因素，也就是阻碍经济一体化有形和无形的障碍，虽与边界相关，但不是全部，区域经济一体化过程中的各种障碍（或经济壁垒）是造成分割的主要因素。"密度 - 距离 - 分割"为分析一个地区的空间结构提供了一个分析框架。下面利用这一框架分析民族地区的空间结构。

1. 密度

密度反映了单位土地面积上经济活动的强度，可以用单位面积上的地区生产总值、单位面积上的人口与就业等来刻画。从表 21-9 可以看出，这三类地区的人口密度和经济密度都低于四川省的平均水平，更低于四川省的经济核心区（成都市、德阳市和绵阳市）。把 2011 年四川省各县级行政单位的经济密度、就业密度和人均地区生产总值相拟合（见图 21-4），三者间具有显著的正向拟合关系。同时与四川相对发达地区比较，民族地区、革命老区与贫困地区经济活动的集聚程度明显偏低。

从比较静态的角度看，如表 21-10 所示，四川民族地区、革命老区和贫困地区的经济密度增速远快于就业密度的增速，例如，1999 ~ 2011 年，四川民族地区经济密度增加了 6.06 倍，就业密度只增加了 0.21 倍，革命老区经济密度增加了 4.33 倍，而就业密度只增加了 1%，贫困地区经济密度增加了 4.14 倍，但就业密度没有增加，与之比较的四川全省和成德绵地区，经济密度和就业密度的变化趋势相同，这反映了西部大开发以来，四川经济增长对就业的吸纳很低，走的依然是资本密集型和资源密集型的发展道路。与全省和成都、德阳和绵阳市比较，四川民族地区、革命老区和贫困地区的经济密度增速与这些地区同步，其中民族地区经济密度增速快于全省和成德绵地区。这反映了西部大开发

表 21-9　四川民族地区、革命老区和贫困地区的密度（2011）

地区		人口密度（人 / 平方公里）	人均地区生产总值（元 / 人）	经济密度（元 / 平方公里）	就业密度（人 / 平方公里）
四川省		187	23212	4335398	99
民族地区、革命老区与贫困地区	民族地区	28	20318	577430	17
	革命老区	165	14776	2435700	86
	贫困地区	97	11259	1097119	51
成都市		366	158076	57921500	654
德阳市		250	75729	18957500	353
绵阳市		98	60886	5945550	144

注：人口密度和人均地区生产总值计算用的人口数是年末户籍人口。
资料来源：《中国区域经济统计年鉴（2011）》、《四川统计年鉴（2012）》。

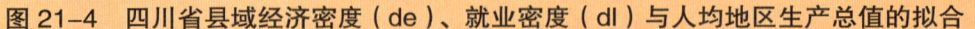

图 21-4 四川省县域经济密度（de）、就业密度（dl）与人均地区生产总值的拟合

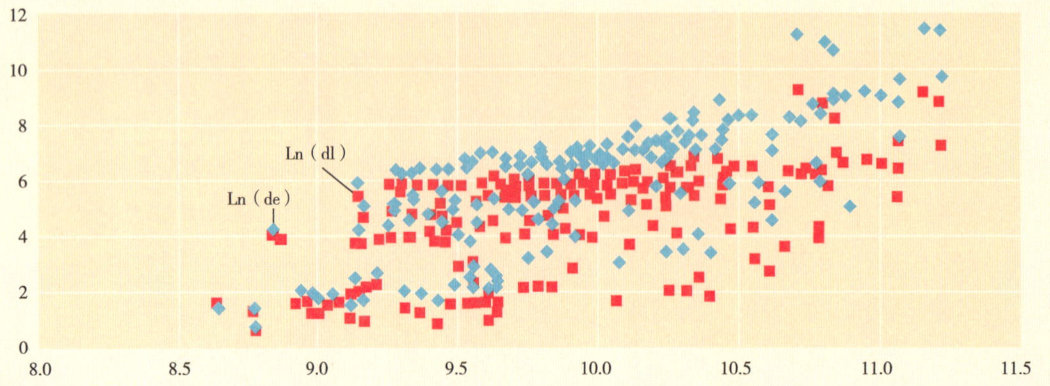

注：图中纵横坐标均为对数值，横坐标为人均地区生产总值的自然对数，纵坐标为密度的自然对数。
资料来源：作者根据《四川统计年鉴（2012）》计算绘制。

表 21-10 四川民族地区、革命老区和贫困地区密度的变化（1999 ~ 2011）

地区		1999 年		2011 年		增长率（倍）	
		经济密度（万元 / 平方公里）	就业密度（人 / 平方公里）	经济密度（元 / 平方公里）	就业密度（人 / 平方公里）	经济密度	就业密度
四川省		765280	92	4335398	99	4.67	0.08
民族地区、革命老区和贫困地区	民族地区	81840	14	577430	17	6.06	0.21
	革命老区	457084	85	2435700	86	4.33	0.01
	贫困地区	213516	51	1097119	51	4.14	0.00
成都市		9916917	477	57921500	654	4.84	0.37
德阳市		4057500	385	18957500	353	3.67	-0.08
绵阳市		1552600	141	5945550	144	2.83	0.02

资料来源：《四川统计年鉴（2000）》《四川统计年鉴（2011）》及《中国区域经济统计年鉴（2011）》。

以来，四川民族地区经济景观发生了较大的变化。

2. 距离

距离实际上反映的是一个地区与另一个地区在空间上的区位关系，包括位置关系、地缘政治关系、地缘经济关系以及交通、信息关系等。相应的，就有物理距离、政治距离、经济距离、信息距离等。这里重点考察的是民族地区与发达地区和大市场的经济距离。

从经济距离看，一个地区与另一个地区间的区位关系，重点在于这个地区与发达地区和经济中心的距离关系。如果一个地区远离经济中心，意味着交通落后，信息闭塞，远离大市场，市场潜力小。相反，如果一个地区接近经济中心和大市场，交通方便，运输成本低，市场潜力大。四川民族地区、革命老区和贫困地区绝大多数地区离四川省的经济核心区（成都 - 德阳 - 绵阳经济带）较远，处于四川经济的核心 - 边缘结构中的边缘区。例如，甘孜州得荣县城距成都的公路里程 1306 公里，是四川省距成都最远的县域。图 21-5 绘出了四川各县距成都的公路距离。简单地把各县城（区）首府距成都的距离与其经济发展水平指标（人均地区生产总值）进行拟合，如图 21-6 所示，到政治经济核心区的距离，确实能在一定程度上

图 21-5　四川各县城距成都的公路距离

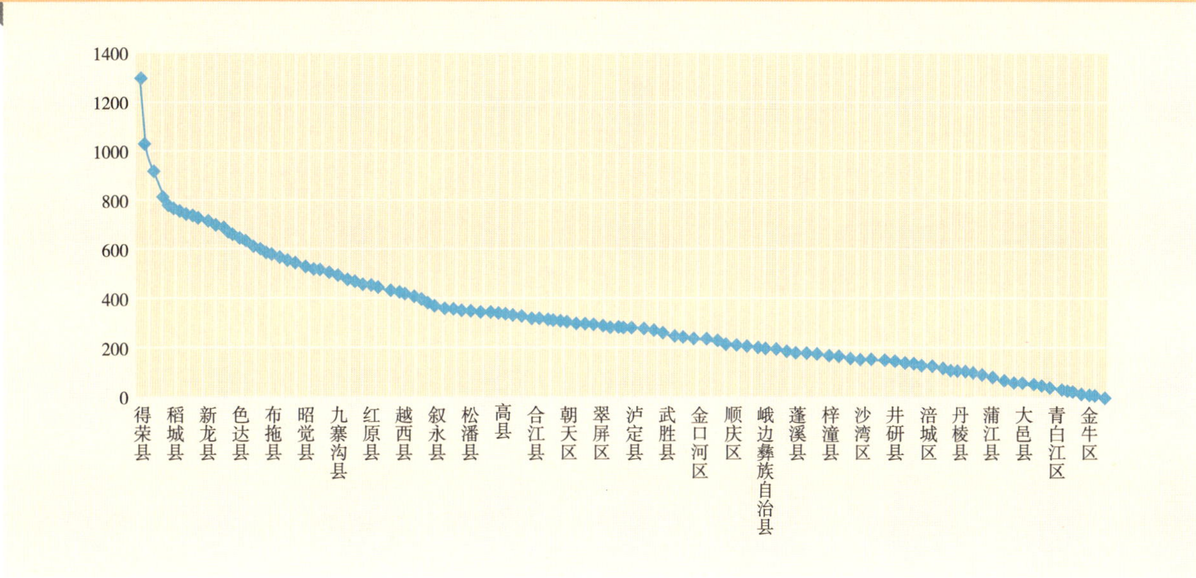

资料来源：作者绘制。

图 21-6　四川省各县域距成都的公路里程与经济发展间的拟合关系

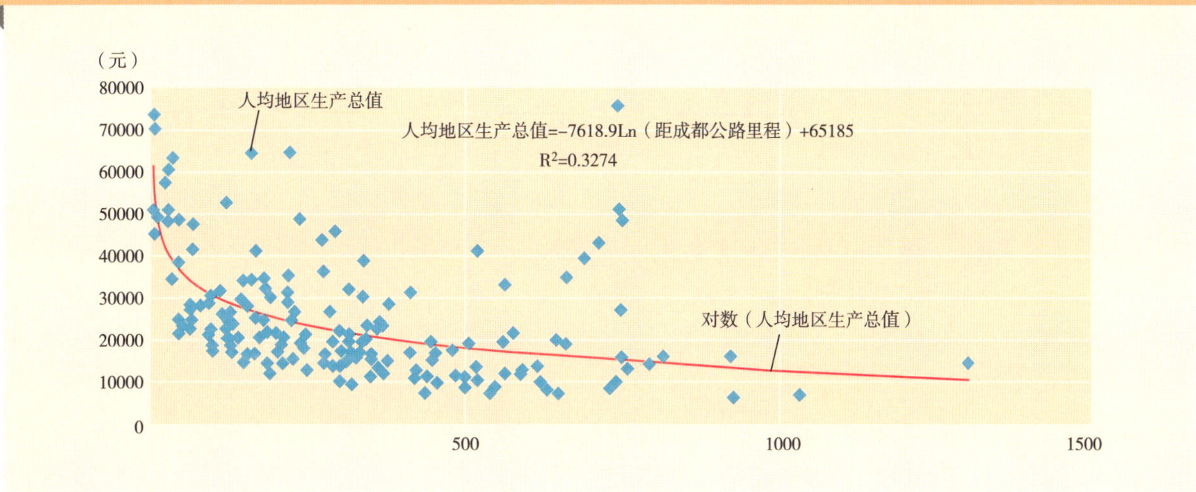

资料来源：作者绘制。

解释一个地区的发展水平，距离核心区近，能够及时获得来自核心区的发展溢出（development Spillover），促进本地区的发展。四川民族地区、革命老区和贫困地区远离政治经济核心区，得自这些地区的正的溢出效应弱，也是其经济不发达的一个原因。

距离的另一个重要方面是毗邻效应。如果与一个地区毗邻的均是发达地区，那么该地区得到发达地区的正溢出效应强，对于自己的发展是有利的。若毗邻的均是不发达地区，该地区获得的溢出效应弱，呈现“贫困的空间聚集”。与四川民族地区、革命老区和贫困地区相毗邻的地区大多是经济发展水平偏低的地区。从区域内看，区内的贫困地区呈现集中连片的空间集聚特点。《中国农村扶贫开发纲要（2011 ~ 2020 年）》划定的连片特困地区绝大多数在民族地区和革命老区①，如秦巴山区、乌蒙山区、四省藏区等，它们在空间上集中连片。

3. 分割

四川民族地区、革命老区和贫困地区的分割，一个表现是其自然地理环境的复杂和破碎。例如，四川民族地区集中分布的川西北高原，海拔 4000 ~ 5000 米，90% 以上是山地和高原。革命老区集中分布的盆地边缘地区，如川东和川南的革命根据地，以海拔 1500 ~ 3000 米的中低山地为主。这样的地表结构，使得四川民族地区的“区域开发成本”很高。例如，在山区修公路，每公里的成本是平原地区的 5 ~ 10 倍②。

分割的另一个表现是各地区区内平均距离，区内平均距离越大，分割越严重。区内平均距离的计算公式是

$$d_{ii}=1.75\cdot\sqrt{A_i}$$

A_i 是区域 i 的面积。计算结果表明，由于地域辽阔，四川民族地区、革命老区和贫困地区区内平均距离大，例如石渠县区内距离达 118 公里，远大于四川省平均县域内的距离（34 公里）。简单地把大陆各县域内部距离与经济发展水平指标（人均 GDP）进行回归（见图 21-7），它们具有显著的对数负相关关系，随着内部距离的扩大，人均 GDP 逐渐变小。

此种地理上的分割带来经济上的分割。据全国第二次农业普查资料，四川省有乡镇 4400 个（乡 2588 个，镇 1812 个），其中民族乡镇 232 个，丘陵乡镇 2067 个，山区乡镇 2061 个，扶贫重点县的乡镇 1229 个。只有 5.5% 的乡镇有火车站，10.2% 的乡镇有码头，27.3% 的乡镇有二级及以上公路通过，乡政府所在地距县城在一小时车程内的乡镇占 60.6%。位于四川民族地区、革命老区和贫困地区的乡镇大多位于山区、丘陵和扶贫重点县，从这些地区乡镇的通达性看，绝大多数乡镇没有火车站、没有码头、没有二级公路通过，离一级公路或高速公路

① 《中国农村扶贫开发纲要》（2011 ~ 2020），新华网，2011 年 12 月 1 日。

② 此外，研究表明，陆地海拔每升高 1000 米，人体劳动能力就因缺氧而下降 10% 左右，正常人在海拔 4000 米以上地区工作时的劳动能力比在近海平原处工作时下降 39.7%；海拔每升高 1000 米，内燃机功率就下降 8% ~ 13%，油耗增加 6%。

图 21-7 四川省各县域内部距离与经济发展间的关系

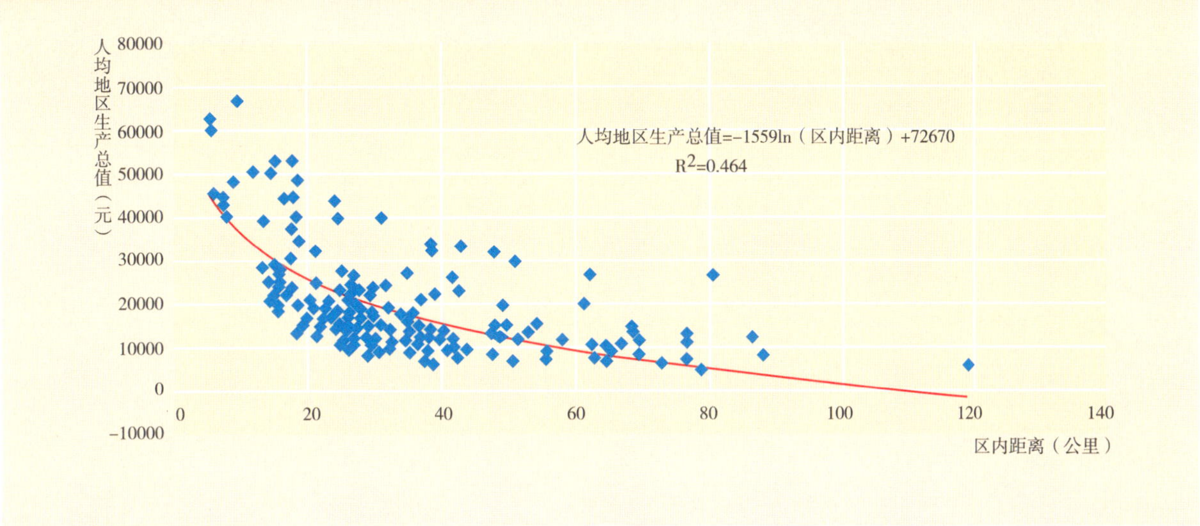

资料来源：作者绘制。

出入口的距离大于 50 公里，有许多乡镇，特别是民族地区的乡镇，到达县政府的时间在 1 小时以上，有的乡镇甚至达 2 ~ 4 小时。

从四川民族地区、革命老区和贫困地区的城镇化水平和城镇体系结构看，目前，四川民族地区、革命老区和贫困地区城镇化水平低，经济活动和人口的集聚程度不高。2011 年，四川全省的城镇化率为 41.83%，而民族地区、革命老区和贫困地区集中分布的广元市、宜宾市、广安市、达州市、雅安市、巴中市、阿坝藏族羌族自治州、甘孜藏族自治州和凉山彝族自治州等 9 个市（州）的城镇化率均低于全省平均水平，最低的甘孜州城镇化率仅 22.39%，其次是凉山州，为 28.16%（见表 21-11）。从图 21-8 可以看出，民族地区、革命老区和贫困地区县城镇化水平低。

另外，四川民族地区、革命老区和贫困地区绝大多数聚落人口规模小、密度低。据统计，2011 年广元市、宜宾市、广安市、达州市、雅安市、巴中市、阿坝藏族羌族自治州、甘孜藏族自治州和凉山彝族自治州这 9 个市州共有县级市 3 个，镇 627 个，分别占四川省县级市和镇的 21.4%、34.5%，远低于这些地区面积占比（77.1%）；这 9 个市州城市建成区面积 277.24 平方公里（包含西昌市），占四川省城市建成区面积的 15.5%。目前，四川民族地区、革命老区和贫困地区聚落规模小、密度低，从两个方面制约着发展，一是聚落规模越小，对外交易机会越少、交易成本越高，从而限制了发展；二是聚落规模小，无法实现内部规模经济和外在规模经济，从而规模报酬递增程度低，而报酬递增是发展的重要引擎。

除了上述的分割外，四川民族地区、革命老区和贫困地区还面临行政区边界

表 21-11　四川民族地区、革命老区和贫困地区的城镇与城镇化率（2011）（单位：个，%）

市（州）	市辖区	县级市	镇	城镇化率
广元市	3	—	91	34.66
宜宾市	2	—	105	39.35
广安市	1	1	86	30.93
达州市	1	1	104	34.31
雅安市	1	—	42	36.56
巴中市	1	—	65	31.26
阿坝藏族羌族自治州	—	—	32	31.65
甘孜藏族自治州	—	—	27	22.39
凉山彝族自治州	—	1	75	28.16

资料来源：《四川统计年鉴（2012）》。

图 21-8　四川省各县域农业人口与非农业人口比例关系

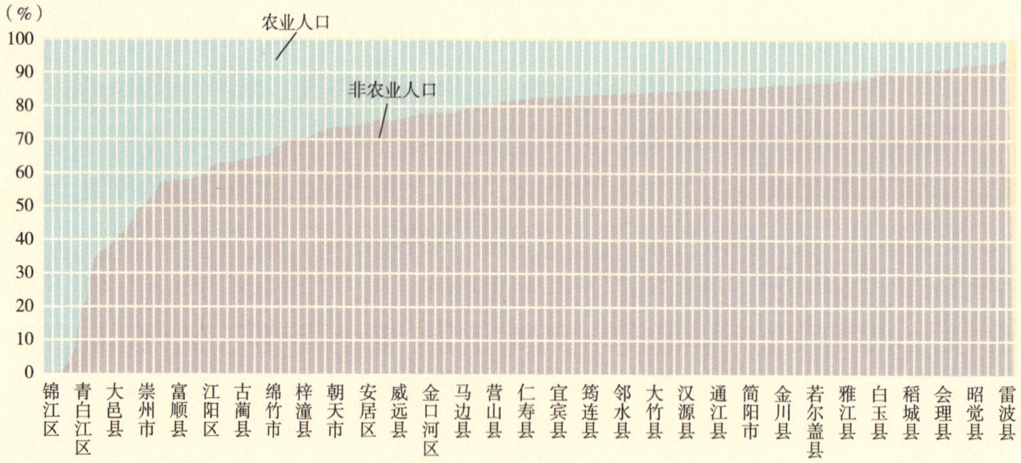

资料来源：作者根据《四川统计年鉴（2012）》（表 21-1）绘制。

的分割和文化上的分割。行政区边界的分割表现明显的主要在行政区间的边缘地带。

4. 空间结构对经济发展的约束

从空间结构看，四川民族地区、革命老区和贫困地区密度低、距离远、分割较为严重，空间格局不经济，成为制约这些地区经济发展的重要因素。

首先，密度低，集聚力弱，抑制了经济增长。《2009 年世界银行发展报告：重塑世界经济地理》指出："发展活动并非给所有地区都带来经济繁荣；市场青睐于某些地区，而忽视另一些地区。然而，使生产活动分散化并不一定促进繁荣。”① 理论研究也表明，经济活动的空间聚集和经济增长的过程总是相伴相生的，增长促进了聚集，聚集加速了增长②。四川民族地区、革命老区和贫困地区密度低，城镇化水平低，城镇体系不完善，缺乏大城市，结果本地市场效应小，集聚力弱，而远离大市场，区内距离大，地理分割导致经济分割，形成分散力，这对于这些地区的发展是不利的。

其次，远离大市场，对外部市场的获得难度大。根据亚当 · 斯密在《国富论》中论述的经济发展第一定律，“劳动生产力上最大的增进，以及运用劳动时所表现的更大的熟练、技巧和判断力，似乎都是分工的结果”，而“分工受市场范围的限制”③。一个地区的市场范围受运输成本和市场需求容量的影响。研究表明，市场范围和运输成本呈现负向关系，而且运输成本对市场范围的负效应在边际上是递增的。运输成本是和距离及分割密切相关的。四川民族地区、革命老区和贫困地区由于远离省内经济核心区，更远离全国经济核心区，区际运输成本高，市场获得小，市场规模难以扩大。

再次，市场规模小，限制了四川民族地区、革命老区和贫困地区的工业化。工业化是区域经济发展的必经之道，这对于经济不发达的四川民族地区、革命老区和贫困地区也是如此。但是这些地区由于自然地理空间结构（地理第一性）上处于不利状态，市场获得不足，市场规模小，虽然具有发展资源型工业的比较优势，但制造业发展的比较优势不足，而且运输成本高，加上分割和集聚力低的影响，西部大开发以来制造业比重不仅没有上升，反而呈现下降的“去工业化”态势④。

最后，区内运输成本高，抑制了区内经济一体化的形成。由于四川民族地区、革命老区和贫困地区内部地理结构的非经济性，人口和经济活动的空间高度分散，一方面任何连接边缘地带与中心城市的基础设施建设所需要的投资都十分巨大，如果没有中央政府和其他地区政府的支持和援助，这些基础设施是难以完成的；另一方面使地区内部的教育、卫生和能源等设施难以形成规模经济，更无法实现生产部门和工业企业的规模报酬递增效应；再者这些地区区内距离长，社会经济活动的交易成本（主要是运输成本）高，抑制了产品竞争力的提升。另外，这些地区的边缘、分散和贫穷，造成生产要素的边际生产率低，从而区外的生产要素受利润最大化驱动，难以流入，而区内已有

---

① 世界银行：《2009 年世界发展报告：重塑世界经济地理》前言，清华大学出版社，2009。

② Baldwin, Richard E., Martin, Philippe, 2004. Agglomeration and regional growth. In: Henderson, Vernon J., Thisse, Jacques-Francois (Eds.), Handbook of Regional and Urban Economics, vol. 4: Cities and Geography. Elsevier, North-Holland.

③ 〔英〕亚当 · 斯密：《国民财富的性质和原因的研究》（上卷），郭大力 王亚南译，商务印书馆，1994，第 5、16 页。

④ 郑长德：《西部民族地区工业结构的逆向调整与政策干预研究》，《兰州商学院学报》，2011 年第 6 期。

生产要素（包括资本、劳动等）还不断流出。所有这些，都极大地抑制了四川民族地区、革命老区和贫困地区区内的经济一体化。

总之，密度低、距离远和地区分割共同作用，阻挠了四川民族地区、革命老区和贫困地区的发展，特别是制造业的发展。

（二）优化空间结构，重塑经济地理格局

1. 四川区域发展总体格局中的民族地区、革命老区和贫困地区

根据《全国主体功能区规划》《四川省国民经济和社会发展十二五规划》和《四川省主体功能区规划及实施政策研究》，到2020年，四川全省将形成以五大经济区、四大城市群、四个生态功能区、三类重点扶持地区、四类优势资源开发为重点的总体格局。五大经济区是成都经济区、川南经济区、攀西经济区、川东北经济区、川西北生态经济区；四大城市群是成都平原城市群、川南城市群、川东北城市群和攀西城市群；四个生态功能区是若尔盖高原湿地生态功能区、川滇森林及生物多样性生态功能区、秦巴生物多样性生态功能区和大小凉山水土保持和生物多样性生态功能区；民族地区、贫困地区和革命老区构成三类重点扶持区域；强化清洁能源、优势矿产、旅游资源和水资源四类优势资源的合理开发利用（见表21-12）。

根据四川省主体功能区的划分，重点开发区域包括成都平原、川南、攀西、川东北地区19个市的主体部分，限制开

表 21-12　四川民族地区、革命老区和贫困地区在四川区域格局中的地位

地区	经济区	城市群	生态功能区	重点扶持地区	优势资源与发展方向
成都平原革命老区	成　都	成　都	—	革命老区	—
川东北革命老区和贫困地区	川东北	川东北	秦巴生物多样性生态功能区	革命老区、贫困地区	清洁能源（天然气）、红色旅游
川南革命老区和贫困地区	川　南	川　南	—	革命老区	水能
攀西民族地区和革命老区民族地区	攀　西	攀　西	若尔盖草原湿地生态功能区、川滇森林及生物多样性生态功能区、大小凉山水土保持和生物多样性生态功能区	民族地区、革命老区	矿产（钒钛、稀土）、水能、特色农业、旅游资源
川西北民族地区和革命老区甘孜藏族自治州	川西北生态经济区	—			以保护生态环境、发展生态经济作为主攻方向

资料来源：作者根据《四川省主体功能区规划及实施政策研究》整理。

表 21-13 四川民族地区、革命老区和贫困地区的主体功能区划分

地区	重点开发区		限制开发区域	
	国家层面	省级层面	农产品主产区	重点生态功能区
成都平原革命老区和民族地区	邛崃市、大邑县、江油市、青神县	—	—	—
川东北部革命老区和贫困地区	嘉陵区、阆中市、南部县、广安区、华蓥市、武胜县、通川区、达县、大竹县	利州区、元坝区、朝天区、巴州区	剑阁县、苍溪县	旺苍县、青川县
			邻水县	—
			开江县、宣汉县、宣汉县、	万源市
			平昌县	南江县、通江县
川南革命老区和贫困地区	合江县、翠屏区、宜宾县、南溪县、江安县、内江东兴区、乐山市的金河口区	—	兴文县、长宁县、珙县、高县、筠连县	屏山县
攀西民族地区、革命老区和贫困地区	雨城区、名山县、芦山县、荥经县	仁和区、盐边县、西昌市、会理县、冕宁县	洪雅县、汉源县德昌县、会东县	宝兴县、天全县、石棉县、木里藏族自治县、盐源县、普格县、布拖县、金阳县、昭觉县、喜德县、宁南县、越西县、甘洛县、美姑县、雷波县
川西北民族地区、革命老区和贫困地区	—	—	—	汶川县、理县、茂县、松潘县、九寨沟县、金川县、小金县、黑水县、马尔康县、壤塘县、阿坝县、若尔盖县、红原县、康定县、泸定县、丹巴县、九龙县、雅江县、道孚县、炉霍县、甘孜县、新龙县、德格县、白玉县、石渠县、色达县、理塘县、巴塘县、乡城县、稻城县、得荣县

资料来源：作者根据《四川省主体功能区规划及实施政策研究》整理。

发区域包括农产品主产区和重点生态功能区两部分，其中的农产品主产区包括盆地中部平原浅丘、盆地东部丘陵低山、川南低中山、安宁河流域和盆地西缘山地，共 35 各县（市），重点生态功能区域涉及 57 个县（市），包括 4 个国家层面的重点生态功能区和 1 个省级层面的重点生态功能区（大小凉山水土保持和生物多样性生态功能区）。其中与民族地区、革命老区和贫困地区集中的 9 个市（州）的各类主体功能区如表 21-13 所示。

2. 优化空间结构，重塑经济地理格局

“经济增长在空间上是不平衡的，在

① 世界银行：《2009 年世界发展报告：重塑世界经济地理》清华大学出版社，2009，第 XVIII 页。

空间上均衡分配经济活动的意图只会阻碍经济的增长。”“而不平衡的经济增长和和谐性发展可以并行不悖，相辅相成的。”①这就要求“一方面促进生产活动的集中化，另一方面通过实行各种政策来使各地区人民生活水平（包括营养、教育、健康、卫生）平等化”。“要获得经济集中化和社会平等化这两个方面的效益，就需要采取有利于实现经济一体化的政策行动。”从区域发展角度看，此种发展模式可称之为“集中均衡开发模式”。按照集中均衡开发模式重塑四川民族地区、革命老区和贫困地区的经济地理格局，就是要引导人口和经济活动向重点开发区域及区域性中心城镇集聚，而基本公共服务产品的供给大幅度向边远地区和贫困地区倾斜，显著增强这些地区基本公共服务产品供给能力，让各族人民享有基本均等的基本公共服务，共享经济社会发展成果。按照“集中均衡开发模式”重塑经济地理格局。

（1）经济集中化：实施空间集中化战略。第一，要引导人口和经济活动向重点开发区域集聚。按照四川省主体功能区的划分，四川民族地区、革命老区和贫困地区既有国家层面的重点开发区，又有省级层面的重点开发区。在未来的发展中，应制引导人口和经济活动向这些地区集聚。第二，加快城镇化的进程，培育新的经济增长极。空间集中化战略的载体是城镇。坚持走新型城镇化发展道路，完善城镇体系，优化空间布局，增强城镇集聚产业、承载人口、辐射带动区域发展的能力，推进符合落户条件的农业转移人口逐步转为城镇居民，提升城镇化质量和水平。首先，四川民族地区、革命老区和贫困地区要主动适应四川省四大城市群的培育发展。率先发展成都平原城市群，推动成德绵乐同城化发展，建设西部最具实力和竞争力的城市群，推动成都平原革命老区和民族地区的发展。加快发展川南城市群，推动自泸内宜一体化发展，加快建设西部重要的大城市密集区，促进川南革命老区和贫困地区的发展。发展壮大区域性中心城市，积极培育川东北城市群，推动川东北革命老区和贫困地区的发展。着力推动攀西城市群发展，推进攀西民族地区、革命老区和贫困地区的扶贫开发和发展。其次，加快培育区域性中心城市，增强区域性中心城市对地区经济发展的辐射带动作用。积极将绵阳、南充、泸州、攀枝花、宜宾、达州、内江等城市培育为 100 万人口以上的特大城市。将乐山、遂宁等一批地级城市培育为 50 万 ~ 100 万人口的大城市。将一批发展条件较好的县城培育为 20 万 ~ 50 万人口的中等城市。再次，按照现代城市发展要求，把一批经济基础较好、人口规模较大、环境承载力较强的县城培育成产业支撑强、地域文化特色鲜明、人居环境良好的中小城市，支持有条件的中心镇加快发展，因地制宜发展一批特色鲜明的旅游镇、工业镇和商贸镇。最后，大力推进农村人口向城镇转移。以实现农民工定居为重点，以户籍制度改革为突破口，把加快城镇化与促进农村人口向城镇有序转移、限制开发地区人口向重点开发地区有序转移结合起来，稳步推进农民工市民化，不断提升城镇化的质量与水平。第三，通过生态移民和扶贫开发移民逐步实现人口的相对集中。人口的相对集中是空间集中化的前提。经济活动空间演进的最核心特征是集聚，在原来处于低水平均衡状态的均质空间中出现增长极点，增长极点将发挥其强大的吸纳和辐射功能，由此形成城市和集镇，区域增长极的形成是产业聚集的结果。生态移民会引起人口的集聚。在四川民族地区，特别是处于川西北生态经济区的阿坝和甘孜，生态移民和扶贫开发移民为人口的相对集中提供了重要的契机。生态移民和扶贫开发移民不仅仅是人类活动有意识地从生态脆弱区域或不适居住区退出，从而保证自然界的再生产获得良好的条件，并通过自然界自身的代谢能力实现脆弱生态的重新修复。生态移民和扶贫开发移民更是经济移民，具有重要的经济意义，是实现集中化发展战略的重要前提。[①] 第四，大力调整产业结构，培育空间集中的产业支撑。空间集中的实质是经济活动的集中，是产业在空间上的聚集发展，因此，空间集中需要强有力的产业支撑。而非农产业，特别是制造业和服务业的集聚力是最强的。所以，针对四川民族地区、革命老区和贫困地区产业发展的实际，一是要延伸农牧业产业链，大力发展以农业资源为基础的加工工业；二是在资源型工业的发展中，特别注意资源型工业的深加工，加强与高校和科研单位的合作，建立工业园区，加快制造业的发展；三是要特别重视旅游资源开发和旅游业的发展，充分发挥旅游业的产业关联效应和乘数效应，提升产业集聚力。

（2）社会平等化：基本公共服务的供给均等化战略。《2009 年世界发展报告：重塑世界经济地理》指出，经济生产集中和生活水平地区平等间其实是可以同时实现的，只要“通过公共制度、基础设施和干预措施的最佳组合，将同时实现不平衡的增长和和谐发展”[②]。针对促进四川民族地区、革命老区和贫困地区内部的一体化和这些地区与发达地区的一体化要求，制定这样的政策组合。首先，公共制度。考虑到我国经济体制改革在空间上的不均衡推进，四川民族地区、革命老区和贫困地区市场经济制度的建设总体上滞后，因此在制度建设上，需大力推进市场化改革，加快市场基础制度的构建，特别是可有效实施的产权制度，增强商品市场、劳动力市场的竞争程度，这是改善发展环境，降低交易成本的重要举措。其次，基础设施。西部大开发以来，通过大规模交通通信基础设施建设，四川民族地区、革命老区和贫困地区与外部联系的通道骨架已基本形成，高速公路有了大幅度增加。根据国家高速公路网和铁路的中长期发展规划，在未来发展中，这些地区的路网规模还将继续扩大和完善，现代综合交通通信网络体系的形成指日可待，这将更有利于这些地区缩短与国际国内省内发达地区、大市场的距离，加强与这些地区的联系能力。未来，基础设施的建设要更加重视区内交易成本的改进，优先实现区域内市场的一体化，扩大本地市场范围，例如，提高区域内部县与县、县与乡镇、乡镇间的交通通

① 郑长德、罗布江村等著《中国少数民族地区经济发展方式转变研究》，民族出版社，2010，第 205 ~ 230 页。

② 世界银行：《2009 年世界发展报告：重塑世界经济地理》，清华大学出版社，2009，第 6 页。

信的质量，提高公路等级，逐步取消各类道路收费项目，加快设施“村村通”道路交通工程，加快实施农村电网改造工程等，这些工程是促进农村发展和农民增收的引擎项目。最后，干预政策。各级政府为促进四川民族地区、革命老区和贫困地区的发展采取了一系列针对性的政策措施，如支持革命老区发展、支持集中连片贫困地区的扶贫开发等。未来的发展干预除了继续执行和完善已有的发展援助政策外，提高这些地区的基本公共服务的供给能力，促进投资环境改善，各种补偿政策的完善，将是干预政策的主要选择。

四　扶贫开发与区域发展

改革开放以来，特别是实施《中国农村扶贫开发纲要（2001～2010年）》和《四川省农村扶贫开发规划（2001～2010年）》以来，四川省的扶贫开发工作取得了巨大成就。2000年底至2010年末，全省贫困居民占农村居民总数比重从15.22%下降到5.48%；贫困地区农民年人均纯收入从1262元增加到4209元，年均增长12.8%，高于全省、全国同期平均增长水平。同时，贫困地区基础设施和生产生活条件明显改善，社会事业和公共服务不断进步，最低生活保障制度全面建立，农村贫困居民生存和温饱问题基本解决。另外，四川省农村贫困问题“面大、人多、程度深”特点突出，因灾因病致贫、返贫现象突出，贫困代际传递问题突出，集中连片特殊困难地区（以下简称连片特困地区）发展相对滞后，“插花”贫困现象依然存在，扶贫开发任务仍然十分艰巨。

（一）四川民族地区、革命老区和贫困地区农村贫困的新特点

1. 面大、人多、程度深

四川民族地区、革命老区和贫困地区农村贫困问题的突出特点是“面大、人多、程度深”。据统计，四川省36个国家扶贫开发工作重点县总面积168114平方公里，占四川省总面积的34.66%，2011年末户籍总人口1638.1万人，占四川省的18.08%。到2011年，这36个扶贫重点县年末乡村人口13655044人，涉及村委会11945个，分别占四川省乡村总人口的19.54%、四川省村委会总数的24.93%。在这11945个村委会中，贫困村4556个，占比38.14%，贫困村人口3451457人，占比25.28%。表21-14给出了36个国家扶贫开发工作重点县的基本情况。

把贫困地区的农村居民人均纯收入与四川全省的农村居民人均纯收入进行比较，可以看出四川贫困地区的贫困程度。2011年，四川省农村居民人均纯收入6128.6元，民族地区、革命老区和贫困地区集中分布的9个市（州）中，甘孜州农村居民人均纯收入最低，为3570元，相当于全省水平的58.25%，次低的是阿坝州，为4662.7元，相当于全省平均水平的76%（见表21-14）。从36个扶贫开发重点县看，图21-9绘出了2010年各县农村居民人均纯收入及与当年四川省农村居民人均纯收入的差，四川贫困地区农村贫困程度由此可见一斑。

表 21-14 四川省扶贫重点县基本情况（2011 年）

县（市、区）	年末乡村人口（人）	村委会个数（个）	贫困村个数		贫困村人口	
			（个）	占比（%）	人数	占年末乡村人口比例（%）
叙永县	617983	231	89	38.53	159900	25.87
古蔺县	761397	269	157	58.36	202900	26.65
朝天区	189396	214	214	100.00	52275	27.60
旺苍县	367465	352	45	12.78	29701	8.08
苍溪县	648792	718	552	76.88	174527	26.90
马边县	190047	203	116	57.14	140553	73.96
嘉陵区	589937	541	118	21.81	92300	15.65
南部县	1122127	1042	158	15.16	45630	4.07
仪陇县	958000	880	172	19.55	103500	10.80
阆中市	632936	440	41	9.32	63775	10.08
屏山县	269830	261	58	22.22	62055	23.00
广安区	979300	840	310	36.90	200948	20.52
宣汉县	1094118	492	58	11.79	145280	13.28
万源市	549328	371	260	70.08	146039	26.59
通江县	667942	524	237	45.23	306220	45.85
南江县	512000	522	356	68.20	229800	44.88
平昌县	853474	528	142	26.89	240103	28.13
小金县	71910	134	52	38.81	26943	37.47
黑水县	51971	124	54	43.55	18669	35.92
壤塘县	35142	60	39	65.00	19487	55.45
雅江县	42586	128	52	40.63	15353	36.05
新龙县	43454	149	51	34.23	17328	39.88
石渠县	79837	165	52	31.52	36155	45.29
色达县	39563	134	134	100.00	39563	100.00
理塘县	57197	214	60	28.04	11916	20.83
木里县	123474	113	65	57.52	64223	52.01
盐源县	331338	247	90	36.44	78235	23.61
普格县	140122	153	75	49.02	63445	45.28
布拖县	165786	190	92	48.42	29937	18.06
金阳县	172716	177	90	50.85	75619	43.78
昭觉县	229871	270	120	44.44	99164	43.14
喜德县	156897	170	75	44.12	60132	38.33
越西县	269759	289	101	34.95	181215	67.18
甘洛县	186524	227	70	30.84	73092	39.19
美姑县	222542	292	110	37.67	37475	16.84
雷波县	230283	281	91	32.38	108000	46.90
合　计	13655044	11945	4556	38.14	3451457	25.28

注释：根据国务院扶贫开发领导小组办公室 2012 年 3 月 19 日公布的《国家扶贫开发工作重点县名单》，四川省调出雅江县、新龙县，调入甘孜县、德格县，http：//www.cpad.gov.cn/publicfiles/business/htmlfiles/FPB/fpyw/201203/175445.html。

资料来源：《四川统计年鉴（2012）》（表 13-21）。

表 21-15　2011 年四川民族地区、革命老区和贫困地区农村居民人均纯收入与消费支出

市（州）	农村居民人均纯收入		农村居民人均生活消费支出	食品支出	食品支出占消费支出（%）
	元	是全省 %			
全　省	6128.55	100.00	4675.5	2161.6	46.23
广元市	4894.97	79.87	3961.0	1922.8	48.54
宜宾市	6778.69	110.61	4363.7	2226.2	51.02
广安市	6512.70	106.27	3931.1	2248.1	57.19
达州市	6148.30	100.32	4158.6	2186.7	52.58
雅安市	6268.67	102.29	5041.3	2394.6	47.50
巴中市	4666.54	76.14	4298.3	2114.4	49.19
阿坝州	4662.72	76.08	3224.5	1695.6	52.59
甘孜州	3569.93	58.25	2633.4	1687.0	64.06
凉山州	5538.30	90.37	3639.9	2070.9	56.90

资料来源：作者根据《四川统计年鉴（2012）》计算。

图 21-9　四川省扶贫工作重点县农村居民收入及与全省的缺口（2010 年）

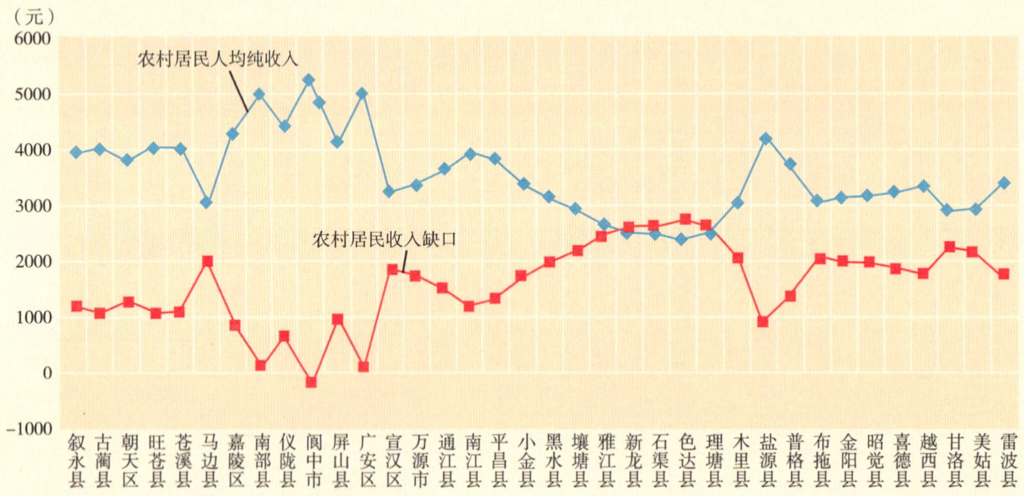

资料来源：作者根据《中国区域经济统计年鉴（2011）》计算。

2. 多维贫困

贫困是一个多维度的现象。四川民族地区、革命老区和贫困地区的贫困，不仅表现在收入贫困上，更表现在受教育程度、基本公共服务的获得等方面，呈现多维贫困的特点。在基本的医疗、卫生条件

图 21-10　多维贫困评估工具（MPAT）的指标构成

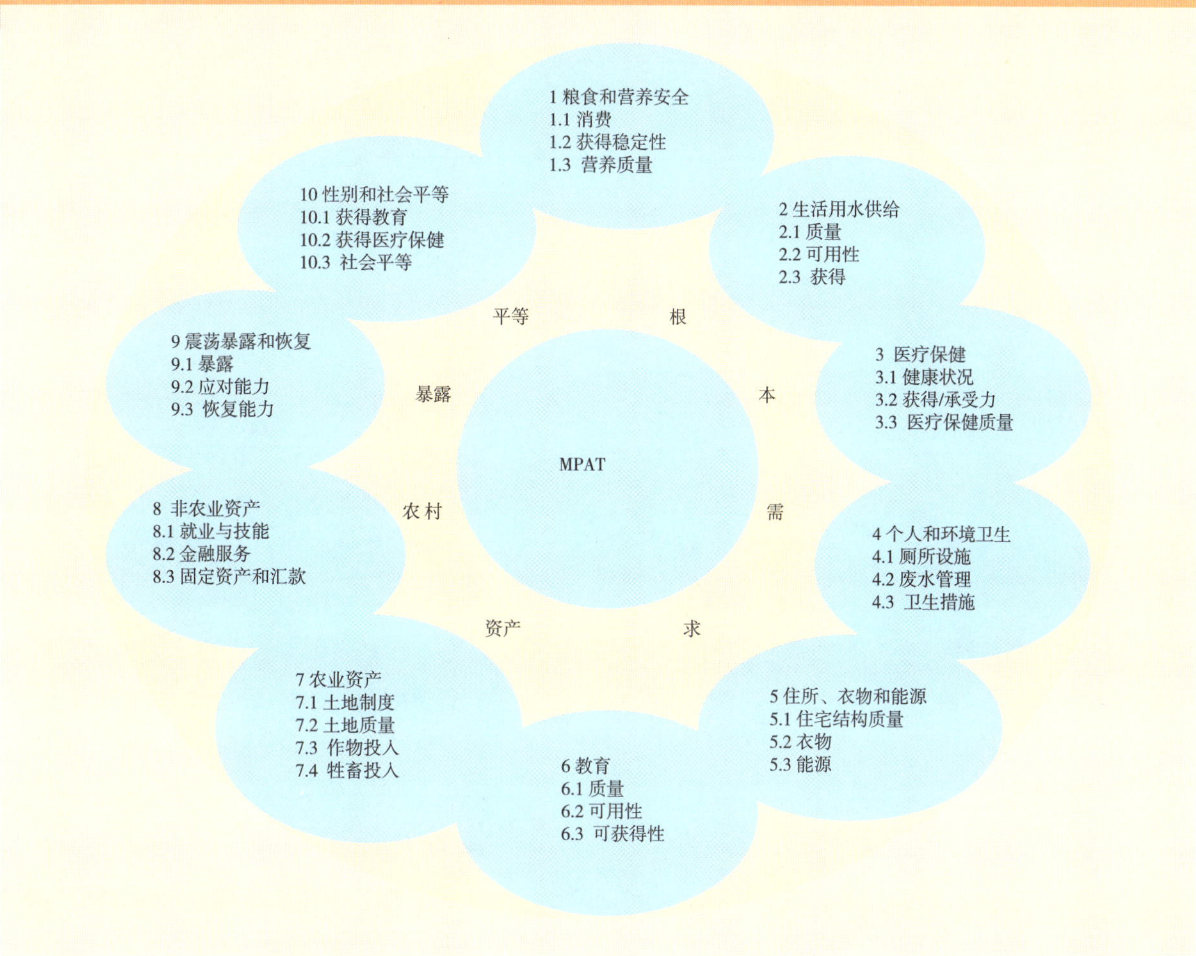

资料来源：Cohen，A.（2009），The Multidimensional Poverty Assessment Tool.

和基础教育方面，尽管这些地区已经取得了很大进步，但许多农村地区，尤其是偏远的民族地区和贫困的农村地区，迄今仍然停留在比较落后的水平上。一方面，由于民族地区、革命老区和贫困地区主要分布在边际区位，生存环境较差，公共产品供给具有更加重要的作用。现实的情况是，社会发展滞后，社会公共服务水平落后其他地区。2011 年，36 个国家扶贫开发工作重点县，尚未解决饮水困难的人口 1546908 人，占乡村人口总数的 11.3%，占贫困村人口的 44.8%。在医疗卫生、基础教育等方面，四川民族地区、革命老区和贫困地区与全省平均水平相比，形势依然非常严峻。

以联合国国际农业发展基金（IFAD）提出的多维贫困评估框架为指导（见图 21-10），对藏族聚居区农牧民的贫困状况进行了调查、测量和分析（见表 21-16）[①]。结果表明，反映藏区农牧民贫困状况的十

① 廖桂蓉、郑长德、钟海燕：《藏族聚居区农牧民贫困状况的调查与分析》，《国家民委 2012 年度调研报告》。

表 21-16　MPAT 31 个子成分指标及其分值

MPAT 主成分指标	MPAT 子成分指标	分值
粮食和营养安全	消费	89.8
	获得稳定性	80.1
	营养质量	74.5
生活用水供给	质量	69.3
	可用性	88.5
	获得	47.6
医疗保健	健康状况	66.3
	获得 / 承受力	48.4
	医疗保健质量	53.6
个人和环境卫生	厕所设施	56.9
	废水管理	43.1
	卫生措施	50.3
住所、衣物和能源	住宅结构质量	81.5
	衣物	48.7
	能源	45.2
教育	质量	54.9
	可用性	85.1
	可获得性	75.3
农业资产	土地制度	78.4
	土地质量	38.8
	作物投入	50.1
	牲畜投入	88.5
非农资产	就业与技能	30.3
	金融服务	41.5
	固定资产和汇款	50.6
震荡、暴露和恢复	暴露	32.5
	应对能力	59.8
	恢复能力	56.4
性别和社会平等	获得教育	78.9
	获得医疗保健	80.2
	社会平等	88.7

资料来源：廖桂蓉、郑长德、钟海燕：《藏族聚居区农牧民贫困状况的调查与分析》，《国家民委 2012 年度调研报告》。

大指标——粮食和营养安全、性别和社会平等、教育、生活用水供给、农业资产、医疗保健、住所衣物和能源、个人和环境卫生、震荡暴露和恢复、非农资产的总水平分别为 82.3、81.8、69.9、61.5、60.3、55.4、55.3、50.1、47.5、37.9，十大主要指标的水平极不平衡，农牧民的生计脆弱性十分突出，农牧民的贫困状况不容乐观。“非农资产”、“震荡、暴露和恢复”、“个人和环境卫生”、“住所、衣物和能源”和“医疗保健”等五项指标的得分均不到 60 分，迫切需要政府各部门的干预和援助。

另一方面，四川民族地区、革命老区和贫困地区由于所处地理环境地质灾害频仍，地方病颁发，因灾因病致贫、返贫现象突出。四川省 2000 年的返贫人口为 54.8 万人，是当年脱贫人口的 109.5%；2004 年，四川东北部各贫困地区发生洪灾，致使返贫人口超过了当年的脱贫人口；2005 年四川省返贫人口在 20% 以上；2006 年这些地区又发生特大旱灾，返贫的人口大大增加；2008 年，受汶川大地震的影响，四川省各个贫困村因灾返贫人口大量增加，贫困发生率由灾前的 20% 上升到 60% 以上。通江县是新时期国家扶贫开发工作重点县，按 2300 元扶贫新标准，还有贫困人口 30.6 万，贫困发生率 44.3%，有 27 万人生活在条件十分恶劣的边远高寒山区，旱、涝、凝冻、冰雹、泥石流、山体滑坡等自然灾害频发，因灾、因病致贫返贫现象突出。

3. 贫困的代际传递

四川民族地区、革命老区和贫困地区的贫困具有贫困的代际传递突出的特点。研究贫困问题的学者发现，贫困的持续性

表 21-17　大小凉山彝区 6 县的基本情况

样本县	总人口（万人）	农民人均纯收入（元）	贫困人口（人）	贫困发生率（%）	感染艾滋病毒人数（人）	不通公路村（个）	不通公路村（个）	不通电村（个）	不通广播村（个）	不通电话村（个）
布拖	15.4	2693	36903	25.77	5565	65	65	52	32	120
昭觉	26.0	2397	59805	26.00	5318	120	120	139	139	—
美姑	22.0	2606	24271	11.26	1389	104	104	142	82	197
越西	30.0	2937	51615	18.84	1390	171	171	37	37	49
甘洛	20.7	2530	35005	20.05	395	50	50	16	89	105
喜德	17.8	2783	40729	25.14	317	47	47	28	48	23

注：样本乐山市马边县数据暂缺。

往往与家庭是否贫困有着密切的联系。以大小凉山彝区为例，2010 年底凉山州有农村贫困人口 54.21 万，贫困发生率为 28.1%，昭觉县和布拖县分别高达 35.68% 和 35.58%①，远高于全国的农村贫困发生率 2.8%。凉山州的贫困人口有大部分长期处于贫困状态，难以摆脱贫困或者摆脱贫困后不久又再次陷入贫困，带有慢性贫困的特征。

为了研究大小凉山彝区慢性贫困状况，选取大小凉山彝区的 6 个国家级贫困县和 1 个省级贫困县的 21 个乡镇 50 个行政村的 1000 余住户进行了调查②，这些县的基本情况如表 21-17 所示。调查表明，大小凉山彝区贫困有如下几个特点。第一，贫困持续经历的时间长，具有典型的慢性贫困特征；第二，处于父辈贫困家庭的子女非常容易陷入贫困状态，贫困的代际传递现象非常严重；第三，大小凉山彝区贫困面广、贫困程度深，房屋、家电、农用机械等资产状况不良；第四，自然条件差，大多数村为丘陵（半山区）、山区地形，平原（坝区）面积狭小，处于边际地理区位，基础设施建设欠账严重；第五，社会发展严重滞后，教育、医疗卫生等社会公共和基础事业发展缓慢，未得到较大和根本性改变。

4. 贫困的空间集聚

四川的农村贫困在空间分布上是非均衡的，高原藏区、秦巴山区、乌蒙山区和大小凉山彝区等四大连片贫困地区是贫困县的集中分布地区，表现为“贫困的空间集聚”（见表 21-18）。同时，“插花”贫困现象依然存在。四川省纳入国家《扶贫开发整村推进“十二五”规划》的贫困村共 2800 个，其中 1336 个分布于国家扶贫

① 凉山州扶贫办：《凉山彝族自治州“十一五”扶贫开发工作情况》，http: //www.lsz.gov.cn/Detail/xxgk-fzgh/a66a57da- 9fe9-4d99-ad45-1f69bfc1ba22，2011 年 11 月 15 日。

① 蓝红星：《新时期民族地区反贫困问题研究》，博士学位论文，西南民族大学，2012。

表 21–18 贫困的空间集聚

	国家扶贫开发工作重点县	面积（平方公里）	年末户籍人口（2011，万人）	扶贫开发整村推进的贫困村（个）
川西北高原藏区[①]	小金县、黑水县、壤塘县、甘孜县、德格县、石渠县、色达县、理塘县	82842	55.4	157
秦巴山区	朝天区、旺苍县、苍溪县、嘉陵区、南部县、仪陇县、阆中市、广安区、宣汉县、万源市、通江县、南江县、平昌县	33588	1113.7	674
乌蒙山区[②]	叙永县、古蔺县 马边县、屏山县	10044	208.4	187
大小凉山彝区	木里县、盐源县、普格县、布拖县、金阳县、昭觉县、喜德县、越西县、甘洛县、美姑县、雷波县	41640	260.6	318

注：①不包括木里县、盐源县，这两个县划入大小凉山彝区；②大小凉山彝区单列。

开发工作重点县，其余 1464 个分布于县（市、区），主要集中于秦巴山区、乌蒙山区、大小凉山和四川藏区这四个集中连片特困地区[①]。

（二）加大扶贫力度，加快民族地区、革命老区和贫困地区发展

《四川省农村扶贫开发纲要（2011 ~ 2020 年）》（以下简称《纲要》），规划了 2011 ~ 2020 年四川省农村扶贫开发的指导思想、原则、总体目标、任务和措施[②]。

《纲要》以年人均纯收入在 2300 元的国家扶贫标准以下的具备劳动能力的农村居民为扶贫开发工作主要对象。将国家和省确定的秦巴山区、乌蒙山区、大小凉山彝区、高原藏区四大连片特困地区作为全省扶贫攻坚主战场。对“四大片区”内既不属于重点县又未进入国家连片特困地区的 20 个县（市、区）的贫困村相对集中的地方和“四大片区”外县（市、区）的贫困村相对集中的地方，合理确定省级多村连片扶贫开发地区，可实行多村连片扶贫开发。

四川省 2011 ~ 2020 年农村扶贫开发

① 国务院扶贫办、国家发展改革委、教育部、财政部、国土资源部、住房城乡建设部、交通运输部、水利部、农业部、卫生部、国家广、电总局、国家林业局：《扶贫开发整村推进“十二五”规划》，2012，http：//www.cpad。

② 本节内容根据《四川省农村扶贫开发纲要（2011 ~ 2020 年）》改编。

的总体目标是：到 2015 年，基本稳定解决扶贫对象温饱问题，贫困居民显著减少。到 2020 年，稳定实现扶贫对象不愁吃、不愁穿，保障其义务教育、基本医疗和住房；贫困地区农民人均纯收入增长幅度高于全省平均水平，基本公共服务主要领域指标接近全省平均水平，扭转发展差距扩大趋势；实现贫困村向新农村、小康村转变，贫困户向宽裕户、小康户转变，与全省同步达到全面建成小康社会目标。

要完成这一总体目标，《纲要》规划了七大任务，具体见表 21-19。为完成这些任务，《纲要》确定了“坚持部门协作，合力推进；坚持自力更生，艰苦奋斗；坚持统筹兼顾，科学发展；坚持改革创新，扩大开放”四项原则。并对新村建设、产业扶贫、劳务扶贫、易地搬迁、以工代赈、老区建设等专项扶贫作了统筹安排和规划，对扶贫机制、扶贫政策保障体系等提出了具体安排。

表 21-19 《四川省农村扶贫开发纲要（2011 ~ 2020 年）》的目标任务

目标任务		2015 年	2020 年
新村建设	建设扶贫新村	结合社会主义新农村建设，在贫困地区开展扶贫新村建设；每村总投入不低于 300 万元财政性扶贫资金投入不低于 100 万元。	
	建设扶贫新村聚居点	山区、丘陵、平坝区聚居度分别达到 20% ~ 25%、25% ~ 30%、30% ~ 35%，全面完成农村困难家庭 D 级危房改造	聚居度分别达到 40% ~ 50%、50% ~ 60%、60% ~ 70%，全面完成农村困难家庭 C 级危房改造，贫困地区群众居住条件得到显著改善
	完善配套设施	贫困地区农村饮水安全问题基本得到解决 解决贫困地区无电行政村用电问题，大幅度减少偏远地区和民族地区无电人口数量	农村饮水安全保障程度和自来水普及率进一步提高 全面解决无电人口用电问题
特色产业		力争实现 1 户贫困户有 1 项增收项目，因地制宜培育形成初具规模的特色优势产业，打造“跨村联乡”特色产业，产业有专业合作组织或产业化经营龙头企业带动；不断壮大农民增收支柱产业，主攻农民增收重点区域，拓宽农民增收发展空间，优化农民增收的政策环境，努力促进农民收入持续稳定增长	初步构建“跨乡联县”特色支柱产业体系，农民户户能依托特色产业增收
公共服务	教育水平	贫困地区学前三年教育毛入园率有较大提高，巩固提高九年义务教育水平，高中阶段教育毛入学率达到 80%，保持普通高中和中等职业学校招生规模大体相当	基本普及学前三年教育，义务教育水平进一步提高，普及高中阶段教育和职业教育，加快发展远程继续教育和社区教育
	医疗卫生服务体系	贫困地区县、乡、村三级医疗卫生服务网基本健全，县级医院的医疗服务能力和水平明显提高，每个乡镇有 1 所政府举办的卫生院，每个行政村有 1 所以上卫生室；新型农村合作医疗参合率稳定在 95% 以上，全面开展门诊统筹补偿，逐步提高农村居民重大疾病保障水平；逐步提高儿童重大疾病防治保障水平，艾滋病、结核病、包虫病等重大传染病，地方病得到有效控制；每个乡镇卫生院有 1 名全科医生	贫困地区与非贫困地区群众相比，获得基本公共卫生和基本医疗服务更加均等

续表

目标任务		2015年	2020年
公共服务	公共文化建设	基本建立广播影视公共服务体系，实现已通电20户以下自然村广播电视全覆盖，基本实现广播电视户户通，力争实现每个县拥有1家数字电影院，每个行政村每月放映1场数字电影；行政村基本通宽带，自然村和交通沿线通信信号基本覆盖	完善广播影视公共服务体系，全面实现广播电视户户通；自然村基本实现通宽带；健全农村公共文化服务体系，基本实现重点县有图书馆、文化馆，乡镇有综合文化站，行政村有文化活动室。以公共文化建设促进农村廉政文化建设
能力提升	劳动力培训	提高农村实用技术和劳动力转移培训水平；大力实施新型农民培训，农民科学文化素质进一步提高；扫除青壮年文盲，培养一批农村青年致富带头人	所有农村外出务工人员均具有普通高中或中等职业学校学历
	人口素质提升	国家扶贫开发工作重点县（以下简称重点县）人口自然增长率控制在5.6‰以内，妇女总和生育率在1.8左右	重点县低生育水平持续稳定，逐步实现人口均衡发展
社会保障		农村最低生活保障制度、“五保”供养制度和临时救助制度进一步完善，实现新型农村社会养老保险制度全覆盖	农村社会保障和服务水平进一步提升
基础设施	农田水利建设	贫困地区基本农田和农田水利设施有较大改善，保障人均基本口粮田	农田基础设施建设水平明显提高
	交通道路建设	提高贫困地区县城通三级及以上高等级公路比例，具备实施条件的建制村通水泥（油）路，稳步提高贫困地区农村客运班车通达率	实现具备条件的建制村全部通水泥（油）路，推进村内道路硬化，实现具备条件的建制村全部通班车，全面提高农村公路服务水平和防灾抗灾能力
林业生态		贫困地区森林覆盖率比2010年底增加1.5个百分点	森林覆盖率比2010年底增加2.5个百分点

资料来源：根据《四川省农村扶贫开发纲要（2011～2020年）》整理；四川新闻网，http：//scnews.newssc.org/system /2012/03/26/013483715.shtml。

五　川西北民族地区生态经济的发展

包括甘孜藏族自治州和阿坝藏族羌族自治州的川西北民族地区，辖区面积23.68万平方公里，占全省面积的48.8%，是四川省面积最大、人口密度最低的地区。川西北民族地区位于四川省西北部、青藏高原东南缘，川、藏、滇、青、甘五省区结合部，地势高亢险峻、大江大河贯横，生态环境脆弱，自然灾害频繁，优势资源突出，开发程度较低。

这里地理位置特殊，战略地位重要，宗教影响广泛，社会矛盾较突出。另外，由于历史和现实原因，川西北地区经济社会发展滞后、农牧民生活水平较低、生态环境十分脆弱、基础设施落后，基本公共服务薄弱，贫困人口数量大。川西北民族地区的发展与稳定关系四川省，甚至国家政治和生态全局利益。

（一）区位与发展

川西北民族地区在行政区划上共有 31 个县、492 个乡（含 9 个民族乡）、57 个镇、98 个社区（居委会）、211 个居民小组，4033 个村民委员会、8121 个村民小组。东邻成都、雅安、德阳和绵阳市，南接凉山州、云南省，西接西藏自治区，北邻青海、甘肃省。川西北民族地区特殊的地缘区位，既彰显该区域在四川、在全国的重要战略地位，也突出了该区域发展的特殊性（见图 21-11）。

1. 地缘战略地位重要

川西北民族地区是我国除西藏外最大的藏族聚居区和全国唯一的羌族聚居区，第六次人口普查表明，四川省有藏族人口 1496524 人，其中 89.85% 分布于甘孜和阿坝两个自治州；四川省有羌族人口 296931 人，其中 53.2% 居住于阿坝藏族羌族自治州。同时又有 30 个革命老区县和 8 个国家扶贫开发工作重点县，2011 年 30 个革命老区县总人口 138.3 万，占川西北民族地区总人口的 69.32%，8 个国家扶贫开发工作重点县总人口 55.4 万，占总人口的 27.77%。

图 21-11　川西北民族地区行政区划

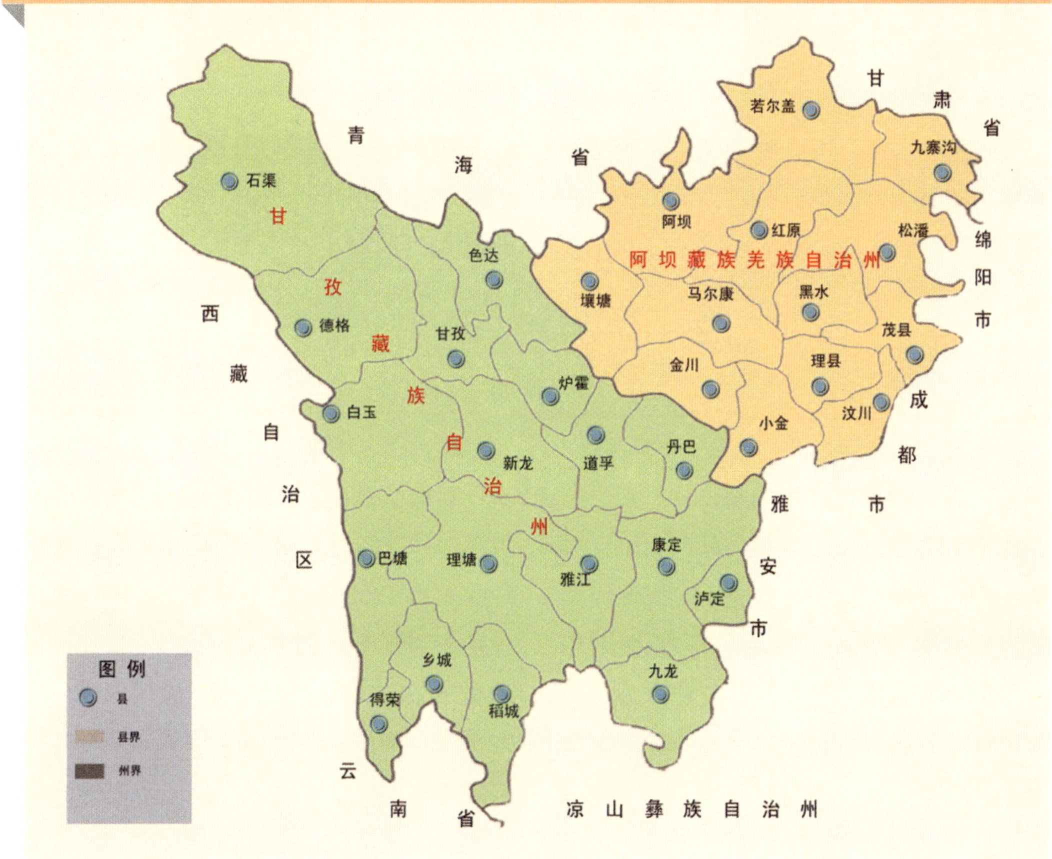

资料来源：四川省发展和改革委员会：《川西北生态经济区区域规划（2007 ~ 2015 年）》。

该区域北接青海藏区和甘肃藏区，西部邻接西藏自治区，南部是云南藏区和四川省凉山彝族自治州，东部与四川省绵阳市、成都市和雅安市为邻，地理区位特殊，处五省区（藏区）结合部，与西藏具有特殊的地缘政治和社会宗教关系，素有“汉藏走廊”、“治藏依托”之称和“稳藏必先安康”之说，对西藏乃至全国的稳定和发展具有重要的地缘战略地位。加快川西北地区经济社会发展，尽快提高人民生活水平，也是维护国家安全的重大政治任务。

2. 地缘经济区位

从地缘经济上看，一方面，川西北民族地区距经济中心城市甚远，区内 31 个县的政府所在地与成都平均距离 580 公里，处于四川省经济地理格局中的边缘区。另一方面，该区域辖区面积广阔，优势资源突出。据统计，川西北民族地区水资源总量、水能资源理论蕴藏量和可开发量分别占全省的 47.2%、43% 和 41%。各种自然景观、历史古迹、革命遗迹、宗教文化和民族风情等构成丰富独特的旅游文化资源。金、银、铜、铅、锌、铬、镍等储量居全省第一，在全国占有重要地位。

3. 地缘生态区位

川西北民族地区属长江、黄河源区，地缘生态区位重要。境内有 651.6 万公顷森林及 137.07 万公顷湿地，是两大水系主要水源涵养地。长江上游的干支流流经本区后水量至少增加 3 倍；黑河和白河两条黄河上游的支流纵贯全区，仅若尔盖湿地就为黄河上游提供 30% 的水量。同时，这里地势高亢险峻，山高谷深坡陡，平均海拔 3000 米以上，最高海拔 7556 米，最大相对高差 6556 米；气候条件极端，岩体松散破碎，植物生长期短，生态系统对外界干扰的抵抗和恢复能力差，为典型的生态脆弱区。在全国和四川省的主体功能区划分中，川西北地区属于限制开发区和禁止开发区，生态环境保护是其主体功能。

（二）川西北民族地区发展面临的困难和问题

民主改革以来，特别是改革开放和西部大开发以来，川西北民族地区经济社会得到快速发展，各族人民生活有了根本改善，但是由于自然条件恶劣、发展基础薄弱等原因，该地区目前整体发展水平不高，是四川省的不发达地区。

1. 经济总量不高，人均水平较低

2011 年，地区生产总值 320.7 亿元，为 2000 年的 5.35 倍；2011 年人均地区生产总值 16017 元，为 2000 年的 4.62 倍。但仍属全省、全国经济发展落后地区，且绝对差距还在扩大。2011 年，川西北民族地区人均地区生产总值为全省的 61.29%（2000 年为 72.2%）、全国的 45.53%（2000 年为 44.15%），与全省、全国的绝对差距由 2000 年的 1336 元、4389 元扩大至 10116 元和 19164 元。

与经济发展水平低相关联的城乡居民生活水平较低。2011 年阿坝州农牧民人均纯收入为 4662.7 元，甘孜州为 3569.9 元，分别相当于全省的 76.08% 和 58.25%，全国的 66.83%、51.16%，西藏的 95.07%、72.79%。考虑到高寒的自然条件和大量的宗教支出，目前该区域农牧民所取得的收入连基本生活也难以保障，其农村整体尚处于贫困状况（见图 21-12）。

2. 优势资源开发转化低，特色产业发展不足

2011 年，地区生产总值在第一产业、第二产业和第三产业的分布，阿坝州为 16.54%、47.29% 和 36.18%，甘孜州为 24.77%、37.92% 和 37.31%。工业占地区生产总值的比重阿坝州为 35.07%、甘孜州为 24.45%。第一产业比重大，第二、三产业发展有限。

川西北民族地区优势资源突出，已有的第二产业，尤其是工业，是基于资源开发形成的。不过总体上看，这里的资源开发程度较低。例如，水电装机容量仅占技术可开发量的 5% 左右，且以中小型电站为主，电力主要是直接输出。矿产资源勘探落后，开发以小规模、粗放型为主，基

图 21-12 人均 GDP、农牧民收入与全省、全国及西藏比较（2011 年）

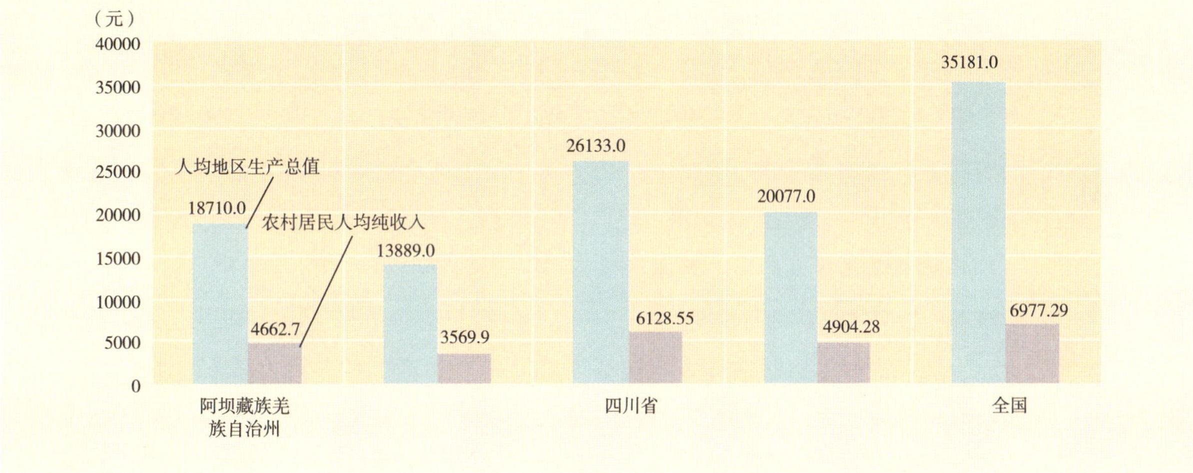

资料来源：作者根据《四川统计年鉴（2012）》、《中国统计年鉴（2012）》数据计算绘制。

图 21-13 川西北地区的产业结构

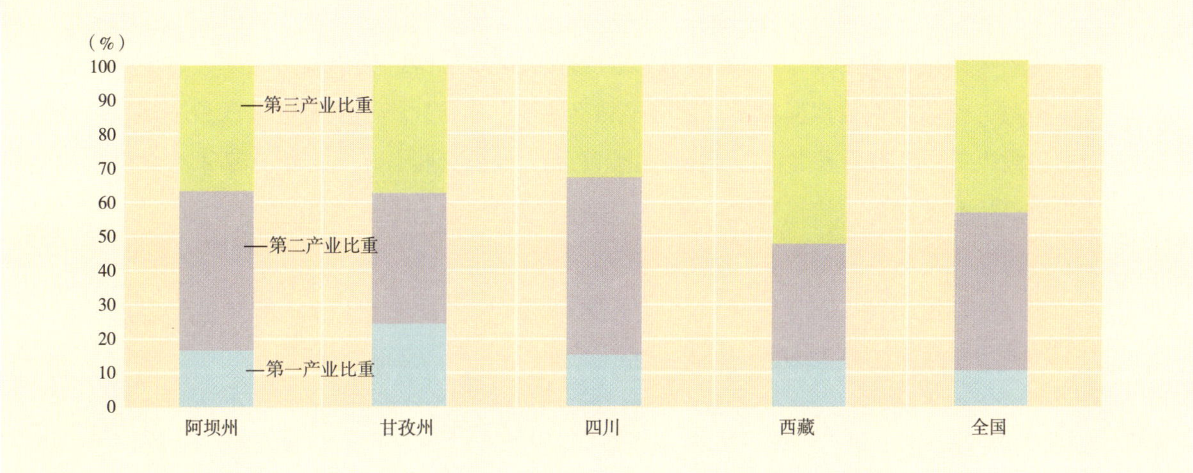

资料来源：作者根据《四川统计年鉴（2012）》、《中国统计年鉴（2012）》数据计算绘制。

本没有深加工环节，产品附加值大量流失。大部分旅游景区处于原始待开发状态，已开发景区档次较低、规模偏小，配套基础设施不完善，接待能力有限（见图 21-13）。

3. 贫困人口数量大，贫困程度较深

川西北民族地区现有国家重点扶贫县 8 个，588 个村列入国家《扶贫开发整村推进“十二五”规划》，还有省级重点扶贫村 1247 个。2009 年，该区域有农村贫困人口 62.73 万人，占同年农业人口的 40.37%，大大高于全国和全省平均水平。贫困人口的构成上，据统计，2007 年绝对贫困人口 38.03 万人，占全省的 21.7%、全国的 1.9%；相对贫困人口 23.89 万人，占全省的 6.6%、全国的 0.76%。且农村贫困程度很深，不少贫困家庭家徒四壁，温饱尚未解决。

4. 基础设施建设滞后，基本公共服务供给不足，严重制约经济发展

川西北民族地区是四川省未通高速公路的极少数地区之一，立体交通尚未形成，交通方式单一。区内主干道等级低，通行能力不高。农村基础设施建设严重滞后，未通公路、电话的行政村分别占总数的 77%、24%、60%，未解决饮水安全实际人口达 89.94 多万，占农村人口的 61.6% 以上。

基础教育落后，尤其农牧区教育薄弱，劳动力受教育程度低，部分地方劳动力人口中文盲、半文盲占 30% 以上。医疗卫生严重滞后，特别是农牧区广大医疗卫生状况落后，普遍存在“无医、无药、无设施、无保障”问题，求医看病难突出，人口身体素质普遍较低、因病死亡率较高、平均寿命较短。农牧区基本公共服务十分落后，上学难、看病难、饮水难、行路难、用电难、通信难等更加剧了广大农牧民生活的困难。

5. 城乡二元结构突出，区域发展很不平衡

2011 年，阿坝州人口城镇化率为 31.65%，甘孜州人口城镇化率为 22.39%，大大低于四川省 41.83% 的城镇化水平。另外，农牧民收入较低，城乡收入差距大，阿坝州 2011 年城乡居民收入之比为 3.95，甘孜州达 4.77，远高于同期全国（3.13）、四川全省（2.92）水平，二元结构十分突出。区域发展很不协调，阿坝州人均 GDP 和农民人均纯收入比甘孜州分别高 34.71% 和 30.6%。两个州内县域间发展差距也较大，例如，阿坝州人均地区生产总值最高与最低相差 32000 多元，甘孜州人均地区生产总值最高与最低相差 27000 多元。

6. 财政自给能力薄弱，自我发展能力低

2011 年，阿坝和甘孜两个州的地方公共财政收入为 41.26 亿元，地方公共财政支出为 307.56 亿元，收入只占支出的 13.41%，其中阿坝州的财政自给率为 15.19%，甘孜州的财政自给率为 11.96%。县级财政自给率普遍在 5% 以下，“补贴财政”特征突出。由于财政自给率很低，地方公共产品供给资金严重不足，造成基本公共服务，尤其地方基本公共服务供给短缺，且供给质量低下。

（三）区域主体功能定位和发展战略①

在四川省的经济发展总体格局中，川

① 本节内容根据四川省发展和改革委员会《川西北生态经济区区域规划（2007 ~ 2015 年）》改编。

西北被划作单独的一个经济区，被称为川西北生态经济区。

1. 区域主体功能定位

川西北地区位于长江黄河源区，生态系统十分脆弱，在全国生态地位重要，自然条件较为恶劣，可利用土地资源不足，生态环境承载力有限，从全局利益考虑，其主体功能应为生态环境保护和建设，以限制开发和禁止开发为主。

川西北地区水能、矿产、旅游和特色农业资源丰富，比较优势突出，开发程度很低，开发潜力巨大，是全省重要的生态能源、优势矿产基地和旅游业发展后劲所在，对其资源富集区域应在保护生态环境的前提下，实行点状开发，发展特色产业。

川西北地区是我国和四川省经济社会发展最落后的地区之一，经济发展严重滞后，人民生活水平较低，农村贫困人口众多，基本公共服务短缺。根据其主体功能定位，国家应承担其加快经济社会发展、提高人民生活和提供基本公共服务的主要职责。

2. 区域发展战略

基于川西北地区的主体功能区定位，发展的两大战略任务是保护生态环境、发展生态经济，两大战略目标是全面建设小康社会，构建和谐社会。在区域发展中，处理好生态保护与资源开发、发展经济与惠民富民、因地制宜与分类指导、全面推进与突出重点、市场配置资源与发挥政府作用、争取国家扶持与艰苦奋斗等重大关系；突出基础设施建设、基本公共服务、生态环境保护、生态经济发展、整体扶贫开发、加快城镇化步伐、维护社会稳定等重点领域。

区域产业发展方向和开发管制原则：重点发展以水电为主的生态能源产业及其就地转化产业、以生态旅游为主的旅游文化产业及相关旅游产品开发、生态农牧药业及相关特色产品加工；优势矿产资源开发和加工增值产业；严格生态保护制度和土地用途管理制度，严禁破坏性和无序性资源开发。限制大规模资源开发和高污染性加工项目。禁止发展不符合产业政策或达不到环保要求的产业。加强重点生态保护区人口外迁，引导人口向低海拔地区聚集，提高扩大城镇集聚能力和规模。

加强基础设施建设，克服发展瓶颈。重点加强交通基础设施建设，包括改造提升骨干公路质量和等级、农村通乡通村公路建设、推进重点旅游机场、重点高速公路建设、开展铁路规划与建设工作；着力改善农村基础设施条件，包括进一步实施农村电网建设工程、推进农村新能源工程、农业水利灌溉工程、农村安全饮水工程、农村广播通信工程建设；加强城镇公共基础设施建设，包括城镇供水、城镇环保、城镇防灾基础设施、人口集聚点基础设施建设。

加强基本公共服务，改善提高民生。优先发展民族教育事业，巩固拓展“十年行动计划”，发展各类职业教育和普通高中教育，稳定强化教师队伍，强化藏区教育特殊政策；重点发展医疗卫生事业，建立基层卫生医疗服务体系，加强州、县医疗防保机构建设，实现新型农合医疗全覆盖，加强医卫人才队伍建设，发展民族医药事业；建立完善社会保障体系，农村低保扩大覆盖提高标准，建立健全农村社会养老保险制度、城乡医疗保险制度，建立就业扶持机制，建立突发性灾害救助补偿机制；大力促进科技文化普及，加强科技培训和普及，开展藏区文化惠民工程，建立健全农村基层文化站室，开展健康民族文体活动。

加强生态环境保护，促进可持续发展。建立青藏高原东南缘生态保护区，巩固扩大天然林保护、退耕还林、退牧还草工程，全面提升“人草畜”三配套工程，全面实施川西北草原沙化治理工程，推进高原湿地生态保护和恢复工程，实施重大灾害防灾和减灾工程，强化开发建设中的生态环境保护。

加快生态经济发展，增强“造血”功能。大力发展生态农牧药业，促进生态畜牧业产业化经营，发展特色生态农副产品基地，加快中藏药基地和龙头企业发展，稳定发展传统民族粮食生产基地；加快发展生态旅游文化产业，加快重点旅游景区、旅游基础设施建设，推动旅游文化产业融合，强化旅游管理和市场营销、旅游人才培养和产品开发；加快发展生态能源产业，推进在建大中型水电站建设，加快拟建大中型水电站前期工作，加快电网和电力外送通道建设，做好水电站移民搬迁和生态保护；积极有序发展优势矿产业，加大矿产资源勘探开发力度，培育重点矿产开发龙头企业，有选择地建设矿产加工基地，建立新的矿产资源开发模式。

强化扶贫开发，解决贫困人口温饱。优化调整反贫困战略思路，突出基本生活、生产和发展条件，坚持政府反贫困的主导地位，开发式和救济式扶贫相结合，强化反贫困主体和全社会参与；全力推进各项重点扶贫工程，积极推进产业扶贫工程、移民扶贫工程、新村扶贫工程，启动医疗卫生扶贫工程（含特殊性地方病防治工程）；大力加强贫困人口生活救助，实施农村贫困人口救济制度，建立各级社会福利救济中心，动员社会力量救助贫困人口。

加快城镇化步伐，引导人口集聚。大力提升县城人口积聚功能，优化城镇规模结构，加快第三产业发展，提升县城基本公共服务，鼓励农牧民到县城定居；积极拓展重点集镇吸纳能力，加强重点旅游集镇、重点交通集镇、资源开发型集镇建设；统筹推进移民定居点的建设，整合推进各类移民工程，提高移民定居点集聚规模和建设标准；有序引导农村人口适度集中，加强社会主义新农村建设，引导广大牧民集中定居，限制生态保护核心区人口。

切实维护社会稳定，构建和谐社会。重点加强基层政权建设，改善基层政权物质条件，充实提高基层干部队伍，强化基层政权服务功能；加强宣传舆论阵地建设，加强爱国主义宣传教育，提高广播电视实际覆盖率，加强藏文、藏语译制能力；依法加强宗教事务管理，深化寺庙爱国主义教育活动，大力培养宗教界爱国人士，建立爱国寺庙危房维修基金；加强社会治安综合治理，加强反分裂斗争力度和违法犯罪活动打击力度，健全群众利益纠纷调解机制和社会突发事件应急机制。

六 加快革命老区的发展

四川省革命老区是全国革命老区的重要组成部分，具有创建时间早、分布区域广、贡献牺牲大、历史影响深等特点。早在 20 世纪 20 年代末，由中共四川地方组织领导，王维舟、旷继勋、李家俊等就创建了川东、虎（城）南（岳）大（树）和蓬溪等革命根据地；1932 年，红四方面军战略转移入川，建立了以通（江）南（江）巴（中）为核心、以四川为主体的川陕革命根据地；党中央和红军长征在四川省历时 1 年零 8 个月，足迹遍布 70 个县，建立起川康边、康巴、广（元）绵（阳）等革命根据地。在土地革命战争时期，四川境内先后创建过十大革命根据地和游击区[①]（见图 21-14）。

（一）四川革命老区加快发展面临的困难和问题

新中国成立后、改革开放以来，特别是国家实施西部大开发战略以来，老区经济社会发展取得显著成就，但仍存在诸多制约因素和突出问题。

1. 老区县在全省的比重大，贫困人口多

《四川省政府关于认定邛崃等县（市、区）为革命老区县（市、区）的通知》认定邛崃市等 81 个县（市、区）为革命老区县（市、区），占全省 181 个县（市、区）的 44.75%，涉及 17 个市（州），占四川 21 个市（州）的 80.95%，有 6 个市、州全部是革命老区。老区县总面积 254320 平方公里，占全省面积的 52.54%，2011 年末户籍总人口 4192.3 万人，占全省人口的 46.28%。

老区县是四川省贫困人口比较集中的地区，尤其是边远特困山区，贫困问题更为严重。81 个老区县中，有国家扶贫开发工作重点县 18 个，总面积 62439 平方公里，占老区县总面积的 24.55%，2011 年底户籍总人口 1225.7 万人，占老区县总人口的 29.24%。另有 62 个县（市、区）有扶贫任务。2010 年，农村贫困人口占全省的 78.9%，贫困发生率为 3.9%，分别高出全省、全国 0.9 个和 1.1 个百分点。老区县中，列入国家《扶贫开发整村推进“十二五”规划》的贫困村 819 个，占四川省 2800 个贫困村的 29.25%，四川省集中连片的四大贫困地区（四川藏区、秦巴山区、乌蒙山区和大小凉山彝区），共有老区县 18 个，其中秦巴山区有 12 个、四川藏区 4 个、乌蒙山区 2 个。据统计，17 个国家扶贫开发工作重点县（不包括甘孜县），2011 年末乡村人口 10113281 人，涉及 7741 个村委会，其中贫困村 2936 个，贫困村人口 2165697 人，当年尚未解决饮水困难人数 1269104 人，分别占四川省 36 个国家扶贫开发工作重点县的 74.06%、64.81%、64.44%、62.75% 和 82.04%。

此外，81 个老区县有民族县 27 个，总面积 153117 平方公里，占老区县总面积的 60.21%，2011 年末户籍人口 316.6 万，占老区县总人口的 7.55%。

2. 自我发展能力不足

老区经济发展严重滞后于其他地区。2010 年，人均生产总值仅为全省、全国平均水平的 68.4% 和 48.4%，农民人均纯

① 本节内容根据《四川省“十二五”革命老区发展规划》改编，http：//www.scdrc.gov.cn/dir45/downloads/105094_0.pdf。

收入仅为全省、全国平均水平的90.7%和78.8%，人均地方财政一般预算收入仅为全省、全国平均水平的22.9%和13.2%。2010年，老区财政自给率仅为12.6%，比全省、全国分别低24.2个和42.5个百分点；人均地方财政一般预算支出为3155元，仅分别相当于全省、全国的66.8%和57.4%；贷款余额占存款余额的比例仅为40.7%，比全省、全国分别低23.2个和28.8个百分点。政府性债务沉重，乡村负债普遍。

3. 基础设施滞后，公共服务薄弱

老区中阿坝州和甘孜州州府尚未通高速公路，两地公路密度均远低于全省平均水平。铁路网密度比全省平均水平低9.5公里/万平方公里。水利设施落后，有效灌溉面积118.2万公顷，仅占耕地的34%。通信网络覆盖面低，每100户拥有的固定电话、移动电话仅为7部和39部，分别比全省少9部和13部。

老区县（市、区）绝大多数处于边远偏僻山区，平均受教育程度低，文盲、半文盲发生率达20%以上。医务人员紧缺，技术人员和防疫人员总数占老区户籍总人口的比重为0.23%，比全省平均水平低0.13个百分点，新农合参合率为91.6%，比全省低3.4个百分点。农村文化、广电、体育设施缺乏。社会保障公共服务体系不完善，承载力很弱。

4. 生态环境脆弱

老区多处山区、旱区，山高谷深、坡陡路险，自然灾害频发。“5·12”汶川特大地震，有67个老区县（市、区）受灾，其中国家确定的极重和重灾县26个，占全省的66.7%。四川老区多数地处“秦巴山区灾害分布区”、“四川盆地东部大暴雨、山洪、滑坡区”、“川东伏旱气候区”和“川中夏、伏旱交替区”的交汇地带，常年遭受干旱、暴雨、洪涝、滑坡、大风、冰雹、泥石流、地面沉降等灾害的袭击，形成了以旱、涝为主的自然灾害链。

（二）加快革命老区发展

四川革命老区在中国革命历史上具有重大影响和特殊意义。支持革命老区加快发展，具有重要的战略意义。为了推动老区经济社会又好又快发展，确保与全省同步实现建设全面小康社会的目标，四川省人民政府颁布了《四川省“十二五”革命老区发展规划》。根据规划，到2015年，全省老区经济社会发展的主要目标是：①贫困人口明显减少。城镇居民人均可支配收入和农民人均纯收入年均增速高于全省平均水平。就业持续稳定增长，社会保障基本实现应保尽保，保障水平稳步提高。覆盖城乡居民的公共服务体系更加完善，逐步消除绝对贫困现象。②自我发展能力明显增强。老区经济发展速度明显高于全省平均水平，与全省的发展差距明显缩小，发展质量和效益不断提高。工业化、城镇化水平稳步提升，特色优势产业加快发展。③发展条件明显改善。老区对外通道、骨干路网和农村交通的通行能力、通畅水平和通达深度显著提高。水利设施显著改善，综合能源体系、信息系统服务水平显著提升。④生态环境明显优化。森林覆盖率显著提高。资源消耗和环境污染显著降低，地质灾害得到有效治理，防灾减灾体系基本健全，防灾减灾能力大幅提升。

1. 因地制宜，分类指导

针对四川省老区点多、面广、发展不平衡等实际情况，根据老区经济社会发展水平、资源环境承载能力和发展潜力，将老区分为扶持发展、示范发展、加快发展三种类型，采取差异化支持政策，促进老区加快发展、科学发展、又好又快发展（见表 21-20、表 21-21 和图 21-15）。

2. 加大扶贫开发力度

未来四川革命老区的发展，要加大扶贫开发力度。按照“建设新村、发展产业、脱贫致富、奔向小康”的总体思路，坚持开发式扶贫方针，实行扶贫开发与社会主义新农村建设相结合、扶贫政策与农村低保制度相衔接、政府主导与社会各界帮扶相协调，全面推动贫困村向新农村、小康村转变，贫困户向宽裕户、小康户转变。

巴中、达州、广安及广元、南充的部分老区县（市、区）是川陕革命根据地的核心区域，也是国家确定的秦巴山区集中连片特殊困难地区。要以解决民生问题和发展问题为核心，以新村建设为载体，转变发展方式，创新扶贫机制，加大政策、项目和资金支持力度，突出基础设施建设、特色产业发展、农户能力建设、公共服务提升等重点，整合资源、连片开发，整体推进、综合治理，缩小发展差距，稳定解决贫困人口温饱，实现脱贫致富。

3. 加快基础设施建设和社会事业发展，切实改善生产生活条件，促进基本公共服务均等化

根据生产力布局和城镇体系布局的要求，加快老区基础设施建设并给予政策倾斜，构建布局合理、设施先进、畅通便捷、城乡共享的基础设施网络，为老区经济社会发展奠定坚实基础。

4. 积极推进产业培育，壮大特色优势产业，不断增强自我发展能力

把产业发展作为增强老区发展能力的重要举措，首先要大力发展包括现代农业、优势资源开发、特色旅游业和特色加工制造在内的特色优势产业。其次要推动优势产业升级。推广运用先进适用技术，运用市场机制和政策导向，调整优化产业结构；引导产业和项目向园区集中集聚，培育壮大产业集群，推进产业集聚发展。最后要抓住国内外产业转移机遇，按照“市场导向、优势互补”的原则，积极承接产业转移。

5. 加强红色资源开发与保护

大力开发红色资源，积极发展红色旅游。整合资源丰富、独具特色的红色旅游

表 21-20　四川省革命老区类型

类型	面积（平方公里）	占规划区比重（%）	人口（万人）	占规划区比重（%）
扶持发展类	185175	72.75	1433	34.38
示范发展类	21823	8.57	1093.2	26.22
加快发展类	47532	18.67	1642.4	39.4

资料来源：四川省发展和改革委员会：《四川省“十二五”革命老区发展规划》，http：//www.scdrc.gov.cn/dir45/downloads/105094_0.pdf。

图 21-14　四川省革命老区发展分区

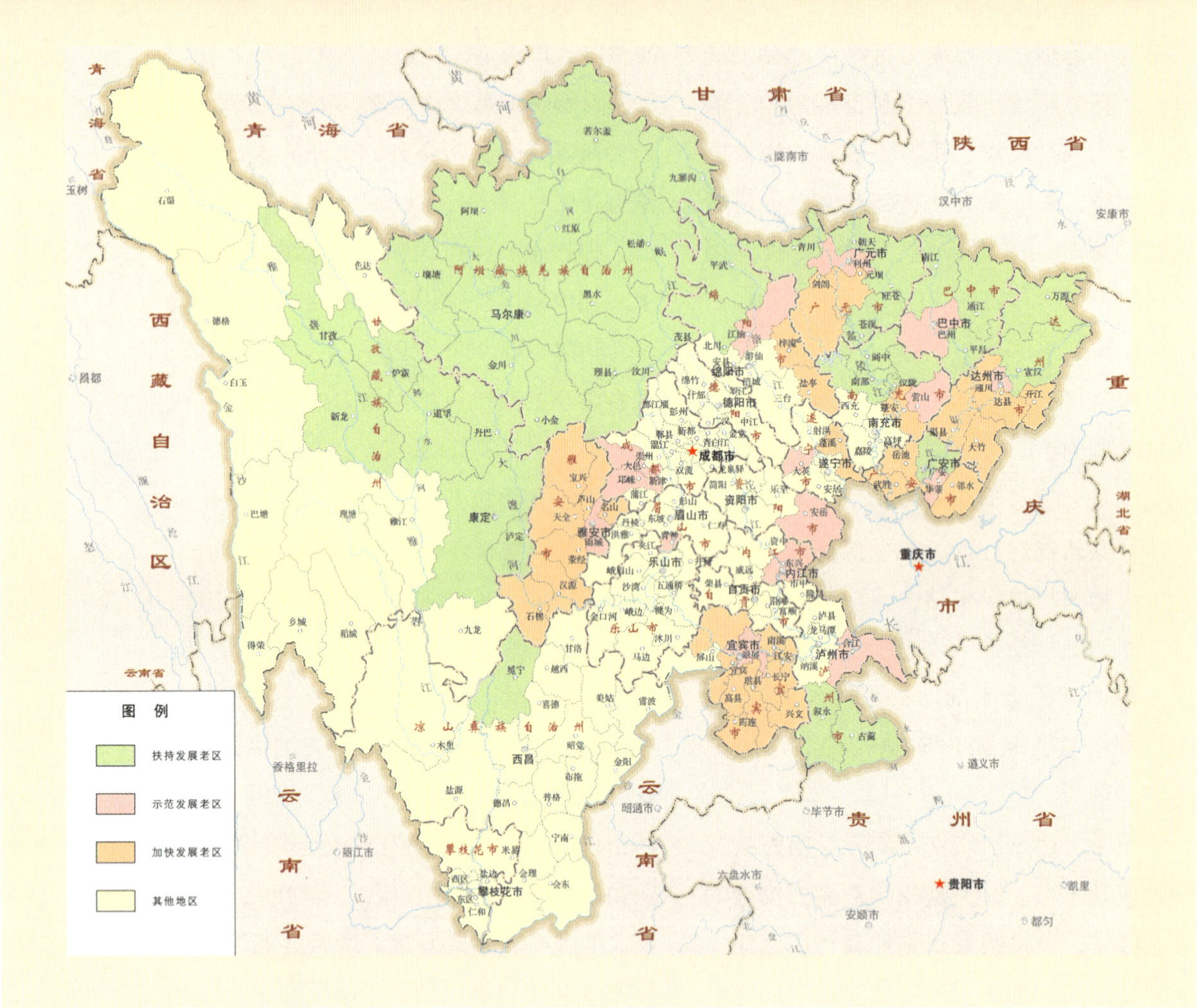

资料来源：本图由四川省发展和改革委员会、四川省测绘地理信息局提供。

资源，利用“雪山草地红色旅游区”、“川陕渝红色旅游区”等全国重点红色旅游区，以及四渡赤水、巧渡金沙江、彝海结盟、强渡大渡河、飞夺泸定桥、爬雪山过草地、万源保卫战等经典战例和重大事件，培育打造“重点红色旅游区”，“红色旅游精品线路”和“红色旅游经典景区”。同时，按照“保护为主、抢救第一”的原则，做好红色遗产的保护和红色文化的传承。

6. 推进公共服务均等化

坚持把保障和改善民生作为根本出发点和落脚点，以就业、教育、医疗卫生、科技文化体育、社会保障等为重点，努力促进基本公共服务均等化，使发展成果惠及老区人民。

7. 加强生态建设和环境保护

坚持实施可持续发展战略，加强老区生态保护和建设力度，推进重点生态功能区建设，努力构建长江上游生态安全屏障。加强环境综合治理，明显改善环境质量。建立健全灾害监测预警体系和救援体系，切实提高老区防灾减灾能力。

8. 扩大开放合作，加强政策支持

实施充分开发合作战略，进一步解放思想，转变观念，坚持“引进来”和“走出去”相结合，充分利用国内、国际两个市场、两种资源，全面提升老区对内对外开放水平，促进老区加快发展，增强老区经济发展的动力。构建支持革命老区加快发展的政策体系，包括财政政策、货币政策、产业政策、人才政策等。

表 21-21　四川省革命老区分区发展

	范围	主要特点	发展思路	主要任务	发展路径
扶持发展类	集中于川陕苏区、川西北和康巴革命根据地，涉及 10 个市（州）的 38 个县（市、区）	经济社会发展滞后，发展水平低，自我发展能力不足，贫困人口集中、贫困面广	充分发挥自身特色资源优势，以“输血式”扶持为先导，努力增强“造血”功能，培育自我发展能力，通过人口和要素的合理流动，优化资源配置，促进加快发展，实现脱贫致富	到 2015 年，扶持发展类老区基础设施条件显著改善，发展环境不断优化，经济持续快速增长，自我发展能力逐步提高，人均地区生产总值和城乡居民收入与全省的差距大大缩小，贫困人口显著减少	大力争取国家支持，加大扶贫开发力度。实施农村公路通达通畅工程，加快铁路、高速公路和国省干线公路建设，提高通行能力和保障能力。加快水源工程建设，完善水库渠系配套，提高农业综合生产能力，基本实现老区农村饮水安全全覆盖。充分发挥资源优势，发展壮大特色产业。大力实施生态移民和扶贫移民，引导人口合理、有序流动，建设新农村综合体，积极推进城镇化进程，健全和完善基本公共服务体系
示范发展类	14 个市的 15 个县（市、区）	交通等基础设施比较完善，产业支撑能力较强，发展环境较好，经济社会发展基本达到或超过全省平均水平，示范带动作用明显	立足自身优势，以新型工业化为主导，以新型城镇化为载体，以农业产业化为基础，推动“三化”联动，逐步成为老区发展的典范	到 2015 年，示范发展类老区经济实力跃上一个新台阶，城市化率大幅提高，辐射带动作用进一步增强，城乡居民收入大幅增加，全面消除绝对贫困现象	所在市要加强对示范发展类老区县（市、区）的支持力度，增强示范带动能力。完善交通网络，构建综合交通运输体系。重点发展先进制造业，提升现代服务业发展水平，增强产业竞争力。加快建设一批开发区和特色工业园区，推进开发区扩区升位。加快发展中小城市，积极培育特色小城镇
加快发展类	8 个市的 28 个县（区）	经济社会发展有一定基础，但总体发展水平与全省仍有差距，有条件自我融入大的经济区域，承接产业转移，在已有基础上加快发展	结合各自发展基础，发挥比较优势，推进新型工业化新型城镇化互动发展，增强基础设施保障能力，推动产业结构优化升级	到 2015 年，发展基础更加扎实，经济实力显著增强，人民生活水平明显提高，城乡居民收入快速增长，基本消除绝对贫困现象	加快推进交通干线升级，突出铁路、高速公路和高等级航道建设，畅通对外通道。加强骨干水利工程建设，优化水资源配置。有序推进水电、煤炭等优势资源开发，壮大产业规模，延伸产业链。加强市政设施建设，完善城市服务功能，提升城市综合承载能力

资料来源：四川省发展和改革委员会：《四川省“十二五”革命老区发展规划》，http：//www.scdrc.gov.cn/ dir45/downloads/105094_0.pdf。

第五篇

市（州）经济地理

第22章 成都市：以天府新区为新引擎的西部经济核心增长极*

成都市简称蓉，位于四川省中部，四川盆地西部，介于东经 102° 54′ ~ 104° 53′和北纬 30° 05′ ~ 31° 26′之间，东北与德阳市、东南与资阳市毗邻，南面与眉山市相连，西南与雅安市、西北与阿坝藏族羌族自治州接壤。全市土地面积 12390 平方公里，占全省面积的 2.5%。

成都是一座有 2300 多年悠久历史的古城，是国务院首批公布的 24 个历史文化名城之一。公元前四世纪，古蜀国王开明九世于“广都樊乡”（今双流境）“徙治成都”，以“周太王从梁止岐，一年成邑，二年成集，三年成都”，故名成都，相沿至今。公元前 311 年，秦人按咸阳建制兴筑成都城垣，当时城周 12 里，高 7 丈。成都城市在这一年正式建立。公元前 256 年，蜀郡太守李冰父子率岷江两岸人民兴建的都江堰水利工程，两千多年来一直浇灌着成都平原。因此，成都水旱从人，土地肥沃，气候温和，物产丰富，故世称“天府”。西汉时期，成都织锦业驰名天下，当时，在城西南设立了锦官，专管织锦，并筑有锦官城，故成都又有“锦官城”、“锦城”之称。唐代，成都的工商业空前繁荣，号称“扬一益二”，以成都为中心的剑南西川道是全国最富庶的地区。五代后蜀主孟昶时，在城墙上遍种芙蓉，故成都还有“芙蓉城”、“蓉城”之称。19 世纪法国旅行家古德尔孟曾赞叹成都是“东方的巴黎”。①

图 22-1　成都市政区

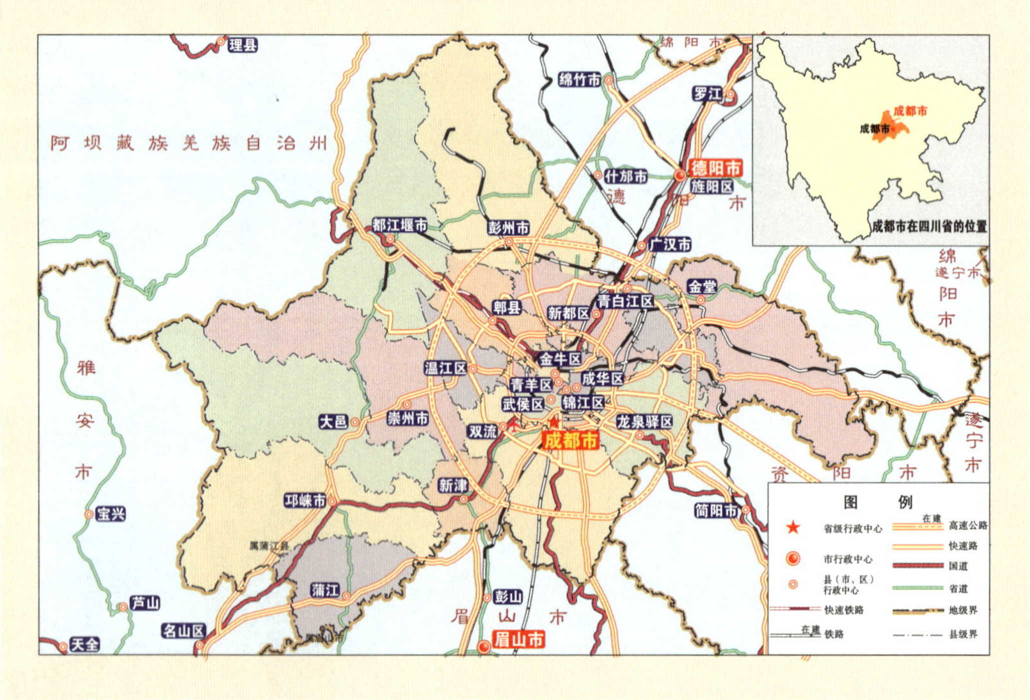

资料来源：本图由四川省发展和改革委员会、四川省测绘地理信息局提供。

---

* 本章作者：阎星，成都市社会科学院副院长，研究员；林娜，成都市经济发展研究院城市与服务经济研究所副所长。

① 引自《成都市城市总体规划 2003 ~ 2020》。

在新中国成立前半个世纪，由于受军阀连年混战，成都市几乎没有工业，是一个十分落后的消费性城市。建国后，成都市经过 60 多年的建设，特别是改革开放 30 多年的发展，城市综合实力显著增强，社会全面进步，人民生活极大改善，使成都市在全省、西南、全国的地位明显提高。2011 年，全市地区生产总值实现 6950.6 亿元，在全国 15 个副省级城市中，居第四位；全市户籍总人口 1163.28 万人，在全国特大城市中，仅次于北京、上海、重庆，居第四位；全市人口密度为每平方公里 954 人，其中市区人口稠密，每平方公里达 2486 人。1993 年成都市被国务院确定为西南地区科技、商贸、金融中心和交通、通信枢纽（三中心、两枢纽），2007 年获批国家统筹城乡综合配套改革试验区。

一　经济发展历史与现状：从省会城市到区域中心城市

（一）经济发展历程

新中国成立后至今，成都经济实现了跨越式发展，经济总量分别于 1999 年、2004 年、2007 年、2009 年、2010 年、2011 年突破 1000 亿元、2000 亿元、3000 亿元、4000 亿元、5000 亿元、6000 亿元大关，经济增速虽经历了多次起伏但仍保持了 9.2% 的年均水平。到 2011 年，成都的地区生产总值达到 6950.6 亿元，是 1949 年的 1739.7 倍；人均地区生产总值为 49438 元，是 1949 年的 618 倍。成都已从一个新中国成立初期经济基础薄弱的落后城市，迅速发展成为经济实力逐渐增强、经济结构日趋完善、工业化与城市化进程不断加快的中等收入水平城市。新中国成立以来，成都市的经济发展经历了三个大的历史时期，即建国后到改革开放的艰难起步阶段、改革开放到 1992 年的快速发展阶段、1993 年至今的迅速崛起阶段。

1. 艰难起步：1949 ~ 1978 年

新中国成立初期，成都经济取得了较快发展，第一个五年计划结束后，成都地区生产总值[①]达到 10.4 亿元，但 1958 年的大跃进却将成都国民经济推向了崩溃的边缘。1961 年国家经济调整有效调动了各方面的生产积极性，使成都各项经济指标有了明显的改善。到 1964 年，恢复到大跃进之前的水平。但接下来的“文化大革命”却又使成都经济建设遭受到新中国成立以来最严重的损失和挫折，工农业生产萎缩，商品供给极度紧缺。在这期间，尽管成都市是国家三线建设的重点地区，新建了一批航空航天、兵器、通信、机械等生产、科研企事业单位，但这一特殊的有利条件也因“文化大革命”而未能发挥应有的作用。1966 ~ 1976 年间，成都工农业生产仅增长了 42.3%，年均仅递增 3.6%，其中工业年均递增 4.4%，农业年均递增 2.2%；11 年间粮食总产量增长 18.7%，而同期人口增长率却达到了 26.1%。这一时期，国民经济陷入停滞，人民的基本生活水平极其低下。拨乱反正后，成都经济逐

① 后文中涉及到国民生产总值和地区生产总值均缩写为 GDP。

渐走上正轨。总体而言，1949 ~ 1978 年期间的经济总量增长缓慢，经济增长进程在时起时伏中艰难前进，呈现出波动、倒退、徘徊的特征。1949 ~ 1978 年 30 年间，地区生产总值仅从 4.0 亿元提升到 35.9 亿元，人均地区生产总值仅从 77 元提升到 449 元，城市化率徘徊在 20% 左右，城乡居民生活水平改善程度有限。

2. 快速发展：1979 ~ 1992 年

本阶段是改革开放的头 15 年，经济体制改革为成都经济发展不断注入新的活力，全市经济总量保持了较快增长，成都经济社会进入了持续快速发展时期。成都产业结构得到不断优化调整，三次产业比重由 1978 年的 31.8 : 47.2 : 21.0 调整为 1992 年的 15.5 : 37.2 : 47.3，服务业比重

图 22-2　1949 ~ 1978 年成都市地区生产总值及人均地区生产总值时间序列

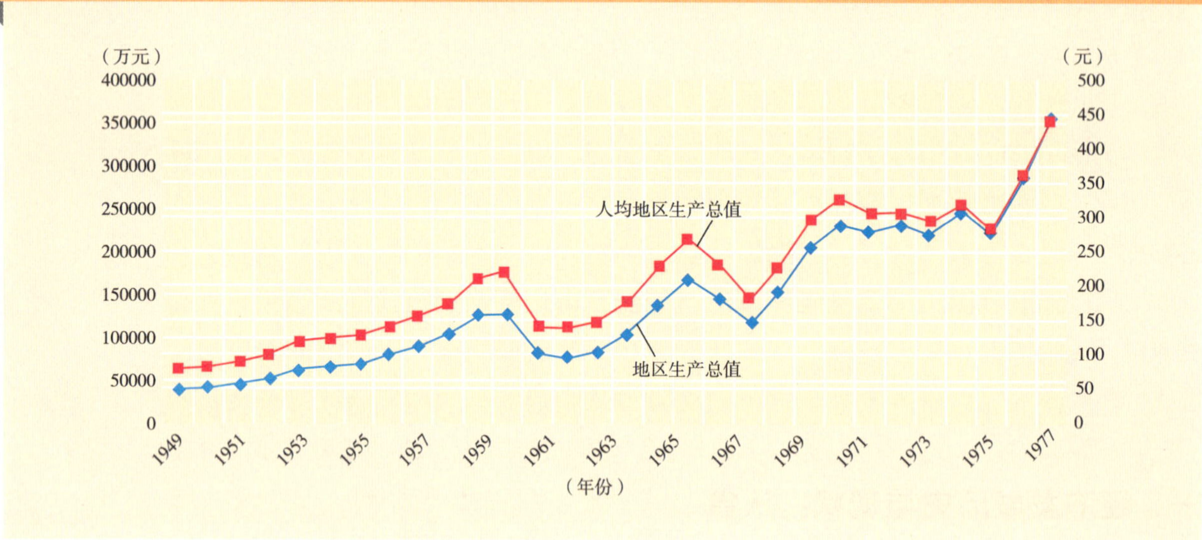

图 22-3　1978 ~ 1992 年成都市社会消费品零售总额与消费率

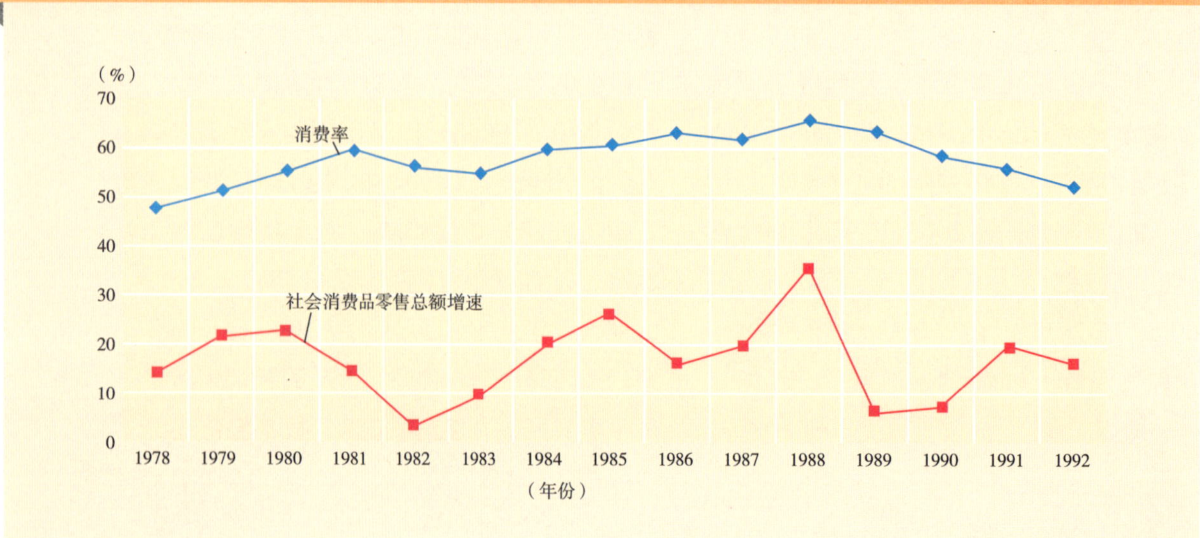

快速提高，第一产业比例显著降低。这一时期，消费对经济增长的贡献依然占据主导地位，1978 ~ 1992 年成都市社会消费品零售总额的年均增速达到了 17.7%，明显高于地区生产总值 11.0% 的年均增长水平，同时期消费率的平均水平达到 57.4%，为经济的增长提供了有力的支撑。由于技术条件的落后使得固定资产投资的资本形成效率大为降低，导致投资对经济增长的贡献作用仍然相对较小。1978 ~ 1992 年，成都市固定资产投资增长迅速，年均增速为 30.1%，但平均投资率只有 28.3%，远低于同期 57.4% 的平均消费率。与此同时，随着"市场经济"这一经济改革制度目标的确立和市场化改革的不断深入，非公有制经济，特别是民营经济逐渐成为推

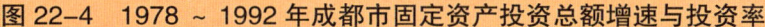

图 22-4　1978 ~ 1992 年成都市固定资产投资总额增速与投资率

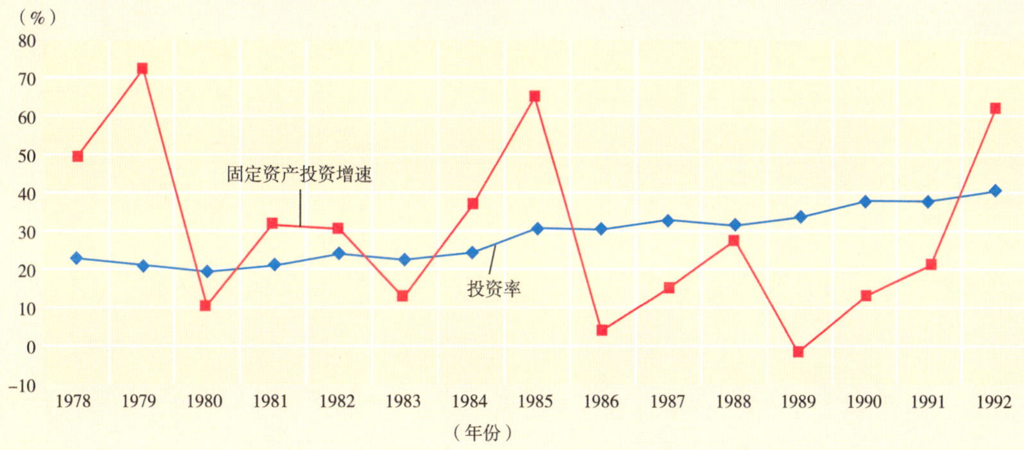

图 22-5　1978 ~ 1992 年成都市城乡居民收入增速

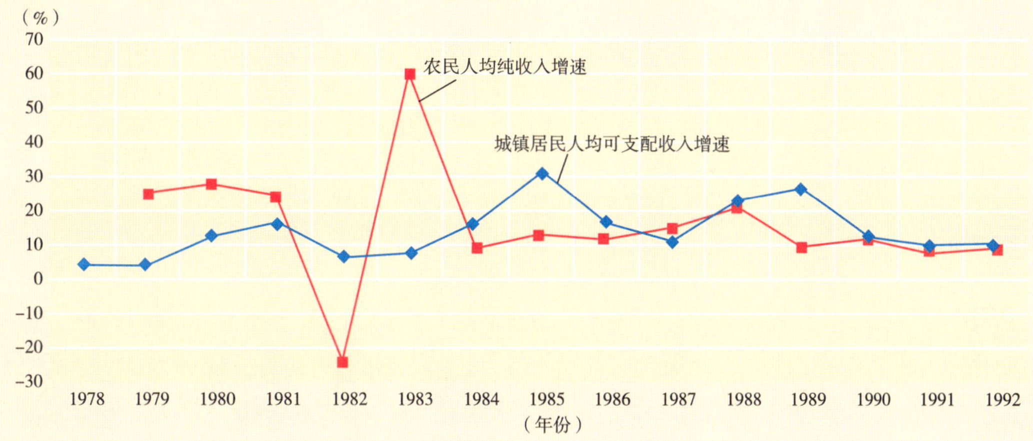

动成都经济发展和增加就业的重要力量，也为城乡居民收入增长提供了充足的动力。1978 ~ 1992 年，成都市城镇居民人均可支配收入和农民人均纯收入均保持了较快增长态势，年均增速分别达到 14.2% 和 14.1%。

3. 迅速崛起：1993 年至今

在邓小平同志南巡讲话后，成都经济社会进入了迅速崛起发展阶段，生产水平、经济结构和生产布局都发生了巨大的变化。经济总量迅速提升，2011 年实现 GDP 6950.6 亿元，分别是 1978 年和 1992 年的 193.4 倍和 23.8 倍，提前实现到上世纪末地区生产总值翻两番的发展目标；人均地区生产总值达到 49438 元，分别较 1978 年和 1992 年增加了 109.4 倍和 14.8 倍，

图 22-6　1993 ~ 2011 年成都地区生产总值绝对值与增速

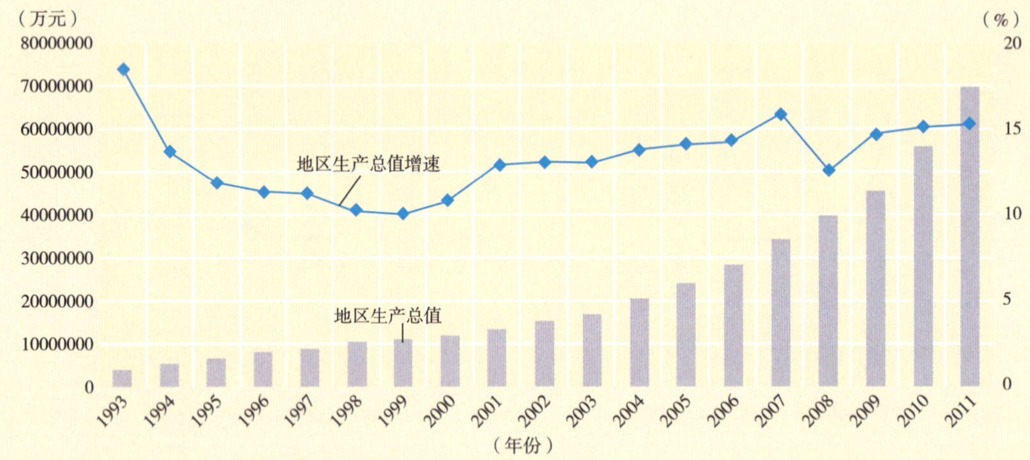

图 22-7　1993 ~ 2011 年成都市地方财政收入

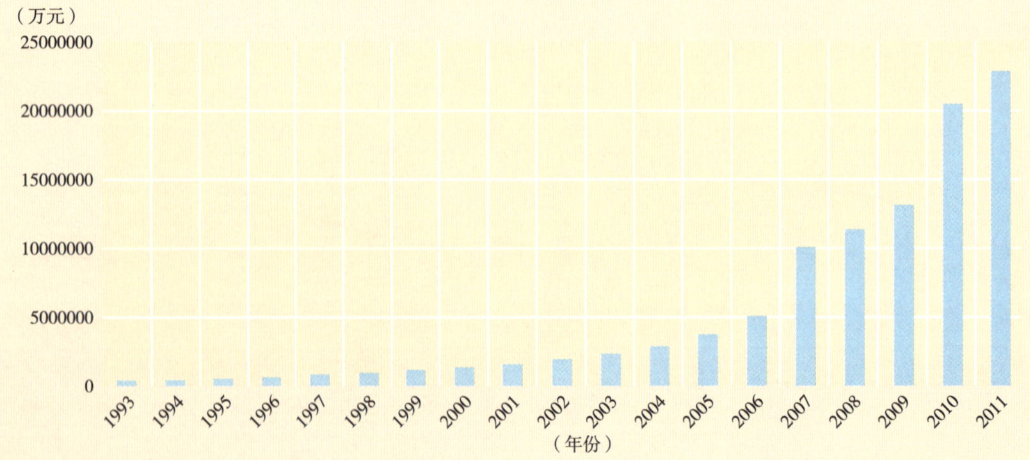

提前实现人均地区生产总值翻两番的发展目标。三次产业结构快速优化，2011 年三次产业结构为 4.7 : 45.2 : 50.1。投资对经济增长的拉动作用愈加明显，投资年均增速上要明显高于同期地区生产总值和消费，尤其是 2001 年，投资贡献率超过消费贡献率，投资率也首次超过消费率，之后，二者差距逐渐扩大，成都的经济增长已具有明显的投资拉动型特征。此外，经济的增长带来了政府财政收入的增长。2011 年，成都市地方财政收入达到 2269.5 亿元，较 1993 年增加了近 66.1 倍。

（二）成都在四川省、全国的经济地位

1. 成都在四川省的经济地位

成都市是四川省省会，是全省的政治、经济、文化中心，成为四川省经济实力最强、城市功能最完善的唯一特大城市。2011 年，成都的城市首位度达 1.7，以占全省约 14% 的人口，贡献了全省 32% 以上的 GDP。为了直观地看出成都市在四川省的经济地位，我们对省内各市（州）的主要经济指标（GDP、经济密度、城镇化率、工业增加值、服务业增加值以及财政收入）数据进行了空间分析，从各个经济指标的空间分异图可直观反映出成都市的主要经济指标遥遥领先于省内其他城市，经济发展在四川省起到了举足轻重的作用，省域中心城市特征十分显著。

以成都平原为主的广大区域是成都市传统的经济腹地，北边可辐射绵阳、德阳，向南辐射到眉山、乐山等大中城市。由成都、德阳、绵阳、眉山、雅安全市，以及资阳市、遂宁市、乐山市等部分区域构成的成都经济区是四川经济发展的主要区域。2011 年，成都经济区大多数经济指标如 GDP、工业增加值、全社会固定资产投资等均占全省的一半以上，从人均 GDP、经济密度来看，均远高于四川省平均水平，在全省经济中的地位与作用十分重要。

2. 成都在全国的经济地位

成都是国务院确定的西南地区科技、商贸、金融中心和交通通信枢纽，是成渝经济区的重要极核，在全国城市经济中具有重要地位。从空间地理特征上看，成都处于我国西部与中部的交汇地带，是西南和西北的通道，具有承东启西，联北进南的重要作用。在与全国的经济联系上，成都拥有中国第五大枢纽机场，西部最大吞吐量，面向中亚、南亚甚至欧洲等方向的枢纽中心的成都双流国际机场，并通过三条铁路干线构筑了与华东、华南的经济发展通道，具备了全面覆盖青藏高原的经济联系和与华东华南出海通道相连的交通走廊，成为我国内陆地区经济最发达的中心城市之一。2011 年，成都市地区生产总值、人均地区生产总值、地方财政一般预算收入在全国 15 个副省级城市中分别排在第 4 名、13 名、4 名。

二　经济发展条件：天府之国和西南枢纽

（一）地理和资源条件

1. 地形地貌

成都市地域较广，介于盆地西部边缘和盆中丘陵之间，地形以平原为主，并有

图 22-8　四川省各市（州）主要经济指标空间分异

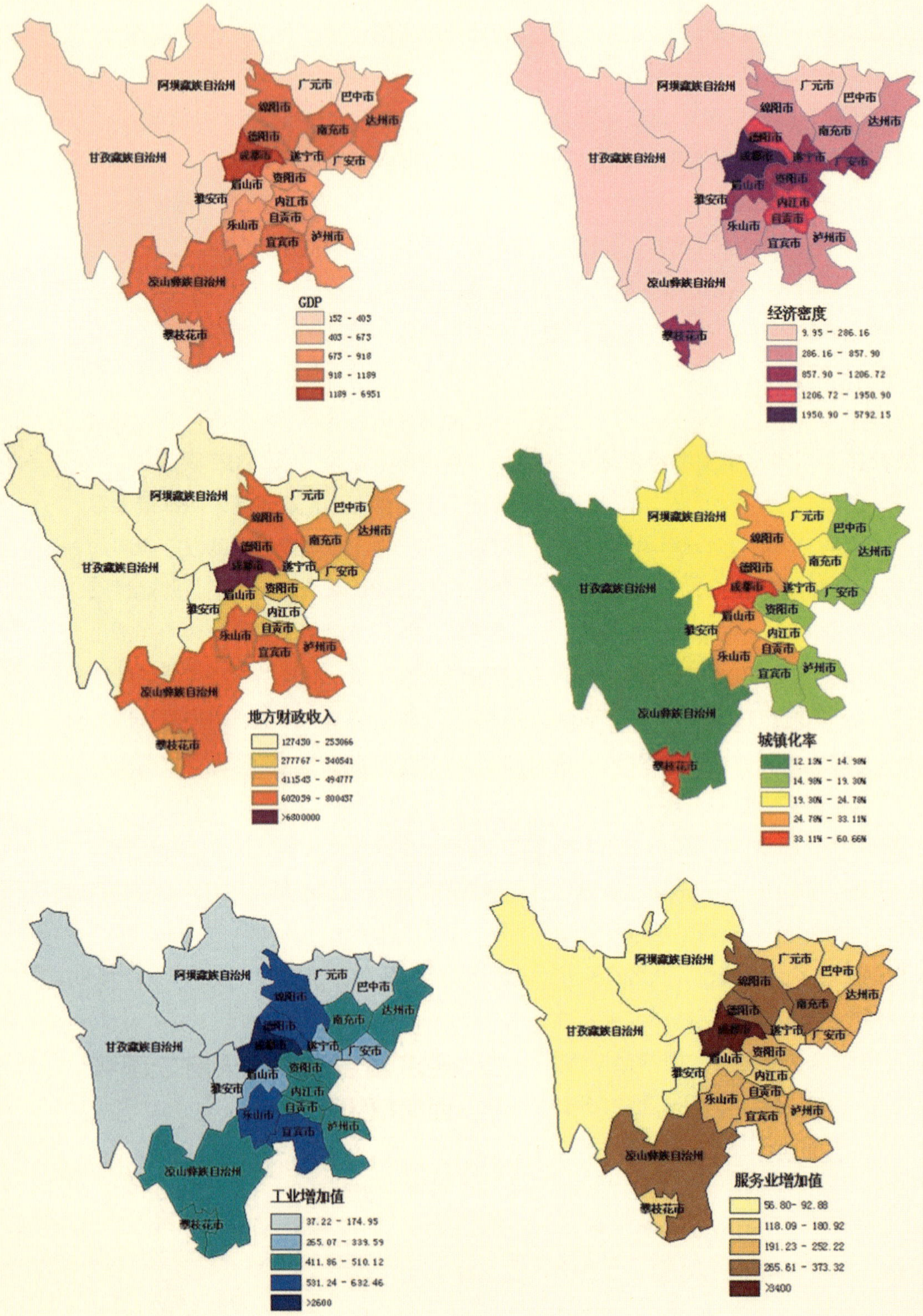

表 22-1　成都经济区主要指标占四川省比重（2011 年）

指　标	成都经济区	四川省	成都经济区占四川省的（%）
辖区面积（万平方公里）	8.6	48.5	17.7
GDP（亿元）	12658.47	21700.19	58.3
人均 GDP（元）	34313	26133	130 倍
经济密度（万元 / 平方公里）	1471.92	447.42	320 倍
地方一般预算收入（亿元）	913.9	1491.41	61.3
全社会固定资产投资（亿元）	8856.41	15124.09	58.6
工业增加值（亿元）	5509.19	9491.05	58
年末常住人口（万人）	3689.16	9058.4	40.7

资料来源：《四川统计年鉴》（2012）。

表 22-2　成都主要经济指标在全国副省级城市排名（2011 年）

城　市	地区生产总值（亿元）	排　名	人均地区生产总值（元）	排　名	地方财政一般预算收入（亿元）	排　名
成　都	6950.6	4	49438	13	680.7	4
沈　阳	5914.9	10	72637	8	620.1	9
长　春	4003	13	52649	12	288.6	15
哈尔滨	4243.4	12	42700	15	300.3	14
青　岛	6615.6	6	75563	7	566	10
武　汉	6756.2	5	68226	10	673.3	5
西　安	3864.2	14	45495	14	318.6	13
南　京	6145.5	8	76263	6	635	8
济　南	4406.3	11	64311	11	325.4	12
广　州	12303.1	1	97588	2	979.5	2
厦　门	2535.8	15	70734	9	370.8	11
深　圳	11502.1	2	110387	1	1339.6	1
大　连	6150.2	7	91287	3	651	7
杭　州	7011.8	3	80395	4	785.2	3
宁　波	6010.4	9	78884	5	657.6	6

资料来源：《成都统计年鉴》（2012）。

高山、中山、低山和丘陵多种地貌类型，兼有盆缘山地、成都平原和盆中丘陵三单元的自然地理特征。平原面积比重大，达4971.4平方公里，占全市土地总面积的40.1%；丘陵面积占27.6%，山地面积占32.3%。海拔大多在1000～3000米之间，最高处大邑县双河乡海拔为5364米，相对高度在1000米左右；东部属于四川盆地盆底平原，是成都平原的腹心地带，主要由第四系冲积平原、台地和部分低山丘陵组成，土层深厚，土质肥沃，开发历史悠久，垦殖指数高，地势平坦，海拔一般在750米上下，最低处金堂县云台乡海拔仅387米。成都市东、西两个部分之间高差达4977米。由于地表海拔高度差异显著，直接造成水、热等气候要素在空间分布上的不同，不仅西部山地气温、水温、地温大大低于东部平原，而且山地上下之间还呈现明显的不同热量差异的垂直气候带，因而市域范围内生物资源种类繁多，门类齐全，分布又相对集中。

2. 土地资源

成都市土地资源土地类型多样。全市土壤构成中，平原冲积土占50%左右，以灰色、灰棕色潮土为主；侵蚀台地老冲积黄泥土占10%左右，低山、丘陵紫色土占20%左右。土地垦殖指数高，土地肥沃，土层深厚，气候温和，灌溉方便，可利用面积的比重可达94.2%，全市平均土地垦殖指数达38.2%，其中平原地区高达60%以上，远远高于全国10.4%和四川省11.5%的水平。

3. 气候资源

成都市属于亚热带湿润季风气候。成都市位于川西北高原向四川盆地过渡的交接地带，具有自己特有的气候资源：一是东西两部分之间气候不同。由于成都市东、西高低悬殊，热量随海拔高度急增而锐减，出现东暖西凉两种气候类型并存的格局。二是冬暖、春早、无霜期长，四季分明，热量丰富。年平均气温在16.4℃左右，≥10℃的年平均活动积温为4700～5300℃，全年无霜期大于337天，冬季最冷月（1月）平均气温为5℃左右，0℃以下天气很少。三是冬春雨少，夏秋多雨，雨量充沛，年平均降水量为1124.6毫米。四是光、热、水基本同季，气候资源的组合合理，有利于生物繁衍。五是风速小，广大平原、丘陵地区风速为1～1.5米/秒；晴天少，日照率在24%～32%之间，年平均日照时数为1042～1412小时，年平均太阳辐射总量为83.0～94.9千卡/平方厘米。亚热带温暖湿润的气候条件是成都市农业发展的有利条件之一，但降水季节变化较大，日照少，对农作物生长有一定影响。

4. 水资源

成都市辖区内河流均属岷江、沱江两大水系，由于境内降水量较多，又有高山雪水补给，水量充沛。主要特点：一是河网密度大。有岷江、沱江等12条干流及几十条支流，河流纵横，沟渠交错，河网密度高达1.22公里/平方公里；加上驰名中外的都江堰水利工程，库、塘、堰、渠星罗棋布。二是水质优良。成都地处长江流域上游，河水主要由大气降水、地下潜流和融雪组成，在流入成都平原之前，河道主要在高山峡谷之间，受人为污染极小，因而水质格外优良，绝大部分指标都符合国家地面水二级标准的要求。此外，成都市地下水资源也极为丰富，有“地下水库”之称。

5. 生物资源

成都市地处亚热带湿润地区，地形地貌复杂，自然生态环境多样，生物资源十分丰富。据初步统计，仅动、植物资源就有 11 纲、200 科、764 属、3000 余种。其中，种子植物 2682 种，特有和珍稀植物有银杏、珙桐、黄心树、香果树等；主要脊椎动物 237 种，国家重点保护的珍稀动物有大熊猫、小熊猫、金丝猴、牛羚等；中药材 860 多种，川芎、川郁金、乌梅、黄连等蜚声中外。

6. 矿产资源

成都市境内探明矿产资源有 30 余种，除金、银、稀土、砷、石墨、天然气等未计算储量外，其余储量基本探明，其中芒硝、煤、铁、蛇纹石、滑石、黏土、白云石、石灰石、泥炭等储量较大，主要集中于都江堰市、彭州市、崇州市、邛崃市、双流县、新津县等。

7. 旅游资源

成都市名胜古迹蜚声中外，加上自然风光绮丽多姿，因而旅游资源得天独厚，并具有鲜明的成都特色。一是人文景观多：全市现有人文景观 172 处，类型多、规模大、分布广、价值高，其中，尤以都江堰水利工程、二王庙、文君井、武侯祠、杜甫草堂、文殊院、宝光寺、王建墓、东汉墓等最具特色。二是自然景观全：成都地形地貌复杂多样，山景、洞景、水景、生景、气景俱全。三是旅游资源分布相对集中：现已形成以成都市区为核心的、组合不同、风格各异的都江堰、青城山、宝光寺等 8 个国家、省、市级风景片区和西岭雪山国家级风景名胜区、龙池国家级森林公园、龙门山国家级地质公园和白水河国家自然保护区等。四是旅游地理位置十分优越：成都处在由剑门蜀道、九寨沟、成都、峨眉山、长江三峡等旅游胜地组成的四川旅游环和由北京、西安、成都、昆明、桂林、广州等旅游中心组成的全国旅游环的联结点上，还是内地前往西藏的主要通道。

8. 科教资源

成都是西部地区重要的人才汇聚地。目前，成都地区各类人才总量已近 230 万人。其中专业技术人才 82.46 万人，经营管理人才 17.64 万人，技能人才 72.71 万人。人才规模具有相对优势的同时，各类高等院校、科研院所的聚集使得人才培养能力较强。成都拥有四川大学、中科院成都分院等高等院校、国有独立科研机构、国家级工程技术研究中心、国家级重点实验室等 168 家，以及成都飞机设计研究所等众多军工科研机构，是我国高校、科研机构最密集的城市之一。拥有数字媒体、信息安全、新能源装备等 17 个国家级科技产业基地（园区），科技实力在西部城市名列前茅。这是成都实现高端发展，服务和辐射周边地区的基础保障。

（二）区位和市场条件

1. 西南交通枢纽

作为西南地区最大的铁路枢纽以及全国 45 个公路主枢纽城市之一，成都处于中欧航路和“亚欧大陆桥”中点，是西南地区的商贸中心和商品集散地，对铁路和公路的货运需求巨大，形成了覆盖全域范围、呈环状放射式的交通基础设施网络，已成为西南地区重要的交通枢纽城市。

一是航空方面，成都双流国际机场拥有中西部地区最优质的客货运设施，是中国第五大枢纽机场，是国家规划的西部国际枢纽港，是面向中亚、南亚甚至欧洲等方向的枢纽中心。2010年建成双流机场第二跑道和第二货站，成为中西部第一个拥有机场第二跑道的城市。2011年全国十大机场排名中，成都双流国际机场旅客和货邮吞吐量排名第五位，起降架次排名第六位，三项排名均比2010年提升1位，其中，旅客吞吐量突破2900万人，同比增长12.7%，货邮吞吐量48万吨，同比增长10.5%，起降架次突破22万次，居中西部机场首位；国际航线已连接欧、美、大洋及亚洲的28个国际城市，排名位列全国城市第六位，跻身世界繁忙机场行列。

二是铁路方面，成都是西部联系欧洲、东盟的国际性铁路枢纽之一，拥有西部地区最完善的铁路货运设施体系，建成亚洲最大的成都铁路集装箱中心站。成渝、宝成、成昆、成贵、成康、成兰、达成等铁路在成都交汇，形成10条铁路出川大通道。2010年已开通成都至沿海三大经济区的9条铁路货运班列，居西部城市首位，并建成了亚洲最大的成都铁路集装箱中心站。“十二五”时期，将加快成昆铁路扩能改造，成雅铁路、成渝客专、成兰铁路等对外铁路通道建设，实现成都经济区半小时交通圈、成渝经济区1小时交通圈，成都到贵阳、兰州、昆明、西安等周边省会城市4小时交通圈，成都到京津冀、长三角、珠三角三大经济圈8小时交通圈。

三是公路方面，成都是西南地区最大的公路枢纽，有6条国道在此交汇。108国道（川陕、川滇公路）、213国道（川甘、成昆公路）、317国道（川藏北线）、318国道（川汉、川藏公路）、319国道（成渝公路）、321国道（川黔公路）在成都平原区形成了密集的公路交通网。经过多年的建设，成都公路网系统形成了“环＋放射”的路网结构，以绕城高速公路为起点，形成了8条向外辐射的高速公路通道，北至广元，南至乐山，西至都江堰，东至内江，均有高速公路相连。“十二五”期间，将建成成都第二绕城，成德绵、成德南、成安渝和成自泸等高速公路，形成西部公路交通枢纽，打通对接中亚、南亚、西亚以及欧洲的公路运输大通道，增强成都的对外交通辐射能力。

2. 西南通信枢纽

成都作为国务院确定的西南地区通信枢纽，通信条件在中西部领先。作为全国八大通信枢纽之一，成都已建成大容量干线传输网络，拥有较先进的信息化基础设施、较高的信息化应用水平和庞大的移动通信用户群。成都拥有八个向省外辐射的光缆通达方向，其中包括到北京、上海、广州三个国际出口城市的直达光纤电路，可形成200Gbps国际通达能力。2010年，中立数字产业基地一期工程、中国电信西部信息中心、万国数据成都数据中心一期工程等重点项目陆续建成投运，不仅实现了通信线路在成都的交汇，还实现了海量数据在蓉聚集的能力。随着国家的云计算、灾备中心等重大通信基础设施在成都布局，资源集中的成都已经逐渐具备覆盖西南、汇聚西部、服务全国和沟通世界的功能。“十二五”期间，将加强通信基础设施建设，提高国际通信保障能力、区域干线传输能力、信息汇聚处理能力、信息安全支撑能力和应急通信适应能力，建设汇聚西部、服务全国和沟通世界的国家级通信枢纽。

3. 内陆巨大的市场

成都是传统的区域中心城市，是西南地区的商贸、金融科技中心和交通、通信枢纽，是西部地区重要的特大中心城市，拥有巨大的腹地市场。成都市的直接经济腹地主要是以成都平原为主的成都经济区，北边可辐射绵阳、德阳，向南依托高速公路辐射到眉山、乐山等大中城市。2011 年成都经济区总人口为 3689.16 万人，占四川省的 40.7%，虽然地处内陆腹地，但以较少的土地面积承载了较多的人口，形成了较为密集的城镇体系，集聚了大量的经济活动，创造了较多的 GDP，区域市场空间巨大。成渝经济区大都市圈城市发展和人口集聚，人口总量大、密度高，总人口 9267 万人，占西部的 25.6%，是中国人口总量最大经济区，也是西部地区城镇分布最密集的地区。按照“成渝经济区规划”，“十二五”末成渝经济区地区生产总值占全国的比重达到 7%，地区生产总值达到 4 万亿元左右，城镇化率达到 52%。此外，成都还是东部、中部进入西部的桥头堡，是外资企业和国内企业进入中国西部 3 亿人口市场的战略门户。成都经济区、成渝经济区以及整个西部地区的工业化城市化处于快速发展阶段，随着人均收入水平的提高，消费规模不断扩大，消费结构不断升级，从温饱型向舒适型和享受型转变，城乡消费需求具有很大的持续增长空间，为成都的发展提供了广阔的市场空间。

三　产业发展与布局：现代产业为主体的新型工业化道路

（一）现代服务业发展及布局

1. 现代服务业发展概况

进入 21 世纪以后，成都服务业继续快速发展，“十一五”期间，服务业增加值年均增速达到 12.9%。2011 年，全市服务业增加值为 3479.4 亿元，同比增长 11.8%，对全市经济增长、就业和税收的贡献率分别达到 49.6%、54.6% 和 73.8%，成为全市经济、就业、税收增长的第一动力。从服务业内部结构看，成都市服务业呈现出生产性服务业快速发展、生活性服务业平稳发展的良好态势。2011 年，以交通运输、仓储和邮政、金融、租赁和商务服务、信息传输、计算机服务和软件、科学研究、技术服务和地质勘察为代表的生产性服务业实现增加值 1566.2 亿元，其规模是 2010 年的 1.3 倍，在服务业中的比重从 2010 年的 42.8% 提高到 2011 年的 45.0%。以批发零售、住宿餐饮、文化、体育和娱乐、房地产为代表的生活性服务业实现增加值 1327.3 亿元，增加值规模较 2010 年扩大 1.2 倍，占服务业增加值比重从 2010 年的 40.0% 下降到 2011 年的 38.1%，发展平稳。从服务业内部各行业的劳动生产率来看，均实现了不同程度的提高。其中，金融业劳动生产率最高，2011 年达到 106.1 万元 / 人，而租赁和商务服务业实现了 41.8% 的最快增长。

从服务业空间布局看，服务业逐渐向中心城区集中。2011 年中心城区服务业增加值占全市服务业比重达 66.4%，成为全市服务业发展的主要空间载体，中心城区服务业增加值占地区生产总值的比重大都超过了 70%，其中锦江区占比达 81.2%。重大基础性、功能性设施和重大项目的引导作用不断增强，多种类型的服务业集聚区和功能区雏形显现。《成都市

表 22-3 成都市服务业总体发展概况（2010 ~ 2011 年）

年份 \ 指标	服务业增加值（亿元）	服务业增速（%）	占 GDP 比重（%）	服务业从业人员（万人）	占全社会从业人员比重（%）
2010	2785.3	11.8	50.2	350.0	46.5
2011	3479.4	11.8	50.1	361.1	46.7

数据来源：《成都统计年鉴》（2012）。

表 22-4 成都市服务业内部行业增加值发展情况（2010 ~ 2011 年）

行业类别 \ 指标 \ 年份	2010		2011	
	增加值（万元）	劳动生产率（万元 / 人）	增加值（万元）	劳动生产率（万元 / 人）
批发和零售业	4939955	4.7	5809575	5.4
住宿、餐饮	2075352	3.7	2441246	4.2
房地产业	3316866	25.2	3878989	30.0
文化、体育和娱乐业	796590	16.5	1143287	21.9
交通运输、仓储和邮政业	2603524	8.7	3122521	10.0
金融业	4372812	79.9	6384378	106.1
租赁和商务服务业	1228084	4.6	1720450	6.5
信息、计算机服务和软件业	2217779	19.9	2610286	23.8
科学研究、技术服务和地质勘察业	1508100	16.9	1824773	20.2
公共管理和社会组织	1511251	8.6	1835414	10.3
教育	1513276	8.4	1796542	9.1
居民服务和其他服务业	791181	2.0	1040164	2.5
卫生、社会保障和社会福利业	834289	8.5	1018012	8.5
水利、环境和公共设施管理业	144332	4.6	168525	5.0

数据来源：《成都统计年鉴》（2011 ~ 2012）。

图 22-9　成都市服务业总体布局示意

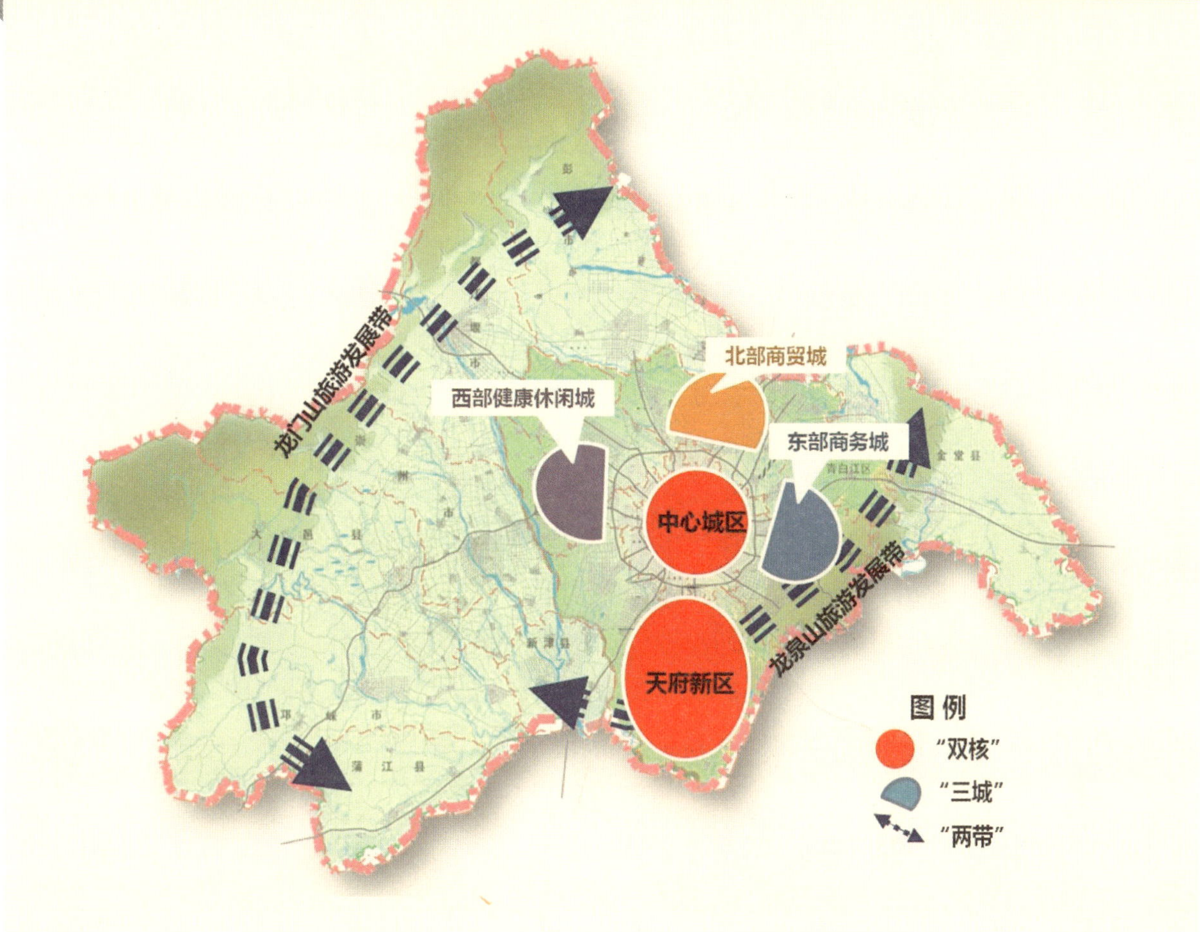

数据来源：《成都市服务业发展“十二五”规划》。

服务业发展“十二五”规划》明确提出了构建“双核聚集，三城辐射，两带带动”的战略性空间格局，“双核”即中心城区和天府新区，是成都市服务业的核心功能地域，是服务功能的主要承担者和服务业的主要集聚区；“三城”主要包括近郊区（市）县范围，以新城为空间载体，以重大服务设施和项目为支撑，突出物流、商贸（批发）、商务、休闲旅游等服务功能，形成三大特色服务业功能区；“两带”包括龙门山和龙泉山旅游发展带，重点发展观光度假旅游，积极发展为旅游配套服务和当地居民服务的商贸流通业。

2. 重点行业发展与布局

（1）金融业。

成都是国务院确定的西南地区金融中心，四川省明确提出将成都市建设成为西部金融机构中心、西部金融市场和交易中心、西部金融服务中心。2011 年，成都金融业实现增加值 638.4 亿元，在 15 个副省级城市中排名第四，领先于中西部地区各城市。同时，成都也是中西部地区金融机构种类最齐全、数量最多的城市，金融机构存、贷款余额在中西部地区处于领先水平。近年来，成都市金融业保持较快增长速度，金融服务体系不断完善，银行、证券、保险呈现加速集聚发展态势，信托公司、金融资产管理公司、财务公司等其他金融机构实现了快速发展，2011 年金融业增加值占全市地区生产总值的比重已达 9.19%，成为成都市重要的支柱产业之一。

近年来，成都市在农村金融、新兴金融领域发展方面形成一些亮点。作为国家统筹城乡综合配套改革试验区，全市农村金融加快发展，2007 年邮储机构正式组建为邮政储蓄银行，基本职能定位是面向“三农”开展金融服务；2008 年成都市农村信用社变更产权制度模式，成立成都市农村信用合作联社股份有限公司。小额贷款组织的经营已基本适应农村个体经济和小规模农业经营分散、资金需求小等特点。村镇银行、贷款子公司、农村资金互助社等新型农村金融机构试点工作平稳有序推进。在新兴金融领域，金融服务外包初步形成集聚发展态势，已有独立的第三方金融服务外包企业近 30 家；股权投资基金加快发展，PE、VC 各类基金机构已达 30 余家；成都的融资担保公司和小额贷款公司等新型金融领域的创新发展与快速崛起在全国都属领先，并形成了特有的“成都模式”①。

表 22-5　2005 ~ 2011 年成都市金融业增加值

指标 \ 年份	2005	2006	2007	2008	2009	2010	2011
地区生产总值（亿元）	2370.8	2750.5	3324.4	3944.9	4502.6	5551.3	6950.5
金融业增加值（亿元）	112.9	130.9	157.4	251.3	294.3	437.3	638.4
金融业占地区生产总值的比重（%）	4.76	4.76	4.73	6.36	6.54	7.88	9.19

数据来源：《成都统计年鉴》。

表 22-6　2007 ~ 2010 年成都市及农商银行涉农贷款余额及增速

年　份	2007	2008	2009	2010
农商行涉农贷款余额	232	356	457	572
全市涉农贷款余额	—	934	1693	2201
农商行涉农贷款增长额	66.09	123.66	100.93	115.68
农商行涉农贷款增速（%）	39.82	53.29	28.37	25.33

数据来源：成都市金融办。

① 经过多年发展和不断创新，截至目前，成都小贷行业与融资担保行业主要形成了“综合授信业务模式”、“西南石材城模式”，担保行业的“银担合作模式”、“联保互保模式”等，这些都构筑成新型准金融机构的“成都模式”。

成都市金融业发展主要集中在中心城区和天府新区。中心城区是目前成都市银行机构和营业网点集聚的地方，其中，东大街金融街已聚集各类金融机构 78 家（包括外资银行 8 家，占全市的 73%）、保险机构 50 家（外资保险机构 12 家，占全市 80%）、证券机构 18 家、基金 1 家、期货 4 家、其他类金融机构 61 家，是城区金融结构聚集度最高、金融产品最为齐全的区域。2010 年，东大街已经竣工并推出了包括群光大厦、明宇金融广场、摩根大厦、中国阳光保险大厦、美国铁狮门城市综合体等众多商务楼，为金融产业聚集提供了优质的“硬件”支持。位于天府新区的成都金融总部商务区，是未来成都市乃至于西部地区金融业发展和金融机构聚集的核心承载区，是承载省委、省政府关于建设西部金融中心战略部署的重要载体。目前，成都金融总部商务区已引进金融机构 31 家、金融要素交易平台 5 家以及其他金融机构 19 家，配套引进泰达时代金融广场等 10 余家以金融为主要业态的城市综合体项目。

（2）商贸业。

作为国务院确定的西南地区商贸中心城市，商贸业一直是成都市的传统优势产业，成为成都市支柱产业之一。2011 年，成都市实现社会消费品零售总额 2861.3 亿元，在 15 个副省级城市中排名第四，增速在 15 个副省级城市中排名第三，成都市商贸业规模在国内具有一定比较优势。商贸品牌集聚效应显现，外资和外来商业数量和规模列西部城市第一，40 家进入中国的世界零售 250 强中有 15 家入驻成都，国内零售 100 强中有 30 强入驻成都，国内 TOP100 网络零售商中 50 余家入驻成都，188 个国际一线品牌入驻成都，成为西部地区国际品牌投放首位度最高的城市。2010 年 2 月，联合国教科文组织授予成都“美食之都”称号，成为亚洲第一个世界“美食之都”，而“中国国际美食旅游节”也成为成都会展品牌和“美食之都”的城市名片。

图 22-10　2011 年副省级城市社会消费品零售总额及增长比较

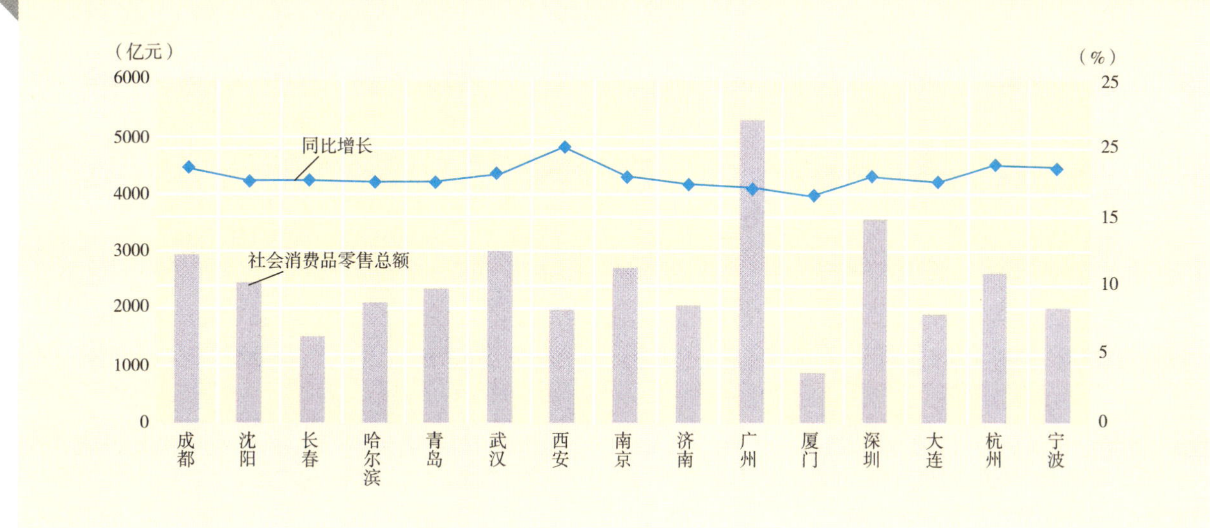

从商贸业空间布局上看，将形成由中央商业区、四个市场集中发展区、六个主力商圈构成的多元商贸业发展空间体系。改造提升以春熙路－盐市口－红星路片区和骡马市－玉带桥－顺城街片区为主的中央商业区，形成领先西部的时尚购物和体验消费功能区；加快建设北部新城商贸功能区、青白江商品市场集中发展区、双流商品市场集中发展区和龙泉驿商品市场发展区，随着成都“中调”战略深入推进，引导绕城高速以内批发市场和现代贸易高端功能向四大市场发展集聚，形成一批“千亿市场”；规划建设沙湾－犀浦、光华－金沙太阳城－新城西、红牌楼、天府新城、猛追湾－建设路、钢管厂－锦华路等六大主力商圈，形成多中心购物天堂的基本骨架。

（3）物流业。

作为全国规划的21个物流节点城市之一，成都物流业进入了“快速提升、追赶东部”的发展阶段，主要特征是物流需求旺盛、发展速度较快。2011年，成都市交通运输、仓储和邮政业生产总值达到312.25亿元，占地区生产总值的4.5%。2011年，成都市航空、公路货运量均较去年出现了大幅增加，同比分别增长13.2%、17.1%，同比增速均超过10个百分点。铁路和航空运输市场发展加快，公路运输成为物流运输业增长的主要动力。成都市快递业发展势头迅猛，全球四大快递巨头和邮政速递相继在成都建立了快件区域分拨中心，国内申通、顺丰、圆通等知名快递企业已落户。成都配送业发展快速，钢材、机电、小商品等批发市场正处于升级换代阶段，连锁超市、便利店等零售业态的发展在国内名列前茅，这些构成了发展配送业的市场基础。近几年，成都市携手与阿里巴巴、当当网、卓越、亚马逊等企业开展了同城配送业务，物流配送企业与网点密集连锁企业也加强了业务合作。

表22-7　2010～2011年成都市主要运输方式货运量和货物周转量

运输方式	2010年				2011年			
	货运量		货物运输周转量		货运量		货物运输周转量	
	绝对数（万吨）	同比增长速度（%）	绝对数（万吨）	同比增长速度（%）	绝对数（万吨）	同比增长速度（%）	绝对数（万吨）	同比增长速度（%）
铁路	15385.8	9.0	14749700	7.4	773.2	—	752136	—
航空	22.0	18.9	77975	11.8	24.9	13.2	80585	3.3
公路	28679.0	12.9	1749387	72.9	33570.1	17.1	2050952	17.2
合计	44086.8	11.4	16577062	18.9	34368.2	—	2883673	—

注：2010年铁路数据为西南三省合并后的铁路局数据，2011年为成都地区铁路和地铁数据之和。
数据来源：《成都统计年鉴》（2012）。

表 22-8 2010 年成都市四大物流园区和四大物流中心发展情况

名称		所属区域	占地面积（亩）	年处理能力（万吨）	空间载体	发展定位
四大物流园区	成都航空物流园区	双流县	3500	250	双流国际机场	服务四川、辐射西部、连接世界的枢纽型西部航空物流港
	成都国际集装箱物流园区	清白江区	3700	100	成都铁路集装箱中心站	服务四川、辐射西部、通达全球的枢纽型集装箱内陆港
	成都青白江物流园区	青白江区	4600	1000	成都铁路枢纽大弯货站	服务四川、辐射西部、通达全国的枢纽型铁路散货集散地
	成都新津物流园区	新津县	3600	1000	成都铁路枢纽新津货站	服务川南、辐射西南、通达全国的枢纽型铁路散货集散地
四大物流中心	新都物流中心	新都县	2400	2100	城市北向公路主通道	服务于成都北部、辐射成德绵经济带、通达全国的物流港
	龙泉物流中心	龙泉驿区	3400	2400	城市东向公路主通道	建设服务成都东部、辐射成渝经济带、连接长江港口的公水联运货物集散中心
	双流物流中心	双流县	1800	1900	城市南向公路主通道	服务于成都南部、辐射西南的公路货物集散中心
	保税物流中心	高新西区	800	1000	成都出口加工区	服务于成都、辐射四川的保税物流中心

数据来源：《成都市物流产业发展规划 2009 ~ 2012》。

随着高新技术制造业企业对加工制造、现代物流和国际贸易协调发展需求的不断增加，航空物流园区、青白江集装箱物流园区和龙泉物流中心公共口岸设施全面建成，口岸联检单位集中入驻航空物流园区，成都保税物流中心（B 型）通过验收并封关运行，成都物流业已形成了“四大物流园区和四大物流中心”的空间发展格局。

（4）商务服务业。

近年来，成都商务服务业迅速发展，规模不断扩大，逐渐成为成都市服务业发展的重要增长点。2011 年，成都商务服务业（含租赁业）[①] 增加值 172.0 亿元，较 2010 年扩大 40.0%，占服务业比重达到 4.9%，较 2010 年提高 0.5 个百分点。2011 年商务服务业对服务业增长的贡献率达到 1.6，仅次于金融业，居生产性服务业第二位。“十一五”时期，成都就明确提出要建设成“中西部区域性总部经济聚集高地”；2006 年成都市在《成都市贯彻落实省委、省政府工业强省战略决定的实

① 以 2006 年为基期，行业贡献率 = i 行业年增长率 / 全行业年增长率。

施意见》中提出要“大力发展总部经济”，随后又把总部经济作为构建市域现代产业体系的核心，并在“十二五”规划中进一步明确，总部经济已经成为成都城市产业升级的引擎。截至2011年末，落户成都的“世界500强”已达207家，全年共引进18家，其中境外企业11家，境内企业7家，境外企业达到160家，数量均居西部第一。

目前，成都市商务服务业企业主要集中在中心城区及天府新城，形成天府广场商务区、人南科技商务区、东大街金融商务区、天府大道商务区、骡马市商务区等多个商务服务业集聚区。其中，天府广场商务区是目前全市写字楼建设较为成熟区和密集区；以人民南路为主轴，以浆洗街和科华路为两翼的人南科技商务区是成都市高端写字楼最密集区域，是成都写字楼市场的风向标，被誉为成都商务办公“第一区”，在落户成都的世界500强企业以及4000余家外商投资企业中，有近70%以上的企业集中在人南科技商务区；东大街金融商务区云集了全市80%的外资银行和外资保险机构、国际知名专业服务和咨询策划机构，是成都市金融商务发展聚集区；天府大道商务区是商务服务业发展最迅速的区域，聚集了一大批已建成或在建的高端商务楼宇，成为未来商务服务业发展的强力支撑；骡马市商务区，在不到3平方公里的范围内，建有近30座高档写字楼和办公楼。

（5）旅游业。

成都市是国家旅游局和世界旅游组织命名的三个中国最佳旅游城市之一，是国家旅游局确定的全国四个旅游综合改革试点城市之一，是世界优秀旅游目的地城市中心命名的亚洲首个“世界优秀旅游目的地城市”。2011年成都市国内旅游收入达到776.4亿元，在15个副省级城市中仅排名第5位，同比增长32.8%，增速较去年同期提高12.3个百分点，在中西部地区具有一定优势。2011年成都市全年接待旅游总人数9674.03万人次，同比增长41.9%，实现旅游总收入805.01亿元，同比增长33.3%。2011年全市共有国家A级旅游景区56个，星级宾馆140家，旅行社289家。成都市旅游产业在加速发展的同时，出现了旅游市场重点向国际国内并重转变、产品供给向休闲度假转变、增长方式向产业融合转变、收益模式向增值服务转变、行业管理向产业促进转变、发展格局向城乡一体转变的态势。

目前全市旅游业的发展初步形成“一区两带”（城市休闲旅游区、龙门山生态旅游带、龙泉山生态旅游带）的旅游业发展格局。城市休闲旅游区以中心城区及温江、郫县、新都等周边近郊为主体，大力发展以游憩商业、休闲娱乐、文化体验等为主的都市休闲旅游；龙门山生态旅游带，依托龙门山优质的自然和文化遗产资源，以高端为引领，以度假为突破口，积极发展以遗产观光、休闲度假、文化旅游、运动养生为主的山地旅游产品体系；龙泉山生态旅游带，依托龙泉山山地农业和山地田园风光，大力发展田园体验、乡村休闲、生态度假、运动康体等生态旅游项目。

（6）文化创意产业。

文化创意产业是成都市战略性新型产业之一，文化创意产业已形成了以园区化、

表 22-9　成都市文化创意产业园区、基地和重大项目名录

序号	文化创意产业园区、基地和重大项目	所在行政区	发展方向
1	“成都东村”文化创意产业综合功能区	锦江区、成华区、龙泉驿区	重点发展传媒、影音娱乐、动漫游戏、文博艺术、创意设计、数字出版等优势领域
2	“红星路 35 号”文化创意产业园区	锦江区	以传媒为主的文化创意产业区
3	三圣乡文化创意产业园区		
4	宽窄巷子	青羊区	以文博为主的文化创意产业区
5	锦里	武侯区	以民俗文化为主的文化创意产业区
6	UK028 家居文化艺术创意产业街区		以创意设计为主的产业集群
7	洛带古镇	龙泉驿区	以当代艺术为特色的文化创意产业集群
8	平乐古镇	邛崃市	以文化旅游为主的产业区
9	街子古镇	崇州市	以文化旅游为主的产业区
10	黄龙溪古镇	双流县	以动漫为主的文化创意产业区
11	成都安仁中国博物馆小镇	大邑县	安仁文博旅游区

楼宇化为载体模式，以重大产业项目为带动，以骨干企业为支撑，传媒、文博旅游、创意设计、演艺娱乐、文学与艺术品原创、动漫游戏和出版发行等行业快速发展的新格局，在全市经济发展中发挥的作用越来越显著。2011 年，成都市文化产业增加值约 330 亿元，占到地区生产总值的 4.8%，成为全市新兴产业中吸纳就业能力最强的产业之一。

目前成都市文化创意产业已经初步形成了“四片两区一带多点”的空间格局。其中，“四片”指依托“红星路 35 号”园区、成都日报报业集团、四川日报报业集团等发展传媒业、广告业、创意设计的红星片区，依托“UK 联邦”街区发展创意设计的红牌楼片区，依托成都东郊记忆发展数字音乐、艺术品原创与交易、创意设计的红光楼片区，依托四川省博物院、杜甫草堂博物馆、锦绣工场和送仙桥艺术城，发展文博旅游、创意设计和文学与艺术品原创交易的浣花片区；“两区”指南部新区和东部新城；“一带”，即“198”文化创意产业重点发展带。

（二）现代工业发展及布局

1. 现代工业发展概况

成都市第十次党代会确立了“走新型工业化道路，实现工业新跨越”的发展思路，开始了工业新跨越的探索与实践，成都工业经济进入由传统工业化向新型工业化道路转型的关键时期。成都市工业发生了深刻的变化，主要表现在四个方面。

一是成都工业经济效益得到较大提高。2011 年，全市实现工业增加值 2610.8 亿元，在 15 个副省级城市中排

名由 2005 年的第十一位上升到 2011 年的第九位。工业对国民经济发展的贡献不断增强，全市工业增加值占 GDP 的比重由 2005 年的 31.9% 上升至 2011 年的 37.6%。以总部经济为核心、高新技术产业为先导、现代制造业为基础的现代工业产业体系初步形成。

二是高新技术产业快速发展。随着"成都 · 高科技行动计划"深入推进，"数字成都"、电子政务等信息化建设加快，实施了一大批国家、省、市重点科技项目，建成了高新技术产业公共技术服务平台、中医药现代化基地、国家软件产业基地（成都），促进了产学研融合，以信息化促进工业化，企业的信息化水平不断提高。"十一五"累计完成技术创新投入 241.2 亿元，规模以上工业企业新产品产值率由 2005 年的 15.9% 提高到 2010 年的 20.4%。2010 年完成规模以上高新技术产业增加值 512.3 亿元，占全市规模以上工业增加值比重达到 31.2%。

三是成都市单位资源消耗逐渐降低，环境污染不断减少。工业节能降耗工作实现重大突破，全面退出采煤行业，万元工业增加值综合能耗由 2005 年的 1.89 吨标准煤下降到 2010 年的 1.25 吨标准煤。

四是工业向集中发展区集中。2003 年成都开始推进城乡一体化，并提出了"三个集中"（即工业向集中发展区集中、土地向规模经营集中、农民向集中居住区集中）的发展思路；2004 年，在新型工业化发展道路和工业向集中发展区集中的思路下，根据各地产业基础和资源条件，成都将 116 个各类工业园区调整归并为 21 个工业集中发展区，明确了成都未来工业的产业布局和空间布局，充分体现了集中发展、集约发展、错位发展的指导思想。

2. 重点行业发展及布局

（1）战略新兴产业。[①]

通过规划和政策引领，促进了战略新兴产业集聚发展，逐步形成了以电子信息产业为支柱，高端装备、生物医药、新能源、新材料以及工业节能环保产业等高新技术产业快速发展的格局。

电子信息产业：2011 年，成都市电子信息产业实现主营收入 2218.48 亿元，在集成电路、光电显示、网络通信、电子元器件、信息安全、物联网、云计算等领域具有竞争优势，建成全球平板电脑和笔记本电脑重要生产基地，是中西部地区最大的软件产业基地、国家集成电路设计产业化基地、信息产业国家高技术产业基地和国家信息安全成果产业化基地。空间上以成都高新区作为电子信息产业发展的主体载体。

生物医药产业：2011 年，成都市生物医药产业实现主营业务收入 277.4 亿元，现代中药、疫苗、生物治疗技术、生物医学材料、诊断治疗设备等领域国际领先，拥有近 30 个单品种销售过亿元的拳头产品，已成为国家生物产业基地、国家生物医用材料及医疗器械高新技术产业化基地、国家科技兴贸出口创新基地、国家首批医药出口基地。生物医药产业在空间上将形成以高新区为研发核心区、邛崃市为制造

① 此部分内容主要参考《成都市"十二五"战略性新兴产业发展规划》。

表 22–10　成都市工业集中发展区“一区一主业”产业定位

序号	名称	重点支持产业
1	成都高新区	电子信息（含软件）及生物医药产业
2	成都经开区	以汽车整车（含工程机械）及配套零部件为主的现代制造业
3	成都石化基地	石化产业
4	锦江区	以创意设计及电子信息服务为主的企业总部
5	青羊区	以航空模具产业为主的企业总部
6	金牛区	以电子信息服务为主的企业总部
7	武侯区	以轻工设计及软件开发为主的企业总部
8	成华区	以机电研发为主的企业总部
9	温江区	电子机械产业
10	青白江区	冶金建材制造业
11	新都区	精密机械制造业（新繁镇：家具产业）
12	都江堰市	机电及软件产业
13	彭州市	塑料制造业
14	邛崃市	天然气化工产业
15	崇州市	以制鞋为主的轻工业
16	金堂县	新型建材制造业（淮口镇：纺织制鞋业）
17	双流县	光伏光电及机电产业
18	郫县	精密机电制造业（安德镇：川菜原辅料加工业）
19	大邑县	轻工机械制造业
20	蒲江县	食品饮料制造业
21	新津县	以新能源、新材料为主的化工产业

基地的格局。

新能源产业：2011 年，成都市新能源产业实现主营收入 239.6 亿元，初步形成以太阳能、核能、风能、智能电网为主的产业体系。在晶硅、薄膜、聚光光伏等太阳能领域，核技术研发、核岛关键系统集成等核电领域，以及风电轴承、润滑液压、风电电机等风电领域具有较强优势。空间上以成都新能源产业功能区（双流县）作为新能源产业发展的主体载体。

新材料产业：2011 年，成都市新材料产业实现主营业务收入 258.61 亿元，在高性能纤维及复合材料、硅材料、稀土材料等领域具有竞争优势，拥有一批具有自主知识产权的拳头产品。芳纶Ⅱ、芳纶Ⅲ、玄武岩纤维具有国际先进水平，已成为国家高性能纤维高新技术产业化基地。空间上以成都新材料产业功能区（新津县）作为新材料产业发展的主体载体。

高端装备制造业：2011年成都市高端装备制造产业实现主营收入243.95亿元，在航空装备、卫星及应用、轨道交通装备、智能制造装备等领域具有一定优势，形成了涵盖飞机研发、设计、制造、测试和维修的完整产业链，军机研制保持国内领先，正加快建设国家民用航空高技术产业基地。空间上以青羊区作为高端装备制造业发展的主体载体。

节能环保产业：2011年，全市节能环保产业实现主营收入265.14亿元，在城市污水处理、工业废水处理、大气污染治理、汽车尾气处理、噪声治理和垃圾焚烧发电等领域具备自行设计及制造成套设备的能力，拥有脱硝催化剂、大直径离卧螺沉降式离心机、辊压机等拳头产品，废塑料深加工等固废综合利用技术达到国内领先水平，LED系列高效节能照明、余热余压利用等节能技术设备在全国处于领先地位。空间上以金堂县作为节能环保产业发展的主体载体。

（2）特色优势产业。

以汽车产业、石化产业、食品产业、冶金建材产业、轻工业等为代表的传统产业加快升级，成为全市独具特色的优势产业。

汽车产业：成都汽车工业经过几十年的稳步发展，已具备相当规模，初步形成了以轿车、越野车、客车、载货车及零部件开发、生产、贸易为一体的汽车工业体系。整车方面，全市拥有整车产品包括中高档轿车、运动型多用途汽车（SUV）、中高档客车、重型载货车、专用车等。零部件方面，拥有产品种类包括动力系统、底盘系统、安全控制系统、电气设备系统、车身系统等，已形成了较强的配套能力。空间上以成都经开区为重点发展载体。

石化产业：目前，全市正加快推进中国石油四川石化炼化一体化项目投产达产，石化产业以精细石油化工、天然气化工、塑胶产业为主要行业门类。在空间上以彭州石化产业功能区为核心载体。

食品产业：食品产业在全市分布最广，其中，以新都区－郫县－温江区－双流县为聚集区，形成了名烟、饮料、调味品及休闲食品的食品工业企业聚集带；以邛崃－新津－崇州为聚集区，形成了肉类加工、白酒制造和茶业的农副产品加工业聚集带。

冶金建材产业：成都冶金产业形成了以攀钢集团成都钢铁有限责任公司、攀钢集团成都板材有限公司为主的钢铁冶炼及压延加工业和以华西铝业有限公司为主的有色金属压延加工业构成的成都冶金工业格局，以无缝钢管、各类板材产品及其精深加工为主的产业体系初步形成，具备了生产无缝钢管、冷轧板、涂层板、铝箔、镍、钨钼合金、铝材、铜材等产品的能力，其中无缝钢管、铝箔、钨钼合金等产品在全国具有一定优势。空间上，以青白江工业集中发展区、新材料产业功能区、大邑县沙渠镇工业点、成阿工业合作园为重点发展区域。

轻工业：成都市制鞋行业企业以女鞋生产为主，产品以出口为主，全市女鞋出口占全国女鞋出口的 1/3，以俄罗斯、乌克兰等东欧国家为主；空间上，制鞋企业以武侯鞋都、崇州工业集中发展区为重点区域。成都市是全国五大家具产业基地和四大家具流通基地之一，同时也是全国最大的板式家具生产基地；空间上，主要聚集分布在新都区、崇州市、彭州市、双流县等区（市）县，其中新都区新繁镇已成为全市家具制造企业聚集最多的区域。

（三）现代农业发展及布局[①]

1. 现代农业生产的主要成就

“十一五”时期，随着农村工作“四大基础工程”的实施，农业农村各项改革的深化，以及公共财政对“三农”覆盖和投入力度的加大，农业生产条件不断得到改善，促进了全市农业生产的稳定发展。

（1）农业综合竞争力显著提高。2011 年，第一产业增加值达到 327.3 亿元，农林牧渔业平稳发展，粮食总产量稳定在 260 万吨以上，肉类、蔬菜总产量分别达到 105.22、494.7 万吨。引进试验示范农业新品种 402 个，推广实用农技 372 项。拥有国家驰名商标 5 件，省市著名商标 90 件，国家、省名牌产品 59 件，无公害、绿色和有机农产品认证 420 个。

（2）农民收入持续增长，生产生活方式加快转变。2011 年农民人均纯收入 9895 元，工资性收入成为主要来源，财产性收入增长强劲，正在成为新的增长点。专业合作组织和新型集体经济组织 2592 个，规模以上农业产业化龙头企业 657 家，农户带动面 65%，全市累计流转耕地 285 万亩，占耕地总面积的 44%。

（3）有特色的农业生产力布局基本形成。圈层特色显现，一圈层休闲农业、二圈层优质高效农业和三圈层山地丘陵生态农业融合发展的格局基本形成。优势特色农产品基地和产业带初步成形，形成了优质水稻和“双低”油菜发展带，城市蔬菜生产基地、花卉示范园、水果和茶叶集中发展片，生猪和家禽规模化养殖场，水产品养殖区，以及木竹产业林。

2. 现代农业空间布局

以发展都市型现代农业为目标，分区域分重点推进，在主城区发展“插花式”、“镶嵌式”景观农业，推动农业“接二连三”和促进农民多元化就业增收；在近郊区发展规模化、标准化、精品化的优质高效农业，发展农业物流运输、农产品加工和旅游观光农业；在远郊区发展规模化、区域化、标准化优质高效农业和山地丘陵特色生态农业。坚持全域成都理念，突破区域界限，加强圈层间的合作共建，规划形成跨区县的农产品生产、加工、贸易和交易市场。拓展成都农业的发展空间，加大成渝、成德绵、成资遂、成眉乐、成雅阿农业生产合作，重点发展良种繁育、农产品精深加工、农业科研开发、农产品交易等农业的产业高端和高端产业，提高成都农业的品牌意识和核心竞争力。

---

① 参考《成都市农业和农村经济发展第十二个五年规划》。

表 22-11 成都市农业优势特色产业布局

优势产业	产业分类	重点区域布局
粮食	水稻	14 个区（市）县
	小麦	崇州、双流、青白江、新都、大邑、都江堰、郫县、新津、邛崃、彭州
	马铃薯	双流、邛崃、金堂、崇州、大邑、蒲江、彭州、青白江、都江堰
	其他	有关区（市）县
油菜	油菜（双低油菜）	14 个区（市）县
蔬菜	城市蔬菜	14 个区（市）县
	外销蔬菜	彭州、双流、郫县、金堂、都江堰、新都、崇州、大邑、新津、龙泉驿、青白江、温江
	反季节蔬菜	彭州、金堂、大邑、邛崃、都江堰、双流、崇州、新都、蒲江、温江
水果	猕猴桃	都江堰、蒲江、彭州、邛崃
	伏季水果	双流、龙泉驿、金堂、青白江
食用菌	木腐、草腐食用菌	郫县、青白江、金堂、彭州、崇州、大邑、邛崃、新津
花卉	苗木、花卉	温江、郫县、都江堰、崇州、金堂、锦江
茶叶	优质茶叶	都江堰、大邑、彭州、崇州、蒲江、邛崃
中药材	黄连、川芎、郁金、杜仲、黄柏、厚朴等	大邑、都江堰、彭州、崇州、邛崃
林竹	工业林、笋用林	彭州、大邑、崇州、都江堰、邛崃
养殖业	生猪	邛崃、大邑、崇州、都江堰、双流、新津、蒲江、彭州、新都、青白江、金堂
	家禽	金堂、龙泉驿、双流、新津、彭州、郫县、邛崃、大邑、崇州、蒲江
	水产	都江堰、彭州、大邑、崇州、邛崃、蒲江、温江、郫县、成华、龙泉驿、金堂、新都

四 城镇发展与布局：城乡一体的新型城市化道路

（一）城市化发展概况

1. 城市化进程

成都市城市化进程同全国一样，并不单纯是由经济发展进程决定的，它在很大程度上受到政治变化的影响。纵观全市 60 多年来的城市化进程，大致可以分为四个阶段。第一阶段为 1949 ~ 1978 年，城市化率[①]由 1949 年的 20.3% 提升为 1978 年的 22.3%，年均提升 0.06 个百分点，城市化率呈缓慢提升态势，城市建设以城区内填空补缺为主。第二个阶段为 1979 ~ 1993 年，这一阶段城市化水平由 1979 年的 23.0% 增加到 1993 年的

① 城市化率统计指标分为按户籍人口计算和按常住人口计算两种口径，从城市化的内涵界定来看，按常住人口计算的城市化率更具代表性，但由于缺乏 2000 年之前的历史数据，历程部分分析以户籍人口口径的城市化率为基础。

29.2%，城市化水平以每年 0.42 个百分点增长，使全市城市化水平进入了加速发展阶段，城市空间拓展较为均衡。第三个阶段为 1994 ~ 2003 年，城市化率由 29.2% 提升为 37.0%，年均提升 0.78 个百分点，呈加速提升态势，在此阶段，随着城市化水平的快速提升，成都形成以城市建成区为主体的城市化地区，以城市边缘区及周边城镇组团为主体的半城市化地区，以及以中远郊区为主体的乡村地区。第四个阶段为 2004 年至今，城市化率由 42.8% 提升为 60.7%，年均提升 2.5 个百分点，呈急速提升态势，城市空间由单中心拓展向“全域成都”多层次空间体系转变。

2. 城市化驱动力

（1）工业化。纵观改革开放 30 年，成都在工业化领域取得了巨大成就，工业化引起产业结构的迅速转变，并通过这种转变带动城市化。特别是 1992 年以来是实施产业结构重大调整时期，成都市提出并实施了一系列重大战略举措，成都产业结构得到了优化调整，重工农业、轻服务业的传统经济增长模式得到校正，轻工业得到补充性快速发展，现代服务业得到初步发展，产业结构开始由传统向现代转变。第三产业对城市化的推动作用越来越强大，成都市国内生产总值的构成，由新中国成立初的一、二、三结构逐步过渡到三、二、一结构，从业人员构成比例也反映了这一趋势。第三产业的快速发展，不仅能吸纳大量的劳动者就业，加速城市化的进程，而且还有利于提高整个国民经济运行的质量和效益；第三产业促进的是城市化软硬件基础设施的完善和人民生活水平的提高，激化了城市的集聚经济效益、外部经济效益及经济扩散效益，正成为推动全市宏观经济快速发展和城市化加速前进的重要动力。

（2）地方创新。从 2003 年成都开始实施统筹城乡发展战略以来，成都的城市化水平呈跳跃式的急剧提升，与工业化的

图 22-11　1949 ~ 2011 年成都市按户籍人口计算的城市化率

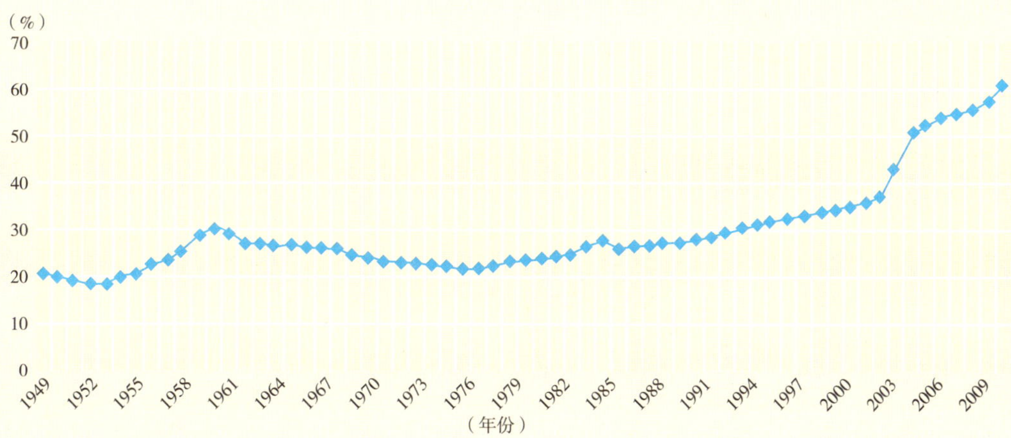

数据来源：《2012 成都统计年鉴》。

图 22-12　2000 ~ 2011 年成都市城市化率、第二产业与第三产业增加值比重年际变化

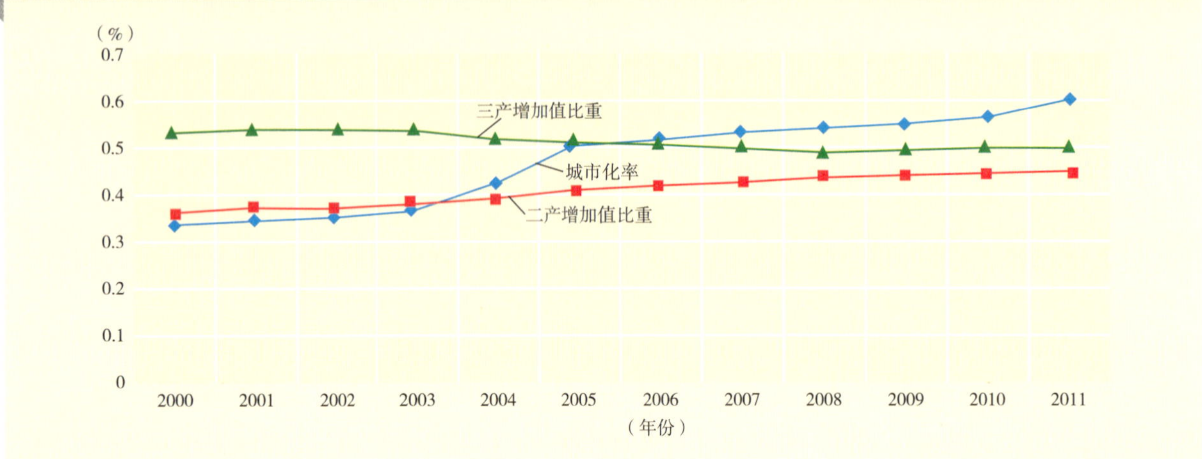

数据来源：《2012 成都统计年鉴》。

图 22-13　全国与成都市的城市化曲线

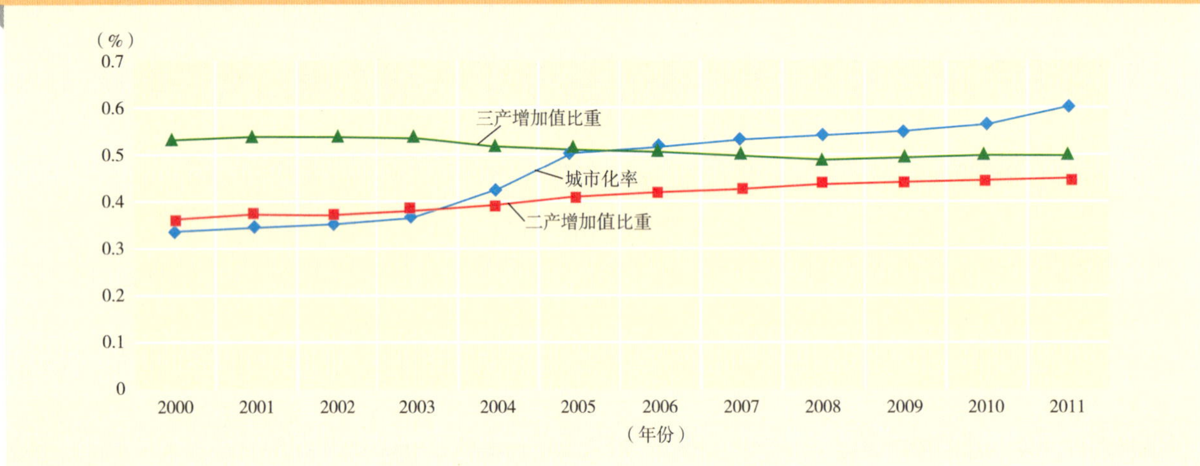

数据来源：全国数据由《2011 中国统计年鉴》数据计算得出；成都市数据由《2011 成都统计年鉴》数据计算得出。

表 22-12　“全域成都”理念下的城镇发展

区域	范　围	产 业 导 向
中心城区	锦江区、青羊区、武侯区、金牛区、成华区和高新区	“转二优三”，加快低端产业、传统产业转移转型步伐，培育以高端服务业为主体的城市业态。
近郊区	双流县、龙泉驿区、青白江区、新都区、温江区、郫县	“强二兴三”，担当起先进制造业主要承载区的发展定位，培育与先进制造业相配套的现代服务业。
远郊区	都江堰市、彭州市、邛崃市、新津县、崇州市、大邑县、金堂县、蒲江县	“兴二优一”，发展有比较优势的先进制造业，加快优化特色农业和旅游业。

差距也逐步缩小；而全国的城市化水平基本经历了一个稳步上升的过程，缺乏跳跃式的增长。原因就在于成都以破解城乡二元体制为突破口，开始实施以户籍制度为核心的系列城乡差异的社会管理制度改革，城乡社会管理体制逐步由分割向融合转变。特别是在成为“成都试验区”后，通过系统推进城乡规划、产业发展、市场体制、基础设施、公共服务和管理体制一体化，以农村土地产权制度、户籍制度改革为核心对构建新型城乡关系进行了大胆尝试，且改革进一步深化，逐渐触及了农村土地和房屋产权等深层次领域，初步建立了以城乡一体化制度为基础、市场化制度为核心、集约化发展机制为补充的城乡统筹的体制框架。这表明，成都致力于城乡融合的地方创新为成都加速城市化进程创造了决定性的条件。

（3）市场化改革。改革开放以来，成都市经历了多次的经济体制改革。20世纪80年代初期，成都市开始改革开放后的第一次经济体制改革，农村全面取消了人民公社，恢复党政分开的乡镇建制，农民得以自主安排生产或进城务工。1994年，成都市城市经济体制改革又拉开序幕，简政放权、企业下放、搞活民营经济等措施轰轰烈烈地开展起来，形成了城市经济发展的新局面，使成都进入了城市化的高潮，成为城市化发展的一个重要时期。20世纪90年代后期，随着商品供给制度、劳动用工制度、社会福利保障制度等一系列变革，市场经济持续繁荣，市场机制不断完善，拓宽了人们对生产生活环境的选择，促进了农民向城市的流动，推动了城市经济和城市文明对农村的辐射，进一步加快了城市化进程。随着私营经济从业人员比重的大幅增加，城镇从业人员比重和城市化率也表现为跳跃性增长。这表明了，在市场经济发展较为成熟，个体及私营经济发展规模较大时，能够吸纳的就业人数明显增加，对新增的城镇从业人员贡献较大，推动城市化的进程也较为明显。

（4）城市化战略。20世纪80年代，开始实施“严格控制大规模城市，合理发展中小城市，积极发展小城镇”的城市化发展战略。通过都市区的发展强化中心城市职能，重点培育都江堰、崇州、邛崃、彭州成为中等城市；大力扶持一批中心城镇发展成为中小城市；通过集中性的重点镇建设促进小城镇的发展，加快成都市的城市化发展。2007年，成都市针对单中心拓展模式下城市发展空间受限、中心城区负荷巨大等问题，提出了“全域成都”的发展理念，即要打破单中心聚集趋势，对成都全域进行统筹规划，统筹安排全域范围内的要素流动和产业布局。按照“全域成都”的发展理念，中心城区率先形成以服务经济为主的经济结构，成为成都现代服务业和人口的主要集聚区。制造业进一步向中远郊区集聚，近郊区成为成都主要的生产功能区和新增城市人口及外来产业的主要吸纳区，承担重要的交通枢纽、商贸物流和居住功能。远郊区加快农业现代化进程，成为成都制造业进一步扩展的后备区域，承担居住、观光休闲旅游、生态环境保障功能。随着城市化进程的加速推进，成都与其所在区域经济社会联系日趋频繁和稳定，市域空间范围成为一个完整的城市功能地域和一个统一协调、共同

图 22-14　成都市城市化所处阶段示意

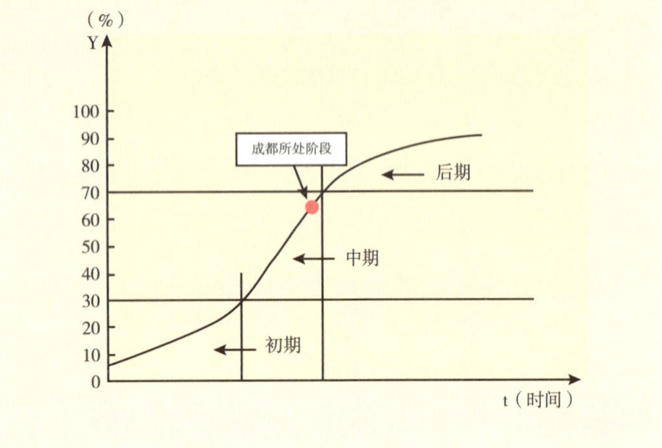

数据来源：《2012 成都统计年鉴》。

管理的行政区域，成都进一步向大都市区演变。

3. 城市化特征

（1）进入了城市化发展的中后期。根据世界城市化演进的一般规律，城市化发展进程可以概括成一条稍被拉平的“S”形曲线，这种现象被称为城市化进程的阶段性规律。在初级阶段，农业在国民经济中占较大比重，推动城市化发展的动力不足，城市化水平低，发展缓慢；当城市化水平超过 30%，城市化发展呈加速状态，进入中级阶段，农业劳动生产率提高，工业发展迅速并开始在国民经济中占主导地位，大量劳动力进入城市，城市化进入高速发展时期；后期，城市人口大约超过 70% 时，城市化又进入缓慢发展阶段，城市化发展趋于成熟，农业剩余劳动力转移大致完成，城市进入缓慢发展和注重提高城市质量的时期。2011 年成都市按户籍人口计算的城市化率为 60.66%，按常住人口计算的城市化率为 67%，综合判断应处于城市中期的后半段。

（2）探索出了统筹城乡的新型城镇化模式。新型城镇化跟传统城镇化既有相同的内涵，就是促使一部分农民转移到城市，成为城市居民；但又与传统城镇化有本质的区别，即有条件的农民进入城市，成为城镇居民是通过市场和自愿的办法而不是采取行政和强制的办法（如传统的征地办法）；同时，还有一部分农民不会进入城市，长期生活在农村，从事农业生产，但是他们的生产生活条件和生活质量应该与城市相当。成都市以破解城乡二元体制为突破口，实施以农村土地产权制度、户籍制度为核心的管理制度改革，逐步实现了由城乡分割向城乡融合转变，步入了新型工业化、新型城镇化与农业现代化联动发展的良性轨道，探索出了一种具有成都特色的新型城镇化模式。据北大国家发展研究院的比较研究，成都市是全国唯一在城乡经济快速增长的同时城乡收入差距得到遏制并呈缩小趋势的特大中心城市。

（3）单中心圈层式空间拓展模式将逐步打破。工业化初期，随着多次行政区划调整带来的城市管理体制的变革，以及市域内一、二环路及蜀都大道、羊市街西延线、东城根街南北延线等城市干道的建成，使成都市“环形加放射”以及单中心圈层拓展的空间形态初步成型。然而随着城市规模的快速膨胀，单中心结构的城市弊病也日益凸显。2003 年起，成都以“三个集中”为根本手段，全面实施城乡一体化战略，一批重点镇和农村新型社区得以规划建设，农村地区的设施水平与承载力大幅提升，城乡差距显著缩小，以放射状交通干道为依托的多条城镇发展走廊基本形成。

尤其是提出了“全域成都”的发展理念，打破单中心圈层式空间拓展模式，逐渐形成了“一城、三圈、六走廊”的发展格局，卫星城的建设与产业发展引导成都实现多中心结构，同时发展走廊之间生态绿楔得以控制与保留，保证了中心城区良好的生态环境，避免了城市生长过程中“摊大饼”式的无序蔓延。

（4）市域城镇体系不断完善。从改革开放初期至 2011 年，成都行政区划面积由 3861.03 平方公里增加到 12390 平方公里，建成区面积由 40.2 平方公里增加到 483.02 平方公里，30 年间建成区面积扩展了 11 倍，城镇体系结构逐步得到完善，市域内形成了超大城市 – 中等城市 – 小城市 – 建制镇 – 一般乡镇的城镇规模等级体系。1983 年，成都市与温江地区合并，温江地区 12 个县并入成都，实行市领导县体制，成都市行政区划扩大为 5 区 14 县，成都的市制逐步由城镇型行政建制向城乡合治的一般地域型行政建制转型，成都开始了大城市带大郊区的发展历程，此后，小城镇的建设与发展迅速，建制镇数量不断增加。1992 年起，省、市政府对成都市部分具备条件的县实行了撤县建市改革，先后撤销灌县、彭县、邛崃县和崇庆县，设立都江堰市、彭州市、邛崃市和崇州市，成都市域范围内的城市数量达到 5 个。2011 年，除中心城区外，非农业人口超过 20 万人的有龙泉驿区、新都区、温江区、金堂县、双流县、郫县、彭州市、邛崃市。

（5）逐步向网络型、连绵带等城镇群的更高形式演变。目前成都市都市区范围

图 22–15　1949 ~ 2005 年成都市建成区变化示意

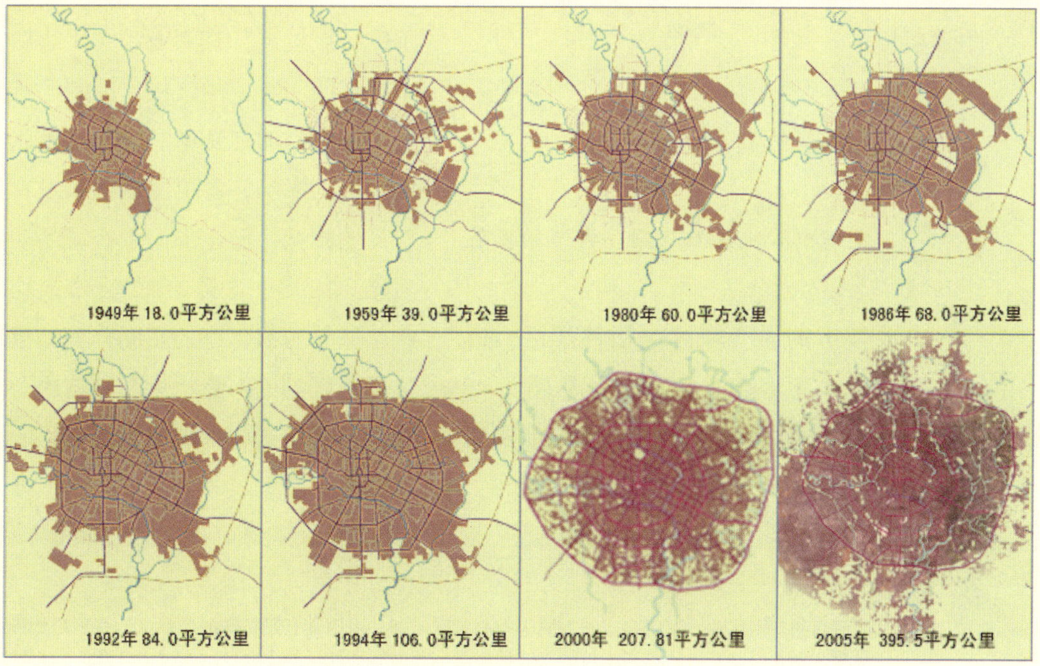

图 22-16　2007、2011 年中心城区和近郊区县地区生产总值增速

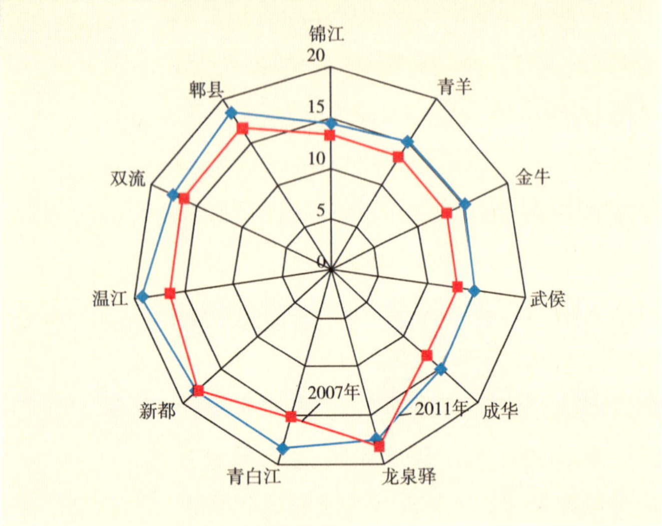

数据来源：《2012 成都统计年鉴》。

内的小城镇已由城镇群组形式发展，逐步向网络型、连绵带等城镇群的更高形式演变，这种演变伴随着大成都平原经济圈和成渝城镇密集区功能的完善，其趋势更为明显，集聚人口和产业的功能日益强大，进一步带动了全市和全省城市化水平的快速增长。

（二）城镇建设现状特征

1. 成都中心城区处在调整再造的发展阶段

成都市的中心城区包括锦江区、武侯区、青羊区、金牛区、成华区等五城区。[①] 中心城区一直是成都市城市发展的核心区域，是区（市）县中经济最发达、现代化程度最高、全面实现城市化的区域。但随着城市化进程的加速以及“全域成都”战略的实施，成都市的城市功能布局正在全域范围内进行重构，中心城区的发展面临了前所未有的挑战。随着部分城市功能外移，带动高素质人口也向郊区转移，而新兴的服务业等还难以对区域发展形成有效支撑，使城市经济重心转向郊区。近郊区（市）县自 2007 年开始经济增速全面超越中心城区，这印证了中心城区处于调整再造期的艰难。另外，服务业的发展尚不能填补功能外移带来的产业空缺。在制造业、物流业、商贸市场等逐步外迁的同时，服务业的发展尤其是生产性服务业的发展不够充分，是导致中心城区发展变缓的重要原因。因此，中心城区迫切需要以新兴生产力为契机，迅速对原有中心城区进行调整、再造，才能继续在城市经济中保持龙头地位。

2. 近郊区融入中心城区步伐加快

双流县、温江区、郫县等近郊区由于距中心城过近，其商业、文化等功能处于中心城的阴影范围之内，抑制了其独立功能的发育，加之受中心城外延扩张和强辐射吸引的影响，各卫星城很难发育为真正意义的新城，而逐步向中心城的功能片区演化。1990 ~ 2011 年的全市人均地区生产总值和城镇化率的空间分异结果均揭示了近郊区县的不断壮大及其与中心城区的融合趋势，其中双流县、温江区、郫县尤为突出。

---

① 成都高新技术产业开发区在空间上属于中心城区范畴，但因其只是特殊的产业区，并不是严格意义上的行政区划，因此其统计数据未被纳入统计体系。考虑到高新区的重要性，本文中涉及的中心城区相关论述包含了高新区，但不对高新区进行单列。

图 22-17　1990 年和 2011 年成都市城镇化率的空间分异

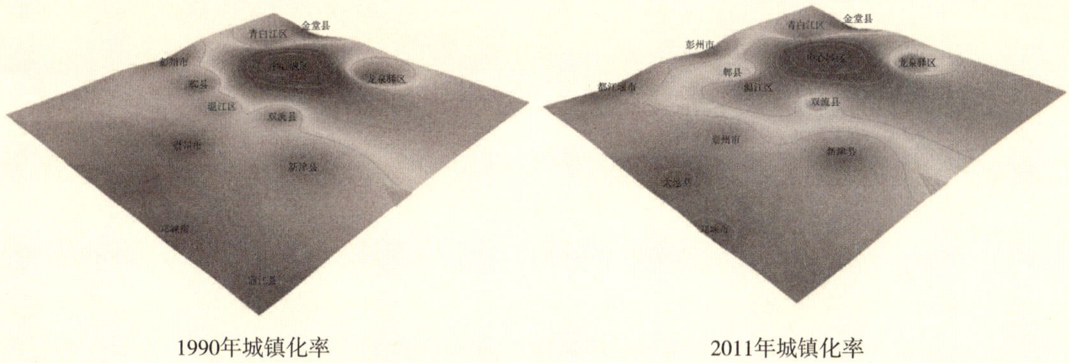

图 22-18　1990 年和 2011 年成都市人均 GDP 的空间分异

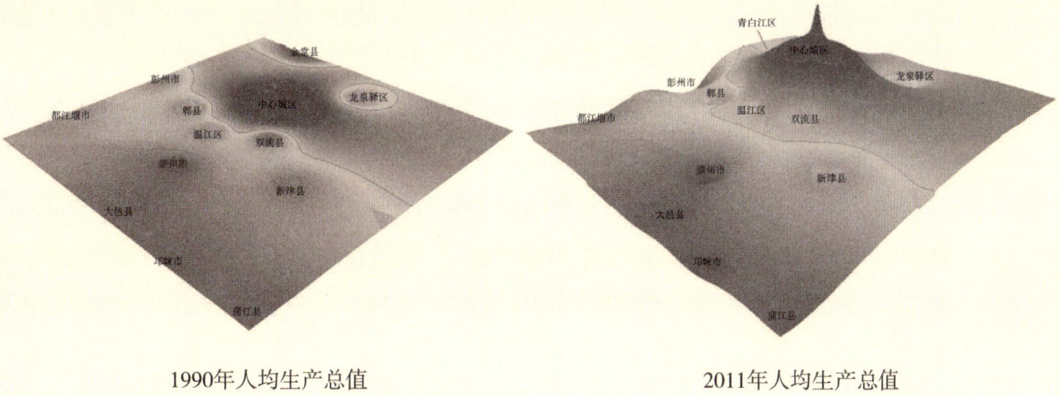

数据来源：《2012 成都统计年鉴》。

3. 远郊区产业发展和吸纳人口能力不足

长期以来单中心的发展模式，使得越靠近中心的城区区位优势越明显，大邑县、蒲江县、新津县、金堂县、崇州市、彭州市等远郊区难以吸纳发展所必需的要素。从人口资金两大基本生产要素空间分布看，中心城处于生产要素由集聚向对外辐射过渡的转型阶段，近郊区正快速转变为基本生产要素集聚的“洼地”，远郊区的生产要素仍然处于向中心城区和近郊区集中的发展阶段，表明远郊区截流人口和接受中心城人口疏解能力仍需进一步强化。

4. 重点镇发展缺乏有效的产业支撑

成都市先后于 2004、2005 年分别确定了 30 个重点发展镇和 14 个优先发展重点镇，对其重点扶持。从纵向发展来看，这些重点镇保持了高速发展的势头，产

表 22-13 经济主要指标圈层间比较（单位：%）

	2010 年			2011 年		
	中心城	近郊区	远郊区	中心城	近郊区	远郊区
GDP 比重	45.7	36.2	18.2	44.8	36.7	18.5
固定资产投资额比重	36	38	26	34.5	40.2	25.4
社会消费品零售总额比重	69.2	17.8	17.6	69.6	17.6	12.8

数据来源：《2012 成都统计年鉴》。

业聚集和城镇规模扩大较快。但大多数城镇特别是非工业布点城镇的产业支撑力不强：有的缺乏城镇主导产业；有的形成了初具规模的主导产业，但竞争力不强，即使是工业布点城镇，其产业集聚时间较短，集群化发展还不够；部分城镇的文化旅游产业虽然可以支撑产业和就业的稳定增长，但不能成为“三化联动”发展的内生动力。此外，大多数重点镇还是以乡镇的格局和场镇的思路在规划、建设和管理，城市意识较弱，没有按城市的标准建设和谋发展，起点较低、水平不高；与沿海新一轮重点城镇建设相比，暴露出明显的差距，已取得的比较优势在逐渐消失。

（三）以成都为核心的城市群

未来城市的竞争不再是简单的个体竞争，而是城市群之间的竞争，是区域与区域间的竞争。成都与周围地区同样要形成网络关系，组成地域联盟，共同谋求提高处理行政和政策问题的区域能力，形成一些可利用的新的空间范围，即充当企业参与全球市场竞争的地域平台，以适应不断变化的世界体系，提高整个全球城市区域的竞争能力。近年来，成都积极推进成都经济区建设，参与成渝经济区合作，加强与国内其他区域合作，进一步扩大开放，初步形成了多层次、宽领域、多渠道的区域合作和发展大格局。

1. 成都经济区

成都经济区是以成都为核心，成都平原周边与成都约 1 小时车程范围的区域，该地区经济联系与分工合作紧密，是四川人口、经济、城市最密集的核心区域。从 2008 年开始，成都经济区开始进行大规模区域合作，作为核心城市的成都先后与资阳、眉山、乐山等市通过举行区域合作联席会议等形式，签订了相关合作协议。随着这一系列协议的签订和实施，成都经济区区域合作在实践层面逐步加深，由意向性合作向以项目为抓手的合作进一步深化。成都与眉山、阿坝、资阳等市共建了合作园区，进一步拓展了成都的发展空间和产业承载能力。2010 年 1 月，成都与区内兄弟七市共同签署了《成都经济区区域合作框架协议》，标志着成都经济区“1+7”区域合作进入了实质性发展的新阶段。

图 22-19　成都经济区示意

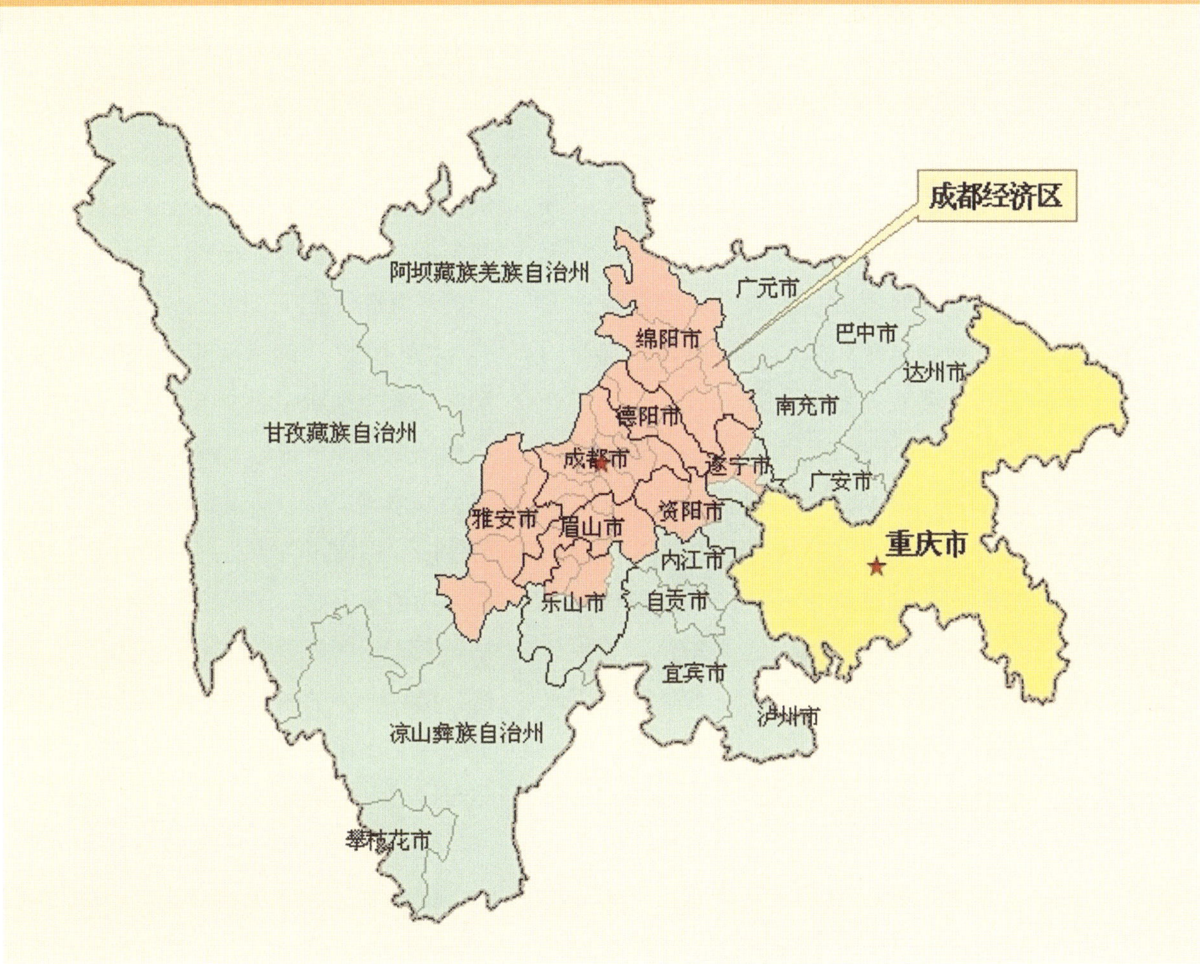

2. 成渝经济区

成渝经济区以成都和重庆两个特大城市为核心，是我国重要的人口、城镇、产业集聚区。2011 年国务院正式批准实施《成渝经济区区域规划》，明确要求把成渝经济区建设成为西部地区重要的经济中心，成为引领西部地区加快发展、提升内陆开放水平、增强国家综合实力的重要支撑。

按照《成渝经济区区域规划》要求，成都要充分发挥作为双核之一的核心城市引领区域发展的重要作用，建设高端产业集中、高端服务业集聚、宜业宜商宜居的国家创新型城市和国际旅游城市以及城乡一体化、全面现代化、充分国际化的大都市，并把规划建设天府新区作为提升城市功能的一项重要举措。作为潜在的新经济增长极，未来成渝经济区的发展将以《规划》为指导，在“引领西部、支撑全局、促进东中西协调发展”过程中发挥重要的战略作用。随着成渝经济区进入新的发展阶段，成都作为西部地区特大中心性城市的地位将更加凸显，城市对外影响力将明显增强。

五 天府新区：再造“产业成都”[①]

（一）天府新区的设立

2010年，在四川省深入实施西部大开发战略工作会议上，省委提出要规划建设天府新区，形成以现代制造业为主、高端服务业集聚、宜业宜商宜居的国际化现代新城区，力争再造一个“产业成都”。天府新区以成都高新技术开发区（南区）、成都经济技术开发区、双流经济开发区、彭山经济开发区、仁寿视高经济开发区及龙泉湖、三岔湖和龙泉山（简称“两湖一山”）为主体，主要包括成都市的高新区南区、龙泉驿区、双流县、新津县，资阳市的简阳市，眉山市的彭山县、仁寿县，共涉及3市7县（市、区）37个乡镇，规划面积为1578平方公里。到2030年天府新区城镇人口控制在580万～630万人，建设用地约650平方公里。

（二）天府新区的发展战略

1. 总体定位和核心功能

天府新区总体定位是以现代制造业为主、高端服务业集聚、宜业宜商宜居的国际现代新城区。核心功能概括为“一门户两基地两中心”。

“一门户”，即内陆开放门户。天府新区是内陆面向欧亚开放的重要组成部分，将成为西部地区与全球经济、技术、信息、文化交流与合作的通道和平台。

“两基地”，是指高技术产业基地与高端制造业基地。前者以电子信息为龙头产业，做大做强新能源装备制造、新材料、生物技术等高技术产业；后者以汽车研发制造为重点，发展航空航天、工程机械以及节能环保设备等高端制造产业，两个基地的产值都将在万亿元以上。

“两中心”，是指西部高端服务业中心和国家自主创新中心。西部高端服务业中心包括金融商务中心、商贸物流中心、文化会议博览中心、研发设计中心、文化创意中心、行政服务中心、旅游服务业中心和时尚消费中心。国家自主创新中心的内涵是天府新区要争做国家自主创新的示范区，世界一流的创新基地和科技园区，国家级军工民用转化基地，成都建设国家创新型城市的组成部分。

2. 空间布局

天府新区以“山水环绕、组合布局，产城融合、三位一体，集约高效、低碳智能，城乡统筹、生态田园”为理念，规划“一带两翼、一城六区”空间结构。其中，“一带”，由天府中轴向南延续，并向东延伸至龙泉山边，为高端服务功能集聚带。“两翼”，为龙泉经开区的高端制造产业功能带和成眉高技术和战略新兴产业集聚带。“一城”，为天府新城，集聚发展中央商务、总部办公、文化行政等高端服务功能，建设成区域的生产组织和生活服务的主中心。“六区”，依据主导产业和生态隔离划定的六个产城综合功能区，发挥产业集聚效应，配套完善的生产生活服务功能。

---

① 引自《四川省成都天府新区总体规划（2010～2030）》。

3. 产业发展方向

（1）大力发展战略新兴产业、高技术产业和高端制造业。以电子信息和汽车研发制造为重点，新能源、新材料、生物医药、工程机械、航空航天、节能环保设备为主导，围绕再造产业成都的核心目标，打造西部领先、全国一流的现代产业集群。

（2）聚集发展高端服务业。大力发展总部经济，加快现代金融、现代物流、创新研发、文化创意、行政服务、商务会展、高端消费等高端服务功能建设，推进生产性服务业与现代制造业的融合发展，打造西部高端服务业中心。

（3）积极发展休闲度假旅游和现代都市农业。依托“两湖一山”等旅游资源，大力发展国际休闲度假旅游和都市休闲旅游。充分挖掘现有农业生产潜力，重点发展现代都市农业，布局一批农产品深加工重大项目，建设四川农业产业化的示范基地。

六　未来展望：西部经济核心增长极

当前，全国和全球城市化进程呈现出一个重大趋势，就是人口和生产力越来越向特大中心城市和城市群集中，这使得特大中心城市和城市群的经济集中度逐步提高，越来越成为对区域发展具有引擎带动

图 22-20　天府新区规划范围示意

作用的重要增长极。而今后一个时期，将是我国新型工业化、新型城镇化的“双加速”时期，也是打造现代化、国际化的基本框架的关键时期。因此，打造具有全球比较优势、全国速度优势、西部高端优势的西部经济核心增长极，是成都领跑中西部地区现代化和国际化进程的战略举措。在未来西部地区多极核的发展格局中，成都的核心地位和主导作用体现为“交通主枢纽、产业主支撑、城市主引擎、开放主阵地”四大功能。

（一）建立合理城乡关系，构筑新型城乡形态

城乡一体的新型城市化，即统筹城乡发展的城市化，重在建设农村、发展农村，破除城乡二元结构，实现社会服务，公共产品供给城乡均等化；是统筹考虑城市与农村发展的需要，优势互补，协调发展，谋求城市与乡村共赢的新型城市化。这样的新型城市化道路，符合科学发展观指导下转变经济增长方式的要求，是推动经济增长方式转变的根本途径。根据城乡一体的新型城市化道路的特征，成都市应着力对城市与乡村进行功能重组，使它们充分发挥自身的优势，在城市化道路中承担起一定的职能。

1. 城市与乡村：功能重组、各展所长

提升中心城区现代化水平。适度调整行政区划，对中心城区的行政区划进行适当调整，可以减少不必要的资源浪费和无谓的区域内消耗，优化市场运作空间，整合政府间的关系以促进公共效率的提高。推动旧城的“二次开发”，加强公共交通的建设，加强公交体系承载能力的建设，同时要规划建设高度连通的街道、人行道、步行街道和自行车道，尽量提供短捷的路线，使城市生活更舒适，从而提升城市的发展质量。优化产业和城市布局，通过产业结构的优化来整合城市的空间和土地资源，推动区域产业发展与人口、资源和环境之间关系的不断改善，促进中心城区城市化质量提升。

加速推进农村城市化。成都的小城镇发展，直接关系到成都统筹城乡发展和推进城镇化的进度、质量和水平。通过提高城镇统筹城乡建设融资能力，提升城镇产业支撑能力，增强城镇承载能力，推动小城镇建设。大力发展劳动密集型产业，必须促进传统农业向现代农业转变，实现“就地就产业”接纳农业人口，尤其是第三圈层的农业产业化；坚持改造提升与承接转移并举的劳动密集型工业发展战略。完善城乡公共服务体系，重点是完善户籍制度改革，将重心放在各相关部门相关配套政策的改革，关键是完善附着在户籍制度之上的教育、就业、社会保障、住房等相关制度的综合配套改革。处理好乡村文化和乡村风貌的保护与开发，适度保留规模较大、林木景观形态较好的林盘地，同时要保护林盘中的水、林等自然要素，保持生态的多样性，达到自然循环的稳定状态，还可引导林盘聚落发展不同主题的休闲体验项目，实现乡村文化的保护与开发相结合。

2. 构建“双核共兴”的总体空间格局

打破成都市传统的单中心、摊大饼式城市空间拓展模式，既要建好以天府新区为代表的新城，又要优化以中心城区为代表的老城，着力强化城市发展的科技支撑、

图 22-21 “一带两翼、一城六区”空间结构

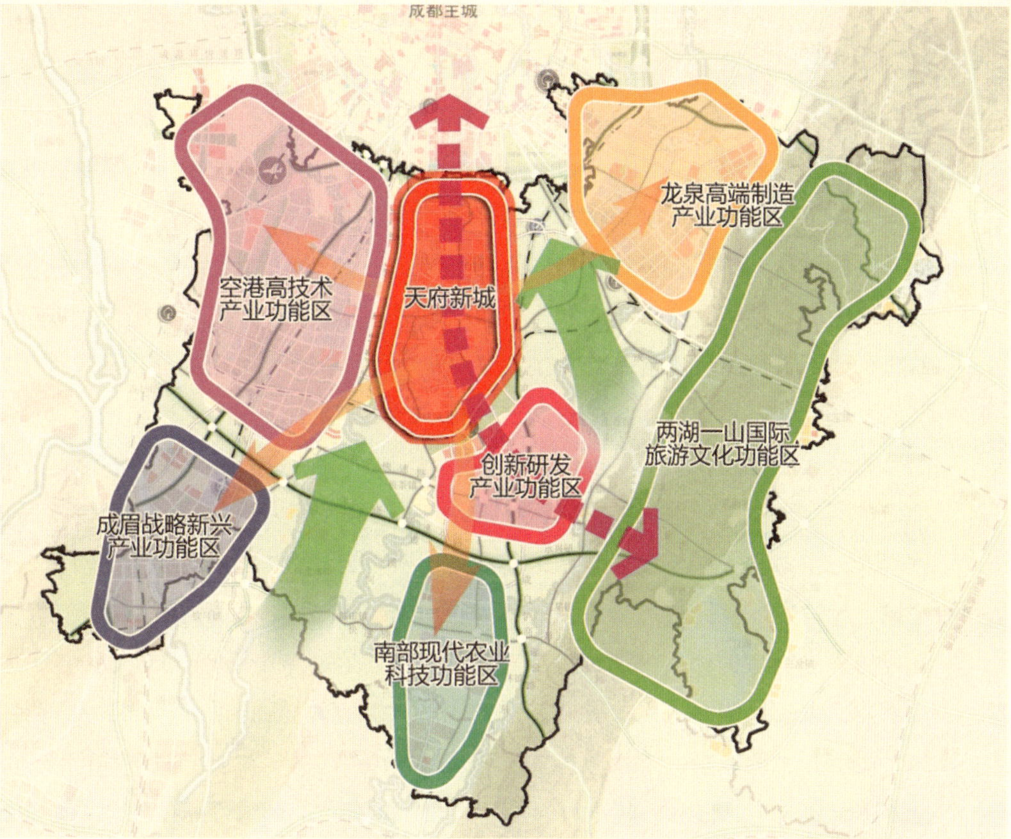

文化特色和生态本底，打造中心城区、天府新区“双核”共兴的发展格局，全面塑造宜业宜商宜居的竞争优势，提升城镇化水平和质量。按照以现代制造业为主、高端服务业集聚、宜业宜商宜居的国际化现代新城区的定位，高起点布局天府新区产业体系，努力建设具有高端化城市业态、田园化城市生态、特色化城市文态、现代化城市形态的世界之城、大美之城、宜人之城。通过对中心城区的功能提升和城市更新，打造成为历史文化和现代文明融合发展的国际化城区。加快推进“北改”工程，按照现代化、国际化的城市形态定位，改造城北片区老旧城市形态和落后生产力布局，推动城北片区主营业态升级和空间布局优化。以天府广场为中心，科学谋划沿人民南路、人民北路，南北延伸、贯穿全域、连接中心城区和天府新区的城市中轴线，沿线建设一批地标性建筑、集聚一批高端服务业项目，成为展示现代化城市形态的重要空间载体。

3. 形成“圈层融合”的全域发展态势

统筹谋划和推进资源要素配置、公共设施建设和生产力布局调整，将成都市全域划分为城市功能核心区、城市功能拓展区、城乡功能融合区、生态功能涵养区，根据不同的功能定位实行差异化的政策和考评体系，从而形成与资源环境相协调、

“圈层融合”的全域发展态势。其中，城市功能核心区，是提升成都城市竞争力和参与经济全球化的核心区域、重要的人口和经济密集区，是建设国际化城市的龙头，着力培育以高端服务业为主体的城市业态，推动产业结构向“高端化”升级、城市形态向“高层次”转型；城市功能拓展区是提升成都城市竞争力、承接城市新兴功能的拓展区域，是增强全市产业和人口集聚的重要区域，担当起先进制造业主要承载区的发展定位，积极培育与先进制造业相配套的现代服务业；城乡功能融合区是成都市全面实现城乡一体化的关键区域，是体现人与自然和谐、城乡之间和谐的关键区域，大力发展有比较优势、不破坏生态环境的先进制造业，加快优化特色农业和旅游业；生态功能涵养区，要坚持保护优先、适度开发的原则，建设成都的生态屏障和重要旅游功能区。

（二）优化升级产业结构，构建现代产业体系

建立起以现代服务业和总部经济为核心、以高新技术产业为先导、以强大的现代制造业和现代农业为基础的市域现代产业体系。

1. 优先发展现代服务业

以市场化、产业化、社会化和国际化为方向，推进生产性服务业集群发展、民生性服务业提升发展、新兴服务业跨越发展；加快发展现代物流业、商务服务业、文化创意产业、会展业等先导服务业，加快提升金融业、商贸业、旅游业等支柱服务业，加快培育电子商务、服务外包、数字新媒体、健康产业等新兴服务业，构建可持续发展的国际化、专业化、集约化、均衡化的服务业体系；积极推进服务业综合改革试点，努力建设全国服务业区域中心和改革创新示范区，建成服务西部、面向全国、走向世界的现代服务业基地。

2. 大力发展高新技术产业

高新技术工业已经成为成都市工业经济的最重要组成部分，是成都工业经济持续发展的最重要引擎。由于高新技术工业以它的高效率、高效益、高增长和低能耗、低消耗等为重要特征，备受青睐，成为各国各地区发展本地经济的新增长点和支柱产业。加快发展高新技术产业，抢占高端产业发展制高点，积极发展电子信息、生物医药、新能源、新材料、高端装备制造、节能环保、新能源汽车等产业领域发展制高点，推进成都市建设成为具有国际影响力的高新技术产业基地。

3. 提升发展传统优势制造业

引导汽车产业、石化产业、食品产业、制鞋产业、家具产业、冶金建材产业向价值链高端发展。有必要加大对产业价值链的研究工作，积极吸引价值链的两端环节，引进设计、营销、关键资源和关键技术等附加值高的运作单元，通过这些高端环节，形成对其他各个环节的吸引力，促进产业向价值链高端发展。对于电子信息、机械、医药等主导产业，要追踪这些产业的高端环节所在的目标地与目标企业，诸如跨国大型医药企业的研发中心、电子信息企业的技术开发中心和全球性的采购中心等。要抓好家具、鞋业等特色产业的高端环节的投资促进工作，针对设计研发、

人才培训、展示营销、市场建设等环节进行招商引资，使特色产业摆脱产品附加值低的局面，逐步创建出成都的自有品牌和核心竞争力。

4. 加快发展现代农业

注重规划先行，按照“全域成都”的总体布局，制订相应的发展规划，从全局角度明确产业布局，在发展模式上走都市型农业道路，在经营方式上根据各区（市）县的发展条件，在原有的实践基础上借鉴先进经验进行不断完善。加强农业科技创新，进一步加大投入，紧密围绕农业生产打造集产、学、研为一体的科技创新与推广体系，充分发挥其在现代农业发展过程中的“助推”作用。支持建立农合组织，通过大力发展为农民提供综合服务的各类专业协会和合作经济组织，提高农业生产的组织化程度。创新农业融资体系，探索更丰富、更包容的融资方式，如：与商业银行合作，探讨共赢的融资方式；发行农业债券；吸纳非政府组织的力量，提供小额贷款等。

（三）不断完善基础设施，建设国际性区域枢纽

不断完善城市对外交通、通信网络体系，有利于资本、人才、资源要素的集中，有利于城市产业的集聚发展。城市能够成为区域甚至全球的枢纽或中转站必然要求具有高度发达的交通、通信条件。因此，成都要立足自身的区位条件，进一步完善公路枢纽、铁路枢纽和航空枢纽为主体、公铁航联运互通的综合交通枢纽功能，增强国际通信保障能力、区域干线传输能力、信息汇聚处理能力、信息安全支撑能力和应急通信适应能力，加快建设国际性区域综合交通和通信枢纽。

1. 加快建设国际性区域综合交通枢纽

成都未来要以建设国际区域性航空枢纽、铁路枢纽和公路枢纽为重点，加快形成以成都为中心、辐射中西部、连接国内外的综合交通运输体系，增强成都对外的通达度，为成都对外交流和聚集各类要素、推动国际化发展创造更好的条件。

具体来说，航空方面以国际化的要求高水平规划建设成都新机场，开通直达美国、欧洲、南亚、西亚等多条国际航线，成为连接南亚、中亚、西亚的国际性区域航空枢纽。铁路方面，要加快成昆铁路扩能改造、成雅铁路、成渝客专、成兰铁路等对外铁路通道建设，缩短成都对外联系的通勤时间，形成以成都东客站、成都站、大弯站、新津站等车站组成的铁路客货枢纽系统。公路方面，要以西部公路交通枢纽为目标，加快将当前放射状公路体系发展成为网络化的高水平通达格局。

2. 加快建设国际性区域通信枢纽

随着通信技术的飞速发展，一个城市的通信能力在构成城市竞争力和对外开放水平中的作用越发凸显。目前成都要加快实施移动、联通国际直达数据专用通道建设和电信国际直达数据专用通道扩容工程，强化干线传输能力，提高汇聚西部、辐射全国、通达世界的国际通信能力。加速推进区域网络和基础通信设施建设，初步形成宽带、泛在、融合、安全的下一代信息网络。此外，成

都还需把握通信科技发展的前沿动态，推进大型商用云计算中心建设，打造国家级存储灾备基地，努力构建集科学计算、工程计算和密集数据运算为一体的高效能共享式计算架构。

（四）改革创新发展路径，建设统筹城乡试验区

基于我国特殊的城乡二元体制，成都统筹城乡综合配套改革实际上面临的是双重改革任务：一方面，要打破城乡二元体制障碍，加快建立城乡机会平等和规则公平的制度环境，推进市场机制在城乡有效发挥作用，奠定以工业化、城市化带动二元结构向一元转换的体制基础；另一方面，要充分发挥社会制度的优势，通过政府作用减弱城乡二元结构的负面影响，实行工业反哺农业、城市支持农村的方针和政策。因此，改革的关键在于政府与市场的合理分工。

1. 发挥市场力量

市场力量是决定统筹城乡可持续发展的关键因素，是统筹城乡的内生动力。对涉及经济基础的体制机制进行改革，充分发挥市场力量这一统筹城乡的内生动力，将是深化体制机制改革的关键。一是创新土地管理制度。要明确并落实集体土地所有权主体，探索农村集体建设用地资本化。探索集体建设用地使用权出让、转让、出租、作价入股（出资）、联营、抵押，用于除商品住宅开发项目以外的各项建设，探索集体农用地土地收益权抵押，土地承包经营权出租、入股等方式流转，促进农用地规模经营。二是探索城乡一体的市场体系。探索建立城乡一体流通体系，健全内外贸一体化发展机制，发展城乡一体的资本、土地、产权、技术和劳动力等区域性要素市场；发挥成都区域性金融中心功能，探索产业投资基金、创业投资基金、资产证券化等试点，为统筹城乡发展筹集资金。进一步开放社会资本投入领域，探索促进民间资本投入农村的政策和机制。鼓励兴办直接为“三农”服务的多种所有制的新型投资开发组织，探索建立农村信贷担保体系和政策性农业保险制度。三是探索城乡一体的市场规则。积极探索运用市场运作办法盘活、激活城乡各类资源，推动城乡资源、资金、人口合理流动，实现城乡互动发展。加大运用市场机制配置土地、矿产等资源的力度。改革政府支农方式，完善国有企业促进农业发展新机制。四是增强城乡微观经济主体活力。积极推进国有产权制度改革，建立健全国有资产市场化流动机制。加快民营经济发展的同时，积极培育农村市场主体。

2. 促进政府转型

改革已进入了全面调整利益关系的关键时期，特别是收入分配差距的不断扩大，使利益关系问题更具广泛性和复杂性，城乡差异所引发的问题和矛盾成为其中的典型代表。因此，统筹城乡发展必须通过社会体制改革，全面、合理调整利益关系，在政府转型方面实现实质性突破。一是构建符合统筹城乡架构的政府职能体系。理顺各级政府的财权与事权关系，把公共资源更多地向城乡一体发展的社会管理和公共服务领域倾斜，深化行政审批制

度改革和投融资体制改革，探索建立体现科学发展观要求的城乡经济社会发展综合评价体系。强化各级政府社会管理和公共服务职能。二是完善以支持农村发展为重点的公共财政体系。从政府的角度考虑，统筹城乡发展、构建和谐社会的一个关键点即建立公共财政体系。三是深化基层民主政治建设。政府公共服务的方式和手段必须由行政控制向"人性化"公共治理转变。政府的服务必须更多地得到公众的认同和参与，给老百姓更多的知情权、选择权、表达权和监督权。四是探索多元化的社会参与机制。将部分社会性、公益性的公共服务职能从政府职能中分离出来，形成多元广泛的社会主体参与公共服务的格局和有效的公共服务社会责任机制。支持民间组织发展，充分发挥民间组织在公共服务领域中的重要作用。把事业机构改革和民间组织发展结合起来，加快推进政社分开，鼓励民间非营利机构自主发展。

（五）加强区域经济合作，建设内陆开放高地

世界城市化的加速，并不单纯表现为全球的城市数量及其规模迅速扩张，更重要的是表现为全球城市网络的形成，越来越多的城市通过相互连接而进入全球网络体系。在融入全球城市网络并往全球城市方向发展的过程中，成都不可能撇开周围区域的发展，而试图独立地建设成为全球城市，成都的全球化必定要产生于周围区域的全球化中，也就是说，成都与周围地区同样要形成网络关系，组成地域联盟，共同谋求提高处理行政和政策问题的区域能力，形成一些可利用的新的空间范围，即充当企业参与全球市场竞争的地域平台，以适应不断变化的世界体系，提高整个全球城市区域的竞争能力。在此过程中，成都一方面将充当全球城市网络的重要节点，另一方面将担任地区经济发展中心的角色，起着协调、整合城市区域资源和强化区域内城市经济联系融入全球化网络的重要作用。对成都而言，当前应主要聚焦以成都为核心城市的成都经济区和成渝经济区建设，积极推进成都经济区和成渝经济区的一体化发展。

成都经济区作为成都最直接的经济腹地，是成都最应该巩固和加强合作的区域，也是成都参与更高层次区域合作的基础。因此未来成都应切实推进成都经济区"1+7"一体化发展步伐，促进区内资源、能源、产业、市场、科技、教育、文化等领域的全面合作，围绕推进区域市场共融、基础设施共建、公共服务共享、生态环境供保等方面，发挥成都作为中心城市的辐射带动作用，推进成都与眉山、资阳、阿坝等地合作园区的建设，为成都发展拓展更广空间，在更高层面打造大规模、高水平的产业集群。

成渝经济区合作方面，一方面，当前成都应积极推动成渝两地资本、商品、信息、人力资源等要素的无障碍流动，逐步构筑市场经济下的统一大市场体系，为深化合作打下坚实基础。另一方面，结合《成渝经济区发展规划》，进一步制定和细化推进成渝经济区建设和合作对接的工作方案，密切跟踪国家重大项目的战略布局动向，利用成都相对优越的

资源禀赋条件，以天府新区作为重要发展平台，争取更多国际级的重大项目落户成都。

参考文献

阎星等:《改革开放 30 年 · 成都经济发展道路》，四川出版集团四川人民出版社，2009。

李霞、汪欢欢、林娜:《加快成都市中心城区发展的战略思考》。

《成都市国民经济和社会发展第十二个五年规划纲要》。

《成都市电子信息产业集群发展规划(2008 ~ 2017 年)》。

《成都市汽车产业集群发展规划(2008 ~ 2017 年)》。

《成都市生物医药产业集群发展规划(2008 ~ 2017 年)》。

《成都市冶金建材产业集群发展规划(2008 ~ 2017 年)》。

《成都市装备制造业集群发展规划(2008 ~ 2017 年)》。

《成都市汽车产业集群发展规划(2008 ~ 2017 年)》。

《成都市食品产业集群发展规划(2008 ~ 2017 年)》。

《2011 成都市服务业行业分析报告(金融业、商贸业、物流业、商务服务业、旅游业、文化创意产业)》。

《成都市高新技术产业发展十二五规划》。

《成都市城市总体规划(2003 ~ 2020)》。

《四川经济地理》。

《成都市服务业发展“十二五”规划》。

《成都市工业发展“十二五”规划》。

《成都市农业和农村经济发展第十二个五年规划》。

《四川省成都天府新区总体规划(2010 ~ 2030)》。

第23章 德阳市：重大技术装备制造业基地*

一　历史演进：曲折中崛起的新兴工业城市

德阳历史悠久，是巴蜀文化发祥地之一。德阳的历史沿革最早可追溯到西汉时期，属广汉郡。到唐高祖时期，首次设立德阳县。清康熙二十六年（1687），取消县制，隶属成都府，后又于民国二年（1913）得到恢复。一直到1983年，将绵阳地区的德阳、中江、绵竹三县和成都市的广汉、什邡两县划归德阳县代理管辖，1984年撤销德阳县建制，将德阳县的行政区域划归德阳市。至今，德阳市下辖旌阳区、罗江县和中江县，代管广汉市、什邡市和绵竹市三个县级市。全市幅员5911平方公里，户籍总人口390.5万，是改革开放后在成都平原上崛起的一座新兴工业城市。

（一）1949～1976年：形成期

新中国成立初期，德阳各县的社会经济逐步得到恢复，特别是农业基础与城市手工业及传统工业得到了恢复和发展。但产业规模很小，全德阳职工人数仅9900余人，并分散在各县。这时德阳市城区所在地只是成都平原上一个普通县城，城市人口仅1.5万。1953年6月，宝成铁路成绵段建成通车后，打开了四川北面的出入通道，沟通了四川同全国的经济联系，德阳的区位条件大大改善，为德阳的

图23-1　德阳市政区

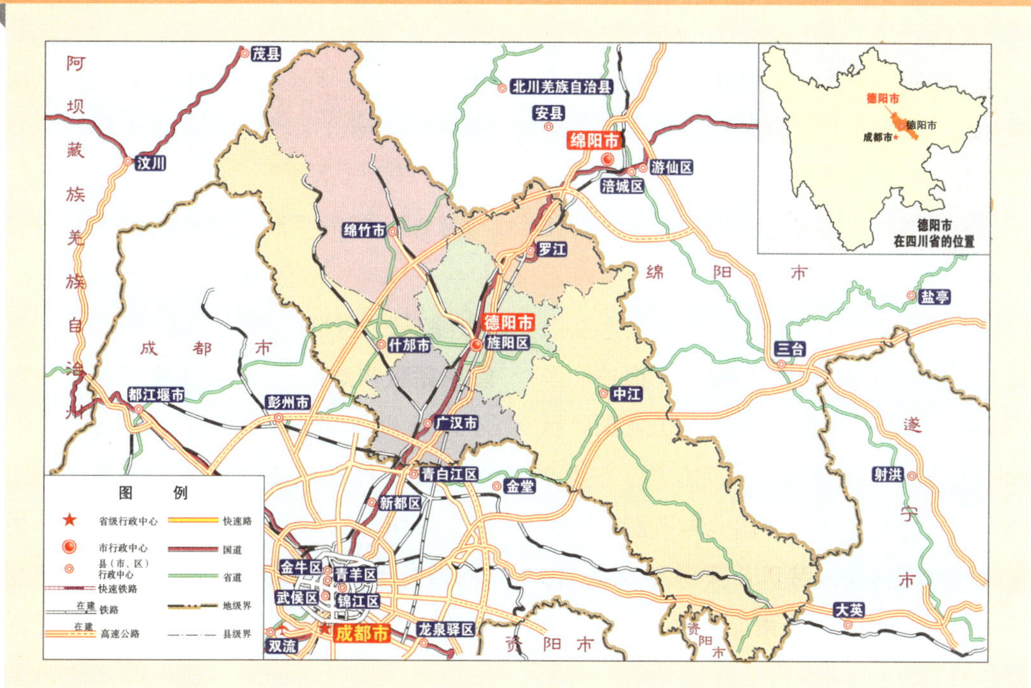

资料来源：本图由四川省发展和改革委员会、四川省测绘地理信息局提供。

* 本章作者：汪欢欢，成都市经济发展研究院城市与服务经济研究所所长；兰蓓，成都市经济发展研究院城市与服务经济研究所。

经济建设开辟了广阔前景。国家开始在德阳进行大规模的工业建设。1956 年 10 月德阳成立了工业区工作委员会。1957 年 6 月，国家建委初步确定西南重型机器厂（1960 年改名第二重型机器厂）厂址在德阳，1958 年 6 月 8 日，国家又确定在德阳建设 6 个电机制造厂，即：德阳水力发电设备厂（1965 年改名东方电机厂）、汽轮机厂（东汽）、锅炉厂（东锅）、电气控制设备厂、电气材料厂和重型电机厂。“文化大革命”期间，由于“三线建设”继续进行，德阳境内又新建和迁建一批工业企业，主要的有：四川化工设备机械厂、四川玻璃纤维厂、四川省树脂厂、四川省粮食机械厂、四川省饮食服务机械厂以及铁道部电气化局德阳制品厂、成都铁路局黄许轨枕厂和什邡养路机械厂、德阳市第一水泥厂等。还有一系列磷矿山投入生产，如四川省金河磷矿于 1976 年建成。至此，形成了以重型机械和动力设备制造为主的工业基地。在此期间，农业上兴修了一批中小型水库，人民渠 3 ~ 7 期工程在德阳境内建成和通水，农业先进技术的应用和推广，有力地促进了工农业生产的发展。到 1975 年，国内生产总值达 7.27 亿元，其中，第一产业 3.32 亿元，第二产业 2.71 亿元，第三产业 1.25 亿元，财政收入 0.89 亿元。

（二）1977 ~ 1982 年：突破期

随着十一届三中全会的召开，国家工作重点转移到社会主义现代化建设上来，德阳也成为我国农村改革的发源地之一。1978 年春，广汉县金鱼公社在全省率先实行“分组作业、定产定工、超产奖励”责任制，极大地调动了社员群众的生产积极性。当年全社粮食产量比上年增长 20%，比全县平均增产比例高出一倍。并由此在全省推广，拉开了德阳农村改革的序幕，联产承包责任制在德阳农村脱颖而出。1979 年冬，广汉在向阳公社进行了改革“政社合一”的人民公社体制的试点。1980 年 6 月 18 日，正式挂出“向阳乡人民政府”牌子，在全国第一个取消人民公社，恢复乡级建制。随后，农村改革在德阳全市展开。1982 年秋冬，各县先后普遍推行了包产到户责任制。到 1984 年，德阳全市公社改乡、大队改村、生产队改组（社）的工作初步完成。德阳各县的农村经济得到快速发展。同时刚开始的城市经济改革，城市工业、商业企业开始扩大自主生产、经营权的试点，实行经济承包，利润分成等改革，也使德阳城市经济更添活力，实现了经济的飞跃发展。到 1983 年，国内生产总值达 16.8 亿元，其中第一产业 8.7 亿元、第二产业 5.5 亿元，第三产业 2.5 亿元，财政收入 2.0 亿元。在这一时期各大企业的生产能力也逐步完善。有第二重型机器厂、东方电机厂、东方汽轮机厂、东方电工机械厂、四川省金河磷矿、四川省化工机械设备厂、四川省玻璃纤维厂、四川省树脂厂、四川省钻采设备厂、金河磷矿、德阳耐火烧火材料厂等 14 家大中型企业，形成了德阳的以重型机械和动力设备制造工业为主，兼有食品、化工、建材等工业门类的现代化工业基础，工业产值达到 28 亿元。1983 年德阳建市前，城区人口发展到 12.68 万人，建成区面积 7.5 平方公里。

至此，德阳已发展成为一个中等规模的工业城市。

（三）1983 ~ 2007 年：调整期

建市以后，德阳着手推进企业整顿工作，开始初探经营承包责任制。其后，厂长负责制、建立多种形式的经济联合体等改革举措在全市经过试点后全面推开。德阳把建设协调发展的工业体系作为主要战略目标：一方面注意发挥原有工业的优势，帮助企业进行技术改造，提高效益；另一方面增加投入，扩大工业规模，调整工业产业结构。在稳定发展机械工业优势的同时，注重发展食品、轻工、纺织、化工、建工建材等工业，也促进了交通运输、邮电通信、文化教育、医疗卫生、商业服务等第三产业的发展。到 1987 年，德阳第二产业首次超过第一产业，实现了城市产业结构的第一次升级。随着以川陕公路市区段为轴线、大件路为动脉，联结广汉、什邡、绵竹、中江 4 线的干支公路网的建成，德阳也形成了工业城市的道路骨架。在改革开放的深入、加入 WTO 和全国产业结构调整的大形式下，德阳在大力进行产业结构升级、产品结构升级的同时，推动资产重组和资本扩张，不断深化和扩大改革开放成果，推动国有企业改革和产业技术创新。为了保持工业经济持续快速健康发展，德阳十分注意开拓国内国际两个市场，优势产品在国际国内两个市场都占有一定份额。重装企业，成为德阳对外最为响亮的名片。该时期，德阳把发展非公有制经济作为发展社会主义市场经济的战略举措，鼓励符合条件的各类人员领办、创办、兴办各类非公有制企业；支持一批非公有制企业外联内扩，制度创新，组建股份制企业，培育一批大型非公有制企业集团。在贯彻“工业强市”战略的同时，德阳始终坚持“市带县”，以“放权于县、藏富于民、放水养鱼”为指导思想，全力发展县域经济。各县（市、区）根据不同的区位和比较优势，发展县域工业并形成特色。什邡、绵竹、广汉一直位居四川省“十强县”行列，中江是全国农业百强县。各县在发展的过程中，普遍采用工业组织形式发展龙头企业，运用工业营销策略和网络技术搞活农产品流通，引入工业融资方法增加农业产业化投入，推动传统农业向现代农业转变。截至 2007 年，全市地区生产总值 648.4 亿元，比上年增长 14.8%，三次产业比例为 18.9 : 54.9 : 26.2。什邡市、绵竹市、旌阳区、广汉市四个“十强”县（市、区）和中江县经济总量都突破 100 亿元，分别较上年增长 15.0%、16.0%、15.8%、14.4% 和 13.8%。

（四）2008 年至今：重生期

“5・12”汶川特大地震对德阳经济社会发展造成了严重影响，但全市经济发展的基础实力仍然具备较强的恢复和发展能力以及发展条件。加之灾后重建难得的积极因素，如政策、投资、土地、援助、消费需求等，有效地促进了德阳经济社会的全面恢复发展。德阳市灾后恢复重建规划进行中期调整后，确定恢复重建项目 5489 个，总投资 1568.2 亿元。根据德阳市审计局发布的审计结果，截至

2011 年 10 月底，全市灾后重建项目已开工 5489 个，占 100%；完工 5440 个，占 99.1%；完成投资 1560.2 亿元，占规划总投资 99.5%，灾区群众的生产生活条件、公共服务设施、基础设施恢复并超过灾前水平。德阳把灾后恢复重建和扩大内需紧密结合起来，提出了扩大内需，促进经济增长 10 项措施，把灾后恢复重建作为扩大内需的重中之重，围绕灾后恢复重建总体规划和 9 个专项规划，加大力度，加快进度，确保德阳经济社会快速恢复、跨越发展。2011 年，德阳市三次产业固定资产投资分别完成 0.8 亿元、263.2 亿元、316.4 亿元，投资比例为 0.1 : 45.4 : 54.5。随着德阳市加快服务业发展，服务民生的卫生、教育、文化、体育等社会公共服务体系投资大幅增加，德阳市服务业完成投资额 316.4 亿元，占总投资的比重达 54.5%，形成了三、二、一的产业结构投资新格局。经过三年的努力，德阳经济社会发展环境有效改善，产业布局进一步优化，产业结构合理调整，生产能力增加，德阳进入经济社会发展的快速恢复增长时期。2011 年，德阳实现地区生产总值 1137.45 亿元，其中，第一产业增加值 177.74 亿元；第二产业增加值 682.39 亿元；第三产业增加值 277.32 亿元，产业结构由 2008 年的 18.3 : 55.2 : 26.4 调整到 2011 年的 15.6 : 60.0 : 24.4。农业经济稳定增长，粮食总产量实现灾后连续三年增产，达到 205.2 万吨，肉类总产量 49.1 万吨。工业企业规模扩大。全部工业实现增加值 632.46 亿元，规模以上工业企业达到 1023 户，医药、建材、化工、食品、机械等主要行业全面增长，规模以上工业实现利税 232.9 亿元。消费品市场活跃，实现社会消费品零售总额 351.6 亿元。城乡居民生活水平提高。城镇居民人均可支配收入达到 19371 元，农村居民人均纯收入 7831 元，城乡居民收入比 2.47 : 1，差距进一步缩小，全面超过了震前水平。

图 23-2　2008 ~ 2011 年德阳投资完成情况

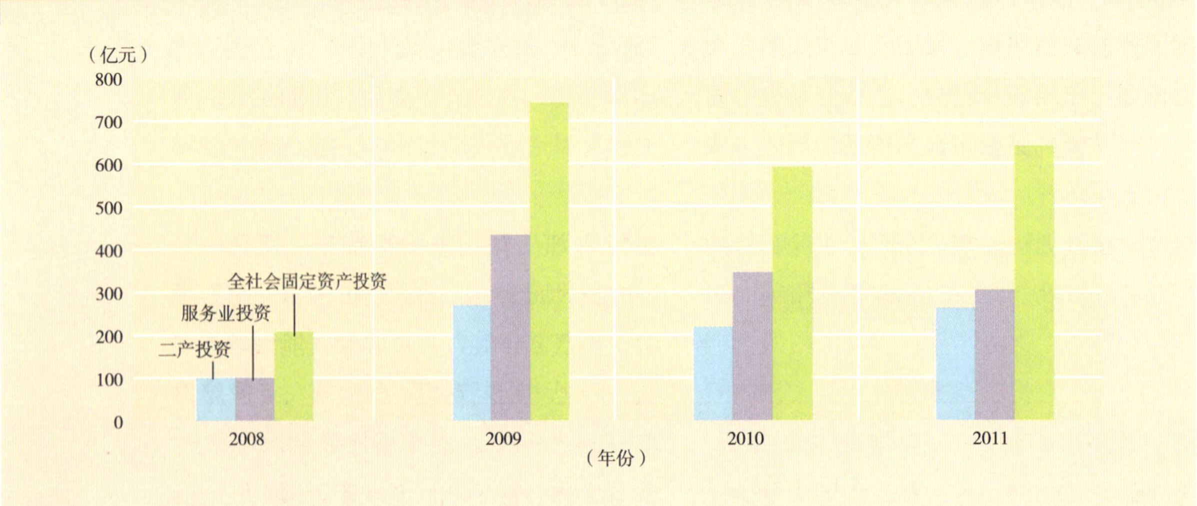

资料来源：《德阳统计公报》（2009 ~ 2012）。

二　资源禀赋：人文资源与自然资源兼具

德阳市地处中纬度，属亚热带湿润季风区，气候温暖湿润，四季分明，雨量充沛，市境内地形地貌多样，气候差异大。同时德阳历史悠久，属巴蜀文化发祥地之一，形成了独特的自然与人文资源。

（一）矿产资源

德阳境内已发现矿产 42 种，查明资源储量的有 14 个矿种，71 个矿区（矿段、井田）。主要开发利用的矿产有：天然气、磷矿、煤矿、石灰岩、饮用矿泉水及建材类。

1. 矿产资源丰富

德阳市天然气储量丰富，约占全省储量的 17%，已成为成都经济圈的工业民用天然气供应基地。天然气年末保有储量约 361.31 亿立方米，控制储量约 1000 亿立方米，产量达 10 亿立方米。德阳市不仅是四川磷矿石、磷肥生产基地，也是全国五大磷矿石生产基地之一。磷矿累计探明资源储量约 3.94 亿吨，约占全省探明资源储量的 25%。全省 53 个探明矿区，平均品位大于 25% 的有 15 个矿区，全部在德阳境内，磷矿石产量占全省的 90% 以上。煤矿累计探明资源储量 1.05 亿吨，由于开发强度过大，资源储量消耗大，现保有资源储量仅 4366 万吨，年产量逐年下降。石灰岩资源丰富，保有资源储量 49321 万吨，预测资源量达 50 亿吨以上。矿泉水年末保有储量为 153.71 万吨，产量达 1.18 万吨。建筑用砂、砖瓦用页岩、石材等乙类矿产储量较丰富，已成为德阳市和成都市的主要建筑用材供应地。

2. 资源分布相对集中

德阳市北部山区是磷矿、煤矿、石灰岩、花岗岩、白云岩、大理岩等矿产的集中分布区；而岩盐、卤水、天然气、砖瓦用页岩、建筑用砂砾石、膨润土、石材用砂岩则分布于中部和南部的平坝区和丘陵区。区域特色明显。

（二）水资源

德阳市河流分属沱江和涪江水系，主要河流有绵远河、石亭江、鸭子河、清白江、凯江等。此外，人工修建的四川省人民渠引来岷江过境水成为市境工农业生产和人民生活的重要水利资源。德阳市最大水库为继光水库，蓄水量 8900 万立方米。德阳市多年平均降雨量为 1088 毫米，降雨总量为 64.78 亿立方米。全市多年平均地表径流总量约 35.12 亿立方米；全市浅层地下水储存量约为 35.40 亿立方米，天然补给量 14.46 亿立方米，允许开采量 13.05 亿立方米。德阳市山丘地区河流切割较深，浅层地下水主要从河川排泄，地表径流基本上包括了浅层地下水；平原地区河流切割较浅，浅层地下水从河川排出量较少，大量地表水转化为浅层地下水。经分析调查，全市本地水资源总量为 35.96 亿立方米，从都江堰经人民渠引水量 13.25 亿立方米，流经凯江、湔江、青白江等天然河流的过境水有 15.8 亿立方米。

（三）土地资源

2011 年末德阳实有耕地面积 185.08 千公顷，其中：水田 121.86 千公顷，旱地 63.23 千公顷，有效灌溉面积为 148.11 千公顷。德阳土地肥沃，含有机质 2% 以上的土壤面积约占 56%，含氮量高于 0.1% 的面积约占 63.6%。平原土壤是近代河流沉积物及更新统冰水沉积物发育而成的灰色肥沃水稻土或黄壤性水稻土，为德阳农作物的重要产区；丘陵以紫色沙页岩为主，部分地区为钙紫色土，为粮食、经济作物的重要基地。2011 年，德阳市单位面积粮食产出量每公顷达到 6552 公斤，比全省平均水平高出 23.6%，居全省第一。山地为地带性很强的黄壤、黄棕壤、暗棕壤、亚高山草甸等自然土壤，对发展种植业不利，但为林业及畜牧业发展提供了优越的条件。

（四）生物资源

德阳市常见的植物资源有 248 科，538 属，3547 种。其中木本植物 112 科，253 属，870 种。全市森林面积 89.27 万亩，主要分布在什邡、绵竹两县山区和部分深丘及江河源头，在近 1000 种高等植物中，珍贵稀有植物有红豆杉、银杏、珙桐、楠木、水杉、雪松、香樟；药用植物有虫草、川贝、大黄、羌活、天麻、黄连、当归；经济植物有漆树、油桐、油橄榄、茶树等。在海拔 3200 米以上较平坦的高山地带，还有 3.5 万亩草地。德阳市境内有野生动物 16 目，32 科，52 属，234 种。在西北山地灌木丛林，珍稀动物有 24 种，国家一类野生保护动物有大熊猫、金丝猴、云豹、扭角羚、藏羚等，二类野生保护动物有小熊猫、华南虎、野牦牛、雪豹、马熊、白鹤、红腹角雉等，近年又发现了苏门羚。此外，还有野猪、獐、鹿、岩羊、雪猪、猴等经济价值较高的野生动物。

（五）旅游资源

德阳历史人文、自然景观量多质优。有闻名海内外的国家重点文物保护单位、国家首批 4A 级风景名胜区古蜀国三星堆遗址；有保存完好、建筑精美、全国第三、大西南地区最大的德阳孔庙；雄伟壮观的李冰陵，古代 24 孝之一“一门三孝”故事的发源地，以及白马关庞统祠墓、诸葛双忠祠、张任墓等为三国文化不可分割的重要组成部分。有位于龙门山国家地质公园，以“五绝四海”闻名的蓥华山风景名胜区；集成片原始森林和大熊猫、金丝猴等珍稀动植物为一体的九顶山风景名胜区和九顶山大熊猫自然保护区；有省级森林公园——云湖森林公园、剑南春森林公园、崴螺山景区；有东湖山公园、房湖公园和继光水库等；还有被誉为“东方艺术的瑰宝，人类智慧的结晶”的德阳石刻、旌湖等现代文化娱乐景区。

1. 古蜀文明——三星堆

三星堆文明上承古蜀宝墩文化，下启金沙文化、古巴国，前后历时约 2000 年，是我国长江流域早期文明的代表，也是迄今为止我国信史中已知的最早的文明。1980 年起发掘，因有三座突兀在成都平原

图 23-3　三星堆青铜人面像

图 23-4　德阳孔庙

上的黄土堆而得名。三星堆博物馆地处历史文化名城广汉城西鸭子河畔，距离成都仅 40 公里，是全国著名的现代化专题性遗址博物馆。场馆集中收藏和展示三星堆遗址及遗址内一、二号商代祭祀坑出土的青铜器、玉石器、金器以及陶器、骨器等千余件珍贵文物。

2. 儒学遗存——孔庙

德阳孔庙位于德阳市中心南街，是我国西部地区保存完整的孔庙中规模最为宏大的一座，是全国三大孔庙之一。占地面积 29700 平方米（约五十亩），庙外有孔庙广场，庙内有道冠古今德配天地门、万仞宫墙、棂星门、伴侨萍池、戟门、礼乐亭、大成殿、启圣殿等清代古建筑 30 余处。德阳孔庙始建于南宋开僖二年（1206），明代、清代曾改建、增建多次。现存的孔庙是清道光三十年的格局。整座孔庙坐北朝南，庙内红墙黄瓦，殿宇轩昂、布局严谨，宛如帝王宫殿。各类石刻、木雕莫不精工，具有很高的艺术和历史价值。除宏伟的孔庙古建筑可供观览外，大成殿有孔子、四配、十二哲塑像陈列和祭孔礼乐器陈列，东西屋有孔门弟子七十二贤陈列，孔子生平陈列。德阳孔庙已被建设成为专题性孔庙博物馆，成为西南地区孔子研究、宣传教育的中心，四川省孔子研究学会所在地。孔庙经常举办具有孔子及孔庙文化特色、充满浓郁民族传统文化气氛的文化旅游节目。如孔子庙会、孔子艺术节、仿古祭孔乐舞等。

3. 地史博物馆——龙门山国家地质公园

首批被命名的国家地质公园。龙门山的地质发展史已有 37 亿年，经漫长的地质演化史，形成了复杂的地质特征，其地层记录完备。龙门山构造带是以推覆、滑覆为特色。龙门山国家地质公园是该构造带的缩影，最具代表性。其地层发育丰富，主要地质遗迹类型为推覆构造（飞来峰）或“冰川漂砾”、地貌、地层剖面。分布众多的飞来峰与欧洲阿尔卑斯山飞来峰齐名，具有典型地质学意义。罕见的海绵礁、鳞木化石、古老的基底、神秘的飞来峰、独特揉流褶皱、高品位多层位磷矿、典型的地层剖面等，堪称地层研究的聚宝盆，被地质科学家称为“地质科学迷宫”。

4. 生物保护屏障——九顶山自然保护区

九顶山保护区地处德阳市西北山区，与著名的卧龙自然保护区相邻。九顶山保护区地形切割破碎，奇峰险谷密布，生物生态及遗传变异多样，境内除大熊猫时常出没外，还有陆生水生野生动物300多种，其中属国家一级保护动物的有金丝猴、扭角羚、云豹、尖尾松鸡和绿尾虹雉等。据勘察，九顶山保护区竹林覆盖面积17000多公顷，覆盖率达39%以上，有5种可供大熊猫食用的竹类，适宜大熊猫隐居生活和繁衍后代。九顶山自然保护区的设立，将岷山山系大熊猫栖息活动走廊中断开的一段十分重要的纽带连接了起来，构成了大熊猫栖息活动的特殊走廊，从而拓宽了大熊猫的活动范围，有利于大熊猫的生长和保护。

（六）特产资源

1. 绵竹年画

绵竹年画是中国四大年画之一，是一种民间绘画艺术，其纸取材于绵竹之竹，绵竹所产竹品种繁多，质纤柔长。明清时期，绵竹造纸业蓬勃发展，为年画制作提供了有利条件。鼎盛时期的绵竹年画作坊主要分布于绵竹城区及西南农村，风格也各异。如清道作坊偏重彩色清水大袍；遵道作坊偏重美人，娃娃戏，故事类；城区年画作品则重拓片、杂条、斗方、案子或兼门画。绵竹年画内容多样，题材新颖，或喜庆、或幽默，珍品众多，如《老鼠嫁女》、《迎春图》等。《迎春图》是清代画师精心创作的一幅现实主义绘画作品，生动地描绘了四川清代传统民俗。作者以清代绵竹县城为背景，真实而生动地再现了不同年龄、性别、身份，不同穿着打扮的460多个人物形象，表现了丰富多彩的民间音乐、舞蹈、戏曲、杂耍等庆祝活动。《迎春图》为研究近代四川的民间艺术和民俗提供了宝贵的资料。绵竹年画在继承传统的基础上，遵循“艺术当随时代”的真谛，从形式到内容，从内容到载体，从载体到制作方法、包装等都进行了创新，使绵竹年画逐步走向了日常化、实用化、装饰化、礼品化、收藏化、宣传化，给绵竹年画的发展带来了新的契机和活力。

2. 绵竹剑南春

剑南春原产于绵竹市驻地剑南镇，有着悠久的酿酒历史。相传早在唐代，绵竹出产的“剑南烧春”便被列为皇族专享的贡品，有“剑南贡酒”之名。唐人常以“春”名酒，史料早有确证，子美诗云：“闻道云安曲米春，才倾一盏便熏人。”李白亦有诗句：“瓮中百斛金陵春。”1662年的清康熙初年，陕西三原县人朱煜，因见绵竹水好，便移居至此，办起了最早的曲酒作坊，名“朱天益酢坊”。据《绵竹县志》记载，当时的剑南春达到了“味醇香，色味白，状若清露”的美妙境地，美名响彻整个巴蜀大地。在1922年和1928年，先后获得四川省劝业会一等奖和国货展览会章、奖状，到1984年荣获国家名酒称号，1986年剑南春系列产品先后出口欧洲，东南亚、北美和港、澳、台等30个国家和地区。剑南春以中国名泉之一的玉妃泉水精心酿造而成，无色透明，芳香浓郁，醇厚回甜，清冽净爽，余味悠长，有独特的曲酒之香，是世界酒坛的一朵芬芳吐艳的奇葩。

3. 什邡卷烟

什邡晒烟种植已有 300 多年历史，所产晒烟色泽红亮，口感柔顺，品味醇香，清光绪年间被作为宫廷贡品。什邡烟厂生产的“长城”、“工字”、“狮牌”雪茄，广销全国 20 多个省、市、自治区，并出口俄罗斯、埃及、马来西亚、印度尼西亚、菲律宾等国家和澳门地区。“长城”雪茄曾多次代表中国参加国际博览会，荣获“大马士革”国际金奖、“巴拿马”银奖，2005 年度被评为“中国雪茄最具影响力品牌”。目前，什邡雪茄已被誉为世界三大名牌雪茄之一。1981 年《国家烟草专卖条例》颁布后，什邡晒烟被列入全国名晒烟行列，1983 年什邡被国家确定为名晒烟生产县，白毛晒烟被列为国家二类农副产品。2007 年 2 月，什邡被授予“中国雪茄烟之乡”称号。

三　基础设施：交通引领现代化设施建设

“5・12”汶川大地震使德阳市基础设施受到严重损坏，直接损失数亿元。据统计，全市交通基础设施损失超过 99 亿元。公路受损 3160 公里，占全市公路总里程的 42.7%。其中，国省干线公路受损 283 公里，农村公路受损 2877 公里；桥梁受损 611 座，计 21619 延米，其中隧道一座 500 米。全市 75 座小水电站全部受损，损毁电站的总装机容量约 5 万 ~ 6 万千瓦，占全市水电装机容量的一半左右；电网大面积损毁，城乡配电和户用设施几乎全部被毁；已建成的 30 个煤矿全部遭到不同程度的破坏，受损厂房面积约 19 万平方米，井巷长度约 74000 米，设备 6800 多台。随着灾后恢复重建的顺利推进，德阳市基础设施基本全面恢复。截至 2011 年 7 月，全市交通基础设施灾后重建项目共完成投资 68.99 亿元，其中国省干线及重要经济干线项目完成投资 19.31 亿元，农村公路恢复重建项目完成投资 48.93 亿元，客运站点灾后恢复重建完成投资 0.75 亿元。水利灾后重建已开工 701 个项目，开工率 99.15%，完工 643 个项目，完工率 90.95%，共完成投资 32.14 亿元，占规划投资的 96.71%。

（一）交通通信设施

1. 建成立体交通网络

德阳南有成都双流国际机场（50 余公里），北有绵阳南郊机场。宝成铁路、达成铁路、G5 京昆（成绵）高速公路、G42 沪蓉（成南）高速公路、108 国道贯穿境内。另有在建成绵乐城际铁路客运专线和成兰铁路，成绵高速复线，成（都）德（阳）南（部）高速贯穿全市。在建天星大道、金旌大道、旌江大道将进一步拉近与成都的联系。在建的德阿公路将在几年后改变德阳与阿坝接壤却路不通的局面，从而打通通往龙门山地震带的生命通道。新近规划的德（阳）遂（宁）或称德（阳）资（阳）高速建成以后将打通通向东西向的“血脉”，构成德阳发达的铁路、公路、航空立体交通体系。2011 年末，全市公路总里程达到 7759 公里。其中，等级公路 6890 公里，占公路总里程的 89%。高等级公路（含一级公路）399 公里，高速公

图 23-5　德阳“十二五”重要公路建设规划

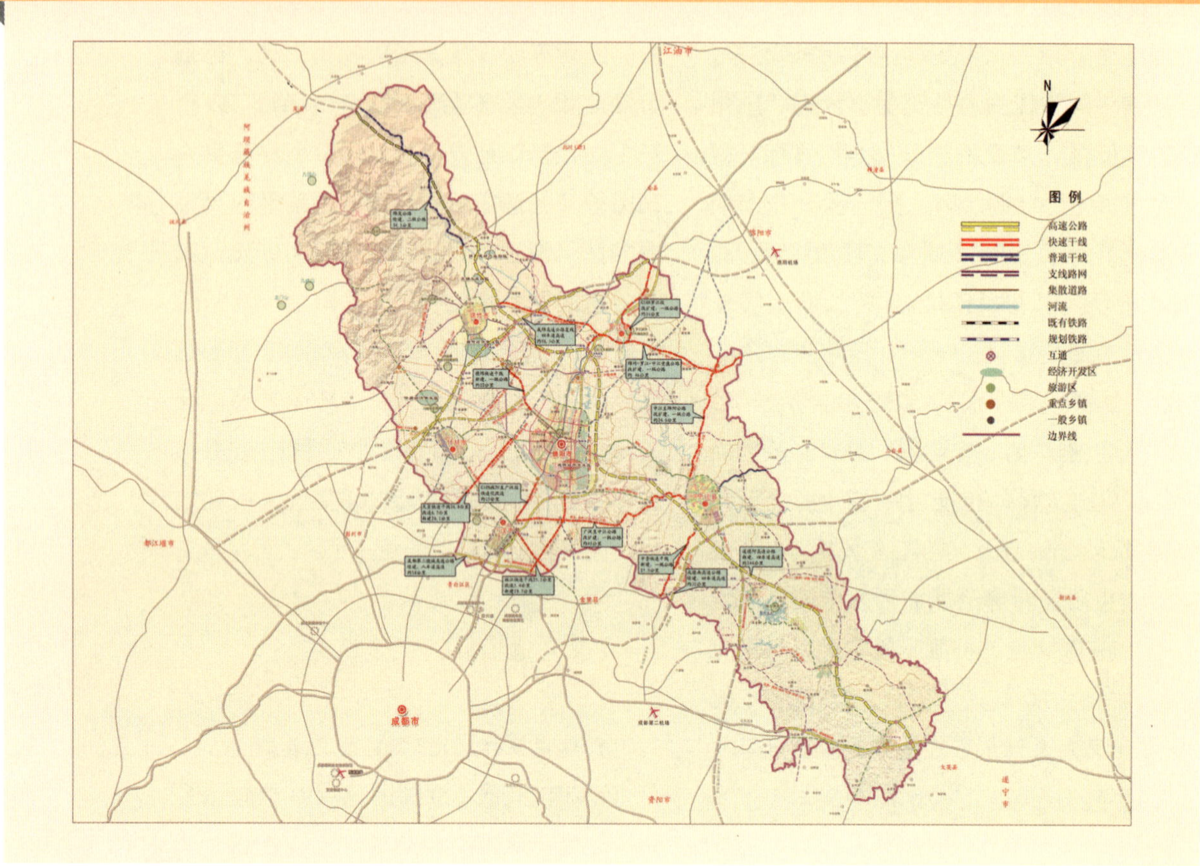

资料来源：《德阳市综合交通运输总体规划（2011 ~ 2030）》。

路 100 公里。新铺柏油路（水泥路）477 公里。全年公路货运量 7974 万吨，增长 12.1%，货物周转量 53.2 亿吨公里，增长 18.1%，旅客周转量 25.5 亿人公里，增长 8.8%。

2. 形成现代通信网络

德阳通信网络规模、技术层次、服务水平等都发生了质的飞跃，模拟通信向数字化、综合化、智能化、宽带化和个人化方向发展，已建成移动通信网、程控电话网、无线寻呼网、市话网和地球卫星站，实现了以市区为中心，天上地下贯通，有线无线综合，多路由、多手段、多功能、全方位、全天候、立体化的现代通信网。2011 年末，德阳全市移动电话用户数 295 万户，增长 9.8%，其中，3G 移动电话用户 30.2 万户，可视电话、数据通信、分组交换、互联网等业务发展迅速，国际互联网用户超过 30 万户，移动通讯工具人均拥有量位居西部第一。邮电通信持续快速发展，全年完成邮电业务总量 27.9 亿元，增长 14.6%。

（二）能源设施

1. 供电网络不断完善

全市 110 千伏变电站 100 座，变电容量 746 万千伏安。北与广元、绵阳电网相连，南与地处成都的四川电网 500 千伏主网架和以 220 千伏骨干网架相接，已形成以 220 千伏双环网为主网架和以 220 千伏电网为支撑的 110 千伏多环骨干网架。为德阳地方经济社会快速发展提供了源源不断的电力保障。2009 年 8 月 25 日，国家电网四川电力公司全力支持德阳灾后重建，投资达 30.8 亿元的电网建设“康桥工程”在德阳全面启动，其中：35 千伏及以上新（扩）建输变电项目 39 个（含新、扩建变电站 28 座），新增变电总容量 492.35 万千伏安，相当于再建一个德阳电网。2010 年 3 月，由国家电网投资的灾后恢复重建重点工程——德宝直流工程在德阳双向投运，这条出入川的“双向电力高速公路”，是整个四川“空中枢纽”布局中至为关键的环节，继打通南向华中通道后，又打通了北向与西北电网联网的通道。德阳，从此成为国家电网中最核心的布子之地。

2. 供水能力不断增强

全市六县（市、区）均属都江堰灌区，供水充足。灾后恢复重建水库 113 座，蓄水能力达 20500 万立方米，堤防 168 公里、渠道 2119 公里，处置堰塞湖 16 处，解决农村 111.88 万人安全饮水问题。德阳城区 4 个自来水厂，供水能力达到每天 13.5 万吨，实现供水面积 50 平方公里，供水量和供水面积都能满足德阳现有城市人口用水。每天提供的 13.5 万吨水中有 6 万吨来自都江堰。德阳市第一污水处理厂处理能力 8 万～9 万吨／天，什邡污水处理厂处理能力 3 万吨／天，绵竹污水处理厂处理能力 2.5 万吨／天，广汉污水处理厂设计处理能力 5 万吨／天，其中一期已运行三年，处理能力 3.5 万吨／天。2011 年实现震损水库全面修复，并以恢复重建与提高能力相结合，重点实施了以防汛抗旱指挥系统为主的数字水利工程，全市防汛预警预报能力进一步提升。

3. 供气能力有所下降

德阳浅层优质天然气储量名列全国之首，产量达 10 亿立方米。“十一五”期间，天然气供应量从 2006 年的 9.9 亿立方米下降到 2010 年的 6.3 亿立方米，下降 36.4%。随着全市生产型企业规模的扩张，天然气供应将更加紧张。2011 年，中国石化西南油气田的灾后重建项目——德阳至北川和安县燃气管道重建项目，日输气能力为 40 万立方米，一定程度上缓解了德阳市的供气压力。如今，中石化西南油气田正强力推进川西天然气勘探，力争整体探明川西气田，推动川西气田持续增产，必将为德阳提供更加充足的气源保障。

（三）市政公共设施

1. 医疗设施广覆盖

全市拥有卫生机构 2816 个，其中，医院 69 个，卫生院 135 个，妇幼保健院（所、站）6 个，疾病预防控制中心 7 个。拥有卫生机构人员 22030 人，其中，卫生技术人员 16134 人，卫生技术人员中有执业（助理）医师 7352 人，注册护士 5275 人。卫生机构床位 14144 张，其中：医院 7702 张，卫生院 5799 张，妇幼保健院 318 张。2011 年医疗卫生工程不断推进。新型农村合作医疗制度覆盖 6 个县（市、区），新型农村合作医疗参合率 96.8%，新型农村合作医疗基金本年度支出总额为

5.5 亿元，受益 470.0 万人次。建成社区卫生服务机构 42 个，为 6 个妇幼保健机构配备了急救设施。医疗设施和条件不断改善，中西医药协调发展，为人民群众身体健康提供了有力保障。

2. 体育设施日益完善

德阳已建成标准田径场、篮球场、网球场、门球场、游泳池等比赛场地，有可容纳 4 千人的体育馆和容纳 3 万人的体育场。群众性体育活动、健身活动蓬勃兴起，竞技体育成绩不断提高，在国内外一些比赛中多次获奖。2011 年体育事业健康发展。全年获国家级奖励 1 项、省级奖励 8 项、市级奖励 24 项。创建国家级训练基地 1 个、省级训练基地 1 个、市级训练基地 2 个。全市共建全民健身路径 408 条，其中，新建乡镇全民健身路径 66 条。建成国家青少年体育俱乐部 2 个，市级体育俱乐部 2 个，建成“全国亿万农民健身先进乡镇”5 个。有 43 名运动员输送到省（市）优秀专业队，有 1 人列入 2012 年奥运会苗子。

3. 文化设施发展快速

2011 年全市有公共图书馆 6 个，其中一级馆 2 个，总藏书量 82 万册（件）。有文化馆 7 个，其中，一级馆 3 个、二级馆 2 个、三级馆 2 个。新建德阳市文化馆面积达 5566 平方米。建成乡镇综合文化站 121 个。全市有艺术表演团体 19 个，博物馆 6 个，群众性广场文艺表演多姿多彩，全年送文化下乡活动共计 310 场，文化市场健康发展。

4. 教育设施不断优化

德阳市以教育信息化推动教育现代化，实施校园网建设工程。按照德阳市标准化学校建设要求，加大教育技术装备投入，完善和优化教育教学设施设备配置。着力推进“农村教育城市化、城市教育现代化、城乡教育均衡化”，加大对农村学校的硬件设施投入。2011 年全市有高等教育学校 5 所，中等职业学校 20 所，普通中学 163 所，小学 364 所。市内高校有中国民航飞行学院、四川建筑职业技术学院（国家示范高职院校）、四川工程职业技术学院（国家示范高职院校）、四川司法警察职业学院、四川警安职业学院等大学本、专科院校。

四　区域合作：单一城市向都市圈网络节点城市转型

（一）德阳城市定位的演变

1. 孤独的川北明珠

德阳地处成都平原腹地，南距省会成都 41 公里，东北接绵阳市，东南与遂宁、资阳两市交界，西南连成都市，西与阿坝州接壤。20 世纪中期开始的国家战略性投资使德阳发展起强大的装备制造业，德阳从一个农业小县城发展成一个新兴的工业城市，代表着国内甚至世界机械制造业的最高水平。德阳的发展较大程度局限于自身区域范围内，产业链条短，带动作用不突出，产业集群总体层次较低，规模、技术、核心竞争力等方面未能实现有效整合，导致产业结构调整缓慢。所以尽管德阳是中国重大技术装备制造业基地，但城市化进程滞后于工业化进程，在四川省的地位并不突出，存在城市发展地位边缘化的危险。

2. 成都经济区内的核心城市

进入 20 世纪，随着经济发展水平和生产力水平的大力提升，原来较小区域内的分工合作已不能满足经济主体对更大经济效益的追求，于是跨行政区的、在更大区域内的分工合作逐步展开。成德绵地区是四川省最早提出的区域合作区。2004 年 8 月，成都、德阳、绵阳三市计委共同倡导召开了成德绵区域合作思路研究会议，共同开展《“十一五”期间成德绵区域合作思路研究》工作；2009 年 12 月，成都、德阳、绵阳三市召开第一次联席会议，正式签署《成都德阳绵阳规划合作框架协议》，共同打造西部核心增长极。2010 年 1 月，成都经济区区域合作联席会第一次会议上，成都、德阳、绵阳、遂宁、乐山、雅安、眉山、资阳八市共同签署了《成都经济区区域合作框架协议》，把成都经济区打造成中西部地区综合实力最强、优势产业集聚最多、城镇化水平最高、创业环境最优、城乡差距最小、辐射带动力最明显的大都市圈。成德绵地区作为成都经济区的核心区域，是四川乃至整个西部地区产业实力最强、产业水平最高、产业集聚规模最大的区域之一。2011 年经济总量达 9277.14 亿元，占成都经济区的 73.3%。德阳作为成 - 德 - 绵高科技产业带的关键节点之一，也是推进成都经济区协调快速发展的核心城市之一。

图 23-6　成都经济区示意

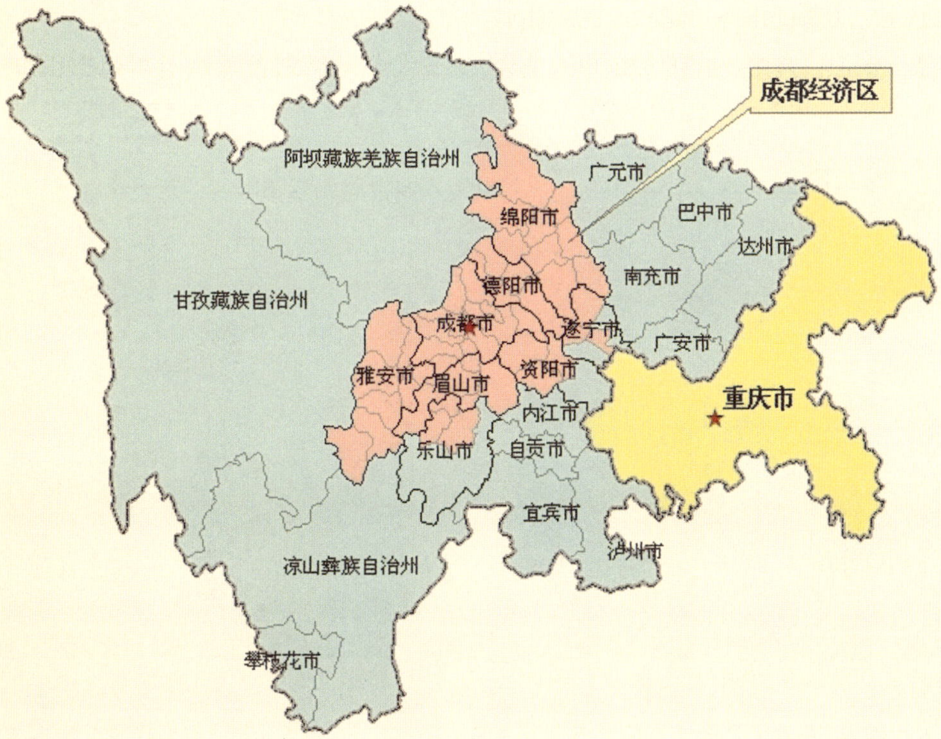

3. 积极融入都市圈的区域性中心城市

“十二五”期间，德阳将加大力度，加快向为成都经济区产业配套转变，积极融入成都经济区，率先实现与成都的“同城化”。并且提出了到 2015 年建成四川重要的区域性中心城市的目标。德阳与成都地域相连，接轨成都、依托成都发展具有极佳的区位优势。成德两地城际相距 41 公里，是全省距离成都最近的地级市。德阳在既有的成绵高速、成南高速的基础上，成德绵高速公路复线、成德南巴高速公路将陆续通车，这使德阳至成都的高速公路增至 4 条。成绵乐城际铁路即将开通，更将德阳与成都的车程缩短至 15 分钟，德阳到双流机场半个小时就可以到达。同时加快推进成兰铁路、成什绵、遂德阿、成德南、成都第二绕城高速公路等过境段建设，加快推进旌江大道、天星大道建设，力争开工中（江）金（堂）快速干线，与成都共同打造组合型主枢纽城市，进一步提升德阳在四川的交通区位和地位。从区位优势、经济基础、产业发展等方面综合看，德阳是最有条件和成都率先实现同城化的城市。

（二）德阳在成都经济区中地位

2011 年德阳市人均 GDP 达到 31562

图 23-7　成德组合型交通主枢纽综合交通布局

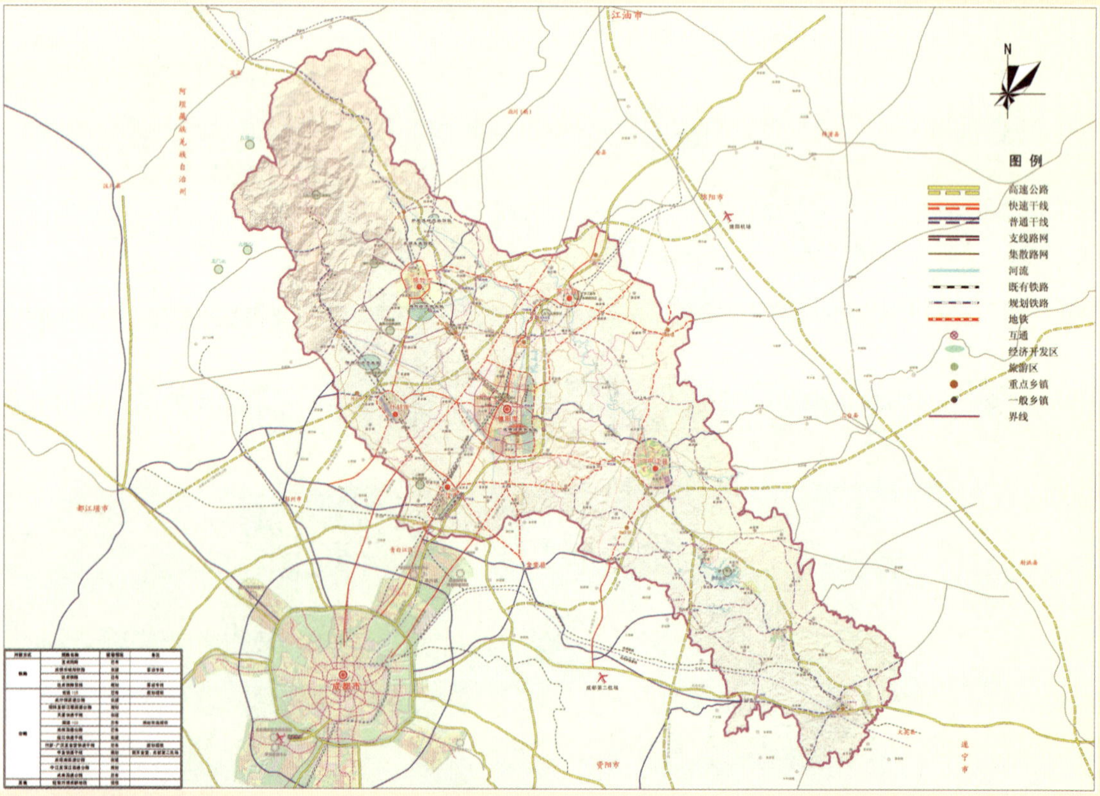

资料来源：《德阳市综合交通运输总体规划（2011 ~ 2030）》。

表 23–1　2011 年德阳主要指标占成都经济区比重

指　标	德　阳	成都经济区	比重（%）
辖区面积（万平方公里）	0.6	8.6	6.9
GDP（亿元）	1137.45	12658.47	9.0
人均 GDP（元）	31562	34313	0.92 倍
经济密度（万元 / 平方公里）	1895.75	1471.92	1.29 倍
地方一般预算收入（亿元）	67.1	913.9	7.3
全社会固定资产投资（亿元）	650.06	8856.41	7.3
工业增加值（亿元）	632.46	5509.19	11.5
年末常住人口（万人）	359.19	3689.16	9.7
进出口总额（亿美元）	29.0	442.4	6.6

资料来源：《四川统计年鉴》（2012）。

元，与全国平均水平之比为 0.9∶1，已达到国内的中等收入水平。全市非农产业增加值比重达到 84.4%，非农就业比重达 58.6%，城镇化率为 43%。在成都经济区中，2011 年德阳的经济密度为 1895.75 万元 / 平方公里，高出成都经济区平均水平 29%。固定资产投资总额在成都经济区排成都与绵阳之后，地方一般预算收入、工业增加值、进出品总额仅次于成都。可见德阳在成都经济区中的地位极为重要。

（三）德阳在区域合作中承担的功能

1. 成都平原城市群

根据《成都平原城市群发展规划（2009 ~ 2020）》，在空间上，未来的成都平原城市群将形成“一核三圈六轴一带”的产业空间结构，并形成装备制造、化工、高新技术、现代服务等多个产业聚集区。其中，德阳位于“成 – 绵 – 乐”一级发展轴上，是非农重点产业高度聚集的轴线。同时处于成都平原城市群首位都市圈——成都经济圈内，与成都市共同提升成都中心城市的辐射带动作用。以什邡为节点的化工产业、以罗江为节点的电子信息产业，以绵竹和什邡为节点的山地生态旅游，以及德阳的装备制造业，将推进先进制造业集聚、重点产业高端化发展。德阳是打造中国西部主要经济增长极的重要力量之一。

2. 成渝经济区

按照《成渝经济区区域规划》，德阳位于“成 – 绵 – 乐”发展带上，作为西部区域中心城市重点发展装备制造、电子信息产业和科技研发服务，形成国际竞争力的产业集群，建成全国重要的重型装备制造业基地，重要的新材料、精细化工、食品加工基地和现代工业城市。同时德阳还是历史文化和地震遗址旅游带上的重要节点。

五　产业发展：从“三线建设”中走出的重装基地

（一）国家战略投资是德阳产业发展的起源

长期以来，由于德阳城市经济建立在以农副产品贸易为主的小农经济基础之上，直到 1949 年，农业总产值占工农业总产值的 90%，德阳依然是一座功能单一的普通农业型小县城。德阳的产业基础起源于 20 世纪中叶“三线建设”的国家战略投资。1957 年，宝成铁路全线通车，沟通了四川同全国的经济联系，德阳区位条件得到极大改善。1958 年，国家确定第二重型机器厂定址德阳，同时在德阳新建东方电机厂、东方汽轮机厂等 6 个电机制造厂。按照国家的工业布局，其目的是将德阳建设成新中国第二个重型机械和动力设备工业基地，使之为全国的矿山、冶金、电力等工业部门服务。重工业区建设使得由国家组织的人、财、物等各类现代化资源迅速向德阳这一落后的内陆农业小县城高度聚集。1974 年，中国第二个重型机械工业基地的三大支柱企业二重、东电、东汽全面投产，德阳基本建成以重型机械和动力设备制造工业为主的现代化大工业基地。目前，德阳已具备我国最大的重型机械和动力设备的研发能力和制造能力，拥有一大批具有自主知识产权达到国际先进水平或填补国内空白的装备制造业核心技术，具有很强的装备水平、研发能力和我国最大成套设备、高技术等级设备制造能力以及构建装备制造产业集群的优越区位条件和技术经济基础。在机械制造、冶炼锻造、电机、电子电气、金属表面处理、石油钻机等方面形成了以二重、东方集团、宏华公司（广汉）等为主体的装备制造业产业集群。其中，中国第二重型机械集团公司是德阳市规模最大的企业，是中国最大的重型机械制造企业，国家首批 21 家重大技术装备国产化基地、大型板坯连铸机生产基地之一和“关系国家安全及国民经济命脉的重要骨干企业”。

在重装产业的支撑下，德阳逐步形成了以第二产业尤其是工业为主的产业体系，三次产业结构由 2005 年的 20.4 : 51.2 : 28.4 调整为 2011 年的 15.6 : 60.0 : 24.4，其中工业增加值占比更是由 2005 年的 46.8% 上升至 55.6%。

（二）以装备制造业为核心的德阳工业

1. 工业总量在全市乃至全省占举足轻重的地位

工业经济是德阳经济的支柱和重要推动力，德阳市工业增加值占全市 GDP 比重呈现稳步上升的趋势。2011 年，德阳工业增加值占全市 GDP 比重已达到 55.6%，直接拉动全市经济增长 12.0 个百分点。目前，德阳市形成了以机械、化工、食品三次产业为支柱，医药、新材料、服装、电子信息、天然气开发利用等新兴产业协调发展的工业结构，2011 年三大支柱产业总产值占全市规模以上工业的比重达到 77.4%。同时，德阳工业在全省工业经济中占据重要地位，2011 年规模以上工业企业实现总产值达 2037.58 亿元，列全省第

图 23-8　2005-2011 年德阳三次产业结构变动

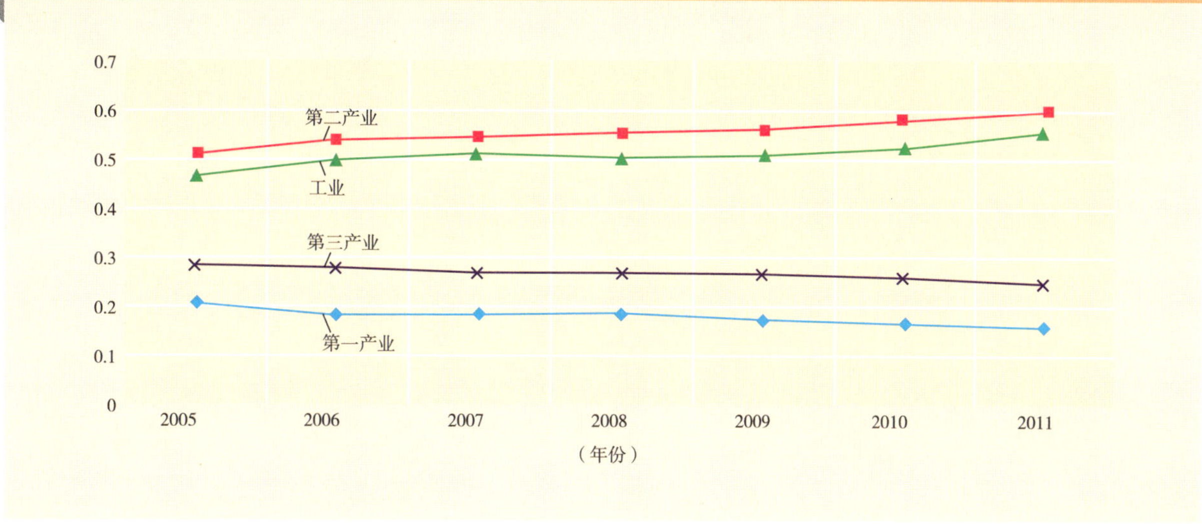

资料来源：《德阳统计年鉴》（2012）。

二，占全省规模以上工业企业实现总产值的 6.7%。

2. 以中央企业支撑的国家重大装备制造业基地地位凸显

1958 年 10 月 25 日，时任中共中央总书记邓小平视察德阳工业区东电和二重的建设工地。邓小平说："德阳的工业是国家的大工业，拿制造冶金设备、电站设备的大工厂来说，是目前全国最大的，是机械工业之母，这里将成为一个新兴的工业城市。"由此奠定了德阳作为国家重大装备制造业基地的地位。

德阳的装备制造业以二重、东汽、东电三大央属企业为主，近年来，德阳加快重大装备制造业基地建设，大型混流式机组具有世界先进水平，大型轴流转浆式机组、600 兆瓦临界机组处于全国领先水平，具备自行设计研制国内最大的贯流式水轮发电机组和制造百万千瓦等级核电机组的技术能力。除了拥有数项国内外领先的技术以外，德阳重装业诸多产品在国内占据十分重要的地位，部分产品甚至占据国内市场的大半壁江山，水电约占 40%，火电约占 30%，大型轧钢设备占国内市场的 45% ~ 50%，大型电站铸锻件占 1/2 以上，大型连铸连轧占 1/3，重型锻压设备占 1/5，大型船用锻件占 1/5。核电率先进入 100 万千瓦级领域，全国 60% 核电设备为德阳造。全国投运的最大 1.5 兆瓦风电机组已批量生产，仅东汽风电制造就占到全国约 1/3 的市场。大中型石油钻机具有年产 100 台套的生产能力，DBS 石油钻机出口全国第一。德阳众多民营工业企业都围绕三大厂配套或展开合作，例如特变电工与东电、东汽合作开发风电产品；立达机电就是二重下属企业改制而成。

2010 年，二重重装成功登陆 A 股，代表着目前世界上铸造生产最高水平的 CPR1000 核电主泵泵壳一次性浇铸成

图 23-9　2011 年全省各地市州规模以上工业总产值

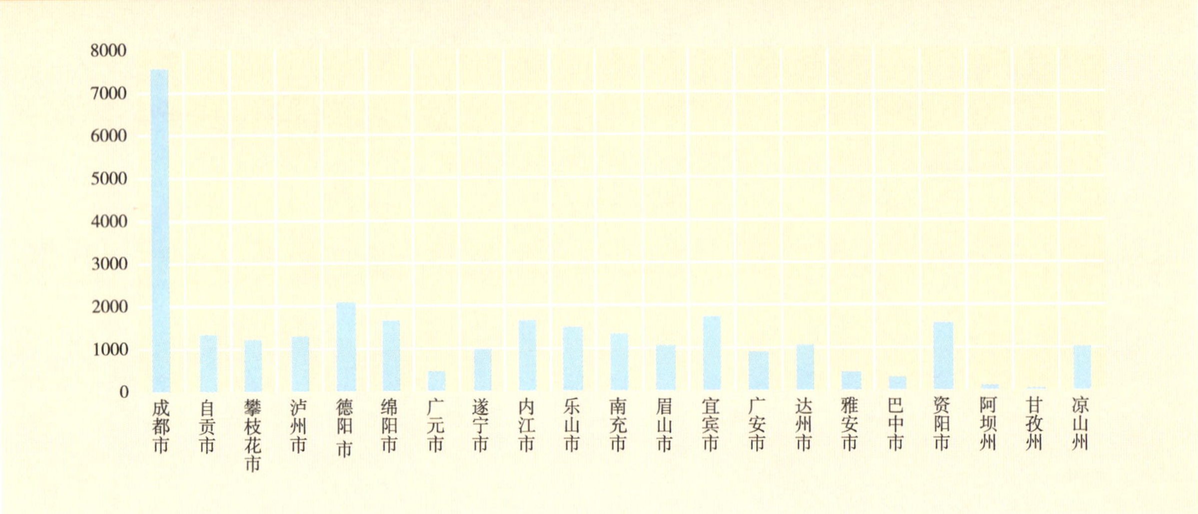

资料来源：《四川统计年鉴》(2012)。

功，打破国外技术垄断的我国第一根核电低压转子焊接完成，AP1000 主管道产品已通过国家核安全局和国家核电公司验收，被认定为“首批国家自主创新产品”。全国大型铸锻件标准化技术委员会的建立，8 万吨模锻压机的加快建设，已完成全部大型铸锻件投标，都标志着打造中国重要的铸锻件基地取得重大进展。具有自主知识产权的首台 1.5 兆瓦直驱式风力发电机组成功发运，在北极圈内中国首台列车移动式极地高寒钻机成功安装开钻。东汽新基地全面建成投产、东电签订出口印度 166 台 1.5 兆瓦直驱式风电机组、科新机电在深圳创业板成功上市等一系列项目的实施，将强力推动德阳成为中国最重要、最具竞争力的重大技术装备制造基地。

同时，德阳装备制造业充分利用自身较强的发电设备研发和加工制造能力，大力发展风电、核电等新能源装备制造，已经初具规模，传统优势产业正在向战略性新兴产业转型。2009 年 8 月 13 日德阳被联合国工业发展组织授予中国唯一的“清洁技术与新能源装备制造业（德阳）国际示范城市”，通过国际合作项目，引进优秀战略投资，打造区域产业集群。标志着具有装备制造业基础优势的德阳已将清洁技术与新能源装备制造产业空间拓展到国际领域，正着力把清洁技术与新能源装备制造业作为战略产业来培育，努力建设成为中国最重要、最具竞争力的清洁技术与新能源装备制造业基地。

3. 工业园区成为德阳工业经济的重要助推器

工业园区已经成为德阳建设中国西部经济强市的重要助推器，尤其是 2008 年汶川特大地震后，灾后重建的德阳工业布局进一步调整优化，“三大厂”在规划期内保留，执行整合厂区周边用地，以强化装备制造业；整合“三大厂”南部搬迁布局零散的工业用地；将天元工业区作为工业用地的主要增长区承接产业转移；提高经济技术开发区的进驻门槛，逐步缩减规模；按照城市新区高水平建设高新区，东汽汉旺生产基地灾后异地重建项目在德阳经济技术开发区八角井镇拔地而起。目前德阳共有工业园区（集中发展区）8 个，形成了各县（市、区）都具有 1 个工业园区（集中发展区）格局，其中，国家级开发区 1 个（德阳经济技术开发区），省级开发区 2 个（绵竹经济开发区、什邡经济开发区）。德阳经开区依托德阳建设清洁技术与新能源装备制造业国际示范城市，有针对性地引进和吸纳一批“新能源、新材料、新装备”等优势产业入园投资，努力将经开区打造成为国家级的“新能源产业航母”，旌阳、广汉将机械加工、化工、天然气深加工、石油钻采设备、医药等产业作为承接产业转移的重点；什邡、绵竹则加速整合食品、机械、新材料等领域的优势资源；中江、罗江立足实情将电子元器件、纺织、仓储物流、农副产品深加工等确定为优先发展产业。2010 年 2 月，以德阳经济技术开发区、广汉经济开发区、旌阳工业集中发展区为主体的园区，被国家工信部授予首批“国家新型工业化产业示范基地（装备制造）”。灾后重建以来，德阳园区各项经济指标均连续保持 20% 的速度增长，园区建成面积从 2007 年的 20 平方公里发展到 2011 年的 134.1 平方公里，园区入驻企业由 100 余户发展到 1410 户，其中，规模以上工业企业 580 户，工业集中度达到 60%。2011 年，全市园区规模以上工业实现总产值 1666 亿元，占全市工业的 75.8%，工业集中度大幅提高，聚集效应日益凸显。

（三）方兴未艾的德阳服务业

1. 服务业发展处于起步阶段

近年来，德阳服务业的规模不断扩大，但总体上看是滞后于高速发展的工业化步伐的。“十一五”期间，德阳服务业年均增长 7.9%，比地区生产总值（11.4%）和工业的年均增速（19.9%）分别低 3.5 和 12.0 个百分点；在产业体系中的地位持续下降，服务业占地区生产总值的比重由 2005 年的 28.5% 下降至 2011 年的 24.4%，低于全省平均水平近 10 个百分点。与全省各地市州相比，2011 年德阳市服务业增加值总量在全省 21 个市州中位居第 4 位，但服务业增加值比重列倒数第 5 位，服务业比重明显偏低。

但服务业对全市的税收贡献和就业贡献较为突出。服务业税收占地方税收比重由 2005 年的 42.7% 提高到 2010 年的 57.0%，已成为德阳市地方税收的主要来源。服务业从业人员占全社会从业人员比重也逐年上升，由 2005 年的 37% 提高到 2010 年的 38%。

2. 旅游业发展颇具特色

德阳拥有丰富的文化资源和良好的生态资源，“长江文明之源”三星堆古蜀遗址、中国“四大年画”之一的绵竹年画享誉海外，德阳孔庙、罗江三国文化遗址、剑南春酒坊文化遗址、“5・12”地震遗址、重装工业文化具有一定知名度；龙泉山和龙门山两大山脉均经过德阳，形成

图 23–10　2005 ~ 2011 年服务业与 GDP 和工业增速比较

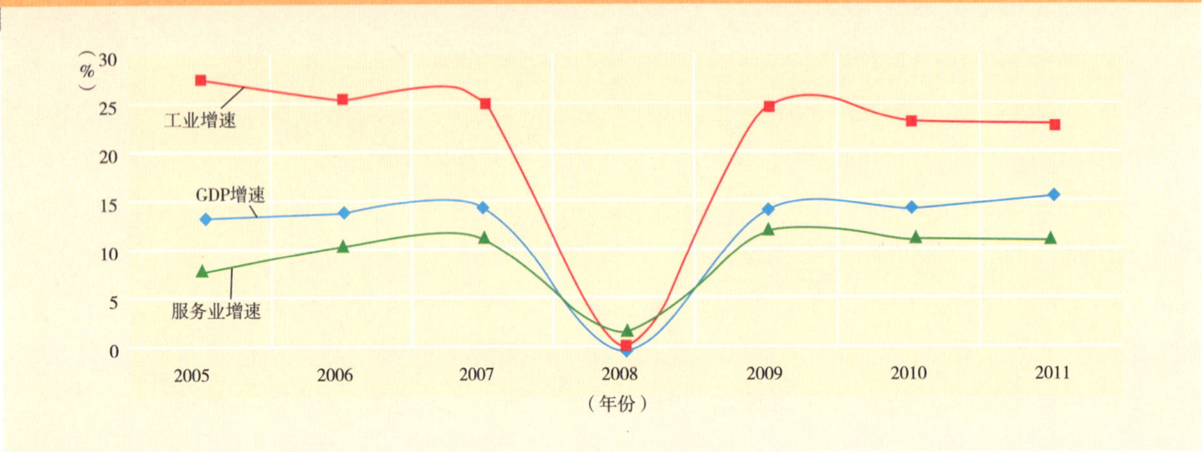

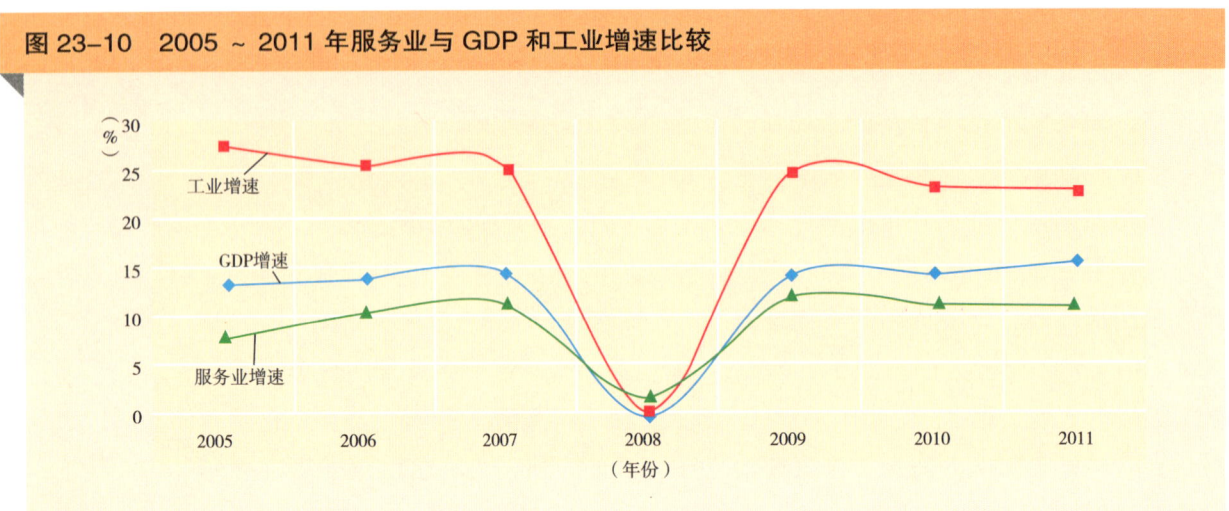

资料来源：《德阳统计年鉴》（2012）。

图 23–11　2011 年德阳与全省地市州服务业比重比较

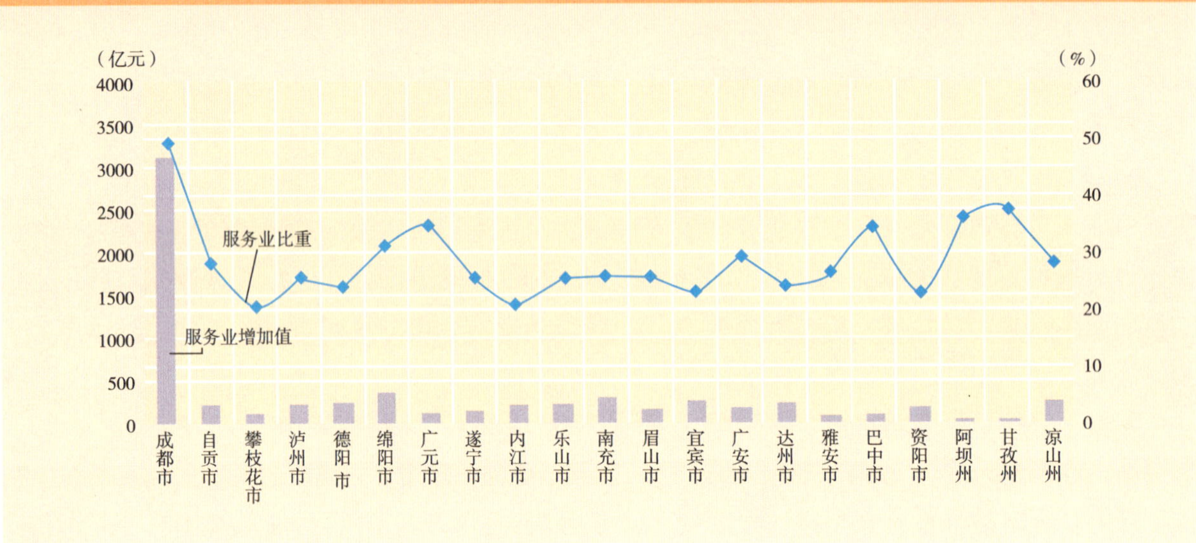

资料来源：《四川统计年鉴》（2012）。

了蓥华山风景区、东山休闲度假区等生态景区，绵远河、石亭江、鸭子河和凯江构成了自然生态廊道，旌湖两岸生态环境获“中国人居环境范例奖”，丰富的生态文化资源为德阳发展旅游业提供了良好条件。近年来，德阳高度重视旅游产业发展，特别在“5·12”特大地震后，德阳紧抓灾后重建重大契机，并以旅游标准化示范市创建为契机，完善旅游设施，提升服务水平，延伸产业链条，实现了旅游业的全域提档升级。依托“三星堆”及“三国蜀汉”等优质旅游文化资源，引进北京中盛万吉公司投资 10 亿元建“三星堆”文化产业园，引进浙江隆大集团投资 5 亿元打造“三国蜀汉”文化旅游度假开发，一条新兴的精品旅游文化线路正逐步建成。2011 年，德阳共接待国内外旅游者 875 万人次，实现旅游总收入突破 50 亿元。

3. 强大的制造业基础为生产性服务业发展创造需求

德阳以中央企业为依托的制造业发展较好，但为生产服务的配套企业发展不足的短板日益显现，例如，德阳依托二重、东电、东气等国有大型制造业的高速发展，形成了大量的物流需求，但这些物流基本靠企业自身的配套设施来满足，利用效率低下，设施分散，仍未形成有效的第三方物流服务系统，而且目前德阳市第三方物流企业多为传统的运输、仓储公司，规模和实力都很小，主营业务以道路运输、铁路运输、装卸搬运、仓储企业为主，提供的功能服务在层次上还有差距，主要停留在传统的运输和仓储环节，整个健全的物流市场还未形成，不具规模性，不具备集运输、仓储、装卸、加工、整理、配送、信息为一体的综合服务能力。

伴随德阳进入工业化中后期阶段，雄厚的制造业基础将产生对生产性服务业的大量需求。三大中央企业均有从制造业企业向服务型企业转型的规划，他们拥有发展服务业的良好资源，如东方电机有限公司的技术培训水平居国内领先水平，中国二重规划建设全国非标准钢材交易平台，中低端生产制造环节将逐步外包，着力发展管理、研发设计、市场营销、售后服务、技术支持等服务业务，同时，他们对服务业的需求将逐步扩大，包括大件物流、普通设计、后勤服务等。其他中小企业同样具备对金融、职业培训、管理咨询、研发设计等服务的大量需求，这将有力推进生产性服务业的发展。

（四）现代农业蓬勃发展

1. 农村改革先行先试

十一届三中全会，吹响了中国改革开放的号角，揭开了以集体土地由农户联产承包经营为重点的农村经济体制改革的序幕。德阳市农村改革在全国都走在前列，从“大包干”，农村税费改革，再到被称为改革“第三波”的农村综合改革，不断走向深入，极大地调动了农民群众的积极性，促进了农村经济的迅猛发展。

1978 年春，广汉县金鱼公社在全省

表 23-2　2005 ~ 2011 年德阳旅游业发展情况

年　份	旅游总人次（万人次）	旅游总收入（亿元）	旅游总收入占 GDP 比重（%）
2005	611.22	29.29	6.34
2006	1018.78	47.54	8.81
2007	1036.61	58.19	8.98
2008	412.28	24.42	3.51
2009	518.21	30.53	3.91
2010	757	40.77	4.34
2011	875	51.7	4.55

率先实行“分组作业、定产定工、超产奖励”责任制，极大地调动了社员群众的生产积极性。当年全社粮食产量比上年增长20%，比全县平均增产比例高出一倍。从此，拉开了德阳农村改革的序幕，联产承包责任制在德阳农村脱颖而出。1979年冬，广汉在向阳公社进行了改革“政社合一”的人民公社体制的试点。1980年6月18日，正式挂出“向阳乡人民政府”牌子，在全国第一个取消人民公社，恢复乡级建制。

2000年，国家决定开展农村税费改革试点，从根本上解决农民负担问题。德阳市再一次勇立改革潮头。从2003年起，按照“巩固、完善、规范、配套”的要求，在合理调整农业税及计税面积、完善农业特产税政策和规范“一事一议”筹资行为的同时，重点推进乡镇机构改革、农村义务教育体制改革、乡镇管理体制改革等配套改革，并加大财政转移支付力度，保证了乡镇机构及村组织的基本运转，保证了农村义务教育的必要经费。经过全市上下共同努力，改革取得突破性进展，除费改税、规范征收和减免农业税之外，还给予农民种粮补贴、良种补贴、农机补贴、农资补贴、退耕还林补贴、能繁母猪补贴等，通过一系列配套改革，减少税费4.7亿元，增加各种补助2.8亿元。“一减一增”为农民人均增加收入近300元。

为进一步巩固和完善农村税费改革成果，按照中央深化农村综合改革的方针，德阳决定开展以“转变乡镇政府职能、建立农村基层管理新机制、建立农村公共产品供给新机制、建立‘三农’社会化服务体系”为核心内容的农村综合改革。在国家全面取消农业税后，又在推进农村综合改革方面有了新突破，合并机构和精简人员，乡镇数由建市初的195个调减到2007年的121个，深化农村义务教育管理体制改革，推动公共教育协调发展，完善县乡财政管理体制改革，积极开展村组管理体制改革，整合了农村资源，精简了村组干部，拓展了现代农业的发展空间。

2. 现代农业产业基地建设成果显著

德阳农业生产条件好，地处都江堰灌区，是国家级苗畜苗禽基地市、省级优质瘦肉型生猪出口基地市和省级优质粮油生产基地。全市建成了蔬菜、生猪、家禽、食用菌、药材等十大优质农副产品基地，形成了川粮米业、旌晶食品、明阳种子等一批知名农业品牌和龙头企业。目前，广汉、中江已被纳入四川省现代农业产业基地强县培育县，各县（市、区）还根据自身产业发展的需要，因地制宜建立发展了许多各具特色的示范园、示范片、示范区。如：罗江万安镇天马山早熟梨示范园区、蟠龙镇宝峰山贵妃枣示范园被纳入省级新农村建设示范样板；中江建立了“中江丹参”、“中江白芍”等道地药材规范化种植示范片和食用菌标准化示范片；广汉建立了兴隆镇天台村现代农业示范园；旌阳区建立了黄许镇西甜瓜示范园、莲藕生产示范片；绵竹建立了梨树、枇杷、猕猴桃生产示范片。

3. 特色农业格局初显

德阳以发展效益种植业、现代畜牧业、特色林产业、农产品加工业、劳务产业和农村服务业等为重点，促进了传统农业向现代农业转变，特色产业得以培育，农业产业化蓬勃发展，并形成了“一村一特色，一乡一品位”的格局：什邡市师古镇红豆村以一棵生长了 1200 年的红豆树为载体，发掘婚庆文化，开发婚庆产品，将红豆村打造成为西南第一“婚庆民俗文化村”；回澜镇把发展“一村一品”作为实现农业增长方式转变的一个重要切入点和突破口，依据各村特色，种植西芹、番茄、川芎，特色种植占总面积的 50% 以上，通过大力推进农业的专业化、特色化、品牌化建设，大幅度提高了农业的经济效益和综合竞争力；绵竹金花镇玄郎村、遵道镇棚花村办起年画传习所、年画刺绣所，依托年画搞旅游开发，既传承了传统文化，又成为农民增收的门路。在绵竹市沿山的五个镇，这样的特色村鳞次栉比，与新近种植的万亩玫瑰园、葡萄园、茶园一起，共同构成一条长约几十公里的沿山产业带；孝德镇建起了“绵竹年画村”，传习年画，办起乡村游，改变了农民传统的收入模式。

4. 农机化促进跨越式发展

近年来，德阳抓住农业灾后重建机遇，组织协调各项农机化作业，狠抓农村机电提灌站、乡村道路建设，改善农业基础设施建设，推广农机化新技术新机具，提高农业生产力水平，积极稳妥推进基层农机化服务组织建设，发展农机产业化经营，大力推进农业机械化进程，为促进农业和农村产业结构调整、创新农机工业产业、构建现代农业作出了积极贡献。农机化装备水平稳步增长，截至 2010 年底，德阳有农机从业人员 9.04 万人，农机化服务组织 632 个，拥有农机原值 50 万元以上的农机大户 351 个，农机总动力 157 万千瓦，平均每万亩耕地农机装备已达 5663 千瓦。农机化作业水平显著提高。机耕作业面积 499.24 万亩，机播小麦面积 46.308 万亩，机械植保作业面积 266.4 万亩，机械收获面积 216.24 万亩，农田机械节水灌溉面积 175 万亩，水稻机械化插秧 12.9 万亩，油菜机收实现了零的突破，机械化免耕播种技术进一步推广应用。农机运输作业量 64698 万吨公里。机耕、机播、机收水平分别为 89.7%、21.3%、77.78%。全市耕、种、收综合机械化水平达到 43%。①

六　城镇建设：灾后崛起大德阳

（一）城镇化进程较快但空间分布差异明显

德阳市是四川省的重要工业城市，重装机械、磷化工、建材、食品、医药业发达。在工业发展的推动下，德阳市城镇化开始起步。从城市建成区看，德阳城市建成区面积的扩张始于“二五”和“三线”时期。1949 年的德阳县城面积仅 1.5 平方公里，人口 1.5 万。1958 年 7 个大型项目布点德阳，在城南新建重型机械工业区，城区西北部新建动力工业区。到 1983 年建市时，主城区面积增长到 7.5 平方公里，新增的 6 平方公里基本上是各企业用地。② 1984 年后德阳城市进行了大规模的新建，2008 年德阳中心城区城市人口规模 46 万人，中心城市规模达 44 平方公里，

① 《现代农业之路越走越宽——德阳用开放的眼光推进现代农业发展扫描》，《德阳日报》2011 年 9 月 20 日。
② 本段数据来源于周明长、钟建、张道平、林升乐：《德阳城市现代化发展探讨》，《中国市场》2008 年第 13 期。

形成了以旧城区为中心向四周呈放射状的组团式发展形态。灾后经历大规模恢复重建，到2009年底，德阳中心城区城市人口规模达55万人，中心城市建设用地规模55平方公里；2010年中心城区城市人口62万人，中心城市建设用地规模65平方公里。

从城镇化水平来看，城镇化进程也呈逐年加快趋势，1979年城镇化水平为11%，到2011年达到43%，城镇化率仅次于成都市（67%）和攀枝花市（61.6%），位居全省第三。

受自然条件影响，城镇空间分布差异明显。德阳市地跨龙门山区、成都平原和盆中丘陵三大自然地带。龙门山区山势高耸，交通不便，但矿产资源和风景旅游资源丰富，生态保护功能重要，该区域人口稀疏，城镇数量少，零星分布在进山公路沿线。成都平原土壤肥沃，灌溉条件好，经济发达，人口和城镇密集，表现出明显的均衡分布的特征。丘陵地区人口较为密集，但经济相对滞后，并且水源涵养保护功能重要，城镇主要沿106省道和101省道分布，呈现出十字轴分布的特点。

（二）震后城镇布局大变革

2008年汶川特大地震对德阳的城镇体系造成了极大的破坏，但同时也为高起点的城镇体系规划带来了机遇。

1. 组团城市群建设

震后德阳编制完善了新一轮《城市总体规划修编》，明确了德阳的城市性质和发展定位，即国家重大技术装备制造业基地和高新技术产业基地，四川省重要的区域性中心城市和山水宜居城市，到2020年，城市人口规模达到100万，城市建设用地108平方公里，形成以德阳市区为中心，辐射广汉、什邡、绵竹、中江、罗江的组团城市群。并按照“一群、四轴、多线”的城镇空间结构，加强与周边地区联系，融入成德绵地区空间发展格局。一

图 23-12　2011 年全省地市州城镇化率

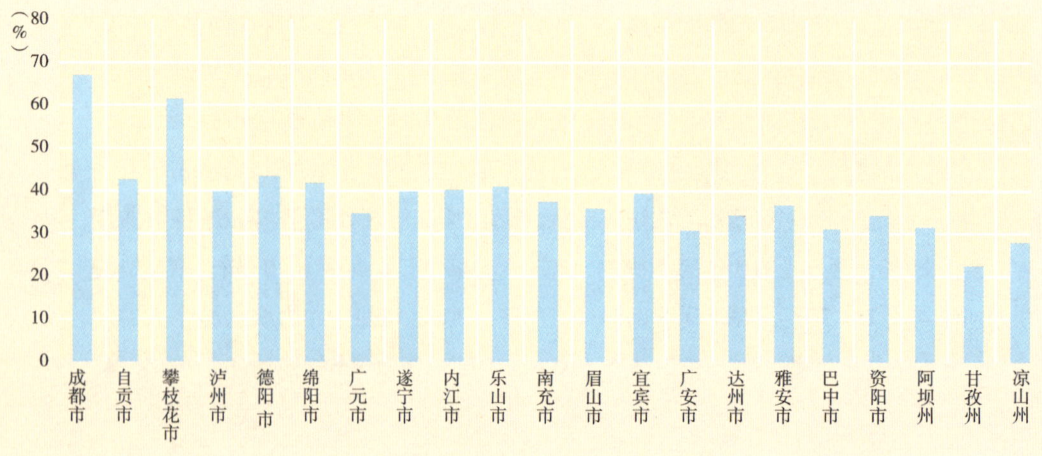

资料来源：《四川统计年鉴》（2012）。

群：以德阳城区为中心，5 个县城为副中心，构建“半小时城镇群”。四轴：包括三纵一横四条城镇发展轴。三纵为成德绵中部发展轴、成德绵西部发展轴和成德绵东部发展轴，是加强与成都、绵阳联系，融入区域发展的主要骨架。一横为德（阳）阿（坝）发展轴，依托遂（宁）阿（坝）公路形成，是加强市域山区、平原地区、丘陵地区城镇间联系，拓展与阿坝、遂宁等地联系的主要轴线。成德绵中部发展轴为一级轴，是成德绵地区城镇发展的主要轴线；成德绵西部发展轴、成德绵东部发展轴和德（阳）阿（坝）发展轴为二级轴。多线是加强各级中心城市之间、各级中心城市与周边城镇联系的多条城镇联络线。

2. 城市发展空间持续拓展

与此同时，德阳进一步拉大城市框架，拓展城市发展空间，中心城区建设主要沿绵远河与宝成铁路南北方向发展，东

图 23-13　德阳“一群、四轴、多线”城镇体系

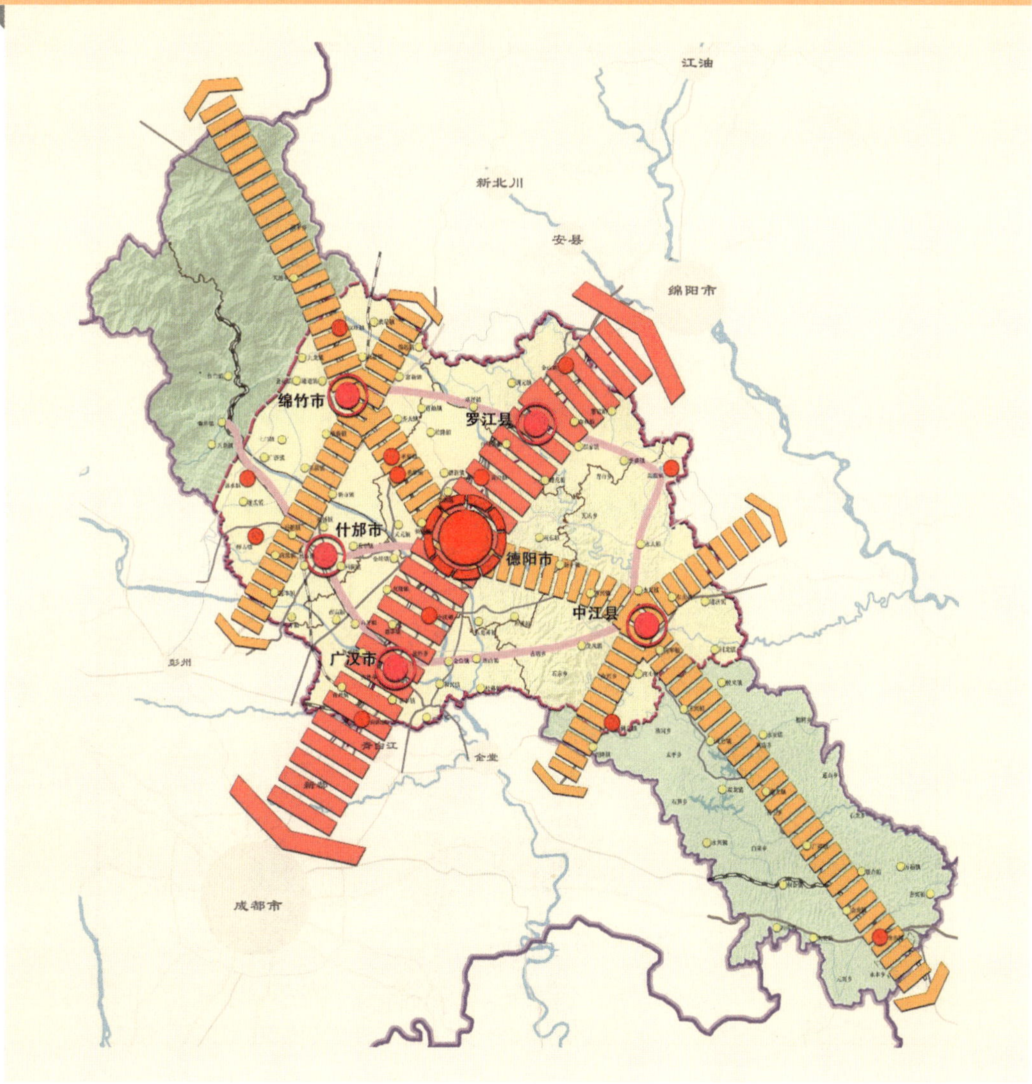

资料来源：《德阳市国民经济和社会发展第十二个五年规划纲要》。

山作为重要的功能拓展区，优化发展，形成“一主四副，三轴三带”的“川”字形空间布局结构。

2011 年，德阳城市拓展步伐进一步加快，规划提出建设旌东新区、亭江新区两大新区，两新区分居德阳中心城区的东面、南面，总面积达 200 平方公里，德阳市区面积将扩大一倍以上。亭江新区主要布局在石亭江东西沿岸，旌东新区则跨过制约城市发展的成绵高速，主要涉及黄许镇、双东镇、东湖乡、和新镇等山区丘陵镇的组团建设。按照省委、省政府的要求，两大新区将落实“两化”互动、“产城一体”理念，坚持高起点规划，高标准建设，高水平管理，保证城市新区建设的标准和质量，努力建设宜居宜商宜业的新城。这是德阳城市在 90 年代向绵远河东拓展后又一次空间拓展的重大举措，承载着先导、带动和辐射功能，助推德阳区域中心大城市和新型工业化进程。

图 23–14　中心城区“一主四副，三轴三带”的“川”字形空间布局结构

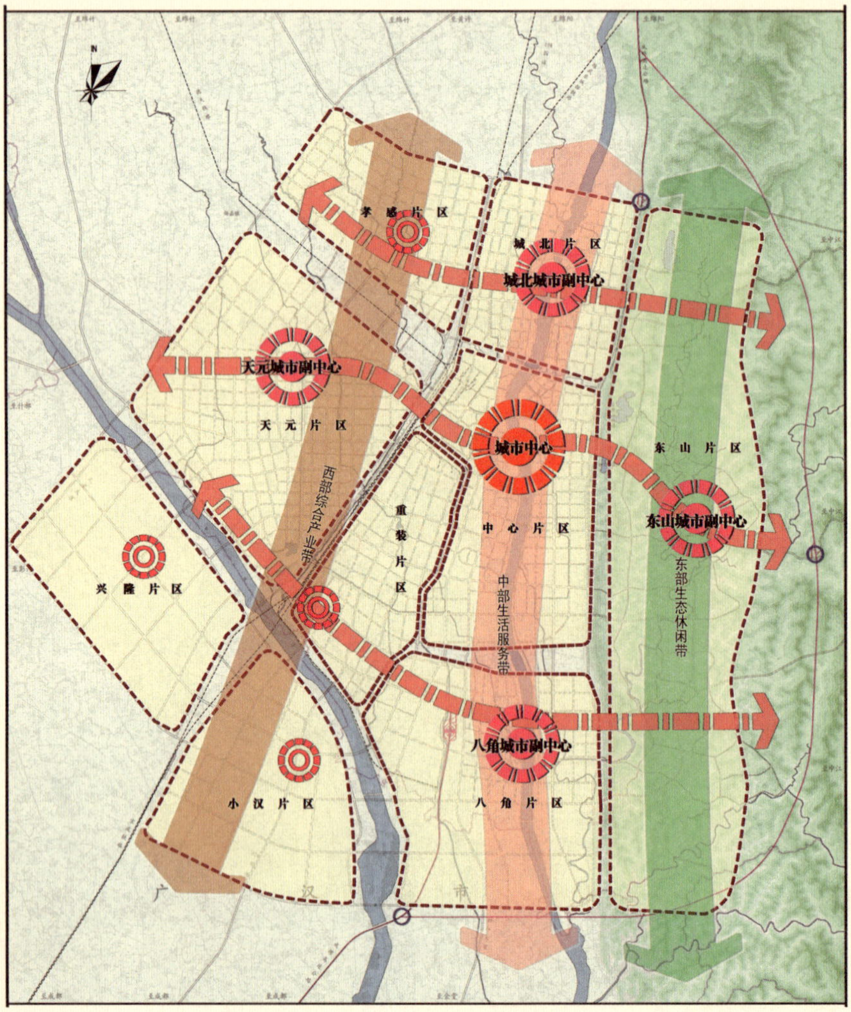

资料来源：《德阳市城市总体规划（2010 ~ 2020）》。

（三）县域经济特色突出

1. 县域经济总体情况

德阳县域经济发展较好，2008 年以前，什邡市、绵竹市、广汉市、旌阳区连续多年分别位居全省“十强”县二、三、八、十位，中江是全国农业百强县，全市有 51 个乡镇进入全省 200 强。广汉市、什邡市、中江县被国家科技部批准为科技富民强县试点县；广汉市、什邡市、绵竹市被国家科技部批准为科技进步先进县；广汉市成为国家可持续发展实验区。中江县也是全省 22 个百万人口大县之一。广汉市人口密度最高，2011 年达 1102 人 / 平方公里，旌阳区次之，达 1043 人 / 平方公里，中江县、罗江县、什邡市和绵竹市人口密度相对较低。旌阳区的人口城市化水平最高，达到 58.4%，其他县市的人口城市化水平均相对较低，城镇化进程还需进一步加速。

从经济发展水平来看，旌阳区是德阳经济的中心，GDP 占全市的 30.4%，工业

图 23-15　德阳市旌东新区、亭江新区规划示意

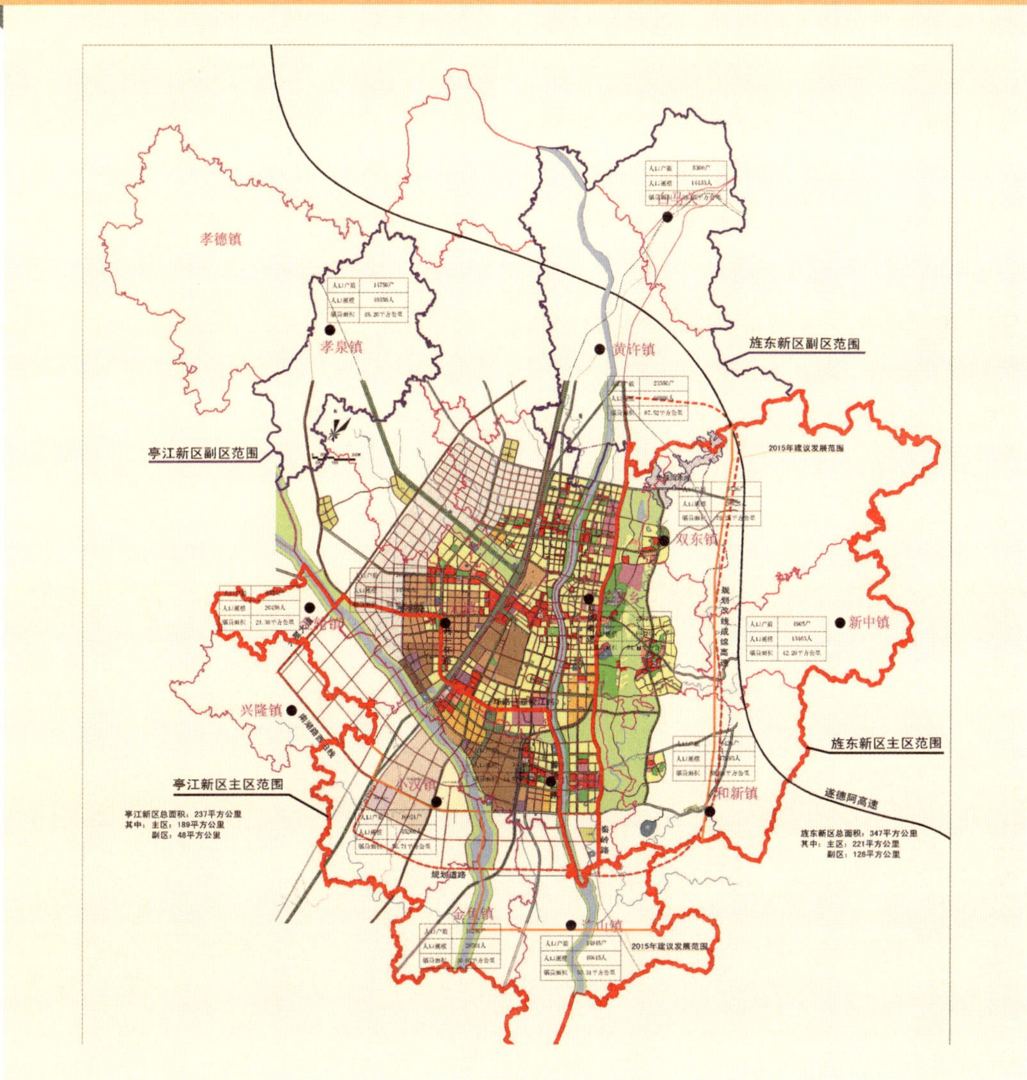

总产值占全市的32.3%，人均GDP也远高于其他市县。同时，除旌阳区外，其他市县的第一产业比重仍然较高，尤其是中江县、罗江县，第一产业比重均在20%以上。绵竹市、什邡市两个极重灾区在灾后重建中，经济增长速度较快。

2. 各县（市）区特征与定位

（1）旌阳区。德阳市旌阳区为德阳市人民政府所在地，下辖11个镇、1个乡、5个街道办事处。旌阳区各街道办事处、天元镇、孝感镇、东湖乡、八角井镇的全部和双东镇、和新镇的部分地区为德阳市的中心城区，总面积为297平方公里。国家特大型工业企业中国第二重型机械集团、东方电机有限公司、东方汽轮机有限公司、东方锅炉有限公司等众多企业坐落其间，是中国第三大重型装备制造业基地，还有国家级德阳经济技术开发区，旌阳工业集中发展区，是四川省十强县之一。旌阳区的城市定位是国家重大装备制造业和高新技术产业基地；西部重要的现代化工业基地、职业教育基地和工业型物流城市；四川省重要的经济中心和灾后恢复重建中心城市；成德绵地区重要的山水宜居城市；市域综合性服务中心，城镇化人口主要转移地。

（2）绵竹市。绵竹市，地处四川盆地西北部，辖19镇2乡，被誉为“天下七十二洞天福地之一”，历史悠久，1995年被命名为“四川省历史文化名城”。绵竹是汶川特大地震的极重灾区之一，2008年以前绵竹依托东汽、剑南春、龙蟒集团等工业企业的拉动以及旅游业的发展，跻身全省“十强”县，地震给绵竹造成了毁灭性的破坏。灾后重建的三年，绵竹实现了从极重灾区到经济强县的跨越。依托江苏现代高效农业园，绵竹市着力农业现代化建设，重点打造的生猪养殖、绿色蔬菜、优质粮油、经济林木、食用鲜菌“五大农业产业化基地”，已带动20万亩农田产业结构调整，193个农民专业合作经济组织组建成立，新增土地流转11052亩，农民年收入稳步增加。经济开发区新引进项目27个，到位资金近40个亿，绵晟药业等8家企业已建成投产，绵竹跻身为中国西部最具投资潜力百强县。充分

表23-3　2011年德阳各县（市、区）基本情况

	土地面积（平方公里）	年末户籍总人口（万人）	人口密度（人/平方公里）	农业人口		非农业人口	
				人口数（万人）	比重（%）	人口数（万人）	比重（%）
旌阳区	648	67.6	1043	28.1	41.6	39.5	58.4
中江县	2200	143.2	651	124.9	87.2	18.3	12.8
罗江县	448	24.9	556	19.8	79.5	5.1	20.5
广汉市	549	60.5	1102	39.1	64.6	21.4	35.4
什邡市	820	43.7	533	34.0	77.8	9.7	22.2
绵竹市	1246	50.6	406	37.3	73.7	13.3	26.3

资料来源：《四川统计年鉴》（2012）。

表 23-4　2011 年德阳各县（市、区）经济发展情况

县（市、区）	地区生产总值（亿元）	增速（%）	人均地区生产总值（元）	三次产业结构	规模以上工业总产值（亿元）
旌阳区	347.9	15.1	47267	8.0 : 65.7 : 26.3	689.1
中江县	199.7	14.4	16924	31.0 : 41.3 : 27.7	164.1
罗江县	60.1	15.6	28209	24.7 : 57.2 : 18.1	101.1
广汉市	223.6	16.1	37813	13.7 : 59.6 : 26.7	493.5
什邡市	167.4	16.2	40552	12.4 : 62.3 : 25.3	304.7
绵竹市	146.3	16.0	31079	14.9 : 62.5 : 22.6	356.4

资料来源：《四川统计年鉴》（2012）。

发挥剑南春的优势力量，整合资源，倾力打造“中国白酒金三角”，建设“西部第一酒城”。以江苏工业园、无锡工业园为代表的绵竹工业园区正在成为技术创新的火车头，经济发展的新引擎。完成双忠祠、剑南老街等具有绵竹独特文化传承的重点工程，以打造国家 AAAA 级旅游景区为抓手，带动沿山开发，汉旺地震遗址、九龙生态古镇、土门玫瑰温泉为骨架的沿山旅游线路已具雏形。绵竹市的城市定位为中国名酒酿造基地，川西重要的工贸城市，历史文化旅游和生态宜居城市。

（3）什邡市。什邡市位于德阳市西南部，辖 20 镇。什邡古为方国，蜀中名城，吸纳天地四方之灵气，汇聚古今人文之精神。3000 年悠悠岁月，炼就一颗亮丽的川西明珠，熠熠生辉，耀古烁今。什邡是四川县域经济较为发达的地区，2008 年以前综合经济实力连续多年位居四川省“十强县”第二，西部百强县前十名。什邡市资源丰富，磷矿、原煤、石灰矿储量极丰，是全国重要的磷矿生产基地。拥有一批以蓝剑集团、什邡烟厂、宏达集团为代表的享誉西南乃至全国的强大企业方阵。什邡也是汶川特大地震的极重灾区之一。通过重建，什邡城镇建设取得重大突破，由中心城区、2 个区域重点镇和 6 个特色镇组成的布局合理、定位明确、特色鲜明的现代新型城镇格局初步形成。面积达 13 平方公里的城市恢复发展区由北京按照首都标准修建，现代、美观、大气，使什邡城市发展空间拓展到 20 平方公里，为什邡建设 20 万人口的中等城市搭好了“骨架”。在地震中，什邡资源消耗型支柱产业受到严重影响。重建中，什邡建成了良好的发展平台，壮大了食品医药、冶金机械、新型材料、精细石化四大主导产业，加快了发展方式转变。什邡省级经济开发区投入 3 亿元，将 7.8 平方公里河滩荒地变成了“九通一平”基础设施完善配套的现代化工业园区，为什邡承接产业转移搭建了高水平的承载平台。申安 LED 照明、亚太钛业、明日宇航等一批技术含量高、有竞争力的优质项目落户什邡，推动了什邡经济向高成长、高附加值、低污染的转型。215个产业重建项目全面实施，其中包括省级重点项目亚洲最大的雪茄烟生产基地和西部最大的植物蛋白饮料生产基地建设。晒烟、猕猴桃、食用菌、无公害蔬菜四大特色农业基地规模不断扩大，高山茶叶、红白豆腐等50多个品种的农特产品“零费率”进入北京批发零售市场，为什邡特色优势农业发展、农民持续增收开创了一片新天地。通过产业重建，县域经济快速恢复，2010、2011年GDP分别增长17.5%、16.2%，在全市各县（市）区中均列第一。什邡的城市定位是省级历史文化名城，以食品、饮料、旅游、精细化工为主导的综合性城市。

（4）广汉市。广汉市位于“天府之国”四川之腹心，是成都平原以北的重镇，自古有“蜀省之要衢，通京之孔道”之说。北临德阳市区17公里，南距成都市区23公里，下辖17个镇、2个乡。广汉是“四川省经济综合实力十强县”之一，也是成都都市圈、半小时经济圈重要组成部分，广汉市属四川省“扩权强县”试点市、四川省级历史文化名城，至今遗留有较丰富的名胜古迹，其品位和旅游开发价值很高。有闻名于世界的全国重点文物保护单位、四川省三大国际旅游精品之一的“三星堆古文化遗址”；经济以工业为主，主导产业为医药、轻纺、机械、食品、旅游。工业方面形成了以川油宏华为龙头的石油机械制造业和以蜀中制药为龙头的制药业两个配套的产业集群，机械、医药、化工行业增加值占全市规模以上工业的81%，民营和股份制经济占到全市经济总量的96%以上。广汉市以三星堆为龙头的旅游业发展很快，目前三星堆古蜀文化旅游区正在申请世界文化遗产和创5A级旅游景区建设。广汉的城市定位是省级历史文化名城，以加工业、旅游业为重点的古蜀文化旅游城市。

（5）中江县。中江县是特级英雄黄继光的故乡，位于德阳市东南部，距市区20余公里，东邻绵阳市三台县，南接遂宁市大英县，西毗成都市金堂县，下辖29个镇、16个乡。中江县历史悠久，地域宽，是四川省25个丘陵大县之一，丘陵耕地面积占全县耕地面积的77%。中江是人口大县，同时也是农业大县，发展水平与其他县（市）区相比较低，2011年农业占GDP的比重还高达31.0%。中江的农业发展具有一定特色，全县农业主要经济指标已进入全国百强县行列。并先后被评为“全国粮食生产先进县标兵”、“国家无规定疫病示范县”、“全国食用菌行业优秀基地县”、“全国无公害中药材生产示范基地县”等称号。一些主要农产品在全国、全省占有相当份额，肉类总产量已连续多年为全国百强县之一，粮食总产、食用菌种植规模、蚕茧总产等位居全省前列。“中江丹参”、“中江白芍”、“中江挂面”、“中江柚”、“绿白牌水果、乳鸽”、“绿宝石优质梨”等名优产品享誉省内外。中江的城镇发展实施了“一心、两极、促统筹”发展战略，打造“一心”，即突出县城中心城区建设，加快城市副中心建设。发展“两极”，即将辑庆·兴隆和仓山作为引领全县经济发展的两个增长极。中江的城市定位为以电子、食品加工、轻纺、制药、商业贸易为主的山水园林生态城市。

（6）罗江县。罗江县地处成都平原北部边缘，辖10个镇。罗江山川秀美，气候宜人，是全国首批生态示范县。独特适宜的气候造就了罗江农畜产品的优良品质。罗江青椒、罗江豆鸡、天府花生、罗江土鲶鱼享誉国内外。罗江历史悠久，地灵人杰，是省级历史文化名城、三国蜀汉文化胜地、清代文豪李调元故里。白马关庞统祠是全国重点文物保护单位，境内还有李调元故里、观音岩石刻、潺亭水城、千年古刹万佛寺等历史文化古迹 200 多处。罗江区位独特，交通便捷，地处成（都）德（阳）绵（阳）经济圈中心地带，宝成铁路、川陕公路、成绵高速公路穿境而过，是四川省村村通水泥路的第一县。基础设施完善，能源充足，是西部电力走廊，浅层天然气总储量上百亿立方，年采输量 5000 万立方。罗江自古为出川入蜀的交通要道、三国遗迹众多，以此为中心的三国蜀汉文化享誉海内外，文化旅游业发展较好，"五镇整体联动"以白马关景区为核心，白马关、万安、蟠龙、略坪、调元五镇共同形成文化旅游小镇群，以三国文化、调元文化、佛教文化等传统文化，推进文化主题公园和创意产业园建设，创建省级文化产业基地。罗江的城市定位是省级历史文化名城，德阳市域北部门户，以弘扬三国文化为重点的历史文化旅游城市，以发展塑胶原料、电子材料为主导的山水园林城市。

七　未来发展：现代化工业型的区域中心城市

（一）德阳的主要特征

1. 典型的工业城市

如前所述，国家战略布局奠定了德阳产业发展的基础，德阳的产业特征表现为由国有企业支撑，以重大装备制造业为特色的工业经济，工业在全省所占的份额在相当长一段时期仅次于成都，处于全省第二位。在国务院批复的《成渝经济区区域规划》中，德阳也被定位为全国重要的重型装备制造业基地，重要的新材料、精细化工、食品加工基地，现代工业城市，足见德阳工业经济在成渝经济区乃至全国的重要地位。

2. 进入工业化中期阶段

依据 H. 钱纳里关于人均经济总量与经济发展阶段划分理论、西蒙 · 库兹涅茨的"∩"形理论、配第 –C.G. 克拉克定理等相关理论，选取人均国内生产总值、二产业增加值占 GDP 比重、非农产业就业比重等主要指标，对当前德阳市所处工业化阶段进行判断。2011 年德阳人均 GDP 达到 31562 元，按 1998 年汇率换算达 3812 美元，二产业增加值比重达 60.0%，非农就业比重达 58.6%。按照工业化阶段划分标准，已进入工业化中期阶段。

工业化中期阶段，经济社会发展速度将加快，同时将更加注重发展质量，尤其是以服务业来促进工业经济竞争力提升显得尤为重要。近年来德阳工业在全省中的地位持续下降。"十一五"初，德阳市工业增加值占全省工业增加值比重高达 8.57%，较排名第二的工业城市绵阳高出 1.82 个百分点，但从"十一五"总趋势来看，德阳工业在全省工业中的地位并未得到强化，工业增加值占全省工业增加值比重不断缩减。到"十一五"末，德阳市工业增加值占全省工业增加值比重已减少至 6.61%，较 2006 年下降了 1.96 个百分点，仅比排

表 23-5　德阳工业化阶段判断

主要指标	理论依据	工业化各阶段特征值			2011 年德阳特征值	当前德阳所处工业阶段
		初期阶段	中期阶段	后期阶段		
人均国内生产总值	H. 钱纳里关于人均经济总量与经济发展阶段划分理论	1200 ~ 2400 美元	2400 ~ 4800 美元	4800 ~ 9000 美元	3812 美元（1998 年汇率）	中期
二产业增加值占 GDP 比重	西蒙 · 库兹涅兹等人的“∩”形理论	20% ~ 40%	40% ~ 60%	60% 以上	60.0%	中期
非农产业就业比重	配第 -C.G. 克拉克定理	20% ~ 50%	50% ~ 80%	80% 以上	58.6%	中期

图 23-16　“十一五”时期德阳、宜宾、绵阳、乐山工业增加值占全省工业增加值情况

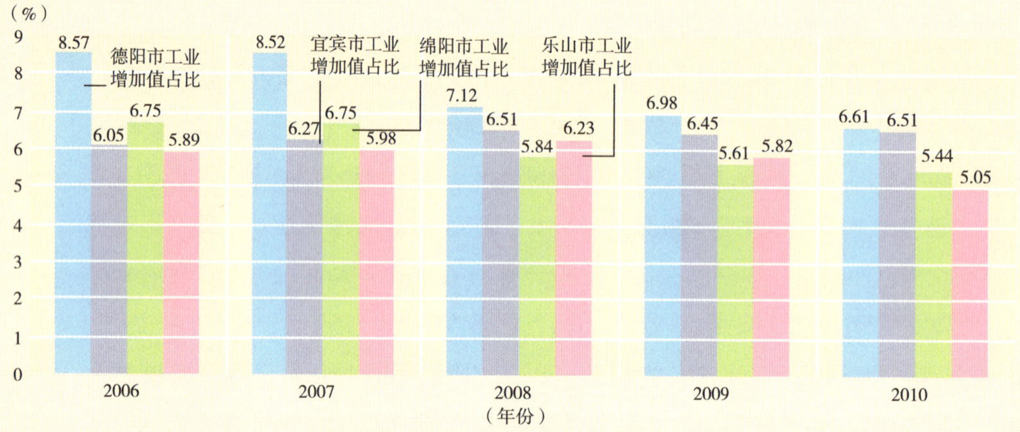

名第二的宜宾高 0.1 个百分点。这在很大程度上是因为服务业尤其是生产性服务业发展较慢；国有经济稳定但增长潜力不大，民营经济量大但竞争力不强的工业格局，使得工业对服务业的带动不强，二者之间缺乏良性互动的土壤。

3. 紧邻特大中心城市

位于成都经济区的德阳，紧邻特大中心城市成都，都市圈仍然处于首位城市阶段，从表 23-6 中可以看出，成都集聚了最主要的资金、信息、人才等要素。但随着区域合作的纵深推进，尤其是成德绵乐同城化发展，将带来交通一体、设施共享、科技合作等契机，德阳紧邻特大中心城市的优势将充分得以体现，从发展基础来看，德阳的多项指标都高于成都经济区的其他城市，有条件成为承接大都市功能扩散的首站。

表 23-6　2011 年成都经济区城市主要经济指标

	地区生产总值（亿元）	工业增加值（亿元）	人均 GDP（元）	社会消费品零售总额（亿元）	地方公共财政收入（亿元）
成都市	6950.58	2610.80	49438	2875.08	608.7
德阳市	1137.45	632.46	31562	358.46	67.1
绵阳市	1189.11	531.24	25755	502.00	65.6
乐山市	918.06	534.31	28339	334.98	60.2
遂宁市	603.36	265.64	18528	245.76	24.0
眉山市	673.34	339.59	22791	222.77	34.1
雅安市	350.13	174.95	23153	122.912	21.7
资阳市	836.44	420.20	22931	252.09	32.5
德阳排名	3	2	2	3	2

资料来源：《四川统计年鉴》（2012）。

（二）面临的有利环境

1. 西部大开发

国家新一轮西部大开发战略明确提出了要以成渝等重要经济区为发展引擎，把西部建成国家重要的能源基地、资源深加工基地、装备制造业基地和战略性新兴产业基地，人民生活水平和质量、基础设施和生态环境保护将得到较大提升，党的十八大报告再次明确强调要“优先推进西部大开发”。四川省亦提出了“一枢纽、三中心、四基地”建设和《省委省政府关于奋力推进西部大开发加快全面建设小康社会的意见》等深入推进西部大开发的重大举措，这些都给位于成都都市圈增长极核心地带，天然气资源丰富，装备制造业发达的德阳带来了前所未有的发展机遇。

2. 两化互动

推进新型工业化新型城镇化，是省委、省政府着眼“十二五”发展作出的重大战略部署，是加快四川现代化建设步伐的重大战略举措。德阳市工业化、城镇化基础较好，有条件充分发挥工业主导作用，发挥县域经济发展基础好的优势，抓住新区建设的机遇，在推进“两化”互动发展上走出新路子，探索新经验。

3. 灾后重建

灾后恢复重建使德阳灾区能源、交通、水利、通信等基础设施保障能力得到较大提高，促进了德阳产业结构升级。人口的适度聚居和产业向园区集中，为发展服务业和循环经济，壮大产业集群创造了有利条件，这些为德阳加快经济社会发展提供了重要机遇。

4. 改革开放

德阳五县（市）均已纳入扩权强县试点，“十二五”期间国家还将进一步加大财政省管县的力度。中国—东盟自贸区的形成，使南向开放成为四川对外开放的重点。成渝经济区的建设，推动了成德绵经济一体化的进程。按照四川省提出的“一极、一轴、一区块”区域发展战略，配合天府新区建设，四川省全面实施成德绵乐同城化发展，为德阳积极融入成都都市经济圈建设，打造最具竞争力的区域增长极创造了条件。区域合作向纵深推进，使德阳不再作为单一的工业城市独立发展，而成为网络节点城市融入全球城市网络谋求分工与合作，有助于德阳提升城市功能，提高城市位势。

（三）未来发展定位

德阳的重装基地特征以及在成都经济区所处的位置，使德阳应该朝着现代化工业型的区域中心城市迈进。

1. 现代化

德阳工业比重提高和工业结构的重型化，显著增大了资源环境的压力。土地资源和能源供求紧张的矛盾，也进一步凸显。重大装备的大型化，使长期存在的大件运输困难更加突出。因此，德阳的发展面临转变发展方式的紧迫要求。增强可持续发展能力，处理好经济发展与人口、资源、环境之间的关系；加快创新驱动，把自主创新作为产业升级的中心环节来抓；加速生产性服务业与制造业的融合发展，提高制造业的附加值与竞争力，走现代化发展道路，提高现代化水平，才是德阳新的发展路径。

2. 工业型

德阳的装备制造业产业不仅是德阳的优势，更是全省甚至全国的优势，必须巩固工业经济的地位，与成都等周边城市形成错位发展的格局，大力发展装备制造、新型能源、节能环保等优势产业和战略性新兴产业，重点支持一批有实力的优势企业，加快培育一批有竞争力的拳头产品，积极打造全省乃至全国重要的现代产业基地。同时，大力发展物流、科技研发、商务、金融等生产性服务业，为工业经济提档升级提供智力、技术、人才、后勤等全方位的支撑和保障。

3. 区域中心城市

根据四川省和德阳市的“十二五”规划，德阳将在“十二五”时期建成百万人口大城市框架，中心城市建成区面积达到80平方公里，常住人口达到80万人，初步形成以市区为中心，辐射广汉、什邡、绵竹、中江、罗江的“一中心多片区”组团城市群。应按照“两化”互动、产城一体的要求，整体谋划、科学规划，做好交通规划、产业规划、城镇规划等规划的衔接统一，凸显四川重要的区域中心城市的地位，进一步增强城市综合实力和可持续发展能力。

（四）现代产业体系

1. 具有国际竞争力的重大技术装备制造业基地

按照加强研发、分工协作、促进集聚、提升水平的原则，依托龙头企业，突出优势产品，延伸产业链条，不断提高国内外市场占有率和核心竞争力。大力发展风电等清洁能源和新能源装备，加快突破核电技术核心和关键共性技术，增强技术集成和装备配套能力，做大做强石油化工设备、海上及页岩气新型油气钻采设备、机电一体数字化集成系统，培育航空模锻件、新型环保节能设备及轨道交通装备制造业等新兴装备制造产业，积极谋划现代化农业装备、平安应急救灾设备等民生装备产业。依托政府工程中心和企业技术中心，建立研发平台，加强国际合作，围绕共性关键技术组织联合攻关，努力提高自主创新能力。支持龙头企业加快产品结构调整，抢占产业发展制高点，推动装备制造业向先进制造业延伸，带动中小配套企业协调发展，提升壮大装备制造产业集群，努力把德阳建成集中度更高、聚集力更强、配套性更优，具有国际竞争力的重大技术装备制造业基地。

2. 国内一流的战略性新兴产业示范基地

抓住国家大力发展战略性新兴产业的机遇，立足德阳产业基础，以发展节能环保、低碳经济为方向，大力培育和发展新能源、新材料、高端装备、生物技术四大新兴产业，力争在最具优势的领域率先取得突破。要突破一批具有重大支撑和引领作用的关键技术和核心技术，组织实施一批达到或接近国际先进水平的新兴产业项目，建成一批创新能力较强的新兴产业聚集区，把德阳建设成为国内一流的战略性新兴产业示范基地。

3. 西部新型化工基地

以节能减排和循环利用为抓手，提升工艺设备水平，调整产品结构，推进传统化工产业向清洁化、精细化和高附加值方向发展。加大工业固体废物治理力度，建设一批循环经济示范项目，形成一批循环经济示范企业和园区。加大磷矿资源整合力度，以磷资源的深加工利用为主线，以磷石膏的综合利用为突破点，加快实现磷化工行业的清洁化生产。加大产能置换力度，大力发展高端天然气精细化工，提高产品附加值。

4. 四川特色文化旅游区

大力实施“文化强市”战略，进一步繁荣文化事业，大力发展文化产业，不断增强德阳文化软实力。深入挖掘古蜀文化、三国文化、红色文化等特色文化资源，依托三星堆、白马关、地震遗址等重点景区，着力打造旅游品牌、精品旅游线路和系列旅游产品，做强旅游经济，实现文化与旅游互动发展，努力形成人文景观与自然景观交相辉映、旅游产业与文化产业相得益彰的发展格局。

5. 四川现代服务业基地

抓住建设成渝经济区、推进成德同城化进程的机遇，进一步强化分工与合作，坚持差异化和错位式发展战略，推进两化联动，努力实现生产性服务专业化集聚式发展，生活性服务多元化均衡式发展。利用区位交通优势，加快物流园区建设，努力把德阳建设成为区域性现代物流中心。加快发展金融保险、工业设计、商务服务等生产性服务业，大力发展商贸流通、社区服务、物业管理等生活性服务业，打造各具特色的核心商务区和特色商业街区，努力把德阳建成四川重要的区域性现代服务业基地。

6. 西部特色农产品深加工基地

按照原料基地化、加工现代化、生产标准化的要求，大力推进农业产业化经营，大力拓展延伸优质白酒、软饮料、烟草、肉食品、粮油制品和果蔬六大重点产业链条。加强农产品品牌的宣传和推广，推动品牌由产品品牌、企业品牌向产业品牌、地域品牌提升，提高品牌市场影响力。加大支持力度，培育一批基础好、潜力大、带动能力强的农业产业化骨干龙头企业。

（五）基础设施建设

1. 构建综合交通运输体系

对接西部综合交通枢纽，服务于德阳“一群、四轴、多线”的城镇体系，构建区域一体、城乡一体的绿色和谐、开放多样、层次分明和高效便捷的综合交通运输体系。尤其要主动全面对接成都，建成以高速公路、铁路、轻轨为骨架，国省干线、快速干线为主线，县、乡、村公路为辅助的对外通道畅通、内部网络完善的成（都）德（阳）组合型交通主枢纽，进一步提升德阳在四川省的交通区位和地位。适应城市发展、市民出行、大宗货物及大件运输需求，加快客货运输场站建设，不断强化枢纽型、功能型、网络化的重大基础设施建设。全面提升各级中心城市之间、中心城市与次级城镇间的通道联系，实现德阳县县通高速、县县通国道、省道连接全市所有重点乡镇、工业集中区、旅游景区。完善中心城区对外交通系统，妥善处理过境交通与城市交通的关系，提高运行效率，强化中心城区的枢纽功能。大力发展城乡公共交通，构建低能耗、低排放和低成本的绿色城市交通系统。

2. 提升能源设施保障水平

强化水资源保障能力，市域城镇以地下水和都江堰人民渠引水为主要供水水源，积极开发利用本地地表水资源。针对季节性、区域性和工程性缺水的突出矛盾，以加快推进城市供水水源建设和完善生活、生产和生态用水设施为重点，增加水源保证；加大水源地保护力度，确保饮水用水安全。坚持电力发展适度超前的原则，加强城乡电网规划和建设；优化电源点布局，形成500千伏双环网、220千伏主网架和110千伏分片区供电的电网格局；加大电力设施保护力度，提高电网输电能力和安全可靠水平，建设结构合理、调度灵活、安全可靠的坚强、智能、和谐电网；加快城市电网改造和农网完善升级工程，推进城镇户表改造工程；加快余热发电、沼气发电等节能综合利用，鼓励天然气热电冷联等高效利用，提升电力保障能力。加大天然气勘探开发力度，提高天然气综合利用效率；推进省网“北外环”德阳段等重点输气管线建设，提高天然气输配能力；加快各重点城镇的天然气高、中压管线建设速度，推进天然气首站/集输站和天然气门站建设；完善本地天然气储气设施建设，增强调峰能力，提升天然气保障水平。深入推进农村沼气工程，稳步发展农村户用沼气，布局养殖小区与联户沼气工程，推进大中型沼气工程建设；推广秸秆能源化综合利用和示范推进生物质能、太阳能等适合农村特点的清洁能源，逐步提高村组电气化率，进一步完善农村能源设施。

3. 完善市政基础设施

加快完善城镇功能，加强交通、通信、供水、供电、供气、污水垃圾处理和防灾避灾等基础设施建设，提供生产生活基本保障。加强科技、教育、医疗、文化、体育、档案等公共服务设施网络建设，提升公共服务水平和促进公共服务均等化。建设公共绿地，构建生态、舒适的人居环境，吸引人口向城镇集聚。

（六）加快城镇化进程

1. 构建新型城镇体系

发挥县域经济优势，依托区域中心城镇，建设特色乡镇和新型村庄，形成基础设施配套、三化联动、市县镇整体推进的城乡统筹发展新型城镇体系。按照“一中心多片区”组团城市群发展思路，合理划分功能，依托高速铁路和高速公路，建设连接城市组团的快速通道，形成满足居民生活和社会生产快捷化需要的城镇组团布局。全力打造区域中心城市，广汉、什邡、绵竹、中江按 20 万～ 50 万人口中等城市规划建设，罗江要按 10 万～ 20 万人口小城市规划建设，重点镇按城市标准规划建设，不断完善城镇职能，强化城镇特色，加强中小城镇基础设施建设，分类推进综合型、工矿型、农贸型或旅游型城镇建设，促进农村人口向小城镇集聚，形成“一群、四轴、多线”的城镇空间布局。

2. 做大做强中心城市

科学规划、适度超前，重点加强中心城市公共交通、通信邮政、供水供电供气、污水垃圾处理、防灾减灾、公共绿地等市政设施建设，提升中心城市基础设施配套能力。结合自身优势资源，充分发挥文化的带动作用，打造精品城市名片，不断丰富城市内涵。加强科技、教育、医疗、文化、体育等公共服务设施网络建设，完善中心城市公共服务功能，不断增强中心城区的承载能力，增强中心城市在集聚人口、发展经济、扩大内需和促进就业中的重要作用，全面提升中心城市的发展质量和水平，将中心城区打造为西部重要的工业文明与生态文明协调发展的区域中心城市和山水宜居城市。

3 不断壮大县域经济

增强县域经济发展活力，推动县域经济超常规发展，根据本地的资源禀赋、区位环境和发展条件，抢抓发展机遇，坚持差异竞争、错位发展，扬长避短、各展所长，找准比较优势，培育特色经济，走符合当地实际的特色发展之路，力争更多的县（市、区）进入西部、四川强县行列。

（七）区域合作

1. 实施成德绵乐同城化战略

以实施成德绵乐同城化战略为重点，实施“南融、北承”战略，加强与成都和绵阳的规划衔接、资源整合、产业融合、设施连接、科技合作、公共服务对接和生态环境保护协同，推动区域结构从单中心向多中心转变，形成共建共享的城市空间体系和综合设施体系，形成西部地区重要的区域增长极。

2. 加强与环渝经济区合作

实施“东联”战略，利用资德阿高速公路和大件运输第二通道，强化东通道，打造进出重庆和川中腹地的便捷通道，以装备制造、电子信息、医药、轻纺和农产品加工业合作为纽带，加强与重庆和环渝经济区的遂宁、南充和广安联系，带动德阳东南丘陵地区发展。

3. 打开西向开放的新局面

实施“西拓”战略，依托绵茂公路，打通西通道，全面拓展与阿坝州的互利合作关系，充分利用阿坝藏区丰富的锰、锂等资源，提升壮大新材料产业，结合阿坝丰富的旅游资源、成兰铁路和成什绵高速公路建设，形成进出九寨沟的旅游门户。

4. 强化县域经济社会合作

按照错位发展、优势互补、资源共享、合作双赢的原则，优化县域经济布局，引导和支持县域企业依托基地建设、资源开发和产品销售，通过联合重组、股权转让、兼并收购等方式，推动优势骨干企业跨县域、跨行业发展，培育一批拥有自主知识产权、主业突出、核心竞争力强的大公司和企业集团。支持中小企业发挥优势，加强与大企业的分工协作，不断提高专业化生产水平。支持产业集群以品牌共享为基础，大力培育区域产业品牌，提高区域品牌的知名度和美誉度。跨县域规划建设一批工业园区，促进生产要素合理聚集，推动优势企业向产业园区集中，提高产业集中度，实现优势产业集群式发展。

5. 建立对口支援合作长效机制

在互利互惠的基础上，通过在教育、医疗、技术和产业等方面搭建交流协作平台，与援建方进行全面、深度合作，构建与北京、江苏互动发展的对口支援合作长效机制。以对口援建产业园区为主要载体，营造良好投资环境，主动承接产业转移。结合自身特点，充分利用援建方的资金、技术、管理和市场等优势，积极培育新兴特色产业。努力扩大对口劳务合作，加强合作办学力度，加快灾区人才队伍建设，提升可持续发展能力。

第24章 绵阳市：中国科技第一城、军民融合示范市*

图 24-1　绵阳市政区

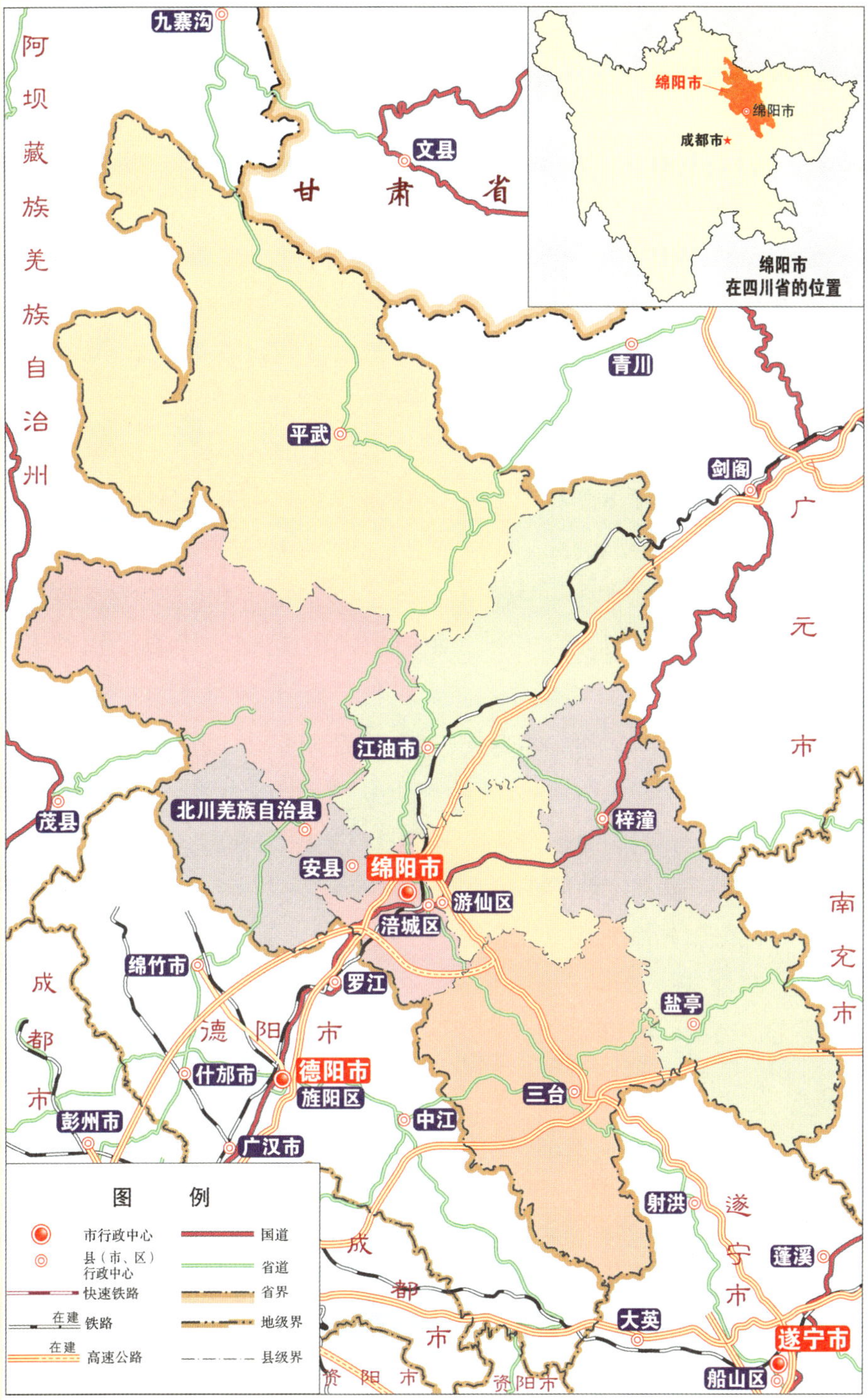

资料来源：本图由四川省发展和改革委员会、四川省测绘地理信息局提供。

---

* 本章作者：达捷，四川省社会科学院产业经济研究所所长，研究员；王磊，四川省社会科学院产业经济研究所，副研究员。

一　区位特征与发展定位

（一）历史沿革

绵阳，古名“涪城”、“绵州”，已有2210年的历史，历来为郡、州治地，是一座名副其实的历史文化名城。绵阳市境历史上最早的县以上政区为汉高祖六年（公元前201年）建置的广汉郡。此后，相沿各代均有州、郡、府等县以上政区建置。并且在两晋、南北朝和隋代以后，政区建置逐渐稳定，形成市境中部以今市区为治地的绵州，东南部以三台县城为治地的梓州——潼川府，西北部以江油、平武两县为中心的龙州——龙安府等3个政权建置中心。1935年川政统一，市境内只有今市区成为四川省第十三行政督察区治地，1948年领有绵阳、安县、绵竹、德阳、梓潼、罗江、广汉、什邡、金堂、彰明10县。新中国成立后，绵阳先后历经专区、地区、省辖市行政建制。1950～1953年初，绵阳专区辖绵阳、绵竹、广汉、德阳、安县、什邡、金堂、梓潼、罗江、彰明共10县。后几经调整，到1959年彰明、昭化、罗江分别并归江油、广元、德阳等县，时辖19县，总人口达1200万人；1968年7月，改专区设地区；1976年2月，因分绵阳县筹建绵阳县级市，地区辖19县1市；随后又经过调整，1985年2月，绵阳地区撤销，分别建立绵阳、广元、遂宁三市。绵阳市升为地级市，辖7县1区；1988年2月江油市建立，绵阳市辖6县1市1区；1992年10月，撤销绵阳市中区，分设涪城、游仙两区。2002年绵阳市辖涪城、游仙2区，三台、安县、梓潼、盐亭、北川、平武6县，代管江油市和省政府科学城办事处，直辖绵阳高新技术产业开发区、科教创业园区、经济技术开发区、科技城现代农业科技示范区。

辖区总面积20249平方公里。其中江油市2719平方公里；涪城区（包括绵阳高新技术产业开发区、绵阳经济技术开发区、绵阳科技城科教创业园区）597平方公里，游仙区（包括绵阳仙海水利风景区、绵阳科技城现代农业示范区、科学城）973平方公里；三台县2261平方公里、安县1404平方公里、盐亭县1648平方公里、梓潼县1443.6平方公里、平武县5974平方公里、北川羌族自治县2867.83平方公里。全市计277个乡镇（133个乡，144个镇），18个街道办事处，471个社区居民委员会，3366个居民小组，3287个村民委员会，27071个村民小组。

2010年，全市总人口为541.8万人，总户数191.5万户，平均每户2.83人。非农业人口145.5万人，农业人口396.5万人。全市除汉族外，有羌族、藏族（白马藏族）、回族等56个少数民族成分，少数民族人口17.8万人，约占全市总人口的3%。北川羌族自治县是全国唯一的羌族自治县，平武县按民族县对待。全市有藏、羌、回等15个民族乡，3个羌族聚居镇。其中，藏族乡9个、羌族乡5个、回族乡1个，分布在北川羌族自治县、平武县和盐亭县等地。全市民族地区辖区面积9082平方公里。

（二）天府第二城，成渝经济区第三增长极

绵阳位于四川盆地西北部，北倚剑门雄关，南接成都平原，西连黄龙九寨，东临巴渝、三峡，素有“川西北第一重镇”之称，是四川开发较早的地区之一。绵阳一名因城市地处绵山之南，按“山南水北”为“阳”的古义，故名绵阳。目前是四川省副省会、全省第二个建成区及人口双过百万的特大城市，成渝经济区第三大城市，素有“蜀道明珠”、“富乐之乡”的美誉，是我国重要的国防科研和电子工业生产基地，全国唯一的科技城。

全市地理坐标为：东经 103° 45′ ~ 105° 43′，北纬 30° 42′ ~ 33° 03′。东邻广元市的青川县、剑阁县和南充市的南部县、西充县；南接遂宁市的射洪县；西界德阳市的罗江县、中江县、绵竹县；西北与阿坝羌族自治州和甘肃省的文县接壤。全市幅员 20249.45 平方公里，占四川省土地面积 4.2%。全市地形地貌为西北部高，东南部低，地形起伏很大，由于受区域地质格局的控制而分属于四川三个不同的地貌单元：安县睢水到江油马角坝一线以北属龙门山山地区；东南部盐亭、梓潼属盆北低山区；西南三台、市中区等属中丘陵区。全市地势自西北向东南倾斜，地貌也由山地向丘陵过渡。西北部主要山脉有摩天岭、岷山和龙门山，海拔多在 3000 多米以上，松潘县境雪宝顶之东南侧峰，海拔高达 5440 米；东南部为平坝、丘陵，一般海拔 400 ~ 600 米，全市平均海拔 700 米。这一总体地形地貌景观，对绵阳市水系、土壤、气候、生物等资源的发育和空间分布，对工业农业生产及城镇布局、交通网络的建设等都有重大控制作用。同时由于山地（占 61%）、丘陵（占 20.4%）、平坝（占 18.6%）地貌类型的多样性，山地为主的市域地貌类型特征，形成了复杂多样的自然资源和自然景观。

优越的区位条件，使得绵阳成为我国西部重要的区域性综合交通枢纽。是四川向西北开放的主要交通走廊，宝（鸡）成（都）铁路和成（都）绵（阳）广（元）高速公路纵贯全境。市区距成都 98 公里，距重庆 300 多公里，成（都）绵（阳）乐（山）城际铁路、成（都）西（安）客运专线等 4 条铁路和成（都）绵（阳）高速公路复线、成（都）绵（阳）巴（中）高速公路等 4 条高速公路建成后，到成都只需半小时，到西安只需 2 小时，到重庆只需 3 小时。出入境条件便利，东向可由绵遂渝高速公路经长江“黄金水道”连通长三角、珠三角，北向可通过成（都）西（安）郑（州）铁路通往华北腹地。绵阳机场开通了直达北京、上海、广州等主要城市的航线。拥有完备的海关、检验检疫机构，建有二类铁路口岸、公共保税仓库、集装箱货栈和西部地区地级市中唯一出口加工区。

优越的区位交通条件和独特的自然地理环境，使得绵阳成为成都平原较早被开发的区域，目前，全市城市建成区面积达 103 平方公里，城区总人口为 107 万，已成为四川省第二大城市和成渝经济区的第三经济增长极。2011 年，全市地区生产总值（GDP）首次突破千亿元大关，达 1189.11 亿元，位居全省第 2 位。其中

工业实现总产值1776.29亿元、增加值502.1亿元，工业化率达44.7%，城镇化率达41.84%，已成为全省及成渝经济区重要的电子信息、新材料、新能源、冶金机械及节能环保产业基地。

（三）国家科技城与军民融合示范市

绵阳是四川“一五”、“二五”及“三线建设”时期的重点区域。国家先后在绵阳布局了东方汽轮机厂、长城钢厂、朝阳机械厂、西南金属制品厂、东方绝缘材料厂、长虹机器厂等大型工业企业，以及中国工程物理研究院、西南应用磁学研究所、中国空气动力研究与发展中心、中国燃气涡轮研究院等为主的国家级科研院所，使得绵阳聚集了大量的高端科技资源及工业生产能力。2011年全市拥有国家级科研院所18家，高等院校12所，国家重点实验室7个，中国科学院、中国工程院院士27名，各类专业技术人才20.2万。为了充分发挥这一优势，2000年9月，中央作出建设绵阳国家科技城的战略决策，成立由科技部、国家发改委等18个部委组成的科技城建设部际协调小组，支持绵阳把丰富的科技资源转化为现实生产力。2001年7月，国务院正式批复《绵阳科技城发展纲要》，决定在绵阳城区80平方公里的范围内建设科技城。随后，国务院又先后批复了《绵阳科技城2005－2010年发展规划》和《绵阳科技城发展规划（2011-2015年）》，支持绵阳推进创新型区域和创新型城市建设，最终建设成电子信息、科研生产基地，成渝经济区西北部的中心城市和国家科技城。经过十多年建设发展，科技城成功召开了10次部际协调小组会议，初步探索出一条军民融合发展的成功之路，实施各类科技计划项目2100多项，形成填补国内空白的新技术新产品200多项，九九瑞迪、利尔化学、西普化工等一批军转民企业快速发展，空气动力新城、航空新城建设有序推进。2011年实现GDP747亿元，是2000年的5倍，工业总产值1776亿元，是2000年的8倍，高新技术产值占工业增加值的比重达到52%。一个创新开放、活力四射、生机勃勃的中国特色军民融合科技城已经矗立在祖国的西部。

由于“三线建设”时布局的企业及科研院所主要是为国防和军事工业服务的，基本上没有民品生产。20世纪80年代后，随着时局的变化，在邓小平“军民结合、平战结合、军品优先、以民养军”思想的指导下，绵阳“三线”军工企业开始走上了“军转民”的道路，各企业先后建立起了民品设计、开发、生产、销售机构，一批民用工业产品如彩色电视机、医用B超等逐渐形成规模并占领市场。1985年后，随着改革的深化和对外开放的扩大，国家各部委陆续把长虹机器厂、涪江机器厂等军工企业下放给绵阳市管理。1991年10月，国家科委、国防科工委、国务院“三线”办和三委军转民联合组决定，将绵阳市作为全国“军转民科技兴市”试点城市；1992年2月，绵阳又作出了《关于大力推进军转民科技兴市的决定》，制定了一系列推进军转民的政策措施，一批军工企业顺利转为民品生产企业，如长虹机器厂转为长虹电子集团公司，涪江机器厂改制为九州电器集团，长城钢厂改制为长城特殊钢股份有限公司。这批企业已发展成为绵阳经济的重要支柱，有效推动了绵阳经济社会发展，也使绵阳成为我国军民结合最成功的地区之一。因此，无论是国家主体功能区规划，还是成渝经济区发展规划，都已将绵阳确定为未来我国军民融合发展的示范基地。

二　资源状况与资源开发

（一）气候特征

按全国气候区划，绵阳市地处中国东部季风区的四川盆地亚热带湿润季风气候区，按热量类型，属中亚热带，全市平均气温 14.7 ~ 17.3℃。受盆地地形地貌和下垫面的影响，绵阳市除具有亚热带湿润季风气候区的一般特点外，还具有独特的地方特色。辖区四季分明，夏少酷暑，冬无严寒，夏秋雨水充沛。

冬半年受偏北气流控制，气候干冷少雨；夏半年受偏南气流控制，气候炎热、多雨、潮湿。由于市境内地势北高南低，高差悬殊大，地貌由山地向丘陵过渡，形成了较为独特的气候特点。绵阳市气候四季分明，夏、秋雨水充沛，虽冬春时有干旱发生，但年平均空气相对湿度均在 70% 以上，因而终年湿润。全市夏季炎少酷暑，冬季温暖，无霜期长，一年四季常绿，全年都是生长季，这是绵阳气候的突出特点。另外，山区气候立体分异明显，类型复杂。因山势陡势，峡谷纵横，地形地貌复杂，海拔高差十分悬殊，最高达 5400 米，而河谷一般仅 600 ~ 800 米，形成完整的垂直气候带谱，随标高上升，先后出现暖温带湿润气候，温带、寒温带甚至寒带等气候类型。全市一年中最热的七月平均气温为 24.2 ~ 27.2℃。虽有伏旱高温天气，却少酷暑。一年中最冷的一月平均气温为 3.9 ~ 6.2℃。绵阳市降水量比较充沛，全市年均降水量 825.8 ~ 1417 毫米。其分布特点是：南北少，中部多；东边少而西边多。

（二）国土资源

绵阳市面积 20249.45 平方公里，占全省的 4.2%。土类达 15 类 38 属 117 种。按地貌分：平坝台地占 18.6%、丘陵占 20.4%、山地占 61.0%；截至 2010 年末，全市农用地为 1797661.4 公顷，其中耕地 401625.83 公顷、园地 52261.51 公顷、林地 1135319.61 公顷、牧草地 47010 公顷，其他农用地 161444.41 公顷；建设用地 121125.49 公顷，其中居民点工矿用地 103466.29 公顷、交通运输用地 9371 公顷、水利设施用地 8287.77 公顷；未利用地 10759.13 公顷，其中未利用土地 72761.63 公顷、其他土地 35197.5 公顷。

（三）水能资源

绵阳市位于四川盆地西北边缘，地质构造复杂，地形变化大，境内降水丰沛，径流量大，江河纵横，水系发达，有大小河流 52 条，河溪、河沟共计 3000 多条。所有河流、溪沟都分别注入嘉陵江支流涪江、白龙江与西河，均属嘉陵江水系。全市雨水资源相对丰富，年平均降水量为 194.95 亿立方米，常年水资源总量为 116.1 亿立方米，人年均水资源总量为 2200 立方米。降水时空分布不均，降雨 70% 集中在 6 ~ 9 月，60% 集中在西北地区。境内水能理论蕴藏量 288.59 万千瓦，可开发水能 246.2 万千瓦。

涪江是嘉陵江右岸的最大支流，是市境最主要的河流，在市境内长约 380 公里，流域面积约 20230 平方公里，占全市幅员面积的 97.2%。涪江对市境的自然地理环境形成和经济发展产生着重大影响。涪江支流较多，市境内的主要一级支流有涪江右岸的平通河、通口河（湔江）、安昌河、凯江；涪江左岸有火溪河、芙蓉溪、梓江等，构成不对称的羽状水系。全市河流多年平均径流总量为 117.61 亿立方米，市境内地表水年均产量为 117.16 亿立方米，地下水天然补给量平均为 24.95 亿立方米。绵阳市地处涪江中上游，是少有的被三条江河包围的山水城市，城区河道总长达 55 公里。

河道砂石资源：境内砂石资源理论储量 2.713 亿立方米，其中可开采砂石资源量为 1.88 亿立方米。涪江 2.02 亿立方米；安昌河 0.06 亿立方米；梓江 0.038 亿立方米；平通河 0.199 亿立方米；通口河 0.399 亿立方米。

（四）矿产资源

绵阳市幅员面积较广，呈北东—南西条带状展布，分跨中国两个一级构造单元。按板块论，处于全国东、西板块的经向嵌合带；按槽台学说，又斜跨—松潘地槽与杨子地台。受两大构造单元的影响，多期多次构造继承、干扰、叠加，构造形态复杂，使绵阳具备了良好的成矿条件。全市已发现矿种有铁、锰、铅、锌、铜、钨、锡、钼、汞、铝、金、银、磷、硫、水晶、油页岩、石油、天然气、方解石、石灰石、白云石、膨润土、玻璃砂岩等 56 种，矿产地 400 余处，其中黑色金属 73 处，有色金属 25 处，贵金属 70 处、燃料矿产 13 处，非金属矿产 200 余处。已探明储量的有 26 个矿种，具工业矿床规模的 74 处，储量居四川省重要地位的共 15 种。2010 年末，全市有 22 个矿种得到开发利用。

储量在全省占有重要地位的矿种有：黄金、平武县的锰矿、三台、盐亭的膨润土、江油的铸型用砂、水泥配料用页岩储量居全省第一，安县、北川的重晶石储量居第二，江油的玻璃用石英砂岩、冶金用白云岩、全市的天然气总量居第三，熔剂灰岩列第四位，磷块岩居第六位。以县（市、区）论，平武的矿产资源以金属矿产为主，主要有金、铁、锰、钨和铅锌矿；其他县（市、区）以非金属矿为主：如江油市的石灰石、硫铁矿，安县的石灰石、磷块岩、重晶石，北川的石灰石、重晶石、硅石、饰面用板岩，三台、盐亭的膨润土，涪城区、游仙区的砖瓦用页岩、砂石等。天然气在全市有广泛分布，除平武县、北川羌族自治县、安县外，均有产出。

矿产利用。2010 年，全市完成 130 宗探矿权、614 宗采矿权的矿业权实地核查工作，并对全市煤、铁、锰、铅锌、金等 11 个矿种 43 个矿区开展矿产资源利用现状调查工作。市本级通过拍卖方式市场化配置矿产资源 11 宗，出让价款 683.16 万元。市本级全年共核收采矿权新立、延续（含变更）资源价款共计 2107.5 万元。

（五）生物资源状况

绵阳生物资源丰富，全市有维管束植物 4500 余种，其中主要植物有 2471 种，列入全国植物保护的有 39 种，全市有国家一级重点保护野生植物兰花类、苏铁、珙桐、红豆杉、水杉、银杏等 12 种；有国家二级重点保护野生植物水蕨、中国蕨、巴东木莲、白皮云杉、青檀等 44 种。由于海拔高度、气温和植物垂直分布明显，形成种类繁多的植物生态群落。全市有药用植物 2156 种，其中常用药材 457 种，其中桔梗、麦冬、附子、枣皮、杜仲、黄连、党参、贝母、虫草等数十种优质药材闻名中外。

市境内有脊椎动物 800 多种，其中兽类约 100 种、鸟类 420 种、爬行类 40 种、两栖类 50 种、鱼类 190 种。其中属全省重点保护的珍稀动物 42 种，列入全国重点保护的珍稀动物 26 种，主要有大熊猫、黑颈鹤、雪豹、金钱豹、白唇鹿、梅花鹿、野耗牛、藏羚、扭角羚、白鹳、中华秋沙鸭、金雕等。二级保护动物 60 种，主要有猕猴、穿山甲、黑熊、马熊、小熊猫、石貂、黄喉貂、斑林狸、小灵猫、金猫、马鹿、林鹿等。省级重点保护动物 35 种，省有益动物约 50 种。绵阳西部的王朗国家级自然保护区是全球大熊猫数量分布最多的地区。

众多的生物资源根据其适应性而相对集中地分布在不同的生态环境，形成不同类型的生物资源区：森林和草地、野生动物、野生药材等资源集中分布于北部平武、北川两个山区县。而农作物、经济林、观赏植物、家养动物等主要分布于市中区、安县、江油、梓潼、三台、盐亭等 6 个丘、坝县。平武、北川两县森林植被资源分布面广，特别是亚热带常绿阔叶林、常绿落叶阔叶混交林、针阔混交林和山地针叶林分布集中，为生物的多样性创造了条件。

（六）农业资源

绵阳市境内大小江河 3000 多条，农业用水资源丰富。全市农用土地总面积 3037.42 万亩，耕地 518 万亩。全市成土母质多样，出露地层除第三系外，震旦系到第四系各种地层几乎齐备，以侏罗系、白垩系、志留系土层出露较广。在成土因素的综合作用下，发育出现今的 15 个土类、21 个亚类、38 个土属、117 个土种。全市土壤有着地带、地域和垂直分布的规律，在山区，中低河谷坡耕地多是黄壤和黄棕壤；涪江及其支流两岸的冲级阶地上，以灰潮土、新积土为主；平坝和丘谷则以水稻土占优势；丘陵区多为紫色土，其中城墙岩群发育的黄红紫泥土面积最大。具体分布情况：一是由龙头门山山前冲积平原和涪江河容数十个带状坝构成，幅员 748.58 平方公里；二是中南部中浅丘紫色土、黄壤土区、成土母质主要为白垩紫色砂泥岩，幅员面积 5543.37 平方公里；三是东南部低山高丘紫色土区，成土母质主要的侏罗系蓬莱镇组、白垩系七曲寺组、白龙组、苍溪组、紫色砂泥岩，幅员3370.53平方公里。

2010年，全市农作物总播面66.56万公顷。全年粮食播面43.78万公顷，粮食总产量230.73万吨。其中：小春粮食播面15.35万公顷，产量63.02万吨；大春粮食播面28.42万公顷，产量167.7万吨。经济作物种植面积13.9万公顷，其中：油料作物面积13.2万公顷，产量30.1万吨；蔬菜面积6.51万公顷，产量169.1万吨；水果瓜类面积6091公顷，产量19.15万吨；棉花面积970公顷，产量952吨；糖料面积346公顷，产量1.34万吨；麻类面积416公顷，产量545吨；烟叶面积16公顷，产量24吨；中药材面积5400公顷，产量20343万吨。此外，还盛产猪、鱼、蚕丝、麻类、水果、蔬菜、茶叶、核桃、木耳、生漆等农副土特产品。

绵阳市丘陵、平坝区以经济林木为主，森林集中于西北部山区。全市有林地122.5万公顷，覆盖率51.99%，森林面积103.9万公顷，全市森林覆盖率48%。活立木蓄积8783万立方米。按林种分用材林占26.2%，防护林和特用林占67.4%，其他占6.4%；按树种分，针叶树种占62.2%，阔叶树种占37.8%。由于北部山区地貌类型复杂，地形高差甚大，形成了明显的植被垂直分带。自下而上分别为：亚热带常绿阔叶林带；常绿、落叶阔叶混交林带；针、阔叶混交林带；山地针叶林带；高山灌丛和高山草甸带。不同的带区，分布着不同的植被资源。初步统计，各带区共有木本植物60余科，近100属，300余种，仅乔木就有283种。

（七）文化旅游资源

绵阳北倚剑门雄关，南接成都平原，西连九寨黄龙，东临巴渝三峡，文化底蕴深厚，旅游资源丰富，是大九寨国际旅游环线和三国蜀道文化国际旅游线上的主要节点，正在成为国家级旅游目的地。

绵阳人文荟萃，黄帝元妃、栽桑养蚕缫丝织绸发明家嫘祖，治水英雄、先贤大禹，文昌帝君，诗仙李白，文豪欧阳修，均为绵阳人氏；刘备、诸葛亮、唐明皇、司马相如、杜甫、苏轼、陆游都曾在这里留下过不朽诗文或精彩故事；当代的核科学家邓稼先更是功勋卓著。这也使绵阳成为著名的历史文化名城。嫘祖文化、大禹文化、三国蜀汉文化、李白文化、文昌文化等历史传统文化底蕴深厚；羌族文化、白马藏族文化等民族文化特色鲜明；两弹一星城、亚洲最大风洞群蕴含的国防科技文化独具魅力；抗震救灾和灾后重建铸就的感恩奋进文化感天动地；文昌庙会、睢水踩桥等大众文化活动源远流长。有以李白故里、七曲山大庙、翠云廊、富乐山、越王楼、报恩寺为代表的历史文化景区；以中物院科技展览馆、亚洲最大风洞群为代表的“两弹一星”红色旅游经典景区；以北川老县城遗址、北川地震纪念馆、北川新县城为代表的“三基地一窗口”示范区；以王朗国家级自然保护区、窦圌山、猿王洞、涪江六峡、千佛山、七曲山古柏林、小寨子沟为代表的自然生态景区；以仙海湖、罗浮山温泉为代表的休闲度假景区；以跃进路1958、芙蓉汉城、新北川“巴拿恰”为代表的特色街区。平武境内的王朗自然保护区是全国第一批大熊猫、金丝猴自然保护区，是国内大熊猫最多的地方，超过现存大熊猫总数的 1/4；北川境内的小寨子沟，是目前亚洲最原始状态的自然保护区；仙海、郪海、白水湖、翠湖、三江湖等湿地旅游区都以良好的自然生态、优美的湖光山色吸引着海内外游人，也使绵阳成为富有特殊魅力的中国优秀旅游城市。

三　基础设施与建设布局

经过多年的发展，绵阳已成为中国西部重要的区域综合交通枢纽，邮电通信、水利及城建等基础设施建设不断完善。

（一）交通运输

绵阳位于四川盆地西北部涪江、安昌河、芙蓉溪三江交汇处，是连接陕、甘的区域性中心城市，是川西北的交通枢纽。自古被誉为“蜀道咽喉”和“川西北第一重镇”，是成都平原北上的重要枢纽。然而，新中国成立及改革开放前，绵阳境内的交通体系建设发展较为缓慢。改革开放后，尤其是 21 世纪以来，全市依托区位优势，努力构建四川第二大的综合交通枢纽，公路、铁路、水路、航空等交通运输体系发展迅速，虽然在“5・12”汶川大地震中遭受巨大损毁，但经过恢复重建，已超过了震前水平。目前，绵阳市正加快推进集高速公路、铁路、水路、航空为一体的多节点、立体化交通运输体系，努力打造中国西部区域综合交通枢纽，以进一步提升绵阳的区位优势和核心竞争力。

1. 新中国成立前，绵阳交通状况

绵阳历来为州郡治所，是成都平原的北部屏障和要冲，阴平道、米仓道、松龙道、金牛道等著名古蜀道均经过绵阳。秦汉时期，绵阳被誉为“蜀道咽喉”、“剑门锁钥”，为兵家必争之地。隋唐以后，绵阳逐渐成为“舟车辐辏，商贾云集”的“川西北第一重镇”。

但直到清末，市境交通仍主要依靠古道。航运有涪江、通口河、凯江、梓江和安昌河等航道，平武、江油、绵阳、中坝、三台、安县等地建有港口，可直达重庆口岸而出海。沿涪江没有一座通车的桥梁，全靠渡牵引，洪汛期中停渡。民国时期，公路交通开始起步，但发展缓慢，到 1949 年，辖区内公路通车里程仅 316.63 公里，辖区各县的区乡基本上还是驿道、马路和乡间小道，主要靠轿夫、滑竿、鸡公车和骡马车运输。

2. 新中国成立后，绵阳交通发展历程

新中国成立后，绵阳由于地理位置，逐步成为川西北地区重要的人流物流集散地和重要的交通枢纽。1952 年，宝成铁路开始动工，到 1957 年底，全线通车，市境内运输结构得到根本改变，大幅度提高了客货运输周转量。从 1953 年起，全市开始采取多种措施修建地方道路网，到 1978 年，市境公路通车里程达到 3482.34 公里。改革开放后，全市道路交通运输发展加快，1990 年绵阳火车新客站在花园村通车。1995 年，宝成铁路复线开工建设。1997 年 7 月绵阳市南郊民用机场开工建设。1998 年全长 97 公里的成（都）绵（阳）高速公路全线竣工。到 2000 年末，全市公路通车里程达 5265 公里。

进入 21 世纪以来，全市交通体系建设进入快车道。2001 年 5 月绵阳南郊机场建成通航。成绵乐城际铁路、绵遂高速公路、成绵高速公路复线等重大交通项目相继开工建设，到 2007 年底，全市公路通车总里程达到 11535.8 公里。然而，2008 年“5·12”汶川大地震造成绵阳市境内道路、桥梁交通基础设施严重损毁。随后在国家、四川省和援建省市的帮助下，绵阳制订并实施了《“5·12”大地震绵阳市灾后重建交通规划》。经过恢复重建，到 2011 年底，全市公路通车里程达 17988.5 公里，其中等级公路 11042.7 公里。公路密度从 2007 年的 31.09 公里 / 百平方公里提高到 87.95 公里 / 百平方公里。现有铁路 205 公里，飞机场一座。铁路、公路、航空、水运“四位一体”立体化交通网络骨架基本形成，区域性综合交通枢纽建设取得重大突破。

3. 全市交通分布状况

（1）铁路。绵阳市区共有 5 个火车站（绵阳站、绵阳东站、绵阳西站、绵阳南站、绵阳北站），可以到达全国各主要大中城市。全市现仅有一条 205 公里的宝成铁路过境。但根据规划，绵阳将形成拥有 6 条铁路的发达铁路网，未来 5 年，绵阳将建成绵阳—重庆城际铁路和绵阳—北川—茂县铁路。未来 8 ~ 10 年，绵阳将建成绵阳—九寨沟高速铁路。目前已经开工的铁路有成绵乐城际铁路，成兰铁路（设安县站）。届时，绵阳将形成四通八达的发达铁路网。

（2）道路。绵阳是我国国家级公路运输枢纽城市，是大九寨旅游环线东线进出重要中转站。2011 年底，全市公路通车里程达 17988.5 公里，其中等级公路 11042.7 公里。公路密度为 87.95 公里 / 百平方公里。全市 277 个乡镇实现了乡乡通路，83.7% 的乡镇通柏油路或水泥路；3452 个行政村 92.2% 通了公路。已形成了以国省道为骨架，连接县乡，幅射周边市、州、县的公路交通网络。除到平武需要两个小时外，从绵阳城区到各县市均可在一小时内到达，基本实现了“一小时”经济圈效应和接边联网目标，为绵阳经济社会的发展和科技城建设起到了积极的推动作用。

绵阳目前拥有成绵高速公路、绵广高速公路、绵遂高速公路三条放射高速。规划高速有绵阳 – 九寨沟高速公路（全长 270 公里）、绵九高速黄龙支线（全长 38 公里）、南环高速联络线、绕城高速、成都 – 盐亭 – 南部高速。全市建设有绵阳 – 江油和绵阳 – 安县两条快速通道。

绵阳市拥有发达的城市交通路网，城区交通四通八达。目前建设有主干道临园干道、长虹大道、涪城路、九州大道、仙海大道。主干道两侧分布多条城市道路，构建了绵阳发达的城市交通路网，绵阳市目前建设有一环路、二环路、绕城高速 3 条城市环路。城区拥有四个国家一级汽车客运站和一个二级汽车客运站，绵阳汽车客运总站是川西北地区最大的综合汽车客运站，按国家一级汽车综合客运站标准、日发送旅客 2 万人次设计。绵阳城区还有南湖、富乐、平政和永兴四大长途客运站。

（3）空运。绵阳南郊国际机场位于绵阳城南，距市中心 10 公里，是 4E 级大型民用支线机场，为四川省第二大客运机场。由绵阳机场可前往国内主要大城市。

4. *发展展望*

根据规划，“十二五”期间，绵阳市将加快建设绵遂、成绵高速复线、绵九、成南巴、绕城高速，规划建设绵南、绵巴高速，加快推进成绵乐客专、绵遂铁路、成兰铁路，使绵阳成为南下成都、东进重庆、北上西安、西入兰州的重要区域性综合交通枢纽。到“十二五”末，全市将形成 5 条铁路、9 条高速公路、9 条快速通道、16 条航线的综合交通网，融入国家和四川省综合交通运输网络。到 2020 年，进一步完善主枢纽和次级枢纽功能，提高通道能力，基本建成区域性综合交通枢纽。绵阳主枢纽直接汇集 6 条铁路、6 条高速公路、6 条快速通道。机场开通 30 条航线。基本建成布局合理，能力充分，层次分明，衔接顺畅，贯通南北，连接东西，辐射全国的区域性综合交通枢纽。

（二）邮政、通信

绵阳邮政始于 1902 年，民国时期发展缓慢，通信十分落后。1949 年，境内每 785 平方公里仅有一个自办邮政局（所）；有长途电话路 9 条，电报电路 8 条，用户单机 40 部。

新中国成立后，绵阳邮政、通信几经周折，日益发展。1952 年，有市话用户 854 户。1953 年，各县开展了长途电话业务。1957 年，全专区建成自办邮电局和邮电所 277 处。1960 年，专区 19 县实现专县电报电路全部直达。网络与信息技术从 1984 年开始由政府主持在市境开展。1996 年 7 月 13 日起，全市电话号码升为 7 位。1997 年 7 月，联通绵阳分公司成立。1998 年，邮电分营。1999 年，移动绵阳分公司成立。2000 年，完成绵阳市电信公司的组建工作。

21 世纪以来，绵阳市邮政、通信事业发展迅速。2010 年绵阳市邮政局辖江油、三台、盐亭、安县、梓潼、平武、北川 7 个邮政企业，并代省邮政公司管辖科学城邮政局。160、168 信息、声讯服务、邮政快件、特快专递、邮政储蓄和商业信函等新的电信邮政业务相继推出。电信、移动、联通、铁通、广电已建成覆盖全市城镇乡村的融合有线、无线技术、语音、数据、图像的宽带化、综合化、个人化的现代综合通信网络。互联网出口带宽达到 120G，3G 网络信号覆盖 80% 以上乡镇，城区光缆通达率达到 100%，行政村光缆通达率超过 90%；移动通信已建成覆盖全市 100% 乡（镇）以上城区、道路、厂矿的精品网络，实现了全国自动漫游和与世界五大洲 237 个国家和地区、381 个运营商之间的国际自动漫游；有线广播电视网络光纤传输干线总长 6.9 万公里；电子政务网络覆盖市县乡（镇）三级党政机关，上线终端 1 万余台，市县级网站 265 个，各县市区政府和市级部门网站建成开通率达 100%。

2011 年，全市有线广播电视用户超过 100 万户，数字电视总用户 18 万户，广播电视人口综合覆盖率超过 95%；共有邮政局（所）418 处，全年实现邮政业务总量 2.5 亿元；全年实现通信业主营业务收入 26.8 亿元；年末全市固定电话机用户 73.7 万户，其中住宅电话 59.7 万户；移动电话用户 433.4 万户，国际互联网用户 44.7 万户。

（三）水利及城市环境建设

全市水利设施不断完善和提高。通过实施建设武都引水工程、农村人畜饮水工程、大中小型水利工程等，使全市城镇和农村生产、生活用水得到了较好满足。

全市不断加大城市道路、管网、污水及垃圾处理、河堤和绿化等建设，现有各级环境监测站 6 个，污水处理厂 5 个，污水日处理能力增至 23.3 万吨；6 个功能区环境噪声测点、213 个区域环境噪声测点和 56 个城市道路交通噪声测点；4 个集中式饮用水源地。2011 年全市森林覆盖率达 48%，全市有自然保护区 11 个，自然保护区面积 33 万公顷，生态环境进一步好转。城市化水平进一步提升，城市功能日趋完善，人居环境更加优良，现代化城市框架初具雏形。先后荣获了国家卫生城市、国家园林城市、国家环境保护模范城市、中国优秀旅游城市和全国创建文明城市工作先进城市等称号。

经过新中国成立后 60 多年的建设，全市的基础设施建设成就显著，极大地改善了人民群众的出行难、饮水难、居住环境差和通信落后的状况，使全市城乡面貌焕然一新。

四　经济及产业地理

绵阳是四川经济开发较早的地区，历代以农牧业生产为主，直到清代、民国时期，市境经济发展仍然十分缓慢。新中国成立后，在党和各级政府的领导下，绵阳人民艰苦奋斗，先后经过“一五”、“二五”、“ 三线”建设以及改革开放后的快速发展期，基本建立起了较完整的经济及现代产业体系，经济结构和生产力布局不断优化。

（一）新中国成立前经济发展概况

优越的自然环境使绵阳成为四川盆地开发很早的地区之一。早在新石器时代晚期，涪城区新皂乡边堆山和平武白马藏族乡的焦西岗就有原始人居住。秦汉时期，绵阳的农业及手工业生产已成为四川全境仅次于成都平原的发达地区。但在漫长的历史发展过程中，绵阳经济发展缓慢，生产手段和技术落后，生产能力不强。直到清朝末期，绵阳市境沿涪江流域和古金牛道、阴平道的县镇，伴随着农副土特产品商品化的发展，地方的集贸市场渐趋活跃。但整体上仍是“耕织结合”的农家自给自足的自然经济。此后，以制盐、缫丝等为代表的手工工场开始发展，农民和工场手工业者的社会分工日益分化，自然经济结构开始瓦解。制盐业、冶铁业、采煤业、采硝业、缫丝业、纺织业、土染业、制革业、土陶业等也逐步采用新的工艺方法，增加资本的原始积累和扩大生产规模。生产水平的提高使农副产品和手工产品成为贩运贸易的重要对象，引来陕西、山西、江苏、广东等诸多省市客商贩运买卖，“水陆四通，百物辐辏，行商坐贾，视他郡为多”，绵阳城成为川西北重要的商贸中心和物资集散地。

清代后期，市境内手工棉纺织业、茶加工业、盐业、个体小手工业和私人经营的工商作坊、烧砖制瓦的手工作坊获得一定程度发展。手工棉纺织业较繁荣，开始向机械化过渡。民国时期，市境工业开始有所发展，但门类少、规模小，发展缓慢。主要有一些水电、食品加工、造纸、纺织、缫丝、盐业以及金属制品业、机修业、车船修造业较为活跃。食品工业以手工作坊为主，大多采用土法生产，主要有碾米业、磨粉业、酿酒业、酿造调味品业、榨油业、糖果小食品业等。安县、北川等县，造纸作坊有 651 户，常年生产草纸和小土白纸约 3100 担。民国十九年，销往欧美生丝 1.15 万担，为民国时期之最；民国二十二年后，蚕丝业一蹶不振，至新中国成立前夕，缫丝仅存十余户。民国二十七年，四川省在三台建立棉纺织推广区，手工棉纺织业在 20 世纪 30 年代末、40 年代初发展较快。民国三十一年三台有盐井 2921 眼，盐亭 1187 眼，绵阳 1204 眼，占川北盐井总数的 6%。

到 1949 年 12 月下旬，绵阳市境各县相继宣告解放。1949 年末，市境总人口 285.87 万人，全年国民生产总值仅 4.53 亿元（按 1990 年不变价格计算，以下同），人均 158 元。全年工农业总产值 7.53 亿元，人均 263 元。工业仅有三家机械修理厂，拥有 4 台简易人力机床和部分修理机械。缫丝业已全部停业关闭。市境内发电装机容量 152.5 千瓦，年发电量 3.22 万千瓦时。工业总产值 0.51 亿元，仅占工农业总产值的 6.8%。

（二）新中国成立后至改革开放前经济发展历程

1.“一五”、“二五”及调整恢复时期

新中国成立后，在党的领导下，经过三年的国民经济恢复发展时期，到 1952 年，全市经济有所恢复。“一五”计划到 50 年代后期，全市开始对资本主义工商业、农业、个体手工业进行社会主义改造，并开始集中力量建立工业化的基础，工农业发展较快。

“一五”时期，国家和省陆续在绵阳、江油建立第二九五、二九六技工学校（1965 年更名为长虹机器厂）、航空无线电仪表厂（1959 年定名为国营涪江机器厂）和国营绵阳无线电器厂（1965 年更名为国营华丰无线电器厂）等多家工业企业。1957 年，年产 70 万吨的川西水泥厂（后更名江油水泥厂）动工兴建，为国家“一五”时期 156 项重点建设项目之一。同时，全国最新型、最先进的绵阳丝缫厂建成投产。1958 年，江油冶金矿山机械厂动工兴建。次年，西南最大的火力发电企业江油发电厂兴建。1960 年 2 月，兴建涪江有线电厂，绵阳电子工业基地的格局初步形成。1960 年 9 月，市境第一条 110 千伏输电线路正式投运。这些大型工业企业的建设，开启了绵阳现代工业化进程，为绵阳支柱工业的形成和科技城地位的确立，打下良好的基础。

农业方面，从 1953 年起，绵阳开始对农村实行社会主义改造，组建互助组，后来发展到农业合作社，土地、私有荒山、林木、果园、渔塘及耕牛均入社，归集体所有。同时整修、兴修水利，粮食渐有增产，畜禽数量逐年增加。到 1957 年，专区新修小型水库 67 座，中型水库 1 座，机械提灌装机 1529 马力。新增有效蓄水量8974 立方米，新增灌溉面积 19.78 万亩。农牧业生产获得较大发展。1957 年，全

区粮食总产量100.3万吨，比1952年增长27.4%。农业总产值达54602万元，比1952年增长32.3%；“一五”期间，成片造林284.17万亩。1957年，全区有林地面积2200万亩，木材蓄积量3900万立方米。生猪达到149.39万头；耕牛46.95万头。马、驴、骡、羊等畜牧发展也较快。

1958年开始的“大跃进”和随后的三年自然灾害，使绵阳的工农业生产遭受巨大损失。1960年，专区开始对国民经济进行调整，重点调整工业部署，缩短钢铁战线，部分企业“关、停、并、转”。到1965年，绵阳有工业企业908个，工业总产值1.45亿元。农村经济形势也开始好转。1965年农林牧渔业总产值5.87亿元，比1957年增长7.5%，粮食总产量10.76亿公斤，增长7.2%，棉花、油料、生猪、耕牛生产也都超过1957年的水平。在此期间，还相继建成了官渠堰五期工程、人民渠六期工程，以及白水河水库、绵阳县上游水库、三台县红旗大埝、遂宁县南北埝等一大批水利骨干工程。

2.“三线建设”时期

1964～1978年，尽管受到“文化大革命”的影响，但“三线建设”改变了绵阳的经济发展格局，为绵阳成为中国西部新兴工业科技城打下了坚实的基础，对绵阳的经济社会发展产生了深远影响。

1964年，党和国家做出了进行“三线建设”的战略决策。并将四川定为重点建设省区。而绵阳独特的地理位置和地形地貌，很符合“三线建设”靠山、分散、隐蔽布点的要求，区内交通随着宝成铁路的通车和地方公路建设的发展得到很大改善，且工业基础较好，是理想的布点区域，因此，被选为“三线建设”的重点地区。

1964年8月起，国家先后在绵阳选定项目30个，其中复建2个（西南重机厂和东方电机厂）、扩建1个（江油发电厂）、地质勘探单位4个、新建23个，包括利用原江油钢铁厂旧址开建长城钢厂以及新建西南金属制品厂、曙光公司（即现中国工程物理研究院前身）、东方汽轮机厂、0821基地配套生产炮瞄雷达的九厂一库一所和东河印制公司、3536厂、德阳至绵竹汉旺110千伏输变电线路、宝成铁路罗妙真至二郎庙复线工程等，分别布点在江油、安县、北川、梓潼等10个县境内。这些项目大部分在1965年和1966年相继开工建设。之后，又有绵阳跃进路四厂扩建以及在德阳新建耐火材料厂、玻璃纤维厂、树脂厂，在绵阳建东方绝缘材料厂、解放军第一四〇九研究所（即今西南应用磁学研究所）、解放军827部队的研究试验机构（即今中国空气动力研究与发展中心）以及朝阳机械厂、普明机械厂。布点工作一直持续到1970年前后，累计在绵阳地区实施的“三线建设”项目近40个。为保证“三线建设”工程建筑安装之需，国家还将冶金部第四冶金建设公司、核工业部第二十三、二十四公司等几家大型建设工程公司迁驻绵阳境内。

1965年初，绵阳成立“绵阳专区支援‘三线’建设办公室”，全力支援国家重点建设的各项工作。在绵阳人民的大力支持和建设者们的共同努力下，“三线建设”开局顺利。于调整时期缓建的长虹机器厂、涪江机器厂、涪江有线电厂等企业加快了建设步伐，并于1965年前后相继建成投产。到70年代中期，在电子工业方面，相继对四个电子军工企业进行了扩建，加上迁建的第四机械工业部第十一设计研究院、西南应用磁学研究所，以及新建的华西电子计算机厂和绵阳无线电厂、医用电子仪器厂等，形成了四川省电子工业的第二批群体，使绵阳成为新兴的电子工业城市。在冶金工业方面，西南金属制品厂（1981 年更名国营八五七厂）于 1967 年建成，长城钢厂也于 1972 年底投产。在机械工业方面，绵阳粮食机械厂、成都军区普明机械厂（现为四川省军区普明机械厂）相继建成，机械工业部东方绝缘材料厂从哈尔滨迁至绵阳，朝阳机械厂也内迁绵阳，四川矿山机械厂进行了扩建改造。这批大中型冶金、机械工业企业使绵阳一跃成为全国重要的特种钢和钢材、铝材的生产基地，并形成以生产大型、精密机器为主的现代机械工业。1972 年，四川石油管理局广宁石油指挥部（川西北石油矿区前身）迁江油，并在江油中坝构造相继钻获 2 个气藏，从而发现中坝气田，取得了四川盆地西部石油、天然气勘探的历史性突破。

“三线建设”还在绵阳布局了中国工程物理研究院、航空航天工业部航空喷气发动机研究所（现名中国燃气涡轮研究院）、商业部四川粮食储藏科学研究所、四机部十一设计院、北京清华大学绵阳分校、电子工业部第四〇四职工医院、西南应用磁学研究院、中国空气动力研究与发展中心、西南自动化研究所等科研院所，1983 年，又建成西南计算机中心。这批国家重点科研、生产单位，聚集了一批全国一流的专家和科研技术人员，拥有世界一流水平的科研和测试手段，在工程物理、电子技术、航空航天、空气动力学理论与实验，核辐射技术应用、光机电一体化、自动化及机器厂研制，特种材料研制开发等高科技研究领域，代表着中国乃至世界先进水平，使绵阳跃居全国重要的高科技研究基地，并赢得中国西部科学城的美誉。先进的技术装备，雄厚的科技力量，成为绵阳经济发展的重要优势，也为实施“军转民科技兴绵”战略，建设“科技城”打下了坚实的基础。

由于“三线建设”的支撑，“文化大革命”结束后，通过初步的拨乱反正和纠左后，绵阳工农业生产得到较快的恢复和发展。1978 年，全区工农业生产总值达到 33.87 亿元，工业企业发展为 1806 个，工业总产值达到 15.1 亿元，农业总产值 18.77 亿元。全区粮食总产量达到 160.04 万吨，棉花、油料、蚕茧分别达到 1.69 万吨、4.3 万吨和 5038 吨；年末生猪存栏数 223.5 万头。

（三）改革开放后，经济快速发展

1. 改革开放初期，经济发展历程

1978 年中共十一届三中全会后，绵阳开始进入改革开放的新时期。农村开始探索推广联产承包责任制，取消粮食统购，放开生猪价格，极大鼓舞了农民的生产积极性，有力促进了农业经济发展。工业克服能源短缺等严重困难，开始探索经济体制及国有企业改革，并根据邓小平同志有关军转民的指示，探索军工企业生产民品，如 1978 年，涪江有线电厂研制出我国第一台 B 型超声显像仪。1980 年，长虹机器厂分别建成 47 厘米黑白电视机和彩色电视机的生产线，有效促进了工业生产。

1985年绵阳撤地建市，并改为省直辖市。随后，全市提出“科技兴绵”战略。同时继续深化农村经济体制改革，加快农业经济结构调整，兴修水利，改善农业生产条件，使农业经济获得较快发展。在加快农业经济建设的同时，全市把改革的重点放在了城市，以增强企业活力为中心环节的改革全面展开并不断深入。同时，开始着手进行计划、物价、工资、金融等方面的综合配套改革，并取得较大进展。

1992年邓小平南方讲话后，中共十四大确立了建立社会主义市场经济体制的改革目标。绵阳市抓住机遇，以国有企业改革为中心环节，以建立现代企业制度为目标，进一步深化改革、扩大开放，加快建立社会主义市场经济体制的进程。到1996年底，全市有342户国有中小企业完成改制，企业转化经营机制取得明显成效。国有大中型企业股份制改革进展较快，到2000年，全市有上市公司4户（长虹、长钢、湖山、新希望），原募集设立的非上市股份有限公司13户，发起设立的股份有限公司4户，还组建了10多户以国有资本为主的集团公司。国有中小企业改制进展顺利，到2000年底，全市国有中小企业407户，国有资产全部退出398户；城乡集体企业3259户，2868户进行了产权制度改革。在深入推进经济体制改革的同时，全市决定依托科技力量雄厚的优势，实施“科技兴绵”的发展战略，走依靠科学技术，振兴绵阳之路。1988年市委一届二次会议通过《中共绵阳市委关于实施“科技兴绵”战略的决定》，着重从八个方面建立创新体系。1991年，绵阳被国家列为“军转民科技试点城市”，军工科技逐渐成为全市经济增长中最活跃的因素。

由于改革和科技兴绵战略的推动，全市国民经济保持较快的发展势头。2000年，全市国内生产总值达317亿元，农业总产值109.3亿元，完成财政收入28.9亿元。城镇居民人均收入达到6223元，农民人均收入2109元，均创历史新高。

2.21世纪以来，经济快速发展

21世纪以来，绵阳紧抓国家实施西部大开发战略和加快成渝经济区建设的有利时机，以建设科技城为契机，以深化改革促进军民融合为动力，大力实施科技兴绵战略，并通过积极承接国内外产业转移和鼓励投资创业，有效推动了全市经济社会发展，绵阳经济进入快速发展期。

2000年国家开始实施西部大开发战略。2000年9月，党中央、国务院作出了建设绵阳科技城的重大决策。绵阳抓住历史机遇，编制了《绵阳市国民经济和社会发展第十个五年计划纲要》和《绵阳科技城发展纲要》，经过努力，顺利完成了各项建设任务。2005年，全市完成生产总值482.5亿元，“十五”期间，年均增长9.9%。其中，第一产业110.4亿元，第二产业197亿元，第三产业175.1亿元。人均GDP 9804元，财政总收入40.1亿元。农业农村经济发展稳定。全年实现农林牧渔业总产值179.54亿元，比2000年增长30.5%。农业生产结构不断优化。全市工业形成六大产业集群，规模以上工业企业达到505户，实现工业总产值430.37亿元，工业增加值118.14亿元，工业对GDP的贡献率达到57.3%。科技城建设积极推进，为进一步发展打下了坚实基础。

“十五”规划的顺利完成，为全市未

来的发展打下了坚实的基础。2005 年，在综合分析各方面情况的基础上，全市制定了《绵阳市国民经济和社会发展第十一个五年规划纲要》和《绵阳科技城 2005 - 2010 年发展规划》。提出在未来五年，要努力把绵阳建成经济快速发展、社会文明和谐、城市繁荣美丽、生态良性循环、人民幸福安康的西部具有经济活力和竞争力的大城市。

2006 ~ 2010 年，对于绵阳来说是极为特殊、极其艰难、极不平凡的五年，2008 年“5・12”汶川大地震使全市的经济社会发展遭受巨创。但在国家、全省和援建省市的帮助下，全市人民奋力抗击地震灾害，积极应对席卷全球的金融危机，加快恢复重建，顺利完成“十一五”规划确定的目标任务。2010 年，实现地区生产总值 960.2 亿元，比 2005 年翻一番；规模以上工业增加值 367 亿元，是 2005 年的 3 倍；固定资产投资 821 亿元，是 2005 年的 5.7 倍；财政总收入 119.4 亿元，是 2005 年的 3 倍，其中财政一般预算收入 45.2 亿元，是 2005 年的 2.4 倍。三次产业结构由 2005 年的 22.9 : 40.8 : 36.3 调整为 17.3 : 48.8 : 33.9。“2+4”优势产业已占到全市工业经济总产值的 90% 以上，规模以上工业企业从 505 户增加到 990 户。农业综合生产能力稳步提升。旅游、商贸、金融、物流等服务业不断壮大。西部区域性综合交通枢纽加快建设，铁路、高速公路在建里程双双超过通车里程。水利工程建设加快，武都水库下闸蓄水，燕儿河等水库建成投运，新增有效灌面 25.5 万亩、节水灌面 38.6 万亩。

2011 年，全市经济继续保持较快发展势头，GDP 首次突破千亿元大关，达 1189.1 亿元，增长 15.2%。其中：第一产业实现增加值 199.2 亿元，增长 3.8%；第二产业 616.6 亿元，增长 22.8%；第三产业 373.3 亿元，增长 9.9%。三次产业结构变为 16.7 : 51.9 : 31.4。民营经济实现增加值 650.7 亿元，占 GDP 的比重达到 54.7%。社会消费品零售总额 494.2 亿元，增长 17.8%，完成全社会固定资产投资 880.9 亿元，增长 7.4%，财政总收入 172.1 亿元，增长 44.2%。全市建成区面积达到 103 平方公里，城区总人口 107 万。三次产业发展迈上了新台阶，经济布局更趋合理。

（四）农业经济地理

绵阳位于四川盆地西北部，幅员面积 20249 平方公里，其中，山地占 61%，丘陵占 20.4%，平原占 18.6%。土地总面积约 3037.42 万亩，其中，农耕地 876.49 万亩，占 28.9%；林地和园地 1267.27 万亩，占 41.6%，疏林草地和草地 320 万亩，占 10.5%；水域 136.65 万亩，占 4.5%；其他非农用地等 363.62 万亩，占 11.9%。土壤类型较多，适宜于发展农业或农林结合的水稻土、潮土、新积土、紫色土和黄壤等广布在丘陵、平坝；西北部山地土壤垂直分布明显，从低到高依次发育黄壤、黄棕壤、暗棕壤、褐土、高山草甸土等，均宜发展林业和草场。市境气候属亚热带季风气候，自北向南平均气温 14.7 ~ 17.3℃，全年无霜期 252 ~ 300 天，年平均降雨量 825 ~ 1417 毫米，具有春早、夏热、秋短、冬温，降水丰沛，雨热同季，无霜期长的气候特征，以及丰富的水热和光能资源，很适宜发展农业生产，是四川省粮食、油料、蚕丝、生猪生产的主要基地之一，蚕茧生产列全省第二，生猪生产列全省第三。农业以种植业为主。粮食作物大春生产水稻、玉米、红苕、小春主产小麦、大麦、豇豆、胡豆、大豆。经济作物以油菜为主，其后为棉花、花生等，蚕茧、水果、茶叶占相当重要的位置。中药材种类较多，地道药材麦冬、附子尤具特色，其产量与质量早在清代就享誉省内外。

优越的自然环境使绵阳成为四川盆地开发很早的地区之一。秦汉时期，绵阳农业生产已成为四川全境仅次于成都平原的发达地区，但在漫长的封建统治下，绵阳农业发展缓慢，生产手段和技术落后，生产能力不强。直到民国时期，绵阳在棉花、红苕、花生栽种和生猪养殖方面才有良种推广，但推广面很小。农业生产基础设施差，农业水利工程总水量灌溉农田仅 40 万亩，占耕地面积的 12%，农业生产抵御自然灾害的能力差。1949 年，绵阳市境农业总产值仅 3.22 亿元，粮食总产量 60 万吨（人均约 210 公斤），亩产仅 84 公斤；棉花 0.15 万吨，亩产仅 7 公斤；油料作物 1.92 万吨，亩产 46 公斤；蚕茧 1227 吨，茶叶 972 吨，出栏肥猪 19.41 万头，年末存栏生猪 46.35 万头，大部分土地为地主掌握，广大农民生活困苦，农村经济一片萧条。

新中国成立以来，绵阳地方各级党政组织十分重视发展农业生产和农村经济。在建设社会主义新农村过程中，通过不断调整完善农业生产关系，改善农业生产条件，农村经济不断发展，农业结构和生产力布局不断优化。

2011 年，全市实现农林牧渔总产值 328.9 亿元，比 2010 年增长 3.9%，实现增加值 199.2 亿元，增长 3.8%。其中，种植业总产值 157.01 亿元，畜牧业 152.76 亿元，渔业产值 10.33 亿元，林业总产值 8.8 亿元。农业产业化经营市级龙头企业累计达 297 户，实现农产品加工经营销售收入 225 亿元。省级重点龙头企业总数达 30 户，市级重点农民专业合作经济组织总数超过 300 个。全市农民人均纯收入达到 7183 元。

全市农作物总播种面积 67.4 万公顷。其中，粮食播种面积 43.9 万公顷，油料作物播种面积 13.5 万公顷。全年粮食总产量达到 238.9 万吨。主要农产品中：稻谷产量 98.3 万吨，小麦产量 56.5 万吨，油料作物产量 32.4 万吨，蔬菜产量 190.8 万吨。全年出栏生猪 576 万头，实现肉类总产量 62.3 万吨，禽蛋产量 15.3 万吨，牛奶产量 2.4 万吨，水产品产量 9.8 万吨。通过农业产业化龙头企业和农民专合组织带动，建立各种农产品商品基地 616 万亩，创国家级品牌 101 个，省级品牌 141 个，有 25 个农业品牌被认证为地理标志产品。

全市森林覆盖率达 48%。现有自然保护区 11 个，自然保护区面积 33 万公顷。全年收获大宗林产品 1.4 万吨。其中，油桐籽 170 吨、棕片 110 吨、核桃 13578 吨、生漆 24 吨。

农业生产条件进一步改善。年末实有水利工程 7.5 万处，水利工程蓄引能力 19.9 亿立方米，实际供水 10.8 亿立方米。年末耕地有效灌溉面积达 21.4 万公顷，综合治理水土流失面积 56.1 万公顷。

农机总动力达到 245 万千瓦，新建沼气池 2.5 万口。

（五）工业经济地理

1. 工业经济总体发展概况

作为四川省境内较早被开发的区域之一，绵阳境内早在秦汉时期就有冶金、制陶、缫丝、纺织、制盐等手工业存在，但在漫长的历史发展进程中，手工业发展缓慢，在经济发展中始终处于配角地位。直到清末、民国时期，市境才出现机器工业，并且工业门类少、规模小，发展缓慢。1930 年，国民革命军第二十九军在三台县政府安装了一台 10 马力发电机组，为小火电之始。1931 年，安县人梁温如自办 5 千瓦微型小水电站，为绵阳水能发电之始。民国时期，市境金属制品业、机修业、车船修造业较为活跃，食品工业、造纸作坊、蚕丝业、手工棉纺织业以及盐业有所发展。到 1949 年底，市境内发电装机容量 152.5 千瓦，年发电量 3.22 万千瓦时。工业户有 1320 余家，80%以上属手工业，工业总值 0.34 亿元，仅占工农业总产值的 9.5%。

新中国成立后，在党和各级政府的带领下，绵阳人开启了工业化进程。“一五”、“二五”及“三线建设”奠定了全市最初的工业经济基础。改革开放后，通过不断完善生产关系，解放和发展生产力，全市工业化进程明显加快。尤其是进入 21 世纪以来，绵阳紧抓西部大开发和建设绵阳科技城的历史机遇，以“科教兴绵”、“工业强市”为指导，不断加快优势产业发展，尽管遭遇了“5・12”汶川大地震的重创，但在国家、全省和援建省市的帮助下，全市克服各种困难，快速完成了工业的恢复重建，并按照“一主三化三加强”发展路径和“三个加快”的战略部署，深入实施工业强市战略，特色主导产业支撑作用显著增强，园区集聚能力显著提高，工业经济发展速度加快，质量效益和实力显著提升。

2011 年全市规模以上工业企业增至 708 户，实现规模以上工业总产值 1776.29 亿元，较上年增长 32.1%；工业增加值 502.1 亿元，增长 23.7%，工业对 GDP 的贡献率为 64.9%，拉动 GDP 增长 9.9 个百分点。规模以上工业实现主营业务收入 1697.6 亿元，增长 33.7%；盈亏相抵后的利润总额 96.3 亿元，增长 43.8%；实现利税总额 167.4 亿元，增长 38.7%。规模以上工业中，重轻工业的比例为 56.3 : 43.7。“2+4”优势产业发展较快，完成工业总产值 1620.1 亿元，占全市工业总量的 91.2%，增长 31.7%。优势企业群体发展加快。全市注册上市企业总数达 7 家，产值亿元以上的企业达到 240 户，完成工业总产值 1532.2 亿元，占全市工业的 86.3%。在 240 户企业中，长虹产值达到 494.8 亿元，九洲、攀长钢、新华产值超过 50 亿元，产值在 5 亿～50 亿的企业达到 39 户，多点支撑工业发展的局面初步形成。

工业园区集中集聚发展势头良好，承载能力不断增强。目前，全市已建成产业园区 13 个，建设用地总规模达 168 平方公里，基本形成了国家级、省级、市级和县级产业园区梯次发展格局。2011 年，全市产业园区实现工业产值 1271 亿元，工业增加值 262 亿元，占全市工业总量的 71.6%。绵阳高新区成为全省第三个 500

亿园区，百亿产业园区达到3个，优势产业加快向园区聚集的态势明显，园区已成为全市承接产业转移、实施工业强市的重要载体。

主要工业产品产量增长。2011年，全市重点监测的80种工业产品中，有76.3%的产品产量实现增长。其中，等离子电视增长69.4%，改装汽车增长41.5%，水泥增长81.7%，白酒增长78.8%，卷烟增长35.4%，发电量增长4.1%，钢材增长4.1%。

2. 主导优势产业发展概况

经过多年的发展，绵阳市的电子信息、冶金、汽车及零部件、食品、新材料、化工等六大产业，基本形成了支撑绵阳工业经济发展的“2+4”产业主体架构。2011年，“2+4”产业实现产值1620.1亿元，占全市工业总量的91.2%。其中，电子信息产业完成产值616.6亿元，较上年增长26.3%；冶金机械产业完成255亿元，增长35.2%；食品及生物医药产业308.05亿元，增长35.2%；汽车及零部件产业90.96亿元，增长26.1%；材料产业增长41.3%，化工节能环保产业增长31.9%。

（1）电子信息产业。20世纪80年代中期以后，以长虹为首的一批军工企业涉足民品开发、生产，主动参与市场竞争，“军转民”工作取得巨大成效，加速了绵阳电子工业基地的发展。九洲电器集团公司有线电视系列产品配套齐全，共用天线全国市场占有率达30%以上，有线电视机顶盒在全国同行业中占有重要地位。近年来，全市电子信息产业规模不断扩大，产业结构不断优化，产业载体不断完善，产品范围不断扩大。2011年，全市电子信息产业企业共129户，规模以上企业95户，实现工业总产值616.6亿元。在电视机、数字电视接收设备、军事电子产品、高性能电连接元件、高性能磁性材料等领域具有国内领先的技术和市场优势。

绵阳电子信息产业主要布局在科技城区域内。近年来布局不断优化，结构调整逐步推进，产业链正在从基础到高端双向延伸。长虹通过产业布局和结构调整，取得了明显的成效：一是实现了以电视为主的单一产业结构向多媒体、通信设备、网络设备等多元化产品结构的转变；二是实现了从制造组装向PDP屏制造、OLED和LCD显示领域、空调和冰箱压缩机等为代表的高科技高端关键部件研发与制造的转变；三是加强了商业模式创新，通过与电信、盛大等运营商合作，跻身内容提供商领域。九洲根据各个产业的发展前景和所处的内外部环境，在不断巩固和扩大军工电子领域的基础上，形成了军工、通信导航、数字音视频、LED 、EMS等多元化发展的产业发展格局。电子产业园区特色突出，产业集群效应逐步显现。绵阳高新区已打造成国家视听产品产业园，经开区正在积极建设国家新型显示器产业园，随着长虹工业园和九洲科技工业园的开工建设，开发区已成为产业整合、产业链带动、产业集群发展的聚集洼地。

（2）冶金工业。依托长城钢厂、西南金属制品厂、江油钢铁厂、涪江钢铁厂等钢铁企业，使绵阳成为全国重要的特钢和核扩散元件专业生产、科研基地，形成了以生产特种钢材为主的冶金工业体系。长钢集团公司是我国重要的特殊钢和高温合金钢生产基地，具备年产65万吨特殊钢、

70 万吨成品特殊钢材的生产能力，为我国的军事、航天和核工业等领域提供了大量关键原材料，高合金钢、材产量均居全国第一位，占全国同类产品总产量的 35% 以上；Cr 不锈钢居全国第二位、Cr 不锈钢材产量列全国第一位；高温合金钢、材产量居全国第三位。截至 2010 年底，冶金机械（不包括汽车及零部件，下同）产业已发展成为绵阳市六大支柱产业之一，占全市工业总产值的 13.6%。以攀长钢为龙头的特殊钢、钛材、板材、棒材、管材、线材产品及其精深加工为主的冶金产业体系初具规模；以川矿集团、科莱电梯、兴事发门窗等企业为主的水泥化工设备、五金工具、客货运输索道、门窗、破碎机械和电梯制造等机电一体化产业正在形成。全市冶金机械产业共有规模以上企业 201 户，其中，年产值 50 亿元以上企业 1 户，亿元以上企业 22 户。从业人员 2.95 万人，冶金机械产业总资产达 105.48 亿元。2011 年，实现工业总产值 255 亿元。

冶金产业主要分布在江油市，机械产业主要分布在江油市、涪城区和三台县。

（3）汽车及零部件产业。经过多年发展绵阳市汽车及零部件产业已初具规模，涌现出一批市场竞争能力强、发展前景好的企业和产品。随着华晨汽车南方基地一期建成达产，正逐步成为全省重要的轻卡、皮卡、SUV、微型面包车等整车生产基地。中国重汽集团绵阳专用汽车有限公司一期建设竣工投产，填补了省内重型专用车项目的空白；车用汽油机及柴油机等关键零部件产品已形成规模生产，具有较强综合实力。2011 年，全市汽车工业规模以上企业 52 户，拥有国家级技术中心 1 个（新华公司）、省级技术中心 1 个（三力公司），产值过 10 亿元的企业 1 户。全行业规模以上企业实现工业总产值 90.96 亿元，产销整车 7.3 万辆，产销发动机 23 万台，产业竞争力明显增强。

目前，涪城区、游仙区、高新区、经开区集聚了华瑞（华鑫）、中国重汽 2 家整车企业和新华内燃机、华晨瑞安、三力股份等数十家配套的零部件企业，逐步形成了特色鲜明的产业集群。

（4）食品及生物医药产业。食品及生物医药工业是绵阳传统产业之一，主要以特色农牧产品加工为特色，重点企业有双汇食品公司、丰谷酒业公司、华润啤酒、长林肉类等。食品及生物医药产业是绵阳市第二个跨越百亿级规模的支柱产业，其对财政的重大贡献和对农业、机械制造、包装、物流、旅游等相关产业的巨大拉动，铸就了其地位和不可替代的作用，约占全市工业总产值 16.5%。基本形成了烟酒类、肉及肉制品加工、粮油食品加工、蛋品及乳制品、茶叶、饲料加工、调味品及蔬菜等 7 个食品产业门类，生物制药、化学药和中药、生物医学工程等 3 个生物医药产业门类。川渝中烟绵阳分厂、丰谷酒业、绵阳双汇、长林肉类、大平油脂、雪宝乳业、太极制药、好医生、绵阳一康、国豪种业等企业呈现强劲发展势头，对全市工业经济发展起到了重要支撑和巨大贡献作用。2010 年，全市食品及生物医药 175 户规模以上企业实现总产值 222.33 亿元，工业增加值 58 亿元，实现销售收入 172.7 亿元，实现利税 30.3 亿元，亿元企业达到 30 户，从业人员 3 万余人。绵阳食品及生物医药工业主要分布在科技城区。

（5）化工节能环保产业。绵阳化工产业主要集中于精细化工、天然气化工、无机盐化工三大领域，产值约占总产值的80%。环保产业主要集中在环保设备和产品研制、废弃物综合利用、环境治理与运营、环境服务等四大领域，但总体规模不大，尚未形成主导产业。近年来，产值逐年增加，特点初步显现。2010年，化工、环保完成工业总产值86.8亿元，工业增加值28.8亿元，实现销售收入82.3亿元，利润总额10.2亿元。两产业共有规模以上企业59户，其中10亿元以上企业1户、亿元至10亿元企业10户。拥有一批核心关键技术，形成了一批优势企业。上市公司利尔化学是全国最大的吡啶类农药生产企业和全球第二大氯代吡啶类除草剂原药供应商；西普油脂主导产品在亚太地区占有60%以上的市场份额，是全球第三大芥酸供应商；银河建化是国内最大的铬盐生产企业，产品国内市场的占有率达20%；四川美丰绵阳公司在天然气化工领域具有较为明显的规模优势；启明星集团的磷化工及下游系列产品已具中等产能规模。绵阳市境内现有从事化工、环保产业的科技人员2000余名。其中两院院士3名，具有研究员、教授、高级工程师等专业技术职称的90余名。依托国防科研院所、高等院校等丰富智力资源，在化工、环保两大产业领域初步形成了多学科、高层次、宽领域的科研体系和产品开发及技术服务队伍。

（6）新材料及新能源工业。改革开放以来，随着国民经济的快速增长，绵阳建材工业同步取得了较快发展，尤其是具有独特资源优势的水泥，发展更为强劲，目前，我市水泥制造能力为620万吨，约占全省的1/10。绵阳建材工业主要布局在江油、安县。“十一五”期间，绵阳市在高分子材料、磁性材料、新型建筑材料、超硬材料、超细粉体和纳米材料等领域形成了一定的规模，其研发群体、产业集群及产业链已初步形成，并具有独特的产业特色和比较优势。2010年，全市新材料、新能源产业规模以上企业为163户（其中产值亿元以上的企业24户），共完成工业总产值188.81亿元，跨入百亿元产业行列。

（六）第三产业发展

21世纪以来，绵阳市第三产业发展较快。2011年，全市第三产业实现增加值373.3亿元，较上年增长9.9%，占GDP的比重为31.4%，全市三次产业结构为16.7∶51.9∶31.4。其中，交通运输、仓储和邮政业增长12.2%，金融业增长5.2%，房地产业增长10.8%，赢利性服务业增长15.3%。石塘、龙门、新皂现代物流园区和一批专业市场、特色商业街等服务业重大项目加快建设。成功引进了台湾大润发、香港新世界百货、人人乐、凯德广场等一批大型商贸流通企业。长虹民生、富临物流、邮政物流、安运物流等发展扩张型第三方物流企业发展态势良好，商贸、服务外包等行业获得较快发展。涪城龙门农产品批发市场建成全省第二大农产品批发市场，绵阳被列为四川省农产品现代流通试点城市。旅游业发展较快。创建金融生态模范城市进展顺利，年末辖区内金融机构本外币各项存款余额1940.1亿元，贷款余额998亿元，银行业金融机构达到14家。

东材科技、仁智油服成功上市融资。证券、保险、中介服务、服务外包等行业健康发展。

（1）消费市场持续快速增长。2011 年，全市实现社会消费品零售总额 494 亿元，总量居全省第 2 位。其中，批发业实现零售额 27 亿元，零售业实现零售额 385.9 亿元，住宿业实现零售额 13.5 亿元，餐饮业实现零售额 67.8 亿元。城镇市场实现零售额 334.6 亿元，农村市场实现零售额 159.6 亿元。

（2）交通运输业持续改善。2011 年末全市公路通车里程 17988.5 公里，其中等级公路 11042.7 公里。全年公路客运周转量 46.3 亿人公里，公路货运周转量 52.2 亿吨公里；水运客运周转量 332 万人公里，水运货运周转量 13.76 万吨公里；铁路客运量 409.9 万人，铁路货运量 118.2 万吨；民用航空客运量 62.3 万人次，民用航空货邮运量 7878.8 吨。

（3）通信业稳步发展。2011 年末全市共有邮政局（所）418 处，全年实现邮政业务总量 2.5 亿元。全年实现通信业主营业务收入 26.8 亿元。年末全市固定电话机用户 73.7 万户，其中住宅电话 59.7 万户。年末移动电话用户 433.4 万户，国际互联网用户 44.7 万户。

（4）金融保险业有序发展。2011 年末，金融机构人民币各项存款余额 1932.7 亿元，比上年增长 8.3%。其中城乡居民储蓄存款余额 932.6 亿元，增长 16.1%。金融机构各项贷款余额 969 亿元，增长 12.9%。全市共有保险公司 32 家，其中，产险公司 17 家，寿险公司 15 家。全年各类保险保费收入 46.6 亿元，比上年增长 7.6%，其中，人身险 33.7 亿元，财产险 12.8 亿元。各类保险赔款及期满给付支出 11 亿元，增长 16.3%。

（5）旅游业稳定增长。七曲山大庙、窦圌山、西羌九皇山等传统景区实现全面恢复提升，北川地震遗址、北川新县城和药王谷度假区等新景区受到游客青睐。全年接待国内外游客 1581.5 万人次，增长 32.4%，实现旅游总收入 97.2 亿元，增长 49%。

五　军民融合发展战略与绵阳科技城建设

（一）军民融合发展战略

"一五"、"二五"和"三线建设"时期，国家在绵阳布局了大批国防科研院所和军工企业，聚集了一批全国一流的专家和科研技术人员，赋予绵阳强大的军事工业科研技术实力和生产能力，为实施"军民融合"发展战略打下了坚实的基础。

由于"三线建设"是国防备战的产物。因此，最初的军工企业主要是服务于国家国防科研项目和军事工业，基本上没有民品生产。20 世纪 80 年代后，国际局势发生重大变化，和平与发展成为世界主流。我国也逐渐将主要精力集中到经济发展上，加快"三线"军工企业转型就成为一个亟待解决的问题。1982 年，以邓小平为首的党中央明确提出了"军民结合、平战结合、军品优先、以民养军"的十六字方针。根据这一方针，80 年代初，绵阳"三线"军工企业开始走上了"军转民"的道路。各企业先后建立起了民品设计、开发、生产、销售机构，一批民用工业产品如彩色电视机、电视共用天线、医用B超等逐渐形成规模并占领市场。其中最为突出的长虹机器厂于1980年和1985年引进日本松下电器公司技术，建成两条彩色电视机生产线，成为四川最大的彩电生产厂，并成为长虹厂步入辉煌的起点。

1985年建市后，随着改革开放的深化，国家各部委陆续把长虹机器厂、涪江机器厂等军工企业下放给绵阳市管理，同时企业内部的体制也进行了适应民品生产的改革。国家还对军工企业的地区布局进行了调整，将能搬迁的单位，迁到相对集中的绵阳和江油城区，在完善军工生产和科研任务设施的同时，新建了一批民品科研生产开发基地。这大大调动了军工科研单位的积极性，有力地加快了军民结合、军地结合的步伐。

1988年，绵阳市在深入分析市情的基础上认为，全市军工企业及科研单位是绵阳市经济腾飞的最活跃的因素和最重要的推进力量。因此，决定把“科技兴绵”作为绵阳经济社会发展的主体战略，其核心是：大力依靠军民结合，推动科技进步，把军工科研单位的科技优势和潜在的巨大经济资源转化为经济优势和潜在的巨大经济。此后，历届政府都把“军转民、科技兴市”作为全市经济发展的重心，精心组织实施。1991年10月24日，国家科委、国防科工委、国家计委、国务院“三线”办军转民联络组共同研究决定，将绵阳市作为全国唯一的“军转民、科技兴市”试点城市，以绵阳市为典型，探索和总结对全国具有普遍指导意义的经验和模式。1992年2月19日，绵阳作出《关于大力推进军转民科技兴市的决定》，制定了一系列推进军转民的政策措施，绵阳军转民工作由此进入了一个新的阶段。一批“三线”军工企业通过实施军转民，创造了新的辉煌。如长虹机器厂军转民为四川长虹电子集团公司，于1994年在上交所上市。涪江机器厂改制为四川九洲电器集团，生产广播电视设备、卫星通信设备。涪江有线电厂转制为四川灵通电气股份有限公司。长城钢厂改制成立长城特殊钢股份有限公司，于1994年上市。东方绝缘材料厂改制为东材科技，于2011年上市。详见表24-1。这些企业通过军转民，规模迅速扩大，产值大幅上升，迅速成为地方经济发展的支柱，有效促进了地方经济发展。

进入21世纪以来，绵阳军地结合向更高层次发展，提出“军民融合”发展战略，并初步建立起了军地互动机制。通过强化军民融合发展的组织领导和综合协调，建立了军地双方高层领导“兼职对挂”和院地、军地联席会议制度，定期研究解决军民融合工作中的重大问题。中国工程物理研究院、中国空气动力研究与发展中心、长虹、九洲、西科大等国防军工科研单位和大学的领导进入科技城建设决策层。大力推动在绵国防科研院所和大企业开展战略合作，中物院与九洲集团联合创建九九瑞迪数字成像有限责任公司，公司产品处于西部领先地位。建立国防科研院所军转民激励机制，制定了《绵阳科技城军民融合创新创业奖励办法》。全市大力推进“新三城”建设，依托中物院建设科学新城，促进新材料、环保、激光及核技术研发和

表 24-1　绵阳市军工企业军转民情况一览

	名　称	现　状
1	涪江机器厂	四川九洲电器集团
2	涪江有线电厂	航天通信控股集团股份有限公司 四川灵通电气股份有限公司
3	长虹机器厂	四川长虹电子集团
4	华丰无线电器材厂	四川长虹电子集团华丰企业集团
5	解放军 3536 工厂	际华轻工 3536 职业服装厂
6	长城特殊钢铁公司	鞍钢集团攀钢江油长城特殊钢股份有限公司
7	东方绝缘材料厂	四川东材科技集团股份有限公司
8	江陵电缆厂	九洲集团四川九洲线缆有限责任公司
9	四川五洲电源厂	四川长虹电源有限责任公司

产业一体化，该项目大部分子项目已落户绵阳；依托中国空气动力研究与发展中心建设空气动力新城，促进空气动力学试验研究与民用空气动力技术产业一体化，依托中国燃气涡轮研究院建设航空新城，促进航空发动机大型试验与航空科技产业一体化。

军民融合产业蓬勃发展。2011 年全市已有军转民企业及国防科研院所 75 家，军民融合产业覆盖电子信息、空气动力、航空发动机、核物理与放射化学、特种和新型材料等 300 余个专业领域，一大批军转民高技术实现产业化，培育了长虹、九洲、利尔化学、中科成、九九瑞迪、西普油化、日普、中物材料、中物仪器、中物海通电源、科莱电梯、开元磁材等军民融合企业 172 余家，初步形成军民融合的高技术产业集群，长虹、九洲作为全国同行业的龙头企业，正成为推进军转民高新技术产业化的重要力量。2011 年，军民融合企业实现工业总产值 815 亿元，98 个科技项目获国家科技计划支持，79 个科技项目获省科技计划支持，已成为推进全市科技创新，转变经济发展方式的主导力量。

（二）绵阳科技城建设

“一五”、“二五”和“三线建设”，使绵阳聚集了中国工程物理研究院、中国空气动力研究与发展中心、中国燃气涡轮研究院等一大批国家级科研院所和众多军工企业。改革开放后，绵阳通过实施“军转民科技兴市”战略，培育了长虹、九洲等军转民企业，并在同行业处于领军地位，使绵阳成为我国重要的国防军工科研生产基地和电子信息产业基地。目前，绵阳拥有国家级大型科研院所 18 家，以长虹、九洲等为代表的大中型骨干企业 50 余家，以西南科技大学为代表的高等院校 13 所，国家重点实验室 7 个，全市人才总量达 55

万人，各类专业技术人才 20.2 万人，享受国务院政府特殊津贴、有突出贡献的专家 800 多名，两院院士 27 名，在许多重要科技领域聚集着大量高层次人才。

正是鉴于绵阳丰富的科技资源和在国防军工方面的特殊战略地位，受到了国家、省和社会各界的高度关注。特别是 20 世纪 90 年代以来，党和国家多位领导人多次亲临绵阳视察，认为绵阳具备了加快发展的巨大潜力，可以在西部地区实现率先发展并发挥示范和引领作用。2000 年 9 月，时任中共中央政治局常委、国务院副总理李岚清同志莅绵，代表党中央、国务院宣布了建设绵阳科技城的重大决策，并亲自联系科技城建设工作，促成国务院批准成立了由科技部牵头，国家发改委等 11 个国家部委组成的绵阳科技城建设部际协调小组（成员单位现在增至 18 个）。同年 9 月，四川省和绵阳市也成立了以省长任组长的"四川省建设绵阳科技城领导小组"。2001 年 7 月，国务院正式批复《绵阳科技城发展纲要》，决定在绵阳城区 80 平方公里的范围内建设科技城，要求绵阳依托国防科研院所，突出军转民特色，着力推进体制机制创新，强力推进科技成果转化，把科技城的科技资源优势转化为巨大的现实生产力，实现高新技术成果的商品化、产业化和国际化，在电子信息、新材料、生物医药三大领域将科技城打造成国家重要的创新创业人才集聚地、科技成果集散地、高新技术企业集中地，着力培育优势企业群体，成为西部重要的观念、体制、科技创新综合改革和对外开放、国内经济技术合作试验区。

在随后的 11 年里，科技城在党中央、国务院、四川省的领导下，在部际协调小组各成员单位的大力支持下，着力把丰富的科技资源转化为现实生产力，在军民融合、创新体系建设、产业发展、环境建设、体制创新、综合经济实力等方面取得了显著成就，基本完成了《绵阳科技城发展纲要》和《绵阳科技城 2005–2010 年发展规划》的各项目标任务，初步探索出了一条加速国防科研院所成果转化、实现军民融合，以自主创新带动区域科技产业发展的成功之路，在西部地区较好地发挥了示范引领作用。

1. 经济实力显著增强

2011 年，科技城完成地区生产总值 747 亿元，是 2000 年 150 亿元的近 5 倍；工业总产值达到 1776 亿元，是 2000 年的近 8 倍；工业增加值达到 414 亿元，是 2000 年 61 亿元的 6 倍多；全社会固定资产投资达到 603 亿元，是 2000 年 60 亿元的 10 倍。

工业化、城市化快速推进。2011 年，工业增加值占地区生产总值的 60%，已形成电子信息、汽车及零部件、食品及生物医药、冶金机械、新材料等优势产业集群。科技城建成区面积已达 103 平方公里，人口 107 万，是 2000 年的两倍。

2. 军民融合成效显著增强

军民融合的体制、机制已基本形成，军民融合的方式、方法和途径日益多样化，军民融合正在向更高、更深层次发展。2011 年，科技城军民融合产业已覆盖 300 多个领域，一批军转民高技术实现产业化，军民融合型企业达到 172 家，较 2007 年增长了近 80 家；完成产值达到 815 亿元，较 2007 年 455 亿元增长了 79%。

3. 自主创新体系趋于完善，科技转化成果丰硕

科技创新体系趋于完善。以政府为主导、以企业为主体、以军民融合为特色、以市场为手段的创新体系初步形成。先后建成国家工程技术研究中心 4 家、国家重点实验室 7 个、国家级企业技术中心 6 家，省级工程技术中心 14 家、省级企业技术中心 30 家，各级生产力促进中心 10 家、综合孵化器 4 个、各类专业孵化器 12 个，企业在海外设立开发机构 16 个，初步形成了人才集聚、资源共享、优势互补、通联全国的区域创新体系。

自主创新成效显著。10 年来，引导企业和社会投入研发经费 100 多亿元，科技城参与了国家科技重大专项 2 项，实施“863”、“973”、创新基金等科技计划项目 2311 项，申请各类专利 7336 件，获得授权 4215 件；完成新技术新工艺新产品开发近 5500 项。2011 年，科技城研究与开发（R & D）投入占 GDP 比重 6.8%，科技进步综合水平指数达到 59.6%，高新技术产业增加值已占到地区生产总值的 30%，新产品产值率达 54%，高出中西部平均水平近 13 个百分点。

4. 高新技术产业不断发展壮大

科技城科技研发投入占比在全国区域比较中名列前茅，高新技术企业达到 220 户，2010 年，高新技术产业总产值 672 亿元，占全市工业总产值的 50%，占全省高新技术产业总产值的 13.3%。形成以电子信息、新材料、精细化工、生物医药和环保为重点的高新技术产业发展体系。长虹 PDP、九洲空管系统科研生产基地、艾默生能源、美能中空纤维膜等重大项目相继建成投产。

以新一代信息技术、节能环保、非动力核技术应用等战略性新兴产业加快发展。2010 年，科技城新兴产业共完成产值 185 亿元，占全市工业总量的 14.5%，新兴产业正逐步成为支撑科技城乃至绵阳未来工业发展的新支柱。

5. 对外开放合作纵深推进

外向型经济增长迅速。建成西部二级城市中首个国家级出口加工区，2010 年有进出口经营权的企业 518 家，实现外贸出口 8.27 亿美元，10 年增长了 15 倍。一批国防科研院所和大企业集团积极实施走出去战略，长虹在 10 多个国家和地区建立了生产基地及分支机构，其产品已销往 100 多个国家和地区。九洲成立了进出口贸易公司，并在阿联酋迪拜设立了办事处。普思电子、利尔化学等一批企业出口创汇增长强劲。

招商引资成效显著。先后引进艾默生、拉法基、华能集团等世界 500 强企业，以及华晨汽车、中国重汽、双汇集团等一大批国内知名企业。从 2000 ~ 2010 年，招商引资到位资金年均增长率 39.34%，签约金额 1187 亿元，实际到位资金 865.88 亿元。

6. 城市发展环境明显优化

交通基础设施建设加快。城区新建、扩建城市道路 167 条，新建、扩建、改造桥梁 36 座，拓宽改造进出境公路 8 条。新增公交运行线路 42 条，2010 年城区公共汽车拥有 1020 标台，城市道路总长 452 公里，城市道路铺装率达 95%。区域影响力进一步提升，成为成渝经济区重要的电子信息、国防科研生产基地，区域中心城

市和交通枢纽。

现代服务业加快发展。现代物流、金融服务、信息服务、房地产、旅游、科技咨询服务等发展迅速，2010年科技城第三产业增加值达到219亿元，是2000年的2倍多。

7. 体制机制不断健全

部省市联动机制卓有成效，建立了协调小组会议制度、联席会议制度、联络员制度、项目申报绿色通道制度、干部上挂下派制度等工作机制，初步构建了国务院领导主持召开部际协调小组会议研究科技城建设重大问题，部省在资金、项目、政策方面给予强力支持，绵阳市、在绵国防科研院所为实施主体全面推进的部省市三级联动全新机制。

体制机制创新不断深化。组建了科技城党工委、管委会，明确了科技城管委会和各园区的职能职责，初步构建起了科学高效、统分结合、责权利统一、各方利益共享、富有生机活力的管理体制。在全省率先建立了政务服务中心，建成电子政务网络平台。组建了绵阳市生产力促进中心，设立了绵阳科技城科技型中小企业技术创新资金和风险投资基金，建立了军民两用技术研发、孵化、转化、交易平台。投融资方面，组建担保公司，成立了以绵投集团为载体的交通和市政基础设施建设投融资平台、以科发集团为载体的产业项目投融资平台、以绵阳教投为载体的公共服务设施建设投融资平台，成功组建西部第一只规模达90亿元的科技城产业投资基金。

经过十年的发展建设，绵阳科技城在取得巨大发展成效的同时，在西部地区的聚集、辐射作用也日益增强，吸引了大量的科技、人才、管理、资金等高端资源入驻创业，承担了国家针对西部发展的多项试点试验活动并取得了显著成效，对周边地区，尤其是西部地区的辐射带动作用初步显现，与西部主要城市的经济发展联系日益密切、影响逐步扩大，正成为成渝经济区和成德绵经济带的重要增长极。

正是基于科技城建设取得的巨大发展成就，2011年，国家正式批复了《绵阳科技城2011-2015年发展及2020年远景规划》，决定在未来很长一段时期内，继续把绵阳科技城建设作为国家战略深入推进，要求科技城要坚定不移地走军民融合道路，坚持以创新为灵魂、科技为支撑、产业为重点、环境为保障，加快经济发展方式转变，着力提升科技城创新能力、创业活力、城市魅力和区域竞争力。到2015年，绵阳科技城区域综合实力显著增强，军民融合产业显著壮大，自主创新能力显著提升，创新创业环境显著改善。地区生产总值突破1300亿元；到2020年，地区生产总值较2010年翻两番，城市居民收入高于中心城市平均水平，成功探索出一条中国特色军民融合、促进经济社会发展的崭新路子，实现创新驱动发展，建设成为西部现代化大城市、中国特色军民融合自主创新示范城市和全球研发密度最高的科技城之一。

六　城镇发展与城镇体系

绵阳市建城已有2200多年历史。汉高祖六年（公元前201）置涪县。在汉代就享有“剑门锁钥”、“蜀道咽喉”的美誉。

汉时涪县城规模较小，仅有东、西门。至唐代县城为绵州城，规模有所扩展。宋真宗景德四年（1007），绵州推官欧阳观主建土城，其后历代都在此基础上扩展、加固。清初形成了涪江东岸城垣周长达 9 里余，城市面积约 1.5 平方公里的州城。清康熙三十一年（1692），洪水暴涨，涪江改道（今新河道），毁城过半，清嘉庆五年（1800），进行修复，城市紧靠涪江西岸，面积 0.73 平方公里。

民国时期，绵阳县城由于绵阳地处川陕（四川－陕西）公路和绵渝（绵阳－重庆）公路的交汇处，成为川西北水陆交通运输枢纽，城市向外扩展，至 1949 年底绵阳城面积近 2 平方公里，有街 28 条，巷 33 条，人口 2 万。

新中国成立后，绵阳城主要经历了由电子城－科学城－科技城的发展过程，城市逐渐向涪江东岸及其周边扩展，其主要经历了以下几个阶段。

1955 年根据国家“一五”计划安排和国防建设的需要，中共中央副主席朱德于 1957 年 3 月来绵，提出将电子工业生产基地安排在绵阳，并指定建在绵阳火车站东面至涪江西岸一带（即今跃进路及其北段）。1958 年前后，形成以跃进路为中心的电子工业基地。其后电子工业部第十一设计研究院、电子工业部四〇四职工医院、西南应用磁学研究所、西南自动化研究所、绵阳市无线电厂等 10 余个厂、院、所，构成了绵阳电子工业群。加之城区的旧城改造工程也于 1959 年正式启动，新建了部分居民小区，并以邮电大楼（今金柱园）十字路口为中心新建 8 条街道。1963 年后，国家“三线建设”内迁一部分企事业单位在绵阳兴建，城区向城郊乡、普明乡扩展。到 1984 年城区面积达 18.5 平方公里，人口 18 万。

1983 年 9 月，经国务院、中央军委批准，中国工程物理研究院进行布局调整，将原分散在市境各县的研究所集中建设。国防部长张爱萍到绵阳为中国工程物理研究院选点，定在绵阳城东北郊绵山路北端，说“这里就是以后的科学城”。继后，科学城建成了特殊工艺区、工艺生产区、特种试验区、科研设计区、信息中心、大型计算中心、商业文化中心等区域，到 2000 年，科学城面积已达 3.5 平方公里，其中道路 29 公里，防洪堤 8.3 公里，公园及小游园 10 多处，绿化总面积 172 万平方米。

1985 年绵阳建市后，城市布局采用开放型、多中心、组团式结构进行建设。至 2000 年底，城区建成区面积达 46 平方公里，范围东至游仙镇，西邻磨家，南接塘汛，北依青义，人口达 50 余万人。

2000 年 9 月，党中央、国务院作出了建设绵阳科技城的重大决策，2001 年 7 月，国务院正式批复《绵阳科技城发展纲要》。绵阳城市规划面积为 80 平方公里，人口 80 万人。2005 年，国务院又批复了《绵阳科技城 2005 － 2010 年发展规划》，标志着绵阳科技城建设进入了一个新的发展阶段。规划构筑现代化组群式百万人口大城市框架，到 2020 年城市规模面积达到 116 平方公里，人口达到 118 万。城市定位为中国科技城，四川省重要的区域中心，历史文化和宜居名城。并围绕中心城区（涪城、游仙），重点建设“三点两线”，全面构建西部水都。“三点两线”，即中心城区、江油城区、安县新县城“三点”，绵江、绵安经济走廊“两线”。

城市发展方向与布局要点：规划城市建设用地主要向西部园艺及南部塘汛地区发展，西南部新皂地区作为高新区拓展区启动建设，为远景城市发展提供了空间。

1. 城镇空间结构

（1）以绵阳中心城区为主中心，江油城区和三台城区为副中心。

（2）两带为绵江（绵阳－江油）城镇带和绵三（绵阳－三台）城镇带；一轴为沿山生态旅游城镇发展轴。

（3）三个圈层为核心层、紧密层和辐射层。核心层即“绵江安”城镇核心发展区，由绵阳中心城区、江油城区、花荄镇区及周边城镇组成。紧密层包括江油、安县的非核心区部分，三台县、梓潼县和盐亭县的中浅丘区域城镇，是城镇集群发展区。辐射层包括平武县、北川县和梓潼、盐亭高丘低山区，是城镇点轴发展区。

2. 中心城区空间布局结构

中心片区：全市综合性服务中心。跃进路改造成为以商务服务为主导的现代服务业中心，南河路至临园路为传统商贸业中心。

科创园片区：接受老城疏散的行政办公和居住功能，吸引科技研发型企业集聚，

图 24-2　绵阳市城市总体规划（2007 ~ 2020）

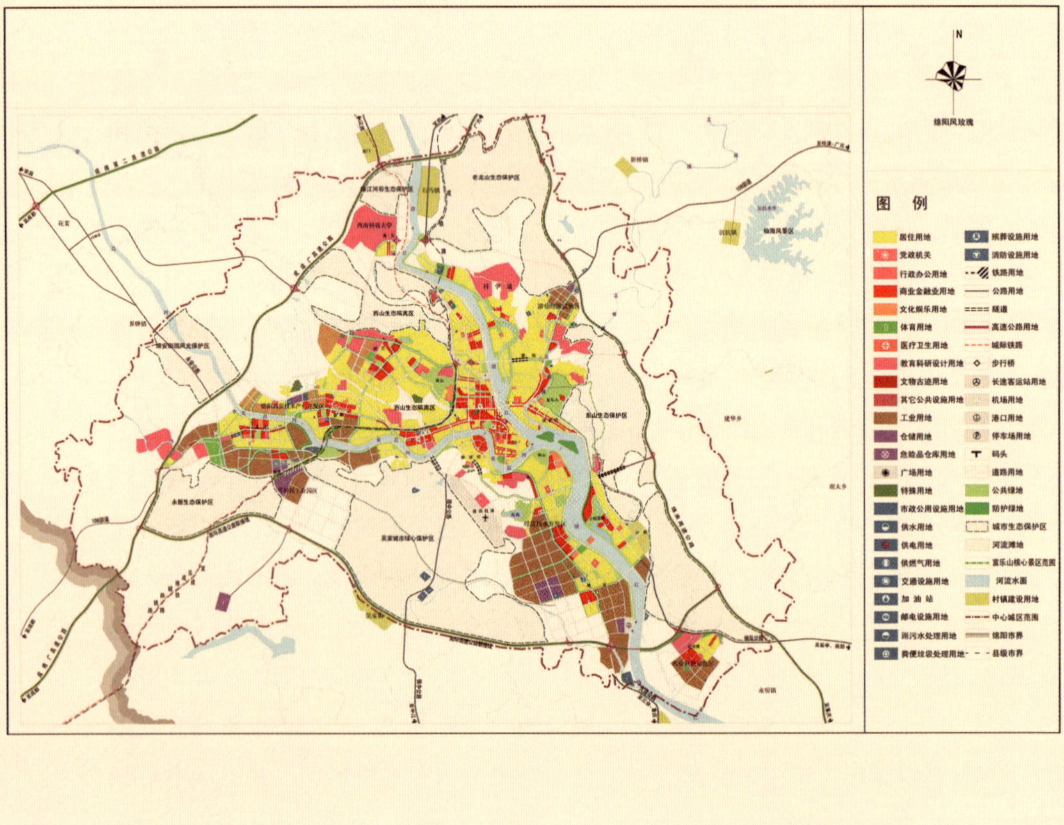

注：新一轮城市总体规划将绵阳定位为“中国科技城、四川副中心城市、中国旅游和宜居名城”，2020 年城市人口规模为 118 万人，用地面积 116 平方公里。

重点发展职业教育园，提升科技城的科研和教育功能。规划在园通路和创业大道一带，形成城市副中心。

高新区片区：承担高新技术产业研发、生产和居住功能，形成普明、永兴两组团。普明布局高新技术产业生产及行政管理、技术研发、商务会展等生产性服务业，永兴布局现代制造业和生活性服务业。

经开区片区：以工业生产、居住为主要功能，绵三路以西主要发展工业，以东部滨水地带主要发展居住，中部形成城市副中心，布置涪城区行政中心，城市南部体育中心、商业中心、商务中心等功能。

游仙片区：科学城承担国防科技研发功能；富乐山、科技博物馆为休闲旅游基地；游仙试验区集中布置工业用地，其他工业用地置换为居住用地。沿一环路、芙蓉溪形成以生活服务、休闲娱乐为主导的片区中心。

新皂组团：以工业、物流为主导功能，布置军转民工业园。结合新皂铁路货运站建设，建设城市物流中心。

农科区组团：约 5.3 平方公里，以农业研发、科技产业为主导的城市组团。

高水组团：以居住、商贸为主要功能的城市组团。

青义组团：教育科研和居住组团。

小枧组团：居住和休闲组团。

2008 年，“5・12” 汶川大地震使绵阳城镇体系建设遭受重创，全市受灾面积 20412 平方公里，受灾乡镇 286 个，受灾人口 521.6 万人，173 万户。在国家、四川省和援建省市的支持下，绵阳迅速制订和实施了《绵阳市灾后恢复重建城镇体系实施规划》，对 2006 年制订的《绵阳市城市总体规划概要（2007-2020）》进行了部分调整。绵阳市域的空间结构调整为“一核、三轴、多带，圈层发展”。

（1）“一核”。即以绵阳城区为中心，围绕其发展的城镇密集区。主要包括，绵阳城区、江油城区、未来的安州新区以及联系紧密的周边城镇。规划结合安州新区的成立，做大做强绵阳中心城区，并联合江油城区共同构筑成人口、城镇和产业密集，成片发展的空间格局，形成“成德绵城镇密集带”北段的核心节点。

（2）“三轴”。分别为成德绵城镇密集带主轴、成德绵密集带东轴和成德绵密集带西轴。

成德绵产业城镇密集带主轴是在充分利用绵阳市现有的产业集群和城镇连绵发展等优势的基础上，以高新技术产业、现代服务业和旅游业为主导产业，促进人口、产业向该区域内聚集。并借助重建机会，进一步优化产业和城镇空间布局，吸引搬迁企业落户本区域，由此带动一批重点镇的成长，进而加强发展轴线地区对周边腹地的辐射和带动作用。

成德绵密集带东轴是山前地区产业调整和人口疏散的主要承接平台，是成德绵发展轴的内涵和空间层次的丰富和延伸，也是促进区域整体空间结构优化的战略性地区。三台、盐亭等沿轴线上的重要城镇应给予必要的政策倾斜与扶持，并与绵江安城镇发展核心区相协调，有重点地集聚发展。

成德绵密集带西轴是成青公路沿线城镇协调发展、格局优化的重点地区。规划以北川新县城和安州区为中心，因地制宜地对原有产业布局和重大项目进行必要的调整，并承接部分山区的产业和人口转移。

（3）“双带”。为北部山区生态旅游发展带和南部浅丘城镇发展带。

北部山区生态旅游发展带。绵（阳）北（川）通道、绵（阳）平（武）通道和北（川）平（武）通道以生态旅游及生态农业发展为主要功能，通过加强垂直于成德绵城镇发展主轴的横向交通联系，加强成青公路的建设，构筑三条联络成德绵地区、中山深谷区与高山高原区的联系通道；由此，将绵阳市旅游资源纳入区域性旅游资源，并提高危险多发地区的交通可达性和安全性，增强其与东部经济发达地区的联系，促进重灾区的恢复和重建。

南部浅丘城镇发展带。依托绵三高等级公路和绵遂高速，联接绵阳、芦溪、刘营、三台、灵兴、中新等众多城镇，并向南延伸至遂宁、重庆；打通江油、梓橦至盐亭的交通联系。其中，绵三公路是联系绵阳与重庆的重要通道，具有重要的战略意义，发展该公路沿线上的重要城镇，是未来区域振兴的重点。而绵遂高速公路的贯通对于南部城镇发展带发展则具有重要的支撑和引导作用。

（4）圈层发展。以绵阳中心城区为核心进行圈层式发展，形成以绵阳城区为核心，三台、江油、北川新县城为紧密圈层的由密渐疏的城镇发展区。

经过四年的恢复重建，绵阳市城镇体系建设成效显著，发展基础更加夯实，城乡面貌焕然一新，基础设施大幅提升。2011 年，绵阳市建成区面积已达 103 平方公里，人口 107 万，在 2000 年基础上增长近一倍，昂首跨入百万人口大城市。以科技城为中心的绵阳“一核四带”发展布局成型，绵阳城区正着力建设以科创区为核心的科教创新区、以高新区为核心的城西新区和以经开区为核心的城南新区“一城三区”空间发展结构。

七 新时期绵阳市发展战略与经济重塑

（一）绵阳经济发展还存在较大不足

新世纪以来，绵阳市经济社会发展迅速，各项建设事业都取得了巨大成就，经济结构和生产力布局不断优化，整体实力不断增强，经济总量稳居全省第二位，对区域经济发展的引导带动作用不断增强。但总体上，绵阳市经济发展还存在不少问题，其整体实力和引导带动作用与全省第二大城市及成渝经济区第三增长极应有的作用还有较大差距。这主要表现在以下方面。

1. 三次产业结构与全省及全国平均水平还有差距

2011 年，绵阳市三次产业结构比例为 16.7 : 51.9 : 31.4，四川省为 14.2 : 52.4 : 33.4，全国则为 10.1 : 46.8 : 43.1。绵阳市第一产业的比重仍高于全省平均水平 2.5 个百分点，高于全国 6.6 个百分点；第二产业比重则低于全省 0.5 个百分点，第三产业低于全省 2 个百分点，低于全国 11.7 个百分点。整体看农业比重较大，服务业发展滞后。

2. 工业经济实力不强

尽管绵阳是全省第二大城市，2011 年生产总值为1189.1亿元，排名全省第2位，工业总产值却仅有 502.1 亿元，仅排名全省第 4 位。从工业内部结构来看，“2+4”产业中，只有电子信息产业的规模较大，2011 年完成产值 616.6 亿元，形成了一定的聚集效应，其他产业的规模和产值都不大，引导和带动作用还不强。全市工业化整体水平还有待提高。

3. 自主创新体系有待完善

全市众多的科研院所和研究机构为绵阳科技创新能力建设提供了重要支撑，但全市现有自主创新体系还不完善，科技资源还未能发挥应有的功效，尤其是科技成果转化为现实生产力的能力还不强，科技成果产业化水平较低，致使科技创新对全市经济社会发展的贡献率还不高。

4. 军民融合亟待向更高层次发展

改革开放后，绵阳市积极探索军转民的有效途径，力求将全市丰富的国防科研院所及军工企业的科技资源，转化为现实生产力及产业技术实力，以促进经济社会发展。尽管取得了一定的成效，但现有军工生产及科研体制与完全实现军民融合还有较大的冲突，现有体制还远未发挥现有科技资源应有的功效，军民产业互动融合远未达到理想状态。因此，应进一步探索有效途径，加快体制创新，健全机制运行，促进军民融合向更高层次发展，充分发挥其对经济社会发展应有的功效。

5. 科技城建设水平有待提高

经过 11 年的发展，绵阳科技城建设成效显著，对带动全市和区域经济发展发挥了重要作用。但与日本筑波科学城、俄罗斯西伯利亚科学城等知名国际科学城还有较大差距，即使与国内的中关村、上海张江科技园、成都高新区等国内一流的高科技园区相比也有较大的差距。如何加快体制机制创新，完善配套服务体系，优化发展环境，全面提升科技城发展水平，是科技城面临的重要任务。

（二）新时期重塑绵阳经济地理的总体战略

总体看，绵阳市经济社会发展，尽管还存在较大不足，但整体上已具备了较强的经济实力和产业基础，经济结构和生产力布局趋于合理，经济增长、产业发展的潜力巨大。在新的历史条件下，紧抓新一轮西部大开发、成渝经济区和全省西部经济发展高地建设深入推进的战略，以加快转变经济发展方式为主线，坚持“一主三化三加强”的发展路径，按照提升传统产业、做强优势产业、培育新兴产业的发展取向，进一步调整优化产业结构，突出“一核四带”产业布局，着力推进新型工业，加快发展特色生态农业，大力发展现代服务业，加快建设高水平产业园区，增强灾区自身发展能力，促进三次产业协调健康发展，同时着力构建现代交通体系、商业体系、城镇体系、科技创新体系和开放型经济体系，做强做大产业，做大做美城市，做牢做优基础，为推进“三个加快”提供强大的产业支撑和物质基础。

1. 优化产业布局

按照“一核四带”产业布局，结合各县市区地理环境、资源禀赋、产业基础和发展方向，引导生产力布局调整优化，形成合理的产业空间布局，着力推进市县产业经济一体化发展。

（1）强化“一核”产业支撑。以科技城为核心，把军工产业作为支撑科技城建设的根基，着力构建军工、民用、军民融合和新兴产业“四大产业板块”。以高新区、经开区、科创区、农科区、科技城总部经济试验区、游仙经济开发区等园区为依托，重点发展电子信息、汽车及零部件、食品、精细化工、新材料、新能源、节能环保及生物医药等产业。

（2）优化“四带”产业布局。科学编制“四带”发展规划，进一步优化产业布局，形成重点突出、产业互补、协同发展的新格局。绵江平产业带，沿涪江上游和绵江快速通道、绵九高速公路布局，重点发展冶金机械产业，同时发展建材、天然气化工、水电、矿产、林产品和特色食品加工业以及高效特色种养业和以文化、生态为主的旅游业；绵安北产业带，沿安昌江和绵安北快速通道布局，重点发展汽车及零部件产业，同时发展电子信息、无机盐化工、生物医药、材料、机械制造和特色食品加工业以及现代农业和以民族风情、地震遗址为特色的旅游业；绵三绵盐产业带，沿涪江下游和绵遂高速公路、成南巴高速公路布局，重点发展纺织服装、食品、机械制造产业，同时发展能源化工、工业表面处理和农副产品加工业以及特色种养业和以历史文化为主的旅游业；绵梓产业带，沿仙海大道、绵梓快速通道布局，重点发展新材料、包装、食品产业，同时发展建材、纺织产业以及现代畜牧业和以历史文化、生态为主的旅游业。

（3）推进产业项目向园区集中。按照“企业向园区集中、产业向园区集聚”的原则，鼓励企业按照产业布局规划向工业园区和工业集中发展区分类集中。鼓励现有企业搬迁入园，新引进企业和新投资项目原则上按规划布局到相关园区和工业集中发展区，推动企业集聚、集群、集约发展。建立工业用地项目规划、经委、国土、建设、环保部门联审机制，对不符合“三规”的工业用地项目一律不予安排用地。

（4）鼓励发展“飞地经济”。根据灾区产业结构调整升级的需要，鼓励不适宜工业布局的地区创新体制机制，通过“飞地工业”模式调出现有工业产业。积极支持河北－平武飞地工业园建设。以投资补助、财政贴息以及财政分成等方式鼓励各类投资主体以“飞地经济”模式来绵兴办产业转移园区，承接产业集群成链式、组团式整体转移。

2. 突出发展重点

着力发展新型工业。根据地震灾区产业基础、特色资源和要素供给情况，按照规划引领、特色鲜明、错位发展的原则，壮大特色优势产业，改造提升制造业，培育发展战略性新兴产业，加快淘汰落后产能，推进大中小企业协调发展，努力提升特色优势产业带动力和竞争力。

（1）壮大“2+4”优势产业。依托优势产业和龙头企业，以产业（产品）链整合发展为主线，将电子信息产业培育成千亿级产业，将食品、冶金机械、汽车及零部件、材料、化工产业培育成百亿级产业。以长虹、九洲、艾默生为龙头，重点围绕“4C”融合、军工电子、关键器件、网络能源等，拓展延伸产业链；依托川渝中烟绵阳分厂、丰谷酒业、绵阳双汇、三台福润（江苏雨润）等骨干企业，重点围绕名烟、名酒及肉类加工，大力发展名、优、特、新产品；依托攀长钢、川矿集团等骨干企业，重点围绕特殊钢、钛材深加工、重大装备制造，大力提升规模和水平；依托华晨、中国重汽、富临、鸿凯双泰等骨干企业，重点围绕重型汽车、乘用车、新能源汽车、发动机及关键零部件，扩大能力规模；依托东材科技、拉法基双马、四川国大、中联建材等骨干企业，重点发展新材料、水泥建材和石材产业，推动产业结构升级；依托银河建化、绵阳美丰、利尔化学等骨干企业，重点发展无机盐化工、天然气化工和精细化工，实现产业扩张发展。

（2）培育发展战略性新兴产业。结合绵阳科技资源、人才优势、产业基础及战略性新兴产业发展特征，加快编制绵阳市战略性新兴产业发展规划，大力发展三网融合与物联网、新材料、新能源（储能）、节能环保、电动汽车、非动力核技术应用等战略性新兴产业。

（3）发展特色资源加工业。充分发挥市场机制和政策引导作用，推动特色矿产资源就地精深加工，促进资源优势向产业优势转化。重点加快江油－北川－安县建材化工矿产资源经济区、平武黑色金属、有色金属、贵金属矿产资源经济区、盐亭－三台膨润土矿产资源经济区等 3 个资源经济区建设。

（4）加快淘汰落后产能。制订绵阳市淘汰落后产能 3 年工作计划，运用市场力量和政策导向，分区域、按重点、有步骤地推进全市小矿山、小水泥、小冶炼、小炼油、小电镀、小造纸、小土焦等落后产能淘汰，为“2+4”优势产业和战略性新兴产业腾出资源空间、市场空间和环境容量，努力构建低碳经济发展格局。

（5）培育大企业大集团。实施“优势企业倍增计划”，支持长虹、九洲、攀长钢、新华、富临、东材科技、银河建化、绵阳烟厂、丰谷酒业、川矿、拉法基双马、四川国大等优势企业，通过兼并重组、股份制改造、引入战略伙伴等途径，迅速做强做大做优，力争用 3 年时间实现销售收入、利润总额和缴纳税收翻番，培育一批主业突出、品牌知名、管理科学、创新力强的“旗舰”型企业，以大企业支撑大产业。

（6）促进中小企业健康快速发展。加快实施中小企业成长工程和“小巨人”计划，扶持中小企业创业基地建设，支持各类企业通过兼并收购、合资合作、交叉持股、引进战略投资者等方式做大做强。引导中小企业与大企业大集团对接配套，推进产品结构、技术结构和资产结构优化升级，形成以大企业为核心，中小企业分工协作、抱团发展的格局。

3. 加快发展特色生态农业

充分发挥绵阳市特色农产品资源优势，按照市场导向、农民主体、产业化经营原则，以现代农业产业基地建设为重点，以现代农业示范园建设为核心，以农产品精深加工企业和专合组织为龙头，大力推进现代农业良种化、标准化、规模化、品牌化，促进灾区农业特色化、生态化、产业化发展。

（1）发展特色种植业。加快建设高产高效粮油生产基地，重点发展百万亩优质稻基地、80 万亩“双低”油菜基地和 20 万亩高芥酸油菜基地。加强种子选育和育种技术攻关，打造“西部种都”。以涪城、游仙、江油、安县为重点建设专业商品蔬菜基地20万亩，以平武、北川、江油、安县为重点建设现代茶叶基地16万亩，以三台涪城麦冬、江油附子、平武天麻为重点建设中药材生产基地6万亩，以安县、北川、平武为重点建设魔芋生产基地6万亩；以早熟梨、中晚熟桃、梓山米枣、梓潼柚子为重点建设川西北优质水果产业区。加快推进北川维斯特现代农业科技示范园、江油现代农业示范园和安县辽安现代种植业示范园建设，着力形成特色突出的农业产业集群。

（2）发展特色养殖业。立足灾区生态优势，重点推进以生猪、奶牛、禽兔为重点的三大畜牧特色产业发展。围绕国家生猪优势产区发展项目、四川省建设国家优质商品猪战略保障基地建设，重点加快三台、盐亭、梓潼、江油、安县和游仙6个现代生猪产业重点县建设步伐。全面实施奶牛良种工程、奶源基地建设工程和饲料饲草开发工程，大力发展奶农专业合作社，重点建好游仙、安县和江油奶源基地，着力培育奶牛养殖小区。集中成片建立蛋鸡、肉鸡、肉鸭等商品禽类生产基地，着力建好江油西屏现代獭兔养殖基地和平武肉牛、土鸡养殖基地。大力推进绵安水产养殖产业带和江油、涪城、三台涪江沿岸水产养殖产业带建设。

（3）发展特色林产业。依托林业“三大”重点工程，大力推进低产低效林改造和林权改革。通过努力，形成以桉树、桤木、杨树、桦木、杉木、纸浆竹等为主的工业原料林基地；以核桃、板栗、米枣、油橄榄、银杏、藤椒等为主的经济干果林基地；以辛夷、黄柏、杜仲、厚朴、山茱萸、红豆杉等为主的木本药材基地；以林下香菇、木耳、竹笋、蕨菜等食用菌为主的绿色森林蔬菜基地；着力建设涪城短周期工业原料林示范园区、安县竹浆纸一体化示范园区、梓潼速生纤维林示范园区、三台“中国米枣之乡”产业化示范区和江油绿色生态实木家居制品基地。加快北川、安县省级“林业强县”示范县建设。

（4）发展农产品加工业。按照标准化、专业化和规模化要求建设农产品生产基地，通过“龙头企业＋专合组织＋农户＋基地＋标准”的联合与协作，推进优势特色农产品实现产加销、贸工农一体化发展。大力扶持农业产业化重点龙头企业特别是农产品深加工企业发展。将绵阳双汇、丰谷酒业培育成年销售收入30亿元以上的龙头企业，将长林肉类、铁骑力士、光友薯业、五洲农业和高水农副产品批发公司培育成为年销售收入30亿元的龙头企业，将国豪种业、仙特米业、翰通生物、安县纸业、三台福润（江苏雨润）、北川维斯特、建丰林产、金太阳和恒力通饲料培育成为年销售收入10亿元的龙头企业。

4. 大力发展服务业

适应新形势发展的需要，围绕生产性、民生性服务业和服务外包产业，促进现代服务业与现代农业、现代制造业互动、融合、协调发展，增强服务业对灾区经济发展的拉动力。

（1）加快发展现代物流业。按照建设西部区域性物流中心的总体要求，认真实施《绵阳区域性物流中心发展规划》（2010-2015年）。加快建设新皂综合物流园区、龙门农副产品物流园区、石塘现代商贸物流园区和江油特钢新城物流园区，构建生产性物流服务和民生性物流服务两大产业体系。推进物流基础设施服务、物流信息服务和物流综合服务三大网络建设，加大现代物流市场的培育培养，促进科技城物流市场化、专业化、社会化和规范化建设，将绵阳建设成为西部地区重要的二级物流集散中心。

（2）加快发展商贸业。认真实施《绵阳区域性商贸中心发展规划》（2010–2015 年）、《绵阳科技城商业网点规划》（2010–2015 年）、《绵阳市农产品市场规划》（2010–2012 年）和《绵阳市商品交易市场规划》（2010–2012 年）。加快物流配送、电子商务、检验检测、安全监控和冷链设施等商贸流通基础设施建设。打造和培育特色商业街、大型商贸中心和专业市场，形成“大市场、大流通、大商贸”流通格局。推进社区“双进”和“万村千乡”市场工程，建设标准化农贸市场和“放心粮油”、“放心肉”服务体系，构建城乡现代流通服务网络。重点发展连锁经营和民生性服务业，积极引导开办多样化的便民、利民商业网点。

（3）大力发展旅游产业。按照《绵阳市旅游产业发展总体规划》（2010—2020），切实抓好“一心三线”（绵阳城区和九环东线、三国文化旅游线、绵安北线）旅游产业发展。着力打造北川地震纪念馆和绵阳“两弹一星”国防科技教育国家级红色旅游区、羌文化生态保护试验区、三国文化旅游环线、九环生态精品线路。

突出抓好梓潼七曲山升 5A 级景区，绵阳富乐山、江油李白故居和李白纪念馆、北川寻龙山、北川药王谷创 4A 级景区等精品景区打造提升，把安县罗浮山 – 晓坝建成国家级旅游度假区，打造千佛山地震遗址公园。大力提升传统科工旅游线路质量，开展科技城“三线建设”工业旧址保护性开发利用，打造绵阳旅游文化创意产业园区。统筹城乡休闲度假资源，建设绵阳城乡休闲度假体系，大力发展以休闲观光、农事体验为重点的乡村旅游。健全旅游服务体系，扩大城市品牌宣传，提升旅游服务质量。

（4）培育壮大金融产业。加快西部区域性金融中心建设，进一步优化金融生态环境，鼓励和引进异地金融机构以及产权交易机构、保险机构、信托公司、证券公司来绵设立分支机构，支持本地金融机构到县市区下设网点，力争实现灾区农村金融服务全覆盖。继续深化农村信用社改革，培育发展农村合作银行、农村产业银行；发展壮大市商业银行，支持其跨区域经营；进一步推动小额贷款公司、融资性担保公司、村镇银行、农村资金互助社等新型金融业态发展，提高覆盖率。鼓励金融机构开展金融产品和服务创新，加大对灾区“三农”、中小企业等的支持力度。推动绵投控股、科发集团等重点企业通过债券市场、银行间市场发行短期融资债、企业债券和中期票据，推动符合条件的优势企业在境内外主板或创业板上市，探索金融租赁、银行与信托合作、债券、私募股权投资（PE）、保险资金投资等多元化融资新模式。规范发展投融资平台，提高资金集聚能力。支持保险业规范发展，继续支持政策性农业保险、农村小额贷款保险、农村小额人身保险等涉农保险业务的发展，鼓励保险资金就地转化。

（5）加快发展文化产业。将文化产业作为支柱性产业来培育，积极推进文化创新，发展形成以绵阳城区为核心、县级城市为区域中心、乡镇为网点的文化产业格局。培育一批具有核心竞争力的文化产业龙头企业，打造以大禹文化、羌族文化为主要内容的北川禹羌文化生态保护体验区、以文昌文化及古柏文化为主要内容的七曲山风景区、绵阳三江六岸文化休闲产业带、仙海水上文化休闲娱乐园区、江油李白文化产业园区、安县温泉文化休闲娱乐园区、平武王朗自然文化风景区、三台云台观道教文化体验区；挖掘窦圌山、报恩寺、郪江崖墓、杜甫草堂、嫘祖、老君山古硝洞遗址等历史文化旅游资源潜力；大力培育文化创意产业，支持羌绣产业发展；以大型舞蹈诗剧《大北川》演艺影视基地、绵阳三国文化旅游区（城）等大型文化产业项目为突破口，推动绵阳市文化产业集群化发展。

（6）加快发展服务外包产业。突出重点区域，以科技城为核心，大力推进高新区、科创园服务外包示范区建设，积极发展软件、金融、生产性研发、物流、人力资源等服务外包产业；突出重点企业，培育壮大服务外包企业，引进一批跨国服务外包企业来绵阳设立分支机构，吸引大公司在绵建设后台服务中心；突出重点市场，开拓港澳台侨及华语服务外包市场；加大服务外包企业政策扶持，加强服务外包人才队伍建设，优化服务外包经营环境。

5. 强化支撑能力

围绕产业发展，加快各产业园区建设，加强和完善支撑产业发展的基础设施，做好产业发展要素保障，强化产业发展的支撑能力。

（1）加快产业园区建设。坚持超前谋划、高起点规划和高水平建设产业园区基础设施，优化园区投资环境，提高服务效率，增强园区对大项目的承载能力和对中小企业的吸引力。各园区要按照“特色化、专业化、集群化”的思路，突出抓好1～2个主导产业。进一步提升高新区发展水平，做好高新区扩区和股份代办转让系统试点园区争创工作，办好绵阳出口加工区，支持绵阳经济技术开发区、江油工业园区、三台工业园区争创国家级经济技术开发区，支持科创区、农科区、涪城、游仙、安县、北川、梓潼、盐亭建设省级一流工业园区，支持北川、平武、安县、江油加快对口合作工业园区建设，支持仙海区打造国家级旅游度假区。

（2）加强基础设施建设。加大支撑全市产业发展的基础设施建设力度。围绕西部区域性综合交通枢纽打造，加快交通基础设施、环境基础设施和公用事业等市政设施建设；加快骨干电网建设和电力基础设施及配套设备、旅游服务设施及旅游通道等建设；加快山、水、田、林、路及地震灾害综合治理，恢复提高农田生态系统；加快完成全市灾区震损水库修复、堰塞湖整治、堤防除险加固、厂区周边滑坡山体整治等工程建设。

（3）加大要素保障力度。加快编制和完善产业发展要素保障规划，建立促进产业发展的要素特供保障体系；加快生产要素供需监测、使用效率评估和特供协调服务等三大体系建设，重点保障优势产业、重点企业和重大产业项目的水、电、油、气等要素资源的有效供应和产品运输保障；积极帮助具备条件的重点企业落实直购电和差别电价等优惠政策。

6. 加大政策支持

强化促进产业发展的政策措施，形成对产业振兴的支持合力，全面提升经济"造血"功能和产业发展水平。

（1）财政政策。加大对优势产业发展的财政投入力度，重点支持优势产业扩展生产能力、淘汰落后产能、提升产业园区、打造新农村示范片区以及基础设施和流通服务建设。探索建立融资创新资金，通过向政府融资平台注资、建立担保资金、对项目贷款进行贴息、对项目注入资本金、对社会资本投入重大产业重建项目给予奖励或补助等方式，放大政府产业发展基金，弥补产业发展的资金缺口。积极争取各县市区重点产业园区享受全省成长型园区"1525"工程政策，并对飞地工业园给予倾斜支持。

（2）税收政策。对到绵阳投资和创业且符合产业发展政策的鼓励类企业，依法享受现行增值税、营业税、企业所得税、房产税、城镇土地使用税等方面的税收优惠政策，以及国家西部大开发和支持汶川地震灾后恢复重建的有关税收优惠政策，积极争取提高灾区资源税留存比例。

（3）金融政策。鼓励金融机构创新信贷方式，积极支持优势产业发展，对全市优势产业、重点企业给予适当贷款利率优惠支持；创新融资机制，鼓励企业用好发行的短期融资券、中期票据等债务融资工具，推动符合条件的优势企业在境内外主板或创业板上市，帮助已上市企业扩大再融资能力；鼓励金融机构探索完善信用模式和扩大抵押担保物范围，开发和推动使用循环授信、应收账款质押贷款、企业联保贷款、专利权质押贷款等信贷产品，对符合产业发展政策、有市场前景的无反担保和资产灭失无资产担保能力的企业给予金融支持；提高金融机构资金就地转化率，完善和落实县域内银行业金融机构新吸收存款主要用于当地发放贷款以及涉农贷款税收优惠、定向费用补贴、增量奖励等政策；积极推动保险机构资金回流当地投资，支持区域经济发展。

（4）土地政策。根据优势产业发展需要，积极争取年度建设用地指标。积极开展农村土地整治和城乡建设用地增减挂钩试点。加快林权、土地产权制度改革，鼓励土地流转，推动林地、土地适度规模经营。争取国家有关耕地开垦费、新增建设用地有偿使用费等优惠政策延长 3 年执行时间。

7. 深化军民融合发展战略，全面提升科技城发展水平

深入探索中国特色军民融合发展道路，提升军民融合发展层次，坚持以创新为灵魂、科技为支撑、产业为重点、环境为保障，加快经济发展方式转变，着力提升科技城创新能力、创业活力、城市魅力和区域竞争力，使其发展再上新台阶，最终建设成为"中国特色军民融合促进经济发展的示范城市"。

（1）强化军地结合，促进军民融合向更高层次发展。支持中国工程物理研究院国家重大专项布局在绵阳，加快建设中国空气动力研究与发展中心灾后新区建设

和空气动力学国家实验室项目，以及中国燃气涡轮研究院中航工业航空发动机实验基地项目，搭建军民合作平台。实施军民融合创新型企业培育工程。加大对军民融合科技创新的支持和投入力度，鼓励国防军工科研院所和在绵大企业开展战略合作，有效整合科技资源和企业能力，实现强强联合、优势互补，培育一批创新能力强、创新效益高、军民融合成效显著的创新型企业。

建设军民融合孵化中心。整合科技城孵化资源，组建政府主导、公司化运作的“绵阳科技城军民融合孵化中心”；建设军民融合技术转移中心。以国防军工科研院所和高等院校为主体，加快科技城军民融合技术转移中心建设，完善军民融合技术转移、产学研对接平台。建设军民融合技术交易中心。组建绵阳科技城军民融合技术交易中心，建立军转民企业技术成果OTC（柜台交易）市场和军民融合高新技术产业交易公共信息网络平台。实施科研院校创新能力提升专项行动，着力打造环院所创新带。发挥科研院所优势学科的知识溢出、人才支撑和产业集聚效应，按照“一院所一产业一园区一企业”模式建设集群化特色产业基地。

（2）加快军民融合的体制机制和政策创新。构建军民融合发展体制。继续支持长虹、九洲等军民融合企业做大做强，培育跨行业、跨区域的军民融合企业集团。加速军工企业市场化进程，促进科研院所、高等院校的科技成果向军民融合企业转移。深化科研院所体制改革。从国家战略高度推进在绵国防军工科研院所建立军民融合创新体制。建立军民融合促进机制。建立联合编制和共同实施规划机制。按照“共同规划、共同投资、共担责任”原则，军地共同编制、发布和实施《绵阳科技城军民融合产业发展规划》、《军民融合战略性新兴产业发展规划》等专项规划。

创新军民融合组织领导体制。军地联合建立军民融合推进委员会，统筹军地资源，构建有利于军民融合发展的组织体系和工作制度。建立健全军地联席会议制度，形成部省市互动、党政军企协调推进的工作格局，促进军民融合一体化发展。建立军民融合决策机制。充分发挥绵阳科技城建设部际协调小组和军民融合推进委员会作用，建立科学、高效、执行有力的决策机制。

加大军民融合政策支持力度。探索中国特色的军民融合发展道路，建设绵阳科技城，是国家的重大战略部署，是一项长期而又艰巨的任务。国家、各部委、四川省及绵阳市应高度重视，进一步解放思想，积极探索制定新的、有效的优惠扶持政策，从财政、税收、科技、金融、产业、用地、教育培训等方面给予必要的支持。

（3）提升产业发展实力，支撑科技城迈上新台阶。通过军民融合，促进优势产业做大做强，培育战略性新兴产业，加快现代服务业发展，优化产业布局，努力构建现代产业体系，提升科技城发展的产业支撑。

电子信息产业，加快建设国内领先的数字视听及平板显示产品产业化示范基地和重要的电子军工产品研发生产中心，到2015年销售收入达到1000亿元以上；冶金机械产业，打造特色鲜明的西南重大装备制造基地，到2015年销售收入达到 300 亿元以上；建设四川重要的汽车整车、汽车发动机及配套零部件制造中心，到 2015 年销售收入达到 300 亿元以上；化工产业，建设中国西部以功能杂环化合物及电子化学品为主导的特色精细化工产业基地，到 2015 年销售收入达到 200 亿元以上。加快培育军民融合战略性新兴产业。建设国内一流的“三网融合”与“物联网”产业化基地，到 2015 年销售收入达到 300 亿元以上；建设中国重要的新材料研发生产基地，到 2015 年 销售收入达到 150 亿元以上；建设国内外有重要影响的节能环保产业研发生产基地，到 2015 年销售收入达到 150 亿元以上；建设国内重要的以先进辐射成像系统研发应用为主的非能源核技术产业化基地，到 2015 年销售收入达到 100 亿元以上；建设西部重要的新能源研发产业化基地，到 2015 年销售收入达到 100 亿元以上。

大力发展现代服务业。加快金融、现代物流商贸业发展，着力打造西部区域性金融中心、物流中心和商贸中心。鼓励发展军民融合创意产业和军民融合服务业。发展科技特色旅游产业，打造科技城旅游新品牌。

（4）优化发展环境，增强科技城发展活力。制订和实施低碳城市建设规划，着眼生态宜居和可持续发展，以低碳发展理念为引领和促进科技城建设。完善城市基础设施。加快城市及城际交通网络通道建设，优化市内交通，打造西部区域综合交通枢纽。合理布局供气站点，加快供水、供电、供气和排污管网建设与改造，逐步发展智能电网。突出抓好城乡环境综合治理，优化城市环境，提升经济发展承载力。加快社会事业发展。以改善民生为重点，推动公共资源向民生领域倾斜，推进基本公共服务均等化，促进社会发展与经济发展相协调。

率先实施“三网融合”与物联网应用试点。加快推进电信网、广播电视网和互联网三网融合。推动城市管理数字化，实现城市管理数字化和智能化。全面推进经济和社会信息化。促进信息技术在电子、机械、化工、冶金、交通运输等行业普及应用。加快人才聚集发展，培育创新创业文化氛围，营造科技城特色文化，建设国家级创业型城市。全面扩大对外开放合作，深化国内区域合作，扩大国际交流合作，建设开放合作的现代城市。

参考文献

绵阳市地方志编纂办公室:《绵阳年鉴（2011）》，方志出版社，2011。

绵阳市志编纂委员会:《绵阳市志（1840-2000 上中下）》，四川人民出版社，2007。

四川省统计局:《四川省统计年鉴（2012）》，中国统计出版社，2012。

中共绵阳市委党史研究室网站：http：//dsyj.my.gov.cn/.《中共绵阳地方史丛书——新农村建设篇》。

第 25 章

乐山市：旅游胜地和新崛起的港口城市*

图 25-1　乐山市政区

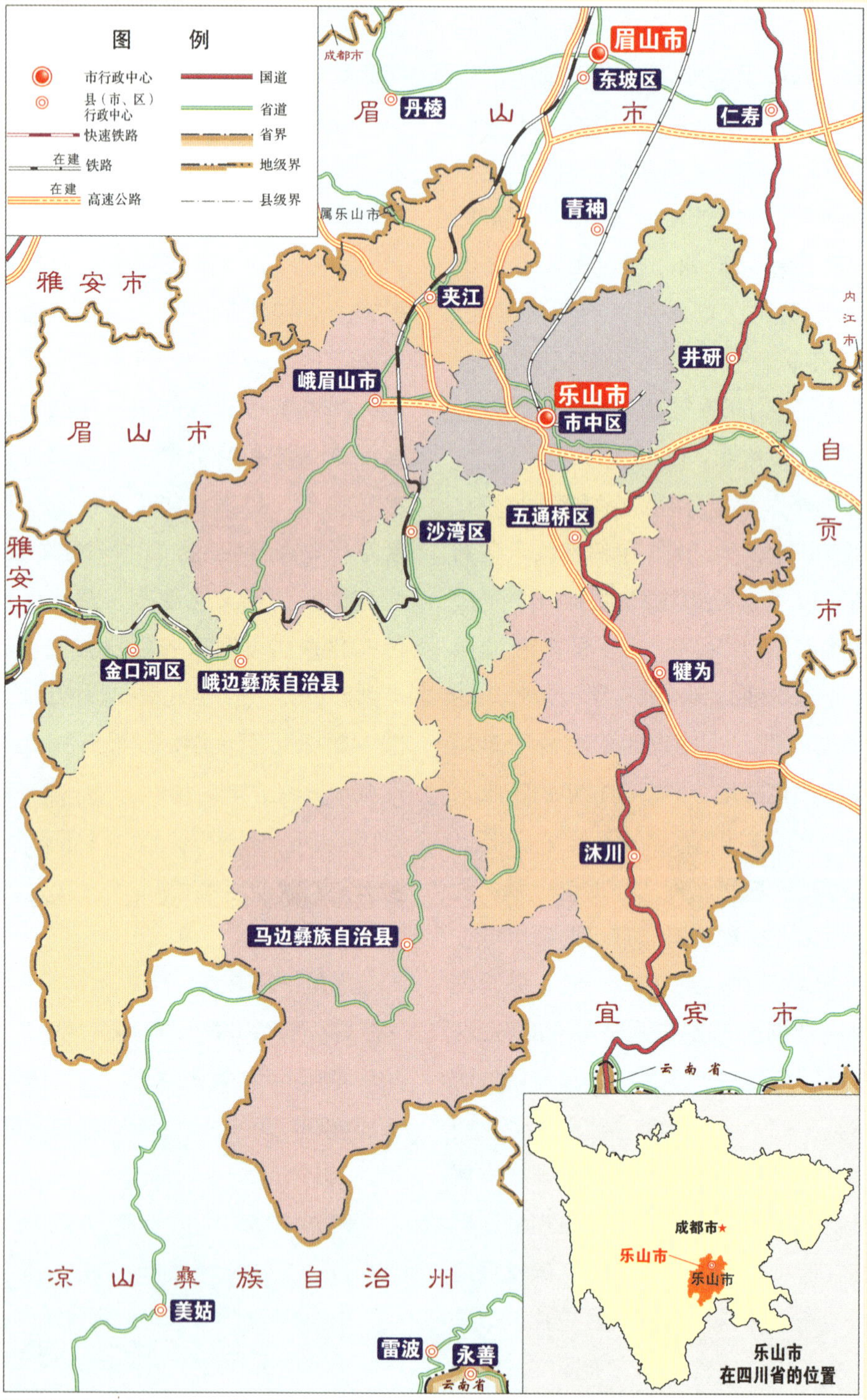

资料来源：本图由四川省发展和改革委员会、四川省测绘地理信息局提供。

---

* 本章作者：高丹，赛迪顾问股份有限公司（北京赛迪方略城市经济顾问有限公司），高级咨询师；倪麟，中国社会科学院，博士研究生。

一　历史变迁：佛教圣地走出的现代化城市

乐山历史上属古蜀国地，古称嘉州，清雍正十二年（1734）因城东有至乐山，更名为乐山。乐山宗教历史久远，是全国四大佛教圣地之一。乐山充分挖掘旅游资源、农业生产条件、矿产资源和工业基础等优势，已经发展成为多晶硅及太阳能光伏、冶金建材、盐磷化工、清洁能源优势产业鲜明的四川重要工业基地，四川唯一拥有国家农业科技园区的农产品生产和加工基地，中国优秀旅游城市，国家历史文化名城、国家首批对外开放城市、全国绿化模范城市、中国优秀旅游城市、国家园林城市、世界双遗产城市、2008 奥运火炬传递城市之一。2000 年 6 月，乐山正式成为联合国城市管理中心在中国唯一的合作城市。

（一）“乐山大佛 – 峨眉山” 世界文化和自然遗产

乐山市是中国少数几个以佛教出名的城市之一，乐山市境内有世界著名的佛教名山——峨眉山，乐山大佛和峨眉山为“世界文化和自然” 双遗产。乐山走出了一条以保护文化遗产促进旅游，以旅游带动文化遗产传承发展的道路。

1. 峨眉山介绍

峨眉山历史文化久远，是我国佛教圣地，普贤菩萨道场，与浙江普陀山、山西五台山、安徽九华山并称为中国佛教四大名山。魏晋时佛教传入，唐宋时期改观为寺，遂成为佛教的普贤道场。唐宋以后，佛教兴旺、寺庙增多、规模逐渐扩大，明清鼎盛时期，全山上下先后有大小寺庙 170 余座，峰峰有寺、岗岗有庵。新中国成立初期，全山寺庙仅存 43 座。1982 年中发 19 号文件下发后，认真落实宗教政策，寺庙得到逐渐恢复和发展，现有寺庙 26 座，其中：被国务院批准确定为全国重点寺庙的有 5 座，即报国寺、万年寺、华藏寺、洗象池、洪椿坪寺庙。省级文物保护单位有仙峰寺、务云庵、纯阳殿、雷音寺、神水阁等，乐山市级文物保护单位白龙洞、善觉寺、金顶铜像等。党的十一届三中全会以后，随着党的宗教政策的不断贯彻落实，全山僧尼和广大信教群众，享有宗教信仰自由的权利，出家僧尼的合法权益受到法律保护，峨眉山佛教徒过着正常的宗教生活。他们遵照佛教仪，僧人坚持朝暮课诵，佛节佛事活动。早课于每日凌晨五至七时举行，课诵内容不分单日双日，以事务繁简有所变通。晚课于每晚餐后举行，晚课分全堂、半堂、皈依三种仪式。主持寺庙并接办应缘佛事，即应信众的要求在寺庙内为群众举办念普佛、放焰口供天等佛事活动。各个时期还根据不同需要，举办各种法会。一般是由德高望重的法师约集附近寺庙僧人联合举办。为使峨眉山慧灯传续，后继有人，1980 年以后，峨眉山佛教协会逐步接收了一些自愿来峨眉山出家的青年男女。1996 年 12 月乐山大佛被联合国教科文组织遗产委员会列入《世界遗产名录》，联合国教科文组织世界遗产委员会对于峨眉山及其佛教的评语为：“公元一世纪，在四川峨眉山景色秀丽的山巅上，落成了中国（峨眉山）第一座佛教寺院，随着四周其他寺庙的建立，该地成为佛教的主要圣地之一。”目前，全山共有僧众260人，其中，男僧142人，女尼71人，考察生37人（女6人）。市境内佛教信众近2万人。

2. 乐山大佛介绍

乐山大佛位于乐山市城东凌云山上，依凌云山栖霞峰临江峭壁凿造而成，又名凌云大佛，为弥勒坐像，是乐山最著名的景观。1996年12月峨眉山－乐山大佛被联合国教科文组织遗产委员会列入《世界遗产名录》。乐山大佛开凿于唐玄宗开元初年（713）。当时，岷江、大渡河、青衣江三江于此汇合，水流直冲凌云山脚，势不可挡，洪水季节水势更猛，过往船只常触壁粉碎。凌云寺名僧海通见此甚为不安，于是发起修造大佛之念，一使石块坠江减缓水势，二借佛力镇水。海通募集20年，筹得一笔款项，当时有一地方官前来索贿，海通怒斥：“目可自剜，佛财难得！”遂“自抉其目，捧盘致之”。海通去世后，剑南川西节度使章仇兼、韦皋，征集工匠，继续开凿，朝廷也诏赐盐麻税款予以资助，历时90年大佛终告完成。佛像高71米，是世界最高的大佛。大佛头长14.7米，头宽10米，肩宽24米，耳长7米，耳内可并立二人，脚背宽8.5米，可坐百余人，素有“佛是一座山，山是一尊佛”之称。大佛依山凿成，面对岷江、大渡河和青衣江的汇流处，造型庄严，虽经千年风霜，至今仍安坐于滔滔岷江之畔。人们观赏这尊世界第一大佛，往往只看到依山凿就的外表，看到他双手抚膝正襟危坐的姿势，而对他的部位结构则看不真切。其实，细究他的形体结构，是很有趣味的。乐山大佛具有一套设计巧妙，隐而不见的排水系统，对保护大佛起到了重要的作用。在大佛头部共18层螺髻中，第4层、第9层和第18层各有一条横向排水沟，分别用锤灰垒砌修饰而成，远望看不出。衣领和衣纹皱折也有排水沟，正胸有向左侧也有水沟与右臂后侧水沟相连。两耳背后靠山崖处，有洞穴左右相通；胸部背侧两端各有一洞，但互未凿通，孔壁湿润，底部积水，洞口不断有水淌出，因而大佛胸部约有2米宽的浸水带。这些水沟和洞穴，组成了科学的排水、隔湿和通风系统，防止了大佛的侵蚀性风化。

（二）建制变迁

乐山的历史可以追溯到远古时代，乐山相传是中华民族祖先轩辕黄帝之子昌意的属地。远古时期就有人类生息，新石器时代文化遗址在境内多有发现，开发年代久远。3000多年前的巴蜀时代，乐山曾是蜀王开明部族的故都，史称“开明故都”。

公元前四世纪秦灭巴蜀，建立蜀郡，乐山隶属于蜀郡，因新中国成立前的乐山在成都的南面，故定名南安。秦惠王时期蜀太守张若组织军民垦殖农田，整治岷江、青衣江、大渡河汇流处河道。秦孝王时期蜀郡太守李冰为避沫水之害凿山通水道，断凌云山和乌尤山连接成为“离堆”。其后，秦朝为了巩固和开发巴蜀，大规模向蜀地移民，关中大量人口定居蜀地，也将先进的文化和生产技术传播到乐山。

西汉武帝六年（前135）设立犍为郡，南安隶属于犍为郡的十二县之一，所辖地区相当于现代峨眉、洪雅、夹江、犍为、丹棱、青神等县，是犍为郡重要的经济文化中心和重要的交通要塞。

三国时代，地归蜀汉，属益州郡，郡治武阳，下领南安、武阳诸县。西魏恭地二年（553）更名青州。南北朝时期，地归北周，属眉州治下。北周武帝保定元年（561）恢复青州之名，下辖四郡，平羌郡领平羌县区域，大致为今天的乐山、夹江、峨眉；沉犀郡治地武阳，今犍为；齐通左郡，治地齐通，今眉山、丹棱；青神郡治地青神。北周宣帝大成元年（579）取“郡土嘉美”之意，更名嘉州。隋代开皇九年（589）复名眉州，南安改成青衣。开皇十三年（593）相传行军兵船航行到此，有九龙江中引路前行，故改名龙游。大业三年（607）复置眉山郡，治地龙游，辖地九县。

唐高祖时期（618 ~ 626）设州统县，改眉州为嘉州，为州治之始，领县十二。次年划通义、洪雅、青神、丹棱四县设置眉州，领八县（龙游、平羌、峨眉、罗目、夹江、绥山、犍为、玉津）。

宋代宣和元年（1119），改称嘉祥县。南宋庆元二年（1196）嘉州升为嘉定府，为成嘉定之史。元世祖至元十三年（1276）升为嘉定府路，路治龙游。宋末至元，战乱不断，州县荒废。明太祖洪武九年（1376）改为嘉定州，经济复苏。正德十六年（1512）境内红岩子挖掘出石油，是世界上油井开凿史最早的油井之一。

清雍正十二年（1734）升嘉定州为嘉定府，并在府治置乐山县，取“城东五里有‘至乐山’”为名，改龙游县为乐山县，“乐山”之名沿用至今。

民国初（1914）乐山属地建昌道。民国二十二年（1934）在此设第五行政督察区专员公署和嘉峨师管区。

中华人民共和国设乐山专员公署，属川南行政公署，辖乐山、峨眉、峨边、犍为、井研、沐川、马边、屏山、雷波九县。1953 年眉山专员公署撤销，所辖的眉山、青神、洪雅、夹江、丹棱、彭州六县并入乐山专员公署，将乐山原属地屏山县划归宜宾专员公署，雷波县划入凉山彝族自治州，专员公署设在乐山县。1958 年将内江专员公署的仁寿县划归乐山专员公署。1968 年改为乐山地区。1978 年乐山县与五通桥区合并改为乐山市（县级），仍隶属于乐山地区。1985 年 3 月撤销乐山地区，改乐山地区为乐山市，属省辖市。

1997 年行政区划调整，划出仁寿、眉山、洪雅、彭山、青神、丹棱 6 个县成立眉山地区。如今乐山属于四川省内地级市，包括 11 个行政市、区、县，辖 4 个区（市中区、五通桥、沙湾、金口河）、1 个县级市（峨眉山市）、4 个县（犍为、井研、夹江、沐川）和 2 个彝族自治县（峨边、马边），共 221 个乡（镇）、2349 个村、17745 个组。

二　区位特征：民营经济发达的开放城市

（一）乐山发展特征

1. 经济实力不断增强，产业结构相对优化

新中国成立以来，乐山市经济实力不断增强，特别是近十年，经济不断加速发

展，产业结构有所调整。2011年乐山市实现GDP918.06亿元，是2000年的5.59倍，占全省GDP比重由2000年的3.65%提高到4.37%；近十年以高于两位数且逐年上升的趋势增长，十年来的年均增速高达14.30%。产业结构相对优化，其中二、三产比重有所增加，一产比重下降幅度较大，三产业结构由1978年的33.18∶45.82∶21.00调整为2011年的12.5∶61.8∶25.7，但与四川省14.2∶52.4∶33.4的产业结构比较，产业结构还有待进一步优化。

2. 对外开放度较高，从广度向深度拓展

乐山是国家首批对外开放城市之一，对外开放水平在全省名列前茅。改革开放后乐山坚持把对外开放作为全市经济发展的生命线，从观念、体制、机制创新入手，以打造高赢利的投资环境、高效率的服务环境和高质量的生活环境为突破口，实行一系列对内对外政策，全面推进对外开放。1995年，乐山市创建了中美合资乐山－菲尼克斯半导体有限公司，成为美国摩托罗拉公司在中国的首家合资企业，也是四川省最大的外商投资企业。相继引进美国安森美公司、国际金融公司、国际人造林木业集团、挪威斯堪纳工业集团、日本大冢药业、荷兰飞舸公司等一批国外知名企业来乐投资，形成了“菲尼克斯群效应”。“十一五”期间乐山市对外开放水平有了进一步提升，对外开放显现出三个特点：一是整体水平有所提升。截至2009年底，乐山与86个国家建立了友好交往及贸易合作关系，有外商投资企业61家，307家企业有外贸经营权，主要出口商品19类，651种。2011年全年进出口总额7.99亿美元，比上年下降18.2%。全年实际使用外资12119万美元，增长31.7%。全年签约项目111个，协议金额599.87亿元，实际到位市外资金425亿元，增长38.9%。全年外派劳务1235人次，下降63.53%。对外承包工程劳务合作营业额660万美元，下降7.69%。二是走出去的步伐快于引进来的步伐。2011年乐山

图25-2　2001～2010年乐山市行GDP（亿元）及增速（%）

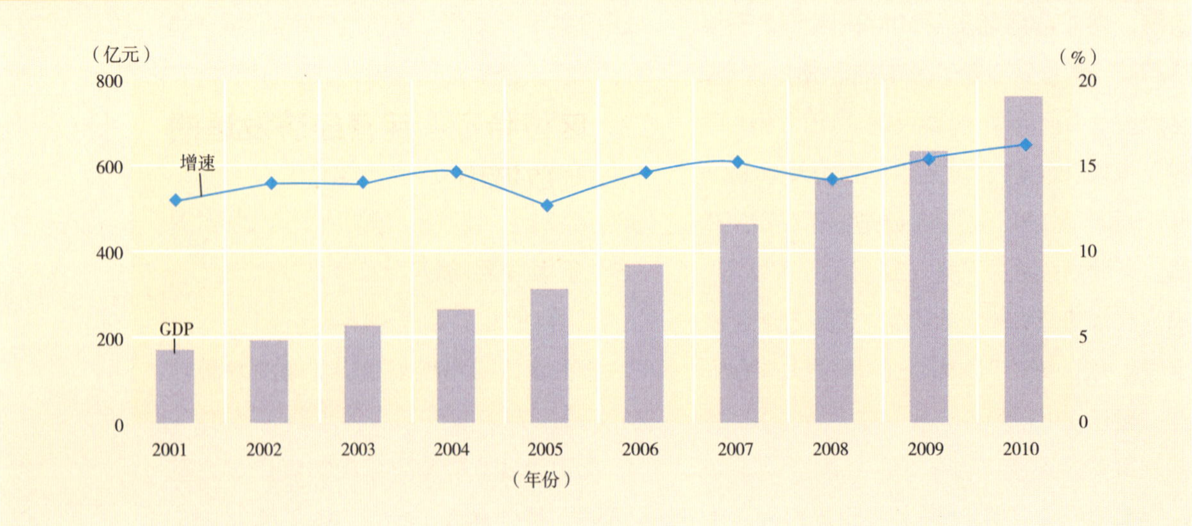

表 25-1　2001 ~ 2011 年乐山市进出口总额与增速（单位：亿美元，%）

年份	进出口总额	增幅	年份	进出口总额	增幅	年份	进出口总额	增幅
2001	2.20	12.8	2005	4.18	-1.1	2009	8.56	7.3
2002	2.75	25.5	2006	4.66	11.5	2010	9.76	14
2003	3.62	51.5	2007	5.71	22.6	2011	7.99	-18.2
2004	4.22	17.7	2008	7.98	39.7			

市出口 4.99 亿美元，下降 6.2%；进口 3.0 亿美元，下降 0.1%，出口额明显高于进口额。三是对外开放步伐放缓。“十五”期间乐山进出口总额年均增速达到 20.08%，而“十一五”期间乐山进出口总额年均增速仅为 16.02%，增速有所下降，说明乐山市的对外开放脚步有所放缓，更加注重拓展对外开放深度。

3. 国企改革不断深化，民营企业异军突起

20 世纪 80 年代中期，乐山改革的重心从农村逐步转移到城市，先后实施了扩权让利、承包经营、建立现代企业制度等改革，公司制逐步成为国有企业的主要经营形式。1985 年，率先在全省探索股份制经营，1988 年，组建了首家股份制企业——乐山电力股份有限公司。1993 年，峨眉盐化集团公司在深交所上市，成为西南首家、全国第三家异地上市公司，乐电、金顶、峨铁等企业相继在上交所上市，成为全省上市企业最多的城市。与此同时，大胆探索国有企业的改革，1997 年，乐山抓住被列入全国优化资本结构试点城市契机，按照“资产大重组、结构大调整、机制大转换、效益大提高”的要求，积极引导和支持民营企业参与公有制企业改制、改组，经过 7 年时间，全市 1966 户国有企业全部完成改制改造，实现了国有企业“两个百分之百”的目标。催生了德胜集团、和邦集团、西南不锈钢等一批发展势头强劲、市场竞争力强的民营企业。2011 年民营经济增加值 503.50 亿元，增长 19.0%，民营经济拉动 GDP 增长 10.2 个百分点，对 GDP 增长的贡献率为 63.6%，占 GDP 的 54.8%。民营经济的崛起和迅速发展，不仅促进了工业经济的不断壮大，而且使全市所有制结构和企业组织、管理方式发生了深刻变革，成为推动乐山经济体制改革和经济发展的重要力量。1978 年工业总产值（按 1990 年不变价格计算）为 17.71 亿元，2011 年民营工业增加值 322.02 亿元，是 1978 年的 18.18 倍，占工业增加值的 60.3%，居全省第 1 位，企业改革焕发活力。

4. 人民生活得到巨大改善，城乡收入差距拉大

新中国成立初期乐山市人均收入水平较低，在改革开放和西部大开发政策的共同推进下，乐山人民的收入水平有了较大的提高，2011 年乐山市城镇居民人均可支配收入 17644 元，是 1988 年的 14.52 倍；农民人均纯收入 6770 元，是 1978 年的 60.45 倍。特别是”十一五”期间收入水平提升较快，城镇居民可支配收入年

表 25-2　“十一五”期间乐山民营经济发展情况（单位：亿元，%）

年份	民营经济				民营经济工业情况		
	增加值	增速	经济贡献率	占 GDP 比重	工业增加值	占工业增加值比重	增速
2006	188.36	19.00	64.80	51.40	105.85	57.20	26.30
2007	245.87	19.70	66.80	54.30	138.17	58.90	25.30
2008	317.01	19.00	71.70	56.40	191.30	61.90	25.40
2009	323.67	19.00	62.70	52.30	186.95	56.60	24.40
2010	397.61	18.80	60.30	53.40	241.50	58.30	24.60
2011	503.50	19.00	63.6	54.80	322.02	60.30	33.34

表 25-3　2001 ~ 2011 年乐山市城镇居民收入

年份	城镇居民可支配收入		农民人均纯收入		城镇居民收入 / 农民收入
	绝对值（元）	增幅（%）	绝对值（元）	增幅（%）	
2001	5610	7.53	2245	4.22	2.50
2002	6076	8.31	2377	5.88	2.56
2003	6489	6.80	2546	7.11	2.55
2004	7161	10.36	2927	14.96	2.45
2005	7520	5.01	3242	10.76	2.32
2006	8572	13.99	3495	7.80	2.45
2007	10503	22.53	4058	16.11	2.59
2008	12020	14.44	4583	12.94	2.62
2009	13250	12.6	4892	6.8	2.71
2010	15237	12.9	5613	14.7	2.71
2011	17644	15.8	6770	20.6	2.61

均增速达 14.92%，农民人均纯收入年均增速 11.02%，比”十五”提升了 7.53 和 3.24 个百分点。从城乡收入水平差距来看，2001 年城镇居民可支配收入是农民人均纯收入的 2.5 倍，到 2011 年末城镇居民可支配收入是农民人均纯收入的 2.61 倍，城乡居民收入差距加大。

5. 社会事业全面进步，人居环境变化显著

社会的全面发展推进了乐山科技、教育、卫生等社会事业各个方面的进步。科技成果不断凸显，2011 年，乐山市获得国家科技项目立项 10 项、省级科技项目立项 42 项，组织实施市级科技计划项目 143

项。全市新登记科技成果 38 项，2011 年度获科技进步奖特等奖 4 项、一等奖 3 项、二等奖 11 项、三等奖 16 项。教育水平大幅提高，到 2011 年，乐山市有幼儿园 413 所、普通小学 484 所、各类普通中学 221 所、特殊教育学校 2 所、中等职业技术学校 28 所，全市小学入学率为 99.12%，九年义务教育完成率 98.02%。卫生医疗环境大幅度改善，农村医疗覆盖面扩大。2011 年全市拥有各级各类医疗机构实有床位 14764 张，比 1978 年多 8579 张，卫生机构 971 个（不含村卫生室）。拥有卫生机构人员 20093 人。新型农村合作医疗试点覆盖 11 个县（市、区）。传染病发病率和妇婴死亡率大幅度下降。2011 年全市乙类传染病发病率 156.66/10 万，婴儿死亡率 6.31‰。

6. 基础设施不断完善，人居环境不断优化

新中国成立后，通过大规模改造旧城、基础扩建，城市基础设施不断完善。乐山市现有广播电台 1 座，电视台 1 座，群众文化馆 12 个，公共图书馆 11 个、博物馆 7 个。2011 年末全市公路总里程达 8982.7 公里，电话机交换总容量达到 519 万门。近期在国家科学发展观和经济发展方式转型政策的影响下，人民居住环境不断优化。到 2010 年全市拥有省级环境保护模范城市 2 个，省级生态县（市）2 个。国家级自然保护区 1 个，面积 30164 公顷；省级自然保护区 1 个，面积 18000 公顷；建成生态村 233 个，其中省级 23 个；生态乡镇 45 个，其中国家级 2 个，省级 43 个。城市污水处理厂日处理能力达 18.0 万立方米，城市污水处理率达到 67.2%。建成区绿地率为 26.6%。乐山先后被评为国家园林城市、全国绿化模范城市、四川省卫生城市等。

（二）发展定位

根据乐山在区域内的经济地位、产业和区域优势，未来乐山的产业定位为，中国重要的硅材料及太阳能光伏产业基地、西部建筑材料产业基地、四川盐磷化工产业基地、四川农产品出口加工基地。从城市定位来看，四川经济发展重要增长极、西部交通次级枢纽、成都平原城市群南部中心城市、国际旅游目的地。

三 资源禀赋：物种丰富的资源大市

（一）自然条件

乐山市位于四川省西南部，北距省会成都 130 公里。介于东经 102° 15′ 30″ ~ 104° 15′ 02″，北纬 28° 28′ 52″ ~ 29° 56′ 06″之间。幅员为 1.28 万平方公里，人口为 347.7 万人。北与眉山接壤，东与自贡、宜宾毗邻，南与凉山相接，西与雅安连界。中心城区距成都双流国际机场 100 公里。乐山平均海拔 500 米，属亚热带湿润季风气候。山地、丘陵、平原分别占 66.5%、21%、12.5%。辖 4 个区（市中区、五通桥、沙湾、金口河）、1 个县级市（峨眉山市）、4 个县（犍为、井研、夹江、沐川）和 2 个彝族自治县（峨边、马边），总人口 354.42 万。

1. 地貌

乐山地处四川盆地西南边缘，北连接成都平原，西接川西南山地、东及东南跨有川中丘陵。山地分布在西南部，平原集中在中部，丘陵位于平原之上和山麓地带。整个地势西南高、东北低，高差悬殊。最高处为峨边彝族自治县马鞍山主峰，海拔4288米，最低处是犍为县新民镇马厂坝岷江出口，海拔307米，相对高差3981米。岷江、大渡河、青衣江分别从北部、西南部和西北部入境，在城区汇流，经过五通，犍为出境，市内支流密布，呈树枝状水系，接地广布。

乐山市境西南部主要分布有峨眉山、峨边、金口河、马边、沐川等县（市、区），面积约8525.96平方公里，占全市面积的66.5%，是凉山平原与四川盆地的过渡地带。地势由东北至西南逐渐抬升，依次展现出低山、中山和亚高山地貌。山地主要由总岗山、大相岭、峨眉山、五指山、大凉山和小凉山等山体组成。东北部位于峨眉、沐川东北部，为缓缓上升，长期剥蚀的红色丘陵区，幅员面积为2693.67平方公里，占全市面积的21%，地层主要有侏罗系、白垩系红色砂岩、泥页岩及第四纪冰水沉积物构成。整个丘陵地区低、中、深丘均有发育，以中、低丘陵为主，海拔在350～700米之间。东部的井研以低、中宽丘为主，东南部的犍为、沐川以深、中丘窄谷地貌为主；岷江西部的夹江以低丘、台地为主。丘陵地区自然条件良好，是全市主要的粮、油、棉。桑、柑橘等农业作物主要产区。平原区域位于岷江、大渡河和青衣江中下游，面积约1603.38平方公里，占全市面积的12.5%，冲积平原主要分布在三大河流两岸，由具有二元结构的河流相构成，尤以河漫滩，第一级、第二级阶地分布最广，一般高出河面5～30米。平原面积区域地势平坦，交通方便，水利条件优越，土壤肥沃，灌溉方便，主要以水稻、小麦、油菜、花生、甘蔗等经济作物为主，农业发达。

2. 气候

乐山地域处于四川盆地向西南山地的过渡地带，地形呈西南高、东北低，高差悬殊，在特定地理环境条件下形成了多种气候类型。因地域处在北纬29度附近，全市属亚热带气候带，具有四季分明的特点，雨量丰沛，水热同季，无霜期长，农业气候条件优越。年平均气温在16.5～18.1℃之间，大于或者等于0℃积温为6070～6638℃，大于或者等于10℃积温4915～6089℃，大于或者等于20℃积温2029～3473℃，年平均无霜期长达300天以上，年平均霜日4.2～9.4天，年平均降雪数仅1.0～2.7天，是水稻、小麦、油料、糖料、水果、棉花等多种农副产品的高产区。西南山区气候垂直差异明显，从山麓至山巅依次分布着中亚热带－暖温带－温带－寒温带的完整气候带，小气候条件十分复杂，地域内发展农业综合经营和立体农业区域，是木材、茶叶、中药材等的主要产区，也是宝贵的旅游资源。受季风影响和地形的抬升作用，气候湿润，雨量丰沛。年平均降水量绝大多数地区在1000毫米以上，峨眉山市达1488.7毫米，仅井研、马边、峨边、金口河少于1000毫米以下，降水有季节性变迁，夏秋季雨量占全年的80%左右，冬春季只占20%，降水的年际差异较大，年最少降水量多在900 毫米以下，部分地区年最多降水量达2000 毫米以上。全市气象灾害以低温、干旱、洪涝为主。低温危害以春季低温影响最大，能造成小麦冻花、水稻烂种烂秧；干旱以春旱、夏旱为主，干旱严重时，部分地方人畜饮水均发生困难；受地形影响，乐山是暴雨的多发区，降水强度又大，峨眉山市 1993 年 7 月 29 日降水量达 524.7 毫米，创全省之最，加之又处于三江汇合处，洪涝影响较大。

3. 水系

乐山地处大渡河、青衣江、岷江三大河流汇合处，气候温和，降雨丰沛，是四川重要的水能源基地。由于三江水系落差大，降雨量大，而降雨呈现自西向东递减、自南向北递减、西南角较周边雨量较小的规律，乐山的水资源具有以下特点。

（1）水资源总量丰富。乐山市境内有岷江、大渡河、青衣江三大河流，流域面积在 100 平方公里以上的河流 46 条，总长 2210 公里，分属岷江、沱江、金沙江水系，市内气候温和、雨量充沛。全市多年平均降水量 1271.9 毫米，多年平均径流深 896.9 毫米，全市多年人均水资源量为 3257 立方米，耕地亩均水资源量3408 立方米，均高于全省平均值。年产水模数 89.7 万立方米 / 平方公里，高于全省平均值。

（2）水资源时空分布不均匀。乐山市内降水空间分布呈现的是自西向东递减、自南向北递减、西南角较周边雨量较小的规律，同时虽然乐山总降水量优势明显，但是季节分布不均匀，降水时间集中，主要集中于三季度（7 月、8 月、9 月），一、二、四降水量较少。水资源存在时空分布不均匀的特征。

（3）水能资源丰富，但时空分布不均。河床落差大、降雨量丰沛为乐山市提供了丰富的水能资源，全市境内水能资源理论储藏量 790 千瓦，经济可开发量约575 万千瓦，年发电量约 276 亿千瓦时，均约占全省的 5.5%。但是由于乐山市水资源时空季节分布不均匀，水能资源支持的

图 25-3　2010 年省内城市降雨总量

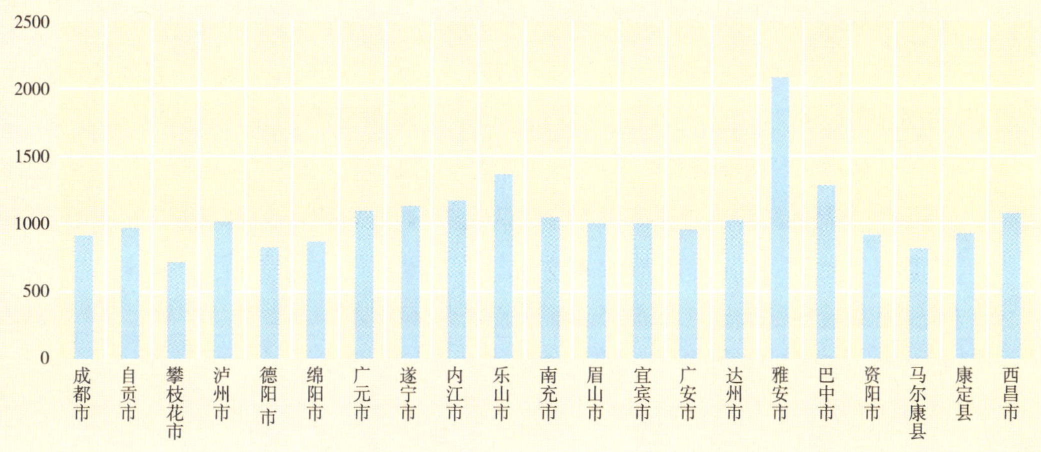

图 25-4　2010 年乐山市每月降水分布

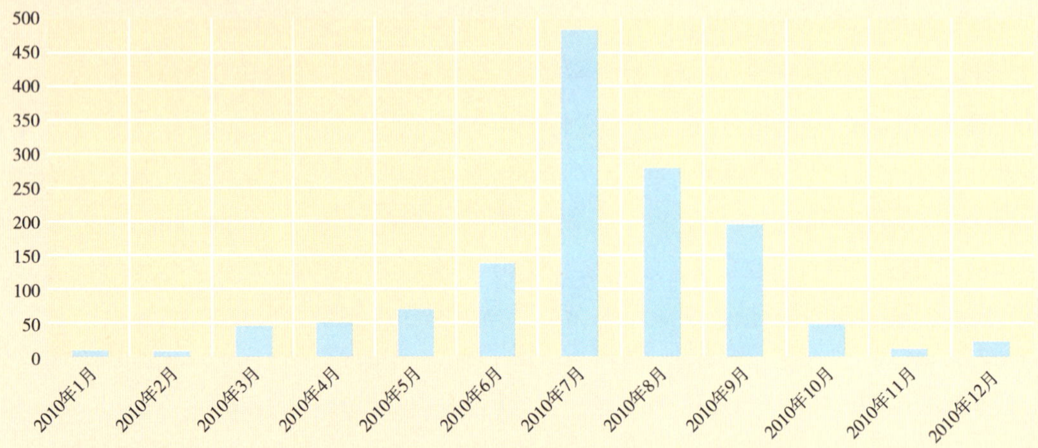

电力在枯水季节出现缺水、缺电的问题，在丰水期水电资源富足且有结余。

（二）矿产资源

乐山市矿产资源丰富，区域内地质构造比较复杂，地层出露齐全，成矿条件较好。截至 2007 年底乐山市已探明的矿产资源达到 9 类 40 种，探明储量 25 种，重要矿产地 208 处。其总体呈现资源量大、质量好、分布集中，宜于开发等特点，其中非金属矿产种类多，开发潜力大，金属矿产相对贫乏。市内优势矿种主要包括磷、钙芒硝、盐、石膏、石灰石等非矿产资源，规模巨大。

1. 优势明显的非金属矿产

乐山市非金属矿产种类丰富，包括天然气、岩盐、磷、石膏、碘、耐火粘土、水泥及冶金用石灰岩、白云岩、硅石、石英砂岩、建陶用硬质粘土、水云母粘土、砖瓦及水泥用粘土、钾长石、玄武岩、医疗热矿泉水、天然饮用矿泉水、河道砂石等，其中优势较为明显的矿种包括化工原料矿产岩盐、磷和水泥及建陶原料，这些优势矿产资源储备量大、分布较为集中，因此十分有利于开采。

岩盐：岩盐即盐卤，在乐山市境内分布面积约 600 平方公里，占盐田总面积 75%左右，主要分布犍为、井研、五通及邻区自贡市荣县等地。现有地质资源储量 153 亿吨，现年产量 70 万吨左右。已勘探的大型矿区有犍为罗城和井研马踏两矿区。犍为罗城矿区查明资源储量 17.49 亿吨；井研马踏矿区查明资源储量 15.93 亿吨。

磷矿：乐山市列全国八大磷矿之一，排名第四，乐山磷矿远景储量约 25 亿吨，占全省总储量的 50%，磷矿集中分布在马边县、峨边县及金口河区，最著名的磷矿是马边老河坝磷矿，查明磷矿石资源储量 6.83 亿吨，占全省磷矿查明资源储量的 60%以上。

石灰岩：石灰岩是生产水泥主要原料，乐山市石灰岩具有分布广、规模大、岩质高的特点。石灰石主要分布于境内峨眉山市、沙湾区、峨边县沿成昆铁路一线，已查明石灰岩矿石资源储量 10.59 亿吨，远景储量 100 亿吨，保有储量 50 亿吨，矿石 CaO 含量均在 50% 以上，大部分石灰石属于一级品位。

建陶（瓷砖）矿产：乐山市境内建陶（瓷砖）原料黏土、砂岩、钾长石等矿产资源丰富配套，黏土、砂岩广泛分布在夹江、乐山、沙湾、峨眉山、井研县等市（县、区），钾长石集中分布在峨边县五渡镇。黏土、砂岩（含长石砂岩）资源量十多亿吨，钾长石属花岗岩风化壳型矿床，已探明资源储量 3886 万吨。

2. *严重短缺的金属矿产*

相对于种类丰富、产量较大的矿产资源，乐山是黑色、有色金属矿产资源缺乏地区，主要包括铁、锰、铜、铅、锌、铝等种类，区域范围黑色、有色金属矿产品质差、数量少，矿产地规模小，市内钢铁、有色企业所需金属矿产全靠外地市场调节。

3. *质优量少的能源矿产*

乐山市内能源类主要包括煤炭、天然气两种，虽然种类不多、数量也不是很大，但是矿产品质较好。乐山是省内缺煤地区之一，但又是煤炭资源开发强度大的地区。乐山市煤炭资源主要分布于犍为、五通桥、沙湾、峨眉山、沐川、马边等县（市、区），区内产于三叠系上统须家河组的煤炭，煤层一般厚 0.3 ~ 0.6 米，属极薄煤层，煤质大都为富灰、中灰 1/3 焦煤，

表 25-4　乐山市主要非金属矿产储存量及分布

矿种名称	远景储量	已探明储备量	主要分布
岩盐（万吨）		70	犍为、井研、五通及邻区自贡市荣县
磷矿（亿吨）	25	6.83	马边县、峨边县及金口河区
水泥原料（石灰岩）（亿吨）	100	10.59	峨眉山市、沙湾区、峨边县
建陶（瓷砖）（万吨）	—	其中钾长石 3886	夹江、乐山、沙湾、峨眉山

资料来源：《四川省乐山市矿产资源总体规划》（2005-2010 年）。

表 25-5　乐山市主要金属矿产分布

矿产名称	矿产分布及特点
铁矿	有小型（矿点）铁矿近 80 处，查明及推测、预测资源量近 1 亿吨。但 95% 以上属含铁品位低的铁绿泥石赤铁矿，为难选冶矿石，目前工业难以利用
铜矿	有中小型铜矿 11 处，大都属砂岩型或砂页岩型沉积型铜矿，矿层厚度小（平均厚 <1 米）、含铜品位低（平均含铜 <1%），且属难选冶矿石，目前工业难以利用。产于二叠系上统玄武岩中铜矿，矿石品位较高，但分布零星，未形成工业规模矿体
铝土矿	市内有铝土矿小型矿床（点）4 处，分布零星，且品位低，不具工业规模
铅锌矿	市内峨边、金口河、马边等县（区）有铅锌矿点及矿化点 20 余处，由于地质工作程度低，至今未发现具工业规模铅锌矿床。值得提出的是上述三县（区）内尚有较好找矿前景。

现有小型煤矿区38处，截至2001年煤炭保有资源储量约2.3亿吨。天然气是乐山市内又一重要的能源矿产，储量50亿立方米，远景控制资源量100亿立方米。其中麻柳场气田产于三叠系下统嘉陵江组气藏，气田圈闭面积70平方公里，气藏埋深2000～2700米，天然气质量好，含甲烷95%以上，干气，不含硫、丁烷，不需处理即可利用。

（三）生物资源

1. 植被类型齐全

动植物资源地处亚热带，地貌复杂，自然条件多样，植物种类繁多，植物类型齐全，据不完全统计，全市共有植物品种约为3541种，其中野生维管束植物2245种。常见森林树种约为43科，143种，竹14种。由于盆周山地隆起，乐山在第四纪冰川时代，直接受北方大陆冰川影响较小，成为第三纪植物的“避难所”，古老的特稀植物异常丰富，主要种属有：银叶连香、珙桐、银杏、水青树、杜仲、银鹊树、喜树、等百余种。

植被分布主要受生态环境以及人类活动的影响，不同生态环境条件，生长着不同种属和不同类型的植物群落。乐山纬度地带性植物是常绿阔叶林。但由于水热条件不同，地貌差异较大，植被地理分布既有水平地带性变化，又有垂直地带性变化。在东北部盆地内，气候温暖、湿润，自然植被是偏湿性的常绿阔叶林，且由西南－东北植被结构逐渐简单。由于农垦历史长久，以人工栽培作物和经济林木为主。西南土地，地势高低悬殊，植被随高度变化而发生垂直分布。分布基本规律是：亚热带常绿阔叶林带－常绿阔叶及落叶阔叶混交林带－针阔叶林混交林带－阴暗针叶林带－亚高山灌叶丛草甸带。

2. 动物类多珍惜

乐山市优势的自然环境，丰富的植物资源，为动物的栖息和繁衍提供了优越的条件，构成了复杂的生态系统，具有养育不同类型动物的天然条件。据调查，乐山市有国家重点保护动物69种，占全省重点保护动物的1/3，其中有兽类22种、鸟类39种，两栖类6种、禽类8种、鱼类1种，其中最出名的是我国特产大熊猫，被誉为“国宝”，主要分布在马边大风顶自然保护区的海拔1800～3000米地段的常绿阔叶林和针阔叶林混交带和“峨边黑竹沟、金口河八月林两个保护区。乐山药用动物很多，常见的有20多种，主要有鳖甲、脆蛇蜥等。全市有鱼类种类多达16科，118种。另外乐山市还有家禽、家畜种类多达86种。

（四）土地资源

1. 土壤年幼多样

乐山市地质构造复杂，除缺少蚀下古生界的泥盆系、石灰系、志留系上统外，从前震旦系至第四系近代河流冲击层均有出露。受多种因素综合影响，形成了类型多样的土壤。

境内中部和东北部，由河谷阶地、平原、浅丘地貌构成，海拔350～700米，具有中亚热带气候特征，自然植被为常绿阔叶林，地带性土壤为黄壤。由于农业历

表 25-6　乐山市不同海拔高度土壤形态

海拔高度（米）	土壤形态
3600 米以上	亚高山灌丛草甸土
2800 ~ 3600	灰化土带
2200 ~ 2800	暗棕壤带
1600 ~ 2200	黄棕壤带
850 ~ 1600	黄壤带

史开发悠久，自然植被遭到破坏，土壤发生变化，深受人为活动影响，早已具有农业土壤特征，除大面积分布水稻土外，受母质岩性影响广泛分布有潮土、紫色土和黄泥土。西南部山地，由于地面起伏大，气候、植被、土壤垂直分带明显，生物气候带在很大程度上起主要作用，不同海拔土壤不同形态。

成土母质是土壤形成的物质基础。乐山虽然地层复杂，但出露岩层大部分为侏罗系，白垩系的河、湖沉积的紫色砂、泥岩。由于紫色母岩为河、湖相沉积物，矿物组成复杂，结构松散易碎，在高温多雨下，以物理风化为主，又因季节性地表径流冲刷，岩体表层易遭到腐蚀，土壤极不稳定，自然成土过程易被终断，土壤发育多停留在幼年土阶段，其特征多与母质相似而以岩性土为主。

2. *土地资源分布情况*

乐山土地总面积 1282749 公顷，合 12827 平方公里。农用地面积 1127656 公顷，占总土地 87.91%，其中耕地 231480 公顷，占农用地 20.53%，占总土地 18.05%；园地 47429.6 公顷，占农用地 4.21%，占总土地 3.70%；林地 652593 公顷，占农用地 57.87%，占总土地 50.87%；牧草地 84330.7 公顷，占农用地 7.48%，占总土地 6.57%；其他农用地 111823 公顷，占农用地 9.92%，占总土地 8.72%。耕地中，2003 年保有基本农田 216213.26 公顷。建设用地 53469.7 公顷，占 4.17%，其中居民点及独立工矿用地 45124.3 公顷，占建设用地的 84.39%，占总土地 3.52%；交通用地 4499 公顷，占建设用地 8.41%，占总土地 0.35%；未利用地 101623 公顷，占总土地 7.92%。

3. *旅游资源*

乐山市旅游资源得天独厚、极为丰富，在中科院普查的 42 类自然旅游资源中，乐山具有 25 种，占自然资源类别的 59.5%，主要是以乐山大佛、峨眉山为中心呈辐射状分布。名城、名山、名佛、名人荟萃，自然景观与人文景观交相辉映，构成了乐山绮丽多姿的高刻度、高品位的旅游景区点。市内拥有 1 处世界文化与自然遗产（峨眉山 - 乐山大佛），“峨眉山 - 乐山大佛”作为“世界文化与自然遗产”，成功打造了乐山市国际旅游资源的品牌。拥有 1 处国家级风景名胜区（峨眉山 - 乐山大佛），两处省级风景名胜区，10 处国家级文物保护单位（峨眉飞来殿、峨眉山万年寺普贤铜铁像、乐山大佛、麻浩崖墓、峨眉山古建筑群、犍为文庙、凌云寺灵宝塔、夹江“杨公阙”、夹江千佛崖石窟、沙湾郭沫若故居等），1 处国家级自然保护区（马边大风顶），1 处国家级地质公园（金口河大渡河大峡谷），两处国家级湿地公园（四川桫椤湖国家湿地公园、金口河大瓦山 - 五池湿地公园），国家级森林公园两个（沙湾美女峰、峨边黑竹沟）；国家矿山公园 1 个（犍为嘉阳），3处省级森林公园（沐川黄丹、芹菜坪、市中区碧山湖），1处国家级历史文化名城（乐山），1处国家历史文化名镇（犍为清溪镇），两处省级历史文化名镇（犍为罗城、峨眉山市罗目镇），1处国家级重点寺庙（乌尤寺）。自然景观有峨眉山、乐山隐形睡佛、乌尤离堆、三江汇流、平羌小山峡、黄丹溶洞、峨边黑竹沟原始森林、马边大风顶自然保护区、金口河大峡谷等。人文景观有乐山“弥勒坐佛”、沙湾“郭沫若旧居”、峨眉飞来殿、峨眉山万年寺普贤铜铁像、夹江千佛岩摩岩造像、犍为罗城船形建筑、嘉州古城墙，20世纪90年代新建的乐山东方佛都、佛国天堂，以及历史文化名人留下的文物和诗词书画等。民俗节庆活动有五通桥龙舟会、乐山国际旅游大佛节、峨眉山冰雪节、峨眉山国际武术节等。人文方面，乐山市有国家级非物质文化遗产4个（峨眉武术、夹江年画、沐川草龙、夹江竹制造纸）。中国茉莉之乡（犍为）、中国桫椤之乡（犍为）、犍为文庙祭孔仪式等。从景区资源来看，乐山市已建成成熟旅游产品国家A级旅游景区16家，包括：5A级2家（峨眉山、乐山大佛），4A级4家（夹江天福茶园、乌木文化博览院、大佛禅院、峨边黑竹沟），3A级6家（东方佛都、金鹰山庄、峨眉山竹叶青生态茗园、沐川竹海、犍为文庙、犍为嘉阳－桫椤湖），2A级3家（大庙飞来殿、郭沫若故居、夹江千佛岩），1A级1家（五通桥木鱼人家）。另有全国农业旅游示范点2个（五通桥花木科技园、夹江天福茶园）；全国工业旅游示范点1个（沙湾龚嘴水力发电总厂）。

四　交通条件：成都经济圈未来的起航之地

乐山市地处四川西南部，是川西和川南的重要交通枢纽，是成都经济区内唯一的港口城市。改革开放以来，凭借优越的区域地理位置，天然的水运优势，乐山市已经发展成为集公路、铁路和水运一体的交通网络。未来，随着成渝经济区规划的不断实现，乐山四川次级综合交通枢纽的地位将得到确定并不断巩固，乐山将形成铁路、公路、水运和航空一体的交通网络。

（一）交通发展现状

1. 交通现状概述

乐山市是一个旅游产业发达，对外开发高度极高的城市，交通是影响乐山经济的发展关键性的因素之一。改革开放后不断改善交通环境，乐雅高速公路开工、乐自高速公路开工、成绵乐城际铁路客运专

表25-7　“十一五”期间乐山市交通投资情况（单位：亿元，%）

年份	投资额	增速	年份	投资额	增速	年份	投资额	增速
2006	9.3	-12.2	2008	17.4	42.6	2010	66.3	103
2007	12.2	31.2	2009	32.8	88.5	总计	137	—

线乐山段开工、乐宜高速公路竣工通车，“十一五”期间，乐山交通枢纽项目规划建设、国省干线公路改造、农村公路建设等取得了显著成效。交通运输投资逐年大幅增长，到“十一五”末，全市完成交通投资 136 亿元，比“十五”时期增长 385%，到 2010 年末全市公路总里程 8810.115 公里，比“十五”末期增加 4633.921 公里（注：“十五”期间村道未纳入统计范围）。如今乐山市已经形成了以成昆铁路、成乐、乐宜高速公路为主通道，国省干线为主骨架，县、乡、村公路为支线，岷江、大渡河水运为辅助的交通网络。

2. 公路

（1）公路发展史。据文献资料记载，1949 年乐山境内共有公路 380 公里，公路多为桥涵构造物且多系临时性设施路基，公路排水不畅、路面构造简单、常年失修失养，实际通车里程为 311 公里，即成乐路新津县至乐山 114 公里，内乐路荣县至乐山 68 公里，夹峨路夹江至峨眉 20 公里，乐西路乐山至峨边蓑衣岭 178 公里。1950 ~ 1953 年，川南人民行政公署、川南军区联合发出通令，组织农民对新乐路、乐西路、夹峨路等公路进行全面整治，改建桥梁 11 座，涵洞 97 道，路基宽度由 6.5 米增至 8 米，路面由 5 米增至 6.5 米，路况得到了改善和提高。

1953 年以后的 1 ~ 5 个五年计划期间，即到改革开放前，乐山公路交通已经开始形成以乐山为中心辐射各区县的国防、经济干线为骨架公路网络，特别是高等级路面、黑色路面快速的通行能力大大加速了乐山社会经济大幅提升。1971 年乐山第一条沥青路面新津至眉山改建竣工，从而结束了乐山无黑色路面的历史。截至 1980 年底，乐山市公路总里程达到 4340 公里，即干线公路 1111 公里，县乡公路 2661 公里，专用公路 568 公里，其中有高级、次高级路面 381 公里。乐山至成都的行车时间由 70 年代前 10 小时缩短为 4 小时，“行路难”的局面开始改变。

改革开放后至 2000 年，一方面乐山人民响应“一平二直三宽”的中央交通工作指示精神，加快了公路建设和改造的步伐，另一方面乐山人民借鉴沿海地区发展

表 25-8　一五、二五、五五时期乐山公路取得主要成就

时间段	主要成绩
一五期间（1953 ~ 1957 年）	乐山抢修恢复通车的公路 7 条 529 公里，即内乐路 68 公里，新乐路 114 公里 ，五沐路 80 公里，成三路 106 公里，眉洪路 55 公里，夹峨路 20 公里，乐山至峨边新场 85 公里。新建公路 4 条 113 公里。这些公路的恢复和建成（除马边县外），其余县县通了汽车
二五期间（1958 ~ 1962 年）	新建公路 1085 公里，动用农村劳动力 1000 余万工日，占用土地约 670 公顷，这些公路的建成有力地支援了乐山经济、生产和生活的发展，基本实现了县县通公路的格局，乐山腹心地带也初步形成了纵横交错的公路网络。据 1961 年公路统计，乐山公路总计 88 条，共 1806.1 公里，其中干线 17 条 910.5 公里，厂矿专用公路 7 条 96.2 公里，县道 64 条 809.5 公里
五五期间	五年中新建公路 322 公里，平均年增长 64.4 公里，公路总里程达到 4340 公里，即干线公路 1111 公里，县乡公路 2661 公里，专用公路 568 公里，其中有高级、次高级路面 381 公里

经验，认识到交通重要性，特别是高速公路带来的“乘数效应”，根据乐山产业发展重点，从公路质量和公路里程上全面提升公路质量。期间公路发展具有以下特点。一是大力拓展了公路里程。到2000年，全市拓宽改造公路4816.7公里，其中国道178公里，省道566.7公里，县道1215.2公里，乡道1585.8公里，专用道1271公里，较大幅度提高了公路技术状况。二是根据乐山旅游资源丰富的特点，重点且高标准的改善提高了旅游干线公路技术等级。1999年乐峨快速旅游干线竣工通车，使乐山大佛和峨眉山握手联欢，成为乐山、峨眉这两个世界文化遗产紧密相连的一条亮丽彩带。三是公路质量全面提升。1990年，新乐峨公路改造工程竣工通车，改造后的新乐峨公路沿线防护工程和标志、标线齐全，实现了油化、美化、标准化、技术化。四是形成速度提升较大。1999年12月，乐山市建设的第一条高速公路——成乐高速公路建成通车，标志着乐山公路进入跨越式发展的快车道。行车时速由改造前40～50公里/小时，提高到60～80公里/小时，乐山至成都行车时间由原来的4小时变更到2.5小时，带来了巨大的经济和社会效益。为“三纵两横”公路网络建设打下了坚实的基础。

（2）公路现状

21世纪头十年，乐山重点规划了国省干线公路，乐山中心城区通往各县市区的环形公路，并按高速和一、二级公路标准改造，全面建设内环及外环线，同时加快县、乡、村公路建设，现在已经实现所有乡镇均有国、省、县、乡道连接，形成全面建设布局合理，标准较高，质量较好，通行能力较强的“三纵两横、三环、五快”的乐山公路主骨架，公路已经成为承载乐山市客运和货运最主要的交通工具，同时乐山市公路凭借速度快、流量大、安全性高的特点，使乐山成为川西南的重要交通枢纽。2009年乐山高速公路和一、二级公路676公里；货运量5942万吨，占全市总货运量的82.5%。高速公路仅有成乐高速31.8公里，占全省的1.7%。截至2010年底全市公路总里程8810.6公里，等级公路7521.6公里。2010年乐宜高速全线通车，使乐山成为贯穿成都、雅安、乐山、宜宾、泸州、重庆、遂宁、绵阳8个城市的重要节点城市，进一步提升了乐山交通枢纽城市的地位。

3. 铁路

成昆单线电气化铁路是乐山市境内唯一一条铁路，1964年完成，年通行能力2000万吨，穿越乐山市夹江、峨眉、沙湾、峨边、金口河，乐山总长161公里。乐山市境内设19个站点，全部分布在成昆线成都—普雄段。燕岗站为市境内唯一的铁路区段站；乐山站、九里站、峨边站、沙湾站、金口河站为市境内主要货运办理站；峨眉站、乐山站为市境内主要的客运办理站。成昆铁路其中乐山火车站为铁路二类口岸。作为境内唯一一条铁路，成昆铁路为乐山的经济社会作出了重要贡献，2011年货运量1529万吨。

4. 水路

乐山境内水系发达，江河纵横，流域面积在100平方公里以上的大、中、小河流6条，其中流域面积在1000平方公里以上的有两条。岷江、青衣江、大渡河

表 25-9　乐山市港口码头表

港区名称	序号	码头名称	结构形式	靠泊能力（吨）	通达能力（万吨 / 万人次）	备注
中心港区	1	大件码头	重力式	1000	45/	
	2	城南码头	混合式	150	/21	
	3	迎春门码头	直立式	200	/13	
	4	挂旁山码头	混合式	280		
	5	乌尤寺码头	直立式	150	/9	
	6	福泉门码头	直立式	200	/10	
	7	铁牛门码头		200	/5	
	8	李码头	混合式	160	1/10	
	9	杜家场码头		180	/7	
	10	漩沱子码头	重力式	500	10/	
	11	乌尤坝码头	斜坡式	300	3/	
五通桥区港区	12	东风三码头	直立式	500	30/	
	13	西坝码头	斜坡式	300	8/	
	14	杨花渡码头	斜坡式		/10	
	15	金粟码头	斜坡式		/10	
犍为港区	16	航司码头	浮码头	200	35/55	
	17	盐关码头	直立式	200	10/	
	18	嘉阳码头	直立式	300	15/	
	19	岩尾码头	直立式	400	5/	

资料来源：《乐山市“十一五”综合交通发展专项规划》。

和马边河等 10 余条河流都具有通航能力，境内航道里程 1048 公里。境内定级航道 293.05 公里，其中：四级航道 88.5 公里，六级航道 32.3 公里，七级航道 172.25 公里。未定级航道及七级以下航道 683.23 公里[①]。目前岷江乐宜段是唯一通航的，航道里程 162 公里，岷江航道乐山境内长 85.8 公里、宜宾境内长 76.2 公里、乐山大件码头进港航道长 2.7 公里，航道特点是水散、湾急、滩陡，且航道变化周期短，航道丰水期可以通航 500 吨以上的载重货运船舶，航道等级为Ⅳ级，牯牛滩、黄院子、龙溪口、思波碛四个险滩还不能满足航道要求。内河航运可直达宜宾、重庆，乐山大件码头可装卸大型货物和集装箱，是四川大件运输进出川内的唯一通道。乐山港现包括中心港区、五通桥港区。现有迎春门码头、大件码头、李码头、城南

① 《乐山市”十一五”综合交通运输发展专项规划》。

码头等中小码头9个，泊位41个，码头岸线长2838米，堆场193570平方米，起重设备2台，靠泊能力为150～1000吨线船舶。客轮和300吨级的货轮出乐山港便可直达长江沿岸港口。多年来受航道条件所限，货运量一直停滞在40万～60万吨，2002年岷江乐宜段航道续建工程竣工后，岷江段航行条件在各方面都有所改善。2011年水运货运量280万吨，占全市总货运量的3.3%。

5. 航空

乐山市境内还没有自己的民用航空机场，全市唯一的夹江机场属军用教练类机场，已停飞多年。因此，航空运输方面，乐山市尚处于空白阶段。乐山市航空运输主要依托成都双流国际机场，乐山至成都双流国际机场公路里程130公里左右，全程为高等级公路，时程约1小时。

（二）存在主要问题

新中国成立后乐山交通环境得到极大改善，特别是改革开放后，乐山交通突飞猛进，但是乐山交通水平，与乐山市经济发展和乐山产业结构上还不匹配，现代快速交通发展仍然滞后，交通主要存在以下几个问题。

一是高速建设滞后，农村公路发展缓慢。高速公路东向、南向、西向布局空白，北向成乐高速里程短，通达率低，高速公路密度0.248公里/百平方公里，低于全省0.398公里/百平方公里、全国0.521公里/百平方公里的平均水平。二是铁路覆盖率低，运力不足。从铁路数量来看，乐山境内只有成昆铁路一条铁路，40年来未新修1公里铁路，且成昆铁路乐山段仅仅覆盖了夹江、峨眉、沙湾、峨边、金口河五个市、区，覆盖率低。从铁路通行能力看，成昆铁路线型差，运速慢，通行能力低。2009年全市铁路货运满足率仅50%左右；快速旅客列车旅行速度为67公里/小时，货物列车平均速度为43公里/小时。三是航道等级不高，水运逐年萎缩。乐山在历史上是四川的重要水路码头，岷江航道是长江上游的重要水运通道。由于自然环境的破坏，且岷江是砂卵石河床，滩险变化频繁，乐山至宜宾段航道虽经多年整治，现仍只能达到四级航道标准，受季节性流量影响大，枯水期通航能力弱。四是交通结构上不完善，航空运输成为主要短板之一。乐山机场历经13年时间争取，于2006年获得国家批准，项目来之不易。此后，因双流机场二跑道建设，省委、省政府决定将太平寺机场迁至乐山，实现军民共建合用机场，目前只是初定场址，尚未有实质性的进展。五是运力尚未整合，各交通方式尚未有机衔接。乐山境内公路、铁路、水路呈散状分布，各种运输方式未有机衔接，运力无法整合，导致运转效率低，资源浪费严重，难以发挥综合交通运输效益。天然气管道运输未形成环状通气。

（三）未来交通布局

1. 总体布局

根据《乐山市综合交通规划》整体布局，乐山市在“十二五”期间，乐山市交通将实现历史性的跨越，乐山交通将成为对于乐山市，以及四川省经济发展影响最重要的因素。未来乐山市将要形成以岷江航电综合开发和乐山港建设为核心，以“一港四梯级、五铁十高速”为重点，统筹规划航运、公路、铁路、航空、管道及客货站场，逐步构建以岷江航运为依托，公路、铁路为主体，航空、管道为补充，贯穿南北、承东启西、通江达海的综合交通运输体系，基本建成西部综合交通枢纽，打造成都－乐山－宜宾沿岷江经济带，为建设区域性中心城市提供安全、高效、快捷的交通环境。一港：乐山港。四梯级：岷江航电四个梯级枢纽。五铁：成绵乐铁路客运专线、成贵铁路、成昆铁路新线、雅乐铁路、乐自泸铁路。十高速：乐（山）宜（宾）高速、乐（山）峨（眉）雅（安）高速、乐（山）自（贡）高速、绕城高速、乐（山）汉（源）高速、仁（寿）沐（川）新（市）高速、成（都）乐（山）高速扩容、乐（山）马（边）西（昌）高速、金（口河）会（理）高速、德（阳）乐（山）高速。

2. 公路布局及目标

未来，乐山市将建成由主干线公路、次干线公路、农村公路组成的公路网络。

主干线由高速公路组成，设计时速为 80 ~ 120 公里 / 小时。根据国高网和省高网的规划，结合地方发展需要，乐山规划有乐（山）宜（宾）高速、乐（山）峨（眉）雅（安）高速、金（口河）会（理）高速、乐（山）马（边）西（昌）高速、乐（山）自（贡）高速、乐（山）汉（源）高速、仁（寿）沐（川）新（市镇）高速、绕城高速、成（都）乐（山）高速扩容、德（阳）乐（山）高速，简称“十高速”，总里程约为 620 公里。“十二五”期间，乐山将建成乐（峨）雅、乐自、绕城高速，开工建设乐汉、仁沐新高速。到“十二五”末，全市高速公路通车里程达到 236 公里，基本形成以乐山主城区为中心的放射型高速公路网，形成与成都、川南、康藏经济区相连的快速大容量出境通道条，并通过绕城高速实现互联互通。次干线公路的布局主要框架为“三纵、三横、一环”，规划末期全部达到一级或二级公路标准。全市次干线总里程为 1350.8 公里，其中一级公路 573.5 公里，二级公路 777.3 公里。“十二五”期间，围绕“三区联动、拥江发展”的大城市发展思路，建成乐山－五通、乐山－沙湾、乐山－峨眉城市干道，形成“两翼展开、拥江发展”的城市干道主骨架和夹江－峨眉－沙湾－五通－井研－夹江公路外环线。

农村公路：“十二五”期间估算投资 81.5 亿元，其中，改建县、乡道路共计 1140 公里，估算共投资 38.1 亿元；新、改建通村公路 8895.1 公里，估算投资 35.6 亿元；计划完成农村公路安保工程项目累计 1618 公里，估算投资 2.9 亿元；完成新建桥梁及危桥的加固共计 8867 延米，估算投资 3.7 亿元，建设养护中心 12 个，投资约 1.2 亿元。

3. 铁路布局及目标

未来，乐山铁路规划有“五铁”，即成昆铁路新线、成绵乐铁路客运专线、成贵铁路、雅乐铁路、乐自泸铁路。“十二五”期间计划建成成绵乐铁路客运专线，开工建设成昆铁路峨昆段、成贵铁路。到“十二五”末，全市铁路通车里程达到 200 公里以上。

表 25-10　乐山港“十二五”建设目标

<table>
<tr><td colspan="4">航道规划：岷江乐山至宜宾航道里程 162 公里。岷江（乐山 - 宜宾）航电综合开发，按“以航为主、航电结合，兼顾防洪、供水、旅游、环保等综合利用”的原则进行。近期按“渠化上段、整治下段”方案实施。渠化乐山境内航道 81 公里，淹没重点滩险（群）18 处；以流量调节、疏浚、筑坝等方式整治龙溪口以下河段，整治重点滩险（群）9 处，使岷江航道乐山至宜宾达到三级航道标准，常年能通过 1000 吨级船舶，洪水期能通过 3000 吨级船舶。航道整治估算总投资 11.5 亿元</td></tr>
<tr><td colspan="4">船闸规划：岷江乐山至宜宾航道规划建成 4 个船闸，船闸有效尺度为：200 × 34 × 4.5 米（有效长度 × 有效宽度 × 门槛水深），其通过能力可以满足预测过坝运量的需要，并预留二线船闸</td></tr>
<tr><td colspan="4">航电梯级：岷江乐山至宜宾段规划建设老木孔、东风岩、犍为、龙溪口、古柏、喜捷 6 个梯级枢纽。由于受溪洛渡电站建设野生鱼类涉及岷江下段的保护影响，先期建设乐山境内 4 个梯级枢纽，总装机 164.54 万千瓦，估算总投资 444.05 亿元</td></tr>
<tr><td>老木孔梯级</td><td>东风岩梯级</td><td>犍为梯级</td><td>龙溪口梯级</td></tr>
<tr><td>位于五通桥境内，是岷江下游河段航电梯级规划的第一个梯级，距大渡河河口约 12.3 公里，回水里程 25.6 公里，初拟正常蓄水位 358 米，利用落差 10.5 米，装机容量 40.54 万千瓦，年发电量 17.23 亿度，估算总投资 123.56 亿元</td><td>位于五通桥区，是岷江下游河段航电梯级规划的第二个梯级，距大渡河河口 29.9 公里，回水里程 14.66 公里，初拟正常蓄水位 344 米，利用落差 7.0 米，装机容量 26 万千瓦，估算总投资 71.72 亿元</td><td>位于犍为县，是岷江下游河段梯级规划的第三个梯级，距大渡河河口约 50 公里，回水里程 18.1 公里，利用落差 12.5 米，装机容量 50 万千瓦，估算总投资 105.3 亿元</td><td>位于犍为县，是岷江下游河段梯级规划的第四个梯级，距大渡河河口 80.9 公里，回水里程 31 公里，利用落差 11.3 米，装机容量 48 万千瓦，估算总投资 143.47 亿元</td></tr>
</table>

4. 航空布局及目标

未来，规划新建定位为军民共用、旅游干线机场和成都双流机场备用机场的 4D 级乐山机场。机场跑道规模为 2800 米 × 50 米，能满足军用大型轰炸机和 B757 等所有民用 4D 机型起降。力争在“十二五”期间开工建设并建成投入使用，填补乐山航空运输的空白。

5. 水运布局及目标

未来，全面建成乐山港，形成利用岸线总长度为 1430 米，新增 50 个泊位，新增吞吐能力 273 万人次，2465 万吨（含集装箱），其中集装箱吞吐能力 140 万 TEU（国际标准箱单位）。“十二五”期间，开工建设老木孔、东风岩、犍为、龙溪口 4 个梯级枢纽和宜宾段航道疏浚整治，使航道等级由Ⅳ级提高到Ⅲ级，常年通行 1000 吨级船舶，丰水期通行 3000 吨级船舶。同时，建成乐山港老江坝作业区一期工程，形成集装箱 8 万标箱（件）杂货 142 万吨的年货运吞吐能力。同步建设港口集疏运网络，实现港口与岷江航道、公路、铁路、航空有效衔接，推动临港产业园区和物流园区建设。

五　产业体系：资源强力支撑发展的产业体系

（一）乐山经济变迁和特点

新中国成立后，乐山经济发展经历了经济建设起步期、“三线建设”经济调整期和改革开放后的经济稳定增长期三个阶段。

1. 经济建设起步期：收拾旧河山，建设新家园

新中国成立初期，乐山经济遭受严重破坏，因此建国初期阶段主要以恢复生产，重塑产业体系为主要目标。主要分三步走：第一步是 1950 ~ 1952 年。该阶段农业方面主要通过土地改革，实现耕者有其田的方式积极调动农民的生产积极性，使粮食生产快速增长。到 1952 年，粮食总产量 49.42 万吨，比 1949 年增长 25.0%，农民生活有所改善，农村安定。在城市建设和工业方面，全面启动生产，保障供给，平抑物价，城市经济出现生机。与 1949 年相比，1952 年工业生产增长 1 倍多，社会商品零售额增长 51.2%。同时，文教、卫生事业也有所发展。1952 年中小学在校学生 16.89 万人，比 1949 年增长 1.7 倍；卫生机构由 9 个增加到 77 个，病床位由 122 张增加到 509 张，卫生技术人员 634 人，比 1949 年增加 7 倍。社会秩序安定，恢复经济取得重大胜利，为社会主义经济建设奠定了基础。

第二步是 1953 ~ 1956 年，乐山基本完成社会主义改造，以生产资料工业和能源开发为主，工业建设起步，经济增长。1957 年 GDP2.14 亿元，比 1952 年增长 42.5%。这是乐山经济发展的第一个兴盛时期。

第三步是 1958 ~ 1962 年，乐山经济步入困难时期，发展遭受重创。1962 年 GDP 比 1957 年下降 50.2%，粮食畜产品大幅减少。1960 ~ 1962 年主要产品产量下降到 1952 年水平，其中水稻、油料等农产品产量甚至低于 1949 年，损失惨重。1962 年，认真贯彻执行中央“调整、巩固、充实、提高”的方针，农村经济开始回升，工业生产于 1963 年好转，到 1965 年，全市工农业生产恢复到 1957 年的水平，GDP 比 1962 年增长 48.6%，经济重新走向发展。

2. “三线建设”调整期（1966 ~ 1978 年）：调整产业结构，形成重工业格局

从 1966 年起，为贯彻中央关于“集中力量进行大‘三线建设’”的战略部署，全国各地陆续有 20 多个内迁单位到乐山选址迁厂。至 70 年代中期，共建成大中型重点工程 15 个，乐山境内有了第一批具有现代工业生产技术和科研水平的大中型重点企业。如东风电机厂、峨眉铁合金厂、乐山造纸厂、长征制药厂、乐山轧辊厂等。此外还有西南物理研究所、矿产资源综合利用研究所、峨眉半导体材料研究所等高科技研究机构和核工业军工企业进入乐山。

为适应“三线建设”需要而兴建的龚嘴水力发电站于 1971 年末第一台机组建成发电，1978 年全部建成投产，总装机容量 70 万千瓦。为“三线建设”服务的重点工程峨眉水泥厂，1970 年投产，是当时亚洲最大的湿法生产水泥生产企业。

在“三线”建设带动下，建材、食品等地方工业快速发展。1975 年，全市 GDP7.02 亿元，比 1965 年增长 1.8 倍，第二产业占 GDP 的比重为 44.5%，超过第一产业，由“一二三”结构转化为“二一三”结构，工业占 GDP 的比重为 39.5%，比 1965 年上升 16.3 个百分点。产业结构发生重大变化。在工业总产值中，1970 年前，乐山以轻工业为主（除 1958 ~ 1962 年“大跃进”外），1970 年重工业比重超

过轻工业达52.0%，1970年至80年代中期，重工业比重达60%～70%。

农业生产稳步增长，农业生产条件大大改善。农村大规模开展以兴修水利设施为重点的农田基本建设，修建水库，改田改土；实行机械化操作；扩大普及使用化肥，推广优良品种。1978年，粮食总产量95.94万吨，比1965年增加38.8万吨，增长67.9%；猪牛羊肉产量4.99万吨，比1965年增长1.2倍。

3. 改革开放高速发展期（1978年至今）：经济快速发展，铸就新辉煌

1978年，党的十一届三中全会决定全党以经济建设为中心，实行改革开放，西部大开发政策又为乐山经济社会发展注入了强大的活力，使乐山经济社会事业进入了一个大发展时期，经济实力不断增强，2011年，乐山市全年实现GDP 918.06亿元；产业结构不断调整，三次产业构成由1978年的33.2∶45.8∶21.0调整为12.5∶61.8∶25.7；城乡人民生活水平显著提高，农村居民收入水平由1978年的112元提高到2011年的6670元，城镇居民人均可支配收入17644元。

（二）乐山农业

乐山市是四川省重要的农业经济区域之一，农业开发历史悠久，是四川重要的农产品生产和加工基地，拥有四川唯一的国家农业科技园区，主要农副产品的产量和商品销售量在四川省占有十分重要的地位。全市种植的主要粮油作物有水稻、小麦、玉米、红薯、马铃薯和油菜等；蔬菜作物种类齐全，品种丰富，尤其是西坝生姜、峨眉大蒜和峨边花（白）芸豆久负盛名，远销省内外、出口国外；茶叶为我市的主要产业，形成了“竹叶青”、“峨眉山雪芽”、“仙芝竹尖”、“一枝春”五朵金花企业，分获多项国际金奖，取得三个中国驰名商标，“峨眉山茶”、“犍为茉莉花茶”、“金口河乌天麻”是国家地理标志保护产品。全国有名的黄连、杜仲等中药材，远销国内外的食用菌、竹笋等；水果以柑橘类为主，热带、亚热带大部分落叶果树均有栽培。花卉主要有茉莉花及各种观赏花卉，年产值上亿元。农业开发潜力巨大。常年全市粮食总产量110多万吨，油料产量6.7万吨，茶叶产量6.6万吨，蚕茧产量143.7万公斤，水果产量40万吨，蔬菜产量192万吨，发展农产品加工生产具有丰富的原料资源。

1. 全方位农业改革

改革开放后，乐山农业在土地、金融、发展方式等多方面进行了体制机制的探索，大力推动了农业的发展。一是坚持家庭联产承包责任制不动摇。从1978年起开始的“水统旱包”等模式的探索，开启了乐山农村改革的新征程。实行家庭联产承包责任制，并先后实施了政社分开、撤社建乡工作；在土地承包期15年到期后，继续延长30年保持不变；全面完成农村税费改革工作；推进农村综合改革，统筹城乡经济社会发展，全面推进新农村建设。二是逐步形成多种方式并存的贷款方式，破解了农业发展资金不足的问题。为破解资金难题，乐山探索创新了农村资金融通机制，1986年率先创立了全省第一家农村合作基金会并不断发展壮大，1999年整体并入农村信用社，2000年以来又积极探索

农民专合组织、农业产业化龙头企业为其成员（农户）开展信用担保贷款，2007 年底全市各项农业贷款余额达 8.24 亿元。三是用规模化、产业化推动农业发展。从 20 世纪 90 年代起，乐山逐步探索形成了“三化一转移”的农村工作方略，农业生产从单纯追求“量”向追求“质量并重”转变，林竹、畜牧、茶叶、蔬菜、中药材等五大优势产业初具规模。大胆探索创新基层党组织对农村工作领导方式，大力开展“支部加协会，农民得实惠”工作模式，充分发挥基层党支部的战斗堡垒作用，得到党中央的充分肯定并在全国推广。2003 年被农业部列为全国 6 个农民专业合作经济组织综合试点市之一，全市 41 个省级、16 个市级社会主义新农村建设扎实推进。一系列改革，极大地激发了广大农民的热情，解放了农村社会生产力，推动了农村经济社会迅速发展，到 2010 年末全市实现农业增加值 100.08 亿元。

2. *产业化基地推进特色产业发展*

乐山市政府坚持科学发展观，大力促进农民生产方式的转变，以农业产业化、组织化、标准化大力推进农业发展，围绕茶叶、林竹、畜牧、蔬菜、中药材五大主导产业扩大特色农业基地规模，进一步以规范化、标准化的农业发展模式，提升农业产业化水平，进一步壮大企业规模，推广新品种、新技术，创造乐山特色品牌，同时有效转移农村富余劳动力。“十一五”末，乐山市农业产业化种植业基地达到 590 余万亩，其中茶叶基地 105.8 万亩，蔬菜基地 89 万亩，中药材基地保持 27 万亩，工业原料林基地 400 余万亩。农业企业和产品方面，乐山市现有 4 家国家级农业产业化经营龙头企业、9 个全国农民专合组织示范单位通过认定，16 个国家级农业标准化示范区、4 个省级产业基地强县获准建立，7 个国家地理标志保护产品（农产品）、59 个有机食品、48 个绿色食品通过认证，4 个中国驰名商标、2 个中国名牌农产品。农村富余劳动力转移就业规模由 63.5 万人扩大到 95.3 万人。集中连片建设新农村，11 个示范片、207 个示范村建设初见成效。

2011 年乐山市农业产业化带动主体新增 341 个、达 3184 个，市级以上龙头企业实现销售收入 158 亿元、增长 12%。农村富余劳动力转移就业规模 97.9 万人、新增 2.6 万人，实现劳务收入 79.6 亿元、增加 10.9 亿元。发展各类农民专合组织 110 个、总数达 1061 个，全市农业产业化经营带动农户面达 55%，较去年提高 5 个百分点。

3. *农业产业布局区域特征初显*

乐山现已形成“三梯度，四区域”的农业产业发展格局。“三梯度”是指乐山地区农业生产呈现梯度式分布，第一梯度地区是犍为、井研、市中区、峨眉、夹江；第二梯度地区是沙湾、五通桥、沐川；第三梯度地区是峨边、马边、金口河。“四区域”是指，农业布局的区域特征已初步突显，目前已基本形成了四大农业区域。以优质粮食产业、畜牧业和水产业为主导，特色效益农业为辅助的北部平坝地区和东部农业拓展区；以发展畜牧产业为主导，特色效益农业为辅助的东部丘陵低山区；以发展草食类畜牧产业为主导，生态特色农业为辅助的西南山区。

图 25-5 “十一五”期间乐山市第一产业发展情况分析

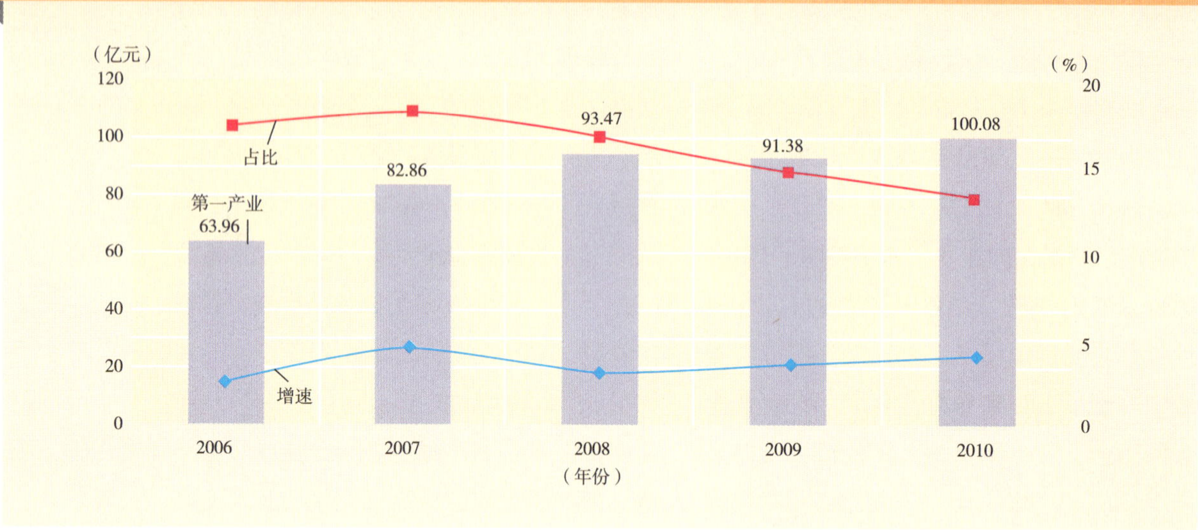

4. 乐山农业存在的问题

乐山农业发展过程中存在以下问题：一是土地资源禀赋不足。耕地是农业，特别是粮食产业发展最基本、最重要的要素。乐山市现有耕地面积 15.02 万公顷，比 2005 年减少了 0.05 万公顷，2008 年人均耕地面积仅为 0.67 亩，低于全省 0.67 亩的平均水平，且高产的耕地面积比重还比较低。二是农业产业化尚未形成。产业化是市场经济发展的必然结果，也是产业进一步扩大提升的重要途径。农业产业化主要是依靠龙头带动，发展规模经营，实行市场牵龙头，龙头带动基地，基地连农户的产业组织形式。乐山市农业产业化程度还有待提高，主要表现为“三缺”，即缺具有带动作用的龙头企业，截至 2010 年，乐山全市有市级以上龙头企业 119 家，实现销售额 85.6 亿元，但还不及发达地区一家国家级龙头企业的销售额；缺规模，一村一品、一乡一业尚未形成规模，尤其是畜牧业还没改变以一家一户养殖为主的面貌；缺品牌，乐山市农产品品牌较少，省级以上仅 12 个，真正较有影响的知名品牌更少。三是农业生产技能不高。现代农业在考虑外界自然环境的同时，更需要通过现代化的方式推进农业的发展，因此对于农业技能的要求也不断提升。但是由于大部分农业高技能人家出外务工，现阶段留在农村的从业人员大多是老人、小孩和妇女，而且文化水平较低，在新技术、新技能、新机械的学习使用方面，明显不适应形势发展的要求。四是综合生产能力不高。要实现农业产业化、规模化以及亩产的高效化，就要摆脱“靠天吃饭”的局面，要不断增强农业的基础设施建设，但是乐山农业基础设施还处于比较薄弱的情况，有效灌面仅占耕地面积的 64.7%，尚有近 80 万亩耕地无灌溉设施保障，抵御自然风险能力较弱，造成乐山粮食、花生等农作物亩产较低（2010 年乐山粮食亩产仅为 4725 公斤 / 公顷，明显低于全省 5250 公斤 / 公顷的标准，花生仅为 2145 公斤 / 公顷、明显低于全省 2370 公斤 / 公顷的标准），农业“靠天吃饭”的局面未能根本解决。

（三）乐山工业

1. 处于绝对支配地位的乐山工业

乐山是四川重要的工业城市，是四川省重要的能源、原材料基地，交通便利、水电等带动工业发展的能源丰富，是国家部署的工业发展和国防建设的重点区域。乐山工业门类齐全、发展基础较好，改革开放前依靠国家大规模投资和区外生产要素的推动，就培育壮大了一批大中型骨干企业和国防科研机构，形成了以重化工、冶金建材、能源等为主导产业的传统工业体系。改革开放后，特别是国家西部大开发十年，在国家政策的推动下乐山工业有了突飞猛进的发展，工业总产值进一步扩大，产业结构进一步调整，特别是高新技术和先进工艺的应用，企业技术和装备水平的改造提升，特色产业蓬勃发展，2011 年乐山全年全部工业增加值 534.31 亿元，比上年增长 20.8%，占全市 GDP 的 58.2%，拉动经济增长 11.6 个百分点，对经济增长的贡献率达 72.5%。规模以上工业企业 614 户，规模以上工业企业增加值增长 23.5%，产品销售率 96.31%。工业也成为经济发展中对于全市经济发展贡献最多的产业。

2. 集群发展推动优势产业

多年来，乐山以产业集群的模式推动优势产业发展，已经逐渐形成了电子信息、新能源、现代装备制造、冶金建材、盐磷化工、农产品加工六大特色鲜明、发展势头迅猛的产业集群。2011 年，六大产业集群实现销售收入 1079 亿元。乐山是中国硅材料研发生产的发源地，具有 40 多年的历史，是全国唯一一个持续 40 多年不断从事半导体硅材料科研研发、试制生产的地区，多晶硅及太阳能光伏产业具有较强竞争优势，2011 年多晶硅产能 10460 吨、光伏电池片（太阳能硅片）产能 435 兆瓦，成功创建为国家硅材料开发与副产物利用产业化基地，围绕五通、犍为、高新区发展的多晶硅产业集群已经初步形成。冶金建材是乐山的传统优势产业，已建成西部最大的水泥、不锈钢、建筑陶瓷生产基地，目前乐山的不锈钢、建筑陶瓷产业规模居西部第一。盐磷化工是乐山的资源优势产业，企业集群和循环经济产业链基本形成，正努力建设西部一流的盐磷化工产业基地和循环经济示范区。

3. 产业园区成功显著

园区是乐山发展工业相关产业的重要载体，是工业研发创新和生产制造的重要区域，为产业树立、增强产业链创造了良好的外部环境。经过多年的园区发展和建设，目前，全市建成产业园区（工业集中区）12 个，规划面积 194.08 平方公里，现已开发面积 61.96 平方公里，其中乐山高新区为国家级高新技术开发区，夹江经济开发区为省级经济技术开发区，乐山高新区、五通桥盐磷化工循环经济产业园区、峨眉山市工业集中区、沙湾冶金建材产业园、夹江经济开发区 5 个园区被省政府确定为“1525”重点培育百亿园区。现有入园企业 865 户，其中规上企业 336 户，规下企业 529 户。2011 年园区基础设施投入完成 16 亿元，园区主营业务收入首破千亿元，达1010亿元，园区工业集中度达65%。五通桥盐磷化工循环经济产业园区、峨眉山市工业集中区先后跨入“百亿园区”行列，沙湾冶金建材产业园区主营业务收入突破200亿元。依托园区初步形成了三大板块集聚区，即以乐山高新区、乐山市工业集中区、峨眉工业集中区为代表的电子信息（物联网）、新能源、现代装备制造、现代物流等新兴产业集聚区；以沙湾冶金建材产业园区、夹江经济技术开发区为代表的冶金建材产业集聚区；以五通桥盐磷化工循环产业园区、犍为工业集中区、井研工业集中区为代表的盐磷化工产业集聚区。

（四）旅游支撑的服务业

1. 服务业发展现状评析

近年来，乐山市加大对于服务业的重视，产业规模有所增加。“十一五”期间，乐山市服务业取得了历史性的突破，2006年服务业增加值首次突破了百亿元大关（102.12），服务业增加值由2005年的89.87亿元增加到2011年的276.3亿元，服务业增加值翻两番以上。但是整体规模在全省仍然处于较低水平，2011年乐山市服务业增加值在全省排名仅为第九位，在川南经济区五城市中也低于泸州市和宜宾市、排名第三，服务业规模还有待进一步提高。从服务业在全市产业结构中的地位来看，乐山服务业的比重还有待提高，服务业在乐山产业体系中的比重仍然不高，2011年乐山服务业比重仅为25.7%，低于全省平均16.5个百分点，且比2005年下降了3.5个百分点。从就业人口来看，服务业成为吸收就业人口的主要渠道。”十一五”期间，乐山市各级政府把发展服务业作为吸纳就业、促进劳动力在产业间转移的主要渠道。采取切实有效的措施，努力拓宽服务业发展领域，积极鼓励和引导就业人员进入餐饮、居民服务等劳动密集型行业，不断增加就业岗位，缓解社会就业压力。2010年，乐山市服务业从业人员达到71.28万人，比2005年增加12.11万人，“十一五”期间服务业平均每年为社会新增2.42万个就业岗位，年平均增长4.14%，服务业从业人员占全社会从业人员比重，由2005年的27.92%提高到2010年的32.02%，提高了4.1个百分点，服务业成为解决社会就业的主要渠道之一，为缓解就业压力，维护社会稳定做出了积极贡献。

2. 向现代服务业过渡的产业结构

近年来全球服务业发展出现了两方面的新趋势，一方面与制造业相关的研发、咨询等生产型服务业成为世界服务业发展的主要方向；另一方面，随着新技术、互联网的普及，传统服务业出现了新的业态。“十一五”期间，乐山市不断调整服务业产业的发展方向，乐山服务业逐步形成了以传统服务业发展为支撑，以现代服务业快速增长的发展新格局，服务业发展质量得到不断的提升，服务业正从传统向现代渐渐过渡。2010年，以交通运输和仓储邮政业、批发零售、住宿餐饮业、公共管理和社会组织、居民服务和其他服务业为代表的五大传统行业共实现增值112.17亿元，占服务业比重为55.7%，比2005年上升了2.89个百分点，除居民服务和公共管理组织外，其他三个行业年平均增速比“十五”分别下降了0.22、0.31、2.51

个百分点。比重虽有所上升，但增速放缓，传统服务业发展呈减速趋势；以租赁和商务服务业、文化、体育和娱乐业为代表的现代行业比重年平均增速比“十五”分别提高 2.66、2.36 个百分点，比同期服务业年平均增速 12.54% 分别高 1.64、1.3 个百分点，现代服务行业呈增长提速趋势。

具体到重点产业来看：现代流通业提质扩面，2011 年乐山实现社会消费品零售总额 293.30 亿元，建设投用了家居建材、汽车销售、农产品批发等专业化市场，沃尔玛、北京华联、重庆百货等知名零售企业落户乐山，本土商贸连锁企业快速发展，“万村千乡”农家店、新农村现代流通服务网点遍及乡村。金融业发展取得突破，4 家股份制银行在乐山设立分支机构，村镇银行、农村商业银行应运而生，2011 年末全市金融机构本外币各项存款余额为 1036.15 亿元，比年初增加 161.41 亿元，增长 18.5%；各项贷款余额为 696.12 亿元，比年初增加 108.46 亿元，增长 18.5%。年末全市居民储蓄存款余额 633.95 亿元，比年初增加 110.73 亿元，增长 21.2%。

3. 世界遗产支撑旅游发展

乐山市旅游资源丰富独特，既有缤纷的自然资源，又有历史久远的人文资源，旅游业作为传统的优势产业，一直成为乐山服务业中一大亮点。“十一五”期间，乐山市克服了金融危机和地震对于旅游业的严重影响，仍然保持高速增长，除 2008 年外，都以高于 20% 的增速增长。2010 年，全市接待国内外游客 1677.72 万人次，实现旅游总收入 146.82 亿元，同比分别增长 19.39% 和 32.06%。旅游总收入相当于全市 GDP 的比例为 19.7%。实现旅游业增加值 80.5 亿元，同比增长 31.96%。旅游业增加值占全市 GDP 的比重为 10.8%，占第

图 25-6　2010 年四川省内市州服务业增加值、占比

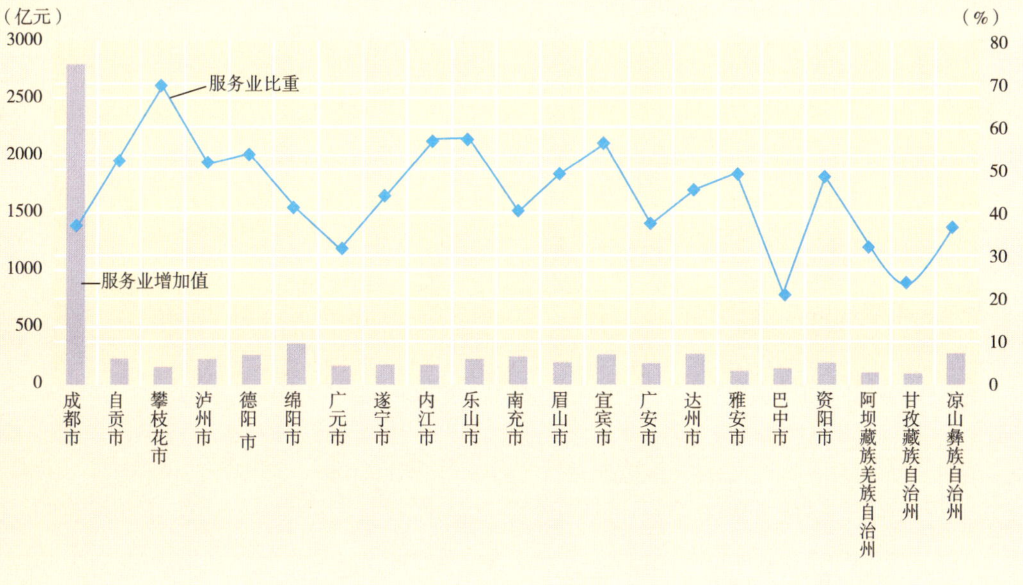

三产业增加值的比重为 40.0%，全市旅游经济总量位居全省第二位，仅次于成都市。

乐山旅游业结构特点与全省旅游业的结构特点类似，国内旅客依然占据乐山旅游市场的主导地位，国外游客市场正在高速发展。从旅游收入来看，国内旅游收入在旅游总收入中占有绝对主导地位。2011 年，全年接待国内外旅游者 2119.23 万人次，实现旅游综合收入 198.98 亿元，比上年增长 35.5%。其中，接待国内旅游者 2106.39 万人次，实现国内旅游收入 197.45 亿元，比上年分别增长 26.2% 和 35.5%；接待入境旅游者 12.85 万人次，实现外汇收入 2357.2 万美元，分别增长 58.5% 和 49.2%。

峨眉山－乐山大佛是国内著名的佛教圣地，在全省 5 家 5A 级旅游景区中占据两席。乐峨旅游线已成为国内重要的“宗教朝圣”、“世界遗产”旅游线和省内最成熟的黄金旅游线路。2011 年峨眉山－乐山大佛景区接待游客 592.87 万人次，实现门票收入 53078.87 万元，同比分别增长 18.49% 和 26.42%，景区接待人数占全市接待总人数的 27.8%。截至 2011 年底，全市建成国家 A 级旅游景区 16 个，旅游星级饭店达 34 家，市旅行社 38 家，全市乡村旅游点 995 家，其中省级星级乡村旅游点 53 家。

未来布局：“十二五”期间，乐山旅

表 25-11　“十一五”期间乐山市服务业内部行业 GDP 情况分析

行业	占 GDP 比重（%）		“十五”平均增速（%）	“十一五”平均增长（%）	增幅
	2005 年	2010 年			
租赁和商务服务业	3.55	3.63	11.52	14.18	2.66
居民服务和其他服务业	5.08	5.12	11.48	13.84	2.36
文化、体育和娱乐业	0.66	0.67	11.66	13.88	2.22
公共管理和社会组织业	14.37	16.41	13.16	15.14	1.98
水利、环境和公共设施管理业	0.82	0.79	10.42	11.07	0.64
卫生、社会保障和社会福利业	4.02	3.60	11.12	11.21	0.09
教育	9.20	7.94	11.40	11.27	−0.13
金融业	9.68	10.23	12.54	12.39	−0.15
交通运输、仓储及邮政业	10.99	10.78	11.74	11.52	−0.22
科学研究、技术服务和地质勘查业	1.43	1.32	10.40	10.13	−0.27
批发和零售业	13.90	13.40	11.78	11.46	−0.31
房地产业	11.50	10.47	11.42	11.04	−0.38
信息传输、计算机及软件业	6.31	5.64	15.10	13.06	−2.04
住宿和餐饮业	8.47	9.99	16.38	13.87	−2.51

资料来源：《“十一五”乐山服务业发展分析》。

游发展按照“一区两线”进行空间布局，完善旅游产品体系和配套服务体系，使休闲度假旅游逐渐成为乐山旅游经济新的增长点。“一区”：指以国际化视野，将峨眉山－乐山大佛景区及其所依托的市中区、峨眉山市作为一个整体旅游目的地来建设、包装、推介和营销，打造成为集遗产观光、文化体验、会展商务、休闲度假于一体的国际一流休闲度假旅游区。“两线”：以保护生态环境为基本原则，积极开发集旅游发展和环境保护为一体的旅游项目，打造“夹江－沙湾－峨边－金口河自然人文生态风情游线”和“井研－五通桥－犍为－沐川－马边民俗文化特种体验旅游线”。

六　城镇体系：行政区划多样的城镇体系

（一）乐山城镇布局及现状

乐山市城镇体系按行政级别分为三级：乐山市区作为一级中心城市，其他各区、县（市）驻地为二级，普通建制镇为第三级，城镇以外另有乡及中心村，基层村三级。乐山辖区范围 1.3 万平方公里，包括 11 个行政市、区、县，辖 4 个区（市中区、五通桥、沙湾、金口河）、1 个县级市（峨眉山市）、4 个县（犍为、井研、夹江、沐川）和 2 个彝族自治县（峨边、马边），是四川省内行政区形式丰富的区域。地域分布上，乐山城镇主要沿岷江、大渡河、青衣江、马边河、峨眉河和主要交通线成昆线、成乐大件路、213 国道、105 省道等分布，以成昆线、岷江为主线，以乐山市中区为中心。

2011 年末，乐山中心城区人口增加到 115.5 万人，突破百万大关，其中非农业人口 52.1 万，达到大城市的标准。县区、城镇均为小城市和小城镇。其中峨眉山市非农业人口 18.2 万（包括绥山镇和已基本连片的胜利、符溪、峨山四镇），犍为县非农业人口 13.8 万。城镇人口达到 1 万～ 4

图 25-7　“十一五”期间旅游业综合收入及增速

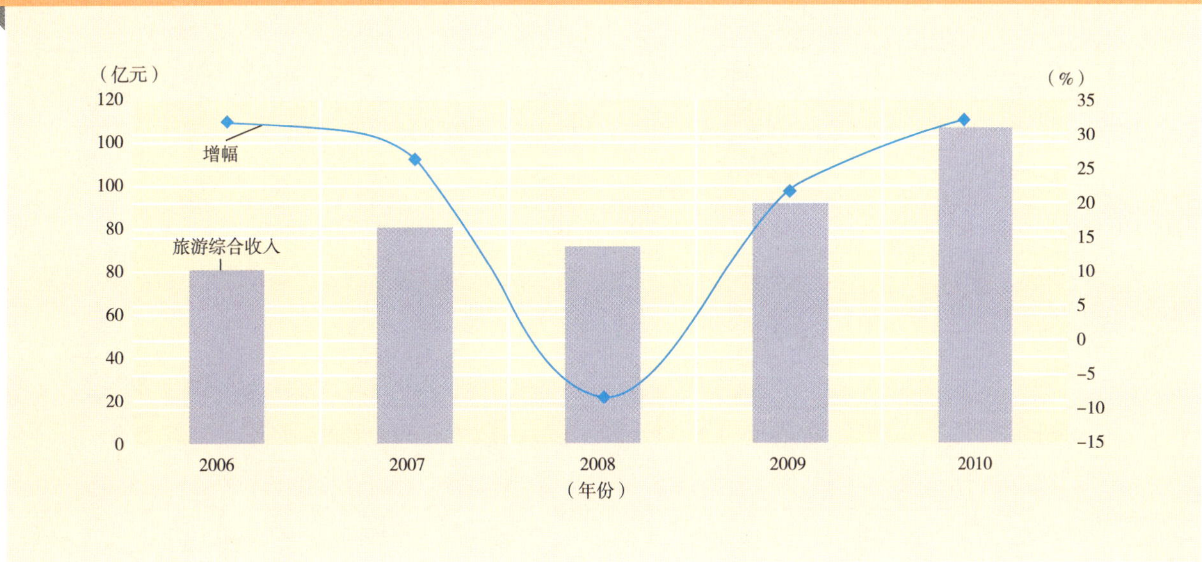

万的有峨边县、马边县和沐川县，夹江县城和井研县城的非农业人口为5万～10万之间。

（二）县域经济

1. 市中区

市中区是一座具有三千年历史的古城，古称嘉州，幅员825平方公里，辖10个乡15个镇，7个街道办事处，252个行政村，71个社区，总人口59.38万人，其中非农业人口30.03万人，是全国104个国家级历史文化名城和44个对外开放城市之一。市中区区位优势明显、基础设施完备、水陆交通便捷，成都经济圈内唯一的港口——乐山港位于区域范围内，125公里的成乐高速公路可以直达成都双流国际机场。市中区是乐山经济发展水平最好的区域，2011年，全区实现GDP193.48亿元，大次产业增加值占生产总值的比重为12∶62∶26，全社会固定资产投资实现121.48亿元，社会消费品零售总额完成89.42亿元，地方财政一般预算收入实现5.84亿元，农民人均纯收入7859元。市中区有乐山市唯一的统筹城乡改革示范区，是四川省粮食、蚕茧、蔬菜、瘦肉型猪和速丰生产林基地，拥有全国26个、四川唯一的一个国家级农业高科技园。服务业方面，乐山依托乐山大佛等优势旅游资源和产业基础，在发展旅游业、现代物流业、房地产和商贸业等方面具有特色。

2. 沙湾区

沙湾区幅员617平方公里，辖5个乡8镇，127个村，21个社区居委会，全区人口19万人。沙湾区交通便捷。成昆

表25-12　乐山市区县市行政区划

	区县名称	面积（平方公里）	街道和乡镇
市区	市中区	825	辖10个乡15个镇，7个街道办事处，252个行政村，71个社区，总人口59.4万人
	五通桥	474	辖1个乡11个镇，150个行政村，22个社区，总人口31.8万人
	沙湾	617	辖5个乡8个镇，127个村，21个社区居委会，全区总人口19.1万人
	金口河	598	辖4个乡2个镇，41个行政村，4个社区，总人口5.3万人
县级市	峨眉山市	1168	辖6个乡12个镇，253个行政村，274个社区，总人口43.44万人
县	夹江	749	辖11个乡11个镇，245个行政村，19个社区，总人口35.16万人
	沐川	1401	辖12个乡7个镇，196个行政村，15个社区，总人口25.79万人
	井研	841	辖17个乡10个镇，287个行政村，31个社区，总人口41.65万人
	犍为	1375	辖18个乡12个镇，350个行政村，38个社区，总人口56.97万人
自治县	峨边	2395	辖13个乡6个镇，1293个行政村，7个社区，总人口14.91万人
	马边	2383	辖18个乡2个镇，203个行政村，5个社区，总人口20.94万人

铁路、省道 103 线穿越全境，有 4 个火车站。公路总里程达 578 公里，铁路运营里程 40 公里。能源充足。区境内现有 3 个水电站和 1 个火电站，装机容量 143 万千瓦，年产煤 130 万吨，天然气已形成日供气 130 万立方米的能力。沙湾区旅游资源丰富。城区有被列为“全国重点文物保护单位”、“四川省青少年教育基地”、“四川省爱国主义教育基地”的郭沫若旧居；境内有国家级森林公园——美女峰森林公园，有首批全国工业旅游示范点——铜街子、龚嘴电站，有大渡河漂流等项目和范店“一线天”等自然奇观。沙湾是“名山、名佛、名人、名城”的重要组成部分，2003 年被列入“成都 - 乐山 - 沙湾 - 峨眉”三日游精品线路之一。2011 年，全区地区生产总值实现 120.5 亿元，增长 17.2%，增速连续四年居全市第一。规模工业增加值增长 25.2%，总量全市第一，增速全市第三；全社会固定资产投资完成 81.45 亿元，增长 29.8%，总量全市第四；地方财政一般预算收入实现 4.6 亿元，增长 27.2%，总量全市第三；社会消费品零售总额实现 14.89 亿元，增长 17.9%；城镇居民人均可支配收入实现 18270 元，增长 15.8%；农民人均纯收入实现 7320 元，增长 20.6%；全区工业化率达 78.6%，城镇化率达 44.25%，沙湾区是乐山的工业重镇，有中国西部最大的不锈钢生产加工为主的冶金建材基地，以龚嘴、铜街子、沙湾电站为主的能源基地，以中外合资乐山斯堪纳机械制造有限公司为主的机械制造大次产业基地。

3. 五通桥区

五通桥区幅员面积 474 平方公里，以丘陵地带为主，辖 1 个乡 11 个镇，150 个行政村，22 个社区，总人口 31.8 万人。矿产资源方面，五通桥主要以煤、盐卤、沙、砾石、页岩为主，零星分布石灰石。五通桥区工业发展历史悠久，是四川重要的工业基地，四川省化工基地，轻工部十大原料基地之一。经过多年建设和发展，五通桥区工业已经形成机电产品加工、盐化工、畜产品加工三大特色优势产业。农业主要以生产水稻、玉米、红苕、小麦为主，并种植红柑、蜜桔、椪柑、杂柑、柚类、脐橙等 20 多种水果。2011 年，五通桥实现地区生产总值 107.74 亿元，三次产业结构比重为 9.0∶74.8∶16.2。

4. 金口河区

金口河区原属峨边彝族自治县第二区，幅员面积 598 平方公里，以山地面积为主，辖 4 个乡 2 个镇，41 个行政村，4 个社区，总人口 5.3 万人，其中彝族人口大约有 5000 余人。2011 年全区生产总值 23.87 亿元，人均 GDP 48525 元；三次产业结构为 5.8∶80.4∶13.8；三次产业的贡献率分别为 5.82%、80.44%、13.74%；分别拉动 GDP 增长 0.2、-0.3、0.3 个百分点。工业是金口河区经济中的支撑产业，2011 年金口河区工业实现增加值 17.9 亿元，工业发展主要依托金口河区突出的资源优势和水利资源，发展以工业硅、黄磷、铁合金等资源为主的冶炼、化工产业和水电产业。农业主要发展天麻、银杏茶、食用菌等特色农业。

5. 犍为县

犍为县是乐山境内面积最大的非自治县，幅员面积 1375 平方公里，辖 18 个乡 12 个镇，350 个行政村，38 个社区，总人口56.97万人。犍为县位于乐山市东南，乐、宜、凉、自四市（州）接壤处；处于成渝经济区区域规划“沿长江发展带”主轴，是成都经济区的南翼门户、川南经济区的腹心、攀西经济区的前沿和乐山大城市的副中心。犍为县内矿产和水能资源丰富，矿产种类主要包括天然气、煤、岩盐、石灰石、石英砂、陶土、石油、铜、铁、砂金、硫磺、钟乳石、泥岩、红色页岩、铝凡土和石膏等，水能资源主要依托岷江及马边河为主干形成，境内目前水能资源已开发利用3.088万千瓦。经济方面，2011年犍为县地区生产总值91.6亿元，三次产业结构为19.4∶57.6∶23。工业方面初步形成了盐化工、林浆纸两大产业链条及能源、机械、优势农副产品加工大次产业；农业方面主要以林竹、畜牧、劳务输出三大支柱产业和茉莉花、茶叶、犍为姜特色产业为支撑。第三产业方面主要发展以“嘉阳小火车—同兴桫椤湖—蜀南茉莉香都—清溪古镇—犍为文庙精品旅游环线，罗城古镇、新民温泉两大景点”（即：一环线两景点）为核心的特色旅游和以商贸流通为主的生活服务业。

6. 井研县

井研县位于四川盆地西南部，幅员面积841平方公里，辖17个乡10个镇，287个行政村，31个社区，总人口41.65万人。井研县以井煮盐产丰富优质闻名，得名井研。井研的岩盐资源十分丰富。国家地质普查表明：西部地区最大的威西盐矿就在井研。井研县内的岩盐有埋藏浅、储量多、易开采、纯度高的特点，县内岩盐存储量达100亿吨，占威西盐矿总储量的57%，矿区面积达600平方公里，盐层平均厚度达到14米，属一级矿产品位。另外还有储量丰富的页岩、石灰岩、天然气和煤炭资源。井研县交通畅通，乐自高速、213国道、305省道贯穿全境。井研县坚持“融入成乐、‘两化’互动、城乡统筹”的战略方针，打造“宜居宜业、三产融合”的乐山东部门户，大力实施特色品牌农业，建成全省畜牧经济强县和现代农业示范区。坚持“工业强县”战略，主要发展新兴产业、农产品加工、纺织服装、盐磷化工、机械制造五大产业集群，打造四川畜产品重要加工基地、纺织工装面料生产基地和乐山盐磷化工基地。2011年实现地区生产总值57.60亿元，三次产业结构达28.06∶49.66∶22.28。

7. 夹江县

夹江县地处乐山北大门，辖区面积749平方公里，辖11个乡11个镇，245个行政村，19个社区，总人口35.16万人。夹江县是著名的中国西部瓷都，有储量丰富的页岩资源，更是名扬四海的中国书画纸之乡，竹纸制作技术列入国家首批非物质文化遗产。2011年夹江县实现地区生产总值88.10亿元，三次产业结构达17.05∶56.89∶26.06。夹江产业以工业为骨干，陶瓷墙地砖产业是其优势产业，已形成百亿陶瓷产业集群。水泥、机砖、玻璃、油毡、土陶、粮油茶叶加工为其传统产业，夹江豆腐乳、夹江国画纸是其名牌产品。农业坚持“一主两优三特色”的发展思路，发展优质茶叶、优质猕猴桃和独具特色的林下养殖、道地中药材、大鲵养殖。夹江县交通畅通，青衣江贯穿全境，道纵省道305线、103线、成昆铁路、成乐高速、乐雅高速穿境而过。

8. 沐川县

沐川县位于四川盆地西南边缘，地处长江上游岷江、大渡河、金沙江之间的腹心地带，是长江上游的生态屏障和水源涵养区。国道 213 线、省道 103 线穿越全境，乐宜高速崎境而过。幅员面积 1408 平方公里，辖 12 个乡 7 个镇，196 个行政村，15 个社区，总人口 25.79 万人。全县森林覆盖率 77.34%，沐川被誉为“绿色明珠”，是全国山区综合开发示范县、全国生态文明示范工程试点县、四川省无公害基地县和四川省农业产业化试点县。沐川县走生态强县路子，近年来经济和社会各项事业取得了长足发展。2011 年，全县 GDP 实现 40.42 亿元，财政总征收 7.4496 亿元。沐川县主要有“林浆纸、竹木板材、磷煤化工、生态农产品加工”四大支柱产业。

9. 峨边县

峨边彝族自治县位于四川省西南部，是一个由彝、汉、回、满、藏、壮、苗、白、维吾尔、土家、布依等 21 个兄弟民族组成的大家庭，幅员面积 2395 平方公里，13 个乡 6 个镇，1293 个行政村，7 个社区，总人口 14.91 万人，彝族和汉族是主体民族，占人口总量的 89%，其他有回、藏、蒙古、维吾尔、土家、苗、壮、布依、白、朝鲜、满等 19 个民族约占 0.11%。彝族分布在彝族聚居乡镇及大堡、沙坪、毛坪、新林、杨村等 8 个乡镇，约占人口的 33.12%。多年来峨边县坚持在《民族区域自治法》的规定范围内，制定自治法规和政策，以优越于其他地方的特殊优惠政策，吸引境外资金、技术和人才，助推民族经济发展，2010 年峨边县实现地区生产总值 20.94 亿元，三次产业结构 14.84 : 58.28 : 26.88。峨边县农耕地有机质含量丰富、土层厚且肥沃，林业发达，主要按照“5+2”绿色生态产业结构发展，盛产茶叶、核桃、花椒、藤椒、花白云豆、白菜、宜坪萝卜、雪山豌豆、杨村贡米（红花香米）、勒乌洋芋，同时配以林业开发。峨边县矿产资源丰富，工业方面，坚持凸显资源优势的特点，以磷化工、煤化工、白云石开采及金属镁等为重点，实施资源综合开发招商；以工业硅、电石、钾长石等深加工及下游产品为重点，实施产业链延伸招商；以生物质能源发电、稀土产品深加工等为重点，实施新兴产业招商，推进电冶工业规模壮大、转型升级。旅游业主要挖掘峨边县的民族特色和黑竹沟自然资源发展。

10. 马边县

马边县位于四川盆地西南边缘小凉山区，地处乐山 、宜宾 、凉山三市州结合地区，马边县幅员面积 2383 平方公里，辖 18 个乡 2 个镇，203 个行政村，5 个社区，总人口 20.94 万人，其中彝族占 37%。马边资源丰富，有磷 、铅锌 、铜等多种矿产资源，其中磷矿储量 24.8 亿吨，列全国八大磷矿第四位，是乐山市磷化工基地。县境内有大小河流 226 条，水能理论蕴藏量 50.6 万千瓦，可开发利用 30 万千瓦。农业方面，马边县依托优势资源，运用产业化方式，初步形成了林业、茶业、畜牧业三大主导产业。工业方面，全县形成以电力、林业和磷化工业为主体的民族工业产业体系，电力、磷化工业、农副产品深加工成为推进县域经济的“三大支柱产业”。服务业主要依托马边大风顶自然资源和明王寺彝族悬托石佛、珍贵的石梁站佛、荞坝古镇吊脚楼、三国古战场遗迹石仗空等历史文物景点发展旅游业。2011 年马边县实现地区生产总值 22.42 亿元，三次产业产业结构达 26.57 : 44.48 : 28.96。

11. 峨眉山市

峨眉山市是乐山市辖区内唯一的县级市，位于四川盆地西南边缘，东北与川西平原接壤，西南连接大小凉山，全市城镇化率 48%。峨眉地处亚热带，气候温和，雨量充沛。年降水量为 1750 毫米左右，全年日照仅 750 小时左右，空气相对湿度在 80% ~ 90% 之间。市境内矿产资源丰富，以煤、铁、铜、页岩、石灰石、石膏、芒硝、花岗石、钾长石、矿泉水为主。多年来，峨眉山市通过各种方式推进经济发展，调整产业结构。2011 年，峨眉山实现地区生产总值 146.54 亿元，三次产业结构为 9.34 : 60.46 : 30.20。峨眉山市土地肥沃，雨量丰沛，以茶叶、白蜡、黄连见长，在乐山五大特色农业产业中，峨眉山市囊括了茶叶、蔬菜、中药材、畜牧为主的四大农业产业优势，“峨眉山茶”和“峨眉山雪魔芋”是地理标志保护产品，乐山已经建成了全国无公害茶叶示范基地和省级茶叶、蔬菜、食用菌、黄连、优质稻、食用竹笋无公害基地，是全国最大的草席生产基地和茶叶集散基地，峨眉山中药材享誉全国，尤以黄连、天麻、厚朴、泽泻、白姜、杜仲、朱砂莲等最为名贵，药用植物达 1645 种，占全省的 51%，是四川省主要的中药材生产基地，建成了全国黄连生产基地、全国中药现代科技产业（四川）基地，峨眉白蜡产量占全国的 1/2。峨眉山市是全国优秀旅游城市，市境内有世界自然与文化遗产、国家级风景名胜区和中国四大佛教名山之一——峨眉山，建成了大佛禅院，竹叶青生态茗园、仙芝竹尖生态茗园等一系列景点，丰富的旅游资源使旅游业成为支撑峨眉山市最重要的产业之一，旅游收入和人数不断增长，2011 年共接待游人 542.6 万人次，同比增长 20.2%，旅游综合收入 65.89 亿元，同比增长 32%。工业方面，水泥、铁合金、电解铝是工业的传统优势产业，新型石膏、铝材深加工、水饮料是重点打造的产业，峨眉山市还是乐山清洁能源产业集群建设的重要承载地。

（三）未来城镇空间和等级结构

成渝经济区把乐山列入国家重点发展区域，又逢乐山建设省级交通次枢纽的百年机遇，乐山市重新调整了未来城镇发展布局，制订了新的城市总体规划，在新的规划中乐山重新定位和增强了城市职能，乐山市的城市职能转变为重要的区域性的贸易、服务中心，生态文化旅游城市，现代产业技术基地，西部综合交通次枢纽和港口城市，生态宜居的山水园林城市，未来乐山市将形成“一群、四轴”的城镇空间结构。

“一群”：即乐北组合城市，由乐山中心城区、峨眉山市区、夹江县城、主要交通轴沿线的重要城镇组成的以乐山中心城区为核心的组合型城市。

“四轴”：乐自高速城镇发展轴；国道 213 城镇发展轴；省道 103 城镇发展轴；成昆铁路城镇发展轴。

建立“市域中心城市 – 县域中心城市 – 重点镇 – 一般镇”四级城镇等级结构体系。

市域中心城市指乐山市中心城区，是乐山市域发展极核。中心城区空间布局结构规划为：以嘉州绿心公园为中心，拓展东、北、西、西南、东南五翼，贯通山水，形成“山耸城中，城随山转，水穿城过，山水相映，融山、水、城于一体”的城市格局，以岷江、青衣江和大渡河为三条城市空间发展轴，以自然山体和永久性绿带分隔，形成“三江、三区、三带”的城市结构。三江：大渡河、青衣江和岷江。三区：嘉州功能区（商务文旅功能区）、沙湾功能区（制造业功能区）、五通桥功能区（临港产业功能区）。三带：田园生态风光带、都市农业示范带、生态涵养带。

县（市）域中心城市指峨眉山市、犍为县、井研县、夹江县、沐川县、金口河区、峨边彝族自治县和马边彝族自治县 8 个县城（市）区，是各自县（市）域的政治、经济、文化中心，带动县（市）域经济的发展。重点镇是市域中发展基础较优的中心城镇，规划市域共 25 个重点镇。一般镇是镇级区域的管理中心与商品集散地。

七　发展展望：走向大城市的辉煌未来

（一）以“大交通”带动推动经济发展

乐山是川西南重要的交通枢纽城市，拥有成都经济圈唯一的一个海运港口——成都港，这一先天的优势必将促使乐山成为未来推动成都经济圈以及整个四川重要的城市之一。因此，建立四通八达、结构合理、衔接流畅的“大交通”环境必将成为乐山未来经济推动的基础条件之一。

1. 坚持实施交通优先发展战略

乐山综合交通枢纽建设是一项长期的、艰巨的、系统的战略任务。乐山“两航、四铁、八高速、一枢纽”规划总投资 1500 多亿元，建设周期近 20 年，需要一届又一届党委政府持之以恒、坚持不懈的努力，因此，必须坚持交通优先发展战略。今后 5 年，是乐山市构建综合交通次级枢纽的关键时期，枢纽规划的关键项目将完工，建设任务十分繁重。乐山应从事关乐山乃至四川百年长远发展的大局出发，始终把交通建设提上重要议事日程，营造良好交通发展环境，强化领导，常抓不懈，扎实推进交通重大项目建设，尽快构建铁路、公路、水路、港口相配套，四通八达、覆盖全市的综合交通网络。

2. 突出抓好岷江航电枢纽和乐山港建设

岷江航电开发和乐山港建设是构建乐山综合交通枢纽的重中之重和核心项目，也是成都主枢纽建设的重要组成部分。岷江航电开发和乐山港建设前期工作进展缓慢。当务之急，一是重点协调督促中水、华电集团加快岷江四个梯级枢纽前期工作，确保年内开工建设；二是按照把乐山港建成为我国内河最为现代化的国际港口目标，聘请专家和设计单位高标准、高起点规划设计乐山港；三是引进有建港经验的专家和业主规划建设乐山港，实现合作双赢。

3. 创新交通建设管理模式

综合交通枢纽建设是一项集规划、建

图 25-8　乐山市城市总体布局

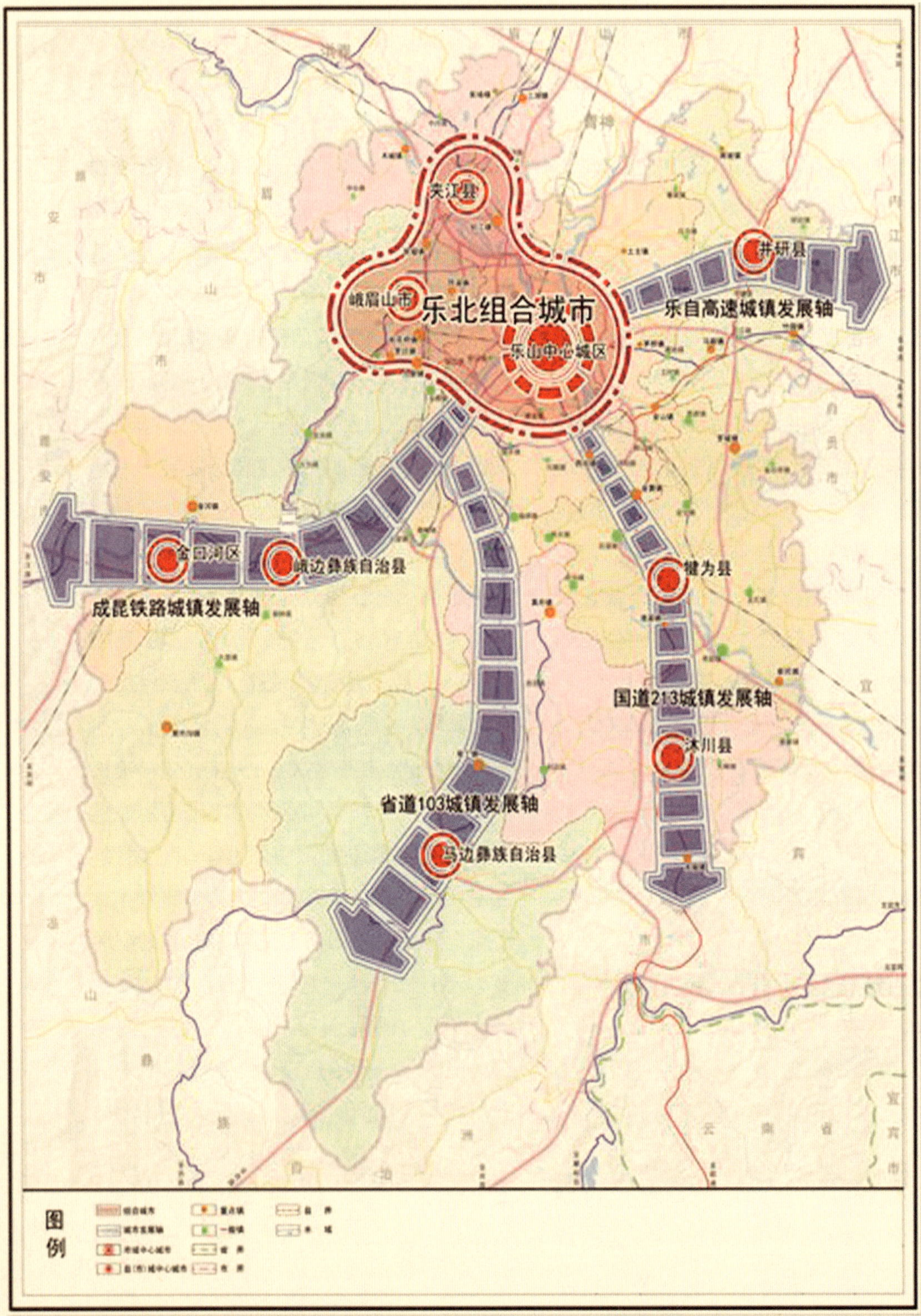

设、管理、运营于一体的系统工程，标准高，要求严，困难多，矛盾突出。只有明确目标任务，加强组织领导，强化政策支持，全民积极参与，才能确保交通建设顺利推进和实施。一要始终坚持质量第一思想，全方位、全过程重视工程建设质量，严格基本建设程序，严格质量技术标准，严格工程质量监管，确保建一条成一条，发挥交通建设最大效益。二要着眼于体制机制创新，优化交通资源配置，创新融资建设理念，拓展融资渠道，充分利用 BT、BOT 等建设方式，加快推进交通重大项目建设。三要着眼于适应交通信息化、网络化、现代化的发展趋势，积极推广应用新材料、新技术、新工艺，高标准建设、高质量管理、高效率运营，把乐山建设成为现代化的综合交通枢纽。

（二）完善社会保障水平

始终把社会事业发展摆在与经济建设同等重要的位置，优化财政支出结构，增加财政保障能力，积极推进公共服务均等化，教育、卫生、文化、体育等社会事业均衡发展，实现经济发展与社会进步相统一。

1. 全方位提升社会保障

在住房、社保两方面大力提升居民的社会保障能力。住房方面，针对低保户、低收入居民，增加公租房数量，加快棚户区改造。社保方面扩面提质，健全并推进城镇企业职工养老保险系统、农村养老保险体系和基础社会保障体系的建设，继续扩大农业医疗保险制度的覆盖面。

2. 加快发展社会事业

提升学前教育、小学、初中教育等教育水平，优化基础教育资源，推进基础教育公平化。根据乐山未来产业发展重点和经济发展需要，支持职业教育学校引进优势资源、创新专业学科，大力发展职业教育和高等教育。繁荣文体事业，大力发展卫生事业，全面做好人口和计划生育工作，重视妇女、儿童、老龄、残疾人事业，增强以上人群的保障水平。

（三）继续扩展区域合作和对外开放

继续坚持对外开放和区域合作双推进的方式，不断提升对外开放水平，把开放合作作为拓展发展新空间、增强区域竞争优势的有效途径，不断提高城市经济的总体发展水平。

1. “引进来”和“走出去”双路径提升开放水平

一方面，完善招商引资机制。继续强化政府推动企业招商为主导的招商引资机制，充分利用互联网，特别针对重点产业、重点区域，推行会展、网络、委托、驻地、中介组织招商等多种形式并存的招商引资方式。另一方面，努力扩大出口。针对国外市场的检测标准，建立能够符合国外出口产品标准的检测体系，提升产品在国际市场上的知名度，特别扶持一批能够开发具有自主知识产权、自主品牌的出口商品的企业，重点培育一批骨干出口企业。不断提升产品的质量，扩大高新技术、绿色无公害农产品等出口规模，提高出口产品层次和附加值。推进外贸经营主体多元化，巩固扩大东南亚和欧洲出口市场，拓展拉美、非洲及中东市场。

2. 不断拓展区域合作

推动与成渝经济区内周边城市的共建共享和共同开发，主动融入成都经济区、联动川南经济区、携手攀西经济区。积极融入泛珠三角区域合作，对接长三角合作，加强与东盟、环渤海区域和中部省市的合作。根据资源和产业链的结合度有选择性地建立友好城市。

3. 提高外资金规模和效率

根据产业重点，采用控投、参股、并购等方式多种方式，积极主动地承接国际、国内产业转移，充分发挥政策、土地、资源、劳动力等方面优势，积极引进国内外资本、技术及各类要素进入传统产业改造、基础设施建设、新兴产业的发展。充分认识中小投资者的重要性、战略重点，注重引进中小投资者。积极争取和有效利用国际金融组织贷款。加快服务贸易领域利用外资步伐，进一步拓展外资利用领域。

（四）打造文化鲜明、布局合理、功能齐备的“双百”大城市

坚持城镇化发展战略，遵循城市发展规律，以建设“双百”城市为目标，推进城市发展方式转变，城镇布局方式转变，产业发展模式转变，把城市做大、做精、做美。

1. 构建科学合理的大城市骨架

一方面，针对旧城区格局一定、文化特色鲜明的特点，以保持城市的空间层次感和文化厚重感为原则，以改造、组团、再造的方式，重点保护修复提升“绿心”，打造三江水岸，并通过组团连线、建设快速干道的方式，在保持城市原有特殊风貌的同时，不断扩张城市规模、提升城市能级。另一方面合理规划再造新城，坚持城市规模扩张与功能提升并举，突出发展高新产业，打造临港产业新城；突出发展休闲旅游，打造峨眉河田园度假慢城。

2. 优化城市功能分区

为了进一步提升城市资源配置的效能，完善和特显城市功能和城市特色，规划建设五大功能区。以高新区和五通桥片区为重点，发展以电子信息、新能源、仓储物流、装备制造、盐化工为主的临港经济区；以中心城区为重点，发展以居住、商贸、休闲、娱乐为主的商务经济区；以峨眉河为重点，发展以旅游、度假、会展、文体、科教为主的田园度假经济区；以沙湾片区为重点，发展以冶金建材、机电制造为主的制造业经济区；以市中区城东片区为重点，发展以绿色农业、休闲农业、观光农业、特色农业为主的都市农业经济区。

3. 科学构建城镇体系

以中小城市为骨干、小城镇为基础，依托重要交通节点和通道，按照实施错位发展的原则，努力构建科学合理城镇体系。根据主体功能区定位，重点培育产业支撑强、地域文化特色鲜明、人居环境良好的特色县城。根据各个小城镇和中心镇原有的城镇特色和资源优势，重点规划建设一批旅游文化型、商贸带动型、工业主导型和综合服务型等各具特色的小城镇，提高城镇化率。

4. 全面加强城镇基础设施建设

继续加快城镇基础设施的建设，全面

提升城镇交通、通信、水电气、污水垃圾处理水平和防灾避灾等基础设施建设，为人民生产生活提供基本保障。全域性布局医疗机构，合理配置和建设教育、医疗、文化、体育、档案等公共服务设施，建立多方位的网络化平台，提升公共服务水平和促进公共服务均等化。继续完善公共绿地，构建生态良好、舒适宜居的生活环境，提升城镇集聚度。

（五）以“大产业”全面带动城市发展

良好的产业结构，优势明显的特色产业是城市经济发展的根本所在，乐山市的产业经过多年发展取得了显著的成效，产业结构进一步优化，特色产业优势初显，但是总体上来说，乐山产业发展还存在产业结构不合理，各个产业规模过小、特色不鲜明的问题。其中农业主要问题是规模过小、产业化程度不高、现代化水平不高，工业为集群效应不强、工业园区规模不够，服务业主要问题为比重过低、能级有待提高，因此通过进一步调整产业结构，运用信息化、现代化的手段扶持产业的大力发展。

1. 大力推进工业强市的发展战略

“十二五”期间，乐山市将坚持工业强市目标不动摇，以“两化互动、统筹城乡”为发展契机，实施大交通、大产业、大城市联动发展，坚定不移推进“双高”发展战略，推进新兴产业高端化、规模化，传统产业装备新型化和产品高端化，加快科技创新和产业结构调整步伐，力争“十二五”末，完成规模以上工业增加值总量超 1000 亿元、规模以上工业产值超 4000 亿元，培育超百亿企业 6 户、超千亿园区 1 个的发展目标，实现“规模总量、产业结构、科技创新、园区建设、百亿企业、企业融资”6 大新跨越，走出一条具有乐山特色的新型工业化跨越发展之路，把乐山建成现代工业强市、新兴产业大市。

2. 努力构建特色鲜明的现代农业体系

进一步增强乐山农业的基础设施水平，着力构建防洪减灾、供水保障、水生态环境保护和水利产业四大体系，有效提升农业的灌溉能力，减少自然环境对于农业发展的破坏。在优化农业机械结构的同时，重点定期组织针对农民、农业机械的培训，定期对农民进行辅导，提升农业机械，提升科技成果转化率和农业机械化对农业增长的贡献率。制定并严化农业耕地保护制度，建立完善的农业市场体系，推进农业标准化和信息化的建设，创新农业发展组织模式，形成以专业合作为主要形式的服务体系，提高农业的市场化、专业化和组织化程度。强化基地建设，根据《乐山市国民经济和社会发展第十二个五年规划纲要》，未来乐山市将立足资源和生态两大优势，以基地建设为载体，聚集土地、资金、人才、科技、信息等要素，发展壮大茶叶、林竹、畜牧、蔬菜、中药材等五大主导产业，建设“一都四基地”，形成优势明显的农产品基地。

3. 提档升级服务业

坚持突出重点、分类指导、全面发展的原则，不断壮大以旅游为重点的服务业规模，优化产业结构，提升产业能及，促

表 25-13　未来乐山市重点产业分布和目标

产业名称	区域范围	目标
茶叶	峨眉山市、夹江县、马边彝族自治县、峨边彝族自治县、沐川县、沙湾区	高起点抓好茶叶生产基地建设；以“生态＋有机”为特色，把“峨眉山茶”打造成中外驰名的区域品牌。到 2015 年，综合产值达到 100 亿元以上，基本建成“中国绿茶之都”
林竹	在市中区建设工业原料林基地；在犍为县、沐川县、马边彝族自治县、峨边彝族自治县、沙湾区、井研县等新建 19.6 万亩竹纤维林基地；在沐川县、马边彝族自治县、峨边彝族自治县等建设生物质能源林基地 20 万亩；在犍为县建设 10 万吨漂白竹浆纸、凤生纸业异地搬迁技改项目等；在沐川县建成 20 万吨高级文化纸、10 万吨高档生活用纸等项目；在井研县新建 10 万立方米竹制车用板材生产线	以天保和退耕还林工程为重点，抓好低产低效商品林改造，加快商用林竹基地建设。到 2015 年，综合产值达到 200 亿元以上，基本建成”全国现代林业建设示范基地”
畜牧	市中区、井研县、犍为县、五通桥区、沙湾区、沐川县等区县	推进标准化、规模化养殖基地建设，大力发展特色养殖。到 2015 年，综合产值达到 100 亿元以上，基本建成“全国现代生态畜牧经济产业基地”
蔬菜	以市中区为主，形成 35 万亩城郊蔬菜产业带；以峨眉山市、夹江县、五通桥区、犍为县、沐川县等县为主，建 50 万亩外销加工蔬菜产业带；以峨眉山市、峨边彝族自治县、马边彝族自治县、沐川县为主，建 15 万亩山地有机蔬菜产业带；在马边彝族自治县、峨边彝族自治县、金口河区等区县建脱毒马铃薯基地 16 万亩	以市场短缺品种和优质商品蔬菜为主，积极发展蔬菜制品，推广脱毒马铃薯种植。到 2015 年，综合产值达到 50 亿元以上，基本建成“成渝蔬菜重要供应基地”
中药材	中药现代科技产业（四川）基地	抓好中药材种植基地和中药材批发市场建设，加快发展现代中药产业链。到 2015 年，综合产值达到 20 亿元以上，基本建成“全省优质道地中药材种植基地”

进服务业持续、快速、健康发展。针对旅游资源优势明显，产业发展较为成熟的情况，较强旅游能及的提升，深入挖掘乐山旅游的人文历史资源，延展产业链，推动产业融合，大力推动旅游与文化、商贸、休闲以及其他配套产业的融合发展，重点发展旅游休闲、创新旅游产品等产业的发展，大力推进国际最佳旅游目的地的建设。支持商贸等传统服务业企业做大做强，一方面要构建特色商圈、大型商圈以及小型社区商业布局合理的商贸体系，另一方面要运用互联网手段创新商贸业态模式。对于物流、金融、商务等服务业重点产业要为其发展构建良好的外部环境，特别是重点培养一批具有高素质、高技能专业知识的人才。

参考文献

《乐山市志》，电子科技大学出版社出版。

《乐山服务业发展研究》乐山新闻网，2011 年 11 月 22 日。

《乐山：六十年艰苦创业 铸就辉煌》乐山市统计局网站，2009 年 11 月 5 日。

《乐山市情》，乐山市人民政府网站，2011 年 10 月 14 日。

《2012 年国家统计年鉴》。

《2011 四川统计年鉴》。

《2012 四川统计年鉴》。

《成渝经济区区域规划》。

《乐山市城市总体规划（2010 ~ 2030）》。

《四川省国民经济和社会发展第十二个五年规划》。

《乐山市国民经济和社会发展第十二个五年规划》。

《乐山市交通综合枢纽规划》。

第 26 章

眉山市：文化底蕴深厚的新兴工业城市*

图 26–1　眉山市政区

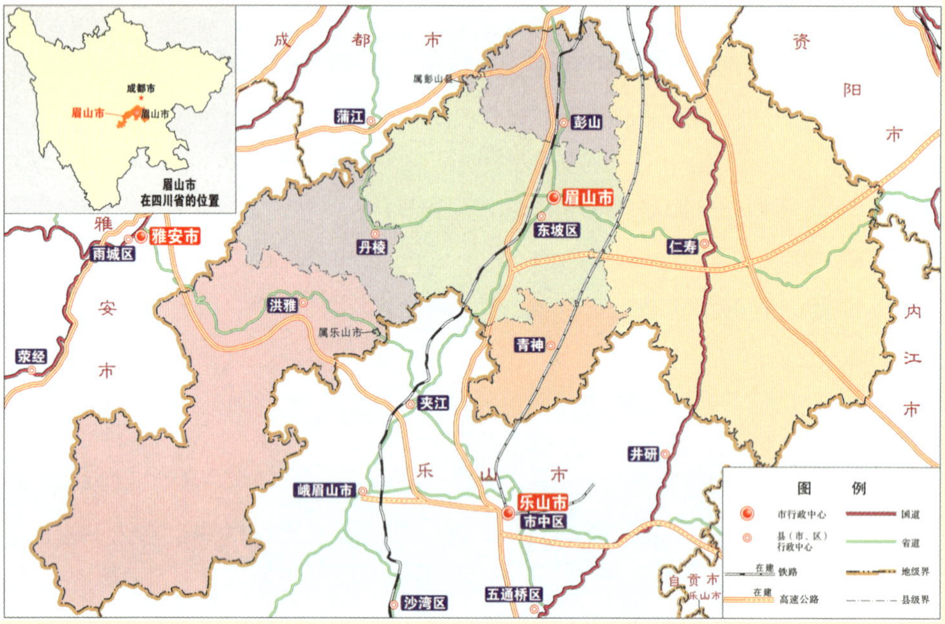

资料来源：本图由四川省发展和改革委员会、四川省测绘地理信息局提供。

一　历史沿革：历史悠久的年轻地级市

眉山是一座文化底蕴厚重、古老而年轻的城市，古称眉州，为郡、州、专区治所达 1400 多年。1997 年成立地区，2000 年撤地建市，辖东坡区和仁寿、彭山、洪雅、丹棱、青神一区五县，成为四川省年轻的地级市。

（一）历史悠久的文化古城

眉山历史悠久，建政始于南齐建武三年（496），已有 1500 多年的历史，素有“孕奇蓄秀当此地，郁然千载诗书城”的美誉，被称为“东坡故里，中国词乡，诗书古城，道教圣地，长寿之邦”。

新中国成立后，1950 年 1 月眉山专区设立，专员公署设眉山县城，属川西行政公署，辖 10 县，同新中国成立前的第四行政督察区辖县，以后大邑划出，新津划入。1953 年 3 月 5 日撤销眉山专区，眉山县划归乐山专区管辖。1959 年彭山、青神与眉山合为一县，称眉山县，1962 年 11 月两县恢复县制。1968 年眉山县属乐山地区，1985 年属省辖乐山市（乐山地区改建）。

* 本章作者：高洁，成都市经济发展研究院副总经济师，院长助理；伍笛笛，成都市经济发展研究院改革与经济发展研究所副所长。

表 26-1　新中国成立前眉山发展沿革

时期	眉山发展沿革
南北朝时期	眉山建政，始于南齐建武三年（496），在犍为郡武阳县南境建齐通左郡。南梁普通年间（520 ~ 527），齐通左郡改称齐通郡，建齐通县郡，县治同在一城。太清二年（548）设置青州，辖齐通郡，州治齐通县城。西魏废帝二年（553）改青州为眉州，辖齐通、青城两郡，州治齐通县城。北周明帝二年（558）撤销齐通郡，新置安乐县，治所当今东坡镇，仍属眉州。建德元年（572）眉州改青州。大城元年（579）青州改嘉州
隋时期	废郡存州。大业二年（606）复改嘉州为眉州，州治迁通义县城（今东坡镇）。后撤州建眉山郡，郡治龙游，即今乐山市市中区
唐时期	眉山郡改为嘉州。次年，从嘉州分置眉州，辖通义、丹棱、洪雅、南安（今夹江）和青神 5 县，属剑南道，州治通义县城。天宝元年（742）撤销眉州，改置通义郡。乾元元年（758）撤销通义郡，恢复眉州，属剑南道西川
宋时期	通义县改称眉山县，隶属西川路眉州；州领眉山、彭山、丹棱、青神 4 县
元时期	眉州属嘉定路。二十年撤销眉山县，由州治理，同时丹棱县并入眉州
明时期	眉州降为眉县，归嘉定州管辖。次年，彭山、丹棱并入眉县，青神并入嘉州。十三年眉县复升为眉州，直隶属四川布政使司，眉山县仍由州治理，领 3 县：丹棱、彭山、青神
民国时期	撤销眉州恢复眉山县，属上川南道。次年，改属建昌道。十七至十八年撤销道制。廿四年置四川省第四行政督察区，专员公署设眉山县城，辖眉山、彭山、丹棱、青神、夹江、洪雅、大邑、邛崃、蒲江和名山 10 县

（二）建区后的过渡时期

1997 年 5 月，眉山地区正式成立，管辖从原乐山市划出的眉山、仁寿、彭山、洪雅、丹棱、青神 6 个县。建区时，全区经济总量在全省的位次较低；工业化和城市化水平偏低，一、二、三产业的比重为 41 : 37 : 22，工业基础十分薄弱；经济结构性矛盾较为突出，基础设施的“瓶颈”制约较严重，经济增长方式粗放，效益低下。建区后，眉山经济发展主要从“企业改制”入手，着力培育以工业发展为主的新经济增长点，为工业经济的发展奠定了坚实基础。眉山对区域内 10 家国有企业进行转制，吸引有实力的知名企业来到眉山投资发展，盘活了数以亿计的存量资产，并将国有企业转制与发展民营经济相结合，引导民营经济重点向生产型、科技型、外向型、开发型的民营企业发展。1999 年全国民营企业 500 强中，眉山的通威集团、华森集团、仲辉集团占 3 席。“转制”不仅给企业注入了新的机制，也带动眉山工业经济呈现出蓬勃发展的态势。同时，按照《眉山城市总体规划（1998—2020）》，启动实施了跳出旧城建新区的城市建设，高起点建设眉州大道和东坡大道以及湖滨路等其余 7 条城市主干道，逐步构建起了一座中等城市的发展框架。到 2000 年，眉山第二产业占 GDP 比重达到 36%，首次超过农业（33%）。在建区到设市之前的三年多时间内，眉山经济社会发展取得

表 26-2　眉山市 2000、2011 年主要经济指标对比

指　标		2000 年	2011 年	2011 年与 2000 年相比增长
地区生产总值	总量（亿元）	124.80	673.34	439.5%
	增速（%）	7.5	15.3	高 7.8 个百分点
	人均（元）	3678	22791	519.7%
三次产业比重		33.3 : 36.0 : 30.7	18.0 : 56.4 : 25.6	非农产业比重提高了 15.3 分百分点
地方财政一般预算收入（亿元）		4.19	34.05	712.6%
全社会固定资产投资（亿元）		23.36	450.35	1827.9%
城镇居民人均可支配收入（元）		—	17038	—
农民人均纯收入（元）		2041	7184.4	252.0%

数据来源：《2001 四川统计年鉴》、《2012 年四川统计年鉴》或计算得到。

的成效为设市之后的加快发展奠定了坚实基础。

（三）设市后的跨越发展

2000 年 6 月撤销眉山地区建立地级眉山市，眉山市于 2000 年 12 月正式挂牌设立，成为四川省地级市。眉山市设立东坡区，以原眉山县的行政区划为东坡区的行政区划。眉山市人民政府驻东坡区，辖原眉山地区的仁寿、彭山、洪雅、丹棱、青神县和新设立的东坡区。幅员面积 7186 平方公里，当年年末全市总人口数为 339.9 万人。设市后，眉山市便明确提出了抓“三化”、建“三市”、建设新眉山的奋斗目标，即全市要加速实现工业化、城镇化、农业产业化，推动国民经济和社会信息化，奋力把眉山建设成为成都外环经济强市、旅游文化名市、生态特色市，进一步推进区域经济社会发展，使眉山再创超常规、跨越式发展的辉煌业绩，力争进入全省发展前列。这一发展目标下，眉山在随后发展中逐步明确了“工业强市”、“开放兴市”、“融入成都”等发展战略，以工业引领一二三产业全面发展，以招商引资为抓手扩大开放，以融入成都为目标加快与成都的合作和一体化发展，全市经济实力明显增强，进入了跨越发展的新时期。

二　资源禀赋：紧邻大都市的文化古城

（一）区位与自然条件

眉山地处东经 102° 49′ ~104° 30′ 北纬 29° 30′ ~ 30° 16′，位于四川盆地成都平原西南部，岷江中游和青衣江下游的扇形地带。北接省会成都，南连乐山，东邻内江、资阳、自贡，西接雅安，是成（都）乐（山）黄金走廊的中段重点地区及“成都平原经济圈”的重要组成部分，是成都

图 26-2　成都经济区各城市与成都的地理距离

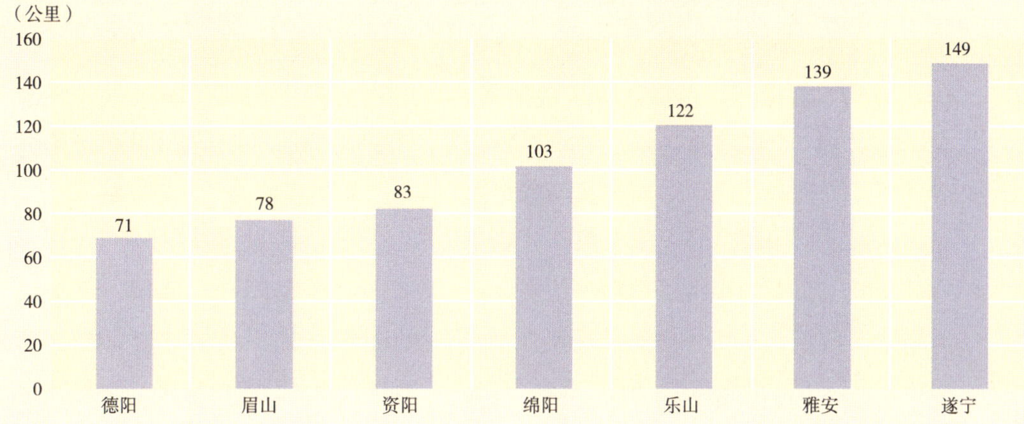

平原通联川南、川西南、川西、云南的咽喉要地和南大门。眉山市政府所在地东坡区距成都 70 余公里，距峨眉山 80 余公里，距乐山大佛 60 余公里；北临成都双流机场 40 余公里，南距乐山大件运输码头 70 余公里。从成都经济区各城市与成都的距离来看，眉山仅次于德阳，具备紧邻大都市的区位条件。

岷江和青衣江贯穿境内，两岸以平原和河流冲积平坝为主。东部龙泉山两翼，西部丹棱、彭山、洪雅境内大部分地区皆为低山丘陵，海拔 500 ~ 800 米，部分达 800 ~ 1500 米，中生代红色岩层分布广泛，丹霞地貌发育，生态环境优良。眉山市气候温和，年平均气温 17.1℃，极端最低气温 -3.5℃，极端最高温度 38.6℃，年平均降雨量大于 1000 毫米。

（二）矿产及资源

矿产资源方面，眉山境内矿藏有金、银、铜、铁、锌、煤、石膏、芒硝等 20 多种，其中芒硝储量达到 650 亿吨。森林资源方面，全市林业用地面积为 450.37 万亩，有林地面积 411.95 万亩，森林覆盖率为 43.12%（含四旁树折合面积），活立木蓄积量为 1974.32 万立方米。野生动植物资源方面，据不完全统计，全市野生植物有 184 科，755 属，1900 种，其中蕨类植物 156 种，种子植物 1744 种，裸子植物 20 种，被子植物 1724 种。在 1900 种野生植物中，属国家 I 级保护的野生植物有 10 种；国家 II 级保护的野生植物有 29 种。境内有陆栖脊椎动物 425 种，其中：两栖类 30 种，爬行类 35 种，鸟类 278 种（其中留鸟 143 种、夏候鸟 95 种、冬候鸟 19 种、旅鸟 19 种），兽类 82 种。在 425 种陆栖脊椎动物中，属国家 I 级保护的野生动物有 11 种，属国家 II 级保护野生动物有 29 种。

水资源方面，眉山市所辖区域属长江流域岷沱江水系。东部仁寿县大部分区域处于沱江一级支流球溪河的上、中游，也是支流龙水河、青水河、通江河、吴家坝河及绛溪河发源地。岷江干流位于辖区中部，从北向南纵贯彭山县、东坡区、青神县，东坡区体泉河、毛河，丹棱思蒙河、金牛河流域、仁寿县的鲫江河、芒溪河、越溪河，青神县芦溪河、筒车河流域均属岷江水系。西部洪雅县、丹棱县部分属青衣江流域，市境内接纳了花溪河、安溪河等数条支流汇入。市境内流域面积在100平方公里以上的河流有20条，500平方公里以上的有9条，1000平方公里以上的有3条。境内水电开发理论蕴藏量106万千瓦，可开发92.2万千瓦，目前有水电站144座，年发电量11亿千瓦时；全区养殖面积14.8万亩，水产品产量年达31050万吨。

（三）历史文化

眉山，古称“眉州”、“青州”，是宋代大文豪苏洵、苏轼、苏辙三父子（史称“三苏”）的故乡。物华天宝，人杰地灵，自古有“诗书故里”的美誉。眉山历史文化悠久，文物古迹众多。市政府所在地眉山建县已有1505年历史，是著名的三苏文化之乡，有三苏祠等省级文物保护单位2处，市、县级文物保护单位36处；彭山已有2300年历史，有彭祖山，江口东汉崖墓群（省级）等著名古迹，市、县级文物多达40处，出土珍贵文物众多；青神是第一代蜀王蚕丛出生地，有驰名的中岩寺，平羌小三峡和独具特色的中国竹编艺术之乡；洪雅建于隋代，古建筑及民居古镇众多，瓦屋山道教文化源远流长。此外，还有丹棱的龙鹄山，仁寿的牛角寨等石刻造像。这些丰富多彩的文化遗产，是眉山旅游的宝贵财富。文化遗迹的分布，尤以岷江两岸最为丰富，存在着一个从古而今、一脉相承的岷江文化带，是构架眉山文化旅游最有特色的发展片区和支撑点。

1. 诗书风韵——三苏祠

三苏祠是北宋时期（960 ~ 1127）著名文学家苏洵、苏轼、苏辙父子三人的故居，位于四川省眉山城西南隅纱縠行内。元代改宅为祠，祭祀三苏。明代洪武年间扩建，明末毁于兵火，仅存五碑一钟，清康熙四年（1665）在原址按明代规模重建，尔后历代均有增益补修，现占地面积56800平方米。于1980年7月7日被四川省人民政府公布为重点文物保护单位。1984年4月成立“眉山三苏博物馆”。

2. 道教发源地——瓦屋山

瓦屋山国家森林公园是中国生态旅游重点森林公园，国家3A景区，距成都160公里，峨眉山36公里，乐山大佛98公里，与乐山大佛、峨眉山构成川西南旅游“金三角”，处于大香格拉旅游圈的外围地带，最高海拔3522米，古称居山、蜀山、老君山，早在唐宋时期就与峨眉山并称“蜀中二绝”，系太上老君升天之地，道教发源地，青羌民族最后留居之地。瓦屋山系中国历史文化名山，道教发源地，中国鸽子花的故乡，世界杜鹃花的王国。1993年5月建立以来，通过9年的开发建设，已成为全国最大的国家森林公园，全国重点生态景区。

3. 川南古民居风格古镇——柳江古镇

柳江镇位于洪雅县，距成都百余公

里，系“四川十大名古镇”之一，素有“烟雨柳江、雅女之乡”的美誉，地处通往瓦屋山国家森林公园的途中，在瓦屋山层峦叠翠中，花溪河围绕着具有独特的川南古民居风格古镇吊脚楼，四周青山环抱，天气晴朗时，还可远眺峨眉群峰。新中国成立前，这里是几家大户人家的统辖之地，每户人家都有特别之处，当地人还给他们取了好记的名字，如谁家房子、谁家谷子等。几家大户构成了柳江镇的基础，这些单体的豪宅与秀美的山水几近完美地组合在一起，加上临水而建的街市，构成了一幅活脱脱的山水画卷。

4. 养生文化第一山——彭祖山

彭祖山位于彭山县，为省级风景名胜区，满山绿树成荫，修竹滴翠，据传是商贤大夫彭祖故里和安葬地，有彭祖墓等景点。彭祖山风景区，是国内独有、世界唯一以长寿养生为特色的文化旅游风景名胜区。彭祖山有神秘奇绝、举世无双的天下第一地——天然太极地；有全国养生文化最丰富齐全、最成体系的陈列馆：中华养生文化第一殿——养生殿；有坐高 28 米、立高 32 米的世界第一大双佛——齐山双佛。彭祖山稀有的原生态之美和自然朴素风情，源远流长的历史文化和美丽动人的民间传说，绿色健康的身心环境和丰富多样的旅游价值，获得了越来越多都市人的青睐。“放眼皆为怡人美景，举目尽是奇趣景观”的彭祖山，有“成都南后长寿宫”之称，正成为人们休闲旅游、寻幽访奇的好去处。

5. 指尖的艺术——青神竹编

青神竹编始于战国时期，已有两千多年历史。青神竹编创造性地将艺术性、观赏性和实用性融于一体，堪称传统手工艺、竹篾特质与文化美术的完美结合。特别是通过近几十年发展，已经形成了平面竹编、立体竹编、竹编套绘三大类 3000 种的庞大产品体系。2000 年，青神县被国家文化部命名为迄今全国唯一的“中国竹编艺术之乡”。2002 年，中国竹艺城被国际竹藤组织命名为迄今中国唯一的“国际竹手工艺培训基地”。2008 年，“青神竹编”成为全国同类保护对象唯一被列入国家级非物质文化遗产保护名录，并走进北京奥运会。2010 年出展上海世博会。竹编作为青神、眉山的特色品牌，以竹编为核心的竹产业发展也成为青神县域经济的重要支撑之一。

三　基础设施：新兴城市的高起点谋划

（一）建设西部综合交通枢纽重要节点城市

眉山地处四川西南，是联合国开发计划署“21 世纪中国城市规划、管理与发展”项目示范城市和中国城市交通数字化建设试点城市。“十一五”时期眉山投入近 40 亿元进行交通基础设施建设，交通网络水平进入四川省先进市行列。近年来，眉山立足建设西部综合交通枢纽重要节点城市、成都主枢纽重要组成城市，大力构建现代综合交通体系。

目前眉山境内成乐大件公路、213 国道、岷江水道并行纵贯南北，雅安 – 洪雅－眉山－仁寿－内江－自贡（省道106线）横跨东西，成乐（山）、成雅（安）高速公路在境内交汇；县乡标美路路网连动发展，公路等级和通行能力大大提高；“丰”字型主骨架公路网络、“半小时经济圈”（五县城到中心城区都在半小时车程以内）、“一小时成都”（到省会成都均在一小时车程以内）形成，成为四川省第三个半小时交通市。截至2010年底，全市拥有公路里程7156.964公里，其中：高速公路73公里、一级公路100.151公里、二级公路333.088公里、三级公路307.976公里、四级公路4724.782公里、等外公路1617.967公里。全市128个乡镇公路通达率100%，通畅率100%；全市1186个行政村，公路通达率100%，通畅率80%。区域内以公路交通为主，已形成“一横三纵”（省道106线、国道213线、省道103线、成乐高速公路）的主骨架公路网络。全市拥有客运站175个，其中：一级站1个、二级站5个、三级站3个、四级站37个、五级站28个，简易站及招呼站101个（含港湾式车站）。有营运车辆28629辆，其中客运车辆1856辆，货运车辆26773辆（含拖拉机8655辆）。

在水路交通方面，全市有29条河流，航道里程768.08公里（包括青衣江、岷江及各小河流和库区）。其中：等级航道89.72公里（岷江六级航道78.7公里，七级航道11.02公里），占11.7%。全市有渡口55道，营运船舶274艘，其中：机动船227艘（客船211艘、货船9艘、拖船7艘），驳船47艘。

2009年以来，围绕建成西部综合交通枢纽的重要节点城市的定位，眉山交通建设开始大力实施“44521”工程，即建设铁路4条（成绵乐铁路客运专线、成昆铁路扩能、成贵铁路客运专线、雅安－眉山－资阳－遂宁铁路）；建设高速公路4条（成都－自贡－泸州－赤水高速、雅安－眉山－乐山高速、仁寿－井研－犍为－沐川高速、遂宁－资阳－眉山高速）；新建和改造干线公路5条（新建岷江东路、成眉快速通道崇仁至象耳段，改造国道213线、省道103线、省道106线眉山段）；新建农村公路2000公里；实施岷江彭山－乐山段渠化工程1项。通过“44521”工程的实施，眉山正努力构建融入主枢纽、对接次枢纽、内通外畅、相互衔接、布局合理、设施完善、功能齐全、标准适用、形象优美的公路水路交通网络体系。

（二）新区建设和老区更新并重推进城市建设

1997年建区之初，眉山城市建成区面积只有10平方公里，人口11万，全市城镇化率仅15.6%，“路不平、灯不亮”，眉山城市建设任重道远。1998年，地委、行署高起点、高标准制订了《眉山城市总体规划（1998—2020）》，明确提出到2020年，将眉山打造成城市人口35万，以三苏文化为特色的历史文化名城。同年启动实施跳出旧城建新区，新区建设体现了超前性，展示了大手笔。1998～2000年，在当时极其艰难的条件下，高起点修建了80米宽的眉州大道和东坡大道，同时建成了湖滨路等7条城市主干道，构建了一座中

图 26-3　眉山市“十二五”综合交通规划

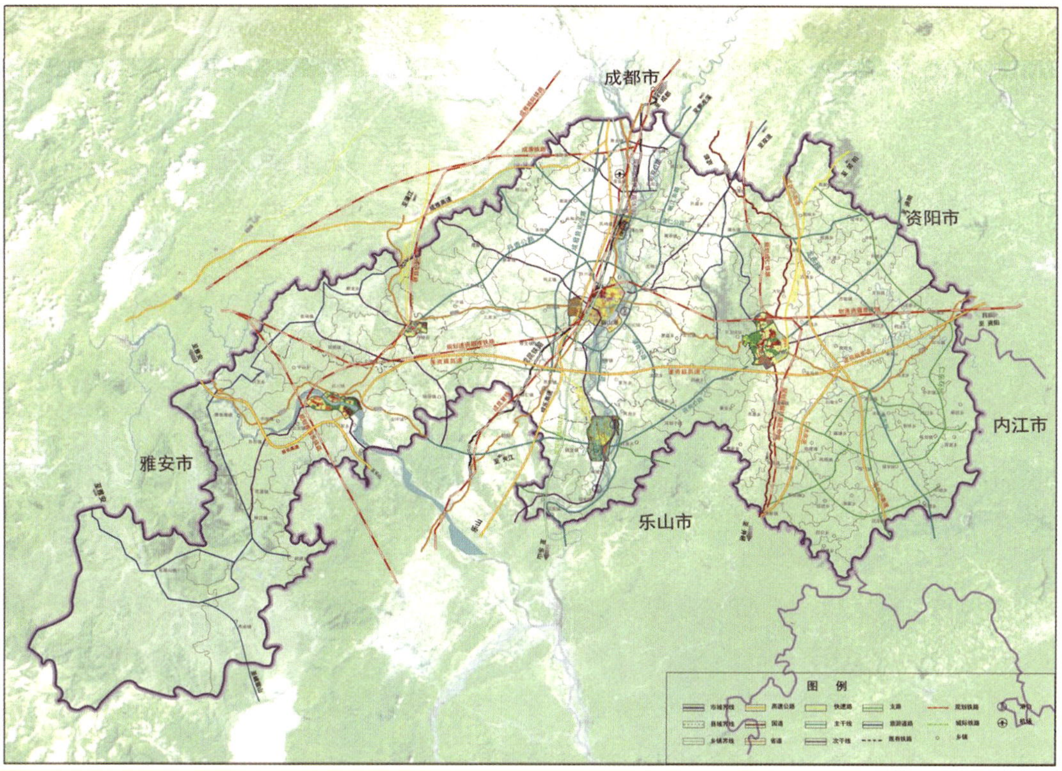

资料来源：《眉山市国民经济和社会发展第十二个五年规划》。

等城市的发展框架。

2005、2009 年，眉山先后两次对城市总体规划进行修编，确定了建设“成都都市圈区域性中心城市、以东坡文化为特色的历史文化名城、现代生态田园城市”的城市定位，眉山城市发展进一步提速。2001 ~ 2005 年，新建了诗书城公园、东坡湖广场、远景楼等一批市民休闲场所和标志性景观景点，建成了一批供电、供水和道路等市政设施，打造了杭州路、赤壁路、外滩等一批休闲、餐饮特色街区，城市功能更加完善。2006 年以后，按照“完善旧城、繁荣新区、北拓南延、跨江东进、拥江发展”的城市建设思路，先后建成了市会议中心、市体育馆、东坡中学等一批城市配套设施和岷江东湖饭店、东坡国际大酒店等三产重点项目，新建了岷江大道、通义路、文忠街、苏源路、景贤街等道路，投资 1.7 亿元改造了通惠河，惠及两岸 7 万多群众，提升了城市形象。到 2011 年，基本实现了新老城区对接，建成区面积扩大到 37.5 平方公里。先后成功创建了全国数字化建设示范城市、省级园林城市、省级卫生城市、省级文明城市先进市、省级双拥模范城，城市品质快速提升。

（三）以新村建设统筹推进农村基础设施建设

1999年，眉山地委作出了《关于开展“眉山新村”建设的决定》，拉开了建设“眉山新村”的大幕。在此后三年的时间里，以“一增收”、“二基础”、“三畅通”、“四改造”、“五个好”为主要内容，建成眉山新村300个，创建了16个市级新农村示范村和56个县级新农村示范村。

2005年，眉山以“生产发展、生活宽裕、乡风文明、村容整洁、管理民主”的思路推进社会主义新农村建设，共建成各类新农村试点（重点）村325个，其中，省级重点推进村9个、市级示范村39个、县级试点村100个、乡镇重点村300个，涌现出了洪雅曲沿新村、青岗坪新村、仁寿文宫石家新村、曹家梨园新村、彭山黄丰团结新村等一大批具有眉山特色的社会主义新农村。2007年，全市开展“百企联百村”行动，一大批企业自愿结对帮扶建设社会主义新农村，为联系村修建基础设施，发展产业，提供就业岗位。2008年“5·12”汶川特大地震发生后，市委、市政府紧紧抓住灾后重建的机遇，采取有力措施推进灾后重建，全市46507户受灾农户一年完成了重建，基本消除了农村危房、茅草房和土坯房。2010年，市委、市政府出台了《关于进一步加快新村建设的实施意见》，按照“三打破、三提高”和“全域、全程、全面小康”的要求，实施全域规划。2010年底，已启动了21个新村建设，建成了5个新村。

通过新村建设，农村生产、生活条件大大改善。到2011年，全市建成各类新村聚居点426个。全市行政村公路通达率100%，农村公路通畅率80%，居全省第3位。农网改造覆盖到村达100%。

四　产业发展：工业强市战略的强力推进

（一）工业强市战略下的经济腾飞

从国企改制到民企腾飞，从乡乡点火到园区发展，从小企业为主体到世界500强企业入驻，从只有10户亿元企业到突破200户，从传统农业到工业化初期再到工业化中期，工业成为推动眉山经济增长的主导力量。2005年，眉山市委制定了《关于加快发展若干重大问题的决定》，正式将“工业强市”作为全市发展第一战略，强力推动工业经济发展。2006年，出台了《关于举全市之力推进工业强市的决定》，确定全党抓经济，重点抓工业；坚持以工业为重，工业为大，工业为先；坚持举全市之力，集全市之智，推进工业快速高效发展；强力推进工业园区建设，扎实推进产业集群发展，走集中、集约、集群发展的道路；坚持“企业要发展、要发展企业”的思路；提出了“三个舍得”，调动企业家积极性。

在工业强市战略的强力带动下，眉山市经济实力实现了跨越式提升。2011年，全市地区生产总值（GDP）达到673.34亿元，是2000年的5.4倍；人均GDP达到22791元，是2000年的6.2倍；一二三产业发展实现突破，产业结构调整到18.0∶56.4∶25.6，非农产业比重提高了

15.3 个百分点；全社会固定资产投资达到 450.35 亿元，是 2000 年的 19.3 倍，投资结构进一步优化；地方财政一般预算收入实现 34.05 亿元，是 2000 年的 7.1 倍；城镇居民人均可支配收入、农民人均纯收入达到 17038 元和 7184.4 元。

（二）迅猛发展的工业经济

1. 工业总量和质量明显提升

在 1997 年建区之初，眉山工业基础非常薄弱，地委、行署决定从企业转制入手，在“多”字上做文章，着力培育新的经济增长点。眉山地区有 10 户地属国有企业，大都是有名的困难企业。地委、行署决定通过改制盘活存量资产，又通过存量资产招商引资，嫁接改造企业。在国企改制取得突破的同时，将国有企业转制与发展民营经济相结合，引导民营经济重点向生产型、科技型、外向型、开发型的民营企业发展，眉山工业走上了“多种经济成分共同发展”之路。在 1999 年全国民营企业 500 强中，眉山的通威集团、华森集团、仲辉集团占 3 席。其中通威集团跻身全国民营企业 500 强第二名，拥有 10 多家分公司，企业资产达 6.8 亿元，年创产值 22 亿元。

2000 年设市之后，尤其是在 2005 年明确工业强市战略之后，眉山工业总量和质量明显提升。一是依托具有一定比较优势的农产品加工、机械制造、化工、铝业，加大对龙头企业扶持力度，使之成长为有较强竞争力的大企业。二是推动产业集聚，依托骨干和重点企业，促进企业间强强联合，跨行业联合，加强技术合作，延伸产业链条，形成产业集群。如电解铝项目，从规划设计之初，就按国际最先进的工艺和环境保护的标准进行，并以此为龙头规划了一个铝产品集中发展区。在这个发展基地里，上游产品的耗能通过产业链条延伸增加了产出效益，提高了附加值，节约了能源，减轻了污染，实现了规模效益和综合效益。

2011 年，全市规模以上工业总产值

图 26-4　眉山市 2000、2011 年规模以上工业企业主要指标对比

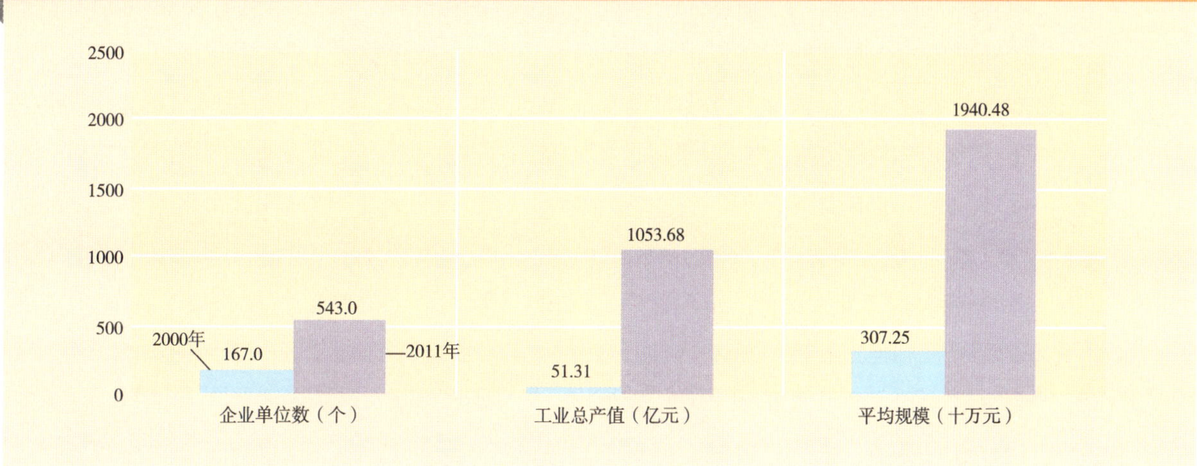

数据来源：《2001 四川统计年鉴》、《2012 年四川统计年鉴》或计算得到；平均规模按工业总产值 / 企业单位数计算。

达到1053.68亿元，比2000年的51.31亿元增长19.5倍；规模以上工业企业达到543户，比2000年的167户增加376户；工业用电量进入全省第4位；丹甫公司成功上市，眉山上市公司实现了零的突破。

2. 特色优势产业逐步明晰

面对建市之初工业基础较为薄弱的现实，眉山市坚持以龙头企业、重大项目为抓手寻找突破。2001年，组织实施了张坎500千伏变电站、铁路制动机、丹甫公司技改等一批重大项目，四川省电力公司与眉山市政府签订了年产33万吨电解铝项目定点眉山的协议，以此开启了眉山工业发展的引擎。针对农产品加工、机械制造、化工、铝业等具有基础优势的产业，加大对启明星铝业、丹甫公司、眉山车辆厂等龙头企业大力扶持，推进产业链延伸和产业集群打造。2003年2月11日，眉山车辆厂向巴基斯坦出口1300辆铁路货车签字仪式在北京人民大会堂举行。在当时，这是我国铁路货车出口数量最多、金额最大的一笔贸易，成为眉山市工业在跨越式发展中的一个"亮点"。同年10月17日，电解铝工程建成投产。眉山工业从此揭开了新的篇章。与此同时，眉山市注重发挥农业传统优势，以农业产业化带动食品加工、竹木等产业发展，"中国泡菜之乡"等品牌效应逐步形成。

2007年，眉山市委响亮地提出了2008年实现工业大变样的奋斗目标，正式确定了铝、硅、化工、芒硝、机械、建材、食品加工和木竹八大重点产业。2010年，铝、硅、芒硝、化工、机械、建材、食品加工、木竹加工八大优势产业工业增加值172亿元，增速为30.9%，对全市规模以上工业增加值增长的贡献率为87.4%；规模以上工业企业户数达492户，占全市规模以上工业企业户数的82%；实现销售收入627亿元，占全市规模以上工业企业销售收入的82.5%；销售收入上亿元企业达到187户，3户企业进入全省100户大企业大集团行列，有力支撑了全市工业经济平稳快速发展。太阳能光伏、电子信息、油气化工被列入全省"5785"工程。

3. 工业园区承载力不断提升

2000年，眉山第一个省级工业园区——眉山科技工业园成立后，眉山工业园区建设成效逐步得以显现。2001年，省级经济开发区彭山经开区挂牌，组织实施张坎500千伏变电站、铁路制动机、丹甫公司技改等一批重大项目，全力争取到25万吨电解铝项目落户。2002年，确定了50个重点工业乡镇。按照"集群配套、降低成本，专业化生产、集约化发展"的思路，眉山逐步调整优化产业布局，集中力量办好工业园区，并适当建设了10个工业特色小区和工业集中发展区。2007年，明确市级园区管委会为正县级机构、县级园区管委会为副县级机构，加速发展工业园区。以工业园区为载体，推进企业、项目进园区，集中集约发展成为眉山工业发展的新模式。2008年，全市形成了"7+3+1"（区县主抓园区7个，市管园区3个，与成都市合作共建园区1个）的园区发展格局。2010年，眉山掀起了园区建设一轮新的高潮，全市新规划发展了19个特色工业园区，工业园区总数达到了30个，工业集中度达到了70%。铝硅产业园区、金象化工产业园区

图 26-5　眉山市工业园区布局

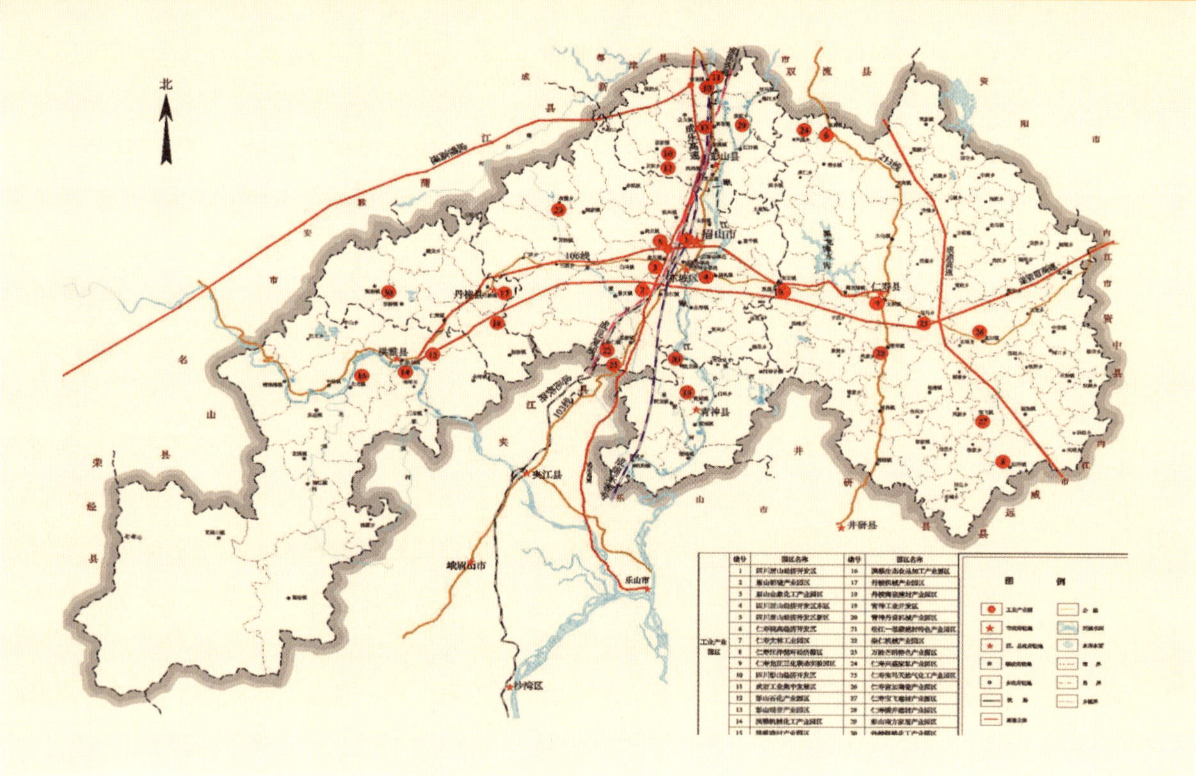

资料来源：《眉山市国民经济和社会发展第十二个五年规划》。

列入了全省“1525”百亿园区。眉山经济开发区、彭山经济开发区和仁寿视高经济开发区被省政府确定为加快建设的重点园区。

（三）优势凸显的现代农业

1. 以特色农业起步巩固发展基础

得益于成都平原得天独厚的自然条件，眉山农业传统特色和优势明显。20世纪末即形成了仁寿县文宫的优质枇杷生产、仁寿曹加乡的金花梨生产、洪雅的奶牛生产、青神的竹编工艺制品等一批主导产业和拳头产品；建市之初，眉山就创建了中国枇杷之乡、中国椪柑之乡、中国优质稻米之乡、中国竹编艺术之乡 4 个“中国之乡”品牌。2005 年以来，依托全市 8 个农产品“中国之乡”、5 大拳头产品、18 个地方优势产品，大力发展“一村一品”，每年都组织实施“一村一品”秋冬大会战。2010 年，全市“一村一品”专业村达到 430 个，占全市总村数的 36.3%，比全省高 28.3 个百分点，迈入了全国先进行列。通过举办“枇杷节”、“椪柑节”、“桃花节”、“葡萄采摘节”等节庆活动，积极组织参加糖酒春交会、西博会、四川省年货节等大型展示展销活动，开展特色农产品宣传促销，大幅度提升眉山市特色农产品在全省、全国的知名度和市场占有率。

2. 以基地建设提升规模化经营质量

眉山市把发展产业基地作为推进现

代化农业的着力点，加强统筹规划，注重引导扶持特色农业、品牌农业、效益农业发展，不断调整优化农业结构，推进区域化布局、规模化发展、标准化生产和产业化经营，规划建成五大特色效益农业产业带：东部丘陵30万亩伏季水果产业带，中部浅丘30万亩优质柑橘产业带，岷江沿岸40万亩优质蔬菜产业带，西部山区20万亩优质茶叶和中药材产业带，中部2.6万亩优质蔺草产业带；建成“五个全省最大基地”：全省最大的泡菜加工基地、全省最大的柑橘生产基地、全省最大的枇杷生产基地、全省最大的蔺草生产基地、全省最大的泽泻生产基地；建成六个中国特产之乡：“中国脐橙之乡”、“中国枇杷之乡”、“中国椪柑之乡”、“中国泡菜之乡”、“中国藤椒之乡”、“中国优质稻米之乡”。2010年全市重点建设了8个万亩现代农业核心示范区：东坡区太和镇永丰村万亩稻菜轮作核心示范区和三江村万亩鲜销蔬菜核心示范区、仁寿县文宫镇万亩枇杷核心示范区、洪雅县止戈镇万亩茶叶核心示范区、中山乡万亩茶叶核心示范区、彭山县观音镇万亩葡萄核心示范区、青神县白果乡万亩生态旅游观光示范区、青神县高台乡万亩椪柑核心示范区，在核心示范区内大力推广新品种、新技术，应用塑料大棚、滴灌喷灌、遮阳网覆盖、机械化作业等现代化设施，全面实施绿色防控和专业防治，完善耕作道路、排灌沟渠建设，通过示范区建设带动全市现代农业产业基地向规模化、标准化、品牌化方向发展。

3. 农业产业化、品牌化亮点凸显

按照农业与工业互动发展的思路，眉山农业发展在产业化、品牌化方面取得了突出的成绩。2010年，全市市级农业产业化龙头企业达123户，是2000年6户的20.5倍。在产业化龙头企业的带动下，眉山生猪、奶牛、蔬菜、林竹、水产品等5大拳头产品规模逐步壮大，形成了多个带动能力强大的农业产业化集群，实现了产业集聚和农业生产效益的提升。其中“中国泡菜之乡”、西南地区第一奶业大市品牌效应尤其突出。一是“中国泡菜之乡”品牌影响广泛，已成为四川泡菜产业核心区。依托良好的自然禀赋条件，眉山市通过发展蔬菜深加工，成为全国最大的泡菜生产基地，泡菜产业发展优势不断夯实。东坡泡菜占全省蔬菜加工能力4成以上，年产值20亿元。近年来先后组织举办了中国·四川国际泡菜论坛、中国·四川泡菜国际品鉴会，全方位的宣传眉山市东坡泡菜的历史、文化、企业、产品，大幅提升了东坡泡菜在国际国内的知名度，把小泡菜做成了全国有影响的大产业。一大批特色农产品走出眉山、走向全国、走向世界。二是已成为西南地区第一奶业大市。2002年，引进新希望集团投资阳平乳业，启动打造西南奶业大市战略。随后，妙士、菊乐等一批龙头企业纷纷入驻眉山。2007年，制定了《关于强力推进现代农业发展全面建设社会主义新农村的决定》及配套文件，被省委、省政府确定为全省三个现代畜牧业试点市之一，启动了以奶牛、生猪、鸡、兔为重点的现代畜牧业试点市建设，蒙牛、现代牧业等一批龙头企业落户，带动建成了一大批万头、千头规模养殖场。2009年，实现了奶牛存栏量、DLY

生猪出栏比例和数量、工业饲料生产能力三个全省第一。

（四）特色鲜明的服务业

1. 服务业发展进入加速阶段，但滞后于 GDP 及工业增长

近年来，随着工业化、城镇化的加快推进，眉山市服务业的规模不断扩大，以旅游业为龙头，现代商贸、物流等服务业快速发展。2011 年，眉山服务业增加值总量达到 172.33 亿元，是 2000 年的 4.5 倍；“十一五”期间服务业增加值年均增速达 11.4%，比“十五”期间提高了 1.3 个百分点。从行业看，年均增速在 10% 以上的有交通运输、仓储和邮政业（11.8%）；信息传输、计算机服务和软件业（15.4%）；批发和零售业（13.5%）；住宿和餐饮业（14.4%）；金融业（11.2%）；租赁和商务服务业（12.1%）；居民服务和其他服务业（11%）；文化、体育和娱乐业（11.7%）。与此同时，服务业税收占地方税收收入的比重不断上升，从业人数达到 48.53 万人，占总从业人数的比重超过 25.22%，成为全市吸纳就业的重要力量。

但受发展阶段及市场规模限制，眉山市服务业发展速度明显低于同期 GDP 增速。2011 年眉山市 GDP 增长 15.3%，其中工业增加值增长 21.6%，服务业增长 13.5%。服务业增速比 GDP 增速低 1.8 个百分点，大大低于工业增速（8.1 个百分点）。从图 26-7 可以看出，“十一五”期间，服务业增速与 GDP、工业增速的差异还有所扩大。同时，从全省对比来看，“十一五”眉山服务业增加值占 GDP 比重一直低于全省平均水平，2011 年眉山为 25.6%，全省为 33.4%，低于全省平均水平 7.8 个百分点。

2. 旅游业龙头作用逐步显现

依托具有广泛影响的文化旅游资源，眉山旅游业的发展已经从过境游到目的地游，从观光旅游到休闲度假游，实现了转

图 26-6　“十一五”期间眉山市 GDP、工业、服务业增速比较

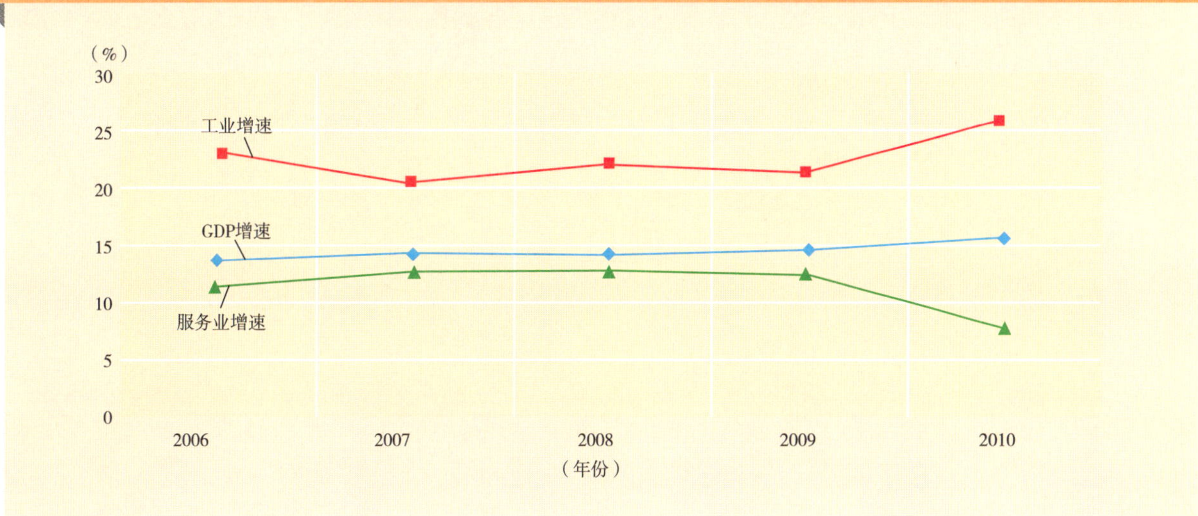

数据来源：2001 ~ 2011 年《四川统计年鉴》。

型与跨越。2000 年，眉山市委提出“抓旅游就是抓经济”，部署推进“文化旅游名市”建设。2001 年，充分挖掘旅游黄金周潜能，启动了“眉山人游眉山”活动。2002 年，中国竹艺城被授予国家 2A 级景区称号，全市接待中外游客首次突破两百万。2005 年，彭山成为全国首个“中国长寿之乡”，建成了 3 个全国农业旅游示范点。通过大力挖掘三苏（苏洵、苏轼、苏辙）文化、长寿文化，实施以“文化为灵魂、长寿为品牌、生态为特色”的旅游产业发展，眉山旅游业发展起步较快。在旅游产业开发上，注重让旅游通俗化、生活化、人性化，贴近百姓、贴近市场，把“虚”的文化变成“实”的商品。2006 年，市委出台了《关于加快第三产业发展的决定》，制订了《三苏祠建设规划》和《三苏祠保护规划》，为三苏祠的建设发展提供了科学依据。启动了“乡村旅游年”活动。2007 年，斥资 8500 多万元完成了三苏祠改扩建和新建三苏纪念馆等六项工程，2008 年正式对市民免费开放。2009 年，提出了“打造成都人外出休闲度假旅游首选地”的目标。洪雅柳江古镇、七里坪、野鸡坪景区成为省内旅游新热点；建成了成黑快速通道，改造了洪瓦路等旅游交通干道，黑龙滩长岛项目开工，启动了“一月一节庆”活动。“旅游大变样”目标基本实现。2010 年，三苏祠成功创建全市首个国家 4A 级景区，老峨山景区成功创建国家 3A 级景区。2011 年，全市实现旅游收入 80.8 亿元，是 2000 年 4.2 亿元的 19.2 倍，旅游收入从 2006 年全省第 18 位上升到全省第 12 位。

3. 房地产、商贸流通业发展步入快车道

随着城镇化水平及城乡居民生活水平的不断提升，加之毗邻成都市的区位条件和良好生态本底形成的环境优势，尤其是在“十一五”期间，眉山市房地产业和商贸流通业发展进入了快车道。房地产开发投资速度加快，品牌开发商开始入驻眉山，“十一五”期间，眉山市房地产开发投资完成 147.31 亿元，比“十五”期间提高 2.2 倍；商品房销售面积达到 402.4

图 26-7　2010 年眉山各区县城镇化水平

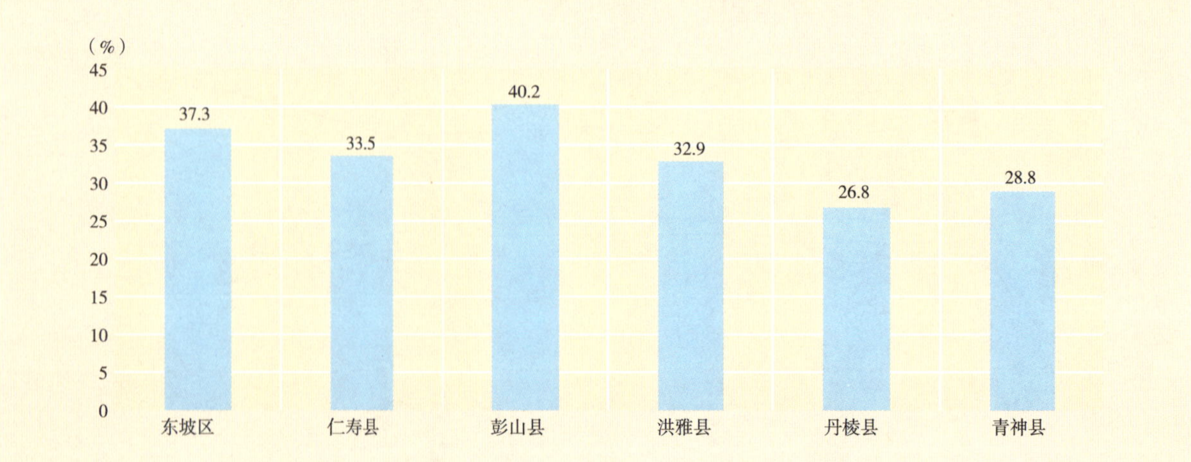

数据来源：《眉山市城镇化发展“十二五”规划》。

万平方米，比“十五”增长 99.7%。在房地产业带动下，城镇人口聚集规模进一步扩大，城镇市场消费逐步繁荣，消费水平和档次不断提升，同时，在万村千乡市场工程、家电下乡、汽车下乡等拉动城乡消费政策和“扩内需、促消费”的政策作用下，眉山市城乡消费市场实现了全面增长。“十一五”期间，眉山市社会消费品零售总额达到 698.92 亿元，是“十五”期间的 2.2 倍，年均增长 17.7%。其中批发零售业 548.34 亿元，是“十五”期间的 2.3 倍，年均增长 19%；住宿餐饮业 113.94 亿元，是“十五”期间的 2.2 倍，年均增长 14.7%。2011 年，眉山社会消费品零售总额达到 213 亿元，同比增长 18.1%。其中，限额以上消费品零售额 55 亿元，同比增长 43.8%。

五　城镇建设：年轻地级市的迅速发展

（一）城镇化呈均衡加速发展态势，但仍低于全省平均水平

从眉山建区、设市的时间来看（分别为 1997、2000 年），眉山作为一个现代化城市建设发展的时间还不长。1997 年建区之初，眉山城市建成区面积只有 10 平方公里，人口 11 万。1998 年制订的《眉山城市总体规划（1998—2020）》，明确提出到 2020 年，将眉山打造成城市人口 35 万，建设用地 31.5 平方公里，以三苏文化为特色的历史文化名城，跳出旧城，启动了新区建设，初步构建出了一座中等城市的发展框架。2005、2009 年，眉山先后两次对城市总体规划进行修编，确定了建设“成都都市圈区域性中心城市、以东坡文化为特色的历史文化名城、现代生态田园城市”的城市定位，眉山城市发展进一步提速。2006 年以后，按照“完善旧城、繁荣新区、北拓南延、跨江东进、拥江发展”的城市建设思路，进一步加快城市建设步伐。到 2010 年，基本实现了新老城区对接，眉山中心城区面积达到 35.2 平方公里，人口达到 35.8 万人；“十一五”期间，五个县城新增面积 17.14 平方公里，打造了以柳江镇、黑龙滩镇、牧马镇、江口镇等为代表的一批特色小城镇。

从城镇化水平来看，1997 年全市城镇化水平仅为 15.6%，到 2011 年达到 35.77%，年均提高 1.44 个百分点，尤其在“十一五”期间，城镇化水平提升速度进一步加快，共提高了 10 个百分点，年均提高 2 个百分点，比全省同期年均增速快 0.6 个百分点；同时，各区县城镇化水平较为平均，最高的彭山县为 40.2%，最低的丹棱县为 26.8%，全市城镇化出现了均衡加速的发展态势。

但作为农业大市，眉山农村人口基础较大，加之建区、设市时间较短，从横向比较来看，眉山市城镇化水平仍然偏低。根据世界银行统计，1995 年全球高收入国家城市化率为 75%，中等收入国家为 60%，2011 年眉山市城市化率仅为 35.77%，在全省 21 个地市州中排第 13 位，比全省平均水平低 6.06 个百分点。

图 26-8　2011 年全省及 21 个地市州城镇化率

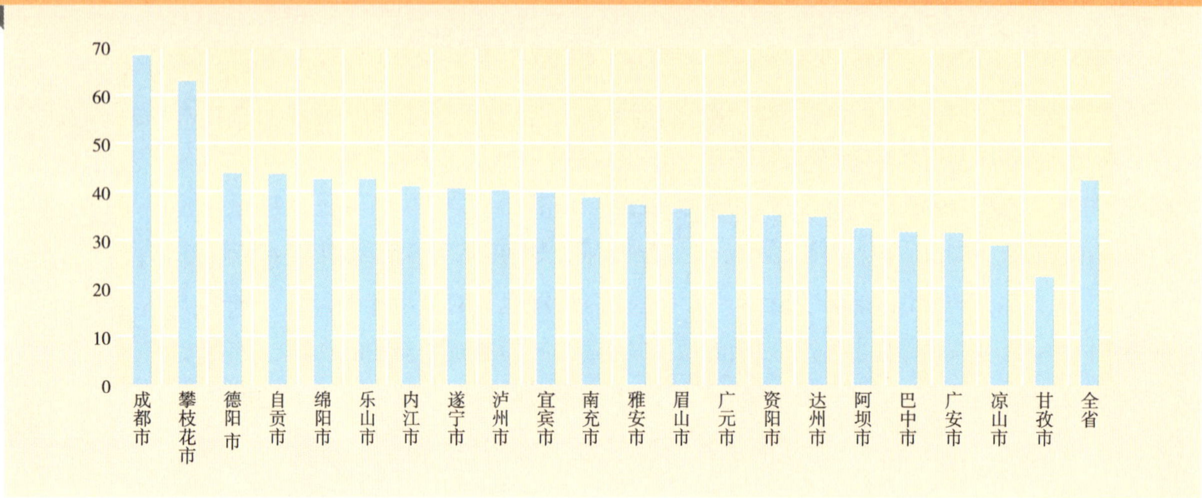

资料来源：《2012 年四川统计年鉴》。

（二）城镇体系逐步完善

1. 明确市域城镇空间布局结构

按照全市经济社会发展的趋势，以促进工业化与城镇化良性互动为重点，进一步优化市域城镇体系，明确提出构建“十字带动、两翼齐飞、全域共进”的市域城镇空间布局结构。“十字带动”即以眉山中心城区为核心，打造南北和东西两条城镇发展主轴线，带动市域整体发展；沿省道 103 线、成乐高速公路和成绵乐铁路客运专线，建设南北向的彭山 – 眉山 – 青神城镇发展主轴线；沿省道 106 线、遂资眉高速公路，建设东西向的仁寿 – 眉山 – 丹棱 – 洪雅城镇发展主轴线。“两翼齐飞”即沿国道 213 线自北向南，将仁寿县的文宫、大化、文林、钟祥、慈航等城镇连为一体，建设仁寿 – 井研的市域东翼城镇发展次轴线；北连成雅高速公路，南达峨眉山市，建设丹棱 – 洪雅的市域西翼城镇发展次轴线。“全域共进”即在市域中心城市的辐射影响下，充分发挥重点城镇承上启下枢纽作用，依托区域内发展轴线，形成带动整个市域城乡经济社会全面发展格局。

2. 合理划分城镇等级

根据成都都市圈发展态势，从整体上增强城镇集聚产业、承载人口和带动区域发展等方面的能力，促进区域产业和经济社会健康发展，眉山市明确了建立以中心城区为核心、5 个县城为骨干、22 个重点中心城镇为支撑、其他 32 个建制镇为基础、乡集镇和重点中心村为补充的布局合理、分工明确、联系紧密、设施配套、经济繁荣、环境优美、协调发展的现代化城镇体系。

3. 科学定位市域城镇职能和发展方向

在明确城镇等级的基础上，按照突出城镇特色的原则，眉山市明确了各城镇职能和发展方向，以此为基础按照产业集中、人口集中、公共事业集中的原则，大力培植城镇支撑产业，引导产业向城镇、工业集中（园）区集聚，提高城镇发展的聚合度。

（三）县域经济特色突出，但中心城区首位度不高

1. 总体情况

作为历史文化古城，眉山市各区县均拥有不同特色的历史文化资源，同时，自然资源储备也非常丰富，尤其在建区、设市之后，各区县均取得了长足的发展。从人口和主要经济指标来看，各区县可分为三个梯队，第一梯队为东坡区、仁寿县，其主要指标占全市比重均为 30% 左右，两区县之和占全比比重均在 70% 以上；第二梯队为彭山县、洪雅县，其主要指标占全市比重均为 10% 左右；第三梯队为丹棱县、青神县，其主要指标占全市比重均为 5% 左右。

总体看来，眉山市各区县经济发展具有一定的梯队性，但作为四川省年轻的地级市，眉山市域经济发展由县域经济发展而来的特征依然明显，即各区县发展相对较均衡，从反映经济发展阶段和特征的指标综合来看（见表 26-6），各区县差异并不是十分明显，东坡区作为中心城区与其他县域的差距并不显著，这在一定程度上反映出中心城区的首位度不高，对资源要素的聚集效应尚未充分发挥。

2. 各区县特征

（1）东坡区。东坡区古称眉州，是北宋大文豪苏东坡的故乡。早在一千多年前，东坡区就是州、郡治所。2000 年 12 月，

表 26-3　眉山市城镇等级结构规划

等级		城镇数（个）	城镇规模（万人）	城镇名称	备注
中心城区		1	50	中心城区（包括苏祠街道、大石桥街道、通惠街道、象耳镇、太和镇、尚义镇、崇礼镇、松江镇、富牛镇）	
县城	Ⅰ类	2	35	仁寿县（文林镇）	
			13	彭山县（凤鸣镇、彭溪镇）	
	Ⅱ类	3	11	洪雅县（洪川镇、止戈镇）	
			8	青神县（青城镇、南城镇、西龙镇）	
			7	丹棱县（丹棱镇）	
中心镇	Ⅰ类	9	18	视高镇、黑龙滩镇、汪洋镇、青龙镇、牧马镇、思蒙镇、永寿镇、万胜镇、修文镇	按 2 万～ 4 万人 / 镇计算
	Ⅱ类	13	15	北斗镇、龙正镇、柳江镇、张场镇、余坪镇、黑龙镇、杨场镇、观音镇、谢家镇、钟祥镇、文宫镇、富加镇、高家镇	按 1.2 万～ 2 万人 / 镇计算
一般镇	Ⅰ类	9	9	悦兴镇、白马镇、崇仁镇、秦家镇、禾加镇、清水镇、禄加镇、大化镇、满井镇	按 0.8 万～ 1.2 万人 / 镇计算
	Ⅱ类	23	10	其他 23 个城镇	按 0.4 万～ 0.8 万人 / 镇计算
合　计		60	176		

资料来源：《眉山市城镇化发展“十二五”规划》。

经国务院批准，撤销眉山地区，设立眉山市，撤销眉山县，设立东坡区，东坡区成为眉山市政治、经济、文化、商贸中心。全区幅员面积1331平方公里，辖15个镇、8个乡、3个街道办事处，总人口85.5万人。东坡区自然条件得天独厚，是全国和四川省的粮食、油料、肉类、水果等商品的生产基地，是“中国脐橙之乡”和“中国优质稻米之乡”；有钙芒硝、石膏、页岩等多种地下矿产，综合资源开发潜力大，可持续发展后劲足；距省会成都60公里，距成都双流国际机场50公里，距世界“双遗产”乐山大佛和峨眉山60公里，是成都的卫星城市。东坡区工业基础较好，1992年以来先后有32家中外合资企业落户，初步形成了饲料、食品、化工、建材、有色金属等支柱产业，未来将致力于发展成为成渝经济区的现代化工业基地、成都都市圈南翼的文教科研基地、成都都市圈打造“西部综合交通枢纽”的重要节点、以东坡文化为特色的旅游目的地。

（2）仁寿县。仁寿建县于隋开皇十八年（589），幅员2606平方公里，人口159.4万。先后诞生了文武双全的宋宰相虞允文，“东方梵高”石鲁、著名画家冯建吴兄弟和新中国地质事业奠基人之一黄汲清院士，历代人才辈出，教育兴旺发达。仁寿县资源丰富，除煤炭、膨润土储量较高，还有丰富的石灰石和生物资源，均有工业开发价值；县内省级重点风景名胜区黑龙滩被誉为“西南第一海”、“成都后花园”，牛角寨大佛号称乐山大佛之父，左青龙、右白虎的南宋虞宰相之墓保护完好。仁寿县农业发达，被农业部评为“中国枇杷之乡”，枇杷、丰水梨等优质水果和羔羊畅销北京、香港，出口新加坡、美国；随着一批国内知名企业——如河南双汇、峨电股份、中国农资、川纺集团、露莎皮

表26-4　眉山市城镇职能结构规划

等级	个数	城镇名称	所属区县	职能和发展方向	职能类型
中心城区	1个	眉山中心城区（含太和镇、崇礼镇、松江镇、象耳镇、尚义镇、富牛镇）	东坡区	成渝经济区的现代化工业基地、成都都市圈南翼的文教科研基地、成都都市圈打造“西部综合交通枢纽”的重要节点、以东坡文化为特色的旅游目的地；眉山市的政治、文化、经济中心	综合型
县城	5个	仁寿县城（含文林镇）	仁寿县	以发展食品轻纺、机械电子工业为主的县域综合型城镇	综合型
		彭山县城（含凤鸣镇、彭溪镇）	彭山县	以发展石化、机械加工、食品加工为主的工业新城，县域综合性城市	综合型
		洪雅县城（含洪川镇、止戈镇）	洪雅县	以旅游服务、食品工业、农副加工为主的县域综合型中心城镇	综合型
		丹棱县城（含丹棱镇）	丹棱县	以发展机械、建材、食品工业为主的山水生态型县域中心城镇	综合型
		青神县城（含青城镇、南城镇、西龙镇）	青神县	以发展机械、农副加工、旅游服务为主的县域综合型中心城镇	综合型

续表

等级	个数	城镇名称	所属区县	职能和发展方向	职能类型
中心镇	22 个	富加镇	仁寿县	县域副中心，以发展商贸、农副加工为主的综合型城镇	综合型
		汪洋镇	仁寿县	以矿产、建材、电力为主的工贸型城镇	工贸型
		钟祥镇	仁寿县	以农副产品贸易、棉、纺生产为主的农贸型城镇	农贸型
		文宫镇	仁寿县	以果品生产为主的农贸型城镇	农贸型
		北斗镇	仁寿县	以商品集散、农副加工为主的农贸型城镇	农贸型
		龙正镇	仁寿县	以农副产品精加工、饲料、生物制药汽车配件、铸造、建材为主的工贸型城镇	工贸型
		视高镇	仁寿县	以机械、食品、精细化工为主的工贸型城镇	工贸型
		黑龙滩镇	仁寿县	以旅游服务为主的旅游型城镇	旅游型
		高家镇	仁寿县	以旅游服务为主的旅游型城镇	旅游型
		万胜镇	东坡区	以芒硝生产、农副加工为主的工贸型城镇	工贸型
		思蒙镇	东坡区	以机械制造为主的工贸型城镇	工贸型
		修文镇	东坡区	以发展铝硅、太阳光伏产业为主的工贸型城镇	工贸型
		永寿镇	东坡区	以商品集散、农副加工为主的农贸型城镇	农贸型
		青龙镇	彭山县	以交通、物流、机械、食品、精细化工为主的工贸型城镇	工贸型
		谢家镇	彭山县	以农副加工、商贸为主的工贸型城镇	工贸型
		观音镇	彭山县	以发展机械加工为主的工贸型城镇	工贸型
		牧马镇	彭山县	以旅游服务为主的旅游型城镇	旅游型
		张场镇	丹棱县	以集贸、芒硝加工、食品加工、旅游服务为主的工贸型城镇	工贸型
		杨场镇	丹棱县	以陶瓷及其配套产业为主的工贸型城镇	工贸型
		柳江镇	洪雅县	以旅游服务、农副加工、集市贸易为主的旅游型城镇	旅游型
		余坪镇	洪雅县	以发展农副产品加工、物资交流的工贸型城镇	工贸型
		黑龙镇	青神县	以发展机械加工为主的工贸型城镇	工贸型
一般建制镇	32 个	多悦镇、秦家镇、悦兴镇、白马镇、崇仁镇、禾加镇、彰加镇、清水镇、龙马镇、满井镇、禄加镇、大化镇、慈航镇、方家镇、始建镇、中农镇、宝飞镇、江口镇、黄丰镇、公义镇、河坝子镇、瑞峰镇、汉阳镇、双桥镇、仁美镇、槽渔滩镇、瓦屋山镇、东岳镇、三宝镇、中保镇、花溪镇、高庙镇			工贸型、农贸

资料来源：《眉山市城镇化发展“十二五”规划》。

表 26-5　2011 年眉山市各区县人口、经济指标及在全市占比

区县	户籍总人口		非农业人口		地区生产总值		工业增加值	
	绝对量（万人）	占比（%）	绝对量（万人）	占比（%）	绝对量（万元）	占比（%）	绝对量（万元）	占比（%）
东坡区	86.2	24.6	33.7	35.9	2296610	33.9	1201407	35.3
仁寿县	160.1	45.6	30.9	32.9	2240405	33.1	991148	29.1
彭山县	33.6	9.6	12.7	13.5	804910	11.9	446033	13.1
洪雅县	34.9	9.9	9.5	10.1	679088	10.0	384282	11.3
丹棱县	16.3	4.6	3.5	3.7	320787	4.7	144068	4.2
青神县	19.7	5.6	3.6	3.8	428263	6.3	235986	6.9

资料来源：《2012 年四川统计年鉴》或计算得到。

表 26-6　2011 年眉山市各区县人口、经济指标比较

区县	人口密度（人 / 平方公里）	非农业人口占比（%）	城镇化率（%）	人均 GDP（元）	三次产业比
东坡区	642.4	39.1	37.3	27922	14.1 : 58.1 : 27.8
仁寿县	611.7	19.3	33.5	18135	23.6 : 52.4 : 24.0
彭山县	719.9	37.8	40.2	28095	12.9 : 60.8 : 26.3
洪雅县	178.1	27.2	32.9	22629	17.4 : 60.0 : 22.6
丹棱县	363.0	21.5	26.8	22591	23.4 : 53.0 : 23.6
青神县	509.3	18.3	28.8	25477	15.2 : 59.8 : 25.0

资料来源：《2012 年四川统计年鉴》或计算得到。

革、全兴集团、金鹅纺织、维韵电讯等入县落户，工业基础初具规模，食品、纺织、建材、采矿和轻化工产业发展迅速。

（3）彭山县。彭山，古称武阳，始建于秦（公元前 316 年），至今已有 2300 多年的历史，素以“忠孝之邦”、“长寿之乡”著称。全县幅员面积 465.32 平方公里，辖 9 镇 4 乡，总人口 33.5 万。境内有省级历史文化名镇江口镇，省级风景名胜区天然太极彭祖仙山，世界第一的中国长寿城牌坊，国内绝无仅有的唐代齐山双佛，国家保存完整、规模最大、考古价值最高的摇钱树，宋代石龙等文物，被列为国家重点文物保护单位的 5000 多座汉崖墓群，世界最早的茶肆市场和茶叶产地等风景名胜、文物古迹。彭山是省对外开放重点县，区位优势十分独特，有眉山北大门、桥头堡和成都后花园之称。县城北距成都市 50 公里，距双流国际机场 30 公里，南去乐山 80 余公里。境内可开发资源丰富，钙芒硝矿储量达 45 亿吨，页岩、矿泉水、浅层天然气储量丰富。处于成都到乐山、峨眉山的黄金旅游干线，旅游资源极具开发前景。农副产品独具优势，是全国重要的商品粮基地和瘦肉型猪生产基地，享有中国寿柑之乡称号。随着山西南风集团、安徽全力集团、大连金石油粕集团、台湾佳和集团、马来西亚和昌公司等一批国内和世界知名企业入驻彭山，其经济增长势头强劲，经济增长速度名列全市、全省前列。

（4）洪雅县。洪雅县地处成都、乐山、雅安三角中心地带，距成都 116 公里，雅安 63 公里，乐山 70 公里。全县辖 26 个乡镇，幅员面积 1948.43 平方公里，总人口 34.7 万。洪雅境内林业、水电、矿产、旅游资源较为丰富。全县现有林地面积 11 万公顷，活立木蓄积 1100 万立方米，森林覆盖率达 60.1%，竹林面积 21 万亩，被誉为“绿海明珠”；水能资源可开发量 90 万千瓦；旅游资源奇特，瓦屋山国家森林公园原始、古朴、神奇，槽渔滩风景名胜区山青、水碧、峡幽、林茂，柳江古镇青山绿水，高庙古镇吊脚楼别具特色；已探明地下矿藏有铁、铜、锰、芒硝、煤、磷、花岗石、水晶石等 20 余种。洪雅是全国生态建设先进县，依托良好的生态环境，全面禁用有害饲料和化学农药已近 10 年，有 17 个产品获得绿色食品标志，绿色食品发展已初具规模。境内有西南最大的种牛繁殖基地——阳平种牛场，形成了西南地区最大的乳业生产基地——阳平乳业集团，乳制品加工技术全国领先，种草养奶牛已成为农民增收的亮点，县域经济的支撑点，初步形成了涵盖发电、采矿、冶金、制药、建材、化工、竹木加工、乳制品加工、绿色食品加工等门类的工业体系。

（5）丹棱县。丹棱县历史文化源远流长，被誉为“中国民间艺术（唢呐）之乡”，幅员 449 平方公里，辖 5 镇 7 乡，总人口 16.3 万。境内水流资源丰富，有安溪河、丹棱河等大小溪河 122 条，年径流量 3.5 亿立方米；建有中小型水库 61 座，库容量 4430 万立方米。县内生态环境优越，绿化率达 94.9%，森林覆盖率达 32%，属成都近郊少有的生态型“天然氧吧”。丹棱县境内矿藏资源富集，具有较高的开发价值。钙芒硝矿，已探明储量即达 250 亿吨，且具有品位高、埋藏浅、利开采等特点，利用该矿生产的精制元明粉（无水硫酸钠）远销全国各地，并部分出口国外。天然气资源，县内已开发日产 10 万立方米的深井一口，目前县内日供气能力已达到 30 万立方米。矿泉水探明储量 17 亿吨以上，属优质矿泉水。丹棱县坚定不移地走“工业强县”之路，以公路、城市、邮电、能源建设为重点，大力改善投资环境，形成了齿轮机械、陶瓷墙地砖、芒硝化工、农副产品加工等工业门类。

（6）青神县。青神，古蜀国“后户”。西魏废帝二年（553）建政，以崇祀蚕丛氏“青衣而教民农桑，民皆神之”得名。已有 1400 多年历史。青神县幅员面积 386.8 平方公里，辖 7 镇 11 乡，总人口 20 万，距四川省会（成都）100 公里，双流国际机场 80 公里，地貌以浅丘为主，兼有部分平坝，是生态旅游发展县。青神县物产丰富，拥有两个“中国之乡”。竹编为“华夏一绝”，被文化部授予“中国竹编艺术之乡”。椪柑以色、形、味俱佳，畅销不衰，被授予“中国椪柑之乡”。青神拥有四川省旅游胜地之一，“西川林泉最佳处”之称的“中岩寺”，还有以巧、险、幽、奇等各领风骚的中国竹艺城，平羌三峡、汉崖墓、玉蟾寺、德云寺等景点。随着交通、能源、通信等基础设施配套的逐步完善，青神工业发展初具规模，形成了以机械、建材、造纸、纺织、食品为主的地方工业体系。

六　开放合作：从错位发展到一体发展

（一）眉山在区域中的发展方向和定位

1. 在成都经济区中的发展方向

眉山是成都经济区的重要节点城市，从国内外城市群发展的规律来看，节点城市在城市群中功能定位，必须通过与首位城市的经济距离的判断来确定。区域经济学中关于经济距离的表述，主要由地理距离、通勤距离和城市经济落差等因素决定的，经济距离是经济落差修正通勤距离后的结果，反映了城市间的物流和人流便捷程度。根据经济距离计算公式 E（经济距离）=D 地理距离 × α 通勤系数 × β 经济落差权数，利用 2010 年各市数据并结合表 26-7，得到成都到达各个城市的经济距离（表 26-8）。

按照远（E > 90）、中（50 ≤ E ≤ 90）、近（E < 50）划分三个等级，结合空间分析模块，绘成成都到达各市的经济距离空间分布图（图 26-9），从图中可以看出，成都经济区中部距离成都的经济距离相对较近；东北部经济距离处于中等水平；西南部经济距离相对较远。

从上表和图所示结果可以看出，眉山到成都的经济距离处于第一层次，并且在第一层次中，德阳的经济独立性较强，资阳与成都的经济距离远高于眉山，说明眉山是成都经济区中最具备条件成为首位城市实现同城化的城市，实现与成都一体发展符合区域经济发展的客观规律。

2. 在成都平原城市群中的定位

根据《成都平原城市群发展规划（2009-2020）》，成都平原区域将形成两带三圈四轴线的区域发展轴带体系，即依托龙门山在规划区西部形成一条生态旅游带，依托平原区在规划区中部形成一条城镇密集带，依托主要的交通廊道形成一纵三横四条城镇发展轴，以成都、绵阳和乐山三个中心城市形成三个都市圈。成都都市圈是成都平原城市群的首位都市圈，都市圈内通勤时间小于一小时，而眉山是唯一一个除成都以外全域纳入成都都市圈的市州。

在产业布局方面，将形成“一核两极、一带一轴、五区”的产业空间结构，“一核两极”即成都市中心城区为“一核”，以金融、商务、会展、物流为主导；乐山、绵阳市区为“两极”，将分别成为南北两大都市圈的商贸、商务、物流中心。“一

表 26-7　城市间人均 GDP 比值及经济落差权数

城市间人均 GDP 比值 A	A < 45%	45% ≤ A ≤ 70%	A > 70%
经济落差权数	1.2	1.0	0.8

参考戴宾著《成都：现实与未来》一书确立。

表 26–8 成都到达各个城市的经济距离计算表

城市	距成都地理距离（公里）	城市通勤系数	与成都通勤距离（公里）	与成都人均 GDP 比值	经济落差系数	与成都的经济距离 E（公里）
德阳	71	0.49	34.79	0.61	1	34.79
眉山	78	0.5	39	0.45	1	39
资阳	83	0.5	41.5	0.40	1.2	49.8
绵阳	103	0.49	50.47	0.49	1	50.47
遂宁	149	0.5	74.5	0.35	1.2	89.4
乐山	122	0.8	97.6	0.55	1	97.6
雅安	139	0.75	104.25	0.46	1.2	125.1

资料来源：《2011 年四川统计年鉴》或计算得到。

带”即龙门山生态山地旅游带，世界级的旅游目的地；“一轴”即绵成乐电子信息、国防科技等高新技术产业轴。“五区”即以绵阳、德阳、眉山、资阳、乐山为中心的五个先进制造业聚集区。眉山总体上定位为先进制造业聚集区。

3. 在成渝经济区中的定位

按照《成渝经济区区域规划》，眉山是“成－绵－乐”发展带上重要的区域性中心城市，定位为机车制造、冶金建材、精细化工、特色农产品加工基地和国家粮食储备基地，重要的交通节点城市。

图 26–9 成都到达各市的经济距离空间分布

（二）“融入成都、一体发展”战略全面推进

1.“融入成都、一体发展”战略的确定

从上述各层次区域中眉山的发展方向和定位可以看出，以同城化为方向推进与成都的合作是眉山提升在区域中的地位层级，取得发展突破的关键。早在 2000 年，眉山市第一次党代会提出要把眉山建成成都外环经济强市，全面对接成都，自觉接受其辐射，做到从“面向成都”、“依托成都”、“服务成都”到“融入成都”。2002 年，基于对眉山毗邻成都这一最大优势的认识，市委响亮地提出了“融入成都、错

图 26-10　成都平原城市群两带三圈四轴线的区域发展轴带体系

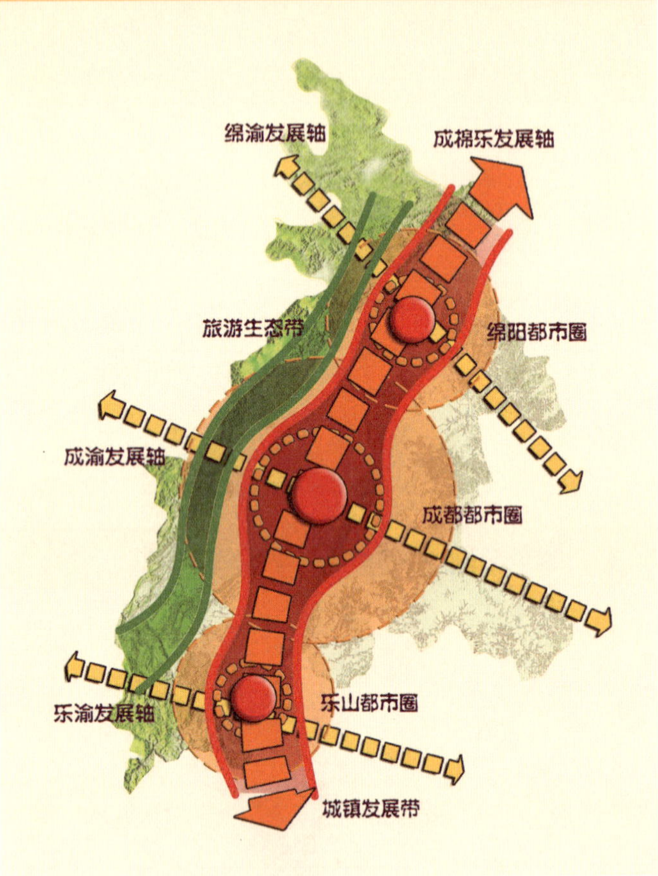

资料来源：《成都平原城市群发展规划（2009-2020）》。

位发展”的工作思路，要求积极参与大区域经济分工，走差异化发展道路，与成都形成产业有效互补，共同发展。随后，新筑公司入驻彭山，利源乳业落户仁寿，新希望集团牵手洪雅。2005 年，市委根据新形势、新要求，将“融入成都、错位发展”调整为“融入成都、一体发展”。虽然只有两字之差，但体现了不同时代背景下眉山融入成都、加快发展的新理念、新思路。从此，融入成都进入了一个新的历史阶段。同年，眉山全市各区县与成都所辖区县开展一一“对接”，仁寿与双流、彭山与新津、丹棱与蒲江结为友好区县。2006 年年初，眉山与成都正式签订了《成都眉山合作发展框架协议》，迈开了主动融入成都的步伐。眉山市 6 区县与成都 12 个区市县先后建立了合作关系，两市共组织实施数十个有关工业、农业、商务、交通等具有互补性的合作项目，并建立了联席会议制度和工作衔接落实制度。2008 年，成眉两市签订了成南旅游经济区、成都农产品配送基地、交通基础设施建设三个合作项目协议。从“错位发展”到“一体发展”，从一厢情愿到双向推动，从引进成都企业到共建工业园区，从基础设施对接到全方位对接，随着“融入成都、一体发展”，眉山融入成都走过了不寻常的道路，成眉同城化正在逐步变成现实。

2. 成眉工业集中发展区建设的率先推进

2008 年，成都市新津县与眉山市彭山县共同建立了区域合作的成眉工业集中发展区，成为全省首个跨区域合作的工作园区，2009 年，该园区升格为成眉两市合作的工业集中发展区。成眉工业集中发展区由成眉工业园区和成眉石化园区两部分组成，成眉工业园区总体规划面积 6.8 平方公里，重点发展以新能源、新材料为主的化工产业及机械加工产业；成眉石化园区总体规划面积则达 16.8 平方公里，首期建设面积 4.33 平方公里，主要发展石化产业及下游产业链。成眉工业集中发展区的成立和发展充分发挥了成都的区位、产业、资金、信息等优势和眉山的土地、环境容量等优势，截至 2010 年 12 月，成眉工业集中发展区已引进 19 个项目，总投资 54.6 亿元。而其中，成都产业转移和直接投资项目就有 10 个，投资 9.8 亿元，成都帮助招商引进项目 7 个，总投资超过 32 亿元，跨区域合作“试水”初见成效。2011年，园区共计新开工建设项目10个，累计完成工业投入6亿元。现有签约项目预计可于2014年底全部建成投产，投产后预计年工业总产值可达120亿元，年入库税收可达5亿元。按照相关规划，未来成眉工业集中发展区将建成承载能力强、配套功能齐备、社会服务完善、产业特色鲜明的现代新型工业集中发展区，打造成为成都南部工业走廊上的重要节点。

3. 旅游、公共服务等全方位合作的逐步推进

2009年底，成南旅游经济区“三点一片”旅游总体规划已经通过专家组评审，该片区以黄龙溪、彭祖山、黑龙滩三大旅游景区为核心，规划面积约300平方公里，这是成都与眉山签订《成都眉山合作发展框架协议》后的首个区域合作旅游项目。2010年1月31日，眉山区号成功并入028，同城化发展取得了历史性突破。2010年9月，四川省委、省政府在深入实施西部大开发战略工作会议上正式做出了规划建设天府新区的重大决策。眉山的彭山县青龙镇、仁寿县视高镇以及高家镇的一部分纳入了天府新区规划范围内。随着天府新区的规划和建设，眉山融入成都的步伐必将进一步加快。

（三）以大招商巩固并提升在区域中的地位

眉山确立了“开放兴市”战略，招商引资实现了从全面撒网到重点出击，从全民招商到专业招商，从单一项目招商到产业链招商的转变，通过招商引资巩固并提升了在区域中的地位，招商引资成为深化开发合作的重中之重。2007年，全市招商引资到位内资跃居全省第二。此后，连续三年保持全省第二，稳居全省第一方阵。2008年，通过创新招商机制，出台了重奖招商第一引资人的政策，并在广东、上海等地建立了6个招商分局，承接产业转移，开全省先河。第一产业，成功引进了蒙牛、现代牧业、温氏集团、联合利华、爱德牛业、龙都集团等一批知名农业产业化龙头企业。第二产业，成功引进了山东鲁能集团投资13亿元的电解铝二期项目，英国瑞能公司投资30亿元的3000吨多晶硅项目，广东赛格兰电子等10家公司共同投资50亿元的广东小家电四川生产基地项目，浙江昱辉阳光能源有限公司投资235亿元的光伏产业基地项目，广州立白有限公司投资20亿元的立白工业园建设项目，四川风瑞能源实业有限公司投资10亿元的风能发电设备制造项目，投资4.2亿元的美国纳帕·马利可中国运营中心项目。第三产业，成功引进了投资120亿元的复地黄龙生态宜居城项目，投资80亿元的广州恒大·金碧天下项目，世纪城新国际会展中心有限公司投资30亿元的长岛国际旅游度假区开发项目，江苏金杯房地产集团有限公司投资10亿元的七里坪旅游开发项目，四川佛照半山投资有限责任公司投资10亿元的七里坪（黑林）温泉疗养度假低碳居住示范区建设项目，投资3亿元的沃尔玛大型购物广场项目。基础设施建设，成功引进了中国城建集团投资4亿元的省道106、103线路面改造项目，鑫福集团投资85亿元的遂资眉高速眉山段项目，省铁路投资有限公司投资66

亿元的成绵乐城际铁路眉山段项目，成渝高速路公司投资36亿元的成赤高速公路仁寿段项目，雅眉乐高速公路有限公司投资26亿元的雅眉乐高速公路洪雅段项目，中国葛洲坝集团投资30亿元的岷江航电（青神段）项目，四川圣达集团投资25亿元的岷江航电（东坡段）项目。巴斯夫、花旗、联合利华、摩根士丹利、法液空、达尔凯、得利满等世界500强企业相继落户眉山，眉山市成为全省除成都外引进世界500强企业最多的市州。2011年，全市招商引资到位内资330亿元，是2000年12.45亿元的26.5倍；实际利用外资1.66亿美元，是2000年1334万美元的12.4倍。全市全社会固定资产投资420.26亿元，是2000年37.22亿元的11.3倍。

七　未来发展：成都都市圈的工业增长极和历史文化名城

（一）立足新的发展起点

1. 发展阶段判断

依据H.钱纳里关于人均经济总量与经济发展阶段划分理论、西蒙・库兹涅茨的“∩”形理论、配第-C.G.克拉克定理等相关理论，选取人均国内生产总值、二产业增加值占GDP比重、非农产业就业比重等主要指标，对当前眉山市所处工业化阶段进行判断。2011年眉山人均GDP达到22791元，按1998年汇率换算达2720美元，二产业增加值比重达54.9%，非农就业比重达47.7%。按照工业化阶段划分标准，正在实现由从工业化初期到中期的历史性跨越。

此阶段正是美国著名经济学家W.W.罗斯托的“经济起飞理论”所描述的“经济起飞”阶段，是传统经济进入现代经济的高速增长阶段。该阶段区域经济呈现由典型的农业经济向工业经济转型的特征，产业特征表现为：农业发展基础较好，工业已基本成为区域经济的主导，但整体上仍处于低附加值的粗放加工阶段，服务业发展处于起步阶段。而能否顺利实现由工业化前期向中期转型、实现经济起飞，其关键的决定因素即在于工业发展能否挑起大梁。

2. 发展环境研判

改革开放以来，随着全球化的深入推进，国际国内以及国内各区域之间的联系日趋紧密，呈现出国际竞争国内化、国内竞争国际化的态势，国际国内任何变化都将对眉山市产生程度不同的影响。从国际国内经济格局来看，国际金融危机促使各国产业结构加快调整和升级，全球资本流入服务领域和发展中国家的趋势更加明显；我国发展仍处于可以大有作为的战略机遇期，将迎来国际投资和产业转移的新高潮，为眉山市跨越发展带来新机遇。从新一轮西部大开发的实施来看，把全面提高西部地区开发水平放在更加突出的战略地位，加大政策扶持、资金投入和项目倾斜力度，为眉山市基础设施建设、特色优势产业发展、环境保护、民生改善等跨越提供了机遇。从区域合作深度和领域的拓展来看，国家培育成渝经济区新经济增长极，省委、省政府实施“两化”互动、统筹城乡发展的总体战略、规划建设天府新区、实施成德绵眉乐同城化发展战略等一系列措施，有利于眉山市利用自身资源、区位优势，迎合市场需求，承接产业转移，尤其是石化下游、光伏产业基地的建设，为眉山市发挥后发优势，形成新的

表 26-9　眉山工业化阶段判断

主要指标	理论依据	工业化各阶段特征值			2011 年眉山特征值	当前眉山所处工业阶段
		初期	中期	后期		
人均国内生产总值	H. 钱纳里关于人均经济总量与经济发展阶段划分理论	1200 ~ 2400 美元	2400 ~ 4800 美元	4800 ~ 9000 美元	2720 美元（1998 年汇率）	中期
二产业增加值占 GDP 比重	西蒙·库兹涅茨等人的“∩”形理论	20% ~ 40%	40% ~ 60%	60% 以上	56.4%	中期
非农产业就业比重	配第 –C.G·克拉克定理	20% ~ 50%	50% ~ 80%	80% 以上	48.1%	初期（接近中期）

资料来源：《2012 年四川统计年鉴》或计算得到。

经济增长点带来难得的机遇。

与此同时，需要引起高度重视的是，虽经过建区设市以来的快速发展，但“底子薄、总量小”仍然是眉山最大的市情，发展不足、结构不优仍然是眉山最大的问题，随着现代科技的迅猛发展和基础设施条件的改善，特别是西部综合交通枢纽的建设，区域之间的竞争将更加激烈，眉山紧临成都的区位优势将相对下降，如果把握不好可能成为资源流失区和过渡带，其他很多资源丰富的市（州），将逐步具备更强竞争优势。

3. 天府新区与眉山

天府新区是四川省、成都市为深入推进西部大开发，进一步贯彻落实成渝经济区区域规划，培育新的增长极、带动全省和整个西部地区经济社会发展而作出的重大战略决策。按照《四川省成都天府新区总体规划（2010–2030）》，天府新区将形成“一带两翼、一城六区”空间结构。其中，涉及眉山的区域包括，两翼中的西翼产业功能带，即以现状成眉乐产业走廊为基础打造成眉高技术和战略新兴产业集聚带；六区中的成眉战略新兴产业功能区，将整合成都新能源产业功能区、物流园区以及成眉合作工业园区，形成以新材料、生物医药、节能环保等为代表的战略新兴产业集聚区；同时利用彭祖山、黄龙溪和锦江等资源布局文化旅游、休闲度假、健康养生等现代服务业。总体看来，在天府新区中，眉山将通过与成都的一体发展，承担起新材料、生物医药、节能环保等新兴产业功能，使得眉山成为成都市制造功能拓展的重点区域，这将有力推动眉山工业加速发展和提档升级，必将对眉山未来发展产生深远影响。

（二）未来发展定位：成都都市圈的工业增长极和历史文化名城

1. 成都都市圈的重要组成部分

从区域经济特征和与成都市的经济距离来看，在与成都市毗邻的市州中，眉山是最有条件率先与成都实现同城化的区域，而这也正是未来眉山发展中必须充分发挥的基础优势之一。《成都平原城市群发展规划

（2009-2020）》将眉山全域均纳入了成都都市圈的规划范围，随着“融入成都、一体发展”战略的深入实施以及天府新区建设的加快推进，眉山融入成都、成为成都都市圈的重要组成部分的步伐也将进一步加快。

2. 工业增长极

顺应工业化前期向中期过渡的工业加快发展的趋势，进一步强化工业主导作用，提高工业集中度和聚集效应，以工业带动非农产业全面发展，形成更加适应现代经济发展要求的三次产业结构；依托天府新区建设，将眉山发展成为成都市制造业及战略性新兴产业的拓展空间，使眉山成为支撑成都都市圈发展的工业增长极。

3. 历史文化名城

充分发挥历史文化悠久、文物古迹众多的优势，依托“三苏文化”、“长寿文化”、“生态文化”等文化遗产，将文化与产业发展结合起来，将文化与城市发展结合起来，着力提升文化软实力对区域经济发展的带动作用，使眉山成为成都都市圈历史文化与现代文明交相辉映的历史文化名城。

（三）以工业强市战略推进产业升级

1. 打造全国重要的特色产业基地

依托特色优势产业，延伸产品和产业链条，提高产品附加值，实现优势产业的加快发展和优化升级。把化工、太阳能光伏、铝、建材、机械、农产品加工打造成全省乃至全国的重要特色产业基地。一是要突出发展化工产业。以石化下游、天然气化工、芒硝化工、日用化工、钾卤盐深加工等项目为重点，大力引进相关产业和项目，提升产业集聚能力，促进规模化、集聚化和国际化发展。二是要加快发展太阳能光伏产业。依托多晶硅项目，不断扩大规模，延伸产业链，大力发展硅棒、硅片、太阳能电池和组件等产品以及切割钢丝、坩埚等配套产品。三是要大力发展铝产业。依托电解铝项目，强化产业延伸，大力发展铝板带、铝线材、铝箔、铝压铸件、高精铝及各种铝合金制品等铝深加工产品，最大限度实现铝资源就地转化。四是要稳步发展建材产业。积极开发和生产新型墙体材料以及优质环保节能的绝热隔音材料、防水材料和密封材料，逐步淘汰不符合国家产业政策的普通机立窑、湿法窑、干法中空窑及其他落后窑型。五是要积极发展机械产业。以制冷压缩机、木工机械、冷轧机、高强度紧固件、齿轮深加工等具有自主知识产权的产品为重点，发挥国家级、省级企业技术中心优势，加大产品研发力度，提升产品质量和市场竞争力。六是要优化发展农产品加工业。立足丰富的农产品资源优势，以产业化经营为动力，配套建立产品质量检测和研究设计中心，大力实施农产品加工战略和品牌战略，突出特色，重点发展乳品、肉类、饲料、蔬菜、茶叶、木竹等农产品加工业。

2. 打造西部重要的战略性新兴产业聚集地

坚持自主创新、战略引进相结合，围绕“抢抓机遇、扬长避短、集聚发展”总体要求，依托天府新区建设，充分利用市内外资源，培育发展以新材料、新能源、电子信息、生物医药为重点的战略性新兴产业。以发展异形铝材、轻型铝型材项目为重点，延伸铝产业链，形成电解铝精深加工优势产业，带动铝制品业的发展；不断延伸石油化工、天然气化工、磷化工产业链，研发生产三聚氰胺纤维、高纯电子级磷酸、工程塑料、合成纤维等化工新材料。围绕硅深加工方向，延伸产业链，重点发展多晶硅生产、单晶硅生产、切片生产、太阳能电池项目、太阳能发电系统项目等；大力发展太阳能光伏产业、风电设备产业、生物质能发电产业等新能产业。着力引进发展一批软件开发企业和电子信息终端产业制造企业，大力推进多层电路板、电子元器件、通信设备、无光源器件等项目建设，提升电子信息产业发展水平。

3. 打造全国一流的特色农业品牌

按照“统筹城乡、产业发展，建设社会主义新农村，基本实现农业现代化”总体思路，加快发展现代特色农业，通过财政奖励、贷款贴息、优先安排项目等举措，扶持发展农民专业合作社，以专业合作社促进分散经营向适度规模经营转变；加大农业招商引资力度，鼓励、支持和引导民营工商资本投资农产品加工业，不断壮大农产品加工龙头企业，带动发展食品加工、木竹加工等农产品加工业，初步建立具有眉山特色的优势农产品加工产业链；突出培育优质粮油、畜禽、蔬菜、乳制品、水果、木竹制品、茶、水产品等八大类特色农产品品牌，积极开展农产品产地认定、产品认证、地理标志保护产品认证和标识管理，把眉山建成国家优质商品猪战略保障基地、中国南方奶业基地、中国最大的泡菜生产基地、西部最具特色的生态食品加工基地、成都市重要农产品配送基地、成都市民外出农业观光旅游首选地。做响农产品品牌。

4. 推进服务业特色化发展

积极对接全省“三中心”建设，以旅游业为龙头，以商贸物流业为两翼，实施一批重点项目，培育一批重点企业，打造一批重点品牌，不断拓展服务业领域，改造提升传统服务业，全面提高服务业发展水平，初步建成“融入成都、辐射川南”的区域性旅游、商贸、物流、会展中心。围绕“生态、休闲、养生、度假”四大主题，按照“两区、一带”格局，打造三苏祠、黑龙滩、彭祖山、瓦屋山四大精品景区和柳江古镇、七里坪、野鸡坪、老峨山、中岩寺、中国竹艺城等特色景区，创建东坡文化体验、长寿养身、生态休闲度假旅游品牌，打造成都人出游首选目的地、川西南休闲度假旅游目的地。积极融入成都经济区，大力引进和培育商贸龙头企业，优化商业网点布局，打造眉山主城区、县城区域商贸中心，建设全省重要的区域性商贸中心和次区域物流中心城市。依托成昆铁路、成乐高速、省道 103 线、遂资眉高速、省道 106 线、成自泸赤高速、乐雅高速等大物流通道，重点打造眉山中心物流园区、彭山青龙物流园区和仁寿文林物流园区，加快建设一批专业物流中心、配送中心和城市物流配送系统，推进物流业集中发展。加快物流园区建设，促进物流业与制造业有机结合。深入开展会节活动，积极引会办节，打造好会节品牌，重点办好购物节、美食节、长寿节、桃花节、冰雪节和泡菜论坛等活动，促进市场消费。

（四）以城乡统筹加快城镇化进程

1. 坚持以城乡统筹统揽全局

坚持以城乡经济社会发展一体化为根本要求，以体制机制创新为关键，以推进

"三化"联动为路径，统筹城乡产业发展，促进城乡基本公共服务均等化，推进农民向城镇和新村集中、工业向园区集中、土地向规模经营集中，逐步建立城乡一体的管理体制和运行机制。加强与西部综合交通枢纽、天府新区和同城化发展战略的有效衔接，把眉山市作为一个整体，城乡全域纳入规划范畴，实行城乡发展统一规划、统一管理，形成城乡融合衔接的规划体系。加快形成农业生产、农产品精深加工、生产服务关联发展格局，发展壮大县域经济，促进三次产业互动、城乡经济相融。完善衔接配套的城乡基础设施，促进城镇基础设施向农村延伸；按城乡服务均等化标准，规划建设小城镇和新村道路、水、电、气、网络、文化、卫生、体育等基础设施。完善衔接配套的城乡公共服务体系，促进教育文化、医疗卫生、就业救助、社会保障、信息服务等公共服务向农村覆盖。扩大和强化县（区）管理权限，建立健全（乡）镇、村公共服务和社会管理的经费保障机制，推进城乡社会行政管理体制改革，促进政府服务向基层和农村拓展，探索推进城乡统一户籍、土地制度改革，统筹城乡社会管理。鼓励引导农民向城镇转移，推动农民居住向新村集中，集中配套建设基础设施，完善公共服务，形成城镇化和新农村建设互促共进机制。

2. 提高中心城区首位度和竞争力

按照"东进、西移、北拓、南优、中提升、拥江发展"的空间发展战略，通过重点打造三大功能区，拓展中心城区规模、提升中心城区聚集和辐射带动能力，提高中心城区首位度和竞争力。一是中部城市综合功能片区。该区域作为城市综合功能片区，承担城市主要的公共服务职能，是城市主要居住空间。主要包括南部老城传统商业文化生活组团、北部新区生活服务组团、东坡岛休闲旅游居住组团。南部老城要大力发展第三产业，优化传统服务业，全面提升城市的综合服务职能。保护老城特有的城市肌理，塑造具有东坡文化特色的城市景观节点。北部新区要完善眉州大道两侧及东坡大道两侧地区的主次干道建设，推动新区与老城相接地区的土地开发，依托市级行政办公功能在新区的带动作用，用地继续向北扩展。东坡岛组团要围绕东坡岛中心文化广场建设，营造城市绿心。二是东部文化旅游片区。作为眉山城市跨江东进的拓展片区，主要以休闲旅游、教育科研、会议会展、养老居住功能为主，并保留发展部分工业。三是城市西部工业片区。重点打造眉山经济开发区新区，发展电子信息、生物制药、机械加工、服装纺织等新兴产业。

3. 以城市标准推进县城发展

在扎实推进县域城镇化发展的基础上，以城市标准将各县城建设成为产业支撑力强、地域特色鲜明、人居环境良好的现代城市。仁寿县要按照"一中心，多组团，网络化"模式，加快仁寿县城建设进度。重点向县城东面成自泸赤高速和县城南面遂资眉高速方向发展，加快仁寿新城建设。彭山县要按照建设成都重要卫星城总体要求，将彭山县城打造成为滨江园林生态宜居城、西部石化深加工基地、西部交通物流枢纽重要节点和中华养生文化休闲旅游地。进一步加快与眉山中心城区的融合，逐步发展成未来眉山城市的北部中心。洪雅县要按照建设西部一流宜居生态的滨江森林城市目标，坚持“森林之城、活水之都”城市定位，高起点、高标准、高品位完成县城总规、控制性详细规划修编，加快城西和江南基础设施建设，完成县城主要道路改造和“引青入城”环境整治工程建设，形成独特的城市风貌和景观。丹棱县要以建设“田园大雅城”为目标，加快旧城道路改造，推进城市向东、向南发展，形成背倚山、前临河格局，积极融入大雅文化元素，塑造城镇独特风貌。青神县要围绕建设岷江流域璀璨明珠的总体要求，打造山水园林滨江临河县城。

4. 打造特色突出的小城镇

注重通过发展工业、旅游业、服务业扩充城镇功能，改善城镇条件，提升城镇品质，建设一批在资源开发、旅游度假、加工制造、商贸流通等方面特色突出的小城镇。着力打造万胜、思蒙、修文、文宫、北斗、钟祥、富家、汪洋、龙正、青龙、谢家、观音、牧马、张场、杨场、柳江、余坪、高庙、黑龙、瑞峰、西龙、汉阳等市域重点中心城镇，努力发展成为具有片区带动力的中心城镇。形成一批以柳江、牧马、黑龙滩、张场、瑞峰、高家等为代表的特色旅游重点镇，以青龙、视高、修文、观音为代表的工业重镇，以汪洋、青龙等为代表的资源开发重镇。

（五）以现代化为目标推进基础设施建设

1. 完善现代综合交通体系

立足于建设西部综合交通枢纽重要节点城市，成都主枢纽重要组成城市，按照“紧密对接、提升布局、引领发展”总体要求，大力推进综合交通建设，构建融入主枢纽，对接次枢纽，水陆空并举，内通外畅的现代综合交通体系。在公路方面，加快高速公路、快速路、干线路、支路以及城市环绕、旅游通道建设，实现眉山中心城区与各县（区）、各县（区）中心城市与中心镇的半小时互通互达，加强与周边市县公路连接，形成层次分明、功能明确的公路交通体系，提高路网实用效率和服务水平。在铁路方面，依托普通铁路、城际铁路和客运专线，形成“1+5+2”铁路交通网络体系，推进与成都地铁对接，加快与成都市区的同城化进程。在航道和港口建设方面，充分发挥成都机场在眉山综合交通枢纽中的功能完善作用，大力推进岷江航电工程建设，有序开工建设彭山港、眉山港、青神港 3 个水运港口，岷江渠化工程延伸至成都（黄龙溪），力争实现成都－眉山－乐山 4 级通航。

2. 加快城镇基础设施建设

加强城镇管网设施配套，提高现有管网管养水平。着力加大城镇路网建设力度，提高城镇道路黑化率。加快电网建设，构建结构合理、安全可靠、经济高效的主网架。不断提高民用燃气普及率，稳步发展管道燃气。严格城镇饮用水源保护，加强水质监测，加快供水设施建设，确保供水安全。大力解决农村人口饮水不安全问题，竭力推进城乡供水一体化发展，提高农村居民饮水安全保证率、自来水普及率，并切实解决好缺水县城的供水问题。加快城镇生活污水处理设施和垃圾收集、转运及处理环卫设施的配套建设，提高城镇生活污水处理率和生活垃圾无害化处理率。规划人口在3万人以上的镇要实行雨污分离，建立相应的污水处理设施和生活垃圾处理设施系统，其他小城镇要因地制宜采用适当方法加强生活污水和生活垃圾处理。

3. 加强公共服务设施配套

坚持城镇公共服务设施的公共产品属性，把重大公共服务设施建设纳入国民经济发展计划和年度财政计划。积极完善公共服务设施建设领域的投融资政策，努力加大投入，满足城乡居民日益增长的公共服务需求。积极编制实施城镇公共服务设施建设规划，明确城镇公共服务设施的等级和类型配置，合理确定各类公共服务设施的布局、规模和业态。提高公共服务设施建设的预见性，为长远发展和功能拓展留有余地，充分满足社会生活的发展需求。加快配套完善社区教育、文化、体育、卫生、就业和社会保障等公共服务设施，提高公共服务设施利用率。加强公益性社会福利和社区公共服务设施建设，促进城市公共服务设施向基层社区延伸。

4. 加强信息网络设施建设

完善信息网络基础设施，整合信息网络资源，加强网络安全设施建设，强化网络开发和管理，提高网络利用率，提升全市经济社会信息化水平，特别是工业、交通、教育、卫生等重点领域。推进基础测绘工作，整合国土、规划、公安等信息资源，建设“数字眉山”，为经济社会各行业搭建公共服务的基础信息平台。优化网络结构，加快建立完善以光缆为主，数字微波、卫星通信相协调的干线传输网，加快光纤接入网、无线接入网、第三代移动通信网建设，推动信息传输网络向农村延伸。加强宽带通信网、下一代广播电视网（NGB）、下一代互联网、物联网、电子商务、远程教育、远程医疗等信息基础设施建设，促进“三网融合”，形成覆盖全市、结构合理、安全可靠、面向未来的信息网络。扎实推进电子政务系统建设。加强信息安全等级保护和风险评估，保障信息网络安全。

（六）以成眉同城化为重点创新区域合作

1. 依托天府新区全面融入成都

坚持“融入成都、一体发展”思路，立足和依托天府新区，进一步深化区域合作，提升与成都的同城化水平。抓住天府新区规划建设机遇，推进基础设施建设、产业发展等向北聚集，形成新的经济增长极。依托天府新区，配套发展相应的产业和房地产、旅游、餐饮、住宿、金融保险、娱乐等服务业，进一步加强眉山和成都在基础设施、产业配套、城镇建设、资源利用、环境保护、社会保障、文化教育、广播电视、金融保险等专项领域的规划编制和衔接。建成与成都铁路、公路、水运、机场无缝对接的交通网络。东坡区和青神县要依托成绵乐铁路客运专线和岷江航运，以产业园区为载体，从中部整体融入成都。仁寿县要结合天府新区规划建设，精心打造视高经济开发区，建设视高工业新城和黑龙滩休闲度假区，形成沿国道213线、成自泸赤高速公路和成黑快速通道的通道经济走廊，从东部连片融入成都。彭山县要结合天府新区规划建设，加快成眉工业园区建设，从北部加快融入成都。丹棱县和洪雅县要加强与成都蒲江等县（区）基础设施对接，集中开发农业观光、生态旅游资源，共建产业园区，逐步从西部融入成都。

2. 强化市域内部的区县合作

引导市域内部各区县按照错位发展、优势互补、资源共享、合作双赢的原则，加强合作。推动优势骨干企业以品牌共享为基础，跨县域、跨行业发展。跨县域规划建设一批工业园区，促进生产要素合理聚集，推动优势企业向产业园区集中，提高产业集中度，实现优势产业集群式发展。引导区县联合各自所拥有的特色农产品、文化旅游资源等，合作开发旅游线路，共同举办或参加会展节庆，跨区域打造产业园区或示范基地，共同打造区域特色。

3. 坚持“引进来”和“走出去”相结合

立足成渝经济区，有效对接泛珠三角和长三角，加强与京津冀和港澳台地区的交流与合作，主动参与国际区域合作，在更大范围、更广领域和更高层次上参与对外竞争与合作，全面提升外资、外贸、外经工作水平，努力促进眉山市外向型经济快速发展。支持和引导有条件的企业开展国际化经营与合作，提高企业核心竞争力。大力发展对外工程承包和劳务合作。

4. 积极承接产业转移

充分发挥与成都同城化优势，坚持全面出击，全方位招商。创新招商方式模式，探索建立合作发展、互利共赢新机制，力争建成全省承接沿海产业转移和承接成都产业转移首选地。立足优势资源、产业和龙头企业，瞄准世界500强和中国500强，集中精力跨梯度引进一批旗舰型企业、重大高端项目和产业集群项目。加强产业链招商，突出抓好石化、多晶硅、铝等下游产业招商，大力引进高档服装面料、新型包装材料、太阳能电池板、铝型材等战略性重大项目。切实抓好产业转移项目的落地实施。

参考文献

《辉煌十年路 创业眉山人》，《眉山日报》2011 年 3 月 23 日。

《十年经济腾飞 眉山发展铸辉煌——写在眉山建市 10 周年之际 · 经济篇》，《眉山日报》2010 年 11 月 15 日。

《挺起跨越的脊梁——眉山强力推进新型工业化纪实》，《四川日报》2004 年 7 月 4 日。

《掀起交通建设新高潮 眉山市实施“44521”工程》，新华网，眉山分频道，2009 年 6 月 22 日。

《新机制的活力——写在眉山建区两周年之际》，《四川日报》1999 年 8 月 21 日。

《认识眉山》，眉山市人民政府网站，2011 年 10 月 14 日。

《2001 四川统计年鉴》。

《2012 四川统计年鉴》。

《成渝经济区区域规划》。

《成都平原城市群发展规划（2009-2020）》。

《四川省国民经济和社会发展第十二个五年规划》。

《眉山市国民经济和社会发展第十二个五年规划》。

《眉山市城镇化发展“十二五”规划》。

《眉山市工业和信息化发展“十二五”规划》。

第27章 资阳市：以交通装备制造业为特色的新兴工业城市*

一　区域特征

（一）地理位置

资阳市位于四川盆地东南部，北靠成都市、德阳市，西连眉山市，南接内江市，东邻遂宁市、重庆市，居长江一级支流沱江、二级支流涪江的中游，并处于两江流域之间。地跨东经 104° 12' ~ 105° 45'，北纬 29° 40' ~ 30° 39'。幅员面积 7962 平方公里。从地形地貌看，资阳市位于华夏系四川沉降带之川中褶带内，龙女寺半球状构造和威远辐射构造之间，西高东低。按大的地貌形态全市可分为低山、丘陵、河流冲击坝三种地貌类型。其中以丘陵为主，大约占总面积的 90% 以上。一般海拔在 300 ~ 550 米之间，低山的最高点在龙泉山脉简阳境内的长松寺（海拔 1059 米），河坝的最低点在安岳县夏家坝的琼江河出界处（海拔 247 米）。资阳是成渝经济区中唯一与“双核”成都、重庆均接壤的城市，这一区位表明它能很好接受两个核心增长极的辐射带动。

（二）建制沿革

资阳市历史悠久，35000 年前，古老的“资阳人”就在这里繁衍、生息，创造了沱江流域人类文明史。周朝时属蜀国。秦昭襄王六年（公元前 301 年），为秦国蜀郡辖地。西汉时设资中县。北周时因县

图 27-1　资阳市政区

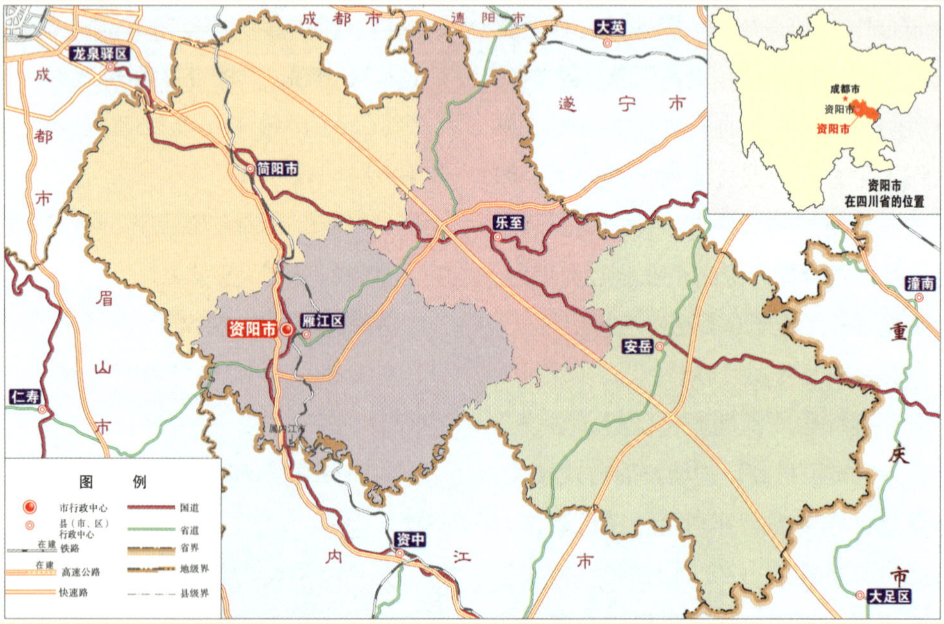

资料来源：本图由四川省发展和改革委员会、四川省测绘地理信息局提供。

---

* 本章作者：潘方勇，成都市工业经济发展研究中心副主任，经济师。

城在资水（今沱江）之北，故称资阳县。隋唐时属简州、资州。明朝时资州改为资县。清雍正五年（1727），设资州直隶州。民国时复改为资阳县。建国后资阳县属内江专区，后改为内江地区。1985 年属内江市。1993 年资阳县改为县级资阳市，由内江市代管。1998 年设立资阳地区，将内江市的安岳、乐至 2 个县和代管的资阳、简阳 2 个市（县级）划归资阳地区管辖。2000 年 6 月 14 日，国务院批准撤销资阳地区和县级资阳市，设立地级资阳市。

（1）雁江区。前身是资阳县，是“资阳人”的故乡。1951 年在资阳城西九曲河一号桥墩发掘出人类头盖骨化石，距今已有 35000 多年，鉴定为旧石器时代晚期人类化石，被中国科学院定名为“资阳人”。资阳，尧为资国地，夏属梁洲，周入雍州为蜀国地，秦灭蜀建郡为蜀郡地。汉武帝建元六年（公元前 135 年）在此置资中县。北周武成二年（560）改置资阳县，因位于资水（沱江）之北而得名。唐、宋、元、明、清至民国初，资阳曾几度为州、郡、县治所。资阳置县初面积较大，后随内江、资中及威远、乐至、安岳、荣县等县的分治逐步缩小。县的隶属演变频繁，区乡镇时分时合，至 1958 年公社化后渐趋稳定。1993 年 1 月，撤销资阳县，设立县级资阳市。2000 年由于地级资阳市的建立而改名雁江区。

（2）简阳市。古为蜀国地，秦时属蜀郡。西汉置牛鞞县。西魏恭帝二年（555）改牛鞞县为阳安县，并置武康郡（郡，县治今简城镇），以阳安山得名。文帝仁寿三年（603）置简州，以境内有赖简池得名（州治今简城镇绛溪河北岸）。中华民国二年（1913）改州为县，摘取简州和阳安之首字，命名简阳县，属川西道。1994 年经国务院批准设立县级简阳市，由地级内江市代管。1998 年 2 月属资阳地区代管。2000 年 6 月由地级资阳市代管。

（3）安岳县。古为巴蜀分治地，梁设普兹郡，辖普州，北周建德四年（575）置县，因治所建在铁峰山上，故取“安居于山岳之上”之义而得县名。至此，州县治所同置一城，距今已有 1400 多年历史。安岳县原属内江市管辖。1998 年 2 月，安岳划归资阳地区管辖，2000 年 6 月由资阳市管辖。

（4）乐至县。古为蜀国地。北周建德四年（575 年），设置多业县，为建县之始。隋开皇十三年（593），改名普慈县。唐武德三年（620）析置乐至县，因县东有乐至池而得名。北宋初普慈县省入乐至县。1958 年划入内江专区，1985 年属内江市。1998 年属资阳地区，2000 年属资阳市。

（三）历史文化

1. 古代资阳文化

资阳文化源远流长。其源头是远古旧石器时代的“资阳人”文化，其发展的进程经过巴蜀文化的阶段，深受中原汉文化和佛教文化等影响，融进中华文化之中。在资阳文化发展的历史进程中，各个时期均有文化名人和其代表作品产生。资阳是人类文明之乡，也是中华文化之乡。

——西周及春秋战国时期的资阳文化。春秋晚期的西周内史大夫苌弘，是资阳历史文化名人的第一人，测知木星 12 年围绕太阳公转一周，创造出岁星纪年法，为天文学发展作出极大贡献。现资阳雁江区有苌弘山、苌弘寨等历史遗迹。1982年，简阳酱品厂出土西周典型代表物牛头兽面等西周器物，1985年简阳糖厂出土有战国铜矛、铜戈等器物，现存于资阳市文化馆。西周大夫苌弘的事迹，结合出土的西周春秋和战国器物，见证了旧石器资阳文化在巴蜀文化范畴内走向中原文化的融合，并达到较高水平。

——汉代资阳文化。资阳文化在汉代得到长足发展，诞生了著名的汉赋大师王褒、治水专家王延世等历史名人，今资阳还有大量的汉代遗迹及出土文物。资阳汉代文化的又一代表，是简阳市董家埂乡出土的鬼头山崖墓东汉榜题画像石棺。鬼头山崖墓是资阳崖墓的典型代表，东汉榜题画像石棺被确定为国家一级文物。

——汉以后至唐宋时期的资阳文化。典型代表有中外驰名的安岳石刻艺术与乐至报国寺佛教文化，宋代名人著名理学家陈抟和数学家秦九韶等。安岳石刻古、多、精、美，居全国石刻艺术一流水平。石刻起源于东汉末朝，经南北朝、隋而盛于唐，被誉为我国古代雕刻的伟大宝库，具有极高的研究、观赏和文物价值。资阳有很多寺庙，其中著名的有乐至千年古刹报国寺，是资阳佛教文化的典型代表。资阳的名刹还有简阳弥陀寺、资阳大佛、资阳龙坳大佛等。石刻艺术、佛教文化、宋理学和宋代中华数学巨著《数书九章》等，是资阳文化发展到较高水平的证明。

——明清时期的资阳文化。明清时代，朝代更替，各地移民入居，移民和原住民共同生活，资阳文化朝着民间化和世俗化发展。资阳是文化之乡，早在明清以前，就有官学和私学存在。简阳州学，唐即开办，明复置。在清代，资阳地区著名书院有子渊书院、明水书院、雁江书院、文明书院、磐石书院，简阳有风山书院，通材书院（即现国家级普通示范性高中——简阳中学），安岳有龙泉书院，乐至有天池书院等。

2. 近当代资阳文化

——近代资阳文化。除川剧“资阳河”流派渐成气候外，更多的是流行于民间的杂耍和手工工艺。其间，也出现过新文学的先驱罗淑、《白毛女》的作者邵子南等著名作家。民国时期，资阳彩扎文化盛行。彩扎是一种值得称道的手工艺品，可扎龙灯、狮灯、龙船、彩灯、牌坊、灵房、人像、禽兽等。民国时期资阳城区有12家彩扎艺人，其中5人被奉为正宗，享誉成渝。资阳龙灯远近闻名，毫不逊色于铜梁龙灯，以致毗邻的仁寿、内江、自贡、乐山等地都有订单。

——当代资阳文化。当代资阳的文学艺术遵循毛泽东提出的“二为”方向和“双百”方针，呈现出“坚持主旋律，提倡多样化”、“百花齐放、百家争鸣”的繁荣景象。文艺组织健全，活动频繁。2001年，资阳市文联及作家协会、音乐舞蹈家协会、美术家协会、书法家协会、戏剧曲艺杂技家协会、摄影家协会等相继成立。各协会会员每年在各级报刊发表文艺作品数十万字。会员作品或在出版社出版，或入选各类集子，有的作品在全国、省、市获奖。20世纪五六十年代到七八十年代，专业剧团如资阳川剧团、乐至川剧团、资阳文工团等，演出了一大批优秀的传统剧目，如

《江姐》、《年轻的一代》、《洪湖赤卫队》等。民间艺术独树一帜，以石雕艺术最为有名。简阳市为国家命名的中国民间艺术（绘画）之乡，安岳县为国家命名的中国民间艺术（石刻）之乡。

（四）经济发展

——经济总量。2011 年，全市生产总值达到 836.4 亿元，人均生产总值达 22931 元，经济总量和人均占有量较 2006 年均翻了一番。经济总量从 2006 年全省第 12 位上升到第 11 位，实现了跨越升位目标。地方财政一般预算收入达 32.5 亿元，是 2006 年的 4.2 倍，占全省的比重较“十一五”初提高 0.32 个百分点。与此同时，县域经济加快发展，2010 年，雁江、简阳综合经济实力跻身全省 6 个丘陵地区先进县，安岳、乐至进入全省 20 个县域经济发展先进县。

——产业结构。2011 年，三次产业结构比例为 22.1 : 55.0 : 22.9，由“十一五”初的“二一三”结构优化为“二三一”结构。2010 年工业总产值突破千亿大关，全面实现工业“千百亿工程”目标，“1+4”主导产业规模以上工业增加值实现 300 亿元以上，占全市规模工业增加值比重达 85% 左右。2011 年工业总产值达到 1586.4 亿元，农业保持稳定发展势头，新兴节能产业加快培育，物流、金融服务等现代服务业加快发展。

——投资。2011 年，全市投资总额完成 462.8 亿元，投资增速保持全省第一位，投资对经济增长的贡献率达到 60% 以上，拉动作用进一步增强。

——城市化水平。2011 年资阳中心城市建成区面积达 38 平方公里，城市人口达 30 万人，全市城镇人口达 125.1 万人，城镇化率为 34.45%，较“十一五”初提高了 9.25 个百分点，年均提高 1.85 个百分点。

——科技。“十一五”期间，资阳市共有 27 项科技成果获奖，已建成国家级技术中心 1 家、省级技术中心 18 家。全力打造了资阳机车、南骏汽车、成都 · 资阳工业发展区等一批高新技术产业化基地（园区），发展高新技术企业 18 户。

——旅游业。到 2010 年底，全市旅游景区达 52 个，其中新创国家 4A 级旅游景区 1 个，重点文物保护单位 99 处。全市累计接待海内外游客 3400 万人次，“十一五”期间年均增长 23.2%；实现旅游总收入 220 亿元，年均增长 36.6%。2011 年，全市接待国内游客同比增长 18.1%，接待入境游客 2.7 万人次，外汇收入 474.8 万美元。三岔湖长岛国际会展休闲度假旅游区加速推进，陈毅故里景区基础设施建设三期工程顺利竣工，安岳石刻圆觉洞创建国家 4A 级旅游景区成功通过省级检查。

——居民收入。到 2011 年底，全市城镇居民人均可支配收入实现 17853 元，农民人均纯收入实现 6718 元，同比增长分别为 16.7% 和 21.0%。城镇居民恩格尔系数为 39.4%，与上年持平；农村居民恩格尔系数为 51.7%，比上年下降 6.4 个百分点。

——消费支出。2011 年，全市社会消费品零售额 252 亿元，比上年增长 18.3%；城镇居民人均消费支出约 13847

元，农民人均消费支出约4295元，分别比“十一五”初增长100%和95.9%。

——招商引资。成功引进了百威英博、韩国现代、法国家乐福等世界500强企业和广西玉柴、中交集团、重庆建工、四川华西等国内500强企业入驻资阳，“十一五”时期全市新批外商投资项目18个，新引进国内投资合作项目1321个，到位资金总额突破1000亿元大关。其中履约国内省外招商项目1050个，到位资金770亿元。

——节能减排。“十一五”期间，全市万元GDP能耗下降20%，化学需氧量排放控制在25000吨、二氧化硫控制在30000吨、氨氮控制在1900吨，较好完成了国家和省下达节能减排目标任务。

二 资源状况

（一）矿产资源

1. 矿产资源的种类及分布

资阳市矿产资源主要有：页岩（陶粒页岩、砖瓦页岩、水泥配料页岩）、黏土（铸型用黏土、砖瓦用黏土、陶粒用黏土、水泥配料用黏土、水泥配料用黄土、水泥配料用红土、保温材料用黏土）、石英砂（建筑用砂、水泥配料用砂、砖瓦用砂）、砂石、沙金、建筑用石（砾石、条石、片石、碎石）、膨润土、水泥矿石、陶瓷土、矿泉水、地下水、石油、天然气等。

2. 矿产资源开发前景

据地质资料和地质勘探情况分析，资阳市矿产资源有一定的开采价值，开发前景较好。

（1）已探明的地质资料：简阳市草池有一铜矿。

（2）在雁江区丰裕镇七星村六社钻探的石油、天然气井内，有4种矿产：石油、天然气、卤水、煤炭。在雁江区东峰镇、小院镇钻探的3口井内，有石油、天然气、煤。这3口井已建输气站，输给雁江区东峰镇民用。

（3）中国石油总公司通过在本市的勘察和专家论证，肯定资阳古圈闭构造是一个大的气田，以资阳市雁江区为中心，500平方公里左右为气田范围。

（4）川西南石油地质大队在仁寿县北斗镇打出资一井，日产天然气5.3万立方米，资中县发轮打出资二井和资三井，资三井日产天然气10.9万立方米。这3口井都在资阳市雁江区所辖地界外几公里。在

表27-1 资阳市主要矿产资源分布

矿产资源类型	主要分布区域	矿产资源类型	主要分布区域
页岩	全市境内	水泥矿石	简阳市
石英石、砾石	简阳市、雁江区	矿泉水	雁江区
建筑用石	雁江区、简阳市	石油、天然气	雁江区、安岳县
膨润土	简阳市、乐至县、雁江区		

雁江区丰裕镇七星镇六社打出资四井，深度4700米，投资3000多万元，设计日产气10万立方米。

（5）1996年5月8日，雁江区丰裕镇农权村六社的石匠在石厂内打石条，发现一缝穴内冒出石油，共收原油5公斤左右。

（6）1997年元旦，雁江区堪嘉镇石笋村十五社社员张富祥在自己房前打了一口直径80厘米的圆形水井，深度打到5米多，发现冒气泡，用火便能点燃。实验测算，这口水井表面密封后每天能产天然气60立方米左右。

（二）旅游资源

资阳市人杰地灵，是极具开发潜力的旅游资源大市。三万五千年前，古老的“资阳人”开启了四川人类文明史。先后孕育了东周孔子之师苌弘、西汉文学家王褒、东汉经学家董钧、唐代诗人贾岛、北宋理学鼻祖陈抟、南宋数学家秦九韶和无产阶级革命家、军事家、外交家陈毅元帅，革命家曹荻秋，著名作家邵子南、周克芹、刘心武等名人志士。“两湖一山”（三岔湖、龙泉湖、丹景山）入选四川新五大精品旅游区，安岳石刻以“古、多、精、美”著称，乐至陈毅故里为全国红色旅游经典景区。目前，资阳地区有旅游景区52处、景点325个；重点文物保护单位94处，其中国家级2处，省级11处，地（市）级1处，县（市）级80处。

（三）生物资源

1. 植物资源

2005年，全市森林总蓄积8628538立方米，森林覆盖率32%。市域内野生植物有2000多种、树木600多种，主要林木有柏树、桑树、榕树、香樟、银杏、榆树、洋槐、马桑、慈竹等。其中柏树占植树总量的70%以上，活林蓄积200万立方米以上。据统计，全市现有古树名木19

表 27–2　资阳市旅游资源情况

国家级旅游资源	卧佛院、玄妙观、千佛寨、圆觉洞、华严洞、毗卢洞、茗山寺、孔雀洞、木门寺、简阳三岔湖、樱桃沟旅游区、乐至龙门报国寺、乐至陈毅纪念馆、简阳圣德寺白塔
省级旅游资源	庵堂寺、佛耳岩、高升大佛寺、西禅寺、塔坡、简阳龙泉湖自然生态保护区、雁江半月山大佛、安岳千佛寨森林公园
市级旅游资源	花溪谷、五凤山森林公园、雁江鲤鱼湖生态旅游区、西部太极狩猎场、中韩民俗文化村、丹山大佛

表 27–3　资阳市各区（市）县旅游资源情况

	自然旅游资源	人文旅游资源	社会旅游资源		自然旅游资源	人文旅游资源	社会旅游资源
简阳	2	1	2	安岳	1	14	0
雁江	1	2	1	乐至	0	3	1

种、598株，其中，树龄在1000年以上的古树9株。分布在简阳市（银杏1株）、乐至县（红豆树1株、楠木1株、榕树5株）、安岳县（柏木1株）。

2. *动物资源*

资阳市地处四川盆地中部，动植物地理分布上属东阳界－西南区－西南山地亚区－中、低山带。市内地貌以浅丘为主，加上地处亚热带，是人类最早繁衍栖息之地。历史上资阳森林资源丰富，植被茂盛，野生动物物种繁多，种群发达，植物和动物多样化水平较高，有动、植物食物链中具有较高营养级的金钱豹、狼、豺、黑熊和大、中型偶目动物野牛、水鹿等分布。从数量上看，资阳境内共有野生动物236种，属国家一级的4种（梅花鹿、白鹳、金雕、云豹）、国家二级的21种（大鲵、鸳鸯、鸢、苍鹰、红隼、红腹锦鸡、领角鸮、斑头鸺鹠、长耳鸮、短耳鸮、黄喉貂、水獭、大灵猫、小灵猫、金猫、猕猴、棕猫、小苇开鸟、长脚秧鸡、蓝耳翠鸟、黄斑苇开鸟、栗背苇开鸟、董鸡、鹧鸪）、省级重点的15种，其他保护动物196种。

（四）水利资源

发源于川西北高原茶坪山脉九顶山麓的沱江自简阳市的宏缘镇入境，向东南流，在资阳市与内江接壤的伍隍镇出境而蜿蜒东去。沱江河在市内经宏缘、灵仙、壮溪、养马、平窝、石钟、石桥、简城、东溪、新市、平泉、飞龙、老君、临江、保和、宝台、雁江、松涛、南津、忠义、伍隍21个乡镇，总长175.4公里，水域面积为30多平方公里，平均流量为225～275立方米/秒，流域面积达2000多平方公里。

因河网水系发育共有沱、涪两江支流（中、小河流）110条，流域面积大于100平方公里的河流就有11条；50～100平方公里的小河8条。还有短小溪流40余条，这些河流小溪几乎都发源于丘陵，河床平、缓、宽，地形切割浅、落差小、水流平缓、岸势开阔，是典型的丘陵地区水系网络。

2005年，全市水资源总量为279895万立方米，全市地下水量为28409万立方米，人均水资源占有量572立方米。全市大、中、小水库年末蓄水总量8.2337亿立方米。

三 产业发展

（一）总体概况

按照加快构建现代产业体系的总体目标，资阳市充分发挥资源禀赋优势，不断优化产业结构，分别在“十五”时期和“十一五”时期实现两次历史性转变，即三次产业结构从2000年的44.2 : 25.2 : 30.6调整为2005年的34.7 : 36.4 : 28.9，实现了由“一二三”向“二一三”的第一次历史性转变；2011年，资阳市三次产业结构调整比例为22.1 : 55.0 : 22.9，由此实现了由“十五”末的“二一三”向“二三一”的第二次历史性转变。

（二）三次产业发展情况

1. 第一产业：川中丘陵特色农产品资源大市

近年来，资阳市农业农村经济稳步提

升，被列为全省现代畜牧业发展试点市，其中雁江、简阳、安岳被列为省级新农村建设示范片，新建万亩现代农业产业示范区 17 个。资阳市紧紧围绕产业结构调整和农民增收，大力发展特色效益农业，逐渐形成每个县 1 ~ 2 个骨干品种为主导，其他特色品种为补充的特色效益农业分布格局，特色效益农业成为资阳市农民持续增收的重要途径。2009 年全市特色效益农业总面积达到 199.3 万亩，产值 39.8 亿元，较 2005 年增加 21.2 亿元，增 114%。其中蔬菜面积 102.6 万亩，产量 149 万吨，产值 28.6 亿元；水果面积 87.9 万亩，产量 54 万吨，产值 10.1 亿元；中药材面积 5.8 万亩，产量 1.4 万吨，产值 0.6 亿元。特色效益农业经过近几年的发展，呈现六个显著特点：

——主导品种特色鲜明。资阳是国家著名的商品粮油、生猪、山羊、柠檬、蚕桑基地，有出产丰富的各类家禽、水果、蔬菜和药材，拥有“绿色资阳”品牌。雁江区是长江中上游最大的早熟蜜柑生产基地，其“矮、密、早、丰”栽培技术写入了《中国柑橘栽培大全》；安岳县是全国唯一的国家柠檬生产基地和“中国柠檬之乡”，其柠檬面积和产量占全国 70% 以上。简阳市是全国桃产业技术体系示范县，简阳晚白桃的肉质、口感和果型都堪称桃中上品。雁江区、简阳市和乐至县的辣椒、榨菜等加工蔬菜成为郫县豆瓣、京韩食品、临江味业等加工企业的重要原料来源。

——种植效益增长明显。2009 年全市种植业产值 96.2 亿元，其中特色效益农业产值占 41.4%。特色效益农业成为农民现金收入的重要来源，2008 年全市农民人

图 27-2　近十年资阳市产业结构变化情况

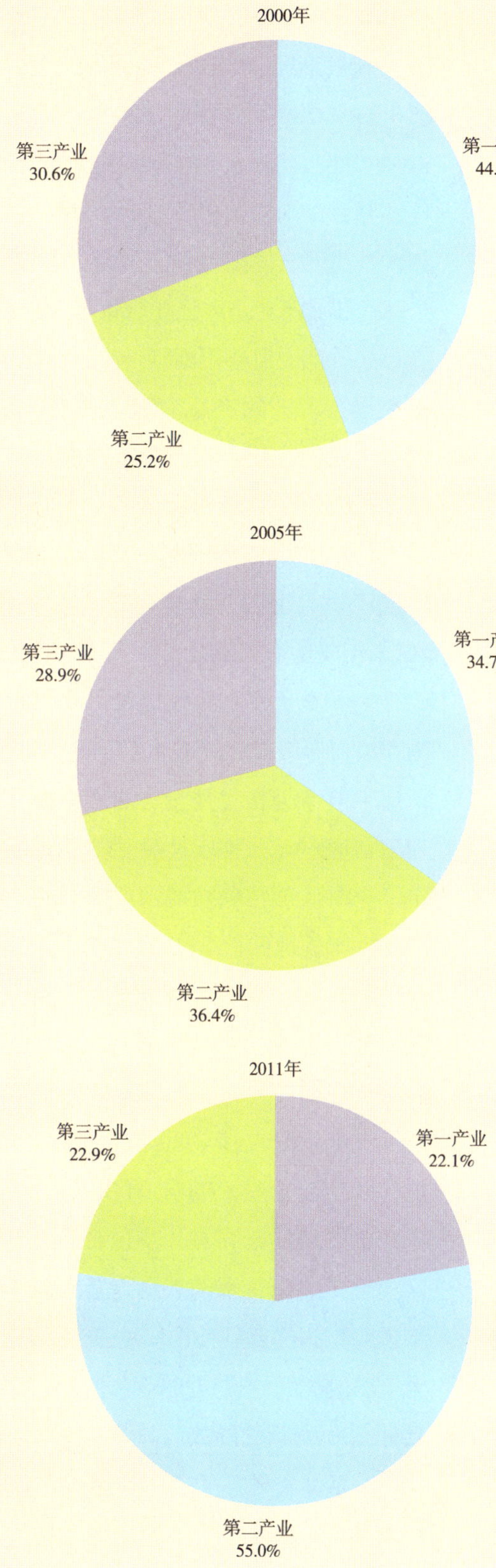

均种植业现金收入655元，其中果蔬产业现金收入283元，占总现金收入的43.2%，较上年增加39元，增13.8%。

——产业基地发展迅速。全市从2005～2009年四年间，特色产业新增面积28万亩，增16.4%；其中蔬菜面积增加19.6万亩，水果面积增加13.4万亩。2009年，雁江区、简阳市和安岳县入围全省60个现代农业产业基地强县培育县行列。

——产业链条不断延伸。2009年全市特色效益农业的产后加工环节有50余家农业产业化企业参与，加工产值达到15.2亿元；组建专业合作社239个，社员2万多人。安岳柠檬的营销队伍多达3000人，形成了"买全国，卖全国"的营销格局，2008年成功进入欧盟市场。

——质量安全有效提升。全市已建成国家级、省级农业标准化示范区56个，面积达100余万亩，居全省之首。雁江区和简阳市通过无公害农产品生产基地整体认定，全市认证特色效益农业的绿色食品标准化生产基地面积21.1万亩，占全市耕地面积的5.1%；特色效益农业中有9家企业18个产品获绿色食品标志。

——现代装备加快改善。2009年全市蔬菜大棚面积达到4080亩，较2005年增加3960亩，是2005年的33倍，成为特色产业发展的新亮点。特色产业核心示范区实现了路网、水网、电网及设施设备等综合配套。优新品种推广达90%以上，作为全国最优秀的柑橘抗碱砧木"资阳香橙"品种2008年通过审定。

2. 第二产业：以"西部车城"为品牌的新兴工业城市

（1）工业。资阳工业基础较为雄厚，2010年全市规模以上工业总产值突破千亿大关，达到1183.2亿元，增速居全省第4位，比全省平均增速高6.4个百分点，实现了"千百亿"工业目标。"1+4"主导产业保持良好发展势头，造车、食品、医药、纺织和建材五大产业实现工业总产值990亿元，占规模以上工业企业的83.7%。节能产业加快培育，"浙粤节能产业园"开工建设并已入驻23户企业，工业"1+4+1"主导产业发展体系逐步形成。园区建设有力推进，成都·资阳工业发展区、南骏汽车产业园、资阳机车产业园、安岳工业集中发展区纳入全省产业园区"1525"工程，城南工业集中区规划建设与招商引资快速推进，形成新的增长极。全市产业园区集聚规模企业284户，实现工业总产值721.8亿元，增长38.7%，园区工业集中度达74.1%，较上年提高3.2个百分点。龙头骨干企业发展壮大，60户重点企业累计实现产值562亿元，增长26.6%。2011年，全市规模以上工业企业实现总产值1586.4亿，实现增加值比上年增长23.2%，增速居全省第8位，比全省平均增速高1.6个百分点。

①造车产业。经过近十年发展，造车产业已经成为资阳市主导产业之一，其生产总量、经济效益主要指标居全市各产业首位。拥有亚洲最大的铁路内燃机车生产企业，全国第二、四川第一的低速载货汽车生产企业，全国第二的大型空分设备制造企业，全省唯一的国有控股橡胶轮胎生产企业，形成了以铁路机车、载货汽车为龙头，以柴油发动机、橡胶轮胎等零部件为配套的造车产业集群。

——产业规模快速壮大，发展实力

不断提升。2010 年，全市规模以上车产业企业实现工业总产值 327.1 亿元，同比增长 43.63%，占全部规模以上工业的 27.6%。实现工业增加值 58.1 亿元，同比增长 29.7%；造车产业对全市规模工业经济的贡献率达到 24.21%，拉动规模工业经济增长 7.41 个百分点。实现利税 14.25 亿元，同比增长 195.1%，全员劳动生产率 14.98 万元 / 人 · 年，同比增加 2.77 万元 / 人 · 年；工业经济效益综合指数 247.4，同比提高 59.3 个百分点。

——园区集聚能力提高，产业集群初步形成。全市现有造车产业工业生产企业 140 余户，其中规模以上企业 90 余户（机车工业企业 19 户，汽车工业企业 57 户）。初步形成了机车产业园、南骏产业园、汽车工业园、海大橡胶产业园四个特色产业园区，共集聚造车产业企业 41 户。全市 10 个工业园区共集聚造车企业 52 户，其中规模以上企业 30 户，实现工业总产值 139.9 亿元，实现增加值 38.9 亿元，产业集中度达到 66.95%。韩国现代与南骏集团合作打造 70 万辆世界级商用车生产基地项目进展顺利，各项报批手续正逐一完成。

——龙头企业发展加快，带动能力逐步提高。2009 年，全市 50 户重点企业中有 15 户造车产业企业，其中：汽车产业企业 8 户，实现产值 56.3 亿元。截至 2008 年底，南骏公司生产各类载货汽车产量为 5.7 万辆，实现产值 40.2 亿元，同比增长 29.4%；机车公司实现产值 20.3 亿元，同比增长 70.8%；空分集团实现产值 20.1 亿元，同比增长 59.2%。投资 16 亿元的机车产业园机车、发动机、曲轴项目，投资 12 亿元的南骏产业园建设项目，投资 6 亿元的玉柴资阳大中小功率发动机项目，投资 22 亿元的海大集团 210 万套全钢子午胎项目，投资 2.2 亿元的深圳东风专用车项目等重大项目相继开工建设，增强了造车产业的发展后劲。

——产业整合明显加快，品牌建设成效显著。资阳机车公司与株洲电力机车公司合资组建资阳南车电力机车有限公司，专业生产大功率电力机车；海大集团与国内外知名企业合资组建四川凯力威科技有限公司专业生产全钢子午线轮胎；四通与深圳东风重组成立东风四通公司专业生产特种汽车；宇良机械厂兼并安岳水泵厂等车产业发展活力进一步增强。在产业整合

专栏 27-1　资阳市南骏汽车有限责任公司简介

资阳市南骏汽车有限责任公司是国家定点的汽车生产企业、四川省重点培育的大企业大集团、四川省装备制造业十大龙头骨干企业，主导产品为重、中、轻、微型货车和大、中、轻型客车。2009 年，南骏公司产销南骏牌系列汽车 7.4 万辆，创产值 60 亿元，产销规模已跃居全国汽车行业第 17 位，全国商用车行业第 12 位，稳居四川汽车行业第一位。拥有省级企业技术中心，能自主开发汽车整车和关键部件；冲压、焊装、涂装、总装四大工艺齐备，具备年产重、中、轻、微型载货汽车 10 万辆的能力；营销和服务网络覆盖全国，辐射东南亚、中亚、非洲等海外市场，产品畅销全国，已批量出口越南、缅甸、哈萨克斯坦、阿尔及利亚等国家；“南骏”汽车品牌已成为中国和东南亚地区的商用车知名品牌。

的同时，加大了车产业品牌建设工作，并取得明显成效，“海大”商标获中国驰名商标，南骏汽车公司等企业先后获四川省著名商标。机车公司、天虎工具获国家高新技术企业认定，天虎工具、海大集团等企业积极创建省级企业技术中心，三桥电机、荣武机具被认定为四川省创新型企业，南骏公司、海大集团、东风四通公司三户企业被评为四川省质量管理先进企业，南骏汽车产业园被确定为“四川省载货汽车制造业产业基地”。

虽然近些年造车产业取得了长足发展，从总体发展情况看，全市造车产业还存在“发展不够，造车产业经济总量不大；创新不够，拥有自主知识产权的产品不足；配套不够，南骏汽车零部件本土配套率只有20%；开放不够，造车产业产品出口比重不大”等突出问题，与经济发达地区的差距不小。一是产业集群优势不明显。目前，全市整车企业数量少，本土配套率低，产业内部主体企业规模偏小，配套企业专业化程度不高，造车企业从为企业配套向为产业配套还有很大提升空间。二是龙头企业核心竞争力不强。尽管最近几年资阳市造车产业龙头企业（南骏、机车、东风四通等）发展势头较快，总量规模不断扩大，但与国内外先进企业相比，集约集群发展不够，核心竞争力尚未充分体现出来。三是技术创新能力不强。总体上讲，资阳市造车工业技术创新机制尚未健全，企业自主创新的意识和动力仍然较弱，自主开发能力较低，技改投入不足，制约了造车工业快速发展。四是人才短缺。由于地域位置、机制、体制不活等原因，高级管理人才、创新型技术人才以及高级技工仍然严重短缺，制约了资阳造车产业的快速发展。

②建材产业。近年来，全市建材产业获得快速发展，初具规模。2008年69户规模企业累计实现产值75.71亿元，同比增长68.4%；实现销售产值74.27亿元，同比增长66.6%；实现工业增加值26.53亿元，同比增长40.5%；实现主营业务收入69.08亿元，同比增长61.1%；实现利税总额7.97亿元，同比增长176.3%。特别是“5·12”地震灾害后，受国家扩大内需和灾后重建的有利影响，建材产业成为资阳市五大产业中增长速度最快的产业。主要有以下特点。

——发展迅速，但总量不大。2008年资阳市建材产业工业总产值增速达68.4%，增幅位居全市工业五大产业之首，比全省增速高19.5个百分点。但全市建材产业总量较少，2008年产值仅为75.71亿元，尚不足100亿元，总量还不到车产业和食品产业的1/2。

——龙头支撑，但带动不够。建材产业龙头企业支撑作用明显。2008年，资阳市有产值上亿元的建材企业16户，实现产值61.12亿元，占建材产业的80.7%，特别是宝鸡钢管资阳钢管厂、金德管业、顺达木业、特丽达等一批龙头企业有力地拉动了建材产业发展。但全市龙头企业大都是单打独斗，关联度不高，没有上下游产业支撑，从而也未能形成龙头带动中小企业快速发展格局。

——门类齐全，但聚集不多。资阳市建材产品门类较全，有水泥及制品、石材砖瓦砂石、卫生洁具、竹木及制品、管材管件塑料制品、金属建材及装饰材料等。但总体上讲，全市建材产业还处于“散、乱、小”的格局，聚集成块不多，有很多门类仅有一家企业（如卫生洁具），没有形成集群发展，削弱了建材产业的竞争力。

——项目带动，但后劲不足。近年来，资阳市强力实施项目带动战略，进一步加大了招商引资和再生产投入力度，相继实施了一批投资 1000 万元以上的重点建材项目，在该批项目的有力带动下，加之灾后重建对水泥等建材产品的巨大需求，以及扩大内需涉及建材的近 1000 亿投资，为全市建材产业发展提供了很好的机遇。但从总体上来说，资阳市建材产业新上项目数量不够多、科技含量不够高、投资额度不够大，对于推动建材产业加快发展后劲不够足。

——质量进步，但档次不高。近年来，资阳市深入实施“质量兴企、品牌强企”发展战略，建材产品质量和品牌建设有了较大的进步，目前建材产业拥有国家免检产品 2 个，四川名牌 4 个，四川省著名商标 4 个，建材质量合格率保持在 83% 以上。但全市建材产品总体上技术含量不高，部分企业生产工艺设备落后。水泥行业除新建的生产线以外，大多为落后产能；钢材行业共有 18 家企业，大多为中频炉等淘汰落后生产工艺，制约了企业的发展。

③食品产业。2011 年，全市食品工业实现产值 359.2 亿元，同比增长 39.2%，占全市工业总产值的 30.3%，在全市工业“1+4”主导产业中仅次于造车产业，位居全省行业第 4 位，比 2007 年上升 3 位，食品工业经济增速首次位居全省第 1 位，比 2007 年上升 5 位。全市食品生产加工企业达到 805 户，其中，规模以上食品工业企业 110 户，亿元以上产值食品工业企业 23 户。境内有全国最大的山羊屠宰加工企业澳士达牧业公司，有在俄罗斯、香港、澳门市场占有率较高的猪肉屠宰加工企业四海发展集团公司，有全国最大的柠檬加工企业香港华通柠檬公司，有百年老字号“临江寺豆瓣”及西南最大的味业生产企业四川临江味业公司，若男食品公司生产的若男挂面畅销全国各大中城市。全市食品产业呈现规模化、集群化发展态势，成为拉动工业经济增长的重要力量。但仍存在一些问题和制约因素：一是食品工业精深加工的比例偏低，产业总体水平和经济效益不高；二是原料生产与加工环节关联度低，加工原料基地建设滞后，布局分散，发展不平衡，标准化、专业化、规模化程度低；三是市场体系建设滞后，原料供给市场和终端市场体系建设缺乏统一规划、统筹、引导和协调，农户组织程度比较低、企业的利益连接机制不完善；四是产品标准和质量控制体系不健全，农产品检测组织体系建设滞后，企业标准与国家标准体系接轨缓慢。

④医药产业。2010 年资阳市医药工业总产值位居全省同行业第二位，规模以上工业企业实现利润总额 10.1 亿元，比上年同比增长 93%；规模以上工业企业主营收入增幅高出全市六大产业主营收入平均增幅 2.5 个百分点，利润增幅高出六大产业平均增幅 10 个百分点。重点企业带动作用突出，禾邦集团领建资阳市医药产业园等新项目也逐步落地完工。医药企业规模不断壮大，截至 2010 年底，全市药品生

产企业达 18 家，医疗器械生产企业 8 家，产品包括片剂、颗粒剂、胶囊剂、糖浆剂、丸剂、注射剂等 17 个剂型、403 个品种的药品，一类、二类、三类医疗器械 42 个品种。同时，医药企业的总数也在增加，2010 年，在国家政策调控制约的情况下，资阳医药企业不减反增，由原来的 23 家增加到现在的 26 家。

⑤纺织产业。2010 年资阳市纺织产业实现工业总产值 119.74 亿元，同比增长 27.8%，首次突破百亿大关，成功跻身“百亿产业”行列。拥有规模以上纺织服装企业 37 家，其中 9 户列为全市 50 户重点工业企业。拥有中国驰名商标 1 件，四川名牌产品 5 个，四川省著名商标 3 件，省级企业技术中心 1 户。上游资源丰富，仅乐至县目前就拥有 12 万亩棉花基地，而且为国家“东桑西移试点县”，为纺织企业发展提供了充足的原料保障。但仍存在一些问题：一是总量规模不够大，产业链条不长，产业集中度偏低，产品附加值不高，企业获利能力较弱；二是技术装备水平偏低，产业结构不够合理；三是产品影响力不大，市场知名度不高；四是虽然资阳市是人口大市，劳动力资源丰富，但愿意从事纺织行业的劳动力，尤其是高素质的纺织人才严重短缺。

（2）建筑业。建筑业增长较快，2011 年建筑业实现增加值 39.8 亿元，比上年增长 20.2%，全市四级及以上资质等级建筑企业 120 个，全年房屋建筑施工面积 783.8 万平方米，同比增长 31.9%；房屋建筑竣工面积 457.9 万平方米，比上年增长 67.1%。

3. 第三产业：极具开发潜力的旅游资源大市

近年来，市委、市政府高度重视服务业发展工作，始终把加快服务业发展作为全市转变经济增长方式、调优经济结构的重要手段，先后出台了《关于进一步加快全市服务业发展的意见》、《资阳市服务业统计监测实施方案》等一系列促进服务业发展和规范行业统计工作的文件，不断健全完善全市服务业发展领导机构，并将服务业发展工作纳入市政府综合目标考核体系。2009 年，市政府出台了《资阳市 2009 年—2011 年服务业发展规划纲要》和《资阳市 2009 年第三产业发展实施方案》两个重要文件，明确了全市服务业发展的目标和重点。

表 27-4　“十一五”以来资阳市建筑业发展情况

指标 \ 年份		2006	2007	2008	2009	2010	2011
增加值	绝对值（亿元）	2.0		18.2	29.0	33.1	39.8
	同比增长（%）	10.6		5	14.9	27.0	
四级及以上资质等级的建筑企业（户）		90	88	93	132	120	
房屋建筑施工面积（万平方米）		40.2	499.4	522.2	460.8	594.4	783.8
房屋建筑竣工面积（万平方米）		34	204.4	125.5	152.2	274.0	457.9

自第一次经济普查以来，资阳市服务业在市委“要用抓工业的力度抓服务业发展”的总体要求下，突出基础设施建设，强化项目建设，实现了持续快速发展。

——服务业规模不断扩大，但发展相对滞后。2004 年，资阳市服务业增加值为 66.4 亿元，占 GDP 的比重为 30.4%，到 2011 年服务业增加值达到 191.2 亿元，占 GDP 的比重为 22.9%，绝对量翻了一番以上。从增长速度来看，近年的服务业增加值的增长速度都低于 GDP 增长速度。与全国、全省比，资阳市服务业发展相对滞后。2011 年，全国服务业增加值占 GDP 的比重为 43.1%，全省为 33.4%。

——服务业对经济增长的贡献率不高。服务业对经济增长的贡献率也是反映服务业发展水平的一个标志。根据产业结构变化规律，当产业结构处于初级阶段时，第一产业对经济增长的贡献率最大；当产业结构处于中级阶段时，第二产业对经济增长的贡献率最大；当产业结构进入高级阶段时，服务业对经济增长的贡献大于第一、第二产业。当前对资阳市经济增长贡献最大的主要是第二产业，尤其是工业，其次是第三产业。第一次经济普查以来各产业对经济增长的贡献分别是第一产业为 15.0%，第二产业为 63.1%，其中，工业的贡献率为 57.4%，第三产业为 21.9%。这些数据表明，资阳市服务业发展并没有像我们期盼的那样进入高速或跨越式发展时期，服务业发展相对平稳的局面将会继续存在，从“工业经济型”社会向“服务经济型”社会转变还任重而道远。

——服务业成为吸纳劳动就业的主力军。近五年来，资阳市的就业结构也发生了不小的变化：第一产业就业比重不断下降，第二产业就业比重基本稳定，第三产业就业比重稍有上升。2011 年第三产业就业人数为 51.8 万人，比 2006 年增加 14.1%，第三产业就业人数比第二产业高出 5.2 万人。从业人员占全社会的比重也上升到 25.4%。国际经验表明，随着人均国内生产总值的提高和城镇化进程的加快，服务业（第三产业）将成为吸纳劳动就业的主渠道。在绝大多数国家和地区，第三产业被认为是吸纳劳动力能力最强的领域，但资阳市第三产业在吸纳劳动力方面并没有表现出明显的优势，所吸纳的全部就业人口还不到 1/3，远低于国际平均水平，也低于全国 35.7%、全省 32% 的总体水平。这固然与资阳市正处于工业化初期阶段，一、二产业从业人员较多有关，但也在一定程度上反映了资阳市服务业发展相对滞后的现实，未来第三产业在吸纳劳动力就业方面还有巨大的潜力。

——服务业效益高税收贡献大。2011 年，资阳市第三产业实现国税、地税收入 25.6 亿元，占全部收入的 59.8%，服务业每万元增加值税收收入达到 1339 元，是每万元 GDP 税收收入的 2.6 倍。换一个角度讲，服务业的税负与工业相比明显偏高。

——从服务业内部结构看，传统服务业较为发达，现代服务业明显落后。根据国际通用的服务业分类标准，一般认为，传统服务业是指运用传统的生产方式经营并且在工业化以前就已存在的服务业，主要包括医疗卫生服务业、餐饮住宿业、修理业、商业等；现代服务业是相对于传统服务业而言的，是在工业产品进入大规模消费阶段时，依托信息技术和现代化理念发展起来的新兴服务业以及部分改造后的“再现活力”的传统服务业，一般具有五大基本特性，即知识性、高增加值性、高素质性、高科技性和新兴性，但具体到某一实际的服务行业，它可能同时具有五大特性，也可能只具有其中一、二个特性，具体包括国民经济中哪些部门目前尚无统一规范的划分，一般认为主要包括信息、物流、金融、会计、咨询、法律服务等行业，即信息传输计算机服务和软件业、金融业、商务服务业、科学研究技术服务和地质勘察业等四大行业。

从服务业内部各行业增加值来看，信息传输及计算机服务和软件业、金融业、租赁和商务服务业、科学研究技术服务和地质勘察业等现代服务业特性较为明显的四个行业，2011 年的增加值为 29.5 亿元，2010 年的从业人员 2.9 万人，分别占第三产业的 15.4% 和 5.8%，分别比 2004 年下降 0.2 和 1 个百分点。这一现象也与服务业发展的阶段性规律相吻合（服务业内部各行业大致存在着以下的先后发展次序：第一阶段是批发零售贸易和餐饮业、运输邮电业领先发展；第二阶段是金融保险业和房地产业等加快发展；第三阶段是科学教育文化及信息产业迅猛发展），表明资阳市尚处于工业化初级阶段。

——服务业发展的地区差异明显。无论从人均服务业增加值还是服务业从业人员比重看，各县之间差距均较为明显。从增加值来看，雁江和简阳是资阳市经济较发达地区，也是服务业更为发达更有活力的地区。2011 年，雁江、简阳、乐至、安岳四个县（市区）人均服务业增加值分别为 5118、3843、3259 和 3073 元，最低的安岳仅为最高的雁江的 60%。从从业人员构成看，四个县（市区）排列顺序也与人均服务业增加值顺序一致，雁江、简阳、乐至、安岳服务业从业人员占全社会从业人员的比重分别为 30.8%、29.2%、30.8% 和 21.3%。从服务业增加值与第一产业之比看，雁江、简阳的比值均超过 1，分别为 1.42 和 1.18，安岳、乐至则分别为 0.73 和 0.92。与 2004 年比，雁江、简阳分别提高了 0.24 和 0.27，安岳、乐至则分别提高了 0.13 和 0.18。从 2004 年以来各县（市区）增长速度看，雁江年均增幅为 12.7%，简阳为 12.2%，安岳为 11.3%，乐至为 10.7%。

（三）建设四大特色产业基地

围绕“两带”特色产业布局，依托“1+4+1”主导产业优势，以重大产业园区为载体，以转变经济发展方式为主线，加快机车科技创新步伐，支持南骏和现代战略合作，推进绿色农产品深加工，加强节能产业的技术服务和产品研发，大力发展高端休闲度假旅游产业和会展经济，加快建设国家机车和汽车制造及出口基地、绿色食品加工配送基地、节能产品生产基地、国际会展基地和休闲度假旅游目的地，全力打造中国西部车城、节能之都和绿色资阳。

1. 建设国家机车和汽车制造及出口基地，加快打造西部车城

依托南车集团资阳机车有限公司，支

持机车公司实施以大功率六轴电力机车为重点，以传统内燃机车为补充，立足国内市场，拓展海外市场；以调车机车和出口机车为发展重点，提升品质，完善型谱，打造品牌，进一步加强南车集团资阳机车有限公司国家级企业技术中心的作用，不断增强企业自主创新能力；引进消化吸收国外先进技术，打造与美国 GE、EMD 公司竞争的出口内燃机车技术平台；以 6500 马力交流传动机车为基础，形成具有自主知识产权的交流传动内燃机车技术平台；研究 8 轴窄轨和宽轨内燃机车，形成窄轨和宽轨铁路干线内燃机车技术平台；以节能减排为目标，加快开发混合动力机车；积极支持南车集团与玉柴集团和南骏集团战略合作，推动资源整合，不断拓展市场空间，不断延伸产业链条，建设汽车、机车、船机、陆用发动机生产基地，联手打造中国西部发动机研发制造基地。到 2015 年，力争资阳机车产业园和大中小功率柴油发动机基地实现产值 320 亿元以上；建成国家机车制造与出口基地、西部发动机制造基地。

以现代 · 南骏汽车产业园为载体，全力推进南骏公司与韩国现代公司开展战略合作，重点发展高端商用车、汽车发动机、汽车零部件及物流中心建设；以城南工业集中发展区为载体，培植和引进核心专用车企业，发展专用汽车整车和零部件生产，打造具有影响力的专用车制造基地；依托成都 · 资阳工业发展区、城南工业集中发展区，重点发展商用车及汽车零部件；依托海大橡胶产业园，重点发展橡胶轮胎；依托安岳工业集中发展区、乐至工业集中发展区，重点发展农用三轮车、摩托车和汽车配件。积极引进国内外知名的主车品牌汽车企业，在资阳建立生产基地。到 2015 年，力争汽车与零部件生产实现产值 2000 亿元；建成西部汽车制造及零部件出口基地、西部重要的汽车轮胎生产基地；建成以机车、汽车、商用车及汽车零部件生产和以车城市文化风貌、人文景观等为主的西部车城。

2. 建设绿色食品加工配送基地，着力打造绿色资阳

围绕建设绿色资阳目标，继续实施生态建设与保护，着力推进城市“绿化，净化，美化，亮化”工程，积极发展绿色旅游，大力发展绿色产业，重点加快建设绿色产业基地，发展绿色食品和无公害农业产品。按照简阳 - 乐至 - 安岳绿色农产品加工配送特色经济带布局，以国道 318 线、319 线、省道 106 线、206 线和内资（安）遂、成安（资）渝高速公路以及资安快速通道为轴线，布局发展肉食品加工、果蔬加工、粮油加工等绿色农产品深加工业，培养农产品加工龙头企业，推进集群发展。依托农产品生产加工基地，建设绿色食品物流配送园区，加快建设绿色农产品及其加工品的物流配送中心，有效整合物流、商流、信息流，实现资源共享、产业互动，推动第三方物流发展。到 2015 年，初步构建专业化、规模化、网络化的物流体系，初步建成全国一流的绿色食品加工配送基地，创响“绿色资阳”品牌。

3. 建设节能产品生产基地，着力打造西部节能产业之都

充分发挥政府的推动作用，以企业为主体、市场为导向，以“三基地、三中

心”建设为重点，产学研相结合，全力推进节能产业发展，逐步形成市场竞争能力强、结构及布局合理、功能完备的节能产业体系，把资阳建设成为立足川渝、面向西部、辐射全国的“中国西部节能产业之都”。依托浙粤工业园，以节能制造业和节能服务业高度融合为特色，以节能技术和产品的研发为支撑，以打造特色节能产业为中心，以节能产业集群为载体，大力发展先进节能技术和产品。打造集产业园区、专业市场、专业展会、信息平台于一体的产业引擎，构建节能灯具、户外照明、新能源、节能改造服务、节能原材料市场、节能产品展销平台等支撑体系，构筑产业集群化、制造信息化、土地集约化、资源循环化和终端产品市场化为特征的节能产业体系，形成布局合理、相互协作、各具特色的节能产业园区、节能技术基地和节能市场集散地。积极做好天然气替代能源的开发和利用，依托川中丰富的天然气资源，科学规划发展安岳、乐至天然气化工产业，开发科技含量高、附加值高的环保产品。到 2015 年，全市节能产业实现产值 400 亿元，建成节能产品生产基地。到 2020 年，形成节能千亿产业，力争建成“中国西部节能产业之都”。

4. 建设国际会展基地及休闲度假旅游目的地

以“雁江 – 简阳 – 三岔”和“简阳 – 乐至 – 安岳”为两轴，以三岔湖长岛国际旅游度假区为龙头，培育会展基地和建设国际旅游度假休闲目的地。围绕“雁江 – 简阳 – 三岔”国际会展休闲度假旅游轴，以打造国际品牌和开发高端休闲度假旅游产品为重点，重点开发世界级的商务会展、现代娱乐、水上运动、文化体验、生态旅游、佛山橘海等多元化的旅游产品项目，将“两湖一山”建成融入成都都市圈和辐射川南城市群的“资三角”会展休闲度假旅游发展区域。围绕“简阳 – 乐至 – 安岳”特色文化旅游轴，以建设安岳石刻、“普州太后”许黄玉故里、陈毅故里、乐至报国寺旅游景区为载体，以打造红色经典、佛教、石刻、名人、生态文化旅游品牌为重点，努力将安岳、乐至打造为融入成渝、连接川南和川东北城市群的观光体验生态旅游区。到 2015 年，实现全市接待海内外游客达到 1420 万人次，旅游总收入 150 亿元，新增国家 A 级旅游景区 5 个，新增旅游星级饭店 6 家，建成国际休闲度假旅游目的地及会展基地。

四 基础设施

（一）基础设施建设概况

1. 交通

综合交通建设加快推进，2009 年 8 月以来，开工建设成安渝、遂资眉、内资遂、成都第二绕城 4 条高速公路和成渝铁路客运专线，国省干线改造、农村公路建设同步推进，全市在建高速公路里程 336 公里，占到全省 1/10。

——公路。天府第一高速公路——成渝高速公路从资阳市北郊穿过，318 国道（上海至拉萨）、319 国道（厦门至成都）、321 国道（广州至成都）、川西环线、106 省道亦穿境而过。近些年，资阳市又着力加快建设交通主骨架，加速完善二、三级

表 27-5　资阳市 2005 ~ 2011 年公路交通发展情况

年份	公路总里程（公里）	等级公路里程（公里）	公路旅客周转量（万人公里）	公路货物周转量（万吨公里）
2005	3559	1834	206956	130814
2006	7817	4420	210513	158365
2007	8914	4778	229917	166758
2008	9601	5461	456648	357461
2009	10211	6126	257218	297961
2010	11893	8483	279238	394238
2011	14431	10564	311304	478986

数据来源：《四川省统计年鉴（2006 ~ 2012）》。

路网，大力推进农村公路建设与改造，基本形成了干支相连、通达周边，快捷、高效、安全舒适的公路网络。截至 2011 年底，全市公路总里程达到 14431 公里，比“十一五”初增加了 6614 公里，路网密度达到 1.88 公里 / 平方公里。

——铁路。资阳市现有的唯一一条铁路是修建于 50 多年前的成渝铁路。成渝铁路从简阳市灵仙庙入境，经简阳市、雁江区，到长沙埂站出境去重庆，在市域境内的营运总里程只有 91 公里。随着资阳市经济社会的快速发展，成渝铁路已难以满足当前和今后时期社会发展和城市建设的需要。

2. 水利

地处沱涪两江分水岭的资阳，水资源匮乏，水利工程基础设施极其薄弱，是一个工程性、资源性、季节性、水质性严重缺水的农业大市。2000 年，全市水资源总量 21 亿立方米，人均拥有量仅为全国平均水平的 19%，属极度干旱地区。水利基础设施的建设对资阳市经济社会发展至关重要，“十五”以来，特别是“十一五”期间，资阳市水利基础设施建设取得重大突破。全市致力于构建“大水利”总体目标，围绕水环境综合治理主线，强力实施“1311 工程”[①]，着力加快水利基础设施建设，初步破解了经济发展“水瓶颈”，为经济发展提供了可靠保障。2010 年，全市人民期盼和努力了 40 年的毗河供水一期工程项目建议书获得国家发改委正式批复，开工前的各项工作正加快推进。同时启动实施了“资阳城区水环境综合工程”，城区水环境治理工程进展顺利，老鹰水库水源保护工程完工，沱江城区段路堤改造工程顺利开工。病险水库整治、小农水试点等工程加快建设，全市用水条件已经逐步改善。截至 2010 年底，全市建成各类水利工程 34443 处，蓄引提水能力达 14.1 亿立方米，有效灌溉面积 233 万亩。

① 即力争立项启动 1 座大型骨干毗河供水工程，开工建设关刀桥、丹山、宝石 3 座水库，新增 100 万亩有效灌溉面积，解决 100 万农村人口饮水安全。

3. 电力

“十一五”期间，资阳市电网建设投资达22亿元，新建资阳500千伏输变电站1座，新建、扩建5座220千伏变电站，新建、扩建18座110千伏变电站，为新农村建设、城镇化和工业化互动发展提供了有力支撑。农网、城网建设成效显著，农村电网建设完成投资4亿元，城市电网建设实现投资1.2亿元，“同网同价”的目标逐步实现。2009年12月8日，市政府和省电力公司在资阳签署《关于加快推进电网建设服务资阳经济社会发展战略合作协议》。按照协议，省电力公司将大力支持资阳电网发展，支持资阳城乡居民用电逐步实现同网同价，全面加快智能资阳电网建设，服务资阳加快发展。2010年，资阳500千伏输变电站、雁江天星220千伏变电站和简阳草池、十里坝、乐至皂角等5座110千伏变电站建设工程正式投入运营，为全市国民经济发展发挥了重要的支撑作用。在能源基础设施方面，与省级能源战略合作深入推进，中石油5万立方、中石化20万立方油库等一批能源基础设施项目加快建设。

4. 信息平台

资阳市是国家发改委、工业和信息化部确定的国家农村畜牧业信息化试点市。近几年来，资阳市十分重视信息化在经济社会发展中的作用，不断加强信息化工作力度，加大信息化建设投入，按照“一体化”建设与应用思路推进电子政务建设。2008年以来，资阳市加快建设电子政务网、农业和农村综合信息服务网、畜产品溯源与电子交易网、工业园区与支柱产业信息网络、公共应急网、社会事务服务网等六大应用平台，先后建成“纵向到乡镇，横向到部门”的电子政务外网“一体化”平台和城乡平安视频监控系统和畜牧业信息化支撑服务体系，构建起了以市政府门户网站为龙头的全市政府门户网站群，实现了“市－县－乡”公文无纸化传输和“市－县－乡”无纸化办公。2010年1月31日零时，成资眉三地成功并网，资阳市成功实现与成都共用028区号，完成了电话并网升位。截至2010年底，资阳市社会经济信息化程度接近省内先进水平，信息服务业和信息产品制造业实现增加值7亿元以上，年均增加14%以上。“数字资阳”基础框架与平台逐渐形成，社会信息化进程加快，现代信息网络技术和信息化应用工程在资阳经济发展、社会事务管理中发挥着愈来愈重要的作用。

（二）基础设施存在的不足

近年来，资阳市基础设施建设取得了巨大的成就，交通、水利、电力和信息平台建设加快推进。但与周边地市相比，以及与国民经济增长的要求相比，资阳市基础设施建设仍然滞后，对经济社会发展的“瓶颈”制约仍然存在。

首先，从交通基础设施来看，面对全国、全省加快发展的大局，资阳交通建设依旧存在巨大的差距。一是全市道路等级率较低，通畅率依旧有待提高。2011年，资阳市等级公路里程仅为10564公里，只占公路总里程的73.2%。二是在与区域外围的连接上尚未形成体系网络，同周边区域的快速通道没有全部通畅。作为成都经济区的组成部分，资阳与经济区内部特别是成都之间的交通通道还未完全形成，有待进一步拓展。三是不同运输方式之间的衔接还需要进一步加强，目前各种交通方式的配合和衔接能力与次级综合交通枢纽的要求还有很大差距。

其次，就水利基础设施而言，目前全市供水能力仅能满足全市人民饮水和当前经济发展的需要，随着新型工业化和城镇化的加速发展，全市生产生活用水需求将大幅度增加，现有的供水能力将面临极大考验。

再次，资阳市目前的骨干电网脆弱，安全性、可靠性以及供电能力不足的问题还十分突出。一是电网主要骨干网络尚未形成，缺乏大型变电站的支撑。资阳电网的电源主要是来自成都、自贡和内江方向，多头供电现状无法形成系统网络格局。二是电网的供电能力不足。资阳 220 千伏和 110 千伏变电站的变电容量和用电载荷比均低于 1.5，而国家电网技术规程要求 220 千伏以及 110 千伏容载比最低限必须大于 1.5，当前供电能力无法适应经济社会快速发展的用电需求。三是全市电网运行可靠性差。现有 220 千伏变电站尚未形成环网，任何一台主变电站出现故障，都将导致一个大区域的停电。四是电网布局结构已无法适应快速发展的用电需求。当前，全市主要依靠现有的 3 座 220 千伏变电站供电，即雁江的孙家坝、简阳的棉丰和安岳的广惠变电站。随着城市建设规模的不断扩大，现有变电站的出线通道以及供电半径都受到不同程度的制约，无法满足用电需求。

最后，从信息平台建设来看，资阳市目前整个社会信息化的水平还比较低，信息平台建设还存在诸多“短板”，影响了整体协同效应的发挥，在一定程度上制约了信息化建设对全市经济发展的贡献作用。

（三）基础设施建设展望

国际经验表明，基础设施的建设与区域经济的发展息息相关，良好的基础设施是保障实现工业化的基础，特别是在工业化初期，更是推动经济高速增长的主动力。在未来中长期内，资阳市将继续大力推进交通、水利、能源、信息等基础设施建设，进一步扩大规模、完善网络、优化结构，增强基础设施对经济长远发展的保障能力，全面提升资阳在全省和成渝经济区发展大格局中的地位和作用。

1. 加快综合交通体系建设，打造立体综合交通网

按照“水陆空并举、大中小配套、多线连成渝、市域大畅通”的发展思路，着力对接《西部综合交通枢纽建设规划》，形成“三纵三横一环”高速公路网络、“六纵四横”快速通道网络、“三纵三横两环”铁路网络，构建“立足全国、围绕成渝、突出成都”的资阳现代综合立体交通体系，变区位优势为竞争优势，变“交通走廊”为“经济走廊”。

一是着力推进公路网络建设。按照“对接主枢纽、打通横干线、融入外循环、畅通内循环”的思路，打造“三纵六横”高速公路主骨架网络，确保成安（资）渝、成都第二绕城高速（资阳段）、遂资眉、内资（安）遂高速公路竣工营运，实现高速公路运营里程由现在的 72 公里增

加到508公里，形成“县县双高速”格局。规划建设资（阳）德（阳）阿（坝）、成（都）资（阳）潼（南）广（安）、内（江）资（阳）潼（南）广（安）、环成都经济区（蒲江－资阳－中江）高速公路和改扩建成渝高速公路。力争建成成（都）资（阳）、成（都）简（阳）、简（阳）三（岔）、贾（家）柏（合）、坛（罐）太（平）、金（堂）乐（至）、资（阳）安（岳）、岳（阳镇）塘（坝）等快速通道，构筑“九纵三横四连接”快速中通道路网。

二是强力推进铁路网络建设。按照“市外联网、市内成网、纵横交错、县县有铁路”的发展目标，加速构建“三纵三横两环”铁路网。确保推进成（都）渝（重庆）铁路客运专线竣工投运，缩短连接成渝的时空距离，形成10余分钟直达成都，40分钟直达重庆的快速通达能力，充分发挥资阳与成都、重庆大都市的“同城效应”。争取绵（阳）遂（宁）资（阳）内（江）自（贡）宜（宾）城际铁路、遂（宁）资（阳）眉（山）雅（安）铁路以及成渝铁路成都至内江段增建二线开工建设，力争铁路建设运营里程数由现在的91公里，增加到300公里以上，铁路运营能力迈入全省铁路建设第一方阵。加快推进资阳至成都第二机场轨道交通环线、成都绕城轻轨延伸（至简阳）段、成资（安）渝城际铁路和德（阳）资（阳）眉（山）乐（山）城际铁路前期工作，为争取早日启动建设创造条件。

三是积极争取成都第二机场布局。紧紧抓住四川“天府新区”建设和省规划建设成都第二机场的重大历史机遇，充分利用资阳市有最适宜建设大型国际机场的优势条件，做好周边环境保护，进一步加快自主开展选址论证工作，争取成都第二机场选址简阳市，着力培育空港经济，努力打造市域新的经济增长极。

四是加强沱江航道整治开发。坚持“综合利用、航电结合、联合建设、滚动开发”的思路，联合成都、内江、自贡、泸州等沱江沿线城市，争取国家对沱江全线进行梯级综合开发，重点对沱江航道进行疏浚与整治，规划建设资阳港区、简阳港区、侯家坪货运码头作业区，新建航电枢纽，改扩建航电枢纽船闸，力争达到五级航道标准，把沱江资阳段建设成集景观、航运、发电、灌溉、防洪等多功能的重要水道。

2. 加快水利基础设施建设，推进“水务一体化”管理

坚持防洪抗旱并重、大中小微并举，全力实施“1311”工程，加快推进毗河供水工程建设，着力构建供水保障、防洪抗旱减灾、水生态环境保护体系，加快推进“水务一体化”管理体制改革步伐，努力满足城乡居民生产生活和经济建设的需要。

一是加快推进骨干水利设施建设。以毗河供水项目为重点，抓住全省实施“再造一个都江堰”重大机遇，以保障生产生活用水为目标，重点推进毗河供水工程一期和关刀桥、宝石、丹山等配套水库项目开工建设，加快推进都江堰东风渠六期简资干渠等重点渠系配套工程建设，力争毗河供水工程“四年工期三年建成”，造福旱区人民。强力实施“一江两翼”的供水保障，逐步解决沿线地区生产生活用水需求，有效改变资阳缺水状况。

二是加快防洪抗旱减灾体系建设。建设沱江流域堤防工程，实施重要乡镇河流综合治理，加大城市防洪内涝工程建设力度，建设山洪灾害防治预警系统，加快病险水库除险加固步伐，完善全市防洪指挥调度系统，努力构建安全可靠的防洪减灾体系。实施以水源工程为重点的工程建设，健全抗旱体系，落实抗旱政策措施，普及和发展抗旱技术，全面提高抗旱能力，实现农业生产、人畜饮水和工业水源保障。

三是强化建设供排水保障体系。继续加大投入，实施农村人口安全饮水、城市供水、城市排水等工程，从根本上解决农村人畜饮水安全问题，保障农村人口饮水安全，构建安全经济的供排水保障体系。

四是统筹水利基础设施建设。通过城乡水资源管理体制改革，统筹城乡水资源管理、水利基础设施建设和供水机制，统筹解决城乡饮水安全、生态用水，加强城乡水土保持、生态环境和防洪基础设施建设，推进水资源的优化配置和合理高效利用。

3. 加快电力基础设施建设，提高电力供应保障能力

随着工业化和城镇化进程进一步加快，全市必须高度重视电力事业发展，奋力推进骨干电网、城乡配电网等基础设施建设，提高电力供应的保障能力，不断提升保障和服务全市经济社会发展的能力和水平。以加快实施电力“2830”工程为载，尽快开工建设广惠、普安、文峰、三岔、周家、临江 6 座 220 千伏变电站，龙台、长岭、宝林、宝台等 15 座 110 千伏变电站，规划再建 1 座 500 千伏输变电站，形成以 500 千伏输变电站为供电枢纽，220 千伏变电站为重要节点，110 千伏为配电支撑的智能坚强电网供电格局，确保资阳经济社会发展的用电需求。

4. 加快信息基础设施建设，搭建“数字资阳”信息平台

按照《国家信息化发展战略（2006—2020 年）》的总体要求，资阳市将着重围绕全省建设西部通信枢纽，实施重大通信枢纽基础工程、应用工程、产业工程的机遇，以移动互联网、物联网、应急通信体系和数据灾备中心为重点，加快信息基础设施升级改造，大力推进无线宽带等设施建设，加快打造高速、安全、可靠接入的无线城市网络系统，科学布局、稳步推进无线城市建设。加快信息基础设施建设，促进三网融合。加快推进电子商务和电子公务，完善全市信息网络交换平台和网控中心及农村通信网络，为全市经济社会发展和人民群众生产生活提供优质、高效、安全的通信信息服务。突出信息化在国民经济发展中的重要作用，尽快搭建起“数字资阳”信息平台。

五　城镇建设

（一）城镇发展现状

1. 城镇体系

资阳市下辖雁江区、安岳县、乐至县、简阳市，其包括街道 4 个、镇 84 个、乡 87 个、居委会 155 个、村委会 2791 个。截至 2011 年底，全市户籍人口达到 503.9

万人，常住人口363.01万人，常住人口规模超过100万人的城市有安岳县和简阳市（雁江区有希望在“十二五”突破100万人口），基本形成了区域中心城市、县域中心城市和一般乡镇协调发展的城镇体系。

2. 城镇化水平

近年来，资阳市着力建设宜居宜业区域中心大城市，加快推进城市基础设施建设，不断扩大城市规模，逐步完善城市功能。按照“成渝经济区新兴工业城市、成都经济区东部增长极、成都平原城市群重要组成部分”的城市发展定位，完成了资阳城市空间发展战略规划修编，新规划并启动了资阳“两区一带”、简阳“两湖一山”、安岳“两极一带”和乐至“两镇一带”开发建设，深入实施了资阳九曲河综合整治、城中村和棚户区改造等旧城改造工程，加快推进了“山水园林宜居城市”建设，城市规模不断扩大，城市功能逐步完善，城镇化水平不断提高，城市的产业聚集能力和辐射带动能力显著增强。2011年全市建成区面积107平方公里，中心城市建成区面积达38平方公里，城镇人口达125.1万人，城镇化率达34.45%，同比提高1.72个百分点。

（二）存在问题

1. 整体水平仍然偏低

虽然近些年资阳市建成区面积不断扩大，城镇人口不断增加，城镇化率不断提升，但总体来看，资阳市的城镇化水平仍然偏低，2011年资阳市城镇化率比全省平均值低7.38个百分点。从各县（市区）看，除了雁江区（2009年42.5%）稍高于全省平均水平外，安岳县（2009年26%）、乐至县（2009年29.5%）、简阳市（2009年35.04%）三个县（市）均要远低于四川省城镇化平均水平。

2. 产业对城镇化支撑力度不够

建区设市以来，资阳市工业化、城镇化建设取得了明显成效，但目前仍处于工业化初期向中期过渡阶段，工业实力不强、城镇化水平不高，工业化、城镇化互动不够，对经济社会发展的支撑

表27-6　资阳市城市等级（2011年）

区划名称	面积（km^2）	常住人口（万人）	户籍人口（万人）	行政区划				
				街道	镇	乡	居委会	村委会
资阳市	8029.23	363.1	503.9	4	84	87	155	2791
雁江区	1632.62	90.6	109.5	4	19	3	57	467
安岳县	2690.43	114.1	160.7	—	22	47	35	926
乐至县	1424.49	546.8	86.1	—	17	8	26	602
简阳市	2281.69	107.1	147.6	—	26	29	37	796

注：其中雁江区、安岳县、乐至县、简阳市常住人口为2010年数据。

图 27-3　近年来资阳市城镇化水平情况

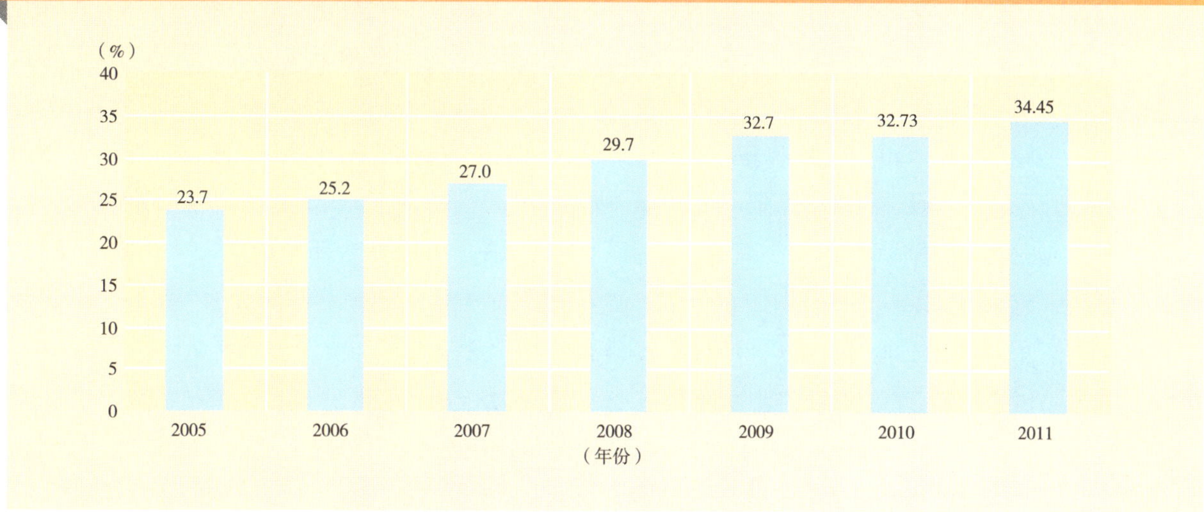

和带动作用不强，与全国、全省相比差距较大。2011 年，城镇化率低于工业化率 15.5 个百分点，服务业发展滞后，产业的就业吸纳能力较弱，导致产业经济对区域城镇化的支撑力度不充分，影响了城市规模效益和服务功能的发挥，影响了城镇化的发展。

3. 县域城镇化进程乏力

由于县域经济薄弱，县级财力不足，县城及县城以下的城镇经济的辐射范围较小，吸收资金的能力差，因而带来县城市政基础设施和公用设施投资不足，城镇发展的软环境和综合功能的配套建设没有跟上，城镇的综合服务功能还不够完善，还不能高效地为企业提供长期生存和实现自身发展的平台，不能全方位地提供满足企业员工物质需求和精神需求的环境，进一步导致城镇化进程缓慢。

（三）进一步完善城镇体系

按照“十二五”规划，资阳市下一步将以科学发展观为指导，实施主体功能区规划，对接成渝城市群发展规划，优化城市空间布局，逐步建立起以大城市为核心、中等城市为次中心、小城市为支撑、重点城镇和普通建制镇为基础，城市基础设施完善，城市功能互补，产业协调发展，人口分布合理的城镇体系。到 2015 年，将资阳建成大城市，将简阳、安岳、乐至建成中等城市，全市城镇化率力争达到 45% 以上，年均提高两个百分点，城镇人口达到 230 万人左右；到 2020 年，将简阳建成大城市，三岔建成中等城市，加快建设一批重点乡镇，全市城镇化率力争达到 55% 以上，城镇人口达到 300 万人左右。

表 27-7　2011 年四川及资阳市城镇化水平

	总人口（万人）	城镇化率（%）
四川省	8050.0	41.83
资阳市	363.01	34.45

数据来源：四川省统计局编《2012 四川省统计年鉴》。

1. 优化城镇空间布局

围绕全面融入成都、重庆都市圈，立足资阳市区域地理特征、重大交通建设和成渝经济区发展趋势，在加快建设“2+3”城市增长极和“8极+4带”基础上，进一步规划建设“资阳、简阳、三岔”，“安岳、龙台、石羊”，“乐至、高寺、龙门”3个重点区域，分别形成“资三角”、“安三角”、“乐三角”城镇空间布局，构筑新的城镇体系，打造市域经济发展高地。

——全力建设“资三角”，打造资阳融入成都发展的先行区和统筹城乡发展的核心区。通过成渝高速、第二绕城高速和国道321以及成资、成简、成坛等快速通道连接成都，主动接受成都都市圈的辐射。“资三角”区域包括雁江宝台、松涛、临江和简阳简城、三岔、芦葭等乡镇，主要布局成都资阳工业发展区、侯石工业带、“两湖一山”旅游休闲度假基地、长岛国际会展基地、物流配送中心，重点发展汽车制造、机械工业、食品工业、旅游业、会展业和物流业。依托雁江城区、城东发展区、简阳发展区、三岔发展区四个极点和“资阳－简阳”、“简阳－两湖一山”两带，打造“资三角”城镇群，积极融入天府新区“成都、眉山、资阳”金三角和成都平原城市群，建设成为成都都市圈东部城市增长极。到2015年，“资三角”区域城镇人口力争达100万以上；2020年力争达160万人左右，建成资阳、简阳两座大城市，三岔建成中等城市。

——加快建设“安三角”，打造资阳融入重庆发展的先行区。通过国道319和安大路及在建的成安（资）渝高速连接重庆，主动接受重庆的辐射，成为资阳市对渝开放的“桥头堡”。“安三角”区域包括岳阳镇、龙台镇、石羊镇等乡镇，主要布局安岳工业集中发展区、石刻文化和佛教文化旅游基地以及绿色食品加工配送基地，重点发展农副产品加工业、旅游业、纺织业、医药业，培育发展天然气化工业。依托安岳、龙台两个极点和“岳阳－龙台”一带，打造“岳阳－龙台”城镇群，推动“安三角”加快发展。到2015年“岳阳－龙台”城镇群人口力争达45万人；到2020年，“岳阳－龙台”城镇群人口力争达65万人。

——加快建设“乐三角”，打造资阳特色农副产品生产加工区。通过在建的成安（资）渝高速、国道319连接成都、重庆两个特大城市，融入成都“半小时经济圈”，通过遂资眉高速公路连接资阳和遂宁，同时接受成都经济区和川东北经济区的辐射。“乐三角”区域包括天池镇、童家镇、高寺镇等乡镇，主要布局乐至工业集中发展区、陈毅故居红色旅游区、绿色食品加工配送基地，重点发展农副产品加工业、旅游业、纺织业，培育天然气化工业。依托乐至、童家两个极点和“天池－童家”一带，打造“天池－童家”城镇群，推动“乐三角”加快发展。把乐至建成中等城市，把童家建成乐至县城副中心，加快建设高寺、中天、劳动、龙门、良安、回澜重点镇，培育和打造“天池－童家”城镇群增长极。到2015年“天池－童家”城镇群区域城镇人口力争达35万人；到2020年，“天池－童家”城镇群区域城镇人口力争达50万人。

2. 规划建设两座大城市

——建成资阳区域性大城市。按照

成都平原城市群发展布局，坚持“两化互动”，加快资阳城市建设，着力建设宜居宜业大城市，把资阳打造成成都都市圈东部增长极。按照“南拓东跨、拥江发展”总体要求，以“一城三区”，即以现有建成区为基础的老城区、城南新区和城东新区为载体，加快推进城市建设。结合城市的地形地貌特点，依托现有的发展条件，加快老城区旧城改造，美化人居环境，理顺市区交通，提升城市品位，积极规划推进城市向北延伸；加快资阳城南工业集中发展区建设，加大配套基础设施建设力度，承接主城区工业转移，积极规划推进城市向南拓展，形成城南新区；加快城东新区中央商务区、成渝客专资阳北站片区、职业教育基地、房地产开发建设，完善城市功能，承接老城区人口转移，吸纳农村居民和外来人口，积极打造城市综合副中心，进一步拓展城市空间，形成城东新区。依托侯石工业带、资阳经济开发区、城南工业集中发展区，重点发展造车、食品、医药和节能产业，打造国家机车制造及出口基地，西部汽车与零部件制造基地，绿色食品生产配送基地和节能产品生产基地。把资阳建设成以“西部车城 · 节能之都 · 绿色资阳”为品牌的成渝经济区新兴工业城市、成都都市圈东部增长极、丘陵特色鲜明的生态宜居江城，市域政治、经济、文化中心。到 2015 年，力争城区面积达到 50 平方公里，城市人口达到 50 万人，建成大城市；到 2020 年，力争城区面积达到 70 平方公里，城区人口达到 70 万人。

——加快简阳大城市建设。以河东新区、旧城改造和城南工业集中发展区为载体，重点开发简城、石桥、东溪和新市镇城区及其之间的牌坊沟、葫芦坝、十里坝等区域，不断拓展城市空间。加快东城新区建设，着力打造简阳市政治、文化和服务中心；依托成渝客专简阳南站建设，推进城市向西发展，沿沱江在平坝区推进城市向北拓展，加快河东新区建设，形成大城市建设框架。依托侯石工业带、简阳经济开发区、简阳工业集中发展区，重点发展医药、机械制造、食品、橡胶制品、纺织业，打造绿色食品加工配送基地、西部汽车与零部件制造基地。把简阳建设成为成都都市圈增长极东部的重要城市，统筹城乡发展示范区，县域政治、经济、文化中心。到 2015 年，力争城区面积达 35 平方公里，城区人口达 35 万人；到 2020 年，力争城区面积达 50 平方公里，城区人口 50 万人。

3. 加快中等城市建设

——建成安岳中等城市。实施城区向东、向南扩张，依托行政中心北移，以南山片区、城南片区开发和工业园区建设为载体，加快新区开发建设，推进“岳阳 - 龙台”城镇群建设，形成中等城市发展格局。依托安岳工业集中发展区，重点发展医药、纺织、建材、食品、旅游产业，打造绿色食品加工配送基地、柠檬产品生产基地、石刻文化旅游休闲度假目的地。把安岳建设成成渝中部特色宜居城市、石刻文化艺术之乡、柠檬之都，县域政治、经济、文化中心。到 2015 年，力争城区面积达 30 平方公里，城区人口达 30 万人；到 2020 年，力争城区面积达 45 平方公里，城区人口 45 万人。

——建成乐至中等城市。依托旧城，

向北、向西拓展城市规模，向东、向南延伸，推进“天池－童家”城镇群建设，扩大城市规模。依托乐至集中发展区，重点发展纺织、食品、医药和建材产业，打造绿色食品加工配送基地、红色旅游休闲度假目的地、蚕桑生产基地。把乐至建设成成（成都）资（安岳）渝（重庆）发展轴上的重要宜居城市、红色旅游目的地，县域政治、经济、文化中心。到2015年，力争城区面积达25平方公里，城区人口达25万人；到2020年，力争城区面积达40平方公里，城区人口40万人。

——加快三岔中等城市建设。做好三岔旅游城市建设规划，加快中等城市建设进程。加快成资、简三快速通道、环湖路及连接周边景点的交通线路建设，完善旅游交通路网；加快旅游基础设施建设，夯实旅游业发展基础；加快通信、能源和城市管网建设，完善城市基础设施。依托“两湖一山”、长岛国际会议度假区，重点发展旅游业、会展业、房地产业，把三岔建设成为旅游休闲度假目的地、会展基地、成都都市圈东部特色城市。到2015年，力争城区面积达到16平方公里，城区人口达到16万人；到2020年，力争城区面积达到30平方公里，城区人口达到30万人。

——加快龙简新城建设。龙简新城由养马镇、石盘镇及龙泉湖景区组成，依托成资工业园区建成以汽车及零配件制造、旅游休闲、物流、生活服务为重点的综合型中等城市。依托产业基础好、交通便利、地形较为平坦的有利条件，建成成都市经

专栏27-2　资阳市城镇体系格局及定位

- 大城市——资阳：成都都市圈增长极东部重要的中心城市，成资内渝发展轴上区域中心城市和交通枢纽，成渝经济区新兴工业城市，国家机车制造及出口基地，西部汽车与零部件制造基地，绿色食品生产配送基地，医药生产基地，建材生产基地，西部车城。
- 大城市——简阳：成都都市圈增长极东部的重要城市，资阳融入成都经济区的桥头堡，区域性次级交通枢纽，承接成都经济区产业转移基地，优质粮油、优质水果、优质蔬菜种植基地和生猪、山羊畜牧业养殖基地，绿色食品生产及加工配送基地，现代制造业、纺织服装、食品、机电、药业药械生产基地，统筹城乡发展示范区，休闲旅游度假城市。
- 中等城市——三岔：以旅游、休闲、度假、会展为主，国际旅游休闲度假目的地。
- 中等城市——安岳：成安渝发展轴上重要的生态文化城市，成渝交通中枢，资阳融入重庆经济区的桥头堡，承接重庆经济区产业转移基地，川渝绿色农产品生产配送中心，食品、纺织、机电、建材、医药生产加工基地，劳动力培训输送基地，石刻国际旅游区，石刻文化艺术之乡、柠檬之都。
- 中等城市——乐至：成资渝发展轴上的重要城市，重要的交通节点，蚕桑生产基地，特色农业生产基地，食品、纺织、建材、家电、医药生产加工基地，全国红色旅游、宗教文化旅游经典景区，川中生态园林城市。
- 中等城市——龙简新城：依托成资工业园区建成以汽车及零配件制造、旅游休闲、物流、生活服务为重点的综合型中等城市，成都市经济开发区的功能拓展区。
- 小城市——丹山、临江、贾家、石盘、养马、童家、龙台、石羊。

专栏 27-3　“十一五”期间资阳市加快推进区域合作

- 以简阳为“桥头堡”，推进与成都全面合作，成功与成都市签署“1+7”合作协议，由“路、园、湖”合作拓展到工业、农业、城乡建设等全面合作；
- 成资快速通道、成简快速通道简阳段建设快速推进；长岛国际会议度假区项目已启动前期工作，成都 · 资阳工业发展区建设进展良好；
- 以安岳为“桥头堡”，渝资合作取得突破，与重庆签署区域合作、产业发展、旅游开发及保税港区 4 个合作协议，双方迈入全面合作新阶段；启动了成安（资）渝高速和区间断头路建设，联合打造唐宋石刻艺术国际精品区；
- 多区域合作不断拓宽，与北京石景山区在产业转移、农产品进京、干部交流中取得进展；
- 与中山市、广东商会、深圳投资商会等建立战略合作关系，开放合作空间进一步拓宽。

济开发区的功能拓展区。以成资工业发展区开发建设为重点，加快推进产业片区、总部研发片区、生活配套片区、安置区、物流基地片区、现状保留片区、园区服务中心和商务公园城市绿心“六片、两心”建设。石盘镇 - 龙泉湖地区主要发展旅游休闲、商务会展、高档住宅等第三产业。养马镇主要发展工业和物流，保留与简阳的隔离绿带，避免空间连绵。预留龙泉驿到简阳的城际铁路通道，规划通向简阳的快速通道不少于两条。到 2015 年，城市人口达 10 万人以上，建成两化互动新型工业城。

4. 加快一批重点镇建设

加快重点镇总规修编，同时做好新农村建设重点规划。不断完善城镇功能，加快重点镇供水、供电、供气、通信、信息等网络建设和垃圾、污水处理设施建设。加大城乡环境综合治理，建成一批文明卫生、园林绿化良好的示范街道、示范小区、示范单位，创建一批环境优美乡镇。到 2015 年，重点打造丹山、迎接、平泉、芦葭、石羊、文化、良安和劳动等一批重点城镇。

六　开放合作

（一）开放合作现状

改革开放以来，尤其是近十年来，深入推进区域开放合作成为资阳市经济社会发展最重要的支撑，并取得了重大进展，主要表现在以下两个方面：

一是区域合作加快推进。确立了“充分开放，融入成渝”的发展路径，实施简阳、安岳“双桥头堡”战略融入成渝，成资、渝资合作取得新成效，三岔湖长岛国际会议度假区、香港世茂海峡生态城等一批项目加快推进，天府新区规划建设全面启动。编制并深入实施了《打造一区两带四基地融入成渝加快发展规划》，分别与成都、重庆、北京石景山、广东中山市等地签署了 30 多个重要的区域合作框架协议，构建了全市“东西南北”的区域合作新格局，开创了资阳市区域合作新局面。同时，与 26 个省级部门及金融、能源单位建立了战略合作关系。

二是积极承接国内发达地区产业转

移，招商引资规模不断扩大。为大力承接产业转移，资阳市设立了5个驻外招商分局，先后组团赴韩国、香港、台湾等国家和地区开展经贸交流合作。仅在“十一五”期间，资阳市就成功引进了百威英博、韩国现代、法国家乐福等世界500强企业和广西玉柴、中交集团、重庆建工、四川华西等国内500强企业，全市新批外商投资项目18个，新引进国内投资合作项目1321个，到位资金总额突破1000亿大关。其中履约国内省外招商项目1050个，到位资金770亿元。特别是2010年，全市引进到位资金总额380.34亿元，到位省外资金首次跨入全省前三甲，引进工业资金占到位资金总额的50%以上，70%的工业资金投向造车、食品、医药、纺织、建材等优势产业，为加快发展注入了强大动力。2011年，全市引进到位国内资金451.9亿元，比上年增长18.8%；实际到位外资3851万美元，比上年增长177.1%，百威英博二期、美国皇冠制罐、飞利浦LED生产基地、普洛斯城南工业区物流园等重大项目成功签约入驻。

（二）存在问题

1. 对外贸易有所提升，增长后劲不足

资阳地处典型的丘陵地区，对外联系不畅制约了对外经济合作的水平和层次。近年来，虽然资阳市对外贸易有所增长，但总量仍然偏小。2011年，全市进出口总额为15669万美元，排全省第13位，低于GDP排名2个位次。同时资阳市对外贸易基础薄弱，外贸出口创汇大户少，签约大单不能尽快履行，企业出口竞争力不强。全市出口企业仍不足30户，且多数企业出口额在400万美元以下，出口上千万美元的企业仅资阳机车厂1户。从横向比较来看，资阳市外贸出口存在运行质量不高、总量不足、效益不明显等现象，导致出口波动性大、稳定性差。特别是2010年全市外贸出口同比下降4.3%，而当年全省出口增长达到33%，一定程度上反映了产品的国际市场推广不够，对外贸易发展亟待加强。

2. 利用外资项目质量提高，但规模偏小

近年来，资阳市招商引资工作成效显著，利用外资项目质量不断提高，但是由于区位条件和自然禀赋资源的差别，对外商投资的吸附能力不够强，产业优势与外商投资领域对接不够突出，导致入驻资阳的外资企业数量较少、规模偏小、发展不平衡。2011年实际到位外资仅为3851万美元，远远低于周边城市。2010年，资阳市引进了百威英博、韩国现代、法国家乐福3家企业，才实现引进国外世界500强企业实现“零”的突破。总体而言，资阳外资招商的基础工作还需要进一步夯实，招商方式还需要进一步创新，招商实效还需要进一步增强，投资环境还需要进一步优化。

3. 开放合作水平扩大，但层次不高

资阳设区建市以来，特别是“十一五”以来，一直将扩大开放合作作为全市重点工作，开放合作水平不断扩大。但限于经济发展和基础设施水平，资阳市对外开放合作的层次不高，与成都的快速通道尚未全部打通，融入成都发展还需要进一步加强。同时作为全省唯一同时连接

成渝“双核”的区域性中心城市，资阳在沟通成渝两地的发展上所发挥的作用不明显，在区域地位上不及川东城市和川南城市，区位优势未能全部显现。目前，与国内发达城市的合作尚处在起步阶段，且主要合作方面是农产品产销联系，在经济往来、产业对接等方面的合作还有待加强。

（三）实施充分开放合作战略

按照“突出成都，加强重庆，联动周边，对接沿海，发展沿边”的总体思路，深入实施《全面融入成渝经济区暨天府新区建设的意见》，实施“双桥头堡”战略，深度融入成渝经济区发展。以基础设施共建为突破口，以产业互动融合为切入点，以重大项目建设为主抓手，以合作机制创新为主平台，开创多区域合作交流新局面。坚持把招商引资作为推动资阳加快发展的“生命线”，积极创新招商方式，加大招商引资力度，提升承接产业转移的能力。力争“十二五”期末，资阳市基本建成成渝经济区对外开放优势发展区。

一是推进资阳与成都全面合作。以简阳为“桥头堡”，继续加快推进“路、园、湖”重点合作项目建设，力争在交通基础设施、成都・资阳工业发展区、“两湖一山”开发建设上取得更大成果。全方位、多层次地加强与成都全面合作，力争在工业、农业、服务业、教育、文化、体育、卫生、生态环境等合作领域取得新突破。狠抓《成都经济区区域合作框架协议》的落实，与成都经济区 7 市在规划、交通、产业等方面开展深入交流合作，努力推进成都经济区区域一体化进程，将资阳建设成为成渝经济区新兴工业城市、成都都市圈东部增长极和成都平原城市群重要组成部分。

二是对接天府新区规划建设。抢抓“天府新区”建设机遇，坚持“规划对接、建设同步、项目落地”的原则，着眼“天府新区”发展定位，突出基础设施、产业发展、城市建设等规划对接，加速推进交通一体化、汽车产业一体化、现代农业发展一体化、物流及商贸流通业发展一体化、旅游产业一体化、城乡发展规划一体化等，助推资阳成都一体化发展；高起点打造“两湖一山”国际旅游文化功能区。

三是大力推进资阳与重庆合作。以安岳为“桥头堡”，以“交通对接、产业配套、物流配送、共建基地、联合开发”为内容，多层次、多领域加强与重庆交流合作。在交通基础设施建设、重点产业合作、园区合作、承接产业转移、建设农副产品加工配送基地等方面取得实质性突破；充分利用重庆两路寸滩保税港区发展平台的优势，积极打造川渝合作示范区。

四是开展多区域合作交流。加强与绵阳、遂宁、内江、宜宾、德阳、乐山、眉山、雅安等周边市交通基础设施合作；大力推进与周边地区的优势产业合作，重点开展食品加工、汽车配套、机械制造、旅游开发等方面合作。加强与北京石景山区区域合作，加大承接产业转移力度，继续强化资阳绿色农产品进京、干部人才交流和社会事业等方面的交流合作。加强与广东中山市、广东商会、温州商会等区域和协会的合作。以北京、上海、杭州、广州、武汉等城市为重点，加强与京津唐、长三角、珠三角、环渤海湾等发达地区的区域合作交流，争取与一批城市签订相关区域合作协议，建立友好城市合作关系，力争使这些城市发展成为资阳承接产业转移的重要来源地、劳务输出的重要目的地、提升人才素质的重要培养地。加强国际交流合作，瞄准港澳台和东盟各国，积极开展国际招商推介活动，广泛承接东南亚国家加工贸易产业转移和发达国家的产业转移，做大做强资阳外向型经济。

五是加大招商引资力度。围绕世界500强和国内500强、行业10强实施招大引强，提高产品科技含量和效益水平，搞好成链引进和集群招商，实现招商选资、招大引强新突破，促进全市产业升级。加大工业“1+4+1”主导产业和现代服务业项目招商力度，围绕造车产业发展，加大对重点企业招商引资的指导和协调，注重研发设计、核心零部件制造和系统集成制造等关键环节的引进，提高自主创新水平；围绕节能产业发展，加强与国际国内节能产业高端企业项目合作，大力开发和培育新项目、新产品，构筑西部节能产业及产品研发设计高地。坚持引进资金和技术并重，项目规模和质量并重，加大对商贸、物流、金融、保险等现代服务业项目的引进，促进产业结构优化；突出引进资源节约型、科技创新型、产业带动型、生态环保型项目，使发展具有可持续性。

七　发展展望：幸福资阳

（一）发展条件

未来一段时期，尤其是“十二五”期间，是资阳市立足新起点、谋求新突破、实现新跨越的关键阶段，更是资阳全面建设小康社会，加快现代化建设的关键时期。展望未来发展形势，在新的区域发展大格局中，资阳正面临区位优势凸显、多重机遇叠加的有利形势，与此同时，也面临着新的挑战。

从国际环境看，当今世界和平、发展、合作仍然是时代潮流，总体稳定的国际环境，有利于我国和平发展，为资阳的进一步发展提供了相对稳定的外部环境；经济全球化趋势不断增强和世界科技进步日新月异，有利于资阳利用国际资源，吸纳高端要素，承接产业转移，提升产业结构，参与国际分工与合作。与此同时，贸易保护主义抬头，人民币汇率和国际油价变动的风险增加，围绕资源、技术、市场、人才的国际竞争更加激烈，这对资阳市加快发展外向型经济，在更大范围、更广领域和更高层次参与国际竞争也提出了新的挑战。

从国内看，综合国力增强和人民生活水平不断提高，社会大局保持稳定，工业化、信息化、城镇化、市场化、国际化加快推进，消费结构加速升级，经济发展正处于新一轮周期的上升时期。特别是国家新一轮西部大开发战略的深入实施，国家将继续加大对西部地区的财政、投资、生态补偿、税收减免及土地政策等方面的支持力度，为中西部地区及资阳市带来更好的发展契机。国家成渝经济区规划出台和国、省主体功能区规划实施，也为资阳市在“十二五”期间优化产业布局、推进重大基础设施和城市建设与拓展区域合作的广度与深度，加快发展步伐带来良好机遇。同时，随着区域新格局的形成，对资阳市实现新起点上的更高水平发展，争取走在成渝经济区前列，提出了新的要求。

从全省看，总体上进入工业化中期阶段，步入了经济发展的上行通道，“两个加快”将是全省“十二五”经济工作重点。经过近几年的加快发展，西部经济发展高地建设取得重大进展，新型工业化、新型城镇化和农业现代化加快推进，要素集聚和扩散能力、产业吸纳和承载能力显著增强，正在成为国家新的开发开放前沿和重要经济增长极。省委、省政府提出的规划建设“天府新区”，再造一个产业成都，有利于带动资阳整体布局优化，实现加快发展，有利于成为承接优势产业的集聚地。同时，全省加快实施的西部综合交通枢纽建设、加快成都平原城市群建设、《四川省工业“7 + 3”产业发展规划》实施，有利于多方带动资阳市经济加快发展，为促进资阳加快发展、跨越发展、科学发展提供了千载难逢的大好机遇。

从全市看，自身发展条件为“十二五”资阳经济社会发展奠定了良好基础。一是打造“一区两带四基地”，着力建设成渝经济区新兴工业城市、着力建设开放和谐政治清明新资阳的目标方向明确；二是通过 10 年的发展，综合实力显著增强，发展基础进一步夯实，造车、食品、建材、医药和纺织五大优势产业不断壮大，新兴节能产业从无到有，区域合作取得重大突破，人民收入水平显著提高，为“十二五”实现加快发展奠定了坚实的物质基础；三是随着成安（资）渝高速、成渝铁路客运专线以及成资、成简快速通道等重大交通工程项目加快建设，资阳市将全面进入成都“半小时”经济圈和重庆“一小时”经济圈，大大缩短了时空距离，为全面融入成渝加快发展提供了条件。同时，毗河供水一期工程实现历史性突破，历经半个世纪推动获准批复上马，项目的加快建设推进，不仅将全面改善全市人民生产、生活条件，而且将对资阳经济社会发展大格局产生重大影响，有利于资阳市重新进行重大生产力调整布局；四是目前资阳市已探明拥有的丰富天然气资源，将改变资阳地下资源匮乏的局面，为培育发展新兴产业创造更加良好的条件；五是全市发展环境不断优化，为加快发展提供了环境保障；六是加快发展深入人心，加快“两个着力”、建设“幸福资阳”已成为全市人民的共同愿望，全市形成了人心思进、积极拼搏、共谋发展、共促跨越的强大合力与良好局面，具有加快发展和社会和谐进步的坚实基础。

同时，资阳纵向看发展较快，但横向比差距明显，正处于工业化初期向中期迈进的关键阶段，经济社会发展中仍然存在着一些突出的困难和问题。主要包括：发展不足、后劲不够；经济总量不大，经济结构不优，发展质量不高；城乡差距较大，群众还不富裕；土地、资金、能源等要素瓶颈制约日益凸显；人才支撑还不够有力等。

（二）发展目标

按照“十二五”规划纲要要求，下一步资阳市将深入贯彻落实科学发展观，以加快转变经济发展方式为主线，以改革开放和科技创新为动力，以全面改善民生、提高人民生活质量和幸福水平为根本目的，坚持“全党抓经济，重点抓工业，关键在项目”的总体要求，突出“充分开放、融入成渝，工业主导、三化联动，大抓项目、抓大项目”的发展路径，以建设“幸福资阳”为奋斗目标，统筹推动经济社会发展，加强精神文明、民主法制建设，以打造“一区两带四基地”为载体，创响“西部车城、节能之都、绿色资阳”品牌，着力建设成渝经济区新兴工业城市、着力建设开放和谐政治清明新资阳。到2015年，经济实力显著增强，社会建设得到加强，改革开放实现新突破，城乡居民收入较快增加，人民物质文化生活明显改善，城乡居民生活质量水平不断提高，全面建设小康社会的基础更加牢固。

——经济实现又好又快发展。在优化结构、提高质量、降低消耗的基础上，实现“五个翻番”目标，即全市地区生产总值、地方财政一般预算收入、全部工业增加值、固定资产五年累计投资和社会消费品零售总额较“十一五”末翻一番。到2015年，全市地区生产总值达到1300亿元，年均增长13%，人均生产总值超过4000美元；地方财政一般预算收入达到52亿元，同口径年均增长16%以上；全部工业增加值达到800亿元，占GDP的比重达到60%左右，全市整体达到工业化中期发展水平；固定资产投资五年累计突破3000亿元，年均增长20%，建成一批重大产业、交通、水利、能源等项目；社会消费品零售总额达到400亿元以上，消费对经济增长的贡献率进一步提高。

——产业结构进一步优化。到2015年，力争全市三次产业结构调整优化为10∶60∶30；地方财政一般预算收入占GDP的比重、税收收入占地方财政一般预算收入比重及民生支出占地方财政一般预算支出比重逐年提高；新农村建设和重点小城镇建设取得明显进展，全市城镇化率力争达到45%以上。

——民生得到持续改善。着力实现“四个改善”的目标，即：一是群众生活明显改善，城镇居民人均可支配收入和农民人均纯收入分别超过全省平均水平，到2015年，城市居民人均可支配收入年均增长12%，农村居民人均纯收入年均增长12%；二是公共服务明显改善，城镇职工基本养老保险、新型农村社会养老保险、城镇医疗保险、新型农村合作医疗参保基本实现全覆盖，社会保障和社会救助体系进一步健全，教育、文化、卫生等公共服务体系更加完善；三是城乡面貌明显改善，全市城镇化率年均提高2个百分点以上，综合交通网络基本形成，城乡基础条件和生态环境不断改善，统筹城乡发展步伐进一步加快；四是发展环境明显改善，社会风清气正，人民安居乐业，老百姓的幸福感、归属感、认同感明显增强，社会和谐、公平正义、政治清明的良好环境进一步形成。

——生态环境建设取得新成效。到2015年，万元生产总值综合能耗、主要污染物排放总量和耕地保有量指标控制在省下达目标内；森林蓄积量确保完成省下达目标；城镇生活垃圾无害化处理率达到85%，生活污水集中处理率达85%。

（三）政策措施

科学把握全市发展的阶段性特征，明

确着力重点，按照省委九届十次全会“把基础做牢、产业做强、城市做大、科教做优、民生做实”的总体要求和市委二届三次全会精神，未来五年，要扎实抓好基础设施建设、产业发展、城镇化进程、科教发展、社会建设、民生改善等六方面重点，推动全市经济社会加快发展、跨越发展、科学发展。

一是要做牢基础，加强基础设施建设。重点是要加强重大交通、水利、能源、信息和城乡基础设施建设，实施综合交通“千亿”规划，全力打造“三纵六横”高速公路网和“三纵三横两环”铁路网，着力构建融入成都“半小时”、重庆“一小时”经济圈和市内“一小时交通圈”，实现“县县双高速、县县有铁路”目标；抓住规划建设成都新机场机遇，打造空港经济功能区；加快以毗河供水工程为重点的水网建设，同步规划建设配套渠系、库堰，适时启动毗河二期工程建设，根本改变资阳缺水现状，确保城乡生产生活用水；加快构建支撑发展的能源和通信体系，深化与省电力公司、中石油、中石化等战略合作，大力实施电网升级改造工程，加强能源和通信建设，提高电、气、油等能源保障能力；加快信息基础设施升级改造，大力发展电子商务、电子政务，推进“三网融合”，建设“数字资阳”，努力改善城乡居民生产、生活条件；构建完善配套的城乡基础设施体系，凸显资阳的区位优势。

二是要做强产业，突出产业发展。更加注重一、二、三产业结构调整，提高发展质量和发展水平，深入实施工业强市战略，加快推进新型工业化，加快构建以工业为主导的现代产业格局。围绕“两带”优化产业布局，加快建设国家机车和汽车制造及出口基地、绿色食品加工与配送基地、节能产品生产基地、国际会展基地及休闲度假旅游目的地。做大做强工业“1+4+1”主导产业，重点发展造车、节能产业，构建特色鲜明、布局合理、技术先进、清洁安全的现代产业体系。大力发展现代农业和现代畜牧业，拓宽农民增收渠道，扎实推进新农村建设。坚持“用抓工业的力度抓现代服务业”，大力发展以商贸流通、会展旅游和现代物流等为重点的现代服务业，加快建设区域性商贸流通、物流中心和会展基地；推动“两湖一山”国际化开发，加快安岳石刻、陈毅故里、佛山橘海等景区开发建设，把会展旅游业培育成新的经济增长点。促进工业化、城镇化、农业现代化“三化联动”，以产业大发展推进全市经济实力整体提高。

三是要做大城市，加快城镇群建设。按照“两化”互动理念，坚持“高起点规划、高质量建设、高水平管理”，大力推进新型城镇化进程。把推进城镇化作为当前资阳市发展的重要动力，围绕建设成渝经济区新兴工业城市、成都平原城市群重要组成部分和成都经济区东部城市增长极，按照“2+3”和“8 极 +4 带”城镇体系规划，构建以资阳大城市为核心、中等城市为骨干和雁江城东发展区、简阳“两湖一山”发展区、安岳龙台发展区、乐至童家发展区四个发展区及一批重点小城镇为基础的城镇体系。加快资阳区域性中心城市建设，统筹推进“一城三区”建设，建成宜居宜业宜商区域性中心大城市。高起点推进县城和重点小城镇规划建设，简阳构建起大城市框架，安岳、乐至建成中等城市，加快三岔旅游城市和龙简新城建设，强力推进四个发展新区建设，打造新的城市增长极。

四是要做优科教，优先发展科技教育。坚持科技服务经济发展的导向，大力加强企业自主创新，整合科技资源，完善创新服务支撑体系，促进科技成果转化。实施人才强市战略，以高层次人才、高技能人才为重点统筹推进各类人才队伍建设，优化人才环境，健全人才引进、留用机制。加快教育教学改革，大力提高教育质量，深入开展职业教育攻坚，加强人才能力培养，为提高自主创新能力奠定人才基础。

五是要做实民生，着力社会建设和民生改善。坚持以人为本，围绕建设幸福资阳，以改善民生和提高群众生活幸福水平为着力点，大力发展教育、卫生、民政、文化、体育、扶贫、计生和广电等社会事业，积极实施惠民工程，建立和完善就业、医疗、养老、救助等覆盖城乡的社会保障综合服务体系，全面提升信访维稳、应急管理、群团建设等社会管理能力，深化社会矛盾调解、公正廉洁执法等工作，促进基本公共服务均等化，努力实现社会公平正义，实现“老有所养、住有所居、学有所教、病有所医”的包容性发展。

第28章 遂宁市：川中节点 绿色发展新城*

图 28-1　遂宁市政区

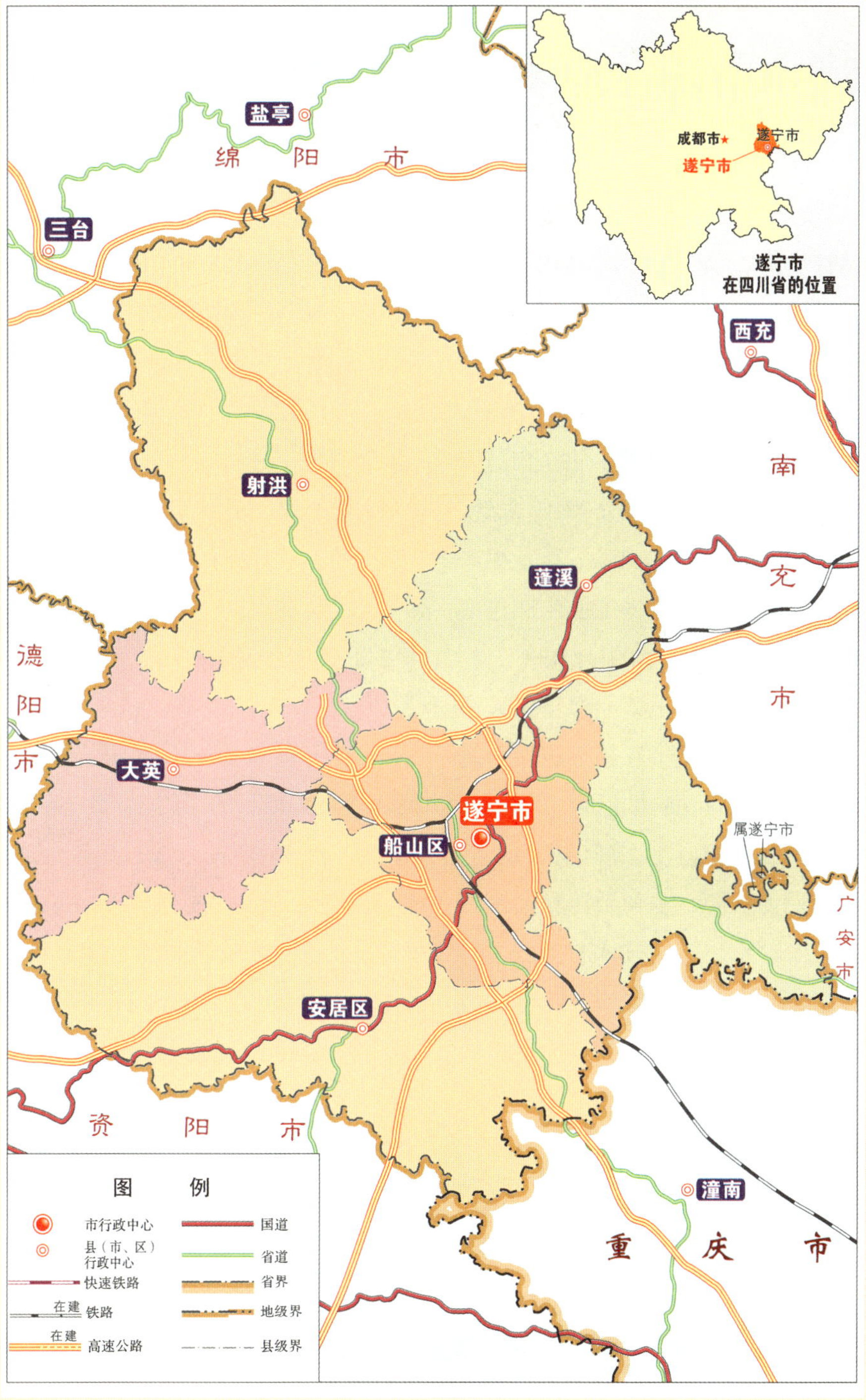

资料来源：本图由四川省发展和改革委员会、四川省测绘地理信息局提供。

* 本章作者：蒋和胜，四川大学经济学院，教授；邓思易，四川大学博士研究生，四川师范大学教师；何雨虹，四川大学博士研究生，四川师范大学教师。

遂宁市，中国著名的观音文化之乡，位于四川盆地中部，涪江中游，介于东经105° 03′ 26″ ~ 106° 59′ 49″，北纬30° 10′ 50″ ~ 31° 10′ 50″之间。东西宽90.3公里，南北长108.9公里，总面积5300平方公里。东邻重庆、广安、南充，西连成都，南接内江、资阳，北靠德阳、绵阳，与成都、重庆呈等距三角。遂宁市现辖船山、安居两区和射洪、蓬溪、大英三县，2011年全市总人口382.7万人，占四川省总人口的4.22%，其中，非农人口88.4万人，占四川省非农业人口的3.60%，占全市总人口的23.10%；地区生产总值603.36亿元，占四川省地区生产总值的2.87%，工业生产总值265.64亿元，占四川省工业生产总值的2.80%，占全市生产总值的44.03%。[①] 本区域地处成渝经济腹地核心经济带，是成都、重庆两座特大城市双核等距辐射的重要节点城市，具有独特的区位优势和次级综合交通枢纽地位，生态环境资源、旅游资源、劳动力资源、水利资源和油矿资源丰富，电子信息、生物技术和新能源等新兴高技术产业发展迅速，产业特色优势逐步形成，发展潜力很大，在成渝经济区中具有重要地位，最有条件和可能成为成渝经济区次级经济中心。

一　历史沿革

（一）遂宁名称的由来

“遂宁”作为地名，始于东晋。东晋与十六国并存，而遂宁则属于十六国中的成汉国。当时，各国统治者之间连年混战，成汉国统治者内部也为争权夺位斗争不息，人民痛苦不堪。公元347年，东晋大将桓温伐蜀，大败李雄遗部李势，灭成汉国，结束了四川长达50多年的混战。当桓温凯旋而归，途经县境时，但见风和日丽，歌舞升平，一派和平安宁的气氛。这位长年征战沙场的将军感慨万端，一种厌恶战乱、渴望太平的思绪油然而生，因而在这里设遂宁郡，取“平息战乱，达到安宁”之意，故名遂宁。从此，川中丘陵中的这片红土地，便有了一个吉祥的名字——“遂宁”。

（二）遂宁的建制沿革

遂宁历史悠久。根据在射洪县仁和镇马鞍山南山采集到的人类头顶骨化石初测，至少在公元前1万年，遂宁区域就有人类活动。夏商时期，全国划为九州，今遂宁市境属梁州管辖。春秋初年，四川境内出现巴国和蜀国两个奴隶制国家，遂宁市境属蜀国管辖区，古称西域赤川国，与西域兴林国、波斯匿、天竺、康藏并存，经常相互争夺地盘。秦统一后为蜀郡所辖。东汉末年（220），置德阳县，治所在今城区内，境内置县也由此开始。西晋后期（303），流民李雄起义建立成汉国，置德阳郡，辖德阳县，郡、县治所仍在今城区内，境内置郡也由此开始。民国时期，1935年，民国政府将四川设置为18个行政督察区，遂

① 数据来源：《四川统计年鉴2012》。

宁属第十二行政督察区管辖，专员公署设 在遂宁城区。1950 年遂宁专署属川北行署所管，辖遂宁、潼南、射洪、蓬溪、三台、乐至、盐亭、安岳、中江九县。1952 年川北行署撤销后， 遂宁七县划归绵阳专区管辖，安岳、乐至划归内江专区管辖。1985 年撤销绵阳地区，分别建立绵阳、广元、遂宁三个省辖市，遂宁市辖市中区（原遂宁县）、蓬溪县和射洪县等一区两县。1997 年 10 月经国务院批准，由蓬溪县划出涪江以西区域建立大英县，县治所设在蓬莱镇，这时的遂宁市建制为一区三县，即为市中区、蓬溪、大英、射洪三县。2003 年 12 月经国务院批准，撤销市中区分设船山区和安居区，至此遂宁市的建制成了现在的两区三县，即：船山区、安居区、蓬溪县、大英县、射洪县，全市有 112 个

表 28–1　遂宁的建置沿革

东汉末年	时名德阳县
东晋时期	置遂宁郡
南北朝时期	南朝梁时，德阳县更名小溪县，仍隶属于东遂宁郡，郡、县治所同前。北朝魏，小溪县更名方义县，郡县治所未变 北周闵帝元年改东遂宁郡为石山郡，并于郡地置遂州以统之。州、郡、县治所同为一地
隋时期	州改郡，以郡辖县，郡、县治所如前
唐时期	在遂州设武信军节度使，管辖遂（遂宁）、昌（大足）、合（合川）、渝（重庆）、泸（泸州）五州
宋时期	北宋太平兴国元年，为避宋宗讳，改方义县名小溪县。宋徽宗政和五年，升遂为遂宁府，领小溪、遂宁、蓬溪、长江、青石五县，府、县治所如前。宋徽宗宣和五年升遂宁府为遂宁都督府
元时期	元世祖至元十九年，并青石、遂宁二县入小溪县。后改遂宁府为州
明时期	降遂宁州为遂宁县，隶属潼川府（今三台县），治所未变
清时期	遂宁县并入蓬溪县，顺治十七年复置
民国时期	设四川省第十二行政督察区，区设专员公署，辖遂宁、蓬溪、射洪、乐至、安岳、潼南、三台、中江、盐亭九县。专员公署、遂宁县驻地同为一地
1958 年	1958 年 10 月，并遂宁专区入绵阳专区，其所辖之县（除安岳、乐至外）并入内江专区，遂宁县亦隶属于绵阳专区
1985 年	撤消遂宁县，建立省辖遂宁市。辖市中区 、射洪县、蓬溪县。市中区驻地设原遂宁县城关镇
1997 年	调整蓬溪县行政区划，建立大英县，亦隶属于遂宁市。遂宁市辖市中区、射洪县、大英县、蓬溪县
2003 年	经国务院批准，调整遂宁市市中区行政区划，设船山区、安居区。至此，遂宁所辖为二区三县，即船山区、安居区、蓬溪县、大英县、射洪县

资料来源：《遂宁市志》，方志出版社，2006。

乡镇、2097个行政村，幅员面积5325平方公里，2011年人口总数为382.7万人，其中：非农业人口88.4万人，以汉族为主，共44个少数民族。

遂宁市自建县始，先后为县、郡、州、府、专区、市等行政建置，已经历了一千七百余年，史称“东川巨邑”、“川中重镇”。在历史的沧桑演进中，“遂宁”这个名称或用或改，遂宁的“级别”或升或降，遂宁的辖区或大或小，但有一点没有改变，这就是不论哪个朝代，都以遂宁城为郡、府、州、县的治所，遂宁也因此成了川中重镇和政治、经济、文化的中心。

二 区域特征

（一）节点区位优势突出

遂宁市位于四川盆地中部的涪江干流中游，东邻南充、广安，西连德阳，南接资阳和重庆的潼南，北靠绵阳，距成都147公里、重庆146公里，地处成渝经济

图 28-2 遂宁市区位节点关系

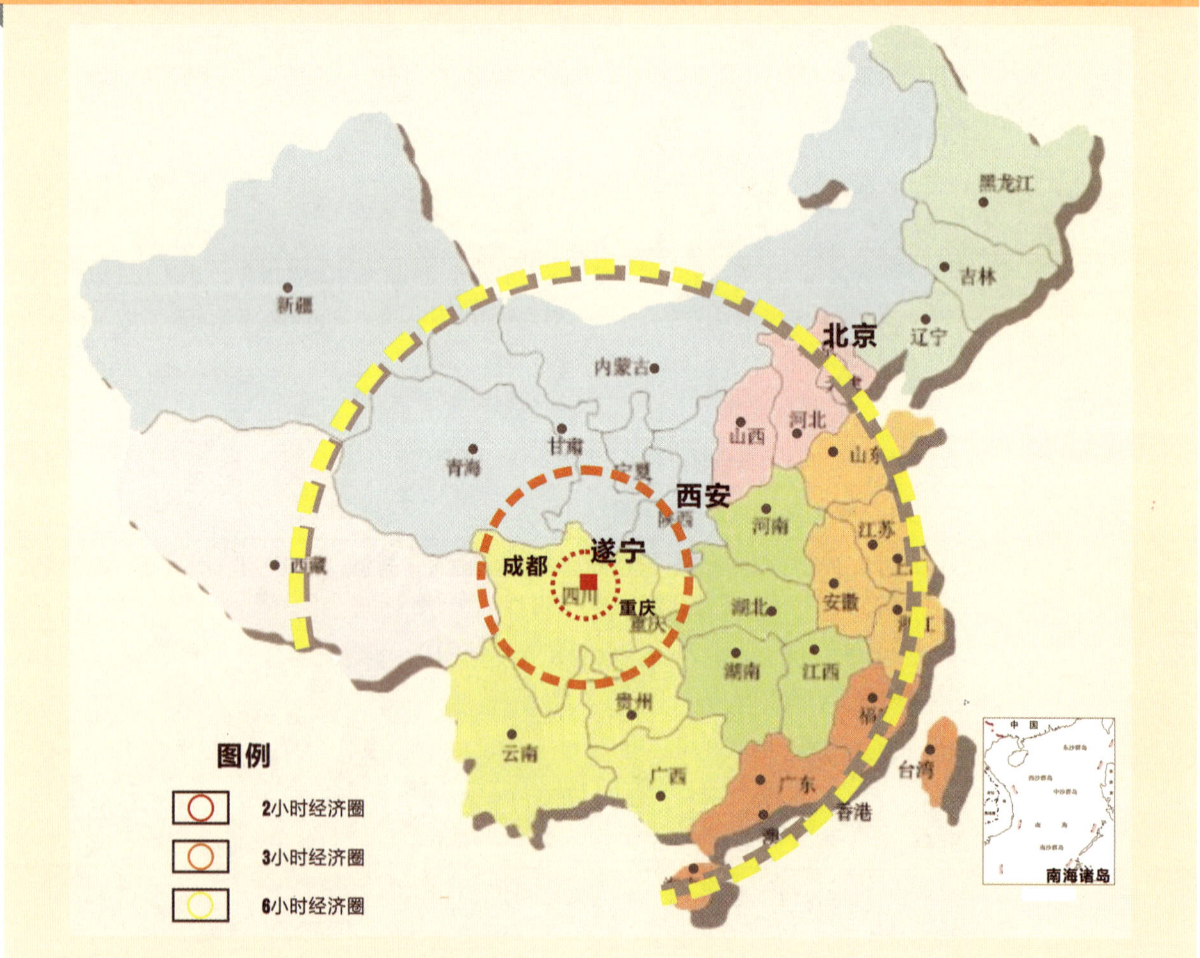

资料来源：《遂宁：节点崛起》（内部资料）。

腹地核心经济带，是成都、重庆两座特大城市双核等距辐射的重要节点城市，具有独特的区位优势。在成渝经济区“一极一轴一区块”的规划中，遂宁是唯一一个既进入成都都市圈增长极，又列入成渝通道发展轴，而且还纳入了环渝腹地经济区块的市州。随着遂宁市一环八线高速公路网络、七向二十一线铁路枢纽以及全国重要的 4C 级训运两用机场的相继建成，其四川省次级综合交通枢纽地位将不断强化，将为本区域参与成渝经济区新一轮区域竞争提供重要的交通优势条件。

根据遂宁市自身的发展优势、地理位置、经济基础和自然资源等情况综合考虑，中国未来第四大城镇群《成渝城镇群体协调发展规划》对遂宁功能定位为：遂宁是中国经济增长第四极——成渝经济圈中的重要支点、成渝经济圈的北线中心城市、四川省第二大交通枢纽及重要的物资集散地、成都平原经济区与重庆交流的“桥头堡”。

（二）劳动力资源丰富，少数民族种类众多

遂宁为人口稠密区，人口密度为每平方公里 725 人，人口密度远大于全国、全省平均水平。全市人口绝大部分分布在沿涪江两岸的冲积平坝、沿河两岸的河谷地带和丘间小平坝区。从射洪县的金华镇到船山区的南强镇，沿涪江两岸属人口的特稠密区，人口密度达到每平方公里 813 人。

本区域劳动力资源丰富，共有劳动力 270.5 万人，占总人口的 70.4%，除能够充分满足当地经济发展对劳动力的需求外，还采取多种措施转移富余劳动力。本区域常年输出劳动力保持在 80 万余人，遍布全国 20 多个省、市和十多个国家和地区。劳动力成本比成渝地区低 25%、比沿海地区低 50%。

本区域除汉族外，还有回族、藏族、蒙古族、苗族、彝族、壮族、羌族、维吾尔族、高山族等 44 个少数民族，人口近 1.9 万人，占全市总人口的 0.5%，这些民族散居于汉族之中，未形成集中聚居区。

（三）地貌类型单一，以丘陵、河谷为主

遂宁属四川盆地中部丘陵低山地区，地质构造简单，褶皱平缓。地貌类型单一，属中生代侏罗纪岩层，经流水侵蚀、切割、堆积形成的侵蚀丘陵地貌。丘陵约占全市总面积的 70%，河谷、台阶地占 25%，低山占 5%，海拔高度在 300 ~ 600 米之间。全境的岩层，下部以石灰岩为主，上部以紫红色沙土、泥岩为主。所以，遂宁地区又被称为“红土地”。本区域境内地形呈三个较明显的特征：一是丘陵为主，平坝狭小，层状地形较明显；二是地势西北高、东南低，由西北向东南呈坡状缓倾；三是沟谷河流纵横。市境西北部为低山，海拔 500 ~ 600 米；低山以南是深丘，海拔 400 ~ 500 米；中部、南部中浅丘镶嵌其中，谷坡陡峻。山形呈长垣状鱼背形，中丘为垄岗连状的台阶形，浅丘坡度平缓，丘包呈串珠状，零星冲积平坝散布在丘陵之间。涪江沿岸的河谷、平坝开阔，土地肥沃，工农商业发达，集镇众多，是遂宁政治、经济、文化的核心地带。

（四）气候温和，雨量充沛，典型的亚热带湿润季风气候

遂宁市属四川盆地亚热带湿润季风气候。气候温和，雨量充沛，四季分明，季风气候显著。冬暖春旱，无霜期长。夏季炎热，雨热同季，旱涝交错。秋多绵雨，冬多云雾，日照较少，湿度较大。

气温月季变化显著。隆冬1月平均气温6.0～6.5℃，但冬季日平均气温和极端最低气温很少降至0℃以下，冰雪严寒罕见。春季气温回升较快，春季常始于2月下旬至3月初。夏季较长，盛夏常有连晴高温天气。秋季气温比较适宜。

降水充沛，分布不均，年季变幅大，旱涝常交错。常年降雨量950毫米左右。4～10月为雨季，春末夏初常有夜雨，素有“巴山夜雨”之称。盛夏（7～8月）降雨集中，旱涝交错，雨量占全年的35%，常有暴雨洪涝。秋季常有绵雨，持续时间一般为6～7天。

云量多，日照少，秋冬季尤为突出。年平均云量达8成以上。空气湿度较大；风少，风速小，平均风速多在2.0米/秒以下；8级以上大风较少，涪江河谷常年仅有1～2天出现大风。冰雹较少，雷暴较多。

三　资源状况及开发

（一）油矿资源丰富

独具特色的地理条件为遂宁提供了较为丰富的自然资源。储量较多的矿藏主要有石油、天然气、井盐、砂金、石灰石等，尤以天然气和盐卤资源最为丰富。天然气储量居全省第二位。石油及天然气，已经由四川省石油管理局川中矿区从1956年开始勘探，结果表明，地下较普遍地蕴藏着石油和天然气，具有广阔的开采前景，现已开发、利用的磨溪气田，已成为四川省第三大气田。

盐卤（水）蕴藏尤为丰富，主要分布在大英县境内，地质储量42亿多吨，可供开采储量8亿多吨。在勘探开发油气资源时，也钻获了地下盐水资源。蓬莱的盐水较多，产量也较稳定。蓬莱油田香溪群的盐水较集中，蓬莱盐厂利用此水制盐，具有较大的生产能力。

遂宁市矿产资源丰富。岩盐层，主要分布遂宁城区附近至蓬莱镇油田一带，在中下三叠系地层中有厚度30～120米左右的岩盐层，从东南方向到磨溪乡消失；砂金，主要分布于四江沿河两岸，从老河床的各级阶地到新河床的河漫滩地，都有含量不等的砂金，产金层位从形态上分为河床及河漫滩型、阶梯型。主要分布在过军坝、罗坝、唐家、梓潼、张飞粮、金华坝、林榆渡、马家渡等地，砂金含量与洪水有关，水越大、淤积的泥沙含金量越丰富。

（二）水利资源丰沛

遂宁中小河流众多，境内流域面积在100平方公里以上的河流有涪江、琼江、郪江、梓江、青岗河、蓬溪河等15条。涪江全长700公里，遂宁境内171公里。

涪江支流呈树枝状分布，境内流域面积 5127.4 平方公里，占全市面积的 96.29%。由于丘陵低山的地貌形成的较大落差，使众多的河流为遂宁提供了充足的水能资源，理论蕴藏量为 55.85 万千瓦，可开发量为 38.71 万千瓦，已开发 16.94 万千瓦。市境内涪江段是水能集中的主要河段，在干流上已建有金华、螺丝池、红江、龙凤、小白塔、白禅寺、过军渡、三星等 8 处中、小型水电站。

（三）生物资源多样

遂宁总耕地面积 228.15 万亩，其中紫色土面积最大，占耕地面积的 62%，广布于境内的低山丘陵地区。生物资源门类繁多。境内发现并利用的生物资源约 1500 多个品种或品系，其中植物资源 1000 余种，农作物栽培品种达 367 个。盛产粮、棉、油、果、桑、蔗等，是四川粮食、棉花、油料、生猪、水果、蔬菜、中药材重要生产基地。年人均占有粮食 400 公斤以上，年棉花产量占全省 43.3%，年生猪出栏 300 多万头。

境内属亚热带常绿阔叶林区，森林覆盖面积达 32%，是全省第一个绿化达标市。林木品种约 437 种，其中有不少国家保护植物和珍稀树木。如有“活化石”之称的水杉、银杏，名贵的苏铁、红豆树、马桂木和独具特色的古柏、榕树等。经济林主要有油桐、油橄榄、乌桕、核桃、蓖麻、棕榈等树种。境内盛产柑橘、橙、柚、梨、桃、李、苹果，其中以沙田柚、青苹、红桔、“贡橙”等品种质量最为优良，享誉省内外。动物资源门类繁多，主要脊椎动物约 237 种。鱼类资源达 89 种，珍稀动物如鱼类的中华鲟、胭脂鱼、岩原鲤、长吻鱼等，两栖动物中的大鲵，哺乳动物中的水獭，均属国家和省级保护动物。粮食作物以水稻、小麦、玉米、高粱、红苕为主，各种豆类遍布全市，经济作物有棉花、油菜、花生、芝麻、甘蔗等。遂宁黑芝麻食补价值高，遂都牌加碘芝麻油为国家发明专利产品，其浓香型芝麻油为四川省名牌产品；杨渡坝大胡豆曾是朝廷贡品。

蔬菜主产于城镇郊区的平坝地区，除满足当地消费外，还远销重庆等地。主要有甘蓝、白菜、花菜、萝卜、茄子、豇豆、四季豆、番茄、黄瓜、菜椒、蒜薹、葱白、芋头等。

中药材类有 127 种，在植物中占第二位，有较大的开发价值。船山区的“菊花心”白芷为遂宁特产，名冠全国，最高年产量达百万千克，占全省年产量的 70%，行销国内城乡，并出口东南亚、日本、法国等地，被誉为白芷之乡。川半夏系该市质量最佳的野生药材，明朝时是地方官敬奉皇帝之贡品，民国年间，一些外国公司曾将遂宁半夏出售到德国、日本、印度、马来西亚等国家，最高年产量达 6 万千克。该区域自然条件适宜半夏生长，变野生为家种的开发前景良好。此外，藿香、薄荷、刺蒺藜、麦冬、红花、丹参、白芍、荆芥等中药材人工种植面积均较大，产量很高，质量上乘，可供选择开发和加工。夏枯草、金钱草、癞子草等野生药用草本植物更为群众熟悉，直接采泡饮用。

水果类 29 种，种植量最大的属柑橘类的红桔与广桔，面积近 20 万亩，产量达3.5万吨，有蓬溪何家坝柚、遂宁沙田柚、射洪牵牛山柚和漳州柚，其果品或个大质优、或味美纯甜、或个头与酸甜适中，适合不同消费层次的需要，年年供不应求，价格上升，已在该区域适宜的乡村进行规模种植、集约管理。柑橘有无核锦橙、脐橙、桔橙等品种，柠檬品种以尤力克为主，集中在大英县河边镇，是全省第二大柠檬集中产地，已具较好的外销加工能力。桃、李、梨、葡萄、枇杷和樱桃等该区域都有栽培。

（四）旅游文化资源丰富

“遂宁”作为地名始于东晋，因东晋大将桓温在此寓意“平息战乱，达到安宁”而得名。遂宁历史悠久、文人荟萃，有“文贤之邦”的美誉。秀美山川孕育了陈子昂、张鹏翮、王灼、黄娥、伍先华等一批英才俊杰。遂宁自然风光秀丽，人文景观众多，文化积淀深厚。截至2012年9月，遂宁共有4个全国重点文物保护单位，3个全国非物质文化遗产，33个省级文物保护单位，16个省级非物质文化遗产。中国观音文化城、龙凤峡侏罗纪公园、宋朝青瓷博物馆、中国死海、宝梵壁画等旅游景区令人神往，始建于隋朝的灵泉寺和始建于唐代的广德寺历来为中国皇家禅林和观音朝觐圣地。市城区观音湖水面达14.8平方公里，呈现出城在水中、水在城中的独特景观。①

遂宁拥有丰富的自然景观和人文景观，这些旅游景观具有较高的美学价值、科学价值及历史文化价值，旅游资源的多样性、非凡性突出且集群状况好，游览价值较高。同时遂宁市的旅游资源还具有内涵丰富、文化厚重的优势，具体表现在：①以广德寺、灵泉寺为代表的宗教文化旅游资源历史悠久、意韵无穷，具有较高的历史文化价值；②以“中国死海”旅游度假区、赤城湖风景区为代表的山水休闲度假旅游资源具有独特的竞争优势；③以宋瓷博物馆和陈子昂墓为代表的古陵墓及出土文物旅游资源具有独特的非凡性；④以大英卓筒井为代表的“盐文化”旅游资源独具特色且富有体验性；⑤以川中大乐、龙灯舞和桃子龙为代表的民俗文化旅游资源是中国民俗文化的一朵奇葩；⑥以遂宁船山区唐家乡东山村为代表的生态农业和田园观光旅游资源发展潜力巨大②。⑦以沱牌酒为代表的酒文化旅游资源具有重要的品牌价值、经济价值和战略价值。茅台是酒中之国，宜宾是中国酒都，泸州是中国酒城，中国酒镇尚无人问津，沱牌镇可以先入为主、填补空白，打造中国白酒第一镇，以此吸引天下游客，成为众心向往的酒之圣地，达到用白酒品牌做旅游的目的。

遂宁在未来将着力打造五大本土文化品牌：打造观音文化品牌，依托中国观音文化城的建设和中国慈善城市的创建，开发观音文化产品，推进爱心亭、爱心超市等现代爱心慈善事业发展；打造国学文化品牌，规划建设九宗书院文化产业园，组建国学文化研究院，开展国学文化研究培

① 崔保华、胡昌升：《城市名片：现代生态田园城市——遂宁》四川市长网，2012年3月1日。
② 沱江钓徒：《遂宁市旅游资源评析与开发建议》，沱江钓徒新浪博客，2012年2月21日。

训、书画收藏、展览、拍卖、参与体验等文化活动；打造巴蜀文化品牌，规划建设巴蜀文化博物馆、巴蜀文化博览苑，组建巴蜀文化研究院，建设巴蜀文化名城；打造诗酒文化品牌，规划建设酒文化博物馆，加快建设中国白酒金三角 · 遂宁沱牌诗酒文化名镇；打造绿色生态文化品牌，全域规划建设现代生态田园城市，大力发展绿色经济，实施绿色生活行动计划，创新发展绿色文化。[①]

四 基础设施建设

为分析遂宁在成渝经济区中的战略地位，我们利用引力模式对成渝两大经济中心辐射范围进行了测算（见表 28-2）。结果表明，重庆辐射范围的断裂点距离为 177.8469 公里，成都辐射范围的断裂点距离为 162.1531 公里，说明距重庆 177.8469 公里的地方大致为重庆的吸引范围，距成都 162.1531 公里的地方大致为成都的吸引范围。

根据经济中心断裂点的距离，通过其他城市与该经济中心的公路里程比较，再结合地图可以得到成都、重庆两大经济中心的吸引力范围，其界限大致在南江、苍溪、蓬溪、安岳、荣昌、南溪、江安、兴文一线。该线以东大致为重庆的经济吸引范围，以西则大致为成都市的经济吸引范围。如果按照这一理论模型推断遂宁和内江两个城市距等引力线最近，处于接受成渝双核辐射的腹心地带，最有条件和可能成为成渝经济区次级经济中心（见图 28-3）。

基础设施是经济社会发展的基础和必备条件，要充分发挥遂宁市成渝经济区中重要战略地位的作用，实现四川省委提出的“把遂宁建成四川重要的次级交通枢纽”和“成渝经济区成都到重庆之间的黄金节点城市”的总体目标，就必须重视基础设施建设，增强遂宁市经济社会快速发展的保障能力。下面将阐述遂宁市基础设施建设概况。

（一）交通基础设施

交通运输，特别是交通干线是重要的基础设施，其社会经济影响和效益远远大于运输部门自身直接的经济效益；交通设施的数量和水平是决定区域经济发展的关键因素之一。[②] 建市以来，遂宁从实施中通战略到四川次级重要交通枢纽建设，交通条件大为改善。境内已建成达成铁路、

表 28-2 成都、重庆断裂点计算结果

项目	断裂点距离（公里）	说 明
重庆	177.8469	距重庆 177.8469 公里的地方大致为重庆的吸引范围
成都	162.1531	距成都 162.1531 公里的地方大致为成都的吸引范围

① 《寻找深度融合的文化方位》，《四川日报》2012 年 1 月 31 日。
② 申金升、王意冈、王浣尘：《区域经济系统交通运输间接效益的一种分析方法——经济潜能模型》，《经济地理》1993 年第 4 期。

图 28-3　成渝经济中心辐射范围

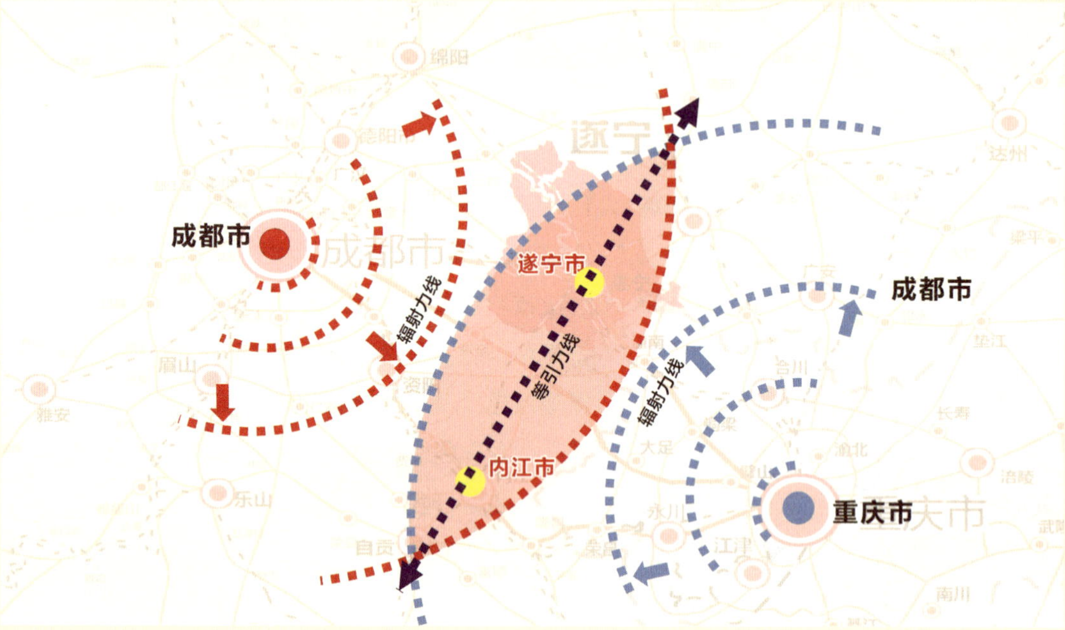

遂渝快速铁路、达成铁路复线“三向六线”铁路。目前开通东南、东北方向列车，日通行列车达 51 对，可直达北京、上海、重庆、杭州、南京、东莞、桂林、宁波、南昌、长沙等 20 余个省外大中型城市。公路国道 318 线、省道 205 线、成南高速公路、遂渝高速公路、遂绵高速公路、遂内高速公路等在遂宁交汇，遂宁至广安、西充等的高速公路即将建成或开工。由此，四川盆中交通枢纽的骨架将逐步形成。

1. *铁路方面*

自 1997 年呈西南东北走向的达成铁路建成通车后，遂宁结束了境内没有铁路交通的历史。设计时速 250 公里的西南第一条快速铁路遂渝铁路于 2003 年开建，于 2006 年建成通车。

目前，达成铁路成遂段“三线”、达遂段双线正在扩能改造，遂渝铁路复线也在 2012 年建成通车。成渝环线高速（遂宁 - 重庆段）于 2007 年建成通车。全长 427.6 公里的绵遂内自宜城际铁路客运专线已经规划。

根据铁道部《中国中长期铁路网规划》，为满足快速增长的旅客运输要求，建立省会城市及大中城市间的快速客运通道，规划“四纵四横”铁路快速客运通道以及三个城际快速客运系统，遂宁将是南京 - 武汉 - 重庆 - 成都客运专线，连接西南和华东地区的重要通过地。同时，按照客货分线的规划原则，遂宁也将是南京 - 武汉 - 重庆 - 成都双层集装箱运输通道的重要通过地。规划中，将完善路网布局和西部开发性新线，以扩大西部路网规模为主，形成西部铁路网骨架。2010 年后建设兰州至重庆新线，该线由兰州经九寨沟、绵阳过遂宁至重庆。如将内（江）昆（明）

铁路延伸，建成遂宁至内江铁路，必将巩固遂宁成为四川铁路枢纽的作用，使遂宁的区位优势更加显现，经济社会发展的前景会更加优越。

自此，遂宁规划的“7 向 21 线”铁路，已经建成“3 向 7 线”，总计 237 公里，遂渝铁路二线已于 2012 年底开通运营。

2. 公路方面

遂宁公路交通网络发达，通过内引外联，形成了“一环六射”、市内“三个环形”和“三横四纵”公路网络。

“一环”：利用高速公路在遂宁交汇，形成成渝经济区北环线和全长 76 公里的遂宁绕城高速公路环线。“六射”：指遂宁至成都、重庆、绵阳、南充、内江、广安的高速公路。其中，成南高速公路遂宁至成都、南充段已于 2001 年底建成通车；投资 10 亿元的遂宁至重庆高速公路于 2003 年 12 月开工建设，并于 2007 年 12 月底建成通车；投资 35 亿元的遂宁至绵阳高速公路正在加快进行，实行 BOT 方式建设，在 2011 年底竣工；遂宁至内江高速公路于 2009 年开工建设，2011 年竣工；遂宁至广安高速公路已在“十一五”末期开工建设。

以国、省道为主干，遂宁实施干线畅通工程，构建市内“三个环形”和“三横四纵”公路网络。“三个环形”公路网络：“内环”16 公里，利用涪江二桥、涪江三桥和国道 318 线、省道 205 线围成市内小环，形成城市交通主干线。“中环”210 公里，形成连接船山、安居、大英、射洪、蓬溪、船山五县区之间的县际快速环形通道，提高干线路网的综合服务能力。“外环”380 公里，形成连接市周边乡镇的环形通道，提高公路网络的辐射能力。“三横四纵”公路网络：改造建设市内 280 公里“三横”和 460 公里“四纵”公路网络，提档升级市内联网公路，打通了遂宁与周边地市的断头路。

截至 2011 年底，遂宁“一环八线”高速公路规划已建成“一环五线”，通车总里程 247 公里，占四川省建成通车里程 2681 公里的 9.21%；建成和在建高速公路总里程 289 公里，占四川省建成和在建高速公路总里程 5893 公里的 4.91%，占遂宁规划总里程 356 公里的 81.18%。遂宁市公路通车里程达 8251 公里，遂回、成南、绵遂、遂渝、遂内高速已经建成通车，遂资高速公路在建，在建里程达 161 公里。遂广、遂巴（遂宁至西充段）2 条高速公路加快建设，初步形成成渝之间重要的次级综合交通枢纽，成为四川省第一个东西南北四方高速连接的二级城市。与此同时，遂宁新机场建设加快，目前已通过国务院和中央军委审批立项。

同时，遂宁深入推进交通民生工程，农村交通条件得到进一步改善。2011 年该市建成通乡油路 92.2 公里，占年度目标任务 58 公里的 158.96%；建成通村公路 1190 公里，占年度目标任务 600 公里的 198.2%；建成县乡断头路 401 公里，占年度目标任务 300 公里的 133.7%；建成乡镇客运站及港湾式客运站 32 个，占年度目标任务 22 个的 145.45%；建成小码头 12 个，占年度目标任务 8 个的 150%。

（二）水利基础设施建设

水利作为国民经济和社会发展的重

要基础设施，在区域经济社会发展中肩负着十分重要的保障与支撑作用。近年来，遂宁市水利基础设施建设稳固发展，农业生产、农民生活条件得到显著改善。“十一五”期间，遂宁市实现新增有效灌面17.45万亩，节水灌面18.01万亩，实现新增蓄引提水能力8000万立方米。共争取水利资金10.4亿元，是“十五”期间的2.74倍，水利投入完成34.93亿元，比“十五”增长62%。仅2010年就争取各类水利资金3.5亿元，是2005年的4倍。

水利工程建设方面，该市继70年代建成了三台鲁班水库、五都水库至射洪涪江以西和以东的灌溉工程以后，又建成了黑龙凼水库。黑龙凼水利枢纽复建工程完成总投资1.19亿元，于2005年如期实现了下闸蓄水目标，2006年投入运行。通过渠系配套工程，已解决5万人、7.5万头牲畜的季节缺水问题，缓解了库区农业灌溉用水困难。对该市影响力最大、老百姓最盼望和最需要解决的毗引工程即将动工，武引工程也取得重大突破。2005年以来，该市完成病险水库整治117座，震损水库整治82座，新建和改扩建渠道1190.15公里，治理水土流失面积567.4平方公里，建成泵站754个，870台，农机总动力达到100.4万千瓦。

高标准良田建设方面。2005年以来，遂宁市共改造中低产田土47.71万亩，建成高标准良田88万亩，主要农作物耕种收综合机械化水平达到28.33%，比2005年提高13个百分点。

民生水利建设方面。2005年以来，遂宁市共治理旱山村30个，解决农村安全饮水65.65万人，扶持水电工程移民63131人；组织实施增雨作业155次、增加降水2.8亿立方米，灾重天气决策气象服务有效率达90%；清理江河湖库垃圾、水面漂浮物，治理河渠548公里，整治湖、库156座，沿河绿化美化11万平方米；斥资近两亿元，上马31个项目，对观音湖进行生态环境整治；投资4276.83万元整治城区明月河，改善了两岸老百姓的生产、生活环境。①

（三）卫生医疗基础设施建设

卫生医疗基础设施是保障人民群众健康的社会基础设施，是区域经济发展和人民生活水平提高的基础。近年来，遂宁市卫生医疗设施快速发展，具体表现在：公共卫生体系基本建立，农村卫生院改造基本完成，新型合作医疗进展顺利，疾病防控和处理突发事件能力不断加强，卫生综合实力不断增强。2011年，该市共有卫生机构3724个，其中，医院49个，疾病预防控制中心4个，急救中心（站）1个，乡镇卫生院105个，社区服务中心14个，妇幼保健院（所、站）6个，采供血机构1个，卫生执法监督所（中心）6个，医学在职培训机构1个，诊所、卫生所、医务室735个。该市实有床位共11468张，其中，医院7547张，乡镇卫生院3493张，社区服务中心234张，妇幼保健院（所、站）194张，卫生技术人员11402人，平均每千人拥有病床位3.13张。

---

① 《世界水日：遂宁努力解决五大水利问题》，四川新闻网，2012年3月22日。

（四）信息基础设施建设

城市信息基础设施建设是城市基础设施建设的重要环节，是城市实现信息化的基础，与城市经济社会的发展和人民生活的改善息息相关。近年来，遂宁市不断加大信息基础设施的投入和建设力度，2011年遂宁邮电业务总量12.85亿元，比上年增长16.3%；全年通信业主营业务收入10.43亿元，比上年增长12.3%；年末遂宁市固定电话用户37.17万户，比上年增长4.2%，其中住宅电话32.71万户，增长5.0%；移动电话用户179.04万户，比上年增长16.9%；互联网用户20.51万户，比上年增长34.0%。① 通过与中国电信合作，加大了基础网络投资，使光纤覆盖达到300余个小区，覆盖住户人数达到12.5万，同步推进智慧政务建设、智慧民生建设和智慧产业建设。通过与中国移动合作，推进遂宁“无线城市”建设；截至2012年7月，已完成了政府公示公告、便民问答、政府常用电话、政府办公地点、办事指南、城市名片、企业名片、市政调查等10大应用建设，并与政府共建了“金保工程”、“安全生产管理平台”、“区域卫生管理平台”、“共青团手机杂志”等重大信息化项目；该市建设了50个WIFI热点覆盖，初步实现了无线城市服务政府、服务市民的功能。通过与中国联通合作，在原有骨干光缆设施基础上，先后投资约9800万元，建设了稳定、泛在、高带宽的有线通信网络，为遂宁市不同应用场景下的智能传感器网络提供了良好的支撑和服务平台。同时，还进一步加大了3G通信网络设备的建设发展力度，到2012年末，遂宁市3G基站累计达450～500个，对市区（县城区）的RSCP（接受信号码功率）有效覆盖率提升至98%以上，对成建制乡镇的覆盖率提升至95%以上。②

（五）能源基础设施建设

能源是国家的战略性资源，是经济增长和社会发展的重要物质基础。遂宁市能源设施建设成果显著。电力方面：涪江梯级开发成效显著，先后兴建了射洪金华、螺丝池、三星、过军渡等电站，不仅缓解了能源对经济发展的制约，而且有效改善了生态环境；电网升级改造加快，新建220千伏变电站3座、110千伏变电站13座。清洁能源方面：遂宁市已累计建成户用沼气池32万余口，占适宜建池户的75%；建成大中型沼气工程500余处，总池容累计达8万余立方米，沼气生态效益、经济效益和社会效益日益彰显，该市农村实现了沼气化。该市已有27万沼气用户推广了“养殖－沼气－种植”的能源生态模式，占建池农户的84%，500余处大中型沼气工程全部推广了“生态养殖业＋沼气工程＋高效种植业”的内循环模式。该市建成的各类沼气工程年产绿色能源沼气可达1.3亿立方米，年产沼肥80.85万吨，每年可减少林木砍伐110万亩，减少水土流失145万吨，减排二氧化碳65万吨，对保护森林植被，减少水土流失，减轻温

① 遂宁市统计局、国家统计局遂宁调查队：《2011年遂宁市国民经济和社会发展统计公报》，2012年3月7日。
② 《遂宁市夯实智慧城市建设基础》，四川新闻网，2012年7月30日。

室气体排放，实现地力培肥，提高耕地质量和综合生产能力等起到了积极作用。此外，大中型沼气发电机装机容量达 650 千瓦，年发电量可达 195 万千瓦时，所发电均为业主自用，可节省电费支出约 136 万元。在发展沼气的同时，遂宁市积极推广太阳能，目前用户累计达 2.34 万户，总面积达 3.82 万平方米；还推广了高效生物质炉项目试点，推广节能炉具 6.7 万台，建立秸秆压块站 3 个，年产量达 1000 吨。①

（六）物流基础设施建设

物流基础设施建设是物流产业发展的重要条件。遂宁市自 2008 年以来，以“中国西部现代物流港”建设为主体，全面推进遂宁市物流基础设施建设，截至 2012 年底，中国西部现代物流港初具规模，且累计完成基础设施建设投资 157 亿元；同时与物流港融合配套的射洪、大英、安居、蓬溪等物流园基地的建设也正在进行，一个全域性的物流通道正在形成。

五　产业体系

（一）产业体系概况

发展现代产业体系，加快转变经济发展方式，推动产业结构优化升级，是关系国民经济全局紧迫而重大的战略任务。遂宁是四川盆地典型的农耕特色区域，农业和以农副产品为支撑的传统产业非常突出。自建市以来，遂宁不断调整产业结构，以农业为发展基础，优化升级食品、纺织、化工、机械为主体的传统产业，同时大力发展电子信息、节能环保、新能源和现代物流、文化旅游等新兴产业，着力构建了现代产业体系。

“十一五”时期，遂宁市经济社会保持平稳较快发展，遂宁市累计实现地区生产总值 1816.82 亿元，比“十五”时期多增 1038.37 亿元。从年度数据来看，遂宁市 2010 年地区生产总值是 2005 年的 2.4 倍。五年间，遂宁市地区生产总值年均增速 14.5%，比“十五”时期快 1.6 个百分点，比全省快 0.8 个百分点。从年度数据来看，遂宁市地区生产总值增速呈逐年加快态势，2010 年增速比 2005 年增速快 1.8 个百分点。此外，2010 年遂宁市绿色 GDP 指数为 0.2817，排名全国第 81 位，全省第二；资源环境效率为 1.04 元 / 立方米，排名全国第 20 位，居四川之首。②

分产业看，“十一五”一产业增速较慢，二、三产业实现跨越发展。五年间，遂宁市累计实现第一产业增加值 466.83 亿元，年均增长 2.9%，第一产业增加值总量 2010 年是 2005 年的 1.7 倍；遂宁市累计实现第二产业增加值 837.85 亿元，年均增长 24.1%，第二产业增加值总量 2010 年是 2005 年的 3.6 倍；遂宁市累计实现第三产业增加值 512.13 亿元，年均增长 11.8%，第三产业增加值总量 2010 年是 2005 年的 2.0 倍。

从产业结构而言，“十一五”期间遂宁市产业结构有所优化，第一产业比重逐

① 涅宁市农业局：《山乡处处“沼”气蓬勃——遂宁市农村能源发展综述》，遂宁市农业信息网，2012 年 4 月 19 日。
② 北京工商大学世界经济研究中心：《中国 300 个省区市绿色 GDP 指数报告》（2010 年度）。

年降低，第二产业比重逐年增大，但第三产业比重也在逐年降低。2010 年，遂宁市三次产业结构比为 22.1 : 51.4 : 26.5，与 2006 年相比，遂宁市第一和第三产业分别下降 7.3 个百分点和 4.4 个百分点，第二产业上升 11.7 个百分点（如图 28-4 所示）。

从产业对经济增长的贡献率看，“十一五”期间，第一产业对经济增长的贡献率逐年增加，并且在 2010 年大幅度增加，达到 19.10%，比 2006 年上升了 14.5 个百分点；第二产业对经济增长的贡献率基本呈逐年下降的趋势，2010 年第二产业对经济增长的贡献率比 2006 年下降了 17.8 个百分点；第三产业对经济增长的贡献率呈现出先降后升的趋势，2010 年第三产业对经济增长的贡献率比 2006 年上升了 3.30 个百分点（如图 28-5 所示）。

1. 第一产业

遂宁是四川盆地典型的农耕特色区域，农业和以农副产品为支撑的传统产业非常突出。2010 年，农林牧渔业总产值 180.23 亿元，比 2009 年增长 4.6%，比 2006 年增加了 61.18 亿元，其中：农业产值 83.16 亿元，比 2009 年增长 2.9%，比 2006 年增加 34.99 亿元；林业产值 5.76 亿元，比 2009 年增长 12.6%，比 2006 年增加 2.63 亿元；畜牧业产值 82.51 亿元，比 2009 年增长 5.3%，比 2006 年增加 19.60 亿元；渔业产值 6.01 亿元，比 2009 年增长 9.6%，比 2006 年增加 2.01 亿元；农林牧渔服务业产值 2.79 亿元，比 2009 年增长 9.7%，比 2006 年增加 1.95 亿元。

种植业方面，平稳较快发展，2010 年遂宁地区农作物播种面积 42.45 万公顷，比 2009 年增加 0.27 万公顷，增长 0.6%；年粮食总产量 166.37 万吨，比 2009 年增产 2.46 万吨，增长 1.5%；油料产量 13.53 万吨，比 2009 年增产 0.34 万吨，增长 2.6%；蔬菜产量 92.7 万吨，比 2009 年增产 2.22 万吨，增长 2.5%。

畜牧业和渔业方面，稳定发展，加快调整内部结构。2010 年遂宁地区生猪良种

图 28-4　2006 ~ 2010 年遂宁市三产业结构变化

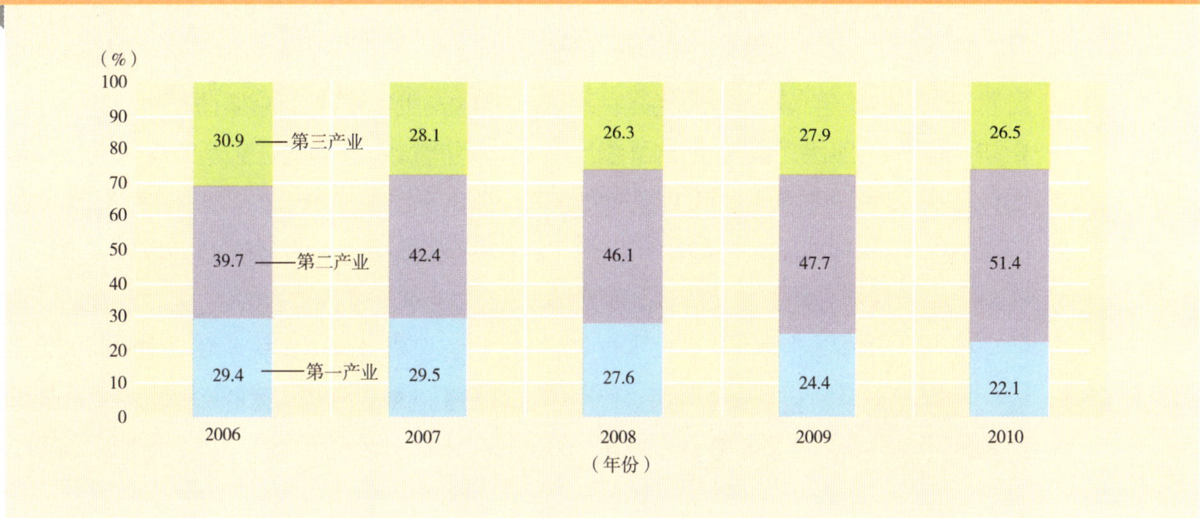

资料来源：《2006 ~ 2010 年遂宁市国民经济和社会发展统计公报》。

图 28-5　2006 ~ 2010 年遂宁市三产业对经济增长贡献率

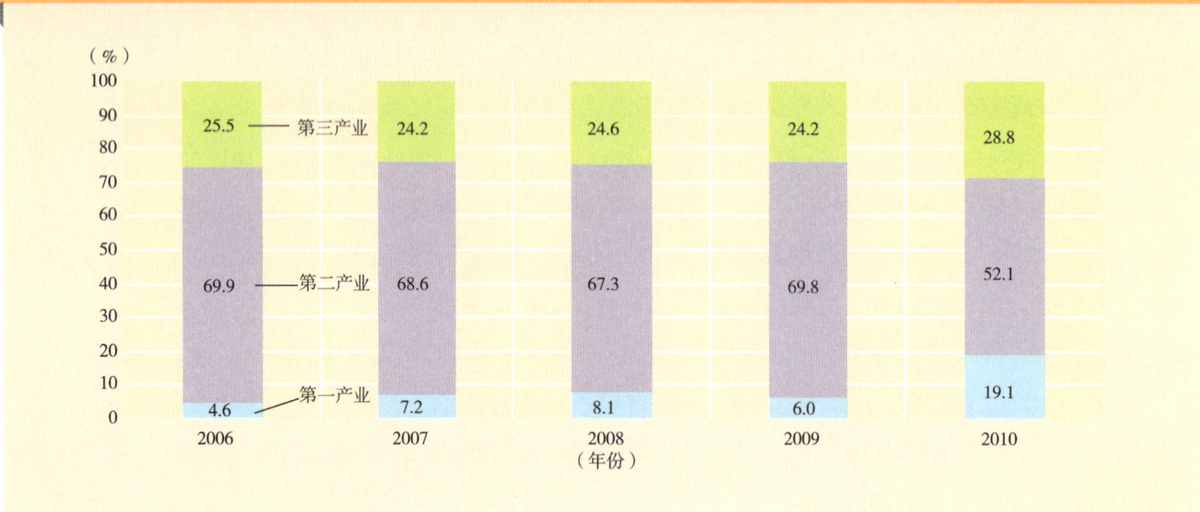

资料来源：《2006 ~ 2010 年遂宁市国民经济和社会发展统计公报》。

繁育场 2576 个，新增万头猪场 8 个，新建标准化养殖户 2472 户，生猪规模出栏 235.2 万头，占生猪总出栏的 65.7%；猪、牛、羊、禽出栏分别为 484.30 万头、9.62 万头、70.42 万只和 3198.53 万只，分别比 2009 增长 3.2%、6.4%、5.0% 和 5.8%；肉类总产量 47.11 万吨，比 2009 年增长 3.6%；禽蛋产量 10.59 万吨，比 2009 年增长 11.6%。2010 年遂宁地区水产品产量 5.60 万吨，比 2009 年增长 7.3%。

林业方面，近年来遂宁绿化面积快速扩展，林业投入逐年加大，林业效益显著提升，森林面积不断增加，林业总产值和林农人均收入均实现翻番。2010 年遂宁地区完成天然林保护工程人工造林 2867 公顷，完成退耕还林工程造林面积 1267 公顷，对 12.6 万公顷森林资源进行了有效管护；天保公益林建设 0.36 万公顷，林业用地面积 13.7 万公顷，活立木蓄积量 822 万立方米；森林覆盖率 36.1%。

此外，遂宁近年来加快了农业产业化基地建设，扩大了农业基地规模。“十一五”期间，建设“双低”油菜生产基地 5 万亩、标准粮田 9 万亩、基本口粮田 2.5 万亩、小麦良种繁育基地 2 万亩、新品种推广示范基地 986 亩，购置农机设备 3000 多台（套）。[①] 2010 年遂宁地区已建成年供苗能力 500 万株的柑橘无病毒容器苗繁育中心，建成柑橘基地 33 万亩；建成无公害蔬菜基地 60 万亩、绿色蔬菜基地 7 万亩；建成高效经济林基地 48.1 万亩，发展林下种养基地 50 余个；发展名优花卉苗木产业园 10 个，发展名优花卉苗木基地 2.6 万亩；建成中药材基地 8.7 万亩。

2. 第二产业

2006 ~ 2010 年，遂宁市加快产业结构调整和升级，第二产业实现了跨越式发展。五年间遂宁市累计实现第二产

① 遂宁市政府：《遂宁市基本实现“十一五”农业发展规划目标》，四川政府网，2010 年 11 月 24 日。

业增加值 837.85 亿元，年均增长 24.1%，2010 年第二产业增加值总量是 2005 年的 3.6 倍，2010 年第二产业占比也达到了 51.4%，比重过半；但第二产业对经济增长的贡献率基本呈逐年下降的趋势，2010 年第二产业对经济增长的贡献率比 2006 年下降了 17.8 个百分点。在第二产业中，工业拉动经济发展效应显著，五年间遂宁市累计实现全部工业增加值 702.84 亿元，比“十五”时期多增 504.55 亿元，年均增长 26.1%，2010 年全部工业增加值总量是 2005 年的 3.9 倍；遂宁市规模以上工业增加值年均增长 31.9%，比“十五”时期快 7.1 个百分点。2010 年，遂宁市规模以上工业企业（国有及非国有年销售收入 500 万元以上的企业）达到 453 个，比 2006 年增加 228 个。数据显示，工业占 GDP 的比重由 2005 年的 27.4% 提升至 2010 年 44.2%，工业已经成为支撑遂宁市经济发展的主体。建筑业方面，2010 年遂宁市施工总承包和专业承包建筑企业 165 个，比 2009 年增加 2 个；2010 年建筑业实现产值 103.44 亿元，比 2009 年增长 5.2%，比 2006 年增加 54.36 亿元；其中，建筑工程产值 91.99 亿元，比 2009 年增长 1.9%，比 2006 年增加 46.93 亿元。

近年来，遂宁市全力发展第二产业，已形成绿色食品、油气盐化工、高档家纺及服装和机械配套的 4 大传统优势产业，和电子信息、生物医药及绿色能源 3 大战略性新兴产业，并称“4+3”产业。2006 ~ 2010 年期间遂宁市第二产业发展主要表现在以下方面。①

（1）支柱产业更加强健，主要表现在：2010 年，遂宁市“4+3”产业实现工业增加值 126.1 亿元，占该市的 80.1%；电子产业从无到有，初步形成了电子元器件产业、高效照明产业和 PCB 电路板产业三大制造基地；重工业产值比重超过轻工业，轻重工业比重为 49.7∶50.3，工业重化率比 2005 年提高 23.9 个百分点；纺织生产能力、炼油加工能力、化肥生产能力、生猪加工能力等进入四川省前列。

（2）企业培育取得新成果，主要表现在：2010 年，遂宁市规模以上工业企业户均产值达 1.5 亿元，比 2005 年增加 0.45 亿元；新培育高金食品、天齐锂业两户上市公司，遂宁市目前已拥有上市企业 7 户；规模以上企业达到 453 户，比 2005 年末增加 1.7 倍，其中，超 100 亿元的企业 1 家，超 20 亿元的企业 4 家，超 10 亿元的企业 7 家，超亿元的企业 158 家，涌现出了盛马化工、高金食品、沱牌集团、华润锦华、美丰股份、天齐锂业等一大批加工规模大、产品系列化、品牌优质、市场占有率高的大型龙头企业。

（3）产业发展水平提升，主要表现在：2010 年，遂宁市已建成国家级企业技术中心 1 家、省级企业技术中心 13 家、市级企业技术中心 16 家，分别比 2005 年新增 1 家、9 家和 16 家；新认定国家高新技术企业 25 家；大力实施名企、名品、名牌战略，鼓励企业通过品牌经营，提升产品的市场竞争力；遂宁市已拥有中国名牌产品 2 件，中国驰名商标 5 件，四川名牌产品 44 件，省著名商标 25 件。

① 姚昌华：《遂宁“十二五”工业发展展望》，遂宁职业教育与产业发展会，2012 年 4 月 23 日。

（4）工业园区建设实现新突破，仅市级3个园区规划拓展到196.2平方公里，建成微电子、光电子、PCB等现代专业园区12个，3个园区被纳入四川省“1525”成长型园区。特别是软件服务外包产业园、台商电子产业园、日韩信息产业园等产城综合体的加快建设，有效推进了工业向园区集聚、园区向城镇集中，遂宁市工业化率由2005年的27.4%提高到2010年的44.2%。

（5）节能减排取得新进展，主要表现在：遂宁市主要污染物化学需氧量已控制在24573吨以内，比2005年下降6%，已达到“十一五”减排目标；固体废弃物利用率达100%，工业用水重复利用率达到了42.9%，工业废水排放达标率100%；2010年，遂宁市万元工业增加值综合能耗下降到2.58吨标准煤，“十一五”期间累计下降35.3%，完成“十一五”目标任务的113.8%。

3. 第三产业

第三产业水平是衡量现代社会经济发达程度的重要标志。随着西部大开发战略的推进和面对成渝“双核”辐射机遇，遂宁市加快产业结构调整，积极推动第三产业的发展。2006～2010年期间，遂宁市第三产业发展水平显著提升。此间，遂宁市累计实现第三产业增加值512.13亿元，年均增长11.8%，第三产业增加值总量2010年是2005年的2.0倍；尽管同2006年相比，2010年遂宁市第三产业比重下降了4.4个百分点，但是第三产业对经济增长的贡献率比2006年上升了3.30个百分点，说明遂宁市第三产业发展质量提高。“十一五”期间遂宁市第三产业的发展，重点表现在以下几个方面：

（1）社会消费品零售总额较快增长。五年间遂宁市累计实现社会消费品零售总额758.56亿元，比“十五”期间增加418.97亿元，是“十五”期间总额的2.2倍，年均增长17.9%，比“十五”期间年均增速快4.3百分点。人均消费品零售额达到21258元，年均增长16.8%。

（2）对外贸易快速增长。“十一五”期间遂宁市累计进出口总额7.8亿美元，年均增长38.1%；2010年遂宁市实现进出口总额2.8亿美元，比上年增长68.2%。其中，出口2.27亿美元，同比增长56.8%；进口0.54亿美元，同比增长141.3%。全年外派劳务3100人次，同比增长21.6%。实现对外承包工程和劳务合作营业额330万美元，同比增长6%。全年外商投资实际到位2289万美元，同比增长125.5%。

（3）旅游业快速发展。“十一五”期间遂宁市累计实现旅游总收入232.24亿元，年均增长35.2%，比“十五”期间增速快9.3个百分点，比四川省增速快14个百分点；遂宁市累计接待国内外游客3826.24万人次，比“十五”期间增加2503.41万人次，是“十五”时期总量的2.9倍，年均增长14.1%。截至2010年底，遂宁市有A级旅游景区累计达到9个；遂宁市星级饭店累计达到19家。

（4）交通运输市场保持基本平稳，邮电通信业长足发展。交通建设方面，“十一五”期间遂宁全面推进次级综合交通枢纽建设，累计完成交通投资162.9亿元，年均增速达到53.5%，已形成“一环四线”的高速公路网络和“三向七线”的铁路网络格局，全面融入成渝 90 分钟经济圈。截至 2010 年末遂宁市境内已建成有等级公路 6879 公里，高速公路 225 公里，分别比 2005 年增加 4972 公里和 127 公里，分别增长 2.61 倍和 1.3 倍。交通运输方面，截至 2010 年底，遂宁市民用汽车拥有量达到 67945 辆，私人汽车拥有量达到 55399 辆，分别比 2006 年增加 35559 辆和 32766 辆，增长 1.09 倍和 1.45 倍。“十一五”期间遂宁市累计完成旅客周转量 93.8 亿人公里，年均增长 3.3%；累计完成货运周转量 101.4 亿吨公里，年均增长 28.7%。

邮电通信业方面，“十一五”期间遂宁市邮政业务总量达到 6.89 亿元，年均增长 16.7%；电信业务总量达到 39.97 亿元，年均增长 14.0%。截至 2010 年末，遂宁市有固定电话机用户 35.75 万户，其中住宅电话 31.16 万户，分别是“十五”末的 1.6 倍和 0.9 倍。截至 2010 年末，遂宁市有移动电话用户 153.09 万户，互联网用户 15.30 万户，分别是“十五”末的 2005 年的 3.1 倍和 5.7 倍，五年间分别增长 25.5% 和 41.5%。

（5）金融业运行平稳。金融信贷业方面，截至 2010 年末，遂宁市金融机构各项存款余额达到 523.16 亿元，比 2005 年增加 308.43 亿元，增长 1.44 倍，年均增加 61.69 亿元。其中，城乡居民储蓄存款余额为 358.61 亿元，比 2005 年末增长 106.85%。2010 年年末遂宁市金融机构各项贷款余额为 276.37 亿元，比 2005 年增长 143.58%。

保险事业方面，截至 2010 年末，遂宁市已有营业保险机构 15 家，全年实现保费总收入 16.78 亿元，比 2005 年增长 545.4%。其中，财产险收入 3.91 亿元，比 2005 年增长 624.1%；寿险收入达到 12.86 亿元，比 2005 年增长 476.7%。2010 年全年处理各项赔款和给付金额 2.83 亿元，比 2005 年增长 466.0%。其中，财产险赔付金额 1.71 亿元，比 2005 年增长 402.9%；寿险赔付金额 1.11 亿元，比 2005 年增长 593.8%。

（6）物流产业进入高速发展期。作为遂宁市区位优势型产业的重点发展产业，近年来，现代物流业已从起步阶段走向理性、务实和快速发展阶段，总体呈现加快发展态势，逐步形成了以信息服务为支撑的集运输、仓储、加工、包装、配送、贸易于一体的物流产业链。

（二）产业发展存在的问题

（1）经济总量偏小。近年来，遂宁市经济发展虽然取得了长足进步，但总体来看，人口数量多、经济总量小、人均水平低、资源禀赋少、占四川省比重轻、排位较靠后，2010 年该市 GDP 为 495.23 亿元，经济总量居四川省第 16 位，占四川省的比重为 2.93%。经济欠发达仍然是遂宁最大的市情。

（2）经济质量不佳。虽然遂宁市经济保持了较高速度增长，但投入产出比例不协调，地方财政收入总量偏小，GDP 对地方财政的贡献明显低于全国、四川省平均水平。2010 年遂宁市地方财政一般预算收入 17.76 亿元，占 GDP 的比重为 3.6%。与四川省平均水平 9.2% 相比，低 5.6 个百分点，与全国平均水平 10.2% 相比，低 6.6

个百分点。经济效益不高、发展质量不佳是制约遂宁市经济发展的一大桎梏。

（3）产业层次较低。农业主要以传统农业为主，现代农业发展还处于起步阶段，农业基础弱、工业规模小仍然是制约遂宁市国民经济持续快速发展的瓶颈。传统工业增加值和新兴产业增加值比重为87：13，传统工业提升和新兴产业发展双重压力大，重工业化程度不高。现代服务业发展滞后，辐射带动作用不强。产业关联度不高，产业链条不长，经济增长方式粗放，优化升级压力较大。

（4）人才资源匮乏。人才队伍结构和素质还不能完全适应产业发展要求。人才总量不足，遂宁市人才总量仅占人口总量的7.8%；人才结构不优，高层次人才尤其是重点产业、重大项目急需的高端人才紧缺，专业技术人才主要集中在教育、卫生等少数领域，现代产业和经济一线分布较少；人才培养、引进、使用、评价、激励、投入等机制有待完善。

（5）服务产业滞后。服务业总量不足，在GDP中比重小，远低于全国、四川省平均水平。传统服务业比重大，金融、物流、批发、电子商务、会展、投融资中介、服务外包等现代服务业发展明显滞后。

（三）产业发展重点①

1. 绿色食品产业

遂宁市农产品资源丰富，具有良好的绿色食品产业基础，未来应重点发展以粮油、畜禽、果蔬加工为主的绿色食品工业。

——畜禽加工产业。该产业应以高金食品、美宁食品、南大食品、颐康实业等企业为龙头，以猪、牛、羊、鸡、鸭、鹅等畜禽肉为重点，大力发展规模化、标准化屠宰和精深加工。

——酒类饮料产业。该产业应以沱牌集团、华润雪花（遂宁）、香叶尖茶业等企业为龙头，加快技改扩能，打造拳头产品，进一步提高品牌产品的知名度，增强企业核心竞争力。充分利用原材料、技术、人才优势，巩固传统高档品牌，壮大区域品牌，带动中小企业发展，延长产业链条，加快果类饮料业的开发。

——粮油加工产业。该产业应以鑫泰粮油、汇强油脂等企业为重点，以中国西部现代物流港、射洪粮食物流园为平台，大力发展以绿色食品为特点的精制米、面、油、食用调料及深加工产品，引导企业加大技术改造力度，促进粮油制品产业向精深加工发展，增加产品附加值。

——名特食品加工。该产业应重点发展罐头食品、调味品、糕点、方便食品、糖果以及其他食品制造等，大力推广“五香豆腐干”、小磨芝麻油、水磨元宵粉、白菜豆腐乳、冰糖、黄酒、姜糕、麻道姑豆豉、蓬溪“夹缸醋”、“白味坊”刺梨醋、姜黄豆腐干等名特食品品牌。

——果蔬加工产业。该产业应以三丰食品、开明食品等企业为龙头，突出特色，注重品牌打造，使果蔬食品成为具有遂宁特色的产业。

2. 油气盐化工产业

遂宁市具有丰富的石油、天然气和盐

① 遂宁市经济和信息化委员会：《遂宁市“十二五”“4+3”产业发展规划》，遂宁市政府网，2011-6-9。

卤资源，但相关产业发展程度不高，产业链不长，还具有很大的发展潜力。该市应加大对该产业的投入力度，大力发展石油化工、天然气化工和盐化工产业，不断推动产业链向下游延伸，提高专业化生产程度，促进产业的整合互补，推动化工产业向精细化工发展。

——石油化工产业。该产业应以盛马化工为重点，抓好盛马化工技改项目，促进500万吨燃料油技改项目尽快投产达效，启动实施1000万吨技改炼油项目；围绕石油炼制业，引进相关技术，利用炼油尾气等相关副产品开发乙烯、丙烯、丁二烯及下游产品，推动石油化工向高分子合成材料行业发展，不断拓展产业链。

——天然气化工产业。该产业应以美丰股份、美丰集团、洪达家鑫、天赋军安等企业为重点，引进关键技术和相关企业，重点发展天然气制合成氨产业链、天然气制烯烃产业链、天然气制乙炔产业链和天然气制氢氰酸产业链等四条产业链，主要生产复合肥、线性低密度聚乙烯、乙烯和醋酸乙烯共聚树脂、乙炔、氢氰酸及其下游产品。

——盐化工产业。该产业应以久大蓬莱盐化为重点，推进技术进步和清洁化生产，向盐化深加工发展，在提高真空盐、液体盐及品种盐产能的同时，实施碱化工下游产品项目，促进盐化产业链形成。在此基础上，引进先进技术，促进盐化工产业与天然气化工相结合，发展硅氟材料产业链。

3. 纺织服装产业

遂宁纺织是四川省纺织工业重要生产基地，是遂宁市重要的优势支柱产业，目前纺织工业形成了棉纺织、丝纺织、化纤纺织、印染、针织、服装、纺织机械等门类齐全的工业体系。目前该产业的发展面临着发展粗放、经济总量小、产品档次低、产业链不长、配套能力差、产业集群低等问题。该产业应以提升发展棉纺织为重点，带动化纤、丝绸、印染、服装、装饰和产业用面料等相关产业的发展；把技术改造与资产重组、适度规模经济与培育新的经济增长点有机结合起来，加快推进技术进步，实施名牌战略，壮大产业规模，提高产业内部关联度。

——棉纺织产业。该产业应以华润锦华、华纺银华、天骄纺织、天宏纺织等棉纺织企业为重点，推行原料精细化、仪器化检测，提升企业电子配棉能力；重点发展棉纺高支纱、精梳纱、特种纱线和高档服装面料，使精梳纱比重达到60%，无卷化率达到70%，无梭布比重达到80%，无结头纱比重达到90%，将“海蒂丝曼”培育成为中国名牌产品或中国驰名商标。

——印染产业。该产业以新绿洲印染等企业为重点，推广高效短流程、无水或少水印染技术和设备，提高生产自动控制水平；发展涂料印染、微悬浮体印染、转移印花、数码印花等无水或少水印染工艺技术，推广环保、节能、清洁生产印染加工技术的运用。建成多条能适应纯棉布、化纤布、混纺布、宽、中、窄幅相结合的具有国内领先技术水平的印染生产线，不断提高印染加工能力。

——化纤产业。该产业应以德泉化纤等企业为重点，采用先进适用的高新技术提升传统化纤工艺、装备及生产控制水平；加快多功能、差别化产品研发和应用，支持中小型企业利用废旧聚酯瓶片生产市场适销纺织品用纤维，鼓励纺织企业提高聚酯再生纤维使用比例，积极发展细旦、超细旦涤纶短纤。

——丝绸产业。该产业应以先富丝绸等企业为重点，大力发展重磅绸、高档服装丝绸面料，积极开发大豆纤维和其他纤维交织的丝绸产品，缫丝自动化率和未梭织绸化率达到100%，积极发展绢纺织产业。

——服装产业。该产业应以迪奥服装、祥和服装、成进美服装等企业为重点，着力建设服装加工专业园区，积极承接和引进国内知名服装品牌企业，培育竞争力强的本土服装企业，做大做强服装产业。

4. 机械配套产业

机械配套产业是遂宁市传统工业，具备较好的工业基础和一定的产业特色，是遂宁市重要的支柱产业之一，目前初步形成了汽车及零配件、农业机械、石油机械、电工电器、纺织机械等主要行业，并具备一定技术装备基础产业规模；在客车制造、低速载货汽车制造、轴瓦制造等领域形成了一定的规模和影响力。2010年，该市规模以上机械工业企业达到47家，从业职工平均人数0.95万人，机械工业企业总资产达到21.1亿元。同年，该市机械配套产业主要生产各型客车973辆，载货汽车4407台，各型汽车轴瓦12018万片，雨刮器、玻璃升降器、水箱电风扇等汽车配件20.23万件（套），粮食加工机械31.9万辆，变压器12.4万台。全年该市规模以上机械工业企业完成工业增加值14.9亿元，同比增长35.5%；实现主营业务收入54.26亿元，同比增长51.1%，实现利税6.82亿元，年均增长76.2%。但在发展过程中遂宁市机械配套产业仍然存在着产业规模不大、集群合力尚未形成、生产工艺落后、产品结构急需调整等主要问题。

未来该产业应立足遂宁汽车及零配件制造业基础，以汽车和装备制造业振兴为契机，推进企业技术改造升级，推进整车制造业加快发展，引导汽车零配件企业集聚发展；支持农业机械、石油机械、纺织机械、电工电器、工程（矿山、建筑）机械等专用机械生产企业加大关键技术和设备的投入力度，壮大产业规模，增强产业实力。

——汽车和汽车配件产业。该产业应以坤鼎车业、东乘车辆为重点，加大企业技改投入，不断提高整车生产能力和水平；着力打造坤鼎、科威达等一批汽车品牌，促进整车制造业发展；以恩比贝克飞虹轴瓦、君格机械、天泉汽车空调、富士电机、明强机械等企业为重点，围绕整车制造业，努力引进、开发汽车零部件关键技术和企业，不断壮大汽车零部件制造产业集群。

——节能和新能源（电动）汽车。该产业依托遂宁市创新工业园已有的汽车产业基础，重点支持坤鼎车业清洁能源型汽车产业项目，充分发挥天齐锂业锂资源优势，重点突破电池关键材料技术，电芯、单体及模块技术，加大力度研制高性能纯电动汽车、油电混合动力汽车等。

——农业机械产业。该产业应以东升机械、钟声农机、佳信机械、通用机械等企业为重点，大力开发适合广大农村生产生活需求的特色农用机具，通过不断提高技术含量增强企业竞争力，加快开拓国际国内市场。

——石油机械产业。该产业应以京石工程、万勃石油机械为龙头，以安东石油、川庆石油等企业为纽带，不断引进和发展相关配套企业，重点发展石油机械钻具及成套设备加工产业。

——电工电器产业。该产业应以晶源电气设备、昊天电器、万众电缆等企业为重点，突出发展输变电装备、电磁铁、输电电缆等产品；不断加大超高压、大容量电网设备的研发力度，着力形成完整的输变电装备和电工器材产业。

——其他专用机械产业。该产业应以华能机械、四维环保、丝丽仑新纺织、射洪纺织机械、通用机械等企业为重点，坚持走专业化道路，重点打造独具特色的矿山机械、环保装备、纺织机械、起重机械等产业集群。

5. 电子信息产业

近年来，遂宁电子信息产业从无到有，发展迅速。从 2007 年以来，该市电子制造业主营业务收入连续三年增长速度达到 90% 以上，大大高于全市经济增长水平和其他产业的发展速度。截至 2010 年 12 月，累计签约引进电子企业 215 家，投产 60 家。实现主营业务收入 34 亿元，实现利税 5.32 亿元，增速为 93.0%。电子信息产业领域不断拓宽，已形成电子元器件、高效照明、电路板制造等多领域协调发展的局面。但遂宁市电子信息产业在发展过程中仍然存在着产业结构及产品种类不优、产业创新发展能力不足、生产要素保障较为紧张和信息化带动效应未能充分体现等主要问题。为了解决问题，推动发展，未来遂宁市电子信息产业的较佳路径在于构建特色产业突出、产业结构合理、优势产品领先、自主创新能力较强的在西部地区乃至全国都十分重要的高端电子产业配套基地，建成西部电子元器件、新光源、电路板制造中心。

——电子元器件产业。该产业应以大雁科技、立泰电子、太晶电子、云翔电子、晶美硅业等企业为骨干，着力发展二极管、三极管、集成电路芯片、薄膜电容、电子硅材料等关键元器件生产；加快引进国际国内知名集成电路与分立器件（包括发光二极管）封装测试、芯片制造企业，并同时引进一批相关配套企业。

——高效照明产业。该产业应以鼎吉光电、雪莱特电子、柏狮光电等企业为重点，加快发展高效节能照明产业；加快发展先进高科技超亮 LED 照明、无极灯照明、高压钠灯金卤灯照明以及时尚灯饰产业，形成一批年产值过亿元、技术水平达到国内先进的企业，建成西部高效节能照明产品制造中心。

——电路板（PCB）产业。目前该产业的发展重点在于加快台湾志超电子液晶面板及笔记本主板和惠州英创力电子电路板项目落地实施，推动海英电子、深北电子、广天电子等企业多层高密电路板生产线等重点项目建设；依托 PCB 产业园，进一步加大力度从台湾、沿海等地引进并建成投产一批具有国际先进水平的电路板生产企业，建成西部电路板制造中心。

——新型平板显示器产业。目前该产业的发展重点在于加快推进实施博视显示平板显示器生产项目，努力引进等离子显示器（PDP）、液晶显示器（TFT-LCD）和有机发光显示器（OLED）等光电显示部件及相关配套器件制造企业；大力支持从面板到平板电视的一体化生产技术，玻璃基板、滤光片、偏光板、驱动 IC、LED 背光模块六类技术和产品的研发生产集群，打造一个新型显示器件公共技术支持服务平台。

——数字视听产业。目前该产业的发展重点在于加快推动射洪畅乐科技 MiNi 话筒及相关项目的实施，大力促进消费类数字视听产品如 MP3/MP4、多媒体功放、数字功放、教学类电子产品，特色通信类产品如车载娱乐装置等电子产品的引进生产；加快各类手持式和便携式数字音视频娱乐类产品及其关键件的产业化；大力发展数字电视终端、机顶盒、显示器件、数字电视信号编辑、处理、传输设备等项目。

——电脑及电子设备产业。目前该产业的发展重点在于加快推进台湾昶辉集团、射洪正安杰电等电脑生产项目的实施，积极发展信息技术与传统行业融合的电子装备，重点发展光机电一体化设备、微电子组件与厚薄膜集成电路、现代功率电力电源设备、功率电力电子器件、电力控制系统、工业控制系统、汽车电子、医疗电子、金融电子、数控机床、测试仪器、电子节能产品、GPS 导航系统、UPS 等产业。

——软件与信息服务产业。该产业依托遂宁市河东新区新规划的软件产业园，已初步形成软件应用开发、集成电路设计为主的产业特色；未来应加快发展信息服务业，开展监控、安全系统集成等产业的外包服务，积极承接软件国际外包业务，以拓展服务培育一批新的增长点，突出软件与服务业的战略地位。

——物联网产业。该产业发展依托遂宁市已有的电子元器件、电路板以及数字视听等产业的基础，围绕 RFID（射频识别技术）、音视频传感器、中间件等核心软件技术以及行业应用，推动该市物联网产业链的形成和发展；力争到 2015 年，引进或培育 1 ~ 2 家物联网产业方面的龙头企业，并初步形成遂宁的物联网产业园。

6. 绿色能源产业

绿色能源产业是遂宁市战略性新兴产业之一，该产业的发展方向主要在于：大力发展动力电池产业；积极推进非晶硅太阳能薄膜电池的规模化制造和应用，加快发展光伏产业；充分利用水能资源，稳步发展水电产业；积极发展生物沼气、生物柴油、甲醇燃料、乳化柴油等新能源产业。

——动力电池产业。该产业应立足锂材料在动力蓄电池中的性能和成本优势，积极推动天齐锂业通过与国内外科研机构、新能源汽车研发企业合作，大力发展汽车燃料锂电池、大容量电力存储设备和动力锂电池管理系统；努力引进发展锰镁干电池等动力电池相关产业。

——光伏产业。该产业应以“龙头推进、产业聚集”为主线，努力引进开发硅材料太阳能电池技术和产品，推动技术产业化，努力把光伏产业建设成内外结合型、多门类、多层次的先导产业和支柱产业。

——水电产业。该产业依托四川省电力遂宁公司、明星电力、明珠电力等企业，按照“适度超前，开发与引进并重”的原则，实施涪江沿线水能梯级开发，加快推进打鼓滩电站、柳树电航工程、吴家街电航工程等梯级电站建设，力争到 2015 年，新增 18 万千瓦装机容量。

——生物能源产业。该产业围绕生物沼气、生物柴油、乳化柴油等能源产品的规模化生产及生物发电项目建设，加强工艺技术创新与优化；以大唐电力、汇强油脂等企业为重点，重点推进秸秆发电、生物柴油、沼气发电等项目的论证实施。

7. 生物工程产业（生物医药）

近年来，遂宁生物医药产业发展较快，重点发展了生物技术药物、中药饮片等产业。截至 2010 年，遂宁有规上生物制药企业 29 家，实现工业增加值同比增长 31.7%，比规上工业快 3.0 个百分点。目前，遂宁生物医药产业的发展主要在于加强与成渝两地生物医药产业发达地区的联系沟通，依托其资本和技术优势，结合遂宁土地资源和劳动力优势，推进遂宁生物医药产业的发展。其重点发展的产业有：

——生物医药制造产业。该产业依托专业化生物产业园区，积极引进国内、省内知名的大型医药企业到遂宁落户；依托科创集团、珠峰药业、泰乐制药、回春堂生物、陈善堂药业等企业，积极争取与省内外生物医药工程科研机构联合共建实验基地、技术研发分中心或产业孵化基地，以动物、植物、微生物及药用菌类等药用资源为基础，运用现代先进科学技术，发掘天然活性物质（药用有效活性部位和有效成分），研发和生产具有自主知识产权的原料药、高端医药中间体、生物药品、诊断产品等创新药品。

——中药饮片及中成药制造产业。该产业的发展在于大力支持泰乐制药、回春堂生物、陈善堂药业等制药企业改进工艺、扩大生产规模、产品升级和标准建设，做大做强现有制药企业；努力引进实力制药企业，支持开发先进的提取、分离、纯化技术和设备，推进中药提取物发展。

——医药专业市场。医药专业市场是生物医药产业发展的基础和保障，遂宁应通过加快中国西部现代物流港“西部药都”建设，支持西部华源医药有限公司做大做强，扶持回春堂、全泰堂、陈善堂等医药流通企业发展，完善批发、零售和三方物流专业市场。

六　城镇发展及体系

新型城镇化强调城镇化与工业化的互动，与农业现代化的协调，与经济社会关系的和谐发展，是缩小城乡差距，促进区域经济协调发展，提高人民生活水平的重要途径。[①] 近年来，遂宁积极探索统筹城乡发展、加快新型城镇化进程的新路子，加快城乡规划、基础设施、产业发展、公共服务、社会保障一体化进程，初步形成了以市城区为核心、县城为主体、小城镇为支撑的市域城镇体系。该市城镇化水平已达 40%，年均增长 1.5 个百分点，市域城镇建成区 101.25 平方公里，其中市城区建成区面积由建市初的 4.8 平方公里增加到 63.19 平方公里，城市人口增至 62 万人。

（一）市域城镇体系发展状况

遂宁市是四川盆地开发较早的地区之一，早在旧石器时代即有人类活动，东汉末年始建县；南北朝时期已有一批场镇初

① 《新型城镇化或成改革突破口》，《证券日报》2012 年 12 月 6 日。

具规模；在唐宋兴盛时期，形成市域城镇体系骨架雏形；明清时期初步奠定了市域现代城镇分布格局；民国中期，城镇发展一度较快。新中国成立后特别是中共十一届三中全会以后，城镇化进程更快，原有遂宁和赤城为建制镇，1965 年恢复太和、金华两镇，1985 年建制镇发展为 18 个，1992 年撤区并乡建镇后，建制镇为 64 个，独立乡 37 个；1999 年建制镇为 66 个（新增设了瞿河、东岳两镇），到 2004 年建制镇为 61 个（大榆并入太和镇，新桥、仁里、永兴、南强四镇并入市城区），独立乡有 36 个（宝梵乡划入蓬溪城区）。

遂宁市域城镇，经过数千年的开发建设，已形成分布均匀、轴线分明、网络结构较合理、规模素质差异较大的城镇体系。2004 年底，市域城镇分布状况是：沿川鄂公路（318 线）遂宁段 122 公里线分布有新会、赤城、宝梵（乡）、永兴、仁里、南强、玉丰、安居、东禅、分水等 10 个乡镇，平均 12.2 公里有一座城镇；沿绵渝公路（205 线）134 公里线上分布有磨溪、西眉、复兴、南强、新桥、桂花、回马、柳树、太和、广兴、金华等 11 座城镇，平均 12 公里拥有一座城镇；沿达成铁路 72 公里线上分布有玉峰、蓬莱（大英县）、隆盛、新桥、永兴、大石、宝梵（乡）、鸣凤等 8 座城镇；沿成南高速公路分布有玉峰、蓬莱（大英县）、桂花、天福、大石、宝梵、鸣凤等 7 座城镇；沿涪江沿岸分布有金华、广兴、太和（射洪县）、柳树、红江、桂花、永兴、仁里、南强（市城区）等 9 座城镇；沿市域边界分布有复兴、金家、太乙、陈古、河边、栏江、分水、东禅、三家、磨溪、蓬南、新会、文井、仁和等 14 座城镇；其余城镇（乡集镇）均分布在涪江支流或县道沿线。

1985 年建市后，随着经济、社会的发展，遂宁加大了城市和镇乡建设规划进度，在空间布局上，以遂宁市中心城市为核心，以成达铁路和绵渝公路为主轴，以各条轴线上的太和、柳树、蓬莱、安居、赤城、蓬南等镇为轴心，以其他城镇为极点和基础，形成放射性点轴结构。在城镇等级上，由原来的五级调为四级：

一级城镇。全市的中心城市，即遂宁市城区。交通枢纽地位更加突出，辐射范围不断扩大，不仅辐射本市，还辐射安岳、乐至、中江、三台、盐亭、潼南等周边地区。

二级城镇。作为县域的中心城市，即县城和县域片区中心，分担县城职能的城镇。包括太和、赤城、蓬莱、安居等 4 个镇。

三级城镇。作为县域内某一片区的中心，带动其片区内建制镇发展的城镇。有柳树、金华、安居、东禅、西眉、回马、蓬南等 7 个镇。2003 年修编后的遂宁城市总体规划，安居镇调升为二级中心城市，东禅、西眉两镇调降为四级城镇，玉峰、大石两镇调升为三级城镇。三级城镇为柳树、金华、回马、蓬南、玉峰、大石等 6 个城镇。

四级城镇，为一般建制镇共 51 个，其吸引范围以本镇域为主，有的可带动周边 1 ~ 2 个乡集镇发展。

在城镇规模上：到 2020 年，一级城市遂宁市城镇人口 55 万 ~ 60 万人；二级城镇太和镇 35 万 ~ 38 万人，赤城镇 15 万人，蓬莱镇 15 万人，安居镇 6 万人；

三级城镇柳树镇 6 万人，金华镇 4 万 ~ 5 万人，回马镇 2 万人，玉峰镇 1.5 万 ~ 1.8 万人，蓬南镇 2 万 ~ 5 万人，大石镇 2 万人；四级城镇 0.2 万 ~ 3 万人。

在职能分工上：遂宁市城镇，赤城镇、太和镇、蓬莱、安居等镇为综合型；遂宁市、蓬莱、赤城、金华、洋溪、卓筒井、文井等镇为工贸（农贸）旅游型；遂宁市、大石镇、桂花镇为交通型；柳树、金家、天仙、太乙、陈古、凤来、隆盛、回马、玉峰、象山、蓬南、红江、天福、鸣凤、大石、任隆、三凤、西眉、白马等 19 个镇为工贸型城镇；金华、洋溪、文井、卓筒井等 4 个镇为农（商）贸旅游型；桂花镇为交通型；其余 33 个城镇均为农贸型。

（二）城镇化进程中城市建设存在的问题①

（1）城市核心竞争力不强。虽然遂宁市与周边城市相比，具有一定的比较优势和发展潜力，但从总体来看，遂宁市的核心竞争力还不强。经济总量小，排位较靠后，产业优势、业态方式、区域特色、综合配套均比较滞后。作为区域的整体优势、整体竞争力尚在形成中，尚待充分挖掘。

（2）城乡统筹难度极大。虽然遂宁以新农村建设为抓手，致力于推进城乡一体化，但遂宁农村经济发展水平仍不高，发展模式、综合服务、市政设施配套、城镇景观、产业专业化尚存在明显的城乡差异，尤其突出表现为区域内城乡用地的集约度不高，城乡居民收入落差较大。

（3）城乡交通系统建设还滞后。一是市城区至各区县、乡镇、村庄之间各层级快捷通道离网络化、人性化还有较大差距和市域内的交通环线尚未建立，部分乡镇、村庄的交通仍不便。二是市政区内环交通尚未形成，金桥、凤台、永兴组团与建成区交通联系不便。三是公交系统不够完善，公交基础设施建设落后，无便捷的轨道交通，出租车、公交车的车况和管理有待提高。四是城区内路网不完善，部分街道狭窄，交通组织混乱，人车混行的问题突出，交通拥堵问题日益严重。五是绿色非机动车道建设滞后，尚未形成连接各大公园、旅游景区、居住区公园的非机动车廊道系统，不利于绿色出行。

（4）城市品位总体不高。一是老城区总体绿化水平较低，绿化植物种类较少，绿地或广场分布不均匀。二是市城区建设项目多为居住类单一功能开发，集居住、办公、酒店、商业等多种功能复合功能的城市综合体项目极少。三是城市地下空间利用率低，用途单一，多为车库。四是市政管线下地率不高，公共设施及休憩设施少。五是城市绿化中缺少彩色植物与芳香植物，垂直绿化或屋顶绿化运用少。六是城市屋顶和城市临街建筑立面景观效果差，屋顶乱搭乱建现象严重，缺乏整体美感；七是城市局部热岛效应较为明显，部分区域空气中可吸入颗粒物超标、水环境质量不容乐观（特别是新型工业区），生态环境迫切需要进一步改善。八是人行道及硬质铺装透水性较差，绿化带蓄水功能较弱。

---

① 遂宁市城乡规划管理局：《遂宁市现代生态田园城市定位与规划研究报告》，2011。

（5）城市公共空间环境有待提升。一是居住区住宅楼及办公楼的建设技术落后，建筑能耗大，与低碳、节约型社会建设有较大差距。二是城市风貌特色不鲜明，形象较单一，公共空间要素之间缺乏直接而有效的交通及视觉联系，交通性空间或私有空间对公共空间的阻隔效用明显。三是环观音湖沿线城市天际轮廓线平淡，建筑品质不高。四是城市部分公共空间地域特色较弱，公共空间认知程度偏低，尤其是街头绿地和居住区游园，特色性不强，城市标识和导向系统也较零乱。五是城市公共空间人性化设计不足，缺少充足的休憩设施，公共空间无障碍环境建设尚处于起步状态，人行道上面盲道被占道或损坏现象较多，残疾人的出行安全不能保障。

（三）新型城镇化建设路径

新型城镇化建设是遂宁市统筹城乡经济发展、缩小城乡差距、提高人民生活水平的必经之路。近年来，遂宁市以规划为引领、产业为支撑，按照资源节约、环境友好、经济高效、文化繁荣、社会和谐、城乡互促共进、区域协调发展的原则，统筹规划绿色、健康、和谐、现代新型化城市，着力构建以市城区为核心、县城为主体、小城镇为基础的新型城镇化网络体系，并从构建新型城镇化体系、建设现代生态田园城市、优化城市空间布局和增强城市综合承载能力四个方面推进新型城镇化建设。

1. 构建新型城镇化体系

遂宁市构建新型城镇化体系，应完善区域性城镇体系，提升规划，优化功能分区，突出城镇特色，具体而言，从以下四方面构建新型城镇化体系：①加快构建以市城区为核心、县城镇为主体、小城镇为基础的市域城镇体系，促进市、区（县）和重点小城镇协调发展；②加快沿涪江流域经济走廊、成渝经济轴产业带、旅游环线经济带“一江两带”上的城镇建设，构建结构合理、层次清晰、紧密相连、功能互补的城镇发展体系；③实施大城市、大城镇发展战略，加快建设市城区河东文化旅游产业区、城北高新技术产业区、城南新型工业区、城西现代物流区和城中心的观音湖一湖三岛旅游度假区五大主体功能区，推动安居、大英与市城区整体连片发展，支持射洪发展成为现代中等城市，鼓励蓬溪逐步向中等城市发展；④加快制定促进新型城镇化的政策措施，推进户籍制度改革，把符合条件的农民工转变为城镇居民，有序引导农村人口向城市转移。

2. 建设现代生态田园城市

遂宁市建设现代生态田园城市，应按照慈善爱心之城、高品质创新创业之城、生态田园宜居之城的建设定位，运用现代元素、树立生态理念、植入田园风格，提升现代生态田园城市规划水平。具体表现在：①推进一中心、两片区、五组团城市布局，打造优美的生态环境和城市田园风光；②突出人性化、个性化服务特色，加强公益性、功能型配套服务设施建设，完善高端住宅、休闲康体、旅游度假、会议会展、商务办公等现代城市功能；③推进城市绿色细胞建设，将自然生态、田园风光与新型城市化建设双向移植，统筹建设绿色家园；④加快实施老城区基础设施建设和风貌整治工作，继续推进城乡环境综合治理；⑤积极创建城市品牌，深入开展国家文明城市创建活动，全面推动联合国人居奖、全国慈善城市和全省创业型城市的创建工作，为 2020 年建成现代生态田园城市打下坚实基础。

3. 不断优化城市空间布局

遂宁市应不断强化市主城区政治、经济、文化区域中心的综合功能，增强中心城市的综合承载力、要素聚集力和辐射带动力，抢占成渝经济区城市群发展的制高点。具体表现在：①优化市主城区产业布局规划和主导产业发展规划，逐步形成特色产业集聚区；②完善重大基础设施项目布局，形成市、区县分级负责的统筹机制，集中力量建设一批交通、能源、水利、生态工程等重大项目，基本形成以两辅、两副为依托，遂宁中心城区为核心的城市群发展态势；③突出抓好安居、大英两座辅城建设，提升辅城资源要素集聚力，加快与船山对接融入，推进与市城区的整体连片发展，打造大遂宁；④着力推进射洪、蓬溪两座区域副中心建设，逐步向中等城市发展；⑤射洪县城基本建成以发展食品、化工、纺织、包装为主的县域综合型山水滨江城，蓬溪县城基本建成以食品、纺织和新型建材为主的县城综合型中心城市。

4. 增强城镇综合承载能力

按照节地节能、生态环保、功能完善、宜居宜业的要求，遂宁应科学编制城镇规划，合理确定城镇发展规模，统一规划建设城镇配套设施。具体表现在：①建设市级、区县救灾物资储备库、大型避难所、综合减灾防灾应急指挥体系；②完善城镇道路交通、通信、防洪、防灾避灾、环卫设施、地下管网等基础设施建设，抓好燃气、给排水、供电等生活设施建设，加快城镇污水、垃圾处理等环保设施建设，配套建设教育、文化、卫生、体育、就业和社会保障等公共服务设施；③积极规划市城区绿色交通体系，发展公共交通，综合治理城市交通拥堵；④推进数字化城市建设，健全城市管理长效工作机制，实现城市整洁有序、清爽亮丽；⑤适度扩张中小城镇规模，大力培育中心城镇，加快重点建制镇建设；创新城镇建设投资、管理和运营体制，提高城镇环境承载能力、资源集聚能力、产业发展能力和就业吸纳能力。

（四）市域中心城市建设发展规划

按照四川省委、省政府提出的“加快建成成渝合作、区域合作的连接点，承接现代产业转移的理想地，具有遂宁特色的现代产业高地，快速崛起的现代生态田园城市，率先走出丘陵地区全面小康新路子”的总体要求，依托“七向二十一线”铁路和“一环九向”高速公路形成的次级交通枢纽，遂宁市整合山水自然资源，提出了围绕“两化互动，三化联动，产城一体”，“显山露水，大产业，大文化，大景区”的思路，实施“中部提升，东进西扩，南北延伸”的城市空间发展战略，建设“一城三区七组团”、“一江三河七湖泊”和“两山四岛八湿地”。

在 2020 年之前的发展目标是，遂宁将成为中国现代生态田园城市、成渝综改区的北部核心区、四川省第二大交通枢纽，建成区面积将达到 100 平方公里，城市人口达 122 万人。到 2050 年，遂宁力争创建成为全球绿色城市、中国现代生态田园文化体验之都、世界观音文化旅游目的地，建成城市建成区面积 198 公里，城市人口 220 万人的特大城市。

1. 城市发展理念：显山露水，产城一体

在遂宁城市扩张的进程中，“显山露水、产城一体”和“大产业、大文化、大景区”是遂宁城市发展的思路。遂宁将按照既定的建设方向，加快实施“东进西扩，南北延伸，旧城提升”的空间发展战略，着力推动“一城三区七组团”城市发展新格局形成。

按属地管理原则，由相关园区管委会和船山区迅速推进经济开发区核心区、金桥新区核心区、永兴新城核心区等 3 个新区组团建设，加快构建“一城三区七组团”的市中心城区发展新格局。

同时，以市城区为中心、区县为骨干、镇村为基础，加快构建全市“一心两轴、一主五辅”(“一心、一主”即市城区，“两轴”即以东西、南北向交通主骨架形成“十字形”的城镇发展轴，“五辅”即射洪、大英、蓬溪、安居、沱牌 5 个城市）的城镇空间发展格局。

2. 城市核心规划：两山四岛八湿地

城市核心区规划了“一江三河七湖”和“两山四岛八湿地”的生态系统，真正实现现代产业和现代生态田园城市的有机融合、产城一体，着力打造宜居宜业的现代生态田园城市。

“两山四岛八湿地”的城市生态系统：“两山四岛八湿地”是指东山景区、西山景区，圣莲岛、圣平岛、圣鹭岛、小坝洲以及双江湿地、永兴湿地、五彩缤纷路湿地、金桥湿地、细坝湿地、凤台湿地、席吴二洲、龙凤湿地。“两山四岛八湿地”的城市生态系统充分保护利用好东山、西山的天然植被资源，打造东山观音慈善文化和休闲养生文化景区及名贵花卉博览园，西山儒道文化和皇家禅林景区及西山名贵树木博览园。

依托涪江岸线和蓄治洪区形成的双江、永兴、五彩缤纷路、金桥、细坝、凤台、席吴二洲、龙凤等八湿地，与城市建设临江退让公园融为一体，成为各组团重要的游憩场所和生态屏障。

3. 城市新格局：一城三区七组团

“一城三区七组团”是指全球绿色城市，国家级经济技术开发区、国家级文化创意产业园区、国家级现代物流示范区，凤台组团、西宁组团、金家组团、龙凤组团、金桥组团、永兴组团、吉祥组团。“一城三区”幅员面积 416 平方公里，建设用地达 195 平方公里，相当于再建四个“新遂宁”。

“一城”：现代生态田园城市（全球绿色城市），以建成区和三个国家级园区为依托，东进西扩，南北延伸，形成幅员面积约 416 平方公里，建设用地约 195 平方公里，人口约 200 万人的现代化城市，打造四个“新遂宁”。

“三区”：遂西新区（国家级经济技术开发区），以教育科研、总部经济、光电、生物、度假旅游为主导的产城新区，幅员面积 108 平方公里，建设用地面积 42 平方公里；遂东新区（国家级文化产业示范园区），以文化创意、教育、生态游憩、花卉博览、精密电子、生物制药、高新科技、高端装备制作、公路物流为主导的产城新区，幅员面积 131 平方公里，建设用地面积 55 平方公里；遂南新区（国家级现代物流示范园区），以高铁、第三方物流、商贸会展、机械、电子食品、纺织、观光旅游为主导的产城新区，幅员面积 119 平方公里，建设用地面积 53 平方公里。

七大组团：

凤台组团：主要发展教育科研，总部经济产业，幅员面积 48 平方公里；

西宁组团：主要发展光电、生物、度假旅游产业，幅员面积 60 平方公里；

金家组团：主要发展高铁、第三方物流、商贸会展，幅员面积 49 平方公里；

龙凤组团：主要发展机械、电子、食品、纺织、观光旅游产业，幅员面积 70 平方公里；

吉祥组团：主要发展高新科技、高端装备制造、公路物流等产业，幅员面积 36 平方公里；

永兴组团（包括中华养生谷、中华玫瑰谷）：主要发展文化创意、教育、生态游憩、花卉博览产业，幅员面积 65 平方公里；

金桥组团：主要发展精密电子、生物制药产业，幅员面积 30 平方公里。

七　遂宁发展战略及前景展望

《2009 年世界发展报告：重塑世界经济地理》认为通过重新塑造经济地理，发展者将经历不平衡的经济增长但仍然可以实现普惠和谐性的发展。遂宁市正面临西部大开发和成渝经济区发展等重大机遇，未来重塑遂宁经济将牢牢把握科学发展的主题和加快转变经济发展方式的主线，以环境立市、改革开放和自主创新为动力，坚持“五个发展战略新定位”，牢固树立绿色发展理念，大力发展生态农业、绿色制造业和现代服务业，努力实现加快发展、科学发展、跨越发展，为塑造具有遂宁特色的现代产业高地奠定坚实基础。

（一）发展战略

1. 指导思想

以邓小平理论和“三个代表”重要思想为指导，牢牢把握科学发展的主题和加快转变经济发展方式的主线，以环境立市、改革开放和自主创新为动力，紧抓西部大开发和成渝经济区发展等重大机遇，坚持“五个发展战略新定位”，牢固树立绿色发展理念，大力发展生态农业、绿色制造业和现代服务业，把基础做牢、产业做强、城市做大、民生做实，全面加强经济建设、政治建设、文化建设、社会建设和生态文明建设，努力实现加快发展、科学发展、跨越发展，为建设具有遂宁特色的现代产业高地和实现全面小康社会奋斗目标奠定坚实基础。

2. 发展定位

总体定位：四川区域性次级综合交通枢纽，西部高端电子信息产业配套基地、西部现代工业物流基地、西部绿色食品生产供应基地、西部职业技术教育基地，国际知名旅游休闲目的地。

城市定位：现代化、生态型、田园式与新型城市化建设相融合的现代生态田园城市。

产业定位：构建五大产业集群。即以

现代电子制造为龙头的高新技术产业集群；以现代物流、特色文化旅游为龙头的现代服务业集群；以纺织食品机械为龙头的传统产业集群；以生态种植、绿色养殖为龙头的绿色产业集群；以新能源、新材料、节能环保、生物技术为龙头的战略性新兴产业集群。

3. 发展战略

坚持以绿色发展为主线，着力培育绿色产业体系，突出工业主导地位，强化服务业提升，大力实施人才培养和引智工程，着力推进创新机制建设，实现融入成渝，开放合作，打造创新开放新遂宁。

——工业主导战略。围绕实现遂宁在成渝经济区节点崛起的目标，突出工业主导这条主线，按照大项目带动、集群化发展、园区化承载的思路，推进工业兴市，以工业化引领现代化，促进经济加快发展。

——服务提升战略。运用现代经营方式和信息技术，提升商贸物流、金融保险、旅游会展、文化和楼宇地产等特色服务业。积极发展电子商务、连锁经营、现代物流等新技术、新业态和新的服务方式，加快培育信息、科教、中介、社区和公共服务等新兴服务业，不断提高服务业对经济增长和全社会就业的贡献率，加快经济结构优化步伐。

——融入成渝战略。充分利用成渝经济区节点腹地区位优势，按照市场融入、产业对接、接受辐射、左右逢源的原则，全面融入成渝经济区，实现借势发展、借力发展、借智发展，提升遂宁在成渝经济区中的战略地位和竞争力。

——人才兴市战略。充分发挥人才的基础性、战略性和决定性作用，坚持招商与引智并重，以高层次人才、高技能人才引进和培育为重点，加快建设成渝经济区人才集聚高地，为建设西部现代产业高地提供人才支撑和智力保障。

——开放创新战略。坚持走内陆开放型道路，以开放促开发，以开发促发展，积极外引内联，提高利用外资的质量，提升区域合作的能级，为投资兴业、项目落地创造良好环境，提供强大机制保障。

4. 空间布局

遂宁市区域地理特征、产业布局、面临机遇和发展趋势等各种因素决定了其未来的空间布局，根据遂宁现有产业和空间布局，应以优化提升产业发展与空间布局为核心，构建“一心两轴四组团”的生产力发展空间格局，合理引导产业集聚发展。

一心：成南、遂渝、遂绵高速合围形成的环线区域内，即城市核心经济圈，包括安居区、船山区及蓬溪县的金桥乡。重点发展电子制造、生物技术、机械配套、商贸物流、休闲旅游产业。加快发展创新工业园、安居工业集中发展区、金桥工业园、现代电子工业园、河东文化旅游区和中国西部现代物流港。

两轴：即以达成铁路、成南高速公路为骨架构成的东西轴；以绵渝铁路、绵渝高速公路、涪江流域为骨架构成的南北轴。

东西轴由船山区沿达成铁路、成南高速公路向东西方向延伸，横贯大英、蓬溪，连接成都、南充，主动承接成都都市圈的辐射并形成发展轴。沿线布局隆盛、桂花现代养殖示范区，唐家、大石现代农业示范区，大英工业集中区、蓬溪上游工业集中区。

南北轴由船山区沿遂渝快速铁路、绵

渝高速公路和涪江流域向南北方向延伸，横贯射洪、蓬溪和安居，连接重庆、绵阳，主动接受重庆都市圈和绵阳科技城的辐射并形成发展轴，是利用重庆两江保税区借势发展的重要通道。沿线布局保升、玉丰现代养殖绿色生态文化走廊，沱牌生态工业园，回马、桂花、新桥工业集中区。

四组团：即射洪组团、安居组团、大英组团、蓬溪组团。射洪组团：重点布局发展绿色食品饮料、高档纺织、绿色能源、精细化工产业；安居组团：重点布局发展生态农业及绿色食品加工、乡村度假、精细化工、汽摩制造及配件等产业；大英组团：重点布局发展特色旅游、油气盐化工、纺织集群、绿色食品等产业；蓬溪组团：重点布局发展现代农业、农副产品加工、

图 28-6　遂宁市“十二五”生产力空间布局

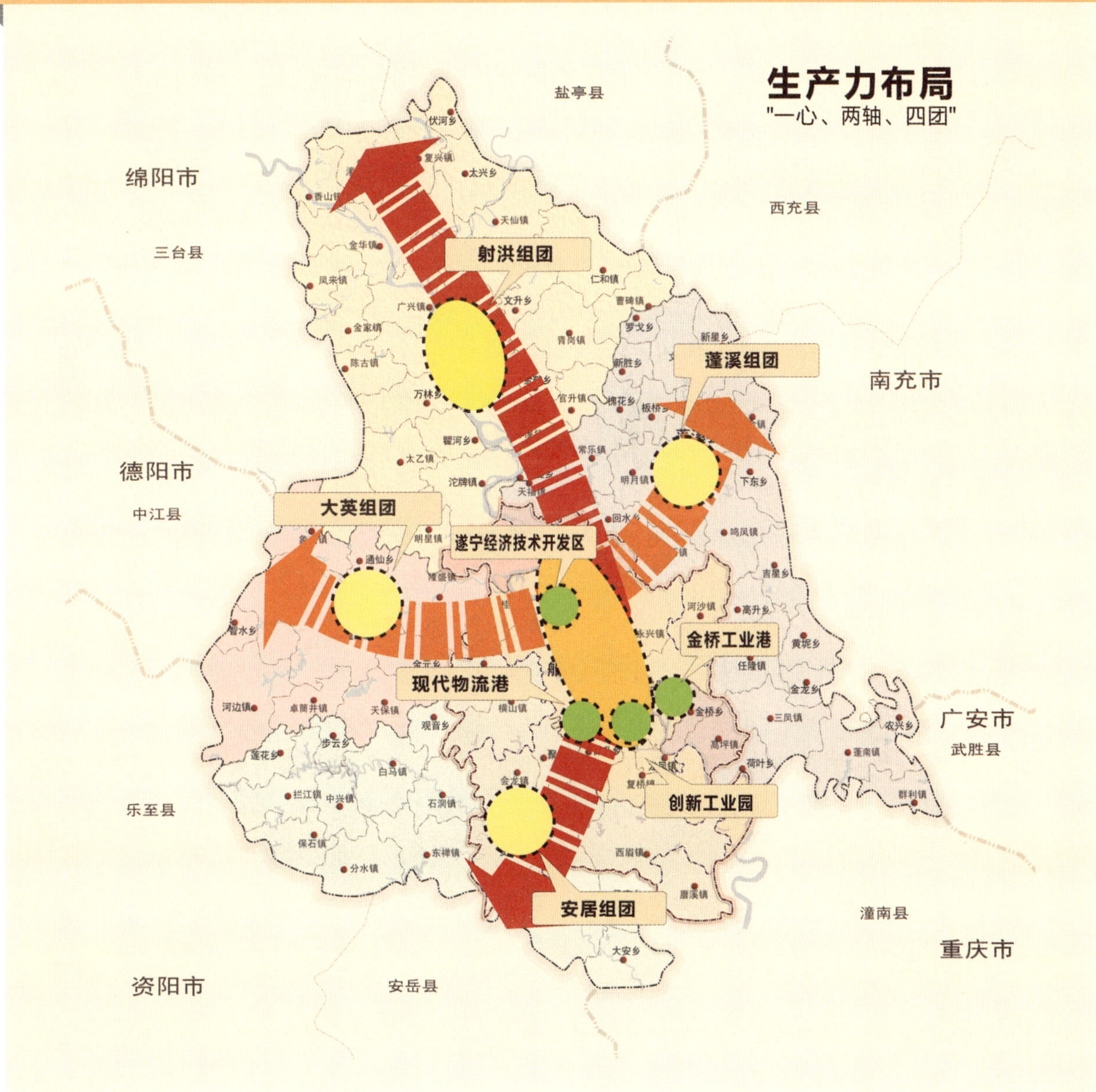

高档建材等产业。

通过以上的生产力空间布局（见图28-6），进一步增强遂宁中心城市的辐射带动力，整合组织区域发展，最终实现一心强化、两轴发展、组团推进的战略目的和快速融入成渝经济区的发展目标。

一心强化：即强化市城区核心经济圈。遂宁是成渝之间的节点城市，城区核心经济圈是遂宁的形象和窗口；应以高端服务为引领提升市中心城区综合服务功能，以电子制造、生物技术、机械配套、商贸物流、休闲旅游产业为重点，合力构筑城区核心经济圈，提高区域集聚辐射带动能力，使之成为全市经济最发达、人口最集中、综合竞争力最强的战略功能区。

两轴发展：在区域整体发展格局下，构筑以达成铁路、成南高速公路为骨架构成的东西轴和以绵渝铁路、绵渝高速公路、涪江流域为骨架构成的南北轴，两轴倚路拥江发展。引导产业和人口向轴带聚集，形成区域发展的主要支撑，辐射带动周边区域发展。在两轴两侧，构筑东北部绿色生态农业带、东南部现代观光农业带、西南部特色高效综合经济带和西北部现代畜牧旅游产业带，促进区域综合服务、特色产业和交通枢纽功能的聚集发展，形成区域联动和整合发展的重要支撑空间，并促进区域辐射带动作用向纵深方向传递。

组团推进：围绕遂宁中心城市，发展射洪、大英、蓬溪、安居4个各具特色和功能的外围组团，作为产业链和城市功能的延伸支撑中心区的发展，共同建成遂宁城市经济重要增长极。

（二）发展展望

1. 综合经济实力大幅提升

到2015年，力争GDP达到1000亿元，年均增长12.8%，人均GDP达到27778元；三次产业比例调整为13∶52∶35。全社会固定资产投资累计完成3701亿元，年均增长13.7%；地方财政一般预算收入年均增长13%以上，达到30.3亿元；全社会消费品零售总额年均增长16%，达到409.6亿元；实现进出口总额5.1亿美元，年均增速12.6%。

2. 产业结构调整和产业发展取得突破

到2015年，形成优质粮油、绿色生猪、优质水果、绿色蔬菜、高效林木、名优花卉苗木、特色养殖、高效水产、优质肉牛、道地中药材等10大特色产业；构建具有特色的“4+3”现代工业产业体系，“4+3”产业主营业务收入占该市规模以上工业的85%，其中电子信息、新能源、生物制药、节能环保和新能源汽车等五大产业发展实现新突破，成为支撑和推动该市经济发展富有活力、最具前景的战略性新兴产业；现代服务业快速发展，基本建成成渝经济区的次级商贸物流中心，第三产业增加值达到350亿元以上。

3. 社会建设取得较大发展

科教文卫体等各项事业有较大发展，基本普及高中阶段教育；基本构建起统筹城乡的社会保障体系，各项社会保险覆盖面进一步扩大，基本医疗保障制度基本建立，农村新型合作医疗覆盖率达到100%，农民参加新型农村社会养老保险人数达到50%以上；就业岗位不断增加，城镇登记失业率控制在5%以内；人口自然增长率控制在 3.5‰以内。

4. 城镇化建设水平进一步提升

城区基础设施更加完善，总体服务功能、人口与产业集聚能力和辐射能力不断增强；重点乡镇总体规划和建设水平进一步提升，基础设施配套，功能完善，承载发展能力进一步增强，成为要素集聚、产业发展、人口转移的重要载体。到 2015 年，遂宁城镇化率达到 48% 以上，市城区人口达到 80 万人以上，建成区面积达到 80 平方公里，城市湿地达到 22 平方公里，城市绿地率达到 42%，绿化覆盖率达到 45%，城市人均公共绿地达到 14 平方米，为 2020 年建成 100 万人口的现代生态田园特大城市打下坚实基础。

5. 人民生活水平稳步提高

到 2015 年，遂宁市居民生活水平和生活质量稳步提高，农民人均纯收入、城镇居民可支配收入分别达到 9000 元、23217 元，年均增长 11% 以上，城乡收入差别比缩小到 2.56 ∶ 1。城乡住房保障覆盖率达到 100%，80% 的农户住房达到小康标准。居民身体素质明显提升，主要健康指标和营养状况达到中上水平，人口平均预期寿命提高到 75 岁。

6. 可持续发展能力进一步增强

到 2015 年，遂宁城镇居民生活用水控制在 170 升 / 人 · 日以内。COD（化学需氧量）排放强度控制在 4 万吨以内，SO_2（二氧化硫）排放强度控制在 5 万吨以内，单位 GDP 综合能耗降低 16%，单位工业增加值能耗降低 26%，万元工业增加值取水量降低 20%，农业灌溉用水有效利用系数达到 0.53。全市主要江、河、湖、库水体水质达标率达到 100%，集中式饮用水水源地水质达标率达到 100%；空气污染指数（API）小于 100，空气质量优良的天数常年保持在 310 天以上。国土面积中受保护地区比例达到 17%；森林覆盖率提高 3 个百分点，达到 39% 以上；森林活立木蓄积量达到 1200 万立方米。城市污水集中处理率达到 85% 以上（2020 年达到 100%），工业“三废”综合利用率达到 98% 以上，城镇生活垃圾无害化处理率达 90%（2020 年达到 100%）。全面完成国家生态市建设目标，初步建立起促进遂宁经济社会可持续发展的绿色生态支撑体系。

（三）经济地理重塑

目前，遂宁面临着第二轮西部大开发战略实施、国际国内产业转移和成渝“双核”辐射等机遇。首先，国家对西部地区特殊的政策支持，与遂宁建设现代产业高地的部署高度吻合，为遂宁进一步加强基础建设、生态建设、社会建设和发展特色产业带来了新一轮重大机遇。其次，今后五年内全球产业调整升级步伐加快，产业转移的层次不断提高；同时，受全球金融危机影响以及土地劳动力成本和能源原材料价格增加、环境容量指标递减等因素的制约，我国东部发达地区正加速将部分产业向内地转移，而遂宁具有良好的区位优势和产业基础，能够通过承接产业转移，提档提速发展战略性新兴产业，推动产业转型升级，形成承接现代产业转移的理想地。最后，川渝两省市是西部经济基础最好、发展潜力最大的区域，国家已经启动建设成渝经济区，打造中国经济第四增长极；而遂宁位于成渝两大都市的黄金节点，可以充分利用两大都市资源，左右逢源，配套服务，在错位和借势发展中接受辐射，主动融入，加快构建面向成渝的现代产业体系，打造服务成渝的高端电子信息配套基地、绿色食品生产供应基地和现代服务业基地，形成具有遂宁特色的现代产业高地。简而言之，第二轮西部大开发战略实施、国际国内产业转移和成渝“双核”辐射等机遇给遂宁市经济地理重塑创造了极好的条件。

尽管如此，遂宁市经济地理重塑也面临着成渝极化效应不断增强、环境承载能力不断降低、投资拉动效应不断减弱等挑战。第一，成都加快建设西部经济发展高地，重庆倾力打造国际物流枢纽和内陆开放高地，两个特大城市对周边中小城市将产生强大的辐射效应；同时，极化效应增强趋势显现，随着公路、铁路等交通基础设施条件的改善，遂宁市的资金、技术、人才及其他各种生产要素极有可能加速向成渝两地流动，已经成为遂宁市经济发展和重塑的一大挑战。第二，遂宁地处涪江中上游，属于国家生态保护区，以低山、深丘为主，土地资源和水资源均十分匮乏，人均耕地仅 0.6 亩，低于全国、四川省平均水平；人均水资源不足 270 立方米，仅为四川省平均水平的 1/12。近年来，城市扩张、工业发展、交通建设和地质灾害导致全市资源环境紧张，土地趋紧、电力不足、缺水突出、污染加剧，可持续发展的压力和转变发展方式的难度不断加大。第三，遂宁经济是典型的投资拉动型经济，投资对经济增长的贡献率常年保持在 70% 左右；“十一五”期间遂宁市固定资产投资年均增长 42.9%，先后实施完成了一大批交通、城建、环保、水利、产业和旅游重大项目；进入“十二五”以后，受转变经济发展方式大战略和通胀压力的影响，国家财政和金融政策趋于稳健，拟建重大项目逐步减少，投资增长趋于下行，投资拉动效应呈现递减趋势，若消费和出口的拉动效应得不到增强，保持经济持续增长将会面临较大的困难。

综上分析，面对机遇和挑战，本文认为遂宁市应从如下几个方面重塑其经济地理形象。

1. 重塑遂宁市为成渝合作和区域合作的黄金节点的经济形象

未来的竞争更多地取决于区域的发展，加强区域合作将成为各区域主要的着力方向。“十二五”期间，四川要大力培育发展成都平原城市群、川南城市群、川东北城市群等四大城市群，而重庆城市群也正在集聚资源与力量，作为这些区域节点的遂宁，正面临着化区位优势、交通优势为发展优势的机遇选择，建设的不仅是成渝经济区重要的次级综合交通枢纽，更重要的是一个从成渝经济区到泛成渝经济区，再到整个中西部经济圈，辐射到整个经济版图，具有聚合力和竞争力的战略支点。因此，重塑遂宁市为成渝合作和区域合作的黄金节点的经济形象，使遂宁市成为具有全面粘合、吸引能力的连接点。

对于将遂宁市重塑为成渝合作和区域合作的黄金节点的经济形象，关键在于交通基础设施建设，在交通基础设施完善基础上将交通优势作为用好都市资源、配套成渝产业的关键，全面提速次级综合交通枢纽建设。遂宁市主要从以下几方面进行交通基础设施建设：

（1）加快综合交通枢纽建设。全面实施综合交通枢纽建设规划，推进一环九线高速公路、七向二十一线铁路建设，加快 4C 级训运两用机场建设。到 2015 年，基本建成连接沪汉蓉、渝贵穗，贯通长三角、珠三角的现代化次级综合交通枢纽。

（2）加快出遂通道建设。高速公路方面，建成遂内、遂资高速公路，建设遂广、遂巴高速公路；铁路方面，建成遂渝铁路复线，力争开工建设绵阳－遂宁－资阳－内江－自贡－宜宾城际铁路、遂宁－资阳－眉山－雅安铁路、涪陵－广安－遂宁铁路项目。航空方面，开工并建成遂宁安居机场，使其成为全国重要的 4C 级训运两用机场。

（3）完善市域交通网络。加快国省等其他干线公路建设，全面建成遂宁至安居、大英、射洪、蓬溪的快捷通道。大力发展城市绿色交通，力争建成市城区绿色轨道交通项目、中央商务区下穿通道项目；改善市城区交通条件，推进省道 205 线、国道 318 线过境改线工程，加快建设遂宁涪江四桥、涪江五桥，形成遂宁内环高速环线，扩大城市路网；坚持公交优先，建设多种公交方式，规范和发展城市出租车业，合理引导私人机动车出行，积极倡导非机动车绿色出行，提高交通管理水平，根本改善市城区交通状况，方便市民出行。完善县乡公路建设，加快建设村道联网公路，启动建设通社入户路，形成城乡一体化交通网络。

（4）加强枢纽设施建设。重点加强公路、铁路枢纽站建设。规划建设汽车枢纽站 6 个，其中新建 3 个，改扩建 3 个；建设乡镇客运站 38 个，其中新建 4 个，改扩建 34 个；建成汽车货运站 6 个，其中一级站 3 个，二级站 3 个。建成遂宁南、安居等铁路枢纽站，完善铁路枢纽功能。加快遂宁港、射洪港和乡镇小码头建设，提升水运保障能力，实现多种运输方式的有效衔接。

2. 重塑遂宁市为西部承接现代产业转移的理想地的经济形象

近年来，遂宁市一直坚持“环境立市”战略，以绿色产业为招商导向，打造绿色发展环境，搭建绿色发展平台，为重塑遂宁市为西部承接现代产业转移的理想地的经济形象奠定了基础。一方面，在“环境立市”战略推动下，遂宁市获得了 12 张国家级城市名片，为绿色遂宁累积了生态资源，打造了良好的绿色发展环境；另一方面，遂宁把园区作为承接产业转移的重要平台，精心打造微电子、光电子、PCB 等 12 个现代专业园区，并做好产业配套，尽快形成产业链，帮助企业成长；专业化之外，高标准建设了经济开发区、创新工业园等 7 个生态工业园区；针对有污染的 PCB 行业，遂宁市通过集中规划，统一治理，投资建设了 PCB 园区污水处理厂，将园区内企业的电镀和污水集中处理，打造绿色发展平台。具体而言，重塑遂宁市为西部承接现代产业转移的理想地的经济形象，就是要将遂宁打造为服务最优的“理想地”，努力创优政务服务环境；打造为企业做大做强的“理想地”，努力破解资源、资金、要素等难题；打造为生态田园式的宜居“理想地”，努力建设生态优美的人居及创业环境。

3. 重塑遂宁市为具有特色的现代产业高地的经济形象

重塑遂宁市为具有特色的现代产业高地的经济形象，是在四川建设西部产业高地的大背景下，遂宁必然面对的发展主题。从产业布局来看，遂宁市目前已形成“4+3”产业发展格局，产业发展具有一定的优势。但是遂宁市产业结构不合理，2010年，遂宁市三次产业结构比为22.1∶51.4∶26.5，第一产业比重偏高，第三产业比重则一定程度上低于正常值，农业比重过大，第三产业发展滞后。因而，必须调整产业结构，走“绿色高效、融合发展”的现代农业提升之路，“传统工业提升、新兴产业跨越”的新型工业发展之路，“文旅突破、以商促工”的服务产业赶超之路，做大总量、优化结构、提升质量，加快构建绿色经济体系，着力打造电子产业基地、物流集散基地、绿色食品供应基地、休闲度假旅游基地。

（1）大力发展现代农业，建设都市农业高地。建设有遂宁特色的现代产业高地，就是要坚持绿色发展战略，走“绿色高效、融合发展”的现代农业提升之路。农业对遂宁市经济发展有较大贡献，特色农业是遂宁市主导产业之一。要加快传统农业向现代农业跨越，打造绿色生猪、优质肉牛、商品家禽三大现代畜牧业产业带，发展优质专用粮油、优质柑橘、绿色蔬菜、高效林业、花卉苗木、道地中药材六大现代农业产业带，积极培育有机农产品，构建现代农业产业体系，率先建成西部现代畜牧经济强市和国家优质商品猪战略保障基地。

（2）构建现代绿色工业体系，加快建设工业产业高地。建设有遂宁特色的现代产业高地，就是要坚持绿色发展战略，走“传统工业提升、新兴产业跨越”的新型工业发展之路。深化产业结构调整，促进传统产业向现代产业发展。第一，壮大优势特色产业。着力提升“4+3”优势产业的支撑作用，改造提升油气盐化工、高档家纺及服装、机械配套、绿色食品等传统优势产业，促进产品升级和价值链升级；加快建设精细化工、食品饮料、纺织服装生产基地和机械制造配套基地。第二，培育战略新兴产业。加快培育和发展电子信息、节能环保、生物医疗、绿色能源和精密制造等战略性新兴产业。促进电子信息产业链条从一般元器件制造向精密元器件和整体终端产品制造延伸，建成西部电子元器件、新光源、电路板三大制造中心和软件研发及信息服务基地，大力发展锂离子电池和生物质能等新能源产业。支持大雁电子、鼎吉光电、雪莱特电子、柏狮光电、志超电子、昶辉电子等企业通过技术改造和技术创新做大做强。积极引进高性能集成电路、液晶屏等生产线，提高企业核心竞争力。着力推动新一代移动通信和智能终端的研发及产业化，提升软件服务、网络增值服务等信息服务能力。支持天齐锂业做大做强锂电新材料产业上下游产业链和循环经济产业链，努力打造全球最大的锂材料制造基地、锂产品供应基地和全国最大的锂业技术研发中心。积极探索，适时发展高性能纯电动汽车、油电混合动力汽车。第三，加快产业园区建设。按照工业化与城镇化互动发展的要求，依托城市办园区，办好园区建新城，建设一批生态工业园区、循环经济园区。做好园区扩区升位工作，将金桥工业港纳入市城区发展规划，整合资源，统一园区规划、基础设施建设和产业布局规划；加快规划建设 2 个国家级园区、7 个省级园区，着力打造遂宁经济开发区千亿产业园区，把射洪工业园和大英工业集中区打造成 500 亿产业园区，建设一批百亿产业园区。第四，培育大型企业集团。围绕“4+3”产业，以各行业龙头企业为重点，加快推进实施大企业大集团培育计划，重点在产业规划、用地政策、资金安排、招商引资等方面给予倾斜，鼓励引导大企业做强主业，提升自身核心竞争力，扩大市场占有率。坚定不移地实施招大引强，努力引进一批世界 500 强、国内 100 强企业，培育形成新的行业旗舰。鼓励盛马化工、沱牌集团、高金食品、美丰集团等企业大力实施开放合作战略，通过并购重组实现低成本扩张，不断拓展经营范围，延伸产业链条，组建跨行业、跨地区的大型企业集团。到 2015 年，力争培育主营业务收入超过 200 亿元的企业 1 家，超过 100 亿元的企业 3 家，超过 50 亿元的企业 5 家，10 亿元以上的企业 20 家，建成一批在全国同行业中具有较强影响力和知名度的企业集团。

（3）大力发展现代服务业，加快建设现代服务业高地。建设有遂宁特色的现代服务业高地，就是要坚持绿色发展战略，走“文旅突破、以商促工”的服务产业赶超之路。大力发展现代服务业，如休闲旅游业、文化产业、现代物流业，创新发展现代金融业。第一，大力发展文化产业。深度开发自然历史文化资源，解放和发展文化生产力，增强文化发展活力，着力打造观音文化、宋瓷文化、书法文化、沱牌酒文化、遂宁民俗文化等特色文化品牌；培育文化大企业大集团，实施文化大项目大工程，加快观音文化产业园区建设，大力发展文化创意产业，支持发展报刊出版、广播影视、综艺娱乐、文化旅游、广告印刷、康体健身等文化产业和新型文化业态；搭建文化发展平台，建设文化产业大基地，提高文化产业规模化、集约化、专业化水平，增强文化产业的整体竞争力；繁荣城乡文化市场，建立统一开放、竞争有序的现代文化市场体系。到 2015 年，遂宁广播影视产业增加值在全市 GDP 中的比重力争显著提高，广播影视产业年均增长率力争达到 25% 以上，经营创收在现有基础上力争达到 4.5 亿元，文化产业增加值年均增长 20% 以上，占 GDP 的比重达到 6% 左右。

第二，加快发展特色旅游业。深度挖掘观音文化、道教文化，积极弘扬书画文化和红色文化；开发建设中华养生谷等旅游度假区和龙凤古镇、玉丰古镇、金华镇、文井镇、卓筒井镇等五大特色旅游镇；培育和创建一批国家级、省级旅游品牌；继续坚持抓好以成渝两地、东部沿海为重点的国内市场宣传，以日韩、东南亚国家及港澳台地区为重点的海外市场宣传营销，积极参加欧美市场的旅游促销活动，不断提高观音故里、中国死海、中华侏罗纪探秘、卓筒井千年制盐文化等旅游名片知名度，促进旅游产业现代化、旅游城市品牌化、旅游市场国际化，扩大遂宁市旅游目的地在国内外的影响力和美誉度。

第三，优化发展商贸服务业。完善基础设施，优化商贸结构，创新流通方式，发展新兴业态，扩大流通规模，增强市场功能，完善空间布局，实现传统商贸向现代商贸转型升级。整合现有资源，突出市场特色，强化市场功能，引入现代交易方式，扶持发展一批大型生产资料、消费品、特色农产品等专业批发交易市场；促进连锁经营多领域跨地区发展，引导连锁企业加强配送中心建设，引进跨区域的大型连锁龙头企业；大力推进供应链管理，加快发展电子商务，提高流通领域信息化水平；发展集传统特色商业与现代购物、休闲、娱乐、餐饮于一体的购物中心和特色街区。

第四，创新发展现代金融业。加快金融改革与创新，大力发展各类金融机构和金融服务组织，完善金融组织体系；积极推动金融发展创新，加快金融产品和服务方式创新，推进金融市场和业务创新，促进多层次金融体系发展，推动管理体制和技术手段创新；大力发展地方金融业，推动该市商业银行发展成区域性商业银行，推动农村信用社组建农村商业银行或农村合作银行，做强金融企业品牌；积极扩大金融对外开放，引进异地金融机构设立分支机构，推进地方金融机构与境外金融机构加强战略合作；扩大融资规模，积极推进资本市场融资，大力发展债券融资，积极拓展资产证券化、信托、租赁等其他融资渠道，不断优化融资结构；加强金融基础设施和金融生态环境建设，积极创建金融生态示范市，为地区金融发展空间奠定良好的基础。主动接受成、渝地区金融业的辐射，大力提升金融业现代化发展水平，使该市金融业成为与地区经济发展相适应，与成、渝金融发展接轨，间接融资和直接融资互补，融资和服务功能统一，对内对外区位优势明显的支柱产业之一。拓宽保险服务领域，积极发展责任保险、信用保险，创新保险服务领域，规范保险市场，拓宽再保险市场建设，建立健全保险服务体系。到 2015 年，金融业增加值力争达到该市服务业比重的 10% 以上、GDP 的 3% 以上，保障经济社会发展的筹融资能力进一步增强。

第五，大力发展现代物流业。以建设物流平台、发展专业市场、培育三方物流为重点，加快建设中国西部现代物流港，提高遂宁物流智能化和标准化水平。完成四川省物流服务业标准化试点城市建设，深度对接重庆保税区和天府新区，把遂宁建设成为成渝腹地流通领域现代物流中心城市。围绕产业园区建设与物流体系完善联动发展，优先建设工业生产性物流体系；围绕成渝经济区电子信息产业的发展，优先发展电子元器件和电子产品物流；围绕川渝丰富的农产品资源和农业产业化建设，优先发展农产品冷链物流；围绕西部药都、川渝粮食物流中心项目建设，优先发展现代医药物流、粮油电子交易和现货配送物流；围绕广阔市场腹地和川渝间城市群，优先发展城市统一配送物流；围绕盆中农村广阔市场，优先发展农村商贸物流。

4. 重塑遂宁市为现代生态田园城市的地理形象

多年前，遂宁就开始以现代生态田园城市为定位，进行城市再造。目前，遂宁河东文化旅游产业区、城北高新技术产业区、城南新型工业区、城西现代物流区、观音湖生态体验区等五大主体功能区已经逐步成型，进一步增强中心城市的聚集效应，将全面提升城市综合承载能力，进一步形成连通山水、串联景区、贯通城乡的多层级“绿道”网络系统。因此，重塑遂宁市为现代生态田园城市的地理形象，是遂宁市城市发展和城市形象提升的必然途径。

重塑遂宁市为现代生态田园城市的地理形象，就是在现有现代生态田园城市的雏形基础上，按照慈善爱心之城、高品质创新创业之城、生态田园宜居之城的建设定位，运用现代元素、树立生态理念、植入田园风格，提升现代生态田园城市规划水平。即依照“园在城市中，城市在园里”的格局，将自然生态、田园风光与新型城市化建设双向移植，统筹建设绿地、林、田科学布局的绿色家园，形成青山绿水抱楼盘、大城小镇有田园的风貌特色。具体而言，可以从以下六个方面入手：①引风入城。利用城市或城市周边原有河流、道路和绿地，形成以城市主导风向为走向的通风廊道，引风入城，各组团建筑布局主要以南北向“接风入户”。以降低城市热岛效应，改善城市空气质量，调节城市微气候。②引绿入城。沿着涪江、渠河、联盟河、开善河、明月河、芝溪河及溪谷、山脊、风景道路、城市快捷通道等自然和人工廊道建立绿道。大量增加老城区公共绿地，规划好中心城区慢行系统，设置可供行人和骑车者进入的景观游憩线路，连接主要的公园、风景区、历史古迹、商步街和城乡居住区等，更好地保护和利用自然、历史文化资源，并为居民提供充足的游憩和交往空间。③引水入城。涪江是城市主要景观轴，沿岸景观打造与城市设施结合，使之成为城市最具特色和魅力的部分。将水引入城区，沿中心绿带打造特色水景，重点做好河东二期引水入城河道开挖及景观工程，35 平方公里“一湖四岛”城市湿地“绿肾”，85 公里长的环观音湖、沿联盟河、渠河、开善河城市“绿廊”建设保护工作。④借景入城。中心城区要重点打造广灵风景区，在西片区的白雀寺、常乐观、燕窝山，东片区的灵泉山、大拇指山等形成对景点，在东、西山建设健身休闲游览步道，保护好东山千亩彩林、西山千亩花海城市生态“绿屏”，使城市周边的山成为城市有机组成部分，成为城市人民生活中不可缺少的部分。⑤建设多层级“绿道”网络。结合道路、河流、田间机耕道及乡间小路建设自行车休闲绿道，串联城镇、景区、重要新农村示范点，形成体验田园风光、具有乡村旅游和休闲健身功能的绿道网络。⑥倡导绿色低碳建筑。通过科学的整体设计，在城市建设中大力提倡建设集成绿色配置、自然通风、自然采光、低能耗维护结构、新能源利用、废水回用、绿色建材和智能控制等高新技术为一体的绿色低碳建筑，减少对能源的消耗和对环境的影响。

参考文献

世界银行：《2009 年世界发展报告：重塑世界经济地理》，清华大学出版社，2009。

胡碧玉等：《遂宁市在成渝经济区的定位与发展思路探讨——基于城市综合竞争力的对比分析》，《经济研究导刊》2011 年第 29 期。

申金升、王意冈、王浣尘：《区域经济系统交通运输间接效益的一种分析方法——经济潜能模型（EPM）》，《经济地理》1993 年第 4 期。

四川省统计局：《遂宁“十一五”时期经济发展与周边十市的比较分析》，四川省政府网，

2011 年 8 月 30 日。

四川省统计局：《四川省统计年鉴 -2012》，中国统计出版社，2012。

遂宁市志办：《遂宁市志》，2005。

遂宁市统计局：《遂宁统计年鉴》，2011。

遂宁市统计局、国家统计局遂宁调查队：《2011 年遂宁市国民经济和社会发展统计公报》，2012 年 3 月 7 日。

遂宁市统计局、国家统计局遂宁调查队：《2010 年遂宁市国民经济和社会发展统计公报》，2011 年 4 月 2 日。

遂宁市统计局、国家统计局遂宁调查队：《2009 年遂宁市国民经济和社会发展统计公报》，2010 年 2 月 13 日。

遂宁市统计局、国家统计局遂宁调查队：《2008 年遂宁市国民经济和社会发展统计公报》，2009 年 3 月 31 日。

遂宁市统计局、国家统计局遂宁调查队：《2007 年遂宁市国民经济和社会发展统计公报》，2008 年 5 月 19 日。

遂宁市统计局、国家统计局遂宁调查队：《2006 年遂宁市国民经济和社会发展统计公报》，2007 年 2 月 28 日。

遂宁市城乡规划管理局：《遂宁市现代生态田园城市发展规划》，2011。

遂宁市发改委：《遂宁市国民经济和社会发展第十二个五年规划纲要》，2011。

遂宁市政府：《遂宁市基本实现“十一五”农业发展规划目标》，四川政府网，2010 年 11 月 24 日。

遂宁市经济和信息化委员会：《遂宁市“十二五”“4 + 3”产业发展规划》，遂宁市政府网，2011 年 6 月 9 日。

《遂宁市“十二五”机械配套产业发展规划》，遂宁市发改委网，2011 年 7 月 15 日。

《遂宁市“十二五”电子信息产业发展规划》，遂宁市发改委网，2011 年 7 月 15 日。

《遂宁市“十二五”战略性新兴产业发展规划》，遂宁市发改委网，2011 年 7 月 15 日。

崔保华、胡昌升：《遂宁市“两化”互动的实践与思考》，四川省委党校县市长培训班讲稿，2011。

崔保华、胡昌升：《城市名片：现代生态田园城市——遂宁》，四川市长网，2012 年 3 月 1 日。

《寻找深度融合的文化方位》，《四川日报》2012 年 1 月 31 日。

世界水日：《遂宁努力解决五大水利问题》，四川新闻网，2012 年 3 月 22 日。

《遂宁市夯实智慧城市建设基础》，四川新闻网，2012 年 7 月 30 日。

遂宁市农业局：《山乡处处“沼”气蓬勃——遂宁市农村能源发展综述》，遂宁市农业信息网，2012 年 4 月 19 日。

姚昌华：《遂宁“十二五”工业发展展望》，遂宁职业教育与产业发展会，2012 年 4 月 23 日。

《新型城镇化或成改革突破口》，《证券日报》，2012 年 12 月 6 日。

《遂宁五个定位开启跨越发展新篇章》，《遂宁日报》，2011 年 5 月 19 日。

《遂宁市国民经济和社会发展第十二个五年规划纲要》，2011 年 7 月 15 日遂宁市六届人大一次会议通过。

第29章 雅安市：连接内地 通向藏攀 绿色生态城市*

图 29-1 雅安市政区

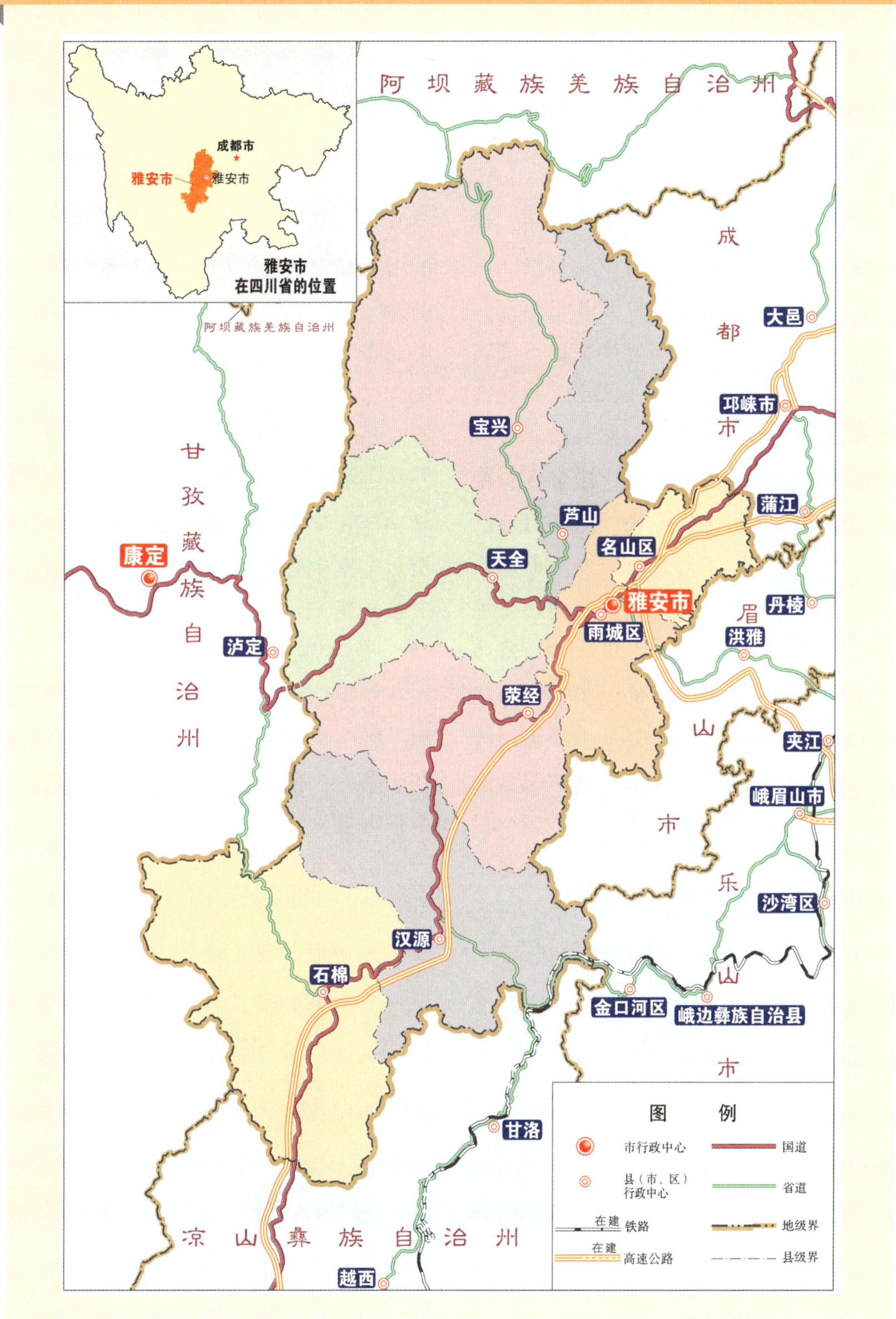

资料来源：本图由四川省发展和改革委员会、四川省测绘地理信息局提供。

* 本章作者：卢庆芳，四川省社会科学院区域经济研究所，助理研究员。

一　历史与现实

（一）自然地理概况

雅安市位于川西高原东麓，川藏、川滇公路交汇处，距成都 140 公里，地理坐标介于北纬 28° 50′ 10″～ 30° 56′ 40″，东经 101° 56′ 26″～ 103° 23′ 28″ 之间，处于龙门山段断层中段。雅安市北部邛崃山南延到西部二郎山，与北部南延的夹金山会合。西南部为西北 – 东南走向的大雪山伸入市域，南部和东南部有大相岭与小相岭。全市地形呈北、西、南地势高，东部地势较低的地理格局。西南、西北边缘地带的极高山（海拔超过 5000 米以上）终年积雪，其中石棉与康定、九龙交界的无名山顶海拔 5793 米，为雅安市最高峰。高山（海拔 3500 ～ 5000 米）分布于宝兴县、天全县西北部和石棉县西南部等地，相对高差可达 1000 ～ 2000 米，此两类地形占全市总面积 21%。分布于各县区的中山（海拔 1000 ～ 3500 米）占总面积 69%，范围广，面积大。低山（海拔 500 ～ 1000 米）仅占 4%，主要在雨城区和名山县一带。丘陵与平坝占总面积的 6%，多集中于河谷两侧，以青衣江两岸最多。河谷东端出境处海拔 627 米，为全市最低点。雅安市属四川盆地西缘山地，为盆地到青藏高原的过渡地带，是连接西藏与内地的交通要道，亦为汉文化与少数民族文化结合的过渡地带，还是现代中心城市与原始自然生态区结合的过渡地带。

气候类型属亚热带湿润季风气候类型，除高寒山地外，一般冬无严寒，夏无酷暑，春季回暖早，降水集中于夏季，多夜雨，但大相岭南北气候有显著差异。以雨城区、汉源县为例：前者年均温 16.2℃，后者 18.0℃；前者的一月均温为 6.1℃，后者为 8.3℃；前者的七月均温为 25.4℃，后者为 26.0℃；前者日照 1005 小时，后者 1451 小时。全市河谷带无霜期 280 ～ 310 天，年降水量南北差异显著。北部多在 1250 ～ 1750 毫米之间，南部仅 740 ～ 760 毫米。雨城区、天全县一带某些年份降水量可多达 2000 毫米，为全川多雨中心，故有“雨城”之称。雅安市热量充足、降水丰富，适合多种作物生长，但是云雾多、光照少，不利于粮油作物生长。尤其是低温绵雨灾害突出，影响小麦、玉米、水稻收播，但有利于茶叶、黄连、天麻等经济作物及药用作物生长。

森林覆盖广阔，植被覆盖率达 80% 以上，宝兴、石棉、天全、汉源、荥经、雨城等县（区）都有成片分布。海拔 3100 ～ 3400 米的地带为杜鹃灌木丛林，海拔 2600 ～ 3100 米的地带为冷杉、云杉、桦木等组成的高山针叶林。海拔 2300 ～ 2600 米的地带是以铁杉为主的针阔叶混交林，林下多箭竹。海拔 1000 ～ 2300 米的地带为常绿阔叶林、落叶林、混交林，树种有石栎、楠木、榕树、桦树、青杠等。大相岭以南，海拔 800 ～ 2300 米有云南松及栎类林，东部低山丘陵区有马尾松等。

（二）建制沿革

1972 年在汉源县富林镇发现的旧石器时代遗址表明，在这片由青衣江冲积而成的狭长河谷地带在旧石器中期或晚期就有先民存在了。《雅州府志》记载，雅安在夏朝时候是梁州的属地。雅安建制始于秦时，秦设青衣道（辖今芦山、宝兴、名山三县以及雨城区青衣江之北的地区）、严道县（辖今荥经、雨城区青衣江之南的地区），属于蜀郡。

公元前 111 年，汉武帝增置徙县（今天全县）、旄牛县（今汉源县），属沈黎郡。公元前 97 年，撤沈黎郡，改归蜀郡，置两部都尉，一治旄牛，主徼外羌人；一治青衣，管汉民。说明当时这里已经是汉民和羌族的聚居地。东汉灵帝时改置汉嘉郡，领辖 4 县，并包括今甘孜州大部及凉山州一部分。

南北朝时期撤销建制，由当地土豪管理，但仍属于益州。公元 604 年，隋朝废郡改置雅州，雅州之名由此而来。到 758 年，雅州领 5 县，即严道（今雅安雨城区多营乡）、芦山、名山、百丈（今名山县百丈镇）、荥经。此外，还设立了黎州（洪源郡）都督府，辖汉源（今汉源县清溪乡）、飞越（今汉源县宜东镇）、临溪（今名山县茅河乡）等县，以及若干军镇，如灵关镇（兵镇，今宝兴县灵关乡）、始阳镇（兵镇，今天全县始阳镇）和川镇（兵镇，今天全县城）等。为了对边地民族招抚内附，还设立了 50 多个由少数民族首领管辖的“羁摩州”，以便对少数民族进行治理。雅安作为连接西南内陆的桥头堡的战略意义开始显现。

北宋真宗大中祥符年间（1008 ~ 1016 年），治所由今雅安多营坪迁到苍坪山麓（今雨城区）。当时，境内连接成都与西藏的“西大路”逐渐形成，成为成都平原连接西藏的枢纽，并是通往尼泊尔、锡金、印度等国的国际商贸交易的重要节点。

元宪宗八年（1258 年）雅州属嘉定府治，并增置天全招讨司（今天全县城和始阳镇），统属陕西行省吐番本部宜慰使司管辖。

明代地方政权实行府、州、县三级制。雅州辖芦山、名山、荥经，州治在今雨城区。

清初仍为雅州。雍正七年（1729 年）升州为府，雅安属上川南道，辖名山、荥经、芦山、天全、清溪、雅安 6 县。在此期间，清庭正式收缴了天全高、杨二土司印信封号，实行改土归流，结束了 760 余年的土司统治，形成一州五邑互相拱卫的格局。

民国初年（1913 年）废州、府设道、县，当时的雅安、芦山、名山、天全、荥经、汉源六县，均属建昌道辖。1924 年废道，1935 年设四川省第 17 行政督察区，治设雅安县，辖雅安、天全、芦山、荥经、汉源 6 县和穆坪设治局（今宝兴县城）。1939 年民国政府为经营藏区设西康，本区改设西康省第 2 行政督察区直至解放。

1951 年改称雅安专署，并以汉源、越西、冕宁各一部分新建石棉县。1955 年撤销西康省，本区归划四川，并将名山县和泸定县划属本区，次年（1956）又将泸定县划归甘孜州辖。1958 年撤市改县，1981 年改称雅安地区，2000 年 12 月撤地建市。

（三）行政区划

雅安市共辖七县一区，行政区域总面积15046平方公里。一区指雨城区，面积1063平方公里，七县为名山县[①]（面积618平方公里），荥经县（面积1777平方公里），汉源县（面积2215平方公里），石棉县（面积2679平方公里），天全县（面积2390平方公里），芦山县（面积1191平方公里），宝兴县（面积3114平方公里）。全市有148个乡镇（106个乡，42个镇），5个街道办事处，63个社区居民委员会，588个居民小组，1069个村民委员会，7144个村民小组。其中宝兴县、汉源县、石棉县是享受少数民族待遇的县，有18个民族乡，另有非民族乡的38个民族聚居村。

雅安是全省唯一与甘孜、阿坝、凉山三州都接壤的市，具有民族自治地方和散居民族地区的双重特征。国道108线、318线、省道210线、211线等贯穿全市民族地区，石棉县、汉源县是国道108线、川藏南线上的交通要道，石棉县与凉山州冕宁县、越西县、甘洛县及甘孜州泸定县、康定县、九龙县接壤，汉源县与凉山州越西县、甘洛县及甘孜州泸定县接壤，宝兴县与阿坝州小金县、汶川县和甘孜州丹巴县等少数民族地区接壤。

（四）社会经济

1. 人口总量与结构

根据第六次全国人口普查公告，2010年末，雅安市常住人口1507264人，占四川人口的2%，居于全省第18位。男性人口为76.7万人，占50.86%；女性人口为74.1万人，占49.14%。总人口性别比（以女性为100），女性对男性的比例为100∶103.5，与全省100∶103.1的水平相当。

雅安是一个少数民族散杂居住的市，民族地区人口50余万，辖69个乡镇、422个村（少数民族人口散居或聚居分布的有365个村），民族地区面积占全市面积的54%，少数民族人口8万余人，占全市人口的4%。全市37个少数民族中，以彝族和藏族为主体的少数民族人口占全市总人口的5.4%，藏族人口占全市少数民族人口的40%。

2010年全市户籍总数46.2万户，其中乡村户数为40万户，人口127.7万人，占总人口比重为75.8%，略高于全省73.8%的平均水平。乡村从业人员为73.43万人，男性从业人员38.72万人，占52.73%，女性从业人员34.71万人，占47.54%。从就业结构看，三次产业从业人员比重为46.18∶23.18∶30.64，与全省43.15∶24.91∶31.44的比重基本平衡。2010年，全市共有外出从业人员30.3万人，占农村从业人员的41.3%。

从地理分布结构上看，雅安市地广人稀，人口密度不高，但区域内人口密度高低十分悬殊。从表29-1可见，雅安市人口主要分布在雨城区、汉源县和名山县三县（区），占全市人口的61.1%，区域内人口密度为98.5人/平方公里。分区县看，名山县人口密度全市最高，为418人/平方公

① 2012年11月，经国务院批准，原雅安市名山县撤县改区，设立雅安市名山区，以原名山县的行政区域为名山区的行政区域。

表 29-1　雅安市各区县人口密度

行政区域	土地面积（平方公里）	区域人口（人）	人口密度（人 / 平方公里）
雅安市	15302.42	1507264	98.5
雨城区	1070	355720	332
名山县	614	256484	418
荥经县	1781	147955	83
汉源县	2388	324408	136
石棉县	2678	123600	46
天全县	2491	134156	54
芦山县	1166	109029	94
宝兴县	3114	56060	18

资料来源：雅安市第六次全国人口普查公告。

里，其次是雨城区和汉源县，分别是 332 人 / 平方公里和 136 人 / 平方公里；人口密度最小的两个县分别是宝兴县和石棉县，分别是 18 人 / 平方公里和 46 人 / 平方公里。

总体来说，雅安市人口分布很不平衡。这种不平衡是受雅安市自然条件、历史基础、生产力布局等多种因素的影响以及人们的长期适应、选择下形成的。因此，合理调节雅安市人口分布对雅安市经济社会发展有着十分重要的现实意义。

2. 经济总量及结构

从 2007 年以来，雅安市的经济总量逐年壮大，2007 ~ 2011 年，全市实现地区生产总值（GDP）分别为 176.75 亿元、213.22 亿元、239.61 亿元、286.54 亿元和 350.13 亿元；增幅分别为 14.3%、11.5%、14.9%、15.3% 和 15.3%，高于全国、全省的平均增幅。2007 ~ 2011 年，全市全社会固定资产投资分别为 141.86 亿元、202.9 亿元、334.86 亿元、370.67 亿元和 340.97 亿元；增幅分别为 27.7%、43.0%、64.53%、10.7% 和 -4%。①

从三次产业结构看，2011 年第一产业增加值 56.87 亿元，增长 3.4%；第二产业增加值 200.38 亿元，增长 21%；第三产业增加值 92.88 亿元，增长 11.4%。三次产业对经济增长的贡献率分别为 3.9%、75.6% 和 20.5%。人均地区生产总值 23148 元，增长 22.6%。2007 年以来，雅安市三次产业结构调整总的趋势是：第一产业占 GDP 比重逐步下降，由 21.8% 下降到 16.3%；第二产业在 GDP 中占比保持逐年上升，从 47.7% 上升到 57.2%；第三产业占 GDP 比重呈逐年下降趋势，从 30.5% 下降到 26.5%；一、二、三次产业比例由 2007 年的 21.8 : 47.7 : 30.5 逐步调

① 《在优化结构中大上投资、大上项目》，雅安市发展和改革委员会网站，2012 年 10 月 17 日。

整为2011年的16.3∶57.2∶26.5，目前已形成“二三一”产业格局。

与产业结构对应，雅安市投资结构呈明显的“二三一”格局，第二产业投资额明显大于第三产业，第三产业投资额又明显大于第一产业。2007年，一、二、三产业的投资额分别为3.06亿元、100.08亿元和38.72亿元，所占比重分别为2.2%、70.5%和27.3%，其中水电投资82.1亿元，占总投资的57.9%；2008年，一、二、三产业的投资额分别为4.5亿元、134.6亿元和63.8亿元，所占比重分别为2.3%、66.3%和31.4%，其中水电投资102.2亿元，占总投资的51.4%；2009年，一、二、三产业的投资额分别为8.08亿元、207亿元和119.78亿元，所占比重分别为2.6%、61.7%和35.7%，其中水电投资147.7亿元，占总投资的44.1%；2010年，一、二、三产业的投资额分别为12.24亿元、193.99亿元和164.44亿元，所占比重分别为3.3%、52.3%和44.4%，其中水电投资129.4亿元，占总投资的35%；2011年，一、二、三产业占固定资产投资的比重分别为0.7%、58.8%和40.5%，其中水电投资94.5亿元，占总投资的31%。

雅安市民营经济发展快速持续，2011年公有制经济实现增加值152.27亿元，民营经济增加值达到197.86亿元，比2010年增长19%，占GDP的56.5%，对GDP增长的贡献率为68.4%，其中，第一产业增加值16.99亿元，增长4.5%；第二产业增加值132.65亿元，增长22.9%；第三产业增加值48.22亿元，增长14.5%。公有制经济和民营经济结构调整为45∶55。

在对外经济方面，雅安市2011年全年新批外商投资企业3家，完成合同外资7476万美元，增长119.95%；全市外商投资企业达到22家；实际到位外资3686万美元，增长4.18%，创历史新高；外贸进出口总额3261万美元，增长144.64%。招商引资总量快速增长。全年共执行招商项目180个，引进到位资金总额161.1亿元，增长22.5%。其中，引进省外到位资金112亿元，增长25.1%。

雅安是西部欠发达地区，处于工业化初期向中期过渡阶段。从区域生产总值在全省的排名看，雅安市在全省21个市州居第18位。与周边对比，经济总量和三次产业生产总值均高于甘孜藏族自治州和阿坝藏族羌族自治州，低于成都市、眉山市、乐山市和凉山彝族自治州。

二　资源禀赋

（一）地理位置优越

1. 连接川滇藏三省的战略要地

雅安自古以来为战略要地，素有“川西咽喉”、“西藏门户”、“民族走廊”之称。清《雅州府志》载：雅处蜀之偏僻，东接邛嘉，西附番藏，南襟六诏，北控诸羌。形象地描述了雅安在成都市、乐山市、眉山市、阿坝羌族自治州、甘孜藏族自治州和凉山彝族自治州乃至西藏自治区和云南省组成的区域中心位置，说明了雅安在四川、西藏、云南三省中的腹心地位，是西蜀边陲的重要门户，在民族交往中发挥着纽带作用。独特的民族因素和优越的地理位置，将使雅安在国家实施西部大开发战略和扩大内需政策实施中获得更加有力的政策支持，打破区域分割，促进区域资源聚集，实现经济社会快速发展。

2. 通往南亚次大陆的陆上枢纽

当前雅安已经形成了以市中区为中心，以川藏（国道 318）、川滇（国道 108）和成雅高速、雅西高速、邛名高速等省道为骨架向四周两侧辐射的相对完善的陆上交通网络，境内公路里程达 5332 公里，单位面积通车里程为 0.384 公里 / 平方公里。随着《雅安市川西综合交通枢纽规划》的实施，成雅铁路开工建设，雅甘铁路进入国网规划，雅康铁路和雅乐铁路启动前期工作顺利开展，将极大地改善本区域的产业空间分布，在经济交往中的空间阻力将极大弱化，经济一体化步伐将进一步加快，因而其区位优势必将更加明显，经济发展动力必将更加强劲。

在经济区域一体化的大背景下，作为东融成渝、西连康藏、南界攀西、北达甘（肃）青（海）的重要节点，雅安处于成都城市经济群、攀西经济区、川西北经济区的结合部，毗连全国第二大藏区、全国第一大彝区、全国唯一的羌族聚居区，雅安在沟通成渝经济区和云南、康藏地区，进而走向东南亚、南亚、西亚的战略地位日益突出。

（二）资源优势明显

1. 土地资源

雅安市土地总面积 2290.43 万亩，人均占有土地 16.2 亩，高于全省人均占有量的一倍。土地类型以山地为主，基本无平原。其分布是：平坝、山原主要分布于青衣江、大渡河流域两侧，面积为 147.5 万亩，占土地总面积的 6.44%，是区内粮、油、经济作物高产区。丘陵、台地主要分布于海拔 1000 米以下的区域，面积 83.26 万亩，占土地总面积的 3.64%，是区内主要农业区之一。低山区分布于各市、县海拔 1000 米以下的地带，面积 372.92 万亩，占土地总面积的 16.28%，是玉米、薯类、豆类农作物的主要产区，也是竹类等经济林、家禽家畜发展的基地。中山区面积 1544.92 万亩，占土地总面积的 67.44%，在农林牧各方面均占据重要地位，也是全区森林分布的主要地区，非耕地资源丰富，是草食牲畜、药材、经济林、用材林的主产区。高山区面积 140.1 万亩，占土地总面积的 6.12%。极高山分布极少，面积仅 1.73 万亩。

雅安市是四川省的林业基地之一，除雨城区和名山县，其余 6 县均属四川省重点林业基地县，林地面积居各土地利用类型首位，林地中以有林地和灌木林较多，而疏林地和未成林造林地很少，前两者合计占林地的 90% 以上。林地主要分布在北部、西部和西南部的边远高山、河流发源地及蜂桶寨、喇叭河两个自然保护区。牧草地全为天然草地，分布广，但主要集中在海拔 1000 米以上的中高山区，与林地交错分布，多为零散状，大片天然草地较少。主要分布在宝兴县、石棉县，两县天然草地面积分别占全区牧草地的 69.74%、25.15%。

2. 矿产资源与分布

（1）矿产资源。雅安是四川省矿产资源较丰富的地区之一，矿产种类繁多，分布相对集中，是四川矿产资源规划中明确的攀西黑色矿产资源经济区的重要组成部分。已发现煤、泥炭、天然气、煤成气、铁、铬、锰、钛、铜、铅、锌、铝土矿、镍、钴、锑、金、银、碲、铋、镓、锗、锂、砷、镉、菱镁矿、耐火黏土、大理石、花岗石等各类矿产 62 种、矿产地 560 处，探明储量的矿产 30 种。其中，上省储量表的矿种有 18 种，矿产地 620 余处，具有小型以上规模的矿产地共 118 处，分别是大型矿床 8 处，中型矿床 16 处，小型矿床 94 处。从储量上看，石棉矿储量居全国第二、铅锌矿储量居全省第三、锰矿产量占全省 50% 以上、芒硝储量占全省 62% 以上，大理石、花岗石、菱镁矿、铋碲矿、铝土矿等矿种在全省占据重要地位。在已开采的矿产资源中，以建材、化工矿产为优势，尤以建材资源最著称，有享誉中外的“中国红”和“蜀白玉”两大系列的名贵石材。

雅安市矿产资源的主要特点是：矿产种类比较齐全，包括能源、黑色金属及辅助原料、有色金属、稀有金属、贵重金属、化工原料、建筑材料、地下水等八大类矿产，特别是独产于雅安的铋碲矿是世界目前唯一发现的原生矿种，被称为“第二国宝”。大宗矿产分布相对集中，如宝兴的大理石、荥经和天全的花岗石、汉源的菱镁矿和磷矿、石棉县的石棉矿等，有利于统筹规划与集约开发。但是由于区域内矿产贫、杂矿多，共伴生矿产较多，优质矿产比较短缺，部分重要矿产开发难度大，如铝土矿以低铝高硅、高硫、高铁的一水硬铝石为主，磷矿虽含钾但磷品位较低，菱镁矿中氧化钙的含量较高，钴矿选矿难度较大，石棉矿中长棉储量仅占总储量的 14% 等，加之区域内是四川全省泥石流灾害的多发区域，生态、技术和经济多重因素的影响，制约了雅安市资源优势转变为经济优势的能力。

（2）矿产资源分布及开发利用。从分布上看，东部地区以煤、钙芒硝沉积矿产资源为主；西北部和西部从宝兴北部 - 天全西部 - 荥经西部 - 汉源北部一线以变质矿产（大理石）、有色金属矿产（铜、铅、锌）、化工矿产（硫铁矿）和红色花岗石为主；汉源、荥经一部分区域以沉积矿产（磷、锰）和部分有色金属矿产（铅、锌）、花岗石为主；石棉县是本市矿产资源富集区，主要有石棉、大理石及有色金属矿产铜、金矿等，尤以石棉和大理石储量为主，雅安绿、雅安红等石材全国闻名。

雅安市所辖七县一区均有矿产资源。①按开发程度划分，以汉源、荥经、天全、宝兴四县最具规模和效益。各县区开发利用的矿产见表 29-2。

2010 年雅安全市已开发利用的矿产 32 种，共设置采矿权 370 个，主要包括：煤矿 117 个、铅锌矿 22 个、大理石矿 32 个、花岗石矿 24 个、石灰岩矿 16 个，采矿权矿区面积共计 317.25 平方公里。全市矿山年产矿石量（固）665.31 万吨，实现产值 7.9 亿元，矿山从业人员 14598 人。

3. 水电资源

雅安境内有河流 131 条，区域内河流长度达 3118 公里，区域内径流大、落差

① 《雅安市矿产资源综合统计》，雅安市国土资源局网站，2011 年 11 月 16 日。

表 29-2　雅安市 2010 年度各县区开发利用矿产一览

区县	开发利用矿产
雨城区	煤矿、地热、砖瓦用页岩、建筑用砂岩
名山县	芒硝、砖瓦用页岩、建筑用砂岩、矿泉水、建筑用砂
荥经县	煤矿、铜矿、铅矿、锌矿、铁矿、锰矿、冶金用石英岩、硫铁矿、水泥用灰岩、水泥配料用页岩、饰面用花岗岩、建筑用花岗岩、建筑用玄武岩、建筑用砂岩、制灰用石灰岩、砖瓦用页岩、建筑石料用灰岩
汉源县	煤矿、锰矿、铅矿、锌矿、镁矿、水泥用灰岩、制灰用石灰岩、砖瓦用页岩、建筑用页岩、高岭土
石棉县	煤矿、铜矿、铅矿、锌矿、金矿、碲矿、冶金用石英岩、冶金用脉石英、石棉、石膏、水泥用灰岩、化工用白云岩、砖瓦用页岩、饰面用花岗岩、饰面用辉绿岩、饰面用大理石、建筑用大理岩
天全县	煤矿、铅矿、冶金用石英岩、耐火黏土、硫铁矿、芒硝、石膏、水泥用灰岩、砖瓦用页岩、建筑用砂岩、饰面用花岗岩、饰面用板岩、水泥配料用页岩
芦山县	煤矿、铜矿、锌矿、铝土矿、水泥用灰岩、砖瓦用页岩
宝兴县	锰矿、铜矿、铅矿、锌矿、镍矿、锑矿、冶金用石英岩、含钾岩石、石膏、水泥用灰岩、玻璃用石英岩、砖瓦用页岩、饰面用花岗岩、饰面用大理岩

大，有水能资源丰富、开发条件好的优点，可建立世界罕见的阶梯式水力发电站群。截至 2012 年 3 月，已建成水电站 773 处，装机突破 1000 万千瓦大关，达到 1010 万千瓦，水电开发程度已达 94.4%，水电资源优势正加速向经济优势转变。雅安是国家规划的十大水电基地之一，全区水力资源集中分布于青衣江、大渡河两大水系，水量相当于山东、山西、河北、河南、北京、天津四省两市的总和。区域内水能理论蕴藏量 1601.29 万千瓦，技术可开发量 1322 万千瓦，占全国技术可开发水电资源的 2.4%，占四川省的 12.8%。雅安市水电开发步入了高速发展时期，形成了大、中、小、微电站齐头并进的良好局面。目前，全市仍有在建水电站 44 处，装机 320 万千瓦。2003 年 7 月完成的《大渡河干流水电规划调整报告》中规划开发的 22 个电站中有 5 个分布在雅安市的石棉县境内，可开发量 1016.11 万千瓦。当前已建、在建水电装机达 1275.73 万千瓦，水电开发程度达 96.5%。丰富的水电资源使其成为名副其实的“水电王国”。

为了增强政府对电力的调控能力，集中小水电重点支持优势产业、优势企业和重点园区发展，兼顾县区经济社会发展电力需求，2011 年 8 月 10 日雅安市政府印发了《雅安市集中 40% 小水电电量统一调度使用实施方案》，要求落实集中 40% 小水电电量统一调度使用。这将有利于转变水电资源优势和电量、电价比较优势为经济发展优势，合理体现水电资源富集地资源优势及地理位置差别，对区域经济发展产生巨大的促进作用。

与水电建成装机齐头并进，雅安市电网建设也实现跨越式发展。以 500 千伏变电站为中心，220 千伏输变电工程为骨干的川西电网枢纽已基本形成，地方 110 千伏电网日臻完善。2011 年，雅安市发电量达到376亿千瓦时，其中地方电网并网电站发电量达67亿千瓦时，全社会用电量达到75.68亿千瓦时，首次位列全省第六位。电力工业的健康发展，不仅为雅安市经济社会的发展做出了积极贡献，也为西电东送做出了重大贡献。

4. 生态资源

复杂的地形、气候等因素为多种植物的生息、繁衍提供了良好的生态条件，使雅安成为生物资源的富集区，是全国重要的“生物基因库”。雅安市丰富的生态资源使其获得了“天然氧吧”和“天府之肺”的美誉。区域内垂直地带性分布明显，草地、灌木林、高山阔叶林、常绿阔叶林、针叶林、落叶阔叶林混交林、针阔混交林等多种森林群落交错分布，有木本植物1000多种。列为国家一级保护植物的有桫椤、珙桐两种；二级重点保护植物有连香树、水青树、杜仲等6种；三级重点保护植物有八角莲、天麻、厚朴等10种。全市现有森林面积1893.2万亩，人均9.3亩；木林蓄积量为9507万多立方米，人均63.38立方米，均高于全省平均水平。全市森林覆盖率62%，是全国林产基地之一。境内野生药用植物资源丰富，现已查明较常见药用植物有1200种以上，属于“三级标准”收载及地方习用中药的有425种。近年来，年平均收购利用的有254种，收购总量193.6万公斤。雅安历史上曾为四川七大药材集散市场之一，是川药重要产区。

雅安市是世界上第一只大熊猫标本（现存于法国历史博物馆）的“雅宝”的发现地，也是目前世界上大熊猫数量最多的地方。“5·12”汶川特大地震以后，雅安市碧峰峡熊猫基地成为全球熊猫最多的养殖基地。除大熊猫外，雅安还有小熊猫、金丝猴、白唇鹿、羚羊、黑颈鹤、雅鱼等珍稀野生动物。据全省1975年动物资源普查，雅安市有野生动物289种，其中一类珍稀野生动物6种，二类珍稀动物有小熊猫、白臀鹿、雪豹等17种，三类珍稀动物有大灵猫、小灵猫等8种。

5. 旅游资源

雅安具有良好的地缘优势，是四川旅游西环线和香格里拉环线上的客源枢纽、交通枢纽和重要门户。以雅州廊桥、雅安大桥、青衣江大桥等为代表的十余座造型独特、风格迥异、别致新颖、古朴典雅的桥梁将南北城区连成一片；沿江分布的以不同主题建设的城市休闲公园，树木葱茏，绿漫翠染，雅致秀美，自然巧妙而又不失深邃厚重，无不彰显着这座历史文化名城的历史人文、自然风貌、民俗风情。青山环抱、满目苍翠、清江碧水的景致，青衣江等4条江河穿流于城区，使雅安城呈现一种独特的婉约美与浪漫美。置身于水在城中，城在山中，路在绿中，人在花中的雨城，更使人倍感和谐融洽、惬意舒适。整座城市处处显露着独特的“青山叠翠、绿水映波、古树垂荫、雅雨如诗、名城似画”的魅力与风采。

目前，全市拥有国家级和省级自然保护区5个，国家级和省级森林公园4个，省级和市级风景名胜区8个，国家4A级旅游区2个和2A级旅游区1个，国家地质公园1个，中国最大的保护大熊猫研究中心——雅安碧峰峡基地。

旅游地有汉高颐阙、白马泉、碧峰

峡、蒙山风景区、唐代摩崖造像、严道古城遗址、富林文化遗址、安顺场渡口、田湾河、汉樊敏碑阙、飞仙关、蜂桶寨自然保护区、大板桥风景区、上里古镇、周公山温泉、宝兴邓池沟熊猫故乡、九襄古镇、大渡河峡谷等。蒙顶山是世界人工茶叶种植的发源地，是世界茶文化圣山。 雅安的上里古镇、望鱼古镇等是南丝绸之路上的重要驿站，茶马古道上的重镇，四川十大古镇之一。古镇依山傍水，田园小丘，木屋为舍，现仍保留着许多明清风貌的吊脚楼式建筑和文物古迹，是写生作画、品茗遐思、咏史寻踪难得的胜迹。

6. 文化资源

雅安区域内悠久的开发历史、独特的地理位置和生态环境，积淀了种类繁多、内涵深厚的人文资源。雅安拥有五大文化资源，即茶文化、熊猫文化、汉文化、红军文化、三雅文化。

雅安是世界茶文化的发源地，也是世界茶文化圣山——蒙顶山的所在地。公元前 53 年，蜀农吴理真在蒙顶山首开人工植茶先河，由此而发展到全国和世界，吴理真因此被称为“茶祖”，世界茶文化也由此发源。雅安优良的生态环境和充沛的雨雾，为蒙山茶的出众品质创造了先天条件，可谓“云雾山中出好茶”。公元 742 年，蒙顶山茶列为中央朝廷祭天祀祖的专用贡茶，直至 1911 年，长达 1169 年。雅安还是中国南路边茶茶马古道的起始地，蒙顶山茶通过茶马古道输入藏区，是历代中央政府与藏、羌等少数民族进行茶马贸易的专用商品，成为汉族人民同藏、羌等各族人民增强政治、经济、文化交流的重要纽带。中国黑茶的原产地在四川雅安。绿茶和黑茶是雅安茶叶加工的主打产品。同时，藏茶是藏区民间对原产地雅安生产的销往藏区、边区茶叶的称谓之一。雅安边茶从唐代开始传入西藏，距今已有 1300 多年的历史，一直是藏族人民喜爱的饮用品。雅安与藏区接壤，两地间容易沟通和交流，从最初的简单以物易物，到后来便逐渐发展成大规模的“以茶易马”和“茶土交流”，使得从四川雅安到西藏拉萨之间逐渐形成了一条非常重要的古代商道。“茶马古道”作为一条连接内地与西藏的古代交通大动脉，历经唐、宋、元、明、清，最后虽然从历史的地平线上消失，但其对促进康藏地区经济发展、增进汉藏民族融合、维护国家统一的历史作用不容低估，并永记史册。

世界上第一只大熊猫标本现藏于巴黎自然博物馆，由法国生物学家戴维于 1868 年采自宝兴县邓池沟，戴维也因此连续两届当选法国科学院院士。据《全国第三次大熊猫调查报告》显示，雅安大熊猫栖息地面积为 4821.96 平方公里，占全国大熊猫栖息地总面积的 20.93%，在全国大熊猫分布市（州）中高居首位。其中：芦山县 463.70 平方公里，宝兴县 2000.32 平方公里，天全县 1308.35 平方公里，荥经县 612.65 平方公里，石棉县 436.94 平方公里。① 宝兴、天全、芦山相连的大片森林地带，被称为“熊猫的故乡”。新中国成立以来，仅宝兴县就为国

① http://city.sina.com.cn/city/t/2010-07-30/17176766.html.

家提供大熊猫110多只，其中十多只作为我国和平友好使者赠予友好国家，遍布世界各地。

雅安古属青衣羌国，境内人类遗存非常丰富，文物景点绚丽多彩，个性鲜明，各具特色。全市现有文物保护单位108处，保护点1300多处，馆藏文物3万余件，珍贵文物3千余件（套），尤以汉代文物为其中精华。最有影响的是汉代碑阙和石刻文物，全国为数不多的汉代石兽中雅安就有12具，超过总数的一半；雅安高颐阙、芦山樊敏阙及石刻堪称汉代墓刻遗存的精华，是国之瑰宝。被列为国家级、省级、县级重点文物保护单位的高颐阙、樊敏碑阙、王晖石棺等共有107处。省级历史文化名城有雨城区（原雅安县）、芦山县、荥经县；省级历史文化名镇有安顺场和上里。

雅安两汉文化历史底蕴丰厚，近现代更留下了"翼王头落地、红军会师处"的壮丽诗篇。红军长征在这里强渡大渡河、翻越夹金山，成为雅安红军文化的历史起源。红军途经雅安留下的丰富的红军文化也是雅安文化资源的重要组成部分。雅安境内红色遗址遗迹，几乎遍布雅安七县一区，中外驰名的安顺场渡口，建有邓小平题词的中国工农红军强渡大渡河纪念碑，芦山县红军文物遗址等均属省级文物保护单位。

雅安的文化历史、良好的生态环境，造就了雅安独特的三大特色"景观"："雅雨"、"雅鱼"、"雅女"，并称雅安三雅。雅安因雅鱼而丰美，因雅雨而多姿，因雅女而妩媚，共同形成了雅安"雅"的人文特色。"三雅"像一块巨大的磁石，吸引着四面八方的人们不断地涌向雅安。

三　产业发展

（一）产业发展特点

1. 产业结构演变①

从近30年的发展轨迹来看，雅安市主要依靠资源开发利用模式，先后发展了石材、木材、煤炭、小水电等原料生产经济和高耗能产业，而这些产业的兴衰又直接导致雅安市的经济发展产生波动。

从产业结构上看，雅安市三次产业结构比例逐步调整，并发生了两次标志性的变化。① 1991年，第二产业占比超过第一产业，三次产业比例分别为31.5∶42.5∶26，标志着雅安市经济由农业支撑初步迈进了工业经济发展时代；② 1998年，第三产业比重超过第一产业，三次产业比例分别为25∶48∶27，标志着第三产业对经济的带动和渗透功能进一步增强。从产业内部结构看，林业、牧业、副业和渔业相对发展较快，第二产业中的工业重型化特征进一步强化，第三产业内部结构也向多样化和新型化方向发展。

2. 经济总量与经济密度

雅安作为"成都城市经济群"重点发展的三级中心城市，2011年全市实现生产

---

① 陈福明：《欠发达地区区域经济增长方式、产业结构调整调研——四川省雅安市个案》，《西南金融》2008年第9期。

总值 350.13 亿元，三次产业结构调整为 16.3∶57.2∶26.5。地方财政一般预算收入 21.65 亿元，比 2010 年增长 38.33%。其中税收收入 18.14 亿元，增长 39.2%（国税收入、地税收入分别增加 2.6 倍、3.5 倍），地方公共财政预算支出 81.03 亿元，增长 4.56%。全社会固定资产投资完成 340.97 亿元，比上年下降 4.0%（按可比口径），社会消费品零售总额 113.97 亿元，比上年增长 17.4%。[①]

2009 年世界银行报告将经济密度作为衡量经济地理的三大特征之一，它是指区域内单位面积上国民经济总产值，是地方发展层次最重要特征。雅安市 2011 年全市平均经济密度为 0.022880695 亿元 / 平方公里，区域内高于全市水平的区（县）由高到低分别有雨城区、名山县和荥经县，其余 5 个县均低于全市平均水平，比较而言，宝兴县经济密度最低，仅为 0.0058 亿元 / 平方公里。综合表 29-1 和表 29-3 可见，雅安市市域人口密度和经济密度基本重合，说明经济密集区的人口聚集规模明显。

（二）产业结构分析

1. 第一产业

从布局上看，农业生产主要分布在青衣江、大渡河两侧的平坝、山原地区，主要农业生产大县有名山、雨城区、天全、荥经等县，占全区农业生产总值的 62%。

2011 年雅安实现农林牧渔业总产值（现价）94.6 亿元，[②] 比上年增长 3.4%。

表 29-3　雅安市各区县经济密度

行政区域	区域国内生产总值（亿元）	土地面积（平方公里）	经济密度（亿元 / 平方公里）
雅安市	350.13	15302.42	0.022880695
雨城区	100.39	1070	0.093822429
名山县	42.83	614	0.069755700
荥经县	43.35	1781	0.024340258
汉源县	41.50	2388	0.017378559
石棉县	47.89	2678	0.017882748
天全县	33.33	2491	0.013380168
芦山县	22.47	1166	0.019271012
宝兴县	18.37	3114	0.005899165

数据来源：根据 2012 年雅安市国民经济和社会发展统计公告整理。

① 雅安市统计局、国家统计局雅安调查队：《2012 年雅安市国民经济和社会发展统计公告》，雅安市统计局网站。

② 《农业生产全面发展，农民收入稳步增长—2011 年雅安市农业经济运行情况简析》，四川省统计局网站，2012 年 3 月 15 日。

其中：农业总产值44.3亿元，增长5%；林业总产值6.3亿元，增长14.5%；畜牧业总产值42.1亿元，下降0.2%；渔业总产值0.8亿元，增长4.5%；农林牧渔服务业增加值1.2亿元，增长9.2%。雅安市完成第一产业增加值（现价）56.9亿元，增长3.4%。

2005年以来，雅安市在耕地面积受瀑电建设的影响连续减少的情况下，粮食产量也呈逐年下滑的趋势，到2009年底瀑电蓄水后，这一不利因素消除，耕地和播种面积止住了连续下滑的势头。2011年雅安市粮食播种面积与上年相比保持稳定，在全年基本无极端灾害天气影响下，粮食产量实现恢复性增产。据统计，2011年雅安全年粮食播种面积为181.3万亩，与上年基本持平；粮食总产量为51.9万吨，比上年增加6358吨，增长1.2%，其中：水稻产量19.77万吨，增长0.5%；玉米产量15.16万吨，增长2.6%；小麦产量3.97万吨，下降4.4%；薯类产量9.99万吨，增长3.1%。

雅安市近年来根据自身所处的自然条件，大力发展特色高效农业发展，目前已基本形成了“南果蔬、北茶竹”的产业布局，2011年雅安市茶园面积达到60.7万亩，同比增长16%；本年采摘面积达42.8万亩，同比增长4.7%；茶叶产量达5.95万吨，同比增长6.6%。蔬菜产量达到65.86万吨，增加2.75万吨，增长4.4%；果园面积15.51万亩，增长9.1%，水果产量21.96万吨，增长5.2%。茶叶、蔬菜、水果三项产值之和占农林牧渔总产值的比重达到31.9%，已经成为雅安农业生产的三大支柱，在农民增收中发挥着骨干作用。

2011年雅安市生猪出栏144.12万头，比上年减少4.1万头，同比下降2.8%；猪肉产量13.07万吨，同比下降2.7%；生猪存栏115.27万头，与上年基本持平；能繁母猪12.31万头，同比增长0.9%。牛存栏15.76万头，同比增加0.8%；出栏肉牛9.72万头，同比增加0.4%。羊存栏24.76万只，同比增加1.2%；出栏肉羊33.17万只，同比增加0.1%。出栏肉兔126.67万只，同比增长1.4%。牛奶产量2.8万吨，下降3.2%。

雅安市生态建设进展顺利，生态环境水平不断提高。随着林业三大生态工程建设的不断深入，雅安市1460万亩天然林资源实行了全面管护，94.27万亩退耕还林面积的成果得到巩固，全年完成人工造林3万亩，幼林抚育和成林抚育面积分别达到17万亩和24万亩，年末自然保护区为6个，其中国家级自然保护区2个，自然保护区面积达271万亩，恢复大熊猫栖息地40005亩。2011年雅安市森林覆盖率达62%，稳居四川省第一。2011年共完成栽竹25.26万亩，其中纸浆竹23.68万亩，工业原料林1.52万亩，油茶面积1.5万亩，完成集约经营施肥40万亩（退耕还林专项建设），建设了28个面积不小于40公顷的县级示范片，重点培育、扶持了规模较大、实力雄厚、辐射带动能力强的制浆造纸厂、中天地林产公司等龙头企业，带动雅安市林业产业持续快速发展。2011年完成林业产值6.3亿元，增长14.5%。雅安市生态环境得到不断改善，居民生活环境水平逐渐提高。

2011 年，雅安市认真贯彻落实各项支农、惠农、强农政策，以发展特色农业、促进农民增收、全面建设社会主义新农村为目标，不断加大农业投入，转变发展方式，夯实农业基础，加大对农民工就业的引导，有力地促进了农业增效、农民增收。据调查结果显示，2011 年雅安市农民人均纯收入突破 6000 元关口，达到 6268.67 元，同比增长 21%，增幅在四川省 21 个市州中排第 10 位。农民生活得到极大改善，进入一个新的增长期。

在农业产业化方面，“十一五”末，雅安市共有农业产业化龙头企业 64 家，年销售收入 22.53 亿元，其中，省级重点龙头企业 11 家，市级龙头企业 53 家。全市涉农注册商标达到 333 件，农产品知名商标 39 件。西南国家茶叶产品质量监督检验中心落户雅安，14 个产品荣获“四川名牌”，颁布实施 6 个区域性地方标准，建成边销茶降氟、荥经长毛兔标准化示范区和芦山魔芋标准化示范乡，成功申报 2 个国家级农业标准化示范区和 6 个省级农业标准化示范乡。工商登记注册农民专业合作社达到 314 个，省级示范专业合作组织 23 个。涌现出雨城区草坝镇水禽产业协会、名山县茅河乡茶叶协会等省级示范专合组织典型。全市无公害农产品认证 77 个，绿色食品认证 52 个，有机食品认证 12 个，农产品地理标志保护 2 个；雨城区、名山县获得无公害整体认定，“蒙山茶”、“汉源花椒”获国家地理标志产品保护。

2. 第二产业

雅安市工业布局显示出较强的资源导向，水电工业在市域所有区县均有分布，电冶等高载能工业布局在电源点周围；机械制造业主要分布在雨城区、名山县和芦山县；农产品加工业主要分布在雨城、名山、荥经和汉源等区县；建材等材料工业主要分布在雨城、天全、芦山、荥经、石棉和汉源等区县；医药化工业主要分布在雨城、名山、石棉和汉源等区县，其中雨城区雅化集团是登陆中小板的上市企业。总体来看，雅安工业发展呈现非均衡状态，其中雨城区工业增加值占全市工业增加值的 26.6%，石棉县占 19.8%，其余 5 县共占 53.6%。

进入 21 世纪以来，区域内围绕以水电及矿冶、机械制造、农产品加工三大主导和发展新材料工业为主的“3+1”工业发展战略的实施，着力推进工业结构和工业布局的调整和优化，推动了工业结构升级，工业持续快速发展，有力地带动和支撑经济社会的发展。

全市已建成各类产业园区 10 个：雅安市农业高科技生态园区（国家级园区）、四川雅安工业园区（省级园区）、雨城区草坝工业集中区、荥经县工业集中区、汉源县工业园区、石棉县竹马工业园区、天全县工业集中区、芦山县工业集中区、宝兴县工业集中区、成雅工业园区。到 2011 年底，全市产业园区规划面积 82.59 平方公里，其中：规划工业用地面积 49.49 平方公里；建成区面积 15.97 平方公里；园区办公、生活等配套用地面积 1.62 平方公里。2011 年，全市产业园区累计完成工业总产值 259.52 亿元，增长 25.51%；实现工业增加值 75.4 亿元，增长 29.67%。

2011 年雅安工业经济增长较快。[①] 全年实现全部工业增加值 174.95 元，增长 23.8%，对经济增长的贡献率为 73.3%。新建投产规模以上工业企业 21 户，年末规模以上工业企业户数达 329 户。全年规模以上工业增加值增长 27%。全市规模以上工业实现工业总产值 445.2 亿元，增长 32%。其中，重工业总产值增长 32.7%，轻工业总产值增长 27.3%，重轻工业的比为 88∶12。“3+1”产业总产值占规模以上工业的比重达 76.1%，增长 35.7%。其中，水电及电冶产业实现工业总产值 213.9 亿元，累计增长 43.4%；机械制造产业实现总产值 47.0 亿元，累计增长 9.6%；农产品加工产业实现总产值 48.3 亿元，累计增长 29.6%；新材料产业实现总产值 29.7 亿元，累计增长 45.6%。全年规模以上工业企业实现出口交货值 1.2 亿元，增长 128.2%。在纳入统计的 15 种重点产品中，有 13 种产品生产增长，增长面为 86.7%。其中：原煤产量增长 23.4%，发电量增长 83.9%，精制茶增长 60.8%，机制纸增长 30.5%，铁合金产量增长 26.2%，铁矿石增长 79.4%，水泥增长 72.8%，炸药增长 32.7%，中成药增长 57.1%，大理石板材增长 75.3%，花岗石板材增长 31.2%，十种有色金属增长 34.5%。

近十年来，雅安市工业通过引进有实力企业，上新项目调整结构，通过技术改造、节能降耗，加强资源综合利用和发展循环经济等措施，工业经济增长质量明显提高。2009 年，雅安市规模以上工业综合经济效益指数达到 221.89，比上年提高 40.01 个百分点，其中：总资产贡献率为 10.4%，比上年上升 0.13 个百分点；资本保值增值率为 124.7%，比上年增长 14.57 个百分点；流动资产周转率为 2.12 次，比上年增长 0.22 次；万元产值综合能耗为 0.64［吨（折标煤）/ 万元］，较去年下降 0.1 吨 / 万元。实现主营业务收入 209.39 亿元，比 2000 年增长 8.3 倍；实现利润总额 19.44 亿元，比 2000 年增长 14.5 倍；实现利税总额 32.44 亿元，比 2000 年增长 9 倍。[②]

雅安市工业发展虽然取得巨大进步，由工业化初期进入中期阶段，但由于工业产业结构不优，高耗能产业比重偏大，产品缺乏特色，产业布局分散，园区平台建设相对滞后，企业创新能力不足，经营规模不大，农业产业化和城镇化率较低，导致工业发展整体水平较低，处于全省中下游水平；工业经济总量、效益和活力与建设国际化区域性生态城市，构建相适宜的现代化生态工业结构的合理化、产业的规模化、企业的集群化、产品的品牌化要求不相适应，存在巨大差距。

3. 第三产业

第三产业是国民经济的重要组成部分，其发展水平是衡量一个地区发达程度的重要标志。2011 年雅安市 GDP 为 350.13 亿元，比上年增长 15.3%；其中第三产业增加值为 92.88 亿元，比上年增长 11.4%，较第一产业增速高 7 个百分点，较第二产业增速低 9.6 个百分点。第三产

① 雅安市统计局、国家统计局雅安调查队：《2012 年雅安市国民经济和社会发展统计公告》，雅安市统计局网站。

② 《浅析雅安市工业产业结构调整》，雅安市发展与改革委员会网站，2011 年 12 月 16 日。

业增加值占 GDP 的比例为 26.5%，较上年低 1 个百分点，其中对 GDP 增长的贡献率为 20.5%，比第一产业对 GDP 增长的贡献率高 16.6 个百分点，比第二产业对 GDP 增长的贡献率低 55.1 个百分点。

随着西部大开发战略的继续推进和产业结构的调整，雅安市第三产业也向多样化和新型化方向发展。从第三产业各行业内部结构来看，以信息传输、计算机服务和软件业，住宿和餐饮业，金融业、房地产业、居民服务和其他服务业为主的新兴行业所占第三产业的比重不断提升，增长速度明显。第三产业单位数量多，就业渠道宽广。据第二次全国经济普查数据显示，2008 年雅安市共有 6639 个法人单位和有证照的个体经营户 36613 户，其中第三产业法人单位数 4603 个，有证照的个体经营户 33983 户，分别占全部法人单位数和个体户数的 69.3%、92.8%。第三产业从业人员 160494 人，其中第三产业单位从业人员 81368 人，占全部单位从业人员的 44.7%，第三产业有证照的个体经营户从业人员 79126 人，占有证照的个体经营户从业人员的 87.3%，成为吸纳劳动力就业的重要渠道。①

2011 年雅安市消费品市场平稳较快增长，全年实现社会消费品零售总额 113.97 亿元，比上年增长 17.4%。分地域看，城镇市场消费品零售额 84.24 亿元，增长 17.9%；乡村市场消费品零售额 29.73 亿元，增长 16.1%。分消费形态看，全年实现餐饮收入 16.88 亿元，增长 14.7%，其中：限额以上企业（单位）餐饮收入 1.48 亿元，增长 25.8%；全年实现商品零售 97.09 亿元，增长 17.9%，其中：限额以上企业（单位）商品零售 17.04 亿元，增长 37.7%。在限额以上企业（单位）商品零售中，石油及制品类增长 38.5%，粮油、食品、饮料、烟酒类增长 43.3%，服装、鞋帽、针纺织品类增长 56.9%，日用品类增长 34.7%，化妆品类增长 43.2%，金银珠宝类增长 368.8%，家用电器和音像器材类增长 64.6%，家具类增长 34.3%。

2011 年雅安市道路运输事业和邮电通信业稳步发展。全年交通建设固定资产投资完成 53.67 亿元，其中：高速公路项目完成投资 46 亿元；二级路网建设项目完成投资 1.12 亿元；完成农村公路建设 699.9 公里，其中：通乡公路建设 338.9 公里，通村公路建设 361 公里。全年邮电业务收入达到 87751 万元，增长 10%。年末，固定电话用户达 21.8 万户，下降 13.15%；移动电话用户达 108.9 万户，下降 4.4%。交通运输事业和邮电通信业的发展有力地促进了雅安第三产业发展和社会事业的发展。

2011 年雅安金融业平稳运行。年末，金融机构人民币各项存款余额 516.81 亿元，比年初增加 61.94 亿元，比年初增长 13.62%。其中，单位存款余额 234.19 亿元，比年初增加 21.45 亿元，比年初增长 10.08%。各项贷款余额 279.69 亿元，比年初增加 42.02 亿元，比年初增长 17.68%。其中，中长期贷款余额 213.05 亿元，比年初增加 44.88 亿元，比年初增长 26.68%。金融组织体系进一步完善，

① 《加大第三产业投资力度，加快雅安第三产业发展》，四川省统计局网站，2010 年 3 月 16 日。

新设立 1 家村镇银行和 2 家小额贷款公司。其中，小额贷款公司贷款余额 1.28 亿元。①

近年来，雅安市旅游业呈现良好发展态势。2011 年成功举办第四届“中国 · 雅安国际熊猫 · 动物与自然电影周”。扎实推进景区上档升级，成功打造神木垒等新景区。累计接待游客 4258 万人次，实现旅游综合收入 210.37 亿元，年均增长分别为 18.41% 和 27.89%。②

四 增长引擎

（一）大力发展生态农业

雅安市力争在 2015 年成功创建国家级生态市，构筑循环高效的生态经济增长体系、集约利用的资源保障体系与良好的生态环境体系、自然宜居的生态人居体系、和谐浪漫的生态文化体系及持续强大的能力保障体系。其中雅安市生态市建设的重点和难点是经济总量较低，且结构待提升、城乡居民增收难度较大。生态农业的快速健康发展，可望改善产业结构，促进农村经济发展和农民收入增加，对促进创建工作，全面建成“生态雅安”具有重要推动作用。③

雅安市水利条件优越、土壤肥沃、生物资源丰富、生态良好，区域内四川农业大学拥有雄厚的科技实力和人才资源优势，有国家级农业科技示范区雅安国家农业科技园区，对于发展生态农业有先天优势和后天条件。由成都市和雅安市联合编制的《西南现代生态农业示范区规划》覆盖雅安市一区七县，是示范区的核心区，规划在雅安重点发展以低碳农业和循环农业为主要特征的茶叶、林竹、水禽农业产业体系和特色生态农业产业，突出区域农业资源优势、龙头企业带动优势和科技创新转化优势，将为雅安的茶叶、林竹、水禽产业发展提供强有力的科技支撑和产业化示范。雅安应充分发挥资源优势、区位优势和生态优势，以发展低碳农业和循环农业为特色，注重生态保护和资源集约节约，在稳定粮食生产的基础上，以“减量化、再利用、资源化”为原则，注重产业链的空间衔接，不断延长产业链条，积极发展茶、竹、牧业、土特产，积极发展高产、优质、高效、生态、安全农产品，建设生态有机（绿色）农产品基地。

1. 发展现代农业，打造中国绿谷

雅安市以特色优势产业发展为重点，以生态效益农业为核心，以生态安全、绿色（有机）农产品为主导，加强与四川农业大学合作，大力发展生态农业、品牌农业、休闲农业，积极发展都市型农业、设施农业、外向型农业，形成具有雅安特色的现代农业体系。

以雨城区、名山县、荥经县东北部以及芦山南部为农业综合核心区。依托

---

① 雅安市统计局、国家统计局雅安调查队：《2012 年雅安市国民经济和社会发展统计公告》，雅安市统计局网站。

② 《2012 年雅安市政府工作报告》，《雅安日报》2012 年 2 月 16 日。

③ 何锦峰等：《国家级生态市创建中的生态农业发展对策》，《安徽农业科技》2009 年第 5 期。

四川农业大学的科技优势，稳定以水稻和玉米为主的粮食生产以及蔬菜生产，发展高档有机名优细茶；发展以鸡、鸭、生猪、兔和鱼为主的现代养殖业，同时注重延长农业产业链条。以宝兴、天全和芦山北部为中心建设中药材生产核心区，发展以天麻、川牛膝为主的中药材良种繁育、种植基地，建立良种繁育、种植、管理、生产、存储、运输、销售一体化的生产链条。以汉源为中心建设特色农产品核心区，发展以花椒、马铃薯、魔芋、黄果柑、芸豆和雪梨为主的特色农业。除以上核心区建设外，还要充分利用区域内林地资源丰富的特点，在区域内充分挖掘潜力，提高低效林地的生产率，发展以竹林和速生用材林。建设特色林产品产业链，发展林下种养业。

以建设畜禽标准化养殖小区和无公害畜产品为载体，提高规模化和标准化程度，连接养殖和种植链条，提高产品质量和效益，重点在雨城区、名山县和石棉县完善良种猪繁育体系，辐射带动当地生猪产业发展；在雨城区、名山县和芦山县发展以天府肉鸭、二郎山山地鸡以及绿壳蛋鸡为代表的家禽养殖业；在芦山、天全、雨城区和宝兴县发展长毛兔产业。

2. 引进循环经济理念，完善农业产业化机制

以产业化经营思想为指导，鼓励农村经济合作组织，农业生产经营公司，农产品开发的龙头企业参与生态农业产业发展，优化整合土地、人力、资金、市场等资源，提升农业产业化经营水平：一是充分发挥现有农产品的引领辐射作用；二是积极推进股份合作和订单生产，走“公司＋基地＋农户＋科研院所”或“公司＋协会＋农户”等产业化路子，延长产业链；三是大力扶持专业协会等中介组织和加强营销队伍建设，提高农民组织化程度，积极开拓市场；四是努力创建著名品牌，力争 2015 年创国家级名牌 3 个，省级名牌 8 ~ 10 个①；五是加快市场体系建设，建设一批特色农产品专业市场，争取建设一批国家级和省级专业市场，开通农产品绿色通道。

雅安市在打造农业基地的同时，要积极引进循环经济理念，将环境管理融入企业管理之中，促进环境管理现代化，建设循环经济型企业。巩固农产品质量管理成果，在抓申报认证的同时，重点转入扶持已取得绿色（有机）食品标志使用权的企业做大规模，增加效益，扎实推进食品放心工程，加强对无公害、绿色（有机）食品基地和产品的质量检测，积极推进有机食品、绿色食品、安全食品认证工作。2015 年，力争无公害农产品认证达到 150 个，绿色食品达到 80 个，有机农产品达到 20 个以上，申报地理标志达到 5 个以上。

3. 改善农业基础设施，提升保障能力

大力加强中低产田改造、蓄引设施、节水灌溉设施、村落道路等为重点的农业基础设施建设，加强以养殖业污染治理、农药化肥合理施用、农业废弃物综合利用、农户沼气设施建设为重点的农业面源污染治理，加大对“生态养殖＋绿色种植”循环经济模式和立体养殖模式的推广力度，

① 《雅安市农业“十二五”发展规划（2011 ~ 2015）》，《雅安日报》2012 年 9 月 3 日。

全面推广绿色防控技术和测土配方施肥技术，5年新建沼气3万口，适宜农户比达到62%，推进农业标准化建设，开展生态农业能力建设培训，为生态农业建设提供坚实的基础设施和能力保障。

（二）重塑工业经济版图

工业化是现代经济和社会发展的动力与支撑，是实现现代化不可逾越的发展阶段。当前，雅安正处在联动推进新型工业化新型城镇化和农业现代化的加速期，正处在加快建设川西枢纽和国际化区域性生态城市的突破时期，大力推进“两化互动、三产共融”，对雅安当前加快发展和未来可持续发展都具有十分重要的现实意义。雅安在推进新型工业化的过程中要积极主动抢抓发展机遇、设计布局战略新兴产业，大力发展优势产业，强化整合优势资源，提高资源综合利用率，积极主动融入成都，鼓励企业自主创新，改善提高金融环境，改革优化政务环境，全面提升工业化整体水平。

1. 优化工业区域布局

按照“市场集中、用地集约、产业集聚”原则，发挥知识溢出效应和产业关联效应，促进区域内工业园区的整合与产业衔接，优化工业区域布局，突出园区工业特色，提升工业园区的聚集能力和辐射能力，形成以中心城市为依托、具有辐射效应的产业群落，使各种优势得到充分利用，提高区域内工业整体素质。

在“十二五”时期及未来发展中雅安工业强市的战略定位是“一市一带四基地”，即区域性工业强市，区域性高水平重要载能产业带，区域性水电基地、汽配产业基地、战略性新兴产业基地、特色农业品加工基地。以水电矿冶、机械制造、农产品加工、新材料、新能源为主导产业，发挥地处川西综合交通枢纽、物流中心的区位和资源优势，建成“融入成都、链接攀西、辐射康藏、服务成渝”的区域性工业强市。以荥经县和大渡河流域的石棉县、汉源县为重点，建成区域性高装备水平、高技术含量、高产品附加值的重要载能产业带。整合水电资源，抓住大力发展清洁能源机遇，建成西部水电基地；放眼“成渝西”大三角发展，加快融入成都经济圈的步伐，建成西部汽车配件重要的生产基地；以雅安工业园区为依托，加大招商引资力度，建成以新能源、新材料为主的战略性新兴产业基地；发挥农产品资源优势，建成川西重要的特色农产品加工基地。①

2. 建设绿色工业园区

园区是经济发展的重要载体，培育优势产业是园区长期可持续发展的必由之路。合理布局重点优势产业，促进形成产业集群，突出园区产业特色，力争把雅安工业园建设成新材料新能源产业园，雅安农业园建设成高科技生态农业园，草坝工业集中区建设成汽配产业园、宝兴灵关工业集中区建设成新型石材产业园、芦山工业集中区建设成轻纺产业园、石棉竹马工业集中区建设成硅磷深加工产业园，荥经工业集中区建设成高耗能产业园、天全工业集中区建设成新型建材产业园、汉源万里工业集中区建设成铅锌深加工产业园、汉源

① 《雅安市工业“十二五”发展规划呼之欲出》，《雅安日报》2011年12月9日。

甘溪坝工业集中区建设成特色果蔬加工产业园。此外，还要加快规划建设成雅工业园区、雅甘产业园，开工雅安－张江科技（研发）产业园，搭建中小企业科技研发孵化平台。如此的产业布局不仅有利于全市现有工业资源的整合，而且对新引进企业有明确的导向作用。只有园区产业定位准确，才能从根本上解决园区产业特色不够鲜明的问题，实现园区的可持续发展。

雅安在坚持新型工业化道路中，要加大绿色工业园区的发展力度。这就要求园区企业生产产品属于环保新能源，而且其生产过程也是绿色低碳的。在整个生产过程中减少固体废弃物、废水和废气，与建设生态城市的目标吻合，实现工业发展的可持续。

3. 发展清洁能源

对雅安来说，应在生态工业理论的指导下，注意整合自己的资源优势、产业优势及产业结构构成，通过有目的的规划，进行多个企业或产业间的连接和组合，建立起相互关联、相互促进、共同发展的生态工业体制，走一条生态与经济相互协调的可持续工业发展之路。并坚持资源利用率的最大提高，工业废弃物的最大限度减少乃至消除；工业再生资源的最大限度转变；工业生产系统环境和生态环境的最大限度保护。在建设思想上，坚持不污染环境，不破坏资源，不搞低水平重复建设；在产业方向上，鼓励发展有利于生态环境的产品、企业；在生产过程上，推进清洁生产，创建花园工厂。着力引进、培育与生态环境亲和的生物制药和电子信息等高新技术产业，推广普及清洁生产，用信息化和生态化改造提升机械、材料、高耗能等产业，努力打造雅安生态工业品牌。①

清洁能源主要包括天然气、沼气、水电等。而水电是一种重要的清洁能源、可持续发展能源。它从源头上可减轻资源型对环境的危害，从根本上减轻现行经济结构性污染。雅安是全国有名的水电基地，是国家规划的十大水电基地之一，全国第三个实现农村初级电气化地区，水利资源丰富，在发展生态经济、构筑生态产业化平台中，水电能源的发展大有作为。因此，应正确处理好资源开发与生态环境保护的关系，把水电能源建设同整个经济建设、江河治理、生态保护、退耕还林、水流域治理等结合起来，因地制宜，统筹规划，综合开发，加快发展。并结合农村电气化建设、农网改造和“以电代燃料”工程，加快农村小水电的综合开发。

（三）增创第三产业新优势

区域产业结构的高度现代化与第三产业的发展密切相关，因此雅安市要不断强化第三产业对经济增长的推动作用，切实转变第三产业发展方式，降低其对资源能源的消耗和依赖程度，大力发展低消耗、低污染、高附加值的现代服务业，最终提升全市第三产业的整体竞争力。发展第三产业，要加强资源的市场化进程，以开发促保护。

1. 重点发展旅游业

深度挖掘区域内生态资源和历史文化

① 魏宏：《关于构筑生态经济产业平台的基本构想——以四川省雅安市为例》，《农村经济》2002 年第 9 期。

资源，优化旅游产业布局，促进旅游产业集群发展，建设独具特色的生态旅游区。沿川藏旅游线路，着力构建大熊猫、茶文化为主题的北部生态文化旅游区，以碧峰峡、蜂桶寨、夹金山、神木垒、硗碛藏寨以及汉源鲜花碧水阳光城等若干精品旅游项目组成大型项目组团；以大熊猫栖息地自然遗产为基础，进一步强化文化主题和自然生态景观，打造世界具有垄断地位的熊猫旅游线路；以蒙山茶史为基础，打造茶马古道、蒙顶山种茶、采茶、制茶体验旅游精品。

沿川滇旅游线路，阳光、碧湖、峡谷、南丝绸路为主题的南部阳光风情旅游区，以及强渡大渡河、翻越夹金山为主题的长征文化旅游带。以积极推动雨城、名山市区旅游圈发展，建成全市旅游的服务中心和集散地；大渡河阳光文化旅游线（南丝绸路旅游线）；大力发展碧峰峡－蒙顶山－周公山、龙苍沟－大相岭、大渡河－环贡嘎山、二郎山、夹金山、大川河六大旅游集群经济。力争到2015年，旅游总收入年均增长20%，达到100亿元以上，占全市GDP的20%左右。①

2. 加快发展物流业

构建以成都中心城市为主枢纽，以雅安和遂宁为东西两翼的总体思路，逐步形成“一网二平台”和“一园区四中心三服务站”的功能布局，建设1个物流园区、4个物流中心、3个物流服务站，即雅安物流园区，雨城、始阳、汉源、石棉物流中心和荥经、芦阳、宝兴物流服务站。积极推进城镇配送型、产业基地型、行业分拨型物流建设，积极促进第三方物流业发展，加快形成现代物流业体系，构建区域、市域、应急物流格局。完善物流网络支撑体系，加快推进铁路、高速公路、国省干道、快速通道等物流通道建设，依托紧邻双流航空港、水运成都港（乐山港）的“通勤优势”，实现航空、铁路、公路、水路联运的有效对接，加快物流公共信息平台建设，加快建成服务滇藏桥头堡建设的“内陆港”。积极发展现代流通业态，重点引进培育大型专业市场、大型物流集团、现代购物中心、大型商贸连锁及配送、仓储商场、电子商务等新型流通业态。②

大力发展以废弃物资源化利用为目的的逆向物流，对在生产消费领域中或生产消费后产生的废弃物中可以回收复用的部分进行回收、分类、加工和复用，减轻废弃物对环境造成的压力。

3. 扶持发展现代服务业 ③

规范发展房地产业，加大普通商品住宅投资建设力度，适度发展高档商品住宅，积极推进保障性住房建设，鼓励开发建设特色小区，力争“十二五”期间房屋竣工面积250万平方米；加强土地市场管理，规范发展房地产交易市场。促进中介服务业发展，积极发展咨询、评估、法律、会计、代理、广告服务以及经纪等各类中介服务业，着力培育工程、勘察、规划、设计、行业协会等中介组织，积极引进科技、工程、管理等咨询服务机构。加快发展社区服务业，逐步构建县（区）、

① 《雅安市国民经济和社会发展第十二个五年规划（2011 ~ 2015）》。
② 《雅安市国民经济和社会发展第十二个五年规划（2011 ~ 2015）》。
③ 《雅安市国民经济和社会发展第十二个五年规划（2011 ~ 2015）》。

街道（乡、镇）、社区三级设施配套、功能完善的社区服务网络，探索社区服务公司化运作模式；积极发展物业管理、家政维修、商贸流通、健身养老、医疗卫生、中介咨询、文化娱乐等社区服务业。积极发展体育产业，积极发展体育健身俱乐部，引进重大体育赛事落户。积极扶持信息产业发展，加快信息服务业与工业、金融、物流、会展等行业的融合发展，发展以网络传输服务、计算机与软件服务以及数字内容服务为代表的信息服务业，重点培育电子商务、软件服务、服务外包等特色产业集群，着力引进信息服务龙头企业。积极推动会展业发展，依托高品质的宜居环境，引进和培育国际性会节、论坛等商务会展平台，加强国际性会展服务基础设施建设，建设服务特大中心城市的国际会展业基地。

4. 推动文化产业发展

雅安市独特的地理位置和生态环境积淀了深厚而丰富的文化旅游资源，决定了其在发展文化旅游产业方面具有潜在优势，文化产业将成为雅安新的经济增长点。“十二五”时期雅安把文化产业作为支柱产业培育，依托丰富独特的文化资源，培育文化市场主体，形成有竞争力的文化产业发展新格局。

到“十二五”末基本形成雅安特色的文化产业园区体系框架，全市文化产业增加值年均增长达到 20% 以上，到“十二五”末增加值比 2010 年翻一番。围绕打造熊猫影视文化创意基地，积极支持雅安日报报业集团，组建雅安文广传媒集团，着力培育和打造“熊猫（发现地）文化产业园区”和“茶马古道民族文化园区”两大特色文化产业发展基地。重点打造熊猫绿岛国际会展中心，办好“国际熊猫・动物与自然电影周”。创作精品舞台剧目，加大非物质文化遗产的保护与传承，发展文化展演、文化娱乐、广播影视音像、新闻出版、艺术培训、文化旅游，加快培育新兴文化产业群，拓展广播电视、出版发行、媒体广告、艺术品、文化贸易等文化服务发展的新空间。积极促进以互联网为主体的新媒体发展。[①]

“本土的就是世界的”，雅安文化产业发展的关键是在传承基础上整合各种文化资源，打造出独树一帜的生态文化品牌。

五　基础设施

（一）交通网络

1. 历史地位

雅安作为中国南路边茶茶马古道的起始地，在古代交通中曾取得过辉煌的成就。大致说来，茶马古道的主要线路有这么两条：一是从云南的普洱茶原产地（今西双版纳、思茅等地）出发经大理、丽江、中甸、奔子栏、德钦到西藏的左贡、邦达、然乌、察隅或昌都、洛隆、边坝、嘉黎、工布江达、拉萨，再经由江孜、亚东分别到缅甸、尼泊尔、印度；一条是从四川的雅安出发，经泸定、康定、理塘、巴塘、

① 《雅安市国民经济和社会发展第十二个五年规划（2011 ~ 2015）》。

昌都（或从康定到甘孜德格、昌都），与上述线路重合，到拉萨，再到尼泊尔、印度；或经阿里西行克什米尔。在两条主线沿途，还有无数大大小小的支线蛛网般密布在这一地带的各个角落，将滇、藏、川“大三角”区域息息相关地联络在一起。蒙顶山茶通过茶马古道输入藏区，是历代中央政府与藏、羌等少数民族进行茶马贸易的专用商品，成为汉族人民同藏、羌等各族人民增强政治、经济、文化交流的重要纽带。

如今，茶马古道沉寂了，岁月掩埋了当年由骡马、牦牛踩出的小道；但是，宋代曾在这里设立的“茶马司”和由民政部特批向藏区专卖边茶的茶厂以及天全县紫石乡境内的古道遗迹在今天仍给人留下无限的遐想，雅安仍是追忆茶马古道的宝库。

2. 现代交通发展

经过多年的建设，雅安交通有了很大的发展，但是与国民经济其他部门相比，依然严重滞后，不能适应国民经济和社会发展的需要。总体来看，雅安交通整体水平仍然较低，交通运输方式还较为单一，尚未形成各种运输方式协调发展的综合交通体系，公路网络布局、技术等级、服务水平、路网密度等方面还存在较大差距。运输成本高、运力紧张的问题还比较突出，与雅安在成渝经济区成都都市圈的交通定位极不适应。尤其近年来，雅安市的旅游业、工业发展较快，客货流量不断增大，当前的交通状况已与雅安市的经济社会发展不相适应，还不能有效满足作为区域次级交通枢纽以及“川西门户”地位的要求，不能满足雅安市经济社会快速发展的要求，交通运输的“瓶颈”制约仍未完全消除，结构性矛盾仍较突出。目前，雅安市有公路、铁路和水路三种交通方式，主要以公路为主。①

（1）铁路。雅安铁路发展缓慢，境内铁路仅有成昆铁路从汉源县边缘通过，里程仅 17 公里，辖汉源（乌斯河）火车站一个，占陆上交通里程的 0.34%。

（2）水路。雅安市现有的渡口、码头主要分布在雨城区和名山县，均为客渡，设施十分简陋。具体分布情况如表 29-4 所示。

（3）公路。雅安市区距离省会成都市仅 140 余公里，辖区内无飞机和火车通行，对外交通仅靠汽车运输。雅安市境内有成雅高速公路和成温邛名高速公路与省会成都相连，国道 318 线、108 线作为进藏入滇的重要进出口通道横贯境内，省道 210 线、211 线、305 线、306 线与县乡公路相互配套。

2011 年雅安市高速公路进展迅速。雅乐（雅安至乐山）高速公路正在加快建设中；向西，甘孜、西藏方向，雅康（雅安至康定）高速的开工动员大会已于 2011 年在甘孜藏族自治州泸定县五里沟举行；向北，往阿坝、青海方向，通过省、市、县三级相关部门的多方努力，雅马（雅安至马尔康）高速公路已初步确定了相关路线方案；向南，往攀西、云南方向，雅西（雅安到西昌）高速已经建成开通，打通了南北向大动脉，架起了雅安连接攀西、南

① 雅安市发改委：《雅安市现代物流业发展规划（2009 ~ 2020）》，2010。

下云南的桥梁。[①]

在国省干线公路改造方面，雅安市国省干线灾后恢复重建 6 个项目，累计完成投资 10.042 亿元，完成总里程 448 公里。国道 318 线邛崃至雅安段、国道 318 线雅安至飞仙关段、省道 210 线飞仙关至宝兴段、省道 210 线宝兴至夹金山段、省道 211 线石棉段、省道 305 线、省道 306 线等干道改造完成，国省干线飞速提升。

民生工程方面，2011 年全年完成农村公路建设 699.9 公里，其中，通乡公路建设 338.9 公里，通村公路建设 361 公里。同时，积极推进枢纽场站建设。截至 2011 年 12 月底，竣工农村客运站 15 个；国家货运枢纽——多营物流中心已完成建设，投入运营。灾后恢复重建的县级车站石棉汽车站，已开工建设，目前已完成车站的主体结构工程。

2011 年，雅安市公路总里程 5933 公里，其中等级公路里程 5192 公里。全市公路密度为 35.05 公里 / 百平方公里，公路网等级水平为 3.98。全年完成客运量 2383.9 万人，增长 6.0%，完成客运周转量 93722 万人公里，增长 8.7%，完成货运量 4063.6 万吨，增长 10.5%，完成货运周转量 446430 万吨公里，增长 10.8%。

随着川西公路交通枢纽建设进程的推进，雅安市公路交通基础设施建设成绩显著，公路建设连续五年投资超过 42 亿元，五年总投资 210.27 亿元（不含城市交通基础设施），新改建公路 631 公里，初步形成以二级公路为主骨架的三级公路网络。2011 年雅安市全年交通建设固定资产投资完成 53.67 亿元，其中：高速公路项目完成投资 46 亿元；二级路网建设项目完成投资 1.12 亿元；农村公路建设完成投资 5.39 亿元；站点建设完成投资 0.58 亿元，保通项目完成投资 0.58 亿元。[②]

表 29-4　雅安市现有渡口、码头分布情况列表

主要分布区域	名　称	具体位置
雨城区	搭沟旋码头横渡	对岩镇、多营镇
	殷家码头横渡	对岩镇、多营镇
	茶地坎码头横渡	草坝镇、大兴镇
	简坝码头横渡	草坝镇、大兴镇
	大碧缝码头横渡	草坝镇、大兴镇
名山县	双龙峡码头	红岩乡
	虾子口码头短途客运渡口	红岩乡
	百丈湖旅游客渡码头	百丈镇

3. 交通发展与布局的若干问题

雅安东邻成都、西连甘孜、南界凉山、北接阿坝，区位优势和交通条件极为特殊。雅安市在《西部综合交通枢纽建设规划》列为全省西部综合交通枢纽的 12 个区域性次级交通枢纽城市之一，其功能定位是物流配送的次级枢纽，并作为成都主枢纽的重要支撑，更加突出雅安在全省综合交通枢纽中的重要地位。

雅安市积极推进市域综合交通网络，在市域范围内实现“112”交通圈，即以雨城区为中心，一刻钟至相邻县政府所在地（名山、芦山、天全、荥经），1 小时

① 《雅安：2011 年高速公路建设进展迅速》，《雅安日报》2012 年 1 月 6 日。
② 《2011 年全市交通建设完成投资 53.67 亿元》，雅安市交通运输局网站，2012 年 2 月 13 日。

基本到达市内各县（区）政府所在地的交通圈，各县（区）之间实现2小时内到达。打造以生态和文化为主题的旅游示范路标准，加强国（省）干道、县际公路、乡村道路的升级改造工作，建设市域景区和市外景区间的快速通道，推进县（区）、乡（镇）、行政村的路网建设，重点实施道路联乡（镇）通村（组）工程，大力发展城区（乡、镇）公共交通。在水路方面，"十二五"期间将在青衣江流域和其他主要河流，以建设旅游码头和解决人民群众出行难的乡镇客渡码头为主，配合打造雅安市精品旅游线路建设。在大渡河流域，以建设客货运输港口、旅游码头和解决人民群众出行难的乡镇客渡码头为主，努力培育雅安市水路客货运输市场，形成规模化经营，使水上交通形成新的经济增长点。①

根据《雅安市国民经济和社会发展第十二个五年规划纲要》，雅安将在五年内，加快建设雅安市域对外运输大通道，形成"突出南向、加强东向、畅通西向、扩充北向"和"铁路、公路、水路、航空衔接配合"的交通运输发展格局，形成以"4+1"铁路、"6+2"高速公路、"2+4"国省干道为骨干的综合交通体系，到2015年，新增铁路里程100公里，新增高速公路里程336公里。②

在川西综合交通枢纽建设中，雅安规划铁路290公里、高速公路336公里、公路通车里程7971公里，五年将累计投资600亿元。加快建设成都至雅安铁路，开工建设雅安至康定、雅安至甘洛、雅安至乐山铁路，加快雅安至眉山至资阳至遂宁、雅安至都江堰至九寨沟沿龙门山脉东麓旅游铁路、雅安石棉至泸定、雅安至金口河等铁路前期工作。建成雅安至西昌、雅安至乐山等高速公路，开工建设雅安至康定、汉源至乐山高速公路，启动成都至雅安高速公路扩容，加快雅安绕城高速、石棉至泸定高速、雅安至马尔康高速前期工作。建设成都至新津、蒲江、雅安快速通道，争取七条县乡道路升级为省级干道，积极推进"联村通组"工程。

在对外通道战略中突出南向，强化雅安与攀西经济区、云南桥头堡的通道建设，重点加强与西昌、攀枝花、云南的通道建设。加强东向，密切雅安与成都经济区、川南经济区的联系，重点建设与成都主枢纽的通道建设。畅通西向，打通雅安至康定、西藏的联系通道，重点建设与康定、拉萨的通道。扩充北向，解决雅安与川西北交通瓶颈，重点建设与马尔康、甘肃、青海的通道。水运通道，指通过雅安至乐山城际铁路和高速公路，联通至乐山、宜宾、泸州等川南港口群。航空通道，指通过成都至雅安铁路、成都至雅安高速公路、成都至温江、邛崃、名山高速公路、成都至新津、蒲江、雅安快速通道联系成都双流国际机场。

在物流系统布局规划上，雅安市将规划"一园区、四中心、若干服务站"的物流节点体系，"一园区"为雅安物流园区，"四中心"为汉源物流中心、始阳物流中心、石棉物流中心、雨城物流中心，荥经物流服务站、芦阳物流服务站等服务站纳入了"若干服务站"。

---

① 《"十二五"期间雅安市规划总投资421.936亿元统筹发展道路交通、水运和公共交通》，雅安市政府网站，2012年8月27日。

② 《四川：建好交通枢纽，打通雅安走向世界的大动脉》，中国公路网，2012年8月3日。

图 29-2　川西综合交通枢纽规划

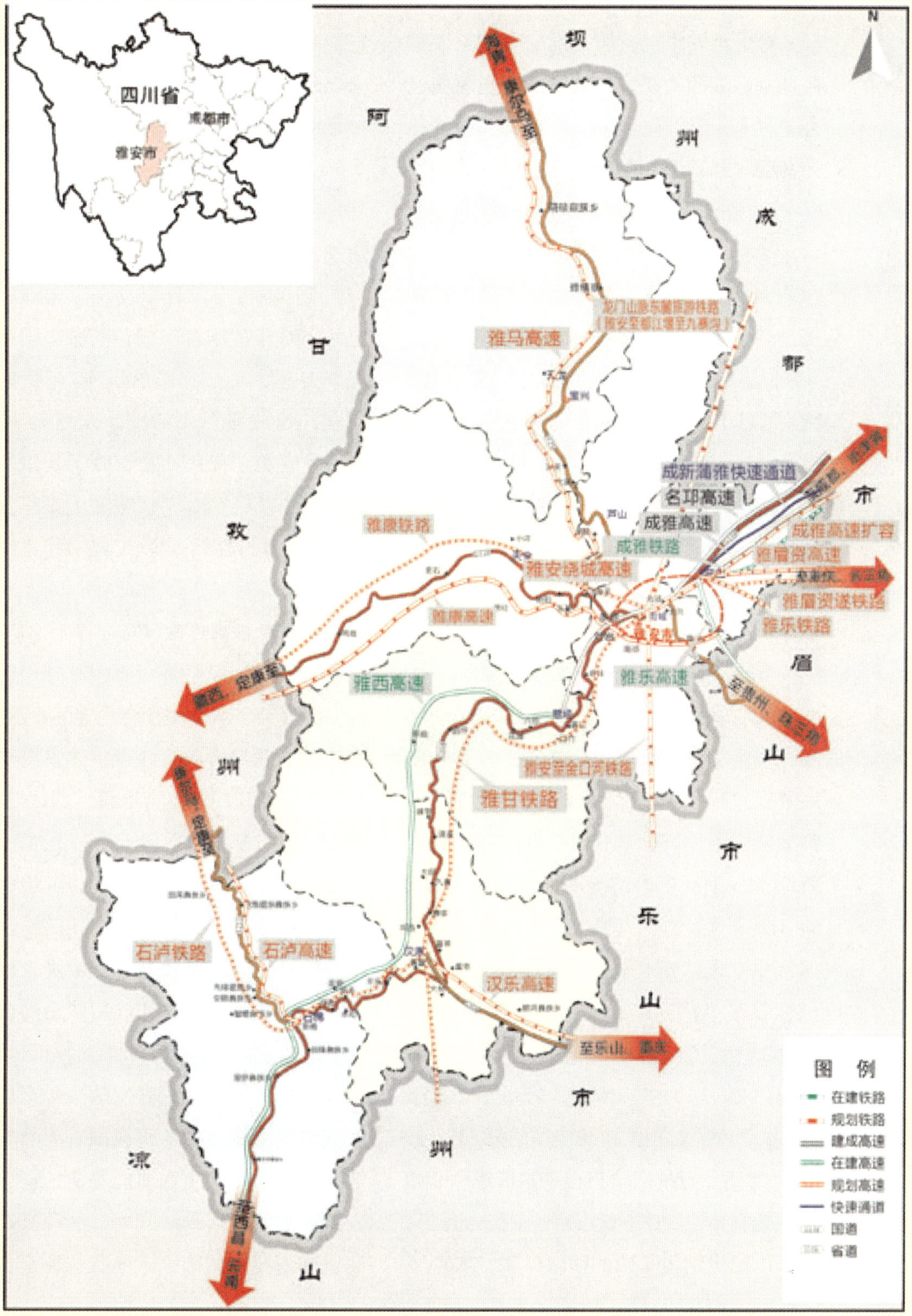

（二）能源基础设施建设

1. 能源基础设施建设概况

对于雅安来说，能源基础设施建设主要是水电方面的建设，这一清洁能源在过去的“十一五”时期，已为雅安的经济社会发展做出了巨大的贡献，也是“十二五”时期雅安市建设重点之一。

截至2010年底，雅安市境内已建成水电站755座，总装机容量907.7万千瓦，其中直接并入省网水电83座，装机766.6万千瓦，并入市电网水电站672座，装机141.1万千瓦。雅安电网全社会用电量64亿千瓦时，较2005年增长143%，“十一五”期间年均增长19.46%。用电结构中第一产业用电量占0.1%，第二产业用电量占89.01%，第三产业用电量占1.98%，居民生活用电量占8.91%。

“十一五”期间，全市新建500千伏变电站2座，新增变电容量225万千伏安、线路1084公里；新建220千伏变电站6座，新增变电容量189万千伏安、线路224公里；新建110千伏变电站13座，新增110千伏变电容量85万千伏安、线路348公里。截至2010年底，雅安电网拥有500千伏变电站2座，主变3台，容量225万千伏安；220千伏变电站7座，主变13台，容量198万千伏安；110千伏变电站29座，主变46台，容量182万千伏安；35千伏变电站48座，主变68台，容量33万千伏安。全市已基本形成以500千伏为支撑，220千伏、110千伏为骨干、中低压配电网为基础的网架体系，实现了各级电网的协调发展，供电可靠性和供电质量大幅度提升。“十一五”期间，雅安电网供电量、最大负荷年均增长率分别为15.3%、15.1%。2010年，雅安电网与国家电网的交换能力达600兆瓦，上下网电量分别较2005年增长2.78倍和116.53倍。①

2011年全市电网建设投资11.5亿元，建成石棉500千伏输变电扩建工程，竹马220千伏输变电工程以及汉源220千伏变电站110千伏配套工程，雨城南坝子、草坝、天全沙坪、芦山苗溪110千伏输变电工程，建成多营、清溪、永富等9个35千伏输变电工程；雅安500千伏输变电扩建工程，荥经220千伏输变电工程，雨城姚桥、中里110千伏输变电工程建设进度加快。

2. 能源基础建设布局

电力是国民经济重要的基础产业，是雅安实现经济增长和社会稳定的命脉所在。围绕雅安发展大局，全市将建设统一坚强的智能电网和川西电力枢纽。到“十二五”末，全市将基本建成以500千伏电网为支撑，以220千伏电网为骨干，各级电网协调发展的统一坚强智能电网，助推雅安全市经济社会又好又快发展。推进农村电网升级改造工程，编制实施智能电网改造规划，建成全省高等级、大容量电网枢纽。

在推进电力资源开发的基础上加大天然气资源勘探力度，积极推进天然气管道建设，积极发展生物质能等清洁能源，增强雅安的发展后劲。同时，能源基础设施建设必须要协调国家、地方和群众之间的

---

① 《雅安市“十一五”电网发展情况综述》，雅安市发改委网站，2011年12月2日。

利益，通过市场配置资源，大力保护生态环境和妥善安置移民，实现资源的可持续发展。

（三）水利基础设施建设

雅安市具有良好的水资源开发利用条件，能满足城乡生活、工农业生产和第三产业发展需要。但是雅安市现有各类水利设施 4289 处，其中中型水利仅 1 处，灌溉面积 59 万亩，仅占耕地的 39.34%；水资源开发利用率仅为 8.5%。为了改变水利基础设施薄弱状况，雅安市强力推进水利建设，在水利建设上有了新的突破。

雅安市九龙水库及铜头引水工程是四川省确定的“2+10”重点骨干项目，目前已启动实施。在建中型水库永定桥水利枢纽已完成年度投资 1.9 亿元，占计划的 146%。此 3 处骨干水利建成后，将新增蓄引提水 1.37 亿方，新增有效灌面 17.37 万亩，从而解决汉源、芦山、天全、雨城等 4 县（区）靠天吃饭的局面，相应地为 22.44 万农村人口和汉源新城 6 万城区人口提供水源保障。名山县、汉源县已完成 2011 年中央小农水重点县建设，荥经县已完成“五小水利”相应阶段治理任务。可新增有效灌面 1.69 万亩，恢复改善灌面 8.99 万亩。已完成饮水安全项目投资 6000 万元，解决了 2. 53 万人的农村饮水不安全问题，占年计划的 109%。同时，设计日供水 4.5 万吨、供水人口 30 万人的雅安市区第二水源工程已正式开工建设。

根据“十二五”规划，雅安将不断提升水利保障能力，按照节约优先、优化配置、有效保护、综合治理的原则，加强以“再造一个都江堰灌区”为重点的水利工程建设，加强城市应急水源地和农村饮用水源地建设保护，有效应对突发性供水安全事件。加强防洪减灾设施建设，加大防洪控制性水库和河道治理力度。建成雅安市城区南郊水厂和汉源县县城备用水源工程。抓好新建水库灌区配套建设，完善建成灌区续建配套、节水改造及小型灌区整治，加强微型水利设施建设。完善大渡河、青衣江等流域综合规划和防洪规划，加强市区、重点城镇、中小河流防洪体系建设，重点加强市区、重点城镇堤防工程建设，着力构建防洪抗旱、供水保障、水生态环境保护体系。

六　城镇布局

（一）城镇体系格局

1. 雅安市城镇化发展现状

（1）城镇化水平不断提高。“十一五”时期，雅安城镇人口不断增加。2010 年全市城镇人口达到 52.30 万人，比“十五”末的 2005 年增加 8.26 万人，年均增加

表 29-5　雅安与全省、全国的城镇化水平比较（单位：%）

年份	2000	2005	2010
雅安	23.3	29.3	34.7
全省	26.7	33	40.18
全国	36.2	43	49.6

资料来源：《四川省统计年鉴》、《中国统计年鉴》。

表 29-6　四川各市州城镇化比较

地区	2010 年	位次	2000 年	位次	累计上升百分点	位次
	城镇化率		城镇化率			
成都市	65.5	1	53.7	2	11.8	13
自贡市	41	4	28.4	5	12.6	9
攀枝花市	60.1	2	56	1	4.1	21
泸州市	38.8	8	26.3	7	12.5	11
德阳市	41.3	3	31.7	4	9.6	17
绵阳市	39.9	5	32.5	3	7.4	19
广元市	33.0	14	23.9	11	9.1	18
遂宁市	38.3	9	25.9	9	12.4	12
内江市	39.4	7	28.6	6	10.8	16
乐山市	39.5	6	26.1	8	13.4	7
南充市	35.9	11	21	13	14.9	5
眉山市	34.1	13	19	14	15.1	4
宜宾市	38.0	10	24.5	10	13.5	6
广安市	29.1	19	16.5	17	12.6	10
达州市	32.7	16	15.4	19	17.3	1
雅安市	34.7	12	23	12	11.7	14
巴中市	29.3	18	12.5	18	16.8	2
资阳市	32.7	15	16.6	16	16.1	3
阿坝州	30.1	17	18.8	15	11.3	15
甘孜州	20.5	21	15.6	20	4.9	20
凉山州	27.5	20	14.7	21	12.8	8

资料来源：《四川统计年鉴》2001 年、2011 年。

1.6 万人。与“十五”末对比，雅安城镇化水平大幅提高，2010 年全市城镇化率 34.7% 比 2005 年提高 5.4 个百分点，城镇化率保持了逐年上升的良好势头，平均每年提高 1.08 个百分点。从城镇规模来看，2010 年雅安市（县、区）建成区总面积达到 46.52 平方公里，承载能力不断增强。与 2005 年相比，建成区面积增加 8.4 平方公里，年均增加 1.68 平方公里。其中，中心城区雨城区 2010 年建成区面积达到 21 平方公里，比 2005 年增加 5.13 平方公里，增幅达 32.3%。

（2）城镇化进程仍显落后。2011 年雅安市城镇化率 34.7%，在全省城镇化比率在四川省 21 市州中位列第十二，低于全省 5.6 个百分点，远远低于全国 49.6% 的平均水平，城镇化水平明显偏低。

2000 ~ 2010 年，雅安市城镇化水平平均增速滞后于全省平均水平，增长幅度在全省排位靠后。与乐山、眉山等地比较，城镇化率的提高速度明显落后。①

（3）市域各县区城镇化进程差异明显。雅安市各区县非农人口比重大，城镇化进程差异明显。雨城区非农人口比重较高，超过 44%，而名山、天全、宝兴等县非农人口比重均在 20% 以下，汉源县的城镇化只有 9.6%，城镇化进程缓慢。各县区城镇化进程与经济发展水平呈正相关关系，人均 GDP 较高县区非农人口比重相应也较高。

（4）城镇化总体滞后于工业化。按照国际常用的工业就业人口率（I）与城镇化率（U）之比的关系来分析，如二者之比大致为 0.5，则城镇化与工业化发展比较适度；如果明显小于 0.5，说明相对于工业化发展程度而言，城镇化发展超前；如果明显大于 0.5，说明相对于工业化发展程度而言，城镇化发展滞后。通过对相关数据测算，2010 年全市工业从业人员占从业人员总数的 20.2%，城镇化率为 34.7%，二者之比为 0.58，表明全市城镇化发展滞后于工业化。

工业化的相关经典理论认为，在工业化前的准备期，城镇化率在 30% 以下；在进入工业化以后随着经济社会的发展，城镇化率在 30% ~ 75% 之间增长；在工业化后的稳定增长期，城镇化率在 75% 以上。根据上述标准判断，从城镇化率进行分析，雅安市整体上处在工业化起步阶段。

表 29-7　2010 年雅安市各区县城镇化比较

地　区	总人口	城镇人口	城镇化水平（%）
雨城区	351949	157991	44.9
名山县	273245	34509	12.6
荥经县	151155	39440	26.1
汉源县	322446	31272	9.6
石棉县	121944	33558	27.5
天全县	152857	24597	16.1
芦山县	119394	28348	23.7
宝兴县	58501	11494	19.6

资料来源：《雅安统计年鉴》2010 年。

2. 城镇结构特征

（1）城镇数量多、密度大。城镇是空间经济的集聚点，因而城镇体系格局在很大程度上也反映了空间经济的基本格局。2010 年雅安市户籍人口 155 万人，面积 15300 平方公里，共有 1 个中心城市（雨城区）、7 个县城、5 个街道、42 个镇、106 个乡。全市每 1.05 万人、103.4 平方公里有一个镇（乡），其分布密度高于全国每 2.13 万人、208.5 平方公里一个小城镇的平均水平，也高于全省 99.7 平方公里一个小城镇的平均水平。同时，镇（乡）规模普遍偏小，集聚能力弱，建制镇比重低。

（2）市域城镇体系尚不完善。2010 年雅安中心城区（雨城区）常住人口为 16 万人，人口规模属于小城市，影响城市产生

① 四川省统计局《关于雅安市创建国际化区域性生态城市的思考》，四川省人民政府网站，2011 年 7 月 5 日。

足够的集聚和辐射能力，从而成为城市带动更广泛的地域内经济发展的瓶颈。按照《雅安市城市总体规划（2001 ~ 2020）》的设计，规划为城市副中心的名山县目前城镇常住人口为 3.5 万人，规划为二级城市的 6 个县城镇常住人口最多的为 3.9 万人，最少的仅为 1.1 万人，发展任务艰巨。

（二）城镇发展机遇

1. 四川省“两化”互动的发展战略

2011 年，四川省委、省政府把加快推进新型工业化新型城镇化作为“十二五”时期的重大任务，这是着眼四川全局和长远发展的战略部署，对于四川省建设西部经济发展高地和全面建设小康社会意义重大。同时，“两化”互动也为各地市州明确了发展方向和目标。雅安市可以以工业园区（集中区）建设为载体，坚持统筹规划，以工业化推动城镇化，以城镇化促进工业化。依托丰富的水电和矿产资源，大力发展水电矿冶、机械制造、农产品加工和新材料新能源四大优势产业，强力推进“工业富民强市”战略。统筹城乡发展，着力加强基础设施和公共服务设施建设，着力创新体制机制，着力完善保障措施。

2. 成渝经济区建设的推动作用

2007 年，雅安市就被纳入国家《成渝城镇群协调发展规划》。该规划是由国家建设部组织编制的第 5 个城市群规划，范围包括重庆市的 23 个县区（即一小时经济圈）和四川 14 个地级市的 85 个县（市、区），经济总量约占西部的 1/4 和全国的 5%，是西部城镇密度最高的地区，也是少有的双核心城镇群。《成渝城镇群协调发展规划》实施后，规划范围内城镇职能体系分工将进一步明确，统筹区域协调发展的机制将进一步健全，现有产业、建设、环境等各方面的诸多问题将得到改善和解决，生态景观资源将得到进一步挖掘。四川省拉开建设成渝经济区大幕，全域纳入成渝经济区的雅安迎来重大发展机遇。

2011 年，国务院正式批准实施的《成渝经济区区域规划》。雅安已被全域纳入成渝经济区“双核五带”中的成绵乐发展带，这也意味着，雅安未来的一系列发展思路将上升为国家战略。一方面，雅安市要积极参与到成渝经济区的区域性战略目标的实施中，通过雅安市在行政和区位方面的优势，积极参与成渝经济区的职能分配和产业转移；另一方面雅安可以利用生态优势，加快建设国际化区域性生态城市、保障长江上游生态安全。

3. “多点多极支撑战略”助推生态城市发展

2013 年初，四川省委经济工作会议指出，“今后一个时期，四川发展要着力构建多点多极支撑，在加快工业化城镇化进程中，做强市州经济梯队，做大区域经济板块，为推进科学发展、加快发展和全面建成小康社会增添新的动能”。“多点多极支撑战略”成为雅安建设国际化区域性生态城市的助推器。雅安有良好的生态环境、优越的区位优势和丰富的自然资源，尤其是雅西高速的贯通拉近了攀西经济区与成渝经济区的时空距离，而且雅安的汉源县、石棉县和攀枝花已全域纳入了攀西战略资源创新开发试验区①范围。这些比较优势为雅安做强市州经济梯队，做大区域经济板块，成为多极中的“生态极”，实现成渝经济区中“绿色崛起”，逐步缩小与成都和其他市州的差距提供了保障。

4. 交通枢纽的建设

根据四川省委、省政府建设西部综合交通枢纽的总体部署，雅安市提出“建设川西交通枢纽，跻身成都半小时经济圈”的战略构想，以此拉近与特大中心城市成都的时空距离，缩短市内城乡差距，为加快新型城镇化提供基础条件和外部支撑。《川西综合交通枢纽规划》已编制完成，雅西高速公路的通车，雅安－乐山、名山－邛崃等高速公路早日完工，力争成都－康定铁路（雅安段）、雅安－康定高速公路早日开建，抓紧雅安－乐山、雅安－甘洛、雅安－眉山－资阳－遂宁等铁路项目和雅安－马尔康高速公路前期工作，全力加快以铁路、高速路、国省干道和县乡道为主的路网建设。同时，致力于加强与成都、乐山、阿坝、甘孜、凉山等兄弟市州的合作，加速区域经济发展和城镇化步伐。

（三）城镇布局思路

1. 城镇化发展的战略思想

（1）优化城镇体系职能结构。城镇群体职能类型的多样性将提高区域生产要素空间的异质性，从而提高以城镇为主体的区域专业化分工水平。雅安市城镇由于受资本（包括自然资本、社会资本和人力资本）、技术、信息等生产要素的限制，作为欠发达地区城镇其工业化的发展也存在路径的单一性，即资源推动工业化特征明显。这种特征给城镇发展带来诸多弊端，一方面，使相当部分城镇发展依赖于资源，经济职能单一化，风险较大；另一方面，城镇之间不能形成错位竞争。在发展过程中，相互争夺同类资源和市场，削弱了各自经济实力，从而削弱了区域对外的整体竞争力。因而，丰富城镇群体职能类型的多样性应作为雅安区域城镇职能体系优化的重点。

（2）“两化互动”，走与工业化协调发展的城镇化道路。以城镇建设为切入点，以工业化为着力点，协调发展、同步实施“两化”战略。根据雅安市工业化、农业产业化进程和布局要求，促进城镇职能体系建设，以产业发展支撑城镇化，通过城镇化引导要素集聚，促进工业。把第三产业作为城镇产业调整的主要着力点，扩充城镇的交通运输、商贸流通、文化教育等服务功能，形成本地生产性和生活服务中心。

（3）突出重点，走集中型城镇化道路。遵循城镇化的客观规律，结合经济社会发展实际，城镇化发展应体现中心集聚、轴线推进的总体思路，重视中心城区在推进城镇化进程中的积极作用，实施城镇化“龙头带动”战略，全面提升中心城区的规模和整体功能，增强城镇体系的整体集聚效应。调整和优化农村居民点与产业布局，促进人口向城镇与中心村集聚，产业向园

① 2013 年 2 月 7 日，国家发改委正式批准设立攀西战略资源创新开发试验区，这是目前国家批准设立的唯一一个资源开发综合利用试验区。试验区范围包括攀枝花市全境，凉山州的西昌市、冕宁县、德昌县、会理县、会东县、宁南县，以及雅安市的石棉县和汉源县，共 3 市州 11 个县市区。

区集中。

（4）功能转型，走城乡统筹发展的城镇化道路。大力发展中心城市，特别是中心城区功能。加强雨城区作为中心城区在市域以及周边县的辐射带动作用，使之成为带动市域城镇化的主导力量。积极培育副中心城镇，引导部分工业向名山县集中，利用其靠近高速路口，现状规模较大，工业和旅游业发展基础较好等优势条件，积极培育其成为名山县城镇化与经济发展的核心。注重发展重点城镇，增强其基础经济条件，注重发展以劳动密集型为特征的第二产业，配套完善基础设施，促进产业和人口向镇区集中。

2. 合理构建城镇体系

（1）做大做强中心城市规模。雨城区、名山县应实施一体化发展，凭借交通、科技、教育、人才的优势，提高区域经济竞争力和吸纳生产要素的能力，加强城市经济支撑力，加快人口和产业要素的集聚与提升，增强中心城市的集聚效应和辐射带动能力，带动全市的发展和城镇化水平的提高。根据规划，至 2020 年，城市规划区建设用地达 51.3 平方公里，人口超过 50 万。在规划实施过程中，通过“大疏大密”的设计手法，倡导建设绿色建筑和具有雅安特色的城市“绿道”，进一步突出雅安的生态优势。

（2）选择培育重点镇，使其增强对乡村经济的带动作用。目前雅安市中的小城镇布局分散、规模偏小、产业同构、综合功能弱的现象较为严重，十分不利于乡村经济的发展，这就需要选择人口规模较大、产业基础较好、发展潜力明显、交通条件优越的重点镇，培育成因地制宜、各具特色的专业化城镇，成为连接城乡的节点和繁荣农村、服务农业、集聚农民的重要载体，乡镇工业集聚和农村服务的中心。重点镇的发展要充分发挥市场机制作用，根据谁投资、谁所有、谁经营、谁受益的基本要求，推动镇区公用设施和公益事业建设民营化，不断完善城镇功能。

（3）城镇体系空间结构。雅安市可以依托重大区域交通枢纽，发挥生态优势，构建合理的城镇体系，建设特色产业城镇，变生态资源、区位优势为经济资源，与成都错位配套发展。

根据国内外区域发展的理论和实践，“点－轴”结构系统不仅有利于区域内二、三产业的集聚，而且农业生产也依托这些“点”和“轴”组织管理生产，这一结构系统是区域发展最有效的经济组织形式。根据规划，雅安市要建立“一核、四轴、四城、多点”城镇空间结构体系，城区与周边地区的关系呈梯级发展的态势，形成较为完善的心、轴、点的城镇体系，总体上以中心城区为核心的放射状空间结构。

“一核”指雨城、名山核心区构成的雅安中心城市，是市域人口集聚与城镇建设的重心，全市的综合服务和创新中心，是市域经济发展的核心增长极。进一步加强中心城区的非农产业发展，将无污染、占地少的非农产业向县区集中，加快空间结构调整步伐，完善功能，提高质量，增强实力，适度扩大规模，将对全市经济和城镇发展发挥重要的带动和辐射作用。

“四轴”指沿成雅高速、雅康高速及成康高铁形成的连接成都和康藏的城镇综合发展轴；沿雅马高速、省道 210 线形成

图 29-3　雅安市城镇体系规划布局

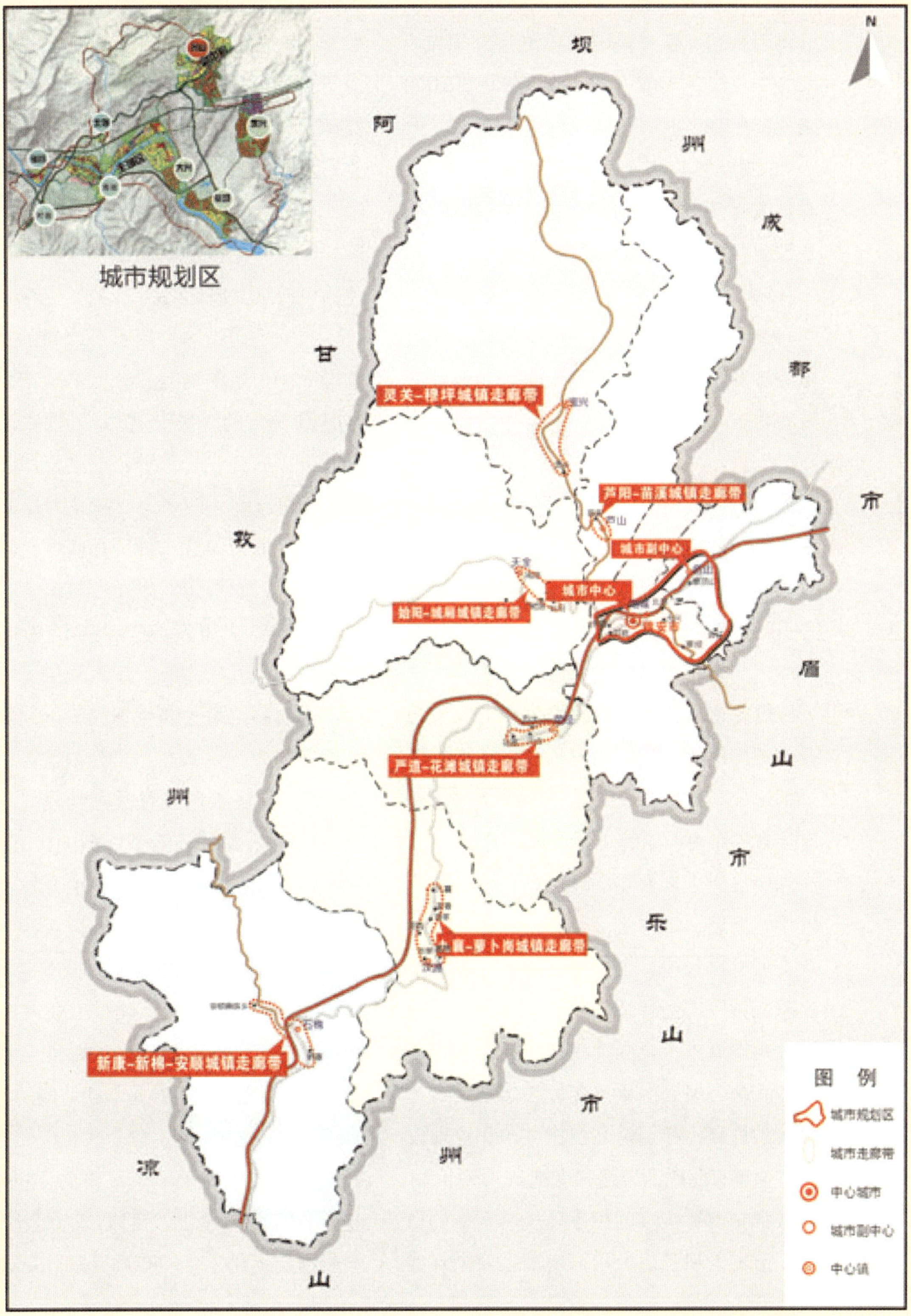

的贯穿天全、芦山、宝兴的生态保育轴；沿雅乐高速、石泸高速形成的贯穿雨城－眉山－乐山和石棉－泸定的旅游联动轴；沿雅西高速、汉乐高速形成的贯穿雨城－荥经－汉源－石棉－攀西和汉源－乐山的工业竞合轴。

“四城”指天全县城、荥经县城、汉源县城和石棉县城，是雅安市的二级城镇，是带动县域经济发展的重点区域。

“多点”指芦山县城、宝兴县城及各中心镇，是市域范围内的三级城镇，在区域经济发展中具有一定的服务功能和经济带动功能。

七 发展展望

（一）雅安市经济与社会发展模式

雅安市在四川省未来发展中具有很重要的战略地位，其经济与社会发展模式应根据区位条件、自然特点、经济水平以及对全省的作用加以确定。雅安市“十二五”规划中提出未来五年的发展目标：瀑电库区稳定发展、地震灾区全面振兴、川西综合交通枢纽建设、全方位区域合作等重大战略任务取得新业绩，初步建成国际化区域性生态城市，全面建设小康社会取得新进展。这一规划的水平比过去的规划有了很大的提高，特别是在生态立市和产业发展方面都有明确的思路和措施。

雅安拥有优良的生态环境、众多的自然、历史景观及地处川西南黄金旅游环线的优越地理位置，生态是雅安发展的核心要素。因此未来的发展要打好“生态牌”，逐步形成可持续的经济社会发展模式。保护好现有的自然资源和良好的生态环境并给予合理的开发、利用，充分地利用各种资源，并在发展中改善交通条件，优化产业布局，加强环境保护，为成都“世界田园城市”持续供氧，做好“天府之肺”。这样，雅安的发展就走出一条具有地方特色的可持续发展之路。

雅安的可持续发展不可或缺的是经济发展战略，目前而言，分区非均衡发展战略是雅安市的战略选择。① 雅安市整体区域可以分为三个部分：一是泛成都经济圈的边缘区域，即名山、雨城两县（区），以成雅高速为隆起支撑，该区域工业体系相对完整，农业相对发达，旅游业也处于有利区位。当以发展产业集群为主要任务，在未来五年内成为川西的供应中心和物流中心；二是川西生态圈，指北部以天全为亚中心，宝兴、芦山为覆盖区，国道318线及其省道附线是其隆起支撑，其生态环保问题关系着整个中国的生态问题，因此应该成为限制开发、适度开发区；三是属于攀西经济圈，指南部以汉源为亚中心，荥经、石棉为覆盖区，国道108线为其隆起支撑，其矿冶、建材工业占据GDP贡献主角，要加强本土开发，做好承接产业梯次转移准备，进而打造攀西北圈的经济高地。

雅安市正处于一个经济腾飞的时期，通过各方面的建设，可以成为经济繁荣、产业结构优化、生产布局合理、基础设施

① 参考 http：//tieba.baidu.com/p/411034489?pn=1，雅安发展之路。

完善、生态环境优美、人民生活富裕、社会文明进步的区域。与此同时，它面临着可持续发展的挑战，成功解决这一问题，雅安必将创造出更大的辉煌。

（二）雅安市的可持续发展

1. 以生态为先，构筑区域可持续发展理念

雅安最大的优势就是生态，建设生态就是发展经济。近年来，雅安相继提出“打造西部生态经济第一城”，“发展十大生态产业”，“走生态可持续发展的高速路”，“积极发展生态工业、生态旅游”直至“建设国际化区域性生态城市”等工作思路，始终坚持围绕生态、注重生态、发展生态，生态理念深入人心，生态建设日趋巩固，绿色经济茁壮成长。实践证明，走生态立市之路是雅安经济社会发展的必然选择，更是落实科学发展观的最佳载体。

雅安市的目标是建设国际化区域性生态城市，生态城市就要以生态为先，体现生态建设与发展建设的和谐统一。其具体的要求就是要在生态产业发展过程中转变传统的思维模式，在工业发展过程中通过产业的合理布局有效控制污染源，大力发展非污染性产业，淘汰污染严重、资源浪费严重的企业。在农业发展中利用生态环境优势，做大做强绿色产业；在生态城市建设中按照节地、节能、节水、节材、环保标准，以及新型工业化新型城镇化互动发展新要求，高水平规划城市，构建生态居住小区、生态街区、生态社区、生态村落等生态细胞工程；强化生态文明的传播，在全社会倡导生态意识、生态科学、生态消费、生态责任等生态文明理念，大力实施绿色消费、绿色出行、清洁生产等生态行动，推进生态低碳的生产生活方式广泛传播。

2. 科学合理开发资源，确保生态安全

雅安市自然资源丰富，利用资源发展经济要防止生态破坏和环境污染，坚持科学、合理、适度开发，确保生态安全。矿产资源对雅安市经济发展具有重要价值，但是不合理的开采对环境的破坏极大，应切实做好矿产开采规划、论证和监督管理，防止人为的生态破坏。水电开发是雅安市的另一支柱产业，对水资源进行统筹规划、合理调配，兼顾各类用水需求，发挥水资源的综合效益，以保证生活安定经济发展和生态平衡。在大力保护生态环境和妥善安置移民的前提下，按照“科学分段、集中建设、有序发展”的水电开发方针，合理开发水电资源。水利水电工程建设应尽量减少对水生态和水产业发展的负面效应（如水生物的栖息场所被严重破坏），防止个别水生物濒临灭绝。

3. 建立合理的生态补偿机制，实现经济与环境协调发展

生态市建设并不是弱化经济建设，相反是利用生态优势促进经济发展，实现经济与生态建设和谐统一。雅安在创建国际化区域性生态城市中要敢于创新，率先实践。系统研究和科学评估雅安市环境承载能力，将环境友好型产业作为发展重点和项目审批的基本条件，严格控制环境污染项目的审批。要实行产业替代，促进生态建设产业化和产业发展生态化，把生态建设与产业发展融为一体。从雅安市可持续发展的角度探讨污染治理和生态环境保护，

根据成本分摊、利益共享的原则，明确界定各个地区在各个时期治理污染与生态修复的责任，并对因治理污染和修复生态产生的成本给予经济补偿。修正地方政府的政绩评价指标体系，将环境保护的相关指标纳入其中，为从以增长速度为导向的传统发展模式向以人与自然和谐为导向的可持续发展模式的转变提供政治激励。着力发展生态型经济，把雅安建设成为生态、宜居、高效的现代化新城。

4. 优化产业结构，构建生态产业体系

生态经济的形态要靠生态产业的支撑，雅安市要努力推进产业结构优化与升级，建立与市场相适应的产业体系。现阶段雅安产业发展基本立足于自然资源的开发转换，今后应逐步取代为技术资源转换和人力、智力资源转换。从自然资源角度看，近期要抓好水电资源的开发利用，构建生态产业体系，建设生态城市，促进区域城市可持续发展。

（1）调整优化第一产业。

第一产业是基础产业，雅安市应该整合资源，结合生态环保概念，培育精深食品加工业，提高产品附加值，把生态优势发挥出来，把资源优势充分转化为经济优势。要调整农林牧渔持续发展的最优比例和种植业结构中粮、经、饲最优比率及布局，进一步研究构建生态型农业持续发展的技术体系，如改土治水、水土保持，土壤培肥、用养结合，优化立体种植等。

推进特色化发展，大力发展绿色无公害农产品，建设无公害茶叶、水果、药材、蚕桑、蔬菜等特色农产品生产基地，提高农业生态系统的综合生产力和经济效益。巩固提升长毛兔、林竹等传统优势产业，形成“生态养殖＋绿色种植”循环模式示范区，通过特色产业基地建设带动发展规模农业，提升农业比较效益。

保护和合理利用农业资源，防治农业污染，推广使用低残留、高效、低毒农药和生物防治。加大各种形式的土地和林权流转力度，使有限的资源发挥最大化的效益。以天然林保护、退耕还林还草和野生动植物保护三大生态建设工程为载体，对林业主导产业实行区域化布局、专业化生产、一体化经营、社会化服务、企业化管理，把生态林业发展成绿色银行。

加快引进和扶持壮大一批有市场优势、带动作用明显、吸纳就业突出的农产品加工龙头骨干企业，大力提高农产品加工率和附加值，将其建设成为雅安市重要的生态食品加工基地。延长农业生产的产业链，形成种养－加工－运销配套成龙的产业链，推进品牌化入市。积极鼓励和支持农户和企业创建农产品品牌，化解市场进入瓶颈，提高产品竞争力。

（2）壮大第二产业。

雅安市要尽快改变目前产业结构层次低，轻重工业、能源原材料工业与加工工业之间比例失调，二元结构明显等问题，以重大建设项目为新的经济增长点，适时调整产业结构、行业结构、企业结构和产品结构，重点发展生态工业。

生态工业主要指用一种与环境更友好的、体现生态效率的工业发展模式，其特点是对传统工业体系进行改造，从工业源头和全过程来控制工业污染，或建立新的生态工业体系，实现工业可持续发展。对雅安来说，就是充分利用全市水能资源丰富的优势，以青衣江开发、瀑布沟水电站为重点，形成集蓄水、灌溉、防洪、发电为一体的水利能源支柱产业，把雅安建成绿色能源基地，同时着力引进、培育与生态环境亲和的生物制药和电子信息等高新技术产业，推广普及清洁生产，用信息化和生态化改造提升机械、材料、高耗能等产业，努力打造雅安生态工业品牌。

（3）发展特色化高品质的旅游业。

丰富的自然资源和历史文化是雅安难得的宝贵资源，要在科学规划的基础上，大力发展生态旅游，使雅安的第三产业走上可持续发展之路，以形成雅安强劲的经济增长点。

雅安市要抓住生态与文化这两大主题，着力促进优美的生态资源与深厚的历史文化资源同旅游产业发展的有机结合，一是以世界茶文化圣山蒙顶山为载体，挖掘茶文化，推动茶旅游，发展茶产业，富裕茶农千万家；二是以田园风光、小桥流水、古镇人家上里镇为载体，高水平打造旅游精品名镇，用乡村度假带动和繁荣乡村经济，达到富裕农村居民的目的；三是以城市建设为载体，高水平规划，精、美、特建设，努力把雅安建设成为浪漫之城，使城市旅游与景区旅游互为依托，交相辉映，达到繁荣城市经济，增加就业岗位，富裕城市居民的目的；四是以雅安是世界上第一只大熊猫发现地和模式标本产地为载体，加快碧峰峡熊猫研究中心的建设，提升碧峰峡野生动物园档次，科学开发宝兴邓池沟、蜂桶寨、赶羊沟和天全喇叭河人与野生动物和谐相处等高品质的生态旅游区，促进生态乐园建设；五是以红军强渡大渡河、翻越夹金山和百丈关战役为载体，加快红色旅游开发。

雅安市要利用地缘优势、史缘优势，大力发展文化旅游、红色旅游，还要以其优良的气候、优美的环境，开展避暑旅游、生态旅游等。同时，要加快旅游基础设施建设，完善旅游服务功能。总之，要适应国内外不同层次的消费需要，建设特色鲜明、功能多样的配套化、规模化的旅游景区。最终借助旅游业的辐射带动能力，吸引人流、物流、信息流向雅安汇聚，刺激和带动市场载体建设，形成川西旅游中心。

（三）区域合作

与其他市州相比，雅安市是一个开放度较小的城市。在新中国成立之后的很长一段时间内，雅安处于一个相当优越的经济区位上。318 国道奠定了雅安的西藏东大门战略位置；108 国道确定了雅安在“三线建设”中的重要枢纽区位；与“三州”之间的天然联系使其成为了天然的“民族走廊”。加上曾经的通工汽车、雅安皮革、雅安造纸以及云母矿业等热门的企业坐标，雅安一度成为了川西地区重要的产业、交通中心。随着成昆铁路与青藏铁路的先后成形，雅安的交通枢纽区位优势正在逐步消失，而企业坐标的不幸消逝，也使雅安的产业走上了下坡路。2011 年雅安市国民生产总值 350.13 亿元，远低于攀枝花 645.11 亿元，乐山 918.06 亿元，眉山 673.3 亿元，凉山州 1000.1 亿元，落后于大成都范围内的都江堰、蒲江、新津、大邑、邛崃等区域。人均 GDP 也没有任何优势，雅安一直处于边缘化的困境中。

但自 2006 年提出“融入成都、链接

攀西、辐射康藏”的发展战略以来，雅安市的区域开放合作也迈出了实质性步伐。2009年7月，四川提出以“一极一轴一区块”来规划成渝经济区四川部分区域发展格局，成都、绵阳、德阳、眉山、雅安五市整体纳入“一极一轴一区块”总体布局中的成都都市圈增长极，雅安七县一区全部纳入了“大成都”范围。距离成都车程仅一个小时的雅安，成为成都都市圈增长极的核心城市之一。2009年年底，成都市－雅安市区域合作联席会议第一次会议暨签约仪式举行，双方签署了区域合作框架协议。2010年1月30日，成都经济区区域合作联席会第一次会议召开，会上，成都、雅安等8市签署了《成都经济区区域合作框架协议》，这标志着成都经济区一体化发展开始起步，也实现了八市通力合作，将资源整合，把成都经济区打造成中西部地区综合实力最强、优势产业集聚最多、城镇化水平最高、创业环境最优、城乡差距最小、辐射带动力最明显的大都市圈。2011年，《成渝经济区区域规划》的出台，加快了雅安区域合作，融入成渝经济区的步伐。与此同时，雅安加速了与周边市州的区域合作，2010年10月雅安市和甘孜州签订了《雅安市－甘孜州区域合作协议》，两地将在交通、农业、工业、文化、旅游等多个领域展开合作，特别是两地将按照优势互补、利益共享的原则，共同建立藏区产业合作示范区。两地将通过多层次、宽领域、全方位的合作，不断提升两地的整体实力和综合竞争力，加快区域经济和社会发展。

近年来，雅安市交通通信等基础设施建设开始有了新的进展，特别是继成雅高速后，雅西高速的通车成为雅安市发展新的里程碑，雅康高速的开工建设也为雅安“融入成都、链接攀西、辐射康藏”提供了有力的条件。雅安市打造川西交通综合枢纽次级区的战略将形成一个完整的多元的高速公路骨干体系，这一体系覆盖了雅安腹地主要经济地区，自北向南，先后覆盖名山、荥经、汉源、石棉，雅安有望在这样的规划下，形成新的经济隆起带，为进一步扩大雅安的区域合作打下基础。

虽然雅安市与周边市州区域经济合作取得突破，但从区域整体来看，区域经济合作才刚刚开始，经济整合度也很低。实际上，区域发展不足、发展水平不高的问题仍较突出，推进区域经济发展还面临诸多困难。具体表现在：区域发展极不平衡、缺乏中心城市支撑、经济规模小、市场发育水平和健全程度普遍不高、区域协商与协作机制尚不完善、优势利用不够充分等。针对以上制约因素，雅安市要继续集中力量，加强交通、通信、水利等基础设施建设和科技智力开发，创新合作机制，加强区域合作与整合发展，才能抢占发展先机，谋求更大发展。

完善合作机制。多层次的合作机制是引导区域合作走向成功的关键。目前，区域各市州间签订框架协议是区域合作的规范形式。为适应区域经济合作进一步发展的要求，随着各市州间协议签订的增加，应在充分发挥框架协议作用的基础上，有步骤、分阶段地建立各种不同层次、不同性质的协调机制，促进城市间社会团体、学术机构、行业协会和广大市民的交流与沟通，努力形成多元化、多层次的区域合作机制体系，协调区域合作中的个体利益与整体利益冲突问题。

区域经济整合发展。区域经济整体协调发展就是依托区域自然、经济、社会、文化等基础，通过生产要素的区域流动与合理组合，分工协作、互惠互补，实现各城市的专业化发展，逐步形成空间耦合和联动发展格局。雅安市与周边合作市州要树立“共赢”和“协同”的理念，加速融合，突破行政区划界限，优化资源配置，实现跨区域的产业重组和改造，减少经济活动的摩擦，降低交易成本，促进经济社会协调发展。

加快区域交通与通信一体化进程。雅安市要加快构建川西交通综合枢纽次级区，为推进区域合作进程建立良好的合作基础。同时区域内各市州应该加强交通、通信以及各类基础设施项目的配套协作，促进跨区域设施的共建共享，统筹城乡布局，形成网络化的空间结构，不断提升基础设施的现代化水平。

雅安市要充分借助地缘政治、地缘经济变化的有利条件，从广度和深度上开发优势资源，通过不断培养新的经济增长点，实现经济的腾飞。同时高度重视和坚持生态、环境的保护与社会经济的同步发展，雅安市一定可以后来居上，前程似锦。

参考文献

吴传钧主编《中国经济地理》，科学出版社，2007。

刘清泉主编《四川省经济地理》，新华出版社，1997。

四川统计局编《四川统计年鉴》(2011)，中国统计出版社，2011。

雅安市统计局编《雅安市统计年鉴》(2010)，雅内印（2010）字第 72 号，2010。

雅安市发改委《雅安市雅安市国民经济和社会发展第十二个五年规划纲要》，《雅安日报》，2011 年 4 月 15 日。

雅安市发改委：《雅安市川西综合交通枢纽规划》(2009 ~ 2020)，2010。

雅安市发改委：《雅安市现代物流业发展规划》(2009 ~ 2020)，2010。

四川省统计局：《关于雅安市创建国际化区域性生态城市的思考》，四川省人民政府网站，2011 年 7 月 5 日。

陈福明：《欠发达地区区域经济增长方式、产业结构调整调研——四川省雅安市个案》，《西南金融》2008 年第 9 期。

魏宏：《关于构筑生态经济产业平台的基本构想——以四川省雅安市为例》，《农村经济》2002 年第 9 期。

夏建国等：《雅安地区土地资源的特点及开发利用对策探讨》，《四川农业大学学报》2000 年 3 月号。

雅安市统计局、国家统计局雅安调查队：《2012 年雅安市国民经济和社会发展统计公告》，雅安市统计局网站。

《浅析雅安市工业产业结构调整》，雅安市发展与改革委员会网站，2011 年 12 月 16 日。

第30章 自贡市：老工业城市的改造和现代工业城市的崛起*

图 30-1 自贡市政区

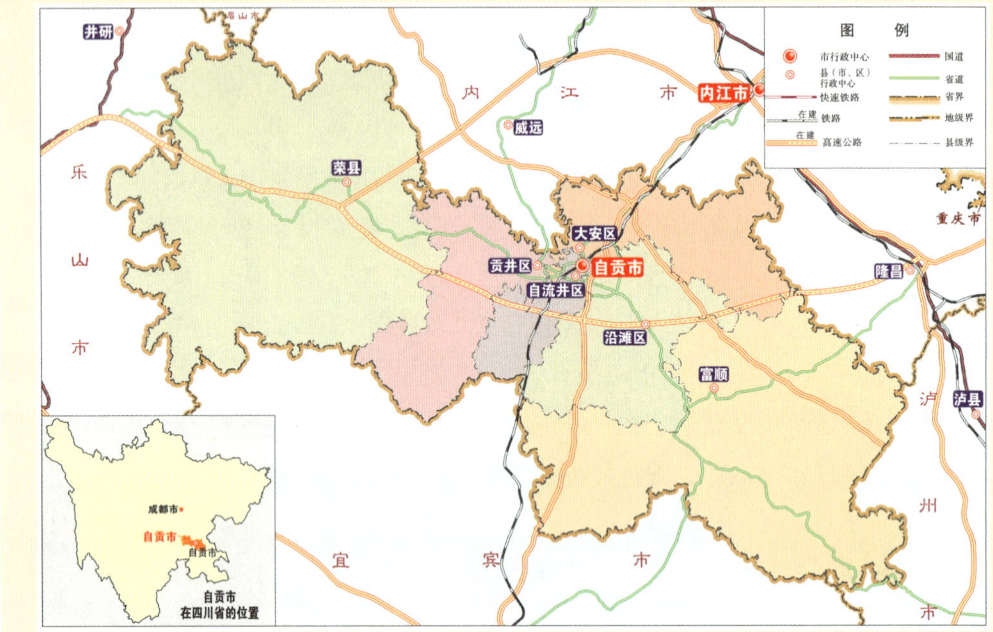

资料来源：本图由四川省发展和改革委员会、四川省测绘地理信息局提供。

一 历史变迁：古老的现代化盐都

自贡因悠久的盐业史而拥有“千年盐都”之称，又因恐龙化石的大量发掘而享有“恐龙之乡”的美誉，还因独特的灯会而以“南国灯城”闻名于世。自贡是四川省最早的省辖市和工业重镇之一，也是中国最早的23个建制市之一，还是川南区域中心城市之一（见图30-1）。如今，自贡已发展成为一个拥有国家新材料产业化基地和一批全国知名企业及科研院所，并以机械、盐化、新材料三大优势产业为主的综合性工业城市，同时也是世界地质公园、国家历史文化名城、中国优秀旅游城市、对外开放城市、四川省级风景名胜区、四川省级园林城市和中国“文学之城”100强市。

（一）历史悠久的“千年盐都”

自贡以生产井盐历史悠久而闻名中外，是全国最大也是最重要的井矿盐生产基地，其产盐量为全国井盐产量的1/3，自古有盐都之称。早在东汉章帝（公元76～88年）年间，自贡便开始凿井、采卤、制盐，由盐业“因利所以聚人，因人所以成邑”，在近2000年的历史中，自贡走过了因盐设镇、设县和设市的历程，成为全国唯一的一个因井盐而兴的城市。

北周统一四川后，因军需民食及赋税的需要，于周武帝天和二年（567）划出

---

* 本章作者：虞洪，四川省社会科学院农村发展研究所，助理研究员。

江阳县以富世盐井为中心的西北地区，设置洛原郡，洛原郡领一县，即富世县。北周武帝时，在大公井所在地设立公井镇，此为自贡因盐设镇、设县之起源。隋唐两代以东之富世井，西之大公井为中心产场。北宋庆历年间（1041 ~ 1048）富荣地区出现了采用“冲击式顿钻凿井法”凿成的卓筒小井，这是井盐工艺技术史上的一次重大的革新，这一深井钻凿法11世纪传入西欧，卓筒井的出现使自贡地区盐业进入一个新的发展阶段[①]。明正德（1506 ~ 1521）以后，由于盐法日坏，统治者对井盐的征敛日益加重，使四川不少地区处于“山童柴少”、“井老泉枯”的境地。劳动人民在不开新井便不能补旧课的情况下，在富顺县城以西90里的荣溪水滨（即旭水河）发现了新的卤源，开凿了以自流井为代表的一批新井，随着盐井的不断开凿，自流井井名逐渐演变成为这一地区的地名。自流井的开凿成功，逐步实现了自贡盐业生产中心从富顺、邓关一带向西转移，形成了自贡盐业的新产区。在新的盐井大规模凿建过程中，一种新的廉价原料——火气（即天然气）被开采了出来。835年，“燊海井”钻凿成功，深达1001.4米，成为世界上第一口超千米深井，开创了世界钻井史上的新纪元。到清乾隆时期，自流井、贡井两盐场已成为四川的“大盐场”，灶户、佣作、商贩各项人等便有数十万之巨，尽管它们分属富顺和荣县，但盐都规模，已初具雏形。

自贡建市以来，特别经过20世纪50年代的“化工城”建设、60年代的“三线建设”和改革开放以来的加快发展，形成了以盐化工、机械、新材料为支柱的产业格局，使自贡市成为四川省综合加工制造能力最强的地区之一。自贡拥有全国最完整的盐卤化工体系，全国最大的甲烷氯化物生产厂家和西南最大的联碱生产企业，全国大型火电、机电设备、石油化工容器生产骨干厂家，生产的电站锅炉、数控机床、工业阀门、CNG压缩天然气成套设备、氯碱化工、氟化工、工程炭黑、盐及深加工等产品在国内具有领先优势。

（二）自贡得名的由来

自贡的得名渊源于两座古老的盐井——“自流井”和“贡井”。

北周武帝时，因盐置县设镇。在荣县境东部建立公井镇，镇名取自“大公盐井”，唐代盐井已凿到侏罗纪地层，所产食盐，顺江而下，远销湖北、江西等省。唐武德元年（618），公井镇升为公井县而置荣州，宋代废公井县入荣德县，明代降荣州为县。根据传说，由于该井所产食盐质量好，常常被作为贡品进贡，所以清初就把“公井”改名“贡井”。以富世井为名置富世县，唐贞观二十三年（649）因避太宗（李世民）讳更名为富义县，富世盐井并随之改名为富义盐井，据《元和郡县图志》记载，明代易名富顺县，清嘉靖十八年到三十三年（1539 ~ 1554），釜溪河滨发现有井能自流盐水，无需人工穿凿，故曰“自流井”，形成了新的井盐产地。富顺县自流井盐区与荣县贡井盐区相

---

① 2006年5月20日，自贡井盐深钻汲制技艺经国务院批准列入第一批国家级非物质文化遗产目录。

距5公里，产、运、销联系十分密切，由自流井、贡井组成富义场，促成了自流井县压署和贡井县垂署的建立，专掌盐务。自流井又先后称为富厂、富荣东厂，贡井先后称为荣厂、富荣西厂，两地合称富荣厂。盐业归属富荣厂一厂的局面，使自贡盐业经济区逐渐形成，从而为自流井－贡井组成“自贡”的格局和框架奠定了基础。民国17年（1928），自流井、贡井两地人士提出建市之议，因为军阀混战未遂。民国26年（1937），抗日战争爆发，沿海地区相继沦陷，海盐内运停滞，自贡盐场生产大增。由于盐业经济的迅速发展和城区人口的大量增加，东西盐场由两县（富顺、荣县）分治的状况越来越阻碍着生产力的发展，设市之举势在必行。为了克服两县长期分治盐场的弊端，加速盐业经济发展，民国二十八年（1939）八月十五日，经四川省政府批准，划出富顺、荣县紧密相连的主要产盐区（面积160.9平方公里）成立自贡市，其名乃自流井和贡井之合称。

（三）建制沿革

1939年8月8日和8月15日，四川省政府分别召开330和331次会议，决定先行成立自贡市政府，属四川省。1939年9月1日，自贡市政筹备处宣告正式成立自贡市政府，为全国第17个省辖市，市长由国民党中央派筹备处处长曹任远首任。1942年8月13日，四川省政府奉转行政院1942年6月15日顺壹字第11848号指令，正式批准成立自贡市政府。这种非正常程序建市，在中国现代城市史上绝无仅有。

1949年12月5日，自贡市和平解放。解放初期，隶属川南行政公署。

1952年川南行署撤销后至今，自贡市一直隶属四川省人民政府。

新中国成立后，随着经济、社会的发展，行政区划多次调整，1978年4月荣县划归自贡市，1983年3月富顺又划归自贡市管辖。

由于自贡市行政区划存在三大问题，一是“飞地”过多，全市较大块的飞地有6块，面积3.3平方千米，人口3314人；二是区包围区。作为自贡市城市中心区的自流井区被大安区封闭式环绕包围，缺乏发展空间；三是区县行政区划严重畸形。2005年6月15日，国务院批准（国函[2005]52号）批准调整自贡市部分行政区划共涉及20个镇（乡）、50余万人口、面积700余平方千米。

自流井区：划入大安区红旗乡，沿滩区高峰乡、农团乡、漆树乡、仲权镇、舒坪镇，贡井区荣边镇。调整后，面积152.94平方千米，人口330064人。

贡井区：划出荣边镇；划入荣县龙潭镇、桥头镇、五宝镇、莲花镇、成佳镇、白庙镇、章佳乡、牛尾乡。调整后，面积417.63平方千米，人口295936人。

大安区：划出红旗乡；划入富顺县庙坝镇、牛佛镇、回龙镇。调整后，面积398.81平方千米，人口442661人。

沿滩区：划出高峰乡、农团乡、漆树乡、仲权镇、舒坪镇；划入富顺县仙市镇、瓦市镇。调整后，面积467.99平方千米，人口390914人。

荣县：划出龙潭镇、桥头镇、五宝镇、莲花镇、成佳镇、白庙镇、章佳乡、牛尾乡。调整后，面积 1598.97 平方千米，人口 691751 人。

富顺县：划出瓦市镇、庙坝镇、牛佛镇、仙市镇、回龙镇。调整后，面积 1336.26 平方千米，人口 1001699 人。

调整后的荣县由 90 万人口减少到 69 万，富顺县则由 120 多万人口减少到 100 万。四城区人口均在 30 万人以上，所有城区人口增加到 140 万人，城区面积增加到 1437 平方千米。

2011 年末，自贡市辖自流井、贡井、大安、沿滩 4 个市辖区，荣县、富顺 2 个县级政区，共 6 个县级政区；下设 12 个街道、75 个镇、21 个乡，共 108 个乡级政区：设有 276 个居民委员会、1135 个村民委员会：下设 2829 个居民小组、13473 个村民小组。总面积 4372.6 平方千米，总人口 327.1 万人。

二　资源禀赋：资源富集的川中精华之地走向资源枯竭型城市

（一）自然条件

自贡市位于四川盆地南部，沱江流域釜溪河畔，东经 104°02′57″～105°15′11″、北纬 28°55′37″～29°25′25″之间，东西长 119.6 公里，南北宽 97.2 公里，面积 4373 平方公里，仅占全川面积的 0.76%，是一个辖区面积较小的地级市。

1. 地形地貌

（1）地貌。自贡地处四川盆地南缘，地势相对低洼，海拔在 240～900 米之间，地形属低丘陵河谷地貌类型，境内地貌形态为低山、丘陵，以中低丘陵为主，其特点为丘陵密布，沟谷纵横、低山、丘陵、河谷平坝相间，丘陵多为馒头状、方山状，地势由西北向东南倾斜，表现为西北高、东南低，最高点为荣县丁家山主峰，海拔 901 米，最低点为沱江出富顺县水面，海拔 240 米。低山主要分布于荣县正安、保华、礼佳一线以西和双古、长山、留佳一线以东的 13 个乡镇，以及富顺县的青山岭、龙贯山等地区，面积约占全市总面积的 17%，海拔 500～1000 米。丘陵分布最广，面积约占全市总面积的 80% 以上，海拔 350～500 米。平坝仅占全市总面积的 3%，分布零星，一般多为沿河阶地或丘陵间的平地。此外，尚有各类沟谷，面积占全市总面积的近 45%，分为冲谷、冲沟、侵蚀沟以及喀斯特槽谷和盆地、河谷，各类沟谷密度为每平方公里 2.85 公里。

（2）地质。自贡市地层基底在普宁运动之后已定型。自贡市地表构造属扬子地台四川台坳南缘的自流井坳陷，其北为威远隆起，东南为川南低褶带，西北与凉山褶断带相接。依次沉积了志留系、二叠系、三叠系、侏罗系、白垩系、第四系，地质构造复杂，属于城市直下型中强地震活动区。但自贡场区用地较好，多为稳定的坚硬场土地或密实的中硬场土地。大地构造属 华夏体系，沉积巨厚、褶皱舒缓，压性、压扭性断裂发育为其显著特征。该区构造按成生期次主要可分两组。

北东－南西向背斜，向斜、断层发生于喜山早期。主要有：自流井、兴隆场、邓井关、青山岭、梯子岩背斜和新店子、舒平、莲花、九洪、蟠龙场、同心寨向斜及东兴场、大垭口、瓜瓢洞、铁山、长山镇、麻石岩、狮子山、仙峰寺、尖山坡、回龙场、天洋坪、大凹场、石马岭等逆断层。

以北西－南东向为主的对前期构造进行切割和改造的断层，成生于喜山晚期。主要有墨林场、五里墩、重滩、黄葛坡、玉皇庙、龙宝山、马桑坡、五里坡逆断层。此外还有王家沟、回龙场、龙王洞等逆断层和一系列地下断层。这些地下隐伏断层与自贡市地下丰富的天然黄黑卤水及天然气的富集、贮存密切相关。

2. 水文特征

自贡市境内大小河流 460 余条，按流域划分为岷江、沱江两大河流水系。

沱江为自贡富顺县的过境河流，属长江一级支流。在富顺县境内长 127 公里，集雨面积 2.43 万平方公里，河道落差 40.4 米，平均比降 0.3‰，多年实测年均流量每秒 410 立方米，洪枯水位变幅 4～19 米，年径流总量 129.3 亿立方米，可全年通航。沱江水系（自贡段）包括有 127 公里干流及沱江一级支流釜溪河、二级支流旭水河、威远河、金鱼河、镇溪河、长滩河等 7 条河流。釜溪河是沱江最大的一级支流，也是穿越自贡城市中心区的唯一河流，西源旭水河（长 118 公里）和北源威远河（长 107.2 公里），在自贡市境内的双河口汇聚成为干流，与下游的长滩河、镇溪河相汇，于富顺李家沱汇入沱江，干流总长 73.2 公里，流域总面积 3490 平方公里。

岷江水系境内仅有一二级支流及源头段，主要有越溪河、茫溪河等。岷江水系（自贡段）主要为地处荣县西部边缘的越溪河，在自贡市境内长 115 公里，流域面积 978 公里，多年平均天然流量 15.45 立方米 / 秒。

全市流域面积在 5 公里以上的河流有 142 条，其中流域面积在 50 公里以上的河流为 17 条。在两大水系的江河中，河长 5 公里以上的共 152 条，其中 10 公里以上的共 73 条。

自贡全市水资源不丰。虽然川南地区是全川乃至全国水资源最丰富的地带，但自贡却是全国严重缺水的 50 个城市之一，人均水占有量 616 平方米，为全省的 19.7%。河流正常年径流总量 17.18 亿立方米，过境水 87.97 亿立方米。水力理论蕴藏量 14.52 万千瓦，可供开发的为 5.86 万千瓦。

3. 气候条件

自贡气候属东亚季风环流控制范围，为亚热带湿润季风气候类型，具有四季分明，冬无严寒，夏无酷暑，昼夜温差小，无霜期长（一般为 320 ～ 330 天），雨量充沛（多年平均降雨量在 1015 毫米左右，年雨量变差系数 Cv 值在 0.17 ～ 0.20 之间，年际变化不大），四季宜耕的气候特点和一年三熟不足、两熟有余的光热资源（年均日照 1150 小时，多年平均气温 17.8℃），适宜发展多种农作物及畜禽、水产养殖业，森林资源丰富，但也有干旱、洪涝、大风、低温、绵雨、冬秋少日照的不利气候。自贡水热同季，但降水分布不均，降水多集中在汛期，5 ～ 9 月降水量占全年的 70% ～ 80%，主汛期 7 ～ 8 月降水量占全年的 50%左右，冬季少雨，仅占全年雨量的 5%。全市多年平均水面蒸发量 822 毫米（E601），陆面蒸发量 529 毫米，河流水量季节差异大，对水力资源利用和航运不利。常年风速较小，年平均风速 1.7 米 / 秒，大风天气多出现在 5 ~ 8 月，年平均在 5 天左右，具有由东向西递增趋势。大风往往还伴随有寒潮、雷雨、冰雹等天气出现。

（二）矿产资源

自贡具有丰富的卤水、岩盐、天然气资源和较大储量的煤炭、石灰石、型砂、胶岭石等矿产资源。其中，天然卤水、石油因资源枯竭停采，砂金被水电站淹没停采。此外，还发现有油页岩、硫铁矿、石膏、含钾水云母黏土岩、菱铁矿及铜的矿化点，但均不具有开采利用价值。

1. 盐卤资源

自贡地区卤水含有多种有用成分，主要产于自流井、兴隆场、邓井关 3 个背斜构造，现有地质储量 508.25 万吨。岩盐集中在威西盐矿及荣县高山盐体、自流井郭家坳盐体、大坟堡盐体和大山铺盐体。威西盐矿矿区面积 719.7 平方公里，岩盐储量达 174.64 亿吨。其中自贡境内储量 91403 万吨。矿层埋深 863.31 ~ 1741.86 米，矿层南厚北薄，最大厚度 48.48 米，最小厚度 1.33 米，一般大于 10 米。岩盐矿石均为单纯的石盐，品位极高，成分单一，结构简单，易于大规模工业开采。自贡地区还蕴藏着丰富的黄黑卤资源，所含化学元素达 38 种，是盐化工业生产的优质原料，为发展盐化产业的产品链延伸提供了巨大的资源储备。

2. 天然气资源

自贡是四川天然气主产区之一，开采利用已有 1200 多平方公里，探明储量 695 亿立方米，天然气资源主要蕴藏于威远背斜、自流井背斜、邓井关背斜和兴隆场背斜。现有天然气剩余可采储量 27.95 亿立方米。

3. 煤炭资源

自贡有煤，储量度 63 万吨，自贡地区煤炭均属烟煤，主要分布在荣县北部和西北部、富顺县东南边缘。

（三）土地及动植物资源

自贡现有耕地 217 万亩，生物物种繁多，查明植物近 800 个（系）科，其中主栽的 300 多个；动物 70 多个（类）目，其中人工养育的 20 多个大类。

自贡全市现有森林面积 10 万公顷，森林覆盖率为 30.2%。全市植被种类丰富，构成了良好的森林生态环境。区内森林以人工松林为主，部分区域有成片针阔混交林。森林植物主要种类现有 77 科 163 属 314 种。其中，乔木 48 科 129 种，灌木 23 科 79 种。藤本 21 种，竹类 13 种，蕨类 30 种，草本 42 种。国家重点保护的野生植物有桫椤、银杏、楠木、油樟、香樟、苏铁、红豆树、厚朴、任豆、红椿、川黄檗、水杉等 18 种。

自贡主要栽培作物有粮食作物、经济作物和其他作物三大类。粮食作物主要有稻、麦、玉米、红苕、豆类五大系列。经济作物主要有茶、果、蔗、油、麻、菜、棉、药、桑等品种。其他作物有饲料、绿肥等品种。主要地方良种有龙都早香柚、富顺青壳子洋高粱、贡豆系列等，留佳椪柑是柑橘中的精品。

境内饲养动物资源主要有猪、牛、

羊、骡、马、猫、兔、狗、鸡、鸭、鸽及蜜蜂等种类；有黑山羊、麻鸭、瓦涥猪等地方良种和波尔羊、南江黄羊等引进良种。

（四）旅游资源：悠久的历史文化名城

自贡是国家历史文化名城，中国优秀旅游城市，素有“千年盐都”、“恐龙之乡”、“南国灯城”的美誉，以人文景观为代表的旅游资源丰富独特，品高质优，特别是亿万年的恐龙群窟，两千年的井盐历史，八百年的彩灯文化三大旅游资源具有世界唯一性，有极高的开发价值。

自贡大山铺恐龙化石群遗址位于四川省自贡市东北郊约 11 公里的大山铺镇旁，是一个盛产一亿六千万年前的中侏罗世恐龙及其他脊椎动物化石的遗址，是我国最重要的恐龙化石埋藏地，也是世界上最重要的古生物化石埋藏地之一，被誉为“恐龙公墓”。在该遗址上修建有我国第一座大型的恐龙遗址博物馆——自贡恐龙博物馆，它是我国继半坡遗址和秦始皇兵马俑坑之后，又一大型现场博物馆。自贡博物馆在世界上与美国国立恐龙公园、加拿大恐龙公园齐名，合称为世界三大恐龙博物馆，被誉为“东方龙宫”，是“中国胜地四十佳”之一。

图 30-2　自贡主要旅游景点分布

自贡灯会被国家旅游局确定为“中国民间艺术游”、“中国百姓生活游”和向海外推出的大型民俗文化活动。自贡灯会吸引了近 1.5 亿中外游客，被誉为“天下第一灯”、“高品味的艺术”、“流动的文化旅游资源”、“民族传统文化的骄傲”。

自贡盐业历史博物馆是中国唯一的盐业历史博物馆，也是中国七大具有代表性的专业博物馆之一。该博物馆以清代建筑“西秦会馆”为馆址，博物馆内陈列了大量珍贵的文物、模型、照片和标本，从钻井、采卤、输卤、制盐等方面再现了井盐生产技术的演革和发展，生动表现了以深井钻凿技术为中心的古代井盐生产工艺。

此外，有以中国第一大如来佛、世界第二大佛——荣县大佛为代表的佛教文化，有以富顺文庙为代表的儒学文化，以吴玉章、江姐为代表的红色文化，以刘光第、李宗吾为代表的名人文化，以扎染、龚扇、剪纸为代表的民族民间文化，以川剧为代表的戏剧文化，以盐帮菜为代表的饮食文化是自贡旅游资源的重要组成。还有桫椤谷、青山岭、高石梯、双溪湖、花龙沟、五条沟、尖山、农团等风景名胜区和古色古香的三多古寨、仙市古镇。全市有中国旅游胜地 40 佳 1 处，中国大型民俗旅游节庆精选活动 1 项，国家 A 级景区 8 处，国家地质公园 1 处，国家级非物质文化遗产 1 项，全国重点文化保护单位 5 处，省级文物保护单位 6 处，千年古县 1 座（见图 30-2）。

自贡还具有一批独具特色的工艺品和土特产品，其中竹丝扇与剪纸、扎染三项工艺美术产品，被赞誉为“盐都小三绝”；特种茉莉花茶“龙都香茗”与香辣酱、香柚三项土特产品，被人们称为“龙都三香”。

在四川省旅游分区中自贡属于川南旅游区，东衔泸州市，南毗宜宾，西与乐山市相连，北与内江市接壤。其中，除内江市以外，泸州、宜宾、乐山等城市都是国家历史文化名城，这一区域是四川乃至于全国历史文化名城最为集中连片的地区。在整个川南旅游区中，自贡市又是位居其中，位于巴蜀古文化旅游线和川南旅游环线的交汇点，发挥着北引南连、东接西延的重要作用。

三　区域特征：成渝经济区川南中心城市

自贡东邻隆昌、泸县，南界江安、南溪、宜宾，西与犍为、井研毗邻，北靠威远、内江，居川南五地市的中心位置（见图 30-3）。

（一）区域发展概况

1. 国民经济快速发展，经济实力显著增强

全市地区生产总值由2005年的

图 30-3　自贡在川南的区位

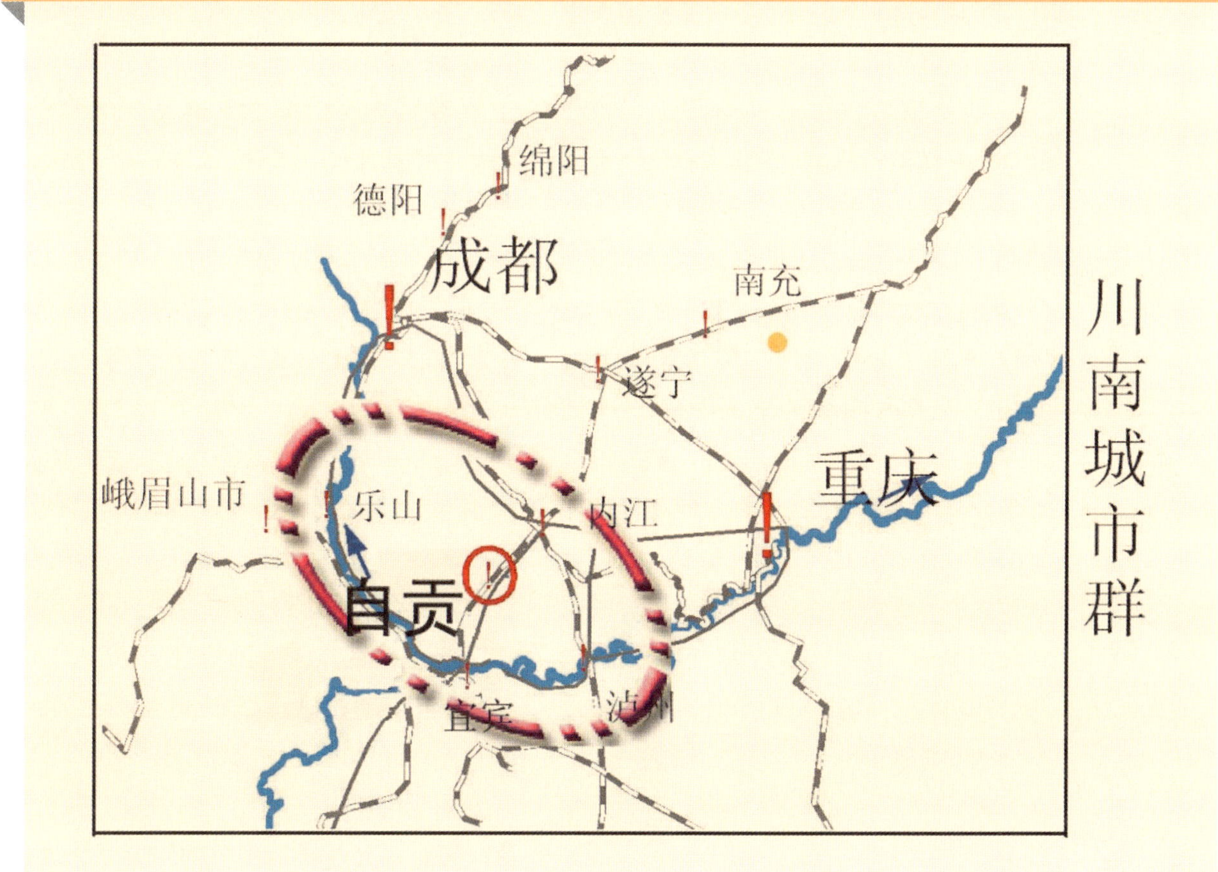

图 30-4 “十一五”期间自贡生产总值（GDP）变化

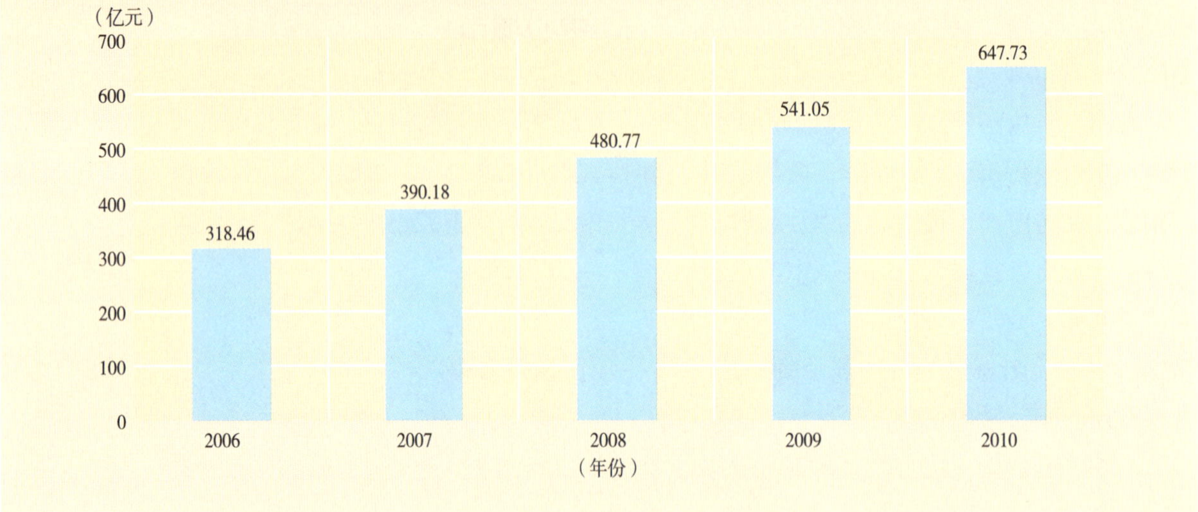

273.95亿元发展到2010年的647.73亿元，经济总量扩大了1.4倍（见图30-4），经济年均增速达到14.7%，较“十五”时期年均增速高3.1个百分点，为新中国成立以来自贡市发展最快的时期之一。一、二、三产业比重从2005年的20.3%、43.2%和36.5%调整到2010年的13.0%、57.3%和29.7%，非农产业（二、三产业）比重提高了7.3个百分点（见图30-5）。2010年全市财政总收入达到78.41亿元，比2005年翻了2.05番，年均增长32.9%，财政总收入占GDP的比重由2005年的6.9%提高到2010年的12.1%。地方财政一般预算收入由2005年的8.41亿元增加2010年的21.84亿元，年均增长21%。税收收入也不断增加，2010年全市税收总收入达到38.91亿元，比2005年增长了1.2倍，年均增长16.7%。“十一五”期间单位GDP综合能耗降低至1.25吨标准煤/万元，全面完成“十一五”时期下降20%的目标任务。

2. 工业经济快速发展，园区建设成绩斐然

2010年，全市完成全部工业增加值339.70亿元（见图30-6），比2005年翻1.68番，按可比价计算，年均增长21.7%，工业增加值占GDP的比重由2005年的38.6%提高到2010年的52.4%。全市规模以上工业企业户数达到579户，比2005年新增268户，总产值突破1000亿元，达到1113.65亿元，“十一五”期间年均增长25.1%。规模以上工业实现利润总额41.72亿元，比2005年翻了1.72番，年均增长26.9%。规模以上工业完成新产品产值341.68亿元，增长35.4%，新产品产值率为30.7%，居全省第三位。工业经济效益综合指数达到264.1，比2005年提高了68.5个百分点。全市初步形成了以机械、盐化、新材料三大优势产业为主的综合性工业经济体系。三大优势产业的相关配套企业达到300户，产值占规模工业的70%以上，有力地带动了自贡工业的发展。

产业结构调整取得明显成效，高新技术、节能环保等新兴产业快速成长并初具规模。工业集中区建设取得显著成效，板仓工业集中区已达10平方公里，入驻规模以上企业达70余户，产值突破200亿元；晨光工业集中区已达5.5平方公里，入驻规模以上企业达50余户，产值达到67亿元。

3. 农村经济平稳发展，农业结构明显优化

"十一五"以来，全市农业增加值由2005年的55.63亿元，发展为2010年的84.68亿元，按可比价计算年均增长3.8%。2010年粮食总产量达到134.51万吨，比2005年增产8.85万吨。农业产业化经营成效显著，生猪、肉牛、肉鹅、茶叶、蔬菜等基地规模日益壮大，市级一龙头企业发展到近100户，农业专业合作组织突破500个，达到503个。农业基础设施建设取得重大进展，农村公路"村村通"建设全面完成，农田水利灌溉能力明显增强。

4. 基础设施不断完善，城乡面貌日新月异

"十一五"期间，自贡市累计投资达到902.78亿元（见图30-7），是"十五"期间的4倍，年均增长40.4 %，比"十五"年均增速高24.6个百分点，自贡市投资总额占全省的比重由2005年的1.7%上升到2.4%，提高了0.7个百分点。全市在交通、城乡基础设施等方面实施了一系列重大项目建设，省道305线道路改造顺利竣工，成自泸赤高速公路、乐自高速公路等对外通道的开工建设；"一环三横五纵"大城市骨干路网框架基本形成。截至2010年末，全市建成区面积达到107.5平方公里（其中市区建成区面积80.4平方公里，

图30-5 "十一五"期间自贡产业结构变化

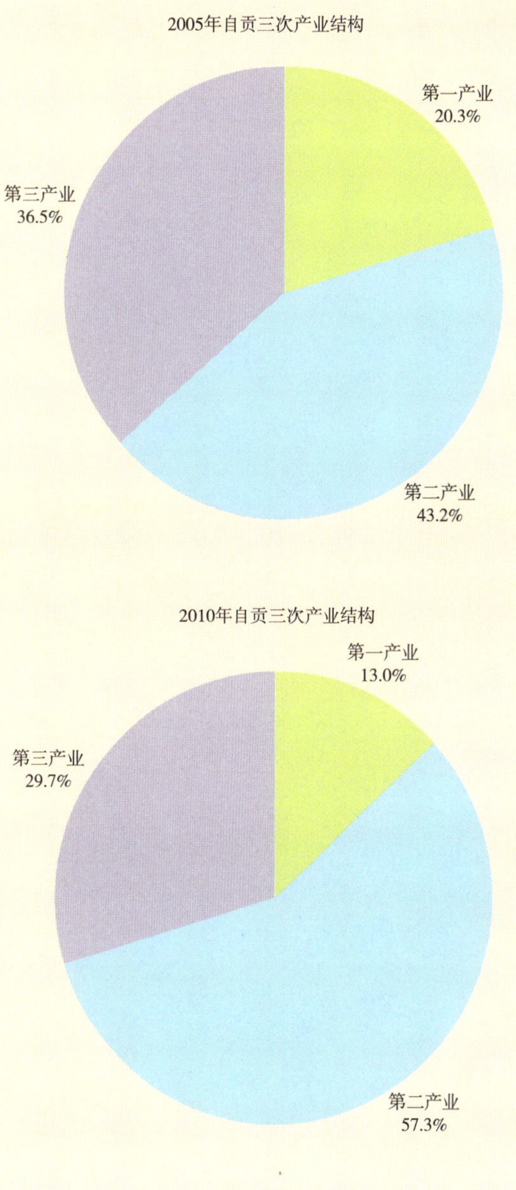

比2005年末的44.2平方公里扩大了36.2平方公里）；公路通车里程达到5848公里，比2005年末的2165公里增加了3683公里，增长1.7倍。

5. 城乡市场繁荣兴旺，对外贸易稳步增长

"十一五"期间，在汽车、家电下乡

图 30-6　期间自贡工业增加值变化

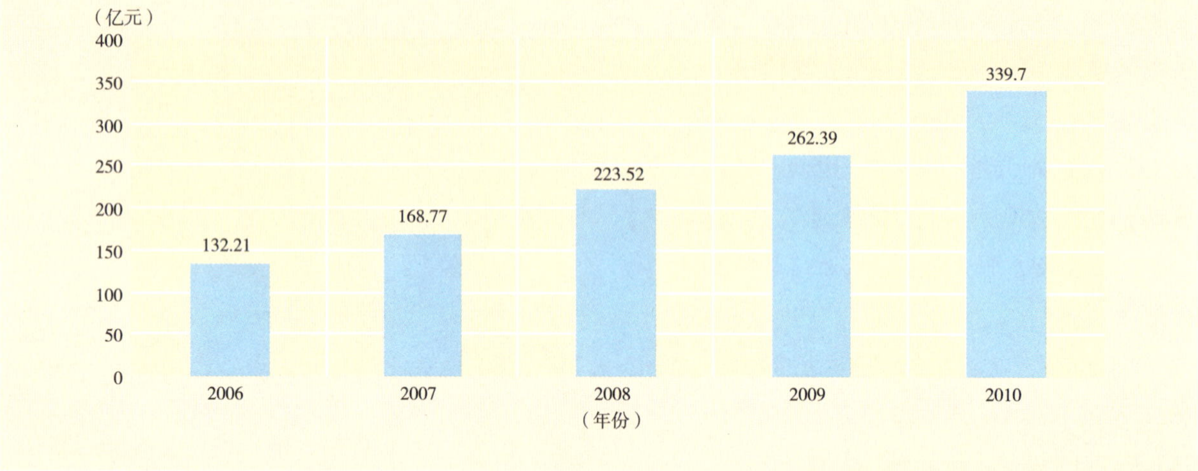

图 30-7　“十一五”期间自贡固定资产投资总额变化

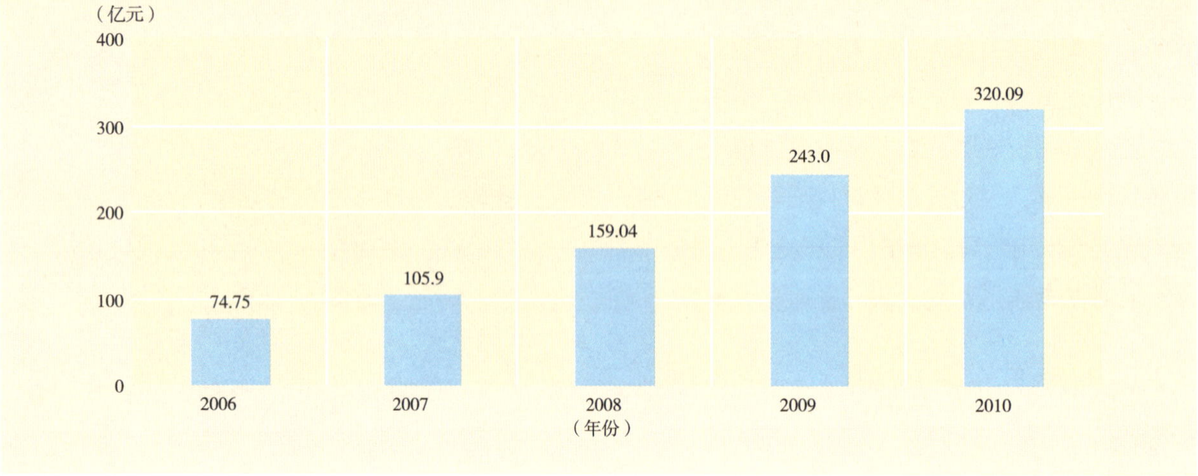

等系列扩大内需、刺激消费政策的刺激以及城乡居民收入稳步增长，居民购买力逐步增强的背景下，全市消费市场持续保持活跃状态，社会消费零售总额保持了持续稳定增长的态势。2010年，社会消费品零售额为243.84亿元，比2005年增长了1.2倍，年均增长17.0%。进出口总额为54138万美元，比2005年累计增长58.1%，年均增长9.6%。

6. 居民收入持续增长，生活质量显著提高

2010年，城镇居民人均可支配收入达到14538元（见图30-8），比2005年翻了1番，年均增长15.1%，年均增速比“十五”期间加快7.8个百分点；农民人均纯收入达到5762元（见图30-9），比2005年增加了2574元，累计增长80.7%，年均增长12.6%，年均增速比“十五”期间加快了3.9个百分点。城镇居民人均消

图 30-8　自贡城镇居民可支配收入变化图

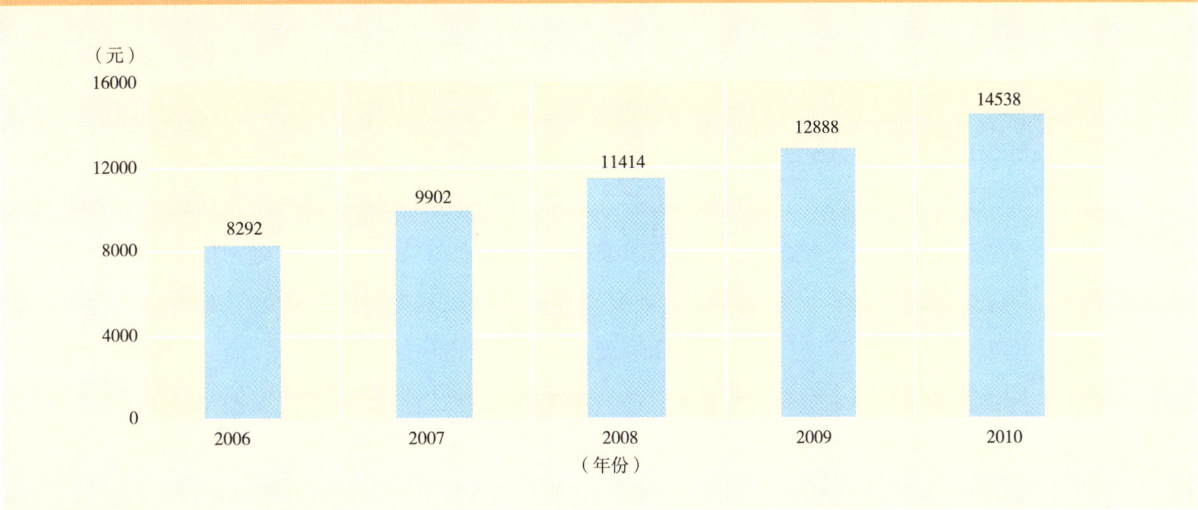

图 30-9　自贡农村居民纯收入变化

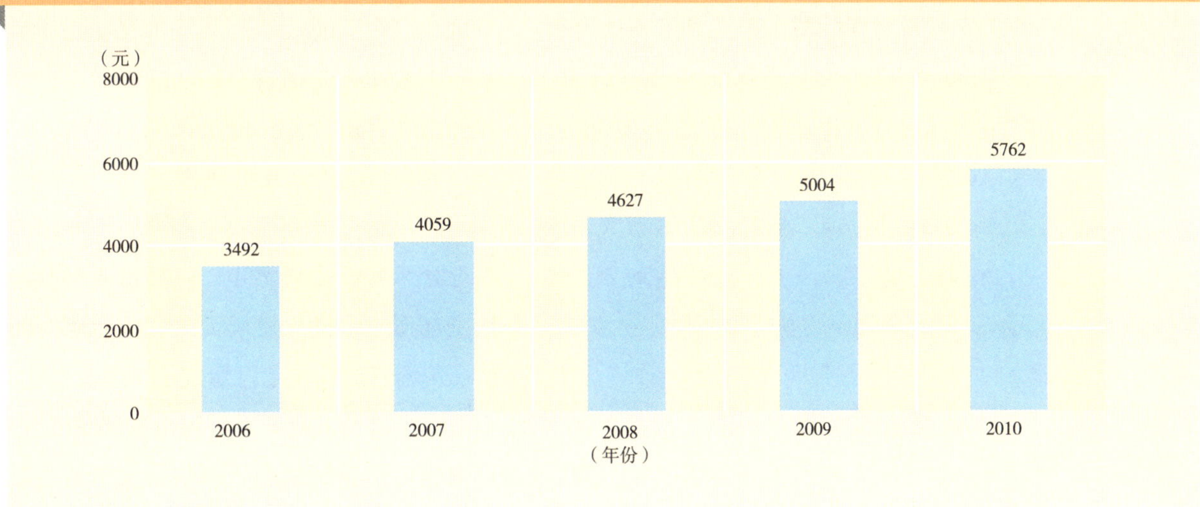

费性支出 10724 元，“十一五”期间年均增长 12.1%；农村居民人均生活费总支出 4300 元，“十一五”期间年均增长 12.7%。2010 年末城镇居民平均每百户拥有家用汽车 3 辆，比 2005 年末增加 2 辆；有家用电脑 59 台，比 2005 年末增加 32 台；有空调 126 台，比 2005 年末增加 59 台；有移动电话 180 部，比 2005 年末增加 77 部。农村居民平均每百户拥有摩托车 21 辆，比 2005 年末增长 10 辆。

7. 社会事业协调发展，社会保障明显增强

“十一五”期间，成功申报国家新材料产业化基地和国家科贸创新基地，全市科技发展环境进一步改善，科技创新能力不断提高，科技进步对经济增长的贡献率提高到 50.0%，比 2005 年提高了 3.9 个百分点。全市国家级高新技术企业达到 39 户，居全省第二位，高新技术产业产值占规模工业产值比重达到 22%。全市新建乡

镇综合文化站70个，建设农家书屋1041个，行政村农家书屋覆盖率已达90%以上；新创作、改编剧节目239个，创作诗歌文学作品1430余件，美术、书法作品2900余件，有118个剧（节）目和作品获省级以上奖励。恐龙博物馆成功晋升首批国家一级博物馆，盐业历史博物馆被评为国家二级博物馆；世界地质公园申报成功，世界地质公园项目建设取得重大进展。人均体育场地面积达到0.5平方米，体育场馆设施水平跃居川南第一。2010年，全市教育事业支出10.05亿元，比2005年的3.31亿元增加6.74亿元，年均增长24.9%。城镇职工基本养老保险覆盖人数为49.3万人，新型农村养老保险覆盖率达到86%，全市平均养老金1124元，是2005年的2.28倍。城镇居民医疗保险参保人数达到39.73万人，城镇职工基本医疗保险参保人数达到38.49万人，比2005年增加8.78万人，增长26.2%，全市新合参保人数达到211.25万人，新合参保率达95.7%。

（二）区域发展机遇

1. 国际国内竞争趋势

高速发展的城镇化在空间上的增长过程是非线性的，分工合理、结构紧凑的城镇密集区或者大都市区作为基本单元，参与国际国内竞争是一个必然趋势，它将为中国社会经济发展提供空间支撑。对于一个区域来说，起指导作用最强的城市就是该区域的中心城市，以中心城市为核心的区域经济更具有竞争力。中心城市就是区域的首脑，要发展区域经济，就必须发挥中心城市的集聚和辐射作用，带动着区域经济的共同发展。自贡地处川南五市中心，也具备成为川南区域性城市的基础和条件，该发展趋势预示着自贡将面临更广阔的发展空间。

2. 我国城市化发展趋势

在我国经济发展进入工业化中期阶段，依靠农村工业化来推动的城市化发展阶段基本结束，中心城市的发展将是我国城市化的主要动力，而今后区域间的竞争在相当程度上将更多地体现为各区域中心城市之间的竞争。加快中心城市发展，已成为推进中国城市化的现实选择。从区域经济看，中心城市是未来区域经济发展的一个重要的、最具活力的经济增长点和集聚地。广东、浙江及江苏经济发展经验表明，中心城市是培育财源的关键所在，是增强发展后劲的最主要源泉。

3. 四川省重大战略部署

四川省委九届四次全会提出，要以增强综合承载能力为重点，以城市集群发展为主体形态，优先发展大中城市，培育新的经济增长极，重点打造成都平原城市群、川南城市群、攀西城市群和川东北城市群。川南城市群南接云贵、东临重庆、西达攀西、北联成都，城市规模相当，资源比较丰富，产业基础较好，是极具发展潜力的地区。四川省城镇总体规划已经把自贡列为该片区重点建设的大城市。同时，在《川南经济区发展规划纲要》中，已将自贡列为该区域的一级中心城市。川南经济区定位为全省经济发展新的增长极，必将推动自贡市在更大范围和更高层次上构建对内对外开放合作新格局。

4. 川南经济区发展形势

目前，从川南经济区的现状看，川南

城市群产业门类齐全，综合性突出，表现为多中心块状型综合经济区特征，近期尚无中心城市出现的条件，但随着川南经济区的发展和壮大，中心城市必然从发展到聚集、从扩散到整合的梯级渐进式中出现，在这个过程中，有意识地选择区域内基础和发展潜力较好的城市作为重点支持城市，给予一定的政策扶持，促进要素集聚，增强城市功能，扩大城市规模，推动加速发展成100万人口以上的特大城市，并成为川南区域中心城市，以增强川南经济区的聚集与整合能力。

（三）区域发展优势

自贡是老工业城市，改革开放30年来，经济社会发展发生了翻天覆地的变化，成为中国历史文化名城、中国优秀旅游城市，四川省重要的工业城市，与川南其他城市相比，具有明显的比较优势。

1. 工业基础较强，优势产业突出

自贡是我国西部地区重要的装备制造业基地、盐化工基地、国家新材料产业化基地。拥有全国最完整的盐卤化工体系，全国最大的甲烷氯化物生产厂家和西南最大的联碱生产企业，全国大型火电锅炉、机电设备、石油化工容器生产骨干厂家，世界第四大硬质合金厂家之一的合金刀具、钨钼制品生产企业。生产的电站锅炉、数控机床、工业阀门、焊接材料、输送机械、CNG压缩天然气成套设备、氯碱化工、氟化工、工程及功能性炭黑、盐及深加工等产品在国内具有领先优势，其机械制造业规模超过川南其他四市机械制造业的总和，是四川重要的老工业城市。

2. 城市积淀丰厚，面临重大发展机遇

自贡城市规划区面积达403平方公里，建成区面积达到88.4平方公里，城镇化率为42.69%，居川南第一，是四川省四个、川南唯一的最先从中等城市跨入大城市行列的城市之一。在川南五市中，自贡的人均地区生产总值居第一，每平方公里GDP产出居首，人均社会消费品零售总额居第二。自贡素以“千年盐都”、“恐龙之乡”、“南国灯城”享誉中外，文化底蕴十分丰厚，是四川众多城市难以超越的。自贡也是省、国家有关规划发展的重要城市，《四川省城镇总体规划》已经把自贡列为了川南城市群（川南经济片区）重点建设的大城市，《成渝经济区区域规划（征求意见稿）》将自贡列为重要的区域中心城市，四川省《西部综合交通枢纽建设规划》将自贡列为四川次级综合交通枢纽和物流配送次级枢纽，四川省政府批复的《自贡市统筹城乡发展综合配套改革总体方案》确定的成渝经济区百万人口的区域中心城市。

3. 科研实力较强，具有人才比较优势

自贡科技实力位居四川省前列，是国家高分子、工程及功能性炭黑、有色硬质合金等新材料的科研生产基地，已形成了科研设备配套、技术力量较强的多层次科学技术研究与开发体系，拥有晨光研究院、炭黑工业研究设计院、井矿盐研究院等17家全国、省、市级科研机构和一批科技型企业，科研机构居四川省第二位，仅次于成都。全市有科技人员8万名，总量居四川省第五位，居川南第一位。

4. 商贸设施完善，具有较强的市场辐射能力

自贡已经建成一批专业市场，商业设

施得到整合提升，大批国内外品牌店落户自贡。新世纪假日广场、温州商城、帝豪广场、泰丰大厦、东方广场等均为川南地区建筑面积最大的商业设施之一。自贡是拥有国际、国内消费品知名品牌数量全省除成都外最多的城市，其中有1/3的品牌商品被周边城市居民所购买。自贡物流企业中东方物流公司跻身中国物流百强企业，川南建材市场年交易量超过23亿元。

5. 地处川南中心，区位优势明显

自贡市处于川南五市中心位置，随着内昆铁路开通，成自泸高速公路、乐自高速公路、绵遂内宜自城际客专、乐自泸铁路的建成，省道305线的改造，宜宾及泸州机场邻近自贡的迁建，沱江航道整治等重大交通设施的建设，自贡将成为全省重要的次级综合交通枢纽，形成快速的立体交通网络，成为抵达川南各市距离最近、时间最短的中心城市，其区位优势较长江航道整治形成的单一优势明显、突出且见效快。

6. 协作渊源深厚，具有广泛的合作领域

从历史渊源上看，直辖前后的重庆与自贡有着密切的联系，特别是在汽车配件、轴承、电碳制品、复合陶瓷、橡胶密封件、CNG成套设备、无公害蔬菜和反时令蔬菜等方面合作广泛。自贡与成渝两地的产业既有互补性又有趋同性。总体上看，自贡产业结构与成都互补更多，与重庆趋同更多。与成都、重庆产业互补的领域，对接主要是扩大现有产品销售市场，同步建立完善的售后服务体系，巩固并占领周边市场，尤其是利用成渝两地庞大的物流体系，通过自贡交通改善后提升的区位优势，延长物流链，占据更广阔的市场。在产业趋同的领域，利用成渝两地大型的制造产业拥有极端发达的产品研发与开拓能力，与自贡的机械加工业对接，实现产业扩散延伸；利用成都的石化及日用化工、重庆天然气化工的优势，与自贡基础化工、高分子化工进行对接，在接长产业链的基础上，向产业链的横向扩张，形成强强联合，组建跨区域的联合体，打入东盟和南亚；利用CNG产业的关联性，加快自贡与重庆CNG成套装备产业的对接，与成都汽车消费市场融合，实现多赢；利用自贡独特的旅游资源，联合川南，打造川南环线，共同融入巴蜀大旅游环线。

同时，也应清楚地认识到，自贡建设区域中心城市还有许多困难和问题，主要表现为发展不足，对外交通通道不畅，产业支撑能力不强，环境承载能力不够，产业空间布局不尽合理等，这些困难和问题必须在今后的发展中加以高度重视，并尽快解决瓶颈制约问题。

（四）区域发展定位

根据自贡市在成渝及川南区域的基础、优势、潜力及区域发展格局，自贡在成渝经济区及川南次高地建设中的总体定位（见图30-10）是：成渝经济区百万人口的区域中心城市。产业定位为：中国西部重要的盐化工基地、成渝经济区重要的整机装备制造业基地、成渝经济区重要的国家新材料产业化基地、川南服务业高地。城市属性定位为：川南特大城市、中国历史文化名城、中国优秀旅游城市。

1. 产业定位

（1）中国西部重要的盐化工基地。通

图 30-10 自贡市功能总体定位

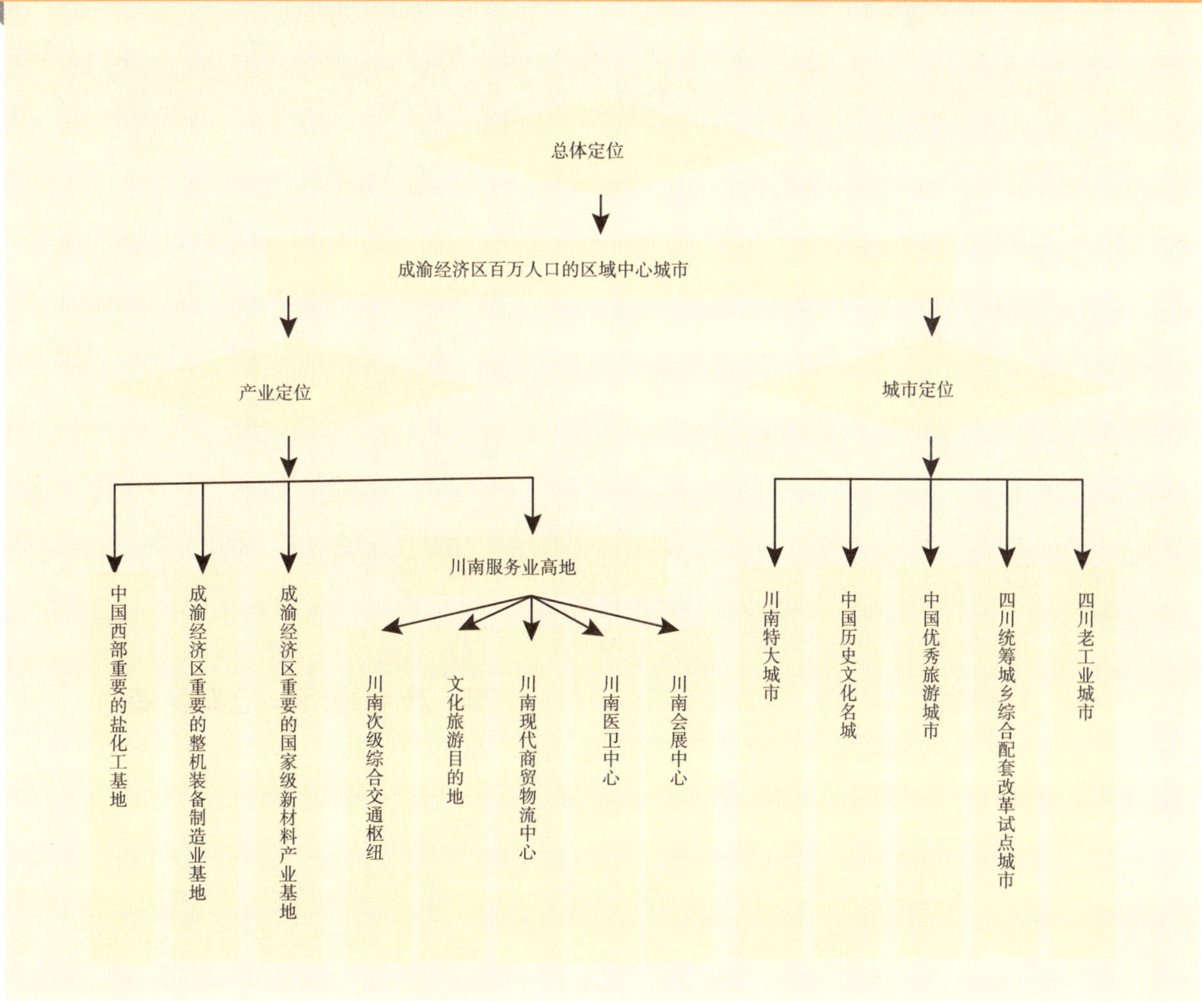

过技术改造提升，产品延伸，集中发展，做大盐－基础化工－有机化工－高分子化工－后加工产品的产业链，将自贡建成中国西部重要的盐化工基地。

（2）成渝经济区重要的整机装备制造业基地。依托优势骨干企业，推进园区化、集约化发展，实现集群发展，加快电站锅炉及特种锅炉、数控机床、泵阀设备、运输机械、环保设备、CNG 成套设备、输变电设备等优势名牌产品发展，将自贡建成中国西部重要的整机装备制造业基地。

（3）成渝经济区重要的国家新材料产业化基地。依托自贡国家新材料产业化基地、自贡国家科技兴贸（新材料）创新基地，建立以企业为主体，产、学、研结合的技术创新体系，构建金属新材料、高分子合成材料、功能性炭黑及碳石墨材料、精细化工新材料、盐化工新材料、高性能纤维复合材料产业群，做大做强新材料产业，将自贡建成中国西部重要的国家级新材料产业基地。

（4）川南服务业高地。川南次级综合交通枢纽。成为连接川南、融入成渝、贯通华中－西北－南贵昆经济区、辐射中国－东盟自由贸区的中转站和四川重要的区域次级综合交通枢纽。

文化旅游目的地。依托自贡深厚的文化底蕴，深入挖掘盐史文化、彩灯文化，加强资源整合，以盐疗养生度假基地、南国灯城、川南美食城、世界地质公园、燊海井盐史文化博览园、中国彩灯文化产业发展园建设为重点，将自贡建成为中国西部文化旅游目的地。

川南现代商贸物流中心。依托次级综合交通枢纽的建设，规划布局一批物流基地，以培育商贸中心区和完善物流、人流、资金流、信息流为重点，加快建立与现代化相适应的、便捷高效的、具有较强吸引力和辐射力的商贸设施网络，提高物流业的聚集力、辐射力、带动力，推进城市之间、城乡之间、运输方式之间合理对接的现代物流体系建设，将自贡建成区域现代商贸物流中心。

川南医卫中心。依托自贡市已建成的市一、四医院和妇幼保健院三所“三甲”医院、市五医院、市二医院“三乙”专科医院及市疾病预防控制中心等一批医疗卫生机构的技术优势，加快医疗卫生资源的整合，提升自贡卫校规格，加强与华西医院、重庆第三军医大学附属医院等成渝医学院的联合，引进一批硕士研究生、博士研究生、省级学术技术带头人，购置一批高端医疗设备，提升全市医疗服务的知名度和辐射力，逐步把自贡建成川南医卫中心。

川南会展中心。加强会展业的硬件设施建设，强化会展业的引导和扶持，提高专业化管理水平，积极打造会展品牌，开展以川南及成渝地区产业文化为主题的博览会，形成会展业的规模效应和品牌效应。通过城市的综合经营、设施的建设提升、城市文化的挖掘，将自贡建设成为川南会展中心。

2. 城市定位：川南特大城市

加快城市向东与内江相邻，向南与宜宾相接的“东进、南移”圈层梯次发展，加强城市功能建设，提升区域承载能力，完善城市基础设施，加快人口和要素集聚，提高人口承载能力和产业集聚辐射作用，率先把自贡建成川南“双百”特大城市，即城市聚居人口超 100 万、建成区面积超 100 平方公里的特大城市。

四　产业经济：沧桑巨变

（一）经济结构特点及变迁

在 1949 年新中国成立后，北方的重工业设备、人才，依据中央指示南迁，自贡在该政策的扶持下成为全省的盐化工基地、西南工业重镇，形成了有机化工、盐卤化工、机械制造、建材等较为协调的工业配套产品体系。在很长的一段时间内四川省的 GDP 排名依次是成都、重庆、自贡，其他兄弟城市很难撼动，为计划经济下的最大收益者。

新中国成立初期，自贡实现了第一次产业结构调整，制盐业开始向化工领域延伸，一批新建化工企业陆续建成投产，硼、钾、溴、碘等产品填补了我国化工产品的空白，纯碱、烧碱、氯甲烷等产品在中国西部有举足轻重的地位。1965 年，自贡市化工产值达 3602.3 万元，为 1952 年的 31

倍，自贡以盐业为主的轻化工产业扩展到重化工领域。

1965年后，自贡通过“三线建设”推进了第二次产业结构调整。随着东方锅炉、长征机床、自贡硬质合金、晨光化工研究总院、炭黑工业研究设计所、高压阀门厂、四川平板玻璃厂、四川轻化工学院等21家企事业单位从北京、上海、天津、东北等地内迁以及与之配套的相关建设完工，自贡单一的盐化工产业又增加了机械、建材、冶金等产业，初步形成了多门类工业体系。第二产业生产总值1965年首次超过第三产业达9697万元，1975年又超过第一产业达16837万元。

1979～1988年，自贡工业随着“三线建设”一批内迁企业产能的发挥，工业发展较快，形成了机械、盐化工、建材等34个行业，工业产品达1300余种，其中30多种主要产品产量在全国或全省名列前茅。进入80年代末，自贡作为一座国有企业、传统产业、重工业、中上游产品比重大的老工业城市，计划经济下的后遗症慢慢显现，背上了沉重的历史包袱，体制和结构矛盾突现，难以适应新的市场经济体制，发展进程明显变缓，加之基础设施建设投入严重不足，导致1989～1999年自贡经济增长下滑，工业年均增长10.6%，财政出现赤字1亿多元，成为当时全省最困难的城市之一。1995～1999年的五年，自贡市工业出现连续下滑，其中，传统产业盐业连续八年亏损，自贡工业总产值占全省的比重由1988年的8%迅速下降到3.3%。

在自贡工业走下坡路时，自贡农村产业结构由过去“以粮为纲”和“粮、猪安天下”的粮、猪型结构到农、林、牧、副、渔全面发展，再到农工贸一、二、三产业的协调发展，农业内部结构和农村产业结构都得到调整和优化，农业迈向产业化、效益农业和现代农业之路。农业基础设施建设方面则坚持了“治水、改土、兴林、修路、建池”的方针，加快了农业的循环利用步伐，改善了农村生态环境；文化服务业上，则在努力打造自贡品牌，从1988年开始，自贡灯会开始走出自贡，走向全国并走向世界，实现了从单纯的文化娱乐型向文化经贸型的转变，从内向型向外向型的转变。

自贡作为一个老工业城市，在计划经济向市场经济转变的情况下，势必会出现各种不适。而改革一个老工业城市比新建一个新工业城市要难上10倍，这正是自贡的症结所在。在熬过了艰难的摸索、改革阶段后，自贡的经济迎来了腾飞期，2000年，实现了工业经济“两负变两正”；2001年实现“增速达20%，利润翻番”；2002年实现“产值超百亿，利润再翻番”；2003年实现产值利润增长“双二十”；2004年增加值和利润总额分别增长41.1%和70.3%；2005年增加值和利润总额分别增长36.5%和58.7%；2006年增加值增长30.9%。2007年，全市工业经济从恢复性增长逐步驶入快速发展轨道。2008年，全市规模以上工业完成现价工业总产值达到640亿元，较1978年，年均增长15.6%。

总而言之，1952～1963年，自贡属于以农业为主的小农经济，产业比重属于第一产业最大，第三产业其次，第二产业最小的“一三二”结构；到1965年，第二产业比重超过第三产业，产业出现第一次升级，1965 ~ 1974 年产业比重为“一二三”结构；到 1975 年，第二产业再次升级，超过第一产业，产业出现第二次升级，1975 ~ 1991 年产业比重为“二一三”结构；到 1992 年，第三产业超过第一产业，产业出现第三次升级，产业比重演变为“二三一”结构，自贡开始步入工业化中期；1995 ~ 2011 年，产业结构不断优化，以机械、盐化、新材料为优势产业的工业逐步发展壮大，服务业加速向集约化、规模化、高层次化发展，农业产业结构调整步伐加快，经济作物占种植业的比重和畜牧业占农业的比重分别超过一半。2011 年一、二、三产业结构由 1995 年的 29.0 : 37.5 : 33.5 调整为 12.7 : 58.8 : 28.5。

（二）农村经济繁荣发展

自贡自然条件优越，农业基础较好，所辖两县均为每年向国家提供上亿斤粮食的全国商品粮基地县，又是全省瘦肉型猪、茶叶、草编、木本油料、速生丰产林、优质柑橘等生产基地和全国黄红麻、山羊板皮生产基地，农副产品较为丰实。

1. 改革开放发展历程

2007 年，农作物面积由 1978 年的 422.76 万亩，增加到 457.52 万亩，增加 34.76 万亩。其中粮食播种面积在逐年减少的情况下，粮食总产由 78.51 万吨，不断增长至 125.99 万吨，增长 47.48 万吨，增 60.5%；油菜籽生产由 1978 年的 9.12 万亩，逐渐发展到 17.43 万亩，增加 8.31 万亩，增 91.1%。油菜籽产量由 0.72 万吨增加至 2.12 万吨，增 1.4 万吨，增长 1.9 倍。

猪牛羊等肉类产量由 1978 年的 3.85 万吨，增加到 2007 年的 25.2 万吨，增加 21.35 万吨，增长 5.6 倍。其中生猪出栏由 1978 年的 60.97 万头，增加到 2007 年 290.71 万头，增长 3.8 倍。

2007 年农业总产值达 121.64 亿元（现行价），比 1978 年的 2.61 亿元（70 不变价）增长了 45.6 倍。其中种植业产值 46.92 亿元，畜牧业产值 65.87 亿元，分别比 1978 年种植业产值 2.05 亿元，畜牧业产值 0.47 亿元增加 44.87 亿元和 65.40 亿元，同比增长 21.9 倍、139.2 倍。林业、渔业及其他各业均呈迅猛发展之势，为农民增收发挥了重要作用。

2011 年，自贡全市粮食种植面积 23.2 万公顷，比 2010 年增加 0.20 万公顷；油料种植面积 2.54 万公顷，增加 0.08 万公顷；蔬菜种植面积 4.95 万公顷，增加 0.23 万公顷。全年粮食产量 133.03 万吨，下降 1.1%；油料产量 5.03 万吨，增长 4.69%；蔬菜产量 159.7 万吨，增长 7.23%。全年肉类总产量 34.22 万吨，比上年增长 0.4%。全年水产养殖面积 0.76 万公顷，增长 1.2%，水产品产量 5.18 万吨，增长 7.3%。全年完成全口径林业产业产值 22.08 亿元，增长 15.6%。完成造林面积 8.38 万亩，其中，人工造林 8.18 万亩，封山育林 0.2 万亩。全市森林覆盖率为 29.07%，比上年提高 1 个百分点。年末农业机械总动力 89.23 万千瓦，增长 6.7%。

2. 优势特色农业产业带

面对人均耕地少的实际，自贡从自然生态条件和市场需求出发，以发展优势特色效益农业为突破口，不断调整优化农业产业结构，着力培植农业新的经济增长点。从2003年开始，用财政资金扶持建设农业产业化示范基地，当年建设了4个种植业产业化示范乡镇。2004年，全市建设了21个产业化示范基地。2005年，提出建设优质特色农业产业带，全市共建设7个产业带和8个产业化示范区。当前，优质柑桔、特色蔬菜和乡村旅游三次产业带基本形成，肉牛、黑山羊、肉鹅、水产等特色养殖基地初具规模。

（1）优质粮食产业带。优质中稻－再生稻产业带：水稻是自贡最重要的粮食作物之一，常年种植120多万亩，总产量70万吨左右，约占粮食产量的60%，产值占种植业总产值的30%。自贡再生稻生产技术率先在全省取得突破，形成了以富顺县为主的“中稻＋再生稻”优质水稻栽培模式。

特种专用粮食生产示范基地：

优质小麦：荣县及贡井区部分乡镇是全省确定的优质小麦主产区，推广强筋和中筋小麦，实行订单生产，面积已达26万多亩，产量5.4万多吨。

冬大豆：主要分布在荣县、贡井、大安等地的旱地带状种植中增种一季冬大豆。面积达42万多亩，产量达1.8万多吨。

早青豆：在城市近郊农村，面积达4万多亩，产量达2.1万吨。推广市农科所选育成功的早熟或特早熟贡豆系列菜用大豆新品种或辽宁铁丰系列品种，采取净作或间种等方式，专门收剥青豆上市。

鲜食糯玉米：主要分布在贡井区艾叶、建设等镇。栽培面积5万多亩，产量达5.2万吨。

高粱：主要分布于富顺、沿滩、大安一带，面积4.27万亩，产量达9240吨。作为酿酒的优质原料，曾被国家授予“绿色食品”称号，是四川郎酒厂等几大酒厂的优质原料基地。

冬洋芋：自贡冬洋芋以上市早、质量优著称，深受消费者喜爱，远销重庆、成都、武汉等地。主要分布于贡井区五保、牛尾及荣县古佳、乐德、河口一线，面积5.6万多亩，产量达9900吨。

（2）独具特色的反季节早市蔬菜。自贡常年种植蔬菜12大种类，300余个品种，面积达74.2万亩，总产量达120万吨，总产值达15亿元。在种植业中，蔬菜仅次于粮食作物而跃居经济作物之首。其中，自贡荣县鼎新镇、乐德镇，贡井区龙潭镇、桥头镇，富顺县长滩镇等乡镇，依托河流水源条件好的优势，积极开发冬水田和两季田，探索出了一条既增粮又增收的复种新模式，即早春大棚蔬菜（番茄、茄子）－迟熟中稻的“稻－菜”水旱轮作和早春番茄（茄子）－秋冬椒的“菜—菜”连作模式。

（3）柑橘为主的优质水果产业带。自贡以柑橘为主的优势水果产业带初具规模。2011年，自贡全市水果59.75万亩，产量19.84万吨，其中柑橘总产量16.88万吨，占总产量的85.08%。自贡是柑橘最适宜生产区，柑橘园加上不成规模零散种植的柑桔，已成为全市第一大优势水果。生产区域相对集中的荣县、富顺两县均已建成国家级优质柑橘生产基地。

（4）恢复性发展的蚕桑产业带。自贡栽桑养蚕历史悠久，曾取得辉煌的成就。蚕桑产业带主要分布在荣县旭阳、乐德、过水、河口、望佳、双石及富顺县飞龙、赵化、安溪等乡镇。荣县被确定为全省蚕桑产业强县。2011年，自贡桑园5.23万亩，产量为2500吨。

（5）不断壮大的优质茶产业带。自贡是川南早茶重要的生产基地，栽培面积7.23万亩，毛茶产量9100吨。主要分布在荣县双古、复兴等深丘低山乡镇，主要栽培品种有川茶小叶种、茗山131等。在加工方面，全市有40余家茶叶加工厂，年产值近亿元。

（6）新兴发展的园林花卉产业带。自贡沿“一环”（南北环路）至飞龙峡景区40公里建设乡村旅游产业带，以花卉为支撑的旅游休闲农业产业初具规模。目前，园林企业近100家，种植花卉面积达2.01万亩，年产值约1.7亿元。

（三）工业

新中国成立前，自贡工业基础十分薄弱。新中国成立之初，自贡的工业已形成以井盐生产为主，兼有少量化工、机械等工业门类，并奠定了其工业重镇的基础。[①] 根据中央关于“集中力量进行中国的大三线建设”的战略部署，从1964年下半年开始，大批沿海企业和科研单位以及大学内迁到自贡。由于“文化大革命”的影响，到1970年，“三线”企业才基本陆续建成投产。“三线建设”有力地改变了自贡市的工业结构和制造能力，使自贡市从盐业和盐化工业城市发展成为了具有盐业、化工、机械、冶金等门类相对比较齐全的综合性工业城市。[②] 总体而言，自贡是一座老工业城市，1979 ~ 1988年的十年辉煌阶段，工业经济总量仅次于成都、重庆，居全省第3位；1989 ~ 1999年的十年衰退阶段，在全省的排位逐年后退；21世纪后的恢复发展阶段，工业经济开始快速发展，进入工业化中期阶段。“十一五”以来，自贡市工业经济快速发展，逐渐形成以机械、盐化、新材料三大优势产业为主的综合性工业经济体系。

1. 盐产业

明洪武时（1388 ~ 1398）富义地区成为四川第二大井盐场。到清乾隆时期，自流井、贡井两盐场已成为四川的“大盐场”，灶户、佣作、商贩各项人等便有数十万之巨。自贡盐业在抗战时期，迎来了第二次大发展的“黄金时代”，自贡盐场以其大量的盐产、巨额的盐税、踊跃的捐输，为战时经济实力的增强做出了重要的贡献。在八年抗战中，自贡盐场累计生产食盐达1938901吨，销售食盐1748542吨，盐化工产品达791.49吨。自贡盐产在川盐中的比重从抗战前的45%上升到1939年的54%，1945年增至60%。[③] “文化大革命”时期，自贡盐业的发展曲折动荡，盐业生产遭受严重挫折和损失，呈现“三落两起”的发展曲线。1967 ~ 1969年，自贡盐业生产陡然下降。1970 ~ 1972年，自贡盐业生产有所恢复，开始呈现转机，此为“一起”。1973 ~ 1974年，自贡盐业生产出现第二次衰退。1975年，自贡盐业生产再度回升，出现明显好转，是为“二起”。第三次衰落是1976年，自贡盐

① 王川红：《自贡市工业结构调整研究》，硕士学位论文，电子科技大学，2005年5月。
② 陈熙琳：《自贡：千年盐都到工业城的嬗变》，《中国西部》2009年第11期。
③ 宋良曦：《自贡盐业在抗战经济中的作用和贡献》，《盐业史研究》1995年第3期。

业生产发生逆转，再次停滞。①

党的十一届三中全会以来，自贡盐业得到了进一步发展，取得了巨大的成就，表现在以下三个方面：一是改革步步深入，企业活力逐步增强。通过简政放权，推行厂长负责制、厂长任期目标责任制、企业经营责任制，扩大了企业自主权。在分配制度上，试行了工资总额同上交利润挂钩，同实物量挂钩等多种形式，进一步调动了职工的积极性。二是以节约能源和调整能源结构为中心开展技术改造，取得了显著的社会效益，促进了盐业的发展。在制盐技术改造上，跨出了三大步。第一步是改平锅制盐为真空制盐；第二步是调整真空制盐的燃料结构，进行了气改煤；第三步是实现热电联产，进行热能综合利用。通过上述三个方面的技术改造，1978 年的盐产量为 78.39 万吨，1987 年已达到 107.04 万吨，增长 36.55%；在产量逐年递增的情况下，总能耗和单位产品能耗均大幅度下降。1978 年总能耗为 457085 吨，（标煤），1987 年降为 294072 吨（标煤），降低 35.67%；吨盐耗标煤 1978 年为 540.33 公斤，到 1987 年将为 198 公斤，降低 63.36%。三是提高质量，发展品种，开拓市场，增强了出口创汇能力。九年间共有精盐、肠衣盐、氯化钡、碳酸锂等 17 种产品评为部、省优，贡井盐厂精盐评为国家银质奖；1978 年的销售量为 80 万吨，1987 年增长为 110.7 万吨，增长 38.38%。九年间，盐及盐化工产品出口总值达 5224 万元。②

近年来，自贡充分发挥盐卤资源优势，形成了以原盐为源头，两碱化工为基础，精细化工、医药化工、高分子化工合成材料及制品为延伸的盐化工业发展格局，积极打造了资源型到资源加工增值型的盐化工产业链，为国内少有的集资源开采到精细化工新材料生产为一体的产业基地。自贡市盐化工产业已建立国家级技术中心 2 个（久大集团、晨光院）、省级企业技术中心 11 个；新创中国名牌产品 3 个（鹤牌纯碱、烧碱、氯化铵），拥有四川省名牌产品 9 个。自贡盐化工业产品结构主要有食盐、工业盐、盐深加工产品——多品种盐、纯碱、烧碱、化学肥料、精细化工产品、化学原料药和化学成品药、硅氟高分子合成材料等数十个大类 400 多个品种。

2. 新材料

自贡是中国西部重要的老工业城市，在特色新材料产业领域具有四川省乃至全国其他城市所不具备的比较优势。2007 年 12 月，国家科技部批复认定自贡市为国家新材料产业化基地，国家商务部、科技部联合批复认定自贡市为国家科技兴贸（新材料）创新基地。四川省政府也将自贡国家新材料产业化基地纳入全省重点打造的六大千亿园区进行重点支持。自贡市涉及的新材料范围主要是有色金属新材料、硅氟高分子合成材料、功能性炭黑与碳石墨材料、精细化工新材料为主体的特色新材料产业。

（1）企业稳步发展。2010 年，全市涉及新材料研究开发和生产销售规模以上企业共 158 户，实现工业总产值 292.5 亿元、工业增加值 97.6 亿元、利润总额 19.8 亿元、上交税额 23.8 亿元、出口创汇 46.9

① 程龙刚：《“文革”对自贡盐业的干扰破坏》，《四川理工学院学报（社会科学版）》2005 年 3 月号。

② 杜仲祥：《自贡盐业在改革中开拓前进》，《盐业史研究》1988 年第 1 期。

亿元，分别比2009年增长35%、37.4%、206.4%、67%和42.0%。六大新材料产业群初步形成，保持了快速增长的发展势头。其中，金属新材料产业群实现工业总产值67.7亿元、工业增加值24.3亿元，比2009年增长9.0%和29.9%；高分子合成材料产业群实现工业总产值12.9亿元、工业增加值3.9亿元，比2009年增长21.7%和34.5%；新型碳材料产业群实现工业总产值9.8亿元、工业增加值5.3亿元，比2009年同期增长36.1%和103.8%；精细化工产业群实现工业总产值66.7亿元、工业增加值27.1亿元，比2009年增长29.0%和39.7%；盐化工新材料产业群实现工业总产值110.8亿元、工业增加值32.1亿元，比2009年增长97.2%和43.9%；高性能纤维复合材料产业群实现工业总产值24.6亿元、工业增加值4.9亿元，比2009年下降14.9%和3.9%。

（2）自主创新产品不断增加。自贡市新材料产品主要包括高性能金属材料、新型有机高分子合成材料、先进无机非金属材料、纺织新材料、新型精细化工材料、生物医学材料、其他新材料及制品等七大类共200个产品，比2009年新增43个产品。2010年，新产品产值为160.4亿元，比2009年增长28.2%；新材料产品实现销售收入211.3亿元，比2009年增长31.7%；"长城"牌硬质合金、"大西洋"牌焊条、"晨光"牌氟橡胶等10个产品荣获中国驰名商标和四川省著名商标，占全市名牌产品总数的45.45%；近50个新材料产品分别在世界30多个国家和地区进行了商标注册。

（3）产业创新能力显著增强。以企业为主体，以大学和科研院所为依托、产学研相结合的创新体系初步形成，创新能力和技术水平显著增强。2010年，有市级以上学术带头人57人，新材料产业科研人员4800人，占产业总人数的16%。新材料主要骨干企业承担了多项国家科技创新项目，取得了一系列科技成果，掌握了一批拥有自主知识产权的关键共性技术。目前自贡已经拥有国家级科技创新平台2个，国家级工程技术中心1个，国家级企业技术中心2个，国家创新型试点企业2个，全国行业标准归口单位2个，省级企业技术中心11个，省级工程技术研究中心5个，省级重点实验室8个，省级产学研联盟3个，其他科技服务机构31个。

3. 机械及装备制造业

自贡集中力量发展壮大了以电站锅炉、数控机床、环保设备为主的机械及装备制造业。培育了东方电气集团东方锅炉股份有限公司、四川长征机床集团有限公司、华西能源工业股份有限公司、四川川润股份有限公司、四川省自贡运输机械集团股份有限公司、自贡大业高压容器有限公司等一批龙头骨干企业，打造了电站锅炉、特种锅炉、压缩天然气成套设备等一批市场份额居行业领先的优势产品。2010年，机械及装备制造产业拥有规模以上工业企业212户，占全市规模以上工业企业的36.7%，完成现价工业总产值487.51亿元，实现主营业务收入480.39亿元，实现利税总额47.99亿元，分别占全市规模以上工业的43.8%、43.9%、45.5%。机械及装备制造产业已成为自贡市的第一支柱产业。

（1）产业基础扎实。自贡是中国西部重要的装备制造业基地，拥有全国大型火电锅炉、机电设备、石油化工容器生产骨干厂家。生产的电站锅炉、数控机床、泵阀、焊接材料、输送机械、压缩天然气成套设备等产品在国内具有领先优势。

（2）科研力量雄厚。作为老工业城市，自贡市沉淀积累了厚重的工业底蕴。近年来，通过大力推进企业技术创新工作，机械及装备制造等优势产业的创新能力迈上了一个新台阶。拥有省级以上企业技术和工程研究中心16个，高新技术企业39户，博士后科研工作站5个。各企业加快了与高等院校和科研院所的合作步伐，充分利用学校和科研院所的人才和技术，尤其是与四川理工学院、自贡职业技术学校有针对性地开展中高级专业人才和技术工人培养，为企业发展提供了坚实的技术支撑。

（3）工业园区承载能力较强。截至2010年底，全市7个重点工业园区已建成面积达到27.4平方公里，入驻规模以上工业企业350户，实现主营业务收入470.3亿元。通过实施“一园一主业、园区有特色”的产业布局建设，自贡高新技术产业园区和晨光科技园区分别以重大装备特色产业、化工新材料特色产业被列为省“1525工程”重点工业园区，且自贡高新技术产业园区已成功升级为国家高新技术产业开发区。

4. 环保产业

节能环保产业是自贡现有工业中最具发展潜力的产业，也是老工业城市调整产业结构、转变增长方式的切入点。近年来，自贡把培育发展节能环保装备产业作为优化经济结构、推动产业转型升级和转变发展方式的突破口和重要抓手，着力扶持发展节能环保装备产业，推动了节能环保装备产业的快速发展，形成了固体废弃物治理、工业和生活污水治理、大气污染治理、新能源与清洁能源四大门类节能环保装备产品。

（1）环保产业竞争优势明显。自贡节能环保产业配套能力较强，初步形成了较为完整的产业链，综合研制能力居西部前列，培育了一批优势产品。电站锅炉占国内市场近30%，生物质发电锅炉、窑炉余热利用锅炉、碱液回收炉等特种锅炉在国内市场的占有率超过1/3；管带机、分离过滤设备、压缩天然气（CNG）装备等在国内行业影响力较大，具有相当市场份额。

（2）环保产业产业集聚发展。自贡国家高新技术产业开发区成为节能环保装备产业发展的重要载体。坚持“一园一主业、园区有特色”的布局原则，突出主导产业与关联协作产业配套发展，推动主体园区和配套园区错位发展，初步形成“一园两区”（自贡高新技术产业园区、东方锅炉装备区、贡井装备配套区）格局，节能环保装备制造产业呈集聚、集约、集群发展态势。

（3）环保产业研发实力雄厚。全市有直接从事科技活动的科技人才6000余人，其中高级科技人才1200余人，享受国务院津贴的专家106人，拥有国家级工程技术研究中心1个，国家级企业技术中心2个、省级11个，国家级创新型试点企业2户，省级和行业重点实验室8个，省级工程技术研究中心4个，省级创新型试点企业12户、科技孵化器（创业中心）2个，企业博士后工作站5个，有省优秀专家18

人，省学术技术带头人9人，市级拔尖人才158人、学术技术带头人107人、优秀人才181人。

（四）服务业

“十一五”以来，自贡服务业得到了快速发展，2008年全市服务业个体户达114587个，比第一次经济普查（2004年）增加42.7%；2010年，全市服务业增加值完成192.2亿元，占地区生产总值的29.7%，年均增长10.9%。

（1）就业带动作用显著增强。2010年，全市服务业从业人数为57.3万人，比2005年增加了16.3万人，年均增长6.9%；服务业从业人员占全社会就业人员的比重为35.8%，比2005年提高了8.6个百分点，服务业已成为我市吸收劳动力就业的主渠道。

（2）财税贡献效率明显提高。随着服务业不断发展，服务业已成为自贡市税收的重要来源。2010年，服务业创造税收收入19.7亿元，占全市税收总收入的46.7%，比2005年提高了14.6个百分点。2010年，服务业营业税收入为4.2亿元，占全市地方财政一般预算收入的19.2%，比2005年提高了1.8个百分点。

（3）内部结构调整不断优化。一方面交通运输、仓储、邮政、批发零售、住宿餐饮等传统服务业平稳增长，另一方面以知识密集型为特征的金融、房地产、信息服务和科技等现代服务业呈迅速发展趋势。自贡市服务业的民营化程度逐步提高，发展活力明显增强，“十一五”期间，自贡市的民营服务业增加值年均增长速度达14%，其占比由“十五”期末的36.1%提高到“十一五”期末的55.2%，提高了19.1个百分点。

2. 自贡服务业的发展思路

①完善服务业部门工作联系机制，建立服务业定期会议分析制度，出台《加快服务业发展的实施意见》以及现代物流业发展规划加快服务业发展。②加快专业市场集群发展。③加快发展城际大物流。④围绕“盐、龙、灯”特色文化加快旅游发展，加快推进盐卤浴康疗基地、恐龙王国公园和中华彩灯大世界建设。对传统工艺“小三绝”注入现代科技活力，鼓励开拓家居装饰等市场，支持和服务“天下第一灯”的自贡灯会的出口与产业增长。⑤重点培育城区大商贸，推进老城商业中心改造和东部新城商务区建设。

五　增长引擎：蓬勃发展的国家级高新技术开发区

（一）自贡工业园区概况

自贡市工业园区发展起步较早，2005年以前，全市有省政府批准的工业开发区2个，省政府授权批准的开发区1个，省乡镇企业局批准的乡镇企业示范区12个，市政府设立的开发区2个及部分区县设立的开发区2个。虽然数量较多，但规模小，布局零乱，功能分工混杂，结构趋同，推进十分迟缓。2003年国务院对开发区进行清理整顿后，自贡根据清理整顿要求对现有工业开发区进行了清理、整顿和合并，对全市产业园区进行了重新布局规划，目前，自贡市共规划有各类工业园区3个，即四川自贡高新技术产业园区、富顺晨光工业园区和荣县工业园区。

四川自贡高新技术产业园区（以下简称高新区）位于自贡市中心南侧，距自贡火车站1公里，经内昆、成渝铁路北上成都、东达重庆、南下昆明并通达全国。高速公路距成都、重庆各200余公里；南下宜宾仅70公里，即可达最近机场和长江第一港。规划控制面积60平方公里，其中：城市规划区20平方公里，板仓工业集中区40平方公里。目前，城市建成区达15平方公里，工业集中区已开发10平方公里。高新区已建设成为国家级新材料产业化基地、国家科技兴贸创新基地、全省六大重点产业园区之一、四川省“1525工程”特色园区，拥有全省53个省级开发区及川南地区中唯一的国家级科技孵化中心，节能环保装备制造等新兴产业在全省乃至全国独树一帜。通过明晰产业定位，完善产业规划，形成了以机械装备制造和新材料为主导产业的发展格局，机械装备制造和新材料两大主导产业集中度达到80%，成为了西南地区重要的装备制造和新材料产业化基地。成功培育了第一家上市公司——川润股份，引进了四川立能等一批新材料优势企业。战略性新兴产业异军突起，节能环保、新材料两大新兴产业总产值占工业总产值的比重达到75%。2011年，自贡国家高新区地区生产总值（GDP）突破120亿元，达到120.8亿元；全年规模以上工业总产值实现300.3亿元，同比增长50.1%，占全市比重达22.4%；规模以上工业增加值实现96.5亿元。增长38.4%，对全市工业增长贡献率达54.1%，同时也成为了自贡最具开发潜力、最富发展活力、最宜兴业居住的区域。

富顺晨光工业园区位于自贡富顺县城西南部，规划占地面积28.8平方公里，其中工业用地面积约18.64平方公里，园区是以精细化工、生物医药、农产品深加工为主导的工业产业聚集区。园区距离泸州、宜宾、自贡、内江等市在80公里以内，距成渝高速公路仅38公里，距内宜高速公路仅24公里。隆雅路富顺段（快速通道）直达园区，到自贡市区仅需15分钟左右。

荣县工业园区位于县城南侧郝家坝，“十二五”期间规划建成面积为3平方公里，远景规划面积为7.65平方公里。主要发展农副产品加工业和医药工业，适当聚集机械加工业。目前，拥有企业45户，其中规模以上企业28户，经济力量不断壮大。2011年实现工业总产值83.17亿元，同比增长29.48%；主营业务收入81.2亿元；同比增长28.5%。

（二）发展历程

自贡市高新技术产业开发区于1990年开始筹建，1990年8月，市政府决定建立自贡市高新技术产业筹备组及其办公室，开展前期筹备工作。1992年5月，四川省人民政府批准建立自贡高新技术产业开发区，批复建立了自贡高新技术产业开发区领导小组。1993年2月，市政府决定正式建立自贡高新技术产业开发区管理委员会，作为市政府的常设派出机构，统一领导和管理开发区的建设和经济发展。自贡高新技术产业开发区是2004年清理整顿后自贡市唯一保留的高新技术产业开发区。2006 年 2 月四川省发改委确认自贡高新技术产业开发区为省级开发区，更名为四川自贡高新技术产业园区。2011 年 6 月 18 日，《国务院关于同意自贡高新技术产业园区升级为国家高新技术产业开发区的批复》（国函 [2011]70 号）正式批复自贡高新区正式升级为国家高新区。此批次升级西部 12 省市仅有自贡唯一一家，自贡高新区成为全省继成都、绵阳后第三家国家级高新技术产业开发区。

（三）科技创新体系

高新区全区现有省级以上重点实验室、工程技术中心、企业技术中心 21 家，博士后科研工作站 4 个，省级技术创新联盟 3 个，各类科技人才 4 万余人，直接从事科技活动的科技人才 6000 余人，其中高级科技人才 1200 多人，国家有突出贡献专家 9 人，享受政府津贴专家 106 人。近年来，年均实施各类技术创新项目和新产品开发均达 100 余项，新产品产值率高于 30%。

在机械、新材料两大主导产业上，几乎集中了全市的国家 863 计划、火炬计划、创新基金等国家级项目及国家科技成果奖项、授权专利。华西能源、长征机床、川润动力、自贡运机、久大集团、中橡炭研院等主要骨干企业、研究院所在循环硫化床锅炉、余热发电锅炉、精密数控机床、智能润滑液压成套设备、大型长距离带式输送机、大型真空制盐成套技术、专用炭黑成套技术及设备等领域的技术研究开发，均处于国内领先水平，并在长期的自主创新中形成了较强的比较优势。

自贡高新区已建立起以企业为主体、以高等院校、科研院所为依托、以科技服务机构为纽带、以制度创新和政策法规为保障的区域技术创新体系，技术服务机构能力较强，完全能够满足企业和产业发展需要。为集聚整合区域技术创新要素，强化成果转化对产业的核心引领作用，高新区管委会全额出资组建了川南首家科技成果交易所。建设了科技兴贸公共信息服务平台，引入了专业科技数据库供企业免费查询。

六　转型之路：雄厚的研发实力

近年来，自贡依靠区域内众多的科研机构，把技术创新作为推动经济社会发展的主导战略，把提高自主创新能力作为调整产业结构、转变经济发展方式、增强核心竞争力的中心环节，走有特色的自主创新道路，实现了连续五年的经济高速增长。科技创新成为这座古老城市崛起的不竭动力，使自贡成为了老工业城市转型的典范。由国家发展改革委员会同科技部、工信部、财政部编制的《全国老工业基地调整改造规划（2013-2022 年）》于 2013 年 4 月 2 日获得国务院批准发布，该规划将自贡纳入全国 120 个调整改造的老工业基地之一，配套的资金、土地等方面的扶持政策将进一步加快自贡的转型发展进程。

（一）科研实力

1. 科技创新平台

创建了自贡国家新材料高新技术产业化基地、国家炭黑材料工程技术研究中心等重点平台，推动了以企业为主体、产学研相结合的科技创新体系建设。到2010年，全市建立技术开发科研机构13个，各类科技创新平台42个。其中，省级和行业重点实验室8个，国家企业技术中心2个、省级企业技术中心11个，国家、省级工程技术研究中心5个，国家示范生产力促进中心1个，国家高新技术创业服务中心1个，省级产学研技术创新联盟3个，博士后工作站5个；建立了农业科技专家大院、示范村及农业科技园区25个，农业专业技术协会70个，其中，国家新农村科技示范村1个，省级农业科技园区3个，省级专家大院1个。

2. 高新技术产业聚集

突破了大容量、高参数、高效超临界循环流化床锅炉技术，超临界锅炉生产技术，高速度高精度数控加工中心生产技术，大口径高压长输管线球阀技术，高品质氟橡胶产业化关键技术，纤维级苯硫醚后加工关键技术，特种炭黑生产技术，新型功能化焊接材料生产技术，硬质合金喷涂材料新技术，大型真空制盐成套设备技术，压缩天然气（CNG）成套装备技术等影响制约产业发展的技术瓶颈，掌握了一批具有自主知识产权的核心技术，较好地解决了产业发展中的技术难题，提高了重点产业技术水平。到2010年，全市共有高新技术企业39户，国家创新型试点企业2户，省级创新型示范企业2户、试点企业12户、培育企业21户，国家知识产权示范企业1户、试点企业2户；自主创新产品27个，其中，国家级1个，省级26个。形成了以高分子合成材料、有色金属、特种炭黑、碳纳米材料、特种焊接材料、节能环保锅炉等为代表的高新技术企业群和盐化工、节能环保装备、新材料等优势产业。2010年，高新技术产业产值达225亿元，占全市工业总产值的22%。

3. 新农村科技示范

“十一五”末，建成自贡市农业科技信息110公共服务平台，成为四川省统筹城乡发展综合信息服务平台关键技术研究与应用示范第一批试点市，在全市20个村开展了农业科技信息化试点；加快特色农业科技园区建设，建成省级农业工程技术研究开发中心分中心1个、省级新农村示范科技园区3个，建立农业科技专家大院7个、专业技术协会70个；加强农业科技开发推广，共实施国家、省、市农业科技项目134项，开发、引进农业新技术78项，引进、推广农业新品种198个，开发农业新产品18个，全市主要农畜良种覆盖率达到92%；科技兴村示范达到新水平，在全市8个村开展了统筹城乡科技兴村示范建设，1个村建成全国首批新农村建设科技示范村。科技示范促进示范村年人均增收529元。

4. 科技创新综合实力

“十一五”期间，全社会科技投入逐年增长，年均增幅达29%，累计投入28.24亿元，其中，政府引导投入1.05亿元。科技创新活力增强，实施市以上重点科技项目640项，比“十五”期增长109%，其中，国家级项目57项，省级项目207项，市级项目376项，分别比“十五”期间增长185%、332%、46.2%。科技投入产出指数明显提高，累计登记科技成果191项，申请专利1229项，授权专利852项，分别比“十五”期间增长

12.4%、204.3%、204%；6 项科技成果获国家科技进步奖，25 项科技成果获省科技进步奖。科技人才队伍进一步增强，全市直接从事科技活动的科技人才达 6000 余人，其中，享受国务院政府津贴的专家 106 人，省优秀专家 18 人，省学术技术带头人 9 人，市级拔尖人才 158 人、学术技术带头人 107 人、优秀人才 181 人。

2011 年，自贡研究与实验发展（R&D）人员折合全时人员 3319 人，研究人员 1658 人，研究人员位居川南五市第一。县级以上政府部门属研究与开发机构及情报文献机构数 8 个，位居四川第二，川南五市第一。从业人员数 384 人，位居四川第三。县级以上政府部门属研究与开发机构及情报文献机构经费收入总额 5.481 千万，位居四川第二，川南五市第一。全市研究与试验发展（R&D）经费支出 6.12 亿元，比 2002 年增长 80%。科技进步对经济增长的贡献率提高到 50.0% 以上。全年新立市级以上重点科技计划项目 80 项，其中星火计划项目 4 项，火炬计划项目 2 项，全市高新技术企业达到 61 户，高新技术产业产值达到 175.7 亿元。全市共申请专利 567 件，比 2010 年增长 62.0%。授权专利 310 项，比 2010 年增长 17.0%。全年技术交易合同 162 个，登记合同金额 1.13 亿元。

（二）主要问题

1. 科技投入不足

政府对科技的投入虽逐年递增，但总量和比例仍然较小。企业特别是中小企业的科技投入不足，技术开发投入占产品销售额的比例较低。社会对科技的投入较少，引导金融资金投入科技创新和成果转化的机制有待完善。

2. 科技人才队伍有待加强

科技人才总量不足，结构不尽合理，每万人中科技人才不足 100 人，直接从事科技活动的科技人才仅 6000 余人，其中中高级专业人才仅占 13.6%，优秀人才少，年龄偏大，高端人才和科技创新领军人才缺乏。

3. 科技资源整合不够

鉴于历史和管理体制原因，全市科技资源较为分散，整合不够，影响和制约了科技创新总体水平和整体效能的发挥。

4. 科技成果总量少、转化慢

科技成果总量偏少，一般性科技成果比重大，重大科技成果特别是对产业发展带动力强的综合性成果少。科技成果转化机制尚未形成，转化速度慢、周期长，对经济发展的带动作用还不明显。

（三）提升战略

1. 完善科技创新的体制机制

以制度创新保证科技创新和成果转化。加强和改善政府对科技工作的领导，充分发挥市科技领导小组对科技发展的领导作用，研究、协调和部署科技发展等重大事项，及时研究解决科技创新和科技规划实施中的重大问题，合力推进科技新区建设。认真贯彻落实相关法律法规和政策，加大对规划实施的监督评估，建立科技发展目标责任考核制度。建立健全重大科技决策与咨询制度，充分发挥科技顾问团的专家决策咨询作用，推进科技发展决策的科学化和民主化。

2. 建立多元化的科技投入机制

积极争取国家有关资金的支持，调整财政支出结构，不断加大科技发展的政府投入，市本级财政对科技投入的增幅不低于财政经常性收入的增幅，形成科技成果转化政府投入的稳定增长和长效投入机制。加强政府投入的管理，建立完善监督机制和财政科技经费预算绩效评价体系，改进政府科技投入方式，由注重科技创新到科技创新和成果转化并重。

确立企业科技投入的主体地位，鼓励企业加大对科技创新和成果转化的投入力度。进一步落实、调整、完善技术开发费加计抵扣、技术转让减免、高新技术企业所得税减免等各项税收政策。采取贷款贴息、项目资助、风险补助等方式，引导社会资金投入科技发展，不断提高全社会科技投入（R&D）经费占GDP的比重。

营造科技发展的金融环境，进一步理顺和拓展科技发展的投融资渠道，建立健全担保体系。引导各类商业金融机构对企业科技创新和成果转化及国家和省级立项的科研项目和产业化项目给予信贷支持。完善政府贴息贷款、信用担保等政策，支持商业银行改善对企业科技创新和成果转化的金融服务。培育科技创新和成果转化企业在资本市场融资的外部环境，支持有条件的企业在国内主板、中小企业板以及创业板上市。支持符合条件的企业发行公司债券，鼓励到海外资本市场融资。财政所属的担保机构要逐步扩大科技创新和成果转化项目的担保额比例，对资产少、科技含量高的项目可探索实行信用担保及与专利等无形资产挂钩的担保模式。启动知识产权质押贷款融资工作，促进商业银行加大对科技型中小企业的金融服务力度。鼓励金融机构与科技服务机构之间建立合作机制，充分发挥其在项目推荐、信贷审核、风险控制等方面的辅助作用。鼓励保险机构开展科技发展贷款保险业务，充分发挥融资租赁等方式在企业科技创新和成果转化中的积极作用。推进科技创新和成果转化项目企业发行集合债券和集合票据，开展企业科技信托融资试点。

3. 整合科技资源，激发创新活力

进一步深化科技管理体制改革，彻底打破科技资源与科技需求条块分割、流动不畅的瓶颈。坚持以科技新区建设为推手，以自贡国家高新技术产业开发区、自贡国家新材料高新技术产业化基地、科技兴贸产业化基地、国家示范生产力促进中心和大学科技园、科技孵化器等为主要内容，以产学研产业技术创新联盟为纽带，积极探索和完善区域科技资源共享的新机制、新方法、新模式，整合科技资源。以公共科技资源平台建设为重点，推进科技信息、科学数据、仪器设备、科技成果等方面的资源共享。鼓励自贡市具有国际、全国一流研发能力的科研机构面向全球、全国，以领先技术为核心，聚集人力、资金、技术等创新资源。大力推进创新要素向大型企业（集团）集聚，促进民营和国有资源、大型和小型企业优势互补，推动产学研用相结合，将区域科技资源优势有效转化为科技创新和成果转化能力优势。充分发挥国家级科技创新和成果转化平台的品牌效应，引导区域科技创新要素平台汇集，不断提高科技创新和成果转化的投入规模。推动企业加强对外科技合作和交流，突破行政区划，立足产业、行业发展，整合国内外及区域内外的科技资源。

4. 加快创新型人才队伍建设

通过自主培养和对外引进相结合的方式，落实人才培养和人才引进的相关政策，提高科技人才总量，特别是高端科技人才和科技领军人才的数量。实行多层次的人才培养计划，不断提高科技人才队伍素质。实施科技创新企业家培育计划，加强企业家队伍建设，强化科技进步意识，大力培养与科技发展相适应的企业经营管理人才和高技能人才，促进科技创业者成长为现代企业家。实施科技领军人才培养计划，对骨干企业、科研项目的科技人才进行研发组织、成果转化、产业培育等培训，重点培育一批科技领军人才。实施专业技能人才培育计划，着力培训、培养高级技术人才，为科技创新和成果转化奠定人才基础。不断创新人才培养、选拔、引进及使用机制，创造公开、公平、择优的人才平等竞争环境。建立健全以政府奖励为导向、用人单位奖励为主体、社会奖励为补充的科技奖励制度，积极推行期权、年薪制、技术入股等激励措施，将技术要素参与分配落到实处，充分调动科技人才创新、创业的积极性。

5. 提高知识产权保护运用能力

积极支持企业技术知识产权化，增加专利数量，提高专利质量。对获得国家专利奖的项目进行配套奖励，建立健全专利转化资助办法。充分发挥市知识产权领导小组的统筹协调作用，加强知识产权管理机构建设，健全知识产权审议机制，加强对国有企事业单位和政府投资项目开展知识产权活动的备案管理。建立知识产权特派员制度，推动知识产权工作向园区（集中区）、企业和社区延伸。充实知识产权行政执法人员队伍，整合执法资源，完善知识产权跨区域联合执法、跨部门综合执法等协作机制，提升行政执法效能。建立知识产权中介服务平台，提高中介服务机构的代理、信息咨询、司法鉴定和许可转让等服务水平。建立健全知识产权评估制度，鼓励有条件的中介机构开展知识产权价值评估和中小企业知识产权托管服务，并加强规范管理。进一步加强对企业专利的清理、评价工作，不断推动专利的自主转化、许可使用、质押贷款和专利产权化等工作，促使专利的价值变现，引导、支持和鼓励企业自主知识产权转化和实现产业化。

6. 加强科学技术普及和宣传

全面落实国家科普政策，大力推进全民科学素质行动，进一步普及科技知识，促进树立科学发展观，提升科普能力和市民的科学素质，为建设创新型城市营造良好的社会氛围。加大全社会科普投入，不断加强科普工作者队伍建设，积极引导社会力量参与自贡市科普设施建设，大力开展科普公益宣传。充分发挥图书馆、科技（博物）馆、科普画廊、数字媒体等科普基地和设施的作用，广泛开展“科技之春”、“科技活动周”、“科技下乡”、“职工素质工程”和“科普示范”等形式多样的科普活动。强化现代科技意识，在全社会树立爱科学、学科学、用科学的良好风尚，提高我市公民的科学素养和创新能力，为科技发展营造良好的社会环境。

七　交通物流：川南几何中心向要素聚集中心转变

（一）交通发展现状

改革开放以来，自贡交通建设长足发展，全市基本形成以公路运输为主体，铁路运输为补充，水路运输为辅助的综合交通格局。自贡市地处川南腹心，自贡地处川南腹地，不沿江、沿海，与内江、泸州、宜宾、乐山市直接通过高速或高等级公路连接，构成川南城市群。自贡是四川省域优先发展的大城市和重要的二级中心城市，是长江上游经济带中联系成渝经济走廊和川南城市经济区的中继站。自贡到宜宾空港 70 公里。通过内宜、成渝高速公路直通成都、重庆，通过内昆电气化铁路和北京至昆明国道南来北往，通江达海。大吞量的重化结构，造成了主要生产要素与交通运输、环境容量的矛盾。随着城市规模的快速扩张，经济全球化和区域经济一体化进程的加快，自贡对外通畅问题日趋突出。预计到 2020 年，自贡客货运输需求将分别达到 29000 万人次和 9100 万吨，是 2009 年的两倍和 2.2 倍。因此，加快建设对接成都主枢纽，连接南北、贯通东西、通江达海的区域次级交通枢纽势在必行。2011 年，自贡市完成交通固定资产投资 35.8994 亿元，同比增长 10.8%。其中，成自泸赤高速公路自贡段项目完成投资 16.9652 亿元；乐自高速公路自贡段项目完成投资 13.1363 亿元；改造国省干线公路 29.9 公里，完成投资 0.643 亿元；农村断头路建设项目完成投资 3.3397 亿元，完工水泥路面 333.6 公里。城市道路总长达 726.14 公里，道路面积 910 万平方米，人均城市道路面积 9.49 平方米，城市道路完好率达 95%，城市道路机械清扫率达 42.9%，城市主干道平峰期平均车速为 40.55 公里 / 小时。

（二）自贡交通所面临的新形势

当前，全省各市州都以前所未有的力度掀起了交通建设的新高潮，川南各市更是加快了交通建设步伐。目前，泸州在建拟建高速路达六条，总里程达 303 公里，泸州集装箱码头已开工建设二期续建工程；宜宾在建拟建高速路达六条，里程达 329 公里，宜宾港正在全面建设；内江在建和建成高速路达四条；乐山更是提出“投资千亿发展交通”的宏大规划。

对照建设“成渝经济区中南部重要的次级综合交通枢纽城市”的发展目标，自贡面临着更大的发展机遇。交通基础设施作为国民经济发展的基础产业，对经济社会的发展起到了至关重要的支撑和引导作用。经济的快速发展已对交通提出了更高的要求，迫切需要打通对外快速通道，改变自贡“交通末端”的现状；迫切需要加快建设大件通道，提高港口的集聚能力和辐射能力；迫切需要完善区域内交通体系，改善人民群众出行质量。这些交通基础设施对建设要求技术标准、配套设施和生态保护提出了更高的要求。

八　城镇布局：川南五市中心城镇群

自贡是一座因盐而兴的城市，盐业发展到哪里，城市就发展到哪里，井灶集中的地方就形成了市镇。新中国成立后，经过20世纪50年代“化工城建设”、60年代“三线建设”和改革开放以来的快速发展，自贡城市规模不断扩大，城市功能逐步完善，承载能力明显增强，于2004年在川南率先迈入大城市行列。

（一）自贡市城镇发展现状

城镇化进程明显加快。“十一五”以来，自贡市城镇化进程进入加速阶段，城市规模快速扩大，城镇化率位居川南第一，城区人口仅次于成都，成为四川省四个、川南唯一的最先从中等城市跨入大城市行列的城市之一。2011年，自贡年末常住人口268.4万人，建成区面积达90.13平方公里，城镇化率达42.69%，人口密度达到671人每平方公里，仅次于成都和内江的人口密度。到2011年末，中心城区建成区绿地率达34.06%，绿化覆盖率达38.5%，园绿地总面积达827公顷，人均拥有公园面积8.62平方米，万人拥有综合公园指数达到0.07。

城市功能不断改善。自贡城市中心区已经形成地势起伏，山水环绕，绿树成荫，半城青山半城楼的人居环境。2003～2011年，自贡全市水利设施累计完成投资15.91亿元，一大批水利工程建成投产，城乡供水能力大幅提升，小井沟水利工程顺利开工建设；加强供电设施建设，相继新建或改造220千伏输变电工程、110千伏工程、35千伏变电站等一批重大项目，有效地解决了长期以来网络结构薄弱、供电能力不足、电能质量差等问题；邮电通信快速发展。全市邮电业务总量由2002年的2.33亿元增加到2011年的16.35亿元，年均增长24.2%。新兴业务不断发展壮大，快递等新兴业务不断涌现，3G移动用户迅猛发展，互联网规模快速壮大。2011年，全市互联网用户达到25.83万户，比2002年增长7.3倍。

自贡综合实力显著提高。先后获得国家历史文化名城、国家卫生城市、中国优秀旅游城市、世界地质公园、国家新材料产业化基地、国家科技兴贸创新基地等国家级荣誉称号，成为“浙商最佳投资城市”、“粤商最佳投资城市”。

（二）城镇布局

通过近年来的建设发展，自贡已初步构建起“一核、两片、两轴”的市域城镇空间网络体系，即以中心城区为核心，以富顺和荣县两个县城为两片，以自雅公路沿线－釜溪河－沱江为东西向发展主轴，以内宜高速公路沿线为南北向发展次轴的城镇发展布局。随着省道305线富荣段的建成和城市环线的加快完善，初步形成了以中心城区为核心的“半小时经济圈”，为城市框架的拓展和集聚能力的提升创造了条件。

（三）县域经济

1. 自流井区

（1）位置、面积和人口。自流井区位

于四川盆地南部浅丘地带，东邻沿滩区卫坪镇、兴隆镇、永安镇，南与沿滩区富全镇、贡井区莲花镇、宜宾市翠屏区接壤，西邻贡井区长土镇、建设镇、桥头镇，北与大安区凤凰乡、和平乡接壤，地处自贡市中心地段，是全市政治、经济、文化的中心，是市党、政、军机关所在地。总面积 152.94 平方公里，2011 年末户籍总人口 35.3 万人，其中男性 17.5 万人，女性 17.8 万人；非农业人口 28.3 万人，农业人口 7 万人。

（2）建置沿革。自流井区原属富顺县，民国二十八年（1939 年）因盐设市，富顺县第五区全部划归自贡市，其中的桐档、长垣二镇即为今日自流井区。民国三十一年（1942 年），桐档镇改为自井镇。民国三十三年（1944 年）改镇为区，自井镇改为第一区，长垣镇改为第二区，直至自贡市解放。1950 年 3 月，一、二区合并称一区。1953 年命名为自流井区。1957 年 1 月，大安区合并于自流井区，1960 年两区又分设。1960 年 6 月，和平、凤凰和红旗三个公社先后划归自流井区。1979 年 7 月，三个公社又划归大安区，自流井区成为纯城市区。2005 年 8 月 1 日，仲权镇、荣边镇、高峰乡、舒坪镇、农团乡、漆树乡、红旗乡划归自流井区管辖，从此结束纯城市区的历史。2005 年 8 月 9 日，由自流井区政府将自流井区红旗乡成建制委托高新区管委会管理。2006 年 5 月 21 日，经自贡市人民政府批复同意自流井区设立丹桂街道办事处、学苑街道办事处，同时又明确两办事处由自流井区人民政府委托高新区管理；2006 年 8 月，根据自贡市人民政府决定，自流井区又将高峰乡龙神、考举、河山 3 个行政村委托自贡高新区管理。

（3）自然资源。自流井区有大量天然气资源和卤水资源，中国最早进行大规模开采的气田就在境内，卤水资源中除含有大量氯化钠外，还有硼、钾、碘、锂、锶、铷、铯等 30 多种化学元素，为盐业和化学工业的发展提供了丰富的物质基础。此外，还有岩盐、型砂等可供开采。

（4）旅游资源。国家级文物保护单位西秦会馆，坐落于在自流井区解放路乐段，始建于清乾隆元年（1736 年），占地面积 3000 平方米，现作为自贡市盐业历史博物馆。省级文物保护单位王爷庙是一座精美的清代中期建筑，占地面积 1000 平方米，现存的戏楼为省内不多见的川剧舞台，既是古建筑珍品，又具有重要的历史和艺术价值。位于石塔上后山坡的彩灯公园，饮誉中外的“自贡灯会”历届都在园内举办，园内建有我国唯一的“中国彩灯博物馆”。

2. 贡井区

（1）位置、面积和人口。贡井区系自贡市辖区，位于自贡市中部。面积 418 平方公里。全区辖 31 个社区居民委员会；149 个行政村，1304 个村民小组。2011 年末户籍总人口 29.6 万人，其中男性 15.1 万人，女性 14.5 万人；非农业人口 10.4 万人，农业人口 19.2 万人。

（2）建置沿革。贡井历史悠久，原名“公井”，因 1400 余年前的大公井而闻名，是驰名中外的井矿盐发祥地之一。在唐以前，大公井与富世盐井在四川已享有盛名。明嘉靖时期（1522 ~ 1566），大公井所产之盐质纯味美，作为朝廷贡品，因“公”、“贡”同声共韵，故改“公井”为贡井。民国二十八年（1939）9月1日，自贡建市，贡井地区为三、四、五区，1949年12月5日贡井和平解放。1950年三、四区合并为二区，1953年1月二区改称贡井区。

（3）自然资源。贡井地处浅丘，属沱江水系的旭水河自西向东横贯全境。年平均气温17.8℃，年均降雨量1048.7毫米，气候温和，雨量充沛。粮食作物主要产水稻、小麦、玉米、红薯、大豆五大类300余个品种；经济作物有茶、桑、甘蔗、龙都早香柚、柑橘、橙、枇杷、樱桃、甜麻竹、油料、麻、菜等120多个品种；药材有红花、白芍、川芎等100余种；花卉有兰花、月季、茶花、牡丹等200多种；主要森林植被分布有马尾松、湿地松林、柏木林、桉树林、香樟林、女贞林等100多个品种；储有卤水、天然气等矿产。

（4）旅游资源。贡井旅游文化特色明显，历史悠久。有源于东汉年间的“大公井”，被誉为世界奇迹的千米深井东源井，有旭水河艾叶至平桥段的“八里秦淮”，古运盐水道；有城中平桥瀑布景观，有贡井人民公园（张家花园）、省级重点文物保护单位夏洞寺，自贡地区佛教文化重要寺庙天池寺及60多座宫、观庙、寺（祠）等。有南北环路沿线的花卉生产基地，固胜农民新村，莲花竹海，龙潭白鹭群等，形成了乡村休闲观光旅游景区和自然生态旅游景点。

3. 大安区

（1）位置、面积和人口。大安区位于自贡市东北，属自贡市区城乡结合部，面积398.81平方公里。东南与隆昌、富顺县接壤，东北与内江市毗邻，西北与威远县相接，西南与贡井、沿滩区相连，紧邻自流井区。全区辖9镇3乡4街，有148个行政村，1653个村民小组，46个社区居民委员会，597个居民小组。2011年末，户籍总人口45.8万人，其中男性23.3万人，女性22.5万人；非农业人口17.1万人，农业人口28.7万人。

（2）建置沿革。大安区原属富顺县，1939年划归自贡市所辖。新中国成立后，经几次区划调整，1953年建立自贡市大坟堡区。1955年8月，经四川省人民政府批准改称大安区，沿袭至今。

（3）自然环境。境内系四川南部丘陵区，群丘起伏连绵，北高南低，系丘陵地貌类型。气候条件优越，属亚热带湿润气候，四季分明，无霜期长，雨量充足。境内河流属沱江水系的一、二级支流。釜溪河流域为沱江水系一级支流，威远河、长滩河流域属沱江水系二级支流，沱江河流域面积最大，占36.7%。多年平均流量1.44亿立方米，其中沱江流域面积147.15平方公里。

（4）旅游资源。大安区是自贡历史文化沉淀最多、旅游资源最丰富的地区。辖区内有国家、省级重点文物保护单位各1处，市级重点文物保护单位2处，县级重点文物保护单位15处，县级文物64处。其中有蜚声中外的世界奇观——大山铺恐龙化石；有世界第一口超千米深井——燊海井；有世界上迄今最长、最大、保存最完好的古植物化石——“长山岭硅化木”；有被喻为“川南寨堡之首”的三多古寨；有山清水秀、风光宜人的青龙湖；有安息着江竹筠、卢德铭、邓萍等革命烈士的国家级烈士陵园。

4. 沿滩区

（1）位置、面积和人口。沿滩区面积

468平方公里，东与富顺县相连，西与自流井区毗邻，南与宜宾市交界，北与大安区接壤。2011年末户籍总人口39.1万人，其中男性20万人，女性19.1万人；非农业人口8.9万人，农业人口30.2万人。

（2）建置沿革。沿滩区原名自贡市郊区，成立于1953年7月1日，其时辖地为今自流井、大安、贡井所辖部分地域。1959年8月将其分别属于富顺、宜宾两县部分地域划归郊区。1961年7月，将郊区成立之初所划的地域分别划回自流井、大安、贡井3个区。1983年3月，郊区更名为沿滩区。2005年8月1日起将沿滩区5个乡镇划归自流井区，将富顺县2个乡镇划归沿滩区。2007年7月1日，将四川省自贡个体私营经济发展园区管理委员会划归自贡市高新区托管。2008年底，辖区内有沿滩、邓关、永安、黄市、联络、富全、王井、卫坪、兴隆、瓦市、仙市等11镇，九洪、刘山等2乡和自贡市沿滩新城区管理委员会。

（3）自然环境。沿滩境内地势西北高、东南低，海拔多在300～400米之间，属缓坡低丘、缓坡中丘地貌类型，其中绝大部分地区属浅丘地带，无成型山脉，宜耕面积大，境内冬无严寒，夏无酷暑，四季分明，雨量充沛，具有发展农业的天然优势。沱江一级支流釜溪河沿区境东部自北向南蜿蜒而下，过境段长59.9公里，另有长5公里以上的河流14条，其干支流共长297公里。西南地区第一大变电站（500千伏）——洪沟变电站坐落于瓦市镇。主要矿藏有黄（黑）卤、天然气、砂岩、叶岩、石灰石、河沙等。

（4）旅游资源。主要旅游资源有金银桥湖风景区、仙市古镇等。以井盐文化主根系为依托萌生发展的仙市古镇，始建于1400年前的隋代，1992年被列为四川省历史文化名镇，2007年5月被国家建设部、国家文物局评选为第三批中国历史文化名镇。

5. 荣县

（1）位置、面积和人口。荣县位于四川省南部，距市区38公里，毗邻内江、宜宾、乐山市，地处长江上游沱江、岷江水系的低山丘陵地带，面积1599平方公里。2011年末户籍总人口69.6万人，其中男性35.7万人，女性33.9万人；非农业人口18.5万人，农业人口51.1万人。

（2）建置沿革。秦代，县境属蜀郡；汉代，属犍为郡南安县。晋代，分南安东部置冶官县。北周武帝时期，设公井镇。隋代，置大牢县，隶属资阳郡。唐代，划大牢、威远县于公井镇置荣州；升公井镇为公井县，隶荣州。宋代，废公井县入荣德县。明洪武九年（1376），降荣州为荣县。清宣统三年（1911）9月，荣县独立，成立军政府。民国元年（1912）设县公署，隶属嘉定府。次年，隶属上川南道。民国三年（1914）隶属建昌道。民国二十四年（1935）隶属四川省第二行政督察区专员公署，县公署更名县政府。1949年12月6日，荣县解放，隶属川南行政公署资中专区（后名内江专区）。1978年4月，荣县划归自贡市。2005年6月15日，将荣县的龙潭镇、桥头镇、五宝镇、莲花镇、成佳镇、白庙镇、章佳乡、牛尾乡、划归贡井区管辖。调整后，现辖21个镇、6个乡、44个社区居委会、301个村委会，面积1598.97平方千米，人口691751人。

（3）自然资源。土壤肥沃，光、热、

水、土等自然资源组合协调，生物种类繁多，粮食作物主要有13种，经济作物主要有10种；蔬菜主要有20科、69种。野生植物138科、308属、489种。人工养育的动物12种，野生动物30种。农副产品丰富，盛产粮食、生猪、水禽、柑橘、茶叶、蚕茧、花生、油菜、木本油料、药材、木材等，有可开发量为2.1万千瓦的水能，地表水9.98亿立方米，其中：境内径流量8.37亿立方米，过境水1.61亿立方米；地下水5100万立方米。水域面积3.03万亩。矿物资源主要有岩盐、卤水、气田水、石灰石、陶土、膨润土、长石石英砂、页岩以及煤、天然气、菱铁等，其中陶土、盐卤与铁的开采始于秦汉时，其中有53亿吨岩盐，300亿立方米天然气，0.4亿吨天然卤水、气田水，5亿吨优质石灰石，4亿吨高岭石黏土，10万吨优质钙基膨润土，0.5亿吨石英砂等工业资源。

（4）旅游资源。文物古迹与风景名胜众多，有人文景观32处，自然景观20处，其中省级5处，市级2处，尤以荣县大佛、辛亥革命军政府旧址、吴玉章故居、高石梯森林公园、双溪湖及桫椤谷著称。位于城东0.5公里的荣县大佛为世界第二石刻大佛、世界第一如来佛，城北1.5公里有储量5800万立方米的双溪水库（双溪湖风景区），城西南40公里有桫椤自然保护区，城东18公里有吴玉章先生的故居。荣县是四川省首批公布的省级“旅游兴县”工程项目县。

6. 富顺县

（1）位置、面积和人口。富顺县地处四川盆地南部、沱江下游，位于东经104°40′~105°16′、北纬28°55′~29°19′之间。东邻隆昌，西靠沿滩，南接泸州，东北与隆昌临界，西北与大安相连，西南与宜宾接壤，距省会成都约250公里。全县面积1336平方公里。2011年末户籍总人口107.7万人，其中男性55.5人，女性52.2万人；非农业人口25.1万人，农业人口82.6人。

（2）建制沿革。富顺县原为古代江阳县治域，北周天和二年（567）划出富世盐井及周围地区设雒原郡及所辖设富世县。隋开皇二年（582）撤郡存县，隶于泸州，县域约1500平方公里。唐贞观二十三年（649）更名为富义县。北宋乾德四年（966）升县为监，隶于梓州（潼川）府路，境域约3000平方公里。太平兴国元年（976）改名富顺盐监。元世祖至元十二年（1275）改富顺盐监为富顺安抚使司，二十年（1283）升为州，隶于四川行中书省之叙州。明洪武四年（1371）降州为县，隶属叙州府。清代因之。民国前期先后隶属川南道、永宁道。民国十七年（1928）裁道，隶属四川省。民国二十四年（1935），隶于四川省第七行政督察区，县域2208平方公里。新中国成立后，富顺县先后隶属泸县、隆昌、泸州、宜宾专区。1983年3月，划归自贡市管辖。2001年4月，撤区并镇，全县辖27个镇、4个乡。2005年7月，自贡市区划调整，富顺县庙坝、牛佛、回龙镇划归大安区管辖，瓦市、仙市镇划归沿滩区管辖。区划调整后，全县辖22个镇、4个乡，面积由1603平方公里减为1333平方公里。

（3）自然资源。县境内发现矿产14种，分别是天然气、煤、石灰石、石英砂岩，陶土、砂岩、页岩、建筑用砂砾石、天然卤水、菱铁矿、砂金、铜、石油，前

8种正在开采利用，后5种，石油已枯竭，卤水停采，其余为矿化点。其中，砂砾石，分布在沱江两岸，储量6575万立方，80%以上已拍卖；煤，7个煤井田，分布于古佛、童寺、宝庆、安溪、兜山，保有储量2035万吨；石灰石，分布于古佛镇，青山岭地区（尖山坡），储量533.84万吨；石英砂，分布于安溪兜山及古佛、童寺一带，保有储量1420万吨；页岩，分布全县各镇乡，矿山保有资源量1592万吨；砂岩，分布全县，主要分布邓井关及安溪镇，现矿山保有资源量259万立方米；陶土，分布青山岭地区，现保有储量20.9万吨，资源量113万吨。沱江富顺段可开发电能6.8万千瓦，现已开发装机容量1.4万千瓦和1.8万千瓦水电站各1座。野生植物药材60余种；野生动物以鱼类为主，还有龟、鳖、野兔等。经济作物以笋竹、花生、油菜籽、大豆、芝麻、甘蔗、优质柑橘、茶叶、蚕桑为主；粮食作物以水稻、小麦、玉米、高粱、红薯为主。禽畜养殖以生猪、肉羊、鸡、鸭、鹅、兔为主。2008年末，森林面积40.85万亩，森林覆盖率28.24%，主要树种有马尾松、杉树、大头茶桉、泡桐等。

（4）旅游资源。富顺县旅游资源概括为“五个一”，即“一城、一江、一山、一沟、一镇”。一城，指富顺县城，这里聚集国家级文物保护单位富顺文庙和省级文物保护单位“戊戌六君子”之一的刘光第墓、西湖、五府山、钟秀山、千佛岩、锁江塔、文化走廊、天然石佛、福源灏清代民居、后街——市中花园古城区等景点。一江，指沱江，沿江有狮市古镇、赵化古镇等景点，黄泥滩、黄葛灏两座人工湖，下游有与合川钓鱼城齐名的虎头城等古迹遗址；沱江生态走廊建设与沿江景点有机融合。一山，即青山岭山脉，包括从龙贯山、天池湖到天山坡的众多大小山峰组成的山脉，其中有普法寺、天池湖、明建文皇帝隐居的金田寺、上下仙鹅洞、仙女洞等，其喀斯特地貌和溶洞在自贡市独具特性。一沟，系李桥镇五条沟，方圆10平方公里，山高林密，泉水淙淙，风光秀美。一镇，即狮市古镇，古镇风貌保存完整，建筑特色突出，文化底蕴深厚。

九　发展展望：川南经济重要增长极

（一）在四川和西南经济发展中的作用

在重庆建立直辖市以前，自贡城市行政排序在成都、重庆之后名列第三，在经济和功能上优于其他市州。川南地区包括自贡、内江、泸州、宜宾和乐山五个城市及其辖区，而自贡属于川南腹地，其他四市环绕四周，自贡分别相距四市的交通距离最长100公里，最近38公里，峨隆铁路和泸雅高速公路贯通后还将进一步缩短自贡与四个城市间的交通时间。

通过对川南五市经济的比较分析，自贡凸显一定的经济优势。发达国家和地区公认的三产业比较合理的比例约为10∶50∶40的比例，[①] 自贡在川南五市三次产业结构比例中，第一产业比重最低，第三产业比重最高，2011年三次产业结构

① 叶青：《论中部崛起过程中区域中心角色的角逐》，《湖北社会科学》2007年第2期。

比例为 12.7 : 58.8 : 28.5，与合理比例较为接近。自贡在科研机构、科学家和工程师及从事科研活动人员等方面占有极大优势，特别是在从事科技活动人员占城市人口比例上超过内江、泸州一倍多。自贡财政收入在川南五市likely排名第四位，人均财政收入排名第三位，GDP 排名第四位，但自贡在地均 GDP 与人均 GDP 两个方面超过其他四市，综合分析说明自贡经济产出效率、集约化程度相对较高，经济总体贡献力大于其他四市。消费、投资和出口是拉动经济增长的“三驾马车”，消费、人口和商品的流动反映了经济的活跃度，自贡社会消费品零售总额在川南五市中居第四位，但人均社会消费品零售总额自贡居第二位。

自贡具有地域中心、行政居前、经济优势和城镇化率高等特点，区域中心地位及其核心作用十分显著。国内外区域开发的理论和实践证明，“好的中心地的特点有：中心地和腹地的经济资源强；中心具有发达的多条‘轴线’，即多种方式组成的客货运输线、通信线、能源线、水资源线；中心地有超强的工业和科技水平；较高的城市化水平”。[①] 因此，川南经济区应当选择自贡为中心城市，确定自贡在区域中的核心地位，按照当前世界区域开发和城市建设的最新理论“点－网”系统理论[②] 和“点－轴”模式整合川南五市，构建川南一小时经济圈，并使之成为成渝经济圈中的一个次级经济圈。

（二）优化产业布局

作为老工业城市，自贡现有工业布局的最大问题是工业与城市无序结合，工业生产与居民生活相互干扰和制约，同时，基础设施配套滞后，又进一步加重了自贡工业欲振乏力的“病情”。自贡工业产业发展的基本思路是：“近期：相对集中、一带多片，中期：夯实基础、创造条件，远期：集中建设、整体搬迁。”

1. 工业发展近期规划

按照“相对集中、一带多片”的思路，重点构建以板仓工业集中区、沿滩工业集中区和自流井工业集中区、富顺晨光工业园区为主的产业经济带。综合考虑近期各区工业发展现状和需要，继续实施北部工业区的张家坝和大塘山片区、西南部工业区的贡井工业片区和舒坪工业物流仓储片区。

工业产业重点沿釜溪河下游形成板仓－沿滩－邓关－自流井－晨光工业集中带发展，以“四园三区”运行模式进行分布（见图 30-11）。每个产业园区内，以资本为纽带，以技术集成、产业聚集、技术创新为支撑，培育龙头企业或集团，带动一大批具有较强创新活力的中小型企业发展，形成产业集群，实现工业要素集聚和集约发展。

2. 工业发展中期规划

按照“夯实基础、创造条件”的思路，一方面举全市之力采取多种途径加快工业产业带集中区建设，配套完善基础设施和能源供应，保证工业项目落地；另一

① 叶青：《论中部崛起过程中区域中心角色的角逐》，《湖北社会科学》2007 年第 2 期。
② 段进军：《竞争城市》，中国计划出版社，2005。

图 30-11　自贡工业园区布局

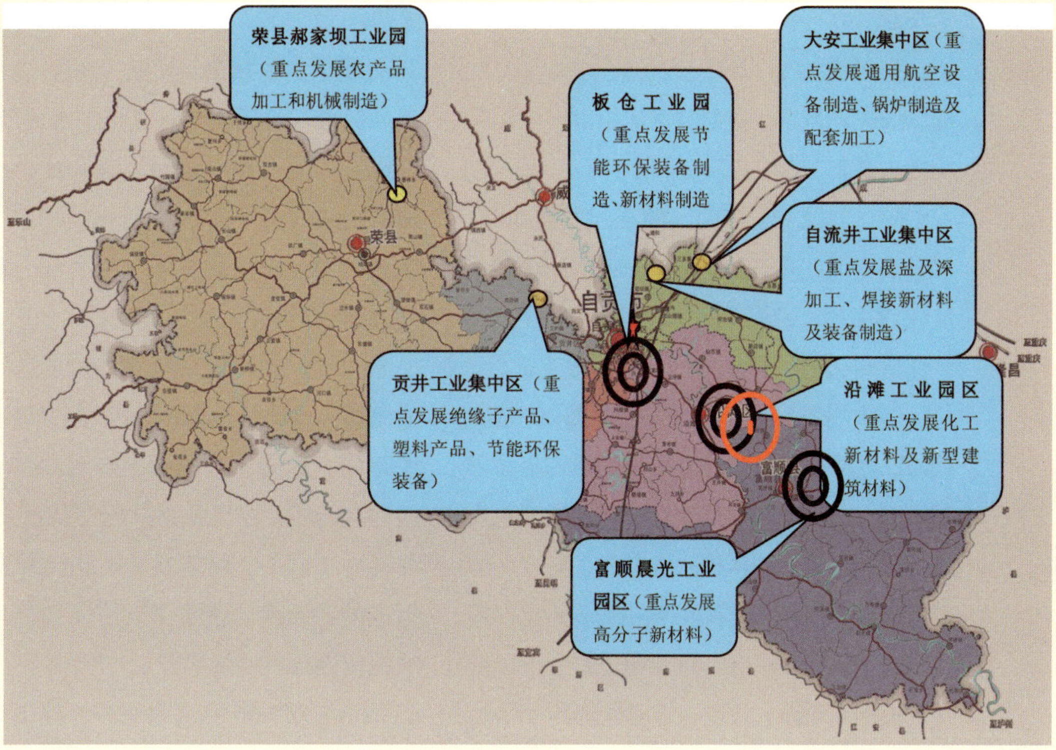

方面按区域中心城市标准，加快城市基础设施建设和环境建设，提升工业片区土地级差地租，为适时搬迁提供经济支持。

3. 工业发展远期规划

按照“集中建设、整体搬迁”的思路，继续实施市区工业产业带的集中建设，强化配套基础设施和能源建设，针对各工业片区的工业项目，条件成熟一个整体搬迁一个，实现城市中心区工业的整体迁出，真正实现工业发展与城市建设的良性互动、协调发展。

（三）加快建设“区域次级交通枢纽”

自贡是全省确定的 12 个“区域次级交通枢纽”建设城市之一，这为自贡市实现从川南几何中心向要素中心转变提供了历史性机遇。

1. 自贡构建区域交通枢纽的战略思路

按照全省建设西部综合交通枢纽和打造川南经济新增长极战略部署，紧紧围绕建设成渝经济区“双百”区域中心城市的总体目标，加快构建次级综合交通枢纽，建成“一环五线”高速公路网、“四向三线”铁路枢纽、“一环一横三纵”普通干线公路网、通江达海的水运通道以及共享川南航空港，形成市域半小时、川南一小时、成渝两小时经济圈的快速通道，将自贡建成连接川南、融入成渝、贯通华中－西北－南贵昆经济区、连通中国－东盟自由贸易区的中转站和成渝经济区中南部重要的次级综合交通枢纽城市，增强对川南经济区辐射、吸引功能，缩短与成渝中心城市及沿海发达地区的时空距离，形成大通道、促进大流通、实现大发展、推进大跨越，实现自贡从川南区位几何中心向要素聚集中心转变。

（1）实施“一体化”的交通发展战略。综合交通枢纽建设重大项目，投资规模大、建设水平高、跨行政区域，需要建立区域合作协调机制，走“一体化”发展道路。

（2）“多元化”融资的交通建设投融资战略。坚持按经济规律办事，面对资金需求量巨大，必须破除交通建设单纯依靠国家投资的思维定势，创新投融资方式，充分发挥政府和各类市场主体的积极性，多元化、多途径地筹集建设资金，逐步建立符合市场规律的投资、建设、收费、管理体制。

（3）“以人为本”的交通管理战略。交通行业与人民群众生产生活密切相关，在新一轮大交通建设中，要不断丰富“生态交通”的人文内涵，高度重视交通与人的关系和谐，努力构建以人为本的文明交通。一要维护、实现人民根本利益作为主旨，把满足人民群众出行需求作为规划、建设和管理的出发点，充分体现快速、便利、舒适、安全、文明、和谐的人文精神。二要贯彻可持续发展战略，加强交通与生态环境协调发展，大力推广应用环保技术，严格控制交通建设、运输对生态环境的侵扰和人居环境的影响强度，使之统筹协调，和谐自然。三要重视农村特别是贫困地区交通的发展，通过资金支持、技术指导等途径，加快改善农村和贫困地区的交通条件。

2. 自贡构建区域交通枢纽的路径

（1）以高速公路为骨架，打通对外大通道，建成“一环五线”高速公路网。一环：由内宜高速、乐自高速、成自泸赤高速等自贡市城区段及两条绕城高速（界牌经艾叶草学堂接乐自高速公路、乐自高速延伸黄市－沿滩城区－瓦市）组成的环线。五线：内宜高速、乐自高速、成自泸赤高速所组成的通往成都、内江、泸州、乐山、宜宾等周边市州的五条呈放射状分布的对外大通道。

（2）以铁路及城际客专为支撑，融入成渝城际铁路快速网络，构建“四向四线”铁路网。四向：东西向、南北向各有铁路通达。四线：内昆铁路、乐自荣城际客专、绵遂内（自）宜城际客专、自泸城际客专组成的铁路网。内昆铁路、乐自泸铁路和绵遂资内自宜城际客专。

（3）以城市干道为纽带，建设“两环三横五纵”干线公路网。“两环”：绕城高速组成的外环线，北环－南环－东环路（卫坪到恐龙馆）组成的城市内环线。“三横”：乐自高速、S305 线隆雅路自贡段、新增省道隆昌－牛佛－桥头－乐山犍为。“五纵”为内宜高速、成自泸赤高速、S206 遂筠路、S207 资泸路、S218（井研－荣县－珙县）。

（4）构建公路、铁路、水运、航空（共享）多种运输方式的完整骨架。扩建舒坪汽车货运中心，新建大山铺货运和南湖客运中心，直接引入 3 条高速公路；扩建舒坪铁路货运中心、新建南湖铁路客运中心和自沿富铁路专线，改造自贡火车站、火车南站，直接引入 4 条铁路；修建自贡至泸州港（或自贡至宜宾港）大件运输公路，通过大件港口，解决大件物资通江达海，同时实施沱江综合开发，新建沱江河口溢流坝、幺滩、银蛇溪、锅儿凼 4 座电航枢纽，新建和改建4座船闸，构建最快捷的出市水运大通道；通过高速公路和高等级路，加强与宜宾、泸州机场的交通联系，共享宜宾、泸州航空港。

（四）不断完善城镇功能体系

为更好地融入川南及成渝经济区，结合建设川南特大城市、川南区域中心城市、成渝经济区次区域中心城市的城市定位要求，按照近期“优化旧城、重点南移”，中期“完善西区、逐步东进”，远期“整体优化、品质提升”的思路，将自贡市构建为“特大城市－中等城市－中心城镇－一般建制镇”的市域城镇体系（见图30-12）。“一圈、一带、两片区”（“一圈”即城市经济圈，包括自流井区、贡井区、大安区、沿滩区、高新区的城市规划区和城乡过渡地带，“一带”指板仓－沿滩－邓关－晨光工业集中区构成的面积约100平方公里的带状区域，“两片区”即富顺县片区和荣县片区）的城乡总体功能布局更加优化，建成1个特大城市（自贡市）、2个中等城市（富顺、荣县）、9个重点中心建制镇、18个中心建制镇和50个一般建制镇，形成梯次鲜明、功能协调、多重互补、城乡统筹协调发展的新型城镇体系。

1. 中心城市

中心城市主要包括自流井区（含高新区）、贡井区、大安区、沿滩区主城区，聚集人口规模约100万。一方面，以汇东片区、五星街、檀木林街、解放路等地段为主，重点发展以商贸流通、房地产、休闲旅游和信息咨询等为主的服务行业，其主要功能是提升城市品位，提高城市形象，最大程度的满足群众居住和休闲娱乐需求，提升商贸中心的集聚功能。另一方面，以工业园区和工业集中区为依托，重点发展

图30-12　自贡市大城市体系基本框架

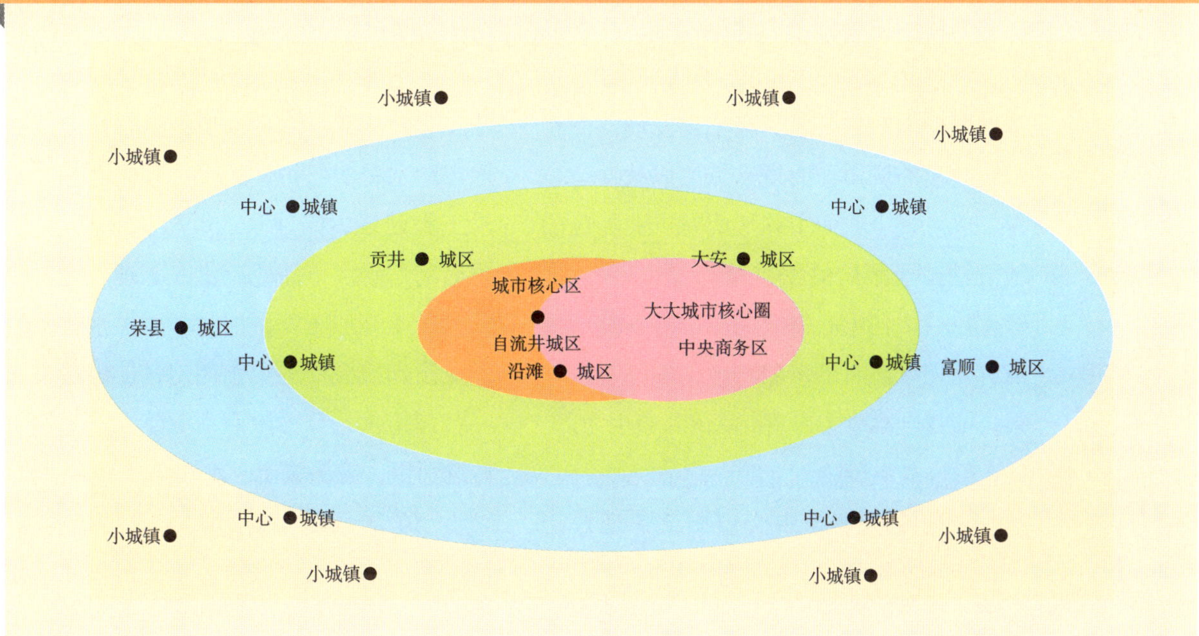

与工业经济配套的现代物流、研发设计、金融支持、服务外包、信息咨询等生产性服务业，为工业技术进步、产业升级和提高生产效率服务，与此同时，引进具有极强竞争力的产业配置，以补充自贡作为老工业城市的产业支撑，形成自贡新的产业发展的桥头堡，对川南经济区乃至整个成渝经济区的发展产生积极的影响。

2. 中等城市

中等城市即荣县和富顺县。主要发展房地产业、商业贸易、信息服务和都市型工业，除了发挥所在区域的中心作用，积极吸纳本地区农村人口的迁入之外，还应制定吸引县外的投资性移居和智力性移居的相关政策，多渠道吸引人口进入，两个城市人口规模到2015年达到20万～35万左右，形成规模效应，努力使城市化水平的度量指标逐步从“人口数量型”升格为“功能质量型”，重点培育对区域经济的组织、管理和服务功能，使其成为自贡特大城市的两个重要支撑点。

3. 中心镇

为逐步完善自贡的城镇体系，从众多的建制镇中选择一些区位条件较为优越、基础条件相对较好、具有一定发展潜力和一定规模的城镇作为重点镇加以扶持与培育，以乡镇企业为主体形成有专业特色的地方性工业集聚的据点城镇和片区服务、管理中心。各中心镇要力求形态各异、特点鲜明，以自有的风貌特色，提高视觉效果，增强自贡地区的城市品位和吸引力。

4. 一般小城镇

一般小城镇与中心镇相比，规模更小，职能更简单，但是具有一定发展潜力，主要作为农村工业化的集聚地和农村地区的服务中心。一方面通过建立工业小区的形式吸引周围村落的工业向区域集中；另一方面为周围农村提供日常的生活服务职能，主要起到提高农村居民居住和生活质量的作用。在城镇发展战略上应注重商业、服务、文化等基础设施的完善，形成具有现代气息的田园集镇风光。

（五）强化基础设施建设

1. 城市基础设施

（1）健全城市道路网络。围绕重点发展区域展开基础设施布局和建设，形成以中心城为核心，以城市主次干道为骨架，以南北东西环线为起点，加上放射型市际、市域交通干线所构成的布局合理、功能明确、方便快捷的多层次自由式放射形路网结构。重点建设带动东部新城、恐大组团、板仓工业园、盐疗养生基地、恐龙王国公园的道路基础设施；完善旧城区域、南湖生态城、沿滩新城、沿滩城区、贡井新城、凤凰坝片区、沿滩工业园、邓关工业园的道路基础设施。

（2）完善供水设施建设。推动岷江、沱江、金沙江和本地水资源联合调度，强化市域水资源保护，加快小井沟水库及引水工程建设，新建长土、沿滩2座水厂，改造南郊水厂，建成南湖、舒坪、大安和糍粑坳4座加压站，加快城区供水管网改造建设。积极推进中水回用，促进城市居民合理用水、节约用水，保障水资源的可持续利用，确保城市供水安全。

（3）加强环境综合整治。建立环境整治循环体系，加快城镇污水处理设施网络建设，完善城区污水管网和配套设施，形成中心城市、工业集中区和中心镇污水处理设施网络；加快生活垃圾和医疗垃圾实行容器化收集、机械化运输、无害化集中处理，重点建设垃圾发电项目。

（4）提高城市供气能力。按照建设100万人口特大城市的要求，以提高城市燃气供气率、保障率和煤气管网安全性为重点，加快城市燃气设施和管网改造建设，逐步实现市、县、镇的燃气管网化，提高供气保障能力。

（5）强化园林绿化工程。重点在显山、露水、透绿、减密上下功夫，以乔灌木为主，以草、花为辅，大力构建以城周山林为背景、街区庭园绿化为基调、滨河绿地为主轴、道路绿化为纽带、大面积城市公园为主体、街头绿地为补充、社区绿化为点缀的具有生态效应的城市园林系统。

（6）提升城市生活品质。围绕城市广场、重要节点、重点地段，强调形体与环境、色彩与建筑群体的协调和延续，使建筑群体成为强烈刺激人们感观的城市风貌要素。要确定街道两侧建筑立面色彩基调，单体建筑的色彩、风格要多样化，在变化中追求协调，营造自贡最佳人居环境。

2. 农业基础设施

重点抓好小井沟水利工程、狸狐洞水库、向家坝自贡灌区工程、小井沟－双溪水库、南郊水库等大中型及主要小型灌区续建配套与节水改造、农村饮水安全工程、病险水库加固和震损水库整治工程、堤防工程和中小河流治理、灌区节水改造和优势特色农业产业节水示范工程、旱山村集雨节灌工程、中低产田土改造、育土工程、金土地工程、农村公路建设等项目。

3. 旅游业基础设施建设

一是加快成自泸赤、乐自高速公路等重大旅游交通基础设施建设，逐步改善自贡外部旅游交通环境。加快S305延伸线、东环线及连接卧龙湖国际旅游区、青龙湖旅游区的重要旅游景区的干线公路、景区公路和环线公路建设，逐步形成市域一体、川南及西南相连的旅游交通网络。二是加快对中心城区、重点旅游城镇、景区景点旅游服务基础设施的建设和改造，提升旅游服务水平。三是推进旅游酒店建设，提升接待能力和管理服务水平，形成结构合理、服务优良的旅游酒店体系。四是加强餐饮美食、“盐、龙、灯”工艺美术纪念品、食品、茶叶、多品种盐等旅游商品开发，完善休闲娱乐旅游设施配套，扩大市场消费。

（六）融入成渝经济区，实现开放合作新突破

从目前形成的布局态势看，成渝经济区将发展成为以重庆和成都两个特大中心城市为核心、九个区域性经济中心（涪陵、永川、合川、绵阳、南充、遂宁、宜宾、内江－自贡、乐山）、“四大发展轴”（长江上游沿江发展轴、绵阳－成都－乐山[成绵乐]发展轴、成都－内江－重庆（成渝）发展轴和重庆－遂宁－绵阳[渝遂绵]发展轴）为主体的西部最大的跨省市经济区。

1. 化工产业领域

借助自贡盐卤资源优势，以天然气化工、盐化工等特色化工为基础，重点以久大盐业集团公司、昊华西南公司、中昊晨

光化工研究院、中橡炭黑研究院等企业为龙头，增强对成都精细化工、天然气化工的吸纳能力，依托昊华西南集团的甲烷氯化物、碱类产品，发展建筑与装饰用材料，并延伸开发环保节能性灯具、工艺灯具、装饰品、建筑用各类管材，满足成渝经济区飞速发展的建设需求。以彭州80万吨乙烯工程及重庆PTA项目拓展壮大自贡化纤纺织支撑产业，助推成渝经济区的建设与发展。利用久大集团的扩张型战略，加快对区内基础盐化企业的整合，并以此为基础，进行深度开发，调整成渝经济区盐化产业分工与协作新格局。这些关联产品生产正是自贡的优势，扩张能力强，同时也是川渝两地容易接纳且竞争相对较弱的领域，是自贡融入成渝经济合作的重点产业，要加以重点引导和扶持，促进盐化产业不断壮大，最终建成西部重要的精细化工基地和材料化工基地。

2. 机械制造业领域

借助成都的汽车市场容量和不断增长的汽车消费市场，重点以东锅大型发电装备制造产业、长征数控技术及设备制造产业、川力汽车摩托车零配件产业等企业为龙头，增强对重庆装备制造、汽车摩托车零部件工业和材料加工业、石油钻井及采油成套设备、五金及铸锻工业及配套产业吸纳的能力，逐步形成汽车配套产业群，最终完成成渝经济区及西南五省汽车从生产到消费的完整格局。在配套协作上，夯实自贡在泵阀、减震器等粉末冶金制造的基础，发挥高强轻质低耗环保类材料的优势，特别是特种工程塑料、装饰材料的研发，以及机床加工配套、刀具、焊材、油改气所需配套产业的优势，实现汽车等机械制造业与成渝的对接，做好汽车生产线的国产化配套，成为成渝经济区“五个基地”之一的国家重大装配制造业基地的配套基地。

3. 新材料产业领域

借助自贡已成功获得国家新材料产业化基地和国家新材料科技兴贸创新基地优势，重点以中昊晨光化工研究院、中橡炭黑研究院、自贡硬质合金有限责任公司、四川大西洋集团有限责任公司、四川汇维仕公司等企业为龙头，加快发展新材料产业，加速科技成果转化，增强对重庆、成都地区投资业主吸引力，建设板仓工业园、晨光化工工业园“两个园区”，延伸新材料产业链，做大做强新材料产业，打造国家一流新材料产业基地。

4. 节能环保领域

抓住“内资西移”、“外资西进”的战略机遇期，坚持引进来、走出去，充分利用国际国内两种资源、两个市场，加快构建园区开放发展的格局。按照“一园两区”布局原则，以自贡国家高新技术产业开发区为节能环保装备产业发展平台，充分发挥东方锅炉装备区、贡井装备配套区等全市节能环保装备重点产业园区的承接能力，拓展产业发展空间，推动“两化”互动，为产城一体提供强力支撑，逐步形成分工明确、特色鲜明、具有区域和全国影响力的产业集群。重点围绕固体废弃物治理、工业和生活污水治理、大气污染治理、新能源及清洁能源装备等四大发展领域，加速突破大型循环流化床锅炉、小型垃圾处理装置、民用餐饮油气分离和油烟净化小型设备、工业余热回收利用、工业烟气治理微孔膜技术、二氧化碳储气技术产业化等六大关键技术，形成一批拥有自主知识产权和自主品牌的节能环保装备制造企业，树立节能环保装备产品品牌，逐步提高市场占有率，提升国际及区域产业合作和竞争能力。

5. 现代物流业领域

借助自贡明显的区位优势（成渝两地中间、川南城市群几何中心）、完善的商贸基础设施、较高的城市管理水平、丰厚的历史文化积淀、雄厚的科研实力，以及加快完善的城市基础设施等优势，以富顺纺织服装产业园为载体打造集生产、贸易、仓储、物流为一体现代纺织服装产业园，重点以大连大商、浙江舜士达、自贡东方物流等企业为龙头，发挥自贡在川南城市群的中心作用，主动融入成都荷花池服装、日用百货及小商品等批发零售市场和重庆汽车、摩托车、包装业务等现代物流领域的合作。自贡作为成渝两地物流中心的重要节点，不仅要周转物资，而且要提供配套与服务，以实现成渝经济区的各项功能的传承与辐射，必须加快融入成渝经济区物流领域的合作，在整合川南经济区物流企业、调整物流空间布局的基础上，加大自贡对物流交换平台的搭建，加快与成都和重庆两大物流中心的对接，把以自贡为区域中心的川南建成西部两大物流中心的次中心，增强川南物流在成渝经济区向南、向西的延伸辐射能力。

6. 旅游业发展领域

在积极整合峨眉山－乐山大佛风景区和自贡恐龙－宜宾蜀南竹海风景区为重点的川南旅游资源基础上，重点以盐卤浴、恐龙王国、燊海井旅游开发等项目为依托，打造川南旅游环线，融入成渝经济区区域内旅游业的联动发展。通过制定共同发展规划、联合打造旅游品牌、消除地缘壁垒、规范旅游市场和实施无障碍旅游等措施，力争在较短时间内，完成区域内旅游大环线构建，提升在全国和国际上的地位和知名度。充分挖掘和发挥自贡独特的旅游资源，通过成渝、内宜高速公路，加快成－自－泸和乐自高速公路、乐隆铁路、川南共用机场、沱江航道综合开发等跨区域的重大基础设施建设，开通巴蜀古文化旅游线、乐山大佛－自贡恐龙－大足石刻旅游线，融入川渝大旅游资源圈、大旅游经济网，形成自贡旅游经济的增长点。

7. 食品加工业方面

充分发挥川南优质农产品原料优势，建立食品加工基地，实现产品及生产基地的整合，促进产品在成渝经济区腹地内的就近消化，同时向周边省市扩散，形成初级新鲜产品主要是在较近的物流控制区内销售，深加工产品借助成渝物流中心向更大范围的物流区扩散的格局。为此，必须加强自贡农产品深加工企业内部的联合与成渝两地及周边地区的协作，产地市场与销售市场相结合，扩展农产品加工深度广度，形成白酒、茶叶、肉类、饲料、蔬菜等产品链，提高自贡食品在成渝经济区和全国市场的竞争力。通过“农户＋公司＋基地”方式，扩大生产、延伸深加工，做强龙头企业。一是通过自贡食品加工龙头企业与成渝两地食品加工龙头企业的对接，创造名牌，提升知名度，实现整合开发；二是借鸡下蛋，利用成渝两地的食品名牌与市场容量，与自贡食品加工企业嫁接，形成食品初加工与深加工的联合协作关系，实现共赢。

参考文献

王川红：《自贡市工业结构调整研究》，硕士学位论文，电子科技大学，2005 年 5 月。

陈熙琳：《自贡：千年盐都到工业城的嬗变》，《中国西部》2009 年第 11 期。

宋良曦：《自贡盐业在抗涨经济中的作用和贡献》，《盐业史研究》1995 年第 3 期。

程龙刚：《“文革”对自贡盐业的干扰破坏》，《四川理工学院学报（社会科学版）》2005 年 3 月号。

杜仲祥：《自贡盐业在改革中开拓前进》，《盐业史研究》1988 年第 1 期。

叶青：《论中部崛起过程中区域中心角色的角逐》，《湖北社会科学》2007 年第 2 期。

潘春跃：《自贡在川南经济区发展战略研究》，《商业研究》2009 年第 12 期。

《四川省经济地理》编委会：《四川经济地理》，四川科学技术出版社，1985。

中共四川省委政研室：《四川省情（续集）》，四川人民出版社，1987。

第31章

泸州市：四省要会酒城飘香 港城联动醉美泸州*

图 31-1　泸州市政区

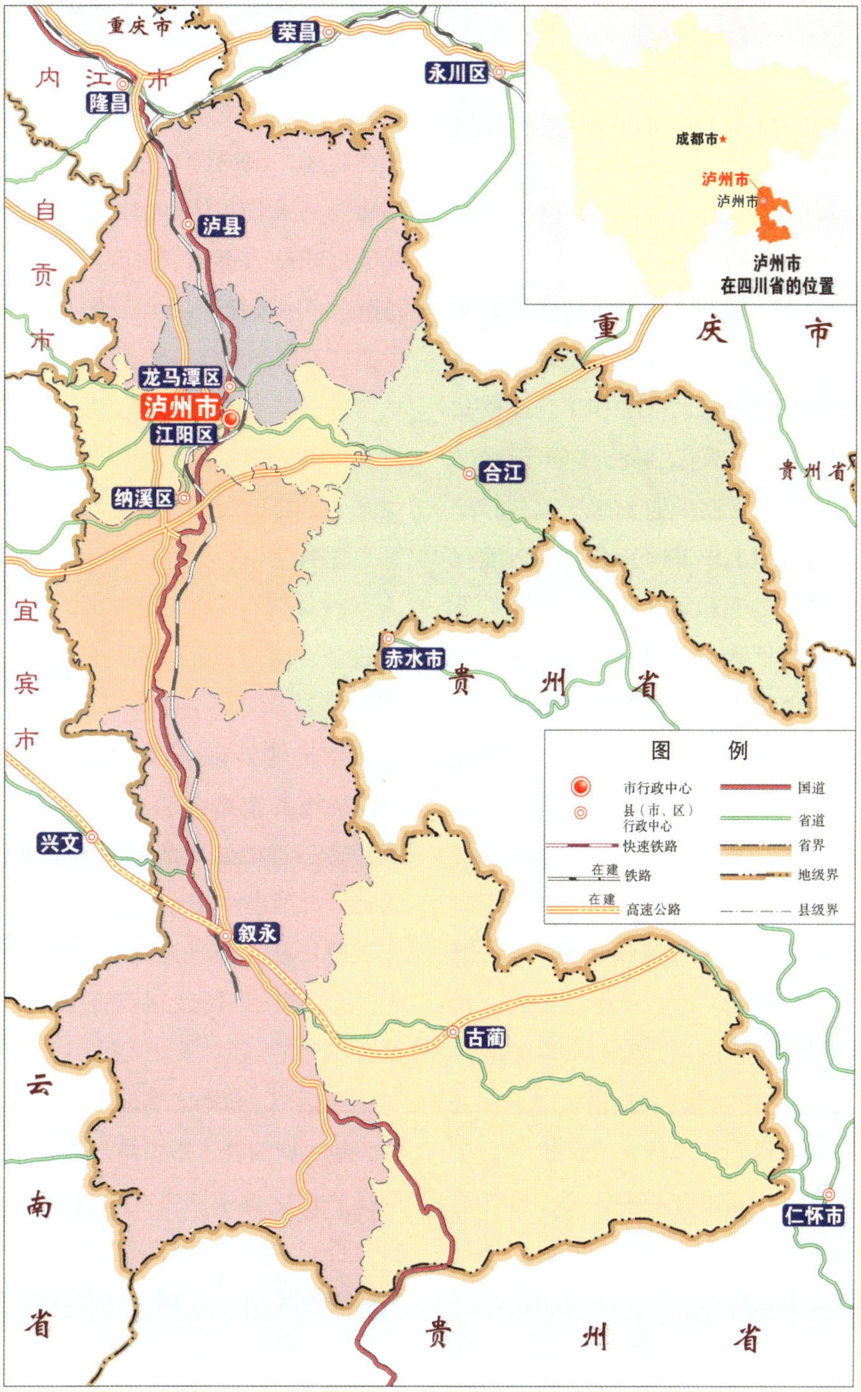

资料来源：本图由四川省发展和改革委员会、四川省测绘地理信息局提供。

---

* 本章作者：贾志永，西南交通大学经济管理学院院长顾问，教授；周蕾，西南交通大学经济管理学院博士研究生。

一 酒城溯源：泸州市的历史沿革

泸州，古称“江阳”，享有“中国酒城”之美誉，位于中国四川省东南部，长江和沱江两江交汇处，为四川出海南通道和长江上游重要港口。

泸州市是中国历史文化名城，历史悠久。夏、商时属梁州之域。周代属巴国辖地。周慎靓王五年（前316年），秦惠文王派张仪和司马错灭巴、蜀，同年设置巴郡，辖有包括泸州在内的大片土地。西汉景帝六年（前151年）封苏嘉为江阳候在长江与沱江交汇处（今泸州市江阳区）设置江阳县；汉武帝建元六年（前135年）开发西南少数民族地区，置犍为郡，领江南朝刘宋、齐置东江阳郡。肖梁武帝大同年间（535～546年）建置州。隋炀帝大业三年（607年）改泸州为泸川郡，仁寿中升为泸州总管府。唐高祖武德元年（618年）复置为泸州，三年（620年）置总管府，四年（621年）升为都督府。北宋泸川郡置泸川军节度，南宋孝宗乾道六年（1170年）升本路安抚使。宋、元之际，蒙古军入蜀，泸州城先后迁治于合江榕山、江安三江碛、合江安乐山，最终筑城于合江神臂崖，坚持抗战35年，元属重庆路。明太祖洪武六年（1373年）泸州直隶四川行省，九年（1376年）直隶四川布政使司。清嘉庆七年（1802年）泸州置川南永宁道（1908年改名下川南道）。民国初改泸州为泸县，置永宁道，1935年设置第七行政督察区。

1949年12月泸县解放，泸州先后为川南人民行政公署（相当于省级）、泸州、泸县区行政督察专员公署（地级）、泸州专区专员公署（地级），泸州市（川南行署辖、地辖）所在地。1960年7月14日，国务院批复撤销泸州专区，所属市县划归宜宾专区。1983年3月3日，国务院批复将地辖泸州市改为省辖市。1996年7月行政区划调整为下辖三区四县（江阳区、龙马潭区、纳溪区、泸县、合江县、叙永县、古蔺县）至今。

二 四省要会：区域特征与发展定位

（一）地理区位

泸州地处四川盆地南缘，川、滇、黔、渝四省市结合部，是全省唯一与滇、黔、渝三省市接壤的城市，成都、重庆、昆明、贵阳连接交点，长江和沱江的交汇处。扼长江、沱江咽喉，控云、贵、川、渝要冲，为四川出海南通道和长江上游重要港口。

凭两江舟楫之利，泸州历来是川、滇、黔、渝四省（市）结合部的经济枢纽，今日泸州更具水陆空立体交通区位优势，成为长江“黄金水道”和西南出海南通道上的璀璨亮点，是国家交通部确定的二级枢纽站和长江主枢纽港城市。

西南出海通道纵贯全境，陆路经此通道一日内可直达广西防城、北海；泸州机场为四川第二大航空港，可起降波音737型客机，现已开通泸州至北京、上海、广州、深圳、昆明、贵阳等地航班；泸州港是“四川第一水港”，是四川省唯一的国家 28 个主要内河港口之一，是沿长江黄金水道连接成渝经济区和南贵昆经济区的重要枢纽港，是四川省目前唯一拥有集装箱吞吐能力的港口。泸州是全国“二类水运口岸”，已先后设立商检局和海关机构，口岸机构具备，城市功能健全。

这种独特的区位和交通条件，使泸州具有从传统的川南上升到更大区域、更广阔空间合作发展的优势和潜力。

（二）民族、人口

泸州市共有 40 个民族，汉族占总人口的 98.47%，39 个少数民族中人口较多的苗族占总人口的 1.26%，其次是彝族、回族、满族、土家族、藏族、蒙古族等。2010 年 11 月 1 日全市常住人口为 4218426 人，同第五次全国人口普查 2000 年 11 月 1 日零时的 4102165 人相比，十年共增加 116261 人，增长 2.83%，年平均增加 0.28%。泸州市人口密度 345 人 / 平方公里；出生率 9.86‰，死亡率 7.61‰，自然增长率 2.25‰。

泸州市 2010 年第六次全国人口普查常住人口的自然变动情况如表 31-1 所示。

2011 年末全市公安户籍登记总人口为 503.01 万人，按人口管理习惯登记为农业人口的 408.52 万人，登记为非农业人口的 94.48 万人。在常住地居住半年以上的常住人口 422.5 万人，其中，城镇常住人口 168.66 万人，乡村常住人口 253.84 万人。人口城镇化率为 39.92%。

全年出生人口 49053 人，出生率为 9.8‰；死亡人口 32439 人，死亡率 6.48‰；人口自然增长率为 3.32‰。出生人口男女性别比为 1.04 : 1，具体如表 31-2 所示。

（三）土地面积

泸州市土地资源面积 12242.9 平方公里，折算 122.429 万公顷，其中，耕地 47.14 万公顷，林地 41.88 万公顷，园地 3.1

表 31-1　泸州市 2010 年第六次全国人口普查常住人口的自然变动情况（单位：人，‰）

地　区	常住人口	出生人口	死亡人口	出生率	死亡率	自然增长率
泸州市	4218426	41588	32092	9.86	7.61	2.25
江阳区	575233	4645	3796	8.07	6.60	1.47
纳溪区	451401	3448	3118	7.64	6.91	0.73
龙马潭区	344601	2458	2109	7.13	6.12	1.01
泸县	840336	7803	7328	9.29	8.72	0.57
合江县	709473	6361	5638	8.97	7.95	1.02
叙永县	584299	6588	4740	11.28	8.11	3.17
古蔺县	713083	10285	5363	14.42	7.52	6.90

资料来源：《泸州市 2010 年第六次全国人口普查主要数据公报（第 3 号）》。

表 31-2 泸州市 2011 年户籍人口数及其构成（单位：人，%）

指　标	年末数	比重
全市总人口	5030089	100
其中：农业人口	4085247	81.2
非农业人口	944842	18.8
其中：男性	2607584	51.8
女性	2422505	48.2
其中：0 ~ 17 岁	1103574	21.9
18 ~ 34 岁	1118055	22.2
35 ~ 59 岁	2015722	40.1
60 岁以上	792738	15.8

资料来源：《2011 年泸州市统计年鉴》。

万公顷，草地 3.71 万公顷，水域 6.74 万公顷，城乡居民厂矿用地 6.24 万公顷。交通用地 3.22 万公顷，未利用地 10.67 万公顷。

（四）经济发展水平

2011 年全年实现地区生产总值（GDP）900.87 亿元，比上年增长 15.9%。其中，第一产业增加值 130.83 亿元，增长 3.0%；第二产业增加值 538.16 亿元，增长 22.5%；第三产业增加值 231.88 亿元，增长 9.7%。三次产业对经济增长的贡献率分别为 2.9%、79.8% 和 17.3%。三次产业结构由上年的 15.2 : 56.5 : 28.3 调整为 14.5 : 59.7 : 25.8。

民营经济贡献突出。全年民营经济增加值 519.65 亿元，增长 18.6%，占 GDP 的 57.7%，对 GDP 增长的贡献率为 65.7%。其中，第一产业增加值 46.23 亿元，增长 3.6%；第二产业增加值 335.21 亿元，增长 23.4%；第三产业增加值 138.21 亿元，增长 12.8%。

地方财力继续增强，重点支出保障有力。全年地方财政一般预算收入 65.40 亿元，增长 37.4%。其中，税收收入 48.19 亿元，增长 34.2%；非税收入 17.22 亿元，增长 47.5%。地方财政一般预算支出 170.37 亿元，增长 34.6%。其中，农林水事务支出 25.52 亿元，增长 36.7%；教育支出 33.86 亿元，增长 38.9%；医疗卫生支出 16.56 亿元，增长 43.9%；社会保障和就业支出 25.48 亿元，增长 38.2%；节能环保支出 5.09 亿元，增长 32.1%；住房保障支出 10.36 亿元，增长 162.3%。

“十一五”期间，全市生产总值年均增速达到 15.2%，比全省平均水平高 1.5 个百分点，位居全省前列。“十一五”末，全市生产总值达到 714.8 亿元，人均生产总值达到 16044 元，地方财政一般预算收入达到 47.6 亿元，全社会固定资产投资五年累计完成 1141 亿元。

“十一五”末，城镇居民人均可支配

收入达到 15505 元，农村居民人均纯收入达到 5388 元，“十一五”期间城镇居民人均可支配收入和农民人均纯收入年均增速分别达到 15.1% 和 11.2%。以养老、医疗、失业保险为主的社会保障体系逐步完善，廉租房、经济适用房等保障性住房供给逐步增加。

（五）发展定位

充分发挥地处长江经济带、成渝经济区、南贵昆经济区叠合部的区位优势和资源优势，根据时代发展需要，确立了“156”发展战略，即一大战略目标：建设现代化“中国酒城”，五大战略任务：到 2016 年实现生产总值、规上工业增加值、固定资产投资、地方公共财政收入、城乡居民收入实现翻番，六大战略重点：发展大产业、建设大城市、构建大枢纽、繁荣大文化、推进大开放、改善大民生。

努力把泸州建设成“中国白酒金三角”核心腹地、长江上游重要港口城市、川滇黔渝结合部区域性中心城市、成渝经济区重要增长极、平安和谐幸福城市。

三　资源富集：丰富突出的优势资源

（一）水资源

泸州地处四川盆地南缘，长江、沱江在此交汇，境内河流属长江水系，以长江为主干呈树枝状分布，江河密布，水源充足。全市水能资源 422 万千瓦，可开发量约 380 万千瓦。

每年地表径流量 55.85 亿立方米，地下水资源储量 10.63 亿立方米，可开采地下水资源 4.25 亿立方米。水利建设事业的发展对保持水土、减轻洪涝灾害、为国民经济和社会发展提供保证。

（二）生物资源

自然环境优越，资源丰富，门类齐全。盛产水稻、糯高粱、荔枝、桂圆、玉米。猪、牛、山羊、家蚕产量高。林地面积 41.88 万公顷，占全市总面积的 34.21%，活立木蓄积量 810.8 万立方米。珍稀植物珙桐、水杉、桫椤、篦子三尖杉、连香树、香果树等 46 种。中药材天麻、五倍子、佛手、黄柏、杜仲、安息香等 1444 种。飘溢“王者香”的佛兰、四季兰（三星蝶、荷瓣、梅兰、梅瓣）、双鼻双舌、多瓣多鼻等兰草为珍稀名品。珍稀动物中华鲟、白鲟、华南虎、黑颈鹳、林麝、猕猴等 18 种。还有淡水湖桃花水母，晶莹透明。明代泸州大曲老窖池泥中计有 400 多种微生物，酿制出浓香甘爽的“泸型酒”。食用菌竹荪、鸡枞、蘑菇、银耳、木耳等 20 多种。

（三）矿产资源

泸州位处攀西－六盘水资源“金三角”开发区，资源密集度高，具有“南煤硫、北水气”的分布特点。地下资源以煤、煤层气、硫铁矿、天然气、石灰石为主，兼黏土岩、褐铁矿、高岭土等矿产资源，品种多、储量大、质量优。

泸州市古叙矿区煤、煤层气、硫铁矿共生富集，其中优质无烟煤资源量69亿吨，占四川省的33%；煤层气资源量1000多亿立方米，已列入四川省综合开发利用示范区；硫铁矿资源量32.2亿吨，占川南的71%、全省的41%、全国的14%。同时，与古叙矿区毗邻的贵州省六盘水、毕节地区煤炭资源量达1500多亿吨，可供整合使用。

丰富的矿产资源为资源指向型的重化工产业的可持续发展，建立了坚实的基础。

（四）旅游资源

泸州旅游资源丰富，得天独厚。境内自然景观和人文景观交相辉映，拥有以名酒文化、生态文化、红色文化、历史文化为代表的四大文化旅游资源体系。

名酒文化旅游资源特色鲜明。泸州拥有两千多年的酿酒历史，以盛产国家级名酒“泸州老窖”和“郎酒”驰名中外，是闻名遐迩的“中国酒城”，有着“风过泸州带酒香”的美誉。泸州拥有两处著名的名酒文化旅游景点：一是泸州老窖国宝窖池，二是郎酒天（地）宝洞。国宝窖池始建于明万历年间，是中国现存建造最早、持续使用时间最长、保存最完好和唯一被作为全国重点文物保护单位的酒窖池，是全国首批工业旅游示范点，其传统酿酒技艺已被列入国家首批非物质文化遗产名录。位于古蔺县赤水河峭壁上的郎酒天然储酒库——天（地）宝洞，有“酒中兵马俑”之称，已被载入世界吉尼斯纪录。郎酒就在这洞中，采天地之灵气，吸日月之精华，铸就了自身绵长醇厚的酒体。

红色文化旅游资源弥足珍贵。泸州是片红色热土。老一辈无产阶级革命家毛泽东、周恩来、朱德、刘伯承、恽代英、萧楚女等都在泸州留下了革命的足迹。这里是名震天下的红军长征“四渡赤水”的主要发生地，是朱德“护国讨袁”的征战地，是刘伯承领导泸州起义的主战场，是川南游击队的主要活动区，是恽代英等培养革命人才的摇篮地。红色历史在这里留下了永恒的缅怀和记忆。其中最具代表性的是“四渡赤水”太平渡纪念地。被誉为“毛泽东军事指挥生涯得意之笔”的红军长征“四渡赤水”，有三次就发生在泸州境内，其中有两次就在古蔺县太平镇。目前，古蔺太平“四渡赤水”纪念地已被列入全国百个红色旅游经典景区和三十条红色旅游精品线路之一。

生态文化旅游资源得天独厚。泸州地处中国西部最大的川黔渝金三角生态旅游区，正着力打造的三大旅游精品——张坝桂圆林景区、合江佛宝景区和古蔺黄荆景区就处于该生态旅游区的腹心位置。享有“十里翡翠长廊”和“城市绿色客厅”之美誉的张坝桂圆林景区堪称生态一绝，是中国内陆唯一的桂圆种植基因库，已被四川省人民政府列为“永久性绿色保护区”，2004年被国家旅游局评为“全国首批农业旅游示范点”。地处合江县的佛宝景区由玉兰山、天堂坝和自怀三大片区所组成，是国家森林公园、AAA级旅游景区，是地球上同纬度、低海拔罕见的、保存最完整的亚热带常绿阔叶林。景区内空气清新纯净，负氧离子含量较高，有“天然氧吧”之称。黄荆景区位于古蔺县境内，面积433平方公里，风光秀丽，环境原始古朴，被专家誉为地球北纬 28 度线上唯一保存完好的亚热带原始森林。景区内的八节洞瀑布群特别壮观，可与贵州黄果树瀑布相媲美。

历史文化旅游资源内涵丰富。泸州历史悠久，人文荟萃，文化古迹众多。以古蔺花灯、苗族风情、纳溪民歌等为代表的民俗文化，以方山、法王寺等为代表的宗教文化，以尧坝、佛宝古镇为代表的古镇文化，以龙脑桥、春秋祠为代表的桥梁、雕刻民间艺术文化等独具魅力，在四川乃至全国都占据非常重要的地位。被誉为“川南佛教名山”的方山景区位于江阳区境内，是国家 AAA 级旅游景区，拥有中国乃至世界上唯一的黑脸观音。位于合江县的法王寺，是省级重点保护寺庙，是川南黔北的著名古刹，寺院由 228 根红色石柱托起，其工程浩大、造型雄伟，雕刻精湛，为古刹建筑一大奇观，素有“天下石工第一”之美誉，寺院内有慈禧太后钦赐“法王禅寺”牌匾。

根据世界旅游组织编制的四川省旅游发展总体规划，泸州位于世界级旅游区——自贡和竹海旅游区，属四川省旅游南环线（成都 - 峨眉 - 乐山 - 自贡 - 泸州 - 内江 - 成都）城市。

四　通江达海：区域性综合交通枢纽建设

（一）交通发展现状

泸州是川、滇、黔、渝四省（市）结合部枢纽，主要对外交通有长江航运、国道 G321、西南出海大通道、泸州蓝田机场及隆叙铁路。

近年来，泸州市全力推进公路、铁路、水道、航空“四大通道”建设，由多种运输方式构成的立体交通网络已初具规模，初步建成了次级交通枢纽的基本框架。

2011 年，全市公路通车里程 12896 公里，其中等级公路里程 7631 公里。铁路运营里程 160 公里。全年主要运输方式完成货物运输周转量：公路 54.60 亿吨公里，增长 11.7%；水路 62.01 亿吨公里，增长 17.3%；铁路 2.20 亿吨公里，增长 21.9%。完成旅客运输周转量：公路 76.27 亿人公里，增长 26.1%；水路 1610 万人公里，增长 28.6%。

2011 年 12 月 24 日世界第一跨（主跨 530 米）——泸渝高速公路波司登长江大桥主拱合龙，刷新世界钢管拱桥施工新纪录。纳黔高速公路纳叙段建成通车，使泸州至叙永由两个半小时车程缩短到一小时之内，将叙永纳入泸州一小时经济圈，极大地改善了古叙两个国家级贫困县的交通状况。泸州酒谷大道延伸线建成通车。叙永至古蔺高速公路顺利开工建设，叙大铁路（古蔺段）建设稳步推进。

2011 年，完成农村公路建设 1233 公里，其中，通乡公路 373 公里，通村公路 861 公里。完成国省干线改造 117 公里。

因地制宜发展农村客运。已开行农村客运班线 499 条，农村客运车辆发展到 1741 辆，乡镇和行政村通客车率分别达到 100% 和 88.7%。

加快发展城市公共交通，城市公交服务逐步向农村延伸。2011 年末城市公共交通客车 954 辆，公交营运线路 89 条，其中，市辖区公交客车 850 辆，公交营运线路 73 条。通过新增或延长城乡公交线路及对原有农村客运班线实施公交化改造等，让更多市民特别是郊区农民享受到方便、舒适、安全的公交服务，年末市辖区城乡公交线路 24 条，其中本年新开行城乡公交线路 4 条。年末城市公共交通出租车 1503 辆，其中市辖区 1037 辆。

2011 年，内河港口完成货物吞吐量 2146.08 万吨，增长 21.1%；集装箱吞吐量 10.05 万标箱，增长 43.2%。空港完成旅客吞吐量 28.49 万人次，增长 15.6%；空港完成货物吞吐量 2425 吨，增长 35.4%。

“十一五”期间，区域性综合交通枢纽建设取得重大突破，“铁、公、水、空”四大通道为主的立体交通体系初步建成。绕城快速通道、纳叙铁路、泸州集装箱码头二期工程等重点项目先后建成。川黔、泸渝、成自泸赤泸州段 3 条高速公路和叙大铁路、泸州港集装箱码头二期续建工程、进港铁路专用线均已开工建设。泸州港集装箱码头已形成 50 万标箱的年吞吐能力。泸州机场开通 6 条航线。农村公路通车里程、建设标准和等级提高。信息化基础设施建设成效明显。

（二）下一步发展交通建设面临的挑战

总体来看，泸州交通建设虽然取得了一定成就，但交通基础薄弱、建设滞后、建设成本较高、功能不完善等问题还比较突出，交通运输仍然难以适应国民经济和社会发展的迫切需要。

1. 基础薄弱

路网规模小。2008 年全市各种运输线路总里程达 12249 公里，仅占全省的 5.3%；人均拥有路网规模为 2.4 米，仅为东部地区的三分之一和中部地区的一半。高速公路通车里程 76 公里，仅占全省总里程 2162 公里的 3.4%；铁路里程 170 公里，仅为全省的 5.5%，人均拥有铁路 3.5 厘米，仅为全国平均水平的 59%。

运输结构失衡。2008 年全市完成货运总量 4806 万吨，其中，公路 4266 万吨，水运 410 万吨，铁路 130 万吨。铁路承担运量比重仅占 2.7%，明显偏低，公路承担运量比重则达到 68.8%。

路网布局不合理，发展不平衡。长江以南的合江、叙永、古蔺等县路网密度较小，道路等级较低，与泸州市工业化和城镇化的加快推进不相适应，不能满足区域经济发展的需要。

2. 建设发展滞后

近年来，尽管泸州市在高速公路建设、集装箱码头建设等方面取得了重大突破，但由于受资金等因素的影响，交通建设总体进展尚不尽如人意，无法充分发挥对社会经济发展的带动作用。隆黄铁路和叙永至大村铁路建设滞后，资源运输通道不畅，给全省能源供给保障和加快古叙矿区规模化开发带来一定影响；水运基础设施建设滞后，使长江黄金水道运输优势没能得到充分发挥；全市进出公路、铁路通道“断头路”较多，难以与周边省、市形成有效连接。

3. 交通建设成本较高、难度大

泸州市处于四川盆地向云贵高原的过渡段，北低南高，高差起伏较大，山区占全市面积的比重超过 50%，河流纵横、地形地貌复杂，导致交通基础设施建设难度大、造价高，铁路、高速公路平均造价比平原地区约高一半以上，严重制约泸州的交通发展和建设。

4. 功能不完善

由于各种运输方式配套设施建设滞后，相互之间缺乏合理分工和有效协作，通道资源和运输资源未得到高效综合利用，其功能未能充分发挥。

（三）构建区域性综合交通枢纽

按照“打开通道、构建枢纽、完善路网、提升功能、支撑发展”的思路，依托泸州港，以水道、公路、铁路、航空四大通道为重点，完善交通网络，加快形成分工合理、功能互补的综合交通体系，加快把泸州建成四川突出南向、通江达海、沟通东南亚，功能完善、层次分明的区域性综合交通枢纽，即建成以主城区为中心的“一环七射一横”① 高速公路网络、“三纵四横”② 铁路网络、“一横二纵五港区”③ 的水运体系及川滇黔渝结合部的重要支线机场。

1. 水运建设

整治长江航道、沱江航道、赤水河航道，提高航道等级，提升江海直达的通航能力；“十二五”期间，新建码头泊位 29 个，其中集装箱码头泊位 9 个；新增货物吞吐能力 970 万吨 / 年，其中集装箱吞吐能力达到 150 万标箱 / 年；力争到“十二五”末，形成 3600 万吨 / 年的货物吞吐能力。

2. 公路建设

建成泸渝高速公路、川黔高速公路、成自泸赤高速公路泸州段 3 条高速公路，建成叙蔺高速公路，开工建设广渝泸高速公路。加快国省干道改造，继续疏通和完善县际公路、旅游公路、矿区公路、进港公路，加快农村公路建设，提高农村公路维护和通达深度。力争到“十二五”末，全市高速公路达到 450 公里，实现国省道改造 339 公里，新改建旅游公路 212 公里，全市公路通车里程达到 11500 公里，公路货物运输能力达到 7000 万吨 / 年。

3. 铁路建设

建成泸州进港铁路专用线、叙（永）大（村）铁路和隆（昌）黄（桶）铁路叙（永）织（金）段。开工建设内泸城际铁路、隆黄铁路隆昌至叙永段改建工程和乐自泸铁路、重庆至昆明铁路泸州段。建设方山、永利、石龙岩等港区铁路专用线和石宝、观文等煤矿铁路专用线，积极开展古蔺至遵义铁路前期工作。力争到“十二五”末，铁路营运里程达到 400 公里。

4. 航空建设

加快云龙机场前期工作。完成云龙

---

① “一环七射一横”高速公路网络：由川黔、宜泸渝和成自泸赤高速在泸州交叉形成“一环”后向周边形成“六射”，再加南渝泸高速形成“第七射”，“一横”是指宜叙蔺遵高速。

② “三纵四横”铁路网络：隆昌 – 叙永 – 黄桶铁路、内江 – 泸州城际铁路、乐山 – 自贡 – 泸州铁路构成“三纵”，泸州港进港铁路专用线、叙永 – 古蔺大村铁路、重庆 – 泸州 – 昆明铁路、古蔺 – 太平 – 遵义铁路构成“四横”。

③ “一横二纵五港区”水运体系：长江航道，沱江、赤水河航道，龙江港区、纳溪港区、泸县港区、合江港区、古蔺港区。

新机场建设，争取开辟更多国内直接通航城市和国内航线，增强航空运输能力。实现辐射川南并兼顾黔北、渝西、滇东地区，成为四川乃至西部重要的支线机场。

5. 站点建设

加快泸州客运中心、泸州市蓝田汽车客运站、川南物流园区、纳溪物流中心、泸州市龙马潭物流中心 5 个主枢纽站、24 个县级枢纽站和 513 个乡镇站的建设。力争到“十二五”末，基本实现客运“零距离”换乘和货运“无缝”衔接。

五　融合协调：产业体系与结构优化

（一）产业体系概况

三次产业结构由 2005 年的 24.8∶38.6∶36.6 调整变化为 2011 年的 14.5∶59.7∶25.8，并逐步向 10∶50∶40 优化。“工业强市”战略深入实施，酒业、机械、能源、化工四大支柱产业不断发展壮大。

2011 年实现全部工业增加值 510.12 亿元，比上年增长 24.2%。全年农业总产值 217.1 亿元，比上年增长 3.4%，农业综合生产能力进一步增强，烤烟、生猪、红粮、林竹、果蔬、优质稻六大特色效益农业保持良好发展势头，新农村建设成片推进。旅游、商贸等民生性服务业快速发展，物流、金融、保险等生产性服务业迅速崛起。

1. 工业经济提速增效

2011 年全年实现全部工业增加值 510.12 亿元，比上年增长 24.2%，对经济增长的贡献率为 80.2 %。规模以上工业企业户数 589 户，实现增加值 440.01 亿元，增长 25.3%，产销率 96.8%。

规模以上工业中，重工业增加值 144.19 亿元，增长 15.9%，轻工业增加值 295.82 亿元，增长 30.4%，轻工业占规模以上工业的比重比上年上升 5.5 个百分点，轻工业增长快于重工业。

酒业、机械、能源、化工四大支柱产业的优势地位不断巩固和提升，实现主营业务收入 975.6 亿元，增长 41.8%，占规模以上工业主营业务收入的 72.2%，支撑作用进一步凸显。

酒类制造业实现主营业务收入 555.7 亿元，增长 53.4%。抓住四川省打造“中国白酒金三角”① 的机遇，开展了“中国白酒金三角”酒类产业开发区泸州园区的前期工作，《泸州老窖现代农业示范区》总体规划已上报省政府待批，泸酒品牌形象和知名度明显提升。泸州酒业集中发展区建设项目完成投资 13 亿元，白酒期货交易市场进入实质性建设阶段；郎酒二郎“名酒 - 名镇”② 项目开工建设。

① “中国白酒金三角”即以最佳酿酒纬度带的长江（宜宾 - 泸州）、岷江（宜宾段）、赤水河流域为核心区域；在涪江和岷江流域沿线，以成都、德阳、绵阳、遂宁等地为承载点的延伸区。这一地区具有得天独厚的生态酿酒环境，拥有丰富的窖泥资源，特别适合空气中的微生物和古窖池群中微生物共同构成立体的微生物群落，且在白酒产业和文化名镇的结合发展上具有不可复制的独特地域资源与比较优势。

② “名酒 - 名镇”即郎酒集团委托美国赖恩·约翰逊公司进行整体规划设计，全面实施的“名企建名镇”项目。项目计划用五年时间完成，包括增建 1 万吨生产车间及若干配套设施；利用当地旅游资源发展旅游产业；实施城镇改造升级工程，将二郎集镇改造为生态、宜居的国际化白酒名镇；依托项目打造产业基地，实现镇域经济跨越式发展等内容。

能源行业实现主营业务收入 221.9 亿元，增长 34.3%；机械行业实现主营业务收入 78.0 亿元，增长 35.5%；化工行业实现主营业务收入 120.0 亿元，增长 16.6%。

酒类制造业是利润增长的主要拉动力。全市规模以上酒类制造业实现利润总额 87.0 亿元，增长 56.6%，占全市规模以上工业利润总额的 66.3%，对规模以上工业利润增长的贡献率为 67.9%，拉动规模以上工业利润增长 37.0 个百分点，成为工业利润高速增长主要拉动力量。

2. 农业经济稳步提升

全面落实“三农”政策，加强农业基础设施建设，加快转变农业生产方式，优化农业经济结构，积极采取补救措施，努力减轻旱灾带来的不良影响，农业生产和农村经济稳定发展。

2011 年农业总产值 217.1 亿元，比上年增长 3.4%。其中，种植业、林业、牧业、渔业和服务业分别完成产值 99.1 亿元、6.8 亿元、101.9 亿元、6.3 亿元和 3.0 亿元，分别增长 2.0%、10.5%、4.2% 和 3.8% 和 7.4%。

新农村示范片建设快速推进，14 个新农村示范片完成投资 23.1 亿元。农田水利基础设施建设进一步加强。古蔺龙爪河引水工程即将完工，纳溪黄桷坝水利工程开工建设，叙永倒流河引水工程、合江锁口水库前期工作快速推进；新改建农村公路 1436 公里；新建电灌站 22 处、903 千瓦；新增提水控灌设备 1015 台、6316 千瓦；建成农村沼气池 1.1 万口；解决了 25.8 万人的饮水安全问题。农业产业化水平不断提高，新培育市级龙头企业 20 家，新增农民专合组织 195 个，入会农户 12.2 万人。劳务经济稳步发展，输出转移农村劳动力 135 万人，实现劳务收入 122 亿元。

3. 现代服务业加快发展

2010 年商贸物流业发展迅速，完成增加值 80 亿元，增长 34.6%。12 家重点物流企业完成营业额 4.3 亿元，增长 22%；西南商贸城、隆盛物流园、川南国际汽车公园等 17 个商贸物流重点项目完成投资 7.3 亿元。主城区 26 个农贸市场升级改造全面完成，新建“万村千乡”[①] 市场工程配送中心 6 个、农家店 567 个。完成泸州港“保税仓”和“出口监管仓库”审批和建设，泸州港货物吞吐量 1772.3 万吨，增长 52%；集装箱吞吐量 7 万标箱，增长 16%。泸州机场客运吞吐量 24.6 万人次，增长 21%。金融服务能力不断加强。全市金融机构各项存款余额 827.2 亿元，增长 22.9%；各项贷款余额 406.7 亿元，增长 31.2%；存贷差不断缩小，加大了对地方经济的支持力度。招商银行、兴业银行、交通银行在泸州设立了分支机构。国家开发银行四川分行发放中小企业打捆贷款 3600 万元，承诺对泸州市 5 个重大项目给予 50 亿元的信贷支持。第二期兴泸企业债券发行工作已通过国家发改委审核，待证监会、银监会最后审批发行。全国注册资本最大的龙马兴达小额贷款公司挂牌成立。华西证券泸州营业部开业运行。旅游组织中心建设全面推进。全市实现旅游总

① “万村千乡”市场工程即商务部牵头实施的以财政补助或贴息的方式，引导城市连锁店和超市等流通企业向农村延伸发展“农家店”，构建以城区店为龙头、乡镇店为骨干、村级店为基础的农村现代流通网络。

收入66.1亿元，增长19.8%。黄荆原始森林等16个旅游重点项目完成投资4.3亿元，新改建旅游公路63公里，引进了纳溪凤凰湖等13个旅游项目。

（二）产业体系特征

近年来，泸州市依托现代农业示范区、现代工业园区、现代服务业集聚区建设，加快推动第一产业优化发展、第二产业转型发展、第三产业提升发展，形成了以酒业、机械、能源、化工等优势工业为核心，高粱、果蔬、林竹等特色农业和物流、商贸、金融等现代服务业为支撑的“三次产业联动发展”格局。

总体来看，泸州正处于工业化初期向中期过渡的关键阶段，但经济结构性矛盾仍然突出，距离发达国家和地区公认的较为合理的产业结构（10∶50∶40）还有较大差距。集中表现为农业不优、工业不强、三产不足，消耗排放偏高，科技进步对经济增长的贡献率与工业化进程的要求相比还有一定差距。

因此，进一步加快产业结构优化升级，是泸州科学发展、跨越发展、协调发展面临的紧迫任务，是关系泸州发展全局的重大战略举措。

（三）加快产业结构优化升级，构建现代产业体系

继续深入实施工业强市战略，发展壮大四大特色优势产业，着力培育战略性新兴产业，提升现代服务业和现代农业发展水平，努力构建具有泸州特色的现代产业体系。

1. 大力发展四大优势产业

（1）做优白酒产业，打造“中国白酒金三角”核心腹地。

坚定不移地走内涵式发展道路，以结构优化调整为主攻方向，继续做大做强泸州老窖、郎酒集团两大酒业龙头，强化品牌效应，实施精品战略，全面提升泸酒质量。加快推进“名酒·名园·名区”①和郎酒二郎“名酒–名镇”建设，培育和壮大一批“小巨人”②企业，积极发展仓储物流、包装、设计等白酒配套产业，构建以白酒生产为主、配套产业协调发展的白酒产业集群，着力把泸州打造成为“中国白酒金三角”核心腹地。加快建设国家固态酿造工程技术研究中心和中国白酒产品交易中心。依托中国白酒历史文化中心和中国区域性白酒质量监测中心，建立国家白酒科技创新与成果转化平台，努力打造中国酒城文化产业园区。力争到“十二五”末，全市白酒及关联产业实现销售收入1000亿元。

（2）做精现代化工产业，打造全国循环型化工基地。

稳步发展天然气化工，积极发展煤化工，着力推动天然气化工向煤化工转型。按照循环经济的理念和要求，用现代工艺技术推动传统化工产业优化升级，全力打造全国循环型化工基地。支持泸天化、天

① “名酒·名园·名区”即以泸州老窖集团为龙头，依托泸州酒业集中发展区，通过“公司+专业合作社+农户”的方式，集中连片建设酿酒专用高粱基地，配套蔬菜轮种和加工，并发展近郊生态旅游，形成名酒带动名园（泸州酒业集中发展区和泸州老窖现代农业示范区）发展、促进一片区域的发展的统筹城乡新模式。

② 酒业“小巨人”企业即销售收入上亿元或者经过短期培育销售收入可达到亿元以上的酒类企业。

华公司、北方公司和中海油等骨干化工企业扩大发展规模，重点发展 1，4-丁二醇、有机硅、硝化棉、纤维素及衍生物、甲醇及二甲醚、硫磷钛、重交道路沥青等产品，并推动其产业链延伸。力争到“十二五”末，化工产业实现销售收入 200 亿元。

（3）做强能源产业，构建川南能源保障基地。

加快古叙矿区煤电路化综合开发，积极推进煤电、煤化联盟，建成 1500 万吨 / 年大型煤炭生产基地和四川省煤层气综合开发利用示范基地。规划建设古蔺煤矸石电厂、叙永煤矸石电厂和泸州电厂二期工程。积极推进长江航电综合开发和核电站建设。力争到“十二五”末，能源产业实现销售收入 300 亿元。

（4）做大机械制造业，建设大型装备制造基地。

2013 年，国务院正式批复了国家发改委会同科技部、工信部、财政部编制的《全国老工业基地调整改造规划（2013 ~ 2022 年）》。泸州市纳入此项规划。以此为契机，重点做好以下几个方面的工作：一要尽快把沙茜片区的机械企业的搬迁纳入全国城区老工业区的搬迁试点范围，通过国家的扶持，尽快地推动搬迁工作；二要进一步加快泸州市工业企业的产业优化升级工作；三要进一步增强泸州市企业的科技创新能力；四要进一步优化泸州市区城区内的空间布局。依托长液公司的技术优势，大力支持“泸州国家高性能液压件高新技术产业化基地”建设。深化与玉柴重工、柳工等工程机械核心企业的交流合作，重点发展大型液压挖掘机、大吨位轮式装载机、汽车起重机等大型工程机械设备，加快发展机械基础件和汽车零部件等。加大研发力度，重点培育核心技术，提升机械产业技术水平。力争到“十二五”末，机械制造产业实现销售收入 200 亿元。

2. *着力培育战略性新兴产业*

依托现有产业优势和资源优势，重点发展以川油钻采为代表的成套工程施工机械和以长液为代表的液压基础零部件为主的高端装备制造，以核能和生物质能为主的新能源，以高性能结构材料、功能材料及器件、天然气化工材料为主的新材料，以道地中药材、医药化学原料及辅料为主的生物医药产业，积极培育节能环保产业，突出抓好清洁煤技术、节能减排技术、可再生能源技术的推广应用。加快编制泸州市战略性新兴产业发展规划。适时规划 1 ~ 2 个战略性新兴产业园区，培育形成新的工业经济增长点。

3. *依托长江黄金水道，优化工业园区布局*

按照工业“集中集约集群”发展的理念，坚持“一园一主业，园区有特色”和园区“关联发展、成链发展、集聚发展、集约发展、合作发展”等“五向发展”原则，突出园区主导产业，培育完善优势产业链，加快园区基础设施建设和公共服务体系建设，依托园区构建产业集群，形成沿江特色产业带。力争到“十二五”末，全市产业园区达到 10 个以上，实现销售收入 1550 亿元以上。

（1）着力建设重点产业园区。

泸州酒业集中发展区主要发展白酒及上下游关联产业，泸州化工园区主要发展以煤化工和天然气化工为主的化学工业，泸州机械工业集中发展区主要发展工程机械制造业，四川合江临港工业园区主要发展以天然气精细化工为主的化学工业、物流业、机械制造业和轻工业，泸州经济开发区主要发展以纤维素衍生物、有机硅、石化深加工为主的化学工业和商贸物流业，泸州轻工业园区主要发展轻纺、箱包制造业，泸县经济开发区主要发展加工业和物流业。结合发展条件，在叙永和古蔺适时规划建设 1 ~ 2 个产业集中发展区。

（2）促进园区企业关联发展。

发挥园内优势企业的关联带动作用，支持园区内企业特别是“专精特新配”型中小企业开展协作配套。建立健全推进企业分区布局的利益分配机制和协调推进工作机制。

（3）整合延伸产业链。

突出泸州老窖、郎酒、泸天化、北方公司、天华公司、“三长”、中海油和川油钻采等龙头企业的链核地位，延伸白酒、化工、机械等优势产业链。围绕园区现有产业，强化与之配套的原材料、辅料、零部件和包装件等产品的招商引资工作。

（4）积极打造生态型园区。

立足园区建设，引进资源节约和环境保护项目，推广园区循环经济发展模式。严格执行园区建设项目投资强度、建筑密度、容积率等控制性指标，提高园区用地综合利用效率。

4. 努力提升传统特色产业

建材业。加大龙马潭、纳溪、泸县、叙永、古蔺等区（县）建材业的整合提升力度。有序开发利用石灰石资源，加快淘汰落后生产工艺，着力调整建材产品结构，重点发展新型干法水泥、新型建筑材料等产品。

建筑业。以发展绿色建筑和节能省地建筑为重点，集成节能环保技术和倡导低碳生活，充分发挥建筑业在两型社会建设中的平台作用。提高勘察、设计、施工和监理队伍的整体素质，培育具有较强竞争力的大型建筑企业。

造纸业。依托纳溪、叙永、合江的林竹资源优势，打造纸浆原料基地，扶持龙头企业，实施竹浆纸一体化工程，促进造纸业规模化、集约化、环保化发展。

纺织服装业。依托现有的纺织服装业基础，配套发展纺织用竹纤维、织布、制革等产业，构建从材料、辅料、成品到销售的一体化纺织服装产业链。

农产品加工业。推进粮油、果蔬、烤烟、中药材、林竹等农副产品向精深加工转变，提高产品质量，延长农产品加工生产链条。加快建设农产品加工园区。

5. 大力发展第三产业，突出发展现代服务业

紧紧围绕“打造现代商贸中心、区域物流中心、旅游组织中心”的目标，积极推进服务业由低层次向高水平的升级，着力提高服务业增加值和从业人员在生产总值和全社会从业人员中的比重，加快服务业的社会化、专业化、市场化步伐。

一是突出发展港口物流业。继续依托临港优势及长江黄金水道、公路、铁路形成的交通运输网络优势，以西南物流、隆盛物流、三友物流为龙头，以运输、仓储、信息为平台，以临港物流园区、隆盛物流园区、川南粮食物流中心、神仙桥物流中心、方山物流中心、泰黄物流中心为载体，不断增强物流集散能力，逐步形成集采购、配送、转口于一体的川滇黔渝结合部区域

物流中心。

二是大力发展商贸流通业。建立完善现代商贸网络体系。突出西南商贸城的支撑带动作用，构建城北和城西两大商贸集群。加快白塔商贸中心区、城北商业中心区、城西冯嘴商务区和茜草商务会展中心建设步伐。着力打造西部地区重要的小商品集散基地和生产基地。大力发展电子商务、连锁经营和物流配送；建立健全农村商贸综合服务体系。规划建设一批农业生产资料市场和产地型农产品批发市场。深入开展“万村千乡市场工程”，完善家电、汽车下乡服务体系。扎实推进“双百市场工程”“新网工程”“农村社会化服务体系建设工程”和“农超对接”，建立农产品现代流通体系。着力建设西南最大的农资超市，积极推进社区商贸服务体系建设。深入实施社区商业“双进”工程。加快推进标准化农贸市场建设和改造。鼓励和支持社会资本投资建设社区流通基础设施。加快推动新技术、新业态、新服务进入社区商贸流通业。

三是着力发展现代金融服务业。提高与优势产业的融合度。推进金融改革，整合市内金融资源，组建金融控股集团或资产管理公司。加快推进泸州酒业集中发展区资产证券化试点，探索设立白酒和酿酒专用高粱期货交易，积极发展村镇银行、贷款公司、农村资金互助社等新型农村金融组织。探索设立白酒产业投资基金，做强做大龙马兴达小额贷款公司，完善融资性担保体系；大力发展资本市场。支持华西证券公司发展壮大，力争 5 年内实现上市目标。加强以泸州老窖为主的上市公司与专业机构的合作，通过增发、配股、股份期权等多种方式募集资金。重点培育酒业“小巨人”、川油钻采、兴泸投资集团、市商业银行等企业上市，力争“十二五”期间，新上市企业达到 3 家以上。建立健全产权交易市场；引导金融机构支持地方发展。围绕优势产业，加大金融机构信贷投放力度，力争年信贷增速不低于 20%，贷款质量稳健提升。支持招商、兴业、交通、华夏等股份制银行在泸发展分支机构，力争在“十二五”期间再引进多家金融机构。着力发展村镇银行、小额贷款公司等新型金融机构。积极创建省级金融生态环境示范市。

四是加快发展旅游业。充分发挥历史文化名城、特色旅游资源的比较优势，重点打造以张坝桂圆林为代表的近郊复合型旅游区，佛宝生态休闲度假旅游区，黄荆生态、红色文化度假旅游区；形成中国酒城、原始林海、四渡赤水、川南农家四大品牌；整合川黔渝“金三角”生态旅游线、中国名酒金三角国际旅游专线、西南红色旅游精品线、川南历史文化旅游线、长江水上风情旅游线五条精品线路。着力转变旅游增长方式，推进旅游逐步向集约型、质量型、效益型发展，以线路和休闲度假产品来整合旅游资源，全面提升旅游发展水平。

五是加快发展文化产业。以“创新体制、转换机制、面向市场、增强活力”为方向，完善文化产业政策，加强文化市场管理。吸引和培育骨干文化企业和战略投资者，增强文化产业整体实力和竞争力，优先发展酒文化创意产业，重点扶持影视拍摄、媒体传播、印刷发行、文化娱乐、文博会展等主导文化产业，促进产业化发展和产业链整合，推动文化产业集聚化规模化发展。深度挖掘和包装宣传酒文化、红色文化、历史文化、生态文化等具有地方代表性的文化内涵，努力把泸州打造成为具有本土文化独特魅力的文化强市。

六是创新发展医卫产业。依托医疗、医学教育、科研生产等方面的优势，以培育医疗康健、教育培训、科研开发、生产制造、会展物流、综合配套六大功能为重点，打造“西部一流、全国知名”的医卫产业聚集核心区。

另外，还将积极抓好信息服务、农副产品仓储、金融保险、咨询中介和科技研发等生产性服务业的发展，为主导产业提供全方位、专业化的协作与配套服务；抓好餐饮娱乐、社区服务、房地产、物业服务、家政服务、教育等生活性服务业的发展，把泸州建设成为川滇黔渝四省市结合部的区域教育培训、医疗服务和科研信息枢纽中心。

6. 加强农业基础地位，实现由低效传统农业向高效现代农业的转变。

贯彻“统筹城乡发展”的理念，以发展现代农业为核心，着力破解“三农”问题。进一步创新体制机制，整合涉农项目资金，发挥农民主体作用，全面推进14个省市级新农村示范片建设，统筹加快现代种养殖基地、农村基础设施和村落民居建设。大力提升农业产业化经营水平，围绕六大特色效益农业，[①] 重点培育一批农业产业化龙头企业，着力打造农产品品牌，促进农业生产的基地化和规模化。同时，依托龙头企业，提高农产品精深加工程度，增加农产品附加值。

加大农业农村发展项目建设力度，突出抓好农田水利基本建设、病险水库除险加固、农村机电提灌设施建设、农机新技术新机械推广、高标准农田建设等工程项目。继续加大对农民的培训力度，切实提高农民的技能水平和就业能力，积极发展劳务经济，千方百计增加农民收入，确保农村社会稳定。

进一步探索城乡统筹发展的新路径，全面推进江阳区“名酒·名园·名区”项目建设，以泸州老窖龙头企业为核心，以泸州酒业集中发展区为依托，结合区域高粱基地建设，把高粱基地作为白酒生产的第一车间，连片发展，整体推进，在该区域率先建成社会主义新农村，实现城乡一体化、工业农业园区化、村落民居近郊化旅游化和产学研一条龙、贸工农一体化。

六　港城联动：城镇发展与城镇体系

（一）城镇发展概况

“十一五”期间，泸州市大力实施大城市发展战略，以建设区域性中心城市为目标，加快构建大城市框架为重点，提升城市建设品质为主线，城乡规划建设各项工作取得了长足的发展。

一是中心城区实现了从中等城市向大城市的跨越。到2011年底，泸州市城市建成区面积达到94平方公里，城市人口

① 六大特色效益农业即生猪、竹业、果蔬、高粱、优质稻、烤烟。

达到 92 万。

城市基础设施建设快速推进，中心城区大城市框架基本形成。城市规模不断扩大，城市功能更加完善。国窖长江大桥、泸州客运中心、西南商贸城一期等重大市政项目已建成投用，泸州大剧院、酒城大道至泸州西一期、城北绕城环线、蓝安路三期工程、茜草至泰安城市道路、蜀泸大道二期工程、城西新区支干道、奥林匹克公园等多项重点城市基础设施建设扎实推进。2010 城市道路长度达到 432.70 公里，市政道路面积 785.4 万平方米，人均城市道路面积 11.76 平方米，城市燃气、供水、公交等覆盖率和服务水平不断提高。城市居民住房有效改善，人居环境质量明显提升。逐步形成了高档商品住房、普通商品住房、经济适用住房、廉租住房等适应高、中、低不同收入居民的住房消费和供应结构，加大环境品质和绿化建设，城乡环境更加宜居。2010 年末城市人均居住面积达 39.65 平方米，建成区绿地面积 2858 公顷，绿地率 34.58%，绿化覆盖率 39%，人均公园绿地面积 8.31 平方米，分别于 2009 年和 2011 年成功创建为四川省园林城市和国家森林城市。

二是县城及小城镇建设步伐加快。“十一五”末，县城建成区面积达到 34.87 平方公里，比 2005 年 28.43 平方公里增长 22.65%，县城人口达到 59.76 万人，比 2005 年 24.4 万人增长 144.92%。

优化城镇结构和布局，合理引导人口聚集。重点建设好区（县）城和部分基础条件好、发展潜力大的建制镇。综合规划，统筹安排，促进小城镇经济、社会、生态和可持续发展。在整体推进省市试点小城镇建设的基础上，集中力量抓好玄滩、福集、九支、榕山、护国、叙永镇等重点小城镇建设。根据城镇区域和自然资源条件，推动其建设与发展农业产业化相结合，与发展旅游相结合，不断完善小城镇的功能，以产业支撑小城镇建设，引导各类企业和农产品市场向小城镇集中，更多地吸纳农村劳动力的转移就业和农村人口的落户定居，进一步增强小城镇对区（县）域经济和社会发展的承载能力。

三是新农村建设取得长足的发展。“十一五”期间，通过加强小城镇基础设施建设和资金投入，小城镇的集聚能力和辐射能力进一步提升，通过加快村庄规划的引领，大力实施新农村农房建设、新农村示范片成片推进、村镇基础设施和公共服务设施建设、开展村庄人居环境治理和农房风貌塑造等工作，切实改善了全市农村居民居住环境和条件，全市农民群众生活环境和质量水平得到了较大的提高。全市已全面完成县域村镇体系规划的编制和审批，镇（乡）总体规划编制完成 74 个镇，33 个乡，村庄规划编制完成 300 个。“十一五”期间共完成新（改）建农村住房面积约 781 万平方米，切实改善和解决了 5.8 万户农村居民的居住条件；共完成村镇建设投资 78.8 亿元，年均增长 13.3%。

（二）城镇化发展特征

1. 全市进入城镇化快速发展阶段

按人口规模统计，泸州市城区 2004 年末人口规模为 48.87 万人，2008 年末人口规模为 75 万人，4 年内城区人口增加 26.13 万人。按用地规模统计，泸州城区2004年用地规模为41.06平方公里，2008年为71平方公里，4年用地增长29.94平方公里。数据表明，泸州市用不到四年的时间顺利实现了从中等城市到大城市的“门槛”跨越并处于持续快速发展状态。

2. 泸州已初步具备建设成为川、滇、黔、渝毗邻地域中心城市的基础条件

具有优越的区位条件。川、滇、黔、渝毗邻地域城市经济发展程度相当，尚未出现明显高出的经济高地，因此，在现状基础上，区位条件成为建设区域中心城市重要的因素条件。泸州凭借其相对中心的地理位置，将会成为成渝经济区向南部欠发达地区辐射扩散的前沿阵地，拥有相对较大的经济腹地空间，并将成为相邻几个经济圈物资、信息、人员、资金等各类要素中转集散的枢纽之地，进而增强辐射能力。

具有类型全面的交通基础设施。泸州境内有隆纳铁路、隆纳高速、国道G321、泸州机场和多个内河港口，已经具备了较为顺畅的水陆空立体交通平台。

具有蓄势待发的产业经济。经过“十一五”期间的准备，泸州酒业、机械、能源、化工四大支柱产业正蓄势待发。

具有发展相对较快的民营经济。民营经济具有灵活、机动、发展弹性大等优点。从川、滇、黔、渝毗邻地域各城市特点来看，泸州相对缺乏大企业，民营经济对经济发展的拉动作用膨胀快速，为城市未来的发展战略举措引入了积极变量。

具有较为发达的商业贸易。泸州商贸发展水平在川、滇、黔、渝毗邻地域处于领先地位。拥有结合部区域内最大的批发市场群体，覆盖建材、汽车配件、服装、农副产品、粮食、电子电器等各个方面，同时也形成了一批规模较大、功能齐全、设施先进的综合性商场，其中心商业区的商业设施密度居四川省首位。

3. 主城区首位度过高，市域经济不平衡

泸州主城区首位度①2005年达到5.4，市域经济发展过度不平衡。城乡二元结构问题突出，核心与外围地区的发展差距不断拉大。市域南部地区的落后状态形成了泸州市拓展南向空间腹地的屏障。市域经济的不平衡也客观上影响泸州作为区域中心城市进行产业结构的调整和整体升级。

泸州中心城区目前实力还不强，区域辐射带动弱。合江、泸县紧邻重庆大都市，各种要素之间流动强于泸州市中心城区；古蔺、叙永地处市域南部山区，离中心城区较远、交通不畅，对中心城区依赖程度不高。

（三）城镇体系构建

坚持高起点、高标准、高水平推进以酒文化为特色的泸州城市建设，加快构建区域性中心城市。集合产业要素，“以港兴市、以港促城，产港相融”。优化城镇空间发展格局，实施“一主四副多点”的城镇体系发展战略。

1. 优化城镇空间发展格局

（1）加快构建“一核两副八组团”的

① 首位度计算公式为：S=第一位城市人口/第二位城市人口。

城市空间发展格局。

“一核”：以中心半岛及小市旧城、沙茜片区为主的城市中心区；“两副”：南部、北部两个城市副中心；“多组团”：以空间拓展、产业布局为导向，形成外围八大功能组团，分别为城北功能组团、高坝功能组团、沙茜功能组团、城南功能组团、城西功能组团、安富功能组团、泰安－黄舣功能组团、安宁－石洞功能组团。以产兴城，以港促城，产港相融，借力成渝经济区建设，确立新型工业化、新型城镇化和农业现代化联动发展战略，产港城一体发展。

（2）实施“一主四副多点”的城镇体系发展战略。

以城市主城区为市域主要辐射中心，以周边各县为区域发展副中心，加快培育一批特色鲜明、优势互补的小城镇，逐步完善市域城镇体系。

“一主”即泸州主城区。加快城市产业发展，夯实城市发展基础，提升城市商贸物流、旅游、医疗、教育和会展等综合服务功能。依托机场、港口、高速公路和铁路等交通设施的完善，扩大主城区经济辐射范围，带动周边县快速发展。

“四副”即泸县县城、合江县城、叙永县城和古蔺县城。向北进一步提升泸县在城镇体系中的副中心地位，发挥其在川南城镇群及成渝经济带的节点作用，进而拉动市域中北部经济区的全面提升。向东发展以合江为副中心的城镇发展区域，发挥其作为四川连接重庆的门户地位，带动周边区域发展。向南形成以叙永、古蔺为副中心的城镇发展区域，依托其区位优势和资源优势，拉动南部经济区的全面发展，并辐射滇东、黔北毗邻区域。强化区域协调发展，提升城镇体系的综合效应。

“多点”即重点小城镇。要制订切实可行的小城镇发展规划，并与市域、县域城镇体系规划相衔接，统筹安排好城乡发展空间，有选择、有步骤地优先发展部分重点小城镇。

2. 增强城市综合承载能力

（1）完善城市道路网络体系。

加快构建以“两环、两纵、三横、多联”的城市道路网络结构。“两环”：隆纳高速、成自泸赤高速、宜泸渝高速围合而成的外环，连接城北新区、泸州经济开发区、泰安组团、沙茜组团、城南新区、城西新区的内环；“两纵”：蜀泸大道连接城北中心半岛至城南高速出入口的“一纵”和由新机场快速通道至小市、茜草、沙湾的“一纵”；“三横”：龙马大道向西至城西高速出入口，向北至石洞、新机场的“一横”，联系城西中心半岛、茜草、高坝的东西干道“一横”，以及南安大道向东至沙湾、泰安、黄舣的“一横”；“多联”：连接中心主城区和各大片区组团的多条快速道路。

（2）加强市政基础设施建设。

加快建设城市通信、供水供电供气、公共交通、污水与垃圾处理、停车场等设施。完善城镇教育、文化、卫生等公共服务设施体系。加快建设城市公共绿地、城市通道防护林和城市公园，进一步改善城市生态环境。

3. 提高城镇管理水平

（1）完善城镇长效管理机制。

探索建立符合市场需求的城管新机制，推行城镇户外广告管理、市政环卫设施建设、市政环卫作业、污水和垃圾处理等方面的市场化运作。加大爱国卫生工作力度，进一步改善城市容貌。建立数字化城市管理体系。

（2）多渠道筹集城镇建设资金。

搭建融资平台，多渠道广泛吸纳资金参与城镇基础设施建设。借鉴先进开发模式，对城镇基础设施的土地开发权、广告权、专营权、冠名权等实行统一规划管理、公开拍卖，增加城镇基础设施的衍生效益。

七 绿色生态：加强环保建设 提升可持续发展能力

（一）环保工作现状

1. 环境质量得到明显改善

“十一五”期间，泸州市在经济保持高速增长的形势下，水、大气环境质量也得到明显改善。城区大气环境质量逐年提高，2011 年全年完成环境污染治理项目 18 个，完成投资 13202 万元。其中，工业污染治理项目 16 个，完成投资 12534 万元。

2011 年主城区环境空气达二级以上优良质量天数为 342 天，占总有效监测天数的 93.7%。降水酸雨频率 65%，降水的 pH 平均值为 4.24。市内长江、沱江、永宁河、赤水河等主要河流的水环境质量基本稳定。泸州市主要河流长江、沱江、永宁河的水质有明显改善，其中长江仍保持Ⅱ类水质；沱江水质由 2005 年的Ⅳ类水质改善为Ⅱ类水质；永宁河水质由 2005 年的Ⅳ类水质改善为Ⅲ类水质，城市集中式饮用水源地水质状况保持良好，水质达标率为 100%。

2. 城市环境综合整治初显成效

一是城市集中式饮用水源保护。2007 年，编制完成了《泸州市城市饮用水源地环境保护规划》并经市政府批准实施；全面取缔了城市集中式饮用水源一级保护区内的工业排污口；坚持每月对水源地进行现场监察，并每月监测，水质达标率 100%。二是城市大气污染整治。重点抓好建筑施工扬尘污染、工业企业大气污染、餐饮煤油烟污染整治，建立了部门联合整治机制，将环保审批作为工商部门办理营业执照、建设部门办理施工许可证的前置条件，从源头控制污染。三是城市噪声综合整治。环保部门发挥统一监督管理职能，环保、公安、建设、文化、交通等部门按照职责分工，对工业、交通、社会生活、建筑施工、文化娱乐等噪声污染实施整治，城区声环境质量保持稳定，区域环境噪声、交通干线噪声平均值达到国家标准要求。四是危险废物处置和核与辐射安全管理。全市危险废物（含医疗废物）处置、各类放射源和射线装置处于受控状态。

3. 生态市建设和农村环境保护稳步推进

一是生态细胞创建工作。全市已经创建生态乡镇 26 个、文明生态村 66 个、生态园区 8 个、生态家园 955 户，三个区对近郊农家乐污染进行全面治理。二是规模化畜禽养殖企业污染治理。2007 年以来，泸州市通过争取中央农村环保专项资金和省级环保专项资金 370 万元，对 24 家规模化畜禽养殖企业投入 4000 万元进行污染治理，治理模式得到省环保厅高度肯定。

三是农村乡镇集中式饮用水源保护。2006年，泸州市划定113个乡镇集中式饮用水源保护区，设置了保护标志，建立了管理制度，落实了管理责任和人员，取缔了一级和二级保护区内所有工业排污口，乡镇集中式饮用水源水质达标率95%。四是乡镇生活污水治理示范工程建设。于2009年启动农村场镇生活污水治理建设，重点督查和指导以濑溪河、永宁河、龙溪河及泸州－合江沿线为主的“三河一线”乡镇开展生活污水治理。

（二）下一步发展环境建设面临的挑战

近年来，泸州环境保护工作取得了长足的进展，但当前泸州正处在工业化初期向工业化中期跨越的过程中，环境保护工作面临长期性、艰巨性、复杂性的局面，全市环境保护形势十分严峻，环保工作压力巨大，一些突出的矛盾和问题在“十二五”期间仍将存在并逐步显现。

突出的环境问题主要体现在以下几个方面。

地表水小流域污染问题依然严重。濑溪河、龙溪河等小河流的流量小、流速低、自净能力差，水体所接纳的排污量已达到或超过纳污能力。在这样的状况下，一旦出现意外，将造成流域严重的污染事件，威胁农村饮水安全。

农村饮用水安全无法得到有效保障。由于缺乏统一规划，设计保障农村饮用水安全的各相关部门未建立有效的统一协调机制，加之农药、化肥的不合理使用和农业生产、畜禽养殖等农业污染问题突出，严重威胁农村局部地区水环境质量，造成水源地水质恶化。

城市酸雨、噪声、煤油烟、电磁辐射污染等环境问题逐步凸显。“十一五”期间，泸州市空气环境质量改善明显，酸雨发生频率也有所下降，但2010年仍达50%。同时，随着经济发展和城市化进程加快，原有规划布局性难题和新污染问题交织出现，城市噪声特别是交通噪声等环境问题逐步凸显，噪声、煤油烟、电磁辐射污染将成为“十二五”保护面临的主要矛盾和突出问题。

产业布局、结构调整和转型升级面临诸多难点。转变经济发展方式的重要举措是产业布局及结构的科学优化，但是目前泸州市产业结构“第三产业化”任重道远，产业结构高端化不足，产业自主创新能力不强，受土地、能源等要素制约，粗放型发展方式还没有实现根本性转变。

（三）加大环境保护力度

加强城乡环境综合整治，有效控制主要污染物排放总量，改善重点流域和区域的环境质量。力争“十二五”期间，将泸州创建成省级环境保护模范城市和国家环境保护模范城市。

1. 确保水环境安全

加大对沱江干流泸州段、赤水河泸州段、永宁河、濑溪河、龙溪河等重点流域水污染综合防治力度。健全工业废水污染防控体系，进一步增强工业废水处理能力。有重点地推动城镇污水处理基础设施及配套管网、污泥处理处置等相关设施的建设。加大污水处理设施的升级改造力度。强化入河排污监管。开展船舶流动源污染治理和重点水域漂浮物清理工作。力争到“十二五”末，长江出川断面水质达到Ⅱ类标准，沱江干流泸州段、赤水河泸州段、永宁河流域水质达到Ⅲ类水域要求，工业废水排放达标率达到95%。

2. 改善大气环境

加大火电、煤矿、化工、冶金、建材等行业二氧化硫综合治理力度。加强酸雨防治，严禁在酸雨污染重和二氧化硫环境浓度不达标地区布局燃煤电厂。加强城区烟尘、粉尘、细颗粒物和汽车尾气防治，逐步推行新能源汽车。在城市建成区内禁烧原煤和散煤，推广使用清洁能源。力争到“十二五”末，全市酸雨污染减轻，市区空气环境质量达到Ⅱ级以上天数超过90%且主要污染物年平均值满足国家二级标准。

3. 加强固体废弃物污染防治

提升固体废弃物处理水平。加快城镇生活垃圾分类收集、储运和处理系统的建设，优先进行垃圾减量化和资源化，高标准建设城镇生活垃圾处置设施。探索生产者责任延伸制度，规范废弃物回收和处理系统，提高废弃产品环境无害化利用和处置水平。提倡源头削减，严格控制工业固体废物排放。重点提高煤矸石的综合利用率。建成泸州市江河沿岸固体废物处置场。探索秸秆等农业废弃物综合利用。力争到“十二五”末，全市工业固体废弃物综合利用率达到90%，城市生活垃圾无害化处理率达到90%，危险废物集中处置率达到100%。

强化固体废弃物监管。严格实行申报登记制度、联单管理制度及危险废物经营性设施许可证制度，对危险废物进行全过程监控。鼓励采取有效措施就地安全回收与处理工业危险废物。加强废弃电子产品回收和旧家电拆解的环境监管。

4. 推进农村面源污染防治

推广生态养殖模式，促进分散化养殖向集中化和规模化养殖转变，合理界定适度畜禽养殖规模。继续推广畜禽粪便资源化综合利用。大力应用生态复合肥、微生物肥等，采用测土配方、适时施肥和深度施肥技术，提高肥料利用率。全面禁止使用高毒高残留农药，积极推广使用生物农药。

5. 强化声环境和辐射环境监管

进一步加强噪声达标区的建设和管理。严格制定环境噪声排放标准。逐步提高辐射监管能力，开展对市域内电磁辐射设施和放射源的普查，对达不到要求的实施限期整改。妥善处置废弃放射源。力争“十二五”期间，城市建成区各功能区区域环境噪声平均值≤56dB（A），交通干线噪声平均值≤68dB（A）；辐射源周围的辐射水平控制在规定范围内。

（四）着力推进节能减排

扎实做好节能降耗和污染减排工作，加快推进新能源和可再生能源开发利用，确保实现节能减排目标。力争到“十二五”末，万元GDP综合能耗进一步下降，二氧化硫、氮氧化物、COD和氨氮排放总量达到省上要求。

1. 逐步淘汰高耗能、高污染行业

加大淘汰落后产能力度，指导和扶

持“两高”产业大力发展循环经济。严格控制“两高”和产能过剩行业新上项目。建立高耗能、高污染行业新上项目与区（县）和企业节能减排指标完成进度挂钩、与淘汰落后产能相结合的机制。严格执行差别电价标准，控制“两高”行业过快发展。

2. 加快开发和推广节能减排技术

积极开发能源节约和替代技术。支持科研单位和企业积极研发制造节能环保型设备。在化工、电力、建材、建筑等重点耗能行业大力推广节能减排技术。加强节能农业机械和农产品加工设备及农业节水、节肥、节药技术推广。完善节能减排技术服务体系，重点支持专业化节能服务公司开展合同能源管理。

3. 大力发展循环经济

继续深化循环经济城市试点工作。完善循环经济产业体系，在酒业、化工、能源、机械等重点行业推广清洁生产新工艺、新技术和新设备。逐步扩大推行清洁生产的范围，在生产领域和服务领域依法实施清洁生产。引导电力、建材等高耗能企业回收利用生产过程中产生的废渣、废水、余热等。以循环经济理念指导园区建设，建立清洁生产示范园区，提高园内关联企业的资源利用耦合度。

4. 加强节能减排管理

完善政府节能减排工作问责制、节能减排统计监测体系和考核体系。加快健全项目节能评估审查和环境影响评价制度。提高企业节能减排管理水平。实施能效标识，规范节能产品市场。建立健全节能监管体制，严格节能减排执法监督检查。

八　合作开放：深化区域合作　发展内陆开放型经济

深入推进区域合作，大力发展内陆开放型经济，以大开放促大发展，努力建成四川南向对外开放的桥头堡，在实现东中西互动、带动川滇黔渝结合部快速发展中发挥更大作用。

（一）深入推进区域合作

深入实施充分开放合作战略，主动融入成渝经济区，大力推动川南经济区发展，强化与滇黔的交流合作，加大与长江经济带、泛珠三角等区域的合作力度。

1. 主动融入成渝经济区

主动对接成都、重庆两大城市，在基础设施建设、产业发展、旅游发展等方面加强与两大中心城市的联系。争取共享成渝经济区基础设施、产业体系、资金、人才、土地供应及统筹城乡综合配套改革等政策。加强与成都市的合作，共同推动设立四川省泸州临港保税区。与重庆共同推进长江上游港口群建设，开展物流服务对接。积极开拓市场，提高泸州产品在成渝地区的市场份额。努力把泸州建成成渝经济区的区域性中心城市、重要的能源保障基地和产业基地、沿南向东向对外开放的综合交通枢纽、职业技术人才的重要培训基地。

2. 积极推动川南经济区发展

推动川南城市群基础设施建设，共同打造四川内河枢纽港和区域航空港，建设城际间快速通道。探索建立酒业、化工、能源、机械等产业分工体系，全面提高产业协作水平，大力发展临港经济，推动资源综合开发利用，共同建设沿江产业带和川南资源综合利用示范区。推进川南历史文化旅游线、长江水上风情旅游线等精品线路整合工作，建设川南旅游环线。充分发挥泸州市特色职业教育优势，打造川南人才培训高地。继续深化在城市建设、市场统一、环境保护等方面的交流合作。

3. 加强与滇黔的交流合作

尽快贯通隆黄铁路，打通连接云贵的能源大通道，促进川滇黔交通、通信、能源通道共建共享和优势战略资源的共同开发利用。依托自身的旅游资源与赤水、遵义、仁怀、昭通等周边重要旅游地区加强合作，提高景区之间的道路通达性，增强旅游接待能力，建成川黔渝“金三角”生态旅游区和泸－宜－遵中国白酒金三角旅游区的集聚地和中转站。充分发挥通道优势，使泸州港成为滇东、黔北地区沿长江最重要的出海通道，云贵等周边地区的物资集散地。继续鼓励和组织企业与云贵等地企业建立长期稳定的合作关系。

4. 加大与其他区域合作力度

加强与长沙、武汉、上海等长江中下游沿江城市的交流与合作。积极承接长三角地区的产业转移。探索推进与东、中部城市及企业的合作共建。巩固并扩大与粤港地区的商品贸易和高技术产业协作配套。

（二）发展内陆开放型经济

深入实施“引进来”和“走出去”战略，构建大开放、大招商格局，大力发展对外经济，积极承接产业转移，全面提升泸州开放型经济水平。

1. 加大招商引资力度

健全招商引资体制机制，形成以政府指导、企业为主，中介组织为辅的招商体系。拓展招商引资方式，构建泸州对外招商网络，形成引进项目绿色通道。提高招商引资人员素质，壮大招商引资队伍。注重“招大引强”，重点加强工业招商，突出产业链和产业集群招商。完善招商引资项目库，加强项目策划、组织和包装，提高招商引资成功率。力争到“十二五”末，实际利用外来投资达到650亿元，工业项目到位资金占50%以上。

2. 大力发展对外经济

大力发展对外工程承包，引导、鼓励和支持有条件的企业建立海外能源、原材料和生产制造基地，带动商品、技术和劳务出口，增强企业国际竞争能力。积极吸收外国资金、技术和人才，扩大利用外资规模，提高利用外资的质量和水平。注重与外资企业开展投资贸易合作，引导外资投向优势产业和战略性新兴产业。

3. 积极承接产业转移

承接发展特色优势产业。依托农产品资源丰富的优势，积极引进龙头企业和产业资本，承接发展农产品加工业、生态农业和旅游观光农业。引进优质资本和先进技术，加快企业兼并重组，鼓励有条件的机械制造企业积极承接新能源、节能环保等产业所需的重大成套装备，促进一批机械制造企业发展壮大。引进培育软件及信息服务、研发设计、质量检验、科技成果转化等生产性服务企业，推动服务业与四大优势产业的有机融合、互动发展。加快引进新能源、新材料等高新产业或前沿产业。

九　醉美泸州：经济重塑与发展展望

《2009 年世界发展报告：重塑世界经济地理》认为，某些地方发展势头良好是因为其遵循经济地理三大特性促进了地理变迁。经济地理的三大特征分别是：提高密度，表现为城市的增长；缩短距离，表现为工人和企业向密集区迁移；减少分割，表现为国家缩减其经济边界、进入世界市场以获取规模和专业化收益的行为。地理变迁是发展中国家和地区成功发展经济的基本条件，应当对其予以支持。然而地理变迁带来繁荣，但同时也伴随着风险与代价。主要原因则是生活和生产两地分割。地方吸纳生产和人口的速度各异，导致了收入在地理空间上的不平等分配。

当前，中国正在重塑自己的经济地理。作为川、滇、黔、渝四省（市）结合部的经济枢纽——泸州市该如何遵循经济地理三大特性促进地理变迁，实现经济集中与生活水平趋同并行不悖，成为泸州市重塑经济地理关注的重要问题。因此，本节以定量分析为基础，综合性的分析和探索泸州市经济地理的重塑，促进泸州市经济发展。

（一）泸州经济地理重塑的分析

20 世纪 80 年代以来，西方社会科学进入了一个相互交叉与互动的新时期，各学科在理论互动中对区域与空间产生了浓厚兴趣。特别是 20 世纪 90 年代以来，经济地理学与经济学研究领域的交织更加明显，以克鲁格曼等为代表的主流派经济学家重新审视了空间因素，以全新的视角，把以空间经济现象作为研究对象的区域经济学、城市经济学等传统经济学科统一起来，构建了“新经济地理学”。

近年来，学者们对新经济地理的研究越来越有兴趣，国内外对新经济地理的实证研究也越来越多。段学军、虞孝感等学者从地理学的角度对克鲁格曼所研究的新经济地理学的内涵、研究意义及其与传统区位论的关系等方面，重新解读和审视克鲁格曼的新经济地理学，分析该理论对经济地理学发展的影响。① 冷志明 从集聚度量指标与集聚水平测度、产业集聚的影响及多重均衡的存在性等方面进行了述评，并在此基础上对新经济地理未来实证研究进行了展望。② 王丹主要从扩大理论菜单、实证研究及福利与政策研究三个方面入手，③ 着重回顾了 20 世纪 90 年代和 21 世纪以来的国外学者关于新经济地理理论的研究成果。

因此，结合新经济地理学的相关研究。按照新经济地理学的分析方式，将密

① 段学军、虞孝感、陆大道、Josef Nipper：《克鲁格曼的新经济地理研究及其意义》，《地理学报》2010 年第 2 期。

② 冷志明：《新经济地理实证研究文献述评》，《经济学动态》2010 年第 6 期。

③ 王丹：《新经济地理理论研究的新进展》，《经济理论与经济管理》2011 年第 5 期。

度、距离和分割视为经济地理的三个基本特征。密度（Density）指每单位面积的经济总量，它反映了经济的集中程度，往往是经济越集中的地方，越富裕；距离（Distance）指商品、服务、劳务、资本、信息和观念穿越空间的难易程度，由此落后地区应重新定义为相对于经济聚集区的偏远地区，这不单指空间距离，更重要的是由于基础设施落后和制度障碍造成的经济距离；分割（Division）指国家之间、地区之间商品、资本、人员和知识流动的限制因素。简而言之，就是阻碍经济一体化有形和无形的障碍。①

本节即取用密度（Density）、距离（Distance）、分割（Division）三个维度，对泸州市的经济社会发展进行分析。

1. 样本数据的采集和分析

本节所使用的数据取自《2011年泸州市统计年鉴》和《2010年四川省统计年鉴》。数据包括泸州市各县（区）国民生产总值、泸州市各县（区）辖区面积、各县（区）离泸州市区的距离、分县（区）城镇居民可支配收入、农民家庭人均纯收入等。

指标选取如下。

（1）经济社会发展指标Y：泸州市各县（区）国民生产总值。由于统计数据选自同期，即不考虑通货膨胀因素对经济社会发展的影响。

（2）密度指标D1：采用经济密度这一指标，即泸州市各县（区）国民生产总值与辖区面积之比。这项指标能充分表明泸州市所辖县（区）的经济发展聚集程度。

（3）距离指标D2：按泸州市国土局给出的泸州市各区县详细地理坐标数据，计算各县（区）中心至泸州市中心的距离作为该指标。

（4）分割指标D3：根据《2009年世界发展报告：重塑世界经济地理》中提出的分割定义，并根据中国现实存在城乡

表31-3　2010年泸州市各县（区）经济地理指标统计

县（区）Area	国民生产总值Y	经济密度D1	离泸州市区的距离D2	城镇/农村收入差D3
江阳区	1998014	3077.41856	1.0	10332
纳溪区	735706	639.6331073	15.7	10717.32
龙马潭区	961218	2885.414103	6.0	10058.24
泸县	1346533	882.8335213	36.6	9768.08
合江县	864936	358.313276	49.0	8467.09
叙永县	541830	182.2386057	103.0	8474.34
古蔺县	698133	219.2821605	156.0	9350.42

资料来源：由《2011年泸州市统计年鉴》和《2010年四川省统计年鉴》整理而得。

① 胡鞍钢：《如何重塑中国经济地理》，《2009年世界发展报告：重塑世界经济地理》，清华大学出版社，2009。

二元结构的实际情况，将采用泸州市分县（区）城镇居民可支配收入与农民家庭人均纯收入之差的绝对值来表现分割的定义，是指地区之间经济流动的限制因素，即阻碍经济一体化有形和无形的障碍。这里采用城乡人均收入之差来量化表现。

数据整理如表 31-3 所示。

2. 二级不变替代弹性生产函数的提出与计算

（1）二级不变替代弹性生产函数模型的选择确定。

从 20 世纪 20 年代末美国数学家 Charles Cobb 和经济学家 Paul Dauglas 提出生产函数这一名词至今，已有十余种生产函数模型得到发展和推广。本章的实证分析中，应该选择最符合实际的模型进行讨论。为此首先利用 2010 年泸州市各县（区）经济地理指标统计数据，对几类主要的生产函数模型进行拟合和参数估计，然后比较分析各类型生产函数模型中样本回归函数的显著性与解释变量的显著性，以此作为确定最终生产函数模型的标准。

通过使用 EViews 6.0 软件计算得到各样本回归函数的显著性与解释变量的显著性水平，比较后发现不变替代弹性生产函数模型的各项被观察显著性水平（P-value）最优，均保持在 $P \leqslant 0.050$。并且密度 $D1$，距离 $D2$，分割 $D3$ 相互之间的替代弹性不同，应采用三要素二级嵌套的函数结构。由此确定出最符合泸州市经济社会发展的经济地理函数模型为二级不变替代弹性（CES）生产函数模型。

（2）计量结果与分析。

利用表 31-3 的数据计算出各生产要素的产出弹性（略去具体计算过程），具体如表 31-4 所示。

据表 31-4 可以看出，密度（Density）、距离（Distance）、分割（Division）分别对泸州市各区县经济社会发展产生影响。经济密度越集中，越有利于区域经济发展；距离泸州市区的距离越近，其经济发展越快。如数据显示：泸州市各区县距离泸州市的距离由近到远分别是江阳区、龙马潭区、纳溪区、泸县、合江县、叙永县、古

表 31-4 2010 年泸州市经济地理指标要素的产出弹性

县（区）	经济密度要素的产出弹性	离泸州市区的距离要素的产出弹性	城镇 / 农村收入差要素的产出弹性
Area	e（D1）	e（D2）	e（D3）
江阳区	0.842111064	7.60023423	-9.222340242
纳溪区	0.558669353	6.628225926	-6.849551521
龙马潭区	0.809374673	6.949635224	-8.539004845
泸县	0.197066859	6.292257709	-6.875185798
合江县	0.858256433	6.136744313	-6.058482828
叙永县	1.897471104	5.871278941	-5.203148565
古蔺县	1.37260922	5.757963869	-5.165349597

蔺县，而相对应的弹性分别是7.60023423、6.949635224、6.628225926、6.292257709、6.136744313、5.871278941、5.757963869，依次递减。因此，可以看出距离泸州市区的距离越近，其经济发展越快。为了泸州市各区县协调发展，需要加大道路等基础设施建设，缩短泸州各区县经济距离，促进各区县经济发展；从表31-4中还可以看出，城乡收入差距越大，城乡分割越严重，其经济增长越受到制约。

因此，泸州市需要进一步优化三次产业结构，形成区域性中心城市大框架，促进区域经济实现跨越式发展；加快基础设施建设，完善道路交通体系建设，尽快形成“铁、公、水、空”相互配套的现代交通运输体系，构建区域性综合交通枢纽，缩小泸州各区域与泸州市区的经济距离，缩短泸州市与成渝等较发达地区的经济距离，促进泸州市全域经济的发展；同时，加快新农村建设以及新型城镇化建设步伐，缩小城乡差距，减少区域分割，实现城乡统筹协调发展。

（二）泸州经济地理重塑的举措

从重塑泸州经济地理的定量分析可以看出，要进行泸州市经济地理重塑，实现经济集中与生活水平趋同并行不悖，就需要遵循经济地理三大特性，即密度、距离和分割，促进经济地理变迁。

1. 密度——坚持“两化互动”，[①] 推进新型城镇化建设

密度是地方至关重要的特征。在距离近、文化和政治分割不严重的情况下，政策面临的挑战就是实现合理的密度，即利用市场力量鼓励村、镇和城市的经济集中和生活水平的趋同。从泸州市产业重塑的定量分析中也可以看出，实现合理的密度将会促进泸州市区域经济发展。

坚持两化互动，推进新型城镇化建设，全面推进城乡统筹发展，是泸州市实现合理的经济密度，实现村、镇和城市经济集中与生活水平趋同的有力政策。

坚持两化互动，推进新型城镇化建设，可以采取以下具体措施。

（1）以规划为龙头，充分发挥其综合调控和引导作用。

完成新一轮城市总体规划修编工作，完成城市各片区控制性详细规划的编制和版本清理工作，实现城市规划区控规覆盖率100%。不断完善城市规划管理制度，形成健全的城市规划管理制度体系；从泸州城市实际出发，创新城市规划管理方法，形成一套行之有效的城市规划管理机制。

（2）实施“中心扩张，工业推进，协调发展，城乡统筹”的城镇化发展战略。

“中心扩张”：继续强化和完善中心城区的功能，通过建设集中的产业园区和拓展商贸物流、旅游、医疗、教育、会展等区域综合服务职能，实现城市有序扩展，提高城市规模与品质，充分发挥集聚效益，带动全市城镇化发展。同时，加快建设新机场、港口、高铁和城际站点等交通基础设施，推进综合交通枢纽建设，扩大经济辐射范围，使之成为辐射周边地区的中心

① “两化互动”即加快推进新型工业化进程，为城镇化快速发展提供产业支撑和经济基础；加快推进新型城镇化建设，为发展工业、做强产业提供载体和依托。

城市。

“工业推进”：一方面向古叙及黔西北富煤地区进行资源型工业的逐步转移；另一方面对中心城区及其周边工业进行技术升级，占领川、滇、黔、渝毗邻地域初级工业产品的深加工产业领域，如电力、精细化工等。

“协调发展”：坚持以人为本的原则，充分考虑人与环境的融合性，整合城镇空间布局结构，提高市政及公共服务设施的配套水平和生态环境质量，在加快物质环境城镇化的进程中，实现经济、社会、文化和环境四位一体的高度综合和协调发展，把泸州建成生态系统高效、稳定，产业结构合理、优化，人民生活环境舒适、优美的宜居城市和国家园林城市。

“城乡统筹”：以主城区为辐射中心，以周边各县为区域发展副中心，形成“一主四副”的空间结构。向北进一步提升泸县城镇副中心的地位，发挥其在川南城镇群及成渝经济带的节点作用，进而拉动市域中北部经济区的全面提升。向东发展以合江为副中心的城镇区域，发挥其作为四川连接重庆的门户作用，并带动周边区域的发展。向南形成以叙永、古蔺为副中心的南部城镇发展区域，依托其区位和资源优势，拉动南部经济区的全面发展并辐射滇东、黔北毗邻区域。强化区域协调发展，实现城乡一体化。

（3）拓展城市联系，加快区域经济一体化进程，促进共同繁荣发展。

以长江经济带为纽带，加强与重庆宜宾的经济联系，优势互补，促进利用区位优势推进沿江横向联系。以资源共享为基础，产业合作为纽带，以川黔高速、宜泸渝高速、成自泸赤高速公路建设为契机，加快交通枢纽建设。深入挖掘泸州的边际区位优势，在交通枢纽建设的基础上逐步拓展经济腹地，发展“门户型经济”，形成区域性服务中心。

2. 距离——完善综合交通枢纽建设

在国家层次，与密集区的距离是最重要的特征。经济活动集中地区和落后地区的距离是主要的特征。加大基础设施投资力度，降低交通运输成本，从而促进劳动力的流动，正是政策的主导性机制。随着国内运输成本的降低，国内经济生产的分布似乎应该更加平衡；随着国际交通通信成本的降低，与偏远地区国家的贸易似乎应该更加频繁。然而事实恰恰相反。运输成本的降低与国内经济的集中并驾齐驱。交通通信成本的降低不仅缩小了世界，而且也促进了经济活动的进一步集中。

从上述表31-4的分析中，也可以看出离泸州市区的距离越近，其经济发展越快，经济集中程度越高。因为交通成本的降低和利用规模经济潜力的增大，为城镇的规模化和密集化提供了契机；同时，随着更先进的交通模式将一个区域的先进地区和落后地区连接起来，为发挥聚集经济的优势，生产日益向经济密集地区集中。

为了促进泸州市各区县经济发展，需要加大道路等基础设施建设，通过重点项目建设，完善综合交通枢纽布局，缩短泸州各区县经济距离，以及泸州与成都、重庆等较大城市的经济距离，促进泸州全域经济发展。通过重点项目建设，完善交通等基础设施，建设综合交通枢纽，可以采取以下具体措施。

（1）枢纽布局及项目建设。

依托高速公路、水运、铁路和机场，结合城市交通建设，完善泸州区域综合交通枢纽功能，实现公、铁、水、航联运，形成以泸州中心城区为枢纽内外畅通的立体综合交通运输体系。

新建泸州城北物流中心、高坝物流中心、纳溪物流中心、方山物流中心、合江物流中心、泰黄物流中心等物流中心和泸州西站铁路枢纽、纳溪站铁路枢纽等铁路枢纽站点；新建泸州客运中心站、泸州泰安客运站、泸州城西客运站、蓝田客运站等客运枢纽站；建成泸州港多用途二期及二期续建工程（龙溪口作业一区）、神仙桥、古蔺财湾码头、永利、石龙岩码头（作业区），龙溪口作业二区（反则子）、合江李子坝集装箱码头，香炉石、邓沱码头、大溪口、双石包、神仙桥作业区二期、密溪沟作业区三期、榕山作业区扩建等 20 个码头（作业区）；迁建泸州机场。

（2）通道建设。

泸州综合交通枢纽运输通道主要由东南西北四个方向构成，通过突出南向和东向、加强北向和西向，逐步建成 4 条高速公路、9 条一级公路、1 条长江黄金水道、7 条主干铁路、1 个机场，共同组成快速便捷的大能力运输通道，形成通江达海的立体交通网络。重点建设川黔、川渝之间的铁路和公路通道，连接珠三角、东南亚的对外开放捷径。

（3）城市交通基础设施建设。

作为川滇黔渝结合部的区域中心城市，主城区交通体系建设在区域综合交通枢纽建设中具有重要地位。为构建“一心、两带、多组团”的城市发展新格局，将加快城市重大交通基础设施建设，到 2020 年建成忠山隧道、城东长江大桥、城南长江大桥、沱江四桥和城市二环与高速公路连接线、蓝安滨江路、沱四桥至关口道路、关口至集装箱码头进港公路改造、纳溪河东至河西石龙岩码头连接线等项目，开工建设关口至新机场城市干道，不断扩大城市的规模和完善城市功能，建成区域中心城市。

（4）综合交通枢纽的衔接。

按照客运“零距离换乘”和货运换装“无缝衔接”的原则，统筹线路、场站以及信息传输设施的衔接。通过铁路、公路、民航和水运的有效协作，共同完成各枢纽内部和枢纽之间的有效衔接及一体化运输。

泸州综合交通枢纽的内部衔接。建立客货集散中转系统和综合信息平台，合理布局各级客货站场，通过绕城环线、城际铁路、一般干线、农村公路路网、各级枢纽站等的有机衔接，实现客货流快速汇集、换乘（装）和疏散。

泸州综合交通枢纽和其他城市的衔接。通过完善高速公路网络和城际铁路建设，形成与成都主枢纽和重庆直辖市及周边城市的快速通道，实现泸州综合交通枢纽与成都主枢纽和重庆直辖市及周边城市的有效衔接。

各种运输方式一体化衔接。充分发挥公路、水运、铁路、航空等运输方式的优势，形成互补，优化交通资源配置，实现一体化运输，提高各种运输方式转换和利用效率。

3. 分割——通过制度创新，摒除城乡分割

分割造成了边界的不可穿越性以及规

则的差别，这是比距离更棘手的问题。

泸州市最主要的分割问题是城乡之间发展的不平衡。从表 31-4 中可以看出，城乡收入差距越大，城乡分割越严重，其经济增长越受到制约。因此，通过制度创新，加快新农村建设及新型城镇化建设步伐，减少区域分割，实现城乡统筹协调发展，成为泸州市减少城乡分割的重要举措。

泸州市“园城联动”促“两化互动”的发展战略的实施以及古蔺特色小城镇建设的实践，在破除区域分割、实现城乡统筹协调发展方面，做出了有益探索，取得明显成效。

（1）泸州“园城联动”促“两化互动”的发展战略及启示。

泸州市通过发展壮大酒业、化工、能源、机械四大特色优势产业的同时，坚持园区建设与城市扩张相结合。以工业化推动城镇化，以城镇化促进工业化，实现两者良性互动，共同促进。

2006 年起，泸州按照新型工业化的要求，开始建设工业园区，推动工业向园区集中、产业向园区集聚。目前，泸州市园区数量由 2005 年的 1 个发展到 9 个，每个区县都有“两化”互动发展的载体；园区入驻规模以上工业企业 289 家，占全市的 48%；2010 年实现规模以上工业增加值 145 亿元，占全市的 40%。全市 9 大园区规划总面积 151 平方公里，已建成面积 35 平方公里，产业布局初具专业化、规模化、集约化特色。

泸州市的园区建设极大地推动城镇化发展。通过修建国窖长江大桥、绕城快速通道、酒谷大道、蓝安路等城市桥梁和主要干道，把大城市框架内的泸州经济开发区、酒业集中发展区、化工园区、机械工业集中发展区、轻工业园区 5 个重点园区，与主城区无缝连接起来，拓展城市面积 22 平方公里。高起点建设园区路网、水电气和通信管网等基础设施，使之成为蓬勃发展的现代化产业新城，形成了“园”“城”互动、“一园一城”的良好态势。

在联动推进城乡统筹发展方面，泸州市在实践操作中没有把产业园区当作纯粹的工业重地，或者是单一的城市新区，而是当成破解城乡二元结构、探索城乡统筹、推进城乡一体化的“试验田”。比如在泸州酒业集中发展区建设中，把园区发展与企业原料基地建设和新农村建设紧密结合起来，采取龙头企业与地方政府联合推动的方式，由泸州老窖集团和江阳区政府在园区周边 2 个镇共 20 个行政村、67 平方公里的范围内启动了“名酒·名园·名区”建设，联动推进新型工业化、新型城镇化和农业现代化。

同时，大力开展新农村聚居点建设和风貌改造，突出川南民居风格，打造较高档次的新农村综合体；利用沿江生态资源、新型农家乐和酒文化，发展特色旅游，促进三次产业联动发展，使企业和农民在增效致富过程中实现多赢。2011 年，“名酒·名园·名区”项目区农民人均纯收入达到 8950 元，比全市平均水平高 2441 元，成为全市统筹城乡发展的“样板”，探索出新型工业化、新型城镇化、农业现代化“三化”互动发展的有效途径。

泸州市“园城联动”促“两化互动”发展带来的重要启示。

首先，在推进“两化互动”的过程

中，泸州将9大产业园区建设作为新型工业化、新型城镇化互动发展的有效载体和最佳结合点，以“园”兴“城”，以“城”促“园”，“园”“城”联动，有效地推动“两化互动”发展，从而使泸州在“十一五”期间实现从工业化初期向工业化中期、从中等城市向大城市的历史跨越。

其次，通过泸州在“两化互动”中所取得的成效，可以看到产业园区建设在工业化、城镇化“两化互动”中所发挥的重大作用。泸州以园区提供就业平台，以城镇作为生活依托，园区不断发展，城镇不断扩张，就业人口不断增加。

最后，在以园区建设推动“两化互动”过程中，泸州在操作中没有把产业园区当作纯粹的工业重地，或者是单一的城市新区，而是当成破解城乡二元结构、探索城乡统筹、推进城乡一体化的“试验田”，促进当地三次产业联动发展，使企业和农民在增效致富过程中呈现“多赢”格局，解决欠发达地区如何加快推进城乡统筹发展的重大课题。这就是泸州以产业园区为突破口推进“两化互动”的经验。

“两化互动”是同步推进新型工业化、新型城镇化和农业现代化的核心环节，是加快转变经济发展方式，促进资源要素优化配置与集约高效利用的重要过程，是落实西部大开发重大部署，加速建设西部经济发展高地的有效途径，是遵循工业化城镇化发展客观规律、结合四川经济社会发展实际，提升区域竞争力的必然选择。

（2）古蔺特色小城镇建设的举措与启示。

古蔺县位于四川东南，地处偏远山区，属国家级贫困县。近年来，古蔺县突破“边缘化”思维定势，大胆探索战略统筹思想、城乡规划引领、产业功能互补、优势空间带动、建设优美城乡的城镇发展理念，按照科学规划定位、培育特色产业、突出风貌个性、延续历史文脉、完善基础设施、提升集聚效应的发展思路，成功探索出一条具有古蔺特色的城镇化路子，推动县域经济增幅进入全省县（市、区）前20名，逐步由国家贫困县向“中国名县”跨越。

古蔺县特色小城镇建设的具体举措如下。

坚持高水平的规划引领，用先进理念推动特色小城镇建设。坚持突出自身优势和延续历史文脉相结合，塑造特色城镇形态和城镇个性。古蔺县在推进城镇化进程中注重追求时代特色和地方风格，根据自身资源条件、自然景观、乡风民俗、历史人文、区位特征等进行创新性挖掘开发，构筑鲜明的特色城镇形态，增强独特的吸引力。比如，新建的历史文化氛围浓厚的奢香广场，便是以明朝初期古蔺本土一名传奇彝族女子命名，通过依据历史史料丰富文化内涵，弘扬精神气节传承历史文脉，成功打造出独具特色的古蔺县城建设的开篇之作和典范之作；黄荆、二郎、双沙等乡镇依靠丰富的旅游资源，重点打造特色旅游城镇等。

坚持在远离大城市辐射的偏远山区培育精致小城镇，增强城镇集聚力。古蔺县依靠自身特色优势，突破传统思维另辟蹊径，在加大政策扶持、优化城镇环境、完善城市功能等方面下功夫，以培育精致小城镇来增强集聚力。比如，2007年以来，古蔺县筹集资金2.6亿元，完成4个棚户区改造，解决了 500 多户困难户、700 多户回迁户的住房问题；2010 年，古蔺县城成功创建为市级园林城市、7 个乡镇成功创建为省级生态示范乡镇，增强了广大群众对城镇的认同感、归属感，提升了引导农村居民就近城镇化的集聚效应。

坚持推动特色产业聚集，吸引农村居民就地就近城镇化。古蔺县抓住自身农业生产基础条件、发展势头强劲的白酒产业、储量丰富的煤炭资源和特色各异的旅游资源，确定了以酿酒、能源、农业、旅游四大主导产业和金融商贸、健康休闲、创意文化三大新兴产业构成的“4+3”产业战略发展体系，按照因地制宜、功能互补的原则，通过积极引导、组织和扶持，推动特色产业在一定范围和程度上聚集壮大，形成了基础农业型、工业主导型、旅游开发型、资源采掘型等各具特色形态和主导产业的小城镇布局。

坚持创新管理模式提升经营水平，打造特色小城镇。古蔺县积极探索由政府主导、市场化运作的区域性整体合作开发模式，引进城市开发运营商进行以城市基础设施建设为重点的土地整理，政府通过公开拍卖方式将土地投入市场开发建设，建立“政府 + 企业 + 银行”的协作机制，搭建新型融资平台，促成新城开发运营商与金融机构达成银企合作协议，通过“政企银”合作整合各方资源，发挥叠加效应，有效破解了政府投入不足、建设推进缓慢的难题，开创了城市建设新模式。按照既重建设又重管理的总体要求，以城乡环境综合治理为抓手，将环卫建设、风貌塑造与城市建设同步实施，将硬件设施、管理措施配套跟进，将城市面貌、城市文化和素质提升一体打造，将有开发价值的市政工程投放市场，全面提升城市品质，推进城市建设管理一体化。

古蔺县特色小城镇建设的重要启示包括以下几点。

第一，强化规划立法是确保小城镇健康持续发展的基础。严格执行城镇建设规划，统筹协调小城镇发展布局，是推进城镇化发展的首要环节和根本保障。

第二，强化产业支撑是确保小城镇健康持续发展的关键。坚实的产业支撑是实现就近城镇化的关键因素，良好的主导产业不仅有利于吸纳聚集农村人口，而且决定着小城镇的经济形态和发展方向，使小城镇更有生命力和延续性。积极引导小城镇立足当地资源、区位、交通、人文、信息等方面优势，选准、培育主导产业和具有比较优势的特色产品，形成城镇发展的经济支撑体系，增强城镇市场竞争力和吸引力。在政策、资金、信息、技术等方面加大扶持力度，帮助小城镇发展壮大主导产业，不断延伸产业链，带动地方经济发展，拓展农村富余劳动力就业空间。根据城镇实际条件，着力引进一批投资规模适度、与地方特色产业关联度高、对劳动力基本要求弹性大的企业入驻，满足农村居民就近就地就业需要，形成项目带动、产业支撑、特色建镇、人口集聚的良好发展格局。

第三，深化配套改革是确保小城镇健康持续发展的核心。加快小城镇建设，推进农村居民就近城镇化，必须深化制度改革，突破体制约束。进一步深化户籍制度改革，探索建立“一元化”城乡一体户籍管理制度，让进入小城镇定居的农民享受与原有城镇居民同等待遇；进一步加强土地利用管理体制改革，在坚决执行《土地法》的基础上，建立城镇建设用地置换和存量调整机制，通过盘活土地存量，挖掘现有土地潜力来解决土地瓶颈问题；进一步改革完善社会保障体系，逐步建立有利于农村居民成为城镇居民的社会保障制度，在养老、医疗、失业等方面与城镇居民一视同仁，解除进城农民的后顾之忧。

第四，拓展融资渠道是确保小城镇健康持续发展的重点。缓解小城镇建设资金制约的有效途径是把小城镇建设推向市场，广辟投融资渠道，按照“谁投资、谁受益，谁开发、谁经营、谁管理”的原则，实行投资主体多元化、投资行为市场化，探索一条以城养城、以城建城的市场化路子，使政府由原来的直接投资者变为投资组织者，由原来的建设项目经营者转变为公共建设项目的总体设计者和监管者。对有收益的基础设施，可以合理确定服务价格，实行有偿使用，把政府资金集中用于无法实施商业化投资和经营的纯公共设施项目。金融机构要加大对小城镇建设信贷支持力度，拓宽服务领域，对进入城镇的农民购置房产、创办企业等提供信贷服务。总之，小城镇建设要引入市场机制，走出一条多元化投资的良性循环之路。

第五，提高管理水平是确保小城镇健康持续发展的保障。真正意义上的城镇化，不仅仅是城镇建设规模的简单扩张，而是应该通过先进的经营管理模式和高质量的服务水平来优化城镇环境，完善城镇功能，提升城镇文化内涵，增强城镇的软实力、凝聚力和吸引力。根据居民生活需求和城镇功能定位，持续推进基础设施的建设完善，重视人居环境的营造和管理，加强城镇外部形象的打造和维护，增强小城镇对农民进镇定居的吸引力。努力培育和塑造独具特色的城镇文化，丰富和发展城镇内涵，全面提升城镇的人文品质。强化公共管理服务意识，加快医疗、教育等社会事业发展，加强和创新社会管理，营造良好的城镇环境，提高小城镇吸引投资、吸纳就业、聚集产业和辐射带动能力。

（3）推进制度创新促进泸州城乡一体化。

通过对泸州市“园城联动”促“两化互动”发展战略以及古蔺县特色小城镇建设的探索，可以看出，这是泸州市实现城乡一体化的有力措施和制度的创新突破。通过“园城联动”促“两化互动”发展战略以及古蔺县特色小城镇建设，这两种制度创新，可以加快新农村建设以及新型城镇化建设步伐，引导农村居民就近城镇化，进一步扩大社会保障覆盖面、实现城乡基本医疗保险全覆盖，并建成覆盖全市的公共文化服务体系，缩小城乡差距，减少区域分割，实现城乡统筹协调发展。

《2009 年世界发展报告：重塑世界经济地理》中提出，不平衡的经济增长与和谐性发展可以并行不悖，相辅相成。该报告研究表明，随着收入增加，经济密集区和非密集区的生活水平趋同，但趋同之前确定有一个分化过程，呈现如下趋势和特点：首先家庭基本消费领域最早出现趋同现象；其次基本公共服务出现趋同；最后工资和收入出现趋同。然而实现经济密集区和非密集区的生活水平趋同，即生产集中的短期利益和生活水平趋同的长期利益，其途径就是经济一体化。

因此，泸州市通过“园城联动”促“两化互动”发展战略以及古蔺县特色小城镇建设等制度创新，引导农村居民就近城镇化，加快新农村建设以及新型城镇化建设步伐，缩小城乡差距，减少区域分割，有力的实现城乡统筹协调发展和城乡经济一体化，促进泸州市经济持续良性发展，明日泸州将会更加耀眼辉煌。

（三）泸州经济发展展望

中国酒城，醉美泸州。泸州酿酒历史始于秦汉，兴于唐宋，盛于明清。酒城圣地，领骚酒林，优势独尊。其一谓之资源环境与生俱来，其二谓之历史文化千载流芳，其三谓之酿制技艺特色独具。“中国酒城”已成为泸州区别于其他城市、独具个性的靓丽名片，在国际国内都具有较强的感召力、影响力和竞争力。

建设现代化“中国酒城”是一个统领性目标，包含经济社会各个领域的现代化。建设现代化“中国酒城”，就是要奋力推进新型工业化、新型城镇化、农业现代化“三化联动”，着力构建现代产业体系、现代城镇体系、现代交通体系、现代科技创新体系、现代文化体系和现代社会管理体系，努力实现经济社会同步发展、区域协调发展、城乡统筹发展、人与自然和谐发展。

到“十二五”末，经济社会发展各个领域将发生可喜变化，一个崭新的泸州将呈现在人们面前。

——大产业体系健全完善，成就一个实力更强的泸州。经济转型升级取得明显突破，全市工业增加值达到 800 亿元，四大产业工业增加值达到 600 亿元，三次产业结构逐步向“10：50：40”的目标调整优化。“四大产业”集群规模强势扩张，战略性新兴产业成为重要支撑，稳居全省工业发展“第一集团军”。现代服务业繁荣兴盛，商贸物流中心、教育培训中心、旅游组织中心、医疗服务中心、金融服务中心基本建成。现代农业加快发展，农村公共服务不断延伸，新农村示范片覆盖率达 50% 以上。地区生产总值达到 1534 亿元，年均增长 14%；人均生产总值达到 34180 元；地方财政一般预算收入实现 96 亿元，年均增长 15%；固定资产投资五年累计达到 3985 亿元，年均增长 22%；社会消费品零售总额达到 594 亿元，年均增长 18%。

——大城市格局基本形成，成就一个独具魅力的泸州。新型城镇体系逐渐完善，城镇化率达 50%，基本形成区域性中心城市大框架。城市扩容步伐明显加快，城区面积达 120 平方公里、人口达 120 万人。加快 4 个县域中心和 10 个重点中心镇建设，重点中心镇常住人口达到 2 万～3 万人/镇。“中国酒城”特色更加鲜明，城市文化内涵不断丰富，城市管理水平稳步提升。全面建成“国家森林城市”和“国家园林城市”，成功创建“省级文明城市”、全省“环境优美优秀示范城市”，深入推进“健康城”建设，步入全国宜居城市行列。

——大枢纽动脉加快延伸，成就一个通畅顺达的泸州。“千亿交通工程”全面实施，建成全省次级综合交通枢纽和人流物流大节点。全面建成川黔、泸渝、成自泸赤 3 条高速公路和隆黄、叙大等干线铁路，力争建成叙蔺高速公路，境内高速公路运营里程达到约 450 公里，铁路里程达到约 400 公里。泸州港形成 3600 万吨的年吞吐能力，“出川第一港”的地位和优势更加明显。泸州新机场建成并投入使用，达到 4D 级机场标准，形成“铁、公、水、空”相互配套的现代交通运输体系。高速公路、铁路拉近与周边省市距离，成为四川突出南向、加强东向“大走廊”。

——大生态建设成效明显，成就一个环境优美的泸州。低碳泸州建设取得重大进展，循环经济成为发展主流，生态文明建设全面加强。城乡环境综合整治、水土流失治理、石漠化治理进一步加强，天然林资源得到进一步保护，退耕还林成果得到巩固和提高，长江、沱江干流保持国家Ⅱ类水质标准；市区空气质量总体达Ⅱ级，森林覆盖率达到 49.6%，城市绿化覆盖率达到 42%；资源消耗和环境污染显著降低，单位 GDP 能耗继续下降，城镇生活污水、生活垃圾处理设施不断完善，工业固体废物基本实现无害化处理，二氧化硫、化学需氧量、氨氮、氮氧化物等主要污染物排放量在控制指标以内。

——大民生覆盖城乡全域，成就一个和谐美好的泸州。社会建设、管理和创新水平不断提高，民生工程投入大幅增长。城镇登记失业率保持在控制范围内。高中阶段教育普及率明显提高。社会保障覆盖面进一步扩大，建设基本医疗卫生制度，城乡基本医疗保险实现全覆盖，社会保险参保人数不断增加。建成覆盖全市的公共文化服务体系，广播电视综合覆盖率达到 100%。城乡居民收入增长和经济发展同步，基本实现劳有所得、老有所养、病有所医、学有优教、难有所助。

——大开放局面初步形成，成就一个充满活力的泸州。积极融入成渝经济区、川南经济区、长江经济带，成为重要的外资西进目的地、内资转移投资热土、外贸发展新兴区域、区域合作前沿阵地。

参考文献

刘国强：《立足新起点 谋求新跨越 为建设现代化“中国酒城”而努力奋斗》，中国共产党泸州市第七次代表大会，2011。

泸州市人民政府：《泸州市国民经济和社会发展第十二个五年规划纲要》，2011。

泸州市统计局：《泸州市统计年鉴 2011》，2011。

泸州市地方志办公室：《泸州年鉴（2010）》，四川师范大学电子出版社，2011。

泸州市统计局：《2011 年泸州市国民经济和社会发展统计公报》，2012。

重塑四川经济地理

（下）

RESHAPING
ECONOMIC GEOGRAPHY
OF
SICHUAN

主　编：林　凌
副主编：刘世庆（常务）　雷开平
王小刚　丁任重

社会科学文献出版社
SOCIAL SCIENCES ACADEMIC PRESS (CHINA)

第32章 内江市：依托双核构建成渝增长轴的次区域经济中心*

图 32-1　内江市政区

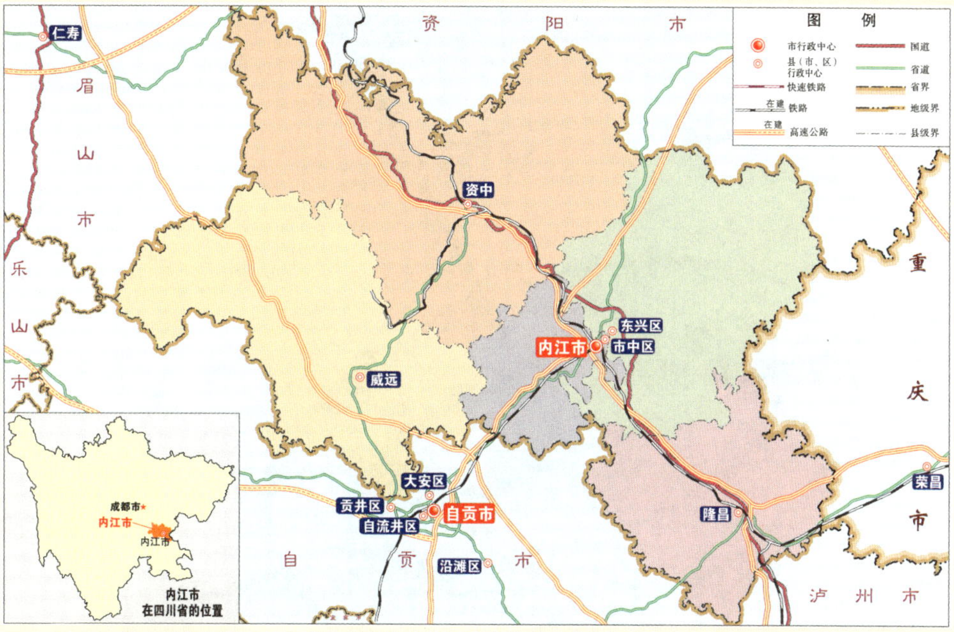

资料来源：本图由四川省发展和改革委员会、四川省测绘地理信息局提供。

内江市位于四川省东南部、成渝经济区中心地带、成渝高速公路和沱江下游中段，地跨北纬 29° 11′ ~ 30° 2′、东经 104° 16′ ~ 105° 26′，东西长 121.5 公里，南北宽 94.7 公里，东邻重庆，南界泸州，西接自贡，西北连眉山市，北与资阳市相邻，距成都 173 公里、重庆 167 公里，独具“巴蜀要冲”、“成渝之心”的黄金区位优势，是四川第二大交通枢纽，也是西南各省重要的交通交汇点和物资集散地，有“川中枢纽”、“川南咽喉”之称，为四川省和成渝经济带重要的综合交通枢纽和商贸物流中心。

新中国成立后，内江市行政区划经过几次调整，现辖市中区、东兴区、资中县、隆昌县、威远县两区三县，24 个乡，87 个镇，10 个街道办事处，面积 5386 平方公里，2011 年末户籍总人口 426.1 万人。市中区为全市的政治、经济、科技、文化活动中心。

内江人文底蕴深厚，产业基础良好，是四川省“十二五”规划建设和《成渝经济区区域规划》重点培育的区域性中心城市和百万人口城市。在成渝经济区“双核五带”战略布局中，扮演着连接“双核”的重要角色，在四川和成渝经济区中具有重要地位。

一　历史悠久　文化底蕴深厚

（一）建制与人口变迁

内江历为成渝两大城市的交通要道和

---

* 本章作者：杨萍，四川省社会科学院经济研究所副研究员。

图 32-2 内江在成渝经济区的位置

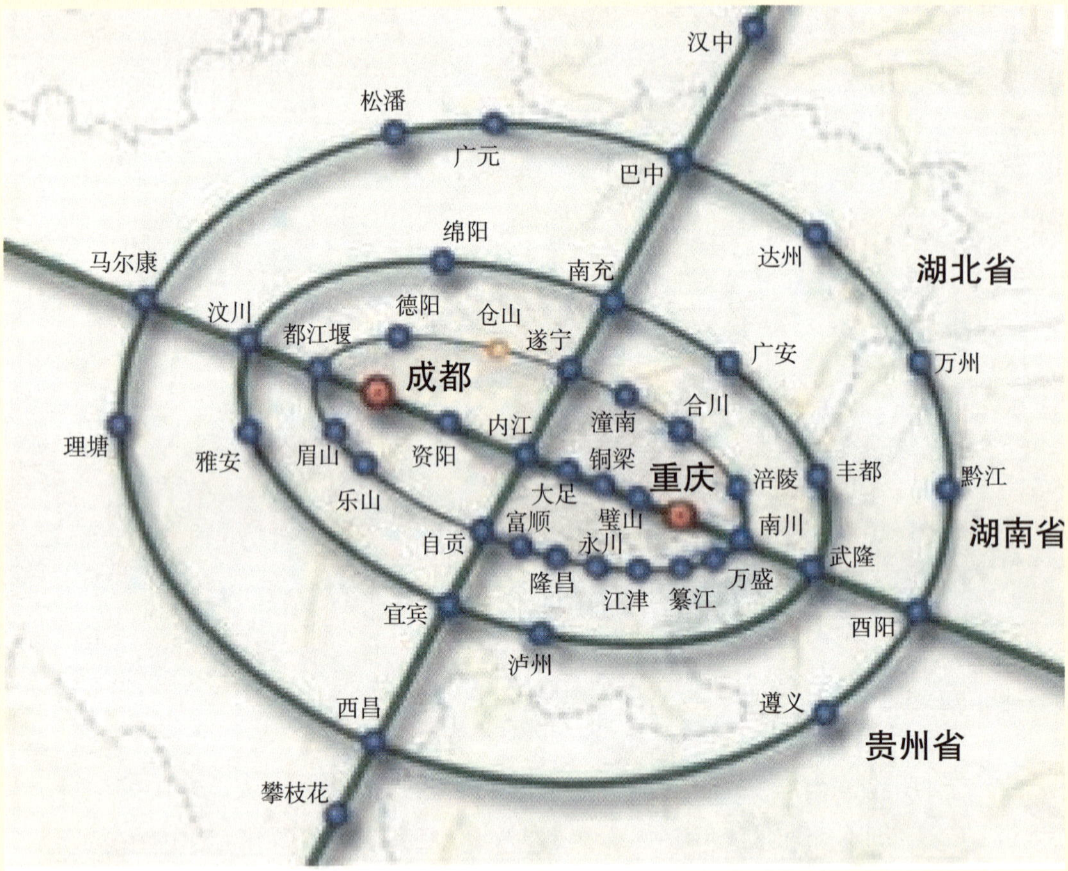

资料来源：《成渝经济区区域规划》。

沱江流域农副土特产品集散地，尤以盛产蔗糖、蜜饯著称于世，素称“甜城”，为川中南地区交通枢纽和重要的轻工、商贸城市。

据史料载，内江东汉名汉安，北周称中江，隋改内江县。1951 年以内江县城（今市中区）和郊区设专署驻地名为内江专区，1951 年 9 月划出内江县城及近郊专辖内江市（县级市），辖 7 县 1 市即内江市、内江县、资中县、资阳县、荣县、仁寿县、简阳县、威远县等，1952 年 9 月改属四川省。1958 年 10 月，安岳、乐至划归内江专区，同时仁寿划归乐山专区，内江专区辖 8 县 1 市。1968 年，内江专区更名为内江地区。1978 年 4 月，隆昌县划归内江地区，荣县划归自贡市。1985 年 2 月撤内江地区，建立省辖内江市，原县级市内江市改为内江市市中区，实行市带县的管理体制。1989 年 11 月，撤内江县设为内江市东兴区。1993年1月撤资阳县，设立县级资阳市。1994 年 4 月，撤简阳县，设简阳市，两市由内江市代管。1998 年 2 月 26 日，经国务院批准，内江市行政区划进行调整，在原内江市行政区划内设立资阳地区，将内江市安岳县、乐至县、资阳县、简阳县划归新设立的资阳地区管辖。2011 年，内江设内江市辖市中区、东兴区、资中县、隆昌县、威远县，2 区 3 县辖 111 个乡镇，1680 个行政村，10 个街道办事处，257 个社区。①

内江人口随时代的发展与区划调整发生变迁。清末（1911 年）内江地区人口 317.55 万人，到 1949 年已增加为 538.23 万人，38 年间增加 220.68 万人，每年平均增加 5.8 万人，平均增长率 13.98‰。1957 年，内江地区人口由 1949 年的 538.23 万人发展到 629.66 万人，八年间增加 91.43 万人，平均每年增加 11.43 万人，为第一个生育高峰期；1958 ~ 1962 年，由于自然灾害等原因，人口出现负增长。1957 ~ 1961 年，内江地区人口逐年下降为 629.66 万人、628.82 万人、611.56 万人、552.48 万人、521.54 万人，四年减少 108.12 万人，平均每年减少 27.03 万人，年平均自然增长率 -19.76‰。1962 年人口开始回升，1962 年底内江地区人口增加到 5234212 人。1963 ~ 1976 年，是内江地区人口第二个生育高峰期。从 1963 年开始，内江地区平均每年增加约 16 万人，1966 年总人口 588.57 万人。四年间，增加 65.15 万人，年平均增长 29.8‰。1967 ~ 1969 年，内江地区人口分别为 607.65 万人、625.23 万人、646.31 万人。三年间，全地区增加 57.74 万人，增长 9.8‰，年平均增加 19.25 万人。1970 年底全地区人口为 699 万人，1975 年底增加到 764.22 万人。1976 年又增加 10.55 万人，但由于当年简阳、洛带区划归成都市，划出 106246 人，使全区 1976 年人口比 1975 年略有减少，为 746.15 万人。1977 ~ 1985 年，内江地区进入人口低出生、低死亡、低自然增长的稳定发展时期。1985 年，全地区由 1976 年底的 764.15 万人增加到 809.08 万人，九年共增加 44.93 万人，平均每年增加 4.099 万人，比第一个生育高峰期每年平均少增加 6.5 万人，比第二个生育高峰期每年平均少增加 11.26 万人。1996 年末，全市总人口 900.45 万人，比 1985 年增加 91.37 万人，平均每年增加 8.31 万人。1998 年 2 月，经国务院批准，对内江市行政区进行调整。调整后，内江市总人口 416.55 万人，占原内江市的 46%。其中，非农业人口 69 万人，占原内江市非农业人口的 58%；农业人口 346.43 万人，占原内江市农业人口的 44.13%，人口密度为每平方公里 771.3 人。2011 年，全市期末总人口 426.1 万人，人口出生率 8.41‰，人口死亡率 5.32‰，人口自然增长率 3.09‰，人口密度 742 人 / 平方公里。2011 年内江户籍总人口 426.1 万人中非农业人口 92.7 万人，城镇化率为 40.23% 。②

（二）文化底蕴深厚

内江物华天宝，钟灵毓秀，两千年深厚的文化底蕴，形成了独具一格的文化特色，人文荟萃、才俊辈出，素有“书画之乡”、“文化之乡”之美誉，涌现了孔子之

① 四川省统计局、国家统计局四川调查队编《四川统计年鉴 2012》，中国统计出版社 北京数通电子出版社，2012。

② 《内江概况 · 政区人口》，内江市政府网站。

师袁弘，“当代世界第一画家”张大千、新闻巨子范长江，以及辛亥革命先驱黄复生、民国大将军喻培伦等一批中华英才。在市境内有号称“川南第一禅林”的圣水寺、佛教圣地“西林古刹”的西林寺、留下李白千古绝唱的太白楼、鬼斧神工的重龙山摩崖石刻、东林寺的千手观音、仿山东曲阜孔庙格局，号称“巴蜀四大文庙”之首的资中文庙等。全市现有旅游景区28处、旅游景点180多处。以张大千纪念馆、圣水寺、喻培伦大将军纪念馆、资中文庙、武庙、隆昌牌坊群等人文风景区及名胜古迹驰名省内外。内江资中鱼溪美食文化、圣陵山溶洞、罗泉古镇、隆昌“三古之旅”以及大千园、资中古城等也在近年得以逐步开发。2008年以来，内江先后举办了张大千诞辰110周年、范长江诞辰100周年大型纪念活动，建成了范长江纪念馆，正兴建世界一流的张大千博物馆。同时，利用城市湖泊“甜城湖”，连续举办“大千龙舟经贸文化节”、“中美澳艺术滑水对抗赛”、“成渝之心 内江产业投资推介会”等大型文化经贸活动，为内江注入了丰富多彩的活力。

二　自然与资源：气候温和　资源富饶

（一）气候温和，物产丰富

内江市位于四川省东南部，沱江下游中段，地处四川盆地中部丘陵地区，其地形以丘陵为主，东南、西南面有低山环绕，海拔350～450米的丘陵约占90%。地质构造属新华夏系沉降带的一部分，褶断规模小。地表由较平缓的紫色砂岩组成，经长期流水侵蚀切割后，多呈浑圆状和垄岗状浅丘；丘间沟谷狭长平直，从丘顶到沟谷多为梯形缓坡，构成层层台阶的粮田。泥质以泥土、粗砂土和红砂土、豆面泥土、黄泥土为主，这些土壤保水良好，抗旱力强，有利于农作物生长。土地利用历史悠久，主要以耕地为主，其他用地为园林、林地、疏林草地、城乡居民用地、工矿用地、水域和特殊用地及部分难利用土地。2010年，全市面积5386平方公里中耕地占16.37万公顷，森林覆盖率29.25%，巩固退耕还林成果2.12万公顷。

内江市属亚热带常绿阔叶林带，气候温和，雨量充沛，适宜多种林木生长。树种资源有60多个科目，110多个属、190多个种。内江地形多为丘陵、低山，森林植物种类、群落组成以及群落特征，随土壤理化性质差异呈较明显的地带变化，并在相应范围内，有相对的稳定性，其森林植被主要有针叶林、阔树林、竹林、灌木林等。从用途上看，内江森林植物以用材林为主，其中面积最大的是威远县，最小的是市中区；经济林树种丰富，主要有油桐林、油茶林、柑橘林，其他还有落叶果林，如梨、苹、桃、李、杏、樱桃、葡萄及桑林、茶林、油橄榄、棕榈、核桃、白腊等经济林木；薪炭林是内江市农村重要的生活燃料，分布广，产量高，多数可再生更新，主要树种有桤木、紫槐、马桑、黄荆等；其他还有特种用途的环境保护林、实验林、母树林、风景林、名胜古迹和革命圣地林、自然保护区林等，其优势树种有马尾松、香樟、楠木、黄莲木、柏木等，主要分布在市中区、资中等地名胜古迹风景区。

内江市气候和土壤条件宜于多种农作物，种植业主要有粮、油、蔗、麻、丝、茶、果、菜等，也种植部分药材、棉花等，是四川省粮食和经济作物的集中产区。粮食作物有水稻，多数以栽培一季中稻为主，其中种植面积为 143 万余亩；其次是玉米、红苕和小麦等。经济作物主要有油菜、花生、黄麻、甘蔗等；园艺作物品种繁多，尤以柑橘等资源最为丰富，产量高。

内江动物资源主要有各种家畜、家禽及部分野生动物。家养动物包括兽类、鸟类、昆虫类、鱼类及家养野生动物。兽类中有猪、牛、羊、兔以及少量的马、骡、驴等；禽鸟类主要有鸡、鹅、鸭、鹌鹑和鸽，其中以鸡、鹅、鸭饲养最多；昆虫类有蜜蜂、蚕；鱼类有本地种的鲤、鲫和先后引进的草、青、鲢、鳙等 30 余个品种；家养野生动物有水獭、鸬鹚、梅花鹿、黑熊等。野生动物，由于全市荒山林较少，难于栖息繁殖，现仅有野生动物约 240 种，主要有麻雀、斑鸠、乌梢蛇、青蛙、黄鳝、泥鳅以及野猫、野兔等。①

（二）水能资源充沛 矿产资源富集

沱江是市区内主要河流，流经资中、东兴及市中区，是市内水路运输要道，自古有“万斛之舟行若风”的繁忙景象描写。沱江水流缓急交替，滩沱相间，蜿蜒曲折，常年平均流量为 375 立方米 / 秒，自然落差 135.5 米，平均比降 0.45%，水能蕴藏量有 14.5 万千瓦供开发。较大支流有资中的球溪河、内江的大清河等。这些河均有灌溉、航运和发电之利。加上沱江河的水能资源，年发电量可达 9.2 亿度，现已开发的水能资源仅占可开发量的 21.7%。同时，由于沱江纵贯南北，流域较长，积水面广，雨季时容易造成洪水灾害。

内江市由于地处盆地腹心地带，地质结构较简单，地壳相对稳定，区域内出露地层主要受“资威穹窿背斜”、“圣灯穹窿背斜”和“螺观山背斜”三大地质构造影响。② 矿产资源丰富，先后发现分布于燃料、黑色金属、有色金属、冶金辅助、化工原料、建材非金属、水汽矿产领域的矿产 22 种。能源矿产主要有煤、天然气、油页岩。全市矿产主要分布在这三大构造带上的威远、资中、隆昌三县；天然气主要产于“资威穹窿背斜”和“圣灯穹窿背斜”两大构造带上，已探明的储量达 600 多亿立方米；炼焦煤的保有资源储量 7509.8 万吨，全市现有已审查批准探明的煤炭保有资源储量 6000 万吨左右，新近发现的资威煤田已正式实施全面的勘察，2011 年资威煤田金带场勘区完成普查工作，煤田面积 597.29 平方公里，四个勘查区煤炭优势资源保有储量估计达 4.2 亿吨以上，主要为低热质煤和优质精煤；③ 砂金则产于沱

① 《内江概况自然资源》，内江市政府网站。
② 穹窿地貌是发育在地台盖层上的背斜，形态大致呈圆形，中部呈穹窿状。规模巨大的穹窿构造通常是由于岩浆侵入或者方向直交的褶皱运动互相干扰而造成的。穹窿外部是沉积岩的盖层，穹窿内部是变质结晶岩基底。穹窿顶部的岩层首先被侵蚀掉，古老的结晶岩出露形成复杂的山丛；其外围常形成环状单面山，陡坡朝向穹窿中心。在穹窿形成初期水系呈放射状，在深受侵蚀的穹窿上，形成环状水系。
③ 《内江市国民经济和社会发展第十二个五年规划纲要》，2011。

江河床沿线的资中、市中区和东兴区。

境内石材、石灰石和石英砂等建材资源丰富。非金属与建材矿产有石灰岩、石砂岩、页岩、耐火粘土、铝土矿、大理石、河沙、砾石与陶瓷黏土等；金属矿产与稀散元素有铁、钾、金等以及盐矿、钾矿、煤层中共生的铝、镓、铷及锂等分散元素；化工矿产有盐矿和含钾水云母黏土矿等。水泥用石灰岩的资源储量 10821 万吨、玻璃用石英砂岩的资源量 7576.46 万吨，已开发利用的矿产有煤、天然气、天然卤水、耐火黏土、砖瓦用页岩、水泥用石灰岩、玻璃用石英砂岩、建筑用砂岩和砂砾石、砖瓦用黏土、陶瓷土、矿泉水等 12 种，石灰岩资源保有储量 1.3 亿吨，岩石成分主要为方解石，呈层状分布，厚度大、质量好，属生产高标号硅酸盐水泥等建材产品的理想原料。石英砂优势资源保有储量 2.5 亿吨左右，石英砂岩二氧化硅含量高，品质纯，属开发高档玻璃及玻纤制品的理想原料。江河沙石资源在 10 亿吨以上。威远长宁试验区块页岩气勘探取得重大突破，第一口天然气井成功开采。

三　交通与物流："川中枢纽"，重要区域物流中心

（一）"成渝之心"，区位优势独特

内江位于成渝通道发展轴的黄金中点，市区西北距省会成都 150 公里（成渝公路里程 210 公里，成渝高速公路 173 公里），东距重庆 148 公里（成渝公路里程 240 公里，成渝高速公路里程 167 公里），地处全国第三大人口密集区——成渝经济区的中心地带，是四川省重要的综合交通枢纽和商贸物流中心。以内江为圆心，半径 200 公里的范围内有机场 4 个、千吨级货运港口 3 个；成渝、内昆、隆黄等 3 条铁路贯境而过，成渝、内宜、隆纳、成自泸赤、内遂、乐自隆、内威 7 条高速公路与国、省干道汇集成网，形成了纵横交错、水陆空俱全的立体交通网络 。

随着成渝城际快速铁路的建成，内江到成都和重庆仅半小时车程。"双核同城"与"双向半小时经济圈"独特的区位优势，使内江具备对接成渝发展、共建成内渝产业带的良好基础。地处川渝结合部的内江，还是东南至西南各省交通的主要交汇点，东连重庆，西接成都，南邻自贡市、宜宾市、泸州市，北通遂宁市、绵阳市，以内江为轴心的 200 公里、两小时车程半径范围内有 12 座特大中城市，是四川省第二大交通枢纽，也是连接云贵与西南出海的"黄金通道"。

（二）立体交通，贯通南北、连接东西

新中国成立以来，成渝铁路、成渝公路及成渝高速公路先后贯穿内江。"十一五"期间，内遂高速公路、成自泸赤高速公路、成渝城际客运专线（内江段）、归连地方铁路等重点项目顺利实施，区域间通达能力不断提高；新（改）建通村、通乡公路累计超过 3200 公里。作为西南各省交通的重要交汇点，内江交通区位优势得天独厚。内江境内以纵贯全市的成渝铁路、成渝高速公路、成渝公路和沱

江航道为主通道。在这条交通运输主道上，还有国、省通信和电力线路依此交织同行排布。因此，内江成为四川省内交通流量最大、最具现代水平的主动脉。这条交通运输的主通道上，横向排布的内（江）宜（宾）、内（江）昆（明）、隆（昌）泸（州）、资（中）威（远）铁路为其铁路支干；以市中区为支点向南、向北延伸的内（江）宜（宾）高速公路，内（江）乐（山）、内（江）泸（州）和内江至南充公路等为公路支干；以及内（江）遂（宁）铁路、内（江）遂（宁）高速公路、隆（昌）黄（贵州黄桶）、隆（昌）大（贵州大方）高速公路正在建设中。对外交通方面，成渝、内昆、隆纳 3 条铁路从内江贯境而过，成渝、内宜、隆纳、成自泸赤、内遂、乐自隆、内威荣 7 条高速公路与国、省干道汇集成网，通车里程 3149 公里。在内江 200 公里半径内，还连接着 3 个千吨级码头和 4 个机场，10 条内河航道通航里程 416 公里。沱江自西（资中县顺河场镇）入境，自南（市中区沱江乡）出境，并在泸州汇入长江，铁路、公路和沱江航道成网状连接，路网密度高于全国、全省平均水平，形成了纵横交错、水陆空俱全的立体交通网络，是四川省第二大交通枢纽城市。

随着“十二五”规划中成渝、绵遂内自宜两条高速铁路、成自泸赤、内遂、自隆、内威荣四条高速公路、川南地区最大的铁路集装箱中心站、客运站和公路客货运输中心的建成，到“十二五”末，内江将进一步形成通江达海、贯通南北、连接东西的大交通网络体系，实现与成都、重庆两个中心枢纽同城化、周边次级枢纽一体化的大交通格局。

境内交通方面，内江市横跨沱江，境内三桥相连、路网密布。境内铁路通车里程 65 公里。其中，成渝线 46 公里，内六线 19 公里。内江车务段所属车站 70 个。境内有客运业务办理站 2 个，内江站（一等站）年旅客发送量 100 万人次。内江站停靠有广州、昆明、贵阳、成都、重庆等方向客车 13 对，始发内江至广州快车 1 对；隆昌站（三等站），年旅客发送 40 万人次。隆昌站停靠广州、昆明、贵阳、成都、重庆方向列车 6 对，始发隆昌至攀枝花 1 对。

（三）“枢纽”与“心脏”，区域物流中心辐射八方

内江地处全国第三大人口密集区——成渝经济区的中心地带，是全省第二大交通枢纽和成渝经济区的交通与物流中心之一，也是西南各省交通的交汇点，是重要的商贸物流节点城市和“区域中心城市”。承东启西、接南转北、辐射八方、通江达海、“肩挑成渝”的内江，蕴藏着巨大市场潜力：距成都 173 公里，离重庆 167 公里，轴心周边 200 公里范围内，分布着成都、重庆、泸州、资阳、遂宁、南充、乐山、宜宾等 12 座大中城市，辐射总人口达 3.5 亿以上，联动着庞大的生产和消费市场。

特殊的区位优势，为内江发展带来无可复制的“资本”：内江物流成本低、辐射广阔、市场容量大。内江自古商贾云集，是西南各省重要的物资集散地，现已初步形成城乡并重、内外并举的商贸流通格局。作为仅次于成都的全省第二大交通枢纽，

内江距成都、重庆、昆明、贵阳等高速公路里程，比周边城市少 70 ~ 290 公里，物流成本为区域内最低，是川、滇、黔、渝产品输出和资源输入物流的“集散地”和“中转站”。一方面，以成都、重庆为“双引擎”的成渝经济区的重大装备制造、高新技术、汽车及零部件等工业产品和粮食、蔬菜、水果等农业产品，通过内江公路、铁路可向南满足滇、黔、桂等西南省区；而资源富集的云南、贵州两省的煤炭、矿石等资源，通过内江这一重要的“中转站”又可为四川、重庆乃至西北地区提供生产、生活资料。另一方面，同属西南地区的川、滇、黔、渝四省市是西部大开发政策受益最广、发展潜力最大的集群区域，在西部 12 省市中经济最发达、城镇现代化水平最高、文化底蕴最厚重、旅游资源最丰富，处于四省市重要交通联结枢纽的内江，成为重要的人流集散中心。

随着交通运输业的迅速发展，内江现代商贸物流业逐步壮大。近年来，内江依托区位优势和交通枢纽地位，围绕建设成渝经济区区域性商贸物流中心的目标，制定实施现代化物流发展战略规划，加快推进专业市场和综合市场建设，加快发展现代特色商贸物流产业，不断完善市场体系：启动 1 平方公里物流园区建设，新建再生资源专业性物流中心，加快全国再生资源网络回收体系建设试点（城市）工作，完善再生资源回收体系，建成集散交易中心和分解中心各 1 个，标准化回收网点 50 个；壮大黄桷井商贸物流、医药物流、川南成品油物流 3 个专业化物流服务站，发展资中、威远、隆昌 3 个区域性综合物流服务站，逐步构成“园区 + 中心 + 若干服务站”的现代物流体系；切实加快推进川南邮政物流中心建设，启动粮食交易中心建设；依托全市重点汽车零部件及机械制造企业，积极引进投资者，加快建设大型工程机械市场、汽配市场和二手车市场、二手家电市场。以现代物流业为特色的第三产业逐步壮大，形成辐射东南亚、全国和西南地区的禽苗市场、再生资源市场、小商品批发物流中心、冶金建材物流中心和烟草物流中心等。市场体系的建设在以内江为交通枢纽的川东南商贸片区已具雏形。尤其是天津渤海商品交易所预计投资 14 亿元、占地 1270 亩、在内江建设的国内一流、国际领先的综合性物流园区渤商西部物流中心，将有效提高西部地区大宗商品的流通效率，逐步完善内江中心城市的配套功能。作为“成渝之心”的内江，正全力打造与优势产业配套的生产型物流体系，逐步成长为成渝经济区重要的区域性商贸物流中心。

四　经济基础与发展成就：实力不断增强，地位快速提升

（一）经济总量加速增长，经济结构得到优化

1. 经济总量增长，地位快速提升

内江的经济和社会发展分两个阶段。1949 年至 1978 年，全市地区生产总值由 0.88 亿元增长为 8.13 亿元。1978 年改革开放以来，内江经济总量快速增长，综合实力明显增强。1978 ~ 2008 年的又一个 30 年，全市实现地区生产总值 488.28 亿元。

截至 2010 年，地区生产总值达到 690.28 亿元，经济总量是改革开放初 8.13 亿元的 84.9 倍，年均增长 21.31% 。尤其是近几年，内江经济保持了两位数增长，其中 2005 ~ 2010 年五年间，各年的经济增速分别为 12.1%、14.7%、15.0%、15.0% 和 16.2%。2010 年，全市地区生产总值是“十五”期末的 2.7 倍，年均递增 15.5%；经济总量排全省第 10 位，比“十五”期末上升 1 位。人均 GDP 实现 17456 元，是“十五”期末的 2.7 倍，年均递增 14.9%。2011 年，全市经济继续平稳增长，实现地区生产总值 854.68 亿元，总量保持全省第 10 位，增速居全省第 8 位。2011 年，全市实现地方财政一般预算收入 25.3 亿元，同比增长 24.10%；规模工业增加值同比增长 23.5%；全社会固定资产投资完成 382.82 亿元，同比增长 9.1 %；城镇居民人均可支配收入 16602 元，同比增长 15.9 %；农民人均纯收入 6638 元，同比增长 20.6 %。通过近年来的快速发展，内江发展基础更加牢固，发展优势日益凸显，有条件在成渝经济区快速崛起。

2. 产业结构得以优化

在经济总量增加的同时，产业结构更加优化。内江经济结构经历了从“一三二”、“三二一”和“二三一”的演变，第二产业在一段时期内仍居国民经济的主导地位。2011 年，内江地区生产总值 854.68 亿，第一、第二、第三产业分别为 139.76 亿元、534.00 亿 元和 180.92 亿元，其中工业总产值为 497.23 亿元，人均地区生产总值为 23062 亿元。内江三次产业在国内生产总值中占的比重由 1949 年的 62.5∶13.0∶24.5，到 2009 年的 17.6∶56.9∶25.5，再到 2010 年的 16.3∶60.8∶22.9，2011 年演变为 16.3∶62.5∶21.2。与 2009 年比，2010 年人均 GDP 增长 20.1%，到 2011 年达到 23062 元，比上年增长 19.2%；2010 年第一产业实现增加值 112.39 亿元，增长 4.6%，对经济增长贡献率 4.3%；第二产业实现增加值 419.53

图 32-3　内江市地区生产总值

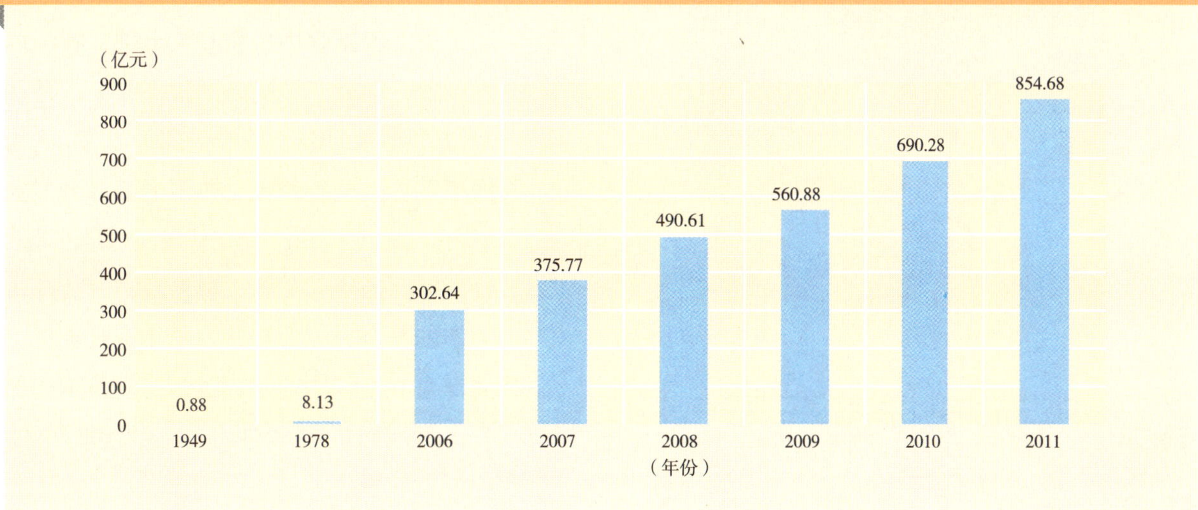

资料来源：《内江市 2011 年国民经济和社会发展统计公报》；四川省统计局、国家统计局四川调查队编《四川统计年鉴 2012》，中国统计出版社 北京数通电子出版社，2012。

亿元，增长 23.8%（其中，工业产值增长 24.6%），对经济增长贡献率 81.6%；第三产业实现增加值 158.36 亿元，增长 7.9%，对经济增长贡献率 14.1%。到 2011 年，产业结构进一步优化，其中第一产业增长 4.2%，第二产业增长 20.5%，第三产业增长 9.3%。三次产业结构由上年的 16.3∶60.8∶22.9 调整为 16.3∶62.5∶21.2。全市民营经济实现增加值也增长近百亿达 489.65 亿元，增长 18.6%，占 GDP 比重达 57.3%，比上年提高 0.5 个百分点。①

但是，内江人均 GDP 实现 23062 亿元，仍低于全省平均水平（26133 亿元），不足成都市（49438 亿元）的一半。从三次产业就业结构看，2011 年，内江第一、第二、第三产业就业人员分别为 34.91%、29.61%、35.48%，虽第一产业就业人员已从上年的 44% 下降近 10 个百分点，且优于全省三次产业平均就业结构的 42.7%、25.3%、32%，但从 2011 年其地区生产总值和构成比例与全省平均水平比较看，内江第一、第二产业的比重（16.3%、62.5%），均仍高于全省第一、第二产业（14.9%、52.45%）的比重，而内江第三产业产值仅为 21.2%，比全省 33.35% 低了 12.15 个百分点。从就业人员结构变化的全省平均横行比较和产值纵向比较看，内江经济工业化初期迹象已有明显改善，且发展态势良好，但其经济过多倚重于第二产业，仍处于从工业化初期向工业化中期过渡时期。

图 32-4　2011 年内江市三次产业结构

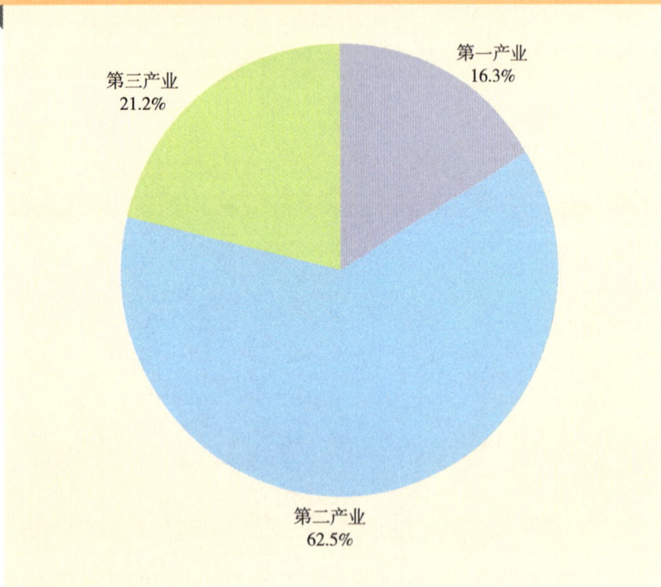

资料来源：四川省统计局、国家统计局四川调查队编《四川统计年鉴 2012》，中国统计出版社 北京数通电子出版社，2012。

（二）工业经济规模迅速壮大，实力不断提升

1949 年内江仅有私营工业作坊近 20 家，涉及炼铁、铸造、采煤等少数几个门类。新中国成立后，国家在内江新建了一大批工业企业，尤其是“三线建设”时期，借助国家强力投资和大批部、省级内迁企业，形成了较完备的工业体系，并在“六五”时期创造了“内老三”（在四川省内居第三位）的辉煌，是典型的西部老工业城市，1950 ~ 1978 年工业经济总量进入上升阶段。1978 年以来，随着改革开放政策的不断推进，工业经济规模迅速壮大，工业门类齐全，工业基础雄厚，实力不断提升，成为推动经济快速增长主要力量。1978

① 据四川省统计局、国家统计局四川调查队编《四川统计年鉴 2012》，中国统计出版社 北京数通电子出版社，2012。

年，内江全部工业总产值（按 1980 年不变价）为 12.29 亿元。[①] 到 1985 年，全市有不同类型工业企业 2764 个，实现产值 22 亿元，仅次于成都、重庆居全省第三位。[②]

经济总量的增加、产业结构的优化，内江优势企业逐步壮大、拳头产品不断增多，工业经济占全市经济总量的比重不断上升。尤其近年来，内江工业快速发展，全部工业占 GDP 比重由 20 世纪 90 年代的 30% 左右增长到 2010 年的 56%。到 2010 年，内江规模工业增加值年均增长 29.9%、工业连续保持了五年 30% 以上的增速，总量三年翻了一番，从 2004 年全省第 7 位跃居 2010 年的第 5 位。2011 年内江实现销售收入 1637.68 亿元，利润总额 106.97 亿元。全市规模以上工业企业 527 个，完成工业总产值 1643.61 亿元，实现规模工业总产值在 2010 年比上年增长 39.6% 的基础上，2011 年再增长 27%；五大支柱产业实现产值 1464.62 亿元，增长 42.4%，占规模工业的 85.7%；规模工业经济效益综合指数 366.6 点，比上年提高 39.6 点；全员劳动生产率达到 26.19 万元 / 人，比上年增长 6.2%；规模以上工业企业总资产贡献率达 33.72%，在全省排名第三。[③]

（三）农村经济全面发展，产业规模逐年增大

内江农业生产稳步发展，特色产业由小到大，农产品加工从无到有，农业结构不断优化，农业产业化成效显著，农村经济呈现全面增长，农村面貌明显改善。目前，内江已发展成为农产品资源富集的四川省粮食和经济作物主产区、国家商品粮生产基地和四川省水产产业化试点城市、

图 32-5 “十一五”时期及 2011 年内江规模以上工业增加值

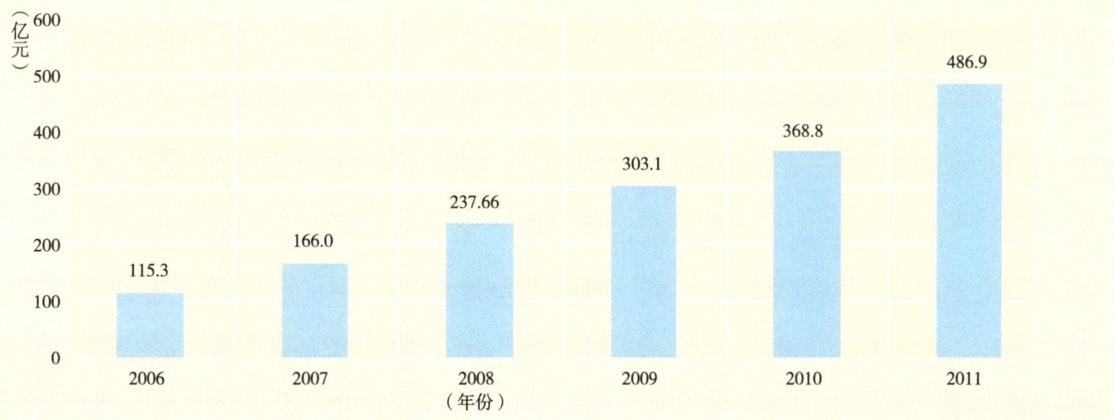

资料来源：《内江市 2012 年国民经济和社会发展统计公报》；四川省统计局、国家统计局四川调查队编《四川统计年鉴 2012》，中国统计出版社 北京数通电子出版社，2012。

---

① 四川省统计局编《四川地县统计资料（1978–1990）》，中国统计出版社，1991。

② 四川经济年鉴编辑部编《四川经济年鉴（1986 年）》，四川科学技术出版社，1987，第 181 页。

③ 四川省统计局、国家统计局四川调查队编《四川统计年鉴 2012》，中国统计出版社 北京数通电子出版社，2012；《内江市 2011 年国民经济和社会发展统计公报》。

中国优良地方猪种“内江猪”的家乡。

1. 农业生产稳步发展，农业结构不断优化

近年来，内江深化农业结构调整，新建特色产业基地30个，新增优质粮油、蚕桑、蔬菜、水果种植面积10万亩。2011年，内江实现农林牧渔业总产值234.69亿元，增长4.2%；增加值139.76亿元，增长4.2%，① 是内江市1978年农业总产值（1980年不变价）14.09万元的16.65倍。② 农林牧渔业总产值234.69亿元中，农业106.8亿元，林业6.3亿元，牧业110.4亿元，渔业8.0亿元。主要农产品产量稳步上升：2011年全年粮食总产量162.76万吨，比上年增加1.91万吨，增长1.2%，连续6年增产；油料产量9.50万吨，增长6.3%；全年水产养殖面积1.09万公顷，增长0.4%；水产品产量11.12万吨，增长7.0%；全年完成造林面积4073公顷，全市森林面积158841公顷，森林覆盖率达29.6%。③ 农业生产稳步发展，农业产业结构不断优化：2011年农林牧渔业产值比重由1978年改革开放初的78.2∶2.4∶19.0∶0.4演变为45.5∶2.7∶47.0∶3.4（总产值234.7亿元，其中农业106.8亿元，林业6.3亿元，牧业110.4亿元，渔业8.0亿元）。

2. 大力发展特色产业，产业化经营取得成效

随着工业经济的不断发展，内江推进农业产业化经营，大力发展特色产业基地，狠抓林业和畜牧业结构调整，农业产业化规模不断壮大，企业实力增强，形成了内江佳美、隆昌都英羽绒、内江福润、银山鸿展等一大批农业产业化企业。2008年末，全市新增产值上亿元企业2户、5000万至1亿元企业1户、规模以上企业8户，有规模以上龙头企业104户。2008年全市实现农业产业化经营产值89.7亿元。④ 到2010年，全市集中成片的特色产业基地达到823个，国家级龙头企业1户、省级以上重点龙头企业达19户，省级农民示范专合组织20个。⑤ 同时，现代农业示范园区建设步伐加快，5个现代农业示范园区核心区达1.35万亩；5个现代畜牧业示范园区建设快速推进，全市出栏生猪412.9万头。市中区列入国家级科技富民强县专项行动试点县，资中鲶鱼获“国家地理标志性产品”，隆昌县成功申报“国家级优质再生稻生产标准化示范区”；进一步加大土地整理力度，新增耕地面积1.77万亩，依法供应土地278.8公顷，治理水土流失面积68.1平方公里，新增有效灌面4.2万亩，市中区成功列入中央财政小型农田水利重点县。“十一五”期间，内江农业结构加快调整，特色种养业初具规模，产业化进程顺利推进，农林牧渔增加值实现112.39亿元，年均增长4.2%，其中畜牧业占比超过50%。⑥ 五大现代农

① 唐利民2011年3月30日在中国共产党内江市第六次代表大会上的报告《抢抓机遇科学发展为在成渝经济区快速崛起而努力奋斗》。

② 四川省统计局编《四川地县统计资料（1978-1990）》，中国统计出版社，1991。

③《内江市2011年国民经济和社会发展统计公报》。

④ 四川省发展和改革委员会、四川省统计局编《四川经济社会发展60年》，2009。

⑤ 唐利民2011年3月30日在中国共产党内江市第六次代表大会上的报告《抢抓机遇科学发展为在成渝经济区快速崛起而努力奋斗》。

⑥《内江市国民经济和社会发展第十二个五年规划纲要》。

表 32-1　主要农产品产量（单位：万吨，%）

指　标	2011 年	同比增长	指　标	2011 年	同比增长
粮食	162.76	1.2	油料	9.50	6.3
小麦	23.94	3.8	油菜子	6.71	8.3
水稻	62.95	0.1	蔬菜	184.54	12.7
玉米	38.11	2.3	水果（含果用瓜）	32.80	19.4
豆类	5.41	1.1			

业示范园区形成核心面积 2.5 万亩，现代畜牧业示范园区建成圈舍 18.37 万平方米。2011 年内江继续大力推进农业产业化经营，农业产业化经营产值达 150.3 亿元，增长 18.6%。建成特色产业基地 128 个。现代畜牧业试点工作有序开展，生猪、家禽规模化养殖深入推进，成功创建全国“一村一品”示范村 1 个，全市出栏生猪 413.02 万头；名特优新水产品产量达 4 万吨，居全省第一；新增国家地理标志保护产品 4 个。①

3. 收入水平不断提高，新农村建设迈出新步伐

随着农业生产的发展和农业结构的调整，农民收入大幅提高，加快了新农村建设步伐。2010 年，全市实现劳务收入 93.89亿元，成为农民增收的重要渠道。同年，30 个重点新村启动建设，市中区、东兴区、资中县被列为省级新农村建设示范片。2011 年，内江大力发展劳务经济，实现劳务收入 114.64 亿元，农民人均纯收入达 6638 元，增加 1134 元，增长 20.6%。同时，内江新建新村（聚居点）16 个、新农村综合体 4 个，完成高速公路和国省干道沿线的农房风貌改造 13690 户。②

在新农村建设方面，2011 年全年新增有效灌溉面积 7.14 万亩，新增节水灌溉面积 4.72 万亩，新增和恢复蓄引提水能力 2064.7 万立方米，解决了 19.49 万农村人口的饮水安全问题，建成集中供水工程 50 处，分散供水工程 359 处；新建及整治渠道 552.87 公里，新建硬化砖（石）砌囤水田 3.87 万亩，新建、改造山平塘 2029 口，新建蓄水池 2842 口，完成病险水库除险加固 22 座。③

（四）交通运输业发展成效显著，交通枢纽建设有力推进

1949 年，内江仅有土公路和驿道 756 公里，人畜车 858 辆和几辆私人汽车，江河通航 312 公里，木帆船 4619 只，交通不便、运输落后。④ 新中国成立后，内江交通运输业迅速发展，到 1963 年，内江

① 代理市长杨松柏 2012 年 5 月 7 日在内江市第六届人民代表大会第二次会议上所作《政府工作报告》。
② 代理市长杨松柏 2012 年 5 月 7 日在内江市第六届人民代表大会第二次会议上所作《政府工作报告》。
③《内江市 2011 年国民经济和社会发展统计公报》，2012。
④ 四川经济年鉴编辑部编《四川经济年鉴（1986 年）》四川科学技术出版社，1987，第 183 页。

图32-6 内江市工农业总产值增长

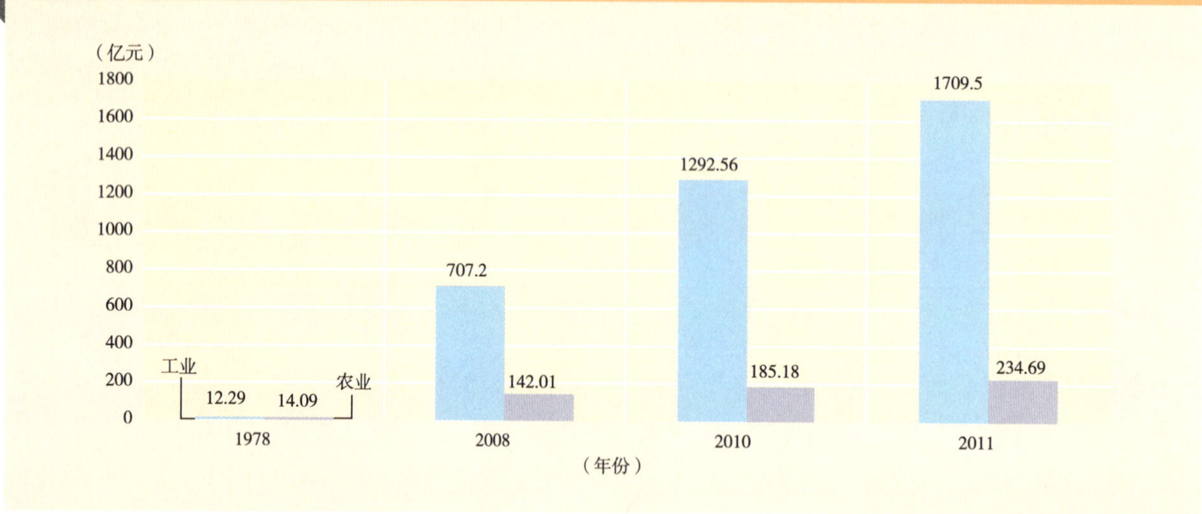

资料来源：《四川经济社会发展 60 年》；四川省统计局、国家统计局四川调查队编《四川统计年鉴 2012》，中国统计出版社 北京数通电子出版社，2012。

通车里程 1164 公里。1978 年改革开放初期，通车里程达 1747 公里，15 年增长 583 公里。① 到 1985 年，全市公路通车里程达 5143 公里，基本上实现了乡乡通公路；内河通航里程 568 公里，拥有各类交通车辆 12436 辆，轮驳船 214 艘。地方交通货运量达 900 万公里，周转量达 35991 万吨公里，客运总量达 3809 万人，周转量达 95485 万人公里。② 2008 年以来，内江按照"建设区域性次级重要交通枢纽"的奋斗目标，大兴道路升级改造工程。"十一五"期间，全市交通建设共完成投资 52.17 亿元，是"十五"时期的 2.66 倍，以年均 15% 的速度快速增长。③ 到 2010 年，内江交通建设成效已相当明显，除航空外，铁路、公路、内河运输俱全。沱江流经境内 4 个县（区）达泸州与长江相通，通航里程 593.78 公里；铁路有成渝、内昆、隆泸和归连铁路纵横南北；公路有成渝、隆纳、内宜三条高速公路在内江合成"T"形，并有省道遂筠路、资泸路和隆雅路等干线公路通过。

2011 年内江继续大力发展交通运输业，交通枢纽建设有力推进。域内成渝客运专线、成自泸赤高速、内遂高速等重点工程建设全面推进，内威荣高速、自隆高速正式开工，国道 321 线内江段改造基本建成通车，省道 207 线内江段改造全面完成，省道 206 线内江段改造正在推进，成渝高速公路内江服务区改造一期工程正式启动，成渝客运专线内江站点前期工作加快推进。全年交通建设项目投资完成 29.36 亿元，比上年增长 15.6%。建成通乡、通村公路共计 1388 公里，其中水泥路 1096 公里，油路 292 公里。建成 9 个乡镇客运站，完成 26 个农村客运码头的建设，完成农村渡改桥 7 座，完成公路安

① 四川省发展和改革委员会、四川省统计局编《四川经济社会发展 60 年》，2009。
② 四川经济年鉴编辑部编《四川经济年鉴（1986 年）》，四川科学技术出版社，1987，第 183 页。
③《内江概况》，内江市人民政府网站。

保工程国省道40公里，县乡道176.3公里，整治公路危病桥8座。年末全市公路管养里程达9656公里（不含150公里高速公路），其中，等级公路5793公里。① 2011年末，全市公路里程达9796公里。全年客运量0.92亿人次，公路旅客周转量为287222万人公里，同比分别增长15.8%和15.1%；货运量0.51亿吨，公路货物周转量为491982万吨公里，② 同比分别增长14.6%和14.8%。

（五）固定资产投资较快增长，结构转型拉动经济增长

固定资产投资在优化结构中保持了一定规模和较快增速，有力拉动了经济的发展。投资规模从1978年的0.17亿元增加到2008年的172.85亿元，投资率（投资额/GDP）由1978年的2.1%上涨到2008年的35.4%，比重提高了33.3个百分点。③ 2010年，内江全市完成全社会固定资产投资350.93亿元，比2009年增长30.4%；全年新开工项目计划总投资377.47亿元，增长35.9%；全市亿元以上项目64个，同比增加15个，累计完成投资118.53亿元，占全社会投资总量33.8%④。“十一五”期间，全市全社会固定资产投资累计完成近1000亿元，是“十五”时期投资总量的3.5倍。⑤ 2011年，内江固定资产投资又有较大幅度增长的同时，大力发展第三产业，加快经济结构转型：全年完成全社会固定资产投资382.82亿元，增长20.3%。全年施工项目725个，新开工项目（不含房地产）554个，全部建成投产425个，新增固定资产174.29亿元。其中，第一产业完成投资20.32亿元，下降8.5%；第二产业投资163.45亿元，增长22.5%（其中，工业投资163.15亿元，增长22.5%）；第三产业投资199.05亿元，增长20.5%，第三产业占全市固定资产投资的比重为52.0%。⑥

同时，投资主体多元化趋势明显，非国有经济投资增长迅猛。新中国成立以来，内江经济主体经历了由解放初的公私合营到以公有制经济为主，以及改革开放后非公有制经济异军突起的演变过程。改革开放前固定资产投资基本由国有投资构成，2008年国有经济投资占全部投资的比重降至37.6%，非国有经济投资占全部投资的比重升至62.4%。随着投资的增长，民营经济异军突起。2010年全市民营经济实现增加值392.10亿元，同比增长18.4%，占GDP的比重为56.8%。非公有制经济占据全市经济的一半以上，成为拉动经济发展的重要力量。到2011年，全社会固定资产投资完成382.82亿元，同比增长20.3%。⑦ 其中，国有及国有控股投资151.35亿元，增长17.0%；非国有投资231.47亿元，增

① 《内江市2011年国民经济和社会发展统计公报》。
② 四川省统计局、国家统计局四川调查队编《四川统计年鉴2012》，中国统计出版社 北京数通电子出版社，2012。
③ 四川省发展和改革委员会、四川省统计局编《四川经济社会发展60年》，2009。
④ 《内江概况》，内江市人民政府网站。
⑤ 《内江市国民经济和社会发展第十二个五年规划纲要》，2011。
⑥ 《内江市2011年国民经济和社会发展统计公报》，2012。
⑦ 代理市长杨松柏2012年5月7日在内江市第六届人民代表大会第二次会议上所作《政府工作报告》。

长22.7%，非国有投资已占全市投资总额60.5%。同时，全市到位域外资金395.37亿元，同比增长18.8%。其中，国内省际间到位资金304.89亿元，增长27.1%；工业生产性项目到位资金311.96亿元，增长39.4%，占位域外资金比重为78.9%。①

（六）财政收入不断增加，公共支出大幅提高

经济发展带来财政收入水平的不断提高。内江1949年全市人均GDP仅37元。1978年改革开放后，随着经济总量的增加，1985年财政收入达3.24亿元，比1978年增长64.5%，财政收入仅次于成渝居全省第三位。② 1992年人均GDP跨过千元大关，达到1075元；2010年达到18022元，是1978年的76.3倍。③随着经济的增长，内江财政收入水平不断提高。2010年内江地方财政一般预算收入达20.39亿元，同比增长26.0%，总量是1978年的20.25倍，是“十五”期末的2.7倍，年均递增21.9%。其中，税收收入为13.3074亿元，占一般预算收入的65.28%。2010年一般预算支出92.48亿元，增长24.3%。总量是1978年的105倍。④ 2011年全市完成地域内财政总收入91.09亿元，比上年增长29.1%。其中，一般预算收入25.31亿元，同比增长24.1%。财政总支出160.73亿元，增长35.1%。其中，一般预算支出122.03亿元，增长32.0%。

近年来，内江市经济保持了高速增长，但发展质量不高，地方财政收入占经济总量比例过小，在财政收入不断提高的情况下，2011年财政一般预算收入占GDP的比重也仅为2.96%。⑤ 同时财政支出大幅增加，2011年全市公共财政支出实现122.03亿元，增长32.0%。财政支出着力保工资、保运转、保民生、保稳定、保信誉、促发展，兑现粮食直补、农资综合补贴、良种补贴等各类补贴5.5亿元，市级筹集重大工程项目建设资金30多亿元，安排市级偿债资金4.1亿元。随着支出的不断增长，财政收支平衡严重依赖于上级转移支付。2011年内江到位上级各类转移支付和专款补助资金97.8亿元，较2010年增加26.1亿元，其中均衡转移支付和县级最低财力保障奖补资金增量居全省首位。⑥

（七）对外开放合作取得实效，发展活力得以增强

内江土地、劳动力、水电等生产要素价格较低，合理的性价比使产品出口具有竞争优势。生猪、蚕丝等特色农产品，纺织、羽绒、丝绸等劳动密集型产品在国际市场上都有较大的需求量。近年来，对外贸易经济一直保持较高增速，净出口额逐年增加。2008年外贸出口总值15402万美元，是2002年

---

① 《内江市2011年国民经济和社会发展统计公报》，2012。
② 四川经济年鉴编辑部编《四川经济年鉴（1986年）》，四川科学技术出版社，1987，第181页。
③ 四川省发展和改革委员会、四川省统计局编《四川经济社会发展60年 “六十年”辉煌话内江》，2009。
④ 《内江概况》，内江市人民政府网站。
⑤ 《内江市2011年国民经济和社会发展统计公报》，2012。
⑥ 代理市长杨松柏2012年5月7日在内江市第六届人民代表大会第二次会议上所作《政府工作报告》。

的 6.6 倍。2010 年进出口总额 16845 万美元，比 2009 年增长 31%。2011 年，对外贸易增势强劲，内江全年实现外贸进出口总值 2.57 亿美元，实现了 52.5% 的高增长，其中，外贸出口 2.33 亿美元，增长 39.2%，进口 2365.96 万美元。①

在对外开放合作方面，内江立足经济发展，着力健全引资机制，优化开放合作环境，加大开放合作力度，积极承接发达地区产业转移，2008 年以来，内江先后与柳州、台州、乌海、上海徐汇区等结为友好城市，与大连、青岛等地的开发区结为友好园区，并先后成功引进了华润集团、南京雨润、佳美食品、正大集团、台湾巨腾国际、中国再生资源总公司、厦门迈士通集团等大企业大集团入驻内江，投资 1 亿元以上的企业（项目）就达 69 个。近年来，内江还将合作领域拓展到香港、台湾、新加坡和欧洲等境内外地区，进一步拓展了对外开放的广度和深度。2010 年到位市外资金达 332.67 亿元，是“十五”期末的 11.8 倍。截至 2010 年的三年来，内江累计引进市外项目 2000 多个，到位市外资金近 1000 亿元；② 截至 2010 年底的六年间，全市新签且履约项目 1382 个，引进市外资金 829.76 亿元，实际利用外资 1.66 亿美元，外贸出口 7.4 亿美元。2011 年，内江进一步加大开放力度，面向长三角、泛珠三角、成渝等重点区域承接产业转移，中国建材、巨腾国际、北京华联等企业正式入驻，实际到位市外资金 395.37 亿元，增长 18.8%；实际利用外资 1.24 亿美元，首次突破亿元大关，增长 267.3%，为加快发展增添了新鲜活力。③ 2011 年内江还成功举办中美澳艺术滑水对抗赛、推进成渝经济区区域规划实施座谈会，知名度、美誉度进一步提升。④

但是，在对外开放方面，内江还存在出口产品竞争力不强、招商引资所需土地短缺等问题。内江出口产品单一、规模不大，主要集中在农产品、化工等行业。劳动密集型低附加值产品在国际市场上缺乏竞争力。另外，2011 年全市具有外贸资格的企业 212 户，其中，新批获权企业 22 户，但骨干重点企业仍不多。

五　产业与园区：支柱产业初具规模，产业集聚逐步形成

内江是西部典型的老工业城市，经过近十年的发展，扶持培育了川威、建业等一大批骨干企业，在区域内具有一定的比较优势。

近年来，内江根据国家扶持发展的七大新兴产业并抓住成渝经济区构建新型产业体系的重大历史机遇，在通过与成渝两地的支柱产业进行产业和服务配套、实现产业结构优化升级的同时，发展成渝没有而又能充分发挥内江优势和特色的产业，呈现良好的发展态势，现代产业集聚初具规模，形成了以冶金建材、机械汽配、食

① 《内江市 2011 年国民经济和社会发展统计公报》，2012。
② 《内江市国民经济和社会发展第十二个五年规划纲要》，2011。
③ 《内江市 2011 年国民经济和社会发展统计公报》，2012。
④ 代理市长杨松柏 2012 年 5 月 7 日在内江市第六届人民代表大会第二次会议上所作《政府工作报告》。

品饮料、电力能源、医药化工五大支柱产业和节能环保、电子信息产业两大新兴产业。同时，内江围绕“加快建设成渝经济区新高地、加快建设川南城市群中心城市”的战略目标，致力于打造六大基地：被纳入全省电子信息产业配套基地规划、全球最大的笔记本电脑机壳生产商巨腾国际落户内江，投资3.6亿美元建设内江基地，一期已投产试运行；位列四川工业企业第四强的川威集团钒钛资源综合利用能力位居四川第二、全国第三，控股的“中国铁钛”成功在香港上市，并成功创建国家级企业技术中心，成渝经济区（内江）钒钛工业园建设已全面启动，中国钒钛资源综合利用基地初显雏形；世界首台30万千瓦循环流化床示范电站已建成投产，正在建设世界容量最大、技术最先进的60万千瓦循环流化床示范电站，中国循环流化床电站节能环保示范基地加快推进；总投资32亿元的西南再生资源产业基地被列为全国首批、西部唯一的“城市矿产”示范基地——中国城市矿产示范基地，产业园区以形成国内领先、世界一流的再生资源深加工水平为目标，一期工程项目已完成集散交易市场项目并投入运营；总产能超过1000万吨的5条新型干法水泥生产线成功布局内江，成渝经济区内江新型建材基地已全面启动；中国汽车（摩托车）零部件制造基地、成渝经济区绿色食品基地获得授牌。

2011年，内江把握科学发展主题和加快转变经济发展方式主线，抢抓新一轮西部大开发、成渝经济区区域规划实施等重大机遇，努力推动“两化”互动和“三化”联动，坚持产业支撑、协调互动，发展质量不断提高。在深入实施工业强市战略。狠抓重大项目建设和重点产业发展中，川威集团钒资源综合利用及配套项目、白马60万千瓦循环流化床示范电站建设项目等加快推进，西南再生资源产业园区一期开园、二期开建，巨腾国际内江项目一期试产，冶金建材、机械汽配、食品饮料等传统产业改造升级步伐加快，再生资源、电子信息等新兴产业逐步形成，规模工业总产值达到1709.50亿元，增长42.5%。快速崛起的六大产业基地，正在成为拉动内江国民经济强劲增长的重要“引擎”。在重点企业培育上，内江销售收入上亿元的企业达到321户，新增规模工业企业54户。[①] 2011年，五大支柱产业实现产值1464.62亿元，增长42.4%，占规模工业的85.7%；[②] 工业园区承载能力达到33.6平方公里，全市七个工业园区中有三个被纳入全省“1525”工程，[③] 2011年七大工业园区新入驻单项投资超过2000万元的企业（项目）58个，入园企业实现主营业务收入850亿元。

（一）五大支柱产业初具规模

1. 冶金建材业

冶金建材业是支撑内江工业发展的第一大支柱产业。内江以川威集团、威玻新材料集

① 代理市长杨松柏2012年5月7日在内江市第六届人民代表大会第二次会议上所作《政府工作报告》。
② 《内江市2011年国民经济和社会发展统计公报》，2012。
③ 唐利民在中国共产党内江市第六次代表大会上的报告《抢抓机遇科学发展为在成渝经济区快速崛起而努力奋斗》。

团等为重点，着力发展钢材、水泥、墙地砖等传统优势产品，大力发展玻璃纤维、电子布、高档建陶等新型建材产品，延伸产业链条，发挥规模效应，构建西部新型建材基地。现已具备钢铁冶炼、新型材料、干法水泥（熟料）、平板玻璃、装饰陶瓷、玻璃纤维、复合材料等产品的综合生产能力，形成年产建筑钢材 300 万吨、水泥 711 万吨、平板玻璃 300 万重箱、墙地砖 7000 万平方米、玻纤 3 万吨、玻纤布 1200 万平方米的综合生产能力，建成了威远钒钛钢铁产业园、资中水泥产业集群等一批重点项目。2010 年，冶金建材行业产值达到 270 亿元以上，年均递增 24% 以上，占工业总产值比重达到 36% 以上。到 2015 年，全市冶金建材产业规模企业将力争达到 150 户，可实现总产值 820 亿元，增加值 240 亿元，销售收入 810 亿元，利润 24 亿元。①

2. 机械汽配业

机械制造业是内江支柱产业之一。内江依托汽车及摩托车配件、机床制造、柴油机制造等产业，承接引进汽车制造、大中型机床制造和机械加工产业，已形成以柴油机、机床、汽配、矿山机械等十大类产品为主的产业体系，涌现了一批市场竞争能力较强、品牌特色突出、发展前景较好的汽车零部件生产企业，初步形成了汽车零部件产业群体和配套体系。目前，四川、重庆地区有汽车整车生产企业 34 家，年生产能力达 150 万辆；内江有汽配企业 31 家，是西南地区最大的柴油机出口基地；山川机械厂是国家汽车减震器生产三大定点厂家之一。内江汽配产业荣获“全国第九，四川唯一”的殊荣，成为“中国汽车（摩托车）零部件制造基地”。

近年来，内江紧紧抓住国际汽车及其零部件制造业向中国转移的有利时机，充分发挥内江汽车零部件产业有资源、有基础、有人才、有技术、有市场的比较优势和内江独特的区位优势，提出了“打造中国西部汽配基地，适时引进整车生产项目，发展和壮大汽车及零部件产业”的基本思路，打造成内渝汽配产业带，主动对接配套成都汽车产业集群、“重庆两小时车程产业协作配套圈”，瞄准成渝“车轮子”，着力建园区，在引导城区汽车零部件企业入园发展的同时，加快建设电动汽车、德摩叉车等重大项目；与国内知名整车企业合作，深化战略同盟关系；加强与“资阳西部车城”合作，积极拓展贵州、西安等其他地区汽车配套市场；充分发挥比较优势，针对成渝经济区汽配产业链断链环节，集中发展曲轴、减震器、汽车后视镜、柴油机等优势汽配产品，适机发展电动汽车整车生产，采取“建园区、建市场、建中心、建协会、建同盟”等措施全力推进汽车及零部件产业的做大做强。

3. 食品加工业

内江农产品资源富集，是四川省粮食和经济作物主产区、国家商品粮生产基地和四川省水产产业化试点城市、中国优良地方猪种“内江猪”的家乡。2010 年 8 月 4 日，中国食品工业协会已将内江正式命名为“成渝经济区绿色食品基地”。围绕打造“成渝经济区绿色食品基地”的发展定位，内江食品加工业形成了肉类加工、酒类制造、粮油加工、果蔬制品、饲料生产、饮

---

①《内江市工业发展“十二五”规划》。

料茶叶、调味制品和食糖制品八大体系。

近年来，内江立足农业优势，延伸产业链，依托龙头企业，着眼抢占成渝“菜篮子”，扩大基地规模，提升产品品质，提高食品加工附加价值，努力培育一批在国内外同类产品中具有竞争力的名牌产品，重点培育内江畜禽肉食品、果蔬、竹笋、冬尖、糖果、蜜饯、白酒、软饮料等产品，深化蔬菜、水果、肉类食品加工，不断提升“塔罗科血橙”、“资中冬尖”、“老耿酱菜”、“黄老五”、“周萝卜”等品牌的知名度，打造成渝经济区重要的原酒基地、生猪水禽加工基地、绿色食品生产加工基地，形成成内渝食品加工产业带，涌现出四川福润、旺旺食品、银山鸿展、华润雪花、正大饲料等知名企业及品牌。到2012年，内江食品加工业将实现产值320亿元，到2015年和2020年将力争分别实现产值550亿元和800亿元以上。

4. 电力能源业

内江煤炭、天然气、成品油等行业门类较为齐全，在省内具有一定的发展优势。内江建设电力能源产业基地主要依托循环流化床的先进技术和资威煤田潜在的资源优势，建设煤、电、新型建材、余热资源综合利用的电力产业园，打造中国循环流化床示范电站基地。白马循环流化床示范电站拥有目前世界上容量最大、技术水平最先进的循环流化床机组。正在建设60万千瓦循环流化床示范电站，在加快推进资威煤田开发进程、有序开发沱江、小清流河水电资源，并积极做好100万千瓦循环流化床研发项目前期工作，充分利用循环流化床洁净煤发电技术，保障成内渝产业带的电力和能源供应，到2012年内江市电力能源产业将实现产值50亿元，力争到2015年和2020年分别实现产值80亿元和150亿元。

5. 医药化工产业

内江中草药资源丰富，医药化工业历史悠久。全市有栀子、白芷、佩兰、天冬等10余个品种，种植面积达3.77万亩。一铵、饲料磷酸氢钙、BOPT等产品具有广阔的市场前景。从生产一般日用化工产品，医药、染料中间体，化学原料药，发展到高技术含量的医药中间体、原料药、制剂及专利药的委托加工，乃至与国际跨国医药公司合作，生产满足国际市场需求的特色化学原料药，品种及档次提升较快。目前，全市有药品批准文号1138个（含动物药778个），维生素D2、红霉素产销量居全国前列，并已形成红霉素及VD2原料药基地、中成药种植科研基地等。内江的红霉素半成品及药品生产能力也久负盛名，仅红霉素肠溶片的年生产能力就达10亿片以上，具有较高的知名度。

内江化学工业以农用化肥为主，并涉及煤焦化工、精细化工产品的工业体系。近年来，内江医药化工产业突出围绕一批重点项目，拉长医药产业链，发展医药产业集群，打造特色医药基地，推进“东方胃药”、“洛布桑胶囊”、“石杉碱钾”等中成药生产规模化、现代化。目前，内江抓住成渝经济区发展医药化工产业的契机，加强与成渝两地医药化工企业间生产和技术上的协作和联合，依托自身产业的比较优势，积极融入成渝两地，打造成内渝医药化工产业带。2012年内江市医药化工产业将实现产值340亿元，并力争在2015

年实现产值 400 亿元，2020 年实现产值 700 亿元以上。

（二）两大新兴产业蓬勃成长

1. 再生资源产业

具有 30 多年历史的内江市废旧物品回收市场，具有发展废旧再生资源开发的产业基础。内江市废旧物品回收市场以收集、加工、销售废旧塑料等产品为主，目前年交易量 80 余万吨，其中废旧塑料 60 余万吨，年交易额达 50 多亿元。

近年来，内江依托废旧物资回收加工业历史基础，以园区建设为载体，规范化、集中化运营，发展循环经济，形成从研发、生产、销售到服务的完整产业链，规范再生资源回收体系，建设再生工业原料生产基地，并引进中国再生资源开发有限公司，建设中国西南再生资源产业基地。目前，总投资达 115 亿元，以形成国内领先、世界一流的再生资源深加工水平为目标的西南地区最大的再生资源产业园区一期工程项目已完成集散交易市场项目并投入运营；废电视机、废冰箱、废洗衣机、废空调、废电脑 5 条拆解生产线已安装投入使用，二期工程 400 亩正在进行土地平整。同时，物流中心、信息中心、科技研发中心、固废处理中心项目已完成基础设施建设，配套项目也已基本建成，将成为西部唯一的“城市矿产”示范基地。拟于 2014 年建成的示范基地，将形成具有循环经济特点并以再生资源产业为基础的产业集群，成为内江未来产业新支柱，预计年产值达到 230 亿元，实现利税 12 亿元，每年通过节能降耗可间接创造经济效益 40 亿元以上。内江低碳绿色产业正迅速崛起。

2. 电子信息产业

内江是四川省电子信息产业配套基地，电子信息产业是内江重点培育的战略性新兴产业。近年来，内江按照“当好配角、配套成渝、突出特色、集群发展”的发展思路，依托交通区位，充分发挥土地、电力、劳动力成本低的比较优势，重点发展机壳、电子元器件、汽车电子、消费类电子等电子信息产业。2010 年，内江已成功引进了巨腾国际、厦门迈士通集团、深圳美高迪公司等，投资建立了巨腾（内江）、“西部创芯科技园”、龙芯电子、万旭电子等一大批电子信息配套企业，仅一年多时间，内江电子产业从“零”开始，逐步壮大，引进的 8 家企业已形成电子产业群，并成功融入成渝产业带，2012 年将实现产值 15 亿元。在“十二五”内，内江将建设成为成渝经济区电子信息产业配套基地。到 2015 年实现产值 40 亿元，到 2020 年实现产值 80 亿元以上。

（三）七大园区活力呈现

为实现产业集聚，打造内江工业发展新增长极，内江市根据五大支柱产业基础和发展布局要求，加快内江工业园区建设，以扩张产业规模、延长产业链条和提升产业素质为重点，以新型建材、机械汽配、绿色食品加工等为发展方向，突出园区产业发展特色，通过扩大对外开放和优化发展环境，创新补偿机制，按照一区多园、园中建园的思路，增强工业园区发展活力，园区经济得到蓬勃发展。“十一五”期末，工业园区承载面积预计达到 30.3 平方公里，较2005年扩展25.1平方公里；园区累计入驻规模企业165户，实现销售收入480亿元，较2005年增长310亿元，年均递增23.1%；工业集中度达到39.7%，比2005年提高22个百分点。威远连界工业集中区、城西工业园、川渝经济合作隆昌工业园分别纳入全省“1525”工程500亿元、100亿元、100亿元园区规划。特别是连界工业集中区已形成以川威集团为主的钒钛钢铁产业集群，2009年被评为“全国百佳科学发展示范园区”，园区集聚能力提高。①七大工业园区新形成承载面积10.1平方公里，新入驻5000万元以上的企业（项目）30个。

1. 内江经济开发区城西工业园

该园区地处内江市城区西侧，毗邻两条铁路（成渝、内昆）和三条高速公路（成渝、内宜、内遂），周边有四个高速公路进出口，国道321和省道206横贯园区；园区总体规划面积30.3平方公里，是内江工业化、城市化联动的工业新城、城市新区，重点发展机械汽配、生物医药、电子信息产业，全力建设汽车零部件基地及成渝经济区电子信息产业配套基地。目前，园区内“内江·中国西部汽车零部件产业基地”已初具规模，是内江工业发展的新热点，正加快创建省级高新技术开发区和国家级经济开发区。

2. 川渝经济合作隆昌工业园

该园区地处内江市隆昌县城，是四川与重庆经贸合作的前沿平台。距成、渝分别为两小时和一个半小时车程。园区总规划面积10.44平方公里，以承接机械汽配、纺织羽绒、食品三大支柱产业为主，重点发展精细化工、汽（摩）配制造、纺织服装、食品加工等。园区已落户中国旺旺食品、南京雨润、天视车镜等规模以上企业30多户，具有聚合成渝资源的巨大潜力。

3. 资中经济开发区工业园

该工业园区位于资中县城南，总体规划面积30.4平方公里，分食品（农产品）加工区、高新技术工业区、机械制造工业区、医药化工区，重点发展新型建材、生物医药、绿色食品等产业，正全力建设成渝经济区绿色食品基地。

4. 市中区工业集中区

该集中区位于内江市市中区乐贤镇，距主城区两公里，规划总面积2.19平方公里，以食品加工、机械、汽摩配件产业为主。目前，园区已聚集华润蓝剑、南京雨润等知名企业，也是中小企业孵化的首选之地，集中发展机械制造业。集中区正进一步完善基础设施和公共服务设施，构建园区通勤、居住、消费等配套服务体系。

5. 威远省级经济开发区（拟建）及连界工业集中区

该集中区位于川东南工业重镇、全国重点小城镇威远县连界镇。规划10平方公里，现依托全国大型冶金企业川威集团产业链条的延伸，重点发展建材（新材料）、精细化工产业，全力建设西部新型建材基地及钒钛资源综合利用基地。

6. 威远县城南工业园区

该园区规划面积5平方公里，分食品加工区、塑料中空制品加工区、金属制品

① 内江市第五届人民代表大会第八次会议上市长刘成鸣《2010年政府工作报告》。

加工区、建材制品加工区、化工区五个功能区。园区内有被誉为中国“玻球王”的威玻集团，有誉为川南商品焦生产基地、西部唯一的精苯工程基地、西部首家环已酮生产基地的建业集团，以及被誉为我国建陶行业“西部王”的白塔集团。园区依托建业、威玻等龙头企业，突出发展新型建筑材料、煤化工产业 。

7. 东兴区省级循环经济产业园（拟建）

该产业园将集中发展再制造产业，全力推进国家城市矿产示范基地建设，努力形成辐射成渝的再制造产业集群。

六　城市化与基础设施：城镇化率极大提高，要素集聚逐渐增强

（一）城镇化率极大提高

新中国成立初期，内江城镇化率仅为 5.34%。截至改革开放初的 1979 年，内江 780 万总人口中，城镇人口仅 42 万，乡村人口 738 万，城镇化率不到 5.7%，城市化水平非常低。1998 年 2 月，经国务院批准，对内江市行政区进行调整。调整后，内江市总人口 416.55 万人，占原内江市的 46%。其中，非农业人口 69 万，占原内江市非农业人口 58%；农业人口 346.43 万人，占原内江市农业人口 44.13%，人口密度为每平方公里 771.3。[①] 经过改革开放后尤其是近年来的发展，随着城镇的发展与城市化进程的加快，内江乡村与城镇人口此消彼长，城镇化率得到极大提高。中心城区集聚人口达 52 万人以上，主城区面积由 2004 年的 26.5 平方公里扩展到 43.3 平方公里，迈入大城市行列。在城市扩展的同时，2010 年全市城镇化率由 2005 年的 34.7% 和 2008 年的 38.1% 上升到 39.6% ，[②] 比 2005 年提高 4.9 个百分点。到 2011 年内江户籍总人口 426.1 万中非农业人口 92.7 万，城镇化率达 40.23%（见表 32-2）。[③]

但是，内江所辖区县农业人口仍占绝大部分，城镇化率低于四川省 41.83% 的平均水平。城市功能尚不完善，市场聚集度较低。

（二）基础设施建设聚集经济要素

近年来，内江不断增强城市基础设施投资，加快了内江聚集经济要素、加快城市化发展的进程。

1. “交通圈”拓展“城市圈”

在拓展城市发展空间方面，内江充分利用自身优势，以“交通圈”拓展“城市圈”，加快推进主城区城市干道、跨江大桥和绕城高速公路等重大项目建设，以形成区域性大城市道路交通系统。同时，以城市交通发展拓展城市圈，搭建“内联外达”的城市道路骨架和特大城市路网框架，使产业、服务业与城镇相互支撑，形成一体化发展的区域城镇体系服务业，从而不断扩大城市规模。

① 《内江概况·政区人口》，内江市人民政府网站。
② 《内江市国民经济和社会发展第十二个五年规划纲要》，2011。
③ 四川省统计局、国家统计局四川调查队编《四川统计年鉴》，中国统计出版社、北京数通电子出版社，2011、2012。

“十一五”期间，内江大力推进城市道路及市政工程建设：新入城线Ⅰ段暨甜都大道北延线、西林新区10号路北延线、西林大道北延线、内樟南路一期工程顺利实施；城区拦河坝暨天宫堂水电站下闸蓄水，沱江新坝大桥主体工程完工；东桐路北段土地整理、大洲广场至圣水寺防洪堤J段工程全面启动。县城市政设施不断完善，资中县沱江二桥、资中县污水处理厂、隆昌县垃圾填埋场、威远县城区内环路建设等项目加快推进。随着交通建设的大发展，内江城市规模不断扩大，主城区面积由2004年的26.5平方公里扩展到43.3平方公里。2010年内江进入城建快速发展阶段，辖区面积5.5592平方公里，建成区面积为1629.73平方公里。全市新改建道路38万平方米，新增绿化面积137.76公顷，分别较2009年增长41.3%、371.5%。①

2011年内江加快推进大城市建设。城市总规修编全面展开，城区段沱江两岸景观规划、成渝客运专线内江站点片区规划等进一步完善。西林新区北环线东段、长江大道等城市骨干道路加快建设，新入城线Ⅰ段、甜都大道北延线、兰桂大道、大洲广场至圣水寺防洪堤及亲水步道全面竣工。“六段锦”、谢家河景观公园等项目加快建设，市污水处理厂二期工程、垃圾焚烧发电项目加快推进，旧城风貌改造效果明显；第二期城周绿化工程有序推进，省级环保模范城市通过验收，省级园林城市通过专家组初验。威远二环路、资中沱江二桥、隆昌莲峰公园等项目全面竣工，连界、白马、樟木等重点小城镇建设提速。② 在2010年城建快速发展基础上，2011年内江全年完成城市基础设施建设投资13.57亿元，其中，道路建设完成11.42亿元，城市道路竣工面积为34.80万平方米，新增绿化覆盖面积105.80公顷，新增公共绿地面积34.73公顷。③

2. 金融服务环境不断改善

改革开放以来，内江金融不断发展，营造了良好的金融服务环境。金融组织体系进一步健全：全市共有国有商业银行市级分行4家，政策性银行市级分行1家，

表32-2 2011年末人口、城镇化率和人口密度比较

区域	常住人口（万人）	人口自然增长率（%）	城镇化率（%）	人口密度（人/平方公里）
全省	8050	2.98	41.83	166.0
成都	1407.08	2.08	67	1173.0
内江	370.91	3.09	40.23	742.0

资料来源：四川省统计局、国家统计局四川调查队编《四川统计年鉴2012》，中国统计出版社 北京数通电子出版社，2012。

① 四川省统计局、国家统计局四川调查队编《四川统计年鉴2011》，中国统计出版社 北京数通电子出版社，2011。
② 代理市长杨松柏2012年5月7日在内江市第六届人民代表大会第二次会议上所作《政府工作报告》。
③《内江市2011年国民经济和社会发展统计公报》，2012。

邮储银行市级分行 1 家，股份制商业银行市级分行 2 家，市级村镇银行 1 家，县级农村信用联社 5 家，小额贷款公司 1 家，证券（期货）交易机构 6 家，保险公司 22 家。2010 年以来，内江兴隆村镇银行经监管部门批准成立市级法人金融机构，在辖内各县先后成立分支机构；浦发银行内江分行、宜宾商业银行内江分行先后于 2010 年 10 月、12 月开业；成都银行在内江设立分支机构计划已获省银监局批复同意。此外，融资性担保公司、典当公司数量分别达到 6 家、4 家，全市金融业初步形成了层次分明、门类齐全的金融组织体系。

金融体系的健全带来金融业务总量不断壮大。一是银行存贷规模实现跨越。截至 2010 年末，全市银行业机构人民币各项存款余额 599.86 亿元，是 2005 年的 2.35 倍；人民币各项贷款余额 266.9 亿元，是 2005 年的 1.82 倍，存贷款总量水平均在全省居中。2011 年，内江金融生态环境逐步优化，金融机构各项存款余额 728.45 亿元，其中城乡居民储蓄存款余额 524.72 亿元，增长 19.7%。金融机构各项贷款余额 314.81 亿元。存、贷款余额分别比年初增加 127.12 亿元和 49.4 亿元，比上年增长 21.1% 和 18.6%。① 二是资本市场融资取得积极突破。辖内川威集团控股的中国钒钛磁铁矿业有限公司于 2009 年 10 月在香港上市，通过股票市场融资 17.5 亿元；有 24 家企业纳入内江市企业上市后备资源库。三是保险市场业务规模不断扩大。2010 年，全市保险业实现保费总收入 25.1 亿元，是 2005 年的 3.86 倍。2011 年，全市各种保险机构保费收入 23.98 亿元，比上年下降 4.5%，主要是由于寿险保费收入下降了 9.9%，但财产险保费收入 5.40 亿元，增长 20.8%；同时，全年各项赔款和给付支出 4.53 亿元，下降 0.9%。四是证券市场融资能力和资源配置效率明显提升。2010 年，证券公司股票基金交易额 762 亿元，是 2005 年的 14.4 倍。

但是，内江金融业存在银行业规模偏小、金融业对 GDP 的贡献率偏低、金融发展的质量不高、金融机构缺位、金融市场活力有待提高等问题。截至 2010 年末，内江市金融机构人民币各项存款、贷款余额分别较 2005 年末增加 344.23 亿元和 120.66 亿元，分别增长 134.66% 和 82.51%，增幅分别低于全省平均 71.24 个和 101.19 个百分点；内江的存、贷款余额在全省的占比分别由 2005 年的 2.58% 和 2.17% 下降到 2010 年的 1.98% 和 1.4%。2010 年，内江市金融业实现增加值 10.43 亿元，仅占地区生产总值的 1.51%，与发达地区相比差距明显。截至 2010 年末，全市不良贷款率 10.32%，远高于全国、全省平均水平。② 股份制商业银行分支机构、村镇银行、小额贷款公司等新型金融机构较少；金融服务中介机构数量少、规模小、服务水平有待提高；农村金融覆盖面有待进一步提高。2010 年底，全市 114 个乡镇中有 3 个金融服务空白乡镇，1738 个村中有 1616 个金融服务空白村。同时，内江在资本市场的融资能力极差，融资主

① 《内江市 2011 年国民经济和社会发展统计公报》，2012。
② 《内江市“十二五”金融产业发展规划》，2012。

要依赖于银行信贷。内江在A股市场仅有的2家上市公司，且1家退市、1家停牌尚未恢复上市，失去了在股票市场上直接融资的渠道，也没有企业通过发行短期融资券或企业债券等方式到资本市场融资。

3. 现代通信体系初步建立

1985年内江有邮电局、所357个，邮路总长度37132公里，电报电路43路，长话电路227路，邮电业务总量745万元。① 经过几十年的发展，内江以微波、光纤、卫星、程控电话、无线寻呼、图文传真、互联网等组成的现代通信体系已初具规模，通信网络不断升级换代，成为了四川省第二大通信数据处理交换中心。2008年末，全市通信运营企业5家，即电信、移动、联通、铁通、网通，本地电话用户达4527万户，其中移动电话1690万户，固定电话2837万户，国际互联网用户11.22万户，邮电业务总量11.28亿元，是1999年的4.1倍。② 2011年，现代通信等现代服务业逐步提速，全年实现邮电主营业务收入13.30亿元，比上年增长10.2%；年末全市固定电话用户达到48.84万户，增长0.1%；移动电话用户202.55万户，增长14.4%；每百人拥有移动电话47.6部，比上年增加6部。③ 同时，内江认真落实"家电下乡""以旧换新"政策，新（改）建农家店100户，创建省级示范农贸市场2个；积极引进培育新型业态，渤海商品交易所西部交易中心正式运营，城市再生资源回收利用体系逐步完善；积极发展旅游业，农家乐、乡村游、休闲游，隆昌北关牌坊古驿道、威远凤凰古寨、资中古城等景区建设全面推进，全年接待游客1167.42万人次，增长19.8%；实现旅游总收入69.69亿元，增长31.8%。④

随着交通运输、邮政业务、商业保险和通信市场、旅游等继续发展，2011年内江现代服务业实现增加值180.92亿元，增长9.3%，同比提高1.4个百分点。⑤

4. 社会事业全面进步

1949年，内江有小学校875所，普通中学23所，卫生机构11个，医院和卫生院6所。至1978年，全市设小学校2770所，普通中学158所，卫生机构552个，医院和卫生院340所。近年来，内江城乡教育统筹推进，公共服务水平显著提高，普通教育巩固提高，高等教育蓬勃发展，职业教育加快发展。2011年全市有各级各类学校1036所（不含高校、技工校），在校学生57.56万人，教职工3.4万人。同时，全市"两免一补"兑现资金3.1亿元，共接收"9+3"免费中职教育"藏区"学生119名；大力实施学前教育三年行动计划，规划投入资金2983万元，推进了15所城乡公办幼儿园新改扩建；大力调整城乡布局，整合中小学65所，改扩建3所城区城郊学校，建成7所农村留守儿童寄宿制学校。2011年，内江"两基"顺利通过国家验收，并取得了高考万人本科上线率继续保持全省领先地位的好成绩。

2011年全市精神文明建设进一步加

① 四川经济年鉴编辑部编《四川经济年鉴（1986年）》，四川科学技术出版社，1987。
② 四川省发展和改革委员会、四川省统计局编《四川经济社会发展60年》，2009。
③《内江市2011年国民经济和社会发展统计公报》，2012。
④ 代理市长杨松柏2012年5月7日在内江市第六届人民代表大会第二次会议上所作《政府工作报告》。
⑤ 代理市长杨松柏2012年5月7日在内江市第六届人民代表大会第二次会议上所作《政府工作报告》。

强。内江现有艺术表演团体 5 个，艺术表演场所 5 个，群众艺术馆、文化馆 6 个，文物保护管理所 6 个，文化站 121 个，公共图书馆 4 个，图书总藏量为 491 千册（件）；2011 年内江群众文化活动日益丰富，组织承办了各种大型演出活动 20 场，创作剧本小品 11 个，歌曲 6 首，舞台节目 11 个；群众体育蓬勃开展，竞技体育水平不断提高，内江籍运动员获世界游泳锦标赛两枚金牌；广播电视事业加快发展，在“十一五”期间广播电视覆盖率进一步提高，完成全市所有行政村和 10743 个 20 户以上自然村“村村通”工程基础上，2011 年有线数字电视整体转换工作正式启动；[①] 同时，全市开展文化和新闻出版市场专项整治 15 次，“扫黄打非”集中行动 5 次，检查全市网吧、歌舞娱乐场所、音像单位、电子游戏厅、电脑城等经营单位 5006 家次，查处违规经营单位 75 家次，销毁各类非法出版物 86950 件。普查文物点 2265 余处，新增文物点 1655 处。

在推进科技创新体系建设方面，内江“十一五”期间共获得国家和省级科技进步奖 19 项，培育市级以上高新技术企业 64 户，共申请专利 1166 件，转让科研成果及合作开发项目达 300 余项。2011 年，内江各项事业协调发展，新培育国家高新技术企业 2 户，建立川南首批市级院士专家工作站，完成市级以上科技计划项目 70 项，取得市级以上科技成果 19 项。知识产权保护力度进一步加大，全年专利申报 403 件。同时，采取有效措施发挥外援科技智力队伍的作用，全年企业与外智人才成功对接项目新增 15 个。[②]

5. 城乡环境明显改善

近年来，内江全面推行节能减排、清洁生产，强化污染治理和节能减排，2010 年 107 户省政府挂牌督办的重点污染工业企业治污得到有效治理，主要污染物排放总量基本达到控制目标要求；省政府下达内江的 10 户工业企业和 1 户畜禽养殖企业污染治理任务全面完成，全市削减化学需氧量 1800 吨，削减二氧化硫 20000 吨，氨氮控制在 2700 吨以内。被确定为全国再生资源回收体系建设试点城市、四川省首批循环经济试点市。西南再生资源产业园区被列入国家首批、西部唯一的“城市矿产”示范基地。[③]

同时，内江深入开展城乡环境综合治理，大力实施公路（水路）、河道、铁路、市场、城乡交通秩序、城镇绿化等专项整治行动，城乡环境得到明显改善。2011 年 全年完成城市基础设施建设投资 13.57 亿元。其中，道路建设完成 11.42 亿元，城市道路竣工面积为 34.80 万平方米，新增绿化覆盖面积 105.80 公顷，新增公共绿地面积 34.73 公顷。全年自来水产量 5080 万吨，天然气供气量 29624 万立方米。

2011 年内江高度重视节能降耗，积极发展低碳经济，全力推进节能减排和环境保护，单位地区生产总值能耗下降 4.29%，单

---

① 代理市长杨松柏 2012 年 5 月 7 日在内江市第六届人民代表大会第二次会议上所作《政府工作报告》。

② 《内江市 2011 年国民经济和社会发展统计公报》，2012。

③ 《内江概况·城市建设》，内江市人民政府网站；《内江市国民经济和社会发展第十二个五年规划纲要》，2011。

位工业增加值能耗下降10.45%，全面完成省下达的化学需氧量、氨氮、二氧化硫、二氧化碳、氮氧化物排放量控制目标任务。[①]据初步统计，全年工业化学需氧量排放量4320吨，工业废水排放量2680万吨，氨氮排放量997吨，规模工业万元增加值综合能耗下降9.0%。[②]

但是，与全省平均水平对比，内江市的用水普及率、燃气普及率、人均城市道路面积、人均公园绿地面积、生活垃圾处理率等多项指标均低于全省均值，城乡环境有待进一步改善。

6. 居民收入、消费水平明显提高

经济的发展和新农村建设的扎实推进，内江城乡居民收入和生活水平不断提高。2005～2010年，城镇居民人均可支配收入达到14324元，年均增长17.6%；农民人均纯收入达到5504元，年均增长12.4%，城乡居民储蓄存款余额达到437.78亿元，年均增长15.8%。[③]与2009年相比，2010年全年城镇居民人均可支配收入增长12.8%；农民人均纯收入5504元，增长15.5%。2010年城镇居民家庭恩格尔系数（即居民家庭食品消费支出占家庭消费总支出的比重）为42.4%，[④]农村居民家庭恩格尔系数42.5%。到2011年，内江城镇居民人均可支配收入为16602元，比上年增长15.9%，城镇居民家庭恩格尔系数为42.0%。农民人均纯收入6638元，增长20.6%，但在收入增长的同时，农村居民家庭恩格尔系数也较上年增长到48.8%。同时，与全省平均水平比，2011年，内江城镇居民人均可支配收入和消费支出为16602元和12395元，均低于全省17899元和13696元；且内江城乡居民恩格尔系数均高于全省平均40.7%（城镇）和46.2%（农村）。

随着收入的增长，商贸餐饮等服务业加快发展，城乡消费市场持续繁荣，居民消费领域拓宽，消费结构改善和消费水平明显提高。2008年内江实现社会消费品零售总额139.73亿元，是1999年的3.3倍，年均增长14.3%；2010年实现社会消费品零售总额202.02亿元，比2009年的170.26亿元增长18.65%。“十一五”期间，内江服务业增加值实现158.36亿元，年均

表32-3　2011年城市基本情况

区　域	市区面积（平方公里）	建成区面积（平方公里）	用水普及率（%）	燃气普及率（%）	人均城市道路面积（平方米）	人均公园绿地面积（平方米）	污水处理率（%）	生活垃圾处理率（%）
全省	57001	1788.13	91.83	87.09	12.14	10.73	78.32	94.66
内江	1569	42.00	80.10	77.62	6.19	8.01	81.00	71.73

资料来源：四川省统计局、国家统计局四川调查队编《四川统计年鉴2012》，中国统计出版社　北京数通电子出版社，2012。

① 代理市长杨松柏2012年5月7日在内江市第六届人民代表大会第二次会议上所作《政府工作报告》。
② 《内江市2011年国民经济和社会发展统计公报》，2012。
③ 唐利民2011年3月30日在中国共产党内江市第六次代表大会上的报告《抢抓机遇　科学发展　为在成渝经济区快速崛起而努力奋斗》。
④ 《内江概况》，内江市人民政府网站。

图 32-7　2011 年及“十一五”时期内江城镇居民人均可支配收入

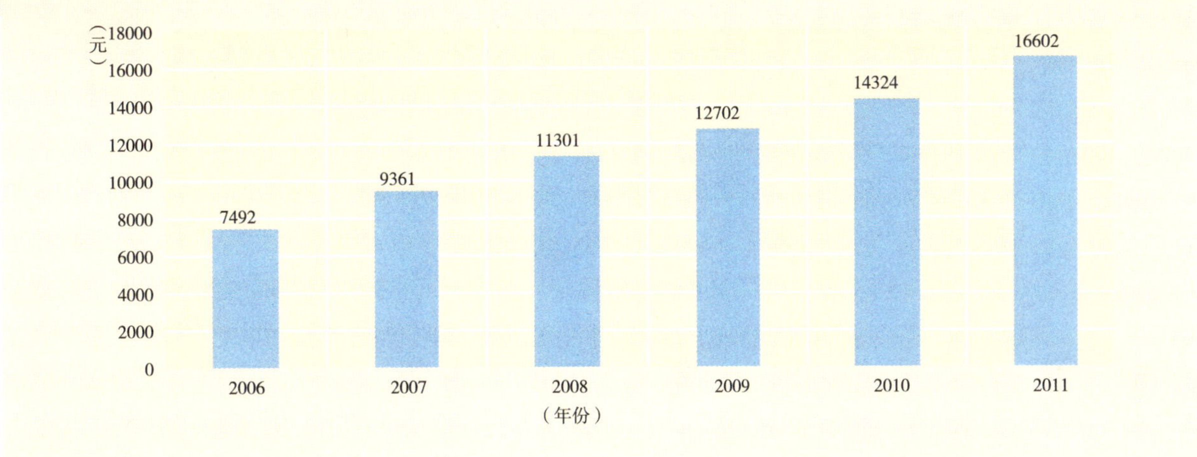

资料来源：《内江市 2010 年国民经济和社会发展统计公报》、《内江市 2011 年国民经济和社会发展统计公报》。

图 32-8　2011 年及“十一五”时期内江社会消费品零售总额

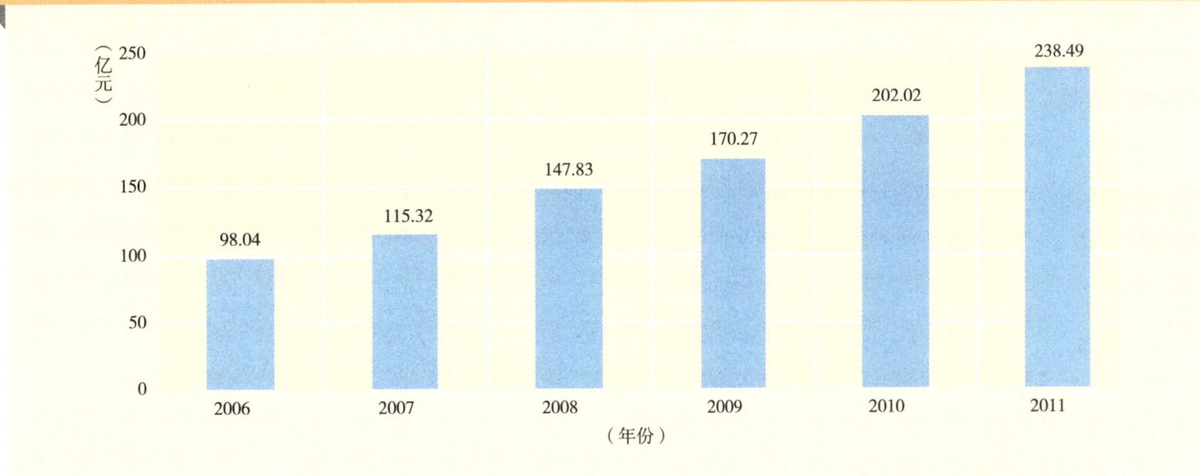

资料来源：《内江市 2010 年国民经济和社会发展统计公报》、《内江市 2011 年国民经济和社会发展统计公报》。

递增 11.1%；社会消费品零售总额 202.02 亿元，年均递增 18.9%。2011 年，内江实现社会消费品零售总额 238.49 亿元，增长 18.1%。分地域看，城乡市场分别实现零售额 150.86 亿元和 87.63 亿元，分别增长 19.3% 和 15.9%；分行业看，批发零售业零售额 193.56 亿元，增长 17.3%；住宿餐饮业零售额 44.93 亿元，增长 21.5%。按经营单位规模来分，限额以上批发零售和住宿餐饮业实现零售额 51.86 亿元，增长 38%；限额以下批发零售和住宿餐饮业实现零售额 186.63 亿元，增长 13.3%；

7. 民生工程全面实施

近年来，内江着力推进基础设施、就业促进、百姓安居、扶贫解困、教育助学、医疗卫生等民生工程，实现了很大的突破。

表 32-4 “十一五”规划主要目标完成情况 和 2011 年完成情况

指 标	“十五”末发展水平		“十一五”规划目标		2010 年完成情况		2011 年完成情况
	绝对数	年均（%）	绝对数	年均（%）	绝对数	年均（%）	绝对数
地区生产总值（亿元）	254.83	11.8	430	11	690.28	15.5	854.68
地方财政一般预算收入增长（%）	7.57	18		12	20.39	21.9	24.1
人均生产总值（元）	6437	12.9	12000	13.3	17456	14.9	23062
三次产业结构（%）	23 : 44 : 33		17 : 48 : 35		16.3 : 60.8 : 22.9		16.3 : 62.5 : 21.2
城镇化率（%）	34.7		41		39.6		40.23
高中阶段毛入学率（%）	41.8		80			77.67	
城镇职工基本养老保险覆盖人数（万人）	16.3		17.8	1.8	41.52		56.9
新型农村合作医疗覆盖率（%）	25.6		100		96		99.4
万元生产总值综合能耗累计降低（%）			-20		-20.4		-20.8（比 2005 年）
工业固体废弃物综合利用率（%）	68		70		92		
全市总人口（万人）	420.3		445		425.53		426.1
耕地保有量（万公顷）	25.42		25.37		25.37		16.44
森林覆盖率（%）	27.8		30		29.25		29.6
非公有制经济比重（%）	49.5		55		56.8		
外贸出口（万美元）	9104	44	14000	9	16800	13	23328

续表

指　标	“十五”末发展水平		“十一五”规划目标		2010 年完成情况		2011 年完成情况
	绝对数	年均（%）	绝对数	年均（%）	绝对数	年均（%）	绝对数
实际到位域外资金（亿元）	28.2		57	15	332.67	63.8	395.37
城镇登记失业率（%）	4.53		5		4.0		3.8
城镇居民人均住房面积（平方米）	25.5		30	3.3	31.09		
城镇居民人均可支配收入（元）	6355		8500	6	14324	17.7	16602
农民人均纯收入（元）	2987	8.8	4190	7	5504	12.5	6637.8

注：地区生产总值按现价计算，年均递增速度按可比价计算；2010 年招商引资的指标为实际到位市外资金，小于实际到位域外资金；城镇居民人均住房面积现已更名为城镇居民人均住宅建筑面积。

资料来源：《内江市国民经济和社会发展第十二个五年规划纲要》；四川省统计局、国家统计局四川调查队编《四川统计年鉴 2012》，中国统计出版社 北京数通电子出版社，2012；《内江市 2011 国民经济和社会发展统计公报》；代理市长杨松柏 2012 年 5 月 7 日在内江市第六届人民代表大会第二次会议上所作《政府工作报告》。

2007 年以来，全市累计投入各类民生项目资金 89.5 亿元，年均增长 20.3%；全市民生工程目标完成进度连续四年位居全省前列，承诺的惠民事项和目标任务均提前和超额完成，群众反映集中的就业难、饮水难、住房难、行路难、读书难、看病难等一批现实问题得到了有效解决，城乡群众特别是农村困难人群和城市低收入家庭得到的实惠越来越多，人民生产生活条件得到了明显改善。2011 年，民生保障更加有力。“九大民生工程”全面完成，[①] 累计投入资金 50.09 亿元。

2009 年，全市 1.9 万下岗失业人员和失地农民实现再就业，城镇年末实有登记失业人员 15721 人，年末城镇登记失业率 4.0%；“十一五”期间，全市城镇累计新增就业超过 10 万人，城镇登记失业率保持在 4.5% 以下；2011 年内江强化公共就业服务，全年城镇新增就业 544 万人，城镇登记失业率下降为 3.82%。

“十一五”期间，内江社会保险覆盖面不断扩大，2010 年全市参加城镇企业职工基本养老保险人数达 41.52 万人；医疗保险参保人数达 74.57 万人。农村社会保障工作顺利启动，“新农保”试点顺利推进，“新农合”参保待遇进一步提高。社会

① “九大民生工程”即就业促进、扶贫解困、教育助学、社会保障、医疗卫生、百姓安居、基础设施、生态环保、文化体育工程。

保障得到加强，城镇和农村低保覆盖人数达 19.88 万人，“五保”供养对象集中供养率达 33%。2011 年社会保险体系不断完善、待遇逐步提高，新型农村社会养老保险和城镇居民社会养老保险试点覆盖 4 个县（区），五大保险覆盖人数达到 236.39 万人（次），城乡居民养老保险覆盖人数 72.56 万人；参加城镇居民基本医疗保险 34.27 万人，城镇和农村低保覆盖 19.88 万人，人均月补助标准分别提高到 177.8 元、81.7 元。新改扩建农村中心敬老院 18 所，“五保”供养对象集中供养率达到 42%。新建社区慈善爱心超市 42 个。

新型农村合作医疗制度体系进一步完善，2010 年全市 324.88 万人参加新型农村合作医疗，参合率 96.0%。社区卫生公共服务能力进一步增强，公共卫生服务覆盖率 93.7%。甲型 H1N1 流感等传染病得到有效防控。2011 年巩固和完善农村新型合作医疗制度，最高补偿封顶线由 3 万元提高至 5 万元；新型农村合作医疗制度覆盖 5 县（区），覆盖农业人口 325.23 万人，新农合参合率达 99.4%，较上年提高 3.4 个百分点。孕产妇死亡率和婴儿死亡率持续下降，婴儿死亡率降至 4.98‰。建成功能基本完善的社区卫生服务机构 24 个，社区卫生服务人口覆盖达 87.2 万人，城乡困难群众人均医疗救助分别达到 316.27 元和 268.61 元。

2011 年，贯彻实施《全民健身计划 2011 ~ 2015》，新建全民健身路径 31 条，“农民体育健身工程点”36 个；市及各县（区）体育场馆免费向群众开放达 168 万人次；全市完成保障性安居工程开工建设 18540 套，保障性安居工程竣工 8362 套。其中，各类保障性住房开工 10343 套，各类棚户区改造开工 8197 套。

加大扶贫和救济救助工作力度，2011 年内江城市和农村低保人均保障标准分别提高到 235 元 / 月和 1200 元 / 年，建成救助管理站、流浪未成年人救助保护中心，发放自然灾害救助资金 1724 万元。新改扩建农村中心敬老院 20 所，五保对象集中供养率达到 42%。切实保障低收入群体生活，发放一次性临时价格补贴 3579.16 万元。

大力实施保障性安居工程，2011 年开工建设 18540 套（其中，保障性住房 10343 套、棚户区改造 8197 套），竣工 8156 套。城镇居民人均可支配收入达 16602 元，增加 2278 元，增长 15.9%。①

七　发展定位与经济地理重塑：以制度创新与政策干预建设成渝经济区次区域经济中心

（一）经济发展环境分析与发展定位

目前，中央在提出向东开放的同时，明确提出要向西开放，打破亚欧大陆阻碍，向泛亚地区开放，国家政策也将进一步向西部倾斜。四川处于向西开放的前沿，在全国扮演着越来越重要的角色。作为西部经济中心，四川正在与重庆一起成为领跑

① 代理市长杨松柏 2012 年 5 月 7 日在内江市第六届人民代表大会第二次会议上所作《政府工作报告》。

中国经济的排头兵。成渝经济区正在成长为中国西部的经济增长极。在四川地位发生变化的同时，内江应明确自己的发展定位和发展目标。

多年来，低密度、远距离和高分割导致内江经济社会发展滞后，不断拉大与快速发展的成渝两地的经济距离。20 世纪 80 年代末，随着传统的制糖、纺织等产业的退出，内江这座老工业城市开始走向衰落，区域竞争力不断下降。与此同时，成都和重庆两个特大城市飞速发展，强劲吸引了成渝经济区内产业、资本、技术和人才。虽然内江与成都、重庆等经济聚集区地理距离近，但由于自身经济密度不高、基础设施薄弱、资本和人才流动难等带来的较高要素价格，以及制度、政策、观念障碍造成的巨大经济距离，使内江与成渝之间商品、资本、劳务和信息、知识流动形成分割，成为阻碍内江经济发展的有形和无形障碍，在成渝经济发展中被甩在后面。

近十年来，内江通过发展能充分发挥内江优势和特色的产业，产业集聚初具规模，经济地理得以重塑，正在进入工业化中期阶段，但是内江经济总量不大、经济集中度低、产业结构不优、发展质量不高、城市要素集聚能力较弱、社会发展不协调等问题仍十分突出。2011 年内江第一、第二产业比重分别为 16.3%、62.5%，均仍高于全省第一、第二产业（分别为 14.9%、52.45%）的比重，而内江第三产业产值仅为 21.2%，比全省 33.35% 低了 12 个百分点；人均 GDP 虽比上年增长 19.2%，但仅实现 23062 亿元；全市城镇化率为 40.23%，比全国的 51.27%，低 11.04 个百分点，比全省的 41.83%，低 1.6 个百分点，城镇化率比工业化率还低 18 个百分点。城区道路面积率低于国家标准下限 1.3 个百分点、低于上限 8.3 个百分点；城市人均拥有道路面积仅 5.96 平方米，还不及全国平均水平的一半；城区 50 万人中的 60% 以上“挤”在 10 多平方公里的旧城区内，人口密度远远高于每平方公里 1 万人的国际标准；① 在成渝经济区 46 个市、县（区）中，2011 年地方财政一般预算收入占 GDP 比重仅为 2.96%，财政收支平衡严重依赖于上级转移支付。世界经济发展的历史表明，发展中国家和地区走向繁荣，必须遵循经济地理的密度、距离和分割三大特征推进地理变迁，通过城市的发展提高密度，通过劳动力和生产要素向密度区的迁移缩短距离，通过规模经济和专业化减少分割。内江经济地理重塑已迫在眉睫。

同时，因内江等成渝周边地区发展滞后日益凸显的成渝经济区中部塌陷问题已引起高度关注。一方面，成渝经济区内工业布局高度集中在中心城市，城市空间分布除成都、重庆两个人口超过 400 万的特大中心城市外，二级城市的规模都在 50 万左右，打造第四增长极缺乏圈层结构中的次中心支撑和分担，降低了城镇综合承载能力。在中部地区明显存在着经济发展洼地的情况下，培育成渝之外的次区域经济中心，形成产业梯次转移和大中小城市、小城镇协调发展，才能避免区域内城市空间布局上的失衡，这无疑为“成渝之心”

① 杨东、高冰洁等：《冲刺百万人口特大城市 内江新城今日开建》，《华西都市报》2012 年 4 月 26 日。

的内江带来巨大发展机遇。另一方面，成渝两个特大城市与区内其他二级城市经济距离不断拉大，造成区域内生产要素和人口向“双核”流动，随着重庆“两江新区”和四川“天府新区”的建设，“极化效应”还将形成具有巨大引力的政策洼地，加剧成渝经济区内中小城市的“空心化”。

四川省提出要推动四川发展格局由成都经济区独力支撑向川南、攀西和川东北等经济区的“多头牵引”转变。在四川再造一个能够比肩成都、具有全国影响力的“多中心”“组团式”的特大城市群，这是内江强势崛起的最大机遇。作为四川省“十二五”规划建设和《成渝经济区区域规划》重点培育的区域性中心城市和百万人口城市，内江应积极应对挑战，充分发挥其作为区域交通枢纽并毗邻高经济密度区且要素价格低等有利条件，在成渝经济区合力打造中国新的经济增长极中，以发展经济区中部次区域经济中心为定位重塑经济地理，通过大力发展基础设施、通过制度与政策创新实现“成渝之心”从地理中心到次区域经济中心的蜕变，成为成渝经济区中部的中心城市和重要战略支撑。

（二）发展次区域经济中心的条件和优势分析

目前，内江工业化正进入中期阶段，城镇化率也超过30%，达到40%以上，已具备工业化和城镇化发展“双加速”条件。具有区位优势、交通物流优势、资源比较优势和产业发展基础的内江，完全具备成为成渝经济区次区域经济中心的条件。

1. 自然禀赋优良，生产要素价格低，竞争优势明显，有利于现代产业集聚区的建立

内江生产要素丰沛，是四川省粮食和经济作物主产区、四川省水产产业化试点城市、国家商品粮生产基地和中国优良猪种“内江猪”生产基地，具有建设成渝经济区绿色食品基地的天然条件；沱江及其支流的丰富水能，使内江成为川南电力基地和四川两大电力输出网之一，境内发电装机容量达130万千瓦，拥有目前世界上容量最大、技术水平最先进的循环流化床机组，在建60万千瓦、将建2×100万千瓦循环流化床电站示范机组，电力充足，从不拉闸、限电；作为国家天然气重点开发区，内江天然气储量丰富，境内天然气已探明储量达600多亿立方米，有3个国家天然气重点开采区、全国首个页岩气开发实验区；境内矿产和石材、石灰石、石英砂等建材资源丰富，自产玻璃纤维、玻璃钢等汽车制造必备原材料；最重要的是土地资源丰富，目前已形成工业园区（集中区）11个，用地充分保障，七大工业园区规划面积50多平方公里，目前已形成承载能力近30平方公里；内江常年劳动力达100万以上，全市熟练的产业工人超过20万，拥有各类职业技术学院（校）近30所，在校学生3万余人，每年可培育万余名专业职业技术人才，劳动力成本大大低于沿海和成渝地区，分别低60%～70%和15%～40%；内江金融业生态良好，目前内江已拥有各类银行、小额贷款公司、证券交易机构、保险公司和担保公司等金融机构57家。

资源丰富和生产成本低的优势，将使

内江成为吸引转移产业、吸引投资的洼地，有利于壮大资源优势产业，提高经济集中度、促进配套成渝的现代产业集聚区的建立。

2. 交通枢纽与区位优势，成为推动区域经济一体化、建设成渝中部次区域中心的重要支点

《成渝经济区区域规划》提出构建综合交通运输物流体系，将扩大成渝地区不断增长的经济密度所带来的经济利益的受惠范围。位于成渝通道发展轴中点、独具“成渝之心”黄金区位优势的内江市，距成都 173 公里、重庆 167 公里，是四川省仅次于成都的第二大交通枢纽和商贸物流中心。随着成渝城际快速铁路的建成，内江到成渝两地仅半小时车程。“双核同城”与“双向半小时经济圈”独特的区位优势，使内江具备对接成渝发展、共建成内渝产业带的良好基础。同时，内江也是连接云贵与西南出海的“黄金通道”，有“川中枢纽”、“川南咽喉”之称。境内有 5 条铁路、5 条高速公路，以内江为轴心的 200 公里、两小时车程半径范围内，分布着成都、重庆、泸州、资阳、遂宁、南充、乐山、宜宾等 12 座大中城市，连接着 4 个机场和 3 个千吨级货运港口；成渝、内宜、隆纳、成自泸赤、内遂 5 条高速公路与国、省干道汇集成网，形成了纵横交错、水陆空俱全的立体交通网络。到“十二五”末，内江境内将形成“一中心、两走廊、三支撑、一环线”的总体格局，建成内联三县两区，外通成都、重庆等市的“半小时交通圈”，建成涵盖泸州、宜宾、遂宁、眉山、乐山、资阳等地，并直达贵州、云南的“2 小时交通圈”，高速公路物流成本为区域内最低，成为川、滇、黔、渝物流的“集散地”和“中转站”，基本形成成渝经济区综合交通枢纽，交通物流优势显著提升。特殊的区位优势，为内江带来物流成本低、辐射广阔、市场容量大等无可复制的“资本”。同时，处于四省市重要交通联结枢纽的内江，也是重要的人流集散中心，在四川、重庆、云南、贵州、陕西、西藏等辐射区域内，联动着庞大的消费群体、资本和产业，市场容量巨大，具备推动区域经济一体化，从地理意义上的中心节点城市发展为成渝中部区域经济的“成渝之心”的条件。随着有年吞吐量超 2000 万吨的内江渤商西部物流中心开建，内江打造成渝经济区区域商贸物流中心的优势将更加明显。

3. 良好的经济发展基础凸显比较优势，具备快速崛起的产业支撑

内江既是四川老工业基地，又是成渝支柱产业的配套基地和两市副食品供应基地。近年来，内江抓住成渝经济区构建新型产业体系的重大历史机遇，在通过与成渝两地的支柱产业进行产业和服务配套、实现产业结构优化升级的同时，发展成渝没有而又能充分发挥内江优势和特色的产业，现代产业集聚初具规模，已基本形成了冶金建材、机械汽配、电力能源、再生资源、电子信息等支柱产业和特色产业。

冶金建材产业是内江市工业的第一大支柱产业，综合生产能力居中国川南地区首位，现有 102 户规模企业，2011 年实现总产值 499 亿元，正依托中国 500 强、四川工业制造第四强企业川威集团，全力打造全国第三大钒钛资源综合利用基地；机械汽配产业是内江市工业发展速度最快、发展潜力最大、发展形势最好的支柱产业，

现有规模企业107户，2011年实现总产值280亿元；电力能源产业拥有目前世界上容量最大、技术水平最先进的循环流化床机组，在建的60万千瓦循环流化床示范电站年底并网发电，将投资130多亿元建设2×100万千瓦循环流化床电站示范机组，全力打造中国循环流化床电站节能环保示范基地；再生资源产业是内江市工业近年来最引人瞩目的产业，拥有年交易额54亿元、西部最大的废旧物资交易市场，中国首批、西部唯一的“城市矿产”示范基地；同时，内江是中国第二批再生资源回收体系建设试点城市、四川省首批循环经济试点市；电子信息产业是内江市近两年在承接东部地区产业转移过程中，“无中生有”发展起来的新兴产业，已发展为四川省电子信息产业配套基地，具备一定的电脑整机、电子元器件和软件生产能力，未来内江将成为美国惠普在中国大陆第一家IT软件人才能力基地，成为世界上最大的笔记本电脑机壳制造基地，产量将占全世界的1/3以上。①

内江工业已连续保持了五年30%以上的增速，工业总量三年翻了一番。2010年，全市地区生产总值是“十五”期末的2.7倍，年均递增15.5%；经济总量排全省第10位，在成渝经济区46个市、县（区）中排第9位，规模工业增加值在成渝经济区中排第6位。2011年，全市经济继续平稳增长，实现地区生产总值854.68亿元，比上年增长15.3%，总量保持全省第10位，增速居全省第8位。2011年，五大支柱产业实现产值1464.62亿元，增长42.4%，占规模工业的85.7%；② 工业园区承载能力达到33.6平方公里，全市七个工业园区中有三个被纳入全省“1525”工程，③ 良好的经济发展基础，奠定了内江在成渝经济区和四川省发展中的重要位置。同时，内江围绕“加快建设成渝经济区新高地、加快建设川南城市群中心城市”的战略目标，致力于打造中国循环流化床电站节能环保示范基地、中国钒钛资源综合利用基地、中国汽车（摩托车）零部件制造基地、中国“城市矿产”示范基地、成渝经济区电子信息产业配套基地、成渝经济区绿色食品基地六大产业基地，④ 将进一步夯实在成渝经济区快速崛起的强大产业支撑。

目前，立足“产城一体”，内江正加大引导特色经济块状发展，按照“一园一主业”要求，引导资本、技术和人才聚集，把产业园区作为“两化互动”发展、产城融合的重要结合点与突破口，提升城镇化和产业化水平。

4.毗邻高经济密度区且产业契合度高，能快速有效承接产业转移

很大程度上，一个地区的整体要素生产率增长与其毗邻地区的经济密度正相关。随着进入辐射阶段的成渝两个特大城市外溢范围的不断扩大，一些有重要影响的产业将向与其经济增长联系密切的集聚区和

① 魏莉：《打造成渝经济区投资高地》，《金融投资报》2012年9月24日。
② 《内江市2011年国民经济和社会发展统计公报》，2012。
③ 唐利民在中国共产党内江市第六次代表大会上的报告《抢抓机遇　科学发展　为在成渝经济区快速崛起而努力奋斗》。
④ 《关于推进内江在成渝经济区快速崛起的实施意见》（内委发〔2011〕16号），2011。

发展良好的邻近地区（经济距离近的地区）溢出。成渝之间的二级城市将是成渝经济区最有效率的承接力量。毗邻香港的深圳借助于经济集聚、移民和专业化等市场力量，成为中国增长最快的城市；位于京津中间的廊坊、广深中间的东莞、沪宁中间的无锡等城市的异军突起，其地理优势是重要的基本因素。

"成渝之心"的内江与成都、重庆产业互补，交通便捷，具有利于承接产业转移的产业基础和近距离有效承接成渝经济活动外溢的区位优势，是接收两地辐射的首选之地。这也可以从内江在四川省和成渝经济区发展规划中的地位得到佐证：在成渝经济区规划"双核五带"战略布局中，内江扮演了联接"双核"的重要角色，以内江为中心的一条发展带是成渝经济区中非常重要的经济产业带；"一极一轴一区块"的成渝经济区四川总体区域布局中，内江同时列入成渝通道发展轴的"一轴"和环渝腹地区块的"一区块"；在 2011 年四川省确定的成德绵自内资装备制造、成德绵内广遂电子信息、成德资眉内宜泸饮料食品、成眉乐雅自泸宜遂南广达化工及新材料、攀西内江钒钛钢铁和三江流域特色资源 5 条万亿元产业带中，内江占其四。内江毗邻高经济密度区这一地理优势，有条件崛起为新的财富增长地区。

（三）经济地理重塑：以制度创新与政策干预推进次区域经济中心建设

经济地理的重塑应遵循经济地理三大特征：提高密度、缩短距离、减少分割。随着成渝经济区区域规划启动实施，四川加快建设西部经济发展高地的战略深入推进，内江老工业基地调整改造即将纳入国家规划，多年来打基础的后续效应也将逐步显现。在制度创新与政策干预上，内江首先要解决经济密度不高、与成渝两个特大城市由于基础设施落后以及制度障碍造成的经济距离和分割，通过对接成渝的体制建设和区域综合基础设施建设，从高度发展的成渝市场中吸收资本、技术、人才，推动产业集聚和要素集聚，实现连接双核、配套成渝、辐射和带动中部、从地理中心向次区域经济中心的蜕变。

1. 创新融入成渝的体制机制

创新融入成渝的体制、机制建设，实现区域体制一体化，内江要在发展成渝经济区次区域经济中心上先行先试，率先突破。

（1）建立基础设施和公共服务建设的多元化投入机制。

基础设施改善可以强化经济集中，促进经济的密集化，缩短与经济发达地区的经济距离。在基础设施投资上，以社会整体利益为基本原则的基础设施建设和城乡公共服务均等化，需要公共财政的充分经济支持。同时，市场化进程与城市化进程呈明显的正相关关系，应充分发挥城市天然就是市场的作用，发挥市场机制在资源要素配置中的基础性作用。

内江基础设施落后、服务业结构层次低，严重滞后于工业化、城市化发展。同时，内江经济总量不大、财政收入水平低，因此，要构建基础设施建设和基本公共服务均等化的财政与市场资金多元化投入机制，以发展构建平等共享的城乡基本公共服务体系来统筹协调各项收支，完善公共财政投入机制，协调基础设施、住房和一般治理上的投资；争取国家和省上专项建设资金提高对内江交通、水利、市政公用等领域支持力度。尤其在解决大型和重大基础设施建设投入上，特别是跨区域的道路交通设施和公用设施建设上，应有上级财政的转移支付，并与地方自有财力相结合；区域内的基础设施建设，可通过发行城市债券，通过税收等杠杆手段，以及完善市、县、乡的财政转移支付制度等来促进投资建设。同时，应更加重视开放基础设施投资领域，实现投资主体多元化，在城市基础设施建设和民生需求性建设领域中，把可资本化、有较好现金流和回报预期较好的项目转化为招商引资项目，并创新赢利模式和回报方式，建立吸引市场资金的投资激励机制，比如在教育、医疗等公共服务机构的建设上实行针对企业的财政激励和对民营企业的市场准入，并积极推进市政公用事业市场化进程。

（2）完善城乡统一的户籍制度和相关配套措施。

劳动力市场的畅通无阻，将缩短影响聚集效应的经济距离，缩短城乡差距。因此，内江统筹城乡发展，实现城乡一体化，首要的是建立城乡劳动力自由流动机制，推广成都、重庆城乡统筹改革试点政策，积极探索建立完善城乡统一的户籍管理制度和相关配套措施。在有序将符合条件的农业转移人口落户城镇、实行城乡户口一元化登记管理的同时，内江应加快出台与户籍制度改革相配套的政策支持，建立健全农业转移人口在教育、就业、医疗卫生、社会保障等权益和福利方面实现真正融入的政策制度；同时，打破地区间、城乡间行政壁垒，建立统一、开放的劳务市场，促进区域劳动力市场一体化。

（3）探索土地产权经营新机制。

土地市场运作良好，在提高土地使用效率的同时，能吸引更多生产要素从而提高经济密度，是承接产业转移、招商引资的关键因素。内江在最大限度地缓解土地和资源短缺带来的发展限制、实现集聚效益最大化方面，应精心设计征地制度改革方案，完善城乡平等的要素交换关系，在保障农民土地财产权、分配好土地非农化和城镇化产生的增值收益前提下，探索创新农村土地合理流转引导机制和土地产权经营机制，提高土地使用效率。

2. 打造实现经济一体化的投资环境

建设次区域经济中心以及经济一体化将使区域内出现大规模、快速度的人流、物流、资金流、信息流，为此，与发达地区连接的基础设施，以及在金融、商贸、高端制造业等领域的集聚与引领功能必不可少。

（1）建设次级综合交通枢纽和物流中心。

交通系统的完善和交通成本的降低，是实现跨越空间的经济一体化、实现产业联动、建立高密度经济联系的重要部分。内江要实现在成渝经济区的快速崛起的前提条件是“交通先行”，应抓住全省打造西部综合交通枢纽的重大机遇打造“快车道”，在建立高密度交通联系的同时，建立高密度的经济联系。为此，应鲜明提出建设成渝经济区次级综合交通枢纽和物流中心目标，把交通事业摆在更加重要的战略地位优先发展，在内江境内尽快形成

“一中心、三支撑、两走廊、一环线”的立体交通网络，把内江建设成为南北贯通、东西相连、通江达海的区域性次级综合交通枢纽，加快内江融入成渝经济区半小时经济圈步伐，在极大受惠于成渝两地经济利益外溢的同时，加快推进内江中心城区出入境道路建设，打通中心城区、重点乡镇与国省干道的连接线，把自身不断增长的经济密度所带来的利益扩大到区域内所有地区并辐射周边城市，凸显和释放内江的优势要素；在此基础上，立足于市场体系的建设，利用以内江为交通枢纽的川东南商贸片区已具雏形的良好基础，和作为四川省第二大交通枢纽、西南各省重要的物资集散地的有利条件，以及作为成渝经济区交通与物流中心之一被列入四川省规划建设的九大城市之一的契机，通过建立开放、统一、竞争、有序的区域市场体系，全力打造与优势产业配套的生产型物流体系，尽快成长为成渝经济区次级综合交通枢纽和物流中心，成为吸引内资外资的“洼地”和四川南向开放的“桥头堡”。

（2）建设成渝经济区服务业总部基地。

劳务、资本、服务和信息等和交通运输设施一样极大地影响地区间的经济距离和密度。次区域经济中心也是金融中心、信息中心。

金融实力强能促进资本流动，增强区域竞争力。内江要在加快经济发展的同时，抓住建设“成渝经济区”和成都市打造“西部金融中心”的有利时机，充分利用内江市的区位、政策优势，完善以金融为核心的高水平现代服务业，使之成为中部地区金融先行战略示范区和金融中心：一是争取在内江建立成渝经济区中部城市开发银行；二是主动接轨成渝，通过开放金融市场、创新金融产品和服务方式、吸引更多的金融机构从成渝延伸到内江开展业务，积极引进股份制商业银行或城市商业银行在内江设立分支机构，有序推进农村信用社改制组建农村商业银行，完善金融组织体系，提升金融服务能力；三是积极争取世界银行、国家开发银行、进出口银行等政策性资金支持，实现完全融入成渝经济区金融体系的金融一体化发展，实现金融资源在更大区域内的优化配置，为周边城市提供金融服务；四是深入推进政银企合作，引导和鼓励金融机构加大支持地方经济发展的力度；五是进一步做强做实融资平台，提高自身造血能力；六是加大上市公司培育力度，支持有条件的企业发行企业债券、短期融资券和中期票据，不断开拓融资渠道。①

同时，内江作为川南城市群的重要通信枢纽，应加强信息基础设施建设，巩固提升内江区域性信息枢纽地位，建设中部区域信息中心；加快发展会计、税务、法律、咨询等商务性服务业，全力建设区域性商务服务中心，积极打造成渝经济区现代服务业总部基地。

3. 构建推动产业集聚和要素集聚的城市支撑

打造联结双核、配套成渝的成渝经济区次级区域经济中心，支撑在于产业倍增和城市化的内在驱动。聚集效应能有效促进区域经济的增长。提高城市化率和要素

---

① 代理市长杨松柏 2012 年 5 月 7 日在内江市第六届人民代表大会第二次会议上所作《政府工作报告》。

聚集能力，构建与成渝经济区供应链密切关联的城市现代产业体系，是内江城市规模经济实现可持续发展并成为成渝经济区中部次区域经济中心的最主要支撑。

（1）壮大配套成渝的集群产业支撑。

从产业距离看，如果产业共享相关的科学空间，溢出带来的产业距离就较短。内江与成渝在空间距离上有优势，内江应充分利用纽带和“支点”的力量缩短产业距离，主动对接成渝，承接优势产业关键链的转移、推动产业结构战略性调整，通过交通枢纽、通道和物流创新，促进各类生产要素在区域间的自由流动，推进区域内产业扩散和产业链延伸，迅速实现产业发展优势与成渝经济区互补，如立足配套和服务，主动对接成渝整车生产企业，扩大农超对接等，建立与周边城市产业区关联的产业支撑，形成明显的集聚效应和与成渝经济区内产业一体化，成为联结成渝、配套成渝的坚实纽带和发展平台。

同时，内江应根据世界新一轮科技和产业竞争及区域竞争发展趋势，依托现有资源和产业优势，抓好产业链招商，发展高端产业和产业高端，增强支柱产业的集聚、集群效应，以战略新兴产业引领自主创新，着力培育新兴产业，抓住在清洁能源产业、生物医药产业、绿色食品产业等方面已形成相当规模的比较优势，以及在发展循环经济方面的先行优势和良好基础，发展节能环保、新一代信息技术、生物等战略新兴产业，发展中国西部循环经济示范区，形成独具特色的区域比较优势，并加强与成渝经济区、泛珠三角、长三角、环渤海等重点区域的交流合作，促进区域合作向纵深发展，真正走上产业高端化发展之路。

为此，内江要制定一整套协调配套的相关激励政策、资源保障政策和环境保护政策，加快建设公共融资平台，适当放宽具备资源优势、有市场需求的部分行业准入限制，尽快推出产业投资引导基金，促进民间资金向民间资本的转化；大力发展资本市场，支持企业通过股票市场直接融资，通过发行公司债、中小企业集合债等推进债券融资；鼓励金融机构创新融资手段；鼓励国资通过产权市场退出传统行业，进入新兴行业，以实施老工业基地调整改造为契机，着力推进工业加速倍增。

（2）借鉴成渝产城一体化拓展城市空间。

打造成渝经济区次区域经济中心，内驱动力来自塑造宜业、宜商、宜居的城市优势吸引资金、人才。内江城镇化率低，城市化发展空间很大。由于城市的规模直接影响经济增长，而劳动力的流动和土地市场的运作决定城市规模，因此，内江要建设次区域经济中心，成为经济发达、功能完善、能够渗透和带动周边区域经济发展的成渝经济区次区域经济中心，就要拓展城市发展空间，引导人口和产业向中心城区、县城、重点城镇聚集，使产业发展有平台、招商引资有载体、实现集聚效益的最大化。四川省把川南城市群作为南向开放的重点区域，把内江作为特大城市规划建设，内江应借鉴成都、重庆城乡统筹经验、借助成渝双核的资本溢出和带动效益，通过制度和政策创新，发挥区域政策对城市发展的积极导向作用，降低内部分割造成的壁垒，促进城乡各类要素自由流动，提高城市化率和要素聚集能力。

继以“交通圈”拓展“城市圈”的成功推进，内江正以加快建设百万人口特大城市为目标，着力推进新型城镇化，按照“一中心四组团”的总体布局，总面积103平方公里的新城建设将按照“两化互动”、“产城一体”要求，启动内江新城建设，打造中心城区，再造一个“产业内江”，成为现代产业的聚集地；同时加快打造一个宜居、宜业、宜商的现代生态园林城市。内江把园区作为两化互动、产城一体发展的重要载体，围绕产业园区、产业集聚、产业新城三个层次，加快基础设施和公共服务设施建设，积极引导优势产业、优势企业、优势资源向园区集中。

从开发角度来讲，建设新区最能进行资源配置的优化。内江在以此拉动内江的新型工业化的同时，应创新城乡形态，将老城改造和新区开发结合起来，依托“两化”互动政策，扩大中小城镇和农村居民消费需求；并根据“两化”互动发展的产业布局，进行税收改革和金融创新，制定信贷、税收优惠政策和其他补贴政策促进就业。内江新区的建设要突破内江，成为成渝经济区改革开放的窗口和示范，引领带动中部其他市县的发展，实现次区域中心城市的示范带动效益。

参考文献

四川省统计局、国家统计局四川调查队编《四川统计年鉴 2011》，中国统计出版社 北京数通电子出版社，2011。

《2009 年世界银行发展报告：重塑世界经济地理》，清华大学出版社，2009。

袁莉：《聚集效应与西部竞争优势的培育》，经济管理出版社，2002。

《内江市 2010 年国民经济和社会发展统计公报》，2011。

《关于推进内江在成渝经济区快速崛起的实施意见》（内委发〔2011〕16 号），2011。

刘成鸣：《2010 年政府工作报告》，内江市第五届人民代表大会第八次会议，2010。

四川省统计局编《四川地县统计资料（1978-1990）》，中国统计出版社，1991。

四川省发展和改革委员会、四川省统计局编《四川经济社会发展 60 年》，2009。

四川经济年鉴编辑部编《四川经济年鉴（1986 年）》，四川科学技术出版社，1987。

四川年鉴社编辑部编《四川年鉴（2006 年卷）》，四川年鉴社，2006。

《 内江市 2011 年国民经济和社会发展统计公报》，内江市人民政府网站，2011。

四川省统计局、国家统计局四川调查队编《四川统计年鉴 2012》，中国统计出版社 北京数通电子出版社，2012。

第

33

章

宜宾市：贯通长江金沙江流域，建设川滇黔结合部重要港口城市*

图 33-1　宜宾市政区

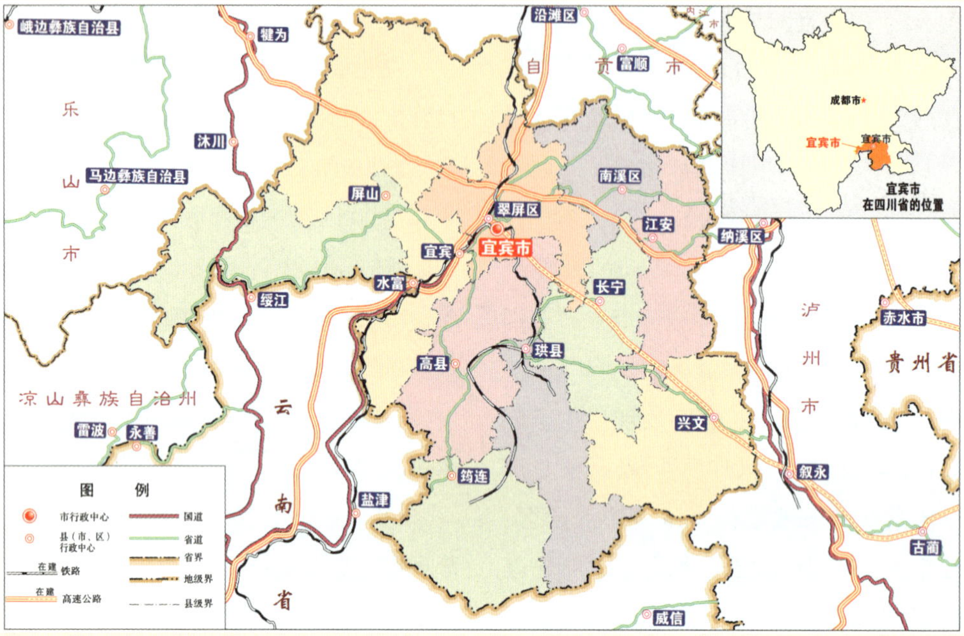

资料来源：本图由四川省发展和改革委员会、四川省测绘地理信息局提供。

一　历史与现状：从僰道、戎州到宜宾

（一）宜宾名称的由来

宜宾前身名叫“僰道”，北宋徽宗政和四年（1114 年）方改称为“宜宾”。但是“宜宾”一名早在北宋太宗太平兴国元年（976 年）早已有之。其来由乃是：隋末，曾析南安县（今乐山前身）部分地域在今宜宾县蕨溪镇宣化坝置存阝马阝县作为郡治设于今宜宾三江口城区的犍为郡辖地；唐天宝元年（742 年），以少数民族“慕义来宾”（或说唐王朝少数民族“以义宾服”）之意，改存阝马阝为义宾；至北宋太宗太平兴国元年（976 年），宋代第二个皇帝赵匡义上台，“义宾”之“义”、“犯讳”，于是按《孟子》“义者宜也”句意，把义宾改为“宜宾”。不过，此“宜宾”是指设县城于今宜宾县蕨溪宣化坝的宜宾，不是指今三江口旧城所在。但是，毕竟“宜宾”一名已有出现。至宋神宗熙宁四年（1071 年），宜宾县降为宜宾镇并入僰道县，又经过 43 年，至宋徽宗政和四年（1114 年）僰道县方改称为宜宾县。然而，这时的宜宾县城却仍不在今三江口旧城区，而是在今江北旧州坝。至南宋度宗咸淳三年（1267 年），宜宾县城又迁至登高山（今三江口旧城东）。直到元代至元十四年

* 本章作者：卢阳春，四川省社会科学院区域经济研究所副所长，副研究员；吴凡，西南财经大学国际商学院教授；李俊高，四川省社会科学院区域经济专业硕士研究生；郭时君，四川省社会科学院区域经济专业硕士研究生。

（1276 年）方把宜宾县城复迁回今三江口城区。今三江口宜宾旧城区叫做“宜宾”，从此时开始。总之，“宜宾”之名出现至今已 1026 年。今三江口宜宾城被称为“宜宾”则仅有 726 年。其间，有 300 年时间，“宜宾城”设于蕨溪宣化坝（共 138 年）、旧州坝（共 153 年）、登高山（共 9 年）。

（二）历史沿革和行政区划演变

宜宾历史源远流长，具有两千多年的建城史，现有考证最早居住在宜宾居民为“僰人”。公元前 1046 年，僰人队伍随周武王在河南牧野之战中大破商军，助其建功立业，后得周武王封赏，赐封僰侯，于是在今宜宾一带建立了古僰国。这是宜宾最早的建制。

战国时（前 476 ~ 前 221 年）市境内江安、长宁属巴蜀外，大部分为僰人居住地。记载僰人首先见诸于《吕氏春秋 · 恃君览》。据县志记载，在两千多年前（前 316 年），“秦灭开明氏，建侯国”。后推行郡县制，在僰侯国地境置僰道县，隶属犍为郡。

西汉高后六年（前 182 年），建城池于三江口，名僰道城，作为僰道县治，今天的宜宾城正式诞生。从西汉至今约有 1400 年，宜宾城都是区域性政治、经济、文化中心的郡、州、路、府、专区、市驻地。

在三国时期，今宜宾乃属益州犍为郡，为蜀汉南方边陲之门户。蜀后主建兴三年（225 年）春，丞相诸葛亮出师平定南中（今云贵地区）叛乱，由僰道县（今宜宾）进兵。叛乱平息后，即由南夷道经僰道县返回成都，至今在宜宾流传着许多诸葛亮的传说。在流杯池公园内，建有“丞相祠”，相传还有他曾使用过的“点将台”。

梁大同十年（544 年），以僰道地置戎州，治设僰道城。公元 581 年隋建朝，在北周管理戎州及外江、南广二县时，曾对西南地区进行开发，于开皇 5 年（585 年），在秦五尺道和汉南夷道的基础上，动工修筑了通往云南昆明等地的道路，称“石门道”，途经高县的石门山。

在唐代贞观六年（632 年），在戎州僰道置戎州都督府，管辖今云南文山、蒙自、曲靖和贵州的威宁、六盘水一带，地域广阔，“西南半壁”由此得名。唐武宗会昌二年（842 年），水毁三江口之僰道城。后迁城今江北安阜旧州坝。

宋代末期，元军入侵宜宾时，遭到宋军的顽强抵抗，最终不敌元军，败退于登高山（东山），于是，旧州坝的宜宾城就迁移到登高山。当时整个城区的建城面积约 18 万平方米，功能主要是行政和军事要塞。公元 1267 ~ 1276 年，元军攻破了登高山城，彻底收复了宜宾，1276 年以后，宜宾城又从登高山迁到了三江口至今，完成了宜宾城的迁址过程。

元末红巾军将领明玉珍据蜀，建“大夏”政权，叙州路为其所有。从公元 1362 年起设叙州军民宣府司，统治宜宾约 10 年之久。

公元 1368 年朱元璋灭元建明朝。明改元叙州路为叙州府（简称“叙州”），领有宜宾、南溪、庆符、富顺、长宁、兴文、隆昌、筠连、珙县及高州。改马湖路为马湖府，统治 160 余年，称少数民族地区为

“都掌蛮”。

明洪武二十七年（1394年），兴文、珙县一带爆发“都掌蛮”的反明斗争（即僰人的反抗），以后几十年一直不断。明万历元年3月朝廷派四川巡抚曾省吾征剿，曾省吾带官兵14万余人，围攻九丝城。阿大王率众反抗，坚持数月，终因力量悬殊，明官兵攻下“九丝城”，大肆斩杀洗劫，从此川南一个英勇的民族僰人从历史上消亡。

明末清初，因战乱频繁，人口锐减，叙州“城为一空”，至顺治十六年（1659年）宜宾县“户不满千”。至康熙、雍正两朝六七十年的移民垦殖和“与民休息”政策，叙州府社会经济才不断发展，变为川滇水陆商贸重镇。

同治年间（1862年）太平天国翼王石达开，进兵宜宾，转战长宁、宜宾县一带，在石城山大战一场，不幸兵败，折兵4万有余，留下了历史的感叹。

1911年，同盟会领导的同志军兵临宜宾城下，逼使叙州知府反正，并成立“川南军政府”，结束了清王朝在宜宾的统治。民国元年至民国21年，宜宾先后遭滇军入川、北洋军攻占、川滇黔军阀混战、四川军阀混战等战祸。

1926年，中共宜宾地方组织建立，积极开展革命活动，使宜宾很快成为四川政治活跃的地区之一，产生了一大批革命先驱。

1935年，国民党中央统一“川政”，地方政区建制实行督察区制，宜宾被划为四川省第六行政督察区。

抗日战争爆发后，宜宾为抗击日本侵略者作出了重要贡献，大批宜宾儿女奔赴抗日前线，英勇杀敌；一大批高等院校、科研机构、工厂企业转移至宜宾，为抗日斗争提供后援。李庄成为全国“抗战文化四大中心”之一，至今声名远播。①

1949年10月1日，新中国成立。同年12月11日，宜宾城和平解放。1950年1月设川南行署区宜宾行政督察区专员公署，同年11月改为宜宾区专员公署；1952年9月，为四川省宜宾区专员公署；1954年称宜宾专员公署。1957年3月，屏山县由乐山专区划入宜宾专区，至此今市属10区县地域已归属宜宾版图。1960年7月，泸州专区并入宜宾专区，四川省宜宾专员公署辖2市16县。1978年4月，宜宾专员公署改称为宜宾地区行政公署；同时隆昌县由宜宾地区划归内江地区。1983年3月，富顺县由宜宾地区划归自贡市。同年6月，宜宾地区、泸州市分设，原泸州专区所辖市县陆续划出，至1985年5月，宜宾地区行署辖有1市9县。1996年10月，经国务院批准撤销宜宾地区，改设四川省辖宜宾市；1997年2月，宜宾市人民政府成立。宜宾市辖1区9县，即翠屏区、宜宾县、南溪县、江安县、高县、筠连县、珙县、长宁县、兴文县、屏山县。2011年3月，撤销南溪县，设立宜宾市南溪区，原南溪县行政区域为宜宾市南溪区行政区域，区人民政府驻南溪镇。②

---

① 《认识宜宾——历史文化》，http://zsw.yibinu.cn/，最后访问日期：2010年6月14日。

② 省政府办公厅：《四川省人民政府关于同意撤销南溪县设立宜宾市南溪区的批复》（川府函〔2011〕55号），2011。

（三）经济状况和发展阶段

1. 经济状况

新中国成立以后，宜宾开始了从新民主主义向社会主义的过渡时期。1950 ~ 1952 年，宜宾全区的国民经济得到了恢复和发展，1952 年底工业总产值 6920 万元，超过 1949 年 3043 万元 1.3 倍，农业总产值 65192 万元，比 1949 年的 53448 万元增长 22%。

十一届三中全会是宜宾经济发展的转折点，工作重心转移到经济建设上来，实行改革开放，开创了具有中国特色社会主义现代化建设的新局面。宜宾社会经济发展取得了空前成就，创造出了前所未有的辉煌业绩。1999 年，宜宾市实现国内产生总值 178.6 亿元，比 1978 年的 12.37 亿元增长 13.44 倍，比 1952 年的 2.7 亿元增长 64.9 倍。GDP 在全省排第四位，仅次于成都、绵阳、德阳。三次产业结构由解放初期的 75.8 : 8.5 : 16.5 转变到 1999 年的 26.2 : 42.1 : 31.7，由落后的农业经济地区向新兴的工业强市转型。

“十一五”期间，宜宾市生产总值年均增长 14.8%，高于规划目标 2.6 个百分点。2010 年，实现地区生产总值 870.85 亿元，比上年增长 15.6%，总量是 2005 年的 2.4 倍，稳居全省第 4 位；地方财政一般预算收入 55.6 亿元，比上年增长 35.6%，总量是 2005 年的 3.7 倍，由全省第 5 位上升至第 3 位；全社会固定资产投资 534.2 亿元，比上年增长 31.1%，五年累计完成 1635.8 亿元，是“十五”时期的 3.3 倍；城镇居民人均可支配收入 15261 元，年均增长 14.9%；农民人均纯收入 5610 元，年均增长 12.8%。物价保持总体稳定，2010 年居民消费价格同比上涨 3.2%。据 2010 年度《城市竞争力蓝皮书》，宜宾以 0.549 的综合竞争力指数位居四川第三，全国第 133 位。2011 年，全市实现地区生产总值 1091.18 亿元，比上年增长 15.6%，继续稳居全省第 4 位。其中，第一产业增加值 163.27 亿元，增长 3.4%；第二产业增加值 675.69 亿元，增长 21.1%；第三产业增加值 252.22 亿元，增长 10.1%。三次产业对经济增长的贡献率分别为 3.3%、80.5% 和 16.2%。

2. 发展阶段

宜宾是一个经济欠发达、二元结构特征突出的内陆城市，处于工业化初期阶段。2010 年工业总产值突破千亿大关，工业对经济增长的贡献率达 75%；规模以上工业增加值 447.7 亿元，是 2005 年的 3.2 倍，由全省第 4 位上升至第 3 位。2011 年，全市工业实现增加值 623.26 亿元，比上年增长 21.8%，其中，规模以上工业企业实现增加值 583.73 亿元，增长 23.5%。在规模以上工业增加值中，轻工业增加值 280.87 亿元，增长 19.62%；重工业增加值 302.87 亿元，增长 27.86%。全市工业发展高速，但工业结构矛盾突出，除几个大型工业如五粮液、天原、丝丽雅等骨干企业以外，其他企业规模效益并不高，进而导致财政收入对重点企业依赖性较强；在城镇化方面，城镇化水平依然较低，2010 年城镇化率 38%，比 2005 年提高 10.26 个百分点；2011 年城镇化率达到 39.35%，相比于全省 41.83% 的城镇化率，低了 2.48 个百分点。

3. 县域经济

（1）翠屏区。

翠屏区是位于四川盆地南缘，地处川、滇、黔三省结合部，古南丝绸之路的重要驿站，金沙江和岷江在此汇聚成浩浩荡荡的长江，长江黄金水道由此开始。地处宜宾市中心，是全市政治、经济、文化的中心，是市党、政、军机关所在地。总面积1123平方公里，2010年全区户籍人口为809437人，常住人口为836383人，同第五次全国人口普查2000年11月1日零时的812740人相比，十年共增加23643人，增长2.91%。年平均增长0.29%。其中，男性人口为422565人，占50.52%；女性人口为413818人，占49.48%。总人口性别比（以女性为100，男性对女性的比例）由2000年第五次全国人口普查的107.62下降为102.11。

翠屏区有广袤的肥田沃土，完备的农业基础设施和良好的农业生态环境。全区农村所产的稻米、蔬菜、肉类、柑橘、葡萄、花生、茶叶、芝麻油、宜宾芽菜等众多优质农副特产品在省内外享有较高的知名度和市场信誉，远销各地。1998年全区农村经省政府验收成建制达小康。翠屏区是宜宾市的老工业集中地，辖区内有机械、电子、造纸、化工、化纤、军工、能源、酿酒、食品等众多国家大中型企业。区属企业发展迅速、整体实力增强，已形成机械电子、包装印刷、食品饮料、橡塑制品、皮革制品五大主要产业的工业布局。国有、集体、股份制、中外合资、个体、私营等多种所有制结构不断调整和完善，推动了地方经济的快速、健康发展。

（2）宜宾县。

宜宾县位于四川盆地南缘，地处川、滇结合部，东接翠屏区、自贡市富顺县，西邻屏山、沐川和犍为县，南倚高县和云南省水富县，北连自贡市荣县。全县面积2940平方公里，2011年全县常住人口为79.8万人，其中城镇21.2万人，农村58.6万人，人口密度为每平方公里271.5人。

宜宾县城柏溪紧邻金沙江，距“万里长江第一城”宜宾市中心城区仅13公里，距中国第三大水电站——向家坝水电站12.6公里，县城柏溪与宜宾中心城区已建成的10分钟快速通道——翠柏大道相连接，县城与宜宾市中心城区事实上已经融为一体。县城老城区已建成面积4平方公里，正在建设中的铁北新区面积达10平方公里。1992年，宜宾县率先从产权制度改革入手，对县属国有企业实施战略改组，有力地促进了县城经济的发展，创造了全国闻名的“宜宾经验”。通过多年的努力，宜宾县初步形成了以电力、机械、酿酒、化工、金属材料、建筑建材为支柱的工业体系。重啤宜宾公司、惊雷科技、威力化工、天工机械、伊力集团、神州玻璃等一大批企业迅猛发展，并打入国际市场。

（3）南溪区。

南溪区位于四川南部，北面为富顺县，西面为翠屏区，南面为长宁县，东面为江安县，地处宜宾、自贡、泸州三市交汇腹心地带，横跨长江两岸，距重庆市200公里，成都市340公里，宜宾市40公里。南溪区面积704.4平方公里，2011年全区常住人口为33.1万人，同第五次全国人口普查2000年11月1日零时的

377289 人相比，十年共减少 46289 人，减幅为 13.95%。全区户籍人口 42.8 万人。男性人口为 22.2 万人，占 51.86%；女性人口为 20.6 万人，占 48.14%。

南溪区农业资源和旅游资源丰富，是四川省粮食、甜橙、家禽、蔬菜、蚕桑生产基地县，是全国撑绿竹基地，成片种草 4 万亩，年出栏“四川白鹅”500 万只，优质蔬菜 7.5 万亩，优质水果 4 万亩，初步形成了独具南溪特色的绿色食品产业。2011 年，全区 GDP 完成 72.85 亿元，同比增长 17.9%；规模以上工业增加值完成 34.9 亿元，同比增长 47.8%；固定资产投资完成 64.4 亿元，同比增长 34.0%；地方财政一般预算收入实现 2.5 亿元，同比增长 56.2%；社会消费品零售总额完成 30 亿元，同比增长 17.2%；城镇居民可支配收入 16930 元，是“十五”末的 2.2 倍；农民人均纯收入 6893 元，是“十五”末的 2 倍。

（4）江安县。

江安县位于四川盆地南缘，宜宾市东部，宜宾、泸州、自贡三市交界处。东界泸州市江阳区、纳溪区；南邻兴文县；西接南溪县、长宁县；北连自贡市富顺县。38 公里长江穿境而过，全县面积 894 公里。2011 年全区常住人口为 40.3 万人，同第五次全国人口普查 2000 年 11 月 1 日零时的 488174 人相比，十年共减少 85174 人，减幅为 17.4%。全区户籍人口 55.4 万人，其中，男性为 28.9 万人，占 52.2%，女性为 26.5 万人，占 47.8%。

“十一五”时期，全县聚力迸发“和谐奋进、志在超越”的江安精神，全力推动“工业强县”核心战略，三次产业比例演进为 22.5 : 52.1 : 25.4，实现了从传统农业县向工业县的华丽转身，塑造了“经济高速增长、城乡快速变靓、干部风清气正、人民幸福安康”的江安新形象。GDP 年均增长 18%，增速一路领跑全省类区县，阳春工业园区迅速成长为全省重点打造的 25 个“百亿工业园区”之一；城镇化率由 23.3% 上升到 34.7%，城乡建设显著加快，面貌快速改变；城镇居民人均可支配收入和农民人均纯收入分别年均增长 15.64% 和 12.69%。江安正快速成为成渝经济区重要增长点。

“十二五”期间，全县以加快发展为主题、转变发展方式、完善发展模式为主线，以提高人民福祉为根本，依托成渝经济区，融入长江经济带，全力推进以“一城、二乡、三基地”为重点的新跨越（“一城”即功能完善、产业发达、环境优美、人民幸福的滨江宜居城市；“二乡”即中国橙竹之乡、川南酒乡；“三基地”即建设西部绿色化工基地、西部竹纤维制造基地、川南优质白酒酿造基地），向“打造滨江宜居城市、建设四川经济强县”的战略目标迈进。

（5）高县。

高县东邻珙县、长宁县，西接宜宾县，南界筠连县，北与宜宾市翠屏区相望，东北、西南分别与南溪县和云南省盐津县毗连。全县面积 1323 平方公里，2011 年常住人口 41.1 万人。

2011 年全年实现地区生产总值 79.6 亿元，同比增长 26.3%；地方财政一般预算收入 2.6 亿元，同比增长 25%；规模以上工业增加值 43.7 亿元，同比增长 42.7%；全社会固定资产投资 58.3 亿元，同比增长10%；社会消费品零售总额24.8亿元，同比增长18.6%；城镇居民人均可支配收入17315元，同比增加2607元；农民人均纯收入6897元，同比增加1173元。①

（6）筠连县。

筠连县北界宜宾高县，东接珙县，南靠云南威信、彝良，西邻云南盐津。东西长48.5公里，南北宽43.4公里，面积1256.13平方公里，略成圆形。筠连县总面积1254平方公里，2010年全县常住人口329056人。

筠连县境地势南高北低，东南大雪山顶峰最高，海拔1777.2米，东北沐滩河谷最低，海拔368.5米，极差1408.7米。区内岩溶地貌发育，岩溶和地质构造对筠连地貌产生深刻影响，形成奇异多姿的低中山峡谷带地貌。筠连属亚热带湿润季风型气候区，光热水资源丰富，适宜发展农林牧业及多种经济作物。但因地势起伏较大，立体气候差异明显，地处海拔1777.2米的大雪山，常年平均气温9.1℃，海拔368.5米的沐滩河谷，常年平均气温19℃，海拔每升高100米，气温约下降0.65℃。县境夏秋降水最多，占全年降水的80.9%，冬春降水最少，占全年降水的19.1%。由于大气降水时分配不均，常形成春干、冬旱、夏洪、秋洪等自然灾害。

（7）珙县。

位于宜宾市南部，东与长宁，兴文县毗邻，南与云南威信县接壤，西与筠连、高县边界，北靠高县，秦及汉初即为“西南夷服地”，元末设珙州，明洪武四年改州为县，名珙县，沿袭至今。面积1150平方公里，2011年全县常住人口379798人。

珙县属典型的山区农业县，生产水稻、玉米、小麦、油菜、花生、洋芋、红苕、茶叶、蔬菜等作物，其中粮经作物以水稻、玉米、油菜、花生为主，茶叶以优质茶为主，蔬菜以商品蔬菜为主。全县现有茶园3.55万亩，产量达2.95万担，蔬菜种植面积达64万亩，总产达9830万公斤，主要以辣椒、茄子、番茄、豇豆、四季豆、南瓜、蕨菜等品种为主。下一步将大力发展无公害高山反季节蔬菜，茶叶方面将大力发展福山、福鼎、早白尖等优质茶和苦丁茶。

珙县有“竹荪之乡”之称。2008年该县竹荪种植面积已达1.1万亩，干品总产量达到1100吨，占全国总产量的50%，并于2009年11月13日在珙县揭牌成立中国首家以山珍竹荪及产业开发为研究对象的专业研究机构——四川宜宾竹海高科竹荪健康产业研究院。

（8）长宁县。

长宁县东邻江安，南界兴文。西与高县、珙县交界，北与南溪县、翠屏区相连。县人民政府驻长宁镇竹都大道一段，距宜宾市政府驻地57千米。全县面积975.2平方公里，总人口34万人。

长宁县南北两端小，中腹较大，地势南高北低，南部为中低山，中北部为丘陵。主要河流有长宁河等。属中亚热带季风气候，四季分明，气候温和。雨量充沛，无霜期长350天。南北长约60公里，

① 《高县2011年政府工作报告》，高县公众信息网，最后访问日期：2011年6月21日。

东西宽 30 公里，地势南高北低，海拔 245.9 ~ 1408.5 米。育江河南北纵贯全县。长宁县农业物产丰富，为全国甜橙基地县、长江中上游水果开发项目重点县，楠竹基地县、生态农业示范县。

（9）兴文县。

兴文县位于宜宾市西南，东南与泸州市叙永县、南与云南省威信县接壤，西邻宜宾市珙县、西北接长宁县，北与江安县、泸州市纳溪区共界。县内多民族杂居，以汉族为主，有苗、回、藏、满等 17 个少数民族。县域面积 1380 平方公里，2011 年全县常住人口 37.6 万人。

全县农业资源丰富，主产水稻、小麦、玉米、红苕、油菜、烤烟等农经作物。经过多年培育发展，农业开发初步形成蚕业、烟业、林果业、畜禽业、水产业五大商品基地。矿产资源较为丰富，初步查勘有 25 个矿种，硫铁矿约 13.5 亿吨，煤 11 亿吨，盐 48 亿吨，大理石、石灰石储量亦丰。此外，还有磷、高岭土、石英石、方解石、冰洲石、铜、铁、铅、银及其古稀有金属矿等，是待开发的资源县。境内名胜古迹较多，有国家级风景名胜区兴文县石海洞乡和幽雅静谧的省级博望山风光。

（10）屏山县。

屏山县位于四川盆地南缘，金沙江下游北岸，岷江从东北部新发乡穿境而过，东界宜宾，西连雷波、马边，北接沐川，南与云南省绥江县隔江相望。全县面积 1504 平方公里，2011 年全县常住人口 25.1 万人。截至 2011 年，全县下辖 8 镇 7 乡（其中包括 2 个自治乡）：锦屏镇、新市镇、中都镇、龙华镇、大乘镇、富荣镇、新安镇、书楼镇、鸭池乡、龙溪乡、太平乡、夏溪乡、屏边彝族乡、清平彝族乡、新发乡。

屏山县行政区划面积 1442 平方公里，平均海拔 650 米。屏山县境属山区，山地约占全境地貌的 95%。其中，淡水域 3.43%，平原 2.53%，丘陵 3.9%，山地 90.14%。屏山水利资源十分丰富，年均总降水量为 17.393 亿立方米。金沙江自西向东纵贯 9 个乡镇共 93.5 公里。拥有有中小河流 21 条，常年性径流河道 12 条，时令性河道 9 条。水能资源理论蕴藏量为 17.23 万千瓦，可开发量为 8.034 万千瓦。其中，西宁河理论蕴藏量为 12.7 万千瓦，可开发量为 7.2 万千瓦，已开发 2.916 万千瓦；中都河理论蕴藏量为 3.09 万千瓦，已开发 0.289 万千瓦。主要矿产有石灰石、煤、硅石、铜、砂金。石灰石和白云岩分布在龙桥乡附近，厚 20 ~ 40 米，总蕴藏量约 1 亿吨；煤矿分布于龙桥、冒水、新市一带，其中无烟煤储藏量约 3 亿吨、烟煤蕴藏量 2200 万吨；硅石主要分布于楼东乡、屏边乡，蕴藏量 2000 万吨以上；铜矿主要分布于龙桥乡，为辉铜矿和氧化的孔雀石、兰铜矿等，其品位为 1.53%，厚度 0.4 ~ 1.2 米，储量为 1700 万吨；沿金沙江岩河交汇处均有零星砂金矿。

（四）人口、自然环境和自然灾害

明末清初，因战乱频繁，人口锐减，叙州“城为一空”，至顺治十六年（1659 年）宜宾县“户不满千”。至康熙、雍正两朝六七十年的移民垦殖，“与民休息”，叙州府社会经济才不断发展，变为川滇水陆商贸重镇。2010 年全国第六次人口普查中，宜宾市户籍人口 540.6577 万人。其中，常住人口 447.2001 万人，与第五次人口普查相比，十年共减少 43.6838 万人。在常住人口中，宜宾市 60 岁及以上人口达 68.73 万人，比例为 15.37%，超过全国的 13.26%；65 岁及以上人口达 47.2 万人，比例为 10.56%，超过全国的 8.87%。[①] 区域面积 13271 平方公里，其中市区面积 1835 平方公里。

宜宾市位于四川省南部，处于川、滇、黔三省结合部、金沙江、岷江、长江汇流地带。地跨北纬 27° 50′ ~ 29° 16′、东经 103° 36′ ~ 105° 20′之间。市境东邻泸州市，南接云南昭通地区，西界凉山彝族自治州和乐山市，北靠自贡市，东西最大横距 153.2 千米，南北最大纵距 150.4 千米，全市面积 13271 平方公里。宜宾市地形整体呈西南高、东北低态势。西部为大小凉山余绪，全市最高点海拔 2008.7 米的屏山县五指山主峰老君山就在此处；南部为四川盆地贫舵带，即云贵高原北坡；东北部为华蓥山余脉所在，宜宾城附近之七星山、龙头山、观斗山分别分布于此区域；东南侧属四川盆地东岭谷区，市境最低点，海拔 236.3 米的江安县金山寺附近长江河床在此区内；西北侧属盆中方山丘陵区，其大部皆为宜宾县属地。全市地貌以中低山地和丘陵为主体，岭谷相间，平坝狭小零碎，自然概貌为“七山一水二分田”。市境内海拔 500 ~ 2000 米的中低山地占 46.6%，丘陵占 45.3%，平坝仅占 8.1%。宜宾水系较发达，金沙江、岷江、长江横贯市境北部，三江支流共有大小溪河 600 多条。

宜宾市属中亚热带湿润季风气候，低丘、河谷兼有南亚热带的气候属性。具有气候温和、热量丰足、雨量充沛、光照适宜、无霜期长、冬暖春早、四季分明的特点。年平均气温 18℃左右，年平均降水量 1050 ~ 1618 毫米，5 ~ 10 月为雨季，降水量占全年的 81.7%，主汛期为 7 ~ 9 月，降雨量更集中，占全年总降雨量的 51%。年平均日照数为 1000 ~ 1130 小时，无霜期 334 ~ 360 天。年平均风速仅为 1.23 米 / 秒，多为西北风和东北风，静风频率较大，高达 34% ~ 53%，风速小。宜宾历史悠久，生态环境较好，有 40% 以上的森林覆盖率，旅游资源独特、富集，气候温湿，适合各种动植物的生长，有各种动植物近万种，境内亚热带次生性常绿针叶林植被分布较广，竹林更是宜宾的特色，是植物王国、茶叶世界、百里竹海，再加上宜宾的三江九河，山清水秀、气候宜人。

宜宾位于华蓥山断裂带中南带位置，历史上曾多次发生中强度破坏性地震，被四川省确定为重点监视防御区。华蓥山地震带系统沿着以华蓥山为代表的川东平行岭谷及其余脉分布，它从重庆荣昌经过泸县、富顺、宜宾斜穿川南，在宜宾西南部和南北地震带交汇。历史上华蓥山地震带的最大地震为 6.3 级地震。近年来，这条地震带非常活跃，因此宜宾多次发生 4 ~ 6 级地震。据资料显示，自 1900 年以来，

① 根据 2010 年人口普查数据（截至 2010 年 11 月 1 日零时）。

宜宾市先后发生五次 4 级以上、6 级以下地震。另外，历史上宜宾市低温阴雨天气年份较多，导致水稻扬花受阻无收，水稻种植推迟季节，以及蔬菜秧苗受冻致死。冰雹、风灾、雷击和病虫灾害也造成了许多经济损失。

二　区域特征：西南半壁古戎州，万里长江第一城

（一）区域发展概况

2008 年宜宾 GDP 达 645.86 亿元，增长 14.6%，总量和增速均居全省第四位，增速比上年前移三位。是改革开放以来经济增长第二快的年份。其中，第一产业增加值 124.44 亿元，增长 4.2%；第二产业增加值 356.66 亿元，增长 19.4%；第三产业增加 164.75 亿元，增长 12%。全市城镇居民人均可支配收入达 11862 元，同比增加 1793 元，增长 17.81%；农民人均纯收入 4512.74 元，增加 582.04 元，增长 14.81%。

2009 年宜宾 GDP 达 720.78 亿元，居全省第四位，增长 14.9%，增幅是历史最高的一年。完成地方财政一般预算收入 41.03 亿元，增长 21.35%，总量继续保持全省第 3 位；规模以上工业增加值 350.6 亿元，居全省第 4 位，实现利润 85 亿元；完成固定资产投资 407.69 亿元，增长 41.3%，总量和增幅均创历史新高。全市城镇居民人均可支配收入 13452 元，农民人均纯收入 4873 元。

2010 年，宜宾 GDP 达到 870.85 亿元，位居全省第四。在 GDP 高速增长的同时，宜宾城镇居民人均可支配收入 15261 元，农村居民人均纯收入 5610 元，增幅均为 12%；民生工程全面完成投入资金 40.91 亿元；全市城镇新增就业 5.97 万人，动态消除零就业家庭，城镇登记失业率控制在 3.5% 以内。形成以食品、能源、化工、化纤、机械、造纸、旅游等支柱产业；大林业开发、水利水电改革发展和生态农业开发三大国家定点试验区；粮油、林竹、畜牧、茶叶、柑橘、烤烟、高粱、蚕桑、油樟、甘蔗十大商品农业基地；临港经济开发区、五粮液产业园区、盐坪坝产业园区、象鼻产业园区、向家坝产业园区、阳春坝产业园区、罗龙产业园区、长宁县产业园区等 13 个产业园区的区域发展格局。

2011 年，全市实现地区生产总值 1091.18 亿元，比上年增长 15.6%，依然稳居全省第四位，仅次于成都、绵阳和德阳。三次产业对经济增长的贡献率分别为 3.3%、80.5% 和 16.2%，三次产业结构为 15 : 61.9 : 23.1。全市财政总收入达 231.48 亿元，地方财政收入 141.73 亿元，其中一般预算收入 67.23 亿元。全市城镇居民人均可支配收入 17752.69 元，人均家庭总收入中工资性收入 13241.88 元，经营净收入 1932.55 元，财产性收入 637.92 元，转移性收入 3815.53 元。城镇居民人均消费支出 13239.93元，食品人均支出 5448.34 元，食品消费占总消费中的比重即恩格尔系数为 41.15%。

在工业强市战略方面，产业不断发展壮大，并进一步向园区集聚，全市 13 个产业园区开发面积达 37 平方公里，2009 年

工业增加值占全市54.9%。2010年工业总产值突破千亿大关，工业对经济增长的贡献率达75%；规模以上工业增加值447.7亿元，是2005年的3.2倍，由全省第4位上升至第3位；工业综合效益不断提升，利润达139.82亿元，是2005年的3.9倍，由全省第3位上升至第2位。酒类食品、综合能源、化工轻纺、机械制造和建材等优势产业不断发展壮大。大企业大集团发展加快，五粮液集团利税达111.55亿元、品牌价值达526亿元，天原集团成功上市，丝丽雅集团超常发展。2011年，全部工业实现增加值623.26亿元，工业对经济增长的贡献率为80.5%，规模以上工业企业实现增加值583.73亿元，轻工业增加值280.87亿元，重工业增加值302.87亿元，全市规模以上工业化学纤维、白酒、原煤、水泥、发电量、机制纸及纸板产量实现大幅度增长。宜宾酒被认定为国家地理标志保护产品，宜宾被授予“中国白酒之都”称号。中小企业茁壮成长，新增规模以上工业企业46户、销售收入上亿元企业77户。13个产业园区规划建设成效明显，“十一五”期间入驻企业达317户，五粮液、阳春坝园区列入省“1525”示范工程，五粮液园区被评为国家新型工业化产业示范基地。

在农业问题上，2011年农林牧渔业总产值275.79亿元，比上年增长3.5%。畜牧、林竹、茶叶、果蔬、蚕桑等特色优势产业不断发展壮大。宜宾早茶、南溪豆腐干、筠连苦丁茶被认定为国家地理标志保护产品，荣获“中国宜宾·早茶之乡”称号。农业产业化龙头企业迅速壮大，新增国家级龙头企业1户、省级12户，农民专合组织达1476个。百万元村达1439个，千万元村达75个。转移输出农村富余劳动力603.5万人次，创造劳务收入411亿元。

第三产业服务业发展良好。2010年社会消费品零售总额316.1亿元，是2005年的2.3倍，由全省第5位上升至第4位。2011年社会消费品零售总额374.16亿元，同比增长18.4%。市场体系建设不断推进，嘉信茂广场、莱茵时代广场、江北机电五金城等相继建成。“万村千乡市场工程”新建或改造农家店3232家。物流园区建设有序推进，安吉、天畅等物流企业不断发展壮大。创办酒圣节、早茶节等活动，有效助推了特色产业和文化产业发展。金融业加快发展，2010年末银行存、贷款余额分别是2005年末的2.7倍和2.5倍，被评为“中国金融生态城市”和“中国最具发展潜力金融生态示范城市”。2010年旅游总收入实现108亿元，是2005年的4.3倍，获“中国优秀旅游城市”称号。房地产、保险、中介、信息等产业加快发展。2011年全市金融机构人民币各项存款余额1199.82亿元，比年初增长26.81%。

在社会事业方面，国民平均受教育年限由2005年的7.7年提高到9年，全市已有国家级、省级企业技术中心15家，科技进步对经济增长贡献率超过40%。公共卫生和基本医疗服务体系进一步健全，每千人拥有医生2.56人、卫生床位2.98张，全市新型农村合作医疗参合率达97%，人口年均自然增长率控制在4.5‰以内。建成宜一中新校区、酒都剧场、市图书馆、市体育馆、一医院南岸分院等一批社会事业重点项目，开工宜宾卫校、市广电中心等重点工程。

作为长江上游生态屏障，为保障沿江生态安全，“十一五”期间关闭了 9 台共计 32.1 万千瓦燃煤发电机组，淘汰煤炭产能 221 万吨、水泥落后生产能力 20 万吨和 5 万吨 GP 浆生产线，城镇生活污水和垃圾处理率达到近 80%。万元 GDP 综合能耗比 2005 年累计减少 20%，重点工业废水达标排放率达 98% 以上，二氧化硫排放量控制在 9.9 万吨以下，化学需氧量控制在 5.5 万吨以下，大气环境质量达到 2 级，长江出宜断面水质达到国家Ⅲ类水质标准以上。全市森林覆盖率 40.1%，比“十五”期末提高 2.1 个百分点，城市绿化覆盖率 35%。

（二）区域发展特征

经济结构处于优化改进阶段，三次产业产出比产业结构由 2005 年的 21.6∶48.8∶29.6 调整到 2011 年 15∶61.9∶23.1，非农产业比重上升 6.6 个百分点。主要凸显出由资源优势转变为产业优势、资源宜宾发展为产业宜宾的趋势。生产力布局显著优化，特色优势产业不断发展壮大，战略性新兴产业发展取得突破，工业发展快速，比重加大，产业园区优势突出，但第三产业比重下降，相对发展不足，经济结构尚有待优化。投资保持较快增长压力大，财政收入对重点企业依赖性较强。

城镇化发展快速但依然滞后，城乡二元结构矛盾突出。2011 年宜宾市城镇化率 39.35%，远远低于 2011 年全国城镇化率 51.27%，也低于全省的平均水平（41.83%）；宜宾中心城市的规模偏小，主城区发展尤其落后，其城镇功能也欠完善，吸引产业聚集的能力不强，承载和集聚辐射能力弱。

经济发展对资源的依赖性仍然较强，节能减排压力大，转变发展方式的任务艰巨。作为是国家战略资源富集区攀西－六盘水地区的重要组成部分，宜宾市拥有丰富的能源资源和矿产资源。宜宾的工业起步就是依托这些自然资源的优势，进而形成更多的产业链。但由于工业发展初期，利用资源优势发展能源化工工业多为粗放型，至今仍然难以完全转变，对环境污染严重，在当前可持续发展节能减排压力下，转变发展方式任务艰巨。

（三）区域发展定位

把宜宾建设成为长江上游川滇黔结合部经济强市和成渝经济区次中心，打造“一枢纽”（综合交通枢纽），构筑“一城两中心”（百万人口大城市、商贸和物流中心），建设“四基地”（酒类食品基地、综合能源基地、化工轻纺基地和机械制造基地）。充分利用黄金水道长江和港口优势，抢占制高点，从交通、商贸、物流、金融方面入手，把宜宾打造成为成渝经济区中的区域性中心城市和次高地，倾力打造成渝经济区第三增长极。借势成渝、联动川南、辐射滇黔，建成西部综合能源基地和先进制造业基地、川滇黔结合部现代物流中心、国家级自然生态和历史文化旅游目的地、金沙江水电开发依托城市、长江上游生态屏障以及饮料食品、能源轻纺、机械制造和商贸物流基地及重要的交通节点和港口城市。①

三　资源状况：川南能源基地与旅游基地

（一）水能资源

宜宾地处川南，金沙江、岷江、长江横贯市境，三江支流共有大小溪河600多条，其中，横江河、南广河、长宁河、西宁河、黄沙河、越溪河、箭板河、宋江河、古宋河9条中等河流流域面积均在500平方公里以上。从巴塘河口到宜宾即金沙江，是第一阶梯至第二阶梯的过渡地段，这里地形突变，山高谷深，除局部河段为宽谷外，河流穿行于峡谷之中，比降大，河水湍急，水能大。金沙江水能理论储量为157.2万千瓦，岷江91.7万千瓦，长江214.4万千瓦。全市可开发的水能资源理论蕴藏量达716万千瓦，可开发装机655.7万千瓦，年发电量362亿千瓦时。②

境内大型水电站即国家"十一五"规划实施的第一个项目——向家坝水电站工程，已经于2008年截流，2012年安装首批机组发电，预计2015年建设完工。该电站装机容量640万千瓦，保证出电200.9万千瓦，多年平均发电量307.47亿千瓦时。

（二）矿产资源

宜宾能源矿产资源富集配套，具有建设和发展能源业、制造业、食品饮料业等产业的显著优势，是国家确立的水电、火电、核电综合发展的重要能源、原材料生产基地。已探明的矿产地有305处，矿产资源有44种，探明储量具E级储量的矿产有23种，其中煤炭储量约53亿吨，天然气储量约600亿立方米，硫铁矿约15亿吨，岩盐矿、石灰石、石英均在100亿吨以上，居四川第一。

宜宾市境内已发现并经检查评价的矿产种类计有44种，矿产地有305处，在探明储量具E级储量的23种矿产中，有大型开采价值的有表33-1中列的6种。

宜宾市矿产资源分布如下。

宜宾市：煤、陶土、石英砂；

翠屏区：煤炭、硫铁矿、岩盐矿、天然气、陶土、建筑砂、石英砂、砂金、石灰石、大理石；

宜宾县：煤、天然气、石油、石灰石、铁、铜、砂金；

兴文县：硫铁矿、煤炭、岩盐、大理石、石灰石；

南溪县：天然气、石灰石、石英砂、烟煤、页岩；

长宁县：盐、磷、铜、石灰石、硫铁矿、煤、天然气、白云石、重晶石；

高　县：煤、铁、硫铁矿、紫砂陶、石灰石、方解石、金、铜、绿波缕石、云石、石英、重晶石、天青石、白兰岩、冰洲石；

江安县：煤、硫铁矿、石灰石、铜、天然气、砂金、铁矿、铝矾土、方解石、冰州石；

① 《宜宾打造成渝经济区第三增长极》，《四川日报》2011年8月18日。
② 《抓住宜宾水能资源开发优势　拉动一方经济发展》，宜宾新闻网，最后访问日期：2008年9月22日。

表 33-1　宜宾市矿产资源分布

种　　类	资源总量	保有储量	占四川省保有储量
煤	53 亿吨	41.4 亿吨	53%
硫铁矿	15.09 亿吨	/	71%
玻璃用石英砂岩	/	3460.8 万吨	44.2%
天然气	/	300 亿～400 亿立方米	/
石灰石	4.63 亿吨	/	/
岩盐	100 亿吨	/	/

筠连县：铁矿、铜矿、磷矿、盐矿、大理石。

（三）生物资源

宜宾农业资源丰富，生物资源多样，是“植物之苑”、“香料之都”、“茶叶世界”、“天然竹海”。全市有农作物 800 多种，禽畜和水产品 180 多种，樟油年产量占全国的 70%，是全国外贸樟油最大的生产基地；动物资源近千种，有国家一、二级保护动物 51 种，其中，一级保护动物 7 种（四川鹧鸪、黑颈鹤、豹、云豹、中华鲟、白鲟、达氏鲟），二级保护动物 44 种（如短尾猴、猕猴、穿山甲、大鲵、黑熊等）。

（四）旅游资源

丰富的自然资源和悠久的历史文化传承，成为宜宾宝贵的旅游资源。2008 年在由亚太旅游联合会、中国生态学会旅游专业委员会和中华民族文化促进会旅游文化研究中心联合主办的“2008 中国文化生态旅游高峰论坛”上，宜宾市被评选为“中国最佳文化生态旅游城市”。

宜宾拥有世界级风景名胜区 2 处；国家 4A 级风景名胜区 4 处、国家级风景名胜区 2 处、省级风景名胜区 5 处，省级湿地公园 2 处。

境内旅游资源主要有自然景观和人文景观两类：自然景观——蜀南竹海、石海洞乡、博望山、西部大峡谷、忘忧谷、筠连岩溶、筠连古楼山、八仙山、七仙湖、金秋湖。蜀南竹海素有“翠甲天下”之美誉，被誉为“中国旅游目的地四十佳”、“中国生物圈保护区”、国家首批 4A 级旅游区、世界“绿色环球 21”认证景区、“中国最美的十大森林之一”，面积 120 平方公里，核心景区 44 平方公里，共有八大主景区两大序景区 134 处景点。人文景观——李庄古镇、龙华古镇、流杯池、五粮液工业园区、夕佳山民居、赵一曼纪念馆、真武山古建筑群、僰人悬棺、丞相祠堂、华藏寺、大观楼、哪吒行宫、宜宾天池。“蜀南竹海天下翠”、“兴文石海天下奇”、“僰人悬棺天下谜”成为宜宾的旅游标志牌。

（五）文化资源

酒文化：宜宾具有 3000 年的酿酒历

史，被誉为“中国酒都”，其酒文化伴随着历史民族特色历久而醇香。诸如先秦时期僚人酿制的清酒、秦汉时期僰人酿制的蒟酱酒、三国时期鬏鬏苗人用野生小红果酿制的果酒等都是当时宜宾地区少数民族的杰作。“五粮文化”更是中国5000年农耕文化的代表，将中国酒文化和中华民族的大中华文化融会贯通，中外闻名。

20世纪60年代，从兴文县、珙县、南溪县、长宁县、江安县挖掘出的2000年前的汉代岩墓和出土的石棺上，雕刻的浮雕就有酒文化内容，“厨炊宴饮图”为其一。1984年7月，在宜宾县横江镇出土的酒器“蝉纹青铜爵”，据考证为战国时期所铸造。这些生动的文化遗存，说明宜宾建城以前的酿酒业和酒文化，已有1000多年，佐证了宜宾是中国酒文化的发源地之一，是“中国酒文化的先锋”。生活于川南的僰人很早就有饮用天然发酵的“荔枝酒”、“树头酒”的习惯，后来学会了人工酿造，酿出了名为“蒟酱”的酒和窨酒，从而开创了川南古僰道酒文化之先河。“清盎之美，始于耒耜。”农业的繁荣，促进了酒业的发展。尤其是到了唐代和宋代，“重碧酒”、“荔枝绿”、“姚子雪曲”等美酒，为历代诗人墨客所推崇。

在宋代，宜宾的酿酒业已达到了相当的规模，据宋代《熙宁酒课》推算，北宋时戎州的酒课是5000贯，年产量达到522500斗。到600年前的明代，宜宾的酿酒工艺日臻完善，出现了商业性的手工作坊——糟房，从清末到民国，糟房多达12家。宜宾的“杂粮酒”远近闻名，以至后来成为五粮液的前身。在宜宾城沿江一带，尚保留有300～600年历史的老糟坊，如“温德丰”、“德盛福”、“长发升”、“张万和”等。据统计，至今宜宾大小酒厂有200多家。不仅有曲酒，也有单粮酒；不仅品牌众多，而且名酒荟萃。故有人说，“宜宾县县有特色，蜀南处处闻酒香”。南溪县远在唐代就有了作坊式的“家酿”，“南溪春”很是出名。江安县是中国酒文化最早的实物之一——东汉时期（公元25～220年）石刻品酒图的出土地。翠屏区的叙府大曲，兴文县的“敬师酒”，珙县的“雪山大曲”、“麟泉大曲”等，都是有名的美酒佳酿。

宜宾的酒和酒文化融会在民风民俗之中，且丰富多彩。“无酒不成席”，酒成了人际沟通和文化传播的载体。亲朋好友聚会离不开酒，节日庆典离不开酒，经济文化交流更是离不开酒。婚丧嫁娶、逢年过节要摆酒，生日要请寿酒，生孩子要请满月酒，农村栽秧打谷要喝酒等。至今，在川南农村还存在着传统的“摆酒”风俗。农村的婚庆嫁娶、修房造屋等喜事，一般都选择在冬季农闲期间举行，在这段时间的吉日，特别是农历逢“九”日、逢双日，便是请客的最好日子。中午时分，开始摆酒。有的人家房子小，喜酒便从堂屋一直摆到院坝，又叫坝坝酒。酒至半酣，新郎、新娘一一向宾客敬酒。此时，酒席上的劝酒声、猜拳声、咏诗作对的祝福声不绝于耳，人声鼎沸，热闹非凡，这样的流水席至晚方休。①

---

①《认识宜宾——历史文化》，宜宾学院招生信息网，最后访问日期：2010年6月14日。

竹文化：如果说酒文化是让人酣畅淋漓，那么宜宾的竹文化则是令人清新自然。宜宾是一个以绿色竹子环绕起来的城市，北宋文人黄庭坚就曾以一句“壮哉，竹波万里”以道出蜀南竹海的气魄和雄浑。不仅如此，借助丰富的竹子资源，在宜宾市长宁、江安县形成了许多以竹子为原料的工艺品，其品种之多，涵盖人们生活的各个方面，有竹雕、竹根雕、竹编等。江安竹簧 2008 年被列入国家级非物质文化遗产保护。

石文化：兴文石海是川南亚热带岩溶景观的典型代表，被岩溶专家称为“兴文式喀斯特”，以规模罕见的大漏斗、溶洞群以及独特的峰林、石林等为代表。这里的岩溶景观资源规模大、类型全、形态美、品位高，国内罕见。1983 年 5 月 19 日，原西德布伦克大学专家 W. 施奈德、M. 法尔克慕名来考察二叠系地质，认为兴文石海是研究地质学、地质构造、成岩作用的天然宝库。同年 11 月 20 日，第二次全国岩溶洞穴会议在这里举行，来自 26 个省市的 65 名专家与会，称赞兴文石海是“二叠系地质的天然博物馆”。1992 年 9 月，由国际洞穴研究会副秘书长安迪 · 伊文斯和中国洞穴研究会会长朱学稳教授带领的中英联系洞穴探险活动在石海成功举行，引起众多媒体的关注。兴文石海这块深山瑰宝，既以其亮丽的观赏价值为世人称道，又以其独特的科考价值蜚声海内外。宜宾的奇石文化、赏石文化，也是宜宾石文化中的一枝奇葩，江安南溪的“长江奇石”闻名远近。①

大江文化：在宜宾境内，有长江、金沙江、岷江，还有淯江、符江、横江，越溪河、南广河、黄沙河等，这些河流为宜宾带来了富足，也正是这些河流孕育了宜宾的大江文化，延续了宜宾的文化根脉。宜宾的大江文化，涵盖了龙崇拜、敬“川主”、修塔镇水、码头民俗等。没有“三江”（金沙江、岷江、长江），就没有宜宾这座古城。大江润泽了宜宾的山川原野，大江也塑造宜宾原初文化模型。数千年来，浸润在宜宾人血脉中的第一文化元素，就是大江文化。大江容纳百川、奔向海洋的气魄，塑造了宜宾人兼容并包、开放开明、崇尚自由、追求真理的精神气质，这是大江文化的灵魂。

僰文化：僰民族是曾经长期生活在宜宾的少数民族之一，它虽已销声匿迹，却为我们留下了千古传奇的僰人文化。目前，在珙县麻糖坝、洛表及兴文一带尚存数百具木棺悬置于悬崖峭壁之上，述说着僰民族的历史。那些绘制在悬棺旁边石壁上的红色图腾及有关人、马、兽等图案，也在映照着僰民族的辉煌。宜宾的僰文化，可自崖葬悬棺、铜鼓中略知一二。现在国家级文保单位僰人悬棺、石城山崖墓群、黄伞崖墓群均是僰文化的标志。

茶文化：宜宾是一个具有 3000 多年茶叶生产历史的古老茶区，是茶马古道的重要驿站。由于种植早茶的历史悠久，产早茶的时间领先，早茶的品牌众多，故而于 2009 年 3 月 1 日被中国茶业流通协会授予“中国早茶之乡”称号。深厚的早茶历史，独特的地理位置和气候特点造就出

① 《认识宜宾——历史文化》，宜宾学院招生信息网，最后访问日期：2010 年 6 月 14 日。

宜宾早茶清新隽永的茶香。宜宾的茶文化也就伴随着商贸文化而来。在古城宜宾，有不少“茶马互市”的商贸市场或茶馆酒楼，或以茶易马，或以茶易酒、易盐、易谷物、易土特产等。宜宾产茶历史悠久，在宜宾市的产茶区尚保留有原始的野生茶树。所辖10个区县均产茶叶，地处高寒山区的屏山、筠连、高县、宜宾县、翠屏区等尤为有名。宜宾盛产绿茶、红茶、花茶及砖茶。所产“早白尖”、“龙湖翠”、“叙府龙芽”等先后荣获多项国际金奖。特别是改革开放以来，宜宾运用种茶新技术，改良和引进新品种，大力培植绿色优质茶园，使宜宾茶叶生产快速发展。目前，全市有茶叶面积20多万亩，年产茶叶1.65万吨，占四川省茶叶产生的1/3，且畅销全国各地，并出口俄罗斯、非洲、日本、韩国、香港等国家和地区。①

四　基础设施：川滇黔结合部综合交通枢纽

宜宾市地处川滇黔三省结合部，金沙江、岷江在此汇合成长江，是长江黄金水道的起点，处于国家“五纵七横”交通规划南北干线与长江东西轴线的交汇点，是四川沿江开放和成渝经济区连接南贵昆经济区走向东南亚的重要门户，也是四川规划的向南、向东的重要出川大通道，具备建成长江上游川滇黔结合部综合交通枢纽的基础和条件。

（一）基础设施概况

区域性综合交通枢纽：以高速公路、铁路和港口建设为重点，对接国家、省交通战略规划，形成跨江成环、沿江成束、呼应成渝、辐射滇黔的沿江综合交通体系。突出宜宾港建设，形成以志城作业区为中心，向家坝、安阜、盐坪坝、罗龙、阳春坝五个专业及综合性码头为支撑，金沙江、岷江、长江三江沿岸20个客货码头为补充，长江上游、四川最大的航运中心组合港；高速公路网络建设向东、南、西“三向拓展”，向东宜泸渝沿江高速公路，向南打通与云南昭通的快速通道，向西建设乐宜高速公路；铁路、航空建设打造四川向南通达“珠三角”的西南出海大通道。

交通基础设施：2011年末，全市公路总里程达16694公里。其中，四级及以上公路13115公里。全年建成通乡油路（水泥路）426公里，通村公路1143公里，乡镇客运站（点）10个。全年完成公路水路货物运输量5583万吨，比上年增长13.96%，货运周转量443719万吨公里，增长17.39%；完成客运量15509万人次，增长11.44%，客运周转量421558万人公里，增长10.32%。高速公路直驶成都、重庆以及云南水富县。宜宾城西北的二级机场（4C级），先后开通了直达北京、上海、广州、深圳、成都、昆明、重庆、贵阳、北海、海口等城市的航线。

铁路方面，已建成电气化铁路干线内昆铁路（北接成渝铁路、南接贵昆铁路），地方铁路宜珙铁路、金筠铁路；2010年

① 《认识宜宾——历史文化》，宜宾学院招生信息网，最后访问日期：2010年6月14日。

12 月 26 日成贵高速铁路正式开工，预计 2017 年建成通车。纳入国家铁路规划网近年将开工的有渝昆高速铁路、绵遂内自宜城际铁路，以及宜宾港志城作业区铁路专用线、宜西（宜宾 – 西昌）地方铁路。公路方面，经过境内的国道有：213 国道、国道主干线 GZ40；高速公路已建成通车的有内宜高速（北接成渝高速）、宜昆高速（宜宾 – 昆明）、乐宜高速（乐山 – 宜宾）；正在建设中的有宜泸高速（宜宾 – 泸州）。计划建设的有宜叙高速（宜宾 – 叙永），宜昭（宜宾 – 昭通，经高县、筠连到彝良），宜毕高速（宜宾 – 毕节），宜攀高速（宜宾 – 西昌 – 攀枝花），宜宾交通外环线。航运方面，菜坝机场为二级机场（4C 级），最大起降机型为波音 737，并于 1992 年 12 月 16 日竣工及首航，是四川少有几座赢利的支线机场之一；即将于 2013 年在翠屏区宗场乡全面开工建设宜宾新机场。水运方面，宜宾市境内有河道 10 余条，通航里程 963.3 公里。目前，宜宾港志城作业区一期基本建成，完成长江宜宾段Ⅲ级航道整治，实现 1000 吨级船舶、3000 吨级船队常年昼夜通航。

能源基础设施：依托金沙江水电开发、筠连煤田开发，岷江航电开发，以中国三峡总公司、中国华电、中电国际、川煤芙蓉集团、川南煤业等重点企业为代表的能源电力产业，已经开工建设的向家坝水电站、珙县电厂、筠连煤田、福溪电厂，计划开工的岷江流域航电开发。

向家坝水电站：中国三峡总公司负责建设与管理的中国在建第三大水电站，总投资约 434 亿元，装机容量 640 万千瓦（共 8 台机组，每台 80 万千瓦），2005 年正式开工，2008 年截流，2012 年首批机组发电，2015 年建设完工。

筠连煤田开发：2001 年正式启动开发，全国“十一五”规划发展的 13 个大型煤炭基地之一。无烟煤储量达 35.82 亿吨，是全国十三大煤炭基地云贵基地的重要组成部分，占四川煤炭储量的 1/4。

火电基地建设：华电集团珙县电厂，规划总装机容量 320 万千瓦，一期投资 60 亿元，120 万千瓦装机容量，已于 2008 年开工建设；中电福溪电厂，将于 2009 年正式开工建设，总装机容量 120 万千瓦，总投资 50 亿元。

水利基础设施：围绕“再造一个都江堰灌区”的目标，积极推进向家坝灌区工程前期工作，开工建设一期工程。全面完成高县惠泽水库渠系配套工程、筠连王家沟水库枢纽工程建设，开工建设南溪县龙滚滩、兴文县新坝中型水库。形成水利防洪抗旱减灾、农田水利基础设施建设、水资源保护开发利用、城乡供水排水、改革发展体制机制五大保障体系和重点骨干水利工程、农田水利基础工程、江河防洪工程、城市供排水工程四项基础工程的基本格局。完成 39 座小型病险水库除险加固。大力开展灌区渠系配套与整治，加强农村小型、微型水利设施建设。“十二五”期间，新增有效灌面 23.67 万亩，新增蓄引提水能力 4207 万立方米，全市有效灌面占总耕地面积比例达到 57.7%。加快城市规划区范围内“三江六岸”重点堤防工程建设。进一步完善南溪、高县县城堤防。开工建设宜宾县、江安、长宁、珙县等县城堤防和宜宾县观音镇、江安县红桥镇、长宁县竹海镇、南溪县黄沙镇、高县焦村镇、筠连县塘坝乡场6处中小河流重点场镇堤防。加强山洪灾害防治，积极开展珙县、屏山县、筠连县、高县、兴文县5个山洪灾害重点县的山洪灾害治理工作，基本解决山洪地质灾害易发地区防洪减灾突出问题。保护农村水源地，推进水务一体化，保障农村饮水安全。

城镇建设：建设大城市，加强城市基础设施的建设，大力拓展城市职能，优化城市结构。“一核、一带、二线、五点”的放射状城镇空间布局结构。“一核”即宜宾中心城区；“一带”即沿岷江和长江东西向城镇发展带，沿江宜宾地区部分包括宜宾市区和屏山县城（含蕨溪镇）、高场－喜捷镇，以及南溪县城、江安县城等重要城镇发展区。“二线”即依托内宜高速、宜珙铁路、金筠铁路、南广河流域，串连中心城市、巡场镇、珙泉镇、文江镇、庆符镇、筠连镇、巡司镇等主要节点的资源开发与能源工业型城镇发展轴线；依托宜宾－长宁－兴文旅游通道，构建以中心城区、长宁镇、古宋镇为主要节点的旅游经济型城镇发展轴线。“五点”即珙县县城（巡场－珙泉镇）、筠连县城（筠连－巡司镇）、高县县城（庆符－文江镇）、长宁县城和古宋镇五个二级中心城镇。[①] 宜宾新区加快建设，三江口、临港新城、翠屏新区、“中国白酒金三角”——酒都宜宾五粮液文化特色街区等全面推进。此外，屏山新县城和各区县新区建设也在加紧进行。

信息基础设施：加快实施重大通信基础工程，着力提高宜宾的国际通信保障能力、区域干线传输能力、信息汇聚处理能力、信息安全支撑能力和应急通信适应能力。健全城市通信网络体系，加速传统通信网络到智能化、个人化、移动化信息网络转变。扩大国际互联网出口带宽，建设高速、安全、可靠接入的无线城市网络系统，中心城区和重点城镇实现无线网络全覆盖。加快实现“三网合一”，从核心技术、产业发展和普及应用三个层次全面推进宜宾市信息化建设，以“两化融合”带动宜宾市信息化的发展。

（二）基础设施特征

宜宾不仅是“万里长江第一城”，更是位于成渝经济带的中心地段，目前已形成集“水、公、铁、空”为一体的成渝经济带的枢纽中心，成为我国东南沿海、中原腹心与西南交流的要冲，成为川滇黔结合部区域的交通枢纽和川－滇－黔－渝连接东西、沟通南北的战略转换要地。

随着大批能源基地的建设，向家坝水电站及筠连煤田综合开发的启动，矿产、水能、旅游等优势资源已进入大规模开发期。

城镇基础建设鼓励集约建设，简化分级，结合工业集中区建设，突出重点镇发展。一级中心城区即宜宾主城区，是国家历史文化名城，川、滇、黔、渝结合部地区的以能源、食品和化工为主导的中心城市；二级城镇芙蓉、江安、筠连、屏山，是市域内各片区的中心城镇，人口聚居相对较多，人流、物流和信息流的集聚和辐射作用相对较强的中心，起着市域内片区

① 宜宾市人民政府：《宜宾市城市总体规划（2008 ~ 2020）》，最后访问日期：2009年12月。

性的中心地作用；三级中心城镇服务周边区域的综合性职能；四级重点发展城镇一项或多项具有区域影响的特色产业或职能；五级一般建制镇完善居住功能，满足部分生产性职能的需求，具备基本的服务设施。城市的功能分区概括为“三大片区十个组团”，组团间以三江、绿化、山体分隔，既相对独立，又彼此联系，共同组成生态型“山水园林”城市，空间布局为放射状、开放型、组团式、多中心，沿江、沿线主轴向带状发展的大城市格局。

五　产业发展：着力构建现代产业体系

（一）产业体系概况

截至“十一五”规划末，宜宾市已基本形成以食品、化工、装备制造业、能源等特色产业为核心的产业体系。宜宾市正处于工业化中期，2011 年全市实现地区生产总值 1091.18 亿元，比上年增长 25.3%。其中，第一产业增加值 163.26 亿元，增长 22%；第二产业增加值 675.69 亿元，增长 30.1%；第三产业增加值 252.23 亿元，增长 15.8%。三次产业对经济增长的贡献率分别为 13.3%、71.0% 和 15.7%。三次产业结构由上年的 15.4 : 59.6 : 25 调整为 15.0 : 62.0 : 23.0。

可以看出，宜宾的第二产业，特别是工业仍占较大比重，第一产业（农业）仍停滞不前，第三产业（现代服务业）增幅最大。

1. 第一产业（农林牧副渔）

宜宾市由于处于高原向平地过渡阶段，地形多山地、丘陵，农业很难实现现代化，基本上主要以传统农业为主，如水稻种植、畜牧业养殖等。据 2011 年宜宾市统计公报显示，2011 年宜宾市农林牧渔业总产值 275.79 亿元，其中农业产值 116.56 亿元，占总产值的比重 42.26%。

图33-2　“十一五”期间宜宾GDP及增速

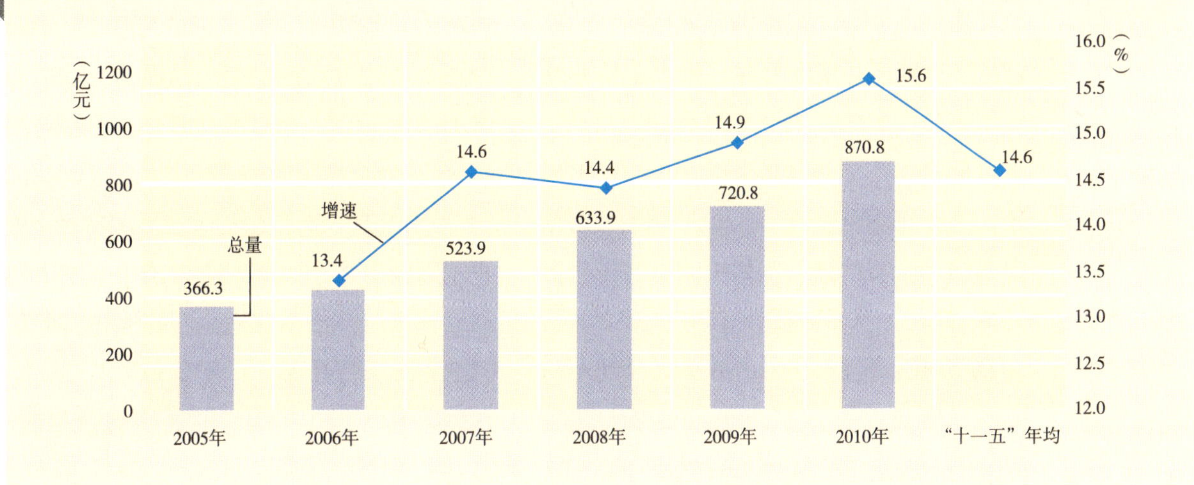

资料来源：宜宾市统计局编《宜宾市 2010 年国民经济和社会发展统计公报》，2011 年 2 月。

全年粮食种植面积达到41.53万公顷，粮食总产量达到230.5万吨，下降0.1%。经济作物中，油料产量8.2万吨，增长3.4%；蔬菜产量206.25万吨，增长6.1%；茶叶产量3.34万吨，增长23.3%；园林水果产量41.41万吨，增长12.6%。

2011年林业产值10亿元，比上年增长8.1%，占总产值的比重为3.63%。全年完成营造林面积38205公顷，其中，退耕还林工程荒山荒地营造林面积1800公顷，天保工程营造林面积2199公顷，其他营造林34206公顷。林地保有量53万公顷，森林保有量50万公顷，活立木蓄积2135万立方米，森林植被总碳储量2003万吨，森林覆盖率达41.11%。林竹基地初具规模，林业产业发展迅速，全市已建成以松、杉、阔叶等树种为主的木质工业原料林基地19.7万公顷；建成竹基地19.23万公顷；建成特色经济林基地10.11万公顷。各类木竹经营加工企业达1300家，其中：产值亿元以上企业8家；市级农业产业化林业龙头企业17家，省级林业产业化龙头企业10家；林业专合组织133个。形成了具有宜宾特色的竹加工、木材加工、特色经济林、珍稀树种及苗木花卉、生态旅游、野生动物繁育利用等产业，推进了林业发展和林农增收。

全年实现畜牧业产值136.44亿元，比上年增长2.0%，占总产值的比重为49.47%。主要畜产品中，肉类总产量59.15万吨，下降1.7%。其中，猪牛羊肉47.97万吨，下降2.6%；禽蛋总产量4.62万吨，增长5.7%；猪年末存栏数425.33万头，增长2.5%。

全年实现渔业产值8.68亿元，比上年增长7.6%，占总产值的比重为3.15%。水产品产量12.67万吨，增长10.9%。

农业生产条件有效改善，全年新增有效灌溉面积7.66千公顷，综合治理水土流失面积125平方公里；年末农业机械总动力183.69万千瓦，增长7.1%；全年农用化肥施用量（折纯）10.26万吨，下降3.3%；全年农村用电量9.05亿千瓦时，增长7.4%。①

2. 第二产业（工业与建筑业）

2011年，全市工业实现增加值623.26亿元，比上年增长21.8%。其中，规模以上工业企业实现增加值583.73亿元，增长23.5%。在规模以上工业增加值中，轻工业增加值280.87亿元，增长19.62%；重工业增加值302.87亿元，增长27.86%。全市规模以上工业化学纤维、白酒、原煤、水泥、发电量、机制纸及纸板产量实现大幅度增长（见表33-2）。

首先，继续壮大酒类食品、化工、装备制造业等特色优势产业。

酒类食品产业一直是宜宾市的特色龙头产业。2010年，宜宾市酒类产值已达到243亿元，2011年酒类食品基地实现增加值185.04亿元，增长20.81%，并力争到2015年全市酒类食品销售收入达1000亿元以上，其中酒类达800亿元，成为“白酒金三角”龙头。同时全力推进“中国白酒金三角”核心区建设，将宜宾白酒产业打造成我国乃至全球最大的白酒生产基地、白酒酿造技术创新和品牌集群高地。目前，

① 宜宾市统计局：《宜宾市2011年国民经济和社会发展统计公报》，2012年3月。

宜宾正在筹建面积约 2.2 平方公里的中国酒都文化特色街区和“白酒金三角”科技创新中心。

综合能源产业方面，“十一五”期间，向家坝－上海特高压输变电工程、大窝 500 千伏输变电工程和叙府－泸州等 6 条 500 千伏输电线路竣工投运。珙县电厂一期工程一号机组并网发电，福溪电厂一期工程加快推进。筠连矿区鲁班山北矿、南矿建成投产，船景、新维煤矿加快建设。全省震后最大异地重建工业项目金堂煤矿开工建设。纳安线天然气管道建成输气。在“十二五”期间，宜宾将依托 500 千伏主干网架，围绕城市、工业集中区、长江上游沿江发展带等负荷中心形成两个 220 千伏输电双环网为骨干电网，实现供电区域分区分块、“手拉手”的环网供电。宜宾境内还将建设溪洛渡－华中、双龙及锦屏－苏南 ±800 千伏特高压等直流输电工程，把宜宾培育成全国重要的特高压中心。到 2015 年，宜宾基本建立起以金沙江水电开发中的向家坝水电站建设为龙头，筠连矿区开发和大型火电建设及核燃料、天然气生产为骨干，地方小水电、火电和农村能源为补充的国家“西电东送”的能源基地，并以能源生产为支撑，拓展延伸能源产业链，形成关联产业配套发展的特色产业体系。

化工产业方面，“十一五”期间，宜宾市发展了煤化工、硫磷化工、医药化工及高附加值的精细化工。在“十二五”规划里，宜宾市要大力发展氯碱化工，利用能源成本较低的优势，进一步扩大规划，力争到 2015 年形成 200 万～300 万吨的 PVC 生产能力，成为全国最大的 PVC 生产基地。同时充分利用丰富的盐卤资源，发展以盐综合利用为主体的盐化工产业链。合理布局煤化工产业，构建以煤制烯烃、醋酸、甲酸酯及下游高附加值产品等为主体的现代煤化工产业链，力争到 2015 年销售收入达 100 亿元。依托丰富的硫铁矿及周边磷矿资源，积极发展硫、磷化工，延伸精细化工产业链。以中缅石油管道建设为契机，积极争取在宜宾长江沿岸布局大型石油化工基地。

装备制造业方面，以临港经济开发区机械装备产业园区为主要载体，积极引进一批具有大件加工能力、大型成套设备装备制造能力的大型机械加工企业，以及具有集成制造能力的总装企业落户宜宾。大力支持中核建中核燃料元件有

表 33-2　宜宾市 2011 年规模以上工企业的主要产品产量

产品名称	2011 年产量	同比增减（%）	产品名称	2011 年产量	同比增减（%）
白酒（折 65 度，商品量，千升）	487531	41.83	聚氯乙烯树脂（吨）	475311	-9.91
机制纸及纸板（吨）	579456	33.21	水泥（万吨）	888.01	40.75
化学纤维（吨）	146703	42.86	原煤（万吨）	3849.88	30.12
烧碱（吨）	420636	-2.31	发电量（万千瓦小时）	1087993	68.30

限公司建成世界一流核燃料元件制造基地。加强相关区际产业间的分工协作，努力打造全省乃至西部地区重要的机械装备制造中心，力争到2015年销售收入达500亿元。

其次，培育新的产业并扶持中小企业的发展，把转变经济发展方式作为重点。

3. 现代服务业

宜宾市“十二五”规划明确指出，把加快发展现代服务业作为宜宾产业结构优化升级的重要举措，营造有利于加快服务业发展的环境。优先发展现代物流、现代金融、会展和博览经济等生产性服务业，改造提升传统商贸、观光旅游等生活性服务业，积极扶持发展公共服务。服务业增加值年均增长13.5%以上，到2015年达到460亿元以上。

（二）产业体系特征

在2010年7月的一次市长召集会上，宜宾市提出“顺势而为，着力构建现代产业体系”。现代产业体系是指以结构合理、能耗污染少、附加值高、竞争力较强的产业群为核心，以资金、技术、人才、信息等高效运转的支持系统为支撑，以基础设施完备、社会保障有力、市场秩序良好的产业发展环境为依托，并具有创新性、开放性、融合性、聚集性和可持续性特征的新型产业体系。

总的来说，宜宾市产业体系具有以下特征：结构中工业比重过高，农业和现代服务业发展相对不足，其中工业中除了几大优势产业，其他产业所占比重较小；产业发展完全基于依据自身优势资源；主导产业和支柱产业并不明确。

1. 主导产业层

主导产业就是战略重点产业。主导产业是指对一个产业结构系统的未来具有决定性引导作用的产业。主导产业突出的是带头（先导）作用，而起带头作用的产业并非支柱产业，主导产业具有较多的关联效应或扩散效应，能够创造新的市场需求，迅速吸收先进的科学技术成果，创造较高的生产效率和更多的附加值等基本特征，这正是相对于传统产业的高新技术产业所具有的特征。宜宾市已经基本形成了以酒类食品、综合能源、化工轻纺、机械装备四大产业为主导产业层的产业体系模式。

2. 支柱产业层

支柱产业必须在工业产出中占有较多份额、对工业增加值贡献较大、具有较高的经济效益和对产业的带动性及升级的基础性。绿色食品工业、耗能工业为第二产业。食品工业、耗能工业已是宜宾市目前的支柱产业，但仍以传统产业为主，主要具有劳动密集型的产业特征。

（三）重点产业培育

为了实现经济结构转型，为承接产业链，必须充分利用现有和潜在优势，有选择性推进新兴产业快速发展，加快形成全市新的经济增长点。重点发展以醋酸酯、三醋酸、二醋酸长丝、竹纤维等为主的新材料，以燃料乙醇、生物柴油等生物质能利用为主的新能源，以新型节能墙体材料、发光二极管制造等为主的节能环保产业，以五粮液药业迁建为契机积极发展生物制药等新医药产业，进一步提升整合电子元器件生产制造，积极发展电子信息产业。力争到 2015 年销售收入达 200 亿元。

六　城镇体系：积极推进新型城镇化建设

（一）城镇发展概况

截至“十一五”规划末，宜宾市共辖八县二区，72 个乡，104 个镇，10 个街道办。根据四川省 2012 年统计年鉴显示，2011 年城宜宾市城镇化率达 39.35%，比 2005 年提高 11.5 个百分点。辖区拥有一个 80.08 万人口区域性中心城市——宜宾市，其建成区面积 66.37 平方公里，进入全省 6 个大城市、九个人口上 20 万的县镇行列，基本形成较为完整的城镇体系。但是同时存在以下问题。

一是城镇化率低于全国和全省的平均水平，与川南其他四市相比也有一定的差距（见表 33-3）。

二是宜宾中心城区的规模偏小，城市化水平不高。全市 2011 年建城区面积 66.37 平方公里，在 18 个地级市中位居第七，在川南五市中位居第四。其城镇功能也欠完善，吸引产业聚集的能力不强，承载和集聚辐射能力弱。在县城及以下城镇更为明显。

三是城镇发展的软环境和综合功能的配套建设没有跟上，城镇的综合服务功能还不够完善，还不能高效地为企业提供长期生存和实现自身发展的平台，不能全方位的提供满足企业员工物质需求和精神需求的环境。

四是县域城镇化进程乏力，产业结构不甚合理且其支撑力度不够，市场发育程度低，县级财力不足，县域经济薄弱。因而带来县城市政基础设施和公用设施投资不足，县城及县城以下的城镇经济的辐射范围较小，吸收资金的能力差。

五是各区县城镇化发展不平衡。2009 年七个县区城镇化率低于全市平均水平，差距最大的是屏山县，相差 19.56 个百分点。县域经济支撑力度不够，辐射范围较小，吸收资金的能力较差，县城及县城以下镇基础设施和公用设施投资不足，影响城镇化进程。

在“十二五”期间，宜宾提出了积极推进新型城镇体系建设，即在引导符合落户条件的农业转移人口逐步转为城镇居民的同时提高城镇发展质量，力争到 2015

表 33-3　川南五市城镇化水平对比（单位：%）

年份	2006	2007	2008	2009	2010	2011
自贡市	36.58	38.18	39.63	40.82	41.02	42.69
泸州市	35.21	36.42	37.63	38.79	38.80	39.92
内江市	35.84	37.00	38.1	39.34	39.36	40.23
乐山市	35.67	37.06	38.3	39.40	39.48	41.20
宜宾市	29.80	32.00	34.00	36.56	38.00	39.35

表 33-4　宜宾市 2009 年各区县城镇化率（单位：%）

区县	翠屏区	宜宾县	南溪县	长宁县	江安县	高县	珙县	筠连县	兴文县	屏山县
城镇化率	65.72	27.6	40.8	32.7	32.6	27.6	39.1	26.82	25.4	17

年，城镇化率达 48% 以上。一方面要构建科学合理的城镇体系，规划统筹规划城镇体系，构建以中心城区为核心，县城和重点城镇为骨架，一般小城镇为基础的网络型城镇空间体系。加快发展县城，将江安镇、巡场镇等建设成为 10 万人口以上的县城，加快经济发展，提升人口集聚能力，为城镇发展壮大创造更加有利的条件，带动县域经济发展。另一方面，要提升城镇综合承载能力，科学规划城镇基础建设，提升城镇综合承载能力。重点加强道路建设和改造，加大城镇污水处理、垃圾无害化处理力度，完善供水供电供气、防灾减灾、公共绿地等市政设施建设，加强教育、卫生、文化、广播影视等公共服务设施网络建设，完善城镇公共服务功能。加强城镇生态建设和环境保护，深入开展城乡环境综合治理，打造优美舒适的人居环境，提升城镇的集聚能力和就业吸纳能力。

（二）城镇建设特征

在“十一五”期间，宜宾市实施积极的城镇战略，逐步引导人口由农村向城镇、城市转移，不断完善城镇体系。

1. 城市建设步伐加快，功能进一步完善

截至 2010 年，全市完成基础设施投资 102.74 亿元，比上年增加 23.12 亿元，同比增长 29.03%。其中，燃气生产和供应业完成投资 4.64 亿元，同比增长 1.12 倍，水的生产和供应业完成投资 4.08 亿元，增长 1.24 倍，基础设施中涉及民生方面的交通运输、仓储和邮政业完成 41.42 亿元，增长 52%。2011 年，全社会固定资产投资总额达 607.25 亿元，全年施工项目（不含房地产开发）1481 个，建成投产项目 881 个，项目建成投产率 59.49%，新增固定资产 303.34 亿元，固定资产交付使用率 62.31%。这些基础设施建设的推进，较大改变了城市面貌，拓展了城市空间。

2. 经济的持续发展，增强了城镇聚集能力

截至 2011 年，全市 GDP 达 1091.18 亿元，增长 25.3%；农业总产值完成 213.5 亿元，同比增长 4.75%；全市规模以上工业完成增加值 583.70 亿元，同比增长 30.4%；全年完成固定资产投资 607.25 亿元，同比增长 13.67%。2011 年城镇人口为 175.5 万人，比 2010 年增加 5.5 万人。经济的发展，吸纳了大量农村富余劳动力，为农村富余劳动力创造了更多的就业机会。

3. 城镇规模不断拓展，承载能力不断增强，就业机会不断增加，城乡居民收入稳步增长，生活质量显著提高

2011 年城镇居民人均可支配收入 17752.69 元，同比增长 16.3%，人均家

庭总收入中工资性收入 13241.88 元，同比增长 15.3%；经营净收入 1932.55 元，增长 35.4%；财产性收入 637.92 元，增长 18.6%；转移性收入 3815.53 元，增长 13.8%。城镇居民人均消费支出 13239.93 元，同比增长 13.39%。农民人均纯收入 6779 元，比上年增加 1169 元，增长 20.8%。其中，工资性收入 2634.3 元，增长 27.4%；家庭经营收入 3678 元，增长 19.2%；财产性收入 112.7 元，增长 85.6%；转移性收入 353.6 元，下降 10.6%。农民人均生活消费支出 4363.75 元，农村居民恩格尔系数 51.02%。

根据 2009 年宜宾市第二次全国经济普查资料显示，[①] 第三产业人员增加幅度较大，与 2005 年第一次经济普查相比，第三产业从业人员增加 37.58 万人，从业人员比重由一经普的 45.62% 提升到 74.3%，增加了 28.68 个百分点，而第二产业从业人员仅增加 2.23 万人，比重下降了 19.94 个百分点。

据 2008 ~ 2020 年宜宾市城市总体规划的要求，宜宾市未来城市空间结构布局呈“一核、一带、二线、五点”的放射状城镇体系。

①“一核”即宜宾中心城区。

②“一带”即沿岷江和长江东西向城镇发展带；沿江宜宾地区部分包括宜宾市区和屏山县城（含蔗溪镇）、高场 – 喜捷镇；南溪县城、江安县城等重要城镇发展区。

③“二线”即依托内宜高速、宜珙铁路、金筠铁路、南广河流域，串联中心城市、巡场镇、珙泉镇、文江镇、庆符镇、筠连镇、巡司镇等主要节点的资源开发与能源工业型城镇发展轴线；依托宜宾 – 长宁 – 兴文旅游通道，构建以中心城区、长宁镇、古宋镇为主要节点的旅游经济型城镇发展轴线。

④“五点”即珙县县城（巡场 – 珙泉镇）、筠连县城（筠连 – 巡司镇）、高县县城（庆符 – 文江镇）、长宁县城和古宋镇五个二级中心城镇。

（三）城镇体系构建

1..按照宜宾市未来城镇体系构建规划，宜宾市把城镇构建分为以下四个层次

一级中心城区（人口规模 102 万）：宜宾中心城区，是宜宾市域的政治经济、文教科研、商业金融、交通运输中心，市域内人口规模最大、城市服务功能最完善，集聚和辐射功能最强的城市。

二级城镇（人口规模 10 万 ~ 20 万）：珙县县城（含珙泉、巡场两镇），高县县城（庆符 – 文江），江安县城，筠连县城（含筠连、巡司两镇），屏山县城（含新发、蔗溪镇），古宋镇，南溪县城，长宁县城，是其县域政治中心、县域及县域周边地区的片区性经济文化中心。

三级重点发展城镇（人口规模 1 万 ~ 5 万）：观音镇、白花镇、高场 – 喜捷镇、大观镇、孝儿镇、上罗镇、观斗苗族乡、洛表镇、月江镇、来复镇、罗场镇、沙河镇、新市镇、红桥镇、水清镇、双河镇、竹海镇、古河镇、下长镇、僰王山镇、共

① 宜宾市统计局：《宜宾市第二次全国经济普查主要数据公报》，2010。

图 33-3　宜宾市“一核、一带、二线、五点”的放射状城镇空间布局结构

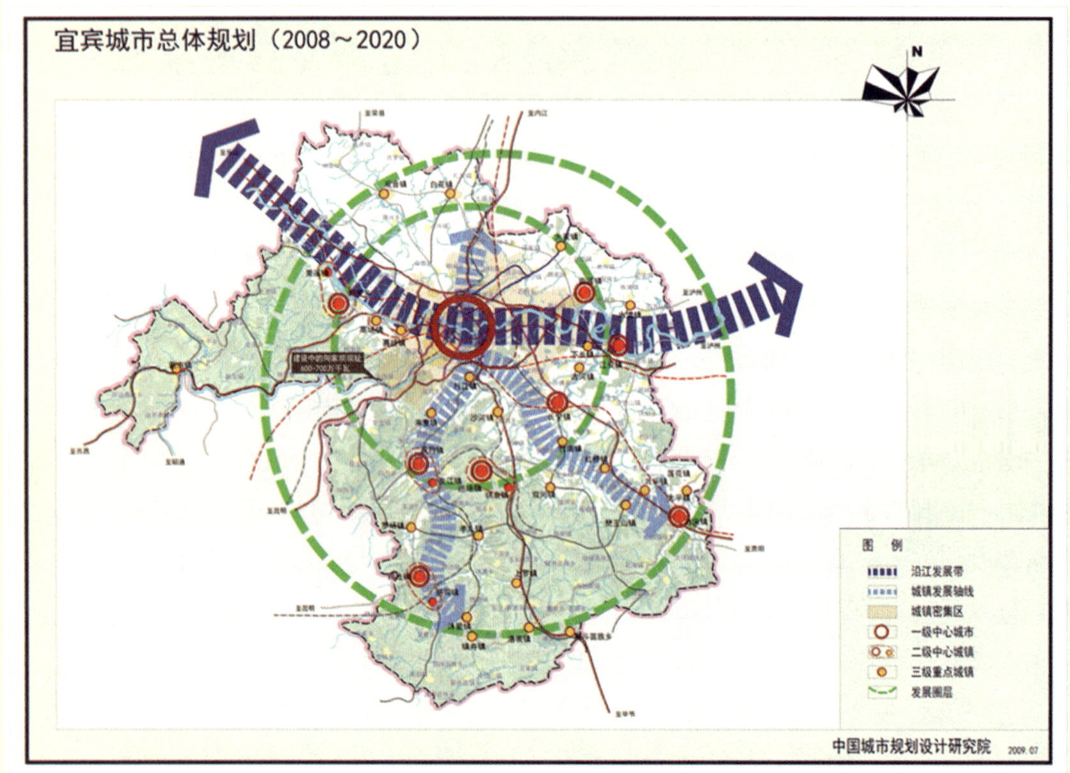

资料来源：《宜宾城市总体规划（2008 ～ 2020）》。

乐镇、太平镇、莲花镇、沐爱镇、镇舟镇。

四级一般建制镇人口规模（0.2 万～ 1 万）。

2. 新区建设——宜宾临港经济开发区

四川宜宾临港经济开发区经省政府批准，于 2009 年 12 月 18 日正式成立，是四川省唯一以“临港”命名的省级开发区，位于宜宾中心城区东部、长江起点，规划区面积 193 平方公里，涵盖宜宾市沿江工业集中区和港口群；核心区面积 99.2 平方公里，辖一街一镇，总人口 7.5 万；一期建设面积为 42.4 平方公里。区内四川宜宾港拥有“三江”（长江、金沙江、岷江）295 公里天然航道资源，是全省唯一可利用“三江”沿江岸线资源和水运优势的区域。内宜高速、宜（宾）水（富）高速、乐宜高速、宜泸渝沿江高速、内昆铁路、成贵铁路、宜宾机场等骨干交通基础设施与之“合纵连横”，是四川通江达海的桥头堡和川、滇、黔结合部综合交通枢纽。①

2013 年，四川宜宾临港经济开发区升级为国家级经济技术开发区，成为四川省长江临港的唯一国家级经济技术开发区。

① 《四川宜宾临港经济开发区简介》，四川新闻网，最后访问日期：2010 年 10 月 18 日。

表 33-5　2020 年宜宾市建制镇人口规模等级

城镇等级	规模（万人）	城镇个数（个）	总规模（万人）	平均规模（万人 / 个）	比重（%）
一级中心城市	102	1	102	102	33.12
二级中心城镇	10 ~ 20	8（11）	102	12.75	33.12
三级重点城镇	1 ~ 5	25（26）	58	2.23	18.83
四级一般建制镇	0.2 ~ 1	134	46	0.34	14.93

资料来源：宜宾市人民政府编《宜宾市城市总体规划（2008 ~ 2020）》，2009 年 12 月。

图 33-4　2020 年宜宾市建制镇体系结构

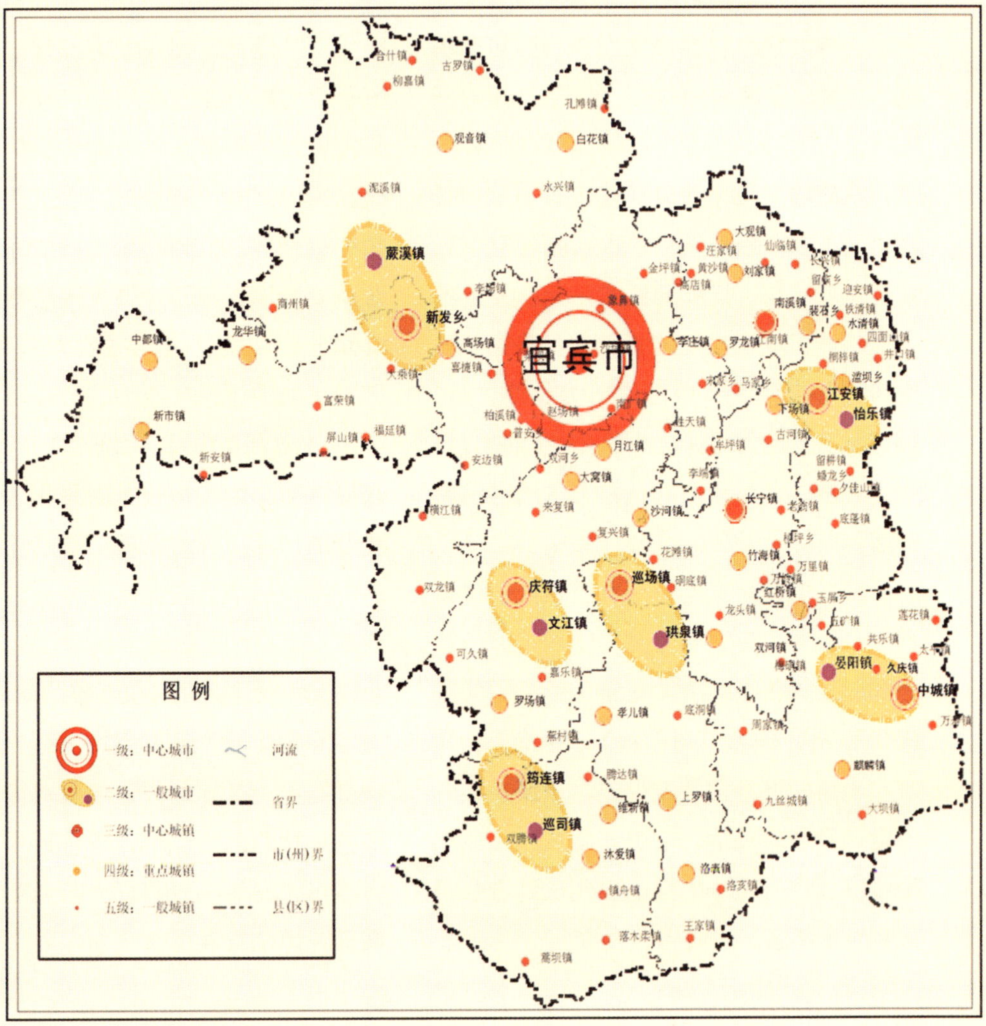

资料来源：《宜宾城市总体规划（2008 ~ 2020）》。

开发区位于宜宾市城区东两公里的沙坪街道、白沙街道境内，总体规划面积26平方公里，是国务院批准的宜宾市城市总体规划中向东发展重点区域。作为四川省唯一重点对外陆海的国家级经济技术开发区，将建设成为西部现代制造业基地，对外开放、科技进步、结构调整、体制创新的窗口，开放型、科技型、生态型新城区。

从发展空间来看，开发区以白沙生活区、沙坪镇行政区域和李庄组团、盐坪坝、罗龙、阳春坝、长宁沿江工业园及港口群193平方公里为规划控制区，以白沙生活区、沙坪镇行政区域100平方公里为市本级核心开发区，以白沙工业园、四川宜宾港、志城作业区26平方公里为近期重点开发区。

从战略定位来看，开发区着力发挥长江水运和川滇黔结合部综合交通枢纽优势，依托产业集群、产业园区和四川宜宾港的强大功能，变潜在优势为现实优势、单一优势为综合优势、局部优势为整体优势，打造承载企业的航母，培育产业的摇篮，塑造城乡统筹的新模式，培育区域经济新的增长极。

从发展目标来看，开发区按照“两年强基，三年突破，五年腾飞，跨越发展”方向，2011年底实现“七通一平”夯实基础，2015年实现产值1000亿元，把四川宜宾临港经济开发区建设成为川滇黔结合部区域发展环境优、增长速度快、产业集聚度高、核心竞争力强的现代化综合经济区和城市新区。

从发展思路来看，开发区坚持以港兴城、以港兴业、以城促园、以城带乡、以工促农、城乡互动，“港、城、园”一体发展；集工业区、港口区、物流区、商贸区、保税区、城镇生活区于一体，一区多园，整体崛起，走城乡生产发展、生活富裕、生态良好的统筹发展之路，打造成渝、川南经济发展新的重要承载地。①

3. 加快城镇化进程

（1）加快工业发展，强化产业集聚人员。

加快城镇化发展，必须实施以“产业为支撑”的城镇化发展战略，提高城市集聚工业的功能。建议着力抓好工业园区建设，全力提升工业经济的规模和质量；坚持把城市扩容提质与工业整合提高结合起来，拓展工业发展空间，以工业化带动城镇化；把县城作为县域经济的龙头，加强县城基础设施建设，改善人居环境，完善综合服务功能，全面提高生态环境质量，增强县城的生机和活力，形成市域次区域中心，成为全市城镇化战略的重要支点；在经济上大力发展技术密集和劳动密集相结合的产业，着力发展第三产业和区域特色经济，每个县着力培育1～2个主导产业、1～2个工业集中区，让县级中小企业与优势龙头企业有机对接。

同时要以产业发展为依托，有选择地着重发展一批辐射力强的重点镇；建设一批各具特色的小城镇，以市场为导向，大力培育和发展小城镇优势特色产业，梯次推进城镇化发展，充分发挥其带动周边地

① 《落实科学发展观　倾力打造全省第一个临港经济开发区》，宜宾新闻网，最后访问日期：2009年12月14日。

区发展的积极作用，使其成为繁荣农村、服务农业、集聚农民的重要载体。实现城区带动、重点城镇辐射、其他城镇拉动的良性发展态势。

（2）加快第三产业发展，扩张和提升城市经济，促进农业人口向城市的转移和就业。

宜宾作为长江上游的一级中心城市、金沙江下游水电开发能源基地的依托城市，要充分发挥川滇黔综合交通枢纽作用，担负起区域中心城市的职能，不断扩大区域服务中心、流通中心和信息中心等多种功能，要面向社会化的大生产和广大市场，大力发展交通、金融、服务、商业、贸易、房地产等第三产业，把城镇建设为产业集中地，人口聚集地。

（3）扩大城区面积，增大城市容量，加强城市基础设施建设，完善城市功能，满足和接纳城市人口增加的需要。

将进一步重视公共建设，大力发展建设高效的教育、体育、文化等公益性建筑，既满足经济发展和人民物质文化生活的需要，也为接纳 100 万城市人口创造条件。

通过城镇建设规划，合理引导城镇化发展的规模、速度、节奏，优化结构和布局，加强产业结构调整以及产业支撑的规划协调，促进经济要素的合理流动，使经济运行效率更高。通过科学规划，构建起以中心城区为龙头，以县城和重点小城镇为重点，以一批中心村为基础，结构合理、功能互补、特色鲜明、梯次发展的城镇体系。

进一步提高经营城市的水平，对城镇具有商业价值和经营价值的土地、设施、环境及其他各种资源要素要实施资本化运作。积极创造条件、优化投资环境，鼓励和支持民间资本和外资以独资、合资、合作、联营、项目融资、特许经营等方式参与城镇基础设施和公用事业建设，为提高城镇产业聚集度，拉动区域经济发展增添后劲。宜宾市建成区面积小，这与长江上游一级中心城市的定位是不相符合的，也是城市化发展的阻碍。要积极争推进中心城市的行政区划扩大和调整，有条件的县改设区和将附近的建制镇划归城区，逐步合理归并乡镇。发展有地方特色、有产业支撑的中心镇，促进小城镇发展从数量型向质量型转变。

（4）逐步建立城乡统一的社会保障制度，让向城市转移的农业人口吃下“定心丸”。

进一步加快城镇化步伐，拓展农民外出就业空间，把解决符合条件的农业转移人口逐步在城镇就业落户作为推进城镇化的重要任务。壮大县域经济，积极促进农民就地就近就业。

为加快城镇化进程，需要有力的政策支持，户籍制度改革降低了农民进城和劳动力转移的硬门槛，但还要解决农民进城的后顾之忧，使其基本的住房、失业、养老、子女教育等问题得到保障，建立城乡一体的社会保障制度，使进城农民吃“定心丸”，实现农业人口的转移。当前要抓住允许农村土地经营权合理流转机遇，与建立农民进城的社保基金挂起钩来，使农民进城有保障，从而加快农村人口的转移。还要构建和完善城乡统一的劳动力市场，实现劳动力资源的合理流动和有效配置，支持和引导农村劳动力向城镇有序流动，进入平等竞争的统一的劳动力市场。

4. 综合交通规划

由于一个区域的城镇聚集发展，与该区域交通体系密切相关，其作为基础设施建设必不可少。据 2008 ~ 2020 年宜宾市城市总体规划，到 2020 年宜宾市交通体系网络基本形成。

（1）铁路网。

快速铁路：规划成贵快速铁路、渝昆快速铁路、绵遂内宜城际铁路。成贵快速铁路在新发乡、中心城区、长宁镇、古宋镇设站。渝昆快速铁路在中心城区、江安镇设站。绵遂内宜城际铁路与成贵快速铁路、渝昆快速铁路在中心城区的南岸西区及赵场拓展区合并设置宜宾高铁客站。

普通铁路：规划筠盐铁路。规划志诚港支线从一步滩引出接入志诚港。

（2）"一环、七射"的高速公路网。

"一环"：乐山 – 宜宾 – 泸州沿江高速 + 内水高速 + 冠英 – 双河 – 胜天 – 罗龙联络线。

"七射"：内水高速内江方向，乐山 – 宜宾 – 泸州高速乐山方向，宜攀（宜西）（宜宾 – 攀枝花、西昌）高速，内水高速水富方向，宜威（宜宾 – 威信、毕节）高速，宜叙（宜宾 – 叙永）高速，乐山 – 宜宾 – 泸州高速泸州方向。

（3）"一环、五放射、三横、两纵"的干线公路网。

"一环"：泥溪 – 屏山 – 柏溪 – 安边 – 庆符 – 长宁 – 南溪 – 大观 – 邱场 – 白话 – 观音 – 泥溪。

"五放射"：荣宜路、S206（遂宁方向）、S307（泸州方向）、S308（泸州方向）、S206。

"三横"：S309、横江 – 罗场 – 孝儿 – 晏阳、筠连 – 巡司 – 沐爱 – 洛表 – 石林 – 中城。

"两纵"：G213、怡乐 – 玉屏。

（4）规划四个港区。

翠柏港区、南溪港区、江安港区、屏山港区。

七　发展展望：建设"长江上游川滇黔结合部经济强市"

（一）经济发展战略

宜宾市在"十二五"规划提出，坚持把改革开放作为加快转变经济发展方式的强大动力，深化体制机制改革，实施充分开放合作战略，以开放促发展、促改革、促创新，加强区域合作和承接产业转移，不断提高开放型经济发展水平，加快把宜宾建设成为西部改革开放战略高地和川滇黔结合部对外开放的前沿阵地。其核心是打造"一枢纽"（综合交通枢纽），关键是构筑"一城两中心"（百万人口大城市、商贸和物流中心），支撑是建设"四基地"（酒类食品基地、综合能源基地、化工轻纺基地和机械制造基地）。

1. "一枢纽"——综合交通枢纽

在"十一五"期间，宜宾市提出"一道、二港、三铁、四路、五码头、六高速"建设目标，[①] 全力推进铁、公、水、空立体交通网络的规划和建设，着

① 《关于加快构建川滇黔渝结合部综合交通枢纽的建议》，宜宾市新闻网，最后访问日期：2008 年 2 月 23 日。

力构建大交通、大通道、大动脉，把宜宾建设成川南地区、长江上游川滇黔结合部综合交通枢纽。“十二五”期间，宜宾市继续围绕长江上游川滇黔结合部综合交通枢纽的建设目标，以提升枢纽功能为中心，以加快建设出入境大通道为重点，进一步完善市内路网，强化交通互联配套，形成“铁、公、水、空”有效衔接的现代化立体交通运输体系，把宜宾打造成为南向出川最大的门户和通江达海“桥头堡”，国家“三纵两横”开发轴线上西南地区的重要交通节点。

（1）加速对外大通道建设。

加快以高速公路、铁路为主体的对外大通道建设，突出南向、打通西向，提升北向、拓展东向，形成“一绕八射”的高速公路网、“五横五纵”的国省干线公路网和“十向射线型”铁路网，缩短与成渝经济区、长三角、珠三角、北部湾等区域的时空距离，增强对西南地区的集聚和辐射能力。

（2）建成四川最大内河港。

加快以志城作业区为核心，阳春坝、香炉滩、罗龙、新市等专业性码头为辅的四川宜宾港建设，初步形成功能互补、分工合理的港口体系，将宜宾港建设成为四川最大内河港和长江上游川滇黔结合部的绿色港口。

（3）加快航空港建设。

力争开工建设宜宾新机场，加强机场与对外大通道和重要交通枢纽站场连接线建设，积极开辟宜宾至国内主要大中城市和重要旅游景区航线，提高航班密度，力争 2015 年年客运吞吐量达到 65 万人，进一步提升对周边地区的辐射和集聚能力，成为川滇黔结合部最大的区域性机场。

（4）加速完善市域交通网络。

有机衔接对外通道和市内交通网络，加快交通专线、城市交通环线建设，实现城市组团之间快速无障碍连接。加快高速铁路、高速公路连接线建设和国省干线公路、重要城镇过境线的升级改造，建成宜宾－庆符－筠连－镇舟、宜宾－新发、南溪－江安快速通道，努力提升旅游公路、市与县、县与县之间公路等级，力争实现县县通高速。全市通镇（乡）、通村公路实现全面网络化、90% 的建制村通水泥路（油路）。

（5）加快重要交通枢纽站场建设。

加快公路、铁路主枢纽和市县级客货运站建设。加强货运港站和物流园区的集疏运体系配套建设，推进客货运功能结合的农村站场建设，加快形成农村客货运站点网络，促进现代物流业发展。建成成贵铁路宜宾东站、屏山站、长宁站、兴文站，依托成贵铁路宜宾东站及陆续引入的绵遂内宜城际铁路和渝昆铁路，形成川滇黔结合部最大的铁路客运枢纽；改造升级宜宾火车站、宜宾北站、宜宾南站和南岸坝车站，提升和完善铁路货运枢纽。力争建成临港客运站、赵场客运中心站、西门客运站、南门客运站 4 个国家公路一级主枢纽和 19 个县级客货运站，提高宜宾陆路运输的集聚和辐射能力，强化宜宾在川南及川滇黔渝结合部区域的物流中心地位。

2.“一城两中心”——区域中心城市与商贸、物流中心

（1）构建特大区域性中心城市。

坚持“西拓东进、构筑主轴、畅通

节点、开发新区、疏解老城”的城市总体发展战略，依托长江、金沙江、岷江“三江六岸”自然条件，构建“沿江带状组团型”特大区域性中心城市的整体框架。到2015年，中心城市建成区面积达到100平方公里，规划区常住人口达到100万人。

（2）全力打造川滇黔结合部区域性物流中心。

以志城港作业区开港为契机，临港经济开发区为主要平台，加速构建高效衔接的综合物流运输体系，加快完善物流基础设施，推进现代化物流园区建设，发展壮大物流企业，推动传统物流向现代物流转型，建设成为西部区域性物流中心和全国重要物流节点，使宜宾成为川滇黔结合部乃至西部物流服务功能最全、综合物流成本最低的地区之一。

（3）构建长江上游川滇黔结合部区域性商贸中心。

把扩大消费需求作为扩大内需的战略重点，建立促进消费增长的长效机制；以流通联结生产和引导消费，初步形成市场体系完整、商贸流通业发达、具有较强聚集力、辐射力、带动力的区域性商贸中心。社会消费品零售总额年均增长15%以上，连锁经营等现代流通业态销售额占全市社会消费品零售总额比重达到25%以上。

3.“四基地”（酒类食品基地、综合能源基地、化工轻纺基地和机械制造基地）

食品饮料、综合能源、化工轻纺、机械制造“四基地”，集中了宜宾市优势产业，其龙头企业及其产业链是其经济发展的主要增长点。据统计公报数据显示，宜宾市酒类食品、综合能源两大产业利润强势增长，达60.1亿元，占全市工业增长利润的88%。

（二）经济地理重塑：借势成渝、联动川南、辐射滇黔，把宜宾市建设“长江上游川滇黔结合部经济强市

在“十二五”规划里，省委、省政府明确提出，要推动四川发展格局由成都经

表33-5　宜宾市“十二五”规划期间重点建设项目

※ 公路：宜（宾）泸（州）渝（重庆）高速公路、宜（宾）攀（枝花）高速公路、宜（宾）叙（永）高速公路、宜宾过境高速、临港大件路、宜（宾）新（发）快速通道、南（溪）江（安）快速通道、宜（宾）庆（符）筠（连）镇（舟）快速通道、宜（宾）昭（通）高速公路、宜（宾）毕（节）高速公路
※ 铁路：成（都）贵（阳）铁路、绵（阳）遂（宁）内（江）宜（宾）城际铁路、临港经济开发区进港铁路、内（江）昆（明）铁路扩能改造、渝（重庆）昆（明）铁路
※ 港口：志城作业区，罗龙、阳春坝作业区
※ 机场：宜宾机场迁建工程
※ 水运：长江航道整治工程
※ 桥梁：金沙江公铁两用大桥、临港经济开发区－盐平坝长江大桥、临港经济开发区－李庄长江大桥、南溪区长江大桥、屏山县岷江一桥和岷江二桥、江安县长江二桥、白沙－南岸长江大桥
※ 枢纽站：成贵铁路宜宾东站、临港客运站、赵场客运中心站、西门客运站、南门客运站

资料来源：宜宾市发展改革委员会编《宜宾市“十二五”规划》，2010。

济圈“独力支撑”向川南、攀西和川东北等经济区“多头牵引”转变，为川南各市搭建起了异军突起、跨越发展的更高平台，为宜宾经济社会发展带来了千载难逢的历史机遇。宜宾市同时乘势提出“借势成渝、联动川南、辐射滇黔”的规划。该规划有利于提升宜宾的战略地位、有利于优化宜宾的发展条件、有利于形成合作共赢的发展新格局、有利于打造成为四川南向开放的门户。

一是建设枢纽创优势，打造四川“南大门”和通江达海“桥头堡”。计划到 2015 年投入 1000 亿元，加快推进“66111”工程（6 条高速公路、6 条铁路、1 条黄金水道、1 个港口、1 个机场）。进一步加快铁路、公路、航空、水运、港口以及管道运输之间的连接通道和节点建设，构建现代物流平台。

二是突出产业强支撑，打造四川工业发展高地。始终不渝地坚持工业主导，大力发展酒类及农产品加工、能源、重化工、重型机械、建材等特色优势产业，打造酒类食品、综合能源、化工轻纺、机械制造基地。重点做好项目带动、资源综合开发、园区培育、产业互动“四篇文章”。

三是完善功能塑形象，打造现代化城市。按照“城市美、宜人居、交通畅、功能全、配套好”的要求，把宜宾建设成为功能完备、交通便捷、辐射集聚能

图 33–5　宜宾市“借势成渝、联动川南、辐射滇黔”的区位

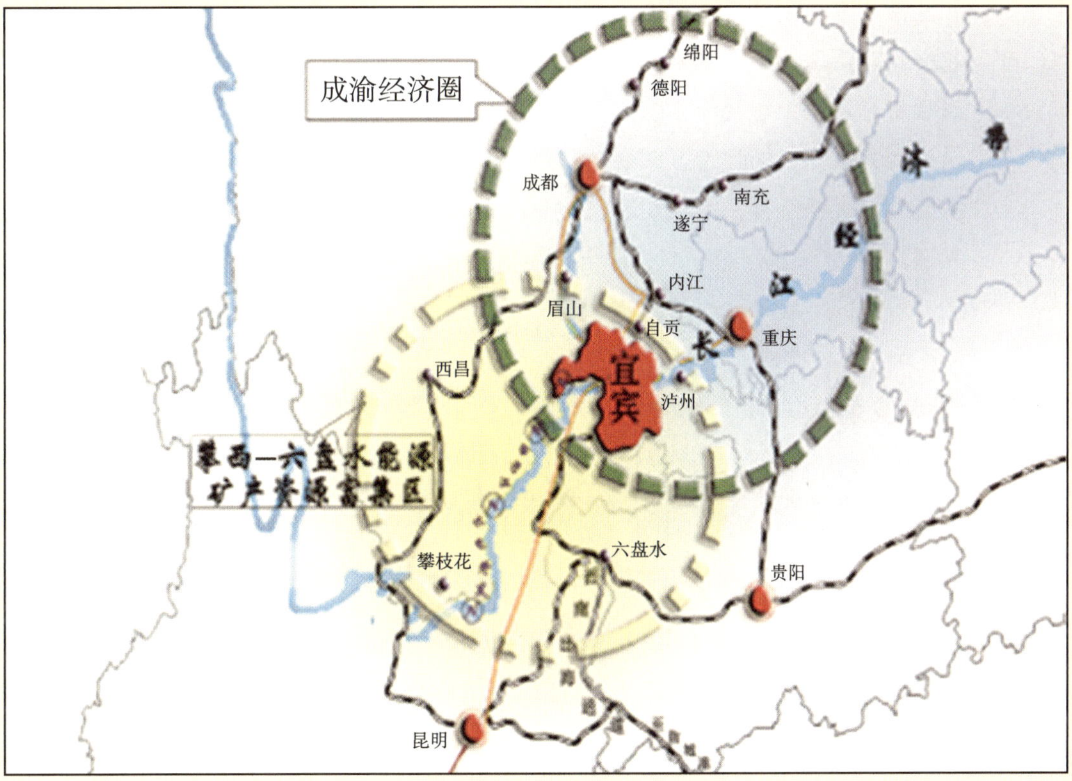

力强，人口超百万的区域性特大中心城市和长江上游重要的港口城市，展现国家历史文化名城和“万里长江第一城”的独特魅力。

四是依托沿江建“三群”，打造发展新引擎。以四川宜宾临港经济开发区为核心，通过市场机制和行政推进，实施港口群、城镇群、产业群“三群”战略，把沿江经济带建设成为辐射川滇黔渝、带动川南的“新引擎”。

五是发展科教添动力，打造人才汇聚的洼地。坚持科技领先，依靠科技进步提升产业、优化结构，促进经济发展方式转变。坚持人才争先，创新人才开发机制，加大高端人才、创新型人才的培养和引进力度，把宜宾建设成人才聚集的洼地。

六是深化改革增活力，打造区域合作示范区。以承接产业转移为重点，扩大与长三角、泛珠三角等区域的交流合作，促进项目开发、企业合作。以分工协作和整合资源为重点，加强跨区域资源利用和产业配套，优势互补，错位发展，整体联动发展。

参考文献

吴光镭：《实施“工业强市”战略促进和谐宜宾建设》，《市长参考》2007 年第 11 期。

《宜宾市防灾减灾竭力把损失降到最低》，宜宾市政府政务公开网，最后访问日期：2007 年 9 月 18 日。

《宜宾为啥旱情重》，四川新闻网，最后访问日期：2011 年 9 月 1 日。

《宜宾打造成渝经济区第三增长极》，四川在线，最后访问日期：2011 年 8 月 18 日。

《抓住宜宾水能资源开发优势　拉动一方经济发展》，宜宾新闻网，最后访问日期：2008 年 9 月 22 日。

《宜宾市城市建设发展规划》，宜宾公众网，2007 年 9 月 21 日。

《宜宾城市景观规划框架和发展现状》，中国发展网，最后访问日期：2011 年 1 月 26 日。

《“十二五”宜宾重点建骨干水库和中型水库》，《宜宾日报》，最后访问日期：2011 年 9 月 11 日。

武莉莎：《建设经济强市必须加强基础设施建设》，宜宾理论网，最后访问日期：2011 年 10 月 17 日。

《关于加快建设现代产业体系的决定》，广东省人民政府门户网站，最后访问日期：2008 年 7 月 28 日。

曾健：《实施产业结构战略性调整是宜宾工业化及城市化的客观需要》，长宁新闻网，最后访问日期：2008 年 12 月 31 日。

《进占川南经济区制高点——专访宜宾市委书记杨冬生》，《四川党建》2010 年第 10 期。

第34章 南充市：振兴千年绸都，建设川北区域经济中心*

图 34-1　南充市政区

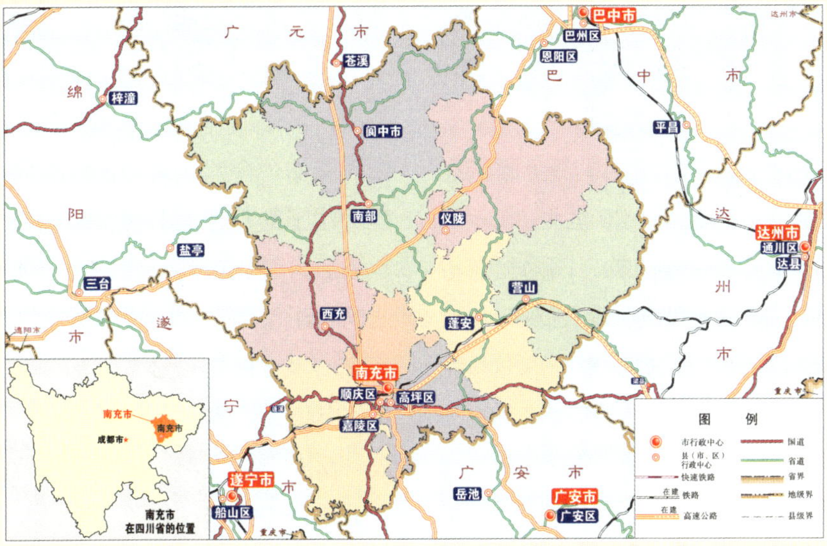

资料来源：本图由四川省发展和改革委员会、四川省测绘地理信息局提供。

南充市位于四川东北部、嘉陵江中游，面积 1.25 万平方公里，2011 年末常住人口 628.53 万。南充市辖 3 区、1 县级市、5 个县及 227 个乡（其中包括 1 个民族乡）、167 个镇。2011 年末南充市主城区人口为 97 万人，市区面积 2527 平方公里，建成区面积 90.6 平方公里，是中国优秀旅游城市、国家园林城市和四川省“十一五”规划的四个特大城市之一，久负盛名的中国“绸都”、“果城”和历史文化名城。

一　历史沿革：千年绸都之沧桑巨变

（一）绸都今昔与南充建制

相关史料证明，早在秦统一四川前，南充就已是繁盛的蚕桑产区。《华阳国志》记载，周初，南充、西充、南部、阆中等地的蚕丝织品已是王室贡品。至唐代，南充丝绸生产鼎盛，家家植桑，户户养蚕，其生产规模宏大、织造技艺精湛，为官廷常贡。宋时，朝廷在川内设置两大织锦工场——成都锦院和梓州官营绫绮工场，南充是后者最重要的产地之一。南充丝绸远在秦汉时期就沿一条古老的民间商道经成都，从云南出口到南亚、中东、非洲等地区，这条古老的商道，途经中国西南大部分地区，留下了许多文化遗迹，被誉为“南方丝绸之路”。南充也因此赢得“秦汉丝锦名邦”之美称。

民国四年（1915 年），南充丝绸远涉重洋，在巴拿马国际博览会上荣膺头奖。新中国成立后，南充的蚕桑丝绸业获得了前所未有的巨大发展，曾经是全国四大蚕

* 本章作者：岳朝敏，四川省社会科学院区域经济研究所助理研究员。

桑生产基地和十五大丝绸生产出口基地之一，在全省、全国乃至世界丝绸业都有一定的地位和影响。20 世纪 80 年代中期，南充丝绸达鼎盛时期全行业总产值（时值）超过 15 亿元，出口创汇超过 5000 万美元，全省排名第一，产品远销 40 多个国家和地区，在全国名列前茅。20 世纪 80 年代末，国际丝绸市场持续疲软，国内丝绸行业面临窘境，南充丝绸产业落入低谷。

可以说，南充的发展史也是南充丝绸的发展史。南充人对丝绸的独特情结推动了南充丝绸在没落中的变革。以 1998 年 8 月阆中丝绸集团破产为标志，南充丝绸进行了史无前例的资产大重组、结构大调整和机制大转换，开始了“二次创业”。南充丝绸由传统产业向现代产业转变。2005 年，“中国绸都”被授牌南充，千年绸都登上现代舞台。

南充市历史悠久，早在新石器时代（前五六千年），境内就有先民生息。原始社会的唐尧、虞舜时，境内为“有果氏之国”（原始部落）。夏朝（约前 21 世纪至前 17 世纪）境内为古梁州之域。商朝（约前 17 世纪至前 11 世纪）南充系巴人之属。周朝（约前 1027 年至前 221 年）南充为巴子国地，其间的战国时期，约周显王三十年（前 330 年）巴子屡为楚子所逼，巴国国都迁至境内的阆中。

南充境内设县始于战国后期。秦惠文王后元十一年（前 314 年），秦统巴、蜀后，在其地实行郡县制，设置了巴郡、蜀郡、汉中郡及 31 县，今南充境内仅设有阆中县。据《元和郡县志》、《太平寰宇记》、《蜀中广记》等书记载，当时阆中县的辖地大致包括今阆中、南部、西充、营山、仪陇、蓬安、顺庆、高坪、嘉陵等县（区）及广元市的苍溪和剑阁东南部、巴中市的恩阳、广安市岳池县西部和北部。隶巴郡（郡治今重庆市渝中区）。秦朝末年，楚汉争战，汉王刘邦被困荥阳，其部将巴郡阆中人纪信（今西充紫岩乡人）假扮汉王诳楚，救了刘邦，项羽受骗怒杀纪信。西汉建立后，汉高帝刘邦为追念纪信舍身安汉之功，于汉高帝五年（前 202 年）在阆中县纪信家乡设安汉县（县治今顺庆区舞凤镇清泉坝五里店）。

南充境内设郡（相当于今地级市一级政区）始于东汉。据《华阳国志 · 巴志》载，东汉献帝初平元年（190 年），分巴郡地在今南充市境内设巴郡（原巴郡更名为永宁郡），郡治安汉县（今南充市顺庆区），隶益州（州治今成都市城区）。巴郡辖 7 县，今南充市境内设有安汉、阆中、南充国，西充国 4 县。献帝建安六年（201 年），巴郡更名为巴西郡，郡治从安汉县迁至阆中县。

三国蜀汉时，境内所设郡县未变。晋朝、南北朝时政权更迭频繁，设州、郡、县繁多，州名、郡名、县名极端混乱，约略统计境内先后设州、郡十五、六个，设县二十余个。

隋朝结束了南北朝分裂割据的局面。隋初清理合并了滥设的州、郡、县。境内设有蓬州、隆州及 14 县，其中安汉县在开皇十八年（598 年）更名为南充县。隋炀帝大业三年（607 年）调整政区设置，改州为郡，境内仅设有巴西郡（郡治今阆中市）及 13 县。

唐、宋时，境内设果州（州治今顺庆区）、阆州（州治今阆中市）、蓬州（州治今营山县安固乡）及十余县。南宋后期的理宗宝庆三年（1227 年），将宋理宗赵昀于宁宗嘉定十四年（1221 年）任果州团练使之地果州升为顺庆府（府治今顺庆区）。

元朝境内设有顺庆路（路治今顺庆区）、保宁府（府治今阆中市）、蓬州（州治今蓬安县）及 7 个县。明朝境内所设府（州）、县基本未变。清朝境内设有川北道（道治今阆中市），辖顺庆、保宁二府及 7 个县（州）。清顺治三年（1646 年），清兵进入四川后，四川省治初设保宁府（府治今阆中市），清顺治十七年（1660 年）四川省治迁至成都。

1912 年 1 月 1 日中华民国成立，民国二年（1913 年）境内设川北道（道治今阆中市），民国三年（1914 年）川北道改为嘉陵道，民国五年（1916 年）嘉陵道治迁至南充县（今顺庆区）。民国十七年至十八年（1928 ~ 1929 年），撤销道，县由省直辖。民国二十四年（1935 年）四川省县以上设置了 18 个行政督察区，境内设有第十一行政督查区和 7 个县。

民国二十二年至二十四年（1933 ~ 1935 年），中国工农红军第四方面军在陕西南部和四川北部一带建立了川陕革命根据地，先后在境内建立了阆南县、仪陇县、长胜县、营山县、德丰县和宗发市苏维埃政权，隶属于川陕省苏维埃政权。红四方面军总政治部和 33 军军部曾设在阆中。

1949 年 12 月 10 日南充解放。1950 年在南充设立了省级行政机构——川北行政公署。川北行署驻南充市（今顺庆区），辖南充市和南充、遂宁、达县、剑阁 4 专区 35 县。其中南充市人民政府驻今顺庆区，南充专署辖 8 县，初期驻今广安市岳池县，1952 年 5 月迁至今高坪区。当时境内设有 7 县。其中，6 县隶南充专区，1 县隶剑阁专区。1952 年 8 月，撤区建省，南充市、南充专区改隶四川省。9 月专署驻地由今高坪区迁至今顺庆区。1953 年 1 月，南充市由省直辖改由南充专区管辖。同年四川调整行政区划，撤并部分专区，南充专区辖 1 市 11 县，其中今境内设有 1 市 7 县。1968 年南充区专员公署更名为南充地区革命委员会。1978 年又更名为南充地区行政公署。1993 年 7 月 2 日，国务院作出调整南充行政区划决定，撤销南充地区、南充市、南充县，设立南充市（地级），辖原南充地区的南部县、营山县、仪陇县、蓬安县、西充县和新设立的顺庆区、高坪区、嘉陵区，原南充地区的阆中市由省直辖，南充市代管。

数千年来，南充这块丰饶的土地滋养着这里世世代代生息的子民，同中国一起历经朝代更迭，见证沧桑巨变。

（二）经济社会发展

新中国成立之初，南充百业凋零。农业处于原始的刀耕火种状态；工业仅有家庭作坊和一些手工作坊式的小企业；交通落后，全市仅有公路 557 公里，路面凹凸不平，晴通雨阻。1952 年，全市人均国内生产总值仅 49 元。随着新中国成立后特别是改革开放以来，农业、水利、交通、能源、通信、原材料等重点项目陆续竣工投产，工农产业快速发展，经济社会空前进步。

经济总量大幅提高，产业结构显著改善。2011年，全市地区生产总值首次突破千亿元大关，达到1029.48亿元，经济总量列全省第5位，川东北区域第1位；人均生产总值从1952年的49元增加到2011年的16388元。其中，第一产业增加值240.02亿元，第二产业增加值523.85亿元，第三产业增加值265.61亿元。全市产业结构发生显著变化，第一、第二、第三产业占国内生产总值的比重由1952年的65∶20∶15调整为2011年的23.3∶50.9∶25.8。第二产业对GDP增长的贡献率达到60.5%，形成了以工业经济为主导的产业发展新格局。民营经济增加值606.97亿元，占GDP总量的58.96%，进一步优化了地区经济所有制结构。

经济高速增长，人均收入持续提高，人民生活持续改善。"十一五"期间，南充地区生产总值年均增长18.84%，较全国同期平均水平（11.2%）高7.64个百分点，比四川平均水平（17.8%）高1个百分点。同"十五"期末相比，"十一五"期末，南充地区生产总值增长了2.47倍。"十一五"平均增速较"十五"（11.6%）高出7.24个百分点。2011年，南充市城镇居民人均可支配收入14798元，同比增长17.1%，增幅比全省高出1.3个百分点，列全省第1位；农村居民人均纯收入5837.1元，同比增长21.2%，比全省平均水平高0.77个百分点。累计完成民生工程投入186.1亿元。城镇新增就业19.9万人。城市低保、农村低保实现应保尽保，分别达到87万人、185.9万人。城镇居民基本医疗保险覆盖人数98.4万人，新型农村合作医疗参合率达到98.3%。[①]

城市设施水平明显提高。2011年，南充城市用水普及率96.99%，供水综合生产能力达25万立方米/日，人均日生活用水量159升，城市燃气普及率95.65%，人均城市道路面积11.96平方米，人均公园绿地面积8.86平方米，建成区绿化覆盖率38.63%，污水处理率67.67%，生活垃圾处理率83.33%。

交通运输条件大大改善。"十一五"期间，南充建成高速公路5条212公里；在建5条300公里；纳入省"十二五"规划的高速公路6条，约408公里，估算总投资380亿元；完成交通建设投资313亿元（不含铁路、民航建设），共建成公路20240公里，新增公路里程7725公里。截至2011年底，全市共建成农村公路7774公里，比2007年增长68%，全面完成了省"十一五"规划的农村公路建设任务，实现100%的乡镇通油（水泥）路；完成建制村通达工程5380个，实现100%的建制行政村通公路；完成建制村通畅工程2690个，实现50%的建制行政村通水泥路。实现了县县通高速、乡乡通油路、村村通公路。到2011年底，全市已建成汽车客运站600个，其中一级车站4个，二级车站10个，三级车站9个，乡镇站577个；建成乡镇客（货）码头243

① 《2012年南充市人民政府工作报告》。

个。[①] 公路、铁路、水运和航空四位一体，南充立体交通网络初具雏形，全省次级交通枢纽、川东北区域交通中心蓝图渐次展开。

教育、科技事业极大发展。经过多年的发展，南充高校已经发展到 7 所，仅次于成都，居全省第二；至 2011 年，南充中职教育学校 46 所，在校生 96488 人，专任教师 3106 名，均仅次于成都，居全省第二；至 2011 年，南充共有普通高中 72 所，当年毕业生 45938 人，招生数 57048 人，当年在校生 159098 人，专任教师共计 7530 人，均列四川省地级市第 1 位，是名副其实的教育资源大市。多年的发展，南充已成为科技资源大市。截至 2011 年，南充市县级以上政府部门属研究与开发机构及情报文献机构 6 个、人员 420 人，居全省第 3，在全省地级市中排名第 1。

卫生、文化事业长足进步。南充按照让群众“少生病、看得起病、看好病”的要求，全面启动了医药卫生体制改革，抗震救灾及灾后重建、疾病控制、新型农村合作医疗等快速推进，群众健康素质得到大幅提高。“十一五”期间，全市卫生服务体系建设规划总投入 23 亿元。其中，投入 4.89 亿元，对 7 个县级人民医院、8 个中医医院、9 个妇幼保健院、486 个乡镇卫生院进行基础设施改扩建，完成 2.8 万人次农村卫生人员培训；投入 1.38 亿元，在全市县级以上城区建成 79 个社区卫生服务机构，覆盖全市所有城市居民；投入 2.6 亿元，完成全市 10 个疾病预防控制中心和 1 个紧急救援中心建设，完成了 1 个传染病医院和 7 个传染病院（区）基础设施建设。“十一五”期间，全市文化系统共争取项目资金 15 亿元，开工建设重大文化项目 56 个，共建成乡镇文化站 257 个、农家书屋 1500 个；创建示范文化广场 12 个，示范文化活动社区 30 个，覆盖城乡的公共文化体育服务网络基本形成。[②]

二　区域特征：尴尬的川东北区域中心城市

（一）多重约束条件下的典型丘区

南充位于四川盆地东北部，嘉陵江中游，介于北纬 30° 35′ ~ 31° 51′、东经 105° 27′ ~ 106° 58′之间。南北跨度 165 公里，东西跨度 143 公里。东邻达州市，南连广安市，西与遂宁市、绵阳市接壤，北与广元市、巴中市毗邻。辖顺庆、高坪、嘉陵三区和西充、南部、蓬安、营山、仪陇五县，代管省辖阆中市。2011 年，全市辖有 67 个镇、227 个乡（其中包括 1 个民族乡），面积 1.25 万平方公里。2011 年末，户籍总人口 756.2 万人，其中，常住人口 628.53 万人，非农业人口 169.4 万人，占总人口 22.4%。人口密度为 524 人 / 平方公里，在全省 21 个市州中排名第 7 位。

从人口总量来说，南充市人口总数仅次于成都市，为全省人口第二大市。全省

① 《献礼十八大，南充加快交通建设，绘出新蓝图》，四川新闻网，最后访问日期：2012 年 11 月 14 日。
② 《社会事业，追赶前行》，《南充日报数字报》2010 年 12 月 10 日。

22个百万人口大县中，南充占2个，分别是南部和仪陇。南充市农业人口586.8万人，农业人口总数则居全省第一，为典型的农业大市。全市人口在分布上区域差异较大，与经济发展水平和地貌条件关系密切。城镇、交通干线、沿江河两岸、平坝地区人口密度较大，高丘、低山地区人口相对密度较小。人口分布总态势是由北向南密度逐步增大。

南充全市由北部低山区和南部丘陵区两大地貌单元构成。地势从北向南倾斜，海拔256～889米。地貌类型以丘陵为主，浅丘带坝，中丘中谷、高丘低山类型地貌大体各占三分之一。其中北部低山区是盆北低山区南部边缘部分，大致范围是阆中市的北部、南部县的西北部、仪陇县大部分，营山县境、仪陇河以东区域和蓬安县的北部。海拔一般为500～800米，相对高度为200～300米。阆中市龙泉镇的天冒水山和营山县的陈大寨主峰，海拔均为888.8米，为南充市境内最高峰。北部低山区以嘉陵江为界，江西为剑门山支脉，江东属大巴山余脉。东西两部分的地貌形态差异较大。东部以桌状或台状低山为主，顶部较为平缓，长度百米至数千米，宽数百米。地貌以单面山为主，一般是北坡陡峻，南坡平缓。南部丘陵区大致包括顺庆、高坪、嘉陵三个区和西充县全部，阆中、营山、蓬安等县市的大部，以及仪陇县西南一小部分。由北向南地势逐渐降低，海拔由500米下降至256米。地貌由高丘逐渐过渡为低丘或低丘平坝。低中丘分布广，面积大，二者交互出现。岩层低于水平，岩质疏松，易于侵蚀。在长期的流水和嘉陵江干支流作用下，地表被切割成支离破碎的台阶状方山丘陵。丘坡多辟为梯田梯地，丘间沟谷发达，是稻田集中分布的地方。丘陵中偶有低山点缀。高坪与岳池交界的金城山，主峰海拔824.6米。由嘉陵江干支流冲积而成的平坝，呈串珠状分布于沿江两岸，尤以嘉陵江的一、二级阶地分布最广。从北向南，主要有阆中的七里坝、彭城坝，南部的满福坝，仪陇的新政坝，蓬安的金溪坝，顺庆的清泉坝、搬罾坝，嘉陵的都尉坝以及高坪的都京坝。这些平坝，长1000～3000米，宽300～700米。水热充足，土质肥沃，灌溉便利，运输方便，是南充重要的粮食作物和经济作物产地。

南充市位于典型的中亚热带湿润季风气候区，具有四川盆地底部共同的气候特征：四季分明，冬暖、春早、夏热、秋雨、多云雾。但若与盆底南部长江河谷地带相比，又有气温偏低、暴雨较多的差异。若与川西平原相比，又有气温偏高，春雨比重大的区别。

南充市冬夏季风更替明显，冬季气流来自北部高纬地区，气温较低，降水少，但和同纬度的长江中下游地区相比，因南充位于盆地腹部，北有秦巴山地阻滞冷空气南下而较温暖。夏季多偏南风，气候炎热，降水集中。全市各地平均温差不大，年均温度15.8℃～17.8℃，一月平均温度5℃～6.9℃，七月平均温度26℃～28℃。除山区外，霜雪少见，无霜期长达290～320天，农作物可一年两熟，越冬作物能安全过冬。北部低山区因地势较高，气温较低，垂直差异明显。

全市年降水量在980～1150毫米之间，大致由西南向东北递减。降水季节分配不均，夏季约占全年的 45%，秋季约占 25%，冬季约占 5%，春季约占 25%，降水变率较大。进入盛夏后，由于连续高温晴朗天气较多，使南充常有旱情发生，对农作物生长影响很大。尤其是中南部为四川盆地中伏旱严重地区之一。秋季受盆地地形影响，多秋雨绵绵天气，云量大，日照少，加之冬季多雾，多年平均日照仅 136.73 小时，是全省日照较少的地区，使农作物通过光合作用积累营养物质受到限制。

在地质构造、地貌及气候的综合作用下，南充市地表水系较为发达，属于嘉陵江流域，溪河众多，长度在 10 公里以上的河流约 100 条，流域面积在 100 平方公里以上河流约 20 条。嘉陵江从北向南、纵贯全境，流经阆中、南部、仪陇、蓬安 4 县（市）和顺庆、高坪、嘉陵 3 区，境内干流长 271 公里，是流经市域的最大河流。左岸较大的支流河有东河、构溪河，右岸较大的支流有白溪河、西河、西充河。以嘉陵江为干，这些河流交汇形成树枝状水系。此外，仪陇河、肖水河属于渠江水系，洋溪河属于涪江水系。市域内嘉陵江水系的特征是：①河道蜿蜒曲折，曲流发育，形成“九曲回肠”之状。河道弯曲系数一般都在 2 米以上，尤其以蓬安的马回、高坪的青居等河段最为曲折。②流量大，季节分配和年际变化大。在广安市武胜水文站，嘉陵江干流年平均径流量为 193.8 亿立方米。受降水季节分配不均的影响，市域的河流径流的年内变化明显，大致是冬枯、春暖升，夏汛、秋汛终。河流径流的年际变化显著，武胜水文站测得嘉陵江最大年平均径流量超过 1400 立方米 / 秒，而最小年份才 500 立方米 / 秒，多水年比少水年高出 1.75 倍。③河流泥沙含量大。嘉陵江在长江各支流中含沙量仅次于汉水，市域内平均含沙量为 1.97 公斤 / 立方米，最大含沙量达 11.7 公斤 / 立方米，多年平均输沙量约 1220 吨，以细沙料物质为主。④航运条件好。嘉陵江可常年通行 100 ~ 300 吨级驳船，上达广元，下通重庆。东河在丰水期可通行小汽轮。

南充作为四川盆地典型的丘陵地区，地貌崎岖，地势高低起伏，天然的交通条件受到极大制约；土地资源是南充市的最大资源，然而除一些河谷平坝（主要为嘉陵江干支流冲积而成）以外，大部分农业用地处于破碎不连贯状态，天然的耕作条件十分不理想，农业生产发展受到很大制约。此外，南充市农业人口占近八成，无论是绝对数还是相对数都在全省排名第一，庞大的农业人口对作为农业大市的南充发展形成进一步制约；从产业上来说，无论是作为上游行业的原材料产业，还是外向度较高的主要产业，如丝织、化工、机械等，近年来，由于欧美经济疲软，国际政治形势动荡使得经济形势复杂，失业率高居不下，民众普遍对经济增长的信心指数偏低，以及国际贸易摩擦等，受外部经济环境制约程度较深，加之国内经济发展随国际经济环境变化趋缓，内外环境都对南充的产业发展形成制约。

从发展经济学的观点看，一个国家或地区的发展或衰落的确受到自然条件的影响和制约，但作为制约条件的自然资源禀赋只是决定发展基础的好坏，从来都不是决定国家和地区兴衰的关键因素。优越的自然条件相当于放松了外部约束条件，拥有了更自由的发展空间，不优越的自然条件的存在也并不妨碍人们在约束条件下极大化求解的过程。而外部经济环境往往是促成一个国家和地区优化结构、调整增长方式的极大动力，因为本质上讲，经济发展还是一个人类主观能动性不断体现和强化的过程。所以，发展地方经济，必须是首先突破诸多外部约束条件下的主观能动求解。

（二）内部支撑薄弱的农业大市

南充是典型的农业大市，近 80% 的农村人口，70% 的工业原料来源于农业，农业在全市 GDP 中有着举足轻重的作用。2011 年全市农林牧渔业总产值 400.8 亿元，仅次于成都居全省第二。南充农业总体特征如下。

粮食、经济作物耕种面积大。2011 年底实有耕地面积 301.67 千公顷，居全省第四位，其中有效灌溉面积 211.88 千公顷，居全省第三，有效灌溉率达 70.2%。大宗粮食作物有水稻、玉米、红苕、小麦等。常年种植面积均在 200 多万亩。棉花、麻类、油料、糖类、烟叶、药材等经济作物播种面积 16.02 万公顷，占全省同类经济作物总播种面积的 10.6%。其中，油料作物和药材播种面积和产量居全省第一，棉花、麻类和糖类作物播种面积和产量在全省名列前茅，蚕茧和水产品产量全省第二，蔬菜、园林水果产量在全省也名列前茅。

总产量高，单位面积产量总体偏低。2011 年，南充市粮食总产量达到 333.87 万吨，连续 9 年居全省第一位。粮食单位面积产量 5603 公斤 / 公顷，全省排名第六。主要粮食作物中，小麦单位面积产量 5059 公斤 / 公顷，居全省第一；稻谷和玉米单位面积产量均低于全省平均单位面积产量。主要经济作物中，油菜子单位面积产量 2701 公斤 / 公顷，居全省第一；棉花、花生、甘蔗等产量均低于全省平均水平。

畜禽产品自足有余。2011 年禽蛋产量 227355 吨，居全省第一位，人均占有 36.2 公斤。蚕茧产量和水产品产量全省第二，牛奶和蜂蜜产量在全省名列前茅。2010 年出栏生猪超过 800 万头，生猪出栏量列全省第二位，并拥有 6 个全国生猪调出大县。2011 年生猪出栏由于全省统一调整较 2010 年有所减少，牛出栏 20.5 万头，羊出栏 268.3 万只，家禽出栏 8929 万只，肉类总产量 80.6 万吨。

水果久负盛名。南充素有“果城”之美誉。其中，柑橘种植面积 2011 年已接近 100 万亩，产量 61.4 万吨。

南充作为传统的农业大市，自身积累十分有限，经济内生动力不足。2011 年南充市地区生产总值 1029.48 亿元，排名全省第 5 位，但人均地区生产总值却以 16388 元仅排名全省第 18 位。三次产业比重为 23.3 : 50.9 : 25.8，较之全省 14.2 : 52.4 : 33.4 的平均水平，差距明显。作为全省农业人口最多的市，尽管南充市农业总产值仅次于成都位居全省第二，农民人均产值却排名靠末。同时，农民人均收入和生活水平相对省内平均水平均偏低。2010 年和 2011 年南充农村居民人均纯收入分别为 4814.3 元和 5837.1 元，均在全省 21 个市州中排名第 16 位，分别较全省平均水平低 6.75% 和 4.76%；2010 年和 2011 年南充农村居民人均消费支出分别为 3375.8 元和 3967 元，分别居全省第 18 位和 16 位，分别较全省农村居民人均消费支出低 15.5% 和 15.15%。差距在逐渐缩小。其中 2010 年和 2011 年南充农村居民人均食品支出分别为 1806.3 元和 1996.2 元，恩格尔系数分别为 0.535 和 0.503，同期全省的平均水平分别为 0.483 和 0.462。按照联合国对生活水平的划分标准，南充市农村居民普遍还停留在温饱水平，不过近几年南充市农村居民恩格尔系数呈持续下降趋势。

纳克斯著名的恶性循环理论认为，低收入在供给和需求两方面形成两个恶性循环，从供给方面看，低收入意味着低储蓄能力，低储蓄能力引起资本形成不足，资本形成不足使生产率难以提高，低生产率又造成低收入，这样周而复始完成一个循环。从需求方面看，低收入意味着低购买力，低购买力引起投资引诱不足，投资引诱不足使生产率难以提高，低生产率又造成低收入，这样周而复始又完成一个循环。两个循环互相影响，使经济状况无法好转，经济增长难以实现。从长远看，低收入群体的农村居民占总人口近八成的南充市，如何突破纳克斯恶性循环，克服内生动力不足的难题，关键在于农民收入的持续稳定增长，最有力的保障还是从产业入手，以产业带动农民增收。

南充作为传统的农业大市，传统的“农字号”产业处于调整、转型、升级过程中；南充的工业基础薄弱，总量小，利税水平也不高；而产业结构有待进一步调整，缺乏有支撑作用的大企业大项目；现有产业关联度不高，产业链条薄弱、带动力不强；成规模的资源基地少、资源转化能力不足，对生产要素的吸引力不高；企业规模普遍偏小、对劳动力的吸纳能力低。2011 年，南充规模以上工业企业数 481 个，列全省第 11 位；其总产值 1345.22 亿元，列全省第 8 位；其主营业务收入 1331.08 亿元，列全省第 8 位（其中，利润总额 102.32 亿元，列全省第 8 位；应交增值税 59.57 亿元，列全省第 5 位）。总资产贡献率 21.69%，列全省第 9 位；工业成本费用利润率 8.5%，列全省第 9 位；产品销售率 98.91%，列全省第 5 位。规模以上工业企业全部从业人员年均人数 18.54 万人，占第二产业从业人员比重为 26.23%，列全省第 9 位。2011 年，南充市就业人员 270.16 万人，其中第一产业就业人员 118.97 万人，第二产业 70.67 万人，第三产业 80.52 万人，三次产业从业人员的构成比例为 44.04 : 26.16 : 29.80。总体来看，第一产业就业人员比例过高，第二、第三产业人员比例过低。这一方面表明产业层次较低，另一方面也意味着产业升级提升空间较大。

（三）“一体化”时代的亚边缘化“区域中心”

从地理位置上看，南充市东邻达州，南连广安，西与遂宁、绵阳接壤，北与广元市、巴中市毗邻，位居川东北区域中心位置。在区域竞相合作、一体化发展的大背景下，周边各市争相“背靠大树”，各出高招，争取最佳“位置”，南充被“圈”在中间，“区域中心”地位尴尬。

南充以东的达州、南边的广安、西边的遂宁享毗邻重庆之利，被四川省政府以文件的形式纳入“四川环渝经济圈”。四川省政府要求环渝腹地的达州全市，以及广安、遂宁等6市主动融入重庆都市圈，通过努力成为重庆的“菜篮子”、引入重庆的“车轮子”，主动为重庆的发展服务，分享重庆的政策，来实现共赢，还要求这些市，要视重庆为“经济省会”，“特别是要借力重庆的政策为自己所用，与之搞好对接”，研究发现重庆的发展需求和自身的比较优势，在原有合作的基础上，主动接受重庆的辐射，在为重庆发展搞好配合中发展自己，加快与重庆融为一体。事实上，这也正是近年四川环渝腹地几个市一直在努力的方向。

南充以北的广元，素有“川北门户”之称，坐拥川、甘、陕交界的便利，近年来以建设次级交通枢纽为目标，以建设区域性商贸物流中心为取向，致力于成为川陕甘结合部工业强市。该市正在加快构建具有广元特色、富有区域竞争力的现代产业高地，加速推进新型工业化进程，为建设川陕甘结合部经济文化生态强市提供有力的产业支撑。目前，广元机场成功复航，广巴、广陕高速公路建成通车，广甘高速公路、广南高速公路、兰渝铁路、西成城际快线、亭子口水利枢纽工程加快建设，综合交通枢纽正在加快形成，这为工业发展提供了便捷的交通条件，有效地降低了企业物流成本。同时，广元部分县区被纳入国家《秦巴山区扶贫规划》，在政策上得到更多的关照。

南充北边的另一市——巴中，作为川北另一门户，提出了“两地、两区、一中心”的目标：把巴中建成四川重要的北向东向开放高地、川陕渝重要的枢纽联结地、西部绿色经济示范区、川东北重要中心城市。随着“西三角”经济圈的逐渐升温，巴中带着融入“西三角”的迫切心情，提出了“促进大开放，融入‘西三角’”的口号，指出依托“西三角”经济区的发展和建设，利用成都、西安、重庆经济发展势能，积极打造“四大基地”，实施错位发展，在互补、互助中实现互惠、共赢。一是积极享用企业群、市场群辐射，积极打造成都、西安、重庆工业产品的配套基地；二是充分发挥在粮油、畜禽、果蔬等农产品方面的比较优势，积极打造成都、西安、重庆特色农产品的供应基地；三是利用地处西三角中心，积极打造成都、西安、重庆经济圈物流中转基地；四是依托红色、生态旅游资源优势，积极打造成都、西安、重庆大都市休闲度假旅游基地。此外，巴中还提出了构建区域交通枢纽的目标，并进一步提出了巴中构建川东北区域交通枢纽的战略思路，力争用5～10年时间，把巴中建设成为成都、重庆、西安大三角区域交通枢纽，形成融入成渝西经济区、长三角经济区、泛珠三角经济区和陇海南北经济带的高效便捷大通道。巴中的各产业规划和发展定位都围绕这种思路展开，积极融入对接西三角市场。而省政府在《关于加快巴中革命老区发展的意见》中，也给巴中在“西三角”经济圈中的发展定了位，那就是“西部综合交通枢纽的重要节点城市、川东北经济区重要的中等城市和川陕结合部的商贸物流中心”。

综观南充市周边的地市，都纷纷站好了“队形”，积极融入周边更有吸引力的经济板块中，南充这个“区域中心”成了某种形式的“孤立国”，被事实上一定程度边缘化了。虽然有人提出以南充、成都、重庆为成渝经济区“三角”的概念，但那仅仅是停留在地理层面的概念。在区域经济日趋一体化发展的今天，如何跳出区域的局限，实现“突围”，这是摆在南充面前的一大现实问题。

三　资源状况：历史文化源远流长、自然资源古朴丰沛

（一）千年历史文化与山水谐美

南充山川绚丽，人杰地灵，名胜古迹遍布，风光旖旎秀美，集三国遗迹、阆中古城、将帅故里、嘉陵风光于一体的旅游资源魅力独具，孕育了陈寿、落下闳、司马相如、纪信等众多史载大家名将，为开国元勋朱德、罗瑞卿和民主革命家张澜之诞生地，川陕革命根据地重要组成部分。数千年来，在南充这块土地上，涌现了一代代忠心报国，叱咤风云，贡献卓越，彪炳史册的国家栋梁，仁人志士。汉有范目、纪信、落下闳、司马相如，三国时有谯周、王平，晋有陈寿，唐有袁天罡、李淳风，宋有陈省华、陈尧叟、陈尧佐、陈尧咨父子四人及抗金名将张宪，明有父子宰相陈以勤、陈于陛和任翰、黄辉，之后有开国元勋朱德元帅、罗瑞卿大将和民主革命家张澜以及共产主义战士张思德。他们对于推动国家统一、民族兴旺、社会发展、科技进步做出了不朽的贡献。

南充是传说中我国古代“三皇”之一——伏羲的诞生地。远古时期，“华胥之国”美丽的“华胥氏”姑娘一天到东方一个林木蓊翳、风景如画的大沼泽“雷泽”游玩，偶见泽边有一个巨人的足迹，她好奇地用脚一踩，仿佛有了感应，后来怀孕生下一个儿子叫伏羲。这就是《山海经》中记载的中国远古帝王伏羲的母亲“华胥氏”孕育伏羲的故事。据《路史》和《蜀中名胜记》载，这个神话故事中的“雷泽”就在今南充境内的阆中一带。另据《四川史新编》载：传说中华民族第一个英雄人物女娲氏出生在阆中西南一带，嘉陵江边一个叫仇夷的地方。此外，古人王象之编写《舆地纪胜》后，深得宋理宗赞赏，命其就伏羲女娲出生阆中一事前往考察，王象之遍历阆中山水，并认为阆中城南的南池为彭泽大地，便是伏羲女娲降生之处。

南充是《三国志》的故乡，三国文化的发源地。《三国志》的作者陈寿，安汉（今南充市顺庆区）人，生于蜀汉（公元233 年），卒于西晋（公元 297 年）。陈寿少时“聪警敏识，属文富艳”，曾拜师蜀汉硕儒、光禄大夫谯周。他的特长在史学，青少年时代就精读《史记》、《汉书》，南充的万卷楼就是他读书撰史之处。公元280 年西晋灭吴统一全国后，陈寿历经 20 个寒暑撰成名震海外、影响千古的《三国志》。全书共六十五卷，包括魏书三十卷、蜀书十五卷、吴书二十卷，记载了自魏文帝黄初元年（公元 220 年）到晋武帝太康元年（公元 280 年）六十年间魏、蜀、吴三国鼎立时期的历史。明代罗贯中演《三国志》之义，撰写了文学名著《三国演义》，以后的三国戏剧、电影和电脑软件等，无不源于《三国志》，三国文化源远

流长。为了纪念这位著名的史学家，1988年在陈寿读书、归隐的万卷楼旧址不远处的玉屏山，重建了万卷楼，并新建陈寿祠和藏书楼。在陈寿纪念馆正门上方高悬“并迁双固”大匾，称誉他在中国史学上的功绩可与司马迁、班固媲美。如今，南充已是三国文化国际旅游热线的源头和重要组成部分。

南充是享有盛誉的丝绸城、果城。南充丝绸闻名遐迩。早在西周时期，南充蚕丝产品已成为九贡之一，唐宋时代，丝织品被朝廷列为常贡，饮誉京城。当时，果州之绫东渡扶桑，被日皇室珍藏为国宝。到了清代，专事缫丝织绸的厂坊逐步兴起。民国四年（1915年），南充丝绸远涉重洋，在巴拿马国际博览会上荣膺头奖。新中国成立后，南充的蚕桑丝绸业获得了前所未有的巨大发展，曾经是全国四大蚕桑生产基地和十五大丝绸生产出口基地之一，在全省、全国乃至世界丝绸业都有一定的地位和影响。南充素有“果城”之称。南充以“果”为地名的历史非常早，据清嘉庆十八年《南充县志》载，远古的唐尧、虞舜时，南充就有专以采集植物果实为生的“有果氏之国”。到春秋战国时的巴、蜀，南充已有人工栽培的柑橘。随着历史的演变，到唐朝时南充的柑橘已十分有名，当时南充城西层峰秀起的果山（现称西山）上种植了大量的柑橘（古称黄柑）。唐高祖武德四年（公元621年）在南充一带设置果州时，就是以果山为名，故人称南充为果城。南充市遍布名胜古迹。已建成和开放旅游景区（点）50余处，形成了独具南充特色的三国文化、阆中古城、将帅故里、嘉陵风光等旅游精品线路。

南充市是四川著名历史文化名城，全省九大中心城市之一。从古至今一直是川北重镇，历代均为郡、州、府、路、道、署治所。境内的阆中（国家历史文化名城）战国后期曾是巴国别都。清兵入川时，阆中为四川临时省会十余年。土地革命战争时期，南充是川陕革命根据地的重要组成部分。新中国成立初期，南充市（今南充市顺庆区）是川北行政公署（省级行政机构）的驻地。首先，南充建县历史悠久，早在西汉初年，即设置“安汉县”。历史上，南充曾先后设过安新县、果州、南充郡、顺庆府、顺庆路、嘉陵道等，隋代并安汉县和巴西县为南充县、隶属隆州，南充就此得名。两千多年来，南充先后成为巴郡、巴西郡、果州、顺庆路和嘉陵道治所在地，为川北的政治、经济和文化中心。其次，南充城北有“安汉故城”城址，市郊文峰乡有新石器时代古文化遗址，称为“南充市淄佛寺遗址”。近年来，随着城市建设的发展，又先后发现了许多古墓葬。其中，战国墓三处，西汉墓两处，东汉墓九处，五代墓一处，宋墓三处，明代墓一处，还有七处窖藏文物。再次，南充是川北历史文化最发达的地区之一，自古文人墨客荟萃。李白、杜甫、白居易、王维、韩愈、薛涛、韦应物、苏东坡、王安石、陆游、杨慎等曾游览留寓于此。南充文化兴盛，英杰辈出，仅宋、元、明、清四朝就出进士463人，状元1人，宰相4人，兵部尚书1人，著名历史人物灿若群星。如纪信、纪通、谯周、张嶷、王平、陈寿、高僧圭峰、陈以勤、陈于陛、任翰、黄辉等，皆出自南充。最后，历史遗迹众多，如被列为省级文物保护单位的南充白塔及陈寿万卷楼遗址等。

（二）优越的气候和优良的水、土资源

南充属中亚热带湿润季风气候区，由于秦岭、大巴山脉形成天然屏障，北方冷空气不易入境，所以境内冬无严寒，气候温和、季风显著、雨热适中、光照适宜、四季分明。除山区外，霜雪少见，无霜期长达 290 ~ 320 天。年均温度 15.8℃ ~ 17.8℃，一月平均温度 5℃ ~ 6.9℃，七月平均温度 26℃ ~ 28℃。农作物可一年两熟，越冬作物能安全过冬。北部低山区因地势较高，气温较低，垂直差异明显。南充市地处浅丘与深丘交织地带，境内土壤以页岩风化、紫色沙壤土为主，土壤大多深厚、肥沃。同时，境内河流众多、溪河密布、水资源丰富。嘉陵江流域流经南充市 102 公里，另外有 370 多条溪河纵横分布。海拔 256 ~ 889 米，年降水量在 980 ~ 1150 毫米。

总体来看，南充的气候条件较为优越，适宜的光、热、水、土条件使我国大多数农作物都能在此种植，作为传统的农业大市，南充常年种植大面积粮食作物和经济作物，其中，主要粮食作物有水稻、玉米、红苕、小麦等，常年种植面积均在 200 多万亩，粮食产量连续多年居全省第一。棉花、麻类、油料、糖类、烟叶、药材等经济作物播种面积 244.2 万亩，占全省同类经济作物总播种面积的 10.9%，其中油料作物和药材播种面积和产量均居全省第一，棉花、麻类和糖类作物播种面积和产量在全省均名列前茅，蔬菜、园林水果产量在全省也均名列前茅。此外，南充的气候和土壤条件在引进国内外优良农作物品种方面具有很大的潜力，例如，有着“黄金酱果”之称的蓝莓，市场零售价格高昂，因其丰富的营养价值且高成本投入，而被喻为水果中的“贵族”，被世界粮农组织推荐为世界五大健康食品之一。这种具有良好经济效益前景的水果一经引进即获成功，并很快具备推广条件。

此外，由于嘉陵江和众多溪河纵横密布，加之近年来退耕还林措施成果明显，南充的土壤条件尤其是靠近江河的土地土层深厚、含水量高、立地条件非常好，非常适宜大多数木本植物生长，且由于无霜期长，木本植物生长速度快，利于长期生长。

四川省是全国中药材的主产区之一，道地川产中药材对全国中药材的供应有较大影响，南充市是四川中药材的重要基地，盛产许多道地药材。南充典型的盆地底部气候特征，加之无霜期较长，有利于中药材生长。尤其是靠近北部大巴山地区的仪陇、阆中、南部、营山、高坪等县（市、区）昼夜温差大，更有独特的中药材生长优势，老百姓历来有种植中药材的习惯，是重要的经济作物之一，也是南充市中药材基地建设的重点。随着中医、中药科技的发展，回归自然的浪潮席卷全球，我国中医药出口已遍及世界 130 个国家和地区。中药材产业在南充前景看好。

土地资源是南充市的重点资源，南充土地资源的特点如下。

①土地类型的多样性。在地质、地貌、土壤、人类活动等主导因素的相互影响、相互制约下，全市形成了众多的土地

类型。从土地所处的地形部位看，全市土地有河谷平坝地、丘陵地和低山地三大类型；从土地的物质基础——土壤看，有5个土类、10个亚类、31个土属、85个土种；从土地利用现状看，有8个一级地类、36个二级地类。

②空间结构的复杂性。一是，成层状结构，在垂直方向上土地类型从沿江河谷坝地－丘陵地－低山地形成明显的三层土地类型。二是，条带－树枝状结构，在水平方向上，大致顺江排列。多种多样的土地类型及其空间上有规律的分布，为农业的综合开发提供了良好的条件，也为非农建设用地提供了物质基础。

③人均土地少，土地利用率高。2011年，全市土地总面积12494平方公里，人均土地面积0.0017平方公里，大大低于全国（0.0072平方公里）、全省（0.0054平方公里）平均水平。

④土地利用结构以农林为主，开发利用不平衡。年末实有耕地面积30.17万公顷，居全省第4，耕地的绝对量和相对数大，既反映了全市农业规模大，也反映了人口压力大，垦殖指数高的实际。耕地是全市人民赖以生存的物质基础和衣食之源，其利用率较高。2011年水田、旱地的面积分别是14.61万公顷和15.55万公顷，分别居全省第5位和第3位。值得注意的是，2011年南充市耕地减少面积1.18千公顷，列全省第5，相较而言，耕地流失较快。

南充市水资源较为丰富，水资源总量为400多亿立方米，主要存在形式有地表水和地下水。地表水中主要为地表径流中的过境水，它们构成了市域水资源的主体。粗略估算，全市多年平均径流深约335毫米，地表多年平均径流总量为41.91亿立方米。以此计算，全市人均拥有水量为600立方米，每公顷耕地占有水12063立方米，大大低于全国、全省的平均水平。水能资源构成全市能源结构的主体，理论蕴藏量149万千瓦，可开发量为106万千瓦，主要分布在嘉陵江干流，多年平均流量658～891立方米/秒，可修建水电站9级，总发电装机容量71.16万千瓦，年发电量36.94亿千瓦小时。已建有蓬安马回航电枢纽、南部红岩子航电枢纽、阆中金银台航电枢纽、高坪青居航电枢纽、仪陇新政航电枢纽、蓬安金溪航电枢纽、小龙门航电枢纽、高坪凤仪航电枢纽、阆中沙溪航电枢纽共9个航电枢纽工程。这些杭电枢纽工程的建设不但让嘉陵江上出现高峡出平湖的美景，而且通航能力得到极大改善，成为畅游南充高效、便捷的水上通道，丰水期有望实现500吨级船舶从重庆直航阆中，特别对南充嘉陵江沿线旅游业的发展提供了极大的交通便利。

（三）丰富的盐卤与油气资源

南充市地处四川省岩盐沉积盆地——南充盐盆的核心，地下盐矿资源极其丰富。该矿床赋存于三叠系中统雷口坡组和三叠系下统嘉陵江组中，为沉积的层状矿床，盐层平均埋深为2300～2850米。厚度为28～144米。含盐系地层分布广，发展较稳定，封闭条件好，保存完整。境内的南充构造仅钻穿了雷二层、嘉四层，盐层总厚度达101.5米。南充盐厂充65号、南3号、充2号井范围内储量即达111.5亿吨，可供工业开采的有33.5亿吨。南充盐卤资源为优质盐岩，氯化钠含量大于 90%，最高达 96.6%，盐岩矿床杂质含量小于 10%，水不溶物小于 3%，盐层顶板、底板均为厚 1 ～ 3 米的灰白色硬石膏岩，界面清楚，便于水溶开采。据地震勘探资料分析，境内的南充构造和营山构造，可能是盐层最发育的地区。

南充境内震旦系（上统）至侏罗系，沉积岩厚度为 6000 ～ 8000 米。四川石油管理局等单位经过 30 多年的油气勘探，在侏罗系下统自流井群发现了凉高山组和大安寨组两个具有一定工业开采价值的油层，石油总储量达 7779 万吨。资料表明，凉高山油层为非均质的受岩性控制的裂缝性油藏，油井产量与所在的构造部位的裂缝发育程度密切相关。大安寨油层是一个非常规的、非均质的、受岩性控制的生物灰岩裂缝性油气藏，是川中地区的主要产油层。南充境内是大安寨油层产油气有利地区。

南充境内在侏罗系下统香溪群组、三叠系中统雷口坡组、二叠系下统枢霞组、奥陶系下统、震旦系上统灯影组发现六个天然气层，以油层伴生气居多，主要产于大安寨油层。在顺庆区至一立场构造及其以北至石龙场构造大约 3000 平方公里的范围属大安寨油层含油气有利富集区，可采储量达 90 亿立方米。香溪群潜力较大的构造有营山构造、公山庙构造。其主要特征是规模较大，褶皱较大较强，断裂相对发育，可以形成富集油气的裂缝发育带。特别是营山构造香四层有 10 个圈闭高点，圈闭面积达 320 平方公里，是川中地区构造断裂最发育的地带，具备形成大中型气田的基本地质条件。川中矿务局在营山县境内设置了营 21、22、23 号井，其中 21 号井列为原石油部全国七大油气直管井之一。此外，三叠系中统雷口坡组气藏，储层厚 10 米左右，地质储量 2 亿立方米 / 平方公里，地处该气藏的嘉陵区李渡镇有闭合面积 14.5 平方公里，地质储量计 29 亿立方米。

（四）富集的人力资源和科教资源

南充的人口总数庞大，是仅次于成都的四川省第二人口大市，农业人口是四川省最多的市，不过，根据统计数据来看，大量的人口并未实现充分就业。2011 年末，南充户籍总人口 756.2 万人，其中常住人口 628.53 万人，农业人口 586.8 万人，分别为全省的第 2 位和第 1 位，而 2011 年统计的从业人口为 270.16 万人，占总人口比重 46%，这说明潜在劳动力资源十分充裕。此外，南充常年外出务工人数超过 172 万，从输出总量来看，南充较其他地方的增长空间较大。但值得关注的是，尽管选择在省内、市内就近务工的绝对数仍比较小，但近年来增加的幅度明显高于省外输出，这表明随着省内、市内经济形势日趋向好，工作机会的增加和待遇报酬的提高，人们就近务工的意愿和可能呈上升趋势。

南充的劳动力资源不仅绝对数大，且由于南充相对丰富的科技教育资源使南充劳动力的质量相对较高。作为传统的川东北重镇，南充集聚了大量优质教育资源，经过多年的发展，南充基础教育规模和高校数量均居全省第二，教育发展总体水平仅次于成都，居全省第二。截至 2012 年，南充市共有7所普通高等学校，分别为西南石油大学、西华师范大学、川北医学院、南充职业技术学院、西南交大希望学院5所普通高校和南充广播电视大学、南充职工大学2所成人高校，高校数量在全省仅次于成都；历年普通高考报考人数和录取人数在全省名列前茅，成人高考报考人数和录取人数也列在全省前列。截至2011年，全市中等职业学校46所，数量仅次于成都，位居全省第二，其中包括南充卫校、阆中江南职中、南部县职校和潆溪职高4所省级重点中等职业学校和省蚕丝校1所国家级重点中职学校。2011年，南充中职招生43885人，居全省第二；在校学生96488人，居全省第二；毕业生22826人，居全省第六；教职工4286人，其中专职教师3106人，分别居全省第三和第二。2011年，南充普通高中共72所，仅次于成都，居全省第二；毕业生45938人，居全省第二；招生57048人，居全省第二；在校普通高中学生159098人，居全省第二；专任教师7530人，居全省第二。截至2011年，南充普通初中共计444所，数量居全省第一；初中毕业生107905人，居全省第二；普通初中招生94661人，居全省第二；在校初中生295621人，居全省第二；专任教师19524人，居全省第二。至2011年末，全市小学261所，全省排第14位，毕业生和招生分别为88279人和85199人，分别居全省第三和第四位；在校生508081人，居全省第四位；专任教师24909人，居全省第二位。至2011年末，全市幼儿园共532所，居全省第6位，幼儿专职教师2595人，居全省第七。目前南充已基本形成了大学、中学、小学、幼儿教育相互衔接，普教、职教、成教、幼教协调发展，政府办学和社会力量办学共同促进的教育体系。

四　基础设施：构建四川次级交通枢纽，打造次区域物流中心

基础设施建设是国民经济各项事业发展的基础。在现代社会中，经济越发展，对基础设施的要求越高；完善的基础设施对加速社会经济活动，促进其空间分布形态演变起着巨大的推动作用。基础设施建设具有所谓“乘数效应”，即能带来数倍于投资额的社会总需求和国民收入。一个国家或地区的基础设施是否完善，是其经济是否可以长期持续稳定发展的重要基础。近年来，南充市以交通建设为核心，全面推进生产性、社会性及制度性基础设施建设。

（一）现代综合交通网络，省级次级交通枢纽

南充交通运输建设在近年尤其是“十一五”时期，实现了前所未有的大发展、大跨越，是南充市交通运输发展最快、质量最好、成效最明显、群众得实惠最多的一段时期。在这一时期，南充抓住国家加大西部地区基础设施投入机遇，同时把握灾后重建政策，使交通运输获得跨越发展，对全市经济社会的大跨越发挥了强大的推动作用。

公路交通网络基本形成。“十一五”

期间，全市完成地方交通建设总投资 170 亿元，比“十五”期间增长了 2.1 倍，是“十一五”期间规划投资的 1.9 倍。截至“十一五”末，全市公路总里程已突破 20000 公里，新增公路里程 14468 公里，比 2005 年增长 261.5%。其中，高速公路里程达 115.349 公里，新增里程 34.949 公里，比 2005 年增长 43.5%；截至 2011 年 12 月底，南充市共建成通乡水泥路（油路）3764 公里，通村通达公路 4993.6 公里，通村通畅公路 5899.78 公里，实现 100% 的乡镇通柏油（水泥）路、100% 的建制行政村通公路、51.7% 的建制行政村通柏油（水泥）路。全市公路网密度接近 30 公里/万人，基本形成了四通八达的公路交通网络。

快速推进国、省干道建设。“十一五”期间，全市国省干线公路建设累计完成投资约 70 亿元，共改造国省道公路 733 公里。其中，国道 215 公里，省道 518 公里；国道中二级及以上公路占总里程的 83%，省道中三级及以上公路占总里程的 89%。全市国省干线公路网络逐步趋于完善，通达深度不断提高，通行能力明显增强。

快速推进高速公路建设，使南充与周边市、州的联系更加紧密。目前，全市已建成沪蓉（成南、南广）高速公路南充段 66.972 公里、兰海（南渝）高速公路南充段 34.677 公里、南充绕城高速公路 13.7 公里、广南高速公路南充段 97 公里，在建成德南、巴南、南大梁、巴南广、遂西 5 条高速公路，南充境内长 299.95 公里，已建成和在建高速公路总长 512.25 公里。高速公路的快速推进使得成渝南两小时经济圈的构想基本实现，而 2011 年 12 月 31 日，广南高速公路南充至阆中段正式建成通车，标志着南充全市六县市区全面进入高速时代。此外，有 8 条高速公路建设计划已纳入省“十二五”规划：南充至绵阳、南充至泸州、南充经营山至达州、巴中经营山至广安至重庆、绵阳经阆中（与苍溪之间）至巴中、遂宁经西充至巴中、营山经蓬安至仪陇新政、南充“二绕”。这 8 条高速公路南充段总长 450 公里，总投资约 410 亿元。另外，南充至德阳高速公路尚在积极争取。这批高速公路建成后，南充高速公路网将在市区形成“米”字形放射状大枢纽，在全市形成两纵两横的“井”字形大通道，整体呈“两环、四联、八射”格局，成为省内拥有高速公路数量和通车里程最多的二级城市。同时，新规划的高速公路建成后，将新增南充出省通道，强化南充与周边城市群的紧密联系，对南充全面建成四川次级交通枢纽和川东北区域中心交通枢纽，起到重要的支撑作用。

力推嘉陵江航道复苏。南充将嘉陵江航道复苏作为构建立体交通的重中之重，依托嘉陵江丰富的水域资源和无可比拟的自然禀赋，奋力再现“千帆竞渡、百舸争流”的繁忙水运景象。目前，已经规划建设南充港 5 个港区、11 个作业区、72 个泊位，总吞吐能力 2068 万吨。其中，一期 20 万标箱集装箱码头预计 2013 年建成。境内规划建设的 9 级航电枢纽，已建成 7 级，在建的 2 级已全部完成主体工程。随着航电枢纽建成，省政府已将嘉陵江 IV 高等级航道建设和南充港口群建设纳入总体规划，目前，作为全省“四江六港”重要组成部分之一的南充港都京多用途码头作业区一期工程已经成功签约，即将展开建设。IV高等级航道和南充港口群建成后，500吨级船舶、1000吨级船队可以直达上海，实现“江海联运、通江达海”的目标。已建和在建铁路2条（达成、兰渝），南充段长284公里，规划建设铁路5条共298公里。

升级改造机场、提升航空运力。南充机场已开通北京、上海、广州、深圳、三亚5条航线，今后将陆续开通至拉萨、九寨黄龙、昆明、海口、西安、厦门、杭州、攀枝花等航线，计划2014年竣工的机场改扩建工程完工后，将大大提升机场运力，进一步缩短与国内主要城市的时空距离，为南充市的对外交通架起一条快捷的空中走廊。

公路航道的快速发展，助推了全市各县（市、区）和各主要乡镇（街道办）以及重要水域车站、码头建设。到2011年底，全市已建成汽车客运站600个，其中，一级车站4个，二级车站10个，三级车站9个，乡镇站577个；建成乡镇客（货）码头243个。

（二）现代综合基础设施，省级次区域物流中心

1. 城市设施水平日益提高

经过多年的发展，南充市现代生产性基础设施日趋完善。

截至2010年底，南充市区用水普及率达到96.99%，燃气普及率95.65%，分别在全省35个地、县级市中排名第七和第四位；人均城市道路面积11.96平方米，人均公园绿地面积8.86平方米，建成区绿化覆盖率38.63%，分别在全省35个地、县级城市中排名第7、第21和第11位；污水处理率67.67%，生活垃圾处理率83.33%，分别排名第23和第25位。

至2011年底，南充城市供水综合生产能力达到25万立方米/日，在全省35个地、县级城市中排名第8位；供水管道总长度610公里，排名第10；供水总量达7200万立方米，在全省排名第5位。其中生产营运用水1210万立方米，居民家庭用水3550万立方米；用水人口89.23万人，人均日生活用水量159升，分别排名第2位和第15位。

2011年底，南充城市天然气用气人口83.3万人，居全省35个地、县级城市第3位；天然气供气总量10300万立方米，居第7位，其中家庭用量6120万立方米，占供气总量的59.4%，低于全省28.98%的平均水平；天然气供气管道总长610公里，排名第12；共有天然气汽车加气站（CNG）7座，排名全省第4。

至2011年末，南充市区城市绿化覆盖面积3800公顷，其中建成区3500公顷，分别居全省35个地、县级城市第6和第4位；园林绿地面积3165公顷，其中建成区3040公顷，均居全省第5位；共有公园15个，公园绿地面积815公顷，公园面积805公顷，分别居全省第6、第5和第2位。

至2011年末，南充城市排水管道长870公里，全省35个地、县级城市中排名第3；污水排放量5660万立方米，排名第5；道路清扫保洁面积980万平方米，排名第4；公厕数270座，排名第3；市容环卫专用车辆67辆，排名第16。

2. 现代物流业多功能、多层次发展

南充在建设现代物流中心方面具有明显的优势。一是近年来物流通道建设成就显著，交通优势明显。南充是国家二级交通枢纽城市，居于“西通蜀都、东向鄂楚、北引三秦、南联重庆”的独特地理位置，形成了四通八达的立体交通网络，为物流业发展打下了良好基础。国道 318、212 线交汇于南充，成南、南广、南渝等 5 条高速公路建成通车，与川东北 6 市中距离最远者仅有不到 300 公里。“十二五”期间，南充还将陆续建设和竣工 6 条高速公路，与周边城市的联系更加紧密；达成铁路横贯东西，与在建的兰渝铁路呈“十字形”交叉，达成线上最大的货运站南充东站毗邻南充现代物流园区；高坪机场改扩建工程顺利实施，建成后将开通十余条国内航线，可供波音 757 及空客 321 等大型飞机起降，是川东北地区规模最大、功能最全的机场，距园区仅有 2 公里；嘉陵江航道水运上通广元、下达上海，在建的南充港都京作业区 100 万吨级标准集装箱码头距园区仅有 5 公里。

二是南充作为规划建设的川东北区域中心城市和成渝经济区北部中心城市，发展现代物流业具有良好的区位优势。南充市是闻名遐迩的“丝绸之乡”、久负盛名的“水果之州”，位于四川盆地东北部、嘉陵江中游，地处“川陕渝西三角经济区”腹地，西距成都 200 公里，南至重庆 150 公里，处于成渝“两小时经济圈”内，是成渝经济区北部中心城市和川东北区域中心城市，东邻达州市，南连广安市，西与遂宁、绵阳两市接壤，北与广元、巴中市毗邻，自古就是川北最大的商品集散地和对外开放的重要口岸；

三是南充作为川东北最大的物资集散地，其庞大的货运规模加上产业发展趋势成为南充建设区域物流中心的重要支撑条件。南充是川东北商贸物流中心以及成渝经济圈面向中、西部地区的重要商贸物流枢纽，辐射川东北 3300 多万人口，随着市新城区建设的加快推进，一批重大项目纷纷落户，城市功能日趋完善，商贸、商务等产业不断发展，为物流业发展提供了良好的市场氛围。全市有沃尔玛、家乐福、大润发、国美电器、苏宁电器等国内外零售业 500 强企业 35 个，川北农产品批发市场、光彩大市场、丝绸大世界家具批发市场、西门服装批发市场等各类商品交易市场 735 个，各类连锁经营企业门店 6235 个，规模连锁经营企业 116 家，2011 年社会消费品零售总额达 392.09 亿元；南充出口商品有丝绸、纺织、服装等 8 大类 112 个品种，销往 80 多个国家和地区，2011 年外贸出口总值达 8.42 亿美元。

此外，南充的科教人才优势则为物流业发展储备了丰富的人才资源。

南充现代物流园是《四川省西部物流中心建设规划》中重点打造的省内八大次区域物流中心之一，也是《南充市物流发展规划》中重点建设的“一园区、四中心、七节点”体系中唯一的物流园。南充现代物流园占地面积 17500 亩，其中商业商住及公建用地 5500 亩、物流用地 12000 亩，规划为食品冷链、粮油加工、商贸分拨、仓储配送、综合服务五大功能板块。各板块的规划构想分别是：食品冷链板块规划面积为 1900 亩，主要引进从事冷冻加工、冷冻贮藏、冷藏运输、冷冻销售等类型的企业；粮油加工板块规划面积为1200亩，主要引进从事粮油、农副产品加工、储藏、流通的企业；商贸分拨板块规划面积2000亩，主要引进具有储存、分拣、集散、衔接、加工功能的商品配送企业；仓储配送板块规划面积为3300亩，主要引进为商贸流通企业、生产企业等提供一体化供应链解决方案和整体物流服务的第三方物流企业；综合服务板块规划面积3600亩，主要建设南充现代物流园公共信息平台、办公大楼及附属设施、酒店休闲等服务项目。园区概算总投资120亿元，计划2017年全部建成投入营运。届时，年货物吞吐量将达到4000万吨，实现交易额150亿元，年创税收5亿元，可带动3万人入园就业。目前，物流大道、忠良大道两条主干道和一期还房已顺利开建，预计2013年底，可全面完成三横两纵五条骨干道路、农民还房及“七通一平”等基础设施建设，为下一步客商入驻创造条件。

此外，在项目推动战略的引领下，近年来，南充成功引进了燕京啤酒、江苏雨润、潮州三环电子、汇源果汁等一批带动性大、关联度高、生命力强的大项目。同时，建设了光彩大市场、西门市场、川北农产品批发市场、川北汽配城等十大批发市场。截至2011年12月，全市已有遍布城乡的商业网点7万余个，各类市场560个，面积200多万平方米，具有一定规模的物流公司也由最初的10家发展到50多家，注册登记物流企业1033户、专业物流公司287户。随着达成、兰渝铁路和沪蓉、兰海国家高速公路的全面建成以及过境高速公路的逐步贯通，南充机场的扩建改造和南充港口群建设启动，物流对周边地区的辐射力将进一步增强。南充市内外贸易一体化的“大市场、大流通、大商贸”流通格局已具雏形。

从南充物流现状来看，南充市发展现代物流中心还存在诸多制约因素有待突破。一是物流专业化程度低。目前商业物流仍以自控物流和自营物流为主，50%以上的制造企业只是外包销售物流，可以说只有销售物流这一个“车轮”相对专业，而对供应物流、召回物流开发较少。

二是缺乏专业化的现代物流主体。南充目前的物流主体缺乏比较专业的龙头、骨干，第三方物流企业发展滞后，且规模较小，装备较差，多数只能提供运输和仓储等基本的物流服务，很少能够提供一揽子的解决方案。在全国约1060家、四川约30家A级物流企业中，南充没有一家名列其中。

三是物流信息平台建设滞后。由于现代物流涉及运输、仓储、装卸、搬运、包装、流通加工、配送、流通信息处理等方面，而与之相关的物流资源分布于不同的地区、不同的部门、不同的企业，由于缺乏统一的信息平台，使得物流资源难以有效整合，导致物流资源分散，严重影响到信息的共享和作业效率。

此外，南充目前的物流基础设施建设的总体规模仍然偏小，功能不完善，公共服务和多式联运功能发挥不足，物流标准化程度也比较低，物流仓储、货运场站等平台建设仍停留在粗放水平。目前，这些仍然是制约南充现代物流业发展的主要因素。

五　产业发展：以项目推动建区兴园，依托产业基地完善产业链

（一）工业再造：丝绸之路走出现代工业

1. 增长引擎："9+2" 工业园区快速扩张

自 2004 年以来，南充以发展工业为主导，实施"产业兴市、工业强市"战略。南充在借鉴东部沿海发达地区经验的同时，结合本地实际情况，按照"总体规划、分步实施、连片开发、整体推进"的发展思路，先后启动了以"一区多园"模式为主的工业园区和工业集中区开发建设，为加快招商引资项目落地和推进工业企业集群发展搭建起平台。特别是 2008 年以来，南充强力推进工业化进程，大力实施项目推动战略，通过多种途径，加大对工业园区基础配套设施建设的投入力度，大大加快了各地工业园区开发建设步伐。

"9+2" 工业园区是在"产业链招商，入园集约发展"的思路下，全市抢抓发展机遇，为承接产业转移着力搭建的平台。通过工业园区的建设，加快经济增长方式的转变，实现产业结构优化；通过招引优势产业，构建充满生机活力的现代产业体系；通过提高工业园区的项目承载能力，增强对企业的吸引力和推动力，促进工业集中集群集约发展。

"9+2" 工业园区包括南充市 9 县（市、区）各自的产业园区和市本级 2 个产业园，分别为：南充经济开发区、南充化学工业园区、高坪航空港工业区、顺庆潆华工业集中区、嘉陵工业园区、南部经济开发区、阆中市工业集中区、营山县三星工业园区、仪陇工业园区、西充工业园区、蓬安工业园区。

南充经济开发区是经四川省人民政府批准设立的省级经济技术开发区，分为花园坝商贸区、白土坝科技文化区、望天坝度假娱乐区、周家坝和燕儿窝高新工业区。开发区入住行业范围主要包括建材行业，医药制造业，工业行业，汽车维修、汽车配件制造业，食品加工业，低压电器制造业，电子、信息产业，商贸批发零售业，住宿餐饮业，娱乐业，房地产开发企业。经过几年的建设，开发区内道路网络基本形成，供水、供电、供气、排水、排污、通信、有线电视等主干管网随道路延伸进入各小区，邮电、通信、医院、学校、金融、保险等各项配套设施齐备。

南充化学工业园区位于南充市嘉陵区境内，是南充市依托丰富的天然气和岩盐资源，加快资源性产业开发的重要载体。园区规划建设面积 50 余平方公里，分为文峰板块和河西、李渡板块。其中文峰板块位于文峰镇，距市中心 7 公里，规划建设可用地 12 平方公里，包括文峰坝、耀目坝和安乐坝三大片区，重点布局精细化工项目和科研基地。河西、李渡板块跨李渡（含原羊口乡）、河西两个乡镇，规划建设可用地面积 33 平方公里，主要布局重化工项目。

高坪航空港工业区是四川南充经济开发区的重要组成部分，位于嘉陵江东岸，

南充市高坪区境内，西起区疾控中心，南至成南高速，东出绕城高速约10公里，北至高坪机场。规划面积约20平方公里，计划10年建成。首期整体规划7平方公里。建成后工业集中区工业企业年销售收入可达100亿元，税金可达4亿元。园区主要以发展机械电子、家具建材和丝纺服装等产业为主。

顺庆潆华工业集中区位于南充市顺庆区，地处市政新区核心位置，是省级重点工业园区。园区总体规划面积20平方公里，以发展机械汽配、新型建材、精密电子、农产品精深加工、汽车销售等产业为主。

嘉陵工业园区总规划20平方公里。目前，园区初步形成了以东风汽车为带动的机械汽配产业，以依格尔为带动的丝纺服装产业，以燕京啤酒、汇源果汁、鹰金钱食品为带动的食品饮料产业，已经先后有燕京啤酒、畅丰车桥、鹰金钱食品、汇源果汁、香雪制药、通产玻璃、红狮集团、天兆集团、康健生物、湘永环保机械、云峰水泥等20余户企业入园建设或投产。园区基础建设以及水、电、气、路、讯、绿化、排污等基础设施配套建设已大体完成。

南部经济开发区属省级开发区，分河西温州工业园和河东科技工业园两个园区。河西温州工业园，位于县城东南侧、嘉陵江西岸，规划用地10平方公里。河东科技工业园，位于嘉陵江东岸，距县城2公里。该园区2007年11月正式启动，规划用地20平方公里，以农产品加工、医药食品、建材家具、机械配件、丝绸纺织、包装印染等产业为支柱。

阆中市工业集中区位于阆中市七里新区西南隅，规划控制用地10平方公里，地势平坦，交通便利，国道212线贯穿其中。主要以发展电子、纺织、建材、化工和医药食品等产业为主。目前，该工业集中区道路、供排水管网、电力、天然气、通信等配套设施基本完善，现已入驻企业包括张飞牛肉公司、煜群农产品开发公司、四炜皮革公司、滕王阁制药公司、化工有限公司、金府钢制造公司、金奴电器公司、锡钢油脂公司、阆苑酒业公司、天罡木业制造公司、华兰纺织公司、长城印业公司、华珍风味食品公司、四新投资有限公司、金桥建材公司、恒宇建材公司、意帮电子公司、筛网劳保厂等。

西充工业集中区分为橡胶坝工业集中区和多扶食品工业园区。橡胶坝工业集中区（一期），地处城郊，毗邻国道212线，规划建设10平方公里，可提供工业净用地585亩，其产业定位是机械塑化，丝纺服装加工、医药制造等行业。多扶食品工业园区位于多扶镇，212国道旁，总体规划面积10.5平方公里，依托212线和高速路接口，其定位是农副产品深加工园区，发展食品加工工业及相关配套产业。

营山县三星工业园区位于县城东南部，主要发展高科技工业、食品工业、机械工业、轻纺工业、轻化工业等。

仪陇工业集中区规划建设了3个工业集中区，总规划面积7平方公里，分别为城南工业区、河西工业区和陈家坝工业区。

马鞍化工园区主要以发展农产品加工、丝纺服装、机械电子、天然气化工等产业为主。

四川蓬安工业园区是经国家发改委和

四川省人民政府批准设立的省级工业园区。园区规划面积 30 平方公里，主要以发展机械制造、电子电器、轻纺服装、农产品加工等产业为主。

2. 项目推动：承接产业转移，再造工业体系

2007 年底，南充市提出了“实施项目推动战略”，将承接发达地区产业转移作为项目推动的重要抓手。几年来，南充市坚定不移地以项目推动战略带动全局，大力承接发达地区产业转移，迅速在嘉陵江畔崛起了崭新而又尽展活力的工业体系。

工业园区快速扩张，承载能力明显提高。在项目推动战略下，坚持把产业园区作为经济发展的“主战场”、城市发展的新组团，九县（市、区）工业园区竞相发展。截至 2011 年上半年，全市工业园区总面积扩展到 75.7 平方公里，潆华工业园、航空港工业区和嘉陵工业园已成为嘉陵江畔沸腾的工业新城，全市已建成工业集中区 65 平方公里，形成了“9+2”特色园区，并以每年 10 平方公里的速度继续扩大。共有 584 户工业企业落户园区，其中规模以上工业企业 371 户，实现工业增加值 205 亿元，分别占全市的 58% 和 72%，入园企业工业增加值占全市规模以上工业企业的 60%。为了推进园区建设，南充市通过积极引导各园区建立投融资平台，争取各类社会投资主体参与园区基础设施和配套工程建设，缓解了园区开发建设因资金不足而造成的要素保障配套建设滞后问题。全市 8 个产业园区成立投资开发公司，3 个园区建立了融资担保公司，全市产业园区投资开发公司已向各类金融机构争取贷款近 20 亿元。同时，强化体制机制创新，各地从园区管理机构、投融资平台、规范服务等方面，不断提高综合管理服务水平。

项目招引和投资总额大幅增长。仅 2010 年，南充全年新签约项目 323 个，实际到位资金 238.6 亿元，已有 93 个投资亿元以上的重大项目落户南充。实施项目推动以来，截至 2010 年底，南充市规模以上工业企业从 385 户增加到 590 户；承接项目 1224 个，到位资金 564 亿元，连续 3 年平均每年递增约 50 亿元；签约项目中，亿元以上的项目达 238 个，其中，投资 10 亿元以上的项目共 7 个，5 亿元以上的项目共 18 个，2 亿元以上的项目共 80 个；落户南充的国内行业龙头企业达 41 家、上市公司 30 家、央企 6 家、知名商业物流企业 11 家。截至 2011 年上半年，投资亿元以上的项目中，燕京啤酒、汇源果汁、畅丰车桥、雨润食品、鹰金钱食品、日上车轮、国栋建材、建新集团、华晶玻璃等 56 个项目已竣工投产。在建成投产的重大项目捷报频传的同时，南充市还有 96 个亿元以上项目正“快马加鞭”。

招商引资贡献度增大，招商引资形成了巨大的现实生产力。实施项目推动以来，截至 2010 年底，仅仅 3 年时间，规模以上工业销售收入翻 1.4 倍，工业增加值翻 1.4 倍，工业入库税金翻 2.3 倍。2010 年全市固定资产投资中，招商引资到位资金形成的投资约占 30.2%，对 GDP 的贡献率达到 32.8%。招商企业约占现有规模以上工业企业总数的 53%、工业总产值的 58.2%、利税的 51.5%，解决就业约占工业就业人员的 59%。

承接产业转移，成为推动南充经济

社会发展的重要力量。截至2010年，南充市外来规模以上企业数量超过本土，工业销售收入、利税分别占全市的58%和51.5%，就职人数占工业就业人员的59%，相当于再造了一个南充工业。仅2010年，承接的项目投资就占全市固定资产投资的30.2%，对GDP的贡献率达到32.8%。产业承接，在南充形成了巨大的现实生产力。燕京啤酒、汇源果汁、雨润食品、鹰金钱食品、三环电子、畅丰车桥、华塑建材、中盐银港等60个亿元以上项目竣工投产，日上车轮、华晶玻璃、香雪制药、康美药业、富安娜家纺、华宝玻璃等72个亿元以上项目正加快建设。南充生产力布局迎来翻天覆地的调整——潜力产业从无到有，优势产业从小到大，产业链结构得到优化升级。

项目储备充分。近年来，南充市响亮提出把油气化工产业作为新兴战略产业加快发展，10余个油气化工类龙头型企业随即进入招引视线，100万吨的PTA项目顺利推进，配套的PET、PBT、PTT以及己内酰胺、增塑剂等项目今年即可开工建设。与此同时，261个签约项目正加快建设，195个项目即将开工，香雪制药、富安娜家纺等70多个亿元以上项目即将投产。这些项目陆续建成投产，将释放出持久的投资拉动作用。

园区吸引力增强。南充经济开发区、蓬安工业园区和南部经济开发区被列为全省重点发展超100亿产业园区。在成渝经济区投资价值榜上，南充有11家产业园区进入初选，顺庆潆华工业园区和嘉陵工业园区最终登上100家“成渝经济区最具投资价值”的产业园区榜。2011年初，南充丝纺服装高新技术产业化基地、南充汽车及零部件高新技术产业化基地、阆中食品加工高新技术产业化基地被批准成为四川省首批高新技术产业化基地。

（二）农业新生：传统“果城”华丽转身

1. 特色＋规模：现代农业产业基地建设

围绕龙头企业开展标准化、规模化、集约化现代农业基地建设。截至2011年11月，全市共招引农业项目48个，完成投资15.6亿元，引进雨润食品、汇源果汁、燕京啤酒、康美制药等14户上市公司和广东温氏、天兆畜牧、玛斯特农业等35家龙头企业落户，培育壮大广丰科技、润丰食品和育群生姜等本地农业产业化龙头企业，推动了农业产业链快速延伸，带动种养业扩量提质和农民增收致富，成为引领全市基地建设发展的主力军。围绕龙头企业和50个蚕桑基地乡镇、20个柑橘基地乡镇、28个蔬菜基地乡镇、20个中药材基地乡镇，建立桑园基地99万亩、柑橘基地90万亩、蔬菜基地40万亩、粮油订单基地85万亩、中药材原料基地3万亩。

以现代农业示范基地带动全市农业基地建设。近年来，南充高起点规划现代农业示范区建设，整合涉农项目资金，推进现代农业示范区建设，着力在特色产业的拓展和填充、龙头企业的培育和引进、先进科技的推广和应用、基础设施的新建和完善、体制机制的创新和探索上下功夫，启动实施了全省“现代农业千亿示范工程”、涵盖“三区一县”的国家现代农业示范区建设。截至 2011 年底，现代农业示范区核心区已建成特色产业基地 14 万亩，带动 3 万农户发展现代农业，实现农户户均增收5万元以上。截至2011年5月，全市已建成国家级、省级农产品标准化示范基地 40 个，通过国家认证有机农产品基地 1 万余亩、绿色食品基地 68 万亩、产品 16 个，无公害农产品种植基地 170 万亩、产品 36 个。在国家现代农业示范区，规划实施了基础建设、产业发展、物流加工、观光旅游、科技研发五大类、58 个重点项目建设，带动全市现代农业产业基地建设。建立健全了全市农产品质量标准、质量监督检测和农业标准化生产技术三大体系建设。

通过农业特色产业基地建设，推进优势产业跨越发展。近年来，南充市启动实施了千万头生猪、百万吨柑橘、百万亩速丰林、百万担蚕茧、百万吨特色优质粮油等特色产业工程。聘请中国农科院等单位，编制完成了特色产业基地建设总体规划、各县（市、区）实施规划和国家现代农业示范区总体规划。同时，用“工业化”理念抓农业，帮助龙头加工企业实力得到飞速提升。2011 年，南充市规模以上轻工食品企业 247 户，拥有资产上百亿元，其中固定资产 50 亿元。已形成肉食品、粮油、酒饮、果蔬、竹木、陶瓷、建材和药材加工为主体的八大行业，其中食盐加工能力 20 万吨，乳制品生产能力 3.8 万吨，肉食品加工能力 60 万吨，粮油加工能力 130 万吨，混合饲料产能达 150 万吨以上。全市轻工食品产业全年消化价值近 40 亿元的农副产品，在全市已获得省级以上品牌企业和产品中，轻工食品产业占 52.5%。

形成“一县一品”和“一县多品”特色农业产业格局。南充市围绕“县县有优势产业、乡乡有标准基地”的目标，着力坚持规划引领，科学合理布局产业，以省产业基地强县和培育县高坪、蓬安为重点，打造蓬安锦橙 100 号产业片、西充西凤脐橙产业片；以顺庆、高坪两个全国蔬菜产业基地重点县为核心，突出抓好 10 万亩城郊蔬菜基地建设，打造西部高端蔬菜基地；以南部、阆中两个省级中药材产业强县为重点，加快建设西部中药材基地。全市规划优势产业基地 400 多万亩，覆盖 90% 以上的乡镇。目前，全市规模以上农产品加工企业已达 302 户。截至 2011 年上旬，全市已建成南部黑龙观 3 万亩果药套作、高坪永安 - 青居 - 阙家 3 万亩柑橘、顺庆食用菌、嘉陵万亩蚕桑、阆中 4.6 万亩药材、营山 20 万亩油菜、西充义兴 - 常林万亩有机食品等一批成规模、上档次的特色产业基地，建立各类标准化生产体系 31 个。

在龙头和基地的协调、共赢发展下，截至 2011 年上半年，南充市已建成 10 万头生猪养殖企业 2 个、万头生猪养殖场 98 个、千头生猪养殖场 1785 个、百头生猪养殖大户 13000 多户，生猪规模养殖比例达到 53.5%，有 7 个县（市、区）跻身全国生猪调出大县行列。生猪产业初步形成区域化布局、规模化养殖、标准化生产的现代畜牧业发展格局。

2. 资源 + 创新 + 机遇：农业大市迈向农业强市

南充市素有“绸都”和“果城”的美称，这两个别名既是南充农耕文明的象征，也形象地说明了农业在南充举足轻重的地位。作为中国西部典型的农业大市，南充的粮油、畜禽、果蔬、蚕茧等产业，在全省乃至全国的农业史上都曾经创下了引人瞩目的佳绩。近年来，在从传统农业向现代农业转变、农业大市向农业强市跃进的征途中，南充实现了一次又一次的大跨越。

近年来，南充市通过“龙头建基地，基地引龙头”创新机制，加速推进现代农业发展，着力培育出柑橘、蚕茧、蔬菜等五大特色产业，五大特色产业基地为龙头企业提供充足原料，成为龙头企业“第一车间”，而龙头企业又不断为五大特色产业扩大规模、提高质量“加油”。农民则通过创新模式“抱团”闯市场，涌现出了“政府引导、农民自主、龙头带动、金融支持、协会组织”的“大林模式”，其“农民产业园”的建设新模式，让近两年来该村农业产业化发展结下累累硕果，并已成功复制到全市近200个村，惠及30万农民。同时，通过组建蚕业合作社，采取“分户管桑、集中养蚕，按桑分红、奖励分工”的办法，带动升钟库区等地蚕农实现脱贫致富的“先锋模式”，该合作社已发展成为集栽桑、养蚕、收烘为一体的综合性新型农民专合组织，带动了42个乡镇3.8万农户，发展桑园15万亩。

2010年8月19日，农业部正式批准南充现代农业示范区，标志着南充正式跻身全国首批、全省仅3个的国家级现代农业示范区之列。这也成为南充现代农业发展的新的里程碑。辐射顺庆、嘉陵、高坪及西充三区一县的南充现代农业示范区，将崛起一个集特色农产品生产、深加工、物流、贸易及科技企业孵化、人才培训一体的现代农业产业基地。到2015年将实现农业生产的规模化、集约化、标准化和品牌化发展，园区农业生产总值达到50亿元，涉及20个乡镇302个村，总人口32.3万人。农民人均纯收入将从2009年的4181元增加到1万元以上，在川东北地区处于领先地位，接近东部发达地区水平。园区发展也将辐射带动全市农业产业发展，支撑起市域农村经济快速发展。

南充已做好规划，将在5年内建成以下全省领先的六大现代农业基地。

优质特色农业产品生产基地：到2015年，将建成高产稳产粮田20万亩；建设专业蔬菜基地10万亩、商品蔬菜基地20万亩；建设食用菌生产基地2000万袋、草腐食用菌生产基地1万亩、外销珍稀食用菌生产基地1万亩；集中成片建设优质柑橘基地10万亩。建设标准化畜禽养殖场（小区）150个，生猪出栏达到100万头，家禽出栏1000万只。

安全农产品加工物流基地：分期建成集畜禽肉类、果蔬、粮油副食品等大宗农产品的仓储、交易、集散配送、加工包装、绿色认证、检疫检测、电子商务等多功能于一体的大型物流服务平台。到2015年建成年交易量30万吨以上的专业批发市场3～5个。

特色农业科技企业孵化基地：到2015年实现农作物良种覆盖率达100%，良种技术到位率达95%以上，科技贡献率达60%以上；农业标准化生产比例达100%，无公害以上农产品比例达100%；重大病虫害、有害生物处置率达95%以上；耕播收综合机械化水平达到70%。

农业产业化经营示范基地：到2015

年力争培育规模以上农产品加工龙头企业 50 户，其中产值过 5000 万元的龙头企业 20 户，过亿元的龙头企业 10 户。

特色农业人才培训基地：加快特色农业生产者、经营者、管理者的培养基地建设。到 2015 年示范区内力争每 20 户农民有 1 人获得绿色证书，龙头企业主要技术岗位全部实行持证上岗，90% 的农技推广人员达到大专以上水平，80% 的乡镇干部具有大专以上学历，80% 的村组干部具有中专（高中）以上学历。

特色农业信息传输和农业观光旅游开发基地。南充市乡村旅游业近年来得到了长足发展。一批农家乐及乡村旅游线路受到市内外游客的好评，其中嘉陵区千年绸都第一坊的“桑海蚕丝体验游”，被评为四川省重点推荐的乡村旅游线路。

近几年，南充市在农业产业化和基地加龙头的带动下，农业得到快速提升。2011 年全市农业总产值达到 380 亿元，累计实现劳务收入 515.7 亿元。2011 年，南充市农产品良种率已经达到 100%。2011 年 7 月，国家级农作物品种区域试验站、国家套作大豆科研育种创新基地落户南充。这两大试验站和基地将辐射川渝两地，在川内所有的农业科研院所中仅南充获此殊荣，这意味着南充农业研发的基础将进一步改善，农业科技水平将进一步提升，农业科技成果将得到更好地转化。

国家级农作物品种区域试验站全国仅 60 个，南充区域试验站是全省首个。其建设的内容包括种子仓库、实验室等，覆盖范围包括川渝两地。按照规定，各地育出的新品种若要通过国家审定，必须在农作物品种区域试验站进行区域试验过关后才能通过国家农业部的审核。国家套作大豆科研育种创新基地将建在该市顺庆区，包括建大豆科研育种创新基地 105 亩，建检验检测室 1000 平方米，以及完善田间工程等，基地建成之后农业部将指定不少科研项目在南充基地开展。

近几年，南充市的产业培育成效显著，油气化工、汽车汽配、丝纺服装、轻工食品四大主导产业格局基本形成。2010 年这四大产业的销售收入近千亿元，占到全市规模以上工业销售收入的 90%。

经济实力跨越增长，经济总量连攀新高。几大重要经济指标在 2007 年的基础上翻了一番甚至几番。2011 年全市地区生产总值首次突破 1000 亿元大关，经济总量实现赶超，处于川东北领跑地位。财政一般预算总收入、一般预算收入、国税收入、地税收入分别达到 93.3 亿元、42.3 亿元、34.4 亿元、47.7 亿元，年均分别增加 16.2 亿元、6.8 亿元、5.9 亿元、8.4 亿元。全市金融机构各项存款余额由 764 亿元增加到 1353 亿元，贷款余额由 282 亿元增加到 551 亿元，存贷款规模均占川东北的 1/3 强。

优势产业加快发展，工业快速扩张。2011 年规模以上工业实现销售收入 1300 亿元，是 2007 年的 2.6 倍。累计完成更新改造投入 264 亿元，年均增长 35.1%。南充被列入四川三大石化基地和成渝经济区石油天然气精细化工基地并启动建设。工业园区面积由 20 平方公里扩展到 69 平方公里。南充经济开发区等 3 个开发区被列为省级成长型超 100 亿元产业园区。经济结构明显优化。三次产业比重由 2007 年的 28.4 : 40.2 : 31.4 调整到 22.4 : 51.8 :

25.8，其中第二产业对GDP增长的贡献率超过70%，形成了以工业经济为主导的产业发展新格局。石油化工、汽车汽配、丝纺服装、轻工食品四大优势产业销售收入占全市规模以上工业的92.5%。入园工业企业销售收入占全市规模以上工业的57%，工业集中度进一步提高。

六大支柱产业成为南充经济发展的强大支撑。

（1）石油化工。

“一五”期间，南充就被规划为西南石油重镇，半个多世纪来，中国石油与南充建立了良好的合作关系，被中国石油列为新能源产业科研生产示范基地。南充作为四川省规划建设的特大城市之一，是四川三大优势资源基地之一——川东北天然气能源化工基地、成渝经济圈的北部中心城市及石化产业基地。

南充发现中国迄今发现的最大整装气田——龙岗气田，这成为南充石化产业加速发展的重要基础。2009年11月，南充市政府与中国石油签订了《石化资源产业发展战略合作协议》，中国石油集团公司已明确表示将全力以赴支持南充石化产业发展，这为南充进一步做大做强石化产业提供了有力的支撑。作为南充石化产业发展的重要载体，规划面积达40多平方公里的南充化工产业园区，是全省着力培育壮大的石油天然气化工基地，重点发展石油化工、天然气化工、精细化工、生物化工四大产业。计划到2014年，园区开发面积达到10平方公里，入园投资亿元以上企业达到20户，实现工业产值100亿元以上，实现利税10亿元以上。预计到2025年，南充化学工业园区全部建成后，规划产业项目和基础设施总投资规模将达到528亿元，实现销售收入1000亿元，利税约120亿元。

此外，华能火电、垃圾发电、四川核电、天然气发电等一批新能源项目正在有序推进，将有力推动南充打造新兴能源与石油化工基地的进程。

（2）机械汽配。

南充的汽车发动机、车厢、底盘、车身、车架、车桥等已实现了本土化生产，汽车“八大总成”已实现“六大总成”。其中，东风南充汽车有限公司生产线上不少关键配件都是“南充造”。仅在南充嘉陵区，目前已会集了14户规模以上机械汽车汽配企业，它们与东风南充汽车有限公司就近配套，汽车整体组装、零配件生产环环相扣，产业链条基本成型。“南充造”汽配“走出去”的步伐也在加快。此前，由东风南充汽车有限公司承担研发的863计划中的研发课题“中型客车用CNG发动机研制与开发”已通过节能与新能源汽车重大项目专家组验收，这款天然气发动机已走出国门，批量出口泰国、孟加拉国、巴基斯坦等国。

南充汽车汽配产业引来了铃木汽车、人本轴承、天喜宝汽车空调、龙湖机械等248个项目，其中，畅丰车桥、厦门日上车轮、金鹿农机、华冠汽车、富牌农机等纷纷投资数亿元，带动了顺风机械、嘉宝模具、五四机械等本地汽车汽配企业的快速扩张和结构调整，形成了从零部件到整车的全产业链条。2010年，仅汽车汽配产业，就实现销售收入200多亿元。

2011年12月东风南充汽车有限公司燃气发动机技术改造项目立项实施，标志着东风汽车公司在南充打造中国最大燃气发动机生产基地项目启动。东风南充汽车有限公司燃气发动机技术改造项目建成后，将实现年产 CNG 发动机 3 万台目标，年新增销售收入 6 亿元，极大地促进南充汽车工业的发展。东风南充汽车有限公司也将成为东风汽车公司最大的清洁能源商品基地和产品最齐全的中国最大燃气发动机生产基地。

2010 年建成的南充国际汽车城 2011 年实现汽车销量破万辆，52 家汽车 4S 店入驻，汽车城全面建成后，将成为西南地区最大的 4S 店产业集群。随着南充国际汽车城的建成，一个涵盖整车销售、配件维修、售后服务和信息反馈于一体的完整产业链条正在形成，还将拉动保险、银行、餐饮等相关产业的快速发展。

（3）丝纺服装。

作为南充的传统产业，丝纺服装的产业链条相对最为齐全，但在很长的时间里，各个链条之间的关联度并不高。原料生产、收购、加工、终端产品生产统一协调机制乏力，原料生产大多停留在单家独户状态，收购主体分散，秩序混乱，致使原料总量不足、流失严重，与现实加工能力不相适应的情况长期存在。同时，丝纺龙头企业带动聚集效应不强，企业在一个较狭窄的市场内恶性竞争，致使企业效益不高。为给丝纺服装业“解渴”，南充市实施了“双百”工程：栽桑 100 万亩，年产蚕茧 100 万担，让“中国绸都”实至名归。自 2006 年南充市启动实施蚕桑百万工程以来，全市共投入蚕桑发展资金 3 亿元，新发展桑园 45 万亩，桑园总面积达到 99 万亩。2010 年全市产桑蚕丝 2100 吨、丝织品 3500 万米、服装 310 万件，丝绸总量居全省第一位，服装产能居全省第二位。2011 年 1 ~ 10 月，全市丝纺服装销售收入 184.6 亿元，出口创汇 1.68 亿美元，同比分别增长 45.2% 和 9.5%。

同时在“引进龙头、补齐链条、完善配套”的思路下，全市“9+2”产业园区突出招大引强，着力在扩大增量、盘活存量上下功夫，助推传统产业转型升级，优化结构。丝纺服装产业先后引进了富安娜家纺、绮香纱丝业、美达集团以及广东展登服饰、山东海润丝绸、深圳敬业提花、重庆四维汉鑫纺织等 106 个项目，加上六和集团、依格尔纺织等本土知名企业，形成了上下游齐全、完整的产业链条，丝纺服装产业的整体竞争力得到实质性提升。

（4）农产品加工。

南充大力推动“千万头生猪产业工程”，仅蓬安在江苏雨润食品公司的带动下，就建起了 12 个万头养猪场、145 个千头养猪场。目前南充市共有 7 个县（市、区）跻身全国生猪调出大县行列。全市建成 10 万头生猪养殖企业 2 个、万头生猪养殖场 98 个、千头生猪养殖场 1785 个、百头生猪养殖大户 13000 多户，生猪规模养殖比例达到 53.5%，生猪产业初步形成区域化布局、规模化养殖、标准化生产的现代畜牧业发展格局；着力打造百万亩柑橘基地，实现年产百万吨柑橘计划；同时还启动实施了百万亩速丰林、百万担蚕茧、百万吨特色优质粮油等特色产业工程。2011 年南充市农业总产值达到 380 亿元，年均增长 4%；粮食总产量达 334 万吨。建成生猪规模化养殖园区 1.5 万个、桑园基地 99 万亩、优质粮油基地 124 万亩、柑橘基地 90 万亩、速丰林基地 109 万亩。南充国家现代农业示范区完成投资14.2亿元，建成规模化产业基地14万亩。规模以上农业产业化龙头企业达到260户，农民专合组织达到2054个。建成新村示范点174个。累计实现劳务收入515.7亿元，年均增长8.7%。南充作为传统农业大市的农产品生产能力和潜力吸引了燕京啤酒、雨润、佳美、汇源等一大批大型食品加工企业入驻南充。

（5）商贸物流。

南充自古为商埠重镇，商贸繁荣的历史久远。近年来，南充商务持续繁荣。2005年，全市社会消费品零售总额为150亿元，2010年末增长到346.7亿元，连年稳居全省第三位；“十一五”期间，全市服务业固定资产投资累计1127.5亿元，占全社会固定资产投资总额的61.8%。

商贸市场活跃，物流体系完善。2005年，省政府确定南充为川东北区域商贸中心，这标志着以南充为中心，以100公里为半径，涉及绵阳、广元、巴中、遂宁、广安、达州六市17个县（市、区）的商贸辐射圈正式形成。至2010年，全市有遍布城乡的商业网点6万余个，全市各类商品交易市场560个，面积达200万平方米，其中3000平方米以上的各类专业批发市场41个，总面积为75万平方米。1万平方米以上的专业批发市场17个，总面积约为50万平方米，川北农产品批发市场辐射近10个省（市），已成为全国农产品批发市场50强，具有一定规模的物流公司也由最初的10家发展到50多家，注册登记物流企业1033户、专业物流公司287户，形成了南充内外贸易一体化，“大市场、大流通、大商贸”的市场流通新格局。

南充得天独厚的区位优势、庞大的消费群体，助推南充商贸走向繁荣。在交通方面，已基本形成公路、铁路、水运和航空四位一体的立体交通运输网络；在消费能力方面，全市752万人口、市城区近百万人口、10余万名中高等院校学生的消费能力十分可观。

需求巨大，流通体系覆盖城乡。全市已经建成“万村千乡”市场工程农家店1657个、“社区商业双进”工程网点1.8万个、“双百市场”3个、日用农资商品配送中心6个，新改建标准化菜市场55个，培育发展万平方米以上的商场46个、星级酒店24家，打造特色街区24条。

商贸大项目云集，载体建设加快推进。全市“一园区、四物流中心、七物流配送中心”正在逐步形成。“一园区”是指规划面积7平方公里，概算总投资120亿元的小龙物流园区，区内基建和招商工作正有序推进。四个物流中心分别位于顺庆、嘉陵、南部和营山，七个物流配送中心则分设在高坪、嘉陵、阆中、西充、仪陇和蓬安。

商贸“巨头”云集南充，现代服务业展翅腾飞。“十一五”期间，全市服务业实现税收98.36亿元，占全市税收收入的54.03%；服务业从业人员年均增长率14.2%，2010年从业人员占全社会从业人员的32%。2011年1～8月，服务业实现税收34.13亿元，占全市税收总收入的56.3％，同比增长41.32%。

在现有商贸格局基础上，南充“十二五”期间商贸发展目标被确定为：全面建成川东北区域商贸物流中心、四川丘陵地区外经贸大市和成渝经济区北部现代服务业发展高地。

（6）旅游。

2011 年 2 月国家旅游局批准南部县升钟湖旅游景区为国家 4A 级旅游景区。至此，南充国家 4A 级景区数量已有 7 个，名列全省第三，分别是阆中古城、西山、凌云山、朱德故里 · 琳琅山、蓬安嘉陵江第一桑梓、天宫院、升钟湖旅游景区。国家 A 级景区数量有 13 个，仅次于省会成都，名列第二。南充自 2006 年被评为“中国优秀旅游城市”以来，旅游业快速发展。2010 年，旅游产业增加值实现 45.7 亿元，名列全省第四、川东北第一。2010 年，南充旅游产业总收入 91.1 亿元，同比增长 27.3%，遥遥领先川东北广安、巴中、达州、遂宁、广元 5 个城市，无论是旅游总收入，还是旅游增加值，连续 3 年实现大幅度增长。2010 年升钟湖景区成为省级湿地公园，嘉陵江流域生态文化旅游区成为全省新五大精品旅游区之一。此外，南充还是“古三国”精品旅游线路优秀城市，其丰富的三国文化内容在国内外越来越有影响力和吸引力。

六　城镇体系：川东北特大城市及城镇群

（一）南充在川东北的战略地位及功能定位

作为传统的川东北重镇和区域中心，南充市的总人口规模和城镇人口总数以及建成区城市面积均居川东北城市首位。2011 年底南充市城区人口已近百万，建成区面积近百平方公里，已基本具备特大城市的架构。2011 年，南充城镇化水平已经达到 37.7%，根据南充市第七次城市规划，2015 年城镇化率将达到 45%，2020 年达到 52%，2030 年达到 65%。

南充市第七次城市规划确定城市性质为：嘉陵江畔生态、人文并蓄的山水田园城市；成渝经济区北部中心城市、新兴能源与化工基地；川东北区域产业集聚、科教文卫、商贸物流和金融中心、交通、信息枢纽。

（二）南充 9 区（市、县）规模、功能定位及布局

①西充：城市性质定位为南充市生态后花园，主要发展生态农业、农副产品生产加工、休闲旅游为主，打造城市现代休闲生活服务中心。

城市规模：2020 年，城市人口 15 万；2030 年，城市人口 20 万。

城市布局：城市主中心区（莲花湖公园一带）、城市东北综合区（高家沟一带）、城市西南工业区和化凤山旅游区。

②蓬安：城市性质为南充市的生态卫星城，省级历史文化名城，以发展核电、机械、轻纺、商贸为主的滨江城市。

城市规模：2020 年，城市人口 20 万；2030 年，城市人口 25 万。

城市布局为分片组团式，以嘉陵江水为绿色轴线，以城市干道为支撑骨架，形成周口片区、锦屏片区、河舒片区三个大片区。

③阆中：城市性质为国家级历史文化名城，南充北部中心城市之一，是以商贸、轻纺为主的山水文化旅游城市。

城市规模：2020年，城市人口30万；2030年，城市人口40万。

城市功能结构为沿江的“片区组团式”。城市布局以主城为中心，重点向南发展七里和江南，协调局部发展河溪和双龙片区。

④仪陇：城市性质为全县政治、经济、文化中心，以食品、轻纺、建材、商贸为主导产业的现代化山水园林城市。

城市规模：2020年，城市人口18万；2030年，城市人口25万。

城市总体布局：“一环、两轴、两片、四组团”。主城区：规划以新政为主的中心城区依托行政、商业金融、居住等功能的开发，发展形成中心城区的职能。城西片区：规划为城区的次中心，发展商业服务、低层低密度及轻型加工业。

⑤营山：城市性质为川东北重镇，以商贸、轻加工为主的绿色生态城市。

城市规模：2020年，城市人口23万；2030年，城市人口30万。

城市总体空间结构为“一心、两翼、两带、五组团”。“一心”，是指全市的商贸行政文化中心区；“两翼”，是指城东的工业物流区和城西的休闲娱乐区；“两带”，即北门河滨河绿带及未来城市打造的生态林带；“五组团”，是指城市在空间上划分为城北、城东北、城东南、旧城、城西五大片区组团。

⑥南部：城市性质为川东北城市发展轴上崛起的新兴工业城市、商贸中心，休闲旅游地、山水型宜居城市。

城市规模：2020年，城市人口25万；2030年，城市人口35万。

城市采用开放型、组团式、多心总体布局。形成主城区旧区、新区，定水组团，西河组团，盘龙组团，河东组团等构成“众星拱月”式总体结构。

（三）大南充城市群

南充市市域城镇体系规划改变了原有城市体系不健全、结构不合理的状况，使得南充市城镇等级划分更趋合理，空间布局更加均衡。实施“大南充”发展战略，着力构建市域一体化，强化城市之间的功能整合和网络化联系，有利于形成以南充市区为核心，各县、市进行职能分工，具有不同等级规模，空间分布有序联系密切，相互依存的城镇群体。此外，南充还提出了南（充）－西（充）－蓬（安）核心发展区的概念。根据城镇规模、区位、经济实力不同，全市的城镇体系分为五个等级：南充市中心城区为市域的一级中心城市；县级市和县城为二级中心城市，共计6个；各县（市）区内的片区性城镇为三级中心城镇，共计30个；四级中心是普通建制镇，共计154个。

南充市中心城区的规模为：近期2015年120万人，用地120平方公里；中期2020年150万人，用地155平方公里；远期2030年170万人，用地175平方公里。

在产业发展方面，着力构建石油化工、机械汽配、纺织服装、农产品加工体系，实施城镇组团式发展，板块分南部产业组团中心城产业板块，由西充、蓬安产业板块构成；东部产业组团由仪陇、营山两县组成，以发展水电、能源、建材、天然气开发，以及石化产业相关配套产业为主；北部产业组团由阆中、南部两县（市）组成，以发展纺织服装、特色农产品加工、休闲旅游产业为主。

城市结构形态及发展方向。提出“三环三城、多廊道，拥江发展”。按照以主城区为核心、嘉陵江流域为重点经济带、重要交通干线为骨架、县城为辅助增长极的“一心一区、一带三轴”的城市发展格局，积极支持县级城市向中等城市和大城市发展。三城同构组合城市，由 9 个主要的城市功能片区构成“三城九片”结构；拥江三城（商务、行政、文化区）由顺庆、高坪、嘉陵组成。其中，都尉－西兴片区、小龙－龙门片区、潆溪片区、青莲－老君片区、文峰片区约 110 平方公里。产业新城：河西和李渡片区以石油、天然气化工产业为主的新城，约 40 平方公里。北部新城：荆溪－搬罾片区约 50 平方公里，为城市远景发展的主要区域。

城市交通发展。一是轨道交通。远期城市人口达 200 万时，将考虑交通预留，形成“一组一环”轨道交通线路。二是机场建设。建议近期内对高坪机场扩建做出规划，远期考虑搬迁建设第二机场。三是城市道路。修建“二绕”，成南高速公路结合“二绕”外迁，形成“两环七轴”的城市道路骨架。

南充市 2011 年的《政府工作报告》指出，到 2011 年底，南充城镇人口达到 236.9 万人，其中南充主城区人口已由 4 年前的 69 万增加到 97 万，建成区面积则由 64.1 平方公里拓展到 90.6 平方公里，城镇化率达 37.7%，特大城市骨架已经形成。该报告提出，未来五年以创建国家卫生城市、省级环保模范城市、省级生态市为主要抓手，将南充初步建成主城市区人口达 120 万，建成区面积达 120 万平方公里的特大城市。

七　发展展望：特大城市的前景与障碍

（一）川东北特大城市

南充市第七次城市规划从近、中、远期对南充的城镇人口规模、城市面积、交通发展、产业布局等进行了全方位的规划安排，南充市的政府工作报告根据 2011 年底南充市的基础数据指出南充已经形成特大城市的骨架，未来五年，将南充初步建成主城区人口和建成区面积双双超过百万的特大城市。正在加速延展的城市版图、突飞猛进的工业化进程、快速扩张的工业园区以及不断涌入城市的人口，这一切都成为南充市快步跨入特大城市行列最生动的注脚。步入特大城市的南充市将进一步巩固其作为川东北区域中心的城市地位，有利于进一步提升南充在成渝经济区北部城市群交通、商贸、物流的城市地位，有力提升对资源要素的集聚能力，同时，急速发展的城市化进程也为人们提供了广阔的经济社会发展空间。

然而必须要警惕城市化误入歧途，否则将对城市的建设和管理提出巨大挑战，给城市的可持续发展埋下严重隐患。

一是避免城市化与城乡一体化脱节。南充市作为传统的农业大市、典型的内陆欠发达丘区，拥有广阔的落后农村腹地以及大量的农村人口，传统的主要产业也多为“农”字号，是典型的“小城市背大农村”，城市化的进程应该为城乡一体化做出更多安排，带动广大农村参与到城市化进程中来，实现城乡之间的融合，使城乡资源实现自由双向流动，不仅能有效缩小城乡差距，而且能够避免人口向大城市过度集中带来的一系列问题。

二是避免“过度城市化”。特大型城市通常对人口具有强大的集聚作用，而人口的快速集聚也成为各大城市发展的重要动因之一。在人口快速集聚的过程中，一旦城市建设和管理跟不上迅速增长的需求，导致各类城市基础设施的供给滞后于城市人口的增长，就会引发一系列的矛盾，出现环境污染、就业困难、治安恶化等城市病。城市人口迅速集聚，出现城市化速度大大超过工业化发展速度的“过度城市化”或“超前城市化”。

三是谨防以经济效益“驱逐”居民福利。长期以来，“发展是硬道理”的理念极大促进了经济增长，但城市发展并非仅仅为了经济增长，更非仅仅为了 GDP。城市具有两大基本功能：一是经济功能，二是生活功能。如果过分看重经济功能，所有的行为都围绕 GDP 进行，在一味单纯追求发展的前提下，城市的生活功能就会被忽视。说到底，经济的发展是为了改善人们的生活，提高居民的生说质量，而一味追求经济效益的发展恰恰背离了发展的初衷，最终会反过来抑制发展的广度和质量。

四是谨防低质量的“摊大饼”式城市扩张。城市的建设一定要考虑大多数人的感受，多数人幸福了，这个城市的幸福感才会提升。在产业、城市建设、社会保障等没有能够及时跟进的条件下“超前城市化”，导致的一系列社会问题加上大城市往往伴生的“人口膨胀、交通拥堵、资源紧张、治安问题、环境恶化、噪音和光污染”等“流行病”将大大制约城市的发展，不仅使新进入城市的居民难以享受到高质量的城市生活，原有城市居民的生活质量也难以提高，从而使得城市居民整体幸福感下降，而这并非城市发展结果的应有之义。

此外，由于人口过于向大城市集中而引起大量耕地被占，使人地矛盾更尖锐。南充市的城市规划提出构建生态宜居城市，这也是避免“大城市病”的必然选择。土地资源作为南充市最重要的自然资源，在构建“绿色城市”中要应该走本土化之路，根据本地气候、环境、资源、经济和文化等实际情况，因地制宜利用地方资源建设“绿色城市”。因此，从长远发展来看，应该避免工业园区低质量过度扩张、城镇化低水平发展过度侵占宝贵的农地资源。

（二）产业发展趋势

南充市将石化、机械汽配、纺织服装、农产品加工、商贸物流等作为本市的主导产业发展，全市三区六县市分板块组团发展，各县、区、市分别有各自的产业园区和主导产业。这种产业格局一方面在一定程度上促使各县、区、市的优势得以充分发挥；另一方面资源向园区集中，有利于充分发挥资源的集聚效应，同时避免重复建设和低效使用形成的资源浪费。从现有的工业基础和规模来看，石化工业被作为南充市最有希望做大做强的重点产业，未来其支柱地位将得到进一步提升和加强；未来南充作为成渝经济区北部区域中心城市以及从南充现有的产业基础来看，南充有条件发展壮大为成都和重庆产业配套的相关产业，如机械汽配等；南充的蚕桑丝纺业无论从其发展历史还是现状都在全省乃至全国具有举足轻重的地位，未来南充如果在丝纺服装、设计、工艺、丝纺文化、销售渠道等方面若能有大的创新突破，丝纺服装及其带动的相关产业应该是南充城市发展最有生机和可持续的绿色产业，也是最符合城市发展方向的产业之一；南充农业大市的农业资源和劳动力资源则为南充发展现代农业形成完整的产业链提供了无限的可能。

作为传统的农业大市，其最大的优势和最好的资源应该分别是农业和土地。在发达国家和地区纷纷饱尝传统工业化“恶果”和深受“大城市病”困扰的今天，利用自身丰富的土地和农业资源另辟蹊径，走一条具有本地特色的“绿色工业化和城市化”之路无疑是汲取“前车之鉴”的理智之举。一味地贪大图强，崇奉工业化和短期经济效益最终可能使工业化和城市发展误入歧途，丧失发展活力和可持续性。

（三）工业发展与生态安全

素有“中国绸都”、“三国文化源头”之称的南充，自古以来被视为嘉陵江畔的璀璨明珠，宋代诗人邵伯温对其曾有“万家灯火春风陌，十里绮罗明月天”之赞。传统的农业丝绸文明湮没于现代工业文明，如何把握好工业发展与生态安全之间的“界”与“度”，这是摆在南充面前的一门“必修课”。

根据南充城市总体规划，南充市以打造人与自然协调发展、山水城相融的城市为目标，建设“低碳、生态、宜居”南充。在产业选择和招商引资上，南充开始“择优选择”。以汇源果汁、燕京啤酒、温氏集团百万头生猪产业化基地、万科集团西山旅游文化综合开发、名瑞婚纱晚礼服生产、菲立斯葡萄酒生产基地等项目为代表，既能充分开发本地资源，产生巨大关联效应，又不对地方环境和资源构成压力的优质项目近年纷纷入驻南充。

南充无论是交通条件还是资源条件和工业基础，在承接国际国内产业转移中都具有较大的吸引力，以环境和资源承载力筑起一道门槛，有选择性地引入产业，作为长江上游城市、我国西部生态屏障的一部分，这也是为本市乃至全国生态安全的贡献。

第35章 达州市：加快建成川渝鄂陕结合部区域中心城市*

图 35-1　达州市政区

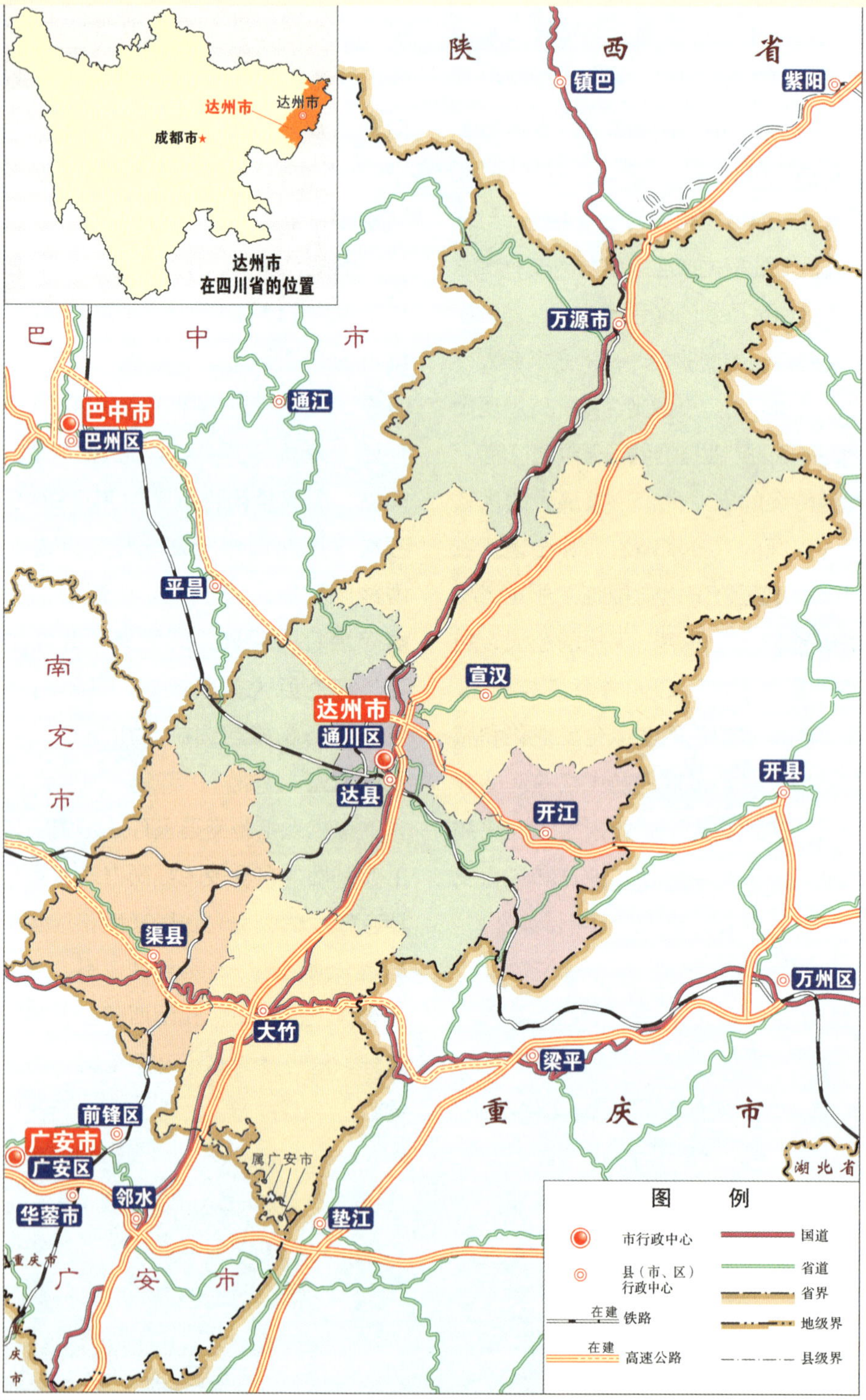

资料来源：本图由四川省发展和改革委员会、四川省测绘地理信息局提供。

* 本章作者：杨钢，四川省社会科学院副院长，研究员。

一　建制变迁与历史文化

（一）建制变迁

达州市历史悠久，早在上古时期就有人类在此生息繁衍。最早的土著居民是賨人，曾建立了賨国和賨国都。夏朝时属梁州，商、周时属雍州，春秋战国时期为巴国治地，秦汉时属巴郡。建县始于战国末期。公元前 316 年，秦灭巴蜀后推行郡县制，设置宕渠县（治今渠县土溪镇城坝），隶巴郡，辖今达州市及四川东北部大片区域。

汉武帝元封五年（公元前 106 年），改巴郡宕渠县属益州。

东汉和帝永元年间（公元 89 ~ 105 年），宕渠县分为宣汉县（治今达州市通川区）和汉昌县（治今巴中市巴州区）。

南北朝时期，先后在达州市建立的州有 8 个：万州（后为通州，治今通川区），罗州（治今达县桥湾乡），石州（治今宣汉县普光镇），迁州（治今宣汉县东林乡），开州（治今开江县宝石乡），并州（治今万源市固军乡），邻州（治今大竹县牌坊乡），渠州（治今渠县渠江镇）。

隋统一中国后，在达州市设置了宕渠、通州二郡。

唐时在达州市设置了两州：渠州（潾山郡，治今渠县），通州（通川郡，治今通川区）。

北宋时仅留通州并将其改为达州。

明洪武九年（公元 1376 年）降州为县，达州改称达县，达县之称从此始。

清初复置达州。嘉庆七年（公元 1802 年），改达州直隶州为绥定府，并增附首邑达县。嘉庆十九年（公元 1814 年），绥定府辖达县、东乡（今宣汉县）、永宁（今开江县）、大竹、渠县、城口厅（今重庆市万州区城口县）。

1914 年，裁府留县更道名。大竹、渠县、达县、开江、万源、宣汉 6 县划归东川道管辖。

川陕革命根据地时期（1932 年 12 月至 1935 年 3 月），在今达州市境内设置绥定道，建置了城口（治今万源市大竹镇）、红胜（治今万源市罗文镇）、万源、宣汉、达县、渠县（治今渠县贵福镇）6 个县苏维埃政权。

1935 年，废道，设行政督察专员公署。达县专员公署为四川省第十五行政督察区，辖达县、开江、宣汉、万源和巴中等 7 个县；大竹专员公署为四川省第十行政督察区，辖大竹、渠县和邻水等 6 个县。1948 年新设平昌县，属达县专署。

中华人民共和国成立之初，沿用专员公署设署（不称行政督察区），辖区未变。1953 年，大竹专员公署撤销，其所辖渠县、大竹、邻水 3 县划归达县专署管辖，由是，达县专区共有 11 个县。“文革”以后，将专区称地区，专员公署改为行政公署。1976 年以达县城关区析置达县市（县级）。1978 年，万源县之一部建立白沙工农区（县级）。1993 年，万源县与白沙工农区合并建立万源市，达县市更名达川市。同年 9 月国务院将达县地区析出通江、南江、巴中、平昌建立巴中地区；将邻水县划归广安地区管辖；将达川市、万源市、达县、开江县、宣汉县、大竹县、渠县 7 个县（市）设达川地区。达川地区行政公署驻达川市。

1999年6月，经四川省政府审核国务院批准，撤销达川地区设立地级达州市，同时撤销达川市设立通川区。达州市辖达县、宣汉县、开江县、渠县、大竹县、通川区，代管万源市，达州市人民政府驻通川区朝阳街道办事处永兴路。

（二）达州文化

达州文化，亦称巴渠文化。所谓巴渠文化，一是指达州市所辖7个县（市、区）地处巴山渠水，上古属巴地，古著《太平寰宇记》列有《巴渠风俗篇》；二是指巴渠人民所创造的这一得天独厚的文化，既具有鲜明的巴渠地域特色，又是中华地域文化的重要组成部分。“巴渠文化”是生活在州河、渠江流域的劳动人民，经历了数千年的发展演绎创造出来的区域文明的结晶。其内容十分丰富，包含了政治、经济、军事、文化、民俗等各个方面的内容，形成了源远流长的历史文化、厚重壮观的红色文化、瑰丽多彩的民间民俗文化及繁荣缤纷的现代文化，有着极为深厚的内涵。

1.历史文化

賨人歌舞，声誉远扬。在远古时代，賨人在劳动和征战实践中，创造了一种舞蹈叫“巴渝舞”。賨人勇猛、剽悍，能歌善舞，史书记载：“武王伐纣，前歌后舞。”周武王在和商纣王的征战中，以巴渝舞鼓舞士气，賨人高歌猛进，无坚不摧，终于赢得胜利。巴渝舞兴盛于汉朝，在刘邦灭秦的战斗中，賨人以前歌后舞，“为汉前锋陷阵”，受到汉高祖刘邦的称赞。据说，巴渝舞的名字就是刘邦亲自命名，并把它引入宫廷之中的。大放光彩的竹枝词也是其典范。《太平寰宇记·巴渠风俗篇》中已有“唱竹枝为乐”的记载。竹枝，早在晋代就被诗官们收入《乐府》中。唐代又将竹枝称为“巴渝歌”，同与“巴渝舞”以地域而命名，并在一些著名诗人的赏识和极力提倡下，使竹枝大放光彩。

人文景观，熠熠生辉。宣汉县境内的罗家坝巴人文化遗址，1999年9月首次发掘的战国土坑墓群，总面积达60万平方米，是目前我国考古发现面积最大的先秦文化遗址。据发掘出土文物推算，巴人文化遗存距今3000～4700年，历史年代久远，文化沉淀深厚，古老的“巴人文化”遗址具有与“三星堆”同样的文化、艺术、旅游价值，2001年被列为全国重点文物保护单位。渠县城坝遗址位于渠县土溪镇城坝村，城坝遗址又名宕渠城遗址，总面积1820亩，遗址北、西、南三面渠江环绕，东西接佛尔岩，造成依山傍水之势。城坝为汉代古城遗址，是达州市目前尚存的唯一历史最早、历时最长的古城遗址。城坝历史悠久，具有重要的考古研究价值，已被列为全国重点文物保护单位。渠县汉阙是我国现存于地面上时代最早、保存最完整的仿木结构建筑遗存。在全国仅存的29处汉阙中，渠县就有6处7尊，素有“汉阙之乡”的美称。渠县汉阙在20世纪60年代就被列为全国重点文物保护单位。用料独特的开江陶牌坊位于开江县任市镇内。该坊造型别致，技艺精湛，既古朴端庄又生动活泼，为省内所罕见，被列为全国重点文物保护单位。富有神话色彩的龙爪塔位于达州市城区州河岸边的玉印山上。因塔身为白色，又名白塔。传为唐代所建。

有关资料记载，清嘉庆 18 年（1813 年）、光绪 14 年（1888 年）先后做过两次较大的维修。至今整塔保存较为完好，系省级重点文物保护单位。儒、佛、道“三教”合一的真佛山庙群位于达县福善镇的高坪寨。庙群依山取势，庙周古树参天，绿荫环抱；庙门彩壁雕檐，金碧辉煌；庙内 1000 多尊塑像栩栩如生，墙上壁画大有呼之欲出之感。真佛山乃川东著名胜景，每天的游客络绎不绝。“西蜀金山”的金山寺位于开江县城西 8 公里的金山山腰。因其山形宛若“金”字故名，始建于唐天宝年间。在中国佛教禅宗寺院中，开江县金山寺早与民间传说《白蛇传》中“水漫金山”之金山寺并称于世，有“西蜀金山”之美誉。

英雄豪杰，叱咤风云。东汉时的冯焕系今渠县土溪人，刚正不阿，学识渊博，尤喜兵法，为东汉王朝立下许多大功劳。东汉末年农民起义领袖李特、李雄建立了大成政权，李雄在位 31 年，开创了成汉国的全盛局面，被认为“是我国历史上少数民族中的一位杰出的政治家”。三国时的蜀国大将王平，渠县渠北乡人。他从小学得一身好武艺，在刘备麾下建功立业，逐步成长为蜀国大将，成都武侯祠中有其塑像。明末抗清英雄李长祥更是长留史册。渠县安北乡人王万帮，清乾隆二十五年（1760 年）生，从小熟读兵书，苦练武艺，出任北陆路副将时，抵御来犯日寇，矢志精忠报国。清嘉庆年间，徐天德、王三槐等领导的白莲教起义，给清王朝以沉重打击。反贪除弊的农民英雄袁廷蛟，宣汉县梨子乡人。清雍正年间，以他为首在东乡县展开了一场“上京城，告御状，为民请命”的反贪除弊血腥斗争。川剧《巴山秀才》就是以袁廷蛟的英雄事迹为原形创作而成。抗英名将谭恩系渠县人，曾任江西兴国营都司（正三品）等。公元 1841 年 1 月 26 日，英国侵略舰船攻占香港，并继续向大陆进攻，谭恩率军赶赴广东，参加抗英战争，成为清军中出类拔萃的一员爱国猛将。

2. 红色文化

红色遗址，比比皆是。在达州，红军战斗和工作的遗址遗迹遍布各地，大小共有 500 多处，革命文物极为丰富，生动地再现了当年刘伯承、徐向前、李先念、张爱萍、王维舟等老一辈革命家血与火的光辉历程。万源保卫战战史陈列馆被中宣部公布为第二批“全国爱国主义教育示范基地”。“万源保卫战”是红四方面军历史上，也是整个红军历史上“规模最大、时间最长、战斗最艰苦、战绩最辉煌”的重大战役。万源保卫战战史陈列馆，全面收集境内的革命文物资料，并采用声、光、电等现代手段重新布展。列宁主义街被誉为“中国红色第一街”，位于达县石桥古镇。1933 年 10 月，徐向前率红四方面军九军十一师从平昌县挥师东下，屯兵该镇。红军先后在该镇四座牌坊和石壁上刻下了“建立苏维埃”、“平分土地”、“消灭刘湘”等 26 幅标语。在梓桐的红军石刻“斧头劈开新世界，镰刀割断旧乾坤”被称为“中国红色第一联”，原件现存中国革命博物馆。宏文校“工”字楼位于宣汉县清溪场，1923 年王维舟接任校长之后，集资新建“工”字楼校舍，喻意学校教育面向工农，为工农服务。王维舟在这所学校广纳进步人士，成立了川东第一个共产主义小组，为革命培育了骨干力量。此外，还有红三十三军成立纪念碑、王维舟纪念馆、李家俊故居、张爱萍故居（神剑园）、蒲家英烈园、营渠战役纪念馆、红军亭、《巴山魂》群雕等革命遗址。

巴山将军，赫赫有名。这方土地是血染的热土、英雄的热土，不仅有无数先烈长眠于此、魂留于斯，更有陈毅、刘伯承、贺龙、徐向前、李先念、吴玉章、许世友等共和国的忠臣和将帅在这里战斗过。巴山儿女为中国革命所作出的贡献举世震惊。1929年，李家俊等领导了万源固军坝起义，拉开了川东北土地革命战争的序幕。王维舟创建和领导的川东游击军威震全国。1932～1935年，红四方面军建立了川陕革命根据地，达州人民踊跃参军的近8万人，牺牲了近2万人。由王维舟和他的川东游击军组建的红三十三军从这里汇入了中国革命的洪流。这块红色土地上，诞生了21名共和国开国将军及50多名省军级干部。王维舟被毛泽东亲笔书赠为“忠心耿耿，为党为国”。“神剑将军”、共和国副总理、国防部部长张爱萍，以文武双全扬名军中。陈伯钧、魏传统、向守志等将军以及徐彦刚、唐在刚等著名革命烈士为共和国成立作出了不朽的功勋。

红色文化，厚重壮观。川东游击军和红四方面军不仅给巴渠儿女留下了革命的火种、光荣的传统，更留下了伟大的精神、厚重的文化遗产。新中国成立后，特别是改革开放以来，各级文化部门和广大文物工作者，积极开展川陕革命根据地文物的征集工作，整理出各种革命文物30000多件，进行了多达2000多万字的史料整理、研究和编写工作。在川陕革命根据地建立、巩固和发展的整个过程中，石刻标语、红色歌谣乃是两大创举。现保留下来的石刻标语3000多处，分布于各地，其中“斧头劈开新世界，镰刀割断旧乾坤”被誉为中国红色对联第一联。红色歌谣不仅数量多，而且是那个时代从未有过的崭新的歌谣，真实地抒写了人民大众的情感倾向和政治态度。川陕苏区火热的经济建设和保卫苏区的革命斗争，为文艺工作者提供了取之不尽的创作源泉。他们在战斗的间隙、行军途中创作了大量的文艺作品，其类别有戏剧、歌舞、曲艺、诗歌、楹联、美术作品等。川剧《刘湘投江》、《戒大烟》、《半升米》等剧目，开创了现代川剧的先河；有许多演唱作品利用当地群众熟悉的山歌、民间小调、采用旧曲配新词的方法创作演出，广为流传。

3. 民俗民间文化

巴渠大地，民歌之乡。巴山民歌内容丰富，无所不及，劳动中包括放牛割草、薅秧挞谷、开山打石、挑抬背拉，总是歌声相伴，或号子相随。《抬工号子》、《巴山背二哥》、《打双麻窝子送给你》、《情歌把我当蜜糖》等民歌，托物起兴，就事抒情，形象生动，质朴刚健。《豆芽葱蒜叶》、《正月里来是新春》等民歌唱进中南海，享誉第六届世界青年联欢节。巴山民歌《太阳出来喜洋洋》等唱红了全中国。

巴渠民俗，风情万般。巴渠民俗历史悠久，来源于民间生活。它触景生情，各种礼仪，劝善斥恶，信手拈来，可成华章。其中婚嫁礼仪有“哭嫁”、“坐歌堂”、“拉亲”、“拜堂”、“铺床”、“谢媒”、“回亲”等，其程序堪称完善，其文化内涵颇为丰富。渠县的“打耍锣”和“三汇彩亭”、大竹县的“吹打乐”、达县的“翻山铰子”、开江县的“落脚灯”、万源市和宣汉县等地的“薅草锣鼓”等表演艺术都具有浓郁的地方特色。同时，灯影牛肉传统加工技艺、大竹竹唢呐及制作工艺、东柳醪糟酿造工艺、渠县刘氏竹编工艺、渠县呷酒酿造工艺、翻山铰子、安仁板凳龙、巴山石工号子、巴山背二歌、薅秧、薅草锣鼓、三汇彩亭会、渠县耍锣鼓、开江拗棒等项目被确定为第一批四川省非物质文化遗产保护名录项目。通过两次非物质文化遗产资源大普查，全市共有 10 大类 258 个非物质文化遗产保护项目，其中，已成功申报 3 个国家级、29 个省级、45 个市级、114 个县级非物质文化遗产保护名录。

民俗节日，全国罕见。重阳登高的习俗，自古沿袭至今，遍及全国，唯有达城，偏在正月初九这天倾城出动。据传，元和十四年（公元 819 年）正月初九，被贬通州的大唐诗人元稹离开通州时，百姓依依不舍，登高而望，目送天涯，留下了“元九登高”这一民俗。此后，每逢正月初九，达城人扶老携幼，登高望远，思古述怀，历千载而不衰，经沧桑而尤盛，当属川东北仅有，实为全中国罕见。2006 年，达州市人大常委会顺乎民意，作出建立“元九登高节”的决定，将每年正月初九确定为“元九登高节”，使这一沿袭了一千多年的独特民间习俗得以固定化。2007 年至今已成功举办了五届中国 · 达州“元九”登高节，成功跨入四川十大名节行列，并被四川省人民政府公布为非物质文化遗产保护名录。每届登高节都是盛况空前，举办各类文化、体育、旅游和商务活动 10 多项，参与群众 35 万人次以上。渠县三汇彩亭会相传已有 200 多年的历史，举办时间是每年阴历三月十八。三汇彩亭的民间艺术融铁工、木工、刺绣、缝纫、建筑于一体，汇文学、绘画、雕刻、力学于一炉，结构巧妙，造型奇特，色彩绚丽，工艺精湛，颇富特色，是川东地区民间艺术瑰宝。1992 年，四川省委、省政府举办春节电视联欢晚会，特邀三汇彩亭赴蓉进行了公演。真佛山庙会，时间是每年农历六月十九日，规模大时上万人，小则数千人赶会。

二　自然条件与发展基础

（一）自然地理

1. 位置及地貌、地质情况

（1）地理位置。

达州市位于四川省东北部，大巴山南麓。地处东经 107° 29′ ~ 108° 22′，北纬 30° 22′ ~ 32° 20′。北接陕西省，南邻重庆市，西靠四川省的巴中、广安、南充等市，东邻三峡库区的重庆市万州区。域内东西绵延 180 公里，南北长距 225 公里，是重庆、成都、西安、武汉四大名城交汇辐射的中心地区。

（2）地貌特征。

达州市境内以山地、丘陵为主，间以少数平坝分布于东部和西南部，整个地势由北向南倾斜。最高处是宣汉县鸡唱乡大团堡，海拔 2458.3 米；最低处是渠县望溪乡天关村，海拔 222 米。山地面积占 70.70%，丘陵占 28.10%，平坝占 1.20%。北部山体切割剧烈，山势陡峭，形成中、低山地貌单元；中南部较为平缓，形成平等谷地貌单元。主要地形有四种：①大巴山地貌：分布在万源市大部、宣汉县东北部，面积约4400平方公里，占全市面积的26%；②北部低山地貌：分布在万源市西南部、宣汉县大部，面积约3100平方公里，占全市面积的19%；③平行岭谷地貌：分布在大竹县、开江县、达县大部、渠县以东和宣汉县西南部，面积约6942平方公里，占全市面积的42%；④方山丘陵地貌：分布在渠县大部、达县西南部，即华蓥山以西地区，为川中丘陵一部分，面积约2158平方公里，占全市面积的13%。

（3）地质构造。

达州市境内地质构造属于四川东部地区。区域构造属华夏系第三沉降带内四川构造盆地中的一级构造凹陷，其基岩主要为侏罗纪、白垩纪红色砂岩和泥岩，基岩上覆第四纪松散堆积物，其下部为冰碛、冰水堆积层，上部为河流堆积层，堆积厚度从平原逐渐向中部、南部增加，边缘地区厚15～20米。河流及两侧一级阶地为全新统近代河流冲洪积物。

2. 气候情况与河流状况

（1）气候情况。

达州市属亚热带湿润季风气候类型，其气候具有以下几个特点。

四季分明。达州市具有冬冷、春暖、夏热、秋凉的四季典型气候特征。其中，3～4月，气温回升快，升幅大，回暖早，但不稳定，易出现寒潮、低温和阴雨天气；5～6月，降水量增多，降水强度增大，但容易出现夏旱或连阴雨、暴雨等灾重天气，及大风、冰雹、雷暴等强对流天气；7～8月为伏旱高温期，也是达州一年中光照最为充足、热量最为丰富的季节；9～11月多阴雨，气温下降快，有时会出现寒潮、低温、大风等灾害性天气，偶尔还会出现秋干和霜、雪；12月至次年2月干、冷、多云、雾和阴天，光照少，是达州低温冷害和冻害结冰的常见期。

立体气候特征突出。表现为宣汉县南部、开江县大部以及达县、通川区、大竹县、渠县等地海拔800米以下的低山、丘陵、河谷地区气候温和，热量丰富，雨水充足，光照基本适宜，冬暖、春早、夏热、秋凉，无霜期长，四季宜农，是达州市农副产品的生产基地；万源市以及宣汉县北部、开江县小部等地海拔800米以上的低、中山区垂直气候明显，雨水丰沛，光照较充足，但热量不足，春迟、秋早、夏凉、冬长，无霜期短，霜、雪、云、雾多，低温冷害较为严重，春寒和秋霖十分突出，对发展粮食生产不利，但对于发展林果、畜牧及中药材比较有利。

气象灾害种类较多，危害大。种类有干旱、高温、暴雨、洪涝、大风、冰雹、低温冷害、冻害、连阴雨和浓雾等，出现频数约占自然灾害频数的84%，所造成的经济损失占自然灾害总经济损失的90%左右。

（2）河流状况。

达州市境内河流纵横，溪河密布，流域面积在100平方公里以上的河流有51条，1000平方公里以上的河流有9条，它们是：渠江、巴河、前河、中河、后河、明月江、流江河、任河。渠江水系市境内流域面积14966.39平方公里，占全市面积的90.2%；万源市任河511.8平方公里，属汉江水系，占全市面积的3.1%；大竹县的大洪河和开江县东部有1116平方公里属长江上游干流区，占全市面积的 6.7%。

3. 土壤与植被分布情况

达州市土壤类型主要有水稻土、新积土等 8 个土类、17 个亚类、43 个土属、93 个土种。水稻土是一种特殊的耕作土壤，它的形成是由多种母土经过长期水耕熟化、种植水稻而成，是农业生产的主要土壤，多分布在海拔 300 ~ 1000 米。新积土系雨水沿河侵蚀地面土壤，由高处冲击低处，沿江河、溪流两岸沉积而成。这类土壤组成比较复杂、养分丰富，多为中性至微酸性，土层深厚，疏松透气，肥力高，易于耕作，主要分布在渠县、大竹县、开江县，其余各县（市、区）也有少量分布；紫色土由紫色岩层风化发育而成，是全市的主要土壤类型，分布较广，主要分布在海拔 800 米以下的丘陵、低山。黄壤是在亚热带常绿阔叶林下，由石灰岩、砂岩、变质岩、第四系沙、粘及砾石等多种母质岩发育而成的地带性土壤类型，主要分布在海拔 1300 米以下的中、低山区和山间河槽谷及河系阶地上，以万源市分布最多，其余各县（市、区）均有分布。

达州市由于气候温和，植物生长比较发达。植物的垂直分布地带性明显，海拔 1300 米以下多为常绿阔叶林带，1300 ~ 2000 米多为常绿与落叶阔叶混交林带，2000 米以上则多为亚针叶林带。

全市植物种类有 5700 多种。万源市和宣汉县北边山区的森林面积比较大，主要树种以松、柏、杉、樟、杨、枫、青桐等为主；达县、开江县、大竹县、渠县和宣汉县东部，多以松、柏、杉、槐、桉和桤木、竹类为主，尤以达县铁山、铜锣山、七里峡山、明月山，大竹县五峰山、九盘山、旋顶山，开江县红花山、渠县马鞍山和宣汉县的观山、五马林场、天生楠竹场等为盛。截至 2010 年，全市森林面积达 59.40 万公顷，覆盖率为 39.88%。森林面积中天然林面积占 43.77%，人工造林封山育林面积占 15.15%，人工造林主要树种为柏树、桤木、刺槐等。市境内草丛植物约 100 科 475 种。主要草类有菊科、豆科、莎草科、杂类等，其中可供牲畜采食的草本植物约 432 种。20 世纪 80 年代前全市植被破坏严重；80 年代后各级开始重视水土保持工作，持续发动群众广泛开展植树造林活动，有组织有计划地进行水土流失治理，植被恢复趋于良好。

（二）人口状况

达州市人口总数为 6827246 人，其中，男性 3570938 人，常住人口为 5468092 人。同第五次人口普查相比，减少 325052 人，减少 5.61%，年平均下降 0.58%。

1. 人口分布

达州市人口密度为每平方公里 330 人。受自然条件和经济发展水平的影响，人口分布不均衡，通川区人口密度最高，达到 1060 人 / 平方公里，万源市人口密度最低，仅为 100 人 / 平方公里，其次是宣汉县为 236 人 / 平方公里。全市常住人口中，城镇人口为 1788418 人，占 32.7%；乡村人口为 3679674 人，占 67.3%。

2. 人口构成

全市常住人口中，男性人口为 2795538 人，占 51.12%；女性人口为 2672554 人，占 48.88%。全市常住人口中，0 ~ 14 岁人口为 1113344 人，占 20.36%；15 ~ 64 岁

人口为3758242人，占68.73%；65岁及以上人口为596506人，占10.91%。

3. 家庭户人口

全市户籍人口为6827246人，全市常住人口中共有家庭户1674171户，家庭户人口为5235982人，平均每个家庭户的人口为3.13人，比2000年第五次人口普查的3.40人减少0.27人。

4. 受教育程度

全市常住人口中，具有大学（含大专以上）程度的人口为181137人；具有高中（含中专）程度的人口为497628人；具有初中程度的人口为2135064人；具有小学程度的人口为1981724人（以上各种受教育程度的人包括各类学校的毕业生、肄业生和在校生）。

5. 民族

达州自古以来就是一个多民族繁衍生息的地方，远古有巴人，现在有土家族、回族等为主体的少数民族37个，人口3.5万人，少数民族的亲属10多万人，少数民族人口主要是近现代因各种原因（学校分配、部队转业、婚嫁、经商）迁徙而来。少数民族分布在全市五县一市一区和市级各部门以及中央、省属厂矿企事业单位，又主要集中在通川区、大竹县的竹阳镇和宣汉县的龙泉等乡，呈大分散小聚集状况。宣汉县建立了龙泉土家族乡、渡口土家族乡、三墩土家族乡、漆树土家族乡四个民族乡。

（三）资源禀赋

1. 气候资源

（1）充足的热量资源。

达州市年平均气温为15.1℃～17.6℃；最热月8月（万源市在7月）的月平均气温为25.1℃～28.1℃，最冷月1月的月平均气温为3.8℃～6.6℃；日极端最高气温均在39℃以上（渠县曾达42.7℃），日极端最低气温均在零下3.2℃以下（万源市曾达零下9.4℃）。达州市日平均气温全年大部分时间≥0℃，积温为5382℃～6432℃，≥10℃积温为4523℃～5636℃，≥20℃积温为2472℃～3437℃，12℃～22℃间的积温为3206℃～4184℃。达州市年平均无霜期为278～321天。

（2）降水资源充沛但时空分布不均。

达州市年降水量平均为1070～1242毫米，基本能满足农业生产用水之需。按季分布，夏半年（4～10月）多雨，平均占全年3/4以上，冬半年（11～3月）少雨，平均尚不足1/4；按月分布，7月最多，平均为166～242毫米，1月最少，都在20毫米以下（万源市不足5毫米）。其地域分布是北多南少、东多西少。降水在时间上和空间上的分布不均匀，极易形成旱、涝交错和有时多阴雨的分布状况，影响作物正常生长发育。

达州市降水日数多，且夜雨多于日雨。年平均≥0.1毫米降水（小雨）的日数为134～157天，≥10.0毫米（中雨）为31～35天，≥25.0毫米（大雨）为11～13天，>50.0毫米（暴雨）为3～5天。就全市而言，强度越大的降水日数，在季节上越集中于夏季，因而夏季多大雨或暴雨，易出现洪涝灾害；而秋季雨日较多，易发生秋霖。

（3）光能资源欠佳。

因达州市云多，雾重，风力小，降水日数多，加上大气污染造成的垂直能见度差等人为因素，使各地的年平均日照时数只有1044.6～1625.8小时（比同纬度的华东地区年平均少600多小时）；年平均日照百分率都不到35%；阴天日数年平均达200天以上（比同纬的华东地区平均多50多天），属全国的光能资源贫乏区。按季节分配情况：夏季最多，冬季最少。

2. 水资源

全市境内年平均降雨日数117～155天，年均降雨1100毫米左右，一般是北多南少，由北向南递减。北部万源市前河流域为高值区，年平均降雨量在1166～1450毫米，南部县区在1000毫米左右。年降雨月季差异大，雨季一般从4月开始，10月结束，降雨主要集中在5～10月，其雨量占全年总降雨量的73%～85%。大气降水是达州市水资源主要来源。且时空分布不均，年内年际变化都很大。全市多年平均径流深为636.9毫米，水资源径流总量为105.69亿立方米（包括浅层地下水13.86亿立方米，占13.12%），外来过境水总量145.7亿立方米，为全市径流的1.4倍。全市自产水资源总量为102.54亿立方米，人均占有水资源量为1600立方米。按世界公认标准，达州市属水资源相对贫乏地区。

3. 水产资源

全市主要水生经济动物资源是鱼类资源，由土著类和引进类两大部分组成，共有128种，分属17科。其中，鲤科鱼类63种，江河分布117种鱼类，还分布有两栖动物大鲵、小鲵、蛙类，爬行动物龟、鳖，节肢动物虾、蟹类，均具有较大的开发价值。其他水生野生动物还有哺乳类水獭及鸬鹚、白鹳、野鸭等众多水鸟。

4. 生物资源

（1）植物资源。

森林资源、野生植物资源。全市现有林业用地面积77.50万公顷，其中有林地59.45万公顷，疏林地1.89万公顷，灌木林地9.27万公顷，未成林造林地2.79万公顷。有林地中，乔木林56.39万公顷，竹林3.06万公顷。森林总蓄积量3446.39万立方米，森林覆盖率达到39.88%。木本植物资源丰富，共有100科293属821种。主要树种有苏铁、银杏、崖柏、马尾松、华山松、巴山松、腊梅、巴山冷杉、铁坚杉、杉木、柏木、檫木、香樟、花椒、重阳木、漆树、油桐、紫薇、珙桐、女贞、慈竹、毛竹、水竹、白夹竹等。

草资源。全市草资源包括天然草山草坡、人工草地和秸秆类资源，以天然草山草坡为主，总面积为40.59万公顷，其中可利用草地面积为38.98万公顷，占全市面积的24%。主要草地类型有：山地草甸草地类、山地疏林草丛草地类、山地灌木草丛草地类、山地草丛草地类和农隙地草地类。其中，山地草甸0.04万公顷，山地疏林草地11.12万公顷，山地灌丛草地16.51万公顷，山地草丛草地2.82万公顷，农林间隙地8.49万公顷。根据畜牧业区划野外调查鉴定，境内天然草资源种类有100科475种（禾本科73种、菊科45种、豆科44种、莎草科18种、杂类草295种），其中可食性牧草432种，不可食牧草43种（有毒有害草类27种），可供驯化选育的15种。在可食性牧草中，禾本科73种占16.9%、豆科44种占10.2%、杂类草295种占68.3%、灌丛类20种占4.6%。

其平均产鲜草量约5100千克/公顷，可利用鲜草产量2550千克/公顷。在饲用饲草中，除天然本地草种外，1952年引种有苜蓿、黄花草木樨、南瑞苕；1958年引种有四季牛皮菜、系马桩萝卜；1960年引种了紫云英；1970年引种有水浮莲、菱角、空心莲子草、红浮萍、杨槐、紫穗槐、蕉藕、水葫芦、聚合草等；1980年后，为适应黄牛改良和发展奶牛、肉牛，促进现代畜牧业发展，又引种有多花黑麦草、多年生黑麦草、苏丹草、高丹草、籽粒苋、串叶松香草、墨西哥饲用玉米、红（白）三叶草、紫花苜蓿等10多种牧草；2003年以当地野生鸭茅驯化选育出川东鸭茅。人工草地包括人工种植优质牧草及饲用作物、退耕还草、改良草山草坡等。全市2010年种植优质牧草及饲用作物3.31万公顷，改良草山草坡等共2.67万公顷。秸秆类年产量300多万吨，其中玉米秸秆120万吨。年产各类饲草650万吨，其中可利用量约400万吨，全市理论载畜量约为500万个羊单位。

中药材。达州素称“川东药库”，市境内家野生中（草）药资源达2386种，品种分别占全国的39%、全省的53%。其中，《中华人民共和国药典》收载品种431种，占《中华人民共和国药典》收载中药材品种的80.6%，中药材蕴藏量达30万吨以上，居全国六大药材产区之首。人工栽培大宗常用道地药材100多种，常年收购品种560多种，其中，乌梅、川木瓜、洛神花、百合、白芷、桔梗、白芍、大黄、花萼贝、黄连、天麻、云木香、淫羊藿、贯叶连翘、银杏、菊花、重楼、黄柏、厚朴、杜仲等60多种道地名优药材享誉国内外，产品畅销全国并出口。

（2）动物资源。

畜牧资源。达州市地处亚热带季风湿润区，境内气候温和，雨量充沛，适宜多种动植物生长，发展畜牧业资源十分丰富。特别是畜禽品种资源，全市有动物品种300多种，还在利用的本地畜禽品种有宣汉黄牛（主要是肉质好、适应性强，现主要做母本，培育新品种，现存栏纯种5万头），本地水牛（主要是适应性强、役用性好，现存栏5000多头），万源板角山羊（主要是肉、皮生产性能俱佳，现存栏纯种12万只），旧院黑鸡（是万源市独有的地方良种，肉、蛋生产性能好，是当地发展家禽业的主导品种，2010年出栏旧院黑鸡300万只），开江白鹅（肉、蛋、羽生产性能好，特别是繁殖能力强，2010年存栏种鹅20多万只），开江麻鸭（主要是风味好，现存栏纯种很少），中蜂等7个品种，引进利用的主要品种有黑白花奶牛、西门塔尔牛、安格斯牛、摩纳水牛、涪陵水牛、大约克猪、长白猪、杜洛克猪、PIC猪、南江黄羊、波尔山羊、海兰蛋鸡、罗曼蛋鸡、AA肉鸡、安拉克肉鸡、北京鸭、江苏麻鸭、花边鸭、美国肉鸽、意蜂、卞蜂等畜禽品种60多个，形成了品种优良、门类齐全的良种繁育体系。

野生动物资源。全市共有野生动物300多种，其中兽类60多种、鸟类180多种、爬行类14种、两栖类10多种、鱼类85种。现有国家、省重点保护野生动物52种，其中国家二级保护的兽类14种，二级保护的鸟类20种，二级保护的两栖类1种。主要野生动物有猕猴、穿山甲、黑熊、大灵猫、斑羚、岩羊、鸳鸯、红腹锦鸡、鹦鹉、大鲵、横斑锦蛇等。

5. 矿产资源

全市已发现各类矿种 38 种，其中能源矿产 3 种（煤、天然气、地热），放射性矿产 1 种（铀），黑色金属矿产 4 种（钒、锰、赤铁矿、菱铁矿），有色金属矿产 1 种（铝土矿），稀有金属矿产 1 种（锶矿），分散元素矿产 2 种（镓、锗），非金属化工原料矿产 7 种（杂卤石、天然卤水、毒重石、岩盐、磷矿、硫铁矿、重晶石），非金属冶金辅助原料矿产 4 种（冶金用白云岩、熔剂用石灰岩、冶金用石英岩、耐火黏土），非金属玻璃、陶瓷原料矿产 4 种（高岭土、陶瓷土、石英砂岩、硅灰石），建筑材料用矿产 10 种（水泥用灰岩、建筑石料用灰岩、大理岩、砂岩、砖瓦用页岩、砂砾石、膨润土、石膏、水泥用黏土、砖瓦用黏土），地下水资源 1 种（矿泉水）。全市已经开发利用的矿产资源有：天然气、煤、地热、锶矿、硫铁矿、岩盐、硅灰石、石膏、水泥用灰岩、建筑石料用灰岩、制灰用灰岩、砖瓦用页岩、建筑用砂砾石、建筑用砂、陶粒页岩、水泥配料用页岩、建筑用页岩、高岭土、砖瓦用黏土、饰面用板岩、矿泉水、菱铁矿等 23 种。全市有天然气矿山企业 17 家，非天然气矿山企业 778 家，其中小型矿山及小矿 775 家，占矿山企业总数的 99.6%，以煤矿、砖瓦用页岩、水泥用灰岩、建筑石料用灰岩、建筑用砂岩等矿山企业为主，大、中型企业仅 7 家（其中，天然气矿山企业 4 家、煤炭企业 1 家、地热 1 家、石膏企业 1 家），占矿山企业总数的 0.4%。

全市煤炭资源丰富，是四川省主焦煤基地之一。共有煤炭矿产地 350 处，仅次于攀枝花，居全省第二位。境内煤炭资源开发利用程度较高，采矿历史悠久，现保有的资源储量 6.74 亿吨，资源潜力较大。石灰岩是优势矿产，资源储量大，质量优，矿产地达 16 处，现保有资源储量 3 亿吨，潜在储量近 34.47 亿吨。全市石膏矿产地 13 处，保有资源量 7488 万吨。天然卤水资源丰富，现已探明资源储量近 1500 万立方米。菱铁矿资源丰富，现已探明资源储量近 200 万吨，主要分布在万源市和宣汉县，虽达州市菱铁矿资源品位低，但达州市的市场前景好，具有较强的开发利用价值。岩盐资源丰富，现已探明资源储量近 11000 万吨，主要分布在渠县，具有较强的开发利用价值和综合利用价值。砖瓦用页岩为潜在的优势矿产，全市共有矿产地 220 处，保有资源储量超 3000 万吨。建筑石料用灰岩为潜在的优势矿产，共有矿产地 127 处，保有资源储量超 5 亿吨，在各市（县、区）均有分布。

三　基础设施与建设布局

（一）交通枢纽

坚持把加快交通基础设施建设作为交通工作的重点，按照“以铁路、高速公路为骨架，国省干线为主线，县乡村公路为辅助，航空水路为补充”的发展思路，充分发挥各方积极性，开展交通基础设施建设大会战，综合交通枢纽建设已具雏形。“十一五”期间，全市交通基础设施建设共投入资金135.2亿元（不含铁路、机场），构建了以达州市主城区为中心，以达成铁路复线、襄渝二线、达万铁路、达渝高速公路为骨架，以国道210、318和省道201、202、204、302等国省干道为主线，辐射全市，通达全国的铁路、航空、公路运输网络。一是高速公路加快建设。自2002年达州境内第一条达渝高速公路建成通车以来，目前正在加快建设达州至陕西、达州至万州、达州至巴中高速公路和梁平经大竹、渠县至南充高速公路，境内建成和在建里程达427公里，是“十五”末的4倍。二是地方重点公路全面推进。万源至城口快速通道、主城区绕城公路等一批重大项目相继开工建设。全市国省干线公路831.5公里（其中，国道378.58公里、省道452.937公里），二级以上等级公路达到了800.8公里，高级路面铺装率达到97%。三是农村公路纵深发展。迅速掀起农村公路建设新高潮，到“十一五”末全市建成通乡公路1701公里，新增187个乡通油（水泥）路，通乡油（水泥）路覆盖率由43.3%提高到96%；新建通村泥碎路5092.4公里，新增1408个村通公路，通村公路覆盖率由57.2%提高到98%；新建通村水泥路3822.6公里，新增1143个村通水泥路，通村水泥路覆盖率由8%提高到73%。同步加快了乡镇汽车客运站建设，五年共建成乡镇汽车客运站114个。四是铁路、航空建设不断加快。达万铁路、襄渝二线、达成复线建成通车，达巴铁路正加快建设，已建和在建铁路里程达614公里，达州市在全省市级城市中率先开行动车组，达州至成都、重庆、西安等主要城市的时空距离大大缩短。河市机场扩建工程完工，可直飞北京、上海、广州、深圳等地。

（二）水利建设

积极践行可持续发展治水思路，大力发展民生水利，圆满完成了“十一五”规划确定的目标任务，谱写了水利改革发展的新篇章。一是防汛抗旱工作成效显著。有效应对了2006年特大干旱，2007年“6.18”、“7.5”、“7.18”流域性特大洪灾，2008年雨雪冰冻灾害，2009年“7.13”暴雨洪灾和2010年“7.18”特大暴雨洪灾，最大限度地保障了人民群众的生命安全，减轻了灾害损失。特别是在应对2010年“7.18”特大洪灾中，坚持以人为本、科学防控，通过启动预案、科学调度、层层防控等有效措施，全市共减淹耕地31.21千公顷，避免粮食减收19.35万吨，减少受灾人口117.23万人，防洪减灾经济效益10.98亿元。二是重点工程建设取得重大进展。全市累计投资1.62亿元，新建、改建、修复堤防55.19公里，城市重要河段达州中心城区一期9.83公里堤防工程基本建成，渠县城区一期堤防工程顺利建成。新建各类水利工程2928处，总蓄、引、提水能力增加621万立方米，宣汉县白岩滩水库、渠县刘家拱桥水库等重点骨干水源工程相继开工建设。共争取整治病险水库资金2.15亿元，整治病险水库208座。三是民生水利事业突破发展。“十一五”期间，争取国家无偿投资3.8亿元，建成农村饮水安全工程1286处，其中集中供水工程528处、分散供水工程758处，解决农村饮水不安全人口103.14万人。累计新增有效灌面 13 万亩，改善灌溉面积 85 万亩，节水灌溉面积 28 万亩，农业灌溉水利用系数从 0.43 提高到 0.50。争取国家投资 7547 万元，实施了 26 条小流域治理，综合治理水土流失面积 670 平方公里，减少土壤侵蚀量 144.82 万吨。争取省级水资源费 2258.95 万元，进行了 61 个项目的节水型社会建设、节水示范项目建设、水资源设施配套建设。同时，在原 67 个水质监测点的基础上，首次对全市 393 座水库开展了水质普查，为进一步提高水质奠定了基础。全市水产品总量达 46 万吨，实现农民人均年增收 15 元以上。四是水利改革迈出崭新步伐。水管单位体制性问题得到较好的解决，水务体制改革稳步推进，全市水管单位体制改革基本完成，农村基层水利服务体系建设取得可喜成绩，全市有 5 个县（市）建立健全了农村水利基层水务站，水利基层队伍更加稳固。

（三）能源建设

一是天然气资源开发利用成效显著。达州市是全国天然气资源的重要产区，资源总量高达 3.8 万亿立方米，现已探明储量 6600 亿立方米，是继新疆塔里木、内蒙古鄂尔多斯气田之后全国最具开发潜力的大气田。自 20 世纪 70 年代开采天然气以来，达州市每年向市外输送天然气 15 亿～18 亿立方米。近年来，随着“川气东送”工程的实施，中石油、中石化逐步加大了天然气勘探开力度，在川渝地区勘探发现的气田中，达州市占总数的 70%。目前，中石油、中石化两大集团今后可新增处理天然气 200 亿立方米、年产硫磺 340 万吨。

二是电力电网建设工程快速推进。“十一五”期间，达州市续建电源项目装机共计 639 兆瓦。其中，水电 39 兆瓦，火电 600 兆瓦。新开工并建成的电源项目共计 1956.8 兆瓦。其中，水电 166.8 兆瓦，火电 1790 兆瓦。到 2010 年，全市电源电力总装机达到 3149.8 兆瓦。其中，火电 2484 兆瓦，水电 330.8 兆瓦。全市电力需求 65 亿度，需外送电约 58 亿度。电网工程取得突破，重点抓好电力输出骨干电网和区域供电平台建设，包括新建达州市 500 千伏变电站、达州－华蓥电厂 500 千伏线路、达州－广安 500 千伏线路，总投资 6.9 亿元。同时，新（扩）建 220 千伏变电站 10 座，变电总容量 2820 兆伏安，架设线路 26 条，线路总长 582 公里，总投资 9.35 亿元。新（扩）建 110 千伏变电站 20 个，变电总容量 1573 兆伏安，架设线路 31 条，线路总长 535 公里，总投资 11.5 亿元。地方电力事业稳步发展，全市地方电力新增装机 7.5 万千瓦，招商引资 3.6 亿元投入水电开发建设，兴建了万源市梓桐溪、白杨溪，渠县石佛滩等水电站，农村用电覆盖率达到 98% 以上。地方电力体制改革全面启动，开江县明月电力有限公司、达州市电力公司与省水电投资经营集团资产重组并挂牌，其余三个电力公司重组的工作正有条不紊进行。

三是煤炭工业持续健康发展。按照“煤－电－冶”“煤－焦－化”产业链的发展方向，提高煤炭资源利用率，做大做强煤炭产业。加大资源富集区的煤炭地质精查工作，重点抓好龙门峡北矿、炉坪煤矿、添子城井田、黄金口井田、达县旋顶山井田等矿井的资源勘探工作，龙门峡北矿建成年产原煤45万吨矿井，炉坪煤矿、添子城井田建成年产原煤45万吨矿井，年新增原煤生产能力105万吨。加快小煤矿整合与改造，“十一五”期间，对现有251处、年产3万吨及以下矿井（总能力753万吨）实施整合，对资源已枯竭和安全生产条件达不到要求的小煤矿实施关闭和淘汰，整合后的乡镇煤矿总数保持在150个左右，年生产能力达到800万吨以上，新增原煤生产能力47万吨。扶持壮大一批重点煤炭企业，重点扶持达竹煤电集团、恒成能源、中山煤业3个骨干企业发展壮大，扶持达县、大竹县、宣汉县、万源市4个产煤大县（市）建成一批骨干煤矿，新增原煤生产能力150万吨。“十一五”期间，原煤总产量达到1500万吨/年以上。

（四）信息建设

一是信息服务业快速发展。信息基础设施建设力度加大，通信网络不断完善，信息服务业持续快速发展。通信光缆长度由2005年的1.2万公里增加到2010年的3.48万公里，增加2.28万公里。固定及移动电话用户由2005年的160.8万户增加到2010年的339.35万户，年均增长16.1%，其中移动电话用户271.5万户，年均增长25.3%；电话普及率达到49.9%，比2005年提高25.9个百分点；互联网宽带接入用户22.75万户，比2005年增加14.22万户；移动互联网接入用户从无到有，2010年达到30万户。

二是信息化和工业化融合初见成效。信息技术在企业的应用不断深化，在产品研发、生产控制、财务管理、产品销售、物流配送、安防监控等领域得到广泛应用。实施制造业信息化科技工程，川环、川鼓、华电等一批企业建立了数字化设计制造和信息化经营管理平台，实现产品开发管理数字化、集成化。大型企业对信息化投入力度加大，达钢集团“十一五”累计完成对管理信息化投入1500万元，多数车间实现自动化控制；达竹煤电信息化基础平台和瓦斯监控系统已经建成，正在实施“十二五”信息化规划编制工作。启动“中小企业信息化体验计划”，工业园区信息平台建设稳步推进。

三是农村信息化助推新农村建设。“村村通”电话工程成效显著，达州市移动“十一五”累计投入4亿元在偏远山区建设400多个基站，实现100%的行政村通电话。电信不断延伸基础网络，实现100%的乡镇通宽带。达州市电信“万村千乡”信息点、达州市移动农信机和“新三农”信息服务平台等传播农业信息发挥了积极作用。

四是电子政务建设稳步推进。全市电子政务外网、内网均已连接到市级各部门、各县（市、区），公安、交通、银行、税务、医保、环保、地质灾害监测、煤矿瓦斯监测、水文监测等部门专网建设稳步推进。建成移动应急指挥平台，全市应急联动指挥中心建设稳步推进，完成了政法系统四级专网建设。市政府门户网站及各县（市、区）政府网站运行良好，“书记信箱”、“市长热线”、“市长信箱”、“县长热线”等畅通市民与党委、政府的沟通渠道。

四　产业发展与经济腾飞

“十一五”时期达州市经济实力快速提升。2010 年，全市实现地区生产总值 819.2 亿元，年均增长 13.9%；规模以上工业增加值 305.4 亿元，年均增长 31.2%；全社会固定资产投资 601.3 亿元，年均增长 29.6%；社会消费品零售总额 311.9 亿元，年均增长 18.8%；地方财政一般预算收入 30.6 亿元，年均增长 26.7%。大力实施资源转化、工业强市和项目兴市战略，煤炭、电力、冶金、建材等产业不断壮大，天然气能源化工产业初具规模。“1+7”工业园区规划顺利完成，部分园区启动实施。农村经济稳步发展，社会主义新农村建设扎实推进。商贸物流、金融保险等服务业较快发展，旅游业发展迈出新步伐。三次产业结构由 2004 年的 37∶30∶33 调整为 2010 年的 23.8∶50∶26.2，工业主导地位初步确立。

（一）第一产业

达州市是四川省的农业大市，农业人口 534 万。达州市气候适宜，种植养殖适应面广，具有发展农业得天独厚的条件，是中国苎麻之乡、中国富硒茶之都、中国油橄榄之都和中国黄花之乡，是全国、全省重要的商品粮油、生猪、肉牛、中药材、茶叶生产基地。

“十一五”以来，全市积极应对各种异常严重的自然灾害、异常波动的农产品市场、异常复杂的经济形势，紧紧围绕“一个核心”（农民增收），突出“三大重点”（优质粮油生产、现代农业产业基地建设、产品质量安全），奋力推进达州市农业农村经济跨越发展，取得了辉煌成绩。2010 年，农民人均纯收入 5084 元，增长 15.0%。

1. 种植业

（1）优质粮油生产稳步发展，实现 4 年连续丰收。

“十一五”时期，全市已建立优质粮食生产基地县 4 个、优质油菜基地县 4 个。全市粮食总产由 2005 年的 290.24 万吨上升到 2010 年的 299.36 万吨，实现了连续 4 年增产（2006 年遭遇特大旱灾减产），创历史新高；油菜播面 152.33 万亩，总产 25.05 万吨，比 2005 年增长 14.4%。有 3 个县夺得了全省粮食生产“丰收杯”，达州市 2009 年获得全省粮食生产“丰收杯”，2010 年获得全省粮食生产大市奖励。万源市马铃薯（鲜薯）最高单产达 4931 公斤，创全省最高产量；宣汉县玉米最高单产达 1181.6 公斤，2010 年全县玉米平均亩产 624.9 公斤，实现了玉米整县制突破 600 公斤的目标，创西南地区整县制大面积玉米高产纪录，得到了省委、省政府和市委、市政府领导的充分肯定。

（2）现代农业产业基地建设扎实推进，农民持续增收。

全市上下紧紧围绕打造“川东北特色农产品生产加工基地”的构想和决策部署，广泛调研，科学论证，明确主导产业，编制《达州市现代农业产业基地建设》规划，科学实施，规模化、标准化、产业化、市场化推进现代农业产业基地建设。目前，全市已建优质苎麻基地县两个、优质富硒茶基地县两个、优质果基地县 5 个、蔬菜基地县5个、中药材基地县1个、烟叶基地县1个，形成了万源市富硒茶之都、达县苎麻之都、大竹县苎麻之乡、渠县黄花之乡。全市现代农业产业基地面积达到350万亩以上，建现代农业核心示范园区7个、核心园区面积8万亩，发展设施农业3万亩。达县、宣汉县、渠县、万源市被命名为全省现代农业基地强县、培育县。其中，达县获得全省首批20个现代农业基地强县命名。全市优势特色效益农业正由零星散状向带状、块状、片状聚集发展，有效地促进了农民增收，全市农民人均纯收入达到5084元，比2005年增长66%。

（3）农业组织化程度提高，产业化经营快速突破。

市委、政府高度重视农业产业化工作，出台了一系列加快推进农业产业化工作的政策措施，积极引进和培育龙头企业，提升农产品精深加工水平。大力发展农民专合组织，狠抓“一村一品、一乡一业或几乡一业”产业发展。全市建成蔬菜、水果、黄花、茶叶“一村一品”专业村180个，发展农民专业合作社401个，专合组织成员4.2万人，带动农户82.5万户。农业产业化龙头企业从无到有，目前已达92家，其中国家级龙头企业1个，省级龙头企业13家，市级龙头企业已达78个。如大竹县的东汉醪糟、开江县的梨犁生化、宣汉县的云蒙米业、渠县的宕府王黄花产业、通川区的天源农业产业化有限公司等主要龙头企业有大的发展。

（4）民生工程成效显著，农业机械化迅速发展。

“十一五”期间新建农村户用沼气池14.4万口；完成中低产田土改造61.02万亩，测土配方施肥达530万亩，3年荣获全省“李冰杯”竞赛一等奖，两年荣获二等奖。认真实施“阳光工程”，培训新型农民5.5万人次，实用技术培训996.3万人次。2010年，全市农机装备总量达到174.68万千瓦，比2005年增长44.88%；主要农作物耕、种、收综合机械化水平达到21.38%，比2005年提高12.74个百分点。新建提灌站32座，新增提灌机械1170台套，新建机耕道639公里，硬化302公里，各类农机化作业服务组织达265个。

2. 畜牧业

（1）畜牧生产快速发展。

2010年，全市出栏猪645.7万头、牛49.2万头、羊152.2万只、家禽8974.5万只，分别比2005年增长16.1%、26.1%、17.4%、27.4%；全市肉蛋奶产量分别达到72万吨、11万吨、1.5万吨，分别比“十五”末的2005年增长26.7%、41.0%、43.67%。全市畜牧业总产值达到185亿元，占农业总产值的54%，从2005年起年均按15%的比例递增；农民牧业人均纯收入达到931元，从2005年起年均按26.6%比例递增。

（2）畜牧产业地位更加突出。

“十一五”末，达州市畜牧业总产值居全省第二位，生猪出栏数居全省第三位，肉牛出栏居全省农区第一位，肉类总产量居全省第四位，禽蛋产量居全省第六位。全市畜牧产值占农业总产值比重达到54%，农民人均实现家庭经营现金收入中，出售畜产品现金收入占60%以上；已建成四川省现代畜牧业发展重点县1个、现代畜牧业重点培育县5个、国家优质肉猪战略保障基地县6个、商品牛基地县3个、水禽重点县4个、商品羊基地县1个、国家级草种基地县 2 个。

（3）畜牧生产方式积极转变。

“十一五”末，全市已发展畜禽规模养殖户 2.6 万（场）户；生猪、肉牛、家禽等主要畜禽规模养殖比例达 48.6%；建设畜牧养殖小区 654 个；发展畜禽专合组织 219 家。

（4）重大动物疫病防控成效显著。

2006 年以来，达州市按照“加强领导、密切配合，依靠科学、依法防治，群防群控、果断处置”的方针，全面落实了免疫、监测、堵疫、检疫、监督及无害化处理等内防外堵措施，构筑了动物疫病防控的坚强屏障，全市重大动物疫病免疫密度达到 100%，抗体检测合格率达 85% 以上，实现产地检疫率、屠宰检疫率和病死畜禽无害化处理率三个 100%，全市重大动物疫病清净无疫。

（5）畜产品质量安全保障有力。

2006 年以来，全市进一步强化了畜产品质量安全监管，围绕畜产品生产的关键环节，开展了饲料、兽药、生鲜乳、肉食品和无公害畜产品专项整治，查处了一批违法案件；开展了以“瘦肉精”、“三聚氰胺”等违禁药物和违禁添加物为重点的专项监测，监测结果全部合格，实现了全市无畜产品质量安全事件发生。

（二）第二产业

“十一五”以来，达州市工业初步形成了以冶金、煤炭、电力、机电、化工、建材、纺织、医药、食品为重点的工业体系。全市共有规模以上企业 496 户。职工近 20 多万人，总资产达 230 亿元。“十一五”期间，达州市工业规模不断发展壮大，规模以上工业完成增加值由 59.2 亿元增加到 305.4 亿元，年均增长 38.8%；实现主营业务收入由 167.6 亿元增加到 1042.1 亿元，年均增长 44.1%；实现利税由 12.1 亿元增加到 73.3 亿元，年均增长 43.4%；规模以上企业户数由 220 户增至 2010 年的 496 户；主营业务收入超亿元的企业达 247 户；第一、第二、第三产业之比由 2005 年 34.1 : 33.8 : 32.1 调整为 2010 年的 23.8 : 50 : 26.2，工业对全市经济增长贡献率由 2005 年的 49.3% 提高到 2010 年的 66.3%，提高了 17 个百分点。工业已成为全市经济增长的主导力量。

1. 特色产业快速发展

一是天然气化工产业雏形初具。全市着力推进天然气资源转化，引进并建成了齐鲁石化、玖源化工和宣汉普光脱硫净化厂等企业。2010 年天然气能源化工产业完成增加值达 31.5 亿元，实现税金 3.9 亿元。具有年产天然气 100 亿方、合成氨 100 万吨、尿素 90 万吨、甲醇 30 万吨、二甲醚 20 万吨的生产能力。已投产出力的齐鲁石化、汇鑫能源、中石化普光净化厂、香港玖源、达钢集团二甲醚等项目新增产值达 100 亿元以上。二是煤 - 电 - 冶 - 建产业链初步形成。2010 年，整个链条集聚规模以上企业 311 户，完成增加值 195.3 亿元，占全市的 63.9%，实现利税 40.9 亿元，占全市规模以上工业的 55.7%。煤炭产业现有达竹煤电、恒成能源等 205 户企业，2010 年完成增加值 102.7 亿元，占全市规模以上企业的 33.6%；通过煤炭资源整合，技改扩能，全市煤炭生产能力达 1500 万吨以上，洗煤、焦化生产能力分别达 700 万吨、400 万吨。电力产业现有华蓥山电厂、达州电厂等13户企业，2010年完成增加值12.5亿元，占全市规模以上企业的4%，共有装机容量155.15万千瓦。其中，火电装机容量134.15万千瓦（主网电厂华蓥山电厂装机60万千瓦，达州电厂装机60万千瓦；地方小火电2户，装机容量4.8万千瓦；自备电厂8户，装机容量9.35万千瓦，其中余热余压发电机组3.3万千瓦）。水电共有装机容量21万千瓦，涉及大小水电站80多座。2010年全市发电量达74.3亿千瓦时，增长10.3%。冶金产业现有达钢集团、金鹰电化等21户企业，2010年完成增加值49.3亿元，占全市规模以上企业的16.1%；具有年产铁350万吨、钢350万吨、机焦250万吨、铁合金75万吨的生产能力。达钢集团通过技术改造扩能，企业规模不断壮大，市场竞争能力不断增强，2010年产值已达到107.9亿元，是"十五"末的2.6倍。建材产业现有利森水泥、华新水泥、海螺水泥等72户企业，2010年完成增加值32.4亿元，占全市规模以上企业的10.6%。随着利森水泥、华新水泥、海螺水泥等项目相继竣工投产，全市新型干法水泥生产能力将达1200万吨以上。三是特色农产品加工产业发展加快。全市围绕做精做细苎麻、油橄榄、中药材和富硒农产品四大特色产业；做大做强粮油、畜禽、水果、蔬菜四大优势产业的发展思路，大力推进"特色农产品加工"基地建设。2010年全市特色农产品加工率达40.3%，国家、省、市级特色农产品加工龙头企业达72家；完成产值44.3亿元，占全市的比重达14.5%。

2. 积极推进产业园区建设

达州市工业园区建设始于"十一五"初期，已初步形成"1+7"园区体系。现有省级工业园区1个，县级工业集中区7个。市天然气能源化工产业区、大竹县、渠县、宣汉县工业园区已纳入省"1525"工程，万源市、开江县工业园区已纳入省"1525"工程培育园区。全市工业园区规划用地面积158平方公里，已开发29.3平方公里。其中，工业用地21.5平方公里。建成公共服务平台13个，累计争取省工业园区公共服务平台引导资金3725万元（不含2011年争取2520万元）。2010年，全市各类园区基础设施及道路建设投入9.1亿元，入园企业投资额87.1亿元。其中，工业投资额61.0亿元。入园项目累计84个，项目计划总投资237.2亿元，本年完成投资64.3亿元。其中，2010年新入园项目39个，竣工项目26个。纳入园区统计的79户工业企业共计完成现价产值397.1亿元，实现主营业务收入404.3亿元，实现利润18.9亿元，实现税金10.7亿元。

3. 加快技术进步步伐

"十一五"期间，工业投资快速增长。全市共实施工业项目1433项（竣工1142项），其中实施技改项目1312项（竣工1121项），组织实施了投资3000万元以上重大工业和技改项目478项，从而拉动全市完成工业投入共1114.5亿元，其中完成技改投入共526.2亿元，分别是"十五"期间工业和技改投入的7.58倍和7.17倍。技术创新投资力度加大，品牌建设取得新突破。全市完成企业技术创新投入共8.53亿元，是"十五"期间3.2亿元的2.6倍。"十一五"期间，全市拥有省级企业技术中心3家，2010年全市拥有省级企业技术中心 11 家、市级企业技术中心 20 家。有国家免检产品 2 个、中国驰名商标 2 个、省名牌产品 38 个。

4. 强抓节能降耗工作

“十一五”期间，全市单位工业增加值能耗由 7.12 吨标煤下降到 4.29 吨标煤，累计下降 39.7%。共淘汰落后生产能力 75 项，涉及企业 76 户。仅 2010 年淘汰落后产能实现的节能量为 34.2 万吨标准煤，对全市节能量的贡献率为 13.2%。工业循环经济、“三废”综合利用步伐加快。目前，冶金企业的高炉煤气、焦炉煤气 100% 得到综合利用。工业废水的重复利用率达到 90%。粉煤灰 100% 综合利用，煤矸石、炉底渣等废渣年综合利用近 100 万吨，且逐年增加。

（三）第三产业

“十一五”时期，达州市第三产业处于平稳较快发展态势，规模不断扩大，总量居全省第五位。据 2008 年全国第二次经济普查的结果显示，全市第三产业法人单位 12159 个，比 2004 年第一次全国经济普查相比增加 761 个，增长 6.7%；第三产业个体户 16.02 万户，增加 4 万户，增长 33.3%。全市在培育企业主体、创新产品、提升发展水平等方面狠下功夫，第三产业实现整体上档升级，呈现良好的发展态势。

1. 商贸流通业

紧紧围绕构建秦巴地区商贸物流中心的工作目标，突出“扩大消费和开放合作”两大主线，以“扩消费、建体系、促三产、育骨干、保三外、强监管”为重点，大力实施扩大内需拉动消费、充分开放合作的政策措施，商务经济取得显著成效。目前，达州市拥有秦巴地区最大的铁路物流基地，达州市火车站年货物周转量超过800万吨，居秦巴地区首位；已建成秦巴地区最大的工业品和农副产品集散基地，好一新商贸城和塔沱农副产品批发市场交易额居秦巴地区之首；正在建设秦巴地区最大的公路物流基地，占地 740 亩的达州公路物流港（一期）已投入营运。达州市已成为秦巴地区最具消费活力的城市。

2. 餐饮业

全市餐饮行业加快发展。2006 年、2010 年两届十大餐饮企业和十佳名菜评选以来，涌现出知味苑、老地方、红馆火锅等一大批知名餐饮企业及石锅鱼、大风羊肉、大竹鱼头、七星椒卤菜等特色名菜。美食节、假日市场和旅游休闲的蓬勃发展，达州好吃街、三圣宫美食街、阳光耍都、大竹邑都美食街等一大批特色餐饮街的打造，极大地助推了餐饮业的发展。2006 年，全市餐饮业营业额首次突破 20 亿元，达到 20.44 亿元；2008 年跨 25 亿元台阶，达到 29.69 亿元；2010 年底，全市餐饮行业从业人员近 5 万人，经营门店 5500 多家，营业额跨 30 亿元大关，达 30.33 亿元，增长 18.9%，占社会消费品零售总额比重 9.73%。

3. 物流业

全市物流业发展快速成长，物流服务市场已初具规模，形成了以机场为点、铁路为线、公路为网、水路为补充的立体交通网络，传统物流业开始向现代物流业转变，信息化水平和配套水平大幅提高。现有传统仓储企业、运输企业、货代公司 150

多家，涌现了达州公路物流港、中贸粮油、邮政速递、瓮福铁专线、达竹物流、达钢运业、金沙物流、新达州运业等一批骨干企业。2010年，全市货物周转量29.83亿吨公里，全社会物流总费用占GDP的比重逐渐减少，物流增加值稳步上升。

4. 房地产业

“十一五”期间，达州市房地产业得到迅速发展，对全市经济和城市建设起到了积极的推进作用。2010年全市完成房地产开发投资60.68亿元，同比增长21.9%；实现商品房施工面积956.76万平方米，同比增长6%；实现新开工面积298.13万平方米，同比增长48.5%；完成实现商品房竣工面积210.69万平方米，同比增长26%；实现商品房销售面积286.32万平方米，同比增长3%；商品房空置面积达到17.1万平方米，同比下降1.4%。全市房地产投资在全省排第7位，销售面积排第5位。

5. 信息产业

“十一五”末，达州市有电信、移动、联通三家通信企业，通信业在改革中不断发展壮大。一是电话用户规模持续扩张。二是电话覆盖率不断提高。三是宽带上网成为新的消费热点。四是电信业务内容日益丰富。由语音业务拓展到数据及多媒体业务，短信服务由过去单纯的文字短信向集图像、声音于一体的多媒体短信发展，手机上网、看电视、玩游戏等新业务不断拓展，更大程度上满足了人民群众日益增长的文化娱乐体验需求。2010年实现邮电通信信息收入29.32亿元。

6. 金融业

“十一五”以来，达州市金融业较快发展。截至2010年末，全市有银行业金融机构10家、证券营业部3家、保险机构21家。此外，还有融资担保机构29家、农村资金互助社63家，形成了多层次、多元化的金融组织体系。金融规模不断扩大，一是存贷款规模不断扩大。到2010年末，达州市金融机构人民币存款余额901.08亿元，比2005年末增加523.65亿元，年均增长19.04%。人民币各项贷款余额365.45亿元，剔除2008年农行剥离贷款等因素比2005年末增加238.45亿元，年均增长19.84%。二是保险市场快速发展。2010年实现保费收入39.94亿元，比2005年增加30.84亿元，是2005年的4.39倍。三是股市交易量逐步增大。2010年实现证券交易量351.60亿元，比2005年增加340.85亿元，增长31.7倍。

7. 文化产业

“十一五”期间，达州市文化产业的市场份额逐步加大，文化资源开发力度加强，文化产业发展研究，文化基础工程建设推进有序。文化娱乐、广播影视、出版、报业等文化产业健康发展，文化产品生产、文化消费市场显示出强劲的活力，基本满足了不同消费层次的文化需求。2010年，全市“文化、体育和娱乐业”“信息传输、计算机服务和软件业”及相关产业增加值共计达28.36亿元，占全市GDP的比重达3.5%。

8. 旅游业

“十一五”期间，全市旅游总收入年均增长率为27.5%，2010年达到41.58亿元，旅游接待总人次年均增长率为11.5%，旅游经济总收入对第三产业的贡献率达

19%。旅游业已发展成为达州市国民经济新的增长点和全市服务业中最具活力、发展最快的重点产业之一。全市现有国家 4A 旅游景区 1 个、3A 旅游景区 5 个、2A 旅游景区 1 个，全国重点文物保护单位 4 个、全国爱国主义教育基地 1 个、国家级森林公园 2 个、国家级自然保护区 1 个、国家级地质公园 1 个，省级风景名胜区 4 个、省级森林公园 3 个、省级自然保护区 1 个；有旅行社 30 家、旅行社分社 10 家；有星级饭店 14 家，其中，四星级 3 家、三星级 8 家；旅游客运公司 2 家，高品质旅游景区、高星级旅游饭店和专业旅游客运企业都实现了零的突破。

9. 科技服务业

"十一五"期间，全市进一步完善了农业科技推广服务体系，建立完善了科技特派员制度，建立科技成果转化、科技合作交流平台，促进创新成果的转化和应用，推动科技成果市场化。逐步形成与第一、第二产业及第三产业内部其他行业发展水平相适应的科技服务支撑体系。全市共培育高新技术企业 3 家（新口径）、国家级创新型企业 1 家、省级创新型示范企业 1 家、省级创新型试点企业 9 家、省级创新型培育企业 13 家。

10. 居民服务业

"十一五"时期，随着国民经济的发展，人民生活水平的不断提高，生活节奏的加快，使得居民对服务性消费需求明显增加，推动了全市居民服务业整体呈现加快发展的良好势头。

11. 园区生产性服务业

全市园区生产性服务业发展快速成长，园区生产性服务业已初具规模。达州市秦巴综合物流园区位于西外新区，是全省六个二级物流中心之一，是集交通、运输、信息、加工、维修、日用品、农副产品等为一体的综合性物流园区。一期规划占地面积 5.7 平方公里，二期规划占地面积 12 平方公里。达州市化工物流园区位于达县斌郎乡和河市镇，是主要服务和配套达州市能源产业区的专业物流园区，规划面积 2 平方公里，已全面进入项目建设阶段。位于园区的达州公路物流港一期工程共投资 3.5 亿，零担配送服务区建筑面积 2 万平方米，物流停车场占地面积 60 多亩，大型规范化仓库 5 万平方米，可同时容纳 15 万吨货物安全存放，年仓储周转能力达 600 万吨以上。达县杨柳商贸物流园区规划面积 2.74 平方公里，主要为工业和城市配套服务的商贸物流，重点设置医药、乘用汽车、二手车、家具建材、五金机电、再生资源等专业市场。通川蒲家货运专线项目已取得突破性进展，引进了战略投资人，建成后年周转量达到 150 万吨。各县（市）园区建设有力推进，大竹县金马、万源市鞠家坝、宣汉县东乡、渠县天星、开江县普安园区物流中心正加紧完善规划。

五　资源开发与气都崛起

达州市地矿资源相当丰富，奠定了加快工业发展的基础。可开发利用的资源有 28 种，其中最具开采加工价值的地矿资源主要有天然气、煤炭、石灰石、石膏、盐卤。全市实施了资源就地转化战略，以资源开发加快达州发展。这里仅对天然气资源勘探、开采、集输、净化、加工、销售等环节进行介绍。

（一）发现之旅：全国最大的海相整装气田

自20世纪70年代，中石油就在达州勘探寻找天然气，主要分布在大竹县、渠县的一些乡镇，钻井十分稀少，勘探力量比较薄弱，只在浅层发现找到了一些天然气，且储量较小。于是中石油在渠县李渡乡投资建设了脱硫厂，年产净化天然气10多亿立方米，大竹县投资建设了小型天然气调峰电站。发现找到的浅层天然气大部分不含硫，加上总的产气量不大，除达县、大竹县、渠县等几个县城民用气外，绝大部分通过管网输往重庆市。到2002年达州市年产天然气也只有23.8亿立方米，年脱硫天然气13.13亿立方米，年民用天然气1.01亿立方米。

时间推移到2003年，达州天然气勘探发现出现了历史性转折。中石化南方勘探公司进入达州开展勘探钻井找气工作，成立了川东项目部，加快了找气步伐，钻井由浅层进入了6000米以上深层，中石化、中石油在达州勘探都有重大发现。目前，中石化、中石油在达州市境内共拥有勘探开采面积15500平方公里（其中，中石化1118平方公里，中石油14000平方公里），占达州市面积的93%。勘探主要目的层以下三叠统飞仙关组、上二叠统长兴组为主，其次为侏罗系、下三叠统嘉陵江组和石炭系。

“十一五”期间，中石化、中石油在达州市境内共计划部署二维地震1000平方公里、三维地震257平方公里，钻探井50口，进尺27.87×104米。其中，中石化计划部署三维地震157平方公里，钻探井38口，总进尺23.06×104米；中石油计划部署二维地震1000平方公里、三维地震100平方公里，钻探井12口，进尺4.8×104米。勘探发现了铁山气田、温泉井区块、黄龙场区块、西河口气田等中低含硫气田，以及普光气田、铁山坡气田、渡口河气田、七里北气田、罗家寨气田等高含硫气田。“十一五”期间，计划在达州市境内共部署开发钻井104口，新建井场装置104套，累计新建天然气配套井口产能158亿方。其中，中石化计划部署钻井67口，新建井场装置79套，累计新建配套井口产能150亿方/年；中石油计划部署开发钻井37口，进尺16.34×104米，新建井场装置25套，新建配套井口产能8.0亿方/年。中石化通过海相勘探理论、勘探思路、管理模式的创新和勘探技术进步，在川东北地区海相碳酸盐岩领域勘探获得重大突破：在宣汉县普光发现迄今为止国内探明规模最大、丰度最高的特大型海相整装气田，探明天然气储量高达4300亿立方米。中石油也发现了仅次于普光气田的罗家寨气田。中石化、中石油在以达州为主的大天池构造带勘探发现了78个含气构造，占川渝地区总数的70%，共勘探发现地质储量达3.8万亿立方米（其中，高含硫气田资源量为3万亿立方米），占全国天然气资源总量的10%。可利用储量1.26万亿立方米，探明天然气储量6600亿立方米以上。达州市是继新疆塔里木、内蒙古鄂尔多斯之后全国最具开发潜力的气区。“十二五”期间乃至更长时间，中石化计划从 2012 年至 2025 年开始进行产能接替，共部署开发井 105 口，钻井总进尺 58×104 米，平均单井配产 30×104 方 / 天，累计新建产能 105 亿方；中石油“十二五”计划部署钻井 59 口，进尺 27.42×104 米，新建井场装置 46 套，新建配套井口产能 47.26 亿方 / 年。“十二五”期间，截至 2012 年中石化、中石油在达州天然气探明储量 9000 亿立方米，后三年中石化、中石油在达州市境内将新增天然气探明地质储量 1600 亿立方米（其中，中石化新增探明地质储量 1000 亿方，中石油新增探明地质储量 600 亿方），至 2015 年总量达 10600 亿立方米，达州将成为全国最大的天然气产区。

（二）国家工程：川气东送

国家把天然气开发作为西部大开发的重头戏，作为国家重点工程。2006 年中央决定由中石化正式全面实施西部大开发第五大标志性工程“川气东送”工程，中石化成立“川气东送”工程指挥部，各分（子）公司纷纷在达州设立工委；中石油则以“川东北高含硫项目部”提速以达州为主的川东北天然气勘探开发。

达州天然气多数存在“高硫、高压、高产、一深”四大特点，必须就地开采就地净化，净化气再管输到外面加工使用。一批开采、集输、净化等工程旋即上马。中石化、中石油分别建成了开采井 54 口、98 口，同时建成井口至净化厂的集输管线。中石化投资 160 多亿，征地 3000 多亩建成了普光净化厂，该厂日处理能力达 3200 万方，年处理能力 120 亿方，年可产商品气 91.2 亿方，年可产硫磺 240 万吨，是亚洲最大的天然气脱硫净化厂，目前，已有六个联合装置投产运行。中石油万源铁山坡气田单井日产无阻流量达 1550 万立方米，创全国陆地单井日产量之最。目前，中石油与美国雪佛龙公司签订了高含硫气田开发协议，正在抓紧建设宣汉净化厂和罗文净化厂，新增天然气处理 1500 万方 / 日，年产量 60 亿方，年产硫磺 100 万吨。已经建成投运的渠县李渡净化厂、大竹石河净化厂运行正常。预计至 2012 年，中石化、中石油年处理天然气可达 200 亿立方米，副产硫磺 340 万吨，相当于全国目前硫磺年产量，是全国硫磺消费量的四分之一，达州将成为亚洲最大的硫磺生产基地。至 2015 年，力争实现达州气区天然气产量达到 260 亿方目标，其中，中石化产量达 150 亿方，中石油产量达 110 亿方。

在进行开采井、集输管线、净化厂建设的同时，进行了大规模的外输天然气管线建设。达州市域内原有集气干线 385 公里，净化气输气管线 156 公里。“十一五”期间，共新建新增输气管线 550 公里，总长达 1050 公里。新增铁山坡至南坝、南坝至万州至忠县、南坝至屏锦、北外环管道工程、普光外输管道工程、川东北－川西联络线共 7 条主干管线。中石化“川气东送”输气管道工程是一条干线和六条支线，主干线普光开始（首站）自西向东，途经四川、重庆、湖北、安徽、江苏、浙江、上海五省二市，全长 1702 公里，输气量 120

亿方/年，天然气主供江浙沪市场及沿线主要城市居民用气，并合理兼顾川渝地区的用气市场。其管道工程达州段123公里。六条支线为达化支线、川维支线、武汉支线、南昌支线、南京支线、上海支线。达化支线由宣汉普光到达州化工产业区，全长81公里，输气量30亿方/年，于2009年2月20日贯通。目前，“川气东送”工程已竣工投入运行。中石油新建的宣汉和罗文铁山坡天然气净化厂的天然气除就地供达州外，向东供万州、忠县；剩余的天然气从南坝分输到屏锦，在屏锦站分三路输送：一路经卧龙河石桥站输往南干线；一路经屏渠线输入北干线至成都地区；一路可通过屏忠线调节气量至忠县汇同忠县净化厂的天然气经忠武线输往两湖地区。目前，中石油拟建罗文铁山坡净化厂至万源县城民用天然气管线和宣汉南坝至达州化工产业区输气管线，南化线年输气能力30亿方，目前正在进行可行性研究。产业区输配气管网一期工程，长10公里，近期年供气能力达30亿方，远期可达55亿方，2009年底建成，正在向产业区内企业供气。

同时，中石化、中石油还进行了一系列配套工程建设，两大集团分别建成达州基地，中石化建成川东北物质储备中心，迁建齐鲁石化大化肥项目，建成普光净化厂至胡家的铁路专用线。

达州革命老区人民像当年支持红军一样支持中石化、中石油，在征地拆迁、群众安置、环境营造、应急事件处置等方面全力服务石油企业；中石化、中石油在基础设施建设、产业发展、抗灾救灾、新农村建设、社会事业发展、应急体系建设等方面给予了达州市大力支持。

（三）中国气都：中国西部天然气能源化工基地

达州必将形成中国气都。天然气资源的大发现给达州带来了历史性发展机遇。市委、市政府抓住机遇，以天然气开发启动达州跨越发展。坚持“开发一方资源，做强一方企业，发展一方产业，带活一方经济，富裕一方百姓”，在西部大开发战略中实现突破。2009年，委托四川大学化工学院开展了《天然气资源综合开发利用可能性课题研究》。2005年初，达州市第二次党代会审时度势，果断作出决定：建设中国西部天然气能源化工基地。庚即成立了领导小组，设立中国西部天然气能源化工基地建设指挥部，努力实现就地登记、就地注册、就地纳税、就地加工，创造“共赢、共建、共享、共生”的开发利用模式。先后到鄂尔多斯、大庆、库尔勒、巴州、克拉玛依、延安、榆林等地学习油气资源就地开发经验，到重庆、江苏、安徽、浙江、上海等省（市）学习化工园区建设经验。在北京、成都、达州坚持每年举行能源化工高峰论坛，同时在中央、省级媒体加大宣传，提高天然气开发的知名度和影响力。2005年末达州在河市、南外、斌郎三乡镇所在地规划建设了30平方公里的达州市天然气能源化工产业区，作为达州经济开发区的一部分，出台了《关于加快达州市天然气能源化工产业区建设的意见》、《达州市天然气能源化工产业区优惠政策》，突出“产业项目、公用设施、环保安全、物流传输、管理服务”一体化理念，坚持“政府主导、市场运作，统一规划、分步实施，市县共建、利益同享，项目推动、建管一体”原则。坚持规划先行，委托中国石油和化学工业规划院编制了《天然气化工产业规划》、《硫化工规划》，委托中国规划研究院编制了《产业区总体规划》、《控详规划》，以能源、化工为主，冶金、机械、建材、轻纺相结合。

按照“公用统建”原则，对产业区道路、供电、供热、供气、供水、排污、消防站、铁路专用线、通信等基础设施和市政公用工程实行统一规划，统一建设。六年以来（2005 年至今），共开工建设基础设施、市政公用工程 17 个，投资达 19.4 亿元，已基本能满足产业区所有产业项目的配套需要。总长 16 公里的产业区主干道已建成通车，开通了达渝高速的连接口，日供水 10 万吨的工业供水厂和日处理 2 万吨的污水处理厂已投入运营，4 座输变电站已能保障企业双电源双回路供电，产业区特勤站已投入消防执勤，产业区输配气管输工程已向入园企业供气，公路物流港投运，产业区铁路专用线开工建设，建成区市政工程投运正常。大抓产业区招商引资工作，重抓产业项目招商。产业区批准入园产业项目 43 个，累计完成投资 86.7 亿元。目前，齐鲁石化 30 万吨合成氨 /48 万吨尿素、达兴能源 20 万吨二甲醚、汇鑫能源天然气综合利用、达州玖源 40 万吨合成氨 /45 万吨尿素、瓮福集团磷硫化工、达兴能源 110 万吨捣固焦等 21 个项目已建成投产，橡胶硫化等 12 个项目正在加快建设，2×35 万千瓦燃气发电、清洁汽车等一批项目正在加紧做前期工作。目前，产业项目年用气量达 23.5 亿方。产业区将形成四大特色产业：以天然气为主，盐化工、煤化工配套整合的天然气化工产业；以食品级磷酸、无水氟化氢、双甘膦等为代表的精细化工产业；以硫酸、磷酸、磷铵为代表的磷硫化工产业；以天然气发电、液化天然气、工业燃料利用、天然气汽车开发为代表的清洁能源产业。坚持建设生态环保型产业区，建设选址注重生态友好，产业项目建设坚持与丘陵生态环境相和谐，一个山丘下建一个厂，坚持产品链相互配套、相互衔接、有机结合、循环生产，实现产业发展与自然生态和谐。

达州天然气资源转化实现了“三同时”建设模式：坚持天然气资源勘探发现与产业区规划建设同步推进，坚持产业区产业项目建设与产业区基础设施建设同步推进，坚持服务国家天然气资源勘探开发与产业区就地转化天然气资源发展地方经济同步推进。在全面建设达州市天然气能源化工产业区的同时，依据国家产业政策，在天然气资源结合其他资源利用上，全市规划建设了宣汉县普光经济开发区、达县杨柳配套工业园、渠县工业集中区、开江县工业集中区。目前，开江县舰船燃气轮机长试基地已投入运行。除产业区产业项目实现企业就地注册登记外，中石化的普光净化厂、川东北物质储备中心、齐鲁石化大化肥、四川达州石油分公司以及中石油的天然气销售、川东北气矿在达州实现了企业注册登记，中石油与美国雪佛龙公司合作项目在达州登记注册了优尼科东海有限公司。

通过几年油地双方共同对天然气进行开发，取得了良好的经济效益和社会效益，但中石化、中石油与地方之间仍存在一些问题待破解，开发建设面临不少挑战。主要有：一是用气指标与气价。资源地要求将1/3的净化气就地加工转化，并气价下浮10%，同时保证按时按量供应，两大石油央企难以满足。二是涉气税费尽量能在资源地缴纳。从价计征资源税税率按上限执行，并对高含硫气不降低，注册在外地的涉气企业税费应倾斜资源地，一些地方性行政收费央企也要执行。三是安全压力大，应急建设任务重。达州天然气是“三高、一深”气，易诱发地质灾害，出现井喷、井漏、溢流等事件，加强安全防护和应急体系建设时刻不能放松。四是生态环境问题严峻。天然气开发极易造成水、气污染，并征占了大量耕地、林地，生态环境破坏较大，隐患较多，必须共同面对解决。五是基础设施损毁严重。天然气开发重载车的频繁运输大大降低了道路的使用年限，一些农田水利设施荒废，恢复率较低。六是失地农民就业问题严重。涉及失地农民达8500人，3500个失地劳动力安排就业难。七是勘探、开采、集输、净化、外输管道建设一些遗留问题还没有解决。存在一些不稳定因素。

抓住中央出台的新一轮西部大开发政策，2011年7月达州市第三次党代会把建设中国西部天然气能源化工基地作为全市七大重点任务之一。坚持科学发展观，既支持国家能源安全战略，又加快地方发展，坚持“科学规划、项目推动、持续开发、就地转化、利益共享、多方共赢”的思路，以建设中国气都为目的，以完善资源开发规划为龙头，以构建资源开发利益新机制为重点，实施资源就地转化战略，走出一条天然气开发新型工业化路子。及时扩区升位，以天然气能源化工产业区为主，纳入西外物流园区，建立新的四川达州经济开发区，撤销基地建设指挥部、原开发区管委会等，按县级政府规格设立市政府派出机构，市委在开发区设立党工委。依托全省将成立的天然气化工研究院，委托中国石油与化学工业规划院编制了《“十二五”化工发展规划》，力争尽快将达州经济开发区升格为国家级开发区。到2015年建成千亿园区，建成中国西部天然气能源化工基地。

六　城镇体系与城镇建设

（一）城镇体系

1. 城镇体系建设现状

近年来，达州市顺应经济发展的客观要求，大力加强中心城市和小城镇建设，努力构建以中心城市为依托，以县城和重点小城镇为基础的城镇体系，为全市产业发展提供良好条件、搭建有效平台。重点突出达州中心城市建设，尽快成为大城市乃至特大城市。突出县域经济特色、壮大县域经济实力，加快县城建设，促进城镇带、产业带的崛起。在小城镇建设上，着力发展中心镇、特色镇和一些基础条件好、交通便利、发展潜力大的重点镇，形成一批优势互补、交通便捷、特色鲜明、辐射带动力较强的重点小城镇群，使之成为联结城乡的桥梁和纽带。到2010年，全市共有县以下建制镇102个、乡208个，乡镇建成区人口93万人，建成区面积135

平方公里；完成县以下建制镇规划编制 95 个，完成 98.96%，完成乡集镇规划编制 171 个，完成 82.21%；城镇化率达到 33.8%。

各县（市）按照“拉框架、突重点、补功能、顺民意”的工作要求，狠抓县城建设。大竹县城建设有序推进，城市建成区达 18 平方公里、18 万人。北城新区、东湖新城加快建设，北门片区、西门片区、十字街片区等旧城改造有序推进，城市规模快速扩张；新建和改造北城干道、新华路东段、云东大道 C 段、建设路、竹阳东路，市政设施得到完善，城市形象大为改观。渠县县城建设实施东进西扩战略，围绕四川一流滨江县城目标，做强基础、做优环境、建好新村、做大城市。西区二期建设全面完成，东区一期开发加速推进。渠江二桥东西引桥、主桥下部结构基本完成。城市污水处理厂竣工投产，西岸堤防二期工程投入使用，城市雨污分流工程全面完成。开江县城超常推进建设，深入开展“园林单位、园林小区”创建活动，建成区绿化面积达 55.28 万平方米，人均绿地面积达 7.37 平方米。全面启动实施了城普大道、橄榄大道、东西干道、环城东路等 4 条干道建设改造工程，中等城市主骨架基本形成。完成橄榄广场一期建设和城区夜景、“两河”沿岸景观打造。宣汉县城建设步伐加快，完成了县城西区、州河南岸片区控制性详规，启动了谢生坝、黄金槽、城北片区控制性详规编制工作。巴山红军公园拆墙透绿、万步梯、滨河路西延工程建设如期完成，南门漫水桥、老滨河路及城区天然气管网改造工程竣工投入运行。万源县城大力推进省级生态城市建设，完成城市风貌、土地利用总体规划。河西新区、中心广场二期、庙沟河综合整治和殡仪馆迁建等工程加快推进，市体育中心、河西茶文化公园、万源火车站、达陕高速城区连接线等项目前期工作有序开展。

以中心城市和县城为依托，加快推进小城镇建设。一是加快小城镇规划编制步伐，提高规划编制质量和水平。按照“三个面向”、“三个有利于”、“四个集中”的原则和国家、省小城镇规划编制的技术标准、规范，完成了全市 9 个全国重点镇规划编制（修编）、5 个省级重点镇和原 41 个省级试点镇规划编制评审报批工作。二是加大改革力度，提高小城镇建设质量和水平。坚持“统一规划、合理布局、综合开发、配套建设”的方针，依托建成区积极建设新区，集中连片发展，做到建一片、成一片、使用一片、见效一片。坚持“五统一”（统一规划、统一征地、统一设计、统一建设、统一管理），推行统建联建和成片开发建设。三是加强小城镇规划管理，彰显小城镇特色和风貌。结合近几年的城乡环境综合整治和省、市开展的环境优美示范工程，大力开展乡镇、场镇风貌塑造工作，打造了通川区北外镇、罗江镇，万源市永宁乡，达县福善镇、河市镇、石桥镇，宣汉县君塘镇，开江县永兴镇，大竹县石河镇，渠县中滩乡等一批形象鲜明、充满活力的特色风貌小城镇及“河市空港风情民居一条街”、“罗江鱼文化一条街”、“石桥红色文化列宁街”、“福善仿古风情一条街”等特色街区，通过重点打造乡镇风貌，使全市小城镇建设发生了质的飞跃。

2. 构建现代城镇体系的有效途径

第一，进一步统筹城乡规划。树立规

划科学是最大节约、规划失误是最大浪费的理念，以科学规划为“纲”，推进城乡建设规划全覆盖，构建“组团布局、城乡衔接、四层架构”的现代城镇体系。实施达州中心城市带动战略，注重城市规划与村镇规划有机衔接，将达州中心城市建成大城市并向特大城市发展，将5个县城建成中等城市，将若干小城镇建成中心镇并逐步向小城市发展，将若干新农村综合体逐步发展为小城镇。加强对中心镇、小城镇和新农村综合体分类指导，提升规划发展水平。

第二，加快建设强化管理。进一步完善城镇功能，提高城市的综合承载力，重点抓好垃圾收集处理设施建设、污水处理设施建设、绿化建设、道路建设、公厕建设、洗车场建设、市场建设、停车场建设、机动车集中维修广场建设、公共交通建设等。加强电网、自来水网、通信网、燃气网等网络建设。以创建国家级卫生城市、省级园林城市、省级环保模范城市、省级文明城市工作先进城市为载体，强力推进城乡环境综合治理。严厉打击非法占地、违法建设等行为，切实维护城镇建设秩序。狠抓居民行为规范和素质提升，积极倡导文明、卫生、健康的生活方式，改善人居环境，建设宜居城市。

第三，发展壮大城镇经济实力。产业发展是城镇推进的动力。一是在选择重点发展城镇时，要考虑有主导产业基础，且其产业有生命力、有良好的发展前景。二是积极引导城镇，尽早树立建设主导产业的强烈意识，充分挖掘和发挥当地的自然、经济、区位、地理、人文、技术、资源等优势，扬长避短，尽快选择和确立自己的主导产业并形成“集聚效应”。三是围绕特色经济，培育支柱产业。必须立足本地资源优势和条件，发展建设工业带动型、商贸流通型、旅游拉动型、资源开发型等各具特色的城镇。把发展特色经济同建设特色城镇结合起来，把建设农业产业化同培育支柱产业结合起来，提升小城镇的发展活力和后劲。

第四，加快推进城乡统筹发展。一是突出发展规划一体化。把握未来人口流动趋势，注重整体性和前瞻性，重点做好市域功能区划分和城乡空间布局、土地利用、基础设施建设、产业发展、社会事业发展等规划，以规划引领建设，避免重复建设，提高资源使用效率。二是突出农民变市民畅通化。大力发展劳务经济，积极稳妥推进户籍制度改革，探索土地经营权换社保、宅基地换城镇住房等措施，加快农民转变为市民。三是突出农业农村经济市场化。积极稳妥推进农村产权改革，培育产权交易市场，加快推进资源要素向农村配置。四是突出农村村庄建设社区化。坚持相对集中，突出地方特色、农村风貌，按照城镇社区标准完善基础设施、完善公共服务、提升管理水平，加快农民新村建设。五是突出基础设施一样化。积极推进土地综合整治，加快农村道路、水利、通信信息、能源、生态、污染治理、防灾救灾减灾能力建设。六是突出公共服务与社会保障均等化。加快完善覆盖城乡、惠及全民的公共服务体系，促进公共财政向农村倾斜，先进技术、优秀人才向农村流动，广电设施、文化功能向农村延伸，社区公共服务中心、新型农村金融机构向农村拓展；全面抓好农村就业、最低生活保障、新农合、养老保险、生育保险、社会救助等就业和社会保障建设，加快构建城乡一体化社会保障体系。七是突出社会管理同等化。加大农村基层组织和社会管理部门建设，加大农村群众工作和综合治理力度，加大对农村社会成员的管理和教育。八是突出制度规则平等化。逐步构建城乡平等的政治建设、经济建设、文化建设、社会建设及生态建设等政策制度体系。

第五，加快建设秦巴地区新农村综合体试验区。新农村综合体是农村中的“城镇社区”，目的是建设以农民为主体，生产生活要素集约配置的有规模、多功能、现代化、高效率、开放性的农村新型社区。发展新农村综合体十分必要和紧迫，将成为加速达州市城镇化的新动力。着力解决新农村综合体建设的土地、资金等问题。经济发展较快、交通条件较好、城镇拓展空间有限的人口大镇，应及早在小城镇周边布局新农村综合体，形成城镇新组团，满足山区农民向城镇聚居的需求。在规划中融入川东民居风格和地域文化特色，突出抓好农民新居、产业发展、基础设施、公共服务、社会管理“五大建设”。注重结合连片扶贫开发、集中拆迁安置、乡村旅游发展、农村危房改造、农村土地综合整治、灾后恢复重建等项目建设新农村综合体。各县（市、区）每年至少建成 1 个新农村综合体、10 个新农村聚居点。

（二）达州中心城市建设

1. 资源区域条件

达州市地处川渝鄂陕结合部，在成都、重庆、武汉、西安等省会特大城市的辐射和影响中，形成了包括达州、广安、广元、南充、巴中、汉中、安康、十堰、万州、涪陵 10 个地级市（区）在内的秦巴地区，达州正好处于该地区的腹心地带和中心位置，具有优先接纳特大城市经济辐射，快速发展并传递辐射的优势条件，区域优势十分明显。达州市又是四川省“东出西进”的桥头堡，是秦巴地区物资集散地、商贸中心，是交通枢纽和物流中心。以交通、水利、能源、通信等为重点的基础设施建设取得重大突破，极大地增强了发展保障能力。达州市自然资源丰富，境内已探明可供开采的矿产资源多达 28 种，其中天然气、煤炭、石灰石、石膏、盐卤等具有突出的比较优势。特别是随着天然气资源的综合开发利用和中国西部天然气能源化工基地建设步伐的加快，愈来愈突出的资源区域优势将给达州市城市建设带来质的飞跃，为达州市构建特大城市提供强劲的动力。

2. 中心城市建设现状

近年来，达州市不断调整工作思路，加快中心城市建设。一是拓展城市空间。坚持“组团开发、滚动推进、构建框架”的思路，加快城市拓展，坚持向东完善，向南突破，向西延伸，向北拓展的思路，大力推进天然气能源化工产业区和西外新区建设步伐；完成了凤凰山环山公路、西北环线、金龙大道北延线、凤凰大道西延线、北塔路西延线、金南大道等道路建设，完成了金龙大桥、凤凰大桥等城市桥梁建设，基本实现中心城区“一河两岸、五大板块”的便捷畅通，初步构建起了达州中心大城市主骨架。二是完善城市功能。按照“拉框架、突重点、补功能、顺民意”

的工作要求，加强了市政工程建设和管理。先后完成城区安全饮水工程、截污干管工程、污水处理厂扩建及配套管网工程、金山南路下水道改造、莲湖片区用水管道安装、肖公庙至高家坝天然气管道铺设、石家沟垃圾场整治、新建改建公厕、旧城区小街小巷改造等多项民生工程。三是打造城市景观。先后建成了红军亭、凤凰亭、“巴山魂”广场、元稹纪念馆、凤凰广场、景观廊桥、《战洪图》塔沱雕塑等体现达州市历史文化、风土人情、人文特色的景观。

3. 达州中心城市远期规划

2010 年达州中心城市常住人口达到 65 万人以上，建成区面积达到 45 平方公里以上，基本形成了布局合理、功能配套、环境优美、连接贯通的川渝鄂陕结合部大城市。到 2020 年，把达州中心城市建成拥有 100 万人口，建成区面积达到 100 平方公里以上，历史文化与现代文明相互融合，山水风光与城市景观交相辉映的生态型、文化型、开放型的现代山水生态特大城市。到 21 世纪中叶，在建成川渝鄂陕结合部区域中心城市的基础上，发展成为容物流集散、文化交流、经济合作、生态旅游、宜居环境为一体的现代化都市。

4. 加快川渝鄂陕结合部区域中心城市建设的主要措施

第一，高起点做好城市规划设计。按照整体规划、分步实施的原则，优化城市总体规划，明晰五大组团功能定位。系统完善城市交通、地下管网、市政设施、生态文化、城市景观等专项规划。建立规划设计方案优选制度，对主要节点、重点区域和重要地段，科学制定城市建筑的造型、风格和立面等规划控制指标，形成若干亮点片区，提升城市品位和魅力。

第二，超常规推进城市建设。坚持拉框架、强功能、突重点、促带动，科学布局基础性、功能性和公益性设施，系统化、网络化、立体化建设市政配套设施，分片区、分组团加快城市新区建设。严格执行规划，提升城市功能，实施一批便捷交通、教育文化、商务地标、宜居休闲、精品绿地等重大城建项目。各组团分别建设一个城市综合体，降低城市发展成本，提升城市功能。

第三，加快改造旧城区。拆墙透绿、改善环境，将二、三类工业和建材经营、大型批发等迁入园区发展，引导旧城区人口向新区转移。坚持以规划促改造、以政策促开发、以安置促征收，推进凤凰山棚户区等城中村改造，打造城市生态文化休闲带。加快主城区交通建设，构建“一大环两小环三纵两横”格局。推进各组团间的路网连接，实施城市出口“6×2”畅通美化工程，提升城市形象。加强城乡结合部规划建设，把城市近郊乡镇建设成特色鲜明、淳朴自然、整洁美观、功能完善的风情小镇。

第四，高水平打造城市生态。推进天然林保护二期工程，实施凤凰山等主城区自然山体退耕造林工程，打造城市森林公园。加大沿河、沿路、沿山、沿湖绿化力度，建设主城区出口 10 公里绿化带和街头、社区绿地，形成绿满城乡生态景观。开展州河治理和保护行动，加强水环境治理和城区污水管网建设，提高污水处理率。

第五，精细管理巩固城市建设成果。“三分建设，七分管理”，管理是城市发展的永恒课题。不断创新城市管理理念，完善城市管理体制机制，积极推进城市管理由粗放型向精细化型转变，建立和完善与特大城市相适应的城市管理手段、管理办法，提升大综合城管水平。

七 发展展望与幸福达州

2011 年 7 月 16 日，中国共产党达州市第三次代表大会描绘了达州市“十二五”时期宏伟蓝图：以科学发展为主题，以加快转变经济发展方式为主线，围绕实现科学发展、建设幸福达州的奋斗目标，紧扣建成川渝鄂陕结合部区域中心城市的发展定位，坚持追赶跨越、加快发展的主基调，坚持三化同步、三业并重的基本思路，坚持产业立市、工业强市、开放活市、科教兴市、文旅靓市的发展路径，奋力推进“七个加快”：加快建设全国次级综合交通枢纽、中国西部天然气能源化工基地、成渝经济区配套产业高地、秦巴地区生产性服务业中心和新农村综合体试验区、川渝鄂陕结合部职业教育基地和区域文化中心。

（一）建成川渝鄂陕结合部区域中心城市，加快实现科学发展、建设幸福达州

1. 确立建成川渝鄂陕结合部区域中心城市的发展定位

达州市地处川渝鄂陕结合部，联南贯北，承东启西，是架通大西北与大西南的桥梁，是联通成渝经济区、关中－天水经济区、大武汉经济区的枢纽。在区域内把达州市建成综合交通枢纽、经济总量榜首、产业聚集高地、科教支撑平台、城市发展龙头。推进“七个加快”，打造领先优势，增强辐射功能，提升达州市在经济、政治、文化、社会等领域的强大影响力、服务力和带动力，推动达州市成为四川面向中部开放的东向通道、合作平台、产业基地、交流窗口和生态屏障。

2. 确立实现科学发展、建设幸福达州的奋斗目标

实现科学发展、建设幸福达州，符合达州经济发展转型的内在要求，顺应全市人民过上美好生活的热切期待。实现科学发展，不断提高发展的突破性，促进经济社会全面协调可持续发展，创造更多社会财富。建设幸福达州，把推进发展与增进福祉统一起来，不断提升群众的物质富足感、人身安全感、利益公平感、心灵归属感和主人翁自豪感。

3. 确立追赶跨越、加快发展的主基调

坚持纵向提速、横向赶超、充分发展，保持经济持续平稳更快增长，确保全市“十二五”期间地区生产总值年均增长 14% 以上、城镇居民人均可支配收入年均增长 15% 以上、农村居民人均纯收入年均增长 16% 以上。力争到 2015 年，全市地区生产总值达到 2000 亿元，固定资产投资达到 1300 亿元，全部工业增加值达到 1000 亿元，社会消费品零售总额达到 700 亿元，地方财政一般预算收入达到 76 亿元，城镇居民人均可支配收入和农民人均纯收入分别达到 27300 元和 11630 元。

4. 确立三化同步、三业并重的基本思路

坚持在推动新型工业化、新型城镇化、农业现代化同步发展的进程中，突出

工业化与城镇化“两化”互动，以工业的大突破为城镇化提供产业支撑和就业保障，以城镇的大拓展为工业化提供承载空间和配套服务。推动经济发展向就业增长型方向转变，在发展壮大产业的过程中，把创业和就业作为增加群众收入、提升幸福指数的关键举措，引导人们的就业观念向创业看齐，创业向产业迈进，努力推进资源就近就地转化、产业就近就地发展、创业就近就地突破、就业就近就地实现。

5. 确立产业立市、工业强市、开放活市、科教兴市、文旅靓市的发展路径

坚持集中力量办大事、集聚资源见效益、集约产业成规模，充分发挥产业的支撑力、工业的带动力、开放的聚合力、科教的开创力、文化旅游的助推力，以优势优先、重点突破，加速全局发展。

（二）优先发展以交通和水利为重点的基础设施，加快建设全国次级综合交通枢纽

1. 建成外联内畅覆盖城乡的交通网络，创造区位新优势

围绕“铁公水空”立体交通总构架，统筹推进“两航、七铁、十一高速”交通体系建设，奠定在全国交通骨干网和西部综合交通枢纽中的优势地位。2011 年建成达陕高速公路，2012 年建成达万、达巴高速公路，2013 年建成达巴铁路，2014 年建成南大梁高速公路。抓紧开展达成高铁、达万和达渝城际铁路，达营、通万城、平达广、宣开、宣大和主城区绕城高速公路的前期工作。加快达州火车站改造搬迁工程，建成西南最大的支点火车站。加快达州机场迁建前期工作。加快渠江航道升级改造，加强达州、渠县等港口建设，建成重庆长江上游航运中心重要口岸。打通达州连接周边市县的通道，推进农村路网建设，大力发展城乡公共交通，形成畅通内外、覆盖城乡的交通网络。

2. 构建大中小微型水利配套格局，提高防灾减灾能力

推进“3+10+1”控制性水利工程。在州河上游前中后河各建一座大型水库，在各县（市、区）布局建设 10 座中型水库，实施宝明大型灌区续建配套与节水改造工程，增强“蓄拦分灌”功能，提高生产生活用水保障能力。加强山洪灾害防治、中小河流域治理和水土保持工作，加快病险水库除险加固和微小型塘库堰修复，提高防洪抗旱能力。推进民生水利工程。加强农田水利基本建设和饮水安全工程建设，建设“五小”水利设施，切实解决农村饮水不安全问题。推进水资源合理开发。科学规划、高效利用、有效保护，统筹生活生产和生态环境用水，开发和推广中水利用，推进水利水电产业化，建设节水型城市和节水型社会。

3. 建设现代能源和信息服务体系，提升发展保障力

大力勘探开发天然气资源，到 2015 年实现年产 200 亿立方米。加强煤炭资源勘探整合利用，优化发展火电，扶持发展农村沼气、生物质能、太阳能等新能源和可再生能源。提升全市电力输配供能力，加紧完善域内主干电网，支持国家电网与地方电网同步发展，实现有机融合。实施“气化达州”工程，加快乡镇供气站建设。以下一代互联网、物联网应用、应急通信

体系和数据灾备中心为重点，建设川东北通信信息枢纽。整合信息网络资源，加快“三网”融合，全面推进经济社会各领域信息化，以高度信息化、全面网络化为区域中心城市发展提速。

（三）大力实施工业强市核心战略，带动三次产业结构优化升级

1. 加速推进新型工业化，增强发展支撑力

以产品项目为抓手，坚持专业化、园区化、集群化方向，改造提升、深度转化、创新驱动、循环发展、承接壮大，突出抓产品带企业、抓承接带产业、抓布局带城乡，推动工业经济快速发展，实现“五个一”目标。发展壮大优势产业。充分发挥天然气资源优势，以气为基、以气兴产、多元发展，借鉴瓮福达州磷硫化工基地成功模式，大力发展以气为原料的精细化工业，以气为燃料的先进制造业，与气协同发展的磷硫、盐卤、氯碱、焦煤和碳基产业。探索资源开发新机制，引进战略投资者参与浅层天然气和页岩气开发利用，建成中国西部天然气能源化工基地。培育发展战略性新兴产业。坚持以传统产业为基础，推进信息化与工业化融合、新兴科技与新兴产业结合，在发展清洁能源汽车及环保节能装备、新材料、新能源、生物制药、电子产品及工模具高端产品六大领域求突破。改造提升传统产业。实施靠大联强、优化升级战略，推进煤炭、冶金、建材、食品、机械五大产业技术改造升级、科技创新升级、产品优化升级、循环利用升级，淘汰落后产能，推进节能减排，实现高碳产业低碳发展、传统产业高端发展、资源产业循环发展、成链成园集群发展。大力发展矿业经济。坚持整装勘查、规模开发、综合利用、高效环保原则，加快富钾卤水、石灰石、石膏等开发利用步伐，建设一批产业基地，把矿业经济打造成新的增长点。同步发展大中小微型企业。坚持做大龙头、做多中小、做强配套、做优特色，培育大企业大集团，打造一批特色鲜明的十亿级、百亿级“旗舰”企业。大力发展中小微企业和民营企业。加快各类园区布局和建设。把加快“1+7”园区体系建设作为“两化”联动的现实路径。重点加快调整经济开发区，按照“一区两片多园”发展模式，发展工业园区、现代物流园区、农产品加工集中区、职业教育园区、文化创意产业园区、新兴产业园区、生物制药产业园区、临港产业园区，把园区建成创业就业的新平台、产业发展的新高地、城镇发展的新组团。

2. 积极发展现代农业，做大做强特色品牌

大力推进农业标准化、专业化、规模化发展，以培育品牌为引领、龙头企业为带动，加快农业“四区”建设。稳定粮食生产，开展粮油高产创建，落实强农惠农政策，实现新增 8 亿斤粮食生产能力。实施农业标准化生产和管理，到 2015 年完成主要农产品标准制定和发布，种植业、养殖业标准化推广面分别达到 60%、50%。实施农业“4+8”工程，突出富硒特色，发展生猪、黄牛、旧院黑鸡、白鹅四大畜禽产品和苎麻、富硒茶叶、黄花、油橄榄、中药材、马铃薯、醪糟、香椿八大农副产品，形成优质品牌。引进培育一批关联度

大、市场竞争力强、辐射带动面广的农业产业化龙头企业，推进畜禽标准化养殖基地、特色农产品生产基地和农产品深加工基地建设，实现“一村一品”向“一乡一品”、“一县一品”发展，以农业生产方式的改变，带动农民就业，促进农民增收。到2015年农产品加工率达70%以上，成为新的支柱产业。

3. 大力发展现代服务业，加快建设秦巴地区生产性服务业中心

优先发展现代物流业。整合物流行业资源，抓好各地配套货场、仓库、码头、集装和分拨设施建设。引进培育一批第三方现代物流企业集团，发展区域性仓储集团公司。建设现代化物流信息平台，推进物流中转无缝连接，努力把秦巴物流园区和杨柳配套园区建成国家级物流示范园区。积极发展金融保险业。加快金融开放步伐和多层次资本市场建设，培育企业上市融资。引进各类金融企业建立分支机构，推动银行、信托、基金、保险、证券等金融服务业大发展。加快投融资平台建设，拓宽投融资领域。探索发展外包服务业。围绕工业园区及企业现代化发展需要，探索发展软件外包、研发外包、业务流程外包等业务。提升发展商贸服务业。整合本地商业资源，组建大企业集团，形成商贸龙头。加强专业市场和特色街区建设，大力发展电子交易，推动商贸服务业转型升级。积极发展社区服务、家庭服务、老年服务等生活性服务业，满足多层次、多样化需求。创新发展咨询设计业。适应个体和组织外部的专业化需求，发展咨询设计等智力密集型和知识服务型产业。规范和提升中介服务业，积极发展政策咨询、技术咨询、管理咨询、专业咨询业务。创新载体，引进研发机构，引入研发设计理念，着力打造“达州设计”品牌。大力发展文化旅游业。加快发展文化产业，培育文化市场，提升文化创意。大力发展影视制作、出版发行、汇演会展等产业，打造一批影响大、水平高的文化产品。实施旅游大景点支撑战略，打造在国内外有影响力的精品旅游产品和线路，把达州建成“成渝西”黄金旅游线的重要目的地。

（四）联动推进新型城镇化，加快建设现代山水生态城市

1. 统筹城乡规划，构建现代城镇体系

以科学规划为“纲”，推进城乡建设规划全覆盖，构建“组团布局、城乡衔接、四层架构”的现代城镇体系。将达州主城区建成大城市并向特大城市发展，将5个县级城市建成中等城市，将若干小城镇建成中心镇并逐步向小城市发展，将若干新农村综合体逐步发展为小城镇。到2015年，达州主城区建成面积达到80平方公里，常住人口达到80万。5个县级城市人口分别达到20万～30万，成为产业实力强、城市功能全、要素集聚多的较大经济体。

2. 完善城市功能，提升主城区城市品位和竞争力

充分利用现有资源和自然禀赋，建设现代山水生态城市。按照整体规划、分步实施的原则，优化城市总体规划，明晰五大组团功能定位。系统完善城市交通、地下管网、市政设施、生态文化、城市景观等专项规划，提升城市品位和魅力。超常规推进城市建设，加快城市新区建设。加

快改造旧城区，引导旧城区人口向新区转移。加快主城区交通建设，构建“一大环两小环三纵两横”格局。加强城乡结合部规划建设，把城市近郊乡镇建成特色鲜明、淳朴自然、整洁美观、功能完善的风情小镇。高水平打造城市生态，形成绿满城乡的生态景观。高标准加强城市管理，打造城市新名片。

3. 探索城镇化新路径，加快建设秦巴地区新农村综合体试验区

在成片推进新农村建设的基础上，积极探索、示范推动新农村综合体建设，使之成为加速城镇化的新动力。在规划中融入川东民居风格和地域文化特色，突出抓好农民新居、产业发展、基础设施、公共服务、社会管理“五大建设”。力争到 2015 年，全市建成新农村综合体 40 个、新村 360 个。

（五）深化改革扩大开放，加快建设成渝经济区配套产业高地

1. 实施开放合作“四向”战略，发展内陆开放型经济

突出东向，加强与长江中下游武汉、长三角经济区等沿江地区的经贸联系；强化西向，加强与成渝两地的市场对接；开拓南向，扩大与云南、贵州和珠三角经济区的市场合作；加强北向，承接西安大都市的经济辐射。大抓招商引资，坚持招大引强、集群承接、延链引进，以重要环节的突破完善产业链条，以重大项目的引进调整产业结构，以龙头企业的带动形成产业集群。全面对接成渝经济区区域规划，加强渝广达发展带区域分工协作，优先形成基础设施的同规同城、统筹统建，探索新型工商关系，构建合作互动发展机制。坚持错位和配套发展，在农副产品供应、能源供给、汽摩配套、商贸物流协作、旅游休闲方面形成比较优势，加快建设成渝经济区配套产业高地。

2. 以开放促改革，大力推进改革攻坚

强力推进企业兼并联合、重组嫁接，全面完成国有企业改革任务。深化行政审批制度改革。稳步推进垄断行业和公用行业改革。认真落实“国新 36 条”，鼓励和支持非公有制经济发展。大力发展土地、资本、劳动力、技术、信息等要素市场。深化金融体制改革，建立多元化、多功能的金融服务体系。统筹城乡综合配套改革，加快户籍制度改革。推进医疗卫生体制改革和教育、科技、文化等领域改革。

3. 加强软环境建设，激发社会创造活力

全面落实“两集中两到位”，设立创业申请审批“绿色通道”，强力整治“拖延滞推、吃拿卡要”行为。激励全民创业，按照“非禁即入”的原则，大力扶持城乡居民特别是返乡农民工、大中专毕业生、转业退伍军人、城镇下岗失业人员、被征地农民等群体自主创业。建立创业园区，搭建创业平台，争创国家级创业型城市。

（六）大力发展科教文卫事业，加快建成川渝鄂陕结合部职业教育基地和区域文化中心

1. 坚持教育优先发展，加快建成川渝鄂陕结合部职业教育基地

统筹城乡教育均衡发展，认真落实义

务教育经费保障机制改革政策，完善困难学生资助体系。加快乡镇寄宿制学校、城市中小学校和农村教师周转房建设，推进校舍安全工程。重视发展特殊教育。大力发展高等教育。强化教师职业道德建设，规范各级各类学校办学行为。坚持把职业教育摆在更加突出的位置，深化职业教育改革，建设职业教育园区，培育多层次、实用型、高素质人才，加快建设川渝鄂陕结合部职业教育基地，促进资源就地转化、产业就地发展、人员就近就业。

2. 建立区域创新体系，提高自主创新能力

坚持以产业为龙头、企业为主体、产品为核心，整合资源，大力培养和引进重点领域急需的创新型人才。引导资金、人才、技术向企业聚集，支持企业创造品牌、做大品牌，提升核心竞争力。围绕优势资源开发、传统产业改造和新兴产业发展，创建一批国家和省级创业技术中心、工程研究中心、重点实验室，大力实施重大科技专项，加快科技成果向现实生产力转化，促进创新体系与现代产业体系融合。大力发展风险投资，加快高新技术产业化进程。加强知识产权保护，大力普及现代科学技术知识和社会科学知识。

3. 健全公共卫生服务体系，提高医疗保障水平

完善城乡医疗服务体系、公共卫生服务体系、医疗保障体系和基本药物供应保障体系。加强基层医疗卫生机构建设，提升服务能力。加强重大传染病、慢性病、精神疾病防治和妇幼保健工作。强化突发公共卫生事件防控和应急处置能力建设。巩固和提高新型农村合作医疗、城镇职工基本医疗保险、城镇居民基本医疗保险覆盖率和参保率，逐步提高统筹水平和补助标准。建立城乡医疗救助制度，提高救助水平。贯彻计划生育基本国策，继续稳定低生育水平，促进人口均衡发展。做好妇女儿童和残疾人工作，建立养老服务体系，保障合法权益。

4. 大力推进特色文化发展，创建全国新农村文化艺术演展基地

加强社会主义核心价值体系建设，深化群众性精神文明创建。发展广播电影电视事业。繁荣文艺事业，扶持艺术门类发展，加强文艺院团改革和建设。坚持贴近实际、贴近生活、贴近群众，挖掘巴渠文化、红色文化和川东民俗文化等特色文化资源，推出一批精品力作，不断满足群众精神文化需要。加大公共文化服务体系建设，完善乡镇和社区公共文化设施。建好巴人文化博物馆和天然气博物馆。积极保护非物质文化遗产。大力发展新农村综合体文娱事业，打造全国新农村文化艺术演展基地，创建全国公共文化服务体系示范区。

第36章 巴中市：振兴革命老区经济 加快秦巴山区建设*

图 36-1　巴中市政区

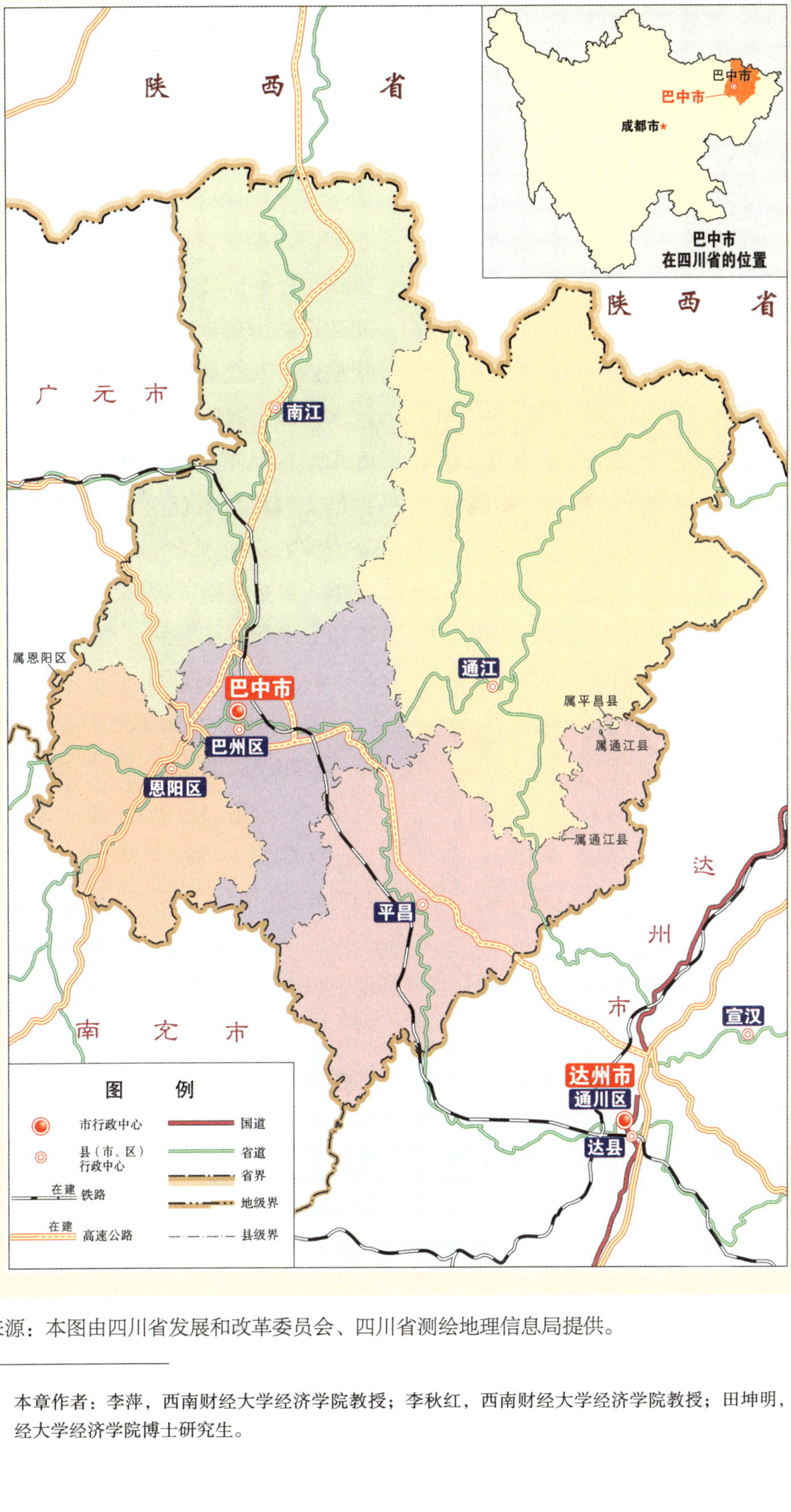

资料来源：本图由四川省发展和改革委员会、四川省测绘地理信息局提供。

---

* 本章作者：李萍，西南财经大学经济学院教授；李秋红，西南财经大学经济学院教授；田坤明，西南财经大学经济学院博士研究生。

巴中，地处四川东北部，位于成渝、关天经济区的中间区域和中国地理版图的腹心地带，素有“老区、穷区、山区、边区”之称。为改变长期以来经济基础薄弱、产业发展滞后、相对贫困落后的现状，近年来，巴中市上下一心，遵循发展规律，突出发挥“后发优势”，充分挖掘发展潜能，坚持“两化互动、统筹城乡、追赶跨越、加快发展”的方针，大力促进由传统农业经济主导转向发展为现代生态农业、现代工业经济、生态红色旅游协调的绿色经济示范区，由“老、穷、山、边”地区转向发展为区域中心城市、区域枢纽联接地、区域开放高地，由典型的贫困落后地区转向发展为民生改善先行区，实现科学发展，努力把巴中加快建成“四川重要的北向东向开放高地、川陕渝重要的枢纽联结地、西部绿色经济示范区、全国扶贫开发示范区、川东北重要中心城市”。

一 区域概况与历史沿革

（一）区域概况与地理特征

巴中市位于四川省东北部，米仓山南麓。市政府所在地西距重庆市 450 公里，南距成都市 400 公里，北距西安市 470 公里，与达州、南充、汉中、广元相邻，位于东经 106° 20′ ~ 107° 49′、北纬 31° 15′ ~ 32° 45′。地质构造跨及米仓山台穹、大巴山弧形、川北台（坳）陷及川东新华夏四个二级构造单元。构造形迹以褶皱为主，境内西北为龙门山北东向褶皱带，南西是川中北西西向褶皱带。地势北高南低，由北向南倾斜。北部为深切割中山、中切割中山，中部为中切割低山、浅切割低山，南部为丘陵，沿河两岸及台状山顶有平坝。丘陵、平坝面积约为 1243 平方公里，占辖区面积的 10%，山地占 90%。最高海拔为北西部南江县光雾山（2507 米），最低海拔在南部平昌县黄梅溪（268.3 米）。中北部山地，低、中山界明显。三级阶梯状构造，从北到南逐渐降低。境内亦有流水侵蚀、沉积、扇形地貌和重力堆积、残积地貌及喀斯特地貌。境域山脉来自大巴山西段与米仓山复合部的南麓，入境山脉主要有 36 支，沿川、陕省界逶迤南下，直接或辗转从东、东北、北、西、西南五面延伸入境域，分成百余个走向不一的支脉，绵亘全境。

巴中境内河流属渠江水系，河流总长度为 2361.7 公里，流域面积 15193.5 平方公里。除个别出境溪、河外，其余河流、溪沟统归巴河，构成巴河水系，从北向南，呈树枝状，汇入巴河后，转东南方出境汇入渠江。巴河水系有较大的支流 20 条，出境河流 3 条。受地表水流强烈的侵蚀和切割，致使岭高河深，沟壑纵横，以垂直线发育为主的河流呈树枝状层布，具有“V”“U”形河流特征，在洪水期落差大，水能蕴藏量丰富。境内有大小河流 1100 多条，流域面积在 1000 平方千米以上的主要河流有巴河、南江河、恩阳河和通江河等 7 条，100 平方千米以上的有 45 条，50 平方千米以上的有 138 条，河流总长 4342 千米，河网密度达 0.33 千米 / 平方千米。多年平均水资源量为 71.68 亿立方米，其中地表水资源量 64.13 亿立方米。

巴中市境属四川盆地中、北亚热带湿润季风气候区，分低山河谷暖热区、低中山温暖（和）区、中山温凉区，具有四季分明、无霜期长、光照适宜、雨量充沛、气候温和等特点，多年平均气温 16.5 ℃ ~ 17.7 ℃，年均降雨量 928.8 ~ 1217.5 毫米，年均日照 1088.5 ~ 1545.8 小时，无霜期 260 ~ 280 天。市境自然灾害以干旱、洪涝、风雹为主。

巴中境域森林覆盖率达 55%，动植物资源丰富，种类繁多，有种子植物近 3000 种，乔灌木 300 多种，包括银杏、三尖杉、红豆、巴山松、巴山水青杠等珍稀树木；境内北部有野生动物 670 种，中南部尚存野生动物 290 余种。

矿产资源丰富，分布呈北富南贫趋势，已探明可供开采的矿产资源有煤、铁、金、石墨、大理石、石膏、花岗石、霞石、天然气等 29 种，其中，煤炭储量 6394 万吨，天然气储量 10343 亿立方米，磁铁矿 8544 万吨，霞石矿 2100 万吨，花岗石 10 亿立方米，大理石 2 亿立方米。

巴中旅游资源富集，主要以自然风光、石窟文化、米仓古道文化和红军文化为特色的旅游资源得天独厚。全市旅游资源面积占全市面积的 14%。有国家重点风景名胜区 1 个（光雾山 – 诺水河）、国家森林公园 4 个、国家级历史文化名镇 1 个、全国重点文物保护单位 4 个 18 处、全国爱国主义教育示范基地 3 个、全国红色旅游经典景区 4 个，有国家 AAAA 级景区 2 个、AAA 级景区 1 个、AA 级景区 3 个。

（二）行政区划与人口结构

全市面积 12301 平方公里，共辖 3 个县（通江、南江、平昌）、1 个县级区（巴州区）和巴中市经济技术开发区管委会、工业园区；共有 188 个乡镇（123 个乡、65 个镇），其中：巴州区 48 个，通江县 49 个，南江县 48 个，平昌县 43 个；6 个街道办事处；2374 个村委会；243 个社区居民委员会；782 个居民小组；11491 个村民小组。

2011 年末常住人口为 329.6 万人，比上年末增加 1 万人，其中城镇人口为 103 万人，城镇化率 31.3%。全年出生人口 3.3 万人，出生率为 10.04‰；死亡人口 1.8 万人，死亡率为 5.45‰；自然增长率为 4.59‰；人口密度达到 275 人 / 平方公里。①

（三）历史沿革与建制变迁

巴中历史传承悠久。巴中有人类活动的历史可以追溯到石器时代。巴中古属禹贡梁州之域，春秋时期为巴子国地，秦和西汉时为巴郡地。东汉和帝永年间（公元 89 ~ 105 年）始置汉昌县，东汉建安六年（公元201年）改禹巴西郡，后继禹宕梁郡，又先后置归化郡、大谷郡。北朝北魏宣武帝延昌三年（公元 514 年）首置巴州，南北朝梁普通六年（公元 525 年）置难江县。西魏大统中（公元 535 ~ 551 年）置诺水

① 《2011 年巴中市国民经济和社会发展统计公报》，巴中人民政府网，最后访问日期：2012 年 6 月 20 日。

表36-1　巴中市行政区划

行政区	面积	常住人口	代码	邮编	驻地	街道	镇	乡
巴州区	2566	112.68	511902	636601	巴州镇	6	23	25
通江县	4125	68.74	511921	636700	诺江镇		14	35
南江县	3383	60.70	511922	635600	南江镇		11	37
平昌县	2227	86.26	511923	636400	江口镇		17	26
合　计	12301	328.38	511900	636600	巴州区	6	65	123

注：面积（单位：平方公里）、人口（单位：万人），根据 2010 年 11 月 1 日零时为标准时点进行的第六次全国人口普查数据整理而得，全市登记的户籍人口为 393.98 万人，常住人口为 328.38 万人。

县。唐武德八年（公元 625 年），置壁州。唐天宝元年（公元 742 年）更诺水县为通江县。宋神宗熙宁五年（1072 年）废集州、壁州入巴州。明正德十一年（1516 年）更难江县为南江县。清乾隆元年（1736 年），四川设五道，巴中属川北道保宁府，不辖县，通江、南江、巴州三县独立并存。1932 年 12 月至 1935 年 4 月，红四方面军在境内设有 1 省、2 道、2 市、8 县苏维埃政府。民国 35 年（1946）11 月，原巴中县属地分设平昌设治局。民国 37 年（1948），平昌设治局升县，正式分治，境内的巴中、通江、南江、平昌四县同属四川省第十五行政督察区。1950 年归属达县专区（地区）。巴中州、郡、县迭更，建县的历史已达 1919 年，置郡已达 1798 年，置州已达 1494 年。

1993 年 7 月 5 日，经国务院批准从原达县地区划出通江县、南江县、巴中县、平昌县，设立巴中地区，巴中一并撤县建市，即巴中县更名为巴中市（县级）。10 月 28 日，巴中地区正式挂牌成立，下辖巴中市、通江县、南江县、平昌县；地区行署及党、政、军驻地于巴州镇，巴州镇为全区政治、经济、文化中心。2000 年 12 月 27 日，巴中撤地设市，撤市建区，原巴中地区更名为巴中市，原巴中市改为巴州区；市辖三县一区，境域不变。

（四）经济社会发展及取得的成就

巴中是秦巴山区集中连片贫困地区的核心区域，是国家规划的六大重点扶贫地区之一，所辖三县、一区均是国家或省扶贫开发重点县（区）。近年来，在党和国家西部大开发及连片扶贫特殊政策的支持下，巴中经济社会发展有了较大的进步。

1. 经济实现快速增长

巴中国民经济社会发展，主要可以分为以下两个阶段。

第一阶段是社会主义经济建设起步阶段（1949 ~ 1978 年）。巴中地区生产总值、全社会固定资产投资、地方财政预算收入分别由 1949 年的 8742 万元、460 万元和 62 万元增长为 1978 年的 43900 万元、1646 万元和 2682 万元。巴中经济和社会事业虽有一定发展，但是其间由于“文化大革命”和极“左”思潮泛滥，严重干扰了经济和社会事业的正常秩序，发展步伐

表 36-2　巴中历史沿革

远古时期	属禹贡梁州之域
秦和西汉时期	为巴郡地
东汉时期	和帝永元年间（公元 89 ~ 105 年）始置汉昌县；东汉建安六年（公元 201 年）改属巴西郡，后继属宕梁郡，又先后置归化郡、大谷郡
南北朝时期	北魏宣武帝延昌 3 年（公元 514 年）首置巴州
1993 年 7 月 5 日	设立巴中地区，巴中地区辖达县地区的巴中市、通江县、南江县、平昌县，巴中地区行政公署驻巴中市
2000 年 12 月 27 日	（1）撤销巴中地区和县级巴中市，设立地级巴中市，市人民政府驻新设立的巴州区；（2）巴中市设立巴州区，以原县级巴中市的行政区域为巴州区的行政区域，区人民政府驻巴州镇；（3）巴中市辖原巴中地区的南江县、平昌县、通江县和新设立的巴州区

受到严重制约，生活消费品的有效供给不足，市场物资匮乏，粮、棉、油、肉、糖等日用品均实行凭证供应，城乡人民生活状态在 30 年的时间内徘徊在低水平。

第二阶段为改革开放以后，建区设市加快发展阶段（1978 年以来）。改革开放 30 多年来，巴中历经 1993 年的建区和 2000 年的设市过程，其间经过不断地改革探索和攻坚破难，巴中的经济体制改革和制度创新取得了较大突破，基本实现了由传统计划经济体制向社会主义市场经济体制的转变，社会主义市场经济体制框架初步建立，国民经济快速发展，总体经济实力增强，人民生活水平显著提高。全市地区生产总值由 1993 年的 26.10 亿元增长为 2000 年的 70.63 亿元，净增 44.53 亿元，年均增长 7.93%；人均 GDP 1993 年为 893 元，2000 年为 2415 元，增加 1522 元，年均增长 7.91%。1993 年人均 GDP 分别为全国的 27.1%、全省的 42.9%；2000 年人均 GDP 为全国的 34.4%，比 1993 年上升 7.3 个百分点，为全省的 51.6%，比 1993 年上升 8.7 个百分点。在巴中建区设市、行政区域重新规划的 7 年中，巴中地区经济水平和全国、全省平均水平有较大差异，但这个差异在逐渐缩小。从三次产业的产值来看，1993 年分别为 17.74 亿元、3.59 亿元和 4.77 亿元，2000 年分别为 38.04 亿元、8.52 亿元和 24.07 亿元，分别增长 2.14 倍、2.37 倍和 5.05 倍，年均增长分别为 11.48%、13.12% 和 26.03%；三次产业在地区生产总值中占的比重由 1993 年的 67.97 : 13.75 : 18.27 演变为 2000 年的 53.86 : 12.06 : 34.08，产业结构有所优化。

2000 年巴中真正建区设市以来，巴中市委、市政府实施“四大战略”，强力推进“五个突破”，[①] 打好贫困老区建设

① “四大战略”是指构建大交通、培育大产业、争取大政策、促进大和谐；“五个突破”是指在交通建设上实现新突破，在培育产业上实现新突破，在发展县域经济上实现新突破，在改善民生上实现新突破，在优化发展环境上实现新突破；“两个强力推进”是指强力推进项目工作、强力推进“五个突破”。

“翻身仗”和实践“两个强力推进、集中五年时间打好交通攻坚战”的发展战略，特别是这两年坚持“两化”互动、统筹城乡、追赶跨越、加快发展，着力促增长、强基础、转方式、增投资、惠民生，取得了很大成效。2011年实现生产总值343.39亿元，同比增长15.2%；地方公共财政收入12.7亿元；社会消费品零售总额135亿元；城镇居民人均可支配收入14609元；农民人均纯收入4667元。第一产业稳步发展。实现农业增加值86.31亿元，同比增长4%；就业人员98.9万人，占就业总人数的57.56%；粮食总产量达到186万吨；肉类总产量达到48.5万吨。启动建设12个万亩示范区、12个千亩标准园、4个畜牧园区、2个连片水产养殖基地和10个水产专业村，新增省级农业产业化龙头企业4家、农业示范专业合作组织5个。第二产业快速增长。实现工业增加值138.99亿元，同比增长22.9%；就业人员32.77万人，占就业总人数的19.07%。新增规模以上工业企业20家，规模以上工业实现增加值81亿元，实现利税总额14.5亿元，实现利润总额4.43亿元。建筑业实现增加值51亿元，同比增长46.9%。第三产业加快发展。实现增加值118.09亿元，同比增长9.2%；就业人员40.15万人，占就业总人数的23.37%。新建一批标准化农家店和农村综合商贸服务中心，家电下乡活动有序开展。旅游业提升发展，米仓山国家森林公园等AAAA级旅游景区建设加快推进，2011年共接待游客537万人次，实现旅游收入31.7亿元。①

2. 投资保持强劲增势

强力推进基础设施建设，2011年完成固定资产投资320亿元，增长52.7%，超计划24.7个百分点，增速居全省第一位。166个重点项目完成投资221亿元，超计划34.8%。交通建设有序推进。巴（中）南（部）、巴（中）达（州）、巴（中）陕（西）高速公路建设加快推进，巴（中）广（安）渝（重庆）高速公路开工建设，巴（中）达（州）铁路完成投资4.8亿元。干线公路完成投资5.59亿元，恩阳过境路、通（江）达（州）路、通（江）平（昌）路、南江绕城路改造等全面完成。水利建设加快推进。牛角坑、二郎庙、双桥水库超计划完成投资任务，黄石盘等8座大中型防洪控制性工程、干沟河等4座重点水源工程和四县（区）城区、71个场镇堤防工程纳入渠江流域防洪规划。整治病险水库47座，新增蓄引提水能力3163万方，恢复灌面4.8万亩。能源通信全面推进。南江石板垭110千伏输变电及配套工程、通江220千伏变电站及110千伏配套工程竣工投产，巴中500千伏输变电项目启动，流坝220千伏等18个输变电工程集中开工，董家河梯级电站开工建设。全省“新农通”三农信息服务平台在巴中市首站开通，完成有线数字电视改造工程1.5万户。②

---

① 《巴中市2011年国民经济和社会发展计划执行情况及2012年计划（草案）报告》，巴中市统计局官网，最后访问日期：2012年4月17日。

② 《巴中市2011年国民经济和社会发展计划执行情况及2012年计划（草案）报告》，巴中市统计局官网，2012年4月17日。

图 36-2　巴中市地区生产总值及增长速度

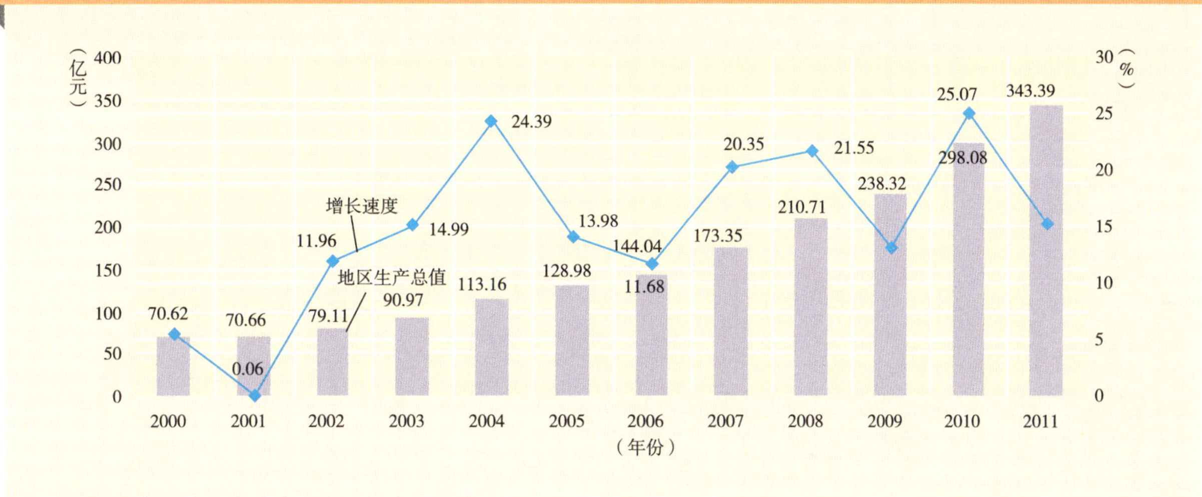

图 36-3　巴中市三次产业结构比较

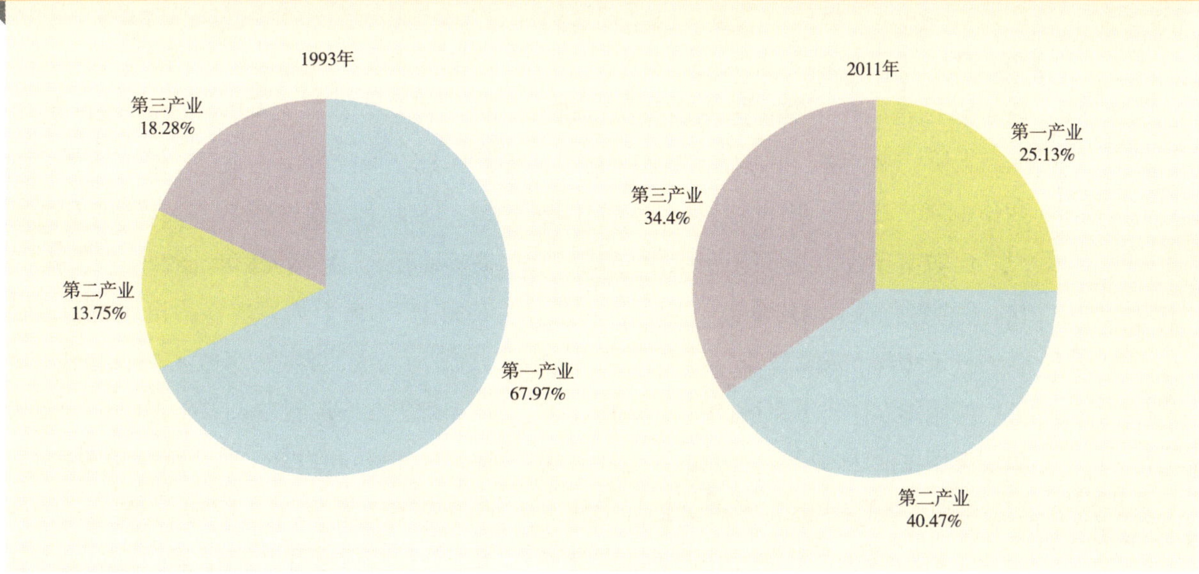

3.“两化”互动[①]　步伐加快

大力培育工业发展主体，强化城镇载体建设，强力推进“两化”互动。2011 年共实施四大产业重点项目 96 个，完成工业投资 51.7 亿元，增长 24.8%，单位生产总值综合能耗下降 3%，引进大唐集团、武汉凯迪、重庆奥狮等一批重大工业项目。全面推进“一区五园”建设，建丰林业等一批大企业入园建设。城镇建设加快推进，城镇化率达到 31.3%。博物馆、纪念馆覆

① “两化”互动是指以新型工业化为“发动机”引领城镇化水平提升和以新型城镇化为“增长极”支撑工业优化升级，实现工业化、城镇化有机结合和“双加速”发展。

图 36-4 巴中市城乡居民人均可支配性收入比较

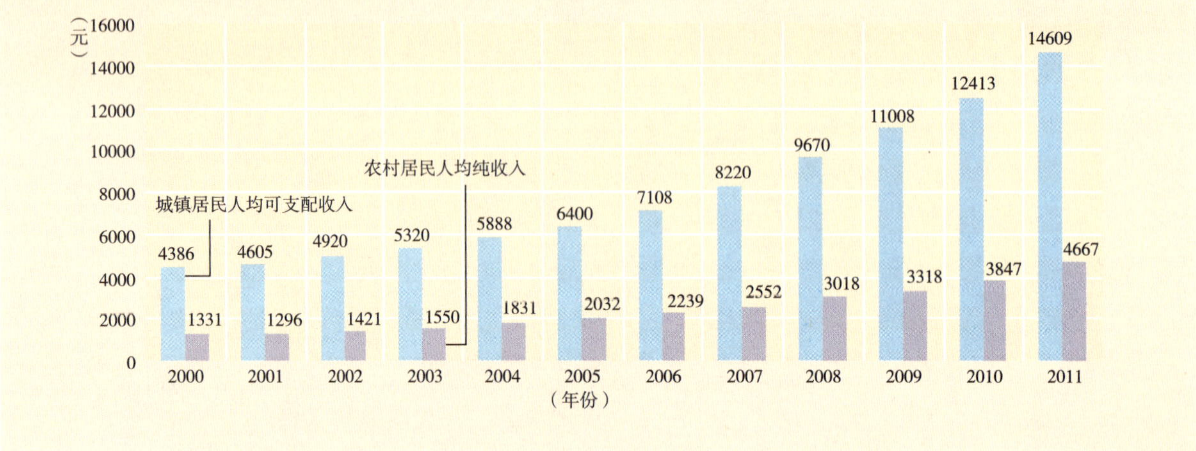

盖全市，设施及服务水平不断提升，历史文化遗产得到良好保护，社会经济效益日益凸显。兴文新区主干道等重点基础设施和公共服务项目全面启动，南江红塔、平昌金宝、通江石牛嘴新区建设加快推进。回风大桥、佛江路、平昌过境路加快建设；西华山第二隧道、东门大桥北环线开工建设；巴城南环线、西环线前期工作步伐加快，8 个特色镇启动建设。

4. 民生改善成效显著

实施国家、省重点科技项目 62 项，省级创新型企业达 20 家，巴州区、通江县获“全国科技进步先进县”称号，通江山霸王公司、南江卓创农机科研成果通过省级鉴定，居国内领先水平。维修加固校舍 60.7 万平方米，重建校舍 25.8 万平方米，实现中职教育全免费，巴中职业技术学院开工建设。市图书馆、文化馆正式开馆运行，南龛文化产业园、市体育中心、市体育馆和游泳馆等项目前期工作进展顺利，建成 69 个乡镇综合文化站、885 个农家书屋、40 个文化大院和 20 个文化示范村。加强医疗卫生服务体系建设，新建和改扩建精神卫生服务体系、农村急救体系、卫生执法监督体系及乡镇卫生院 10 个，新建标准化村卫生室 221 个。新农保试点覆盖全市，五大社会保险参保人数达 145 万人次，城镇 13.6 万人、农村 34.6 万人享受低保并提高补助标准。新增城镇就业 2.6 万人，培训农民工 15.35 万人，转移输出农村劳动力 117.3 万人次，实现劳务收入 94.3 亿元。城镇登记失业率控制在 4.5% 以内。新建城镇保障性住房 5000 套，改造棚户区 3448 户，改造农村土坯房（危旧房）3.7 万户，新建、改造乡村道路 1788 公里，解决 23.3 万人饮水安全问题，人口自然增长率控制在 4.59‰以内，森林覆盖率达到 55.9%。①

5. 改革开放有力推进

组建了市交通、水务、城建投融资平台，市级行政事业单位国有资产经营管理工作有序推进，土地增减挂钩试点进展顺利，农村产权流转交易稳步实施，2011 年

① 《巴中市 2011 年国民经济和社会发展计划执行情况及 2012 年计划（草案）报告》，巴中市统计局官网，最后访问日期：2012 年 4 月 17 日。

新增流转土地 1.8 万亩，流转林地 2 万亩。不断深化纵向横向合作，在北京、上海、广州等地设立招商分局并广泛开展招商引资活动。成功引进中交建、中国水电、雨润、置信等大企业参与城市建设和产业发展。全年签约招商引资项目 153 个，协议资金 854.8 亿元，履约项目 128 个，到位资金 63.3 亿元，同比接近翻两番。

二　区位特征与发展定位

（一）区位特征与发展前景研判

巴中市地处四川东北部，位于成都、重庆、西安三大城市的几何中心，处于成渝和关天经济区的中间区域和中国地理版图的腹心地带。巴中一直以来都被称为“老区、穷区、山区、边区”。“老”是因为这里的革命历史，它素有“红军之乡”之称，曾是全国第二大苏区——川陕革命根据地的首府所在地，孕育了 29 位共和国将军，有 12 万优秀儿女参加红军，4 万多巴中儿女为革命献出了宝贵的生命；“穷”是因为这里的秦巴山区是国家级扶贫开发试点区，并且全市人均可支配收入与全国平均水平相比仍有较大差距；“山”是因为这里的地质特征，地处川东北大巴山脉米仓山南麓，位于群山峻岭当中；“边”是相对于它所处的版图位置，位于四川东北部，与陕西相接处。

过去相对的区位劣势和交通瓶颈极大地阻碍了巴中经济社会的发展。巴中经济基础薄弱、产业发展滞后、相对贫困落后的状况尚未根本改变，仍处于传统农业发展期、工业化起步期、城镇化初始期、基础设施加快推进期。但是，如果从经济地理的视角，用开放、发展的眼光重新审视巴中的区位特征、研判巴中的发展前景，不难发现，区位是相对的，巴中又有着突出的“天时、地利、人和”的后发优势。

第一，巴中有西部大开发和产业大转移的“天时”。今后十年，中央将把西部大开发放在区域协调发展总体战略的优先位置，从财政、税收、投资、金融、产业、土地、价格、生态建设、人才等方面加大扶持，在资金、项目方面加大投入力度，很多政策都有重大突破。对于解决巴中的特殊困难和发展瓶颈而言，这些政策将起到有力的引导、支撑和保障作用。同时，受制于土地供应、市场空间、产业升级、环境因素等约束，东部沿海产业向中西部转移及成都、重庆、西安等主要城市产业向周边转移的大势不可阻挡。巴中在土地、旅游等自然资源、要素成本、市场潜力等方面的优势明显，有利于大开放、大招商、大发展。

第二，巴中有区域中心的“地利”。如上所说，巴中处于成都、重庆、西安三大中心城市的几何中心，成渝经济区、关天经济区的中间区域，中国地理版图的腹心地带。随着交通条件的加快改善，几年后，巴中市的交通将紧密融入全省综合交通枢纽，由川东北的路网末梢转变为区域交通枢纽，成为华中、华南地区西出西北、中亚、西亚地区，东北、华北地区南下西南、南亚、东南亚地区的一条重要通道。这样，巴中就具有了南联北接、承东启西、外畅内达的区位优势。巴中就会由四川盆地边缘变为向东、向北开放的重要前沿阵地，变为连接成渝和关天两大经济区的重要黏合地带，变为南北东西要素聚集的经济走廊，真正被打造成为“区位金三角”。

第三，巴中有加快老区发展的“人和”。巴中是革命老区、全国第二大苏区，党中央、国务院十分关心老区建设，在“十二五”规划中明确了加大对革命老区、贫困地区的扶持力度，出台了《关于加快巴中革命老区发展的意见》。老一辈无产阶级革命家及红军将帅亲属，深怀对巴中的特殊感情，始终为巴中加快发展奔走呼吁。巴中作为秦巴山区扶贫开发的核心区，将得到中央和省及社会各界的更大支持帮助。更为重要的是，巴中市广大干部群众思变、思进、思发展的愿望很强烈，想干事、能干事的精神状态很饱满，这些必将为巴中老区扶贫攻坚和跨越发展提供强大的动力。

综上所述，在认清巴中“后发优势”的前提下，巴中上下只要充分挖掘发展潜能，利用一切有利因素，后来居上的“追赶跨越、加快发展”的局面指日可待。过去，川陕苏区曾经是“扬子江南北两岸和中国南北两部间苏维埃革命发展的桥梁”；现在，巴中市正逐步成为一个区域性的经济枢纽。

（二）发展定位：建设“两地、两区、一中心”

巴中市委、市政府根据巴中当前的发展形势、所处的阶段性特征，提出了“两化互动、统筹城乡、追赶跨越、加快发展”的总体要求和建设“两地、两区、一中心”的发展定位，即努力把巴中加快建设成为“四川重要的北向东向开放高地、川陕渝重要的枢纽联结地、西部绿色经济示范区、全国扶贫开发示范区、川东北重要中心城市”。[①]

巴中要实现建设“两地、两区、一中心”的发展定位，就要加快“三个发展”，即加快由传统农业经济主导转向发展为现代生态农业、现代工业经济、生态红色旅游协调的绿色经济示范区，由“老、穷、山、边”地区转向发展为区域中心城市、区域枢纽联接地、区域开放高地，由典型的贫困落后地区转向发展为民生改善先行区。“三个发展”是实现建设“两地、两区、一中心”定位的基本特征。

加快建设“两地、两区、一中心”，一方面需要着力抓好基础建设，这里不但要重点打好交通建设、水利建设和城镇化建设三个大会战，而且下大力气改进和优化制度环境，提高市场化发展程度，合力解决跨越发展的瓶颈问题；另一方面需要着力抓好决定经济发展水平的优势产业发展，要破除“资源诅咒”，就要将特色资源和优势产业有机结合起来，利用政策优势和后发优势大力引进资本、人才与先进技术，逐步形成“洼地效应”，[②] 尽快将巴中打造成为真正的“区位金三角”，实现从“边缘者”到“获益者”的转变。

三 资源与开发

（一）资源禀赋与基础条件

资源禀赋是一国或地区经济运行和社

① 《巴中市国民经济与社会发展第十二个五年规划纲要》，巴中人民政府网，最后访问日期：2012 年 7 月 7 日。

② “洼地效应”是指利用比较优势，创造理想的经济和社会人文环境，使之对各类生产要素具有更强的吸引力，从而形成独特竞争优势，吸引外来资源向本地区汇聚、流动，弥补本地资源结构上的缺陷，促进本地区经济和社会的快速发展。

会发展极为重要的基础性条件。资源禀赋既包括自然资源、人文资源又包括社会资源。自然资源内含土地资源、水资源、矿产资源、林业资源、气候资源等，社会资源主要包括资本、劳动力、技术、信息、制度、政策等丰富的内容。一般来说，资源的拥有和开发程度，影响着一国或地区的经济增长和发展。①

巴中拥有丰富多样的自然资源，包括森林资源、动物资源、植物资源、矿产资源、水资源和旅游资源（特别是珍贵的红色旅游资源），同时，也具有得天独厚的政策资源和区位资源，从而为巴中的经济社会发展提供了良好的基础性条件。

森林资源——全市有林地面积 946.9 万亩，占林业用地面积 1034 万亩（未含四旁树折合面积的 91.5%）。全市森林覆盖率达 55%。活立木蓄积 3661 万立方米。有森林植物 100 科、293 属、821 种。建设国家级森林公园 4 个，即天马山（原南阳）森林公园、米仓山森林公园、镇龙山（含佛头山）森林公园、空山森林公园；省级自然保护区 3 个，即四川大小兰沟自然保护区、四川驷马自然保护区、四川五台山猕猴自然保护区。

动物资源——全市家养动物有生猪、黄牛、水牛、火羊、南江黄羊、鸡、鸭、鹅、马、驴、蜂、蚕、犬、猫、兔等。野生动物多分布在森林密布的北部。于 20 世纪 80 年代开展的调查显示，境内北部共有野生动物 670 种。中南部地区尚存野生动物 290 余种。

植物资源——据各县植物资源调查表明，境域植物资源丰富，尤以北部为最。计有乔、灌木 308 种，草、藤本 421 种。中药材资源最多的是通江、南江两县；牧草资源遍及境域。

矿产资源——巴中矿产资源丰富。已发现矿种 50 种，矿产地 500 余处，霞石居全国前 5 名、属全省第 1 名。主要矿物有铁矿 8544 万吨，花岗石远景储量 20 亿立方米，大理石 2 亿立方米，白云石 1.5 亿吨，石灰石 25 亿吨，霞矿 2700 万吨，以及石墨、石膏、绿豆岩、钾长石、透辉透闪石、萤石、滑石、蛭石、硫铁矿、磷矿、膨润土和金、银、铜、铅、锌、钴、镍、钨、铀等矿产。尤以花岗石、霞石、石灰石、白云石、铁矿等有很大的开发前景和优势。

水资源——巴中水利资源极其丰富，总量为 79.65 亿立方米，有大小河流 1100 多条，流域面积在 1000 平方千米以上的主要河流有巴河、南江河、恩阳河和通江河等 7 条，100 平方千米以上的有 45 条，50 平方千米以上的有 138 条，河流总长 4342 千米，河网密度达 0.33 千米 / 平方千米。水能蕴量为 81.24 万千瓦，可开发量为 41.7 万千瓦，已开发量仅为 4.5356 万千瓦。

旅游资源——全市旅游资源面积占全市面积 10% 以上，涵盖了国家颁布的《旅游资源评价标准》中所列 8 大主类 31 亚类中的 26 个亚类。一是以“川陕苏区首府”为代表的红色旅游，二是以石窟文

① 然而，值得注意的是，大量研究显示，一些国家或地区的自然资源禀赋与经济增长之间存在显著的负相关关系，即自然资源丰裕的国家或地区经济增长反而落后，存在着所谓的“资源诅咒”效应。这种现象在许多发展中国家或落后地区的发展中表现得尤为突出。

化、米仓古道文化为代表的古韵旅游，三是以光雾山－诺水河国家重点风景名胜区为代表的特色旅游，四是以米仓山国家森林公园为代表的生态旅游。目前，全市已有光雾山－诺水河国家重点风景名胜区；有米仓山、镇龙山、空山、天马山4个国家森林公园；有大小兰沟省级自然保护区；有南龛摩崖造像、红四方面军总指挥部、总政治部旧址纪念馆、通江千佛岩石窟、通江红军石刻标语群等4处17点全国重点文物保护单位；有红四方面军总指挥部旧址纪念馆、川陕革命根据地红军烈士陵园、川陕苏区将帅碑林3个全国爱国主义教育示范基地等系列品牌。“川陕苏区”被列入全国12个重点红色旅游区，刘伯坚烈士纪念馆、红四方面军总指挥部旧址纪念馆、川陕革命根据地红军烈士陵园、巴山游击队纪念馆列入了全国100个红色旅游经典景区，“重庆－广安－仪陇－巴中”旅游线被列入全国30条红色旅游精品线。“巴山背二歌”“翻山铰子”被列入全国非物质文化遗产名录。

人文资源——全市有不可移动文物3400处，有可移动文物90000余件，有博物馆、纪念馆10个。不可移动文物中有全国重点文物保护单位4处18点，省级文物保护单位66处108点，市级文物保护单位59处，县级文物保护单位228处。其中石窟文化、米仓古道文物、红军文物享誉全国。3个博物馆、纪念馆为全国爱国主义教育基地。还有国家级历史文化名镇1个，省级历史文化名城2个，省级历史文化名镇2个，省级历史文化名村2个。米仓古道已列申报世界文化遗产预备名录。有丰富的非物质文化遗产16个大项、169个小项，其中国家级2项、省级7项、市县级7项。

政策资源和区位资源——由于新一轮西部大开发、秦巴山区扶贫开发、国家加大对贫困地区和革命老区扶持等更多的政策将陆续出台，会使巴中老区的地位得到极大提升，这必将对巴中经济、政治、文化、社会带来全方位的、长远而深刻的影响。同时，随着区域交通枢纽的加快形成，巴中地处成都、重庆、西安三大城市中心“金三角”地带的区位优势更加凸显，区域合作、招商引资、承接产业转移的条件日趋成熟，这将为巴中的跨越式发展带来强大的活力和动力。

综上所述，巴中拥有丰富多样的自然资源、人文资源和得天独厚的政策资源与区位资源，但这些并没有完全使巴中摆脱贫困落后的现状。巴中由于特殊的自然地理因素和历史因素，造成资本——特别是人力资本、技术、信息欠缺，市场化程度不高，严重束缚了巴中的经济腾飞。为此，就需要千方百计地、科学地对各类资源进行开发、投入、引进，以有效突破瓶颈约束。

（二）“资源诅咒”及其破解

传统经济增长理论认为，自然资源是经济发展的重要条件，是经济增长的一个有利因素。客观地说，自然资源的多寡对于一国国民财富的初始积累有着非常关键的作用，且资源相对丰裕的国家通常也蕴含着更大的发展潜力。但“资源诅咒”理论却揭示，[1] 丰裕的资源对一些国家的经济增长并不是充分的有利条件，反而是一种限制，自然资源丰裕的地区未必能取得良好的经济绩效，而没有资源的地区通过发挥资本或者技术优势，同样可以获得良好的经济发展速度。自 20 世纪 80 年代以来，国内外大量学者，从不同角度、使用不同的计量方法对“资源诅咒”这一假说展开了实证检验。结果显示，资源丰裕度与经济增长存在显著的负相关关系，出现了所谓“富饶的贫困”现象。自然资源丰裕的区域在最初为了规避高昂的交易费用而选择倚重自然资源这种生产要素完全是经济的、理性的，但是如果在经济增长的过程中不重视人力资本的投资与积累、新技术的研发、产业结构优化升级的正确引导，那么最终将由于进入恶性的路径依赖而陷入“资源诅咒”的泥潭，无法自拔。

前已述及，巴中资源丰富，“资源诅咒”效应在巴中经济的增长过程中同样存在。资源的单向性开采，低附加值的原始产品和初加工产品的异地转移，最终导致“资源拿走，污染留下；财富拿走，贫穷留下”的社会现实。据统计，2011 年巴中地区国内生产总值仅占全省的 1.63%，仅高于阿坝藏族羌族自治州与甘孜藏族自治州，位居全省倒数第 3。[2] 目前，巴中仍是国家扶贫开发试点区，对国家财政转移支付依赖度较高，并且人才匮乏，与资源相对富集地区所应有的经济地位严重不符。经过改革开放 30 多年的发展，资源相对丰富的巴中的经济发展与资源匮乏的省会城市成都和中东部城市之间出现了巨大的发展落差。这种落差的形成，固然受到改革的时序安排、体制问题及区位条件、国家政策倾向的影响，但是也与资源开发、资源产业问题及“资源诅咒”密切相关。

资源环境约束收紧、环境保护压力加大、资源开发低度化、产业发展低端化和产业同构同质等问题已成为钳制巴中经济社会快速发展的瓶颈。因此，破解“资源诅咒”，就要重视对人力资本的投资、开发、培训与积累；重视新技术，特别是适用技术的利用；重视探寻产业结构的合理化及其优化；大力发展循环经济，促进优势资源产业健康、可持续发展，积极引导地方政府和企业合理开发、高效利用自然资源，以切实为巴中人民谋取更多的福祉。

（三）资源开发与经济可持续发展

从历史经验和现实需要出发，巴中在未来的资源开发利用与经济可持续发展中，要注意规避“资源诅咒”陷阱，就需要不断改进制度安排，建立有效地资源补偿机制，发展循环经济，加大人力资本投入，坚持科技创新与实现产业化相结合，这些将是未来政府经济工作的重点。

1. 改进制度安排

发达地区能够高效开发利用资源，关键在于制度安排所起的作用。而经济欠发达地区，丰裕的自然资源通过资源优势的

---

① “资源诅咒”是一个经济学理论，多指与自然资源相关的经济社会问题。即丰富的自然资源可能是经济发展的诅咒而不是祝福，大多数自然资源丰富的国家往往比那些资源稀缺的国家增长得更慢，究其原因主要是由对某种相对丰富的资源的过分依赖，而忽略了人力资本的投资与积累、技术进步和创新等因素。

② 根据 2001 ~ 2010 年《四川巴中统计年鉴》整理而得。

初级产业形成和发展机制“挤出”了其他生产性组织或经济活动，并形成“路径依赖”，也主要是由于其经济文化和制度安排的缺失所致。这应该是经济欠发达地区经济明显落后于发达地区的一个重要原因。因此，巴中经济发展的新思维很自然地应该首先表现为改进制度安排。这方面将在后续的软性基础设施建设部分的内容中详细提到，即主要通过制度改革和制度创新来提高市场化发展程度、优化市场环境，加强法制建设与基层民主建设，建立起发展的自我激励机制，建构必要的人力资本开发和保障机制，从而形成自生能力和内部动力源。

2. 建立有效的资源补偿机制

建立科学合理的补偿机制和理顺资源产权体制，是巴中资源开发利用做到“既造福当代，又惠及后代”的基本诉求之一。这种补偿包括对自然的补偿、资源所有者和资源所在地及其居民的补偿。补偿标准对自然而言应以保持和发展良好的生态平衡为基准，而对所有者和所在地居民的补偿则应以三者之间都获得合理的利益为原则。首先，按照国家对资源税的调整和完善，将征收对象扩大到矿藏资源和非矿藏资源，对于资源在区内消费和区外消费采取不同的税率，尽快推行资源税的征收按企业占有的资源储量计算，将从量计征改为从价计征。其次，完善现有的资源补偿费制度，将资源补偿费分为“资源权利金”和“资源补偿费”，分别体现不可再生资源和可再生资源的不同补偿方式，促进当地有比较优势的产业和企业发展。再次，探索资源交易等市场化的补偿方式，建立科学的资源价值评估体系，构建资源补偿资金使用效益评价体系，提高资源补偿税费的合理性与补偿资金的使用效率。最后，大力实施生态移民，解决好移出区的生态恢复和保护问题。建立一批矿山开发与生态环境恢复示范区，城市污染控制示范区。

3. 发展循环经济，加大产业结构调整

以加快转变经济发展方式为主线，坚持优势资源开发与保护并重，工业强市，生态立市，依托优势资源发展特色产业，壮大存量、培育增量，实现富民强市升位，推进巴中全面协调可持续发展。一方面，大力调整产业结构，以关停不符合国家产业政策、高污染、高能耗、治理无望的非法排污企业、设施为重点，突出结构性减排、大力发展低碳经济，以提高资源利用效率为核心，以资源节约、资源综合利用、清洁生产为重点，通过调整结构、推进技术进步和加强管理等措施，大幅度减少资源消耗，降低废物排放，着力建设一批循环经济示范项目和示范园区，构建循环经济产业体系。另一方面，努力培育发展装备和加工制造及新能源产业，重点培育文化产业。围绕水电、矿产、天然气资源及特色旅游业开发形成的巨大市场需求，积极调整产业结构，着力培育和引进一批龙头企业，加快发展装备制造、机械零部件加工、现代中医药等新兴产业，形成新的经济增长点。

4. 加大对人力资本的投入

人力资本作用的发挥可以有效减轻资源边际产量递减对资源型地区经济发展的影响，促进资源型地区经济的转型。巴中需要加大对教育的投入，尤其加大对基础教育和对普通劳动者的再教育和培训的投入，充分联合政府、社会和企业的力量，建立多种投资主体的培训机构。根据资源型地区产业发展的需要，开展不同层次、不同专业、不同领域的培训工作，在多个方面进行再就业的培训。对于急需的人才，在短期内很难培养出来，则需提供宽松的条件积极引入。要不断推进人才管理工作科学化，促进人才健康成长，真正实现“用好人才、培养人才、留住人才”。

5. 坚持科技创新与实现产业化相结合

首先，增强科技自主创新能力。加大政府对科学研究应用的投入，鼓励支持科研单位和企业开展科技创新和科研成果产业化，加快培育战略性新兴产业。推进科技与金融结合，培育和发展创业风险投资。加强自主知识产权保护。其次，加大科技推广应用力度，促进科技成果向现实生产力转化，把科技进步与产业结构优化升级、改善民生紧密结合起来，在现代农业、新型材料、能源开发、装备制造、生态环保、信息网络、安全健康等领域取得新突破。最后，完善科技创新体制机制、深化科技体制改革，加快建立以企业为主体、市场为导向、产学研相结合的技术创新体系。鼓励企业加大研发力度，激发创新活力，发挥企业家和科技领军人才在科技创新中的重要作用。大力普及现代科学技术知识，提高广大群众科技素质。

四　基础设施建设：“硬软”两手抓①

（一）硬件基础设施建设

新中国成立以来，原巴中地区共完成固定资产累计投资 21.7 亿元，1993 ~ 1999 年在巴中建区设县级市期间，全社会累计固定资产投资 64.85 亿元，是

图 36–5　全社会固定资产投资及增长速度

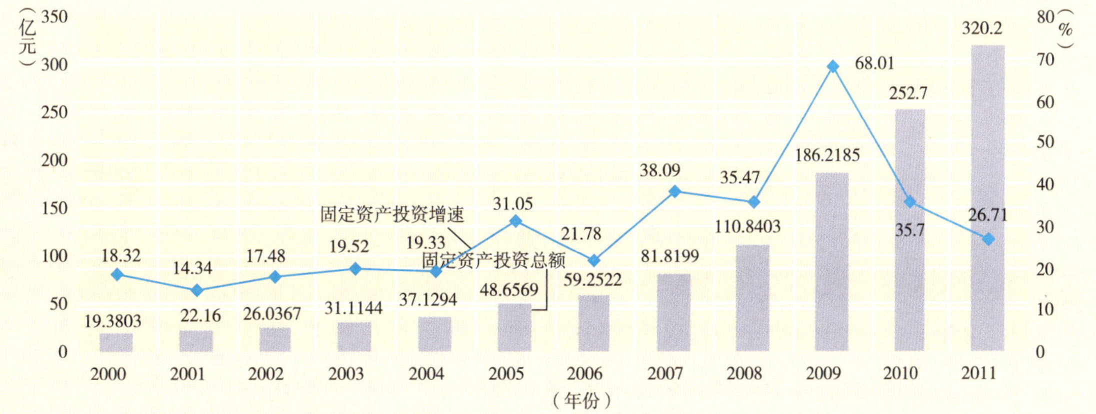

① 这里的基础设施建设主要是指交通、水利、城镇化和能源信息等硬件基础设施的建设，而市场化发展程度、法治与精神文明建设、基层民主治理建设和城乡公共物品基础设施建设等软性基础设施建设的重要性将日益凸显。一定意义上，“资源诅咒”的背后是“制度诅咒”。

巴中建区设市以前17年投资总和的2.99倍。特别是在2000年以后，巴中被设立为地级市，在“项目带动战略”和投资“千亿工程”的带动下，投资规模快速扩张。到2011年末，全社会固定资产投资320.2亿元，其中，基础设施投资160.1亿元，一批水利、交通、通信等重大项目建成，对巴中大发展、大开放产生了积极而深远的影响。

1. 交通设施建设

巴中市位于成都、重庆、西安“西三角”的腹心地带，是四川东北部门户。独特的区位条件，决定了巴中在西部综合交通枢纽中北向、东向通道的重要地位。《西部综合交通枢纽建设规划》将巴中纳入重要交通节点城市，是全省8个重要节点城市之一。

按照全省加快构建西部综合交通枢纽的重要部署，巴中市以交通基础设施建设为突破口，围绕建成川陕渝重要的枢纽联结地，构建“三纵、三横、两环、一航”现代综合交通运输体系，加快形成“南连北接、承东启西、外畅内达、便捷快速”的综合交通网络，联结成渝、关（中）天（水）两大经济区，推动巴中建设四川重要的北向东向开放高地，尽快融入成都、重庆、西安经济圈。

铁路建设：建设南充至巴中至汉中快速铁路、巴中至达州、绵阳至巴中至万源3条铁路，完成乐坝至巴中铁路扩能改造。到2020年，实现铁路运营里程达到401公里。

高速公路建设：建设以巴中市区为中心，形成“七射、一绕”的巴中至广元高速、巴中至汉中高速、巴中至达州高速、巴中至南部高速、巴中至广安至重庆高速、巴中至万源高速、巴中至绵阳7条高速公路射线以及巴中高速公路组成的绕城高速公路。到2020年，实现高速公路通车里程达到412.4公里。

国省干线建设：通过拟升S101、S202、S302线3条省道共487公里为国道，升级改造S201线175公里，拟升通仪路、通武路、万旺路、营万路、万广路5条县道共650公里为省道，建设巴州区、平昌县、通江县、南江县4条绕城过境公路共118公里，形成“五纵、四横、四绕”干线公路网，加速市域循环。到2020年，干线公路通车里程达到1440公里。

农村公路建设：实施建设通村通畅5485公里、农村公路联网路5100公里、旅游公路430公里、优化路网结构598公里、渡改桥120座、独立桥梁75座等工程，达到100%建制村通油路（水泥路），打通断头路，提高路网服务水平，实现城乡共享交通基础设施、城乡共享交通服务水平。到2020年，农村公路里程达到19256公里。

车站与码头建设：建设57个四级以上客运站、126个农村运输站点、8个县级货运站，形成“一园区、三中心、多节点”的物流运输体系，到2020年，实现客运零换乘、货运无缝衔接，提升公共交通服务均等化程度。实施整治航道213公里、建设4个枢纽码头、68个小码头、12个综合性码头、6个水运枢纽、渡改人行桥60座、公益性渡口123个，形成“航道通畅，港口布局合理”的内河航运体系。

机场建设：建设4C标准的巴中支线机场，辐射巴中所辖的一区三县及汉中、安康、达州等区域。

到2020年，巴中交通运输由目前较单一的运输方式（干线公路运输）发展成为优势互补、立体的综合交通运输体系。铁路运输、航空运输、高速公路实现从无到有、从少到多的突破。巴中区域性交通枢纽功能的全面提升，为深入推进“两化”互动、统筹城乡发展提供强有力的交通支撑和战略保障。

2. 水利设施建设

按照“全面规划、统筹兼顾、标本兼治、综合治理”原则，进一步加强综合水利设施系统建设，构建供水保障、防洪减灾、水生态环境保护体系，努力满足大产业发展和城乡人民生活对水资源的需求。主要水利设施重点项目包括：建成二郎庙、牛角坑和双桥水库，新建红鱼洞、天星桥、湾潭河水库，抓好黄石盘、江家口、青峪口等大型防洪控制性水库工程前期工作；新建巴中城区防洪工程，加快推进中小河流重点场镇堤防工程；新建山塘坝 4895 座，饮水堰闸 139 座，整治病险水库 188 座，继续实施饮水安全工程。“小农水”示范市建设扎实推进，2011 年新建和整治渠道 128 公里，恢复改善灌面 4.8 万亩。新建城乡供水工程 462 处，新解决 23.3 万人的饮水安全问题。整理土地 8.8 万亩，新建高标准农田 10.6 万亩。

3. 城镇化建设

按照“一城、两翼、三副、五廊”空

图 36-6　巴中市综合交通运输体系

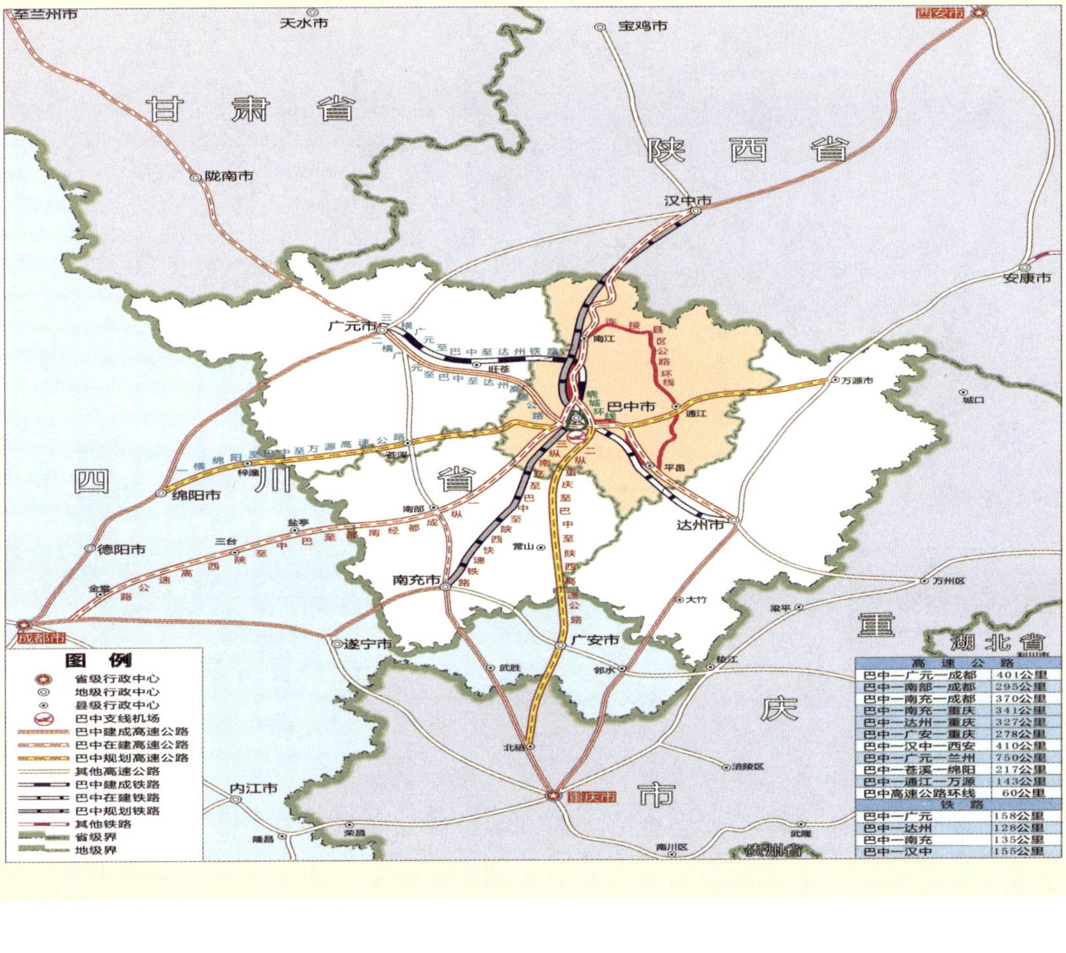

间布局，[①] 启动编制市中心城市－县城－特色镇－中心村和聚居点四级城镇体系规划，2011 年，基本完成巴中市城市总体规划修编及兴文新区 50 平方公里控制性详规、5 个特色镇和 10 个重点镇总体规划、14 个一般乡镇 144 个中心村 351 个聚居点规划的编制。启动兴文新区建设，新区主干道等 9 个重点基础设施项目、建丰新材产业园等 11 个产业项目和巴中职业技术学院等 16 个公共服务项目陆续开工。巴城中心城区改造加快推进，实施 43 个市政基础设施项目，建成回风广场，完成佛江路、园艺场至灰山寺道路改造，广巴高速公路西出口、江北大道、回风西路和东路、望王路、

图 36–7　巴中市大中型骨干水利工程分布

① “一城、两翼、三副、五廊”：“一城”指巴城主城区，“两翼”指恩阳新区（西区）和兴文新区（东区），“三副”指昌平、通江、南江县城 3 个中心，“五廊”指巴广（元）、巴南（部）、巴达（州）、巴汉（中）、巴万（源）五条大廊道。

南坝干道改造全面推进，回风大桥、黄家沟大桥加快建设，回风、陇桥、津桥湖片区开发加紧进行，城区绿化、亮化和建筑立面整治等风貌塑造有序实施，巴河治理工程和水景观打造扎实推进，东门大桥、二环路江南段等一批市政重点项目开工建设。南江、通江、平昌县城向新区拓展，启动 8 个特色镇建设。实施"五创"联动，[①] 深入开展城乡环境综合治理，巴城通过省级环保模范城市复查验收。全市城镇化率达到 31.3%。

4. 能源信息基础设施建设

巴中将进一步被建设为四川重要的清洁能源基地，推进输变电工程、城乡电网、燃气管网，以及水电站等重点能源基础设施建设，形成较为完善的电力和燃气供应系统。同时，按照适度超前的原则，加快信息基础设施升级改造，优化信息网络布局，加快推进通信网、宽带互联网和数字电视网三网融合，扩大信息网络设施覆盖面，增强信息基础设施的综合服务能力，不断提高全社会信息化水平。2011 年董家河梯级电站开工建设，500 千伏变电站等 18 个输变电项目集中开工，乐坝 110 千伏输变电工程等 3 个电力项目竣工投产，建成农村户用沼气池 1.7 万口。全省"新农通"三农信息服务平台首站已开通，农村用户达 20 余万户，新增通宽带乡镇 21 个。

（二）软性基础设施建设

软性基础设施是经济社会发展赖以依托的非物质基础，是一个地方思想解放程度、市场发育程度、经济发展水平、政府管理水平的综合反映，它对地方经济社会发展具有根本性、全局性、决定性的影响。改革开放 30 年来，在许多资源富集地区，正是由于软性基础设施建设的滞后性与不合理性，制约了该地经济社会的健康发展。为此，对经济发展滞后的巴中而言，加快软性基础设施建设，有效规避"资源诅咒"风险，就更具有现实必要性和时代紧迫性。巴中的软性基础设施建设主要体现在不断提高市场化程度、加强法制和精神文明建设、基层民主治理与城乡公共物品供给等多个方面。

1. 市场化发展程度

近年来，国内许多学者都对市场化程度 [②] 的评估和培育做了大量研究，得出了一般共识，即市场化程度指标在西部地区要普遍低于东部地区，偏远穷困地区要远远低于经济发展较快大中等城市。巴中由于其独特的地理环境因素，市场化程度很低。虽然自然资源要素较为富集，但资本要素极为短缺。地区经济发展本身少有对要素重新配置与调整的要求，并未形成自我发展与自动短缺要素输入的机制，资源转化能力即凭借市场机制的作用实现生产要素定的流动和资源互补的能力微弱。巴中正致力于全面深化体制机制改革，逐步转变政府职能，提高行政管理效能，强力推进市场化改革，实施充分开放合作战略，切实增添经济发展的动力和活力。2011 年，

---

① "五创联动"：创建国家环保模范城市，省级和国家级卫生城市、森林城市，省级文明城市和生态市。

② 市场化程度是指市场在资源配置中所起作用的程度，在这里是用来概括转轨国家由传统计划经济体制向市场经济体制转变的进程，其实质在很大程度上是指经济决策的权力从中央计划部门逐渐转交到分散的经济主体手中的程度。

市政府已启动实施市级行政事业单位国有资产集中统一经营管理改革；新组建交通、城建、水务投融资平台，采取BT、BOT等模式推进重点基础设施和公共公益项目加快建设；调整充实驻外办事机构职能，设立招商分局，组织参加西博会、西交会、渝洽会等重大经贸活动，主动加强同发达地区和周边市的交流对接，与西安、汉中和广元三市签署了合作框架协议；制定完善招商引资优惠政策，着力优化发展环境，先后与中交建、中国水电、雨润等大集团及外来企业家代表团开展项目深度对接。

2. 法制与精神文明建设

众所周知，市场经济与完备的法制是密不可分的，依法治国、建设社会主义法治国家，也是发展社会主义市场经济的客观需要。市场经济的良性发展，必须受制于法律的公平与公正，必须有与之相适应的法律加以规范、引导、制约和保障。同时，精神文明建设为市场经济的发展创造了良好的环境与条件，它与物质文明建设是相辅相成的。

在法制建设方面，巴中市牢固坚持依法治市，维护法制权威，推进依法行政、公正廉洁执法；规范各类财产关系、信用关系和契约关系，全面提升社会管理的法治化水平；加强对财政性投资项目及资金的监管，建立资金使用公示制度；建立健全执法责任制和责任追究制，加强对权力运行的监督，建立健全教育、制度、监督并重惩治、预防腐败体系；推进司法体制和工作机制改革，规范司法行为，加强法律和社会监督，促进司法公正、维护司法权威，尊重和保护人权；深入开展全民普法教育，提高公民法律素质，形成人人学法守法的良好社会氛围。

在精神文明建设方面，巴中加强社会主义思想道德建设，倡导爱国守法、明礼诚信、团结友善、勤俭自强、敬业奉献的基本道德规范，加强爱国主义教育基地建设，广泛开展社会诚信宣传教育，弘扬红军精神，学习“王瑛精神”，争做朴实、吃苦、感恩的巴中人。不断拓展和深化“五大创建”活动，提高文明创建的覆盖率。继续开展“讲文明、讲卫生、讲科学、树新风”活动，创造文明和谐的社会环境。坚持正确的舆论导向，加强理想信念教育和思想政治工作，大力弘扬以爱国主义为核心的民族精神和以改革创新为核心的时代精神，塑造新巴中精神，增强全市人民的凝聚力和创造力。

3. 基层民主治理

基层民主治理建设为城乡一体化构建了良好的治理机制，[①] 巩固扩大了党的群众基础，提高了党的执政能力，使广大基层干部树立起对群众负责、接受群众监督、减少权力寻租的理念，力戒“表面文章”、“面子工程”，增强了基层干部立党为公、执政为民意识，密切了党群干群关系，为城乡一体化进程提供重要的组织保障。

在基层民主建设方面，巴中市各级政府自觉接受同级人大监督，主动听取政协和社

---

① 基层民主治理是指以扩大党内民主为着力点，以提高质量为核心，围绕民主选举、民主决策、民主管理、民主监督的基本要求，在法律和党内规章的框架内，积极探索发展、扩大基层党内民主的制度和运行方式，建立、完善、落实和保障党员群众知情权、参与权、表达权、监督权的基层民主制度，着力构建以群众满意为价值取向、对下负责与对上负责统一的基层运行机制和治理机制。

会团体意见。发展社会主义民主政治，加强城乡基层政权和群众自治性组织建设，完善村民和社区居民自治，坚持和完善企业民主管理制度，实行政务、厂务、村（社区）务公开，建立重要人事公示制度，发展公民有序政治参与，保障人民知情权、参与权、表达权、监督权。巩固和壮大最广泛的爱国统一战线，充分发挥人民代表、政协委员、民主党派、工商联和各级工会、共青团、妇联、科协、残联、侨联的积极作用，凝聚和调动各方面的积极因素，推动巴中跨越发展。切实做好民族、宗教和侨务工作。

4. 城乡公共物品供给

在建设中国特色社会主义的新阶段，城乡公共物品供给的充足性和均衡化是全面实现小康社会的根本保障，[①] 是实现城乡协调、缩小城乡差距的特定途径，是解决“三农”问题的一个重要突破口。

在公共物品供给制度选择上，巴中市政府不断强化对公共服务、公用事业的规划引导和市场监管职责，建立健全各级政府对义务教育、公共卫生、公共安全、社会保障等基本公共服务的稳定投入机制。改革基本公共服务提供方式，积极探索和大力引入竞争机制，推进政府购买服务、招标采购、政府投资项目代建制、委托服务、管理承包等方式，实现提供主体和提供方式多元化，推进基本公共服务均等化。有序开放经营性社会公共服务市场，加快推进水电气等公用事业和垄断行业改革。有效运用市场运作方式，引导社会主体参与社会公共服务设施建设和服务经营，促进全方位、全过程的开放和竞争，增强多层次供给能力，满足群众多样化需求。

五　产业体系的形成与完善

（一）产业体系特征及其发展

1. 产业体系概括与特征

总体来看，巴中是一个以农村经济为主的农业地区，长期以来第一产业所占比重过高，第二、第三产业发展缓慢，全市产业结构和产业体系处于低层次、低水平状态，是全省 21 个市州中第一产业比重最高、第二产业比重最低的市。进一步的，从巴中产业体系内部各产业的特征来看，农业内部优势特色产业发展严重不足，产业化水平低；工业还处于依靠资源消耗的粗加工阶段，规模小、能耗高、效益低；第三产业中生产性服务业规模小、水平低。同时，投融资扩张能力差，新技术吸收转化能力弱，吸纳就业能力弱，新价值创造能力低，造血能力弱。

自 1993 年巴中地区成立、2000 年巴中市成立以来，在提升和优化产业结构上经过不懈的努力，巴中产业体系的改善取得了一定成效。这一点，可从巴中分年度三次产业就业人员数的变动状况反映出来。[②]

从表 36-3 可以看出，巴中市自建地设市以来三次产业从业人数的比重发生了

① 按照公共物品性质和定义，城乡公共物品大致包括大江大河的治理污染、治理水土流失及土地沙化、防护林建设、生态保护、民兵、计划生育、社会福利、基础教育、道路、水利设施、病虫害防治、农业技术推广、农业信息平台建设、行政服务、治安、饮水、文化设施、广播电视、用电、通信、卫生防疫等。
② 资料来源：根据相关年份《中国统计年鉴》《四川统计年鉴》整理。

极大变化，第一产业就业人数由1993年的126.08万人下降至2009年的114.22万人。第二、第三产业从业人数都有较大幅度提升，其中，2009年第二产业的从业人数（26.95万）是1993年第二产业从业人数（9.27万）的近三倍，同期第三产业的从业人数也几近翻番。就业人数比重的变化是产业结构比重变化的反映，由此巴中三次产业正经历着第一产业所占比重逐渐下降，第二、第三产业所占比重有较大程度提升的优化过程。另外，不难看出，与全国同期平均水平相比，巴中的产业结构仍然处于较低层次，如：2009年全国三次产业就业人数占三次产业总人数的比重分别为38.1%、27.8%、34.1%，而同期巴中三次产业就业人数占三次产业总人数的比重则分别为61.4%、14.2%、24.3%。第一产业所占比重明显高于全国水平，第二、第三产业所占比重明显低于全国平均水平。

美国经济学家西蒙·库兹涅茨等人的研究成果表明：工业化初期往往是一个国家产业结构变动最为迅速的时期，其演进阶段也通过产业结构的变动过程表现出来。即在工业化初期，第一产业比重较高，第二产业比重较低。随着工业化的推进，第一产业比重持续下降，第二产业、第三产业比重都相应有所提高，且第二产业比重上升幅度大于第三产业，第一产业在产业结构中的优势地位被第二产业所取代。当第一产业比重下降到20%以下时，第二产业比重上升到高于第三产业，这时工业化进入中期阶段。当第一产业比重进一步下降到10%左右时，第二产业比重上升到最高水平，工业化进入后期阶段，此时第二产业的比重转为相对稳定或有所下降。由此可见，巴中还处于工业化进程的初级阶

表36–3　巴中和全国分年度三次产业就业人员数（单位：万人）

年份	全国			巴中市		
	第一产业	第二产业	第三产业	第一产业	第二产业	第三产业
1993	37680	14965	14163	126.08	9.27	26.76
2000	36043	16219	19823	108.58	9.24	50.77
2001	36513	16284	20228	106.88	10.56	55.40
2002	36870	15780	21090.	106.10	22.94	40.34
2003	36546	16077	21809.	106.50	26.50	42.90
2004	35269	16920	23011	106.10	13.32	60
2005	33970	18084	23771	116.40	21.40	48.50
2006	32561	19225	24614	115.90	23.20	51.50
2007	31444	20629	24917	115.60	23.90	52.30
2008	30654	21109	25717	115.75	25.63	43.04
2009	29708	21684	26603	114.22	26.59	45.32

段，其工业化进程落后于全国平均水平。

此外，从巴中市编制的“十二五”规划显示的数据来看，“十一五”期间巴中市产业结构得到了进一步提升，到“十一五”末三次产业比重分别为 29.4∶32.8∶37.8，与“十五”末相比，第一产业下降 7.4 个百分点，第二产业上升 10.9 个百分点，第三产业下降 3.5 个百分点，① 且各产业发展成效显著，农业基础地位不断夯实，特色农业培育初见成效，2010 年第一产业增加值将达到 78.4 亿元，年均增长 4.8%；工业经济快速增长，优势工业不断壮大，2010 年工业增加值达到 55.9 亿元，年均增长 26.9%，天然气勘探取得重大突破，初步探明天然气储量 1700 亿立方米；服务产业持续发展，特色旅游初步形成，2010 年第三产业增加值达到 101 亿元，年均增长 13.6%。②

2. 产业体系培育与发展

巴中建地设市以来，一直把培育产业作为核心任务，合理布局市区、县城和重点集镇产业空间层次，以高速公路和铁路为主轴，以开发区和产业园区为载体，构筑相对集中、相互支撑的产业组团，形成因地制宜、各具特色、分工协作的产业格局。近年来，巴中市坚持生产要素向产业集聚，工作重心向产业倾斜，各方力量向产业汇聚，改造提升传统产业，做大做强优势产业，积极培育新兴产业。到目前为止，一个以生态特色农业为重点的现代农业、以清洁能源化工为重点的新型工业、以生态红色历史文化旅游和商贸物流中心建设为重点的现代服务业，支撑跨越式发展的特色产业体系已初具规模。

突出抓好工业。近年来，巴中市坚持科学编制工业发展规划，围绕融入成、渝、西经济圈，充分发挥特色资源优势，突破发展资源型工业，抓好天然气化工、建材、绿色食品加工、水电和矿产资源开发。按照“一县一园区、一园区一产业”的园区产业格局，抓紧编制完善园区发展规划，理顺园区管理体制，制定落实优惠政策，营造良好投资创业环境。加强园区承载、保障、配套能力建设，提升园区的产业吸纳能力，促进企业集群、产业聚集，扩大规模效应。加大重点企业培育力度，狠抓技术改造和工艺创新，强化品牌争创和市场开拓，做强做大南江矿业、南威水泥、江口醇和小角楼酒业等一批重点工业企业；落实融资担保、贷款贴息等扶持政策，促进中小企业加快发展。切实加强工业园区和工业集中区建设，以园区为载体，积极承接产业转移，大力引进对巴中市工业具有较强支撑和带动作用的工业项目，不断扩大工业经济总量。

积极拓展第三产业。近年来，巴中市围绕建设全省重要的生态红色旅游基地和川陕结合部商贸、物流中心，积极开拓以旅游为重点的第三产业，科学规划旅游业发展，明确目标定位，突出红色文化、石窟文化、古道文化和生态旅游品牌优势；在巩固提升运输、商贸、餐饮、住宿等传统服务业的同时，大力发展第三方物流等现代服务业，抓好现有运输、仓储、联运、

① 四川省统计局依据第二次经济普查及农业普查结果对统计数据修订。

② 《巴中市国民经济与社会发展“十二五”规划基本思路》，巴中人民政府网，最后方问日期：2012 年 7 月 7 日。

快递企业整合和服务延伸，加快向现代物流企业转变；大力发展通道经济，推进物流园区建设；积极发展房地产、社区服务、现代金融、保险等现代服务行业。

推进现代农业建设。近年来，巴中市以市场为导向，依托特色资源优势，按照“突出特色、适度超前、集中连片、规模发展”的原则，大力发展农业产业园区，提高现代农业水平，加快发展特色农业，建设全省重要的生态农业和绿色经济示范区。突出抓好以水稻、双低油菜为主的优质粮油产业，以“通江银耳”为重点的食用菌产业，以金银花为特色的中药材产业，以名优茶为重点的茶叶产业，以生猪、南江黄羊、空山黄牛、土鸡为龙头的畜牧业。

（二）优势特色产业及其发展

产业是经济发展的基础和支撑，合理的产业结构将成为经济发展的持续推动力。而产业结构的合理既意味着随经济发展导致的结构变迁和结构优化，又意味着与资源禀赋来相适应的产业结构安排。经济地理的重塑，必须依据当地资源禀赋来发展优势特色产业，并充分发挥好这些优势特色产业的作用。就巴中市而言，畜牧业、矿产业、林业和旅游业是该市的优势特色产业。

1. 畜牧业

党的十一届三中全会以来，特别是实行农村土地联产承包责任制后，巴中大力扶持饲养专业户和重点户，经历了上规模、重质量、创品牌的畜牧业区域性集约养殖和发展方式的逐步转变，使畜牧业逐渐发展成为有一定竞争力的优势产业。

1992 年，共饲养猪 405.3 万头、牛 52.3 万头、羊 30.7 万只、禽 1023 万只；肉类总产量 14.1 万吨，畜牧业产值 7.8 亿元。1993 年后，不断调整畜牧产业结构，积极推广科学畜牧技术，加大畜禽疫病防治力度，加大畜牧业资金投入，加强商品畜禽基地建设，规范畜禽饲料、兽药、良种市场，全区畜牧业飞跃发展。

2000 年，以市场为导向，科技为依托，以农民增收为中心，全面启动绿色畜牧产业工程，优化调整畜牧产业结构，大力发展以南江黄羊为特色的草食牲畜，畜牧业保持健康快速发展。1993 ~ 2000 年，全区共发展生猪 4142 万头、牛 526.3 万头、羊 497 万只、禽 13099.52 万只，肉类产量 173.9 万吨，畜牧业产值 95.59 亿元。2002 年，实施“400 万头生猪发展工程”，提高畜牧业科技含量，推进产业化经营和畜牧业经济全面发展。引进中国农大、西北农大技术力量参与南江黄羊“863”计划。全市猪、牛、羊、禽兔出栏分别为 361.13 万头、21.1 万头、65.4 万头、2083 万只，实现畜牧业产值 31.35 亿元，南江黄羊饲养量达 102.4 万只。2003 年，实施“30 万亩牧草工程”，结合人工种草，发展以南江黄羊、优质肉牛为特色的草食牲畜，牛、羊草食牲畜饲养量达 211.7 万只。通江县结合秸秆（牧草）综合利用育肥肉牛畜牧的实施，肉牛产业有了新发展。

2004 年，实施“800 万头畜牧工程”，加快“无公害畜产品生产基地”建设，进一步推动畜牧业区域性集约养殖和发展方式的转变。全市共建畜牧业养殖小区 123 个，发展畜禽基地乡镇 80 个，发展养殖大户 1.2 万户，区域性集约养殖初具规模。成功举办“中国南江黄羊发展大会”和“四川第二届山羊节”，提升了南江黄羊品牌的知名度和竞争力，促进了畜牧业发展。2005 年，全市共建规范化生猪养殖区 44 个，养殖户 5309 户，户平饲养生猪 50 头以上，生猪三元杂交面达 65%。全市肉牛养殖大户 450 户，户平养牛 16 头以上，牛的品种改良面 33.8%。全市建立以南江黄羊为主的规范化山羊养殖区 53 个，养羊户 1265 户，户平养基础母羊 12 只以上，羊品种改良面达 88.6%；禽品种改良面达 74.7%。全市出栏猪 494.36 万头、牛 29.2 万头、羊 120.26 万只、禽 2533.61 万只。

2. *矿产业*

从 1949 年新中国成立到改革开放，尤其是巴中正式建地设市以来，其矿产业不断发展，部分矿产企业通过转机建制成为现代企业。不仅传统的铁矿、煤矿的开采规模逐步扩大、质量日益提升，且大理石、萤石、花岗石、天然气等非金属矿藏的开采也实现稳步发展。

1949 ~ 1992 年，共开采煤矿 565.67 万吨，采铁矿石 135.83 万吨。1981 ~ 1992 年，共开采大理石荒料 210 万立方米，生产大理石板材 4.1 万平方米，开采硫铁矿 1.1 万吨，生产石墨 5720 吨，生产石灰 12 万吨。1993 年，有煤炭采掘业 26 家，年产原煤 38.74 万吨，工业产值（1990 年价）0.17 亿元；有铁矿采选业 8 家，年产铁原矿 35 吨、铁精矿 14 万吨，工业产值 0.25 亿元；有其他非金属矿采选业 9 家，年产石灰、硫铁矿 4 万吨，产值 0.2 亿元。1995 年，有乡及乡以上煤炭采选业 62 家，生产原煤 46.17 万吨，工业总产值 2219.8 万元；有其他非金属矿采选业 23 家，年产石灰石 10 万吨、萤石 1500 吨、硅石 5700 吨、大理石荒料 267 立方米、花岗石荒料 1.83 万立方米、石墨 2371 吨、石膏 1.77 万吨，工业总产值 1748 万元。至 2000 年，通过企业改制，限额以上煤炭采选业仅 5 家，从业 541 人，年产原煤 47.8 万吨，工业产值 365 万元；有规模以上铁矿采选业 2 家，从业 1208 人，年产铁原矿 29 万吨、铁精矿 189 万吨，工业总产值 1940 万元；有其他非金属采矿业 4 家，从业 1400 人，工业总产值 1378 万元。2005 年，全市生产原煤 81 万吨，生产铁原矿 93.4 万吨、铁精矿 58.9 万吨、花岗石板材 6400 平方米，分别比上年增长 69.46%、2.22 倍、2.12 倍和 26%。

3. *林业*

巴中地处大巴山脉，植被资源丰富，主要乔木、灌木树种有 78 科，312 种；古树名木 73 种，6442 株（其中，一级 2211 株，二级 4231 株）。曾经林业是该地部分县的重要经济支柱，然而改革开放以来，随着停止森林采伐、实施退耕还林和天然林保护工程等政策的实施，巴中林业开发逐步走上了可持续发展的道路。

1978 年后，通过实施封山育林、引进优良树种、植树造林、护林防火、森林病虫害防治、经济林基地建设、禁止乱砍滥伐、加强林政管理等措施，森林覆盖率逐年增长。据 1993 年统计，全市林业用地 895.8 万亩，森林覆盖率（含四旁树占地）为 38.78%。有林地中，用材林占 65.74%，防护林占 20.64%，薪炭林占 1.45%，特用林占 0.89%，经济林占10.55%，竹林占0.73%。活立木积蓄量1578.60万立方米，其中国有林积蓄430.89万立方米，集体和个人林木积蓄1147.71万立方米；林业产值1.74亿元。截至2001年，全市完成退耕还林工程123.2万亩，受益农户36万户140.7万人，兑现退耕还林农户粮食、现金补助108494万元，加上荒山造林、封山育林、种苗补助，国家共投资13.58亿元。

全面停止森林采伐，实施退耕还林和天然林保护工程政策。2005年，全市完成退耕还林工程105.2万亩，受益农户36万户140.7万人，兑现退耕还林农户生活补助4144.02万元，加上粮食折资、种苗补助，国家共投资5.29亿元。完成“天保工程”生态公益林建设125.86万亩，其中，人工植树造林21.84万亩，飞播造林46.47万亩，人工促进天然更新2.96万亩，封山育林54.59万亩；国家累计投资2.42亿元。全市森林覆盖率达到52.7%，活立木积蓄2773万立方米。

4. 旅游业

巴中建地设市以后，旅游开发被列入经济建设的重要组成部分，将旅游业作为重点产业发展。打造了光雾山·诺水河国家级名胜风景区，以及与红军文化有关的多个红色经典景区，并被确定为旅游资源大市、旅游发展重点市。经过多年的努力，巴中正在实现从旅游大市向旅游强市的跨越。

着力开发和打造国家级自然风景名胜区。南江县有中国最具原生态旅游大县之美誉，县域内的光雾山风景区被有关专家誉为“国画风采，原始荒美”。景区面积400多平方公里，核心景区7个共360多个景点。地处通江县的诺水河风景区被誉为“中国溶洞之乡”，该风景区由4个景区组成，面积450多平方公里，可供观赏的景点300余处。各类瀑布、暗流、水帘100余处，险道雄关70多处。可谓山山有洞，洞中有洞，洞洞毗邻；或临清溪、或处绝壁；有的需匍匐前进，有的要潜水而入；洞中景观大多保持着原始风貌。现已探明200多个溶洞可供旅游开发，其中，洞内可游面积在2万平方米以上的溶洞达48个。2004年，光雾山·诺水河风景名胜区被批准为国家重点风景名胜区和国家AAAA级旅游区。巴中市依托自身有利的旅游资源禀赋，着力开发和打造了光雾山·诺水河这一国家级风景名胜区以及米仓山、天马山、佛头山、镇龙山、空山四个国家级森林公园。

着力开发和打造红军文化特色旅游景区。巴中的红四方面军总指挥部旧址纪念馆、刘伯坚烈士纪念馆、川陕革命根据地红军烈士陵园、巴山游击队纪念馆分别被列入全国100个红色经典景区之一；巴中也被列为全国30条红色精品线路之“川陕苏区、红岩精神”之主要旅游区域。南龛、西龛、北龛、水宁寺、红四方面军总指挥部旧址纪念馆、川陕革命根据地红军烈士陵园为全国重点文物保护单位，川陕革命根据地博物馆是全国青少年教育基地，红四方面军总指挥部旧址纪念馆、川陕革命根据地红军烈士陵园是全国爱国主义教育基地。

按照“政府主导、部门协作，企事业参与、全社会办旅游”的旅游开发思路，加强基础设施建设，改善旅游环境，打造旅游精品，提升景区形象，加大对外宣传，旅游产业得到快速健康发展。并先后成功举办了“巴人文化艺术节 · 巴中旅游推介会”、“红军入川建立苏维埃政权 70 周年”纪念活动、“重走长征路、将帅故里游”旅游活动、“中国 · 四川光雾山红叶节”等活动。

六　城镇体系的形成与发展

（一）城乡规划：变迁与发展

城乡规划是对一定时期内城乡的经济和社会发展、土地利用、空间布局以及各项建设的综合部署、具体安排和实施管理，具体包括城镇体系规划、城市规划、镇规划、乡规划和村庄规划。城乡规划作为一项具有全局性、综合性、战略性和公益性的重要工作，涉及政治、经济、文化和社会生活各个领域、各个方面。搞好城乡规划，对于促进经济社会发展、有效配置公共资源、保护生态环境、协调利益关系、维护社会公平具有十分重要的意义。巴中建区设市前后，[①] 从单纯编制城市建设规划到统筹编制城乡规划，充分发挥了规划的引领作用，加快了推进城乡统筹建设和发展的步伐。

首先，旧城改造与新区建设并重。

1993 年以前，现巴中市境内的平昌、巴中、南江、通江等四县，均制定或编制了城市建设规划。1993 年巴中地区成立后，编制《巴中地区城市总体规划》，实施旧城改造和新区建设。1994 年，省政府批准巴中市城市总体规划和巴中市（县级）历史文化名城保护规划方案。完成了通江县县城总体规划、诺水河风景名胜区总体规划的编制工作。在巴城新区建设规划中，基本做到了规划设计理想、点面结合、配套齐全、具有现代都市意识的新型城市格局。截至 1995 年底，全区城镇体系规划通过省建委论证。完成平昌、南江两县县城总体规划修编工作，完成了南江县光雾山风景名胜区总体规划的方案编制，完成巴中市（县级）江北新区 13 个建设项目的建设性详规及 17 个临街单体建筑设计方案的审查、审批工作。巴中、通江、南江三县（市）开展详细规划工作，1997 年平昌县城总体规划修编经省政府批准，完成了小区详规 5 个。1998 年，完成《巴中地区“‘三线’一环”城镇带指导方案》和《巴中地区“‘三线’一环”城镇带规划编制草案》。巴中市城市总体规划编修和通江县历史文化名城保护规划通过省建委评审通过，南江县城总体规划报省政府待批。完成诺水河、光雾山风景名胜区规划编制工作。完成城市详细规划 8 个，专业规划 8 个。全区城市规划覆盖率达 80%。

2000 年，巴中市成立以来，完成城市详细规划 12 个，专业规划 16 个，完成江北中心广场等 10 个项目的规划方案设计招标。2002 年，坚持高起点、高标准、重特色、引智为主、内外结合的规划原则，完成一市、三县城总体规划编修，完成中坝、杨家坝、后坝小区控制性详细规划和修建性详细规划，完成了中坝干道、王望路、南坝干道、宕梁干道等主要街道的街景规

① 下面的两个方面均以 1993 年和 2000 年巴中建区设市为时间节点做前后两个时段的描述。

划。小区详细规划和主要街景规划达到全覆盖。完成广电中心、中坝、桑园坝管堤、巴人广场观景台、巴中中学分校、外国语学校等68个项目的规划设计工作。制定了“千株大树进城”实施方案、“八山”秋季绿化植树方案、乐巴铁路站场规划选址方案和城区及旅游干线公共厕所规划。2003年，制定了《巴中市城市规划管理办法》《城市规划管理制度》等规范性文件。完成了江北新区美容工程规划，中杨小区、后坝小区、回风小区、南坝小区的详控和修详。完成了179个单体建筑的规划设计。完成了巴河流域生态建设与污染防治规划，并配套抓好了道路、环境、管网、街景等专业规划。2004年，重新界定了巴中市城市规划区范围，完成市区环卫规划等12个专业规划，市中坝小区等3个详细规划。2005年，先后启动了光雾山·诺水河国家重点风景名胜区总规编制，巴中历史文化名城——文星街片区传统风貌街区规划编制。完成了巴州大道街景规划、巴城供水、消防等专业规划。完成市工业园区详细规划评审和巴城市政广场规划的修编完善。

其次，实施村庄和集镇规划建设试点，加快村镇建设步伐。

1993年巴中地区成立后，根据《村庄和集镇规划建设管理条例》规定，加快了村镇建设步伐，并对集镇和村进行规划建设试点，带动全区村镇建设发展，提高村镇建设整体水平。1994年起，巴中市（县级）恩阳镇、清江镇，平昌县白衣镇、驷马镇，南江县乐坝镇，通江县涪阳镇和铁佛镇相继被定为全省城镇建设试点镇。是年，全区共有15个集镇完成了规划修偏，有27个中心村、23个自然村完成粗线条规划。

1995年，全区在小城镇规划上，坚持把握超前性原则，从大经济、大区域范围规划小城镇的发展，对小城镇布局、规模、基础设施和综合服务功能，按照农村城市化、现代化的标准作新的安排和调整，使小城镇规模平均扩大到2平方公里，工业、商贸、文教、生活等功能分区进一步明确，供电、供排水、通信等设施容量扩大，对学校、医院、文化娱乐设施等制定长远发展计划。强调小城镇与周边农村、城镇以及中心城市之间的经济联系，在区域规划指导下调整和完善小城镇规划，保证规划的连续性和合理性。在建设类型上初步形成近城卫星型、风景名胜旅游型、边界贸易型等各具特色的小城镇模式，在布局上构成多形式、多元化的新格局。截至1995年底，全区有85%的集镇和60%的村庄完成粗线条规划对约15%的集镇粗线条规划进行调整和完善，全区城镇体系规划通过省建委论证。

1997年，围绕农业产业结构调整，以小城镇建设为重点，因地制宜搞好小康村庄规划和建设，积极改善村镇居民生产条件和生活条件，加快全区乡村城市化步伐。加大各试点镇规划建设实施力度，加强对主街道两侧和镇区标志性建筑的设计评审力度。编制完成了建制镇规划1个（累计完成比率达97.3%），编制完成集镇（级）总体规划20个（累计完成55.93%），调整完善村庄规划5个。全区城镇体系规划通过省建委专家评审。

1998年，完成《巴中地区农村村庄建设目标》编制工作，把干线公路上各级城市、集镇、村庄、居民点纳入一个系统，作为城镇发展群体统筹考虑，各地用区域经济发展的观点搞好各级城镇规划。加大对规划资金的投入，全年累计投入村镇规划经费 60 余万元，完成镇（村）规划 22 个，调整完善规划 12 个，建制规划完成率达 100%，一般集镇规划完成率达 53%。1999 年，全区累计完成编制集镇规划 139 个，中心村规划 1960 个。年内完成集镇规划 16 个，村庄规划 19 个。

2000 年，突出小城镇规划。在编制乡镇规划时，坚持做好三种规划（即土地利用总体规划、城镇建设规划、经济社会发展规划）相互协调，科学合理，并适度超前。规划成果为“七图、三书”（即区位关系图、乡镇域现状分析图、村镇总体规划图、镇区现状分析图、镇区建设规划图、镇区工程规划图、镇区近期建设规划图，规划纲要、规划说明书、基础资料汇编）。试点镇要作主要街景立面图。年内，完成集镇总体规划 10 个，村庄规划 22 个。2002 年，编制集镇总体规划 15 个，修编集镇总体规划 8 个。2003 年，编制集镇总体规划 14 个，完成了铁炉坝村、石桥村和民主村等 15 个村庄规划。2004 年，完成了曾口镇、渔溪镇等 8 个城镇总体规划，恩阳镇、清江镇、兴文镇总规编修。恩阳镇、南江镇、江口镇被确定为国家级重点镇，清江镇、诺江镇被确定为省级重点镇。2005 年，制发了《关于加强交通和旅游干线城镇建设和沿线村民建房规划管理的通知》。完成恩阳古镇保护规划，通江县诺水河镇、南江县光雾山镇修建性详细规划，完成全市村镇规划编制及修编 56 个，其中建制镇 45 个、村庄 11 个。

正是基于以上规划的实施和完善，成就了今天巴中的城镇发展格局。

（二）城乡建设：变迁与发展

新中国成立后至 1993 年巴中成立地区前，市境各县县城不断扩展街道，改造街、路、巷，配套建设城市公用设施。至 1985 年，四县城供电、排水、消防、公共卫生等公用设施基本齐全，县城内建成公路桥 11 座、吊桥 2 座、公园 4 个，城市绿化覆盖率达 28.3%。其中，巴中县城有街、路、巷 47 条，城区面积扩大到 6 平方公里，房屋建筑面积 101.66 万平方米，5 层以上砖混结构楼房占 60% 以上。有日产 3000 吨的自来水厂 1 座、供水管道 5762 米、下水道 11513 米、吊桥 1 栋、南龛公园面积 300 余亩。

1993 年巴中地区建成立后，实施旧城改造和新区建设，并注重县城的绿化、美化、亮化和小集镇的公用设施建设。1994 年，启动江北自来水厂一期、巴州大桥、达巴光缆等工程，9 月，地区燃气总公司在全区首开石油液化气管道供气。1998 年，全区 7 个国家、省级试点小城镇完成建设投资 3100 万元，村镇新建投资住宅投资 1.8 亿元，建成 120 万平方米，新建村镇公共和生产性建筑 26.8 万平方米，新、改建公厕 6 座，新建各类市场 1.7 万平方米。1999 年，累计完成城市基础设施建设投资 1.5 亿元，重点进行道路、供气、垃圾场、市场、公厕、园林绿化等公共公益设施建设。巴中市江北新区滨河路的建成，江北、状元桥市场的投入使用，仪陇 – 巴中天然气引气工程成功实施，使城市功能大为提高。巴中市、平昌县开通天然气工程，南江县开通管道液化石油气工程。城市公共交通从无到有，出租车发展到926辆，基本形成以出租车和小公共汽车为主体的公共交通体系。全区规划垃圾场67处，购置运输垃圾车63台（辆），添置果皮箱351个，建垃圾池269个（处），规定停车场范围58处。

2000年巴中市成立以来，更是坚持基础设施先行，拉大城市框架，打造街市精品工程，提升城市品位。2002年，巴人广场竣工投入使用，垃圾处理厂、污水处理厂、王望路、江北滨河路、江南滨河路（上段）、南坝干道、低水坝等7项工程完成主体工程，启动了桑园坝文化休闲广场等28项工程。新建村镇住宅143万平方米，7159个社实施了农房“五改、三建”工程，文明新村覆盖率达50%，新建省煤节能灶1.37万户、农村沼气池1.27万口、微水电站11处。2004年，全市村镇建设完成投资4.69亿元，其中试点镇和重点镇完成投资1.2亿元，完成项目18个。2005年，城区面积增加到17平方公里，城区绿化覆盖率增加到35%。建成占地7平方公里特色鲜明、功能齐全、环境优美的江北新区。建成长3公里、宽60米的江北景观大道，建成巴河两岸滨河路12公里，新辟长7.5公里，宽15～24米的滨河林带。建成日供水8万吨自来水厂，日处理污水8万吨污水处理厂和日处理垃圾300吨垃圾处理厂。建成日供气5万立方米天然气输气工程。建成了巴河低水坝，增加城市水面3225亩，营造长约10公里、宽约220米的带状湖面。为了拉大城市框架，也建设了一大批城市重点工程，如中坝小区、回风小区开发以及占地220亩的桑园坝文化休闲广场、广电中心等。三县城区建设加快，通江县红军北路建设、出城口整治、诺江大道整治工程顺利推进；南江县朝阳新区开发、光雾山商城建设加快，并建成县垃圾处理厂；平昌县信义小区开发进展顺利，完成县污水处理厂主体工程；巴州区回风小区开发加快，回风北路完成路基工程，草坝街片区改造新增建筑面积4万平方米。全市村镇建设完成投资4.53亿元，其中建制镇、重点镇完成1.37亿元。积极推广巴中特色民居建设。加大风景区建设力度，投资1000余万元对风景区的道路驿站、环卫设施等进行硬化、整治和新建。

综上，新中国成立后特别是改革开放以来，巴中历经建区设市变迁，由城市规划转向城乡规划和城乡统筹建设“双轮驱动”，使巴中贫穷落后的面貌、城乡环境和民生状况得以初步改善，为推进巴中城乡建设又好又快发展奠定了基础。

（三）统筹城乡发展、推进城乡一体化：政策建议

城市化是集聚、移民、专业化等市场力量以及政府政策等多种因素共同作用的结果。

在城市化的过程中，一方面体现为人口的聚集、经济的聚集和经济密度的提升；另一方面城镇在为居民、企业等提供毗邻利益的同时，密集的活动又会产生拥挤、污染和社会紧张等问题，甚至于抵消所带来的利益。发达国家的城市化过程已经走过了这样一条道路。如果今天这样的发展

道路再被城市化的过程所重复，那么解决城市内部的不平等问题，将贫民窟和棚户区等不规范的住宅区纳入井然有序的城市规划中又将耗费许多年的时间。但同时，并不能因为城市化可能导致的消极影响而限制密度和阻止移民，这会阻碍创新和生产率的提高。为此，《2009 年世界发展报告：重塑世界经济地理》中提出，制定和谐性城市化政策，实现无拥挤集中。

巴中作为一个以农村经济为主的地区，城市化的进程尚处于从早期向中期发展的阶段，任重道远。鉴于此，巴中要实现城市化进程中的无拥挤集中，必须从城乡统筹的角度出发，基于城市化进程中效率与和谐相统一的原则，从城市内部的发展，城乡之间的发展，以及与其周边经济区的相互依赖等多方面考虑城市化问题。为此政策的制定应基于以下层面：

第一，巴中还处在农业与资源型产业居于支配地位的产业发展阶段，经济密度不高。因此，政策重点还应该放在如何促进城市发展和经济集聚上。

第二，经济发展走势并非简单的城乡一体或城乡分离，在城市化进程中，一定要注意到城乡之间的协调与和谐。因为先进城市、二级城市、小城镇和农村等构成了密度及连续体的居住区谱系，并产生了相互关联的地方组合，共生共荣才是生存准则。因此，尤其是对城市化进程处于初期阶段的地区，城乡之间无空间区别的政策是促进经济增长所必需的地理变迁战略基石。为此要通过建立完善的土地流转制度、公共产品供给制度及健全的宏观经济政策等来实现城乡的协调发展。

第三，巴中市地处“西三角”腹心地带、成渝经济区和关中－天水经济区连接部位，在城市化进程中，应大力促进交通、通信等基础设施的发展，通过缩短与这些经济区的距离，分享其毗邻利益。

七　发展战略与经济重塑

（一）经济重塑思路与政策框架

1. 经济重塑思路：基于经济地理的三大特征

理论研究证明，“密度、距离、分割”是经济发展地理变迁的三大特征，对经济的发展及其重塑有着重要的影响和制约。

密度反映了经济的集中程度。一般而言，经济活动越密集，选择和机遇也就相对越丰富。因此，经济的重塑也就意味着要实现合理的密度，即利用市场力量鼓励村、镇和城市的经济集中和生活水平的趋同。

首先，经济活动集中地区与经济活动落后地区的距离是影响经济发展的一重要因素。与经济密度区距离较近的地区更容易进入有益的互动和交流活动。而交通运输基础设施的位置和质量、运输的可得性等，都对任何两个地区的经济距离有极大的影响。其次，包括政策在内的人为壁垒同样可以增加距离。因此，如何通过加大基础设施投资力度，降低交通运输成本，促进劳动力的流动等措施，以缩短与经济密集区的距离，是实现落后地区经济重塑的重要条件。

尤其对国际层面的经济发展而言，分割——那些阻碍国家间商品、企业家、人员和信息流动的政治壁垒，势必造成边界的不可穿越以及货币与规则的差别。

经济的发展和重塑就是基于密度、距离和分割的地理变迁。每个地方都应依据自身所处的发展阶段及资源禀赋状况，制定出符合自身实际情况的经济重塑政策和措施，以达成经济重塑的目标。

2. 经济重塑的政策框架

经济重塑的实质就是要实现资源更加合理利用和有效配置。在这一过程中市场起了重要的作用，它塑造着经济走势。正是由于集聚、移民和专业化等市场力量作用的结果，使得不同国家之间、同一国家不同地区之间经济发展呈现出不平衡性，产生经济密集区和非经济密集区、经济发达地区和经济落后地区的差别。巴中作为中国西部的一个边远地区，相对于经济发达地区而言，其经济发展密度低，且与高经济密度的地区有着较远的距离，在经济发展相对滞后的情况下，要实现经济的高密度任重道远。然而从世界经济发展的经验来看，生产集中与生活水平趋同并不矛盾，不平衡增长与和谐性发展可以并行不悖，相辅相成。当然，这种趋同并非仅仅是市场机制的自然结果，而是市场机制和政府干预共同作用的结果。在允许甚至鼓励“不平衡”经济增长的同时，保证发展的和谐性、普惠性，拉近落后地区和先进地区的距离，是政府面临的严峻挑战，也是经济重塑要达到的目标。为此，在这一过程中，应从制度、基础设施、激励措施等横跨从普适性到具有地区针对性的政策入手制定政策框架，以克服距离、密度和分割的问题。

第一，制度（无空间区别的政策），即制定时没有明确考虑地区差异，但其影响和结果可能因地区的不同而变化的政策范畴。包括所得税体制、政府间财政关系、土地治理和房地产市场以及教育、医疗健康、基本卫生服务、其他政府行为等国家政策。

第二，基础设施（连接空间的政策）。基础设施是所有连接不同地区、提供公共运输和设备等公共商业服务投资的简称。包括为促进商品交易而建设的地区间高速公路和铁路，为加强信息和观念的交流而改进的信息通信技术。

第三，干预措施（针对地区的政策）。主要指为促进落后地区的经济增长而采取的具有地区性、针对性的措施。这些干预措施主要包括投资补贴、退税、地方管理规章、地方基础设施发展等针对地区的投资环境改革。

在以上政策组合中，无空间区别的政策可以提升经济密度；连接地区的基础设施可以缩减与高密度经济区的距离；针对地区的干预措施可以降低社会和经济分割。需要指出的是，在经济发展水平不同的地区这一组政策的运用是有差异的。由于巴中是经济发展相对落后的地区，过去关于如何改善落后地区福利水平的政策制定常常基于这样的出发点：强调通过针对这些地区的干预措施或政策“激励”将生产推进到该地区。然而，事实证明并非如此，地区发展政策更应当强调落后地区和先进地区的一体化。因此，应该在首先考虑国家收入共享和社会性等无空间区别的政策（制度）和交通、通信体系等连接地区空间等措施（基础设施）之后，才应当考虑具有地区针对性的激励措施。因为许多国家和地区的经济发展经验表明，没有制度和基础设施的支持，干预措施不仅难以成功，而且成本昂贵。

（二）发展战略与发展目标

1. 经济社会发展的基础条件

经济的重塑最终将通过制定和实施相应的发展战略、发展目标及具体措施来实现。自巴中设地建市以来，特别是“十一五”以来，在省委、省政府的领导下，市委、市政府带领全市人民，深入贯彻落实科学发展观，抓住国家和四川省加大革命老区扶持力度等重大机遇，紧紧围绕市委“实施四大战略、推进五个突破，打好老区建设发展翻身仗”的战略部署，提升发展基础、突破发展瓶颈、改善发展环境，实现了经济社会的较快发展，为后续发展奠定了坚实的基础，也为经济重塑目标的实现准备了条件。

一是经济实力逐步增强，产业结构不断优化。农业基础地位不断夯实，特色农业培育初见成效。2010 年第一产业增加值达到 78.4 亿元，年均增长 4.8%；工业经济快速增长，优势工业不断壮大，2010 年工业增加值达到 55.9 亿元，年均增长 26.9%，天然气勘探取得重大突破，初步探明天然气储量 1700 亿立方米；服务产业持续发展，特色旅游初步形成，2010 年第三产业增加值达到 101 亿元，年均增长 13.6%。经济发展综合实力不断增强，质量效益不断提高，为经济社会发展奠定了坚实的经济基础。①

二是投资持续高速增长，基础设施突破发展。巴中市依据其经济发展所处的阶段性特征，坚持用高投资拉动经济增长。大规模的投资带来基础设施实现突破性发展。以“六路”为重点的大交通建设取得历史性突破，机场、高速铁路建设有序推进，这将极大地改变巴中的区位条件，缩短与周边地区的距离，有利于更好地融入“西三角”经济圈；以“六库”为重点的水利建设全面推进，水资源供给保障能力，特别是大规模工农业生产用水保障能力显著增强；能源通信建设继续加快，电源建设取得重大突破。投资规模不断扩大，基础设施条件明显改善，为经济社会发展奠定坚实的物质基础。

三是社会事业全面进步，人民生活水平显著提高。各类教育事业加快发展，教育质量稳步提升，基本解决了因家庭经济困难而上不起学的绝对“上学难”问题。医疗卫生事业不断发展，新型农村合作医疗覆盖率达到 100%、参合率达到 92%。文化体育事业健康发展。民主法制水平不断提高。社会保障体系建设加快，城镇居民基本医疗保险全面实施，新型农村养老保险试点有序推进。扶贫开发取得重大进展，解决了 40.83 万贫困人口的基本生活问题。公共服务能力显著提高，居民收入快速增长，为社会经济发展营造了和谐稳定的社会环境。

四是生态环保稳步推进，可持续发展能力显著增强。大力实施天然林保护、退耕还林、水土保持等重大生态工程，切实加强环境保护，成片营造林 40 万亩，治理

---

① 《巴中市国民经济与社会发展“十二五”规划基本思路》，巴中人民政府网，最后访问日期：2012 年 7 月 13 日。

水土流失面积527.28平方公里，预计森林覆盖率达到57%以上。支持企业开展循环经济技术改造和节能降耗，加快推进城乡绿化工程和城镇污水、垃圾无害化处理，治理农村面源污染，主要污染物总量削减目标完成。城市集中式饮用水源水质达标率达到100%，城市空气质量达到或优于Ⅱ级的天数达到95%以上，城市声环境质量达到国家规定标准，主要流域出境断面水质达到Ⅲ类。深入开展城乡环境综合治理，城乡面貌明显改善，巴城成功创建省级环保模范城市，国家级环保模范城市和省级生态城市建设有序推进。生态环境良好，环境污染减少，为经济社会实现可持续发展提供了重要支撑。

五是体制改革深入推进，开放合作不断扩大。农村综合改革不断深化，畜牧兽医、集体林权体制改革深入推进，统筹城乡综合配套改革试点有序展开。行政管理体制改革稳步推进，扎实开展扩权强县改革试点，事业单位岗位管理改革有序推进，公共财政体系不断完善，行政审批制度改革力度加大。对外开放不断扩大，对外贸易迈上新台阶，外贸出口总额增长3.7倍，累计引进到位国内资金77.68亿元，通过举办红叶节、参加西博会、融入“西三角”等活动，提升了巴中的知名度。改革开放深入推进，区域合作不断加强，为经济社会发展注入了新的动力。

六是老区地位显著提升，发展大环境不断改善。巴中曾是全国第二大苏区——川陕革命根据地的中心和首府，具有光荣的红色革命传统，为中国革命的胜利和共和国的诞生作出了特殊贡献。“十二五”期间，中央和省进一步加大对革命老区、贫困地区特别是秦巴特殊困难地区的扶持力度，通过加快基础设施建设、扶持特色产业发展、完善基本公共服务和连片扶贫开发来支持巴中革命老区发展，为社会经济的发展创造了良好的政策环境。

与此同时，巴中市经济社会发展仍然存在一些突出矛盾和问题。

一是经济发展差距依然较大。巴中市经济总量小，人均水平低。2009年全市GDP仅为全省的1.7%，人均GDP仅为全省平均水平的43.5%，地方财政一般预算收入占GDP的比重比全省低6个百分点，城镇居民人均可支配收入为全省的79.8%，农民人均纯收入仅为全省的77.5%，城镇化率比全省低9个百分点，不仅与全省平均水平差距大，而且与周边市和其他革命老区相比也存在较大差距。

二是产业发展严重不足。巴中市产业结构整体层次低，是全省21个市州中第一产业比重最高、第二产业比重最低的市。农业内部优势特色产业发展严重不足，产业化水平低；工业还处于依靠资源消耗的初加工阶段，规模小、能耗高、效益低；第三产业中生产性服务业规模小、水平低。同时，投融资扩张能力差，新技术吸收转化能力弱，吸纳就业能力弱，新价值创造能力低，“造血”能力弱。

三是区位劣势尚未得到根本性改变。目前，大交通建设尚需攻坚，水利、能源、通信基础设施建设还需突破，基础设施对经济社会发展的瓶颈制约没有得到根本性解除。开放合作难，招商引资难，要素聚集能力弱的状况还没有得到实质性改变。经济社会发展中创业投资机会少、就业难，资金、资源、劳动力优质生产要素流失等核心问题依然严重。

四是扶贫开发和民生改善任务重。巴中市还有 36.8 万人的贫困问题需要解决，且巴中市人民整体收入水平低，教育、卫生、科技、文化等社会事业历史欠账多，公共服务能力低，社会发展相对滞后，人口增长较快、观念落后，自主发展能力弱。

五是对外开放水平和程度不高。巴中市地处秦巴山区，对外开放水平和程度不高，区域合作能力不强，开放型经济发展严重滞后。对外贸易和利用外资规模极小，出口对经济增长的贡献率极低，外资对经济社会发展的拉动作用不强。

2. 发展战略与发展目标 ①

前已述及，落后地区的经济发展，最终就是要实现经济落后地区与经济发达地区差距的缩小。基于巴中市目前的社会经济发展状况及其所面临的机遇和挑战，要重塑巴中经济地理，缩小与经济发达地区的差距，就必须制定出符合其自身情况的经济发展战略与发展目标。

（1）发展战略。

发展战略的制定应以科学发展观为指导，以加快发展、科学发展、又好又快发展为宗旨，尤其是要考虑到自身的实际情况。为此，巴中在“十二五”规划中提出将“实施四大战略、推进五个突破，打好老区建设发展翻身仗”作为发展战略。② 而要实现这一发展战略必须以转变经济发展方式为主线，以加快发展、缩小差距为主题，以改革开放和科技应用创新为动力，以全面改善民生为根本目的，着力“打基础、谋发展、求突破、上台阶”，全面推进基础设施建设，破解发展瓶颈，突破发展特色产业，增强自主发展能力，促进城乡统筹协调发展，增强可持续发展能力，把巴中建设成为美丽巴中、生态巴中、旅游巴中、和谐巴中。

（2）发展目标。

围绕这一发展战略，巴中市制定出了“十二五”时期经济社会发展主要指标，预计到 2015 年实现以下几个方面的发展与突破。③

①经济发展：地区生产总值达到 600 亿元，人均生产总值达到 21000 元，工业增加值 245 亿元，固定资产投资 1095 亿元，社会消费品零售总额 280 亿元，进出口总额 26154 万美元，旅游总收入 58 亿元，地方财政一般预算收入 40 亿元，城镇化率 45%；

②科技教育：九年义务教育巩固率 95%，高中阶段教育毛入学率 85%，研究与实验发展经费支出 7957 万元；

③资源环境：耕地保有量、单位工业用水量、单位生产总值能源消耗、单位生产总值二氧化碳排放、主要污染物排放量、森林增长（森林覆盖率、森林蓄积量）等均达省要求；

④人民生活：人口自然增长率达省要求，城镇登记失业率 4.5%，城镇新增就

① “发展战略与发展目标”借用了《巴中市国民经济和社会发展“十二五”规划基本思路》和《巴中市国民经济和社会发展“十二五”规划纲要》中的提法。

② “四大战略”：构建大交通、培育大产业、争取大政策、促进大和谐，“五个突破”：在交通建设上实现新突破、在培育产业上实现新突破、在发展县域经济上实现新突破、在解决群众“四难”上实现新突破、在改善发展环境上实现新突破。

③ 《巴中市国民经济与社会发展“十二五”规划（纲要）》，巴中人民政府网，最后访问日期：2012 年 7 月 13 日。

业人数 2.8 万人，城镇参加基本养老保险人数 32 万人，城乡三项医疗保险参保率 93%，城镇居民可支配收入 27000 元，农村居民人均村收入 8500 元。

（三）跨越“梅佐乔诺陷阱”：经济重塑措施重点

具体的符合实际情况的经济发展措施，是发展战略和发展目标实现的保障。为此，要遵循经济重塑的政策框架，依据当地的具体情况和自身条件制定出切实有效的措施，确保发展战略与发展目标的实现，最终达成与经济发达地区差距的缩小，避免陷入“梅佐乔诺陷阱”。[①] 因为，细观发达国家地区间差距持续存在的案例（如意大利南北的差距、德国东西部的差距），可以发现一些共同点。这些相对落后地区都得到了中央政府的高度重视，以及大规模来自中央政府的转移支付。然而，恰恰是中央政府对这些地区的特殊关照，反而促成了与其资源禀赋不相适应的经济增长方式和产业结构，导致就业不充分、收入分配不均等问题，虽然在一段时间里得益于投资因素，获得了一定的经济增长，看上去与其他地区的差距在缩小，但是，最终这个经济趋同的趋势并未得以持续，反而又回到了原来的轨道上。究其原因主要是体制的束缚或者发展战略的缺陷，即中央政府为落后地区提供了赶超所需的物质资源，却没有提供必要的人力资本和体制保障；提供了发展的外部推动力，却没有建立起自身的发展激励机制；来自外部输入的物质资源短期内促进了经济总量的增长，却由于这种增长没有遵循该经济体的比较优势，因而形成的产业结构并不能保证增长的可持续性。鉴于此，巴中的经济重塑措施应在制度体制保障的基础上，建立起自身的发展激励机制。形成适合巴中区情的产业结构及自生发展能力和内部动力源，以保证增长的可持续性。

1. 以制度建设、体制创新促进经济更有效的发展

制度是一个国家（或地区）经济发展的保障，体制机制创新是经济社会发展的动力源泉，对于落后的地区尤其如此。鉴于巴中的实际情况，制度建设应从以下几个方面入手。

第一，加大教育投资力度，实现人力资本更好的积累。在我国，尽管存在普及初等教育和基础健康服务的法律规定，但在不同经济发展水平不同的地区，教育、健康和贫困水平的差距相当大。巴中作为地处西部的边远山区，教育资源匮乏，基础教育薄弱。因此，应深入贯彻落实《国家中长期教育改革和发展规划纲要》，巩

---

① 梅佐乔诺（Mezzogiorno）在意大利语中的含义是“正午阳光”（相当于英语 Midday），指意大利半岛的南部外加西西里和撒丁岛，或泛指意大利南部。该地区传统上以农业经济为主，与意大利北方存在很大的发展差距。无独有偶，德国统一后的东部与西部地区的发展差距也长期得不到缩小。尽管意大利南部和德国的东部都享有大规模来自中央政府的转移支付，获得大量的资金投入，但恰恰是中央政府对这些地区的特殊关照，促成了这些地区与其资源禀赋不相适应的经济增长方式和产业结构，导致就业不充分、收入分配不均等，虽然在一段时间里得益于投资因素，获得了一定的经济增长，看上去与其他地区的差距在缩小，但是这个经济趋同的趋势并未得以持续，最终又回到了原来的轨道上。意大利南北方和德国东西部之间，地区差距迄今继续存在，这一现象被称为“梅佐乔诺陷阱”。

固提升基础教育，加快普及高中教育，大力发展职业教育，整合教育资源，改善办学条件。统筹城乡教育发展，大力加强农村教育和薄弱学校建设，推进教育公平。

第二，适度的公共服务转移支付机制。上级政府的再分配转移支付可以降低地方管辖区之间财政能力和公共服务提供方面的不平等程度。基于需求的转移支付可以改善落后地区的公共服务供给，因为落后地区地方税基不能产生足够收入。然而，尽管转移支付可以缓解落后地区的短期财政限制，但也应注意由此可能引发的财政依赖性。如果政府间转移支付承担了很大一部分支出，地方政府提高当地收入的意愿就会降低，或其对当地居民负责的意愿就会减弱。因此，对于巴中这种经济欠发达的地区，公共服务转移支付机制的一个很重要的任务是将输血功能转换为“造血”功能。

第三，积极利用政策、争取政策、创造政策，为追赶跨越、加快发展提供政策支撑和制度动力。当前巴中市正面临支持巴中革命老区发展、扩大内需、灾后重建、新的十年扶贫开发、新的十年西部大开发、扩权强县试点等政策和机遇。要解放思想，抢抓机遇，研究政策、吃透政策、落实政策、用好用活政策，注重发挥政策的无穷威力，最大限度把政策转化为资金、转化为项目，从政策中找资金、找项目、找出路，特别要争取重大基础设施建设、重大产业布局等政策支持，增强规划的支撑力和制度动力。不仅如此，还要努力创造政策，根据巴中的发展实际，出台加快发展的有关政策，尤其是要出台撬动市场资源、激活市场力量的政策，发挥政策的放大效应和杠杆作用。

第四，围绕加快经济发展和建设和谐社会的要求，努力推进机制体制创新。一是，创新政府管理体制和模式。加快转变政府职能，推进政企分开、政资分开、政事分开、政府与市场中介组织分开。强化政府的公共服务职能，建立基本公共服务均等化的体制机制。突出抓好审批制度改革，完善政务公开制度。实施政府大部门管理体制改革，提高政府行政效能。深化财政管理体制改革，加快支出绩效评价体系建设，提高财政资金使用效益。健全完善新型国有资产监管体系，强化国有资产监督管理。深化投融资体制改革，加强对投资行为的引导，切实发挥产业政策的导向作用。二是，创新统筹城乡发展机制。积极探索农村集体土地使用权流转途径，加强农村土地承包经营权流转制度改革和集体林权制度配套改革，建立规范的产权流转市场，促进规模经营。建立相应的新农村发展创业基金、村镇银行、农村信托机构。结合扶贫攻坚，规划开发式、互利式扶贫项目，吸引多种形式的扶持资金投入，解除农村发展困境。完善面向“三农”的公共事业长期投入运行机制。推进统筹城乡劳动保障改革步伐，加快推行新型农村养老保险和统一的城乡居民基本医疗保险。

2. 加强重大基础设施建设，全面改善区域发展条件

进一步加强基础设施建设，全面提升区域要素聚集能力。构建以交通、水利、能源、通信为重点，适度超前、功能完善的基础设施体系。基本建成“西三角”腹心地区重要的区域交通枢纽和商贸物流中心，以解除基础设施对巴中市发展的瓶颈制约，全面增强基础设施对巴中市经济发展的保障能力。

第一，加快交通基础设施建设。以“打通对外通道、构建交通骨架、完善市域路网、形成区域枢纽”为总体要求；以推进高速公路、铁路、机场建设为突破口；以干环线公路改造升级和农村公路建设为着力点；以重点旅游景区、产业园区道路、枢纽站点、物流中心建设为支撑，加强各种运输方式间的紧密协调和高效衔接，形成区域综合交通运输体系。

第二，加强水利基础设施建设。加强综合水利设施系统建设，构建供水保障、防洪减灾、水生态环境保护体系，努力满足大产业发展和城乡人民生活对水资源的需求。

第三，强化能源基础设施建设。以建设秦巴地区重要的清洁能源基地为重点，大力加强天然气、水电、煤炭开发，积极发展农村户用沼气，适度发展规模化沼气、生物智能发电等新能源，优化能源结构。推进以输变电工程、城乡电网改造和水电综合开发利用为重点的能源基础设施建设，形成结构合理的输变电系统。

第四，好信息基础设施建设。不断完善通信网络，实现所有自然村电话和无线通信网络全覆盖。加快电子政务和电子商务建设，提高信息汇聚处理能力和信息安全支撑能力，基本建成高速、安全、可靠接入的无线城市网络系统。

第五，突破园区基础设施建设。围绕清洁能源、天然气化工、特色农产品精深加工、矿产资源开发、商贸物流产业发展，加快推进适度超前、功能配套、设施健全的现代化产业园区建设，搭建优势产业集聚发展平台。

3. 做大做强特色旅游产业，推进服务业发展上水平

强化旅游设施建设。打通对外旅游通道，构建旅游交通骨架，完善市域及跨区域旅游路网。建设巴中－南江－光雾山－诺水河－通江－平昌－巴中旅游大环线、旅游景区（点）间连接通道和旅游专线。全面改造景区内旅游公路，实现旅游交通网络化，提高旅游景区（点）的可进入度和便捷性，全面完善景区（点）各项配套服务设施。将市区建设成旅游产业支撑中心，三县城建成旅游接待和服务中心。突出特色，集中抓好光雾山镇、关坝乡、诺水河等旅游集镇建设，建设乡村旅游示范片区和一批星级农家乐。加强旅游资源普查，理顺旅游资源管理体制，创新旅游产业发展机制，引导和鼓励社会资本参与旅游设施建设、旅游业及关联产业发展。

大力拓展旅游市场。创建旅游品牌，充分发挥“红色”和“绿色”优势，升级打造现有旅游品牌，积极创建新的旅游品牌，加大旅游品牌宣传推介力度，提升旅游品牌市场价值，通过旅游品牌建设，引导和推动生态观光休闲度假游和红色体验旅游发展。开发旅游线路产品，依托光雾山、诺水河、川陕苏区历史文化等特色旅游资源，加大精品路线和精品景点开发力度。开发旅游商品，以通江银耳、南江黄羊、大巴山野生菌、天然珍贵药材、旅游纪念品、旅游日用品为重点，建立旅游商品研发、生产、营销基地，开发具有地方特色的旅游商品。加强旅游业区域合作，积极融入成渝经济区和依托成都、重庆和西安等大城市，打造川陕渝游客集散中心。培育旅游市场主体，引进一批旅游骨干企

业，做专做精一批中小旅游企业。

促进旅游与文化产业互动发展。大力推进旅游产业和文化产业渗透融合，扩展壮大文化产业，提升旅游产业竞争实力，促进旅游业与文化产业互动发展。加强历史文化的搜集整理和再现、生态文化的收集和提炼。保护和利用好“巴中皮影戏”等非物质文化遗产，深度挖掘红军文化、民间文化、巴人文化、三国文化、隋唐文化。组织办好“中国 · 四川光雾山红叶节”等节庆活动，着力打造新的节庆活动，推出具有娱乐性、参与性、观赏性的特色旅游文化项目。

加快商贸物流中心建设。牢固树立“大通道、大物流、大市场、大产业”的理念，按照“政府主导，企业为主，市场运作”的原则，着力构建现代物流体系。加快物流基础设施建设，依托大交通建设，科学布局物流园区，加快物流园区、专业市场及配套基础设施建设。大力发展商贸物流产业，引进知名商贸企业入驻，精心打造城市中心商圈。努力建设“一园区、三通道、三中心、多节点”物流体系，即建设集仓储、装卸、运输、批发、配送、金融结算、电子商务及货运代理、报关报检等中介服务功能为一体的巴中兴文现代综合物流园区；构建成都 – 巴中 – 陕西高速公路、广元 – 巴中 – 达州高速公路及铁路、巴中 – 通江 – 万源物流通道；打造平昌、通江及南江三个次区域物流中心，发展多个农村物流节点，形成“西三角”腹地商贸、物流中心。

4. 推进城镇和新农村建设，促进城乡一体发展

推进新型城镇化、新农村建设和统筹城乡改革发展是破解城乡二元结构、促进城乡经济社会发展一体化的重要手段。应坚持循序渐进、集约发展、生态和谐的原则，加快新型城镇化进程，完善城镇功能，发展城镇经济，成片推进新农村建设，统筹城乡改革发展，建立以工促农、以城带乡的长效机制，形成城乡经济社会一体化新格局。

（1）完善城镇体系。

按照“西三角”腹地重要的中等城市的定位，高起点、高标准规划建设以巴城为核心、大中小城市和小城镇协调发展的城镇体系。依据巴中“十二五”规划要求，把巴城发展成为 50 万人以上、面积 42 平方公里以上的区域性中心城市；加快三县城开发建设，平昌、通江建设成 20 万人以上、面积 15 平方公里以上的中等城市，南江建成 12 万人以上，面积 10 平方公里以上的小城市。建成 15 个 1 万 ~ 4 万人的中心镇。

（2）提升城镇承载能力。

加强城镇交通通信、水电气、污水垃圾处理、防灾减灾、公共绿地等市政设施建设，提升城镇基础设施配套承载能力。加快城镇道路体系建设，构筑畅通便捷的城市交通网络。完善城镇水电气等基础设施，市区和县城用水普及率达到 100%，气化率分别达到 90% 和 70%。搞好城镇污水垃圾处理等设施建设，加强城镇防灾减灾能力建设。大力加强城镇教育、卫生、文化、体育等公共服务设施体系建设，完善城镇公共服务功能。加强汽车及零配件销售、建材、农产品等各类专业市场建设，优化城镇功能分区，强化城乡市场对接，完善城镇市场体系。加强城镇污染防治和

生态建设，深入推进城镇环境综合治理。加强城市文明建设，提高城镇管理水平。

（3）推进新农村建设。

按照因地制宜、分类指导的原则，破除限制农村间人口转移流动的体制机制障碍，引导农村人口适度集中居住，成片推进新农村建设。以特色农业产业发展为支撑，建设农业产业园区，强化新农村建设的产业基础。加强村镇规划，加快村落村庄建设，形成新型乡村形态，建设农村居民集中居住点和扶贫新村。深入开展乡村环境综合治理，加强农村水、路、电、气等基础设施建设，加快实施农村人口饮水安全、农村公路、农村沼气等重点工程，开展农村清洁工程建设、农业面源污染防治和湖库污染治理，改善乡容村貌。加强农村教育文化卫生等公共设施建设，形成配套较为完善的新型农村社区。

（4）推进城乡统筹发展。

着眼于建立完善以工促农、以城带乡、城乡统筹发展的长效机制，促进农业农村的可持续发展，推动三次产业互促互动互带。以加快发展农产品加工等城乡关联产业为重点，健全完善以工促农机制。以加快发展生产性服务业为重点，充分发挥服务业对农业和工业的支撑带动作用。以增强工业集中发展区的产业集聚功能，推进农村工业向集中发展区集聚。以培育产业集群为重点，为加快城镇化进程奠定产业基础。破除限制城乡生产要素自由流动、制约公共服务均等化配置和城乡分治管理的体制机制障碍，引导农民向城镇和非农产业转移，促进进城农民有序转变为城镇居民，促进城乡要素自由流动和市场化配置。创新和完善城乡基本公共服务供给机制，建立平等共享的城乡基本公共服务制度。

5. **加强生态建设和环境保护，促进可持续发展**

加强生态建设和环境保护。“十二五”期间，坚持生态立市，促进资源节约，强化节能减排，注重生态文明建设，逐步形成绿色生产和绿色消费新模式，实现人与自然和谐相处，经济发展与人口、资源、环境相协调。

（1）推进生态建设。

加强天然林保护，继续推进退耕还林、湿地保护与恢复、生物多样性等生态建设工程。实施生态环境脆弱地区和禁止开发区域生态移民，加快生态市、生态县（区）建设。提高自然灾害监测预警能力，加强水土流失治理，加大地质灾害防治力度，增强水土流失区和地质灾害区域的生态稳定性。强化各类自然保护区建设与管理。按照国家统一部署，逐步建立生态补偿机制。

（2）加强环境保护。

抓好巴河流域污染治理，改善水环境质量。加快城镇环保设施建设，不断提高城镇污水、垃圾处理率。抓好城乡集中式饮用水水源保护，确保饮用水水源安全，持续改善大气环境质量。健全污染防控体系，提高污染物处理水平，控制污染物排放总量。抓好危险废物管理，确保危险废物妥善处理。强化辐射、放射环境监管，保障辐射放射环境安全。加强环保监管能力建设，提高环境管理水平。

（3）促进资源节约。

加强土地集约利用，严格保护耕地。加强基本农田和标准农田建设，通过开发、整理和复垦等手段积极补充耕地，全面开展现代标准基本农田建设。加大重要战略资源勘查力度，科学有序开发利用资源。以提高资源利用效率为核心，全面推进节能、节水、节地工作。大力发展循环经济，推进循环经济产业发展壮大，大力发展碳汇林业，固碳减排。倡导绿色消费，加快再生资源回收体系建设。建立天然气、水电等重要资源综合开发利用的政策和技术，探索构建资源开发利益补偿机制和资源有偿使用机制。

（4）强化节能减排。

完善节能减排统计监测考核体系，严格落实目标责任制度。加强节能评估审查和环境影响评价，推进清洁生产，大力发展节能环保产业，积极推行碳排放权交易。调整和优化产业结构，突出抓好工业节能，大力推进民用建筑、交通、服务业、公共机构等领域节能降耗，积极动员全民节能减排。

（5）创新生态文明建设机制。

把生态保护放在经济社会发展的重要位置，实行严格的环境准入制度和干部生态政绩考核制度。完善环境保护问责制度，探索建立领导干部离任环境保护审计制度。积极探索资源开发利用、节约利用、综合利用、循环利用，积极探索生态保护建设、环境整治、发展新型产业的新路子、新模式，尽快形成有利于资源节约和生态环境保护的体制机制，率先走出一条有别于传统模式的新型工业化、城市化发展的新路子。

6. 引导产业要素合理集聚，调整优化空间布局，构建开放合作新格局

促进产业布局优化和区域协调发展，根据区域资源环境承载能力和发展水平，发挥比较优势，推进主体功能布局，促进人口和生产要素跨区域流动和优化配置，形成各具特色的经济区域。

（1）推动产业要素合理集聚。

以市场机制引导资源要素合理流动，促进产业集聚发展。调整空间布局，引导人口、产业向城镇和新建交通干线积聚。充分发挥基础设施的带动作用，促进通道经济发展。依托广巴、巴达、巴南、巴陕高速公路和巴达铁路所形成的交通骨架，构建特色产业走廊。推动优势产业向产业园区、工业集中区集聚。按照科学规划、布局合理、规模适中、主业突出、关联度高的要求，加大市工业园、天然气化工产业园和县区工业集中区建设力度。完善利益分享和补偿机制，促进产业分工协作和要素合理流动。启动实施一批基础设施、城镇建设和产业发展等重大合作项目，促进县区互利共赢、共同发展。制定完善区域合作的法规政策，构建县区合作平台和机制，推进重大基础设施和重大产业共建共享。

（2）促进区域协调发展。

发挥区域产业合理分工布局对增强区域经济整体合力的作用，打破行政区划对产业布局的束缚。突出各地域的产业比较优势，形成布局合理、分工明确、配套协作、各具特色、整体融合的区域产业发展布局。建立区域协调发展机制，制定和完善区域发展规划。顺应区域经济一体化发展趋势，加快形成统一市场，鼓励区域间的协作互动，构建区域合作平台。根据各区域发展基础和条件，加强区域统筹，坚持分类指导，着力形成区域核心竞争力。

以构建“西三角”腹地区域交通枢纽为抓手，积极推进与周边地区的经济合作，抓住国家大力发展成渝经济区和关中－天水经济区的契机，在积极融入成渝经济区发展的同时，加强与关中－天水经济区的合作，建立与这些区域的产业分工协作关系。扩大与泛珠三角、长三角、京津冀、北部湾经济区等经济区的合作。充分利用“西博会”等平台参与国际经济合作。

参考文献

世界银行：《2009 年世界发展报告：重塑世界经济地理》，清华大学出版社，2009。

魏后凯：《现代区域经济学》，经济管理出版社，2007。

四川省发展和改革委员会：《四川经济社会发展 60 年》，四川人民出版社，2010。

《四川省志 · 巴中篇》，四川科学技术出版社，2010 。

《四川省统计年鉴》，中国统计出版社，1988、2011。

《四川省巴中市统计年鉴》，中国统计出版社，2010。

《巴中市 2010 年国民经济和社会发展统计公报》，巴中人民政府网，最后访问日期：2012 年 6 月 20 日。

《巴中市国民经济和社会发展第十二个五年规划纲要》，巴中人民政府网，最后访问日期：2012 年 7 月 7 日。

第37章 广元市：沟通欧亚大陆桥的战略重镇*

图 37-1　广元市政区

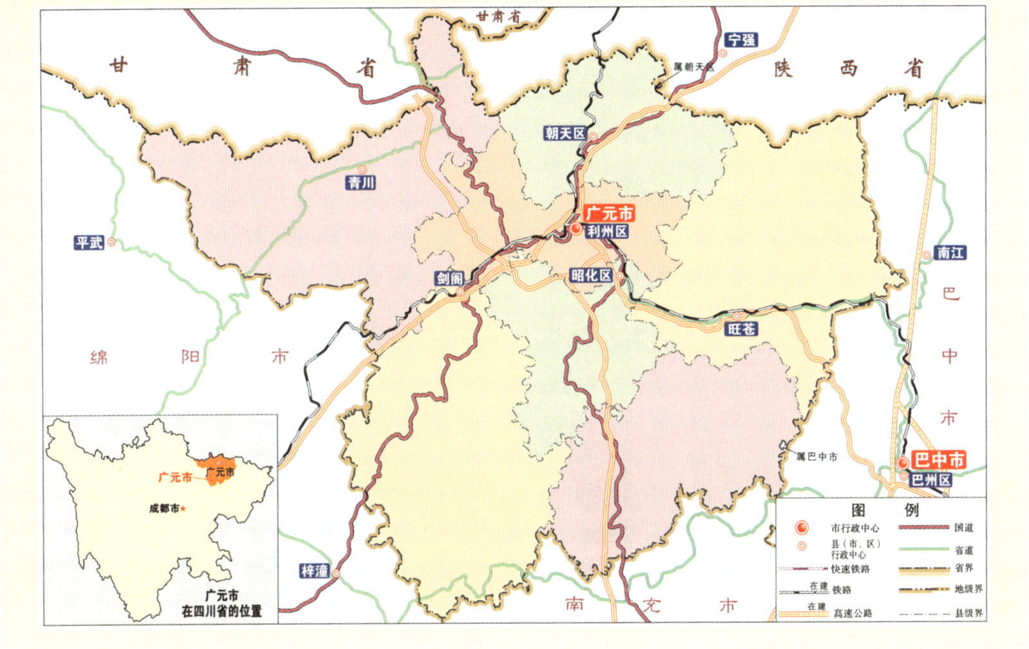

资料来源：本图由四川省发展和改革委员会、四川省测绘地理信息局提供。

一　历史沿革

（一）广元政区概况

1. 广元区划变革

广元地处大巴山南麓，雄踞嘉陵江上游，川、陕、甘三省结合部，是一座具有4000多年悠久历史的古老城市。历史上即为秦蜀古道重镇，史书曾有“得利州而得全川”和“京华冠盖络绎不绝，入贡万物无不经此要冲”的记载，故有“全蜀咽喉”和“川北门户”之称，自古为兵家必争之地。据《广元县志》记载，夏代为胤国治地，周代为苴国治地。公元前316年，秦吞苴、伐蜀、灭巴，在昭化设葭萌县。东晋太元15年在今利州区置兴安县。西魏将葭萌县改为黎州，再后改为利州，并置利州总管府。

唐代，利州为都督府，辖利、隆、始、静、西、龙六州。宋代，利州为四川四路之一。元代，为了显耀其“德威广播，疆土广大”，改利州路为广元路。明初为广元府，后降为县。清乾隆时，广元有6乡，57堡。宣统二年将6乡调整为1区、2镇、7乡。1949年12月14日，广元解放。1950年春，开始建立乡、村政权，设立区委、区公所，改保甲为村、组。

1950年3月在广元城区设立剑阁专员公署与地委，辖昭化、广元、剑阁、青川、平武、北川、江油、旺苍、苍溪、阆中10县。1953年1月剑阁专署改名广元专署；

---

* 本章作者：罗勤辉，四川省社会科学院区域经济研究所副所长，研究员；张苑，四川省社会科学院区域经济专业硕士研究生；黄晓峰，四川省社会科学院区域经济专业硕士研究生。

同年3月并入绵阳专区。1959年3月，将昭化县并入广元县。1985年2月，设立地级广元市和市中区，原广元县改为广元市市中区；将原绵阳专区的青川、旺苍、剑阁3县划归广元市管辖；同年9月，将原南充专区的苍溪县划归广元市管辖。1989年8月，缩小了广元市市中区，设立元坝、朝天两个区。1991年，将广元市利州区所辖竹园区的1镇6乡划属青川县管辖，设立青川县竹园区。将市中区所辖下寺镇、普广乡和竹园区上寺乡划归剑阁县管辖。2007年，将广元市市中区更名为利州区。至此，广元市成为下辖四县三区的地级市，行政区划沿用至今。

2. 广元政区现状

广元市位于四川省北部边缘，地处东经104° 36′ 41″ ~ 106° 45′ 48″，北纬31° 31′ 40″ ~ 32° 56′ 07″之间，辖区面积1.63万平方千米，占四川省面积的3.3%。东接巴中市的南江；南邻南充市的南部县、阆中市；西邻绵阳市的平武县、江油市、梓潼县；北与甘肃、陕西两省接壤，是连接我国西北、西南地区的综合交通枢纽。现辖利州、元坝、朝天三区，青川、旺苍、剑阁、苍溪四县，共230个乡镇，9个街道办事处，其中，有2个民族乡，91个建制镇。2011年末，户籍人口311.2万，占全省户籍总人口的3.44%，常住人口249万，人口自然增长率为2.4‰。

利州区是广元市政府驻地，辖区面积1534平方千米，占广元面积的9.4%。现辖3个乡、7个镇、8个街道办事处，243个村。2011年末，户籍人口48.1万，占广元市户籍总人口的15.5%，常住人口52.6万，人口自然增长率3.36‰。

元坝区辖区面积1434平方千米，占广元市面积的8.79%。现辖19个乡、9个镇、1个街道办事处。2011年末，全区户籍人口24万，占广元市户籍总人口的7.7%，常住人口17.1万，占广元市常住人口总量的6.87%，自然增长率1.95‰。

朝天区辖区面积1613平方千米，占广元市面积的9.88%。现辖19个乡、6个镇。2011年末，全区户籍人口20.7万，占广元市户籍总人口的6.7%，常住人口17.9万，占广元市常住人口总量的7.2%，自然增长率1.9‰。

青川县辖区面积3271平方千米，占广元市面积的19.7%。现辖27个乡、8个镇，其中有2个民族乡。2010年全县常住人口22.2万，占全市常住人口总量的8.95%。2011年末，全县户籍人口24.3万，占广元市户籍总人口的7.8%，自然增长率1.8‰。

剑阁县辖区面积3203平方千米，占广元市面积的19.63%。现辖34个乡、23个镇。2010年全县常住人口45.8万，占广元市常住人口总量的18.42%。2011年末，全县户籍人口68.9万，占广元市户籍总人口的22.13%，人口自然增长率0.97‰。

苍溪县辖区面积2334平方千米，占广元市面积的14.30%。现辖39个乡镇、718村、71个居委会。2010年全县常住人口55.9万，占广元市常住人口总量的22.51%。2011年末，全县户籍人口79.25万，占广元市户籍总人口的25.47%，人口自然增长率1.83‰。

旺苍县辖区面积2987平方千米，占广元市面积的18.30%。现辖20个乡、15个镇、3个街道办事处。2011年末，全县户籍人口 45.95 万，占广元市户籍总人口的 14.8%，常住人口 38.8 万，占广元市常住人口总量的 15.58%，人口自然增长率 2.53‰。

（二）广元市经济发展概况

1. 新中国成立前经济发展概况（1949 年以前）

新中国成立前的广元，农业落后，工业几乎是白纸一张，工农业生产多以手工操作为主。1949 年，地区生产总值为 4719 万元，其中第一产业增加值 3820 万元，第二产业增加值 407 万元，第三产业增加值为 492 万元。三次产业结构为 81 : 8.6 : 10.4（见图 37-2）。

（1）主要交通方式变化情况。

广元是四川“北大门”，古代广元与外部的联系主要通过蜀道实现，其水运也在区域间交流中起了重要作用。1936 年老川陕公路建成后，拥有了第一条可以直接通往外部的公路，公路运输的作用不断增强。

①蜀道—秦蜀交通要道。广元是入川必经之地，连接南北的唯一通道，扼守蜀道“咽喉”，地理位置十分重要。广元境内的栈道开凿于 2300 多年前，据《史记》记载：“栈道千里，通于蜀汉。”在秦统一全国的过程中，是秦国后方增援兵源和物资运输的重要通道。西汉时期，刘邦曾对栈道进行修整，在进入关中时，通过栈道得到了西蜀人力、物力和财力的支持，因此司马迁说：“汉之兴自蜀汉”。三国时期，栈道成为诸葛亮北伐的一条重要线路。清代张邦坤所著《云栈纪程》中写道：“从陕西入蜀以金牛为正道。”蜀道入蜀路线直捷，津渡较少，食宿方便，是古代连接西南和西北的主要陆上通道，也是唐宋以后的“官道”。

②水运航道，嘉陵江是广元最大的一条河流，一直是广元重要的水运通道，水运货运量占广元货运总量的比例较高。白龙江是嘉陵江上游的主要支流，是青川县进行货物运输的主要航道，姚渡镇是白龙江畔的主要物资集散地。东河通航始于南

图 37-2　1949 ~ 1998 年广元市产业结构变化

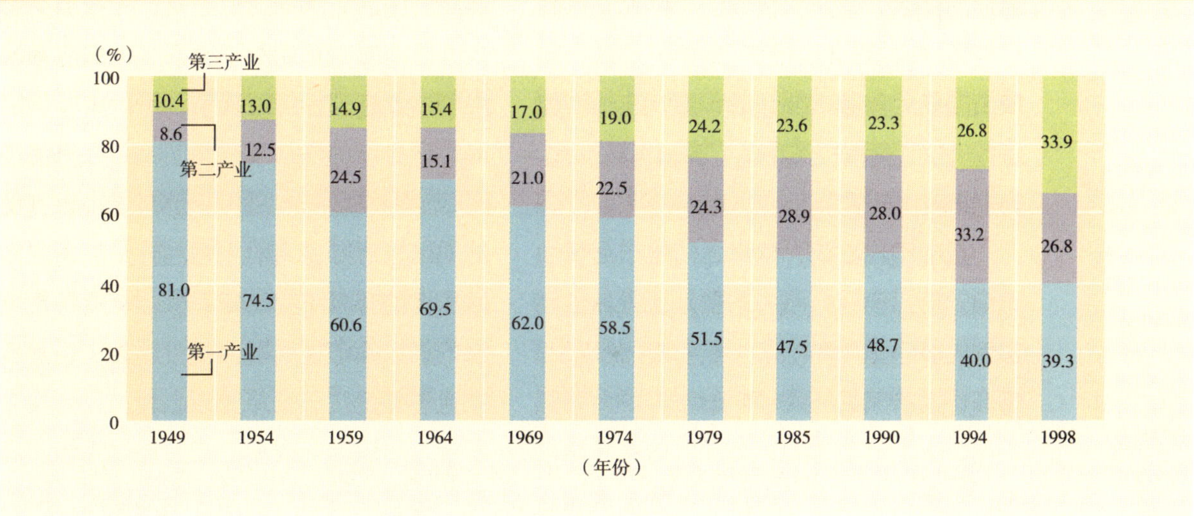

北朝，在阆中市注入嘉陵江。广元的山货、布匹等，通过东河进入嘉陵江航道，然后由此沿嘉陵江运送至重庆等地进行销售，同时购买食盐等运入东河到旺苍坝集散。

③川陕公路，川陕公路是我国西北和西南的货运大通道。开始于四川省绵阳市梓潼县（文昌镇），终点是陕西省汉中市宁强县（汉源镇），连接着成都市和西安市。川陕公路是广元市出境的第一条公路，对于沟通广元与区外的经济交往和社会联系具有重要意义。特别是在抗日战争期间，该公路成为全国重要的国防交通干道。

（2）满足人民生活必需品交易为主的商贸活动。

广元是四川北部重要的物资集散中心。司马光曾以“舟航日上下，车马不少闻，近邑辏商贾，远峰自云烟”的诗句描写当时利州交通、流通之盛。

剑阁县是广元西部重要商贸集散中心，其辐射网点密而匀，物资丰而流量大。老川陕公路通车后，开始开办客运货运，汽车等进步交通工具，取代了先前人力、骡马驮运的落后运载工具，商业由余缺互补的商业走向服务性的新商业。随着贸易规模的扩大，往来人员增多，商业、饮食业等逐渐发展起来。抗日战争爆发后，川陕公路成为国防重要交通干道，车辆增加了数十倍，行业门类增多，流通领域扩大，商业相对比较繁荣。

新中国成立前，青川县陆路交通极为不便，全县没有公路，主要是通过白龙江实现与外部的贸易。青川姚渡镇地处青川、宁强、文县三县和武都区的交界处白龙江沿岸，水上运输方便，是重要的商品集散地，大多数的粮食、山货等土特产品在这里集中，向外销售，运回所需要的日用品。货物从白龙江流入嘉陵江直至长江，上由碧口，下到重庆，都有轮船往返。20世纪40年代，与周边城镇相比，姚渡的商业发展较为兴隆。

旺苍坝地处东河上游，是广元东部的物资集散中心之一。丰富的煤铁资源，品类繁多的山货、药材，多通过水路进行外销，特别是煤炭的外销，早年只有靠东河流域。明朝以来，重庆、南充一带的布匹、百货，由嘉陵江转入东河到旺苍坝集散。广元的煤炭、铁器、山货、药材，由此载运下销。随后，木门河疏通之后，当地的煤炭、铁货、山货即下运到巴中出售。巴中的杂货，利用返回的空船运到后坝供应市场。但在输出的物资中，煤仍占主要地位。

（3）产业以煤铁业和养蚕缫丝业为主。

广元是中国最早认识、发现和开采利用煤炭的地区之一，战国时期的古文献《山海经》便对川北煤炭有过记载。广元铁矿资源开采较早，产品以土钢和毛铁为主。养蚕缫丝业则是广元经济的一个支柱。

①煤矿采掘业。川北山区是广元主要煤炭开采区，煤铁资源丰富，开采历史悠久。唐宋时期开始小规模开采，供应本地烧瓷器、炼铁、铸造钱币。明代中叶唐家河地区出产的高品煤远销阆中。在河流沿岸，特别是旺苍、嘉川一带交通比较方便的地区，开办煤窑的人相对较多。民国以后，煤的开采销售范围扩大，专业经营煤炭的仍以交通便利的河流沿岸为主，其余交通不便地区，销路受到限制，只能作为副业。川陕苏区时期，政府通过组织“马帮”运到最近渡口，运往南部换盐，供应

市场，推动苏区经济发展。抗日战争期间，沿海工厂纷纷迁川，用煤增多，煤炭产出增加，小松岩、唐家河一带大、小煤窑主30 多家。窑工最多的时候上千人，日产煤七八十吨。

②钢铁业。广元铁矿资源主要分布在旺苍，从元坝旺苍接壤的白水镇起，东至旺苍大德乡止，长约 100 公里的广旺、旺南公路沿线均有铁矿。新中国成立前炼铁比较集中的是旺苍三江镇，以生铁加工土钢、毛铁为主，毛铁主要供本地制造农具之用；土钢外销约占产量的半数。后坝是该区域钢铁贸易中心，20 世纪 40 年代后坝一带加工土钢、毛铁的小厂有 20 多户，年产土钢 8 万多斤，毛铁产量也有增长。其生产出来的土钢和铁货，不仅在旺苍境内就近出售，而且会远销甘肃武都、天水、陕西汉中、宁强。

③养蚕缫丝业。广元蚕业历史悠久，在边远地区，人们将养蚕缫丝视为发家致富的重要途径。唐杜甫游苍溪，有诗“桑麻深雨露，燕雀伴生成”。唐志载：“剑州利州州贡丝布。”《保宁府志》载，“明，苍溪有蚕桑之利，岁令献若干：曰祥丝”。清康熙《苍溪县志》载，“夏税起运布政，可广齐库，荒丝米七十八石，每石折丝一斤”。但蚕农多是按照老办法养殖蚕子，茧子产量低、质量差，蚕子的发病率很高，世代养蚕而终不能高产。20 世纪 40 年代后期，由外地引进了优良蚕种“消毒白蚕茧”，改一年一季，为春秋两季，使蚕丝的产量大大提高。

广元缫丝业主要以农村单家独户手工操作为主，就地取材，自产自销，工艺始终没法提高，致使质量较差，蚕茧浪费严重。但蚕丝作为能够向外输出的经济产品之一，外出轻便容易携带，经济价值也很高，深受外地客商喜欢，是农村经济的一大支柱。

（4）以自用为主的电力工业。

1937 年抗日战争爆发后，许多民族工业内迁，迁来广元的有陇海机械厂、西北制造厂、大华纱厂、雍兴酒精厂等。由于广元地方无电力供应，故各厂均自设发电机组以保证自己动力之需，供电仅限于各厂本身范围，未能供给城市中商店、居民生活用电。1946 年集资筹建了广元利民电力股份有限公司，1947 年春节投产发电，之后由于电厂经营亏损，于 1949 年春关闭。

2.新中国成立到建市前概况（1949 ~ 1985 年）

新中国成立后，特别是“三线建设”期间，在国家政策的支持下，相继建立了一批煤矿、冶金和电子企业。交通设施投入不断增加，交通状况改善，成为川东北地区重要的交通枢纽。1985 年广元市建市前，广元经济社会与新中国成立初期相比已经有了翻天覆地的变化，社会事业进步明显，人民生活水平有了较为明显的提高。

（1）经济总量稳步增加。

1985 年，广元地区生产总值为 135100 万元，是 1949 年的 28.63 倍，与 1949 年相比年均增长 9.77%。

第一产业增加值 64123 万元，比 1949 年增长 15.79 倍；第二产业增加值 39153 万元，与 1949 年相比年均增长 13.5%（未剔除价格因素）；第三产业增加值为 31824 万元，是 1949 年的 64.68 倍。全市人均地区生产总值为 506 元，三次产业比例调整为 47.5 : 28.9 : 23.6。1985 年地方财政一般预算收入 0.56 亿元，地方财政一般预算支出 1.24 亿元。

（2）农业结构调整初见成效，工业体系初步建立，服务业规模较小。

农村产业结构经过初步调整，正朝着适宜广元山区自然特点的方向变化。1985 年，广元第一产业总产值 8.18 亿元，实现粮食产量 103.48 万吨，油料产量 40399 吨，棉花产量 571 吨，烟叶产量 2102 吨，蚕茧产量 1727 吨。粮食作物产值所占比重由 1980 年的 77% 下降为 1985 年的 66%，经济作物产值比重则由 23% 上升为 34%，经济作物占总产值的比重不断上升。畜牧业发展较快，生猪年出栏数由 1949 年的 12.03 万头增长为 1985 年的 105.2 万头。

图 37-3　1949 ~ 1985 年主要年份广元市地区生产总值

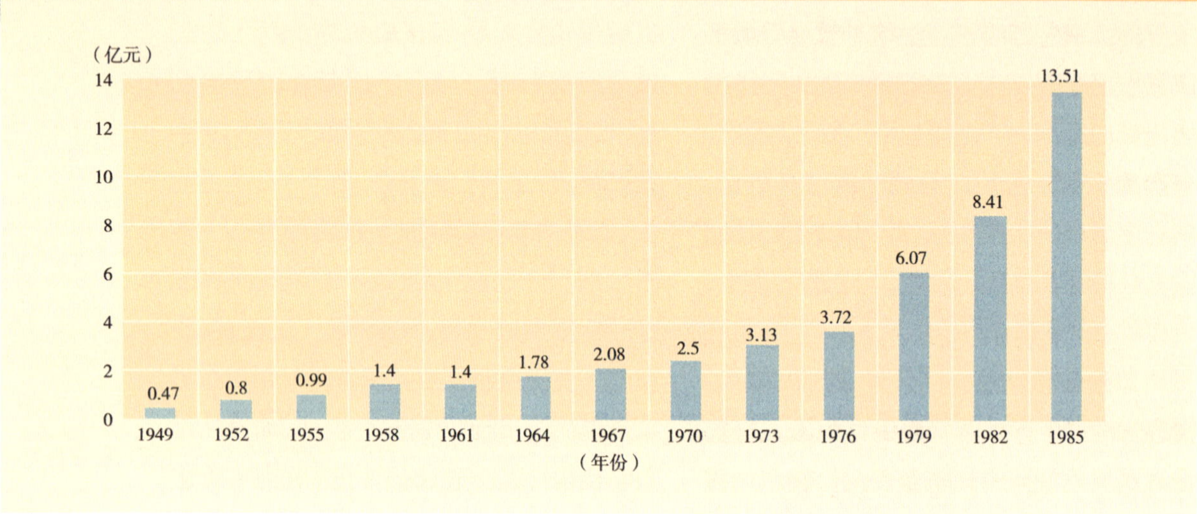

广元工业起步于抗日战争初期。当时，沿海企业内迁来此。1949 年，境内有纺织、采煤、发电、军工企业共 5 家，产值 456 万元，工业总产值 1236 万元。新中国成立以后，广元地区兴建了一批煤矿钢铁企业，在 60 年代中期以后，一批“三线”骨干企业建成投产，广元工业发展步伐加快。1985 年共实现工业总产值 79074 万元，其中，轻工业产值为 35583 万元，重工业产值为 43491 万元，初步形成了以能源、电子、食品工业为主体的多门类、多行业的工业体系。

广元能源、电子和食品工业是广元工业的支柱产业，能源工业以煤炭开采为主，年产原煤 420 万吨以上，年发电量 7286 万千瓦时（见图 37-4），1985 年产值 23344 万元，占工业总产值的 29.52%。各电子企业产值达 10170 万元，占工业总产值的 12.86%。食品工业产值 14440 万元，占工业总产值的 18.26%。

1985 年，广元第三产业增加值 3.18 亿元，是 1949 年的 64.68 倍。广元有邮电局（所）201 个，比 1949 年增加 140 个，业务总量 525 万元，共拥有电话机 8231

图 37-4　1949 ~ 1998 年主要年份广元市原煤产量及发电量

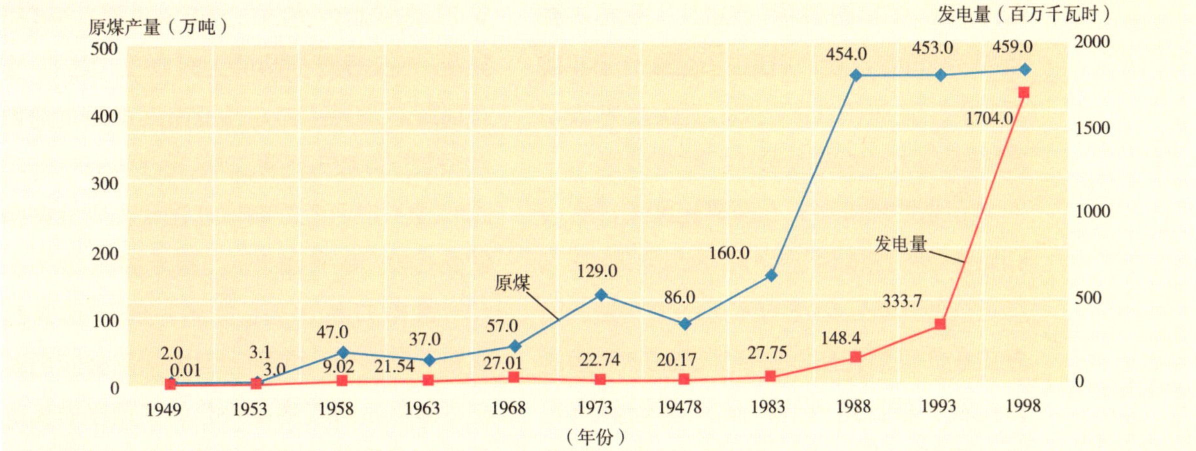

部。全市有商业服务网点 30943 个，是 1949 年的 5.6 倍，从业人员 67048 人。金融机构存款余额为 43352 万元，贷款余额 87167 万元。

广元物流业有了初步发展，有跨地区贸易中心 7 个。1985 年实现公路货运量为 223 万吨，货运周转量为 7224 万吨公里；客运量为 792 万人，客运周转量为 36400 万人公里。流通领域虽然国有和集体成分仍占主导地位，但是私营经济发展迅速。私营经济占社会消费品零售总额的比重由 1979 年的 0.44% 上升为 1985 年的 19.64%。

（3）交通主干线逐步建立。

从 50 年代开始，国家就在广元地区大规模修建铁路、公路和疏浚航道，广元交通骨干初步建立。宝成铁路是沟通我国西北、西南的第一条铁路干线，承担了两地区之间的物资交流任务，北起宝鸡，南至成都全长 669 公里，是四川省北向出川的第一条铁路线，是我国铁路网的骨架，对于广元工农业发展起到了极大的促进作用。广元境内铁路总长 221 公里。新建多条公路，北京到昆明的国道 108 线和兰州到重庆的国道 212 线两条国家干线公路在广元交叉；8 条省道贯穿市境，通往甘肃、达县、重庆等地，实现公路通车总里程 4097 公里。通航河流 5 条，航道总长 907 公里，港口 3 个、码头 4 个，年货物吞吐量 70 万吨。

（4）社会事业发展较快。

城乡人民的物质文化生活水平逐年提高，农民人均纯收入由 1956 年的 23 元 / 人上升为 1985 年 299 元 / 人，城镇居民可支配收入由 1950 年 31 元 / 人上升为 1985 年 710 元 / 人。农村人均居住面积为 24.7 平方米，城镇居民人均居住面积达 7.5 平方米。广播、电影、电视从无到有，快速普及，城镇每百户拥有电视机 87 台，农村每百户拥有电视机 4 台。

广元市教育、文化和卫生等事业与经济建设同步发展。1985 年，小学以上的各类学校3126所，在校学生人数58.16万人，比1949年增长14.4倍，儿童入学率为98.23%。有专任教师20602人，是1949年的14.48倍。全市有医院32个，卫生院297个，有病床6402张，卫生技术人员8333人，其中有医生3472人。

3. 建市到西部大开发前概况（1986～1998年）

广元市经济总量有了较快的增速，但是工业产值增长相对缓慢，第二产业占地区生产总值比重下降，服务业比重上升。交通投入不足，交通物流业发展相对滞后。社会事业稳步前进，人民生活有所改善。

（1）经济总量明显提升，产业结构调整滞后。

广元市经济总量增速较快，但产业结构等级较低，第一产业增加值占生产总值的比重仍然较高，第二产业占比下降，工业对经济的拉动作用不够明显。1998年，全市地区生产总值达到88.15亿元，是1986年13.39亿元的6.58倍，人均地区生产总值达到3038元。

第一产业实现增加值34.62亿元，第二产业实现增加值23.66亿元，第三产业实现增加值为29.87亿元（见图37–6）。三次产业结构调整为39.3∶26.8∶33.9。全市财政总收入达到5.18亿元，其中地方财政一般预算收入为3.68亿元。

（2）农业总产值增速加快，工业产值增长较慢，服务业市场化程度提高。

改革开放之后，家庭联产承包责任制的推行，改变了旧的农村经营管理体制，解放了农村的生产力，调动了农民的生产积极性，第一产业总产值增长速度加快（见图37–7）。受到国家经济发展重点向东部转移，经济发展政策向东部倾斜的影响，广元市的工业总产值增加相对缓慢。服务业市场化程度提高，国家对商品买卖、地区贸易限制的减少，促进了广元市第三产业的发展。

1998年，广元第一产业总产值58.33亿元，增加值34.62亿元，是1986年5.47亿元的6.33倍。粮食产量增加到136.43万吨，油料产量增加到6.23万吨，蚕茧产

图 37–5　1984～1998年广元市地区生产总值

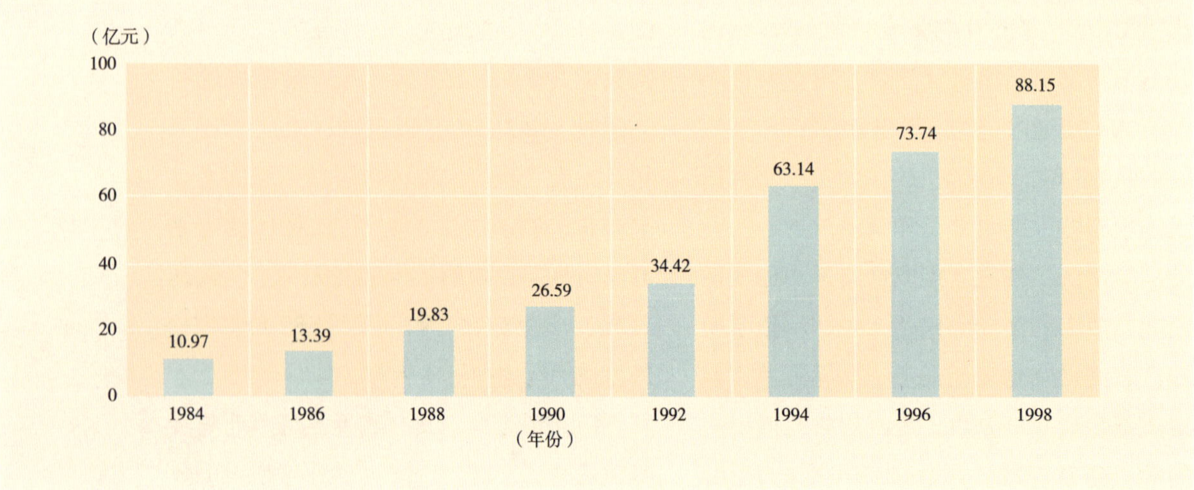

图 37-6　1949 ~ 1998 年广元市三次产增加值

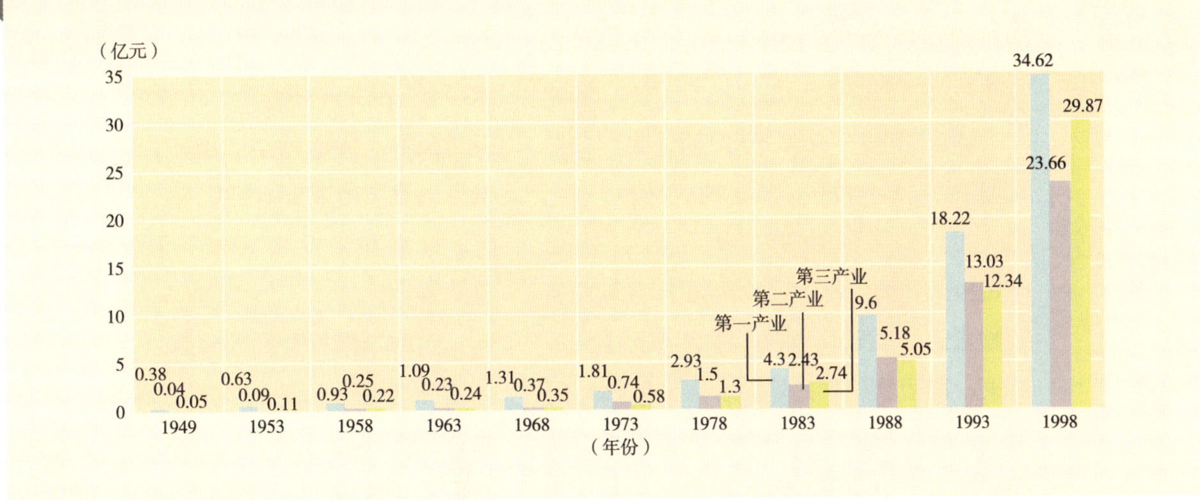

图 37-7　1949 ~ 1998 年广元市第一产业总产值及其构成

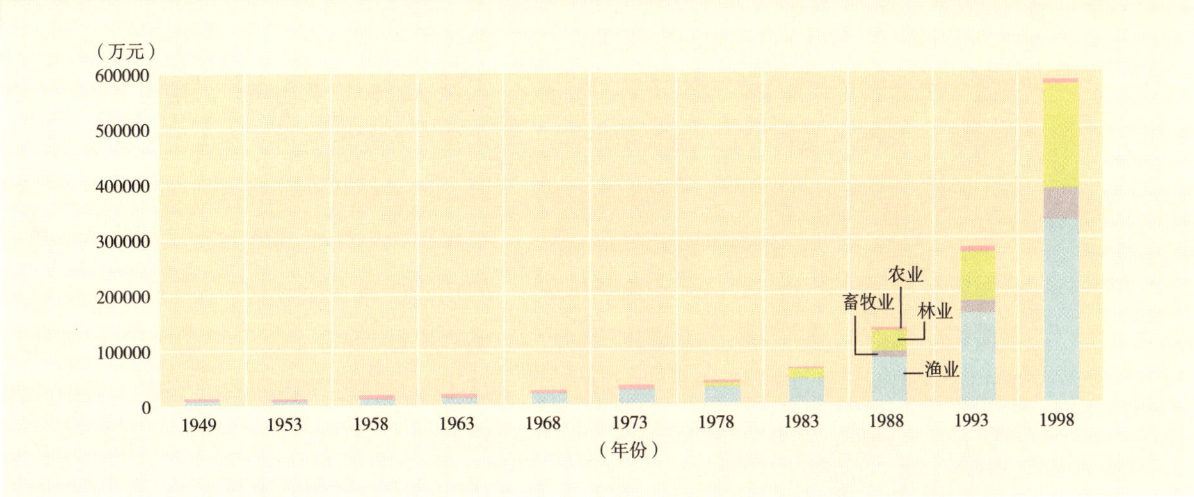

量为 5185 吨。畜牧业占第一产业总产值的比重提高，生猪出栏增加到 270.26 万头；猪牛羊肉产量上升为 20.28 万吨。农业机械化水平提高，农业机耕面积为 19.23 万亩，机播面积 12.84 万亩，机收面积 3.23 万亩。

工业总产值达到 62.97 亿元，是 1986 年 9.72 亿元的 6.48 倍，实现工业增加值 23.66 亿元。个体和私营企业发展迅速，私营工业企业有 864 个，共实现工业产值 51894 万元；个体工业有 16510 户，共实现产值 190073 万元。能源产品产量不断增加，原煤年产量上升为 1998 年的 459 万吨，发电量为 170441 万千瓦时（见图 37-4）。

广元服务业 1998 年实现增加值 29.87 亿元，是1986年的8.7倍。有邮电局（所）261 个，全年实现业务总量 1.49 亿元。商业业态多样化，全市有商业餐饮业和服务业网点 65617 个，从业人员 83561 人。金融机构存款余额为 61.12 亿元，金融机构贷款余额为 98.30 亿元。

1998 年拥有汽车 8085 辆，实现公路货运量为 1193 万吨，货运周转量为 7.9 亿吨公里；公路客运量为 5017 万人，客运周转量上升为 16.8 亿人公里。广元铁路客运和货运有了较快发展，全年客运量 227 万人，货运量 570 万吨。水运客运量为 51 万人，全年货运 100 万吨。流通领域国有和集体成分只占 23.8%，其余多为其他经济形式。

（3）基础设施建设相对滞后。

1998 年，广元全社会固定资产投资达到 24.75 亿元，是 1986 年 4.24 亿元的 5.84 倍。全市公路总里程达 4784 公里。公路总里程较 1986 年的 4197 公里仅增加 587 公里。污水排放企业 78 个，工业废水排放总量 1168.35 万吨，废水治理设施 70 套。广元废气治理设备 190 套，工业废气排放总量 325.22 亿标立方米。工业固体废物产生 114.2 万吨，工业固体废物综合利用 58 万吨，工业固体废物处置量 9.2 万吨。

（4）人民生活状况不断改善。

1998 年全市城镇居民人均可支配收入 4285 元，是 1986 年的 4.65 倍；农村居民人均纯收入 1420 元，是 1986 年的 5.18 倍。农村人均居住面积为 28.7 平方米，比 1986 年增加 3.4 平方米；城镇居民人均居住面积达 11.3 平方米，比 1986 年增加 4.3 平方米。广播、电影、电视普及率提高，城镇每百户拥有电视机 106 台，农村每百户拥有电视机 91 台。

全市小学以上的各类学校 2851 所，在校学生人数 43.08 万人，儿童入学率为 99.52%。全市共有专任教师 24297 人，各类专业技术人员 4.01 万人。全市拥有医院 36 个，卫生院 298 个，有病床 7806 张，卫生技术人员 9414 人，其中医生 4158 人。全市已建文化馆（站）54 个，图书馆 55 个。

4. 西部大开发后概况（1999 ~ 2011 年）

实施西部大开发战略以来，广元经济实力显著增强，基础设施建设成效显著，生态环境不断改善，社会事业不断进步，人们生活水平不断提高，全市经济社会呈现加快发展的良好态势。受到 2008 年“5·12”汶川地震的影响，广元全市罹难 4850 人，100 多万群众失去家园，直接经济损失 1200 亿元。但是巨大的灾难损失、人员伤亡并没有阻碍广元前进的步伐，利用灾后重建的时机，在改善灾民生活的同时，广元在产业发展、基础设施建设、环境保护和财政收入等方面均有了较为明显的进步。截至 2011 年 9 月底，全市规划重建项目 6305 个，完工 6222 个，完成投资 1220.56 亿元，胜利的完成了灾后重建任务。

（1）三次产业快速发展。

全市经济从以传统农业为主体，逐步发展成以工业经济为重点，三次产业齐头并进的格局。2011 年，全市地区生产总值 403.54 亿元，是 1999 年 88.33 亿元的 4.57 倍；人均地区生产总值达到 16225 元，是 1999 年 3028 元的 5.36 倍。三次产业结构由 1999 年的 38 : 26.2 : 35.8 调整为 20.8 : 44.6 : 34.6，进入工业化初期，正加速向工业化中期阶段迈进。

第一产业实现增加值 83.8 亿元，是

1999 年的 2.5 倍。粮食产量增加到 146.51 万吨，油料产量增加到 19.06 万吨。生猪年出栏数增加到 383.95 万头。

工业增加值达到 155.79 亿元，是 1999 年的 8.23 倍。效益大幅攀升，运行质量明显增强。规模以上工业实现利润总额 22.97 亿元、利税总额 35.14 亿元。工业体系初具规模，优势产业逐步形成，能源、有色金属、电子机械、食品饮料、纺织等重点产业呈现出集聚、集中、集群发展态势，占规模以上工业增加值的 76.5%。

全市社会消费品零售总额达 166.73 亿元，是 1999 年的 4.12 倍。邮电通信事业飞速发展。实现了村村通邮、通电话，固定电话达到 45.13 万户，移动电话发展到 206.78 万部。2011 年接待游客 1447.57 万人次，实现旅游总收入 53.55 亿元。房地产业、信息产业、交通运输、社区服务

图 37-8　1999 ~ 2011 年广元市地区生产总值

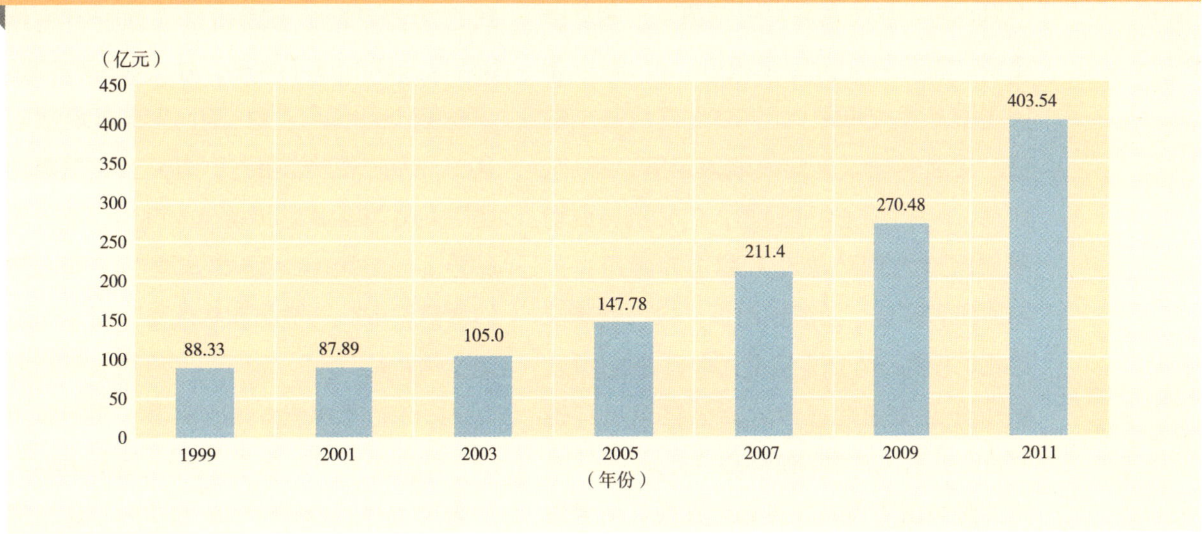

图 37-9　1999 ~ 2011 年广元市地区生产总值构成

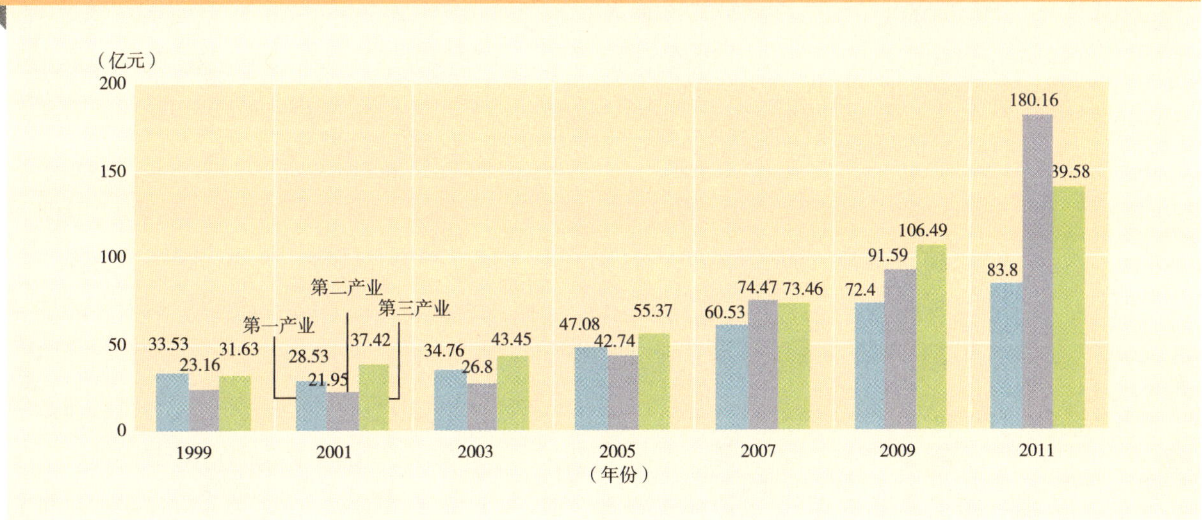

业、中介服务业等加速发展。

（2）基础设施建设成效显著。

西部大开发后，广元基础设施建设加快，特别是广元作为灾后重建的重要地区，经过三年的灾后恢复建设，经济生活水平有了很大的提高，基础设施建设不断完善，在灾后废墟的基础上，建起了宽敞的道路、多样的能源供给体系、优美的居住环境，生产生活条件和经济社会发展水平超过震前水平。

2011 年，全社会固定资产投资达到 500.37 亿元，是 1999 年 21.13 亿元的 23.68 倍。2009 年受灾后重建的影响，固定资产投资有了大幅度提升，仅 2009 年固定资产投资总额就比 2008 年增长 1.58 倍。交通基础设施建设成效显著，绵广、广巴、广陕高速建成通车，广元机场成功复航，市内路网建设不断上等升级。广南、广甘高速、兰渝铁路广元段、嘉陵江渠化工程等一大批重点交通项目进展加快，城市公共交通明显改善。公路总里程达 15663 公里，其中等级公路 9945 公里。

能源保障体系建设步伐加快。紫兰坝电站竣工投产，亭子口水利枢纽工程进展顺利，一批中小型水电站已建成投入使用，旺苍低热值煤坑口电厂、天然气发电项目正加速推进，实现户户通电。煤炭企业资源整合、扩能技改工作力度进一步加大，规模以上工业企业实现原煤产量 526.1 万吨，天然气资源勘探深入推进，探明储量 4000 亿立方米。

城市基础设施建设取得重大进程。城市规模不断扩大，中心城区建成面积达到 41.44 平方公里，城镇化率提高到 34.66%。城市功能不断完善，市区人均拥有道路面积达到 11.93 平方米，建成区绿化覆盖率达到 39.8%，人均公共绿地面积达到 10.07 平方米，荣获“中国人居环境范例奖”、“中国人居环境奖（水环境治理优秀城市）”、“中国优秀旅游城市”、“全国双拥模范城市”、“省级园林城市”、“省级历史文化名城”。

（3）生态环境持续改善。

广元走出了一条生态恢复重建的道路，加大了对生态敏感区、脆弱区的生态治理

图 37-10　1999 ~ 2011 年广元市全社会固定资产投资总额

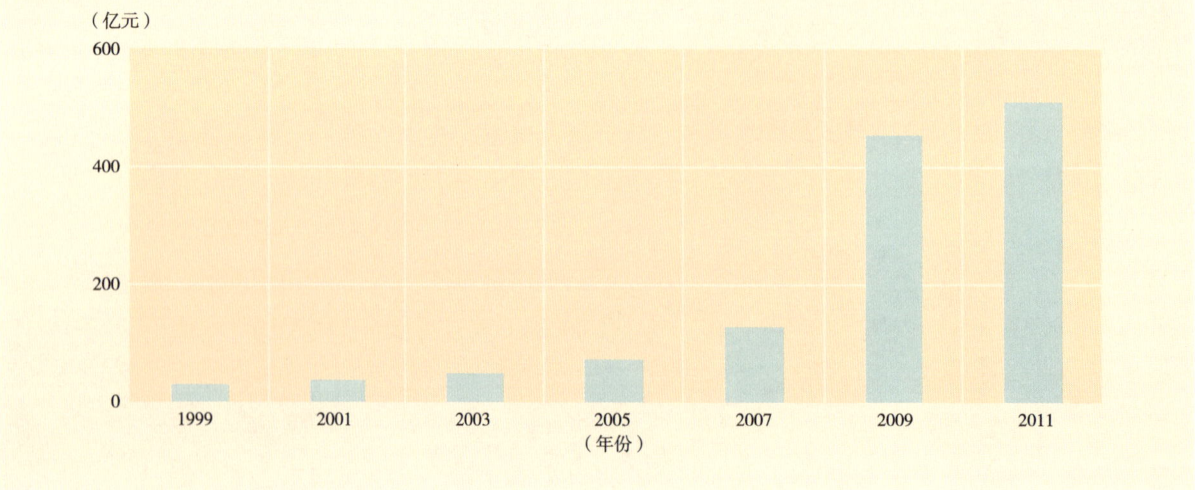

力度，33 个生态修复和环境整治项目相继开工建设，退耕还林和天然林保护工程成效明显，全市累计实施退耕还林总面积达 171.6 万亩，82.5 万亩坡耕地得到了有效治理，对全市 1350 万亩森林实行了常年性有效管护，建立天保工程管护站 296 个，生态环境逐步改善，森林面积增加到 1350 万亩；活立木总蓄积增加到 5212 万立方米；森林覆盖率上升到 53.6%。

（4）社会事业全面进步。

在“5·12”地震中，广元学校、医院、体育等设施受损严重，在援建城市的支持下，广元在原地重建了精神卫生中心，异地新建了澳援体育中心、文化艺术中心、公共卫生中心、光电中心等一大批民生项目工程，社会事业取得显著进步。

2011 年实现全面普及九年义务制教育，学龄儿童入学率达到 100%，小学毕业生升学率为 96.6%，初中毕业升学率 94.2%，高考录取率 67.4%，全市共有各级各类学校 459 所，在校生 416031 人，专任教师 27227 人。科技对经济增长的贡献率达到 38.5%。

全市拥有卫生机构 3284 个，实有病床 12376 张，卫生技术人员 14728 人。社区卫生服务覆盖率 100%，新农村合作医疗覆盖面 100%，男女平均寿命提高到 73 岁。

文化体育事业蓬勃发展。广播覆盖率 96.1%，电视综合覆盖率 97.2%。全市已建文化馆（站）238 个，公共图书馆 8 个，公共图书馆藏书 92.61 万册。社会保障体系初步建立，城镇低保对象实现了应保尽保，农村最低生活保障和养老金保障逐步建立，城市、农村医疗救助不断加强。

（5）财政收入不断增长，人民生活水平显著提高。

随着灾后重建任务的有力推进，广元全市经济社会发展速度和质量显著提升，为财政收入的增加提供了有力支撑。2011 年广元市全年实现财政一般预算总收入 42.07 亿元，是 1999 年的 8.34 倍。其中，地方财政一般预算收入达到 22.77 亿元，是 1999 年的 7.13 倍。城镇居民人均可支配收入达到 14635 元，是 1999 年人均 4494 元的 3.26 倍；农村居民人均纯收入 4895 元，是 1999 年 1492 元的 3.28 倍。

二　区域特征：四川“北大门”，区位优势突出，处于工业化初期

（一）地处盆地边缘，以山地为主，嘉陵江纵贯全境

广元市地处四川盆地北部边缘，米仓山、龙门山和盆北低山三大地貌交汇地带，区内以中、低山脉为主，地貌从北向南为中山、低山、深丘和河谷平坝，地势北高南低，地形起伏大。

米仓山横亘广元北部，山脊海拔从北向南由 2276 米下降到 1368 米，坡面多在 25°以上，山顶浑圆，居朝天区全境旺苍县城至广元一线以北；摩天岭和龙门山在西部交错，摩天岭呈东西走向，山势雄伟，岩溶发育，山地普遍有 3 ~ 4 级夷平面，山脊海拔由西端最高点 3837 米向东下降至 2784 米，向南则急剧下降到 800 米，主要横亘于广元市北部的青川县、朝天区

图 37-11　1999 ~ 2011 年广元市财政一般预算收入

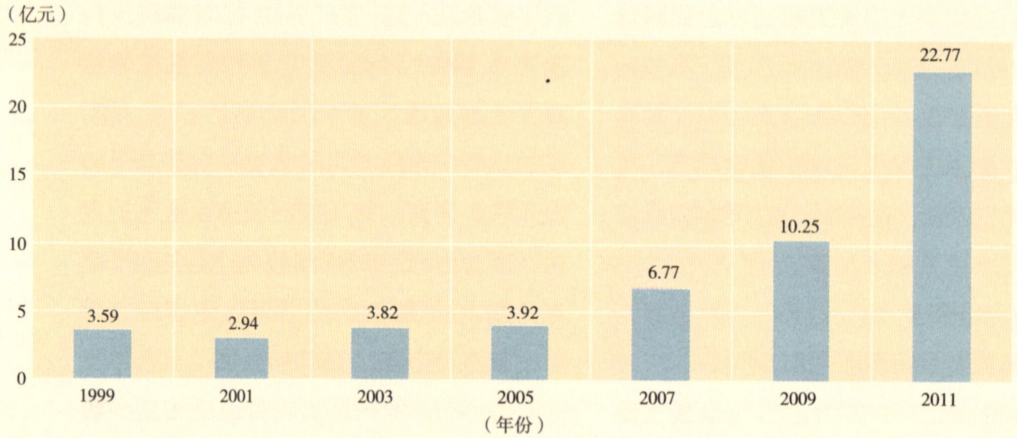

和旺苍县；龙门山呈北东－南西，山脊海拔由北至南从 3045 米降到 1200 米，山顶尖削，坡面一般在 25°以上，斜插于广元市西部的青川县、剑阁县和利州区的西部；东部和南部的川北弧形山是四川盆地北部的低山向川中丘陵地区的过渡带，海拔从北而南由 1200 余米下降到 600 余米。山顶平缓，多呈台梁状，坡面一般在 12°左右，居元坝区、旺苍县城以南，及苍溪、剑阁两县全境。

嘉陵江是广元境内第一大河，纵贯广元全境。嘉陵江穿行于秦岭、摩天岭、米仓山等崇山峻岭中，山川起伏达 400 ~ 1000 米。由于河谷深切形成了峡谷，水流湍急，特别是在广元朝天镇，干流横切海拔 900 ~ 1100 米的剑门山，形成了明月峡，古人在明月峡上构筑了栈道，作为从中原入蜀的唯一通道，对四川省北向出川实现对外往来具有重要的经济、军事意义。嘉陵江流经昭化和白龙江汇合之后，河谷渐宽，水流开始迂回，流经的河道逐渐变得开阔，水流变缓，成为广元市水运的主要通道。白龙江是广元市的第二大河，广元地处是白龙江下游河段，河谷开阔，水流较缓，为沿岸地区发展经贸往来提供了便利的水运条件。

（二）亚热带湿润季风气候，受地形影响较大

广元市属于亚热带湿润季风气候。受地理位置和多种地貌影响，垂直气候明显，区域气候差异大，气候表现为南北的过渡特征，既有南方的湿润气候，又有北方天高云淡、艳阳高照的特点，有“河岸桃花山上雪”“南插秧，北麦青”之说。

广元降水充沛，时空分布不均，呈陡峭单峰型分布，东部和南部多而大、中部和西北部少而小，年降水量在 800 ~ 1000 毫米；大风以中部、南部最为突出，多集中于 3 ~ 5 月，常为区域性发生；日照数 1200 ~ 1400 小时，年平均气温 16.1℃，7 月平均气温 25.8℃，1 月平均气温 5.2℃，无霜期 240 ~ 260 天。

本区山高坡陡，降水强度大，是全省多暴雨区，水土冲刷严重。

（三）资源种类多，开发潜力大

广元市的资源和产业的关系可以形象地解释为“靠山吃山，靠水吃水”。受广元市多山地形的影响，广元市的自然资源主要集中在矿产、森林、能源和旅游等方面，而多样自然资源又是广元产业发展的基础。

广元的石灰岩、煤炭等非金属矿产不仅能够满足本地企业的需要，而且能够满足本地以外的市场需求，每年广元都向外输出电煤 200 万 ~ 300 万吨；金属矿产种类多样，但目前集中在小矿地的开采，产量不足，只能满足当地的市场；能源资源方面，近年来广元发现了三大气田，虽然储量大，但是年开采量还比较低；广元的优势资源要属森林资源和旅游资源。53.6% 的森林覆盖率为广元林木加工业的发展提供了充足的原材料，同时大面积的森林资源也是广元生态农业和生态旅游业发展的天然优势；旅游资源开发潜力大，广元市有着能够将旅游产业发展成支柱产业的资源禀赋，只是目前广元旅游资源开发的还不充分，旅游产业对经济增长的带动能力不足。

（四）交通地位变化对区域经济影响较大

广元地处三省交界处，古代广元与四川外部的联系主要通过古蜀道完成，与四川内部的交流主要通过古蜀道和水运实现。古蜀道自古便是四川的经济军事交通要道，特别是其中的古栈道绵延 600 余里，纵贯广元全境达 350 余里。广元与四川省内部联系的水路，主要是先通过嘉陵江支流将货物运输入嘉陵江主航道，再由嘉陵江主航道运输到下游的重庆等地，从而实现地区间的贸易往来和人员交流。陆路主要通过古蜀道的朝天、剑门关、梓潼、绵阳到达成都，实现与四川盆地中部地区的商贸往来。

1936 年川陕公路修通之后，广元市与外部有了第一条连通的公路，公路运输在商贸活动中的作用不断增强。在抗日战争期间，四川作为重要的沿海工厂迁入地和同胞内迁的目的地，大量人员和工厂的迁入带动了川陕公路的运输量和客流量增加，带动了当地工业商贸物流的发展；四川作为重点建造的后方根据地和物资供应地，川陕公路成为国防物资运输的重要通道。新中国成立后，修建了第一条北向出川铁路——宝成铁路，成为广元乃至四川的主要铁路骨干，广元成为宝成线入川的第一个一等站。铁路运输的发展带动了广元经济发展，促进了当地优势资源的开发利用和商贸物流产业的升级，但其在整体交通体系中的重要性减弱。

广元市经济的发展与其交通地位的变化密切相关，在古代由于广元是蜀道重镇，西北与西南地区的物资人员交流都要通过广元古蜀道来实现，带动了当地住宿、商贸等的发展，形成了在当时比较重要的商埠。但是随着公路和铁路运输的比重及重要性不断提高，地区间物资人员交流的时间缩短，广元商贸重镇的地位下降。在宝成铁路建成后，虽然拥有了交通骨干，但交通网络建设不足，使得其“北大门”的区位优势没有得到充分的发挥，特别是随着四川和广元经济的发展，交通网络和运输能力已经成为广元乃至四川发展的一个重要瓶颈。广元由于缺乏相关产业支撑，虽扼守出川要道，但仅仅形成了过路经济，尚未形成通道经济。

（五）广元经济发展速度加快，地区生产总值仍然较小

1. 农业发展较好，农产品加工率较低

广元市生态环境优良，物种多样，农业资源丰富，是四川和西部地区发展无公害农产品、特色食品和有机食品的优势区域。现已建成国家粮食生产基地，以生猪、黄羊、禽兔为主的畜禽基地，以猕猴桃、苍溪雪梨为主的水果基地以及干果基地、桑蚕基地和用材林基地。广元市第一产业区位商为 1.46，说明广元具有农业方面的专业化程度较高，从内部看，除利州区之外，其余的二区四县第一产业区位商均大于 1，特别是苍溪、剑阁和元坝区专业化程度明显；广元第一产业经济密度为 52.38 万元 / 平方公里，是四川省的 85.14%。2010 年，实现园林水果产量 29.49 万吨，占四川省总产量的 15.43%，位居第二，其中作为优势经济作物的梨的产量达到了 13.48 万吨，位居川东北第一。广元是重要的中药材产区之一，2010 年实现药材产量 3.55 万吨，位居川东北第二，现已建成以杜仲、天麻、柴胡等为主的中药材基地。但广元农产品仍以初级产品为主，农产品加工率较低，仅为 40%。

2. 工业总产值较小，处于工业化初期加速向工业化中期迈进发展阶段

广元市工业发展经过了一个曲折的过程，现阶段工业总体规模仍然较小。工业区位商为 0.86，工业在川东北地区专业化程度不明显，从其内部看，利州、朝天和旺苍区位商均大于 1，工业专业化程度较为明显；广元工业经济密度为 97.37 万元 / 平方公里，是四川的 49.76%。2011 年，广元人均地区生产总值仅为 16225 元，即 2575.4 美元；第一产业增加值比重为 20.8%，城镇化率为 34.66%。根据钱纳里工业化阶段划分标准、库兹涅茨提出的产业结构标准等可以看出，广元市仍然处于工业化初期加速向工业化中期迈进发展阶段（见表 37–1）。

四川省处于工业化中期，2011 年人均生产总值为 4148.1 美元，第一产业增加值占地区生产总值比重降为 14.2%。川东北经济区五市均处于工业化初期（见表 37–1）。从人均生产总值看，广元市仅列倒数第二位，比广安市少 690 美元；从

表 37–1　衡量工业化进程的标志值

发展阶段	人均生产总值（2011 年美元）	第一产业增加值比重（%）	城镇化率（%）
工业化初期	1526 ~ 3025	> 20	30 ~ 50
工业化中期	3025 ~ 6104	10 ~ 20	50 ~ 60
工业化后期	6104 ~ 11445	< 10	60 ~ 75

资料来源：陈维忠、王辉和王春明撰《关于河南工业化发展阶段的研究》，《工业和信息化工作简报》2011 年第 113 期。

表37-2　四川省及川东北各市2011年工业化相关指标单位（单位：美元，%）

城　市	四川省	广元市	南充市	巴中市	广安市	达州市
人均生产总值	4148.1	2575.4	2601.3	1656.8	3265.4	2932.4
第一产业增加值比重	14.2	20.8	23.3	25.1	19	23
城镇化率	41.83	34.66	37.55	31.26	30.93	34.31

注：人均生产总值采用 2011 年 12 月 30 日人民币兑美元汇率中间价 6.30 计算得到。
资料来源：《四川省统计年鉴 2012》。

第一产业增加值比重可以看出，广元市第一产业增加值比重较低，在川东北位列第四，比全省平均值高 6.6 个百分点；从城镇化率可以看出，广元城镇化率位列川东北第二，但比全省平均值低 7.17 个百分点。

广元市工业起步于 20 世纪 30 年代，工业总量小，在全省排位靠后，属于欠发达地区。“三线建设”时期，受到当时国防政策和宏观环境的影响，大量军用电子机械等企业迁入广元，为广元市工业的发展奠定了良好的基础。但是由于军事工业发展的特殊性，其相对的封闭性，使得这些产业的发展相对独立，对本地的其他产业的带动性不强。随着“三线建设”的结束，市场的调节作用和国家政策偏向东部地区，广元工业发展变缓。直到国家提出西部大开发政策之后，基础设施的改善和政策的倾斜才促使广元工业增速加快，总规模明显提高。2006 年，实现第二产业超第一产业的重要转折，“十一五”期间，总产值实现年均增长 30% 以上。2011 年全部工业增加值达到 155.79 亿元，占地区生产总值的 38.6%，对经济增长的贡献率为 61.5%，拉动经济增长 9.6 个百分点。但是工业增加值仅比巴中市高，位居川东北经济区第四。广元市地区生产总值占四川省地区生产总值的 1.92%，而工业增加值仅占四川工业增加值的 1.64%。

3. 第三产业发展较慢，产业规模较小

广元市第三产业纵向比较规模有所扩大，由 2006 年的 63.12 亿元扩大到 2011 年的 139.58 亿元，但是增速不稳，起伏过大，尤其是 2008 ~ 2011 年。广元第三产业区位商为 1.04，从内部看，仅有利州区和青川县的区位商大于 1；广元第三产业经济密度为 87.24 万元 / 平方公里，为四川省的 60.32%，旅游、物流等服务业发展不足。与川东北五地市相比，广元市第三产业发展相对落后。从整体上看，广元市第三产业规模位于川东北倒数第二；从产值上看，广元市 2011 年的产值还不及南充市和达州市 2007 年的产值，落后有五年的差距；从增长速度上看，只有 2009 年的增速排在了当年增速的前两位，其余各年均为中下档。

（六）农村人口比重较大，受教育程度较低

据广元市第六次全国人口普查主要数据公报，全市常住人口为 2484123 人。其

表 37–3　2006 ~ 2011 年川东北各市第三产业增加值及增长速度（单位：亿元，%）

城市	南充		达州		广安		广元		巴中	
指标	增加值	增速	增加值	增速	增加值	增速	增加值	增速	增加值	增速
2006	131.38	14.24	124.97	13.42	102.45	18.54	63.12	14	54.56	15.59
2007	153.11	16.54	147.22	17.8	121	18.11	73.46	16.38	62.73	14.97
2008	174.59	14.03	173.26	17.69	140.41	16.04	83.29	13.38	73.54	17.23
2009	199.02	13.99	195.56	12.87	148.89	6.04	106.49	27.85	92.93	26.37
2010	224.63	12.87	214.62	9.75	168.06	12.88	119.68	12.39	104.29	12.22
2011	265.61	12.6	246.75	10	195.57	11.9	139.58	11.6	118.09	9.2

资料来源：《四川省统计年鉴》。

中，城镇人口为 819201 人，占 32.98%；乡村人口为 1664922 人，占 67.02%。同 2000 年第五次全国人口普查相比，城镇人口增加 103791 人，乡村人口减少 682209 人，城镇人口占比重上升 9.62 个百分点。

从人口受教育程度看，广元市文盲率较高，人均受教育年限低于四川省平均水平。2010 年，广元市人口平均受教育年限仅为 7.86 年，比四川省平均受教育年限（8.16 年）低 0.3 年，在川东北五地市中，排在倒数第 2 位，在四川省 21 个市州中位列第 14（见表 37–4）。

同时，广元文盲率为 8.68%，为川东北五地市中最高。高于四川省 6.55% 的平均文盲率，仅次于甘孜、阿坝和凉山三州（见表 37–5）。

表 37–4　川东北各市 2010 年平均受教育年限（单位：年）

项目 \ 城市	广安市	广元市	达州市	南充市	巴中市
平均受教育年限	7.60	7.86	7.91	7.94	7.97

注：按现行学制为受教育年数计算人均受教育年限，即大专以上文化程度按 16 年计算，高中文化程度 12 年，初中文化程度 9 年，小学文化程度 6 年，文盲为 0 年。
资料来源：第五、第六次人口普查结果数据。

表 37–5　川东北各市 2010 年文盲率（单位：%）

项目 \ 城市	广元市	南充市	广安市	巴中市	达州市
文盲率	8.68	7.50	7.37	6.30	5.27

资料来源：2010 年第六次人口普查结果数据。

三　资源状况：自然资源丰富，旅游资源相对突出

（一）矿产资源种类多，多种非金属矿产资源为全省主产地

广元市位于秦岭构造带南缘，成矿条件好，矿产资源丰富，尤其非金属矿产更是全省的主要产地。全市已发现主要矿产58 种，矿产地 454 处，已查明资源储量的矿产地 438 处，占总矿产地的 96.47%。非金属矿产资源中的水泥用灰岩、玻璃用石英砂岩、玻璃脉石英、耐火粘土、钾长石等是全省主要产地。从矿床类型来看，在454 处矿产地中大型矿床 6 处，中型矿床24 处，小型矿床 390 处，矿点 30 处，矿化点 4 处。

1. 非金属矿产资源——全省主要产地之一

天然沥青矿是国内少见的稀缺矿种，在青川县建峰乡 - 利州区宝轮镇 - 朝天区西北乡一带分布较广，查明资源量为113.57 万吨，已有青岛中能信天然沥青矿开发公司在青川竹园镇进行开发。

广元市石灰岩矿不仅广泛用作水泥、陶瓷等生产原料，还是铁路、高速公路等基础设施建设不可缺少的建筑材料。石灰岩矿在广元市利州区三堆镇、宝轮镇，旺苍县麻英乡、五权镇、普济镇等地大量蕴藏，青川县竹园镇、凉水镇和朝天区朝天镇、西北乡、宣河乡等地也广泛分布，查明资源量 679658.92 万吨，远景资源储量巨大。

广元是四川省 7 个重点产煤市之一，也是全省重要的电煤供应基地，每年向外输出电煤均在 400 万吨以上。煤炭主要分布在青川县竹园坝、东至通江县两河口的狭长区域内。煤的类型以烟煤为主，主要煤种为瘦煤、焦煤、肥煤和气煤等。经四川省国土资源厅认定的广元市地下 200 米以浅的煤炭资源储量为 6.38 亿吨，已开采利用 2.38 亿吨，尚有储量 4 亿吨左右。

2. 金属矿产资源——品种少、储量低、开发难度大

广元市金属矿产资源主要包括钛磁铁矿、磁铁矿、赤铁矿、菱铁锰矿、铁锰矿、锰矿、钒、钛等 9 种黑色金属矿产，铜、锌、铝、钼、镍、汞、钴等 7 种有色金属矿产以及以金为主的贵金属矿产。它们主要分布于青川、旺苍、元坝、朝天和利州区。其中，探明储量较大的金属矿资源包括：砂金 53.4 吨、有色金属 9.19 万吨、铝土矿 691.1 万吨、硫铁矿 255.71 万吨。

与攀枝花、雅安、阿坝、乐山等地区相比，广元金属矿产资源富集度明显较差，品种少、储量小、品位低，开发难度相对较大。

（二）林业资源种类繁多，面积辽阔，以天然次生林为主

广元市林业资源的总体特征是以森林种类繁多，古树名木种数量大；天然次生林为主，保有一定的人工林；用材林面积最大，疏林地面积最小。

全市现有木本植物 320 种，草本植物255 种，蕨类植物 24 种。共有古树名木78 种，12025 株，国家一级古树 6751 株，二级古树 2370 株，其中古柏占 84%。在广元城区周围，主要分布着飞播与人工营

造的马尾松林和柏木林。

到 2011 年底，广元市林业用地 1515 万亩，约占全市土地总面积的 62%。在林业用地中，有林地 1170 万亩，占林业用地 78.4%；疏林地 16.5 万亩，占林业用地 1.1%；灌木林地 141 万亩，占林业用地 9.5%；未成林地 99 万亩，占林业用地 6.6%；无林地 65.4 万亩，占林业用地 4.4%。全市有宜林荒山荒地面积 19.5 万亩。有森林面积 1170 万亩，森林蓄积达 4528 万立方米，商品林面积 525.9 万亩。已建立自然保护区 11 个、自然保护小区 170 个，面积达到 444.2 万亩，占全市面积的 18.15%。已建立森林公园 7 个。

在发展现代林业的过程中，广元市在木本油料、森林旅游等方面发展较快。截至 2011 年底，广元市油橄榄基地 14.52 万亩，占全国油橄榄种植总面积的 34%，位居全国第一；活立木蓄积 5142 万立方米，森林覆盖率 53.6%，在川东北仅次于森林覆盖率为 55% 的巴中市，位居第二，在四川省位居第四，高出全省平均水平 16.6 个百分点。

（三）中药材资源质优量大闻名全国

广元的气候及地理环境适宜多种中药材生长。广元市中药材和中草药达 2000 余种，自然蕴藏量 6 万吨，杜仲、天麻、柴胡、川明参、款冬花、黄柏、厚朴、辛夷花等中药材曾以量大质优成为全省中药材主产区之一，而且一些品种闻名全国。青川天麻已获得国家地理标志；旺苍县杜仲占全国种植面积的 10%，被命名为“全国杜仲基地县”；苍溪县川明参总量和种植面积均居全国第一。

1. 杜仲——全国基地县

旺苍地处四川北部边缘，秦巴山系南麓，雨量充沛，气温适宜，适宜中药材生产。旺苍中药材品质优良，资源丰富，有 2000 多个中药材品种。旺苍英萃镇的杜仲、大河乡大黄、五权镇的银花远近闻名，已成为旺苍中药材知名拳头产品。早在 2007 年，旺苍中草药总面积已达 50 万亩。到 2011 年，全县中药材种植面积剩下 54.3 万亩。

随着西部大开发的进行，旺苍中药材的发展又见转机。2011 年，旺苍县已建成 5 个中药材种植专业乡镇和 6 个专业村，建成 2000 亩以上示范基地 2 个，500 亩以上基地 3 个；建成标准化杜仲生产基地 4000 亩、大黄生产基地 1000 亩、金银花生产基地 500 亩。

2. 天麻——国家地理标志

青川县地处四川盆地北部边缘，白龙江下游，川、甘、陕三省结合部，气候及地理环境适宜多种中药材生长，是全市中药材主要产区之一。中药材和中草药品种达 800 余种，自然蕴藏量约 1.5 万吨，有杜仲、天麻、柴胡、川明参、黄柏、厚朴、辛夷花等中药材，其中以天麻最为出名。

（四）天然气资源丰富，发展前景广阔

与川东北地区其他城市的天然气储量相比，广元的天然气储量比较富集，能够为天然气的开发利用提供充足的原材料，具有很大的开发潜力。截至 2011 年上半年，全市已探明天然气储量 4000 亿立方米。根据中石油、中石化近年的勘探情况

来看，广元市新发现九龙山、元坝、龙岗西三大气田，这些气田储量大、含硫低、品位好。九龙山区块分布在苍溪、旺苍两县探明储量 1080 亿立方米，已形成规模产能；龙岗西区块分布于苍溪、旺苍、元坝两县一区，处于勘探期；元坝气田位于广元、南充、巴中境内，远景储量可观。

（五）地表水资源丰富，水能资源开发潜力较大

广元市境内河流众多，河渠交织，水能资源丰富。境内有嘉陵江、白龙江、清水河、东河、木门河等 80 条河流，其中，嘉陵江是流经广元市境内第一大河。嘉陵江是长江一级支流，流域面积近 16 万平方公里，全长 238 公里（广元境内）。由于嘉陵江穿行于秦岭、摩天岭、米仓山等崇山峻岭，河流相对高差达到 500 ~ 800 米，形成了较大的势能，有发展水电的潜力。除嘉陵江外，白龙江是广元第二大河，其集雨面积在 1 万平方公里以上，水量丰富。广元市水能理论蕴藏达 296 万千瓦，可开发量超过 190 万千瓦，两者均位居川东北各市之首，具有很大的开发潜力和利用价值（见表 37-6）。

广元地表水资源丰富。2010 年，广元市水资源总量为 94.7 亿立方米（含地下水 10.53 亿立方米），全市人均占有水资源量 3046 立方米，为四川省人均占有水资源量（3202 立方米）的 95.13%。全市供用水总量 5.6802 亿立方米，其中地表水源供水量 5.168982 亿立方米，占 91%；地下水源供水量 0.397614 亿立方米，占 7%；其他水源供水量 0.113604 亿立方米，占 2%。

（六）旅游资源密集度位居四川省第三位

广元因其地处西南、西北两大旅游热线的衔接点，旅游资源种类多样，品位较高，是四川省旅游资源最密集的地区之一。广元以女皇之声誉、巴山蜀水之秀丽和历史古迹之丰富吸引了大批中外游客。全市共有全国重点风景名胜区 2 处，国家自然保护区 2 处，国家森林公园 2 处，全国重点文物保护单位 3 处，省级资源 18 处。2006 ~ 2010 年，广元市又增添了剑门关、唐家河等国家 4A 级旅游区，形成了以东有鼓城山、西有唐家河、南有剑门关、北有水磨沟的资源格局。

1. 古栈道——古代入川主要通道

广元古栈道，也称阁道。由于四川地形复杂，交通十分不便，自秦以来，与外

表37-6　川东北各市水能资源比较（单位：万千瓦）

指标＼城市	广元市	巴中市	达州市	广安市	南充市
水能蕴藏量	296	81.24	118.1	—	200
可开发量	190	41.7	44	60	106

注：装机容量和年发电量数据截至 2010 年。

界的联系主要靠蜀道。蜀道开凿于战国中期（公元前316年前后），张仪、司马错伐蜀时，从今陕西汉中沔县而西，开凿了一条由陕入川的道路，途径广元、剑阁、梓潼，古称石牛道，也称金牛道，包括两条栈道——阴平道和米仓道。诸葛亮任蜀相时，又做了进一步的开拓。今道路已毁，但岩壁上当年插木架道的洞孔尚存，洞分三层，中层作用插木桩，上面铺木板作行道，下层为支撑孔眼，上层用以搭棚遮雨。远观栈道，宛若夜空廊阁，故又有云阁之称。

2. 米仓山国家级自然保护区

2006年4月5日，经国务院批准，四川省米仓山自然保护区列为国家级自然保护区。米仓山地处秦巴山区的结合过渡区，主峰光雾山海拔2507米，峰体浑圆，这是花岗岩球状风化、寒冻风化的综合结果。由于海拔偏高，山顶多以灌丛植被为主。初秋，光雾山层林尽染，云雾缭绕，到处都是清新的、湿润的，几乎每一个角落都像一幅精心描绘的山水画。

3. 唐家河国家级自然保护区

唐家河自然保护区于1978年成立，1986年成为国家级自然保护区，2010年成为国家4A旅游景区，被联合国自然保护联盟认定为全球生物多样性保护的热点地区之一。唐家河自然保护区位于青川县境内，是以大熊猫及其栖息地为主要保护对象的森林和野生动物类型的自然保护区，面积4万公顷。保护区内有国家重点保护动物大熊猫、金丝猴、羚牛等共72种，一级保护动物就有13种；有植物2422种，有国家重点保护珍惜植物珙桐、连香树、水青树等共12种，被誉为“天然基金库”。

4. 剑门关——古蜀道之要隘

剑门关亦称剑门。在剑阁县北25公里的剑门山，为古蜀道之要隘。剑门山东西横亘近百公里，山势雄峻，七十二峰绵延起伏，峰峰似箭，直插云天。山峰峭壁中断处，两山相峙如门，故名剑门，真有“一夫当关，万夫莫开”之险。穿剑门而过的山道为古蜀道中之剑阁道。剑门关山顶有姜维城，系三国时姜维屯兵抗钟会处，今遗址尚存。剑门山口有“剑门关”石碑一座。

5. 千佛崖——川内最大石窟群

千佛崖在广元城北四公里嘉陵江东岸，现存石窟400余个，造像7000余尊，是四川境内规模宏大的石窟群之一。其中，千佛崖南段睡佛龛中的释迦牟尼“涅槃”像和牟尼阁内之牟尼头像，造型俊秀、生动，更为全国石窟中所少见。龛窟沿江岸岩壁分布，重叠密布，造像气势轩昂，为南北朝、隋、唐、宋、元、明各时期的作品，以唐代作品为最多。主要龛窟有大云龛、大佛龛、藏佛龛、睡佛龛及北壁浮雕。大云龛的观音立像造型最美，佛像衣冠华丽，肌肉丰满，神态安详。

6. 武则天皇泽寺

皇泽寺原名乌奴寺，又称川主庙，因武则天出身广元，后人将此寺改名为皇泽寺。武则天皇泽寺位于广元市西，嘉陵江西岸乌龙山麓，背依悬岩，下瞰江流。现有建筑为清代所建。主要有大佛楼、则天殿、小南海、五佛亭、吕祖阁等。结构紧凑，气势巍峨轩敞。皇泽寺后1公里处，濒临嘉陵江西岸有石窟和攀岩造像34处，共有造像千余尊，为隋、唐、宋等时期的石刻。主要石刻有中心柱窟，大佛楼石窟，则天殿石窟等。中心柱石窟中立经塔石柱，窟壁蛟龙蜿蜒，造型古朴庄重，内有浮雕千幅，玲珑精巧；大佛楼石窟内大佛高 6 米，雄伟庄重，窟内还有侍者、菩萨、力士、天王等造像；则天殿石窟内石壁造像，琳琅满目。

四 基础设施：综合交通骨干网络初步建成，基础设施得到完善

（一）道路交通骨架由“人”形变“X”形

广元市地处川、陕、甘三省结合部，历史上就是连接三省的交通枢纽和物资集散中心。独特的区位优势和川北交通枢纽地位，使广元近可辐射巴中、南充、汉中、陇南，远可连接西安、兰州、重庆、成都，是难得的连接大西南、大西北两大片区物流整合的战略要地。在灾后重建中一批重大基础设施项目相继开工、陆续建成，广元次级交通枢纽地位愈加稳固，广巴、广陕高速公路建成通车，兰渝铁路加速推进，广元机场顺利复航，为广元未来经济的发展打下良好基础。

1. 铁路

广元市有两条铁路，组成“人”字形。一条是东北－西南走向的沟通西北与西南的第一条铁路干线——宝成铁路，另一条是东西走向的广旺支线铁路。两条铁路在广元南站交汇。宝成铁路起于宝鸡站，止于成都站，在广元境内 113 公里，① 是主要承担西北、西南之间的物资交流。广元站位于宝成线的中间位置，成为连接成都市和宝鸡市的重要中转站，广元市经济的发展受到宝成铁路的带动，尤其是沿线矿藏资源的开发。广旺铁路原称广罗支线，原计划是广元到罗家坝，后修至旺苍县的普济站而停建，故改称广旺线。广旺线主要为地方运煤支线。广元市区现有广元站、广元南站、广元东站三个火车站，其中，广元站和广元南站为一等站。②

兰渝铁路和兰渝高速全线通车后，广元将成为四川唯一拥有铁路与高速公路双“X”线的地级市。正在修建的兰渝铁路经过广元市青川县、利州区、元坝区和苍溪县，在广元全长 150.56 公里，预计 2014 年通车。兰渝铁路的修建将带动沿线地区经济的发展，将资源优势转化为经济优势，加快贫困县区脱贫致富，提高沿线人民的生活水平，并使广元更加具备建立现代物流中心的条件。

2. 公路

（1）公路网。

广元市公路网的最大特点是以利州区为结合点，呈不规则的“X”形。

广元市有两条国道，分别是 108 国道和 212 国道；有建成通车的绵广、广陕、广巴、广南高速公路，以及在建的

① 宝成铁路广元段包括从朝天区大滩站到青川县竹园坝站。

② 一等站是我国站等的第二级，一般为地级车站或次重要枢纽站。一等客运站的日均上下车及换乘旅客在 15000 人以上，办理到发、中转行包在 1500 件以上；一等货运站的日均装卸车在 350 辆以上；一等编组站的日均办理有调作业车在 3000 辆以上。

图 37-12　广元市交通线路

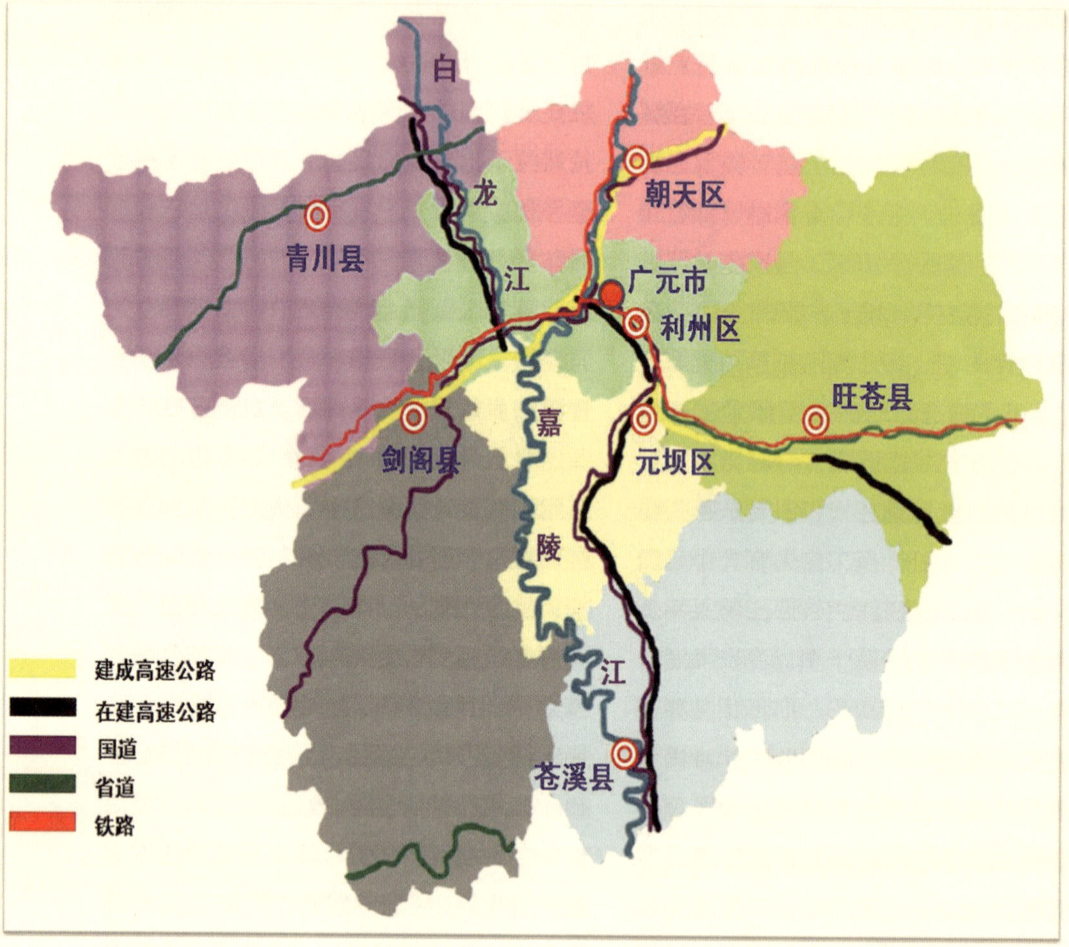

广甘高速公路。212 国道呈西北－东南走向，与东北－西南走向的 108 国道在利州区交叉，形成“X”形。绵广、广陕高速是京昆高速在广元境内的两段，均呈东北－西南走向。绵广高速从北到南依次经过利州区、元坝区、剑阁县和青川县，全长 135.5 公里，2002 年底建成通车；广陕高速从北到南依次经过朝天区和利州区，全长 58.9 公里，与 108 国道基本重合。

广元市有三条省道，分别为 202 省道、105 省道和 302 省道。202 省道在广元境内依次经过旺苍县、元坝区；105 省道经过广元市青川县纵贯中部；302 省道经过剑阁县东南部。截至 2011 年底，广元市境内公路总里程 15663 公里。其中，等级公路 9945 公里、高速公路 301 公里。

（2）运力运量。

全市拥有货车 17288 辆、客车 2156 辆、出租汽车 900 多辆。跨省、市、县客运班线 490 多条，客运班车 2100 多辆，日发班次 3600 多班；农村客运线路达 400 多条，全市 99% 的乡镇和 80% 的行政村能够通客车。广元市的公路客运量由 2006 年的 2842 万人次增加到 2011 年的 9713 万人次，六年间增长了 3 倍多；货运量由 2006 年的 2146.14 万吨增加到 2011 年的 5120 万吨，六年间增长了 2 倍多（见表 37–7）。

3. 航空

广元机场复航，增加了广元交通运输方式。广元龙盘机场，简称广元机场，位于广元市利州区龙盘山，距市区 14 公里。广元机场属于国内支线机场，为军民合用，能满足 4D 机场的要求。① 2000 年 9 月，广元机场建成通航，后由于航班稀少，2004 年被迫停航。2008 年汶川地震后，为打通广元空中快捷通道，充分发挥机场在应急救援、灾后重建、优化投资环境以及加快实施资源转化战略等方面的重要作用，广元机场复航。2009 年 5 月，复航后的广元机场开通三条航线，分别是广元到广州、广元到杭州和广元到北京。2011 年，广元机场执行飞机起降共 1066 架次，旅客吞吐量 85278 人次。

（二）水、电、气等基础设施更加完善

在对其他基础设施的保障上，广元市优化了各项配置，做好基础设施为生产、生活提供服务的保障工作，提高资源的利用效率。利用灾后重建的有利时机，广元加速推进了一批农村基础设施，对 494 个震损水库进行了全面治理，147 万人的饮水安全问题得到了很好的解决。

1. 水利设施

广元市水利农机工程数量众多，但等级较低。截至 2011 年底，广元市拥有水利工程 4.8 万处，有效灌面积 132 万亩（农田 106.13 万亩）。其中，水库 559 座（大中型水库 7 座，小一型书库 58 座、小二型水库 494 座），② 山坪塘 4.17 万口，石河堰 624 条，机电井 86 眼，提灌站 1416

表 37–7　广元市公路客货运量及周转量

指标＼年份	2006	2007	2008	2009	2010	2011
客运量（万人次）	2842	3203	3587	4304	9039	9713
旅客周转量（亿人公里）	15.68	17.34	19.07	21.93	23.12	30.2
货运量（万吨）	2146.14	2414	2706	4059	4651.6	5120
货物周转量（亿吨公里）	11.14	12.35	13.84	19.38	45.2	53.1

资料来源：《广元市统计公报》。

① 4D 级机场是指在标准条件下，可用跑道长度≥ 1800 米，可用最大飞机的翼展 36 ~ 52 米和主起落架外轮外侧间距 9 ~ 14 米。

② 中型水库库容大于或等于 0.1 亿立方米而小于 1 亿立方米，小一型水库库容大于或等于 100 万立方米而小于 1000 万立方米，小二型水库库容大于或等于 10 万立方米而小于 100 万立方米。

处，总蓄引提水能力7.05亿方。到2015年，灌溉水利工程蓄引提水能力能够达到50亿方。

广元市饮水净化工程发展较快，但任重而道远。全市修建各类饮水工程15万处，建成集中供水工程785处，但是全市尚有100万农村人口存在饮水不安全问题，其中，饮水水质不达标的有58.9万人。

广元市水资源梯级开发利用较好。全市已建成水电站82座，装机容量883038千瓦，年发电量达14.5亿千瓦时。在建水电站有7座，装机容量121.225兆瓦。

2. 电网

2006～2010年，广元市电网实现新跨越，基本完成农村电网升级改造。广元市由原来的220千伏站为枢纽提升为以500千伏站为枢纽。“5·12”汶川地震后，为保证灾后重建工作顺利进行、满足广元经济重建发展和居民安置用电需求，广元市加快了电网的重建。截至2011年5月，广元市电业局共完成固定资产投资15亿元，建成110千伏变电站4座、35千伏变电站4座，新装10千伏配电变压器1331台，新增35千伏及以上线路09条，共计192.42千米。现在广元市共有变电站63座，其中，500千伏变电站1座、220千伏变电站3座、110千伏变电站17座、35千伏变电站21座，变电容量共计342万千伏安；35千伏及以上线路2175千米。

3. 天然气管道

初步实现市内管道网络建设，为居民生活用气和企业生产用气提供保障。广元市已建成天然气输气管道6条，分别为九龙山－苍溪输气管道（起于苍溪县龙王镇，止于苍溪县城，全长45公里，该管道的修建结束了九龙山地区因管输能力不足导致天然气开采困难的历史），广元－旺苍输气管道（管线全长72.11），广元－朝天输气管道（管线全长35公里，年输气7300万方），九龙山－白水输气管道（起于苍溪县九龙山，止于旺苍县白水镇，年输气200万方）及江油中坝－广元输气管道（起于江油市中坝镇，止于广元市城区），白水－广元输气管道（起于旺苍县白水镇，止于广元市盘龙镇，干线线路总长51.8千米）。九龙山－白水－广元输气干线的投入使用，结束了广元外购气的历史，由用气末端变为用气始端，并且还返输川渝地区。

实现天然气居民用户和用量双增加。2000～2010年实现居民用气户增长接近7倍，用气量增长6倍多。2000年全市有民用户13849户，用气量为680万立方米；2008年底，全市天然气民用户增加至74000户，用气量为2347万立方米；2010年，全市天然气民用户突破10万户大关，用气量4786万立方米。全市越来越多的居民使用上天然气这一清洁、安全、高效、经济的新能源。

非民用气实现零的突破，截至2010年底非民用户达2535户，年用气量2068万立方米，年减排二氧化碳2.8万吨。

4. 沼气

沼气的使用和发展是广元发展低碳经济和生态建设的重要形式。农村沼气逐步实现上联养殖业、下联种植业的农村循环经济模式。广元市每年新增农村户沼气池

图 37-13　广元市天然气输气管线

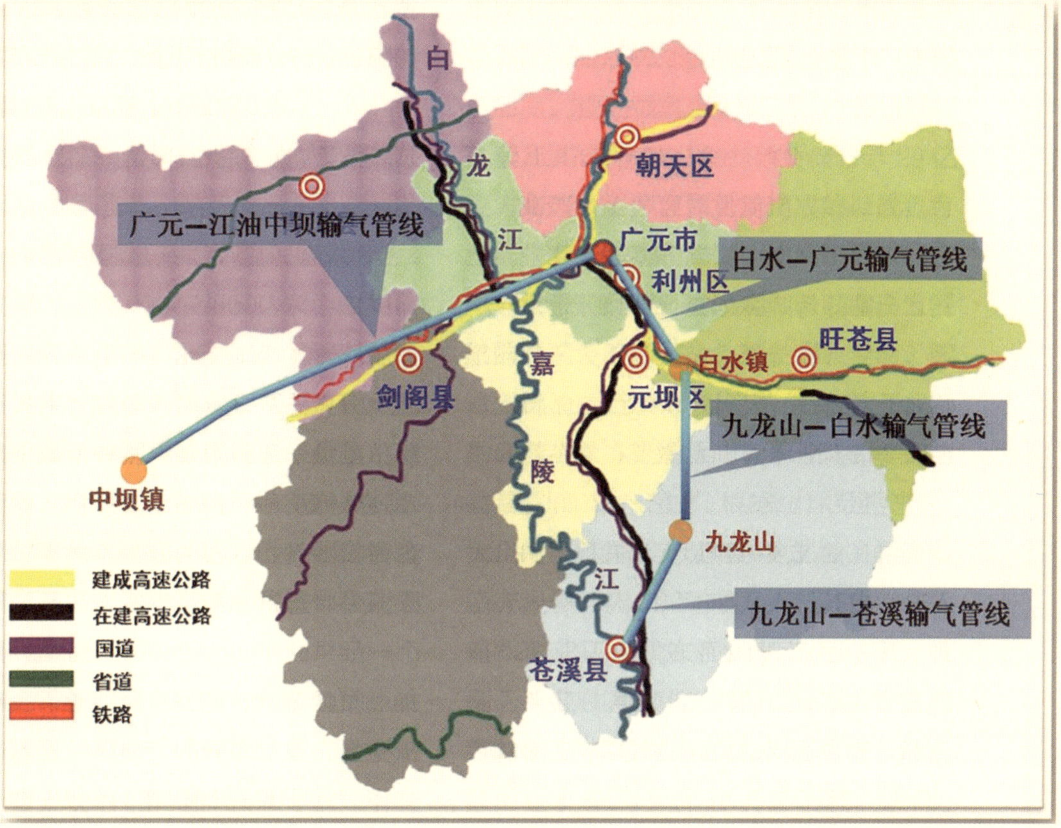

2 万口。截至 2011 年，全市累计建池达到 29.6 万口，占总农户的 45%，占适宜农户的 60%。全市新建大中型养殖场沼气工程 41 处；新建农村沼气服务网点 500 个以上，服务农户 15 万户。

五　产业体系：第二产业为主体，第二产业中工业为重中之重

在广元产业体系中，第二产业成为三次产业中的主体，第二产业以工业为重点。广元市把能源、金属、农副产品加工、电子机械、建材五大工业作为全市工业发展的重中之重。围绕天然气、水火电、煤炭、石灰石等资源，大力推进资源转化，延长和完善产业链条，培育和打造优势产业，增强优势产业的核心竞争力和对工业经济的支撑力。五大产业中，农副产品加工业规模以上总产值最高，占全市规模以上工业总产值比重也最大；电子机械产业和建材产业发展最快（见表 37-8）。广元在“5·12”大地震中受损的产业恢复迅速，产业结构不断优化，先后建成了川浙、川黑等一批工业集中发展区和苍溪三井、利州大石等一批现代农业示范园区，加快了广元各产业发展的集中程度，降低生产经营成本，提升产业竞争力。同时，灾后剑

门关、昭化古城等4A级旅游景区的相继建成，为广元发展旅游业提供了新的载体。

（一）有色金属产业

广元市依靠砂金、铅锌、铝土等有色金属矿藏，重点发展有色金属产业。到2010年，全市规模以上有色金属工业企业达到29家。金属板块全年实现工业总产值35亿元，增长24%，占全市五大工业规模以上工业企业总产值316亿元的11.1%。广元市的有色金属产业主要布局在广元经济开发区中的袁家坝有色金属工业园区。该园区主要发展电解铝、铝卷板、铝合金等有色金属产业，并配套发展其他产业。到2010年底，园区中的启明星铝业、中钢川炭、达钢集团等一批亿元以上骨干企业和一批中小成长型企业实现有色金属产业产值22亿元。

在广元市的有色金属产业中，以铝业为重中之重。广元市定位以启明星企业为龙头的铝产业为有色金属产业的主导产业，其产业链主要由电解铝－铝制品等环节构成。在袁家坝有色金属工业园区内，聚集了启明星、启元碳素及华兴、金圣、金泰、安驭、捷盛等铝加工企业。这些企业现已具备年产12万吨电解铝，20万吨铝加工，10万吨高精铝板、带、箔精加工能力。2010年，广元市十种有色金属产量达到97605吨；铝材产量达到7234吨。

（二）农副产品加工业

广元市农副产品深精加工企业数量多但等级不高，农副产品加工业已形成一定的规模。灾后重建过程中形成的几十个专业化农业示范园区，农民自发组建的新型合作经济组织等为农副产品加工业提供了安全、标准化的原料来源。作为四川省“十二五”期间重点发展的特色农产品生产加工基地之一，广元市利用丰富多样的农业资源，发展绿色、特色、生态农副产品加工业，促进资源优势转化为产业优势，推动农业结构调整和农业产业化发展，引进和培育了一批知名的农副产品深精加工企业。截至2011年初，全市共培育和发展各类以农产品加工营销为主的企业631家，其中，国家级农业产业化重点龙头企

表37-8　广元市2010年五大产业规模以上工业企业产值（单位：亿元，%）

产业＼项目	规模以上企业总产值	增长率	占全市规模以上企业工业总产值比重
农副产品加工业	103	16	32.6
能源产业	45	9	14.2
电子机械产业	45	85	14.2
建材产业	45	85	14.2
金属产业	35	24	11.1

注：广元市2010年五大行业规模以上工企业总产值共计316亿元。

业 1 家、省级农业产业化重点龙头企业 18 家，市级农业产业化重点龙头企业 85 家。市级及以上重点龙头企业销售收入总额 64 亿元。

1. 广元市茶叶、水产、果蔬产业主要分布在中部河谷走廊，沿广巴高速公路的利州区、元坝区、旺苍县城区和部分乡镇以及青川县

（1）茶叶。

广元市旺苍县是四川省首个全国绿色食品原料（茶叶）标准化生产基地、四川省十个特色效益农业（茶叶）重点基地县之一、全国有机产品认证示范县、中国名茶之乡。全县形成以木门、五权、高阳、枣林为中心的 4 个万亩生态茶叶示范园，覆盖 23 个乡镇 123 个村，茶园面积达到 20.1 万亩，其中 2456 亩已经通过了有机产品产地认证。全县有产业化经营的有机茶场达到 66 家，投资在 500 万元以上的茶叶经营企业 10 个，米仓山茶业集团、桃源茶业、三山茶业、木门茶业、青龙山茶业、高阳碧峰茶叶等多家茶叶企业成为了全县茶叶生产企业的龙头。2011 年，全县茶叶产量达到 2700 吨（其中，50.5 吨干茶通过有机产品认证），产值实现 5.5 亿元。

（2）水产。

广元是西部最大的绿色水产品基地，白龙湖被农业部列为中国绿色食品示范区中唯一的绿色水产品生产示范基地，也是灾后青川县建成的五大农业示范园区之一。全市现有各类苗种繁育场 32 处，其中，省级重点良种场 1 个、水库渔场 12 个、乡镇渔场 19 个，形成大水面渔业、中小型水库群渔业、溪河特种水产养殖、池塘精养基地、稻鱼轮作生态养殖、冷水鱼类养殖、土著名优鱼类保护和繁育七大渔业基地。2009 年，广元水产品产量达到 5.9 万吨，实现渔业产值 10 亿元。其中，白龙湖产量 2 万吨，约占全市水产量的 33.8%；产值 4 亿元，约占全市渔业产值的 40%。

广元水产企业填补了四川省水产精深加工领域的空白。广元市白龙湖水产公司成为全省首家“有机鱼”经营龙头企业，成功将白龙湖鲢鱼、鳙鱼、银鱼、青虾等 10 个品种申报认证为有机食品，其“有机鱼”熟制品加工技术甚至填补了四川省水产精深加工领域的空白。

（3）果蔬。

猕猴桃是该地区果蔬产业的代表。元坝区的紫云乡、清水乡、昭化镇、卫子镇、柏林沟镇等 10 个乡镇已建成猕猴桃基地 20000 亩，占全市猕猴桃面积的 1/5，年产各类猕猴桃 20000 多吨。旺苍县的东河、嘉川等乡镇已建猕猴桃基地 3 个，共有猕猴桃基地 2500 亩，其中，1800 亩猕猴桃园通过了有机产品产地认证，540 吨鲜猕猴桃通过了有机产品认证

2. 畜牧业、烟叶等加工产业主要分布在南部丘陵地带，以苍溪县全部乡镇、剑阁县、元坝区大部分乡镇、利州区、旺苍县部分乡镇为主

（1）畜牧业。

广元市畜禽良种繁育体系基本建成，畜禽良种场的培育实现了从零到有。全市有近 20 家原种猪场、5 家种禽场、3 家种兔场、3 家种羊场、毛兔专家大院 1 个。

以生猪宰杀加工为主。广元市有畜禽肉类加工龙头企业 14 家。其中，生猪宰杀加工龙头企业 10 家，牛羊宰杀及精深加

工龙头企业1家，肠衣精深加工龙头企业1家，肉兔精深加工龙头企业1家，生猪熟食品精深加工龙头企业1家。此外，还有年产20万吨饲料加工龙头企业2家。

全市畜牧业经济占据了农村经济的半壁河山。2010年全市畜牧业生产产值达到95亿元，占农业总产值的比重达到54.2%。畜牧业也成为农村劳动力除外出务工收入以外，主要的现金收入来源。

（2）烟叶。

广元市是四川省烤烟种植基地之一，烟叶生产是广元市特色农业产业的支柱之一，是农民增收、企业增效的重要手段。广元市在剑阁县建立了木马现代农业示范区，建立现代烟草核心区10000亩作为全市烟草发展的示范区。2009年，全市烟叶收购22万担，实现烟叶产值1.53亿元，实现了产值超亿元。

剑阁县是国家烤烟生产的重点基地县，通过“银行＋公司＋政府＋农户”的信贷流程模式，迅速扩大了烟叶的种植面积。2005年，种植烟叶2.47万亩。2009年，种植烟叶6.5万亩，烟叶收购量达到16.5万担，占全市烟叶收购的75%；实现产值11550万元，约占全市产值的75.5%。

3. 林业、油橄榄、中药材和反季节蔬菜产业主要分布在北部山区，地处青川县、朝天区和旺苍县的大部分乡镇

（1）林业。

广元市林业产业主要包括工业原料林产业、油橄榄产业和核桃产业。广元市的工业原料林产业由于起步不久，木材加工产值较低，仅占第一产业的6.9%。但是工业原料林建设是一项投资大、时间长、涉及面广的林业项目，能够拉动苗木产业发展，为农民务工创造机会，有利于带动农民脱贫致富，促进经济发展。广元市现有四川升达林业、四川祥和木业、剑门木业等林产品重点加工龙头企业，主要生产中密度纤维板、细木地板、实木地板、实木复合地板。截至2011年底，全市林业产业基地达937.2万亩，实现林业总产值61亿元。

广元油橄榄产业是四川油橄榄重点发展地区，而且在国内有一定的影响力。自2000年发展油橄榄后，经过十多年的时间，广元油橄榄产业已具有相当规模。截至2011年上半年，广元市有油橄榄园145000亩，其中，青川县80000亩，占56.2%；利州区33155亩，占23.3%；旺苍县7500亩，占5.3%；苍溪县7381亩，占5.2%；剑阁县4171亩，占2.9%。油橄榄品种以城固32号为主，面积111787亩，占全市油橄榄园总面积的78.6%。2009年，全市共产油橄榄鲜果511吨，生产橄榄油61.3吨，果农收入426.6万元。现有规模企业3家，初榨油产值970.9万元，深加工产值4829.2万元。

“朝天核桃”通过了国家地理标志产品认证和国家地理标志证明商标，“国字号”商标在朝天核桃品牌体系构建中起主要作用。2009年，朝天区核桃产量8088吨，实现产值2.4亿元，农民人均增收达1200元。到2011年，全区核桃产量10360吨，产量连续三年位居四川省县区第一，已跻身全省十大林业产业县之列。朝天区已引进棒仁食品公司、阿明食品公司、道士特产有限责任公司、烟灯山核桃智慧油加工厂等企业从事核桃精深加工，其中，棒仁食品公司已培育成市级重点龙头企业。

（2）中药材。

广元市中药材产业化格局基本形成，“市场 + 公司 + 合作社（协会）+ 科研 + 基地”的产业化经营模式基本成熟。企业通过土地租赁、订单农业、专合组织连接等产业化经营机制发展规范化药材基地 5 万余亩。全市共有 7 家药品生产企业通过了 GMP 认证（6 家药品制剂，1 家中药饮片），其中，川珍实业为国家农业产业化龙头企业，蓉城制药和中方制药为省级农业产业化龙头企业。

（三）能源产业

广元市利用其丰富的煤炭、水能、天然气等资源，积极发展以电力为核心的能源产业。在“5·12”汶川地震后，广元煤炭产业受到严重破坏，而在重建过程中，广元在加快恢复煤炭生产的同时，加快水电、太阳能、风能、地热等清洁能源的综合开发利用，并启动了“气化广元”清洁能源行动，使得广元能源结构进一步优化，生产生活更加低碳、环保。广元已建成宝珠寺水电站、紫兰坝水电站和系列小水电、小火电，发电装机 88 万千瓦；天然气发电正处于规划阶段，“十二五”期间会开工两个 35 万千瓦天然气发电项目。2011 年，全市发电量达到 22.3 亿千瓦时。

1. 煤炭产业

煤炭是广元市重要的基础能源，属于广元市的传统支柱产业，在部分产煤县区，煤炭工业甚至占据了县域经济的半壁江山。“十一五”期间，全市原煤年产量在 500 万 ~ 600 万吨，2011 年实际产量 526.1 万吨，27 家煤炭洗选企业完成产量 220 万吨，4 家炼焦企业完成产量 70 万吨。2007 年，广元市煤炭产量超过 600 万吨，达到 660 万吨。由于受地震的破坏，煤炭产能下降，2008 年和 2009 年分别比 2007 年减少 127 万吨和 255 万吨（见表 37-9）。

广元市煤炭产业为广元市经济的发展作出了重要贡献。首先，广元市煤炭产业带动相关产业形成的增加值和 GDP 的贡献率均保持在 10% 左右，对经济的拉动作用十分明显；其次，煤炭产业的发展增加了税收，促进了就业。“十一五”期间，全市煤炭产业主营业务收入在 15 亿元以上，利税总额在 6 亿元以上，从业人员在 10 万人左右（包括配套运输、洗选、焦化等关联产业从业人员）。2011 年煤炭企业就实现税收 2.6 亿余元。

2. 水电产业

由于水能资源的固定性，广元市水电站主要分布在嘉陵江及其支流白龙江。广元市有装机容量达 70 万千瓦的宝珠寺水电站、装机容量达 10 万千瓦的紫兰坝水电站以及一系列装机容量小于 10 万千瓦的小水电站。总装机容量 110 万千瓦、年发电量约 32 亿千瓦时的苍溪亭子口水利

表37-9 2007 ~ 2011年广元市煤炭产量（单位：万吨）

年份	2007	2008	2009	2010	2011
产量	660	533	405	465	526.1

枢纽正在建设中，2013 年实现全部 4 台机组并网发电。

宝珠寺水电站是广元市最大的水电站，位于广元市利州区宝轮镇。宝珠寺水电站正常蓄水位 588 米，总库容 25.5 亿立方米，多年平均发电量 22.78 亿千瓦时。工程以发电为主，兼有防洪、灌溉等综合效益。水库具有一定的调洪库容，对洪水能起一定的削峰作用，因而不仅可减轻洪水对下游城镇和工厂的威胁，而且在一定程度上保证了下游两岸易淹农田的稳产、高产。

3. 天然气产业

作为川东北新型天然气化工产业聚集带之一，广元市按着“一区、四园”的格局发展天然气产业，范围基本覆盖全市。“一区”指建设广元市天然气综合利用工业园区；“四园”指广元市天然气工业园（位于苍溪县）、广元市油砂工业园（青川区）、广元市天然气配套工业园（利州区）、广元市气煤循环经济工业园（位于旺苍县）。从天然气产业园区的地理分布来看，基本覆盖了整个广元市。

天然气“四园区”相互配合、相互衔接，形成了一条完整的天然气加工产业链。广元市天然气工业园主要发展天然气制烯烃、天然气制乙炔、天然气发电、天然气制合成油、硫化工等五条产业链项目；广元市天然气配套工业园主要发展天然气上下游产品配套加工项目；广元市油砂工业园主要通过建设油砂分离厂和炼油厂发展提炼原油及下游化工产品；广元市气煤循

图37-14　广元市天然气工业园分布

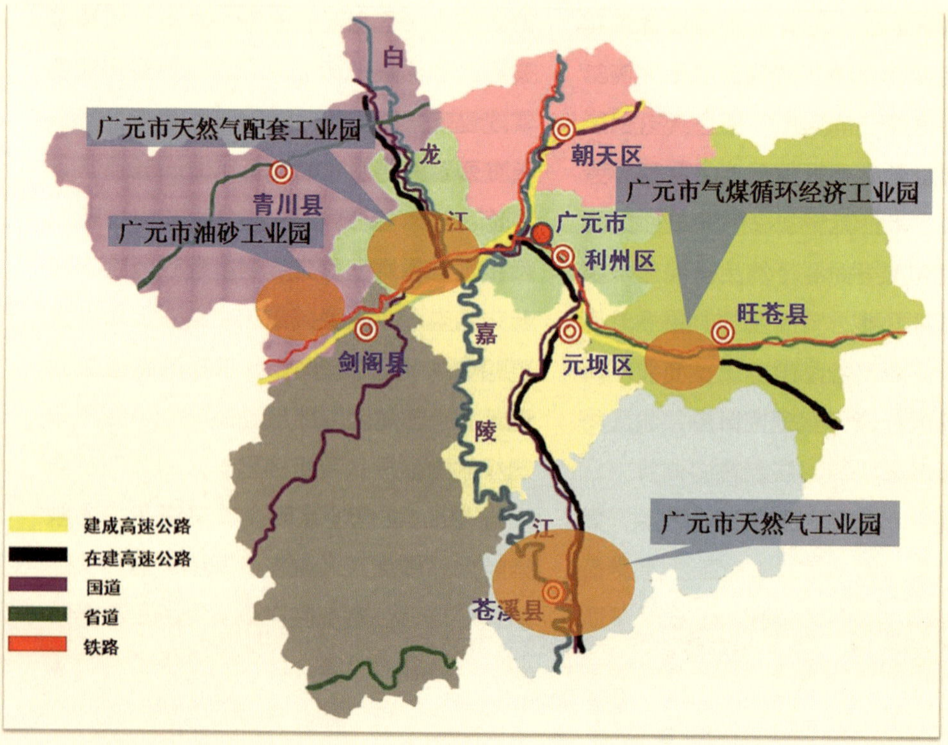

环经济工业园主要对煤炭焦炉尾气等废弃物进行综合利用，规划生产甲醇、乙醇、二甲醚及下游化工产品。

（四）建材产业

受到西部大开发和灾后重建中大规模基础设施等建设的影响，广元市建材产业突飞猛进，水泥产量从 2007 年的 140 万吨增加到 2011 年的 819.8 万吨，产值增长近 10 倍，而且为了降低能耗，水泥生产以新型干法水泥为主，占比在 95% 以上。依托丰富的森林资源，2011 年末广元板材加工企业大道了 240 多家，仅 2011 年板材产业就实现总产值 20.01 亿元，同比增长 50%。广元的建材产业除了水泥、木材加工，还有陶瓷等产业。

1. 水泥产业

广元市建材产业中的支柱——水泥。广元市的水泥产业主要有朝天区大巴口工业园区的海螺水泥、位于旺苍县卢家坝工业集中区的广旺水泥和位于利州区的高力水泥。广元市通过多种措施实现了水泥工业的产业升级换代，使之成为广元市建材产业中的支柱产业。2010 年全市建材产业实现产值 45 亿元，其中，水泥产业产值占建材产业产值的 40% 左右；全市水泥产量 552.7 万吨，其中，新型干法水泥产量 408 万吨，占总产量的 73.8%。

2. 建陶产业

建陶产业主要分布在广元经济开发区的建陶工业园区和石龙工业园。依托广元丰富的陶土、石英砂资源，重点发展以中高档建筑陶瓷、卫生洁具等环保型陶瓷产业和以玻璃制品为主的建陶产业。石龙工业园面积 4.4 平方公里，截至 2010 年入驻的企业有磐鑫建材、豪华陶瓷、旭德建材、云杉纸业、森宝木业、立建建材等 10 余家；建陶工业园区面积约 1.26 平方公里，重点发展环保型陶瓷产业，年产陶瓷 1.25 亿平方米，产值达 10 亿元。

（五）电子产业

广元是国防“三线”重点建设基地，也是成绵乐电子信息产业带的组成部分，具有计算机，电子元件、器件等产业发展的良好基础，是国家先进电子产品及配套材料产业化基地。广元电子产业主要布局在广元经济开发区的塔山湾电子装备工业园和欣锐电子组件工业园。塔山湾电子装备工业园为我国西南大型电子系统装备科研生产军民结合产业基地，以平板电源配套、家电配套、汽车部件配套设备等民用项目为主。到 2009 年底，广元电子工业企业 15 家，企业技术开发中心 6 个，企业资产总计 35 亿元，全年完成工业总产值 15 亿元。欣锐电子组件工业园是以生产 LCD 平板电视电源、PDP 平板电视电源等电力电子类产品的产业化为主，2009 年实现产值 2.5 亿元。

（六）旅游产业

广元市的旅游资源富集，种类多样，又处在大九寨国际旅游区的辐射区内，[①] 旅游产业发展优势得天独厚。2008 年

① 大九寨国际旅游区：以阿坝州为主，辐射绵阳、广元。以震后基础设施全面提升和成兰、兰渝高铁建设为契机，结合九寨沟的品牌和市场优势，以黄龙等旅游景区为依托，目标是建设为世界级生态旅游目的地。

“5·12”汶川地震使广元旅游产业严重受损，在灾后重建项目中有1624项文化重建项目，规划投资26.3亿元，比新中国成立以后文化项目投资总和的10倍还要多，有力地支持了广元旅游产业从低迷走向繁荣，2010年旅游总收入超过震前水平，旅游接待人数超出震前140多万人次。2011年实现旅游接待人数新的飞跃，共接待人数1447.57万人次，实现旅游总收入53.55亿元。

1. 汶川地震重创广元旅游业

广元旅游产业受到汶川地震重创。2008年“5·12”汶川地震让广元旅游业遭受了重创，直接经济损失超过37亿元。明月峡、剑门关、古栈道、皇泽寺、千佛崖等旅游景点均有不同程度的损坏，旅游交通道路和旅游服务设施也有部分损毁严重。但是，广元旅游优势资源基础和旅游产业没有受到根本性破坏，旅游产业发展的动能仍然存在。

2. 灾后恢复重建，广元旅游业实现跨越式发展

广元市借助灾后重建的机会，实现了全市旅游业跨越式发展。灾后重建，广元的基础设施得到了全面的升级，尤其是交通，这为旅游资源的开发和旅游产业的发展带来了很大的方便。广元利用便利的交通和密集的旅游资源，通过“一线串珠成大景”的方式，把广元旅游景点“打包”，围绕“剑门关蜀道、武则天故里”的主题，把从翠云廊经联剑门关、昭化古城、白龙湖、天曌山、皇泽寺、千佛崖、明月峡到雪溪洞一线作为广元的龙头景区，突出剑门蜀道三国文化游、温泉山水生态休闲游的定位和特色，带动和辐射全市红色旅游、生态旅游的发展。

广元市对旅游业实施的资源转化战略成功地将广元旅游产业培育为全市的先导产业和动力产业。旅游业每增加1个直接就业人员，就带动产生5个就业岗位；旅游收入每增加1元，相关行业收入会增加4.3元。2010年全市旅游产业直接就业者达到了10万人，带动相关产业就业20万人。广元市旅游业的兴旺直接拉动餐饮、酒店等服务行业的发展。据统计，在2010年“十一黄金周”期间，广元市的酒店床

表37-10　2006～2011年广元市旅游接待人数和旅游收入（单位：亿元，%，万人次）

年份＼项目	旅游总收入	同比增长	接待人数	同比增长
2006	21.08	49.3	385.44	46.8
2007	31.14	47.7	560.37	45.4
2008	15.8	-49.7	350	-37.5
2009	23.24	44.3	512.61	32.6
2010	32.03	37.8	700.58	36.7
2011	53.55	67.2	1447.57	103.8

资料来源：《广元市统计公报》。

位出租率平均达到 96% 以上，苍溪、剑阁、旺苍等城区及昭化古城等景区，吃饭住宿都很紧张。

但是，广元市的旅游产业与川东北的其他城市相比仍处于低水平，其旅游收入与处在前面的南充市和广安市仍存在较大差距（见表 37-11）。广元拥有着比其他城市更密集的旅游资源，但是在资源转化为产业上做得还不够，广元市一方面要加大对旅游资源的开发和宣传，另一方面也要完善相关的基础设施，尤其是交通设施，为旅游的发展提供良好的支撑。

六　城镇发展及其重塑

（一）广元市城镇发展现状特点

1. 规模等级结构

（1）工业化水平较低，城镇集聚能力不足。

工业化是城市化的主要推动力，由于工业生产活动中的集聚作用，带动了人口的集聚和城市化水平的提高，从而推动整个城镇体系不断完善。从广元市的经济发展水平看，目前虽然广元经济结构不断优化，但农业占地区生产总值的比重仍然较高，第二产业特别是工业占地区生产总值的比例过低，从而使得其城市的集聚和辐射功能较弱。2011 年三次产增加值占地区生产总值比重为 20.8∶44.6∶34.6，第一产业占地区生产总值的比重高于四川省 6.6 个百分点，而第二产业占地区生产总值的比重则比四川省低 7.8 个百分点，其中工业增加值占地区生产总值的 38.6 个百分点，比四川省低 6.5 个百分点，工业化水平较低，处于初级阶段，工业发展不足。

（2）城镇化率和非农人口比重低。

广元市域城镇发展较快，城镇化率逐年提高，但整体水平仍然较低。与全省平均水平相比，广元整体城镇化水平仍然较低。2011 年广元城镇化率为 34.66%，远低于四川省 41.83% 的城镇化率（见表 37-12）。“十一五”期间，广元市城镇化率年均增长 1.12%。在川东北经济区范围内，虽然广元城镇化率居第

表 37-11　川东北各市旅游接待人数和旅游收入（单位：亿元，万人次）

指标／城市	2009 年		2010 年		2011 年	
	旅游收入	接待人数	旅游收入	接待人数	旅游收入	接待人数
南充市	71.6	1101.3	91.13	1307.6	91.13	1307.6
广安市	50.6	857.4	65.7	1040	84.3	1288.2
达州市	35.5	749.92	41.58	858.1	50.06	991
广元市	23.24	512.61	32.03	700.58	53.55	1447.57
巴中市	16.76	360.9	22.8	402	31.7	537

二位（见表 37-3）但比南充市低 2.89 个百分点，仅比位居第三的达州市城镇化率高 0.35 个百分点。

广元市三区、四县的城镇化水平差距较大（见表 37-13），2011 年利州区城镇化率达到 75.1%，而城镇化率最低的青川县仅为 22.1%。

广元市城镇发展整体水平低。2011 年末，广元城镇非农业人口 70 万人，非农业人口占户籍总人口的 22.5%，低于同期四川省的 27.19%。非农人口占各县区人口比例差异大。2011 年利州区非农业人口为 29.5 万人，非农人口占该区总人口的 61.3%。朝天区非农人口仅有 1.60 万人，占该区户籍总人口的 7.7%。

由于受到地形及其他因素影响，人口地区分布差异较大（见表 37-14）。广元市人口主要分布在盆地北部的低山向川中丘陵地区的过渡地带，其中，元坝、苍溪和剑阁一区二县占广元市面积的 42.72%，2011 年占广元总人口的 55.33%。2000 ~ 2011 年，占总人口的比重下降 0.17 个百分点。利州区作为市政府所在地是广元人口密度最高地区，在占广元 9.4% 的土地上生活了 15.46% 的人口，其非农人口占广元市非农总人口的 42.14%。广元北部米仓山、龙门山一带的朝天、旺苍、青川一区二县占广元面积的 47.88%，2011 年仅占广元总人口的 29.21%，比 2000 年低 0.7 个百分点。从非农人口增长速度可以看出，2011 年剑阁县、苍溪县和元坝区的非农人口占广元非农人口的 33.43%，比 2000 年高 2.04 个百分点。2000 ~ 2011 年，利州区非农人口占非农总人口比重增长 5.4%。2011 年旺苍、朝天、青川的非农人口占非农总人口的比重比 2000 年下降 3.5 个百分点。

（3）广元市城市首位度分析。

1939 年，马克 · 杰弗逊提出了城市首位度概念，把在区域中的最大城市称为首位城市。根据位序 - 规模的原理，二城市首位度为 2，四城市首位度为 1，是城市

表 37-12　2005 ~ 2011 年广元市与四川省城镇化率（单位：%）

年　份	2005	2006	2007	2008	2009	2010	2011
四　川	33	34.3	35.6	37.4	38.7	40.18	41.83
广　元	27.4	28.7	30.1	31.2	32.8	32.98	34.66

资料来源：《四川省统计年鉴》。

表 37-13　2011 年广元市及各县区城镇化率（单位：%）

城市	广元市	利州区	元坝区	朝天区	青川县	剑阁县	苍溪县	旺苍县
城镇化率	34.66	75.1	25.4	24.3	22.1	26.5	25.5	31.4

注：剑阁县为 2010 年城镇化水平。
资料来源：广元市及各县区 2011 年统计公报。

表 37-14　2000 年、2005 年和 2011 年广元及各区县人口变化情况

地区		广元市	利州区	元坝区	朝天区	剑阁县	旺苍县	青川县	苍溪县
2000 年	总人口（万人）	302.6	44.2	24.2	20.6	67	44.9	25	76.7
	非农人口（万人）	54.8	24.1	2.1	1.1	5.9	9.5	3	9.2
	非农人口比重（%）	18.1	54.5	8.7	5.3	8.8	21.2	12	11.9
2005 年	总人口（万人）	304.2	46.2	23.8	20.6	66.8	45.9	24.3	79.3
	非农人口（万人）	60.4	26.6	2.3	1.1	7.1	9.7	3.5	10.1
	非农人口比重（%）	19.9	57.6	9.7	5.3	10.6	21.4	14.1	13.2
2011 年	总人口（万人）	311.2	48.1	24	20.7	68.9	45.9	24.3	79.3
	非农人口（万人）	70	29.5	2.4	1.6	8.4	11.3	4.2	12.6
	非农人口比重（%）	22.5	61.3	10	7.7	12.2	24.6	17.3	15.9

资料来源：《四川统计年鉴》。

规模结构的理想状态。2011 年广元市非农人口两城市首位度为 2.3413，[①] 说明广元市第二大城市发展不足，规模较小。非农人口四城市首位度为 0.9133，说明广元市的第三和第四大城市的规模相对较大，城市等级体系有待改善。广元市地区生产总值两城市首位度为 1.9127，低于公认的 2，地区生产总值的四城市首位度为 0.7209，低于公认的 1。不论从地区生产总值的两城市首位度还是四城市首位度，都可以看出利州区作为广元市的经济第一大区凝聚力不足、辐射力较低。但 2011 年地区生产总值两城市首位度比 2010 年上升了 0.0835，四城市首位度上升了 0.0299，说明利州区经济辐射能力正在不断增强，处于集聚增长阶段（见表 37-15）。

2. 城镇职能结构

从地区生产总值构成可以看出，广元经济密度为 252.21 万元 / 平方公里，仅为四川省平均经济密度的 58.17%；利州区经济发展最好，经济密度为 903.26 万元 / 平方公里；青川县经济总体发展状况较差，经济密度仅为 62.52 万元 / 平方公里（见表 37-16）。剑阁县和苍溪县第一产业增加值分别占广元市第一产业增加值的 24.13% 和 27.66%，第一产业经济密度分别为 63.13 万元 / 平方公里和 99.31 万元 / 平方公里，对广元市第一产业增加值的贡献超过 50%。剑阁、苍溪是广元主要的农产品和畜牧业产区，旺苍和苍溪是广元主要的林业地区，而广元地区主要的渔业则集中于利州区、苍溪县和青川县。利州区是广元主要的工业和商业服务业中心。首先，利州第二产业增加值占广元市第二产业增加值的 42.1%，特别是利州区工业增加值占广元市工业增加值的 42.69%，工

① 城市首位度：某地区首位城市的集聚程度。两城市首位度 = 首位城市人口 / 第二位城市人口；四城市首位度 = 首位城市人口 /（第二位城市人口 + 第三位城市人口 + 第四位城市人口）。

表 37-15　广元市各区县两城市首位度及四城市首位度（单位：万人，万元）

年　份	2010 年			2011 年		
区县 \ 指标	户籍人口	非农人口	地区生产总值	户籍人口	非农人口	地区生产总值
利州区	47.80	28.90	1098277.00	48.1	29.5	1385634.00
苍溪县	79.10	12.20	601000.00	79.30	12.60	724420.00
旺苍县	46.30	11.10	490700.00	45.9	11.3	589926.00
剑阁县	68.80	8.10	497800.00	68.90	8.40	607676.00
青川县	24.40	4.20	159398.00	24.30	4.2	200974.00
元坝区	24.00	2.30	226036.00	24.00	2.40	296069.00
朝天区	20.50	1.60	182427.00	20.7	1.60	254797.00
两城市首位度*	1.1497	2.3689	1.8274	1.1509	2.3413	1.9127
四城市首位度*	0.4856	0.9204	0.6910	0.4868	0.9133	0.7209

注："*"根据上文基础数据计算得到。
资料来源：《四川省统计年鉴 2011》和《四川省统计年鉴 2012》。

业经济密度为 433.51 万元 / 平方公里，是广元市的 4.45 倍，是四川省工业经济密度的 2.22 倍。其次，利州区第三产业增加值为 54.80 亿元，占广元市第三产业增加值的 39.26%，第三产业经济密度为 357.24 万元 / 平方公里，是广元的 4.09 倍，是四川的 2.47 倍。

从就业结构可以看出，剑阁县和苍溪县是广元市主要农产区，剑阁县农业就业人员占其就业总人数的 81.97%，苍溪县农业就业人员占其就业总人数的 63.25%，两县农业就业人员总数占广元市农业就业人员总数的 50% 以上（见表 37-17）。利州区第二产业就业人员占其就业人员总数的 26.98%，仅次于旺苍县的 30.18%，其中，旺苍县采掘业就业人员较多，利州区制造业就业人员较多。利州区是广元市的商业和服务业中心，其第三产业就业人员的占该区从业总人员的 27.88%；旺苍县第三产业就业人员占区县就业人数比例最高，占该县就业人数的 31.72%，比广元市第三产业占地区从业总人员的比重高 4.83%。

3. 空间结构

（1）影响广元市城镇空间结构的因素。

广元市城镇发展的空间分布上受到了地形、交通、地区经济发展水平和自然资源开发的限制。第一，广元市地处四川盆地边缘，属于盆周山区，是米仓山、龙门山和盆北低山三大地貌交汇地带，多山地丘陵，对城镇发展制约较大。第二，广元市交通条件对城镇形成和发展有重要影响因素。交通干道的建设和维护会促进一大批小城镇（如元坝、永宁、五龙等）较快发展。第三，广元市区周边地域经济发展水平高于市域平均水平，是广元市的重要增长点，市区通过辐射作用带动周边经济发展，大

表 37-16　2011 年广元市及各区县主要经济指标

地区	四川	广元	利州	元坝	朝天	旺苍	青川	剑阁	苍溪
国土面积（平方公里）	485000	16000	1534	1434	1613	2987	3215	3203	2334
地区生产总值（亿元）	21026.68	403.54	138.56	29.61	25.48	58.99	20.10	60.77	72.44
地区经济密度（万元／平方公里）	433.54	252.21	903.26	206.49	157.97	197.49	62.52	189.73	310.37
第一产业增加值（亿元）	2983.51	83.80	7.92	8.77	5.84	12.45	5.44	20.22	23.18
密度（万元／平方公里）	61.52	52.38	51.63	61.16	36.21	41.68	16.92	63.13	99.31
区位商	–	1.46	0.28	1.43	1.10	1.02	1.30	1.60	1.54
第二产业增加值（亿元）	11029.13	180.16	75.84	13.32	13.05	30.16	7.66	19.76	25.88
密度（万元／平方公里）	227.40	112.60	494.39	92.89	80.91	100.97	23.83	61.69	110.88
区位商	–	0.85	1.04	0.86	0.98	0.97	0.73	0.62	0.68
工业增加值（亿元）	9491.05	155.79	66.50	11.85	11.88	28.12	6.21	15.79	15.11
密度（万元／平方公里）	195.69	97.37	433.51	82.64	73.65	94.14	19.32	49.30	64.74
区位商	–	0.86	1.24	1.04	1.21	1.23	0.80	0.67	0.54
第三产业增加值（亿元）	7014.04	139.58	54.80	7.52	6.59	16.38	7.00	20.79	23.38
密度（万元／平方公里）	144.62	87.24	357.24	52.44	40.86	54.84	21.77	64.91	100.17
区位商	–	1.04	1.14	0.73	0.75	0.80	1.01	0.99	0.93

注：密度和区位商根据基础数据计算得到。
资料来源：《四川省统计年鉴 2012》。

表 37-17 广元及其所辖区县就业人员按国民经济行业分布情况（单位：万人，%）

地 区	广元	利州	元坝	朝天	旺苍	青川	剑阁	苍溪
总就业人数	168.59	26.65	12.76	12.4	24.72	13.33	26.29	41.9
1. 第一产业就业人员	87.85	12.03	6.83	7.12	9.42	8.1	21.55	26.5
占该地区从业人员比例	52.11	45.14	53.53	57.42	38.11	60.77	81.97	63.25
2. 第二产业就业人员	35.41	7.19	2.57	2.29	7.46	1.74	1.09	6.7
占该地区从业人员比例	21.00	26.98	20.14	18.47	30.18	13.05	4.15	15.99
3. 第三产业就业人员	45.33	7.43	3.36	2.99	7.84	3.49	3.65	8.7
占该地区从业人员比例	26.89	27.88	26.33	24.11	31.72	26.18	13.88	20.76

资料来源：根据《四川省统计年鉴 2012》整理得到。

量小规模城镇在此密集分布。第四，广元自然资源丰富，非金属矿产资源富集度较高，资源开发的过程中，大量的人员和物资的运送会对当地经济社会发展产生较大的影响，进而会影响到其城镇空间结构。

（2）广元市城市空间分布。

广元市域城镇的空间地域分布受地形制约较大，城镇体系空间结构与交通干线和河流的空间走向密切相关（见图 37-16）。广元市城镇空间结构目前主要以三区四县及所辖镇为二、三级中心，以及以国道、省道、嘉陵江航道为联系的点轴格局，南北向主要沿嘉陵江和国道 212 线延伸，东西向主要沿成广高速和国道 108 线拓展。沿主要交通线分布的城镇数占广元市城镇总数的比例约为 57.14%。

广元市城镇密度较低。城镇密度为 5.69 个 / 千平方公里，高于四川省的平均水平 3.75 个 / 千平方公里，但远低于南充市的 14.5 个 / 千平方公里的城市密度，也低于川东北经济区平均的 8.09 个 / 千平方公里。从人口密度看，受到相关地形及经济发展水平等因素影响，广元市人口密度仅为 156 人 / 平方公里，不仅在川东北经济区中位列最后，而且低于四川省的平均水平（166 人 / 平方公里）。

广元市域城镇分布不均（见表 37-18），苍溪县城镇密度为 9.43 个 / 千平方公里，平均每一个城镇的服务面积为 106.1 平方公里，而城镇密度最低的青川县仅为 2.75 个 / 千平方公里，平均每一个城镇的服务面积为 363.4 平方公里。市域范围内每个城镇可以服务的人口数量差异较大，如利州区平均每个城镇服务人口 7.51 万人，而元坝区平均每一城镇服务人口仅为 1.9 万人。市域范围内的城镇人口密度差异较大，人口密度最高的是利州区，每平方公里拥有常住人口 336 人，是四川省人口密度的 2 倍；而人口密度最低的青川县，每平方公里拥有常住人口 69 人，仅是四川省人口密度的 2/5。

（二）广元市城镇体系重塑

1. 城市发展战略

广元是我国西部重要的能源化工基地

图 37-15　广元市城镇沿主要交通线分布情况

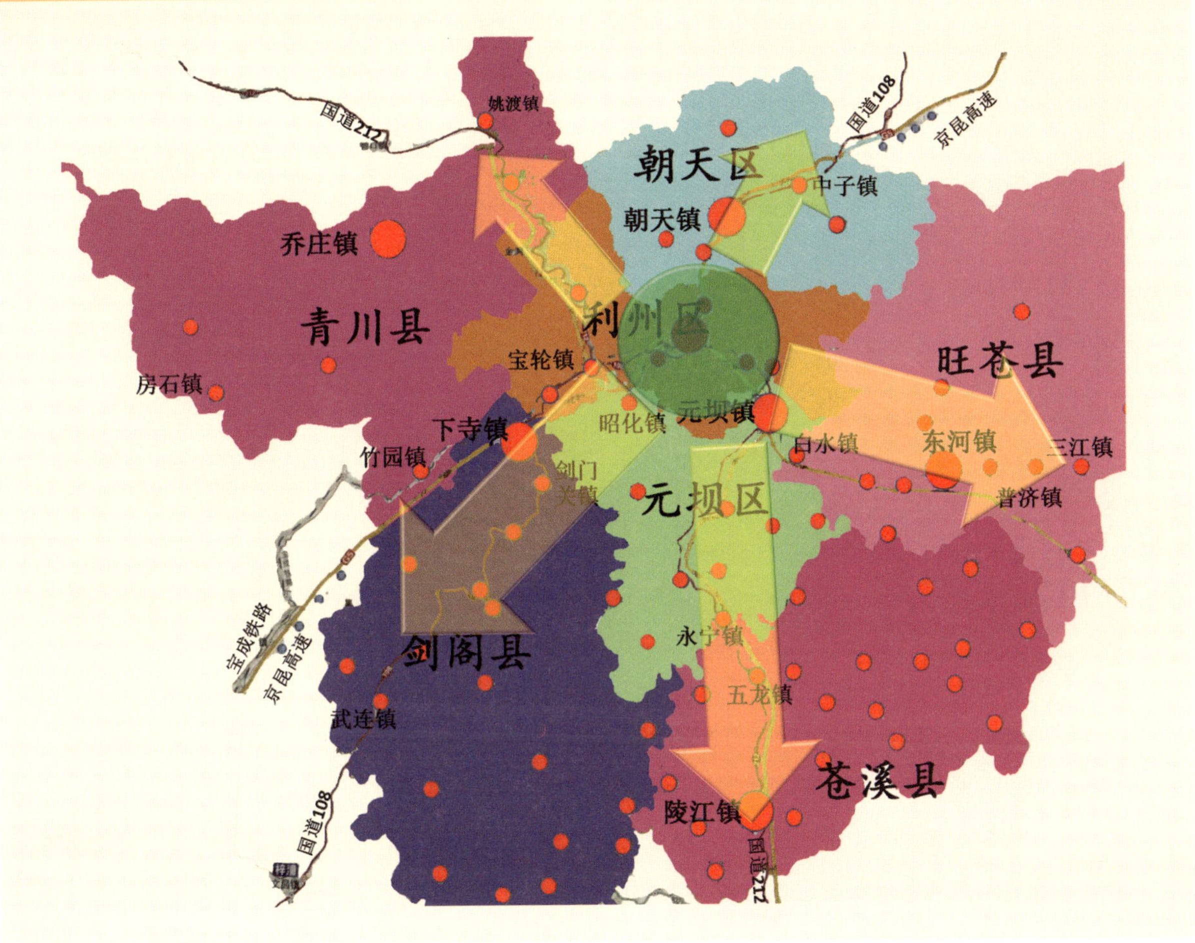

和农产品深加工基地，连接我国西北、西南地区的区域性交通枢纽，以发展工业、物流和旅游为主的川陕甘结合部地区的区域性城市。在未来的发展中，广元应该积极推进“两化”互动，统筹考虑城镇化的发展和产业的布局，积极融入成德绵乐广城镇发展带，利用良好的城市布局为产业发展提供载体和支撑。广元市未来主要向西发展，其次向东拓展，形成东西联动的城市发展格局。率先发展中部河谷走廊区，以中心城区为轴心，大力发展通道经济和临港经济。着力构建大城市、中小城市和小城镇协调发展的城镇体系。利州区宝轮、元坝区昭化等乡镇部分区域建设为广元中心城市新区；苍溪、旺苍县城建设成为地域文化特色鲜明、人居环境良好的小城市；建设一批社区商业中心。

2. 构建合理的城镇体系

（1）优化广元城镇规模等级结构。

广元城镇体系结构调整主要在于：适当扩大中心城市规模，大力发展二级城镇和片区中心城镇，加大力度建设一批重点小城镇和一般建制镇，形成大、中、小城镇协调发展的格局。

构建以广元市为核心，以苍溪、旺苍、剑阁、青川、朝天、元坝为点，以

表 37-18 广元市 2010 年相关城镇指标

地 区	四川省	广元市	利州区	元坝区	朝天区	旺苍县	青川县	剑阁县	苍溪县
辖区面积（平方公里）	485000	16000	1534	1434	1613	2987	3271	3203	2334
乡	2585	139	3	19	19	20	27	34	17
镇	1821	91	7	9	6	15	9	23	22
常住人口（万人）	8042	248.4	51.6	16.8	17.4	38.58	22.2	45.8	55.9
城镇密度（个／千平方公里）	3.75	5.69	4.56	6.28	3.72	5.02	2.75	7.18	9.43
人口密度（常住人口／平方公里）	166	155	336	117	108	129	69	143	240
平均每一城镇服务的面积（平方公里）	266.3	175.8	219.1	159.3	268.8	199.1	363.4	139.3	106.1
平均每一城镇服务人口（万人）	4.42	2.73	7.37	1.87	2.9	2.57	2.47	1.99	2.54

资料来源：①辖区面积，区、县、镇、乡户籍总人口，非农人口，人口密度来源于《四川省统计年鉴 2011》；②常住人口来源于广元市第六次人口统计公报；③城镇密度、平均每一城镇服务的面积、平均每一城镇服务人口根据表中基础数据计算得到。

朝（天）广（元）苍（溪）和清江河、剑（阁）广（元）旺（苍）为轴的“一主、多点、两轴”的城镇空间结构。根据城镇在市域中的地位、作用及发展潜力，将城镇体系按规模确定为 6 个等级，到 2020 年建设 1 个 60 万人的大城市，1 个 20 万人的中等城市，4 个 5 万 ~ 18 万人的小城市（县城），9 个 1 万 ~ 5 万人的小城镇，14 个 0.5 万 ~ 1 万人的小城镇；62 个 0.1 万 ~ 0.5 万人的小城镇；从而形成由 1 个一级中心城市，1 个二级中心城镇、4 个片区中心城镇、9 个重点城镇、76 个一般镇组成，等级规模结构合理的城镇规模结构体系。

广元市市区作为该地区的一级中心城市，要建设成为川东北地区重要的交通枢纽和物资集散地，城区人口规模将达 60 多万。而旺苍、苍溪两个副中心城市也会随着交通条件的改善，以及大规模资源开发项目的带动而形成中等城市。剑阁县城、普安镇、竹园镇和朝天城区及青川乔庄镇也将形成几个 5 万 ~ 18 万人口的小城市。

（2）完善广元城镇职能结构。

根据广元市的经济社会发展状况和自然条件，合理划分市域一、二级城市的主要职能；加快一般城镇发展，发挥其服务中心职能，形成具有地域特色的小城镇。

市域一级城市主要是指广元市区，其主要职能定位是全市的管理中心，面向全市乃至整个川东北地区的生产中心、服务中心、集散中心和信息扩散中心，以及区域内外的重要联系纽带。

市域二级城镇主要包括朝天和元坝两区的城区，苍溪、旺苍、青川、剑阁四县的县城以及剑阁县的竹园和普安两镇。考虑到市域地域自然、经济条件，其定位必须在当前的县域政治经济文化中心基础上有所提升，尤其是苍溪、旺苍须向广元市的副中心城市发展。

市域三级城镇。这类城镇主要是指市域各乡镇内形成的小城镇。其第二、第三产业发展滞后，主要作为农村的低层次农产品交易市场存在。这些小城镇必须进一步以农业为依托，大力发展乡镇企业、服务业，成为真正联系城乡的纽带。进一步完善各城镇在整个城镇体系的分工，利用产业支撑城镇的发展，构建以中心片区为心，以元坝片区为东翼、宝昭片区为西翼的“一心两翼”的“人”字形带状组团结构。

（3）合理调整广元城镇体系空间结构。

广元市城镇体系的空间构成应该通过合理的规划，推动其从自然发展向以交通推动、资源开发推动转变。逐步形成“一主两副两轴”的城镇空间结构。

第一，突出广元市核心区的发展，加强其辐射能力。

广元市区是交通优势明显，其所在的嘉陵江河谷平坝是广元市域最大的一块平地之一，城市发展还有拓展空间。同时，周边密集分布的小城镇将形成沿中心城区发展的环形结构。

第二，将苍溪、旺苍两地作为广元向南、向东拓展的副中心。

从发展空间来看，广元市区可以容纳的人口有限，加强副中心城市发展是广元城镇化道路的必然选择，苍溪、旺苍都有成为副中心城市的潜力。苍溪天然气工业园区的建设将带来大量就业机会；兰渝铁路、南广高速的通车将大大提升苍溪的交通条件；苍溪县城周边还有大片的河谷平坝尚待开发，城市发展的地理空间充足。

第三，加快朝广苍城镇发展轴和剑广旺城镇发展轴发展。

朝广苍城镇发展轴。该轴线依托国道 212 线、兰渝铁路、兰海高速公路、嘉陵江三级航道等交通干道，属于四川省重点发展的嘉陵江经济发展带。不仅是广元市域最主要的城镇发展带，还是广元市发展的主要产业轴线。此轴的建设将形成广元南北方向上的经济发展脊，大大推动周边地域的发展。

剑广旺城镇发展轴。该轴线依托成广高速、宝成铁路、国道 108 和规划中的广巴城际铁路，是四川省内“K”字形发展轴的重要组成部分。该轴的建设将使广元与成都平原经济圈更好地对接，同时，带动一批小城镇的发展。

七　发展战略与经济重塑

（一）经济发展优势条件

1. 深入推进西部大开发的战略

西部大开发战略的不断推进，将会有助于广元市加强培育特色优势产业，大力发展农牧业、现代工业和服务业，加快构建现代产业体系；能够促进广元市保障和改善民生，推进基本公共服务均等化。利用国家增加对上游地区重点生态功能区的均衡性转移支付的政策优势和广元地处嘉陵江上游生态屏障区的区位优势，积极参与国家生态补偿政策的制定，利用地区生态优势推进本地区基础设施建设。

2. 扶持革命老区发展的政策

国家在“十二五”规划纲要明确提出，要“加大对革命老区、民族地区、边疆地区和贫困地区的扶持力度”，从战略层面更加重视和支持革命老区的发展。四川省“十二五”革命老区发展规划明确提

图 37-16　广元市城镇发展空间结构

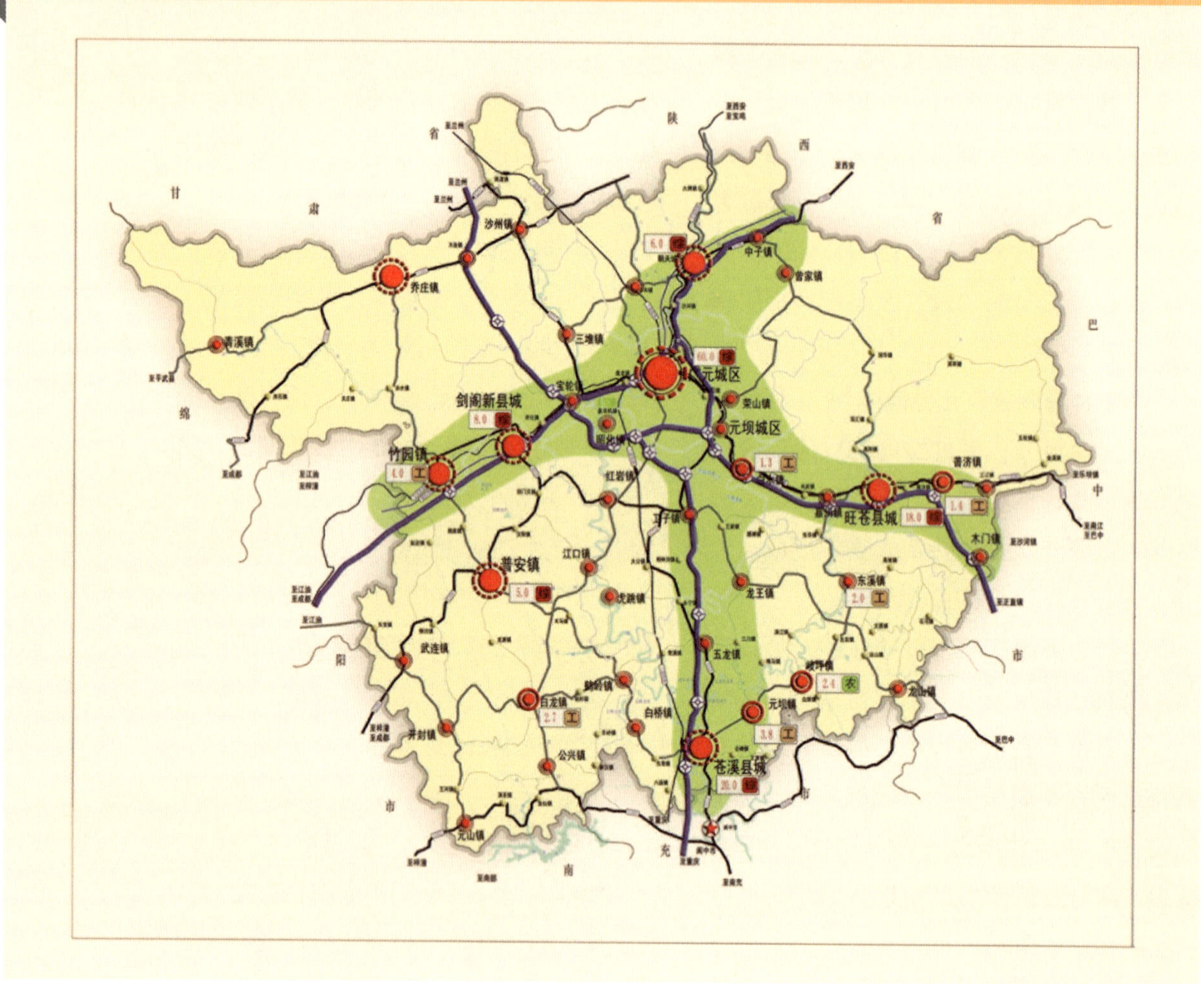

出，要突出集中连片扶贫，加快老区基础设施建设和社会事业发展，切实改善生产生活条件，促进老区基本公共服务均等化。

广元市作为川陕革命老区的重要组成部分，在中央和省扶持政策的推动下，经济社会发展的宏观环境将进一步改善，为加快发展奠定了良好的基础。根据四川省“十二五”革命老区发展规划，青川县、朝天区、旺苍县和苍溪县是扶持发展老区，利州区是示范发展老区，元坝区和剑阁县是加快发展老区，这无疑为广元今后的发展提供了有力的支持。

3. 加快秦巴山区区域连片扶贫开发

广元属于《秦巴山区区域发展与扶贫攻坚规划》中的扶贫地区，按照“区域发展带动扶贫开发，扶贫开发促进区域发展”的基本思路，推进区域经济发展对广元有重要意义。首先，加强对扶贫地区基础设施投入，有助于解决广元经济发展瓶颈，改善经济发展环境；其次，提高公共服务水平，着力改善农村基本生产生活条件，有助于实现广元城乡一体化，释放农村消费市场，增强经济发展的内生动力；最后，推进生态建设和环境保护的政策，有助于保护广元生态环境，助推生态产业发展。

4. 建设北部出川大通道推进向西开放

改革开放以来，我国的开放重点都在东部沿海地区，西部地区的开放程度相对滞后。特别是随着全球经济疲软、东部地区经济增长放缓，加大向西开放的力度成为我国经济找到新增长点的必然选择。四川作为我国西部地区的中心地带，未来国家向西开放的桥头堡，扩大与西部地区的开放合作，对未来四川经济的发展具有重要意义。广元位于川、陕、甘三省交界处，具有建设交通枢纽的天然优势。在《四川省“十二五”综合交通建设规划》中，广元是省界次级交通枢纽，将会成为出川的北向通道，并有助于提高区域交通网的密度，降低与其他地区交往的时间成本。北向通道的建设同时会连接南充、达州等区域性次级枢纽和绵阳、德阳、巴中等节点城市，直接为川东北天然气化工基地，川西北生态经济区和川东北城市群服务，特别是伴随着未来贯通四川至新疆的多条铁路和公路的建成，将形成对内连接东中部，对外连接环渤海地区和欧亚大陆桥的重要交通节点，缩短广元与发达地区的时空距离，为四川省的向西开放提供交通条件。同时，还会增强广元对周边地区的集聚能力和辐射能力，推动其资源优势转化为经济优势，加快广元市相关产业发展。

5. 统筹城乡改革试点带来重要机遇

统筹城乡是打破城市与农村发展不平衡、不同步的二元分割格局，解决由城乡二元经济结构造成的深层次矛盾，实现工业反哺农业、城市支持农村的重要战略决策。统筹城乡的战略要求把农村经济和社会发展纳入整个国民经济统筹考虑，以城乡经济社会一体化发展为最终目标实现城乡共同繁荣。广元市作为全省统筹城乡综合配套改革试验区，具有先行先试、超前探索的核心政策资源，有利于广元市实现医疗保障和参保人员待遇水平均等化，实现城乡全域化。

6. 较强的后发优势

广元市工业化起步晚，但后发优势强。处于工业化初期，工业体系尚未完全定型，产业转型成本低、阻力小、动作快。一方面，较低的转型成本，为发展低碳经济，走新型工业化和新型城市化道路提供了条件。在未来的发展中，广元应积极发展资源节约型和环境友好型产业，使产业体系建立之初就可以达到较高的生态环保水平，避免走“先污染、后治理”的老路。另一方面，广元应该充分利用其生态优势，推动生态农业、生态旅游等生态产业的发展，实现经济社会的可持续发展。

（二）经济发展的障碍与挑战

1. 产业结构不合理，经济发展能力较低

基础仍然薄弱，工业对经济发展的支撑力不强，现代服务业发展滞后，抗风险能力弱，经济发展整体水平较低。广元市农业仍以传统种植、养殖业为主，生态休闲农业发展不足，农产品深加工产值占经济总量比重小，农业产业化水平较低；工业对经济带动力不足，规模相对较小，占地区生产总值比例较低；旅游、商贸物流等第三产业虽有所发展，但尚未成为全市支柱产业。

2. 交通运输能力相对不足

广元市地处川、陕、甘三省交界处，向外辐射的交通通道仍然是制约广元经济发展的瓶颈，对广元市区位优势及资源优势的发挥产生了一定的阻碍作用。交通设施建设相对滞后，作为广元市货物进出"主动脉"，铁路的运输能力相对不足，广元火车站设计年运输能力为 320 万吨，但实际运力不到 150 万吨。① 广元必须以进出口通道建设为重点，积极发展"通道经济"，同时加强市内交通基础设施建设，完善交通体系，形成立体化的交通网络。

3. 生态资源开发不足，整体开发水平较低

广元市境内生态资源禀赋得天独厚，森林覆盖率达 53.6%，是嘉陵江上游生态屏障，但生态产业发展不足，没有充分发挥出其比较优势。第一，产业发展基础薄弱，缺乏大型龙头企业的带动；第二，生态文化建设不足，群众的生态文明意识不强；第三，缺乏相应生态产业宣传，特别是在生态旅游方面，缺乏知名品牌，地区特色体现不出来；第四，对生态资源的重视不够，缺乏生态资源的连片开发和联合开发相关规划布局。

4. 城镇化程度较低，社会事业发展不足

广元市城镇化水平较低，工业化和城镇化进程滞后，统筹城乡发展的任务艰巨。城乡居民收入不高，脱贫解困和保持城乡居民收入持续快速增长的任务依然繁重。社会事业发展不足，调节分配、公共安全、就业和社会保障压力较大，制约科学发展的体制机制障碍仍然较多。

5. 生态建设与经济发展之间的协调性有待加强

广元拥有得天独厚的生态资源和旅游资源，打造生态农业、生态旅游等产业会带动市域范围内经济发展。然而，在工业化的过程中，相关产业的发展势必会对生态环境造成不利影响，致使生态保护与经济发展两者之间存在着一定矛盾——既要重视生态环境的建设与维护又要继续进行资源的开发和利用。若处理不好两者的关系，优势则可能会变为劣势，阻碍广元经济的发展。因此，应超前考虑潜在的生态、环境隐患，合理布局相关产业，加强广元生态保护与经济发展之间的协调性。

（三）经济发展战略

1. 经济总量快速增长，区域重点开发稳步推进，产业结构不断优化

到"十二五"期末，基本建成川、陕、甘结合部经济文化生态强市。经济总量实现新突破，到 2015 年，全市地区生产总值达到 650 亿元以上；经济结构不断优化，三次产业结构调整为 18.5 : 48.6 : 32.9，进入工业化中期发展阶段；经济社会发展更加协调，城镇化率达到 42% 以上；文化核心竞争力不断增强，文化事业更加繁荣；生态体系不断完善，生态环境更加优良。工业增加值达到 300 亿元以上；社会消费品零售总额预计达到 280 亿元以上；固定资产投资累计超过 2500 亿元。城乡居民收入年增加 12%，城镇居民人均可支配收入达到 2.2 万元，农村人均纯收

① 《广元现代物流业发展现状及思路》，广元市招商网，最后访问日期：2011 年 1 月 19 日。

入达到 7100 元。

2. 实现全域发展，基本建成小康社会

到“十三五”期末，地区生产总值突破 1200 亿元，比 2000 年增长 13 倍；人均 5 万元，与全国的差距明显缩小，接近或达到全省平均水平。城镇化率达到 50% 以上，三次产业结构调整为 13.1 : 56.2 : 30.7，进入工业化后期发展阶段。战略重点是加速推进城镇化进程，加强第三产业，形成交通枢纽和区域经济中心。实现全域发展，基本实现全面建设小康社会目标。

（四）广元发展展望

1. 发挥地区比较优势，依托工业园区，发展特色产业，加快实现工业强市

广元市拥有丰富的自然资源，应该依托灾后重建形成的产业发展集中区和已建或在建工业园区，加快对优势资源的开发利用，形成富有地方特色的优势产业，为“通道经济”发展提供产业支撑。加快建设川、陕、甘结合部的能源供给中心，以铝产业为基础打造百亿元有色金属工业园区，积极构建以电子机械为主的都市工业园区、以环保陶瓷为主的建陶工业园区、以医药产品为主的医药工业园，加快建设县区工业集中区和特色农副产品加工园区。加快广元经济开发区发展，加快承接沿海地区和国际产业转移，推进优势产业集聚，努力成为引领地区经济发展的优势产业集聚地。突出工业的主导地位，利用科技提升工业核心竞争力，加强和提高企业创新能力，实现工业强市。

能源化工产业。广元市是四川省重点支持的天然气化工产品新兴发展区，是国家规划建设的川东北天然气化工产业基地的重要组成部分。经济快速发展对能源的需求激增，同时保护生态环境和节能减排力度的加大，都决定了天然气作为一种重要的清洁能源，在未来经济社会发展中必然会发挥更重要的作用。广元要加大天然气资源勘探开发力度，加强与周边地区的合作，建设川东北天然气化工产业集群。同时要重视天然气综合开发利用，延长天然气产业链，重点发展天然气制烯烃、乙炔、合成油、硫化工、天然气发电、油砂开采及综合利用等产业，建成具有区域影响力的天然气化工产业园区。提高生活工业用气普及率，调整能源利用结构。加强矿区环境治理，建立生态环境恢复补偿机制，使矿区环境治理步入良性循环。加大煤炭资源整合，扶持和培育煤炭产业集团，促进煤炭产业结构转型升级，推动广元劣质煤综合利用电厂的建设，加快建设成为能源化工产业基地。

有色金属产业。广元冶金产业集聚发展区是四川钒钛钢铁产业重点建设的“六个产业集聚发展区”之一，丰富的天然气资源为有色金属产业的发展提供了能源支持。广元要以电解铝为重点，加大技改扩能力度，扩大电解铝生产规模，延伸产业链，建设铝加工产业集群。促进钒、钛、铁等资源开发及综合利用，提高金属矿产资源生产规模和利用水平。

电子机械产业。广元电子机械产业具有良好的产业基础，重点发展以军工电子为主的电子信息制造业，是四川省“八大工业产业带”之一的电子信息产业带的重

点拓展区，[1] 其中，广元电子产业园也是四川省电子信息产业“一带、四链、六园区”的重要组成部分。“三线建设”奠定了电子机械产业发展的基础，同时也决定了该产业以军用为主且相对独立，与其他地区联系较少。在未来的发展中，要促进该产业实现军民结合、军民两用，加强与周边地区合作，积极融入成绵乐电子信息产业带。要依托重点企业，引进一批配套企业，不断做大做强电子机械产业规模，建设成为国家重要的军工电子产品制造基地和军民结合产业示范基地、先进电子产品及配套材料产业化基地。

建材产业。广元拥有丰富的非金属矿产资源和森林资源，为建材产业的发展提供了基础。广元应通过引进大型建材加工企业，扩大建材产业生产规模，实现规模经济。在加快传统的水泥等建材发展的同时，发展环保陶瓷、新型墙体材料等新型建材，推进林纸一体化和家具制造业为主的林产品精深加工业，壮大建材产业规模，争取建设成为四川重要的新型建材基地。

中药产业。随着国家对传统中医药的重视和中药现代化的发展，国际上对天然药物的需求日益增大，现代中药已经成为四川省重点扶持的新兴战略性产业。广元作为成德绵资内现代中药产业集群的重要辐射区，应该加强与周边地区的融合，形成四川省中药的重要产业发展集群。中药材资源虽然是广元市传统优势资源，但是整体的深加工能力不足，因此，必须通过整合中药材资源和医药生产企业，引进国内知名医药企业，推广中药提取新技术，开发新药种，加快传统中药的深加工，延伸中药材产业链。

农副产品加工业。广元地处秦巴山区，拥有丰富的生物资源，是四川饮料食品工业重点建设“十大加工基地”的秦巴山区特色饮料食品加工基地重要组成部分，同时广元农副产品加工园是四川饮料食品工业“十二个工业园”之一。农副产品加工业是通过以工促农、以城带乡实现农村经济发展，突破城乡二元结构的重要支撑型产业。随着人们收入水平的提高、生活节奏的加快，自给型食品的消费比重逐步下降，经过加工的成品或半成食品的需求将越来越大。广元要充分利用特色农产品资源优势，重点抓好肉食品、饮料、特色农副产品和粮油精深加工，提升农产品的附加值，扩大农副产品加工业规模，促进农民增收，加快实现城乡一体化。

2. 优化农业布局，实现农业产业化，提高农业发展的综合经济效益

广元位于“西三角”核心地区，是嘉陵江流域生态带的重要组成部分，生态环境较好，有利于休闲农业和生态农业的发展。随着居民对食品安全的重视，对生活质量的追求，生态农产品的需求必然会增加，进而有助于推动休闲农业和生态农业的发展，在农业发展中，要加强与成都、重庆和西安三大城市的对接，充分利用后发优势，发展休闲农业，开发特色生态农产品，建成川、陕、渝地区的“后花园”和提供绿色农产品的“菜篮子”。提高广

① “八大工业产业带”：成绵乐广遂电子信息产业带、成德资自宜泸装备制造产业带、成德绵南资汽车产业带、攀西钒钛稀土产业带、成乐眉雅绵硅产业带、川南沿江重化工产业带、川东北天然气化工产业带、成遂南达纺织服装鞋业产业带。

元市农产品附加值，提升农业增长动力，促进农民持续稳定增收。

利用本地区资源，发展休闲农业，推进农业功能拓展和农业产业结构调整，将单一的食品保障功能向生态涵养、观光休闲等多功能拓展，实现三次产业融合发展。充分利用以“广元七绝”为主的现代种植业、以生猪和“剑门关森林土鸡”为主的现代养殖业等特色农产品，[①] 发展特色优势农业，支持粮油、蔬菜、苍溪梨、蚕桑等传统产业发展，建设一批现代农业产业基地和产业带。在突破性发展传统畜牧业、林果业、蔬菜、烟叶的同时，积极促进传统农业向现代农业的转变，实现良种、成套技术、规程、产品质量的标准化，推进专收、专储、专加工。建成四川省重要的优势特色种植业、绿色农业产业基地。同时，根据地区自然环境的不同，优化农业产业布局，北部主要发展林、茶、药，中南部重点发展果、蔬、烟的特色产业布局，建设一批农产品标准化生产示范基地。

3. 加快服务业发展，促进经济发展方式转变

转变经济发展方式是我国“十二五”规划中经济发展的主线，而加快服务业发展是实现经济发展方式转变的重要途径。在灾后重建中，广元着力于文化旅游产业的重建发展，在可持续开发的理念下对文化资源进行保护性开发，先后建成多个国家 4A 级旅游景区和文化产业示范基地，为广元旅游文化产业的发展打下良好的基础。在未来发展中广元要加快建成区域性旅游集散中心、商贸中心和物流中心建设，不断提高服务业增加值及其占地区生产总值比重。

广元拥有丰富的旅游资源，属于以德阳市、绵阳市、广元市和乐山市为主的“成绵乐旅游经济带”，是四川重点建设的 5 个区域旅游集散中心之一，也是“蜀汉三国”文化旅游线和“大爱无疆”灾区新貌旅游线的重要组成部分。作为四川旅游资源较为密集的地区，广元市应该加强与南充和广安的区域合作，利用丰富的历史人文、自然生态资源，如剑阁蜀道、三国遗迹、女皇故里、红色旅游、天台山景区等，共同打造“嘉陵江文化”带，发展特色文化产业。加大对传统特色旅游资源的开发，为旅游业发展提供良好的基础，使其成为广元新的经济增长点。生态旅游是低碳环保的可持续产业，加快生态旅游的发展，有利于广元实现又好又快发展。在未来的生活中，居民会更加注重生活质量、生活方式，广元应利用优越的生态环境，吸引大中城市的旅游休假人群，让游客能够在广元体会到原生态的环境，实现身心与自然的交融，发展生态旅游，积极融入“大九寨国际旅游区”，把广元打造成为具有区域影响的原生态旅游目的地。发展生态旅游，要依托广元市国家自然保护区、国家森林公园等景区，与巴中和陕西汉中合作，依托米仓山这一重要生态资源，打造连片的生态旅游景区，打造“米仓山生态旅游基地”；与绵阳和甘肃陇南市合作，以唐家河自然保护区为中心，打造以“野

---

① “广元七绝”：苍溪红心猕猴桃、富硒富锌绿茶、青川黑木耳、朝天核桃、苍溪雪梨、剑门关豆腐、广元油橄榄。

生大熊猫”为主题的生态旅游基地。推进文化旅游建设，建成广元蜀汉文化产业园区，完善园区内部配套基础设施建设，加大旅游宣传力度，将广元打造成为川北旅游目的地。

广元依托其区位和交通优势，加强信息化建设，突出重点商业区和商业设施建设，扶持流通骨干企业，提升商业业态水平，加强产业支撑，构建辐射川、陕、甘交界区域的省际贸易节点，使广元成为区域性物流商贸中心。建设更加方便的交通网络，提高交通运输能力，打造现代物流园区，加快配套的物流市场建设，通过构建完善的物流基础设施平台和信息平台，降低商贸物流产业成本，发展第三方物流，实现商贸物流产业的快速增长。

4. 利用区位优势，加快建设西部次级交通枢纽

广元地理位置独特，区位优势明显。从交通联结看，广元是连接西南、西北，沟通中亚的重要交汇点和交通走廊，具备建设交通枢纽的条件，利用灾后重建形成的完善交通运输体系，良好的交通基础设施，将广元建设成为是四川省区域性次级交通枢纽。

加快建设西成客专、兰渝铁路为主干线的连接陕西、甘肃的北向通道，提高铁路客货运能力，通过欧亚陆桥连接欧洲、中东，促进四川实现向西开放；加快广元至陕西、广元至甘肃、广巴和广南等高速公路大通道建设，显著提升通行和安全保障能力，提升广元外向经济发展潜力；完善广元机场基础设施建设，打造便捷的空中交通网络；作为四川“四江六港”水运通道和港口建设的重要组成部分，①结合嘉陵江航段渠化工程的建设，对嘉陵江水运航道进行整治，加强广元港的现代化水平，有助于完善广元乃至四川省的内河航运体系，降低交通物流成本。同时，要加大市域范围内交通体系建设，提高市域范围内的交通网络密度，降低市域范围内交通成本，促进市域范围内经济文化交流，提升农村公路通车能力，基本建成半小时到县区。形成铁路、高速、公路、航空、水运“五位一体”的立体交通运输体系。

广元市要突出通道建设，利用快捷的交通降低与其他区域联系的时间，实现一小时到达毗邻地市、两小时到达相邻四大中心城市，促进广元融入更大的区域，更好地利用两个市场、两种资源。

5. 完善城市配套设施，优化城镇结构和布局，促进人民生活环境改善

坚持城镇化和经济发展水平相适应的方针，加快城市配套设施的建设。根据经济发展水平，合理确定城镇发展规模及功能分区，有序推进城镇空间拓展，建设多层次的城镇体系。结合灾后重建重新进行城市布局，降低广元调整城镇布局的压力，灵活调整城镇规划，推进特色产业和中心城镇的融合，吸引人口向城镇地区集聚，提高城镇化质量。合理进行城镇布局，使得城镇能够发挥更大的辐射带动作用，成为带动广元经济发展的增长极。充分利用国家深入推进西部大开发战略的有利时机，

① 《四川省“十二五”综合交通建设规划》提出，“四江”是指四川境内的长江、嘉陵江、岷江和渠江；“六港”是指“泸州－宜宾－乐山港口群”和“广安－南充－广元港口群”。

加强市政基础设施和公共服务设施建设，全面提升交通、电力、供水、供气、通信、防洪等基础设施建设，稳步提高污水、垃圾处理率，加强教育、卫生、文化体育等公共服务设施体系建设，为居民生活、工作、学习提供便利的条件。建立多层次住房保障体系和社区服务体系，以居民收入、就业和社会保障、医疗卫生、住房等为重点，促进基本公共服务均等化。加强社会救助体系建设，提高社会的救助能力，提升百姓幸福感。优化发展环境，不断提高城镇生产要素聚集、产业发展和就业吸纳能力。实施城镇绿化、美化工程，加强城乡环境综合治理，提高城镇风貌、道路交通、社会治安、防灾减灾等方面的管理水平，打造嘉陵江滨江景观绿化带，沿南河形成自然生态绿化带状走廊，加快各类景观及文体休闲场所建设。

6. 以开放促发展，积极参与区域分工，加快形成区域性的中心城市

国家深入推进西部大开发，扩大内需发展战略，为西部地区经济社会发展提供了良好的政策环境，促进其成为全国未来经济发展的战略性支撑区域。国家"十二五"规划中提出，要加强西安、成都、重庆的区域战略合作，而广元市地处以西安、成都、重庆为增长极的"西三角"的中心位置，具有参与该区域合作分工的先天优势。广元位于成渝、关中－天水两大经济区的重要连接带，一方面会增强对该地区的辐射能力，促进该地区产业的发展，提高区域产业集聚水平，形成区域性中心城市；另一方面要充分利用广元处于两大经济区的产业对接地带这一优势，促进两大经济区之间的经贸往来，为发展"通道经济"提供产业支撑。结合灾后重建过程中形成的城市与城市之间的互利共赢的长效合作机制，努力拓展合作空间，实现广元与温州、嘉兴、杭州等城市在人才交流、产业转移、旅游发展等方面的良好互动，特别是随着川北通道的建设，广元区位优势凸显，具有更大的经济发展和市场扩容潜力，在为东部地区企业提供出口通道的同时，可以很好地推动本区域经济的发展。

加快交通网络建设，加强与周边地区在交通、旅游、工业等方面的交流与合作，积极发展"通道经济"，通过兰渝铁路、兰渝高速、广巴高速、广宁高速和旅游北环线等一批项目的实施，促进地区间经贸关系的相互融合。广泛参与区域合作，加强同长三角、泛珠三角、环渤海湾等区域的经贸关系，形成合理的区域分工格局。特别是在国家推进西向开放战略的大趋势下，加大广元市交通体系建设会为四川省外向经济的发展提供重要的北向出川通道，提升外向型经济对四川省和广元市经济增长的贡献率。

参考文献

刘清泉、高宇天：《四川省经济地理》，四川科学技术出版社，1985。

世界银行：《2009 年世界发展报告：重塑世界经济地理》，清华大学出版社，2009。

中国人民政治协商会议四川省广元市委员会：《广元市文史资料（第 7 辑）》，中国人民政治协商会议四川省广元市委员会，1994。

中国人民政治协商会议四川省旺苍县委员

会：《旺苍文史资料（第3辑）》，中国人民政治协商会议四川省旺苍县委员会，1991。

中国人民政治协商会议四川省剑阁县委员会：《剑阁文史资料选辑（第14辑）》，中国人民政治协商会议四川省剑阁县委员会，1990。

中国人民政治协商会议四川省青川县委员会：《青川县文史资料（第3辑）》，中国人民政治协商会议四川省青川县委员会，1984。

陈维忠、王辉、王春明：《关于河南工业化发展阶段的研究》，《工业和信息化工作简报》2011年第113期。

刘燃、向翟之：《四川广元市城市化发展探讨》，《商场现代化》2007年第3期。

四川省社会科学院课题组：《贫困山区统筹城乡发展的"广元探索"》，《四川经济日报》2012年6月19日。

四川省社会科学院课题组：《"低碳广元"的创建与对欠发达地区的示范意义》，《四川经济日报》2012年6月20日。

广元市国土资源局规划科：《广元市土地利用总体规划修编大纲（2006～2020）》，http://www.gylr.gov.cn/，2009年11月30日。

徐凯、王虹：《广元市建设西部次级综合交通枢纽》，http://www.cxwt.gov.cn/xxfb/ShowArticle.asp?ArticleID=2258，2009年6月22日。

《现代工业园循环低碳、高端集聚的洼地》，广元市招商网，2012年9月3日。

广元市发展和改革委员会：《西部大开发10年广元发展情况及未来西部大开发的相关建议》，http://www.gysfgw.gov.cn/article_view.aspx?aid=202，2010年9月16日。

《四川广元现代物流业发展现状及思路》，广元市招商网，2011年1月19日。

第38章 广安市：川渝合作中腾飞的小平故里*

图 38-1　广安市政区

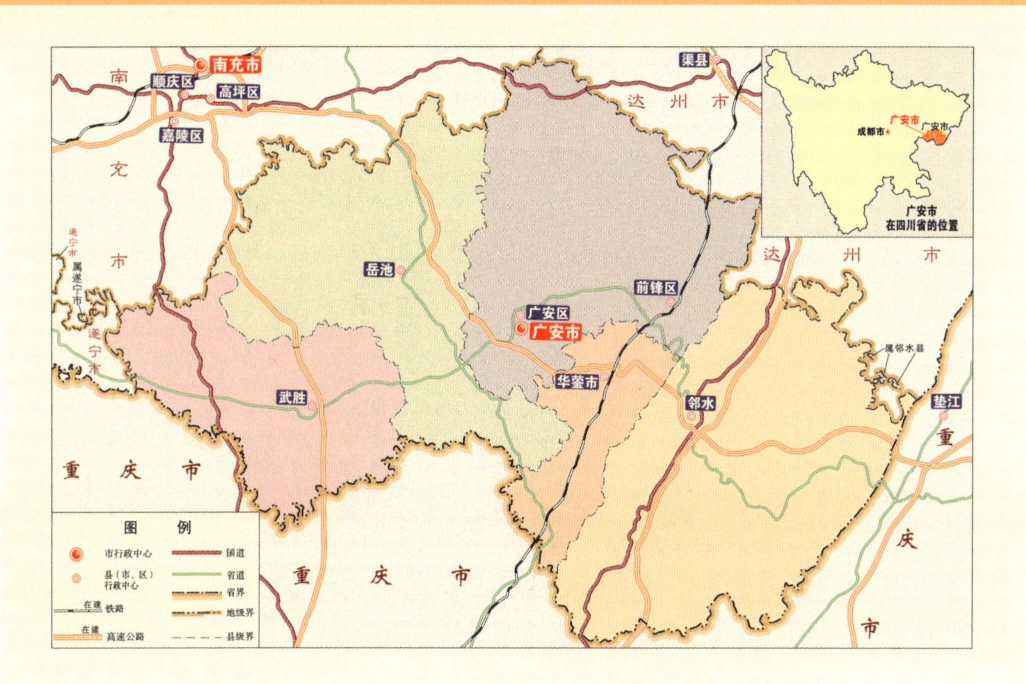

资料来源：本图由四川省发展和改革委员会、四川省测绘地理信息局提供。

广安市是我国改革开放和社会主义现代化建设总设计师邓小平同志的故乡。1993 年 7 月设立地区，1998 年 7 月撤地设市，辖广安区、岳池县、武胜县、邻水县，代管华蓥市。面积 6344 平方公里，总人口 470 万。广安市位于四川省东部，华蓥山脉中段，是四川省毗邻重庆最近的地级市之一，是四川进入三峡经济区的"东大门"。建市以来，特别是"十一五"以来，广安市发挥优势、扬长避短、合理利用区位条件，在科学把握市情的基础上，按照自然规律和经济规律的要求，不断优化经济发展布局和产业结构，实现了经济社会的平稳较快发展。2011 年 4 月，国务院批复《成渝经济区区域规划》，正式把广安确立为川渝合作示范区，广安的发展由此上升为国家战略。

一　小平故里概貌：地理区位、自然条件及人口

（一）地理区位

广安市位于四川东部，呈扇形分布于川中丘陵与平行岭谷两大地形区之间，是三峡库区发展的接力带。东、南与重庆市垫江县、长寿区、渝北区、合川区接壤，西部与遂宁市蓬溪县和南充市嘉

* 本章作者：蓝定香，四川省社会科学院经济研究所所长，研究员；陈红霞，四川省社会科学院经济研究所助理研究员。

陵区、高坪区相邻，北部与南充市蓬安县和达州市渠县毗连，有“川东门户”之谓。地理坐标为北纬 30° 01′ ~ 30° 52′，东经 105° 56′ ~ 107° 19′，东西宽 134.5 公里，南北长 93.6 公里，面积 6344 平方公里。广安市地处四川省与中东部地区交流的前沿地带，交通便捷，信息灵通，有利于区域之间加强联系和合作，对广安经济的发展有着深刻的影响。特别是由于毗邻中国最年轻的直辖市——重庆市，在产业承接、区域合作上，都具有得天独厚的优势。

（二）行政区划

广安市辖 1 个市辖区、3 个县，代管 1 个县级市，市区人口 47 万，城区面积 40 平方公里。

（三）建制沿革

表38–1　广安市行政区划

县（市、区）	办事处（个）	镇（个）	乡（个）	面积（平方公里）	人口（万人）	人民政府所在地
广安区	6	21	22	1536	125.5	浓洄街道
华蓥市	3	9	1	466	36	双河街道
岳池县	—	22	21	1457	118	九龙镇
武胜县	—	16	15	966	84.5	沿口镇
邻水县	—	18	27	1919	99	鼎屏镇

表 38–2　广安市建制沿革

春秋	属巴国
秦	巴郡宕渠县
南北朝	南朝梁普道三年（公元 522 年），从宕渠分出部分地域置始安县，治所在始安城，属北宕渠郡，明帝武成元年（公元 559 年）北宕渠郡改为流江郡，县属流江郡
隋	隋开皇十八年（公元 598 年），以治所始安城即城，改名城县
唐	唐高祖武德元年（公元 618 年）分出部分地域另置丰乐县后，复名始安。武德八年（公元 605 年）废丰乐县，其地复入。唐玄宗天宝元年（公元 742 年）改始安县为渠江县
宋	宋太祖开宝二年（公元 969 年），于渠江县境秀屏山（亦称翠屏山、银顶山）下的浓洄镇置军，取“广土安辑”之意，命名为广安军。广安一名，遂由此始。咸淳二年（公元 1266 年），改广安军为宁西军
元	元世祖至元十三年（公元 1276 年），宁西军及其辖地为元所据。至元十五年（公元 1278 年），渠江县改隶顺庆府。至元二十年（公元 1283 年），顺庆府升为顺庆路，置广安府，领渠江县、岳池县
明	明洪武四年（公元 1371 年），明太祖将其纳入版图，同年广安府改名为广安州

续表

清	州属北道顺庆府
民国	蜀北军政府撤销。明道废府，州直属于省。次年恢复道制，广安州改为广安县，隶属川东道。三年，川东道改为嘉陵道，县为其所辖。后为罗泽洲、杨森所辖。二十四年川政统一后，属四川省行政督察专员公署设于大竹的第十行政督察区，至三十八年十二月八日未变
1949 年	隶属川东人民行政公署大竹专员公署
1968 年	南充专区改为南充地区，县随之改属
1993 年	广安地区成立，广安县隶属广安地区
1998 年	广安地区改为广安市，广安县撤县设区

（四）自然条件

1. 地形地貌

广安属于四川盆地盆底逐步向盆周边过渡地带，整个地势东高西低。其中，东部为平行峡谷低山区，中西部为丘陵区，形似一把打开的折扇，纵贯于东南部的华蓥山脉将广安分为两大地貌单元，岭谷相间，丘陵广布。

华蓥山脉以西的岳池县、广安区、武胜县、华蓥市属川中丘陵区，即四川“红色丘陵”的一部分。地表起伏不大，沟壑纵横分割，出露地层多由侏罗纪砂岩、泥岩构成，形状平缓；老冲沟坳谷平坦开敞，分隔成低丘与浅丘，构成丘陵地貌中彼此互不相连的坝，土质肥沃，稻田成片集中。

华蓥山脉以东的邻水县，属川东平行褶皱岭谷区，华蓥山、铜锣山、明月山以相隔 8 ~ 15 公里的距离呈北东向平行分布，三山之间为两个狭长宽缓的槽谷，大洪河、御临河由北而南贯穿谷底，经重庆市长寿、渝北注入长江。河流两岸有水平阶地分布，稻田成片。受华蓥山的隆升和嘉陵江、渠江下切的控制，构成市内东高西低的地貌轮廓，并使地表形态出现明显的差异。

全市最高处是华蓥山主峰高登山，海拔 1704.1 米，最低处为御临河谷，正常水位高程 185 米，相对高差 1519 米。盆中丘陵海拔 300 ~ 500 米，仅金城山标高 824.6 米。深丘集中分布于北部金城山南坡，沟谷切割深，岭间多为窄谷；中丘分布于西部、中部的数十个乡镇，丘顶呈圆锥状、城垣状，丘体之间，为冲沟所切割，冲沟之中，稻田层层分布；低丘主要分布于岳池县城郊、石垭，广安区代市、观塘、花桥，武胜县飞龙、万善等十余个乡镇，低丘之间，谷形宽敞，成为坦荡如砥的平坝。水平阶地发育在嘉陵江、渠江及大洪河沿岸，常有面积不大的水平阶地分布，多高出枯水期江面 10 ~ 20 米。

广安市渠江以东的华蓥山、铜锣山、明月山属川东平行褶皱岭谷山脉，山脉呈

表 38–3　广安市各类地形所占面积（单位：平方公里，%）

地形	面积	占全市比例
中丘、浅丘	4091	64.49
深丘	270	4.26
平原	509	8.02
山地	1477	23.23

条状，平行排列，顶部一般较平缓，两翼较陡而对称。顶盖硬砂岩被剥蚀，其下部石灰岩出露并经流水侵蚀发育为槽谷，原来的山脊顶部出现“一山、三岭、二槽”或“一山、二岭、一槽”形态。渠江以西的金城山，顶部平坦而两侧陡峭，岩层组成单一。

2. 气候条件

广安市处在封闭型的四川盆地中，四周高山重重，中纬度、低海拔，加之境内又有三条山脉平行分布，使自北而来的西伯利亚和蒙古寒流减弱，形成冬暖的特点，气温略高于同纬度的长江中下游地区，积雪少见。入春以后，南方暖流北上，升温较快。夏季，西太平洋副热带高压和孟加拉湾潮湿气流带来大量的暖流空气，降水丰富而集中。秋季北方冷空气南侵，在“白露”节前后，易出现绵绵秋雨。

（1）气温。

广安市地处中亚热带湿润季风气候区，气候温暖，水平差异极小，而垂直差异较大。全市多年平均气温17℃～17.6℃，年际变化不大，月际变化明显。最冷月是1月，月平均气温6℃；最热月是7月，月平均气温27.8℃。极端低温可达 −3.8℃，极端高温可达40.5℃，最大垂直差为8.2℃。

（2）光能。

广安市是全国几个低日照、辐射低值区之一，云量多，日照少，万里无云的天气少见。多年平均日照时数在1200～1342小时。4～9月是光能、热能和降水最多的时段，9月开始下降。全年太阳辐射能为878千卡／平方厘米。

（3）热能。

广安市多年0℃以上积温6260℃～6694℃，大于或等于10℃以上积温5421℃～5803℃，无霜期306～328天，年平均霜日仅6.2天。由于气候温暖，无霜期长，所以一年四季田野葱绿，花果飘香。

（4）降水。

广安市多年平均降水量1014～1282毫米，春季为209～275毫米，夏季为401～405毫米，秋季为278～320毫米，冬季为37～58毫米。雨热同季，有利于农作物生长。

（5）旱涝。

广安市的灾害性天气有干旱、洪涝、寒潮、绵雨、大风、冰雹。危害最大的是干旱和洪涝。干旱有春旱、夏旱、伏旱、秋旱、冬旱。伏旱发生的概率最大，危害也最严重。暴雨平均每年发生4次，最多年份有10次。全年以6～7月暴雨最多，极易导致洪涝发生。

3. 土地资源

广安市土地总面积为633921.86公顷，其中耕地面积为308897.86公顷。按成土条件分类，广安市耕地资源可分为黄壤土、紫色土、冲积土、水稻土4个土类。黄壤土分布于海拔500～1000米的山地，土层深厚，保水保肥力强，水利条件较好，

表 38-4　广安市光、热、降水条件与全省比较

类别	广安	四川		
		东部盆地	川西高原	川西南山地
日照时间（小时）	1200 ~ 1342	900 ~ 1600	2000 ~ 2500	1200 ~ 2700
年太阳辐射能	878 千卡 / 平方厘米	3100 ~ 4200 兆焦 / 平方米	5000 ~ 6800 兆焦 / 平方米	4000 ~ 6200 兆焦 / 平方米
年平均气温（℃）	17 ~ 17.6	14 ~ 19	4 ~ 12	12 ~ 20
最低气温（℃）	6	3	-5	5
最高气温（℃）	27.8	29	15	12
降水（毫米）	1014 ~ 1282	900 ~ 1200	600 ~ 700	800 ~ 1200
无霜期（天）	306 ~ 328	230 ~ 340		

可发展水稻、玉米、土豆和茶、桑、果。紫色土分布最广，凡有紫色泥岩分布的丘陵、平坝就有紫色土。这种土壤钙、钾、钠、磷含量较高，适种水稻、玉米、小麦、油菜、豆类等多种作物。冲积土分布江河沿岸，所占比例小，适合种小麦、玉米、甘蔗、桑麻、花生、西瓜、烟叶等作物。

4. 水文资源

广安市有嘉陵江、渠江两大干流和直入长江的御临河，有大小江河、溪流 700 余，自北而南纵贯市域中部，嘉陵江自北而南纵贯市域西部。江河径流总量 437 亿立方米，地下水 4 亿立方米，降水约 20 亿立方米，水资源较为丰富，但水资源分布不均匀，平坝、浅丘较丰富，深丘、山地特别是岩溶山地缺水。一年之中差别较大，枯水期径流减少，汛期径流量大增。水能蕴藏量 60 万千瓦，尤以嘉陵江为最。

5. 矿产资源

（1）种类储量。

广安市境内矿藏资源丰富，已探明或已发现的矿藏有煤、天然气、岩盐、石灰石、耐火黏土、菱铁矿、钒钛矿、铝土矿、锂、铍、锗、铬、硼、油页岩、白云石、硅石、冰洲石、磷矿、含钾岩石、石膏、石英砂、玄武岩、辉绿岩、矿泉水、硫铁矿、沙金等 30 余种。其中，原煤蕴藏量 7 亿吨，是华蓥山煤矿的富集区。天然气储量 6000 亿立方米，年开采量 7 亿立方米。岩盐层厚 160 ~ 200 米，蕴藏量约 5770 亿吨。石灰石分布面积 800 余平方公里，层厚 20 ~ 200 米，十分丰厚。耐火粘土矿品位 25% ~ 44%，蕴藏量 2050 万吨。共有矿产地 229 处。其中，大中型矿床 20、小型矿床 41 处，余者 168 处为矿点。

（2）分布特点。

矿产分布区域特色鲜明。华蓥山及其以东地区，矿种多、矿产地多、规模较大，是矿产资源相对富集的地区；而华蓥山以西，包括广安区及华蓥市西部、岳池及武胜县全部，矿种单调，砖瓦页岩星罗棋布，其潜在优势有待发掘。

矿产资源丰贫并存、短缺突出。煤、水泥用石灰岩及其配料等能源和非金属建材矿产以资源储量丰富、产地多。金属矿产严重短缺，仅有的铁矿品位低、规模小，开发利用尚有相当难度。

矿产成因单一且均与沉积作用有关。市内矿产除玄武岩外均为沉积矿产，同一矿种的品质、规模有明显的差异。

主要矿种开发条件好。煤、非金属建筑材料等优势矿产资源量大，矿产地交通条件好，水电等基础条件较完备，开采利用社会经济效益高，是全市矿业经济的主体。

（3）利用布局。

主要矿产资源的开发利用总趋势是巩固华蓥市的优势地位并逐步向广安区和邻水县地区拓展。岳池县有矿产地 56 处，除石油、天然气为小型外，其他均为矿点，且岩盐是隐伏矿，开采有相当难度。武胜县有矿产地 27 处，页岩均为砖瓦用，生产企业多、开采规模小，产值低。广安区有矿产地 35 处，其中煤、水泥灰岩、黏土具中小型规模的矿产地 11 处。华蓥市有矿产地 45 处，煤矿产地多、储量大，但多属中高硫煤，是限采矿种。邻水县有矿产地 66 处，煤和天然气有 16 处达中小型规模，其余为矿点。

6. 动植物资源

广安市境内自然环境优越，适宜各种动物繁衍，有益昆虫、有益动物 4000 余种。其中，包括国家二级保护动物红腹锦鸡、红隼、鸢、雕鸮、小灵猫、水獭，省重点保护动物豹、大灵猫、赤狐、红腹凤头鹃、鹰鹃。丘陵、平坝地区垦植程度较高，植物以农作物、经济作物为主，经果林、薪炭林、防护林点缀其间。唯华蓥山、铜锣山、明月山植被良好，植物种类繁多，形成若干植物群落。尚存的针阔叶混交林、落叶阔叶林分布于华蓥市宝鼎至高登山一带，植被茂盛，物种多样，为四川盆地中植物资源最丰富的地区。珍贵植物有桫椤、三尖杉、红豆杉、银杏、润楠、连座蕨。

（五）旅游资源

1. 邓小平故里

邓小平故里位于广安市广安区协兴镇牌坊村，距广安市区 7 公里，距重庆市区 100 公里。2001 年 6 月，中共四川省委、省政府批准设立了面积 29.91 平方公里的邓小平故居保护区，其核心区（830 亩）为邓小平故里。2004 年，邓小平故里成功创建为国家 AAAA 级旅游区，并于 2008 年 5 月 1 日起免费向游人开放。

2. 沿口古镇

沿口古镇是位于嘉陵江流域上的川东第一古镇，是嘉陵江中下游第二大回民聚居地，也是昔日嘉陵江流域上重要的水码头。古城建造于明末清初，完整地保留了明清时代的建筑风格，具有浓郁的伊斯兰教特色。

3. 龙须沟风景区

“龙须沟”坐落在邻水县甘坝乡境内，位于华蓥山最高峰——高登山南麓，方圆 15 平方公里，距县城 10 公里，拥有“川心洞”、“清溪峡”、“天生桥”、“龙须瀑布”、“无名树”、“桃花园”、“川古庙”等景点。

4. 宝箴塞

宝箴塞位于武胜县农林乡方家沟村，依山而建，闽南团城建筑风格，有江南民居特色。宝箴塞始建于清朝宣统辛亥（1911 年）秋。段家大院是宝箴塞的重要组成部分，是古院建筑中的典范。

5. 御临峡

御临峡，又名小三峡，位于邻水县幺滩镇境内，御临河横切铜锣山，形成三个相连的“U”形峡谷，由老鹰峡、仙女峡、白龟峡组成。

6. 石林旅游区

华蓥山石林旅游区是国家 AAAA 级旅游区、国家森林公园、国家地质公园，全国红色旅游经典景区。景区偕有溶洞奇观、唐代古寺、华蓥山游击队及“双枪老太婆”革命史迹。

7. 岳池凤山公园

凤山公园位于县城翔凤山麓，占地百余亩，该园前身为和溪公园，存有“雁塔”、“灵泉”等近代名人书法石刻。有“陆游亭”、“省洞”等景点。

（六）广安人口

1. 人口总量

截至 2011 年底，全市总人口为 468.5 万人，常住人口为 321 万人。人口自然增长率由“十五”时期的 5‰下降到“十一五”时期的 3.5‰。人口增长率下降，绝对量增长快，人口异地城镇化，仍是当前及今后一段时期广安市人口发展的重要特点。

2. 人口结构

（1）性别构成。

2011 年，全市户籍人口中，男性人口为 245.6 万人，占 52.4 %；女性人口为 222.9 万人，占 47.6%。

（2）年龄构成。

2010 年，全市常住人口中，0 ~ 14 岁人口为 69.4 万人，占 21.63%；15 ~ 64 岁人口为 210.9 万人，占 65.81%；65 岁及以上人口为 40.3 万人，占 12.56%。65 岁以上人口比例比全省高 1.61 个百分点，且比重上升速度比全省快 2.08 个百分点；15 ~ 64 岁人口比例比全省低 6.27 个百分点。广安市人口老龄化程度高于全省水平，劳动力年龄结构比全省差，社会保障压力大，对于经济发展的影响较大。

（3）受教育程度。

2010 年，全市常住人口中，具有大学（指大专以上）程度的人口为 9.3 万人，具有高中程度的人口为 29.5 万人，具有初中程度的人口为 109.2 万人，具有小学程度的人口为 129.6 万人。大学程度人口仅占全市常住人口的 2.9%，远低于全省 6.7% 的水平，决定了广安在未来较长一段时间内产业选择仍然以资源和劳动密集型产业为主。

（4）就业结构。

2011 年，全市三次产业就业人口为

表 38–5　2011 年广安市人口基本情况

年末户籍总户数（万户）	年末常住人口（万人）	年末户籍总人口（万人）	项目（万人）			城镇化率（%）	人口密度（人 / 平方公里）
			非农业人口	男性	女性		
157	321	468.5	85.4	245.6	222.9	30.93	535

211.12万人；三次产业就业结构为55.69∶19.8∶24.51，第二产业就业人口比重不到20%，第三产业就业人口比重不到25%。这是由广安市经济发展水平较低，工业化、城镇化水平不高的现状决定的。由于人口迁移政策的放开，广安市人口异地迁移的比重较大，2000～2011年广安市常住人口由418万人下降为321万人，共减少97万人，减少23.2%。随着人口的大量迁徙，广安市本市就业压力得到了缓解。由于广安市城镇人口集聚能力有限，加上成都和重庆的吸引力进一步增强，短期内广安市人口仍将以异地就业为主，人口回流的情况较难出现。

3. 区域分布

2011年，广安市人口平均密度达535人，相当于全省平均密度的3.2倍。在全省各市（州）中仅次于成都市、乐山市、自贡市、德阳市、遂宁市，居于第六位。从分布来看，广安市人口数量分布和各区域人口密度较为平均，经济发展对人口区域分布的影响并不明显。从数量看，2011年广安区、岳池县、武胜县、邻水县、华蓥市户籍人口分别达到125.6万人、118.8万人、84.5万人、103.1万人、36万人；从增速来看，各地区户籍人口数量分别只比2005年增长2.3万人、2.8万人、2.3万人、5.5万人、1.1万人，且经济中心广安区人口集聚速度要低于3县水平；从密度来看，除邻水县外，其他各县（市、区）人口都较为稠密，每平方米在500人以上，其中武胜县人口密度每平方公里600人，超过经济中心广安区的水平。

人口集聚速度和人口区域分布都反映了广安市经济发展处于起步阶段，各区域经济发展水平相近，经济中心带动力不强、人口集聚能力低的现状。其原因在于，广安市工业化城镇化水平不高，人口以农业人口为主，就业人口也以农业就业人口为主，而农业人口分布很大程度上依耕地多少为转移的。由于武胜、岳池境内山脉所占面积较小，江河面积比例较大，地形和自然环境都有利于农业发展，因而人口数量也大于其他地区。邻水县虽然面积比武胜县、岳池县和广安区大，但农业发展条件比三地差，因而人口密度低于其他地区。近年来，邻水县工业发展较快，特别是受重庆产业转移的影响，人口集聚较快，明显表现出产业结构调整推动人口结构调整的特征。总体来看，现阶段广安市的人口分布中，土地因素仍然起决定

表38-6　广安市2010年各区市县常住人口（单位：人,%，人/平方公里）

区市县	常住人口数	比重	人口密度
合　计	3205476	100.00	534
广安区	858159	26.77	559
岳池县	778639	24.29	534
武胜县	585624	18.27	606
邻水县	704695	21.98	367
华蓥市	278359	8.69	597

作用，但产业因素对人口分布的影响越来越大。

二　小平故里展新颜：建市以来经济发展和生产力布局

由于受地理、交通等条件限制，广安市过去经济发展严重滞后。而今天新的一页已经悄然翻开。近年来，广安深入贯彻落实科学发展观，加快转化政治、地缘、资源优势，联动推进工业化、信息化、城镇化、农业现代化，紧紧围绕发挥“邓小平故里、建设中国特色社会主义教育基地、华蓥山革命老区”三大优势，办好“建设邓小平故居保护区、中国优秀旅游城市、社会主义新农村、发展产业经济和开发建设华蓥山”五件大事，实施“重产业、重基层、重群众、重改革、重开放、重环境”的工作思路，真抓实干、奋勇争先，推动了全市经济社会持续快速健康发展。

（一）经济大发展

2011 年，全市 GDP 突破 600 亿元，达 659.9 亿元，是 2005 年的 2.9 倍。随着产业支撑持续增强，经济结构日益优化，全市经济发展明显加快，创广安成立以来新高。2005 ~ 2011 年，全市 GDP 年均增长 14.5%（可比价），比“十五”期间的 12.3% 快 2.2 个百分点。广安市继续保持人均 GDP 在川东北地区第一的位置，但与全省人均 GDP 的差距由 2005 年的 2000 多元扩大到 5000 多元，扩大了 2 倍多。

（二）产业结构渐优化

1. 三次产业结构不断优化

全市经济结构不断优化，经济结构日趋合理。三次产业结构由 2005 年

表 38-7　2005 ~ 2011 年主要经济指标完成情况

指　标	2005 年	2011 年	年均增长（%）
全市生产总值（亿元）	228.8	659.9	14.5
人均生产总值（元）	6099	20572	15.1
全社会固定资产投资（亿元）	120.4	425.1	23.4
地方财政一般预算收入（亿元）	7.9	27.8	23.3
工业增加值（亿元）	42.2	265.07	35.8
外贸出口总额（万美元）	1768	45000	71.5
旅游总收入（亿元）	21.1	84.3	26
社会消费品零售总额（亿元）	89.7	219.3	16.1
城镇居民人均可支配收入（元）	7400	17203	15.1
农村居民人均纯收入（元）	2915	6513	14.3

的 28.2 : 34.9 : 36.9 调整到 2011 年的 19.0 : 51.4 : 29.6，第一产业下降 9.2 个百分点，年均下降 1.5 个百分点以上；第二产业上升 16.5 个百分点，年均上升 2.75 个百分点。

2. 就业结构变化不明显

广安市三次产业的就业结构从 2005 年的 59.5 : 19.4 : 21.1 调整为 2011 年的 55.69 : 19.8 : 24.51。从比重来看虽然第二产业就业人口数量变化不大，但实际就业人口仅仅增加了 2 万多人；在就业人口减少近 18 万的情况下，第三产业就业比重虽然上升了 3.5 个百分点，但实际就业人口仅仅增加了几千人。在就业总人口下降的情况下，第二产业就业人口总量实现了增长，说明“十一五”以来广安的第二产业有了一定的发展。但总体来看，与“十五”相比，“十一五”以来广安市三次产业就业结构变化不明显。出现这种现象的原因在于第二产业发展不足，特别是工业发展不足，无法吸纳更多转移就业人员。同时，第二产业发展不足导致第三产业发展不足，无法吸纳更多的就业。

3. 所有制结构得到了根本性调整

“十一五”以来，广安市经济的所有制结构得到了根本性调整。2011 年，全市实现民营经济增加值 371.7 亿元，同比增长 18.9%，民营经济总量占 GDP 的 56.3%，占据全市经济的半壁江山，比 2005 年提高 7.8 个百分点，对 GDP 的贡献率为 67.1%，拉动 GDP 增长 10.3 个百分点。所有制结构的调整得益于承接产业转移，对于推动广安市产业结构调整和区域生产力布局的优化起到了重要作用。

（三）空间布局趋于合理

1. 生产力空间组织由自发布局快速向自觉布局转变

由于建市时间较晚，广安市生产力自发布局的特征较为明显。“十一五”以来，广安市根据城镇、园区、主要交通干线的分布，统筹生产力发展空间布局，初步形成了“一核、一圈、两翼”的总体空间组织结构。

（1）“一核”。

即广安发展核心，包括广安主城区、国家级广安经济技术开发区、广安港区等，核心功能是交通、金融、商贸、物流、旅游、科教、文化等城市综合服务功能，是广安市生产力发展和集聚的核心。通过发挥核心区的凝聚力、辐射力和带动力，推动广安市全市经济社会发展。

（2）“一圈”。

即涵盖“华蓥城区 – 罗渡（高兴、伏龙）片区 – 岳池城区 – 前锋（代市）片区”的经济圈，是广安市新型工业和服务业优先布局发展的产业聚集区，也是广安市打造组团式大城市的主要空间组成部分。

（3）“两翼”。

即沿嘉陵江武胜发展翼、沿华蓥山邻水发展翼。沿兰海高速、兰渝铁路、国道 212 线及嘉陵江等境内段走向，依托武胜县城为中心的中等城市，重点发展新能源、农产品加工、现代物流等产业，构成了广安市生产力空间组织的沿嘉陵江武胜发展翼；沿华蓥山、包茂高速公路渝邻段、沪渝高速公路邻垫段走向，依托以邻水县城为中心的中等城市，重点发展装备制造、现代农业、生态旅游等产业，形成了广安市生产力空间组织的沿华蓥山邻水发展翼。

2. 组团发展、功能分区趋势明显

“十一五”以来，广安市按照国家、省主体功能区布局，突出根据区位条件，引入组团发展和功能分区的理念，逐步推进人口、经济和资源环境相协调的空间开发格局。实施功能分区开发战略，在城市组团建设的基础上，将全市生产力布局划分为 9 个功能区，实现城市组团和功能区开发的协调推进。

（1）商务服务功能区。

商务服务功能区包括广安组团式大城市城区、武胜城区、邻水城区等，重点发展商贸流通、金融保险、商务会展、旅游、信息咨询、社区服务等服务业。

（2）工业聚集功能区。

工业聚集功能区包括广安经济技术开发区、邻水经济开发区、武胜经济开发区、岳池经济开发区、华蓥经济开发区及高兴－伏龙－罗渡、街子、子中等工业园区。发展壮大特色优势产业，大力培育战略性新兴产业，建成全市工业发展的重要载体和平台。

（3）现代农业示范功能区。

现代农业示范功能区包括岳武现代农业示范片、广安区河西现代农业示范片、邻水东槽现代农业示范片、华蓥高兴－阳和现代农业示范片等。依托良好的农业基础条件，大力发展特色效益农业，打造成为服务成渝大都市的优质安全农产品供应基地。

（4）旅游休闲功能区。

旅游休闲功能区包括邓小平故里旅游区、华蓥山旅游区、大洪湖旅游区、嘉陵江生态旅游区和岳池农家文化旅游区等。重点开发红色旅游、川东民俗旅游、山地休闲运动旅游、乡村田园风光旅游、水上休闲度假旅游等旅游业，打造成为成渝休闲度假基地和全国重点红色旅游目的地。

（5）综合物流功能区。

综合物流功能区包括广安港区、铁路广安站以及枣山物流园区和区市县物流园区等。重点发展现代物流、商贸等，打造成为面向重庆城市群和成渝经济区的综合物流中心。

（6）科教文化功能区。

科教文化功能区包括协兴片区、奎阁片区、国家农业科技园区和各区市县科教文化功能承载区。重点发展红色文化产业，引进高等院校，建设科技研发设计基地、产学研联合科技成果转化基地等。

3. 中心城区的聚集力明显提升

“十一五”以来，依托成渝经济区发展特别是重庆市的辐射带动作用，广安主城区获得了较快的发展，对各种经济资源的集聚能力进一步增强。2011 年，广安区 GDP 达 192.9 亿元，占全市 GDP 比重达 29.23 %。特别是第三产业的增加值达到 62 亿元，占全区 GDP 的比重达到 32.1%，占全市第三产业的比重达到 31.7%。作为中心城区，广安区引领、服务全市的功能进一步提升。与此同时，从每平方公里生产总值来看，广安市已经形成广安区、华蓥市、武胜县三个经济活动强度较大的区域，并日益成为支撑广安市经济发展的“三极”。

4. 资源指向型的经济活动点状分布特征仍比较明显

广安市支柱产业仍然集中在农产品加

工、煤炭、天然气、建材等资源指向型产业，主要经济活动特别是采矿、能源、建材产业、化工等的点状分布特征仍然十分明显。

5. 区位交通条件对经济活动空间组织影响逐渐凸显

“十一五”以来，广安市凭借优良的区位条件和便捷的交通体系，依托交通干线和航道，特别是指向成都和重庆两大中心城市的交通路线，发展制造业和商贸业，构建区域经济亚中心，主要经济活动呈现出连点成线布局趋势。

三 小平故里“基础”：交通、通信、能源、水利等

（一）交通运输地理及发展战略

1. 交通运输业概况

广安市是全国“五纵七横”交通干线上的重要节点，是全省西部综合交通枢纽建设规划的 3 个省际交界的次级枢纽城市和省内 12 个区域性次级交通枢纽城市之一，也是四川南向东进的重要通道和川渝经济合作的桥头堡。“十一五”以来，广安市按照“建设新干线、打通新出口、完善新网络”的思路，着力构建公、轨、水、空四位一体，快捷高效的川东综合交通枢纽，积极完善交通、工农业、旅游业和新农村建设联动发展的“大通道”经济格局。目前，广安市除航空外，铁路、公路、水路交通便捷畅达。交通运输条件的改善，进一步优化了广安市的区位条件，强化了广安市作为“川东门户”的重要地位，巩固并加速转化了广安市区位优势，对于广安市资源开发、融入重庆、承接产业转移都起到了极大的促进作用。

2. 交通运输网络

2009 年以来，广安市按照“高速公路为主骨架，二级路网为主支撑，轨道、水路、航空为主配套”要求，对接重庆交通圈，支撑成都主枢纽，构建市域大网络，着力完善交通运输网络，力求建设成为水陆一体、快捷高效的川东综合交通枢纽，积极打造区域内市县“半小时”交通圈，重庆“半小时”交通圈，成都“2 小时”交通圈，至西安、武汉“4 小时”交通圈，至长三角、珠三角“8 小时”交通圈。

（1）“三横三纵”铁路网络。

建成兰渝铁路武胜段及南充－广安支线铁路。开展渝川陕高速铁路、遂（宁）广（安）利（川）或遂（宁）广（安）涪（陵）高速铁路、广安（高兴）至洛碛铁路、兰渝铁路南充－广安支线复线等项目前期工作，构建“三横三纵”铁路网络布局，实现铁路全域覆盖。规划到 2015 年，全市铁路运营里程达到 153 公里。

（2）“六环、十横、十三纵、六支”公路网。

建成渝广巴高速公路境内段、广遂高速公路境内段，力争开工建设广潼资高速公路境内段，完成对国道 210 线、省道 304 线、省道 203 线等国省道过境段的改造，打通与重庆等周边地区的断头路，完善区域内公路交通网络。规划到 2015 年，全市公路路网总里程达 1.8 万公里，其中高速公路突破 400 公里。

（3）“两江”水运航道。

“十一五”以来，广安市加快嘉陵江、

渠江航道整治，打通嘉陵江、渠江两条出川水运通道，实现通行1000吨级船队，形成通江达海的内河航运通道。

3. 铁路

（1）铁路线路。

目前，广安市拥有铁路3条，专用铁路1条。电气化铁路襄（樊）1渝（重庆）线纵贯南北，拥有火车站6个。其中，广安站是川东片区重要的物资、客源集散地，可直达成都、重庆、西安、郑州、北京和武汉。“十一五”期间，兰渝铁路在市内分东西两线开工建设，打通了广安向北而出的快速通道。襄渝铁路二线竣工，成为境内最主要交通运输干线，承担了全市35%左右的货运量和近30%的客运量。代市火电厂专用铁路接于前锋火车站。

（2）铁路场站。

广安南站建设规模从5000平方米扩展为12000平方米，岳池站建设规模由3000平方米调增为9000平方米，武胜站建设规模从3000平方米调增为8000平方米，高兴站建设规模从3000平方米调增为6000平方米，并在广安南站增设了货场。兰渝铁路在全市的相关车站均为客货两用站（岳池兴隆、中和两个越行站除外）。

4. 公路

广安公路建设行业经过50多年的建设和发展特别是经过“十五”期间的快速发展，已显著改善了公路交通基础设施落后的面貌，使广安市的区位劣势转变为区位优势。主要表现在：一是国省干线公路主骨架基本形成，除武胜县南合高速公路正在建设外，已基本实现以广安市为中心，各区市县到市区的半小时工程；二是以国省干线公路为龙头，连接县、乡、村的公路网基本形成，从而大大提升了广安总体路网服务水平，通达深度得到了显著的提高。从广安市区出发，到任何一个县、市、区，乘汽车最多只需30分钟，这就是知名的“半小时工程”。

（1）公路网建设。

2011年全市公路通车总里程达到9655公里，等级公路8171公里。其中，一级公路76公里，二级公路359公里，三级公路429公里，四级公路7109公里，高速公路为197公里，等外级公路1485公里 。拥有广（安）–渝（重庆）、沪（上海）–蓉（成都）、南充至重庆高速公路等，基本实现县、市、区通高速公路；拥有过境国道210、国道212、国道318三条，过境省道石（柱）–南（充）线、仪（陇）–北（碚）线、溪（口）–石（梯镇）线、广（安）–遂（宁）线四条，以及县道岳（池）–武（胜）路、广（安）–武（胜）路两条。全面实现以广安市为中心，以高速公路、国省干线公路为主骨架，连接县、乡、村公路，形成纵横交错、四通八达的公路网络，区内公路通车总里程、平均密度均高于四川省乃至全国的平均水平。

（2）道路运输。

广安市建成以县城为中心，乡镇为节点，站场为依托，干支公路相通，运输布局合理，运输结构优化，线路连网成片，群众出行方便的农村客运网络，形成了以高速客运、超长客运、城市客运、旅游客运、农村客运、出租客运等为主体的现代客运系统。截至“十一五”末，全市已开通客运班线359条。其中，省际客运线路

44 条，市际客运线路 33 条，市内县际客运线路 46 条，城乡客运线路 117 条；乡村客运线路 104 条；建成农村客运片区 15 个。全市道路营业性客货运输车辆达到 13461 辆。其中，客运车辆 2058 辆，占总数的 15.2 %（其中，普通客车 1127 辆、中级客车 290 辆，城市公交 172 辆）；货运车辆 11323 辆，占总数的 84.2 %；道路运输从业人员达到 23986 人。具备客车开行条件行政村通客车率达到 90%，城乡客运班车中型中级客车的比例提高到 15% 左右。“十一五”期间，完成社会客运量 29270 万人，客运周转量 812000 万人公里，完成社会货运量 12480 万吨，货运周转量 956300 万吨公里，分别比“十五”增长 10%、12%、6%、9%。

（3）客运站场建设。

“十一五”末，广安市共建成邻水汽车站、武胜汽车站等二级汽车客运站、邻水九龙汽车站等三级汽车站；乡镇客运站 109 个。其中，建简易站 72 个，实现 85% 的乡镇建有农村客运站；农村客运站达 136 个，实现 80% 的行政村建有招呼站。“十二五”期间，将重点抓好枣山、万善运输物流中心，邻水县城北客运站、岳池长途客运站，华蓥货运站、邻水货运站和岳池货运站，30 个农村客运站等建设。

（4）发展前景展望。

“十二五”期间，广安市将着力推进建设渝广巴高速广安境内段，广遂高速公路广安境内段，广潼资高速公路广安境内段等高速公路；国道 210 线邻水县城区过境段改线，省道 304 线广安至武胜段，省道 304 线广安境内市主城区改线（小平大道），省道 304 线广安区新桥、代市、观塘、护安过境场镇改线，省道 304 线武胜县城区过境段，省道 203 线广安境内段改造升级，省道 203 线岳池九龙、石垭过境场镇改线，省道 203 线岳池东板、顾县、花园、花板、齐福、罗渡、伏龙场镇改线等国省干线公路；港前大道、广溪路（能源通道）、花溪路、护子路（邻水东槽纵向干线公路）、铜新路（能源通道与广华大道的接点）、九坪路（岳池至坪滩南渝高速连接线）、岳池乔家至广遂高速连接线、御子路（达渝高速连接线）、袁两路（邻垫高速连接线）、邻连线（达渝高速邻水连接线）、沿鼓路等一级县际公路，岳武路、秦龙路、溪黎路、观伏路（渠江左岸沿江公路）、肖塞路（渠江右岸沿江公路）、九鱼路、新兴路等二级县际公路；华蓥山石林旅游公路、华蓥山宝鼎旅游公路、华蓥山南宋文化旅游公路、小山坝旅游公路、华蓥跃进水库旅游公路、华蓥山宝鼎旅游公路邻水境内段、华蓥仙鹤洞旅游公路、黄新路、大秤路至邻水御临河小南海旅游公路、嘉陵江武胜流域水上景点沿江公路、佛手山（协兴）至南峰山（广门）公路、渠江广安流域沿江旅游公路、协兴至青龙湖（郑山）公路、东板至金城山、金城山至象鼻河旅游公路、邓小平故居至肖溪冲相寺、邻水县太阳岛休闲城公路工程等旅游公路；代桂路、天老路、广溪路、八赵路、桂柑路、石梯坎路等战备公路。

4. 水路运输及广安港建设

广安不但具有独特的区位、资源、政治和政策优势，同时也具有水运发展条件好、岸线资源丰富、临港产业初具规模等有利条件，广安的发展迫切需要水运的有力支撑。“十一五”期间，广安市结合重庆合川草街子和利泽航电枢纽建成，实现广安境内渠江、嘉陵江全部渠化。以“两江”港口主要的客货码头建设为重点，以重要水域客码头、旅游码头建设为辅助的发展思路，建设完善好包括广安花园货码头、邓家码头在内的较大码头，提高通过和装卸能力，进一步发挥港口码头的综合功能，实现港口码头建设的专业化、标准化、规范化。

（1）航道建设。

截至 2011 年，内河航道里程达到 522.05 公里。其中，四级航道 177 公里，五级航道 19 公里，七级航道 28.32 公里，等外级航道 297.73 公里。

（2）码头建设。

截至“十一五”末，客货码头总数达到 192 个，码头泊位 251 个，泊位总长 8700 米，堆场面积 19.26 万平方米，港口年客运吞吐能力 330 万人次，货运吞吐能力 412.38 万吨。

（3）水运线路。

广安市境内水资源丰富，现有嘉陵江、渠江、大洪河、御临河及吉安河等 12 条支小河流，航道里程 522 公里，嘉陵江、渠江连接长江“黄金水道”，航运直通重庆、南京、上海。国家 IV 航道、嘉陵江支流渠江流经广安、华蓥、岳池三县（市、区）境内 131.2 公里，上游经渠县可至达州、巴中，下游在合川渠河咀汇入嘉陵江。渠江水上游、太极湖水上游等已成为新兴的热门旅游项目，为广安蓬勃发展的旅游业增添了一道亮丽的景观。

（4）运力情况。

截至“十一五”末，全市共有各类运输船舶 1000 余艘，40000 余载重吨、16733.53 千瓦。其中，客货运输船舶 549 艘、工程作业船舶 63 艘、旅游餐饮船 82 艘，共计 45320 吨位、10935 客位。嘉陵江和渠江“两江”有 600 余艘较大客货船舶，占全市船舶总量的 60% 以上。船舶运力主要分布于嘉陵江和渠江及邻水大洪河、岳池翠湖、华蓥天池湖等较大水库，客（渡）船在 20 客位以下的有 289 艘、20 ~ 35 客位的有 195 艘，货船大多在 50 吨以下。

（5）运量情况。

2010 年，完成水路客运量 1645 万人次，旅客周转量 11350 万人公里，完成水路货物运输量 2530 万吨，货物周转量 249000 万吨公里。

（6）广安港建设。

广安港地处渠江、嘉陵江中下游，是川东北港口群和四川省“四江六港”水运总体发展目标的重要组成部分，由港口工程、航道整治、船闸工程 3 部分组成。其中，建设广安新东门作业区 1000 吨级泊位 6 个，集装箱年吞吐能力达 40 万标箱，散货液货年通过能力达 80 万吨。同时，整治提升渠江四九滩至重庆界 70 公里航道为三级航道，常年通行千吨货轮；改扩建富流滩枢纽三级船闸 1 座。广安港已于 2010 年 12 月开工建设，并作为全省的重点建设项目在“十二五”续建。至 2030 年，广安将建成广安港区、华蓥港区、岳池港区和武胜港区 4 个港区，项目总投资超过 50 亿元，规划的 60 个泊位全部建成，全港通过能力达到 2180 万吨。其中，集装箱年吞吐量为 100 万标箱。依托渠江－嘉陵江－长江、嘉陵江－长江水运通道，广安将成为川东地区交通最便捷、综合交通运输成本最低的区域性次级交通枢纽城市和内陆港口城市，具备真正意义上的“沿江地区”优势，为广安承接产业转移，发展沿江产业提供优越环境。

（7）发展前景展望。

“十二五”时期，广安市将着力建设渠江广安四九滩至丹溪口航运建设工程、渠江凉滩船闸改造工程、渠江四九滩船闸改造工程、渠江华蓥明月作业区一期工程、渠江岳池罗渡作业区一期工程、渠江邓家旅游码头改扩建工程、渠江东门旅游码头改扩建工程、嘉陵江中心镇作业区一期工程、嘉陵江武胜沿口至重庆界航道整治工程、嘉陵江武胜沿口至南充界航道整治工程、嘉陵江坪滩张家滩码头工程、嘉陵江武胜石梯坎码头一期工程、渡口及涉水点改造工程等。

5. 城乡公共交通

“十一五”期间，广安主城区思源大道、金安大道、广宁路、平安大道、建安路、渠江大道、环城大道、洪洲大道、北辰大道等城市干道全面建成，白塔渠江大桥、五福桥、广宁桥、双桥、建安桥、中桥、萃屏山隧道、B 号桥、鹭岛大桥等城市桥梁隧道竣工通车。2011 年，广安主城区调整开通公交线路 10 条，实有公共汽车 40 辆，出租汽车 327 辆。公共汽车运客总量 435 万人次。每万人拥有公交车 1.82 辆。

（二）邮电通信

以信息网络建设为基础，以广播电视、移动通信、宽带建设为重点，加快推进“三网合一”。加强城乡信息基础设施建设，逐步形成覆盖全市的信息网络，实现市县乡村四级互联互通，信息资源共享。加快规划建设高速信息骨干网络，实施“光纤到路边”、“光纤到大楼”、“光纤到小区”工程，建立健全公共信息网络体系，提高传输容量和速度。加快用户接入网建设，扩大上网用户，形成以地面光纤和微波通信共同发展的传输格局。发展农村经济信息网络，加大乡镇信息基础设施建设力度，力争实现乡乡通光缆，努力提高城乡电话普及率。加快有线广播电视网络的发展，完善传输系统，扩大有线、无线广播电视的覆盖范围。全市已实现程控化、网络化，可提供国内、国际电话服务及电报、传真、移动通信和公众多媒体数据网（DDN）、国际互联网（Internet）、“一线通”（ISDN）、宽带网络（ADSL）、视频点播、邮政快递等业务，对外通信、信息传递十分方便、快捷。到“十一五”末，全市全部乡镇和绝大部分村开通了固定电话，宽带互联网接入用户基本普及到乡镇，全市信息网络体系全面融入全国全省的大网络。2010 年，全年邮电主营业务收入实现 11.4 亿元，同比增长 22.6%。年末电信固定电话用户 45.0 万户；移动电话用户 160.6 万户，同比增长 23.6%，宽带用户 12.9 万户，同比增长 44.9%。实现村村通广播电视，形成广播电视节目对农村多套覆盖，全市广播人口覆盖率达到 95% 以上，电视人口覆盖率达到 98% 以上。

（三）能源

1. 水电

利用水力资源优势，建设嘉陵江、渠

江、华蓥河水电能源基地，发挥综合利用效益。2010 年，全市有水电站（厂)87 座，装机容量 39 万千瓦。东西关发电厂，岳池富流滩发电厂，广安区的拱桥、莲花桥、高桥、花桥、天星桥电站，岳池县老龙洞电站，华蓥市李子垭发电机组，邻水县小南海电站、箭口、水洞子、观音洞、凉桥电站等都已投入发电。

2. 火电

广安市有火电厂 4 个，装机容量 241.8 万千瓦。四川广安发电有限公司是中国华电集团下属的骨干火力发电企业，规划装机容量 240 万千瓦，现已投产装机容量 120 万千瓦，分三期建成。三期工程建成投产后，广安电厂装机容量将达到 240 万千瓦，年发电量 120 亿千瓦时，年产值 40 亿元。目前，广安已成为西南重要的火电能源基地。广安电厂三期工程全部投运，铸就了广安火电调峰基地地位。

3. 天然气

围绕天然气生产基地建设，加大广安区、武胜县等川东北气田天然气资源勘探和开发力度，加快“北二环”输气管道、中石油南干线改造工程等管道工程建设，提高“东气西调南送”能力。如广安区的独立选址项目天然气开采项目和年产 5.5 万吨天然气乙炔项目、年产 20 万吨甲醇项目等以天然气为原料的工业项目，充分发挥资源优势，发展广安市经济。

4. 核电

中国核工业集团公司拟在广安武胜投资建设的中核广安核电厂，经过踏勘选址和论证，推荐金光、会龙两个厂址，建设规模为 4 台百万千瓦级压水堆核电机组（4 × AP1000），装机 4 × 1000 兆瓦，总投资约 860 亿元，分为 2 期工程：一期工程电站额定功率 2490 兆瓦，估算投资 322.76 亿元。“十一五”期间，广安核电项目已完成项目建议书编制和报批工作，相关前期工作取得了重要进展。核电建设将为强化广安市能源设施和优化能源结构发挥重要作用。由于“十二五”时期国家将暂停内陆核电厂规划建设，广安核电项目也会受到影响。

5. 电网、电站

广安电网内已投产发电装机容量达 280.8 万千瓦。广安电网已建成 35 千伏以上变电站 36 座，总变电容量 280 多万千伏安，35 千伏以上输电线路达 1285 公里。其中，220 千伏变电站 2 座，110 千伏变电站 14 座,35 千伏变电站 20 座。2010 年，广安社会售电量达到 28 亿千瓦时，最高负荷 74 万千瓦。

6. 煤炭

煤矿井田 40 处，已利用 35 处，有矿山企业 146 个。其中，中型企业 2 个，主要矿产地集中分布在华蓥山中段（华蓥市东部和邻水西部）和华蓥山北段（广安区东部），主要开采矿山有绿水洞煤矿、李子垭煤矿、龙滩煤矿、桂兴煤矿、新华煤矿、高顶山煤矿等，开采回采率 80% ~ 90%，除供广安市消费外，部分销往相邻市县。

（四）水利

广安是典型的丘陵山区，地形地貌特殊，降雨时空分布不均，可利用水资源相对较少，人均占有水资源量低于全省和全国的平均水平。“十一五”以来，坚持水资源开发、节约和保护相结合，着力构建供水保障、防洪减灾、水生态环境保护体系。大规模开展农田水利基本建设，加强农村小微型水利设施建设，加强蓄水保水力度，就近就地解决灌溉和生活用水问题。加强重点水源工程建设，继续实施农村安全饮水工程。推进重点水域治理，做好水土保持、水源地保护和水质监测。强化农业和城乡节水措施，提高水资源利用效率和效益，水利基础设施建设迈出坚实步伐。

1. 防洪能力建设

“十一五”以来，广安市投资数千万元，开展嘉陵江、渠江及中小河流防洪工程建设，广安城区、邻水城区、武胜县城堤防等工程建设基本达到二十年一遇防洪标准。

2. 病险水库除险加固

“十一五”以来，广安投入资金数亿元，整治病险水库200多座。其中，中型水库2座，小型水库200多座，保障了下游170万人口和97.5万亩耕地的防洪安全。

3. 依法治水

对48处承担供水功能水源地的水利工程开展水质监测，全面开展小型水库水质普查，确保了饮用水安全。严格实施水行政的各项许可制度，全市70%取水户安装了取水计量器，督促取水企业加强生产技改，实行多次重复循环用水，减少了污水排放。水环境治理和保护工作深入开展，取缔网箱养鱼10288口，取缔肥水养鱼5.3万亩，清理江河湖库垃圾5万余吨，天然水域水质明显好转。贯彻“夏防、秋蓄、冬保、春用”的蓄水保水方针，及时协调用水纠纷，全市2010年末水利工程蓄引提水能力达到7.86亿立方米。

4. 小型水利工程

“十一五”期间，共投入建设资金1.75亿元，新建渠系配套240公里，渠道防渗370公里，新建蓄水池1938口，新建、整治山坪塘228口，新建石河堰49处，整治石河堰505处，完成41个旱山村建设，新增有效灌面4.2万亩，新增节水灌面6.4万亩，提高了农业综合抗旱减灾能力。

5. 水土流失治理

“十一五”期间，广安市按照大规模、大连片、大示范的水土流失治理思路，以广渝、广南、南渝、邻垫、南合等高速公路为纽带，以沟、凼、池、路为骨架，以坡改梯、经果林建设为重点，实行山、水、田、林、路综合治理，推进了水土保持大示范区建设，投入建设资金0.68亿元，治理水土流失面积457.26平方公里。

6. 安全饮水工程

“十一五”以来，广安新建供水工程7000多处，其中集中供水工程500多处，工程总投资3亿多元，解决80多万群众的饮水安全问题。

四　小平故里“版图”：农业、工业、服务业地理

（一）农业经济地理

广安市耕地面积260万亩。耕地土壤以水稻土和紫色土为主，土层厚度一般在50～100厘米，耕作层20厘米左右，土壤肥沃，物产丰富，盛产稻谷、玉米、高粱、洋芋、小麦、油菜、柑桔、蔬菜、梨子、葡萄、蚕茧等农产品，邻水脐橙、广

安龙安柚、岳池米粉、邻水龙须茶、岳池黄龙贡米声名远播，“金广安（玉米）”、“银岳池（大米）”、“红武胜（高粱）”闻名遐迩。

1. 农业发展概况

近年来，全市紧紧围绕优质粮油、蔬菜、柑桔三大主导产业和优质梨、葡萄、蚕桑三大特色产业，以农业增效为目标，农民增收为核心，建设大基地、发展大产业，初步建成了以主要公路沿线为重点的“五大带状优质稻基地”，以主要公路、江河流域沿线的柑桔“八大产业带”，以沿江、沿路、沿山为重点区域的“五大优质菜区”，以优质梨、葡萄、蚕桑等为重点的三大特色产业基地。广安现代农业发展走在了全省的前列，广安区被农业部认定为第一批国家现代农业示范区，广安市被省政府确定为全市唯一整体推进现代农业产业基地建设试点市，广安区、邻水县列为全省首批现代农业产业基地建设 20 个强县，其余县市均列入全省现代农业基地强县培育县。2011 年，全市第一产业实现增加值 125.3 亿元，比 2005 年增加 60.8 亿元，年均增长 3.9%。农业对经济的贡献率为 5.6%，拉动 GDP 增长 0.9 个百分点。

（1）主要农产品稳定增长。

2011 年，全市粮食播种面积为 36.0 万公顷，粮食总产量 202.1 万吨，比上年增加 1.9 万吨，同比增长 1.0%。其中，水稻 104.6 万吨，玉米 33.5 万吨，小麦 21.1 万吨，油料 12.8 万吨，蔬菜 222.5 万吨，水果 17.0 万吨。

（2）畜牧业保持较快发展。

2011 年，全市新发展标准化规模养殖场 106 个。全年肉类总产量 45.6 万吨，禽蛋产量 8.1 万吨，牛奶产量 2829 吨，蚕茧产量 3524 吨。全年生猪出栏 524.8 万头，牛出栏 7.4 万头，羊出栏 54.5 万只，家禽出栏 4674.5 万只，兔出栏 450.5 万只。

（3）渔业稳定发展。

2011 年，全市新建渔业基地 11 个，新增养殖面积 92 公顷，水产品产量 6.3 万吨。

（4）林业生产持续推进。

2011 年，营造林总面积 2.5 万公顷，新增封山育林面积 1333 公顷，改造低产低效林 1.3 万公顷，新增营造林 1800 公顷。森林覆盖率达 36.3%，比上年提高 1.0 个百分点。

（5）现代农业发展较快。

2011 年，全市建成优质粮油、柑桔、蔬菜、现代林业等产业基地 228 万亩，畜禽规模养殖场 5226 个，集中连片超万亩的现代农业示范园区 34 个 43.9 万亩。广安市被确定为全省整体推进现代农业产业基地建设试点市，广安区被列为全国首批国家级现代农业示范区，广安区、邻水县被授予全省首批现代农业产业基地强县。产业化经营快速推进，葡萄、蚕桑、水产等特色产业持续发展。2011 年，新培育龙头企业 12 户，新发展农民专业合作社 110 个，连接带动农户 7.3 万户，土地流转 3.4 万公顷。标准化生产力度加大，申报认证无公害农产品 20 个、绿色食品 12 个，龙安柚、黄花梨等产区被评为国家级标准化示范区，“邻水脐橙”成为国家地理标志商标。

（6）农业基础不断夯实。

2011 年，整治病险水库 34 座，完成渠系配套137.7公里，新增有效灌溉面积5670公顷，积极改造中低产田土，建设高标准农田8067公顷，完成土地整理1.6万公顷，治理水土流失118平方公里。新建机耕便民道1569公里。农业机械总动力为152万千瓦，同比增长14.2%。

2. 农业生产力空间组织结构特征

（1）农业经济活动呈面状布局。

根据山地、丘陵、平坝的地貌特征和区域气候特点，广安市现代农业产业基地建设总体布局为：广安市西北以优质粮油、蔬菜、生猪、草食牲畜为主，西南以优质粮油、柑桔、蔬菜为主，东南以柑桔、蔬菜为主，华蓥山区以特色蔬菜、特色水果和速生林竹为主。畜牧发展与农业产业基地联动，依托产业基地布局，在市域内高速公路出口规划建设高标准万亩现代农业。

（2）产业集聚发展趋势特征明显。

粮油产业。形成以渠江、嘉陵江、大洪河流域、浅丘、沟漕、大坝等区域为重点，以主要公路沿线为重点的五大带状优质稻基地和广－武－合及广－岳－南两大“双低”油菜产业带的优质粮油产业区。

柑桔产业。以一河（大洪河）、两江（渠江、嘉陵江）、三路（沪蓉高速、包茂高速广安境内段和广武路）为重点区域，以43个柑桔重点乡镇为核心，辐射带动以邻水东槽、西槽南段渝（重庆）邻（水）高速路沿线和武胜嘉陵江流域为主的3个优质脐橙产业带，以邻水西槽北段和华蓥、岳池渠江流域、广南高速路、广武路沿线为主的4个优质脐橙产业带，以广安区渠江流域为主的龙安柚产业带等八大产业带建设。

蔬菜产业。坚持沿路（高速公路）、沿江（渠江、嘉陵江）、沿山（华蓥山、铜锣山、明月山）开发，重点建设城镇近郊优质商品蔬菜、沿江早市菜、华蓥山区特色蔬菜、粮区复种型蔬菜、食用菌五大蔬菜基地。

生猪产业。重点建设广安区河西、岳（乔家）武（飞龙）、邻水东槽、华蓥高兴－阳和四个现代农业示范片，辐射带动辖区内高速公路、襄渝铁路沿线生猪产业发展，形成畜牧养殖集群。

蚕桑产业。以丘陵坡地和河谷台地布局为主，围绕嘉陵江、渠江两江流域，重点建设武胜县嘉陵江蚕桑产业带和广安区渠江蚕桑产业带，打造30个蚕桑基地乡镇。

林业产业。全市形成浅丘平坝短周期工业原料林、中深丘特色经济林、渠江和嘉陵江流域珍贵树种用材林三大基地。

梨子产业。以襄渝铁路沿线以东中低山区为主，引导发展优质早熟梨产业。

葡萄产业。以襄渝铁路沿线以西高兴－阳和平坝区为主，引导发展葡萄产业。

家禽产业。在嘉陵江、渠江流域和境内溪河、水库及其他工程水域内范围，建立优质水禽产业带，在城镇郊区适养区建立蛋鸡产业带，在退耕还林区、林果区建立土杂肉鸡产业带。

（3）农业政策对农业经济活动空间结构影响较大。

按照连块成片、连片成面的要求，广安市农业产业基地设施配套建设集中于“一环、二线、三区块”：“一环”即广安区东西环线和观塘农业园区；“二线”即沪蓉高速、包茂高速广安境内段；“三区块”即岳武区块、华蓥区块、邻水区块。集中

表 38-8　主要农业产业空间布局

产　业	主要布局区域
粮油产业	渠江、嘉陵江、大洪河流域、浅丘、沟漕、大坝等区域
柑桔产业	一河（大洪河）、两江（渠江、嘉陵江）、三路（沪蓉高速、包茂高速广安境内段和广武路）为重点区域
蔬菜产业	沿路（高速公路）、沿江（渠江、嘉陵江）、沿山（华蓥山、铜锣山、明月山）区域
生猪产业	广安区河西、岳（乔家）武（飞龙）、邻水东槽、华蓥高兴－阳和四个现代农业示范片
蚕桑产业	重点建设武胜县嘉陵江蚕桑产业带和广安区渠江蚕桑产业带，打造 30 个蚕桑基地乡镇
林业产业	浅丘平坝布局短周期工业原料林、中深丘布局特色经济林、渠江和嘉陵江流域布局珍贵树种用材林
梨子产业	以襄渝铁路沿线以东中低山区为主
葡萄产业	以襄渝铁路沿线以西高兴－阳和平坝区为主
家禽产业	在嘉陵江、渠江流域和境内溪河、水库及其他工程水域内范围

力量打造提升万亩现代农业产业基地核心示范园。其中，广安区、岳池县各 7 个，邻水县 5 个，武胜县 4 个，华蓥市 2 个。目前，已有 19 个万亩示范园区已建成或正在建设，从根本上保证了基础设施整体持续建设，产业基地连续不断扩张。2010 年，广安市集中成片改善现代农业产业基础设施面积 18 万亩。

3. 农业产业结构特征

（1）农业内部结构不断优化。

畜牧业产值占农业总产值比重由 2005 年的 40.1% 提高到 2010 年的 45.3%，年均提高 1 个百分点以上。同时，优质肉猪比例不断提高；粮经作物总产值之比由 2005 年的 2∶1 调整为 2010 年的 1.4∶1，高附加值的经济作物比重不断增加。

（2）优质化进程强势推进。

2010 年全市长白、约克及其二杂等优质母猪存栏比重达 70% 以上，生猪良种推广面可达 80%，比 2005 年分别提升 26 个和 16 个百分点。牛、羊、禽、兔良种及杂交面分别达到 42.5%、84.3% 、86.3%、89.8%，比 2005 年分别增长 10.3 个、9.1 个、5.0 个、5.4 个百分点。

（3）规模化养殖蓬勃发展。

2010 年末，全市各类畜禽规模养殖场已达 4800 个，比 2005 年增加 1739 个，增长 36%。其中，标准化规模养殖场 1200 个，比 2005 年增加 1063 个，增长 7.78 倍。各类畜禽规模养殖小区已达 260 个，填补了“十五”期间的空白。其中，标准化规模养殖小区 230 个，占 88.5%。全市生猪、家禽规模养殖出栏比例分别达到 47%、50%，比 2005 年分别提高 30 个和 28 个百分点；肉牛、肉羊、肉兔规模养殖出栏比例分别达到 40%、42%、52%，与“十五”末相比，规模养殖水平也得到大幅度提高。

4. 农业发展推进措施

（1）坚持集中连片推进。

集中连片改善基础设施。产业基地设

施配套建设集中于“一环二线三区块”，保证了基础设施建设的高质量、大规模；整合建设项目，通过统筹以工代赈、农业综合开发等涉农项目，实现了连块成片、连片成面的建设模式。集中连片培育产业，如蔬菜产业重点布局在沿路、沿江、沿山。坚持种养结合、规划建设同步，每发展一片产业基地就建设3～5个养殖小区。截至目前，广安已建成万亩以上现代农业示范区25个、2万亩以上的现代农业示范区5个。

（2）坚持基地建设规模化。

优质稻基地达到94.9万亩，油菜产业带面积达30万亩，优质柑桔基地面积达到50万亩，优质蔬菜基地面积达到44万亩。

（3）坚持科技应用本地化。

推广新品种、采用新技术、探索新模式突出抓好符合广安当地实际的实用科技的推广应用，强化农业科技对现代农业产业基地建设的支撑作用。

（4）坚持农业生产标准化。

坚持“三网”配套，提升产业基地建设质量，推进基础设施标准化；围绕粮油、柑桔、蔬菜等主推品种，严格执行“四有”、“五统一”，推进生产管理标准化；坚持监管体系化、检测制度化、产品品牌化，推进产品质量标准化。

（5）坚持产品营销网络化。

坚持市场营销与基地建设同规划、同实施，积极培育本地市场，着力挺进重庆市场，大力拓展国内市场，努力开辟海外市场，想方设法解决农产品“卖难”症结，降低产业发展风险。

（6）坚持产业服务立体化。

着力构建现代农业产业服务体系，积极开展培训服务、科技服务、财政金融服务、农资服务，力促广安市现代农业产业持续、快速、健康发展。

（7）坚持实施主体多元化。

创新机制，将龙头企业、专业合作社、农民作为现代农业发展的实施主体，大力发展以专业合作社为主要形式的“互利合作”模式、以原料生产为主要形式的“订单收购”模式、以返租倒包为主要形式的“承包经营”模式，打造“三位一体”的现代农业产业发展建设机制。

（二）工业经济地理

“十一五”期间，广安大力实施“工业强市”战略，工业经济迅速崛起，园区建设日新月异，全市工业快速发展。

1. 工业发展概况

（1）规模不断壮大。

工业总产值翻两番。2011年，完成全口径工业增加值265.1亿元，是2005年的6.28倍，2005～2011年年均增长25.0%。企业总户数翻一番。2011年，全市规模以上工业企业总户数383户，比2005年增加209户。其中，年主营业务收入过亿元的企业182户。“十一五”期间，累计新增规模以上工业企业208户，年均新增企业42户。企业规模快速壮大。2011年规上工业户均生产总值2.36亿元，比2010年1.75亿元增加0.61亿元，增长34.9%。实现总产值905.2亿元。

（2）支撑能力逐年增强。

2006～2011年，全市工业对经济的贡献率分别为46.8%、51.9%、46.0%、

52.3%、58.4%、53.6%，分别拉动 GDP 增长 6.1 个、7.4 个、6.6 个、7.7 个、9.1 个、12.2 个百分点。工业化率明显提高，工业化率由 2005 年的 24.0% 提高到 2011 年的 40.2%，年均提高 2.7 个百分点。

（3）经济效益持续改善。

2011 年，全市规模以上工业企业实现主营业务收入 891.4 亿元，同比增长 46.8%；实现利税总额 75.1 亿元，同比增长 38.9%；实现利润总额 42.1 亿元，同比增长 54.2%；全市规模以上工业综合效益指数为 342.5。

2. 工业生产力空间组织结构特征

广安市在综合考虑区位交通、城市空间发展方向和现有产业布局的基础上，构筑“一核、三带、五极”空间架构。以此为依托，树立梯度化布局理念，突出省级及省级以上产业园区扩容提质，加快乡镇工业集中区布点建设，在全市构筑立体型、梯度化、产业特色鲜明的新型工业空间布局体系，促进工业化、城市化良性互动，确保工业快速健康可持续发展。

（1）工业生产力空间组织点、线、面结构并存。

“一核”，即广安工业发展核心区，位于渠江以东、襄渝铁路以西、协兴－前锋－禄市－线以南的长方形区域。该区域面积不到全市面积的 5%，却集中了全市近 40% 规模以上工业总产值和 50% 规模以上工业增加值，是全市工业发展的引擎，实现了这个区域的工业发展就实现了全市工业的提升。

“三带”，即“一山两江”产业带。一是华蓥山产业带。该产业带沿国道 210 线、包茂高速（渝邻段）走向，涵盖华龙、天池、瓦店、双河、鼎屏、城南、牟家、四海、合流、高滩、坛同、子中等 12 城镇，工业基础较好，产业门类较多，要重点发展汽摩配零部件制造、电子信息、镁金属新材料、农产品加工、生态旅游、商贸物流等产业，打造成渝经济区渝广达发展带的重要产业承接带。二是渠江产业带。该产业带北起前锋、南至罗渡，经协兴、新东门港口、观塘、护安、枣山、官盛、方坪、永兴、明月、高兴、溪口、庆华、伏龙等地，沿渠江呈“S”形走向，交通便捷、物流条件较好、产业基础较为完善，要重点发展汽车制造、精细化工、电子信息、新材料、国防军工等产业。三是嘉陵江产业带。该产业带沿兰海高速、兰渝铁路、国道 212 线以及嘉陵江等境内段走向，对接重庆合川，涵盖武胜沿口、万善、中心、旧县、街子等 5 乡镇，产业特色明显、产业集中度较高、区位优势尤为明显，要着力发展核能、生物质能源、机械电子、农产品加工等产业，打造成渝经济区成（遂）南渝发展带的重要配套产业带。

“多极”，即 4 个重要工业增长极，包括国家级广安经济技术开发区、广安市回乡创业园、武胜县城工业园区、邻水县城工业园区。4 个产业园区具有较好的发展基础，发展思路明确，不仅仅是所在县市区工业的重要增长点，也是广安全市工业发展的突破点和经济增长极。

（2）县域工业活动空间布局仍取决于资源和工业基础因素，但其他因素的影响逐渐凸显。

“十一五”以来，各县区市均确立了工业主导战略，县均工业增加值由 2005

末的12.38亿元增加到2011年的53.02亿元，华蓥市工业增加值在全市的比重明显下降，广安区、邻水县、岳池县、武胜县工业增加值全市的比重分别增长，区域结构进一步协调，各地工业呈现出齐头并进的发展势头，虽然资源和工业基础仍然是广安工业发展格局的决定性因素，但从发展趋势来看，随着广安市工业产业结构调整加快，交通、技术、政策等因素对区域工业空间结构的影响将进一步上升，特别是随着交通条件的改善，邻水县、武胜县区位优势进一步凸显，两县的工业总量保持了较快的上升势头。

（3）工业经济由分散向集聚发展，并逐步向经济发展高势能地区集聚。

“十一五”以来，广安市工业经济由分散向集聚发展，并逐步向经济发展高势能地区集聚。2006年以来，广安市园区经济从无到有、从小到大。全市现有工业园区8个，园区建成总面积从4.6平方公里扩大到2011年的57.3平方公里，年均增长超过10平方公里，累计完成投资329.9亿元。入园工业企业由2006年的78户增加至2011年的424户，园区工业总产值由2006年的18.6亿元增加到2010年的640.2亿元。

3. 主导产业地位进一步凸显，产业门类进一步完善，结构进一步优化

（1）优势产业支撑作用凸显。

广安市支柱工业产业由“十五”末的4个增加到“十一五”时期的5个，机电产业成长为与煤炭、电力、建材、农产品加工并列的优势产业之一。2011年，五大支柱产业实现总产值634.1亿元，总产值占规模以上工业总产值的70.1%。其中，农产品加工、机械制造、煤炭、建材、电力分别实现总产值182.5亿元、184.4亿元、122.7亿元、89.6亿元和54.9亿元，分别

表38-9 广安市工业园区及园区主导产业

产业园区		主导产业
广安经济技术开发区	新桥工业园区	化工、建材、有色金属加工
	奎阁工业园区	新材料、节能环保、纺织服装、电子信息
	临港工业园区	装备制造（应急抢险）、新材料
	前锋工业园区	装备制造、能源、有色金属加工
	广华工业园区	装备制造、电子信息、轻纺
广安市回乡创业园		食品加工、轻纺、生物、医药
武胜县城工业园区		食品加工、轻纺、生物
邻水县城工业园区		装备制造
高兴－伏龙－罗渡川渝合作示范园		能源、化工
子中川渝合作示范园		装备制造、毛纺
街子川渝合作示范园		装备制造、电子信息、能源

占全市规模以上工业总产值比重的 20.2%、20.4%、13.6%、9.9% 和 6.1%。

（2）轻重工业进一步协调。

轻重工业比重由“十五”末的 32∶68 调整为 2011 年的 44∶56，全市规模以上轻工业总产值占全部规模以上工业总产值的 44.4%，比 2005 年提高 11.3 个百分点。

（3）高耗能行业比重下降。

2010 年，全市石油加工炼焦、化学原料及制品、非金属矿物、黑色金属冶炼及压延、有色金属冶炼及压延、电力热力生产供应六大高耗能行业总产值占规模以上工业总产值的 22.6%，比 2005 年下降 20 个百分点以上。万元工业增加值能耗由 2005 年的 5.89 吨标煤下降到 2011 年 3.911 吨标煤，万元 GDP 能耗由 2005 年的 2.70 吨标煤下降为 1.711 吨标煤。

（4）产业门类实现较大突破。

按行业大类分，全市规模以上工业涉及行业由 2005 年的 29 个增加到 2010 年的 33 个，一些高技术、高附加值行业取得快速发展，医药制造业由 2005 年的 1 户发展到 2010 年的 8 户，完成总产值 15.1 亿元，增长 24.2 倍；电子设备制造业实现零的突破，到 2010 年达 5 户，实现总产值 5.6 亿元。

4. 重点产业选择将会进一步推动广安市工业生产力空间组织调整

“十一五”以来，广安市坚持优化调整和改造提升并重，能源、汽摩零部件为主的装备制造、建材、食品加工和轻纺等五大传统支柱产业进一步壮大，化工、电子信息和有色金属加工等三大新兴支柱产业加速形成。以重大技术突破和重大发展需求为基础，引进旗舰型重大项目，战略性新兴产业起步发展。和传统支柱产业不同，广安市新兴支柱产业和战略性新兴产业多属于技术指向型、人才指向型产业，产业区位选择更具有灵活性，随着支柱产业的逐步调整，广安市工业生产力空间组织将会得到逐步优化。

表 38-10　广安市工业主导产业

传统支柱产业	能源
	汽摩零部件为主的装备制造
	建材
	食品加工
	轻纺
新兴支柱产业	化工
	电子信息
	有色金属加工
战略性新兴产业	新材料
	生物
	环保产品

（1）传统支柱产业。

能源。加快煤炭企业重组步伐，推进煤炭生产利用清洁化。适度发展水电，建设东西关水电二期工程。加快天然气开发，建成“气化广安”项目。

汽摩零部件为主的装备制造。依托前锋工业园区、广华工业园区和子中工业园区，借势重庆“两江新区”发展，建设汽车及汽摩零部件基地、装备制造业配套基地。加强与重庆、广东等地汽车企业的合作，积极引进整车及关键零部件制造，发展汽摩零部件产业集群。对接成渝两地环保设备、轨道交通、发电设备等发展方向，围绕农机产业链、矿山机械装备产业链、内燃机产业链等，大力发展精密齿轮、重型锻铸件、特种机械配件等产业。发展壮大重型汽车弹簧钢板、钢绞线、结构钢架、输变电设备、消防器材、安全设备等，大力发展机械加工。

建材。大力发展商品混凝土、混凝土砌块、高性能混凝土等产品。开发推广新型陶瓷砖生产技术和工艺，加快建筑陶瓷技改扩能和上档升级。利用页岩、沙石、石膏、林木等非金属矿产资源，煤矸石、粉煤灰等工业废渣以及城镇生活垃圾等，大力发展新型节能建材。

食品加工。依托丰富的农产品资源，以回乡创业园、武胜县城工业园区为重点，推动农产品产业化基地建设、农产品精深加工、副产物循环利用、现代包装等四大环节加快发展，重点发展粮油加工、饲料加工、畜禽产品加工、茶业加工等产业，打造优势品牌、优势企业和特色农产品加工供应基地。

轻纺。充分发挥农产品、劳动力等资源和区位优势，以回乡创业园、武胜县城工业园区为重点，引进知名品牌，采用高新技术、先进适用技术和先进管理模式，加速轻纺产业扩张升级，推进农村富余劳动力就地转移就业。积极承接国内外产业转移，发展丝绸、纺织、服装、造纸、家电等专业园区。

（2）新兴支柱产业。

化工。充分发挥广安天然气和盐卤资源优势，按照循环经济的要求，以新桥工业园区、高兴－伏龙－罗渡工业园区为重点，按照协作分工、错位发展的原则，以100万吨真空制盐项目、100万吨纯碱项目、100万吨复合肥等为龙头，打造气盐结合的化工产业。大力发展氢氰酸和天然气制乙炔产业链及其下游产业链。

电子信息。抢抓重庆、成都IT产业大发展机遇，扩大与两江新区、天府新区的合作，对接“惠普（重庆）笔记本电脑出口制造基地”、“富士康（重庆）产业基地”、“富士康（成都）产业基地”等电脑生产基地，以奎阁工业园区、广华工业园区、街子工业园区为重点，强化生产配套，积极培育集成电路、电子材料、新型元器件等零部件配套产业，构建电子信息产业承接高地。抢抓信息化建设和物联网推广利用等机遇，引进培育照明器件、家电制造企业，大力发展冰箱、洗衣机、空调等消费电子产业，带动发展LED照明、通信、智能家电及软件服务等。

有色金属加工。依托新桥工业园区、前锋工业园区，加快发展粗铜精炼及铜缆、铜箔、铜管等下游产品，积极实施钴、钨、锡、镍等有色金属精深加工，大力培育钛、锰等产业链，重点建设单晶铜、铜铝型材加工、铜镍合金管材、电池材料钴酸锂等项目，形成完整的有色金属产业链，打造成渝地区最大的有色金属精深加工基地。

（3）战略性新兴产业。

新材料。利用新材料技术延长化工产品产业链，发展高新复合材料，重点建设高性能合成树脂、纳米化工材料、硅橡胶、硅树胶、高性能高分子材料等。以玄武石纤维材料为重点，开发石膏矿、石灰石、玄武岩等非金属矿深加工。

生物产业。以广安回乡创业园、武胜县城工业园区为重点，依托丰富的生物质资源，积极发展以微生物发酵和酶催化为核心技术的生物食品、生物化工、生物农药、生物兽药、生物肥料、生物饲料等，形成产业化规模。积极发展化学原料药产业，开发发展新剂型产品，全面实施中药现代化工程。积极开发一次性高档医疗器械系列产品和光电机一体化医疗器械。

节能环保。以奎阁工业园区、广华工业园区为重点，大力开发生物降解淀粉塑料制品等绿色环保产品。大力发展节能洗衣机、稀土三基色电子节能灯、新型 LED 城市照明等节能家电、器具。积极开发电站烟气脱硫脱硝、中小城镇生活垃圾焚烧处理、集约化禽畜养殖废水处理、工业污水处理及回收等大中型环保技术及设备。加快发展固体废弃物回收利用技术，积极推进城市矿产回收利用。

（三）服务业经济地理

“十一五”以来，广安市深入贯彻落实加快服务业发展各项措施，紧紧围绕建设川东北商贸重镇、成渝经济区现代物流重要节点城市、国际知名国内一流旅游目的地、有文化影响力的魅力城市发展目标，加快推进服务业基础设施建设，着力提高服务业经营效益，突出重点，强化举措，推进生产性服务业和民生性服务业并驾齐驱、快速发展。2011 年，广安市服务业实现增加值 195.6 亿元，比 2005 年增加 108.1 亿元，年均增长 11.7%。服务业对经济增长的贡献率为 24.3%，拉动 GDP 增长 3.7 个百分点。税收收入达到 19.5 亿元，同比增长 32.0%，占广安市税收总收入的 48.9%。

1. 商贸流通业

（1）发展概况。

2011 年，广安市实现社会消费品零售总额 219.3 亿元，同比增长 18.3%。其中，城镇、乡村分别实现 168.2 亿元和 51.1 亿元，同比增长 18.4% 和 17.8%。其中，限上商贸单位实现社会消费品零售总额 109.9 亿元，同比增长 30.7%。分行业看，批发业、零售业、住宿业和餐饮业分别完成 32.0 亿元、154.6 亿元、3.1 亿元和 29.7 亿元，同比分别增长 18.3%、18.1%、22.1% 和 18.4%。培育出口实绩企业 12 户，外贸进出口总额 4.5 亿美元，同比增长 55.2%，实际利用外资 3334 万美元；规模以上工业完成出口交货值 5.3 亿元，同比增长 26.6%。国美电器、苏宁电器、重百集团等一批国内知名商业零售企业先后落户广安市；家乐福、沃尔玛、摩尔百盛等跨国商业零售企业已签署进驻协议；万村千乡市场工程建设基本实现了乡村全覆盖；流通网络更加完备，消费档次得到提升，市场运行调节监管更加到位，消费环境进一步改善。

（2）城乡市场网络建设。

“十一五”期间，全市商业面积净增加约 23 万平方米，城区中心商圈初步形成。主城区结合城市改造，进一步完善商业网点规划布局，完成了府后服装街、环溪一路啤酒长廊特色打造，广安国际商业中心、恒大中天国际等已启动建设，家乐福、沃尔玛等已签订入驻协议。各区市县立足本地实际，在县城核心商圈和特色商业街打造上取得突破性进展，岳池县建成的全长 2000 米的南宋文化街、武胜县建设的全长 1000 多米的雪花啤酒街，被省商务厅评定为首批“四川省特色商业街”。全市商贸骨干企业（卖场）培育进展顺利，重百广安商场、重百武胜商场、美好家园广安店年营业额均超亿元大关，美好家园岳池店、国美电器广安店等也正向亿元迈进。同时，广安市紧紧依托“万村千乡市场工程”，加快推进农村流通网络体系建设。自2006年全市五区市县均成为国家试点县以来，争取中央、省财政资金近2000万元，已建成5个配送中心、验收合格农家店2820个，镇、村两级基本实现了网点全覆盖，为全市城乡商贸发展搭建起了顺畅的流通平台。加强农家店的后续管理和目标考核，加快配送中心建设，确保综合配送率达到75%，食品、农药、化肥配送率达100%，农家店成活率达98%以上。发挥“一网多用”作用，扩大工业品、通讯产品、专营商品等经营，加强农产品的收购。

2. 物流业

随着广安市经济的快速发展和社会化分工的加快，物流业已经成为广安市服务业中的重要产业，对全市经济和社会发展起到了积极的推动作用。2010年全市货运总量达到4000余万吨。其中，公路货物运输量为3259万吨，周转量为239201万吨/公里；水路货物运输量为516.6万吨，周转量为24790万吨/公里；铁路货物运输量为409万吨。全市各类货运车辆1.26万台，进行运输的船舶736艘、4.9万余载重吨。

（1）物流业分类及其规模。

煤炭物流。2010年全市产能已达1424万吨，全市用煤1300万吨。目前，煤炭的运输主要以铁路运输为主，公路运输为辅。广安区、华蓥市的煤炭大部分用于本地及周边消耗，邻水大部分煤炭通过公路运至长寿下水再运往湖北等长江中下游一带。广安市还从宜宾、达州、重庆、贵州等地调入一定的优质煤炭。由于铁路运能的局限，煤炭作为最适合水运的大宗物资之一，随着境内渠江、嘉陵江航道条件的改善，腹地调运的煤炭将有部分重新回到水运上来。同时，兰渝铁路建成后，西北的煤炭销往长江沿线，从广安走水路是最经济的运输渠道。

水泥物流。2010年广安市规模以上水泥企业17户，水泥产量为833万吨，消耗水泥509万吨。广安市的水泥除满足周边城市的需要外，部分外销至重庆、涪陵、万州等长江中上游地区。目前，水泥主要以公路运输为主。

有色金属及钢铁物流。2010年，广安新桥工业园区有色金属物流量为0.5万吨，流入0.3万吨，流出0.2万吨，运输方式以公路为主。预计2015年、2020年有色金属物流量分别为100万吨、450万吨，运输方式以铁路、公路为主。2010年广安消耗钢材近40万吨，其运输方式以公路、铁路为主。随着航道条件的改善和港口基础设施的建设，将有部分钢材通过水路运输。

化工原料及产品物流。2010年，广安经开区化工原料及产品物流量为11.3万吨，以公路运输和流入为主。

机械设备、电器物流。2010年，全市机电产品为80万吨。机电产品除主要满足周边及重庆市的需求外，仍有部分将下水运往湖北、上海乃至出口东南亚、非洲地区。

粮食物流。2010 年，粮食物流量为 22 万吨，其中：公路运输 12.6 万吨、铁路运输 9.4 万吨，流入 8.5 万吨、流出 13.5 万吨，基本形成了以粮食经销企业与加工企业相结合的运营格局。

农产品及农资物流。2010 年，全市农产品（不含粮食，下同）为 634 万吨，以公路运输为主。其中：流入 371 万吨，流出 263 万吨；全市农资、农机等物流量为 30 万吨，以流入和公路运输为主；全市木材、竹材物流量分别为 1.4 万立方米、0.5 万吨。

商贸物流。2010 年，家电、汽车、家居建材、日用品物流量分别为 40 万吨、1.2 万辆、57 万吨、91 万吨，物流方式以公路运输为主，方向以流进为主。药品物流量为 1.2 万吨。食盐物流量为 2.3 万吨。

（2）物流业载体建设。

以主城区为重点，全市各地积极建设物流园区和专业及城乡集贸市场。通过近几年的努力，广安枣山物流园区控制性详规已经完成，园区建设工作正紧锣密鼓进行。枣山物流园区将成为集公路、铁路联运为一体的重要物流节点，将提供仓储配送、流通加工、增值服务等综合物流服务。依托广安港建设的契机，按照港区、园区、城区“三区”联动模式，目前正推进临港物流园区建设。配套工农业生产和服务居民生活需求，前锋、广安国际汽贸城、邻水川东、武胜万善等物流园区也在筹划或建设之中。2010 年，全市共有各类有形市场 161 个。其中，专业市场 44 个。

（3）物流业主体队伍。

以中石油广安分公司、中石化广安分公司、广安邮政速递、广安烟草、广安盐业、广安思源、广安鸿运、华蓥联谊、四川科伦、武胜互邦、邻水昌平等为代表的一批新型物流企业迅速成长，形成了多种所有制形式、多种服务模式、多层次的物流企业。

3. 金融保险业

（1）银行业。

到 2011 年末，全市金融机构各项存款余额为 769.1 亿元，是 2005 年底的 2.9 倍，增加 507.1 亿元，年均增加 84.5 亿元。其中，居民储蓄存款 560.8 亿元，是 2005 年底的 2.5 倍，增加 315.4 亿元，年均增加 52.6 亿元。金融机构贷款余额为 287.6 亿元，是 2005 年底余额的 2.4 倍，增加 166.4 亿元，年均增加 27.7 亿元。

（2）证券业迅猛发展。

2011 年，广安市全市证券交易额为 160.1 亿元，是 2005 年的 17.2 倍。新发展小额贷款公司 2 家。

（3）保险业快速发展。

2011 年，广安市有保险公司 15 家。其中，财险公司 6 家，寿险公司 9 家。2011 年共收保费 24.7 亿元，同比增长 14.4%。其中，财险收入保费 5.1 亿元，寿险收入保费 19.0 亿元，其他收入 0.6 亿元。全年各项赔款给付 5.3 亿元。

4. 旅游产业

“十一五”末，全市拥有有国家 4A 级旅游景区 2 处，3A 级旅游景区 1 处，2A 级旅游景区 5 处。全市现有旅行社达到 34 家（含旅行社分社 14 家），全市星级饭店达到 20 家。2011 年，全年接待游客总人数 1288.2 万人次，实现旅游总收入 84.3 亿元，成功创建四川省旅游标准化示范市。

（1）旅游产业链。

“十一五”以来，广安市积极培育市场主体，加快星级饭店建设步伐，新发展三星级以上饭店5家；扶持旅行社做大做强。加快发展文化旅游。深度挖掘邓小平文化、红岩精神、佛教文化、宕渠文化、巴国文化和民俗文化，打造一批特色文化旅游产品，建设旅游娱乐街区。加强旅游商品研发与销售。依托丰富的自然、人文资源，开发特色商品，举办商品设计、展销活动，打造川东最大的旅游小商品批发交易市场，打造“小平故里特产”品牌。积极发展旅游交通。加快建设交通设施，建成华蓥山宝鼎进山公路、渝邻高速公路-御临河-大洪湖旅游公路、宝箴塞-重庆合川旅游公路，完善华蓥山天池-石林-洞中天河旅游公路，统一规划建设旅游通道沿线的标识标牌、紧急救援、汽车维修、休憩站点等设施。鼓励发展旅游车船公司，支持发展旅游包车客运业务，有条件的旅游景区可开通专线旅游班运客车。

（2）旅游组团开发。

按照政府主导、企业主体、市场运作的原则，加快“小平故里·华蓥山”旅游线路沿线重要景区开发建设，整合完善交通设施，改进配套服务设施，提升原有景区档次、强化品牌打造，突出休闲度假功能，做好“小平故里·华蓥山”旅游线路统筹、创建旅游标准化市等工作，全力推进邓小平故里旅游度假区、华蓥山旅游度假区、嘉陵江流域旅游度假区、大洪湖旅游度假区、岳池农家文化旅游度假区五大旅游度假区建设。

（3）乡村旅游发展。

顺应周末度假需求及节假日调整的新形势，广安市各区市县大力发展城镇周边休闲度假旅游产品。重点打造100个乡村旅游示范点，建设邓小平故里景区周边及广安区渠江沿岸乡村休闲旅游带、岳池农家文化旅游产业带、武胜广遂路农业生态观光带、华蓥山乡村旅游廊道、邻水城郊休闲带等乡村休闲旅游带。整合全市农家乐旅游资源，大力发展星级农家乐

表38-11　广安市旅游产业主要组团

组团	主要项目
邓小平故里旅游区	邓小平故里、协兴镇全国生态旅游文化名镇、神龙山巴人石头城、葫芦岛旅游度假区、广安统筹城乡综合配套改革试验区旅游开发、广安市旅游服务中心、渠江东岸生态旅游经济带、德森旅游度假村项目、渠江国际假日酒店项目、西溪峡旅游开发、浓洄古街旅游开发等项目
华蓥山旅游区	华蓥山石林、华蓥山宝鼎开发、华蓥山洞中天河、华蓥山天池、华蓥山乡村旅游廊道、华蓥山工业旅游开发等项目
嘉陵江流域生态文化旅游区	宝箴塞旅游景区开发、龙女湖旅游区开发、沿口古镇旅游景区开发等项目
大洪湖旅游度假	生态休闲旅游城、户外休闲运动中心、观光型生态农业、水上娱乐等项目
岳池农家文化旅游度假区	岳池曲艺博物馆、曲艺文化街、岳池农家文化展示区、岳池农家特产加工园区等项目

和全省乡村旅游示范县、乡（镇）、村，规范发展农家乐，丰富乡村旅游项目，实施乡村旅游实用人才培训工程，提高乡村服务质量。

五　小平故里城镇：城镇体系与经济节点

（一）广安市城镇发展历程

1993 年 9 月，地区筹备小组和广安县党政领导就对《广安城市总体规划》初设方案提出针对性建议。确定广安地级机关扎根于西片区三大组团之一的城南组团。

1994 ~ 2005 年，确定广安市以建设现代生态城市为目标，以发展工业和旅游服务业为主导的山水园林城市风格，形成以邓小平故居保护区为龙头，奎阁公园为核心，神龙山公园为背景，渠江、西溪河为景观纽带，融山、水、城为一体的“一城五区”城市布局。2003 年编制《广安市城市总体规划》，城市定位在《广安城市总体规划》的基础上进一步明确是全市政治、文化、经济中心，是以邓小平故里为核心的纪念性旅游城市、山水园林型的川东地区中心城市。2003 ~ 2005 年，一年一大步，分别建成中国优秀旅游城市、省级园林城市、国家园林城市。一座充满活力，具有良好人居环境的新兴之城，以其特有的政治优势、区位优势、经济优势真正成为全市政治、文化、经济中心。

区、市、县城乡建设几乎与城南新区建设同步。广安五座县城，均有数百年的历史。广安市成立后，县城建设纳入城市建设范畴。按县城总体规划的要求分期建设，一般经历了旧城改造、新区建设两个阶段，突出城市基础设施配套，将排水、供水、供气、供电与照明、桥梁、绿化、环卫设施等市政、公用工程按规划设计方案一并进行。县城建设正式起步于 1994 年，截至 2005 年，广安四座县城（广安县城浓洄镇划为广安市区）建成区面积扩大到 29.65 平方公里，居住人口增加到 40 万人，城区绿化率达 15% ~ 18%，绿化覆盖率达 16% ~ 20%，天然气入户率达 85% 左右，加上使用液化气，结束了自古以来使用燃煤的历史。排水系统的建成，将雨污合流改为雨污分流。路灯与亮化工程供电充足，多彩的灯光烘托出城区辉煌的夜景。每座县城都有各自的特色。岳池县城九龙镇先后完成“三纵三横”、“二纵三横”、“十二纵十二横”的街道建设。武胜县城沿口镇，保留河街古建筑风貌，并将城区拓向嘉陵江沿岸，烘托出水文化的美景。邻水县城鼎屏镇彻底治理护城河，长达千米的护城河两岸，安砌青石护栏，种植花草树木，安装观赏灯，成为市民娱乐健身场所。华蓥市双河镇，由环城西路与广华大道构成城区“十里长街”主干骨架道路网络，长达 6000 余米的广华大道建成绿色长廊，数十块文化石上镌刻“双枪响神州”、“华蓥壮歌”等铭文，组成沿线红色文化景观。

广安市星罗棋布地分布着 87 个建设制镇（镇政府驻地）和 86 个集镇（乡政府驻地）。建制镇与集镇，虽有规模和发展水平的差异，但均属同级行政区划驻地，各自担当着带动当地经济发展的角色。

1994 年，罗渡、前锋、丰禾、协兴 4 个镇被省政府列为四川省第一批省级试点小城镇建设试点镇。至 2001 年，又有代市、石垭、九龙、天池等 46 个镇被列为省级试点小城镇。至此，全市试点小城镇 50 个，占建制镇的 57.47%。

1995 年，地委、行署制订试点小城镇发展总目标。经过 10 年的建制镇和集镇建设，试点小城镇已达到一定规模，丰禾、九龙、罗渡、代市、前锋、花桥等镇，建成区面积已达到或超过 1995 年前所在县的县城面积；集镇亦初具规模，建起新街和供水、供电等基本设施。全市建制镇和集镇建设的显著特点是城镇化水平明显加快，以发展“三高农业”和工业为主导，建设一大批农、林、牧、副、渔业基地、风景旅游区和以建筑、农副产品加工、食品、建材为主的骨干项目，推动了镇域经济的全面发展。

2007 年省委九届四次全会以来，特别是 2011 年 7 月全省推进新型工业化、新型城镇化工作会议召开以来，广安市按照省委省政府的部署要求，强力推进“两化”互动、统筹城乡总体战略要求，实现了城镇化水平的快速提升。

（二）城镇类型

从历史发展过程来看，广安市的多数城镇是在商业、交通要口的基础上出现和兴起的。改革开放以来，城镇的扩展也主要是在传统旧城的基础上依靠发展加工工业而实现的，同时，部分城镇又是区域行政中心所在，城镇的发展与政治、文化等非经济因素也有密切的联系。从现有城镇规模类型来看，广安市城镇体系以小城镇占多数，除各级行政中心色彩的具有多种功能的城镇外，以加工工业为主体的城镇发展逐渐成为城镇体系的亮点。根据城镇的规模，可以将广安市的城镇分为以下几类。

1. 组团中心城市

“十一五”以来，广安市按照建设百平方公里、百万人口的川东渝北中心城市

表 38-12　组团中心城市结构

组　团	范　围
广安组团	包括江西片区、江东片区、枣山片区、前进片区、协兴片区和奎阁片区，逐步构建广安行政管理中心和公共服务中心，承担行政管理、公共服务、居住、交通枢纽、文化教育、商贸、旅游集散地与旅游目的地等功能。到 2015 年，建成区 50 平方公里，人口 50 万
前锋－代市组团	包括前锋镇、代市镇等，以生产制造为主的城市组团，承担组团式大城市的生产制造功能，同时分担部分居住功能以及与居住配套的服务功能。统筹经开区的城市规划、基础设施建设、行政事务和公共服务管理。到 2015 年，建成区（不含工业园区）15 平方公里，人口 15 万
华蓥组团	包括双河街道、古桥街道、华龙街道，城区向广安拓展，以旅游、交通运输、居住功能为主的综合性城市组团。到 2015 年，建成区 15 平方公里，人口 15 万
岳池组团	包括岳池九龙镇、花园镇，城区向广安拓展，以商贸流通、休闲娱乐、生态旅游、文化教育为主的综合性城市组团，主要承担休闲商业区、居住区、文化旅游等城市功能，同时承担部分食品加工、轻纺服装、医药等生产制造功能。到 2015 年，建成区 25 平方公里，人口 25 万

的目标，以广安组团、前锋－代市组团、华蓥组团和岳池组团为空间载体，全面实施组团式大城市发展规划。以广安主城区为中心，建设连接前锋－代市组团、华蓥组团和岳池组团的快速通道，并利用农田、湿地、林地等保持组团间必要的生态隔离和开敞空间，推动各城区互动对接，形成同城化、一体化、组团式的城市架构。统一四地城市建设规划，合理划分城市功能区，强化城市综合服务功能，培育城市产业支撑，构建分工明确、相互联系、合理交叉的城市功能体系，整体融入重庆城市群，发挥城市规模效应，提升广安城市竞争力，初步建成川东渝北地区中心城市架构。

2. 中等城市

包括邻水、武胜中等城市。到 2015 年，邻水、武胜城区建成面积 25 平方公里，人口 25 万。

3. 重点城镇

大力发展重点小城镇，带动一般建制镇快速发展，合理引导人口聚集。

表 38-13　重点城镇分布

	重点镇
广安区	花桥、恒升、悦来、观阁、肖溪
华蓥市	高兴、庆华、天池、永兴、溪口
岳池县	罗渡、伏龙、石垭、顾县、坪滩
武胜县	万善、街子、中心、飞龙、烈面
邻水县	子中、丰禾、九龙、御临、柑子

4. 一般镇

67 个一般建制镇，重点提升面向农业、农村、农民的公共服务和市场服务业，促进城镇发展。

（三）城镇的布局特征

“十一五”以来，广安市大力实施新型城镇化“12355”战略：到 2012 年建成 1 座城区人口 40 万以上的中心城市（广安主城区），建成 2 座城区人口 10 万以上的中心辅助城市（华蓥市区、前锋－代市工业集中区），建成 3 座城区人口 15 万以上的组团城市（岳池、武胜、邻水县城），建成 5 座城镇人口 5 万以上的小城镇（花桥镇、烈面镇、石垭镇、丰禾镇、罗渡镇），打造全国生态园林城市、文明城市、卫生城市、最佳旅游城市、环保模范城市五大“名片”。全市城镇综合承载能力、集聚能力、辐射能力明显增强，城镇空间和功能布局明显优化，城镇体系明显健全。2010 年，全市拥有镇、街道分别为 86 个、9 个，平均每百平方公里拥有建制镇（街道）1.58 个，远远高于全省 0.45 个的平均水平。

1. 城镇空间布局交通指向十分明显

（1）“四纵”，即依托兰渝铁路、国道 212 线，带动万隆、万善、烈面、金牛等周边乡镇发展；依托襄渝铁路、渠华路（能源干道），带动前锋、广兴、观阁、庆华、高兴等周边乡镇发展；依托达渝高速公路，带动柑子、观音桥、合流、四海、坛同等周边乡镇发展；依托南渝高速、省道 203 线，带动坪滩、街子、齐福、罗渡、溪口等周边乡镇发展。

（2）“三横”，即依托省道 304 线，带动丰禾、袁市、桂兴、天池、新桥、代市、观塘、普安、华封、万善、胜利等周边乡镇发展；依托广南高速带动顾县、枣山、花园等周边乡镇发展；依托兰渝铁路支路，带动西溪、龙孔、石垭等周边乡镇发展。

（3）“二河流”，即依托嘉陵江，带动烈面、龙女、石盘、中心等周边乡镇发展；依托渠江，带动肖溪、石笋、明月、永兴等周边乡镇发展。

2. 中心城区布局集聚发展特征明显，加快区域经济中心的形成和发展

（1）“一主”，即广安主城区，依托广渝高速公路、广前高等级公路、襄渝铁路、兰渝铁路、重庆国际机场等区域交通网络，努力把广安主城区建设成为生态环境优、山水特色明、文化品位高、配套功能全、聚合能力强的红色精品旅游城市。

（2）“二辅”，即华蓥市区、前锋－代市工业集中区，实施“以业兴城”战略，大力转化华蓥山旅游资源，深度开发华蓥山矿产资源，壮大能源、建材、化工、机械加工、旅游等五大产业，将华蓥市建成旅游中心，将前锋－代市工业集中区建成工业化带动城镇化整体联动的统筹城乡发展试验区，实现工业发展、旅游开发与城镇建设的有机融合。

（3）“三组团”，即岳池、武胜、邻水县城，将三县城建成区域中心城市与各乡镇的联结点，着力提高县城的内涵质量，壮大城镇综合实力，强化县城在县域的中心城镇功能，积极接纳区域中心城市对县域的辐射，带动重点中心镇发展，实现广安、岳池、武胜、邻水城市组团式扩张。

（四）城镇化发展态势

根据广安市城镇化发展的过程和分布特征分析，可以得出以下因果关系。地形影响着区域交通方式和运输的发展，而交通运输条件又是各地城镇化发展的必要因素。其中，市内主要河流和交通干线的分布状况是影响广安市城市空间分布最重要的因素。广安的区位决定了其城镇体系受重庆的辐射影响较大，区位优势的转化将成为今后广安市城镇发展总体格局调整的主要依据之一。当然，城镇发展速度和水平最终受人口密度及其集聚程度、工业化进程及商品经济发展水平所决定的。总体来看，广安市的城镇发展趋势将包括以下几个方面。

1. “两化”互动、统筹城乡规划统筹力度更大

按照“两化”互动、统筹城乡总体战略要求，到2010年，广安市主城区和县城实现控详规全覆盖，重点乡镇、一般乡镇、村庄规划覆盖率分别达100%、80%、40.5%。全市经济社会发展规划、产业发展规划、城镇总体规划、土地利用总体规划、交通发展规划和新农村发展规划等深度衔接。

2. 产城一体发展趋势更加明显

过去，全市城镇发展中心是以传统重点城镇为中心。今后，以加工工业为依托的新兴城镇将成为发展重点，丰和、代市、前锋、广华等镇的经济实力和区域地位将进一步提高。新兴城镇将按照产城一体的要求，将产业园区纳入城镇规划范围进行布局，引导企业向园区集中、向城镇靠拢，使产业园区成为城镇的空间拓展区、就业服务体、经济支撑点。围绕园区发展提升城镇功能，围绕产业发展优化城镇布局，实现产业与城镇互补相融、互动共促。广安区将通过推动“三区”联动实现“两化”

互动、产城一体，依托广安港发展临港工业和物流业，吸纳要素集聚，形成产业园区；根据园区需要配套基础设施，聚集人气商气，形成城市新区；在产业与城镇协同发展中，打造产业新城，最终形成港口城市。

3. 毗邻重庆的城镇发展将明显加快

随着加工工业的发展，特别是随着成渝经济区区域规划的实施，广安作为四川唯一的川渝合作示范区，其城市发展已被纳入重庆城市群的发展。广安市将紧紧抓住川渝合作示范区、国家西部承接产业转移示范区等重大历史机遇，按照“立足四川，融入重庆，发挥优势，集成政策，合作共建，形成机制，实现示范区加快发展”的总体思路，围绕建立“重庆工业配套基地”、“重庆特色农产品供应基地”、“重庆休闲度假旅游基地”等三大基地的产业示范目标任务，进一步加大招商引资力度，着力打造现代产业、城市互动、生态环保的合作示范区、机制体制创新的示范区。城市和产业的快速发展，必将带动一大批新兴城镇的发展，使毗邻重庆的城镇发展明显加快，成为今后一个较长时期广安城镇发展的新亮点。

4. 以城带乡的城乡一体化格局将逐步形成

“十一五”以来，广安市在覆盖 8 个乡镇、216 个村（社区）、面积 308 平方公里的统筹城乡综合改革配套实验区内，坚持“三转三同三化”思路，取得了良好成绩。随着广安主城区的经济发展水平将进一步提高，城市框架进一步拉大，对周围城镇的辐射带动和服务能力将进一步增强，统筹城乡的力度将会进一步加大。以广安区、华蓥市、武胜县、岳池县、邻水县 4 个县市人民政府所在地的城镇为中心的各区域城镇体系和经济网络将更为发达，特别是中心城镇的职能分工将日趋明确，从而逐步形成以城镇带动农村的城乡一体化格局。

5. 人口将继续向各类城镇集聚

由于重庆经济发展仍处在极化的过程中，对广安人口的吸引力将超过广安市本身的城镇，广安市人口城市化主要仍是异地城市化为主。此外，广安区虽然是广安市的中心城区，但与其他地区相比，其发展优势并不明显，与各县城集聚人口的能力大致相当。

（五）中心城镇

1. 广安中心城区

广安区发展基础良好，农业已形成粮油、生猪、蚕桑、水果、蔬菜、药材等六大主导产业，是全国商品粮和瘦肉型生猪生产基地；工业已建成能源、建材、食品、化工、丝绸纺织、造纸包装、冶金铸造等七大体系。投资环境优良，一批知名企业已落户广安。广安区委、区政府规划了“跨三步、翻三番，率先全面建成西部小康区”（2020 年达到当年全国平均水平）的宏伟蓝图，确定了“突出特色，发挥优势，加速工业化、农业产业化和城镇化进程，促进产业互动和城乡经济相融”的发展思路，着力实施“工业兴区”战略，做大煤电建冶、食品和机械加工等强势产业链，培育壮大盐化工、天然气化工、医药等新兴工业；构建现代农业，建立一批“优质、安全、高效”农产品生产和输出基地，重点形成果、药、茶、竹、蚕、粮、畜七大产加销链条；培育壮大旅游业，精心打造“小平故里行、渠江水上游”品牌，切实把旅游业培育成为一大支柱产业。以“开放广安、开发热土”为主题，深入开展“致富思源、共建广安，扶贫济困、共奔小康”活动，增强对外交流与合作实效，大力发展外向型经济。

2. 华蓥市双河街道

双河街道为华蓥市政府所在地，现辖7个社区、9个行政村。1925年设双河乡，1958年改公社，1966年更名光明公社，1969年复双河公社，1983年建镇。1997年，面积74.9平方千米，人口8.8万，辖庙坝、合力、杜家坪、五星、章广寨、廨院、庙梁、双柏、石岭岗、新拱桥、老拱桥、桂花、招勋、古桥、兴隆、磨刀湾、土桥、人民、回龙、新民、前进、洞梁、鸣凤、太平、碑山、沙坝、佘家井、四方碑、东岳、石垣墙、蛮溪、兔儿坪、上坝桥、云谷、柏木山35个行政村和东风路、蓥光路、滨河东路、明光路、迎宾路、西街、清溪路、滨河西路、红星路9个居委会。

3. 武胜县沿口镇

沿口镇是武胜县下辖的一个镇，位于县境中部，西滨嘉陵江，东、南、北三面与沿口乡交界，是重要的商贸重镇，是四川武胜县人民政府驻地。因江水流经此处有一小溪汇入，溪与山势构成凹形口袋状，集镇沿江岸和小溪两侧兴建，故得名沿口。沿口镇是武胜县的交通枢纽、经济中心，农工商并重。紧紧围绕建设“富强、活力、安居、博爱新武胜”目标，致力于全镇经济的改革和发展，大力扶持民办企业。

工业方面，大力实施“44521”工业总量扩张战略，到2012年，建成四大特色园区，即县城农副产品加工园、街子机械电子制造园、中心能源化工园、万善现代仓储物流园，园区建设面积达30平方公里；打造四大支柱产业，即农副产品精深加工、能源化工、机电制造、电子生物产业；培育50户亿元企业（其中，5亿元企业10户、10亿元企业4户），规模以上企业总产值达200亿元，规模以上企业达100户。能源、食品、丝绸、建材等产业蓬勃发展，刀具、肉制品等国优、省优产品蜚声中外，遐迩闻名。

农业方面，坚持工农互动，城乡交融，走工农业与第三产业共同协调、全面推进的道路。生猪产业是沿口镇的传统优势产业之一，集中全镇力量抓好“一片三线”为主体的优质肉猪产业，即以沿口片、沿罗路、广武路、钱三路等公路沿线建立生猪养殖大户和仔猪生产、运销基地生产发展基地。充分利用城郊各村邻近县城的优势，大力发展果蔬产业。同时，利用行政区域内资源丰富的优势，在响水滩、长滩寺河沿线、嘉陵江沿线大力推动水产产业发展，特别是名特优新水产品。以沿口古镇为龙头，以嘉陵江为纽带，以唐家大山生态旅游景区为依托，发展一批有特色、有品位的农家乐和休闲山庄，大力发展旅游业和第三产业。

城镇建设方面，正在大力实施“11255”工程，到2012年建设1个生态环境大为改善、人居环境更加优美的洁美家园；打造1张“风情嘉陵江、西部啤酒城”名片；县城人口和面积在2008年的基础上分别实现翻番，达18万人、15平方公里；建设 5 座城镇人口 2 万以上的重点小城镇；实现 5 城同创目标（省级园林县城、省级环保模范县城、省级文明县城、国家级卫生城市、中国旅游强县），城镇化水平达 35% 以上。

4. 岳池县九龙镇

九龙镇是岳池县辖镇，县府驻地。明洪武初年县治迁此，1950 年建城关乡，次年升为区，1957 年改为镇，1958 年改公社，1984 年置乡，1992 年白生、龙藏、杜家、银塔、高垭、洗导 6 乡并入建九龙镇。位于县境中部，翔凤山南麓。九龙镇系县委、县府所在地，是全县的政治、经济、文化中心，面积 70.02 平方公里，仪北路、南前路广安高速路横贯全境，395 个社，7 个社区，总户数 45619 户，总人口 140135 人。其中，农业人口 73013 人。川鄂、仪北公路纵横过境。

5. 邻水县鼎屏镇

鼎屏镇系广安市十强乡镇之首，地处邻水县城，位于国道 210 线汉渝路中段，距重庆市区 100 公里，距重庆国际机场 80 公里。全镇面积 5.3 平方公里，辖 130 余个省、市、县级单位，10 个社区居委会、3 个村委会、22 个社，现有常住人口 6.2 万余人，流动人口 2 万余人，城郊农村可供开发面积 1600 余亩。广渝高速公路、达渝高速公路已全面建成通车，已经完工的沪蓉高速路邻水至垫江段在鼎屏镇南部工业园区附近与达渝高速路呈“十字”交叉，成为国道高速公路“三纵三横”网络中的第九个交叉点。该镇即将成为四川出省的大通道和南来北往、东西贯通的大通道以及物质集散重地和重要口岸，交通十分便利，区位优势明显。自 1996 年该镇跃居广安市十强乡镇之首以来，又先后获得了“全国社会治安综合治理先进集体”、“第五次人口普查工作国家级先进单位”、“省级文化先进镇”等高规格的荣誉称号。

六　小平故里将在川渝合作中腾飞：未来发展展望

未来十年，广安将按照省委省政府“两化”互动、统筹城乡总体战略的要求，抢抓国家实施新一轮西部大开发，特别是建设成渝经济区等重大战略机遇，充分发挥其作为四川首个的川渝合作示范区和国家西部承接产业转移示范区的特殊政策优势，紧紧围绕“成渝经济区重要的经济增长极基本形成、川东渝北地区中心城市初步形成、川东综合交通枢纽逐步建成、内陆对外开放示范窗口初步形成、环境更加优美的宜居宜游宜业城市基本建成”等战略目标，积极推动该市未来十年的经济社会又好又快发展。

（一）综合优势

广安作为改革开放总设计师邓小平同志的家乡，紧邻重庆，有着丰富的矿产资源、水能资源和农产品资源，拥有明显的政治优势、区位优势和资源优势。

（二）发展机遇

国家实施新一轮西部大开发战略，加快建设成渝经济区，为包括广安在内的西部地区提供了难得的历史性发展机遇；广安被国家确立为国家西部承接产业转移示范区，广安经济开发区升级为国家级经济技术开发区，广安被省上纳入秦巴山区扶贫开发规划范围，五区市县被认定为革命老区，为广安获得前所未有的政策支持，等等。随着加工工业的发展，特别是随着成渝经济区区域规划的实施，广安作为四川首个川渝合作示范区，其城市发展已被纳入重庆城市群的发展。

（三）面临挑战

从外在因素来看，“十二五”期间，广安市面临着国际金融危机、区域竞争、低碳经济法制化要求及宏观政策调整等种种因素的挑战。从内在因素来看，广安市经济社会发展水平仍然较低、结构性矛盾突出、经济运行质量不高，城乡发展不协调、公共服务能力不强、生产要素制约严重，加快发展的资源和环境容量压力较大。随着社会矛盾日益凸显、区域竞争加剧，广安面临严峻挑战，加快发展压力很大。

（四）发展目标

1. 基本形成成渝经济区重要的经济增长极

经济总量快速扩张，经济发展质量和效益不断提高，地区生产总值达到1400亿元，年均增长17%以上，人均生产总值达到3.9万元左右，赶上成渝经济区平均水平，初步建成成渝经济区的精细化工基地、新能源基地、新材料基地、有色金属加工基地、汽车及汽摩零部件制造基地、特色农产品加工和供应基地、红色旅游基地和商贸物流基地。

2. 初步形成川东渝北地区中心城市

以广安主城区为核心，实施组团式大城市发展战略，规划建设人口100万、面积100平方公里的川东渝北地区中心城市。努力构建川东综合交通枢纽，加快建设渝广快捷通道、遂广高速、兰渝铁路、广安港等重大项目，为“双百”城市发展提供支撑。

3. 逐步建成川东综合交通枢纽

畅通东南大通道，开拓西北新干线，融入全国路网新体系。建成至重庆的快速通道，与重庆交通圈实现全面对接。广安港一期建成。市内交通网络进一步完善，基本形成公路、铁路、水运综合配套、快捷高效的川东综合交通枢纽。

4. 初步形成内陆对外开放示范窗口

川渝合作示范区建设取得实质性成果，合作示范效应充分显现。国家西部承接产业转移示范区初步建成，成为产业转移示范基地。广安经济技术开发区建成千亿级园区，成为发展外向型经济示范区。对外开放合作的广度和深度不断拓展。

5. 基本建成宜居宜游宜业的美丽城市

城乡居民收入普遍较快增长，初步建成覆盖城乡、相对均衡的基本公共服务体系，就业稳步增长，社会保障体系更加完善，公共文化服务水平显著提升，市民的科学文化素质、健康水平和思想道德素质显著提高。民主法制更加健全，社会管理制度更加完善，社会保持和谐稳定。城乡环境综合治理深入推进，生态文明水平大大提高，让广安的山更绿、水更清、天更蓝、人居环境更优美，人民群众幸福指数大幅提升。

(五) 发展思路

1. 坚持以“两化”互动、统筹城乡总体战略作为核心发展战略

坚持“两化”互动、统筹城乡总体战略不动摇，进一步加强规划深度衔接，推动产城一体发展，完善全市生产力布局。充分转化比较优势，深入实施充分开放合作，突出抓好工业园区建设，加快打造重庆工业配套基地，大力发展特色优势产业和战略性新兴产业，加快推进新型工业化。构建川东渝北中心城市，优化城市格局，繁荣城市经济，提升城市形象，加快推进新型城镇化。坚持统筹城乡发展，大力发展现代农业产业基地，全面推动农民新村建设，加快推进农业现代化。

2. 以工业结构调整引领全市生产力空间组织结构调整

继续实施工业强市战略，强力提升能源、农产品加工、建材、机电加工等传统优势产业，主攻化工、有色金属、电子信息等新兴支柱产业，抓紧探索培育战略性新兴产业，在大力发展资源指向型产业的同时，积极引进培育技术指向型、劳动力指向型产业，加快推动支柱产业集中集聚、结构优化和布局调整，以产业园区为依托，以交通要道为指向，进一步实现全市生产力空间组织调整。

3. 建设川渝合作示范区，加快融入重庆一小时经济圈

广安市物流、人流、信息流具有明显的重庆指向。其中，广安－重庆的客流量每年达 1000 万人次，比广安－成都客流量多出 400 多万。广安融入重庆发展，对于长江上游经济区发展有着举足轻重的作用。要加快建设川渝合作示范区建设，深化区域发展认识，按照“承接转移、借力发展、服务都市、形成基地”的思路，高起点定位、高水平谋划、高效率推进、高标准落实，做好借力重庆文章。加快港口、交通、信息、市场、政策等与重庆的对接，加速广安市融入重庆一小时经济圈进程。

4. 进一步增强区域经济中心的吸引力

按照“川东渝北中心城市”发展定位，按照城市人口 100 万左右、城区面积达到 100 平方公里的发展预期，以广安主城区为中心，建设连接岳池城区、华蓥城区、前锋－代市城区的快速通道，推动各城区互动对接，形成组团式的城市架构。发挥广安的文化资源优势，围绕“伟人故里”这一品牌，展示城市文化魅力，提升文化软实力，培养城市的精气神，提升城市的档次、品位和吸引力，进一步增强区域经济中心实力。

5. 坚持非均衡发展推进高势能经济区邻近区域优先发展

从广安工业经济布局来看，其工业经济实力随距离重庆的增加及通达性的难易，从东到西呈现圈层递减的特征。这适宜于采取梯度开发策略，充分发挥邻水、武胜两县毗邻重庆、交通优越的区位优势，优先建设渝邻、渝武两大经济带，在广安区外构筑渝邻、渝武两大经济增长极，实现全市生产力空间组织结构的非均衡布局，突破当前全市各区域均衡发展、共同落后

的现状。

6. 按照组团布局与功能分区的要求优化生产力空间结构

根据产业（部门）经济活动系统或区域经济活动系统之间在生产、技术和经济上的协作与联系，将各经济活动部门或企业，在各级地域范围内，按照一定的原则与要求，实现有机的结合，因地制宜布局工业组团、商业组团、交通组团和生活组团，并在区域经济活动组团布局的基础上，从区域的整体角度来组织经济活动系统，即根据区域经济活动、经济活动系统之间的关系，将各个区域特别是城镇划分为一系列基于分工协作、各具特色的功能区。

7. 因地制宜推进区域专业化与综合发展

依托产业园区、优势资源和市场指向，因地制宜布局特色产业园区，加快产业园区基础设施建设，突出园区整合扩容，强化园区功能分区，强化产业关联度和集聚度。推动优势产业、优势资源、优势企业向产业园区集中，积极打造产业集群，实现区域专业化发展和综合发展相统一。

未来十年，广安市将在中共四川省委省政府的正确领导下，牢牢把握川渝合作示范区建设和发展等重大历史机遇，展开腾飞的翅膀，实现超常规发展，成为四川经济社会发展中一颗耀眼的明星。

第
39
章

攀枝花市：中国钒钛钢铁之都*

图 39-1　攀枝花市政区

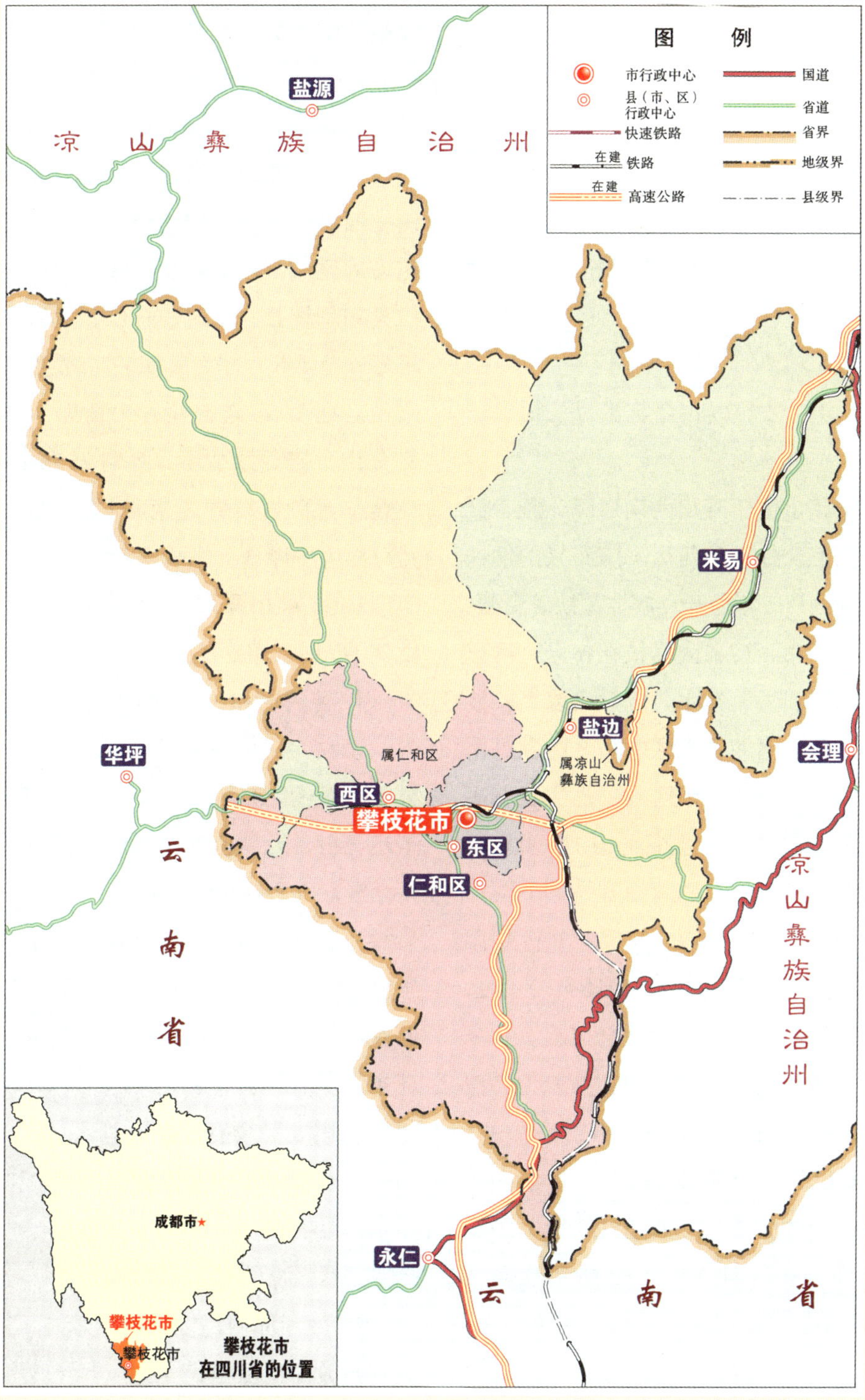

资料来源：本图由四川省发展和改革委员会、四川省测绘地理信息局提供。

---

* 本章作者：张克俊，四川省社会科学院农村发展研究所所长，研究员；赵利梅，四川省社会科学院农村发展研究所副研究员。

一 历史变迁：新兴的钢铁工业城市

攀枝花是一座年轻的城市。1965 年建市，从生产生活设施一片空白，快速发展到百里钢城，经过 50 多年的发展，有了今天工业、商业、农业全面发展的城市。

（一）历史沿革：以花命名的城市

攀枝花市位于四川西南边陲、雅砻江与金沙江汇合处，是四川一座新兴的钢铁工业城市。1965年为开发攀枝花铁矿资源，着手组建城市，初名为攀枝花特区，后正式建市时定名为渡口市，以后又改名攀枝花市。该市在同纬度地区中是一个独具南亚热带风光的城市，市区内到处生长着高大挺拔的攀枝花树（木棉花树），攀枝花市因此得名。

清末，宣统元年（1909 年）析盐源境置盐边厅，民国二年（1913 年）改盐边厅为盐边县，改会理州为会理县。今米易安宁河西，为西昌县辖地；河东为会理县辖地，同属建昌道。民国 24 年（1935 年），盐边县、会理县、西昌县改属四川省第 18 行政督察区。民国 28 年（1939 年）1 月 1 日建西康省，三县又改属西康省第三行政督察区，改迷易巡司为迷易所。①

1950 年渡口这一带解放，盐边县属于西康省西昌专区。迷易县是在 1950 年将德昌县的麻陇、龙窝区的部分及下四乡和会理县的西区组建而成的。1955 年改迷易县为米易县。1955 年 10 月撤消西康省并入四川省，盐边、米易、会理等县都属四川省西昌专区，直到建市前。今划归攀枝花市郊区的 有 37 个乡，原属云南省的永仁县和华坪县。那时，永仁县属云南省楚雄彝族自治州，华坪县属云南省丽江地区。永仁县在 1958 年曾并入大姚县，1961 年又分出，仍为永仁县；华坪县在 1958 年也曾与永胜县合并为永华县，1959 年 10 月分出为华坪县。②

1965 年由攀枝花特区改设渡口市，由省直辖。1965 年 2 月设市时：将云南省永仁县的仁和、大田两区的 27 个乡划入，设立大田区、大河区；将云南省华坪县大兴区的 10 个乡划入，设立玉泉区；由盖达县五、六两区四个乡和合理县红格区两个乡划入，设立金江区。以上共43个乡，后并为19个乡。1972年10月将大田、大河、玉泉、金江四区合并为郊区，另设立东区、西区两个城区。东区所辖的炳草岗是攀枝花市政治、经济、文化中心，中共攀枝花市委和市人民政府设在这里。以后，郊区又改为仁和区，并先后于 1974 年和 1978 年从永仁县划入两个乡，从会理县划入四个乡。③

1978 年原西昌地区所属米易、盐边 2 县划归渡口市领导。

① 《攀枝花简介》，百度百科，最后访问时间：2013 年 10 月 25 日。
② 《攀枝花简介》，百度百科，最后访问时间：2013 年 10 月 25 日。
③ 《攀枝花简介》，百度百科，最后访问时间：2013 年 10 月 25 日。

1987 年，渡口市更名为攀枝花市。因攀枝花村而得名，他说村前有一棵上百年的攀枝花大树而得名。

1998 年，全市辖 17 个街道、20 个镇、58 个乡，177 个居委会、427 个村委会。

2000 年，据第五次全国人口普查数据，攀枝花市总人口 1091657 人。其中，东区 315707 人、西区 170862 人、仁和区 204170 人、米易县 207300 人、盐边县 193618 人。

2004 年，全市辖 16 个街道、21 个镇、20 个乡、18 个民族乡。

2011 年，全市辖 16 个街道、21 个镇、23 个乡、13 个民族乡

（二）地理位置：交通枢纽和商贸集散地

攀枝花市经纬度：北纬 26° 05′ ~ 27° 21′，东经 101° 08′ ~ 102° 15′。最高海拔 4195.5 米（盐边县百灵山穿洞子），最低海拔 937 米（仁和区平地镇师庄），市区海拔 1000 ~ 1300 米，其中炳草岗中心广场海拔 1110 米，仁和广场海拔 1085 米，攀枝花火车站海拔 1000 米，攀枝花机场海拔 1980 米。

位于中国西南川滇交界部，金沙江与雅砻江汇合处，东经 108° 08' ~ 102° 15'，北纬 26° 05' ~ 27° 21'。东北面与四川省凉山彝族自治州的会理、德昌、盐源 3 县接壤，西南面与云南省的宁蒗、华坪、永仁 3 县为界。成昆铁路和 108 国道公路纵贯全境，北距成都 749 千米，南接昆明 351 千米，是四川通往华南、东南亚沿边、沿海口岸的最近点，为“南方丝绸之路”上重要的交通枢纽和商贸物资集散地。

（三）行政区划：三区两县

攀枝花市辖三区两县（东区、西区、仁和区、米易县、盐边县），是苗族、彝族、纳西族回族等 35 个民族聚集地区，是中国现代钢铁工业城市之一，是一座移民城市。

2011 年，攀枝花市常住人口 121.99 万人，人口密度为 174 人 / 平方公里。其中，东区 31.6 万人，西区 15.1 万人，仁和区 22.3 万人，米易县 21.8 万人，盐边县 20.9 万人。2011 年，全市辖 16 个街道、21 个镇、23 个乡、13 个民族乡。截至 2011 年，攀枝花市辖 3 个市辖区、2 个县。全市面积 7440 平方千米。东区面积 167 平方千米，辖 1 个镇、9 个街道，年末总人口 31.6 万人，其中，城镇人口 30.6 万人，农村人口 1.0 万人。西区面积 123.955 平方千米，辖 1 镇、6 个街道，年末总人口 15.1 万人，其中，城镇人口 14.1 万人，农村人口 1.0 万人。仁和区面积 1727.07 平方千米，辖 8 个镇、6 个乡（少数民族乡 2 个）、1 个街道，年末总人口 22.3 万人，其中，城镇人口 9.1 万人，农村人口 13.2 万人。米易县面积 2153 平方千米，辖 7 个镇（少数民族镇 1 个）、5 个乡（少数民族乡 4 个），年末总人口 21.8 万人，其中，城镇人口 3.2 万人，农村人口 18.6 万人。盐边县面积 3269.453 平方千米，辖 4 个镇、12 个乡（其中 7 个民族乡），年末总人口 20.9 万人，其中，城镇人口 3.0 万人，农村人口 17.9 万人。

（四）自然资源：聚宝盆

1. 土地资源

2011 年，攀枝花市面积 7440 平方千米。其中，实有耕地面积为 40687 公顷，有效灌溉面积为 28890 公顷。

2. 水能资源

攀枝花水能资源丰沛，水能资源理论蕴藏量达 700 万千瓦以上，可开发量达到 700 万千瓦。攀枝花地区水能资源分布集中，主要分布在过境的金沙江、雅砻江及支流安宁河、惠民河、永兴河、新庄河。

3. 矿产资源

全市共发现矿产 76 种，探明储量的矿产 39 种，得到开发利用的矿种 45 种。全市发现矿产地 490 余处，其中，特大型、大型矿床 46 个，中型矿床 30 个，小型矿床 52 处，矿业及矿化点 289 处。主要矿产储量情况为：煤保有储量 36947 万吨，钒钛磁铁矿保有储量 669374 万吨，伴生钛保有储量 42457 万吨，共生钒保有储量 1037 万吨，熔剂石灰石保有储量 29493 万吨，冶金用白云岩保有储量 36374 万吨，晶质石墨保有储量 1539 万吨，饰面用花岗石资源储量 8375 万立方米，苴却砚石资源储量 2098 万吨。

4. 动物资源

攀枝花的植物和野生动物种类繁多，达 2500 多种。珍贵稀有动物中，国家一级重点保护动物有 5 种：牛羚、云豹、豹、白尾梢红雉、四川山鹧鸪；国家二级重点保护动物 30 种。国家重点保护的一级、二级珍稀濒危植物 14 种，其中，一级重点保护珍稀濒危植物攀枝花苏铁举世称奇，成片生长，达 10 多万株，且年年开花，雌雄竞放，与恐龙、熊猫一并被誉为“巴蜀三宝”。

二　产业发展：“6+2”产业发展新格局

2011 年，攀枝花市地区生产总值为 645.66 亿元，其中，第一产业为 24.24 亿元，第二产业为 487.75 亿元（其中，工业为 461.71 亿元），第三产业为 133.67 亿元，人均地区生产总值为 53054 元。从 2011 的统计数据可以看出，工业仍然是攀枝花市的经济支柱，农业占的比重仅为 3.8%。与 2010 年相比，攀枝花市的三次产业都持续增长，增长率除第一产业外，都保持 10% 以上的。

（一）产业结构与布局演变：一降、二升、三升

“一二三”主要是指第一、第二、第三产业。根据相关数据分析，可以看出，攀枝花市第一产业的比重逐渐下降，第二产业的比重逐渐上升，这与建市初衷相同。唯一值得关注的是第三产业。建市之初，第三产业所占比重一直保持在 20% 左右，最高为 1969 年的 32.80%。1970 ~ 1989 年这 20 年间，第三产业比重一直在 20% 以下，最低的为 1981 年的 11.3%。低迷期为 20 世纪 80 年代初，一直徘徊在 11% ~ 13%。

1.1965 年至改革前的产业结构与布局

攀枝花市与 1965 年建市，是我国建

市较晚的市区之一，也是新兴的工业城市。因此建市之初，攀枝花市的第二产业的一直遥遥领先于第一产业和第三产业，尤其是第二产业中的工业，一直是支柱产业。此类状况持续至今。1965 年攀枝花的国内生产总值的三产业比重为 28.95 : 41.93 : 21.92，第二产业占的比重最大，远远超过第一产业和第三产业，最高为 20%。此格局在改革开放前一直保持，最高为 1971 年的 74.96%，接近 3/4，这在其他城市是没有。也是攀枝花市工业发展改革特殊性之一。通过相关数据显示，虽然第一产业和第三产业所占比重都在逐渐下降，但是第一产业下降的速度超微大于第三产业（见图 39-1）。

2. *改革后产业结构与布局*

改革开放给攀枝花的发展带来新的动力。由于产业转型问题关系到资源型城市的可持续发展，所以一直是社会和专家学者关注的焦点。每一个资源型城市都是在特定的环境下形成的，有其特殊性。攀枝花市也不例外。

（1）攀枝花产业结构现状。[①]

经过多年的发展，攀枝花已形成钒钛新材料、优质钢铁、能源、电冶化工四大支柱产业为主的产业体系。

①钒产业经过近二十年的发展已初具规模，形成了钒渣、钒氧化物、钒氮合金、钒铁、精钒等系列产品，成为国内第一、世界第二的钒制品生产基地。2009 年所产钒产品（VO）约占全国的 74% 左右。但产较单一、产量较小、依赖性强，许多企业的生产要依靠攀钢（集团）公司提供钒原料。攀枝花钛产业粗具规模，2009 年钛产业全年实现产值 19.06 亿元。

②钢铁产业经过 38 年的艰苦建设，产能达到产原 2800 万吨，生铁 600 万吨，钢材 455 万吨，钒钛制品 50 万吨的生产力，钢铁产业的产值达到 400 亿元。攀枝花钢铁产业获得了较大发展，但问题也很明显，

图 39-1　1965 ~ 1971 年国内生产总值构成

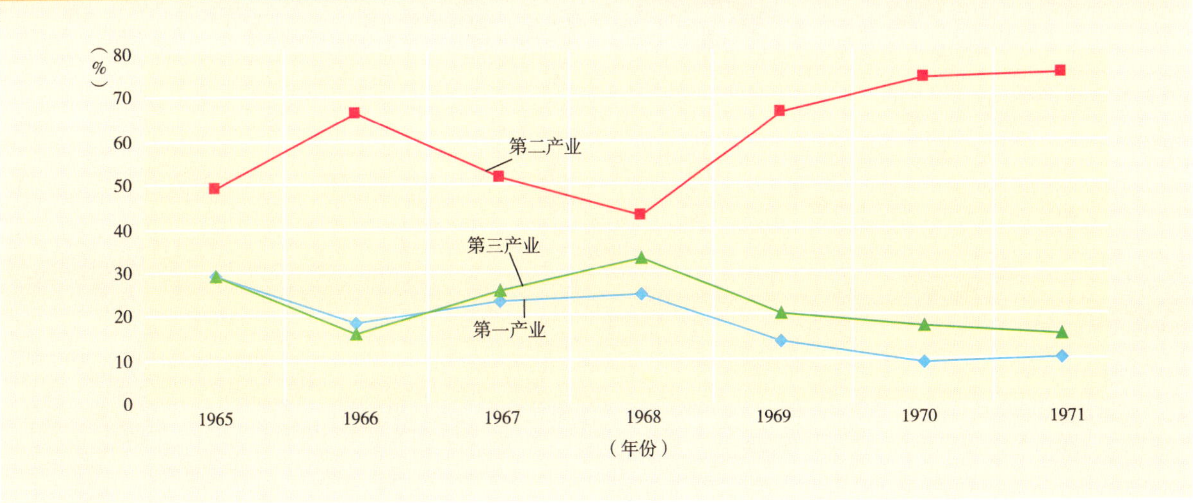

① 蒋霁云、张旭辉：《攀枝花产业转型的对策与建议》，《内江经济》2011 年第 4 期。

产品结构单一，主要是初级产品，产业链延伸不够，产品附加值高的产品较少。

③化学工业主要包括电冶化工、煤化工、磷化工、盐化工和硫酸化工等五大类。电冶化工主要是工业硅、电解铝的生产；煤化工产业，除攀钢外，年产焦炭在40万吨的企业有3家。磷化工产业方面，目前攀枝花市主要磷化工企业有13个规模较大的主要是川投化工公司，其他磷化工企业普遍规模较小。盐化工产业主要是以离子膜烧碱为主。

④煤炭产业经过几十年的发展已达到煤炭采选近1000万吨，焦炭610万吨的能力。2009年，攀枝花生产原煤981万吨，其中攀枝花煤业（集团）有限责任公司核定年煤炭生产能力431万吨，占全市总产量的40.77%，其他为中小煤矿产。

（2）攀枝花产业发展面临的问题。①

①产业结构单一，主导产业与其余产业间发展不平衡。攀枝花是由钢铁开采而兴起，在产业安排上自然形成了以钢铁、煤炭开采为主导的产业结构，资源后续加工却往往跟不上，经济增长过分依赖自然资源的产出，由于没有可替代的主导产业，城市发展后劲不足。第二产业在国民经济中占绝对优势，而资源产业及相关的重工业部门在第二产业中的比重又明显大于其他工业部门。

②主导产业发展层次低，导致企业效益低下。攀枝花市工业主要是资源开采和初级加工，处于产业链的上游，科技含量低，新技术应用程度不高，技术进步速度较为缓慢，产品增加值小，市场竞争优势不足。由于产业结构层次低，导致了经济效益低下，资源性产业的发展往往难以带动整个地区经济的发展。

③产业结构高度刚性，缺乏结构调整的激励。一方面，资源产业是资金密集型和劳动密集型产业，建设周期长，以大中型企业为主要组成部分，退出壁垒高，同时从业人员众多、知识水平低、知识结构单一，退出资源型产业后向其他产业转移

图39-2　1972～2002年国内生产总值构成

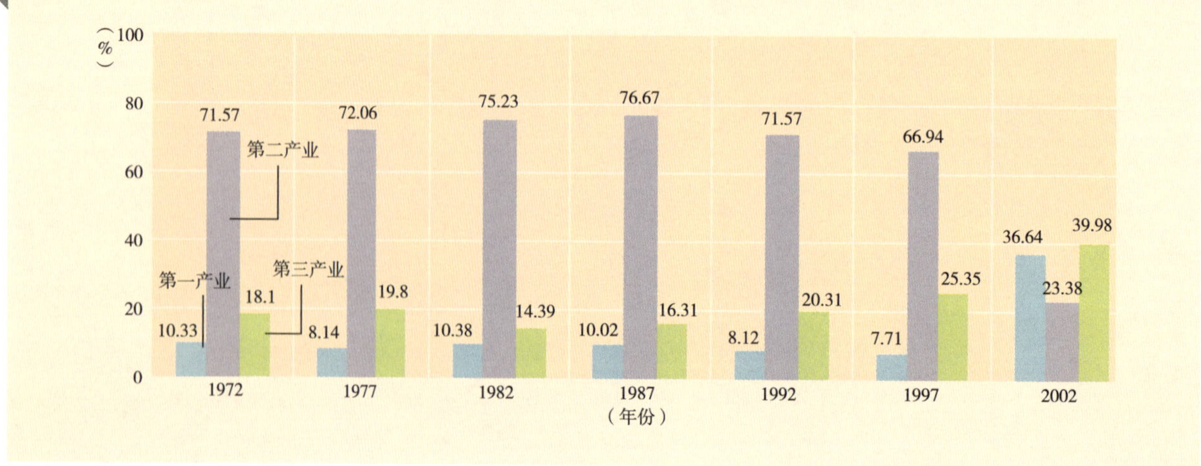

① 蒋霁云、张旭辉：《攀枝花产业转型的对策与建议》，《内江经济》2011年第4期。

的难度较大；另一方面，在资源开采衰退的初期，资源型企业依然能够获得较高的收益，利用新技术的动力不足。

（二）农业发展定位：构建现代农业产业体系和新型农业社会化服务体系

农业生产具有基础性、战略性、公益性、生态性和复杂性五大特点。因此，各国各地依据各自农业自然资源（土地资源、水资源、气候资源和生物资源等）和需要，确定各自不同时期农业发展的主要方向、任务、战略目标和战略重点，其意义不言自明。无论从科技和生产角度看，建市以来攀枝花市农业生产经历了粮食和蔬菜（1965 ~ 1985 年）、蔬菜和果树（1985 ~ 1995 年）两个重要的农业发展战略重点阶段，目前正处于果树和烟草快速发展时期。①

目前，攀枝花市的农业发展目标主要是以提高农民收入为核心，发展现代特色精品农业，加快由传统农业向现代特色农业转变、家庭分散经营向适度规模经营转变，提升农业基础设施保障能力、农业发展组织化程度、农产品品质和农业可持续发展能力，促进攀枝花市新农村建设和城乡统筹迈上新台阶。最值得关注的是，“十一五”期间全市农业增加值年均增加 6% 左右。②

1. 农业发展现状：平稳快速发展

攀枝花市以农业增效、农民增收、农村稳定为长期发展目标，解放思想，真抓实干，农业和农村经济呈现出良好的发展局面。产业结构不断地适时调整，在积极发展现代农业和特色乡村旅游业的同时，农民收入有了较大的提高，农村改革迈出了重大步伐。农业目前的发展概况如下。

（1）农业增加值和农民收入快速增长。

“十五”期末，即 2005 年末，全市农业增长值达到 11.63 亿元；“十一五”期末，即 2010 年末，全市农业增长值达到 19.39 亿元。农民收入也持续的增长。

（2）特色农产品生产基地不断增加，发挥越来越重要的作用。

截至 2008 年底，全市已建成 40 多个特色农产品生产基地。其中，标准化、无公害化农产品生产基地 14 个（种植业 12 个、畜牧业 2 个），种植业标准化、无公害化基地面积达到 27.97 万亩，发展了芒果、枇杷、早春蔬菜、石榴、柑桔、酿酒葡萄等 9 大类 12 个无公害农产品。优质水果、蔬菜、烤烟、畜牧水产、生物产业等五大特色农业基地初步建成。

优质水果基地：特色水果重点发展了晚熟芒果、早春枇杷、青皮石榴、早熟脐橙等南亚热带水果。2008 年，全市水果种植 28.9 万亩，产量 12.45 万吨，比上年增加 1.14 万吨，增长 10.04%，实现产值 3.1 亿元，增长 7.7%。其中，芒果 12 万亩，产量 2.5 万吨；枇杷 5 万亩，产量 0.4 万吨。全市已建成万亩晚熟芒果基地 4 个（大龙潭乡混撒拉村、前进镇普达村、桐子林镇金河村、格里坪镇梅子箐），建成万亩早

① 孙世明：《攀枝花市农业发展战略回顾和展望》，《攀枝花科技与信息》2011 年第 2 期。

② 《攀枝花市工业发展规划纲要（2004 ~ 2010）》，攀枝花市政务信息公开网，最后访问日期：2008 年 6 月 6 日。

春枇杷基地2个（米易县芭蕉箐、盐边县新坪），建成万亩石榴基地1个（仁和区大田镇），建成万亩柑橘基地1个（盐边县红格镇昔格达村）。仁和区已被四川省农业厅列为芒果基地县（区），重点发展晚熟芒果。

优质蔬菜基地：近年来，攀枝花市充分利用独特的光热资源，大力发展反季节设施蔬菜，并取得了明显成效。20世纪80年代，就成为国家重要的“南菜北调”基地，每年外销蔬菜均在12万吨以上；目前，早春蔬菜已成为全市河谷地区农村经济的重要支柱产业。2008年，全市蔬菜面积达到15.84万亩，产量达到50.28万吨，同比增长3.55%，产值6.3亿元，增长3.38%。早市蔬菜面积达到11.4万亩，产量30.57万吨，产值4.89亿元；已建成设施蔬菜基地2.5万亩，设施蔬菜效益明显，亩产值普遍7000元以上，最高可达3万元；盐边北部设施蔬菜实现了跨越式的发展，2006年至今钢架大棚面积已达400余亩；米易县被省农业厅列为蔬菜基地县，重点发展早春设施蔬菜。

优质烤烟基地：近年来，攀枝花市紧紧抓住国家“北烟南移”的机遇，大力发展外观品质、内在质量及使用性质均可与巴西、津巴布韦等国际著名烤烟相媲美的优质烤烟。采取优惠政策，吸引上海、武汉等烟业集团在攀枝花市投资建设优质烤烟原材料生产基地，同时在烤烟生产中配套实施了烤烟保险措施，推动了烤烟产业的快速发展。2008年，全市共种植烤烟12.9万亩，实现收购烟叶26.61万担、产值1.714亿元。已建成米易县晃桥村国家现代烟草农业示范点。截至2009年5月，栽种烤烟面积超过14万亩，超额完成省定栽种面积目标任务。

畜牧水产基地：近年来，攀枝花市按照“稳定生猪、大力发展草食性牲畜”的工作思路，结合退耕还林（草）等生态工程建设，全面加大种草养畜力度，改变传统养殖方式，推行圈养与放牧相结合的科学养殖方式，多渠道加快优良品种的引进、繁育及推广，在做大存栏的基础上，努力提高出栏率，生猪生产稳步发展，草食牲畜、水产养殖高速增长。为促进畜牧业健康快速发展，2009年5月21日，专门召开了全市推进现代养殖业发展工作会，正式发布了《攀枝花市人民政府关于推进现代养殖业发展促进农民持续增收的意见》（攀府发〔2009〕19号），决定继续加大财政投入，采取以奖代补的方式，为养殖业发展提供政策和资金保障。2008年，全市肉类总产量达6.5万吨，产值达12.99亿元，增长1.3%。建成大型标准化养殖小区（场）两个（仁和区行远牧业、米易县万明养殖）。

水产业重点发展了名、优、特淡水鱼养殖。在跨越渔业有限责任公司（重点发展特种鲟鱼、梭鲈鱼出口加工基地）、通基渔业有限责任公司（重点发展特种水产养殖）等龙头企业的带动下，2008年，全市已建成无公害水产养殖基地4个（以米易县为重点的优质早苗生产基地，年产优质鱼苗8.5亿尾，苗种生产户15家；以干热河谷地区为重点的热带鱼养殖基地，年产热带鱼0.25万吨，养殖面积0.5万余亩；以二滩库区为重点的网箱养殖基地，网箱养殖面26万平方米，年产优质商品鱼1万余吨；以盐边北部山区溪河冷水资源为重点的冷水、亚冷水性鱼类养殖基地，流水养殖面积 120 余亩，年产裂腹鱼 300 余吨）。全市水产养殖面积达到 5.27 万亩，水产品总产量 1.86 万吨，渔业总产值达到 2.17 亿元，增长 34.59%。水产基地面积达到 9.38 万亩，无公害水产品达到 16 个。

生物产业基地：近年来，攀枝花市通过积极推进集体林权改革，着力打造茶叶、蚕桑及食用菌基地建设，大力实施生物原料基地建设，加快块菌产业的市场化进程，突出抓好中药材、咖啡、印楝、无患子等特色生物资源的开发。2008 年，全市共实现林业产值 1.58 亿元，同比增长 2.43%。已建成优质茶叶基地 2 万亩，产量 58 吨，其中，有机绿茶 20 吨，“国圣”牌茶叶通过有机茶认证；小桐子生物柴油原料基地 10 万亩；野生块菌产量已达到 60 吨，人工培植块菌技术在全国处于领先水平（已成功繁殖出块菌菌根苗）。2008 年 5 月 21 日，攀枝花市被国家经济林协会命名为“中国块菌之乡”称号；建立国家麻疯树科技核心试验示范基地 3000 亩，建成麻疯树生物能源林基地 20 万亩；米易县中药材种植面积近 2000 亩；已种植印楝 3.2 万亩，种植无患子 3 万亩，产业化潜力巨大。

（3）特色产业布局逐步形成。

经过“十五”、“十一五”时期农业结构的逐步调整和农业综合开发，主导产业正在逐步向优势产业、最适宜生长区域集中。统筹城乡发展，加快推进社会主义新农村建设，米易县湾丘 – 垭口片区和盐边县红格片区被确定为首批省级新农村建设示范片。科学调整特色农业区域布局，编制了《攀枝花市特色种植业重点基地建设规划（2009 ~ 2020 年）》，完善了芒果、石榴、枇杷等 6 个特色优势产业近中期发展规划。进一步优化产品结构，芒果、核桃、早春蔬菜、优质烤烟等经济效益好的特色农产品产量产值明显提高。其中，芒果面积扩大到 13.5 万亩，实现产值 1.92 亿元，增长 40%；烤烟面积达到 15.3 万亩，实现烟叶收购 32 万担；建成核桃林 3.5 万亩。

（4）农业产业化进程加快。

高标准推进省级现代农业基地强县建设，积极建设好国家级台湾农民创业园。扶持培育带动作用明显的农业产业化龙头企业，争取 2015 年，全市龙头企业达到 65 个，年收入上亿元企业 1 ~ 2 个；加快推动农村专合组织及协会组织覆盖全市所有生产基地；积极培育农村生产经营大户和农产品营销中介组织，促进农业产业化发展。推行“公司 + 合作经济组织 + 农户”、“订单农业”、“合同农业”等多种有效经营管理形式。构建农产品贸易、综合批发市场，扩大冷库、仓储设施建设；建设好攀枝花农业信息网，为生产经营活动提供有效服务。实施农业名牌带动战略，实行农产品标准化生产，建立和完善农产品质量认证和质量评价体系，整合品牌资源，强化市场开拓，搭建销售平台，提高特色农产品竞争力。

2. 农业发展特点：创新中求稳定

（1）不断加大农业基础设施的资金投入。

加强水利基础设施建设，抓好骨干水源工程建设，加快推进农村饮水安全、中型灌区续建配套和节水改造、病险水库除险加固以及小型农田水利建设工程，实现新增蓄水量 8000 万方，新增灌面 20.5 万亩，改善灌面8万亩，新增节水灌溉面积12万亩目标。推进以“金土地工程”为重点的土地整理工程，整合部门项目和资金，推进土地规模开发，力争新增耕地10万亩，每年改造中低产田5万亩，培肥土地10万亩。推进以乡村干道、田间耕作道路、连接农业基地道路为重点的路网建设，提高通村道路质量，保障农副产品运输。切实加强旱山村水利工程建设。争取“十二五”期间新增水土流失治理面积380平方公里，河湖生态修复面积150平方公里。

（2）农业科技创新逐步成为农业发展支撑的重点。

围绕五大优势产业，规模化引进、吸收先进的农牧业生物、工程技术，农牧业信息技术，资源利用和可持续发展技术，推进现代特色农业基地的创新发展。实施统筹城乡发展科技行动“六大工程”，建设省级农业科技示范园5个，市级特色农业科技示范基地5个，建设攀西现代林业科技园，集成现代农业科技，使示范园成为农业高新技术的辐射源、生态高效农业的样板和经济实体。整合各种培训资源，创新培训方式，开展新型农民教育培训工作，提高农民素质。“十二五”期间，实现农民适用技术培训150万人次，新型农民培训25000人。

（3）新农村建设促进城乡一体化发展。

新农村建设要按照“全域规划、全面建设、全程控制”的要求奋力推进，务求取得突破性进展。

全域规划。将新农村建设与农村基础设施建设、农村土地整理相结合，农业产业化发展与观光休闲旅游发展相结合，农民生活水平提高与农村环境保护相结合，结合民族风格，借鉴外地经验特别是四川地震灾区农房重建经验，加快全市新农村建设规划编制，“十二五”期间全面完成全市县域内各新村建设规划设计。

全面建设。新村建设从2010年起由低山河谷地区向中高山地区逐步逐年推进，10年内基本完成。城镇包括市区、县城、中心镇周边向外扩展，增强集聚功能，提高吸引能力。“十二五”期间“两县一区”每年各建成3～5个新村，东、西区按3年计划完成目标。

全程控制。在各级党政的领导下，统一协调指挥，领导全程参与，目标责任落实到位，各方面大力配合、齐抓共管，努力建设农民幸福生活的美好家园。

3. 农业发展已经做的工作

（1）完善发展产业规划。

近年来，攀枝花市对打造现代特色农业基地进行了科学规划。市委、市政府在深入调研的基础上制定了《关于倾力打造现代特色农业基地的实施意见》。市、县（区）、乡镇三级各部门也立足各自的资源优势和区位优势，相继制定了倾力打造现代特色农业基地的实施意见。市农牧局还立足全市特色农业的长远发展目标，编制了《攀枝花市特色农业中长期发展规划》，市级农口各部门共同组织修订了《攀枝花市农产品生产技术标准》，进一步为全市打造现代特色农业基地提供了科学依据。

同时，为推进统筹城乡综合配套改革，于2008年底制定了关于加强城乡统筹进一步推进农村改革发展的意见。明确提出要逐步建立一体化的城乡发展规划和产业布局，为全面推进特色农业基地建设提供了改革发展的动力。

（2）不断调整产业结构。

按照倾力打造现代特色农业基地的总体要求，近年来，攀枝花市立足南亚热带气候优势，按照“人无我有、人有我优”的思路，对特色种植业、养殖业的发展区域布局和品种结构，进行了优化调整。2008 年，粮食作物、经济作物播种面积结构比接近 63∶50，与二十世纪八九十年代粮食作物、经济作物播种面积长期处于 86∶14 相比，经济作物面积增加明显，实现了种植结构的几级跳。同时，畜牧水产养殖业占全市农业的比重逐年提高。2008 年，全市畜牧业产值占农业总产值 39.35%，农民人均牧业纯收入增加 136.37 元，同比增长 28.55%；渔业产值占全市农业产值的 6.5%，占全市农民人均收入的 8.3%。

2009 年，全市农业产业结构调整目标为：芒果、枇杷、石榴等特色水果要发展到 29 万亩以上，重点是晚熟芒果和早春枇杷；蔬菜要发展到 17 万亩，重点是早市蔬菜，进一步扩大设施栽培面积，提高比较效益；畜牧业重点发展牛、羊等草食性牲畜以及生猪和禽蛋，以生猪标准化规模养殖场（小区）建设项目为着力点，新建 10 个标准化规模养殖示范场（小区），带动 300 户养殖户，新增生猪出栏 2 万头；优质烤烟种植面积力争超过 14 万亩。目前，各烟叶产区已基本写成大田移栽各项工作；水产业以二滩库区渔业为重点，重点开展品质改良。

（3）突出了产业化经营。

为解决目前“小生产与大市场的矛盾”，攀枝花市高度重视以农业产业化经营促进特色农业基地发展。

在政策制定上，对《攀枝花市农业产业化经营龙头企业管理办法》进行了完善，并出台了《中共攀枝花市委、攀枝花市人民政府关于进一步推进非公有制经济发展的补充意见》（攀委发〔2007〕10 号），从政策措施上强化了各级政府、涉农部门对从事农业产业化生产经营活动的龙头企业、专合组织、专业协会的扶持力度。从 2007 年开始，市委、市政府已经连续兑现了对发展业绩显著的非公有制企业的奖励金和贷款贴息奖励；全市农口部门推行了农业产业化发展工作首问责任制，为打造现代特色农业基地营造了良好的政务环境。

在产业化经营模式上，引导全市 44 家省市级农业产业化重点龙头企业、127 个农民专合组织、80 专业合作社与从事农业生产经营的农民建立了“公司 + 基地 + 农户”型、“协会 + 基地 + 农户”型或“专业合作社 + 农户”型产业化经营模式。

在利益联结机制上，引导企业、专合组织、协会、农民逐步实现了由以保护价收购保障农产品购销为主要特点的订单合同关系，向以信息、技术、农资、风险保障等多环节服务为主要特点的合作关系转变。少数企业、专合组织、专业协会与农户之间已经建立起以土地承包经营权和资金、劳动力等多要素产权联结为主要特点的股份合作关系，形成了利益联结紧密的经济共同体。

在标准化生产技术推广上，一是组织制定了攀枝花市无公害农产品标准 107 个，并将标准汇编成册，发放到县区和乡镇农技推广服务机构。二是根据攀枝花市特色农产品发展的需要，组织科研单位和技术推广部门重点开展了无公害蔬菜、无公害水果、无公害水稻、无公害肉羊生产技术的研究和推广工作。三是结合农业科技承包、科技入户、阳光培训、新世纪青年农民培训等项目的实施，对农民开展无公害农产品和绿色食品生产技术培训，近两年来，每年开展无公害、绿色食品生产技术培训 6 万人次以上，建立无公害农产品、绿色食品示范面积近 10 万亩，建立无公害生猪、肉样、肉牛生产示范基地各一个。四是加大对农产品生产基地、龙头企业和农村专合组织的管理力度，大力推广无公害农产品生产技术规程，督导他们按照生产技术规程使用农业投入品，确保农产品合格、安全。

在农产品市场营销上，从 2007 年开始，每年都由市、县区政府牵头，通过组织全市龙头企业和特色农产品到北京、上海、厦门、杭州、成都等地参加农交会、西博会等农产品展销会，提高攀枝花芒果、枇杷、石榴、蔬菜、茶叶、葡萄酒等数十种特色农副产品的对外知名度，拓展了攀枝花特色农产品的市场营销渠道，扩大了市田远现代农业、大笮风农业、锐华农业、平大生物等 10 余户农业龙头企业的品牌农副产品的对外销售量，增强了这些企业的产业化经营能力和带动农民致富能力。

（三）工业发展定位：构建“6+2”产业发展新格局

自 1985 年至今，经过 30 多年的开发建设，特别是“十五”、“十一五”时期的大发展，“四个倾力打造”战略的深入实施，经济实力进一步增强，基础设施和城市功能进一步改善，城乡一体化进程进一步加快，和谐攀枝花建设进一步推进，同时 2013 年攀枝花市作为攀西战略资源创新开发试验区，力争到 2020 年建成世界级的“钒钛之都”。这都为攀枝花市着力构建“6+2”产业发展新格局奠定了坚实基础。

要将攀枝花工业产业结构从现在的四大支柱产业调整为“6+2”产业，并将其确立为“十二五”期间攀枝花工业经济发展的主要产业，以期达到产业优化、比较优势突出、发展速度倍增的发展目标。四大支柱产业即钢铁、钒钛、能源、化工；“6+2”产业包括矿业、钢铁、钒钛、能源、化工、机械制造六大传统产业和太阳能、生物工程两大新兴产业。

1. 工业发展现状

始于 20 世纪 60 年代中期的攀枝花开发建设，是国家为改善工业布局，把现代生产力从东部沿海推进到西部内陆，建立起相对完整的国民经济体系而作出的重大战略举措。中央历代领导集体对攀枝花的开发建设寄予厚望，改革开放特别是实施西部大开发战略以来，国家和省对攀枝花发展特色经济、做大做强优势产业、培育新兴产业给予了极大的关注和支持。①

攀枝花资源丰富，尤以矿产、水能资源高度富集、匹配天成而著称于世。攀枝花依托资源立市，经过近 45 年的开发建设，工业发展已具备相当的基础。2010 年，全年完成工业增加值 364.63 亿元，增

① 《攀枝花市工业发展规划纲要（2004 ~ 2010）》，攀枝花市政务信息公开网，最后访问日期：2006 年 10 月 27 日。

长 18.0%，比上年回升 5.8 个百分点，对经济增长的贡献率为 82.8%。规模以上工业企业户数达 407 户，新增 6 户；规模以上工业企业实现增加值 348.59 亿元，增长 20.5%，增速比上年加快 7.5 个百分点。规模以上工业企业实现销售产值 938.82 亿元，增长 34.8%；产销率为 96.9%，比上年提升 0.6 个百分点；工业企业综合效益指数为 196.0，比上年上升 34.1 点；实现利润总额 38.26 亿元，增长 110.0%；利税总额 85.81 亿元，增长 42.5%。

目前，攀枝花市建成了冶金、煤炭、电力、建材、化工、机械、食品、饮料、医药等 20 多个行业的工业门类，形成了钢 400 万吨、铁 430 万吨、成品钢材 300 万吨、电力装机 400 万千瓦、水泥 120 万吨、原煤 1200 万吨、焦炭 340 万吨、钛精矿 20 万吨、钒渣 12 万吨、黄磷 12 万吨、食糖 3 万吨、啤酒 5 万吨的年生产能力。

在工业发展的同时，城市基础设施不断改善，交通制约逐步缓解，科技支撑作用不断增强，工业化进程全面加速，成为我国西部重要的钢铁、能源、钒钛基地和西南地区的工业重镇。目前，攀枝花市已成为世界第二大钒产品基地、中国最大的钛原料和钒钛低（微）合金钢基地。同时，技术优势也比较明显，目前全市共有从事钢铁、钒钛开发研究的国家级专家 57 人，国家级重点实验室 1 个、国家级企业技术中心和冶金产品检验实验室 2 个。先后主持和参与了 24 项国家级标准、10 项行业标准的制（修）订，近 10 个工业产品已成为国家标准和行业标准，部分关键共性技术瓶颈即将取得重大突破。①

（1）做大做强优势产业。

①钒钛产业。建成国际知名、国内领先、产业体系最完善的全流程钒钛产业基地，为国民经济发展和产业升级换代提供有力的支撑。攀枝花市将抓住国家批准设立攀西战略资源创新开发试验区的历史机遇，力争到 2020 年建成世界级的“钒钛之都”。

——钒产业：提高低品位钒原料利用程度，大力推进钒清洁生产，重点发展钒中间合金、钒功能材料等战略性高端产品；加快推进钒铝合金、钒电池产业化进程。攀枝花“十二五”中明确提出，争取 2015 年，钒制品（折合五氧化二钒）达到 4 万吨规模。

——钛产业：大力发展清洁硫酸法钛白粉，突破攀钢高炉渣高温碳化、低温氯化提钛工艺，实现氯化钛白的产业化生产，深度开发各种高档专用钛白产品，加快发展海绵钛、金属钛、钛材等。“十二五”期间攀枝花明确提出，争取到 2015 年，形成钛白粉 60 万吨、海绵钛 6 万吨、钛锭 3 万吨、钛材 1.8 万吨、钛材深加工 0.6 万吨的生产能力。

②钢铁产业。围绕建设西部钢铁工业基地，加快运用新技术、新装备改造传统钢铁生产工艺及流程，实现清洁生产和节能减排，调整优化产品结构，大幅提高钢铁工业经济效益。

——传统钢铁流程：实施精品战略，运用先进技术、装备等对传统钢铁流程进行技术改造，进一步开展含钒钢应用研究

① 《6+2：展攀枝花工业经济蓝图》，四川在线，最后访问日期：2010 年 9 月 27 日。

推广，扩大含钒钢产品的应用范围，通过开发含钒、钛特色钢材产品，实现品种优化升级，增加产品附加值。

——钢铁新流程：采用直接还原新工艺综合开发利用钒钛磁铁矿，尽快实现产业化生产，大幅提高钒、钛的回收率，并为其他有价金属的回收利用创造条件。争取到 2015 年，直接还原新流程装置规模达到 300 万吨以上，铬回收利用实现规模化，镍、钴、镓、钪等稀贵金属回收利用实现产业化。

③能源产业。加大能源结构调整力度，提高能源使用效率，建成稳定安全环保的能源生产流通消费体系，为全市发展提供强大能源支撑。

——电力：加快金沙江、雅砻江流域攀枝花段及安宁河梯级水电资源开发；优化火电原料结构，积极发展煤矸石发电、冶金、炼焦等余热、余能发电；加快电网建设，提高电网承载能力，确保电网安全。争取到 2015 年，电力装机容量达到 600 万千瓦。

——煤炭：加强红坭和宝鼎矿区资源勘探和资源整合，提高煤炭资源储备和资源开采利用率；为实现可持续开采，控制煤炭资源开采总量在 1000 万吨 / 年左右；加强与周边煤炭产区协作，扩大全市煤炭资源供给能力。

——天然气：积极推进“缅气入攀”天然气管网工程，改善能源结构，力争 2013 年建成管道，2015 年引入天然气 10 亿立方米，2020 年引入天然气 30 亿立方米。

④化工产业。继续发展煤化工、磷化工、硫酸化工、硅化工等。煤化工的发展以煤焦油、粗苯的深加工、焦炉煤气的利用为方向；磷化工的发展以高纯特种、电子级、食品级多品种黄磷、磷酸及磷酸盐制品为方向，并注重黄磷尾气综合利用；硅化工的发展以化学级、电子级有机硅、高品质硅合金为重点；硫酸化工的发展应采用先进的生产技术，降低成本，增强竞争能力。

——钒钛磁铁矿：通过技术创新，大规模利用表外矿、风化矿、排土围岩等低品位矿、极低品位矿，提高金属回收率，高度重视矿山治理和环境恢复重建，实现对资源和环境的保护，有效预防妥善解决生产过程中产生的生态破坏、水土流失和重金属污染问题，到“十二五”末达到 3000 万吨 / 年的铁精矿生产能力。

——其他矿业：建成年产 10 万吨中高碳石墨的采选规模，建成 2 万吨高碳石墨生产线和相应的高纯石墨生产线，形成可膨胀石墨、柔性石墨及制品及微粉石墨规模化生产；重点进行氟化石墨、石墨能源材料等技术开发；以产业配套和石墨材料深加工为方向，形成聚集和辐射效应明显的石墨产业集群。白云岩矿要加大炼铁炼钢用熔剂、喷补炉料等的开发和生产，发展白云岩提取金属镁，与海绵钛生产及铝金属下延加工相配套。统筹、规范开发苴却石矿，形成一批艺术水平和技术水平高、规模化生产经营的工艺品制作企业，提升产品文化、经济价值和品牌知名度。

（2）着力培育新兴产业。

攀枝花市根据自身资源特点和优势，着力培育的新兴产业主要是太阳能产业和生物产业。其中，太阳能产业重点发展的是太阳能设备制造、光伏材料等新兴产业。规划建设 1 ～ 2 个太阳能产业园区，形成产值达 20 亿元的太阳能产业。

——光热产业：大力引进和培育太阳能热水器企业，依托市内提钒尾渣资源优势，促进钒钛黑瓷产品在太阳能光热转换组件中的应用；制定城乡民用建筑安装使用太阳能热水器的鼓励措施，促进建筑太阳能热水器的普及；在农村推广太阳能沼气和太阳能干燥装置。

——光伏产业：积极引进和培育太阳能光伏企业，建成大型晶硅太阳能电池生产线和大型非晶硅薄膜、铜铟镓硒薄膜太阳能电池生产线；大力开发光伏应用产品；抓好国家“金太阳示范工程项目”的实施，开发实施太阳能光伏建筑一体化技术，形成开发与应用并举的太阳能新能源产业示范基地。

生物产业重点发展特色生物产业，建设优质咖啡基地；建设麻风树研发基地，为生物质能源打好基础。建设薯蓣种植基地，开发薯蓣皂素下延产品甾体激素药物中间体和药物原料、激素保健食品、畜牧饲料添加剂等。建设中药材种植基地，建设 3 万亩柴胡、当归出口药材基地和 2 万亩何首乌种植基地，形成年加工何首乌茶 1000 吨的生产能力。建设优质咖啡、辣木基地。开发无患子种植及加工，生产皂苷粉及下延日化产品；木瓜酶系列保健食品；蔗糖及糖钙混凝土外加剂、燃料酒精、生物复合肥系列产品。发展葡萄种植和葡萄酒生产，扩大攀西葡萄酒品牌知名度。

2. 工业发展的特点：做大做强优势产业

（1）工业发展的新思路。

以科学发展观为指导，突出发展主题，破解发展难题；依托资源优势，坚持市场导向；加快制度创新，转变增长方式；扩大对外开放，承接产业转移；强化科技支撑，推进结构调整。做大做强支柱产业，改造提升传统产业，积极培育新兴产业。搞好基地园区建设，优化生产力布局，形成特色鲜明、优势突出、布局合理的工业发展新格局。加快推进新型工业化，建设特色工业强市，实现发展新跨越。

（2）工业发展遵循的原则。①

——坚持以资源为依托，以市场为导向。依托攀枝花得天独厚的资源优势，加大对重要资源的整合力度，充分发挥市场在资源配置中的基础性作用。培育和完善市场体系，大力促进特色资源向工业园区、支柱产业和优势企业集中，变资源优势为经济优势和市场竞争优势。

——坚持突出产业重点，发挥比较优势。站在国内外产业分工的大格局和区域经济分工的角度，通过发挥资源、产业、市场需求三大优势，在深化改革、扩大开放、调整结构、项目建设和发展民营经济上实现新的突破，集中力量做大做强钢铁、能源、电冶化工、钒钛等支柱产业，延伸机械加工制造业，培育新兴产业，再创新的比较优势。

——坚持依靠科技进步，加快技术创新。充分发挥科学技术作为第一生产力的作用，鼓励科技创新，强化科技协作，在一些关键领域掌握核心技术，注重技术集

① 《攀枝花市工业发展规划纲要（2004 ~ 2010）》，攀枝花市政务信息公开网，最后访问日期：2006年10月27日。

成，加速科技成果向现实生产力的转化，推动企业成为技术创新的主体，增强自主创新能力。加快信息化建设，促进信息化与工业化的相互融合，用高新技术、先进适用技术改造提升传统产业。加强企业经营管理人才队伍、专业技术人才队伍和技能型人才队伍建设，调动各类人才投身于工业发展的积极性和创造性，引进和配强产业发展人才，为加快工业发展提供智力支持。

——坚持产业整合，提高产业集中度。以消除体制性障碍为突破口，以产业整合为手段，提高产业的集中度、企业的关联度、科研与生产的结合度，着力培育具有较强竞争力的大企业、大集团和产业集群，大力发展各具特色的中小企业和劳动密集型企业，形成有实力、有市场、有品牌的优势企业，提高企业的核心竞争力和市场占有率。

——坚持内涵和外延相结合，调动和发挥两个积极性。毫不动摇地巩固和支持国有大中型企业加快发展，毫不动摇地鼓励和引导民营经济加快发展。坚持“一手抓”盘活存量，支持国有大中型企业深化改革，通过内部挖潜，提高效益，做精做优；“一手抓”扩充增量，更加注重工业在招商引资中的主力军作用，大力发展民营工业，激发活力，做大做强。既要充分利用好境内的资源，也要有效利用好境外的资源，把开拓国内市场和国外市场结合起来，迅速提升工业经济的规模和质量。

——坚持工业化带动城市化，促进协调发展。按照城市总体规划，结合新一轮土地利用规划修编，协调好城市发展布局和工业发展布局，推进工业发展向园区集中，农村居民居住向城镇集中，农业生产向规模经营集中。以工业化带动城市化，以城市化促进工业化。

——坚持工业强县战略，发展各具特色的县区经济。以推进新型工业化为核心，以农民增收、工业增产、财税增长、后劲增强为目标，以工业化推动城镇化和农业产业化，并有重点地扶持培养一批民营龙头企业。

——坚持以人为本，增强可持续发展能力。把搞好生态建设和环境保护放在更加突出的战略地位，将工业发展与环境的治理保护、资源的集约开发、土地的合理利用、人居环境的改善优化结合起来，切实转变工业经济增长方式，提高质量和效益。加强对工业污染源的监控和治理，鼓励和支持企业搞好资源综合利用和清洁生产，大力发展循环经济。在市区视野区、生态保护区、旅游开发区、农业产业化开发区范围内，不再布局重化工业及污染企业，切实做到以人为本，工业发展与人口、资源、环境相协调，逐步走上生产发展、生活富裕、生态良好的文明发展道路。

3. 工业发展面临的困难

尽管攀枝花市工业发展已经具备相当的基础，但与省内外先进城市和发达地区相比，与攀枝花优势资源的赋存相比，还存在一些问题。主要表现为企业的市场应变能力差，产品结构单一，技术含量低，初级产品多，附加值低，低水平重复建设较多，国有与民营所有制结构之间的比例悬殊，经济活力差，缺乏发展后劲，企业技术创新、技术改造能力弱，设备陈旧、工艺水平落后，企业管理存在一些问题。

（1）产业结构不合理，产业链延伸不足。

2002 年以来，攀枝花市工业经济纵向比取得了可喜成绩，横向比却长期处于低迷徘徊状态。统计数据显示，2002 ~ 2009 年，全市规模以上工业增加值增速，除 2008 年略高于全省平均水平外，其余年份均低于全省平均水平。这与攀枝花独特的资源禀赋极不相称。造成这一尴尬局面尽管有交通不便，煤、电、运及原矿供应缺口大，建设成本高，技术攻关难度大等客观因素，但“产业结构不合理、产业链延伸不足”这一主观因素则是关键所在。

以 2009 年全市工业经济发展为例，当年钢铁、钒钛、能源、化工四大支柱产业占全市工业总产值的 89%，其中，钢铁产业独占 50% 以上，钒钛、化工均仅占 9% 左右。同时，受钢铁产业减产影响，钒钛、能源产业大幅减产，化工产业关联企业大多停产。四大支柱产业之间“一轴带三产、一轴定全局”的格局，很大程度上制约了攀枝花工业经济快速发展。

因此，工业结构战略性调整不仅是适应国家宏观经济政策的需要，更是攀枝花工业经济提速增效的现实需求。①

（2）工业经济发展不够充分。

尽管攀枝花市工业发展已经具备相当的基础，但与省内外先进城市和发达地区相比，与攀枝花优势资源的赋存相比，工业经济总量还不够大，发展速度还不够快，经济结构还不够优，企业适应市场经济的能力还不够强，发展的潜力还没有充分挖掘出来，发展的活力还没有竞相迸发，发展的基础还需要进一步巩固，发展的环境还有待改善优化，归结起来，就是发展还不够充分。

（3）资源、资金、生态环境等对工业的发展约束不断强化。

资源：进入工业化中期，产业结构重型化与土地资源和环境容量的矛盾十分突出。攀枝花市的环境容量和承载能力非常有限，土地整理使用成本高，城市用地和工业用地严重不足，成为工业发展的一个瓶颈。

资金：纵观世界，全球经济正缓慢复苏，但经济运行仍存在较多的不确定因素，复苏的基础还比较脆弱；放眼国内，中国应对危机的一揽子政策作用明显，在全球率先实现了经济形势总体回升向好，中央继续实施积极的财政政策和适度宽松的货币政策，将为攀枝花市提速增效、加快发展提供有利的宏观环境。但是国际金融危机对攀枝花市的影响尚未完全消除，经济企稳回升的基础还不十分牢固。重要原因之一是资金对工业发展约束不断强化，资金缺口不断扩大。

生态环境：虽然攀枝花自然资源比较丰富，但是在城市发展初期，粗放型的开发利用，虽然使攀枝花的经济快速发展，但是资源不断减少，由最初的以资源为依托的发展模式变为资源约束型的发展瓶颈。

4. 主要做法

（1）继续加快基础设施和要素市场建设，改善工业发展条件。

加快交通建设步伐，尽快形成市内交

---

① 《6+2：展攀枝花工业经济蓝图》，四川在线，最后访问日期：2010 年 9 月 27 日。

通网和对外大通道，争取国家立项建设东西向铁路及沿江高速公路。加强园区主干道、连接线及各种配套设施的建设，构建有利于加快工业发展的交通运输网络，重点研究突破运输、能源保障等制约工业发展的障碍性难题。加快产权、土地、矿产、技术、人才、劳动力等市场的建设，提高公开化、市场化程度，大力推进流通业结构调整，按照四川省关于现代物流试点城市的要求构建川滇交界的现代物流中心。强力推动市场分割、行业垄断向市场一体化转变，行政区经济向区域经济一体化转变。

（2）扩大对外开放，加大招商引资力度。

充分利用“两种资源”，大力拓展“两个市场”，努力提高对外开放水平。积极参与区域经济合作，有选择地主动承接国内外尤其是东部发达地区的产业转移。把引进战略投资者与培育和壮大支柱产业结合起来，把引进工业项目与引进大企业、大集团、知名企业和优秀企业家结合起来，把国有大企业的扩张与激活民间资本结合起来，推动招商引资与结构调整良性互动，促进产业升级。加大工业招商引资项目的储备、包装力度，对引进重大项目和重点企业实行重点跟踪、重点协调、重点服务、重点督查。

（3）大力发展民营工业，增强发展活力。

认真贯彻落实省、市进一步加快民营经济发展的有关政策，消除体制性障碍，鼓励民营企业以全新机制参与国有企业改革，重点支持民营企业投资支柱产业，促进科技型、劳动密集型、农副产品加工型、生态环保型和外向型民营企业加快发展，推动民营工业做大做强。

（4）完善社会保障体系，健全工业发展的安全机制。

继续完善职工基本养老保险、失业保险、医疗保险、工伤和生育保险等制度，认真落实促进再就业的各项扶持政策。实行对安全、环保等重大事故的责任追究，完善伤亡事故赔偿和生产安全事故经济赔偿制度，建立安全生产的长效机制。

（5）加强舆论导向，营造工业发展的良好氛围。

充分发挥新闻媒体的舆论导向和监督促进作用，在全社会形成加快工业发展的共识。加强对工业政策法规、优势企业、名优特新产品和先进典型的宣传。大力表彰企业优秀经营团队和有突出贡献的企业家、管理人员、科技人员、技术工人，努力营造浓厚的工业发展氛围。

（四）第三产业：以发展现代服务业为重点，形成与新型工业、现代农业协调发展格局

以加快发展服务业作为攀枝花经济转型升级、实现新跨越战略为重点，以做大总量，优化结构为首要任务，以扩大就业、富民增收为主要目的，优先发展生产性服务业，繁荣发展消费性服务业，形成现代服务业与新型工业、现代农业联动互进、协调发展的新格局。

1. 特色旅游业

优化旅游总体布局，以阳光、运动、温泉、休闲为核心旅游元素，统筹规划“一心一轴两翼”旅游发展格局。以红格休闲旅游度假区为龙头带动休闲旅游项目开

发，连线成片打造以精品景点为核心的旅游线路和旅游区域，开辟都市阳光休闲、百里生态长廊、阳光健康、阳光运动四大个性化旅游线路。以“阳光节”、“芒果节”为重点，打造国内著名的节庆品牌，加强对攀枝花旅游城市形象包装营销宣传，提高攀枝花休闲旅游的知名度和影响力。①

2. 现代物流业

攀枝花市不断推进现代物流业发展，争取到 2015 年，区域性物流中心初步形成，社会物流总成本占地区生产总值的比重下降到 20% 以内，率先把攀枝花建成四川省二级物流节点城市和区域物流中心。

加快物流园区和物流网络建设。搞好各类物流园区和物流中心建设，整合物流资源，推动物流业向规模化、集约化发展。加快实现铁路、航空、公路、水运多式联运，着力打造与周边城市之间组团发展的快速通道。

但是，攀枝花市的物流业，无论是组织结构、企业规模、运作模式，还是经济效益和社会效益离现代物流业的要求和目标还有很大距离，存在着一些突出问题，主要表现在：企业少，规模偏小，档次低，技术装备落后，大多数停留在传统的货物配载业务形态，第三方物流发展滞后，缺少区域性大企业支撑，物流设施利用率比较低，物流信息化程度不高。

因此，培育和发展第三方物流企业。出台和落实扶持政策，培育一批拥有自身核心业务能力的本地物流企业，形成一定数量的国家 A 级资质的第三方物流企业，提高企业对资源和物流服务流程的整合能力。吸引一批国内外大型现代物流企业进入攀枝花市场，提高物流服务的社会化水平和专业化水平，成为现在攀枝花物流业建设的重点工作。

3. 信息服务业

加快信息基础设施建设。以建设本地电子政务网络体系、第三方电子商务系统、广播电视网络支撑系统、新一代宽带无线通信系统为重点，构建数字电视播出平台、宽带多媒体平台和移动通信平台，争取成为国家“三网融合”的第二批试点城市。推进行业信息化，加快信息专业应用系统建设，发展电子商务、网络教育、网络诊疗和网络图书、游戏、娱乐等信息增值服务。

发展各类信息技术服务。提高信息技术应用和信息工程外包的社会化能力，加快基础数据库建设，推进信息资源的开发利用，塑造辐射川滇、具有独特优势的信息服务业品牌，依托科研院所和大专院校，建立产、学、研结合的信息创新体系，鼓励企业以品牌为纽带，创建大型信息服务业品牌企业集团。

4. 商贸流通业

以建设川滇交界、攀西区域内商贸中心为目标，加快构建运转高效、功能完备、布局合理、城乡同步、工贸并举的现代商贸业新体系。

建立完善商业网点体系。进一步优化区域内商业网点布局，建立起主力商圈－特色街区－社区商业为主要内容的三位一体的商业网点体系，建成现代粮食流通体

① 《攀枝花市经济和社会发展“十二五”规划纲要》，http：//www.sc.gov.cn，最后访问日期：2011 年 2 月 28 日。

系，全力打造城市新区、炳三区、炳草岗片区、大渡口片区、五十四片区、四十九片区、清香坪片区等综合商贸中心，统筹协调城乡发展，均衡商业网点布局，满足不同层次、不同地域的各种消费需求。

培育品牌商圈特色优势。依托攀枝花商贸流通业传统优势，坚持错位竞争，突出主打特色，在主城区重点引进和培育一批现代大型商业广场、主题专业商厦、品牌旗舰店和精品专业店、专卖店，形成商业中心的核心企业群体，促进商业集群、集聚发展。

加快商贸流通经营手段和经营模式现代化步伐。加快攀枝花市商贸流通企业信息化建设步伐，鼓励和引导企业运用连锁经营、物流配送、电子商务等现代技术手段和流通方式改造传统零售、餐饮服务业，支持区域内优势商贸流通企业品牌输出和扩张发展，提高商贸流通企业的规模化和现代化水平。

提升批发贸易的结构和功能。依托现有批发贸易业的基础优势，在全市重点商务商贸区域大力引进国内外著名产品销售中心、采购中心和实力雄厚的批发商、代理商和经销商，形成一批业务特色鲜明、市场辐射半径大、自主增长能力强的大宗批发贸易企业，增强攀枝花商贸流通业规模效应和辐射能力。

5. 社区服务业

加强社区服务设施建设。重点发展连锁化经营的餐饮娱乐、健康养生、养老托幼、食品配送及家政、维修等社区服务业，满足社区居民多样化的生活需求。实现公益服务和社会化服务有机结合，促进社区服务网络化和产业化，吸纳更多失业人员就业。做好社区福利与公益、教育、文化、法律、离退人员与外来人员管理等服务。

6. 房地产业

大力发展商务商业地产和住宅房产，提升房地产业的发展档次和品质。优化房地产业内部结构。加大普通商品房和保障性住房的供应，形成廉租住房、公共租赁住房、经济适用房、普通商品住房比例协调的住房供应体系；适当提高商务商业地产的比例，带动商贸、商务、餐饮、娱乐、旅游、文化创意等行业的发展，为现代服务业发展提供载体。依托新区开发积极发展高档写字楼、高星级酒店、购物中心等商务商业综合地产；依托旅游风景区重点发展旅游地产。

注重房地产开发与环境的协调。以科学规划为先导，实施高格调成片开发、控制好沿路开发、沿河开发、沿广场开发，塑造富有特色的城市风貌，达到提升城市品位要求。着力经营城市用地，综合运用土地置换、储备土地等方式，实现土地增值，促进房地产业的可持续发展。

繁荣房地产交易市场。进一步规范房地产一级市场的发展，加强对房地产二、三级市场的培育和监管力度，建立健全房产信息系统和预警监测机制，引导房产中介行业的健康发展，促进房地产增量市场和存量市场的共同繁荣。

三　交通地理：由不毛之地发展为立体化、点线协调的运输体系的巨变

攀枝花曾是诸葛亮“五月渡庐”的“不毛之地”。1964 年开发以来，已建设

成为我国重要的钢铁、钒钦、能源基地。然而，连绵四周的横断山，曾经是一个道屏障遮挡了外界的喧嚣，使攀枝花人能埋头建设自己的家园，而今却成了与外界沟通的障碍。

攀枝花市自建市开始，交通问题始终是基础设施建设中的重要课题。随着经济建设的发展，公路交通建设也分阶段发展。①

1964 年前，公路建设还是一片空白。

1965 ~ 1970 年是攀枝花市交通建设起步阶段。国家投资 1.76 亿元修建了三级以下公路 1200 余公里。

1971 ~ 1983 年是交通建设基本处于停滞发展阶段。

1984 ~ 1989 年是公路交通建设开始起步发展阶段。通过 1984 ~ 1987 年间的公路拓宽改造达 1030 公里，为后期的公路建设加快发展创造了有利条件。

1990 ~ 1997 年是公路建设加快发展的新阶段。市政府对攀枝花的公路建设提出了三年解决滞后、五年基本缓解、十年适度超前的要求。到 1996 年底，全市公路通车里程已达 250 余公里，常年通车里程已达 1322 公里，其中，二级公路 108 公里，三级公路 80 公里，四级公路 700 公里。在 1322 公里中，国道 57 公里，省道 26 公里，县道 570 公里，专用道 115 公里，乡道 315 公里。攀枝花市的公路建设是按照先通后善的原则修建的，因此，所建成的公路弯多、坡陡、路窄、技术等级低、抗自然灾害能力差。

1998 年至今，交通运输体系全面高质量快速发展。“十五”、“十一五”时期，攀枝花市国民经济快速增长，人民生活水平不断提高，既为公路交通带来了巨大的需求，也为交通基础设施建设的快速发展提供了有利的条件。攀枝花市交通紧紧抓住四川省首届冬季旅游发展大会、农村公路网建设的难得机遇，乘势而上，开拓创新，获得了快速发展。到 2007 年底，全市“三纵一横”公路交通主骨架路网基本形成，建设市区半小时交通经济圈和全市两小时交通经济圈的目标基本实现。公路网的技术等级、布局合理性、服务水平、路网密度等均有大幅提高，在一定程度缓解了公路交通对经济发展的瓶颈制约，实现了“十一五”期间交通基础设施建设的跨越式发展。

（一）市区交通地理：“一环五射”交通格局

1. 城市快速通道建设

修建连接城市各片区快速通道，实现市区内快速通行。完善城市路网，适当增加次干路、支路数量，打通现有断头路，提高通行条件，减少冗余交通，发挥集散功能，扩大交通干线通行能力。

城市路网重点建设项目主要如下：炳草岗大桥二期工程、渡口大桥立交二期、金江 – 鱼塘立交连接线、仁和 – 鱼塘立交连接线、新密地大桥立交等城市立交系统、观音岩电站至钒钛园区城市快速通道；开展新庄 – 仁和镇、弄弄坪 – 攀枝花、渡金复线等项目前期工作。

---

① 王燮斌：《浅谈攀枝花市公路交通发展》，《攀枝花科技与信息》1997 年第 2 期。

2. 发展城市公共交通

加大财政投入，优先发展城市公交，加快建设公交换乘枢纽和首末站场，提高车辆档次，提高公交覆盖深度和密度，减少换乘次数，将城市公交延伸至有条件的旅游景区和近郊乡村，使乘坐公交变得方便、舒适，成为市民出行首选，方便市民出行。着手城市轨道交通建设的研究和规划，统筹规划建设城市停车场等其他基础设施，有效缓解城市交通拥堵状况。

（二）市域交通地理：区域枢纽中心

攀枝花市“十二五”规划中明确指出，以提升枢纽功能为核心，构建进出攀对外大通道为重点，完善城乡路网布局，协调优化运输方式，区域性综合交通枢纽初步形成，市域内建成半小时城市经济圈和一小时县域经济圈，与周边县域形成两小时经济合作圈，与邻近大城市形成三小时经济协作圈。

1. 交通基础设施建设

①交通基础设施建设投资稳步增长。截至2009年，攀枝花市“十一五”期交通基础建设累计完成投资92230万元（未包含省直管高速公路），其中，二级路网和地方重点项目建设完成投资8968万元，农村公路完成投资81545万元，公路渡口改造、渡改桥870万元，客运站点码头建设完成投资847万元。部省补贴加地方自筹的交通建设资金筹集模式日趋规范，充分整合了各级资金，有力地推动了地方交通基础建设尤其是农村公路网的建设。

②公路里程有显著增长，路网结构逐步完善。“十一五”期间，攀枝花新建公路424公里（未包含高速公路），改建公路861.69公里，全市公路总里程由2005年的1841.171公里上升为3718.182公里。其中，国道主干线144.72公里，国道58.015公里，省道391.114公里，县道826.032公里，乡道621.545公里，专用公路31.277公里，村道1645.479公里。路网密度里程，由2005年的24.75公里/百平方公里提高到49.97公里/百平方公里，比2005年增长102%。

截至2008年底，全市44个乡镇全部通公路，“十一五”期间新增6个乡镇通油路（水泥路），通油路（水泥路）的乡镇总数达到39个，占总数的88.6%。全市352个建制村，“十一五”期间新增50个村通公路，102个村通油路（水泥路或弹石路），通公路的建制村总数351个，通达率99.9%，通硬化路面的建制村220个，通畅率62.5%。

路网等级水平：由2005年全市公路网等级水平4.02级提高到4.2，降低了0.18级。等级公路里程占总里程比例为49%，较“十一五”期末下降14%，二级以上高等公路里程占总里程的比例达到10.3%，同比下降3.2%。这主要是由于2006年以来，大量的农村开工建设，并将村道纳入公路养护管理和统计，使路网等级在数字上有所下降。

按路面类型划分：有路面里程达到1273.2公里，占总里程的比例达到33.2%，高级及次高级路面里程达到1177.5公里。

③运输站场、码头。运输站场：“十一五”期间，全市新建农村乡镇客运站41个，其中，五级站6个，简易站8个，

港湾式车站 5 个，招呼站 11 个，全市等级客运站总数达到 32 个。水运基础设施：全市航道里程 368 公里，其中，5 级航道 220 公里，拥有 4 个客货运码头：宋家坨、渔门、红果河口、南坝，全部位于二滩库区，其中，红果河口码头是攀西地区最大的散货码头。“十一五”期间，新建乡镇客渡码头 5 个，改扩建 2 个，乡镇客渡码头总数达到 35 个（见表 39-1）。

表 39-1　攀枝花市各主要码头设计吞吐量表（单位：万人，万吨）

码头名称	用途	客运	货运
宋家坨	客运	48	
渔门	客运	70	
红果河口	货运		20
南坝	客、货运	20	5

2. *运输服务*

攀枝花市继续推进了运输基础设施建设，并根据地方实际情况，适时对一些不能满足需求的站场码头进行了改扩建，在很大程度上方便了人民群众的出行。在运力的管理上，以市场需求为指导，严格执行了行业规划，积极引导和促进了运输市场的健康发展。

（1）公路运输。

“十一五”期间，增开跨省线路 10 条，跨市州线路 9 条，市州内线路 27 条，农村客运线路 22 条。目前，全市客运企业 12 户，现有城市公交线路 27 条，各类班线客运线路 67 条，其中，省际班车客运线路 14 条、市际班车客运线路 14 条（高速直达客运线路 2 条）、县际班车客运线路 7 条、县内班车客运（农村客运）32 条，每日进出市区的班车达 230 班，日发送旅客能力达 1 万人次。

攀枝花市营运车辆由 2005 年底的 17764 辆增长为 22067 辆，增幅 24.2%。现有各类客运车辆 2940 余台，其中城市公交及通勤保障客车 600 余台，各类班线客运车辆共 865 台（农村客运车辆 623 台），小型中级出租汽车 1475 辆。其中，班线客车按车辆类型分为大型客车 24 台、中型客车 271 台、小型客车 570 台，按车辆技术等级分为高级客车 42 台、中级客车 238 台、普通客车 585 台。

（2）水路运输。

水运交通在攀枝花综合交通中起辅助作用，分担部分客货运输，同时也为旅游等行业服务。

航道情况：等级航道 368.4 公里，其中五级级航道 222.4 公里（金沙江、二滩库区），六级航道 30.5 公里（雅砻江），七级及以下航道 115.5 公里（安宁河、跃进水库）。

航运发展：水路客货运输目前主要集中在二滩库区，客运以旅游为主，货运以从盐源树河到二滩宋家坨的精矿粉运输为主。

船舶、水上从业人员、水路运输企业：全市注册航运企业 2 家；拥有船舶 1027 艘 12741 总吨 1360 客座 7000 千瓦；持证船员 386 人，总体存在上营运船舶规模小、高等级船员少、水路运输企业竞争力差等缺点。由于运输线路单一，水运市场服务面狭窄，运输量缺乏明显的增长。

（3）公路养护。

到 2009 年末，全市公路状况明显好转，服务水平明显提高，基本适应经济社会发展的需要；统一领导、分级负责的公路管理体制基本建立，事企分开、管养分离、模拟市场化运行的养护机制初步形成。路网服务水平明显提高。全市普通干线公路 PQI（路面综合状况指数）达到 60、县乡公路 PQI（路面综合状况指数）达到 65，公路安全状况明显改善。

3. 存在的主要问题

攀枝花市交通取得了很大的成就的同时，也要看到，交通依然是攀枝花市社会经济发展的薄弱环节。长期以来，交通对国民经济和社会发展的瓶颈制约仍然未从根本上扭转，与未来的社会经济发展对交通的需求还存在不小的差距。近年来的加快发展，虽然偿还了一些历史欠债，但是瓶颈的缓解还是初步、不稳定和低水平的。

（1）市际公路交通。

南北向高速公路已经建成，但未与国家和省高速公路网连通，东西向高速公路已经纳入省高速公路网规划范围，但还未开工建设。公路交通枢纽尚未形成，不能满足大规模客货运输快速集散的要求。

（2）市域公路交通。

公路总量仍然偏小，路网布局不合理，北疏南密的路网特征明显，网络程度低，等级低，断头路多；通达乡镇、行政村的公路技术标准低、服务水平低、抗灾害能力差。

（3）公路交通与产业、城市道路衔接问题。

公路交通与主要产业区联系不紧密，承接相关产业的物资运输能力不足；过境交通与市区交通的相互干扰还比较严重，缺少城市快速过境通道及重车通道。

（4）公路运输。

客运站布局不合理，有效使用率低，不能适应城市社会经济发展的变化和要求。没有实现公路运输与铁路、公交、农村客运等多种运输方式的有效衔接，信息化管理水平低，无法提供高效便捷、协调统一的站点网络化服务；现代化物流设施严重不足，物流系统建设才进入起步阶段。

（5）城市公交。

公交站场设施建设和支路公交覆盖率不足，公交线网分布失衡，公交线路缺乏明显等级体系，线网密度和服务范围低，公交枢纽类型单一。

（三）对外大通道建设

1. 铁路和告诉公路建设

铁路以成昆铁路新线（双线）为主，成昆铁路老线为辅；东西向铁路新建丽江－攀枝花－遵义铁路，推进对外铁路交通“两纵一横”的“十”字形大通道，全市对外干线铁路新增 4 个出口。

高速公路进出攀大通道：全面建成西向攀丽高速公路（攀枝花段），开工建设攀枝花绕城高速公路，加快推进东向攀枝花－宜宾沿江高速公路，形成对外高速公路“一纵一横”的“十”字形路网，新增高速公路出口 2 个；同时，抓紧开展南向攀枝花－大理、西北向攀（枝花）丽（江）和西（昌）香（格里拉）高速公路连接线研究工作，构建以攀枝花为中心，辐射川西南、滇西北，连接西昌、昆明、宜宾、大理、丽江、香格里拉等城市的放射状高速公路网。

2. 干线公路和支线铁路

加快构建区域路网，初步形成“五纵

四横”的骨架路网，加快城市过境通道的研究和建设，逐步使干线公路绕避城区和较大的城镇。加快市域内国省道干线公路网络化建设，完善市域路网与高速公路的有效衔接。加快既有 S214 线、S216 线、S310 线、G108 线等干线公路的改造升级，提高现有国省道的通行能力、服务能力和抗灾害能力。新建 S310 红格复线，实施环湖路改造、米盐路改造，提高原有进出口通道的通行能力。加快场站和交通运输信息化建设，逐步推进客运零换乘和货运无缝衔接。加快红格南矿区矿运、白马矿区矿运专用线等支线铁路的可行性研究，争取尽快建设。

3. 农村公路建设

在现有乡乡通、村村通公路基础上，实现乡与乡之间、乡与村之间通水泥路（油路），有条件村与村之间通水泥路（油路），并同步提高公路的技术等级和抗灾害能力，更好地承担交通运输辐射功能。

4. 其他运输方式建设

水路运输。争取将金沙江下游航道整治工程纳入国家相关规划中，形成黄金水道新起点，打造水陆空立体联运运输体系。利用金沙和银江水电枢纽发展城市水运网络，新建格里坪、金江、炳草岗等城市观光旅游码头，推动城市观光旅游业发展。

航空运输。加强攀枝花机场空管和安全设施的改造与完善，积极开辟到国内大中城市和重要旅游景区的新航线，为市民快捷出行提供更多选择，为攀枝花对外开放创造良好条件。

（四）城市网络建设

1. 城市快速通道建设

修建连接城市各片区快速通道，实现市区内快速通行。完善城市路网，适当增加次干路、支路数量，打通现有断头路，提高通行条件，减少冗余交通，发挥集散功能，扩大交通干线通行能力。

2. 发展城市公共交通

加大财政投入，优先发展城市公交，加快建设公交换乘枢纽和首末站场，提高车辆档次，提高公交覆盖深度和密度，减少换乘次数，将城市公交延伸至有条件的旅游景区和近郊乡村，使乘坐公交变得方便舒适，成为市民出行首选，方便市民出行。着手城市轨道交通建设的研究和规划，统筹规划建设城市停车场等其他基础设施，有效解决城市交通拥堵状况

四　城镇布局：科学合理、创造优美宜居环境

1. 城镇布局

按照建设区域中心城市的要求，科学规划城镇布局，重点发展沿交通大通道的沿线城镇，形成“一心两轴四片”城镇空间布局和科学合理的“五级”城镇体系，根据区域发展需要，适时合理调整城市行政区划，推动城镇建设协调发展。

2. 中心城区建设[①]

加快中心城区建设是加快打造区域中

---

① 《攀枝花市经济和社会发展“十二五”规划纲要》，http：//www.sc.gov.cn，最后访问日期：2011 年 2 月 28 日。

心城市的重中之重，根据城市总体规划的要求，拓展城市发展空间，协调城乡功能，加快构建布局合理、规模适当、设施完善、功能匹配的城市中心区建设步伐。

江南片区。新区建设以炳三区、炳四区及干坝塘为主，渡口桥至五十一、炳一区、炳二区以旧城改造为主，在该区域或片区新建一批重要公共服务设施、文化体育设施及商贸设施，完善城市服务功能，提升城市文化形象和品位。

江北片区。该片区主要以旧城改造为主。加大居民居住集中的烂泥田、瓜子坪、马鹿箐、枣子坪等地的基础设施和公共设施配套建设，改善居住环境和提升服务职能。

城东片区。该片区是攀枝花市新型工业主要发展用地，应根据园区发展需要开展建设。工业应主要集中在马店河、立柯组团发展；金江组团作为钒钛产业园区配套的公共服务设施和居住用地。

城西片区。城西片区主要结合煤矿采空区搬迁和旧城改造需要，重点建设新庄至清香坪至大水井地段，改善该地段人居环境和提高服务水平；同时结合城区原有工业企业搬迁和格里坪园区建设，适度进行格里坪组团开发建设。

3. 城市新区建设

按照城市总体规划要求和城市发展特点，推动城市建设从较分散的小组团布局方式向相对集中的片区布局方式转变，加快规划建设以行政办公区集中、高端服务业集聚、生态优美宜居于一体的现代化新型城区。新区以炳三、炳四、干坝塘为核心区，北连炳草岗、大渡口，南接仁和镇，拓宽攀枝花中心区发展空间。通过城市新区建设，为建设区域性中心城市注入新的活力。“十二五”期间，力争新区建设初具规模。

五　县域经济：提速增效、富民强县

县域经济是以县域为中心，以产业为纽带，以市场为导向，以农村为重点，以县域行政范围为基础，以实现生产要素充分流动和产业高度聚合为途径的，既相对独立而又高度开放的一种经济形态。县域经济发展水平是地区发展水平的重要标志。山区经济的落后，主要体现为县域经济的落后；必须千方百计发展壮大县域经济，加快发展步伐。

1. 东区

充分发挥东区中心城区的比较优势，坚持“三二一”发展方针，依托东区的资源禀赋特点，大力发展高新技术、都市型工业和传统优势产业，加快城乡一体化进程，建设综合实力强、生态环境优、生活质量高，服务全市、辐射周边的现代化中心城区。

（1）城市建设：推进炳一区、大渡口片区旧城改造，加快炳二、炳三区建设，推进炳四区开发；推进炳三区—东区、攀枝花－弄弄坪、弄弄沟－大黑山、渡金复线东区段等城区骨干路网建设。

（2）服务业：密地物流园区、沙坝 4S 汽车产业带、攀枝花体育公园、二街坊和红星街特色商业街区等一批重大项目建设，着力打造区域商贸、金融、信息、教育、卫生“五大中心”。

（3）工业：重点发展钒钛、机械、钒

钛资源二期利用，培育生物和太阳能产业，加快推进钛材深加工、直接还原铁、含钒钛铸件，着力开发辖区高炉冶金渣、工业尾矿、表外矿等二次资源综合利用。加快推进高粱坪工业园区建设，稳步推进弄弄坪工业集中区建设。

（4）城乡发展：加快城乡统筹步伐，率先实现城乡一体化。

2. 西区

根据西区的区位特点、资源条件、承载能力，改善发展环境和人居环境，努力建设一个经济发达、文化繁荣、社会和谐、人民富裕、环境优美的新西区。

（1）工业：着力打造煤及煤化工、钢铁及机械深加工等优势产业集群，延伸产业链条，加快平台建设，完善省级工业开发区的各项功能，形成集聚和规模效应。

（2）服务业：围绕构建西区"一核、两带、三区"的旅游发展格局，打造阳光生态旅游度假区的特色运动休闲基地和大香格里拉旅游通道上的特色过境旅游节点，继续支持商贸流通、交通运输、房地产、餐饮娱乐、社区服务、信息通信等服务业加快发展，建设格里坪物流园区；推进西区清香坪文化岛项目建设。

（3）城乡发展：推进城乡繁荣，强化城乡产业、基础设施和公共服务体系建设，实现西区城乡一体、统筹发展新格局，率先成为全市城乡统筹发展先行区。

（4）环境保护：加强生态区建设，大力推进节能减排，加强环境保护与治理，发展循环经济，不断改善和提高城市环境质量。

3. 仁和区

充分利用土地广、环境优、交通畅等比较优势，以新型工业化、新区开发为龙头，加快构建宜居生态新仁和。

（1）工业：依托四川省富邦刹车制动毂、东林汽车零部件、白云铸造、润莹齿轮、三圣矿用机械设备、攀西石墨等项目，大力发展钒钛资源综合利用、机械制造加工业、钢铁和非金属矿产资源综合利用。

（2）服务业：以总发、金江物流园区为核心，推进渡仁西线汽车销售服务带、攀西药都、平地、大田农产品集散市场等项目建设；提升旅游承载能力，突出阳光、康养、休闲度假主题，重点建设岩神山－莲花阳光康养旅游度假区、大黑山省级森林公园、迤沙拉民族文化村等旅游景点。

（3）农业：统筹城乡发展，重点加快小城镇建设和积极推进新农村建设连片打造，加强城乡资源整合；搞好农田水利建设，继续推进晚熟芒果、优质石榴、优质烤烟、畜产品、早市蔬菜、优质干果、酿酒葡萄等基地建设。

（4）城市建设：推进"北联南扩"战略，加快以干坝塘片区为重点的新城区建设，打造四十九片区商业中心，加快建设渡仁西线复线、炳仁线延长线，打造大河河道景观等城区亮点，加快房地产健康发展，建成绿色生态宜居的新仁和。

（5）环境保护：加强生态建设和环境保护，倡导绿色生产，实现人与自然和谐相处，增强可持续发展能力。

4. 米易县

依托米易的资源禀赋和地域优势，把米易县打造成为全市特色工业基地、现代农业基地、商贸物流基地、休闲度假基地、城乡统筹示范基地，成为全市经济增长的新区域。

（1）工业：以四川米易白马工业园区为载体，做大钒钛磁铁矿采选、钒钛及稀有金属、建材、能源、农产品深加工五大支柱产业，培育特钢、机械制造、非金属矿采选加工、新能源（太阳能、生物质能）、新材料等新兴产业，构建工业支柱产业多元化、产品多样化发展格局，打造百亿级销售收入省级工业园区和高水平钒钛新材料基地。

（2）农业：以建设美丽富饶文明和谐安宁河谷、省级新农村建设示范片、省级农业产业基地强县为契机，加快设施蔬菜、特色林果、优质烤烟、特色养殖基地建设，加快马鞍山水库、前进渠续建配套等水利设施为重点的农业基础设施建设，不断提高农业综合生产能力，加速推进农业产业化进程。

（3）服务业：围绕建设最宜人居和最佳休闲度假县级城市目标，加强米易西部白坡山森林公园的保护和开发，推进南部新城休闲旅游度假核心区等一批服务业重大项目的建设；发挥米易的区位和交通优势，按照“拓展南北、打通东西”的总体思路，以物流配套基础设施建设为重点，加快米会路、S214 复线快速通道、米盐路、麻楠路和丙谷垭口片区、白马湾丘片区物流体系建设，加快完善乡村社三级路网，引进培育壮大物流龙头企业，加快发展现代物流业，倾力打造区域性物流网络节点。

（4）城乡发展：加快白马、湾丘、丙谷、普威等重点集镇和农村新区的建设，稳步推进城乡统筹发展，加速推进城镇化进程。

5. **盐边县**

分发挥县域资源丰富、生态较好的优势，利用好扩权强县的各项政策措施，发展特色农业，实施工业强县，推进第三产业发展，加快建设特色生态文明新盐边。

（1）工业：以新九、安宁、金河工业园区为依托，做大矿业经济，支持攀昆、龙蟒等企业，实现全流程钒钛产业，加快推进直接还原流程产业化，大力发展铸钢铸件、汽车零部件、矿山机械等制造业，积极发展以钛材为重点的钒钛产品，发展海绵钛、钛锭、钒制品、煤炭深加工、有色金属深加工、合金等产业链延伸产业，加快太阳能并网发电、钒电池、太阳能综合利用等新兴产业发展。

（2）服务业：加快发展特色创意产业。挖掘大笮文化，加快培育歌舞、影视等旅游文化创意产业；加强二滩鸟类湿地、格萨拉地质公园等自然资源保护和生态环境建设，大力发展特色生态旅游；重点建设红格阳光运动休闲度假基地、二滩森林公园、格萨拉生态旅游等景区；加快攀西物流园区建设。

（3）农业：大力发展特色高值精品农业。大力打造绿色高值精品农业，重点发展牛羊畜牧业，芒果、脐橙、枇杷等特色水果，核桃、板栗等现代林产业以及设施蔬菜、优质烤烟、优质水产品；加快实施藤桥河引水工程、农村基础设施、台湾农民创业园、省级新农村建设示范片、省级产业基地强县培育县等项目；充分利用民族政策和二滩水淹区政策，建立健全扶贫长效机制。

（4）城乡建设：加快建设特色生态文明村镇体系。全力推进成昆高铁大平地客运站－西攀高速安宁出口道路建设，县城和红格、渔门等城镇基础设施等项目建设。加强县域生态建设和环境保护。

六　发展展望：国家重要工业基地 + 世界级的“钒钛之都”

随着我国在后经济危机时代发展战略的重大调整，发展的外部环境总体上是有利的，但国际金融危机使世界经济政治格局发生深刻变化，在面临历史性机遇的同时也带来了难以预见的风险和挑战。

对攀枝花市来说，“十二五”及今后更长一段时期是必须紧紧抓住并且可以大有作为的重要战略机遇期。

（一）发展机遇和优势

1. 西部大开发再迎重大利好政策

国家实施新一轮西部大开发，加快西部地区资源优势转变为经济优势，将西部建成国家重要的能源基地、资源深加工基地、装备制造业基地和战略性新兴产业基地，同时在西部普推资源税改革，减征属国家鼓励类产业的企业所得税等利好政策，有利于攀枝花市在政策、项目、资金方面争取到国家和省上更多的支持，也更加有利于攀枝花市科学开发利用资源，提高资源综合利用率，创造更好的经济和社会效益。

2. 攀枝花市在四川省经济发展格局中的战略地位更加突显

攀枝花市已被确定为四川省次级综合交通枢纽、省级二级物流节点城市、全省着力培育的百万人口以上特大城市之一、全省攀西钒钛产业经济核心区，被定位为攀西地区和川滇结合部工业及商贸中心、四川进出东南亚的重要门户、西部钢铁工业基地、世界钒钛工业中心。战略地位的突显，为“十二五”期间攀枝花市实现跨越式发展提供了广阔的发展前景。

3. 建设国家级钒钛资源创新开发试验区被列入国家战略

建设攀西战略资源创新开发试验区纳入国家“十二五”钒钛产业发展整体规划，2013 年国家发改委同意设立攀西战略资源创新开发试验区。攀枝花市作为唯一全域纳入试验区的地级市，将推出系列创新政策先行先试。这标志着攀枝市围绕钒钛磁铁矿资源，以自主创新、综合利用为核心的钒钛资源开发利用得到了国家的高度重视，为“十二五”期间壮大特色产业，加快推进新型工业化进程带来了宝贵的发展良机。

4. 具有比较坚实的发展基础

经过 45 年的开发建设，特别是“十一五”期间的大发展，“四个倾力打造”战略的深入实施，经济实力进一步增强，基础设施和城市功能进一步改善，城乡一体化进程进一步加快，和谐攀枝花建设进一步推进，为“十二五”期间加快发展、科学发展、又好又快发展奠定了坚实基础。

5. 发展的保障能力进一步增强

工业园区建设全面推进、产业集聚能力增强，为工业经济的快速增长搭建了良好的发展平台；多元的综合能源体系加速形成，观音岩、桐子林等一批水电站项目加紧推进，新能源产业逐步发展，“缅气入攀”天然气管网、成品油管道入攀项目正加紧落实；直接还原新流程试验、高钛型高炉渣综合利用、特色农业科技引种及生物资源科技开发等一批关键共性技术科技攻关取得重大突破。发展保障能力的提升，为“十二五”期间产业发展提供了有力的动力支撑。

（二）发展的不利因素和挑战

“十二五”期间，攀枝花市发展虽然有很多有利条件，但存在的矛盾和问题也不容忽视，全市经济总量不大，经济结构不尽合理，经济抗风险能力弱，各种矛盾交织，仍然面临严峻挑战。

1. 土地资源和环境容量约束加剧

进入工业化中期，产业结构重型化与土地资源和环境容量的矛盾十分突出。全市的环境容量和承载能力非常有限，土地整理使用成本高，城市用地和工业用地严重不足，制约了工业化、城镇化进程和特色农业的规模化经营。如何有效解决资源环境与加快发展的矛盾是今后五年攀枝花市经济发展面临的突出问题。

2. 交通瓶颈对经济发展的制约仍然十分突出

总体看，全市经济发展受制于交通的矛盾突出。南北向成－昆高速公路尚未全线贯通，成－昆新线（高速铁路）攀枝花境内尚处于初建阶段，东西向攀－丽高速公路建设才刚刚开始，丽－攀－遵铁路还在前期推进中，对外运输大通道的建成还待时日。而“十二五”期间，全市交通运输量将随经济建设的发展成倍增加。如何打破瓶颈、解决好运力不足的矛盾是今后五年攀枝花市经济发展面临的关键问题。

3. 资源综合利用水平不高

直接还原新工艺、高炉渣回收钛资源等技术还未能实现大规模工业化生产，钒钛新材料、钛材等高端产品还几乎是空白，资源的综合利用水平不高，资源的经济价值和社会效益还未得到充分发挥；产业层次仍然较低，产业链短，附加值低。如何有效利用有限资源，发挥经济价值和社会效益造福人民是攀枝花市今后五年经济发展中面临的核心问题。

4. 区域竞争的外部压力异常激烈

承德、宝鸡等地全力打造钒钛产业基地与攀枝花市竞相发展，凉山、楚雄等周边地区的钒钛产业发展起点高、来势猛，钒钛、钢铁等产业发展面临着资源、资金、人才、技术等激烈的市场争夺，对攀枝花市打造“中国钒钛之都”形成巨大压力。如何抢占发展的制高点，做大做强钒钛等特色产业是攀枝花市今后五年经济发展面临的重大问题。

5. 民生及社会事业发展还需进一步加强

社会事业建设历史欠账较多，投入仍然不够，基本公共服务能力仍然较低。社会保障体系建设还有不少问题亟待解决，部分低收入群众生活比较困难，社会矛盾还比较突出，城乡居民收入增长仍然滞后于经济增长速度，如何有效改善民生，实现共建共享仍是攀枝花市今后五年经济发展面临的根本问题。

（三）发展的四大转变

改革开放以来，攀枝花开始了以市场为取向的经济体制改革，实现从计划经济向市场经济的成功转轨。20 世纪 80 年代中后期至 90 年代末期，在国家的支持下，历时 11 年完成总投资 90 亿元的攀钢二期工程，并在全国率先采用与国际接轨的业主负责制、国际招标制、工程监理制、全员管制等新机制，建成 20 世纪中国最大的二滩水电站，使中国水电建设进入世界先进行列。以这两项重大工程建设为标志，攀枝花掀起全面开发建设的高潮，在四川省率先迈入新兴大城市行列，形成了以资源综合利用为主的特色工业体系，初步建成以钢铁、钒钛、能源为支柱的现代化工业基地。

进入新世纪特别是科学发展观提出以来，攀枝花市抢抓机遇、攻坚克难，不断更新发展理念，完善发展思路，创新发展举措，推动经济社会又好又快发展。2005 年以来的五年时间，全市地区生产总值、地方财政收入、固定资产投资翻了一番多，年均增长 13.7%、30.5%、27.3%，分别迈过 400 亿元、50 亿元、200 亿的重要关口，人均 GDP 从 18718 元提高到 36562 元。在过去开发建设的基础上，攀枝花的发展格局、发展面貌发生了一系列重大转变。

1. 产业格局转变：加快从钢铁一枝独秀转向支柱产业多元发展

深入实施工业强市战略，初步形成了钢铁、钒钛、能源、化工、矿业、机械制造和生物、太阳能为主导的“6 + 2”产业格局。特别是钒钛产业发展取得突破性进展，掌握了氮化钒产业化等一批核心技术，以及煤基直接还原等资源综合利用新工艺，初步打通了全流程钒、钛产业链，钒钛产业集群入选“中国产业集群 50 强”，钢铁钒钛产业化基地成为国家首批新型工业化产业示范基地，攀枝花市被授予“中国钒钛之都”称号。

2. 在经济结构上：加快从国企独大转向多种经济竞相发展

民营经济和地方经济持续高速发展，民营经济增加值从 2004 年的 32.2 亿元提高到 2009 年的 157 亿元，占全市经济总量的比重从 21.8% 提高到 37%，县区属经济增加值从五年前的 121.5 亿元提高到 2009 年的 286 亿元，占全市经济总量比重从 59% 提高到 66%，钢城集团成为攀枝花市首家百亿地方企业，由国有大企业、民营经济和地方经济构架的国民经济多元支撑体系基本形成。

3. 在城市发展上：加快从工矿型城市转向综合性宜居型城市

累计投入 60 多亿元，实施 200 多个基础设施建设项目，城市综合功能不断提升，沿金沙江两岸构建起“一核两轴四区”组团式城市格局，初步形成了区域性现代化中心城市的发展框架。成功创建为中国优秀旅游城市、国家卫生城市和省级环保模范城市，深入开展城乡环境综合治理，环境空气质量优良率从 2004 年的 16% 提高到 2009 年的 88.2%，人居环境显著改善。

4. 在统筹发展上：加快从主要追求经济增长转向更加注重民生。

自 2007 年以来累计投入 49.3 亿元专项资金，扎实开展“惠民行动”，深入实施“民生工程”，群众关注的“住房难、饮水难、行路难、入学难、看病难”等热点难点问题逐步得到缓解。城镇居民可支配收入和农民人均纯收入持续快速增长，五年年均增长 12.8% 和 11.7%。全面推进平安创建，社会保持和谐稳定，攀枝花被命名为“全国社会治安综合治理优秀市”，人民群众安全感明显增强。

（四）紧扣复苏脉搏，加快经济发展

1. 以世界经济复苏为契机，以转变经济发展方式为核心，致力于调结构、提质量、促增长，推动国民经济更好更快发展

（1）强力推进项目建设。

立足资源优势，坚持从科技合作中孵化项目，从产业链条中衍生项目，从投资政策中争取项目，从发展规划中对接项目。继续实施重大项目领导联系制度，加强跟踪督查和信息反馈，确保项目早落地、早建设、早竣工、早达产。全力推进重大工业产业化项目，促进攀钢1.5万吨海绵钛、白马二期工程、新钢钒烧结系统技术改造二期等项目早日竣工达产，启动攀昆矿业项目群建设；着力打造次级交通枢纽，确保渡口桥南立交系统、国道108线平地至田房段改造等项目如期竣工，加快建设攀丽高速公路攀枝花段、西攀高速公路安宁连接线、炳仁路后段、新密地大桥、炳二区主干道，争取开工建设成昆铁路新线攀枝花段、临江路接滨江大道立交系统、地龙箐至滨江大道连接线等项目，做好昭攀丽铁路前期工作；大力推进其他项目建设，加快观音岩水电站、金沙和银江水电站、沿江护岸及景观工程、大竹河水库、安宁河梯级开发、一枝山220KV输变电工程等项目进度，切实做好观音岩坝前取水、缅气入攀、成品油入攀等项目前期工作，搞好攀西地区钒钛磁铁矿整装勘探项目服务。

（2）积极推动工业经济提速增效。

以倾力打造高水平战略资源开发基地为目标，以建设国家新型工业化产业示范基地为抓手，认真落实“6+2”产业布局规划，加快推进钒钛、钢铁、能源、化工、矿业、机械加工制造六大支柱产业集约发展、精品发展、延伸产业链发展，培育壮大太阳能、生物2个新兴产业，确保工业增加值增长15%以上。继续做强大企业、大集团，支持攀钢建设具有国际竞争力的大型钢铁钒钛企业集团，支持钢城集团经营总收入超过120亿元，支持攀煤集团煤炭产能达500万吨、经营总收入过50亿元。全力推进民营企业加快发展上台阶，实现民营经济占全市经济比重40%以上的目标。加强工业运行调度，切实保障煤电油运等生产要素供给。完善园区发展规划，加快园区信息、物流、资金、技术等平台建设，促进园区由集中办企业向集中办产业转变，使园区成为新一轮经济增长的重要支撑。大力发展低碳经济，鼓励发展清洁能源，加快打造循环型产业、循环型园区和循环型企业，努力提高资源综合利用率。

（3）统筹发展农业和农村经济。

以倾力打造现代特色农业基地为目标，以成片推进新农村建设和打造美丽富饶文明和谐安宁河谷为契机，加快发展现代农业，培育壮大龙头企业，扎实推进“台湾农民创业园”建设，扩大现有特色产业基地规模，力争把米易、盐边打造为省级现代农业产业基地强县。不断优化农产品结构，科学整合特色品牌，申报一批特色优势农产品地理标志。健全农业科技服务网络，注重农产品质量安全，强化投入品监管，加快发展无公害农产品、绿色食品和有机食品。认真落实支农惠农政策，继续抓好农村劳动力转移和各项培训工作，多渠道增加农民收入。建立农村投入稳定增长机制，促进公共资源向“三农”倾斜。

（4）加快发展现代服务业。

以倾力打造中国阳光生态旅游度假区为目标，以项目建设为重点、宣传促销为核心、质量提升为关键，着力塑造“阳光花城”形象，全力办好“阳光休闲节”、“芒果节”等特色旅游节庆活动，打造体育休闲旅游重点区，培育盐边红格、仁和岩神山、米易城南等三大特色旅游区，促进旅游产业发展壮大，确保旅游总收入增长 15%。整合提升商贸、运输、餐饮等传统服务业，鼓励发展市场推广、产品检测等生产性服务业，加快发展物业管理、家政服务、职业介绍等社区服务业，积极培育体育健身、卫生保健等新的消费增长点。着力打造省际商贸中心，完善并落实商业网点布局规划，加快炳草岗中央商务区建设，积极引进名品名店，不断提升商务层次。加强现代物流信息系统建设，引进和培育物流龙头企业，重点抓好与一级物流节点城市的联运搭接。进一步做好家电、汽车、摩托车下乡工作，继续实施汽车以旧换新政策。推动房地产业健康发展。

（5）充分发挥财税金融支撑作用。

以组织收入为核心，抓好财源建设，培育新的税收增长点，加强非税收入管理，增加地方可用财力。强化预算约束，优化支出结构，从严控制一般性支出，重点保障民生工程、新农村建设、社会事业及环境保护等重大项目资金需求。实施金融带动战略，搭建政银企合作平台，鼓励和引导金融机构合理增加信贷投入。继续做大做强市县两级融资平台，加快中小企业信用担保体系建设，充分发挥债券市场融资功能，不断拓宽企业直接融资渠道。加强征信体系建设，优化金融生态环境，防范和化解金融风险，力争建成 1 个省级金融生态示范县。启动农村商业银行组建工作，成立 2 家以上小额贷款公司，切实解决中小企业融资难问题。积极推进政策性和农业保险工作，促进保险业健康发展。

第40章 甘孜州：长江源流 高原绿洲*

图 40-1 甘孜州政区

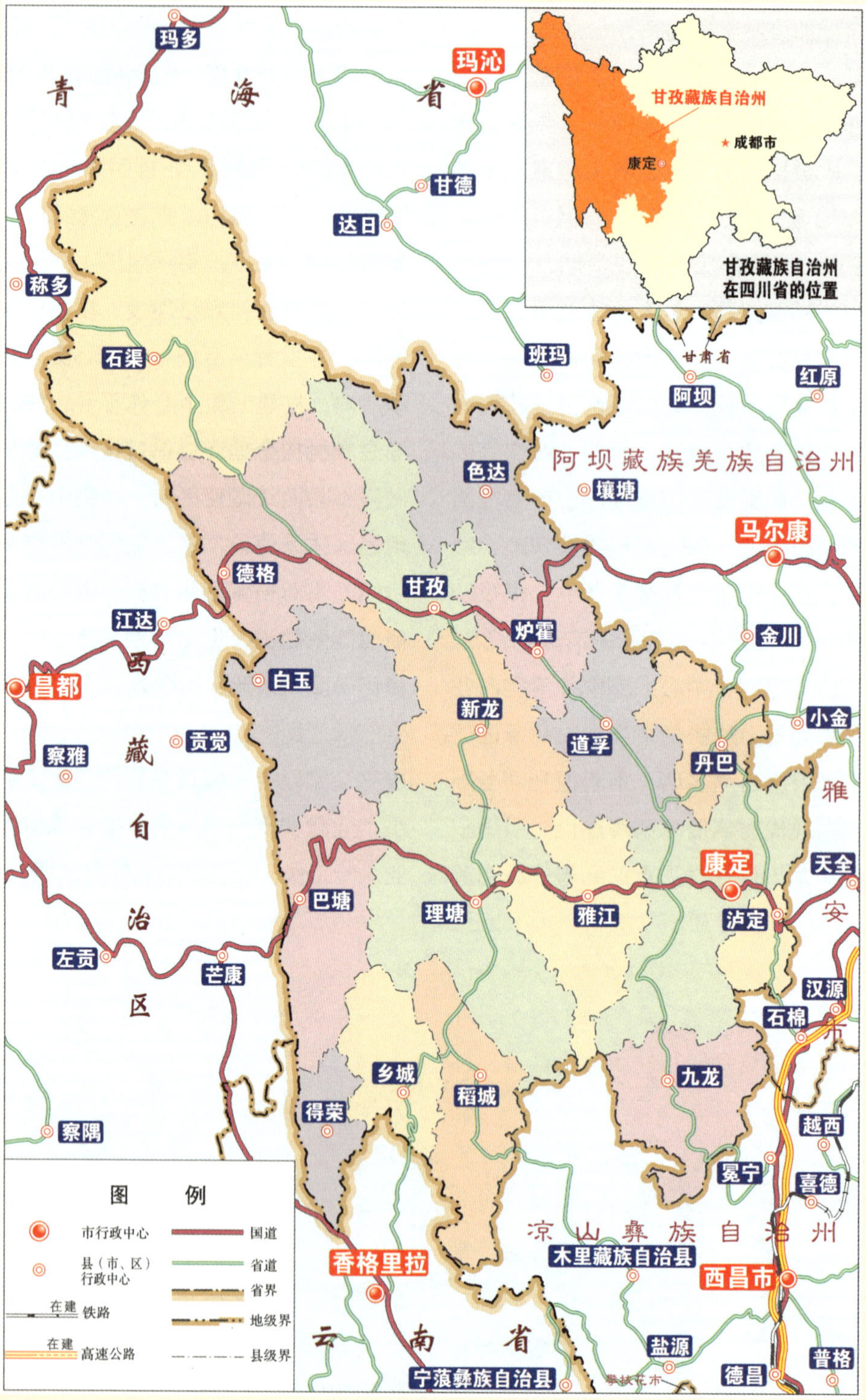

资料来源：本图由四川省发展和改革委员会、四川省测绘地理信息局提供。

* 本章作者：周俊，四川省社会科学院区域经济研究所副研究员。

一　甘孜州自然资源及其特征

（一）自然环境

1. 地理区位

甘孜藏族自治州位于青藏高原东南缘，四川省西部，系康巴的主体，俗称康巴地区或康区。地处川、滇、藏、青四省六地交界处，是我国第二大藏区的重要组成部分。东与四川省阿坝藏族羌族自治州和雅安地区接壤，南与四川省凉山彝族自治州和云南省迪庆藏族自治州毗连，西沿金沙江与西藏自治区昌都地区相邻，北接青海省玉树、果洛两藏族自治州。自宋代以来，一直在政治上、军事上发挥着东屏四川、南控云南、西摄西藏、北啸青海的战略作用，是历代兵家必争之地。江泽民同志视察四川时曾精辟地指出，“稳藏必先安康”。全州总面积 15.3 万平方公里。

2. 地形地貌

甘孜州地处祖国最高一级阶梯向第二级阶梯云贵高原和四川盆地过渡地带，属横断山系北段川西高山高原区，青藏高原的一部分。介于东经 97° 22″ ~ 102° 29″，北纬 27° 58″ ~ 34° 20″之间。境内山峰高耸，河谷幽深。大雪山和沙鲁里山纵贯全境。地势由西北向东南倾斜，北部高原，中部突起，东南缘深切，可分为北部丘状高原－高平原地区、中部高山原河谷区、东西部高山深谷区。① 地面平均海拔 3500 米。5000 米以上山岭，终年积雪，冰川发育。最高峰贡嘎山 7556 米，其与东坡的大渡河谷地，水平间仅隔 29 公里，而相对高差达 6400 米。地貌分为高原、山原、高山峡谷三大类型。

3. 气候特征

气候属高原型季风气候，复杂多样，地域差异显著。气候随高差呈明显的垂直分布姿态。其特点是气温低、冬季长、降水少、日照足。南北跨六个纬度，随着纬度的自南向北增加，气温逐渐降低，在六个纬距范围内，年均气温相差达 17℃以上。在高山峡谷地区，气候也随着高度变化，相差 20℃ ~ 30℃。各县城所在地年均气温 15.4℃ ~ 1.6℃。从海拔 1321 米的泸定县城到海拔 4200 米的石渠县城，海拔高度差 2879 米。纬距相隔约 3 度，年均气温和差达 17℃。年均气温多数地区在 8℃以下，最高气温（丘状高原地区和中部高山原地区）在 30℃以下，最低气温（大部分地区）在－14℃以下，其中，北部大部分地区及南部理塘、稻城等高海拔地区低于－20℃以下，石渠低达－37.7℃，常年降水量在 325 ~ 920 毫米。常年日照时数 1900 ~ 2600 小时，年总辐射量一般 120 ~ 160 千卡 / 平方厘米。历年平均霜日为 18 ~ 228 天。无绝对无霜期。

4. 河流湖泊

甘孜州江河湖泊众多，流经境内的河流主要有金沙江、雅砻江、大渡河，均为长江上游主要支干流。“两江一河”自西向东，南北向平行排列，汹涌湍急，支流甚多。中等河流有大小金川、折多河、鲜水

① 《甘孜藏族自治州概况》编写组及修订本编写组：《四川甘孜藏族自治州概况》，民族出版社，2009。

河、无量河、硕曲河、巴楚河、九龙河、色曲河、泥曲河等。各支流的山溪广布，水流急、落差大、水量丰沛、水源较稳定。地表出露的热泉有 249 处。据初步估算，全州水资源年径流量约为 641.8 亿立方米，水力发电的蕴藏量约为 3700 万千瓦。

（二）物产资源

1. 生态资源

地处长江、黄河的源头地区，长江上游重要的干流金沙江、支流雅砻江、大渡河流经州内 18 个县，流域面积 14.61 万平方公里，占全州面积的 96%，占长江流域面积的 8.5%；天然草场面积占总面积的 61.7%，是全国五大牧区之一的川西北牧区的重要组成部分；森林面积占全省的 20%。辽阔的森林、草地是长江水源涵养、水质保护的天然屏障，在维系长江流域乃至全国生态平衡中发挥着重要的作用。

2. 水能资源

年平均降水量 814.71 毫米，水资源总量为 1397.83 亿立方米，其中，可利用水资源总量为 881.8 亿立方米，占全省河川径流量地表水资源总量的 1/3 以上，水能理论蕴藏量 3729 万千瓦，占全省的 27%。可开发容量 2000 多万千瓦，水力资源开发潜力巨大。在水资源中，温泉是州内极具开发价值的资源，出露点遍及甘孜州各县，有泉眼 237 处，流量均在 0.1 ~ 0.2 立方米 / 秒，温度在 28℃ ~ 91℃，具有沐浴、旅游、景观、疗病等多种功能。

3. 矿产资源

甘孜州境内有着丰富的矿产资源，有色金属和贵重金属等矿产资源品种多，主要有金、银、铜、镍、锂等稀有金属矿产 74 种，甘孜州蕴藏的有色金属、贵金属、稀有金属和部分非金属矿产在四川省矿产资源保有量占相当大的比重，如铜 27%、锌 38%、镍 84%、金 56%、锂 84%、铌 87%、铍 82%、镉 25%，形成固体矿产地 1581 处，固体矿产地储量大，已探明的超大型和大型矿床有 30 余处，中型矿床 40 余处，小型矿床 126 处、矿点 334 处、矿化点 401 处，固体矿产地中黑色金属矿产地 85 处、有色金属矿产地 364 处，贵金属已探明有大型共生铂（钯）矿，超大型银矿，以及储量较多的砂金矿和岩金矿。稀有金属及分散元素，是国家重要的成矿区。

4. 旅游资源

突出表现为门类齐全，综合性、互补性强。甘孜州有贡嘎山景区、海螺沟景区、田湾河景区、木格措景区、伍须海景区、二郎山景区、塔公景区、泸定桥、德格印经院、塔公寺、白利寺、理塘寺等风景名胜古迹。东部地区有环绕“蜀山之王”贡嘎山形成的雄、奇、险、峻与秀美旖旎为一体的自然景观；位于甘孜州东南部，贡嘎山东坡的海螺沟是贡嘎山国家级风景名胜区的核心景区之一，是国家级自然保护区，中国唯一的冰川森林公园，国家 AAAA 级旅游区，国家地质公园。南部地区有被称为“蓝天下最后一块净土”的稻城亚丁自然保护区，并以此为核心形成了“中国香格里拉生态旅游区”；北部地区以德格印经院和格萨尔故里为中心，自然景观与康巴文化相融合，独具魅力。塔公草原让游人流连忘返，风光秀丽、景色迷人、是旅游者的乐园，传统节日有转山会、跑马会、色达金马节、央勒节等盛会。

得天独厚、各具特色的旅游资源，共同构成了中国西部自然生态和康巴文化旅游的最终目的地。

5. 生物资源

由于地处青藏高原和四川盆地过渡地带，地形地貌复杂，是世界上自然生态最完整、气候垂直带谱与动植物资源垂直分布最多的地区之一，也是我国重要的天然物种基因库。境内有大熊猫、金丝猴等 30 多种珍稀动物，有麝香、鹿茸、熊胆等上乘的动物药材，虫草、贝母等植物药材，水獭皮等名贵皮张，松茸、白菌、花椒、核桃、雪山大豆等农副特产品，这些优质特产均出产于天然牧场和良好的生态环境，属半野味的“绿色食品”。

（三）人口、民族与风俗习惯

1. 人口、民族及分布

甘孜州是一个以藏族为主的少数民族聚居区，有藏、汉、彝、羌、回、蒙古、土家族、傈僳族、满族、瑶族、侗族、纳西族、布依族、白族、壮族、傣族等 22 个民族（参见《甘孜藏族自治州概况》）。根据《甘孜州 2010 年第六次全国人口普查主要数据公报》显示，截至 2010 年 11 月 1 日零时全州常住人口为 1091872 人，十年来共增加 194633 人，增长 21.69%，年平均增长率为 1.98%。全州登记的户籍人口为 1057212 人。全州常住人口中共有家庭户 251861 户，家庭户人口为 1008526 人，平均每个家庭户的人口为 4.00 人。总人口性别比（以女性为 100，男性对女性的比例）由 2000 年第五次全国人口普查的 103.42 上升为 106.70。全州常住人口中，汉族人口为 199198 人，占 18.24%；藏族人口为 854860 人，占 78.29%；其他少数民族人口为 37814 人，占 3.47%。同 2000 年第五次全州人口普查相比，汉族人口增加 35550 人，增长 21.72%；藏族人口增加 151692 人，增长 21.57%，其他少数民族人口增加 7391 人，增长 24.29%。[①]

截至 2011 年末，全州户籍人口达到 108.81 万人，比上年增加 2.75 万人，增加 2.6%。非农业人口 16.3 万人，农业人口 92.5 万人。户籍人口中，藏族 89.1 万人，占 81.9%；汉族 15.78 万人，占 14.5%；彝族 3.26 万人，占 3%；其他民族 0.67 万人，占 0.6%。全州常住人口达到 110 万人，较上年增长 0.6%；城镇化率为 22.39%，较上年提高 1.86 个百分点。[②]

各民族分布大致情况为：藏族主要集聚在康定折多山以西各县；羌族分布在丹巴县；回族散居在全州各地，以康定最多；彝族主要分布在九龙及泸定的磨西区；纳西族分布在巴塘县的南部；汉族分布在泸定县以及康定、丹巴、九龙等县部分地区；其他各民族散居各地。[③]

2. 独特的康巴文化

甘孜州是历史上早期民族频繁迁徙的

---

① 甘孜州统计局：《甘孜州 2010 年第六次全国人口普查主要数据公报》，2011。
② 甘孜州统计局：《甘孜藏族自治州 2011 年国民经济和社会发展统计公报》，2012。
③《甘孜藏族自治州概况》编写组及修订本编写组：《四川甘孜藏族自治州概况》，民族出版社，2009。

图 40-2　甘孜州矿产资源分布

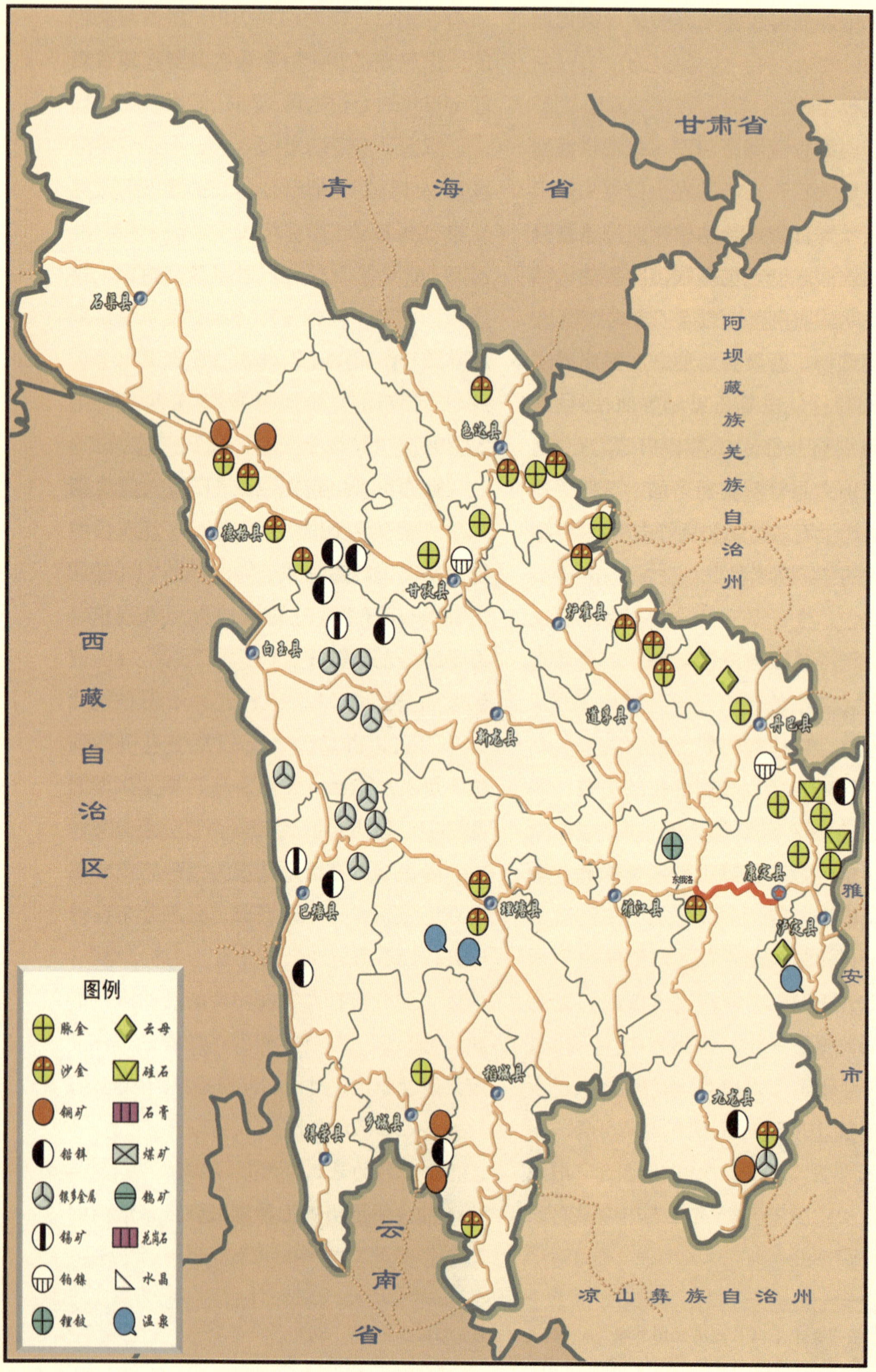

表 40-1　甘孜州各民族人口及比重（单位：万人，%）

地区	藏族	汉族	彝族	其他民族	合　计
人口	89.1	15.78	3.26	0.67	108.81
占比	81.9	14.5	3	0.6	100

资料来源：甘孜州统计局编《甘孜州 2011 年国民经济和社会发展统计公报》，2012。

"民族走廊"腹心带，又是内地通往西藏的交通枢纽、藏汉贸易的主要集散地和"茶马互市"的中心。在长期的历史发展形成过程中，多元性文化历史印记和鲜明的地域特征交织，文化资源底蕴深厚，源远流长，民族风情绚丽多彩。同时，又是藏传佛教派系保留最全，藏族文化典籍、文献保存最完整，藏医药理论研究与制药发展最早的地区。德格县与西藏拉萨、甘肃夏河同称为藏区三大文化中心，素有"藏族文化宝库"之誉，其中德格印经院收藏有藏族文化典籍印版 27.5 万余块，文献总字数达 3 亿之巨。全州格鲁、萨迦、宁玛、噶举、苯波五教派齐兴并举，宗教文化十分丰富。享有"宇宙歌曲"之誉的《康定情歌》、"东方伊利亚特"之称的《岭·格萨尔王史诗》等为康巴文化最亮丽、最耀眼的闪光点。

3. 民风民俗

康巴臧家礼仪。藏族是中华民族大家庭中，历史悠久、文化丰富且十分注重礼仪的一个民族。甘孜州藏族，作为藏民族一员，不例外有多种多样的礼仪习俗。

（1）对家人长辈的礼节。

藏族对长辈十分尊敬，让男性长辈盘腿坐居上方。女人只能并脚侧坐下方。女性长辈虽坐下方，但不用自己干什么，自有年轻女性侍候主妇递碗、接碗都用双手；斟茶也用双手，且只能正手斟，忌讳反手斟茶。

（2）对亲友、客人的礼俗。

亲友久别重逢，手拉手以脸颊或头额相亲；相互敬重的人相见便将双袖搭于肩头，躬腰双掌向上平展，以示敬意。对上级尊敬的人或同辈相见，一般都要把帽摘下放在晌前，微微鞠躬表示礼貌。新中国成立后亦流行相互握手以表礼貌。客人来访，主人必须出门迎接，献哈达，然后退到一边侧身站立，躬腰双掌向上平展，让客人先进屋。如客人到家则须起身让座或坐首席。客人进屋坐定后，主妇须立即献茶。边远乡村的女主人喜欢当着客人面洗碗，再在火塘边烤干，然后倒茶，以示对客人的尊敬。主人不能等客人喝干茶了再斟，而须等客人喝几口后连续斟茶，否则客人就会有"一碗茶不给仇人喝"之说。主人见客人喝完茶后，便献上青稞酒。甘孜州许多地方都有先茶后酒或先酒后茶的习惯，不能同茶同酒。主人敬上青稞酒后，客人首先用右手无名指蘸点酒，转腕面向自己弹一下，这样连续蘸三次、弹三下，谓之"一敬天，二敬地，三谢主人"，然后再端杯畅饮。不然主人就不高兴或认为瞧不起主人或认为客人不懂礼貌。客人起身告辞，主人仍先起来站在一边，侧身躬腰双掌向上平展，让客人先走，一直送到大门外，并道一声："呷勒拍"（请慢走）或"尼萨得"（晚安）。亲友到来和出门，也必须迎送。

（3）路遇各类人的礼俗。

新中国成立前，藏族等级观念甚严，途中如遇活佛、喇嘛、土司、头人，不管男女老幼，均须站立路旁，脱帽、放下盘辫，俯首躬腰双手掌向上平伸，吐舌，目不斜视，以示敬意，乘骑马者见之也滚鞍下马立于路旁，妇女让道于右，待他们走后才能上路，如知道尊敬的人到来或离走，则在路面煨桑烟祭以示尊敬。新中国成立后，没有土司、头人了。但对活佛、喇嘛仍保留了以上的礼遇。对上级，尊敬的人或同辈人于途中相遇，一般都把帽摘下放在胸前，微微鞠躬，或互相握手以示礼貌。

（4）献哈达。

哈达是藏族人民作为礼仪用的一种生丝织品，是社会交往活动中的必备品。哈达中有五彩哈达，即蓝、白、绿、红、黄，各象征蓝天、白云、江河、太阳、大地，代表佛菩萨的服装，是作为菩萨的供奉，只能在特定的时候使用。藏族崇尚白色，认为白色象征纯洁、皎洁，所以藏族人民自古以来在社会交往中使用白色的哈达表达自己的诚意。一般说来，哈达有三种：特等内库哈达、头等阿喜哈达和二等素喜哈达。阿喜和素喜又各分为上中下三等。内库哈达就是从皇家内库拿出来的特等哈达，它又长又宽，质地优良，边沿织纹为长城图案，面上织纹为"八大吉祥徽"和祝福词。过去，内库哈达在市面上买不到。在过去，使用哈达有一定规矩、规格和方式。官场上或膜拜著名活佛喇嘛使用哈达的规矩较为严格。一般都不使用内库哈达，只用阿喜哈达。各级官员都得按自己的身份、名号使用哈达。不能越轨乱礼。私下和民间使用哈达则随便得多，没有那么严格的规矩。藏族在社交中，对上敬献，对下赐给，平级之间可互赠哈达，都有一定讲究。对上敬献时要用双手把哈达捧献于对方手里，献放在桌上或通过代理人转献；将哈达赐给下级时，一般都要把哈达系于对方颈项；平级、同辈之间互赠则把哈达捧送对方手中，互赠的哈达应同等同质。给上级和尊贵的客人敬献哈达，他们不用回赠。别人给你献哈达时，你须将身体微微向前倾斜，双手接过哈达，然后从头绕过，挂在脖子上，以表示最深切的谢意。使用哈达的场景相当多：婚丧嫁娶、迎来送往、求请致谢、致敬祝贺、朝佛膜拜等，都离不开哈达。甚至在书信、呈文中也附有哈达；客人离开接待住宿处时，在床垫、坐垫上留哈达；新房落成时房柱上缠哈达；等等。根据不同的用途，哈达的折叠方式也不同。一般分访问式和敬献式折叠法。

（5）尚白。

崇拜白色是藏族深层文化心态的一种反映。藏族自古以来就崇拜白道、白事，回避黑道、黑事。《格萨尔王传》及其许多民间故事中，以白人、白马、白云、白鹤等白色来代表善良、正义的人物、军队或事情；反之，黑人、黑马、黑云等则象征邪魔、罪恶和不幸。在藏族的整个文化观念中，以白色象征纯洁、无暇、忠诚、善良、正义。这种文化观念，文化心态在社会生活中处处可以感觉到。房屋的墙壁刷白灰，房屋的檐部"巴苏"涂白；过节时门窗和木制家具用白面点白点或划白线；

屋顶四角及门楣亦砌白石；喜庆婚筵时，给茶壶，盛酒器皿上系上哈达或白色羊毛，壶嘴碗口沿处贴上酥油；要道山口的麻尼堆上放白石；祭祀山神和箭杆上系上一束雪白的羊毛；供神煨桑时撒上糌粑；姑娘出嫁时，必乘白马，社会活动中互赠洁白的哈达；等等。

（6）迁居。

新居落成，乔迁新居前，要请喇嘛卜卦择定吉日良辰。并请喇嘛开加持，用柏枝熏烟进行烟祭。同时先搬一小口袋粮食、一坨酥油、一包茶叶到厨房里，以示迁居新家生活富足，繁荣昌盛。

搬家那天，邻里亲属都要主动前来帮助搬家。来的人都要带一根哈达和必备的礼品（如茶包、酥油、八宝细瓷碗等）。将哈达系在新房中柱上，以示真诚的祝福。搬完家，主人要盛情款待邻里亲属。

此外，尊老爱幼，互相帮助，济危扶困是藏族人民的美德之一。在家里，父母长辈是最受尊敬的人。在社会上，年长者也是最受尊敬的人，父母长辈年迈丧失劳动力，仍受全家人尊敬、服侍。对子女爱若至宝，特别是对小男孩十分溺爱，但又善于培养子女勤劳、勇敢具有正义感的品质。藏族对嫌弃老人、虐待子女或弃婴等现象是绝对不能容忍的，永远会遭到社会舆论的谴责。因此，虐待老人和婴儿的现象极为少见。青老年同行外出，年轻人会主动照顾老年人，背水、拾柴、烧茶、上下马鞍、铺睡垫等，否则会遭到指责，甚至连找老婆都困难。藏族人民心地善良，极富同情心，乐善好施，济危扶困。家境贫寒，前来乞讨的人，主人家都会请到院里。端茶拿吃的，不仅让乞丐吃饱喝足，还要送许多吃的。过年过节，都还要专门为乞丐准备一份食物。所以藏族有这样的说法，拿着糌粑口袋讨口绝不会空着口袋回。

禁忌。甘孜州有一些与其他地方有着明显区别的禁忌风俗。如家中有重病人，即于楼顶挂一横杆或挂毯子以示谢绝探望。严忌外人进屋时，在家门前用几个石头垒堆，烧糌粑烟表示谢绝入内。出远门时忌家中的人在当天扫地。若遇见喜鹊和桶内盛满水的背水人即视为吉利。若碰到背空桶的人或是兔唇的人则视为不吉祥，须改期再行。客至家时碰到鸡生蛋、羊产羔，水沟里水头与客同至，是吉祥的征兆。

跑马山风情。跑马山位于康定炉城镇东南边。城依傍着山，山护卫着城。自古，跑马山就和山下的人有着不解之缘，马坪跑马山本以赛马而有名。20 世纪初，赛马年年举行，时间是在每年农历五月十三日，各路赛马人均于此日汇集跑马坪参赛。此坪藏名“登托拉”，意为如马垫子般平整的山坪。20 世纪 80 年代初重修跑马山坪，导走浸水，平整山坪，成为高山“林卡”，也为游人在节日观赏民族歌舞、戏剧，举办赛马活动，提供了理想的场地。山坪四周林木迭翠，春秋色调各异，别具另一番景致。

藏族服饰。生活在川西地区，青藏高原东缘，横断山脉地区的甘孜藏族自治州的藏族服饰形成独具地域特色的康巴服饰习俗，俗称康装。康装又可细分为康北农区服饰、康南农区服饰、木雅服饰、嘉绒服饰、特区服饰等。 康北农区服饰主要分布在德格、白玉、新龙、甘孜、炉霍等县农区；康南农区服饰分布在巴塘、雅江、乡城、得荣等县农区；木雅服饰分布在道孚、雅江、康定县折多山以西农区、九龙县农区；嘉绒服饰以丹巴县和康定县大渡河沿岸为代表。康定鱼通区和雅拉乡，泸定岚安乡一带又自有特点。特区服饰主要分布在石渠、色达县以及各县纯牧业区。康巴服饰，男装服饰差异不大，女装服饰差异尤为典型，形成地域风格。服饰美观大方，并随地区不同略有差异。喜欢色彩鲜艳的服装，尤喜白、大红、蔚蓝、桃红、橘黄等颜色的衬衫。一般男著右襟齐脐短装，外罩圆领宽袖长袍，并以长带束于腰际，前摆要求平直，后摆讲究折纹。藏装衣边多加装饰，缀以氆氇、豹皮、水獭皮等。腰佩制工精巧的短刀、火链。随季节的变化，头戴呢礼帽或金盏帽或狐皮帽。下装宽肥。脚穿藏靴或长筒皮靴。妇女服饰常见两类：一种近似男装，但长及脚背；一种为长袖衬衫，外罩坎肩衫，腰束彩色绸带，并系色彩绚丽的围裙。妇女头饰较为讲究，或发扎彩色丝线，或编若干细辫散披背后，或梳大辫盘之于头。牧区的妇女尤喜在细辫上穿珠吊玉，额关发间顶戴密腊珠宝，手戴戒指玉镯圈，颈挂珊瑚或绿玉晶莹的项链。①

（四）区域基本特征

1. 面积广阔，但人口密度低

全州面积15.3万平方公里，占四川省的31.5%，居全省首位。2006年底有人口93.05万人，占四川省人口的1.1%。其中，藏族人口的73.23万人，占州总人口的78.7%，占四川藏区藏族人口的63%。2006年人口密度6.1人/平方公里，分别为全省和全国人口密度的3.37%和4.38%，县均面积8478平方公里，县均人口5.17万。至2011年，本州人口密度为7人/平方公里，在21个市州中仍居于末尾。

2. 区位条件差，但政治影响大

甘孜州位于四川省西部，处于川、藏、滇、青四省交界处，地理区位不佳，自然条件恶劣、交通运输不便、距离中心城市甚远，与内地的经济社会联系难度很大，是典型的老、少、边、穷地区。全州18个县的政府所在地与成都平均距离733公里，其中北部石渠县和南部得荣县距成都更达1068公里和1016公里。甘孜州战略地位十分重要，是汉藏经济文化交融的重要纽带和桥梁，对整个藏区影响极大，是全国除西藏外的第二大藏区即四川藏区的重要组成部分，是历史上康区的主体，历史文化、宗教信仰、生活习俗等方面都与西藏一样，有“稳藏必先安康”“安康必先通康”之共识。历来是维护祖国统一、增进民族团结、反对民族分裂的桥头堡与前沿阵地，对西藏乃至全国的发展和稳定，有十分重要的影响。

3. 生态地位重要，但环境脆弱

甘孜州地处长江源区，长江上游主要干支流金沙江、雅砻江、大渡河在境内流域面积达14.61万平方公里，占全州面积的96%，占长江上游流域面积的13.84%。森林、草地、湿地形成了长江水源涵养、生态保护的天然屏障。其生态环境的优劣直接关乎整个长江流域甚至全国的生态安全。但是气候寒冷多变、水土流失、土地

① 甘孜藏族自治州人民政府办公室：《甘孜州概况》，甘孜州人民政府网，2012。

荒漠化、草原沙化鼠害严重等特殊的地理、气候条件，地震、雪灾、雹灾、洪灾等灾害发生频繁，自然灾害种类多、频率高、强度大，整个生态系统抗外界干扰和恢复能力差，是典型的生态脆弱区域。

4. 资源丰富，开发潜力大

州内生物资源、矿产资源、水能、太阳能等新能源、旅游资源丰富多彩，开发潜力巨大。拥有全省最大的林区，是全国第二大林区——西南林区的重要组成部分。甘孜州是“中国香格里拉生态旅游区”的核心地带，是世界最长史诗《格萨尔王传》的主人公格萨尔故里。州内草地、森林、雪山、高山峡谷等组成的神奇自然风光、浓郁的民风民俗、独特的康巴文化，具有广阔的旅游开发前景，尤以贡嘎山国家级风景名胜区的海螺沟低海拔现代冰川、康定跑马山、稻城亚丁、德格印经院等最为著名。

5. 区域发展差距大，城乡二元结构明显

受经济地理区位、自然资源禀赋及资源开发程度的影响，州内县域间发展差异较大。康东、康南、康北片区差距大。2006年，康定、泸定、九龙、丹巴等东部四县人均GDP为10938元、农牧民人均纯收入为1700元，石渠、色达、新龙、雅江、理塘等5个全国扶贫重点县人均GDP仅为4099元、农牧民人均纯收入仅为1364元。同时，大量人口分布在农牧区，以落后的传统农牧业为主，农牧业生产水平和农牧民生活水平低下，城乡二元结构十分突出，城乡经济社会发展分化严重。2006年，全州农业人口占总人口比重达84%，城镇化率仅为17.5%，全州城乡居民收入之比达5.42∶1，比全国3.28∶1和全省3.10∶1的比例高65%～75%，广大农牧民很难分享到改革开放和经济发展的成果。①

6. 基础设施和公共服务供给严重不足，贫困面广量大程度深

交通、通信、水利、电力等基础设施建设十分落后，行路难、通信难、饮水难、用电难等问题突出，长期制约着经济社会发展。州内交通运输方式单一，全州出境公路、县际公路主干道等级低，普遍超期服役、养护水平低、通行能力差。农村基础设施建设严重滞后，行政村不通公路，不通电、电话，光纤普遍存在，安全饮水问题突出。

州内宗教观念浓厚、学习意识不强，加上基础教育总体落后，文化素质偏低，广大农牧民难以学习科学技术和文化知识，缺乏商品价值意识和市场竞争观念，难以融入现代生产生活。同时，医疗卫生落后，社会保障严重缺失，身体素质较差。高原病症和地方疾病发生率高且得不到及时有效治疗，人口死亡率较高、平均寿命较短。老、弱、病、残、孤、寡、呆、傻等弱势群体比例增大，广大农牧区普遍存在贫困量大面广、程度深、返贫率高、脱贫难度大。

二 社会变迁及历史沿革

甘孜州历史悠久，早在远古时代就有人类在此繁衍生息。1984年，中国西南民

① 四川省经济发展研究院、四川省社会科学院联合课题组：《四川省甘孜藏族自治州富民安康工程规划（2007～2015年）》，2008。

族研究会六江流域民族综合考察队——雅砻江流域考古组在炉霍县鲜水河流域采集了打制石器32件，证明早在旧石器时代就有人类活动。春秋战国时期，北方古羌族部分部落迁居至此。从汉代到元、明、清时期，先后有汉族、蒙古族、纳西族、回族、彝族等民族进入甘孜州境内。汉武帝建元六年（公元前135年），“开西南夷”。7世纪初，吐蕃王朝崛起，境内各部落均为其兼并，道孚等地成为吐蕃首领“议盟”“议盛”的地方。1912年，建制边东（甘孜州大部）、边西（德格以西）两道，在州内建制理化府、道坞县、泸定县、化林县、九龙设局（后改为九龙县）。1913年，将康定府、理化府、巴安府、登柯府、德化州、白玉州改为县，道坞县改为道孚县。建制甘孜县、炉霍县、得荣县、丹巴县。1914年废府、州制，设川边道，德化县改名为德格县，河口县更名为雅江县。1916年建制瞻化县（新龙县）。1939年西康省建立，省会康定。划为宁属、雅属、康属。1955年西康省藏族自治州划归四川省，改称甘孜藏族自治州，自治州人民委员会驻甘孜县。直辖甘孜、炉霍、道孚、新龙、白玉、德格、邓柯、石渠等8县；并设立康定办事处和理塘办事处，作为自治州政府的派出机关。康定办事处管理康定、九龙、雅江、乾宁、丹巴5县；理塘办事处管理理塘（驻建设乡）、稻城、乡城、得荣、巴塘、义敦6县。1956年由色达地区设立色达县（驻色达），属甘孜藏族自治州直辖。原属雅安专区的泸定县划归甘孜藏族自治州康定办事处管辖。乾宁县由惠远乡迁驻八美。1958年撤销康定办事处和理塘办事处，所属各县由甘孜藏族自治州直接领导。辖21县。1978年撤销乾宁、邓柯、义敦3县，将乾宁县并入道孚、雅江2县；邓柯县并入石渠、德格2县；义敦县并入巴塘、理塘2县。甘孜藏族自治州辖18县。[①]

（一）古代

甘孜州历史悠久，人民勤劳勇敢。在远古时代，就已经有原始人类在这里劳动、居息和繁衍，开创石器时代的文明。1983年3月，中国社会科学院青藏高原考察队在炉霍县卡娘泥曲河关门石一座喀斯特山洞里，发现20种动物化石，和许多打制、磨光的骨片、骨球、人工制造的石器，还发现一颗可能是原始人类的牙齿。1985年7月，中国西南民族研究学会“六江流域民族综合科学考察队——雅砻江流域考古组”在炉霍鲜水河流域进行考古，采集了打制石器32种，其中，石核石器23种，石片石器9件。证明当时这里的原始人类，在旧石器时代，使用打制石器和磨制石器，从事狩猎和采集活动。1990年8月，丹巴县中路乡罕额依村发现新石器时代遗址中，初步发掘出的陶器有双耳罐、单耳罐等；骨器有椎、针等；石器有以水晶石为原料制作的细石器，以砾石为原料的打制石器，有相当部分是磨制石器，种类有穿孔石刀、斧、凿等。州内多处发掘的石棺墓葬，出土文物丰富，有石器、骨器、陶器、铜器及装饰品。这表明石器制作技术已有提高，陶器得以发明和推广，人们逐步从狩猎和

① 史为乐著《中华人民共和国政区沿革：1949 ~ 2002》，人民出版社，2006。

采集天然食物进至从事农业和畜牧业，氏族公社日益走向繁荣。州内又是多民族融合的地方。早在春秋战国时期，就有北方羌人一部分部落移徒到这里，与在这块土地上的原始先民相互融合为一体。从汉代到元、明、清时期，先后进入州内的有汉族、蒙古族、纳西族、回族、彝族等，各族人民友好相处，披荆斩棘，垦辟出大量土地。许多汉族人民往州内迁移，落户定居，带来汉族地区的农业和农田水利技术，对当地生产产生较大影响。例如，民国初从汉源迁入九龙县八窝龙乡下堡子居住的汉族涂海清，与当地藏族群众合作，在八窝龙乡海拔 2200 多米的河谷坡地上，试种水稻获得成功。此后，逐步扩大水稻栽种面积，成为全县有名的大春水稻、小春麦类的高产地区。

藏、汉民族之间，在历史上联系紧密。早在汉武帝时，康东即与中央政权发生联系，隋时，吐蕃势力扩展到金沙江以东地区，当时各部落纷纷求庇于内地。唐代，介于中央政权和吐蕃之间的部落，有许多内附中央，因此设羁縻州。宋代继之。唐宋以来，汉藏人民之间通过“茶马互市”建立起来的友好往来，始终未断，一直延续到元明清。元初统一了全国，因其旧制，在州内推行土司制，分封当地首领担任官职，受命于朝廷。明代沿用元制，“因俗以治，多封众建”，进一步促进“茶马互市”的发展。不少藏人经常以马匹，氆氇等物直接去内地换取盐、茶和布匹，许多汉人越山涉水，到州内从 事贸易活动。当时的打箭炉成为藏汉各族人民互市的场所。明末，青海蒙古和硕特部首领固始汗征服州内各部，中央政权无暇过问。青袭明制，仍采取分封土司的政策。康熙三十九年（1700 年），出兵打箭炉（康定），清朝势力始达雅砻江以东地区。雍正五年（1727），清军大败和硕特部，统治范围扩大到整个康区。从清初到嘉庆的 150 年间，共分封土司 122 员。其中：宣慰司 4 员，宣抚司 4 员（含副职 2 员）、安抚司 13 员（含副职 1 员），长官司 16 员，土千户 5 员，土百户 80 员。各土司由清廷兵部发给印信号纸（土百户只发号纸）。康北德格宣慰司、康东明正宣慰司、康南理塘宣抚司和巴塘宣抚司，几乎控制了全区，称为四大土司。清康熙四十年（1701 年）以后，打箭炉成为边茶总汇地。川藏茶道上的炉霍、甘孜、理塘、巴塘等城镇商贾日益增加。光绪三十二年（1906 年）七月开始，赵尔丰强力实行“改土归流”政策，将土司概行废除，设置道、府、州、厅、县政权组织，由清王朝派遣流官直接进行统治。

（二）近代

因辛亥革命爆发，清政府被推翻，甘孜州各地土司纷纷自行恢复。以后变乱迭起，处于动荡时期，当时中央政权仍对土司采取羁縻政策，以维持其统治。民国 16 年（1927），刘文辉接管西康特别行政区，自此境内属刘文辉的防区。民国 28 年（1939）西康建省，省会康定。直至 1949 年 12 月 9 日，刘文辉通电起义，宣布西康和平解放为止。

在解放以前，甘孜州处在前资本主义的社会发展阶段。全州有三种情况：占大多数的藏族聚居区，保持着封建农奴制度，领主经济占统治地位；九龙县彝族聚居区，保持着比较完整的奴隶制度；泸定县汉族聚居区，封建地主经济比较发展。各族劳动人民，身受封建农奴主、奴隶主和地主以及历代封建王朝和国民党政府的剥削压迫。加之清末以来，帝国主义势力以传教、考察等方式，逐步侵入，封建主与外国资本相互勾结，大肆进行商业活动，加重了对州内各族人民的剥削。在封建农奴制社会里，主要的生产资料——土地、牧场，为土司、头人、喇嘛寺所占有，农奴被束缚在土地上，人格上依附于封建农奴主。封建剥削是建立在直接的统治和隶属关系上，并用超经济的手段来强制实现的土司的“官寨”，是榨取农奴劳役、地租和攫取各种超经济剥削的“衙门”。寺庙除具有宗教活动场所的性质外，由于拥有政治、经济特权，还具有“官寨”的同一性质。农奴世世代代为土司、头人、寺庙种地、当差、纳税、出征。土司、头人和喇嘛寺拥有一套法律、法庭、监狱、刑县执法掌刑者，对农奴进行残酷的专政。清王朝和国民党政府派遣的官吏，大多贪婪苛虐，对各族人民压迫和榨取暴利。沉重的封建剥削，国民党政府的各种苛捐杂税负担，不仅剥夺了农奴的全部剩余劳动，而且也剥夺了大部分必要劳动。农奴被迫年年向封建农奴主和寺庙求借高利贷，加重了农奴的负担。“乌拉”差役是农奴为农奴主、清王朝和国民党政府官吏、军队承担的无偿劳役，当差的农奴所受之苦，真是罄竹难书。农奴们在沉重的盘剥下，丧失了生产积极性，更无心从事技术的改善。直至解放时，农业生产工具多是木制，耕作十分粗放，加上意识上的“神权”统治，不施肥，不除草、除虫，粮食产量低下，常年产量一般为种子的 5 倍左右。广大农奴挣扎在饥饿线上，根本无力维持再生产。到了不能生存下去的时候，或相率逃亡异地，或举行起义进行反抗。

近代以来，州内各族人民反帝反封建斗争此起彼伏，不断发生。清同治四年（1865 年），巴塘县藏族人民驱逐法国传教士，焚毁教堂，收回被占产业。广大农奴、奴隶采取各种方式，如集体逃差以抵抗国民党政府苛重的“乌拉”差役制度。并且多次举行起义，反抗封建主、奴隶主。九龙三垭白彝奴隶江郎撒古与尼克日洽、阿尼布达等组织群众，同奴隶主进行斗争，一次在店子沟抓住奴隶主洛伍尔布、洛伍曲他二人，用包头帕拴着脖子，沿沟示众，使奴隶主威风扫地，人心大快。清光绪十二年（1886 年），丹巴县巴底乡 14 个村寨的 1000 多名农奴，在农奴德呷姆卡布绒和瓦萨西的带领下，冲进土司官寨，活捉女土司白利娜姆，杀死助纣为虐的益西拉买（土司的哥哥），打开牢房，释放被关在监狱的农奴。明确提出推翻土司政权，不纳粮，不交租，废除“乌拉”差役，土地归农奴的口号。同时开仓放粮，把土司的粮食、衣服、财产等全部分给农奴，把土司派粮、派款、派差的账簿全部焚毁，砸碎土司的官印和各种刑具。这次起义后来虽然失败了，但给封建统治者以沉重打击。旧社会受尽了苦难的各族人民，日夜盼望着翻身解放。

1935 ~ 1936 年，中国工农红军长征途经甘孜州。红一、二、四方面军的指战员们，冲破国民党军队的重重堵截，克服高原上空气稀薄、粮食奇缺等困难，爬雪山、过草地、穿林海，全州 15 个县的山山水水，留下了英雄们的足迹。红军所到之处，执行党的民族政策，宣传北上抗日主张，在甘孜、炉霍、道孚、丹巴和泸定、康定等县帮助劳动人民建立博巴政府、格勒得沙政府、苏维埃政府和农民协会。红军飞夺泸定桥和红二、四方面军在甘孜胜利会师地址，至今成为对各族人民特别是青少年进行革命传统教育的课堂。红军给各族人民带来了希望和力量。各族人民尽力支援红军，为红军筹集粮食和柴草，为红军充当向导和翻译。红军北上后，国民党反动派勾结少数反动封建主、地主，残杀留下的红军伤病员，搜捕参加博巴政府和苏维埃政府的工作人员，迫害支援红军的积极分子，扼杀了红军帮助建立的人民政权。但是，红军播下的革命火种，深深埋在各族人民心中。各族人民怀念红军，盼望红军早日回来。曾经热诚支援红军，掩护红军伤病员的格达活佛，写过不少惦念红军的诗，至今广为流传。解放前夕建立的巴塘地下党和东藏民青以及康定进步青年组织“新联”，向各阶层、各族人民宣传党的政策，组织教育群众，迎接解放。

（三）现代

刘文辉通电起义，西康和平解放后，解放军第二十六军一八六师于 1950 年 3 月 24 日胜利进驻康定城。从此，揭开了甘孜州历史的新篇章。中国共产党根据马克思主义的原理，结合甘孜州的实际，成功地解决了民族问题。领导和依靠全州各族人民，团结一切可以团结的爱国力量，坚持不懈地开展了各项工作。新中国成立后至 1990 年这 41 年的工作，是在经历曲折、不断克服困难过程中前进的。

50 年代前期，是开辟工作时期。这一时期工作艰苦，情况复杂，任务繁重。历史上遗留下来的民族之间隔阂较深，民族内部冤家械斗不息；残余匪特造谣骚扰，社会秩序不稳定；国民党政府留下的是一个烂摊子，经济萧条，生产停滞，百废待兴；接管工作和支援进藏部队的任务很重；地方干部特别是少数民族干部极少。面对这些问题，中共康定地委坚决执行党的民族政策和宗教信仰自由政策，坚持谨慎稳进和团结上层为主的方针，以主要精力做民族团结工作，争取了大批民族、宗教上层人士与人民政府合作共事。康定军管会成立时，即任命夏克刀登、邦达多吉为军管会副主任。尔后陆续安排了土司、头人、活佛、堪布、阿訇、家支头人等政权机关担任职务。经过筹备协商，充分准备，西康省藏族自治区人民政府于 1950 年 11 月 24 日在康定正式成立（这是新中国成立后成立的第一个地区级的民族区域自治政权，后改为州），桑吉悦希（天宝）任主席，副主席中有夏克刀登、阿旺嘉错、洛桑倾巴，委员 28 人中，藏族上层僧俗人士和知名爱国人士占 64%，彝族、回族上层知名爱国人士占 4%。会议通过《西康省藏族自治区人民政府的工作任务》和《关于加强团结的决议》。随即向关外各县派出军事代表（有 7 个县是军事联络员），接管旧政权，建立新政权，安定社会秩序，做好支前工作。采取积极措施，如开办短期训练班，成立康定民族干部学校，培养民族干部。仅 1951 年初至 1953 年底，培训近 3000 名民族干部，分配到州、县政府机关和企事业单位工作。为了消除历代反动统治者大民族主义的痕迹，人民政府于 1951 年 10 月发出通知，将巴安县更名为巴塘县，瞻化县更名新龙县，理化县更名为理塘县，定乡县更名为乡城县。同时清除带有歧视和侮辱性的称谓用语和用词。按照《关于加强团结的决议》精神，积极调解民族内部上层之间的冤家械斗纠纷，仅 1951 ~ 1952 年两年时间，调整大小纠纷 3000 多件。在泸定汉族聚居区和康定折多山以东少数汉族聚居乡，开展清匪反霸，减租退押，完成土地改革任务。对国民党潜伏的残余势力进行清查和处理；严厉查禁种贩鸦片烟和鸦片烟馆；平息康定县鱼通土司甲安仁煽动的小股叛乱；驱逐帝国主义分子出境。在加强民族团结和安定社会秩序的基础上，以极大的努力，恢复和发展各项生产（主要是农牧业生产）。明令宣布彻底废除“乌拉”差役制度和国民党政府规定的苛捐杂税、超前征税，取缔尖斗、踢斗、大半收粮盘剥行为，减轻各民族劳动人民的负担。民族贸易公司直接收购、代为推销与私商收购自销并行等办法，解决土产滞销问题。恢复与发展牛骡帮运输，积极组织货源，解决各族人民日用的茶、盐、油、粮等供应。制订简便易行的轻税政策和实施办法，实行合理的负担。州、县行政费用大部分（占各年预算总和的 2/3 以上）是由上级政策拨款解决的。在农区经过与上层人士协商，调剂一部分荒地，组织无地少地农民开垦，安置了部分流浪户。无偿发放大批铁质农具，东北路各县平均每户农民得到 2 ~ 3 件。成立农业技术推广站，在推广新式农具，改良耕作技术、兴修水渠、增施肥料、药剂拌种和毒土等方面成效显著。创办国营机械化新都桥农场，示范使用农业机械。在牧区，采取预防为主、治疗为辅的方针，组织巡回治疗，双力进行牛瘟防治，有效控制牲畜疫病流行。无偿发放挖土特产工具和羊毛剪刀、割草镰刀、牛奶分离器等 10 多万件。每年还及时发放一定数量的救济粮款和救济寒衣，解决部分贫苦农牧民生产生活上的困难。在主要恢复和发展农牧业生产的同时，适当发展地方工业和手工业。接收、调整和改造国民党政府办的一些中小学校、图书馆和医疗机构，逐步发展文教、卫生事业。在各族人民群众中开展抗美援朝爱国主义教育，普遍订立团结爱国公约，用实际行动做好支前工作。仅 1950 年就供给进藏部队柴草 1500 万斤，帮购粮食 200 万斤，代买牛马 2 万头，担负运输的牦牛 10 万头以上。1952 年和 1953 年，州、县党委组织检查民族政策的执行情况，着重在汉族干部中批判和克服大汉族主义思想残余，也促使了少数民族干部批判和克服地方民族主义思想残余，从而进一步增强了民族团结。

1956 ~ 1959 年这 4 年，为民主改革时期。经过前几年的工作，消除历史上遗留下来的民族隔阂，民族内部阶级矛盾凸显出来。各族人民强烈要求废除封建农奴制度和奴隶制度。民族、宗教上层中也有不少开明人士主张进行民主改革。1955 年，州人民政府就收到上层人士中要求或赞成改革的书信 57 件。由州委和州人民政府根据《宪法》规定和群众的要求，按照中央和省委的指示精神，决定有计划、有步骤地在全州实行和平改革。改革的实施办法和具体政策规定，多次与民族、宗教上层人士协调，并在州人代会上举手表决通过。改革的范围仅在农区分期分批进行。对喇嘛寺采取“暂时不动”的政策。对牧区实行“不斗不分，不划阶级，牧主牧工两利”的政策。当和平改革在丹巴县农区和康定县的鱼通、孔玉两个农区试点，关外各县还在学习、协商和训练积极分子阶段，就被农奴主阶级和奴隶主中的少数顽固分子扰乱。他们凭借手中掌握的武器，打着“民族”、宗教的旗号，在西藏少数反动上层分子的策动下，于 1956 年初，相继发动反对民主改革的武装叛乱。他们到处围困县城和区乡，破坏道路桥梁，袭击军政人员，残杀各级干部和各级分子及其家属，奸淫烧杀抢掠。在叛乱分子劫掠下，不少村寨变成废墟，许多人家破人亡，流离失所。面临这样严峻的局势，人民解放军和各族人民群众，不得不奋起平息武装叛乱，保卫改革顺利进行。中共中央政治局于 1956 年 7 月对甘孜州的平叛、民改作了重要指示，肯定了“改革是必要的，改革的决心是下得对的”“战争是解放战争”，这就给了各族干部和群众以勇气和信心，为平叛、改革工作指明了方向。这时，东路、北路各县农区加紧基本完成了改革任务，但不巩固，南路各县各级作改革的准备。1957 年 3 月上旬，中央书记处会议又指示甘孜州必须“坚决改、彻底改”“要真改、不能假改，要会打，打得越彻底越好”。按照这个指示要求，东北路各县已改革的农区，开展复查补课，有力地打击叛乱分子和少数农奴主反攻倒算。南路各县边平叛、边改革，并抓紧修通东巴公路。改革和平叛进行到 1958 年，一个突出的问题明显地暴露出来，这就是喇嘛寺和牧区到了非改革不可的时候。喇嘛寺在“暂时不动”期间，成为雄踞一方的农奴主，成为窝藏叛乱分子及其武器的地方，成为当地聚众叛乱的指挥部。牧区剥削阶级中的少数顽固分子，早已发动反对民主改革的武装叛乱，并与农区叛乱分子相勾结破坏农区的改革，危害人民生命财产。人民政府针对这种情况，顺应人民的要求，于 1958 年冬至 1959 年底开展以废除喇嘛寺庙封建压迫、剥削制度为中心的反叛乱、反违法、反特权、反剥削的“四反”斗争。在斗争中相当谨慎地处理了宗教问题，把废除寺庙特权与保护寺庙区别开来，把极少数寺庙反动上层分子与广大宗教人员区别开来。与此同时，石渠、色达和其他牧业地区也相继完成了民主改革。具有划时代意义的民主改革，在全州顺利完成。废除了反动、没落的封建农奴制和奴隶制，没收、征收了农奴主阶级直接经营管理的土地 32 万亩，占 70%（4.5 万余户）的无地缺地农民每人平均有土地 4 亩左右。没收、征收、赎买牧主阶级牲畜 21.5 万余头，占 60% 的贫苦牧民每户平均分得牲畜 12 头。80% 的农牧户从高利贷的盘剥下解脱出来。5600 名毫无人身自由的奴隶获得解放。经过民主改革，极大地解放了生产力，广大农牧民积极性空前高涨。其他建设事业都有了发展。民族、宗教上层人士得到了人民政府妥善安置。在民主改革的基础上，于 1959 年相继完成对农牧业、城镇手工业和资本主义工商业的社会主义改造。甘孜州从此进入到社会主义社会。

1960 ~ 1966 年是进行社会主义建设时期。这一时期受左倾主义的影响，工作失误多。民主改革和社会主义改造完成以后，社会主义建设取得初步成就。在改善农牧业基本条件，运用科学技术，提高食粮单产和总产方面，做了很多工作。工业、交通、商业、财政、文教、卫生等各项事业，获得较快发展。但是，改革后领导的注意力主要未放在发展社会生产力上，更多的是在改变生产关系上打主意。“以阶级斗争为纲”的政治运动一个接一个，一再提出反右倾。过快过急的农牧业合作化尚未稳定，又急于办了一批人民公社，并且搞迁居并户，办公共食堂。“高指标、瞎指挥、浮夸风”和“共产风”等错误泛滥起来。1960～1962年粮食连续减产，群众生活困难，干群关系紧张。1961年下半年，州委贯彻“调整、巩固、充实、提高”的方针和省委对民族地区进行调整的具体政策，生产关系和规模体制从贪高、贪大、贪多、贪快的位置上退下来。大划小，高改初，停办公共食堂，改办、停办人民公社；纠正“一平二调”的共产风，彻底退赔；对在反右倾、“三反”和整风整社等政治运动中受批判、处分的党员、干部，进行了甄别复查和纠正。压缩城镇人口，撤并一些厂矿。经过两年多时间的调整，经济开始恢复，困难有了缓解。但由于摆脱不了“左”的指导思想影响，当形势好转时，又继续进行“四清”，又急于办了一批人民公社。直至1966年6月“文化大革命”开始。

从1966年6月算起，至1976年10月粉碎“四人帮”，这10年为“文化大革命”时期。同全国一样，十年浩劫，给州内各族人民带来了灾难。“文化大革命”开始后，党政机关被冲击，全部瘫痪；大部分领导干部被揪斗，“靠边站”；两派严重对立，武斗不息。直至1968年10月正式成立州革委和州革委核心小组，领导斗、批、改和各条战线工作，两派对立方趋缓和。“文化大革命”后期的三年，开展的“批林批孔”和“批邓反右”，给各方面工作造成困难、混乱和恶果。林彪、江青反革命集团利用“文化大革命”迫害不少领导干部，制造许多冤、假、错案；践踏党的民族政策，煽动无政府主义思潮，造成不少厂矿企业严重亏损。交通、财贸、文教、卫生等工作，遭到很大破坏。“文化大革命”期间，由于人民解放军的支持，各族人民群众和大多数干部职工坚持工作和生产，最大限度地减少了损失，农牧业生产和其他方面建设，仍取得了进展。

粉碎“四人帮”以后，各族干部和群众，深入揭批“四人帮”的罪行，清查他们的帮派体系。拨乱反正，平反、纠正冤假错，落实党的各项政策。开展真理标准问题的讨论，恢复和发扬党的实事求是的思想路线。党的十一届三中全会以后，把工作重点转到以经济建设为中心上来，经济上放宽搞活。经济体制改革首先从农村牧区开始。农村从1982年春以后，实行联产承包责任制；牧区实行生产队牲畜折价归户，私有私养，和草场承包责任制。取消政社合一的公社，公社党委改为乡党委，公社改为乡人民政府，乡以下设村民委员会，农林牧区的改革，带动厂矿企业的改革。厂矿企业改革领导体制，推行厂长（经理）负责制。企业内部实行“两权”（所有权和经营权）分离，推行承包、租赁等多种形式的经营责任制。改革商业流通体制，农牧民直接进入流通领域。放开价格，农、畜、土特等产品价格有较大幅度提高。专业户、联户企业和乡镇企业有了较快发展。坚持开放政策，发展横向经济联合。十年改革开放，给甘孜州经济带来生机和活力，给各族人民带来实际利益。①

① 甘孜藏族自治州人民政府办公室：《甘孜州概况》，甘孜州人民政府网站，2011。

三　基础设施与公共服务

长期以来，甘孜州基础设施落后。近年来，交通、电网、水利等基础设施加快推进，公共服务体系不断完善，“瓶颈”制约正在打破，发展能力逐步提高。2011年，交通建设取得重大突破，国道318线东俄洛－海子山、国道317线俄尔雅塘－岗托实验段、国道317线雀儿山隧道实验段、国道318线东俄洛－国道317线炉霍连接线三期改造工程等一批重要交通项目加快建设，雅康高速公路控制性工程二郎山隧道开工建设，意义重大；省道215、216、217线以及甘孜－白玉等公路前期工作加快推进。电网建设取得新进展，泸定甘谷地500千伏开关站建成带电运行，水电外送能力超过500万千瓦；丹巴、乡城500千伏等电网工程集中开工建设，为“送得出、用得上、点得亮”，实现全州一张网奠定了坚实基础。水利建设迈出新步伐，玛依河水利工程竣工，洛须引水工程一、二标段主体工程完工；白松茨巫、打火沟水利工程加快推进；康定力曲河、泸定顺河堰、炉霍易日河、巴塘巴楚河水利工程完成可研。康定撤县建市上报国家民政部，丹巴新区、雅江新区建设加快。石渠、炉霍、九龙县城供水工程和色达等6县垃圾处理工程正在强力推进实施。①

（一）交通运输

公路运输历来是甘孜州客货运输的主要方式。2009年康定机场成功通航，改变以往单纯依赖公路的交通运输方式。2010年康定机场成功开辟成都、重庆航线。亚丁机场已于2013年通航，甘孜机场加快前期工作。2010年集中开工了“四路一隧”建设。雅康高速公路于2011年12月25日开工建设控制性工程。2011年末，全州公路通车里程达到25650公里，增长7.3%。其中，等级公路21096公里，增长8.9%。全年建成通乡油路4353公里，建成通村公路14319公里。农村客运线路达到124条，乡镇客运站点达到90个。一个以康定为中心、覆盖全州18个县、连接滇、青、藏的公路运输网络逐步形成。

但是州内公路总量不足，通达深度低，公路等级低，公路路面铺装率较低，川藏线保障性快速通道以及旅游道路保障能力差、公路养护水平低的状况尚未根本改变。

“十二五”期间进一步构建甘孜州综合交通运输网络。抓住四川省加快建设西部综合交通枢纽西通道和国家实施国道入县工程机遇，按照完善网络、提高等级、通达通畅、综合配套的思路，以公路、铁路、航空建设为重点，强力推进交通基础设施建设，构建“四纵四横五联”综合交通运输大网络，提升康定、理塘、甘孜三大区域交通枢纽功能，努力建设西部综合交通枢纽次级枢纽。②

（二）邮电通信

甘孜州努力建设藏区信息化强州，邮电通信业持续发展，综合通信能力进一步

① 甘孜州发展与改革委员会：《甘孜州区域发展年鉴》，2011。
② 甘孜州发展与改革委员会：《甘孜藏族自治州综合交通发展规划报告（2010～2020年）》，2010。

专栏 40-1　“四纵、四横、五联、三枢纽”交通骨架

※“四纵”：阿坝金川－（S211 线）－丹巴－（沿大渡河）－康定瓦斯沟－泸定－雅安石棉线、阿坝壤塘－色达年龙－色达翁达－(G317 线)-炉霍－(G317、318 连接线)-道孚－八美－新都桥－(S215 线)-九龙－凉山冕宁线、安卜拉山口－石渠－（S217 线）－德格马尼干戈－（G317 线）－甘孜－（S217 线）－新龙－理塘－稻城－（香格里拉乡）－云南三江口线、安卜拉山口－石渠真达－石渠奔达－石渠洛须－（沿金沙江）－德格岗托－白玉－巴塘－得荣－云南德钦奔子栏线

※“四横”：G317 线、G318 线、白玉－昌台－新龙－道孚－丹巴－阿坝小金线、得荣古学－云南省东旺－乡城洞松－乡城青麦－稻城木拉－稻城－稻城省母－理塘拉波－雅江雅衣河－九龙踏卡－九龙斜卡－雅安石棉界

※“五联”：洛须－石渠－达日、青海下红科－色达－甘孜－昌台、稻城－木里、雅江－新龙、雅江－道孚五条连接线公路建设

※“三枢纽”：以康定县为中心推进川藏铁路、雅康高速、国省干线、康定机场建设，以甘孜县为中心推进川青铁路、国省干线、甘孜机场建设，以理塘县为中心推进川藏铁路、川藏高速、国省干线、稻城亚丁机场建设

提高。移动信号无缝覆盖所有乡村，固定电话和电信宽带覆盖 90% 以上的乡镇。2011 年，实现邮电业务收入 5.97 亿元，增长 11.9%；年末固定电话用户 8.68 万户，比上年减少 3.1%；移动通信快速发展，年末移动电话用户数达 64.1 万户，增长 11.6%；全年互联网用户达到 52168 户，增长 23.7%。

（三）文化教育

甘孜州非常重视发展文化事业，新建和改造了民族博物馆、电视演播厅、康定剧场等一批文体设施，推进文化服务体系建设。到 2011 年，全州有国家级重点文物保护单位 6 处，省保单位 55 处，州保单位 267 处，县保单位 321 处。其中，2011 年新申报全国重点文物保护单位 30 处，省级文物保护单位 30 处。成功申报世界非物质文化遗产项目 3 个，国家级非遗保护项目 18 个，省级非遗保护项目 35 个，州级非遗保护项目 51 个。全州有艺术表演团体 2 个，文化馆 19 个，公共图书馆 3 个，文化站 325 个，博物馆 7 个。全年文化及相关产业实现增加值 2.8 亿元，增长 19.1%。积极开展送书下乡工程，特别是近两年农家书屋工程的实施（已覆盖全州 50% 以上的行政村），使基层农牧民群众买书难、借书难、看书难问题得到有效缓解。

全州加大力度发展教育事业。2011 年，康定师专升本为四川民族学院，建成州特殊教育学校，基础建设工程全面结束。2011 年，全州共有 1002 所学校，在校生 182306 人，中小学寄宿制学生 102809 人。其中，幼儿园 331 所（大部分是拟新建幼儿园），在园幼儿 14882 人，入园率 28.63%；小学 615 所，在校生 107077 人，寄宿生 68290 人，入学率 99.6%，辍学率 0.24%；初中 26 所，在校生 39488 人，寄宿生 28087 人，初中毛入学率 98.9%，辍

学率 0.9 %；普通高中 23 所（其中，单设高中 2 所），在校生 9471 人，寄宿生 6393 人；中等职业学校 4 所，在校生 2930 人，高中阶段净入学率 51.49%；普通高等学校 1 所，在校人数 7215 人。

全州专任教师 9888 人。其中，幼儿园 386 人，小学 6033 人，初中 2679 人，职业初中 61 人，普通高中 159 人，中等职业 178 人，特殊教育 9 人，高等教育 383 人。

全州寄宿制学校共 432 所，占全州中小学校总数的 61.2%，寄宿制学生增至 86323 人，占全州中小学生总数的 61.1%。

全州大力实施藏区“9+3”免费中职教育计划，共组织 8524 名学生在内地免费就读“9+3”中职学校。“9+3”免费教育计划的大力实施，有力地促进了民族融合和民族团结，为藏区繁荣稳定奠定了基础。

（四）公共卫生

全州公共卫生体系建设得到加强，稳步推进新型农村合作医疗工作，积极实施“富民安康”卫生工程，加强公共卫生和医疗服务体系建设，建成“三乙”医院 1 所、“二乙”医院 17 所。村卫生室建设和马背药袋等惠民措施深受农牧民欢迎。同时，建立了包虫病防治国家实验基地，鼠疫等重大疾病得到有效控制。食品药品安全保障能力不断增强。2011 年参加新农合农牧民 83.96 万人，参合率达到 98.31%；计划免疫接种率达到 85%。全州新农保试点覆盖人数达 342198 人。城镇居民基本医疗保险参保 80285 人。

全州有医疗卫生机构 443 个，其中，综合性医院（县以上）21 个、民族医院（含中医）15 个、疾控中心 19 个、卫生监督机构 19 个、妇幼保健院 19 个、乡镇卫生院 325 个、采供血机构 3 个、社区服务机构 1 个、职业学校 2 所、其他机构 19 个；有村卫生站（室）1516 个；卫生人员总数 4984 人，其中，卫生技术人员 3690 人。卫生技术人员中有本科以上学历 187 人，专科学历 1253 人，中专学历 1637 人；有高级职称的 175 名，中级职称的 788 名，初级职称的 719 名；有执业医师和执业助理医师 1736 人；有注册护士 769 人。卫技人员人均服务面积 41.36 平方公里。

（五）广播电视

广播电视基础设施建设不断得到加强，节目内容日渐丰富，广播电视覆盖率持续提高。全州持续推进有线电视覆盖工作，大幅提升了全州广播电视覆盖率。2010 年完成了 10.84 万套“村村通”直播卫星接收设备安装任务；自筹资金 20 余万元，成功实现了州台电视节目对康定县新都桥镇有线电视网络 400 多户 2000 余人的覆盖。2010 年末，全州有州级广播电视台 1 个、县级广播电视台 18 个，有线电视网站 19 座，发展有线电视用户 5.03 万户，其中，数字电视用户 0.34 万户。全州广播电视采编播设备数字化率达到 47.75%。2011 年末，全州广播电视综合覆盖率分别达到 88.73% 和 88.12%。分别比上年提高 1.53 个和 1.59 个百分点。①

① 甘孜州藏族自治州统计局：《甘孜州 2011 年国民经济和社会发展统计公报》，2012。

（六）扶贫工作

改革开放之前，城镇居民恩格尔系数在60%以上，处在贫困水平和温饱最低线之间徘徊，农村居民恩格尔系数则高达75%以上，处于贫困线上。改革开放后，居民收入的快速增长带来了居民生活水平的不断提高，消费结构逐步改善，城镇和农村居民恩格尔系数分别降至2009年的45.7%和62.2%。全州大力实施新村扶贫、移民扶贫、牧区扶贫、产业扶贫、教育扶贫、卫生扶贫等30余类扶贫项目，全州36.21万人基本摆脱了贫困，其中，绝对贫困人口从2000年的46.53万人减少到2009年的22.29万人，下降52.1%；相对贫困人口从2000年的22.49万人减少到2009年的8.52万人，下降62.1%。贫困发生率由2000年的62%降至2009年的27.5%，下降了34.5个百分点。①

四　产业发展

2011年是“十二五”规划的开局之年，产业发展进一步加快。全州各族人民在州委、州政府的领导下，紧紧围绕“一条主线、三个加强”藏区工作总体思路，牢牢把握“跨越式发展和长治久安”工作主题，始终抓住“发展、民生、稳定”三件大事，攻坚克难，顽强拼搏，全州经济和社会发展取得喜人成绩，国民经济实现持续较快发展。农业林牧业稳步发展。以水电为主的生态能源产业实现重大突破，泸定电站、江边电站投产运行；核准开工猴子岩、黄金坪大型水电项目，在建装机达800万千瓦；金沙江上游拉哇、叶巴滩、苏洼龙电站获批“路条”，雅砻江上游水电规划中间成果初步完成，正在开展前期工作的水电装机超过1800万千瓦。建成石渠、色达太阳能观测站和稻城、雅江测风塔。大西洋工业硅项目开工建设，高纯硅项目基本完成前期工作。康定跑马山水泥厂、巴塘卓帆水泥厂、泸定水泥厂核准开工。金珠药业园区开工建设。旅游业等服务业取得重大进展。

（一）经济总量、速度、结构与问题

2011年末，全州共有法人单位7174个。其中，单产业法人单位6590个，多产业法人单位584个。按三次产业分，第一产业法人单位64个，第二产业法人单位372个，第三产业法人单位6738个。

全州经济发展加快，总量再创新高。2011年全州地区生产总值（GDP）达到152.22亿元，比上年增长14.2%。其中，第一产业增加值37.7亿元，增长7%；第二产业增加值57.72亿元，增长22.9%；第三产业增加值56.8亿元，增长10.4%。2011年国民经济三次产业构成为24.8∶37.9∶37.3（2010年三次产业结构为23.4∶36.6∶40.0），由上年的“三二一”型转变为“二三一”型，第二产业增加值占地区生产总值的比重比上年提高1.3个百分点。其中，民营经济实现增加值62.67

① 扎西、尹洪：《看，甘孜州这60年》，http：//www.mzb.com.cn/html/report/150057-1.htm，2010年10月28日。

亿元，比上年增长 17.1%，占全州地区生产总值的 41.2%。民营经济三次产业增加值分别达到 22.87 亿元、21.03 亿元和 18.77 亿元，分别比上年增长 8%、30.8% 和 13.7%。

甘孜州近年经济增长及速度如图 40-3、图 40-4 所示。

全州初步形成了生态能源、生态旅游、生态农业、优势矿产四大优势产业强力支撑，中藏药业、民族文化两大特色产业竞相发展格局。交通、电网、水利、信息等基础设施不断完善。科技、教育、卫生、文化等社会事业全面发展，覆盖城乡的社会保障体系初步建立。

图 40-3　2005 ~ 2011 年甘孜州 GDP 状况

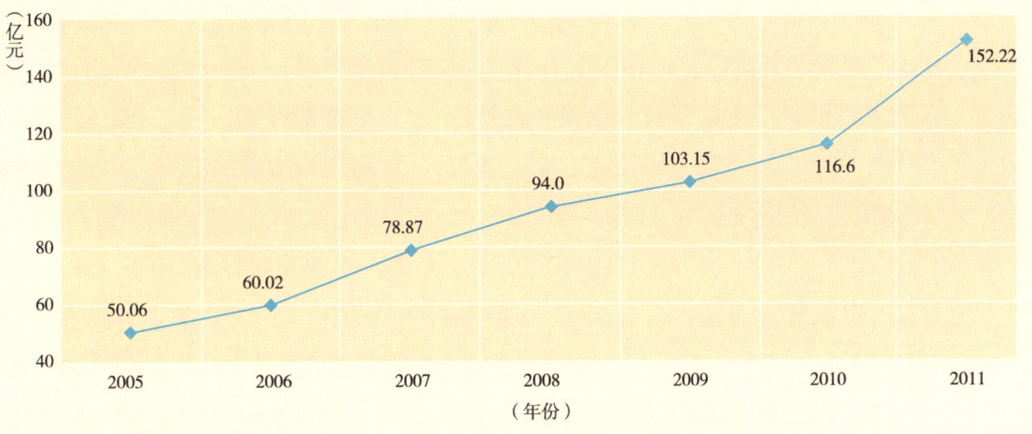

资料来源：甘孜藏族自治州统计局：《甘孜州国民经济和社会发展统计公报》（2005 ~ 2011 年）。

图 40-4　甘孜州近年经济增长速度

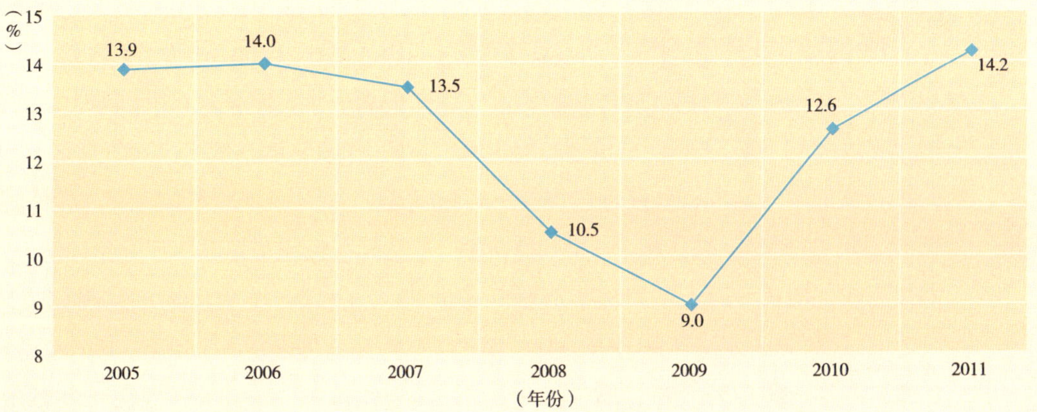

资料来源：甘孜藏族自治州统计局：《甘孜州国民经济和社会发展统计公报》（2005 ~ 2011 年）。

州内物价指数长期高位运行。2011年，甘孜州城镇居民消费价格（CPI）上涨8.6%，高出全省3.3个百分点，比2010年高1.8个百分点。从八大消费品和服务价格来看：食品和衣着两类价格分别上涨14.5%和11.9%；烟酒、家庭设备用品及维修服务、医疗保健和个人用品、交通和通信、娱乐教育文化用品及服务、居住六类价格分别上涨5.1%、5.7%、5.9%、0.8%、1.9%、6.7%。

国民经济运行中存在的主要问题是：发展水平偏低；工业化、城镇化水平偏低；基础设施薄弱；市场价格高位运行；县域经济发展不平衡，城乡之间、县域之间经济社会发展差距扩大的趋势尚未扭转；经济增长方式粗放和结构性矛盾尚未根本改变。

（二）农业经济

在各项惠农富农政策等有利因素的共同作用下，农村经济保持平稳发展。2011年，全州以“农业跨越发展、农民持续增收”为主题，全面开展“农业科技大培训、大示范、大推广”三大活动，大力发展特色效益农业，积极推进生态畜牧业建设，全州农牧业生产、农村经济运行保持良好态势。

种植业结构调整得到深化，产出效益明显提高。2011年粮食作物播种面积72705公顷，增加834公顷；油料作物播种面积4543公顷，增加608公顷；蔬菜播种面积4533公顷，增加843公顷。粮食总产量达到22.1万吨，增长8.9%；油料作物产量9593吨，增长26.5%。水果产量1.16万吨，增长2.7%；蔬菜产量12.75万吨，增长32.1%。

畜牧业生产平稳发展。年末各类牲畜出栏123.42万头（只），增长2.8%。其中，出栏肉牛65.65万头，增长2.6%；出栏羊33.96万只，减少2.42%。年末各类牲畜存栏480.06万头（只匹），减少1.3%。其中，大牲畜存栏317.22万头，减少2.6%；羊存栏126万只，增加1.6%。全年肉类总产量9.43万吨，增加2.6%。其中，猪牛羊肉产量9.39万吨，增加2.6%。牛奶产量11.82万吨，增加2.1%；蚕茧产量89吨，减少36.14%；禽蛋产量392吨，增加2.9%。

现代生态林业持续发展。全州紧紧围绕“发展现代林业，建设生态文明，促进科学发展”的新时期林业工作主题，加强森林资源管护，巩固退耕还林成果，继续实施天然林保护工程，全州生态建设成绩显著。2011年实施森林管护548.8万公顷，巩固退耕还林成果80.3万亩；建设公益林9.5万亩（其中，人工造林1万亩，封山育林8.5万亩）；义务植树309.85万株。

农村基础设施条件逐步改善。“十一五”期间全州建设高标准基本农田14.18万亩；实施耕地地力建设51.12万亩次；建立青稞、小麦、马铃薯良繁基地10万亩；在全州实施青稞、马铃薯、油菜、蔬菜为主的增粮增收工程40万亩；全州推广太阳灶109250台，生物质炉灶16191台，建设沼气池18482口；农机装备水平明显提高，农机总动力达到73万千瓦（2011年，农机总动力达到81万千瓦），农作物机耕、机播、机收面积分别达到48万亩、29.8万亩、12.7万亩，耕、种、收综合机械化水平达到25.2%。治理水土流失50平方公里，新增农村人口安全饮水10.89万人，农田水利基本建设增强了农业发展的后劲。

农业产业化经营开始起步。到2010

年末，全州建立青稞、小麦、玉米、马铃薯、豆类、蔬菜、油菜、中药材生产基地100 万亩。全州引进扶持发展农业产业化企业 18 家。其中，14 家农业产业化企业注册农产品商标 15 个。扶持发展农民专业合作社和协会 140 个，入会会员 7055 户，带动其他农户 6625 户。

（三）工业经济

由于其资源禀赋和条件，工业结构以能源、矿产业为主，重工业占据了绝对优势。全州立足支柱产业，加强工业经济运行调节，着力解决经济运行中存在的突出矛盾和问题，工业经济呈现“总量扩大、增速加快”的态势。2011 全年实现工业增加值 37.22 亿元，增长 23.7%，比上年加快 3.4 个百分点。工业化率达到 24.5%，比上年提高 0.8 个百分点。全州规模以上工业企业有 35 户，① 拥有规模以上工业企业的县有 7 个。规模以上工业企业全年实现增加值 34.09 亿元，增长 22%，增速比上年加快 2.6 个百分点。

从轻重工业看，规模以上轻工业实现增加值 1.89 亿元，增长 37.5%；规模以上重工业实现增加值 32.2 亿元，增长 21.2 %。轻重工业增加值比重为 5.5∶94.5。

从行业看，优势产业拉动作用增强。电矿企业共实现增加值 31.12 亿元，占规模以上工业增加值的比重为 91.27%，对全州规模以上工业增长的贡献率为 91.7%。其中，电力企业实现增加值 20.33 亿元，增长 30%，对全州规模以上工业增长的贡献率为 80.83%；矿产企业实现增加值 10.79 亿元，增长 7.2 %，对全州规模以上工业增长的贡献率为 10.9%。工业企业多数行业运行良好。

从经济类型看，股份制企业增长快且贡献大。规模以上工业中，股份制企业实现增加值 31.04 亿元，增长 14.7%；外商及港澳台商企业实现增加值 21.09 亿元；非公有制企业完成增加值 11.42 万元，增长 31.2%；国有企业实现增加值 0.94 亿元，增长 2.9%。

工业企业效益进一步提高，对经济增长和财政贡献率带动作用增强。规模以上工业实现销售产值 49.76 亿元，增长 26.75%，产销率为 100.3%。全年实现主营业务收入 49.65 亿元，增长 25.9%；实现利税总额 22.97 亿元，增长 25%；实现利润总额 16.11 亿元，增长 21.1%。

建筑业较快发展。全年实现建筑业增加值 20.49 亿元，比上年增长 21.4%，增速比上年加快 0.4 个百分点。全州具有建筑业资质的独立核算建筑企业 22 个，房屋建筑施工面积 27.34 万平方米；房屋建筑竣工面积 12.81 万平方米。

（四）服务业

甘孜州服务业的发展主要依托得天独厚的文化旅游资源优势。尤其是近年旅游业发展取得了重大进展，并带动了关联产业的发展。

1. 旅游业

全州坚持文化旅游为重点，旅游业实施

---

① 主营业务收入在 2000 万元及以上企业，下同。

政府主导战略、旅游精品战略和可持续发展战略；着力打造以稻城亚丁为核心的金沙江流域大香格里拉国际精品旅游区、海螺沟国家级旅游度假区、康定情歌城，开工建设康定“溜溜城”、格萨尔旅游文化园，克服交通制约、资金不足等困难，广泛开展形式多样的系列宣传活动，积极拓展旅游市场；加强旅游基础设施建设，在提升旅游产品品质上取得了新进展，“环贡嘎山两小时旅游经济圈”基础设施建设得到进一步加强；景区等级创建工作稳步推进。康定木格措、稻城亚丁成功创建AAAA级旅游景区，并正式授牌。巴塘措普沟成功创建AA级旅游景区。启动了泸定桥、丹巴甲居藏寨景区创AAAA，炉霍霍尔广场创AAA景区工作。积极申报创建海螺沟国家级旅游度假区和康定、稻城香格里拉镇省级旅游度假区。稻城亚丁被《中国国家地理》杂志评选为“中国最美十大秋色”之一，全国排名第五。

2011年，全州实现旅游收入30亿元，增长27.4%。其中，国内旅游收入29.3亿元，增长26.7%；旅游外汇收入1076.3万美元，增长73.4%。旅游人次440万人次，增长22.7%。其中，接待国内游客433.96万人次，增长21.9%；接待入境旅游者6.04万人次，增长117.3%。

2. 财政、金融和保险

作为边远的民族自治州，甘孜州财政收支差距巨大。2011年全州实现地方财政一般预算收入20.25亿元，增长24.2%。实现税收性收入13.14亿元，增长17.9%。全年地方财政一般预算支出169.20亿元，增长28%，基本保证了新农村建设、惠民行动、牧民定居、富民安康等方面的资金需要。其中，教育医疗和社保就业支出48.94亿元，占到28.9%；社会保障和就业支出16.7亿元，增长14.8%；教育支出19.74亿元，增长49.8%；医疗卫生支出12.5亿元，增长25.9%。

金融存贷款规模扩大，但服务带动经济的作用还不明显。2011年，全州金融机构各项存款余额312.62亿元，增长28.3%；城乡居民储蓄存款余额95.71亿元，增长17.7%；各项贷款余额131.33亿元，增长27.7%。保险也增长潜力巨大，全年保费总收入达到16514万元，增长33.3%，增速比上年加快10.1个百分点。

3. 国内贸易和外贸出口

城乡市场保持同步发展，但城乡消费差距仍然明显。社会消费品市场繁荣活跃，2011年实现社会消费品零售总额44亿元，比上年增长17.6%。城镇市场实现零售额35.7亿元，增长16.4%；乡村市场实现零售额8.3亿元，增长23%。乡村市场增长快于城镇市场6.6个百分点。批发零售业是支撑全州消费品市场发展的主要力量。全年批发和零售业实现零售额37.4亿元，比上年增长17%，对全州社会消费品零售总额增长的贡献率达到85.1%。住宿餐饮业已逐渐成为新经济增长点，全州住宿和餐饮业实现零售额达6.6亿元，比上年增长21.3%，对消费市场起到较大的拉动作用，占社会消费品零售总额的14.9%，对全州社会消费品零售总额增长的贡献率为17.6%。①

① 文中涉及产业经济方面数据主要来源于甘孜藏族自治州统计局《甘孜州国民经济和社会发展统计公报》（2010、2011）。

图 40-5　甘孜州旅游资源分布

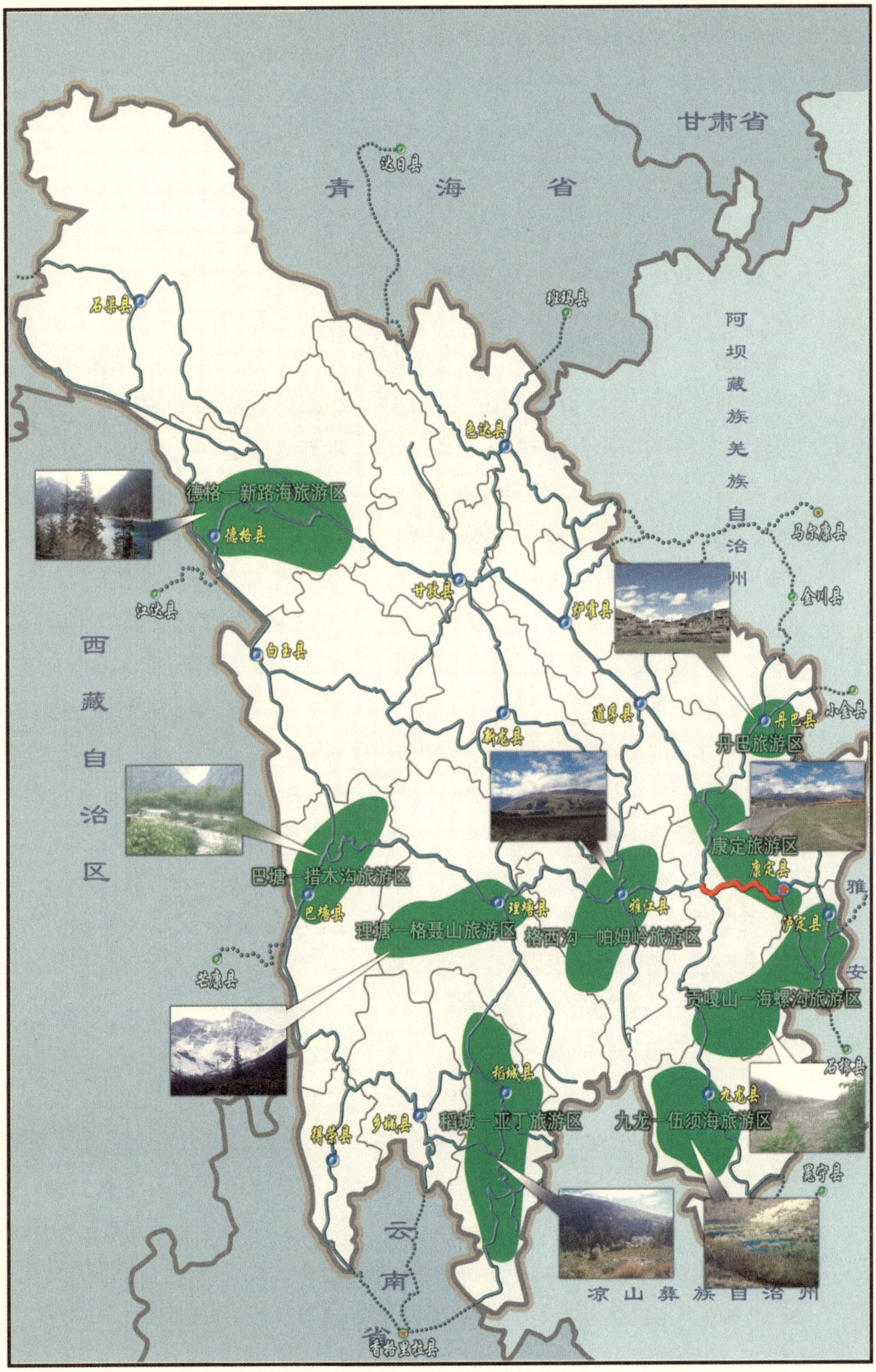

五 城镇发展及城镇体系

（一）城镇发展现状及特点

全州辖康定、泸定、丹巴、九龙、雅江、道孚、炉霍、甘孜、新龙、德格、白玉、石渠、色达、理塘、巴塘、乡城、稻城、得荣18个县，325个乡（镇），其中，建制镇27个，2800个行政村。州府康定是全州的政治、经济和文化中心。2010年末，18个县城人口合计16.35万人，其中康定4.22万人（其城镇化率为48.7%），姑咱、新都桥、塔公、金汤、磨西、冷碛、兴隆、八美、拉日玛、马尼干戈乡、洛须、翁达镇、措拉、香格里拉乡、瓦卡15个重点乡镇人口合计5.48万人，2011末年全州城镇化率为22.39%。

近年来，甘孜州大力推进工业化进程，选择了一批有基础、有潜力的优势产业进行重点培育，水电、矿产、食品、医药、建材五大产业迅速发展壮大，产业集群特别是水电、矿产业集群初步形成，已成为全州工业发展的重要支撑。经济效益不断提升。“十一五”期工业对全州经济增长的贡献率平均达到36.3%，拉动GDP增长4.7个百分点。与此同时，城镇规模不断拓展，城市功能不断完善，人居环境不断改善。但从人均GDP、三次产业结构和就业结构、城市化率等方面入手，对甘孜州的工业化水平进行综合判断，结果表明其工业化水平总体上处于工业化初期向中期过渡阶段。根据钱纳里等经济学家对工业化与城镇化之间的对比关系的概括，当比例在20%以下时，被认为是非城镇化；城镇化率低于32%时为工业化准备期；据此判断，甘孜州城镇化进程明显滞后，城镇化正处于缓慢发展阶段，相对应工业化还处于城镇化的准备阶段。进一步分析发现，甘孜州的城镇化进程呈现以下特点。

1. 城镇化水平低、城镇发展规模小，与省市差距大

2000年甘孜州城镇化率15.6%，2005年末甘孜州城镇化率仅为17.6%，“十一五”规划目标是2010年达到25%，但实际上2010年城镇化率仅为21%，与预计的相差4个百分点，五年年均增长0.68个百分点，在21个兄弟市州处于末位。2010年四川省城镇化率40.2%，而四川地级城市城镇化水平高低差距巨大，城镇化水平最高的成都为65.5%，最低是甘孜州20.5%，① 两者相差45个百分点。甘、阿、凉三个少数民族地区，国土面积占全省的61.6%，仅有西昌一个设市城市。甘孜州不仅没有设市城市的带动，乡镇发展规模小，又远离中心城市的辐射范围，发展能力严重不足。

2. 人口及城镇密度低，辐射功能差

2010年全省人口平均密度166人/平方公里，甘孜州仅7人/平方公里，而排位第一的成都人口密度为1171人/平方公里。全省城市密度0.66个/万平方公里，而甘孜州在15.3万平方公里的广袤土地上，没有一个设市城市；2008年全省建制镇密度37.55个/万平方公里，成都平原112个/万平方公里，川南103个/万

① 《四川省统计年鉴2011》，中国统计出版社，2011。

表 40-2　四川省 21 个地市州城镇化率和人口密度差异

地区	2000 年城镇化率（%）	排位	2010 年城镇化率（%）	排位	人口密度（人 / 平方公里）
成都市	53.7	2	65.5	1	1171
自贡市	28.4	5	41.0	4	670
攀枝花市	56.0	1	60.1	2	173
泸州市	26.3	7	38.8	8	352
德阳市	31.7	4	41.3	3	603
绵阳市	32.5	3	39.9	5	231
广元市	23.9	11	33.0	14	155
遂宁市	25.9	9	38.4	9	651
内江市	28.6	6	39.4	7	741
乐山市	26.1	8	39.5	6	249
南充市	21.0	13	35.9	11	523
眉山市	19.0	14	34.1	13	422
宜宾市	24.5	10	38.0	10	344
广安市	16.5	17	29.1	19	534
达州市	15.4	19	32.7	16	342
雅安市	23.0	12	34.6	12	100
巴中市	12.5	18	29.3	18	274
资阳市	16.6	16	32.7	15	458
阿坝州	18.8	15	30.1	17	11
凉山州	14.7	21	27.5	20	76
甘孜州	15.6	20	20.5	21	7

资料来源：《四川省统计年鉴》（2001、2011），中国统计出版社，2011。

平方公里，川东北 87 个 / 万平方公里，攀西 15 个 / 万平方公里，甘孜州为 1.76 个 / 万平方公里。并且，城镇发展规模小，建成区面积和人口少，经济较为落后，对周边辐射能力差。至 2010 年，甘孜州县城建成区面积平均为 1.5 平方公里，平均人口规模仅 0.91 万人；重点乡镇平均分别为 0.45 平方公里和 0.37 万人（见表 40-3、表 40-4、表 40-5）。

3. 产业结构与就业结构不匹配、二三产业吸纳人口的能力低[①]

甘孜州经济社会的滞后，实质上就

① 四川省统计局：《正视差距、扬长避短、把握优势、攻坚克难——对甘孜州新型工业化新型城镇化互动发展的思考》，四川省人民政府网站，最后访问日期：2011 年 8 月 31 日。

表 40-3　四川省各地区建制镇密度比（单位：个 / 万平方公里）

项目	全省建制镇密度	成都平原经济区	川南经济区	川东北经济区	攀西经济区	甘孜州
密度比	37.55	112	103	87	15	1.76

表 40-4　甘孜州县城建成区面积及人口规模

县城	现状建成区面积（平方公里）	规划建成区面积（平方公里）	2010 年人口规模（万人）	2015 年规划人口规模（万人）
康定	2.95	5.98	4.22	6.60
泸定	0.97	2.85	1.87	3.00
丹巴	1.16	1.39	1.00	1.50
九龙	0.98	1.50	0.88	1.20
雅江	0.48	0.50	0.65	0.80
道孚	3.26	3.50	0.85	1.30
炉霍	1.30	2.50	0.64	1.00
甘孜	3.00	3.72	0.66	2.00
新龙	0.82	1.50	0.86	1.00
德格	0.57	0.80	0.58	0.80
白玉	0.61	1.40	0.53	0.80
石渠	1.53	1.80	0.50	0.80
色达	1.47	2.00	0.49	0.80
理塘	3.40	6.80	0.73	2.00
巴塘	1.22	1.80	0.66	1.20
乡城	0.60	1.20	0.45	1.00
稻城	2.00	2.50	0.44	1.20
得荣	0.63	0.80	0.34	0.50
合计	26.95	42.54	16.35	27.50
平均数	1.50	2.36	0.91	1.53

资料来源：甘孜州发展与改革委员会编《甘孜州城镇公共基础设施“十二五”规划》，2011。

表 40-5　甘孜州重点乡镇建成区及人口规模

重点城镇	所属县城	现状建成区面积（平方公里）	规划建成区面积（平方公里）	2010 年人口规模（万人）	2015 年规划人口规模（万人）
姑咱	康定	1.80	2.40	1.50	2.00
新都桥	康定	0.60	1.00	0.50	0.80
塔公	康定	0.12	1.00	0.10	0.30
金汤	康定	0.36	0.70	0.30	0.50
磨西	泸定	1.00	1.50	0.76	0.90
冷碛	泸定	0.42	0.60	0.30	0.50
兴隆	泸定	0.36	0.55	0.30	0.50
八美	道孚	0.40	0.70	0.30	0.50
拉日玛	新龙	0.18	0.30	0.15	0.25
马尼干戈乡	德格	0.12	0.35	0.10	0.30
洛须	石渠	0.44	0.73	0.37	0.60
翁达镇	色达	0.12	0.20	0.1	0.12
措拉	巴塘	0.36	0.60	0.30	0.50
香格里拉乡	稻城	0.45	0.80	0.30	0.50
瓦卡	得荣	0.12	0.18	0.10	0.15
合计		6.85	11.61	5.48	8.42
平均数		0.45	0.77	0.37	0.56

资料来源：甘孜州发展与改革委员会编《甘孜州城镇公共基础设施“十二五”规划》，2011。

是工业化、城镇化滞后。没有大企业，没有大城市，缺乏大企业、大城市牵引带动和辐射支撑。这不仅体现在“质”的变化上，而且表现在“量”的扩张上，“质”和“量”都与全国、全省及内地发达地区有着明显的差距。改革开放初期的 1978 年，甘孜州工业化率为 30.4%，低于全省平均水平 1.8 个百分点，与全省相差不大；城镇化率为 12.4%，低于全国 5.5 个百分点，但高出全省 1.3 个百分点，城镇化发展好于全省平均水平。新世纪之初，由于“天保”工程的实施，甘孜州“两化”水平与全国、全省差距越来越大。至 2010 年，甘孜州“两化”水平已经远低于全国、全省平均水平，而且“两化”水平差距呈扩大之势。2000 ~ 2010 年的 10 年间，全省工业化率和城镇化率分别提高了 13.8 个和 13.5 个百分点，[①] 而甘孜州仅提高了 11.7 个和 5.1 个百分点。因此，工业化特别是城镇化发展滞后于非农产业的发展。

① 工业化率指工业增加值占全部生产总值的比重。当工业化率处于 20% ~ 40% 时，处于工业化初期阶段。

表 40-6 甘孜州工业化和城镇化水平与全国全省的比较（单位：元，%）

年份	地区	人均 GDP	产业结构			工业化率	城镇化率	就业结构		
			一产	二产	三产			一产	二产	三产
1978	全国	381	27.9	47.9	24.2	44.1	17.9	70.5	17.3	12.2
	全省	262	44.5	35.5	20	32.2	11.1	81.8	9.1	9.1
	甘孜州	429	38.8	32	29.2	30.4	12.4	77.5	8.4	14.1
2000	全国	7858	15.1	45.9	39	40.4	36.2	50	22.5	27.5
	全省	4956	24.1	36.5	39.4	29.4	26.7	56.7	18.7	24.6
	甘孜州	2804	29.8	19.5	50.7	12	15.4	79.9	3.8	16.3
2010	全国	29762	10.2	46.8	43	40.2	49.7	38.1	27.8	34.1
	全省	21182	14.4	50.5	35.1	43.2	40.2	43.7	24.9	31.4
	甘孜州	11660	23.4	36.6	40	23.7	20.5	77	4.6	18.4

另外，从 2011 年甘孜州城镇化率和非农化率的适配度比较也可以看出，城镇化率远远落后于经济的非农化率。2011 年，地区生产总值为 152.22 亿元，二三产业总值合计为 114.52 亿元，经济非农化率达到 75.24%，但是城镇化率仅为 22.39%。这说明非农产业的发展并没有相应地促进农村人口向城镇集中，这一点从表 40-6 中就业结构远远落后于产业结构也可以看出来，说明二、三产业吸纳人口能力很有限，人口城镇化的任务任重道远。

4. 各区域工业化、城镇化进程差异明显[①]

由于没有城市的引领，县域经济在甘孜州经济中居主导地位，但县域经济发展迟缓，区域经济不平衡特征非常明显，无论从工业化率还是城市化率来看，东部地区由于承接了历史的、自然的、社会的较好基础条件，并且 88% 以上的规模企业都集中在此，发展水平居于三大区域之首，2010 年东部地区工业化率、城市化率分别达到 34.9% 和 28.4%，不仅高于甘孜州 11.2 个和 7.9 个百分点，更远远高于北部、南部地区。从工业化与城市化的偏差来看，东部地区工业化与城市化偏差为 6.5%，表明东部地区的工业化发展水平超过城市化发展水平，城镇化进程与工业化进程基本协调。与此形成鲜明对照的是北部、南部地区的工业化与城市化率远低于州平均水平。北部地区的工业化与城市化二者偏差为 1.4%，表明工业化和城镇化进程基本一致，但南部地区工业化发展水平极其滞后，工业化与城市化二者偏差为 -14.4%，几乎没有什么工业，经济以较原始的农牧业和商业为主。

① 四川省统计局：《正视差距、扬长避短、把握优势、攻坚克难——对甘孜州新型工业化新型城镇化互动发展的思考》，四川省人民政府网站，2011 年 8 月 31 日。

表 40-7　2010 年甘孜州区域工业化率和城镇化率及适配度比较（单位：%）

区域	工业化率	城镇化率	偏差（工业化率 - 城镇化率）
甘孜州	23.7	20.5	3.2
东部	34.9	28.4	6.5
北部	13.6	12.2	1.4
南部	7.4	21.8	-14.4

5. 城镇综合承载能力差

纵观甘孜州城镇化的历程，充满艰辛和坎坷，但是近年来仍然取得了不小进步。首先，城镇规模不断拓展。截至 2010 年末，甘孜州辖 18 个县城、27 个建制镇，城镇总人口达到 22.38 万人，比"十五"末增加 7.57 万人，年均增加 1.51 万人，近 2 万农业人口实现了就业的非农化。城镇建成区总面积达到 30.65 平方公里。其次，城市功能不断完善。城建投资每年翻番式增长，2010 年底甘孜州拥有城市道路 206.1 公里、道路面积 201.9 万平方米、人行道面积 64.3 万平方米、排水管道 125 公里、供水管道 321.29 公里、燃气普及率 17.69%，用水普及率 90% 以上。最后，人居环境不断改善。2010 年，甘孜州建成区绿化覆盖率 4.14%；房地产开发面积达到 41.75 万平方米，比 2005 年增加 6.36 倍，年均增长 49.1%，城镇人均住房面积达 26.7 平方米，人均公园绿地面积 3.44 平方米。但是与全省及其他市州比起来，水平仍然很低，瓶颈制约仍然明显，城镇承载能力明显不足。主要表现在：城镇设施规划和建设滞后，道路等级低，城镇给排水系统不完善、环卫设施不足，大多数县城及重点城镇公共卫生设施缺乏，垃圾处理方式简单，达不到卫生填埋的要求，城市绿化水平不高，城市景观建设滞后，城镇雨污混流，污水尚未得到处理，对周边环境恶化产生较大影响。各县城镇发展水平差异大，各类设施及系统内发展不均衡，严重影响了城镇化水平的提升。

（二）城镇体系及城镇布局

2011 年全州城镇化率 22.39%，州府康定城镇化率 48.7%，较上一年增长 0.4 个百分点。由于未取得各县城的最新数据，以 2006 年各县城的发展状况为依据可见一斑（见表 40-8）。截至 2006 年，全州 93 万人，非农业人口为 15.4 万人，非农化率 16.6%，除康定（39.4%）、泸定（21.3%）、新龙（20.9%）处于城镇化的准备阶段外，石渠县（6.2%）、德格县（7.2%）、白玉县（9.3%）以及其余县（城镇化水平介于 10% ~ 16.6%）均位于非城镇化的阶段。虽然近年来有一些发展，但仍未出现大的改观。

根据《甘孜州城镇体系规划》将城镇等级划分为五个级别，一级中心为康东城镇大聚合核心区，包括康定炉城、姑咱、泸定泸桥、磨西（新兴）。包括了规划的

表 40-8　2006 年甘孜州各县城镇发展情况

县	乡镇（个）	行政村（个）	人口（万人）	非农业人口（万人）	非农化率（%）	排位
康定	22	235	10.9	4.3	39.4	1
泸定	12	132	8.0	1.7	21.3	2
丹巴	15	181	5.8	0.9	15.5	6
九龙	18	125	5.7	0.8	14.0	10
雅江	17	113	4.4	0.6	13.6	11
道孚	22	158	4.9	0.8	16.3	4
炉霍	16	171	4.0	0.6	15.0	7
甘孜	22	220	5.8	0.6	10.3	15
新龙	19	96	4.3	0.9	20.9	3
德格	26	174	6.9	0.5	7.2	17
白玉	17	156	4.3	0.4	9.3	16
石渠	22	165	6.5	0.4	6.2	18
色达	17	66	3.8	0.6	15.8	5
理塘	24	214	5.1	0.6	11.8	14
巴塘	19	122	4.6	0.6	13.0	12
乡城	12	89	2.8	0.4	14.3	8
稻城	14	121	2.8	0.4	14.3	9
得荣	12	127	2.4	0.3	12.5	13
全州	325	2669	93.0	15.4	16.6	

资料来源：根据 2006 年各县国民经济和社会发展统计公报整理所得。

县级市 1 个，县城 1 个；二级中心为甘孜县城、理塘高城、稻城县城；三级中心为一般县城 13 个；四级中心为普通建制镇 28 个；五级中心为一般乡集镇，包括孔玉乡等 277 个集镇。甘孜州县级节点城镇体系划分如图 40-5 所示。

甘孜州城镇体系发展战略：建设以康东城镇大聚合核心群为中心，甘孜、稻城、理塘为副中心，一般县城为骨架，普通建制镇为基础，由小城市、小城镇、乡集镇组成的层次分明、规模适度、结构合理、功能优化的城镇体系，逐步形成以康东地区城镇群为核心，沿川西旅游环线、国道 318、国道 317 为城镇发展轴线的点轴据点状城镇空间结构，以康东城镇群为大聚合核心，吸引山区腹地农牧民逐步向各级城镇有序流动，形成聚合规模更大的区域城镇体系。[①]

（三）甘孜州新型城镇化的思路

按照“以城乡一体为方向，推进高原城镇化”要求，坚持“一群两中心”城镇发展战略和“建好县城、提升集镇、发展农牧民社区”思路，发挥市场作用，扩大新区、改造旧城，突出历史人文、地域地貌、民族特色、走“小型、精品、特色”的高原新型城镇化道路，加快宜居、宜商、宜旅高原特色城镇建设，走一条新型特色工业化、新型高原城镇化“两化”互动、“三化联动”的特色发展路径。

1. 优化城镇体系及空间布局，实施差异化的城镇化战略

按照“一群、一核、两中心、两个副中心、两条轴线”城镇布局思路，完善城镇体系规划，突出高原城镇特色风貌，明确城镇发展方向，优化城镇功能布局，提升城镇建设水平。积极扶持交通方便、区位条件好、资源富集，有一定基础和潜力较大的县城和中心镇的发展，增强其聚集效益；有计划、有步骤、集中力量建成一批工业带动、资源开发、商贸流通、旅游度假等特色突出、各具优势、设施良好、环境优美的中小城镇群体，构筑以县城为龙头，中小城镇为重点的具有甘孜州藏民族地域特色的新型城镇体系。

扎实推进康定新城、泸定新城、海螺沟新城、丹巴新区、雅江新区、新龙吾西新区建设，增强东部城镇承载能力和辐射带动作用；加快理塘和甘孜县城拓展，完善城镇功能，加强基础设施建设，提高公共服务功能，加快产业发展，建成南、北两个副中心城镇；着力把稻城亚丁打造成金沙江流域香格里拉国际旅游核心区；完善以德格为中心的康巴文化旅游区和“环贡嘎山两小时旅游圈”旅游城镇功能，加快建设一批旅游、工贸型特色小镇，走出一条适合各区基础和特点的差异化的城镇化道路。

2. 推动康定撤县建市、拓展区域中心城市，增强辐射带动作用

按照州委提出的“要把重心放在东部城市群和南北两中心建设上”的城市区域发展战略构想，着力优化城镇区域布局，培育打造城市区域增长极，努力增强城市和乡镇要素聚集和辐射带动力。一是全力打造康定城市核心增长极。按照“一市三区”的总体要求，强化规划，推动康定撤县建市，实现由城镇向城市职能的跨越，加快推进“三区一带”集中开发建设，不断拓展城市规模，完善城市功能，提升城市品位，努力建成全国藏区中心城市和川藏线上交通枢纽，成为辐射周边、引领全州的政治、经济和文化中心。二是着力打造东部城市群增长极。充分利用区位优势、旅游优势，将东部城市群整体融入川西都市圈。以康定、泸定和丹巴为核心，把姑咱、新都桥、海螺沟、九龙、八美、道孚等城镇建设成为小城市（区），加快特色小城镇建设，构建以电矿工业、食品工业、

① 甘孜州发展与改革委员会：《甘孜藏族自治州综合交通发展规划报告》，2010。

建材生产、现代服务业和休闲旅游会展业为主要特色的城市群，建设成为全州经济核心增长极。三是加快建设南北两个城镇中心增长极。围绕“小、精、特”的发展道路，把甘孜、理塘打造成集人流、物流、信息流为一体、辐射四周、引领南、北部的政治、经济和文化中心。对于地处三江源头、生态脆弱区域的石渠、色达等县，侧重发展生物药业、生态农业、民族文化产业及清洁能源等，建成特色产业支撑、区域特征鲜明的高原城镇；把稻城、德格建成生态的民族特色文化的旅游小城市，把乡城、巴塘建设成电力、农副产品生产加工及旅游环线的重点城镇，形成以县城为中心，重点乡镇为纽带，辐射带动其他乡镇协调发展的新格局。①

3. 推动“三化”联动，增强城镇综合承载能力

突出产业支撑，结合城镇的区位条件、资源禀赋、功能定位，科学合理确立城镇优先发展的主导产业、支柱产业、配套产业和服务产业，加快生态能源、优势矿产、中藏药业、特色农畜产品加工业，培育产业集聚度高、产业上下游相互促进的工业园区，优化全州工业区域布局，建设康东、康北、康南3个特色产业片区，做大做强工业联动推进新型工业化和新型城镇化；继续实施和完善牧民定居行动计划和生态移民，引导牧民定居和生态移民有序向城镇、中心村集聚，推进城镇化与新农村新牧区建设良性互动；注重完善城镇及新农村基础设施和公共服务设施功能，重点抓好城镇道路、公共交通、能源、信息、供排水、电力、通信、环保、减灾防灾等公共基础设施建设；加强生态环境建设，提高城镇人居环境质量，塑造城镇民族文化风貌特色，提升城镇整体形象等，增强城镇综合承载力提高城镇的承载和聚集能力。

4. 生态优先、集中发展，走可持续的城镇化道路

甘孜州属于高原牧区，因为自然和人为因素的双重作用，生态环境极度敏感脆弱，生态地位又极其重要，因此，必须遵循自然规律和城镇化的客观规律，结合经济社会发展实际，城镇化发展应体现生态优先、点状发展、中心集聚的思路，切记照搬内地城市的城镇发展战略。调整和优化农村居民点与产业布局，促进人口向产业园区集中、向城镇与中心村集聚，不适合人类开发和居住的地方实施生态移民，走可持续的城镇化道路。

六　甘孜州富民安康工程

（一）战略意义

甘孜州在国家治藏方略中的重要地位由来已久。19世纪，针对帝国主义对西藏的侵逼及西藏分裂势力的图谋，“保川固藏”、“安边安康”、“安边保藏”的呼声高

① 四川省统计局：《正视差距、扬长避短、把握优势、攻坚克难——对甘孜州新型工业化新型城镇化互动发展的思考》，四川省人民政府网站，最后访问日期：2011年8月31日。

涨，清政府最终达成共识："川边"（主要指康区）对巩固中央政府在西藏的政治地位、维护国家领土完整具有无可替代作用；"川边"开发不仅是经济问题，更是政治问题。因此，清政府在康区推行了中国少数民族发展史上内容最多、规模最大、斗争最烈、影响最深的改革措施，起到了"守康境、卫四川、援西藏"的作用，并将此历史经验总结为"治藏必先安康"。新中国成立后，中央政府更加重视康区的地位。江泽民同志曾两次到甘孜州视察，在总结历史经验的基础上提出"稳藏必先安康"。朱镕基同志到甘孜州视察，进一步提出"安康必先通康"，指出加强基础设施建设、促进经济发展是安康的前提；2004 年，时任中央统战部长的刘延东同志视察甘孜州，明确提出了"安康工程"的课题，要求将"安康"作为一个系统工程进行研究和建设。

省委、省政府十分重视甘孜州的发展与稳定。2006 年底，省委提出 10 大调研课题，其中省委统战部承担了《加强新世纪新阶段四川统一战线问题和民族地区发展与问题研究》，提出了《关于实施"凝聚力工程"和"安康工程"的对策建议》。2007 年 5 月，省委常委会对安康工程进行专题研究，针对甘孜州经济社会发展滞后、农牧民生活水平低下、社会稳定局势复杂的实际，提出将"富民"与"安康"结合实施富民安康工程； 2007 年 7 月，省委、省政府正式启动甘孜州富民安康工程，并于 2007 年 9 月在康定召开了富民安康工程工作会议，下发《中共四川省委、四川省人民政府关于实施富民安康工程的意见》（川委发〔2007〕27 号），要求突出抓好"科学发展、富民惠民、共建和谐"三件大事，加快甘孜州经济社会又好又快发展。

2007 年 9 月，胡锦涛总书记关于"对西藏以外的藏区统筹考虑"的重要批示及中央关于加快藏区经济社会发展的重要部署，使实施富民安康工程与国家的战略部署有机结合，不仅将有力推动富民安康工程的顺利实施，也使富民安康工程具有更加重要的全局意义。

1. 稳藏安康，维护国家统一安全

国家的统一，领土的安全，民族的团结，社会的稳定，是建设和发展中国特色社会主义的基本保证。纵览当今世界，民族矛盾和贫富差距已成为世界不安定的主要因素，被称为"无声的危机"。甘孜州作为四川藏区的主体，自古以来就与西藏有着密切的宗教、社会和文化联系，对西藏的稳定有着决定性的作用，素有"稳藏必先安康"之说。只有经济社会得到进一步快速发展，广大农牧民生活得到进一步改善提高，稳藏安康才具有牢固的经济和社会基础。实施富民安康工程，对于促进全国藏区稳定、维护国家统一有着十分重要的战略作用和全局利益。

2. 推动科学发展、促进社会和谐

坚持科学发展、构建和谐社会既是党统领经济社会发展的重要指导思想，也是全面建设小康社会的重大战略任务。四川是我国西部第一大省，甘孜州占四川省面积的 31.5%，是我国经济发展最落后地区之一，人民生活十分贫困；各项社会事业发展滞后，基本公共服务严重短缺；各种社会矛盾更为凸显，构建和谐社会任务繁重；生态环境十分脆弱，生态保护意义重大，是四川乃至全国统筹协调发展的重点和难点地区。如果甘孜州不能实现科学发展、社会和谐、全面小康，广大农牧民不能共享经济发展成果、生活水平不能得到稳定提高，势必影响四川乃至全国全面建设小康社会进程。实施富民安康工程，是四川乃至全国推动科学发展、促进社会和谐的必然要求和重大实践。

3. 加强民族团结、实现共同富裕

我国是各民族团结和平等的大家庭，但由于历史原因，少数民族地区发展明显落后，少数民族同胞生活水平还十分低下。实现各民族的共同繁荣和共同富裕是加强民族团结的基础，是全面建设小康社会的重大举措，也是中国特色社会主义的本质要求，而广大民族地区的发展正日益成为全面建设小康社会的薄弱环节。在全国总体上已经初步实现小康的背景下，甘孜州农牧民生活与小康还有相当距离，如2006年全州农牧民人均纯收入仅为1482元，分别为全国的41.3%、全省的49.2%，甚至仅为西藏农牧民人均收入的60.8%；在广大农牧区，还有53%的农牧民生活在贫困之中。

4. 保护生态环境，实现可持续发展

甘孜州地处长江上游源区，生态地位十分重要。长期以来，为支持国家建设，甘孜州为国家提供了大量木材，致使生态环境破坏严重，生存环境日趋恶化。1998年停止天然林砍伐，甘孜州经济发展受到重大影响。如1998年刚刚通过越温验收的九龙县，1999年农牧民人均纯收入骤然由749元减少为352元，降幅达53%，人民生活甚至出现倒退。同时，贫困农牧民既承担了生态环境破坏的种种恶果，又不得不为了生存而加大对生态环境的索取，形成生态破坏的贫困和贫困的生态破坏的恶性循环。如果不根本改变甘孜州普遍的贫困状况，生态环境将难以得到保护。实施富民安康工程，是保护长江上游生态环境，维护流域和国家生态安全，促进可持续发展的重大举措。

（二）实施要点

1. 基本思路

根据党的十七大全面建设小康社会的新要求、抓住党中央加快藏区经济社会发展的新机遇、针对甘孜州经济社会发展面临的新形势，选择有甘孜州特色的科学发展模式，走有甘孜州特色的科学发展道路。

——坚持把发展作为富民安康的第一要务，实施生态经济的发展模式。继续解放思想，坚持改革开放，抓住经济建设这个中心，以建设生态经济第一州为目标，着力转变经济发展方式，加快优势资源开发利用，大力发展生态型优势产业，着力培育支柱产业，加快经济发展速度，提高经济发展质量，全力推进加快发展、科学发展、又好又快发展。

——坚持富民安康以人为本的发展理念，将富民作为工程推进的核心。把造福人民作为富民安康的根本目的，始终把实现好、维护好、发展好广大农牧民的根本利益作为富民安康的出发点和落脚点。从甘孜州实际出发，坚持共建共享，强化惠民富民，大力加强基本公共服务，大力推进反贫困进程，努力提高广大农牧民生活水平。

——坚持全面协调可持续推进富民安康，牢固树立生态文明的新观念。坚持生产发展、生活富裕、生态良好的可持续发展道路。从甘孜州实际出发，把生态环境保护和建设作为加快经济发展的首要前提，强化建设生态文明的新观念，树立保护生态也是发展的意识，加强生态环境的保护和建设，建立生态环境保护的补偿机制。

——坚持实施富民安康工程的统筹协调，正确处理好各方面重大关系。正确认识和处理富民安康的各种重大关系，统筹经济社会、城乡、区域、人与自然和谐发展。从甘孜州实际出发，重点统筹协调好加快发展、科学发展、又好又快发展、加快经济发展与维护社会稳定、提高基本公共服务与改善人民生活、生态环境保护与优势资源开发等重大关系。

——突出富民安康工程的重点战略任务，解决发展和稳定的关键环节。以富民安康工程为新时期各项工作的总抓手，科学选择发展路径，突出发展的重点，着力推进市场化、产业化、基础设施现代化、基本公共服务均等化和高原城镇特色化，突出加强基础设施建设、改善基本公共服务、强化扶贫开发工程、加强生态环境保护、发展生态特色产业、维护社会稳定六大重点任务。

——率先实施富民安康“七大惠民行动”，引导广大农牧民积极参与。广大人民群众的积极参与，是推进富民安康的内在动力。率先实施和认真落实省委、省政府富民安康“七大惠民行动”，力求在改善民生上率先取得突破，使广大农牧民尽快感受到富民安康的温暖和希望，引导其积极参与到富民安康工程中来。

——强化富民安康工程的体制和政策创新，构建富民安康的长效机制。坚持以改革开放为动力，进一步深化体制改革和机制创新，全面提高对外开放水平，大力争取国家和省对实施富民安康工程的重视和支持，突出急需国家重点支持的具体政策领域，争取整体纳入国家重点扶贫地区，争取列为国家加快藏区发展的试点区域，加强甘孜州干部和人才队伍建设，建立和完善对甘孜州的对口支援机制。①

2. 重点工程

第一，突出富民安康的前提和基础，将基础设施建设工程放在首位；第二，突出民生问题，突出基本公共服务和扶贫开发工程；第三，突出优势资源开发和优势产业发展；第四，突出生态环境保护和建设；第五，突出维护社会稳定和反分裂斗争。

（三）主要项目实施情况

1. 牧民定居行动计划和帐篷新生活行动

至 2011 年底，共完成定居点建设 525 个，完成总任务的 83.6%；完成定居房建设 50114 户，完成总任务的 87.46%，实现了“半农半牧县四年任务三年基本完成”的阶段目标。发放建设期过渡帐篷及篷内“九大件”设施 58230 套，发放新型帐篷 57738 顶（其中，“村两委”办公帐篷 368 顶），发放太阳能卫星数字移动电视机 22788 套，定居点配套设施建设稳步推

① 四川省经济发展研究院、四川省社科院联合课题组：《四川省甘孜藏族自治州富民安康工程规划（2007 ~ 2015 年）》（征求意见稿），2008 年 3 月。

进，公共服务不断覆盖延伸。花园新村大量涌现，生产生活条件明显改善；传统观念发生重大转变，文明程度逐步提高；基础设施大步跨越，公共服务能力得到提升；党群干群关系更加和谐，社会管理能力得到加强。25万多牧民群众结束了逐水草而居的游牧生活，告别了牛毛帐篷或简易房，住进了宽敞明亮、安全保暖、功能齐全的定居新房，牧区实现历史性跨越的美好图景已经显现。

2. 卫生事业发展计划

按照国家总体部署，坚持以人为本，健康为本，落实各项政策措施，建立制度、机制，用基本制度和改革措施维护人民群众的健康利益，形成了抓重点、破难点，整体协调推进的格局。卫生体系建设步伐加快。实施州、县、乡、村四级医疗卫生服务体系建设项目1359个；新增卫生编制1300个，双选、招考聘用卫生技术人员2242名。州人民医院成为全州首家“三乙”医院。公共卫生服务均等化着力推进。启动实施了11类基本公共卫生服务项目、7大国家重大公共卫生服务项目和精神卫生和卫生监督体系建设规划。城乡居民基本医疗保障制度初步建立。截至2011年底，全州城镇职工参保10.59万人、城镇居民参保8.03万人，新农合参合率98.25%。医保人均补助标准206.75元，统筹基金政策范围内住院费用支付比例超过医改目标要求。国家基本药物制度全面实施。所有基层医疗卫生机构全面实施国家基本药物制度，集中采购、统一配送、零差率销售。民生工作全面发展。国家包虫病督导组称“甘孜州包虫病防治工作是全国包虫病防治的风向标，很多经验值得在全国推广”。贫困白内障患者复明行动，使众多贫困白内障患者重见了光明。藏医药事业取得新进展。将中藏药产业作为六大支柱产业之一，778个藏药制剂品种获得批准文号，7家藏医医疗机构取得《医疗机构制剂许可证》，成功申报3个国家级、3个省级、6个县级和9个农村中医特色专科。

3. “9+3”免费职业教育计划

按照省委、省政府安排部署，2009年甘孜州率先试点实施藏区“9+3”免费教育计划，3月2日首期选派300名学生分别到内地5所中职学校学习。试点成功后，2009年秋季全面实施“9+3”免费教育工作。三年来，各级党委、政府和相关部门高度重视，明细任务、落实责任，加大宣传、深入动员，整合力量、整体联动，精心组织、细化措施，全力以赴、规范管理，剖析问题、深入调研，共招录“9+3”免费职业教育学生14008名。其中，11697名学生到内地42所“9+3”中职学校学习、州内中职1339人、五年制高职972人。在学校和老师的悉心培养下，经过不断磨合与适应，学生逐步适应了内地学习、生活环境，与内地学生逐步融合确保了应届初中毕业生升学率达到95%以上、每一个符合条件的往届初（高）中毕业生全部进入中职学校学习、高考落榜学生就读中职、不让一名学生流入社会和寺庙的目标。

4. 新村扶贫工程

甘孜州属于集“老、少、边、穷、病、灾”于一体的特殊集中连片贫困地区。通过实施新村建设等工程，至2010底，已扶持5.88万名农村贫困人口改善生产生活条件；大力开展城乡困难群众医疗和困难职工救助工作，全年共救助4219人次，救助资金

194.86 万元。全州纳入全国特殊贫困类型地区，实行整体扶持和连片开发。投入各类扶贫资金 3.7 亿元，扶持农村贫困人口 5.87 万人。解决低收入家庭住房困难房源 1511 套，实施廉租住房租赁补贴 3376 户，完成干部职工安心工程 5267 套。大力整合各类扶贫开发项目，全面促进贫困地区基础设施建设，农牧民行路难、饮水难、照明难、灌溉难等问题得到进一步有效缓解。

七　重塑甘孜州经济地理：发展战略与展望

（一）生态立州——构建长江上游生态屏障

按照国家重点生态功能区的定位，坚持建设生态经济第一州目标，确立绿色、低碳发展理念，加强生态建设和环境保护，推进生态文明建设，努力实现经济效益、社会效益和生态效益有机统一，推动资源节约型、环境友好型社会建设，构建长江上游生态屏障。

坚持“全面规划、分步实施、点上治理、面上保护”的原则，以增强水源涵养功能、水土保持功能和维护生物多样性功能为重点，大力实施《青藏高原东南缘——川西北地区生态环境保护与建设规划》，加强水土流失治理、加强自然保护区建设、推进森林生态、草地生态建设、推进生态移民等重大生态工程建设；落实生态补偿政策，全面落实草原生态保护补助奖励、公益林生态补偿，积极争取进入三江源国家生态保护综合试验区补偿试点范围和湿地补偿政策，恢复和增强区域生态功能，不断增加生态资源积累总量，努力提升生态环境的质量和容量。

坚持自然资源开发与环境保护并重，严格执行环境影响评价和“三同时”制度，强化开发保护；加强重点行业大气污染防治，实施区域性和流域性污染物排放总量控制，健全工业污染防控体系；加快城镇、旅游景点环保设施建设，新建一批垃圾处理厂和污水处理厂，加强城镇、企业污染治理；加强金沙江、大渡河、雅砻江流域污染防治，确保主要江河水质保持国家水功能区划标准；大力开展环境综合治理，建立生态环境监测管理体系，加强节能减排和资源节约利用；建立健全综合防治、以防为主，各方协同、科学高效，功能齐全、覆盖城乡的综合防治体系，加强自然灾害监测预警系统、自然灾害防御系统、自然灾害应急救援体系建设，全面提升防灾减灾能力。①

（二）安康必先通康——加强基础设施建设

基础设施建设滞后，是甘孜州经济社会发展最大的瓶颈制约。全面实施富民安康工程，必须首先固本强基、夯实基础。原国务院总理朱镕基指出，“稳藏必先安康，安康必先通康”。加快基础设施建设，是全面实施富民安康工程的首要任务，也是加快推进富民安康工程的基础工程。包

① 甘孜州人民政府：《甘孜藏族自治州国民经济和社会发展第十二个五年规划纲要（草案）》，2010 年 12 月。

括重点加强交通基础设施建设、着力改善农村基础设施条件、加强城镇公共基础设施建设。

1. 交通先行

力争全面完成省政府《甘孜州2009～2012年公路建设推进方案》确定的所有项目。开工雅康高速公路、雅康铁路，协助推进川藏高速公路和川藏铁路、川青铁路甘孜州境内路段前期工作。亚丁机场建成营运，甘孜机场力争开工。与此同时，要大力发展城市和农村客运交通，高度重视国省干道和农村公路的管护。

2. 电网建设

完成泸定甘谷地500千伏开关站和康定新都桥、九龙溪古、丹巴、乡城500千伏变电站建设，实现省州联网，完善220千伏及以下电网，加快电网向北延伸，解决好农牧民用电问题。

3. 加强水利基础设施建设

在水利建设方面，完成白松茨巫、洛须、打火沟引水工程，开工顺河堰、力邱河等水利工程，建设渠系配套和小型节水灌溉工程，初步形成防洪抗旱减灾体系，解决好农牧民饮水问题。加强农田水利建设，推进牧区水利建设，加强防洪工程建设。完善县城及沿江沿河重要城镇防洪堤工程，加快江河防洪及山洪灾害防治非工程措施建设，加强河道清理整治和城镇排涝设施建设。继续推进重点中小河流治理。

4. 城镇基础设施建设

完善城镇道路、供水、供电、供热、环卫、防洪等市政基础设施，健全流通体系，改善人居环境，完善城镇功能。

5. 信息化建设

完成通乡高速宽带信息网络和农村移动通信基站建设，加快乡镇广播电视台站建设，推进“三网”融合，开通电子政务，发展电子商务。

（三）缩小差距——扶贫开发与公共服务均等化

甘孜州发展落后，不仅表现在经济发展方面，更表现在社会发展方面，尤其是农牧区基本公共服务落后。加快甘孜州社会事业全面发展，为农牧民提供更多的基本公共服务，努力实现学有所教、病有所医、困有所助、老有所养，丰富人民群众精神文化生活，是坚持以人为本、改善提高民生、促进社会公平、加快实施富民安康工程、推动和谐社会建设的重点工程和重大举措。包括优先发展民族教育事业、重点发展医疗卫生事业、建立完善社会保障体系、大力促进科技文化普及。

1. 优先发展教育，提升公共服务水平

实施新一轮教育发展十年行动计划，普及学前教育，发展中职教育，提高义务教育和高中教育质量水平。加大人才引进和开发力度，为经济社会发展提供人才保障和智力支撑。实施卫生发展十年行动计划，推进医药卫生体制改革，提高医疗卫生服务水平。坚持科技兴州，促进科技进步。完善文化、广电、体育等公益设施和服务体系。统筹解决人口问题，促进人的全面发展和人与自然的和谐相处。

2. 大力发展医疗卫生，提高公共卫生服务水平

实施藏区医疗卫生发展十年行动计划，加大卫生事业财政投入，加强公共卫生服务体系建设，提高医疗服务水平和保

障标准，推进公共卫生服务均等化。加强州县综合医院、乡镇卫生院、村级卫生站（室）、城镇社区卫生站（中心）及流动医疗服务站建设，完善医疗卫生服务网络体系；健全疾病预防控制、突发公共卫生事件救助机制和信息网络，提高重点传染病普查、预防控制和突发公共卫生事件救治能力，完善公共卫生服务体系；推进民族医疗机构规范化、制度化、标准化建设，把州藏医院建成集临床、教学、科研、开发、保健为一体的二级甲等现代化综合性中藏医院，县级中藏医机构基本达到二级中藏医医院标准，乡镇中心卫生院设置中藏医科，鼓励一般乡镇卫生院开设中藏医服务业务，加快发展民族医药事业；综合推进医院管理、医疗服务改革，推进医药卫生体制改革。

3. 改善民生，提高生活水平

加快牧民定居点建设、新农村建设、农牧区危房改造和地质灾害避险搬迁，逐步引导农牧民适度规模集中定居。加强扶贫开发，改变农牧区面貌，增加农牧民收入。不断促进城乡就业，城镇登记失业率控制在 4.50% 以内。完善城乡社会保障体系，积极发展社会福利和慈善救助事业。要千方百计增加城乡居民收入，最大限度地改善其生产生活条件，让老百姓生活得更加体面、更有尊严。

4. 整体扶贫开发，解决贫困人口温饱

通过国家“八七”扶贫攻坚计划和农村十年扶贫开发纲要的实施，甘孜州的贫困状况有所缓解，贫困人口的比重有所下降。但面临的形势依然严峻，反贫困的任务依然繁重。加快实施整体扶贫开发工程，尽快解决贫困人口温饱问题，是实施富民安康工程的重要内容，也是实现全面小康、建设和谐社会的重大举措。包括调整反贫困的战略思路、全力推进各项重点扶贫工程、大力加强贫困人口生活救助。

大力推进开发式扶贫。坚持开发式扶贫方针，实施连片开发、综合治理扶贫开发战略。加快推进扶贫开发与农村低保相结合的“两轮驱动”，构建大扶贫格局，着力提高贫困家庭自我发展能力。

实施扶贫开发重点工程。大力开展整村推进工程，农牧区无房户、危房户住房解困工程。争取实施藏区包虫病、大骨节病综合防治扶贫工程。实施易地扶贫搬迁、产业扶贫、新村扶贫工程。加快推进以工代赈千桥工程，积极开展连片开发、互助资金、溜索改人行吊桥和革命老区等扶贫试点工程。

创新扶贫开发机制。整合扶贫资源，加大扶贫资金投入，提高扶贫资金使用效益。建立和完善贫困人口培训机制，提高贫困人口自我发展能力。建立扶贫对象动态管理机制。积极争取国家、省级部门和发达地区对口帮扶，完善州县定点帮扶机制，动员社会各界参与扶贫事业。

（四）立足特色——构建特色生态产业体系

实现富民安康的关键是增强自我发展能力，增强自我发展能力的核心是发展优势特色生态产业。甘孜州优势资源十分丰富，开发利用对国家战略意义重要，必须在保护生态环境的前提下，将生态环境保

护与生态产业发展有机结合，充分发挥资源富集的比较优势，加快优势资源合理开发利用，发展壮大优势特色生态产业；使生态资源优势转化为生态产业优势，生态产业优势转化为生态经济优势，增强区域经济社会实力，提高经济社会发展质量、促进人民生活改善。大力发展生态农牧业、培育壮大生态能源产业、加快发展生态旅游文化产业、积极有序发展优势矿产四大优势支柱产业，积极培育中藏药业、文化两大后续产业，大力发展服务业，加强产业集中区建设，促进产业集聚发展，基本形成特色鲜明、优势突出的生态产业体系。加快金沙江、大渡河、雅砻江干流和支流水电开发，发展风、光、地热等新能源；力争到2015年，生态农业增加值达到40亿元；集中力量打造重点旅游景区和精品旅游特区，力争到2015年，接待国内外游客1000万人次，实现旅游收入80亿元；打造康东多元文化、康北格萨尔文化和康南香格里拉文化产业区，培育演艺和影视等骨干文化企业。建设中藏药业原料生产、产品加工、商贸服务、科技支撑体系，建立南派藏医药研发中心，到2015年，中藏药业产值达到15亿元。

1. 巩固提升生态农牧业、生态药业

以增加农牧民收入为核心，以特色农业产业基地建设为抓手，以科技进步为支撑，推进农业结构调整，加快构建现代农业产业体系坚持多渠道争取和整合建设资金，加大对农业基础设施建设的投入，改善农业生产条件；优化农业产品结构，以青稞、马铃薯、优质牦牛和优质藏羊为重点，推进特色农畜产品生产基地建设；实施农业综合服务体系建设工程，建立健全农技推广、良种繁育、疫病防控、农产品质量监管和流通等体系；加强农业人才和科技支撑能力建设，加强新型农业服务体系建设。

以种植基地化、生产规范化、制药现代化、药品标准化、产品品牌化、市场国际化，形成药材种养、药品生产加工、服务商贸相互衔接的产业链，培育中藏药特色产业。

2. 加快发展生态能源业

抓住国家加快水电开发的机遇，在保护生态和做好移民安置工作前提下，加快发展以水电为主的生态能源产业，着力打造“川电外送”重要基地。到2015年，全州发电装机容量达到1000万千瓦，在建水电站装机容量达到1500万千瓦以上。

3. 生态旅游业

充分利用独特稀缺的生态旅游资源，实施旅游精品战略，建成世界级生态旅游目的地，实现由西部旅游资源大州向西部生态旅游经济强州的转变，把旅游业培育成最具优势、最具潜力、最具带动作用的富民产业和战略性支柱产业。按照加快东部、提升南部、带动北部的思路，构建“一中心、两大区”旅游发展布局。强化康定情歌城龙头辐射和旅游集散中心功能，完善提升环贡嘎山两小时旅游圈，加快推进亚丁旅游区、康巴文化旅游区建设，培育稻城亚丁、德格为支撑的两大增长极。

4. 有序发展优势矿产业

坚持“保护生态环境优先，突出资

图40-6　中藏药材种植基地布局

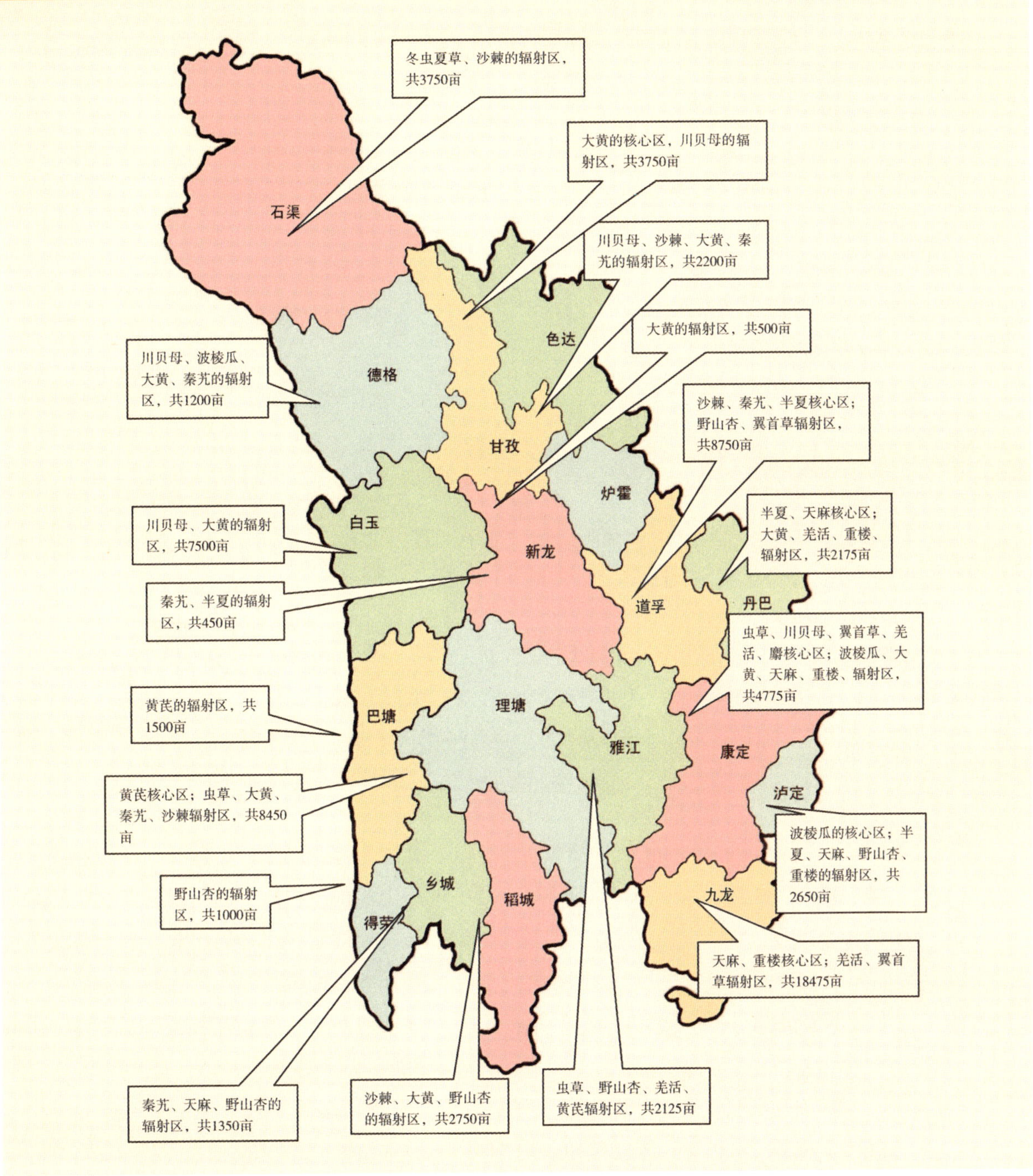

源勘查，有序开发矿产资源”方针，以重大项目为载体，以优势企业为龙头，实施矿业百亿发展战略。加大矿产资源勘探力度，争取国家投入，引导社会资金，加快地勘工作，全力推进以“三江”和大渡河四大成矿带为重点的成矿区勘查进程，加大锂、镍、铜、铅、锌、金、银、硅等优势矿种勘查力度，实现找矿新突破，力争形成一批重要矿产开发后备基地，加快重点矿山建设，延伸矿业产业

专栏 40-2　生态能源业重点项目

※干流电站：建成泸定（92 万千瓦）、长河坝（260 万千瓦）、黄金坪（85 万千瓦）等电站，总装机近 700 万千瓦。争取开工两河口（300 万千瓦）、牙根（150 万千瓦）；愣古（274 万千瓦）、猴子岩（170 万千瓦）、硬梁包（120 万千瓦）、叶巴滩（200 万千瓦）、苏洼龙（130 万千瓦）、拉哇电站（190 万千瓦）、丹巴电站（110 万千瓦）、巴底电站（68 万千瓦）等电站，总装机近 1500 万千瓦；加快推进金沙江上游和雅砻江上游其他大中型电站前期工作

※中小流域开发：九龙河、子耳河、孟底沟、三龙岩沟、革什扎河、东谷河、金汤河、巴朗沟、瓦斯河、鲜水河、庆大河、欧曲河、色曲河、有曲河、霍曲河、力丘河、理塘河等 17 条河流 72 个梯级开发，巴楚河、莫曲河、定曲河、玛依河、硕曲河、东义河等 6 条河流 26 个梯级开发

※新能源：炉霍、康定、稻城、色达、石渠、甘孜、得荣、理塘等县太阳能发电站

专栏 40-3　生态旅游业重点任务

十大旅游景区：海螺沟、泸定桥、丹巴古碉藏寨、木格措、跑马山、塔公草原、稻城亚丁、九龙伍须海、巴塘措普沟、德格印经院

七大旅游线路产品：圣洁甘孜山水文化精华游、情歌故乡浪漫游、贡嘎极高山群体验游、亚丁香格里拉之魂生态游、康巴文化发祥地风情游、中国最美乡村休闲游、川藏线中国人的景观大道自驾游等旅游线路产品

特色旅游村镇：建设磨西、冷碛、姑咱、新都桥、塔公、八美、香格里拉、桑堆、措拉、马尼干戈等旅游集镇，实施“百千万”藏家乐工程，培育和建设一批旅游村镇

链，打造四川有色金属战略资源接续基地。继续治理矿业秩序，加强矿山开发的生态恢复力度。

（五）分类指导——统筹区域协调发展

甘孜州各县发展条件和发展水平差异较大。根据 18 个县的地理区位、自然条件、发展水平等因素，目前，全州划分为东、南、北三个经济区，其中，东部发展基础和条件相对较好，南部次之，北部再次之。必须根据各区域的经济地理区位、自然地理条件、自然资源禀赋、经济社会发展水平、农牧民生活状况、生态环境承载能力等，加强分类指导，在生态经济发展上实施“加快东部，推进南北”的非均衡发展战略；在社会事业发展上采取“统筹兼顾，扶持南北”的协调推进战略，形成功能明晰、优势互补、分工协作、协调发展的区域发展格局。

1. 加快东部经济区发展

东部经济区包括康定、泸定、丹巴、九龙、道孚、雅江 6 县，是全州自然环境条件最好、区位优势最为明显、优势资源最为富集且开发程度最高、经济社会发展最快、人口聚集程度最高的区域，是引领全州发展的重点区域。应充分发挥东部经济区资源丰富且开发条件较好的优势，实

图 40-7　生态旅游产业总体布局

施东部率先发展的区域非均衡发展战，以工业集中区和环贡嘎山两小时旅游圈为载体，形成旅游、矿产、能源、特色农牧业为主的经济格局，培育全州经济增长极和人口聚集区，成为带动全州经济发展的先行地区。

图40-8 区域发展总体布局

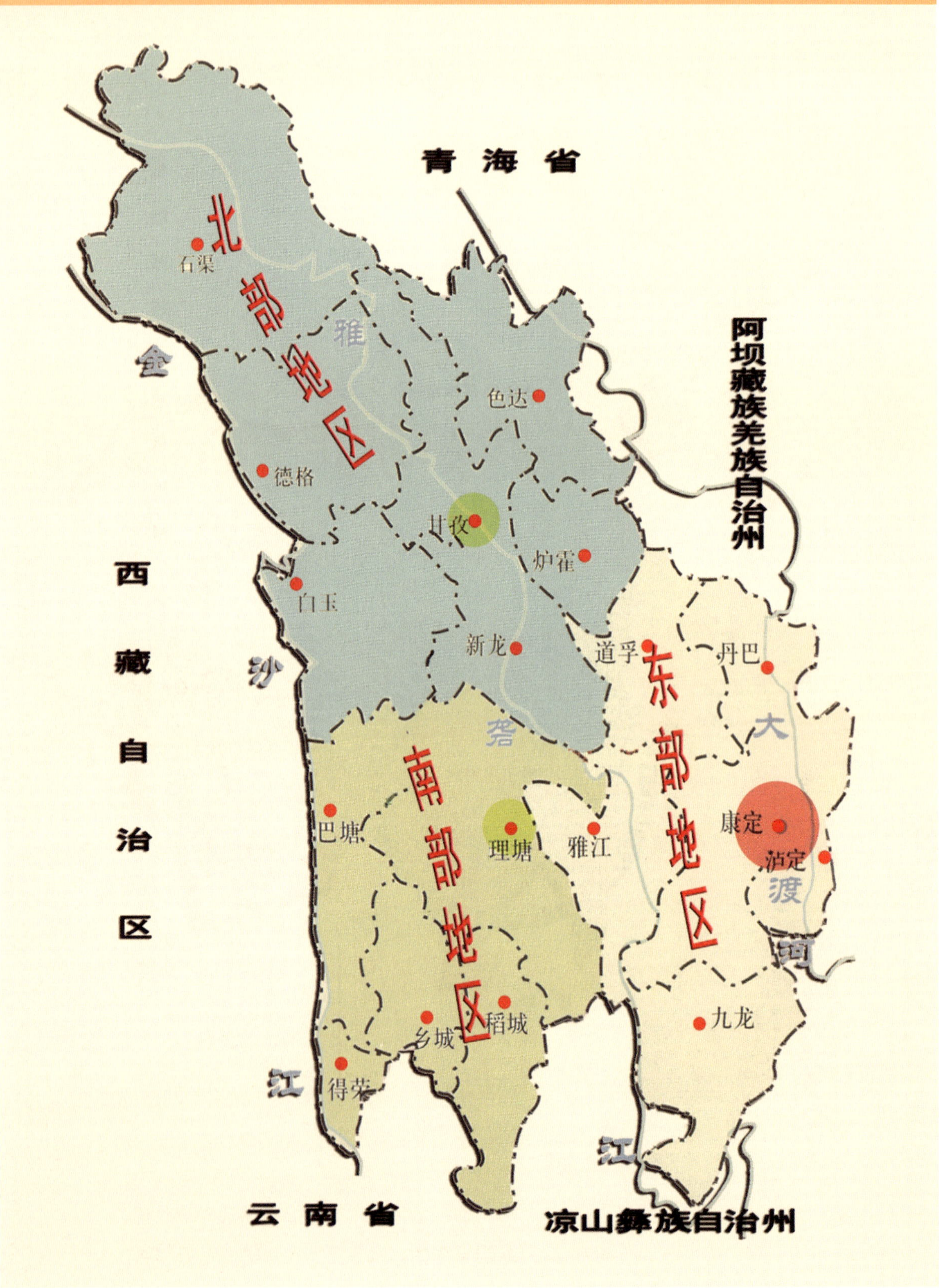

2. 推动南部经济区发展

南部经济区包括理塘、巴塘、乡城、稻城、得荣 5 县，是全州自然环境条件较为多样、优势资源较为富集、经济社会较为落后、人口聚集程度较低、生态环境承载能力较弱的区域，是今后发展的次重点区域。南部以加强基础设施建设和生态环境建设为重点，加强水能资源、旅游资源和优势矿产资源的保护和开发，合力打造南部香格里拉旅游环线、共同促进区域特色农业综合开发，切实搞好区内重点旅游资源、水能资源和优势矿产资源的保护和开发，积极发展特色县域经济、实现优势互补，推动形成特色产业区域化，打造全州新的经济增长极。

3. 积极培育北部经济区

北部经济区包括炉霍、甘孜、色达、新龙、白玉、德格、石渠 7 县，是全州自然环境条件最差、经济社会发展严重落后、人口聚集程度最低的区域，是生态环境保护的重点区域。

北部以加强生态环境保护为基础，牢固树立保护生态也是发展的理念，积极争取国家财政扶持和资金投入，突出抓好生态环境保护，重点加强基础设施建设，强化基本公共服务，推进反贫困进程、改善人民生活，着力夯实农牧业基础，大力推进特色农牧业产业化发展，积极开发水能和太阳能、旅游以及优势矿产资源。积极促进建立青藏高原东南缘生态保护区，实施草原生态保护和治理工程、重大灾害防灾和减灾工程等。合理发展经济，着力夯实农牧业基础，有重点地推进旅游和矿产开发。①

（六）区域合作——构建川、滇、藏、青的重要节点

加大对外开放，鼓励和支持通过飞地经济模式进行资源综合利用，在资源开发、区域旅游、技术援助、人才交流、交通等基础设施建设、生态环境保护等方面广泛开展跨区域合作交流，形成相互开放、共同发展新格局。向东加强与雅安在交通、工业、旅游、文化等方面的合作，借助“8+3”区域合作平台，② 积极融入成都市经济圈，借力成都经济区，主动承接成都经济区经济的辐射和带动，根据四川省“做强市州经济梯队，做大区域经济板块”的重大部署，构建多极多点支撑体系，共同打造国家级国际化大都市经济圈；向南加强与云南丽江、迪庆、攀西地区合作，积极促进优势资源开发，融入滇西北和攀西经济区；向北加强与青海、西藏合作，积极融入三江源生态经济区，着力构建川、滇、藏、青的重要节点。加强政府间合作、政企合作、银企合作、社会合作，继续加强对口援建援助合作，积极参加一年一度的中国国际西部博览会，强化项目推介，加大招商引资力度，力争在旅游、水电、生物资源开发以及交通等基础设施建设方面取得重大进展。

---

① 甘孜州人民政府：《甘孜藏族自治州国民经济和社会发展第十二个五年规划纲要（草案）》，2010。

② 1 月 11 日，成都经济区暨三州区域合作联席会议在蓉召开，此前成都、德阳、绵阳、遂宁、乐山、雅安、眉山、资阳“1+7”区域合作，扩容为包括阿坝州、甘孜州、凉山州在内的“8+3”区域合作。

附：甘孜州近年区域合作大事

2010年9月，与迪庆、甘孜、昌都、玉树四地州旅游局签订旅游战略合作协议。

2012年4月，甘孜州与眉山共建“飞地”工业园区达成共识，5月正式签约。

2012年7月9日，雅安市与甘孜州签订了《甘孜－雅安区域合作框架协议》。着重在以下几个方面加强合作：一是在新材料、新能源、中藏药材、农产品深加工、藏茶产销、建材、水电开发等领域深化产业合作；二是共同争取西部大开发等重大政策等方面合作研究；三是在加强高速公路、铁路等交通基础设施建设的合作；四是加强社会综合治理、政法工作联动等合作；五是本着“平等自愿、优势互补、合作发展、互利共赢”的原则，加强干部与人才交流合作，为两地经济发展提供坚强有力的组织保证和人才支撑；六是加强科教、旅游及人文等领域的合作，推动两地资源共享，着力将雅安打造成服务藏区的科教、卫生培训基地。鼓励地区部门、社会团体和各民间组织缔结友好关系，联手开发两地丰富的旅游资源，共同打造国际国内旅游精品线。

2012年8月，甘孜州与南充市携手推进区域旅游合作州旅游局负责人、南充市旅游局负责人就建立旅游合作机制、共同开发旅游市场、加强旅游信息交流、推进旅游便利服务、开展旅游深度宣传、深化旅游双边合作等方面达成共识，并签订了合作协议。

2012年9月17～21日，甘孜州委副书记、州长益西达瓦率团赴云南迪庆州和丽江市考察，并与迪庆、丽江签署区域合作框架协议，进一步加强在交通、旅游、水电、矿产、特色农畜产品、物流、生态、边界和谐稳定等广泛领域深层次的交流合作。

2013年1月11日，成都经济区暨三州区域合作联席会议在蓉召开，此前成都、德阳、绵阳、遂宁、乐山、雅安、眉山、资阳“1+7”区域合作，扩容为包括阿坝州、甘孜州、凉山州在内的“8+3”区域合作。眉山与甘孜州等共建工业园区。

第41章 阿坝州：世界旅游天堂 高原生态屏障*

图 41-1 阿坝州政区

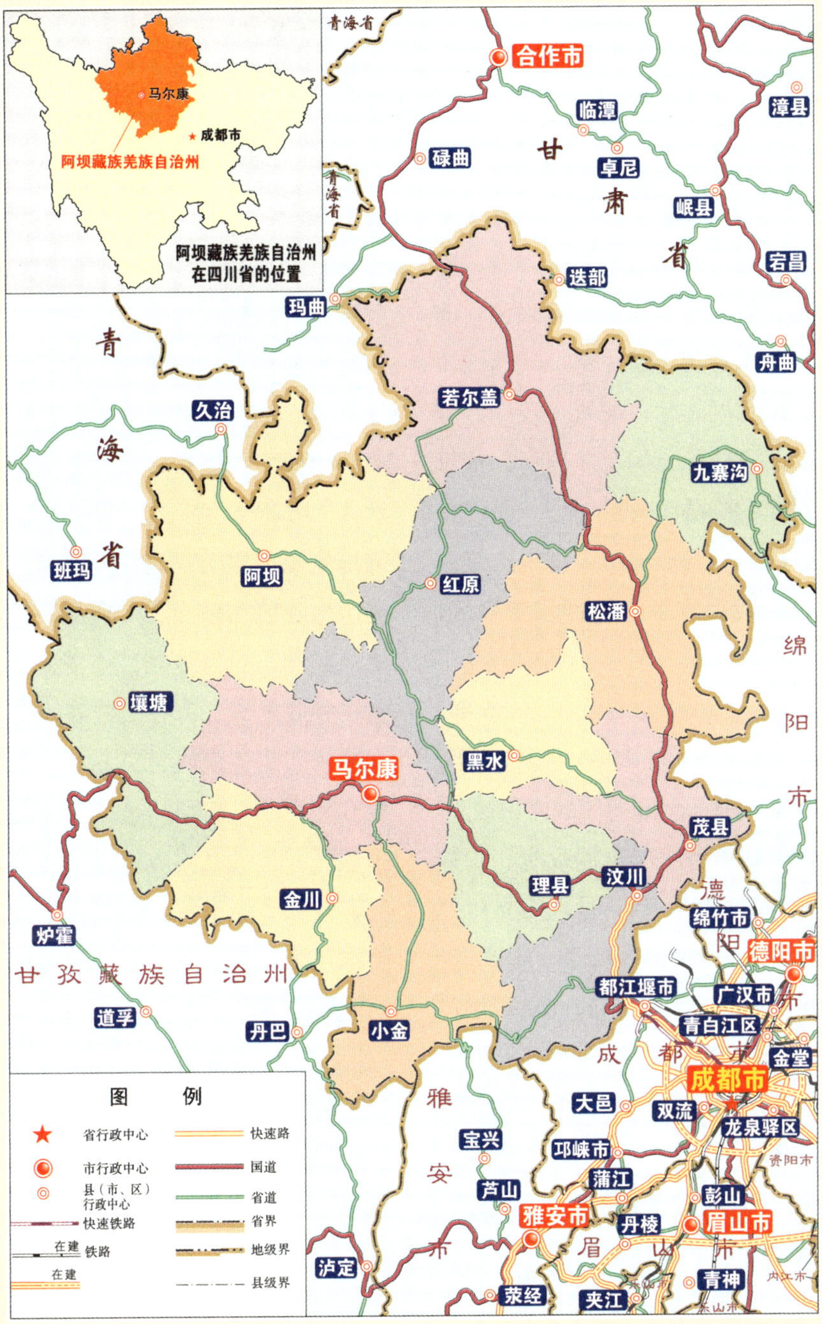

资料来源：本图由四川省发展和改革委员会、四川省测绘地理信息局提供。

---

* 本章作者：何东，西华大学管理学院副院长，教授；刘泽仁，西华大学经济与贸易学院教授；宋宝莉，西华大学管理学院副教授；义旭东，西华大学经济与贸易学院副教授。此外，韦厚华、刘庚达、黄燕、陈红、张磊、张强、方龙等研究生参加了研究工作。

一 区域特征与发展定位

（一）历史沿革

1. 历史沿革

公元前316年秦置湔氐道（今松潘），阿坝州始有建制。西汉置汶山郡。晋、隋袭旧制有所拓展。唐代建置时有兴废，演变十分频繁。宋置茂州通化郡、威州维川郡。元为土司制度之始，明置于茂州、威州、松潘卫，分辖各土司及千户所。清设茂州、理番厅、松潘厅、懋功厅。民国初改厅州为县，继后设松理懋茂汶屯殖督办公署，后改为四川省第十六行政督察区，辖松潘、茂县、汶川、理县、懋功（今小金）、靖化（今金川）6县及草地65部、20个土司、11个屯守备。1935～1936年，中国工农红军长征在州境内转战停留达16个月之久，创建了各级苏维埃政府和少数民族革命政权。1950年1月，建立川西人民行政公署茂县专区专员公署，1953年阿坝州全境获得解放并于年底成立四川藏族自治区，1955年更名为阿坝藏族自治州，1987年更名为阿坝藏族羌族自治州。

2. 行政区划

阿坝藏族羌族自治州是四川省第二大藏区和我国羌族的主要聚居区。全州总面积为8.3万平方公里，辖13个县31镇192乡。2011年末户籍人口总数907021人，其中：男性463300人，女性443721人；农业人口703152人，非农业人口203869人；藏族、羌族、汉族和回族占总人口的比例分别为56.9%、18.5%、21.1%和3.3%。

3. 自然条件

（1）地形地貌。

阿坝藏族羌族自治州（以下简称“阿坝州”）位于四川省西北部，青藏高原东南缘与四川盆地西北边缘山地峡谷的交错接触地带，即北纬30° 35′ ～ 34° 19′，东经100° 30′ ～ 104° 27′。区域地形地貌复杂，地表整体轮廓是一个典型的高原。阿坝州的地貌大致划分为东南高山峡谷和西北高原两大形态单元。西北部是高原高寒草地，海拔3500～4000米，丘状高原与山原地貌广布，属长江、黄河水系分水岭，嘎曲（白河）、墨曲（黑河）、贾曲蜿蜒流淌，自南至北注入黄河。东南部为高山峡谷区，岷山、九顶山、邛崃山山脉雄峙其间，山势陡峭，峰峦叠嶂，沟壑纵横，谷底幽深，河谷最低海拔780米，最高峰（四川省境内第二高峰）四姑娘山海拔6250米。阿坝州是黄河流经四川的唯一地区，是长江支流岷江的源头，是岷江及嘉陵江支流涪江、白龙江的发源地，有全国最大的湿地——若尔盖湿地，其生态功能地位突出。

（2）气候特征。

阿坝州冬半年（11～4月）主要受来自西伯利亚干冷的西北气流影响，降水稀少，空气干燥，晴天多，日照时间长，气温日较差大，多阵性大风；夏半年（5～10月）主要受西南和东南暖湿气流影响，水汽充沛，降水显著增多而进入雨季。冬干夏湿、冬寒夏暖、雨热同季的高原季风气候特点明显。阿坝州按水平和立体差异可划分为：山地亚热带、温带和高原寒带。温度差异大，垂直气候显著，年较差小，日较差大，最冷月出现在1月，

表 41-1　阿坝州县域行政区划

县　名	面积（平方公里）	人口（万人）	非农业人口（万人）	非农业人口比重（%）
马尔康县	6639	5.5	2.4	43.6
汶川县	4083	10.2	3.6	35.3
理县	4318	4.5	1.1	24.4
茂县	4075	11.0	2.7	24.5
松潘县	8486	7.4	1.7	23.0
九寨沟县	5286	6.5	2.0	30.8
金川县	5524	7.3	1.2	16.4
小金县	5571	8.0	1.2	15.0
黑水县	4154	6.1	0.9	14.8
壤塘县	6836	4.1	0.6	14.6
阿坝县	10435	7.3	0.8	11.0
若尔盖县	10437	7.6	1.0	13.2
红原县	8398	4.4	1.0	22.7

注：人口数据来源于《四川省统计年鉴 2011》。

最热月出现在 7 月。复杂的地形地貌造就了多样的气候。气温自东南向西北并随海拔由低到高而相应降低，西南部和东南部山原地带为温凉半湿润气候，气候呈垂直变化，高山潮湿寒冷，河谷干燥温良，年平均气温 8.6℃ ~ 13.1℃；西北部的丘状高原属大陆高原性气候，冬季寒冷，夏季温凉，年平均气温 1.1℃ ~ 5.9℃。降水时空分布不均，干湿季分明。冬半年降水稀少，占年总降水量的 20%；夏半年降水增多，占年总降水量的 80%。灾害性天气主要有干旱、霜冻、寒潮、连阴雪、暴雨洪涝、冰雹、雷电、低温阴雨。

（3）自然资源

独特的立体气候，造就了生物资源品种的多样性，自然资源具有“稀、特、优”的优势，是四川省重要的林、畜、药、果基地。阿坝州有“宝贵的天然药库”美誉，名贵动植物中药材品种有麝香、虫草、松贝母、熊胆等，全州药用植物有 1252 种，这为发展阿坝州特色、立体、生态农业提供了良好的基础。

阿坝地区水能资源丰富，境内江河众多，有以大渡河、岷江为主干的大小 530 条河流。区域降水丰富，水流湍急、水流量充沛、落差大；水能资源高度密集、可开发量大，已探明水能理论蕴藏量达 1933 万千瓦，可开发量约 1400 万千瓦，占全省可开发量的 11%。

阿坝地区矿产资源高度富集，自治州蕴藏着丰富的金属、非金属和稀有金属矿物，如铁、锰、钛、铝、锌、金、银、铍、锂、铀、金刚砂、云母、煤、泥炭、大理石、方解石、石英等，计有矿种 59 种，有储藏量的达 40 种 。矿产资源中，泥炭储量、品位居全国之首，是世界上罕见的质优量丰的高原型泥炭。汶川、理县玉砂矿是目前省内发现的唯一矿区，亦是全国发现的两个最优质矿区之一。汶川威州铁矿藏量虽仅有约 3160 万吨，优矿品位却高达 68.1%，是生产永磁材料的最佳原材料。

阿坝州有绚丽多彩的旅游资源，阿坝州境内有珍稀动物 46 种，居四川省第一位。列入国家一类保护的有大熊猫、金丝猴等 9 种，列入国家二类保护的有小熊猫、藏酋猴等 12 种。自治州风光旖旎，融地、水、生、气、景于一体，被四川省列为旅游龙头。有驰名中外号称“童话世界”、“人间仙境”的九寨沟，“人间瑶池”之誉的黄龙国家风景名胜区，由联合国世界野生动物保护协会捐助建立的、以动物活化石著称的大熊猫研究中心——国家级卧龙自然保护区，以及被誉为“蜀山皇后之尊”的四姑娘山。有珍稀动、植物重点保护区和国家与省重点开发的旅游胜地，还有世人皆知的中国工农红军长征翻雪山过草地的英雄壮举，留下了丰富而宝贵的革命历史遗产。

（二）高原生态经济区

阿坝州地貌以高原和高山峡谷为主。东南部为高山峡谷区，中部为山原区，西北部为高原区，形成典型的高原高寒气候，是国家重要的生态经济区。

1. 高原农牧区

生态农牧业是按照“整体、协调、循环、再生”的生态学原理，以生态为基础，以科技为主导，生产没有被化学物污染，符合人们健康卫生标准，又符合国际市场准入标准的农畜产品。

阿坝州气温低，昼夜温差大，日照充足，气候干燥，土壤有机质含量和有效钾含量丰富；境内无工业污染，空气清新，水源洁净，发展现代绿色生态农牧业优势突出。同时，鲜明的季节差为该州生态特色农业的发展提供了广阔的市场。阿坝州依托独特立体气候和特定土壤、草地等独具特色的自然生态环境，生态畜牧业、高原特色农业及藏药材种植业已初具规模，重点发展了牦牛养殖与加工、错季节蔬菜与水果、特色粮食生产、藏药及高原名贵药材生产加工。初步形成了“北部畜牧业及青稞种植基地”、“西南部高原野生菌基地”、“中部优质水果、干坚果生产基地”、“东南部高原生态蔬菜生产基地”，高原生态农牧区已初步建立。

2. 高原生态文化旅游区

多样的气候、独特的山川地貌、丰富的动植物、珍贵且富有民族特色历史文化遗迹、古老智慧的民族和远离都市的地理位置，造就了丰富的旅游资源，造就了森林公园式的阿坝州，使阿坝州当之无愧地成为世界级风景区。阿坝州现有 3 个世界级风景区，3 个省级风景区，4 个省级自然保护区；101 个一级景点，38 个二级景点，19 个三级景点；5 个人文景观板块：长征史诗、藏文化、羌文化、历史文化、藏传佛教文化。形成了“北看黄龙九寨水，南观卧龙四姑娘山，中游峡谷大草原，重走红军长征路，再赏藏羌人文景观”的生态旅游格局。依托丰富的旅游资源，阿坝州塑造了“九寨、黄龙高原精品风光旅游区”、“阿坝、红原高原生态及（康巴）安多文化风情旅游区”、“四姑娘山等高山峡谷风景区”，并正在努力打造高原生态文化旅游区。

3. 高原生态屏障区

阿坝州位于青藏高原东南缘，是长江、黄河上游的生态屏障，被国家环保局列为国家级高原湿地保护区和重要生态功能保护区，具有丰富的自然资源和旅游资源，同时也是黄河水源的重要涵养地，生态屏障地位突出，素有中华民族“天然水塔”之称。此外，若尔盖大草原被中外专家称为“中国西部高原之肾”、“中国最美的湿地草原”，是中国六大草原之一、中国最大的高原泥炭沼泽地、黄河上游重要的水源地。

（三）藏羌文化区

藏羌文化是代表藏、羌这两个民族特点的，反映其理论思维水平的精神风貌、心理状况、思维方式和价值取向等精神成果的总合。藏羌文化有着丰厚的历史、精深的内涵、浓郁的地方特色、持久的人文魅力，是中华民族文化宝库中的珍贵文化遗产。藏羌文化是中华民族文化的重要组成部分，是藏羌两个民族在其历史发展过程中创造和发展起来的具有本民族特点的文化，是藏羌民族群体、民族历史、民族遗迹、民族神话、民族宗教、民族文学、民族艺术、民族心理、民族习俗、民族建筑、民族经济及民族居住地独特山川风貌的总称谓。 阿坝州藏羌文化史包含各个领域，如器物文化、制度文化、宗教文化、居室文化、饮食文化、服饰文化等，由于按标准民族文化环境及其民族文化的多元性，因而被学术界称为“一部活态的社会发展史”，阿坝州也可谓西部地区藏羌文化遗产最为厚重、最为丰富、最为典型的地区之一。

阿坝藏羌民族勤劳智慧，历史文化旅游景观丰富，民俗风情多彩多姿。岷江上游石棺葬及出土青铜器、玉石、金银器、陶器（战国时期），浓缩和再现了羌族先民的独特文化面貌和聪明智慧；桃坪羌寨、嘉绒藏碉、寺院古利等建筑古朴久远，精妙绝伦，是藏羌民族文化艺术的杰作，是藏羌民族建筑艺术的活化石；宗教文化丰富多彩，天文、地理、美术、医学等包罗万象，文物名刹不胜枚举。藏羌民俗风清古朴而多姿多彩，锅庄舞、服饰、羌族刺绣、藏羌山歌、饮食文化等引人入胜。

（四）发展定位

阿坝州经济区地理位置特殊，战略地位重要，区情特征突出，为推进阿坝州社会经济持续、快速、健康、科学发展，加快全面小康建设步伐，根据《国家主体功能区规划》，阿坝州将建设成为国家高原生态安全屏障区、世界旅游目的地、国家清洁能源基地、高原生态农牧业基地，建设团结、民主、富裕、文明、和谐的社会主义新藏区。

二　独特的资源优势

阿坝州地处我国自然地理垂直地带中两大阶梯之间的过渡地带，是世界十大生物多样性中心之一的青藏高原的一部分，又是我国川西－滇北植物特有现象中心的重要组成部分。自然资源主要表现为土地资源、林草资源、水能资源、旅游资源、绿色生物资源、矿产资源等。

（一）水电资源丰富

阿坝州地处长江、黄河两大水系的上游，是岷江水系的发源地，全州共有岷江、大渡河、嘉陵江、涪江、黄河等五大水系。境内有溪河530条，主要河流有黄河、岷江、白水江等。阿坝州水能资源得天独厚，全州河流纵横、落差大、易开发，其理论蕴藏量1933万千瓦，可开发量1400万千瓦以上。目前，已开发478.43万千瓦，具有年发电小时长、造价低、距离负荷中心近、效益好等特点。截至2011年底，阿坝州水电装机容量达423.47万千瓦，全州主要水电站累计发电量突破150亿度，达到154亿度，较2010年同期增加21.3亿度、增幅达16.1%。截至2010年底，全州发电额定装机容量388.83万千瓦，并网投运装机容量352.23万千瓦。其中，“5・12”汶川特大地震后恢复装机容量253.16万千瓦，正在恢复36.6万千瓦。特大地震后，新增柳坪、狮子坪等11座水电站，总装机74.8万千瓦。装机200万千瓦的大渡河双江口电站已经进入前期准备阶段。截至2010年4月底，全州已恢复110千伏～500千伏电网变电容量261.56万千伏安。恢复110千伏、220千伏、500千伏电网输电线路1460公里，未恢复175公里。

依托丰富的水能资源，打造国家战略资源保障的水电基地，坚持流域梯级开发和区域连片开发，突出重点流域和重点区域，加快在建水电开发工程进度，推进大型水电站全面开工建设，进一步壮大水电规模。积极发展太阳能、风能等新能源。积极探索利益共享机制，创新地方政府参与水电开发的体制机制，完善水电工程移民安置补偿和水能资源有偿使用制度。其中，包括积极探索建立库区集体土地参与资源入股的补偿模式和建立水电项目生态环境治理恢复保证金制度。水电资源开发企业应按投资额的一定比例提取生态环境保证金，根据“企业所有、专款专用、专户储存、政府监管”的原则管理，以确保项目建设期和生产期对生态环境的恢复治理。①

（二）旅游文化资源得天独厚

旅游产业是阿坝州的支柱产业，优美的自然风光与极具特色的民族文化的有机结合，形成了阿坝州独特而丰富的旅游资源。该区已建立包括森林类型、湿地类型、野生动植物类型的自然保护区24处，总面积243.8万公顷，占面积的27%。有九寨沟、黄龙、四川大熊猫栖息地等世界自然遗产3处。有国家级自然保护区4个、省级自然保护区10个，是长江、黄河上游“绿色生态屏障”。阿坝州是重要的旅游胜地，生态景观资源异常丰富，全州有自然景区、景点116处，其中，自然景观74处，

① 赵昂、李辉、谢长伟：《四川民族地区建立科学的资源开发新机制对策研究》，《四川省情》2007年第12期。

人文景观 42 处。[①] 名冠天下的自然风光，种类繁多的珍稀动物，独特的藏羌风情，神秘的藏传佛教文化，悠久的文物古迹，悲壮的红军长征史诗，构成了丰富多彩、特点突出、品位高、有市场吸引力的阿坝旅游资源，已经形成“北看九寨黄龙水，南观卧龙四姑娘山，中游峡谷大草原，重走红军长征路，再赏藏羌人文景观”的大旅游格局。连绵起伏的山川，纵横交错的江河，珍稀多样的动植物，在川西北高原的这片热土上，演绎出自然造化中壮美灵动的山水风光。阿坝州也因此被世界旅游专家誉为“世界生态旅游最佳目的地”。表 41-2 为阿坝州高等级旅游资源一览表。

依据该区旅游资源分布及基础设施条件，在合理、有效利用优势旅游资源的基础上，尊重旅游业历史形成的既定趋势，通过点（核心旅游集散中心）、线（旅游产品串接地主题线路）、区（相对连接成片组成的旅游区域）的划分，对区域旅游业发展进行功能分区设计。

具体来说，该区旅游主要围绕自然生态和特色文化两大主线，以九寨为龙头，做强三大世界自然遗产品牌，大力发展特色旅游，突破性发展旅游服务业，促进旅游资源与资本市场相结合，掀起旅游二次创业热潮。[②] 阿坝州旅游局前任局长王福安指出，本州旅游以把阿坝州建成国际旅游目的

表 41-2　阿坝州旅游资源一览

资源等级	旅游资源
世界遗产地	九寨沟景区、黄龙景区、卧龙－四姑娘－夹金山脉
国家级风景名胜区	九寨沟景区、黄龙景区、四姑娘山景区
世界人与生物圈保护区	九寨沟景区、黄龙景区、
国家级自然保护区	九寨沟景区、卧龙大熊猫自然保护区、四姑娘山景区、若尔盖湿地
国家 5A 级景区	九寨沟景区、黄龙景区
国家 4A 级景区	四姑娘山景区、达古冰山、三江、水磨古镇、羌乡古寨、映秀、大禹文化旅游区、观音桥
国家森林公园	夹金山国家森林公园、九寨沟国家森林公园神仙池景区
国家地质公园	四姑娘山景区、黄龙景区、九寨沟景区
国家级非物质文化遗产目录	黑水卡斯达温、九寨沟舞、羌笛演奏及制作技艺、羌族瓦尔俄足节
省级自然保护区	黄龙、白羊、勿角、白河、铁布、宝顶、米亚罗、草坡、曼则塘、三打古、南莫
省级风景名胜区	客龙沟、米亚罗、叠溪－松平沟、三江、九顶山－文镇沟大峡谷、牟尼沟

① 阿坝州环保局：《阿坝州生态州建设现状调查及对策建议》，中国阿坝州政府门户网站，最后访问日期：2010 年 12 月。

② 松涛：《阿坝旅游：从一枝独秀到百花齐放》，《四川日报》2011 年 6 月 7 日。

地为目标，将阿坝州建设成为一个大景区。并将全州景区分为九寨黄龙世界自然遗产精品旅游区、四姑娘山·卧龙大熊猫家园户外天堂旅游区、中国汶川映秀震中旅游区、羌族民俗风情旅游区、嘉绒藏族民俗风情旅游区、冰川·草原（湿地）国家公园旅游区等六大旅游产业区。在“十二五”期间，通过“三百”示范工程建设行动计划的实施，推进以映秀为核心的休闲农家乐，以汶、理、茂为核心的体验羌族民俗文化的“羌家乐”，以马尔康为核心的嘉绒“藏家乐”，以大草原为核心的“牧家乐”，形成既突出区域特色又实现全州共同发展的乡村旅游发展格局。同时，以可持续发展理念对当地旅游业实现分区、分批、分期开发，充分留有余地，对于目前没有条件开发的旅游资源，该州以保护为主，待今后条件成熟后再进行开发。①

（三）高原农牧业发展

农牧业是阿坝州的传统产业、基础产业。全州共有耕地 100 万亩，粮食播种面达到 82 万亩，总产量稳定在 17 万吨左右，平均单产较 1949 年增长了 3.3 倍；2010 年全州农民人均纯收入达到 3741 元，较 1960 年增长了 48 倍。截至 2009 年底，阿坝州林草覆盖率为 74.6%。其中，林业用地面积为 444.7 万公顷，包括：林地 188.9 万公顷，灌木林地 176.5 万公顷，各种经济林木 2.4 万公顷，活立木蓄积 4.1 亿立方米。森林覆盖率由实施天保工程（即天然林资源保护工程）前的 21.3% 提高到现在的 24.2%。“天保工程”实施 12 年来，阿坝州森林面积从实施前的 4606.5 万亩增加到 2010 年的 5887.5 万亩，净增森林面积 1281 万亩。② 而天然草地为 67829 万亩，占面积的 53.7%。其中，可利用草地面积 5784.40 万亩，占草原面积的 85%；湿地面积 2.1 万平方公里，约占四川省湿地面积的 70%，是四川省湿地资源主要分布区。③该区丰富的林草资源也孕育了丰富的绿色生物资源：有野生动物 381 种，国家重点保护野生动物 76 种（其中，一级保护动物 23 种，二级保护动物 53 种），珍稀动物有大熊猫、金丝猴、黑颈鹤、梅花鹿、猕猴、牛羚等；有岷江柏、红豆杉、紫果云杉等珍稀野生植物资源 1500 种，是我国生物多样性关键地区之一，也是世界高山带物种最丰富的地区之一，素有“珍贵生物基因宝库”之称。有药用动植物 1900 余种，中药材年生产量达 8.5 万吨，是全国著名的“天然药库”。其中，药用植物 1200 种，中藏药包括川贝母、虫草、红豆杉、黄芪、红景天、党参等名贵药材和羌活、秦艽、大黄等大宗药材，刀党是古代上贡朝廷的佳品，松贝、当归、红芪、红毛五加等道地药材；芳香油植物 70 种，淀粉植物 37 种，油脂植物 80 种，纤维植物 79 种，单宁植物 68 种。

汶川地震后，阿坝州坚持走特色化、标准化、规模化、产业化道路，按照“连

① 郭晓鸣、李晟之、廖祖君：《生态关键地区的主体功能定位与发展政策选择》，《经济体制改革》2009 年第 1 期。

② 松涛：《阿坝州 12 年净增森林千万亩》，《四川日报》2011 年 10 月 10 日。

③ 阿坝州环保局：《阿坝州生态州建设现状调查及对策建议》，中国阿坝州政府门户网站，最后访问日期：2010 年 12 月。

点成线、连线成片、连片成面”的思路，以市场需求为导向，以区域布局为基础，大力发展特色效益农牧业，提升产业区域聚集度。[①] 其中，特别具有地区优势的是中藏药产业的发展。依托本区富集的中藏药资源，以市场化、科技化手段，加快发展中藏药产业，推进产业化进程，形成“中藏药材生产－药品加工制作－中藏药研究开发－流通贸易服务”产业链。重点研制和批量生产一批名、特、优、新、奇的藏药和功能性、保健性藏药药品。加强藏药材基地建设，把藏药材的“野生变家种”研究和基地建设列入藏药产业化重点工作，特别是对需求量大、资源少、价格高的药材品种进行规模化栽培。[②]

由于该区自然环境较为恶劣，必须加强生态保护和建设。首先，推进天然林保护和退耕还林、退牧还草工程，加强沙化土地和草原病虫鼠害治理，开展湿地生态修复工程，推进水土流失治理，滑坡、泥石流综合防治，生物多样性等国家重大生态建设工程，支持小流域综合治理和封禁修复工程，加强草原、森林防火和病虫害防治。其次，保护森林和草原植被，保护生物多样性；规范和严格管理资源开发，适度发展畜牧业，合理确定草场载畜量，开展人工草地建设，实行科学放牧，对天然草地建立合理的利用体系。最后，加强自然灾害监测预警系统建设，建立监测预警中心，建立森林、草原、水土流失、气候变化等监测预警机制，形成自然灾害监测预警体系。

（四）矿业资源储量大

阿坝州蕴藏的矿产资源极其丰富。迄今为止，已发现矿种 54 个，大型矿床 12 处，中型矿床 10 处，小型矿床 36 处。优势矿种有金、锂、花岗石、大理石、水泥用石灰石、泥炭、矿泉水、石榴子石、泥炭、温泉等。根据阿坝州国土资源局的调查，阿坝州的主要矿产资源情况如表 41-3 所示。

坚持“保护生态环境优先，突出资源勘探，有序开发矿产资源”方针，以重大项目为载体，以优势企业为龙头，实施矿业百亿发展战略。以有色、贵重稀有金属开发为重点，整合重组锂盐产业，延伸锂产业链，形成“矿山开采－原矿精采－基础锂盐－高纯锂盐及锂系列产品深加工－能源锂”的产业链条，积极发展锂能源，建设中国的“锂谷”。此外，坚持和谐共赢的原则开发矿产资源：矿产资源开发企业占用土地、草场、林地的，必须依法办理手续。对各类地上附着物纳入补偿范围，依法、及时、足额补偿到位；给群众生产生活造成影响或损失的、造成生态环境破坏的、造成安全和稳定隐患的，按有关法律、法规给予赔偿并采取必要的补救措施。[③]

---

① 颜晓芹、杨刚：《大潮奔涌逐浪高——阿坝州经济社会发展纪实》，阿坝州政府信息化工作办公室，2011 年 7 月。

② 郭晓鸣、李晟之、廖祖君：《生态关键地区的主体功能定位与发展政策选择》，《经济体制改革》2009 年第 1 期。

③《阿坝州人民政府关于印发〈阿坝藏族羌族自治州水电矿产旅游资源管理实施意见（试行）〉的通知》（阿府发〔2007〕21 号），2007。

表 41-3　阿坝州主要矿产资源情况表

矿种	已探明储量	远景储量	主要分布地区	备 注
黄金矿	116 吨，约占四川省的 49%	500 多吨，约占四川的 1/3		
锂辉矿	1546.5 万吨，居四川省第二位，平均品位 1% ~ 1.2%		马尔康、金川两县境内	具有集中、埋藏浅、易开采的特点，且锂矿与国内紧缺的铌钽矿共生
大理石	1239 万立方米，占四川省的 33%		小金和汶川两县境内	优势品种“蜀金伯”被列入全国 80 个“名特石材品种”；主要品种有“夹金花”、“竹叶青”等，其中“夹金花”被列入全省 40 个花岗石“名特石材品种”
水泥用石灰石	5000 万吨，占全省的 22%	20 亿吨以上，居四川省第一	汶川境内	
泥炭	5000 万吨	19 亿吨以上，居世界之首	红原、若尔盖、阿坝县境内	
石榴子石	1398 万吨		理县、汶川境内	为四川省内独有
矿泉水			九寨沟、松潘、理县、若尔盖等 6 处	水温在 35℃ ~ 62℃，具有很高的医疗保健价值

注：根据阿坝州国土资源局所提供数据整理而得。

三　“5·12”汶川大地震及灾后重建

“5·12”汶川特大地震是新中国成立以来破坏性最强、波及范围最大的一次地震。位于震中的阿坝州受到重创，阿坝州 13 个县全部受灾，重灾区面积达 2.28 万平方公里，占全省重灾区面积的 26%。受灾乡镇达 215 个，受灾人口 69 万人，占全州总人口的 81%。因地震死亡 20259 人，失踪 7566 人，受伤 45082 人，遇难人数占全省死亡人数的 30%。汶川是阿坝州人口密度最大、经济社会发展最快、基础设施最完备的工业和能源发展集中区，地震使得这一地区受到毁灭性破坏。灾区交通、电力、通信等各项基础设施在地震中陷入瘫痪，造成直接经济损失达 1823 亿元，改革开放 30 多年的建设成果顷刻毁于一旦。

（一）灾后重建成果显著

在党中央国务院的深切关怀和领导下，在对口支援省市和全国人民支持和援助下，阿坝州按照“抓住机遇，加快发展；统筹兼顾，突出重点；因地制宜，分类推进；自力更生，国家支持”的原则，经过三年多的灾后重建和全面实施富民安康工程，灾后重建取得了阶段性成果，促成经济加快发展，社会总体稳定，民生持续改善，民族团结和睦的局面。圆满完成了中央"力争在两年内基本完成原定三年目标"的任务。

——民生事业成绩显著。2011 年，城镇居民人均可支配收入 18403 元，是 2008 年的 1.56 倍；农牧民人均纯收入连续三年加快增收，达 4663 元，是 2008 年的 1.83 倍。提前完成住房重建，50 万城乡居民入住新居。顺利完成牧民定居行动计划暨帐篷新生活行动任务，建成定居点 609 个，4.2 万户、21.4 万牧民实现定居，牧区生产生活条件实现历史性跨越。恢复重建学校 206 所，13 万中小学生全部进入崭新校园学习生活，2.64 万名学龄儿童实现易地入学。阿坝师专完成异地重建、全面提升。189 个医疗卫生机构按期建成，设施设备升级换代。一大批敬老院、村民活动中心等民生设施建成投用，公共服务能力和均等化程度跃居民族地区前列。扶贫开发和综合防治大骨节病试点取得重大阶段性成果，5 万余群众搬离病区，13 万人实现安全饮水，膳食结构得到改善，集预防、治疗、科研为一体的综合防治体系基本建成；病区产业结构调整优化，增收能力有效提升，因病致贫、因病返贫趋势明显缓解。创造性整体推进新农村建设，建成 1 个省级新农村示范片、697 个幸福美丽家园，709 个高半山村基础条件得到改善。建成保障性住房 1.3 万套，困难群众住房难问题得到缓解。

——基础条件显著改善。都映高速建成通车，映汶高速快速推进，汶马高速、成兰铁路实现开工。红原机场启动建设，九寨黄龙机场三期改扩建全面完成。汶马、川汶等 22 条干线公路全面升级。建成农村道路 1264 条。全州新增公路 5500 公里，通车总里程达 11600 公里。受损电站、电网全面恢复，新建输变电线路 471 公里，水电总装机达 445 万千瓦。实现乡乡通宽带、村村通电话，通信保障能力极大提高。

——生态实现再生性恢复。全州修复森林植被 158 万亩，森林覆盖率达 24.2%。治理重大地质灾害 842 处，疏浚危险河段 96 公里。划定水电资源禁止开发区，坚决关停、取消对生态保护和长远发展不利的开发项目。污染防治、环境监管、节能减排取得实效，全州生态环境保持优良。区域防灾减灾能力显著增强。

——产业快速恢复发展。区域生产经营现已步入正常轨道，灾区工业、农业、服务业实现了恢复性增长，因灾受损企业生产能力基本恢复，阿坝铝厂等骨干企业生产经营再创新高，汶理茂工业园区建设加速推进。旅游业成为阿坝重要支柱产业，清洁能源正在成为新的经济增长点，牦牛、青稞、药材等高原特色农牧业发展壮大。

——城乡面貌焕然一新。灾后城乡规划布局更加科学合理，基础设施更加完善，居民生活条件明显改善，城乡面貌和人居环境已焕然一新。重点建成了汶川石磨等一批民族风情浓郁、功能完善、生活现代的示范区，加快推进了灾区群众融入现代文明的进程。

（二）灾区当前面临的问题

虽然区域灾后恢复重建工作取得了显著成绩，但地震对阿坝经济、社会、生态的影响是深远的。当前，灾区仍然存在许多制约经济社会可持续发展的问题。

——产业发展水平低。由于灾区区位、

历史的原因，造成产业先天发展不足，自我发展能力十分薄弱，产业结构不合理，区域发展不平衡，产业层次较低，集中度不高，未形成产业的集聚效应，调整和优化产业结构的压力加剧。

——生态修复困难很大。阿坝在国家主体功能区规划中属于限制开发区，区域自然、气候、地理条件复杂，自然灾害频发，水土流失、草场退化、土地沙化等问题严重。地震又严重削弱了灾区水土保持、水源涵养能力、资源的承载能力，使得恢复自然环境的生态功能面临任务更艰巨，周期更长。

——扶贫任务繁重。阿坝贫困人口数量多、贫困面广，贫困程度深。2010 年农牧民人均纯收入 3741 元，仅为全国农村居民人均纯收入水平的 23.5%；按照人均纯收入 2300 元新扶贫标准，2012 年阿坝州仍有扶贫对象 20.95 万，占农村人口的 30%。随着重建任务基本完成，重大基础设施建设带来岗位将逐步减少，服务于重建的公益性岗位也将逐步退出，同时后续产业发展尚未跟进，这使得灾区扶贫工作更加艰巨。

（三）当前灾区建设的重点任务

——加速推进生态恢复。在“保护优先、综合治理、因地制宜、突出重点”的原则指导下，加快生态州建设，扎实推进二期“天保”、退耕还林、退牧还草、防沙治沙、湿地保护等生态工程，建立草原禁牧管护、草畜平衡监测核查机制，落实草原生态奖补政策。完善地质灾害调查评价、监测预警、综合防治体系，实施地质灾害避险搬迁安置 500 户，治理重大地质灾害 30 处。抓好清洁生产审核试点，强化工业、农村污染治理，提升环境监察、监测、应急水平。完善节能减排政策措施，实施节能产品优惠工程，抓好重点企业、重点工程、重点领域和公共机构节能降耗。

——发展特色农牧业。依托区域得天独厚的自然资源，抓住灾区灾毁耕地复垦、育土和沃土工程、农业基础设施建设契机，大力发展河谷特色水果、错季节蔬菜、特色粮食生产、藏药及高原名贵药材生产加工。走一条“科技、生态、特色”农业之路，建设一批特色水果、错季节蔬菜、生态畜牧区，打造国家高原特色农牧业基地。积极推行企业和专合组织带基地、基地联农户的联运模式，把特色生产基地建设与市场鲜销、冷链运输、精深加工等环节紧密结合起来，最大限度提升农业综合效益。积极发展订单农业，推行产销合同制，大力培育龙头企业，鼓励龙头企业通过建立风险基金和最低保护价等方式实现与农户利益链接。发展各类特色明显的专业合作组织和行业协会，提高农业的组织化水平。

——培育战略新兴产业。利用灾后重建的契机，阿坝州正实施淘汰落后产能计划，运用政府宏观调控和市场调节两种手段，有重点、有步骤地推进州域内小矿山、小水电、小冶炼等落后产能淘汰，为战略新兴产业发展提供空间和资源环境的容量。依托阿坝州丰富的水电、矿产资源优势和汶理茂工业园区建设，引进和培育大企业大集团，大力扶持中小企业，加强科技创新，园区重点发展锂材料、磁性材料、硅、稀土等新兴产业，延伸产业链条，提升区域新材料整体的市场竞争力。围绕建设国家清洁能源基地的目标，科学合理开发区域内的水电资源，大力开发风能、太阳能、生物质能资源。

——大力开发生态旅游产业。围绕建设世界生态文化旅游目的地的目标，依托区域内得天独厚自然文化资源，阿坝州正在打造藏羌文化走廊和世界自然遗产走廊。加强九寨、黄龙等重点旅游景区建设，积极开发观光旅游、乡村旅游、高原休闲旅游、民族文化体验旅游、特种专项旅游等产品。积极挖掘民族文化资源，推动旅游与文化融合发展，加强旅游纪念品、民族手工艺品、旅游食品等旅游商品的开发。

加强旅游设施建设，完善旅游接待功能，加快推进旅游环线的恢复和提升进程，实施区域旅游线路统筹，整合旅游资源，推进旅游跨区域合作。做精九环线，打造自驾游旅游、登山旅游线、徒步旅游线和高原藏羌乡村旅游线路，全面优化九寨黄龙世界自然遗产精品旅游区、四姑娘山·卧龙大熊猫家园户外天堂旅游区、中国汶川映秀震中旅游区、羌族民俗风情旅游区、嘉绒藏族民俗风情旅游区和冰川·草原（湿地）国家公园等六大旅游区。

四　发展中的基础设施建设

（一）构建综合交通网络体系

公路：到 2010 年末，行政区划面积内公路总里程达 11698 公里，比上年末增加 2383 公里。有 1 条高速公路、22 条干线公路。横向公路：文县（甘肃）–九寨沟–松潘–红原–阿坝–壤塘，G317，都江堰–小金县。纵向公路：久治（青海）–阿坝–马尔康–金川（S211），碌曲（甘肃）–若尔盖–瓦切乡–红原–马尔康–小金，G213，都江堰–映秀–理县–红原–若尔盖–郎目寺（甘肃）。加快推进映汶高速路、国道 317 汶马路、省道 303 卧龙至映秀路、省道 303 卧龙至小金（日隆）路（含巴郎山隧道）、国道 213 川主寺至汶川路、黑水县垭口山隧道工程、绵竹至茂县新建公路、黄土梁隧道和黄龙雪山梁隧道。机场：开通京、沪、杭直飞九寨黄龙机场航线和拟建马尔康机场。

（二）推进能源基础设施建设

截至 2010 年 4 月底，全州发电额定装机容量 364.56 万千瓦，并网投运装机容量 318.3 万千瓦。其中，“5·12”汶川特大地震后恢复装机容量 253.16 万千瓦，正在恢复 36.6 万千瓦。特大地震后，新增柳坪、狮子坪等 11 座水电站，总装机 74.8 万千瓦。装机 200 万千瓦的大渡河双江口电站已经进入前期准备阶段。全州已恢复 110 千伏～500 千伏电网变电容量 261.56 万千伏安。恢复 110 千伏、220 千伏、500 千伏电网输电线路 1460 公里，未恢复 175 公里。

（三）加强水利基础设施建设

在农村安全饮水工程中，2010 年阿坝州共新建和改造了一批农村饮水工程，解决 6.7 万人安全饮水问题。“十一五”

期间大力建设农田水利基础设施，以水惠民、以水兴农，新增有效灌面1.1万亩。实施金川县崇化水利枢纽工程，启动小金县抚美达日、阿坝县若果朗、茂县凤南土、马尔康县脚梭两河、黑水县西尔芦色、九寨沟县保华郭元、若尔盖县铁布巴西、松潘县坪江红燕、阿坝县中阿坝、理县朴桃水利工程以及壤塘县则杜水源工程。

新建和完善区域内主要河流及重要支流防洪工程，重点加强黄河上游、大渡河、岷江河流域城镇堤防设施建设。按“20年一遇”标准，提高城镇防洪设施建设标准。加强河道疏浚，增强泄洪防灾能力。健全防洪管理体制，全面建成洪水灾害防控体系。重点实施马尔康县、九寨沟县、松潘县和黑水县城区堤防。对岷江汶川威州段、茂县凤仪段、松潘县城河段、黑水河黑水县城段、杂谷脑河理县段、大渡河马尔康城区段、金川县城段进行河道整治。对岷江、大渡河沿岸草坡乡、克枯乡、古尔沟镇、南新镇等进行河道清障。对全州纳入国家中小河流治理规划的35个中小河流项目进行治理。实施阿坝、若尔盖、壤塘、金川和马尔康县级山洪灾害防治非工程措施建设。

（四）改善城镇基础设施条件

住房重建全面完成，受灾群众搬进新居。城乡规划建设高起点、高水平推进，“三百”示范和“五十百千”工程成效显著，建成了一大批民族特色浓郁、功能配套完善、环境整洁优美的乡镇和村寨，重点城镇功能全面提升。持续开展城乡环境综合治理，凸显城乡风貌特色，长效机制不断健全，城镇管理井然有序。如今，阿坝大地上漂亮的民居、精美的村寨、崭新的集镇焕发出勃勃生机。

（五）加快信息基础设施建设

通信：实现了全州1353个行政村通信实现全覆盖，全州223个乡镇宽带网络实现全覆盖率，同时，有效解决了937个行政村的宽带通信，覆盖率达70%。2010年末，固定电话用户10.07万户，移动电话用户62.22万户，互联网用户4.70万户。全州共有邮路29条，总长度2692公里。

邮政网络覆盖全州，连接全世界。电信光缆里程达2000多公里、交换机容量10余万门，数据宽带业务、无线市话“小灵通”、互联星空、酷线181等业务纷纷落户；随着投资近2亿元的“九寨天堂”移动通信工程完工，移动通信拥有183个基站、151个小区、588个载频、3863个TCH话音信道和51225户移动客户，交换容量达到20万门，GSM网络实现了全州所有县城城区、风景旅游区和重点城镇的有效覆盖，并与127个国家和地区的205家运营商开通了国际自动漫游业务。实现了成都到九寨沟、九寨沟到绵阳、马尔康到都江堰基本无缝覆盖，九寨沟景区内80%的覆盖。同时，还覆盖全州31个镇中的29个、225个乡中的80个、1359个村中的600多个；已建成覆盖全州的CDMA、GSM网基站和都江堰至九寨沟光缆，拥有信道1461条，基站41座、容量3.8万户。汶川至马尔康光缆今年内将建设完成，初步形成以马尔康为中心，辐射全州的信息网络，实现了全州 13 县、九寨沟旅游环线、重要乡镇及重点风景区的成功覆盖，目前用户达 3 万余户；网通建设正在抓紧进行。阿坝与世界的距离越来越近。

五　建设高原生态屏障

阿坝州地处黄河、长江流域的上游，地理位置特殊，素有“天府之国绿色屏障”的美誉。这里不仅是岷江的发源地，还是黄河、大渡河、嘉陵江的流经之地。阿坝州天然林集中分布区，是四川省的主要林区、长江水资源的重要供给区、川西平原和川中丘陵区的重要绿色屏障。

（一）重点生态工程建设

1. 天然林保护工程

1998 年洪涝灾害后，针对长期以来我国因天然林资源过度消耗而引起的生态环境恶化的现实，党中央、国务院从我国社会经济可持续发展的战略高度，做出了实施天然林资源保护工程的重大决策。该工程旨在通过天然林禁伐和大幅减少商品木材产量、有计划分流安置林区职工等措施，主要解决我国天然林的休养生息和恢复发展问题。阿坝州从 1998 年实施天保工程以来，截至 2010 年，国家、省、州、县累计投入“天保工程”274084 万元。其中，中央投入 215498 万元，省级投入 19488 万元，州级投入 34679 万元，县级投入 4419 万元，全面完成了上级下达的各项工程任务。通过“天保工程”的实施，使阿坝州有林地面积和森林蓄积量出现明显的增长，森林质量和覆盖率不断提高，天然林资源得到了休养生息，区域生态环境明显改善，林区职工群众的经济收入不断提高，人与自然和谐相处的局面初步形成，森林所提供的水土保持、涵养水源、固碳制氧、净化空气、保护生物多样性等生态服务功能逐步显现，森林的生态效益、经济效益和社会效益得到了充分发挥。[①]一期“天保工程”取得了显著成效。

2011 年 5 月 20 日，国务院在北京召开全国天然林资源保护工程工作会议，国务院副总理回良玉出席会议并指出，目前天然林资源保护仍处于不进则退的关键阶段，工程区的自然生态状况与建设生态文明的要求还有很大距离，工程区的森林资源储备与加快推进工业化、城镇化的需要还有很大差距，工程区的经济社会发展水平与人民群众的期待还有很大落差。天然林是森林资源的精华，加强天然林资源保护仍然是一项重大而紧迫的战略任务。中央决定实施天然林资源保护工程二期建设，具有极其重大的现实意义和深远的历史影响。

2011 年，阿坝州提出将以重点工程建设为抓手，强化生态环境改善，不断提升阿坝州生态保障能力，增强长江上游生态屏障功能。狠抓天保工程二期启动，强化工程管理，实施森林管护、公益林建设、森林抚育，迎接省级年度复查，巩固提升

① 《阿坝州天然林保护工程一期投入 27 亿》，http://ab.newssc.org/system/20110730/001318482.htm，最后访问日期：2011 年 7 月 30 日。

工程建设成果。[①]“十二五”期间，进一步加强天然林保护，完成生态公益林建设任务，优先对15°～25°坡耕地退耕还林；落实管护责任制，加强长江上游水源涵养林管护，完善生态监测网络，加强生态保护管理能力建设；加强森林防火预防、扑救、保障三大体系建设，大幅度提高森林防火装备水平，改善基础设施条件，增强预警监测和应急能力；加强森林防火体系建设，抓好森林防火工作；加强森林病虫害防治工作，促进林草植被有效保护和生态功能稳定发挥。

2. 退耕还林还草工程

1999年9月，国家明确提出要实施西部大开发战略。阿坝州于2000年实施西部大开发，启动了退耕还林工程。退耕还林就是从保护和改善生态环境出发，将易造成水土流失的坡耕地有计划、有步骤地停止耕种，按照适地适树的原则，因地制宜地植树造林，恢复森林植被。退耕还林工程包括两个方面的内容：坡耕地退耕还林和宜林荒山荒地造林。西部大开发十年间，阿坝州社会经济取得显著成就，生态建设也交出了一份完美的成绩单：全州新增林地88.31万亩，森林覆盖率提高了0.69%；水土流失量减少，全州共减少25度以上坡耕地31.28万亩，15°～25°坡耕地28.13万亩，15°以下坡耕地9.89万亩，减少土壤侵蚀1757.55万吨（其中，退耕地减少土壤侵蚀量1321.60万吨，荒山造林减少土壤侵蚀量435.95万吨），洪涝、干旱、泥石流等自然灾害发生频率有所下降，减少土壤侵蚀1757.55万吨；土壤保水保肥能力增强，林地涵养水源的作用得到充分发挥，土壤的结构、质地得到了明显改善，土壤保土和保肥效益逐年提高，河流泥沙量大幅度降低，与1998年相比仅岷江泥沙含量就减少了38%。2011年，阿坝州提出要狠抓退耕还林成果巩固。以巩固退耕还林成果为核心，落实管护责任，加强工程监管，足额兑现退耕农户政策补助，切实抓好阶段验收准备工作，不断提高工程质量和效益；力争国家对退耕还林专项建设给予资金支持，大力发展后续产业；从地震灾区、民族地区的角度着力，积极争取国家新增退耕地造林任务。

在今后的发展中，应进一步加快退牧还草工程建设步伐，重点推进严重退化沙化板结化草地治理、草原补水、鼠荒地治理。采取设置沙障、人工造林、封山育林和乔、灌、草相结合的方式，构建以防风固沙、涵养水源为主的生态系统，确保沙化土地生态得到修复。完成草原补水试点、治理严重鼠荒地、板结退化草地等工程；加强草原防火工程建设，设立草原防火指挥中心，草原生态监测站点，草原鼠虫生物灾害预防监测站（中心）；继续推进以草定畜，根据草原载畜量和畜草产量，合理确定畜牧业规模，完善草场承包制，推行禁牧休牧轮牧制度，加快草地灌溉工程建设，保护基本草地，努力实现草畜平衡。加强人工饲草料基地建设和棚圈建设，加强牲畜良种改良，优化畜禽结构，促进传统游牧业向现代畜牧业转变。

---

① 中国国家生物多样性信息交换所：《阿坝州以重点工程建设为抓手强化生态环境改善》，http://www.biodiv.gov.cn/zyxw/gnxw/201103/t20110304_201476.htm，最后访问日期：2011年3月4日。

3. 生物多样性维护

阿坝州生物多样性的维护在于自然保护区的建设，阿坝州自 1963 年建立卧龙自然保护区以来，保护区建设经 40 年的发展，进入了快速发展阶段。近年来，在阿坝州委、州政府的高度重视和支持下，阿坝州自然保护区建设进入了快速发展阶段，生物多样性保护取得了显著成效。一是全面推进自然保护区建设，野生动植物得到有效保护。自 1963 年建立卧龙自然保护区以来，截至目前，全州已建立包括森林类型、湿地类型、野生动植物类型自然保护区 25 处，其中，国家级 4 处（面积 48.7 万公顷），省级 12 处（面积 96.6 万公顷），州级 5 处，县级 4 处，总面积 225.3 万公顷，占全州国土面积的 26.8%。形成了类型齐全、布局合理、功能健全的自然保护区建设体系。在此基础上，生物多样性、典型景观、重点珍稀濒危野生动植物得到切实保护，野生动植物种、珍稀濒危物种和生物均有所增加，是各种珍稀野生动物的重要分布区，特别是大熊猫、金丝猴、梅花鹿等珍稀野生动物的主要栖息地区。550 多种野生动物和 1500 多种野生植物得到全面保护与有效恢复。二是全面推进湿地保护与建设，全州物种资源得到保护。目前，全州已建高原泥炭湿地自然保护区面积 77.7 万公顷，占全州国土面积的 9%，其中，以河流湿地和沼泽湿地为主，主要分布在长江、黄河上游和若尔盖、红原、阿坝、壤塘四县。湿地在调节水资源的平衡，稳定流域内的生态平衡和大西北的内陆气候有着重要作用，对保护长江、黄河中下游生态安全、西部地区的社会经济发展作出了巨大贡献。

在今后的发展中，应该狠抓生物多样性的维护，加大自然保护区建设与管理力度，完善自然保护区基础设施和配套设施，实施保护区管理规范化。以大熊猫为重点，做好珍稀濒危野生动植物栖息保护和资源保护工作，规范野生动物驯养繁殖，加强野生植物采挖监管，认真查处破坏野生动植物资源的违法犯罪行为，维护生物多样性。加强自然保护区能力建设，提高保护和管理水平。开展湿地保护与恢复工程，努力完成湿地国家级自然保护区二期工程、阿坝曼则唐一期工程竣工验收工作，积极申报后期工程建设。

4. 高原湿地保护

阿坝州高原湿地位于青藏高原的东南缘，是世界上最大的高原泥炭沼泽湿地，也是长江和黄河上游地区重要的水源涵养地。在维护我国和全球生态安全中起着极为重要的作用，为保卫长江、黄河中下游地区生态安全，促进西部地区经济社会健康发展作出了巨大贡献。但是，由于受多种因素的长期影响，湿地退化、草原沙化的现象日益严重。湿地面积萎缩超过 60%，高原四县沙漠化土地面积迅速增加，并且还有大面积的沙趋地以每年 8% 的惊人速度向沙漠化过渡，已成为我国土地沙化速度最快的地区之一。

在湿地保护上，“十一五”期间取得了较为显著的成效，2006 年和 2008 年分别编制了《阿坝州湿地保护工程规划》和《若尔盖湿地恢复工程可行性研究报告》。为了切实加强湿地资源保护，改善高原生态环境，在湿地资源分布重点地区和生态区位重要的地区建立和扩大湿地自然保护区，如若尔盖湿地国家级自然保护区，阿坝曼则唐湿地、壤塘南莫且湿地省级自然保护区保护区。湿地保护工程的实施对湿地生态恢复起到了重要作用，成效现已初步显现。与此同时，阿坝州还积极开展湿地恢复、河曲抬高、草场围栏等生态工程。

“十二五”期间，一方面要采取填沟还湿、限牧还湿、治沙还湿、灭鼠保湿等措施，重点保护若尔盖、阿坝、红原、石渠、色达、理塘、稻城等高原湿地保护示范区1000万亩。启动国家湿地生态移民搬迁工程，促进湿地恢复、修复。实施湿地资源可持续利用示范工程，通过生态旅游等综合利用和统筹管理试验，促进湿地科学利用；另一方面要加快小流域综合治理，加大水土保持力度，重点对江河流域和城镇周边水土流失进行治理，治理水土流失面积8373平方公里，完善水土保持检测站（点）建设，推进川西北经济区轻度侵蚀自然修复试验示范区建设。

5. 地震灾后生态修复工程

2008年，“5·12”汶川特大地震使阿坝州本就脆弱的生态遭受严重破坏。全州林地损毁247.11万亩，直接经济损失61.78亿元。因地震引发各类地质灾害21000处，蜿蜒的山体好像被扒了一层皮，向世人裸露着受伤的身躯。随后，生态修复工作成为重中之重，全州通过七大举措推进生态重建：一是全力实施灾后生态修复规划和扩大内需新增投资项目，扎实推进林草植被恢复工程建设；二是统筹安排，认真做好灾后重建、牧民定居和大骨节病异地搬迁工程专项木材生产供应，确保建设任务完成，确保林区良好秩序；三是继续抓好重点生态工程建设，按照“以自然修复为主，人工修复为辅”的要求，因地制宜，分类指导，宜林则林，宜草则草，切实保护好原生态，按需实施重点生态修复工程；四是继续抓好天然林保护、退耕还林、干旱河谷综合治理、防沙治沙、草原鼠虫害治理和湿地保护工程，不断增加森林植被，改善生态环境；五是抓好全州2个中心苗圃，21个骨干苗圃，7个林木良种基地种苗生产，发挥其主渠道育苗供苗作用，实行种苗质量终身负责制，确保良种壮苗上山；六是结合州的实际，立足资源优势，打牢林业产业发展的基础，优化产业基地，改善林区水、电、路等基础设施，以自然保护区生态旅游为重点，继续抓好资源的合理开发利用；七是深入开展城乡环境综合整治，严厉查处各类破坏生态环境的违法犯罪行为，确保生态安全。

至今，灾后生态修复成效显著。今后的发展中，应该进一步加强灾后生态修复，进行人工造林和封山育林，加大固体废弃物处理力度和土壤污染治理力度，提高环境监管能力和检测能力。

（二）资源环境保护和污染治理

坚持资源开发和环境保护并举，做好建设项目的环境影响评价和环境保护“三同时”管理工作，提高环保准入门槛，禁止发展高污染产业，严格控制新污染源。加强资源开发活动的生态监管，建立健全生态环境恢复制度，监督资源开发主体承担生态环境恢复与保护的长期责任。

要推进重点地区生态环境保护，加强岷江等江河源头保护和流域水土流失治理。

巩固退耕还林成果，继续实施退牧还草、草原病虫鼠害防治、森林防火、天然林资源保护、重点防护林、防沙治沙、石漠化防治、自然保护区、湿地保护与恢复工程。加强沙化土地封禁保护区、小流域综合治理和封禁修复工程建设。加快推进川西北防沙治沙综合治理工程前期工作的进程，并争取尽快开工建设。积极推进林权制度改革。

加大污染治理力度，坚持预防为主、保护与治理并重，健全污染防治体系。严把环境影响评价关，加大污染防治能力建设，完善环境应急预案，加强环境监管和环境信息能力建设。加快垃圾、污水处理能力建设，推进垃圾、污水回收利用和无害化处理，提高垃圾、污水处理率。加大城乡环境整治，强化污染源防治力度，开展烟尘、粉尘、噪声和汽车尾气治理。加强对重点行业大气污染防治，针对不同区域的特点和实际情况，实施区域性和流域性污染物排放总量控制，健全工业污染防控体系，确保工业“三废”排放达到国家标准。加强城镇、企业污染治理，加快城镇、旅游景点环保设施建设，新建一批垃圾处理厂和污水处理厂。突出重点江河流域污染物防治，确保主要河流水质保持国家水功能区划标准。

节约利用资源。积极推广节水设备和器具，加快城市供水管网和雨污分流排水管网改造，推进污水处理及再利用。加快农牧区节水改造，搞好农业节水灌溉。大力实施高耗水行业节水技术改造。加强水源点和重点流域的水资源保护工作，建立江河和地下水质监测网络。建立水资源有偿使用机制，促进节约用水。加强土地节约集约利用，严格保护耕地。充分发挥土地宏观调控作用，严格执行国家产业政策，加快修编《土地利用总体规划》，合理确定建设用地规模，切实保护基本农田。实行最严格的耕地保护措施，建立完善的土地储备制度，加强土地利用计划管理，严格土地使用标准和条件，盘活存量土地，促进节约和集约使用土地资源。积极推进土地开发复垦整理，坚决纠正征地中侵害农民利益的行为。充分发挥价格、税收、信贷等政策杠杆作用，强化能源节约和高效利用政策导向，加大节能力度。优化产业结构，降低高耗能产业比重，实现结构节能；推广使用节能技术，实现技术节能；加强能源生产、运输、消费各环节制度建设和监管，实现管理节能。突出重点，切实抓好冶金、建材等高耗能行业节能降耗工作。构建一体化智能电网，降低电力运输消耗。积极推广清洁燃料汽车，发展绿色交通，鼓励使用小排量汽车等高效节能产品；引导和推广节约材料的技术工艺，鼓励采用小型、轻型和再生材料。限制过度包装，规范并减少一次性用品生产和使用。提高建筑物质量，延长使用寿命，提倡简约实用的建筑装修。推进木材、金属材、水泥等的节约利用。

发展循环经济。积极推动重点行业和高载能企业加快发展循环经济，抓好重点行业、重点工业集镇、重点企业循环经济试点示范工作，推动工业园区按循环经济模式布局。支持企业节能降耗，推广节能环保新工艺，推动企业清洁生产与资源综合利用，提高资源利用效率。形成一批循环经济示范企业。发展氯酸盐与电石“废气”利用、氯酸盐“尾气”与“蓝宝石”

结合再利用以及电石、铁合金余热发电等项目，加快建设茂县土门循环经济园区。推进粉煤灰、冶金和化工废渣及尾矿等工业废物利用。推广“猪、沼、果、菜”生态农业模式，加大对秸秆、农膜、禽畜粪便等农业副产物的循环利用。加强城镇、旅游景点污水垃圾处理等环保设施建设，支持回收利用废纸、废旧金属、废弃电子产品等，加强生活垃圾的资源化利用。到2015年，废旧资源利用率达到50%以上。落实“以奖促治”政策，搞好农牧区环境综合治理。

强化节能减排。实施主要污染物排放总量控制制度，进行节能减排，削减存量，科学控制增量；合理控制高耗能、高排放、高污染企业规模，依法关闭破坏资源、污染环境企业，淘汰落后生产能力。改善能源结构，减少煤炭石油等能源消耗，降低温室气体排放。推进资源性产品价格改革，健全资源性产品价格构成，推进资源永续利用和生态环境改善。

发展低碳产业，提倡低碳消费。大力发展生态农业和有机农业，加大碳汇林等生态工程建设，增加森林蓄积量和碳汇能力；积极参与国内国际碳交易；加快水电、太阳能、风能等可再生能源、替代新能源和节能环保等低碳产业发展。加快服务业等低能耗产业发展。鼓励低碳消费，推行绿色消费模式，注重消费环节再回收。财政资金优先采购节能环保标志产品，推广高效节能办公设备，大力采用节能型灯具、高效节电新光源和节电控制装置。倡导使用电动和混合动力公共交通工具。引入低碳理念，开发绿色节能环保建筑，对城市住宅实施节能、保温技术改造。推广太阳能光热、太阳能房，实施“光伏屋顶计划”。

（三）防灾减灾能力建设

阿坝州位于青藏高原向四川盆地的过渡地带，位于第一阶梯向第二阶梯的过渡地带，加之同受高山、高原、盆地和人为因素的影响，形成了具有过渡性、多样性和不稳定性的区域特征，是我国新构造运动上升最强烈的地区之一。特殊的地质构造决定了复杂的自然特征，从而造成了多样的自然灾害。高山峡谷区多暴雨性泥石流、滑坡、崩塌、地震、夏旱；山原区（高原区向高山峡谷区的过渡地带）多泥石流、滑坡、崩塌、地震、霜冻、雪灾、草害等；高原区多暴雨、霜冻、雪灾、草害、冰雹、鼠虫害等。① 频发的自然灾害给当地民众经济社会发展带来了很大的影响。2008年的“5.12”大地震中，全州13县、215个乡镇、69.3万人受灾，2万余人遇难，4.51万人受伤；基础设施严重损毁，产业遭受重创，生态严重破坏，直接经济损失902.7亿元，是受灾程度最深、受灾范围最广、经济损失最大、抢险救援最难、灾后恢复重建任务最重的地区之一。因此，加强防灾减灾能力成为全州发展的重点。

加强草原、森林和水土流失等生态环境监测能力建设，建立自动化综合水文、气象观测、高原气候变化、草原水土流失

---

① 吴开平：《浅谈阿坝州自然灾害的区域组合规律》，《阿坝师范高等专科学校学报》2006年第9期。

等环境保护监测系统。建设重大自然灾害监测预警系统和预防抗御系统、地震监测台网、新一代天气雷达系统、区域自动气象站、无人自动气象站，提升人工影响天气和应对气候变化能力。加强山洪等灾害监测预警机制及防御工程建设，加大地质灾害隐患点排查治理力度，完善农牧业防灾减灾体系建设。加强自然灾害预防抗御系统建设，推进自然灾害减灾示范工程建设，完善森林草原防火体系，加大山地地质灾害治理力度，提高防灾抗灾能力。依托现有的资源，建设应急避难场所、救灾物资储备库，落实应急物资储备；健全重大灾害紧急救援体系，建设重点乡镇地质灾害应急反应能力基础设施，建立完善自然灾害应急指挥救援机制，完善自然灾害灾情快速评价、上报和发布机制。加强救援队伍建设，提高救灾保障水平。

（四）生态环境补偿机制

为了全力保护长江、黄河流域生态系统的完整性，实现经济社会可持续发展，阿坝州全州于 1998 年 9 月全面停止了天然林的商业性采伐，放下油锯斧头，拿起洋镐铁锨，变砍树人为栽树人，这种角色的转变早已在悄悄地进行。实施天然林保护工程、退耕还林工程不仅造福阿坝州本身，它的水源涵养作用更是造福长江、黄河全流域，因此，是实现经济社会可持续发展的必然条件。

成效有目共睹，但伴随而生的矛盾与困难也凸显出来，天然林禁伐停采后，全州因其产业链从龙头脱落，相关的行业生产停滞，大多数靠木头财政保饭吃的县程度不同地面临“断炊”的尴尬局面，农牧民的收入门路也相应减少，以往靠伐木的收入、修筑和护养林区公路的收入、木材运输收入、批发零售贸易收入、迹地更新劳务收入和集体林返还收入均断了财路。另外，木材销售中提成的育林基金来源枯竭，由育林基金负担的林业管理机构人员的经费、护林防火经费、森林病虫害防治费及公安、林政案件办理经费都受到波及。同时，启动退耕还林工程以后，造成农牧民经济利益上的损失。① 要解决以上错综复杂的矛盾与困难，除调整经济结构、尽快培养新的可持续发展的经济增长点外，探索生态环境补偿机制势在必行。

一方面，要尽快建立森林生态效益投入的补偿机制和长期稳定的资金渠道，形成“国家投入一部分、省上投入一部分、州上承担一部分、受益者承担一部分、生态公益林经营者创收解决一部分”的投入机制，从根本上改变森林生态效益“公众受益，主要由少数负担；长江、黄河中下游地区受益，主要由长江、黄河上游地区负担”的不合理状况，形成“谁受益，谁补偿，全民受益，政府统筹，社会投入”的新型运行机制。另一方面，要建立森林生态效益补偿基金，或从全流域受益单位征收和筹集资金，或国家以加课税费的形式实现生态效益货币化，从而在生态林生

---

① 杨秋、紫腾嘉、庄春辉：《对阿坝州实施天然林资源保护和退耕还林（草）工程的若干思考》，《中国藏学》2002 年第 1 期。

产经营者与受益者、当代人与后代人之间形成合理的互动的经济利益关系，既维护了长江、黄河上游生态林经营者的再生产，又补偿了长江和黄河注重长期性、避免短视性，注重合理性、避免盲目性，注重标准的适宜性、避免随意性，建立适合的生态环境补偿机制。建立长期、稳定的生态补偿机制，将退耕还林农户提前纳入农村最低生活保障范围。探索通过财政转移支付或建立起下游地区对上游地区、生态受益地区对生态保护地区通过资金补助、定向援助、对口支援等多种方式，对川西北生态经济区为保护生态屏障所做的退牧还湿（草）、转变传统产业等带来的利益损失给予补偿。对无草场的牧民，将其纳入最低生活保障范围，使他们合理饲养牲畜，减少对草原的破坏。对地方为保护草原生态环境放弃矿藏资源开发等行为，由中央通过一般性转移支付对地方给予补贴。对重大生态建设项目的投资由财政性建设资金、其他专项建设资金、银行贷款和利用外资来解决，取消地方配套，不留资金缺口。在充分考虑当地的实际情况的基础上，因地制宜，建立适宜的生态补偿标准，避免“一刀切”。

加快推进资源税费改革，合理提高税率标准，加快推进资源税费改革，合理提高税率标准，完善矿产资源补偿费和探矿权、采矿权使用费政策，以合理确定当地留存电量、支持水电资源就地转化、支持财税政策向资源地倾斜、开展地方依法参股试点等多种方式，建立和完善水电资源开发有偿使用和补偿机制。将水电库区移民和生态环境保护成本计入电价。

六　构建生态产业体系

（一）生态文化旅游业

阿坝素来被称作“黄河脐带”、“天府水塔”。这里，地形地貌复杂、沟谷交错、气候多样，构成独特的地理环境，保留了世界上别的地方早已绝迹的动植物资源，如熊猫、珙桐等活化石；保留了在工业文明中难以找到的静谧、古朴的壮丽自然景观，如九寨沟、黄龙等世界自然遗产。阿坝州被世界旅游专家誉为“世界生态旅游最佳目的地”，是对其自然品质的评价。千百年来，我国古代的氐羌诸部、鲜卑、吐蕃、汉、回等民族用辛勤的劳动和无穷的智慧共同开发了阿坝，他们在这里互相融合、共同进步，逐步构成这块土地的主要民族：藏、羌、回、汉。他们在这里留下了早已在民族融合中消失了的古老民风、独特民情。走进藏寨、羌村，映入眼帘就是一幅幅灿烂的民族风情画卷。

1. 旅游产业布局

依据区域内旅游资源分布及基础设施条件，在合理、有效利用区域内优势旅游资源的基础上，尊重旅游业历史发展形成的既定趋势，通过点（核心旅游集散中心）、线（旅游产品串接的主体线路）、区（相对连接成片组成的旅游区域）的划分，对州内旅游业发展进行功能分区设计，形成阿坝旅游业“两线、两区、三点”的发展格局。

“两线”：①藏羌风情旅游线。沿国道317线串联起汶川、茂县、理县、黑水、马尔康，向外与甘孜州的道孚、炉霍、甘孜、德格、色达、石渠相连，并与西藏昌都、青海玉树对接，向内与都江堰、成都连接。这是一条展示藏羌、康巴文化的民俗风情旅游产品的核心旅游线路，产品特色鲜明、跨度大、涉区广、空间阔。②世界自然文化遗产精品旅游线。沿国道 213 线串联起汶川、茂县、松潘、黄龙、九寨沟、若尔盖，向外可与甘南、果洛连接，向内与卧龙、都江堰、成都连接，这是一条高品质的高原秀美、绝色风光、生态传奇的世界遗产旅游线。

“两区”：①东北高原精品风光旅游区。围绕九寨沟、黄龙，纳入松潘、黑水、若尔盖和茂县部分。②北部高原生态及康巴文化风情旅游区。包括阿坝县、红原、壤塘、马尔康、金川及甘孜州的色达、道孚、炉霍、甘孜县、德格、新龙、白玉、石渠。

“三点”：是指区域内旅游业发展所倚重的关键旅游景点、游客集散中心、交通枢纽所形成的对全州旅游的“线、区”运行具有根本支撑作用的节点。包括九寨沟（黄龙）、马尔康、汶川（理县）三个点。

2. 景区及基础设施建设

坚持环境协调、差异化发展和合理控制开发强度等原则，加快景区建设、提升景区品位。重点加快九寨沟 - 黄龙国际精品旅游区、映秀地震遗址旅游区、羌族民俗风情旅游区、草原（湿地）国家公园等景区景点建设。

2010 年，阿坝州旅游基础建设步伐加快，景区景点品质提升。九寨沟建成全国首个“智慧景区”，达古冰山正式开游，汶川水磨、茂县羌乡古寨成功创建国家 4A 级景区，红军长征两河口会议纪念馆建成开馆，精品旅游村寨百花齐放，乡村旅游蓄势待发。旅游标识标牌、特色商品开发、演艺和购物市场等配套建设积极跟进。2010 年全州接待海内外游客 850 万人次，实现旅游总收入 73.78 亿元，分别增长 65.5% 和 81.3%。

3. 旅游品牌及产品多样化

根据国际国内两个市场，改善旅游产品结构，开发多层次适应不同市场需求的旅游产品，推动旅游产品多样化。抓住“川西民俗、秀美高原、生态河山”等关联独特卖点，塑造区域独特品牌。加强旅游文化建设，丰富旅游产品文化内涵，增强旅游产品国际影响力，培育新的旅游消费热点。世界自然遗产游、冰川特色游、藏族羌族民俗文化游、高原特色风光自驾游、雪山草地红色游、乡村生态体验游等旅游品牌。大力发展少数民族体验旅游、摄影旅游、体育旅游、探险旅游、科考旅游等生态旅游。

九寨 · 黄龙国际旅游景区：充分发挥九寨沟、黄龙的特色功能，加强景区生态保护，完善景区内基础设施，精细化管理，人性化服务。以九寨沟、黄龙为中心，带动神仙池、白河金丝猴保护区、红军长征纪念碑园、松州古城、牟尼沟、叠溪 - 松平沟、九顶山等景区的发展，打造国际旅游精品区。

卧龙 · 四姑娘山景区：着力提升大熊猫品牌形象，进一步加强大熊猫栖息地世界遗产地建设。加快四姑娘山景区建设步伐，完善登山探险等多元化旅游服务功能，辐射带动毕棚沟、夹金山及红色旅游等景区开发建设步伐，着力将映秀、耿达、日隆打造成国内一流的旅游集镇，推出地震遗址观光、深度体验、遗产寻踪、科考探险、休闲度假旅游产品，尽快将四姑娘山景区打造成与九寨沟、黄龙齐名的又一世界旅游品牌。

大草原 · 达古冰山景区：创建“草原国家公园”和“湿地国家公园”，重点打造黄河九曲第一湾、莲宝叶则、花湖及周边湿地、日干乔、月亮湾等景区。以达古冰川景区为核心，整合客龙沟风景区、奶子沟彩林、雅克夏森林公园及冰雪、温泉等资源，实现从冰山观光向多元休闲度假转化，将达古冰山景区建成国际山地度假胜地。

4. 旅游区域合作

坚持互为市场、互利共赢的原则，创新营销方式，建立旅游协作网络，在更广范围、更高层次上推动旅游合作互动。加强甘、阿融合，积极融入成渝经济区，打造大西北与大西南的联接桥梁，成为川、滇、藏、甘、青旅游合作区的节点，推出跨区域旅游产品和区域旅游一体化路线。加强巩固发展“川滇藏青甘无障碍旅游区”，共同推出“川滇、川藏、川青、川甘高原风光游”、“川西北少数民族风情游”、“大九环自然遗产之旅”、“青藏高原藏族文化之旅”等特色旅游产品。主动融入成渝经济区，大力发展“成渝经济区休闲避暑游”。鼓励和支持各景区与国内外景区签订合作协议，建立跨域的旅游营销网络，推进旅游客源国际化。

（二）生态农牧业

阿坝农牧业依托资源优势，发展生态畜牧业、高原特色农业及藏药材种植及加工业。重点发展牦牛养殖与加工、

专栏 41-1　“十二五”期间阿坝旅游发展重点

“十二五”期间旅游精品线路建设

◇康巴藏羌风情旅游线：沿国道 317 线串联起汶川、茂县、理县、黑水、马尔康、道孚、炉霍、甘孜、德格，向外与西藏昌都、青海玉树对接，向内连接都江堰、成都

◇世界自然文化遗产精品旅游线：沿国道 213 线串联起汶川、茂县、松潘、黄龙、九寨沟、若尔盖，向外与甘南、果洛连接，向连接卧龙、都江堰、成都

“十二五”期间重点景区建设保护区

◇九寨沟 · 黄龙国际精品旅游区：做优做精以九寨沟、黄龙为龙头的九黄国际旅游精品区，辐射带动神仙池、白河金丝猴保护区、红军长征纪念碑碑园、松州古城、牟尼沟、叠溪 – 松坪沟、九顶山等景区发展

◇卧龙 · 四姑娘山大熊猫旅游区：建设四姑娘山世界旅游品牌，打造日隆镇国际旅游目的地，映秀、耿达国内一流旅游集镇，辐射带动卧龙—四姑娘山—夹金山脉、三江景区发展，打造熊猫家园、生态乐园和都市休闲度假的后花园

◇康巴 · 藏羌民族文化集中展示和体验区：以马尔康、丹巴为核心，打造嘉绒藏族文化集中展示体验区；以汶川县城和茂县为中心，建设羌民族文化集中展示体验区；以草原（湿地）国家公园为核心，打造安多藏族文化集中展示体验区

◇映秀地震遗址旅游区：以映秀为中心、地震遗址文化为主题，打造地震遗址文化旅游品牌。开展地震遗迹废墟观光游、地震人文景观游、地震科普教育游、地震模拟体验游等项目。建设映秀 – 三江 – 水磨旅游线

“十二五”期间旅游品牌建设

重点打造：世界自然遗产游、草原冰川特色游、观光度假游、休闲度假游、宗教圣地游、雪山草地红色游、历史民俗文化游、汶川地震遗迹游、乡村生态体验游

图 41-2　阿坝州生态旅游布局

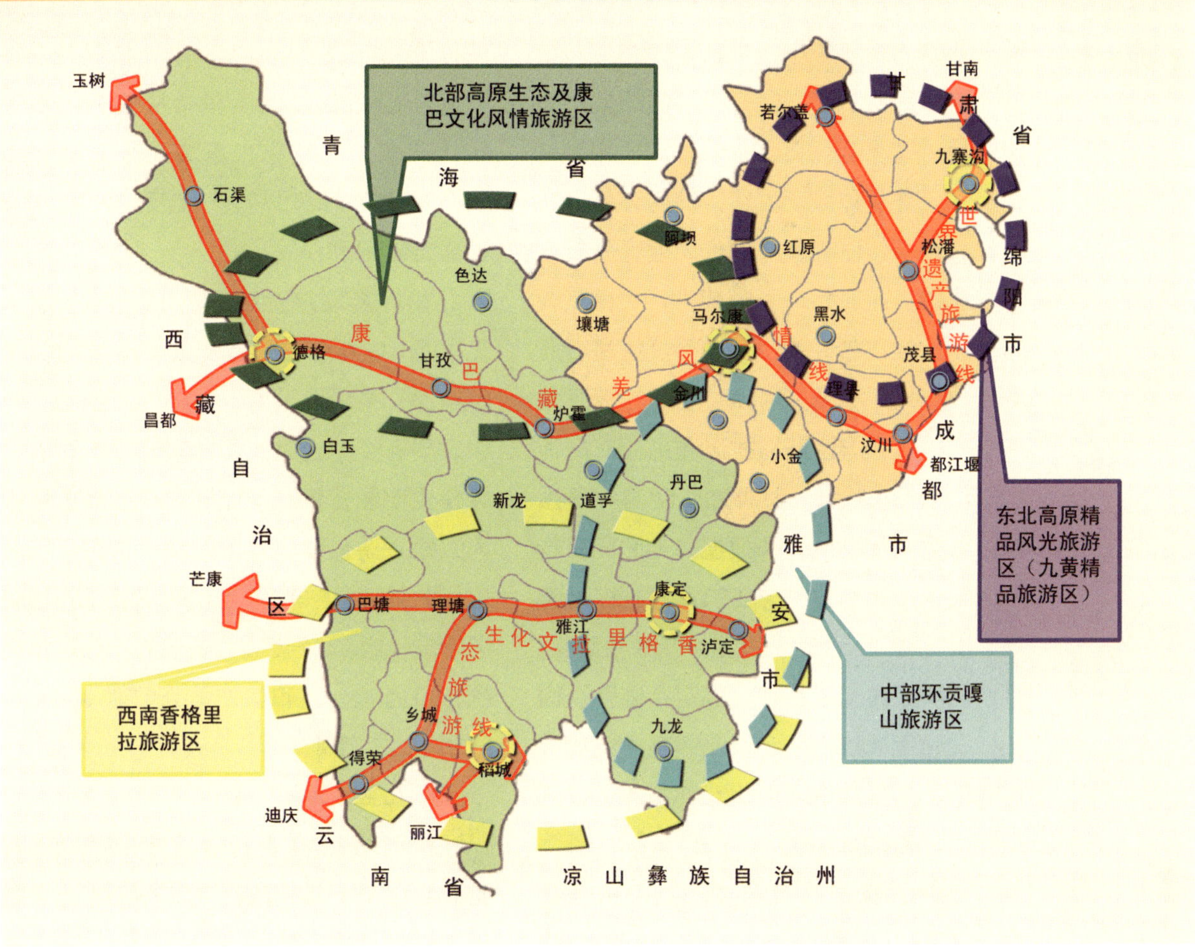

错季节蔬菜与水果、特色粮食生产、藏药及高原名贵药材生产加工。走“科技、生态、健康、特色、精品、外向、高端”农业之路。

1. 农业基础设施建设

加快河谷农业、高原牧草业引水灌溉工程，加快乡村道路修建及维护；积极抓好沙化退化草原、沙化和石漠化土地、湿地的综合治理，推进沙化和石漠化土地综合治理工程。实行禁牧、休牧制度，遏制草地退化并重新恢复生产力。建立天然草地健康评价技术标准体系、天然草地生态恢复技术标准体系，使天然草地的保护利用、质量评价、恢复建设制度化和科学化，实现天然草地牧草资源的可持续利用。

阿坝州加快高半山渠系配套建设，实施小型农田水利、应急抗旱水源、节水灌溉技术推广、人畜饮水安全等工程，2011 年新增有效灌面 2000 亩，恢复改善灌面 3000 亩，解决 8 万人的安全饮水问题。抓好地震灾区为重点的河道清淤疏浚、江河堤防建设和中小河流治理，确保安全度汛。

2. 特色农牧业基地建设

根据区域自然条件和农业发展习惯，

阿坝州农业发展按产品特色形成四大区域，即河谷特色水果、无公害错季节蔬菜及茶叶产业带。主要集中在岷江、大渡河、金沙江南段等河谷带。优先发展甜樱桃、酿酒葡萄、青脆李等特色水果生产，加大苹果、雪梨等品种更新改造；发展无公害秋淡商品蔬菜；适宜茶叶生长的地区分布茶叶产业带。高原和山原中药材、青稞豆薯特色产业经济带。集中在茂县、松潘、九寨沟、金川、小金、阿坝、若尔盖等县发展中药材；在农区高海拔区和高原农区海拔3000米以下地区发展加工型马铃薯生产；在适宜区发展青稞种植。半山优质特色干果、玉米产业带。在农区河谷区域和高半山发展玉米生产，稳定玉米播种面积，推广优质蛋白玉米品种。稳定花椒种植面积，发展优质核桃生产。北部高原纯牧业产业带。主要集中阿坝州北部高原，以发展牦牛、藏绵羊为主。

因地制宜推进“一县一品、一县多品”战略，推进错季节蔬菜、特色水果、中药材、马铃薯、酿酒葡萄和高原中低温食用菌等基地建设。发展现代畜牧业，积极推广实施人工种草、品种改良，推进特色牦牛肉乳、优质藏系绵羊、优质生猪和优质禽兔、蜂基地建设。积极发展高原特色经济林、良种速生林和短周期工业原料林为主的生态林产业。

3. 农业综合生产能力

重点抓好高半山农业资源综合开发利用，加快发展“六大种植业特色产业”，扩大规模，连片开发，提高效益。推进农林牧业示范县建设。加快牧区现代畜牧业发展步伐，转变饲养方式，调整畜群结构，2010年启动建设高标准核心种植示范基地50个，特色基地面积达87.1万亩，特色农产品达126万吨。建成标准化养殖小区2349个。特色产业在空间布局、发展规模和质量效益上实现重大突破。农作物、畜禽品种改良和疫病防控整体推进，农产品质量安全水平稳居全省前列。

2011年新增标准养殖小区20个、人工草场10万亩。重点引进带动能力强的草产品、果蔬、豆薯、肉类加工企业。积极发展各类专合组织，探索建立新型农村合作生产经营机制。抓好农畜产品市场准入，建立健全检验检测体系。推进“三品一标”认证，打造特色品牌。2011年粮食总产量稳定在17万吨，特色农产品产量突破130万吨，肉和奶产量分别达10.74万吨和11.27万吨。

4. 农业组织化水平

积极推行企业和专合组织带基地、基地联农户的联营模式，把特色生产基地建设与市场鲜销、冷链运输、精深加工等环节紧密结合起来，最大限度提升农业综合效益。积极发展订单农业，推行产销合同制，大力培育龙头企业，鼓励龙头企业通过建立风险基金和最低保护价等方式实现与农户利益链接。鼓励和引导农民通过土地、草原、资金等要素入股，发展各类特色明显的专业合作组织和行业协会，提高农业的组织化程度。

2010年，新增州级以上龙头企业5户、专合组织15个，农牧业组织化和产业化经营程度进一步提高。新农村和现代农林牧业示范县建设取得阶段性成果。

（三）商贸物流业

完善民族地区现代流通体系和现代市场体系，完善商贸物流基础设施，培育消费需求，提升物流服务质量，丰富物流服务内容，逐步建立符合川西北藏区民族特色和生活习俗的商贸物流发展体系。发展重点为：全力打造四个专业市场，即生产资料市场、旅游产品交易市场、农畜产品加工及交易市场和中高档消费市场；培育两极区域性商贸中心，即马尔康、茂县两个区域商贸中心；建设突发事件生活必需品应急保障及仓储物流配送两个基地，完善县级商贸流通服务体系，初步建成马尔康、茂县两个商贸物流信息平台。2010年，阿坝州完成全社会固定资产投资362.4亿元，增长3.2%。新建农家店446个、乡镇商贸中心12个，市场体系恢复重建基本完成。全州物价保持基本稳定，城乡市场秩序井然、供销两旺。预计，实现社会消费品零售总额31.5亿元，增长18%。

提升传统服务业，发展咨询服务、金融服务、供求信息、物流服务、教育培训等现代服务业。推进“社区双进”“万村千乡市场”工程，2011年改建和新建970个农家店。加强对居民生活必需品和重要生产资料价格的监测，完善市场物价调控预案。依法打击哄抬物价、变相涨价以及合谋涨价、串通涨价等违法行为，规范市场秩序，稳定物价水平，确保市场供应。2011年实现社会消费品零售总额38.7亿元，增长23%；实现对外贸易出口总值700万美元。

（四）清洁能源业

抓住“西电东送”和“川电外送”历史机遇，阿坝州以清洁能源业作为经济发展的突破口，将其培育成支撑和带动经济发展的支柱产业。完善开发体制，加快区域水电开发，以岷江、大渡河两条干流为重点水电阶梯开发带（见图41-3）。加强电网建设，加快建设电力输出通道，提高电网输出能力。按照有序开发、市场导向、企业主体的原则，积极引进大企业、大集团开发水能资源，加大流域水能开发力度，推进干流及重点支流开发，建成国家水电能源重要基地。

“十一五”期间，阿坝州资源就地转化迈出新步伐，资源有偿开发取得重大突破，与国电、华电、中水等央企签订资源入股开发协议，积极探索矿产资源勘查开发利益共享新机制，转化决定开发的制度和机制初步形成。电力体制改革迈出重要步伐，组建四川阿坝州电力有限责任公司。机关行政效能建设取得突破，清理规范行政审批项目，认真落实首问负责、限时办结和责任追究制度。组建州公共资源交易中心，规范公共资源交易行为。通过制度创新，理顺资源价格体系，通过价格杠杆或补贴问题，促进太阳能、风能、生物质能等新能源持续健康发展开发利用。

近年来，阿坝州加速发展水电工业，为打造最大的水电工业区奠定基础。进一步加大岷江流域、黑水河流域、杂谷脑河流域、白水河流域、孟屯河流域和大渡河流域开发力度，加快十里铺、毛尔盖、狮子坪、薛城、古城、色尔古、柳坪、桑坪、双河电站

专栏 41–2 “十二五”期间特色产业基地建设

特色种植业

◇酿酒葡萄。在小金、茂县、金川和九寨沟县适宜区域内新建和改造酿酒葡萄基地 5 万亩。

◇优质蔬菜。恢复、改造和调整原有商品蔬菜生产基地，规范老基地标准化生产技术，提升新区生产水平，优化品种结构，提高蔬菜品质和产量，建成川西最大的“山地秋淡蔬菜区”。到 2015 年，蔬菜总产量 100 万吨以上，无公害产品率 100%，绿色蔬菜率 30% 以上，有机蔬菜率 5% 以上。

◇特色果业。改造低产老果园和幼龄果园 12 万亩，发展特色水果新品种 6 万亩。以巩固提升为重点，生产符合市场需求的生态、绿色、无公害有机果品。到 2015 年，水果总产量 30 万吨以上，优质果比例 90% 以上。

◇特色马铃薯。继续实施马铃薯原种补贴试点政策，大力引进推广马铃薯新品种和脱毒种薯，构建加工专用马铃薯及菜用马铃薯优势产业带。建设马铃薯原种扩繁基地 500 亩，建成马铃薯脱毒薯扩中心，脱毒种薯覆盖率达 60% 以上，建成 18 万亩加工及菜用专用马铃薯生产基地。到 2015 年，马铃薯面积达到 24 万亩，总产量 35 万吨以上。

◇优质高原中低温食用菌。培育人工抚育金针菇和野生食用菌，以红原为中心，建设高原中低温食用菌生产种扩繁基地 30 亩，建成全国最大的反季节中低温菌生产基地。到 2015 年，中低温食用菌总规模 4000 万袋，总产量 6 万吨以上。

◇道地中药材。新发展川贝母基地 1 万亩、冬虫夏草基地 0.5 万亩、秦艽和大黄基地 1.5 万亩，大黄和秦艽等道地药材种子种苗繁育基地 1000 亩。到 2015 年，建设道地中药材 GAP 生产基地 10.8 万亩，实现中药材总产量 2.05 万吨。

现代畜牧业

◇牦牛产业。以提高牦牛商品乳、肉生产能力为重点，以发展现代畜牧业为途径，在牧区 5 县及黑水、马尔康、理县、茂县、小金、金川、九寨沟等半农半牧区县纯牧业乡镇、村，着力牦牛乳、肉商品生产基地建设，推广“牧户（联户）+ 专合组织 + 保健基地 + 牦牛肉产品加工企业”等产业化经营模式，加大昂科、热他优质牦牛的种质资源的申报、保护建设步伐。促进牦牛产业发展。全州牦牛肉和乳总产量分别达到 6 万吨和 12 万吨以上，肉和乳商品比例分别达到 70% 和 60% 以上。

◇优质肉羊产业。在牧区 5 县及黑水、马尔康、理县、茂县、小金、金川、九寨沟等半农半牧区县部分乡镇、村，加大藏系绵羊选育、山羊改良和现代肉羊养殖新技术推广力度，将种草、配饲、本品种选育、杂交改良、越冬育肥、安全生产等成熟技术进行组装配套，加快贾洛、辖曼等优质藏绵羊的种质资源的申报、保护建设步伐。引导肉羊生产向科学化、规范化、专业化、规模化、生态型的方式转变。全州羊肉总产量达到 1.5 万吨以上。

◇牧草产业。在生态优先的前提下，以牧区为核心，在全州范围内依托天然草场优势，建立优良牧草种子繁育基地 10 万亩和优质牧草示范推广 50 万亩，打贮草基地 150 万亩，人工及半人工草地建设面积 300 万亩，按照产业规模化、草种优良化、经营集约化、生产机械化进行现代牧草产业生产示范和商品牧草生产，打造优质牧草示范基地，进一步加大牧草精深加工力度。

◇优质生猪。在半农半牧区 8 县、松潘县和若尔盖县部分乡镇，重点发展以 PIC 和 DLY 为主的优质生猪，推广以养殖小区集中饲养和分户饲养相结合的养殖方式，推行“养殖户 + 专合组织 + 基地 + 生猪龙头企业”等的产业化经营模式，走适度规模养殖的路子，着力推进标准化、集约化建设，大力发展无公害、绿色猪肉生产。全州猪肉总产量达到 3.66 万吨以上。

◇优质禽兔。在半农半牧区 8 县、松潘县和若尔盖县部分乡镇，大力引进优质禽兔，开展集约化规模养殖。全州禽兔出栏达 1000 万只。

生态林产业

◇建设早实核桃基地 10 万亩、花椒生产基地 5 万亩、沙棘生产基地 15 万亩、短周期工业原料林基地 30 万亩、中药材基地 9 万亩，建设苗圃科技示范园。

专栏 41-3　“十二五”期间商贸物流重点工程

◇专业市场体系建设。在马尔康、茂县建设阿坝州生产资料批发市场；在马尔康、九寨沟各设立 1 个旅游产品交易市场，为区域性旅游商品交易中心。在理县和红原各建一个农产品加工基地、交易市场和冷链物流；在马尔康、汶川、九寨沟、阿坝县、理县等地建设上规模、上档次、商业门类品种较为齐全的中高档消费市场。

◇区域性的商业贸易中心建设。在马尔康、茂县建设两个区域商贸中心，连接两州与内地的商业贸易，立足康东、阿坝中西地区，辐射藏、青、云交界区域的省际贸易中心。以汶川县、松潘县、阿坝县城为中心，建立区域商贸次级中心，即州级商贸中心。以发展地方民族文化特色与提升现有商业网点及服务功能为主，重点进行日用商品、食品、边销茶、食用盐等商品的批发服务。

◇重要基地建设。建立健全以马尔康突发事件生活必需品应急保障基地，其余各县为配套的两级应急保障机构以及规模适度、结构合理、管理科学、运行高效的应急物资储备体系。在茂县建设展贸型仓储物流配送基地，服务于商贸物流高效运转需要。

◇县级商贸流通服务体系。以各县城为中心，积极培育农牧区消费市场，形成县有商圈、乡（镇）有服务中心，村有网点的区域性商贸流通体系。

◇商务物流信息平台建设。在马尔康建立州商品物流信息平台，构建电子商务体系，以全州物流信息平台为依托，连接全州商业网点、仓储、配送、供应、市场预测和企业经营状况等信息，并建立相应的物流配送体系。

等重点水电项目建设。2011 年，阿坝州生态能源产业发展势头良好，完成色尔古、柳坪、晴朗、薛城电站竣工验收，毛儿盖电站首台机组运行发电；开工建设双江口、春堂坝、杨家湾电站。初步完成大渡河流域金川、安宁、巴底电站，黑水河流域剑科电站，脚木足、绰斯甲和小金川流域水电梯级开发前期工作；加快电网建设，完成马尔康石广东至壤塘输变电线路、松潘镇江关变电站等项目；新建户用沼气池 3000 口，积极开发太阳能等新能源。

（五）战略性新兴产业

1. 中藏药业

依托区域富集的中藏药资源，以市场化、科技化手段加快发展中藏医药产业，推进产业化进程，尽形成以“中藏药材生产—药品加工制造—中藏药研究开发—流通贸易服务”产业链，打造“南派藏药”品牌。对传统名优藏羌药进行药理性质研究、剂型改进、新药开发及标准制定，加速发展中藏羌医药产业。重点开发道地中药材（虫草、大黄、川贝母、红豆杉、党参、秦艽、红毛五加、黄芪、红景天、羌活等）为原料的饮片、中间提取物、成药等系列产品和保健品，打造集医疗与保健于一体的优势民族医药加工基地。

推进中藏药材野生培育基地、人工种植（养殖）基地建设，积极推进中藏药业产业集聚。培育壮大康定金珠药业等制药龙头企业，建立藏药厂、中藏药材饮片厂、保健食品厂，打造集医疗与保健一体的优秀民族加工基地。重点开发虫草、大黄、羌活、贝母、天麻、红景天、独一味、翼首草等中藏药材，推进中藏药业产业化发展。搭建科技研发平台，加大关键核心技

图 41-3　阿坝州商贸物流布局

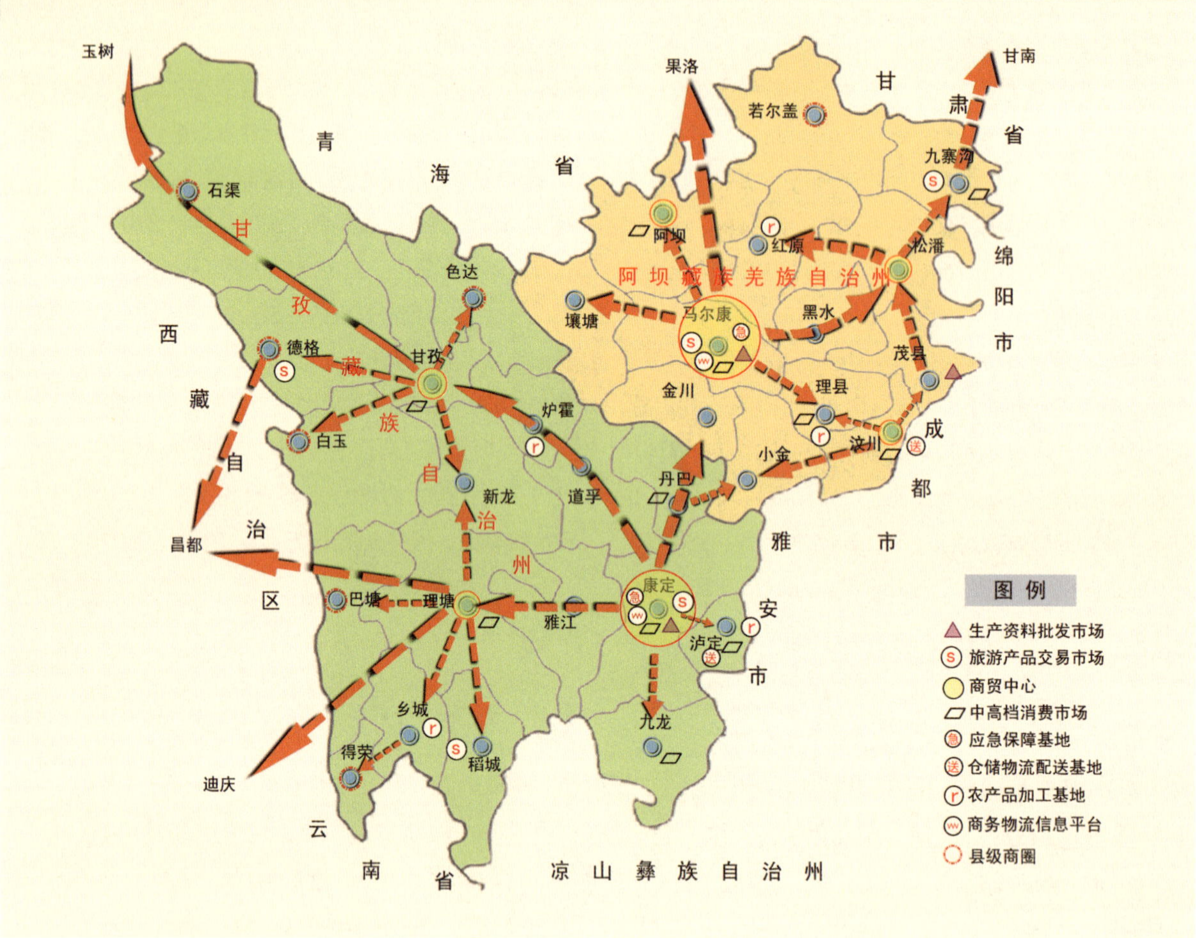

专栏 41-4　“十二五”期间能源基础设施建设

◇电力输送网络。建设大渡河、岷江河流域 500 千伏输变电工程，架设 500 千伏输电线路 700 千米、220 千伏输电线路 900 千米，2011 年建成 500 千伏色尔古变电站、2013 年建成路平 500 千伏变电站，建成马尔康 500 千伏变电站，建成汶川、沙坝、红原等 10 个 220 千伏变电站及开关站。开工建设金川特高压输变电工程。实施农网改造升级工程，加快 35 千伏、10 千伏配网建设。建设壤塘、金川等 110 千伏输配电工程、小金 220 千伏输变电工程，解决小金、金川等县孤网运行问题，实现与四川主网并网。

◇油品输送网络。在每个县建 2 个加油站，在茂县建一个中转油库。

◇天然气输送网络。加强气源引入，开展德阳至九环线天然气管网前期工作。建设茂县至德阳天然气管道、江油至九寨沟、松潘、若尔盖的天然气管网。加快 LNG 供气站和城市管网建设，建设马尔康、金川、黑水、壤塘、小金、阿坝、红原、若尔盖供气站、主要景区主管网、支管网等配套设施。

◇集中供热。马尔康、松潘、红原、若尔盖等县供热规划和建设。

图41-4　阿坝州重点干流水电阶梯开发

术研究，发挥科技攻关在药材种植、质量认证、品牌打造、新品开发、药品生产、保健服务等方面的支撑作用，建立产学研销联盟，利用高新技术改造和提升中藏药业，增强产品核心竞争力，提高市场占有率，并加大知识产权保护力度。

2. *新材料产业*

推动工业在搬迁中升级、在集聚中增效、在共建中跨越，铝、锂、硅、晶体新材料、电子磁材和盐化工等六大产业发展取得新进展。2010年阿坝工业园区建设步伐加快，14 户企业完成整体拆迁，86 户企业恢复生产，阿坝铝厂生产能力达 20 万吨，主要工业品产量再创新高。成阿工业园区升格为省级开发区，43 户企业成功入驻，32 个超亿元项目顺利落地。企业技改取得实效，低碳经济、循环经济加快发展。全州规模以上工业实现增加值 34.9 亿元，增长 40.1%。

新能源锂产业：用世界的眼光、超前的思维，牢牢把握未来科技进步新趋势，加强政策支持和规划引导，化资源优势为经济优势，对锂盐生产加工企业进行整合重组，壮大规模，延伸锂产业链，形成“矿山开采－原矿精选－基础锂盐－高纯锂盐及锂系列产品深加工－能源锂”的产业链，生产大功率储能锂电池及动力电池，打造国内最大的锂盐生产和锂系列产品加工基地。

晶体新材料产业：技改 1000 吨蓝宝石单晶生产线，改造和优化蓝宝石单晶和蓝宝石晶片生产，积极向产业链下游发展，发展 MOCVD 外延氮化镓、切割与封装等产业链，进入航空、航天材料生产等高端市场。

电子产业：发展塑磁、橡胶磁、湿压高性能永磁铁氧体、软磁、钕铁硼、粉末冶金、电机转子、微型电机组装，进一步向研发生产摩托车电机、汽车电机延伸，最终到整车组装。

七　小城镇建设与发展

（一）小城镇体系发展综述

1. 改革开放前城镇布局及功能特征

改革开放以前，阿坝州属欠发达的民族地区，由于受地理环境等影响，城镇发展水平低、发展缓慢。城镇体系严格意义上，仅仅是只形成了行政体系，体现在中心城镇功能单一，县城之间、县域之内的城镇相距遥远，交通、通信不便；全州城镇数量少、规模小、基础设施差，服务半径大，人口吸纳功能弱，产业集聚程度低，城镇产业落后，产业间更难以形成有效配合，形成一些小镇无“市”、无“工”的现象。其时，州内仅有马尔康、汶川分别因是州政治中心和交通咽喉，人口较多和集聚了一点传统产业。

2. 改革开放后城镇体系建设及功能特征

改革开放 30 多年，阿坝州城镇建设取得巨大成就，形成了以 13 个县城、31 个建制镇为重点，195 个乡集镇为纽带，各具相当功能或特殊功能的城镇结构体系，特别是有旅游镇 7 个，制造业城镇 2 个，商贸流通业重镇 3 个。建制镇占乡镇比例为 14.29%，建制镇人口几百人至 2 万人不等，全州建制镇成区面积 43.05 平方公里。全州一级城镇一个，二级城镇 12 个，三级城镇 18 个，四级城镇 82 个。

为支撑全州发挥区域资源优势，在城镇建设上，因地制宜，重点开发有利于支柱产业、特色产业发展的城镇，推动产业以据点式展开，沿交通要道呈轴线延伸，带动全州经济全面发展，初步形成全州的“四点、两线、四区”的点线面格局，发挥了城镇支撑区域经济发展的功能，同时，城镇自身也得到较快发展。

全州以马尔康、九寨沟、红原、威州、茂县为中心（重心）。其中，马尔康是全州的政治、文化、金融、商贸、服务中心，汶川是全州工业、文化教育、交通、经济重镇，九寨沟是全州旅游重心，红原是全州畜牧业经济中心，茂县是工业与交通重镇。城镇沿经济与产业走廊（国道 G317 线、省道 S209）和旅游文化走廊（国道 G213 线、省道 S301 线）两条轴线展开，呈点轴状分布。九环线上有城镇 12 个，占全州城镇的 38.7%。国道 G317 线、省道 209 线上分布了 10 个城镇，占全州城镇的 32.2%，城镇密度为 263 平方公里/个，平均服务半径为 28.9 公里，平均服务人口为 2.62 万。其中，汶川、理县、茂县、松潘、小金、金川、马尔康、九寨沟以县城为主体，呈密度较高点状分布；而阿坝、红原、若尔盖、壤塘县、黑水县以县城为中心，呈比较分散的点状分布。初步建立起四大经济区：东南部工业区、东北部旅游经济区、西北部畜牧业经济区、西南部综合经济区。尤其是东南部工业经济区，包括汶川、理县、茂县，主要发展制造业，以水电能源工业、高能耗工业、矿产业、天然药业为支柱产业，以生态农业、金融保险、旅游业为辅助产业，充分发挥靠近成都、绵阳、德阳又连接州内其他经济区域的区位优势，发展资源深度开发经济、服务城市需求经济，形成阿坝州工业布局的重点区域，是全州发展最快和城镇化水平最高的地区，率先初步实现工业化。

目前，阿坝州交通得到极大改善，有公路 6182 公里，公路交通由横向一条国道、三条省道，纵向由一条国道、四条省道构成，川主寺内有九寨 – 黄龙机场，同时都汶高速公路正在修建。交通状况的改善，推动了旅游业的大发展，汶川、马尔康、茂县较快壮大，且功能不断增多增强，川朱寺迅速崛起，城镇快速壮大发展，从而推动城镇体系向支撑产业发展，服务旅游、物流，提高行政效能，扩大公共服务及提高本地居民生活水平的方向发展。尤其在 2008 年汶川地震以后，在灾后重建中，阿坝州利用国家与援建省市的资金与技术，科学规划，发挥民族文化资源优势，打造和重塑了一些镇村，进一步提高了文化旅游资源利用率、促进了商贸业的发展，使得这一趋势更加明显。

城镇功能得到完善和提高，普遍具有行政功能和生活服务功能，一些城镇有区域中心功能——经济、文化教育、政治、通信、金融、交通与物流、旅游中心；一些城镇有特色产品与服务的功能——农牧产品加工、矿产能源开发加工、旅游服务等功能，形成了综合型、旅游型、工贸型、农牧商贸型、农贸型等类型的城镇。

3.“十二五”小城镇建设的规划及构想

阿坝州未来将实施以“强化中心城市，发展重点城镇，以资源换资金，以产业促进城镇”的城镇化发展战略，提高城镇综合承载能力，加快产业和人口集聚，以体制机制创新为动力，更加注重城镇内涵式发展和品位提升，尽快形成主题鲜明、内涵丰富、功能完善的城镇发展体系。

在国家与四川省政府的大力支持下，阿坝州交通事业将进一步发展：一是在“十二五”规划期，将建成都汶高速公路、汶歌快速通道、茂绵公路及夹金山公路，打通黄龙隧道和黄土梁隧道，建设好内外环线，扩建九寨 – 黄龙机场，新建红原、马尔康机场，形成快捷、高效、安全、方便的立体交通体系；二是成都 – 西宁及成都 – 兰州铁路建设已列入议事日程。马尔康、汶川、茂县、松潘的内外联系将进一步加强，其在全州和全川的经济、政治、旅游、文化交流的地位将进一步提高，城镇功能将进一步增强。

特别是在“5・12”汶川特大地震自然灾害之后，阿坝州在国家与支援省市的帮助下，采取了“三年基本恢复，五年发展振兴，十年全面小康”的灾后重建战略，对部分城镇产业进行了必要的调整，同时，重点促进民族文化旅游业及商贸业发展，为此：一是加强民族村寨建设，重点建设桃平羌寨、哇尔玛、麦昆、安斗、各莫、龙藏、洛尔达、安羌、理查、甲尔多藏寨等；二是加强城镇的旅游功能，着力把川主寺、漳扎、映秀、日隆、芦花、卧龙、水磨、叠溪、卓克基、映秀镇等镇打造为国际或国家级旅游城镇；三是加强县域经济的发展，促进商贸流通，着力把映秀镇、水磨镇、川主寺和漳扎镇建成国际会展中心；四是将汶川部分工业外迁或转移，同时，将茂县规划为阿坝州未来的主要工业区，茂县、松潘将得到更好的发展机会。

在“十二五”期间，将进一步推动以马尔康、九寨沟、松潘、茂县、汶川县为主的中心城镇建设，加强其余各县城和重点镇建设，积极培育汶川－茂县－松潘－九寨沟、汶川－理县－马尔康－阿坝、九寨沟－若尔盖－红原－壤塘－金川三条城镇轴线，逐步形成点轴结合，功能互补、规模协调的城镇体系，打造内涵丰富、文化多元的特色魅力自治州。预计到 2015 年，全州城镇化率超过 40%。到 2020 年，全州总人口将控制在 95 万左右，城镇人口在 48 万以上。全州城镇化率将超过 50%。到 2020 年，全州将有 5 个县级市、8 个县城、16 个重点建制镇、24 个普通建制镇，基本形成以马尔康镇、威州镇、松潘县进安镇、九寨沟永乐为中心的，一般县城为骨架，重点建制镇为支撑，普通建制镇为基础，由小城市、小城镇、乡集镇组成的层次分明、规模适度、结构合理功能优化的城镇州域体系。

（二）重点城镇建设及功能

——马尔康镇。马尔康镇是全州政治文化中心和中西部片区旅游交通枢纽。以旅游、商贸、绿色食品加工为主。未来城市空间发展采用“轴向发展模式”，以梭磨河为发展轴，依托旧城，向东、向西发展延伸。城市向东发展至阿底，日瓦巴一带，城市向西延伸到俄尔雅、英波洛一带。城市总体布局采用片区组团式结构，将形成中心城、阿底、俄尔雅和英波洛四大功能片区。中心城是行政商贸、文体居住、旅游服务综合区，阿底是嘉绒文化展示区，俄尔雅和英波洛是工业、居住综合区。城市中心区规划在团结街和金珠街一带。预计 2020 年马尔康的城市人口为 5 万～6 万，城市用地 4.8 平方公里，将成为四川省的三级地区中心城市之一、阿坝州的一级中心。建设具有可持续发展的产业经济，完善的基础设施和社会化服务保障体系，高质量的生态环境，富有民族地域特色的景观风貌，以及高水平的城市管理能力。

——威州镇。威州镇是省级历史文化名城，川西北高原门户，九环线上重要节点，阿坝州教育科研和工业经济中心。未来采用“轴向发展模式”，形成“串珠式”城市空间形态：将以岷江为发展轴，依托旧城和 213 国道，重点向西延伸到郭竹铺、凤坪一带，同时逐渐完善七盘沟组团，向东发展雁门组团。城市总体布局采用片区组团式结构，形成旧城（包括较场坝、桑坪），郭竹铺、凤坪，七盘沟，雁门四大功能片区。较场坝是行政办公、商业贸易、文化娱乐、生活居住综合区；桑坪是商业服务、生活居住、物资集散综合区；郭竹铺、凤坪是旅游服务、生活居住综合区；七盘沟是工业、仓储、居住综合区；雁门为旅游服务、文化娱乐、教育科研、生活居住综合区。预计 2020 年城镇人口为 4.0

万人，城市用地为 2.9 平方公里。

——茂县凤仪镇。凤仪镇是以羌族风情为特色的阿坝州的旅游和旅游交通枢纽名镇。未来城镇将重点发展旅游业，将其建设成为阿坝州的游人集散中心、旅游交通枢纽、经济贸易交流与会议中心，以及羌族历史文化及羌族风情旅游目的地，成为阿坝州的重点旅游城镇。

——九寨沟永乐镇。永乐镇是为九寨沟风景区服务的国际旅游城市，是九寨沟的政治文化中心。城市应沿着白水江呈带状发展，以永乐镇为中心，向西、北、南并过白水江适当发展，形成旧城、张家湾、下桥、下桥场及永丰组团。预计 2020 年城镇人口将达 3 万～4 万，用地规模家将达到 400 公顷。

——松潘县进安镇。进安镇是省级历史文化名城，川西北国际化旅游地和高原历史古城。城区用地布局按老城区、北部新区、北端新区和城南新区四大块布局，主要沿岷江向北呈带状组团发展。按四大片区组成四大功能区，即古城文化旅游区、北部岷江东岸行政管理区、北端岷江西岸旅游服务区和老城南部窑坝一带的工业仓库区。预计 2020 年城镇人口在 3 万左右，城镇用地规模 314.36 公顷。

八　发展展望

（一）四川向西开放桥头堡

四川省在地理位置上处在中国西南地区，西向与甘肃、青海、西藏、云南接壤。在省际间长期交往的历史决定下，形成了四川省是中国西部经济总量最大和经济最发达省份的特殊地位，是中国水塔的水能的涵养地，是中国东部与西部经济及西部经济内部联系的重要的转换地、中转地、过境地之一。面向未来，新一轮西部大开发及中央第五次西藏工作座谈会后，中央进一步加大对西部地区，尤其是民族地区的投入，中央大力支持民族地区跨越式发展和长治久安，为西部生态建设、资源开发，又将提供强大的政策与资金支持，同时，通过一系列的交通基础设施及生态环境保护、民生等重大工程的投入推动西部发展。这既为四川的发展提供了机遇，也为四川西部地区的经济社会发展提供了机遇。四川在中国西南部的特殊地位决定了四川必然要制订西向战略，扩大经济腹地及其影响，同时，也通过落实西向战略，推动四川西北高原现有公共基础设施更好的发展，支撑四川西北高原高品质资源的大开发，奠定民族地区解决社会经济发展长期相对落后问题的物质基础。同样，成都市作为四川省的省会，经过改革开放 30 多年的发展，一改中国西部商贸都会的形象，成为中国西部城市中综合实力第一的城市，同时，也是交通物流、人员集散的枢纽和服务业最发达的城市。因此，在国务院于 2010 年批准的“成渝经济圈发展规划”中，成都市是这个双核为主的经济圈中的“一核”。成都市要进一步发挥在中国西部经济、交通、金融、文化、科技、物流中心地位的功能，进一步发挥中心城市对西部地区经济的辐射效应和带动效应，向西扩大经济腹地与联系也是成都发展的必然选择。

西向战略一是与西部周边省区的经济

合作，扩大四川省的经济腹地；二是大力挺进西部省区构建的对外经济交往的桥头堡，将经济腹地与联系扩大到国外，还包括四川省的企业走向中亚、南亚、非洲投资兴业。

阿坝藏族羌族自治州位于四川省西北部，紧邻成都平原，北部与青海、甘肃省相邻，东南西三面分别与成都、绵阳、德阳、雅安、甘孜等市州接壤。该州一方面，作为以藏、羌为主的多民族集聚的民族地区，区内一些藏族分支与甘孜、西藏、青海的一些同族在宗教文化、血缘上有深厚联系，是四川少数民族自治地方中距省会城市最近的地方，发展经济具有相对较好的区位优势；另一方面，境内高山大川既阻碍四川与以上省区的经济交往，也严重制约了区内资源开发与内部的经济交往。

为此，国家为恢复川西北高原中华水塔涵养地功能，把若尔盖规划为湿地国家公园，并已开始投入，还将对草原鼠虫害、人工造林等加大投入。国家与四川省为提高藏区的交通支撑水平，通过多年的建设和即将展开的规划，区域交通网络和骨架初步形成，制约瓶颈基本破解，都江堰至映秀高速建成通车，汶川至马尔康、汶川至川主寺等公路通行能力大幅提高；红原机场，成兰铁路、汶川至马尔康、汶川至川主寺、九寨沟至绵阳等高速公路前期工作加快推进，旅游环线已经成形，铁路、航空、高速公路和高等级公路“四位一体”的综合交通运输体系不断完善。国家与四川省的公共投入不但为藏区稳定与长治久安奠定了基础，而且也为四川的西向战略的有效实施提供了良好的设施条件，此外，也为阿坝州丰富的资源开发奠定了腾飞的基础（见图 41-5）。阿坝州拥有四川与西部省区在地缘、民族关系、经济交往等的特殊地位，该州委、州政府提出把该州建设成四川经济西进的桥头堡，是极具战略眼光之举。

所谓四川经济的桥头堡，第一层含义是交通意义上的四川经济西进的“起点”和最初过境的区域。为此，阿坝州的“十二五”的规划是：围绕“畅出口、强骨架、上等级、保安全”目标，按照“一综合、三节点”西部综合交通枢纽建设的要求，将抓紧两大机场建设，不断优化航线布局；加快推进铁路建设，提升运输能力；加快公路建设，尽快构建“六纵六横”公路交通骨架网络，全面提升通行、抗灾避险和应急保障能力。形成以马尔康、茂县、松潘为交通节点，航空、铁路、高速公路、高等级公路“四位一体”的立体交通网络，建成全国少数民族自治州的交通典范。第二层含义是顺势而为，乘机而起，全方位发展阿坝，并能够从各方面保障桥头堡正常运行。为此，阿坝州在“十二五”规划期，制订了四个经济区东南部经济区（汶、理、茂三县）、东北部经济区（松、黑、九三县）、西北部经济区（阿、若、红、壤四县）、西南部经济区（马、金、小三县）的发展规划。阿坝州在“十一五”以前的努力下，其丰富、高品质的资源得到了良好的开发，并且已形成较好的发展基础。可以预期，在国家与四川省相关政策与投入的推动下，阿坝州发展本地社会经济的“十二五”规划应能顺利实现，四个经济区的蓝图将变为现实。

第三层含义是发挥地理与西部省区、成都等地相邻的优势：一是加速融入成

图 41-5　阿坝州交通通道

都经济区。充分利用地缘优势和便捷的交通条件，加速融入成渝经济区，在基础设施、重大产业、环境保护、科教技术、文化旅游等方面实现对接，促进产业优势互补，实现融合发展。二是加强与青海、甘肃等沿边地区的协作，即加快构建边缘协作区，促进草地各县农产品加工、商贸物流、旅游等产业发展，不断拓展发展空间。

（二）世界生态文化旅游精品区

阿坝州得天独厚的旅游资源在改革开放以后，逐渐引起世人的重视，以九寨沟的发现、开发为起点，经三十多年较系统和较高水平的开发，阿坝州的旅游业不但成为阿坝州的第一大支柱产业，而且面对新一轮西部大开发、灾后重建和国家加大对三江源生态保护政策的历史机遇，在国家扩大内需方针的指引下，把该州旅游资源的品质发挥到极致，整合州内外旅游资源形成更富有吸引力的旅游产品并不断扩大旅游市场，尤其是国外的旅游市场。这给该州政府与人民提出了一个重大而富于挑战的课题。阿坝州委州政府在已制订的“十二五”规划中，提出构建“四区、五园、六带”的发展格局。其中的“六带”——六大旅游产业带是九黄国际旅游产业带、四姑娘山·卧龙大熊猫栖息旅游产业带、达古冰川·高原草原及湿地风情旅游产业带、映秀·三江·水磨生态休闲度假旅游产业带、藏羌文化旅游走廊产业带、红色旅游产业带，形成以点连线、以线带面，“点、线、面”相辅相融的发展格局。从其发展格局可见，四大经济区是区区都有要提升的旅游带；从旅游资源开发角度看，是自然、文化、历史资源的全方位、多层次的开发与提升；从旅游产品的开发设计角度看，可谓是观念新且富有前瞻性，开发的品位及要求具有国际水准。

为实现以上发展构想，并整合州内外旅游资源，达到合作共赢的目的，阿坝州政府还进一步设计了旅游资源开发的宏伟的内外环线的建设蓝图（见专栏 41-5）。至今，阿坝州内外环线公路网已基本成形，不足的是公路的等级不高、密度不够、交通方式比较单一，同时，旅游服务设施还需在空间分布及档次上提高。而“十二五”规划期，以上问题基本可以得到解决，而内外环线不仅串起了阿坝最优质的旅游资源，还与阿坝自然、文化密切相关又可为互补的异地资源相联结，将打造出旅游“宝石”嵌进旅游“王冠”所形成的世界最高贵的极品旅游区。

（三）高品质生态产品供给地

畜牧业是阿坝州的基础产业。有优质天然草场 422 万公顷，为全国五大牧区之一的川西北牧区的重要组成部分。至今，境内空气洁净，河流与土地无污染，成为绿色食品资源开发最佳区域。2011 年全州年末猪存栏 37.08 万头，牛存栏 205.09 万头。全年肉类产量 9.91 万吨，其中，猪肉产量 3.01 万吨，牛肉产量 5.79 万吨。奶类产量 11.24 万吨。

农业是阿坝州的基础产业。60 年的不懈奋斗，阿坝农业实现了从刀耕火种到特色效益农业的巨大跨越。全州共有耕地 100 万亩，粮食播面达到 82 万亩，总产量稳定在 17 万吨左右，平均单产较 1949 年增长了 3.3 倍；2010 年全州农民人均纯收入达到 3556 元，较 1960 年增长了 48 倍。特别是近年来，全州各级党委、政府高度重视农业和农村经济发展，在稳定粮食生产能力的基础下，大力发展特色效益农业，全州以蔬菜、水果、酿酒葡萄、马铃薯、中药材和高原中低温食用菌五大产业为主导的特色农业产业带初步形成，成为全州农民增收致富的支柱产业。农业产业化经营步伐加快，引进和培育了小金神沟九寨葡萄酒业、茂县红星葡萄酒、小金宝清果业集团、豪杰集团小金必喜马铃薯加工厂等从事农产品基地建设、农产品营销、农产品加工企业 32 家。其中，省级龙头企业 2 家，州级 9 家，实现加工产值 0.8 亿元。

培育专业市场带动型、龙头企业带动型、专业大户带动型、特色产业带动型农民专合组织 148 个，带动成员 2.03 多万户，“企业 + 基地 + 农户”、“企业 + 专业合作组织 + 基地 + 农户”的产业化经营已探索出了一些路子，土地流转取得了明显成效，为提高特色农业发展组织化程度总结和探索了一些成功的经验，拓宽了思路。一批农产品和加工产品品牌逐步树立，市场竞争力不断增强，特色农产品商品率达

专栏 41-5　“十二五”期间旅游精品线路建设

内外环线	推荐线路	涵盖景区
内部环线	南部环线：映秀－汶川－理县－马尔康－金川－小金－日隆－卧龙－映秀	卧龙、四姑娘山大熊猫生态文化旅游区，嘉绒藏族文化旅游区，羌文化旅游区，米亚罗红叶温泉旅游区，毕棚沟景区等
	东北环线：汶川－茂县－松潘－九寨沟－若尔盖－红原－阿坝－理县（或黑水、茂县）－汶川	九寨沟－黄龙国际观光度假旅游区、羌文化旅游区、冰川草原（湿地）旅游区等。
	西南环线：小金－马尔康－壤塘－金川－小金	嘉绒藏族文化旅游区、草原（湿地）旅游区及宗教文化旅游景点等
外部环线	九环线：成都－汶川－茂县－松潘－九寨沟－平武－北川－江油－绵阳－成都	地震遗址、九寨沟－黄龙国际观光度假旅游区、羌文化旅游区
	西环线：成都－映秀－小金－马尔康－金川－丹巴－康定－泸定－雅安－成都	地震遗址，卧龙、四姑娘山大熊猫生态文化旅游区，嘉绒藏族文化旅游区
	兰九线：兰州－临夏－甘南－若尔盖－九寨沟－文县－武都－兰州	回藏风情体验、西北民俗风情体验、草原（湿地）旅游区、九寨沟－黄龙国际观光度假旅游区

到 83%。汶川甜樱桃、理县大白菜、神沟九寨干红葡萄酒、领地干红葡萄酒、红毛五加羌寨特色茶、四姑娘山沙棘饮品、九寨刀党、金川雪梨膏等产品在省内及周边市场广受欢迎。农产品质量不断提高。州、县农业部门长期不懈地推进“三品、一标”（“三品”：无公害农产品、绿色食品、有机食品，“一标”：农产品地理标志产品）认证，2010 年，全州经过国家认证的种植业无公害农产品生产基地总面积达到 48.01 万亩，其中茂县、九寨沟县、黑水县获得“四川省无公害粮油、蔬菜、水果、青稞产地”认证，无公害基地占种植业优质产业基地（71 万亩）的 67%。至 2010 年，42 个农产品获得国家无公害农产品认证，特色农产品优质率达到 85%；秦艽、刀党、甜樱桃、花椒、松贝 5 个产品成为国家地理标志农产品。

（四）成渝经济区后花园

成渝经济区覆盖成渝 20.6 万平方公里，人口接近 1 亿，正在以“双核五带”（以重庆、成都为核心，沿长江发展带、成绵乐发展带、成内渝发展带、成南（遂）渝发展带和渝广达发展带）加速集聚发展现代产业，同时，以“四个城市群”（重庆城市群、成都平原城市群、经济区南部城市群和经济区东北部城市群）建成中国西部最重要的现代城市群。阿坝州在地理位置上，东南西三面分别与成都经济区主要城市（成都、绵阳、德阳、眉山、资阳）、雅安、甘孜等市州接壤，是四川民族地区与成渝经济区及成都核心区空间距离最近的经济区，邻界线也最长。这为阿坝州融入成渝经济区提供了天然的地理条件。

在经济地理的分布上，阿坝州经济、

交通、人口的两个重要城镇马尔康、汶川在三二圈层与长轴交点上，同时，马尔康、松潘、汶川大三角区覆盖茂县、理县、黑水——阿坝经济、产业最发达的区域，构成三圈层西北向的主要部分。在生态保护岷江、沱江，承接产业转移，水能产业支撑成都经济区，特色生态产品满足成渝经济区，尤其是“两核”城市居民高品质食品需求方面，阿坝州将采取融入战略推动本地经济快速发展。

伴随经济社会发展，在公共交通设施不断完善的支撑下，在轿车进入城镇家庭的驱动下，城镇居民绿色生活的品位越来越高，活动越来越频繁，家庭中短途出游休闲支出的比重越来越大，这一趋势在过去十年中日益明显，全国各地旅游业开发的避暑游、民俗游、体验游等产品受到游客追捧，就是最好的例证。2010 年国庆长假期间，日设计汽车流量 5000 台次的都汶公路，在放假前两天造成日行车 10 万辆，以致出现交通严重拥堵，同时，州内主要旅游景区出现住宿登记多、日爆满的情况，而期间游客主要由成渝经济区居民构成。这进一步反映在城镇居民生活品质不断提高的时代，像阿坝州这样拥有特别丰富旅游资源的区域，只要善于层次开发旅游资源，适应不同需求，就能不断扩大旅游市场。

阿坝州在与成渝经济区的关系定位中，把其旅游业还定位为成渝经济区的“后花园”，是科学、前瞻的选择。其一，成渝经济区作为中国的“第四增长级”，未来经济将大发展，在发展中的四个区域城市群将更快壮大，而且城镇居民收入将大幅提高。其二，城镇居民生活品质将提升，表现之一就是更频繁的远离城镇与日常的生活，回归自然与乡村，或旅游观光，或追求奇趣，或购买与享受特色食品，以放松身心，调整充实生活。而成渝及阿坝地区交通网络已比较发达且在不断完善中，轿车进入家庭更助力高品质生活的实现。

阿坝大地拥有的高品质、多品种、多层次、相对集中的旅游自然资源，藏羌民族文化资源与红色旅游资源，不仅构成了国内外著名的旅游区最关键的要素，而且，在品质生活需求下，更应是成渝经济区的“后花园”。阿坝州高原作为国家生态保护的功能区，在国家与四川省未来不断加大的投入下，其自然资源将更加丰富、美好，也为成渝经济区及其“后花园”的可持续发展提供了强大的支撑。

第 42 章 凉山州：特色资源开发与彝区经济社会文明建设*

图 42-1　凉山州政区

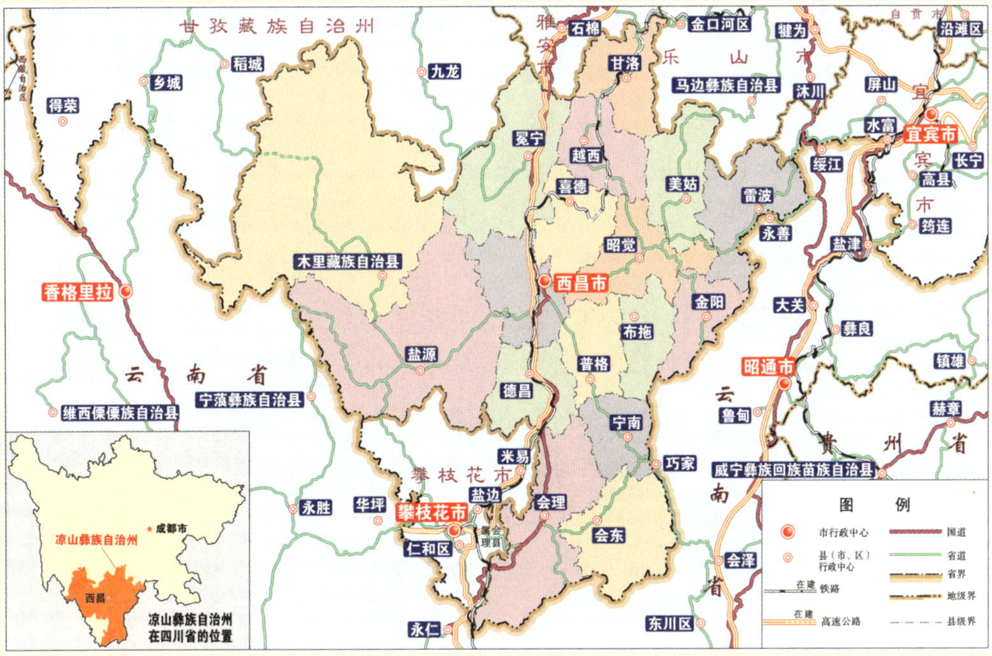

资料来源：本图由四川省发展和改革委员会、四川省测绘地理信息局提供。

一　区域特征与发展定位

（一）历史沿革

秦汉时期，中央王朝就在凉山地区设置郡县，委派官吏进行管理。唐、宋、元、明、清在凉山先后设置了郡、州、司、府以及路、卫、厅、县等。凉山地区在秦汉以前称为古邛都国或邛都部落，汉称越嶲郡，隋唐称嶲州，南诏称建昌府，元称罗罗斯宣慰司，明称四川行都司，清称宁远府，民国称宁属。1950 年 3 月西昌解放，年底成立西昌地区专员公署。1952 年 4 月政务院决定，将西昌专区的大凉山地区划出，设立凉山彝族自治区（州级）。西凉同属西康省。1952 年 10 月，凉山彝族自治区成立（后改为州）。1955 年，凉山州由西康省划归四川省，自治州人民委员会驻昭觉县。原属乐山专区的雷波、马边（驻民建镇）、峨边 3 县及原属西昌专区的越嶲县划入凉山州，辖昭觉、布拖、金阳、普格、喜德、普雄、美姑、雷波、马边、峨边、越嶲等 11 县。1956 年，由呷洛地区设置呷洛县（驻蒲倡麻），由益各脚地区设置洪溪县（驻益各脚），由咪姑、瓦岗地区和雷波、美姑、昭觉 3 县各一部分地区合并设置瓦岗县（驻咪姑），此时凉山州辖 14 县。1958 年，呷洛县由蒲倡麻迁驻西西脚坝，瓦岗县迁驻雷池乡。1959

---

* 本章作者：赵曦，西南财经大学经济学院教授；司林杰，西南财经大学经济学院博士研究生；赵朋飞，西南财经大学经济学院博士研究生；杨志力，西南财经大学经济学院硕士研究生。

年，越嶲县改名为越西县，呷洛县改名为甘洛县，撤销了瓦岗、洪溪、布拖、普雄4县，将瓦岗县并入昭觉、雷波2县，洪溪县并入美姑县，布拖县并入普格县，普雄县并入越西县，此时凉山州辖10县。1962年，恢复布拖县（驻布拖），凉山彝族自治州辖11县。1978年，凉山州迁驻西昌县，原西昌地区所属西昌、德昌、冕宁、会理、宁南（驻东风公社）、会东（驻前进公社）6县及盐源彝族自治县（驻盐井公社）、木里藏族自治县（驻博瓦公社）划入凉山州。盐源彝族自治县改为盐源县，此时凉山州辖18县、1自治县。1979年，由西昌县析置西昌市，属凉山彝族自治州领导，此时凉山州辖1市、16县（含一个自治县）。1986年，撤销西昌县，将其行政区域并入西昌市。

经历数次行政区划调整，凉山州现辖西昌市、德昌、会理、会东、宁南、普格、布拖、昭觉、金阳、雷波、美姑、甘洛、越西、喜德、冕宁、盐源、木里藏族自治县共17个县（市），9个街道、75个镇、537个乡、13个民族乡。2012年凉山州建州60周年，六十年的快速发展使凉山州的经济社会发生了巨大变化，2011年凉山州地区生产总值达到千亿元，成为名副其实的“中国第一州”。

（二）川西南战略要地

凉山州地处四川省西南部川滇交界处，介于东经100° 00′～103° 52′和北纬26° 00′～29° 18′之间，境内地貌复杂多变，金沙江、雅砻江、安宁河穿越其间，高山、深谷、平原、盆地、丘陵相互交错，凉山州地势西北高、东南低，最高海拔5958米，最低海拔305米。总面积6.04万平方公里，占四川省陆地面积的12.45%，居四川省第三位。凉山州所处区域的气候属于亚热带季风气候区，干湿分明，冬半年日照充足、少雨干暖，夏半年阴雨较多、气候凉爽。日温差大，年温差小，年均气温14℃～17℃，日照时数2000～2400小时，日照辐射总量达120～150千卡/平方厘米/年，年均降水量1000～1100毫米，无霜期230～306天。凉山州东邻乐山市，南接攀枝花市与云南省，西衔西藏自治区，北抵甘孜藏族自治州，为攀西地区重要组成部分和川西南地区战略要地。

从交通联结来看，凉山州是南方丝绸之路的重要组成部分，是四川省通往西南边疆、连接东南亚的重要交通走廊，是长江上游的重要通道。凉山州内公路、铁路、航空等交通路线内连攀枝花、乐山、宜宾、雅安、甘孜，外通云南昭通、丽江、昆明。目前，凉山州已基本建成“三纵＋一横＋两环＋航空水运”交通运输主骨架。其中，“三纵”是指成昆铁路、雅攀高速公路、108国道；“一横”是指307省道；“两环”是指，南环线西昌－德昌－会理－会东－宁南－普格－西昌，北环线西昌－昭觉－越西－喜德－冕宁－西昌；航空水运是指西昌青山机场与“三江”流域水上运输。截至2011年底，凉山州公路通车里程达到22246公里，其中等级公路通车里程15898公里。

根据《全国主体功能区规划》，凉山州将重点开发区规划于资源环境承载能力较强、经济和人口聚集能力较强、发展基础条件较好的区域，具体包括安宁河谷发展条件良好的多数乡镇、铁路和主要干线公路沿线重点集镇，各县市的县城所在地和工业园区、集中区范围。该区域是凉山州经济社会发展的核心。重点开发区拥有相对完善的投资创业环境，并可承接限制开发区和禁止开发区的产业和人口转移；将限制开发区规划于凉山州资源环境承载能力较弱、大规模集聚经济和人口条件不够好并关系到生态安全的地区。该区域发展资源环境可承载的特色产业，加强生态修复和环境保护，为区域性重要生态功能区；禁止开发区则包括依法设立的自然保护区、风景名胜区等区域。

凉山州是攀西地区经济社会发展的主体之一，是四川—云南的重要衔接区，在川西南地区经济开发中具有重要的政治、经济、社会、文化和生态地位。从区域经济增长要素分析，凉山州是四川省西南部发展基础最好、资源状况最优、经济实力最强、区位条件最佳的地区之一，通过充分利用自身人口、资源、经济、市场和社会发展多种因素的优势整合与经济重塑，依托经济开发制度创新、全方位扩大对外开放和经济社会跨越式发展，加快推动特色城镇体系建设、交通网络建设、特色资源开发和统筹城乡发展，在中国彝族聚居区经济发展中产生强大的聚集扩散效应和示范带动作用，对于全面推进凉山州乃至整个川西南地区特色资源开发、彝区经济发展、文化多样性保护、生态屏障建设、民族团结进步和维护社会稳定具有重要的战略意义。

（三）全国最大彝族人口聚集区

凉山州是全国最大的彝族聚居区，也是四川省民族类别最多、少数民族人口最多的地区。自治州东部的昭觉、布托、美姑、喜德、越西、甘洛、金阳、普格等县为彝族占大多数的少数民族聚居县，其余县市为以彝汉混居为主。近年来，凉山州人口，特别是彝族人口增速较快，其家庭户规模却在缩小。据 2010 年第六次全国人口普查显示，凉山州常住人口 4532809 人。其中，彝族人口为 2226755 人，占 49.13%；汉族人口为 2155357 人，占 47.55%；其他少数民族人口为 150697 人，占 3.32%，同 2000 年第五次全国人口普查相比，少数民族人口比重上升 4.46 个百分点。常住人口中共有家庭户 1182922 户，家庭户人口为 4396442 人，平均每个家庭户的人口为 3.72 人，比 2000 年第五次全国人口普查的 3.85 人减少 0.13 人。该州常住人口中，具有大学（指大专以上）程度的人口为 161618 人，具有高中（含中专）程度的人口为 248113 人，具有初中程度的人口为 834435 人，具有小学程度的人口为 2064782 人（以上各种受教育程度的人包括各类学校的毕业生、肄业生和在校生）。[①] 2011 年凉山州城市化率达到 28.2%，比第五次人口普查结果相比增长了 13.5 个百分点。

实施西部大开发战略以来，凉山州的

① 凉山州统计局：《凉山州 2010 年第六次全国人口普查主要数据公报》，《凉山日报》2011 年 5 月 24 日。

教育事业取得很大进步，义务教育政策已全面落实，“两基”攻坚成果得到巩固提高，彝区免费职教计划和藏区“9+3”免费教育计划逐步实施，在校师生人数处于逐渐递增态势。州常住人口中，文盲人口（15 岁及以上不识字的人）为 636067 人，同 2000 年第五次全国人口普查相比，文盲人口减少 356868 人，文盲率由 28.84% 下降为 19.31%，下降 9.53 个百分点。

（四）全国 30 个少数民族自治州中的经济标兵

少数民族自治州是我国实行民族区域自治政策的重要层级和单位，是我国地方政府重要而特殊的组成部分。一般来说，少数民族自治州大多处于边远地区，由于地理位置的偏僻、自然环境的恶劣及受东部经济发达地区的辐射影响较弱，经济发展程度低、效率差。而在少数民族自治州布局的大多为资源导向型产业，缺乏经济增长动力与自我发展能力。目前，全国有 30 个少数民族自治州，主要分布在西南、西北和东北地区，分别归属云南省、新疆维吾尔自治区、吉林省等九个省区，从经济发展规模与速度的角度考察，凉山州在全国 30 个少数民族自治州中位居前列，是少数民族自治州发展中的经济标兵。

新中国成立前，处于奴隶制社会历史阶段的凉山广大彝族地区社会生产力水平低下，落后的奴隶制度和封建的土司制度，导致社会等级森严，长期处于封闭、愚昧、贫困、落后状态。新中国成立后，在党的民族政策的指引下，凉山州实现了经济、社会两大历史性跨越，特别是随着改革开放和现代化建设的顺利推进，凉山州呈现出经济加快发展、社会政治稳定、民族和睦团结、人民生活显著改善的可喜局面。2011 年，凉山州地区生产总值达到 1000.13 亿元，占四川省地区生产总值的 4.8%。在“十一五”时期，凉山地区生产总值成为四川省增长最快的地区，排名从第 8 位上升到第 7 位，年均增长率达到 15.5%。从经济结构分析，凉山州第一、第二、第三产业产值占 GDP 的比重为 19.4∶52.4∶28.2，与四川省（14.2∶52.4∶33.4）和全国（10.1∶46.8∶43.1）相比，凉山州农业贡献率偏高，服务业贡献率偏低，与四川省及全国平均水平仍有较大差距。

2010 年全国 30 个少数民族自治州地区生产总值超过 400 亿元的州有 8 个，地区生产总值不足 100 亿元的州有 9 个，排名前五的自治州依次为新疆维吾尔自治区伊犁州、四川省凉山州、云南省红河州、新疆维吾尔自治区巴音郭楞州、新疆维吾尔自治区昌吉州；同时，凉山州地方财政一般预算收入在全国 30 个少数民族自治州中也处在第 2 的位置，2010 年全国 30 个少数民族自治州地方财政一般预算收入超过 30 亿元的州有 9 个，地方财政收入不足 10 亿元的州有 11 个，排名前五的自治州依次为新疆维吾尔自治区伊犁州、四川省凉山州、云南省红河州、新疆维吾尔自治区巴音郭楞州和吉林省延边州。另外，固定资产投资和社会消费品零售额两项指标也均排名第 2 位。其中，固定资产投资排名前五的自治州依次为吉林省延边州、四川省凉山州、新疆维吾尔自治区伊犁州、云南省红河州、四川省阿坝州；社会消费品零售额排名前五的自治州依次为吉林省延边州、四川省凉山州、新疆维吾尔自治区伊犁州、云南省红河州、云南省文山州。

从发展速度来看，凉山州在全国 30 个少数民族自治州中的排名处于第一梯队。凉山州地区生产总值“十一五”期间年均增长速度为 15.54%，居全国少数民族自治州第 6 位。“十一五”期间地区生产总值年均增长速度居前 5 位的是：云南省迪庆州（19.9%）、青海省海西州（17.0%）、云南省怒江州（16.8%）、吉林省延边州（16.0%）和青海省海北州（15.7%）；地方财政一般预算收入 5 年年平均增长速度为 33.5%，居全国少数民族自治州第 5 位。“十一五”期间地方财政一般预算收入年均增长速度居前 5 位的是：青海省海西州（40.9%）、四川省甘孜州（34.5%）、云南省迪庆州（33.7%）、青海省果洛州（33.6%）和四川省凉山州（33.5%）；固定资产投资“十一五”期间年均增长速度 37.0%，居全国少数民族自治州第 5 位。“十一五”期间固定资产投资年均增长速度居前 5 位的是：青海省玉树州（47.0%）、贵州省黔东南州（46.8%）、吉林省延边州（43.9%）、贵州省黔南州（38.6%）和四川省凉山州（37.0%）；社会消费品零售总额“十一五”期间年均增长速度为 19.31%，居全国少数民族自治州第 8 位。“十一五”期间社会消费品零售总额年均增长速度居前 5 位的是：云南省迪庆州（25.3%）、贵州省黔东南州（23.3%）、云南省文山州（21.9%）、贵州省黔西南州（46.9%）和青海省海南州（20.7%）。

从以上主要经济指标的对比情况可以看出，在全国 30 个少数民族自治州中，2010 年凉山州主要经济总量指标的排位处于第 2 的位置，发展速度的排位也相对靠前；“十一五”期间的年平均发展速度情况较好，基本排在前列。综合以上对比分析，“十一五”期间凉山州经济得到快速发展，与全国 30 个少数民族自治州相比处于发展前列。

二　资源状况与资源开发

（一）水能资源

凉山州水资源十分丰富，州内河流众多，均属长江水系，金沙江、雅砻江、大渡河穿越其间，邛海、马湖、泸沽湖等 23 个内陆淡水湖泊星罗棋布，多种多样的内陆地下水资源散布其中。地下水资源以热水资源较多，温泉形式出露地表的有 51 处，水温在 30℃ ~ 60℃，各温泉总流量每秒 110 升。多年平均计算得出，凉山州水资源总量达 1517.26 亿立方米，其中本地产水量 368.53 亿立方米，过境水量 1148.7 亿立方米，仅以本地产水量计算，全州人均拥有水资源量达 8900 立方米。

凉山州水能资源密集程度高，是全国最大的水能“富矿区”，平均每平方公里可产电量 337 万千瓦 / 小时，是世界平均水平的 48 倍、全国平均水平的 17 倍，比世界上水能资源密集度最大的瑞士还多 4.4 倍。人民网用“水电资源富甲天下”来形容凉山州水电资源之富集，数据显示，凉山州水能资源可开发总量为 6387 万千瓦，该州面积仅占全国的6‰，却拥有全国15%的水能资源可开发量，水能资源富集程度可见一斑，堪称世界“水电王国”，因此凉山州也成为全国“西电东送”的重要基地和骨干电源点。①

凉山州的水能资源可开发量大，开发条件优越。受亚热带季风气候的影响，凉山州雨量充沛，年均降水量1000～1100毫米，主要中型河流发源地的年均降水量在1400～2000毫米，加之复杂的地质构造，使凉山州拥有特别丰富的水能资源。金沙江、雅砻江两大江河流入凉山州已属中、下游，其控制集水面积大，前者的集水面积达45万平方公里，后者的集水面积也达11万平方公里，且流域内多雪山冰川，径流补给丰沛而稳定，因而在枯水季节也能保持较大的水量。凉山的中小河流多穿流于高山峡谷中，河流深切，河道坡度大，天然落差集中，其中集水面积在10000平方公里的河流3条，集水面积在1000～10000平方公里的河流15条，集水面积在100～1000平方公里的河流100多条，水能蕴藏总量十分丰富。

凉山的水能资源相对集中，开发十分便利。除“三江”外，境内中小河流的水能资源主要集中在四个片区：其一是西部片区，包括盐源、木里两县，主要河流29条，多年平均流量累计945立方米/时，累计落差26000米。其二是东部片区，包括会理、会东、宁南、普格、布拖、昭觉、金阳、美姑、雷波9县，主要河流12条，多年平均流量累计350立方米/时，累计落差17700米。其三是中部片区，包括喜德、冕宁、西昌、德昌4县市，主要河流7条，多年平均流量累计338立方米/时，累计落差5700米。其四是北部片区，包括越西、甘洛两县，主要河流4条，多年平均流量累计236立方米/时，累计落差5900米。中小河流的开发具有费省效宏的优势。境内的中小河流大多位于人迹罕至的边远山区，开发规模相对较小，工程造价低、建设周期短，基本没有航运和交通干扰，投资回报率高。山高谷深的地理位置利于建设龙头水库，实现一库多级的梯级开发，经济效益更加显著。②

凉山州地方流域水电开发重点为木里河、水洛河、鸭嘴河、西溪河、美姑河、尼日河、黑水河、安宁河、孙水河干流及支流等中小河流域，而在国家层面规划了九大水电基地，全部完工后总装机量达到4880万千瓦，九大水电基地分别为金沙江溪洛渡电站、雅砻江锦屏一级电站、大渡河瀑布沟电站、雅砻江锦屏二级电站、金沙江白鹤滩电站、金沙江乌东德电站、雅砻江卡拉电站、雅砻江杨房沟电站及雅砻江官地电站。

在水能资源开发过程中，凉山州应根据水能资源开发效益最大化原则，提高水电开发利用效率，配合“三江”流域国家大型水电项目建设，加快推进溪洛渡电站、锦屏一级电站、锦屏二级电站、官地电站的建设，并积极推进白鹤滩、乌东德、卡拉、杨房沟、孟底沟等大型水电站的前期工作，力争尽早开工建设，形成项目接替，

---

① 凉山州商务局：《富甲天下的水能资源》，凉山州人民政府门户网，最后访问日期：2011年9月24日。
② 《水电资源富甲天下凉山倾力打造中国水电王国》，《四川日报》2004年8月8日。

并推进木里河、水洛河、鸭嘴河、西溪河、美姑河、尼日河、黑水河、安宁河、孙水河干流及支流等中小河流域的水电开发建设。凉山州应加强对水电送出平台、负荷供应平台和骨干电网的建设，针对 500 千伏以上、500 千伏、220 千伏、110 千伏电网及设施进行规划建设，重点构建东西方向为 500 千伏，南北方向为 220 千伏的“十”字形骨干电网，加强与周边电网联网，在更大范围内实现电力资源优化配置，以满足凉山州全州负荷增长及富余电力外送需求，提高和保障电网运行的可靠性，最终建成全国最大的水电能源产业基地。

（二）矿产资源

凉山州矿产资源十分丰富、种类齐全、资源潜力大，是四川省矿产资源的“聚宝盆”，是四川省“攀西资源综合开发区”的重要组成部分，有中国“乌拉尔”之称。其中，钒钛磁铁矿（包括钒钛）、铜矿、铅锌矿等在四川省占有重要位置。20 世纪 50 年代以后，凉山矿业取得了巨大发展，初步形成了包括黑色金属、有色金属、稀土、煤、岩盐、建材等在内的矿产开发利用较为完整的生产体系，逐步建立了与区域经济协调发展的几大矿产资源开发基地。凉山州年产矿石总量 684.39 万吨，矿业总产值为 12.501 亿元，销售产值为 11.1758 亿元，其中国有矿山企业产值为 3.1224 亿元，销售产值为 2.6888 亿元。矿业从业人数 33893 人。国有矿山从业人数 10978 人。①

《四川省凉山彝族自治州矿产资源总体规划》中指出，凉山州已发现的矿产有 103 种，产地 1828 处（含伴生 380 处）。其中，查明资源储量的能源、金属、非金属矿产地 474 处，包括无烟煤、烟煤、褐煤、泥炭、磁铁矿、赤铁矿、菱铁矿、钒钛磁铁矿、铜、铅、锌、镍、钴、铝、锡、钼、汞、金、银、铂、铌、钽、锆、镓、锗、硒、铟、轻稀土、重稀土、硫、岩盐、菱镁矿、磷、高岭土、滑石、花岗石、石英砂岩、石灰岩、白云岩、硅藻土、萤石、石英岩、脉石英、石膏、耐火粘土、霞石正长岩等。凉山州有大型矿床 26 处，中型矿床 76 处、小型矿床 241 处、矿点 131 处。大、中型矿床占矿床总数的 21.6%，州内的矿泉水和地热资源丰富，查明饮用矿泉水 2 处，地下热水 58 处。尽管凉山州矿产资源丰富，但贫矿多、富矿少，特别是铁矿、铅锌矿、磷矿。贫铁矿占铁矿总量的 95% 左右，另外磷矿贫矿也占相当大的比例。凉山州主要矿产资源优势明显，对其矿产资源储量、潜力及其开发利用效益的综合分析表明：钒钛磁铁矿、富铁矿、铜矿、铅锌矿、稀土矿、非金属等矿产资源是凉山州的优势矿产，金、银、铂和金红石等潜在优势矿产具有良好的前景。

四川省的稀土矿基本集中分布于凉山州，其稀土储量、产量均排名全国第 2。凉山州稀土矿产资源主要分布在冕宁县和德昌县，其中冕宁县最为富集，以森荣牦牛坪优质中型矿床为主，全州已探明稀土氧化物储量达 250 万吨以上，居全国稀土

① 凉山州国土资源局：《四川省凉山彝族自治州矿产资源总体规划》，凉山州国土资源局政府网站，最后访问日期：2009 年 10 月 2 日。

资源储量第 2 位，仅次于内蒙古包头市。凉山州稀土多为单一的氟碳铈矿，具有储量大、品位高、易采选分离、综合价值高的特点。

在矿产资源开发利用的过程中，凉山州应首先制定矿产资源开发规划以指导矿产资源的开发利用，并引导形成规模化与集约化的矿产开发企业。加大凉山州矿产资源勘探力度，积极争取国家矿产资源调查评价、危机矿山接替勘察项目等的投入，提高矿产资源保障能力。加强对钒钛磁铁矿、稀土、伴生稀贵金属资源的开发和综合利用，建设以钒钛资源综合利用为主体的钒钛制品项目，推动凉山州稀土产业从简单资源开发向产业基地与规模化方向发展。积极发展铜镍采选冶炼业，加快发展以西昌、会理等县市为重点发展区域的铜镍精深加工，推进以会理锌矿、会东铅锌矿为重点的铅锌矿产资源整合，提高矿产资源综合利用水平，优化生产布局，构建采、选、冶一条龙资源开发链，最终建成西南地区重要的有色金属原材料供应及深加工基地。

（三）生物资源

凉山州生物资源丰富，名目多、分布广。凉山州各门类生物资源 6000 余种，其中，植物类 4000 余种，动物类 1200 余种，微生物类近千种，尤以木本和草本植物资源占优势。森林面积 200 余万公顷，占四川省的 30%。草地面积 241 万公顷，而且牧草产量高、草质优，仅草本类优良饲料就有上百种。野生植物资源名目繁多，仅中草药类就达 2500 余种，占四川省的一半以上。凉山州拥有甘蔗适种地 2 万公顷，平均亩产达 5 吨以上，最高可达 10 吨以上，单产比福建省甘蔗种植地高出 2%，含糖量比四川内江甘蔗产区高 3%。凉山州西南部的气候生态环境适合种植烤烟，出产的烟草质量位居全国前列，国家烟草专家称“凉山优质烟叶，可与世界最好的津巴布韦烟叶媲美”。蚕茧一年可养四季，蚕茧形大质优，茧丝洁白，弹性好，单粒丝长 1200 米。各类蔬菜具有“早、优、高、稀、特”的优势，石榴、苹果、脐橙、枇杷、桂圆、核桃、葡萄、花卉、花椒等质量好、产量高、发展潜力巨大。

凉山州木里原始森林区的活立木总蓄积量位居全国单县第 1，达 1.4 亿立方米，是长江上游重要的水源涵养林保护区。雷波麻咪泽林区为黄茅埂余脉的原始森林，面积约 2.6 万公顷，林内有雪岭杉、连香树等多种保护植物和金丝猴、大熊猫、四川山鹧鸪等多种珍稀动物。美姑大风顶国家级自然保护区为第三纪或更古老生物的避难所和各种生物分化的摇篮，有珍稀动物如大熊猫、牛羚、小熊猫、豹、猕猴、红腹角雉、白腹锦鸡等 30 余种，有珙桐、银杏、连香树、南方红豆杉等 10 余种珍稀植物。冕宁冶勒自然保护区有国家一级野生保护动物大熊猫、牛羚、云豹、豹、绿尾虹雉 5 种，国家二级重点野生保护动物大灵猫、小灵猫、黑熊、水鹿、林麝、红腹角雉、白腹锦鸡等 29 种，省重点保护的野生动物豹猫、毛冠鹿、八声杜鹃等 8 种。果园观光游是农业生态旅游中最活跃的一种旅游方式，盐源作为西南最大的全国优质苹果生产基地，面积为 1 万公顷，拥有 110 多个品种的盐源苹果，以果大、味香甜、色光亮而享有众多美誉。2002 年被评为中国石榴之乡的会理县石榴种植面积已达 1.5 万公顷，年产量 20.6 万吨。被花卉界誉为“天然温室”的西昌，一年四季均可生产鲜花。天喜花卉博览园以花卉生产展示、产品交易、青少年生产劳动体验、花语生活、新引进物种展示、精品玫瑰等元素构成，其中精品玫瑰园种植了从法国引进的 1300 余个玫瑰品种，是中国唯一种植纯欧洲玫瑰品种的古典精品玫瑰园。

在生物资源开发利用过程中，凉山州应以特色生物资源开发为中心，以发展特色食品为主攻方向，以现代烟草开发为重点加以发展。加快推进打叶复烤、烟叶薄片、膨胀烟丝等现代烟草技术，建成全国最大的打叶复烤加工基地和膨胀烟丝出口基地。以会理、会东、西昌、德昌、普格、越西、冕宁、宁南、盐源等县市为核心区，金阳、昭觉、布拖、甘洛、美姑、喜德等县为辅助区，种植“清甜香”型优质烟叶打造国家重要的战略性优质烟叶生产基地。大力发展麻疯树等生物质能源，加快生物质能源基地及加工项目建设。以速丰商品林、特色经果林、短周期工业原料林、生物质能源林和珍贵树种为重点，大力发展优势特色林业资源，完成速丰商品林基地、特色经果林基地、生物质能源林基地建设。突出凉山州特色生物资源优势，强化绿色环保品牌建设，形成在四川省具有重要影响、较大规模和较强市场竞争力的生物资源开发基地。

（四）旅游资源

凉山州地处四川西南地区，西跨横断山系，东抵四川盆地，北接川西高原和山地，南临金沙江河谷，地表起伏大，海拔高度悬殊，最高海拔为 5958 米的木里藏族自治县夏诺多吉峰，最低海拔为 305 米的雷波县金沙江谷底，相对高差 5653 米。从大地构造位置上来看，凉山州处于杨子地台西缘与松潘－甘孜地槽折褶系过渡带上一个活动性较强的地区，其地理位置和地理特征决定了该地区气候环境、生物种类和地貌景观的多样化，从而构成了该地区自然旅游资源类型的丰富性和多样性。

东南大学旅游研究所喻学才教授根据成因的不同将自然旅游资源分为 5 个组、15 个类型、66 种景观。按此分类标准，凉山州 6.04 万平方公里的土地上拥有除宇宙旅游资源外的其他 4 个组别的资源，其旅游资源组别齐备；凉山州拥有 10 个自然旅游资源类型，占我国同类旅游资源类型的 66.7%。自然旅游资源类型较齐全，其中以岩石圈旅游资源组、水圈旅游资源组和生物圈旅游资源组的旅游景观较为丰富；凉山州拥有 24 种旅游景观，占全国同类景观的 37.8%；其中植物旅游资源景观丰富，涵盖全国同类资源的所有 5 类景观；而湖泊旅游资源类型包括断陷湖、堰塞湖、冰川湖、岩溶湖和人工湖 5 大类，占全国同类景观种类的 55.5%。据不完全统计，凉山州共有各类自然旅游资源旅游景点约 115 个，其中剥蚀地貌景观、构造地貌、岩溶洞穴景观、瀑布景观、湖泊景观、热水泉景观所占比例较大，拥有的景点也较多，构成了凉山州自然旅游资源的主体。

凉山州岩石圈旅游资源稀有神奇，具有观光功能和科考价值。该类别包括 3 种

表 42-1　凉山州内自然旅游资源类型

凉山州内自然旅游资源类型			
大组	类型	景观	景点
岩石圈旅游资源	地质旅游资源	外应力作用旅游景观	螺髻山——世界最大最深的古冰川刻槽
		矿产地质旅游景观	西昌重钢太和铁矿、会东铅锌矿、会理铜矿、冕宁泸沽铁矿、冕宁稀土矿、甘洛铅锌矿等大型现代矿山
	地貌旅游资源	剥蚀地貌旅游景观	西昌黄联土林、普格螺髻山冰碛层、普格螺髻山的角峰刃脊、盐源天生桥、木里月亮崖、盐源公母山、雷波金海山卧佛等
		构造地貌旅游景观	普格螺髻山、西昌泸山、木里夏诺多吉雪山、会理龙肘山、喜德小山、冕宁灵山、盐源百灵山、金阳狮子山、美姑黄茅埂等海拔高于 2000 米的名山
	洞穴旅游资源	岩溶洞穴旅游景观	西昌螺髻山仙人洞、雷波龙湖溶洞、木里神仙溶洞、木里菩萨洞、普格玛瑙洞、雷波龙窝溶洞、雷波仙人洞、金阳瓦伍溶洞、会东老君洞、喜德则莫溶洞群、越西南箐溶洞群、德昌戈垄仙人洞、布拖百石滩
水圈旅游资源	河流旅游资源	湍急涧溪旅游景观	金沙江河谷、会东老君滩、雅砻江大峡谷、安宁河河谷、德昌安宁河漂流、甘洛清溪道、会理皎平渡、美姑凉山河流域
		瀑布旅游景观	螺髻山温泉瀑布、冕宁喷水岩瀑布、冕宁向阳坪瀑布、木里白水河瀑布、木里云南堡瀑布、木里大槽瀑布、会理东岩瀑布、普格大槽河温泉瀑布
		峡谷旅游景观	金沙江大峡谷、雅砻江大峡谷、雷波大峡谷
	湖泊旅游资源	断陷湖旅游景观	西昌邛海、盐源泸沽湖、冕宁彝海、德昌黑龙潭、雷波荡、木里寸冬海子等
		人工湖旅游景观	会理仙人湖、冕宁大桥水库、二滩库区等
		堰塞湖旅游景观	雷波马湖
		冰川湖旅游景观	螺髻山海子群
		岩溶湖旅游景观	雷波洛水湖
	地下水旅游资源	泉水旅游景观	金阳春阳泉、美姑美人泉
		热水泉旅游景观	普格温泉、昭觉竹核温泉、西昌川兴温泉、西昌礼州温泉、越西裤裆沟温泉、普格大槽河瀑布温泉、西昌氡泉、喜德公塘子温泉、盐源泸沽湖温泉等
生物圈旅游资源	植物旅游资源	森林旅游景观	木里原始森林区、雷波麻咪泽林区、昭觉松涛林海、盐源宝清林海、泸山森林公园、云南松飞机播种林
		高山草原旅游景观	普格海口高原牧场

续表

凉山州内自然旅游资源类型			
大组	类型	景观	景点
水圈旅游资源	湖泊旅游资源	植物自然保护区	美姑大风顶自然保护区、冕宁冶勒自然保护区、西昌螺髻山自然保护区、越西申果庄自然保护区
		花卉旅游景观	天喜花卉基地、西昌花卉基地、明日风花卉基地
		果园旅游景观	盐源苹果基地、会理石榴基地、川兴蜜桃枇杷基地、西昌西乡葡萄基地、西昌樟木樱桃基地等
	动物旅游资源	野生动物自然保护区	布拖县补莫湿地、布托乐安湿地、邛海湿地公园、泸沽湖草海湿地、美姑大风顶自然保护区、冕宁冶勒自然保护区、越西申果庄自然保护区
大气圈旅游资源	气象旅游资源	烟、雨、云、日出和雪峰旅游景观	泸山的松、风、水、月；螺髻山的螺髻峰积雪、日出、佛光、云海；大风顶和龙肘山的日出、云海；夏诺多吉雪山的冰峰等
	气候旅游资源	阳光、避暑旅游景观	西昌冬季阳光旅游、西昌夏季避暑胜地

资料来源：张学权撰《凉山州自然旅游资源类型及评析》，《安徽农业科学》2010 年第 19 期。

类型、5 类景观，约有 36 处景点，占全州所有景点的 31%。螺髻山古冰川刻槽长 30 多米，宽 3.5 米，是迄今为止发现的世界上最大的古冰川旋槽，为难得的地球外引力作用下的旅游景观。夏诺多吉雪山终年严寒，其间的溶洞、龙口水瀑布等景点，具有科考、探险价值。岩溶洞穴旅游景观景点较为丰富，具有规模的溶洞及溶洞群 13 处，被称为“蜀西第一奇洞”的螺髻山仙人洞，是一组规模宏大、结构奇特的溶洞群。

凉山州风景水旅游资源引人入胜，具有休闲功能和体验价值。风景水旅游资源包括河流、湖泊、地下水旅游资源 3 种类型，有 10 种水体景观和 42 个旅游景点，占该州全部自然资源旅游景点的 36.5%，也是该州最具吸引力的旅游景观元素。汹涌澎湃的金沙江大峡谷是漂流、探险、健身的理想河段。闻名中外的老君滩两岸绝壁万仞，江水巨浪滔天，自 20 世纪 30 年代以来，中外探险者曾 6 次闯滩却无一成功。融温泉与瀑布为一体的大槽河瀑布温泉也十分罕见。

凉山州还有不同景观类型的高山湖泊 12 个，其中西昌邛海、盐源泸沽湖和雷波马湖远近闻名。西昌邛海是四川省的第二大天然淡水湖，湖面面积 31 平方公里，以恬静著称，有“邛海归来不看湖”的美誉。泸沽湖面积约 50 平方公里，湖水平均深度约为 40 米，最深处达 73 米，水体垂直透明度达 6 ~ 12 米，晨曦初露时，湖水如染，一片金红。螺髻山海子群有大大小小的冰川湖泊 33 个，大多分布在海拔 3500 ~ 4000 米。雷波马湖为四川省省级地质公园，是我国第三大深水湖，最深处为 134 米，平均水深 64 米，仅次于吉林白头山的天池和云南的抚仙湖。

凉山州有地下热水旅游资源9处，以西昌氡泉、普格温泉、昭觉竹核温泉、普格大槽河瀑布温泉和喜德公塘子温泉较为出名。西昌氡泉、矿泉、温泉三泉鼎立，这种情况在我国实为罕见，其氡泉含氡量已达到国家医用标准。

凉山州生物旅游资源丰富，具有旅游生态教育功能与农业生态观光价值。独特的高原季风气候和山体垂直气候的特征，孕育了丰富多样的物种，其森林、草场、果园、花卉和野生动物资源富足，州内有各种生物旅游资源景点23个，分别属于森林旅游景观、高山草原旅游景观、自然保护区旅游景观、花卉旅游景观、果园旅游景观和野生动物自然保护区旅游景观6类景观类型。

在旅游资源开发过程中，凉山州应积极探索新的旅游资源开发运作机制，整合优势旅游资源，推动旅游资源集团化开发，形成以旅游资源为核心的服务业聚集。推进凉山旅游品牌建设，加强景区景点、人文景观和精品旅游线路建设，围绕民俗风情、科技观光、生态体验、乡村旅游等整合凉山州短距离旅游资源，对攀西阳光旅游资源、香格里拉核心区生态旅游资源、彝族风情体验旅游资源、丝绸古道访古旅游资源等跨区域精品要素进行挖掘开发。加快建设邛海－泸山、泸沽湖、螺髻山、灵山寺、西昌卫星发射基地5个重点景区，创建一批5A、4A、3A级精品旅游景区，将邛海－泸山创建成为国家5A级景区，泸沽湖、螺髻山、灵山寺力争建成5A级景区，西昌卫星发射基地创建成为4A级景区，积极打造小相岭、彝海、马湖、龙肘山等旅游景区，最终打造成为西部最佳阳光休闲度假旅游目的地。

（五）文化资源

凉山州彝族在不断变迁的时代中尽管受到了其他民族文化不同程度上的冲击和影响，但由于长期处于极端封闭落后的奴隶制社会，纵然新中国成立后一步跨千年地从奴隶社会直接进入了社会主义社会，但仍然完整地保留着其最古朴、最浓烈、最独特的民族文化，其独特、唯一的文化属性在当代体现出极高的社会保护价值和经济开发价值。凉山文化资源可分为节日文化、礼俗文化、服饰文化、饮食文化、建筑文化、毕摩文化及红军文化等。

节日文化主要推崇凉山彝族火把节和彝族新年两种。火把节是彝族人民长期与自然斗争的历史写照。传说在远古时候天神恩体古兹因利益问题与民间的民众发生纠纷，其放出了很多害虫危害人间的庄稼，彝族人民奋起反抗，举着漫山遍野的火把焚烧害虫，取得了胜利。随着时间的推移，后来每年的农历六月二十四就演变成人们一年一度的狂欢节日，并且随着时间的推移，火把节的节目从最初单纯的打火把，演变成如今斗牛、赛马、斗鸡、斗羊、赛歌、选美、摔跤等丰富多彩的狂欢活动。彝族年则是凉山彝人的传统庆贺节日，意在庆祝丰收、祭奠祖先、辞旧迎新。彝族年根据彝历结合当地历史惯例，由当地较通天文地理的长者推算出黄道吉日，因此各地过年的具体时间不尽相同，但大致都在农历10～11月。

凉山彝人拥有自身独特的传统礼俗，

彝人古老而饶有情趣的礼俗，是彝族文化一道独特的风景线，它反映了凉山彝族特定的历史传统和伦理道德观念。主要表现为待客礼、婚礼、葬礼三个方面。凉山彝人热情好客，对来客热情相待，彝家待客皆以“让客人来得舒心走得满意”为标准，此为彝人待客礼。彝人认为土地的意义在于承载万物，婚姻的根本是延续人类。彝族的婚龄一般在 17 岁以上，男性年龄逢双为吉，女性逢单为好。婚期一般选择在庄稼收割后的秋冬季节，而草木萌芽的春天，彝家认为不宜结婚，因为春季是易发疾病的季节。彝区因地域宽广，婚事一般由媒人说合，媒人做媒成功，姑娘家要杀一只小猪订婚，然后择定佳期，由男方举行独特的结婚仪式。彝家结婚，不同于其他民族——一结婚就成家立业，而要经过一两年的时间不停地走动后才真正在一起过夫妻生活，此为彝人婚礼。凉山彝人的葬礼也有许多独特的仪式，彝人通常实行火葬。柴火只能用湿柴，干柴易燃，不能烧尽逝者。随着青烟的升腾，人们相信，逝者的灵魂将回到什穆额哈，与其祖先团聚。出殡时，要请有名望的毕摩为逝者“指路”，其意是为逝者灵魂回到天国指点路径。像其他民族一样，年老的人去世时要丧事喜办，丧事期间可举行赛马、摔跤等比赛。因为彝人认为，“老人去世像竹笋脱壳，像菜叶枯落”，是正常的自然规律，人来自于自然，回归自然是喜事，此为彝人葬礼。

凉山彝族拥有色彩纷呈的彝族服饰文化。服饰是人们生活中重要的一环，是一种物化的精神产物，是窥见历史生活的画卷，是人类精神文化的重要组成部分。而彝族服饰独具特色，是中华民族服饰百花园中的一朵奇葩。凉山彝族服饰的装饰纹样，以涡旋纹几何图案为主，风格古朴、粗犷。如果有几十人为一群，都着彝装远远走来，其情其景非常赏心悦目。凉山州彝族具有独具一格的饮食文化，“洒上木姜子的砣砣肉”、“千层苦荞饼”、“洋芋酸菜汤”等几十种极富特色的传统菜类，具有一定的开发价值。凉山州彝族建筑古朴典雅，凉山彝人的房屋，特别是凉山特有的木制瓦板房，蕴藏着底蕴深厚的民族文化。房屋四周的屋檐，雕刻、镶嵌着各种花纹和精致的图案，用红、黄、黑等漆着色，既浪漫又深沉，充分体现了彝人含蓄、多情的整体性格。屋顶的两头和屋檐四角，构架刺空，极具特色。独特的毕摩文化使得凉山州彝族抹上一层神秘色彩，毕摩是彝族传统文化的传承者，又是沟通神、鬼、人的宗教桥梁。毕摩在长期的历史发展中，不仅传承了文字、绘画、文学，而且都有着一些特别的惊人技能。如颂念经文后，“舌添、脚踩通红的铧口、嘴叼百多斤重的羊转圈、让人见先祖”等。1935 年 5 月，中国工农红军长征经过凉山，历时 29 天，行程 800 公里，足迹走过凉山八县一市。会理会议、礼州会议、彝海结盟等史诗般波澜壮阔的中国工农红军的历史画卷，在长征史上闪烁着璀璨的光辉。5 月 22 日，红军总参谋长刘伯承与当地彝人首领果基小约丹在冕宁彝海子边歃血结盟，使红军顺利通过彝区抵达安顺场，为抢渡大渡河、飞夺泸定桥赢得了宝贵时间，留下了极富传奇色彩的千古佳话和万古流传的动人篇章。

根据凉山州各级非物质文化遗产名录

项目情况统计，凉山州有10项国家级非物质文化遗产，83项省级非物质文化遗产名录项目，116项州级非物质文化遗产名录项目。10项国家级非物质文化遗产中有：民间文学1项、传统音乐2项、传统舞蹈1项、传统手工技艺3项、民俗3项，分别为彝族克智、口弦、藏族赶马调、甲搓、彝族漆器髹饰技艺、彝族毛纺织及擀制技艺、银饰制作技艺、彝族火把节、彝族年、彝族传统婚俗。

凉山州有80多项省级非物质文化遗产名录项目，其中民间文学9项（《阿嫫妮惹》、《支格阿龙》、《彝族克智》、《勒俄特依》、《玛牧特依》、毕阿史拉则传说、傈僳族民间传说、阿都歌谣、什喜尼支嘿）；传统音乐21项（川西藏族山歌、彝族阿都高腔、朵洛荷、义诺彝族民歌、口弦、彝族挽歌、藏族赶马调、彝族克西举尔、彝族马布音乐、彝族马布音乐、彝族月琴音乐、毕摩音乐、大号唢呐、彝族“久觉合”、木模拉格、热打、阿古合、金江鼓乐、阿惹妞、四川洞经音乐、面威风）；传统舞蹈7项（甲搓、傈僳族嘎且且撒勒舞、彝族苏尼舞、蹓脚舞、藏族杜基嘎尔、嘎卓舞、纳西族“金佐措”）；传统游艺、杂技与竞技1项（彝族磨尔秋）；传统美术4项（毕摩绘画、彝文书法、彝族传统刺绣技艺、傈僳族刺绣技艺）；传统技艺14项（凉山彝族毛纺织及擀制技艺、凉山彝族漆器制作工艺、凉山彝族银饰手工技艺、酿造酒传统酿造技艺、民族乐器制作技艺、绿釉陶瓷品制作技艺、红铜火锅制作技艺、传统茶具制作技艺、傈僳族织布技艺、藏族手工皮制品制作技艺、擦窝制作技艺、饵块手工制作技艺、藏族牛羊毛手工编织技艺、民族乐器制作技艺）；传统医药1项（传统彝医药）；民俗23项（火把节、彝族年、藏历年、泸沽湖摩梭人母系氏族习俗、凉山彝族“尼木措毕”祭祀、彝族婚礼歌、彝族婚俗、傈僳族服饰、彝族服饰、义诺彝族服饰、彝族奥索布迪服饰艺术、傈僳族阔时节、傈僳族婚俗、摩梭人成丁礼、彝族“阿依蒙格”儿童节、藏族尔苏射箭节、摩梭人转湖节、摩梭人转湖节、彝族嘎库甘尔习俗、藏族服饰、苗族服饰、呷咪服饰、尔苏藏族还山鸡节）。

在文化资源开发过程中，凉山州应以物质文化资源开发与精神文化资源开发相结合，加强其文化商业开发和文化旅游开发，使民族文化资源转化为民族文化资本。在开发过程中应注意保护彝族文化的生态性不被破坏，保持彝族文化的多元性，推动彝族文化的可持续发展。发展新型文化业态，挖掘彝族文化元素并转化为文化资源供给，满足多样化社会文化需求，繁荣彝区文化市场。创新文化资源开发模式，塑造彝族文化品牌，增强彝族文化资源的竞争力和影响力。加快打造火把节、彝族年两个节庆精品文化资源，着力打造彝族毕摩文化、婚俗文化、饮食文化、服饰文化、歌舞文化、母语文化和摩梭文化、傈僳文化、建昌古城、会理古城、中所水镇、文昌故里等民族文化品牌。

三　基础设施与建设布局

（一）基础设施概况

《2009年世界发展报告：重塑世界经

济地理》指出，基础设施作为经济一体化的重要工具之一，有助于拉近经济距离、节约贸易成本和完善经济网络，有助于实现普惠性的发展。基础设施建设状况对经济社会发展滞后区域影响巨大，凉山州作为四川联结西南边疆及东南亚的重要陆路通道，其基础设施建设布局状况的完善程度对于重塑四川经济地理具有重要意义。

1. 交通基础设施

以保罗 · 克鲁格曼与藤田昌久为代表的新经济地理学派认为运输成本是区域经济发展的重要因素之一，[①] 而交通运输作为运输成本形成的基础性因素与生产要素流动的载体，可以有效削弱地理空间给经济一体化带来的阻力。研究表明，在同一地理标度内，交通基础设施越完善，经济要素流动速率也越高。凉山州作为我国西南地区的重要通道之一，其水能资源、矿产资源、旅游资源及民族文化资源等极为丰富，然而在当前区域经济合作日益紧密、区域经济一体化趋势不断加强、国内产业梯度转移加速推进、经济社会要素流动日渐频繁和经济整合发展要求的开放发展格局下，凉山州落后的交通运输设施成为其经济社会发展的现实瓶颈。要达到扩大凉山州对外开放水平、推进资源优势向经济优势转变、经济总量进入四川“第一方阵”、实现经济社会跨越式发展以及完成全面建设小康社会的目标，必须大力加强基础设施建设，率先打破交通运输瓶颈制约，强化枢纽意识，突出区位优势，按照“围绕西昌、对接成昆、突出南向、畅通北向、连接东西、完善路网、提升服务”的思路，构建以西昌为中心的、川—滇—黔结合部的交通枢纽，形成以“五纵两横两环加航空水运”为骨架的现代化立体综合交通体系。

自 2001 年起，凉山州实施了建州以来资源投入最大、公路等级最高的通县油路工程，基本实现了从州府西昌至州内各县市的干线公路由数量型向质量型的转变，为凉山州推进工业化、城镇化、统筹城乡发展打下了坚实的基础。截至 2010 年 11 月，凉山州通乡公路完成投资 23871.2 万元，完成路基工程 406.39 公里，建设水泥路 13.7 公里、油路 258 公里。通村公路完成投资 40820.7 万元，建成水泥路 164.8 公里、油路 77 公里、泥结碎石路 1333.96 公里。[②] 截至 2011 年底，雅攀高速凉山段全线贯通，青山机场改扩建工程竣工投用，凉山州公路通车里程达到 22246 公里，其中等级公路通车里程 15898 公里，高速公路通车里程 213 公里。[③]

凉山州境内的铁路干线主要是 1970 年 7 月 1 日建成通车的成昆铁路，成昆铁路在凉山州境内穿甘洛、喜德、西昌、德昌、会理 5 个县（市），里程 500 多公里。随着沿线地区经济社会的发展，已经运行了 40 多年的成昆铁路已经不能满足日益增长的运输需求，因此成昆铁路复线工程应运

---

① 《构建川滇结合部交通枢纽》，《凉山日报》2010 年 11 月 30 日。

② 凉山州统计局：《凉山彝族自治州 2011 年国民经济与社会发展统计公报》，凉山州人民政府网，最后访问日期：2012 年 6 月 20 日。

③ 孙久文、叶裕民：《区域经济学教程》，中国人民大学出版社，2003。

而建。成昆铁路复线凉山州段建设工期为2011～2015年，凉山州境内里程约250公里，经越西县城，通过隧道到达冕山，再到泸沽沿安宁河到西昌，然后至攀枝花进云南。成昆铁路复线建成后，从西昌乘快速列车，可以在3个小时以内抵达成都，这样凉山州可实现依托成都，突出向南，连接东西，融入四川省2小时经济圈的目标。

凉山州境内的西昌青山机场作为攀西地区的主要航空港之一，是我国西南地区跑道最长的大型全天候4D机场，然而随着经济社会的发展，青山机场客货运输量不能满足正常需求，因此加快推进西昌青山机场扩能改造工程，新增航线航班，增强航空客货集散能力已经迫在眉睫。2011年6月西昌青山机场改扩建工程竣工，建成后青山机场的旅客吞吐量达到110万人次、年起降11579架次，高峰小时起降7架次、货运吞吐量为4950吨，成为西南地区最大的支线机场。

凉山州境内水资源非常丰富，金沙江、雅砻江、大渡河“三江”流经雷波、宁南、会东、西昌、冕宁、德昌、盐源、甘洛等13个县（市），但由于对内河水运资金投入严重不足，“三江”航道、港口、通航保障系统等航运基础设施比较落后，航道大多处于天然状态、航道等级低、通航保障率小；港口码头规模小、货物通过能力不足、基础设备落后，许多码头都是利用自然岸坡进行人工装卸作业，效率不高；船舶技术状况落后、标准化和专业化程度低、运力不足、货运量小；运输企业规模较小，效益不高；航运保障设施落后，港口集疏运不通畅，严重阻碍了“三江”水运优势的发挥。

截至2011年底，凉山州已经完成国省道改造1317公里，新建和改造完成泸亚路、会攀路、新会路、会淌路、甘石路、盐米路等出州出省通道，建成通乡油路2250公里、通村公路8335公里，达到“三个实现”，即实现国道108线基本改造完成，实现州内二级路网大部分改造完成，实现每个县至少有一条到西昌的快捷通道。以泸雅高速公路全线贯通为标志，基本建成了“三纵一横两环加航空水运”的交通运输主骨架。

2. 水利基础设施

水利基础设施作为生产与生活的“血脉”，关系区域经济发展质量与居民生活水平，因此完善的水利基础设施有助于区域经济社会的进一步发展。近年来，凉山州水利基础设施建设成效显著，农业生产条件进一步改善。2007年以来，凉山州新增水利工程逾25处，累计水利工程逾12000处（含乡镇集中供水站）；水库267座，其中大型水库1座，中型水库4座，小（一）型水库40座左右，小（二）型水库220余座；新建微型水利工程近5000口，微型水利工程总数超41万口；新增农田有效灌溉面积6万多亩，农田有效灌溉面积达到180多万亩；完成新增节水灌面近6万亩，节水灌溉面积达40多万亩；完成水土流失防治面积210多平方千米，完成水土流失治理面积5600多平方千米；解决农村饮水安全人口近9万人，累计解决200余万人的饮水困难。①

① 凉山州水务局：《2009～2011年全州水环境治理规划》，凉山州水务局网，最后访问日期：2009年8月9日。

目前凉山州已完成多项水利规划，规划项目总投资逾 160 亿元，其中《凉山州水利发展“十二五”规划》初稿已完成，初步规划总投资 123 亿元；完成了《四川省大小凉山州综合扶贫开发水利建设专项规划》，规划投资 74 亿元。同时完成了木里藏区水利规划，该规划实施后，凉山州彝族地区和藏区的水利设施将得到极大改善，为彝族、藏族地区脱贫致富奔小康提供有力支撑；《四川省凉山州“再造一个都江堰灌区”实施规划》已编制完成，规划投资估算总投资 60.23 亿元，拟新增有效灌面 85 万亩，新增节水灌面 105 万亩；《建设美丽富饶安宁河谷水利专项规划》已编制完成，规划投资总投资 142.5 亿元，近期工程（2009 ~ 2015 年）将投资 59.5 亿元，规划实施后，安宁河谷 7 县市将率先在凉山州实现水利现代化；《四川省凉山州重点中小河流治理规划》已编制完成，规划治理河流 35 条，总投资 5.98 亿元。①

2011 年凉山州水利项目开工重点建设工程有：大桥水库灌区二期工程——设计灌面 29 万亩，总投资约 23 亿元，预计 2014 年建成投入使用；盐源老沟水库——坝高 74 米，配套渠长 29.1 千米，总库容 2122 万立方米，总投资约 5.125 亿元；农村饮水安全项目——解决 17 万人饮水安全，总投资约 0.85 亿元，已于 2011 年建成投入使用；城镇供水设施项目——冕宁泸沽镇、会理县黎溪镇、盐源、布拖等县供水设施建设项目，总投资约 0.99 亿元；城市污水处理建设项目——会理、宁南城市污水处理厂及管网设施建设，总投资约 0.98 亿元。截至 2012 年 5 月，锦屏水电站工程累计完成投资 456.1 亿元，其中锦屏一级 256.9 亿元，锦屏二级 199.2 亿元；截至 2012 年 7 月，木里县水电开发完成投资 40472.44 万元。

3. 信息基础设施

信息基础设施作为经济社会发展的重要媒介，直接关系生产要素的流动速度，良好的信息基础设施对区域经济社会的发展和居民生活水平的提升大有裨益。近年来，凉山州加大了信息基础设施的建设力度，截至 2011 年底，邮电通信企业全年完成主营业务收入 16.31 亿元，增长 16.9%。通信企业当年新增光纤 8674 皮长公里，年末光缆总长度达到 51717 皮长公里，增长 20.2%；年末国际互联网上网用户数 19.9 万户，增长 29.0%；公网电话用户达 302.46 万户，增长 23.2%；其中：固定电话用户 41.15 万户，下降 2.7%；移动电话用户 261.31 万户，增长 28.6%。全州电话普及率达到 62.68%，比上年提高 11.10 个百分点。广播电视事业继续加强。全州有线广播电视用户 25.89 万户，电视人口覆盖率 91.9%，广播人口覆盖率 81.8%。②

4. 电力基础设施

电力作为经济社会发展的“隐形发动

① 凉山州水务局：《凉山州多措并举深入贯彻一号文件》，四川省水利厅网，最后访问日期：2011 年 6 月 8 日。
② 凉山州统计局：《凉山彝族自治州 2011 年国民经济与社会发展统计公报》，凉山州人民政府网，最后访问日期：2012 年 6 月 20 日。

机”，对区域经济生产与居民生活具有十分重要的战略意义。凉山州地处长江流域上游，金沙江、雅砻江、大渡河三大河流流经境内，水能资源可开发量达6387万千瓦，占四川省水能可开发量的57%，占全国水能可开发量的15%，其中，地方中小电站的可开发量1478万千瓦。预计凉山州水电资源全部开发后，年发电量将超过2800亿千瓦时，发电销售收入可达到800亿元，税收超百亿元。2003～2008年，凉山州累计完成固定资产投资971亿元，其中水电产业完成投资500亿元，占投资总额的51.5%，水电投资年均增速67.7%，未来10～15年，凉山州水电产业投资总额预计达3000亿元左右，平均每年高达200亿～300亿元。① 从2006年开始，国家电网陆续在凉山州投入10亿元进行农网改造。截至2011年，凉山州有在建大型电站6座，装机2736万千瓦，开展前期工作电站5座，装机2692万千瓦，凉山州成为目前世界上在建大型水电站数量最多、密度最高、规模最大的地区。此外凉山州风能资源富集，具有风速大、大风日数长、风向相对稳定等特点，风力发电条件优越，风能资源开发前景广阔，2011年3月，四川省第一个风电项目——安宁河风电场一期示范工程在德昌县投产。这些电站及其配套设施的建设对于凉山州经济发展与社会建设等有重要意义。

（二）基础设施特征

作为经济欠发达的少数民族地区，在自然、经济和社会发展多种因素的制约下，凉山州区域基础设施建设相对落后，基础设施建设布局上基础条件差、网络化程度低、整体质量不高、建设融资困难、管理机制欠优等特征明显。

1. 网络化程度低

当前凉山州大部分地区经济基础较为薄弱，社会发展程度较低，导致基础设施投资不足，建设布局失衡，多呈点、线状分布，网络化程度较低。交通基础设施建设与四川省和全国相比仍相对落后，缺乏与州内外其他区域的畅通联络，以州府西昌为中心的交通路网密度较大，网络化程度较高，而周边县域路网密度很低。铁路运输能力十分薄弱，运行多年的成昆铁路复线建设尚未完成，当前铁路运输负担很大。已建成的公路大部分等级较低，运输能力有限，代表区域经济发展程度的高速公路建设缓慢，通车线路数量较少，里程较短。水运航道仅限于“三江”小部分流域，通航里程有限，港口码头建设缓慢，规模较小，数量不足。关系居民饮水安全的水利工程项目，尤其涉及广大农村居民的水利工程投资规模较小，布局分散，总供给不足。

2. 整体质量不高

尽管近年来凉山州基础设施建设规模不断扩大，发展速度逐渐加快，但由于州内地质结构复杂，地形地貌变化较大，因此基础设施建设难度很高，再加上薄弱的经济基础，导致基础设施建设投资长期不足，虽然近年来投资规模不断扩大，建设力度不断增强，但短时间内依然难以改变

① 《凉山加快发展水电产业，投资总额预计达3000亿元》，《四川日报》2009年3月23日。

凉山州基础设施整体质量较低的局面。“五纵两横两环”工程工期较长，且等级较低；水运投资严重不足，航道、码头多呈天然状态，运输条件十分恶劣；航空力量比较薄弱，抗干扰性较差；农田水利设施很不完善，灌溉作用十分有限；信息基础设施质量较差，远远低于四川省与全国平均水平；电力能源基础设施刚刚进入建设正轨，短时间内效应发挥有限。

3. 建设融资困难

建设投资大、建设周期长、融资风险高是凉山州基础设施建设面临的主要制约，基础设施特别是交通基础设施投资沉淀成本高、投资专用性强及使用公益性的特点，要求政府应给予其足够的资金或政策支持及制度保证，由于地理位置、经济基础、历史文化等原因，凉山州基础设施建设融资特别困难，融资方式特别单一和融资规模十分有限，如 BOT、ABS、PPP、PFI 等现代融资模式发展缓慢，导致州政府及地方政府筹资能力较弱。在财政收入不足与民间资本难以进入的情况下，单靠凉山州政府和地方各级政府的财力来大规模进行基础设施建设，难度很大。抓住新一轮西部大开发、大小凉山综合扶贫开发等重大机遇，大力破解资金难题，努力创新投融资渠道，打一场基础设施建设攻坚战，为推进凉山跨越式发展提供强力支撑，依然面临很大的挑战。

4. 管理机制欠优

基础设施特别是公路和航道基础设施必须建设成网状，通车里程达到适当规模，不同功能的公路衔接协调，桥梁、隧道建设配套，运营管理科学，与其他交通方式有效衔接，才可能发挥公路的整体功能与效益，基础设施的网络性特征也要求在网络规划、建设和监督管理的各个环节进行专业化的集中统一管理，才能保证标准的统一及建设规划实施的协调。基础设施建设涉及国家、州政府和各级地方政府，仅州政府就涉及交通运输局、农业局、林业局、水务局、旅游局、环保局等多个部门，然而当前凉山州依然没有建立一套完善的基础设施建设管理体制，缺失横向信息传递机制与纵向信息传递机制。以国家为主体的基础设施建设项目与以州政府为主体的基础设施建设项目之间相互分割，资源共享性差，信息传递不畅；基础设施建设的监督评估机制不健全，建设资金申报审批程序不够严密，极易产生寻租行为。在实际工作中，重建轻管、建而不管、管而不严的思想意识普遍存在，建管不分、以建代管、大建设、小管理、建设行为重于管理行为的现象依然存在。

（三）基础设施布局

基础设施建设事关经济社会发展的整体格局。根据《凉山州国民经济和社会发展第十二个五年规划纲要》，坚持基础设施建设与经济社会发展相协调的原则，优化基础设施建设布局、提高基础设施建设质量、完善基础设施建设网络是推进凉山州特色资源开发和经济社会发展的基本前提。

1. 交通基础设施建设布局

凉山州未来交通基础设施建设以“构建四川南向大通道区域性综合交通枢纽”为核心，以“围绕西昌、对接成昆、突出北向、畅通南向、连接东西、完善路网、提升服务”为思路，以“五纵两横两环加航空水运”为骨架，构建对外通畅、对内通达的现代立体交通体系。加强区内交通网络建设，必须集中资金，高标准、高质量建设西昌至各县干线公路主骨架网络建设，全面升级改造南环线和北环线公路，形成大部分县城至西昌 2 小时交通圈。推进农村路网建设，提高通达深度，改善通行条件，基本实现具备条件的乡（镇）通沥青（水泥）路、具备条件的建制村通公路，并配套建设一批客货运站场。

推进对外大通道建设，必须加快建设以西昌为中心，连接周边地区的综合交通枢纽，实现凉山州交通网与我国西南综合交通网全面对接，逐步确立凉山州在川滇黔结合部交通网中的枢纽地位。以成昆铁路、京昆高速公路、宜攀高速公路和 108 国道为依托，形成贯通南北、连接中国－东盟自由贸易区的对外开放大通道。以昭攀遵铁路、西昭高速公路和 307 省道等为依托，形成连接成渝经济区与滇中经济区的东西大通道。

构建综合交通运输体系，必须发挥各种交通运输方式的比较优势，建立便捷、安全、可靠、舒适的综合运输服务体系，满足不同类别、不同层次、不同群体的运输需求。依托“三江”开发，加快发展内河航运，规划建设攀枝花－凉山州－宜宾航道，建设溪洛渡等一批港口码头，早日实现与长江航道的连接。加快推进西昌青山机场扩能改造工程，新增航线航班，增强航空客货集散能力。

重点交通基础设施建设。在公路方面，开展宜攀高速公路、西昭高速公路前期工作；规划建设乐西高速公路、西昌至泸沽湖高速公路。加快南环线公路与北环线公路的升级改造；加快地方重点公路新建及升级改造，使主要县级联网路及重要出州通道达到三级以上标准。重点推进 S307 泸盐路、越西中所至甘洛县城的乌金路，美姑大桥至美姑县城的成美路，昭觉庆垣至金阳县城的乌金路，盐源梅雨至木里县城的稻攀路，昭觉三湾河至布拖县的普三路、两盐路、宁华路、“马班邮路”等项目建设；加快农村断头联网公路、通乡公路和通村公路建设进度，提高公路网络覆盖率，通乡油路（水泥路）率达到 80%，通村油路（水泥路）率达到 28%。在铁路方面，加快推进成昆铁路新线建设，开展成昆客运专线各站点改造，建设西昌铁路二类口岸；开展昭攀遵铁路、雅安至甘洛铁路前期工作。在航空方面，全面完成西昌青山机场改扩建工程，建成一类航空口岸，年游客吞吐能力达到 120 万人次。在水运方面，建设宜宾至溪洛渡、溪洛渡至白鹤滩、锦屏至卡拉水电站库区 V 级以上航道，通行千吨级船舶；重点建设冯家坪、谷米、回龙场、顺河、大河湾等作业区；建设岳家、龙潭、华弹下客运渡口、金河码头、锦屏码头、小金河码头等客货码头，最终使得凉山州水运“通江达海”。

2. 水利基础设施建设布局

水利与农业生产和居民生活密切相关，凉山州要实现“再造一个都江堰灌区”的目标，必须大兴农田水利，加快推进大型水利骨干工程建设，基本完成重点病险水库的除险加固，增强水利设施供水保障能力；加快重点中小河流域治理，加强州内重要河道堤防建设和重要山洪灾害易发点防治，完善综合防洪减灾体系；推进以渠系配套、防渗和节水改造为重点的大中型灌区工程建设，兴建一批蓄水、引水和移动式、固定式提水骨干水利工程，到“十二五”末，实现新增灌面 85 万亩、改善灌面 105 万亩的目标；加强田头水柜、集雨水窖等小型微型水利设施建设，切实解决好工程性缺水问题，提高南部和沿金沙江流域重点缺水地区的供水能力。

在农田水利工程上，加大小型灌溉渠道、小水窖、山坪塘和其他灌溉项目建设，显著改善水利基础设施条件。在大中型水利骨干工程上，“十二五”中期完成盐源老沟水库工程建设；加快推进一批重点水利工程前期工作，盐源龙塘水库将在“十二五”中期开工建设，横山水库、东河水库将于“十二五”后期开工建设；已经开展会理小水井水库、会理大窄门水库、会理魏家沟水库、越西书古水库、德昌和平水库的储备工作。在防洪体系建设上，完成竹寿水库、马湖水库病险整治，完成 17 座小型病险水库整治任务，启动病险山坪塘整治工程。展开喜德市水库前期工作，在“十二五”内动工建设，实现米市水库和大桥水库联合运行调控；完成会东两岔河水库设计审查，尽快开工建设；基本完成已规划的 34 条中小河流堤防建设和 54 条山溪沟整治；到“十二五”末凉山州洪涝灾害损失率降低 30%，县城及重点城镇防洪实现基本达标。在农村安全饮水工程上，因地制宜地采用集中供水、分散供水、城乡供水管网向农村延伸等方式，加快解决饮水安全问题，健全农村供水工程管理体制与运行机制，到“十二五”末期，全面解决凉山州 84.8 万人的安全饮水问题。

3. 信息基础设施建设布局

信息基础设施作为现代经济社会发展的重要构成部分，应予以重点布局建设，未来凉山州应加快建设以光缆为主，数字微波、卫星通信相协调的干线传输网，推进电信网、广播电视网、互联网“三网融合”；进一步完善城区和乡村有线电视网络建设，提高有线电视入户率；提高固定电话、移动电话和互联网的普及率，扩大移动通信网络规模；加快推广普及第三代移动通信，展开第四代移动通信技术的前期建设工作；加快电子政务网、科技信息网、公共服务网等工程建设，提高网络业务保障能力和安全可靠性；健全覆盖城乡的邮政服务体系，推进农村乡镇空白邮政局所、村邮站建设工作；建立以西昌为中心的快递集散中心。①

4. 电力基础设施建设布局

加快推进凉山州电网建设，建设结构合理、技术先进、安全可靠的凉山州电网。以水电产业作为重要支柱产业之一，推进水电产业跨越发展，必须要加强“三江”干流和中小河流“两大水电板块”建设，编制完善的流域水能资源开发规划和电网建设规划，建立健全水电项目协调服务机制，创新水电资源开发模式，规范水电资源开发秩序。加快水电资源开发、加强电力基础设施建设，必须要积极协调国家、地方、企业和群众之间的利益，通过市场配置，把水电开发权、经营权配置给真正有资金、有技术实力、有

---

① 凉山州发改委：《凉山州彝族自治州国民经济和社会发展第十二个五年规划纲要》，《凉山日报》2011 年 2 月 24 日。

水电开发管理经验的企业，形成推进水电科学有序、可持续发展的整体合力，大力实施资源本地化发展战略，带动资源开发地围绕水电项目发展配套产业，增强“造血机能”和自我发展能力，带动地方经济发展和群众增收，同时加强生态治理与环境保护。

四 产业体系与重点产业

（一）产业体系概况

产业体系是衡量区域经济发展的重要指标，产业体系的完善程度对区域经济结构优化和经济发展质量的提高具有重要意义。在工业化、城镇化进程进一步加快的态势下，以特色优势资源为基础，凉山州不断优化经济结构，经济增长方式也逐步由粗放型向集约型转变，同时以特色资源开发和特色产业发展为主体的产业体系也逐步完善。

1. 第一产业

从2000年起，凉山州全力开发农业生产资源，积极发展特色农业，加快推进现代农业发展。

截至2011年底，农业总产值达到323.74亿元，比2000年增加了239.61亿元，年均增长13.0%；粮食作物播种面积50.75万公顷，占农作物总播种面积的69.8%，比2006年增加5.49万公顷，年均增长率为2.3%；粮食总产量达到224.41万吨，粮食作物平均亩产294.8公斤，比2006年增加15.8公斤，增长速度较为缓慢。烤烟产量达到14.35万吨，分别比2000年和2006年增加8.26万吨和3.9万吨。水果产量86.5万吨，比2006年增加47.98万吨，年均增长19.6%。

近年来，凉山州畜牧业发展迅速。2011年肉类总产量达64.98万吨，比2000年增加35.83万吨，年均增长7.6%。其中，猪肉产量46.4万吨，比2010年下降2.8%；羊肉产量8.7万吨，增长

表42-2 2006年与2011年畜牧业部分产品情况（单位：万吨，%）

产品	2006年	2011年	年均增长
肉类总产量	58.36	64.98	2.1
猪肉	43.44	46.40	1.4
羊肉	7.01	8.70	4.4
牛肉	3.79	5.30	8.6
家禽肉	3.90	4.20	1.9
牛奶	2.59	4.10	9.6
蚕茧	1.40	2.20	9.4

资料来源：凉山州统计局编《凉山彝族自治州2006年国民经济与社会发展统计公报》，凉山州人民政府网，最后访问日期：2007年4月24日；凉山州统计局编《凉山彝族自治州2011年国民经济与社会发展统计公报》，凉山州人民政府网，最后访问日期：2012年6月20日。

0.7%；牛肉产量 5.3 万吨，增长 1.0%；家禽肉产量 4.2 万吨，增长 1.2%。肉猪出栏 596.4 万头，比 2006 年增加 57.17 万头，年均增长 2.1%；羊出栏 428.6 万只，比 2006 年增加 67.28 万头，年均增长 3.5%；牛出栏 45.2 万头，与 2006 年相比，增加 10.75 万头，年均增长 5.5%；家禽出栏 2590.5 万只，与 2006 年相比，增加 129.5 万只，年均增长 0.99%。2011 年牛奶产量 4.1 万吨，是 2000 年的 6.9 倍；蚕茧产量 2.2 万吨，比 2000 年增加了 1.29 万吨。2011 年，实现畜牧业产值 148.55 亿元，比 2006 年增加 77.49 亿元，年均增长 15.9%。[①] 数据表明，2006 ~ 2011 年，猪肉与家禽肉产量较低，年均增长率分别仅为 1.4% 和 1.9%，而牛肉、羊肉、牛奶、蚕茧等产量增长率均较高，凉山州畜牧业结构不合理，发展不平衡的特征十分明显。

凉山州生态建设进展顺利，生态环境水平不断提高。2011 年完成造林面积 2.66 万公顷，其中：完成退耕还林（包括配套荒山荒地）造林面积 3314 公顷，年末凉山州森林覆盖率达 42.38%，比 2006 年提高了 10.28 个百分点。森林保护工作继续巩固，森林火灾损失控制在 0.017% 以下，森林病虫害防治率达到 100%。[②] 数据显示，凉山州生态环境得到不断改善，居民生活环境水平逐渐提高。

2. 第二产业

2000 ~ 2011 年，凉山州不断优化产业结构，积极发展第二产业，加快推进工业化进程。2011 年凉山州全部工业实现增加值 411.85 亿元，比 2000 年增加 323.9 亿元，年均增长速度为 15.06%，与 2006 年相比，增长 300.96 亿元，年均增长速度为 12.7%。工业对经济增长的贡献率为 54.4%，比 2006 年增长了 6.9 个百分点。2011 年规模以上工业企业（国有及非国有年销售收入 500 万元以上的企业）达到 372 个，比 2006 年增加 123 个，数据显示，凉山州工业发展迅速，效益显著提高。凉山州建筑业稳步增长，截至 2011 年底，全社会建筑业实现增加值 111.7 亿元，比 2000 年增加 102.9 亿元，年均增长速度为 26.0%。

2011 年，凉山州规模以上工业主要产品产量中，铁矿石原矿产量 7141 万吨，是 2006 年的 7.38 倍，年均增长速度为 49.1%；成品钢材产量 125.40 万吨，比 2006 年增加了 35.54 万吨，年均增长速度为 6.8%；农用化肥产量 15.9 万吨，是 2006 年的 16.9 倍；发电量 86.70 亿千瓦时，比 2006 年增长了 52.7 万千瓦时；铜选矿金属产量 6.2 万吨；铅选矿金属产量 30.9 万吨；锌选矿金属产量 41.6 万吨；水

① 凉山州统计局：《凉山彝族自治州 2000 年国民经济与社会发展统计公报》，凉山州人民政府网，最后访问日期：2004 年 5 月 6 日。
凉山州统计局：《凉山彝族自治州 2006 年国民经济与社会发展统计公报》，凉山州人民政府网，最后访问日期：2007 年 4 月 24 日。
凉山州统计局：《凉山彝族自治州 2011 年国民经济与社会发展统计公报》，凉山州人民政府网，最后访问日期：2012 年 6 月 20 日。

② 凉山州统计局：《凉山彝族自治州 2011 年国民经济与社会发展统计公报》，凉山州人民政府网，最后访问日期：2012 年 6 月 20 日。

泥产量 476 万吨。规模以上工业企业实现主营业务收入 971.1 亿元，与 2006 年相比，增加了 802.4 亿元；盈亏相抵后的利润总额为 101 亿元，比 2006 年增加 76.68 亿元；利税总额为 185.2 亿元，是 2006 年的 4.8 倍；企业经济效益综合指数为 413.9%；总资产贡献率 24.5%，比 2006 年上升 4.9 个百分点；流动资产周转率 3.0 次，比 2006 年提高 1.23 次；成本费用利润率 12.8%，比 2006 年下降 4.2%；全员劳动生产率达到 42.2 万元 / 人，是 2006 年的 3.0 倍；2011 年末，规模以上工业企业亏损面为 13.2%，比 2006 年下降 5.7 个百分点，亏损额 4.1 亿元。①

3. 第三产业

随着西部大开发战略的推进和产业结构调整步伐加快，凉山州第三产业规模显著扩大，2011 年，第三产业增加值达到 282.0 亿元，比 2000 年增加 235.85 亿元，年均增长 17.9%。三次产业对经济增长的贡献率从 2000 年的 24.3%、40.4% 和 35.3% 分别调整为 2011 年的 6.3%、73.4% 和 20.3%，第一产业与第三产业对经济增长的贡献率显著下降。三次产业占国内生产

表 42-3　凉山州第二次全国经济普查第三产业情况（单位：个，%）

行业种类	单位数	比重
交通运输、仓储和邮政业	743	3.7
信息传输、计算机服务和软件业	234	1.2
批发和零售业	1921	9.7
住宿和餐饮业	722	3.6
金融业	558	2.8
房地产业	195	1.0
租赁和商务服务业	434	2.2
科学研究、技术服务和地质勘查业	853	4.3
水利、环境和公共设施管理业	165	0.8
居民服务和其他服务业	117	0.6
教育	3107	15.7
卫生、社会保障和社会福利业	1625	8.2
文化、体育和娱乐业	285	1.4
公共管理和社会组织	8887	44.8
合　计	19846	100

资料来源：凉山州统计局编《凉山州第二次全国经济普查主要数据公报》，凉山州人民政府网，最后访问日期：2010 年 7 月 14 日。

① 凉山州统计局：《凉山彝族自治州 2000 年国民经济与社会发展统计公报》，凉山州人民政府网，最后访问日期：2004 年 5 月 6 日。
凉山州统计局：《凉山彝族自治州 2006 年国民经济与社会发展统计公报》，凉山州人民政府网，最后访问日期：2007 年 4 月 24 日。
凉山州统计局：《凉山彝族自治州 2011 年国民经济与社会发展统计公报》，凉山州人民政府网，最后访问日期：2012 年 6 月 20 日。

总值的比重由 2000 年的 39∶29∶32 调整为 2011 年的 19.5∶52.3∶28.2，第一产业在国内生产总值中的比重下降了 19.5 个百分点，第二产业增加了 23.3 个百分点，首次突破 50%，产业结构调整十分明显。

依据第二次全国经济普查数据，截至 2008 年末，凉山州第三产业活动单位数量 19846 个，有证照的个体经营户 69550 个。凉山州第三产业活动单位中，从事批发和零售业的单位 1921 个，占 9.7%；教育 3107 个，占 15.7%；卫生、社会保障和社会福利业 1625 个，占 8.2%；公共管理和社会组织 8887 个，占 44.8%。以上四个行业合计占 78.4%。第三产业的从业人员为 373944 人，增加 151657 人，比第一次全国经济普查增长 68.23%。

2000 ~ 2011 年，凉山州交通运输和邮电通信业实现快速增长，截至 2011 年底，泸雅高速公路凉山州段全线通车，会攀路改造完成，雅攀高速凉山段全线贯通，青山机场改扩建工程竣工；凉山州公路通车里程达到 22246 公里，其中等级公路通车里程 15898 公里，高速公路通车里程 213 公里，分别比 2000 年增加 3946 公里、12398 公里和 140 公里，年均增长 1.8%、14.7% 和 11.3%，公路通车里程增长速度很慢，等级公路与高速公路通车里程发展较为迅速；2011 年完成公路货物周转量 553987 万吨公里，比 2000 年增加 433304 万吨公里，年均增长 14.9%；旅客周转量 319013 万人公里，比 2000 年增加 201767 万人公里，年均增长 9.5%。截至 2011 年末，凉山州邮电通信企业全年完成主营业务收入 16.31 亿元，比 2000 年增加 13.66 亿元，年均增长 18.0%；光缆总长度达到 51717 皮长公里，是 2000 年的 32.3 倍，年均增长 37.1%；国际互联网上网用户数为 19.9 万户，比 2000 年增加 19.47 万户，年均增长率为 41.7%；公网电话用户达 302.46 万户，比 2000 年增加 275 万户，年均增长速度达 24.4%；凉山州电话普及率达到 62.68%，比 2000 年提高 48.48 个百分点。数据表明，凉山州邮电通信业发展十分迅猛，有力促进了第三产业的发展和社会的进步。

近年来，凉山州金融、证券与保险业稳步发展。2011 年末，全社会金融机构各项存款余额 869.67 亿元，与 2000 年相比，增加 752.34 亿元，年均增长 20.0%。各项贷款余额 409.74 亿元，与 2000 年相比，各项贷款余额增加 339.06 亿元，年均增长 17.3%。截至 2011 年底，凉山州有 2 个证券经营机构，全年证券交易量 209.65 亿元，日均交易量 8593 万元，分别是 2000 年的 5.2 倍与 5.4 倍。保险机构保费收入 9.34 亿元，其中，财产保险保险费收入 4.85 亿元，人寿保险保险费收入 4.49 亿元，分别比 2006 年增加 5.52 亿元、3.05 亿元和 2.47 亿元。处理各种赔案支付金额 3.23 亿元，是 2000 年的 7.2 倍和 2006 年的 2.2 倍。[①] 数据表明，凉山州金融与证

① 凉山州统计局：《凉山彝族自治州 2000 年国民经济与社会发展统计公报》，凉山州人民政府网，最后访问日期：2004 年 5 月 6 日。
凉山州统计局：《凉山彝族自治州 2006 年国民经济与社会发展统计公报》，凉山州人民政府网，最后访问日期：2007 年 4 月 24 日。
凉山州统计局：《凉山彝族自治州 2011 年国民经济与社会发展统计公报》，凉山州人民政府网，最后访问日期：2012 年 6 月 20 日。

券业发展速度较快，保险业发展较为滞后。

近年来，凉山州实施的资源聚合型和精品带动型旅游发展战略效果明显，促进了旅游产业转型升级。2011 年，凉山州共接待国内外旅游者 2201.7 万人次，分别比 2000 年和 2006 年增加了 2002.15 万人次和 1656.05 万人次，年均增长速度分别为 24.4% 与 13.5%。旅游总收入 80.46 亿元，是 2006 年的 3.2 倍。

（二）产业体系特征

薄弱的经济发展基础、丰富的自然资源禀赋、特殊的发展路径和独特的区位条件构成了凉山州与其他地区明显区别的、以资源导向为基础、初级加工为主体、资源优势显著的产业体系特征。

1. 资源导向明显

凉山州三次产业发展的资源导向特征十分明显，因为凉山州林区、牧区广阔，林木与牧草质量较高，主要依托林区、牧区资源进行生产的畜牧业较为发达，在第一产业中发展十分迅速，规模较大，产值比重较高，尤以牛羊肉、牛奶、蚕茧等产品最为突出；凉山州黑色金属与有色金属储藏量大，水能资源十分丰富，在第二产业中，黑色金属矿采选业及冶炼压延加工业、有色金属矿采选业及冶炼压延加工业、铜选矿金属产业、铅选矿金属产业和锌选矿金属产业较为发达，同时，水电业发展迅猛，规模不断扩大，以上产业成为凉山州第二产业中的支柱产业，但粗放型增长特征比较明显；凉山州独特的地理位置、历史文化与民风民俗为旅游资源的开发和产业的发展创造了良好条件。近年来，凉山州深度挖掘区域旅游资源，大力发展旅游产业，使得旅游产业成为凉山州经济的重要组成部分。

2. 初级加工为主

恶劣的自然地理条件、薄弱的经济发展基础、滞后的市场经济体制等因素，导致凉山州三次产业发展水平依然不高，发育程度较低，产业体系的初级加工特征十分明显。种植业、畜牧业和渔业产品多呈天然状态，加工环节很少，农产品加工企业体系不健全、种类少、规模小、科技实力羸弱，只能对瓜、果、蔬菜、粮油作物、林木产品、畜牧产品、渔业产品等进行诸如腌制、烘干、包装、碾碎、保鲜等简单加工，产品使用价值挖掘程度不足，第一产业产品附加值低；矿产资源呈掠夺式开采，资源利用价值低，破坏浪费严重，金属、非金属矿采选业在第二产业中所占比重较大，冶炼压延加工业规模较小，资源产业链延伸不足，资源附加值很低。凉山州现代制造业发展较为缓慢，现代制造业体系很不完善。代表区域科技发展水平的高新技术产业尚处于起步阶段，规模很小；第三产业发展结构很不充分，现代服务业发展十分缓慢，金融产品、商务休闲产品、物流产品供给不足。独具特色的旅游资源开发不够，旅游产品品种少、质量低、产值小，旅游产品多以自然风光、人文景点为主，尚未建立一套完善的集旅游装备、旅游用品、旅游纪念品、文化旅游产品等于一体的产业体系。

3. 产业结构失调

凉山州产业体系结构失调主要表现为三次产业增加值比例欠优与三次产业内部

产业发展不均衡。数据显示，“十一五”期间，凉山州三次产业对经济增长的贡献率由 2006 年的 12.2%、61.4% 和 26.4% 分别调整为 2011 年的 6.3%、73.4% 和 20.3%，而同期四川省全省为 4.3%、70.0% 和 25.7%，凉山州第三产业贡献率较低。截至 2011 年底，凉山州三次产业占国内生产总值的比重是 19.5 : 52.3 : 28.2，而四川省为 14.2 : 52.4 : 33.4，全国为 10.1 : 46.8 : 43.1，凉山州第一产业产值所占比重过高，显著代表一个国家或地区经济发展的方向和水平的第三产业产值所占比重过低。在第一、第二、第三产业内部结构方面，第一产业中，农牧业发展规模较大，林业与渔业规模较小；第二产业中，黑色金属、有色金属矿采选业与电力行业发展势头良好，规模很大，建筑业和燃气与水的生产与供应行业发展规模较小；第三产业中，公共管理和社会组织、教育与批发和零售业产值较大，所占比重较高，而信息传输、计算机服务和软件业、住宿和餐饮业、金融业与房地产业等产值所占比重较低，现代服务业发展速度较慢。

4. 特色优势明显

凉山州因其独特的地理位置和源远流长的历史文化而具有丰富的水能资源、矿产资源、农业资源和旅游资源，为其打造多个特色产业奠定了坚实的基础。首先，凉山州水能资源密集程度高，是全国最大的水能“富矿区”。数据显示，凉山水能资源可开发总量为 6387 万千瓦，平均每平方公里可开发水能资源 1055 千瓦。其次，凉山钒钛磁铁矿储藏丰富，是凉山州最具优势的矿种。有色金属矿产储量居四川省第 1 位，16 种有色金属和贵金属矿产的储量均具备了开发规模。其中铜矿保有金属量占四川省总量的 70%；铅、锌矿占四川省总量的 60% 左右，其中，铅矿保有金属量 78.85 万吨，居四川省第 2 位；锌矿保有金属量 267.04 万吨，居四川省第一位；锡矿金属储量 4 万吨，占四川省的 74%，居第 1 位；稀土矿资源丰富，已探明储量 500 万吨，居全国第 2 位。凉山州农业资源极具特色，安宁河谷是四川省第二大平原，素有“川南粮仓”的美誉。凉山州作为四川省三大林区、三大牧区之一，有林地 173 万公顷，森林覆盖率 30.6%，活立木蓄积量达 2.3 亿立方米；草地 241 万公顷，占总面积的 40% 以上，牧草产量高、草质好，仅草本类优良饲草就达上百种。凉山州的自然旅游资源和人文旅游资源十分丰富，目前境内有代表性的景区、景点 160 多个，涉及岩石圈旅游资源、水圈旅游资源、生物圈旅游资源和大气圈旅游资源等自然旅游资源和悠久的历史文化与多个民族文化的人文旅游资源。

（三）重点产业培育

目前，凉山州积极发展以水电产业为重点产业、以矿冶产业为支柱产业、以特色农业为基础产业和以特色旅游业为补充的新型四大产业体系。未来凉山州应充分发挥区域水能资源、矿产资源、农业资源及旅游资源的独特优势，着力建设千亿级水电、千亿级矿冶、五百亿级绿色特色农业、百亿级旅游四大产业集群，以特色产业群带动整个地区经济发展。

1. 水电产业

凉山州以丰富的水能资源为基础，以

“三江”流域国家大型水电项目建设为契机，稳步推进地方中小流域水电开发，同时，加强水电送出平台、负荷供应平台和凉山州骨干电网建设，满足凉山州负荷增长及富余电力外送需求，提高和保障电网运行的可靠性。

在“三江”干流，加快推进在建项目建设进度。溪洛渡电站首批机组于2013年发电，2016年全部机组发电；锦屏一级电站2012年首批机组发电，2013年全部机组发电；锦屏二级电站2012年首批机组发电，2014年全部机组发电；官地电站2012年首批机组发电，2013年全部机组发电。积极推进白鹤滩、乌东德、卡拉、杨房沟、孟底沟等大型水电站的前期工作。在地方流域，加快木里河、水洛河、鸭嘴河、西溪河、美姑河、尼日河、黑水河、安宁河、孙水河干流及支流等中小河流域水电开发建设，实现地方电力装机规模达到600万千瓦以上的目标。在电网建设方面，积极开展500千伏以上、500千伏、220千伏、110千伏电网及设施规划，重点构建东西方向为500千伏、南北方向为220千伏的“十”字形骨干电网。巩固城镇220千伏主干电网，优化完善110千伏网络，改造完善35千伏网络。统一规划外送通道，加强与周边电网联网，在更大范围内实现电力资源优化配置。①

2. *矿冶产业*

未来凉山州将以钒钛钢铁和稀土产业、有色金属产业及建材化工产业为主导，全力打造千亿级矿冶产业。在钒钛钢铁产业方面，以攀西战略资源创新开发试验区建设为契机，加快推进配套产业及扩能项目建设，加快西昌太和铁矿、盐源平川铁矿、会理财通铁钛公司、会东满银沟铁矿、宁南华弹赤铁矿等一批重大矿山项目建设；加快建设一批以钒钛资源综合利用为主的钒钛制品项目；在稀土产业上，要以冕宁、德昌为重点发展区域，加大矿山保护性开采，提高分离冶炼能力，积极推进冕宁稀土高科技产业园区建设；规划建设一批以磁性材料、抛光材料、合金材料、储氢电池、电机等为主的稀土综合应用项目，推动稀土产业走向基地化、规模化、集团化。在有色金属产业上，以西昌、会理等县市为铜镍重点发展区域，加快昆鹏铜业、康西铜业技改扩能建设，力争形成25万吨/年铜冶炼能力。以西昌、会理、会东、甘洛等县市为铅锌重点发展区域，以会理锌矿、会东铅锌矿、西昌合力锌业为重点，培养在行业内有重要影响和辐射带动作用强的铅锌综合生产企业，形成30万吨/年的铅锌冶炼能力。在建材化工产业方面，以宁南、昭觉各100万吨干法水泥和冕宁锦屏水泥新增100万吨产能等项目为重点，形成1000万吨的新型干法水泥生产能力。抓好滑石粉、花岗石、大理石板材及石灰石、萤石、高岭土的开发，改善建材品种质量，增强产业配套能力。以雷波、会东为重点区域，积极推进黄磷、磷铵、磷酸等系列产品开发，加快发展磷化工产。积极发展盐化工及深加工产业，努力形成烧碱、电石等循环经济产业链。

---

① 凉山州发改委：《凉山州彝族自治州国民经济和社会发展第十二个五年规划纲要》，《凉山日报》2011年2月24日。

3. 特色农业

独特的地理、气候、光热条件为凉山州的特色农业发展创造了良好的基础，充分挖掘特色农业资源，发展现代特色农业，对凉山州的农村经济发展和小城镇建设至关重要。在特色农业资源开发和特色农业发展中，凉山州应以打造五百亿级绿色特色农业基地为重点，按照“规模化生产、集约化经营、标准化管理、信息化服务”的要求，创新现代农业发展机制，做好“大凉山州”农产品品牌建设，构建高产、优质、高效、生态、安全的现代农业产业体系。

首先，加快实施优质粮食增效工程，积极发展特色产业。继续实施新增 30 亿斤粮食生产能力建设工程，以国家、省级粮食生产核心县市为带动，建成 80 万亩国标三级以上优质稻生产基地，250 万亩国家绿色食品原料标准化马铃薯基地，80 万亩优质无公害苦荞麦生产基地，实现粮食总产量达到 230 万吨。建成基本烟田 300 万亩，形成年产 450 万担“清甜香”型优质烟叶能力的国家重要的战略性优质烟叶生产基地。以宁南、会东、德昌、西昌等县市为基地建设核心区，带动凉山州蚕茧发展，建成蚕桑基地 45 万亩，蚕茧产量突破 50 万担。以会理石榴、盐源苹果、雷波脐橙三大品牌水果为重点，建成 100 万亩特色水果基地，产量达到 100 万吨。大力发展早市和错季节蔬菜产业，建成 100 万亩优质无公害蔬菜基地，产量突破 220 万吨。以西昌、德昌、冕宁等县市为重点，集中成片，规模发展，建设高档盆花、鲜切花生产基地。

其次，加快发展现代畜牧水产养殖业，建立特色林业产业基地。保护天然草场，建设饲草基地，加快推进特种水产养殖。加强畜禽品种改良、动物保健、草业建设、畜产品质量保障、市场服务和畜牧科研与推广等服务体系和基础设施建设，着力发展种养结合的循环经济，支持适度规模养殖小区（户）的标准化改造，建成年出栏 330 万头优质瘦肉型猪生产基地，年出栏 20 万头优质肉牛生产基地，年出栏 245 万只优质肉羊生产基地，年出栏 1500 万只优质生态鸡生产基地，年出栏 500 万只优质肉鸭生产基地，年产奶 3 万吨优质奶源生产基地和年产水产品 7 万吨淡水养殖基地。确保肉类总产量达到 85 万吨以上，畜牧业产值占农业总产值的比重达到 50% 以上。以速丰商品林、特色经果林、短周期工业原料林、生物质能源林和珍贵树种为重点，大力发展优势特色林业产业。新建杨树、桤木、桉树等速丰商品林基地 50 万亩，核桃、优质青（花）椒、板栗、油橄榄等特色经果林基地 110 万亩，麻疯树、黄连木、毛叶山桐子等生物质能源林基地 100 万亩。①

4. 旅游产业

绚丽多彩的旅游资源、极具特色的自然风光和富有魅力的民族文化为凉山州发展旅游产业奠定了坚实的资源基础。凉山州建设百亿级旅游产业，必须要坚持“政府主导、企业主体、市场导向、精品带动”的发展模式与“自然风光好、民族风情浓、红色文化精、科技含量高”的特色主题，推进“生态凉山州、人文凉山州、红色凉山州”三大品牌建设，加强景区景点和旅

① 凉山州发改委：《凉山州彝族自治州国民经济和社会发展第十二个五年规划纲要》，《凉山日报》2011 年 2 月 24 日。

游线路建设，创建一批AAAAA、AAAA、AAA级精品旅游景区和国际国内知名的节庆精品旅游品牌。探索旅游发展新的运作机制，整合优势资源，推进旅游产业集团化发展。加强旅游标准化建设，完善游、购、娱、食、住、行服务功能。改善交通运输条件，建设一批五星、四星级宾馆，提升服务水平和档次。深度开发旅游产品，做好旅游宣传营销，强化旅游人才队伍建设，建立与旅游产业发展相适应的管理体系。

在景区景点建设方面，要加快建设邛海—泸山、泸沽湖、螺髻山、灵山寺、西昌卫星发射基地5个重点景区，邛海—泸山创建成国家5A级景区，泸沽湖、螺髻山、灵山寺力争建成5A级景区，西昌卫星发射基地创建成4A级景区。积极打造小相岭、彝海、马湖、龙肘山等旅游景区。在人文景观建设方面，应加快打造火把节、彝族年两个节庆精品旅游品牌，着力打造彝族毕摩文化、婚俗文化、饮食文化、服饰文化、歌舞文化、母语文化和摩梭文化、傈僳文化、建昌古城、会理古城等民族文化品牌。在精品旅游线路建设方面，要加快开发攀西阳光之旅、香格里拉核心区生态之旅、彝族风情体验之旅、丝绸古道访古之旅、中国凉山州彝族国际火把节之旅、泸沽湖摩梭文化之旅六大跨区域精品旅游线路，以西昌为中心，围绕民俗风情、科技观光、生态体验、乡村旅游等主题，开发州内短线精品旅游线路。

五　城镇发展与城镇体系

法国经济学家弗朗索瓦·佩鲁提出的增长极理论认为，一个区域的经济增长并不会出现在该区域的所有地方，而是体现在区域内若干增长极的快速增长。增长极通过“极化作用”聚集大量生产要素，从而促进自身经济增长，并通过“扩散作用”带动整个区域的经济发展。发达地区城镇化历程表明，经济发展与城镇化之间存在双向促进作用：一方面经济发展推动城镇化进程。随着经济的发展，城市所能够提供的工作岗位不断增加，社会保障制度也不断完善，农民收入不断增长，大量农民逐步转移到城镇，推动了城镇化进程。另一方面城镇化进程又促进了经济增长。城镇化过程中进行了大量投资，同时通过乘数加速作用进一步促进了经济增长。小城镇对区域资源要素具有较强的“极化作用”和“扩散作用”，因而对经济发展具有一定的促进作用。目前凉山州地区经济发展明显落后于四川省部分经济发达地区，其中一个重要原因就是城镇化严重滞后。因此，要实现凉山州地区跨越式发展，必须加快城镇化进程。

（一）城镇发展概况

1950年3月西昌解放，并于年底成立

表42-4　凉山州城镇发展前后比较（单位：万人，个）

年份	城镇人口	非农业人口	建制镇
1993	38.9	30.4	35
2011	127.7	59.1	75

资料来源：四川省统计局编《四川省统计年鉴2012》，中国统计出版社，2012。

了西昌地区专员公署。1952 年 4 月政务院决定，将西昌专区的大凉山地区划出，设立凉山彝族自治区（州级）。西、凉同属西康省。1955 年 10 月，撤销西康省，西、凉改属四川省。1978 年 10 月，撤销西昌地区，所属米易县、盐边县，划归渡口市（现攀枝花市），其余 8 个县并入凉山州。1984 年 4 月，峨边县、马边县划归乐山地区。目前，凉山州辖西昌市、德昌、会理、会东、宁南、普格、布拖、昭觉、金阳、雷波、美姑、甘洛、越西、喜德、冕宁、盐源、木里藏族自治县共 17 个县（市）。首府设西昌市。

截至 2011 年，西昌市总人口达到 62.6 万人，非农业人口为 19.8 万人，属中等城市，是省域三级中心城市，是地区一级中心城市；会理县总人口达到 45.9 万人，但非农业人口仅为 7.7 万人，是凉山州第二大城镇，也是该州南部的中心城镇；其他县非农业人口均在 4 万人以下，建制镇中除泸沽外，人口都在 1 万人以下。凉山州城镇主要以西昌为中心，沿 108 国道和成昆铁路呈放射、串珠状分布，该地区东、西部城镇数量少，分布不均衡。总体来说，凉山州地区城镇化发展水平较低，城镇密度较小，城市发育迟缓、不足，其根本原因在于经济基础较为薄弱，自给自足的传统农业和单一的资源开发型工业比重过高，第三产业发展严重不足。

（二）城镇建设特征

目前，凉山州正处于由传统农业向现代产业化农业转变，由单一的资源开发型工业向以特色资源开发为基础、优势产业协调发展的新型工业化转变的发展阶段，因此以传统农业和单一资源开发为经济基础形成的城镇体系暴露出越来越多的问题，并严重阻碍着凉山州经济的进一步发展。

表 42-5　2011 年凉山州及四川全省城镇化水平（单位：万人，%）

区域	总人口	城镇化率
四川省	8050.0	41.8
凉山州	454.1	28.2

注：总人口是指常住人口。

资料来源：四川省统计局：《四川省统计年鉴 2012》，中国统计出版社，2012。

1. 经济基础薄，城镇化水平偏低

城镇是生产力发展到一定阶段的产物，因此，经济动力是城镇产生和发展的最基本动力。首先，农业为城镇化提供了必需的粮食、原材料、劳动力、资金等。其次，工业化则是城镇发展的根本动力。工业革命促使生产规模扩大，推动了生产要素集聚，吸引大量劳动力从农村转移到城市，从而大大加速了城镇化进程。最后，第三产业成为城镇化发展的后续动力。随着城镇规模的不断扩大，城市人口急剧增加，第三产业迅速发展，并逐渐成为吸纳劳动力最多、推动城镇发展最重要的产业。

现阶段，凉山州地区经济基础较为薄弱，经济动力略显不足。从总量看，2011 年凉山州地区生产总值为 1000.13 亿元，占四川省地区生产总值的 4.8%，而每平方公里产出仅为四川省平均水平的 38.4%，甚至仅为成都每平方公里产出的 2.9%。从结构看，2011 年四川省第二产业占地区生产总值的比重达到 52.4%，第三产业为

图 42-2　凉山州城镇化率变化趋势

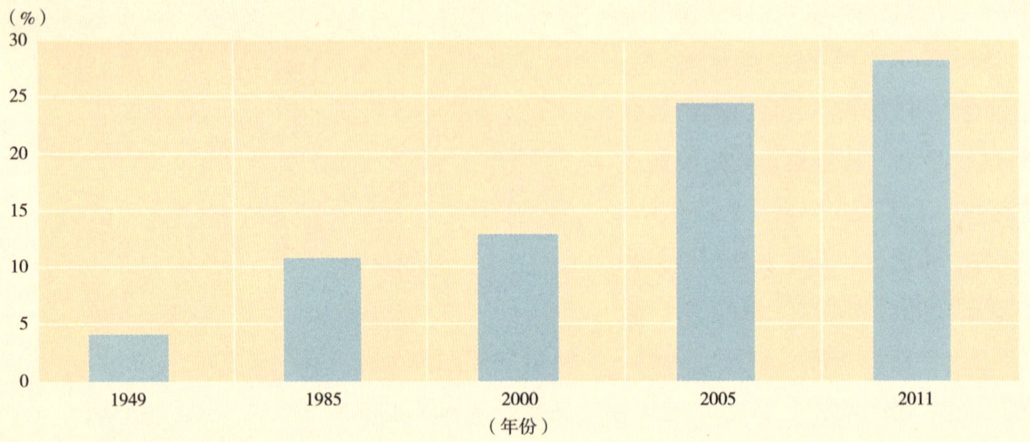

33.4%，而凉山州地区第二产业占地区生产总值的比重仅为 52.4%，第三产业比重为 28.2%，第三产业比重明显低于四川省平均水平。在城镇化率方面，截至 2011 年底，凉山州城镇化率为 28.2%，城镇化率低于四川省 13.6 个百分点。由于经济基础薄弱，导致凉山州地区城市发育缓慢，城镇化水平严重偏低，成为制约当地经济发展的严重障碍。

2. 产业吸纳能力弱，中心城镇带动力较差

2011 年凉山州地区生产总值达到 1000.13 亿元，其中第二产业生产总值为 523.57 亿元，比重达到 52.4%。在第二产业中，产值居前几位的是黑色金属矿采选业、有色金属矿采选业、黑色金属冶炼压延加工业、有色金属冶炼压延加工业和电力生产和供应业。由此可见，凉山州地区实行的是重工业优先发展战略，但采矿、金属冶炼、电力生产和供应等行业资本有机构成较高，均属于资本密集型产业，对劳动力的吸附能力十分有限，因此凉山州地区产业吸纳能力较弱。

区域经济学认为，企业在城镇大量聚集、集中，有利于企业进行专业化生产和分工，提高生产效率，降低生产成本，产生聚集经济效益，促进城市进一步发展，进而能够再辐射、带动周围腹地快速增长。根据农业普查资料，凉山州地区现有乡镇企业分布在县城及矿区附近的仅占 9.7%，分布在镇（乡）政府所在地的占 17.2%，分布在村庄的占 73.1%，这反映出凉山州地区中心城镇的聚集作用不明显，无法有效地吸引资本、劳动力、技术等经济要素，聚集经济效益无法体现并加以利用，进而导致凉山州地区中心城镇的辐射和带动作用被大大削弱。

3. 城镇密度小，彼此关联程度不强

以保罗 · 克鲁格曼为代表的空间经济学派认为，克服空间距离必然产生一定费用，商品和劳务的流动必然存在一定的边界，从而形成了一定的城镇分布，而城镇分布的密集程度则决定了城镇密度。凉山州地区人口达到 453 万人，辖区面积有

6 万余平方公里，但仅有一座城市，且平均每 5.8 万人、800 平方公里才有一个县城和建制镇，而四川省每 269 万人、1.52 万平方公里就有一座城市，平均每 4.58 万人、257 平方公里就有一个建制镇，说明凉山州地区城镇密度偏小，这直接削弱了城镇对其腹地的辐射带动作用。比较优势理论说明不同地区对不同产品的生产效率不同，为获得更多的比较利益，必然导致区域间的分工与协作，然而凉山州地区各个城镇之间并没有形成垂直或水平的产业分工体系，由此导致各个城镇之间关联程度不强、联系较为松散，从而使不同地区的各种生产要素流动性较差，因而使得资源配置得不到优化。凉山州地区之所以存在城镇密度小、关联度不强的问题，究其原因在于该地区自给自足的传统农业和结构单一的资源开发型工业的比重过高，现代产业分工体系尚未形成。

4. 进程不同步，城镇化滞后与经济非农化

随着经济不断发展，第二、第三产业比重不断扩大，经济非农化水平不断提高，而城镇是第二、第三产业的主要载体，因此经济的发展表现为城镇的不断扩张。一般来说，城镇化与经济非农化表现为相互促进，同向发展且基本同步。

从表 42-6 中可以看出，2011 年凉山州地区经济非农化比重已经达到 80.5%，而城镇化比重却只有 28.2%，一方面说明凉山州地区第二、第三产业的发展没有相应促进农村人口向城镇集中，第二、第三产业吸纳人口的能力有限；另一方面也说明，凉山州地区在城镇化过程中仅仅实现了生产城镇化，而并未能实现人口城镇化，更未达到生活方式城镇化。以上分析说明，凉山州地区城镇化与经济非农化进程是同向的，但并不同步，且凉山州地区城镇化

表 42-6　凉山州地区人口城镇化和经济非农化的变化情况（单位：亿人，%，万人）

年份		1987	2011
第二、第三产业地区生产总值	合计	20.0	805.6
	占地区生产总值比重	68.5	80.5
城镇人口	合计	27.5	127.7
	占人口比重	8	28.2

资料来源：四川省统计局编《四川省统计年鉴 2012》，中国统计出版社，2012。

表 42-7　2011 年凉攀枝花市与西昌市基础设施水平比较（单位：公里，座，公顷）

区域	供水管道长度	道路长度	桥梁数	绿地覆盖面积
攀枝花市	1080	543	112	2273
西昌市	267	172	31	1360

资料来源：四川省统计局编《四川省统计年鉴 2012》，中国统计出版社，2012。

表 42-8　2011 年凉山州城市服务设施与四川省平均水平比较（单位：%，平方米）

区域	用水普及率	燃气普及率	污水处理率	人均城市道路面积
四川省	91.8	87.1	78.3	12.1
西昌市	82.1	74.3	71.4	9.7

资料来源：四川省统计局编《四川省统计年鉴 2012》，中国统计出版社，2012。

水平已远远滞后于经济非农化水平。

5. 基础设施不完善，服务功能不健全

在凉山州行政区划 1 市 16 县中，唯一建制市为首府西昌，而其余均是县城。以唯一按照城市标准规划修建的西昌市为例，在基础设施方面与同处攀西地区的攀枝花市相比较：2011 年攀枝花市的供水管道长度（公里）、道路长度（公里）、桥梁数（座）和绿地覆盖面积（公顷）分别是西昌市的 4.0 倍、3.2 倍、3.6 倍和 1.7 倍。在城市服务设施水平方面，2011 年西昌市的用水普及率、燃气普及率、污水处理率分别为 82.1%、74.3%、71.4%，均分别明显低于四川省 91.8%、87.1%、78.3% 的平均水平，同时人均城市道路面积（平方米）等指标也均低于四川省平均水平。以上数据表明，凉山州地区城市基础设施建设不完善，服务功能并不健全，城市发育缓慢、滞后。

（三）城镇体系构建

构建相对完善的城镇体系是凉山州经济重塑的重要支撑。依托特色资源开发和产业体系培育，积极稳妥地推进新型城镇化进程，通过高起点规划、高速度建设、高质量管理，不断提高城镇化水平，是全面推进凉山州小康社会建设的战略重点。

1. 建设现代化的生态田园城市西昌

围绕川滇综合枢纽，绿色钒钛之都，国际山水名城的战略目标，按照“显山露水、突出生态、具有田园特色”的要求，以现代化、生态化为标准，积极构建现代化城市与现代化农村和谐相容的城市，着力打造历史文化与现代文明交相辉映的新型城乡形态，加快建设现代化生态田园进程，形成多中心、组团式、网络化的城市空间布局和城市空间结构。以建设“城在田中，园在城中”的生态田园城市目标着力打造西昌市，力争 2015 年达到 50 万，进入大城市行列，2020 年达到 60 万，全面建成川滇结合部区域中心城市和现代化生态田园城市，进入全省二级城市行列。紧扣建设现代化生态田园城市和区域性中心城市的战略定位，加强规划引领，优化产业布局，突出生态和文化特色，优化提升老城区，高品质、高起点规划建设“西昌新区”，提升城市品位、完善城市功能、改善城市面貌、发展城市经济、提高城市管理，将西昌市建设成集川滇综合枢纽、绿色钒钛之都、国际山水名城于一体的现代化生态田园城市，增强对凉山州的辐射带动作用，初步实现再造“产业西昌”的目标，城市人口达到 50 万人以上，城市建成区面积达到 50 平方公里。

2. 构建科学合理的城镇体系

加快打造“攀西城市群”，构建以西昌为中心、其他县城为骨干、重点集镇为基础，城市功能完善、产业合理分工、人口合理分布、地域特色明显、民族特色突出的新型城镇体系。力争到 2015 年，重点发展凉山州各区域城市群：南部城镇群，依托南环线建设，壮大“两会”增长极，推进会理、会东、宁南协调发展，加快会理县创建国家历史文化名城和撤县建市步伐，建成南部中心城市；东部城镇群，构建以昭觉为中心，辐射金阳、布拖、美姑、雷波等大凉山腹心区的新型城镇群；西部城镇群，推进盐源、木里联动发展；北部城镇群，依托成昆铁路，推动越西、甘洛互动发展。按照城市标准，将会东、德昌、冕宁、盐源、宁南、越西、雷波县城所在地建成 5 万 ~ 10 万人口的特色县城；按照一般县城标准，将昭觉、甘洛、金阳、布拖、美姑、普格、喜德、木里县城所在地建成 4 万 ~ 6 万人口的特色县城；将西昌马道、会理通安、雷波溪落渡、盐源梅雨、越西中所等 48 个重点集镇建成 1 万 ~ 6 万人口规模的新型小城镇；着力培育一批交通区位良好、资源优势突出、经济发展潜力较大、基础设施相对完善、具有一定人口规模和产业发展基础的重点集镇、特色集镇、旅游集镇、工贸集镇和商贸集镇，增强集镇聚合效应，使之成为城市发展的重要补充和连接城乡的重要载体。

3. 提高城镇综合承载能力

城镇综合承载能力既包括物质层面的自然环境资源承载能力和非物质层面的城市功能承载能力，是城市的资源禀赋、生态环境、基础设施和公共服务对城市人口及经济社会活动的总体承载能力。根据凉山州资源环境容量，提高城镇综合承载能力必须合理确定城镇发展规模，做好土地利用总体规划、城镇发展总体规划等的衔接协调，坚持节约集约利用土地，有序推进城镇空间拓展。加强交通通信、供水供电供气、污水垃圾处理、防灾减灾、公共绿地等市政设施建设，提升城镇基础设施配套能力。加强教育、文化、卫生等公共服务设施体系建设，完善城镇公共服务功能。加强城市生态建设和环境保护，深入开展城乡环境综合整治，创造优美舒适的人居环境。更新城市管理观念，创新城市管理方式，提高城市管理水平，充分运用科技手段管理城市，加速城市管理信息化，大力发展电子政务，推动数字化、网络化技术在城市管理工作中的广泛应用。重视城市综合防灾工作，建立健全突发事件的预警和应急机制，提高应对突发事件和抵御风险的能力。

4. 发展壮大县域经济

县域经济是指以县级行政区划为地理空间，以县级政权为调控主体，以城镇为中心，以农村为基础，由各种经济成分有机构成，具有地域特色和功能完备的区域经济。一个地区经济发展的关键在于县域经济的发展，县域经济在国计民生中占有极其重要的地位。县域经济是凉山州地区经济发展和社会稳定的重要基石，是承接产业转移和加快城镇发展的重要平台。凉山州地区应以县城和中心镇为依托，促进产业集中，优化产业结构，大力发展特色经济，努力提高经济非农化和城镇化水平，全面增强县域经济的竞争力和综合实力。首先，促进产业向工业园区集中，重点向西昌经久工业园区、西昌钒钛产业基地、会理工业园区等集中，同时要加强产业园区规划，增强产业园区服务意识，提高管理水平。其次，优化产业结构，突出特色产业。各县域经济体应加强区域分工与协作，努力发展基于自身要素禀赋上的特色产业，从而形成优势互补、各具特色的产业发展格局。最后，坚持区域经济协调发展。加强对贫困县和少数民族聚集区的扶持力度，同时重视对生态环境的保护问题，促进区域经济协调发展。

六　发展战略与经济重塑

经过60年的艰苦奋斗，凉山州取得了经济建设和社会事业共同发展的辉煌成就，综合实力显著增强，城乡面貌焕然一新，人民生活蒸蒸日上，社会稳定，民族团结，经济总量突破千亿元大关，跃居全国30个少数民族自治州之首。在新一轮西部大开发战略全面推进的总体态势下，冷静判断凉山州经济社会发展面临的主要挑战，确立以特色资源开发和特色产业体系培育为主体，新型工业化、特色城镇化和农业现代化互相推动的区域增长战略，对于重新塑造凉山州经济地理及在四川、在西部，乃至全国的经济形象具有重大意义。

（一）发展战略

1. 指导思想

高举中国特色社会主义伟大旗帜，以邓小平理论和“三个代表”重要思想为指导，深入贯彻落实科学发展观，顺应凉山州各族人民过上更好生活的新期待，以科学发展为主题，以加快转变经济发展方式为主线，坚持优势资源开发与保护并重，工业强州、生态立州、开放兴州，大力实施提速增量、提质增效“双提升”战略，突出改善民生、基础设施建设、特色产业发展、精神文明建设四个重点，“一手抓”安宁河谷地区率先发展，“一手抓”大凉山和木里藏区跨越发展，放大“西昌经济圈”的辐射作用，培育“两会”增长极，提升安宁河谷、“三江”开发的带动作用，统筹兼顾、梯度推进、多点发展、重点突破，推进全域凉山全面协调可持续发展，建成四川省南向大通道交通枢纽和重要经济走廊、现代农业发展的试验区、城乡统筹发展的创新区、“三化”联动的示范区、民族地区现代文明生活方式的模范区和西部最佳阳光休闲度假旅游目的地，为建成全面小康社会打下具有决定性意义的基础。

2. 战略目标

紧紧抓住新一轮西部大开发战略历史机遇，科学审视、顺势而为，全域发展、分类推进，把加快推进工业化、城镇化和农业现代化作为推进凉山跨越式发展和全域全程全面小康建设的关键举措，加快构建以战略资源科学开发为依托的现代化工业经济体系，加快构建与现代产业发展相匹配、科学合理的现代城镇化体系，加快构建以现代烟草农业为代表、以现代装备为基础、以现代科学为支撑、以现代经营为特征，劳动生产率高、土地产出率高、综合效益高的现代农业产业体系，重塑凉山经济版图，努力把凉山建成四川省工业大州、工业强州，加速挺进四川经济发展“第一方阵”。

3. 发展原则

坚持统筹兼顾，协调发展。做好国民经济和社会发展规划、城乡建设总体规划、土地利用总体规划、环评总体规划大纲等文件间的相互衔接统筹。联动推进新型工业化、新型城镇化和农业现代化，统筹城乡、区域、经济与社会、人与自然、资源与环境协调发展，构建区域城乡一体化发展新格局，推进全域凉山全面协调可持续发展。

坚持转变方式，创新发展。着力调整经济结构，促进经济增长向依靠三次产业协同带动转变；大力发展循环经济，延伸产业链，构建具有区域特色和较强竞争能力的产业集群和企业集团，推进资源原料型经济向资源加工型经济转变；深入实施科教兴州和人才强州战略，加强创新能力建设，创造发展新优势，推进经济增长方式由粗放型向集约型转变。

坚持优势优先，竞相发展。发挥比较优势，建设“全域凉山”跨越式发展路径，大力推进率先发展、领先发展、竞先发展，统筹兼顾、梯度推进，多点发展、重点突破，形成优势优先、竞相发展的县域经济发展格局。

坚持改革开放，共赢发展。深化重点领域和关键环节的体制机制改革，全方位扩大开放，多层次开展区域合作，在更宽领域、更大空间优化配置资源，拓展发展空间，促进区域间要素合理流动，推进区域共赢发展。

坚持以人为本，和谐发展。以民生改善为首要目标，加强民主法制建设，完善保障和改善民生的制度安排，积极扩大就业，实施好各项民生工程，加大扶贫开发力度，加快发展各项社会事业，推进基本公共服务均等化，加大收入分配调节力度，坚持同富裕道路，使发展成果惠及全体人民，促进社会和谐与进步。

4. 发展方针

凉山州地处四川省西南部，区位条件优越，自然资源富集，经济发展基础条件较好，长期以来该地区实施重工业优先发展战略，但并未将基础优势转变为发展优势。从经济总量看，2011 年该州地区生产总值仅占四川省地区生产总值的 4.8%，人均地区生产总值仅为四川省平均水平的 84.4%。[①] 从产业结构看，该州第一、第二、第三产业比重分别为 19.4%、52.4% 和 28.2%，明显处于工业化早期阶段。从城镇化发展水平看，截至 2011 年底，凉山州城镇化率为 28.2%，城镇化率低于四川省 13.6 个百分点，[②] 总体来说，凉山州地区经济发展水平较低。因此，在未来经济发展过程中，凉山州地区应改变先前的重工业优先发展战略，积极调整发展思路，充分利用自身优越的区位条件、丰富的自然资源，以构建西昌为中心、其他县城为骨干、重点集镇为基础，城市功能完善、产业合理分工、人口合理分布、地域特色明显、彝族特色突出的新型城镇体系为契机，实施以水能、钒钛、稀土和有色金属等特色资源开发为基础，以建

① 四川省统计局：《2012 四川省统计年鉴》，中国统计出版社，2012。
② 四川省统计局：《2012 四川省统计年鉴》，中国统计出版社，2012。

设“五纵两横两环加航空水运”为骨架、贯通南北、连接中国－东盟自由贸易区的特色交通网络为先导，以发展现代农业、水电、钒钛钢铁、稀土和有色金属等特色产业为中心，以“生态凉山、人文凉山、红色凉山”和“西部最佳阳光休闲度假地”为品牌的特色旅游为补充的经济发展战略。

（二）发展展望

1. 综合经济实力大幅提升

继续保持经济健康快速发展，显著提高经济发展质量和效益，五年之内实现地区生产总值、规模以上工业增加值、固定资产投资总额和地方财政一般预算收入“四个翻番”。地区生产总值年均增长15%以上，十年之内经济总量达到3000亿元，进入四川“第一方阵”；五年之内人均地区生产总值突破34000元，与四川乃至全国的平均水平的差距进一步缩小；规模以上工业增加值年均增长25%以上；固定资产投资总额五年累计完成3500亿元以上。

2. 结构调整取得新突破

着力建设千亿级水电、千亿级矿冶、五百亿级绿色特色农业、百亿级旅游四大产业集群，特色优势产业进一步发展壮大。经济发展方式转变成效明显，产业结构优化升级，二、三产业增加值占GDP比重达到85%；消费需求进一步提升，社会消费品零售总额年均增长15%以上；自主创新能力增强，科技对经济增长的贡献率达到45%；城镇化率年均提高1.5个百分点；区域经济协调发展，安宁河谷地区初步建成四川省区域发展新的增长极，大凉山扶贫攻坚和藏区民生工程取得重大成果，全州现代文明水平大幅提升。

3. 城乡居民收入较快增长

努力实现居民收入增长和经济发展同步、劳动报酬增长和劳动生产率提高同步；城镇新增就业人数累计达到6.5万人，城镇登记失业率控制在4.2%以内；农村劳动力转移输出取得较大进展，转移输出农村劳动力100万人，实现劳务收入100亿元；低收入者收入明显增加，中等收入群体持续扩大，综合扶贫开发取得新成效，贫困人口显著减少，人民生活质量和水平不断提高。

4. 社会建设明显加强

进一步完善覆盖城乡居民的基本公共服务体系，健全和完善社会保障制度，社会基本保险覆盖率、新型农村社会养老保险覆盖率、农村安全饮水达标率进一步提高；覆盖城乡居民的基本公共服务体系逐步完善，更加健全；文化体育事业进一步发展，稳定低生育水平；安全生产能力不断增强；人民群众的科学文化素质和民主法治素质明显增强，社会管理水平不断提高。大力发展教育、文化社会事业，广播电视人口实现基本覆盖，第二轮民族地区教育十年行动计划、藏区“9+3”免费教育和彝区免费职教计划深入实施，州、县（市）、乡（镇）、村四级卫生公共体系和基本医疗服务体系逐步完善。

5. 可持续发展能力进一步增强

可持续发展是一种注重长远发展的经济增长模式，指既满足当代人的需求，又不损害后代人满足其需求的能力。凉山州自然、生态地位非常重要，在特色资源开发、产业发展和田园城市建设中，生态环境保护压力沉重，提升区域可持续发展能力必须进一步改善交通、能源、水利、城镇等基础设施状况，进一步加大生态建设和环境保护力度，在"十二五"期间力争森林覆盖率达到 47%，新增治理水土流失面积 1800 平方公里；资源综合利用水平不断提高，单位地区生产总值能耗明显下降，主要污染物排放总量得到有效控制；人与资源、环境协调发展，人口自然增长率控制在 8‰以内。

（三）经济重塑

1. 重塑凉山州在攀西地区"双核"之一的经济形象

攀西地区是四川省区域发展的主体之一，行政区划包括攀枝花市和凉山彝族自治州，是四川 - 云南的重要衔接区，在川西南地区经济开发中具有重要的政治、经济、社会和生态地位。2011 年，攀西地区生产总值达到 1645.79 亿元，其中攀枝花市为 645.66 亿元，凉山州为 1000.13 亿元，在经济总量上表现为"双核"鼎立，但是从人均地区生产总值和经济开发密度等方面比较，两地相差较大，其中攀枝花市人均地区生产总值为 53054 元，而凉山州地区仅为 22044 元，前者是后者的 2.4 倍。攀枝花市每平方公里产值为 0.092 亿元，凉山州地区仅为 0.017 亿元，前者是后者的 5.4 倍。另外，攀枝花市三次产业结构比例分别为 3.8%、75.5%、20.7%，凉山州地区分别为 19.4%、52.4%、28.2%，① 凉山州地区工业化水平明显滞后于攀枝花市。以上数据说明，凉山州地区经济总量较攀枝花市大，但在人均产出、开发密度、工业化水平等方面远远落后于攀枝花市，"双核"鼎立名不副实。未来，凉山州地区应重新塑造自身在攀西地区的经济形象，利用自身比较优势，特别是在特色农业、水电和矿产开发、特色旅游等方面争取获得新的突破，同时继续保持年均 15% 以上的经济增长率，力争在 10 年之内实现地区生产总值翻两番，从而将自身塑造为总量较大、人均产出相当、开发强度较强、工业化水平较高的新"双核"之一。

2. 重塑凉山州在川西南地区"特色资源开发基地"的经济形象

凉山州所处区域属于亚热带季风气候，日温差大，年温差小，年均气温 14℃ ~ 17℃，日照时数 2000 ~ 2400 小时，无霜期 230 ~ 306 天，农业发展条件好。同时，凉山州水资源十分丰富，该州仅占全国 6‰的面积，却拥有占全国 10.5% 的水能资源量和 13.1% 的水能资源可开发量，是名副其实的水能"富矿区"。另外，凉山州所处的攀西地区是世界上钒钛磁铁矿最富集的地区，已探明的储量接近 100 亿吨，远景储量接近 300 亿吨，钒钛分别占世界储量的 11.6% 和 35.17%，② 可谓资源极其丰富。但是，长期以来凉山州地区特色资源开发并不理想：在农业开发方面，施行的是以粮食为主的较为单一

① 四川省统计局：《2012 四川省统计年鉴》，中国统计出版社，2012。
② 解洪等：《攀西新跨越——攀西地区区域规划研究》，四川大学出版社，2008。

的种植结构，并且仅占地区生产总值 1/5 的农业却束缚着约 2/3 的劳动力，是典型的传统的小农经营模式；在水电开发方面，2010 年凉山州地区“金沙江”流域水电在建总装机容量 1260 万千瓦时，“雅砻江”流域水电在建总装机容量 840 万千瓦时，“大渡河”流域水电在建总装机容量 330 万千瓦时，中小电站在建装机容量 327 万千瓦时，占可开发量的比重为 43%，显然利用率并不高，与其“水电王国”的称谓并不相符，未来开发潜力巨大；在矿产资源开发方面，凉山州呈现出掠夺式开发、初级加工为主、资源利用效率不高、产业链条短、关联度不强等粗放经营特征。未来，在特色农业资源开发和特色农业发展中，凉山州应着力打造五百亿级绿色特色农业基地，做好“大凉山州”农产品品牌建设；在矿产资源开发方面，凉山州应以钒钛钢铁和稀土产业、有色金属产业及建材化工产业为主导，全力打造产业链条长、关联度强、资源利用效率高的千亿级矿冶产业；在水电开发方面，以“三江”流域国家大型水电项目建设为契机，稳步推进地方中小流域水电开发，实现水电装机规模达到 5000 万千瓦以上的目标，建成全国最大的水电能源产业基地。

3. 重塑凉山州在四川省“重要经济增长点”的经济形象

凉山州地处四川省西南部川滇交界处，在四川省具有重要战略地位，是四川省连接东南亚的重要交通走廊，是长江上游的重要通道之一。从经济增长自然禀赋分析，凉山州是四川省西南部发展基础较好、区位条件较优、资源非常富集的地区，特别是安宁河谷地带，资源环境承载能力较强，发展基础条件较好，经济、人口聚集能力较强。凉山州地区通过利用自身人口、经济、市场和社会发展多种因素的累积发展，对于推动川西南地区的资源开发、经济发展、生态建设、民族团结、国家安全有重大意义。然而，长期以来凉山州地区对四川省经济增长的贡献并不突出：2011 年凉山州地区生产总值为 1000.13 亿元，占四川省地区生产总值的比重为 4.8%，低于成都市、绵阳市、德阳市、宜宾市、南充市和达州市，排名第 7 位；2010 年凉山州地区人均地区生产总值为 22044 元，仅为四川省平均水平（26133 元）的 84.4%；另外，在经济开发密度方面，凉山州地区也相对较小，凉山州地区每平方公里产值为 0.017 亿元，是四川省平均水平（0.043 亿元）的 39.5%。以此来看，凉山州地区在四川省经济增长过程中的作用并不显著，这严重弱化了其在四川省“重要经济增长点”的经济形象，因此，凉山州地区在未来经济发展过程中必须紧密依托自身优势资源，着力发展自身特色优势产业，努力优化产业结构，大力促进资本、劳动力等要素向这些优势产业集中，从而保证自身经济持续、快速增长，力争 10 年之内实现地区生产总值翻两番，真正进入四川省经济发展“第一方阵”，巩固其四川省“重要经济增长点”的经济地位。

4. 重塑凉山州在三十个民族自治州“全面引领”的经济形象

全国共有 30 个少数民族自治州，主要分布在西南、西北和东北等边远地区，地理位置偏僻。由于自然环境恶劣以及距离东部经济发达地区较远，受“扩散作用”的影响较弱。一般来说，少数民族自治州经济发展程度低、效率差，并且在这些地方布局的大多为资源导向型产业，结构单一，缺乏内在经济增长动力与自我发展能力。2010 年凉山州地区生产总值在 30 个民族自治州中处于第 2 位，仅次于新疆维吾尔自治区的伊犁州，同时凉山州的地方财政一般预算、固定资产投资、社会消费品零售额等经济指标也均排名第二位。从这些指标可以看出，在这些少数民族自治州中，凉山州经济发展水平总体较高。2011 年凉山州三次产业的比重分别为 19.4%、52.4% 和 28.2%，说明凉山州在产业发展方面存在第一产业比重偏高、第三产业发展不足等问题，是典型的工业化早期阶段的特征。另外，凉山州地区人均地区生产总值 5 年平均量为 10678 元，在全国 30 个少数民族自治州居第 9 位；农民人均纯收入 5 年平均量为 2127 元，排名第 8 位；人均储蓄存款 5 年平均量为 3862 元，排名仅为第 20 位。上述数据说明，凉山州地区虽然经济总体发展水平较高，但在产业结构和人均指标方面存在一定问题，并没有展现出在 30 个民族自治州中“全面引领”的经济形象。因此，凉山州地区应着重提高生产效率，增加人均产出，同时发展特色优势产业，努力提升自身工业化水平，大力发展第三产业，特别是现代服务业，进而取得产业结构调整新突破，从而奠定自身在 30 个民族自治州中的“全面引领”的经济形象。

参考文献

世界银行：《2009 年世界发展报告：重塑世界经济地理》，清华大学出版社，2009。

孙久文、叶裕民：《区域经济学教程》，中国人民大学出版社，2010。

解洪等：《攀西新跨越—攀西地区区域规划研究》，四川大学出版社，2008。

四川省统计局：《四川省统计年鉴 2012》，中国统计出版社，2011。

四川省统计局：《四川省统计年鉴 1988》，中国统计出版社，1989。

凉山州州史办：《凉山年鉴 2009 年版》，2009。

凉山州发改委：《凉山州彝族自治州国民经济和社会发展第十二个五年规划纲要》，《凉山日报》2011 年 2 月 24 日。

凉山州国土资源局：《四川省凉山彝族自治州矿产资源总体规划》，凉山州国土资源局政府网站，最后访问日期：2009 年 10 月 2 日。

凉山州统计局：《凉山彝族自治州 2000 年国民经济与社会发展统计公报》，凉山州人民政府网，最后访问日期：2004 年 5 月 6 日。

凉山州统计局：《凉山彝族自治州 2006 年国民经济与社会发展统计公报》，凉山州人民政府网，最后访问日期：2007 年 4 月 24 日。

凉山州统计局：《凉山彝族自治州 2011 年国民经济与社会发展统计公报》，凉山州人民政府网，最后访问日期：2012 年 6 月 20 日。

凉山州统计局：《凉山州第二次全国经济普查主要数据公报》，凉山州人民政府网，最后访问日期：2010 年 7 月 14 日。

附录：凉山州州级非物质文化遗产名录项目（116 项）

一　民间文学（15 项）

1.《阿嫫妮惹》（喜德县文化馆）

2.《支格阿尔》（喜德县文化馆）

3.《彝族克智》（美姑县文化馆）

4.《勒俄特依》（喜德县文化馆）

5.《玛牧特依》（喜德县文化馆）

6.《月亮女儿的传说》（凉山州民间文艺家协会）

7.《甘嫫阿妞的传说》（凉山州民间文艺家协会）

8.《姿子里乍》（凉山州语委）

9.《毕阿史拉则传说》（金阳县文化局）

10.《文昌故里传说》（越西县文化局）

11.《阿都情歌》（布拖县文化局）

12.《什喜尼支嘿》（布拖县文化局）

13.《傈僳族红腰带传说》（德昌县文化局）

14.《傈僳族黄谷祖宗的传说》（德昌县文化局）

15.《傈僳族媒山菩萨的传说》（德昌县文化局）

二　传统音乐（29 项）

1. 彝族阿都高腔（布拖县文化馆）

2. 朵洛荷（普格县、布拖县文化馆）

3. 义诺彝族民歌（雷波县语委）

4. 口弦（布拖县人民政府）

5. 彝族哭嫁歌（越西县人民政府）

6. 彝族竖笛（昭觉县人民政府）

7. 彝族马布音乐（昭觉县、越西县文化局）

8. 彝族长号（会理县人民政府）

9. 毕摩音乐（美姑县人民政府）

10. 冕宁汉族栽秧歌（冕宁县人民政府）

11. 阿惹妞（凉山州文化馆）

12. 彝族克西举尔音乐（雷波县、昭觉县文化局）

13. 傈僳族高腔（德昌县文化局）

14. 藏族赶马调（冕宁县文化局）

15. 彝族挽歌（宁南县文化局）

16. 彝族月琴音乐（普格县文化局）

17. 阿惹牛（甘洛县文化局）

18. 博帕合（甘洛县文化局）

19. 阿古合（甘洛县、越西县文化局）

20. 久觉合（甘洛县文化局）

21. 热打（甘洛县文化局）

22. 库史莫莫合（布拖县文化局）

23. 卓强强（木里县文化局）

24. 邛都洞经古乐（西昌市文化馆）

25. 波哈妞妞（越西县文化局）

26. 木莫拉格（越西县文化局）

27. 阿苏巴底（金阳县文化局）

28. 阿尔来嘎（金阳县文化局）

29. 金江鼓乐（会东县文化局）

三　传统舞蹈（7 项）

1. 甲搓（盐源县文化局）

2. 傈僳族嘎且且撒勒舞（会东县、德昌县文化局）

3. 藏族杜基嘎尔（木里县文化局）

4. 藏族嘎卓舞（木里县文化局）

5. 彝族苏尼舞（布拖县文化局）
6. 彝族蹢脚舞（会理县人民政府）
7. 纳西族金佐措（木里县文化局）

四　传统戏剧（1 项）

1. 马马灯

五　杂技与竞技（1 项）

1. 彝族磨尔秋

六　传统美术（3 项）

1. 毕摩绘画
2. 彝文书法
3. 藏族尔苏图画文字

七　传统手工技艺（27 项）

1. 彝族漆器（喜德县人民政府）
2. 彝族银饰手工技艺（布拖县人民政府）
3. 瓦拉手工技艺（昭觉县人民政府）
4. 佳史手工技艺（昭觉县人民政府）
5. 冕宁民间挑花手工技艺（冕宁县文化馆）
6. 冕宁烙铁画、烙铁书法（冕宁县文化馆）
7. 红铜火锅制作技艺（会理县文化局）
8. 绿釉陶瓷制作技艺（会理县文化局）
9. 砂锅制作技艺（越西县文化局）
10. 建昌板鸭制作技艺（德昌县、西昌市文化局）
11. 彝族杆杆酒酿造技艺（甘洛县文化局）
12. 藏式烧制茶具制作技艺（木里县文化局）
13. 藏式木制茶具制作技艺（木里县文化局）
14. 藏式竹制茶具制作技艺（木里县文化局）
15. 傈僳族葫芦笙制作技艺（德昌县文化局）
16. 饵块手工制作技艺（会理县文化局）
17. 土法造纸技艺（会理县文化局）
18. 彝族刺绣技艺（会理县、甘洛县文化局）
19. 傈僳族刺绣技艺（德昌县文化局）
20. 傈僳族火草织布技艺（德昌县文化局）
21. 傈僳族口弦制作技艺（德昌县文化局）
22. 藏族手工皮制品制作技艺（木里县文化局）
23. 藏族毛制品编织技艺（木里县文化局）
24. 喜德彝族腰刀制作技艺（喜德县文化局）
25. 彝族泥染（金阳县文化局）
26. 擦窝制作技艺（木里县文化局）
27. 竹质口弦制作技艺（州曲艺家协会、布拖县文化局）

八　传统医药（1 项）

1. 传统彝医药（西昌市彝医药研究所）

九 民俗（32 项）

1. 彝族婚礼（美姑县人民政府）
2. 泸沽湖摩梭人习俗（盐源县人民政府）
3. 俄亚纳西族习俗（木里县人民政府）
4. 彝族年（凉山州文化局）
5. 藏历年（木里县人民政府）
6. 彝 族火把节（凉山州文化局）
7. 泸沽湖摩梭人转山转海节（盐源县人民政府）
8. 凉山彝族“尼木措毕”祭祀（美姑县人民政府）
9. 灵山寺祖师会（冕宁县文化馆）
10. 傈僳族服饰（德昌县文化馆）
11. 彝族服饰（昭觉县文化馆）
12. 摩梭人成丁礼（盐源县文化馆）
13. 彝族“阿依蒙格”儿童节（雷波县语委）
14. 藏族尔苏射箭节（甘洛县文化馆）
15. 傈僳族阔时节（德昌县文化局）
16. 傈僳族婚俗（德昌县文化局）
17. 彝族德古调解习俗（昭觉县文化局）
18. 彝族十月太阳历（凉山州彝学会）
19. 彝族义诺服饰（美姑县文化局）
20. 彝族奥索布迪头饰（会东县文化馆）
21. 摩梭人达巴信仰（木里县文化馆）
22. 彝族餐饮习俗（凉山映象酒楼）
23. 彝族历算（凉山州语言文字工作委员会普格火文化研究会）
24. 藏族尔苏还山鸡节（甘洛县文化局）
25. 释巴习俗（木里县文化局）
26. 呷咪服饰（木里县文化局）
27. 铁水花习俗（雷波县文化局）
28. 摩梭人达巴习俗（盐源县文化局）
29. 彝族嘎库甘尔习俗（布拖县文化局）
30. 彝族古文字（凉山州语言文字工作委员会）
31. 藏族尔苏服饰（甘洛县文化局）
32. 苗族服饰制作（木里县文化局）

第六篇

开放

第43章

历史上的对外开放*

——四川并非传说的那样封闭

四川位于我国大陆地势三大阶梯中的第一级和第二级，处在青藏高原和长江中下游平原的过渡带，深居内陆远离海洋，西有青藏高原相扼，东有三峡险峰重叠，北有巴山秦岭屏障，南有云贵高原拱卫，盆地四周邛崃山、岷山、大巴山等山地环绕，重峦叠嶂，故李白在《蜀道难》中感叹："噫吁嚱，危乎高哉！蜀道之难，难于上青天。"因此，历史上四川以自然地理环境闭塞、山势险峻而闻名，所谓"剑阁峥嵘而崔嵬。一夫当关，万夫莫开"。

但是，蜀国开创者羌族从甘、青游牧到四川甘孜、阿坝地区，经由玉壘山进入川西平原，建立了蚕丛渔凫王朝，在川西平原留下了珍贵的宝墩文化，三星堆、金沙文化遗存。考古学界一致认同的观点是：蜀国至迟在开明王朝时期，有通大巴山、秦岭、嘉陵江上游的数条山间通道，势力发展到陕西渭南汉中地区，另有通往甘肃武都地域山间小道。而发源于今湖北长阳县境武落钟离山的巴族先民则克服重重困难，从今湖北清江流域经大溪进入巫山，并以此为据点，经过几千年的努力，开发了整个东川和陕南汉中地区，继而又以阆中为据点，管辖川北诸地域，势力扩展到鄂北房、竹、巴东诸地域。在今清江上游、大溪流域以及巫山、奉节均有新石器时代、青铜时代的文化遗存。巴蜀对外通道既是古代落部迁徙所开创，亦为巩固巴蜀国防所需，用兵、给养、征收都仰赖这些通道来实现古代王朝政权对边远地域的治理。同时，部族之间也通过这些通道来实现贸易交换。

四川古称巴蜀，缘于远古盆西地区由蜀人治理，盆东为巴人治理，共同开发和经营西南地区这片面积广大的经济文化区域。经过旧石器、新石器、玉器、青铜器四大时代的独立发展，其沉积的文化遗存反映出强烈的地域特性，成为中华文明的又一发源地。秦汉时期，以梁、益二州统辖巴蜀地区，包括今四川省、重庆市管辖区域，以及陕西渭南、汉中、黔北、滇南部分地区。唐代改益州为剑南道，梁州为山南道，再后又分山南道为山南西道（今陕西、川北）、山南东道（川东）。宋代设益州路（成都府路）、梓州路（南充市资阳等地）、利州路（今广元）、夔州路（领夔、黔、达、恩施、忠、万、开、涪、渝九州），总称四川四路，四川得名由此而起，此后数百年没有多大改变。元代称四川行省，清代称四川省。

公元前316年，秦攻占巴蜀，建立郡县制度，书同文、车同轨，实行与中原地区相同的政治、经济、文化制度，使四川的发展进程与中原地区基本一致。秦汉时期，中原移民长期大量迁入巴蜀，将中原地区先进文化和技术传入四川，由此巴蜀逐渐与中原文化融为一体，巴蜀地区经济、社会、文化进入一个新的飞跃发展时期。

历史上，四川早在春秋战国之际就开始大兴水利，成为闻名全国的主要稻作农业区。据晋《华阳国志》记载："蜀沃野千里，水旱从人，不知饥馑，时无荒年，天下谓之天府也"，由此"天府之国"成为成都平原最亮丽的"名片"名扬中华。古蜀国的冶金、纺织、矿业、玉器、陶器、

---

* 本章作者：劳承玉，四川省社会科学院金融与财贸经济研究所研究员。

竹木器等手工业也十分发达，蜀锦、蜀绣、蜀布、蜀漆等产品不仅名闻天下，而且远销秦、楚、滇、夜郎等古国以及东南亚、中亚、西亚等地。

汉代，成都地区被誉为“天府之国”，① 意即“天下粮仓”、“天下仓库”，四川当时的经济社会发展水平已经赶上并超过了中原地区的发展水平。到汉唐时期，四川社会经济文化的发展更是走在全国前列，成都成为仅次于长安的全国第二大都会，迎来了四川历史上社会经济文化发展的高潮期。民国时期，四川在重庆、成都和长江沿岸等形成了一些零星分布的近代机械工业、商业、金融业和交通运输业。抗战时期，国民政府迁都重庆，沿海和沦陷区的工商企业、教育机构纷纷迁入四川，客观上促进了四川经济社会文化的发展，并逐步建立起近代经济体系和文化教育体系，为四川近代经济发展奠定了良好基础。

因此，历史上四川经济社会的发展并不封闭。四川一直是西南地区的政治、经济和文化中心，自古以来发挥着重要作用。著名的史学家段渝提出，自秦汉直到明清，统一的中央政府无不以四川作为镇抚西南地区的战略基地，从唐以来又是处理中央与西部各民族关系的前哨和堡垒，具有相当重要的战略地位。在统一的多民族的中华国家历史上，成都长期发挥着政治上的区位优势，在历朝历代都受到格外重视。在经济发展的外向型和内聚型相互交织的复杂过程中，成都向来是以外向为主，如漆器、丝绸等，除大量输往西南各地外，还远销朝鲜、蒙古和东南亚，其经济上的外向辐射力十分强劲，辐射面也十分广阔。② 经济外向型和内聚型双重特征还造就了成都独特的精神文化，这种文化表现出几个重要特点：一是海纳百川的开放和兼容气度，二是渴求开放和走向世界的意识，三是勇于创新的精神。由这几个特点所决定，吃苦耐劳、不畏艰险，便成为千百年来成都最鲜明、最突出的人文性格特征。

一　南方丝绸之路

四川的开放之路与重要商贸通道的开辟密切相关，其中南方丝绸之路影响尤为深远。

南方丝绸之路形成于 2000 多年前，是中国古代西南地区一条纵贯川滇两省，连接缅甸、印度，通往东南亚、西亚乃至欧洲进行经济文化交流活动的国际通道，是一条始于先秦、盛于汉唐的古老商贸通道，它和西北丝绸之路、海上丝绸之路同为我国古代对外交通贸易和文化交流的主要通道，也称为川滇缅印古道。因其与北方经西域的丝绸之路相呼应，如今人们称其为“南方丝绸之路”，它见证了历史上四川与东南亚、南亚各国之间的商贸繁荣。

（一）南方丝绸之路的交通网络

据史学家研究，南方丝绸之路从成都出发，经云南、缅甸到印度直至西亚、欧

① 《战国策 · 秦策一》：“田肥美，民殷富，战车万乘，奋击百万，沃野千里，蓄积饶多，地势形便，此所谓天府，天下之雄国也。”

② 段渝：《古蜀文明的演进特点及其在先秦史上的地位》，《社会科学战线》2011 年第 1 期。

洲，是由多条主干道和支干道组成的商贸道路网络系统。通过南方丝绸之路的打通延伸，四川逐渐拓展了向西向南的国际商贸通道。

南方丝绸之路古称“蜀身毒道”，其国内段起点是古蜀经济文化的中心成都，从成都出发向西南而行，有西道、东道两条主道。

西道沿川西平原的边缘而下，经邛崃－雅安－荥经，翻越大相岭至汉源，渡大渡河，穿清溪关后进入四川凉山，顺安宁河南下至西昌。再沿河而下，经德昌－米易－会理，过黎溪，渡金沙江，进入攀枝花、大姚、姚安，西折至大理。各路段在不同历史时期有着不同称谓，其中比较著名的有：“临邛道”、“青衣道”、“旄牛道”（均指成都－邛崃－芦山－汉源段）、“清溪道”、“西夷道”（邛崃－西昌段）、“灵关道”（荥经至大理段）、“建昌道”（西昌向南段）等。

东道顺岷江南下，从成都－眉山－乐山－犍为－宜宾，然后经盐津豆沙关至昭通，再从会泽、东川、曲靖向西到昆明、楚雄、大理。其中从成都经乐山到宜宾段为“岷江道”水路，陆路从宜宾开始南行到云南昭通、曲靖、昆明，向西经楚雄到大理。这条路线秦时称为“五尺道”，汉称“僰道”[①]或“朱提道”，唐称“石门道”。不同时代各路段名称不同，其路线走向基本一致。

南方丝绸之路的东西两条主道汇合于云南大理后，继续向西南延伸，由大理经南道（古称“博南道”和“永昌道”）到达中缅边界的腾冲、瑞丽、畹町出境入缅甸，转至印度及孟加拉各国，这就是“蜀身毒道”的主线。

此外，南方丝绸之路还有更东的一条南下路线，称为“南道”，它经今贵州西北，沿牂牁江（西江）水路直达“番禺”（今广州），这条线路也被称为牂牁道。而在南方丝绸之路的东西两条主道之间还有一些支道，如经宜宾、雷波、美姑、昭觉到西昌的支线，以及从西昌经盐源、宁蒗、丽江、剑川抵大理的支线。

南方丝绸之路是中国古代的国际通道，它的国外段有西路、中路和东路三条。西路也称为“蜀滇缅印道”，出云南经缅甸八莫、东印度、北印度、西北印度、巴基斯坦，至中亚阿富汗，从伊朗北入土耳其安纳托利亚高原，转至小亚细亚以至东地中海。这条纵贯亚洲的交通线，是古代欧亚大陆线路最长、历史最悠久的国际交通大动脉之一。中路是一条水陆相间的交通线，水陆分程的起点为云南步头，先由陆路从蜀滇之间的五尺道至昆明、晋宁，再从晋宁至步头，利用红河下航越南，这条线路是沟通蜀、滇与中南半岛的最古老的一条水路。东路，从蜀入滇，至昆明、经弥勒，渡南盘江，经文山，出云南东南隅，经河江、宣光，循盘龙江抵河内。[②]

纵观整个南方丝绸之路，在国内形成了我国西南及南方地区的巨大交通网络，在国外则与中南半岛、南亚次大陆、中亚、西亚连成一个更大的世界性交通网络。据

---

① 远古生活在四川南部宜宾一带的少数民族被称为僰人，僰道即从川南宜宾至云南丘北、昭通一带的交通要道，也是重要的商品运输通道。

② 段渝：《古蜀文明的演进特点及其在先秦史上的地位》，《社会科学战线》2011 年第 1 期。

考证，这条古道比公元前 2 世纪张骞出使西域开辟的“西北丝绸之路”和《汉书 · 地理志》记载的东南“海上丝绸之路”要早两个世纪。这条古道在历史上促进了亚、欧各国同中国的往来，对中外社会、经济、文化、交通的发展起到了重要作用。

（二）南方丝绸之路的形成

早在远古时期，川西平原岷山一带居住的古蜀蚕丛部落、鱼凫王朝、杜宇（望帝）、开明氏等，创造了灿烂的古蜀文明和丝绸文化，使成都平原成为南方丝绸之路的起点。在古蜀国自西向成都平原迁徙的过程中，逐渐开辟了从灌县（都江堰）以西沿邛崃山东麓，翻越巴朗山，进入古青衣羌国（今芦山宝兴）的古道，这是一条自远古就存在的民族迁移、民间贸易的自然通道，也是甘、青一带的氐羌人的南下通道，这条道是最早的南方丝绸之路古道。到先秦时期，南丝路西道北段的“青衣道”逐渐形成，这条道由成都经邛崃到达芦山县（即古青衣县），然后经天全、荥经最后到达汉源。

秦始皇统一中国后，加紧了对西南疆土的开拓和经营，毫无疑问他首先是从打通道路入手。秦令蜀郡太守李冰在川滇交界的宜宾地区开山凿崖，疏通岷江，使蜀郡成都沿岷江向东南经乐山至宜宾的水路畅通。公元前 221 年，秦始皇又派常頞把李冰父子修筑的僰道从宜宾向南延伸，这条道即为南方丝绸之路东道的陆上路线，因其山高水险，不易开凿，宽仅五尺，故称“五尺道”。“秦时常頞略通五尺道，诸此国颇置吏焉”，这说明秦时随着西南通道的开拓，沿道已设置了部分郡县。西面则打通了青衣古道以南的邛（西昌）、筰（汉源）之道。

据《汉书 · 西域传》记载，公元前 138 年（汉武帝建元三年），张骞出使西域，历经坎坷艰难 13 年后返回。张骞回来以后，向武帝报告了西域的情况。他说在大夏（今阿富汗）时曾见过蜀布和邛竹杖，据说这些物品来自于身毒国（今印度）。张骞认为大夏在汉西南，而身毒在大夏东南，则身毒应距中国蜀郡不远。根据张骞的建议，汉武帝派出大批使者探路，从蜀郡四道出使，打算开辟从西南地区经身毒国通往大夏国的官道，但因当地少数民族的阻拦没有成功，“皆闭昆明，莫能通身毒国”。① 因此有学者认为，先秦时期的南方丝绸之路主要是民间通道，民间商人、马帮通过这条道路一段一段地转运，把商品远销到国外，而当时政府却很难通达此路。②

南方丝绸之路“官道”的全面开通，始于汉武帝以武力“西征巴蜀以南，南略邛、筰、昆明”，③ 将西南夷道向云南推进，④ 迁徙大批汉民到永昌（今云南保山德宏州）一带，并打通了云南大理至保山间的博南山，又在其间置博南县，开凿

① 《史记 · 西南夷列传》。
② 张学军:《南方丝绸之路上的食盐贸易》,《盐业史研究》1995 年第 4 期。
③ 《史记 · 太史公列传》。
④ 汉代统称西南地区的土著民族为“西南夷”。其中，大体而言，今凉山、甘孜、阿坝地区的土著民族为“西夷”，今云南、贵州、广西等地土著民族属“南夷”。

了一条向南延伸通往云南保山德宏的“博南道”。到东汉时，又置永昌郡，使南方丝绸之路在国内的最后一段大理至保山的“博南道”和保山至德宏进入中缅边境的“永昌道”全面开通，并以此出境通往缅甸、印度等东南亚和南亚诸国。

（三）南方丝绸之路的商品贸易

南方丝绸之路形成后，在不同历史时期、不同地区有不同的贸易货物。有学者提出，较早时这条路可能以输送铜料为主，西汉时铁、蜀布、盐、茶等物成为大宗贸易货物，换回的则可能有象牙、玛瑙、海贝、珊瑚等。① 到东汉时当地生活在崇山峻岭的民族或已流行饮茶，并将茶及其茶文化四处传播，后来南方丝绸之路的作用逐渐被以茶为主要贸易货物的“茶马古道”替代。

南方丝绸之路上流通的各类商品中，以丝绸最珍贵，令世人瞩目，所以各条交通路线都被冠以“丝绸之路”的美称。著名的蜀布、邛杖也是沿着这条古道走出国门，输到身毒（今印度）及西方各国的。东汉时掸国（今缅甸）曾三次派使臣来中国，也是沿着南方丝绸之路北上洛阳的。永昌郡（今云南保山）地域长期居住有掸人。西方使节和商人至孟加拉湾，在掸国登陆，然后进入永昌郡，在此将西方各国的商品销售给我国商人，我国商人也将丝绸、蜀布等大宗商品销往印度，然后转运到欧洲大秦（罗马帝国）等地。罗马帝国的贵族非常喜爱中国的丝绸，视其为珍品，对中国也十分向往，称中国为“丝国”。

四川蚕丝绸业源远流长，迄今已有6000多年的历史，是中国蚕丝业发祥地之一。四川素有“蚕丛古国”之称，“蜀”字最早见于甲骨文，是“虫蜀”、野蚕的象形，因此蜀字历来被认为与蚕事有关。西汉文学家扬雄在《蜀王本纪》中写道：“蜀之先名蚕丛，教民蚕桑”，“蚕以蜀为盛，故蜀曰蚕丛，蜀亦蚕也……”② 因此后人多以“蚕丛”二字代表巴蜀。古籍中有大量关于聚居在岷江上游河谷的蜀山氏族发现野蚕结茧，丝可织帛后，将野蚕长期畜养，驯化为家蚕的记载，如明《一统志》中记载：“蚕丛氏初为蜀侯，后称蜀王，教民养蚕，后人感之，尊祀为神，并在成都府治之西南建筑——蚕丛祠，俗呼青衣神。”③《蜀图经》等古籍中也有关于蚕神马头娘的神话，后演化为轩辕黄帝的元妃嫘祖始蚕治丝的传说。唐代李白之师赵蕤在盐亭县金鸡镇所作碑记《嫘祖圣地》中称：“黄帝元妃嫘祖生于本邑嫘祖山”，至今四川盐亭县金鸡、高灯两镇民间还流传着嫘祖治丝的传说，留下了许多与嫘祖有关的历史遗迹、人文地名。这些古籍和神话传说表明蚕丝的确起源于四川。在距今约4100年前，巴蜀已有丝织品，夏禹时“禹会诸侯于会稽，执玉帛者万国，巴蜀往焉”。④

中国古代有帝亲耕、后亲蚕，男子亩、女子桑的传统，封建社会治国也多实

---

① 杨帆：《“南方丝绸之路”形成的历史背景及其它相关问题》，《中华文化论坛》2008年第6期。
② 《四川省志 · 丝绸志》，四川科技出版社，1998。
③ 孙先知：《蚕丛教民蚕桑》，《四川蚕业》1999年第3期。
④ 《华阳国志 · 巴志》。

行“农桑并重”“耕织并重”的经济政策。战国时期，蜀中丝织业兴起，蜀锦逐渐成为与西南地区各部族交换的重要商品。随着交易范围的扩大，逐渐开辟出了从成都出发，经云南、缅甸、印度（身毒国）、巴基斯坦到达中亚的“蜀身毒道”，即南方丝绸之路。古蜀成都丝绸传播到西方，先秦时期的主要通道就是这条古道。秦入主巴蜀后，蜀郡丝绸原料和丝织品也是由南方丝绸之路输往印度。到汉代及其以后从北方丝绸之路输往西方的丝绸中，也以成都丝绸为大宗，而从草原丝绸之路输往北亚的中国丝织品中，目前所见最早的似乎也是成都丝绸，这一切都是因为成都是中国蚕丝业的发祥地之一，古蜀蚕丝绸业早已名扬天下，成都也必然地成为南方丝绸之路的起点。但秦汉以后四川丝织品的外输，则以西北丝绸之路为主要通道。

除丝绸贸易外，食盐贸易也是南方丝绸之路上四川对外贸易的重要组成部分。由于食盐贸易是四川起源最早的贸易活动之一，南方丝绸之路上的食盐贸易从未间断过。从这条古道经过的一些地名，如盐道、盐源、盐津、盐边、盐兴、盐丰等，无不反映了四川古代食盐生产流通的历史足迹。

南方丝绸之路所穿越的川、滇、藏地区，属沟通大西洋和太平洋板块的古地中海海域。经过漫长地质年代的多次地壳运动，在海退和海浸的反复交替作用下，大量盐质呈盐卤和盐岩状态沉积下来。这一地区的先民自古以来就在此探寻盐卤资源，并广为开采，因此食盐产地星罗棋布。南方丝绸之路由北向南，依次分布的重要盐井包括：广都盐井（今四川双流、仁寿等县境），临邛盐井（今邛崃蒲江），南安盐井（今乐山、犍为一带），富义盐井（今富顺县境），大公井（今荣县大公镇），定笮盐池（今盐源县境）。而南方丝路所经过的云南省也是中国井盐的重要产地，有大量盐井分布，如著名的云南比苏盐泉（今澜沧江支流兰坪河谷云龙县境）等。

食盐作为一种特殊的必需品，其自给性消费量是有限的，因此除满足自我需要外，必然会大量用于贸易以交换其他地区的物产。由于食盐产区与销区有一定距离，只能由商人担负运销的重负，因此食盐贸易就成为最早的且最有活力的商业活动。

川滇食盐贸易是南方丝绸之路上最古老的贸易活动，与古道的开辟息息相关。著名的史学家任乃强先生认为，蜀南盐泉全部为昆明夷人所开采。昆明夷为河源羌人，以游牧为生。古羌文化的发源地雍州有两大盐池，一个是青海湖西的都兰县（今云察卡盐海），另一个为黄河上源札陵湖东、河水之南（今云哈姜盐海，属青海玛多县）。古羌逐盐泉而居习晒煮法和贸盐之事，随着游牧活动辗转迁徙，不断寻求新的盐泉，其中一支游牧族循澜沧江南下得盐泉于昌都东北察零多，使昌都民族得以凝聚，并形成了苏毗部族的东女国文化。又南徙，得盐泉于澜沧江畔察曲卡（今盐井县），再由察曲卡南徙到叶榆地区（今云南大理洱海附近），发现澜沧江支流兰坪河谷分布的众多盐泉，即比苏盐泉。这些盐泉本为哀牢人所有，昆明夷遂臣服于哀牢人，为其生产食盐。南方丝绸之路所经之路，从牦牛道上的临邛（今四川邛崃、蒲江）、定笮（今四川盐源县），到临泽池（今云南姑复县）、青蛉（云南大姚）、比苏（云南云龙），到“五尺道”上的南安（四川犍为、乐山）、临利（四川长宁、高县、珙县、兴文、筠连、盐津 6 县）、连然（云南安宁）、定远（云南牟定）、广通（云南禄丰）等，均为古代重要的盐业产地，历代政府在这些地方设置了许多专司征收盐税的盐官，足以证实这一带盐业贸易已具有相当规模，由此可见南方丝绸之路的开辟与食盐贸易密切相关。① 秦汉时期，食盐贸易成为南方丝绸之路最有生气和活力的经济活动，它直接促进了西南地区之间以及中华民族与缅甸、印度的经济贸易交流。

二　茶马古道——四川和西藏的商贸交往

茶马古道始于唐代，兴盛于宋朝、明朝，迄于清代，是以“茶马互市”等贸易形式为主的商贸通道。这条古道分为川藏茶马古道、滇藏茶马古道，是两条总体上呈东西走向的干道。其中，四川与西藏的商贸交往重要通道——川藏茶马古道始于唐代，其干道由成都出发，沿川西邛崃山南麓，经邛崃、名山、雅安、汉源、泸定、康定，再西行经过理塘、巴塘至西藏昌都，或北向经甘孜、德格至昌都，然后至林芝、拉萨。川藏、滇藏茶马古道运送的部分茶叶商品，经拉萨南下，最后分别进入缅甸、尼泊尔和印度。这条古道行进在世界上道路最为艰难的青藏高原和横断山区，前后延续千余年，为促进川滇藏地区的经济文化交流和民族融合发挥了重大作用。这条古道还沿用了南方丝绸之路的部分通道，因而在商贸交通上与南方丝绸之路具有一定的延续性和替代性。

（一）古老的川茶与“茶马互市”

茶与人类的密切关系，肇始于人类熟食之前。即在采撷时代，古人对一种乔木科茶树的果实和叶子，都是作为一种食物食用的。后来，人类知道茶还有祛病、助消化的功能，特别是食用肉油之物的游牧民族，都要借助茶来帮助消化。神农尝百草，其中就有茶叶。茶作为一种饮料，是到原始人类进入文明社会之后，中原大致在夏、商时期，巴蜀则在廪君务相、蚕丛之时。茶作为开门七件事的普通人家必备之物，则是到人类进入农耕时代。此外，茶还可以散闷、解烦，白居易在《镜换杯》诗中说：“尊前愁至有消时，茶能散闷为功浅。”因此，茶的需求随着社会的进步而增长，茶的商品化程度也日益提高。

乔木科茶树在中国西部被大量发现，基本上结束了中外学术界对茶树原产地之争。四川宜宾、古蔺及川西北也发现了大茶树，证明川茶历史悠久，特别是巴蜀先民将茶作为饮料，对其进行加工制作，作为“贡品”上呈朝廷，并留有大量文字记载。② 若再根据传说资料，四川茶的使用和发现，应视为中国第一，也称得上世界第一。

秦汉时期，巴涪陵郡、蜀犍为郡出

① 张学军：《南方丝绸之路上的食盐贸易》，《盐业史研究》1995 年第 4 期。
② 武王伐纣，蜀族曾以茶叶贡武王。

“茗茶”，什邡县“山出好茶”，川北葭萌县亦盛产茶叶，[①] 贡于朝廷，故顾炎武认为北方“自秦人取蜀而后，始有敬饮之事”。[②] 西汉蜀郡资中人王褒《童约》：“舍中有客，提壶行沽。汲水作餔，涤杯整案。……烹茶尽具，已而藏盖……牵犬放鹅，武阳买茶。”[③] 武阳在今彭山县境，证明其时彭山已有茶市，《童约》规定髯奴便有赴武阳买茶的义务。当时茶均采自大茶树，五代蜀人毛文锡《茶谱》中说：“泸州之茶树，僚常携瓢具穴其侧，每登树采摘芽茶，必含于口，待其展，然后置于瓢中，旋塞其窍。归必置于暖处，其味极佳。”[④]

唐至五代的 300 年中，四川由于灌木科“三年可采”常青茶树的普遍种植，产量大大提高，使得巴蜀茶外销面、销量扩大，茶文化随之远播，总结产茶经验的著作陆续出现，其中影响最大的莫过于《茶经》及其作者陆羽，他被士子尊为“茶圣”。《茶经》一书中记载了巴蜀地区产茶事十余处，毛文锡著《茶谱》则记载了四川十余州县茶产情况。在此时期咏茶诗文大大增加，其中对蒙山茶吟咏最多。这一时期也是巴蜀地区茶业独霸宇内的黄金时期，四川成为全国茶业经济的中心，更是巴蜀茶文化向四方辐射的源地。唐建中元年（780 年），茶税始建，十株取一，课于茶农，沿用数百年；贞元九年（793 年）又施行榷茶制度，课于茶商，直至引岸制产生止。此后茶引税收制度五花八门，课于茶农茶商。

所谓榷茶制度是指茶叶的官营专卖制度，也泛指征茶税或管制茶业取得专营权的措施。而引岸制则是政府对茶叶经销实行的一种定额定点特许经营制。茶引又称护票，是茶商缴纳茶税后，从官府获得的茶叶专卖凭证。凡商人运茶贩茶，须纳税領引，备关卡验照以载角放行。宋崇宁元年（公元 1102 年）始行“茶引法”，商人向官府申请領“引”缴纳税款后持“引”入茶山购茶，运到指定地点销售。“引岸制”规定：商人经营各类茶叶均须纳税取得“茶引”（相当于经营许可证），并按茶引的定额规定在划定范围内采购茶叶。卖茶也要在指定地点销售和易货，不准任意销往其他地区。为遏制私商与少数民族直接贸易，政府除有严格的茶叶引岸制度外，在嘉靖中，还专门规定四川茶引为五万道，其中二万六千道为腹引，[⑤] 二万四千道为边引，[⑥] 其中三万引属黎雅，[⑦] 不准乱引。这是一种官府控制下的商人专利法，元明清都采用这种办法。

两宋时期，茶业经济中心逐渐移至东部诸省，严格的榷茶政策、引岸制度，使政府茶叶岁课连年增加，成为军费的主要来源。而此时朝廷对四川茶业已不甚重视。天禧末（1021 年），“天下茶皆禁，唯川、

① 《华阳国志》卷 1《巴志》，卷 3《蜀志》。
② 《日知录》卷 7《茶》。
③ 《全上古三代秦汉三国六朝文 · 全汉文》卷 42，第 359 页。
④ 引自《太平寰宇记》卷 88，第 4 页，《四库全书》第 469 册。
⑤ 指与“边引”相对应的销往内地汉区的茶引。清代，从边引、腹引中又将行销土司属地的茶引划出，称“土引”。
⑥ 指专销边疆少数民族地区的茶引。
⑦ 今四川绵阳梓潼、江油一带。

陕广听民自买卖，不得出境”。[①] 每年川茶仅纳茶税三十万贯，不及东南茶课十分之一。四川在此间大力发展茶业生产，凡适宜种茶的山坡地、深浅丘林地皆种上茶树，年产量约在三千万斤。吕陶说：“九峰之民多种茶，山村栉比千万家。朝晡伏腊皆仰此，累世凭恃为生涯。一朝使者忽禁榷，振举法令摇三巴。”[②] 专业茶农的出现，保证了易马川茶的供应。在此期间，朝廷在陕、甘设立了数百个茶马交易点，实行川茶专卖，川茶易马成为大宗，更使川茶文化远播熙、河、岷、洮、宕、叠等地的吐蕃、回鹘等少数民族之间。[③] 这些输茶通道即茶马古道，是马帮最活跃的路线，还有大量背夫参与，从产茶地运至松潘，再由松潘运至若尔盖，出川运至甘肃、临夏所设茶马司。在偏远的茶马互市贸易点，除吐蕃是以马易茶外，西南其他少数民族还以马换盐、绢帛、金银和其他生活用品。

元代仰赖川茶只在元初短暂时期，其时出现了一种称为“西番茶”的品种。至元六年（1269 年），“立西蜀四川监榷茶场使司，定长引、短引法”。[④] 所谓“长引”是指行销外路，限期为一年，而短引则是行销本路，限期为一季。元统一中国后，江南茶业受到政府青睐，川茶弛禁，茶农、茶商均按引纳税，“以茶易马”听凭商民自主交易，在天全、雅州、汉源、邛州、名山、峨眉、夹江等地都产“西番茶”，专门供应藏、羌地区，路线皆沿古盐通道，输入康区和西昌等地，由此西入昌都、拉萨，南入昆明，并由昆明输入南亚印度，再由水路运至阿拉伯半岛及北非、西欧诸地，这条路线即古代南方丝绸之路。元人有记载：“蜀茶之细者，其品视南方已下，惟广汉之赵坡，合州之水南，峨眉之白芽，雅安之蒙顶，士人亦珍之。”[⑤] 这些名茶有些沿岷江入长江，输入东南各省。另外，为满足康、藏地区藏民对粗茶的需求，川茶加工质量下降，出现远不及两宋的情况，茶商茶农把生产粗放的、大宗的“西番茶”放在首位。

元末明初，四川经济饱受 40 多年战争之苦，一蹶不振，通过移民入川等措施，社会经济慢慢得到恢复。为对付蒙古残余势力死灰复燃，明王朝需要良马以巩固北方边防，“茶马互市”“以茶驭番”的完备茶法在洪武年间就建立了起来。洪武四年（1371 年），朝廷规定“四川巴茶三百一十五顷，茶三十八万余株，宜定令每十株官取其一……以易番马”，[⑥] 并令川陕实行榷茶制，对茶叶实施官方垄断专营，并加强了对碉门（今天全）、雅州茶马司的节制；在四川设立四大茶仓；[⑦] 又规定每年调川茶一百万斤运入陕西各茶马司储存备用；赏赐乌思藏、朵甘等地上层僧俗茶叶由四川供应等。由于执行“马贱

---

① 嘉庆《四川通志》卷 69 第 1 页。
② 《净德集》卷 31。
③ 均在今甘肃、宁夏辖境。
④ 嘉庆《四川通志》卷 69 第 7 页。
⑤ 马端临：《文献通考 · 征榷考》。
⑥ 嘉庆《四川通志》卷 69 第 7 页。
⑦ 指成都、重庆、保宁、播州（遵义，时属四川）。

茶贵”的专卖政策，碉门、雅州茶马贸易效益甚微，永乐年间，停止此两处官茶互市，由民间自由买卖。

（二）清代和民国时期的川茶贸易

明末清初，四川又经历数十年战乱，人口锐减，生产凋敝，茶树被毁，茶商匿迹，特别在雅州，经过明军、大西军、清军、吴三桂叛军之间的反复战争，与茶有关的产业受到重创，茶马贸易陷入绝迹。又经过数十年移民四川，陕、晋、湖广、粤、赣、闽、江南、贵州诸省近百万移民垦荒插占，至康熙中叶，社会经济生活才缓慢恢复。在康熙几次对准噶尔战争以后，西藏、甘肃、宁夏等地均为清朝政府所控制，茶马贸易已失去意义，茶马司逐渐成为汉藏贸易的管理机构，管理包括茶叶、食盐在内的所有日用百货的汉藏贸易，让商人直接与藏民进行交易，商税征自汉商，对藏商则采取轻税，同时提高对打箭炉（今甘孜州康定）的重视程度，“饬行打箭炉番人市茶贸易”，并派喇嘛达不巴色尔济、郎中舒图、员外铁图等人监督打箭炉的贸易事宜。

清朝对茶叶继续实行“引岸制”，年预颁茶引五千张（清代每担茶为一引），每张 100 斤。不足之处，亦酌情增加边引数量。康熙四十一年（1702 年），定雅州为 2079 引，四十四年（1705 年）增雅州边引 1980 张。边引销量大，上税额高，土引仅指天全一地，税低于边引。另外，作为对藏族上层的赏赐，茶仍占大宗，雍正二年（1724 年）清廷决定年赏达赖川茶 5000 斤，班禅 2500 斤，此茶名曰“赏需茶”。据载，“赏需茶单年三百包，双年二百包，由道署领价。赏给达赖喇嘛七十五包，包重五十斤，除折扣核减，实领银三百四十五两另，由地丁坐支”。[①] 这种绥靖茶叶贸易政策，使达赖、班禅始终与清廷站在一边，平定了西藏和四川藏区的多次叛乱，维护了川藏时局的安定，这是川茶的魅力，也是川茶文化向藏区辐射的历史轨迹。

清代四川贡茶除蒙顶山上清峰所产贡茶和陪贡茶外，灌县丈人峰等地雀舌、鸟嘴、蝉翼等品种亦定为贡茶、陪贡茶、官茶，前两种在康熙十三年（1656 年）各定为 60 斤，道光四年（1824 年）减至贡茶 30 斤、陪贡茶 20 斤，而供应四川大吏的官茶则达 680 斤，增加了茶农的负担。另雅安七盘山宝兴寺茶、邛州白鹤寺茶、城口鸡鸣茶都定为贡茶。

贡茶派生出的茶文化内涵丰富，如制茶技艺、选茶标准、蒙茶品种、包装艺术、贡茶礼仪等，蕴藏于名山小县，耀然于史志之中。由于在唐以前，蜀茶主要采自野生茶树，产量不高，不能满足日益扩大的市场需求。中唐以后开始灌木科矮茶树的栽培与推广，至五代，剑南道西川蜀州晋原洞口横原、味江、青城皆产好茶，《茶谱》载：“其横源雀舌、鸟嘴、麦颗，蓋取其嫩芽所造，以其芽似之也。又有片甲者，即是早春黄芽，其叶相抱如片甲也。蝉翼者，其叶嫩薄如蝉翼也，皆散茶之最上也。”[②] 雅州蒙山之五花茶、云茶、雷鸣茶皆为上品。与之齐名的还有广汉之赵

① 民国《雅安县志》卷 2 第 16 页。

② 《太平寰宇记》卷 75 第 9 页，《四库全书》469 册总第 618 页。

坡、合州之水南、峨眉之白芽等。其他州县名茶为蜀州之雀舌、鸟嘴，邛州之火番饼，渝州南坪县狼猱山茶，彭州之蒲村堋口，灌口饼茶，涪州之宾化茶，绵州之神泉小团和昌明兽目，泸州之泸茶。

由于四川省大部分地区气候、土壤、雨水均适宜种茶，至乾隆初期，省内有一半以上州县都产茶。什邡亦为产茶古县，邑人张宗法于乾隆中著《三农纪》一书，其中一段内容详尽描述了民间至今仍沿用的制茶工艺，他在二百多年前就用文字将其记载下来并被广为传播，应视为四川茶文化亮点之一。在康雍时期，名山蒙顶、大邑雾中“俱擅古今名品”；而峨眉茶“味初苦而终甘”；泸茶味佳，“饮之疗风”，在灌县、开县、乐山沙坪，“初春所采，不减江南”。[①] 此后，由于边茶引岸之乱，茶商普遍欠税，茶园过度采撷，至清中叶，川茶疲滞日趋严重，后经川督丁宝桢勉力整顿，虽有所起色，但好景不长，

19世纪末国际茶叶市场发生剧变，印度、荷兰、日本茶叶生产勃兴，我国东南沿海的江、浙、闽，以及两湖、云南外销茶被迫转内销，入川数额日益增加。加之川茶产量及质量下降，雅州等地只能生产粗放的“砖茶”，专供藏民之需，而印茶在英国的武力下，频频通过尼泊尔等地向西藏倾销，使川茶业遭到两面夹攻，处于低落下滑期，终于让出了自唐宋以来茶叶生产的领军地位。

民国时期，四川仍是我国主要的茶叶产地之一，也是丘陵山区的主要经济作物，有专业茶园，亦有赖以为生的专业茶农，但更多的是农民的家庭副业。据四川省建设厅调查，1931年全省茶园面积约为29.5万亩，产量为1万吨，1949年降为4950吨。川茶除内销于重庆、成都等城市外，亦有部分外销，以水路运输为主。而输往康藏的粗茶，仍以背、挑为主。

（三）“以茶治边”与川藏贸易

随着茶的传播和普及，在一些并不产茶的边疆地区生活的少数民族也接受并喜欢上饮茶，茶叶贸易成为事关民族关系的重要事项。为满足这些地区对茶叶的需求，唐朝后历代封建政权都实行“以茶治边”的政策，以“边茶”作为控制边疆地区的一种手段。

“以茶治边”主要通过两种办法实施：一种是对茶叶供给采取限量、直接分配的办法；另一种是实行“茶马互市”，即以少量的茶交换多数战马。这一政策最早见于唐朝，但未成定制。自宋神宗熙宁七年（1074年）在蜀设置买马司，又设官茶场，后来二者合并为茶马司，作为专门管理“茶马互市”的机构，并规定以四川的茶叶交换“西番”各族的马匹，此后才确定为一种专项贸易政策。宋代后，除元朝外明清两代都沿用宋制，在四川、陕西等地都设立了茶马司。直到清康熙四十四年（1705年）才废除茶马司，“茶马互市”随之被淘汰。在中国历史上，“茶马互市”贸易对繁荣农牧业经济，促进民族团结，曾起过积极作用，其中最重要的是羁縻政

① 雍正《四川通志》“外纪”卷45第32页，《四库全书》本。

策[①]所发挥的边疆安靖的积极效果。

藏羌民族由于主食为牛羊肉、奶酪，需要茶以助消化，故自文成公主入藏以后，吐蕃王朝便有饮茶之习，及至川边藏族定居以后，两地人民不可缺少的必需品——茶叶，一向由川、陕供给。蜀、绵、邛、雅四州茶远销吐蕃诸族，开创了“以茶治边”崭新的茶文化内容，如巴蜀茶向西北运送的“茶马古道”的开辟、人背畜驮的易马运茶大军、政府有关茶法的草创、和亲政策中的茶与茶具等。

公元 780 年唐朝为平息兵变增加军饷，首次开征茶税，此后茶税及榷茶制度逐渐推行，不仅茶叶统购、由官府统一焙制，连栽培也要由国家专营，这样，朝廷全部控制了茶的生产、加工和流通环节。茶农失去了对茶叶栽培的自主权，茶商失去了对茶叶的自由买卖交易权。四川茶农茶商深受其害，大量昔日运往西藏、陕西的川茶，必按“十株纳一”缴纳茶税，方能行销于市。

为躲避、抵制茶叶经销中的严酷官税，许多往返于回鹘、吐蕃等少数民族地区的茶商、小贩逐渐开辟出多条行茶于青、甘、回鹘、吐蕃的秘密“通番小路”，与被允许以茶易马的川青、川甘老路的官茶争夺市场，一些交易村落或交易点逐渐形成，留下了川茶输送的历史足迹。两宋元明实行川茶边引制以后，这些易马“通番小路”被官府设卡堵塞，然而不久很快又有新的贸易“小路”被开辟出来，并逐渐成为边引运茶的茶马古道，于是官方又急忙在此设卫、设局、设司。唐宋以来，官方在西北、朵干、乌斯藏陆续新设了许多管理茶马互市的机构，从中可见那些“通番”茶马古道有多大魅力，茶马贸易使四川与西藏的经济往来及商业贸易空前繁荣起来。

明洪武四年（1371 年），朝廷命陕西汉中府收贮茶叶，“令于西番易马”；五年（1372 年），四川产巴茶，“岁计得茶万九千二百八十斤，令有司贮候西番易马”。[②]同年又在永宁界首镇、雅州碉门、成都灌州及安州、筠连州设局收茶，开始与朵干、乌斯藏以茶易马贸易。十四年（1381 年）在设置松潘安抚司后，即开始了以茶、姜、布、纸交换威、松、茂三州的马“送京师”，[③]松潘逐渐成为川茶向陕、甘运送的又一集散地，由茶商雇工背负茶叶至松潘，再由松潘驼队运至陕、甘。由于明朝实行低马价、高茶价政策，[④]种茶和贩茶得利丰厚，故私茶乘机而起，通过荒野“小路”，背茶直接与藏羌群众交易。永乐六年（1408 年），敕户部，“川陕多通番小路，严谕把隘头目，查禁缎疋、绢帛、私茶、青纸出境”。[⑤]由于茶禁私自贩卖，断民生路，引发北宋王小波、李顺起义，数万义军攻城略地，破成都等重大政治事件。

事实上，四川通往西藏的“通番”茶

---

① 指自秦朝建立郡县制起到宋、元交替时期，中央王朝笼络少数民族而实行的一种地方统治政策。通过这种政策，处理中央与地方少数民族聚居的关系，以维系中央集权制度的统治。所谓“羁”就是用军事和政治的压力加以控制，“縻”就是以经济和物质利益给以抚慰。

② 《明实录藏族史料》，西藏人民出版社，1982，第 15 ~ 17 页。

③ 《明实录藏族史料》，西藏人民出版社，1982，第 58 页。

④ “上马每匹给茶八十斤，中马六十斤，下马四十斤”。《明实录 · 太宗》卷 87 第 1152 页。

⑤ 嘉庆《四川通志》卷 69 第 9 页。

马古道早就存在，是回鹘（也称为回纥）、藏、羌民族与汉族进行各种物资直接交换而共同开创的贸易通道，也是被政府榷茶专卖政策逼出来的。早在洪武十七年（1385年），西安中护卫军人报告说：“巴山西乡，由子午谷入山，越秦岭之南，皆荒僻深邃。凡士卒逋逃及贩卖私茶者，往往于此潜匿”，[①] 每年约查出“私茶四、五万斤”。[②] 由此可知“通番小路”的情形。四川巡抚严清疏曰：“先此议茶法者曰：茶乃番人之命，不宜多给，以存羁縻，节制之意是也。乃边引愈少，私贩愈多。”[③] 在四川，巡抚尹同皋条议曰：“经有荥经摸地之小贩，罗纯有碉门越境之私路，昼夜背送，不计其数……”[④] 荥经“小贩”，可以经过“越境之私路”，把私茶背到打箭炉，甚至直接背运到察木多交易，此“越境之私路”，无疑即“通番小路”茶马古道。明朝对开辟新的官道控制甚严，代宗景泰二年（1451年），“董卜韩胡宣慰使司奏，欲于旧威州保县地方，开辟道路，出境进贡”，朝廷内官陈涓等均“奏其不可”。皇帝还说：“朕惟山川险阻，天所以限华夷也。既非旧路，岂可轻启夷人侵犯之心。”[⑤] 因此，“通番小路”是统治者的一块心病。

清代需马时间较短，川茶在清代主要是作为藏族必需品，而奉部引供应。清初，增四川引茶共106029引，每引100斤，即达1000多万斤的产量，其中边引占一半以上。参与边引供应的州县有雅州、荥经、天全、名山、邛州、成都、大邑、灌县、安县、华阳、温江、崇宁、什邡、江津、永川、綦江、南川、广元、开县、平武、江油、石泉、峨眉、盐亭、中江、丹棱、大邑、合江、安县、绵竹、茂州、汶川等32州县，其中，雅安、荥经、名山三县行打箭炉边引五万三千零四张，邛州行打箭炉边引二万三百张。[⑥] 这样，清代在嘉庆中期以前，官引运往打箭炉的茶叶共计约在7530400斤，运往松潘的也在100000斤以上，加上特许天全州“行茶土引三万一千一百二十张……运至打箭炉发卖”。[⑦] 综计，川茶仅边引就在一千万斤以上，而腹引仍需三四百万斤，才能完成引岸数字，这还不包括四川承担的馈赠藏族上层人物的“赏赐茶”。由此可知，清中叶是川茶生产外销极盛时期。清末输藏川茶约“1000万至1300万镑”，或为“2666640镑……估计贸易额约值银80万两”，或云“110万两……据说经由松潘的数值也略约相等”。[⑧]

千万斤茶叶均靠背运，每名背夫一次只能背30～40斤；至打箭炉需16～20天，至松潘也需半月左右。背夫们手持“拐子”，怀揣玉米馍，渴饮山泉，疲宿幺店子草堆，穿梭于危崖绝壁间，越过三四千公尺高山缺氧区，其行程中的艰难

---

① 《明实录·太祖》卷168第2571页。
② 嘉庆《四川通志》卷69第9页。
③ 嘉庆《四川通志》卷69第11页。
④ 嘉庆《四川通志》卷69第14页。
⑤ 《明实录藏族史料》第536页。
⑥ 嘉庆《四川通志》卷69第29页。
⑦ 嘉庆《四川通志》卷69第29页。
⑧ 《重庆海关1892～1901年十年调查报告》，《四川文史资料选辑》第9辑第178页。

困苦令人感慨。名山知县徐元禧《竹枝词》写道："天教背却茶笼出，打箭炉头又木多。穷乡谁解乐如何，跣足蓬头腰背驮。人苦山乡依更苦，比如苦笋不差多"①，雅安县在清代有一万多贫苦人参与背茶，有的是"背夫世家"，祖祖辈辈在茶马古道上流尽血汗。各州县所配边引，皆由承包引税商人雇工背赴松潘、打箭炉，浩浩荡荡的运茶人流穿梭于"世界屋脊"上的茶马古道，写书了千年传承不绝的茶文化，也留下了世代背夫无尽的辛酸史。

康熙三十二年（1693 年），六世达赖奏请打箭炉开市，并于三十五年（1696 年）得到批准。四十五年（1706）修建泸定铁索桥，从而解决了茶马古道上的交通瓶颈，为发展四川与西藏的经济往来创造了更好的条件。雍正七年（1729 年）设打箭炉厅，移雅州府同知来治，并驻扎清军三千戍守，西藏亦派堪布驻此。乾隆十年（1745 年），明正土司自木雅率其管辖的所有锅庄②迁至打箭炉，锅庄也由 3 家增至 48 家，从而为打箭炉的发展奠定了坚实的基础。打箭炉虽几经战乱，但由于经济基础牢固，明正土司又受到清廷的重视，故各项贸易均持续得到发展，尤其是川茶不间断地运至，锅庄统收，再经过理塘、巴塘，或经过乾宁、炉霍、德格、江达运至察木多、拉萨，川、藏茶商获利颇丰，锅庄更是欣欣向荣。乾隆五十三年（1791 年），原四川布政使林儁在《西藏归程纪》中提到打箭炉，"颇为华美，铺陈亦极鲜明，即锦官城之官署人家，亦不能有此丰盛也"。道光时，川吏姚莹说："炉城乃汉蕃互市之所，蕃民数百家，大寺喇嘛数千，西藏派堪布主之，汉人贸易者百数，余惟吏役营兵而已，内外汉藩，俱集市茶，同知征其税焉。"③ 由此，打箭炉康定发展成为四川与西藏之间贸易往来的集中地和重要的交通枢纽。

清代汉藏间民族贸易已相当频繁，无论从区域范围还是从商品种类以及交易量上都具有相当规模。到清末，几乎所有的川藏交界地区的藏族县都与内地有商业贸易往来，据《中国地方志集成》第 67 辑《四川府县志辑》记载，当时汉族商人已深入到康定、瞻对（新龙）、炉霍、甘孜、白玉、德格、登科（邓柯）、泸定、丹巴、九龙、雅江、道孚、理化、义敦（今巴塘县雅洼区）、定乡（乡城）、巴安、得荣等县，用内地商品调换藏族土特产，带动了藏民的经商热潮。松潘的藏商和寺庙商集队合伙经营，活跃在川、青、甘边界一带，他们用牦牛驮运茶叶、宗教用品，去青、甘、川草地交换畜产品、药材、青海盐等。藏商到松潘的时间多集中在每年的下半年，松潘城北门外还专门设有接待藏商、寺庙商的客店。许多藏商、寺庙商甚至往返于西藏、甘孜、灌县、成都、重庆等地，获利很大。④

松潘在元代名松州，属陕西行省，明

① 光绪《名山县志》卷 9 第 13 页。
② 指具有特殊身份的土目，既是当地的富裕人家，也是明正土司的代理人，当地藏人称他们叫"古曹"，汉语即"代表"的意思。因"锅庄"的发音与"古曹"音相近，且"锅庄"一词含有锅庄户及土头锅庄主的双重涵义，于是当时的汉人就用汉语"锅庄"来称这些"古曹"。
③ 姚莹：《康輶纪行》，载《笔记小说大观》，广陵古籍刻印社，1985，第 9 页。
④ 刘正刚、唐伟华：《清代移民与川西藏区开发》，《西藏研究》2002 年第 1 期。

初改隶四川。洪武二十年（1387年），有40多万斤茶叶由灌县、彰明、绵竹、安县、什邡等县经茶马古道运抵，松潘成为川茶行销陕、甘的集散中心。清雍正九年（1731年）设松潘厅，“行茶边引原额一万三千七百六张”，① 乾隆二十五年（1760年）升为松潘直隶厅，隶成绵龙茂道。松潘茶号林立，有数百年历史，计有陕帮、草地帮、西藏帮、渝帮等数十家之多。② 随着城镇的扩大，商业更加繁荣，商人雇背夫运来茶叶，返程时，背夫又运走草原皮毛和药材等土特产，松潘许多穷苦的藏羌人仰赖背运茶叶为生。除松潘因茶马贸易发展为“西陲一大都会”外，其周围南坪营、叠溪营、漳腊营、黄胜关、平定关、武都，以及今若尔盖、红原、刷经寺等农牧区村落土特产品，都通过茶马古道输往内地，而成都是皮毛、药材最大的集散地。灌县王昌南有《竹枝词》云：“忽官忽号忽商家，配引征厘解宪衙。满道夷歌骡马至，来时驮药去驮茶”。③ 茶马古道还造就了沿线若干村镇州县的建立，形成了具有重要战略地位的打箭炉（康定）、松潘、里塘、巴塘、炉霍、甘孜等川西高原重镇。

三　汉唐时期益州（成都）的商贸繁荣

汉唐时期属于我国古代封建王朝的“西部时代”，④ 其重要标志是国都定于西部，如西汉定都长安（今西安），东汉定都洛阳，隋唐均定都于长安。西部时代以蜀道为轴线，以关中盆地和四川盆地为基地，以“马”文化取胜，在与少数民族争夺“胡苑之利”的过程中，没有多少后顾之忧，故能不断地征服高山绝壑，大漠荒原。陆上丝绸之路繁荣，面向遥远的西方，渴望了解异质文明和未知世界，充满自信与活力。⑤ 在中国封建王朝的“西部时代”，四川毗邻京城的区位优势凸显，各种天时地利为巴蜀大地特别是成都平原的经济社会大发展带来了机遇，造就了巴蜀的历史繁荣和成都平原地位仅次于长江三角洲、史称“扬一益二”的空前经济盛景。

（一）西汉蜀汉时期益州的战略地位和经济实力

从汉高帝刘邦建立西汉政权，到三国时期刘备入蜀建立蜀汉政权，四川的政治经济地位发生了巨大变化。西汉时期全国形成了十大经济区，而巴蜀地区是其中一个单独的经济区，当时成都已发展为全国六大都市之一，临邛、广汉成为全国著名的工商业重镇，形成了“天府之国”的初步轮廓，东汉时正式成为世人所公认的“天府之国”。

从战略地位来看，汉高祖刘邦正是以

① 《川抚硕色奏请酌减松潘地方行茶边引》，嘉庆《四川通志》卷68第18页。
② 贾大泉、陈一石：《四川茶叶史》，巴蜀书社，1989，第205页。
③ 《四川竹枝词》第49页。
④ 史学家提出，以北宋为界，以国都所在地域为标志，可以将中国封建王朝的历史分为西部时代和东部时代。
⑤ 何汝泉：《唐代成都的经济地位试探》，《社会科学研究》1982年第6期。

汉中、巴蜀为基地，才建立了西汉政权，巴蜀地区为汉王朝的建立和巩固作出了巨大贡献。刘邦为汉中王时，统治地区包括 41 县，其中汉中郡 12 县，其余 29 县分属巴、蜀二郡，因此刘邦入汉中时普遍被视为“入蜀”，其在蜀郡的统计范围大致为南迄成都平原南缘，对巴郡的统治范围也主要在北部地区。① 在刘邦出击“三秦”建立西汉政权的关键战役中，四川北部一带的巴人部族曾主动协助参战，部分将士以及巴蜀内地的大量汉人随刘邦转战南北，为西汉王朝的建立立下了汗马功劳。在征战过程中，镇守汉中的萧何“收巴蜀租，给军粮食”，源源不断地向前线输送粮草兵力。《华阳国志》卷 2《汉中志》对此记载道：“高帝东伐，萧何常居汉中，足食足兵”，后来，巴蜀汉中一带的大量名贵木材也被运送到关中建造宫室。正因为巴蜀汉中地区对西汉政权的建立具有特殊的战略重要性，汉高帝刘邦在西汉政权建立早期才没有把巴蜀分封出去，而是“巴郡、蜀郡各一部，另置一新郡，名广汉，② 这种做法反映了刘邦对巴蜀地区在建立汉王朝过程中所作贡献的肯定和奖赏。

从经济实力来看，西汉时期巴蜀农业跃居全国首位，得益于秦时蜀太守李冰率领蜀民修建的都江堰水利工程，以及南安沫水（乐山大渡河）等水利工程，使成都平原沃野千里，成为全国的大粮仓。到汉景帝时文翁出任蜀郡守，又进一步扩大了都江堰在成都平原的灌溉面积，农业生产得到空前发展，不少地方“家有盐泉之井，户有橘柚之园”，成为举国富庶之地。成都平原所产粮食常被大量调运赈济全国各地灾区。据《华阳国志 · 蜀志》记载：“五城县，汉时置五仓，发五县民，尉部主之，后因以为县”，其地在今中江县北部，其他各县也建有许多大型粮仓。而中原地区由于受到多年战争影响，农田荒芜，百姓常遇饥馑，汉高帝二年，关中大饥，刘邦一面下令从巴蜀汉中大量运粮前往救济，一面要关中百姓“就食蜀、汉”，号召大家到巴蜀逃荒。

除农业生产外，西汉成都手工业迅速崛起，其中以铸钱、煮盐、冶铁三大手工业为突出优势，冶炼、井盐、漆器、蜀锦、金银器皿等已达到较高水平，逐渐形成了以成都为中心，包括郫县、广都、新都、临邛（蒲江）等在内的西蜀经济圈。邛都（西昌）、严道（荥经）的铜，临邛、南安（乐山）的铁，朱提（宜宾）的银均十分有名。汉文帝时（公元前 179 年至公元前 157 年），严道所铸“邓通钱”遍及天下。蜀郡所产铁镭远销云、贵，成都的蜀锦、蜀布，广汉的金银器皿、漆器、蜀刀称誉国内，远销朝鲜、波斯。③ 汉代的蜀郡、广都、临邛，即今天的成都、广汉、邛崃三城已成为全国重要的经济文化中心。到公元 141 年东汉中期，益州人口发展到 724 万，占全国人口的 15.1%，成都人口达到 7.6 万户，成为仅次于京城的全国第二大城市和西南的经济中心。

在以成都为中心的西蜀经济圈中，临邛（蒲江邛崃）地区占有重要地位，这主

① 《四川通史》卷 2《秦汉三国》，四川人民出版社，2010。
② 《华阳国志》卷 3《蜀志》。
③ 童恩正：《古代的巴蜀》，四川人民出版社，1997。

要得益于其得天独厚的盐矿和铁矿资源。西汉时，蒲江隶属临邛县。临邛即盐邛之义，因蜀人称盐为临，临邛周边地域形成了盐铁集市。据史书记载：蒲江有“金釜等八井，岁出课盐六万三千斤”。由于西汉早期实行的“让利于民”的宽松经济政策，民间盐铁业生产与流通得以迅速发展，刺激了盐业和冶铁业的技术改造，生产技术和生产力发展水平有了明显提高，同时盐业和冶铁业成为当时迅速积累资本的产业，培植了一批靠资本原始积累而发达致富的富商大贾，到汉武帝中期，开始实行盐铁官营专卖，并在蒲江一地同时设置盐官和铁官，这在西汉时期并不多见，可见汉武帝对当地采盐业和冶铁业的高度重视。盐铁官营垄断迅速积累了国家财富，但也带来了许多严重的问题，如官营导致盐铁质量低劣、价格昂贵，官吏腐化，百姓疾苦。汉昭帝即位后，盐铁官营政策开始有所松动。而蒲江盐铁之利在整个西汉时期始终处于豪族与皇权争夺的焦点，随之而产生的政治、经济的起伏不定影响着盐、铁等手工业的发展。盐铁政策的不断调整也造成了社会政治、经济的动荡。①

（二）蜀都经济“万商之渊”

三国时期，刘备在成都建立了蜀汉政权，形成蜀国、魏国、东吴“三足鼎立”相互抗衡的格局。这种格局进一步提升了四川的政治经济地位，使巴蜀内地经济对周边地区的影响日益扩大，成都作为蜀都，与魏都、吴都并列成为全国三大政治经济文化中心，极大地提升了以成都为核心、以巴蜀盆地为内圈的巴蜀经济区的辐射影响力。

蜀汉政权建立之初财政十分困难，因此非常重视工商贸易的发展。刘备到成都后，一度军用不足，于是铸“直百五铢”，② “平诸物价，令吏为官市”，短期内便使“府库充实”。其经济政策，一是实行政府对盐铁的垄断专卖，二是大力发展蚕丝蜀锦纺织业，三是重视发展对外贸易。

盐铁业方面，蜀国先后设置了司监校尉、盐府，其职责是“较盐铁之利”，主管全国的盐铁专卖，而“司金中郎将”一职则负责主管蜀国各种金属的采掘和冶炼，从而使制盐和冶铁产业为蜀国快速积累了财力。

纺织业方面，三国时期中原战乱频繁，临淄（山东）、襄邑（河南）一带丝织业遭到破坏，当地丝织业中心逐渐向西迁移到巴蜀，出现了中国古代丝织业的一次向西大转移。蜀汉财政困难，鼓励植桑养蚕，发展丝织业。诸葛亮提出“今民贫国虚，决敌之资，唯仰锦耳”，相传诸葛亮亲自植桑八百株，以鼓励官吏、百姓植桑养蚕，使丝织业成为蜀汉政权的重要财源，官吏俸禄、调拨军资、睦邻邦交和赏赐臣下也多用蜀锦。由于实行“暂息众役，专心农桑”的政策，郡守、县令均以劝课农桑为职守，从而促进了巴蜀蚕丝业的发展，形成了全国著名的蚕业基地。蜀汉设置有“锦官”一职监造绫锦，并有官营纺织机构，专为朝廷和官府制作蜀锦及服饰。

① 侯虹：《蒲江盐井的开发与西汉四川盐铁经济的发展形态》，《盐业史研究》2002 年第 3 期。
② 蜀汉时期的一种钱币，价值一百枚五铢。

外贸方面，蜀汉时期因重视商贸发展，外贸较为发达。在蜀汉统治势力所及地区，北起甘肃、汉中，南至云贵，西起汶山，东止三峡，商业购销自成体系。庞统认为当时巴蜀“所出必具，宝货无求于外”。左思在《蜀都赋》中赞颂成都为“既丽且崇，实号成都”，描写成都“市廛所会，万商之渊，列隧百重，罗肆巨千，贿货山积，纤丽星繁”，其商业规模之大、品种之多，超过了当时的魏都（洛阳）和吴都（南京）。据文献记载，当时的外贸商品主要是蜀锦、马匹和茶叶。成都作为蜀汉都城是丝织业的生产经营中心，蜀汉政府组织作坊大力生产蜀锦、漆器等高档商品，同时从民间大量收购，用于对外贸易。尽管三国时期蜀汉与魏、吴常处于战争状态，但魏、吴仍通过各种渠道购置蜀锦。“江东历代尚未有锦，而成都独称妙，故三国时，魏则市于蜀，吴亦资西蜀，至是乃有之。”[①] 曹操亲自派人到蜀中买锦，反映了当时蜀锦垄断市场的情形。蜀锦等奢侈品还作为馈赠礼品大量流出。这一时期四川与周边地区的民族贸易也比较活跃。随着蜀国地盘向云南、贵州逐渐扩张，诸葛亮还派出锦工到滇黔苗、侗族地区传授织锦技术，因此苗、侗族后人称蜀锦为“武侯锦”、“诸葛锦”。[②] 当时，南中的“耕牛、战马、金银、犀革”等通过互市，大量流入巴蜀。永昌郡（云南保山）的木棉布成为成都市场上的时髦货，蜀商还通过永昌等地与东南亚、南亚诸国进行跨国贸易，影响深远。

（三）盛唐时期的成都辉煌

唐代是中国历史上西部全面开放、迅猛发展的鼎盛时期。四川凭借其毗邻长安国都，控制西北、西南的独特区位优势，易守难攻的险峻地理环境，富饶的农业和发达的手工业经济实力，充当着唐朝国都长安的“外府”，为大唐王朝的兴盛和文化传播发挥了极其重要的作用。

唐代成都在全国的地位十分重要，当时将成都设置为益州大都督府，是全国五个大都督府之一，而益州是西南地区唯一的一个。贞观元年将全国分为 10 道后，剑门关以南的地区设置为剑南道，成都作为剑南道的首府，所辖地区达到 33 个州，不仅包括现在的川西、川南一带，而且包括云南的一些地区。后来全国又分为 15 道，其中剑南道分东、西两川。秦岭、伏牛山以南的山南道分为东、西两道，唐人所称的“剑南三川”，即剑南东川、剑南西川和山南西道，均属于现在四川境内的行政区域，成都为剑南西川府。[③] 据《元和郡县志》记载，全国当时 10 万户以上的州府只有 6 个，其中“成都府，十三万七千五百七十五户”，仅次于京兆府居全国第二位。

成都的北面通过秦巴山地与关中相连，距离唐代京城不远。和平时期，成都成为朝廷的物资供应“府库”，战乱时，又成为皇帝和官员躲避战乱之地。唐朝历史上，先后有四个皇帝避乱出奔，其中有两位皇帝逃到成都，唐玄宗以“蜀土腴谷

---

① 南朝宋山谦之《丹阳记》。
② 《四川省志 · 丝绸志》，四川科技出版社，1998。
③ 李敬洵：《唐代四川经济》，四川省社会科学院出版社，1988。

羡，储供易办”而奔蜀，唐僖宗以“蜀中府库充实，与京师无异”而奔蜀。唐德宗虽是逃到梁州（今陕西汉中），但也是以成都的经济实力为依托，“倚剑蜀为根本”。成都之所以屡屡成为皇帝出奔避乱的“外府”，除了军事上的安全保障，更多的是经济实力和财力的支撑，因此成都在唐代的地位举足轻重，每到关键时刻总是作为“外府”挽救唐王朝的命运。故朝廷非常重视出任“剑南三川”节度使的人选，常常是由“上将、贤相、殊勋”之类的“硕德名臣”担任，而朝廷的宰相，也主要是从“剑南三川”和淮南节度使中遴选，所以成都也被称为“宰相回翔之地”，反映了唐王朝对四川战略地位的高度重视。大批中原移民的迁入也对成都的发展作出了巨大贡献。

唐代四川经济社会空前繁荣，农业富庶，官营织锦规模宏大，带来历史上四川蚕丝业的鼎盛时期。唐宋时期的蜀锦，代表着中国古代丝织技艺的最高水平，名扬天下。成都出产的“春彩”丝织品，是专供皇宫后妃和贵族的高档奢侈品。成都的造纸业也名扬全国，蜀纸品种多达十余种，其中以麻纸产量最大，彩色笺纸、楮纸最为著名。瓷器生产业也很发达，唐代的青瓷和白瓷成都地区都能生产，有成都青羊宫窑、邛崃十方堂窑、瓦窑山窑等瓷窑遗址，主要烧制各种青釉瓷器，其中邛崃窑烧的彩釉器当时已远销扬州。成都还成为唐朝统治者造作绫、锦、金银器物和铸钱的重要基地。

四川盆地、江淮是唐王朝的两大财源，成都和扬州一样成为唐朝全国最富庶的两大都市。正如卢求所称：“时号扬、益，具曰重藩，左右皇都。”四川人陈子昂在呈给武则天的奏书中写道：“蜀为西南一都会，国家之宝库，天下珍货，聚出其中，又人富粟多，顺江而下，可以兼济中国。”对扬州和益州经济进行比较的最著名论述是《资治通鉴》：“扬州富庶甲天下，时人称‘扬一益二’。”“扬一益二”的说法从此传诵古今。当时甚至有人认为益州实力已超过江淮地区。如卢求在《成都记序》中提出：“大凡今之推名镇，为天下第一者，曰杨益。以杨为首，盖声势也。人物繁盛，悉皆土著，江山之秀，罗锦之丽，管弦歌舞之多，伎巧百工之富，其人勇且让，其地腴以善熟，较其要妙，扬不足侔其半。”① 在卢求看来，九世纪中叶，扬州和成都都是当时中国的一流名镇，扬州居首，成都为次，但这是从声势名气上衡量的，如果从经济文化上说，某些方面扬州不及益州。

事实上，益州经济与扬州经济结构特点完全不同。扬州是当时全国重要的水陆交通中心，主要靠航运和商贸繁荣，而成都主要依靠农业和手工业的兴盛，经济上更具有相对的稳定性。特别是在战乱频繁的年代，江淮经济常受战火破坏，而成都平原则有四川盆地“恃险而富”，很少受到外部干扰。每当动乱之时，益州的经济地位更显重要。事实上，到唐代后期，黄河流域地区受到战争的严重破坏，经济陷入衰退，唯有成都经济依然兴盛繁华。因安史之乱客居成都的杜甫对此记载道：“河南、河北贡赋未入，江淮转输，异于曩时，唯独剑南，自用兵以来，税敛则殷，部领

① 梁中效：《唐代四川的区位优势》，《成都大学学报（社科版）》2000年第1期。

不绝，琼林诸库，仰给最多，是蜀之土地膏腴，物产繁富，足以供王命也。”由此说明，成都是唐朝动乱时期重要的经济支柱。

总体而言，在中国历史上的“西部时代”特别是汉唐时期，成都从偏安一隅的“西南夷”跃升为仅次于江南重镇扬州的全国经济最发达地区，开创了历史上成都最辉煌的年代。著名的古代文人左思、杨雄都曾分别写下《蜀都赋》盛赞成都的繁华似锦，杜甫、李白也留下了大量讴歌成都的不朽诗篇，为今天世人了解成都历史的灿烂辉煌留下了宝贵的财富。

（四）交子的产生及其历史意义

唐代益州经济的发展，带来了空前的市场繁荣，商品交易规模不断扩大，同时也使当地人的商品经济观念特别是金融信用观念不断增强，开始出现各种各样的信用形式，并且有了信用组织和机构，包括：借贷信用的公廨本钱，抵押信用的质库，保管信用的柜坊、寄附铺和商店，办理货币汇兑信用的机构，等等。从事经营活动的商人为避免携带大量金属货币的不便，在京城将货款交给当地的办理机构，换取一张文牒或公据作为汇票，回到家乡再凭汇票去兑换现钱，故唐代的汇兑又称“飞钱”、“便换”。① 飞钱汇票可以异地取款，持有这些票据在一定范围内与持有铸币具有同等价值，并能行使铸币的职能。经营汇兑信用业务的主要是官府，也有富商。到宋代，产生了作为经营信用票据“交引”的金融机构。所谓“交引”，是指茶引、盐引、矾引、现钱交引等信用票据的统称。它已开始具有一定的货币职能。信用票据货币职能的增强，不仅缓和了因铜钱供应不足导致的“钱荒”矛盾，更重要的是催生了世界最早的纸币——交子在成都的诞生，交子“取于唐之飞钱”的说法即由此而来。②

交子是由成都交子铺商人发明的。由于铜币少，在商贸流通中主要使用铁币，当物价上涨时，外出经商携带大量铁币非常不便。据《宋朝事实》记载：“小铁钱每贯重六十五斤”，“市罗一匹，为钱二万”，重达 130 斤。于是外地到成都从事大宗贸易的商人，往往把大批铁钱找个“交子铺”暂存，待需要时再去提取，取款时向交子铺交 3% 的保管费。随着交子商铺信誉的不断增强，买卖双方为了减少存取铁钱的费用和麻烦，逐渐开始用交子代替铁钱来支付，从而使交子由信用凭据演变为流通纸币。这种广泛流行于公元 995 ~ 1005 年的四川民间交子，被称为“私交子”。

公元 1023 年，北宋官府在益州设置交子务，作为发行和收兑交子的专门机构，规定由交子务监督印刷官交子，每张交子上都标有面值、合同字号，盖上有益州观察使铜印和益州交子务铜印，同时规定官交子在市场上可代替铁钱使用，可随时兑换铸币。“官交子”的出现，标志着世界最早的纸币正式诞生，它是我国同时也是世界最早由政府正式发行的纸币，比美国（1692 年）、法国（1716 年）等西方国家发行的纸币要早六七百年。

---

① 贾大泉等：《四川通史》卷四，四川出版集团，2010，第 347 页。

② 《宋史 · 食货志》称“会子、交子之法，盖有取唐之飞钱”。

成都交子的诞生，是世界货币史上的重要里程碑。纸币的出现，满足了社会经济发展对货币的增长需求，促进了古代四川的商品贸易的流通和发展。自交子产生后，南宋时期全国都开始仿照四川发行纸币，使纸币在全国范围内行使。与金属铸币相比，纸币具有成本低、量轻额大、便于携带等优点，纸币代替金属货币作为流通工具，有利于商品交换规模和空间范围的扩大。

但是，用非等价物的纸币代替足值的金属货币作为流通支付手段，是以政府的信用为基础的。纸币的发行和稳定，可以推动商品经济发展，同时对解决政府的燃眉之急有重大作用。一旦政府滥用信用，过量发行纸币，必然导致纸币贬值、通货膨胀甚至货币体系崩溃。自宋徽宗（1101年）开始，官府视财政的需要随意增加交子的发行数额，导致交子严重贬值，最后难以为继，被迫于1109年宣布已发行的交子全部作废，使人民蒙受巨大损失，政府威信也丧失殆尽。

四　长江水系——川滇黔甘陕藏东向之路

四川由于受自然地理环境条件的制约，向西、向北及向南的陆上通道均有险峻的山脉阻挡，陆路交通困难，人流物流成本很高。因此，四川向东的出口——长江水道自然成为联结长江流域经济的黄金通道。长江上游水系干支流航运的发展，为川滇黔三省的经济打开了东向开放之门，特别是1891年重庆港被迫开埠设关后，外国货轮可以从上海溯长江而上直接入川，大量快速的、更安全的轮船取代了传统的木船运输，使得大量外国“洋油”、“洋布”等各种“洋货”充斥四川市场，而西南内陆诸省的丝绸、蚕茧、茶叶等商品也经该水道运往东部乃至世界各地，重庆迅速成为仅次于上海、天津和汉口的全国第四大销售中心，[①] 成为西南的第一物资集散地，重庆、四川乃至整个西南都被纳入西方资本主义世界的市场体系。重庆港口对外商贸和航运空前繁忙，带动了深居内陆的川滇黔地区逐步走向开放之路。

（一）川江航运业的发展

长江航道西起四川宜宾，东至湖北宜昌的一段称为“川江”。川江自古舟楫相通，其航运始于距今四五千年的新石器时代，历代都被加以开发和利用。

从夏禹疏导岷江、治理青衣江，到巴族人在廪君的带领下，出钟离山乘舟溯清江而上，循大溪水入川东，再逆川江至今涪陵一带建立巴国，都与川江航道有关。战国时期，巴、蜀、秦、楚等国，曾多次利用川江航行之便相互攻伐。当时巴蜀与楚国之间辟有四条水上通道，第一条是重庆至宜昌的川江主航道，第二条是从奉节经大溪水入清江至湖北宜都入长江的航路，第三条是从涪陵入乌江经彭水到贵州，再过松桃入沅水至湖北，《华阳国志》所载司马错率巴蜀军“浮江伐楚”攻克楚国时走的就是此道。到汉代，川江各支流航道行船畅通，由重庆经嘉陵江，由宜宾经岷

① 张友谊：《川江航运与川江流域经济开发浅议》，《重庆交通学院学报（社科版）》2004年第3期。

江均能通达成都，因此，从当时的国都出发无论是从西安或洛阳均可经成都到达长江流域。正是由于川江航道的通畅，才使诸葛亮等三国将领得以顺利地从三峡逆水上行入蜀，攻占四川巴东郡（今重庆奉节东），张飞、赵云攻占江阳（今泸州）、犍为（今彭山）、巴西（今阆中）等地，最终使刘备在益州成都建立起蜀汉政权。而西晋的益州（成都）刺史王濬也是凭借川江航道，率领 8 万余人的楼船战舰顺江东下，才能够进入三峡迫使“吴军望旗而降”。

川江及其支流岷江水运的发展，在成都锦江形成了著名的万里桥、九眼桥等码头。万里桥位于成都市城南锦江上，是古时乘舟东航起程处。三国时，蜀汉丞相诸葛亮曾在此设宴送费纬出使东吴，费纬叹曰：“万里之行，始于此桥”，此桥便由此得名。客居成都西郊草堂的唐代诗人杜甫《狂夫》有“万里桥西一草堂”的名句。成都九眼桥一带在西汉后期成为著名码头，云集了当时蜀中的特产丝绸、茶叶、井盐、药材、竹器、铁器等，并由此通过水路运往全国各地，有些物资甚至经湖南湘江过灵渠、达岭南而出海。汉唐时成都经济空前繁荣，来自各地的客货船只常排列数里，形成了成都与长江下游重镇相互比拼的“扬一益二”流域经济格局。杜甫的著名诗句“窗含西岭千秋雪，门泊东吴万里船”，正是对当时水运繁华景象的生动描写。明清时，九眼桥除冬天枯水季节外，桥下均可航行载重数十吨的大木船。直到新中国成立前，成都人乘船去乐山、重庆仍是在九眼桥码头旁启程，走锦江水路。

然而，川江航道多险滩急流，木船运输不仅速度慢，而且风险大，运费高。但是，受制于中国落后的科技水平，直到辛亥革命前，川江航运一直依赖木船运输。1909 年，川江第一家华商轮船公司川江轮船公司建造的第一艘商轮“蜀通”号起航，由此开创了川江航运史上商业性客货运输的新时代。此后，以机器为动力的轮船与依靠风力和人力推动的帆船竞相穿梭在川江航道，最后轮船货运逐渐取代了木船货运的地位，川江航运进入大发展时期。据有关资料，1912 年川江航运货运量为 79761 吨，其中轮船运货 4900 吨，木船运货 74861 吨。而到 1935 年，轮船运货达到 755000 吨，较 1912 年货运总量增加了 150 倍，航次增加了 80 倍，[①] 轮船完全代替了木船运输。1890 年重庆开埠后，川江航运对外开放，外国有 12 家轮船公司航行在长江航线。进入 20 世纪，中国商办轮船公司有近 20 家经营长江航运，特别是卢作孚致力于川江航运业，架起了渝宜、渝汉、渝沪等各口岸城市联系的桥梁。1932 年 6 月，卢作孚创办的民生公司开辟了重庆——上海航线，是当时长江上最长的直达航线，[②] 使川江成为四川乃至西南地区沟通东部沿江经济、世界经济的黄金水道。

（二）川江流域经济的形成

客货流量规模和商业贸易的发达是川江航运发展的基础。川江流域自古物产

① 张友谊：《川江航运与川江流域经济开发浅议》，《重庆交通学院学报（社科版）》2004 年第 3 期。
② 陆远权：《重庆开埠后的商贸与长江区域整体市场的形成》，《重庆三峡学院学报》2001 年第 5 期。

丰富，《华阳国志 · 巴志》称巴国物产为“土植五谷，牲具六畜。桑、蚕、苎、鱼、盐、铜、铁、丹、漆、茶、蜜、灵龟、巨犀、山鸡、白雉、黄润、鲜粉，皆纳贡之”。[①] 这些丰富的物产不仅保证了当地人民的日常生活，还有力地促进了川江两岸流域经济的发展。

盐是川东地区商贸发达的重要产品之一。早在春秋战国时期巴人就懂得利用天然盐泉熬制盐，在彭水、奉节、云阳、开县、万县、忠县，自古皆有盐泉。汉代有巫山县盐官辖区的井盐顺江东运的记载。直到清代，川东三峡一带仍是产盐大区。盐泉水除在当地熬制外，还通过架在栈道上的竹管源源不断地流至巫山熬制，从水路外运。

木材也曾是川江水运的重要物品。川江流域区两岸森林茂密，据史料记载，明永乐十九年（1421 年），明朝迁都北京后，为建行宫，在湖广、江西、四川、贵州等地大肆采伐木材，对长江支流乌江流域的森林进行开发。起初木材采办是由官府直接办理，先用人力将大木拖至溪谷，待山洪暴发时，溪水将木材冲至乌江，再流至涪州，集中扎筏，组成木纲，沿长江下行，再转京杭大运河输送到北京，后来改为官督商办，商人在乌江流域或长江上游地区伐木后，沿江流放至涪州，由官员查验收购后再转运，当时涪州成为四川“木纲”的总集运港，有朝廷任命的官员“督木道”“督木同知”长驻涪州，负责在川的木材采办、验收，发放木款等。

彭水、武隆、秀山、忠县、荣昌等地历代都是苎麻的重要产地，用苎麻织成的夏布畅销川内外市场。蜀中川西平原的特产蜀锦、茶叶、药材、漆器、川酒等，也通过锦江与岷江、长江的联结，从水路向东输出川外，甚至远销南洋、印度等国。汉武帝曾两次诏令从巴蜀运粮到山东、江南赈灾，正是由川江水路转运到江淮一带的。当时川西各地物资常于成都集散，经岷江入川江东运出川，再中转东南沿海各地。西汉后期，成都巨商罗裒垄断盐井，贩运盐及其他货物，其船队往返于今成渝之间，数年便获利千万。到唐代，三峡及周边地区的客货物流十分繁忙，川米、蜀麻、蜀布、吴盐、茶叶、药材等商品大量由川江航道进出，对此杜甫留有“蜀麻吴盐自古通，万斛之船快如风”《夔州歌十绝句》的诗句，生动地描述了当时川江物流的繁忙景象。

川江货运的大宗商品，除了当地出产的盐、木材、纺织品、川酒、茶叶外，还有云南的铜，贵州的铝、铅等大宗资源型产品，明清时这些货物常由金沙江、赤水河运抵重庆后，再换乘大船运往长江下游。清代，仅以由滇黔经川江到重庆再东输京城的铜和铅而论，从乾隆十年（1745 年）至咸丰二年（1852 年），每年运铜 630 余万斤，乾隆三十年（1765 年）至咸丰二年，每年运铅 250 余万斤。[②]

重庆“三江总汇，水陆冲衢，商贾云集，百物萃聚。或贩自剑南、川西，藏卫之地，或运自滇、黔、秦、楚、吴、越、闽、豫、两粤间，水迁运转，万里贸迁”，[③] 作为长江上游支流总汇，重庆

① 邓晓：《川江流域的物产、木船与船工生活》，《重庆师范大学学报（哲学社会科学版）》2005 年第 4 期。
② 四川省档案馆：《清代巴县档案汇编 · 乾隆卷》，档案出版社，1991。
③ 乾隆《巴县志》卷三。

的港口区位优势凸显，形成了以河流为依托、以沿河城市为网络的地区性商贸城市，成为川东及滇黔各地的货物转运地。“云、贵、陕、甘等省货物，亦多以此为绾毂，商业之盛，甲于全川。”① 重庆逐渐成为中国西部重要的转运口岸城市，特别是 1891 年重庆海关设立后，四川经济一直保持着对外开放的态势，渝宜、渝汉、渝沪等各口岸城市的联系更为紧密，带动川滇黔峡甘藏内陆经济走向对外开放。

五　屈辱的开埠（重庆、万县）时代

鸦片战争以后，英国强迫清政府开上海、广州、福州、厦门、宁波五口通商，“洋货”在沿海地区泛滥，但当时对地处偏僻内陆的四川的影响不大，其运出的大米反而盛极一时，并成为在咸丰以前税收最多的商品。后来由于朝廷允许种植土药（即鸦片），大米输出减少，鸦片成为大宗货物，并只要缴纳土税及厘金，即可运销外省，成为出川的大宗商品。而进川虽有少量洋纱、洋布、泥绒、羽纱等，但还没有冲击到四川本地货物的出口，而且很多土货如桐油、猪鬃、丝绸品等都是西欧、北美常年需要的商品，当时长江航线上游宜宜段（宜昌至宜宾）尚不容英美商人涉足，只允许少数传教士在此活动。

而列强特别是英国西部战略的目标，不仅是要为英国商人争得商贸利益，还要通过四川打通西藏，达到其从缅甸、云南及四川西部两路觊觎西藏的目的。英国这种险恶的政治企图，在后来以军事手段强迫中国签订的各种条约中逐步得以实现。在《烟台条约》未签订前，英国于 1877 年派员“偏历甘肃、青海一带地方，或由内地四川等处入藏，以抵印度”。② 英国人的侵略野心昭然若揭。英国暨列强的洋货、传教士、领事所到之处，包括四川内陆市场都成为洋货冲击的地区，使半殖民地半封建经济代替了传统的农业自然经济。伴随着国外商品与科技的同时输入，中国农业社会开始逐渐转型，而这个转型是以西洋商品的输入为起点的。外贸规模的扩大可以推动本地手工产品、土特产品大量出口，促进地方经济发展。同时，也使四川商界资本积累逐渐增长，而后投资于工业制造，以提高本埠工业化水平，这是社会经济发展的必然趋向，也是殖民侵略者始料未及的。

（一）开埠前重庆商贸经济概况

重庆古为巴国首都，秦灭巴，置巴郡以统巴国原辖地，郡治在阆中。辖境“东至鱼复，西至僰道，北接汉中，南极黔涪”，③ 刘宋时改名江州，隋唐称渝州，北宋称恭州，南宋光宗绍熙元年（1190 年）升恭州为重庆府，辖巴县（州郡府治）、江津、璧山三县及溱州，从此，“重庆”二字一直沿用至今。

① 民国《巴县志》卷四。
② 《中外旧约章汇编》第 1 册，第 346 ~ 350 页。
③ 任乃强：《华阳国志校补图注 · 巴志》。

表 43-1　川陕四路商税额

成都府路	成都府（今成都）	领 9 县	纳商税	171631 贯
利州路	利州（今广元）	领 4 县	纳商税	48938 贯
梓州路	梓州（今三台）	领 9 县	纳商税	64274 贯
夔州路	夔州（今奉节）	领 2 县	纳商税	35442 贯
夔州路	渝州（今巴县）	领 3 县	纳商税	39161 贯

注：据《宋会要》宋熙宁十年（1077）条。
资料来源：《宋会要》宋熙宁十年（1077）条。

重庆水路交通便利，扼长江上游通航孔道，嘉陵江、沱江、岷江、诸大水系均可通达，航运里程达数千里。明清时期，川江上游宜昌至宜宾 1050 公里皆可通航，是川盐、川米、川茶、桐油、川丝、川矿及四川土杂百货与外省物资交易的重要水运通道，货流的 70% ~ 80% 要经过重庆。府内“土地之美，无物不宜，资生日用之须，虑无不应有尽有者”。[①] 当地谷物、蚕桑、药材、竹木、禽鱼、果蔬、猪羊牛马、煤铁诸矿及铁器制品皆能自给，剩余物产对外输出交易。

秦实行抑商政策，巴郡在秦统治时期，大批六国移民拥入，带进了中原的生产技术和商品种类。到西汉成帝哀帝统治期间，旧的抑商政策有所突破，出现了成都的“千万富翁”罗裒家族，往来于成渝间经商，带动了四川地区的商贸发展。东汉三国时，巴蜀的锦、马、茶也通过长江输往江东，[②] 夔州、平都县（今丰都）、渝州是这些物资的集散地，为唐、宋时期长江流域商贸经济的发展奠定了基础。从宋代川陕四路纳商税额统计数据中可以看出，渝州是纳税大州。

若按县平均纳商税额，成都府最高，每县达 19000 贯；渝州为 13056 贯；利州为 12909 贯；梓州所领各县最低，仅为 7149 贯。夔州领 2 县，每县为 17770 贯；重庆领三县，每县为 13054 贯，故夔州在北宋纳商税多于渝州（见表 43-1）。

清代四川土货出川，皆在夔关纳税放行。光绪三年（1879 年），重庆出口贸易第一次以子口方式对宜昌进行，价银 24 万海关两，洋货进口货值 2659 万海关两，入超百余倍，这仅是宜昌一口的数字；事实上，同年进口洋货货值“白银 405.9 万两，成为仅次于上海、天津、汉口的洋货销售中心”。[③] 1885 年，洋货进入重庆货物价值已达 3612718 海关两。这是重庆开关前洋货进口的基本状况。

（二）重庆开关与设领

西方列强用鸦片和大炮打开了中国的

① 民国《巴县志》卷 19“物产”第 1 页。
② 《三国志 · 吴书》卷 47《孙权传》。
③ 《重庆市志》第一卷“大事记”第 44 页。

大门，并通过战争迫使清府签订了不平等条约。巨额赔款以及开放上海、广州、厦门、福州、宁波五处为通商口岸（即五口通商），仍不能满足帝国主义的侵略欲望。俄德日法得遂其愿后，英国也不甘落后，千方百计抢占长江上游，一个个屈辱的不平等条约接踵而至。特别是 1858 年签订的《天津条约》税则章程：允许鸦片为合法贸易，改名为“洋药”，每担收税银 30 两；进出口货物一律按时价百抽五收税；洋货运往内地销售按时价值百抽二收税；内地厘金和常关税均免。1859 年签订《北京条约》，又增开天津为商埠；割让九龙司为英领地；“传教士在各省租买田地建造自便”；巨额赔款皆由海关担保，海关权益进一步落入英国人手中。同时，用战争手段获取更大权益成为英、法、俄、美、德、日等国制服清王朝的共同手段，并越发不可收拾。

清光绪元年（1875 年），英国借马嘉理在云南被杀案，以战争威逼清王朝于次年签订《烟台条约》，要求宜昌、燕湖、温州、北海：

> “四处添开通商口岸，作为领事馆驻扎处所。又，四川重庆府可由英国派员驻寓，查看川省英商事宜。轮船未抵重庆以前，英国商民不得在彼居住、开设行栈。俟轮船能上驶后再行议办。”①

这是英国人玩弄的计谋，该国早已“酌议派员，由中国京师启行前往，偏历甘肃、青海一带地方，入藏以抵印度，为探访路程之意”，目的是为今后由川入藏打下伏笔。这种先斩后议的窥伺西藏的行为，竟然也在条约中附上专条，可见清王朝的昏聩。而所谓英国人“驻寓”官员，行准领事权限，堪称清末历史上不伦不类外交事件，但这恰恰成为重庆开关设领的关键。此后十余年来，英商谢立三、立德乐等人屡探峡江航道。英国驻京代办欧格纳、公使华尔生等借“挂旗船”、“专用华船”、“雇用华船”、“碰撞事故”、“英固陵号强行通航重庆”、“购买立德自制小轮船”等诸事端，对总理衙门施压。经过数年谈判，于 1890 年 3 月 31 日在北京签订《烟台条约续增专条》。

中英《烟台条约续增专条》成为英国在重庆开埠的法律依据，英国通过这个条约取得了在重庆开埠的特权。该条约的要点有以下数条：

> ——重庆即准作为通商口岸无异，英商自宜至重庆往来运货或雇用华船、自备华式之船均听其便；
>
> ——此等船只自宜昌至重庆往来装载运货，与轮船自上海赴宜昌往来所载之货无异，即照条约税则及长江统共章程一律办理；
>
> ——俟中国有轮船贩运货物往来重庆时，亦准英国轮船一体驶往该口。②

同年，英国迫不及待在重庆设立领事馆。清政府对川江航运所能控制的，仅为

① 《光绪朝东华录》（一）光绪二年七月，总第 256 页。
② 民国《巴县志》卷 16“交涉”第 12 页。

暂不允许洋人轮船行驶，只允许重庆辟为通商口岸。1891 年 3 月重庆海关成立，开始“设关征税”。

重庆开埠尽管是在不平等条件下屈辱的被动之举，然而历史往往具有双重性，重庆通商口岸的全面开通，客观上刺激了重庆进出口商贸的日益繁盛，扩大了四川商品出口的海外通道。同时，洋货、西方技术、外国机械均能更便捷地进入四川，使四川商贸流通和经济获得新的发展。虽然四川经济也付出了惨痛的代价，如受洋纱洋布冲击导致当地部分轻纺手工业破产，但这更能唤起川人振兴实业的觉悟。

日本步西方各国后尘，以“一体均沾”的特权，于 1871 年取得中国 14 个通商贸易口岸，但不准进入内地。这自然引起日本商人的不满。1894 年甲午海战后，日本强迫清政府签订了《马关条约》，其中通商暨轮船行驶内地附于条款中，而有关重庆开关通商行船诸事在第六款中载明：

> 第一，现今中国已开通商口岸之外，应准添设下开各处，立为通商口岸，以便日本臣民往来侨寓，从事商业工艺制作。所有添设口岸，均照向开通商海口或向开内地镇市章程一体办理，应得到优例及利益等，亦当一律享受。一、湖北省荆州府沙市；二、四川省重庆府……日本政府得派遣领事官于前开各口驻扎；
>
> 第二，……上开各口岸行船，务依外国船只驶入中国内地水路现行章程照行；
>
> 第三，日本臣民在中国内地购买轻工货件，若自生之物，或将进口商货运往内地之时，欲暂行存栈，除毋庸纳税钞派征一切诸费外，得暂租栈房存货；
>
> 第四，日本臣民得在中国口岸、城邑任便从事各项工艺制造，又得将各项机器任便装运进口，只交所定进口税……①

就英、日两国强迫清政府签订的两个不平等条约，以《马关条约》侵略性质最为露骨，英国未获得内河航行权，未获得在通商口岸从事商业工艺制作权；而日本在《马关条约》中获得更多利益。日本得手，使英法诸国官员和商人欣喜万分，以致英商立德说：“感谢日本下了决心，打败中国，又感谢英国政府改变政策，委派了一位能干的公使窦纳乐，因此，一只开航先锋的轮船，才有可能上驶重庆。”②

《中英烟台续增条约》和《马关条约》是不平等的国与国之间的法律文件，按当时西方列强强权政治中“一体均沾”的原则，西方列强纷纷借此来重庆设领、建教堂、货栈、洋行、租界、公司、码头，从此，重庆商贸业呈现另一番“外向”经济景象，中外商贸纠葛也日渐增多。

《天津条约》、《北京条约》允许外国传教士可以入内地传教和“在各省租买田地，建造自便”，各国传教士入川者增多，在渝建立教堂更是外国传教士的首选。特别是法国天主教个别传教士甚为狂妄，在川东道辖区内及重庆府治地引起数次大规

---

① 《光绪朝东华录》（四）光绪二十一年三月，总第 3574 页。

② 〔英〕立德：《经过扬子江三峡游记》，转引自《重庆开埠史》第 29 页。

模教案，民教双方均蒙受巨大损失。

光绪十七年正月二十一日（1891 年 3 月 1 日）重庆海关正式成立，由英国人赫德负责的中国海关主持，英人霍伯森被任命为重庆关税务司。川督刘秉章奏请清廷，任命川东道张华奎兼第一任重庆关监督。海关章程依照宜昌海关章程，略加修删，订成《重庆新关试行章程》和《重庆新关船只来往宜昌重庆通商试办章程（二十条）》，两个条约均规定洋商雇用华船或自备船只必须“挂旗”，对重庆港办理进出港手续、征税、停泊时间、沿江通行盖章给照等事项都作了明确规定。重庆关关址原设在朝天门顺城街，并在“南岸狮子山设置囤船验关，唐家沱设分卡”。[①] 重庆关行使职权范围：从“扬子江右岸黄葛渡土地庙起，向北横迤左岸城堞西端，画一直线为限；下游北界以自扬子江右岸峭角沱铁厂起，向北六十九度，西至左岸安溪止，画一直线为限”。[②] 嘉陵江管理界为江口以上一英里。在此水面流域，“挂旗”船必须到此报关验讫，纳税放行；若强行逾越，则由重庆关下属巡江司稽查员进行干预。1893 年末，重庆海关税务司又在扬子江下游 10 英里外设立唐家沱海关站，便于“检查上下过往洋商租用民船”和是否缴纳关税等情况，海关巡查范围又有扩大。为增加关税收入，川东道只得默认。1893 年，法商异新洋行、美商列泰洋行、永丰洋行在重庆开设。

1896 年 3 月法国在渝设领事馆；5 月，日本在渝亦设领事馆，“要求最优国相等之官一律享受”，要求在渝开辟日本租界。12 月，美国领事馆也建立于重庆领事巷；1904 年，德国也在重庆设领，一副领事驻渝，一副领事驻成都，并于次年，德商在渝设义昌洋行。

各国在渝领事组成领事团，捆绑成一支强大的集团，以增强对清政府及地方政府交涉时的抗争力。1898 年元旦之际，习惯庆祝西方节日的“各领事公寓，皆悬旗张宴，以庆令辰。关道[③] 于是日偕印委各员，盛服往贺，以示辑睦外交之意，西员均礼以酒馔，其情谊极为和洽”，[④] 开川东清朝道府大员亲临领事宴会之先河。

（三）重庆开关后进出口概况

四川进出口商贸口岸，不只有重庆一个，还遍布四川各地的厘卡，只要缴纳厘金，就可以放行货运及销售。厘金是对百货按“值百抽一”缴纳的临时性税种，是 1856 年太平军占领南京后征收的新税种，先在扬州以劝捐试行，因收益甚佳，又在江苏、河南等省推行，后来成为各省必纳的税种。1861 年四川成立捐输厘金总局，征收盐厘、货厘两种。在夔州、重庆、叙府、泸州等处设局收厘金，仅夔州一局，岁入银达 6 万 ~ 7 万两。各州县乡镇纷起效尤，“凡水陆通衢以及乡村小径，皆设立奉宪抽厘旗号。所有行商坐贾，于发货之地抽之，卖货之地又抽之，以货易钱

① 详见《中英烟台续增条款》、民国《巴县志》卷 16“交涉”第 13 页、19 页。
② 详见《中英烟台续增条款》、民国《巴县志》卷 16“交涉”第 13 页、19 页。
③ 指川东道道台兼重庆关监督。
④《渝报》光绪二十三年（1897）第八册，第 19 页。

表 43-2　1892 ~ 1901 年十年主要出口产品（价值以海关两计）

年份	总金额（海关两）	生丝（含废丝）	麝香		白蜡		药材					猪鬃		羊毛	
								大黄国外市场		国外五倍子市场					
		重量（担）	数量（以两计）	价值	数量（担）	价值	大黄国内市场价值	数量（担）	价值	数量（担）	价值	数量（担）	价值	数量（担）	价值
1892	2604500	13507（含废 8268）	46328	419848	8390	318824	352368	4622	101690	8159	73428	3805	40619	10478	62870
1893	3135776	6111（含废 1143）	52766	478192	7672	460325	451919	6284	94262	13592	157665	5147	55347	10768	69989
1894	3413900	4529（含废 796）	51265	488299	10865	991995	458156	6279	90669	10972	134957	6416	84132	19031	134743
1895	3521563	5153（含废 1015）	49716	540662	11119	940699	505091	5192	80470	17317	232050	5410	96152	15057	99377
1896	3556387	4639（含废 800）	53490	536243	9595	799298	507900	4505	67569	4745	66428	5752	129099	21977	145046
1897	4325713	6046（含废 579）	52597	581854	9756	799047	600056	6673	108098	13549	252011	6179	118070	23696	174167
1898	3693510	4118（含废 470）	46677	584629	9979	848243	582467	9839	166775	7806	128799	5174	100586	19108	150951
1899	4610822	4555（含废 1049）	42127	711683	17193	825277	668453	8090	155324	12700	212091	6289	120663	7018	50530
1900	3398008	5224（含废 868）	31866	537732	9296	483388	477078	6514	117247	9381	160408	9264	158213	13401	93804
1901	4837178	7043（含废 797）	46342	842845	10356	498344	662538	5760	132469	9287	167170	8070	159812	16824	242542
附			大部分运到华北，产自西藏东部地区				最多销售地为广州和宁波两个市场	产自西藏，经由松潘运至渝关，是外商看好的中药材				40% ~ 50% 来自贵州，外商在南岸设厂清洗猪鬃运往国外；华商也创立货栈，清洗的猪鬃运往广州		由打箭炉和松潘运来重庆，多销往美国。打箭炉羊毛价每担银八两	

资料来源：《重庆海关 1892 ~ 1901 年十年调查报告》，《四川文史资料选集》（第九辑），第 167 ~ 188 页。

之时、以钱换银之时又抽之。资本微末之店铺，肩挑步担之生涯，或行人之携带盘川，女眷之随身包裹，无不留难搜刮，其弊不可胜言”。[①] 故而厘金总额甚高。但百货运销若经过海关进出，凭验关证明，则可免厘卡再抽税。表 43-2 为重庆在 1892 ~ 1901 年的海关出口的品种及税额情况。

此外，通过重庆关出口的还有：亚铅，产自云南昭通，为官办企业生产，“用马驮运至 110 英里到老鸦滩，再由力夫运 160 英里到扬子江边的叙府”；[②] 1895 年有 1000 担运至渝关，最高为 1897 年的 15715 担；白铅也来自昭通府各矿，1897 年才在海关贸易册上有载，为 1637 担，最多为 1899 年的 7473 担；山羊皮亦为大宗出关商品；成都府华阳县制出的草帽缏在英国大受欢迎，样品在巴黎博览会上博得赞美。在渝的主要商行，还经营传统商品如桐油、黄腊、烟草、食糖、煤炭、鸦片等的外销业务，在厘金局报税，这些不属于重庆关管，故重庆关贸易册的上述统计只能是四川出商品中的“一小部分”，所以该“报告”说：“除食盐不计外，可以查出输出贸易额大大超过输入数字。”[③] 上列川货出关，以华商为主，外商中有英商太古、立乐、怡和洋行及美商利泰、永丰洋行经营川货出关。但经过十余年后，洋货输入超过川货输出，这种不平衡现象一直延续到清末民初。

西方列强强迫重庆开关的目的，首先是为了洋货的输入，其次是掠夺四川廉价的资源，以解决自 1850 年以来洋货输入中国长期不景气的状况。因此，扩大中国西部市场的占有率，成为西方列强共同的战略目标。

1861 年，一批外国探险者雇中国木船自宜昌溯江而上，拟通过四川前往西藏，后行至夔州府（今重庆市）而返。沿途搜集到三峡水急滩险的资料，并拟出轮船上行的船体结构以及马力、吃水深浅等水文基础数据，并鼓励英、法等国政府使用轮船达到目的。1865 年法国派出一队考察人员由云南进入叙府、重庆等地刺探矿藏资源分布，并有著作发表。1868 年，伦敦会又派传教士杨革非（1855 年曾来华传教）和圣公会传教士韦雷同行来川“调查”，从上海出发，经武汉、重庆、成都、绵阳入陕西汉中，行程数千余里，对四川的政治、经济、地貌、人物、风俗等情况都有文字记载。1869 年，“上海洋商总会派商董一人来渝调查商务有关开埠之动议”，[④] 并多次提出扬子江上游要对外国轮船开放。同年，上海英国商会在给本国外交部的备忘录中记载道：“除非汉口以上的长江航线开放通航，对华贸易就不能扩张。”[⑤] 这些行动和舆论在国外甚嚣尘上，于是英国对总理衙门施加巨大压力，《烟台条约》中的“驻寓官”“查看川省英商事宜”等条款随之产生。《中英烟台续增条约》的签订，使开关设领的目的达到，洋货亦得以大量入川。

① 《皇朝经世文续编》卷 56《户部遵议整顿厘捐章程疏》。
② 《四川文史资料选辑》第十三辑第 187 页。
③ 《四川文史资料选辑》第十三辑第 175 页。
④ 邓少琴：《近代川江航运简史》，重庆地方史资料组，1982。
⑤ 《历史研究》1962 年第 5 期。

此前，四川市场虽有洋纱、洋布销售，但均是由中外商人自上海、汉口或广州进货，雇民船运入夔关纳税放行，而且数量极少，直到 1875 年，经由重庆进口的洋货总值仅为 156000 两。① 当然，同期洋货输入四川远不止此，如外国商行假冒中国商号运往货物，曾在 1874 年被夔关扣押，英、法、美以武力威胁清政府，此案闹了一年有余，由于数省封疆大吏不予理睬，只得不了了之。而重庆开关后外贸进口额猛增，1892 ~ 1909 年的 10 年间外贸进口商品的价值规模增加了 1 倍多（见表 43-3）。②

重庆海关棉纱进口主要由英商操纵，市场上有印度棉纱和中国国产棉纱 ③ 之争，“如果中国纺的纱尽用最好的棉花，这样的中国棉纱由于价格低廉必会很快完全独占市场”。④ 可见，国内机器纱所用棉花质量不及洋棉花。

1902 年，经重庆关入口货价值 15054074 海关两，而出口只有 9114976 海关两；1911 年，进口价值为 19070637 海关两，出口价值 10069575 海关两，输入超过输出数。外贸“顺差”导致四川省白银外流严重，出口产品被外商压价，故这种对外贸易是建立在不平等条件下的，带有殖民地、半殖民地性质。

（四）开关前后的万县商贸业

1. 地缘经济优势与文化蕴含

万县是川东最为繁华的州县，历史上是巴国扼守的长江入口重要孔道之一。秦代属巴郡，汉为朐忍（今云阳）县地，三国吴置羊渠县、蜀改南浦县，因县南有“南屏山麓，巍然高旷，起伏纵横不下十里，大江环抱如带”，因名南浦。魏晋至南北朝又屡改县名，隋唐名南浦州，宋称万州南浦郡，至明始定为万县，清因之，属夔州府。

至少在南朝时期，万县已成为农副土产的聚集地，特别是贵州农产品桐油、猪鬃、土布为大宗，由轻舟装载顺乌江直达万县，然后换大船顺长江直达宜昌、汉口；

表 43-3　1892 ~ 1901 年重庆关外贸进口商品规模（单位：海关两）

年份	价值	年份	价值	年份	价值
1892	5825474	1896	6929393	1900	12918073
1893	4574298	1897	8444081	1901	12598741
1894	5114013	1898	7967012		
1895	5618317	1899	13075176		

注：表中的金额，不全是外商洋行运入金额，也有中国商从广州、上海、汉口等地运入的洋货金额，分占比例尚待查证。

① 《四川近代史》，四川省社科院出版社，1985，第 131 页。
② 《重庆海关 1892 ~ 1901 年十年调查报告》第 190 页。
③ 此时，广州、上海、汉口等地均有国产棉纱投入市场，但质量稍次于洋纱。
④ 《重庆海关 1892 ~ 1901 年十年调查报告》第 192 页。

表 43-4　各类外国棉织品输入重庆关数（单位：匹）

货物种类＼年份	1892	1893	1894	1895	1896	1897	1898	1899	1900	1901
衫料、灰色、素面	520983	433732	373050	511455	374542	459394	399346	525012	498060	332519
衫料白色 爱尔蓝白布	84432	65987	42409	55918	37009 13856	36964 15753	43331 7500	158874 20428	40545 12392	52109 14891
美、英斜文布	8045	2290	2085	5115	6105	10651	12721	8714	3497	18987
英国被单料	10084	10030	4860	14510	18968	24550	19593	49094	44105	39159
印花布和沙发布	5047	3702	1604	1573	3103	2201	3120	4279	1776	2 115
染色棉布、素面	57776	29915	19146	26663	33632	16011v	6800	14737	13515	12163
土耳其红布	28956	14077	20590	17580	15052	10005	8730	14919	17786	11348
棉绒布素面的与印花的	24150	22961	17760	33761	33580	24973	36324	59451	93717	64735
意大利棉布素面的与印花的	15637	16438	36496	44112	58095	43292	42038	79414	91900	105340
总　计	735109	599792	518000	710687	593942	643794	579503	834922	817293	643366

资料来源：《重庆海关 1892 ~ 1901 年十年调查报告》。

表 43-5　1892 ~ 1902 年 棉纱生棉输入量（单位：担）

年份	洋　纱					生　棉
	英国	印度	日本	中国	总计	
1892	618	128227	—	300	129145	4148
1893	129	77573	—	423	78125	3431
1894	474	124599	45	2139	127257	8771
1895	685	114565	3	4053	119306	32243
1896	34	166363	6	3957	170633	13086
1897	177	188390	8785	33930	231282	65089
1898	324	160426	9284	52200	222234	72589
1899	538	291841	32813	106975	432167	37594
1900	91	250347	35464	136516	422418	7020
1901	—	240981	2486	52952	296419	2112

资料来源：《重庆海关 1892 ~ 1901 年十年调查报告》。

表 43-6　1892 ~ 1901 年输出输入比较（单位：海关两）

年份	输入：登岸时价值	输出：起运时价值	输入超过输出数	年份	输入：登岸时价值	输出：起运时价值	输入超过输出数
1892	5788087	3470314	2317773	1897	10433617	7664495	2789122
1893	4717538	4187914	529624	1898	10730846	6629640	4101206
1894	5376953	5686912	309959	1899	15763533	10011800	5751733
1895	6376145	7264204	888059	1900	16215955	7890503	8325452
1896	7354079	5940278	1413801	1901	14071637	10322332	3747305

资料来源：《重庆海关 1892 ~ 1901 年十年调查报告》。

川北等地土货或水运或陆运至万县，再转运至宜、汉。而滇、黔所需百货，沿长江运至万埠，再改乘小船，亦由乌江航道运输。贵州水系苗岭以北属长江流域，流域面积约占黔省水系总面积的 70%，乌江上游物产以米、土布、桐油、猪鬃、药材为大宗，出口皆以小舟沿乌江入涪陵至万县货栈，再转大船东下。万州本地亦产桐油、药材、米、棉、麻、盐，是当地农民重要的收入来源。区位优势使万县的商贸往来频繁，港口物流、木船运输业及制造业与日俱增。

由于万县物产丰富，城市财富积累丰盛，对城市古迹名胜的修复和兴建颇能得到官绅投资，如报恩寺汉碑的刻凿、岑公洞、太白岩、木枥观、四望楼等景点的修建。白居易曾在忠州留居，与万州杨县令常有诗作往来，“回头望南浦，亦在烟波里。而我复何差，夫君犹滞此”。① 至于山水名胜，黄庭坚说：“林泉之胜莫与南浦争长”，所以历史上的文人雅士、贤守名宰在此“乐游”，“或凿池，或构楼，或筑堂置亭”。② 唐宋著名诗人杜甫、李白、白居易、苏东坡、黄庭坚、陆游等俱在万县路过或赠诗，皆留有诗篇以记。

南宋孝宗时（1163 ~ 1173 年），陆游任夔州府通判，为万州直接上司，常在此停留或路过，留有《偶忆万州戏作短歌》、《游万州岑公洞》、《万州放船过下崖小留》等，诗中记载万州产荔枝、丝绢等物产，证明唐代万州物产丰饶，商业兴盛，明黄衷作《盐场》诗一首，记载当时万州商贾经营盐业概貌。但史料中对商贸交易的记载甚少，关于万县开关前的经济状况资料严重缺失。这种情形令后任邑令官员无限感慨，乃决意增修万志、修复名胜古迹，分别于道光二十八年（1848 年）、咸丰二年（1852 年）至十年（1860 年）进行史料搜集工作和一些章节的增修，其中汇集了不少诗作和文章，于同治五年（1866 年）由前万县知县范泰衡为首，增修万县志乃成，使我们今天能略知万县沧

① 《全唐书》第十三册卷 434，第 4799 页。
② 同治《增修万县志》卷 21 “古迹”。

桑的历史，了解部分商贸经济情况。

2. 清代万县商贸的兴衰

清代三百年文治武功，使全国在明末兵祸以后，经济、政治、人口各领域都得到恢复与发展。四川农、商、手工诸业均超过汉唐宋明，粮食生产除大米为主产外，包谷、蕃薯（红苕）的引进与广种，口粮问题的解决，其他行业，尤其是蚕桑丝绸业、棉花棉布业、皮毛业、盐糖业、烟酒业、土货杂货业都得到迅猛发展，其剩余农产品和手工产品极大促进了商贸业、运输、车船业的发展，重庆、万县就成为进出口的通商大埠。而万县在川对外贸易上，仅次于重庆为第二大口岸，亦为川内第二大物流集散市场。“又以地理上及交通上之关系，独具与重庆对立之性质，而自成为下川东一大经济中心。桐油市场之巨，且远逾重庆，不特下川东十余县，即鄂西九县之输出入，莫不皆以万县为汇集销散地。”[①]

咸丰八年（1858 年），万县户口为“男妇 101696 丁口”，万县食盐配水引 511 张，每张配盐 7500 斤，陆引共 1092 张，每引配盐 520 斤，后来引张配额斤数有较大变动。光绪初年，万县有九家大盐号，从事岸盐销售业务，属官督商办性质。食盐引商凭引票至规定产盐岸口领盐至万县指定盐号分销，万县盐商经营数略有百万斤经销业务，是为万县最大、最富有的商家。

除盐商外，货栈、斋铺、钱庄，各类大小商号近百家，在商业界形成“八大帮”，即执商贸之首位的桐油帮，以及棉花帮、棉布帮、药材帮、糖帮、土药帮（经营鸦片贸易）、丝绸帮、杂货帮，八帮公所设在禹庙内。八帮商人不少来自湖广，建禹王宫（祀大禹），作为湖广会馆住地；来自陕西的建有三圣宫（祀关公），作为陕西会馆住此；来自江西的建有万寿宫（祀许真君），作为江西会馆住地；有来自福建，建天后宫（祀天后林妃），是福建会馆住地；有湖北黄州来的商人，建帝主宫（祀天帝），作为湖北黄州会馆住扎地；有来自广东的商人，建南华宫（祀六祖惠能），是广东会馆住在地。另外，川主庙作为八省公所的联合议事之处，以调解双方或多方商贸之间的纠葛。各会馆均设有货栈，提供本省客商、考生住宿。这些外省商人都是清初移民的后代，他们不忘祖宗和袍泽之乡情，纷纷设立会馆，以卫“插占”既得土地所有权，以护本省本地区商人经商既得利益。这种名称的会馆，在四川各府州县都有建立，是四川经商者建立的长久而稳固的联系网络，以保护外来移民、客商不受土著居民的欺压。四川以重庆、自贡湖广会馆建筑最为气派，商务往来最为兴盛，经营业绩也最佳。

由于万县地理位置的重要性及其商业的兴盛，使外国商人垂涎欲滴，屡屡通过其驻京使团向清政府施压，欲入川获取万县商贸权益。第二次鸦片战争和中法战争后，外商的目的基本达到。光绪中期，英商在万县设隆茂洋行，专门收购猪鬃，雇木船运往宜昌，再改装大船，运往汉口、上海，再组装运回本国。

3. 兴发寿商号对万县桐油业的垄断

桐油产自油桐树，为大戟科油桐属，

---

① 《四川省概况》“经济概况”，民国 28 年版，第 75 页。

亦称“罂子桐”“三年桐”。油桐子含油甚丰，压榨所得干性油酯，主要为含桐酸的甘油三酯，是油漆的重要原料。我国对桐油使用年代久远，木器制造业、船舶制造业、油布业都离不开桐油，它涂于布、木表面，易于干燥，可延长其使用寿命，用桐油掺和石灰作为木船建造业的填塞缝隙之用，可谓中国人的首创发明。13 世纪马可·波罗东游对此有记载，激励了 15 世纪初葡萄牙商人在广州以欧洲土产换运回中国桐油，也可能用于西欧建造舰队填缝之用。此后荷兰、西班牙和 13 世纪的法国舰队，以及后来东印度公司的货船，也都可能用桐油石灰填缝，用桐油涂抹木船（舰）表面，以防木质船体浸泡腐烂。这种价廉的防腐涂料，直到 18 世纪晚期铁甲客船仍普遍使用，作为油漆的原料起防锈作用，是工业涂料不可或缺的干性油脂。

万县多山，“故民多种桐，取其籽为油，盛行荆鄂”，而万县又为水陆通衢，商贩向以“米、棉、桐油为大，装行于滇楚”，[①] 故历史上万县以桐油产销地而闻名。唐白居易在忠州做官时，写有《桐花》：“春令有常候，清明桐始发。何此巴峡中，桐花开十月。”[②] 忠州与万州两州相连，水陆皆一日可达，农户种植习惯皆相同。白居易还有数首描写桐花的诗，如《赠谪居江陵元九》：“夜深作书毕，山月向西斜，月下何所有，一树紫桐花。”[③] 油桐树在初夏开花，呈白色间有紫色条纹。忠、万县等地都有种植油桐的习惯，且产量不断提高，至清代已成为万县的主要产品。

光绪二年（1876 年），在万县商贸业打拼颇有成就的陈梅生，见桐油需求日增，于是将资金大部分投入桐油收购，创立“兴发寿”总商号，先后在沙河子、陆家街、草街子等地设点收购，再售给外省商贩，这种转手贸易获利甚丰，并成为万县经营桐油收购、销售最大的商号，令国内桐油业及商界瞩目。

18 世纪中期以后，中外市场对桐油的需求日益增长，全国桐油产量逐年提高，万县“兴发寿”桐油转口业务处上升之势，成为万县商界“老大”。宣统二年（1910 年），重庆“聚兴诚”商号老板杨文光见桐油利润丰厚，携巨资到万县创设专营桐油的货庄，甚为得手。“聚兴诚”采取外商经营模式，在竞争中很快击败了依靠传统“斋铺”经营模式的“兴发寿”。1916 年，垄断万县桐油贸易业近 30 年的“兴发寿”宣告歇业，就此退出了万县商界，其桐油转口贸易皆被“聚兴诚”吞并。然而“聚兴诚”接手万县桐油转口贸易的好景也不长，随着重庆开埠、万县开关，在大量外商，特别是美国商人的挤压下也宣告破产。

4. 万县开关与设港

万县四面高山环绕，长江至此无急流险滩，且水面开阔，水深利于船舶停靠，唐代时船泊制造业已见端倪，曾造出脚踏木轮推船。北宋时已能制图造船，南宋时期，就有水师驻屯港内。元代巩昌（今属

---

① 同治《增修万县志》卷 13 第 2 页。
② 《全唐诗》卷 434 第 13 册 4801 页。
③ 《全唐诗》第十三册，卷 432 第 4774 页。

甘肃）汪氏家族始祖汪世显，于金太宗十年（1239）随皇子南征，在万州等地与宋军对阵。汪世显即在万州大造兵船，重创宋军，并于次年攻打重庆，[①] 因此受到金太宗的赏识，封为陇右王，世袭其地。至明代，万州经济甚为发达，元末遭受破坏，很快得到恢复，仍以其地理优势，成为仅次于重庆的川东大邑。清代经济更加繁荣，特别是米、猪鬃、桐油业引起外国商人的窥伺。1869 年桐油输往美国，引起美商的极大注意。美商千方百计要打入万县桐油市场。但因川江难行，迟迟举足不定。

光绪二年（1876 年），万县“兴发寿”商号用木船载运桐油转运汉口成功。七年（1881 年）底，英人谢立三乘吃水三至四英尺的帆船安全通过川江各处险滩到达重庆，后又对川江上游及云贵水陆交通进行考察，为外国侵略势力进入大西南书写《重庆洋货报告书》。稍后，英商立德洋行租用中国木船，挂的是英商太古洋行的旗，“从光绪十二年（1886 年）四月起，（外国船只）逐渐增加到 83 只”，[②] 由万县运桐油至汉口，再运至上海，获利不少。但三峡多险滩，风向难料，木船常有倾翻风险，甚至损失惨重。1890 年，英商立德“固陵”轮由宜昌航行重庆成功，引起川人惶恐不安，纷起抗阻。中英又签订《中英续增烟台条约》，允许重庆为通商口岸，但仍拒外洋轮船行驶川江，“俟中国有轮船贩运货物往来重庆时，亦准英国轮船一体驶往该口”。[③] 此后，运洋货的“挂旗船”充斥川江，并依条约享受免征厘金的优惠，故洋货一涌而入四川各府、州、县及滇黔市场，对中国商业无疑构成一大威胁。

光绪十七年（1891 年），英商立德在万县开设“立德洋行”，直接从事桐油、猪鬃等国外畅销产品的收购与外销业务，其他各国也纷纷在万县设立洋行，廉价收购农副土特产品，高价倾销三洋（洋布、洋纱、洋油），得到西方商贸界很难得到的高额利润，严重损害了中国商人的经济利益，削弱了政府的厘金收入。光绪二十三年（1897 年），英国立德轮船主自驾“利川”号试船万县成功，为外轮入川积累了航行经验。1902 年《中英续议通商行船条约》签订，增辟万县为通商口岸。宣统二年（1909 年），川人自建“蜀通号”由宜昌经万县至重庆试航成功。嗣后，外国商轮无阻碍地驶抵万县平静而又广阔的水面，接踵而行，抛锚江心，拥挤不堪。旅客乘小舟递漂上岸，货物亦用驳船分批“过档”，费用增加，影响销售利润。自 1912 年起，美、英、日、德、法、丹麦等国也先后在万县设立洋行，盛时达 30 家，但均为码头、囤头困扰，商贸起色不大。1917 年，美国商人在万县巨渔沱建美孚油厂，油轮仍停江心，上下货物一如以往，十分不便。此间行驶川江的外商轮船共有 23 艘，分别属于美国的美孚、美滩油轮，英国安南轮，以及日本日清公司的轮船等。到万县来推销的油贩“来自川、鄂、湘、黔、陕等省的 45 个县，经营桐

① 同治《增修万县志》卷首，乾隆十一年万县令赵志本序。
② 《四川文史资料选辑》38 辑第 88 页。
③ 民国《万县志》卷 16，“交涉”。

表 43-7　1917 ~ 1949 年万县港货物吞吐量（单位：万吨）

年　份	吞吐量	年　份	吞吐量	备　注
1917	3.50	1924	5.90	1931 ~ 1949 年运量减少，不足万吨之年亦有，一般在 6 万吨以下，1 万吨以上者居多
1918	6.20	1925	17.70	
1919	8.10	1926	7.30	
1920	5.29	1927	2.20	
1921	6.28	1928	10.00	
1922	7.47	1929	7.00	
1923	7.60	1930	10.42	

资料来源：《万县市志》，重庆出版社，2001。

油的店铺最盛时达 400 余家”。[①] 桐油皆被外商收购并运走。

1917 年，重庆海关到万县设立分关，货物报关纳税后，可以直接出口；洋货入关纳税后，亦可在川内府、州、县销售，各国在万设立的洋行，成为最大的获利者。他们不仅廉价收购万县土货、杂货、猪鬃、桐油、药材等，还高价批发洋纱、洋布、洋油等洋货，川西、川南、川北各州、县暨滇、黔商人，均有至万批发洋货，或售出土产百货，寄宿各自会馆，或委托会馆将货物运回。这些往来的贸易活动，使万县的商贸业日渐兴盛、发达，而高额利润得主多为洋商。为快速装卸洋油，1925 年美孚油洋行在本埠区鱼沱修建了第一座码头，这也是万县的第一座码头，它使装卸货物的效率大大提高。嗣后，外商在万县港口修建码头、油池多座，中外商人共建囤船 10 余只，基本上满足了人员上下及货物转运需求。

1922 年，万县川楚船主联合致文四川省主席刘成勋，称“以宜渝两埠间轮船畅行，木船失业……请饬重庆关交涉署与各国领事交涉，外国商轮只限于通商口岸”，[②] 不能上至泸、宜或非通商口岸州、县，后交涉署引各省内港行轮章程比照，得出“重庆上游泸、叙、嘉定之权……外轮一律禁止行驶……而保航权”。[③] 后因军阀混战，重庆关监督王唐去职，“此议遂成悬案”。

1925 ~ 1936 年，万县年均输出桐油“占全川出口量的 65.60%，占全国出口量的 27.34%；桐油营业额占全县总营业额的 70%”，[④] 一时万县被称为“油都”。据统计，桐油出口量为：1917 年 188.50 万公斤；1930 年 1888.55 万公斤；1937 年 2000.50 万公斤。[⑤] 据当时政府部门的统计数据，1937 年全川年产桐油 461759.94

① 《万县市志》，重庆出版社，2001，第 397 页。
② 民国《巴县志》卷 13 第 39 ~ 45 页。
③ 民国《巴县志》卷 13 第 39 ~ 45 页。
④ 《万县市志》，重庆出版社，2001，第 259 页。
⑤ 《万县市志》，重庆出版社，2001，第 259 页。

担，有榨房 1331 家，榨机 2451 台，工人总数为 4862 人；耗桐籽 1623120.45 担，以涪陵、名山、叙永、铜梁、城口、璧山、什邡等县产量最高。[①] 大部分桐油均运到万县，再由万县关出口。抗日战争时期，由于出口贸易停止，万县桐油及猪鬃等出口业务从此一蹶不振。

综上所述，历史上四川经济社会的发展并非传说的那样封闭、孤立。特殊的地理位置、丰富的自然环境、繁荣的经济文化，使四川自古就成为我国西南地区与其他地区经济社会联系的枢纽和桥梁。从南方丝绸之路到茶马古道，从汉唐时期益州的繁荣到近代长江航运的发展，从川江流域经济到重庆万县的开关设领，展现了不同历史时期四川经济外向型与内聚型交织的复杂过程。公元 1023 年世界最早的纸币——交子在成都诞生，这是世界货币史上的重要里程碑。纸币的出现，满足了社会经济发展对货币的需求，促进了古代四川商品贸易的流通和发展。同时它也再次证实了古代四川人的商品意识、金融信用意识和开放意识都走在全国乃至世界的前列。“难于上青天”的蜀道，并没能阻挡住四川走出盆地、走向世界的步伐。历史上的四川是一个不断开放、与外来文化不断融合的四川，四川的经济社会发展历史，是一部外部人才、物资不断走进来，四川人才、物资不断走出去的历史。四川每一个时期的对外开放，都是巴蜀经济文化与中原经济文化相互融合、相互协调的发展过程，极大地推动了四川的兴盛乃至全国的发展。

① 《四川省概况》“经济概况”，民国 28 年版，第 67 页。

参考文献

段渝：《古蜀文明的演进特点及其在先秦史上的地位》，《社会科学战线》2011 年第 1 期。

张学军：《南方丝绸之路上的食盐贸易》，《盐业史研究》1995 年第 4 期。

杨帆：《“南方丝绸之路”形成的历史背景及其它相关问题》，《中华文化论坛》2008 年第 6 期。

《四川省志 · 丝绸志》，四川科技出版社，1998。

《明实录藏族史料》，西藏人民出版社，1982。

姚莹：《康輶纪行》，《笔记小说大观》，广陵古籍刻印社，1985。

《川抚硕色奏请酌减松潘地方行茶边引》，嘉庆《四川通志》卷 68。

贾大泉、陈一石：《四川茶叶史》，巴蜀书社，1989。

何汝泉：《唐代成都的经济地位试探》，《社会科学研究》1982 年第 6 期。

罗开玉：《四川通史》卷二《秦汉三国》，四川人民出版社，2010。

贾大泉等：《四川通史》卷四《五代两宋》，四川人民出版社，2010。

童恩正：《古代的巴蜀》，四川人民出版社，1997。

侯虹：《蒲江盐井的开发与西汉四川盐铁经济的发展形态》，《盐业史研究》2002 年第 3 期。

李敬洵：《唐代四川经济》，四川省社会科学院出版社，1988。

梁中效：《唐代四川的区位优势》，《成都大学学报（社科版）》2000年第1期。

张友谊：《川江航运与川江流域经济开发浅议》，《重庆交通学院学报（社科版）》2004年第3期。

陆远权：《重庆开埠后的商贸与长江区域整体市场的形成》，《重庆三峡学院学报》2001年第5期。

邓晓：《川江流域的物产、木船与船工生活》，《重庆师范大学学报（哲学社会科学版）》2005年第4期。

四川省档案馆：《清代巴县档案汇编·乾隆卷》，档案出版社，1991。

《四川近代史》，四川省社会科学院出版社，1985。

《万县市志》，重庆出版社，2001。

刘正刚、唐伟华：《清代移民与川西藏区开发》，《西藏研究》2002年第1期。

第

44

章

四川对外开放的发展之路*

——崛起的内陆开放高地

一　四川对外开放的历程

我国经济摆脱了原来的封闭、半封闭状态，大踏步地走上世界舞台。形成了“经济特区－沿海开放城市－沿海经济开发区－沿边沿江和内陆省会开放城市－全方位开放”逐步推进的对外开放格局。在这一开放发展的大背景下，四川不断突破内陆盆地的局限，实现华丽转身，逐步从后方基地走向开放前沿。近年来，四川经济发展的外向度不断提高，从2009年开始外经外贸实现重大跨越，进出口总额连续三年跨越百亿美元台阶，对外贸易呈现出“高于全国、优于西部、逆势增长”的显著特点，2011年进出口总额接近500亿美元，出口跻身全国十强，进入全国省（市）第一梯队。

（一）角色之变：从后方基地走向开放前沿

1. 历史上的大后方

四川省地处我国内陆，不沿边，不靠海，与沿海地区相比，交通不便。在我国近代历史上，四川扮演了两次“大后方”的角色。一次是在抗日战争时期。1937年12月和1938年10月，南京、武汉先后沦陷。国民政府军政首脑机关迁入四川，重庆成为国民政府的“陪都”。大批工厂和学校从东部搬迁到四川。抗战期间，华东和华中的250余家工厂迁入四川，兵器、化学、冶金、机械、电力等工业部门形成了相当规模的生产能力，公路通车里程也较战前约增一倍。到1944年，工业企业增加至1万余家，职工人数达到26万多人。四川重庆已拥有高炉、平炉、电炉和轧机等近代钢铁工业设备，连同威远、达县等地区中小型炼铁厂，四川钢铁工业生产能力居全国首位，重要战略物资依靠四川供应。重庆是全国机械工业、兵器工业的制造中心，年产炸弹7万余枚，枪弹500万发，成为支持抗日的主要军火生产基地。重庆拥有近代棉纺厂10余家，纺锭19万多枚。加上以自贡为中心的盐业生产，以内江、资中为中心的食糖生产，以南充为主的丝绸生产，四川工业生产空前繁荣。[①] 另一次是20世纪60年代“三线建设”时期。自1964年开始，在我国中西部地区的13个省、自治区进行了一场以战备为指导思想的大规模国防、科技、工业和交通基本设施建设。其中又以四川东部山区、四川中部平原地区数量最多，企业规模最大，数量最多。其中，四川成都主要接收轻工业与电子工业，绵阳主要接收核工业与飞机工业，重庆则接受解放军装备中除航天工业外绝大多数的武器制造生产，甚至包括核试验设备（816工厂）和潜艇制造业（望江造船厂）。“三线建设”是中国经济史上又一次大规模的工业迁移过程，其规模可与抗战时期的沿海工业内迁相提并论，成为中国中西部地区工业化的重要助推器。扮演“大后方”角色的四川的主要任务就是发展生产、供给产品，

---

* 本章作者：刘渝阳，四川省社会科学院经济研究所副研究员。

① 黄道明：《四川人民对抗日战争的巨大贡献》，http://blog.zhyww.cn/u/65399/archives/2005/66932.html，最后访问日期：2013年7月。

国际经济合作微乎其微，基本处于封闭状态。

2. 对外开放的第二梯队

改革开放前，我国实行严格的计划经济体制，在国家“对外实行统制贸易”政策的指导下，对外经济联系完全依靠国家外经贸部的进出口专业总公司和沿海口岸外贸公司，四川（包括全国各省、区、市）的主要任务是：促生产，抓收购，组织出口货源。1978年改革开放后，国家的改革开放和建设重点转移到沿海，国家的投资、政策等向沿海倾斜。而四川地处内陆，长期作为国家的战略后方，四川的对外开放主要采取与沿海和沿边地区合作为主的间接对外开放发展模式，这一时期四川始终处于对外开放的第二梯队。1992年四川省会成都市才成为我国对外开放的11个内陆省会城市之一。在“向南开放”的过程中，根据相关报道，与“10 + 1”中国—东盟自由贸易区密切相关的泛珠三角的区域设计最初并未考虑四川。西南五省区七方经济协调会，早在1992年，就以其沿边、沿江、沿海的“多通道”的地理区位及其造就的向外扩张的便利，举起过走向东南亚、南亚的旗帜。而四川省由于没有直接接壤，但与直接接壤的云南紧密相连，仅仅被看作“向南开放”的第二梯队。这个第二梯队是我国黑色金属、有色金属、能源、重型机械制造、汽车摩托车制造、化工、国防科技等工业以及人力资源、旅游资源的重要基地，与东南亚国家有很强的互补性，从而是“10 + 1”中国—东盟自由贸易区强有力的产业基地。① 四川在泛珠三角和中国－东盟自由贸易区的角色和作用是腹地而不是前沿，四川参加泛珠三角和中国－东盟自由贸易区合作成功与否的关键，在于扮演好腹地角色，并借助泛珠三角和中国－东盟自由贸易区建设，加快打通四川出海通道，拓展四川对外开放空间。②

3. 内陆开放高地

国务院实施西部大开发战略吸引了世界的目光，西部大开发的10年，是四川扩大开放的10年。西部大开发以来，四川省经济社会发展取得巨大成就，但“人口多、底子薄、不平衡、欠发达”仍然是四川最大的省情，城乡二元结构突出、初级阶段特征更为明显仍然是四川最大的实际，发展不足、发展水平不高仍然是四川最大的问题。四川省正处于工业化、城镇化加速期，市场化、国际化提升期。③ 特别是2007年四川省委九届四次全会后，四川确立了建设西部经济发展高地的战略定位，着力打造“一枢纽、三中心、四基地”（即建设西部综合交通枢纽，西部物流中心、商贸中心和金融中心，重要战略资源开发基地、现代加工制造业基地、科技创新产业化基地、农产品深加工基地），加快建设西部产业发展高地、科技创新高地、内陆开放高地和人才聚集高地，努力

---

① 林凌：《构建“10 + 1”自由贸易区的前沿阵地》，“泛珠三角面向东盟的合作与发展”国际论坛，2005年11月。

② 刘世庆：《四川：从“9+2”和“10+1”拓展对外开放空间》，“泛珠三角面向东盟的合作与发展”国际论坛，2005年11月。

③《中国共产党四川省第九届委员会第四次全体会议公报》，《四川日报》2007年12月29日。

走在西部改革开放和科学发展前列。2001 年以来，四川省实施充分开放合作战略，在加强对内对外开放合作、主动承接产业转移方面取得了丰硕成果。IBM、西门子、英特尔、爱立信、NEC 等跨国企业纷纷入川投资，2011 年外贸进出口总额近 500 亿美元，实际利用外资 110 亿美元，进入全国十强省（市），外国在四川设立的领事机构已达 9 家，现有外资银行 12 家、外资或合资保险公司 12 家，这些数字均居中国中西部地区第一。目前成都双流国际机场已开通 25 条国际及地区直飞客、货运航线；四川建成和在建高速公路总里程居全国第二。四川行政效能大幅提升，如今已成为全国行政审批事项最少的省份之一，海关通关效率从 12.5 小时缩短到了 0.5 小时，这也是世界 500 强企业青睐四川的原因之一。[①] “西博会”已成为国际性博览盛会。“四川已成为中国西部对外开放的样本和最重要的窗口及合作平台”成为国内外的广泛共识。至此，四川实现了从后方基地和对外开放的第二梯队一举成为对外开放新的前沿。

（二）战略之变：从借船出海转向筑巢引凤

由于相对于东部沿海地区四川对外开放起步晚，处于对外开放劣势，因此，四川甘当东部的“配角”，在以东部为重点的开放时期，四川提出了四个口号：“借船出海，借鸡下蛋，借台唱戏，借边出国”。特别是在邓小平南方谈话后，成都和重庆分别成为内陆开放城市和沿江开放城市，实行沿海开放城市和地区的经济政策，四川的对外开放思路就是“借船出海，借台唱戏”。开放区域上形成了以重庆、成都两个中心城市为“开放极”，带动周边对外开放的成渝“开放带”。当时，陆上边境口岸贸易占我国外贸的比重非常小，“借船出海”自然成为四川对外开放的重点。[②] 所谓“借船出海”，是指在对外开放战略上，将较多的建设资金投资于在沿海地区和其他对外开放的前沿地区的窗口建设，通过利用沿海地区的区位优势和优惠政策，增强对外商投资的吸引力，引进国外的资金技术，以达到自身的对外开放，加快自身的经济发展。[③] 在此战略的指导下，四川省在深圳、海南、北海等沿海开放地区的投资大约 50 亿元之巨。这些投资和窗口建设，一方面确实发挥了窗口企业信息、资金、技术渠道的作用，取得了重大的开放效益。另一方面也造成了自身的资金紧张、人才外流等一系列问题。尤其是在国家宏观经济政策紧缩的情况下，更使这种状况有所加剧。

伴随着 2000 年西部大开发战略的实施和 2001 年我国加入 WTO，对外开放进一步扩大到广大西部地区，我国的对外开放以局部政策性开放为主的阶段转向以全方位体制性开放为主的阶段，四川也开始以世界眼光和战略思维建设“开放四川”。四川的开放战略从“借船出海”为主转向

① 《中国西部内陆渐成对外开放新前沿》，新华网，最后访问日期：2012 年 5 月 17 日。
② 林凌：《加快内陆大省四川对外开放步伐刍议》，《经济体制改革》1991 年第 4 期。
③ 王小刚：《中国内陆大省对外开放的几个战略问题》，《管理世界》1995 年第 1 期。

“筑巢引凤”为主。所谓“筑巢引凤”，是指在对外开放的战略上，将有限的资金着力于进行本省的能源、交通等基础设施建设，从而改善自身投资环境，以达到扩大本省对外开放，增强对外商投资吸引力，引进国外的资金技术，加快自身的经济发展。目前，四川与203个国家和地区建立了经贸往来关系，来川落户的世界500强企业总数达到214家，境外世界500强企业166家（2011年）。

当前四川的开放与当年沿海开放的时空背景完全不同，计划经济已被市场经济所取代，局部开放已转变为全方位开放，人口红利接近尾声，世界经济危机频发，经济结构亟须转变。面对经济全球化和区域经济一体化发展的大趋势，四川对外开放合作要上大台阶，必须要有非常规的新思路和制度设计。2007年底，四川省委九届四次全会召开，针对自身实际和区位特点，会议明确了四川大开放的新思路：建设西部经济发展高地，路径之一便是实施充分开放合作，构建全面开放合作的新格局。[①]“三向拓展、四层推进”的开放合作方向就是突出南向，加强东向，畅通西向，扩大区域合作，强化次区域合作，促进泛区域合作，积极参与国际区域合作。

所谓“三向拓展”，就是突出南向，扩大与东盟和南亚国家的经贸联系；加强东向，强化对日韩等东亚市场的开拓，拓展欧美市场；畅通西向，开发中亚、俄罗斯等新兴市场。所谓“四层推进”，就是扩大区域合作，加强西南协作和与周边省区市的合作；强化次区域合作，共同建设成渝经济区；促进泛区域合作，有效对接泛珠三角、长三角地区合作，加强与港澳台的合作；积极参与国际区域合作，主动融入中国－东盟自由贸易区。在新的开放战略指引下，经过四年发展，四川创新合作机制，搭建开放平台，用好对口支援、中国西部国际博览会、泛珠三角论坛等载体，走出去、引进来，增强开放合作的针对性和实效性，形成全方位开放合作新格局。[②]至此，四川实现了从依附东部间接开放为主到全方位充分开放的战略转变。

（三）格局之变：从盯住东向变为三向拓展

过去由于交通干线的制约，四川始终处于全国交通骨干线路的西部末梢，受此影响，四川的对外开放思路长期局限在“东向”。“十一五”以来，在中央的大力支持下，四川积极建设出境通道，通过高铁、高速、航空、航运向西开放，经过南亚、西亚、中亚直达东欧、西欧已非难事，而且距离、时间、运费均比海上运输有利，“距离”在现代技术的条件下已不再是不可逾越的障碍。在这种情况下，四川逐渐成为我国向西开放的基地和交通枢纽。四川向东、向西、向南、向北开放的全方位大开放的局面成为现实。[③]2008年，四川提出“三向

① 《“大开放”的四川设计——四川省构建西部对外开放战略高地纪实》，《中国经济导报》2010年10月28日。
② 《变身“开放前沿”四川加快建设西部经济发展高地》，《经济日报》2011年11月7日。
③ 摘自林凌教授在成渝经济区内江座谈会上的发言《全域全面推进成渝经济区建设》，有部分删节。

拓展、四层推进”的充分开放合作战略，从此在空间上四川开始全方位推进对外开放的战略格局。

1. 突出南向：大步走向南太平洋和印度洋地区

当今经济全球化和区域一体化如火如荼，全球性生产要素的重组和转移加速，为四川参与国际分工、释放开放合作潜力，提供了难得的机遇。加快四川与东盟和南亚诸国的开放合作，不仅有利于提高西部整体开放合作水平，而且有利于四川实现中国西部内陆开放大省和国际、国内合作强省的战略目标。在省委、省政府提出的“三向拓展、四层推进”的开放合作战略中，南向开放合作居于突出地位。

中国（四川）与东盟、南亚各国关系的不断改善为进一步扩大四川对东盟、南亚的开放合作奠定了政治基础。在新的历史时期，随着中国－东盟自由贸易区的建成，中印战略伙伴关系，中巴、中孟、中斯和中尼全面合作伙伴关系的确立，以及中缅传统睦邻友好关系在 21 世纪不断发展，为进一步扩大四川与东盟、南亚区域的经贸合作发展奠定了坚实的基础。2006 年 11 月驻东盟各国大使馆经济商务参赞集体访问四川，考察访问团在成都举行了推动四川－东盟经贸合作报告会。考察访问团还与四川省商务厅签订了《关于建立促进四川－东盟国家经贸合作机制的备忘录》，在中国－东盟自由贸易区建设不断深入的背景下，地缘优势较为突出的四川与东盟贸易合作空间巨大。2007 年 6 月新加坡国家发展部部长马宝山率领的新加坡代表团访问四川，同年，新加坡－四川贸易与投资委员会第十届年会在新加坡举行。2008 年 8 月菲律宾总统阿罗约访问四川，会见了四川省委书记刘奇葆。2009 年 11 月，四川省委书记刘奇葆率中共代表团成功访问斯里兰卡和印度。2010 年 3 月中下旬省政府领导率四川省大型经贸代表团赴新加坡、泰国和马来西亚进行经贸活动，并在三国分别举办企业对接经贸洽谈和商品展示会。2010 年 1 月下旬，由四川省贸促会主办的“中国四川－南亚区域经贸研讨会”在成都召开，会前省委书记刘奇葆在成都会见了南亚八国国家工商会负责人。会上南亚国家强调了与四川合作的良好愿望，省贸促会与南亚八国工商会签订了合作备忘录，将在贸易往来、投资合作、技术交流、物流运输等领域推进区域合作，通过举办展览、配对洽谈会、代表团互访等活动，帮助对方企业开拓市场，建立日常沟通机制。各方一致同意把该研讨会作为中国四川与南亚各国加强交流的重要桥梁，每年在成都举办一次，以此建立长效合作机制。

在各方的共同推动下，2007 年我国与东盟的进出口总额为 2025.08 亿美元，约占我国外贸总额的 9.32%，是我国第四大贸易伙伴。① 四川对东盟的进出口总额约为 13.66 亿美元，约占四川省进出口总额 141.85 亿美元的 9.63%，占我国对东盟进出口总额的 0.67%。2008 年，四川省对东盟的出口额同比增长 1.3 倍，达到 27.9 亿美元，占全省比重达 12.66%。

① 我国的另外三大贸易伙伴是美国（约占 13.90%）、欧盟（16.39%）及日本（10.86%）。

东盟国家已成为四川第四大贸易伙伴。全省1000多家企业在东盟国家开展经济贸易活动。四川对东盟国家承揽工程合同额及投资额均占全省企业对外承包工程及境外投资总额的1/3。2009年四川对东盟地区的进出口贸易总额达到24亿美元。东盟上升为四川第三大贸易合作伙伴。对四川来说，其贸易地位远高于南亚和西亚。依托产业的互补性和地理优势，四川与东盟的合作丰富多样，合作行业包括工程承包、纺织品、化工产品、农产品等；合作方式包括：东盟地区企业来川投资，如新加坡和马来西亚在川发展电子产业；四川对外工程承包，覆盖了越南、印尼、菲律宾和老挝等地；川企对东盟地区的投资，如新希望在越南等东盟地区大力投资矿产开发。2001年以来四川省工程承包的30%以上在东盟地区，工程项目合同额累计达58.75亿美元，主要涉及电力、化工、路桥、房建、轻工等行业。近年来，四川与东盟经贸呈现逐年放大的趋势；一方面，由于东盟作为世界第三大经济体，拥有巨大的消费市场，具有较大的发展潜力；另一方面，由于东盟整体属于相对不发达的地区，与四川的互补性很强。截至2009年底，四川省从东盟国家引进外商直接投资实际到位13亿美元，涉及农产品、食品、机械、服务业、房地产等行业；四川省在东盟国家投资企业共55家，对外投资额2.7亿美元，占全省对外投资总额的30%，主要分布在老挝、越南、印尼、新加坡、缅甸、菲律宾等国，涉及农业合作、矿产资源、制造业、电视网络建设、建筑建材业等多个领域。随着四川西部综合交通枢纽的建设，四川与东盟的交通将更加便捷；加之近年来四川与东盟之间不断加深了解，以及各种交流合作平台的高频次搭建，合作发展前景非常广阔。①

川企在东盟国家投资最多的就是修建大型电站。到目前为止，川企已在东盟修建了10多座大型的水电、火电站，其中以对越南的投资最为集中，该国有五六座大型电站是由四川企业修建的。与此同时，东盟国家丰富的矿产资源也给川企带来了巨大的投资机会。包括铁矿、铅锌矿等资源，都吸引了不少四川企业的投资，近来老挝钾盐矿又成为川企投资热点。从人口规模上看，中国－东盟自由贸易区将是世界上最大的自由贸易区；从经济规模上看，将是仅次于欧盟和北美自由贸易区的全球第三大自由贸易区，也是由发展中国家组成的最大的自由贸易区，这将为中国（四川）和东盟创造新的前所未有的商机。②

自20世纪90年代以来，随着中国与南亚经贸合作领域的不断拓宽、规模层次的不断提升，具有天时、地利、人和等比较优势的四川逐步融入对南亚开放的经贸合作，四川在中国西部大开发与大开放战略中，正逐渐演化为中国面向南亚、走向世界的新引擎。③

---

① 民进四川省委：《加快四川与东盟的开放合作步伐》，《四川统一战线》2010年第8期。

② 王小琪：《东盟：四川开放合作新的生长点》，《四川党的建设（城市版）》2010年第1期。

③ 李后强、杨文武：《四川对南亚开放合作的现状评判及战略选择》，《西南石油大学学报（社会科学版）》2011年第1期。

四川与南亚国家贸易总额从 1998 年的 0.78 亿美元，到 2000 年的 1.211 亿美元，再到 2007 年的 8 亿多美元，2009 年更是达到 15.14 亿美元，年均增长 30.95%，几年上一个台阶。在南亚国家中，四川与印度贸易量最大，进出口贸易额从 1998 年的 0.53 亿美元上升到 2009 年的 12.23 亿美元，年均增长 33.01%。2007 年四川对印度的出口额为 5.875 亿美元，占全省出口总额的 6.8%，超过除美国和中国香港外对其他任何单个国家和地区的出口；四川从印度进口商品 7441 万美元，占全省进口总额的 1.3%。四川与巴基斯坦进出口贸易额从 1998 年的 0.12 亿美元上升到 2009 年的 2.43 亿美元，年均增长 31.5%。四川对南亚国家主要出口电站设备、钻机等机电产品，而从南亚国家主要进口矿产品、化工产品和农产品等劳动密集型产品；到目前为止，四川有近 1100 家企业与南亚国家有着经贸合作关系。这说明四川在与南亚国家进行贸易往来时，具有一定的比较优势和互补性。

2008 年，四川启明星铝业公司、新希望集团和成都天友公司等 7 家企业开始涉足南亚 4 个国家的直接投资，其对外投资额达到 5420 万美元。截至 2009 年底，四川吸引南亚印度 6 家企业来川投资，合同外资 1468 万美元，实际到位外资 404 万美元。过去中川国际公司曾在尼泊尔承包工程。近年来，东方电气集团等也在巴基斯坦承包工程。截至 2009 年底，四川省在印度、巴基斯坦在建项目 36 个，包括建设公路、火电站、水电站、变电站、钻井平台、水泥厂、纺织厂等，合同金额约 56.8 亿美元，约占全省对外承包工程业务总量的 40%，南亚是目前四川省对外承包工程最重要的市场之一。2008 年，四川派往南亚劳务人员 1711 人次；2009 年，四川派往南亚劳务人员 1141 人次。

2. 加强东向：紧紧跟随发达地区市场趋势

美国、日本和欧盟三大经济体是世界经济的主要力量，科学技术发达，产业层次高，在国际经贸中居于主导地位。美国是四川第二大贸易伙伴、第四大外资来源地和新兴的境外投资目的地，2010 年双方进出口总额 51.4 亿美元，同比增长 52.9%；美国在川投资设立了英特尔等近 1200 家企业；四川也有 14 家企业在美投资设立企业。四川与美国的合作空间十分广阔。

2009 年欧盟超过美国，成为四川最大的对外贸易市场，进出口总额达 45.2 亿美元。截至 2009 年 12 月，欧盟在四川投资设立企业达 453 家，中国欧盟商会为四川与欧盟企业的交流与合作发挥了很大作用。近年来，成都逐步构筑了连接国内外经济发达地区的物流快速通道，交通物流枢纽功能日益彰显，打造了面向世界的海、陆、空三维的开放性交通运输网络，这些都让更多的欧洲企业选择成都作为投资地。

四川目前已经是日本最重要的经贸合作伙伴，日本也是四川的第五大贸易伙伴。2010 年，四川与日本进出口总额 29.3 亿美元，同比增长 51.2%。其中，四川对日本出口 5.3 亿美元，四川从日本进口 24 亿美元。日本是四川重要的外资来源地。

2011 年 1 月至 6 月，四川与日本进出口总额 22.1 亿美元，同比增长 61.3%。其中，四川对日本出口 3.5 亿美元，四川从日本进口 18.6 亿美元。截至 2010 年，日本共在川投资设立 363 家企业，实际到位 4.9 亿美元。丰田汽车、日立、神户制钢、日本钢铁、住友商事、伊藤忠、三菱商事、三井物产、东京三菱银行等日本世界 500 强企业已在四川投资落户。2011 年 1 ～ 6 月，日本在川新投资设立 6 家企业，实际到位外资金额 3886 万美元，同比增长 62.2%。2011 年 6 月，开通了成都直飞东京的航线。

3. 畅通西向：重建欧亚大陆桥重塑丝绸之路的繁华

古老的丝绸之路一度是世界最为繁忙的贸易通道。四川很早就开始着手向西开放，提出借助新疆特殊的地理条件，建立由西亚通往欧洲的陆路出海口岸，并坚持推动西北到西南的大通道建设，主张贯通第二亚欧大陆桥和建设第三亚欧大陆桥，利用四川在经济总量、人口和产业方面的比较优势，积极开拓中亚和西亚乃至欧洲市场，并与新疆、云南等地形成互补。

近年来，四川向西开放更加突出“畅通”，大力推进乌鲁木齐到成都的铁路通道建设，打通由成都经格尔木到喀什通中亚的铁路和库尔勒经青海到四川的高速公路，开通成都铁路集装箱中心站经阿拉山口直达德国杜伊斯堡等“西欧班列”等一系列“畅通”之举。

为增进四川企业对“中亚”市场了解，以及“走出去”寻求商机搭建了良好的合作平台，2010 年 8 月 26 日，举办了“中国四川—中亚区域合作研讨会”。四川省副省长黄小祥会见了塔吉克斯坦驻华大使拉希德和“中亚”五国工商界、商协会负责人。四川东电、南车集团等 10 家企业负责人进行了面对面的互动交流。四川鼓励企业深度开发俄罗斯、中亚、西亚等新兴市场，努力扩大全省纺织服装、鞋、石油钻机等对俄罗斯、中亚、西亚地区出口；支持川企赴俄罗斯、中亚、西亚地区开展以产业转移型、出口导向型、资源开发型为主的境外投资项目。随着亚欧大陆经济活跃度的不断提高，四川有望成为向西开放战略前沿，而四川将成为向西开放的产业基地、商贸中心。在丝绸之路战略下，四川以欧亚大陆经济整合为战略依托，大力推动向西对外开放。①

二　四川外贸：出口商品升级换代

改革开放以来，四川经济由封闭型、半封闭型向开放型经济转变，由计划经济向市场经济转变，对外开放不断扩大，外贸体制改革不断深入，对外贸易发展迅速，成效显著，促进了经济社会发展，加强了同世界各国的经济往来。

（一）发展历程

1. 转口贸易阶段（新中国成立至 1977 年）

1976 年前，四川的出口商品绝大部

① 《向西开放 中亚市场阿里巴巴之门渐开》，中国国际电子商务网，最后访问日期：2011 年 9 月 23 日。

分是调供上海、天津、广东等沿海口岸出口，只有一小部分对苏联、蒙古、朝鲜、越南及东欧等国家的政府间贸易商品才由省办理直接出口业务，各地市州的外贸局主要担负收购和生产外贸商品的任务。而且在“大跃进”和三年自然灾害、十年“文革”动乱的影响下，四川外贸商品收购总额出现大起大落，经历了两次较大的曲折。从 1952 年到 1958 年，四川外贸商品收购总额增长 4.9 倍，达到 3.43 亿元。① 此后，在“大跃进”运动中，国民经济遇到严重困难，四川外贸商品收购额连年下降，到 1962 年仅为 1.58 亿元，下降到 1956 年的水平，仅相当于 1958 年的 46%。1963 年后，国民经济逐步恢复，外贸货源持续增加，到 1965 年外贸商品收购额达到 3.12 亿元，比 1962 年增长 1 倍。但从 1966 年起，由于“文革”的影响，外贸商品收购额又大幅下降，1969 年曾减少到 1.42 亿元。1971 年开始有所恢复，但增长速度缓慢，1977 年前多数年份都在 2 亿 ~ 3 亿元。尽管从 1977 年四川开始自营出口，但收购外贸商品供沿海口岸公司出口仍然是四川商品出口的主要方式，1977 年四川 95% 的出口商品是通过沿海口岸公司间接出口，1983 年四川转口贸易额占出口商品收购总额的比重仍然高达 70%。

表 44–1　四川海关发展情况

四川各地海关	成立时间	管辖范围
重庆海关	1980 年	重庆市
成都海关	1981 年	成都市、四川其他地区
自贡办事处	1997 年 12 月	自贡市和内江市
绵阳海关	1996 年 12 月 28 日	绵阳市、广元市
乐山海关	1996 年 10 月 18 日	乐山和眉山
攀枝花海关	1996 年	攀枝花市和凉山彝族自治州

资料来源：成都海关网站（http：//chengdu.customs.gov.cn）。

2. 外贸起步发展阶段（1977 ~ 1992 年）

1977 年四川开展了对港澳地区的直接出口业务，开始直接出口一些鲜活农产品和小食品，以后逐渐增加一些土畜产品、轻化工产品和机械产品，② 为四川商品直接进入国际市场和发展与其他国家和地区的直接贸易打下了基础。此后，四川对外贸易逐步从间接贸易方式向直接贸易方式过渡，最终实现四川对外贸易从间接出口向直接出口的转变。1980 年下半年，随着四川对外贸易口岸业务的发展，相应地建立和健全了中国银行成都分行和重庆海关，开辟重庆港为对外贸易港口，从而进一步扩大四川对世界各国的直接贸易业务。1981 年重庆海关成都办事处成立，随着外贸业务量的不断增长，1990 年升格为成都海关。1977 ~ 1992 年，四川外贸进出口持续稳定增长，其中，出口商品额从 1977 年的 880 万美元增长到 1992 年的 12.23 亿美元，增长了 138 倍，年均增长 39%；进口商品额从 1978 年的 2162 万美元增长到 1992 年的 6.84 亿美元，增长了 31 倍，年均增长 28%。

---

① 《四川省经济地理》（内部版），四川科学技术出版社，1985，第 710 页。
② 《四川省经济地理》（内部版），四川科学技术出版社，1985，第 715 页。

3. 外贸体制改革阶段（1992～2001年）

1992年中共十四大明确提出中国经济体制的改革目标是建立社会主义市场经济体制，中国改革开放的步伐由此进一步加快。从1992年10月到2001年9月，是我国加入WTO实质性谈判阶段，即双边市场准入谈判和围绕起草中国入世法律文件的多边谈判。这一时期，我国外经贸体制改革不断推出新举措，四川也开始实行新的外贸体制。1992年5月11日，国务院批转经贸部、国务院生产办《关于赋予生产企业进出口经营权有关意见的通知》，第一次打破外贸的“专营性”。但当时门槛仍然很高：只允许具有1亿元以上固定资产、有自己的外贸经营机构的国有生产企业申请进出口经营权。此后，1999年1月1日开始执行《关于赋予私营生产企业和科研院所自营进出口权的暂行规定》，2001年7月颁布《关于进出口经营资格管理的有关规定》。2001年12月我国加入WTO后，承诺“入世”三年后允许所有在中国的企业和个人，包括其他WTO成员的独资经营者，在中国全部关税领土内进口所有货物。税收和外汇体制改革方面，1992年国家取消了进出口调节税，1994年取消了进出口指令性计划，进行了外汇体制改革，在各种政策的激励下，四川外贸有了较大发展。“九五”期间，四川强调实现对外贸易增长方式由粗放型经营向集约型经营转变，以经济效益为中心，争取规模与效益同步增长。为此，“九五”期间，四川从调整、发展具有比较优势的出口产业入手，优化出口商品结构，坚持技贸、工贸、农贸结合，加强出口基地建设，推动创汇农业、创汇工业和各类出口体系的形成。扩大机电产品、技术密集型产品、高附加值产品在出口商品中的比重。重点支持具有比较优势的发电设备等大型成套设备出口，发展电子、生物、机电一体化等高新技术产业，培育一批新的拳头商品、名牌商品。同时，四川从深化改革入手，调整外经贸企业组织结构和经营结构，培育和发展一批贸工（农）一体化的外向型企业集团，发展外贸规模经营。此外，四川根据自身区位特点和国际经济格局变化，在巩固发展美、日、欧等传统市场的基础上，开始将目光拓展到独联体、东欧、东南亚新市场，努力实现市场布局多样化。四川省对外贸易发展迅速，进出口总额从1992年的19.07亿美元增长到1996年的37.32亿美元。受1997年发生的亚洲金融危机影响，四川进出口总额跌到18.23亿美元，此后缓慢复苏，2000年为25.45亿美元，2001年为30.99亿美元，相当于“八五”时期1994年的水平。尽管这一阶段四川外贸经历了“亚洲金融危机”的考验，四川外贸前进的步伐并没有停滞，“九五”末期已初步形成了国有外贸公司、自营生产企业、商贸流通企业、科研院所、外商投资企业和私营企业为出口主体的多元化外贸格局。外汇、外贸体制改革的深入推进，与国际规则的逐步接轨，也为四川外贸下一阶段的发展奠定了坚实基础。

4. 外贸跨越发展阶段（2001年至今）

2003年9月1日颁布《商务部关于调整进出口经营资格标准和核准程序的通知》，对经营进出口的生产企业注册资金的要求从850万元降到300万元，又降到

图 44–1　四川历年进出口商品总值

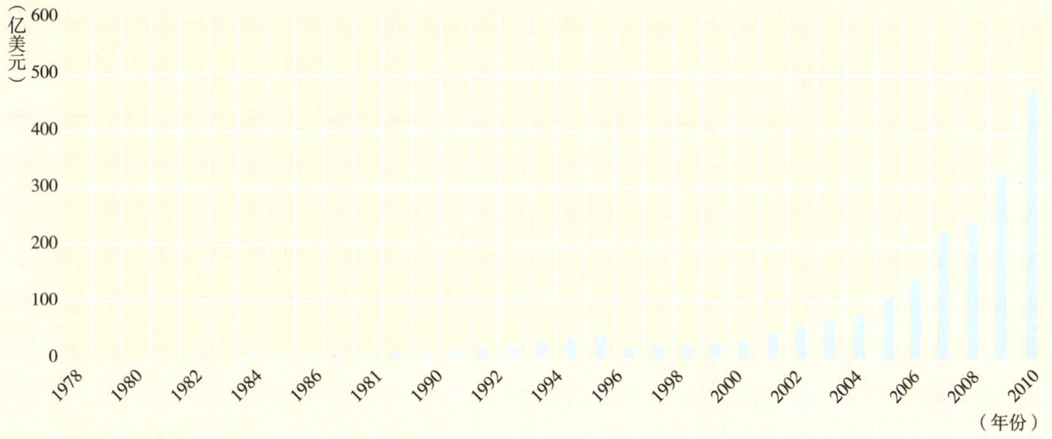

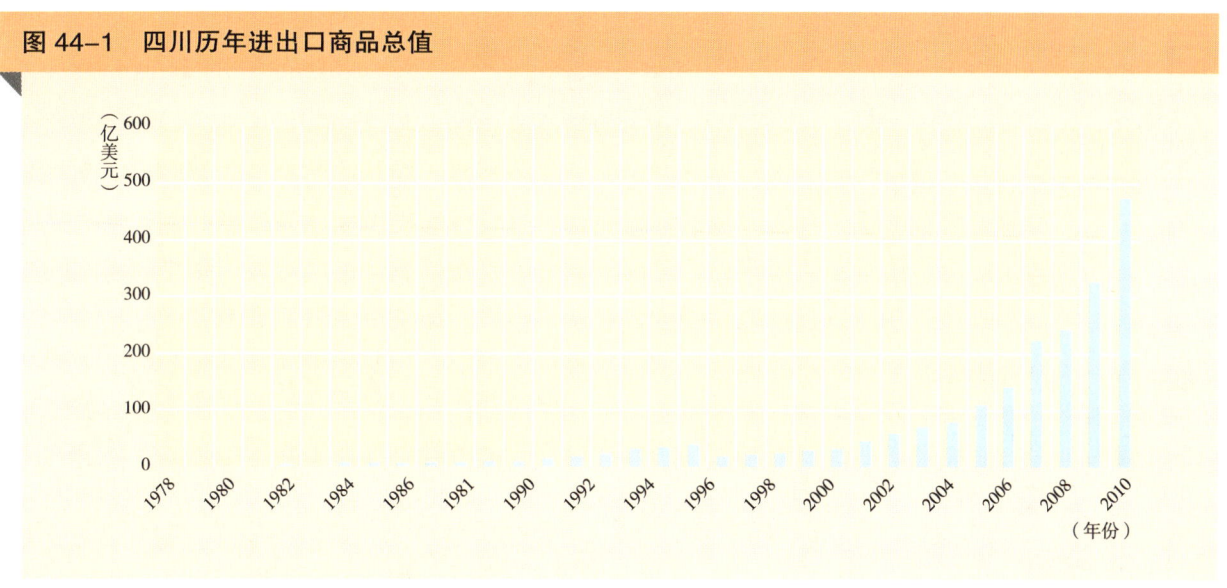

50 万元。2004 年 12 月我国外贸经营权彻底放开，所有在中国的企业都给予对外贸易权，同时取消对外贸易权审批制。2008 年 12 月，经国家商务部同意，四川省进一步将外贸经营权备案登记下放到各市州商务主管部门。① 在外贸体制改革的推动下，截至 2010 年底，四川省进出口经营权备案登记企业数累计 10895 家，数量首次突破万家，新增获权企业年均增速达到 1000 家以上。2001 年加入 WTO 后，四川省对外贸易进入快速发展阶段，进出口贸易额从 2001 年的 30.99 亿美元增长到 2011 年的 477.8 亿美元，年均增长 28.2%，高于西部增长的平均水平。特别是经历 WTO 过渡期后，2006 年四川外贸首次登上了百亿美元的台阶。2008 年四川外贸在“三向拓展、四层推进”新的开放战略的指引下，两年一个台阶，于 2008 年和 2010 年跨上 200 亿美元和 300 亿美元大关。“十二五”开局之年四川外贸更势不可当，2011 年四川对外贸易继续保持高速增长，外贸货物进出口实现 477.8 亿美元的历史新高，同比增长 46.1%，增幅居全国第 7 位，总额稳居中西部第一位、全国第 11 位。其中，四川出口达到 290.5 亿美元，同比增长 54.2%，增幅居全国第 5 位。出口总额在全国排位首次超过河北省，跻身全国出口排名前十强。2011 年，全省进出口、出口、进口增幅均超过全国平均增幅，分别比全国平均增幅高 23.7 个、33.9 个和 10.4 个百分点。

（二）外贸特点

1. 外贸总量持续增长

改革开放前，我国对外贸易体制是高度垄断型，四川外贸的主要任务是生产和收购，组织出口货源供给国家外经贸部的进出口专业总公司和沿海口岸外贸公司。1977 年四川省（含重庆）出口商品

① 《四川省商务厅关于下放“对外贸易经营者备案登记”有关问题的通知》（川商贸〔2008〕132 号）。

专栏 44-1　四川省国民经济和社会发展第十二个五年规划纲要（2011 ~ 2015 年）

2011 年 1 月 24 日四川省第十一届人民代表大会第四次会议通过的《四川省国民经济和社会发展第十二个五年规划纲要（2011 ~ 2015 年）》中明确提出转变外贸发展方式、积极发展服务贸易和进出口协调发展等新的指导性内容。

第三十七章　扩大对外开放

坚持“引进来”与“走出去”相结合，大力发展开放型经济，积极承接产业转移，继续深化区域合作，努力提高开放合作的广度和深度，加快建设内陆开放型经济战略高地。

第一节　大力发展对外贸易

加快转变外贸发展方式，积极培育出口竞争新优势，促进对外贸易规模持续扩大和出口结构转型升级。有效应对国际技术性贸易壁垒，推动高技术含量、高附加值产品和品牌产品出口。大力发展加工贸易，注重延长加工增值链。积极发展服务贸易，优先发展软件、金融、财务等服务外包产业，促进旅游、文化、运输、中医保健等服务产品出口。用足用好中国 – 东盟等自由贸易区的相关政策，提升企业外贸能力，不断拓展国际市场。鼓励企业引进先进技术、设备和资源，增强产品竞争力，促进进出口协调发展。

第二节　努力提高利用外资水平

扩大利用外资规模，创新利用外资方式，更加注重智力和技术引进。引导外资重点投向先进制造业、战略性新兴产业、现代服务业、现代农业和节能环保产业，参与传统产业改造升级和国有企业兼并重组。鼓励跨国公司设立地区总部、研发中心、采购中心、结算中心、服务外包中心和物流配送分销中心。扩大内外资企业的产业关联和技术交流，增强内资企业自主创新能力。发挥好境内外资本市场的积极作用，促进利用外资方式多元化。积极有效利用国外贷款，支持符合条件的项目使用国际商业贷款，完善外债管理。

第三节　积极承接产业转移

加强承接产业转移与产业结构优化升级相结合，努力把我省建成承接国内外产业转移的重要基地。以

收购总值达到 47077 万元，全省进口额达 1596 万美元。1978 年后，我国实行改革开放政策，国民经济迅速发展，对外贸易体制和政策发生重大调整，逐步与国际接轨。1985 年国家进一步扩大地方外贸经营权，地处内陆的四川外贸企业全面开展进出口业务，外贸队伍不断壮大，全省进出口贸易获得了空前发展。进出口贸易总额呈现高速增长态势。从发展水平看，全省进出口额由 1978 年的 0.41 亿美元增长到 2001 年的 30.99 亿美元。其中，出口额由 0.19 亿美元上升到 15.8 亿美元，在全国的位次从 1978 年的第 22 位提升到 2001 年的第 16 位，进口额由 0.22 亿美元上升到 15.2 亿美元；进出口总额年平均增加 1.33 亿美元，年平均递增 20.69%，其中，出口额年均增加 0.68 亿美元，年平均递增 21.19%，增速都高于全省同期国民生产总值。

我国加入 WTO 以来，四川外贸进入高速增长期，2011 年四川外贸进出口总额已达 477.8 亿美元，是 1979 年的 995.4 倍、2001 年的 15.4 倍，近十年年均增长 31.46%，外贸规模中西部第一。而随着富士康、戴尔、仁宝等一大批包括世界 500 强企业纷纷进入四川，预计“十二五”期间四川进出口将会大幅增长。

续专栏

重大产业化项目为重点，突出产业链和产业集群招商，积极承接技术含量高、市场前景广阔、低能耗和无污染的现代产业。加快建设承接产业转移示范区，加强各级各类开发区、产业园区和综合保税区建设，着力打造承接产业转移平台，全面增强产业转移的承载力和吸引力。以国内外知名企业为重点，招大引强，努力把我省建成跨国公司和国内龙头企业区域总部基地、制造基地和研发中心。

第四节　加快实施“走出去”战略

鼓励我省有条件的企业到境外投资合作，开发境外资源，参与国际竞争。充分发挥优势行业龙头企业的带动作用，拓展对外承包工程方式和领域，积极开拓新兴市场，带动各类商品和成套设备出口。加快培育形成一批跨国公司和国际知名品牌，提高国际化经营水平。规范发展对外劳务合作，提高合作层次，促进我省外派劳务健康有序发展。建立健全跨部门协调机制，加强“走出去”战略的宏观指导和服务，完善促进体系，有效防范和化解各类风险。

第五节　构建对外开放重要平台

加快开放口岸和海关特殊监管区建设，加强口岸大通关协作。加强外汇管理和服务创新，积极开展跨境贸易结算，促进贸易投资便利化。进一步扩大和提升西博会的国际影响力，增强投资促进、经贸合作和对外交往的平台功能。加强外事、侨务和对台工作，充分发挥驻川领馆、商（协）会、非企业经济组织、国际友好城市和驻外机构、海外侨团的作用，建立健全各类国际及地区间、机构间合作机制。

第六节　优化开放型经济发展环境

建立健全发展内陆开放型经济的政策体系，营造与国内外市场接轨的制度环境。完善投资服务体系，切实保护投资者合法权益，营造方便快捷、诚信守约的市场环境和政务环境。为高端人才在子女教育、医疗保险和出入境等方面提供优质服务，创造吸引境内外各类人才的生活与事业发展环境。

《四川省国民经济和社会发展第十二个五年规划纲要（2011 ~ 2015 年）》摘录

2. 外贸商品结构不断优化

20 世纪 80 年代，四川外贸平均增速较高，超过全国平均水平。但外贸结构与沿海、全国比，四川对外开放仍处于低水平阶段。这主要表现在外贸出口商品结构仍以传统的农副产品及初加工的工矿产品为主，商品科技含量不高，贸易方式单一等。

90 年代，四川外贸出口商品初级化状况有所改变，特别是邓小平南方谈话后，随着外商直接投资的大量进入，工业制成品在出口商品中的比重大幅提高。1993 年，四川出口商品中工业制成品的比例相比 80 年代中期上升了 25.3 个百分点，从低于 50% 提高到 75%。但出口商品仍然存在偏重于资源型产品、加工程度低、附加值低等问题。

2000 年后，四川外贸结构在三个方面有了进一步的调整和提高。一是出口商品中工业制成品比例在不断提高。四川外贸出口初级商品、工业半制成品、工业制成品的结构比例逐年优化。统计显示，四川外贸出口商品中工业制成品、工业半制成品的比重在不断攀升，初级商品的比例在不断下降，出口商品的质量和档次正在稳步提高。二是出口贸易方式结构发生变化。一般贸易、进料加工贸易在出口贸易中一般占到 88% ~ 96%，是出口贸易中占

表 44-2　1977 ~ 2011 年四川外贸进出口商品额（单位：万美元）

年份	1977	1978	1979	1980	1981	1982	1983
出口额	880	1905	2681	3746	7834	9588	9299
进口额	—	2162	2094	4256	3150	3783	2480
年份	1984	1985	1986	1987	1988	1989	1990
出口额	15206	24478	33840	50733	59427	64351	71635
进口额	6868	11321	12018	15813	18029	21060	12470
年份	1991	1992	1993	1994	1995	1996	1997
出口额	90144	122349	115595	180430	226951	175690	127529
进口额	24758	68352	107448	129420	121045	197492	54772
年份	1998	1999	2000	2001	2002	2003	2004
出口额	117112	113851	139437	158234	271163	320871	397970
进口额	92162	132996	115083	151644	175690	242558	288728
年份	2005	2006	2007	2008	2009	2010	2011
出口额	470161	662412	860595.9	1313248.5	1416944.7	1885000	2905000
进口额	320036	439670	577216.5	898116.3	1008000	1393000	1874000

资料来源：中宏网数据库（www. macrochina.com.cn）。

表 44-3　1998 ~ 2011 年四川省进出口情况（单位：亿美元，%）

年份	进出口总额	占全国进出口总额比重	年份	进出口总额	占全国进出口总额比重
1998	20.93	0.65	2005	79.02	0.56
1999	24.68	0.68	2006	110.21	0.63
2000	25.45	0.54	2007	143.78	0.66
2001	30.99	0.61	2008	221.14	0.86
2002	44.69	0.72	2009	241.69	1.09
2003	56.34	0.66	2010	327.8	1.10
2004	68.67	0.59	2011	477.8	1.31

资料来源：引自四川省商务厅网站（http：//www.sccom.gov.cn）；2010 年和 2011 年数据根据《中国统计年鉴 2011》和《中国统计年鉴 2012》的相关数据计算。

表 44-4　四川出口贸易方式和商品结构比例（单位：%）

年份	一般贸易	进料加工贸易	对外承包工程货物	其他贸易方式	农产品、高新技术产品、机电产品的结构比例
2005	81.1	11.8	—	—	9.4 : 12.6 : 33.5
2006	78.6	17.1	1.7	2.6	7.3 : 14.6 : 37
2007	70.9	23.8	3.3	2.0	6.5 : 19.2 : 42.4
2008	62.2	23.2	12.2	2.4	5.0 : 21.1 : 49.9
2009	54.6	28.5	10.5	6.4	4.0 : 26.8 : 53.6
2010	51.8	24.1	5.4	18.7	3.6 : 22.1 : 47
2011	48.6	42.4	—	9.0	2.8 : 39.9 : 58.7

资料来源：四川省商务厅网站（http：//www.sccom.gov.cn）。

绝对优势的主要方式；而对外承包工程货物和其他贸易方式，则仅占 4.3% ~ 11.8%（见表 44-4）。三是外贸出口商品的科技含量在不断提升。四川主要的外贸出口商品为机电产品、电器及电子产品、机械设备、高技术产品、钢铁、农产品、服装及衣着附料、无机化学品等几大类；特别是机电产品、高技术产品等几个大项，在整个四川外贸出口中的比重进一步增大。自主知识产权和高新科学技术提高了外贸出口商品的科技含金量。总之，改革开放之初，四川绝大多数出口产品是农副土特初级产品，到 2011 年四川外贸商品结构实现转型升级。其中，机电产品进出口首次突破 300 亿美元，达到 311.8 亿美元，同比增长 58.6%，占比提高到 65%；高新技术产品进出口首次突破 200 亿美元，达到 223.7 亿美元，同比增长 78.4%，占比提高到 47%；加工贸易进出口首次突破 200 亿美元，达到 210.3 亿美元，同比增长 93%，占比提高到 44%。四川出口产品结构实现了从低技术的劳动密集型产品为主，向以中高技术的资本密集型产品为主的转变。而在这一过程中，外资企业所占份额不断上升，富士康、英特尔等企业已经成为四川出口的主要增长点。

3. 服务贸易快速增长

长期以来服务贸易是四川的短板。2006 年四川省服务贸易进出口仅 7.7 亿美元。其中，进口 4.2 亿美元，出口 3.5 亿美元，分别比 2005 年增长 5.7% 和 33.2%。2007 年以来，四川省通过"出台一项政策、下发两个文件、确定三个重点"等措施大力推进服务贸易的发展。"一项政策"即四川省商务厅联合财政厅出台的《2007 年四川省商务扶持政策》，其中专门设立了"软件出口、文化产品和服务出口资金"，对四川省服务贸易的发展提供资金支持。"两个文件"是指四川省商务厅下发的《关于加快发展服务贸易的意见》和四川省商务厅与文化厅联合下发的《关于促进我省文化产品和服务出口的实施意见》，确定以文化、软件、版权贸易作为四川省服务贸易培育和扶持的重点与突破口，同时充分挖掘和发展区域优势。在这些措施的激励下，四川省服务贸易迅速发展。但2009年前，四川服务贸易出口占比最大的项目是建筑安装及劳务承包服务。2009年以来，四川利用打造“内陆开放型经济战略高地”和建设文化强省的机遇，加快区域产业布局，推动以工程承包、服务外包、文化旅游、国际运输、医药研发、软件出口、技术贸易和保险等优势项目集群“走出去”服务外包。四川决定继续保持旅游、运输、建筑安装和劳务承包等传统服务贸易项目稳定增长的同时，加大力度培育和扶持电子信息、软件和服务外包产业等新兴服务贸易项目。2010年，四川计算机和信息服务出口增长迅猛，成为当年四川服务贸易出口占比最大的项目。新兴服务贸易项目出口的急遽增长主要得益于四川在促进软件和服务外包发展上所出台的各项优惠政策。① 建筑安装及劳务承包服务出口的增长也主要依靠的是四川劳动力资源丰富这一优势，但该领域出口附加值较低。2010年旅游服务支出8.3亿美元，增长30.1%，占进口总额的47.3%，是四川省最大的服务贸易进口项目。“十一五”期间，四川服务贸易进出口总额增长达7倍。

2011年12月，《四川省“十二五”服务业发展规划》印发，这是四川首次将服务业单列五年规划，并纳入省政府目标考核体系。服务业战略地位提升、外向度增强，将为四川服务贸易的发展奠定坚实基础。2011年，四川省服务贸易进出口在2010年成倍增长的基础上继续保持快速发展，首次突破50亿美元大关，达到56.4亿美元，同比增长28.7%，居中西部首位、全国第10位。其中，出口31亿美元，同比增长19.2%；进口25.4亿美元，同比增长42.5%；实现贸易顺差7.2亿美元，顺差额居全国第四。从整体来看，全省服务贸易呈现出较好的发展势头，新兴服务贸易快速发展，传统服务贸易稳步回升，文化服务和产品出口方兴未艾，服务外包聚集效应基本形成，技术进出口持续快速增长。服务贸易加快发展，得益于四川建设内陆开放高地进程中，加快转变对外贸易增长方式，产业结构持续优化，竞争优势提升。2011年，以计算机和信息服务为首的新兴服务贸易项目进出口同比增长26.6%，占四川服务贸易进出口总额的47%。其中，计算机和信息服务进出口单项总额仅次于北京、上海、广东三地。四川服务贸易出口结构也在逐步优化。2011年，计算机和信息服务、其他商业服务、建筑安装和劳务承包服务出口所占比重，由2010年的4：2：3转变为5：2：2，计算机和信息服务占出口总额的50%。四川还引进印度国家信息学院、美国服务外包交付保障研究院等全球领先的培训机构。

目前，四川已初步形成错位发展、优势互补的区域服务贸易体系。成都已跻身“中国服务外包示范城市”，以技术密集、人力资本密集为特色，重点发展信息技术外包、业务流程外包、动漫、软件、医药

① 付强：《四川服务贸易竞争力分析》，《西南民族大学学报（自然科学版）》2012年第7期。

研发和金融服务，已呈集聚发展态势，并逐渐向绵阳、遂宁等周边城市辐射。在放大成都服务外包产业聚集效应的同时，逐渐在有条件的德阳、绵阳、遂宁、内江、眉山、南充、泸州等地探索新增长点，重点发展软件、动漫、工程设计等支柱产业，培育数据中心、系统集成、医药研发等先导产业。自贡、乐山、阿坝等地则在文化贸易等传统服务贸易领域取得较大进展。

近年来，四川服务贸易实现成倍增长，成为西部服务贸易发展的领跑者。服务贸易已成为四川融入国际市场的重要切口，呈现一系列新特点：①新兴服务贸易项目迅速成长壮大。随着四川现代服务业的不断发展，电子信息、软件和服务外包产业带动计算机和信息服务出口高速增长，计算机和信息服务出口额已是规模最大、增幅最高的服务贸易出口项目。① 其中，离岸服务外包合同金额、执行金额、软件出口合同金额等都实现成倍增长，包括广告、展览、咨询等在内的其他商业服务则保持快速增长势头。②传统服务贸易项目继续快速稳定增长。根据新兴市场需求，川企加大力度在境外承揽工程，以优势企业为龙头，以对外工程承包项目为载体，带动建筑安装及劳务承包服务出口。2010 ~ 2011 年，旅游、运输、建筑安装和劳务承包等传统服务贸易项目保持快速稳定增长。在外经项目的带动下，建筑安装及劳务承包服务出口、旅游服务出口、运输服务出口呈现快速增长态势。③文化服务出口成为服务贸易的亮点。在国家加快发展文化产业的大背景下，四川省积极鼓励文化企业拓展海外市场，大力推动具有民族和地域特色的文化演出和服务“走出去”。四川省川剧院，四川省歌舞团，成都市川剧院，达州、遂宁、自贡、德阳等杂技团继续在欧洲、美国、日本、中国台湾、中国香港等国家和地区巡演；“国家文化出口重点企业”自贡灯贸公司已成功在全球 20 多个国家和地区展演，累计创汇近 1000 万美元；成功举办俄罗斯“中华彩灯展”、韩国“仁川彩灯主题展”、美国“万花筒”灯展等；原创动漫开始走向国际市场，恒风动漫制作的动画《星系宝贝》在国际国内获得多项奖励，目前已在意大利、阿尔巴尼亚、乌克兰、科索沃、马其顿等多家国外电视台播映。川剧《镜花缘》、《火焰山》和四川成都木偶皮影等节目，由外籍人员担任编导，创新融入符合西方价值观和审美习惯的文化元素，在海外“叫好”又“卖座”。四川省 2010 年文化出口 1.8 亿美元，其中，核心文化产品出口 1.5 亿美元，动漫游戏出口 1500 万美元，对外演出展览收入 1500 万美元。

4. 外贸企业数量逐步扩大

从 1992 年开始国家逐步降低企业进出口经营权的门槛，经历 WTO 三年过渡期后，2004 年国家彻底放开进出口经营权，给予所有在中国的企业对外贸易权，同时取消对外贸易权审批制。在这一背景下，四川省进出口经营者备案登记企业数快速增长，2008 年累计已有 9000 家，2010 年累计 10895 家，数量首次突

① 《四川服务贸易进出口突破 40 亿美元》，《华西都市报》2011 年 2 月 18 日。

破万家。

2010 年，四川省新增进出口经营备案登记企业 1217 家，有进出口实绩企业 3527 家，新增 870 家。规模企业数量增加：出口 1 亿美元以上企业 21 家，新增 5 家；出口 1000 万美元以上、1 亿美元以下企业 391 家，新增 162 家。民营企业全年出口 102.3 亿美元，增长 68%，占全省出口比重提高到 54%。30 户重点企业出口 64.1 亿美元，占出口总额的 34%，重点转移企业天威、莫仕、京东方、鸿富锦等实现出口 6.37 亿美元增量。在 2010 年完成的外贸出口总额中，外商投资企业 44.43 亿美元，国有企业 41.72 亿美元，其他企业 102.3 亿美元。在全年完成的进口总额中，外商投资企业 83.42 亿美元，国有企业 37.34 亿美元，其他企业 18.57 亿美元。2011 年四川有进出口实绩的企业增加 15 家，达到 245 家。22 户加工贸易重点企业进出口额 188.8 亿美元，增长 87.6%。其中，出口额 109.8 亿美元，增长 170.1%。富士康和英特尔分别实现加工贸易进出口额 103.3 亿美元和 57 亿美元。全省其他加工贸易企业实现进出口额 52.5 亿美元，增长 37.1%。

（三）外贸格局

1. 外贸地域分布

1976 年前，四川的出口商品绝大部分是调供上海、天津、广东等沿海口岸出口，只有一小部分对苏联、蒙古、朝鲜、越南及东欧等国家的政府间贸易商品由省办理直接出口业务。1977 年四川开始对港澳台开展直接出口业务，1980 年开辟重庆港为对外贸易港口后，四川对世界各国的直接贸易业务进一步扩大。20 世纪 80 年代，四川出口商品市场主要集中在苏联、中国香港、日本、澳门、美国、意大利等 80 多个国家和地区；90 年代初期，扩展到 100 多个国家和地区，其中，中国香港、美国、德国、日本和泰国占据主要地位。随着世界经济全球化和一体化发展加速，四川对外开放深入推进，从 90 年代中期开始，四川实施市场多元化战略，做实东南亚传统市

表 44-5　四川省出口主要地区情况（单位：%）

年份	亚洲	东盟	非洲	欧洲	北美洲	大洋洲	拉丁美洲
2005	57.7	14.1	4.4	18.7	14.1	1.9	3.3
2006	51.7	9.4	5.3	20.1	17.9	1.3	3.6
2007	57.4	11.6	6.2	17.5	13.6	1.4	4.0
2008	61.5	17.3	6.5	16.3	10.7	1.3	3.7
2009	66.5	13.4	6.2	13.9	9.4	1.2	2.8
2010	53.8	11.9	7.6	19.4	11.2	1.2	6.8
2011	38.3	8.7	4.1	25.7	25.7	1.2	5.1

资料来源：历年四川省商务厅《四川省对外贸易统计资料》。

表 44-6　四川省进口主要地区情况（单位：%）

年份	亚洲	东盟	非洲	欧洲	北美洲	大洋洲	拉丁美洲
2005	44.2	3.5	1.9	31.3	15.3	4.6	2.8
2006	45.3	4.6	1.3	24.5	23.5	3.7	1.7
2007	42.5	6.4	1.6	25.7	24.1	4.0	2.1
2008	43.0	5.8	2.1	23.5	26.4	3.2	1.9
2009	40.5	5.4	1.5	31.0	21.8	2.9	2.4
2010	44.7	6.4	2.0	25.4	23.1	2.4	2.4
2011	53.9	6.8	1.5	20.5	15.7	2.5	3.1

资料来源：历年四川省商务厅《四川省对外贸易统计资料》。

场，巩固和发展欧美市场，积极开拓中东、非洲、南美洲、东欧和独联体市场，四川对外贸易市场多元化格局逐渐形成。截至 2010 年，四川省商品进出口涉及的主要国家和地区达到 207 个。

从进出口地区分布看，传统出口市场稳定增长，新兴市场出口增势强劲。亚洲市场长期占据四川出口商品市场的首位，其中以中国香港市场比重最大；欧洲市场与美国市场次之，但保持着稳定增长态势，分别占据四川进出口贸易份额第二和第三的位置。东盟市场增长很快，到 2010 年，东盟成为四川第三大贸易伙伴，这与四川近年来“突出南向”发展有关。从出口的国别和地区看，四川主要的贸易伙伴有亚洲的中国香港、日本、韩国、印度和东盟诸国，欧洲的德国、荷兰和俄罗斯，北美洲的美国。从进口的国别和地区看，四川主要贸易伙伴有亚洲的日本、韩国、中国台湾、东盟和中国香港，欧洲的爱尔兰、德国和法国，北美洲的美国等。

从进出口总额的地域分布看，2010 年欧盟、美国、中国香港、东盟和日本居四川省进出口贸易伙伴的前五位，进出口贸易额分别为 62.84 亿美元、51.39 亿美元、36.22 亿美元、31.41 亿美元和 29.34 亿美元，分别增长 40.6%、52.9%、2.9%、28.9% 和 51.2%。全年四川省与亚洲、欧洲、北美洲、非洲、拉丁美洲和大洋洲的进出口额分别为 163.63 亿美元、71.92 亿美元、53.38 亿美元、17.06 亿美元、16.2 亿美元和 5.6 亿美元，分别增长 21.5%、42.5%、51.5%、67%、150.8% 和 21.4%。在东向，对日本出口增速达到 54%，对韩国和中国台湾地区出口保持 30% 以上增幅；在南向，对东盟出口增长 19%；在西向，对中东出口增长 91%，对俄罗斯出口增长 22%，对白俄罗斯、乌克兰等国家增长 1 倍以上。在全省出口商品市场中，亚洲占 44.7%，欧洲占 25.4%，北美洲占 23.1%，大洋洲和拉丁美洲均占 2.4%，非洲占 2%。

从高新技术产品出口地域看，亚洲市场是四川高新技术产品最主要的出口市场，占全省高新技术产品出口总额的 70% 以

表 44-7　2009 ~ 2011 年四川商品主要出口地区（单位：万美元，%）

国别（地区）	2009 年	占比	2010 年	占比	2011 年	占比
全省总值	1415167	100	1884504	100	2904567	100
亚洲	940378	66.5	1013924	53.8	1113171	38.3
沙特阿拉伯	16539	1.2	19369	1	51136	1.8
阿拉伯酋长国	21809	1.5	37739	2	35557	1.2
伊朗	13478	1	42093	2.2	28368	1.0
中国香港	284772	20.1	273396	14.5	289249	10.0
印度	112472	8	109791	5.8	122176	4.2
日本	34300	2.4	52843	2.8	104577	3.6
巴基斯坦	23467	1.7	33721	1.8	22653	0.8
韩国	26498	1.9	35518	1.9	60229	2.1
中国台湾	19807	1.4	26283	1.4	38440	1.3
东盟	189119	13.4	224370	11.9	252588	8.7
印度尼西亚	64597	4.6	57886	3.1	39184	1.4
马来西亚	38446	2.7	40147	2.1	58732	2.0
新加坡	21463	1.5	35477	1.9	59245	2.0
泰国	13202	0.9	22396	1.2	23581	0.8
越南	33996	2.4	35202	1.9	43930	1.5
中亚五国	148201	10.5	64734	3.4	28173	1.0
非洲	87503	6.2	142607	7.6	118435	4.1
欧洲	196898	13.9	365952	19.4	745799	25.7
英国	13027	0.9	23151	1.2	52521	1.8
德国	30258	2.1	70899	3.8	158491	5.5
法国	16167	1.1	22355	1.2	30982	1.1
意大利	13003	0.9	32016	1.7	57008	2.0
荷兰	20180	1.4	37364	2	217097	7.5
西班牙	11374	0.8	31310	1.7	36941	1.3
俄罗斯	32604	2.3	39726	2.1	52040	1.8
拉丁美洲	40078	2.8	128005	6.8	146589	5.1
北美洲	133187	9.4	211746	11.2	746600	25.7
美国	125265	8.9	198311	10.5	717567	24.7
大洋洲	17124	1.2	22272	1.2	33973	1.2

资料来源：四川省商务厅网站（http：//www.sccom.gov.cn/）。

上。出口额居前五位的国家和地区是中国香港、美国、日本、荷兰、马来西亚；东盟地区增长迅猛。

2. 省内市州分布

四川外贸在 1997 年前主要集中于重庆和成都两个特大城市。1996 年四川省外贸进出口总额 21.49 亿美元，其中，重庆外贸进出口达到 15.9 亿美元，成都外贸进出口达 4.5 亿美元。1997 年开始，成都外贸呈现持续性增长，年均增长达到 12.4%，到 2000 年进出口突破 7 亿美元，2011 年成都外贸进出口总额跃居全国 15 个副省级城市第九名、中西部第一名，达到 379.06 亿美元，占四川外贸进出口额的 80%，同比增长 53.61%。①

四川各地市州承接产业转移能力提升，外贸出口能力逐步增强。英特尔、富士康、铁姆肯等企业过去主要集中在成都选址，随着各地市州投资环境改善和资源的开发，许多外贸企业、外商投资企业、加工贸易企业扩大在四川二级城市选点布局。2009 年除乐山、绵阳、德阳等二级城市外，遂宁、内江、泸州、眉山、广元、南充等市也有进出口加工贸易企业落地。四川各地市州的特色优势产品的开发和加工能力不断提高，出口能力也随之增强。2004 年四川省 21 个市州中仅有 9 个市州的出口额超过 1 亿美元，其中成都市出口额达到 11.69 亿美元；2010 年四川已有 14 个市州出口额超过 1 亿美元，其中成都出口达到 122.6 亿美元。2011 年，四川 18 个市州进出口保持增长，其中阿坝、雅安、达州进出口同比增长 1 倍以上，成都、内江、广安进出口增幅均超过 50%。

2009 年，四川首次实现 21 个市州均有高新技术产品进出口。其中，成都市高新技术产品进出口额 76.7 亿美元，增长 40%，占全省高新技术产品进出口总额的 82.4%；德阳、眉山、广元等市高新技术产品进出口增长迅猛。2010 年，全省 16 个市州有加工贸易进出口实绩，其中：8 个市州加工贸易进出口增长，8 个市州加工贸易进出口负增长。正增长的市州及增幅分别是：遂宁 334%、自贡 68%、绵阳 57%、成都 39%、广安 38%、资阳 30%、乐山 21%、雅安 12%。② 2011 年四川完成加工贸易进出口总额 210.3 亿美元，同比增长 93%。其中以富士康为代表的大型转移企业的龙头作用突出，全年富士康公司实现进出口额 103.3 亿美元，对加工贸易增长的贡献率达到 99.4%。全省有加工贸易进出口业务的市州达到 16 个，12 个市州加工贸易进出口额实现正增长。其中，进出口额较大且增长较快的市州有：成都市 196.4 亿美元，增长 104.8%；德阳市 42130 万美元，增长 63.2%；乐山市 29984 万美元，增长 7%；自贡市 16191 万美元，增长 25%；阿坝州 2713 万美元，增长 1576.3%。泸州、宜宾、遂宁的增幅都超过 50%，眉山、南充、绵阳、广安 4 市呈下降态势，攀枝花、达州、巴中、凉山州、甘孜州则无加工贸易进出口实绩。

---

①《成都市 2011 年对外贸易年度报告》，http: //www.cdmbc.gov.cn/detail.php?tid= 237741，最后访问日期：2013 年 7 月 1 日

②《2011 四川年鉴》。

表 44-8　2008 ~ 2011 年四川各市州进出口额（单位：万美元）

市　州	2008 年	2009 年	2010 年	2011 年
全　省	2211408	2422728	3277822	4778445
成　都	1547667	1786253	2467759	3790634
自　贡	49489	49877	54138	70685
攀枝花	39049	16199	25389	26586
泸　州	13261	13578	13325	15192
德　阳	186445	168938	223195	290775
绵　阳	116855	107289	159752	185135
广　元	13230	18601	20729	29708
遂　宁	15320	16755	28150	39699
内　江	16817	12854	16845	25694
乐　山	79807	85608	97630	79858
南　充	21861	22290	30867	32795
眉　山	8612	20420	9985	13577
宜　宾	55009	50140	65275	81229
广　安	11589	20479	29275	44622
达　州	8524	8491	7070	15237
雅　安	2814	950	1333	3261
巴　中	4370	3840	4863	2584
资　阳	15999	15437	15669	21093
阿坝州	835	859	1475	3853
甘孜州	736	800	1305	646
凉山州	3119	3067	3793	5582

资料来源：历年《四川年鉴》。

三　四川外资：筑巢引凤成效显著

积极有效利用外资是四川对外开放的核心内容之一。四川省虽然地处我国西部内陆，但其凭借雄厚的科研实力和工业基础以及独特的资源环境和日益便捷的交通基础设施，已经成为西部地区的投资热土，省会成都市更是成为我国最具投资吸引力的城市之一。“投资西部，首选四川”已逐渐成为世界 500 强企业的共识。

（一）发展历程

从 1983 年起就陆续有港澳台同胞来川投资，但数量少、规模小，利用外资主要来源是世行贷款、外国政府贷款和国际商业贷款。1992 年邓小平同志南方谈话之后，省委、省政府提出了“以大开放促大发展”的方针，开始把对外开放和招商引资作为全省经济工作的战略重点来抓。出让全省的市场和资源，包括让外商占有全省一定的市场份额和允许外商对全省的资源开发利用，则是邓小平南方谈话后全省加快对外开放所实施的战略举措，尤其是 1993 年以来全省对外开放的步伐大大加快，仅当年协议外商直接投资金额即为前 14 年总和的 1.5 倍，这与全省的“筑巢引凤”战略和市场开放举措无疑有着客观的内在联系。①

四川提出“以大开放促进大发展”的方针后，省政府于 1994 年在成都举办了规模盛大的四川投资贸易洽谈会暨国际研讨会；1995 年初，省政府成立了外事外资领导小组，对外称省政府招商办，专门负责招商引资工作；1996 年，成立了省对外开放领导小组，统筹协调全省的对外开放和招商工作。同时，还成立了省引进外资项目办公室，专门负责招商项目的收集、论证和包装工作。同年，省委、省政府召开了全省对外开放工作会议，把对外开放列为富民兴川的战略重点，出台《关于进一步扩大对外开放的意见》；1997 年 8 月，省政府在乐山召开了全省对外开放座谈会，进一步统一思想，检查各地各部门工作落实情况；1998 年，在原省政府招商办的基础上组建省政府招商局，设立了省政府招商局驻北京联络处，加强四川对外开放和招商。同年又组建了对欧洲、北美、亚太地区的 3 个工作小组，有针对性地联络上述 3 个地区的大公司，促进了一批投资项目来川落户。21 个地（市、州）也都成立了招商局、招商办、开放办、项目办等机构，成都市所有市县、区都成立了专门的招商机构。②

投资软环境方面，1992 年四川省人大常委会颁布了《四川省鼓励外商投资条例》，1996 年四川省人民政府根据该条例制定了《四川省鼓励外商投资优惠政策》，在税收、信贷、外汇管理、土地使用、物资进出口等方面给予外商实实在在的优惠。1999 年初，省政府出台了“关于规范对外商投资企业收费明白卡制度”，明确了对外商投资企业的收费种类和标准，加强了对税外收费的管理。为鼓励现有外资企业再投资，1999 年省上还出台了“外商投资企业再投资的有关政策”，对已在中国境内投资的外资企业再到四川投资的，其外资比例超过 25%，享受外商投资企业的各项优惠政策。设立了外商、台商投诉中心，认真及时地处理各种投诉。开展“一站式”服务，为来川投资的外商代办项目审批的有关手续。创办了国际学校和国际俱乐部，解决了外商子女就学及休闲度假问题。在国际互联网上开设了四川招商引资窗口，录入了鼓励外商投资的法规、政策、重点领域和重点引资项目，便于外商查询。这些开放政策和措施受到投资者和国际组织的高度评价。世界银行、国际金融公司（IFC）和日中经济协会的评价报告认为，

① 王小刚：《中国内陆大省对外开放的几个战略问题》，《管理世界》1995 年第 1 期。
② 刘卫平：《论四川外贸出口的主要特点与转型升级战略》，《四川商务》2009 年第 9 期。

以成都为中心的川西平原经济圈的投资环境已接近长江三角洲和珠江三角洲的水平，是在中国内陆地区投资的首选地区之一。

90年代以来，随着投资环境的逐步改善，一批国际著名的大公司、大财团纷纷看好四川。美国摩托罗拉、可口可乐、百事可乐、AT&T，德国西门子、赫司特、拜耳，日本丰田、味之素，法国拉法基，挪威斯堪纳，韩国大宇，泰国正大，中国香港长江实业、恒基、华润等跨国跨地区公司都已在川开办企业。全球500家大公司中有30余家已到四川投资；1995年，新加坡与四川省成立了“新加坡－四川投资与贸易合作委员会”，美国摩托罗拉、纽约国际人寿保险，挪威斯堪纳，中国香港华润、新世界与四川成立了联合工作委员会，开展了一揽子项目合作。到1998年底，四川已与100多个国家和地区建立了经贸合作关系，2008年底达到203个。

进入21世纪，随着四川对WTO规则的逐步熟悉和接轨，外商来川投资增长迅速。四川积极引导外资投向优势产业，充分发挥省会成都这一中心城市的环境优势和工业园区的载体功能，不断增强企业技术引进、消化和创新能力。1978～2007年，全省共审批设立外商投资企业8271家，外商直接投资合同外资金额216.63亿美元。2010年，全省新批外商直接投资企业379家，累计批准9293家，居中西部地区第一位。全年外商投资合同额62.1亿美元，增长153.7%；外商投资实际到位资金61.2亿美元，增长69.6%。汶川地震灾害后的三年，是产业恢复重建的三年，更是四川开放合作力度最大的三年、四川对外开放外资投放最多的三年。2008年6月至2011年5月，全省共批准外商投资企业957家，吸收外商投资实际到位外资额138亿美元，超过了改革开放30年的总和；80多个国家和地区在川设有外商投资企业，比三年前增长60%；新增加32家世界500强企业在川落户，是吸收世界500强落户最多的中西部省份，四川对外吸引力依旧未改。①

截至2010年，四川的外商投资结构进一步调整，制造业和服务业外商投资明显加快，而房地产业的外商投资比重下降，但仍然占44%左右。外商投资平均规模也大幅增加，单个项目合同外资额从2009年的857万美元提高到2010年的1482万美元。截至2011年，在川落户的世界500强企业达214家，其中境外世界500强企业173家。② 在四川，近年来外商投资区域分布更加集中，成都吸纳外商投资占全省80%以上，成都作为外商投资四川的首选区域的地位进一步增强。2011年启动的四川天府新区建设将成为吸纳外商投资的新的增长点。

（二）外资特点

一是外资规模持续增长。改革开放初期，有关利用外资的立法还不完善，外商对国内缺乏充分了解，投资还有顾虑。③ 据统计，1983～1995年全省合同利用外

① 《震后3年外商投资达138亿美元 超过前30年总和》，《华西都市报》2011年5月11日。
② 此数据系截至2010年9月，来自省发改委。
③ 阎星等：《改革开放30年成都经济发展道路》，四川人民出版社，2009。

资额 75.4 亿美元，实际到位外资额 32.1 亿美元。成都作为四川承接外商投资的最主要承接地，1985 ~ 1990 年，共成立外商投资企业 70 家，协议外资 1.12 亿美元；1992 ~ 1993 年，成立外商投资企业 1284 家，协议外资 14.54 亿美元。“十一五”期间，四川实际利用外资 179.61 亿美元，较“十五”期间利用外资增长 1.8 倍，年均增 37%，实际利用外资总量位于中西部第一。2010 年，四川新批外商直接投资企业 379 家，实际利用外资 70.13 亿美元；2011 年四川实际利用外资 110.3 亿美元，外商直接投资 94.8 亿美元，已连续多年位居中西部第一。截至 2010 年底，四川省累计批准外商直接投资企业 9293 家，外商直接投资合同外资金额为 364.57 亿美元，外商直接投资实际到位金额 221.16 亿美元，一举成为全国利用外资的大省。[①] 2011 年四川新增境外世界 500 强企业 13 家，在川落户的世界 500 强境外企业累计达到 173 家，持续保持中西部第一的领先地位。

二是外商直接投资经历了 5 个波浪式发展阶段：1983 ~ 1991 年的起始阶段。1992 ~ 1993 年的快速增长阶段。这一时期，四川外商投资企业数量显著增加，但外资规模不大，质量也不高。1994 ~ 1995 年的回落阶段。从 1994 年开始，我国利用外资政策进行重大调整，对外资实行产业导向并取消部分优惠待遇，四川利用外资也进入调整、巩固和提高的平稳发展时期。1997 ~ 1999 年的恢复性增长阶段。2000 ~ 2011 年的持续增长和提升阶段。2006 ~ 2011 年的四川实际利用外资和外商直接投资年平均增长速度分别达到 46.8% 和 48.4%。随着加入 WTO 谈判的推进，我国市场规则逐步与国际接轨，外商来川投资领域进一步拓宽，投资结构得到改善，项目质量明显提高，引进的外商直接投资开始由注重数量扩张向注重质量、效益和结构转变。

三是外商投资的行业分布日趋合理。1983 年外商直接投资最初主要投资于餐饮娱乐等一般性服务业，后逐步转向投资于工业和基础设施建设领域，且科技含量不断提高。截至 1998 年底，全省外商投资企业投资于工业的占 64.7%，投资于城市建设的占 17.2%，投资于能源、交通、通信的占 9.1%，投资于服务及教育的占 6.7%，投资于农林水利的占 2.3%，工业成为外商在川投资的主要领域。1994 年国家对外商直接投资实行产业导向以来，美国的可口可乐、肯德基、P&G、英特尔、戴尔，日本的丰田、住友、雅马哈、伊藤洋华堂、神钢株式会社，德国的西门子、赫斯特，韩国的大宇、锦湖，英国的瑞太克斯等知名跨国企业纷纷到四川投资。“十五”期间，制造业仍是四川省吸引外商投资最多的行业，涉及电子通信设备、电子元器件、食品、机械（汽车）、化工、医药等领域的生产加工；其次为服务业，涉及房地产、商业零售、信息咨询、旅游、餐饮等服务行业。然而，“十一五”期间外商直接投资领域悄然向第三产业偏移。到 2010 年，服务业已成为外商投资主要领域，新批外商投资企业中服务业企业有 266 家，占 70.2%，主要分布在商贸、

① 《四川省外商投资统计资料》，中国四川外资网，最后访问日期：2013 年 7 月 5 日。

租赁和商务服务、信息传输、金融、房地产等领域。全省第一、第二、第三产业合同外资金额分别为1.96亿美元、15.17亿美元和44.04亿美元，分别占全省外商直接投资合同额的3.2%、24.8%和72%；第一、第二、第三产业实际到位外资金额分别为0.8亿美元、21.94亿美元和37.51亿美元，分别占全省外商直接投资实际到位额的1.3%、36.4%和62.3%，全省制造业到位外资仅为16.37亿美元。2011年服务业成为外商投资的热点。信息传输、计算机服务和软件业合同外资和实际到位外资分别同比增长140.7%和130.4%。金融业实际到位外资同比增长30.5倍，德国复兴信贷银行、汇丰、渣打等10余家外资银行在成都设立分行，中英人寿、中德安联等10家外资保险机构在四川设立分公司，四川成为中西部外资银行和外资保险机构最多的省份。交通运输、仓储及邮政业合同外资和实际到位外资分别同比增长32.5%和24.4%。全省制造业仍然是外商投资重点之一，2011年，制造业合同外资为27.34亿美元，同比增长1.6倍，占外商直接投资总额的43.7%；制造业实际到位资金为42.47亿美元，同比增长1.6倍，占比达到44.8%。

四是外商投资项目的水平不断提高，大项目越来越多。1983～1991年，每个外商投资项目的平均合同外资额为68.3万美元，1992年为101.9万美元，1994年为137.6万美元，1996年为148.2万美元，1998年为305.6万美元，2009年达到857万美元，2010年达到1482万美元，2011年新批总投资超过1000万美元的企业达到102家，合同外资金额约为29.98亿美元，其中投资总额超过1亿美元的企业有14家。2010年四川外资企业户数、注册资本呈现“双增长”，分别较上年增长4.6%和19.5%。2010年新登记外商投资企业投资总额、注册资本、外方认缴较上年同期分别增长225%、193%和260%，创历史新高。[①] 截至2010年12月底，全省累计登记外商企业9293户，涉外税收累计达984.92亿元。“两高一资”和低水平、过剩产能扩张类项目得到控制，外商投资继续投向优势特色产业，产业集群进一步发展。新引进总投资1000万美元以上的项目110个，其中投资额1亿美元以上的9个。富士康、德州仪器、戴尔等信息产业巨头纷纷入驻，成都作为中国IT产业第四增长极的地位逐步凸显。截至2011年底，在川落户的世界500强境外企业达到173家（有实际投资的达134家，其中有直接投资的72家），持续保持中西部第一的领先地位。

五是利用外资的方式呈多元化发展趋势。利用外资从20世纪80年代的对外借款，外商合资、合作、独资，三来一补的方式逐步扩大到对外发行股票、项目融资、一揽子项目合作、BOT等，目前四川省正在探索发行海外产业投资基金的筹资方式。2011年，外企增资成为一大亮点，说明四川投资环境受到外商的广泛认可。全省共审批增资项目188个，外资合同增资金额为22.96亿美元，实现合同外资净增资17.94亿美元，占全省外商直接投资合

① 《四川外商投资大幅上升160家世界500强落户》，中国新闻网，2011年3月1日。

同外资总额的 28.7%。增资企业到位 26.53 万美元，占全省外商直接投资实际到位外资总额的 28%。

（三）外商投资的地域分布

尽管全省 21 个市州都分布有外商投资企业，但从数量上看，外商投资主要分布在"成绵乐"一带，尤其是成都市以其特大中心城市的优势吸引了绝大部分的外商投资。"十一五"期间，外商投资的主要领域从制造业转向服务业，由于服务业更加依赖中心城市的发展，外商投资区域进一步向成都地区集中，有些年份成都吸引的外商投资占到全省的 90% 以上，其余 20 个市州则偏少。例如，2010 年成都市实际利用外资 64.1 亿美元，占四川利用外资总额的 91.4%；澳大利亚澳新银行、日本钢铁及法国电力、美国大都会人寿等 12 家境外 500 强企业落户成都，累积落户成都市的世界 500 强企业增至 189 家，其中境外企业 149 家，占落户四川境外 500 强企业总数的 93.1%。绵阳、德阳、眉山、资阳等成都周边地区和攀枝花的外商投资大幅增长，但比重仍然很低。2011 年成都继续保持利用外资优势，新批准外商投资项目 236 个，其中 1000 万美元以上的项目 84 个；合同外商直接投资 51.2 亿美元，比上年增长 5.5%；实际利用外商直接投资 65.5 亿美元，增长 34.9%。[①] 2011 年，二级城市成为吸引外资的新增长点。11 个市州合同外资同比上升，绵阳、眉山、雅安、泸州、广元、遂宁、巴中 7 个市州增长 1 倍以上；实际到位外资有 19 个市州同比上升，资阳、内江、南充、巴中等 4 个市州均同比增长 1 倍以上。[②]

（四）外商投资来源分布

从全省外资的来源地看，"十一五"期间，中国香港、英属维尔京群岛、新加坡等国家和地区的外资占比达到 80% 以上，欧盟、美国等发达国家和地区在全省的投资比重呈下降趋势。

2007 年，中国香港和英属维尔京群岛居外资来源地前两位，合同外资总额达 32.34 亿美元，占全省总额的 70.6%；实际到位外资总额 12.13 亿美元，占全省总额的 68.5%。新加坡合同外资和实际到位外资分别为 3.39 亿美元和 1.8 亿美元，列全省外资来源地第三位。

2008 年，来四川投资的国家和地区主要有：中国香港 185970 万美元、英属维尔京群岛 41592 万美元、新加坡 28712 万美元、巴巴多斯 13793 万美元、萨摩亚 12356 万美元、毛里求斯 7555 万美元、美国 4223 万美元、开曼群岛 4000 万美元、中国台湾 1724 万美元、阿联酋 1450 万美元、印度尼西亚 1086 万美元、日本 1066 万美元。

2009 年，国际金融危机促使新一轮国际产业结构调整，跨国公司产能整合、外商投资企业国内产能整合更多地趋于成本和市场导向。刚刚经历汶川大地震，开始

---

① 成都市统计局、国家统计局成都调查队：《2011 年成都市国民经济和社会发展统计公报》，2012 年 4 月 2 日。
② 《四川外商投资大幅上升 160 家世界 500 强落户》，中国新闻网，2011 年 3 月 1 日。

表 44-9　四川利用外资的地域分布（单位：万美元）

年份	1991	1994	1995	1996	1997	1998	1999	2000	2001	2002	2003	2004	2005	2006	2007	2008	2010
四　川	2426	33178	50212	79043	15021	20183	24106	30718	36305	51666	45156	50123	97678	102753	129694	244590	602517
成　都	685	1076	6507	7110	3467	10424	10387	10086	18656	33672	27329	27793	79805	86211	96403	193978	485575
自　贡	14	—	3380	7782	257	230	606	1959	817	1636	1801	1973	427	607	2540	1510	1504
攀枝花	—	—	—	—	412	—	1070	80	436	868	1653	416	423	774	3131	16510	20834
泸　州	18	—	130	—	—	12	482	117	1234	200	514	683	678	1881	1040	1178	3051
德　阳	395	143	79	462	—	187	556	1025	47	1186	670	1456	1938	2013	1002	1301	15133
绵　阳	72	833	582	1799	752	721	831	3896	1925	1050	1059	2865	9343	5605	10678	10551	15063
广　元	11	—	50	—	—	—	385	171	38	279	0	—	138	35	67	190	1810
遂　宁	—	—	270	—	161	—	0	287	347	234	1246	1569	265	359	2836	175	2289
内　江	254	—	62	711	57	219	9	51	450	26	601	620	475	304	33	145	4637
乐　山	16	—	523	36372	9301	7830	8748	11725	10518	10418	5503	7147	1531	2443	3965	4195	9199
南　充	—	551	32	300	527	500	950	110	89	1560	2500	4350	661	869	2472	2891	1842
眉　山	—	—	—	—	—	—	—	987	1125	57	478	450	442	612	4406	10380	13622
宜　宾	—	—	—	—	87	60	82	31	72	271	519	687	1026	851	924	1011	4077
广　安	—	—	—	—	—	—	0	0	24	—	0	—	356	—	50	50	2432
达　州	—	—	—	—	—	—	0	186	300	75	73	75	80	—	—	60	5050
雅　安	—	65	32	1652	—	—	—	4	4	26	0	—	—	74	136	180	3538
巴　中	—	72	300	270	—	—	—	3	112	—	0	—	—	—	11	—	102
资　阳	—	292	—	103	—	—	—	0	111	108	1210	39	90	115	—	285	1390

注：1996 年以前全省总计中包括市辖县数据。

资料来源：历年《中国城市统计年鉴》。

灾后重建的四川省利用资源、产业、人才、科技和区位等比较优势，以土地、水、电、气等要素差异化配置和财税、金融政策倾斜支持为引导，承接了英特尔、敦豪、马士基等项目。

2010 年富士康、戴尔、仁宝等一批大公司纷纷选择四川，落户的 5000 万美元以上外资项目就有 31 户，较上年同期增长 210%。四川正逐步发展成跨国公司的制造基地、研发中心、外包中心、物流配送分销中心，四川作为西部金融中心的地位也正在逐步确立。安联、中英、华泰、花旗、渣打、汇丰、摩根大通、东亚、华侨等国际金融企业纷纷来川开办分公司，兴办小额贷款公司、融资租赁公司，2010 年金融业外资企业注册资本达 4.5 亿美元，同比增长 472%。①

截至 2011 年 1 月，四川省历年累计共审批外商投资企业 9327 家，外商直接投资合同外资金额 368.62 亿美元，外商直接投资实际到位金额 225.34 亿美元。②

四　四川对外经济技术合作："走出去"参与国际竞争

（一）发展历程

四川的对外经济合作始于 1957 年，主要经历了由起步、转变到发展的三个时期，为国家的社会主义建设作出了积极的贡献。

1. 起步阶段

四川的对外经济合作起始于 1957 年，主要是执行国家下达的对外经济技术援助任务。在 1970 年以前，国家对外援助管理体制上，由中央有关部担任援外项目总负责人，直接组织实施，但多以委托省市对口单位执行。这期间，四川省轻工业厅和宜宾纸厂先后分别承担了规模为年产书写纸和纸袋纸 2 万吨、建筑面积 27000 平方米的越南池纸厂和规模为年产书写纸和印刷纸 1.2 万吨的缅甸当纸厂援建项目，以及由四川省农业科学院承担的索马里水稻实验站项目。1971 年以后，对外援助项目管理体制改变为承建部责任制，即由对外经济联络部代表国务院向承建部和地方下达援外任务，在承建部对项目负全面经济、技术责任的前提下，项目全部交给地方完成。各地设立了相应机构，四川省设立了援外组（后成立援外办）负责援外工作的归口管理工作。至 1979 年先后承担完成了索马里贝布公路工程和贝宁、利比里亚、莫桑比克 3 个国家的 7 个农业技术项目等。四川省对这些援外项目的实施，在国际上产生了良好的影响，为以后四川省的对外经济合作工作开辟了道路。

党的十一届三中全会以后，对外经济技术援助工作经过调整、改革，进入了新的发展时期，对外援助的管理体制由过去的承建部负责制改为"投资包干制"，后又完善为"承包负责制"，这一改革克服了"吃大锅饭"的弊端，贯彻责、权、利

① 《四川省外商投资统计资料》，四川商务之窗，最后访问日期：2013 年 7 月 5 日。
② 以上数据来自国家商务部网站。

相结合的原则。此外，相应地制定了经援项目内部招标办法，择优选择承包单位，大大调动了地方承担经援项目的积极性。这期间，四川省共承担了大、中、小型项目30多个，为前一时期的2倍多。具有代表性的项目有：喀麦隆110千伏高压输变电工程项目，马里第一、第二糖厂技术合作和管理合作项目，佛得角人民议会堂，肯尼亚体育综合设施。项目主要分布于亚、非、拉美等20多个国家，内容涉及工业、交通、公共设施、农业等方面。援建项目总金额5亿多元。据不完全统计，派往各受援国的专家、技术人员近5000人次，为受援国培训技术人员、管理人员3000多人次。四川在承担的各援外任务中，圆满地履行了国际主义义务，做出了显著的成绩，得到受援国高度赞誉。中国（四川）国际经济技术合作公司承建的肯尼亚体育综合设施，被肯尼亚作为货币图案使用，以纪念中肯友谊。

为适应对外经济合作发展的需要，1980年经国家批准四川省成立了第一家省级对外承包工程的外经企业——中国四川国际经济技术合作公司。作为一个窗口公司，在继续参加外资项目招标和承担国家对外经援项目的同时，跻身国际市场，参加国外招标（议标）招揽工程项目。1982年该公司同时中标索马里哈尔梅萨——博拉马14公里和阿天龙依巴依多瓦214.6公里两个工程项目，投标金额达3262万美元，从此，揭开了四川省直接对外承包工程的序幕。仅1981～1987年，省内有关厅局的专业公司以及其他一些工程单位，在外承包和实施的项目194个，合同金额达22604万美元，完成营业额18737万美元，外派劳务15515人。1991年，四川省直接对外签订承包、劳务合作合同金额13亿美元，完成营业额7.8万美元，外派各类劳务人员3.8万人次。对外承包工程与劳务合作项目主要包括公路、桥梁、住宅、社会公共设施、农业灌溉以及建材、石油、化工、电力、服装、川菜厨师技术服务等项目，项目分布世界五大洲60多个国家和地区。

在国家主管部门的统一安排下，四川省业务对口单位积极组织实施接受国际无偿援助项目，这些项目主要来自联合国有关机构，如联合国开发署、人口基金、儿童基金和世界粮食署等，主要分布在教育、卫生、计划生育和农业部门。随着项目的实施，从更广的范围内引进了技术和设备，开辟了四川省对外经济技术合作的新途径，为促进省内的经济建设和社会发展起到了积极有益的作用。

2. 转变阶段

进入90年代，小平同志南方谈话后，四川相继出台了扩大对外开放的办法和措施，在直接对外承包工程（含经援工程项目）与劳务合作为主体的各项对外经济合作业务上取得了长足的发展，主要实现了以下三大转变。

一是对外经济合作队伍由单一的窗口公司向实体化、集团化的外经队伍转变。截至1998年，省内获外经贸部批复享有对外工程承包、对外劳务合作经营权的企业达到20家，外经企业也由窗口公司向实体化、集团化公司方向发展，有实体外经公司14家，特别是为适应新时期国际工程承包市场激烈竞争的需要，成立了集建筑、化工、纺织、公路、桥梁等10多个行业于一体，公司工程、技术、设计人员占 80% 以上的中国华西设计建设（集团）公司；从事外经工作的职工也由过去的几百人发展到现在的 20 余万人，其中，高、中级职称以上的工程和技术人员占 1/3。涉及的行业有建筑、化工、水利、电力、农业、轻工、纺织、机械、咨询、设计等，基本形成了一支专业门类较为齐全、具有较强实力、全方位的外经队伍，国际工程承包、劳务合作市场竞争力得到大幅提高。

二是对外工程承包业务向纵深发展。1992 ~ 1998 年四川省对外承揽工程项目和劳务合作合同金额 32 亿美元，完成营业额 19.1 亿美元，分别是上一时期的 2.5 倍和 2.4 倍；工程承包业务实现了两个大的转变：第一，工程承包由分包、二包向工程总承包转变。省内外经公司积极投入国际承包工程市场，直接参与对国际承包工程的投标、议标承揽项目，对项目实施总承包。其间承揽的具有代表性的项目有：华西集团公司承建的合同金额 3650 多万美元的天宁皇宫酒店，中川国际承揽的坦桑尼亚合同金额 2498 万美元的基汉斯水电站工程和合同金额 1257 万美元的姆旺扎公路工程，川铁国际公司承建的合同金额 1252 万美元的老挝川圹公路改建项目和合同金额 1004 万美元的巴色公路改建项目。第二，由承担单一的建筑、土建工程项目向承揽大、中型成套工程项目转变。仅“八五”期间签订对外工程承包和劳务合作合同金额 26.78 亿美元，比“七五”增长 266%，完成营业额 15.1 亿美元，增长 205.3%，对外承揽 1000 万美元以上的工程项目就有 12 个，大、中型成套项目达 3 个，合同金额 6.7 亿美元。如东方电力设备联合公司承揽合同金额为 2.4 亿美元的伊朗拉克拉工程和合同金额为 2.5 亿美元的巴基斯坦罗塔水电站工程项目，这是 20 世纪四川对外承揽的两个最大的大、中型工程项目。四川的外经业务覆盖面已经发展到 79 个国家和地区，逐步形成了以亚洲市场为主，开拓非洲、南太，恢复中东，开发欧洲的多元化发展新格局。

三是外派劳务由简单的体力型劳务向高智能与中、低档次相结合的多层次外派转变。以前，由于工程项目受建筑、土建为主的单一性制约，外派劳务从事体力劳务居多。随着四川省对外交往的日益增加，对外经济合作的领域不断扩大，外派劳务的渠道和领域也不断扩大。目前，外派劳务从事的行业已发展到农业、渔业、电力、桥梁、铁路、化工、纺织、制衣、服务及电子、计算机、工程设计等高技术领域，派往的国家和地区达 30 多个。1992 ~ 1998 年，共派出劳务 6.9 万人次。如中国成达化学工程公司将工程、设计专家长期派往国外，不仅受到所在国的赞誉，同时也为公司创造了可观的经济效益。外派渔工和对俄罗斯农业劳务是四川省在 90 年代初发展起来的一项对外劳务合作新的业务，并逐年得到发展，目前每年外派渔工达 1700 多人次。外派渔工占全国外派渔工总数的 1/3，对俄罗斯农业劳务最高达 800 人 / 年，该项业务累计外派 5000 余人。

3. 发展壮大阶段

我国加入 WTO 后，世界市场给四川省对外经济合作企业提供了一个崭新的舞台，“走出去”的步伐迈得更大更远。2010 年，四川省对外承包工程和劳务合作新签合同额达到69亿美元，居全国第三位，同比增长52.8%；完成营业额40.2亿美元，居全国第5位，同比增长19.3%。截至2010年底，合同额超过1亿美元以上的在建项目和跟踪项目达76个，合同金额308亿美元。川庆公司在土库曼斯坦新签合同额达31.3亿美元的油田项目，带动四川省外经合作合同额大幅上升（见表44-10）。

继2010年的大幅增长后，2011年初，四川对外承包工程取得开门红，中国水利水电第七工程局有限公司继连续数年在国外承接大型水电项目工程后，又新签订了总额近8亿美元的水利水电工程承包项目。新签的苏丹卡吉巴尔水电站工程项目承包合同金额为7.05亿美元；马来西亚胡鲁水电站工程项目的合同金额为0.94亿美元。2011年四川对外承包工程和劳务合作完成营业额50.42亿美元，同比增长25.4%；新签合同额75.03亿美元，增长8.8%；外派劳务28013人次。新增境外投资企业52家，增长8.3%，核准中方投资额4.85亿美元，境外投资企业累计达到278家。新获得对外承包工程经营资格的企业23家，拥有工程承包资格的企业达到121家。

劳务合作方面，四川有国家级外派劳务基地县4个，即雅安市汉源县、乐山市犍为县、南充市仪陇县、广元市市中区；省级外派劳务基地县16个，即成都市郫县、成都市金堂县、德阳市中江县、乐山市犍为县、乐山市沐川县、眉山市仁寿县、宜宾市宜宾县、内江市隆昌县、资阳市安岳县、南充市仪陇县、遂宁市船山区、雅安市汉源县、广安市广安区、广元市利州

表44-10　2000～2010年四川对外经济合作发展情况（单位：万美元）

年份	合同金额	对外承包工程	对外劳务合作	完成营业额	对外承包工程	对外劳务合作
2000	57016	49761	7255	34538	29916	4622
2001	66029	57114	8915	43482	39971	3511
2002	74502	66686	7816	38811	34406	4405
2003	100223	97412	2811	43187	38960	4227
2004	111290	106078	5212	48733	44264	4469
2005	140805	138397	2408	60079	57274	2805
2006	117193	115283	1841	73592	72193	1320
2007	496678	482757	13921	121437	118736	2701
2008	481547	450120	31427	240475	235191	5284
2009	451467	439995	11472	337185	335622	1563
2010	689802	684878	4924	402137	399299	2838
2011	750300	—	—	504200	—	—

资料来源：历年《四川年鉴》。

区、达州市渠县、巴中市平昌县；省级外派劳务专业基地 5 个，即四川省外派劳务专业基地（纺织、缝纫工类）单位四川非亚实业有限公司、四川省外派劳务专业基地（电子、机械工类）单位绵阳武诚外派劳务服务有限公司、四川省外派劳务专业基地（厨师、服务业类）单位四川省联恒外派厨师服务有限公司、四川省外派劳务专业基地（农业种植、养殖业类）单位四川省农业厅援外办、四川省外派劳务专业基地（建筑工类）单位四川省隆昌乾亨建设有限公司。2011 年 11 月 10 日，四川省首家对外劳务合作服务平台——“成都市对外劳务合作服务平台”建成。

尽管四川开展对外经济技术合作态势良好，但从未来发展前景看还存在一些问题：一是具有核心竞争力的外经企业还不多。大多数外经企业资金不足、融资困难、人才匮乏，对大型公共建筑项目和基础设施项目的市场运作能力较弱。二是省内获得外派劳务经营资格的企业不多，信息少、渠道少，对外签约能力较低。三是外派劳务人员总体素质不高，文化水平偏低、技术单一，技术含量高的工种为数不多，难以满足国外雇主要求。四是全省外派劳务基地县和专业基地功能尚待完善，工作纵深度不够。

（二）对外经济技术合作特点

近十年来，四川对外承包工程业务呈现新的特点：一是承包方式发生变化，大项目增多。总承包逐步成为四川省对外承包工程的主要方式，以工程总承包方式进行的大型成套设备工程和大型基础设施项目占全部对外承包工程总额的 90% 以上。带资承包等高层次承包方式也得到发展。随着承包方式的转变，全省大型工程承包项目增长迅速。二是主要对外承包工程企业日趋成熟。据美国《工程新闻记录》评选公布，四川省成达工程公司 2000 年至今连续进入全球最大 200 家国际工程设计公司前 50 名，连续五年各项排名入选中国公司的首位；2009 年度位列“全球最大 200 家国际工程设计公司”排名第 34 位，是排行榜进入前 50 位的国际工程公司中唯一的中国工程公司。同时，还是“全球顶级 150 家国际工程设计公司”排名第 43 位。东方电力设备联合公司和川铁国际经济技术合作公司多次入选全球 225 家最大国际承包商名录。三是对外承包工程行业优势明显。四川对外承包工程主要集中在电力工业、石油化工、基础设施建设（包括路、桥、房屋建筑、市政建设）、制造业（包括建材在内）四大行业。

五　四川涉外旅游：天府之国更加国际化

（一）发展历程

1. 改革开放前（1949 ~ 1978 年）

1949 年底，中央设立西南大区，辖重庆、川东、川南、川西、川北行署，及云南、贵州、西康、西藏。大区领导机关驻设重庆，西南军政（行政）委员会办公厅设有交际处，下设秘书、人事、总务、交际科和 3 个招待所。从 50 年代起，四川省政府在交际处兼挂“国际旅行社”的牌子，主要任务是接待西南行政区和重庆市党政军领导，同时接待国际友人、其他外宾、外国专家及华侨等。涉外旅游的性质主要为政治接待型，旅游工作成为外事工作的有益补充。旅游事业浓郁的政治色彩和长期缓慢的发展，导致其经济职能得不到认同，旅游管理以行政指令为主要依据。到 1978 年，成都、重庆、万县、乐山、温江地区对外参观、游览点为 68 个，仅有的两条供国际友人游览线路——川东的长江三峡水域和川西的成都 – 乐山 – 峨眉，共接待海外游客 2500 人。①

到 1966 年，四川省共组织了 5 次出境旅行团，总人数 69 人，出访苏联、民主德国、波兰、蒙古、朝鲜、捷克斯洛伐克、阿尔巴尼亚等社会主义国家。各团均由省市相关领导带队，旅游内容主要为参观访问工厂、农庄、学校、医院及列宁、斯大林陵墓等，参加由对方安排的纪念大会和歌舞晚会。这一时期，四川涉外旅游以政治性、外交性为主，单纯政治接待，不计成本，不讲效益，属于“接待型”、“事业型”行业。

2. *涉外旅游起步阶段（1979 ~ 1990 年）*

1978 年 1 月，国务院召开了全国旅游工作会议，决定发展我国的国际旅游事业。1978 年 3 月，中共中央批转了外交部《关于发展旅游事业的请示报告》，将中国旅行游览事业管理局改为直属国务院的管理总局。而紧闭了多年的国门打开后，大批国外旅游者前来参观游览，但当时我国的旅游基础设施和接待设施建设落后，设备不足，人才缺乏，旅游供给严重不足，形成了供不应求的旅游卖方市场。当时由于国家财政困难，尤其是外汇短缺。中央提出了利用国内资源和国外资源，打开国内市场和国外市场的方针，旅游作为创汇产业的经济性逐步凸显，为涉外旅游业的发展创造了良好的条件。

旅游资源大省的四川为了创造发展涉外旅游的良好条件，1978 年省委决定：一是成立四川省旅行游览事业管理局。决定省外事办公室、省旅游局、省侨务处实行“一套班子，三块牌子”的体制。1983 年 2 月进行机构改革，省旅游局并入省外事办，对外仍然保留外事办、旅游局、侨务办 3 个牌子。1984 年 7 月，经省人民政府批准，省旅游局再次分设。二是将成都锦江宾馆归划省旅游局管理。改革开放之初到成都的海外游客，多数只能下榻政府招待所。锦江宾馆原名东方红宾馆，为省府办公厅直属，划归省旅游局管理后，四川省才有了第一座涉外旅游饭店。1978 年的全国旅游工作会上，确定由国家投资在成都和重庆各建一座 500 个床位的涉外旅游饭店——岷山饭店和扬子江饭店，从 1981 年到 1984 年期间，在成都市，先后有望江宾馆，以及芙蓉饭店、兴川饭店、顺城宾馆、人民旅馆等改造出一批带卫生间的客房，并获准从事涉外接待。

1978 年 4 月 11 日，经四川省委同意，成立“中国国际旅行社成都分社”，与省外事办旅游处合署办公，同时挂出“四川省华侨旅行社”、“四川省中国旅行社”的牌子，隶属省外事办领导。1978 年 6 月，对外开放逐步推开，国务院批准成都、重

① 四川省旅游局：《四川旅游改革开放 30 年》，2008 年 12 月。

庆两市为甲类开放地区，外国人持本人有效证件或居留证即可前往。这是中华人民共和国成立后，四川最早对外正式开放的地区。1979 年，又批准乐山、万县、峨眉列为乙类地区，外国人经批准后可去工作、旅游。1982 年，四川增加新都、灌县、忠县、眉山、云阳、奉节、巫山、大足为乙类地区。1984 年，乐山市、峨眉县、大足县升为甲类地区。四川主要旅游景区逐步对外开放。在国家旅游局和国旅、中旅两总社的支持下，全省在 1979 年接待了来自 39 个国家和地区的外国人和华侨、港澳同胞旅游者 17595 人，旅游收入 635 万元（外汇券人民币）。外国旅游者和海外同胞到四川观光，普遍对雄伟壮丽的长江三峡、乐山大佛和风景秀丽的青城山、峨眉山，以及沿线的大量珍贵文物古迹称赞不已，也为四川的美味佳肴和风土人情所吸引。1983 年，由于受到主要口岸城市“住房难”和进出四川的交通运力不足的影响，全年入境游客接待人数只有 54839 人。

1985 年全省的入境旅游出现了淡季缩短、旺季更旺的新局面，旅游人数的大幅度增长，旅游设施不足的问题也随之显露出来。发展旅游业能增加财政收入和实现外汇增长的功能日益显著，地方和部门筹资新建高档次宾馆饭店的积极性普遍高涨，由此拉开了全省旅游设施建设的序幕。

1986 年，《全国旅游发展十五年规划（1986 ~ 2000 年）》确定在“七五”期间要大力进行旅游建设，加快旅游发展，四川省政府批准了《四川省发展旅游事业的“七五”规划》，加大了旅游项目建设投入和境外宣传促销力度，先后到日本及英、德、法、美、加等欧美主要客源国参加旅游展销会。1988 年，由于西藏发生骚乱，限制旅游者入境，使成都—拉萨旅游线的客源锐减，1989 年春夏之交全国一些地区出现的政治风波导致来川游客大幅下降，直到 9 月下旬才逐步回升。1990 年，在各方面的共同努力下，终于实现了四川涉外旅游的大幅度回升。1990 年，全省接待海外游客 19.4 万人次，旅游创汇 1.72 亿元（折合 0.36 亿美元）。四川涉外旅游经过 1978 年至 1990 年的发展，已取得了长足的进步，其经营规模和设施条件都具备了一定的水平。[①]

这一时期全省旅游处于起步阶段，主要特征包括：一是初步形成旅游管理体系，二是旅游由接待事业型逐步向经济创汇型转轨，三是建立了人才培养基地和涉外旅游接待基地，四是旅游基础设施投资大幅增加。四川涉外旅游，从无到有，从此逐步成长起来。

3. 涉外旅游曲折发展阶段（1991 ~ 2000 年）

1993 年四川建立旅游发展基金，主要用于发展旅游业和开发短线旅游产品的宣传、会展、活动、促销等，重点是基础设施建设和效益好、创汇能力强的项目。1994 年的“千岛湖事件”使中国台湾、东南亚、日本、欧美市场都受到不同程度的冲击。据统计，四川省退团 564 个，共 14347 人，预计资金损失达 6531 万元，这一恶性事件给四川省涉外旅游发展造成了

① 四川省旅游局：《四川旅游改革开放 30 年》，2008 年 12 月。

巨大损失。1997 年重庆成为直辖市，行政区划变化使全省生产力布局及经济结构进行大调整，重庆旅游基数划出后，旅游外汇收入由第 12 位下降为第 21 位。

这一时期，四川省决定将旅游业作为支柱产业进行培育，使四川省旅游业实现了从一般产业向支柱产业的战略性转变，全省掀起了发展旅游的热潮。并与世界旅游组织（WTO）合作，进行《四川省旅游发展总体规划》项目的研究与编制工作，引进国外全新的规划理念，对全省旅游发展进行了重新定位和科学规划。到 1996 年重庆直辖前，全省已有涉外旅游宾馆 150 多家，其中星级宾馆 85 家，锦江宾馆被评为西南地区第一家五星级饭店；各类旅行社 270 多家，其中经营国际旅游业务的一、二类社 27 家。1995 年全省旅游外汇收入 1.25 亿美元，占全省出口创汇 25 亿美元的 5%。到 2000 年，四川涉外旅游外汇收入突破 1 亿美元大关，达到 1.22 亿美元，是 1990 年的 3.39 倍，年均增长 15.6%。①

4. 涉外旅游高速发展阶段（2000 年至今）

对外开放是入境旅游的前提，作为中国面向世界的窗口，四川的入境旅游是伴随着我国改革开放的不断深入而发展起来的。进入 21 世纪后，我国旅游业以更加开放的姿态迎接各国游客，特别是 2001 年“入世”后，四川涉外旅游规则进一步与世界接轨，在这一阶段，四川涉外旅游发展也逐步进入了健康、持续、快速发展期。国家旅游局对四川旅游发展寄予厚望，明确提出四川是中国入境旅游发展的重要目的地之一。②

2000 年以前，四川省旅游业快速发展，入境旅游发展却相对滞后。“十五”期

表 44-11　1996 ~ 2011 年四川省涉外旅游经济主要指标（单位：万人次，百万美元）

年份	海外旅游者	外汇收入	年份	海外旅游者	外汇收入
1996	23	70	2004	97	289
1997	27	79	2005	106	316
1998	29	84	2006	140	395
1999	37	97	2007	171	512
2000	46	122	2008	70	154
2001	57	166	2009	85	289
2002	67	200	2010	105	354
2003	45	150	2011	164	594

注：1996 年已扣除重庆指标。
资料来源：中经网统计数据库（http：//ibe.cei.gov.cn/）。

① 数据扣除了重庆直辖的影响。
② 费怡晖：《四川省入境旅游发展研究》，西南财经大学，2008。

间，四川决定推进以国内游为主向入境游和国内游并重转变。[①] 并于 2005 年 8 月颁布了《四川省人民政府关于加快四川省入境旅游发展的意见》（川府发〔2005〕20 号），明确了大力发展入境旅游的总体要求、发展目标和具体措施，首次把促进入境旅游发展作为加快旅游资源优势向旅游经济优势转变的一项重要工作来抓。[②] 2006 年 7 月四川再次出台了《关于进一步推动我省入境旅游加快发展的通知》，对建立入境旅游目标责任制、打造国际旅游产品、加快旅游基础和配套设施建设、做好海外宣传促销、壮大旅游市场主体、建立入境旅游激励机制、营造入境旅游发展的良好环境等七项工作作出了具体的要求和部署。在前期努力下，2007 年四川省入境旅游人数达到 170.87 万人、外汇收入 5.12 亿美元的历史高位，分别实现年均增长 20.54% 和 22.74%，超过同期 GDP15.09% 的年均增速。2008 年，“5·12”汶川特大地震发生后，当年全省入境游客量骤降至 70 万人次，比震前缩水 60%。2011 年 4 月在阿坝州水磨镇举办的国际文化旅游节邀请了境外 58 个国家和地区的 182 人，其中包括世界旅游组织、世界旅游业理事会和亚太旅游协会等世界三大旅游组织的负责人及五大洲的旅行商和海内外媒体参加，在展示四川灾后新面貌的同时，极大提升了四川旅游的海外知名度。经过 4 年的灾后恢复重建，全省游客市场总量不但超过震前水平，入境游也呈现出恢复性增长。2011 年全省接待入境旅游者 163.97 万人次，增长 55.9%；实现旅游外汇收入 5.9 亿美元，增长 67.8%。2012 年 1 ～ 9 月，全省入境旅游接待游客共 156.02 万人次，增幅 29%，居全国第一位。阿坝州向来是四川省入境游的重点地区，2012 年 1 ～ 9 月阿坝州入境游人数 13.48 万人次。[③]

（二）涉外旅游格局

四川入境旅游客源市场主要分布在东南亚和北美洲。2007 年，外国人市场前 10 位客源国依次是：日本、韩国、美国、新加坡、泰国、英国、法国、马来西亚、德国、印度尼西亚。

港澳台市场是全省入境旅游的基础市场，近年来进入稳固增长期。日本近年来一直是四川省第一大旅游客源国。全省长期将日本作为入境旅游的重要市场来培育，在对日促销和市场拓展方面做了大量工作，四川旅游在日本已经有了一定的影响力。韩国客源市场一直处于快速增长状态，近年来更呈现强劲的发展势头。随着韩国在全省建立领事馆，双方外交经贸、文化教育交往增多，特别是 2007 年后航空运力的增强，带动了双方互为目的地，客源地的促销力度。全省传统的旅游客源市场东南亚，地理位置邻近，文化相连，旅游业界的合作相对成熟，交通条件便利，华裔人口规模大，这些有利因素都推动了东南亚市场的发展，为四川省深度开发东南亚市场奠定了坚实的基础，但由于

① 中央电视台：《四川篇：副省长王怀臣——把旅游业作为支柱产业来培育》，最后访问日期：2013 年 7 月 3 日。
② 四川省人民政府门户网站：http: //www.sc.gov.cn。
③《入境游，西部第一 全球游客为何钟情四川？》，华夏经纬网，最后访问日期：2012 年 11 月 1 日。

2006年川马直航航线的中断，导致该市场来川人数呈下降趋势。欧美远程客源市场是四川省最有潜力的入境旅游市场，随着宣传促销力度的不断加大以及直航航线的开通，欧美远程客源国到中国旅游的人数在不断增长，目前欧美来川游客具有很大的潜力。

2007年，四川公民出境总人数为26.9万人，同比增长75%，四川游客出境主要目的地集中在中国香港、中国澳门、泰国、新加坡、韩国、马来西亚、日本。其中，出境游客达万人以上的目的地是：中国香港（72989人）、中国澳门（42154人）、泰国（40378人）、新加坡（22198人）、韩国（14250人）、马来西亚（12200人）、日本（11117人）。

2011年四川出境游客总人数为56.9万人，增长19.7%。其中，前往香港的旅游人数为12.86万人，增长11.3%；前往澳门的旅游人数为8.49万人，增长22.6%。①

表44-12　2011年四川住宿设施接待入境游客分国别前十二位（单位：人，%）

国　家	排位	接待入境游客数	同比增加	国　家	排位	接待入境游客数	同比增加
日　本	1	236973	17.26	马来西亚	7	46935	48.32
美　国	2	146381	64.7	法　国	8	42517	52.81
韩　国	3	96611	70.61	泰　国	9	42294	98.94
英　国	4	93042	79.08	澳大利亚	10	38899	68.58
新加坡	5	67926	88.32	加拿大	11	34714	58.42
德　国	6	53627	123.04	印度尼西亚	12	18415	30.97

资料来源：四川旅游政务网（http：//www.scta.gov.cn/）。

表44-13　2011年四川出境游客目的地前十二位（单位：人，%）

目的地	排位	出境游客数	同比增加	国　家	排位	接待入境游客数	同比增加
中国香港	1	128591	11.28	澳大利亚	7	16850	102.38
中国澳门	2	84870	22.75	美　国	8	14028	593.08
中国台湾	3	73752	181.8	日　本	9	13260	-60.82
泰　国	4	54291	-11.69	新西兰	10	12148	116.62
韩　国	5	23499	-24.67	德　国	11	11496	62.19
新加坡	6	18533	-52.29	英　国	12	11089	276.92

资料来源：四川旅游政务网（http：//www.scta.gov.cn/）。

① 四川省统计局、国家统计局四川调查总队：《2011年四川省国民经济和社会发展统计公报》，中国经济网，最后访问日期：2012年3月2日。

（三）涉外旅游的重点景区

四川省自然风光秀美，历史文化灿烂，在中国旅游业中占据重要的地位，以得天独厚的优势闻名全国，是我国旅游资源大省。现有世界自然和文化遗产 5 处，其中九寨沟、黄龙为世界自然遗产，青城山—都江堰为世界文化遗产，峨眉山—乐山大佛为世界文化和自然双遗产。四川省是国内拥有世界遗产最多的省份，也是国内唯一同时拥有世界自然遗产、文化遗产、自然与文化遗产的省份。九寨沟自然保护区、汶川卧龙自然保护区、蜀南竹海自然保护区、黄龙自然保护区等 4 处列入联合国《人与生物圈保护网络》的自然保护区。国家 4A 级旅游景区 34 处，国家级风景名胜区 21 处，国家级自然保护区 19 处，国家级森林公园 28 处，世界地质公园 1 处，国家级地质公园 11 处，国家重点文物保护单位 128 处，国家级非物质文化遗产 27 处，中国历史文化名城 7 座，中国最佳旅游城市 1 座，优秀旅游城市 20 座，全国农业旅游示范点 17 处，全国工业旅游示范点 6 处。四川自然景观独特，历史文化底蕴深厚，民族与民俗风情浓郁，生态旅游、文化旅游、乡村旅游、工业旅游、红色旅游、观光休闲度假、科考等资源应有尽有，且品位高。

四川每个市、州都有一批具有地方特色的高档次旅游资源，且资源组合好。自然与文化相融，名景、名山、名川、名城、名镇、名人、名产、名食、民族风情相互映衬，旅游景点、景区与旅游线路有机组合，形成一批影响力大、吸引力强和开发潜力好的综合旅游区：成都及周边有金沙遗址、三星堆、青城山－都江堰、峨眉－乐山、大熊猫繁育基地、三国文化、眉山三苏文化等，川西有九寨沟、黄龙、雪山草原、亚丁、海螺沟、泸定桥、古碉藏寨等，川东有小平故里、华蓥山、真佛山等，川南有蜀南竹海、兴文石海、自贡恐龙、井盐文化等，川北有朱德故里、阆中古城、李白故里、光雾山等，攀西有二滩、泸沽湖、邛海、螺髻山、西昌卫星基地及彝族风情文化等。①

2000 年末，四川形成了“一个中心，四个片区”的旅游发展格局。即以成都为中心，川西北高原奇山异水旅游区（九寨沟、黄龙、海螺沟），乐山佛教文化、自然风光旅游区（乐山大佛、峨眉山佛教圣地），川南恐龙、竹海旅游区（恐龙博物馆、盐业博物馆、彩灯博物馆、蜀南竹海），攀西民俗、度假旅游区（泸沽湖、彝族风情、二滩电站、卫星发射基地）。突出三条国际旅游线路（九黄线，都江堰、乐山、峨眉线，川南恐龙、竹海线）和四大节庆活动（成都熊猫节、自贡恐龙灯会、乐山大佛节、凉山火把节）；建好四个省级旅游度假区（乐山、峨眉山度假区，青城山、都江堰度假区，海螺沟冰川度假区，攀西旅游度假区）。②

“十一五”期间，以世界遗产为依托，形成了峨眉山国际旅游区、大九寨国际旅游区、卧龙中华大熊猫生态旅游区、都江

---

① 四川省旅游局：《四川旅游改革开放 30 年》，2008 年 12 月。
② 四川省旅游局：《四川旅游改革开放 30 年》，2008 年 12 月。

堰—青城山生态文化旅游区和三星堆古迹遗址文化旅游区等五大精品旅游区，其建设成熟度已基本与国际接轨，五大精品区旅游收入占全省总收入的66%，旅游外汇收入占93%。形成了以“大熊猫”为代表的生态旅游、以“太阳神鸟”为代表的文化旅游和以“农家乐”为代表的乡村旅游三大品牌。

2011年，“九环东线”加入了北川地震遗址，“九寨黄龙 + 水磨镇、牟托村、坪头村”精品线路也被境外游客所熟悉。2012年九寨沟和黄龙两大景区游客接待量分别突破300万人次和200万人次，创历史新高，其中入境游人数增幅非常大。

六 四川的对外交流：与世界和谐相容

（一）四川对外文化交流

四川对外文化交流源远流长，但文化作为一种重要产业来发展是近十年的事情，对外文化交流也由此进入快速发展期。2004年，全省对外文化交流活动更加活跃，对外辐射不断增强。中法文化年“中国四川出土文物展”在法国展出长达3个月，观众达12万人次，成为2004年度四川对外文化交流活跃的龙头和亮点。同年举办的“四川文化南美行”、“四川文化北非行暨埃及—四川文化周”、赴日“四川当代文物展”以及“四川文化走进台湾”等交流活动，受到国际友人和台湾同胞的热烈欢迎，提高了巴蜀文化的知名度，扩大了“四川走向世界”的新空间。四川2004年出访项目69批1082人次，涉及31个国家和地区；来访项目30批149人次，涉及12个国家和地区。全年全省文化产品境外展演直接经济收入达2186万元，同比增长36%。2004年，省文化厅与意大利皮埃蒙特区文化部签署了《两省区文化交流协议备忘录》，与南非“国家大剧院”、埃及国家博物馆等就商业演出、艺术展览与交流达成了合作意向，确定了法国知名女画家德尼斯女士“法国文化年”期间在四川举办画展等文化交流项目。邀请并接待了英国、美国、“法国F组合焰火表演”等8个国外和中国港澳台地区文化团组来川文化交流访问、演出。组织了甘孜州歌舞团赴韩国参加首届“世界文化开放大会”并荣获“世界和平奖”；自贡灯贸管理委员会赴韩国举办灯展；绵阳艺术学校参加土耳其“伊斯美尔国际民间艺术节”活动并获金奖。

2007年，四川提出“文化资源大省向文化强省跨越”战略和“一市一州一品”对外文化品牌战略，对外文化交流日益活跃，扶持了一批代表四川地域和民族特色、体现中华优秀传统文化和当代文化建设成就、国际市场前景看好的对外文化品牌项目。全省对外文化贸易额达4.03亿元。同年，文化交流活动包括：“魅力四川·四川文化月”系列活动在莫斯科举行；四川省大木偶剧院接受墨西哥塞万提斯艺术节邀请，作为主宾国剧团参加2007年艺术节；中国彩灯博物馆（四川自贡）应邀赴加拿大举办“2007中国彩灯节”，促进了四川省和加拿大安大略省间文化领域的纵深合作；成都市赴法国南锡市举办“四川美食文化节”；在成都举办“法国电影周”；

四川文化代表团应邀赴法访问并同法国安盟电影协会达成电影互访交流共识；英中中东部地区艺术委员会代表团来川访问，就艺术专业及管理人才的国际交流和合作、博物馆人员的交流、创意产业和内容产业项目的发展等问题进行探讨；与英国驻重庆总领馆联合举办“2007 四川－中英创意产业座谈会”。

2008 年，四川省积极应对国际金融危机和“5·12”汶川特大地震造成的不利影响，全力以赴推动对外文化交流，增强巴蜀文化对外的辐射强度。全省对外文化交流项目 143 项，对外文化交流 2000 人次以上，对外文化贸易总额突破 2 亿元，对外文化出口总额超过 1.25 亿元。2008 年，四川出台了《关于推动全省文化产品和服务出口的实施意见》的政策扶持力量，扩大和完善《四川省商业演出展览文化产品出口指导目录》，不断加强“一市一州一品”对外文化品牌工程实施力度，大力促进民间对外文化交流和民营企业“走出去”，进一步拓展动漫网络游戏等对外文化贸易新领域，使全省对外文化交流始终凸显巴蜀文化的影响力和感召力。四川组织代表“春节品牌”的 15 个出访团队足迹遍及欧洲、美洲、亚洲、非洲和大洋洲，分赴美国、加拿大、法国、俄罗斯、英国、澳大利亚、日本、爱尔兰、韩国等国家和中国香港、台湾等地区，参加和举办“中华文化周”、“四川美食文化节”、“欢乐中国—东方彩灯节”、“中俄新春联谊会”、“中华风韵”、“相约中国节”等极富四川地域特色和民俗民间风情的“春节品牌”活动。遂宁市杂技团荣获法国“明日国际杂技节”金奖，自贡市“中国彩灯节”被列入加拿大国家旅游项目，四川省交响乐团首次走出国门参加日本“2008 亚洲交响乐周”演出。“巴蜀杂技”赢得盛誉。四川省杂技团队共出访 13 项 160 人次，演出逾 900 场。德阳市杂技团、自贡市杂技团、遂宁市杂技团等民营剧团通过参加国际性的杂技节、对外巡演及对外定点演出，成功进入美国、日本、法国、西班牙等发达国家演艺市场，并签订长期演出合同，逐渐成为四川对外文化交流与贸易的主力军。

2009 年四川对外文化交流开始从地震的影响中全面恢复，当年全省批准对外文化交流项目 254 项，出访 130 项，均达到历史最好水平。实现文化贸易额 2 亿元，商业性演出、网络文化产品和服务出口增长 50%。四川先后组织和参与了“中国文化中东行”，“四川民间艺术团赴南美巡演”，“天姿国乐走进美国”，“站得更高”美国行，“欢乐春节”赴英国、泰国、新加坡、阿联酋等国巡演，越南“中华彩灯节”，法国“四川美食文化节”，“中法文化交流之春”等活动。同时，在四川开展了多种重大的对外文化交流活动，举办了“中国·成都国际非物质文化遗产节”、“四海同春文化四川”、春节品牌活动。四川“一市一州一品”文化品牌战略成效显著，全省 21 个市州有 28 个项目入选《四川省“一市一州一品”对外文化品牌目录》，14 项进入《四川省对外文化交流项目指南》，9 个省级文化品牌入选国家文化出口重点，居西部首位。

2010 年，四川省大力实施文化“走出去”战略。截至 10 月底，全省审核审批对外文化交流项目 198 项。文化产品贸易额超亿元，除传统彩灯和工艺品传统项目外，涌现了一批如吉胜、精锐、精英等优秀的软件外包企业，承接国际文化产业转移，形成外包服务与原创相结合的格局。2010年春节期间，四川省组派6个优秀艺术团组200余名艺术工作者分赴英国、加拿大、阿联酋、泰国、新加坡等国参加“欢乐春节”系列活动。5月22日，由四川中华民族文化促进会、成都市非物质文化遗产保护中心、自贡市彩灯艺术协会、台湾财团法人沈春池文教基金会、台北市中山纪念堂共同主办的“天府四川宝岛行”重要活动之一的四川·成都大庙会在台北市中山广场隆重开庙。配合卢旺达“第七届泛非舞蹈节”、贝宁和多哥独立50周年庆典活动，7月21日至8月8日，四川艺术团一行26人赴卢旺达、贝宁和多哥访演。9月28日至10月25日，省歌舞剧院“天姿国乐”民族团和“哈拉玛”藏族声乐组合赴日本18个城市巡演。10月7日至18日，四川现代舞团受文化部组派赴瑞士参加“风景艺术线”艺术节中国主宾国活动，演出了《春之祭》剧目，并赴德国和奥地利巡演。10月24日，为纪念中印建交60周年，由文化部和四川省人民政府、印度文化关系委员会、印度驻华使馆联合举办的“印度节”闭幕式作为中印两国重大文化交流活动在川取得圆满成功。10月28日至11月9日，“锦绣四川大型文艺晚会”在美国5大城市举行。此外，省川剧院《镜花缘》夏季再度赴欧商演3个月；自贡杂技团与台湾高雄关帝庙再签2012年演出协议；自贡灯贸公司7月赴韩展览合约金额420万美元，并于11月赴美商业展览2个半月；成都市川剧院赴日本参加戏剧节和达州杂技团赴港演出等都与当地邀请方建立了稳定的合作关系。①

（二）四川对外友好城市

四川与各国际友好城市关系的建立以其自身的特点增进了不同国度、不同文化、不同语言的人民之间的了解和友谊，促进了双方经济、科技、贸易、文化等领域的交流与合作，推动了各自的发展。自1981年成都市与法国蒙特利埃市建立第一对国际友好城市关系以来，到2011年，四川已与三十多个国家建立了81对国际友好城市及友好合作关系（见图44-3）。②

地球是人类共同的家园，环境保护已成为全球共同关注的焦点。为了生存环境的可持续发展，四川积极与国际友城在生态建设、动植物保护、治理工业污染、城市垃圾与污水处理等方面进行了卓有成效的合作。1992年，为纪念中日邦交正常化20周年和四川省与广岛县结好8周年，日本广岛县出资1.37亿日元在四川实施“绿色长城计划”。

在经济全球化的时代背景下，一国的发展与他国的发展息息相关，国家及地区之间的相互依赖关系进一步加强，在国际友好城市间积极开展互利互赢的交流活动是适应这一趋势的最好选择。2005年5月，由四川举办了以“促进经贸往来，发展国

① 2005～2011年《四川年鉴》。
② 《崛起的内陆卡方高地——四川省构建全方位开放合作大格局纪实》，四川人民出版社，2012。

际旅游”为主题的“四川国际友城合作与发展周”活动，17 个国家的 19 个国际友城代表团共 145 名外宾前来参加。这次活动共签署 13 项合作协议，内容覆盖文化、教育、科技、旅游、经贸、环保、政府优惠贷款等多个领域，标志着四川利用友城资源促进经济社会发展进入一个新的历史阶段。2006 年，四川举办了“2006 友城周”海外系列活动，先后在法国、西班牙、南非、巴西、哈萨克斯坦、智利、新西兰等国分别举行了经贸洽谈会、川菜美食会、四川商品展销会、四川省情说明会等。近年来四川与国外友城地区达成各种经济合作项目 400 余项，涵盖工业、农业、科技、基础设施等领域，促成引进外资上亿美元，友城关系成为全省“扩大对外开放、增强开放实效”的重要渠道。

文化、教育、卫生、体育等方面的交流也是国际友城交往的重要内容。30 年来，四川省通过国际友城进行各种文艺演出、川菜献艺、书画交流等比赛，举办风光图片展、文物精品展以及建立友好医院、友好学校等形式多样、丰富多彩的交流活动，增进了四川人民与各友城人民之间的相互了解和友谊，极大提高了四川在世界的知名度。2008 年 11 月 8 日在北京召开的 2008“中国国际友好城市大会”上，四川省荣获了“国际友好城市交流合作奖”。

（三）中国西部国际博览会

中国西部国际博览会（以下简称“西博会”）创办于 2000 年，是由国家发展和改革委员会、商务部、中国贸促会等 15 个国家部委和西部 12 省（区、市）及新疆生产建设兵团共同主办、四川省人民政府承办的国家级、国际性博览盛会，每年在中国成都举办。西博会立足中国西部，辐射全国，面向世界，是中国政府设在中国西部地区重要的投资促进平台、贸易合作平台和外交服务平台；是中国政府实现西部合作、东西合作、中外合作的重要载体；是中国西部地区开放开发的最大窗口和最重要平台。西博会从 2000 年创办至今，特别是 2007 年中共四川省委九届四次全会后，西博会坚持专业化办展、品牌化经营、市场化运作、国际化拓展，通过政治与经济、贸易与投资、内贸与外贸、商品贸易与服务贸易、“请进来”与“走出去”五个有机结合的方式，搭建大平台，服务大开放，促进大发展，对推动西部地区社会经济发展作出了重要贡献。截至 2011 年，西博会累计展览面积达到 98.43 万平方米，参展企业 29162 家，签订投资合作协议 7017 个，签约投资额 27970.49 亿元，贸易金额达到 77698.38 亿元，其国际、国内影响力日益扩大，在深化中国与世界各地尤其是泛亚地区的合作交流，推动四川经济社会发展的过程中发挥了重要作用。①

第一届西博会于 2000 年 5 月 29 日至 6 月 2 日在四川成都举办，设国际标准站位 1200 个，展出面积 3 万平方米，来自 17 个国家和地区的 138 名境外客商及国

① 《加快建设灾后美好新家园、加快建设西部经济发展高地系列建设实录丛书》，《对外开放大平台：中国西部国际博览会提升纪实》，四川人民出版社，2012。

表 44-14　2008 年地震以来四川新建国际友好合作关系一览

友好城市及友好合作关系	签约时间
绵阳市 - 纳皮尔市、黑斯汀市（新西兰）	2008 年 8 月 21 日
四川省 - 忠清南道（韩国）	2008 年 9 月 5 日
宜宾市 - 哥伦比亚市（美国）	2008 年 12 月 6 日
广安市 - 布罗涅 - 比扬古市（法国）	2009 年 4 月 14 日
成都市 - 波恩市（德国）	2009 年 7 月 30 日
四川省 - 班诗南省（菲律宾）	2009 年 8 月 21 日
四川省 - 帕拉州（巴西）	2009 年 10 月 15 日
成都市 - 谢菲尔德市（英国）	2010 年 3 月 30 日
四川省 - 素攀武里府（泰国）	2010 年 6 月 30 日
成都市 - 柏斯市（澳大利亚）	2010 年 11 月 24 日
成都市 - 伏尔加格勒市（俄罗斯）	2011 年 5 月 27 日
成都市 - 布拉邦省（比利时）	2011 年 5 月 27 日
成都市 - 芬戈郡（爱尔兰）	2011 年 5 月
广安市 - 龟尾市（韩国）	2011 年 5 月 31 日
成都市 - 盘皮纳斯（巴西）	2011 年 6 月
成都市 - 檀香山市（美国）	2011 年 9 月 14 日
成都市与马斯特里赫特市（荷兰）	2012 年 9 月 13 日
成都市与霍森斯市（丹麦）	2012 年 9 月 13 日
四川省与香槟 - 阿登大区（法国）	2012 年 9 月 13 日

资料来源：四川省外事办。

内 16 个省市、省内 21 个地市州的政府和企业代表 5000 余人参展参会，共签订合作项目协议 98 个，协议金额 137.6 亿元，贸易合作协议金额 58 亿元。2001 年 5 月 25 ~ 28 日在同一地点举办了“中国西部经贸洽谈会暨香港优势博览会”。2002 年 5 月 25 ~ 28 日，正式启用“中国西部国际博览会名称”，与此同时，本届大会有了鲜明的主题——“西部与世界接轨”。2005 年，第六届西博会升格为国家级经贸展会。2007 年，第八届西博会首次确立了“7+13”模式，即 7 个国家部委和西部 12 省市区及新疆建设兵团共同主办的模式。

到 2011 年，第十二届西博会各项数据均有巨大突破。联合国开发计划署参与主办中国西部国际合作论坛；联合国项目服务厅首次参与主办中国西部国际采购商大会，投资与贸易成果创历届之最。据统计，第十二届西博会参展参会的客商达 7.8 万人，其中境外客商 2 万人，来自全球 105 个国家和地区。总展览面积 18 万平方米，投资签约额 9451.7 亿元，贸易成交额

表 44-15　历届西博会主题

类别	举办时间	大会主题
第一届	2000 年 5 月 29 日至 6 月 2 日	—
第二届	2001 年 5 月 25 日至 5 月 28 日	—
第三届	2002 年 5 月 25 日至 5 月 28 日	西部与世界接轨
第四届	2003 年 9 月 25 日至 9 月 28 日	加强合作加快发展
第五届	2004 年 5 月 25 日至 5 月 28 日	中国西部与东盟—加强合作实现双赢
第六届	2005 年 5 月 25 日至 5 月 28 日	外资西进、内资西移；东西合作、实现双赢
第七届	2006 年 5 月 25 日至 5 月 28 日	开放、合作、共赢、发展
第八届	2007 年 5 月 22 日至 5 月 28 日	共谋科学发展、构建和谐社会
第九届	2008 年 10 月 27 日至 10 月 31 日	开放的西部、美好的未来
第十届	2009 年 10 月 16 日至 10 月 22 日	把握机遇，应对挑战；开放合作，共谋发展
第十一届	2010 年 10 月 22 日至 10 月 26 日	开发开放、共享共赢
第十二届	2011 年 10 月 18 日至 10 月 22 日	引领国际合作、拓展市场空间
第十三届	2012 年 9 月 26 日至 9 月 30 日	西部融入世界、开放成就辉煌
第十四届	2013 年 10 月 23 日至 10 月 27 日	构建区域合作新格局、激发西部发展新活力

资料来源：《对外开放大平台：中国西部国际博览会提升纪实》，四川人民出版社，2012。

2527.6 亿元。相比 12 年前，西博会参展参会国家和地区增长 5.2 倍，客商人数增长 14.6 倍，展览面积增长 5 倍，投资签约额、贸易成交额分别增长 67.5 倍和 40 多倍。

（四）省会成都：中国领馆第三城

在某种程度上讲，领事馆的数量是体现一个地区对外开放程度的重要指标。近十年来，成都与 12 个国际友城建立了友好关系，与 81 个国家和地区建立了经贸合作关系，利用外资增长近 10 倍，对外贸易进出口总量列中西部第一。2010 年新添 4 对国际友城，从 1985 年美国驻成都总领事馆在锦江宾馆西楼开馆至今，驻蓉外国领事机构已增至 7 家，且增长势头仍在继续，近期可望取得新的突破。成都已成为中国内地仅次于上海、广州的外国“设领”第三城，未来 5 ~ 8 年驻蓉领事机构数量有望达 15 家左右。

1. 成都的第一个领事馆

1979 年 7 月，中国加入《维也纳领事关系公约》。1980 年 9 月，时任副总理薄一波访问美国期间，同美国总统卡特签订了《中华人民共和国和美利坚合众国领事条约》。同年，美国正式向中国政府提出在沈阳、成都、武汉开设总领事馆的照会，获得中国政府同意。1981 年 6 月，正式协定美国政府在成都设总领事馆——领区范围为四川、贵州、云南和西藏。美领馆筹建时，四川仅开放了三分之一的区域。1985 年 10 月 16 日，美国驻成都总领事馆在锦江宾馆西楼正式开馆，时任美国副总统的老布什主持开馆典礼，并为馆牌揭幕。美领馆在蓉实现“零的突破”，从此，四川的对外交流打开了一扇窗。美国的学者、官员、商务人员纷纷来蓉。1993 年，美领馆正式搬迁到领事馆路。

2. 德国领事馆打破“唯一”

美领馆开馆之后，很长一段时间内，并没有引来更多的外国领事机构进驻蓉城。世纪之交，西部大开发战略和中国加入世贸组织“两大机遇”，使四川改革开放步伐加快。德国认为四川是中国西部的经济文化中心，又有宜人的居住环境，是设立领事馆的理想之地。当时可供选择的中国城市有 14 个，德国大使馆曾 3 次向在华的德国企业征求意见，成都在 3 次表决中一致通过。

2003 年德国总理施罗德访华，中国与德国在北京签订了《中华人民共和国和德意志联邦共和国关于相互增设总领事馆协议》，随后施罗德访问成都，宣布德国将在成都增设总领事馆的消息。这是成都迎来的第二家外国总领事馆，它为其他国家在蓉“设领”起到了积极的示范作用。2004 年 12 月，德国驻成都总领事馆在威

表 44-16　四川各市州参与第 11 届和第 12 届西博会情况（单位：个，亿元）

市州	第十一届		第十二届		市州	第十一届		第十二届	
	签约项目	投资额	签约项目	投资额		签约项目	投资额	签约项目	投资额
成都市	162	1025.55	158	1116.84	宜宾市	87	258.81	116	324.2
自贡市	39	212.8	34	284.59	广安市	27	151.30	117	312.55
攀枝花市	61	197.63	49	260.33	达州市	112	312.19	89	377.13
泸州市	53	206.7	62	318.53	巴中市	7	29.50	30	210.4
德阳市	93	318.21	42	362.63	雅安市	21	204	31	215.17
绵阳市	95	323.19	86	373.06	眉山市	65	328.84	50	434.23
广元市	70	175.23	66	250.59	资阳市	32	360.27	54	381.7
遂宁市	115	299.26	34	307.46	阿坝州	2	39	1	55.65
内江市	26	238.60	24	248.97	甘孜州	4	2.11	—	—
乐山市	30	253.06	64	353.13	凉山州	28	128.09	70	304.2
南充市	85	256.61	102	331.49	合　计	1200	5320.95	1279	6822.81

注：仅统计与省境外签约。
资料来源：省招商引资局。

斯顿联邦大厦开馆。

3. 逐渐成形的“领馆第三城”

2005 年 2 月，韩国驻成都总领事馆开馆；两个月后，泰国驻成都领事办公室开始办公；11 月，法国驻成都总领事馆开馆。2005 年，成都新增 3 家外国领事机构。韩国人喜欢这里的“三国文化”，法国人认为这里跟巴黎差不多，而泰国人则把它比作“中国西部的上海”。

在全球经济一体化趋势，我国大开放的宏观环境下，四川根据对外开放和经济社会发展需要，明确提出“全面出击，重点培养”的“设领”工作思路。

新加坡在成都设立了新加坡企发局成都代表处已五六年，通过对新加坡的重点“培养”，终于在 2006 年 4 月新加坡驻成都领事馆正式开馆。2007 年，巴基斯坦驻成都总领事馆开张。至此，成都已经有 7 家外国领馆驻蓉机构，成为中国内地仅次于上海、广州的外国设领第三城。

驻蓉总领馆的不断增多，使成都成为一个国际大舞台。韩国驻成都总领事馆设立 3 个月，便举办了“四川－韩国友好合作周”，带来了电影、舞蹈、打击乐、跆拳道等文化活动。文化搭台的背后，是庞大的经贸活动，包括三星电子、LG 商社等世界 500 强在内的 60 多家韩国企业来蓉洽谈。美国的英特尔、微软、花旗，法国的拉法基、家乐福、安盟，德国的海瑞克，泰国的正大，韩国的 SK……设领国的知名企业纷纷来川投资。在四川省灾后恢复重建中，各领事馆起到了重要的桥梁作用——美国医疗救援培训、德国对地震灾区 8 所学校的援建、泰国政府及诗琳通公主援建地震灾区学校等项目，都在各领事馆的推动下顺利开展。

2008 年随着四川“三向拓展、四层推进”的开放合作战略的提出，四川南向开放合作正迈着坚实的步伐前行。2008 年 10 月，省委书记、省人大常委会主任刘奇葆向来川参加第九届西博会的斯里兰卡总理维克拉马纳亚克正式发出邀请：希望斯里兰卡在成都设立领事机构。2009 年 12 月 15 日斯里兰卡驻成都领事馆设立，成为中国西部通往南亚的一座桥梁。“突出南向，扩大与东盟和南亚国家的经贸联系。”这是四川省正大力实施的充分开放合作战略作出的重要部署。斯里兰卡驻蓉领事馆开馆，标志着四川与南亚合作进一步深化。

截至 2010 年，成都共有 9 家外国领事机构，分别是美国、德国、法国、泰国、韩国、新加坡、巴基斯坦、菲律宾和斯里兰卡，来自南亚和东南亚的国家占一半以上，而且西班牙、菲律宾、荷兰和南非等国都已表明了在蓉设领馆的意向，意大利、以色列和加拿大有望在成都设立经贸代表处。外国领事馆是对外开放的窗口和平台，是对外交流合作的渠道和桥梁。2006 年 9 月，经省政府研究决定，在成都南延线旁中和镇开辟适合未来发展的领事馆区，这无疑将加快成都这个大都市的国际化进程。随着四川建设西部经济发展高地战略的实施，设在成都的外国领馆将为战略目标的实现发挥重要作用，并成为其重要标志之一。

七　四川对外开放的展望

正如李克强副总理在莫斯科大学演讲时所讲，向西开放、沿边开放是未来中国对外开放的重点。四川居西部中心，是西部经济实力最强的省区，四川文化具有极强的包容性，四川人才富集，产业体系完善，配套能力较强。以高速公路、快速铁路、国际航线和集装箱码头为主的对外通道正在完善和形成。成渝经济区是我国内陆开放试验区，天府新区向世界全面招商，要再造一个产业成都。以成都经济区为对外开放发展的核心区，以川南、攀西经济区为开放型经济新增长极，以川东北、川西北为开放型经济成长带，四川层次分明、梯度推进、多点支撑的开放发展新的区域格局正在形成。[①]

2010 年，美国知名财经杂志《福布斯》刊文认为，成都将是未来 10 年世界发展最快的城市之一。2012 年 3 月，英国《经济学家》智库与花旗集团共同发布的全球最具竞争力城市的最新调查报告中，成都排中国中西部第一。[②] 2013 年 6 月世界财富论坛将在中国四川成都举行，这是世界财富论坛首次选择在西部内陆城市召开。

当前，尽管世界经济复苏面临严重挑战，但我国改革开放的步伐不会停滞，四川的开放发展也将更加坚定。机遇与挑战总是相伴，种种现象和各方观点都表明，四川正成为中国内陆开放发展的前沿地带，只有改革开放四川才能发展更好，未来四川必将更加全面积极主动的开放发展，成为我国内陆开放发展的典范。

---

① 谢开华：《加快建设西部内陆开放高地》，《国际商报》2012 年 12 月 3 日。
② 梁小琴：《〈财富〉全球论坛为何选择成都》，《人民日报》2012 年 4 月 10 日。

第 45 章

全方位多层次推进四川区域合作*

区域合作是对外开放的重要内容，是四川充分利用“两个市场、两种资源”的必然要求。新中国成立以来，特别是改革开放以后，区域合作成为重塑四川经济地理的重要力量，助推四川由内陆地区上升为中国西部经济发展高地和内陆开放合作高地。

一 四川区域合作回顾

四川地处中国西部内陆，既不沿海也不靠边，在四川的历史长河中，不甘封闭的四川人在创造了长江上游先进农业文明的同时，更开辟了我国古代南方丝绸之路，省会成都成为起点。新中国成立以后的 60 多年，四川的区域合作发展明显可以分为两个阶段：前 30 年，在国家计划配置资源和各省市区人民大力支援协作下，承接东部沿海工业内迁，实现四川由农业大省逐步成为西部工业大省，在历史上如唐安史之乱、近代抗日战争时期多次扮演战略后方基地角色的基础上，“三线建设”时期再次扮演了战略大后方角色；改革开放后 30 多年，四川锐意改革开放，加强与西部省区市合作，承接东部沿海地区产业转移，逐步成为中国西部经济强省、综合交通枢纽和区域开放合作高地，扮演了西部开放合作“领头羊”角色。

（一）计划经济体制下的四川区域合作（1949 ~ 1978 年）

1949 年新中国成立，百废待兴。为巩固新生的人民政权，四川和全国一样，进行了国民经济恢复和社会主义改造，并很快建立了计划经济体制。直到 1978 年党的十一届三中全会，四川的区域经济合作都带有计划经济色彩，区域间经济联系被国家计划配置资源代替，四川主要承接来自东部沿海各省市重大工业企业和科研机构内迁等战略布局，同时扮演了战略后方基地角色。

计划经济体制确立，区域间经济联系减少。新中国成立初期，经过 3 年国民经济恢复和 2 年的社会主义改造，四川也很快建立了计划经济体制。从 1955 年 7 月开始，国家加大了物资的计划管理，到 1956 年社会主义改造基本完成，全民所有制企业和集体企业所需物资，基本实行计划分配和供应，商业部门供应基本取消，逐步向条块分割的物资管理体制演变。物资流通方面实行计划分配和自由购销并存体制。国营企业、公私合营企业和国家重大建设项目实行直接计划；私营企业、手工业合作社以及其他零星需要，由商业部门根据测算，先编制间接计划，申请货源，然后通过商业环节，按照市场牌价供应。同时允许部分企业自行采购和销售。[①] 区

* 本章作者：邓立新，成都市政府研究室副巡视员、研究员；邓林，约翰 · 霍普金斯大学地理与环境工程学院硕士研究生。

① 《20 世纪四川全纪录》，四川人民出版社，2004，第 608 页。

域间经济联系逐渐减少。1955年7月1日，西南首次省际物资会即西南地区第一次省际间物资挂钩会在重庆举行，此次会议当场成交额32万元左右，对发展长期经济联系打下了基础。1958年3月3日，当时的重庆市和四川省九个专区在重庆举行生产协作会。会议商定，在是年和其后3～5年内，由重庆市在各专区的近40个县内“兴办合办近100个小型工业企业”。除此之外，20世纪50年代四川与西南及全国其他各省区市的区域合作与联系协调已为数不多。

承接东部沿海地区工业迁川，四川崛起一批现代工业基地城市。为打破西方各国对新生共和国的封锁，国家需要尽快建立自己的国民经济体系和工业经济体系，为此，国家从1955年即开始了第一个五年计划，四川也不例外。1952年12月，四川省开始组织力量编制四川省发展国民经济第一个五年计划，1955年编制完成。“一五”时期，国家安排156个重点项目，其中在四川布局有6个，大多为东部及沿海地区省市工业项目内迁。四川安排了国家限额以上项目达16个，加上省重点项目共93个。由此开始了四川现代工业化进程。1952年底，全国支援合作、四川省建设的第一个项目也是列入国家“一五”计划156个重点建设项目之一，由苏联援建的西南地区第一座具有先进技术设备的火力发电厂——重庆火电厂动工兴建。一期工程安装2台1.2万千瓦机组、3台75吨/时锅炉，由西南电力工程公司第一工程队、西南建筑公司第七工程处等40多个单位参与，全国80多个厂矿支援会战，并由苏联专家现场指挥勘测、设计、施工、运行。两台机组相继于1954年4月和7月发电，成为新中国四川开展区域合作的第一大项。1954年4月开始，从东北、华东等工业发达地区内迁，在四川成都开始筹备建设宏明无线电器材厂、新兴仪器厂、锦江电机厂、雷达探照灯厂等。1956年5月15日，从东北地区内迁的成都量具刃具厂在成都市东郊破土动工。1956年9月，绵阳电子工业基地筹建，1958年10月，从上海等地内迁的绵阳涪江机器厂、长虹、华丰等企业先后动工。1960年2月，涪江有线电厂也动工兴建。1956年四川省开始筹备德阳工业区。1958年10月，二重、东电在德阳动工兴建。这是新中国成立后国家计划在西南建设大型轧钢、锻压、电站等设备生产基地。二重、东电是工业区内最早兴建的最大企业，1966年东方电机厂建成。从东北、华东地区内迁的电子、机械工业在成都、德阳、绵阳等地布局，奠定了四川现代工业的基础，崛起了成都、绵阳电子工业新城，德阳重型装备制造业基地等一批现代工业新城。

承接大学科研机构迁川，成都绵阳等科技中心城市兴起。配合四川电子和重装工业发展，“一五”、“二五”时期，国家从全国各省市尤其是东部沿海、东北地区调整搬迁了一批科研院所、高等院校到四川。1954年10月，成都生物制品研究所兴建，1958年建成。该所1953年筹建，是苏联援建156个国家重点项目之一。从1956年开始，我国先后将上海生物制品研究所部分生产项目及西南卡介苗制造研究所、大连生物制品所和昆明生物制品研究所并入成都生物研究所，成为从上海等外地迁入四川建立的第一个科研机构。1955

年 6 月国务院决定在四川成都建立电子工程学院，1956 年 8 月 29 日，中国首家电讯工程学院——成都电讯工程学院成立，由高教部和二机部负责筹建，以上海交通大学电讯系、南京工学院无线电系、华南工学院电讯系为建校基础。首任院长为吴立人。从 1960 年起该校一直是国家重点大学，后更名为电子科技大学。这是四川最重要的由全国院校电子科技组合的大学。之后，一批科研院所相继新建或从沿海城市高校调整入川，包括中国科学院成都分院、电讯工业研究所等。由此，奠定了四川在西南地区科技战略高地地位的基础，为成都建成西南地区科技中心、绵阳建设中国科技城等打下了基础。

打通进出川道路，改变了闭塞四川交通地理。“一五”、“二五”时期，国家和全国各地尤其是相邻省区的积极配合支持，开工兴建了一批出川通道，包括康藏公路（1954 年）、宝成铁路（1952 ~ 1958 年）、川黔铁路（1958 ~ 1959 年 12 月）、成昆铁路以及“双流机场”军转民用等，从而有效改善了四川的对外交通。其中，1958 年 1 月 1 日首条出川铁路——宝成铁路通车，从根本改善了四川“不与秦塞通人烟”的状况，实现了四川与陕西及中原华北地区铁路交通。该铁路于 1952 年 7 月 1 日动工兴建，全长668公里。到1958年7月，国家重点项目成昆铁路、川黔铁路、川豫铁路动工兴建。1958 年，成昆、川黔等出川铁路被批准为国家重点建设项目。仅这一年，全省先后上马的其他铁路干线和地方铁路支线达到100余条。由于项目过多，面铺得太广且资金分散，上述工程除川黔路的珞璜至五岔段和白沙沱大桥于 1959 年 12 月建成，以及 1956 年始建的内昆线于 1960 年部分通车外，其他项目均于 1960 年经铁道部决定暂时下马。这一时期的交通建设，使四川交通状况得到逐步改善，也奠定了四川作为西部尤其是西南地区综合交通枢纽的基础框架。

三年自然灾害，川粮驰援全国。得都江堰综合水利枢纽工程之利，四川历史上就是“水旱从人，不知饥馑”的地方，被誉为“天府之国”。作为农业大省和中国产粮大省，素有“川粮安天下”之谓。新中国成立初期，四川一直是粮食调出省。1950 年是四川省在新中国成立后第一次向省外调粮。首次调粮约 3 亿斤至上海及华东地区，从重庆装船，大部分由民生公司船队承运。[①] 1959 ~ 1961 年，我国出现三年自然灾害，各地相继出现粮食危机。1958 年开始“大跃进”和大炼钢铁“左”倾之风，使国民经济尤其是农业生产受到严重影响，四川也存在粮食问题，但为了顾全大局，1958 ~ 1960 年连续三年，四川省仍先后调出粮食 39.6 亿斤、49 亿斤、68.4 亿斤，“1960 年外调六十八亿四千万斤，比 1959 又增长百分之二十八点三，比‘一五’期间平均每年外调三十二亿五千四百万斤增长一倍还多”。[②] 虽然这几年的粮食调出对四川来说留下了很多值

① 何郝炬口述《我所知道的四川调粮》，《当代四川要事实录》，四川出版集团　四川人民出版社，2005，第 64 页。

② 廖志高口述、曾庆祥整理《关于四川调粮的回顾反思》，《当代四川要事实录》，四川出版集团　四川人民出版社，2005，第 70 ~ 71 页。

得反思的地方，但体现了四川人民在那特殊年代的国家意识和支援奉献精神。

支援“三线建设”，四川扮演后方基地角色。20世纪50年代后期，中苏关系发生了变化，苏联撤走一些在川建设项目的援华专家，准备打仗再度成为一种对国际形势的判断，由此，在60年代中期，由中央最高层决策，国家战略布局，全国各地动员参与，开始了“三线建设”经济协作会战。① 四川在这次战略大会战中扮演了重要的后方基地角色。

四川的“三线建设”以攀枝花钒钛钢铁基地建设为重点，得到了毛泽东主席和中央的高度重视和支持。② 1964年12月，四川成立了支援“三线建设”领导小组（后改称“委员会”），有关市、地也成立了相应的工作机构，次年，为加大支援“三线建设”力度，对省支援“三线建设”领导小组进行了调整，杨超任组长。随后，全省包括重庆、成都在内，相继从机关、商业等部门抽调干部支持攀枝花，全省工商农业生产部门等为“三线建设”提供后勤保障供应。1964年8月，成昆铁路全面复工，四川、云南等地动员39万人进入成昆铁路线。1964年9月11日，中央决定成立以成昆线建设为中心的西南铁路建设指挥部，李井泉为总指挥，吕正操、刘建章、郭维成、彭敏为副总指挥，下设工地指挥部、技术委员会和支援铁路修建委员会，统一指挥筑路30多万大军。1964～1970年“三线建设”期间，国家通过冶金部先后调集了鞍钢、重钢、太原钢铁等全国冶金系统的力量参与攀钢建设大会战，组织了由解放军、铁道部和四川、云南、贵州等地民工39万人参与成昆铁路大会战。“三线建设”，在中央和全国各地尤其是云南和贵州等相邻省的支持支援下，建成了重庆常规兵器工业基地，在四川南部金沙江河谷崛起了一座钒钛钢铁城，以及泸州、江油等新兴工业城市。

---

① “三线”是中共中央提出的一个具有军事和经济地理含义的区域概念。“三线”是相对于一线、二线地区而言的。一线地区指沿海和边疆的一些省、市、区；二线地区指介于一线、“三线”的广大地区；“三线”地区最初指西南和西北地区（包括湘西、鄂西、豫西），20世纪70年代扩大到长城以南、京广线以西的广大地区。“大三线”即国家战略后方基地；另有“小三线”，指省的后方基地。

② 早在1958年，冶金部就提出开发和利用攀枝花资源建设新的钢铁工业基地的设想，得到了毛泽东主席的充分肯定，并决定在“二五”计划后期分批进行，由于“大跃进”而夭折。1964年5月15日，中共中央在京召开工作会议，作出建设“大三线”的重大战略决策。中央工作会议后，周恩来总理主持召开国务院会议，对“三线建设”作了具体安排和部署，并决定组成联合工作组，到成昆铁路沿线和攀枝花实地踏勘制定以攀枝花为中心的钢铁工业基地规划。与此同时，国务院成立了以余秋里为首的“小计委”，全面负责“三线建设”的规划工作。1964年8月中旬，中共中央书记处召开会议，毛泽东在会上提出，攀枝花是战略问题，不是钢铁厂问题。这次会上，毛泽东主席发言道：“攀枝花是战略问题，不是钢铁厂问题。现在抓是抓了，但要抓紧，要估计到最困难的情况，有备无患。现在再不建设‘第三线’，就如同大革命时期不下乡一样，是革命不革命的问题。成昆线怎样？要快修，要多开点，五十个点少了搞六十个，再不够一百个，总而言之，成昆线要快修。‘三线’建设，要越热心越好，哪怕粗糙一点也好……要抢时间。”根据毛泽东的讲话精神，会议决定，“三线建设”在人力、物力、财力上给予保证，新建的项目都要摆在“第三线”，立即着手搞勘查设计，不要耽误时间。第一线能搬的项目要搬迁；明后年不能见效的续建项目一律缩小规模，在不妨碍生产的条件下，有计划有步骤地调整第一线，一、二线企业要有重点地搞技术改革。沿海能搬的项目都要搬迁到内地，主要是“三线”地区。1964年9月11日，毛泽东在“杭州会议”上听取西南铁路规划的汇报。当谈到西南4条铁路同时上马，川黔、滇黔铁路尚存困难时，毛泽东再次提出：“把川滇黔停下来，又不打别的主意，不搞攀枝花，这是没有道理的。不是早知道攀枝花有矿嘛？你们不去安排，我要骑毛驴下西昌。如果说没有投资，可以把我的稿费拿出来。”

通过“一五”、“二五”和“三线建设”，尤其是东部及沿海地区工业和科研机构迁川，在四川 56 万平方公里土地上，基本建立起四川现代工业体系和国民经济体系，推进四川由一个农业大省转变为工业经济大省。在这一过程中，四川更多地扮演了实施国家战略下的后方基地的角色。

（二）改革开放后至 2000 年前的四川区域合作（1978 ~ 2000 年）

1978 年 11 月党的十一届三中全会召开，全党工作重心转到以经济建设为中心的轨道上，中国进入改革开放新时期，随着国门对世界的逐渐打开，四川区域合作进入发展新阶段。

开放合作指导思想逐步形成，“借船出海”、南下、北上、东进合作格局初步形成。改革开放初期，随着全国解放思想大讨论，四川成为全国最早推进家庭联产承包责任制和企业扩权试点的省份，① 也正是较早地解放思想，② 使四川率先思考计划与市场的关系，并较早认识到发展经济需要计划和市场结合，要高度重视价值规律的作用，③ 也较早认识了国内省际间的联合协作，并逐步成为新时期四川经济发展的指导思想。1983 年 7 月，中共四川省委召开工作会议，首次提出加强与各省市联合协作，“加强同沿海省、市的经济联合和协作”。1985 年 2 月 2 ~ 6 日，中共四川省委再次召开工作会议，提出“敞开大门、内引外联”的指导思想，要求各级领导干部进一步解放思想，摆脱长期以来自然经济的影响和原有模式的束缚，把认识和行动统一到有计划的商品经济上。1986 年 4 月 18 日，四川省政府颁布《关于进一步推动横向经济联合的补充规定》，提出了横向经济联合“十五条”。包括积极支持和扶持生产、流通、科技领域的多层次、多形式的横向联合；在省控固定资产投资规模内，预留一定额度，用于经济联合项目；各银行要按择优扶持的原则，向经济联合组织发放贷款；规定经济联合组织的审批权限，地方的由地方主管部门审批，

① 1978 年 1 月，当时的广汉县金鱼公社进行“分组作业，定产定工，联产计酬”的试验，从而成为“文革”后全国最早试行“包产到组”的公社之一。金鱼公社的改革是四川农村改革的发端，与安徽凤阳小岗村包产到户一样，成为全国农村改革的先导。1980 年 11 月，广汉县向阳乡在中共温江地委和县委的支持下，摘掉了向阳人民公社牌子，正式挂起中共向阳乡委员会、乡人民政府、乡农工商联合公司牌子，成为全国最早改变政社合一的人民公社体制，实行党政分工、政企分开的新体制乡。1978 年 10 月，中共四川省委确定在重庆钢铁公司、成都无缝钢管厂、宁江机床厂、新都氮肥厂、南充丝绸厂等 6 个企业进行扩大企业自主权试点。这在全国是最早的。1980 年 3 月，四川省人民政府鉴于扩大企业自主权后，工业企业有了一定的自销权，商业企业也有了一定的自组织货源的权力，决定改革工业消费品统购包销制度。改革的办法是把工业消费品划分为三类：一类是计划商品，二类是平衡商品，三类是选购商品。生产企业在完成一、二类收订购任务的多余部分及三类商品，可自行组织销售。在以后几年里，不断扩大三类商品的范围并放开价格。到 1985 年，商业部门管理价格的商品只有 68 种，其中 61 种是浮动价格；68 种以外，一律实行企业定价和议价。这样，工业消费品统购包销体制改变为以指导性计划为主、多种计划形式与自由购销相结合的购销体制，工业消费品市场已基本形成。

② 1979 年 8 月 1 ~ 10 日，中共四川省委召开市、地、州委书记会议，强调进一步解放思想，加强各级领导班子建设，要求在县以上干部中开展“实践是检验真理的唯一标准”的讨论，端正思想路线。

③ 1979 年 2 月 16 ~ 22 日，省计划委员会、省物价委员会和省社会科学院在成都举行关于价值规律的理论讨论会。会议提出要高度重视价值规律的作用，把计划经济同市场经济结合起来。

成都、重庆由市主管部门审批，跨地区跨部门的由省主管部门审批，跨省的由省经济技术协作部门审批。这是四川省第一次出台区域合作专题性文件。1992年小平同志南方谈话发表，推动中国进入对外开放新阶段。同年8月，国务院发出通知，进一步开放重庆、岳阳、武汉、九江、芜湖5个长江沿岸城市，实行沿海开放城市政策。在新的对外开放政策的推动下，1992年10月23日，四川省委召开传达中共十四大精神大会，时任省委书记杨汝岱在会上提出实行“借船出海，借边出境，借鸡生蛋，借台唱戏”战略，开辟南下（与西南各省联合走向东南亚、南亚）、北上（到独联体各国）、东进（沿长江到上海、浦东，漂洋过海，走向世界）开放新格局。由此拉开了四川与西南及全国各省市间更广泛的区域联合与横向协作，“南下、北上、东进”一时成为四川热议话题，也标志四川进入全方位开放和与全国各地加强合作新阶段。1996年3月，省政府办公厅印发川办发〔1996〕31号文，即根据党中央、国务院批准的《四川省党政机构改革方案》和省委、省政府《关于四川省党政机构改革方案的实施意见》（川委发〔1995〕11号）的规定，将负责国内省外区域经济协作的四川省经济技术协作办公室（以下简称“省经协办”）改为省政府直属事业单位，国内省外区域合作进入全面推进规范化发展阶段。

搭建西南五省区七方协调会议平台，四川扮演推动西南各省区市区域合作主角。1984年，胡耀邦同志视察四川、贵州时，提出联合起来开发大西南的设想。1984年2月23日，四川、云南、贵州和重庆市三省四方在贵阳市举行经济协调会，初步达成了协作协议。同年4月，四省区五方经济协调会宣告成立。1984年4月15～19日，四川、云南、贵州、广西、重庆四省区五方经济协调会议第一次会议在贵阳市召开，商定先在重庆、成都、贵阳、昆明、南宁等中心城市相互提供设施、场地和服务，开设展销门市部和推销网点，然后逐步扩大到其他城市。会议商定在重庆设立常设机构，每年轮流依次在各省、区召开一次会议。贵阳首次会议在经济协作、物资协作、技术协作、人才培训和交流等方面达成228项协议，其中四川（不含重庆）与兄弟省区达成43项。从1984年西南各省区市经协会成立到2007年，四川与西南各省区市经济协调会共举行了22次。① 在联合争取国家对西南地区的项目和政策支持方面，在推动四川出川通道建设、打通相互间断头公路、铁路等方面，在推动国家加大西南地区边境口岸、出境港口、水运陆上交通通道建设等方面发挥了重要的推动作用。协调会成为四川开展与西南各省区区域合作重要平台，也为后来的四川与国内其他地区开展区域合作积累了经验。

① 1984年，胡耀邦同志视察四川、贵州时，提出联合起来开发大西南的设想。同年4月，四省区五方经济协调会宣告成立。1986年，四省区五方经济协调会接纳西藏自治区为正式会员，更名为“五省区六方经济协调会”。1990年，五省区六方经济协调会接纳成都作为一方加入协调会，更名为“五省区七方经济协调会”。1997年，五省区七方经济协调会决定，因重庆升为直辖市，协调会更名为“六省区市七方经济协调会”。2004年，六省区市七方经济协调会决议变更组织方式，更名为“川、滇、黔、桂、藏、渝六省区市经济协调会”。

表 45-1　历次西南五省区市七方协调会议

次序	会议地点	会议主题、主要成果	召开时间
第一次	贵阳	①确定该组织性质：开放性的、松散型的区域经济协调组织，不是一级行政机构；②通过了在重庆成立联络处。由各方指派 1 ~ 3 人组成，主任由会议主席方担任；③联合办成协作项目 103 个	1984 年 4 月 15 ~ 19 日
第二次	重庆	①在重庆兴建“川滇黔桂渝经济协作大厦”；②通过了协调会的若干原则；③确定“自力更生、多方联合、国家支持、共谋振兴”协调会方针；④联合办成协作项目 1006 个	1985 年 4 月 23 ~ 28 日
第三次	昆明	①接纳西藏为协调会正式成员，从下次会议起，更名为川、滇、黔、桂、藏、渝五省区的六方经济协调会；②会议修订了四省区五方经济协调会若干原则；③联合办成协作项目 1056 个	1986 年 5 月 20 ~ 24 日
第四次	成都	①修订了五省区六方经济协调会若干原则；②有 952 个联合协作项目办成	1987 年 5 月 25 ~ 29 日
第五次	南宁	①修订了五省区六方经济协调会若干原则；②有 1109 个联合协作项目办成	1988 年 4 月 18 ~ 22 日
第六次	拉萨	修订了协调会的若干原则，促成 724 个联合协作项目	1989 年 6 月 30 日至 7 月 7 日
第七次	贵阳	会议同意成都市以一方的资格加入五省区六方经济协调会，并将五省区六方经济协调会更名为“五省区七方经济协调会”，促成 380 个联合协作项目	1990 年 8 月 8 ~ 12 日
第八次	重庆	会议修订了协调会的若干原则，促成 633 个联合协作项目	1991 年 9 月 5 ~ 9 日
第九次	昆明	会议修订了协调会的若干原则，促成 997 个联合协作项目，相互引进资金 10.87 亿元	1992 年 7 月 27 ~ 29 日
第十次	成都	会议修订了协调会的若干原则，促成 569 个联合协作项目，相互引进资金 29.77 亿元	1993 年 10 月 6 ~ 8 日
第十一次	南宁	会议修订了协调会的若干原则，促成 530 个联合协作项目，相互引进资金 13.9 亿元	1995 年 5 月 9 ~ 11 日
第十二次	拉萨	会议促成 460 个联合协作项目，相互引进资金达 30.4 亿元	1996 年 8 月 2 ~ 9 日
第十三次	成都	会议促成 480 个联合协作项目，相互引资达 25.5 亿元	1997 年 10 月 18 ~ 22 日
第十四次	贵阳	会议促成 522 个联合协作项目，相互引进资金 26.7 亿元	1998 年 8 月 26 ~ 28 日
第十五次	昆明	会议促成经济协作项目 1169 个，相互引进资金 51.91 亿元	1999 年 6 月 4 ~ 5 日
第十六次	重庆	会议修订了协调会的若干原则，通过了“六省区市七方关于联合推进交通通信基础设施建设的意见”等	2000 年 9 月 5 ~ 6 日
第十七次	成都	会议通过了向党中央、国务院“关于进一步加快西南地区交通通信基础设施建设有关问题的请示”“加快交通通信基础设施建设联合构建大通道的意见”等	2001 年 10 月 10 ~ 11 日

续表

次序	会议地点	会议主题、主要成果	召开时间
第十八次	南宁	会议就“联合推进南贵昆经济区、长江上游经济带建设的意见；扩大开放，联合加快西南区域产业结构调整的意见；进一步联合加快长江、珠江中上游生态环境保护建设与西南生态旅游资源综合开发的意见；联合加快交通与通信骨干网络建设，共同完善西南出海出境大通道的意见”等四个专题进行讨论	2002 年 9 月 5 ~ 6 日
第十九次	拉萨	本次会议共设四个专题：一是充分利用中国—东盟自由贸易区的机遇，联合加强与东盟经贸合作；二是加强生态建设和环境保护，共同建设山川秀美的大西南；三是联合开发旅游资源，大力发展西南旅游经济；四是创建特色经济区域，联合推动西南经济跨越式发展	2004 年 7 月 8 ~ 9 日
第二十次	贵阳	会议围绕“落实科学发展观，共谋合作新跨越”的主题，共设四个专题：①关于加强合作，进一步推进大西南生态环境建设和环境保护；②关于加强合作，进一步建设和完善西南主骨架交通运输网络及实施通道畅通工程；③关于加强合作，加快旅游、能源等特色优势产业开发；④关于加大扶贫开发力度，促进西南贫困地区加快发展	2005 年 8 月 14 ~ 15 日
第二十一次	重庆	会议围绕“合作共赢奔小康”这一主题，共设三个专题：①关于加快交通能源建设合作；②关于加强旅游资源的保护与开发；③关于共同构建统一开放市场	2006 年 11 月 14 ~ 15 日
第二十二次	昆明	与昆明春交会套开，商品交流和国际贸易尤其与东亚、南亚的区域贸易合作成为关注重点。本届昆交会签订国内合作项目 133 个，协议投资 799.9 亿元人民币。西南地区经协会成员省区市外经贸成交额 1100 多万美元，其中四川 221 万美元，重庆 115 万美元，成都（未报），广西 481 万美元，贵州 332 万美元，西藏 38.4 万美元。	2007 年 10 月 23 ~ 27 日

资料来源：中国商务网、云南省政府网。

国内省外经济技术合作起步，四川开始“吸金”港澳台。进入 20 世纪 90 年代，国家放开了地区间投资限制，四川国内经济技术合作在邓小平同志提出“两个开放”（即全面开放）后逐步兴起，大体经历了三个阶段：第一阶段主要是物资合作，进行物资串换，互通有无；第二阶段主要是资本合作，大力吸纳发达地区的资金，合作建设项目；第三阶段是全面合作，充分利用发达地区的资金、技术、人才、管理、品牌来参与四川市场的开拓，促进四川经济发展。

一是引进国内省外资金，开始金融合作。1988 年 3 月，重庆开国内异地贷款先例：北京市工商银行先后向重庆钢铁公司提供了 1.5 亿元的流动资金和特种贷款，开异地贷款先例。打破了过去全国各地资金“画地为牢”的封闭局面，效果之显著令金融界、企业界人士极力推崇，被认为是对传统金融体制的一次重大改革突破。

二是开始与东中部地区的经济技术合作，实现东西部首次“握手”。1984 年 8 月，四川省自行车工业联合公司与天津自行车厂联合，生产出名牌“飞鸽”自行车。利用国防科工委平台，1984 年 6 月 10 ~ 20 日，四川省在成都召开经济技术协作邀请会，邀请国家计委、经委、科委、民委、国防科工委和 27 个省市区及沈阳、广州、武汉等大城市和特区参加，四川省 18 个市地州、省级 36 个部门有关负责人和代表共 1500 多人，与会各方初步达成经济、技术、科研、商贸、物资协作 887 项，总金额 5 亿多元。时任省长杨析综在会上介绍了四川开展经济技术协作的优惠条件。到 1985 年，四川又同 28 个省市区达成经济协作项目 2500 项，协进资金 5 亿元，协进协出各种物资总金额 13 亿元，并与上海、江苏、辽宁等省签署了长期合作协议。1985 年 6 月 7 日，国务院“三线建设”调整改造规划办公室召开全国一、三线地区经济技术合作洽谈会筹备会。这是国家在四川第一次举行的促进东西部经济技术合作的会议。会议历时 7 天，有 17 个省市区及有关部门和企业代表 1200 多人参加。四川为参加这次会议，就资源开发、支持交流和“军民结合”等方面提出并汇编了四川与一、三线地区联合协作项目 937 项，其中经济协作项目 496 项。在洽谈会上，四川发布了 10 项优惠政策，与一、三线地区签订正式协作项目 51 项，协进协出资金（主要是协进）2 亿元。1992 年 8 月 8 日，四川首次参加深圳科技成果拍卖市场开幕式，首次拍卖的 310 项科技成果全部是从四川提供的 1500 多项成果中优选出来的，其中 110 项是高科技成果，200 项是先进性实用成果。

三是开始了与西部内陆地区的合作。1983 年 12 月 15 日，川陕甘太阳能电池推广应用技术交流会在青川开幕，拉开了与西北各省区的合作。

四是尝试与港澳台地区合作。1985 年 4 月 2 ~ 10 日，四川省国际经济技术合作和贸易洽谈会在成都举行。应邀到会的外宾和港澳同胞有 28 个国家和地区的 1100 多人。共签订经济技术合同 170 项，成交额 2.6 亿美元，其中利用外资 8000 多万美元，出口贸易成交额 4500 万美元。这一时期，三资企业主要是港台地区的企业和投资。1990 年 2 月 25 日，四川省经贸洽谈会在成都开幕。这是继 1985 年后第二次举办大型对外贸易活动。香港中华总商会会长霍英东发来贺电。

统计资料表明，从 1980 年开始，除国有投资外，已有了集体和个体私营投资，当年，集体经济投资 3.9 亿元，个体私营投资 8.6 亿元。“20 世纪 80 年代后期，四川横向经济联合协作发展迅速，先后参与国内各类区域合作组织 29 个，成立经济联合体 4000 多个，参加企业近 2 万家，与外省协作项目 9000 多个，协作总额 400 多亿元。”① 从 1993 年开始，四川有了其他成分的投资，当年达到 28.31 亿元，占全社会固定资产投资的 6.1%。到 2000 年，其他投资达到 358.45 亿元，占比 25.5%，比 1993 年提高了 19.4 个百分点。20 世纪 90 年代，四川“借船出海、借边出境、借鸡生蛋”，利用沿海、沿边省区市的区位优势，在沿海、沿边和特区大量建立“窗口企事业”，整合设立省政府驻外办事处，推进四川进入合作促发展阶段。

川军出川，民间自发交流合作。改革开放后，特别是进入 20 世纪 90 年代，川

---

① 中共四川省委宣传部等编《辉煌 60 年开放合作篇》，四川出版集团　四川人民出版社，2009，第 90 页。

表 45-2　重要年份按经济类型分的全社会固定资产投资（单位：亿元）

年份	总计	国有经济	集体经济	个体经营	其他	年份	总计	国有经济	集体经济	个体经营	其他
1952	1.33	1.33	—	—	—	1980	32.00	19.49	3.90	8.6	—
1957	4.72	4.72	—	—	—	1985	109.66	70.04	19.75	19.87	—
1962	2.56	2.56	—	—	—	1990	162.66	114.54	17.05	31.07	—
1965	16.01	16.01	—	—	—	1991	204.28	146.07	24.09	34.12	—
1970	35.30	35.30	—	—	—	1992	304.78	213.37	48.63	42.78	—
1975	21.72	21.72	—	—	—	1993	459.40	286.53	95.06	49.50	28.31
1978	22.48	22.48	—	—	—	2000	1403.85	678.15	170.91	196.34	358.45

资料来源：历年《四川统计年鉴》。

军出川成为亮点。随着计划经济体制逐步向有计划商品经济转变，再到 1993 年党的十四届三中全会提出建立社会主义市场经济体制，国内资源要素区域间流动的制度逐渐被打破，尤其是对人口流动管理制度限制的逐步消除，国内区域间劳动力、投资等民间经济活动逐步活跃起来，东部沿海尤其是广东的深圳、东莞等地区成为四川农民工和企业投资的热点地区，川军出川拉开了改革开放后四川民间合作交流的序幕。四川劳动力出川。作为劳动力大省，从 20 世纪 80 年代末期开始，四川人才和农村富余劳动力先是“孔雀东南飞”，后是“北上”、“西进”，新川军地理上不断扩大疆域，也加强了四川与相关省市区的经济联系。据媒体报道，每年有 1000 多万四川劳动力走向东南沿海的广东、福建等地区。据 1988 年 3 月 1 日《四川日报》报道，春节后，流入广东的四川籍民工达到 250 多万人，全国流动人口中约 20% 是四川民工，以至于广东省政府派出工作组到四川，呼吁四川民工不要再盲目进入广东。建筑川军出川。据统计，从 70 年代末起至 1990 年 12 月底，四川建筑大军出省出国承揽业务的建筑职工达 500 万人次，在国内 20 多个省区市和沿海沿边城市及 52 个国家和地区承揽工程和输出劳务，形成建筑业“百万川军闯天下”的格局。其中，在海外签订承包工程合同 228 份，合同金额 6.72 亿美元，完成营业额 4.78 亿美元。川军拓展区域服务领域。到 1992 年 6 月，四川农村出省务工、经商、务农和从事家庭服务业的劳动力达到 500 万人，除台湾外遍布全国各省区市；还有 1 万多人被国家有关单位组织去日本、独联体等地种菜，到中东采油，到非洲一些国家修路建房。据当时抽样调查，1 名外出务工劳动力年纯收入约为 1000 元人民币，据此匡算，四川劳动者一年从省外取得纯收入约为 50 亿元。民间交往起步。1986 年 4 月 1 日，“纵横祖国五万里”，四川省摄影综合考察队一行 12 人启程，驾驶国产“双燕”型三轮摩托车，经云南、西藏、内蒙古、河北、东北等省和沿海各省及广西、贵州，于 1987 年 6 月 25

日返回四川，行程 5 万公里。通过实地考察，积累了大量具有较高审美价值和社科文献价值的图文资料。

据不完全统计，改革开放至 2000 年前近 20 年，四川全省实现国内经济合作项目 4.2 万个，引进国内省外资金 360 亿元。综观这一时期，区域合作体制性障碍逐步弱化，在国家重点实施沿海战略的背景下，四川主动推进与西南各省区及国内其他地区的合作，逐步由计划经济时期战略后方基地演变为西南地区区域合作的主角和策源地，四川的区域合作层次和领域逐步提高扩大，利用国内资源和国内市场逐步拓展，多层次宽领域区域合作格局基本形成。

（三）进入 21 世纪后的四川区域合作（2001 ~ 2011 年）

进入 21 世纪，四川区域合作进入一个全新发展阶段。1999 年 11 月，中央提出了实施西部大开发战略；2001 年，我国加入覆盖全球 98% 世界市场的国际贸易组织 WTO，拓宽了四川的全球化视野，推动四川开放合作进入“三向拓展、四层推进”新阶段。

抓住西部大开发和国家向西开放的机遇，“三向拓展、四层推进”的战略思路形成。1999 年 11 月 15 日，中共中央、国务院在北京召开中央经济工作会议，提出实施西部大开发战略，标志着国家开放总格局由东部沿海向西部沿边开放转变。11 月 25 日，时任四川省委书记谢世杰在全省经济工作会上提出，四川要抓住国家西部大开发机遇，从以下四个方面做好西部大开发战略的起步工作：一要抓好基础设施建设项目，尤其是要抓项目储备；二要抓好生态环境建设项目，重点抓好四川在全国率先启动的 300 万亩退耕还林工程；三要抓好旅游资源开发，充分利用每人每年休假上百天的时机，壮大旅游支柱；四要抓好政策、措施研究，搞好大开发规划。2001 年，我国加入世界贸易组织，四川开始以世界眼光和战略思维建设“开放四川”。2001 年，出台《四川省关于西部大开发若干政策措施的实施意见》，推进地区协作与对口支援成为四川实施西部大开发战略的重要取向。“鼓励东部和中部地区与西部地区开展以市场为导向、以效益为中心、以互利为目的、以企业为主体的全方位经济技术协作。比照外商投资的有关优惠政策，采取有效措施，改善投资环境和提高服务水平，吸引东部和中部地区企业通过独资、控股、参股、收购、联合、兼并、租赁、托管和承包经营等多种方式，到西部地区投资设厂、合作开发。”①2004 年 6 月，四川与福建、江西、湖南、广东、广西、海南、贵州、云南等 8 个省区和香港、澳门两个特区共同签署《泛珠三角区域合作框架协议》，加入了我国当前最大的跨行政区域合作组织。2007 年 12 月，在中共四川省委第九届四次全会上，省委书记刘奇葆的报告进一步明确了四川跨越发展的总体要求和基本思路：“要坚持以工业强省为主导，推进新型工业化、新型城镇化、农业现代化，加强开放合作，加强科技教育，加强基础设施建设，大力改善民生，促进社会和谐，实现由经

---

① 参见 2001 年颁布的《四川省关于西部大开发若干政策措施的实施意见》中第十五条。

济大省向经济强省的跨越”。建设四川中国内陆开放高地。2011年，四川省编制完成国民经济和社会发展“十二五”规划纲要和四川省外向型经济“十二五”专项规划，明确“突出南向，加强东向，畅通西向，拓展对外开放大通道，改善开放合作的区位条件，全面参与国际经济合作。巩固欧美和东北亚的传统市场，加快融入中国—东盟自由贸易区，加强与南亚、中亚、俄罗斯和非洲、拉美等地区经贸与投资合作”。“深化与周边省市合作，加强泛区域合作”。四川新时期“三向拓展、四层推进”的开放合作基本思路由此确立。在2012年5月四川省第十次党代会上，更进一步强调实施“充分开放合作战略”，明确建设西部内陆开放高地的目标和“三向拓展、四层推进”的工作思路。在2012年9月17日全省对外开放工作会议上，省委书记刘奇葆提出了突出新阶段推进开放合作的着力重点，积极推进多层次区域合作格局形成。一是深化与周边省（市）区合作，深化与滇、桂、宁、陕、甘、黔等省（市）合作，共同推动出海、出境交通物流大通道建设，推进水电、矿产、旅游等优势资源联合开发，努力提升合作层次和水平；二是加强与泛区域合作，继续扩大与长三角、环渤海、北部湾地区的交流合作，完善与对口支援省（市）的长效合作机制，积极推动并承接东部地区产业向四川省转移；三是深化与港澳台合作，巩固和发展四川作为台商西部投资首选地地位等；四是加强国际区域合作，构建融入东盟自由贸易区及推进与南亚合作的产业腹地，提升欧美日韩合作层次水平；五是加快向西开放步伐，积极推动四川与中亚、西亚及俄罗斯等多边双边合作。推动四川形成全方位、多层次、高水平区域合作格局战略思路由此形成。四川对外开放和区域合作从此进入更宽领域、更深层次、更加全面、更加务实的新阶段，即区域间主体平等共识增多，合作互利共赢共识和基本原则进一步强化；市场配置资源的基础性作用加强，注重更有效发挥市场主体地位和作用；区域合作的体制机制和平台建设加强，高度重视和关注区域合作的可持续；区域经济一体化进程加快，推动区域合作向社会管理、文化交往、科技创新等更广泛领域拓展。四川逐步迈向国家向西开放的重要战略基地和区域合作西部高地。

搭建“西博会”平台，西部合作开创新局面。进入21世纪，四川抓住国家实施西部大开发战略的机遇，推动西部12省区市区域合作进入更加务实的新阶段。2000年，四川省响应中央实施西部大开发战略，积极创办了中国西部国际贸易博览会，得到了国务院西部开发办、中国贸易促进会、全国对外友好协会、全国工商联、全国供销社等相关部门的大力支持和西部各省区市的积极响应。首届博览会由中国贸易促进会等部门和四川省共同创办，在四川成都举办，大会名称为“西部论坛、沿海地区三资企业产品展销会暨四川投资洽谈会”。参展面积达2.5万平方米，来自17个国家和地区的境外客商138人，国内16个省市和省内21个地市州的政府和企业代表5000余人参会参展。从2000年开始到2013年，西博会以西部各省区市轮值主席、四川及成都作为主要承办方和举办地方式，已成功举办14届，取得了一系列合作成果。至目前，西博会已成为西部与泛亚合

表 45-3　历次中国西部国际博览会情况

次序	地点	主要成果或基本情况	召开时间
第一届	成都	首届博览会由中国贸促会等部门和四川省共同创办，大会名称为“西部论坛、沿海地区三资企业产品展销会暨四川投资洽谈会”。参会参展来自 17 个国家和地区的境外客商 138 人，国内 16 个省市和省内 21 个地市州的政府和企业代表 5000 余人。设国际标准展位 1200 个，展出总面积 30000 平方米。不完全统计，四川 21 个市地州与国（境）内外客商签订投资合作项目协议 98 个，总金额达 137.6 亿元人民币	2000 年 5 月 25 ~ 28 日
第二届	成都	本届博览会由中国国际贸易促进委员会、四川省人民政府、香港贸易发展局共同主办。大会展览面积 23000 平方米，展位数 1100 个，参展商 900 个，观众 10 万人。会议期间，四川各市州与国（境）内外投资者签订投资合作项目合同 165 项，总投资 140 亿元人民币，协议引进资金 128 亿元人民币。其中，利用外资项目 33 个，总投资 53.43 亿元，引进国外资金 45.65 亿元；国内合作项目 132 个，总投资 86.58 亿元人民币，引进国内资金 82.35 亿元人民币。签订贸易合同金额 173 亿元人民币，现场贸易额 3.4 亿元	2001 年 5 月 25 ~ 28 日
第三届	成都	本次会以“西部与世界接轨”为主题。由中国贸促会、国务院侨办、中国人民对外友协、全国工商联和四川省人民政府共同主办，正式命名为“第三届中国西部国际博览会”。大会签订项目投资合作协议（合同）267 项，总投资 197.97 亿元人民币；其中协议（合同）引进资金 160.04 亿元人民币，外资项目 43 个，总投资 3.63 亿美元，协议（合同）引进境外资金 2.55 亿美元；国内合作项目 224 个，总投资 167.84 亿元人民币，协议（合同）引进国内资金 138.87 亿元人民币。签订贸易协议（合同）48 项，合同金额 64.2 亿元人民币，现场零售额 2 亿多元人民币	2002 年 5 月 25 ~ 28 日
第四届	成都	本届由中国贸促会、国务院侨办、中国人民对外友协、全国工商联、全国供销合作总社和四川省人民政府共同主办，以“加强合作、加快发展”为主题。大会签订招商引资项目合同 220 个，总金额 251.65 亿元人民币，其中引进省外投资项目 98 个，投资总额 138.15 亿元人民币，引进省外资金 133.81 亿元人民币，引进国（境）外投资项目 5 个，引进国（境）外资金 1654 万美元。商品贸易现场成交 3.3 亿元人民币，签订商品贸易合同订单共 98.7 亿元人民币，签订贸易协议 64 亿元人民币	2003 年 9 月 25 ~ 28 日
第五届	成都	本届西部博览会由中国贸促会、国务院侨办、全国友协、全国工商联、供销合作总社和四川省人民政府共同主办。大会现场贸易成交 7.3 亿元，签订贸易合同金额 112.8 亿元，贸易协议金额 73 亿元。签订投资项目合同 270 个，合同总金额 254.58 亿元，引进资金总额 189.82 亿元，其中省外、境外合同类项目 125 个，总投资额 127.42 亿元，引进省外、境外资金 108.04 亿元，省外、境外协议类项目 18 个，总投资额 34.63 亿元，协议引进资金 34.15 亿元	2004 年 5 月 25 ~ 28 日
第六届	成都	本届西部国际博览会由中国贸促会、全国友协、全国工商联、供销合作总社和四川省人民政府共同主办，以“外资西进、内资西移、东西合作、实现双赢”为主题。现场贸易成交和签订贸易合同金额 111.3 亿元；签订投资项目合同 198 个，合同总金额 230.67 亿元，其中省外、境外合同类项目 137 个，总投资额 195.32 亿元，引进省外、境外资金 190.65 亿元	2005 年 5 月 25 ~ 28 日

续表

次序	地点	主要成果或基本情况	召开时间
第七届	成都	本届西部国际博览会由国务院西部办、中国贸促会、中国人民对外友协、全国工商联、全国供销合作总社主办。本届共签订招商引资项目合同 263 个，折合人民币 369.95 亿元；其中引进省外、境外资金折合人民币 323.34 亿元，签订招商引资协议 45 个，总金额 87.47 亿元人民币。签订贸易合同 148 个，折合人民币 127.6 亿元，其中省外、境外资金折合人民币 42.5 亿元；签订贸易协议 142 个，协议金额 45.3 亿元；展览现场成交人民币 5.28 亿元	2006 年 5 月 25 ~ 28 日
第八届	成都	本届西部国际博览会首次由商务部、国务院西部开发办、国家质检总局、中国贸促会、全国工商联、全国对外友协、全国供销合作总社以及重庆、四川、贵州、西藏、云南、陕西、甘肃、宁夏、新疆、青海、广西、内蒙古（省、区、市）人民政府、新疆生产建设兵团共同主办（即“7+13”主办模式）。大会共签订项目正式合同 542 个，引进东中部、国（境）外资金折合人民币 557.29 亿元；签订引资协议 157 个，金额折合人民币 243.4 亿元；签订贸易正式合同 215 个，合同总金额折合人民币 187.8 亿元，东中部以及国（境）外贸易合同金额 173 .6 亿元；共签订贸易协议 275 个，协议总金额折合人民币 132.6 亿元，东中部以及国（境）外贸易资金 95.6 亿元	2007 年 5 月 22 ~ 28 日
第九届	成都	本届中国西部国际博览会经“5・12”特大地震延期后，由国家发改委、商务部等 9 个中央部委和西部十二省区市人民政府及新疆生产建设兵团主办，四川省人民政府承办。本届西博会共签订投资项目 795 个，金额 3004.52 亿元。其中，内资项目 750 个，金额 2690 亿元；外资项目 45 个，金额 46.05 亿美元。其中，首届中国四川采购商大会也取得了圆满成功。截至 31 日 10 时，已签订累计金额 483 亿元人民币，项目涉及机电、纺织、化工、服装等 13 大类 200 余种产品。 第九届西博会吸引了来自世界五大洲 56 个国家和地区的政要、高官、商协会负责人以及 12800 余家企业参展参会	2008 年 10 月 27 ~ 31 日
第十届	成都	以“把握机遇、应对挑战、开放合作、共谋发展”为主题，西部 12 省区市及新疆生产建设兵团与国内外投资者集中签约 551 个重大投资合作项目，投资总额 2960.48 亿元。其中，内资项目 539 个，投资额 2889.06 亿元；外资项目 12 个，投资额 10.46 亿美元。签约项目涉及高新技术、优势资源、装备制造、现代农业、文化旅游、服务业、基础设施及产业园区等领域 集中签约项目中，高新技术产业项目 79 个，投资额 312.69 亿元；优势资源产业项目 113 个，投资额 873.85 亿元；装备制造产业项目 120 个，投资额 464.65 亿元；现代农业产业项目 48 个，投资额 128.61 亿元；文化旅游产业项目 24 个，投资额 154 亿元；服务业项目 82 个，投资额 410.71 亿元；基础设施产业项目 59 个，投资额 383.83 亿元；产业园区项目 26 个，投资额 232.15 亿元	2009 年 9 月 16 ~ 20 日
第十一届	成都	本届西博会以“开发开放，共享共赢”为主题。在更高起点、更高水平上发挥西博会经贸展台、合作载体和开放窗口作用，积极推动中国西部地区与泛亚地区的经贸交流与投资合作。本届西博会投资签约项目共计 1581 个，投资总额达 7523.16 亿元，签约项目数量和金额创历届西博会之最。其中四川省签署投资合同 5320.95 亿元。现场成交和贸易合同 2241.8 亿元，其中四川省 1160.46 亿元。签订了《2010 泛亚交通合作大纲》等国际间合作协议 10 余个	2010 年 10 月 22 ~ 25 日

续表

次序	地点	主要成果或基本情况	召开时间
第十二届	成都	本届西博会成功实现内贸与外贸、“引进来”与“走出去”、展览展示与采购洽谈等“三个结合”。全球 105 个国家和地区、全国 30 个省（区、市）及港澳台地区的参展商、采购商及各界嘉宾 7.8 万余人参展参会。本届西博会最显著的特点是国际化水平大幅提升。来自 52 个国家和地区的参展企业共计 4564 家，境外企业数量和参展面积分别占 44% 和 42%；联合国开发计划署首次参与主办第四届中国西部国际合作论坛，联合国项目服务厅首次参与主办 2011 中国西部国际采购商大会。最鲜明的特点是区域合作互动交流进一步加强。实现了西部与泛亚合作、西部与东中部互动、西部之间合作交流。主展场观众人流量超过 60 万人次。本届西博会共签约投资项目 1565 个，投资金额 9451.7 亿元，同比增长 25.6%；实现贸易成交 2527.6 亿元，同比增长 11.2%。投资项目签约及贸易合同成交金额均创历届西博会之最。从投资项目签约看，内资项目 1445 个，投资额 8513.9 亿元；外资项目 120 个，投资额 146.5 亿美元。四川省签约项目 1279 个，投资额 6822.8 亿元，占签约总额的 72.2%；西部 11 省（区、市）及新疆生产建设兵团签约项目 286 个，投资额 2628.9 亿元，同比增长 19.4%。本届西博会还签订了《2011 泛亚绿色发展合作纲领》等国际国内合作协议 41 个	2011 年 10 月 18 ~ 22 日
第十三届	成都	本届博览会主题：“深化国际合作，加速西部发展”。重点展示电子信息、装备制造、新能源新材料和高科技成果转化产品，举办中国西部国际合作论坛、中国西部投资说明会暨经济合作项目签约仪式等多项活动。中共中央政治局常委、全国人大常委会委员长吴邦国出席开幕式；全国人大常委会副委员长兼秘书长李建国，孟加拉国议长哈米德、马其顿副总理佩舍夫斯基、上海合作组织实业家委员会主席梅津采夫、联合国助理秘书长麦守信等出席开幕式 本届西博会中国西部投资说明会暨经济合作项目签约仪式中签约 400 个，投资额达 5067.66 亿元，较上一届西博会集中签约项目金额增长 28.43%。涉及电子信息、汽车制造、油气化工、装备制造、节能环保、现代服务业等领域。其中，电子新产业项目 22 个，投资额 145.39 亿元；新能源新项目 46 个，投资额 911.31 亿元；现代服务业签约项目 107 项，投资额 1391.67 亿元，较上届增长近 30%。如普华永道中国服务中心和特许公认会计师公会中国西部首个财务共享服务中心正式落户于成都	2012 年 9 月 25 ~ 29 日
第十四届	成都	本届西博会期间共签约投资项目 462 个，投资签约额 5631.8 亿元 本届西博会更加强化区域交流合作，共吸引了 72 个国家和地区、国内 28 个省（区、市）及新疆生产建设兵团的 4000 多家企业参展；更加凸显国际化，共邀请了来自五大洲的七国政要出席：中国国务院副总理汪洋、澳大利亚总督昆廷·布赖斯、加拿大总督戴维·约翰斯顿、马其顿总统格奥尔盖·伊万诺夫、蒙古国总理诺罗布·阿勒坦呼亚格、坦桑尼亚总理米增戈·平达、法国参议院副议长、前总理让－皮埃尔·拉法兰、联合国项目服务厅总干事麦守信、俄罗斯前第一副总理奥列格·索斯科维茨、联合国前副秘书长莫里斯·斯特朗等；50 余项重要议程中国际性活动多达 27 项，东盟国家经贸部长访川、中欧投资贸易科技合作洽谈会等活动成果丰硕 本届套开的第八届欧洽会上，欧洲国家的官员与企业重点关注西部的节能环保、新能源新材料、现代农业、生物制药、通用航空、高端装备制造与 ICT 等新兴产业，活动共设立 10 余场合作洽谈会与对接会，其中中欧通用航空专题对接会和中欧现代高科技农业专题对接会，均是首次在西博会上登场 本次西博会首次推行主宾国制度，本届主宾国为蒙古国	2013 年 10 月 23 ~ 27 日

图 45-4　2000 ~ 2012 年历届西博会数据一览

类　别	第一届	第二届	第三届	第四届	第五届	第六届	第七届
参展参会国家和地区（个）	17	20	30	37	48	45	53
国内参会的省（区、市）（个）	16	12	12	20	29	24	26
境外客商（人）	138	1300	1400	1300	2000	2000	3000
国内客商（人）	5000	6000	5000	15000	18000	15000	15000
参展商（家）	—	900	1000	3000	—	2000	3400
展览面积（平方米）	30000	23000	30000	35000	45000	60000	60000
观众（人次）	—	100000	—	150000	150000	150000	250000

类　别	第八届	第九届	第十届	第十一届	第十二届	第十三届	第十四届
参展参会国家和地区（个）	24	52	88	103	105	88	72
国内参会的省（区、市）（个）	37	28	33	31	30	28	28
境外客商（人）	10000	10000	20000	15000	20000	≥ 20000	19300
国内客商（人）	30000	30000	40000	51000	58000	≥ 60000	
参展商（家）	4665	1542	4938	3153	4564	4598	4000 余
展览面积（平方米）	91300	120000	150000	160000	180000	20 万	
观众（人次）	300000	300000	600000	700000	600000	60 万	40 万余

资料来源：根据西博会历次会议资料整理。

作、西部与东中部互动、西部省区市间合作交流重要平台，成为四川与国内外投资和商品贸易平台；成为国内外政要西部聚会、国内外商界精英云集、西部商贸企业与国际商界交流、西部走向全国、走向世界以及全球了解西部的重要阵地和窗口。

主动发掘拓展国内资金市场，引进国内省外资金实现突破。充分利用国际国内“两个市场、两种资源”取得实质性进展。据相关资料统计，近几年，四川引进国内省外资金每年都跨越一个千亿元台阶。2008 年达 2998.2 亿元，2009 年达到 4063.7 亿元，2010 年达 5336 亿元。2011 年四川引进国内省外资金超过 7000 亿元，达 7083 亿元，是 2001 年的 54 倍，年均增幅 143%，这意味着每天有超过 19 亿元的资金段向四川；重点区域引资效果突出，引进环渤海、长三角、珠三角资金 4328 亿元，同比增长 38%，占省外引资总量的 61%；引进泛珠三角区域资金近 2000 亿元，来自重庆的资金超过 1000 亿元。

主动承接国内产业转移，对口支援促地震灾区前进 20 年。进入 21 世纪，四川抓住国家实施西部大开发战略和国际产业分工新变化，主动抓好国际国内产业转移。2000 年，省政府招商局与省经济技术协作办公室合并成立省招商引资局，以加强对内对外开放、招商引资和区域方面的合作，

表 45-5　2001 ~ 2010 年四川对外经济合作与引进国内省外资金

年份	对外经济合作（亿美元）	环比增长（%）	引进国内省外资金（亿元）	环比增长（%）
2001	4.4		127.9	
2002	3.9	-11.4	186.1	45.5
2003	4.3	10.3	305.0	63.9
2004	4.9	13.9	480.0	57.4
2005	6.0	22.4	716.2	49.2
2006	7.4	23.3	1096.4	53.1
2007	12.1	63.5	1972.8	79.9
2008	33.4	66.1	2998.2	51.9
2009	41.3	23.6	4063.7	35.5
2010	70.1	69.8	5336.4	31.3
2011	110	57.2	7083	32.7

注：需要说明的是，环比增幅没有进行年度处理。

资料来源：根据历年《四川省政府工作报告》；省发展改革委《四川省“十二五”开放型经济发展思路研究》；四川省社会科学院课题组《四川省“十二五”实施充分开放合作研究》等整理；《四川日报》2011 年 1 月 14 日。其中，2008 ~ 2011 年数据来自《崛起的内陆开放高地——四川省构建全方位开放合作大格局纪实》，四川出版集团　四川人民出版社，2012，第 116 页。

对内更多的是承接东部沿海地区的产业转移。2000 年以来，保持了与东部沿海上海及长三角地区、广东及珠三角地区、京津冀及山东等环渤海湾地区的区域合作态势。先后与湘、鄂、渝、新（疆）、鲁、粤等多个省区市签署了全面合作框架协议和专项协议。与台湾省、香港特区、澳门特区的合作进一步增强。特别是加强了与泛珠三角地区在交通、产业、信息及旅游业方面的合作，已构建起利用泛珠三角优势资源招商、人才招商、技术招商、企业招商等平台，积极承接东部地区产业转移。2011 年，四川省印发了《“3+4”重点产业投资促进意见》、《产业脉络分析报告》，聘任投资促进特聘顾问，建立招商引资专家团队，力促科学招商。各市（州）在省（境）外开展投资促进活动 9358 次，促成签约项目 1987 个；新签约并履约投资额 10 亿元以上的重大项目 108 个，投资额 2336 亿元。招大引强，集群承接。省招商引资局统计数据显示，2010 年招大引强成效显著。重点产业加快集聚，相关重点承接地签约电子配套企业 136 家，投资总额 425 亿元。成都、德阳、绵阳、南充、广安、泸州、遂宁、广元等地成为承接产业转移最突出的城市和地区，推动了四川电子信息、汽车制造、油气化工、新能源等产业迅速崛起。

2008 年“5·12”汶川特大地震发生，在党中央国务院的倡导支持下，全国 18 个对口援建省市积极响应中央“一省帮一重灾县”号召，派出得力干部和专业技术力量，投入巨大财力、物力，倾情倾力参与四川灾区重建。香港、澳门特别行政区和海南省、内蒙古自治区主动援建四川省灾区；其他兄弟省（区、市）、中央各部委和解放军、武警部队以及社会各界纷纷向四川省提供援助。对口支援四川灾区市县灾后重建成为新中国成立后四川得到的全国最大的支持和在四川发生的国内最大的区域合作。到2011年底，四川全面完成了灾后重建任务，实现了中央确定的“家家有房住、户户有就业、人人有保障、设施有提高、经济有发展、生态有改善”的重建目标，书写了“从悲壮走向豪迈”的辉煌篇章。民生重建方面，成功解决了540多万户1200多万人的住房修建问题。3001所学校完工2989所，1362个医疗卫生和康复机构完工1359个。耕地和宅基地损毁的20万农民安置和生计问题妥善解决，622万人饮水安全问题成功解决，1449名因灾新增“三孤”人员基本生活得到保障，2.7万余名地震伤残人员得到医疗康复，受灾困难群众得到及时救助，再生育家庭已有3194个新生命诞生。基础设施重建方面，4847公里国省干线及重要经济干线公路完工95.6%，29028公里农村公路重建全部完工，成都至都江堰高速铁路建成运营，1222座震损水库、810公里震损堤防除险加固全部完工，1067个电网和电源重建项目完工96.9%，37个水厂重建全部完工。城镇重建方面，北川、汶川、都江堰县城主要市政基础设施全面完成，青川县城框架基本形成，映秀、汉旺、水磨、街子镇建成旅游名镇或工业新镇，其他30个重点镇的重建也基本完成。产业重建方面，2440户规模以上震损工业企业恢复生产，4989个生产力布局与产业调整项目完成99.97%。新建5个省级开发区和24个对口援建产业集中发展区。市场服务体系项目全面完成，871个商贸流通项目基本完工。农业产业有效恢复。防灾减灾和生态重建方面，2334处重大地质灾害治理项目全部完工。完成217.8万亩灾毁土地整理复垦。恢复大熊猫栖息地148.7万亩。448.9万亩林草植被全部恢复。[①] 四川加强衔接协调，加强援建服务，以此为契机，与对口援建省市建立起更加紧密的长期合作机制。重建期间，四川赴18个对口援建省市及港澳地区开展感恩致谢投资促进活动，实现签约项目464个，投资总额2039亿元，探索变对口援建为长期长效合作。重灾区市县与援建省市合作共建产业园区，成为区域合作支持灾区持续发展的有效平台。

新世纪以来，四川不仅形成了全方位、多层次国际国内区域合作格局，更明确了四川未来十年加快建设西部经济发展高地的重要战略取向，即“突出南向，加强东向，畅通西向，拓展对外开放大通道，改善开放合作的区位条件，全面参与国际经济合作。巩固欧美和东北亚的传统市场，加快融入中国—东盟自由贸易区，加强与南亚、中亚、俄罗斯和非洲、拉美等地区经贸与投资合作”的“三向拓展、四层推进”开放合作总体思路，并纳入了四川省编制完成的国民经济和社会发展“十二五”规划纲要和四川省外向型经

① 蒋巨峰：《政府工作报告》，2012年1月。

表 45-6 “5·12”汶川大地震全国省区市对口支援四川灾区重建概览

序号	对口省（市）—县（市）	合作产业园区	备注
1	山东省－四川省北川县	北川－山东合作产业园	—
2	广东省－四川省汶川县	广东省与阿坝州共建位于金堂县的成阿工业园区	省级园区
3	浙江省－四川省青川县	青川－川浙合作产业园	—
4	江苏省－四川省绵竹县	绵竹－江苏工业园；汉旺－无锡工业园	—
5	北京市－四川省什邡县	什邡－北京工业园	—
6	上海市－四川省都江堰市	上海市与都江堰市合作共建位于都江堰市的农业产业化园区；都江堰－张江科技园	—
7	河北省－四川省平武县	平武－河北工业园	—
8	辽宁省－四川省安县	辽宁－安县合作产业园	—
9	河南省－四川省江油市	江油－河南合作产业园	—
10	福建省－四川省彭州市	彭州－川闽产业园	—
11	山西省－四川省茂县	—	—
12	湖南省－四川省理县	—	—
13	吉林省－四川省黑水县	—	—
14	安微省－四川省松潘县	—	—
15	江西省－四川省小金县	—	—
16	湖北省－四川省汉源县	—	—
17	重庆市－四川省崇州市	中小企业发展产业园区	国家级
18	黑龙江省－四川省剑阁县	剑门－川黑合作产业园	—

济“十二五”专项规划，四川经济地理正在朝着构建中国西部经济发展高地目标推进，形成了以下区域合作地理格局：与周边省区市合作进一步加强，融入泛珠三角合作加深，有效对接长三角合作加快，与港澳台合作交流实现重大突破，四川正在成为中国向西开放的重要战略基地和开放合作内陆高地。

二　扩大与广西、云南、贵州、西藏、新疆等边疆省区合作

广西、云南、贵州、西藏、新疆等边疆省区既是四川的经济腹地，是四川历史上开辟的“南方丝绸之路”的主要地理区域，也是现今四川扩大对外开放、发展边贸经济的前沿地区。扩大与广西、云南、贵州、西藏、新疆等边疆省区合作，是四川深化和扩大国内区域合作尤其是与西部省区市合作的突出重点，也是四川“三向拓展”加强区域合作走向世界的重要依托和前沿阵地。

随着国家开放战略重心由东向西重点转移和西部大开发战略进一步实施，西部进一步成为国际国内关注热点和投资重点，西部各省区市合作更引人注意，热潮不断。自 1984 年西南六省区市七方经济协调会

成立以来，四川与西南各省区市合作的体制机制、合作的平台建设、合作领域等都有了全面拓展，区域合作在广泛领域取得成效，形成与周边省区市多层次区域合作纵深发展态势。如成立于1986年的“陕甘川宁毗邻地区经济联合会”，① 成立于2010年7月的川滇黔十地州市合作与发展峰会等。②

多年来，四川充分利用西部各省区市的地域优势、沿边优势，川滇、川桂、川黔等合作不断加强。川滇毗邻市州在“十五”期间创立的“川滇五市地州经济合作区”，正在筹划扩展为“川滇黔十市地州经济合作机制”。积极拓展西向开放，推动西部合作取得进展。通过与新疆等西部省区的合作，进一步拓展与中亚、俄罗斯等的合作空间。

（一）四川与广西的合作

四川和广西都是20世纪80年代成立的西南六省区市七方经济协调会的发起者之一。作为中国与东盟自由贸易区总部所在和直接与越南接壤的广西，四川历来十分重视与其的经济联合与协作。从20世纪80年代起，四川与广西的合作从未间断过。从1984年西南六省区市首次经济协调会至今，省区间区域合作尤其是成都经贵阳到南宁至北海铁路和高速公路的建成，广西北海成为四川“走向海洋”的最近的港口和通道。

达成协议，四川与广西建立全面合作关系。进入21世纪，四川与广西双方达成了《关于进一步深化桂川合作框架协议》（2010年），③ 以充分利用和共享中国—东盟自由贸易区建成机遇。双方基本建立起合作共识和合作互信，省区间区域合作在体制和机制上已没有障碍。近年来，国家相继批准实施《广西北部湾经济区发展规划》（2008年）和《关于进一步促进广西经济社会发展的若干意见》（2010年），④ ⑤ 四川充分利用广西服务西南条件，把与广西的合作放在四川“走向海洋”的重要前沿阵地，积极推进与广西尤其是其北部湾经济区建立“重要国际区域经济合作区”平台，全面加强了相互间的合作。

达成共识，推进双边经济合作。多年来，广西与四川的区域合作，从高层到市县，从官方到民间，从沿海到内陆，从产业到文化，基本形成多层次宽领域纵深发展格局。仅2001年至今，广西与四川签订经济合作项目317个，总投资额183亿

---

① “陕甘川宁毗邻地区经济联合会”成立于1986年，是由陕西省宝鸡市、汉中市，甘肃省天水市、平凉市、庆阳市、陇南市，四川省绵阳市、广元市、南充市、巴中市，宁夏回族自治区吴忠市、固原市及西安铁路局、兰州铁路局、成都铁路局组成的一个跨省区的经济协作组织，是我国最早成立的区域经济合作组织之一。

② 川滇黔十地州市合作与发展峰会，包括云南省的大理白族自治州、丽江市、昆明市、楚雄州、昭通市，贵州省的六盘水市、毕节地区，四川省的宜宾市、凉山州、攀枝花市等，它们山水相连、人文相近、民俗相融，区位独特、资源丰富、利益相关，经济互补性强，交流历史悠久，具有良好的合作基础和广阔的开发前景。2010年7月31日，第一届川滇黔十地州市合作与发展峰会在攀枝花市举办。

③ 《桂川签署进一步深化合作框架协议》，四川在线，最后访问日期：2010年4月20日。

④ 国务院批准实施《广西北部湾经济区发展规划》，新华网，最后访问日期：2008年2月21日。

⑤ 《〈国务院关于进一步促进广西经济社会发展的若干意见〉新闻发布会在京召开》，发改委网站，最后访问日期：2010年2月3日。

元。[1] 2010 年 4 月 20 日，广西壮族自治区人民政府和四川省人民政府在成都召开“携手四川合作开发北部湾经济区介绍会”，广西壮族自治区党委、自治区副主席、广西北部湾经济区规划建设管理委员会主任陈武在致辞中介绍了广西经济社会发展和北部湾经济区开放开发情况，表达了广西作为连接中国西南、华南、中南以及东盟大市场的枢纽，在推进四川与广西区域合作方面发挥接合部重要战略作用的巨大前景。四川省副省长王宁介绍了近年来四川通过广西北部湾经济区便捷的海上和陆路交通，与东盟有经贸合作关系的企业已达 1000 多家，在东盟国家实际投资额 3 亿多美元。王宁表示四川和广西在地缘上相互依存、在发展上相互支持、在市场上相互融合、在优势上相互补充。广西南宁市、北海市、防城港市、钦州市、四川省商会、广西四川商会负责人在会上先后介绍了广西和北部湾经济区的投资环境，邀请更多的四川企业到广西投资置业。会上，双方举行了合作项目签约仪式。共有 12 个项目签约，投资总额 95.05 亿元。其中，合同项目 3 个，总投资 17.15 亿元；协议项目 4 个，总投资 52.9 亿元；意向项目 5 个，总投资 25 亿元（其中钦州签约 2 个，合作项目投资总额 11 亿元，分别是广西钦州港开发区管委和四川盛马化工股份有限公司签约的胜海石化物流项目，总投资 5 亿元人民币；黎合江工业区管委与四川海诺尔环保产业集团签约的钦州市生活垃圾处理项目，总投资 6 亿元）。

产业互动，推动企业合作。2012 年 4 月 10 日，四川省资阳市与位于广西柳州市的南车集团合作，打造西部机车产业四大基地。一是做大做强南车资阳机车公司，形成年生产机车 500 台的能力，建设国家机车制造及出口基地。二是培育壮大以南骏现代、东风四通、熊猫机械为代表的载货汽车生产企业，大力发展专用车、商用车及零部件，建设西部汽车及零部件生产基地。三是加大南车与广西玉柴合作力度，以汽车发动机、船用发动机和燃气发动机为重点，形成年产大功率发动机 800 台、中小功率发动机 20 万台的能力，建成西部发动机制造基地。四是依托海大集团、凯力威橡胶，以及全钢、半钢子午线轮胎以技术提升产品质量，建成西部重要的汽车轮胎生产基地。

利用中国—东盟博览会平台，助推四川走向东南亚和南亚。充分利用中国 - 东盟博览会平台，实现四川企业“走出去”。2010 年四川已启动东盟战略，中国 - 东盟博览会是重要的平台。长驻广西南宁的中国 - 东盟博览会已经走过了 9 个年头，9 年来，在中国和东盟 10 国的共同努力下，中国 - 东盟博览会硕果累累。据统计，2004 年中国和东盟双边贸易提前一年实现 1000 亿美元的目标。2007 年双边贸易提前三年实现 2000 亿美元的目标，2011 年双边贸易额更是到达 3628.5 亿美元。从 2010 年 1 月 1 日起，中国与东盟之间约 7000 种产品享受零关税待遇，

① 《西南六省区市经济协调会携手四川合作开发北部湾经济区介绍会在成都举行》，《钦州日报》2010 年 4 月 22 日。

实现货物贸易自由化。2011年3月1日，广西颁布《关于加快广西北部湾经济区大产业大港口大交通大物流大城建大旅游大招商大文化发展实施意见》，明确“构筑国际区域经济合作新高地”。[①] 全球仅次于欧盟和北美自由贸易区的第三大板块——“中国-东盟自由贸易区”，将创造出一个拥有19亿名消费者、近6万亿美元国内生产总值、1.2万亿美元贸易总量的经济区，广西是四川开拓东盟市场的重要通道和前沿阵地。

（二）四川与云南的合作

云南的战略地位。云南是我国重要的西南边境省份，与越南、缅甸、老挝等国家接壤。2011年5月，国务院正式批准并出台《国务院关于支持云南省加快建设面向西南开放重要桥头堡的意见》，明确云南是我国面对东南亚、南亚的重要桥头堡，主要是面向东南亚、南亚开放，同时拓展到印度洋沿岸的西亚及非洲东部等广大地区的全面开放。

川滇合作源远流长。四川和云南同处于中国西南地区。四川与云南边界相连，金沙江一衣带水。抗日战争时期，四川和云南同为战略大后方，在抗击从印支入侵日军之敌中，以四川和云南为主体的中国远征军为代表的中国军民共同写下了民族胜利的篇章。20世纪60年代的“三线建设”，云南成为四川攀枝花钒钛钢铁基地建设的重要物资供给基地之一，该时期建设的成昆铁路成为两省合作的重要鉴证。20世纪70年代，云南边境地区腾冲等地是当年四川知识青年支边的重要地方，两省人民结下了深厚的情谊。20世纪80年代，云南成为西南六省区市七方经济协调会最早成员。自经协会起，四川与云南的区域经济合作进入全面持续发展阶段。

区域联动、资源共享、优势互补。2010年6月，国务院总理温家宝访问缅甸，两国政府签署了中缅油气管道等15项双边经贸合作协议。中缅油气管道项目最终合作协议签署后正式开工建设，该项目由中缅原油管道、中缅天然气管道、炼化基地3部分组成，管道起于缅甸西海岸马德岛的皎漂市，经缅甸从云南瑞丽市入境至昆明，到达中国西南。两国交通部门还签署了中缅孟（孟加拉国）公路瑞丽至皎漂项目合作备忘录，两国政府将安排资金推进木姐-腊戌、腊戌-曼德勒-皎漂铁路项目前期工作，同时进一步探讨了开展中缅陆水联运合作的可能性。此外，中缅双方还签署了一大批能源、矿产、基础设施方面的合作项目。2010年9月，云南省与中国石油天然气集团公司于昆明签署《云南省人民政府中国石油天然气集团公司战略合作协议》、《昆明市人民政府中国石油天然气股份有限公司合作协议》，正式宣布中缅油气管道工程（中国境内段）以及云南炼油厂项目在昆明安宁市开工建设。据悉，总投资25.4亿美元的中缅天然气管道缅甸境内段长793公里，管道全长2806公里，为西南的石油战略提供了有力保障。两条管道均起于缅甸皎

① 《广西加快建设国际区域经济合作新高地》，中国新闻网，最后访问日期：2010年4月13日。

漂市，从云南瑞丽进入中国。公开资料显示，中缅油气管道初步设计输油能力为每年向中国输送 2200 万吨原油、120 亿立方米的天然气，政策维持 30 年不变。天然气主要来自缅甸近海油气田，原油主要来自中东和非洲。云南省社会科学院东亚研究所陈铁军研究员表示，“这是继中哈石油管道、中亚天然气管道、中俄原油管道之后的第四大能源进口通道”。与取道马六甲海峡比较，这不仅缩短了 1000 余公里运距，最关键的是，这条路线避开了“马六甲困局”。这同样给四川利用中缅油气管道资源开展两省合作提供了机遇，创造了条件。

共建合作平台，共同走向东南亚。云南是自 2001 年开始的在四川成都举办的西部经济博览会的重要成员省份，四川是云南省昆明交易会的积极参加者。充分利用这两大合作平台，推动四川企业走向东南亚，是四川拓展区域合作的重要选择。2011 年 6 月 6 日第十九届昆交会，四川省人民政府与云南省人民政府签署战略合作框架协议，协议涉及加快通道建设、加强经贸合作、共建旅游市场、深化产业合作、加强生态建设和环境保护合作、建立政府合作机制六个方面。其中关键部分包括：一是加快通道建设，加快西南出境通道建设，共同争取中央部委支持。二是加强经贸、对外贸易合作，携手开拓以南亚、东南亚为重点的国际市场，强化产业转移承接合作，强化对外经济合作，共同促进两省企业到东盟各国开展境外投资、承包工程等外经业务。三是共建旅游市场，共同开发和推介跨省区的旅游路线。按照协议，经贸合作方面，两省将强化对外贸易合作，携手开拓以南亚、东南亚为重点的国际市场，强化产业专业承接合作、对外经济合作、产销对接合作、会展业合作、市场建设合作等；开展川滇两地生猪、水果、蔬菜、糖、茶、花卉、咖啡、石斛等农产品和资源性产品产销对接活动；鼓励两省市场开放，扩大两省商品在对方市场销售规模，建立市场保供长效机制，及时提供应急物资。通道建设方面，川滇将合作加快西南出境通道建设，促成中国（瑞丽）–缅甸（皎漂）公路、中缅铁路早日开工建设；完善省区间交通网络，推进成都 – 昆明铁路扩能改造，加快建设北起四川隆昌，南到贵州黄桶的隆黄铁路，隆黄铁路全长 497.4 公里，该条铁路建成后，将贯通成渝铁路和贵昆铁路，形成西南地区大宗货物出海的又一重要南下通道。旅游合作方面，川滇将整合区域旅游资源，联合打造“中国香格里拉生态旅游区”品牌，积极推动构建“中国 – 东盟无国界旅游圈”，加快形成共同开辟客源市场、共建旅游环线等合作机制。鼓励和引导两省旅游企业建立业务合作关系，共同开发和推介跨省区的旅游线路。

（三）四川与贵州的合作

同为内陆省份，四川与贵州两省的区域合作更具有重要意义。

山水相依，合作共赢。四川与贵州同处祖国西南内陆，山水相连，地缘相邻，习俗相似，省情相近，血脉相通。贵州，是四川向南出海捷径的必经之地；四川，则是贵州延伸进入西南腹地的桥头堡。四川省委书记刘奇葆在 2011 年两省高层交流会上说，加强同贵州的交流合作一直是四川的心愿。两省共同参与、服务着国家西部大开发战略，共同分享着改革开放的发展机遇，加强合作对于两省经济社会发展有着重要意义。刘奇葆提出川黔合作四大重点：一是抓紧推动重大基础设施建设合作，加快成贵铁路等两省间快速大通道建设，加快形成连接中亚、西北、南亚和东盟新的“欧亚大陆桥”。推进重大基础设施共建共享，加强物流合作，共同建设运输“绿色通道”。二是积极加强战略资源开发合作，继续加强煤炭、电力、旅游等领域的合作，拓展资源开发合作领域，提高合作层次，探索双方企业以参股入股、相互持股、合作开发等多种形式的合作，推进资源就地转化、精深加工和富民增收，延长产业链，做大产业规模。三是共同打造“中国白酒金三角”，推动品牌化、国际化运作，加强规划制定、营销策划、品牌宣传、产品研发、行业标准等方面的合作，形成酒产品、酒文化和酒类地域品牌，提升产品效应，推动更好发展。四是继续推动两省党政高层交往，进一步加强两省党委、政府的沟通合作，探讨两地合作发展中的重大问题，推动议定合作事项落实见效，形成长期合作关系。[①]贵州省委书记栗战书表示，以新一轮西部大开发为契机，贵州希望充分融入区域合作。成都是西部的经济、金融中心，是贵州扩大开放、走向世界的大舞台，贵州急需融入成渝经济区，将先进资金、技术和经验引入贵州。[②]上述表明，两省建立了融洽的区域合作高层关系，达成了多方面合作共识。两省基本建立起加强合作的体制机制。

经贸文化合作，源远流长。1984 年，两省参与发起了西南五省区五方经济协调会。共同参与了打通通往广西的南向重要大通道。进入 21 世纪，两省的区域合作进一步向务实方向发展。“十一五”以来，四川投资者在贵州投资项目共 680 个，投资总额高达 1125.2 亿元，是贵州省引进投资的重要来源地之一。[③] 2011 年 7 月 27 日，贵州省党政代表团到四川省学习考察并首次开展招商引资活动，即举行“川黔经贸合作项目签约仪式”，350 多家四川企业捧场。仪式上包括万达片区开发、天然气能源充装供应基地在内的 30 个合作项目于当日正式签约，投资总额达 541.2 亿元人民币。这表明两省合作进入政府引导、企业参与深层次发展阶段。

交通先行，脉动互通。公路方面，厦（门）蓉（成都）高速公路贵州和四川间的断头路正在加快打通；铁路方面，成（都）贵（阳）铁路已于 2010 年 12 月开工，该铁路北与成（都）绵（阳）乐（山）客专和成（都）西（安）客专相连，南与贵（阳）广（州）铁路相接，是四川南下、贵州北上的大动脉。借道贵州，四川可就近连接珠三角，进入东盟；以成都为跳板，贵州可进入更广阔的西南和西部市场。“十二五”末，从贵阳到成都陆上交通只需要 3 个小时。

产业合作，优势互补。“十一五”期

① 《川黔举行经济社会发展情况交流座谈会》，《四川日报》2011 年 7 月 28 日。
② 《川黔举行经济社会发展情况交流座谈会》，《四川日报》2011 年 7 月 28 日。
③ 《川黔经贸合作项目签约仪式举行 投资总额逾 540 亿》，中国新闻网，最后访问日期：2011 年 7 月 27 日。

间，贵州企业在川投资实际到位 260 多亿元，其中 2010 年已突破 100 亿元，同比增长 65%。四川商会也是贵州最大商帮之一。仅在 2011 年 6 月 10 日四川与贵州经贸洽谈会上，贵州东大门的黔东南苗族侗族自治州就单独抛出 300 多个总投资额达 4000 多亿元的产业项目，涉及工业、旅游、城市发展、农产品加工、物流等五大板块。该州副州长孙登峰透露，他们与川企谈得非常愉快，在谈项目已达 10 多个。[①] 在 2011 年贵州省首次在蓉举行的招商会上，贵州抛出汽车配套项目。贵州省商务厅副厅长刘京渝表示，配套是贵州汽车工业的薄弱环节。他们希望将成渝间汽车配套企业引入贵州，促进西部汽车业共赢发展。

能源资源合作，互惠互利。两省正在打破瓶颈，推动黔煤入川。贵州和四川都是资源大省。过去，贵州的赤天化，每年 150 万立方米的天然气需求完全依赖于四川供应。随着中国—东盟自由贸易区的深入实施，贵州实现了缅（甸）气入黔。现在，黔煤入川则是双方的期待。贵州拥有长江以南第一位的煤炭资源，保有储量达 500 亿吨，远景储量 2600 亿吨。贵州省发改委相关负责人孙友发表示，过去川黔间每年的铁路运力不到 2000 万吨，再加上“西电东送”的国家部署，黔煤入川很难。“但这种局面，有望被打破”，其理由是：四川与贵州两省间的运力将大大增加；贵州煤矿正在加快整合。过去，贵州 1.5 万个露天煤矿中 70% 是中小煤矿；整合之后，贵州省大中型骨干矿井已达 80%，全省煤矿总产量也得到迅速提高。“十二五”末总产量将达 2.5 亿吨，相当于现有产量的 2 倍。“黔煤供应四川不成问题”。小矿变大矿，四川企业参与整合。目前已有四川恒鼎实业早在 2006 年就在贵州六盘水投资了 10 亿元进行煤矿资源开发，开采出的资源可沿铁路网运至川、滇、粤、桂等地。同时，贵州正通过吸引深加工产能等手段延伸煤矿等资源性行业的产业链，深挖能源产业附加值——这也为企业提供了广阔的舞台。如今，恒鼎正与 3 ~ 5 家川企接触，希望促成川企抱团入黔，共同开发煤、电、化一体化的煤炭循环经济项目。

（四）四川与西藏的合作

西藏的战略地位。西藏，地处世界屋脊，是中国海拔最高的民族自治地区，是我国西南通向南亚的重要口岸通道，也是四川重要的生态屏障。历史上，西藏就是四川开辟的“南方丝绸之路”和西向“茶马古道”的重要目的地和通向南亚地区的重要通道之一，有 4 个国家一类口岸。1988 年西藏自治区成为西南五省区市七方重要成员。2004 年西藏正式组团参加西部博览会。

四川与西藏情谊深厚。四川一直是西藏的重要物资供应基地，在青藏铁路建成之前，四川一直是全国和世界进入西藏的主要通道。四川是西藏干部培训基地和两地干部交流省区，西藏是四川支援民族地区的主要对口省份，四川尤其是成都是西

① 《急欲融入成渝　贵州来川招商》，《四川日报》2011 年 6 月 10 日。

藏干部群众选择投资、居住的地方。

省区合作卓有成效。自2004年组团参加西博会以来，西藏共签订8个投资项目，投资金额为39393.41万美元；签订31个投资项目意向协议，协议金额为46174.49万美元。签订产品销售合同11个，合同金额4411.41万美元；签订销售意向协议25个，协议金额1541.57万美元。①

利用口岸走向南亚。西藏区位独特，有边境县21个，边境乡104个，边境地区总面积34.35万平方公里，人口40余万。西藏同邻国及地区接壤的陆地边境线长3842公里。全区已开放的边境口岸有樟木、普兰、吉隆、日屋。其中，樟木、普兰、吉隆口岸为国家一类边境口岸。日屋口岸为国家二类边境口岸。樟木、吉隆、日屋三个边境口岸面向尼泊尔，普兰口岸兼容中印、中尼边境贸易，亚东口岸在历史上兼容中印、中印边界锡金段、中不边境贸易。此外，拉萨的贡嘎机场是航空一类口岸。“十一五”时期，西藏自治区确定了“一线、两基地、三出口”（即以青藏、拉日铁路为干线，以那曲物流中心和拉萨经济技术开发区为基地，以樟木、吉隆、亚东为出口口岸）的南亚贸易陆路大通道基本框架，实施了一批重要口岸基础设施建设项目，樟木、亚东、吉隆等口岸功能进一步完善。这些口岸一直是四川商品进出南亚国家的重要口岸。

产业合作共同发展。“十二五”时期，优势矿产业、特色农牧业、水电能源业、藏医药业、旅游、建筑建材业等将是西藏重点发展的领域。西藏将继续深入实施开放融入战略，面向两个市场，利用两种资源，全方位、宽领域扩大对内对外开放。坚持以企业为主体、园区为载体、项目为重点，吸引更多的国内外企业通过收购、兼并、参（控）股、独资和联合生产、联合开发、合作经营。四川企业和投资者历来是参与西藏经济建设、推动西藏发展并共享资源实现共赢的合作伙伴。2011年3月，西藏发展拟斥资2亿元入股四川稀土项目。② 这一项目是西昌志能及德昌志能共同设立“德昌厚地稀土矿业有限公司”（厚地稀土），按照规划，该公司将与当地政府合作建设稀土精矿加工基地。厚地稀土公司注册资本7.5亿元，其中，西藏发展以现金2亿元出资，持有新公司26.67%的股权；西昌志能以其拥有的“德昌大陆槽稀土矿”采矿权价值中的5亿元出资，持有新公司66.67%的股权；德昌志能以现金5000万元出资，持有新公司6.66%的股权。德昌大陆槽稀土矿位于中国主要的稀土资源带之一四川省凉山州，也是国内最大的民营稀土矿之一，采矿权为西昌志能所有，矿区面积0.317平方公里，第一期已登记储量186.167万吨（REO 995263吨），第二期预估储量35.92万吨。四川立诚矿业评估咨询公司对该矿权出具的《采矿权评估报告书》确认该采矿权的评估价值为人民币63686.21万元。据了解，“厚地稀土”成立后，将对西昌志能和德昌志能的现有资产进行优化重组。经

① 《借力西博会 书写新篇章》，《四川日报》2011年10月21日。
② 《上海证券报》2011年3月15日。

过综合治理和技术改造升级，可以将综合回收率（重选、浮选）从目前的 40% 左右提升到 66.18% 以上，将生产规模从年产稀土精矿 6000 吨提高到 26180 吨。

雅安成为四川与西藏合作重要的桥头堡。历史上雅安就是内地沟通西藏和云南边疆的交通要冲和南方丝绸之路的主要通道，也是四川走向东南亚、加强与西藏紧密协作的重要节点。目前，雅安正在加快川西交通枢纽建设，成为国家高速公路网规划中北京到昆明的高速公路和川藏高速公路的重要节点；成为落实四川担任的促进民族团结和社会稳定任务，发挥稳藏必先安康、安康必先通康的桥头堡作用。

（五）四川与新疆的合作

新疆的战略地位。新疆是中国面积最大的民族区域自治区，是中国通向中亚、西亚、南亚和东欧地区的交通门户和重要口岸。作为“北方丝绸之路”的交通要冲，新疆在历史上就发挥着沟通东西方、连接内地与中亚和欧洲的重要作用。现在，新疆又成为横穿两大洲的第二座“亚欧大陆桥”——从中国东海岸的连云港到荷兰鹿特丹铁路的必经之地，发挥着更大的东西方连接作用。新疆是我国重要的能源资源战略基地，是西部地区经济增长的重要新增长极，是我国和四川向西开放的重要门户。

新疆在四川区域合作中的作用。四川是中国西南、西北和中部地区的重要结合部，是西部特别是西南地区各种要素和商品的重要集散地，是承接华南华中、连接西南西北、沟通中亚南亚东南亚的重要交汇点和交通走廊。四川省正在大力实施“三向拓展、四层推进”的开放合作战略，其中一个重要内容就是“西向拓展”，加强与新疆等西部省区的深度合作，拓展与中亚、俄罗斯等的合作空间。对新疆来说，四川市场的消费能力、辐射能力、连接能力都不可小视；对四川来说，新疆地处我国内地和周边国家两个大市场的结合部，地缘优势突出，有 17 个一类口岸、12 个二类口岸，是四川省与中亚诸国开展经济贸易交流与合作的重要窗口，是四川“拓展西向”的重要门户通道。双方在经贸合作方面前景广阔，大有可为。

省区合作历史久远，合作关系取得新进展。历史上四川开辟了中国丝绸之路经甘南至新疆和田、喀什至中亚西亚的西向南线丝绸之路。新中国成立后，早在 1964 年川中南充地区发现油气田时，新疆石油战线就参与了川中地区的石油大会战。改革开放后，新疆与四川在边境贸易方面的合作即有效展开，成为四川丝绸等商品出口进入西亚和东欧的重要口岸，是四川通往西亚和东欧的重要通道。目前，四川与新疆建立了区域合作高层联席会议机制，双方签订了一系列区域合作框架协议，包括新疆维吾尔自治区旅游局与四川省旅游局签订的旅游合作发展框架协议（2010 年 3 月 24 日，成都）；① 新疆科技馆与

① 《新疆与四川签订旅游合作发展框架协议》，中国新闻网，最后访问日期：2010 年 3 月 25 日。

四川科技馆签署“十二五”合作框架协议（2010年11月）。[①] 根据双方签订的旅游合作发展框架协议，双方将实现优势互补、协作发展，资源互享、共创平台，信息互通、密切交流，市场互动、携手共赢。双方将大力促进相互发展、拉动内需，加大双方旅游企业的合作与交流，资源共享，客源互送，为双方的旅游团队在对方辖区的运行提供便利和有效的安全保障；加大对双方旅游资源和产品的宣传力度，构建旅游信息交流平台，共享两地旅游资源和信息；加强媒体合作，加大本辖区的媒体宣传对方旅游资源和产品的力度等，以期建立长期、全面、务实的战略合作关系。根据双方科技合作协议，双方将利用各自优势就科技、资源可持续开发利用、生态环境保护、远程视频传输和科普影视片的拍摄等方面开展项目合作，探索科学普及和文化创意产品研发的合作新模式；促进两地青少年及各馆科技辅导员之间的互动交流学习；通过建立长效合作机制，为共同构建大联合、大协作的科学技术普及平台，面向中亚各国，服务新疆各族群众和青少年，提升科普教育品质，为全面提高新疆各族群众的科学素质作出积极贡献。

深化省区合作，推动互利共赢。新疆特变电工、四川新希望等两省区众多知名企业纷纷到对方省区投资，发展良好。2011年9月，国家发改委在新疆乌鲁木齐举行推动西部地区省区市间的区域合作会议，四川省在会上表达了深化与新疆合作的强烈愿望。四川将继续加强与新疆的经济交流和合作，积极响应中央支持新疆跨越式发展的号召，希望两省区企业家抓住机遇、深化合作、把市场共同做大。川新企业家可以在石油石化及其下游产品加工、特色农副产品加工、矿产资源开发、高新技术开发、旅游资源开发、基础设施建设、国有企业改造和面向中、南、西亚以及东欧市场的出口加工业等方面开展形式多样的合作，实现互利双赢、共同发展。

利用欧亚大陆桥，开辟欧亚合作。正在建设的欧亚大陆桥——东起连云港经过新疆霍尔果斯口岸直达地中海的铁路和正在建设的霍尔果斯经济特区，将地处西南的四川与欧洲联系起来；新疆南疆铁路的建成和正在建设的喀什经济特区，给地处西南内陆的四川开展与中亚、西亚的合作提供了便利。新疆丰富的石油、天然气资源、煤炭资源等，使四川与新疆的区域合作具有广阔的前景。正在建设的四川彭州石化项目，正是基于新疆及西亚地区丰富石油、天然气资源由国家布局的重大石油炼化项目。

充分利用乌洽会，[②] 推进四川企业走向中亚东欧和西欧。在乌鲁木齐举办的乌洽会（亚欧博览会）作为中国唯一面向中

---

① 《西疆科技馆与上海、四川科技馆签署“十二五”合作框架协议》，天山网，最后访问日期：2010年11月1日。

② 自1992年以来，乌洽会已成功举办19届，乌洽会办会水平逐年提高，对外影响持续扩大，共有70多个国家和地区的客商参会参展，国内所有省区市万余家企业参展，累计对外经济贸易总成交396.5亿美元，国内贸易总成交1585.06亿元人民币，外贸进出口总成交302.7亿美元，对外经济技术合作项目成交93.8亿美元，国内经济技术合作项目成交合同累计11586份，总额9430.43亿元人民币。2010年第19届乌洽会对外经贸总成交36.13亿美元，集中签约的内联合作项目和国内贸易合同成交额1260.68亿元人民币，增长10.64%。

西南亚市场举办的区域性国际经贸洽谈会，已成为新疆经济发展、对外开放的重要名片，更成为中国企业开拓中西南亚市场和国内东中部与西部地区经济合作协调发展的重要平台。四川是乌洽会的积极参与者和重要合作伙伴。新疆在成功举办 19 届乌洽会的基础上，中央确定从 2011 年起，将乌洽会升格为中国 - 亚欧博览会，新疆将建设成为我国向西开放的桥头堡。充分利用好中国 - 亚欧博览会这一国家级、高规模的大型国际展会平台，进一步加大国内外招商招展力度，是四川企业走向中亚、东欧和西欧的重要途径。要把利用好这一平台作为四川未来实施向西开放“走出去”战略的重要内容，有效推进四川与新疆以及与中亚、东欧和西欧的合作，实现四川对外开放合作的新突破。

三　推进泛区域合作，有效对接泛珠三角、长三角、京津冀经济区

东部沿海地区历史上是四川走向世界主要市场的东线丝绸之路主通道。计划经济时期，东部沿海地区长期是四川工农业产品主要的进出口口岸。改革开放使中国东部沿海发达地区成为世界经济主要市场，也成为四川引进国内投资及资本的来源地和四川承接国内产业转移来源地。发展与东部沿海地区的区域合作，积极承接东部及沿海地区的产业转移、资金、技术、人才、管理和服务，是四川利用国际国内两个市场、两种资源的必然要求，是四川加强新时期开放合作的重要内容和重要战略选择。

加强泛区域合作是四川未来发展的必然要求。四川“十二五”规划纲要明确，加强泛区域合作交流。积极参与泛珠三角区域合作，构建面向东南亚、南亚的重要出口基地和物流基地。加强与长三角、环渤海地区、欧亚大陆桥沿线、北部湾等经济区和中部省份的合作，构建优势互补、互动发展的新型合作关系。完善与 18 个对口援建省市的长效合作机制，加强金融资产与产业资本互动合作，是四川建设内陆开放高地的必然要求。① 四川省“十二五”外向型经济专项规划进一步要求：积极参与泛珠三角区域合作，充分利用泛珠合作平台引进资金、项目和人才。加强与新欧亚大陆桥沿线省区的交流合作，为西向拓展与中亚、西亚、南亚及欧洲的经贸合作奠定基础。继续扩大与长三角、环渤海地区的交流合作，积极推动并承接东部地区产业向四川省转移。加强与国内其他经济区和中部省市的合作，构建优势互补、互动发展的新型产业合作关系。完善与 18 个对口援建省市的长效合作机制，推动与东部沿海地区和对口援建省市合作共建重点产业、重点园区，鼓励四川省具备条件的开发区与东部省区开发区通过委托管理、投资合作、发展“飞地经济”等多种方式开展合作。加强与沿海、沿边地区口岸的合作，构建大通关的协调机制。②

① 详见《四川十二五规划纲要》中第三十八章：扩大对外开放，第二节：加强泛区域合作交流。
② 详见《四川省十二五外向型经济专项规划》中第二十四节：加强泛区域合作交流。

四川与东部及泛区域合作逐步深化。改革开放以来，继 1984 年 6 月 10 ~ 20 日四川省在成都召开改革开放以来首次经济技术协作邀请会，1985 年 6 月 7 日，国务院“三线建设”调整改造规划办公室第一次召开全国一、三线地区经济技术合作洽谈会筹备会，1992 年 10 月 23 日四川省委在传达中共十四大精神大会上提出“南下、北上、东进”全面开放战略，四川与东部及泛区域省区的合作逐步提升、全面深化。进入 21 世纪，四川的东向区域合作进一步扩大。2001 ~ 2011 年，四川引进国内省外资金由 127.9 亿元提高到 2011 年的 7084 亿元。“十一五”期间四川引进国内省外资金累计达 15649 亿元，年均增速 55%；其中来自环渤海区域 3155 亿元，珠三角区域 2615 亿元，长三角区域 1842 亿元。[①] 四川先后与湘、鄂、渝、新（疆）、鲁、粤等多个省区市签署了全面合作框架协议和专项协议，与泛珠三角地区的合作深度推进。至 2009 年，四川与泛珠区域各方项目签约总数已近 1200 个，投资额逾千亿元；其中，2009 年 6 月召开的第五届泛珠三角区域合作与发展论坛暨经贸洽谈会上，四川与泛珠三角区域各省区签约项目 107 个，签约额约 150.7 亿元。国内区域合作和引进内资成为改变四川经济地理的重要力量。

（一）四川与长三角区域合作

长三角的地位。长三角是我国经济最发达、城市化水平最高、科技和管理服务最先进地区。2010 年国务院出台《关于进一步推进长江三角洲地区改革开放和经济社会发展的指导意见》，长三角规划范围包括上海市、江苏省和浙江省，区域面积 21.07 万平方公里。形成以上海市和江苏省的南京、苏州、无锡、常州、镇江、扬州、泰州、南通，浙江省的杭州、宁波、湖州、嘉兴、绍兴、舟山、台州 16 个城市为核心区，统筹两省一市发展，辐射泛长江三角地区的国内最发达经济区域。

四川与长三角合作演进。新中国成立以来，四川省是长三角尤其是上海工业消费品市场腹地；通过长江水运通道和铁路运输，上海一直是四川省外贸进出口主要通道之一。计划经济时期，国家从上海搬迁了大批工业企业、科研院所和高校系科，推动形成了四川现代产业经济和科技力量支持。改革开放后，四川与长三角上海市、江苏省、浙江省形成了双边区域合作共识，建立了高层联席会议制度与合作机制，共同成为长江流域城市带经济区合作组织成员单位。四川与上海在经济、文化、管理、技术、人才交流方面进一步加深合作。四川是上海投资西部的首选地区。近年来，四川是上海等长三角地区产业转移的主要承接地。“5·12”汶川特大地震灾害发生后，长三角三省市承担了四川极重灾区成都都江堰市、广元市青川县、德阳市绵竹县的对口支援，实现了灾区提升重建和跨越式发展。

---

① 张旭：《四川省：深化区域经济合作 促进区域谐调发展》，新疆招商网，最后访问日期：2011 年 9 月 21 日；《四川省人民政府工作报告》，2011。

四川与长三角城市间合作。四川一些城市与长三角城市尤其是上海市建立了区域合作关系，区域合作形成多层次推进格局。如广安市与上海徐汇区牵手建立教育交流合作机制。根据合作协议，2012 年 4 月 6 日，上海市徐汇区教育局、四川省广安市教育局教育合作交流签字仪式在广安市举行，双方建立了教育长期交流合作机制，并确定了广安中学等 11 所学校分别与上海市中国中学等 11 所学校为对口交流学校；双方各确定 11 所中小学、职业学校和幼儿园，缔结为友好学校，建立长期交流合作机制。此外，双方还将推进教育资源合作开发和共享，为教师专业成长服务。

（二）四川与广东珠三角区域合作

四川和广东两省间区域合作由来已久。改革开放以来，四川一直是广东日用消费品国内主要市场，广东也是四川对外开放走向东南亚、走向世界的重要通道。四川与广东双方已建立高层联系互动机制，区域合作共识进一步加强。四川与广东省珠三角地区建立了交通、产业、信息及旅游业等广泛的合作关系。

四川与泛珠三角合作加深。四川是由广东省发起的泛珠三角区域合作与发展论坛暨经贸洽谈会的重要成员和积极参与者。[①] 2004 年 6 月 3 日四川省作为泛珠三角“9+2”重要成员，签署《泛珠三角区域合作框架协议》，2005 年 9 月 2 日四川省人民政府印发《关于〈泛珠三角现代物流发展合作协议〉的通知》（川府发〔2005〕22 号），2008 年 3 月 28 日中共四川省委、四川省人民政府出台了《关于加快推进承接产业转移工作的意见》（川委发〔2008〕6 号）。南充、广安、宜宾、泸州、遂宁、巴中等市都相继出台意见或采取措施，加强了与泛珠三角地区尤其是与广东的区域合作。双方形成了多层次区域合作格局。

四川与广东合作关系确立。2007 年时任广东省委书记的张德江在两省高层交流会上指出，四川是西部重要省份，历史悠久，人杰地灵，物华天宝，素有“天府之国”的美誉。改革开放以来，四川经济社会发展取得了长足的进步，积累了很多经验。近年来，广东与四川在经贸、劳务、旅游等领域的合作与交流力度不断加大。特别是劳务合作方面，目前四川在广东的务工者达 520 万人，广东的发展离不开包括这些务工者在内的四川人民的支持和贡献。张德江相信，广东、四川两省间的合作交流已有良好且坚实的基础，相信随着双方合作的加深，以后还会取得新的、更好的成果。广东省将继续加强与四川的合作，希望四川人民一如既往支持广东经济社会发展。时任四川省委书记杜青林在交流会上表示，近年来，广东对四川发展给予了很大支持。在泛珠三角区域合作框架下，两省交流与合作向纵深推进，合作领

① 2004 年，由中共中央政治局委员、广东省委书记张德江同志首倡，“9 + 2”各方积极响应，中央高度重视，国家部委大力支持，海内外媒体广泛关注，经济学界寄寓厚望的泛珠三角区域合作与发展论坛暨经贸洽谈会成立。《2004 年 6 月 3 日，“9 + 2”政府领导共同签署〈泛珠三角区域合作框架协议〉》，南方网，最后访问日期：2004 年 6 月 3 日。

域不断拓宽，合作成果比较丰硕，合作互动日益增强。两省经济互补性很强，加强合作的潜力还很大。四川资源比较富集，科教实力较强，产业基础较为雄厚，市场潜力较大，面临的发展机遇也很好。四川将把握有利条件，抓住重大机遇，在深化与广东等兄弟省市区的合作中谋求又好又快发展。一是深化区域合作，共享发展机会。在泛珠三角区域合作框架下，携手推进“9+2”合作，为实现外联香港和澳门、沟通东中西部、促进共同发展发挥积极作用。二是深化劳务合作，促进就业富民。四川将与广东有关部门加强沟通协作，有序组织和引导劳务输出，加强对川籍劳务人员的管理和服务，探索建立长效机制。三是深化产业合作，促进项目对接。精心策划引导，扩大项目合作，推进互惠双赢。四川将为承接产业转移创造良好的条件。四是深化市场开拓，促进要素流动。两省支持企业以收购兼并、投资参股、租赁托管等方式，实施跨地区、跨行业、跨所有制的重组扩张。两省党政加强交往，沟通信息，扩大友好往来，推动川粤在更宽领域、更深层面、更高水平上进行交流与合作。

参与并利用泛珠三角平台。泛珠三角区域合作与发展论坛暨经贸洽谈会已成为四川加强与广东及珠三角地区开展广泛合作的重要平台。2004 年，四川省成为首届泛珠三角区域合作与发展论坛的重要成员，承办了 2005 年第二届论坛会议。第二届泛珠三角区域合作与发展论坛以“合作发展，共创未来”为主题。“9+2”政府领导人在论坛上共同签署《泛珠三角区域合作行政首长联席会议纪要》；香港特别行政区行政长官曾荫权、澳门特别行政区行政长官何厚铧及 9 省区的行政首长、国家部委领导、各省区代表团成员、各省区经贸企业家代表团成员 7000 人参会；会议布展面积 2.2 万平方米，总展位数达 1121 个；共签订合作项目 4473 个，投资金额 4535 亿元人民币。本届论坛规格超过首届，签约经贸项目、金额成论坛纪录，充分显示了四川的综合实力和在区域经济中的战略地位。2009 年 6 月在成都召开的第五届泛珠三角区域合作与发展论坛暨经贸洽谈会上，四川省与珠三角区域各省区签约项目 107 个，签约额约 150.7 亿元。目前四川与泛珠各方项目签约总数已近 1200 个，投资额逾千亿元。四川通过珠三角地区，利用优势资源招商、人才招商、技术招商、企业招商等平台，积极承接东部地区产业转移取得明显成效。

蓉（成都）深（圳）合作高地。早在 2004 年 4 月，在成都、深圳两市政府的积极推动下，蓉深海铁联运开通了五定班列，经过 7 年的运行，该班列开行列数已经达到每周 4 ～ 5 列。随着戴尔、英特尔、德州仪器、仁宝、大众、丰田等一大批财富 500 强知名制造业企业落户成都，“未来 5 年内，航空及铁路货运运量将会大幅增长”。成都市物流办相关负责人介绍，2010 年底成都市政府积极争取铁道部、成都铁路局、中铁集装箱公司等相关部门的支持，蓉深两地又编制了新的列车运行图和编组计划。新蓉深五定班列的开通，在深圳与成都之间打造一条“黄金通道”，成都因此成为一个“内陆港口城市”，通过深圳港走向国际市场，深圳港也凭此成为四川乃至西部地区进出口物资和珠江三

表 45–7　历次泛珠三角区域合作与发展论坛基本情况

次序	主办省市及地点	主题及主要成果	召开时间
第一届	香港、澳门、广州	首届泛珠三角区域合作与发展论坛以“合作发展，共创未来”为主题，在香港、澳门、广州三地举办。“9+2”政府领导人在论坛上共同签署《泛珠三角区域合作框架协议》 首届泛珠三角区域经贸合作洽谈会于 2004 年 7 月 14 ～ 17 日在广州召开。内地和港澳产业界、学术界等社会各界人士共 16000 多人出席了洽谈会开幕式。主会场展场面积达 2.1 万平方米，展位 1056 个。本届洽谈会签约项目共 847 个，总金额 2926 亿元	2004 年 6 月 1 ～ 3 日
第二届	四川成都	本届论坛以“合作发展，共创未来”为主题 。“9+2”政府领导人在论坛上共同签署《泛珠三角区域合作行政首长联席会议纪要》 第二届泛珠三角区域经贸合作洽谈会于 2005 年 7 月 26 ～ 28 日在四川成都召开。香港特别行政区行政长官曾荫权、澳门特别行政区行政长官何厚铧及 9 省区的行政首长、国家部委领导、各省区代表团成员及各省区经贸企业家代表团成员参加了开幕式。泛珠三角各地的 11 个代表团均有参加第二届洽谈会，报名参会人数超 7000 人。整个展馆面积 2.2 万平方米，总展位数达 1121 个。 第二届洽谈会共签订合作项目 4473 个，投资金额 4535 亿元人民币	2005 年 7 月 25 ～ 28 日
第三届	开幕式 – 云南曲靖市；高层论坛 – 云南昆明	本届区域合作与发展论坛以“合作发展，共创未来”为主题 本届论坛实现了泛珠三角与东盟的首次直接对话，并通过了《泛珠三角区域综合交通运输体系合作专项规划》、《泛珠三角区域能源合作“十一五”专项规划》、《泛珠三角区域旅游合作指导性意见》等区域性专项规划以及有关意见 第三届泛珠三角区域经贸合作洽谈会于 2006 年 6 月 6 ～ 10 日在云南昆明召开。参加本届“洽谈会”的“9 + 2”各方代表达 1.1 万多人，其中云南以外的 8 个省区 8000 多人，香港、澳门两个特别行政区近 400 人。整个展馆面积 1.7 万平方米，总展位数达 828 个。据统计，本届洽谈会共签订投资贸易合作项目 1019 项，协议金额 1981.7 亿元人民币	2006 年 6 月 5 ～ 10 日
第四届	湖南长沙	本届泛珠三角区域合作与发展论坛以“合作发展，共创未来”为主题 通过了《关于务实推进泛珠三角区域合作专项规划实施的工作意见》、《关于进一步加强泛珠三角区域市场环境建设工作的实施意见》、《泛珠三角区域合作行政首长联席会议章程》、《泛珠三角区域合作与发展论坛暨经贸洽谈会承办方产生办法（修订稿）》 第四届泛珠三角区域经贸合作洽谈会于 2007 年 6 月 8 ～ 12 日在湖南长沙召开，会议历时 4 天，参加人员近 4 万人。本届洽谈会取得了丰硕的成果，“9+2”各方共发布招商合作项目 3280 个，总投资额约 12240 亿元，共签订合作项目 1254 个，投资总额 3376.2 亿元。其中，投资额上亿元的项目 616 个，上 10 亿元的项目 61 个；参加大会集体签约的项目 527 个，投资总额 1740.7 亿元	2007 年 6 月 8 ～ 12 日

续表

次序	主办省市及地点	主题及主要成果	召开时间
第五届 *	广西南宁	本次泛珠三角区域合作与发展论坛以“合作发展，共创未来”为主题，通过了《关于进一步完善泛珠三角区域合作机制的意见》、《泛珠三角区域合作行政首长联席会议议事规则》 第五届泛珠三角区域经贸合作洽谈会于 2009 年 6 月 9 ～ 12 日在广西南宁举行。洽谈会总签约项目累计超过 600 个，签约金额 2261 亿元。其中参加集中签约项目共 88 个，投资总额 606 亿元。各省区与港澳的合作项目 19 个，投资总额 104.9 亿元。项目涉及制造业、交通、物流、基础设施、旅游开发、新农村建设、农业和农产品深加工等领域	2009 年 6 月 9 ～ 12 日
第六届	福建福州	本届泛珠三角区域合作与发展论坛以“合作发展，共创未来”为主题，签署了《泛珠三角各省区加强大通道建设合作备忘录》、《泛珠三角各省区旅游合作福州宣言》、《泛珠三角各省区“一程多站”精品旅游线路》等 10 个合作框架协议或备忘录，涉及交通、信息、旅游等多个领域的合作 第六届泛珠三角区域经贸合作洽谈会于 2010 年 8 月 27 ～ 29 日在福建福州举行。与会参展企业 544 家，客商达到 8000 余人，展馆面积 2 万平方米，884 个展品参展，产品涉及现代制造业、现代服务业、高新技术产业和现代农业、节能环保、交通运输等多个门类。洽谈会总签约项目累计 1263 项，投资金额 2831 亿元；项目涉及农林牧渔、制造业、交通运输、物流仓储、节能环保、信息技术、基础设施、旅游开发、房地产开发等领域	2010 年 8 月 27 ～ 29 日
第七届	江西南昌	本届大会高层论坛和行政首长联席会议形成广泛发展共识。各方行政首长围绕“打通省界断头路”“通关便利化”“产业转移合作”“深化旅游合作”和“引进港澳服务业”等议题进行了深入探讨和交流，联合签署了《泛珠区域合作行政首长联席会议会议纪要》 大会在推动各方加强综合交通运输网络合作、加强应急合作、加强质检合作、加强水利合作、加强信用体系合作、加强重大问题研究合作等多方面，均取得突出成果。大会举办了一系列专题论坛及磋商会，签署了《社会信用体系共建协议》、《泛珠三角地区跨省流动人口一孩生育服务登记协作协议》、《泛珠三角地区跨省流动人口社会抚养费协作协议》、《第七届泛珠三角旅游深度合作协议》等一批合作协议	2011 年 9 月 21 ～ 22 日

* 因为四川汶川地震抗震救灾及灾后重建工作，由广西壮族自治区承办的第五届泛珠三角区域合作与发展论坛暨经贸合作洽谈会，从原定的 2008 年 6 月 9 日延后至 2009 年 6 月 9 日举行。

角洲入川物资的黄金通道。[①]

广安与深圳合作突出。2012 年 4 月 6 日，四川省广安市与广东省深圳市签订了《国家西部承接产业转移示范区——广安

① 《华西都市报》2011 年 6 月 23 日报道：据了解，目前成都已经开行了到新疆阿拉山口、上海、宁波、天津等 9 条五定班列，未来还将继续开行到欧洲、中亚等地的班列。根据规划将在未来 5 年把成都打造成海铁联运的“无水港”，形成西部区域物流中心。

（深圳）产业园区合作框架协议》，提出共同搭建合作平台，努力将广安（深圳）产业园区建设成东西部共建产业园区的典范。共同创新园区发展模式，秉承“政府主导，企业主体，市场化运作、共建互赢”的原则推进园区建设，广安负责落实建设用地，并出台相关优惠政策；深圳市负责统筹产业转移工作，积极推荐、引导产业转移企业入园。共同采取灵活推进机制，在两地建立产业园区建设联席会议制度，半年召开一次，负责指导、协调和解决广安（深圳）产业园区开发建设和管理中的重大问题，研究制定促进园区建设与发展的政策措施，营造有利于园区发展的政务环境。双方表示将持续推进共建深圳广安两地产业转移合作示范区。这表明四川广东两省多层次全方位合作格局正在向纵深推进。

（三）四川与环渤海湾京津冀地区的合作

北京、天津、河北、山东、辽宁等省市构成的环渤海湾地区，是我国经济增长第三极，也是四川区域合作的重要区域板块。在“一五”“二五”和“三线建设”时期，四川与环渤海湾地区诸省市就有广泛的协作关系，尤其是东北及辽宁的装备制造业搬迁四川，形成了四川现代装备制造业基础。改革开放后，四川加强了与环渤海湾地区的联系与合作，建立了双边高层互访和联系互动机制，高层往来频繁。北京一直是四川重要的区域合作伙伴，在科技、教育、文化等方面建立了广泛的合作交流机制。四川与山东、辽宁等省在资源、产业、科技等方面互补性强，双边合作从未间断。特别是在抗震救灾和对口援建工作中，四川与上述区域结下了深厚的友谊。中央实施东北振兴和西部大开发战略，为四川与环渤海地区各省市进一步加强合作、共同发展提供了广阔舞台和难得机遇。

四　借力向西开放，构建中国西部重庆－成都－西安城市“西三角”

重庆、成都、西安是中国西部最重要的三个区域中心城市，重庆是西部唯一的直辖市，是长江上游经济中心；成都是四川省省会，是西南地区历史文化名城和区域超大中心城市；西安是陕西省省会，是西北地区历史文化名城和区域中心城市。在空间距离上，三个城市呈等距离（直线距离 350 ~ 450 公里）三角形。在产业结构上，三个城市各具特色，重庆形成汽车制造等现代制造业，正在成为新兴电子信息产业基地；成都以科技、金融、电子信息、汽车制造业为特色，西安以航空、电子等高科技为其产业优势。三个城市具有经济、科技、文化等方面的优势互补性，加强三市的合作，将构成中国西部最重要的现代科技、现代工业、现代农业、现代服务业三角经济高地和文化发展高地。

（一）四川与重庆合作

四川和重庆原属一个省。新中国成立初期，同属中央西南大行政区。1949 年 12 月重庆成为新中国中央直辖市，1954 年 7 月改为四川省辖市。1997 年 3 月 14 日，第八届人大第五次会议通过关于设立重庆直辖市的决定，重庆成为中国第四个直辖市，川渝再度分治。面积8.2万平方公里，人口3002万，辖43个区市县。

川渝合作的历史渊源。新中国成立初期，重庆虽为直辖市，但客观上都直属西南军政委后为西南局所管辖。1954年撤销重庆直辖市，重庆归属四川省辖。长期以来，在四川省行政区划和国家计划体制下，四川和重庆在生产力布局、产业发展等方面统一部署，统一安排，统筹发展，形成了一个行政区下的合理产业分工。1983年2月8日，重庆成为国内首个计划单列市。在中央、国务院批准的中共四川省委、省人民政府《关于在重庆市进行经济体制综合改革试点的报告》中明确，赋予"以相当于省的经济管理权力"，发挥中心城市统一组织生产和流通的综合功能，在全国大城市中率先开始城市综合改革。在不改变省辖市的行政关系的前提下，对涉及国家计划安排的所有指标，都把重庆视同省一级计划单位，直接纳入国家计划进行平衡。当时的国务委员薄一波指出，重庆综合改革试点的目的是使重庆真正成为一个综合性的开放型经济中心。此间，国务院28个部委会同四川省和重庆市政府共同制定了具体的改革方案，批准利改税、劳动工资、物资、外贸、银行等14个单项方案开始试行。同时，省人民政府把省属在重庆的67个大中型企事业单位下放给重庆市管理，由重庆市按专业化协作原则进行改组联合。1996年重庆市再次被批准为中央直辖市，但四川和重庆原为一体的经济基础、产业结构和行业分工，不可能因重庆直辖而截然分开，川渝合作、优势互补成为必然，而且，四川与重庆的合作也从未间断过。

成渝经济区区域规划，川渝一体成为共识。2011年，国务院正式批复《成渝经济区区域规划》，川渝合作进入共同打造中国第四增长极新阶段。2004年2月3日，四川和重庆两地党政领导聚会成都，共同签订了1个主体文件和6个配套文件的"1+6"协议，即《关于加强川渝经济社会领域合作共谋长江上游经济区发展的框架协议》及《关于共同推进川渝两省市交通能源基础设施项目建设的合作协议》、《关于加强川渝两省市文化合作共谋发展的协议》、《关于川渝农业和农村经济合作的协议》、《关于进一步加强川渝两省市公安机关警务联勤工作的协议》、《关于共同推进川渝两省市广播电视事业产业发展的合作协议》、《关于加强两省市旅游合作的协议》。2007年4月，重庆市人民政府与四川省人民政府签订了《关于推进川渝合作共建成渝经济区的协议》。① 这充分表明，《成渝经济区区域规划》是双方合作共同向中央争取的合作成果。

四川与重庆的关系——"一家亲、一盘棋、一条船"。《成渝经济区区域规划》出台后，四川省积极并付诸实际行动。时任四川省委书记刘奇葆在2011年8月四川省贯彻实施《成渝经济区区域规划》暨规划建设天府新区工作动员大会上指出，《成渝经济区区域规划》是一个跨省市、"双核"带动的规划，只有加强川渝合作，"一家亲、一盘棋、一条船"，才能完成国

---

① 《成都》课题组著《成都》，当代中国出版社，2007，第355～356页。

家赋予的重大任务，实现规划的美好蓝图。这种“一家亲、一体化、一盘棋、一条船”川渝关系，道明了川渝合作的未来：强化“一家亲”的历史观，在相互认同中夯实合作基础；强化“一体化”的发展观，在相互融入中创造区域优势；强化“一盘棋”的大局观，在相互支持中实现共同利益；强化“一条船”的奋进观，在相互协作中肩负历史使命。《成渝经济区区域规划》的出台，把两地更加紧密地联系在了一起，相互融入成了一个共同体。刘奇宝强调，川渝地域相邻、历史同脉、文化同源，血浓于水的情谊让两地有着千丝万缕的联系，巴蜀文化割不断，川渝亲情割不断。要以积极主动的态度、开放合作的胸襟、发展共赢的意识，务实推动川渝两地加强合作、共谋发展。要淡化行政区划界限，大力强化经济融合共生，积极推动产业发展优势互补、基础设施互联互通、公共服务衔接对接、生态环境共建共治，使要素在区域内合理流动、资源在区域内优化配置。他要求成渝经济区区域内四川各市县多到重庆“走亲戚”，放胆放手与重庆加强合作，合作越深越好，成效越大越好。特别是毗邻重庆周边地区要主动对接重庆、配套重庆，充分利用好重庆的直辖优势、区位优势和产业优势，实现优势互补和政策叠加，借势借力发展。川渝之间要“与邻为伴”，不要“以邻为壑”；要“协同作战”，不要“单打独斗”，使地理上的“山水相连”变为发展上的“浑然一体”，形成“1+1 > 2”的聚合效应，增强成渝经济区的整体竞争力。①

川渝合作重点——“一极一轴一区块”。2011 年 9 月，四川省委、省政府发布《关于加快推进成渝经济区建设促进全省区域协调发展的决定》，明确了四川落实和推进《成渝经济区区域规划》的目标和重点。提出“双核五带”空间格局构想，即成都、重庆两个发展核心，沿长江、成绵乐、成内渝、成南（遂）渝、渝广达五个发展带。四川将“发挥区域比较优势，联动推进新型工业化、新型城镇化和农业现代化，全面加快成渝经济区四川部分‘一极一轴一区块’建设”。强化成都“一极”发展核心，规划建设天府新区，做强成都都市圈增长极；强化川渝“一轴”合作，依托中心城市和综合交通运输体系，加快沿长江发展带、成绵乐发展带、成内渝发展带、成南（遂）渝发展带和渝广达发展带建设，强化产业支撑，建成全国重要的现代产业基地，壮大成渝通道发展轴；加快环渝合作“区块”建设，加强川渝毗邻地区经济技术交流合作，促进环渝腹地经济区块的发展。2009 年 11 月 13 日，省长蒋巨峰主持召开加快环渝腹地经济区块建设座谈会，明确提出可以将重庆视作环渝腹地经济区块的经济“省会”。并要求四川环渝的内江、南充、广安、达州、遂宁、泸州 6 市及有关方面，“要着眼解决问题来建立合作机制，在市级、省级以及市场主体等各个层面都建立与重庆有关方面的协调、协作、协同机制。相关市、县政府是合作的主体，要主动有为，在省级有关部门的指导和协调下，推进合作取得实效”。②据了解，环渝内江、南充、广安、达州、

① 《四川省委书记：加强四川重庆合作共建成渝经济区》，四川新闻网，最后访问日期：2011 年 8 月 15 日。
② 《四川六市融入重庆都市圈　打造川渝合作桥头堡》，四川在线，2011 年 9 月 17 日。

遂宁、泸州6市等相关市、县政府已就争取分享重庆的改革开放政策，制定相关细则；6市正成为重庆“菜篮子”和重庆汽摩为主的“车轮子”汽摩制造业、电子信息产业和食品加工制造业等支柱产业的零部件配套基地。广安市依托重庆，正在着力发展成为成渝经济区重要增长极和川渝合作示范区：建设成渝经济区的精细化工基地、新能源基地、新材料基地、汽摩零部件制造基地、特色农产品加工供应基地；“中国西部绿色菜都”“中国西部柑橘大市”“国家森林城市”和“成渝经济区生态渔业基地”；突出发展红色旅游、巴蜀文化和生态旅游；着力构建川东渝北地区中心城市，推动广安整体融入重庆城市群，成为川东渝北区域性中心。

借力成渝经济区规划，深化川渝合作。2012年5月17～20日，第十五届中国（重庆）国际投资暨全球采购会成功举办。泸州市举办“中国酒城·醉美泸州投资说明会”，签订22个项目，投资总额91.05亿元，致力打造重庆机械、化工和旅游产业承接地。达州市在推介会上引来72个项目的合作签约，超过一半都和重庆有关，主要配套重庆汽摩、IT等产业。宜宾市签订项目23个，投资总额43.46亿元。重庆未来10年，即到2020年主城区面积要从现在的500平方公里扩展成1200平方公里，从现在的500万人口扩展为1200万人口，要拓展700平方公里的面积，要新增700万人口，相当于在重庆增加一个新加坡，由此会产生大量的内需，包括教育、医疗、住房、汽车等。借助重庆在未来中国乃至世界城市化进程中发挥主导推进作用商机，深化与重庆的区域合作，促进四川与重庆及周边城市区域加快发展，加速四川经济东部区块崛起。

（二）四川与陕西合作

川陕合作的意义。四川和陕西山水相依，边界相连。陕西是中国西部西北地区经济最强省份，四川是中国西南地区经济大省。川陕合作具有西北地区和西南地区龙头省份合作的带动示范效应。历史上川陕不分家，陕西是四川进军中原的“桥头堡”，是四川参与北方丝绸之路的要道。改革开放以来，四川与陕西的合作卓有成效。两省间建立了高层联系机制，互动互访，相互协作，建立并推动了两省间的经济、文化往来合作平台。

川陕等省际合作平台。成立于1986年的“陕甘川宁毗邻地区经济联合会”，“是由陕西省宝鸡市、汉中市，甘肃省天水市、平凉市、庆阳市、陇南市，四川省绵阳市、广元市、南充市、巴中市，宁夏回族自治区吴忠市、固原市及西安铁路局、兰州铁路局、成都铁路局组成的一个跨省区的经济协作组织，是我国最早成立的区域经济合作组织之一”。① 这一组织拥有

① 陕甘川宁毗邻地区经济联合会（简称“经联会”，网址 http: //www.wccf.net.cn/main/index.asp）成立于1986年。中国西部商品交易会（简称“西交会”）是陕甘川宁毗邻地区经联会各成员方在党的“一个中心、两个基本点”的方针指导下，按照本经济区“流通起步、科技加速、以商破题、共谋振兴”的区域经济合作发展战略，在1986年成功举办两届陕甘川宁十二方商品交易会的基础上，经过改革创新，于1989年十六方共同创建的一个大跨度、开放性、综合性商品交易会，定名为中国西部商品交易会，由原全国人大常委副委员长王光英题写会名。参见百科名片，最后访问日期：2013年10月30日。

96 个县（市、区），面积达 22 万平方公里，人口 4114 万。该组织发挥本经济区地处中国地理几何中心，是我国东、中、西三大经济地带的结合部，境内陇海、宝成、阳安、宝中铁路贯穿其中，川陕、西兰、西宝、银宝、成绵广等干线公路四通八达，正在成为联结西北、西南通往沿海、中原的交通要道和我国“东引西进”“南接北应”的重要平台。

两省地区交易流通合作平台。中国西部商品交易会（简称“西交会”）是陕甘川宁毗邻地区经联会各成员方，按照本经济区“流通起步、科技加速、以商破题、共谋振兴”的区域经济合作发展战略，在 1986 年成功举办两届陕甘川宁十二方商品交易会的基础上，经过改革创新，于 1989 年十六方共同创建的一个大跨度、开放性、综合性商品交易会，定名为中国西部商品交易会，由原全国人大常委副委员长王光英题写会名。西交会每年秋季在经济区城市中轮流，因此又被称为秋交会。经各方近 20 年的奋力共举，已在国内外形成了一定的客商群，连续 18 年先后在北京、广州、西安、兰州、成都、重庆等地举行大型新闻发布会，已受到数百家新闻单位采访报道，中央电视台连续十四届报道了西交会的盛况及成果。自第十八届西交会开始正式开通了中国西部商品交易会网，成为西交会重要的展会延伸和补充，同时为参会参展单位提供最全面、最及时、最准确的会务信息服务。西交会得到了国家发改委、国家经贸委、国家科技部、商务部、铁道部、供销总社等中央和陕甘川宁四省（区）有关领导及部门的大力支持；同时也先后得到李先念、习仲勋、乔石、田纪云、朱镕基、陈慕华、邹家华、王光英、费孝通、马文瑞、杨静仁等党和国家领导人以题词赠语表示称赞、关怀和鼓励。

（三）打造重庆 – 成都 – 西安我国西部顶级城市群“西三角”

完成成渝经济区十年建设任务，加快重庆、成都、西安“西三角”城市经济圈形成与发展，是四川推进西部大开发、加强区域合作、构建西部经济发展高地的重要战略选择和突出重点。

“西三角”的提出及进展。“西三角经济圈”的全称是“西部川陕渝金三角”，包括重庆经济圈、成都经济圈、以西安为中心的关中城市群，总面积 22 万平方公里，2011 年人口 1.18 亿，GDP 总额 1.5 万亿元，占全国的 6.3%，占整个西部的 33%。

“西三角”最先由学界提出。[①] 2009 年 3 月，重庆政协委员正式在全国“两会”上提出建设重庆 – 成都 – 西安“西部金三角”概念，由此“西三角”成为新一轮西部大开发热议的话题。目前西三角经济圈的设想已经上升到了政府层面，成都、重

① 《“西三角经济区（重庆 – 成都 – 西安）”构想》，这是一篇由陕西人楚汉于 2007 年发表的博文——《“西三角经济区（重庆 – 成都 – 西安）”构想》，被认为是最早提出西三角概念的文章。2009 年，四川省社会科学院经济学专家林凌、刘世庆等提出“西三角经济圈”，即以成都、重庆、西安为核心的城市群，并认为将有望在我国西部形成一个全新的西三角经济圈，成为中国经济增长第四极。

庆、西安三地正在争取将“西三角”纳入国家“十二五”规划。

“西三角经济圈”将中国西部较具潜力和实力的三大中心城市整合了起来，突破秦岭屏障，使成渝经济带和关中经济带贯通，便于联合起来进行经济的整合和提升，成为促进中国西部发展的“第四极”，为西部大开发打造出引擎和龙头。

“西三角”城市群一共涵盖47座城市。以重庆、成都、西安三大中心城市为龙头，以三城间交通为轴线，其中西（安）成（都）线将串联起陕西汉中和四川广元、绵阳、德阳四城；西（安）渝（重庆）线可串联起陕西安康和四川万州、达州三城；成渝线将连贯起四川资阳、内江两城，被三条城际交通线围合的有四川巴中、南充、广安、遂宁四城，形成以三个区域中心城市为中心、两小时车程圈内城市群，将分别辐射四川雅安、眉山、乐山、自贡、泸州和陕西咸阳、渭南、商洛、铜川、杨凌、宝鸡等11座城市。

“西三角”尚未取得共识。但“西三角”三个中心城市合作前景广阔。三个城市各具特色和优势，经济互补性明显。重庆是全国重要的重工业基地和长江上游西南最大的经济中心，以汽车、摩托车，化工医药和冶金为三大工业支柱产业，此外还有电子信息、金融和商贸等现代服务产业；成都是西南地区的金融、科技和商贸中心，形成了电子信息、机械汽车、食品烟草饮料、现代中医药等支柱产业，航空航天、核技术、机电、冶金、化学、轻纺也颇具实力，石油化工、酒业正在崛起；西安是西北最大的中心城市，以能源、机械、电子、纺织、航空航天、食品、烟草、医药和化工等为产业支柱。成都将领跑电子、商业和科研。成都及周边城市群的电子、商业和科研有明显优势，绵阳科技城和德阳重型装备制造业与成都形成相互支撑优势，正在打造以成都为核心的成都经济区，形成西部金三角重要一极；以西安为代表的关中城市圈，航空航天、能源、资源、科研都很强；重庆城市群的装备、制造、机械业很强大。三大城市群联手，将极大推动三省市加快发展，引领和推动中国西部发展未来。

现在成都、重庆、西安三地空中距离仅有一小时，若干公路和铁路建设已经开工或规划。随着基础建设、三地城市群和一体化进程加快，如西（安）咸（阳）一体化、成（都）德（阳）绵（阳）一体化等的加速推进，三地交流和合作进程将进一步加快，从而极大地提升西部内陆腹地的综合竞争实力。

推进“西三角”城市地区合作。四川“十二五”外向型经济专项规划明确：抓住国家加快建设成渝经济区的机遇，围绕“一中心三区一基地”的战略定位，加快深化内陆开放试验区建设，全面深化川渝合作，共建内陆开放型经济试验区。依托中心城市和长江黄金水道、主要陆路交通干线，加快推进“一极一轴一区块”建设。加强以西部综合交通枢纽为核心的交通、水利、能源、信息等重大基础设施一体化建设，增强区域发展支撑能力。加强区域性资源整合，完善市场机制，促进要素自由流动。大力支持广安川渝合作示范区建设，鼓励示范区在机制体制和政策等方面先行先试。借助“西博会”“渝洽会”等平台，大力促进专业化分工协作，加强投资与产业合作，加快现代产业集聚，共同构建三城市内陆开放型经济体系。[①]

五　加强与港澳台的合作

与港澳台合作是改革开放以来改变四川内陆地位、重塑四川经济地理的重大因素和力量推动。在新中国成立初期，在国际上对新中国进行经济技术封锁的相当长时期，港澳台成为中国大陆对外开放、走向世界的重要桥梁和纽带。

四川与港澳台地区的合作与交流回顾。历史上，港澳台地区是四川东向“丝绸之路”的重要目的地。计划经济时期，四川农副土特产品通过广州交易会和广东深圳口岸转口香港、澳门和台湾地区走向世界。

改革开放以后，在“一国两制”思想的指引下，内地与港澳台的经济往来和交流合作逐步推开。四川门户逐步开放，香港、澳门和台湾地区同胞较早进入四川旅游参观考察，港澳台资本是较早也是最多进入四川省的国内省外资本。1981 年，四川与港澳台地区就有了民间交往的记录。1985 年 4 月 2 ~ 10 日，四川省在成都举行国际经济技术合作和贸易洽谈会，应邀到会的外宾和港澳同胞有 28 个国家和地区的 1100 多人。这是四川官方召开的有港澳台代表参加的首次对外开放工作会议，也是四川与港澳台有官方背景的首次交往。这次会议共签订经济技术合同 170 项，成交额 2.6 亿美元，其中利用外资 8000 多万美元，出口贸易成交额 4500 万美元。之后，四川与港澳台区域的接触逐渐增多，民间往来加深，涉及经济、文化各领域。如 1990 年 1 月 19 日，港澳同胞在深圳四川大厦举行迎春联谊活动；1990 年 2 月 25 日，四川省经贸洽谈会在成都开幕，这是继 1985 年后四川第二次举办大型对外贸易活动，香港中华总商会会长霍英东发来贺电；1991 年 8 月 15 日，台湾同胞参观西昌“航天城”。进入 90 年代，国家提出去台人员大陆家属政策，四川省很快出台政策文件推进落实，由此推动了四川与港澳台地区合作提速。1992 年 6 月 3 日，四川首次向港商出让国有土地使用权，[②] 1992 年 7 月 14 日，西南首个台商工业开发区落户温江。[③] 这标志着四川与台湾地区的区域合作由民间个体进入政府间区域合作阶段。

1997 年 7 月 1 日和 1999 年 12 月 20 日，香港、澳门相继回归祖国，2010 年中国大陆与台湾在重庆正式签署《海峡两岸经济合作框架协议》（ECFA），四川与港澳台经济贸易合作和交流的制度障碍进一步消除，双边和多边合作进一步加深。

2004 年初，《内地与香港关于建立更紧密经贸关系的安排》和《内地与澳门关于建立更紧密经贸关系的安排》及其附件

① 参见 2011 年《四川“十二五”外向型经济专项规划》中第二十二节：全面加快成渝经济区建设。

② 1992 年 6 月 3 日，重庆市与香港中渝实业有限公司在人民宾馆举行国有土地有偿出让使用权合同签字仪式，江北区一块面积近 2000 亩的土地使用权出让，使用期限 50 年。这在四川尚属首次。参见《20 世纪四川全纪录》，四川人民出版社，2004，第 1045 页。

③ 1992 年 7 月 14 日，成都台商工业区联合开发签字仪式在成都举行，开发区占地 6 平方公里，总投资 10 亿美元。参见《20 世纪四川全纪录》，四川人民出版社，2004，第 1045 页。

签署，四川省政府很快于当年2月2日召开会议，研究进一步扩大对内对外开放，提出加强与港澳的经贸合作，强调抓住与港澳经贸合作向全方位、多层次、宽领域发展提供的难得的历史机遇，明确目标，制定规划，提出具体的、可操作性强的合作方案，乘势而进，迎难而上，全面推动四川与港澳更紧密的经贸合作；部署了“川港合作发展周”签约项目的跟踪落实；积极宣传、用好用足中央出台的有关政策，鼓励支持企业双向投资，优势互补，实现双赢；积极准备举办“四川－澳门活动日”，加强与澳门的合作等。①

港澳台资本成为推动四川发展的重要力量。统计资料表明，1980年以前，四川省固定资产投资只有国有投资单一主体，1980年开始才有了国有、集体、个体私营经济投资，当年固定资产投资总额32.0亿元。其中，国有投资19.49亿元，占比60.9%；集体3.9亿元，占比12.2%；个体私营投资8.6亿元，占比26.9%。从1993年开始，四川省固定资产投资构成有了包括港澳台投资在内的其他成分，当年达到28.31亿元，占到当年全省全社会固定资产投资总额459.4亿元的6.2%，到2000年，其他投资达到258.45亿元，占总投资1403.85亿元的18.4%，比1993年提高12.2个百分点，其中港澳台投资占有绝对比重。

与港澳台的文化交流加强。同根同脉同属华夏子孙，共同的语言和文化，使四川与港澳台地区在文化方面的交流成为改革开放以来很自然的事情，也成为推动四川与港澳台合作的重要方面。中国大陆客家人数四川居闽、粤、赣、桂之后居第五位，客家人数约250万，居住在成都龙泉驿区等46个县市。四川客家人主要来自清朝前期“湖广填四川”中闽粤赣的客家移民及抗战时期迁徙入川的以广东惠州十属为主的闽、粤、桂、赣、台客家移民。1999年8月12日，四川客家研究中心成立庆典暨首届四川客家学术研讨会在成都举行，来自香港、北京、重庆、广东、陕西和省内代表共200余专家学者和来宾出席了会议。从此，客家文化交流成为四川与港澳台地区文化交流合作的重要内容，也成为四川与港澳台地区加强合作关系的重要纽带和平台。

（一）四川与香港的合作

川港合作回顾。香港是重要的国际经济中心、金融中心和管理中心。新中国成立后，在国际社会对中国进行封锁的背景下，香港长期作为中国与世界接触和交往的纽带和桥头堡，也成为四川了解世界市场的窗口中介。改革开放以来，香港成为四川最早开展交流与合作的地区，成为四川对外开放与合作的最主要战场，成为改变四川经济地理的最重要因素。

首开直飞香港包机。改革开放初，1981年11月15日，成都即开通了直飞香港包机，打开了四川连通国际口岸的空中途径，航程1517公里。这在西部尚属首次，从此也拉开了四川与香港地区的交流与合作。

① 《加强四川与港澳的经贸合作》，四川在线，最后访问日期：2004年2月3日。

首开与港资合作。1984 年 10 月 1 日，港资企业民生公司“复活”，即大型民办航运企业——民生轮船公司在重庆重建。[①] 重建由卢作孚之子卢国纪和老民生其他老职工重组，经营长江全线、广州至香港及海洋货物运输，并逐步发展江海联运、江海陆空联运和一票到底的“门到门”运输及中转业务。由于业务不断扩大，该公司后来与其他国家和地区建立起广泛的业务关系。由此，四川与香港的产业经济合作开始。1992 年 6 月 3 日，首次向港商出让国有土地使用权。当日，重庆市与香港中渝实业有限公司在人民宾馆举行国有土地有偿出让使用权合同签字仪式。江北区一块面积近 2000 亩的土地使用权出让，使用期限 50 年。这在四川尚属首次。1992 年 11 月 23 日，成都市第一家与港商合资的国际租赁公司——成都国际租赁有限公司开业。

港资介入四川基础设施建设。1994 年 10 月 19 日，四川省同新中港集团有限公司合作的成都外环高速公路、成都至乐山高速公路签字仪式在成都岷山饭店举行。从此，香港资本介入四川基础设施建设，推动四川公路交通等进一步改善。1997 年 4 月 16 日，成都集装箱专列首趟列车直通香港。这趟列车在铁道部和香港九龙铁路公司的支持下，转运货物 1300 万吨。

开始川港官方合作。1990 年 1 月 19 日，港澳同胞在深圳四川大厦举行迎春联谊活动，开始了官方的区域合作。1993 年 4 月 15 ~ 22 日，四川省政府在香港举办首届招商引资洽谈会。开幕式当天，美国浩丰贸易有限公司与希望集团签订首个合资 400 万元兴建食品有限公司的合同。20 日，四川 16 户国有中小企业在港出售，受到关注。200 多名外商对此进行了咨询、了解。四川对港招商引资全面拉开。

1997 年 7 月 1 日，四川同庆香港回归。四川与香港地区的合作进入新阶段。1999 年 11 月 8 日，四川省在香港举办大型投资贸易名牌推介会，共签署投资、贸易协议（合同）49 项，其中协议引进外资和贸易成交金额 4.3 亿多美元。1999 年 10 月，成都出生的香港女士王一莉获世界杰出职业妇女奖。时任亚太经合组织中国企业联席会议人力资源分会主席、中国人口文化促进会副秘书长在美国获此奖，被四川及成都人引为骄傲。[②] 1999 年 11 月 23 日，李嘉诚蓉城开酒店——天府丽都喜来登饭店于年内建成，2000 年初开业。

香港成为四川引进外资平台。香港是四川吸引国内省外资金最多的地区，也是四川企业“走出去”最重要的选择，是两地交流合作最频繁的地区。20 世纪 90 年代，四川长江公司就在香港设立总部，加强与包括香港在内的国内外企业的交流与合作。香港是四川企业境外上市融资的重要资本市场。其中，中国（香港）国际贸易洽谈会作为商务部和香港贸发局共同搭建的两地服务贸易合作交流平台，中国

---

① 民生公司是由民族资产阶级实业家卢作孚创办的原民生公司，是旧中国最大的民营航运企业。（参见《20 世纪四川全纪录》，四川人民出版社，2004，第 36 页。）

② 王一莉出生于成都市。1991 年，她从香港到内地创建自己的企业，短短几年，企业延伸到文化、教育、房地产开发、高科技、传媒等领域。她又把大量精力和心血放到社会公益事业上，在北京创办了亚太国际人口文化教育基金会，选拔资助了大量青年学子到国外留学。（参见《20 世纪四川全纪录》，四川人民出版社，2004，第 36 页。）

（香港）国际服务贸易洽谈会自2007年开始，每年在香港定期举办。2011年5月27日，“中国（香港）国际服务贸易洽谈会·2011成都分会”在成都开幕，500位四川香港企业家参会。成都分会活动包括主题论坛和三个分会论坛，与会代表紧紧围绕四川建设金融中心、物流中心和商贸中心战略，在会计、法律、金融、物流等现代服务业各领域进行了广泛而深入的交流，进一步加强了川港在服务贸易领域的交流与合作。本次分论坛选择成都，是为了深入实施《内地与港澳关于建立更紧密经贸关系的安排》（CEPA），进一步推动香港对四川灾后援建，并探讨川港合作机制。

（二）四川与澳门的合作

1999年12月20日，澳门回归祖国。四川与澳门的胞属情谊从没有中断过。作为联系葡萄牙等欧洲国家与中国关系的重要海滨城市，澳门一直是四川了解西方管理技术和经验的重要窗口。

澳门地区成为四川开展与东南亚合作的途径。1999年澳门回归以来，旨在展现中华文化博大精深的“艺海流金”活动已在四川、贵州等地举办了五届，通过邀请澳门知名文化界人士参与交流活动，增进了内地与港澳文化界人士的相互了解；连续九年在澳门举办的“内地春节习俗展演”则早已成为澳门同胞春节期间不可或缺的文化盛宴；由澳门与广东、香港联合申报的粤剧项目被联合国教科文组织保护非物质文化遗产政府间委员会会议列入“人类非物质文化遗产代表作名录”，“同文同宗的血脉之情是两地文化交流蓬勃发展的根基”。2008年“5·12”汶川特大地震灾害发生后，澳门是最早伸出援助之手的同胞兄弟之一。2008年12月，四川省主要领导率队到港澳地区开展招商感恩活动，共签约投资项目71个，投资总额达93.1亿美元。

未来，澳门仍将是四川学习和借鉴国际先进管理经验、加强与东南亚地区合作的重要桥梁，也是四川联系和了解欧洲等发达地区经验和做法的重要通道，是四川引进国际资本和重要信息资源的宝库。

（三）四川与台湾的合作

台湾是中国领土的重要组成部分。20世纪，台湾发展成为亚洲“四小龙”，成为大陆地区对外开放发展经济的重要学习和借鉴地区。随着大陆与台湾海峡“两岸”关系的进一步改善，合作共识进一步增多，大陆和台湾两岸合作的制度性障碍进一步破除，① 四川与台湾的经贸合作

① 2005年4月，中共中央总书记胡锦涛与时任中国国民党主席连战在北京共同发布“两岸和平发展共同愿景”，提出两党将共同促进两岸经济全面交流，建立两岸经济合作机制。其后，两岸各界有识之士不断探讨和呼吁，两岸应以签署协议的方式建立两岸经济合作机制，实现两岸经济关系正常化，推动经济合作制度化。2008年12月31日，胡锦涛总书记在纪念《告台湾同胞书》发表30周年座谈会上发表重要讲话，明确提出：两岸可以签订综合性经济合作协议，建立具有两岸特色的经济合作机制，以最大限度实现优势互补、互惠互利。2009年12月，海协会与海基会领导人在台中举行第四次会谈，就商签两岸经济合作框架协议原则性交换意见，同意将此列为第五次两会协商重点推动的议题。其后，海协会与海基会专家分别于2010年1月26日、3月31日和6月13日，就两岸经济合作框架协议举行了3次工作商谈。2010年6月29日，海协会会长陈云林与台湾海基会董事长江丙坤在重庆正式签署了《海峡两岸经济合作框架协议》（ECFA）。

与文化交流不断增进，推动了四川与台湾的经贸合作。目前，四川成为西部地区台商企业最多、投资额最大、对台交流商品最多的省份。用台湾人的话说："两岸关系的可喜变化，是我们把握了中国为大，台湾为小，民族振兴为先的原则。"在完成中华崛起的过程中，两岸"永远有一个如何把握发展机遇期的问题"。把握民族振兴大局，不断推进四川和台湾的合作与交流，为中华民族的伟大复兴作出应有的贡献。

四川与台湾的经济交往与合作逐步加深。两岸有着深厚的血源亲情关系。随着大陆与台湾的关系逐步改善，四川与台湾的经济文化交往与合作逐步加深。1991 年 8 月 15 日，台胞参观西昌"航天城"。1992 年 7 月 14 日，成都台商工业区联合开发签字仪式在成都举行，西南首个台商工业开发区落户温江。开发区占地 6 平方公里，总投资达 10 亿美元。1992 年 12 月 28 日，成都市将大科甲巷 20 亩国有土地使用权出让给台湾邱永汉国际集团。1993 年 12 月，台湾太平洋百货集团成都春熙路百货商店正式营业，成为该集团开拓大陆市场第一家。2000 年前，台湾龙凤食品、旺旺食品、佳美食品、太平洋百货、好又多等相继落户四川，带动了四川省食品、百货业的发展。

西部大开发促使台湾来川大企业日渐增多。进入 21 世纪，抓住国家实施西部大开发的机遇，台湾来川投资企业增多。自 2000 年实施西部大开发以来，川台经贸合作硕果累累，台资企业已成为四川经济发展的一支重要力量。一是台湾大企业、大项目来川不断增多，如富士康、中芯国际、仁宝集团、台湾玻璃集团、台湾亚东水泥、台湾统一、顶新集团、群光集团等知名企业在川项目投资额都在 1 亿美元以上。二是电子信息等科技企业为主，科技含量不断提升。随着形势的发展变化，台湾中芯国际、台达电子、润得电子、凌成科技、东元集团、富士康、仁宝集团等高科技企业相继来川，实现了传统产业向高科技产业的转变。特别是 2009 年 5 月，省委书记刘奇葆率团赴台举办"天府四川宝岛行"活动后，进一步推动了台湾电子信息产业在川的投资，实现了台商投资项目的重大突破。三是台商投资集聚带逐步形成。1998 年由国务院台办和科技部批准成立西部唯一的国家级园区——成都海峡两岸经济科技产业开发园，重点定位发展食品和生物科技产业，1998 年实现工业总产值达 322 亿多元，园区已累计引进各类项目 600 多个。2006 年国务院台办、农业部批准设立的成都新津台湾农民创业园、2009 年批准设立的攀枝花盐边台湾农民创业园的建设进一步加快。成都、德阳、绵阳、眉山、乐山、泸州等地也在聚集越来越多的台商投资企业，正在形成具有一定规模和影响的"地方产业群"。①

两岸文化、安全交流与合作成为亮点。1993 年 5 月 23 日，为促进两岸艺术交流，共同发展油画创作，台湾艺术文教基金会提供资金设立"罗中立油画奖学金"，奖励中央美院、四川美院、浙江美

---

① 岳中興：《西部大開發十年來四川與台灣經濟、文化交流合作情況》，《两岸风情》2011 年 1 月 19 日。

院等9所美术学院有志于油画创作的在校本专科学生和研究生。1994年7月16日，第十一届台胞夏令营在成都开营，推动了两岸的民间交往。1993年9月30日13时43分，川航图—154客机在执行济南—广州3U592航班时被劫持；15时35分飞机降落台湾桃园机场，人机安全；21时37分，除劫机犯杨明德、韩凤英和其子杨洋被台湾警方扣留外，其余54名旅客和11名机组成员均随飞机安全返回广州。这成为四川与台湾在安全领域的首度成功合作。

川台文化旅游合作。2008年岁末，大熊猫“团团”“圆圆”终于启程入岛。[①] 2008年四川发生“5·12”汶川特大地震灾害，台湾同胞积极支持地震灾后重建，进一步密切了四川与台湾的联系和交往。特别是省委书记刘奇葆率团赴台展开“天府四川宝岛行”活动后，与台湾交流交往的平台更加广阔，川台大交流局面形成。一是来川交流形成品牌。通过充分整合优势资源，精心策划和包装，邀请台湾同胞来川展开一系列大型交流活动，形成了四川对台交流的品牌。主要有“中国西部海峡两岸经济科技博览会”、“四川世界自然文化遗产之旅”、“巴蜀文化之旅”、“我到四川看熊猫”等活动。其中“中国西部海峡两岸经济科技博览会”每两年举办一次，已成为四川省对台经济合作规格最高、规模最大、内容最为丰富的盛会。二是入岛交流纵深发展。十年来，四川省积极推动川剧、川菜、川酒、民族歌舞、巴蜀杂技等一批大型交流项目相继赴台演出和展示，并在台产生了广泛的影响。2006年以来，每年与台湾新光三越文教基金会合作，共同在台湾举办“巴蜀文化精品展”系列展览，向台湾同胞全面介绍巴蜀文化，收到很好效果。2009年举办的“四川自贡恐龙博物馆展”，台湾25万多人次前往观展。2009年5月，省委书记刘奇葆“天府四川宝岛行”活动期间，在岛内举办四川成都大庙会、四川少数民族歌舞演出、川台教育研讨会、旅游推介等文化交流活动，并取得了较好的效果。三是川台人员往来日益热络。四川省对台交流的不断发展，促进了川台两地之间的人员往来，吸引了大量台湾同胞来四川考察观光、探亲访友。特别是近年来两

---

① 2005年4月29日，中共中央总书记胡锦涛与中国国民党主席连战在北京人民大会堂微笑握手。随后不久，一场在四川卧龙举行的赴台大熊猫选秀活动正式启动，两岸民众沸腾了。在台湾，民众通过各种方式表达对大熊猫的欢迎和期待，一些民间机构主动派人到大陆学习大熊猫的养育知识，小学生绘画大熊猫比赛也举办起来，几个城市还积极展开了对大熊猫抚养权的“争夺战”。2006年农历新年钟声敲响之际，两只赠台大熊猫的乳名在亿万民众的热情参与下揭晓，“团团”“圆圆”的寓意不用任何人诠释，岛内民众特别是小朋友们开始了翘首以盼，不像狮子凶猛、不似猴子聪明的大熊猫，仅以其憨态可掬的逗趣表情，就足以带给小朋友们欢乐的期盼。然而，这样一个履行快乐的简单使命，并不如善良的人们想象中的那般容易。2006年3月31日，台湾的陈水扁当局拒绝了团团、圆圆入岛；尽管“熊猫只有黑白两色、没有蓝绿之分”，但“团团”“圆圆”仍然是被过多的意识形态理由拒之岛外的。好在一切的不愉快皆已过去，2008年末，团团、圆圆终于启程了。3年过去了，已经4岁多的团团、圆圆体重分别有112公斤和114公斤，每天要吃50公斤竹子。从2008年10月开始，台北木栅动物园的3名饲养员分两批来到中国保护大熊猫研究中心四川雅安碧峰峡基地学习大熊猫饲养技术，现在他们已和团团、圆圆建立了感情，即将扛起喂养责任的台湾饲养员游雪音，形象地形容圆圆为“熟女”，团团则是“调皮小男生”。

岸一系列旅游界交流活动，让广大台胞更加了解和向往四川，四川成为台胞来大陆旅游观光的首选地。在地震前，台胞来川旅游每年都在 40 万人次左右，占四川省入境游客人数的第一位。截至目前，四川与台湾共实现交流项目 3686 项 42231 人次，累计接待旅游台胞 460 多万人次。

省会成都成为与台湾合作高地成效突出。2007 年以来，台商先后参与了在蓉举办的西博会、海博会、软洽会、农博会、“两岸经贸文化论坛”、“台资企业内移论坛暨项目洽谈会”、“成都市台商投资说明会”、“中国西部海峡两岸电子信息产业合作研讨会”等重要活动，台湾工业总会、工商协进会、电业公会、旅行商业公会等行业组织和台积电、鸿海、台塑、远东、台玻、顶新等知名企业的负责人来蓉考察、洽谈，促进了成都与台湾的良好互动。2009 ~ 2011 年，成都市党政主要领导相继分别率团入岛开展经贸考察和项目促进活动，加强了与岛内主要工商团体和知名企业的联系，掀起了新一轮入岛推介招商热潮，促进了一批重大产业化项目落户。截至 2011 年 9 月，成都登记注册的台资企业达 841 家，与 2006 年底比新增 157 家；投资总额 47.9 亿美元，增加 32.1 亿美元；注册资本 26.12 亿美元，增加 14.32 亿美元，增幅 121%；投资总额增幅 203%。2012 年 4 月 6 日，四川省成都市被海峡两岸观光游协会纳入第二批大陆居民赴台个人旅游试点城市。①

成都海峡两岸科技产业园。该园区地处四川省成都市温江区，创办于 1992 年，前身为成都台商投资区。1998 年经国台办和科技部批准正式成立的国家级海峡两岸科技产业园，是全国四家国家级海峡两岸科技产业开发园之一，也是西部唯一的国家级海峡两岸科技产业开发园；是四川省、成都市重要的现代轻工业基地和台商投资聚集区，也是成都市重点建设的三家国家级开发区之一。

新津台湾农民创业园。经国家农业部、国台办批准，四川省新津台湾农民创业园于 2006 年 8 月设立，位于成都市新津县工业园区内，规划面积约 3 平方公里，是西部首个台湾农民创业园。园区按照“一园、一市场、五基地”（即农业科技孵化园，动物保健品市场，畜产品加工基地、农业生物科技生产基地、生猪养殖基地、良种家禽养殖基地、特色水产基地）进行建设，以种畜禽繁育推广、饲料生产、动物保健品开发为主，努力打造以新津为中心，立足成都、辐射西部市场的产业化基地，为广大台湾农业企业和研究机构到四川创业发展搭建良好平台，带动新津、成都乃至西部畜牧业发展。

攀枝花盐边台湾农民创业园。2009 年 11 月成立，是四川第二个台湾农民创业园，其核心区在盐边县益民乡境内，占地达 1 万亩，辐射攀枝花市三区两县。创业

① 2008 年 7 月 4 日，大陆居民团队赴台游正式启动。2011 年 6 月 28 日，赴台个人游启动。2012 年，第二批大陆居民赴台个人旅游试点城市公布，天津、重庆、南京、杭州、广州、成都六个城市将于 4 月 28 日启动，济南、西安、福州、深圳四个城市将于年内启动，大陆居民赴台个人旅游每日人数配额上限将从 500 人调整为 1000 人。首批试点城市为北京、上海、厦门。百度百科，最后访问日期：2013 年 11 月 24 日。

园核心区规划建设为“三园两中心”，即农业高新技术孵化园、农产品深加工和运销企业创业园、特色农产品种植示范园，台商服务和农业科技信息服务中心、农民专业合作组织辅导中心。

中国西部海峡两岸经济科技博览会。简称“海博会”，始于2002年，由国务院台办和四川省政府主办。2008年9月19～20日，第四届海博会在成都市温江区隆重举行，是四川“5·12”汶川特大地震后举办的首次重大活动，共有来自两岸120余家世界500强和台湾100强企业代表，以及全国90多个台资企业协会会长等共1500多人参会参展，签约项目18个，实现协议金额108.25亿元人民币，涉及电子、机械、食品、医药、现代农业等领域。展览面积1.2万平方米，实现现场成交额2000多万元，协议成交额10.8亿元人民币。

资阳市成为台湾电机电子工业同业公会等合作高地。双方已签署5个合作项目协议。资阳市人民政府与台湾地区电机电子工业同业公会签署了战略合作协议。具有较高国际声誉的台湾童综合医院与资阳骨科医院签署“四川童综合医院建设项目”，合作投资10亿元在资阳兴建国际级专科医院。台湾最大的中药材、中药饮片销售供应商——台湾朝春集团与四川禾邦制药有限公司签署“TAF认证检验中心项目”，项目投资额1.5亿元，其中台湾朝春集团投资1.3亿元。台湾广村食品有限公司与简阳市签署“饮品原料及其他配套产品生产项目”，项目投资额2亿元，由台湾广村食品有限公司独资经营。台湾中华国际文化创意交流协会与安岳县签署“台资工业园项目”，由台湾中华国际文化创意交流协会引荐企业打造（安岳）台资工业园。

深化与港澳台地区合作是四川区域合作战略选择。在过去20多年里，在产业转移、港澳台资西进的浪潮中，四川成为西部地区吸引台资企业最多、投资额最大的省份和台资在中国西部投资的首选地。当前四川仍处在构建现代城镇体系和现代工业体系的重要阶段，处在要素集聚效应大于要素扩散效应阶段。[①] 四川省“十二五”规划纲要和四川省“十二五”外向型经济专项规划均明确，以港澳特区援助四川灾后重建为契机，深入贯彻实施内地与港澳建立更紧密经贸关系的CEPA机制，进一步制定完善与港澳地区加强经贸合作的政策措施，加强金融资产与产业资本合作互动，提升合作水平。同时，四川将以《海峡两岸经济合作框架协议》（ECFA）为基础，进一步深化对台交流和经贸、教育、旅游等领域的合作，拓宽交流渠道，扩大合作领域。抓住台湾地区产业调整并加速向大陆转移的有利时机，有序开展对台的产业合作与投资促进活动，主动承接台湾地区的电子信息、精密机械制造、现代服务业等产业转移。发展壮大成都海峡两岸科技产业园、成都新津和攀枝花盐边台湾农民创业园以及正在建设的邛崃台商工业园、中江台商工业园等载体，成为台资和台企到四川建立的制造基地、研发中心和区域总部集中地。

① 刘奇葆：《四川已成为西部地区对外开放最大平台和最重要窗口》，《人民日报》2012年3月1日。

参考资料

《当代成都简史》，四川人民出版社，1999。

《成都》课题组著《成都》，当代中国出版社，2007。

杨文武：《中国四川与南亚经贸合作研究》，巴蜀书社，2008。

陈继东：《中印缅孟区域经济合作研究》，四川出版集团出版，2011。

《中国西部地区开发指南》，中国科学技术出版社，1988。

《20 世纪四川全纪录 1900 ~ 2000》，四川人民出版社，2004。

《辉煌 60 年开放合作篇》，载《四川经济社会发展成就图册》，四川出版集团　四川人民出版社，2009。

《崛起的内陆开放高地　四川省构建全方位开放合作大格局纪实》，四川出版集团　四川人民出版社，2012。

成渝经济区

第七篇

第 46 章 成渝经济区建设与重塑四川经济地理*

一 概述

成渝经济区建设对于重塑四川经济地理具有举足轻重的突出意义，本书因此而设置成渝篇。

成渝经济区是由四川省和重庆市接壤的部分地区组成并经国务院批准设立的国家级经济区，与四川和重庆都没有行政隶属关系。成渝经济区建设对于重塑四川经济地理的重要性，一是两省市涉及区域因自然地理、生态环境、人文历史、经济布局等都是在原四川省范围内形成，彼此的联系十分密切；而且四川占有成渝经济区3/4的国土面积和2/3以上的人口，是四川经济密度最高的地区，重庆实际上成为四川川东北经济区的经济中心，这说明成渝经济区对四川的经济集聚和发展极为重要。二是成渝经济区地处四川盆地，地势平缓，气候温和，雨量充沛，水资源丰富，人口上亿，城镇密集，产业高度聚集，交通发达，是西部没有、全国少有的宝地，特别是有两个特大城市作为增长中心互相促进，成为全国少有的双核经济区。成渝经济区已形成较大的经济规模，拥有很强的经济增长潜力。2011年经济总量达到28454.3亿元，占全国的6%，经济密度为每平方公里1381.3元，是我国西部电子信息产业、汽车产业、重型装备制造业、航空航天产业、国防科技工业、化学工业、新材料工业、战略新兴产业基地。2012年全球70%的平板电脑、50%的手提电脑芯片都是由成渝经济区配套生产。再过几年，成渝两市间的距离将缩短为1小时车程，哑铃型将变成粗轴型，经济密度更加提高，建成中国西部现代产业中心指日可待。三是成渝经济区的建成，将使沿海长三角、珠三角、环渤海三大经济区与成渝经济区鼎足而立，形成我国以沿海为一横，沿江（长江）为一竖的“T”字形布局的框架结构，促进全国经济社会的快速发展。四是成渝经济区的建成，将使重庆、四川由历史上长期扮演的后方基地角色变为中国西部全方位开放的中心。21世纪我国将把向西开放作为重点。打开亚欧大陆通往中亚、西亚、南亚、东南亚的阻隔，进入欧洲，是中国实现全球化的另一条通道。四川和重庆是打破青藏高原、云贵高原、西北沙漠荒原的中心地带，是外向型经济的生产和贸易中心，重庆、成都两个国际大都会，是中国西部的对外开放窗口和文化交流中心。成渝经济区将在国家向西开放中扮演重要角色。四川、重庆将因向西开放、全方位开放而大放异彩。

鉴于以上这些因素，早在2007年重庆直辖后，四川的学者就通过写文章、召开研讨会、出版专著、向领导提建议等方式来推进四川和重庆的合作。但因行政区划分形成的利益纠结，在一个时期反而形成新的分割和封闭。2003年，国家在制订“十一五”计划时决定实行计划体制改革，将国家计划改为国家规划，国家发改委并确定在长三角、京津冀跨省市经济区和成渝地区试点。四川省社会科学院学者获得这个消息后就主动联合重庆市社会科学院向国家发改委进行课题投标，经过一年多

---

* 本章作者：林凌，四川省社会科学院学术顾问，研究员；邵平桢，四川省社会科学院副研究员。

时间的调查研究和写作，形成《成渝经济区发展思路研究报告》并上报国家发改委，又转报国务院。之后，该报告由林凌、廖元和、刘世庆任主编和副主编，于 2005 年在北京出版。《成渝经济区发展思路研究报告》一书得到国家发改委和四川省委省政府的好评，政府有关部门开始推进成渝经济区的规划工作。由于四川的主动积极推动，四川和重庆两省市领导连续几年都进行了互访，签订了若干方面的合作协议。到 2010 年，国家发改委主动介入成渝经济区规划的制定工作，2011 年国务院正式批准《成渝经济区规划》。我们深深感到把以省市自治区为主的计划改变为跨省市州的区域规划，是一项区域经济的革命，是推进经济地理变迁的重大举措。在一个国家、一个区域，不是任何地方都可以快速发展经济和聚集财富的，必须根据区域经济学、经济地理学、增长极经济理论将主体功能区理论结合实际，对区域发展的重点地区作出选择。成渝经济区的建立就是这样一个科学的选择。现在全国启动的 20 多个国家级经济区，都是科学选择布局在全国的结果。还要提及的是，成渝经济

图 46–1　成渝经济区政区

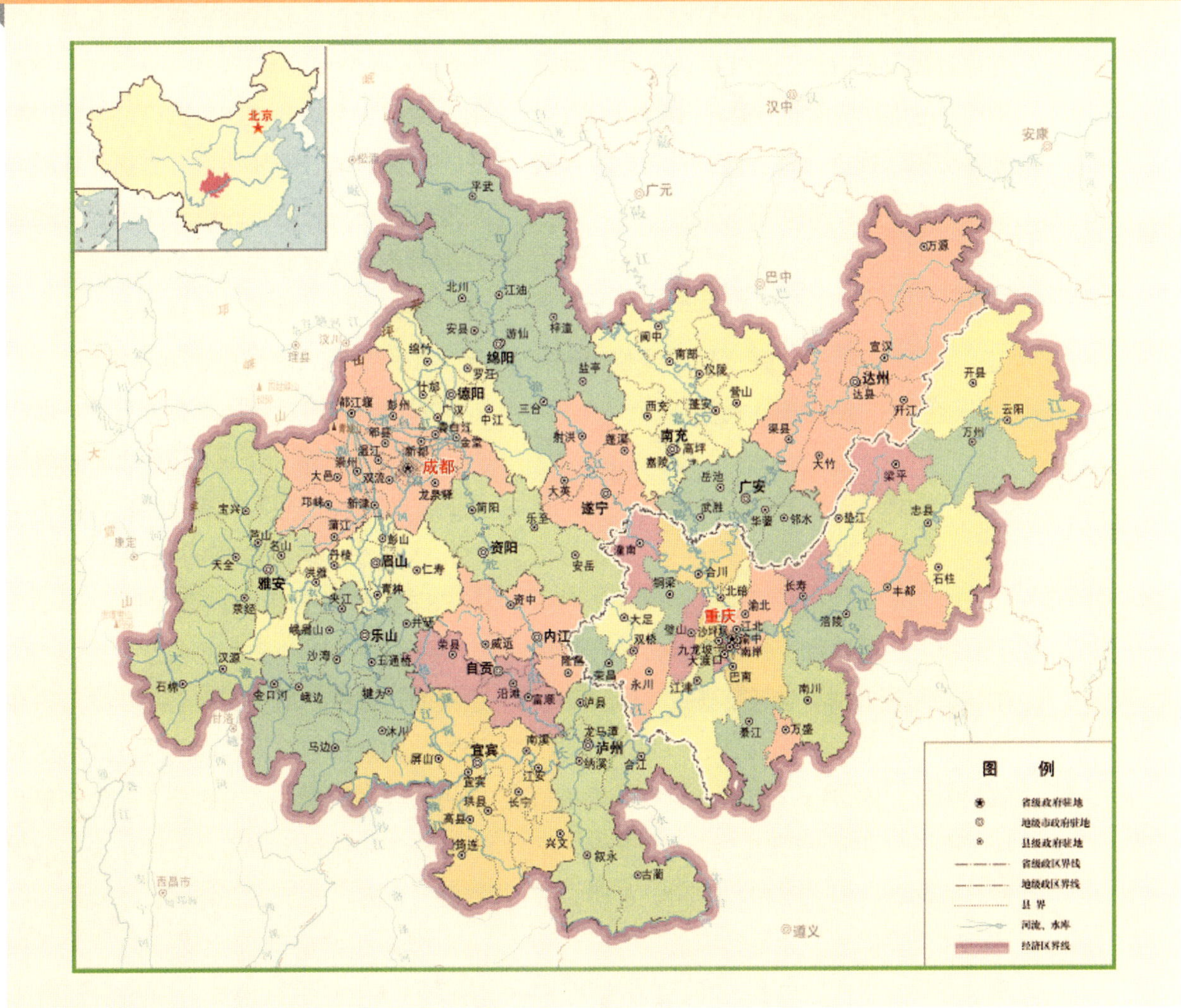

资料来源：本篇图片均来源于《成渝经济区区域规划》。

区的建立、重庆市的直辖，是建立在重庆市实行计划单列改革的基础上的。1982年四川省社会科学院林凌教授和中国社会科学院工业经济研究所蒋一苇教授，联合写报告给当时国务院赵紫阳总理，建议在重庆进行城市综合改革试点。1983年中共中央决定批准这个建议，并派当时的国家体改委副主任薄一波主持了重庆改革试点的会议，赋予重庆这个省辖市在经济管理上具有省一级的权利并在国家计划中实行单列。这项改革大大发挥了重庆的经济中心作用，这为后来的直辖打下了基础。还要指出的是，重庆城市综合改革经验在全国的推广，在理论和实践上确立了城市特别是大中城市的“经济中心”地位，开启了打破封闭、打破分割的先河，推动了城市由单一的生产功能向聚集要素、辐射周边、开发交通、推进商贸、创新科技、发展教育、传播信息等多功能转变。

二 成渝经济区建设对重塑四川经济地理的重大意义

（一）成渝经济区在四川经济社会发展中的重要地位

成渝经济区位于长江上游，地处四川盆地，北接陕甘，南连云贵，西通西藏，东邻湘鄂。范围包括重庆市的万州、涪陵、渝中、大渡口、江北、沙坪坝、九龙坡、南岸、北碚、万盛、渝北、巴南、长寿、江津、合川、永川、南川、双桥、綦江、潼南、铜梁、大足、荣昌、璧山、梁平、丰都、垫江、忠县、开县、云阳、石柱31个区县，四川省的成都、德阳、绵阳、眉山、资阳、遂宁、乐山、雅安、自贡、泸州、内江、南充、宜宾、达州、广安15个市。

成渝经济区经过数千年的发展，特别是抗日战争大后方的锤炼，新中国成立后国家战略后方基地建设的工业基础塑造，改革开放后西部大开发产业转移和后发优势的发挥，这个地区的经济迅速崛起。这个地区面积大，拥有20.6万平方公里；人力资源丰富，常住人口9300万，劳动力资源总数6900万人，专业技术人员210万人；自然禀赋优良，产业基础较好，工业、农业、商贸、物流、金融、旅游在全国都占有重要地位；城镇分布密集，有两个特大城市，6个大城市，众多中小城市和小城镇，城镇化率达到43.8%，已经形成以重庆、成都为核心的城市群；交通体系基本形成，铁路、公路、民航、水运管道运输互相衔接、高效便捷的综合交通枢纽也已基本建成，蜀道难已变成蜀道通。这为成渝经济区经济增长潜力发挥起了重要作用。

四川占成渝经济区主体部分。从面积看，四川占成渝经济区的74.75%，聚集人口占成渝经济区的64.83%（2011年户籍人口），经济总量占成渝经济区的66.73%。总体上看，在区域面积、聚集人口、经济总量均占成渝经济区的2/3左右。这对四川来说，重庆实际上是四川川东北经济区的经济中心。这说明成渝经济区对四川的经济集聚、城市集聚、人口集聚和产业分工协作极为重要，根据新经济地理密度、距离、分割三大特征，成渝经济区对重塑四川经济地理意义十分巨大。加快推进成渝经济区建设，四川肩负着十分重大的责任。

成渝经济区中四川部分仅占全省面积的 31.75%，但常住人口达到 83.2%，经济总量占全省的 90.3%，其中，三次产业分别占全省的 82.3%、90.3%和 93.7%；社会消费品零售总额、固定资产投资总额、地方财政一般预算收入、城乡居民储蓄存款余额分别占全省的 84.0%、82.9%、86.3%、89.1%；人均地区生产总值和城乡居民收入均明显高于全省平均水平。还要特别提出的是，成渝经济区中四川部分是四川科技人才和先进生产力布局的核心区域，有 80%以上的科研机构和 90%以上的科研人员集中在这里，全省七大优势产业主要在这里布局。成渝经济区中四川部分是四川经济集聚、人口集聚、城市集聚、财富集聚最好的地区，是四川新经济地理密度最高、距离最短、分割最小的地区。因此，加快成渝经济区的发展，对推动四川由经济大省向经济强省跨越、由总体小康向全面小康跨越，奋力谱写中国梦的四川篇章具有十分重要的意义。

四川省委、省政府高度重视成渝经济区的建设。为了落实国务院颁发的区域规划，四川省委、省政府对成渝经济区四川部分，作了具体的规划安排，提出了“一极一轴一区块”的战略思路。“一极”指的是成都都市圈，即成渝经济区“双核”中的一核；“一轴”即把连接成渝两核的“五带”归为“一轴”；“一区块”指的是环绕重庆周边与重庆接壤的四川 8 市的 17 个县。把成渝经济区四川部分划分为“一极一轴一区块”，最为明显的是反映出了三者间形成的发展梯度。根据这个划分，四川针对它们之间的差异，采取了不同的发展策略。一是强化“一极”，大幅提升成都都市圈的经济实力和西部综合交通枢纽的地位，提高其对西部和成渝经济区的辐射力和带动力。根据这个策略，经国务院批准，四川开始进行“天府新区”建设。现在这个“四川一号”工程已在成都及相邻的眉山、资阳部分地区展开，目标是再建一个产业成都，到 2020 年，成都市将成为由现在的 1400 万人口增加到 2000 万人口的现代化国际大都会，现代产业将成倍增长，西部综合交通枢纽地位将显著提升。二是壮大“一轴”。成渝经济区规划讲的“五带”，四川提的“一轴”指的都是重庆和成都两个特大城市的中间地带。这个地带处于丘陵地区，水资源和其他资源都很短缺，产业发展相对落后，被称为成渝间的“塌陷带”。但该地带交通相对发达，发展潜力很大。对这个轴，四川的策略是大力推进成渝间多条通道和接点城市建设，发展特色产业，尤其是接受成渝产业转移，与成渝产业配套，为双核提供优质服务，把若干个中等城市发展成为 100 万以上人口的大城市，把通道轴做大做粗。“一区块”所包括的 8 市的 17 个县，历史和现实都处在重庆的经济辐射范围，这里人常说的“大车跑重庆，小车跑成都”，形象地说明了这一区域与重庆经济的密切联系。同时这里也是重庆的腹地。重庆国土面积 8.3 万平方公里，其中，成渝经济区重庆部分仅为 5 万平方公里。重庆的产业发展和配套、城市农副产品的供应，商品的销售，劳动力的提供，都离不开这一区块。为此，四川的策略是：坚持互利共赢，主动融入重庆谋发展；依托重庆大市场，增强配套服务能力；大力改善投资环境，积极承接产业转移；借助重庆辐射带动，加快经济社会发展。

（二）成渝经济区建设对重塑四川经济地理的巨大作用

经济增长极理论、新经济地理学理论在世界经济社会发展中发挥了巨大的指导作用，推动了世界的地理变迁和经济增长。在我国，这些理论正在迅速地转化为国家政策，改变着中国的经济版图。成渝经济区建设正在加速重塑四川经济地理。

增长极理论是从物理学的“磁极”概念引申而来的。地球上有磁极、磁场。磁极有向心力和离心力，磁场的大小强弱随磁极的向心力、离心力大小强弱而不同。把这个概念引申到部门经济和区域经济，经济学家就发现，在一个大小不等的经济地理空间内，也存在类似磁极那样的中心或极（在这里中心和极是一个概念），中心或极有着吸引力和辐射力，能带动周边经济的发展和部门经济产业链的延伸。因此，建设经济增长极，就成为区域经济的一个根本性任务。成渝经济区是国家选中的能够带动西部乃至全国的经济增长极，和长三角、京津冀经济区具有同样的地位，是大增长极。要使成渝经济区快速成长，还需要选择和培育若干个次区域增长极和小增长极。如果在成渝经济区 20.6 万平方公里范围内培育出 10 个以上新增长极，在这些增长极的相互作用下，成渝经济区的发展就不是一般的速度，而是超乎寻常的高速度。

经济地理学是用经济学的理论研究一个区域（国家、地区、世界不同地区）如何进行生产力合理布局的科学。2009 年，世界银行发表了一个题为《重塑世界经济地理》的报告，总结了全世界几十个国家的经验，包括中国的经验，把经济地理学理论提升到一个新的高度。该报告认为，一个国家、一个地区甚至全世界，不是任何地方都可以进行经济活动和创造财富的。迄今为止，全世界一半的生产活动是在仅占全球土地面积 1.5% 的地方进行的，占日本人口 1/4、土地面积 4% 的东京，创造的 GDP 占到全日本 GDP 的 50% 以上；占埃及国土面积 0.5% 的开罗，其创造的 GDP 超过埃及全国的一半；在中国，沿海三大城市群已经成为中国经济的“三驾马车”和增长极：土地面积占全国的 3.4%，却创造了全国 38.6% 的 GDP、全国 70.3% 的货物进口，吸引了 55.9% 的外国直接投资。这种全球性的经济活动和财富创造高度聚集的情况，使研究者得出结论：在过去的两个世纪中，不断增长的城市、人口的迁移和专业化生产，是世界上三个最繁荣的地区——东京、美国、西欧成功发展的基本条件。归集到理论上，就是经济地理学的三大特征促进了地理变迁。这三大特征就是密度、距离和分割。具体来说，就是提高密度，加快城镇发展，用最少的土地，聚集最多的生产要素，创造最大的财富；缩短距离，加快区域间、城市间的交通建设，降低运输成本，让劳动力、人口和企业向经济密集区流动、迁移；打破分割，促进专业化协作，改革体制机制，消除各种行政壁垒，无障碍地进入国内、国际市场，降低交易成本，获取规模效益、专业化协作效益和经济一体化效益。

成渝经济区建设将有利于促进人口、

生产要素和劳动力合理流动，提高经济区人口密度、经济密度和城市密度。成渝经济区建设根据资源环境承载能力和发展基础，统筹区域发展空间布局，依托中心城市和长江黄金水道、主要陆路交通干线，形成以重庆、成都为核心，沿江、沿线为发展带的“双核五带”空间格局，推动区域协调发展。“两核五带”空间格局，包括重庆、成都发展核心，沿长江发展带、成绵乐发展带、成内渝发展带、成南（遂）渝发展带和渝广达发展带。“两核五带”布局必将促使生产要素、人口、劳动力等向成都、重庆发展核心集聚，必将提高重庆、成都的城市密度和经济密度，必将缩短重庆与成都之间、各区域之间、各城市之间的距离；必将加强成都平原地区、成德绵乐地区、川南地区和川东北地区的人口集聚、城市集聚和产业集聚，以及优化区域产业分工与协作；必将缩短沿长江流域、金沙江流域的运输距离和经济距离。随着区域内新的高速公路等的建设，加强区域内交通通道连接，推进水利、电网等基础设施对接；加快重庆成都之间以轨道交通为主的高效便捷交通网络建设；必将促进区域内劳动力、人口和企业向大城市和中心城市集中，加强它们之间的分工与协作，必将带动绵阳、德阳、乐山、眉山、雅安、宜宾、泸州、南充、广安、达州、内江、资阳、自贡、遂宁等一批区域中心城市的发展。

成渝经济区对外大通道建设必将缩短四川与周边省市、经济区的距离，降低运输成本。随着成渝经济区加快对外铁路大通道建设，进一步建设重庆、成都至兰州、西安、郑州、武汉、长沙、贵阳、昆明等周边省会城市的快速铁路通道和高速公路通道建设；强化对西部地区的辐射带动作用；加强航道和港口建设，以长江干线和嘉陵江、渠江、乌江、岷江等支流高等级航道为重点，建设干支衔接、水陆联运、功能完善的内河水运系统；加强机场建设，合理调整布局，形成干支衔接、分工协作、功能完善的机场空间格局。必将促进四川与周边省市及国内关中—天水经济区、兰州新区、北部湾经济区、大武汉经济区、长三角、珠三角、环渤海等经济区的经济技术交流与合作，必将促进四川向南、向西对外开放，使四川成为中国西部对外开放的前沿阵地。

成渝经济区建设有利于打破四川重庆两大行政区的分割，有利于统一市场的形成。成渝经济区建设将有利于破除地方保护和地区封锁，突破行政区限制和体制障碍，充分发挥市场在国家宏观调控下配置资源的基础性作用，形成统一的市场体系；有利于建立统一的商品市场，促进商品自由流动；有利于形成统一的要素市场，以重庆、成都产权交易机构为基础组建覆盖经济区的联合产权交易中心，建立联网对接、互联互通的技术交易市场；有利于鼓励地方金融机构在经济区互设分支机构，提升金融一体化水平；有利于推动区域内交通、通信、水利等基础设施共建共享，实行高速公路交费“一卡通”，统一成都平原城市群固定电话区号，推动毗邻地区的灌区渠系、天然气管网互联对接；有利于推进教育、医疗保险等公共服务对接，取消经济区异地上学学生借读费、转学费，实现基本医疗保险定点医疗机构互认和就医医疗费用联网结算；有利于推进户籍管理制度改革，探索建立经济区内人口合理流动的机制；有利于建立经济区统计监测体系；有利于在社会治安、森林火灾、疫情防疫、环境保护、质量监管等方面加强信息沟通，建立联系紧密、协调互动的突发事件应急处置机制。

成渝经济区建设必将带动四川其他地区的发展。根据增长极理论，在发展的初级阶段，增长极的极化效应大于扩散效应，表现为增长极的快速发展；当增长极中生产要素的集聚规模达到一定程度时，扩散效应将增强，表现为增长极发挥辐射带动作用，推动周围地区经济发展。从成渝经济区发展的现状来看，现阶段成渝经济区发展乘数效应已大于支配效应，扩散效应已大于极化效应，成渝经济区不断发挥辐射、扩散带动作用，推动周围地区经济发展。经济区紧密层是与核心区在经济社会上具有紧密联系的区域，这些区域在经济发展水平、社会文化上都有很大的相似性、互补性。成渝经济区正是通过紧密层、辐射层来带动周边地区的发展。攀西地区与成渝经济区是互不相连的地区，但在经济上有密切协作关系。根据四川省金沙江下游流域规划，攀西地区将与川南宜宾合作开发金沙江下游的水电和其他资源，建设沿江高速公路，形成攀西经济区与川南经济区的互联互通。重庆可通过正在建设的渝宜高速，与攀西、云南相通。甘孜、阿坝、凉山州都处于长江上游，是长江干流和三峡库区重要的生态屏障，重庆应加强与三州的合作，保障库区生态安全。四川省的广元、巴中地区是四川盆地联系陕西、甘肃乃至西北地区的门户。重庆和四川的铁路和高速公路将通过广元、巴中通达兰州、西安，沿欧亚大陆桥通向欧洲。随着成渝经济区和四川的发展，广元、巴中将有可能融入成渝经济区，广元也有可能成为四川成都经济区的组成部分。

三　成渝经济区在中国经济发展中的重要地位

成渝经济区是我国重要的人口、城镇、产业集聚区，是引领西部地区加快发展、提升内陆开放水平、增强国家综合实力的重要支撑，在我国经济社会发展中具有重要的战略地位。在全国区域经济区中，成渝经济区有望在长三角、珠三角、京津冀、东北等经济区之后，成为中国新的最大的经济增长极。

（一）“T”形结构与增长极

改革开放以来，我国实施以沿海地区和长江干流地区为重点的区域倾斜发展战略，在我国区域经济发展中逐步形成了“T”字形空间布局结构。20 世纪 80 年代中央提出率先开放开发沿海地区，形成沿海“一纵”开发开放格局。90 年代初长江流域相继开发，形成沿江“一横”开发格局。沿海“一纵”开发与沿江“一横”开发构成中国“T”字形发展战略布局。我国沿海地区凭借国家改革开放优惠政和独特的地缘优势率先发展起来。目前，我国沿海地区已形成长三角经济区、环渤海经济圈、珠三角经济区、南沙新区、海峡西岸经济区、广西北部湾经济区、海南旅游岛等国家经济区。长江是我国的黄金水道，长江流域是我国经济比较发达的地区。沿江地区是沟通我国东、西、南、北经济联系的纽带和桥梁，具有广阔的腹地和国内市场。目前，长江中游地区形成了以武汉城市圈、长株潭城市群、皖江经济区、鄱阳湖生态经济区为依托的长江中游经济带；长江上游地区形成了以成渝经济区、金沙江流域经济区为依托的长江上游经济带。我国沿海沿江“T”字形区域经济结构基本形成，而成渝经济区是我国“T”字形区域经济格局的西部核心经济增长极。

1.成渝经济区经济实力在西部及全国的地位

成渝地区地处四川盆地，介于重庆、成都两个特大城市之间，是历史上长期形成的一个经济、政治、社会、文化相对发达的我国内陆的核心区域。早在2000多年前，成都平原就以“天府之国”著称于世，直至近代，成都农业、手工业、商业都十分发达。重庆一直是长江上游和西南地区的交通和商贸中心。19世纪末，重庆率先在内地建立起具有资本主义性质的近代工业，尤其八年抗日战争期间，重庆成为中国的陪都和战时的政治、经济、制造业中心。新中国成立后，特别是“一五”“二五”和“三线建设”时期，成渝地区成为国家国防安全、军事工业、重化工业基地，国家集全国之力在成渝地区布局了现代电子信息产业、国防高科技工业、冶金机械工业、重大装备工业等，到改革开放的1978年，川渝地区已经建起规模庞大、门类较齐全的现代工业体系。1980年，原四川省（包括今成渝地区）国内生产总值已达到322亿元，居全国第一位[①]；工业总产值273亿元，为全国第五位，仅次于上海、江苏、辽宁、山东，超过现在的东部发达地区北京、天津、河北、浙江、福建、广东，国防工业更是位居全国第一。成渝地区在农业方面对全国人民的贡献更加突出，“粮猪安天下”是四川很长时期以来的首要任务，在短缺经济时代，为了保证全国粮、油、肉、菜、果等农副产品的供应，天府之国的川渝人民勒紧裤带，为国家作出了巨大贡献。

改革开放后，特别是国家实施西部大开发战略以来，成渝地区发生了巨大变化，已是我国西部人口密集、城市密集、交通发达、经济发展强劲的经济区；清洁能源产业、重型装备制造业、高新技术产业、国防科技工业、特色农产品生产加工业等五大产业已成为国家的重要基地，在生态保护方面已成为长江上游的生态屏障。成渝经济区是全国尤其是西部经济、文化、科技最发达的地区之一。

成渝经济区经济实力在西部及全国的地位。成渝经济区区域辽阔，区域面积约为20.6万平方公里，占川渝总面积的36.31%，占西部12省市国土面积的3.0%，占全国国土面积的2.15%；区域人口众多，2011年，区域人口10327.46万，占川渝总人口的83.37%，占西部12省市总人口的28.51%，占全国总人口的7.67%左右；人口密集，2011年人口密度501人/平方公里，是川渝人口密度的2.3倍，是西部的9.45倍，是全国平均水平的3.58倍；区域城市密集，共有29个建制市，其

① 冯之浚著《改革开放十七年的中国地区经济》，中国统计出版社，1996，第165页。

中包括2个特大城市、3个大城市、14个中等城市、10个小城市，是全国城市最密集的区域之一；区域资源丰富，水资源丰裕，可开发水能资源达1.03亿千瓦，占西部可开发水能资源的33.11%，占全国的27.24%；天然气资源丰富，四川盆地天然气资源量为53477亿立方米，位居全国前列；矿产资源如铁、铝、钡、锶、钒、钛等储量位居全国前几位；农业资源更是丰富，作为全国粮食主产大省和农业大省，四川粮食作物和畜禽产量位居全国前三。

从GDP来看，成渝经济区总量较大，2011年GDP为28454.3亿元，占川渝总量的91.7%，占西部总量的28.4%，占全国总量的6.0%；从人均GDP来看，成渝经济区偏低，为27552.1元/人，比川渝高10个百分点，比西部低0.44个百分点，比全国平均水平低22个百分点；成渝经济区经济密度大，2011年为1381.3万元/平方公里，是川渝的2.53倍、西部的9.46倍、全国平均水平的2.8倍；从产业结构来看，成渝经济区农业比重较高，农业比重只比西部低1个百分点，工业比重比全国平均水平高5个百分点；工业实力较强，工业总产值为12803.2亿元，占川渝的90.3%，占西部的29.7%，占全国的6.8%；从财政收入看来，成渝经济区地方一般预算财政收入为2582亿元，占川渝合计的89.3%，占西部的23.9%，占全国的4.9%；从进出口总额看来，成渝经济区总量较小，为759亿美元，占川渝合计的98.6%，占西部的41.3%，但只占全国的2.1%。近年来，进出口贸易、吸引外资增长速度很快，在中西部处于领先地位（见表46-1）。

成渝经济区科技创新能力在西部和全国的地位。成渝经济区的科技创新能力较强，特别是在西部更是优势突出。成渝经济区从事研究与实验的科技人员，折合全时人员12.3万人年，占西部的34.58%，占全国的4.27%。研发从业人员81715人，分别占西部的42.17%，占全国的11.63%。研究与实验经费支出422.5亿元，占西部的40.58%，占全国的4.86%。研究与实验经费支出占GDP的1.36%，高出西部30%。专利授权数43971件，占西部的57.7%，占全国的4.97%。技术市场交易额1359783万元，占西部的28.16%，占全国的2.85%。

2. 西部地区重要的经济中心，国家重要的经济增长极

根据以上分析可见，成渝地区作为一个经济区还不及长三角、珠三角和环渤海成熟，但从全国战略布局看，成渝经济区却具有东部沿海经济区无法取代的战略地位。

成渝经济区地处我国核心地带，历史上曾是抗日战争的大后方和国家的战略后方基地，现在仍然是国家安全布局的重点地区之一。这个地位是由它的区位、自然条件和已建立起来的强大的国防科技工业基础和重大装备制造业基础，以及正在快速发展的以电子信息产业为主导的高新技术产业所决定的，不会因为时代的变迁、科技的发展、战争样式的变化而改变，是别的地区无法替代的。

成渝经济区位于西部三大经济带——西陇海兰新经济带、南贵昆经济区、长江上游经济带之间，它东沿长江和上海至成都的国道主干线通“长三角”出东海，南

表 46-1　2011 年成渝经济区与全国、西部综合实力比较

项目	面积（万平方公里）	年末总人口（万人）	非农人口比重（%）	人口密度（人 / 平方公里）	GDP（亿元）
成渝经济区	20.6	10327.46	31.9	501	28454.3
川渝全部合计	56.74	12388.21	30.19	218	31038.05
西部 12 省合计	686.7	36221.7	42.99	53	100235
全国合计	960	134735	51.27	140	472881.6
成渝占川渝比重（%）	36.31	83.37			91.7
成渝占西部比重（%）	3.00	28.51			28.4
成渝占全国比重（%）	2.15	7.67			6.0

项目	人均 GDP（元 / 人）	经济密度（万元 / 平方公里）	三次产业结构	工业总产值（亿元）	地方财政收入（亿元）	进出口总额（亿美元）
成渝经济区	27552.1	1381.3	11.2 ∶ 52 ∶ 36.8	12803.2	2582	759
川渝全部合计	25054.5	547	12.3 ∶ 53.4 ∶ 34.3	14181.51	2892	770
西部 12 省合计	27672.6	146	12.8 ∶ 50.9 ∶ 36.3	43116.8	10819.0	1839
全国合计	35181	492.6	10 ∶ 46.6 ∶ 43.4	188470.2	52547.1	36418.6
成渝占川渝比重（%）				90.3	89.3	98.6
成渝占西部比重（%）				29.7	23.9	41.3
成渝占全国比重（%）				6.8	4.9	2.1

资料来源：根据《中国统计年鉴 2012》、《四川统计年鉴 2012》、《重庆统计年鉴 2012》相关数据整理。

连西南出海大通道经云贵、两广、港澳粤“珠三角”出南海，西南经内蒙古至云南的国道主干线达东南亚和南亚，西穿川藏公路通西藏，西北接宝成铁路、兰渝铁路、西渝铁路达陕甘宁青新及中亚。目前，成渝经济区外出打工的农民工主要集中在东南沿海、西藏、新疆、北京，在今后进一步通达的立体快速交通条件下，成渝经济区完全能够在西部大开发中发挥承南接北、通东达西、带动整个西部发展的重要作用。

成渝经济区是我国西部经济活动最集中的区域。它位于长江上游的四川盆地，土壤、气候、雨量等自然条件十分优越；城市依江河而建，人口顺江河密集，工业

表 46-2　2011 年成渝经济区与全国、西部科技创新能力比较

项目	R&D 折合全时人员（万人年）	R&D 从业人员（人）	R&D 经费支出（亿元）	R&D 经费支出占 GDP 比重 (%)	专利授权数（件）	技术市场成交额（万元）
川渝合计	12.3	81715	422.5	1.36	43971	1359783
西部合计	35.57	193790	1041.1	1.04	76200	4828229
全国合计	288.3	702621	8687	1.84	883861	47635589
川渝 / 西部（%）	34.58	42.17	40.58	—	57.7	28.16
川渝 / 全国（%）	4.27	11.63	4.86	—	4.97	2.85

资料来源：根据《中国统计年鉴 2012》、《四川统计年鉴 2012》、《重庆统计年鉴 2012》、《中国科技统计年鉴 2012》相关数据整理。

沿江河布局，农业由江河灌溉，经济活动沿江河集聚，在占全国 2.15%面积、7.67%人口的范围内，产出了占全国 6%的国民生产总值。其对国家的贡献与京津冀经济区不相上下。这种情况，与世界上许多国家人口、城市、经济活动集中在沿海和大江大河流域完全是同一规律。这种自然形成的景象，西部地区无一处可以伦比。

成渝经济区位于我国长江上游地带，是我国水资源、水能资源最丰富的地区，是我国清洁能源的主要供应基地；同时对整个长江流域，特别是三峡库区生态环境承担着重要的保护和屏障作用。这个地位是全国任何地区所没有的。

正因为成渝地区有这些特殊的战略地位，国家在全国区域空间战略布局中，在西部必然首选成渝，也必须首选成渝。成渝地区在古代就有三足鼎立的分量，在今天成渝地区为中华民族承载着生态安全、国防安全的重托，为本地区和西部人民的富裕肩负着重任，成渝地区也有能力承担这一重任。

基于以上分析，位居西部的成渝经济区，将在纷繁复杂的国际政治多极化、经济全球化和区域一体化中实现和平崛起与全面建设小康社会、继续推进现代化建设、完成祖国统一大业的国家战略中，以跨越式发展的姿态与东部三大经济区优势互补、协调推进，在全国区域分工和空间布局中扮演着带动西部发展的重要角色。

因此，成渝经济区已具备条件成为未来的西部经济中心；在全国区域经济发展版图中，成为继长三角、珠三角、环渤海、东北等经济区之后中国新的经济增长极。

（二）西部现代产业中心

国务院颁发的成渝经济区域规划，要求把成渝经济区建设成为中国的现代产业基地。这个要求是很高的，但川渝两省市具有这个条件和力量。在 20 世纪 60 年代“三线建设”时期，重庆进行了我国常规武器生产基地建设，为汽车、摩托车制造业和其他机械加工制造业打下了良好的基础。拥有丰富的天然气资源并已建成天然气化工基地。三峡工程的建设和优良的寸滩港

的新建，大大提高了长江黄金水道的功能和效率。

四川的“三线建设”，以电子信息、飞机制造、核工业、重型装备制造业为主，形成成德绵高新技术产业带，为发展成都及其周边电子信息和重型装备制造业奠定了基础。进入 21 世纪，根据邓小平“两个大局”的思想，国家于 2000 年开始实施西部大开发战略，接着实施改造东北等老工业基地和中部崎岖战略，促进全国非均衡协调发展。川渝两地以建设西部发展高地和对外开放高地为己任，借着国际、国内新一轮产业向西转移的东风，革命性地调整和发展了两地的产业结构。重庆本来不具备发展电子信息产业的条件，但是几个跨国电子信息大佬的引进，完全改变了重庆产业结构的面貌，电子信息超过汽车、摩托车成为领先产业；成都电子信息产业较有基础，跨国大亨早在这里安营扎寨，但在惠普等进入重庆之际，仁宝、富士康等也入驻成都。这样，就形成了跨国公司在成渝经济区聚集和竞争的格局。错位发展是相邻地区产业布局的规律，但在川渝地区进驻的跨国公司却形成同业“聚落”。这不是他们不懂无序竞争之可惧，而是他们预测到这里将会成为中国电子信息产业最大的生产和研发基地，而且在世界上也会占有一席之地。在全球化时代，跨国公司是会在竞争与合作中相互协调的。说不定下一代电子信息产品也会在这里诞生，我们应做这样的期待。

汽车制造也是这种情况。许多人都认为，在重庆大力发展汽车、摩托车产业并成为主导产业的条件下，四川不宜再发展汽车产业。但是，近年来，日本、德国、意大利及国内著名汽车大公司纷纷进入四川，并已形成气候，发展前景乐观。这种情况可能与电子信息产业一样，又是一场跨国公司在成渝地区内的聚集和竞争。因为人们判断，这里可能是中国西部汽车的生产和研发基地。汽车燃料是汽车未来发展的核心课题。新能源汽车的突破，将给汽车业的发展带来新的广阔前景。我们对成渝经济区也应做这样的期待。

国防科技特别是航空航天和电子高端产业在成渝经济区是有实力的。问题在于体制上要有突破。要改革国防科技工业体制，走军民融合之路，把被束缚的生产力解放出来。重型装备制造业、仪器仪表制造业也是成渝经济区的优势产业，出口方面有较大的潜在市场，应积极开拓。同时要开展技术创新。现在发电设备是功率越大体重越大，运输困难；能否有功率大、体重小的创新技术和设备出现？我们认为会有的，但这可能是个世界性课题。问题在于有无研究开发的创新能力，能否获得先机。

在这种形势下，大力发展高端产业和产业高端，加快发展特色优势产业和战略性新兴产业，加强水电、钒钛、天然气、稀土等优势资源的科学开发和布局建设，打造国家重要的战略资源开发基地，已成为川渝两省市对成渝经济区产业结构调整和发展关注的重点。现在电子信息、汽车制造、油气化工、新能源等产业已迅速崛起，装备制造、航天航空产业有新的发展，新一代信息技术、新能源、高端装备制造、新材料、节能环保、生物等战略性新兴产业推进信息化与工业化深度融合等都在启动。绵阳科技城和成都、绵阳、自贡、乐山四个国家级高新技术开发区和一批国家级和省级经济技术开发区、产业园区正在带动产业集群建设科技创新产业化基地。中国位于西部的现代产业基地的建成将指日可待。

（三）西部全方位对外开放中心

历史上我国就是一个重视对外开放的国家，就是一个重视陆上、海上、向东、向西同时开放的国家。以西安和成都为起点、通向西方的南北丝绸之路，郑和下西洋的海上航行，是我国历史上对外开放的巅峰。但我国历史上也有过屈辱的开埠通商，也实行过封闭、半封闭的对外政策。改革开放前，我国基本处于封闭、半封闭状态，20 世纪 80 年代实行沿海开放战略，开启了我国对外开放的新篇章。90 年代我国加入了 WTO，标志着我国以平等的国家身份进入国际市场，参与国际贸易。现在我国已经是世界第一贸易大国。但这些

图 46-2　成渝经济区装备、电子、化工产业布局

变迁基本上是在东部进行的，西部和中部对外开放度很低。以四川为例，在当今其被称为最好的时期，但 2011 年其对外贸易的比重仅为全国的 1.5%。西部大开发以来，我国对外开放的战略开始发生变化，在继续加强向东开放的同时，沿边开放、向西开放正在启动。

早在 2007 年，美国学者约翰 · W. 韦尔斯就在《全球主义者》杂志发表题为《中国让西部与世界相连》的一文。文中，他在引了一条中国和伊朗、巴基斯坦共建铁路的消息后说："1978 年后中国的发展努力能够取得惊人成功，是基于把东部地区与全球经济连接在了一起，也就是说得益于中国东部沿海地区的许多优良港口。这些港口使得中国与无垠的海上运输线连接在了一起，把中国制造的商品运送到了遥远的市场。"接着他又说："处于欧亚大陆腹地的中国西部地区显然没有这种优势。然而，在北京的大力支持下，中国西部内陆省份正努力通过开辟与它们的邻居相连的运输线路来抵消这方面的劣势。"这些分析确实说在了点子上。现今中亚地区哈萨克斯坦、土库曼斯坦的天然气已经用管道输送到广东；重庆和成都都已开通了经新疆霍尔果斯口岸通向中亚和欧洲的货物运输；云南到缅甸的铁路和高速公路都在修建，输油管道已经建成，通往东南亚的高速公路、湄公河水运已经开通，从新加坡开始到昆明的泛亚铁路已经酝酿多年；兰渝铁路、成兰铁路已开工建设，青藏铁路南延、川藏铁路兴建都在热议当中。至于文中提到的与伊朗、巴基斯坦等国家合作修建铁路、港口等，都在积极推动。将来，这类合作将会更多。中国之所以能推进这些建设，不仅是出于自身发展的需要，而且决定于这些年来我国与周边许多国家建立了良好的双边和多边合作关系。特别是和东盟 10 国建立的"10 + 1"自由贸易区，与中亚 6 国建立的上海合作组织，对我国西部大开发和沿边开放起到了重要的作用。2012 年 4 月底，时任中央政治局常委、国务院副总理李克强同志访问俄罗斯，在莫斯科大学发表讲演时明确提出："中国在扩大对外开放进程中实施扩大内需战略，深入推进西部大开发，加快中西部地区发展，把沿边开放、向西开放作为新一轮开放的重点。"这是我国把向西开放作为重点的第一次公开宣示。

从历史上看，我国向西开放早在汉代就开始了，唐代盛极一时。那时是人走马驮，穿过沙漠荒野、高山峻岭，走出了南北两条丝绸之路。这至今仍是一些国内外学者专心致志研究的学问。在现代技术条件下，通过高铁、高速、航空打破亚欧大陆的障碍，经过东南亚、南亚、西亚、中亚直达东欧、西欧，进入大西洋，已非难事。而且距离、时间、运费均比海上运输有利。在这种情况下，处于最有利区位的成渝经济区完全可以担当向西开放的四个角色：一是，出口商品生产基地的角色；二是，国际商贸中心的角色；三是，综合交通枢纽的角色；四是，金融中心的角色。重庆和成都成为向西开放的两个国际贸易大都会，将是题中应有之义。这四个角色，同上海现在扮演的国际经济中心、国际贸易中心、国际金融中心、国际航运中心四个角色极具相似之处。再过几年，成都至西安、重庆至西安的高铁和高速将要打通，重庆、成都、西安这三个拥有战略性高技术和产业的国际大都会将会形成曾经提出过的“西三角”格局，现代化的南北丝绸之路将重新显现。中西文化交流，特别是中华文化与伊斯兰文化的交流将在这里展开。中国向东、向西、向南、向北全方位大开放局面的形成，将不是一种臆想，很可能是30年后的现实。到那时，地处内陆的成渝经济区将成为对外开放的前沿，因为“距离”在现代技术条件下已不再是不可逾越的障碍。

构建对外开放重要的通道和平台。成渝经济区要发挥已建和规划建设交通干线的作用，打通南向经昆明至印度洋、东向连接长三角至太平洋和西北向经欧亚大陆桥至大西洋的出海大通道，增开通往北美、欧洲和东南亚国际航线，改善对外开放区位条件，降低货物运输成本，扩大国际贸易。支持重庆两江新区和成都天府新区发展，建设内陆地区对外开放的重要门户。加强重庆两路寸滩保税港区、西永综合保税区、成都高新综合保税区建设，条件成熟时在万州、泸州、宜宾设立保税港区。加强口岸大通关协作，推进电子口岸互联互通和资源共享。充分发挥重庆、成都各类国家级开发区以及海关特殊监管区的引领作用，支持符合条件的省级园区升级为国家级开发区，建设西部地区对外开放高地。

改善内陆开放的政策环境。建立健全发展内陆开放型经济的政策体系，营造与国内外市场接轨的制度环境。加快完善涉外服务体系，改善物流配送、生产研发、人才培训、企业融资、污染治理、质量标准等公共服务，为产业配套创造良好条件。在户籍、住房、出入境、子女教育、医疗保险等方面制定吸引外来人才的政策，促进开放型人才集聚。鼓励有条件的企业开展境外投资和国际劳务合作、对外承包工程，在市场准入、买方信贷等方面给予支持。

加强与主要经济区合作。积极拓展面向西北地区的经济联系，改善交通基础设施条件，加强与关中－天水经济区的合作，推进重庆、成都、西安三地战略合作向纵深发展。充分发挥区位优势，加大与南（宁）贵（阳）昆（明）地区的合作力度，大力开拓东盟市场，构建面向东南亚、南亚的重要出口基地和物流基地。依托长江黄金水道，加强与长江三角洲地区的合作，积极承接产业转移，完善沿江经济布局。充分利用现有合作基础，积极参与泛珠三角合作。进一步加强与环渤海地区、海峡西岸经济区的经济技术交流与合作。

加强与港澳台地区合作。加强与港澳投资及贸易往来，加快融入国际市场。加强证券期货市场间的合作互动，支持符合条件的企业到香港上市融资，不断完善与港澳经贸往来人民币跨境清算和结算体系。加强与港澳地区的产学研合作，支持开展联合科技攻关，鼓励共创知名品牌，共同开拓国际市场。加快重庆台商工业园、渝台信息产业园、台湾农民创业园和成都海峡两岸科技产业园、新津台湾农民创业园建设，加强与台湾地区经济技术交流与合作。

加强国际经济合作。利用西部国际博览会、中国（重庆）国际投资暨全球采购会平台，加强与东盟、中亚、南亚、欧美、日韩、非洲经济合作，全面参与国际区域合作。利用良好经贸基础，积极拓展东盟和南亚市场，扩大对外贸易和境外投资。加强与欧美和日韩合作，积极引进资金、先进技术和设备，大力发展软件和金融服务外包。大力开拓非洲市场，积极发展对外工程承包和劳务输出，引导企业扩大对非洲投资。

（四）长江上游的生态屏障

长江上游地区的生态环境保护和建设，对于全流域乃至全国可持续发展具有举足轻重的重要作用。建设长江上游生态屏障，是贯彻落实科学发展观的必然要求，是坚持可持续发展道路的具体表现，是建设资源节约型、环境友好型社会的重要任务，也是成渝经济区资源环境发展战略的核心内容。

在长江上游生态屏障建设中，四川省认真贯彻落实国家《森林法》、《森林法实施条例》、《水土保持法》等有关法律、法规和政策措施，结合实际制定了《四川省建设项目环境保护管理暂行办法》、《四川

图 46-3　成渝经济区对外开放

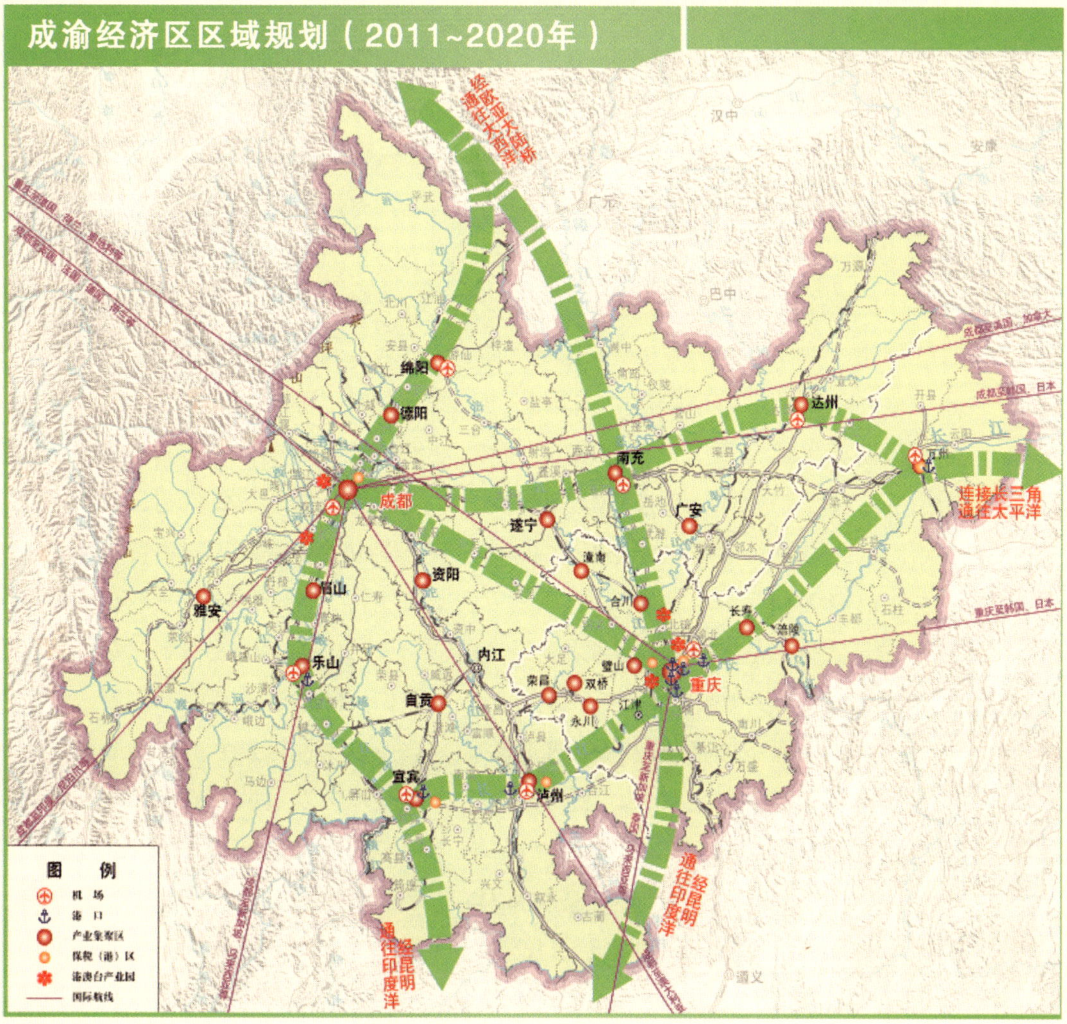

省天然林保护条例》、《四川省天然保护工程森林管护实施办法》、《四川省人民政府关于加强环境保护的决定》、《四川省自然保护区管理条例》、《四川省政府放射性污染治理管理办法》等地方法规，基本形成了四川省环境保护法规体系。重庆也制定了《重庆市环境保护条例》、《重庆市人民政府关于加强环境保护工作若干问题的决定》、《重庆市林地保护管理条例》、《重庆市天然林资源保护工程森林管护管理实施细则》、《重庆市农村环境连片整治项目管理暂行办法》等一系列环境保护法律法规。

长江上游生态屏障建设的初步成效。近年来，成渝经济区大力实施天然林保护、退耕还林还草、环境污染整治等重点工程，取得了显著成效。据统计，到2011年底四川省累计完成退耕还林1336.4万亩，退牧还草4000余万亩，重庆市完成退耕还林1577万亩，天然林保护公益林建设853万亩。三峡库区库周绿化带建设造林绿化70.1万亩，森林覆盖率达33%，累计治理水土流失面积2.63万平方公里。同时，加大污染防治力度，重庆市已建成60座城市生活污水处理厂、42座城市垃圾处理场，城市污水集中处理率和垃圾无害化处理率分别达到68%和72%。

在国家的大力支持下，成渝经济区生态环境建设投入大幅增加，建设速度明显加快，部分地区生态环境状况显著改善。如四川省森林覆盖率由1998年的20.37%上升为2011年的35.1%，初步形成以防护林为主、多林多树种结合的生态林业体系；水土流失面积逐渐减少，“十一五”期间，全省治理水土流失面积2.5万平方公里，已在金沙江、嘉陵江、岷江等流域的180余个小流域实施，项目区每年减少泥沙流失量860万吨；空气质量和出川水质明显改善，生物多样性保护取得进展，资源合理利用水平逐步提高。

长江上游生态屏障建设还存在一些问题。尽管经过近年来的艰苦努力，长江上游的生态环境得到改善，但这种改善是恢复性和低水平的。其生态体系十分脆弱，人均拥有资源量低，人地矛盾日益突出，资源耗损十分严重，资源环境承载力明显降低；高强度、粗放型的开发方式，高耗能、高污染的生产方式，导致单位工业增加值主要污染物排放量比全国高45%～60%；水土流失仍然严重，年土壤侵蚀量高达约10亿吨，占长江上游年土壤侵蚀总量42%，每年约有3亿吨泥沙流入长江，水土流失面积达15万多平方公里，占长江上游水土流失面积的56%。

目前长江上游生态环境保护和建设还缺乏长效机制：一是缺乏建设投入的长效机制。国家目前的生态保护和建设投入主要是以工程项目投入为主，项目完成投入也就结束，具有很大的不确定性。二是缺乏生态补偿的长效机制。国家目前的生态补偿也主要是以工程项目补偿为主（如退耕还林），具有较大的不连续性。三是缺乏扶持发展的长效机制。贫穷不利于生态保护，保护生态不能不发展。但目前国家扶持贫困地区发展的力度明显不够，扶持贫困地区发展的长效机制有待加强。生态环境保护和建设是一项长期历史性任务，必须加强制度建设，建立长效的机制保障。长效机制的缺乏势必导致生态环境保护和建设成为短期行为，难以长期为继，难以实现可持续发展。

成渝经济区及其比邻地区地处长江上游核心区域，是长江上游乃至全国重要的生态屏障。大力加强生态环境保护和建设，不仅关系着成渝经济区经济社会可持续发展的战略大局，也关系着全国经济社会可持续发展的战略全局。

因此，必须加快长江上游生态环境安全保护带建设。一是通过天然林保护、坡耕地退耕还林还草等措施，涵养水源，保护植被，防治水土流失，有效减少、减轻长江流域的泥沙淤积和洪涝灾害；二是通过对沿江和库区水污染治理，保障三峡库区形成良好的生态环境；三是通过长江上游水电站和水利设施的建设，有效拦截泥沙，使三峡大坝更加安全；四是工业污染防治：把削减工业污染排放总量作为工业污染防治的主线，推行污染物排放全面达标和总量控制；五是大气污染控制：在国务院划定的双控区实施酸雨控制计划，严格控制高硫煤的开采和使用，推行脱硫技术，改造能源结构，完成大中城市煤改气工程，逐步实现全区气化；六是固体废物污染控制：推行工业固体废物集中处理和综合利用，对危险废物符合国家标准的处理设施，重点流域的关键地区以及沿江城镇要建立垃圾处理场。

要加强三峡库区生态环境建设与保护。加强污染控制和生态恢复，保护三峡水库水环境质量安全，恢复提升库区生态系统功能。加大水污染防治力度，有效控制生活污染、工业污染，实施重要支流水体修复、水华控制及水土保持工程，推进船舶污染治理，强化水源地保护。加强水库岸线保护与利用控制，研究优化三峡工程水位调度方案。加强消落区生态环境综合治理，重点实施云阳、开县、巫山、奉节、万州、忠县、丰都、涪陵等重点区域示范工程。全面实施生态屏障区建设，结合地灾避险搬迁有序稳妥推进生态屏障区人口转移。加强库区生态与生物多样性保护，加快珍稀特有动植物栖息地保护区、自然保护区建设以及重要生态的修复与保护，科学有序开展人工增殖放流，实施重点区域和重点入侵物种的监测预警和综合治理。

加强三峡库区地质灾害防治。建立健全库区地质灾害防治长效机制，综合采取监测预警、避险搬迁和工程治理等措施，重点对库周滑坡体、崩塌体、危岩体、塌岸以及移民迁建高切坡实施防治，保障人民群众的生命财产安全和水库运行安全。坚持预防为主、监测为要，全面加强监测预警系统建设，实行群测群防和专业监测相结合，完善监测机构和设施建设，健全灾害预警和应急机制。坚持搬迁为先、城镇为重，对涉及群众人居安全的地质灾害点，适时实施搬迁避让；对危害城镇及集中居民点的地灾点，在充分勘察论证的基础上实施工程治理。维护库周地质环境安全，禁止涪陵以下区段库岸区域开矿采矿并限期关闭已有矿区。严格控制巫山县、奉节县等县城及库周重点集镇现有建成区规划，合理疏导城镇人口。加强已治理工程的后期维护，积极开展库区重大地质灾害问题研究。

到 2015 年要实现以下主要目标。

长江上游生态功能区得到有效保护，森林植被得到有效恢复，长江上游的水源涵养能力明显提高。2015 年面积森林覆盖率达到 45% 左右。矿产资源开发生态恢复率达到 30%，生态系统服务功能进一步提升。

空气污染得到有效治理，大气环境质量得到明显改善。严格实施酸雾、酸雨控制计划，实现重点城市空气环境质量达到二级标准，自然保护区、风景名胜区空气质量达到一级标准。

水体污染得到有效控制，水质基本达到国家规定的水质标准。长江、岷江、沱江、嘉陵江、乌江水质基本达到二类水质量标准，经济区内主要次级河流水质基本达到水域功能标准，饮用水源保护区、风景游览区水质得到明显改善，跨区县次级河流达到界面水质标准；沿岸地区初步实现清洁生产，工业废水处理率达到 95%，工业废水排放达标率达到 95%，城市污水处理率达到 90%，城市生活垃圾无害化处理率达到 98%。其中，三峡库区城市污水处理率达到 95%，城市生活垃圾无害化处理率达到 98%。

图 46-4　成渝经济区生态网络

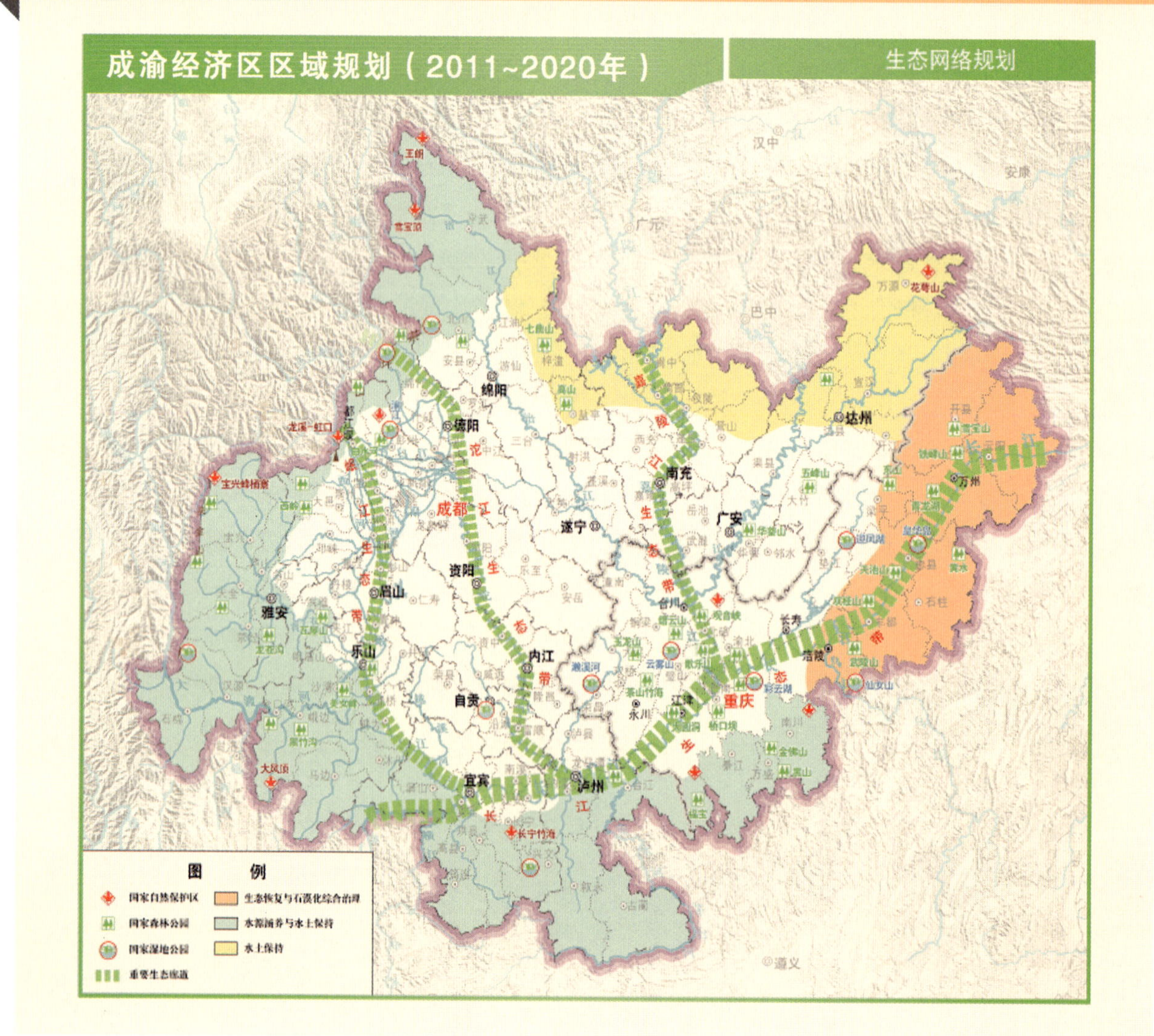

水土流失得到治理，流入长江的泥沙量明显降低。到 2015 年 25 度以上的陡坡耕地全部退耕还林还草，水土流失治理面积达 80% 以上。

固体废物污染得到有效控制。提高工业固体废物的综合利用能力，使综合利用率达到 85% 以上；每个城市建立符合国家标准的危险废物处理设施；区内所有城市以及重点流域的关键地区和沿江县级以上城镇均建立城市垃圾处理场。

参考文献

世界银行：《2009 年世界发展报告：重塑世界经济地理》，清华大学出版社，2009。

张戟、林凌、刘清泉、高宇天：《四川省经济地理》，四川科学技术出版社，1985。

林凌、刘世庆：《共建繁荣：成渝经济区发展思路研究报告》，经济科学出版社，2005。

林凌、刘世庆：《共建成渝经济区：培育中国经济新的增长极》，经济科学出版社，2009。

国家发展和改革委员会：《成渝经济区区域规划（2011 ~ 2020）》，2011 年 5 月。

林凌：《加快推进成渝经济区建设》，接受香港记者采访，2012 年 5 月。

林凌：《全域全面推进成渝经济区建设》，2011 年 11 月 5 日于内江在推进《成渝经济区区域规划》实施座谈会上的讲演稿。

第47章 成渝经济区的基础与条件*

一 区位条件

成渝经济区地处四川盆地，北接陕甘，南连云贵，西通康藏，东邻湘鄂。成渝经济区位于西陇海兰新线经济带和南贵昆经济区之间，是长江上游经济带的核心区域。东经长江贯通大武汉经济区和长三角经济区；南经云贵粤桂与珠三角经济区、泛北部湾（广西）经济区和东南亚、南亚国家相连；北经西陇海兰新经济带入新疆与中亚诸国相通，西经康巴入藏。成渝经济区处于东西结合、南北交汇的中心地带，具有十分重要的战略地位。成渝经济区完全能够在西部大开发中发挥承南接北、通东达西，带动整个西部发展的重要作用。

成渝经济区在国家安全中具有突出的战略地位。成渝经济区地处我国核心地带，历史上曾是抗日战争的大后方和国家的战略后方基地，现在仍然是国家安全布局的重点地区之一。这个地位是由它的区位、自然条件和已建立起来的强大的国防科技工业基础和重大装备制造业基础，以及正在快速发展的以电子信息产业为主导的高新技术产业所决定的，不会因为时代的不同、科技的发展、战争样式的变化而改变，是别的地区无法替代的。

二 自然禀赋优良

四川盆地是我国四大盆地之一，无论从构造或形态上都是一个完整而典型的盆地。盆地底部大致在广元、雅安、叙永、奉节四点连线所构成菱形范围内，面积约16万平方公里，海拔一般在250～700米。按其地貌组合的差异，盆地大体又可分为三部分：龙泉山以西为成都平原，面积约8000平方公里，海拔450～750米，地势由西北向东南倾斜，地表平坦，土壤肥沃，河渠密布，有著名的都江堰自流灌溉，素有“天府”之称，是著名的稳产、高产商品粮、油基地。龙泉山以东华蓉山以西为盆中丘陵，地势由北向南倾斜，海拔300～500米，相对高差50～150米，其中南部多中、低丘，北部多深丘。华蓉山以东为川东平行岭谷区，由20多条近东北西南向的条状背斜山地与向斜宽谷组成，山地海拔一般在1000米左右，山岭之间谷地开阔，一般10～30公里，海拔300～500米，丘陵、平坝交错分布，是平行岭谷区工、农业生产发达的地区。盆地边缘山地以中、低山为主。盆地北缘为米仓山、大巴山，盆地东缘、东南缘及南缘为巫山、七曜山、大娄山等，盆西缘由龙门山、邛崃山、峨眉山、大相岭等组成。

四川盆地气温高，降水多，属亚热带湿润季风气候。主要气候特征为冬暖、春早、夏热、无霜期长、霜雪少见；降水丰沛、夏季多雨、秋多绵雨；湿度大、云雾多、日照少。年均温16℃以上，无霜期240～300天，年降雨量1000～1400毫米，年日照1000～1600小时。盆地河流纵横，水系则呈向心状辐集。河流均属长江水系，径流量大，水资源丰富。多年平均流量为13680米/秒，年径流量为

---

* 本章作者：邵平桢，四川省社会科学院产业经济所副研究员；李玲娟，成都报业集团记者。

4233 亿立方米，是我国水资源最为丰富的地区之一。长江支流众多，河网密布，有大小支流 120 多条，主要支流有雅砻江、岷江（包括大渡河、青衣江）、沱江、嘉陵江（包括涪江、渠江）、乌江、赤水河等。长江上游金沙江、雅砻江、大渡河及区内岷江、嘉陵江、乌江水能资源特别丰富，仅上游“三江”流域规划的水电站规模，到 2020 年，装机容量就可达 5171 万千瓦。盆地得天独厚的气候条件有助于植物生长，植物种类繁多，蕴藏量大、分布广，是我国提供资源植物的重要基地。复杂多样的自然环境为种类繁多的动物提供了生息、繁殖的场所，动物资源十分丰富。四川盆地矿产资源丰富，开发利用较早。天然气、水能、铝土、煤炭、磷、盐卤等资源富集，也是我国矿藏资源蕴藏量极为丰富的少数地区之一。四川盆地的天然气是我国天然气发现、开发、利用最早的地区，分布以重庆为主遍及全境，已探明储量为 7000 多亿立方米。巴山蜀水景色宜人，名胜古迹众多。主要名胜古迹有成都的杜甫草堂、武侯祠、文殊院、青羊宫、望江楼、王建墓、都江堰、青城山、新都宝光寺、桂园、乐山、荣县大佛、峨眉山，眉山三苏祠，蒲江朝阳湖，仁寿黑龙潭，重庆缙云山、枇杷山及南、北温泉，大足、安岳石刻、自贡西秦会馆、恐龙博物馆，宜宾翠屏山等。

图 47-1　四川盆地自然地貌

三　产业基础较好，发展较快

四川盆地开发历史悠久。战国初期，蜀王开明世治水，开凿沱江，疏导青衣江，使农业生产进一步发展，并初步出现农耕与畜牧区域，“以汶山为畜牧，南中为园苑”。当时有了一定规模的水稻种植，冶铜业也达到中原地区水平，丝织、制茶、冶铁、采盐等手工业也有发展。成都、郫县、邛崃、广汉一带已经是当时经济发达的区域，经济开发和中原地区相差不远。秦昭王末年，李冰为蜀守时，率领蜀民在前人治水的基础上修筑了世界水利史上的奇迹——都江堰水利工程，修整了南安沫水（乐山大渡河），疏通了汶井、白木、洛水等河道，从此盆西沃野千里。秦汉时期，四川的手工业也相当发达，冶炼、井盐、漆器、蜀锦、金银器皿等业达到较高水平。唐、北宋时期，四川人口增多，耕地扩展，仓储有余，矿业、手工业、金融业等在四川经济史乃至中国经济史上都留下了开创性的纪录。造纸和印刷术是中国对世界文明的重大贡献，唐代益州“麻纸”和名贵书写纸“薛涛笺”闻名全国，成都成为仅次于杭州的印刷中心，“天下印书，以杭本为上、蜀本次之”。纸币流通是世界货币史上的创举，早在北宋初（公元11世纪初），世界最早的流通纸币“交子”出现在四川，并设有“交子务”制度和管理机构。唐、北宋时期四川经济空前繁荣，成都为全国仅次于扬州的文化、手工业和商业中心，享有“扬一益二”之美誉。“天下珍货聚出其中，又人多粟富，顺江而下可以兼济中国。”

抗日战争时期，由于民国政府退居四川，迁都重庆，加之沿海不少工厂随之内迁，四川工商业曾出现过一段时间的“繁荣”局面。工业部门逐渐完整，有化工、冶金、机械、电力、纺织、食品等工业部门。产品品种也逐渐增多，主要产品有钢铁、机床、电机、船舶、电线、酸碱、酒精、水泥、机制纸、棉布、白糖、纱、火柴、肥皂、针织品等。工业集中布局在重庆及附近，如南充、三台、遂宁、乐山有部分棉毛纺织业；自贡、五通桥有部分化学工业及井盐业，内江、资中为半机制糖业和造纸业；宜宾为电瓷工业；江北、南川、犍为、乐山、威远为采煤业；綦江、威远、彭水为铁矿采掘业。而盆西北广大地区工业甚少，成都仅有纺织、造纸、电线、机械修理、面粉等几家中小型企业。

中华人民共和国成立以后，随着社会主义制度的确立，党和政府领导全川人民开展了大规模的社会主义经济建设。在三年恢复（1950～1952年）和第一个五年计划（1953～1957年）期间，就对原有的一些重要企业如重庆钢铁公司等进行了扩建、改建，并新建了成都热电厂、重庆电厂、成都刃具厂等一批骨干企业，修建了成渝铁路、宝成铁路及康藏公路、成阿公路、宜西公路等交通干线，使四川的现代工业和交通运输粗具规模。

在1958～1965年期间，根据全国第二个五年计划关于在内地有计划地建设新的工业基地的安排，四川建设规模有了较大的发展，兴建了德阳第二重型机械厂、东方电机厂等一批骨干企业，从而进一步加强了四川工业、交通的物质基础。1965年末，全省工业固定资产原值达到43.4亿元，比1957年增长3.4倍。这期间还根据党中央1964年确定的进行“三线建设”的部署，揭开了四川“三线建设”的序幕。1966～1976年，是紧张地进行“三线建设”的时期。参加建设的广大职工和解放军指战员，进行成昆、川黔、襄渝等铁路和攀枝花钢铁基地、芙蓉煤矿、西南铝加工厂、峨眉水泥厂等大型企业和国防工业的建设。通过十年的“三线建设”，一大批装备雄厚的骨干企业的投产，使四川的工业、交通提高到一个新的水平。全省形成了门类比较齐全、结构比较协调、具有一定技术水平和较大规模的工业，如四川的大型企业在全国占有一定地位，特别是三大动力厂、二重、五大钢厂、两大化肥厂、大足汽车制造厂以及众多的军工厂，无论技术装备还是产品在全国均有重要影响。特别是拥有了一批技术装备精良的新兴工业，如航天、电子、核工业等。使全省生产力达到了新的水平，既能生产品种繁多的轻重工业产品，又能生产一些尖端技术产品，填补了省内、国内工业中的一些空白，使四川工业在全国具有举足轻重的地位。

经过新中国成立以后60多年，特别

图 47-2　成渝经济区地势

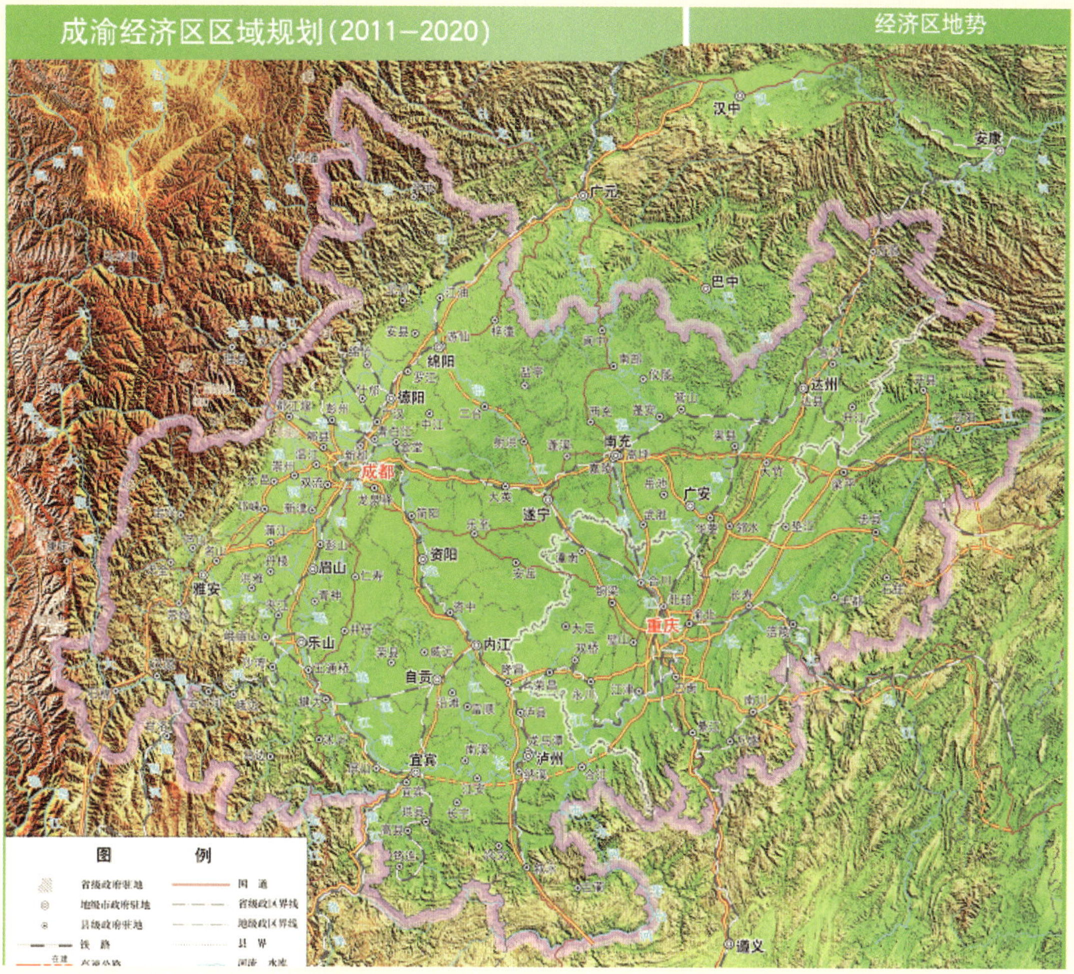

是改革开放 30 多年的发展。成渝地区的工农业得到飞速发展，为其下一步发展打下了坚实的基础。成渝地区是全国 13 个粮食主产区之一，也是我国西南、西北地区唯一的主产区，粮食播种面积及产量均居全国第 5 位。杂交水稻育种科研水平在全国名列前茅，杂交水稻制种面积居全国第 1 位。特色农业开发走在西部地区前列，形成了一批优质粮、油、果、菜、茶等特色鲜明的产业带和生产区。川西平原优质稻生产区，川西、川中、川东“双低”油菜区，川南、川东北特色蔬菜产区，川西、川南、川东北三大优势茶叶生产带等产业基地，推动了四川省现代特色农业产业的快速发展，特色经济作物的产值已占种植业产值的 50% 以上。一批优质特色农产品畅销国内外。农业集约化水平高居全国之首。区域内既有平原，又有丘陵和山区，立体气候十分明显，生物多样性十分突出。充分利用资源优势，形成了高度集约的农业生产结构，土地利用率居全国前列。耕地复种指数达到 248.9%，远远高于全国平

均水平。

成渝地区已形成工业门类齐全，配套能力强，以装备制造、汽车摩托车、电子信息、生物医药、能源化工、冶金建材、轻纺食品、航空航天等为主导的工业体系，特别是成套装备制造业和国防科技工业在全国具有领先地位。在汽车、摩托车、重型机械、电站设备、输变电设备、工程机械、铝加工、交通设备制造等领域在全国形成了具有重要影响的企业和企业集团。如重庆的建设、空压、嘉陵、长安、望江、江陵等企业，形成了以汽车、摩托车为主的工业产品。如德阳的第二重型机械厂、东方电机厂、东方汽轮机厂、重庆的水轮机厂、自贡的东方锅炉厂、重庆铸锻厂、四联集团等大型企业，形成了以重型装备和成套设备为主的机械装备制造业基地。成渝地区崛起了一批现代工业城市。如绵阳是全国著名的电子科学城，德阳是全国重型机械工业基地，自贡、泸州等地是全国重要的化学、工程机械工业基地，宜宾是食品工业和能源工业基地。

成渝地区也是西部地区重要的物流、商贸、金融、会展、信息中心，是全国重要的旅游目的地。成渝经济区在金融、教育、文化、信息、人才、技术、资金、市场等许多领域都拥有得天独厚的优势。成都、重庆是西部地区人才最集中的地区，拥有上百所高等院校和科研院所，每年培育出大量的优秀人才。经过多年的发展，成渝经济区基本形成了以交通运输仓储和邮电业、批发零售业、金融保险业、住宿和餐饮业为主要支撑，旅游业、房地产业、信息和中介等行业竞相发展的比较完整的服务业体系。

四　国家重要的国防科技工业研发生产基地

新中国成立以后，我国的国民经济经过三年恢复时期后，我国通过“一五”“二五”计划进行大规模经济建设。我国国防工业在经过对原有军事工业进行合并、改造和调整的基础上，通过“一五”“二五”，集中力量建设兵器工业、航空工业、船舶工业和电子工业等现代国防工业。“一五”时期，在苏联援建的156个重点项目中，航空、兵器、无线电、造船等国防工业建设项目41个，与国防工业配套的能源、交通、钢铁、有色金属、重型机械、化工等基础工业建设项目50个。“二五”期间又安排了大型国防工业建设项目44个。这批重点建设项目具有规模大、设备先进、技术水平高的特点，对改变中国国防工业落后面貌、保证国防工业建设与配套基础工业的协调发展具有重大意义。

“一五”、“二五”时期，成渝地区国防科技工业打下了良好的基础。“一五”“二五”时期，西部国防科技工业布局重点地区是陕西、四川、甘肃、内蒙古。在苏联援建的156项重点项目中的军工项目，西部地区有24项，占全部军工项目的50%以上。其中，在陕西布局17项，居全国首位；在四川布局4项。“二五”期间，国家加大投资力度，在西部地区进一步扩大和完善了军工科研生产能力，西部国防科技工业的主体骨架初步形成。

在四川，航空工业新建一套歼击机主机厂所，基本形成科研生产能力；电子工业建成 20 多个厂所，成为我国又一军工电子科研生产基地。在重庆，兵器工业对新中国成立初期接管的 7 个兵工厂进行了改扩建和技术改造，为形成重庆兵器工业基地奠定了基础；同时，船舶工业也得到一定程度的恢复和发展。总之，"一五"、"二五"期间，成渝地区在兵器工业、航空工业、电子工业和核工业等方面打下了坚实的基础，构成了成渝地区国防科技工业的主体骨架。

"三线建设"时期，成渝地区国防科技工业形成完整体系，成为国家战略后方基地。1964 年 6 月，中央工作会议作出"三线建设"的重大战略决策。中央重新调整了我国国防战略布局，把战略大后方从"三北"地区转移到位于国土腹部的"三线"地区（包括四川、贵州、云南、陕西、甘肃、宁夏、青海等西部省区及山西、河南、湖南、湖北、广东、广西等省区的后方地区，共 13 个省区），并开展了规模空前的"三线建设"。国防科技工业各部门都将建设重点放在"三线"地区，进行了大规模的新建、迁建和改扩建，有力推动了国防科技工业布局的战略西移。地处四川盆地的四川、重庆成为这一时期国防科技工业重点建设地区。国防科技工业重点建设以重庆为中心的常规兵器工业基地，四川电子工业基地、航空（航天）工业基地和战略武器科研生产基地，以及重庆长江上游的船舶工业科研生产基地。

兵器工业："三线"兵器工业主要分布在重庆、西安、豫西和湘西。重庆是老兵器工业基地，经过"三线"时期的重点建设，成为全国最大的综合性兵器工业基地。累计投资 15.23 亿元，主要生产各种枪支、高射武器、迫击炮、大口径炮、坦克车辆及其配套的光学仪器、弹药和炸药等轻重型武器装备。

航空工业：航空工业的"三线建设"重点是在陕西、四川、贵州、湖北、湖南进行几个重要科研生产基地的建设，主要分布在成都、西安、汉中和安顺等地。"三线"航空工业基地建设，从上海、天津、南京等地内迁 6 个辅机厂，并先后累计投资 30.18 亿元。在四川建成了飞机设计、发动机高空模拟试验和风洞试验基地以及一批仪器仪表厂。

航天工业：航天工业的"三线建设"按照型号为主、地区配套的原则进行，累计投资 23.66 亿元，建成了比较完整的战术导弹和中、远程运载工具的研制基地，形成了具有先进水平的发射中心。在四川建成西昌卫星发射中心和川北导弹研制、发射基地。

核工业："三线"核工业主要分布在西南、西北地区，在四川建成了全国最大的核工业科研生产试验基地。四川核工业基地拥有科研、设计、生产、试验、土建、安装、应用等全套技术，主要从事核燃料、核材料元件、动力堆元件的生产和核动力工程（核电站）、核工程物理、受控核聚变等方面的研究。拥有我国当时唯一的高通量工程试验反应堆和全国最大的受控核聚变实验研究装置。在四川形成了完整配套的核工业体系。

电子工业："三线建设"电子工业主要分布在四川、贵州和陕西省。1965 ~ 1980 年累计投资 25.72 亿元，形成了生产门类齐全、元器件与整机配套、军民兼容、生产科研结合的体系。四川电子工业基地主要沿铁路线分层次辐射布点，初步形成了成都、绵阳、广元、重庆 4 个各有所长的电子工业区，形成雷达、通信导航、广播电视、电子计算机、电子元件及材料、电子器件及材料、电子测量仪器、电子专用设备八大门类齐全的科研生产体系，产业规模占全国部属电子工业的 1/5 左右。

船舶工业："三线建设"船舶工业主要分布川东、鄂西和滇东南。川东船舶工业分布在重庆、江津、涪陵、万县沿长江两岸，由造船、造机、船用仪器仪表 3 个系统的 23 个企事业单位组成，主要从事中型导弹护卫舰、中型常规鱼雷潜艇、高中速柴油机、舰船精密仪器仪表和大型铸锻件的生产。

总之，1964 ~ 1980 年通过大规模的"三线建设"，我国投放在"三线"地区的国防工业投资达 300 多亿元，占"三线建设"投资的 20% 以上，共建成军工企事业单位 800 余个（92 个科研院所），形成固定资产 270 亿元，职工 135 万人（科技工程技术人员 16 万人），生产能力占全国国防科技工业总能力的 50% 以上。其中，核工业约占全国的 2/3，航空、电子工业占全国的 60%，兵器、航天占全国的 50%，船舶占全国的 1/3。建成了战略核武器、洲际导弹、战术导弹、核潜艇动力装置、卫星发射、军用飞机（歼击机、轰炸机、运输机）、常规兵器（枪、弹、炮、炸药、车、光机）、军工电子、军用舰船等 24 个重大军品生产、科研、试验基地。在成渝地区形成了门类齐全、综合配套能力强的国防科技工业体系，成为我国国防科技工业的战略后方基地。

成渝地区国防科技工业经过 60 多年的发展，现已形成航天、航空、船舶、兵器、核工业及军工电子完整的国防工业体系，是国家战略后方基地。成渝经济区国防科技工业在我国战略核威慑、军事卫星、远程导弹、作战飞机、军工电子、舰艇制造和陆战武器等国防建设方面作出了重要贡献。同时，在核能利用、民用航空、民用航天、电子信息等高新技术和新兴产业领域形成了独特的优势。成渝地区国防科技工业在我国社会主义现代化建设中，实现富国与强军的目标，发挥着举足轻重的作用。

五　城镇分布密集，已形成重庆和成都为双核的长江上游城市群

成渝经济区城镇分布密集，拥有 2 座特大城市、6 个大城市、18 个中等城市、10 个小城市、51 个县城、2400 个左右的建制镇，平均每万平方公里设市 1.73 个，是西部城镇最密集的地区，也是我国城镇密集地区之一。重庆、成都城市规模分别居全国第 8 位和第 10 位。各种高端产业及服务功能主要集中重庆、成都两大城市。区域空间结构总体上仍处于极核式集聚发展阶段，即形成了以重庆、成都为核心的典型的双核城镇群。成渝经济区目前初步形成了重庆城市群、成都城市群、川南城市群及川东北城市群和成德绵乐、成内渝、成遂渝、渝广达、长江沿线五条城镇发展带。

重庆城市群。重庆是西部地区三个区

域性中心城市之一，是西南地区和长江上游最大的经济中心城市和科技、文化、教育中心。以重庆为中心，包括周边的永川、江津、合川以及长寿、荣昌、大足、铜梁、綦江等城镇组成了一个高密度的城镇密集区。随着重庆城市空间地域的进一步扩张、城镇体系的逐步完善以及快速通道的形成，重庆城镇密集区的空间聚合形态将进一步完善成熟，进而辐射到更为广阔的空间地域，形成以重庆中心城为核心、结合周边若干中小城市，产业与人口高度聚集的城市群。

成都平原城市群。范围相当于“成都平原经济圈”，包括以成都为中心、以绵阳—乐山为轴线的成都平原地区及毗邻的丘陵地区。以成都市为中心的 150 公里半径内，聚集着 1 座副省级城市，5 座地级市（绵阳市、德阳市、眉山市、资阳市、乐山市），10 座县级市（简阳市、都江堰市、彭州市、邛崃市、崇州市、广汉市、什邡市、绵竹市、江油市、峨眉山市）。共 15 个城市（占全省城市总数的 46.87%）和 683 个建制镇（占全省建制镇总数的 37.5%），是四川城市分布最为集中的区域。特别是成德绵地区以宝成铁路、成绵高速为轴线，三个城市相距仅 90 多公里，随着成都市空间地域的扩张以及城际快速通道的形成和成德绵三个城市的市区地域空间不断向外扩张，空间可达性进一步提高，环绕成都周边的城镇经济飞速发展，将加速成都平原城镇群内城市间的经济一体化进程。

川南城市群。川南城市群是以自贡、宜宾、泸州、内江四个中等城市为中心组成的多中心块状型地域。从空间上看这四个中等城市之间相距 40 ~ 80 公里，以内昆铁路、长江干流以及高等级公路为连线，形成一个群聚性相当高的中等城市群落。四个中等城市以如此高的密度集聚在不到 2 万平方公里的地域内，这在全国都不多见。在 20 世纪 80 年代，自贡、泸州、宜宾、内江就已经发展成为颇具经济实力的中等城市。川南城市群仍是成经济区最为重要的经济区之一。该地区能源化工资源丰富，是西部大开发中不可或缺的能源、原材料基地。建成了各具特色的专业化生产部门，自贡以盐化工、机械工业为主，泸州以天然气化工、工程机械为主，宜宾以造纸、化工和酒类为主，内江以物流、轻纺食品为主。该城市群是仅次于成都平原城市群的经济发达地区。

川东北城市群。包括南充、遂宁、达州、广安、巴中、广元 6 市，是成都、重庆重要的经济腹地。该地区经济不是很发达，与重庆的联系较为紧密。达成铁路、成南高速公路、南渝高速公路、广渝高速公路、达渝高速公路相继通车，有效地改善了川东北地区中小城市与成都、重庆的经济社会联系，大大促进了遂宁、南充、广安、达州等城市的经济联系和发展。各中心城市都相距在一个小时的路程内，已经初步形成了城镇群雏形。

成德绵乐城市带。主要城市包括成都、德阳、绵阳、乐山、眉山。该带是西部地区老工业基地和高新技术重要产业带。区域内以成都、绵阳和德阳三个城市的经济实力最为雄厚。以宝成铁路线、成绵高速公路、成乐高速公路为轴线，成都、德阳、绵阳、眉山、乐山沿线分列，是一个典型的点轴型带状产业与城市密集区，也是四川省域内经济最为发达、最富活力、产业最为集中的区域之一。四川工业的一半、制造业的集中于此。在西部地区的大中城市中，三个位居前十名的城市，以如此高的密度集聚在一个地域，这在西部地区绝无仅有。这一发展轴也是成都向云南延伸的通道，是将攀枝花能源基地联系起来的重要轴线。现在眉山已成为成都的一个卫星城市，许多产业，特别是一些高校已在眉山设立分校。随着绵成峨城际快速铁路的兴建，将形成成都、德阳、绵阳、乐山三市以通勤流为特征的城际快速交通，呈现出向城市连绵带发展的态势。

成内渝城市带。主要城市包括成都、资阳、内江、永川、江津、重庆。该带是成渝之间以陆地交通线为依托、城市为结点最早形成的发展轴线。这一轴线工业基础较好，发展程度较高，与重庆的联系相当紧密。特别是老成渝线的开通这十年的时间，经济发展速度一直高于其他地区。这条轴线的发展将直接带动川南城市群的壮大，随着川南城市群的成熟，成内渝经济轴将成为成渝经济区最重要的发展轴之一。

成遂渝城市带。主要城市包括成都、遂宁、南充、合川、重庆。该带是成渝之间继成内渝之后形成的又一条连接通道，并且有可能发挥后发优势，地位超越成内渝。成遂渝经济轴以成都、遂宁为端点，沿成南 - 遂渝高速公路、达成 - 遂渝高速铁路一线是成都向东进主要轴线，经过遂宁与南充、达州联系起来。随着成遂渝高速和成渝城际列车的通车，重庆与成都的联系更加紧密，这条轴线的功能更加显现出来。

长江沿线城市带。主要城市包括宜宾、泸州、江津、重庆、涪陵、万州。该带是传统的沿水路交通形成的城市发展轴线。沿长江上游的城市轴线是成渝经济区近代以来形成的以江河为交通轴线的带状城市群落。铁路、公路、航空等现代交通工具的出现，改变了人口、物质、资本、信息的空间流向，使区域经济活动的空间运行向铁路、公路、航空交汇的城市节点集聚。沿长江上游的城市轴线更多地体现出流域区的特征，在长江上游的开发与整治、流域区开发中的各种关系以及流域区开发多目标之间的协调方面具有十分重要的意义。正在规划的沿江高速的建成，将加强渝西发展轴与川南城市群的经济社会联系，促进长江沿线城市带的形成。

渝广达城市带。主要城市包括重庆、广安、达州。该带是成渝经济区向北连接关中城镇群的重要通道，交通条件良好，商贸物流发达，能源化工产业正在兴起。

六　交通体系完整，基本形成综合交通网络

成渝经济区地处内陆，发达的交通网络建设是推进本区域发展和促进全国区域合作和对外开放的根本。经过数十年的建设，成渝经济区已初步形成公路、铁路、内河航运、民航和管道五种运输方式相结合的综合运输体系。其中，公路居主导地

位，铁路其次，内河运输、航空运输、管道运输成为重要的补充。目前，成渝经济区铁路、高速公路总里程分别达 3936 公里和 3353 公里，民用机场 8 个，港口货物年吞吐能力达到 13000 万吨。

铁路方面，经济区内有成渝、宝成、成昆、渝黔、襄渝、渝怀、遂渝、达成、达万、内昆等铁路干线和支线，已初步形成以成都、重庆为主枢纽，达州为主要节点，连接区外及区内主要城市的铁路运输网络。其中，成渝、宝成、成昆、达成 4 条铁路干线在成都主城区交汇，成渝、襄渝、渝黔、渝怀 4 条铁路干线在重庆主城区交汇，襄渝、达成、达万 3 条铁路线在达州城区交汇，达成、遂渝两条铁路线在遂宁城区交汇。

公路干线方面，目前有九条国道纵横穿越经济区，形成了以成都、重庆为主枢纽的公路干线网。国道"五纵七横"中有两纵一横、西部通道有四条连接经济区内外。国道主干线：二连浩特至河口，经济区内为绵阳－成都－资阳－内江－自贡－宜宾－水富段，均为高速公路。重庆至湛江（渝湛线），经济区境内为重庆－綦江－赶水段，均为高速公路。上海至成都（沪蓉线），经济区内为沪蓉干线万州－垫江－长寿－重庆－内江－成都段，以及沪蓉支线垫江－邻水－广安－遂宁－成都段、垫江－忠县－石柱段。西部通道：阿荣旗至北海，经济区境内为罗江（万源）－达州－大竹－邻水－重庆－永川－隆昌－泸州－纳溪－叙永段，均为高速公路。兰州至磨憨，经济区内为都江堰－成都－雅安段。已建成成灌高速公路、成雅高速公路。重庆至长沙，经济区内为巴南－南川－武隆段。成都至樟木口岸，经济区境内为成都－雅安段，已建成成雅高速公路。国家重要干线公路："横九"杭州至兰州，经过经济区内的万州、达州地区。"横十"成都至那曲，起于成都，经都江堰，进入甘孜、西藏。

高速公路方面，目前建成的以成都为枢纽的高速公路有成渝、成绵、成南、成雅、成乐、成灌、成都绕城，以重庆为枢纽的高速公路有遂渝、渝长万、渝黔、南渝、达渝。此外，还有内宜、宜水、绵广、隆纳、广邻、广南、邻垫等高速公路。

内河运输及水运网络方面，成渝地区有大小河流 120 多条，水运资源丰富，基本形成以横贯东西的长江为主干，岷江、沱江、嘉陵江、渠江、乌江等支流为辅的江海直达的立体水运网络。经济区的主要航道分布在长江干流、岷江、嘉陵江、渠江、沱江及乌江。重要的港口有重庆港、万州港、泸州港、宜宾港和乐山港。

航空运输方面，现有民航航班通航机场 8 个，机场密度为 0.4 个 / 万平方公里。其中干线机场两个、支线机场六个。飞行区等级达到 4E 级的机场有两个，即成都双流国际机场、重庆江北国际机场；达到 4D 级的一个，即绵阳南郊机场；达到 4C 级的五个，即南充高坪机场、泸州盐田机场、宜宾莱坝机场、达州河市机场、万州五桥机场。经济区内有西南航空公司和四川航空公司，公司总部均设在成都双流国际机场。

管道运输方面，成渝经济区是我国天然气田的主要分布地，现有重庆、蜀南、川西北、川东北四个气区和川中油气区。天然气输送管线总长6417公里，占全国天然气输送管线的44.12%。兰－成－渝成品油管道是经济区内唯一的输油管道。

七 人力资源丰富，科技人才聚集

成渝经济区是西部人口最集中的地区。2011年末总人口为10327.46万人，占四川、重庆两省市总人口的83.37%，占西部总人口的28.51%，占全国总人口134735万人的7.67%，人口密度为每平方公里501人。农村人口比重在人口城乡构成中，成渝经济区农村人口占绝对多数。2011年底，成渝经济区农村人口为7030.33万人，占总人口的68.1%；城镇人口为3297.13万人，占总人口的31.9%。成渝经济区人力资源丰富，常住人口9300万，劳动力资源总数达6900万人，专业技术人员超过210万人，2011年成渝经济区就业人数总计5421.1万人。拥有各类高等院校135所，职业技术学校789所，在校学生280万人以上。在读研究生达12万人，其中，在读博士17205人。科研机构众多，科技活动人员约30万人。重庆科技教育力量雄厚，人才富集。重庆拥有1000多家科研机构、60多所高等院校，是长江上游地区文化、教育、科技中心。成都科技实力雄厚，已成为中西部综合实力最强市，国家四大科教城市之一。成都现有各类人才总量已近200万人。全市共有重点实验室152个（其中国家级重点实验室10个），工程技术研究中心111家（其中国家级工程技术研究中心9家），科技企业孵化器33个。

参考文献

世界银行：《2009年世界发展报告：重塑世界经济地理》，清华大学出版社，2009。

张载、林凌、刘清泉、高宇天：《四川省经济地理》，四川科学技术出版社，1985。

林凌、刘世庆：《共建繁荣：成渝经济区发展思路研究报告》，经济科学出版社，2005。

林凌、刘世庆：《共建成渝经济区：培育中国经济新的增长极》，经济科学出版社，2009。

国家发展和改革委员会：《成渝经济区区域规划（2011～2020）》，2011年5月。

第48章 成渝经济区的定位、目标与布局*

成渝经济区建设以加快转变经济发展方式为主线，进一步解放思想，深化改革，扩大开放，着力推动区域一体化发展，着力推进统筹城乡改革，着力提升发展保障能力，着力保障和改善民生，着力发展内陆开放型经济，着力构建长江上游生态安全屏障，努力实现居民收入增长与经济发展同步提高，经济发展更多依靠科技创新驱动，在带动西部地区发展和促进全国区域协调发展中发挥更重要的作用。根据经济区资源环境承载能力、发展基础，统筹区域发展空间布局，依托中心城市和长江黄金水道、主要陆路交通干线，形成以重庆、成都为核心，沿江、沿线为发展带的“双核五带”空间总体格局，推动区域协调发展。

一 成渝经济区的战略定位

西部地区重要的经济中心。坚持城镇化发展战略，强化基础设施对经济发展的支撑能力，提升科技创新对经济增长的贡献率，增强要素集聚功能和辐射带动作用，提高对外开放水平，成为全国重要的经济增长极。

全国重要的现代产业基地。抓住新一轮产业转移机遇，积极承接国内外产业转移，加快产业结构优化升级，增强产业市场竞争力，打造国家重要的现代农业基地，形成若干规模和水平居全国前列的先进制造和高技术产业集群，建设功能完善、体系健全、辐射西部的现代服务业高地。

深化内陆开放的试验区。改善内陆开放环境，构建内陆开放平台，畅通南向、东向、西北向对外大通道，加强与周边国家和地区经济技术的交流与合作，探索内陆地区对外开放合作新路子。

统筹城乡发展的示范区。深入推进重庆、成都全国统筹城乡综合配套改革试验区建设，推动基本公共服务均等化，建立以城带乡、以工促农的长效机制，形成统筹城乡发展的制度体系和城乡经济社会发展一体化的新格局，为全国城乡统筹发展提供示范。

长江上游生态安全的保障区。统筹生态建设、环境保护、资源利用与经济社会发展，加大生态网络建设力度，加强重点流域和地区环境综合整治，大力发展循环经济，提高资源节约集约利用水平，推动绿色发展，构建生态屏障，保障长江上游生态安全。

二 成渝经济区的发展目标

到 2015 年，经济实力显著增强，建成西部地区重要的经济中心。自主创新能力进一步提升，初步形成以先进制造业为主的产业结构；基础设施明显改善，基本建成高效安全、保障有力的支撑体系；城镇化水平大幅提高，初步形成城乡协调发展格局；对外开放水平显著提升，初步建成内陆开放型经济高地；基本公共服务能力显著增强，人民生活水平明显提高；单位地区生产总值能耗显著下降，主要污染

---

* 本章作者：邵平桢，四川省社会科学院产业经济所副研究员；李玲娟，成都报业集团记者。

物排放总量得到有效控制，森林覆盖率明显提高。地区生产总值占全国的比重达到7%，人均地区生产总值达到39000元，城镇化率达到52%，城乡居民收入差距由目前的3.3∶1缩小到2.8∶1。

到2020年，经济社会发展水平进一步提高，成为我国综合实力最强的区域之一。区域一体化格局基本形成，科技进步对经济增长的贡献率大幅提升，基本公共服务初步实现均等化，人民生活更加富裕，生态文明建设取得显著成效。人均地区生产总值达到65000元，城镇化率达到60%。

三　成渝经济区的总体布局

（一）重庆发展核心

重庆发展核心包括渝中、大渡口、江北、沙坪坝、九龙坡、南岸、北碚、渝北、巴南主城九区。充分发挥直辖市体制优势

图48-1　成渝经济区总体布局

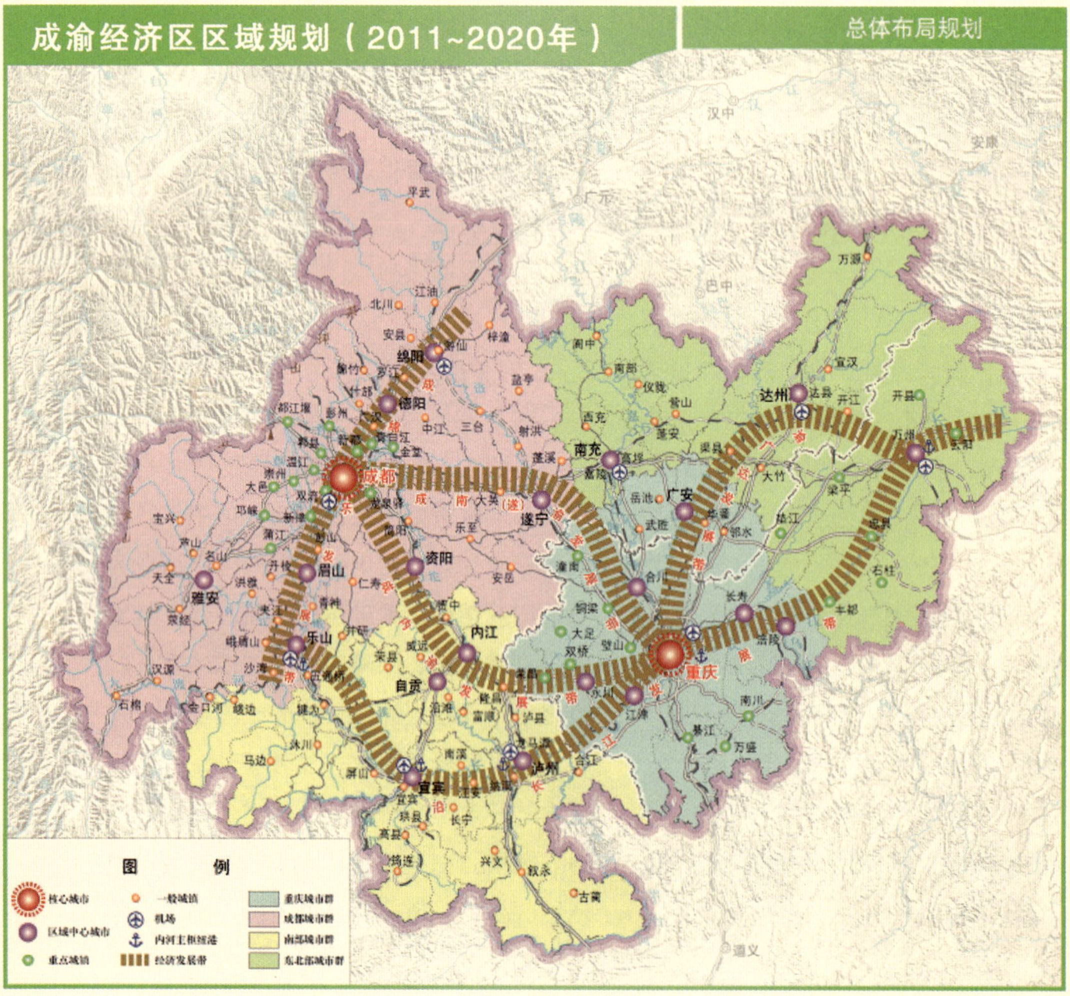

和辐射集聚作用，推进国家统筹城乡综合配套改革试验，高起点建设两江新区，强化交通、金融、商贸、物流等城市综合服务功能，推进创新型城市建设，重点发展先进制造业、高技术产业、现代服务业，提高对外开放水平，大力发展总部经济，建设宜居、畅通、森林、健康、平安重庆，打造经济繁荣、社会和谐、环境优美的国际大都市。

从历史沿革来看，重庆是古代巴国的都城，抗日战争时期的首都，中华人民共和国直辖市，国家中心城市。区位条件优越，重庆地处我国“T”字形经济结构长江上游经济带核心地区，中国东西结合部，中国政府实行西部大开发的重点开发地区。基础设施功能完备，重庆历来是长江上游水路交通枢纽，江边码头林立，商船穿梭频繁，是中国西部唯一集水、陆、空运输方式于一体的综合交通枢纽，横贯中国大陆东西和纵穿南北的几条铁路干线、高速公路干线在重庆交汇，3000 吨级船队可由长江溯江至重庆港，重庆江北国际机场是国家重点发展的干线机场。工业基础雄厚，重庆是中国老工业基地之一，新中国成立后，重庆成为重要的机械工业基地、综合化工基地、医药工业基地和仪器仪表基地。重庆是中国最大的常规兵器生产基地，是全国唯一可以独立生产除飞机和宇宙航天器之外中国军队几乎所有的现役作战武器（包括潜艇与导弹、激光武器、坦克等尖端设备）的城市。重庆工业以军工单位转型发展起来的重工业为主体，行业门类齐全，配套能力较强，是国家重要的现代制造业基地、高新技术产业基地。现代服务业发达，重庆位于长江和嘉陵江交汇处，是西南地区重要的物资集散地，是西部重要的物流中心、航运中心和商贸中心。重庆也是中国重要的离岸金融中心和国际金融结算中心。重庆科技教育力量雄厚，人才富集。重庆拥有 1000 多家科研机构、60 多所高等院校、70 多万科技人员，是长江上游地区文化、教育、科技中心。开放合作成绩巨大，内陆开放高地快速崛起，两江新区国际开放平台、两个保税（港）区运行良好，“引进来”和“走出去”实现历史性大跨越。

展望未来，重庆要继续加大公路、铁路、航运、航空出川大通道建设，加强与西安、兰州、郑州、武汉、长沙、贵阳、昆明等周边省会城市的联系，加强与长三角、珠三角、环渤海等沿海经济区的联系。加强连接与南北亚欧大陆桥通道建设，重建南北丝绸之路，提高与东盟自由贸易区、中东国家、非洲国家、中亚诸国、欧洲联盟和俄罗斯等国家开放合作水平；大力发展先进制造业、高技术产业、现代服务业；提高金融、商贸、物流等综合服务功能；重庆在不远的将来一定会成为经济繁荣、社会和谐、环境优美的国际大都市。

1. 建设国际大都市的城镇体系

优化城镇体系，科学布局城镇空间，完善城镇功能，全面提速建设国家中心城市，促进大中小城市和小城镇协调发展，充分发挥中心城市和城镇群对区域经济的辐射带动作用。

（1）优化城镇化战略格局。

依据区域资源环境承载能力、发展潜力差异，科学确定城镇化重点地区，逐步构建以主城特大城市为核心，六大区域性中心城市为支撑，一小时经济圈城市群为主要空间载体，沿长江及渝宜高速、乌江及渝湘高速带状绵延的“一核六心、一圈双带”的城镇化空间格局，成为全市集聚经济和人口的主体区域。建设四级城镇体系架构，即主城区特大城市，6个大城市（万州、涪陵、长寿、江津、合川、永川），25个区县城中等城市，100多个小城镇。强化主城、区域性中心城市、区县城和中心镇有机连接、互动并进。

（2）全面提速建设国家中心城市。

同步推进主城特大城市功能完善和空间拓展，全面提升城市综合竞争力和国际化、现代化水平。全面实施二环区域发展规划，加快建设千平方公里、千万人口的特大城市。内环以内优化提升，大力发展总部经济、服务外包和现代服务业，调整升级城市功能，发展高端服务业，疏解城区人口，改善人居环境。内环与二环之间重点开发，实施大规模工业化、城镇化开发建设，重点发展先进制造业、生产性服务业以及大型综合性生活服务中心，加快建设两江新区、西部片区、东部片区和南部片区，加速人口和产业集聚，建设一批工业园、大型聚居区、城市公共服务中心，加快形成一批新的城市组团。二环以外适度开发，强化生态保障，统筹规划建设小城镇和农村居民点，统筹城乡基础设施、公共服务设施建设。强化主城交通枢纽、金融、商贸、物流等城市综合服务功能，推进创新型城市建设，建设中央商务区和中央文化休闲区，打造成要素集聚、功能完善、宜居宜业、山水园林、独具魅力的国家中心城市。

（3）增强区域性中心城市辐射带动能力。

加快建设万州、黔江、涪陵、江津、合川、永川等区域性中心城市，按中心城市总人口规划区域性中心城市规模，努力形成产业实力强、城市功能全、要素集聚多、内外开放度高的较大经济体，充分发挥对区县经济的示范标杆作用、对周边地区的辐射带动作用、对全市经济社会发展的战略支撑作用。

（4）加快发展区县城和小城镇。

培育一批基础条件好、发展潜力大、吸纳人口能力强的区、县城和市级中心镇。发展壮大县域经济，增强区县城在全市经济社会发展中的重要支撑作用，建成县域政治经济文化中心和统筹城乡的主要载体。加快小城镇建设，以市级中心镇为重点，完善小城镇功能，适当扩大规模和人口容量。与新农村建设紧密结合，打造风貌独具、特色鲜明、设施齐备、环境优美、淳朴自然、整洁美观、功能完善的风情小镇。积极推动小城镇归并整合，支持市级中心镇建成小城市。

（5）建设宜居重庆。

坚持规划、建设、管理多管齐下，强化城市特色、完善城市功能、提升城市品质，把重庆建设成为西部地区最宜居城市之一。突出“山城”、“江城”自然风貌和历史文化底蕴，精心打造亲近自然、开阔亮丽、具有山地建筑特色和体现重庆历史文脉的城市景观，促进城市与江河、山脉、森林、绿地和谐共生，建设江河沿岸风景带、山脉走廊生态带、沿交通干线绿道、城市组团森林隔离带、城周森林屏障和城市绿化步行系统。优化城市空间布局，促进城市与农村、生态空间协调，疏导城市空间密度，疏解旧城人口，因地制宜、大小结合建设一批中央公园、城市广场和城市公园，强化城市地下空间合理开发利用。提升城市功能水平，围绕重大交通建筑、社会文化建筑、城市商务功能建筑群及传统风貌街区，建设一批具有现代水准的重大标志性功能性建筑，集中展示城市功能形象。按照“树多、路平、街净、车畅、宜行”的要求，搞好城市环境综合治理。深入开展城市景观改造，美化建筑立面，规范城市广告，优化城市灯饰景观。加强城市管理，提升城市管理数字化、现代化水平，完善城市管理机制，强化和完善综合执法，提高城市文明程度。

2. 推进创新型城市建设

继续实施科教兴渝和人才强市战略，提高自主创新能力，全面推动经济社会发展向主要依靠科技进步、劳动者素质提高、管理创新转变，建设国家创新型城市。

（1）增强科技创新能力。

坚持自主创新与开放引进相结合，完善创新体制机制，加强自主创新基础能力建设，加快建设长江上游地区的科技创新中心和科研成果产业化基地。

构建科技创新体系。加强政府科技投入引导，实施重大科技创新专项，增强核心、关键、共性技术突破能力。强化企业创新主体地位，鼓励企业增加技术开发经费投入，建立技术研发机构，组建产业技术创新战略联盟。加强技术创新公共服务平台建设，建设一批国家级、市级重点实验室、工程（技术）研究中心、企业技术中心、工程实验室等。大力引进国家级大院大所，支持中央院所和市级科研院所建设，建设一批研发中心和中试基地，推动重科院、农科院等成为技术创新的骨干力量。加强高端科技人才引进，推进跨国公司在渝设立研发总部，加强区域和国际间的科技合作交流。鼓励企业与国内外同行进行专利技术、核心技术、技术标准的交叉授权许可。积极鼓励企业参与标准制定，采用先进标准组织生产，建设技术标准高地。依托两江新区和重点园区打造国家知识产权示范区和创新集群，依托区县工业园区打造科技示范园区。

（2）全面提升教育发展水平。

按照优先发展、育人为本、改革创新、促进公平、提高质量的要求，推动教育事业科学发展，推进教育现代化、国际化、城乡一体化，基本建成长江上游地区教育中心。

（3）建设内陆开放型人才高地。

深入实施人才强市战略，坚持人才优先、服务发展、以用为本、统筹兼顾，健全人才工作体制机制，改善人才发展环境，努力建设内陆开放型人才高地。

统筹推进人才队伍建设。实施“六百计划”，坚持每年遴选 100 名党政人才进行重点培养，重点培养造就 100 名优秀企业家、100 名学术学科带头人、100 名工程技术高端人才、100 名金融高端人才和 100 名文化体育卫生领军人才，加强高层次人才队伍建设。突出培养创新型科技人才、急需紧缺专门人才、应用型人才，合理配置城乡、区域、产业、行业和不同所有制人才资源。充分利用国际、国内人才资源，引进海内外优秀人才，抓紧培养造就一批复合型、高层次、通晓国际规则的适应对外开放人才。大力培养产业人才队伍，提高产业工人的技能水平，建设西部地区产业技能工人培训和集聚高地。

创新完善人才发展体制机制。构建多

元化投入格局，提高人力资本投资比重。完善平等公开和竞争择优的制度环境，促进优秀人才脱颖而出。改进人才管理方式，创新培养开发、评价发现、选拔任用、流动配置和激励保障政策，形成并落实更加科学、更具活力的人才政策体系。进一步营造尊重劳动、尊重知识、尊重人才、尊重创造的社会氛围。

3. 发展先进制造业、高技术产业和现代服务业

推动产业高端化、高质化、高新化发展，加快培育战略性新兴产业，改造提升传统优势产业，提高自主创新能力和培育自主品牌，提升产业整体竞争力，努力建设国家重要的先进制造业基地。把大力发展服务业作为产业结构优化升级的战略重点，推进服务业规模化、品牌化、网络化发展，提升服务经济水平和服务业对国民经济的重要支撑作用。

（1）建设国家重要的先进制造业基地。

加快发展以信息产业为主导的战略性新兴产业。按照“发挥优势、重点突破、开放引进、创新模式、集群发展”的原则，推行产业链垂直整合模式，加快发展以信息产业为主要支柱的战略性新兴产业。实施“2+10”建设方案：基本建成国内最大笔记本电脑生产基地，形成1亿台整机生产规模、80%零部件及原材料本地配套；基本建成国内最大离岸数据开发和处理中心；集中打造通信设备、高性能集成电路、节能与新能源汽车、轨道交通装备、环保装备、风电装备及系统、光源设备、新材料、仪器仪表、生物医药10大重点产业集群，建成万亿级国家重要的战略性新兴产业高地。

壮大提升传统优势产业。坚持做强存量和做大增量并重，继续实施“大投资、大项目、大企业、大基地、大支柱”战略，推动传统优势产业高端化发展，推动汽车摩托车、装备制造产业大力发展“整机+配套”，提升产业集群竞争力，建设中国汽车名城、世界摩托车之都、全国重要的现代装备制造业基地；推动天然气石油化工、材料产业构建原材料精深加工产业链，大力发展循环经济，提高资源利用率和附加值，建成内陆地区资源优化配置、竞争优势突出的综合性化工基地、中国铝加工之都和千万吨精品钢材基地；推动轻纺等劳动密集型产业大力实施成品产业链品牌战略。发挥军工基地优势，发展公共安全装备。引导产业和生产要素向园区集聚，加快用新技术、新材料、新工艺、新装备改造提升传统优势产业，引进、培育和保护知名品牌，以“重庆创造”提升传统制造。

优化制造业布局。打造五大万亿工业板块。按照“2020年前形成五大万亿工业板块”的思路统筹制造业布局。两江新区万亿板块，重点依托龙盛地区和两路保税港区，形成先进制造业集群。西永万亿板块，形成笔记本电脑产业集群。江南工业走廊万亿板块，依托长寿、涪陵、万州等地区，形成化工、钢铁、装备制造产业集群。二环沿线万亿板块，依托二环沿线的南岸茶园、巴南环樵坪、九龙坡西彭、北碚、江津、璧山等地区，形成电子信息、装备制造、铝材加工、生物医药及轻纺等制造业集群。区县万亿板块，各区县特色优势产业共同支撑万亿元工业产值规模。

构建“1+2+4+N”开发区格局。“1”

即两江新区。“2”即两路寸滩保税港区和西永综合保税区。“4”即 4 个国家级开发区，其中九龙坡国家级高技术开发区向中梁山以西拓展空间，重点发展信息、生物等高技术产业；南岸国家级经济技术开发区向铜锣山以东拓展空间，重点发展通信设备、装备制造等产业；万州国家级经济技术开发区重点发展化工、装备制造、新能源等产业；长寿国家级经济技术开发区重点发展化工、材料、装备制造等产业。“N”即区县市级特色工业园区。

（2）建设西部地区现代服务业高地。

建成内陆地区金融高地。创新发展金融业，强化金融业支柱产业地位和区域辐射服务能力，基本建成江北嘴金融核心区，成为内陆地区特色鲜明的金融高地。建设创新型金融机构集聚高地，完善金融要素市场体系，加快建设金融结算中心。

建设西部地区国际物流中心。完善现代物流体系，构筑国际物流大通道，提升物流枢纽集散能力，加快建设西部地区国际物流中心。畅通以重庆为枢纽连接欧亚大陆桥和南亚国际物流通道的现代“丝绸之路”，大力发展保税物流，增加“五定”班列（轮）和至欧美等地的国际航线。结合“内客外货”交通枢纽布局调整，建设主城“三基地四港区”、洛碛化工物流园、西部国际涉农物流加工区等国家级物流枢纽，以及市级、地区级物流枢纽节点。建设多层级城市配送网络和农村配送网络，形成长江上游地区最大的城乡整体配送体系。重点发展笔记本电脑、汽车摩托车、能源、化工、金属材料、农产品等专业物流。大力发展高端物流，积极发展多式联运和电子商务，培育壮大一批五十亿、百亿级骨干物流企业。加快建设物流公共信息平台，促进区域物流信息交换和信息共享。

建设国际知名旅游目的地。加快旅游业转型升级，提升品牌形象，强化整体营销，建成特色鲜明、产品多元、服务最优良的国际知名旅游目的地和西部旅游集散中心，构建山水都市旅游区、长江三峡国际黄金旅游带和渝东南民俗生态旅游带空间格局。重点打造长江三峡、大足石刻、山水都市、乌江画廊、天生三硚、温泉之都等旅游精品，将合川钓鱼城、酉阳桃花源等打造成 5A 级景区。全面提升观光旅游，加快发展休闲度假旅游，积极发展红色旅游、历史文化旅游、民俗文化旅游和乡村体验旅游，开发邮轮游艇等专项旅游。完善旅游设施，建设百家五星级酒店和一批特色旅游酒店，引进国际顶级酒店管理品牌。加大旅游整体形象宣传营销，打造世界级旅游品牌，办好西部旅游产业博览会、山水都市旅游节和中国长江三峡国际旅游节。壮大旅游龙头企业，建设旅游职业学院，培育旅游人才体系，优化旅游环境。

大力发展高端生产性服务业。瞄准产业价值链高端，深化专业分工，积极发展高端生产性服务业，促进现代服务业和先进制造业融合、互动发展。建设西部地区会展之都，坚持专业化、规模化、国际化、品牌化，加快发展会展业，建设以重庆国际博览中心为核心的悦来会展城，调整优化国际会展中心、重庆展览中心、重庆农业展览中心等会展平台功能。

4. 高起点建设两江新区

加快落实国家赋予的五大功能定位，

高起点规划、高标准建设、高水平管理，壮大产业规模，加快城市开发，加速人口集聚，把两江新区建设成国家中心城市的风貌展示区、高端产业的核心集聚区、主城新增人口的主要承载区，在全市“加快率先”发展和改革开放中发挥示范作用，在西部大开发中发挥标杆和引领作用。

（1）推动核心区域发展领先领跑。

全面推进十大功能区域建设，实现六大核心区域率先见成效。江北嘴建成内陆地区金融高地的核心区，着力推动金融业创新开放，加快引进国际国内一流的大型金融机构、世界500强总部及结算中心，积极吸引金融高级人才，打造创新型金融机构高地。龙盛功能板块（鱼复功能区、龙石功能区）建成万亿战略性新兴产业基地框架，建设长安千亿汽车城，打造“中韩产业园”，引进和发展汽车、高端装备、节能与新能源汽车、新材料、节能环保等核心产业。北部新区建成中西部最大的总部基地和长江上游地区研发创新中心，着力优化创新创业环境，依托1500万平方米产业楼宇和国家级研发创新基地，大力集聚和发展总部经济、资讯研发和科技服务平台。悦来建成西部地区最大的会展区，加快建设重庆国际博览中心，完善基础设施和商务、商业配套，打造商务会展高地。空港新城建成西部一流的临空经济区，依托两路保税港区和国家复合型枢纽机场，发展笔记本电脑制造、临空物流及商贸商务、航空服务等产业。水土建成内陆最大离岸数据开发和处理中心，形成集聚20万台以上服务器的数据处理能力。

（2）建设宜居宜业的现代化新区。

按照功能现代、服务完善、生态宜居的要求，全面推进两江新区城市规划建设。规划新建蔡家、御临等20万～30万人口规模的9个大型聚居区，加速人口集聚，引导合理分布，新增集聚200万人以上。积极稳妥推进房地产健康发展，充分发挥在两江新区城市建设中的重要作用，合理布局商业住宅小区，在北部新区、空港新城、悦来、蔡家等规划建设一批高档次、生态型、人文化的高品质住宅小区，按照职住平衡、生活及工作便利的原则，在大型聚居区内布局9处公租房住宅区，居住人口占聚居区总人口的20%左右，与商业住宅区共享道路、商业、文体娱乐设施，形成和谐城市人居格局。提升观音桥城市副中心的服务功能，建设悦来、龙兴城市副中心，增强居住和公共服务功能，打造都市休闲区。全面推进基础设施统筹规划建设，建成“五横、四纵、四联络、一环”快速干道网络，打造以轨道交通为核心，整合多种方式的城市立体交通体系，促进各种交通方式无缝衔接。加快电力、燃气、给水、排水、环卫等市政基础设施建设，加快完善卫生、教育、文化、体育和社区服务等社会公共服务设施，满足经济社会快速发展的需求。充分考虑环境容量的要求，产业设计符合低碳经济，招商引资符合环境保护，居住开发符合宜居理念，保护好区内山脉、河流、湿地等天然生态屏障，建成“一半山水一半城”的绿色生态新区。

5. 推进国家统筹城乡综合配套改革

以建设统筹城乡综合配套改革试验区为载体，以促进百姓获益、优化资源配置、加快转变经济发展方式为目标，继续把抓住发展新机遇和体制机制、发展模式创新结合起来，构建保障科学发展的体制机制。

（1）全面推进户籍制度改革。

把深化户籍制度改革作为统筹城乡综合改革的突破口，以推动在城镇稳定就业和居住的、符合条件的农民工特别是新生代农民工转户进城为重点，健全住房、社保、就业、教育、卫生等支撑保障，消除农民向城镇转移的体制性障碍，最终形成科学有序的人口城镇化机制。按照宽严有度、分级承接的原则，推动人口向小城镇、区县城、主城区聚集。建立完善进城农户农村土地处置机制，制定完善农民自愿退出宅基地、承包地和林地的补偿办法，保障进城农民按自愿、有偿原则处置其农村财产。与人口转移进城规模相适应，加快城镇基础设施和公共服务设施建设，满足新增城镇人口需求，有效防范和避免“大城市病”。

（2）完善住房制度改革。

坚持“低端有保障、中端有市场、高端有约束”，完善“市场＋保障”的“双轨制”城市住房供给体系。强化住房保障的政府责任，大力推进公租房等保障性住房供给体系建设，覆盖城镇住房困难家庭、进城农民工、大中专毕业生和外地来渝工作人员等群体，力争解决占城镇人口30%以上的中低收入群众住房困难问题。积极推进公租房建设。加快建立完善保障性住房管理和运营体系，确保公开透明分配，健全准入和退出机制，实施商业附着设施的专业化运营，加强配套设施、物业、房屋保养及维修等方面的管理，促进保障性住房小区与城市其他住宅区和谐发展。完善房地产开发行业管理法规体系，加大对房地产市场的调控和引导力度，鼓励群众自住性购房，抑制投机性炒房，综合运用规划、土地、信贷等手段抑制房价过快上涨，促进商品房市场平稳健康发展。

（3）合理调节收入分配。

坚持统筹兼顾，在继续坚持发展并不断提高发展质量和效益的前提下解决好收入分配问题，重视通过深化改革和完善制度促进收入分配公平，促进共建共享。初次分配以优化政府、企业、居民的收入分配关系为重点，逐步提高居民收入在国民收入分配中的比重，提高劳动报酬在初次分配中的比重，与经济增长、物价水平相协调，每年按职工人均收入调整最低工资标准，形成企业职工工资正常增长机制和支付保障机制。推动企业工资集体协商制度，建立健全企业工资支付监控和工资保证金制度。深化二次分配改革，强化税收对个人收入分配的调控作用，更加关注中低收入群体，通过社会保障制度覆盖、住房保障、专项消费补贴、节假日补助、特殊费用减免等措施加大转移支付力度。完善对垄断行业工资总额和工资水平的双重调控政策。根据经营管理绩效、风险和责任规范国有企业、金融机构经营管理人员特别是高层管理人员的收入。稳步实施事业单位绩效工资。规范收入分配秩序，加强收入分配的统计监测和政策评估，促进社会公平。

6. 建设内陆开放高地

坚持以开放促发展、促改革、促创新，建设开放平台，畅通开放通道，创新开放模式，构建区域协作新格局，建成内陆开放高地。

（1）统筹“引进来”和“走出去”。

坚持“引进来”和“走出去”相结合，利用外资和对外投资并重，提高安全高效利用“两个市场、两种资源”的能力。准确把握后危机时代世界经济发展新趋势和全球产业发展新动向，创新招商引资模式，择优选资，努力提升招商引资规模和水平。瞄准龙头企业、产业集群，完善便捷式服务体系，以人为本招商、以服务贸易招商、以区域特色招商，积极引进世界级大企业、大项目。充分发挥外资在提升自主创新能力、推动产业结构调整中的重要作用，重点引导投向先进制造业、战略性新兴产业和现代服务业，吸引外资企业在渝建立地区研发中心或分部，支持外资参与服务外包基地建设。努力拓宽招商引资渠道和区域，主动引入外资私募股权基金等多样化资本，积极争取和创新利用国外优惠贷款，加强与国际金融组织全方位、多领域合作。

积极探索面向国内市场的重庆“走出去”模式。把“走出去”作为比肩东部地区拓展发展空间的重要途径，按照市场导向和企业自主决策原则，以先进制造业发展和资源开发为重点，鼓励和支持企业通过对外投资办厂、兼并收购、资源开发等多种形式，参与境外稀缺资源和能源开发，收购境外优质企业、研发机构、营销网络和知名品牌，全方位参与国际竞争。鼓励中小企业抱团式“走出去”。

推进境外经贸合作区建设，积极开展境外工程承包和劳务输出，拓宽境外工程承包渠道，扩大承包规模，完善外派劳务服务体系，建设国家级外派劳务基地。做好海外投资环境研究，健全境外投资促进体系，提高“走出去”服务能力，强化投资项目的科学评估，防范各类风险。

（2）深入转变外贸发展方式。

加快转变外贸发展方式，大力发展加工贸易、服务贸易和一般贸易，建设区域性国际贸易中心。创新和完善加工贸易模式，按照“整机＋配套”、“制造＋研发”、“生产＋结算”模式，形成整机零部件垂直整合一体化，加快从组装加工向研发、设计、核心元器件制造、结算、物流等环节拓展，建成国家加工贸易示范基地。大力发展服务贸易，离岸与在岸并举，做好信息、软件、工程设计、咨询等知识密集型服务贸易，积极发展物流、金融、会展、旅游、软件外包等国际服务贸易，打造国家服务外包基地、中西部软件及信息服务外包示范城市。调整优化一般贸易，扩大高技术、机电、成套设备和名特优农产品等产品出口，支持具有自主知识产权、自主品牌、自主营销的产品出口，鼓励设立国际营销网络和研发中心，提高出口产品技术含量和附加值。优化进口结构，鼓励更多进口先进技术、关键零部件、战略资源和环保节能产品。

（3）加快建设国际贸易大通道和保税（港）区。

着力把重庆建成我国内陆地区对外开放和“走出去”的桥头堡。构建“一江两翼三洋”国际贸易大通道，畅通东向经上海至太平洋出海大通道，经兰渝快速铁路至阿拉山口通往大西洋的西北通道，经渝昆、滇缅铁路通往印度洋的西南通道。推动建设经上海、广州、深圳出海的铁海联运通道和经北部湾出海的陆路通道。开通并逐步增加欧美远程国际航线空中通道。加快建设电子口岸，开展口岸大通关，优化提升国际通行能力，努力建成内陆地区重要的国际贸易枢纽。

加快建设两路寸滩保税港区和西永综

合保税区，打造内陆政策最优、功能最全、开放程度最高的开放门户，建成国家重要的保税物流基地、加工贸易基地和服务贸易集聚区。两路寸滩保税港区，依托长江水港和机场空港优势，突出口岸物流和中转贸易功能，重点发展国际中转、配送、保税仓储、商品展示、研发加工和制造业务。西永综合保税区，重点引进 IT 类企业入驻，大力发展保税物流和保税加工。充分发挥海关电子全程监管、全程保税功能，实现两路寸滩保税港区与西永综合保税区的无缝对接，逐步向自由贸易港转型。开放万州机场航空口岸，开放东港、长寿、涪陵、万州等水运口岸和团结村铁路口岸。

（4）构建区域协作新格局。

顺应区域经济一体化发展趋势，积极参与区域协作。加强与长三角、珠三角、环渤海等地区的紧密联系，主动与沿海发达地区在优势产业、知名品牌等方面进行配套承接、协作联动、市场互通共享。推进与四川地区的经济合作，促进川渝两地产业优势互补，经济资源和要素优化配置，建设川渝合作示范区。加强与贵州、陕西、新疆、湖南、湖北等中西部省市紧密合作，重点在资源合作、基础设施网络对接等方面取得积极进展。在《海峡两岸经济合作框架协议》下，发挥重庆对台交流的独特优势，建设两岸经济合作先行示范区，成为台商聚集地。积极开展与东盟国家和地区的经贸合作。进一步加强与港澳地区、国际友好城市的经贸合作和文化交流。

（二）成都发展核心

成都发展核心包括锦江、青羊、武侯、金牛、成华五城区和龙泉驿、青白江、新都、温江、双流、郫县、都江堰、彭州、邛崃、崇州、金堂、大邑、蒲江、新津县（市、区）。继续推进国家统筹城乡综合配套改革试验，重点发展现代服务业、高技术产业、先进制造业及特色农业，提升交通、通信、金融、商贸物流等城市综合服务功能，加快发展总部经济，推进创新型城市建设，优化人居环境，建设城乡一体化、全面现代化、充分国际化的大都市。

从历史沿革来看，成都历史悠久，文化底蕴深厚，自古为西南重镇，是我国第一批历史文化名城，自古享有“天府之国”的美誉。新中国成立以后，成都成为川西行署区的驻地。1952 年中华人民共和国中央人民政府撤销各行署，恢复四川省建制后，成都市一直为四川省省会。区位条件优越，成都地处我国“T”字形经济结构长江上游经济带核心地区，中国东西结合部，中国政府实行西部大开发的重点开发地区。基础设施功能完备，成都是中国西南地区的交通要塞和通信枢纽，铁路、公路、航空四通八达。成渝、宝成、成昆、达成四大铁路主干线交汇于此。成都双流国际机场是中国中西部的最繁忙的民用枢纽机场、西南地区最重要的航空客货集散地。成都市通信设施完善，是中国八大通信枢纽之一。工业基础雄厚，成都形成了电子信息、机械（含汽车）、食品（含烟草）、冶金建材、石油加工等优势产业集群；成都是集成电路、新型显示器件、网络和通信设备、应用电子、电子元器件以及计算机制造、物联网、数字新媒体等产业基地，是中国四大电子信息产业基地之一。以新能源、新材料等战略性新兴产业、高新技术产业为代表的现代工业产业体系初步形成。成都一直是我国航空、航天、军工电子的重要战略基地。在我国国防工业现代化建设和国民经济建设中具有重要的战略地位。目前已形成民用航空、民用航天、核能与核技术应用、电子信息、汽摩配套等民用工业。以国产大飞机机头为代表的一批军民结合重点项目取得显著进展。国防科技工业军民融合的格局已基本形成。现代服务业发达，是西南地区重要的物品集散地，是西部重要的物流中心、商贸中心和金融中心。成都是世界总部机构集聚地。会展规模和会展经济均列中西部首位，已经跻身全国五大会展中心城市。先后荣获全国文明城市、国家环境保护模范城市、中国最具经济活力城市、中国最佳商务城市等称号，分别被联合国世界旅游组织和教科文组织授予“中国最佳旅游城市”和“世界美食之都”。科教实力雄厚，成都科技实力雄厚，已成为中西部综合实力最强市，是国家四大科教城市之一。成都现有各类人才总量已近 200 万人。全市共有重点实验室 152 个（其中国家级重点实验室 10 个），工程技术研究中心 111 家（其中国家级工程技术研究中心 9 家），科技企业孵化器 33 个。在电子、生物、新技术、新材料、光学、光纤通信、核技术应用、激光等高新技术领域中具有极强的综合优势和技术能力。成都是内陆开放高地，有国家级高新技术产业开发区和经济技术开发区，世界 500 强企业有 200 多家落户成都，美国、德国、法国、泰国、新加坡、韩国、巴基斯坦等 9 个国家在成都设立领事馆。

展望未来，成都要继续加大公路、铁路、航运、航空出川大通道建设，加强与西安、兰州、郑州、武汉、长沙、贵阳、昆明等周边省会城市的联系，加强与长三角、珠三角、环渤海等沿海经济区联系。要加强连接与南北亚欧大陆桥通道建设，重建南北丝绸之路，提高与东盟自由贸易区、中东国家、非洲国家、中亚诸国、欧洲联盟和俄罗斯等国家的开放合作水平；大力发展现代服务业、高技术产业、先进制造业及特色农业；提升成都交通、通信、金融、商贸物流等城市综合服务功能，加快发展总部经济；成都在不久的将来一定会建成城乡一体化、全面现代化、充分国际化的大都市。

1. 深入推进国际性区域中心城市建设

深入推进“两枢纽、三中心”建设，全面提升集聚辐射能力，全面提高对内对外开放水平，建成带动西部地区协调发展、功能强大的国际性区域中心城市。

（1）推进“两枢纽”建设。

完善公路枢纽、铁路枢纽和航空枢纽为主体，公铁航联运互通的综合交通枢纽功能，增强国际通信保障能力、区域干线传输能力、信息汇聚处理能力、信息安全支撑能力和应急通信适应能力，努力建设国际性区域综合交通和通信枢纽。

建设国际性区域综合交通枢纽。以建设国际区域性航空枢纽、铁路枢纽和公路枢纽为重点，形成以成都为中心、辐射中西部、连接国内外的综合交通运输体系，初步建成西部综合交通枢纽成都主枢纽。规划建设成都新机场，开通直达美国、欧洲、南亚、西亚等多条国际航线，成为连接南亚、中亚、西亚的国际性区域航空枢纽。加快成昆铁路扩能改造、成雅铁路、成渝客专、成兰铁路等对外铁路通道建设，形成以成都东客站、成都站、大弯站、新津站等车站组成的铁路客货枢纽系统，实现成都经济区半小时交通圈、成渝经济区 1 小时交通圈，成都到贵阳、兰州、昆明、西安等周边省会城市 4 小时交通圈，成都到京津冀、长三角、珠三角三大经济圈 8 小时交通圈。建成成都第二绕城、成德绵、成德南、成安渝和成自泸等高速公路，启动成都大外环高速及第二机场高速建设前期工作，形成西部公路交通枢纽。

建设国际性区域通信枢纽。实施移动、联通国际直达数据专用通道建设和电信国际直达数据专用通道扩容工程，强化干线传输能力，提高汇聚西部、辐射全国、通达世界的国际通信能力。加速推进区域网络和基础通信设施建设，初步形成宽带、泛在、融合、安全的下一代信息网络。争取国家在成都部署国家大区级互联网直联点，打造国家级存储灾备基地，推进大型商用云计算中心建设，努力构建集科学计算、工程计算和密集数据运算为一体的高效能共享式计算架构。

（2）加强“三中心”建设。

加强商贸物流中心、金融中心和科技中心建设，大力发展总部经济，全面提升集聚辐射能力，建成带动西部地区协调发展、功能强大的国际性区域中心城市。

加强商贸物流中心建设。积极引进大型商贸企业参与中心商业区、主力商圈、北部新城现代商贸综合功能区等建设，大力发展电子商务、连锁经营等新型流通业态，加快培育贸易运营控制、交易服务、大宗商品价格发现、口岸集散等现代商贸功能，建成西部商贸中心。加快建设西部航空货运枢纽、铁路货运枢纽、公路货运枢纽，建设西部物流中心。

加强金融中心建设。以金融总部商务区和金融外包及后台服务中心集聚区为载体，深化金融改革，加快金融创新，壮大金融总量，建立健全金融市场体系，建设西部金融机构集聚中心、金融创新和市场交易中心、金融外包及后台服务中心。

加强科技中心建设。以建设创新型城市为抓手，以国家级高新科技产业园区为重点，深化“高科技成都”建设，构建以企业为主体、市场为导向、产学研有机结合的科技服务体系，全面提升自主创新能力、智力支撑能力、科技转化能力和科技资源聚合能力，增强科技辐射力。

（3）大力发展总部经济。

以人才国际化、资本国际化、市场开放化为重点，积极营造总部经济发展的良好环境。充分利用西博会、欧洽会等国际化平台，积极引进世界 500 强和中国 500 强企业设立区域性总部和功能性总部。加快优势领域总部经济发展，突出抓好航空航天、重装设备、核工业、新能源、新材料、环保产业、金融、物流、电子商务、服务外包等优势产业总部集聚发展。加快形成“198”生态总部基地、天府新城和人南科技商务区等集群发展格局，形成法律、咨询、投资管理、会计服务等专业服务机构为主体的优良商务服务环境和高能级支撑保障体系，建设西部企业总部最多、产业能级最高、资源配置能力最强的总部基地。

2. 大力构建城乡新形态

按照国家主体功能区规划要求，深化完善全域成都规划，规范空间开发，形成人口、经济、资源环境相协调的发展格局，加快构建现代城市与现代农村和谐相融、历史文化与现代文明交相辉映的新型城乡形态。

（1）优化市域空间布局。

以市域生态本底及现实条件为依据，在充分保护和尊重生态本底的基础上，将市域划分为提升型发展区、优化型发展区、扩展型发展区、两带生态及旅游发展区四大总体功能区。

（2）推进战略功能区建设。

以“西部第一、全国一流”为目标，以市级和区（市）县级战略功能区作为成都市战略性产业功能的空间载体，推动“天府新区”规划建设，创新开发建设模式，建立健全管理体制和推进机制，推动高端产业集聚发展。

推进市域战略功能区建设。加快推进天府新城、金融总部商务区、东部新城文化创意产业综合功能区、北部新城现代商贸综合功能区、西部新城现代服务业综合功能区、国际航空枢纽综合功能区、交通枢纽和现代物流功能区、“198”生态及现代服务业综合功能区建设，精心打造“成都服务”品牌，建设服务西部、面向全国、走向世界的现代服务业基地。积极推进龙门山、龙泉山生态旅游综合功能区建设，精心打造国家级旅游度假区和世界旅游知名品牌，建设国际旅游城市。大力推进高新技术、汽车、新能源、新材料、石化产业功能区建设，努力建设全国一流的高新技术产业基地、先进制造业基地和新兴产业基地。按照区（市）县错位发展的要求，确定区（市）县级战略功能区，以区（市）县为主体，自主配置资源、自主管理、自主发展。

规划建设“天府新区”。充分发挥和依托成都的核心影响力，创新机制、拓展空间、聚集资源，高起点规划建设“天府新区”。加快建设新川创新科技园，大力发展高端服务业、高技术产业、现代制造业，完善金融、商贸、物流等综合服务功能，加快发展总部经济，优化人居环境，建设宜业、宜商、宜居的国际现代化新城。

（3）大力推进新型城镇化。

以构建市域城镇体系为着力点，以加快人口城镇化进程为主攻方向，加快推进城乡一体化，使城乡居民平等参与现代化进程，共创共享改革发展成果。推进市域城镇体系规划建设，积极推进市域大中小城市和小城镇协调发展，加快建成由1个特大城市、14个中等城市、34个小城市、170余个小城镇、数千个新型社区等构成的市域城镇体系。着力推进中心城区转型发展，加大城市更新和新城建设力度，大力发展总部经济、楼宇经济和城市综合体，完善公共服务，提升城市品质和国际化水平。加强区（市）县城、重点镇基础设施和公共服务建设，提升城镇综合承载能力，发展壮大特色优势产业，形成县域经济重要增长极。加快一般场镇改造建设，完善城镇功能，增强以城带乡能力，引导人口向城镇集聚。

（4）构建城乡生态体系。

坚持以人为本、生态优先、节地节能、完善功能、突出特色的原则，加强基本农田、生态环境和历史文化保护，形成以中心城区为核心，以县城、重点镇为节点，以城乡一体的交通、通信、公共服务和生态绿道等体系为依托的多中心、组团式、网络化空间结构和多层次、多功能生态体系。

3. 推进新型城市建设

以优先发展教育事业、构建区域创新体系、实施人才强市战略为着力点，大力推进国家创新型城市建设，促使经济发展方式由资源驱动向创新驱动转变，实现创业环境中西部领先。

优先发展教育事业。深入推进统筹城乡教育综合改革试验区建设，加快教育均衡化、现代化和国际化进程，建立健全充满活力的教育体制机制，在中西部地区率先基本实现教育现代化。

构建区域创新体系。以壮大创新主体、夯实创新基础、优化创新环境为着力点，构建区域创新体系。深入实施技术创新工程，引导和支持企业特别是大中型企业与科研院所、高校联合创建企业技术中心、工程技术研究中心、重点实验室、博士后工作站等，建成一批国家级和省级关键性技术创新平台，培育和发展一批集研发、设计、制造于一体的创新型企业和高新技术企业，打造一批具有自主知识产权的高新技术产品和知名品牌。扶持中小企业和民营企业的技术创新活动，培育一批成长型科技企业。引导和支持创新要素向企业集聚，推进科技型企业兼并重组，培育一批有竞争优势的大公司和大集团。鼓励和支持地方企业与军工单位联合，组建民品科技企业和技术研发中心。支持企业加大研发投入，深化产业技术创新联盟建设，进一步完善以企业为主体、市场为导向、产学研紧密结合的技术创新体系。

实施人才强市战略。坚持“服务发展、人才优先、以用为本、创新机制、高端引领、整体开发”的人才发展方针，以高层次人才和高技能人才队伍建设为重点，以重要人才工程为抓手，统筹推进各类人才队伍建设，打破常规引进人才，加快建设人才强市，建设中西部人才高地。以高层次创新型人才为重点，培养和引进一批掌握科技前沿技术、能够突破关键技术、带动新兴学科和新兴产业发展、具有国际国内领先水平的高层次研发人才、创新创业人才和学科带头人，主动培养一线创新人才和青年科技人才，壮大高新技术产业、现代服务业、现代制造业、现代农业和战略性新兴产业人才队伍。

4. 发展现代服务产业、高技术产业和先进制造业等现代产业

加快产业结构调整，抢占高端产业发展制高点，推动重点产业高端化，大力发展战略性新兴产业，逐步建立起以现代服务业和总部经济为核心、以高新技术产业为先导、以强大的现代制造业和现代农业为基础的市域现代产业体系。

（1）优先发展服务业。

加快发展现代物流业、商务服务业、文化创意产业、会展产业等先导服务业，加快提升金融业、商贸业、旅游业等支柱服务业，加快培育电子商务、服务外包、数字新媒体、健康产业等新兴服务业，构建可持续发展的国际化、专业化、集约化、均衡化服务业体系；积极推进服务业综合改革试点，努力建设全国服务业区域中心和改革创新示范区，建成服务西部、面向全国、走向世界的现代服务业基地。

加快发展现代物流业。引进境内外知名第三方和第四方物流企业建立区域性总部和后台服务中心、结算中心、管理运营

中心等功能性总部，加快“物联网”科技研发和普及应用，全面提升现代物流产业能级。加强成都国际航空物流园区、成都国际集装箱物流园区、青白江散货物流园区、新津物流园区和保税物流中心、双流物流中心、龙泉物流中心、新都物流中心建设，建成全球物流网络中的重要节点、西部地区城际分拨和城市配送物流中心。

加快发展商务服务业。重点发展会计、审计、资产评估、法律事务等专业服务，推进公共关系、商业咨询、市场调查和包装策划等领域加快发展。引进和培育人力资源咨询、市场开拓与销售咨询、公司与组织发展咨询、产品和营运管理咨询等服务机构。着力引进国内外大公司、大企业集团总部、区域性总部及销售、研发、投资、结算等功能性中心，努力打造以商贸流通、商务办公、金融服务、旅游休闲、文化传播、创意设计、总部经济等为特色的楼宇经济群。

加快发展文化创意产业。以传媒、文博旅游、创意设计、演艺娱乐、文学与艺术品原创、动漫游戏、出版发行七大行业为重点，以重大项目带动产业聚集发展。重点推进东部新城文化创意产业综合功能区和区（市）县文化创意产业园区基地建设，汇聚文化创意企业，完善和延伸产业链，培育功能性产业集群，建设“西部第一、国内领先”的文化创意产业标杆城市。

加快提升金融业。巩固壮大银行、证券、期货、保险等传统金融行业。大力发展新兴金融业，引进和培育股权投资基金、新型农村金融机构、融资性担保机构、财务公司、金融租赁机构等新兴金融服务机构。加快发展金融外包服务、金融中介服务、金融教育培训等金融配套产业。着力培育发展地方法人金融企业。

加快提升商贸业。加快推进中心城区服务业结构战略调整，强化商贸高端服务功能，建设国际大宗商品交易中心，增强区域辐射能力。大力发展连锁经营、电子商务和物流配送等现代流通方式，推动零售业高端化发展，引进国际、国内高端品牌旗舰店和专卖店，引导大型商业综合体向主力商圈和城市副中心集聚发展，形成一批主力新商圈，建成一批精品特色商业街区，建设西部时尚购物天堂。提升餐饮业发展水平，建设满足多元美食消费需求的现代化国际美食之都。统筹城乡商贸发展，加快构建覆盖县、镇、村（社区）三级的生活消费品、农产品、农业生产资料和信息服务等商贸流通网络，实现城乡市场同发展、共繁荣。

建设国际旅游城市。深化旅游综合配套改革试点，促进旅游与三次产业融合，实现旅游业可持续发展。构建成都平原文化旅游功能区、龙门山国际山地度假旅游功能区、龙泉山田园休闲旅游功能区。完善旅游产业链，全面提升旅行社、宾馆饭店、景区景点、旅游商店的服务质量，建设具有国际水准的旅游服务体系。强化国际旅游营销，搭建“最佳旅游联盟”，建立多层面的营销体系，巩固和拓展国内外旅游市场，实现旅游产业年总收入突破千亿元，将成都打造成世界遗产旅游标杆城市、中国乡村旅游典范城市、国际山地旅游知名城市、世界美食旅游名牌城市。

（2）大力发展高技术产业。

加快发展高新技术产业，抢占高端产业发展制高点，把成都市建设成具有国际影响力的高新技术产业基地。

大力发展电子信息产业。加快推进国家软件产业基地（成都）和成都信息产业高技术产业基地建设。重点发展软件及信息服务、集成电路、光电产品、网络和通信设备（含计算机及外设）、航空电子、汽车电子、电子元器件、物联网等产业集群，着力引进光电显示产业和集成电路产业高端项目；积极推进物联网、下一代互联网、新一代宽带移动通信等新一代信息技术的应用和产业化，打造全国一流的电子信息产品制造基地和信息服务基地，建成中国软件名城。

大力发展生物医药产业。加快推进国家生物医药产业基地建设。重点发展生物医药、医用影像设备、生物医用材料及家用医疗仪器、化学高仿药、现代中药、功能性保健食品和化妆品及生物医药外包服务，巩固提升干细胞技术研究和应用在西部的领先地位，进一步巩固现代中药、血液生物制品、化学发光及基因芯片诊断技术在国内的研发和市场优势地位，加快高端医疗器械和设备的产业化进程，推进化学原料药技术升级，提高化学制剂药水平，积极延伸产业链，建设国内重要的生物医药创新中心、中西部制造中心和医药贸易中心，形成“西部领先、全国一流”的生物医药产业基地。

大力发展新能源产业。加快推进新能源产业功能区建设。重点发展太阳能、核能、风能、半导体照明、新能源汽车储能装置及关键生产设备等制造产业，积极培育太阳能晶硅、薄膜、光热、聚光等多种技术路线的龙头企业，大力引进新能源汽车整车及动力电池行业领先企业，加快壮大半导体照明产品及应用产业，进一步增强核能、风能产业配套能力，适度发展智能电网、生物质能产业，提升国家级硅材料工程技术中心、太阳能聚光应用工程技术中心、国家光伏产品质量监督检验中心等公共技术服务水平，打造新能源技术研发、系统集成与应用、关键零部件及生产设备制造产业高地。创新、开拓新能源示范应用领域，探索建立新能源标准体系，初步建成以成都（双流）新能源产业功能区为产业核心区、相关区县为产业配套区的成都新能源产业国家高技术产业千亿基地，形成“西部第一、全国一流、国际知名”的新能源产业集群。

大力发展新材料产业。加快推进新材料产业功能区建设。重点发展高性能纤维及复合材料、电子信息材料以及化工、新能源、生物医药等关键性、基础性和国家战略需要的新材料。建设新材料产学研合作平台、孵化平台和中试平台，加快新材料产业技术的转化和应用，加强材料、工艺、装备的技术集成，注重新材料废料回收处理，实现节能环保可循环发展，打造特色鲜明、具有一定规模的国内重要的新材料产业基地。

大力发展航空航天产业。加快推进民用航空产业国家高技术产业基地建设。重点发展大型客机、支线飞机关键大型部件以及研制公务机、无人机等飞机整机，拓展飞机整机、航空发动机和直升机维修等领域；加快航天测控通信系统、卫星地面应用系统等研制。形成特色突出、创新能力强、拥有知名品牌和自主知识产权的成都航空航天产业集群，建成“国内一流、西部第一”的航空航天产业基地。

大力发展节能环保产业。重点发展具

有自主知识产权的汽车尾气净化技术研发和产品生产，引进高效节能催化燃烧、光催化氧化等先进技术、污染处理设备和节能产品，在西部率先实现生物质能产业化，推行产品和工业区的生态化设计与改造，建立西部废弃电气电子产品和废旧汽车处置中心，构筑公共技术服务平台，实现节能环保产业集约、集群、跨越式发展，打造工业节能环保产业基地。

（3）提升发展现代制造业。

推动信息化与工业化的融合发展，加大结构调整力度，加强关键技术和先进工艺对传统制造业的高端化改造，推动汽车、食品、制鞋及箱包皮具、家具等优势产业以及冶金建材等产业的细分行业向产业高端升级。

（4）加快发展现代农业。

大力发展都市型现代农业，努力推动成都农业向“一流的经营治理机制、一流的产业发展水平、一流的营销体系、一流的保障体系、一流的吸引人才机制”的目标迈进，建成“西部第一、全国领先”的现代农业基地和国家现代农业示范区。

5. 推进统筹城乡综合配套改革

根据统筹城乡综合配套改革试验的要求，加强重点领域和关键环节的先行先试，加快建立统筹城乡发展的体制机制，尽快在城乡规划、产业布局、基础设施建设、公共服务一体化等方面取得突破，促进公共资源在城乡之间的均衡配置，生产要素在城乡之间自由流动，推动城乡经济社会发展融合，为全国深化体制改革、推动科学发展和促进社会和谐提供经验和示范。

深入推进农村工作“四大基础工程”，全面深化“六个一体化”，努力把成都试验区建设成全国深化改革、统筹城乡发展的先行样板、构建和谐社会的示范窗口和推进灾后发展振兴的成功典范。深入推进农村产权制度改革、农村土地综合整治、村级公共服务和社会管理改革、农村基层治理机制建设等农村工作“四大基础工程”。继续深化投融资体制改革，大力发展非公有制经济，加快现代市场体系建设，着力确立市场主体地位和健全市场运行机制，逐步完善社会主义市场经济体制。深化规范化服务型政府建设和基层民主建设，创新规划管理、行政管理、公共财政、评价考核和激励的体制机制，构建城乡一体的管理体制。

6. 建设内陆开放高地

积极开展全方位、多层次区域合作，扩大对外贸易，全面提高对内、对外开放水平，努力建设内陆开放型经济战略高地。

（1）强化与中西部地区合作。

加强与云南边贸和旅游经济合作、与贵州资源开发和旅游合作，充分利用北海通道实现与广西区域合作升级，支持成兰新铁路建设，打通西南至欧洲新的欧亚大陆桥。积极参与支持西藏、新疆各方面的资源开发建设，加强与西藏、新疆合作打通南亚、西亚、中亚通道。全面加强与武汉、西安等中西部城市在产业、旅游、科技、文化等领域的合作。

（2）加强与发达地区合作。

加快发展海峡两岸科技产业开发园、台湾农村居民创业园，以吸引投资和进出口贸易为重点，加强与港澳台地区合作。全面加强与长三角地区在信息、金融等高端服务业方面的联合与协作，深化与上海在金融、产业、信息等方面的合作；继续推进与泛珠三角地区在产业、项目、产品等方面多层次实质性的合作；积极开展与京津冀地区在科技、人才、信息交流等方面的合作。推进区域市场一体化进程，逐步实现资源要素的自由流动。

（3）加强国际经济合作与交流。

大力实施“走出去”战略，充分利用国内外两个市场、两种资源，加强国际区域经济合作与交流，推进成都加快融入世界经济产业体系。

加快成都企业全球化产业布局进程。抓住新兴市场、国家开放市场和经济增长带来的发展机遇，推动现代农业、先进制造业优势企业进行全球化布局。重点支持优势企业建立国际生产体系，获取资源开发权、国际知名品牌和先进技术。支持服务业优势企业发展国际营销网络，逐步创立成都产品品牌。支持科技优势企业到境外科技资源密集地区设立研发中心，利用境外科技、智力资源，提高自主创新能力，开发具有自主知识产权的新技术、新产品。提升对外承包工程和劳务合作的层次，重点支持企业承揽交通水利、通信电力、航站港口等基础设施项目以及城市公共项目和石化、矿山等建设项目。

扩大对外贸易。扩大对外贸易规模，优化对外贸易结构，壮大对外贸易主体，营造对外贸易环境，提高外向型经济水平，促进对外贸易持续健康发展。鼓励各类企业开展进出口贸易。推动有进出口潜力的企业、实体进入外经贸领域，走向国际市场。积极培育进出口骨干力量，加大对重点骨干企业的扶持力度，切实落实各级鼓励、促进政策，引导企业发挥自身优势，加快发展。通过实施技术改造、加快新产品研发、加强业务培训与指导等措施，帮助更多的企业树立信心，增强后劲，扩大进出口规模。

全面提升对外经济合作与交流水平。巩固与日本、韩国经济合作与交流，夯实欧美、东欧、俄罗斯等传统市场，统筹兼顾南亚、东南亚、中亚、西亚等新兴潜力市场的开拓，拓展与东盟国家的交流合作，加强与印度在软件和服务外包等方面的合作。重点加强与南亚区域合作交流，编制成都与南亚经济合作规划，搭建经贸合作促进平台，引导成都与南亚优势企业实施跨国生产和经营，把成都打造成中国与南亚国家区域合作的重要战略枢纽和面向印度洋开放的战略基地。

提升国际投资吸引力。清理涉及外商投资的审批事项，调整审批内容，优化审批程序，改进审批方式，营造良好的外商投资环境。精心办好有影响力的各类国际活动，加强对国际组织、外国驻蓉外交、新闻、商务等机构的服务和管理工作。积极开展民间外事活动，重视国际友好城市关系的建立和维护。积极吸引更多国际组织在成都落户或设立办事机构。鼓励国际组织在成都举办有国际影响力的国际高端会议、展览、文化艺术、体育等活动。创造国际化的生活和服务条件，提高教育、医疗、居住、语言、法律、会计、金融以及出入境等服务的便利化、国际化程度。进一步巩固和提高成都“中国内陆投资环境标杆城市”地位。

（三）沿长江发展带

沿长江发展带包括乐山、宜宾、泸

图 48-2　成渝经济区镇体系

州、江津、重庆主城区、綦江、万盛、南川、长寿、涪陵、丰都、忠县、石柱、云阳、万州。以重庆主城区为中心，以长江黄金水道和沿江高速公路、铁路为纽带，有序推进岸线开发和港口建设，集聚冶金化工、装备制造、新材料、清洁能源、轻纺食品、商贸物流等产业，加快城镇发展，加强环境保护和生态建设，建成长江上游重要的产业和城镇集聚带。

宜宾是长江发展带的中心城市。宜宾位于四川盆地南缘，地处川、滇、黔三省结合部，因金沙江、岷江在此汇合成长江，素有“长江第一城”的美称，自古以来就是南丝绸之路的重要驿站，沟通东西、连接南北物流、人流、资金流、信息流的战略转换要地，被誉为“西南半壁古戎州”。由于特殊的地理区位，宜宾成为国家“五纵七横”交通规划中南北干线与长江东西轴线的交汇点，是川、滇、黔结合部和攀西六盘水地区出入长江黄金水道、成渝经济区连接南贵昆经济区走向东南亚的重要门户，是国家规划的长江六大重要枢纽港之一和金沙江水电滚动开发的依托城市。展望未来，宜宾被列入国家成渝经济区规划重点支持发展区域，是建设长江上游沿江经济带、川南经济新增长极的重要支撑城市，是成渝经济区带动金沙江流域、云贵北部发展的次区域经济增长中心。

泸州历来是川、滇、黔、渝四省（市）结合部的经济枢纽，如今更具水陆空立体交通区位优势，成为长江“黄金水道”和西南出海南通道上的璀璨亮点，是国家交通部确定的一级枢纽站和长江主枢纽港城市。西南出海通道纵贯全境，陆路经此通道一日内可直达广西防城、北海；泸州港是交通部确定的四川唯一的全国 28 个内河主要港口和国家二类水运口岸，是四川第一大港口和集装箱码头，也是贵州北部向东出海的港口，是黔北煤炭等资源运往长江中下游的中转码头。泸州是中国著名的酒城，闻名遐迩的名酒泸州老窖和郎酒均出自此地，是全国重要的循环型化工基地，是全国重要的装备制造业基地，是全国大中型全液压汽车起重机、挖掘机制造中心。展望未来，泸州是成渝经济区规划重点支持发展区域，是建设长江上游沿江经济带、川南经济新增长极的重要支撑城市，是成渝经济区带动云贵北部、金沙江流域发展的次区域经济增长中心。

万州区地处重庆东北部、三峡库区腹心，长江中上游结合部，是成渝经济区连接我国中部地区和东部发达地区的门户。历来为川东、渝东、鄂西、陕南、湘西和黔东北的物资集散地。万州是国家重点扶持开发城市，是长江十大港口之一,三峡库区经济、教育、文化、交通枢纽中心。具有水能、天然气、岩盐、柑橘等优势资源，具有比较完备的水、陆、空立体交通网络。展望未来，万州是成渝经济区规划重要城市，是建设长江上游沿江经济带、三峡库区特色经济带的重要支撑城市，是成渝经济区带动三峡库区、重庆黔江、秀山、酉阳地区、鄂西山区、大巴山区发展的次区域经济增长中心。

1. 沿江公路、铁路、航道和港口建设

完善公路网络。加快公路通道建设，加强与周边省区公路连接，强化辐射带动作用，重点建设重庆沿长江、万州 – 城口往西安、重庆 – 宜宾往昆明、广安 – 丰都往务川、万州 – 达州往西安、万州 – 利川、成都 – 自贡 – 泸州往赤水、宜宾往攀枝花等方向的公路通道建设。加强区域内公路通道建设，重点建设成都 – 重庆、重庆 – 广安、广安 – 潼南 – 荣昌 – 泸州、南充 – 大竹 – 梁平 – 黔江等公路通道。加强区域内区市县出境公路、断头路、长江过江通道建设和农村公路改造，完善等级公路网。

加快铁路建设。现有铁路有乐山至宜宾线。要加快沿长江发展带内部万州 – 宜宾建设，加快重庆 – 利川的东向，重庆 – 西安、万州 – 郑州的东北向，重庆 – 兰州的西北向，重庆 – 昆明的西南向等出川铁路建设，打通重庆至兰州、西安、郑州、武汉、长沙、贵阳、昆明等周边省会城市的快速铁路通道。要加快建设重庆至万州的客运专线建设。

加强航道和港口建设。以长江干线和嘉陵江、渠江、乌江、岷江等支流高等级航道为重点，建设干支衔接、水陆联运、功能完善的内河水运系统。加快长江干线航道治理，提高岷江、嘉陵江、乌江通航能力。建设水富 – 宜宾、乐山 – 宜宾三级航道。加强重庆港主要港口和泸州、宜宾、乐山港口建设。大力发展集装箱、汽车滚装、大宗散货、化学危险品运输和旅游客运，推进重庆长江上游航运中心建设。

2. 沿江产业带发展

立足沿江产业、资源优势，加快传统优势产业的改造提升和以高端装备制造、新能源、新材料、生物医药和节能环保装备为重点的战略性新兴产业发展，打造西部重要的油气化工基地、能源工业基地、装备制造基地和饮料食品产业基地，形成沿江工业发展新的增长带。发挥乐山、宜宾、泸州临港工业优势，以“黄金水道”和港口为依托，发展壮大机械制造、能源、化工等支柱产业，重点打造川南沿江重化工产业带。深入挖掘自贡、内江、乐山等老工业城市增长潜能，推动老工业基地发展转型，加大对传统产业的改造力度，加快页岩气开发力度，壮大提升饮料食品、机械制造、轻工纺织、冶金建材等传统优势产业。着力打造“中国白酒金三角”核心区域，建设有世界影响力的中国白酒区域品牌。加大自贡国家节能环保装备研制基地建设力度。依托长寿、涪陵、万州等地区，形成化工、钢铁、装备制造、新能源产业集群。依托“黄金水道”，着力培育宜宾、泸州等港口城市的临港经济，拓展南向贸易通道，打造川滇黔渝结合部区域物流中心、商贸中心、旅游集散中心。

3. 沿江城镇集聚带建设

按照科学规划、合理布局的原则，加快区域性中心城市建设，积极将乐山、宜宾、泸州、万州、长寿、涪陵、江津等城市作为区域性中心城市规模建设，努力形成产业实力强、城市功能全、要素集聚多、内外开放度高的较大经济体，充分发挥对区县经济的示范标杆作用、对周边地区的辐射带动作用、对长江流域经济社会发展的战略支撑作用。加快发展中小城市。按照现代城市发展要求，把一批经济基础较好、人口规模较大、环境承载力较强的县城培育成产业支撑强、地域文化特色鲜明、人居环境良好的中小城市。加快小城镇建设，以中心镇为重点，完善小城镇功能，适当扩大规模和人口容量。与新农村建设紧密结合，打造风貌独具、特色鲜明、设施齐备、环境优美、淳朴自然、整洁美观、功能完善的风情小镇。

4. 沿江生态环境保护和建设

以长江上游珍稀濒危水生野生动植物、河流生态系统和水资源保护为重点，加强三峡库区及其上游影响区水污染防治、水土保持综合治理和生态环境监测，加大石漠化和陡坡耕地治理力度，加快长江两岸植被恢复和沿江主要城市污染治理，建设长江上游重要生态屏障。

依据生态功能分区，制定生态功能修复规划，恢复提升森林、水体、湿地和城市生态系统功能。实施长江防护林体系、长江上游水污染治理、天然林保护、退耕还林、石漠化综合治理、湿地生态恢复、低产低效林改造等一批国家重大生态系统修复工程，将岷江、沱江流域纳入长江上游水土保持重点防治工程。加快森林、草原、农地、湿地、城市生态定位监测站（点）建设，在重庆、涪陵、长寿、江津、永川、合川、乐山、雅安、泸州、内江、南充、宜宾、达州、广安等重点地区建设流域监测点。加强对滑坡、泥石流等地质灾害的预警预报，建设万州三峡库区地质灾害监测和应急中心。实行信息资源共享，及时处置区域生态环境重大事件。

加大流域水污染防治力度，在主要河流和重点小流域沿岸城镇合理布局建设一批污水处理厂，严格入河排污口设置管理。加快城镇污水处理与再生利用工程建设，完善管网配套设施，提高污水收集能力和污水处理设施运行效率。加强污泥处理设施建设，完善排水系统，实施雨、污分流。加大工业污染防治力度，加强化工、食品、酿造、皮革、造纸、电镀、印染等行业的污染综合防治，严格控制工业水污染物排放量。加强船舶流动源污染防控，清理水域漂浮物。加大村镇环境综合整治和农村面源污染治理力度，实施测土配方施肥，加强规模化养殖场的粪污处理及综合利用。

（四）成绵乐发展带

成绵乐发展带，包括绵阳、德阳、成都、眉山、雅安、乐山。以成都为中心，成绵乐城际客运专线、宝成－成昆铁路和成绵、成乐、成雅高速公路及大件运输通道为纽带，重点发展装备制造、电子信息、生物医药、科技服务、商贸物流和特色农业，优化城市功能，改善环境质量，建成具有国际竞争力的产业和城市集聚带。

展望未来，随着成绵乐发展带打通成都至兰州、西安、贵阳、昆明等周边省会城市的公路通道和快速铁路通道，区域内城际轨道和城市轨道交通的建设，强化辐射带动作用。突出电子信息、新能源、新材料、节能环保、生物制药等高新技术产业和新兴产业，抓好装备、汽车、航空航天、现代中药等优势产业，成绵乐发展带必将成为成渝经济区最重要的经济增长极。

1. 公路、铁路的建设

完善公路网络。加快公路通道建设，加强与周边省区公路连接，强化辐射带动作用，重点建设成都－自贡－泸州往赤水、成都－德阳－南部往巴中、绵阳往西宁等方向的公路通道建设。加强区域内公路通道建设，重点建设成都－重庆、雅安－眉山－资阳－遂宁等公路通道。加强区域内区市县出境公路、断头路和农村公路改造，完善等级公路网。

加快铁路建设。要加快成都－兰州、成都－马尔康、成都－康定、西（宁）西北向，成都－西安东北向，成都－贵阳东南向，成都－昆明西南向等出川铁路通道建设，打通成都至兰州、西安、贵阳、昆明等周边省会城市的快速铁路通道。加强区域内城际轨道和城市轨道交通的规划建设，重点建设成渝、成绵乐客运专线。

2. 重点产业发展

把推进新型工业化作为核心战略，以结构优化、产业升级为主线，做强做大现有优势产业，重点发展高新技术产业，加快发展现代服务业，强化辐射功能，发挥集聚效应，带动周边地区产业发展。突出电子信息、新能源、新材料、节能环保、生物制药等高新技术产业和新兴产业，抓好装备、汽车、航空航天、现代中药等优势产业，推动重点产品上规模、上水平、上台阶，培育一批千亿产业和百亿企业，打造特色鲜明、配套协作、具备核心竞争力的产业集群。完善成都金融中心功能，构建辐射西部的金融服务网络，积极发展服务外包，做强以遗产与文化、休闲与度假、商务与会展为主题的文化旅游产业。

3. 城市集聚带建设

构建以成都市为核心，德阳市、绵阳市、乐山市、眉山市、资阳市等大城市为支撑，区域内中小城市和重点镇为节点的次级城镇体系。建立基础设施共享、生态环境共保、要素市场和产业布局一体化的发展格局。以成绵高速、绵广高速、广陕高速、成德南高速、绵巴高速、成绵乐客专及大件运输通道为纽带，重点发展装备制造、电子信息、科技服务、生物医药、商贸流通和特色农业，建成具有国际竞争力的产业和城镇集聚带。

（五）成内渝发展带

成内渝发展带包括成都、资阳、内江、自贡、荣昌、大足、双桥、永川、璧山、重庆主城区。以成渝铁路和成渝高速公路为纽带，重点发展电子信息、精细化工、新型建材、轻纺食品、装备制造、商贸物流等支柱产业，积极引导产业与人口集聚，建成连接双核的重要经济带。展望未来，随着成渝经济区区域内铁路、公路通道建设，区域内铁路、公路网络的形成，必将会促使人口、经济要素自由流动和高度集聚，最终达到重庆和成都两大发展核心一体化，形成成渝经济区最大的经济增长极。

1. 公路、铁路的建设

加强区域内公路通道建设，重点建设成都－重庆、内江－遂宁等公路通道。加强区域内区市县出境公路、断头路和农村公路改造，完善等级公路网。加强区域内城际轨道和城市轨道交通的规划建设，重点建设成渝客运专线。

2. 重点产业发展

以高速公路、铁路客运专线为轴线，加快内江、自贡、资阳等区域性物流中心建设，建设西部建材基地、硅氟硬质合金等新材料基地、汽车及零部件配套基地、盐化工及精细化工基地和绿色农产品加工基地，形成紧密连接成渝两大都市圈的经济增长带，带动两极纵深地区快速发展。

（六）成南（遂）渝发展带

成南（遂）渝发展带包括成都、遂宁、南充、潼南、铜梁、合川、重庆主城区。以兰渝、渝遂铁路，成南、渝遂、渝南高速公路，嘉陵江为纽带，重点发展机械制造、轻纺食品、油气和精细化工，大力发展商贸物流，积极发展特色农业，培育连接双核的新兴经济带。

展望未来，随着成渝经济区区域内铁路、公路通道建设，区域内铁路、公路网络的形成，必将促使人口、经济要素自由流动和高度集聚，最终达到重庆和成都两大发展核心一体化，形成成渝经济区最大的经济增长极。

1. 公路、铁路的建设

加强区域内公路通道建设，加强区域内区市县出境公路、断头路和农村公路改造，完善等级公路网。加强区域内城际轨道和城市轨道交通的规划建设。

2. 重点产业发展

建设区域性现代工业物流和商贸物流中心，打造能源化工、电子轻纺、汽车零部件、农产品加工等特色优势产业发展带，促进丘区加快发展。

（七）渝广达发展带

渝广达发展带包括重庆主城区、广安、垫江、梁平、达州、开县、万州。以襄渝、达万铁路和渝达、渝宜高速公路为纽带，重点发展天然气及盐化工、机械制造、冶金建材、轻纺食品，大力发展商贸物流和特色农业，加强跨区域分工协作，建成东北部重要的经济增长带。

展望未来，随着渝广达发展带打通联系东部、西北部、东南部公路、铁路出川通道，区域内秦巴山区高速公路干线通道形成，区域辐射带动能力增强；大力天然气能源化工、冶金、机械电子、新型建材、生物制药、特色旅游文化、特色生态效益农业和农产品加工业等产业，渝广达发展带必将成为成渝经济区西北次区域发展中心，必将成为连接关中－天水经济区和成渝经济区的西部经济增长极。

图 48-3　成渝经济区交通网络

达州地处川、渝、鄂、陕四省市结合部和长江上游成渝经济带，是四川对外开放的“东大门”。达州境内水陆空立体交通体系完备，是四川通江达海的东通道，是中国西部重要的物流枢纽城市，是四川五大区域中心城市之一。达州是川东北的政治、经济、文化、通信、商贸、物流中心，也是西南第三大铁路枢纽站。达州历来商贸繁荣、富商云集，有“小香港”之称。达州是四川省环保模范城市、四川省园林城市、四川省森林城市、四川省环境优美示范城市。达州交通条件、经济社会的发展，必将成为渝广达发展带的重要支撑城市，以及成渝经济区带动川东北革命老区、大巴山区、三峡库区和鄂西山区发展次区域经济增长中心。

1. 公路交通的建设

完善公路网络。加快公路通道建设，加强与周边省区公路连接，强化辐射带动作用，重点建设广安－丰都往务川、万州－达州往西安等方向的公路通道建设。加强区域内公路通道建设，重点建设重庆－广安、广安－潼南－荣昌－泸州、南充－大竹－梁平－黔江等公路通道。加强区域内区市县出境公路、断头路和农村公路改造，完善等级公路网。

2. 重点产业发展

以广安、达州经济开发区等产业园区为重点，搭建好招商引资平台，主动承接重庆等地区的产业转移。重点围绕优势资源开发，积极培育壮大以天然气、石油和盐卤为代表的化学工业，以汽车及零配件为代表的机械加工制造产业，以丝麻、服装为代表的纺织业，以综合利用为特色的新型建材产业。以市场需求为导向，面向重庆打造都市农业，重点发展茶叶、中药材、粮油等优质农产品，建设跨区域现代农产品、都市农业生产基地。承接重庆、成都两大经济区的辐射带动，在产业布局上坚持错位发展、优势互补、协调互动，把广安建设成川渝合作示范区。

参考文献

世界银行：《2009 年世界发展报告：重塑世界经济地理》，清华大学出版社，2009。

张戟、林凌、刘清泉、高宇天：《四川省经济地理》，四川科学技术出版社，1985。

林凌、刘世庆：《共建繁荣：成渝经济区发展思路研究报告》，经济科学出版社，2005。

林凌、刘世庆：《共建成渝经济区：培育中国经济新的增长极》，经济科学出版社，2009。

国家发展和改革委员会：《成渝经济区区域规划（2011 ~ 2020）》，2011 年 5 月。

重庆市人民政府：《重庆市国民经济和社会发展第十二个五年（2011 ~ 2015 年）规划纲要》，2011 年 1 月。

四川省人民政府：《四川省“十二五”规划纲要全文（2011 ~ 2015 年）》，2011 年 1 月。

第49章 成渝经济区未来发展展望*

成渝经济区的建设在我国经济社会发展战略全局中形成了五个重要角色：一是西部大开发的领军角色；二是国家西部经济高地、现代制造业、现代服务业、现代农业基地的角色；三是中国东西部“T”字形区域结构中西部发挥鼎力支撑能力的角色；四是中国全方位对外开放特别是向西开放的内陆高地和综合交通枢纽的角色；五是长江上游和三峡库区生态安全保护的角色。成渝经济区当前的任务就是实现国务院在规划中提出的目标和要求，展望未来，就是要努力扮演好上述五个角色，为我国实现“两个百年”达到的目标作出应有的贡献。

一　自觉担当西部大开发的领军角色

我国西部大开发战略已实施11年，取得很大成绩，已启动成渝经济区、关中－天水经济区、北部湾经济区、云南“桥头堡”、兰州新区、喀什经济区、霍尔果斯经济区等七个经济增长极的建设发展。在西部12个省市区和七个增长极中，成渝经济区区位居中，自然条件最好，人口最多，资源最丰富，经济科技实力最强，城市最密集，交通最发达，发展水平长期居西部第一，在西部发展中的引领作用十分明显。但总体上看，西部地区经济社会发展水平仍然不高，开发程度低，交通不发达，城镇化率低，贫困人口多。西部地区既是我国的落后地区，也是我国经济潜力最大的地区。要完成西部大开发目标，至少还要花20年时间。不久前习近平总书记视察东北谈话中，特别强调了发展东北和西部工业的重要性。成渝经济区要以己之长，以己之优，与诸经济区密切合作，优势互补，形成西部前沿和腹地相连的增长极群，引领西部的快速发展。

二　突出现代产业和战略产业，担当起西部经济发展高地的角色

成渝经济区的产业结构已经由传统的产业结构、军品为主的结构，开始向现代产业结构和战略新兴产业结构转变。最显著的特点是，电子信息产业、汽车产业、重型装备制造业、多种能源设备制造业等成规模地、快速地进入盆地，企业家们一直遵循的“错位发展”理念在成渝经济区似乎不再成为必须恪守的规律。

世界上著名的电子信息产业大佬，不仅纷纷进入被国内外看好的成都，更使人惊讶的是，它们也迫不及待地进入被人们不看好的重庆。不过一两年的时间，全世界一半的平板电脑、一半的手提电脑就在两地被生产出来。成渝两市是一个“盆”，直径不过1小时车程。这样大的聚集规模，这样高的聚集速度，不要太长的时间，这个“自然地理盆”就可成为一个长达350公里的电子信息“产业盆”。人们纷纷预

* 本章作者：林凌，四川省社会科学院学术顾问，研究员；邵平桢，四川省社会科学院产业经济所副研究员；齐天乐，四川省社会科学院区域经济学硕士研究生。

测，成渝经济区未来将有可能成为中国最大的电子信息产业基地，世界最有竞争力的电子信息产品生产基地，中国乃至世界电子信息技术研发基地，新一代电子信息技术和产品诞生圣地。这一点非常值得期待。须知，电子信息化是我国工业化、城镇化、信息化、农业现代化四化之一。成渝经济区成为信息化的领军角色，将是何等重要和荣耀。

汽车产业在成渝经济区的发展何其相似。原来不被看好的四川，这几年日本丰田、德国大众、韩国起亚、长春一汽、奇瑞汽车等纷纷进入。当意大利沃尔沃近日宣布开工之时，又传武汉二汽进入成都。而重庆早在20世纪70年代就有重型汽车批量生产和多种重要零部件生产。80年代中重庆计划单列后，开始引入日本技术生产汽车、摩托车，以后引入日产，美国福特相继进入，生产卧车、轻型卡车。摩托车由国内畅销转到东南亚多国生产，又由国企生产转为民企生产，成为中国的汽车摩托车城。这个汽车产业聚集现象，是否可以预测，成渝经济区有可能成为中国西部最大的汽车生产基地呢？人们也抱着热情的期待。

中国的各种重型装备特别是各种发电装备1/3集中在四川德阳制造，这是成渝经济区产业的又一个特色。最早是火电，其后是水电，现在是火电、水电、核电、风电、太阳能发电“五电并举”，五种装备都在这里制造。中国的核电设计和装备制造，师从法国、俄罗斯、美国，现在中国自己设计的世界第四代核电站正在建设之中。德阳的东方发电设备制造公司，应积极与清华大学合作，制造第四代核电设备。这样，中国不仅在核武器方面，而且在核电方面也走在世界前列。西北地区煤炭资源十分丰富，西煤东运成本很高。成渝经济区应用火电设备在西北各省投资发电东送，这是一项对西北、对东部、对成渝三方都有利的商业行为。国家应制定这项政策，开辟一个民营为主的发电市场，输电仍由国家电网公司统一管理，这样就把发电搞活了。这种方式也可运用在国外。让国内发电设备制造厂商，以设备与“交钥匙”建厂发电为投资，发电后逐步从发电收入中收回。

钒钛、稀土、有机化工是四川攀西和自贡等地特有的新材料资源。钛储量占全国的90.5%，钒储量占全国的62%，稀土占全国第二位。有机氟、有机硅、聚苯硫醚等有机化工材料，在全国都有重要地位。钒钛经过50多年的研究，已取得相当进展，但钛金属制品至今没有突破，同时由于美国封锁，技术也难以引进。最近国家在攀西建立了“攀西战略资源创新开发试验区”，专门开展研究攻关。成渝经济区应积极参加这方面的研究。建议国家调整钢铁企业集中于沿海的布局，将地处西南的重钢、攀钢、昆钢、水钢、威钢（其中有四个钢铁厂利用钒钛）联合重组为面向东南亚、南亚的钢铁公司，组织这些钢铁厂的技术力量，攻克生产钛材的难关，开发以钛材为原料的高端产品市场。

重庆和四川天然气富集，是西气东输的气源之一，也是国家天然气化工基地之一。据了解，川渝页岩气储量也很丰富，但开采技术难度大，没有人们想象的那么容易。目前天然气化工技术许多年没有进展，急需能代替石油的新技术问世。我国对石油的依存度很高，对国家来说是一个很不安全的因素。成渝经济区应把气代油作为一个重大科技项目研究攻关，取得成果。

国防科技工业是成渝经济区的突出优势。一方面要发挥这个优势，在航空、航天、核武、电子、常规武器等方面有进一步的突破，为国防作出新的贡献；另一方面要突破军民融合的障碍，取得真正融合的成果，为发展高新技术产业和战略新兴产业作出贡献。

农业是另一类产业，可以说是比高科技工业还要重要的产业。四川以“天府之国”闻名，以“粮猪安天下”自慰。但若干年来，四川已出现粮猪危机，并未引起领导和人民的重视。农民以不交农业税为乐，以生产够吃为限，撂荒地无人过问，宅基地越扩越宽，进口粮年年增加，报增产连年又连年。这种情况实在令人担忧。四川是国家的粮仓之一，在成渝经济区建设中，必须实行粮食自给自足的原则，从外省调粮入川，或以进口粮食为安，都是错误的。要改革现状，把农业放在与高新技术产业同等重要的地位，大力推进农业现代化，保证国家和四川省、成渝经济区的粮食安全。

三　与长三角、大武汉密切合作，在“T”字形结构中担当起西部一鼎的角色

中国沿海经济地带与沿长江经济地带形成的“T”字形经济结构，覆盖了全国最发达的地区，100 多条跨江、跨海大桥沟通沿江两岸（新中国成立前一条也没有，民国首都南京乘火车过江要靠轮渡），深入蓝色海洋，数十座大中小城市耸立在海岸、江边，几十座水电站已在长江上游建成和正在建设，构成海岸经济、流域经济与政区经济相结合的典范。人口密度之高、城市密度之高、经济密度之高，世界少有。长江流域经济带有三根顶梁柱：长三角、大武汉、成渝经济区。长三角是龙头，成渝经济区是龙尾，大武汉是龙身。长三角、成渝经济区扮演的是两个“鼎”的角色。鼎在古代是力量的象征，是社稷根基牢固的象征。长三角是鼎，当之无愧，但今后还要做强做大；成渝经济区居鼎之位，但力量不及长三角，更需要做强做大。强大之要在总量、在创新、在开放。总量大基础就能牢固，创新强就能不断提升，开放宽就能广泛吸引和扩展。成渝经济区这座鼎就要建立在这三点上。在产业上，不仅要做西部之首，还要争做全国之首；在创新上，不仅要在西部争光，而且要以强势进入全国行列；在开放上，不仅要全方位开放，更要成为向西开放的先锋。

四　承担起西部对外开放高地和综合交通枢纽的角色

随着我国融入世界经济的步伐不断加速，中国对外开放正在进入一个“海陆并进、东西互动”的新时代。我国总理李克强在莫斯科大学讲演时宣布，中国在继续实施向东开放战略的同时，要实行向西开放。向西开放在中国全方位对外开放总体战略中的地位得到空前提升。所谓向西开放，就是要运用现代交通科学技术的成就，

打破中国西部亚欧大陆地带高山峻岭、沙漠荒原的阻隔，使中国西部与沿边 14 个邻国相连，进一步进入中东、东欧、西欧，到达大西洋西岸，让中国西部与世界相连。其实早在汉唐时代，中国通过南北丝绸之路就与这些地方相连了，留下的古迹和精美艺术至今令学者专家、文人雅士赞叹不已。

今日中国的向西开放，与古代有很多不同。古代中国是政治大国、军事大国、经济大国、文化大国，自称为天下中央之国。朝拜者多多，宗教和文化交流频频，商贾往来不断，但繁荣仅是汉唐帝国。帝国一垮，繁荣也随之消失。今日中国的向西开放，一是要中国西部的人民和沿边邻国的人民共享现代文明特别是交通运输高技术发展的成果，改善人民贫困的生活。20 世纪 80 年代亚洲西南部这一块（包括中国西南、西北）被称为亚欧大陆，是在高山峡谷和沙漠的包围下，世界上尚未开发的一个地带。80 年代，由香港 21 世纪学会黄枝连先生支持，联合中国西南地区四川、云南、贵州、重庆等的学者对该区域内中国部分进行了十年的调查研究，并开会研讨改变这一地带的政策措施，后因研究没有取得各国政府的支持，随之中断。一位学者王小强独立写了一本书，叫作《富饶的贫困》，作为他的记载和呼吁。现在情况变了。中国政府首先提出西部大开发，其后又提出向西开放，许多邻国政府对这一地区的开发也作出响应。现在条件成熟了，用现代的铁路、高速公路技术和航空的力量完全可以打破亚欧大陆的障碍，让中国沿边双方的国家和人民共享开发和开放的成果。二是这一块地方虽然交通险阻，但蕴藏着丰富的资源，特别是石油和天然气的储量世界第一。现在许多国家都用中东国家的石油，中国也是。但都是经过海上运输，特别是要经过马六甲海峡，该海峡军事威胁重重，令人忧虑。如果改用输油管道输送给一些国家，不仅可以降低成本，还可保石油安全。中国就有这种需要。三是欧洲贸易市场很大，但货物运输大都经过海上。像中国这样的国家，要把西部生产的货物运往欧洲，还得先运到东部，再用船运到欧洲，成本很高，时间也长。近年来，重庆、成都都向欧洲开了铁路专列，向欧洲运输电子产品，效果很好。四是与中国西部接壤的国家是伊斯兰民族聚居区。民族、宗教问题很多。实行开放，就可以进行文化交流，解决矛盾。

向西开放的前沿是广西、云南、新疆，还会有西藏。作为西部范围，还应包括内蒙古。腹地是四川、重庆、陕西等省区。成渝经济区则是腹地的核心。成都、重庆两个特大城市则是两个向西开放的贸易大都会和文化交流中心。

成渝经济区作为向西开放的腹地核心，必须做好以下三件事。

第一，大力推进向西开放大通道建设。主要包括：成都南向至广西北部湾的大通道；北向成兰铁路、成西高速铁路大通道，南向昆明成昆铁路改造和成昆高速铁路大通道；西向成都康定进一步延至西藏的大通道。重庆西向兰渝铁路大通道，北向渝西高铁大通道，西南向渝昆铁路大通道，东向汉渝铁路大通道。综合交通枢纽建设。

第二，选择出口产品种类和工程项

目，调查出口对象，建设出口产品基地和出口贸易公司。出口产品如电子信息产品、汽车、发电设备及配套产品、机车车辆和钢轨等配套产品、工程机械产品、钢铁产品、特殊食品、特殊日用消费品及物流基地建设。进口产品如石油、天然气等。建议以设备和“交钥匙”工程建设为投资，在生产过程中分期收回。

第三，谋划重庆、成都、西安高科技“金三角”的创新互动和战略产业研发交流。发展高新技术产业和战略新兴产业，既要独立推进，也需合作交流。重庆、成都、西安是我国西部最重要的三个高技术城市，国防科技工业最为重要，在全国也占有重要地位。过去有过建立“西三角”经济区的建议，没有形成统一意见。现在看来，其作为高科技联盟或其他组织形式发挥三市作用，很有必要。成渝经济区要尽快推进成西、渝西高速、高铁建设，畅通道路，缩短距离。同时要征求三方意见，选择适当形式，开展合作交流。

谋划西部高科技“金三角”与谋划四川川东北经济区如何发展有密切关系。四川“十二五”规划提出把川东北经济区建成“连接我国西北与西南地区的新兴经济带”，如果真能实现，这个经济带就可以把成渝经济区和关中—天水经济区连成一片，这样向西开放就有更大的力量了。

五　积极担当保护治理三峡库区生态环境和周边生态安全的保护神角色

三峡工程建成后，库区成了最重要的研究、保护、治理对象。许多情况反映，库区险象频繁，涉及整个工程的运行安全和寿命保障。库区虽不在成渝经济区范围之内，但成渝经济区对于防治库区污染和损害责无旁贷。整个成渝经济区都要承担起三峡库区保护神的使命，要建立组织机构，执行相关任务。

库区上游是川西北经济区的甘孜州、阿坝州，与成渝经济区紧密相连。甘孜、阿坝位于青藏高原，是长江源头地带，长江上游生态屏障的第一级。这里有长江上游支流金沙江、雅砻江、大渡河，曾被定为南水北调西线工程调水区。四川专家学者调查研究提出，这里海拔高达 4000 米左右，气候高寒、生态环境恶劣、地震频繁、水量逐年下降，且有藏民聚居，遍布大小寺庙，绝对不宜建设调水工程。经四川专家反应强烈，中国工程院大力支持并建议暂时停建，后经国务院常务会议批准已停建五年。最近又有人鼓动再建。经过四川专家进一步调查，汶川大地震后，原定调水线路情况进一步恶化。成渝经济区应坚决反对再上西线工程，以确保长江上游生态安全。

在西部大开发和向西开放中，成渝经济区面临着空前繁重的任务。成渝经济区要登高望远，面向全国，面向世界，向着“两个百年”目标奋勇前进。

参考文献

世界银行：《2009 年世界发展报告：重塑世界经济地理》，清华大学出版社，2009。

张戟、林凌、刘清泉、高宇天：《四川省经

济地理》，四川科学技术出版社，1985。

林凌、刘世庆：《共建繁荣：成渝经济区发展思路研究报告》，经济科学出版社，2005。

林凌、刘世庆：《共建成渝经济区：培育中国经济新的增长极》，经济科学出版社，2009。

国家发展和改革委员会：《成渝经济区区域规划（2011 ~ 2020）》，2011 年 5 月。

林凌：《加快推进成渝经济区建设》，接受香港记者采访，2012 年 5 月。

林凌：《全域全面推进成渝经济区建设》，2011 年 11 月 5 日于内江在推进《成渝经济区区域规划》实施座谈会上的讲演稿。

后记

本书是根据四川省社会科学院建议，在原四川省委书记刘奇葆同志的大力支持下，由四川省发展和改革委作为重大研究课题立项，并得到全省相关政府部门、科研院所积极配合，由全省近百位专家、学者历时两年多编撰而成的集体研究成果。本书共7篇49章，借鉴世界银行《2009年世界发展报告：重塑世界经济地理》提出的新的经济地理分析框架，重点对四川改革开放以来经济地理的重大变迁进行了系统描绘和总结，对四川未来的经济社会发展趋势进行了全面分析和展望。

本书由主编林凌、常务副主编刘世庆负责总体思路和框架设计，全书作者具体名单详见各章首页，林凌、刘世庆、雷开平、王小刚、丁任重负责全书统稿和编辑。各篇审稿责任人为：第一篇总论篇，林凌、王小刚；第二篇产业篇，雷开平、郭晓鸣、盛毅；第三篇基础设施篇，雷开平、邓超、韩斌；第四篇区域与城市篇，王小刚；第五篇市（州）经济地理篇，丁任重、刘世庆；第六篇开放篇，刘世庆；第七篇成渝经济区篇，林凌。全书主要图件由四川省发展和改革委、四川省测绘地理信息局、四川省第二测绘地理信息工程院、四川省土地统征整理事务中心提供或制作，李何超、孙维、南聪强负责图件的制作和修改。林彬、齐一鸣、邵平桢、付实、刘渝阳、郭时君、齐天乐承担了大量事务性工作。

本书的研究和编撰得到省社科院、省发改委、省科技厅、省财政厅、省经信委、省水利厅、省农业厅、省住建厅、省环保厅、省能源局、省经济发展研究院、省土地统征整理事务中心、省第二测绘地理信息工程院、西南财经大学、西南交通大学、四川大学、西华大学和全省各市（州）发展和改革委以及许多老领导、老专家的大力支持。研究工作中，参阅和吸收了大量国内外研究成果和各方面资料数据；出版过程中，得到了社会科学文献出版社的积极协助，在此一并表示衷心感谢！

本书涉及内容广泛，研究难度较大，尽管在研究和编撰过程中我们始终兢兢业业，力求精益求精，但由于能力、时间、资料所限，不足甚或错误之处在所难免，衷心希望读者提出宝贵意见。

编　者

2013年8月

图书在版编目（CIP）数据

重塑四川经济地理：全3册/林凌主编.—北京：社会科学文献出版社，2013.11
ISBN 978-7-5097-5306-4

Ⅰ.①重… Ⅱ.①林… Ⅲ.①区域经济地理-四川省
Ⅳ.①F129.971

中国版本图书馆CIP数据核字（2013）第271066号

重塑四川经济地理（全三册）

主　　编／林　凌
副 主 编／刘世庆（常务）　雷开平　王小刚　丁任重

出 版 人／谢寿光
出 版 者／社会科学文献出版社
地　　址／北京市西城区北三环中路甲29号院3号楼华龙大厦
邮政编码／100029

责任部门／皮书出版中心（010）59367127
电子信箱／pishubu@ssap.cn
项目统筹／邓泳红　高振华
经　　销／社会科学文献出版社市场营销中心（010）59367081　59367089
读者服务／读者服务中心（010）59367028

责任编辑／周映希　高振华　吴　敏
责任校对／王　芳　白　雪
责任印制／岳　阳

印　　装／北京盛通印刷股份有限公司
开　　本／787mm×1092mm　1/16
印　　张／127.75
版　　次／2013年11月第1版
字　　数／2646千字
印　　次／2013年11月第1次印刷
书　　号／ISBN 978-7-5097-5306-4
定　　价／2980.00元（全三册）